N O M O S **K** O M M E N T A R

Dr. Björn Diering
Hinnerk Timme [Hrsg.]

Sozialgesetzbuch X

Sozialverwaltungsverfahren und Sozialdatenschutz

Lehr- und Praxiskommentar

4. Auflage

Walter Böttiger, Richter am LSG Baden-Württemberg | **Dr. Tilman Breitkreuz,** Richter am LSG Hamburg | **Dr. Björn Diering,** Verband der Ersatzkassen e.V. (vdek), Berlin, Richter am Niedersächsischen Anwaltsgerichtshof, Rechtsanwalt, Fachanwalt für Sozialrecht und Verwaltungsrecht, Verden/Aller | **Prof. Dr. Heinrich Lang,** Dipl. Sozial-Päd., Universität Greifswald | **Karl Lang,** Rechtsanwalt, Berlin | **Dr. Annette Prehn,** Universität Greifswald | **Dr. Knut Seidel,** Rechtsanwalt, Bonn | **Wolfgang Siewert,** Präsident des LSG Hamburg | **Hinnerk Timme,** Vorsitzender Richter am LSG Schleswig-Holstein | **Prof. Dr. Dirk Waschull,** Fachhochschule Münster, Richter am LSG NRW a.D.

Nomos

Die Deutsche Nationalbibliothek verzeichnet diese Publikation in
der Deutschen Nationalbibliografie; detaillierte bibliografische
Daten sind im Internet über http://dnb.d-nb.de abrufbar.

ISBN 978-3-8487-1032-4

„Die Last, die Verwaltung und Verwaltungsverfahren zu tragen haben, ist die Kompliziertheit des materiellen Sozialrechts. Jede Verfeinerung der sozialen Gerechtigkeit ist tendenziell Komplexität des Vollzugs. Es gibt natürlich keinen Weg zum einfachen Recht zurück, aber wahrscheinlich ist einfaches Recht auch nicht unmöglich."
(Udo Steiner)

Vorwort zur 4. Auflage

Erfreulicherweise erfreut sich das Werk weiterhin einer guten und steigenden Nachfrage, so dass die Vorauflage schnell vergriffen war. Dieser Umstand sowie eine Vielzahl von Änderungen im SGB X machten die Herausgabe einer Neuauflage erforderlich. Die Neuauflage berücksichtigt insbesondere die Änderungen, die sich aus dem Gesetz zur Förderung der elektronischen Verwaltung sowie zur Änderung weiterer Vorschriften vom 25.7.2013 und aus mehreren Änderungen der Vorschriften im zweiten Kapitel über den Sozialdatenschutz ergeben. Die Kommentierung berücksichtigt außerdem die seit der Vorauflage ergangene einschlägige Rechtsprechung.

Herr Waschull ist aus dem Kreis der Herausgeber und Autoren ausgeschieden. Die von Herrn Waschull in den Vorauflagen übernommene Kommentierung wird jetzt zum einen Teil durch Autoren aus dem vorhandenen Autorenkreis (Herr Diering, Herr Breitkreuz und Herr Böttiger) und zum anderen Teil durch neue Autoren (Frau Prehn, Herr Karl Lang und Herr Siewert) fortgeführt.

Fahrdorf, Verden im Mai 2016   Die Herausgeber

Vorwort zur 1. Auflage

Das Sozialrecht unterliegt einem ständigen Wandel und die aktuellen Aktivitäten des Gesetzgebers sind ein deutlicher Beleg dafür. Grundsätzlich dienen Rechtsänderungen im Sozialrecht, wie in allen anderen Bereichen auch, dem Ziel, die Steuerungsfähigkeit des Staates zu erhalten bzw zu verbessern. Das gilt für Rechtsänderungen im Kleinen ebenso wie für rechtliche Umwälzungen im Großen. Die Unsicherheiten, welche mit der gegenwärtigen sog „Reform der sozialen Sicherungssysteme" einhergehen, haben verschiedene Ursachen: Maßstäbe für die Bestimmung der Veränderungsgrenze bzw dessen, was als verlässlicher Kerngehalt des Sozialen nicht zur Disposition steht und uns als kollektives Echolot durch unsichere Zeiten manövrieren könnte, scheint es nicht zu geben. War die zumeist etwas distanziert als Sozialstaatlichkeit bezeichnete „soziale Sicherheit" früher in wirtschaftlichen Krisen die Konstante, mit der die wirtschaftlichen Zyklen durchlebt und durchlitten werden konnten, so scheint heute die wirtschaftliche Krise durch eine der Sozialstaatlichkeit geradezu verstärkt und – wie manche meinen – zum Teil mitverursacht zu sein.

Reformstau und Veränderungsdruck entladen sich gegenwärtig explosionsartig im Sozialrecht und führen zu schnellen Veränderungen, die nicht immer von

Einsichten in die Interdependenzen im Innen- und Außenverhältnis unseres Sozialsystems getragen sind (bzw sein können). Erst in einigen Jahren, wenn sich der Staub gelegt haben wird, können die Veränderungsergebnisse gerecht beurteilt werden. Das Verwaltungsverfahrensrecht ist bisher nicht von Reformüberlegungen betroffen. Allerdings ist Verfahrensrecht kein Selbstzweck. Verfahrensrecht soll der Verwirklichung des materiellen Rechts dienen. Ob und inwiefern nach materiellrechtlichen Reformen auch Kapitel des Verfahrensrechts neu geschrieben werden müssen, bleibt ebenfalls abzuwarten. Wir hoffen jedenfalls, mit diesem Kommentar zum SGB X, dem „Grundgesetz des Sozialverwaltungsverfahrens", zu Verlässlichkeit, Orientierung und Beständigkeit im Sozialrecht in unruhigen Zeiten beizutragen. Denn das SGB X hat sich, das kann am Vorabend des 25-jährigen Jubiläums – trotz aller Kritik im Detail – festgestellt werden, sowohl als Arbeitsgrundlage für die Praxis, als auch als Rahmen und Folie für eine Fortentwicklung des Rechts grds bewährt und verdient auch deshalb eine intensive Beschäftigung.

Mit dem LPK-SGB X wird eine inzwischen etablierte Reihe um ein weiteres Sozialgesetzbuch ergänzt. Als dritte Säule einer verfahrensrechtlichen Trias: SGB I, SGB IV und SGB X erscheint dieser Kommentar kurze Zeit nach dem LPK-SGB I. Mit dem noch folgenden LPK-SGB IV wird dann ein umfassendes Kompendium zum Sozialverwaltungsverfahrensrecht vorliegen.

Die Autoren dieses Kommentars sind in unterschiedlichsten Erfahrungsbereichen des Sozialrechts zu Hause: der Justiz, der Anwaltschaft, der Verwaltung und der Wissenschaft und bringen ihren spezifischen Sachverstand ein. Die bewusst gewählte Autorenvielfalt soll Perspektivenvielfalt ermöglichen. Wir hoffen daher, eine informative Orientierung zum SGB X vorgelegt zu haben, die einerseits soviel Unterschiede wie möglich und dem geneigten Leser zumutbar enthält, aber andererseits doch einen Überblick über das SGB X „aus einem Guss" bietet.

Das Autorenteam ist für jede Anregung über den Verlag dankbar.

Aachen, Fahrdorf, Verden im Juli 2004 Die Herausgeber

Bearbeiterverzeichnis

Walter Böttiger, Richter am Landessozialgericht Baden-Württemberg
(§§ 18–20, 102–114)

Dr. Tilman Breitkreuz, Richter am Landessozialgericht Hamburg
(§§ 1–7, 86–101 a, 115–120)

Dr. Björn Diering (Hrsg.), Leiter der Rechtsabteilung beim Verband der Ersatzkassen e.V. (vdek) in Berlin, Richter am Niedersächsischen Anwaltsgerichts-
hof, Rechtsanwalt, Fachanwalt für Sozialrecht und Verwaltungsrecht in Ver-
den/Aller (Einleitung, §§ 52–63, 67–85 a)

Prof. Dr. Heinrich Lang, Dipl. Sozial-Päd., Universität Greifswald, Lehrstuhl
für Öffentliches Recht, Sozial- und Gesundheitsrecht (§§ 8, 16, 17, 21–25)

Karl Lang, Rechtsanwalt in Berlin (§§ 45–51)

Dr. Annette Prehn, Wissenschaftliche Mitarbeiterin, Universität Greifswald
(§§ 9–15)

Dr. Knut Seidel, Rechtsanwalt in Bonn (§§ 67–85 a)

Wolfgang Siewert, Präsident des Landessozialgerichts Hamburg (§§ 31–44)

Hinnerk Timme (Hrsg.), Vorsitzender Richter am Landessozialgericht Schleswig-Holstein (§§ 26–30, 64–66, Anhang: Gerichtsverfahren)

Prof. Dr. Dirk Waschull, Fachhochschule Münster, Dekan Fachbereich Sozial-
wesen, Richter am Landessozialgericht Nordrhein-Westfalen a.D.
(Einleitung, §§ 9–15, 18–20, 31–51)

Hinweise für den Gebrauch

Paragraphen ohne Gesetzesangabe sind stets solche des SGB X. Den Kommentierungen
der einzelnen Bestimmungen sind zT Literaturverzeichnisse vorangestellt. Hierbei handelt es sich jew um eine Auswahl an weiterführender Literatur. Die ebenfalls den (längeren) Kommentierungen vorangestellten Inhaltsübersichten sollen die Arbeit mit dem
Kommentar erleichtern. Die verwendete Literatur wird bei jeder einzelnen Kommentierung beim ersten Nachweis in abgekürzter Form zitiert und bei längeren Titeln danach
nur noch mit: „aaO" und der konkreten Fundstelle (Bsp: *Bonk/Schmitz* in Stelkens/
Bonk/Sachs VwVfG § 4 Rz 7 – *Bonk/Schmitz* aaO § 4 Rz 7). Die häufiger verwendete –
und insbesondere die abgekürzt zitierte – Literatur wird im Gesamtliteraturverzeichnis
zusammengefasst. Abkürzungen werden stets ohne Punkt („.") zitiert.

Inhaltsverzeichnis

Zweiter Titel Fristen, Termine, Wiedereinsetzung

Dritter Titel Amtliche Beglaubigung

Dritter Abschnitt Verwaltungsakt

Erster Titel Zustandekommen des Verwaltungsaktes

Zweiter Titel Bestandskraft des Verwaltungsaktes

Dritter Titel Verjährungsrechtliche Wirkungen des Verwaltungsaktes

Vierter Abschnitt Öffentlich-rechtlicher Vertrag

Fünfter Abschnitt Rechtsbehelfsverfahren

Sechster Abschnitt Kosten, Zustellung und Vollstreckung

Zweites Kapitel
Schutz der Sozialdaten

Erster Abschnitt Begriffsbestimmungen

Zweiter Abschnitt Datenerhebung, -verarbeitung und -nutzung

Dritter Abschnitt Organisatorische Vorkehrungen zum Schutz der Sozialdaten, besondere Datenverarbeitungsarten

Vierter Abschnitt Rechte des Betroffenen, Datenschutzbeauftragte und Schlussvorschriften

Drittes Kapitel
Zusammenarbeit der Leistungsträger und ihre Beziehungen zu Dritten

Erster Abschnitt Zusammenarbeit der Leistungsträger untereinander und mit Dritten

Erster Titel Allgemeine Vorschriften

Zweiter Titel Zusammenarbeit der Leistungsträger untereinander

Dritter Titel Zusammenarbeit der Leistungsträger mit Dritten

Zweiter Abschnitt Erstattungsansprüche der Leistungsträger untereinander

**Dritter Abschnitt Erstattungs- und Ersatzansprüche der Leistungsträger
gegen Dritte**

**Viertes Kapitel
Übergangs- und Schlussvorschriften**

Abkürzungsverzeichnis

aA	anderer Auffassung
AA	Arbeitsamt/Agentur für Arbeit
aaO	am angegebenen Ort
AAG	Aufwendungsausgleichsgesetz
AAÜG	Gesetz zur Überführung der Ansprüche und Anwartschaften aus Zusatz- und Sonderversorgungssystemen des Beitrittsgebiets – Anspruchs- und Anwartschaftsüberführungsgesetz
AAÜG-2. ÄndG	Zweites Gesetz zur Änderung und Ergänzung des Anspruchs- und Anwartschaftsüberführungsgesetzes – 2. AAÜG-Änderungsgesetz
Abl	Amtsblatt
AblEG	Amtsblatt der Europäischen Gemeinschaften
Abl L	Amtsblatt Legal (EU)
ABlMilReg	Amtsblatt der Militärregierung
Abs	Absatz
Abschn	Abschnitt
abw	abweichend
AdVermiG	Gesetz über die Vermittlung der Annahme als Kind und über das Verbot der Vermittlung von Ersatzmüttern – Adoptionsvermittlungsgesetz
aE	am Ende
AEV	Verband der Arbeiter-Ersatzkassen eV
AEVO	Arbeitserlaubnisverordnung
aF	alte Fassung
AFG	Arbeitsförderungsgesetz
AG	Ausführungsgesetz, Aktiengesellschaft
AGBGB	Ausführungsgesetz zum Bürgerlichen Gesetzbuch
AGBSHG	Ausführungsgesetz zum BSHG
AHKABl	Amtsblatt der Alliierten Hohen Kommission
AK	Alternativkommentar
AktG	Aktiengesetz
Alg	Arbeitslosengeld
ALG	Gesetz über die Alterssicherung der Landwirte
AlgII	Arbeitslosengeld II
Alhi	Arbeitslosenhilfe
allg	allgemein/e/er/es
ALR	Altersrente
Alt	Alternative
AltZertG	Gesetz über die Zertifizierung von Altersvorsorgeverträgen – Altersvorsorgeverträge-Zertifizierungsgesetz
aM	am Main
AMG	Gesetz über den Verkehr mit Arzneimitteln – Arzneimittelgesetz
amtl	amtlich/e/er/es
AmtlMittLVAOfr/Mfr	Amtliche Mitteilung der LVA Oberfranken/Mittelfranken

AmtlMittLVARheinprov	Amtliche Mitteilung der LVA Rheinprovinz
AmtlMittLVAWürtt	Amtliche Mitteilung der LVA Württemberg
Amtsbl	Amtsblatt
ANBA	Amtliche Nachrichten der Bundesanstalt für Arbeit
ÄndG	Änderungsgesetz
Anl	Anlage
Anm	Anmerkung/en
Anspr	Anspruch/s/Ansprüche/n
AnwBl	Anwaltsblatt – Zeitschrift
AO	Abgabenordnung
AöR	Archiv des öffentlichen Rechts – Zeitschrift
ApoG	Gesetz über das Apothekenwesen – Apothekengesetz
ArbG	Arbeitsgericht
ArbGG	Arbeitsgerichtsgesetz
ArbSchG	Arbeitsschutzgesetz
ArbStättVO	Arbeitsstättenverordnung
ArbuR	Arbeit und Recht – Zeitschrift
ArchivG	Archivgesetz
arg	argumentum (Argument)
ArGV	Verordnung über die Arbeitsgenehmigung für ausländische Arbeitnehmer – Arbeitsgenehmigungsverordnung
Art	Artikel
ArV	Arbeiterrentenversicherung
ArVNG	Arbeiterrentenversicherungs-Neuregelungsgesetz
ÄrzteZV	Zulassungsverordnung für Vertragsärzte
ASiG	Gesetz über Betriebsärzte, Sicherheitsbeamte und andere Fachkräfte
ASR	Agrarsozialreform/Anwältin im Sozialrecht
AsylbLG	Asylbewerberleistungsgesetz
AsylVfG	Asylverfahrensgesetz
AtG	Altersteilzeitgesetz
AU	Arbeitsunfähigkeit
AufAG	Gesetz über den Ausgleich der Arbeitgeberaufwendungen für Entgeltfortzahlung
AufenthV	Gesetz über den Aufenthalt, die Erwerbstätigkeit und die Integration von Ausländern im Bundesgebiet
AÜG	Gesetz zur Regelung der gewerbsmäßigen Arbeitnehmerüberlassung – Arbeitnehmerüberlassungsgesetz
AufenthG	Aufenthaltsgesetz/EWG
Aufl	Auflage
AuslG	Ausländergesetz
AuslDüV	Ausländer-Datenübermittlungsverordnung
Ausn	Ausnahme
AV	Ausführungsvorschriften
AVAVG	Gesetz über Arbeitsvermittlung und Arbeitslosenversicherung
AVG	Angestelltenversicherungsgesetz
AVmG	Altersvermögensgesetz

AWO	Arbeiterwohlfahrt
Az	Aktenzeichen
AZO	Arbeitszeitordnung
BA	Bundesanstalt für Arbeit/Bundesagentur für Arbeit
BAB	Berufsausbildungsbeihilfe
BABl	Bundesarbeitsblatt
BW	Baden-Württemberg
BÄO	Bundesärzteordnung
BAföG	Bundesausbildungsförderungsgesetz
BAG	Bundesarbeitsgericht
BAnz	Bundesanzeiger
BApO	Bundes-Apothekenordnung
BarchivG	Bundesarchivgesetz
BAT	Bundesangestelltentarifvertrag
Bay	Bayerischer/s, Bayern
BayObLG	Bayerisches Oberstes Landesgericht
BayVBl	Bayerische Verwaltungsblätter – Zeitschrift
BB	Betriebsberater – Zeitschrift
BBG	Bundesbeamtengesetz
Bbg	Brandenburg
BBiG	Berufsbildungsgesetz
Bd	Band
BDO	Bundesdisziplinarordnung
BdO	Bundesverband der Ortskrankenkassen
BDSG	Bundesdatenschutzgesetz
BEEG	Gesetz zum Elterngeld und zur Elternzeit
BEG	Bundesgesetz zur Entschädigung für Opfer der nationalsozialistischen Verfolgung – Bundesentschädigungsgesetz
Begr	Begründung/en
Beh	Behörde/n
BerHG	Beratungshilfegesetz
Bln	Berlin
BErzGG	Bundeserziehungsgeldgesetz
bes	besonders/e/en
Beschl	Beschluss
Bet	Beteiligte/r/en
BetrVG	Betriebsverfassungsgesetz
BeurkG	Beurkundungsgesetz
BfA	Bundesversicherungsanstalt für Angestellte
BfD	Bundesbeauftragter für den Datenschutz
BFH	Bundesfinanzhof
BFHE	Amtliche Entscheidungssammlung des Bundesfinanzhofs
BG	Berufsgenossenschaft; Die Berufsgenossenschaft – Zeitschrift
BGA-NachfG	Bundesgesundheitsamt-Nachfolgegesetz
BGB	Bürgerliches Gesetzbuch

BGBl	Bundesgesetzblatt
BGG	Behindertengleichstellungsgesetz
BGH	Bundesgerichtshof
BGHSt	Entscheidungen des Bundesgerichtshofes in Strafsachen
BGHZ	Entscheidungen des Bundesgerichtshofes in Zivilsachen
BGSG	Bundesgrenzschutzgesetz
BHO	Bundeshaushaltsordnung
BK	Berufskrankheit
BKA	Bundeskriminalamt
BKAG	Gesetz über das Bundeskriminalamt
BKGG	Bundeskindergeldgesetz
BKK	Betriebskrankenkasse; Die Betriebskrankenkasse – Zeitschrift
BKn	Bundesknappschaft
BKVO	Berufskrankheitenverordnung
BlStSozArbR	Blätter für Steuerrecht, Sozialversicherung und Arbeitsrecht – Zeitschrift
BMA	Bundesministerium für Arbeit und Soziales
BMeldDÜV	Meldedaten-Übermittlungsverordnung des Bundes
BMFSFJ	Bundesministerium für Familie, Senioren, Frauen und Jugend
BMFuS	Bundesministerium für Familie und Senioren
BMGS	Bundesministerium für Gesundheit und Soziale Sicherung
BMI	Bundesministerium des Inneren
BMJFFG	Bundesministerium für Jugend, Familie, Frauen und Gesundheit
BMV-Ä	Bundesmantelvertrag-Ärzte
BMWA	Bundesministerium für Wirtschaft und Arbeit
BND	Bundesnachrichtendienst
BNDG	Gesetz über den Bundesnachrichtendienst
BORA	Berufsordnung der Rechtsanwälte
BPräs	Bundespräsident
br	Behindertenrecht – Zeitschrift
BR	Bundesrat
BRAO	Bundesrechtsanwaltsordnung
BRD	Bundesrepublik Deutschland
BR-Drucks	Bundesrats-Drucksache
BReg	Bundesregierung
Brem	Bremen
Breith	Breithaupt, Sammlung von Entscheidungen der Sozialversicherung, Versorgung und Arbeitslosenversicherung – Zeitschrift
BRRG	Beamtenrechtsrahmengesetz
BSeuchG	Bundesseuchengesetz
BSG	Bundessozialgericht
BSGE	Entscheidungen des Bundessozialgerichts

BSHG	Bundessozialhilfegesetz
BSI	Bundesamt für Sicherheit in der Informationstechnologie
Bsp	Beispiel
Bspe	Beispiele
Bspw	beispielsweise
BStBl	Bundessteuerblatt
BT	Bundestag
BT-Drucks	Bundestags-Drucksache
BtG	Betreuungsgesetz
BtPrax	Betreuungsrechtliche Praxis – Zeitschrift
BTMG	Betäubungsmittelgesetz
BU	Berufsunfähigkeit
Buchholz	Sammel- und Nachschlagewerk der Rechtsprechung des BVerwG
Buchst	Buchstabe
BUrlG	Bundesurlaubsgesetz
BVA	Bundesversicherungsamt
BVerfG	Bundesverfassungsgericht
BVerfGE	Entscheidungen des Bundesverfassungsgerichts
BVerfSchG	Bundesverfassungsschutzgesetz
BVerwG	Bundesverwaltungsgericht
BVerwGE	Entscheidungen des Bundesverwaltungsgerichts
BVFG	Gesetz über die Angelegenheiten der Vertriebenen und Flüchtlinge
BVG	Gesetz über die Versorgung der Opfer des Krieges – Bundesversorgungsgesetz
BVormVG	Berufsvormündervergütungsgesetz
BWVPr	Baden-Württembergische Verwaltungspraxis – Zeitschrift
bzgl	bezüglich
bzw	beziehungsweise
ca	cirka
cic	culpa in contrahendo
CR	Computer und Recht – Zeitschrift
DAngVers	Die Angestelltenversicherung – Zeitschrift
dass	dasselbe
DAVorm	Der Amtsvormund – Zeitschrift
DB	Der Betrieb – Zeitschrift
DDR	Deutsche Demokratische Republik
ders	derselbe
DEUV	Datenerfassungs- und Übermittlungsverordnung
DEVO	Datenerfassungsverordnung
dgl	dergleichen, desgleichen
DGS	Deutsche Gebärdensprache
dh	das heißt
dies	dieselbe(n)

DIV	Deutsches Institut für Vormundschaftswesen
DIW	Deutsches Institut für Wirtschaftsforschung
DJT	Deutscher Juristentag
DNotZ	Deutsche Notarzeitung – Zeitschrift
DÖD	Der öffentliche Dienst – Zeitschrift
DöGw	Das öffentliche Gesundheitswesen – Zeitschrift
DOK	Die Ortskrankenkasse – Zeitschrift
DÖV	Die öffentliche Verwaltung – Zeitschrift
DPWV	Deutscher Paritätischer Wohlfahrtsverband
DRiG	Deutsches Richtergesetz
Drucks	Drucksache
DRV	Deutsche Rentenversicherung – Zeitschrift
DSG NRW	Landesdatenschutzgesetz Nordrhein-Westfalen
DST	Deutscher Städtetag – Zeitschrift
DStR	Deutsche Steuer-Rundschau; seit 1962: Deutsches Steuerrecht – Zeitschrift
DUD	Datenschutz und Datensicherung – Zeitschrift
DuR	Demokratie und Recht – Zeitschrift
DV	Deutscher Verein für öffentliche und private Fürsorge
DVBl	Deutsches Verwaltungsblatt – Zeitschrift
DVO	Durchführungsverordnung
DVP	Deutsche Verwaltungspraxis – Zeitschrift
E	Entscheidung
EDV	Elektronische Datenverarbeitung
EFA	Europäisches Fürsorgeabkommen
EG	Europäische Gemeinschaft
EGBGB	Einführungsgesetz zum BGB
EGGVG	Einführungsgesetz zum Gerichtsverfassungsgesetz
EGInsO	Einführungsgesetz zur Insolvenzordnung
EhfG	Entwicklungshelfergesetz
EheG	Ehegesetz
Einf	Einführung
EinglhV	Eingliederungshilfeverordnung
EinigVetr	Einigungsvertrag
Einl	Einleitung
Elg	Elterngeld
E-LSG	Entscheidungssammlung der Landessozialgerichte
EMRK	Europäische Menschenrechtskonvention
EntschRG	Entschädigungsrentengesetz
Entw	Entwurf
entspr	entsprechend/e/er/es/en
Erg	Erziehungsgeld
Erl	Erläuterung
ERP	European Recovery Program
ErgThG	Gesetz über den Beruf der Ergotherapeutin und des Ergotherapeuten – Ergotherapeutengesetz
ErzG	Erziehungsgeld
ErsK	Ersatzkasse; Die Ersatzkasse – Zeitschrift

EStG	Einkommensteuergesetz
etc	et cetera
EU	Europäische Union/Erwerbsunfähigkeit
EuG	Sammlung der Entscheidungen und Gutachten der Spruchstellen für Fürsorgestreitigkeiten
EuGH	Europäischer Gerichtshof
EuZW	Europäische Zeitschrift für Wirtschaftsrecht – Zeitschrift
eV	eingetragener Verein
evtl	eventuell
EVwVfG	Einführungsgesetz zum VwVfG
EWG	Europäische Wirtschaftsgemeinschaft
EWG-VO	Verordnung der Europäischen Wirtschaftsgemeinschaft
EWIV	Europäische Wirtschaftliche Interessenvereinigung
EWR	Europäischer Wirtschaftsraum
EzS	Entscheidungssammlung zum Sozialversicherungsrecht
f	und die folgende Seite/und der folgende Paragraf
FamG	Gesetz über das Verfahren in Familiensachen und in den Angelegenheiten der freiwilligen Gerichtsbarkeit
FamRZ	Zeitschrift für das gesamte Familienrecht – Zeitschrift
FANG	Fremdrenten- und Auslandsrenten-Neuregelungsgesetz
FELG	Gesetz zur Förderung der Einstellung der landwirtschaftlichen Erwerbstätigkeit
FEVS	Fürsorgerechtliche Entscheidungen der Verwaltungs- und Sozialgerichte – Zeitschrift
ff	und die folgenden Seiten/und die folgenden Paragrafen
FGG	Finanzgerichtsgesetz
FGO	Finanzgerichtsordnung
Fn	Fußnote
FÖJFG	Gesetz zur Förderung eines freiwilligen ökologischen Jahres
FRG	Fremdrentengesetz
FreizügG/EU	Gesetz über die allgemeine Freizügigkeit von Unionsbürgern
Fs	Festschrift
FuR	Familie und Recht – Zeitschrift
G	Gesetz
GAL	Gesetz über die Altershilfe für Landwirte
GB	Gerichtsbescheid
GBegr	Gesetzesbegründung/en
GbR	Gesellschaft bürgerlichen Rechts
GCP-V	Verordnung über die Anwendung der Guten Klinischen Praxis bei der Durchführung von klinischen Prüfungen mit Arzneimitteln zur Anwendung am Menschen – GCP-Verordnung
GdB	Grad der Behinderung

gem	gemäß
GemBA	Gemeinsamer Bundesausschuss
GemSOGB	Gemeinsamer Senat der obersten Gerichtshöfe des Bundes
gerichtl	gerichtliche/en/er/es
ges, gesetzl	gesetzlich/er/en/es
GesR	Gesundheitsrecht – Zeitschrift
GesundKostV	Verordnung über Kosten für bestimmte Amtshandlungen von Gesundheitseinrichtungen des Bundes – Gesundheitseinrichtungen-Kostenverordnung
GewArch	Gewerbearchiv – Zeitschrift
GewO	Gewerbeordnung
GG	Grundgesetz
GGeber	Gesetzgeber
ggf	gegebenenfalls
ggüber	gegenüber
GKV	Gesetzliche Krankenversicherung
GmbH	Gesellschaft mit beschränkter Haftung
GMBl	Gemeinsames Ministerialblatt der Bundesministerein
Grdlge	Grundlage/en
Grds	Grundsatz, Grundsätze
grds	grundsätzlich/e/er/es/en
GrdstVG	Grundstücksverkehrsgesetz
Grdz SozR	Grundzüge des Sozialrechts (Ost/Mohr/Estelmann)
GRG	Gesetz zur Strukturreform im Gesundheitswesen – Gesundheitsreformgesetz
GRV	Gesetzliche Rentenversicherung
GS	Großer Senat
GSiG	Grundsicherungsgesetz
GUV	Gesetzliche Unfallversicherung
GVBl	Gesetz- und Verordnungsblatt
GVG	Gerichtsverfassungsgesetz
hA	herrschende Ansicht
Halbs	Halbsatz
HAS	Handbuch für Arbeits- und Sozialrecht
HbRV	Handbuch der Rentenversicherung (Zweng/Scheerer ua)
Hdb SGV	Handbuch des Sozialgerichtlichen Verfahrens (Krasney/Udsching)
HdbStR	Handbuch Staatrecht (Hrsg: Kirchhof/Isensee)
HdSVR	Handbuch des Sozialversicherungsrechts (Hrsg: Schulin)
HebG	Gesetz über den Beruf der Hebamme und des Entbindungspflegers – Hebammengesetz
HeimG	Heimgesetz
Hess	Hessisch(er); Hessen
HGB	Handelsgesetzbuch

HHG	Gesetz über Hilfsmaßnahmen für Personen, die aus politischen Gründen außerhalb der Bundesrepublik Deutschland in Gewahrsam genommen wurden – Häftlingshilfegesetz
HK-SGG	Handkommentar zum SGG
hL	herrschende Lehre
HLU	Hilfe zum Lebensunterhalt
hM	herrschende Meinung
Hmb	Hamburg
Hrsg	Herausgeber
hrsgg	herausgegeben
Hs	Halbsatz
HSG	Hochschulgesetz
HStruktG	Haushaltsstrukturgesetz
HVBG-INFO	Aktueller Informationsdienst für die berufsgenossenschaftliche Sachbearbeitung
HwO	Handwerksordnung
idF	in der Fassung
idR	in der Regel
idS	in dem/diesem Sinne
iE, iErg	im Ergebnis
ieS	im engeren Sinne
IfSG	Gesetz zur Verhütung und Bekämpfung von Infektionskrankheiten beim Menschen – Infektionsschutzgesetz
InfAuslR	Informationen zum Ausländerrecht – Zeitschrift
info also	Informationen zum Arbeitslosenrecht und Sozialhilferecht – Zeitschrift
insb	insbesondere
InsG	Insolvenzgeld
InsO	Insolvenzordnung
IntFamRVG	Gesetz zur Aus- und Durchführung bestimmter Rechtsinstrumente auf dem Gebiet des internationalen Familienrechts
iRah	im Rahmen
iSd	im Sinne des/der/dieser
iSv	im Sinne von
IT	Informationstechnologie
iVm	in Verbindung mit
iwS	im weiteren Sinne
JA	Juristische Ausbildung – Zeitschrift
JAmt	Zeitschrift für Jugendhilfe und Familienrecht
JArbSchG	Jugendarbeitsschutzgesetz
JbdSozRdG	Jahrbuch des Sozialrechts der Gegenwart – Zeitschrift
jew	jeweils
jur	juristisch/e/en/er/es
JuS	Juristische Schulung – Zeitschrift

JW	Juristische Wochenschrift – Zeitschrift
JWG	Jugendwohlfahrtsgesetz
JZ	Juristenzeitung – Zeitschrift
KÄV	Kassenärztliche Vereinigung
KAG	Kommunalabgabengesetz
Kap	Kapitel
KassKomm	Kasseler Kommentar zum Sozialversicherungsrecht (Niesel ua)
KauG	Konkursausfallgeld
KfürsV	Verordnung zur Kriegsopferfürsorge
Kfz	Kraftfahrzeug
KG	Kammergericht, Kommanditgesellschaft
KGSt	Kommunale Gemeinschaftsstelle für Verwaltungsvereinfachung
KH	Krankenhaus
KHG	Krankenhausfinanzierungsgesetz
KJ	Kritische Justiz
KJHG	Kinder- und Jugendhilfegesetz
KK	Krankenkasse/en
KKZ	Kommunale Kassenzeitschrift
Komm	Kommentar
KostRMoG	Kostenrechtsmodernisierungsgesetz
KOV	Kriegsopferversorgung
KOVVfG	Kriegsopferversorgungsverfahrensgesetz
KreisG	Kreisgericht
Krg	Krankengeld
KrPflG	Gesetz über die Berufe in der Krankenpflege – Krankenpflegegesetz
krit	kritisch
KrH	Krankenhaus
KrV	Die Krankenversicherung – Zeitschrift
KSchG	Kündigungsschutzgesetz
KSVG	Gesetz über die Sozialversicherung der selbständigen Künstler und Publizisten – Künstlersozialversicherungsgesetz
KV	Krankenversicherung
KVdR	Krankenversicherung der Rentner
KVLG	Gesetz über die Krankenversicherung der Landwirte
KVLG 1989	Zweites Gesetz über die Krankenversicherung der Landwirte
KZÄV	Kassenzahnärztliche Vereinigung
LAG	Lastenausgleichsgesetz
LBG	Lautsprachbegeleitende Gebärden
LBO	Landesbeihilfeordnung
LdO	Landesverband der Ortskrankenkassen
LfD	Landesbeauftragter für den Datenschutz
LG	Landgericht

LGGBeehM	Landesgesetz zur Gleichstellung behinderter Menschen
Lit	Literatur
LKV	Landwirtschaftliche Krankenversicherung
LPartG	Lebenspartnerschaftsgesetz
LPK	Lehr- und Praxiskommentar
Ls	Leitsatz
LSA	Sachsen-Anhalt
LSG	Landessozialgericht
LT-Drucks	Landtagsdrucksachen
LVA	Landesversicherungsanstalt
LVwG	Landesverwaltungsgesetz Schleswig-Holstein
LVwZG	Landesverwaltungszustellungsgesetz
LZG	Landeszustellungsgesetz
MAD	Militärischer Abschirmdienst
MADG	Gesetz über den Militärischen Abschirmdienst
MAH	Münchener Anwaltshandbuch Sozialrecht (Hrsg: Plagemann)
mAnm	mit Anmerkungen
maW	mit anderen Worten
Mbl	Ministerialamtsblatt
MdE	Minderung der Erwerbsfähigkeit
MDK	Medizinischer Dienst der Krankenkasse
MDR	Monatsschrift des Deutschen Rechts – Zeitschrift
MV	Mecklenburg-Vorpommern
MedR	Medizinrecht – Zeitschrift
MedSach	Der medizinische Sachverständige – Zeitschrift
MG NRW	Meldegesetz Nordrhein-Westfalen
Mio	Millionen
Mrd	Milliarden
MSchG	Mutterschutzgesetz
mtl	monatlich
MRK	Menschenrechtskommission
MRRG	Melderechtsrahmengesetz
mündl	mündlich
mw	mit weiteren
mwN	mit weiteren Nachweisen
mWv	mit Wirkung vom
mWz	mit Wirkung zum
Nachw	Nachweise
Nds	Niedersachsen
NdsMBl	Niedersächsisches Ministerialblatt
NdsRPfl	Niedersächsischer Rechtspfleger – Zeitschrift
NdsVBl	Niedersächsische Verwaltungsblätter
NDV	Nachrichtendienst des Deutschen Vereins für öffentliche und private Fürsorge – Zeitschrift
NDV-RD	wie vorstehend – Rechtsprechungsdienst
nF	neue Fassung, neue Folge

NiederschlagungsAO	Niederschlagungsanordnung der Bundesanstalt für Arbeit
NJOZ	Neue Juristische Online-Zeitschrift
NJW	Neue Juristische Wochenschrift – Zeitschrift
NJW-RR	Rechtsprechungs-Report der NJW – Zeitschrift
NordÖR	Zeitschrift für Norddeutsches Öffentliches Recht
notw	notwendig/en
Nr	Nummer
NRW	Nordrhein-Westfalen
NStZ	Neue Zeitschrift für Strafrecht
NStZ-RR	Neue Zeitschrift für Strafrecht – Rechtsprechungsreport
nv	nicht veröffentlicht
NVwZ	Neue Zeitschrift für Verwaltungsrecht
NVwZ-RR	Rechtsprechungs-Report der NVwZ
NWVBL	Nordrhein-Westfalen Verwaltungsblätter – Zeitschrift
NZA	Neue Zeitschrift für Arbeits- und Sozialrecht
NZM	Neue Zeitschrift für Miet- und Wohnungsrecht
NZS	Neue Zeitschrift für Sozialrecht
oa	oder anderes
obj	objektiv/en/er
OEG	Opferentschädigungsgesetz
öffentl	öffentlich/e/er/es/en
öffentl-rechtl	öffentl-rechtlich/e/er/es/en
OH	Orientierungshilfen
OHG	Offene Handelsgesellschaft/en
OLG	Oberlandesgericht
OLGR Hamm	OLG-Report OLG Hamm
örtl	örtlich/e/er/es
OVG	Oberverwaltungsgericht
OVGE	Entscheidungssammlung: Entscheidungen der Oberverwaltungsgerichte für das Land Nordrhein-Westfalen in Münster sowie der Länder Niedersachsen und Schleswig-Holstein in Lüneburg
OWi	Ordnungswidrigkeit/en
OWiG	Ordnungswidrigkeitengesetz
PartG	Parteiengesetz
PersV	Personalvertretung
PflK	Pflegekasse
PflichtVG	Pflichtversicherungsgesetz
PflV	Pflegeversicherung
PflegeVG	Gesetz zur sozialen Absicherung des Risikos der Pflegebedürftigkeit – Pflege-Versicherungsgesetz
PKH	Prozesskostenhilfe
PolG	Polizeigesetz
PostRDV	Postrenten-Durchführungsverordnung
PPV	Private Pflegeversicherung

PrOVGE	Sammlung „Entscheidungen des Preußischen Oberverwaltungsgerichts"
PsychTHG	Gesetz über die Berufe des Psychologischen Psychotherapeuten und des Kinder- und Jugendlichenpsychotherapeuten – Psychotherapeutengesetz
PZU	Postzustellungsurkunde
R	Recht
RA	Rechtsanwalt
RBerG	Rechtsberatungsgesetz
RdL	Rechtsdienst der Lebenshilfe – Zeitschrift
RDV	Recht der Datenverarbeitung – Zeitschrift
rechtl	rechtlich/e/en/er/es
RefEntw	Referentenentwurf
RegE/RegEntw	Regierungsentwurf
Reha	Rehabilitation
RehaAnglG	Rehabilitationsangleichungsgesetz
RFV	Reichsfürsorgepflichtverordnung
RGBl	Reichsgesetzblatt
RGZ	Entscheidungen des Reichsgerichts in Zivilsachen
RhPf, rh-pf	Rheinland-Pfalz, rheinland-pfälzisch
RiA	Recht im Amt – Zeitschrift
RiLi	Richtlinie (der EU)
RKG	Reichsknappschaftsgesetz
Rn	Randnummer/n
RpflAnpG	Rechtspflegeanpassungsgesetz
RsDE	Beiträge zum Recht der sozialen Dienste und Einrichtungen – Zeitschrift
rsp	respektive
Rspr	Rechtsprechung
RÜG	Renten-Überleitungsgesetz
RuS	Recht und Schaden – Zeitschrift
RV	Rentenversicherung
rv	Die Rentenversicherung – Zeitschrift
RVG	Rechtsanwaltsvergütungsgesetz
RVO	Reichsversicherungsordnung
RVTr	Rentenversicherungsträger
rw	rechtswidrig/e/er/es/en
Rz	Randziffer/n
S	Seite
s	siehe
sa	siehe auch
Saarl	Saarland
sächs	sächsisch
SächsSorbG	Sächsisches Sorbengesetz
SchlH	Schleswig-Holstein
schriftl	schriftlich
SchuldrechtsModG	Schuldrechtsmodernisierungsgesetz

SchwarzArbG	Gesetz zur Bekämpfung der Schwarzarbeit und illegalen Beschäftigung
SchwbG	Schwerbehindertengesetz
SED-UnBerG	SED-Unrechtsbereinigungsgesetz
SF	Sozialer Fortschritt – Zeitschrift/Der Sozialversicherungsfachangestellte – Zeitschrift
SFHG	Schwangeren- und Familienhilfegesetz
Sg	Sachgebiet
SG	Sozialgericht
SGB	Sozialgesetzbuch
SGB I	Sozialgesetzbuch Erstes Buch – Allgemeiner Teil
SGB II	Sozialgesetzbuch Zweites Buch – Grundsicherung für Arbeitsuchende
SGB III	Sozialgesetzbuch Drittes Buch – Arbeitsförderung
SGB IV	Sozialgesetzbuch Viertes Buch – Gemeinsame Vorschriften für die Sozialversicherung
SGB V	Sozialgesetzbuch Fünftes Buch – Gesetzliche Krankenversicherung
SGB VI	Sozialgesetzbuch Sechstes Buch – Gesetzliche Rentenversicherung
SGB VII	Sozialgesetzbuch Siebtes Buch – Gesetzliche Unfallversicherung
SGB VIII	Sozialgesetzbuch Achtes Buch – Kinder- und Jugendhilfe
SGB IX	Sozialgesetzbuch Neuntes Buch – Rehabilitation und Teilhabe behinderter Menschen
SGB X	Sozialgesetzbuch Zehntes Buch – Sozialverwaltungsverfahren und Sozialdatenschutz
SGB XI	Sozialgesetzbuch Elftes Buch – Soziale Pflegeversicherung
SGB XII	Sozialgesetzbuch Zwölftes Buch – Sozialhilfe
SGb	Die Sozialgerichtsbarkeit – Zeitschrift
SGBÄndG	Gesetz zur Änderung des SGB
SGB-SozVers-GesKomm	Sozialgesetzbuch – Sozialversicherung, Gesamtkommentar
SGG	Sozialgerichtsgesetz
SGG-ÄndG	Sozialgerichtsgesetz-Änderungsgesetz
SigG	Signaturgesetz
SKWPG	Gesetz zur Umsetzung des Spar-, Konsolidierungs- und Wachstumsprogramms
sog	sogenannt/e/er/es/en
SozR	Sozialrecht, Entscheidungssammlung
SozSich	Soziale Sicherheit, Zeitschrift für Sozialpolitik
SRH	Sozialrechtshandbuch (Maydell/Ruland)
SsE	Sammlung sozialhilferechtlicher Entscheidungen
StA	Staatsanwaltschaft, Staatsanwalt
StGB	Strafgesetzbuch
StPO	Strafprozessordnung
str	streitig/strittig

StrV	Strafverteidiger, Gesetz über das Strafverfahren
StrRehaG	Strafrechtliches Rehabilitationsgesetz
StVG	Straßenverkehrsgesetz
SV	Sozialversicherung
SVA	Sozialversicherungsabkommen
SVBG	Gesetz über die Sozialversicherung Behinderter
SVG	Soldatenversorgungsgesetz
SVR	Sozialversicherungsrecht
SVTr	Sozialversicherungsträger/in
SWG	Schlechtwettergeld; Sorben-Wenden-Gesetz
Tb	Tätigkeitsbericht
teilw	teilweise/n
THG	Tuberkulosehilfegesetz
Thür	Thüringen
ThürVBl	Thüringische Verwaltungsblätter – Zeitschrift
TMG	Telemediengesetz
Tr	Träger
TVG	Tarifvertragsgesetz
uä	und ähnlicher/s
ua	unter anderem, und andere/s
uam	und andere/es mehr
UhG	Unterhaltsgeld
umstr	umstritten
UNO	Vereinte Nationen
UPR	Umwelt- und Planungsrecht – Zeitschrift
urspr	ursprünglich/e/er/es/en
Urt	Urteil/e/en/s
USG	Unterhaltssicherungsgesetz
UStG	Umsatzsteuergesetz
usw	und so weiter
uU	unter Umständen
UV	Unfallversicherung
UVG	Unterhaltsvorschussgesetz
UVTr	Unfallversicherungsträger
UVV	Unfallverhütungsvorschriften
v	von/m
VA	Verwaltungsakt/e/es/en
VAHRG	Gesetz zur Regelung von Härten im Versorgungsausgleich
VBlBW	Verwaltungsblatt Baden-Württemberg
VdAK	Verband der Angestelltenkrankenkassen
VdK	Verband der Kriegsopfer, Hinterbliebenen und Sozialrentner
VDR	Verband Deutscher Rentenversicherungsträger
Verf	Verfassung
VerkMitt	Verkehrsmitteilungen
VermG	Vermögensgesetz

VersNr	Versicherungsnummer
VersorgB	Der Versorgungsbeamte – Zeitschrift
VersorgVerw	Die Versorgungsverwaltung – Zeitschrift
VersR	Versicherungsrecht – Zeitschrift
Verw	Verwaltung/en; Die Verwaltung – Zeitschrift
VerwArch	Verwaltungsarchiv – Zeitschrift
VerwR	Verwaltungsrecht
VerwVerf	Verwaltungsverfahren
VerwVertrag	Verwaltungsvertrag
VfG-KOV	Gesetz über das Verwaltungsverfahren der Kriegsopferversorgung
VG	Verwaltungsgericht
VGH	Verwaltungsgerichtshof
vgl	vergleiche
vglbar	vergleichbar
vH	von Hundert
VO	Verordnung/en
Vor	Voraussetzung/en
Vor/Vorbem	Vorbemerkung/en
VSSR	Vierteljahresschrift für Sozialrecht – Zeitschrift
VTr	Versicherungsträger
Vtr	Vertrag
VUVO	Versicherungsunterlagenverordnung
VV	Verwaltungsvorschriften
VVDStRL	Veröffentlichungen der Vereinigung der Deutschen Staatsrechtslehrer
VVG	Versicherungsvertragsgesetz
VwGO	Verwaltungsgerichtsordnung
VwGOÄndG	Änderungsgesetz zur Verwaltungsgerichtsordnung
VwRehaG	Gesetz über die Aufhebung rechtsstaatswidriger Verwaltungsentscheidungen im Beitrittsgebiet und die daran anknüpfenden Folgeansprüche – Verwaltungsrechtliches Rehabilitierungsgesetz
VwVfG	Verwaltungsverfahrensgesetz
VwVfÄndG	Verwaltungsverfahrens-Änderungsgesetz
VwVG	Verwaltungsvollstreckungsgesetz
VwZG	Verwaltungszustellungsgesetz
WEG	Wohnungseigentumsgesetz
wg	wegen
WG	Wintergeld
WM	Wertpapier-Mitteilungen – Zeitschrift
wN	weitere Nachweise
WoBauG	Wohnungsbaugesetz
WoGG	Wohngeldgesetz
WPflG	Wehrpflichtgesetz
WsprVerf	Widerspruchsverfahren/s
WzS	Wege zur Sozialversicherung – Zeitschrift
ZAP	Zeitschrift für Anwaltspraxis

ZAR	Zeitschrift für Ausländerrecht
zB	zum Beispiel
ZBR	Zeitschrift für Beamtenrecht
ZDG	Zivildienstgesetz
Zeitpkt	Zeitpunkt
ZfF	Zeitschrift für das Fürsorgewesen
ZfJ	Zentralblatt für Jugendrecht
ZfS	Zeitschrift für Sozialversicherung, Sozialhilfe und Versorgung
ZfSch	Zeitschrift für Schadensrecht
ZfSH	Zeitschrift für Sozialhilfe
ZFSH/SGB (früher: ZfSH/SGB)	Zeitschrift für Sozialhilfe und Sozialgesetzbuch
ZfSR	Zeitschrift für Sozialreform
ZHG	Gesetz über die Ausübung der Zahnheilkunde
ZIAS	Zeitschrift für internationales und ausländisches Sozialrecht
Ziff	Ziffer
ZPO	Zivilprozessordnung
ZRP	Zeitschrift für Rechtspolitik
ZSEG	Gesetz über die Entschädigung von Sachverständigen und Zeugen
zT	zum Teil
zust	zustimmend/e/en/er
ZVersWiss	Zeitschrift für die gesamte Versicherungswissenschaft
zZt	zur Zeit

Literaturverzeichnis

Nachfolgende Literatur wird in den Kommentierungen jew nur mit Autor(en) und Titel angegeben, soweit nicht ausdrücklich eine andere Zitierweise verwendet wird; vgl zu den verwendeten Abkürzungen auch das Abkürzungsverzeichnis.

Bundesversicherungsanstalt für Angestellte, SGB – Sozialgesetzbuch – 10. Buch – Verwaltungsverfahren, 9. Aufl 2010 (zit: *BfA* SGB X § ... Rz ...)

Bienwald/Sonnenfeld/Hoffmann, Betreuungsrecht, 6. Aufl 2016

Bley/Kreikebohm/Marschner, Sozialrecht, 9. Aufl 2007

Bochumer Kommentar zum Sozialgesetzbuch, Allgemeiner Teil, hrsg von Wilhem Wertenbruch, 1979 (zit: *Autor* in BochKomm SGB I § ... Rz ...)

Brackmann, Handbuch der Sozialversicherung, Band IV, 1988

Brand, SGB III, Sozialgesetzbuch, Arbeitsförderung, Kommentar, 7. Aufl 2015 (zit: *Autor* in Niesel SGB III § ... Rz ...)

Dörr/Francke, Sozialverwaltungsrecht, 3. Aufl 2012

Dreier (Hrsg), Grundgesetz der Bundesrepublik Deutschland (GG), Kommentar, 3 Bd, 3. Aufl 2013 (zit: *Autor* in Dreier GG Art ... Rz ...)

Eicher, SGB II, 3. Aufl 2013

Eichenhofer, Sozialrecht, 9. Aufl 2015

Eichenhofer/Wenner, Kommentar zum Sozialgesetzbuch I, IV, X 2012, (zit: *Autor* in Eichenhofer/Wenner SGB I, IV, X § ... Rz ...)

Engelhardt/App/Schlatmann, VwVG – VwZG, 10. Aufl 2014

Erichsen/Ehlers (Hrsg), Allgemeines Verwaltungsrecht, 14. Aufl 2010 (zit: *Erichsen* Allg VerwR § ... Rz ...)

Erlenkämper/Fichte, Sozialrecht, Allgemeiner Teil, 6. Aufl 2008

Erlenkämper/Zimmermann (Hrsg), Rechtshandbuch für die kommunale Praxis, 2009 (zit: *Autor* in Hdb KommPrax § ... Rz ...)

Eyermann, Verwaltungsgerichtsordnung, 14. Aufl 2014 (zit: *Autor* in Eyermann VwGO § ... Rz ...)

Fehling/Kastner/Störmer, Verwaltungsrecht, 4. Aufl 2016 (zit: *Autor* in Fehling/Kastner/Störmer, Verwaltungsrecht § ... Rz ...)

Fichte/Plagemann, Sozialverwaltungsverfahrensrecht, Handbuch, 2. Auflage 2016 (zit: *Autor* in HdbSozVVerfR, § ... Rz ...)

Fischer (Hrsg), Strafgesetzbuch (StGB), 63. Aufl 2016 (zit: *Fischer* StGB § ... Rz ...)

Gemeinschaftskommentar zum Sozialgesetzbuch – SGB X/1, Verwaltungsverfahren, 1991, hrsg und erläutert von Krause (zit: *Autor* in GK SGB X § ... Rz ...)

Gemeinschaftskommentar zum Sozialgesetzbuch – SGB X/3, Zusammenarbeit der Leistungsträger und ihre Beziehungen zu Dritten, 1984, hrsg und erläutert von von Maydell und Schellhorn (zit: *Autor* in GK SGB X § ... Rz ...)

Gitter/Schmitt, Sozialrecht, 5. Aufl 2001

Grube/Wahrendorf, SGB XII, 6. Aufl 2016 (zit: *Grube/Wahrendorf* SGB XII § ... Rz ...)

Hänlein/Schuler (Hrsg), Gesetzliche Krankenversicherung (SGB V) – Lehr- und Praxiskommentar, 5. Aufl 2016 (zit: Autor in LPK-SGB V § ... Rz ...)

Hauck/Noftz (Hrsg), Sozialgesetzbuch – SGB I – Allgemeiner Teil (Band-Hrsg: Ulrich Becker), Loseblatt (zit: *Autor* in Hauck/Noftz § ... Rz ...)

Hauck/Noftz (Hrsg), SGB X 1, 2 – Verwaltungsverfahren und Schutz der Sozialdaten (Band-Hrsg.: Klaus Vogelgesang), Loseblatt (zit: *Autor* in Hauck/Noftz § ... Rz ...)

Hauck/Noftz (Hrsg), SGB X 3 – Zusammenarbeit der Leistungsträger und ihre Beziehungen zu Dritten (Band-Hrsg: Georg Recht), Loseblatt (zit: *Autor* in Hauck/Noftz § ... Rz ...)

Haverkate/Huster, Europäisches Sozialrecht, 1999

Hoffmann-Riem/Schmidt-Aßmann (Hrsg), Strukturen des europäischen Verwaltungsrechts, 1999

Hoffmann-Riem/Schmidt-Aßmann (Hrsg), Verwaltungsverfahren und Verwaltungsverfahrensgesetz, 2002

Höfling (Hrsg), Transplantationsgesetz, 2. Aufl 2013

Hufen/Siegel, Fehler im Verwaltungsverfahren, 5. Aufl 2013

Hufen, Verwaltungsprozessrecht, 9. Aufl 2013

Isensee/Kirchhof, Handbuch des Staatrechts der Bundesrepublik Deutschland, Bd 1, 2: 1987, Bd 3: 1988, Bd 4: 2006 (zit: HdbStR Bd … § … Rz …)

Jäde, Verwaltungsverfahren, Widerspruchsverfahren, Verwaltungsprozess, 6. Aufl 2011 (zit: *Jäde* Verwaltungsverfahren,…)

Jarass/Pieroth, Grundgesetz, Kommentar, 13. Aufl 2014 (zit: *Jarass/Pieroth* GG Art … Rz …)

Jürgens (Hrsg), Betreuungsrecht, 5. Aufl 2014

Kasseler Kommentar, Sozialversicherungsrecht, Bd 2 Loseblatt (zit: *Autor* in KassKomm § … Rz …)

Kater/Leube, Gesetzliche Unfallversicherung – SGB VII, 1997 (zit: *Kater/Leube* SGB VII § … Rz …)

Klie/Krahmer (Hrsg), Soziale Pflegeversicherung (SGB XI), Lehr- und Praxiskommentar, 4. Aufl 2013 (zit: *Autor* in LPK-SGB XI § … Rz …)

Knack/Busch/Clausen/Henneke/Klappstein/Möllgaard, Verwaltungsverfahrensgesetz (VwVfG), 9. Aufl 2009 (zit: *Autor* in Knack VwVfG § … Rz …)

Kopp/Ramsauer, Verwaltungsverfahrensgesetz (VwVfG), 16. Aufl 2015 (zit: *Kopp/Ramsauer* VwVfG § … Rz …)

Kopp/Schenke, Verwaltungsgerichtsordnung (VwGO), 22. Aufl 2016 (zit: *Kopp/Schenke* VwGO § … Rz …)

Krahmer/Trenk-Hinterberger (Hrsg), Sozialgesetzbuch Allgemeiner Teil (SGB I) – Lehr- und Praxiskommentar, 3. Aufl 2014 (zit: *Autor* in LPK-SGB I § … Rz …)

Krasney/Udsching, Handbuch des sozialgerichtlichen Verfahrens, 6. Aufl 2011 (zit: *Autor* in Hdb SGV)

Krauskopf, Soziale Krankenversicherung, Pflegeversicherung, Loseblatt (zit: *Autor* in Krauskopf § … Rz …)

Knickrehm/Kreikebohm/Waltermann, Kommentar zum Sozialrecht, 4. Auflage 2015 (zit: *Autor* in Kreikebohm § … Rz …)

Kreßel/Wollenschläger, Leitfaden zum Sozialversicherungsrecht, 2. Aufl 1996

Kummer, Das sozialgerichtliche Verfahren, 3. Aufl 2016

Kummer, Die Nichtzulassungsbeschwerde, 2. Aufl 2010

Lüdtke (Hrsg.), Sozialgerichtsgesetz, 4. Aufl 2012 (zit.: *Autor* in Hk-SGG, § … Rz …)

Mangoldt, von/Klein/Stark, Das Bonner Grundgesetz, Bd 1, 7. Aufl 2016 (zit: *Autor* in v Mangoldt ua GG Art … Rz …)

Mann/Sennekamp/Uechtritz, Verwaltungsverfahrensgesetz, 1. Aufl 2014 (zit: *Autor* in Mann/Sennekamp/Uechtritz VwVfG § … Rz …)

Martens, Praxis des Verwaltungsverfahrens, 1985

Maunz/Dürig/Herzog/Scholz ua, Grundgesetz der Bundesrepublik Deutschland, Kommentar, Loseblatt (zit: *Autor* in Maunz/Dürig/Herzog GG Art … Rz …)

Maurer, Allgemeines Verwaltungsrecht, 18. Aufl 2011 (zit: *Maurer* Allg VerwR § … Rz …)

Maydell, von (Hrsg), Lexikon des Rechts – Sozialrecht, 2. Aufl 1994

Maydell, von/Ruland/Becker (Hrsg), Sozialrechtshandbuch 5. Aufl 2012 (zit: *Autor* in Maydell/Ruland SRH § … Rz …)

Meyer/Borgs-Maciejewski, Verwaltungsverfahrensgesetz, 2. Aufl 1982 (zit: *Meyer/Borgs-Maciejewski* VwVfG § … Rz …)

Meyer-Ladewig/Keller/Leitherer, Sozialgerichtsgesetz (SGG), 11. Aufl 2014
(zit: *Meyer-Ladewig/Keller/Leitherer* SGG § ... Rz ...)

Mrozynski, Sozialgesetzbuch – Allgemeiner Teil (SGB I), 5. Aufl 2014
(zit: *Mrozynski* SGB I § ... Rz ...)

Muckel, Sozialrecht, 4. Aufl 2011

Münch, von/Kunig (Hrsg), Grundgesetz-Kommentar, 2 Bd, 6. Aufl 2012
(zit: *Autor* in v Münch/Kunig Bd ... GG Art ... Rz ...)

Münchener Kommentar zur ZPO, Bd 1, hrsg von Lüke/Wax, 4. Aufl 2013
(zit: *Autor* in MüKomm ZPO § ... Rz ...)

Neumann/Pahlen/Majerski-Pahlen, Sozialgesetzbuch IX (SGB IX), 12. Aufl 2010
(zit: *Neumann/Pahlen/Majerski-Pahlen* SGB IX § ... Rz ...)

Niesel/Herold-Tews, Der Sozialgerichtsprozess, 6. Aufl 2012

Obermayer/Ehlers/Link (Hrsg), Verwaltungsverfahrensgesetz (VwVfG), 3. Aufl 1999
(zit: *Autor* in Obermayer, VwVfG § ... Rz ...)

Ost/Mohr/Estelmann, Grundzüge des Sozialrechts, 2. Aufl 1998
(zit: *Ost/Mohr/Estelmann* Grdz SozR)

Palandt, Bürgerliches Gesetzbuch – BGB ua, 75. Aufl 2016
(zit: *Autor* in Palandt BGB § ... Rz ...)

Peters/Sautter/Wolff, Kommentar zur Sozialgerichtsbarkeit (SGG), Loseblatt
(zit: *Peters/Sautter/Wolff* SGG § ... Rz ...)

Pickel, Das Verwaltungsverfahren, Kommentar zum Sozialgesetzbuch – SGB X, Loseblatt (zit: *Pickel* SGB X § ... Rz ...)

Pitschas, Verwaltungsverantwortung und Verwaltungsverfahren, 1990

Plagemann (Hrsg), Münchener Anwaltshandbuch, Sozialrecht, 4. Aufl 2013
(zit: *Autor* in Plagemann, MAH)

Redeker/Oertzen, von, Verwaltungsgerichtsordnung (VwGO), Kommentar, 15. Aufl 2010 (zit: *Redeker/von Oertzen* VwGO § ... Rz ...)

Roos/Wahrendorf, Sozialgerichtsgesetz Kommentar. 2014
(zit: *Autor* in Roos/Wahrendorf SGG §... Rz...)

Rüfner, Einführung in das Sozialrecht, 2. Aufl 1999

Sachs (Hrsg), Grundgesetz der Bundesrepublik Deutschland (GG), Kommentar, 7. Aufl 2014 (zit: *Autor* in Sachs GG Art ... Rz ...)

Sadler, VwVG – VwZG, 9. Aufl 2014

Schenke, Verwaltungsprozessrecht, 14. Aufl 2014

Schmitt Glaeser (Hrsg), Verwaltungsverfahren, Festschrift zum 50jährigen Bestehen des Richard Boorberg-Verlags, 1977
(zit: *Autor* in Schmitt Glaeser, Verwaltungsverfahren, Fs 1977,...)

Schmitt, Gesetzliche Unfallversicherung (SGB VII), 4. Aufl 2009
(zit: *Schmitt* SGB VII § ... Rz ...)

Schnapp, Grenzen der Amtshilfe, in Fs Wannagat, 1981, S 449 ff
(zit: *Schnapp* Fs Wannagat,...)

Schoch/Schmidt-Aßmann/Pitzner (Hrsg), Verwaltungsgerichtsordnung, Kommentar, Loseblatt (zit: *Autor* in Schoch/Schmidt-Aßmann/Pitzner VwGO § ... Rz ...)

Schulin (Hrsg), Handbuch des Sozialversicherungsrechts; 4 Bd (1994, 1996, 1999, 1997) (zit: *Autor* in Schulin HdSVR Bd ... § ... Rz ...)

Schulin/Igl, Sozialrecht, 7. Aufl 2002

Spindler/Schmitz/Geis, TDG-Kommentar, 2004 (zit.: *Autor* in *Spindler/Schmitz/Geis* TDK § ... Rz ...)

Stein/Jonas, Kommentar zur ZPO, Bd 1, 22. Aufl 2003 (zit: *Stein/Jonas* ZPO § ... Rz ...)

Stelkens/Bonk/Sachs (Hrsg), Verwaltungsverfahrensgesetz – VwVfG, 8. Aufl 2014
(zit: *Autor* in Stelkens/Bonk/Sachs VwVfG § ... Rz ...)

Stern, Das Staatsrecht der Bundesrepublik Deutschland, Bd 2 1980
(zit: *Stern*, Staatsrecht)

Straub, Sozialverwaltungsverfahren, 1991

Ule/Laubinger, Verwaltungsverfahrensrecht, 4. Aufl 1995
  (zit: *Ule/Laubiger* VerwR § ... Rz ...)

Waltermann, Sozialrecht, 11. Aufl 2015

Wallerath, Allgemeines Verwaltungsrecht, 6. Aufl 2009 (zit: *Wallerath*, Allg VerwR,...)

Wannagat (Hrsg), Sozialgesetzbuch, Kommentar zum Recht des Sozialgesetzbuchs, 10
  Bd, SGB X: Bd 7-9, Loseblatt (zit: *Autor* in Wannagat SGB X § ... Rz ...)

Weides, Verwaltungsverfahren und Widerspruchsverfahren, 3. Aufl 1993
  (zit: *Weides* VerwVerf,...)

Wiesner (Hrsg), Kinder- und Jugendhilfe (SGB VIII), 5. Aufl 2015
  (zit: *Autor* in Wiesner SGB VIII § ... Rz ...)

Wolff/Bachof/Stober, Verwaltungsrecht, Bd 1, 13. Aufl 2016
  (zit: *Wolff/Bachof/Stober*, VerwR I § ... Rz ...)

Wolff/Bachof/Stober, Verwaltungsrecht, Bd 2, 7. Aufl 2010
  (zit: *Wolff/Bachof/Stober*, VerwR II § ... Rz ...)

Wulffen, von/Schütze (Hrsg), Sozialgesetzbuch – SGB X, 8. Aufl 2014
  (zit: *Autor* in von Wulffen/Schütze SGB X § ... Rz ...)

Zöller (Hrsg), Zivilprozessordnung, 31. Aufl 2016
  (zit: *Autor* in Zöller ZPO § ... Rz ...)

Zweng/Scheerer/Buschmann/Dörr, Handbuch der Rentenversicherung, Teil I – SGB I,
  IV, X, Loseblatt (zit: *Zweng ua* HbRV)

Einleitung

1. Das SGB X – ein Überblick

Das „Zehnte Buch Sozialgesetzbuch – Sozialverwaltungsverfahren und Sozial- **1**
datenschutz" (SGB X) ist ein sorgfältig geplantes Wunschkind der an Rechtsvereinheitlichung und -systematisierung orientierten zuständigen Ministerialver-
waltung und hat 1980/1983 das Licht der Welt erblickt – zunächst allerdings
noch mit anderem Namen: „SGB X – Verwaltungsverfahren, Schutz der Sozialdaten, Zusammenarbeit der Leistungsträger und Ihre Beziehungen zu Dritten"
und seit 2001 unter der heute bekannten Bezeichnung. Mit dem SGB X ist ein
**wichtiger, rechtsstaatlich gebotener Schritt zur verfahrensrechtlichen Anleitung
behördlicher Willensbildung im Bereich des Sozialrechts** vollzogen worden (so:
Wallerath in von Maydell/Ruland SRH B 12 Rz 1; vgl auch: *Häberle* in Schmitt
Glaeser, Verwaltungsverfahren, Fs 1977, 47: Verfahrensgesetze sind „eine Art
Grundgesetz für die zweite Gewalt").

Die **Namensgebung** ist allerdings geradezu **kurios**: Während das SGB X 1980 **2**
mit den ersten beiden Kap (Verwaltungsverfahren und Sozialdatenschutz) ge-
startet war, aber gleichwohl von Anfang an das erst 1983 nachfolgende dritte
Kap schon im Namen trug („... Zusammenarbeit der Leistungsträger und Ihre
Beziehungen zu Dritten"), entschied sich der Gesetzgeber in 2001 für ein „Na-
men-Lifting", indem er diesen – bei im Übrigen nur leicht veränderten Normenbestand (das allein aus § 120 bestehende 4. Kap wurde eingefügt) – auf die ersten beiden Kapitel reduzierte. Die Begründung dafür, dass das „bisher aus zwei
getrennten Gesetzen bestehende Zehnte Buch Sozialgesetzbuch zu einem einheitlichen Buch zusammengefasst werden (und) eine neue Bezeichnung erhalten
(sollte), die den beiden bisherigen Teilregelungen gerecht wird" (BT-Drucks
14/4375, 44, 58), ist kaum verständlich. Denn zum einen ist 1983 das SGB X
nur um ein drittes Kap ergänzt worden und bestand – auch seitdem – nur aus
einem „Gesetz". Zum anderen verkürzt die neue Bezeichnung den Inhalt des
SGB X und wird diesem gerade nicht mehr gerecht.

Im **Beitrittsgebiet** ist das SGB X nach den allgemeinen Regeln in Kraft getreten. **3**
Nach Art 8 EinigVtr (BGBl II 1990, 889, 1032) trat mit dem Wirksamwerden
des Beitritts gem Art 3 EinigVtr Bundesrecht im Beitrittsgebiet in Kraft, soweit
es nicht in seinem Geltungsbereich auf bestimmte Länder oder Landesteile der
Bundesrepublik Deutschland beschränkt ist und soweit durch den EinigVtr,
insb dessen Anlage 1, nichts Abweichendes bestimmt ist. Bedeutsam ist zunächst **Art 19 EinigVtr**, wonach vor dem Wirksamwerden des Beitritts ergangene VA der DDR grds wirksam bleiben (vgl hierzu auch: Vorbem §§ 44-50 Rz
28 f). Sie können – abweichend von den Vorschriften über die Bestandskraft
von VA – aufgehoben werden, sofern sie mit rechtsstaatlichen Grundsätzen

oder den Regelungen des EinigVtr nicht vereinbar sind. Die Regelungen des EinigVtr sind am 18.9.1990 in Kraft getreten (Art 45 Abs 1 EinigVtr). Eine differenzierende Regelung wird in der **Anlage I Kap VIII Sachgebiet D Abschn III** für das SGB X getroffen. Danach ist das SGB X für die Bereiche Kranken-, Renten- und Unfallversicherung erst ab dem **1.1.1991** anzuwenden.

1.1. Regelungsinhalt

4   Das SGB X besteht aus **drei Kapiteln** bzw seit dem 4. Euro-Einführungsgesetz v 21.12.2000 (BGBl I 1983) aus vier (nämlich: § 120 als Übergangs- und Schlussvorschrift; vgl zur Begründung: BT-Drucks 14/4375, 58), wobei sich das erste mit dem **Verwaltungsverfahren** (§§ 1-66), das zweite mit dem **Sozialdatenschutz** (§§ 67-85 a) und das dritte schließlich mit der **Zusammenarbeit der Leistungsträger untereinander sowie deren Beziehungen zu Dritten** (§§ 86-119) beschäftigt. Bei diesen mehr als 120 Rechtsnormen stellt sich die Frage nach der **systematischen Klammer**, der inneren Rechtfertigung für die Zusammenfügung gerade dieser Regelungsbereiche in einem Gesetz (vgl zum Begriff allgemeines Verwaltungsrecht: Rz 22 ff). Ein Blick in das **VwVfG des Bundes** zeigt jedenfalls, dass es sich hierbei keineswegs um den zwingenden oder zumindest üblichen Normenstrauß von Verwaltungsverfahrensgesetzen handelt, denn die zB im VwVfG – allerdings in weniger Paragrafen – enthaltenen acht Teile decken sich mit dem SGB X im Wesentlichen nur in den ersten vier, nämlich den Bestimmungen über Anwendungsbereich und örtlicher Zuständigkeit (1. Teil VwVfG = 1. Kap Abschn 1 SGB X), den Regelungen zum Verwaltungsverfahren (2. Teil VwVfG = 1. Kap Abschn 2 SGB X) sowie den Bestimmungen zum VA und öffentl-rechtl Vertrag (3. und 4 Teil VwVfG = 1. Kap Abschn 3 und 4 SGB X). Die neun Teile des aus mehr als dreimal so vielen Normen wie das SGB X bestehende **AO 1977** weist noch mehr Besonderheiten auf.

5   Ziel des **Ersten Kapitels** war es, das zersplitterte, aus unterschiedlichen Traditionen stammende und daher sehr ausdifferenzierte Verwaltungsverfahrensrecht für sämtliche Sozialleistungsträger in einem G nach einheitlichen Gesichtspunkten zusammenzufassen. Das Verwaltungsverfahrensrecht sollte – wie der Allgemeine Teil (SGB I) und die Gemeinsamen Vorschriften für die Sozialversicherung (SGB IV) – **zum besseren Verständnis des Bürgers** beitragen, dessen Rechtsstellung stärken, die Rechtsanwendung durch Verwaltung und Rspr erleichtern und die Rechtssicherheit fördern. Deshalb wurden die bestehenden Vorschriften bereinigt, aktualisiert, vereinfacht und soweit wie möglich harmonisiert (BT-Drucks 8/4022, 79). Neben einleitenden Bestimmungen zu Anwendungsbereich, Zuständigkeit und Amtshilfe und kürzeren Abschnitten zum öffentlich-rechtlichen Vertrag, zum Rechtsbehelfsverfahren und insb zu Kosten, Zustellung und Vollstreckung stehen **die Regelungen zum Verwaltungsverfahren (§§ 8-30) sowie zum Verwaltungsakt**, einschließlich der Rücknahme- und Widerrufbestimmungen (§§ 31-51), im Vordergrund.

6   Das Ziel des **Zweiten Kapitels** war es, eine abschließende, möglichst Generalklauseln vermeidende Regelung für den **Schutz der Sozialdaten** – unter Anlehnung an das BDSG – in das SGB X aufzunehmen. Nachdem das BVerfG (BVerfGE 65, 1) den Datenschutz über das allgemeine Persönlichkeitsrecht (Art 2 Abs 1 iVm Art 1 Abs 1 GG) als sog „**Recht auf informationelle Selbstbestimmung**" in die Sphäre des Grundrechtsschutzes angehoben hatte, waren nunmehr für jeden Eingriff in dieses Grundrecht ausdrückliche Ermächtigungsgrundlagen erforderlich, die wiederum dem Grds der Verhältnismäßigkeit (Wechselwirkungstheorie) entsprechen mussten. Leitlinie für den gesamten Re-

gelungskomplex war deshalb zum einen das Bestreben, dass „niemand dadurch, dass er der SV angehört oder sonst Ansprüche auf Sozialleistungen geltend macht, mehr als andere Bürger der Preisgabe seiner personenbezogenen Daten ausgesetzt werden darf" (vgl BT-Drucks 8/2034, 1; 8/4022, 80). Gemeint war indes, dass die häufig besonders sensiblen Sozialdaten insb gegen eine (ungerechtfertigte) Weitergabe besonders geschützt werden sollten, denn tatsächlich ist eine Preisgabe in größerem Umfang nicht zu vermeiden, zB um die Leistungsvoraussetzungen zu prüfen, und im Hinblick auf § 17 Abs 1 Ziff 1 SGB I grds auch nicht zu beanstanden (vgl zur Ambivalenz von Daten*schutz* und Daten*fluss*: Vorbem §§ 67-85 a Rz 5). Im Vordergrund stand aber zum anderen das Ziel, die Datenverarbeitung durch die Sozialversicherungsträger möglichst klar, verständlich und zugleich praktikabel zu regeln.

Das **Dritte Kapitel** des SGB X berücksichtigt, dass die sozialstaatliche Ordnung ein **gegliedertes Sozialleistungssystem** darstellt und deshalb auch das Verhältnis der Sozialleistungsträger zueinander regeln muss. In diesem Regelungskontext kommt dem Auftragsverhältnis zwischen den Leistungsträgern bei der Aufgaben-/Leistungserfüllung und der **Zusammenarbeit der Leistungsträger untereinander** (§§ 87-96) sowie den (erstmals als „geschlossenes System" möglichen, vgl Vorbem §§ 102-114 Rz 5) Regelungen über die gegenseitigen **Erstattungsansprüche** bei Vorleistungen eines Leistungsträgers – also idR im Nachgang zur eigentlichen Leistungserfüllung – besondere Bedeutung zu. Daneben ist das Sozialleistungssystem zT auch auf die Mitwirkung außenstehender Dritter (Ärzte, Arbeitgeber etc) angewiesen, zB um leistungsrelevante Sachverhalte zu ermitteln. Die §§ 97-101 a regeln deshalb die **Zusammenarbeit mit Dritten**. Schließlich kann ein zu Sozialleistungen verpflichtendes Ereignis durch einen Dritten unerlaubt und schuldhaft verursacht worden sein, so dass in den §§ 115-119 die Frage entsprechender **Ersatzansprüche** zugunsten der in Vorleistung getretenen Leistungsträger zu regeln war.

7

Das **Vierte Kapitel** (§ 120) ist zum 1.1.2001 in Kraft getreten (vgl Art 68 Abs 1 4. Euro-Einführungsgesetz v 21.12.2000, Rz 4). Die Übergangs- und Schlussvorschriften waren bislang in Artikel II des Gesetzes vom 4. November 1982 (BGBl I 1450) enthalten. Da dieser Artikel aufgehoben wurde, musste ein neues Kapitel: Übergangs- und Schlussvorschriften eingefügt werden (BT-Drucks 14/4375, 58).

8

1.2. Entstehungsgeschichte

Am 5.5.1970 wurde beim BMA eine **Sachverständigenkommission** einberufen, welche die Aufgabe hatte, dass jene „Bereiche des Sozialrechts, die sozial- und rechtspolitische Gemeinsamkeiten aufweisen und sich für eine Einordnung in ein Gesetzeswerk eignen, nach einheitlichen Grundsätzen und unter Anpassung an strukturelle Veränderungen überarbeitet, in einem Gesetzbuch zusammengefasst und dabei grundsätzlich alle gemeinsamen Tatbestände in einem Allgemeinen Teil dieses Gesetzbuchs geregelt werden" (Beschluss der BReg v 19.3.1970).

9

Mit dieser Kommission sollten die Überlegungen zur Reform und insb **einheitlichen Kodifikation des Sozialrechts** (vgl hierzu: *Rohwer-Kahlmann* SGb 1976, 1) in konkrete Gesetzesform gegossen werden (vgl RegErkl v 28.10.1969; zur Entwicklungsgeschichte: *Jung* SGb 2002, 1; *von Maydell* in von Maydell, Lexikon des Rechts: Sozialrecht 2. Aufl 1994, 303 ff). Nach der von *Jeremy Bentham* um 1800 in die Gesetzgebungslehre eingeführten Terminologie ist unter Kodifikation eine grds erschöpfend gedachte, planvolle, nach systematischen Gesichtspunkten erfolgende Zusammenfassung und Fortentwicklung des ge-

10

samten Stoffs eines oder mehrerer Rechtsgebiete in einem einheitlichen Gesetzbuch zu verstehen (vgl *Kahl* Das Verwaltungsverfahrensgesetz zwischen Kodifi-
kationsidee und Sonderrechtsentwicklungen, in Hoffmann-Riem/Schmidt-Aß-
mann, Verwaltungsverfahren und Verwaltungsverfahrensgesetz, 2002, 67 [83]
mwN). Durch die Zusammenfassung in einem Gesetzbuch sollte das Sozialrecht **übersichtlicher gegliedert und vereinfacht** und vor allem für den Bürger
lesbarer und verständlicher werden (von *Maydell* in von Maydell/Ruland SRH
A I Rz 15). Geplant war, dass das Sozialgesetzbuch insg 10 Bücher umfasst.

11 Die **Neuordnung des sozialrechtl Verwaltungsverfahrens** vereinheitlicht die
nach dem bisherigen Recht in vielen Einzelgesetzen verstreuten verfahrensrechtlichen Regelungen (vgl Rz 5) und ist eine Abkehr von dem für die jew Einzelbe-
reiche auf dem Gebiet der Sozialverwaltung geltenden und vertraut gewordenen
Verfahrensrechte (*Pickel* SGB X Allg Rz 3). Denn bis zum 31.12.1980 waren
die über 300 sozialrechtlichen Verwaltungsverfahrensvorschriften in mehr als
30 unterschiedlichen Einzelgesetzen uneinheitlich und unübersichtlich geregelt
(vgl zB: 6. Buch d RVO). Die bisherigen Regelungen wurden außerdem um
neue Formen ergänzt (Bsp: Aufnahme von Regelungen über öffentlich-rechtliche Verträge in den §§ 53-61; Kostenerstattung bei isolierten Widerspruchsverfahren, § 63).

12 Nachdem **1975 das SGB I** und **1976 das SGB IV** geschaffen worden waren, war
das SGB X als „dritte Säule auf dem Weg zur Vereinheitlichung" geplant. Das
SGB X stellt also **kein geschlossenes System für das sozialrechtliche Verwal-
tungssystem** dar, sondern wird von verschiedenen Bestimmungen des ersten
und vierten Buches aufgefüllt und allgemein oder bereichsspezifisch ergänzt
(*Wallerath* aaO B 12 Rz 1). Auf der Basis der vom Ausschuss für den allgemeinen Teil der einberufenen Sachverständigenkommission getroffenen Beschlüsse
und zweier Referentenentwürfe (1975 und 1977) legte die BReg im **März 1978
einen Gesetzentwurf** (BR-Drucks 170/78) vor. Der Gesetzentwurf der BReg
lehnte sich weitgehend an Regelungen des bereits für die allgemeine Verwaltung
geltenden Verwaltungsverfahrensgesetzes v 25.5.1976 (BGBl I 1253), VwVfG,
an, sollte aber zugleich im gebotenen Umfang den vielfältigen Besonderheiten
im Sozialrecht Rechnung tragen. Es hatte sich zudem gezeigt, dass es nicht einfacher, zweckmäßiger und klarer ist, nur die Besonderheiten des sozialrechtlichen Verfahrens im SGB zusammenzufassen und im Übrigen – durch Gesetzes-
verweis – das VwVfG Bund gelten zu lassen (BT-Drucks 8/4022, 79; vgl Rz
14 f).

13 Mit Beschluss des Ausschusses für Arbeit und Sozialordnung v 13.5.1980 (BT-
Drucks 8/4022) wurde der Gesetzentwurf der BReg – insb auf Hinweis des **BR**
– insofern wesentlich abgeändert, als das **Zweite Kapitel zum Sozialdatenschutz**
hinzugefügt worden ist und der Titel des 10. Buches nun nicht mehr lautete:
„Verwaltungsverfahren und Beziehungen der Leistungsträger zueinander und
zu Dritten", sondern: „Verwaltungsverfahren, Schutz der Sozialdaten und Zusammenarbeit der Leistungsträger und ihre Beziehung zu Dritten". Der Vorschlag der CDU/CSU-Fraktion, die Bestimmungen des Zweiten Kapitels als
§§ 35 a bis 35 o nach § 35 im SGB I einzufügen, konnte sich nicht durchsetzen
(BT-Drucks 8/4022, 80). Nachdem der Gesetzentwurf der BReg in der Fassung
der Beschlussempfehlung des Ausschusses für Arbeit und Sozialordnung vom
BT am 22.5.1980 verabschiedet worden war, ist auf Verlangen des BR (zu den
Gründen vgl BR-Drucks 288/80) der Vermittlungsausschuss einberufen worden
(vgl zu den Beschlüssen: BT-Drucks 8/4330). Der BT hat das G am 4.7.1980
unverändert beschlossen. Das SGB X ist am 18.8.1980 vom BPräs ausgefertigt

und als **Art I des Gesetzes: Sozialgesetzbuch (SGB) – Verwaltungsverfahren** am 26.8.1980 veröffentlicht worden (BGBl I 1469). Gem Art II § 40 Abs 1 trat das SGB X am **1.1.1981** in Kraft (vgl zu den Ausn: Art II § 40 Abs 2-7).

Das **Dritte Kapitel** des SGB X über die Zusammenarbeit der Leistungsträger und Ihre Beziehungen zu Dritten ist „als Abschluss des SGB X" (BT-Drucks 9/1753, 41) am 25.6.1982 vom BT beschlossen worden. Wie bei den ersten beiden Kap ist auch hier auf Verlangen des BR (zu den Gründen vgl BR-Drucks 256/82) der Vermittlungsausschuss einberufen worden. Der Beschlussempfehlung des BR (vgl BT-Drucks 9/1944) ist der BT mit Beschluss v 8.9.1982 gefolgt und hat das G beschlossen. Das SGB X – Drittes Kap ist am 4.11.1982 vom BPräs ausgefertigt und als **Art I des Gesetzes: Sozialgesetzbuch (SGB) – Zusammenarbeit der Leistungsträger und ihre Beziehungen zu Dritten** am 9.11.1982 veröffentlicht worden (BGBl I 1450). Das Dritte Kap trat überwiegend am **1.7.1983** in Kraft (Art II § 25 Abs 1; zu den Ausn: Art II § 25 Abs 2-5).   **14**

2. Sozialverwaltungsverfahrensrecht und allgemeines Verwaltungsverfahrensrecht

2.1. Verhältnis zum VwVfG Bund

Das bereits am 1.1.1977 in Kraft getretene VwVfG und das SGB X weisen zT wortidentische Regelungen auf. Bereits in der Begründung zum VwVfG war allerdings darauf hingewiesen worden, dass das Sozialrecht aus dem Geltungsbereich des VwVfG ausgenommen ist (BT-Drucks 8/2034, 29). Eine einfache Verweisung auf ähnliche oder gleichlautende Vorschriften des VwVfG vom 25.5.1976 (BGBl I 255) wurde im SGB X indes nicht vorgenommen (Rz 12). Vielmehr sollten drei vollwertige Verfahrensordnungen geschaffen und beibehalten werden, nämlich die AO für die Finanzverwaltung, das SGB X für die Sozialverwaltung und das VwVfG für die allgemeine Verwaltung, die in drei unterschiedlichen Prozessordnungen (SGG, FGO und VwGO) ihre Fortsetzung fanden (sog „Drei-Säulen-Theorie"). Diese **Dreiteilung** war im Wesentlichen damit gerechtfertigt worden, dass in allen drei **Bereichen besondere Verfahrensrechte gewachsen** seien, welche sowohl aus rechtlichen, als auch aus tatsächlichen Gründen nicht beseitigt werden sollten (BT-Drucks 7/910, 30; krit *Krause* in GK-SGB X 1 Einl Rz 2). Heute ist die Tendenz zur Wahrung und zum Ausbau tatsächlicher oder vermeintlicher bereichsspezifischer verfahrensrechtlicher Besonderheiten ungebrochen und nimmt sogar zu (vgl *Henneke* in Knack VwVfG vor § 1 Rz 20; *Kahl* aaO 67 [71]; *Pitschas* Verwaltungsverantwortung und Verwaltungsverfahren 1990, 78 ff).   **15**

Außerdem hatte sich die BReg gegenüber dem BR, welcher ausdrücklich eine partielle Verweisung vorgeschlagen hatte, so dass nur die spezifischen Besonderheiten in den einzelnen Verfahrensordnungen hätten geregelt werden sollen (vgl BT-Drucks 8/2034, 45), durchgesetzt, die in solchen Verweisungen die Gefahr erkannte, dass den Beh und insb den Betroffenen das Verständnis und die Anwendung der verwaltungsverfahrensrechtlichen Bestimmungen im Sozialbereich erschweren würden (vgl BT-Drucks 8/2034, 60; vgl auch BT-Drucks 7/910, 28). Im Interesse **größerer Transparenz des Rechts** und seiner besseren Anwendbarkeit für alle Normadressaten sollten auch für gleichgelagerte Sachverhalte identische Normen in allen drei Verwaltungsbereichen aufgenommen werden (zustimmend: *Pickel* SGB X Allg Rz 4; ablehnend: *Krause* aaO Einl Rz 1). Es sollten also drei eigenständige Normenkomplexe geschaffen werden, welche aber zugleich an möglichst **angenäherten legislatorischen Leitbildern** auszu-   **16** richten seien (*Stober* Gebotene Einheit und bestehende Differenzierungen des Verwaltungsverfahrensrechts im SGB, SGb 1990, 225 [227]; *Wallerath* aaO B 12 Rz 1).

2.2. „Systembrüche" im SGB X als Sozialverwaltungsverfahrensgesetz

17 Das SGB X ist allerdings kein lupenreines Sozialverwaltungsverfahrensgesetz. Das gilt zunächst insoweit, als **SGB I und SGB IV** ergänzende Regelungen zum Verwaltungsverfahren enthalten (Rz 12), die ebenso in das SGB X hätten aufgenommen werden können. Außerdem enthalten die sonstigen **SGB** zT im SGB X nicht enthaltene verfahrensrechtliche Regelungen oder vom SGB X abweichende und damit vorrangige Regelungen (lex specialis derogat legi generali), zB: §§ 323 ff, 330 SGB III, §§ 99 ff SGB VI, § 33 SGB XI.

18 Gänzlich **ausgeklammert** sind – da § 8 nur diejenigen Verwaltungsverfahren erfasst, die zum Erlass eines VA oder zum Abschluss eines öffentlich-rechtlichen Vertrages führen – die **sonstigen Handlungsformen der Verwaltung,** zB der gesamte Bereich des internen Entscheidungsprozesses, das schlicht-hoheitliche Handeln, das Handeln in den Formen des Verwaltungsprivatrechts sowie das Verfahren zum Erlass von Satzungen, Rechtsverordnungen sowie – in der vertragsärztlichen Versorgung – von Richtlinien des Bundesausschusses der Ärzte (Zahnärzte) und Krankenkassen (vgl hierzu: *Hoffmann-Riem* Verwaltungsverfahren und Verwaltungsverfahrensgesetz, in Hoffmann-Riem/Schmidt-Aßmann, Verwaltungsverfahren und Verwaltungsverfahrensgesetz 2002, 9 [21 f] mit der zutreffenden Erklärung: „Das Verfahrensrecht ist nachhaltig vom Konzept seiner dem Gesetzesvollzug und dem Rechtsschutz dienenden Funktion geprägt"; *Kopp/Ramsauer* VwVfG Einf Rz 1; *Krause* aaO Rz 6; *Wallerath*, aaO B 12 Rz 3).

19 Diese **strukturelle Schwäche** betrifft allerdings alle Verwaltungsverfahrensgesetze, so dass sie sämtlich nur als sog **Generalkodifikationen in Form von Teilkodifikationen** bezeichnet werden können (s zur Begrifflichkeit und Einordnung für das VwVfG des Bundes: *Kahl* aaO 67 [84]; ebenso: *Kopp/Ramsauer* VwVfG Einf Rz 1; aA: *Bonk/Schmitz* in Stelkens/Bonk/Sachs VwVfG § 1 Rz 57: Gesamtkodifikation). Das SGB X bleibt insoweit hinter den Erwartungen an ein „Grundgesetz des Sozialverwaltungsverfahrens" zurück.

20 Im SGB X sind ferner **nicht allein Regelungen zum Verfahrensrecht** enthalten, sondern auch solche, die dem materiellen Verwaltungsrecht zugeordnet werden können. Das gilt zB für Regelungen über die **Amtshilfe** (*Krause* aaO Einl Rz 7; *Pickel* SGB X Allg Rz 8) und auch die Ansprüche auf Aufhebung und ggf Leistungs(rück)erstattung nach den §§ 44 ff. Überdies gibt es verfahrensrechtliche Regelungen, die jedenfalls auf das materielle Recht „ausstrahlen", zB die Bestimmungen über die öffentliche Beglaubigung und die Wirksamkeit von VA (*Krause* aaO Einl Rz 7). Auch die Vorschriften im 3. Kapitel über die Erstattungsansprüche (§§ 102-114) sowie die Ersatzansprüche (§§ 115-119) regeln in weiten Teilen Fragen des materiellen Rechts. Diese Materien wurden wegen ihres engen Sachzusammenhangs mit dem Verfahrensrecht als sog **annexe Materien** in das SGB X aufgenommen. Insoweit weist das SGB X eine gewisse „überschießende Tendenz" auf. Insgesamt wird hier deutlich, dass das SGB X – trotz einer an Rechtsvereinheitlichung und Systematisierung orientierten Gesetzgebung – eine ganze Reihe von Systembrüchen aufweist.

3. Begriff und Funktion des Sozialverwaltungsverfahrensrechts

Mit dem Begriff Sozialverwaltungsverfahrensrecht wird die **Zuordnung zum** **21**
Sozialrecht betont. Das Sozialrecht zählt weitgehend zum öffentlichen Recht
(Ausn: § 110 SGB XI: Private Pflegeversicherung) und wird heute als das der
sozialen Gerechtigkeit und der sozialen Sicherheit dienende Recht verstanden,
das diese Ziele durch die im SGB vorgesehenen Leistungen zu verwirklichen
sucht (vgl *Schulin/Igl* Sozialrecht Rz 1; *Ost/Mohr/Estelmann* Grundzüge des
Sozialrechts, 4; vgl auch: *Gitter/Schmitt* Sozialrecht, 3). Dieser **formelle Begriff**
des Sozialrechts erfasst somit alle Rechtsmaterien, die der Bundesgesetzgeber
im **Sozialgesetzbuch** (SGB I – SGB XII) regelt sowie die besonderen Teile, die
bisher (noch) nicht in das SGB eingefügt worden sind (vgl § 68 SGB I), zB das
Altersteilzeitgesetz (vgl *Maydell* aaO A 1 Rz 11). Das Sozialverwaltungsrecht
kann außerdem als **Teil des Verwaltungsverfahrensrechts** angesehen werden,
welches im Hinblick auf die spezifischen Anforderungen des Regelungsgegenstands: Sozialverwaltung – im Vergleich zum allgemeinen Verwaltungsrecht –
Besonderheiten aufweist (stärkere Betonung der Mitwirkungspflichten: §§ 60 ff
SGB I; Aufnahme des Datenschutzes: §§ 67 ff, geringere Bestandskraft von VA:
§ 44, etc).

Dabei ist der **Begriff des Verwaltungsverfahrensrechts selbst schwer zu bestim-** **22**
men und insb die Abgrenzung zum Begriff des Allgemeinen Verwaltungsrechts
(vgl zum Begriff ua: *Maurer* Allgemeines Verwaltungsrecht, § 3 I 1 a; *Wolff/*
Bachof/Stober Verwaltungsrecht I, § 21 II 2 a) ist problematisch (*Hoffmann-*
Riem aaO 9 [21 f]). Der Begriff des (Sozial-)Verwaltungsverfahrens kann nicht
ohne Weiteres auf ein Verständnis iS der Legaldefinition in § 9 VwVfG Bund
bzw § 8 SGB X beschränkt werden. Vielmehr ist von einem **gespaltenen Begriff**
des Verwaltungsverfahrensrechts auszugehen (vergleichbar zur Unterscheidung
von Mikro- und Makroökonomie), nämlich zum einen als Bezeichnung eines
Rechtsgebietes, dh als Typus für alle Rechtsregelungen, die primär die formelle
Seite der Sozialleistungsverwaltung betreffen, und zum anderen als Begriff für
einen Teilausschnitt hieraus, nämlich die „nach außen wirkende Tätigkeit der
Beh, die auf die Prüfung der Voraussetzungen, die Vorbereitung und den Erlass
eines Verwaltungsaktes oder auf den Abschluss eines öffentlich-rechtlichen Vertrages gerichtet ist", wobei der Erlass des VA bzw der Abschluss des öffentlich-
rechtlichen Vertrags miterfasst sind (§ 8 Hs 1 = § 9 Hs 1 VwVfG Bund).

Der Begriff des **Sozialverwaltungsverfahrensrechts als Typusbegriff** (vgl *Larenz* **23**
Methodenlehre der Rechtswissenschaft 191) meint, dass es neben einem sog
„Begriffskern", der eine unzweifelhafte Zuordnung erlaubt, auch einen „Be-
griffshof" gibt, der nicht immer eine eindeutige Subsumtion ermöglicht. Der
amtlichen Begründung zum VwVfG ist hierzu zu entnehmen: „Unter Verwaltungsverfahrensrecht wird die Summe der Vorschriften verstanden, nach denen
die Verwaltungsbehörden ihre öffentlich-rechtliche Verwaltungstätigkeit ausüben" (so: BT-Drucks 7/910, 28). Von *Bettermann* stammt die Beschreibung:
„Das Verwaltungsverfahrensrecht regelt das Zustandekommen, die Form und
Bekanntmachung, den Vollzug, die Anfechtung und Änderung von Entscheidungen der Verwaltungsbehörden sowie deren Kontrolle" (*Bettermann* Das
Verwaltungsverfahren VVDStRL 17 (1959), 118 [121]). Zurückgegriffen wurde, soweit es die überschießende Tendenz des SGB X betrifft, auf die **Rechtsfi-**
gur der „annexen Materien" (vgl Rz 20): „Das sind solche Gebiete, die so eng
mit verfahrensrechtlichen Fragen zusammenhängen, dass eine sinnvolle Regelung des Verfahrensstoffes ihre gleichzeitige Behandlung in dem Verfahrensge-

setz erfordert oder zumindest rechtfertigt" (zit nach *Hoffmann-Riem* aaO 9 [11]).

24 Einfacher scheint es, **Funktionen des Sozialverwaltungsverfahrensrechts** zu bestimmen. Es hat zunächst **dienende Funktion**, dh dem materiellen Recht kommt Vorrang zu (*BVerfGE* 83, 366; 88, 118; *BSG* NJW 1997, 1326; *Wahl* DVBl 2003, 1285 [1287]). Die Emanationen dieser Funktion sind vielfältig. In erster Linie dient das Verfahrensrecht dem materiellen Recht insoweit, als es dessen Umsetzung realisieren (können) muss (vgl auch *Wolff/Bachof/Stober* aaO § 21 I 3). Das Verwaltungsverfahren erweist sich somit als „**Umschaltstation von der normativen in die faktische Geltung des Rechts**" (*Wallerath* aaO B 12 Rz 3; *Wannagat* SGb 1990, 217 [218]). Deshalb muss das Verfahrensrecht so organisiert sein, dass es den Transfer des materiellen Rechts möglichst effektiv leisten kann, denn vom Recht und seiner Verwirklichung erwartet man in erster Linie, dass das richtige inhaltliche Ergebnis erreicht wird (vgl *Hoffmann-Riem* aaO, 9 [21 f]: „**Konzept einer Richtigkeitsgewähr durch Verfahren**"; *Wahl* DVBl 2003, 1285 [1287]).

25 Das Verwaltungsverfahren wird aber zugleich zum „**Verwirklichungsmodus materiellen Verwaltungsrechts**", welches zugleich Möglichkeiten zur Verfolgung und Balancierung von Interessen schon im Vorstadium einräumt und auf strukturierte Wissenserzeugung hin angelegt ist (*Hoffmann-Riem* aaO 9 [21 f]; *Ladeur* Privatisierung öffentlicher Aufgaben und die Notwendigkeit der Entwicklung eines neuen Informationsverwaltungsrechts, in Hoffmann-Riem/Schmidt-Aßmann, Verwaltungsrecht in der Informationsgesellschaft, 2000, 225 [235]). Dieses Konzept setzt allerdings **normative Entscheidungsspielräume** voraus (vgl auch *EuGH* Slg 1995, II-2593). Ermessensbetätigungen, Gestaltungsaufträge, Ziel- und Konzeptvorgaben ua (hierzu *Pitschas* Verwaltungsverantwortung und Verwaltungsverfahren 1990, 34 f) verdeutlichen, dass es häufig unterschiedliche Optionen zur Umsetzung eines normativen Programms gibt, für die das Recht zum einen Grenzen setzt – die einen Korridor rechtlich zulässiger Optionen markieren – und zum anderen Ziele und Spielregeln der Zielverfolgung normiert. Die Begrenztheit materiellrechtlicher Prägung – also einer Art regulativer Enthaltsamkeit – wird insoweit durch **Prozeduralisierung der Problembewältigung** kompensiert (*Hagenah* Prozeduraler Umweltschutz 1996, passim; *Hoffmann-Riem* aaO 9 [22]; *Voßkuhle* Kompensationsprinzip, 1999, 63 ff). Dieser Bedeutungsgehalt ist für das Sozialverwaltungsverfahren allerdings deshalb zu relativieren, weil die Entscheidungsspielräume im materiellen Sozialrecht gering sind (vgl § 38 SGB I), also ein besonders hohes Maß an materiellrechtlicher Prägung besteht.

26 Während ursprünglich der Gedanke der Rationalisierung des Verwaltungshandelns und der Verwaltungseffektivität im Vordergrund des Interesses am Verwaltungsverfahren stand, hat sich im Laufe der Zeit die Perspektive gewandelt. Zunehmend wurde anerkannt, dass das Verwaltungsverfahren unter der Direktive verschiedener verfassungsrechtlicher Prinzipien steht, die – mit jeweils eigener Akzentsetzung – einen **mehrdimensionalen verfassungsrechtlichen Überbau des Verwaltungsverfahrensrechts** bilden (*Wallerath* aaO B 12 Rz 16). Allerdings ist heute zum Teil eine gegenläufige Entwicklung zu beobachten, indem der Gedanke der Verfahrensbeschleunigung zulasten rechtsstaatlicher Garantien in den Vordergrund gerückt wird; als Sündenfall wird im Sozialrecht § 41 Abs 2 nF angesehen (*Steiner* NZS 2002, 113 [115 ff]: „Es ist so, also habe der Gesetzgeber die Grundrechtsdimension des Verwaltungsverfahrens als aufgedrängte Bereicherung empfunden"; vgl hierzu auch die Komm zu § 41 Rz 14 f; 19 ff).

4. Sozialverwaltungsverfahren und Grundgesetz

Die dienende Funktion des (Sozial-)Verwaltungsverfahrensrechts kommt auch 27
in der **Beachtung bzw Förderung verfassungsrechtlicher Vorgaben und Anforderungen** zum Ausdruck. Nach der „Grundrechtsgräberstimmung der 80iger Jahre" ist heute zwar eher Zurückhaltung eingekehrt (vgl *Steiner* NZS 2002, 113 [114]: „Verfahrensrecht ist kein Verfassungsrecht"; vgl Rz 26). Aber dennoch gehört die verfassungsrechtliche – und insb die grundrechtliche – Dimension des Verwaltungsverfahrens zum gesicherten Bestand der Rspr des BVerfG (*BVerfGE* 83, 366; 84, 45; 88, 118). Daraus folgt zunächst allg, dass Auslegung und Anwendung des SGB X durch die Grundentscheidungen und allg Ordnungsgedanken im GG beeinflusst werden (verfassungskonforme Auslegung; vgl zur Auslegung im Sozialrecht allg: *Cirsovius* SozVers 2003, 90). Anwendung und Auslegung, aber auch bereits die Gestaltung – dh die Frage, was der Gesetzgeber selbst regeln muss und somit nicht den Beh zur freien Verfahrensgestaltung überlassen darf (*BVerfGE* 84, 45; *BVerwGE* 92, 136) – müssen sich insb an folgenden Grundsätzen orientieren:

- Menschenwürde, Art 1 Abs 1 GG,
- Rechtsstaatsprinzip, Art 1 Abs 3, Art 20 Abs 3 GG ua,
- Sozialstaatsprinzip, Art 20 Abs 1 GG,
- Gleichbehandlungsgrundsatz, Art 3 GG ua,
- Demokratieprinzip, Art 20 Abs 1 GG,
- Leistungsfähigkeit der Verwaltung (*BVerfGE* 60, 270; vgl auch *BVerfGE* 44, 288: Praktikabilität) und
- Effektiver Schutz der Grundrechte, Art 19 Abs 4 GG.

4.1. Gesetzgebungskompetenz für das SGB X

Das GG enthält keine ausdrückliche Gesetzgebungskompetenz für das Sozial 28
recht, sondern im Katalog der konkurrierenden Gesetzgebungszuständigkeiten werden einzelne, allerdings wesentliche sozialrechtliche Teilgebiete erfasst (vgl Art 74 Nr 6, 7, 9, 10, 12, 13 GG). Soweit es die Verwaltungszuständigkeiten betrifft, enthält Art 87 Abs 2 GG nur eine Regelung für die bundesunmittelbaren Sozialversicherungsträger. Für den Erlass des SGB X, das auch Verfahren von Landesbehörden generell regelt (vgl § 1 Abs 1), **fehlt es dem Bund an einer ausdrücklichen Gesetzgebungskompetenz.** Nach Art 30, 72 Abs 1 GG hätten dann an sich die Länder die Gesetzgebungskompetenz.

Allerdings fällt insb das **Sozialversicherungsrecht, die Arbeitslosenversicherung** 29
und das Sozialhilferecht in die konkurrierende Gesetzgebungskompetenz des Bundes (Art 74 Abs 1 Ziff 7 GG: öffentliche Fürsorge; Art 74 Abs 1 Ziff 12 GG: Sozialversicherung und Arbeitslosenversicherung). Nach Art 72 Abs 2 GG hat der Bund im Bereich der konkurrierenden Gesetzgebung nur dann das Gesetzgebungsrecht, wenn und soweit die Herstellung gleicher Lebensverhältnisse im Bundesgebiet oder die Wahrung der Rechts- oder Wirtschaftseinheit im gesamtstaatlichen Interesse eine bundesgesetzliche Regelung erforderlich macht. Die Wahrung der Rechts- und Wirtschaftseinheit ist dabei regelmäßig die Begründung für den Erlass materiellrechtlicher Regelungen.

Für ein Verfahrensgesetz, das Landesbeh bindet und auch zukünftige materiell 30
rechtliche Regelungen erfasst, erscheint es schwierig, sich auf die Ermächtigungen in Art 74 Abs 1 Ziff 7, 12 GG zu stützen. Aus einem ähnlichen Grund gibt es in der allg Verwaltung neben einen VwVfG des Bundes auch – weitgehend identische – VwVfG der Länder. Denkbar, wenn auch nicht unproblematisch,

ist die Annahme einer sog **ungeschriebenen konkurrierende Annexkompetenz des Bundes für das SGB X**. So verfährt die Praxis. In dem 4. Euro-Einführungsgesetz vom 21.12.2000 (BGBl I 1983) zB heißt es hierzu: „Eine einheitliche Regelung ... des Sozialverwaltungsverfahrens durch Bundesgesetz ist zur Wahrung der Rechts- und Wirtschaftseinheit im gesamtstaatlichen Interesse zwingend erforderlich, weil das Verwaltungsverfahrensrecht sowohl von bundes- als auch landesunmittelbaren Sozialleistungsträgern anzuwenden ist. Deshalb kann nur durch Bundesgesetz eine einheitliche Durchführung sichergestellt werden" (vgl zB BT-Drucks 14/4375, 45).

4.2. Grundrechtsschutz durch Verfahren

31 Spätestens seit der „Mühlheim-Kährlich-Entscheidung" des BVerfG (vgl *BVerfGE* 53, 30) ist gefestigte Rspr des BVerfG, davon auszugehen, **dass Grundrechtsschutz weitgehend auch durch die Gestaltung von Verfahren zu bewirken ist** und dass Grundrechte demgemäß nicht nur das gesamte materielle, sondern auch das Verfahrensrecht beeinflussen, soweit dieses für einen effektiven Grundrechtsschutz von Bedeutung ist (*BVerfGE* 73, 280; 79, 211; 80, 1; 84, 35; *BVerwGE* 79, 211; 80, 1; 84, 35; 91, 273; 95, 243; vgl auch *OVG NRW* DVBl 1993, 63; dazu auch: *Dreier* in Dreier GG I Vorbem Rz 66; *Steiner* NZS 2002, 113 [114 ff]). Diese Sichtweise hat durch die **Europäische Integration neuen Schub** erhalten (vgl *EuGH* Slg 1995, II-2593; hierzu: *Hoffmann-Riem* Strukturen des europäischen Verwaltungsrechts – Perspektiven der Systembildung, in Hoffmann-Riem/Schmidt-Aßmann, Strukturen des europäischen Verwaltungsrechts, 1999, 317 [347 ff]).

32 „Grundrechtschutz durch Verfahren" erwächst aus der auf einfachgesetzlicher Ebene bestehenden **gegenseitigen Abhängigkeit von Verfahrensrecht und materiellem Recht** (vgl hierzu: *Wahl* DVBl 2003, 1285 [1286]; *Wallerath* aaO B 12 Rz 4). Allerdings hat das Verfahrensrecht im Sozialrecht in besonderer Weise eine – alle andere Zwecke verdrängende – leistungsermöglichende und damit **grundrechtliche Gewährsfunktion**. Denn Sozialleistungsansprüche sind entweder im Sozialversicherungsrecht durch die Eigentumsgarantie (Art 14 GG) oder im Fürsorgerecht durch Art 1 Abs 1, 2 Abs 1 GG iVm Art 20 I GG (Sozialstaatsprinzip) grundrechtlich „aufgeladen". Zu den grundrechtsdienenden Verfahrensregelungen im SGB X (für das SGB I vgl: §§ 13-15, 16, insb §§ 17, 32, 42, 43) sind insb zu rechnen: §§ 9 Satz 2, 19 Abs 2–4, 20, 28, 44.

33 Soweit Sozialverwaltungsverfahrensrecht allerdings (auch) der Konkretisierung und Effektuierung verfassungsrechtlicher Prinzipien oder von Grundrechten dient, erfährt es dadurch **keine verfassungsrechtliche „Überhöhung"** (*Kopp/ Ramsauer* VwVfG Einf Rz 21 mwN). Denn unmittelbar durch das Verfassungsrecht sind nur elementare Erfordernisse, also ein „**verfahrensrechtliches Minimum**" garantiert; bei weitergehenden Anforderungen ist der Gesetzgeber demgegenüber frei. Als solche unverzichtbaren verfassungsrechtlichen Mindestanforderungen allgemeiner Art sind anzusehen, dass die Regelungen des Verfahrens **angemessen, sachgerecht, geeignet und zumutbar sind** (*BVerfGE* 60, 295; 69, 25, den Betroffenen ein faires Verfahren gewährleisten und grds auch Waffengleichheit der Beteiligten im Verhältnis zur Behörde und untereinander sichern (vgl *BVerfGE* 74, 94; 75, 230; *BVerwGE* 75, 230).

5. Sozialverwaltungsverfahren und Europarecht

Das Sozialverwaltungsverfahrensrechtrecht wird **durch das Europäische Gemeinschaftsrecht beeinflusst** (vgl allg zur Europäisierung des Verwaltungsverfahrensrechts: *Bleckmann* Zur Dogmatik des Allgemeinen Verwaltungsrechts I, 1999, 393 ff; *Classen* Das nationale Verwaltungsverfahren im Kraftfeld des europäischen Gemeinschaftsrechts, Die Verwaltung 31 (1998), 307 ff; *Henneke* Europäisierung des Verwaltungsverfahrensrechts ZG 2001, 71 ff; *Wahl* Das Verhältnis von Verwaltungsverfahren und Verwaltungsprozessrecht DVBl 2003, 1285 ff) und zT wird hierin eine Gefahr für die nationale Harmonisierung des Verwaltungsverfahrensrechts gesehen (vgl *Kahl* aaO 67 [112] qualifiziert diesen Befund „tendenziell als Kodifikationsbrecher"; *Schmidt-Preuß* Das Allgemeine des Verwaltungsrechts FS Maurer 2001, 777 [780, 783 f] sieht hierin eine „offene Flanke" für die „Funktionstüchtigkeit des Allgemeinen Verwaltungsrechts").

34

Bei den **Einflusspfaden des Gemeinschaftsrechts** auf das Verwaltungsverfahrensrechts wird idR nach den Bereichen des **direkten und des indirekten Vollzugs** (zur Begrifflichkeit: *Streintz* der Vollzug des Europäischen Gemeinschaftsrechts durch deutsche Staatsorgane, HdbStR Bd 7, 1992, § 182 Rz 19 ff; *Pernice/Kadelbach* Verfahren und Sanktion im Wirtschaftsverwaltungsrecht DVBl 1996, 1100 [1103 ff]) unterschieden. Dabei fällt der direkte Vollzug von Gemeinschaftsrecht, also das sog **EG-Eigenverwaltungsrecht** (*Schmidt-Aßmann*), im Hinblick auf die begrenzten Verwaltungskompetenzen der EG weniger ins Gewicht (vgl hierzu: *Engel* Die Einwirkungen des Europäischen Verwaltungsrechts auf das deutsche Verwaltungsrecht, Die Verwaltung 25 (1992), 437 [445 ff]; *Vedder* (Teil)Kodifikation des Verwaltungsverfahrensrechts der EG? EuR Beiheft 1/1995, 75 [79 ff]).

35

Wirkmächtiger ist der Bereich des indirekten Vollzugs durch deutsche Beh, also das **Gemeinschaftsverwaltungsrecht** (*Kahl*). Hier wirken drei Mechanismen, nämlich der Anwendungsvorrang des EG-Rechts gegenüber dem nationalen Recht bei direkter Kollision (*Kadelbach* Allgemeines Verwaltungsrecht unter europäischem Einfluß, 1999, 23 ff), die Beachtung des Äquivalenzgrundsatzes und des Effektivitätsgrundsatzes bei indirekter Kollision sowie schließlich die Pflicht zur gemeinschaftsrechtskonformen Auslegung (hierzu insg: *Burgi* Verwaltungsprozessrecht und Europarecht 1996, 18 ff; *Schoch* Die Europäisierung des verwaltungsrechtlichen Rechtschutzes, 2000, 19 f; eingehend auch: *Kahl* aaO 67 [114 ff]). Beispielhaft sei hier nur darauf hingewiesen, dass der EuGH entschieden hat, dem Gemeinschaftsrecht in bestimmten Konstellationen einen Anwendungsvorrang auch gegenüber einer bestandskräftigen konkret-individuellen Verwaltungsentscheidung zukommen zu lassen (*EuGH* Slg 1999, I-2517; vgl hierzu: *Brenner/Huber* DVBl 1999, 1559 [1565 f]; *Epiney* NVwZ 2000, 36 [37]). Hierin erschöpft sich allerdings der Einfluss des Gemeinschaftsrechts auf das Sozialverwaltungsverfahrensrecht nicht.

36

Das **Europäische Sozialrecht** ist in erster Linie als **Freizügigkeits-Sozialrecht** ausgestaltet und soll verhindern, dass den Wanderarbeitnehmern durch Wahrnehmung des Freizügigkeitsrechts sozialrechtliche Nachteile entstehen (vgl *EuGH* Slg 1994, I-4661 [4697 f] – van Munster). Das Europäische Sozialrecht wirkt insoweit auf die nationalen Rechtsordnungen ein, als grenzüberschreitende Sachverhalte betroffen sind. Dabei geht es um **Koordinierung der mitgliedstaatlichen sozialrechtl Rechtsvorschriften** und nicht um deren Harmonisierung (vgl *EuGH* Slg 1986, 1 [24 f] – Pinna I). Daneben gibt es ein allerdings noch rudimentär entwickeltes originäres Gemeinschafts-Sozialrecht (Gleichbehand-

37

lung von Frauen und Männern etc) und das nationale Sozialrecht wird zunehmend durch das Wettbewerbsrecht (Art 85-90 EGV, Art 81-86 EGV nF) sowie durch die wettbewerblichen Grundfreiheiten der aktiven und passiven Dienstleistungs- und Warenverkehrsfreiheit geformt (zur Systematik: *Haverkate/ Huster* Europäisches Sozialrecht Rz 7 ff).

38 Aus der Idee der Koordination der mitgliedstaatlichen Rechtsvorschriften folgt, dass das Europäische Sozialrecht – gegenwärtig jedenfalls – **nicht auf ein Europäisches Sozialverwaltungsrecht ausgerichtet ist** und auch nicht sein kann. Der EuGH hat aus der Koordinationsidee ebenfalls abgeleitet, dass die „materiellen und *verfahrensmäßigen* Unterschiede zwischen den Systemen der sozialen Sicherheit der Mitgliedstaaten ... durch Art 51 (EWG-Vertrag) nicht berührt" werden (*EuGH* Slg 1986, 1 [24 f] – Pinna I; st Rspr).

39 Daraus folgt allerdings nicht, dass das Verwaltungsverfahrensrecht für das Europäische Sozialrecht gar keine Bedeutung hat. Denn **die Aufgabe der Koordination kann nicht ohne verfahrensrechtliche Regelungen auskommen.** Die Koordination der mitgliedstaatlichen Sozialsysteme wird – neben der VO (EWG) 1612/68 – durch die VO (EWG) 1408/71 sowie die VO (EWG) 574/72 bewirkt. Die VO (EWG) 1408/71 weist insb in Titel IV verfahrensrechtliche Regelungen ua zur Amtshilfe (Art 84 Abs 2), zur Antragsstellung (Art 84 Abs 4, Art 86) und zum Datenschutz (Art 84 Abs 5 a und 5 b) auf. Die verfahrensrechtlichen Vorschriften in der VO (EWG) 574/72 sind noch umfangreicher. Geregelt ist zB der elektronische Verwaltungsaustausch (Art 2 Abs 1) und die Einrichtung von Verbindungsstellen (Art 3). Diese koordinationsspezifischen Verfahrensregelungen sind dem indirekten Vollzug durch die mitgliedstaatlichen Beh zuzurechnen. Die neue Verordnung (EG) Nr 883/2004 des Europäischen Parlaments und des Rates vom 29. April 2004 wird die VO (EWG) 1408/71 ablösen (vgl hierzu: *Fuchs*, SGb 2008, 201 ff).

Zehntes Buch Sozialgesetzbuch
– Sozialverwaltungsverfahren und Sozialdatenschutz –
(SGB X)

In der Fassung der Bekanntmachung vom 18. Januar 2001 (BGBl. I S. 130)
(FNA 860-10-1)
zuletzt geändert durch Art. 12 DatenaustauschverbesserungsG
vom 2. Februar 2016 (BGBl. I S. 130)

Erstes Kapitel Verwaltungsverfahren

Erster Abschnitt Anwendungsbereich, Zuständigkeit, Amtshilfe

§ 1 Anwendungsbereich

(1) [1]Die Vorschriften dieses Kapitels gelten für die öffentlich-rechtliche Verwaltungstätigkeit der Behörden, die nach diesem Gesetzbuch ausgeübt wird. [2]Für die öffentlich-rechtliche Verwaltungstätigkeit der Behörden der Länder, der Gemeinden und Gemeindeverbände, der sonstigen der Aufsicht des Landes unterstehenden juristischen Personen des öffentlichen Rechts zur Ausführung von besonderen Teilen dieses Gesetzbuches, die nach Inkrafttreten der Vorschriften dieses Kapitels Bestandteil des Sozialgesetzbuches werden, gilt dies nur, soweit diese besonderen Teile mit Zustimmung des Bundesrates die Vorschriften dieses Kapitels für anwendbar erklären. [3]Die Vorschriften gelten nicht für die Verfolgung und Ahndung von Ordnungswidrigkeiten.

(2) Behörde im Sinne dieses Gesetzbuches ist jede Stelle, die Aufgaben der öffentlichen Verwaltung wahrnimmt.

Literatur:

Schnapp: Einmal Behörde – immer Behörde?, NZS 2010, 241.

1. Allgemeines

§ 1 bestimmt vornehmlich den Anwendungsbereich nicht etwa des SGB X insgesamt, sondern nur des im 1. Kapitel geregelten Verwaltungsverfahren. Für die anderen Kapitel gilt die Vorschrift nicht. Die Regelungen des 1. Kapitels verdrängen damit insbesondere das allgemeine Regime des VwVfG, sie sind aber nicht etwa abschließend, dh daneben (nicht: statt dessen) können allgemeine Rechtsgedanken (etwa die im BGB niedergelegten), Gewohnheits- und Richterrecht zur Anwendung kommen. Ergänzt, modifiziert und auch teilweise verdrängt werden die Vorschriften des 1. Kapitels durch eine Vielzahl von Sonderregelungen in den einzelnen Leistungsgesetzen (vgl etwa § 40 SGB II, § 13 Abs 3 a SGB V, § 106 SGB V, §§ 36 ff Ärzte-ZV).

2. Abs 1 Satz 1: Öffentl-rechtl VerwTätigkeit nach diesem Gesetzbuch

2 Nach Abs 1 Satz 1 gelten die Vorschriften des 1. Kapitels des SGB X für die öffentl-rechtl Verwaltungstätigkeit der Beh, die nach diesem Gesetzbuch ausgeübt wird. Eine **öffentl-rechtl Verwaltungstätigkeit** ist gegeben, wenn ein Träger hoheitlicher Gewalt auf der Grundlage einer öffentl-rechtl Norm eine öffentliche Aufgabe wahrnimmt und mit Außenwirkung (Umkehrschluss aus § 8) handelt (vgl auch: *BSGE* 59, 211). In diesem Zusammenhang kommt es entscheidend auf die **Abgrenzung von öffentl und privatem Recht** an (zu den Abgrenzungstheorien vgl § 31 Rz 17; *GemSOGB* SozR 1500 § 51 Nr 53; vgl auch *Kopp/ Ramsauer* VwVfG § 1 Rz 6 ff). Unproblematisch gegeben ist dies bei der klassischen Verwaltungstätigkeit der Leistungsträger in den Bereichen Leistungsgewährung, Beitragserhebung, Selbstverwaltung und Aufsicht. Auch das **Leistungserbringungsrecht** ist jedenfalls im Kern kein Fiskalprivatrecht, sondern ein öffentlich-rechtliches Sonderregime. Die genaue Abgrenzung ist allerdings nicht im klar; in der Rspr zeichnen sich Tendenzen ab, den Rahmen des öffentlichen Rechts sehr weit zu ziehen (*BSG* 29.7.2014 – B 3 SF 1/14 R). Nicht verwechselt werden dürfen die Begriffe öffentl-rechtl Verwaltungstätigkeit und Über-Unterordnungsverhältnis, dh die §§ 1 ff gelten auch im Gleichordnungsverhältnis.

Nicht unter § 1 fallen der Vollzug privatrechtlicher Normen (zB § 823 Abs 2 BGB iVm § 266 a StGB), auch nicht für diejenigen Ansprüche, die Gegenstand der §§ 115 ff sind. Die **private Pflegeversicherung** (§ 110 SGB XI) unterfällt daher nicht dem Anwendungsbereich des SGB X (vgl *BSG* ZfS 2002, 273; *BSGE* 88, 262).

3 Die Formulierung „**nach diesem Gesetzbuch**" meint das gesamte SGB einschließlich derjenigen Vorschriften, die nach § 68 SGB I als dessen besondere Teile gelten. Hinzu kommt die Einschlägigkeit kraft ausdrücklicher Anordnung, vgl Abs 1 Satz 2. Und schließlich kommt das 1. Kapitel auch dann zur Anwendung, wenn das jeweils einschlägige Gesetz auf die Anwendung von Vorschriften verweist, die zum Leistungsbereich des SGB zählen, wodurch die Gesetzesausführung mittelbar als Verwaltungstätigkeit nach dem SGB anzuerkennen ist (*HmbOVG* Beschl v 30.4.2013 – 4 Bf 144/12.Z). Rein praktisch sollte allerdings immer (besonders im Bereich der §§ 44 ff) geprüft werden, ob das allgemeine Regime des 1. Kapitels im Einzelfall aus Gründen des materiellen Rechts möglicherweise nicht oder nur eingeschränkt zur Anwendung kommt. Andererseits reicht die „**mittelbare Anerkennung**" als Verwaltungsaufgabe aus, dh es kommt nicht darauf an, ob die konkrete Aufgabenstellung dem Sozialleistungsträger als originäre soziale Aufgabe unmittelbar nach dem SGB zugewiesen wurde (vgl *BSGE* 74, 225; 85, 92 jew zur BA; vgl auch *OVG Lüneburg* OVGE 47, 355 für Landeszuwendungen an Träger der Jugendarbeit im Fall der Beschäftigung arbeitsloser junger Menschen).

3. Abs 1 Satz 2: Landes- und Kommunalverwaltung

4 Abs 1 Satz 2 hat letztlich nur klarstellende Funktion. Da dem Bund eine Gesetzgebungskompetenz für Verfahrensregelungen fehlt, kraft derer er bei Erlass des SGB X Verfahrensvorschriften für erst noch zu erlassende (und von den Ländern zu vollziehende) Leistungsgesetze hätte schaffen können (vgl BR-Drucks 288/80, Anlage 1, 1), gilt das SGB X für den Vollzug dieser Gesetze nur kraft gesetzlicher Anordnung. Somit gilt das 1. Kapitel zunächst für alle Leistungsgesetze, die bei seinem Inkrafttreten bereits in Kraft getreten waren. An dieser Anwendbarkeit ändern weder eine spätere Überführung in das SGB noch die

Weiterentwicklung der Rechtsmaterie etwas (*BSGE* 99, 137). Nur für später in Kraft getretene Leistungsgesetze bedarf es einer Vorschrift, die das 1. Kapitel für anwendbar erklärt (wobei diese Vorschriften wiederum Modifikationen enthalten können, vgl § 40 SGB II). Wichtigste Anwendungsfälle sind § 40 SGB II, § 9 Abs 4 AsylbLG und § 46 Abs 2 Satz 4 SGB XI. Das Sozialhilferecht enthält in § 116 a SGB X zwar eine Modifikation von § 44 SGB X, einer Vorschrift iSv § 1 Abs 1 Satz 2 bedurfte es aber nicht, da § 68 Nr 11 SGB I aF bereits zuvor das Sozialhilferecht in den Anwendungsbereich des 1. Kapitels integriert hatte (*BSGE* 99, 137).

4. Abs 1 Satz 3: Ordnungswidrigkeiten

Das materielle Sozialrecht enthält verschiedentlich OWi-Tatbestände (Bußgeldvorschriften, vgl etwa § 63 SGB II), deren Verfolgung sich nach dem OWiG richtet. Verfolgung meint iW das Verfahren: Hier ist das SGB X nur anwendbar, soweit die einzelne Bußgeldvorschrift (vgl etwa § 16 Abs 3 BKKG) selbst darauf verweist. Für die Zuständigkeit der Behörden verweist § 36 Abs 1 Nr 1 OWiG aber wiederum auf die einzelnen Leistungsgesetze (für das SozVersR vgl zentral § 112 SGB IV). **5**

5. Abs 2: Begriff der Behörde

Nach Abs 2 ist Behörde jede Stelle, die Aufgaben öffentl Verwaltung wahrnimmt. Praktisch relevant ist zumeist weniger die Behördeneigenschaft als solche, sondern die Rechtsqualität und -verbindlichkeit des Handelns einer bestimmten organisatorischen Einheit. In diesem Zusammenhang gewinnt der Behördenbegriff insbesondere als Tatbestandsmerkmal im Rahmen von § 31 SGB X Bedeutung. Wo hingegen das Gesetz bestimmte Einheiten mit bestimmten Kompetenzen versieht, ergibt sich die Behördeneigenschaft (so es überhaupt auf sie ankommt) meist im Rückschluss daraus (instruktiv *BSGE* 107, 123). **6**

Der Behördenbegriff deckt sich weitestgehend mit dem des Allgemeinen Verwaltungsrechts. Das BSG geht von einem weiten und vor allem funktionalen Behördenbegriff aus, der alle vom Wechsel der in ihnen tätigen Personen unabhängigen und mit hinreichender organisatorischer Selbstständigkeit ausgestatteten Einrichtungen umfasst, denen Aufgaben der öffentlichen Verwaltung und entsprechende Zuständigkeiten zur eigenverantwortlichen Wahrnehmung zugewiesen sind (*BSGE* 107, 123). Dazu gehören unabhängig von ihrer Bezeichnung alle Einrichtungen, Organe und Stellen, die aufgrund von Vorschriften des öffentlichen Rechts mit der Befugnis zum Erlass von Verwaltungsakten, zum Abschluss öffentlich-rechtlicher Verträge im eigenen Namen oder auch zu sonstigen, nach öffentlichem Recht zu beurteilendem Handeln ausgestattet sind (*BSGE* 60, 239; 77,296). Die Verwaltungsträger selbst sind keine Behörden, sondern verfügen über solche (vgl nur § 31 Abs 3 Satz 1 SGB IV), allerdings ist diese Unterscheidung in der Praxis weitgehend bedeutungslos. Privatrechtssubjekte können nach allgemeinen Regeln kraft Beleihung als Behörden handeln; im Sozialrecht ist dies selten und die Einzelheiten sind insbes hinsichtlich Rolle und Funktion der Vertragsärzte streitig (vgl *Rixen*, Sozialrecht als öffentliches Wirtschaftsrecht, S 201 f). **7**

Grds gilt die Definition in Abs 2 für das gesamte SGB. Wo allerdings der Begriff der Behörde eigens im Gesetz erwähnt wird (zB in den §§ 31 und 45), kann er teils eine engere Bedeutung haben (vgl insbes *BSGE* 77, 295; 63, 224; zum Meinungsstreit § 45 Rz 108 ff). Umgekehrt sind oft auch solche organisatorischen Einheiten Behörden, die das Gesetz anders nennt (zB manche Ausschüsse).

8   Zweifelhaft ist die Behördeneigenschaft daher vor allem dort, wo entweder (im Sozialrecht selten) Private tätig werden (zB Hauptverband der gewerblichen Berufsgenossenschaften, vgl *BSGE* 43, 282, und VDR, vgl § 146 SGB VI) oder aber wo die Entscheidung Gremien außerhalb der klassischen Verwaltungsstruktur obliegt. Als Behörden sind anerkannt: Zulassungs- und Berufungsausschuss (*BSG* 6.5.2009 – B 6 KA 7/08 R), vertragsärztliche Prüfgremien, Schiedsämter nach SGB V und Schiedsstellen nach SGB V und SGB XI (*BSGE* 20, 73; 87, 199; SozR 4-3300 § 89 Nr 1; SozR 4-3300 § 89 Nr 2; differenzierend für Schiedsstellen *BSGE* 107, 123), str für Schiedspersonen (eher ablehnend *BSGE* 107, 123, bejahend *LSG BW* 18.12.2013 – L 5 KA 3838/12), Schiedsstellen nach § 80 SGB XII (*LSG BW* 5.10.2011 – L 2 SO 5659/08 KL). Keine Behörden sind Krankenhausträger (*BSGE* 88, 6), Versichertenälteste, Beiräte etc. Bei anderen als Ausschüssen bezeichneten Gremien ist nach Art der übertragenen Kompetenzen zu differenzieren.

§ 2 Örtliche Zuständigkeit

(1) [1]Sind mehrere Behörden örtlich zuständig, entscheidet die Behörde, die zuerst mit der Sache befasst worden ist, es sei denn, die gemeinsame Aufsichtsbehörde bestimmt, dass eine andere örtlich zuständige Behörde zu entscheiden hat. [2]Diese Aufsichtsbehörde entscheidet ferner über die örtliche Zuständigkeit, wenn sich mehrere Behörden für zuständig oder für unzuständig halten oder wenn die Zuständigkeit aus anderen Gründen zweifelhaft ist. [3]Fehlt eine gemeinsame Aufsichtsbehörde, treffen die Aufsichtsbehörden die Entscheidung gemeinsam.

(2) Ändern sich im Lauf des Verwaltungsverfahrens die die Zuständigkeit begründenden Umstände, kann die bisher zuständige Behörde das Verwaltungsverfahren fortführen, wenn dies unter Wahrung der Interessen der Beteiligten der einfachen und zweckmäßigen Durchführung des Verfahrens dient und die nunmehr zuständige Behörde zustimmt.

(3) [1]Hat die örtliche Zuständigkeit gewechselt, muss die bisher zuständige Behörde die Leistungen noch solange erbringen, bis sie von der nunmehr zuständigen Behörde fortgesetzt werden. [2]Diese hat der bisher zuständigen Behörde die nach dem Zuständigkeitswechsel noch erbrachten Leistungen auf Anforderung zu erstatten. [3]§ 102 Abs. 2 gilt entsprechend.

(4) [1]Bei Gefahr im Verzug ist für unaufschiebbare Maßnahmen jede Behörde örtlich zuständig, in deren Bezirk der Anlass für die Amtshandlung hervortritt. [2]Die nach den besonderen Teilen dieses Gesetzbuches örtlich zuständige Behörde ist unverzüglich zu unterrichten.

1. Allgemeines

1   § 2 betrifft allein die örtliche Zuständigkeit (für die sachliche Zuständigkeit vgl § 14 SGB IX), die von der Behörde grundsätzlich in jedem Verfahrensstadium

von Amts wegen zu prüfen ist. Hierbei überlässt das SGB die Bestimmung, welche Behörde örtlich zuständig ist, für den Regelfall den einzelnen Leistungsgesetzen (den besonderen Teilen iSv Abs 4 Satz 2), und regelt nur verschiedene Konflikte: Es sind von Anfang an verschiedene Beh örtl zuständig (Abs 1), die Zuständigkeit wechselt noch während des Verfahrens (Abs 2) oder die Zuständigkeit wechselt während der Leistungserbringung (Abs 3); nur für den Eilfall enthält Abs 4 Satz 1 eine eigenständige Zuständigkeitsvorschrift. Die Vorschriften des SGB über die örtliche Zuständigkeit sind vielfältig; so unterscheidet das SGB III zwischen einer Trägerzuständigkeit (BA) und einer Behördenzuständigkeit (AA, vgl § 327 SGB III) und macht etwa den Alg-Anspr von der alo-Meldung bei der zuständigen AA abhängig (§ 141 Abs 1 Satz 1 SGB III). Anknüpfungspunkte sind jedoch zumeist (Wohn-)Sitz, gewöhnlicher oder tatsächlicher Aufenthalt, Beschäftigungsort oder Ausbildungsstätte, wobei das Verhältnis idR gestuft ist (beispielhaft § 128 Abs 1 Satz 1 SGB VI). Hinzu kommen Sondervorschriften für Fälle mit Auslandsbezug (zB § 24 Abs 4 Satz 2 SGB XII, § 128 Abs 2, 3 SGB VI). **Zuständigkeitsvereinbarungen**, die nicht mit § 2 vereinbar sind, sind wirkungslos (vgl *Kopp/Ramsauer* VwVfG § 3 Rz 12).

2. Abs 1: (Tatsächliche oder mögliche) Zuständigkeitskonkurrenz

Abs 1 regelt verschiedenen Fallkonstellationen, die sich in der Praxis kaum sinnvoll trennen lassen: Satz 1 betrifft den (seltenen) Fall, in dem tatsächlich die Voraussetzungen mehrerer gleichrangiger Zuständigkeitsnormen erfüllt sind und das Gesetz somit das Verfahren tatsächlich verschiedenen Behörden zuweist. Sehr viel häufiger sind demgegenüber die Satz 2 genannten Konstellationen einer zweifelhaften Behördenzuständigkeit. **2**

Abs 1 Satz 1 bestimmt, dass (vorbehaltlich einer anderslautenden Bestimmung durch die Aufsichtsbehörde) von mehreren örtlich zuständigen Behörden die zuerst befasste zuständig ist (Prioritätsprinzip, vgl auch § 43 SGB I und § 14 SGB IX). Zuerst befasst ist bei antragsabhängigen Leistungen idR die erstangegangene Behörde, bei einem Tätigwerden von Amts wegen diejenige, die zuerst Kenntnis von den Umständen hatte, die eine Pflicht zum Tätigwerden auslösen. Erstangegangen ist eine Behörde, wenn sich der Betroffene mit einem bestimmten (über bloße Information und Beratung hinausgehenden) Begehren an sie wendet (*Fichte* in KSW § 2 Rz 6), auf einen förmlichen Antrag kommt es nicht an. An welche Behörde sich der Betroffene wendet, ist uU auslegungsbedürftig, insbes wenn er bei einem Versicherungsamt etc gestellt wird. IdR wird die im Antrag genannte gemeint sein. **3**

Die Zuständigkeit – mag sie auch zweifelhaft sein – verfestigt sich, wenn die erstbefasste Behörde über das Begehren entschieden hat. Solange dies nicht der Fall ist, kann die Aufsichtsbehörde eine andere Behörde für zuständig erklären („es sei denn"). Wie es zu dieser in Abs 1 Satz 1 genannten Entscheidung durch die Aufsichtsbehörde kommt, sagt das Gesetz nicht. In Betracht kommen ein Tätigwerden von Amts wegen oder auf Antrag der zuständigen Behörden bzw des betroffenen Bürgers. Zur Frage, wer Aufsichtsbehörde ist und wie sie entscheidet, siehe Rz 5 und 6. Entscheidet eine andere als die erstbefasste Behörde in der Sache, ist der VA formell rechtswidrig (nicht nichtig, vgl § 40 Abs 3 Nr 1).

Der Regelungsgehalt von **Abs 1 Satz 2** lässt sich unter dem Schlagwort der ungeklärten örtlichen Zuständigkeit zusammenfassen. Der wichtigste Fall ist der, in dem sich der tatsächliche oder gewöhnliche Aufenthalt nicht oder nur mit einem Aufwand feststellen lässt, der für die Klärung der formellen Frage der **4** örtlichen Zuständigkeit unangemessen hoch ist. Die Vorschrift erfasst weiter positive und negative Zuständigkeitskonflikte. Anders als nach Satz 1 ist eine Anrufung der Aufsichtsbehörde zwingend.

5 Wer die **gemeinsame Aufsichtsbehörde** ist, bestimmt sich idR aus dem Organisationsrecht des jeweiligen Leistungsgesetzes. Im Bereich der Grundsicherung, wo Konflikte im Sinne von Abs 1 an häufigsten sein dürften, sind dies einmal die §§ 47, 48 SGB II und im Anwendungsbereich des SGB XII die Bestimmungen der Landesausführungsgesetze. Im Bereich der Sozialversicherung (wo sich derartige Fragen aber meist nur in der Rentenversicherung stellen) gelten die §§ 87 ff SGB IV. Fehlt es an einer gemeinsamen Aufsichtsbehörde und kommt es zu keiner Einigung nach Abs 1 Satz 3, so bleibt es bei der Zuständigkeit der zuerst befassten Behörde. Kriterien für die Entscheidung der Aufsichtsbehörde nennt das Gesetz nicht. Im Lichte von § 2 Abs 2 SGB I sollte neben Praktikabilitätserwägungen insbes ein möglichst reibungsloser Ablauf aus Sicht des betroffenen Bürgers sichergestellt sein.

6 Die Fragen nach der Rechtsnatur der Zuständigkeitsbestimmung und nach **Rechtsschutzmöglichkeiten** hängen davon ab, wem gegenüber sie ergeht und wie sie Bürger und Behörden betrifft. Gehört die Aufsichtsbehörde einem anderen Rechtsträger an als die Behörden, um deren Zuständigkeit gestritten wird, so ergeht ein VA, der sich im Verhältnis zum betroffenen Verwaltungsträger auch nicht als reine Verfahrenshandlung darstellt und daher angefochten werden kann. Im Außenverhältnis zum Bürger ist die Zuständigkeitsbestimmung hingegen stets eine behördliche Verfahrenshandlung iSd § 56 a Satz 1 SGG. Hält er eine andere Behörde für zuständig, so muss er die Sachentscheidung anfechten (vgl *BVerwGE* 21, 352) und dabei ggf die Beiladung des Rechtsträgers der Behörde beantragen, die er für zuständig hält (vgl § 75 Abs 5 SGG).

3. Abs 2, 3: Zuständigkeitswechsel

7 Abs 2 und 3 regeln die Fälle, in denen sich die tatsächlichen oder rechtlichen Umstände, die die örtliche Zuständigkeit (keine analoge Anwendung auf sachliche: *OVG NRW* Beschl v 14.7.2006 – 16 A 1536/04) begründen, vor der Sachentscheidung (Abs 2) oder während des laufenden Leistungsbezugs (Abs 3) ändern.

8 Die noch vor der Sachentscheidung unzuständig gewordene Behörde gibt das Verfahren grds an die neu zuständige ab (anders im sozial- bzw verwaltungsgerichtlichen Verfahren: §§ 94 Abs 3 SGG, 90 Abs 3 VwGO), soweit das Leistungsgesetz nichts anderes vorsieht (insbes § 98 Abs 1 Satz 3 SGB XII). Entgegen der neuen Kompetenzlage ist es aber möglich, dass – und dies ist, da rechtlich problematisch, der eigentliche Regelungsinhalt von Abs 2 – **die unzuständig gewordene Beh das Verwaltungsverfahren fortführt**. Diese Vorgehensweise ist aber nur unter zwei Voraussetzungen statthaft, nämlich, dass dies zum einen unter Wahrung der Interessen der Beteiligten (zB: § 17 Abs 1 Ziff 1 SGB I) der einfachen und zweckmäßigen Durchführung des Verwaltungsverfahren dient, was idR der Fall sein wird. Zum anderen ist die Zustimmung der zuständig gewordenen Beh erforderlich. Schließlich muss auch **die unzuständig gewordene Beh das VerwVerf fortführen wollen** (vgl *BVerwGE* 74, 206). Zuständigkeitswechsel nach Abschluss des Verwaltungsverfahrens (§ 8) sind für Abs 2 unbeachtlich (vgl näher: *Kopp/Ramsauer* VwVfG § 3 Rz 52 f); regelmäßig kann dann ein Fall von Abs 3 vorliegen.

Die **gesamten Umstände des Einzelfalles** (zB auch der Stand des Verfahrens, **9** größere räumliche Entfernung) entscheiden, ob die Fortführung des VerwVerf durch die bisher zuständige Beh der einfacheren und zweckmäßigeren Durchführung des VerwVerf dient (*Krasney* in KassKomm § 2 Rz 11; vgl auch *BVerwGE* 70, 70; *OVG NRW* NJW 1989, 2906).

Bsp: Beh ist gerade in den Fall eingearbeitet und kann insb bei Eilbedürftigkeit im Bereich von SGB II und SGB XII schneller entscheiden.

Werden diese Vor zu Unrecht angenommen, so liegt ein Verstoß gegen die örtliche Zuständigkeit vor (vgl §§ 40 Abs 3 Nr 1, 42). Die **Entscheidung der nunmehr unzuständigen Beh ist insoweit gerichtl voll nachprüfbar**, im Übrigen entscheidet die Beh jedoch nach Ermessen (*Krasney* aaO § 2 Rz 10; aA *Engelmann* in von Wulffen/Schütze § 2 Rz 11 für ein vollumfängliches Ermessen). Hat die früher zuständige Beh bereits entschieden, ist eine Zustimmung der nunmehr zuständigen Beh nicht mehr erforderlich und auch nicht mehr möglich. Die **Ablehnung** und die **Zustimmung** (§§ 183, 184 BGB) der zuständig gewordenen Beh sind mit der hM nicht als gegenüber den Beteiligten anfechtbare VA anzusehen (*Engelmann* aaO § 2 Rz 12: öffentl-rechtl Willenserklärung; *Kopp/Ramsauer* VwVfG § 3 Rz 51: interne Verfahrenshandlung ohne unmittelbare Außenwirkung; aA *Krasney* aaO § 2 Rz 11). Gleiches gilt allerdings auch für die (ggf nur konkludente) **Entscheidung der unzuständig gewordenen Beh, das VerwVerf fortzuführen** (*BVerwGE* 70, 70; aA *Engelmann* aaO § 2 Rz 11). Vielmehr ist hinsichtlich der örtlichen Zuständigkeit, die sich nach der Rechtslage zum Zeitpunkt der Entscheidung beurteilt, ausschließlich die gegenüber dem Beteiligten ergehende Entscheidung (VA) überprüfbar.

Abs 3 enthält eine Nahtlosigkeitsregelung, die zum Schutze des Leistungsbe- **10** rechtigten eine fortgesetzte örtliche Zuständigkeit statuiert (*BVerwG* FEVS 35, 397). Satz 1 verpflichtet die unzuständig gewordene Behörde, die Leistung zunächst weiter zu erbringen. Allerdings erklärt die Vorschrift allein den Wegfall der die örtliche Zuständigkeit begründenden Umstände für vorerst unbeachtlich und hilft – wichtig im Bereich der KdU – nicht über durch den Umzug entfallene materielle Anspruchsvoraussetzungen hinweg (*LSG LSA* Beschl v 27.1.2015 – L 4 AS 969/13 NZB). Die „Übernahme" durch den nunmehr örtlich zuständigen Träger kann die früher zuständige Behörde ggf gerichtlich erzwingen, und auch dem Betroffenen ist eine solche Rechtsposition zuzubilligen.

Abs 3 Satz 2 enthält einen Erstattungsanspruch, der naturgemäß nicht der Be- **11** hörde selbst, sondern deren Rechtsträger zusteht (und daher bei Behörden desselben Rechtsträgers durch Konfusion erlischt). Einen Erstattungsanspruch gegen den Leistungsberechtigten hat die Behörde hingegen schon deswegen nicht, weil sie ihm gegenüber im Wege der fortgesetzten Zuständigkeit zur Leistung verpflichtet bleibt.

Der Erstattungsanspruch der Leistungsträger untereinander ist originärer Natur. § 102 kommt daneben nicht zur Anwendung (*BVerwGE* 149, 333). Dass Abs 3 Satz 2 auf § 102 Abs 2 verweist, bedeutet letztlich nur, dass sich die Erstattungspflicht auf alles erstreckt, was der abgebende Leistungsträger im Rahmen seiner nach Satz 1 fortgesetzten Zuständigkeit (rechtmäßig) geleistet hat. Durch **Verwaltungsvereinbarung** kann vereinbart werden, dass allg für alle zukünftigen Fälle die Erstattung als angefordert gilt, denn grds kommt es nur zur Erstattung auf Anforderung.

12   Satz 2 gilt auch im Verhältnis zwischen zwei **Sozialhilfeträgern** (vgl *OVG MV* Urt v 22.11.2005 – 1 L 496/04, NordÖR 2006, 521; *SächsOVG* Urt v 23.11.2004 – 4 B 200/03; *SächsOVG* Beschl v 15.12.2008 – 4 B 3/07; *OVG NRW* Urt v 19.12.2002 – 16 A 30/01; *OVG RhPf* Urt v 25.10.2000, FEVS 52, 237; vgl auch *VG Leipzig* Urt v 18.5.2006 – 3 K 1773/03; aA *OVG Lüneburg* FEVS 52, 79; *VG Leipzig* Urt v 19.12.2002 – 2 K 2342/99, nv). Allerdings findet dann die Bagatellgrenze des § 110 Abs 2 Satz 1 SGB XII keine Anwendung (vgl *OVG NRW* Urt v 19.12.2002 – 16 A 30/01; *Wahrendorf* in Grube/Wahrendorf, SGB XII § 113 Rz 9). § 111 ist indes auf Erstattungsansprüche gemäß § 2 Abs 3 Satz 2 anwendbar (*OVG Bln-Bbg* Urt v 27.2.2013 – OVG 9 B 58.11; *SächsOVG* Urt v 27.6.2008 – 4 B 543/06).

13   Der **Erstattungsanspruch verjährt** – in entspr Anwendung von §§ 113 Abs 1, 50 Abs 4, § 45 Abs 1 SGB I, §§ 25 Abs 1 Satz 2, 27 Abs 2 Satz 1 SGB IV – **in vier Jahren** (hM, *BSG* SozR 3-1200 § 45 Nr 8; *SächsOVG* Urt v 10.12.2007 – 4 B 160/04; *Krasney* aaO § 2 Rz 14; *Engelmann* aaO § 2 Rz 14). Die Beträge sind **nicht zu verzinsen** (*Krasney* aaO § 2 Rz 14; aA *OVG MV* 28.8.2007 – 1 L 300/05; vgl hierzu allg *BVerwGE* 114, 61 mwN). § 111 Satz 1 SGB X ist ebenfalls anzuwenden (*SächsOVG* Urt v 27.6.2008 – 4 B 543/06).

4. Abs 4: Unaufschiebbare Maßnahmen

14   **Abs 4 Satz 1** begründet für „unaufschiebbare Maßnahmen", dh bei **Gefahr in Verzug,** eine Handlungs- und Entscheidungskompetenz derjenigen (auch sachlich unzuständigen) **Beh,** in deren Bezirk der Anlass für die Amtshandlung hervortritt. Abs 4 begründet daher eine **Notkompetenz** (vgl *BVerwGE* 68, 271). Ein Fall von §§ 40 Abs 3 Nr 1, 42 liegt hier nicht vor, da Abs 4 Satz 1 gerade eine vorrangige örtliche Kompetenz begründet (lex specialis). Voraussetzung für diese in der **Praxis eher bedeutungslose Regelung** ist das Vorliegen einer konkreten Gefahr, die dann gegeben ist, wenn der Eintritt eines unmittelbar bevorstehenden Schadens für wichtige Rechtsgüter (vgl *BVerwGE* 45, 57; vgl auch *Kopp/Ramsauer* VwVfG § 3 Rz 55) befürchtet werden muss. Gefahr im Verzug ist gegeben, wenn ohne unverzüglich Handeln des örtlich an sich nicht zuständigen Sozialleistungsträger der Schaden eintreten würde (*Krasney* aaO § 2 Rz 15). Die Maßnahmen müssen sich allerdings auf die Abwehr der Gefahr beschränken, dh auf unaufschiebbare Maßnahmen. Häufig werden deshalb nur vorläufige Regelungen in Betracht kommen (*Kopp/Ramsauer* VwVfG § 3 Rz 56). Das Vorliegen der Voraussetzung „Gefahr im Verzug" und unaufschiebbare Maßnahmen" ist gerichtlich voll nachprüfbar; die Beh hat **keinen Beurteilungs- und Ermessensspielraum** (*Kopp/Ramsauer* VwVfG § 3 Rz 54). Nach **Abs 4 Satz 2** sind die handelnden, örtlich unzuständigen Beh verpflichtet, die örtlich zuständigen Beh **unverzüglich,** dh ohne schuldhaftes Zögern (vgl § 121 Abs 1 BGB), **zu unterrichten.** Wird gegen diese Pflicht verstoßen, so berührt dies allerdings die Rechtmäßigkeit der getroffenen Maßnahmen nicht.

§ 3 Amtshilfepflicht

(1) Jede Behörde leistet anderen Behörden auf Ersuchen ergänzende Hilfe (Amtshilfe).

(2) Amtshilfe liegt nicht vor, wenn

1. Behörden einander innerhalb eines bestehenden Weisungsverhältnisses Hilfe leisten,
2. die Hilfeleistung in Handlungen besteht, die der ersuchten Behörde als eigene Aufgabe obliegen.

Literatur:

Marburger: Amtshilfe zwischen Sozialhilfe- und Sozialversicherungsträgern unter Berücksichtigung des Sozialdatenschutzes, ZfF 1989, 53; *Nisipeanu*: Die Amtshilfe 1989; *Pitschas*: Die Amtshilfe für und durch Sozialhilfeträger SGb 1990, 233; *Schnapp*: Die Grenzen der Amtshilfe in der Sozialversicherung, in: Fs Wannagat 1981, 449; *Schimanski*: Aktenvorlage, Akteneinsicht und Datenschutz, SozSich 1987, 207; *Schlink*: Die Amtshilfe, 1982; *Stuer*: Amtshilfeersuchen zwischen Sozialleistungsträgern und allgemeinen Verwaltungsbehörden DÖV 1985, 720.

1. Allgemeines

§ 3, der wortgleiche § 4 VwVfG und der in manchen Punkten abweichende § 111 AO setzen einfachrechtlich die in Art. 35 Abs 1 GG verfassungsrechtlich verankerte Pflicht „aller Behörden des Bundes und der Länder" um, sich gegenseitig Amtshilfe zu leisten. Was den Adressatenkreis angeht, ist der Anwendungsbereich denkbar weit und erfasst auch das Verhältnis der Behörden des Bundes oder desselben Landes untereinander (zum Streitstand im VerfR *Grzeszick* in BerlKomm GG Art 35 Rz 3). Zwecke der Amtshilfe sind die **Verwirklichung von Verwaltungsaufgaben** trotz der organisatorischen Trennung von Behörden und der Ausdifferenzierung der Behördenzuständigkeiten (vgl *BVerfGE* 7, 190; *BVerwGE* 38, 340) und nicht zuletzt auch die Entlastung des Bürgers (vgl *BayVGH* Beschl v 18.8.2006 – 9 C 06.1845, zur Rolle der Amtshilfe im Rahmen von § 66 Abs 1 Satz 1 SGB I). **1**

Abs 1 enthält die Verpflichtung zur gegenseitigen Amtshilfe und bestimmt den Begriff der Amtshilfe näher. In **Abs 2** wird die Amtshilfe von anderen Formen der Zusammenarbeit von Beh abgegrenzt. Näheres zu den Voraussetzungen und Grenzen der Amtshilfe, dem Verfahren und den Kosten ist in den folgenden §§ 4-7 geregelt. Mit diesen Regelungen werden die notwendigen Rechtsgrundlagen für die Zusammenarbeit der Beh geschaffen. Die Regelungen über die Amtshilfe sind ausschließlich **verfahrensrechtlicher Natur**; zusätzliche **Eingriffsbefugnisse in die Rechte der Bürger** werden durch diese Bestimmungen nicht geschaffen bzw erweitert (vgl auch: BT-Drucks 7/910, 38 zu den entspr Regelungen im VwVfG; vgl auch *Schnapp* KKZ 1993, 165). Das bedeutet zB, dass die Amtshilfe in der (praktisch häufigsten) Form der **Informationshilfe** (Bsp: *SG Fulda* Urt v 7.8.2006 – S 9 AS 95/06, ZFSH/SGB 2006, 612: Ersuchen eines zugelassenen kommunalen Trägers, von der BA Zugang zu Stellenangeboten und Arbeitgeberdaten der von ihr zu Vermittlungszwecken genutzten Datenbank zu erhalten; ebenso *SchlHLSG* Beschl v 25.4.2006 – L 6 B 6/06 AS ER, NDV-RD 2006, 67) die Regelungen über den **Sozialdatenschutz** (§§ 35 **2**

SGB I, 67 ff), insb die Anforderungen an das „ob" und „wie" die Datenübermittlung (§§ 67 d ff) beachten muss (vgl *BVerwG* NVwZ 1986, 467; *SG Fulda* Urt v 7.8.2006 – S 9 AS 95/06, ZFSH/SGB 2006, 612; *SchlHLSG* Beschl v 25.4.2006 – L 6 B 6/06 AS ER, NDV-RD 2006, 67; vgl auch § 68 Rz 2).

2. Funktion und Begriff der Amtshilfe

3 Amtshilfe ist eine Hilfeleistung zwischen Behörden, die die rechtlichen und tatsächlichen Möglichkeiten der ersuchenden Behörde um die der ersuchten Behörde ergänzt. Sie betrifft – auch dann, wenn die ersuchte Behörden nach außen **im eigenen Namen** tätig wird (vgl *Bonk/Schmitz* aaO § 7 Rz 3; *Hoffmann* aaO § 4 Rz 25; *Ule/Laubinger* VerwVerf § 11 Rz 48) – allein das Innenverhältnis zwischen den Behörden und wahrt vor allem die gesetzliche Zuständigkeitsverteilung (*Clausen* in Knack ua VwVfG § 4 Rz 6; *Bonk/Schmitz* in Stelkens/ Bonk/Sachs VwVfG § 4 Rz 7, 28; *Ule/Laubinger* VerwVerf § 11 Rz 10; *Hoffmann* in Obermayer VwVfG § 4 Rz 28; *Hufeld* VBlBW 1999, 130 [131]). Amtshilfe erweist sich vor diesem Hintergrund als Ausnahmetatbestand von der grundsätzlich mit der Zuweisung einer Zuständigkeit an eine Verwaltungseinheit verbundenen Pflicht, alle zur Zuständigkeitswahrnehmung erforderlichen Handlungen und Entscheidungen selbst vorzunehmen (*Remmert*, Private Dienstleistungen in staatlichen Verwaltungsverfahren 2003, 310 f).

2.1. Abgrenzung

4 Amtshilfe liegt – wie sich aus **Abs 2 Nr 2** ergibt – nicht vor, wenn das Gesetz einer Behörde bestimmte Aufgaben zuweist, mögen diese auch funktional auf die Aufgaben einer anderen Behörde bezogen sein und von deren Ersuchen abhängig sein (wichtigster Fall im SozR: § 109 a Abs 3 SGB VI). Von der Amtshilfe unterscheiden sich diese Fälle auch auf der Kostenseite, für die § 7 nicht gilt.

5 Amtshilfe liegt auch dann nicht vor, wenn die Hilfeleistung in einem bestehenden Weisungsverhältnis erfolgt (**Abs 2 Nr 1**), wozu auch der Fall zählt, dass die übergeordnete Behörde der untergeordneten Hilfe leistet (*Engelmann* in von Wulffen/Schütze § 3 Rz 17; *Hoffmann* aaO § 4 Rz 42; aA *Kopp/Ramsauer* VwVfG § 4 Rz 15). In diesen Fällen beruht die Hilfeleistung auf der Behördenhierarchie und bedarf keiner eigenen Regelung.

6 Von Organleihe, Delegation und Mandat unterscheidet sich die Amtshilfe durch ihre Natur als ergänzende Hilfe im Einzelfall („auf Ersuchen"). Diese ergänzende Hilfe ist untergeordneter Natur und umfasst keine vollständige Wahrnehmung übertragener Aufgaben. Dasselbe gilt auch für das Auftragsverhältnis (§§ 88 ff, vgl insbes § 264 SGB V). Auch die Heranziehung von Gemeinden nach § 6 Abs 2 SGB II und § 99 Abs 1 SGB XII ist keine Amtshilfe (*LSG NRW* Beschl v 11.2.2015 – L 19 AS 2204/14 B). Von der Verwaltungshilfe abzugrenzen ist die Amtshilfe anhand der Behördeneigenschaft der ersuchten Stelle. Eine Amtshilfe durch Beliehene kommt im Rahmen der Beleihung grds in Betracht, allerdings ist im Einzelnen zu prüfen, ob ihr konkreter Rechtsstatus sie auch zur Amtshilfe verpflichtet. Für Vertragsärzte trifft dies ungeachtet der Frage nach der genauen Qualifikation ihrer Rolle nicht zu (*Rixen*, Sozialrecht als öffentliches Wirtschaftsrecht, S 202).

2.2. Begriffsmerkmale

7 Die Definition der Amtshilfe in Abs 1 setzt sich aus **verschiedenen Begriffsmerkmalen** zusammen.

Amtshilfe liegt nur bei **Hilfeleistungen zwischen Beh** vor. Der Begriff: Behörde 8 in § 3 erfasst – insoweit über § 1 Abs 2 hinausgehend – neben den Beh von Trägern öffentlicher Verwaltung auch alle Beh von sonstigen Staatsorganen und Gerichten (vgl *Bauer* in Dreier GG Art 35 Rz 13; *Danwitz* in v Mangoldt ua GG Art 35 Abs 1 Rz 12 ff). Soll das Gericht jedoch in seiner Funktion als solches in Anspruch genommen werden (dh besteht die Hilfeleistung in einer richterlichen Handlung), handelt es sich um Rechtshilfe (siehe § 5 Abs 2 SGG). Die Amtshilfe zugunsten der Gerichte regelt das Prozessrecht (siehe § 5 Abs 1 SGG).

Die str Frage, **welche Amtshilfe-Regelungen zur Anwendung kommen**, wenn 9 beide Beh unterschiedlichen Amtshilferegelungen unterliegen (zB nach SGB X und nach VwVfG), ist praktisch kaum von Bedeutung, da die Regelungen über die Amtshilfe in den unterschiedlichen Verwaltungsverfahrensgesetzen inhaltlich übereinstimmen und wegen Art 35 Abs 1 GG auch übereinstimmen müssen (vgl *Hoffmann* aaO § 4 Rz 10; *Engelmann* in von Wulffen/Schütze § 3 Rz 8). Verwerfungen sind am ehesten denkbar, wo eine der Beh der AO unterfällt. Die **hM** geht allerdings davon aus, dass sich das **Amtshilfeersuchen** nach den Amtshilfebestimmungen der ersuchenden Beh und die **Amtshilfedurchführung** (vgl § 6) nach den Amtshilfebestimmungen der ersuchten Beh richten (vgl *Bonk/ Schmitz* aaO § 4 Rz 21; *Clausen* aaO § 4 Rz 21; *Engelmann* aaO § 3 Rz 8; *Kopp/Ramsauer* VwVfG § 5 Rz 3; vgl auch *BVerwG* NVwZ 1986, 467; *VGH BW* NJW 1997, 3110).

Da Amtshilfe nach den §§ 3 ff nur zwischen Beh zur Anwendung kommt, ist 10 zugleich ausgeschlossen, dass sie **auf innerbehördliche Hilfeleistungen** angewendet werden kann. Beide Beh müssen ferner dem räumlichen Geltungsbereich des SGB X unterworfen sein. Deshalb richten sich die Hilfeleistungen für ausländische Beh nicht nach den §§ 3 ff (*Engelmann* aaO § 3 Rz 9; vgl auch *Kopp/ Ramsauer* VwVfG § 4 Rz 8). Ferner ist die Amtshilfe nach Sinn und Zweck der Regelungen über die Amtshilfe auf die **öffentl-rechtl Tätigkeit einer Beh** beschränkt und deshalb nicht auch auf fiskalisches Handeln von Beh anwendbar (*Clausen* aaO § 4 Rz 9; *Kopp/Ramsauer* § 4 Rz 5; aA aber: *Wessel* Verfassungs- und verfahrensrechtliche Probleme der Amtshilfe im Bundesstaat, 1983, 61 ff; für eine analoge Anwendung: *Bonk/Schmitz* aaO § 4 Rz 14; *Ule/Laubinger* VerwVerf § 11 Rz 6). Allerdings setzt die Amtshilfe kein **VerwVerf iSv § 8** voraus (*Clausen* aaO Vor § 4 Rz 24; *Kopp/Ramsauer* VwVfG § 4 Rz 3; *Nisipeanu* Amtshilfe 1989, 141 f; *Schlink* Amtshilfe, 1982, 222; *Ule/Laubinger* VerwVerf § 11 Rz 6; aA *Hoffmann* aaO Vorbem zu § 4 Rz 8).

Gegenstand der Amtshilfe ist nach Abs 1 nur eine „ergänzende Hilfe“. Das 11 kann jede tatsächlich oder rechtlich erhebliche Handlung von untergeordneter Bedeutung sein. Typischerweise besteht die Amtshilfe (vgl *Ule/Laubinger* VerwVerf § 11 Rz 40) in der **Mitwirkung bei der Sachverhaltsaufklärung**, insb der Beweiserhebung (Vernehmungen von Zeugen oder Einnahme des Augenscheins, Erstellung von Gutachten; vgl *ThürLSG* ZFSH/SGB 2010, 29 für ein Verkehrswertgutachten), sowie die **Übersendung von Akten** zum Zwecke der Einsichtnahme und Auswertung (vgl *ThürOLG* Beschl v 18.2.2008 – 1 Ws 333/07), die **Erteilung von Auskünften** über der ersuchten Beh bekannte Tatsachen sowie die **Bereitstellung von Räumen** (zB Sitzungssaal für eine mündliche Verhandlung oder einen Erörterungstermin), **Geräten** (EDV-Anlage, Kfz etc) oder **Personal** (zB Experten, Schreibkräfte). Dass Amtshilfe keine vollständige Wahrnehmung der Aufgabe einer anderen Beh oder gar eine Aufgabenübertragung bedeuten kann, wurde bereits näher dargelegt (vgl Rz 3 ff). Regelmäßiges Wiederkehren derselben Amtshilfe kann aber möglich sein (*SG Fulda* Urt v 7.8.2006 – S 9 AS 95/06, ZFSH/SGB 2006, 612; *SchlHLSG* Beschl v 25.4.2006 – L 6 B 6/06 AS ER, NDV-RD 2006, 67).

12   Die Amtshilfe setzt ferner ein **Ersuchen der anderen Beh** voraus. Das Ersuchen ist eine bloße **öffentl-rechtl Willenserklärung,** die auf die Durchführung einer Verfahrenshandlung gerichtet ist und kein VA (*Hoffmann* aaO § 4 Rz 12; *Kopp/Ramsauer* aaO § 4 Rz 13). **Formvorschriften** sind dabei nicht zu beachten, so dass insb auch ein **mündliches Ersuchen** zulässig ist. Allerdings muss das Ersuchen der Amtshilfe notwendig vorausgehen („auf Ersuchen"), so dass die sog **Spontanhilfe** keine Amtshilfe darstellt (*Schnapp* aaO § 3 Rz 20; *Ule/Laubinger* VerwR § 11 Rz 11). Daraus folgt ferner, dass **ständige Hilfeleistung** ohne jew konkretes Ersuchen im Einzelfall ebenfalls keine Amtshilfe darstellen kann (vgl bereits Rz 5; ebenso: *Engelmann* aaO § 4 Rz 13). Das Ersuchen muss sich auf eine bestimmte Amtshilfehandlung beziehen und weiter angeben, welchem Zweck die Hilfeleistung dienen soll und warum die ersuchende Beh die Handlung nicht selbst vornehmen kann (*Engelmann* aaO § 3 Rz 11).

13   Abs 1 statuiert eine **Verpflichtung der ersuchten Beh zur Amtshilfe.** Damit korrespondiert ein entspr Anspruch der ersuchenden Beh auf Gewährung von Amtshilfe (*Pitschas* SGb 1990, 233 [238]; *Schnapp* aaO § 3 Rz 25; *Ule/Laubinger* VerwR § 11 Rz 17). Die Pflicht zur Amtshilfe hat allerdings keine drittschützende Funktion, so dass ua die sonstigen Beteiligten eines VerwVerf keine entspr Ansprüche geltend machen können (*Clausen* aaO § 4 Rz 24; *Hoffmann* aaO § 4 Rz 38; *Bonk/Schmitz* aaO § 4 Rz 41).

§ 4 Voraussetzungen und Grenzen der Amtshilfe

(1) Eine Behörde kann um Amtshilfe insbesondere dann ersuchen, wenn sie

1.   aus rechtlichen Gründen die Amtshandlung nicht selbst vornehmen kann,
2.   aus tatsächlichen Gründen, besonders weil die zur Vornahme der Amtshandlung erforderlichen Dienstkräfte oder Einrichtungen fehlen, die Amtshandlung nicht selbst vornehmen kann,
3.   zur Durchführung ihrer Aufgaben auf die Kenntnis von Tatsachen angewiesen ist, die ihr unbekannt sind und die sie selbst nicht ermitteln kann,
4.   zur Durchführung ihrer Aufgaben Urkunden oder sonstige Beweismittel benötigt, die sich im Besitz der ersuchten Behörde befinden,
5.   die Amtshandlung nur mit wesentlich größerem Aufwand vornehmen könnte als die ersuchte Behörde.

(2) [1]Die ersuchte Behörde darf Hilfe nicht leisten, wenn

1.   sie hierzu aus rechtlichen Gründen nicht in der Lage ist,
2.   durch die Hilfeleistung dem Wohl des Bundes oder eines Landes erhebliche Nachteile bereitet würden.

[2]Die ersuchte Behörde ist insbesondere zur Vorlage von Urkunden oder Akten sowie zur Erteilung von Auskünften nicht verpflichtet, wenn die Vorgänge nach einem Gesetz oder ihrem Wesen nach geheim gehalten werden müssen.

(3) Die ersuchte Behörde braucht Hilfe nicht zu leisten, wenn

1.   eine andere Behörde die Hilfe wesentlich einfacher oder mit wesentlich geringerem Aufwand leisten kann,
2.   sie die Hilfe nur mit unverhältnismäßig großem Aufwand leisten könnte,

3. sie unter Berücksichtigung der Aufgaben der ersuchenden Behörde durch die Hilfeleistung die Erfüllung ihrer eigenen Aufgaben ernstlich gefährden würde.

(4) Die ersuchte Behörde darf die Hilfe nicht deshalb verweigern, weil sie das Ersuchen aus anderen als den in Absatz 3 genannten Gründen oder weil sie die mit der Amtshilfe zu verwirklichende Maßnahme für unzweckmäßig hält.

(5) [1]Hält die ersuchte Behörde sich zur Hilfe nicht für verpflichtet, teilt sie der ersuchenden Behörde ihre Auffassung mit. [2]Besteht diese auf der Amtshilfe, entscheidet über die Verpflichtung zur Amtshilfe die gemeinsame Aufsichtsbehörde oder, sofern eine solche nicht besteht, die für die ersuchte Behörde zuständige Aufsichtsbehörde.

Literatur:

Deutsches Institut für Vormundschaftswesen: Herausgabe von Akten: Amtshilfe unter Jugendämtern – § 4 I Nr 4 SGB X, § 810 BGB, DAVorm 1988, 45; *von Einem*: Rechtsweg bei einem Streit um ein bereichsüberschreitendes Amtshilfeersuchen, AmtlMittlLVA Rheinprov 1986, 536; *Marburger*: Amtshilfeansprüche zwischen Sozialleistungsträgern und anderen Stellen, DÖD 1996, 249; *Schlink*: Datenschutz und Amtshilfe, NVwZ 1986, 249; *Schnapp*: Amtshilfe, behördliche Mitteilungspflichten und Geheimhaltung, NJW 1980, 2165; *Simitis*: Datenschutz und Amtshilfe, 1987; *Wilde*: Amtshilfe und Datenschutz im Lichte des Volkszählungsurteils des BVerfG, BayVBl 1986, 230.

1. Allgemeines

§ 4 regelt in Ergänzung zu den Grundsätze aus Art 35 Abs 1 GG und § 3 verschiedene Einzelheiten der Amtshilfe. Die Vorschrift entspricht im Wesentlichen § 5 VwVfG (abweichend Abs 5 Satz 2), allerdings sind die sozialrechtlichen „Ansprüche" auf Amtshilfe selten justiziabel. Zwar verpflichtet nach hM § 4 die ersuchte Behörde zur Amtshilfe (*VGH BW* NVwZ-RR 1990, 337; *Kopp/Ramsauer* VwVfG § 5 Rz 5). Ob aber ein rechtmäßiges Amtshilfeersuchen bei Fehlen von Ablehnungsgründen tatsächlich zum Anspruch im Rechtssinne erstarkt, hängt in erster Linie davon ab, ob die beteiligten Behörden verschiedene Rechtsträger haben (vgl § 194 Abs 1 BGB: „von einem anderen … zu verlangen"). Wo dies nicht der Fall ist, verleiht auch § 4 kein „organähnliches" Recht (auf dessen Grundlage etwa Sozial- und Gesundheitsamt derselben Kommune gegeneinander prozessieren könnten).   **1**

2. Voraussetzungen der Amtshilfe, Abs 1

2.1. Allgemeines

Abs 1 regelt die Voraussetzungen eines Amtshilfeersuchens, ist aber schon seinem Wortlaut nach („insbesondere") nicht abschließend.   **2**

Ob eine Behörde Amtshilfe in Anspruch nimmt, steht in ihrem Ermessen, das allerdings je nach Bedeutung bzw Dringlichkeit der Sache reduziert sein kann (vgl auch *Engelmann* in von Wulffen/Schütze SGB X § 4 Rz 4; *Pitschas* SGb 1990, 233 [237]). Entsprechendes kann in Betracht kommen, wenn andernfalls   **3**

der Betroffene zu einer belastenden oder zeitlich aufwändigen Mitwirkungshandlung verpflichtet werden müsste.

4   Das Amtshilfeersuchen ist grundsätzlich **formfrei** und – auch wenn es sich an
die Behörde eines anderen Rechtsträgers richtet – kein VA; die ersuchende Behörde, die Herrin des Verfahrens bliebt, kann es frei zurückziehen. Es muss hinreichend bestimmt sein (wobei die Beh gehalten sind, es ggf im Austausch miteinander hinreichend zu präzisieren). Grds beurteilt die ersuchende Behörde abschließend, ob die Voraussetzungen aus Abs 1 vorliegen (*Kastner* in Hk-VerwR/
VwVfG § 5 R 4, 22). Daher besteht eine Begründungspflicht nur hinsichtlich
derjenigen Umstände, die die ersuchte Behörde zur Verweigerung der Hilfe berechtigen (was am ehesten noch im Anwendungsbereich von Abs 2 Nr 1 der
Fall sein dürfte). Einverständnis oder auch nur Information des betroffenen
Dritten sind grds nicht erforderlich. Im Einzelfall kann etwas anderes geboten
sein, wenn die Amtshilfe (etwa im Fall einer medizinischen Untersuchung) ein
Element der „Außenwirkung" enthält und abzusehen ist, dass dies beim Bürger
zu Unverständnis führen wird.

2.2. Einzelne Ersuchensgründe

5   Die **beispielhaft** (Rz 2) in Abs 1 aufgeführten Ersuchensgründe stellen in den
Ziff 1, 2 und 5 auf eine vorzunehmende Amtshandlung ab, während das Ersuchen in den **Ziff 3 und 4** auf die **Aufgabe** bezogen ist. Mit dem **Begriff der
Amtshandlung** ist die Ausübung eines Teilbereichs der der ersuchenden Beh
übertragenden **Aufgabe** gemeint.

6   **Abs 1 Nr 1** regelt den Fall, dass die ersuchende Behörde die Amtshandlung
nicht selbst vornehmen darf, insbes weil ihr die erforderlichen rechtlichen Befugnisse fehlen oder auch (seltener) die Zuständigkeit. Dies ist gerade bei solchen Amtshandlungen der Fall, die zwar funktional auf die Aufgaben der ersuchenden Behörde bezogen sind, sich aber im Außenverhältnis als „selbstständige" Eingriffe in Rechte Dritter darstellen (Durchsuchung, Beschlagnahme, da-
tenschutzrelevante Beweiserhebung).

7   **Abs 1 Nr 2** betrifft nicht das rechtliche Dürfen, sondern das tatsächliche Können und erfasst damit die Fälle des tatsächlichen Unvermögens der ersuchenden
Behörde. Die beiden Regelfälle (Fehlen der erforderlichen Dienstkräfte oder
Einrichtungen) sind hierbei qualitativ zu verstehen. Um Amtshilfe ersuchen darf
eine Behörde nicht schon dann, wenn sie nicht genug Personal hat, sondern erst
wenn ihr im Einzelfall speziell ausgebildetes oder auch ermächtigtes Personal
fehlt und es ineffektiv wäre, solches dauerhaft zu beschäftigen (kein Autarkiegebot der einzelnen Behörde, vgl *Kastner* aaO Rz 6 mwN; zu Anwendungsfäl-
len von Nr 2 vgl *SG Fulda* 7.8.2006 – S 9 AS 95/06, ZFSH/SGB 2006, 612;
SchlHLSG Beschl v 25.4.2006 – L 6 B 6/06 AS ER, NDV-RD 2006, 67). Wo
ein solcher Bedarf über den Einzelfall hinaus besteht, bieten sich Verwaltungsvereinbarungen über eine gemeinsame Ressourcennutzung etc an (*Kastner*
aaO). Die wichtigste gesetzliche Regelung dieser Art ist § 44 b Abs 4 und 5
SGB II. Ob Nr 2 weiterhin die „Notvertretung" einer aufgrund außergewöhnli-
cher Umstände (Epidemie) handlungsunfähig gewordenen Behörde ermöglicht,
erscheint zweifelhaft, denn hier steht die gesamte Aufgabenwahrnehmung zur
Debatte, die sich im Wege der Amtshilfe ohnehin nicht erreichen lässt (geboten
wäre eher eine Hilfe in Gestalt der Abordnung von Personal etc). Allgemein ist
ein unverhältnismäßiger Aufwand dem tatsächlichen Unvermögen iSv Nr 2
nicht gleichzusetzen, berechtigt aber nach Nr 5 zur Amtshilfe.

Abs 1 Nr 3 soll der ersuchenden Behörde die Amtsermittlung erleichtern. Sie **8** muss nach ihrer eigenen Einschätzung auf die Kenntnis bestimmter Tatsachen angewiesen sein, die die ersuchte Behörde entweder kennt oder aber ermitteln kann. Diese zweite Alternative wirft erhebliche Abgrenzungsprobleme auf, denn auch wenn es ein allgemeines Autarkiegebot nicht gibt (vgl Rz 7), lässt sich Sachverhaltsaufklärung (anders als das in Nr 1 angesprochene hoheitliche Handeln) auch durch Gutachtenaufträge an Externe betreiben (wobei die Praxis einzelner Behörden stark voneinander abweicht). Die Amtshilfe hat insoweit nur eine subsidiäre Funktion und dient nicht dazu, die Vergütung für externe Sachverständige zu sparen (gegen die Erstattung von Gutachten im Wege der Amtshilfe *Bonk/Schmitz* in Stelkens/Bonk/Sachs VwVfG § 5 Rz 9; *Ule/Laubinger* VerwVerf § 11 Rz 61). Wo sich hingegen die Heranziehung einer fremden Behörde entweder aus dem Gesetz selbst (zB § 59 SGB XII) oder aus deren verwaltungsinterner Aufgabenzuweisung ergibt (ein beim Gesundheitsamt angesiedelter sozialmedizinischer Dienst hat regelmäßig die Aufgabe, andere Behörden zu unterstützten), handelt es sich nicht um eine Hilfe im Einzelfall und weiterhin liegt ein Fall des § 3 Abs 2 Nr 2 vor (siehe dort Rz 4). Nicht unter Nr 3 fallen auch Rechtsauskünfte (ebenso: *Kopp/Ramsauer* VwVfG § 5 Rz 11: insoweit fehlt es idR an der Unmöglichkeit eigener Ermittlungen, zu Fragen ausländischen Rechts können externe Gutachten eingeholt werden).

Abs 1 Nr 4 ist die Grundlage für die **Beiziehung** von Urkunden und Akten einer **9** anderen Behörde. Dass das Gesetz von Urkunden und sonstigen Beweismitteln im Besitz der ersuchten Behörde spricht, hat seinen Grund letztlich darin, dass auch das Gesetz in § 21 Abs 1 Satz 1 Nr 3 beide Begriffe nennt. Jedenfalls umfasst die Vorschrift nur das, worüber die ersuchte Behörde bereits verfügt. Rein praktisch empfiehlt es sich für die ersuchende Behörde, vorab vom betroffenen Bürger eine Erklärung über die Entbindung anderer Behörden von der Schweigepflicht (auch in generalisierter Form) einzuholen (vgl auch Abs 2 Satz 2). Demgegenüber bietet Nr 4 keine Grundlage, die ersuchte Behörde zu weiterem Tätigwerden zu veranlassen, insoweit ist Nr 3 abschließend.

Bei **Abs 1 Nr 5** berücksichtigt der Gesetzgeber schließlich den **Grundsatz der** **10** **Sparsamkeit und Effizienz der Verwaltung**. Die ersuchende Beh wäre zwar sowohl rechtlich als auch tatsächlich in der Lage, die Amtshandlung durchzuführen. Der **Aufwand** einer eigenen Vornahme wäre aber im Verhältnis zum Aufwand der Amtshilfe für die ersuchte Beh **unvertretbar höher** (vgl zu einem solchen Fall: *SG Fulda* Urt v 7.8.2006 – S 9 AS 95/06, ZFSH/SGB 2006, 612; *SchlHLSG* Beschl v 25.4.2006 – L 6 B 6/06 AS ER, NDV-RD 2006, 67). Die Wesentlichkeitsgrenze ist angesichts der Subsidiarität der Amtshilfe eng auszulegen. Für Vernehmungen und Anhörungen im **Ausland** trifft § 15 KonsG eine eigene Regelung iSv § 3 Abs 2 Nr 2.

3. Verbot der Amtshilfe, Abs 2

Abs 2 regelt **abschließend** (Umkehrschluss zu Abs 3 und § 3 Abs 1; hM: *VGH* **11** *BW* NVwZ-RR 1990, 337; *Engelmann* in von Wulffen/Schütze § 4 Rz 14; *Kopp/Ramsauer* VwVfG § 5 Rz 15, der indes eine Ausn für „offensichtlich missbräuchliche Ersuchen" macht; *Ule/Laubinger* VerwVerf § 11 Rz 28) diejenigen Fallkonstellationen, in denen die ersuchte Beh **zwingend** dem Ersuchen um Amtshilfe iSv § 3 nicht nachkommen, dh keine Amtshilfe leisten darf (**Amtshilfeverbote**). Demgegenüber wird in **Abs 3 und 4** geregelt, unter welchen Vor die ersuchte Beh die Amtshilfe ablehnen kann, ohne dass hieraus ein Amtshilfeverbot folgt.

12　Nach **Abs 2 Satz 1 Nr 1 und Satz 2** schafft die Amtshilfe für die ersuchte Behörde keinen neuen Befugnisse (vgl als Bsp zu § 5 Abs 2 Satz 1 Nr 1 VwVfG: *SchlH OVG* DVBl 1994, 1316; *BVerwG* NVwZ 1986, 467; *Schlink* NVwZ 1986, 249 [254]; vgl auch *BVerwG* NVwZ 1986, 467; *VGH BW* NJW 1997, 3110; *SchlHOVG* DVBl 1994, 1316). Fehlt auch ihr das rechtliche Dürfen (vgl für die ersuchende Behörde Abs 1 Nr 1), dann muss sie das Ersuchen ablehnen. Dies ergibt sich aus der Zusammenschau mit § 6 Abs 2 Satz 2 sowie allgemein aus dem Grundsatz, dass von der Aufgabe nicht auf die Befugnis geschlossen werden darf. Satz 2 konkretisiert dieses Verbot im Bereich des Datenschutzes und legt somit – ebenfalls in Einklang mit § 6 Abs 2 – der ersuchten Behörde die datenschutzrechtliche Prüfung auf (zum praktischen Vorgehen siehe Rz 9). Darüber hinaus ist gerade Satz 1 Nr 1 jedoch eng zu verstehen. Da die Verantwortlichkeit für die Veranlassung einer für sich betrachtet rechtlich zulässigen Hilfsmaßnahme bei der ersuchenden Behörde liegt (§ 6 Abs 2 Satz 1), steht der ersuchten Behörde insoweit keine Prüfungskompetenz zu (*VGH BW* NVwZ-RR 1990, 337; *Ule/Laubinger* VerwVerf § 11 Rz 29).

13　Nach **Abs 2 Satz 1 Nr 2** darf die Beh Amtshilfe nicht leisten, wenn sie dadurch dem Wohl des Bundes oder eines Landes erhebliche Nachteile bereiten würde. Diese Regelung ist mit den § 99 Abs 1 Satz 2 VwGO, § 119 Abs 1 SGG und § 86 Abs 2 FGO vergleichbar. Nachteile für das Wohl des Bundes bzw eines Landes sind idR nur bei Beeinträchtigungen oder Gefährdungen der inneren oder äußeren Sicherheit des Bundes oder des Landes oder einer erheblichen Störung der öffentlichen Sicherheit einschließlich der Funktionsfähigkeit wichtiger staatlicher Einrichtungen anzunehmen (vgl *Kopp/Ramsauer* VwVfG § 4 Rz 23; vgl *BVerwGE* 66, 45; 75, 14).

4.　Verweigerung der Amtshilfe, Abs 3, 4

14　Abs 3 räumt der ersuchten Behörde eine in ihrem Ermessen stehende (vgl *Kopp/ Ramsauer* VwVfG § 5 Rz 28) Möglichkeit ein, ein rechtlich zulässiges Ersuchen zu verweigern, obwohl kein Verbotsgrund vorliegt. Die Aufzählung ist nach Abs 4 abschließend (*VGH BW* NVwZ-RR 1990, 337; *Ule/Laubinger* VerwVerf § 11 Rz 28), wobei Abs 4 zweiter Satzteil nochmals betont, dass die ersuchte Behörde das von der ersuchenden Behörde verfolgte Ziel nicht zu beurteilen hat. Die Ablehnungsentscheidung der ersuchten Behörde ist **kein VA**.

15　**Abs 3 Nr 1** ermöglicht es der ersuchten Behörde, die ersuchende auf eine (bestimmte) andere Behörde zu verweisen. Voraussetzung ist nicht eine drohende Überlastung der ersuchten Behörde (diesen Fall regelt Nr 3 der Vorschrift), sondern allein eine wirksamere und sparsamere Hilfsmöglichkeit seitens der dritten. Die unbestimmten Rechtsbegriffe „wesentlich einfacher" und „mit wesentlich geringerem Aufwand" lassen sich kaum trennen; in der Sache sind dieselben Kriterien gemeint wie in Abs 1 Nr 5. Die ersuchte Behörde muss eine dritte Behörde (also nicht etwa die ersuchende Behörde selbst oder einen Privaten, vgl *Kastner* aaO Rz 19) konkret benennen; die Benennung mehrerer ungefähr gleich geeigneter Behörden ist unschädlich. Die ersuchte Behörde trifft keine Obliegenheit, vorab eine Zustimmung der benannten dritten Behörde einzuholen, allerdings ist dies praktisch hilfreich.

16　Gemäß **Abs 3 Nr 2** braucht die ersuchte Behörde Amtshilfe auch dann nicht zu leisten, wenn sie diese nur mit unverhältnismäßig großem Aufwand leisten könnte (verneint bei elektronischer Übertragung von Daten: *SG Fulda* Urt v 7.8.2006 – S 9 AS 95/06, ZFSH/SGB 2006, 612; *SchlHLSG* Beschl v 25.4.2006 – L 6 B 6/06 AS ER, NDV-RD 2006, 67). Die Vorschrift ist in Relation zu den Nrn 1 und 3 auszulegen. Der Vergleich mit Nr 3 zeigt, dass Nr 2 nicht erst bei drohender Überlastung der ersuchten Behörde eingreift, während sich aus der Zusammenschau mit Nr 1 ergibt, dass es allein um den Aufwand seitens der ersuchten Behörde geht. Eine weitere Determinante ergibt sich aus Abs 4 zweiter Halbsatz, wonach es nicht auf das Verhältnis vom Aufwand seitens der ersuchten Behörde und dem von der ersuchenden Behörde angestrebten Erfolg gehen kann (*Kastner* aaO Rz 20 mwN). Somit findet die Vorschrift dann Anwendung, wenn die Amtshilfehandlung nur mit einem Aufwand möglich ist, der außer Verhältnis zu ihrem unmittelbaren Zweck, dh der Leistung von Amtshilfe steht. Der praktische Anwendungsbereich hierfür ist sehr schmal; zu denken ist am ehesten an die sehr aufwändige Einziehung einer Bagatellforderung etwa von einem nichtsesshaften Schuldner, nach dem voraussichtlich erst wochenlang gesucht werden müsste (vgl *Kastner* aaO).

Abs 3 Nr 3 regelt den **Vorrang der eigenen Aufgabenerledigung** der ersuchten Behörde. Da in Anbetracht von Art 35 Abs 1 GG ein strenger Maßstab anzulegen ist, kann der Fall einer ernstlichen Gefährdung der Wahrnehmung eigener Aufgaben am ehesten eintreten, wenn mehrere Amtshilfeersuchen kumulieren. Organisatorische Vorkehrungen für die Bearbeitung von Amtshilfeersuchen hat eine Behörde nicht zu leisten.   **17**

5. Entscheidung durch Aufsichtsbehörde, Abs 5

Lehnt die ersuchte Behörde das Amtshilfeersuchen ab (Abs 5 Satz 1: kein VA), kann sich die ersuchende Behörde an die gemeinsame Aufsichtsbehörde oder – wenn es eine solche nicht gibt – an die Behörde wenden, die die Aufsicht über die ersuchte Behörde führt. Dasselbe gilt, wenn die Behörden darüber streiten, ob die Amtshilfe ordnungsgemäß erbracht worden ist. Aufsichtsbehörde können grds Behörden der Fach- oder auch nur der Rechtsaufsicht sein (*Neumann* in Hauck/Noftz SGB X § 5 Rz 63), wobei der letztere Fall im SGB häufiger ist; Rspr und Literatur zu § 5 Abs 5 VwVfG sind nur begrenzt übertragbar, denn dort muss die Aufsichtsbehörde zudem „fachlich zuständig" sein; im SGB X fehlt diese zusätzliche Voraussetzung. Abhängig vom Umfang der Aufsichtsbefugnisse ist auch der Prüfungsumfang im Rahmen von Abs 5 Satz 2: Eine gemeinsame Fachaufsichtsbehörde kann Rechtmäßigkeit und Zweckmäßigkeit sowohl des Ersuchens als auch der Verweigerung (Abs 5 Satz 1) überprüfen. In den anderen denkbaren Konstellationen ist der Prüfungsrahmen entsprechend abgestaffelt. Stets der Prüfung im Wege des Abs 5 Satz 2 entzogen ist die Prüfung des „Grundvorhabens" (*Neumann* aaO unter Hinweis auf Abs 4 zweiter Halbsatz).   **18**

Auch die Rechtsnatur der Aufsichtsentscheidung und die Frage nach statthaftem Rechtsschutz hängen primär von der Art der Aufsicht ab. Entscheidet die Aufsichtsbehörde gegenüber einem anderen Rechtsträger, dann stellt die Entscheidung einen VA dar, der mit den entsprechenden Klagearten (Anfechtungsklage des von der Aufsichtsbehörde zur Amtshilfe verpflichteten Rechtsträgers; Anfechtungs- und Verpflichtungsklage des Amtshilfe begehrenden Rechtsträgers, wenn die Aufsichtsbehörde die Ablehnung des Ersuchens bestätigt hat) angreifbar ist. Der **Rechtsweg** richtet sich danach, welches Recht für die ersuchte Behörde gilt (*BVerwG* NVwZ 1986, 467: VG zuständig für den Streit, ob IHK Amtshilfeersuchen einer KK erfüllen muss). Gegenüber der Behörde, die dem Weisungsrecht der Aufsichtsbehörde unterliegt, hat die Entscheidung der Aufsichtsbehörde hingegen den Charakter einer innerdienstlichen Weisung (*Engelmann* aaO § 4 Rz 22). Gegenüber dem durch die Amtshilfehandlung **betrof-**   **19**

fenen Dritten ist die Entscheidung der Aufsichtsbehörde **kein VA,** da sie ihm gegenüber keine Regelung enthält und er keinen Anspruch darauf hat, dass die Amtshilfehandlungen durch die ersuchte Beh erbracht wird. Der Dritte kann Aufsichtsentscheidung nicht selbstständig im Klagewege angreifen und ist auf Rechtsschutzmöglichkeit in der Hauptsache angewiesen.

§ 5 Auswahl der Behörde

Kommen für die Amtshilfe mehrere Behörden in Betracht, soll nach Möglichkeit eine Behörde der untersten Verwaltungsstufe des Verwaltungszweiges ersucht werden, dem die ersuchende Behörde angehört.

1. Allgemeines

1   § 5 entspricht § 6 VwVfG, hat im Sozialrecht allerdings kaum Bedeutung. Einen entsprechend mehrstufigen Aufbau hat die Bundesagentur für Arbeit. Ein Verstoß gegen § 5 bleibt folgenlos (*Engelmann* in von Wulffen/Schütze SGB X § 5 Rz 4; *Kopp/Ramsauer* VwVfG § 6 Rz 5).

2. Auszuwählende Behörde

2   Um Amtshilfe soll eine Beh des Verwaltungszweiges ersucht werden, dem die ersuchende Beh selbst angehört. **Verwaltungszweig** ist der Bereich, der typischerweise einem Fachressort als Geschäftsbereich zugeordnet ist (*BVerwG* 22.1.2013 – 2 B 89.11). Um eine **Beh der untersten Verwaltungsstufe** handelt es sich, wenn die Beh in der Hierarchie an unterster Stufe steht. Bei der Arbeitsförderung zB sind das die Agenturen für Arbeit auf der örtlichen Verwaltungsebene.

§ 6 Durchführung der Amtshilfe

(1) Die Zulässigkeit der Maßnahme, die durch die Amtshilfe verwirklicht werden soll, richtet sich nach dem für die ersuchende Behörde, die Durchführung der Amtshilfe nach dem für die ersuchte Behörde geltenden Recht.

(2) [1]Die ersuchende Behörde trägt gegenüber der ersuchten Behörde die Verantwortung für die Rechtmäßigkeit der zu treffenden Maßnahme. [2]Die ersuchte Behörde ist für die Durchführung der Amtshilfe verantwortlich.

Literatur:

Pickel: Durchführung und Kosten der Amtshilfe im Sozialrecht, NZA 1985, 416; *Schnapp*: Zum Anwendungsbereich der Amtshilfevorschriften, insbesondere im „ressortüberschreitenden" Amtshilfeverkehr, DVBl 1987, 561.

1. Allgemeines

1   § 6 hat im Wesentlichen klarstellenden Charakter und trägt insoweit letztlich dem Grundsatz Rechnung, dass die Amtshilfe die Kompetenzen und rechtlichen Befugnisse der beteiligten Behörden unverändert lässt (vgl BT-Drucks 7/910, 40 zu § 7 VwVfG).

2. Rechtssphären (Abs 1)

2   Abs 1 regelt, welches Recht anwendbar ist. Die ersuchende Behörde darf Amtshilfe nur zu dem Zweck verlangen, ihren eigenen Aufgaben nachzukommen.

Allerdings kann sie – wie sich aus § 4 Abs 1 Nr 1 ergibt – Amtshilfe gerade deswegen in Anspruch nehmen, weil die ersuchte Behörde rechtliche Befugnisse hat, die ihr fehlen und derer sie zur effizienten Aufgabenwahrnehmung bedarf. Quasi spiegelbildlich erwachsen der ersuchten Behörde aber aus der Amtshilfe keine neuen Befugnisse.

Maßnahme iSv Abs 1 ist **jegliches Verwaltungshandeln.** Zulässigkeit bedeutet im Kontext von Abs 1 so viel wie Rechtmäßigkeit.   3

3. Verantwortlichkeit (Abs 2)

Abs 2 verteilt die (umfassend zu verstehende) verwaltungsinterne Verantwort-   4
lichkeit (zum Außenverhältnis sogleich Rz 5). Satz 1 besagt, dass die ersuchte Behörde Inhalt und Zweck des Ersuchens nur zu prüfen hat, soweit dies für die Rechtmäßigkeit der eigenen Amts(hilfe)handlung von Belang ist. Nach Satz 2 obliegt die Durchführung dieser Handlung allein der ersuchten Behörde, die nicht etwa Weisungen seitens der ersuchenden unterworfen ist etc. Bei erkennbaren erheblichen Bedenken, die sich aus dem Amtshilfeersuchen selbst ergeben, hat die ersuchte Beh diese der ersuchenden Beh mitzuteilen (*VGH BW VBlBW 1990, 299*).

Das **Verhältnis zwischen ersuchter Behörde und Dritten** regelt § 6 nicht (vgl   5
Begr RegEntw zu § 7 VwVfG, BT-Drucks 7/910, 40). Allerdings ergibt sich aus dieser Norm zwingend, dass dann, wenn die ersuchte Beh zur Durchführung der Amtshilfe eine Entscheidung gegen einen Dritten (zB Vernehmung als Zeuge; Vollstreckung) trifft, dieser die Entscheidung (selbstständig und unmittelbar) anfechten kann, wenn er durch sie beschwert ist. Eine entsprechende Beurteilung gilt auch für Ersatzansprüche gegen die ersuchte Beh bei Schäden durch die von ihr vorgenommenen Handlungen zur Durchführung der Amtshilfe. Der betroffene Bürger muss sich in Fällen der Amtshilfe also stets an diejenige Beh halten, die ihm gegenüber konkret gehandelt hat. Zum evtl Schadensausgleich der Beh untereinander vgl eingehend *Kopp/Ramsauer* VwVfG § 7 Rz 14f mwN; *OLG Hamburg* NordÖR 2000, 242).

§ 7 Kosten der Amtshilfe

(1) [1]Die ersuchende Behörde hat der ersuchten Behörde für die Amtshilfe keine Verwaltungsgebühr zu entrichten. [2]Auslagen hat sie der ersuchten Behörde auf Anforderung zu erstatten, wenn sie im Einzelfall 35 Euro, bei Amtshilfe zwischen Versicherungsträgern 100 Euro übersteigen. [3]Abweichende Vereinbarungen werden dadurch nicht berührt. [4]Leisten Behörden desselben Rechtsträgers einander Amtshilfe, werden die Auslagen nicht erstattet.

(2) Nimmt die ersuchte Behörde zur Durchführung der Amtshilfe eine kostenpflichtige Amtshandlung vor, stehen ihr die von einem Dritten hierfür geschuldeten Kosten (Verwaltungsgebühren, Benutzungsgebühren und Auslagen) zu.

1. Allgemeines

1　§ 7, der mit § 8 VwVfG weitgehend identisch ist, regelt zum einen die Kosten-ansprüche verschiedener Verwaltungsträger untereinander (Abs 1 Satz 4 ist nur deklaratorisch, denn ein Rechtsträger kann keine Ansprüche gegen sich selbst haben), zum anderen die Frage, wem die von einem Dritten geschuldeten Kos-ten zustehen. Regelungszweck ist die **Verwaltungsvereinfachung**.

2. Erstattungsanspruch der ersuchten Behörde (Abs 1)

2　Abs 1 regelt originäre Kostenansprüche zwischen den Rechtsträgern der Behör-den. Einem Rekurs auf die §§ 102 ff bedarf es nicht.

2.1. Verwaltungsgebühren und Auslagen

3　**Abs 1 Satz 1** lässt ausschließlich die im Sozialrecht ohnehin sehr seltenen **Ver-waltungsgebühren** entfallen. Auslagen sind unter Beachtung der Bagatellgren-zen des Satzes 2 zu erstatten. Dies sind isolierbare finanzielle Aufwendungen, die im Zusammenhang mit einer Amtshandlung oder sonstigen Tätigkeit der Verwaltung entstehen und vom Gebührenpflichten zu ersetzen sind (vgl § 5 Abs 7 Satz 1 KAG NRW). In Betracht kommen hierfür: Kosten der Beförderung oder Verwahrung von Sachen, Reisekostenvergütungen der bei den Dienstge-schäften beteiligten Verwaltungsangehörigen oder im Einzelfall besonders hohe Fernsprech- und Zustellungskosten (§ 5 Abs 7 Satz 3 KAG NRW).

2.2. Voraussetzungen der Kostenerstattung

4　Nach **Abs 1 Satz 2** wird eine Auslagenerstattung nur dann vorgenommen, wenn **Bagatellgrenzen** überschritten werden (vgl auch § 109 Abs 1). Die genannten Werte sind keine Freibeträge, sondern Geringfügigkeitsgrenzen, dh bei ihrer Überschreitung sind die **gesamten Auslagen** zu erstatten. Bei der Bestimmung der Auslagenhöhe sind alle für das einzelne Ersuchen („im Einzelfall") angefal-lenen Aufwendungen zusammenzuzählen. Allerdings müssen **die Auslagen er-forderlich gewesen sein**, denn nur insoweit dürfen sie von der ersuchenden Beh erstattet werden (Grundsatz der wirtschaftlichen und sparsamen Haushaltsfüh-rung, vgl § 69 Abs 2 SGB IV). Stellt die Beh in derselben Angelegenheit mehr-fach Amtshilfeersuchen, sind die für verschiedene Ersuchen entstandenen Aus-lagen jedoch nicht zusammenzurechnen (vgl *BVerwG* BayVBl 1985, 443; *Kopp/Ramsauer* VwVfG § 8 Rz 9). Wird ein **Amtshilfeersuchen zurückgenom-men**, so sind allerdings der ersuchten Beh die bis dahin angefallenen Auslagen zu erstatten.

5　Zu den Versicherungsträgern ist auch die **BA** zu zählen. Eine analoge Anwen-dung auf übrige Sozialleistungsträger scheidet nach der Entstehungsgeschichte jedoch aus (Begr RegEntw, BT-Drucks 8/2034, 30: Leistungsträger; demgegen-über dann BT-Drucks 8/4022, 81: nur Versicherungsträger). Die Erstattung setzt ferner eine **ausdrückliche Anforderung** voraus. Ob eine Anforderung aus-gesprochen wird, steht zwar im Ermessen der ersuchten Beh, aber eine Anfor-derung wird regelmäßig aus der Verpflichtung zur wirtschaftlichen und sparsa-men Haushaltsführung hergeleitet werden können. Die Anforderung stellt kei-nen VA, sondern **eine öffentl-rechtl Willenserklärung dar**. Handeln **Beh dessel-ben Rechtsträgers**, so kommt (auch) eine Auslagenerstattung nicht in Betracht (Abs 1 Satz 4), denn eine Auslagenerstattung zwischen demselben Haushalt zu-zurechnenden Kassen soll vermieden werden. Diese Regelung ist nicht disponi-bel. Das ergibt sich aus der Gesetzessystematik, da sich die Regelung über die

Zulässigkeit abweichender Vereinbarungen in Abs 1 Satz 3 nur auf die vorangegangenen Regelungen, nicht aber auf die hier einschlägige Bestimmung des Abs 1 Satz 4 beziehen kann.

Abs 1 Satz 3 bestimmt, dass abweichende Vereinbarungen durch die vorangegangene Regelung (Abs 1 Satz 1 und 2; „dadurch") nicht berührt werden, dh wirksam bleiben. In diesen abweichenden Vereinbarungen können Grund, Höhe und Modalitäten der Erstattung geregelt werden. Dh, Gegenstand einer Vereinbarung können nicht nur Auslagen, sondern auch Verwaltungsgebühren sein. Abs 1 Satz 3 gilt unmittelbar nur zwischen Beh, die dem SGB X unterliegen, schließt aber ihrem Sinn und Zweck nach entsprechende Vereinbarungen mit Beh, auf die allg Verwaltungsverfahrensrecht anzuwenden haben, nicht aus, obwohl § 8 Abs 1 VwVfG eine dem Abs 1 Satz 3 entsprechende Regelung nicht enthält. Eine Vereinbarung nach Abs 1 Satz 3 stellt einen öffentl-rechtl Vertrag dar (§§ 53 ff SGB X; §§ 54 ff VwVfG).   **6**

3. Kostenanspruch gegenüber Dritten

Die Regelung in Abs 2 ist zum einen eine direkte Folge aus Abs 1 Satz 1, zum anderen geht sie Abs 1 Satz 2 vor. Schuldet ein Dritter der ersuchten Behörde für die in Ausführung des Amtshilfeersuchens vorgenommene Amtshandlung Kosten, so stehen diese der ersuchten Behörde zu. Abs 2 kommt allerdings für Beh des SGB wegen der Regelung der **Kostenfreiheit für Gebühren und Auslagen in** § 64 keine große Bedeutung zu (vgl *BVerwG* NVwZ 1987, 1070 mwN: § 64 Abs 2 Satz 1 ist lex specialis gegenüber § 7; ebenso *BVerwGE* 77, 364; 78, 363; *Kopp/Ramsauer* VwVfG § 8 Rz 5; aA *Neumann-Duesberg* WzS 1981, 130 [143]); die wohl wichtigste Ausnahme enthält § 46 Ärzte-ZV. In den seltenen Fällen allerdings, wo die Behörde einen Kostenanspruch gegen einen Dritten hat, geht dieser dem in Abs 1 Satz 2 geregelten Erstattungsanspruch vor, dh die ersuchte Behörde hat nicht etwa die Wahl, welchen Schuldner sie in Anspruch nimmt.   **7**

Zweiter Abschnitt Allgemeine Vorschriften über das Verwaltungsverfahren

Erster Titel Verfahrensgrundsätze

§ 8 Begriff des Verwaltungsverfahrens

Das Verwaltungsverfahren im Sinne dieses Gesetzbuches ist die nach außen wirkende Tätigkeit der Behörden, die auf die Prüfung der Voraussetzungen, die Vorbereitung und den Erlass eines Verwaltungsaktes oder auf den Abschluss eines öffentlich-rechtlichen Vertrages gerichtet ist; es schließt den Erlass des Verwaltungsaktes oder den Abschluss des öffentlich-rechtlichen Vertrages ein.

Literatur:

Bickenbach: Evaluationen und (Sozial-)Verwaltungsverfahrensrecht, RdJB 2004, 354; *Gaßner*: Sozialrechtliches Verwaltungsverfahren – Wiederaufnahme des Verfahrens – Geschiedenenwitwenrente – Überprüfung – Verwaltungsakt – Beteiligungsnotwendigkeit, SGb 2002, 230; *Heberlein*: Paradigmenwechsel in der Krankenversicherung, VSSR 1999, 123; *Kügel*: Beteiligung und Rechtsschutz der Arzneimittelhersteller bei der Nutzenbewertung von Arzneimitteln durch das IQWiG (Teil 2), NZS 2006, 297; *Mrozynski*: Die Feststellung des erzieherischen Bedarfs bei den Hilfen zur Erziehung als materiell- und verfahrensrechtliches Problem, ZfJ 1999, 467; *ders:* Die sozialrechtlichen Voraussetzungen einer Selbstbeschaffung insbesondere von Leistungen der Kinder-und Jugendhilfe, NDV-RD 2000, 110; *Jung*: Das sozialrechtliche Verwaltungsverfahren in der anwaltlichen Praxis, ZAP 18 (1999), 627; *Neumann*: Der Anspruch auf Krankenbehandlung – ein Rahmenrecht?, SGb 1998, 609; *Roller*: Probleme der Akteneinsicht im Sozialverwaltungsverfahren, NZS 2013, 761; *Schnapp*: Das Verwaltungsverfahren im Kassenarztrecht, SGb 1985, 89.

1. Allgemeines

1 Mit dem zum 1. Januar 1981 in Kraft getretenen SGB X wurde das sozialrechtliche Verwaltungsverfahren systematisch und einheitlich im ersten Kapitel des X. Buches des Sozialgesetzbuches neu geordnet. Dabei lehnte sich der Gesetzgeber seinerzeit soweit wie möglich an die Regelungen des bereits für die allg Verwaltung geltenden VwVfG von 1976 an, suchte aber zugleich auch im gebotenen Umfang den vielfältigen **Besonderheiten im Sozialrecht** Rechnung zu tragen. Mit der neu geschaffenen Regelung sollte neben der für die Finanzverwaltung geltenden AO und dem für die allg Verwaltung geltenden VwVfG gleichsam die dritte „Säule" der Verwaltungsverfahrensvorschriften für den vom SGB erfassten Bereich einheitlich geregelt werden. Ziel dieser dreiteiligen Ausgestaltung des Verfahrensrechts war zum einen die Schaffung von mehr Übersichtlichkeit und zum anderen die Berücksichtigung bereichsspezifischer Besonderheiten (vgl BT-Drucks 8/2034, 529). Bis zum Inkrafttreten des SGB X hatte sich die Sozialverwaltung außer an den allg Grundsätzen des Verwaltungsrechts (zB hinsichtlich der Ermessensausübung und der Ermessensfehlerlehre), an Verfahrensvorschriften einzelner Fachgesetze, hilfsweise aber auch am VwVfG orientiert (vgl *Dörr/Francke* Sozialverwaltungsrecht Kap 11 Rz 2).

2 Daneben griff das SGB X verfassungsstaatliche und rechtsstaatliche Rahmenbedingungen von Verwaltungsverfahren auf und konkretisierte sie einfachrechtlich. Dazu gehört die Berücksichtigung und Gewährung des **Grundsatzes rechtlichen Gehörs** ebenso wie die spezielle Schaffung von **Ausschließungs- und Befangenheitstatbeständen** (vgl im Einzelnen die Komm zu §§ 16 und 17). Flankiert werden die verfahrensrechtlichen Vorschriften des SGB X darüber hinaus von verschiedenen Bestimmungen im I. und IV. Buch des SGB (vgl im Einzelnen die §§ 16, 35, 39, 60 ff SGB I, 40 f, 63 f SGB IV). Deren Aufgabe und Funktion besteht darin, den Kernbestand verfahrensrechtlicher Bestimmungen des X. Buches aufzufüllen und allgemein oder bereichsspezifisch zu ergänzen (*Wallerath* in von Maydell/Ruland SRH 12 Rz 2).

3 Wie alle Verfahrensrechte erfüllt das SGB X eine dem materiellen Recht gegenüber in erster Linie **dienende Funktion** (*Meyer* NVwZ 1986, 514). Wie auf der Ebene des materiellen Rechts macht sich freilich auch im Verfahrensrecht nachteilig bemerkbar, dass es dem Sozialrecht nach wie vor an innerer Geschlossenheit und dogmatischer Durchdringung fehlt (so vollkommen zu Recht *Wallerath* aaO 12 Rz 4). Daher erscheint es geboten, das Sozialverwaltungsverfahren in besonderer Weise im Lichte der verfassungsrechtlichen Vorgaben der **Art 103 Abs 1 GG** sowie des **Rechts- und Sozialstaatsprinzips** auszulegen. Ungeachtet der genannten inhaltlichen und dogmatischen Zersplitterung des Sozialrechts wird man dem SGB X in der Tat das Verdienst zusprechen können, in der Sozialverwaltung eine Entwicklung zu „verfahrensbewusstem" Verhalten und zu größerer Bürgerbezogenheit in Gang gesetzt zu haben (vgl *Dörr/Francke* aaO Kap 11 Rz 3). Die dabei vorgesehene Einbindung des Bürgers in Entscheidungsprozesse innerhalb des SGB X (vgl etwa die §§ 20, 24 und 25) wird daher durch den „neuen" Servicegedanken des Sozialverwaltungsverfahrens aufgegriffen und bestätigt. Nicht zu Unrecht wird deshalb dem SGB X, und dies gilt in besonderer Weise auch hinsichtlich des Regelungsgehaltes des § 8, bescheinigt, das verfolgte kodifikatorische Ziel erreicht zu haben, wenngleich das SGB X in seiner Entwicklung nicht als abgeschlossene, sondern als eine Kodifikation zu verstehen ist, die stetigem Wandel und Neuinterpretation unterliegt (so *Wallerath* aaO 12 Rz 2; zum Wandel *Pitschas*, Festschrift 50 Jahre Bundessozialgericht, 765).

2. Regelungsgehalt

Die Vorschrift enthält die – mit § 9 VwVfG wortidentische – Legaldefinition für den Begriff des Verwaltungsverfahrens im Sinne des SGB X und umschreibt bzw begrenzt damit zugleich in Ergänzung zu § 1 den Anwendungsbereich der nachfolgenden §§ 9 bis 66. Die §§ 2-7 gelten indes auch in Bezug auf nicht von § 8 erfasstes Verwaltungshandeln. Das sozialrechtliche Verwaltungsverfahren hat das Ziel, die verschiedenen, auf die Begründung, Änderung oder Aufhebung eines Sozialrechtsverhältnisses gerichteten Handlungen der Beh und der Bet **planmäßig zu ordnen** (*Wallerath* aaO 12 Rz 11).

2.1. Zeitlicher und sachlicher Anwendungsbereich

Verwaltungsverfahren ist die Tätigkeit einer Beh (vgl § 1 Abs 2). Der **Begriff der Beh** ist im Rahmen des SGB X nicht im engen, organisationsrechtlichen Sinne einer in den hierarchischen staatlichen Verwaltungsaufbau eingegliederten, rechtlich unselbstständigen Stelle zu verstehen, sondern gemäß § 1 Abs 2 im **weiten**, an der Tätigkeit der Sozialverwaltung orientierten Sinn. Damit wendet sich das Gesetz zunächst an sämtliche Beh des Bundes und der Länder einschließlich der Beh der ihrer Aufsicht unterstehenden Körperschaften, Anstalten und Stiftungen des öffentlichen Rechts (*Wallerath* aaO 12 Rz 7). Stellen im Sinne des § 8 können also auch rechtlich selbstständige juristische Personen des öffentlichen Rechts sein, insbesondere die Sozialversicherungsträger und die Bundesagentur für Arbeit (§ 367 Abs 1 SGB III nF), soweit ihnen das Gesetz den Status von Körperschaften des öffentlichen Rechts (§ 29 SGB IV) verliehen hat (*Dörr/Francke* aaO Kap 11 Rz 7). Allerdings kann die Anwendbarkeit des SGB X nicht weiterreichen, als die dem Bund nur beschränkt zustehende Gesetzgebungskompetenz nach Artt 84, 85 GG im Hinblick auf das Verwaltungsverfahren (vgl zu den Einzelheiten *Wallerath* aaO 12 Rz 7).

Verwaltungsverfahren ist die Tätigkeit einer Beh aber nur dann, wenn sie erstens nach außen wirkt und zweitens zugleich auf die Prüfung der Voraussetzungen, die Vorbereitung und den Erlass eines VA (§ 31) oder den Abschluss eines öffentlich-rechtlichen Vertrages (§§ 53-55) gerichtet ist. Damit sind einerseits solche Tätigkeiten nicht erfasst, die zwar nach außen wirken, aber eine andere Handlungsform als den VA oder den öffentlich-rechtlichen Vertrag intendieren. Entsprechend sind die §§ 9 bis 66 nicht einschlägig beim Verfahren zum Erlass von Rechtsverordnungen, von Satzungen oder allg Verwaltungsvorschriften (*Vogelgesang* in Hauck/Noftz SGB X § 8 Rz 3; *Roller* in von Wulffen/Schütze SGB X § 8 Rz 7; vgl auch *BSG* SozR 3-1300 § 25 SGB X Nr 3). Gleiches gilt für schlichtes Verwaltungshandeln, beispielsweise die auf Arbeitsvermittlung gerichtete Tätigkeit der Bundesagentur für Arbeit (*BSG* SozR 3-1300 § 25 SGB X Nr 3; vgl auch *Roller*, NZS 2013, 761, 762), oder solches auf privatrechtlicher Grundlage.

7   Die Tätigkeit von Sozialverwaltungsträgern auf privatrechtlicher Grundlage wird nicht vom SGB X erfasst, da dieses nur für die **öffentlich-rechtliche Verwaltungstätigkeit** Anwendung findet. Insoweit hat der aus dem allg Verwaltungsrecht bekannte Streit um die sachgerechte Abgrenzung des öffentlichen vom privaten Recht auch für den Bereich des Sozialverwaltungsverfahrens Bedeutung. Hier dürfte die ganz herrschend vertretene sog **modifizierte Subjektstheorie**, die entscheidend darauf abstellt, ob notwendig ein Hoheitsträger als Berechtigter oder Verpflichteter tätig wird, sachgerechte Ergebnisse liefern. Zwar weist die Theorie unter anderem dann Schwächen auf, wenn keine eindeutig normativ vorgezeichneten Formen staatlicher Aufgabenwahrnehmung in Rede stehen, doch werden auch im Bereich des sog „Verwaltungsprivatrechts" zentrale verfahrensrechtliche Grundsätze nicht a limine ausgeschlossen (vgl dazu *Pietzcker* VVDStRL 41 [1983], 209).

8   Damit es sich um ein Verwaltungsverfahren im Sinne von § 8 handelt, muss die ausgeübte öffentlich-rechtliche Tätigkeit sich nach dem SGB vollziehen. Hierunter sind zum einen die bisher kodifizierten Sozialgesetzbücher und zum anderen die in § 68 SGB I inkorporierten besonderen sozialrechtlichen Regelungen zu verstehen. So ist etwa das SGB X auf das Verwaltungsverfahren der Krankenkassen, die die GKV durchführen (SGB V), ebenso anzuwenden wie auf das Verwaltungsverfahren der Versorgungsämter, die Fälle nach dem BVG bearbeiten (§ 68 Nr 7 SGB I, so auch *Dörr/Francke* aaO Kap 11 Rz 8; aus der Rechtsprechung etwa *LSG NRW* Beschl v 12.11.2008 – L 19 B 171/08 AS). Soweit über § 68 die Besonderen Teile des SGB inkorporiert sind (also etwa die BKGG, das BVG, das BSAG), können diese Gesetze allerdings ergänzend eigene verfahrensrechtliche Regelungen treffen (vgl hierzu *BVerfGE* 37, 363; *Wallerath* aaO 12 Rz 7).

9   Die bereits angesprochene **Subsidiarität** des SGB X gegenüber verfahrensrechtlichen Regelungen der Besonderen Bücher des SGB oder der über § 68 inkorporierten Materien wirft die Frage nach dem Verhältnis der beiden verfahrensrechtlichen Regelungskomplexe auf. Nach allg Auslegungsgrundsätzen ist ein Rückgriff auf das SGB X ausgeschlossen, soweit die sondergesetzliche Normierung eine „abschließende" Regelung darstellt (vgl etwa für das Verhältnis des IFG zu den Regelungen des SGB in §§ 8, 9 und 25 kritisch *Eckardt/Exner/ Beckmann* VR 2007, 404, 409, „wenig transparent"). Im Zweifel schließt die bloße Nichtregelung einen Rückgriff auf das SGB X freilich nicht aus (vgl *Pitschas* NJW 1986, 2866 f; *Wallerath* aaO 12 Rz 9).

10   **Ausgeschlossen** von dem grundsätzlich weiten Behördenbegriff des SGB X sind aufgrund der insoweit einengenden Regelung in § 8 damit allerdings Einrichtungen und Organisationen der Freien Wohlfahrtsverbände sowie der Freien Jugendhilfe, soweit sie bei ihren Tätigkeiten, auch wenn sie in Zusammenarbeit mit den Trägern der Sozialhilfe und der Jugendhilfe erfolgen, eigene Aufgaben als private Organisationen erfüllen. Die Frage, ob die Übertragung von Aufgaben der Sozialhilfe bzw Jugendhilfe nach §§ 5 SGB XII (§ 10 BSHG aF), 76 SGB VIII auf Freie Träger einen Fall der Beleihung darstellt, wird durchaus kontrovers diskutiert (vgl dazu die Amtliche Begründung der Bundesregierung, BT-Drucks 8/2034, 30, die die Konstruktion eines sog „beliehenen Unterneh-

mers" und damit einer Beh im Sinne des Gesetzes ablehnt; ebenso *Wallerath* aaO 12 Rz 10).

Andererseits ist auch solches Handeln nicht erfasst, das zwar der Vorbereitung eines VA oder eines öffentlich-rechtliche Vertrages dient, aber wie zB die technischen Vorbereitungen für Massenbescheide oder die Datenspeicherung keine Außenwirkung haben (*Vogelgesang* aaO §8 Rz 9 mwN). Auch sonstiges **rein verwaltungsinternes Handeln** fällt nicht unter den Verwaltungsverfahrensbegriff (vgl auch *Roller* aaO §8 Rz 6). **11**

Steht schlichtes Verwaltungshandeln in Rede oder kommt das SGB X aus anderen Gründen nicht unmittelbar zur Anwendung, ist eine analoge Anwendung des Gesetzes nicht ausgeschlossen. Dies gilt namentlich für den das gesamte Verwaltungs- und Sozialverwaltungsverfahren beherrschenden **Untersuchungsgrundsatz** (§20), die Regelungen über die Bevollmächtigung oder etwa hinsichtlich der in §19 geregelten Amtssprache. Weist das Gesetz freilich, wie etwa hinsichtlich der Regelungen über den VA, einen abschließenden Charakter auf, kommt eine analoge Anwendung nicht in Betracht (*Dörr/Francke* aaO Kap 11 Rz 14); Bsp für eine analoge Anwendung ist das Bewertungsverfahren nach §§35b, 139a SGB V für Arzneimittel durch das Institut für Qualität und Wirtschaftlichkeit im Gesundheitswesen (IQWiG). Da das Institut lediglich **Verwaltungshelfer** ist, handelt es sich nicht um ein Verfahren im Sinne des SGB X. Die analoge Anwendung ist geboten, weil das Gesetz hier, anders als beim Verwaltungshelfer, die Errichtung sowie die Aufgaben in Grundzügen selbst geregelt hat (so *Kügel* NZS 2006, 297). **12**

Der **Begriff des VA** ist in §31 definiert. Dabei reicht der verfahrensrechtliche Begriff der Außenwirkung in §8 aber weiter als der materiellrechtliche in §31 (*Vogelgesang* aaO §8 Rz 17; *Kopp/Ramsauer* VwVfG §9 Rz 10, jeweils mwN) mit der Folge, dass es nicht darauf ankommt, ob das Behördenhandeln Rechte Dritter im Sinne einer Regelung berührt, sondern nur auf die schlichte Außenwirkung. Die Verwaltungstätigkeit muss also nur im tatsächlichen Sinne nach außen wirken (*BSG* Urt v 27.7.2011 – B 12 R 10/09 R, SozR 4-2600 §198 Nr 1). Eine Außenwirkung in diesem Sinne ist jedenfalls dann anzunehmen, wenn eine Tätigkeit der Behörde im inhaltlichen und zeitlichen Zusammenhang mit einem Verwaltungsverfahren erfolgt, die unmittelbar aus dem Bereich der Verwaltung heraus in die Sphäre des Bürgers hineinwirkt (*BSG* Urt v 27.7.2011 – B 12 R 10/09 R, SozR 4-2600 §198 Nr 1). In diesem Sinne wirken nach außen bspw die Eröffnung des Verwaltungsverfahrens, die Durchführung einer Anhörung, einer Beweisaufnahme oder eines Erörterungstermins, die Gewährung von Akteneinsicht und die Ladungen zu Verhandlungen (Bsp nach *Kopp/Ramsauer* aaO §9 Rz 11). Wenn das Gesetz in §8 davon spricht, Verwaltungsverfahren sei die nach außen wirkende Tätigkeit der Verwaltung, die auf den Erlass eines VA (§31) oder den Abschluss eines öffentlich-rechtlichen Vertrages (§53-55) gerichtet sei, umfasst diese Definition selbstredend auch den Erlass des VA und den Abschluss des Vertrages selbst (*BayLSG* 24.10.2011 – L 7 AS 792/10; *Dörr/Francke* aaO Kap 11 Rz 14). Im Hinblick auf die „**rechtsschutzsichernde Funktion** der §§8ff." ist im Zweifel Außenwirkung anzunehmen (so *Hauck* aaO §8 Rz 8). Der öffentlich-rechtliche Vertrag ist in §§53ff geregelt (vgl die Komm dort sowie allg zum öffentlich-rechtlichen Vertrag *Höfling/Krings* JuS 2000, 625ff). **13**

Um **Verwaltungsverfahren** im Sinne von §8 handelt es sich auch beim Vorverfahren (*BSGE* 55, 92; *BSG* Urt v 25.2.2010 – B 11 AL 24/08 R, SozR 4-1300 §63 Nr 12; *Vogelgesang* aaO §8 Rz 8), beim Vollstreckungsverfahren, beim **14**

Aufsichtsverfahren und beim Aufhebungsverfahren nach §§ 44-48 sowie bei der Ermittlung durch die in §§ 81 a, 197 a SGB V genannten „Stellen" (vgl *Rixen* ZFSH/SGB 2005, 131), nicht hingegen beim Vollzug eines VA selbst (vgl *BSG* SozR 1200 § 44 Nr 1 = Breith 1980, 521, 523; *Roller* aaO § 8 Rz 10) beim Verfahren vor der Einigungsstelle nach § 44 a SGB II (*Blüggel* SGb 2005, 377) und dem Verfahren vor dem Schiedsamt gem § 89 SGB V (*Schnapp* SGb 2007, 633). Auch zählt hierzu nicht die Familiengerichtshilfe, die ein beratendes, begutachtendes und/oder vermittelndes Handeln des Jugendamts in familiengerichtlichen Sorgerechts- und Umgangssachen umfasst (*VG Augsburg* Beschl v 12.1.2016 – Au 3 K 15.402,_BeckRS 2016, 41428; *VG Hannover* Beschl v 10.3.2015 – 10 B 1268/15, BeckRS 2015, 43175 mwN).

2.2. Subjekte des Verwaltungsverfahrens

15   Subjekte des Verwaltungsverfahrens, und damit institutionell oder personell in das Verfahren einbezogen, sind in erster Linie die auf die Entscheidung hin arbeitende Beh sowie die Bet, darüber hinaus aber auch etwaige Bevollmächtigte und Beistände sowie ggf zusätzlich Anzuhörende, die nicht Beigeladene sind. Vergleichbares gilt hinsichtlich der notwendigen Mitwirkung von Ausschüssen und dritten Beh (*Wallerath* aaO 12 Rz 21).

2.3. Beginn/Einleitung des Verfahrens

16   Das Verwaltungsverfahren reicht einschließlich seines Beginns (vgl § 18; sa *BSG* SozR 3-1300 § 25 SGB X Nr 3) bis zum Erlass des VA bzw Abschluss des Vertrages.

2.4. Durchführung

17   Die Durchführung des Verwaltungsverfahrens wird wesentlich durch den im Sozialverwaltungsverfahren geltenden **Untersuchungsgrundsatz** bestimmt (vgl dazu die Komm bei § 20). Bedeutung hat dies vor allem im Blick auf die Beweiserhebungsvorschrift des § 21, wonach Beweise von der Beh nach pflichtgemäßem Ermessen zu erheben sind (dazu § 21 Rz 2 ff).

2.5. Ende des Verfahrens

18   Ziel des Verwaltungsverfahrens ist der Erlass eines VA (vgl *BSG* Urt v 21.8.2008 – B 13 R 33/07 R; *SG Reutlingen* Urt v 3.3.2009 – S 2 AS 4577/08) oder der Abschluss eines öffentlich-rechtlichen Vertrages, wobei es auf den Zeitpunkt der Unanfechtbarkeit des VA bzw der Wirksamkeit des Vertrages ankommt (vgl *BSG* MDR 1980, 348 f; *BVerwGE* 82, 336; *BVerwG* DVBl 1984, 55; *Kopp/Ramsauer* aaO § 9 Rz 30 mwN; aA *Vogelgesang* aaO § 8 Rz 13; *Roller* aaO § 8 Rz 10: Zeitpunkt der Bekanntgabe des VA). § 8 ist dabei auch das Verbot eines vorzeitigen oder vorläufigen Verfahrensabschlusses zu entnehmen (*Dörr/Francke* aaO Kap 11 Rz 44). Beendet werden kann ein Sozialverfahren trotz der dort geltenden Untersuchungsmaxime auch durch Rücknahme des Antrags, soweit die Antragstellung der Disposition des Antragstellers unterliegt.

2.6. Verfahrensrechte

19   Während des Verwaltungsverfahrens stehen den Bet **Verfahrensrechte** zu, etwa das Recht auf Anhörung, § 24 Abs 1, oder das in § 25 Abs 1 normierte Akteneinsichtsrecht (zu den Einzelheiten vgl die Komm jeweils dort). Ferner ergibt sich aus der allgemeinen Verfahrensherrschaft ein Recht auf Setzungen von Verfahrensfristen (*BayLSG* Urt v 23.4.2008 – L 12 KA 443/07, für die Befugnis einer KV zur Setzung einer Bewerbungsfrist, anderes gilt mit Blick auf den Grundsatz vom Vorbehalt des Gesetzes bei Fristen mit materiellrechtlichem Charakter).

2.7. Kosten

Nach § 64 Abs 1 werden für das Verfahren bei den Beh keine Gebühren und Auslagen erhoben. Aufwendungen, die Bet des Verwaltungsverfahrens entstehen, sind – wie die Regelung in § 37 Abs 1 SGB I verdeutlicht – nur erstattungsfähig, wenn das Gesetz dies vorsieht (sa *Dörr/Francke* aaO Kap 11 Rz 82). Hingewiesen werden soll insoweit auf § 17 Abs 2 Satz 2 (Kosten bei erforderlichem Gebärdendolmetscher), vor allem aber auch auf die Regelung in § 63 über die Erstattung der Kosten im Widerspruchverfahren (die analoge Anwendung der Vorschrift auf die infolge anwaltlicher Vertretung im Widerspruchsverfahren entstandenen Kosten hat das BSG abgelehnt, vgl *BSG* SozR 3-1300 § 63 Nr 1).

§ 9 Nichtförmlichkeit des Verwaltungsverfahrens

[1]Das Verwaltungsverfahren ist an bestimmte Formen nicht gebunden, soweit keine besonderen Rechtsvorschriften für die Form des Verfahrens bestehen. [2]Es ist einfach, zweckmäßig und zügig durchzuführen.

Literatur:

Jung: Das sozialrechtliche Verwaltungsverfahren in der anwaltlichen Praxis, ZAP Fach 18 (1999), 627; *Luthe*: Optimierende Sozialgestaltung 2001; *Pitschas*: Das sozialrechtliche Verwaltungsverfahren im „aktivierenden" Sozialstaat – Verfahrensrechtliche Konsequenzen der staatlichen Verantwortungspartnerschaft mit der Bürgergesellschaft, in: Festschrift 50 Jahre BSG, 2004, 765; *Sartorius*: Der Antrag im Sozialrecht, ASR 2014, 247; *Spiolek*: Vorschuß und Vorwegzahlung – zwei Rechtsinstitute zur vorläufigen Leistungserbringung, BB 1997, 1202; *Steiner*: Verwaltungsverfahren und Grundrechte, NZS 2002, 113.

1. Allgemeines

Die Regeln des § 9 gehören zu den „Verfahrensgrundsätze(n)" (vgl die Überschrift des Ersten Titels des Zweiten Abschnitts), dh: das Sozialverwaltungsverfahren als spezifisch koordinierter und standardisierter Vorgang der Informationsgewinnung und Entscheidungsfindung (näher *Hufen/Siegel* Fehler im Verwaltungsverfahren Rz 29 ff; 78) soll von den in § 9 aufgestellten Normen geprägt sein. Eine gleichlautende Regelung findet sich im VwVfG (§ 10); sie ist das Vorbild für § 9 gewesen (BT-Drucks 8/2034, 31 [zu § 9 SGB X]). Der Grundsatz der Nichtförmlichkeit prägt als tragendes übergeordnetes Prinzip das gesamte Sozialverwaltungsverfahren, von seinem Beginn bis zu seinem Abschluss (vgl nur *Löcher* in Eichenhofer/Wenner, SGB I, IV, X, § 9 Rz 1; *Kopp/ Ramsauer* VwVfG § 10 Rz 1). Folglich erstreckt er sich auch auf die gesamte Amtsermittlung, so dass etwa prozessuale Regelungen zur Beweisaufnahme in den Verfahrensordnungen der Gerichtsbarkeiten nicht uneingeschränkt auf das Sozialverfahren übertragbar sind (*LSG BW*, Breith 2014, 386).

2 § 9 bindet alle Beh, die eine Verwaltungstätigkeit nach dem SGB ausüben (§ 1 Abs 1 Satz 1), insb die Sozialleistungsträger (§§ 12, 18 ff SGB I). Zugleich gewähren die in § 9 aufgestellten Regeln allen Beteiligten (§ 12) einen Anspruch auf Beachtung. Nur diese auch subjektivrechtliche Sicht des § 9 wird der Absicht des Gesetzgebers gerecht. Mit Erlass des SGB X hat er eine **Stärkung der Rechtsstellung des Bürgers** angestrebt (vgl die Begr zum SGB X, die auf die Begr zum VwVfG verweist, BT-Drucks 8/2034, 29, 31 iVm BT-Drucks 7/910, 29, Nr 5.2). Er wollte dem „Bürger die Wahrnehmung seiner Rechte (...) erleichtern" (Ausschussbericht zum SGB X, BT-Drucks 8/4022, 1). Diese Sichtweise entspricht der Funktion der Verwaltung, denn sie ist nach „heute gefestigte(m) Grundsatz (...), Helfer des Staatsbürgers'" (*BGH* DVBl 1960, 520; daran anschließend BT-Drucks 7/910, 49). Unter „(Staats-)Bürger" ist jede Person zu verstehen, die sich an die Beh der Sozialverwaltung wendet, namentlich an die Beh der Sozialleistungsträger. Der im Alltagsleben gebräuchliche Begriff „Bürger" wird im SGB X nicht verwendet; der Bürger ist, verfahrensrechtlich betrachtet, „Beteiligter" (§ 12 iVm § 10).

3 Obwohl die amtliche Überschrift nur den Grundsatz der Nichtförmlichkeit des Verwaltungsverfahrens erwähnt, der in § 9 Satz 1 normiert ist, sind in § 9 Satz 2 eigene Grundsätze geregelt, die von demjenigen der Nichtförmlichkeit unterschieden werden können: die Grundsätze der Einfachheit, der Zweckmäßigkeit und der Zügigkeit. Auch wenn es mitunter Schwierigkeiten bereitet, diesen Grundsätzen einen konkreten, operablen Inhalt abzugewinnen, kommt ihnen nicht nur, wie die Gesetzesbegründung meint, die „Bedeutung eines Programmpunktes" (BT-Drucks 7/910, 42 zu § 10 VwVfG) bzw eines Programmsatzes (*Weber* in BeckOK SGB X, § 9 Rz 8; *Hufen/Siegel* aaO Rz 97; differenzierend *Roller* in von Wulffen/Schütze SGB X § 9 Rz 7) zu, sofern damit gemeint sein soll, aus § 9 Satz 2 ließen sich keine juristisch vollzugstauglichen Ge- bzw Verbotsregeln ableiten. Im Gegenteil: Die Gesetzesbegründung (vgl BT-Drucks 7/910, 42 [zu § 10 VwVfG]) schreibt § 9 Satz 2 durchaus eine „maßstabbildende Wirkung" zu, was es ausschließt, § 9 Satz 2 wegen vermeintlich unkonkretisierbarer Vagheit rechtliche Bindungswirkung abzusprechen. Wenn die Gesetzesbegründung § 9 Satz 1 als **„allgemeines Auslegungsprinzip** für die Beurteilung des Verwaltungshandelns" qualifiziert (vgl BT-Drucks 7/910, 42 [zu § 10 VwVfG]), dann gilt dies bei Lichte besehen nicht weniger für § 9 Satz 2. Richtiger sollte man von **Optimierungsgeboten** sprechen, die generell für das gesamte Verwaltungshandeln gelten und zudem die Auslegung anderer Verfahrensvorschriften anzuleiten vermögen. Insofern kann man § 9 auch als **Garantie des Verfahrensermessens** bezeichnen (vgl *LSG Nds-Brem* 18.2.2004 – L 3 KA 99/02, juris Rz 24), das, wie jedes Ermessen, nicht frei ist, sondern pflichtgemäß im Sinne der Merkmale des § 9 ausgeübt werden muss. Dass die amtliche Überschrift trotz ihrer vermeintlichen Fokussierung von § 9 Satz 1 als angemessener Titel der gesamten Regelung erscheint, ist Folge des inneren Zusammenhangs der Grundsätze: Die Nichtförmlichkeit ist insb Garant der Einfachheit und Zügigkeit, weil Formalisierungen tendenziell zu komplizierterer und zeitlich aufwendigerer Kommunikation (ver-)führen. Dass hiermit nicht nur Vorteile verbunden sind, kann sicherlich kaum angezweifelt werden (*Roller* aaO § 9 Rz 2), da ein nichtformalisiertes Verfahren auch zulasten von Rechtssicherheit und Rechtsklarheit gehen kann. Jedoch ist dies aufgrund der geregelten Ausnahmebereiche, der bestehenden Transparenz sowie Partizipation der Beteiligten und zur Sicherstellung der Effizienz des Verfahrens hinnehmbar. Aus diesem Grund bestehen auch keine verfassungsrechtlichen Bedenken hinsichtlich der Eröffnung von Verfahrensermessen (*Kopp/Ramsauer* aaO § 10 Rz 1 a). Letztlich gilt auch für das Sozialverwaltungsverfahren der Grundsatz, dass die zu fordernde (Nicht-) Förmlichkeit vom materiellen Recht abhängt, um dessen bestmögliche Verwirklichung es im Verfahren geht (*Hufen/Siegel* aaO Rz 98).

2. Verfahrensgrundsatz der Nichtförmlichkeit

2.1. Die Grundsatz-Regelung des § 9 Satz 1 Halbs 1

Nichtförmlichkeit bedeutet, dass das Verfahren (vgl § 8) „an bestimmte Formen nicht gebunden" ist (so § 9 Satz 1). Die Kommunikation zwischen Bürger und Sozialbeh muss sich nicht in speziellen Rollenmustern bzw Verhaltensstandardisierungen vollziehen. Sie ist frei von Formzwängen, wie es sie in anderen Bereichen des Verwaltungsverfahrens durchaus gibt, etwa im sog förmlichen Verwaltungsverfahren des allg Verfahrensrechts (§§ 63 ff VwVfG), für das es im besonderen Verfahrensrecht des SGB X allerdings keine parallele Regelung gibt. Charakteristisch für das förmliche Verfahren ist seine Formalisierung nach dem Vorbild eines Gerichtsverfahrens (*Kopp/Ramsauer* aaO § 63 Rz 3 aE). Gerade dies – eine „justizförmige Ausgestaltung" (BT-Drucks 7/910, 42 [zu § 10 VwVfG]) mit der ihr eigenen Prägnanz, aber auch der ihr eigenen gewissen Schwerfälligkeit – ist nach dem Grundsatz der Nichtförmlichkeit zu vermeiden. Bei aller mehr oder weniger großen Ähnlichkeit zu gerichtlichen Verfahren darf das Sozialverwaltungsverfahren **keine Kopie justizieller Entscheidungsprozesse** sein (dem folgend *SächsLSG* 5.3.2014 – L 3 AS 1883/13 B ER, juris Rz 12). Da Kommunikation ermöglicht werden soll, aber grds frei von bestimmten Formzwängen, kann man § 9 Abs 1 Halbs 1 auch als (auslegungsleitenden) **Grundsatz der Formen- bzw Verfahrensklarheit** bezeichnen, denn der Beteiligte darf nicht im Unklaren darüber gelassen werden, welche (Kommunikations-)Form die Beh verwendet (*Jährling-Rahnefeld*, SGb 2006, 323, 326 mN am Bsp der Konstruktion eines konkludenten VA als Bestandteil eines schriftl VA).

Die Kommunikation zwischen Bürger und Sozialverwaltung – Mitteilungen, Anträge (vgl *BSG* Urt v 28.10.2009 – B 14 AS 56/08 R), Entscheidungen, überhaupt **jeglicher Informationsaustausch** – kann grundsätzlich (dh: es gibt Ausnahmen, § 9 Satz 1 Halbs 2) **in jeder erdenklichen Form** erfolgen (vgl *Roller* aaO § 9 Rz 4), nicht nur schriftlich, sondern auch mündlich (*BSG* 30.10.2014 – B 5 R 8/14 R, SozR 4-1500 § 163 Nr 7, auch konkludentes Handeln kann genügen) im direkten Gespräch, fernmündlich (= telefonisch, vgl *BayLSG* SGb 2000, 417; *SG Fulda* info also 1991, 92), per Telefax oder durch Übermittlung elektronischer Dokumente gem § 36 a SGB I. Nach Absprache kann zB ein Ausbildungssuchender (§ 15 Satz 1 SGB III) oder ein junger Volljähriger, der Hilfe gem § 41 SGB VIII beansprucht, mit dem/der zuständigen Sachbearbeiter/in auch per SMS kommunizieren, sofern es nicht um eine Kommunikationsvorgang geht, für den Schriftform angeordnet ist (vgl insoweit zum Erfordernis der elektronischen Signatur § 36 a Abs 2 SGB I). Es ist keine bestimmte Art der Kommunikation, namentlich zu Zwecken der Sachverhaltsermittlung, vorgeschrieben. Ebenso wenig ist zB eine in bestimmter Weise formalisierte mündliche Verhandlung geboten; sie kann aber im Einzelfall zweckmäßig und daher zulässig sein (vgl *Vogelgesang* in Hauck/Noftz SGB X § 9 Rz 4). Auch folgt aus § 9, dass eine mündliche Anhörung unabhängig von einem später schriftl zu erlassenden VA zulässig ist (*BVerwG* Buchholz 436.61 § 17 SchwbG Nr 3; *BSG* 31.3.1982 – 4 RJ 21/81, juris Rz 10), wobei wiederum gesondert zu beurteilen bleibt, ob die fernmündliche (oder mündliche) Anhörung in Bezug auf den Bescheid (un)zweckmäßig ist (*BSG* 31.3.1982 – 4 RJ 21/81, juris Rz 10). Der Grundsatz der Nichtförmlichkeit ändert aber nichts daran, dass sich eine schriftliche Kommunikation bzw die nachträgliche schriftliche Dokumentation mündlicher geführter Gespräche zur Vermeidung von Missverständnissen vielfach empfiehlt (vgl hierzu auch § 33 Abs 2 Satz 2). In *BSG* SozR 3-4100 § 128 Nr 4 wird klargestellt, dass § 9 keine Grdlge für den Erlass eines VA – Grundlagenbescheid im Zusammenhang mit (dem inzwischen aufgehobenen) § 128 AFG – sein kann (anders aber für § 32 Abs 1 SGB X bzgl Vorwegzahlungen nach § 17 Abs 1 Nr 1 SGB I BSGE 62, 32, 39 = SozR 4100 § 71 Nr 2 mit krit Anm *Bieback* DVBl 1988, 453; s auch BSGE 67, 104 = SozR 3-1300 § 32 Nr 2). Auch lässt sich aus dem Grundsatz der Nichtförmlichkeit des Verfahrens kein Rechtsanspruch des Bürgers etwa auf einen telefonischen Rückruf der Beh ableiten (*BayLSG* 9.8.2013 – L 7 AS 472/13 B ER, juris Rz 12; *BayLSG* 10.4.2014 – L 7 AS 777/13, juris Rz 21).

6 Der Grundsatz der Formfreiheit wird nicht dadurch durchbrochen, dass eine Beh entweder wegen Beachtung der Vorgaben in § 9 Satz 2 ohne explizite gesetzliche Verpflichtung (*Mutschler* in KassKomm § 9 Rz 5) oder auf der Grundlage einer gesetzlich vorgesehenen Nutzungsobliegenheit (§ 60 Abs. 1 Satz 2 SGB I) **Formulare** bzw **Vordrucke** verwendet (*Löcher* aaO § 9 SGB X Rz 6; aA *Roller* aaO § 9 Rz 5), da eine zwingende Benutzung hieraus gerade nicht abgeleitet werden kann (vgl *BSG* SozR 4-4200 § 37 Nr 1 = LKV 2010, 137, 138; *HessLSG* Beschl v 27.3.2013 – L 6 AS 400/12 B ER, juris Rz 40). Der Grundsatz der Formfreiheit wird hierdurch lediglich begrenzt, aber nicht aufgehoben. Der Antragsteller ist auch in diesen Fällen grundsätzlich nicht verpflichtet, diese Vordrucke des Leistungsträgers zu nutzen. Folglich wird ein dennoch nur mündlich gestellter Antrag mit seinem Zugang bei der Beh wirksam (*HessLSG* Beschl v 27.3.2013 – L 6 AS 400/12 B ER, juris Rz 40; *Löcher* aaO § 9 SGB X Rz 6). Die fehlende Mitwirkungspflicht im Falle einer bestehenden Nutzungsobliegenheit (§§ 17 Abs. 1 Nr. 3, 60 Abs. 2 SGB I) kann aber Rechtsfolgen etwa gem § 66 Abs. 1 SGB X nach sich ziehen, es sei denn, die entscheidungserheblichen Tatsachen liegen der Beh bereits vor oder sind ohne großen Aufwand zu ermitteln (*Jung* in Eichenhofer/Wenner, SGB I, IV, X, § 60 SGB I Rz 28).

2.2. Die Ausnahme-Regelung des § 9 Satz 1 Halbs 2

7 Der zweite Halbsatz von § 9 Satz 1 suspendiert die Geltung des Grundsatzes der Nichtförmlichkeit für den Fall, dass bes Rechtsvorschriften für die Form des Verfahrens bestehen. Dh: Soweit bes Rechtsvorschriften – Verwaltungsvorschriften genügen nicht – das in § 9 Satz 1 Halbs 1 aufgestellte allg Gebot verdrängen, sind die jeweils angeordneten Formalisierungen der Kommunikation zwischen Bürger und Sozialverwaltung vorrangig zu beachten. Im Sozialrecht finden sich vielfältige Regelungen, die **Ausnahmen vom Grundsatz der Nichtförmlichkeit** vorsehen, im SGB X zB die Pflicht des Bevollmächtigten, auf Verlangen seine Vollmacht schriftlich nachzuweisen (§ 13 Abs 1 Satz 3; vgl auch § 13 Abs 2), die Glaubhaftmachung durch eine Versicherung an Eides Statt

(§ 23 Abs 1 Satz 1), der schriftliche Erlass eines VA (§ 33 Abs 2 Satz 1), die schriftliche Zusicherung (§ 34 Abs 1 Satz 1), die schriftliche Begründung eines schriftlichen VA (§ 35 Abs 1 Satz 1), die Festsetzung der Erstattung zu Unrecht erbrachter Leistungen durch schriftlichen VA (§ 50 Abs 3 Satz 1), die für den öffentlich-rechtlichen Vertrag geltende Schriftform (§ 56), die Schriftform des Widerspruchs bzw dessen Niederschrift bei der Stelle, die den VA erlassen hat (§ 62 Halbs 1 SGB X iVm § 84 Satz 1 SGG).

Gemeint sind aber nicht nur Ausnahmeregelungen, die die Schriftlichkeit der Kommunikation festlegen (s. dazu etwa § 24 Abs 1 Satz 1 WoGG iVm § 68 Nr 10 SGB I, § 117 SGB VI oder die Verwendung des Wortes „Bescheid", das ein Synonym für schriftlichen VA ist, vgl § 50 Abs 1 Satz 1 BAföG iVm § 68 Nr 1 SGB I, außerdem §§ 136 Abs 1 Satz 1, 168 Abs 1 SGB VII). Auch andere **Standardisierungen der Kommunikation**, die bestimmte Kommunikationsformen unter Ausschluss anderer vorgeben, kommen in Betracht. So lässt sich zB (vgl *Vogelgesang* aaO § 9 Rz 7) die Pflicht, deutsch als Amtssprache zu verwenden (§ 19 Abs 1 Satz 1; vgl auch § 19 Rz 6) oder die Pflicht zur Verwendung einer elektronischen Signatur (§ 36 a Abs 2 SGB I) als besondere Formvorschrift verstehen, ebenso die Anhörung Beteiligter gem § 24 I, denn sie macht eine bestimmte Art, mit einem Beteiligten in Kontakt zu treten für den Fall des intendierten Erlasses eines VA, zur grundsätzlichen Pflicht (zu Ausnahmen § 24 II). Ausnahmeregelungen iS des § 9 Satz 1 Halbs 2 sind auch Vorschriften, die explizit zur Verwendung von Vordrucken oder Formblättern (§ 46 Abs 3 BAföG iVm § 68 Nr 1 SGB I) oder zur Beifügung von Stellungnahmen (s etwa § 323 Abs 2 Satz 1 SGB III) verpflichten. Ohne spezialgesetzliche Anordnung besteht keine Pflicht, Antragsvordrucke zu verwenden (*BSG* SozR 4-4300 § 415 Nr 1; *SG Koblenz* 31.5.2006 – S 2 AS 161/05, juris Rz 14; siehe auch Rz 6). Zu den Ausnahmeregelungen gehören auch die Antragserfordernisse selbst, die im Sozialleistungsrecht die Regel bilden (vgl § 19 Satz 1 SGB IV). Gemeint ist die Pflicht des Bürgers, zur Erlangung einer Sozialleistung einen Antrag zu stellen (vgl *Vogelgesang* aaO § 9 Rz 7). Besonders praxisbedeutsame Beispiele für das weit verbreitete Antragserfordernis finden sich im Recht der Grundsicherung für Arbeitsuchende (§ 37 Abs 1 SGB II), im Arbeitsförderungsrecht (§ 323 SGB III), im Rentenversicherungsrecht (§ 115 f SGB VI), im Recht der Ausbildungsförderung (§ 46 Abs 1 Satz 1, Abs 3 BAföG iVm § 68 Nr 1 SGB I). Auch die Leistungen der GKV (SGB V) sollen grundsätzlich auf Antrag gewährt werden (§ 19 Satz 1 Halbs 1 SGB IV). Aufgrund des sog Natural- bzw Sachleistungsprinzips (§ 2 Abs 2 Satz 1 SGB V), wie es im SGB V ausgestaltet ist, ist nicht immer (etwa bei der vertragsärztlichen Versorgung) ein Antrag an die KK erforderlich (vgl *BSGE* 57, 172, 177); die das SGB V beherrschenden sog abweichenden Strukturprinzipien verdrängen insoweit das Antragerfordernis (§ 19 Satz 1 Halbs 2 SGB IV; dazu *Mrozynski* SGB I § 37 SGB I Rz 7 ff). Es gibt aber Leistungen (zB Psychotherapie-Leistungen, vgl § 11 Anl 1 zum BMV-Ä [Psychotherapie-Vereinbarung], oder Ermessensleistungen, etwa Reha-Maßnahmen, § 40 Abs 1, 2 SGB V), für die – dem Grds des § 19 Satz 1 Halbs 1 SGB IV entsprechend – ein Antrag nötig ist, der auch vermittelt durch den Leistungserbringer gestellt werden kann (vgl *BSGE* 82, 283, 286).

3. Die Verfahrensgrundsätze der Einfachheit, Zweckmäßigkeit und Zügigkeit

3.1. Zum Gebotscharakter des § 9 Satz 2

9 Bei den Worten einfach, zweckmäßig und zügig handelt es sich um unbestimmte Rechtsbegriffe, deren genauer Gehalt durch Auslegung zu bestimmen ist (*Vogelgesang* aaO § 9 Rz 8; *Löcher* aaO § 9 SGB X Rz 7). Die Ermittlung des Bedeutungsgehalts hängt nicht nur von den Umständen des Einzelfalls ab (vgl *Roller* aaO § 9 Rz 7), denn damit würde die Auslegung der Gesetzesmerkmale gerade vermieden und der Beliebigkeit wäre Tür und Tor geöffnet. Die (Sozial-)Verwaltung hat keinen – womöglich noch gerichtsfreien, also gerichtlich unkontrollierbaren – Beurteilungsspielraum hinsichtlich der Einfachheit und Zweckmäßigkeit. Die Prima-facie-Vagheit der Bestimmung ist nicht das letzte Wort, sondern nur der Einstieg in die interpretatorische **Feinprogrammierung des Normgehalts**. Allerdings ist nicht zu verkennen, dass die Umstände des jeweiligen Sachverhalts für die fallbezogene Konkretisierung der vergleichsweise abstrakt angelegten Begriffe sehr wichtig sind.

10 Die Begriffe Einfachheit, Zweckmäßigkeit und Zügigkeit lassen sich konkretisieren, wenn man den **Grundgedanken** heranzieht, der den gesamten § 9 trägt. Im Vordergrund steht der Dienstleistungscharakter der nach außen gerichteten, also bürgerorientierten administrativen Tätigkeit (*Vogelgesang* aaO § 9 Rz 1: „Dienstleistungsverwaltung"). Damit wird nicht etwa auf die in der gegenwärtigen Debatte zur Modernisierung der (Sozial-) Verwaltung häufig zu beobachtende, von Zynismus nicht immer freie Dienstleistungs-Rhetorik angespielt, die ökonomischen Jargon undifferenziert kopiert und eine „Kundenorientierung" propagiert, die Hilfesuchende (zB Arbeitsuchende) zu „Kunden" ihrer eigenen Not macht, ohne jedoch an bürokratischen Hemmnissen mit ihrem zT selbstachtungsgefährdenden Potential ernsthaft etwas zu ändern (vgl *Rixen* in Eicher/Spellbrink SGB II 2005 § 10 Rz 3 ff). **Dienstleistungsorientierung** meint vielmehr eine Sozialverwaltung, die vom Bürger her denkt, die die Perspektive des Bürgers zum maßgeblichen Blickwinkel macht, nicht aber die Perspektive liebgewonnener Routinen, personalwirtschaftlicher Zwänge oder räumlich-sächlicher Unzulänglichkeiten. Für eine Sozialverwaltung, die § 1 Abs 1 SGB I ernst nimmt, handelt es sich um eine Selbstverständlichkeit, die durch § 9 Satz 2 von Rechts wegen zu permanenter Evaluation, Optimierung und Korrektur der personellen, sächlichen und arbeitsorganisatorischen Gegebenheiten zwingt. Der Kontakt zur Sozialverwaltung, namentlich der Zugang zu Sozialleistungen (vgl *Vogelgesang* aaO § 9 Rz 2), soll frei sein von im konkreten Fall vermeidbaren Erschwernissen. Somit bedeutet der Grundsatz der Formfreiheit nicht Regellosigkeit, sondern nur, dass für den Bürger keine unzumutbaren Schranken für die Durchsetzung materieller Ansprüche, was letztlich der Wahrung von Grundrechten dient, aufgestellt werden.

11 Inwieweit hiergegen das **Wirtschaftlichkeitsprinzip** in Stellung gebracht werden kann, ist im Einzelnen unklar (zur Wirtschaftlichkeit als Verfahrensmaßstab: *Schliesky* DVBl 2007, 1453 ff). Richtig ist zwar, dass manche sozialrechtlichen Leistungsgesetze Art und Umfang der Leistungsausführung insoweit limitieren, als das Notwendige in wirtschaftlicher Weise realisiert werden muss (vgl nur § 12 Abs 1 Satz 1 SGB V, § 4 Abs 3 SGB XI). Wirtschaftlich meint eine effektive (= auf hohen Zielerreichungsgrad ausgerichtete) sowie effiziente (= mit möglichst geringem Mitteleinsatz auskommende) Leistungsausführung. Der Anspruchsinhalt wird insoweit begrenzt (vgl BSGE 73, 271, 282; s für Ermessensleistungen BSGE 67, 279, 282: Haushaltslage darf nicht alleiniger Maßstab

sein). Abgesehen davon, dass der Wirtschaftlichkeitsbegriff (wenn er nicht durch Normen weiter konkretisiert wird, s die Richtlinien gem § 92 Abs 1 Satz 1 SGB V) wenig operabel ausfällt, scheidet ein „Durchgriff" des Leistungsrechts auf das Verwaltungsverfahren aus. Ob die Leistung wirtschaftlich erbracht werden muss, ist *eine* Frage, inwieweit das Verfahren, das der Feststellung des wirtschaftlichen Leistungsinhalts dient, wirtschaftlich auszugestalten ist, eine *andere* Frage. Interessanterweise enthält das SGB X keine ausdrückliche Regel zur Begrenzung des Aufwands im Verwaltungsverfahren, was Vorsicht im Umgang mit diesem Argument angeraten erscheinen lässt. Prozedurale Aufwandsgrenzen kommen allenfalls über den Umweg unbestimmter Gesetzesbegriffe (zB „einfach", „zweckmäßig", „zügig") zum Vorschein, soweit diese (zumindest auch) im Lichte des allgemeinen haushaltsrechtlichen Wirtschaftlichkeitsgrundsatzes ausgelegt werden können (vgl § 69 Abs 2 SGB IV; *Luthe* Optimierende Sozialgestaltung S 321 ff, 441). Danach ist das Einfache, Zweckmäßige und Zügige des Verfahrens ua **auch** vom haushaltsrechtlich vorgegebenen Rahmen der finanziellen Mittel abhängig. Das schließt jedoch den nachhaltig effektiven und effizienten Einsatz der veranschlagten Mittel (= **Rationalisierungen**) nicht aus, sondern verlangt ihn; entsprechende Beobachtungs- und ggf Korrekturpflichten des jeweiligen Leistungsträgers sind damit impliziert. § 9 Satz 2 benennt inhaltliche Zielpunkte der haushaltsrechtlich aufgegebenen Rationalisierungspflicht (einfach, zweckmäßig, zügig) und sorgt so dafür, dass das Verwaltungsverfahren in Zeiten der fiskalischen Dauerkrise nicht dem Totalvorbehalt des finanziell (Un-)Möglichen ausgeliefert wird (s auch § 20 Rz 9).

3.2. Die Pflicht zu einfachem und zweckmäßigem Verwaltungshandeln

Einfachheit und Zweckmäßigkeit bedeuten, dass die Verwaltung alle unnötigen, im Verhältnis zur Bedeutung der Angelegenheit und der betroffenen Interessen nicht erforderlichen Maßnahmen unterlassen muss (*Vogelgesang* aaO § 9 Rz 9; *Kopp/Ramsauer* aaO § 10 Rz 16). Dh: Die **Grundsätze der Einfachheit und Zweckmäßigkeit** verpflichten die Sozialverwaltung dazu, beim Bürger sich auswirkende Verhaltensweisen, die im Hinblick auf Verfahrensgegenstand und Verfahrensstand nicht (mehr) zielführend (= unzweckmäßig) sind oder ihn übermäßig belasten (= nicht „einfach" sind), zu vermeiden. So würde etwa eine Vorladung gegen § 9 Satz 2 verstoßen, wenn die angestrebte Auskunft sich genauso gut durch eine telefonische oder schriftliche Anfrage klären ließe, weil es auf den persönlichen Eindruck nicht ankommt: Aus Sicht des Bürgers ist der Aufwand unnötig, denn es ginge einfacher; aus Sicht auch der Verwaltung trüge die Vorladung nichts mehr zum Ziel des Verfahrens (vgl § 8) bei. Man kann die Grundsätze der Einfachheit und Zweckmäßigkeit als verfahrensgesetzliche Konkretisierungen des allgemeinen **Verhältnismäßigkeitsgrundsatzes** (Art 20 Abs 3 GG) deuten, kraft dessen auch prozedurale Lasten nicht mehr als erforderlich aufzuerlegen sind.

§ 9 Satz 2 entfaltet eine **Doppelwirkung**: als eigenständige Norm, die die Verwaltung missachten kann, und zugleich kraft ihres auf das gesamte Verwaltungsverfahren bezogenen Optimierungscharakters (vgl § 9 Rz 3) als Norm, die die in anderen Bestimmungen vorgesehene Ermessensausübung anleiten und bei Missachtung von § 9 Satz 2 zu fehlerhafter Ermessensausübung führen kann. Allerdings ist genau zu unterscheiden: Der Aspekt der Einfachheit und Zweckmäßigkeit klingt auch in anderen Bestimmungen des SGB an, so etwa im Beratungsrecht nach § 14 SGB I, im Auskunftsrecht nach § 15 SGB I, in der Pflicht auch unzuständiger Stellen zur Entgegennahme von Anträgen auf Sozialleistungen (§ 16 Abs 1 Satz 2 SGB I) oder in der in § 65 Abs 1 Nr 3 SGB I zu entnehmenden Pflicht des Leistungsträgers, erforderliche Informationen gem. §§ 60–64 SGB I selbst zu beschaffen, wenn der Aufwand im Vergleich mit dem absehbaren Aufwand des Antragstellers bzw Leistungsberechtigten geringer ist (vgl *Vogelgesang* aaO § 9 Rz 2). Es handelt sich um **bereichsspezifische Konkretisierungen** des Gedankens der Einfachheit und Zweckmäßigkeit, die in ihrem Anwendungsbereich Vorrang vor dem allg Grundsatz des § 9 Satz 2 haben.

3.3. Die Pflicht zu zügigem Verwaltungshandeln (Beschleunigungsgebot)

14   Das Zügigkeits- bzw Beschleunigungsgebot verpflichtet zur raschen Durchführung und zum raschen Abschluss des Verfahrens, dh die Sache ist binnen angemessener Frist zu erledigen. Was angemessen ist, hängt vom Verfahrensgegenstand ab, insb von seinen zeitlichen Implikationen, etwa der Eilbedürftigkeit. Der Begriff der Zügigkeit ist demnach ein „**Relationsbegriff**" (*Hufen/Siegel* aaO Rz 97 mwN). Ein eilbedürftige Sache ist – vor allem, wenn es sich um einfach gelagerte Rechts- und Tatsachenfragen handelt – sofort, jedenfalls unverzüglich (also ohne schuldhaftes Zögern, § 121 Abs 1 Satz 1 BGB) zu entscheiden; bei schwieriger gelagerten Fällen muss die eilbedürftige Sache vorgezogen werden (*Kopp/Ramsauer* aaO § 10 Rz 19).

15   Die **Empfehlung** (*Kopp/Ramsauer* aaO § 10 Rz 19), die angemessene Frist in Anlehnung an die Fristen der Untätigkeitsklage zu bemessen (§ 88 Abs 1 Satz 1 SGG: sechs Monate; § 88 Abs 2 SGG: drei Monate; § 75 Satz 2 VwGO: drei Monate), ist mit **Vorsicht** zu genießen. Die Untätigkeitsklage soll verhindern, dass die Rechte des Bürgers durch Untätigkeit der (Sozial-)Verwaltung beeinträchtigt werden (*Leitherer* in Meyer-Ladewig ua SGG § 88 Rz 2). Insofern haben die genannten Fristen nur eine Indizfunktion dafür, wann gerade der gerichtliche Schutz in einem Hauptsache-Verfahren erforderlich wird. Das schließt jedoch früher greifenden gerichtlichen Eilrechtsschutz nicht aus (§ 86 b Abs 3 SGG); dessen Gewährung ist wesentlich vom Verfahrensgegenstand und seinen zeitlichen Implikationen geprägt (vgl hierzu die sog Regelungsanordnung des § 86 b Abs 2 Satz 2 SGG: „zur Abwendung wesentlicher Nachteile nötig"). Abgesehen davon kann eine Regelung des sozial- bzw verwaltungsgerichtlichen Verfahrens, die in erster Linie darüber Auskunft gibt, wann nach Ansicht des Gesetzgebers die knappe Ressource Justiz vom Bürger aktiviert werden darf, das Verhalten der (Sozial-)Verwaltung nicht präjudizieren. Entscheidend muss immer der **Verfahrensgegenstand** einschließlich seiner **zeitlichen Implikationen** sein. Allg Erwägungen über die (vorgeblich) erheblich gestiegene Arbeitsbelastung der Sozialverwaltungen (vgl die Begr zum 6. SGGÄndG, BT-Drucks 14/5943, 26 [Nr 36] – bezogen auf BA und GKV) sind demgegenüber irrelevant. Das gilt namentlich für Akutfälle im Bereich des Sozialhilferechts – hier ist das SGB X bekanntermaßen ebenfalls anwendbar (§ 1 Abs 1 Satz 1 SGB X) – oder dringende Fälle der Kranken- oder Heilbehandlung im Kranken- (§§ 27 ff SGB V) bzw Unfallversicherungsrecht (§§ 27 ff SGB VII).

4. Fehlerfolgen

16   Führt die Sozialverwaltung das Verfahren in bestimmten Formen durch, obwohl dies gesetzlich nicht vorgesehen ist, kann dies gegen § 9 Satz 1 verstoßen (nach *Hufen/Siegel* aaO Rz 99, nur in – allerdings nicht erläuterten – Ausnahmefällen), zB dann, wenn die Bindung der Kommunikation an die von der Verwaltung gesetzwidrig praktizierte Form zu einer unzutreffenden Sachverhaltser-

mittlung geführt hat, etwa weil der betreffende Bürger sich schriftlich nur missverständlich zu äußern vermag. Richtig ist zunächst, dass ein Verstoß gegen § 9 nicht zwingend zur Rechtswidrigkeit und damit zur Aufhebbarkeit der Verwaltungsentscheidung führt. Da aber § 9 Satz 2 **kein bloßer Programmsatz** ist (§ 9 Rz 3), ist es möglich, dass ein Verstoß gegen § 9 Satz 2 zur Rechtswidrigkeit des VA führen kann (*Fichte* in Kreikebohm § 9 Rz 8; aA *Vogelgesang* aaO § 9 Rz 11), zB wenn (auch) dies zu einer unzutreffenden Sachverhaltsermittlung geführt hat. Zugleich liegt dann ein Verstoß gegen den Untersuchungsgrundsatz (§ 20 Abs 1) vor, weil die Sachverhaltsaufklärung immer mangelhaft ist, wenn zur Auslegung materieller Normen erforderliche Tatsachenelemente nicht ermittelt sind bzw (allg) Verfahrensvorschriften, die den Ermittlungsvorgang anleiten sollen, missachtet wurden (*Hufen/Siegel* aaO Rz 218; vgl auch § 20 Rz 31). Daneben ist aber auch § 9 verletzt, weil die Fehlerhaftigkeit der Sachverhaltsvermittlung gerade auf den Verstoß gegen die in § 9 spezifisch normierten allg Kommunikationsregeln im Verwaltungsverfahren zurückzuführen ist.

Der gleichwohl erlassene VA ist vom Gericht aufzuheben, es sei denn, es ist offensichtlich, dass der Fehler die Sachentscheidung nicht beeinflusst hat. „**Offensichtlich**" heißt, es muss jede Möglichkeit ausgeschlossen sein, dass bei Einhaltung des § 9 die Entscheidung anders hätte ausfallen können (*Kopp/Ramsauer* aaO § 46 Rz 25 ff). So muss etwa bezogen auf § 9 Satz 2 ausgeschlossen sein, dass die vom Bürger aufgrund eines unzweckmäßigen, nicht-einfachen Vorgehens der Verwaltung, das diesen verunsichert oder verwirrt hat, gegebenen Informationen zu einem für die rechtliche Bewertung maßgeblichen unzutreffenden Sachverhalt geführt haben (vgl *Kopp/Ramsauer* aaO § 46 Rz 31). Bezogen auf § 9 Satz 1 muss bspw ausgeschlossen sein, dass gerade aus der gesetzwidrigen Verwendung einer bestimmten Form, etwa der Schriftform, eine für die rechtliche Würdigung präjudizierende unzutreffende Faktenlage resultiert. Der Bürger ist demnach bei Verstößen gegen § 9 nicht nur auf Dienstaufsichtsbeschwerden beschränkt, sondern kann auch Entschädigungs- und Schadenersatzansprüche wegen Verletzung der Amtspflicht namentlich zu zügiger Sachentscheidung (vgl *Kopp/Ramsauer* aaO § 10 Rz 22; *Hufen/Siegel* aaO Rz 99 aE; *Porz* in Fehling/Kastner/Störmer, Verwaltungsrecht, § 10 VwVfG Rz 20; aA *Vogelgesang* aaO § 9 Rz 12) geltend machen.

17

§ 10 Beteiligungsfähigkeit

Fähig, am Verfahren beteiligt zu sein, sind

1. natürliche und juristische Personen,
2. Vereinigungen, soweit ihnen ein Recht zustehen kann,
3. Behörden.

Literatur:

Axer: Normsetzung der Exekutive in der Sozialversicherung, 2000; *Kunz*: Die Rechtsstellung des Minderjährigen im Sozialrecht, ZfJ 1984, 392; *Hauck*: Der Gemeinsame Bundesausschuss (G-BA) – ein unbequemes Kind unserer Verfassungsordnung?, NZS 2010, 600; *Pickel*: Beteiligungs- und Handlungsfähigkeit im sozialrechtlichen Verwaltungsverfahren, ErsK 1986, 84; *Schäfer*: Mangelnde Beteiligtenfähigkeit des MVZ(-Trägers), GesR 2010, 351.

1. Allgemeines

1   § 10, der § 11 VwVfG entspricht (so die Gesetzesbegr zum SGB X, BT-Drucks 8/2034, 31), normiert die Fähigkeit, am Sozialverwaltungsverfahren (§ 8) beteiligt zu sein. Es geht um die abstrakte Definition der Fähigkeit, **Subjekt** (= Beteiligter) **eines Sozialverwaltungsverfahrens** zu sein (*Vogelgesang* in Hauck/Noftz SGB X § 10 Rz 3). „Aus der Beziehung zwischen der handelnden Beh zu den außerhalb dieser Beh stehenden Personen oder Stellen ergibt sich das Beteiligungsverhältnis" (BT-Drucks 7/910, 42 [zu § 11 VwVfG]). Daraus folgt, dass die das Verwaltungsverfahren durchführende Beh nicht Beteiligte ist (BT-Drucks 8/2034, 31 [zu § 10 SGB X]). Sie ist vielmehr, wie es gemeinhin heißt (vgl etwa *Kopp/Ramsauer* VwVfG § 22 Rz 3 aE), „Herrin" des Verfahrens. Die Fähigkeit, Beteiligter zu sein, stellt sicher, dass der jeweils Betroffene nicht als Objekt administrativer Tätigkeit, als Untertan oder Bittsteller, auftritt, sondern als Rechtssubjekt, um dessen willen ein Verwaltungsverfahren veranstaltet wird; er hat eine „rechtliche Stellung" (BT-Drucks 7/910, 42 [zu § 11 VwVfG]). § 10 räumt deshalb den Beteiligten am Verwaltungsverfahren eine besondere Stellung ein (*Hufen/Siegel* Fehler im Verwaltungsverfahren Rz 258 [zu § 11 VwVfG]). Die Beteiligungsfähigkeit ist von der Handlungsfähigkeit gem § 11 SGB X iVm § 36 SGB I abzugrenzen (hierzu § 11 Rz 2 ff). – Zum Verhältnis von § 10 u § 12 vgl § 12 Rz 1.

2. Die Beteiligten im Einzelnen

2   Die Beteiligtenfähigkeit weist das Gesetz folgenden Personen bzw organisatorischen Einheiten zu:

2.1. Natürliche Personen (§ 10 Nr 1)

3   Eine Definition der natürlichen Person findet sich im SGB X nicht, so dass die Begriffsbestimmung des BGB entsprechend anzuwenden ist (*Vogelgesang* aaO § 10 Rz 4). Natürliche Personen sind grundsätzlich alle (lebenden bzw lebendgeborenen) **Menschen** unabhängig von ihrer Staatsangehörigkeit. Maßgeblich ist die Vollendung der Geburt (entspr § 1 BGB). Für die Beteiligtenfähigkeit ist es nicht von Bedeutung, ob die Geschäftsfähigkeit vorliegt oder nicht. Ausnahmsweise kommt auch ein noch nicht geborener Mensch (nasciturus) als Verfahrenssubjekt in Betracht, wenn ihm kraft gesetzlicher Anordnung Rechte zustehen können. Beispiel ist § 12 SGB VII, der einer „Leibesfrucht", die – vermittelt über den Versicherungsfall der Mutter – an der Gesundheit geschädigt wird, eigene Rechte im Rahmen der gesetzl UV einräumt (*Kater* in Kater/Leube SGB VII § 12 Rz 14; *Schmitt* SGB VII § 12 Rz 9). Denkbar sind, etwa als Teil der Heilbehandlung (§§ 27 ff SGB VII), therapeutische Maßnahmen der Pränatalmedizin (*Kater* aaO § 12 Rz 14; *Schmitt* SGB VII § 12 Rz 9; vgl auch *Rixen* in Höfling, Transplantationsgesetz § 1 Rz 11). Dass der nasciturus die entsprechenden Rechte nicht selbst durchsetzen kann, ändert an seinem Beteiligtenstatus nichts; dies betrifft vielmehr die Fähigkeit zur Vornahme von Verfahrenshandlungen (vgl die Kommentierung zu § 11).

2.2. Juristische Personen (§ 10 Nr 1)

Jur Personen sind rechtlich verselbstständigte, also **mit eigener Rechtsfähigkeit** **4**
ausgestattete Organisationen, die unabhängig von konkreten Personen sind, die
ihnen angehören, sie benutzen oder sonst Vorteile aus ihnen ziehen. **Jur Perso-**
nen des öffentl Rechts sind insb rechtsfähige Körperschaften, zB die Gebietskörperschaften (Bund, Länder, Gemeinden), die als Körperschaften des öffentl
Rechts verfassten Religionsgesellschaften, die KK (§ 4 Abs 1 SGB V), der Spitzenverband Bund der Krankenkassen (§ 217a Abs 2 SGB V), die Bundes- und
Regionalträger der Deutschen Rentenversicherung sowie kraft ausdrücklicher
Anordnung auch die Bundesagentur für Arbeit (§ 367 Abs 1 SGB III). Weiter in
Betracht kommen Stiftungen des öffentl Rechts, etwa die aus dem sog Conter-
gan-Skandal hervorgegangene „Conterganstiftung für behinderte Menschen"
(Gesetz v 13.10.2005, BGBl I, 2967, neugefasst durch Bek v 25.6.2009, BGBl I,
1537; zum Charakter als Stiftung des öffentl Rechts vgl BT-Drucks 15/5654,
16). Eine jur Person des öffent Rechts sui generis ist der Gemeinsame Bundesausschuss (GemBA oder G-BA, vgl § 91 Abs 1 S 2 SGB V, dazu *Rixen* VSSR
2004, 241, 262; *Sproll* in Krauskopf § 91 Rz 5; *Zimmermann*, Der Gemeinsame Bundesausschuss, 2012, 64 ff; zum Teil wird auch vertreten, der G-BA sei
eine Anstalt des öffentlichen Rechts, so *BSG* SozR 3-2500 § 92 Nr 6, oder auch
Körperschaft des öffentlichen Rechts, so *Andreas*, Die Bundesausschüsse der
Ärzte und Krankenkassen, 1975, 39 ff). **Jur Personen des Privatrechts** sind zB
AG (etwa ein als AG verfasstes Pharma-Unternehmen), GmbH (vgl *BSG* SozR
4-5425 § 24 Nr 5 = Breith 2005, 58, 59), eV, bspw die Deutsche Krebshilfe, das
Kuratorium für Dialyse und Nierentransplantation (KfH), das Deutsche Institut
für angewandte Pflegeforschung, der Verband forschender Arzneimittelhersteller (VFA) oder der Bundesverband der Pharmazeutischen Industrie (BPI), sowie
privatrechtliche Stiftungen, etwa die Deutsche Schmerzstiftung, die Deutsche
Stiftung Organtransplantation (DSO) oder das „Institut für Qualität und Wirtschaftlichkeit im Gesundheitswesen" (IQWiG, § 139a Abs 1 Satz 2 SGB V, dazu BT-Drucks 15/1525, 127).

Als jur Personen iS des § 10 Nr 1 sind auch Organisationen zu qualifizieren, de- **5**
nen **im Außenverhältnis beschränkte Rechtssubjektivität** zukommt und die deshalb insb als solche klagen und verklagt werden können (Aktiv- und Passivlegi-
timation), etwa die OHG und die KG (§§ 124 Abs 1, 161 Abs 2 HGB), aber
auch die obersten Organisationseinheiten nicht-rechtsfähig konstituierter politi-
scher Parteien (§ 3 PartG) oder die nicht-rechtsfähig konstituierten Gewerkschaften (§ 10 ArbGG). Sie sind zwar nicht völlig von ihren Mitgliedern, Nutzern etc verselbstständigte Einheiten, aber diesen im Rechtsverkehr doch stark
angenähert. Die Rechtsfähigkeit ist zentrales Erkennungszeichen der von den
Mitgliedern, Nutzern oder Nutznießern verselbstständigten jur Person. Rechtsfähigkeit ist immer etwas Relatives, eine Frage des Mehr oder Weniger. Es muss
daher nicht in jeder Hinsicht Rechtsfähigkeit bestehen, um eine Organisation
als jur Person zu qualifizieren. Daher erscheint es aus öffentlich-rechtlicher
Sicht angemessen, den Begriff der jur Person weit zu fassen. Man wird dann
vor dem Hintergrund der bisherigen Rechtsentwicklung auch die **BGB-(Au-**
ßen-)Gesellschaft (Gesellschaft bürgerlichen Rechts [GbR]) als juristische Person jedenfalls iS des § 10 Nr 1 auffassen können (so auch *Kopp/Ramsauer* aaO
§ 11 Rz 7; anders für das Zivilrecht: *BGHZ* 146, 341 = NJW 2001, 1056;
BAG NZA 2005, 1004; *OLG Celle* DB 2006, 1000; *Petersen* Jura 2004, 683,
685 mwN; grds hierzu *Weick* in GedS für Heinze, 2005, 1051 ff; *Beuthien*
NJW 2005, 855 ff; s auch *Hess* ZZP 2004, 267 ff; *Wagner* ZZP 2004, 305 ff).

Ob man die soeben genannten organisatorischen Einheiten, insb die (Außen-)GbR, als jur Personen zumindest im Sinne des Verwaltungsverfahrensrechts qualifizieren kann, ist allerdings umstritten. Lehnt man das ab, dann wären die Organisationen jedenfalls als Vereinigungen iS des § 10 Nr 2 einzuordnen (*Vogelgesang* aaO § 10 Rz 13).

6   Anders als nach der bis zum 31.12.2010 geltenden Fassung des § 44 b Abs 1 Satz 1 SGB II, wonach die SGB II-Träger Arbeitsgemeinschaften (Arge) durch privatrechtlichen oder öffentlich-rechtlichen Vertrag errichten konnten, ist nach jetziger Rechtslage die gemeinsame Einrichtung gem § 44 b SGB II öffentlich-rechtlich zu organisieren (vgl BT-Drucks 17/1555, 33: „Öffentlich-rechtliche gemeinsame Einrichtung"; *Weißenberger* in Eicher SGB II § 44 b Rz 11; aA *Ullrich*, Die Neuorganisation im Bereich des SGB II, 2012, S 23 ff, die nach wie vor eine privatrechtliche Ausgestaltung für zulässig erachtet). Nach früherer Rechtslage galt die Arge je nach gewählter Rechtsform entweder nach § 10 Nr 1 (vgl zu § 70 Nr 1 SGG *LSG BW* 30.6.2005 – L 8 AS 2374/05 ER-B, FEVS 57, 40; *LSG BW* 2.9.2005 – L 8 AS 1995/05; hierzu auch *Luthe*, SGb 2011, 131 ff; *Breitkreuz* SGb 2005, 141, 142 f; *Rixen* in Eicher/Spellbrink, SGB II, 2005, § 44 b Rz 18) oder nach § 10 Nr 2 (vgl zu § 70 Nr 2 SGG die Entscheidungen des *LSG Bln-Bbg* 11.8.2005 – L 5 B 51/05 AS ER; 6.2.2006 – L 5 B 1091/05 AS ER; 9.5.2006 – L 10 AS 102/06) oder wenn sie aufgrund ihrer Rechtsform nicht schon unter § 10 Nr 1 fiel, jedenfalls gem § 10 Nr 3 aufgrund ihres Behördencharakters als beteiligungsfähig (vgl *Rixen* in Eicher/Spellbrink, SGB II, 2005, § 44 b Rz 15). Der Gesetzgeber hat nunmehr zwar eine öffentlich-rechtliche Ausgestaltung vorgesehen (siehe oben), jedoch keine Angaben zur Organisationsform gemacht. Umstritten ist deshalb, ob es sich bei der gemeinsamen Einrichtung um eine **öffentlich-rechtliche Gesellschaft sui generis** (*Weißenberger* in Eicher SGB II § 44 b Rz 12; *Luik* in Groth/Luik/Siebel-Huffmann § 5 Rz 23; *Korte* in LPK-SGB II § 44 b Rz 9) oder um eine **Anstalt des öffentlichen Rechts** (so *Luthe* SGb 2011, 131, 133 f; *Herold-Tews* in Löns/Herold-Tews § 44 b Rz 7) handelt. Nach Auffassung des BSG ist die gemeinsame Einrichtung (Jobcenter) gem § 6 d SGB II iVm § 44 b SGB II mit Wirkung vom 1.1.2011 kraft Gesetzes als (teil-)rechtsfähige öffentlich-rechtliche Gesellschaft sui generis entstanden und gem § 76 Abs 3 S 1 SGB II als Rechtsnachfolgerin an die Stelle der bisherigen Arbeitsgemeinschaft getreten (*BSG* SozR 4-4200 § 37 Nr 5; SozR 4-4200 § 7 Nr 22; SozR 4-4200 § 26 Nr 1; SGb 2011, 160). Da der Begriff der „juristischen Person" iSv § 10 Nr 1 nicht mit dem des Gesellschaftsrechts identisch und entwicklungsoffen ist, sollten die gemeinsamen Einrichtungen (Jobcenter) als **juristische Personen** qualifiziert werden, so dass ihre Beteiligtenfähigkeit aus **§ 10 Nr 1** folgt (vgl zu § 70 Nr 1 SGG *BSG* SozR 4-1300 § 106 Nr 1; SozR 4-4200 § 37 Nr 5; SozR 4-4200 § 7 Nr 22; SozR 4-4200 § 26 Nr 1; *Weißenberger* in Eicher SGB II § 44 b Rz 12).

2.3. Vereinigungen, soweit ihnen ein Recht zustehen kann (§ 10 Nr 2)

7   Nach gängiger Auffassung sind **Personenmehrheiten** gemeint, die keine juristische Personen iS von § 10 Nr 1 sind, denen aber nach materiellem Recht das im konkreten Rechtsstreit in Frage stehende Recht zustehen kann (*Kopp/Ramsauer* aaO § 11 Rz 9; *Vogelgesang* aaO § 10 Rz 7). Der Gesetzgeber geht von einem weiteren Verständnis aus: es „genügt irgendein Recht, auch wenn es nicht auf das konkrete Verwaltungsverfahren bezogen ist" (BT-Drucks 7/910, 42 [zu § 11 VwVfG]). In der Praxis dürfte das jedoch kaum jemals zu unterschiedlichen Konsequenzen führen, denn es sind nur schwer Verwaltungsverfahren vor-

stellbar, in die eine Vereinigung involviert ist, der es nicht um die Durchsetzung ihrer (vermeintlichen) Rechte geht. Man kann die Regelungsintention des Gesetzgebers aber als Mahnung begreifen, bei der Frage, ob einer Vereinigung ein Recht zustehen kann, großzügig zu verfahren.

Als **Vereinigungen** kommen **zB** nicht-rechtsfähige Vereine (§ 54 BGB) oder Er-   **8** bengemeinschaften (§§ 2032 ff BGB) in Betracht, auch die **BGB-Gesellschaft,** sofern man sie nicht angesichts der neueren Rechtsentwicklungen als juristische Person iS des § 10 Nr 1 einordnet (vgl Rz 5; s auch *BVerfG* NJW 2002, 3533). Die Personenmehrheit, die für die Vereinigung konstitutiv ist, muss nicht zwingend über eine feste, auf Dauer angelegte Binnenorganisation verfügen; es genügt ein Mindestmaß an aufeinander abgestimmtem Zusammenwirken zur Erreichung gemeinsamer Ziele (vgl *Kopp/Ramsauer* aaO § 11 Rz 10; *SG Itzehoe* Urt v 27.5.2013 – S 30 U 102/11, juris Rz 61, 63). Bürgerinitiativen und vergleichbare – sich ggf auch ad hoc zu einem gemeinsamem Zweck verbindende – Gruppierungen können deshalb Vereinigung iS des § 10 Nr 2 sein, auch Heimbeiräte (§ 10 Abs 1 Satz 1 HeimG), Seniorenvertretungen oder sog Ausländerbeiräte, nicht aber die Bewohner eines Heimes, die Patienten einer Krankenhausstation bzw eines niedergelassenen Arztes, die Bewohner eines Heims für Asylsuchende oder beim selben Sozialamt Leistungen abrufende Bürger in ihrer Gesamtheit, es sei denn, sie stimmen sich, was ihre Ziele, ihr Vorgehen und ihre Organisation angeht, ab. Aber: Zur Personenmehrheit muss immer noch ein Recht hinzutreten, wie dies – zB beim Heimbeirat – den Rechten aus § 10 HeimG der Fall ist, was jedoch kaum jemals, gemessen an den geltenden Normen, sozialrechtlich relevant werden dürfte (zahlreiche Beispiele für beteiligungsfähige Vereinigungen, allerdings überwiegend nicht aus dem sozialrechtlichen Bereich, bei *Kopp/Ramsauer* aaO § 11 Rz 13).

2.4. Behörden (§ 10 Nr 3)

Behörde im Sinne des SGB ist **jede Stelle,** die Aufgaben der öffentlichen Verwal-   **9** tung wahrnimmt (§ 1 Abs 2; vgl § 1 Rz 6 ff), womit die **öffentlich-rechtliche Verwaltungstätigkeit** gemeint ist, die aufgrund der Bücher des SGB vollzogen wird (§ 1 Rz 7; *Roos* in von Wulffen/Schütze SGB X § 1 Rz 9). Irrelevant ist, wie die Stelle bezeichnet wird (zB als Amt, Bürgeramt, Beh, Dienststelle, Zweigstelle, Filiale, Kundenzentrum); entscheidend ist eine **funktionale Betrachtung:** Die Beh handelt für einen Rechtsträger (etwa die Kommune), dem die Handlungen der Beh zugerechnet werden. Beh in diesem Sinne sind die aus dem Sozialbereich bekannten Ämter (zB Sozialämter, Jugendämter), aber auch die Niederlassungen (Filialen) der gesetzl KK. Beh sind auch die vertretungsberechtigten Organe der Versicherungsträger (so § 31 Abs 3 Satz 1 SGB IV). Soweit Personen des Privatrechts Aufgaben der öffentlichen Verwaltung wahrnehmen, also förmlich für die Zwecke des SGB verpflichtete Beliehene bzw beliehene Unternehmer sind, sind sie Beh iS des § 1 Abs 2. Beispiel ist die Durchführung des Ausgleichs unter den gewerblichen Berufsgenossenschaften durch den Hauptverband der gewerblichen Berufsgenossenschaften eV gem § 181 SGB VII (vgl *Fichte* in Kreikebohm § 1 Rz 9; zur früheren vergleichbaren Rechtslage nach der RVO: *BSGE* 43, 282). Bei den Verbänden der Ersatzkassen (VdAK, AEV) handelt es sich um eingetragene Vereine (eV, vgl § 212 Abs 5 SGB V).

3. Prüfung der Beteiligungsfähigkeit – Wegfall eines Beteiligten

Die Beteiligungsfähigkeit ist eine **Verfahrens- und Sachentscheidungsvorausset-**   **10 zung,** die von der verfahrensführenden Beh in jeder Lage des Verfahrens **von**

Amts wegen zu prüfen ist (*Vogelgesang* aaO § 10 Rz 16; *Kopp/Ramsauer* aaO § 11 Rz 15 ff; *Roller* in von Wulffen/Schütze SGB X § 10 Rz 10): Maßgeblich ist grundsätzlich der Zeitpunkt des Erlasses des VA. Bis zu diesem Zeitpunkt, ggf auch noch im Rechtsbehelfsverfahren, kann ein etwaiger Mangel in der Regel mit Rückwirkung geheilt werden. Verfahrenshandlungen (etwa Anträge), die ein Nicht-Beteiligungsfähiger vornimmt, sind grundsätzlich unwirksam. Kommt es nicht zur Heilung bzw ist sie nicht möglich, ist die Verfahrenshandlung endgültig unwirksam. Im Streit über die Beteiligungsfähigkeit, sei es im Rahmen eines Widerspruchsverfahrens, sei es vor Gericht, wird der mutmaßliche Beteiligte als beteiligungsfähig behandelt; und zwar solange, bis feststeht, ob der Betroffene beteiligungsfähig ist oder nicht. Wird festgestellt, dass er beteiligungsfähig ist, wird das Verwaltungsverfahren fortgesetzt. Anderenfalls ist der Antrag als unzulässig abzulehnen oder das Verfahren einzustellen (*Roller* aaO § 10 Rz 11; *Vogelgesang* aaO § 10 Rz 17). Dabei ist dem Betroffenen die Entscheidung über seine fehlende Beteiligungsfähigkeit mitzuteilen, sofern er daran ein berechtigtes Interesse hat (*Vogelgesang* aaO § 10 Rz 19). Dies wird regelmäßig dann der Fall sein, wenn er einen Antrag gestellt oder Kenntnis vom Verfahren erlangt hat.

11   Für den **Wegfall eines Beteiligten** gilt folgendes (vgl hierzu auch: *Kopp/Ramsauer* aaO § 11 Rz 18; *Vogelgesang* aaO § 10 Rz 18): Der Wegfall eines Beteiligten tritt bei natürlichen Personen durch deren Tod ein, im Übrigen durch Auflösung oder Zusammenschluss mit einem anderen Verband (etwa einer anderen juristischen Person). Insofern gelten die Regeln über die Fortführung von Verfahren durch den Bevollmächtigten bzw durch den Rechtsnachfolger analog §§ 239 ff ZPO. Davon zu unterscheiden sind die materiellrechtlichen Folgen des Wegfalls eines Beteiligten. Hier ist das einschlägige Sachrecht zu beachten. Bei höchstpersönlichen Rechten führt der Wegfall des Beteiligten zur Erledigung der Sache, weil sie zwingend an die Person des Verstorbenen gebunden sind. Bsp für eine gesetzl Ausformung dieses Rechtsgedankens ist § 59 SGB I, wonach Ansprüche auf Dienst- und Sachleistungen mit dem Tod des Berechtigten erlöschen, während Ansprüche auf Geldleistungen nur erlöschen, wenn sie im Zeitpunkt des Todes des Berechtigten weder festgestellt, noch ein Verwaltungsverfahren über sie anhängig ist (zur Sonderrechtsnachfolge bei laufenden Geldleistungen vgl auch §§ 56 f SGB I). Aufgelöste juristische Personen gelten bis zum Ende ihrer Abwicklung als beteiligungsfähig (hierzu *SG Stralsund* Urt v 29.11.2013 – S 3 KR 68/10, juris Rz 26).

12   Der Antrag eines Beteiligungsunfähigen ist als unzulässig abzulehnen; ein von Amts wegen durchgeführtes Verwaltungsverfahren ist einzustellen oder bis zur Bestellung eines Vertreters von Amts wegen gem § 15 auszusetzen (*Roller* aaO § 10 Rz 10; *Kopp/Ramsauer* aaO § 12 Rz 19). Ein trotz fehlender Beteiligungsfähigkeit des Adressaten in der Sache ergehender VA ist regelmäßig nichtig (vgl § 40 Abs 1), ebenso ein mit einem Nicht-Beteiligungsfähigen abgeschlossener öffentlich-rechtlicher Vertrag (*Roller* aaO § 10 Rz 10; *Vogelgesang* aaO § 10 Rz 16; aA *Löcher* in Eichenhofer/Wenner § 10 Rz 11). Gegen den ergangenen VA hat der Nicht-Beteiligungsfähige, weil er durch die Unterstellung der Beteiligungsfähigkeit, die zur Einbeziehung in ein mit Rechtszwang verbundenes Verfahren führt, als solche bereits belastet ist, die in der Sache gegebenen Rechtsbehelfe (*Kopp/Ramsauer* aaO § 11 Rz 20 aE).

§ 11 Vornahme von Verfahrenshandlungen

(1) Fähig zur Vornahme von Verfahrenshandlungen sind

1. natürliche Personen, die nach bürgerlichem Recht geschäftsfähig sind,
2. natürliche Personen, die nach bürgerlichem Recht in der Geschäftsfähigkeit beschränkt sind, soweit sie für den Gegenstand des Verfahrens durch Vorschriften des bürgerlichen Rechts als geschäftsfähig oder durch Vorschriften des öffentlichen Rechts als handlungsfähig anerkannt sind,
3. juristische Personen und Vereinigungen (§ 10 Nr. 2) durch ihre gesetzlichen Vertreter oder durch besonders Beauftragte,
4. Behörden durch ihre Leiter, deren Vertreter oder Beauftragte.

(2) Betrifft ein Einwilligungsvorbehalt nach § 1903 des Bürgerlichen Gesetzbuches den Gegenstand des Verfahrens, so ist ein geschäftsfähiger Betreuter nur insoweit zur Vornahme von Verfahrenshandlungen fähig, als er nach den Vorschriften des bürgerlichen Rechts ohne Einwilligung des Betreuers handeln kann oder durch Vorschriften des öffentlichen Rechts als handlungsfähig anerkannt ist.

(3) Die §§ 53 und 55 der Zivilprozessordnung gelten entsprechend.

Literatur:

Behn: Verfahrenshandlungsfähigkeit des volljährigen Betreuten, VersorgVerw 1993, 35; *Bienwald*: Zur Vertretung des Betreuten gegenüber Behörden, BtPrax 2003, 71; *ders.*: Sozialrechtliches Verwaltungsverfahren – Pflicht des Grundsicherungsträgers den Schriftverkehr unmittelbar an den gesetzlichen Betreuer des Hilfebedürftigen zu richten (Anmerkung zu SG Chemnitz 1.4.2014 – S 3 AS 415/14 – juris), FamRZ 2014, 1734; *Dörr*: Rentenzahlung an deutsche Mitglieder der Colonia Dignidad in Chile, SGb 2001, 207; *v Einem*: Auswirkungen des Betreuungsgesetzes auf das Sozialrecht, SGb 1991, 477; *Grüner*: Das Betreuungsgesetz und seine Ausstrahlung in das Sozialrecht, ZfSH/SGB 1993, 338; *Kampen*: Beteiligung des Schädigers am Verwaltungsverfahren des Unfallversicherungsträgers, NJW 2010, 2311; *Laubinger*: Der Betreute im Verwaltungsverfahren und Verwaltungsprozess, VerwArch 85, 86; *Lipp*: Freiheit und Fürsorge: Der Mensch als Rechtsperson, 2000; *Mrozynski*: Die Zurechnung des Vertreterverhaltens im Sozialrecht, SGb 1993, 13; *Redding*: Das Betreuungsrecht aus Sicht der Kranken- bzw Pflegekassen, BKK 1999, 203; *Sartorius*: Der Antrag im Sozialrecht, ASR 2014, 247.

1. Allgemeines

Versteht man das (Sozial-)Verwaltungsverfahren als „Summe von Handlungen" (BT-Drucks 7/910, 42 [zu § 12 VwVfG]), dann wird klar, wieso die Handlungs- **1** fähigkeit geregelt sein muss. Das Verfahren schreitet auf dem Weg zum Ziel (vgl § 8) nur voran durch aufeinander bezogene Handlungen. Sie sind gleichsam der von verschiedenen Beteiligten betriebene **Motor** (lateinisch für „Beweger") **des Sozialverwaltungsverfahrens**. Zu wissen, wer die Handlungen mit Wirkung für und gegen die Beteiligten vornehmen kann (Kleinkinder oder juristische Personen bspw können nicht selbst handeln), ist deshalb von essentieller Bedeutung. Die Antwort darauf gibt § 11, der § 12 VwVfG entspricht (BT-Drucks 8/2034, 31). Die Handlungsfähigkeit der Beteiligten koppelt das G im Wesentlichen an die materiellen Regeln des bürgerlichen Personen- bzw Gesellschaftsrechts bzw an die allg Regeln des Verwaltungsorganisationsrechts. Vornahme von Verfahrenshandlungen meint die Abgabe und die Entgegennahme von Erklärungen (BT-Drucks 8/2034, 31 [zu § 11 SGB X]; BT-Drucks 7/910, 43 [zu § 12 VwVfG]), deckt also jedes für das Verwaltungsverfahren (§ 8) relevante Verhalten im Kontakt zwischen Sozialverwaltung und Bürger ab.

2   Zur Vermeidung von Missverständnissen lautet der amtliche Titel des § 11 nicht wie bei § 12 VwVfG „**Handlungsfähigkeit**", denn dieser Titel ist der speziellen Vorschrift des § 36 Abs 1 SGB I vorbehalten (dazu noch Rz 5). Gleichwohl geht es der Sache nach um die auf das Sozialverwaltungsverfahren bezogene allg Handlungsfähigkeit, weshalb dieser Begriff auch im Kontext von § 11 verwendet werden sollte.

2. Die Handlungsfähigkeit der Verfahrenssubjekte

2.1. Geschäftsfähige natürliche Personen (§ 11 Abs 1 Nr 1)

3   Handlungsfähig sind **natürliche Personen** (§ 10 Rz 3), die nach bürgerlichem Recht geschäftsfähig sind. Das sind grundsätzlich alle volljährigen (§ 2 BGB) Personen. Geschäftsunfähig ist, wer nicht das siebente Lebensjahr vollendet hat (§ 104 Nr 1 BGB) oder wer sich in einem die freie Willensentscheidung ausschließenden Zustande krankhafter Störung der Geistestätigkeit befindet, sofern der Zustand seiner Natur nach nicht nur ein vorübergehender ist (§ 104 Nr 2 BGB). Dieser Zustand wird sich in der Regel nur sachverständig beraten feststellen lassen. An der Geschäftsfähigkeit kann es auch im Fall der partiellen Geschäftsunfähigkeit fehlen, also dann, wenn es dem Betreffenden für einen bestimmten Kreis von Geschäften an der Geschäftsfähigkeit fehlt; eine sog relative Geschäftsunfähigkeit, die sich nur auf bestimmte schwierige Geschäfte bezieht, ist nicht anerkannt (*Ellenberger* in Palandt § 104 Rz 6; *Schmitt* in MüKomm BGB § 104 Rz 18 mwN). Die Möglichkeit, dass bestimmte Handlungen und Erklärungen eines Verfahrensbeteiligten zB auf Zwang, Nötigung oder Täuschung beruhen, begründet noch keine Zweifel an dessen Geschäftsfähigkeit (BSGE 86, 107, 109 f = *BSG* SozR 3-1200 § 2 Nr 1).

2.2. Beschränkt geschäftsfähige natürliche Personen (§ 11 Abs 1 Nr 2)

4   Beschränkt geschäftsfähig sind **Minderjährige**, die das siebte Lebensjahr vollendet haben, nach Maßgabe der §§ 107–113 BGB (vgl § 106 BGB), also in Bezug auf bestimmte Situationen, die auch als Gegenstand eines Verwaltungsverfahrens (vgl § 11 Nr 2) in Betracht kommen können. Minderjährige bestimmten Alters können also durchaus zur Vornahme von Verfahrenshandlungen fähig sein (vgl *VG Göttingen* 12.5.2005 – 2 A 463/03, juris Rz 22). Die beschränkt geschäftsfähigen Minderjährigen sind mithin nur für bestimmte Verwaltungsverfahren, in diesen aber unbeschränkt, handlungsfähig. Bspw sind sie gem §§ 112, 113 BGB handlungsfähig, wenn Gegenstand des (Sozial-)Verwaltungs-

verfahrens Verhaltensweisen, insb Rechtsgeschäfte, sind, die der Betrieb eines Erwerbsgeschäfts mit sich bringt, das der Minderjährige mit Ermächtigung des gesetzlichen Vertreters (in der Regel der Eltern) selbstständig betreibt (§ 112 BGB), oder um Verhaltensweisen, insb Rechtsgeschäfte, die die Eingehung, Aufhebung oder Erfüllung eines Dienst- oder Arbeitsverhältnisses betreffen, wenn der gesetzliche Vertreter (in der Regel die Eltern) den Minderjährigen ermächtigt hat, in Dienst oder Arbeit zu treten (§ 113 BGB). Allerdings begründet die Erlaubnis des gesetzlichen Vertreters analog § 107 BGB keine partielle Verfahrenshandlungsfähigkeit (*BVerwG* DVBl 1985, 244). Das muss konsequenterweise auch für den Fall des sog Taschengeld-Paragrafen gelten, der nur ein besonderer Anwendungsfall des § 107 BGB ist (*Ellenberger* aaO § 110 Rz 1).

Eine solche auf bestimmte Konstellationen beschränkte Handlungsfähigkeit **5** kann sich auch aus dem **öffentlichen Recht** ergeben (vgl den zweiten Halbs von § 11 Abs 1 Nr 2: „durch Vorschriften des öffentlichen Rechts als handlungsfähig anerkannt"). Dies kann ausdrücklich geschehen oder aber so, dass Minderjährigen eine Rechtsstellung eingeräumt wird, „die der Sache nach ihre Handlungsfähigkeit voraussetzt" (BT-Drucks 7/910, 43 mit exemplarischem Verweis auf § 5 des G über die religiöse Kindererziehung v 15.7.1921, RGBl, 939; hierzu *BVerwG* NJW 1983, 2585). Im allg Verwaltungsverfahrensrecht (§ 12 Abs 1 Nr 2 VwVfG) gibt es zahlreiche Bsp für ausdrückliche Regelungen. Im Sozialverwaltungsverfahren sind diese Normen jedoch nicht relevant (*Vogelgesang* in Hauck/Noftz SGB X § 11 Rz 17 aE). Zu beachten ist im Rahmen der Bücher des SGB (einschl der in § 68 SGB I genannten Gesetze) die Bestimmung des § 36 Abs 1 SGB I (dazu *Mrozynski* § 36 SGB I Rz 1 ff). Sie statuiert für alle Menschen ab dem 15. Lebensjahr das Recht, Anträge zu stellen und Sozialleistungen (Definition in § 11 Satz 1 SGB I), abgesehen von Darlehen (arg § 36 Abs 2 SGB I), entgegenzunehmen, sofern der gesetzliche Vertreter diese Rechte nicht gem § 36 Abs 2 Satz 1 SGB I gegenüber dem Leistungsträger eingeschränkt hat. Die Rücknahme von Anträgen, der Verzicht auf Sozialleistungen und die Darlehensentgegennahme bedürfen der Zustimmung des gesetzlichen Vertreters; insoweit ist die öffentlich-rechtlich angeordnete Handlungsfähigkeit also ihrerseits beschränkt gewährt. Keine Regelung über die Handlungsfähigkeit stellt § 8 Abs 1 SGB VIII dar. Die Bestimmung enthält nur generelle Regelungen über die Stellung des Kindes und des Jugendlichen bei der Wahrnehmung von Aufgaben nach dem SGB VIII; die praktische Bedeutung des § 8 SGB VIII ist „marginal" (*Wiesner* in Wiesner ua SGB VIII § 8 Rz 28).

2.3. Betreuung, Pflegschaft (§ 11 Abs 2, § 11 Abs 3 iVm § 53 ZPO)

2.3.1. Betreuung (§ 11 Abs 2, § 11 Abs 3 iVm § 53 ZPO)

Da unter rechtlicher Betreuung stehende volljährige Menschen ihre Geschäfts- **6** fähigkeit nicht einbüßen (*Götz* in Palandt Einf v § 1896 Rz 13, § 1903 Rz 10; *Ellenberger* aaO Einf v § 104 Rz 2 a; kritisch *Baldus* in Heidel/Hüßtege/Mansel/Noack, BGB Allgemeiner Teil/EGBGB, 2. Aufl 2011, § 104 Rz 40 ff), sind **für Betreute Sonderregelungen** erforderlich. Dabei hat § 11 Abs 2 nicht die Betreuung als solche im Blick, dh für sich betrachtet, führt die Betreuung nicht zum Fortfall der Handlungsfähigkeit. Ist der Betreute jedoch zugleich nicht geschäftsfähig, dann fehlt es gem § 11 Nr 1 an der Handlungsfähigkeit. Betreuungen kommen nicht zuletzt bei **psychiatrischen Langzeitpatienten** in Betracht, die bspw in Krankenhäusern gem SGB V behandelt werden (vgl *BSG* SGb 2005, 286 m Anm *Noftz*).

7   § 11 Abs 2 hat nur einen **Spezialfall der Betreuung,** die **Betreuung mit Einwilligungsvorbehalt** (§ 1903 BGB), vor Augen; sie scheidet von vornherein für willensäußerungsfähige, „nur" körperlich behinderte Menschen aus (vgl § 1896 Abs 1 Satz 3 BGB; vgl § 15 Rz 15). Funktional wirkt der Einwilligungsvorbehalt wie eine beschränkte Geschäftsfähigkeit. Er schafft, abweichend von der allg Regel des § 104 Nr 2 BGB eine **partielle Geschäftsfähigkeit,** die sich nur auf die nicht dem Einwilligungsvorbehalt unterliegenden Angelegenheiten bezieht (*Götz* aaO § 1903 Rz 1, 3; zur partiellen Geschäftsunfähigkeit oben Rz 3; vgl auch *HessLSG* NZS 2009, 224). Geht es bei dem Sozialverwaltungsverfahren um eine Angelegenheit, die dem Einwilligungsvorbehalt unterliegt (nicht der Einwilligungsvorbehalt als solcher kann Gegenstand des Sozialverwaltungsverfahrens sein, missverständlich daher *Vogelgesang* aaO § 11 Rz 4 b), so darf ein geschäftsfähiger Betreuter – die Geschäftsfähigkeit ist gesondert zu prüfen (vgl oben Rz 3, 6) – im Verfahren nur insoweit handeln, als er nach den Vorschriften des BGB ohne Einwilligung des Betreuers handeln kann oder soweit er durch öffentlich-rechtliche Vorschriften als handlungsfähig anerkannt ist (§ 11 Abs 2). Aus öffentlich-rechtlicher/sozialrechtlicher Sicht ist hier vornehmlich § 36 Abs 1 SGB I zu beachten (oben Rz 5).

8   Nach bürgerlichem Recht kann der Betreute ohne Einwilligung außerhalb des Bereichs handeln, für den der Einwilligungsvorbehalt besteht. Er besteht für den Aufgabenkreis des Betreuers (vgl § 1903 Abs 1 Satz 1 BGB). Der Umfang seines Aufgabenkreises präjudiziert demnach den Umfang des Einwilligungsvorbehalts und damit auch den Bereich der Einwilligungsfreiheit. Zum **einwilligungsfreien Bereich** gehört kraft G auch der Bereich der geringfügigen Angelegenheiten des täglichen Lebens, wenn nicht gerichtlich der Einwilligungsvorbehalt hierauf ganz oder teilweise erstreckt wird (§ 1903 Abs 3 BGB).

9   Der Betreute darf aber auch im Bereich des Einwilligungsvorbehalts handeln, sofern es um eine Angelegenheit geht, die dem Betreuten nur einen **rechtlichen Vorteil** bringt (§ 1903 Abs 3 BGB, vgl § 107 BGB), außerdem in den Bereichen, in denen gem §§ 108–113 BGB Minderjährige als spezifisch geschäftsfähig gelten, namentlich in den Fällen der §§ 112 f BGB (Rz 4). Diese für Minderjährige geltenden Bestimmungen finden auf Betreute, für die ein Einwilligungsvorbehalt gilt, entsprechende Anwendung (§ 1903 Abs 1 Satz 2 BGB). Entsprechend anwendbar ist gem. § 1903 Abs 1 Satz 2 BGB auch § 131 BGB, der sich auf das partielle Wirksamwerden von Willenserklärungen bezieht, die gegenüber beschränkt Geschäftsfähigen abgegeben werden bzw analog gegenüber Betreuten, für die ein Einwilligungsvorbehalt angeordnet ist. Ebenfalls entsprechend anwendbar ist § 210 BGB nF (= § 206 BGB aF). Die Regelung soll bewirken, dass die gegen den Betreuten, der keinen Betreuer hat, laufende Verjährungsfrist gehemmt ist; sie soll nicht vor Ablauf von sechs Monaten nach dem Zeitpunkt vollendet sein, in dem der Betreute den Einwilligungsvorbehalt verliert oder ein Betreuer bestellt ist (*Bienwald* Betreuungsrecht § 1903 Rz 76).

10   **Einwilligungsfrei** sind kraft G auch die in § 1903 Abs 2 BGB genannten Bereiche, zB Verfügungen von Todes wegen sowie höchstpersönliche Willenserklärungen im Bereich des Familien- und Erbrechts; so darf etwa ein Betreuter, für den ein Einwilligungsvorbehalt angeordnet ist, ohne Einwilligung des Betreuers auf sein gesetzliches Erbrecht verzichten (§ 1903 Abs 2 iVm § 2347 Abs 2 Satz 1 BGB).

11   Soweit der Gegenstand des Sozialverwaltungsverfahrens diese einwilligungsfreien Angelegenheiten betrifft, ist der Betreute, der unter Einwilligungsvorbehalt steht, handlungsfähig. Das macht eine **genaue Bestimmung des Verfahrensge-genstandes** erforderlich.

Wie § 11 Abs 3, der ua die entsprechende Anwendbarkeit von § 53 ZPO an-ordnet, im Hinblick auf das Bestehen einer rechtlichen Betreuung zu verstehen ist, ist **unklar**. In der Rspr spricht man mit Blick auf § 11 Abs 3 iVm § 53 ZPO von einer „**quasi partielle(n) Geschäftsunfähigkeit**" (*SG Berlin* 15.1.2002 – S 51 AL 1491/00, juris Rz 25). ZT wird angenommen, § 11 Abs 3 betreffe nur die in § 53 ZPO neben der Betreuung genannte Pflegschaft (vgl *Schmitz* in Stel-kens/Bonk/Sachs VwVfG § 12 Rz 24). § 53 ZPO lautet: „Wird in einem Rechtsstreit eine prozessfähige Person durch einen Betreuer oder Pfleger vertre-ten, so steht sie für den Rechtsstreit einer nicht prozessfähigen Person gleich." Zwei Konstellationen sind zu unterscheiden: **12**

Betreuung mit Einwilligungsvorbehalt: Der Betreuer ist Vertreter des Betreuten in dem Aufgabenkreis, für den er bestellt wurde (§ 1902 BGB); er vertritt ihn also auch in Sozialverwaltungsverfahren und nimmt dazu die erforderlichen Verfahrenshandlungen vor, ist also insoweit verfahrenshandlungsfähig. Ist der Betreute geschäftsfähig und ist ein Einwilligungsvorbehalt angeordnet (der sich im Übrigen nicht zur Gänze mit dem Aufgabenkreis des Betreuers decken muss, *Götz* aaO § 1903 Rz 3), so kann der Betreute im einwilligungsfreien Bereich ei-genständig auftreten; er ist insoweit ebenfalls verfahrenshandlungsfähig. Mithin sind bezogen auf denselben Gegenstand, hinsichtlich dessen Betreuer und Be-treuer Verfahrenshandlungen vorgenommen haben und vornehmen durften, einander widersprechende Verfahrenshandlungen denkbar. In einem solchen Fall ist – sofern sich der Betreuer tatsächlich einschaltet (*Riedl* in Obermayer VwVfG § 12 Rz 84) – der Betreute nicht-verfahrenshandlungsfähig; maßgeblich sind allein die Verfahrenshandlungen des Betreuers (*Vogelgesang* aaO § 11 Rz 19, 29; *Kopp/Ramsauer* VwVfG § 12 Rz 18; *Lipp*, 91 f, s auch *SG Duisburg* BtPrax 1999, 117; *SG Berlin* 15.1.2002 – S 51 AL 1491/00). Zur Vermeidung simultanen und divergierenden Verhaltens im Verfahren wird demnach die Ver-fahrensfähigkeit beim Betreuer monopolisiert (vgl *Lindacher* in MüKomm ZPO § 53 Rz 3).   **13**

Betreuung ohne Einwilligungsvorbehalt: Das gleiche gilt im Ergebnis für einen geschäftsfähigen Betreuten, für den kein Einwilligungsvorbehalt angeordnet wurde. Er ist geschäftsfähig (oben Rz 6), dh gem § 11 Nr 1 verfahrenshand-lungsfähig. Der Betreuer kann ihn aber, soweit sein Aufgabenkreis reicht, ver-treten (§ 1902 BGB), also in einem Sozialverwaltungsverfahren die seinem Auf-gabenkreis entsprechenden Verfahrenshandlungen vornehmen. Soweit es um denselben Gegenstand geht, hat der Betreuer mit seinen Verfahrenshandlungen (sofern er sich in das Verfahren einschaltet, *Riedl* aaO § 12 Rz 84) Vorrang vor den dann unbeachtlichen Verfahrenshandlungen des Betreuten (vgl *Lipp* aaO 91 f).   **14**

Hinter der **Vorrangregelung** des § 11 Abs 3 iVm § 53 ZPO steht im Kern die Wertung, dass letztlich der Betreuer das – auf den Gegenstand des Sozialver-waltungsverfahrens bezogene – Wohl des Betreuten, dessen Verwirklichung er dienen soll (§ 1901 Abs 2 BGB), besser einzuschätzen weiß als der Betreute selbst.   **15**

2.3.2. Pfleger (§ 11 Abs 3 iVm § 53 ZPO)

Die Ausführungen, die im Hinblick auf den Betreuer für die entsprechende An-wendung des § 53 ZPO gelten, sind auf die Rolle des Pflegers, der in § 53 ZPO ebenfalls genannt wird, übertragbar (oben Rz 12 ff). Wurde für bestimmte per-   **16** sonen- oder sachbezogene Angelegenheiten ein Pfleger bestellt (vgl §§ 1909 ff BGB), dann ist danach zu unterscheiden, ob sich die Pflegschaft auf geschäftsfähige oder beschränkt geschäftsfähige Minderjährige bezieht. In beiden Fällen führt die Pflegschaft nicht dazu, dass die (beschränkte) Geschäftsfähigkeit verloren geht; vielmehr hat der Pfleger in seinem Aufgabenkreis die Stellung eines **gesetzlichen Vertreters** (*Götz* aaO Einf v § 1909 Rz 3). So tritt zB bei der sog Ergänzungspflegschaft (§ 1909 BGB), die sich auf Minderjährige bezieht, der Pfleger an die Stelle der Eltern oder des Vormunds und bei der Abwesenheitspflegschaft erhält der abwesende Volljährige mit unbekanntem Aufenthaltsort einen gesetzlichen Vertreter für seine Vermögensangelegenheiten (§ 1911 BGB). Beziehen sich Sozialverwaltungsverfahren auf Gegenstände, die der Pflegschaft unterworfen sein können, und hat bspw der Minderjährige zulässigerweise gem § 11 Nr 2 Verfahrenshandlungen vorgenommen – oder der verschwundene geschäftsfähige Volljährige (etwa ein Abenteuer-Urlauber, der abgelegene Gebiete bereist; ein Journalist, der aus Gebieten berichtet, in denen akute Entführungsgefahr besteht) hat im Voraus verfahrensrelevante Erklärungen abgegeben –, dann haben die auf denselben Gegenstand bezogenen Verfahrenshandlungen des Pflegers **Vorrang** (*Riedl* aaO § 12 Rz 84).

2.4. Handlungsfähigkeit von Ausländern und Staatenlosen (§ 11 Abs 1 Nr 1, § 11 Abs 3 iVm § 55 ZPO)

17   Die Handlungsfähigkeit von **Ausländern**, also von Menschen ohne deutsche (vgl auch Art 116 Abs 1 GG), aber mit anderer Staatsangehörigkeit, bemisst sich gem § 11 Nr 1 nach Art 7 Abs 1 EGBGB. Danach folgt die Geschäftsfähigkeit den Regeln des Staates, dem der Ausländer angehört, es sei denn, das Heimatrecht verweist auf die Regeln des deutschen Rechts zurück (Art 4 Abs 1 Satz 2 EGBGB). Für **staatenlose Menschen** bzw **Menschen mit unbekannter Staatsangehörigkeit** gelten gem § 11 Nr 1 für die Geschäftsfähigkeit grundsätzlich die Regeln des Staates, in dem sie ihren gewöhnlichen Aufenthalt haben (Art 5 Abs 2 EGBGB; iE so auch Art 12 Abs 1 des Übereinkommens über die Rechtsstellung der Staatenlosen, BGBl 1976 II, 474); bei gewöhnlichem Aufenthalt in Deutschland ist demnach deutsches Recht anwendbar. Das gilt auch (vgl *Riedl* aaO § 12 Rz 89) für heimatlose Ausländer nach § 4 des G über die Rechtsstellung heimatloser Ausländer im Bundesgebiet vom 25.4.1951 (BGBl I, 269), für Flüchtlinge nach Art 1 Abschn A, Art 12 der Genfer Flüchtlingskonvention (BGBl 1953 II, 559) sowie verschleppte Personen und Flüchtlinge, die im Geltungsbereich des GG ihren gewöhnlichen Aufenthalt haben, gem Art 1, 10 a Buchst a des G Nr 23 der Alliierten Hohen Kommission vom 17.3.1950 (AHKABl, 140) idF des ÄndG v 1.3.1951 (AHKABl, 808).

18   Ergänzend gilt § 55 ZPO: „Ein Ausländer, dem nach dem Recht seines Landes die Prozessfähigkeit mangelt, gilt als prozessfähig, wenn ihm nach dem Recht des Prozessgerichts die Prozessfähigkeit zusteht." Wenn man dies für das Sozialverwaltungsverfahren „übersetzt", bedeutet es (vgl *Lindacher* aaO § 55 Rz 2; *Bork* in Stein/Jonas § 55 Rz 1, 6 f): Der nach seinem Heimatrecht Geschäftsunfähige (zB ein Ehegatte oder ein Kind) gilt in dem deutschen Sozialverwaltungsverfahren gleichwohl als geschäfts- und damit handlungsfähig (und bedarf keines für ihn handelnden gesetzlichen Vertreters), wenn ein Deutscher in eben dieser Lage handlungsfähig wäre. § 55 ZPO findet hingegen keine Anwendung, wenn ein deutsches Gericht Betreuung mit Einwilligungsvorbehalt angeordnet hat (arg Art 24 Abs 1 Satz 2, Abs 3 EGBGB; vgl *Lindacher* aaO § 55 Rz 2); das

Recht des Aufenthaltsstaates hat in diesem Fall **Vorrang**, und Vorrang hat daher auch § 11 Abs 2.

2.5. Juristische Personen und Vereinigungen (§ 10 Nr 2)

Für juristische Personen, die selbst nicht handlungsfähig sind, müssen **zuständige natürliche Personen** handeln, und zwar der/die gesetzliche/n Vertreter, etwa der Vorstand eines eV oder einer AG. Wer zuständig ist, ergibt sich aus dem materiellen Recht (zB [Errichtungs-]G, Satzung). **Besonders Beauftragte** sind zur Vertretung bestellte Angehörige bzw Bedienstete der juristischen Person; er hat somit im Gegensatz zum gesetzlichen Vertreter keine Organstellung, so dass eine entsprechende Beauftragung erforderlich ist (*Vogelgesang* aaO § 11 Rz 22). Die (zweckmäßigerweise schriftlich dokumentierte) Beauftragung muss jedoch nicht gesondert im Einzelfall für ein bestimmtes Sozialverwaltungsverfahren ausgesprochen werden, sie kann auch generell zB für Verfahren einer bestimmten Art erfolgen. Die Formulierung „besonders" bezieht sich mithin nicht auf ein bestimmtes Verfahren, sondern soll nur klarstellen, dass eine Person außerhalb der typischen Vertretungsstrukturen der juristischen Person zur Vertretung bestellt wird (so iE auch *Vogelgesang* aaO § 11 Rz 22; *Schmitz* aaO § 12 Rz 16). Solche Regelungen können zB in einem G, einer Verordnung, einer Satzung, einem Gesellschaftsvertrag oder einer verwaltungsinternen Regelung getroffen werden (vgl BT-Drucks 7/910, 43). Für Vereinigungen (zu ihnen § 10 Rz 6 f) gilt das zu den juristischen Personen Ausgeführte entsprechend.

2.6. Behörden

Für Beh handeln die Behördenleiter und ihre Vertreter als sog **geborene Vertreter** der Beh und damit des Rechtsträgers, für den die Beh auftritt (BT-Drucks 7/910, 43 [zu § 12 VwVfG]). Aber auch andere Bedienstete können im Rahmen ihres dienstlichen Auftrags, der sich in der Regel aus der Geschäftsordnung oder dem Geschäftsverteilungsplan ergibt, für die Beh handeln; eine solche Bestellung zum „Beauftragten" kann sich aus einer verwaltungsinternen Regelung ergeben und soll nach Ansicht des Gesetzgebers nicht übertrieben förmlich gehandhabt werden (vgl BT-Drucks 7/910, 43).

3. Folgen fehlender Handlungsfähigkeit

Das Vorliegen oder der Fortfall der Handlungsfähigkeit ist **von Amts wegen** in jeder Lage des Verfahrens zu prüfen (*Vogelgesang* aaO § 11 Rz 31; zum Umfang der Ermittlungspflicht vgl auch *BSGE* 86, 107, 108). Zweifel über die Handlungsunfähigkeit gehen in der Regel zulasten desjenigen, der daraus für sich günstige Rechtsfolgen herleiten will (*Schmitz* aaO § 12 Rz 6; anders im Prozess für den Fall des „non liquet" [vgl § 20 Rz 30] nach *BVerwG* 7.11.1986 – 5 B 58-62/86). Bei fehlender Verfahrenshandlungsfähigkeit etwa des Antragstellers kann die Beh das Sozialverwaltungsverfahren nicht durchführen, sondern muss, wenn der Mangel nicht behoben werden kann oder wird, den Antrag als unzulässig ablehnen (vgl auch *BSGE* 82, 283, 289 ff). Kann der Mangel behoben werden, muss die Beh grundsätzlich das Verfahren bis zur Bestellung eines gesetzlichen Vertreters, etwa eines Betreuers, aussetzen (*Kopp/Ramsauer* aaO § 12 Rz 27). Sie hat dann auf die Bestellung eines gesetzlichen Vertreters hinzuwirken (*Vogelgesang* aaO § 11 Rz 10 aE; vgl § 15 Abs 1 Nr 4, Abs 3). Ein allein gegenüber einem Handlungsunfähigen erlassener VA ist grundsätzlich nach § 40 Abs 1 nichtig; **Rechtsbehelfsfristen** werden durch die Bekanntgabe eines Bescheids an einen Handlungsunfähigen nicht in Gang gesetzt (*BSGE* 3, 192, 195 f; *Vogelgesang* aaO § 11 Rz 33 aE). Verwaltungsakte, die trotz Handlungsunfähigkeit ergangen sind, sind (ausnahmsweise) nicht nichtig, wenn sie (zumindest auch) einem gesetzlichen Vertreter bekannt gegeben worden sind; eine **Heilung** ist möglich durch Beteiligung eines gesetzlichen Vertreters oder durch Genehmigung der Verfahrenshandlungen, sei es durch den gesetzlichen Vertreter, sei es durch den Beteiligten selbst, nachdem dieser die Handlungsfähigkeit (wieder-)erlangt hat (*Kopp/Ramsauer* aaO § 12 Rz 28, vgl auch *BSGE* 80, 283; 82, 283). Eine **Genehmigung** liegt auch in der rügelosen Fortsetzung des Verfahrens im Wissen um den bisherigen Verfahrensverlauf (*BSG* SozR Nr 13 zu § 73 SGG; *Vogelgesang* aaO § 11 Rz 32). Im Streit über die Handlungsfähigkeit ist der Beteiligte bis zur Entscheidung des Streits als handlungsfähig zu betrachten (*Schmitz* aaO § 12 Rz 5 aE). Die Handlungsfähigkeit muss spätestens im Zeitpunkt des Abschlusses des Verwaltungsverfahrens gegeben sein, also bei Erlass des VA oder bei Abschluss des öffentlich-rechtlichen Vertrages (*Schmitz* aaO § 12 Rz 6).

§ 12   Beteiligte

(1) Beteiligte sind

1. Antragsteller und Antragsgegner,
2. diejenigen, an die die Behörde den Verwaltungsakt richten will oder gerichtet hat,
3. diejenigen, mit denen die Behörde einen öffentlich-rechtlichen Vertrag schließen will oder geschlossen hat,
4. diejenigen, die nach Absatz 2 von der Behörde zu dem Verfahren hinzugezogen worden sind.

(2) [1]Die Behörde kann von Amts wegen oder auf Antrag diejenigen, deren rechtliche Interessen durch den Ausgang des Verfahrens berührt werden können, als Beteiligte hinzuziehen. [2]Hat der Ausgang des Verfahrens rechtsgestaltende Wirkung für einen Dritten, ist dieser auf Antrag als Beteiligter zu dem Verfahren hinzuzuziehen; soweit er der Behörde bekannt ist, hat diese ihn von der Einleitung des Verfahrens zu benachrichtigen.

(3) Wer anzuhören ist, ohne dass die Voraussetzungen des Absatzes 1 vorliegen, wird dadurch nicht Beteiligter.

Literatur:

Dörr: Pflichten Beteiligter in sozialrechtlichen Verfahren, DAngVers 1994, 175; *Gabert*: Die Rechte des Versicherten im sozialrechtlichen Verwaltungsverfahren, Kompass/KBS 2008, 12; *Horn*: Das Anhörungsrecht des mit Drittwirkung Betroffenen nach § 28 VwVfG, DÖV 1987, 20; *Kampen*: Beteiligung des Schädigers am Verwaltungsverfahren des Unfallversicherungsträgers, NJW 2010, 2311; *Konradi*: Zur Notwendigkeit der Schädigerbeteiligung am Sozialverwaltungsverfahren, NZS 2009, 478; *Lehmacher*: Wann und wie ist ein Schädiger am Arbeitsunfallverfahren des Geschädigten durch den Unfallversicherungsträger zu beteiligen?, r + s-Beil. 2011, 79; *Pickel*: Beteiligungs- und Handlungsfähigkeit im sozialrechtlichen Verwaltungsverfahren, ErsK 1986, 84; *Ricker*: Die Bedeutung und rechtliche Relevanz von sozialverfahrensrechtlichen Vorschriften, Die Beiträge 2014, 449; *Spellbrink*: Die Beteiligung des Schädigers am Verwaltungsverfahren des Unfallversicherungsträgers mit dem Geschädigten im Lichte der neueren Rechtsprechung des BSG, NZS 2013, 441; *Wigge*: Legitimation durch Partizipation – Zur verfahrensrechtlichen Beteiligung der Leistungserbringer im Entscheidungsprozess des Bundesausschusses, NZS 2001, 578, 623.

1. Allgemeines

Während der Begriff des „Beteiligungsfähigkeit" (§ 10) darüber entscheidet, **1**
wer überhaupt als Subjekt eines Sozialverwaltungsverfahrens in Betracht kommen kann, geht es beim Begriff des Beteiligten iS des § 12 darum, welche **Rolle** jemandem als **Subjekt eines konkreten Verfahrens** (vgl § 8) zukommt. Die begriffliche Verwirrung, die sich im Verhältnis zwischen § 10 und § 12 einstellen kann, lässt sich vermeiden, wenn man unterscheidet: nach der in § 10 abstrakt geregelten Beteiligtenfähigkeit (sozusagen dem „Grundstatus") und der in § 12 normierten konkreten Beteiligteneigenschaft, sozusagen dem konkreten Status, in dem sich der Grundstatus je nach Art der angestrebten bzw geplanten Kommunikation mit der Beh verdichtet. Der Status als (konkreter) Beteiligter iS des § 12 entscheidet über sog Beteiligungs- bzw Beteiligtenrechte, die in dem jeweiligen Verfahren für die Informationsgewinnung wichtig sind. § 12 ist deshalb eine „Schlüsselnorm" des Verwaltungsverfahrens (*Hufen/Siegel* Fehler im Verwaltungsverfahren Rz 267 [zu § 13 VwVfG]). Die Vorschrift entspricht § 13 VwVfG (BT-Drucks 8/2034, 31 [zu § 12 SGB X]).

2. Die konkrete Beteiligteneigenschaft (Beteiligtenrollen)

2.1. Antragsteller (§ 12 Abs 1 Nr 1)

Antragsteller ist derjenige, der sich mittels einer Erklärung, die idR auf die Ge- **2**
währung einer begünstigenden Rechtsposition abzielt, an die Beh wendet (empfangsbedürftige öffentlich-rechtliche Willenserklärung; zum Begriff des Antrags vgl auch § 18 Rz 7). Da im Sozialrecht, in dem es vor allem um die Gewährung von Sozialleistungen (legaldefiniert in § 11 Satz 2 SGB I) geht, Verwaltungsverfahren idR über einen Antrag eingeleitet werden (vgl § 18 Rz 3), ist der Status als Antragsteller sehr bedeutsam. Ob ein Verhalten des Bürgers (zum Begriff „Bürger": § 9 Rz 2 aE) als Antrag zu verstehen ist, ist eine Frage der Auslegung (entsprechend § 133 BGB; *Kopp/Ramsauer* VwVfG § 22 Rz 58). Von einem **Antrag** kann man nur dann ausgehen, wenn sich der Äußerung einige (**Mindest-)Informationen** entnehmen lassen, die die Identität des Bürgers und den Gegenstand seines Begehrens erkennen lassen (vgl *Kopp/Ramsauer* aaO § 22 Rz 51, 58; vgl auch *BSGE* 83, 30: „wenigstens gewisse Konturen").

Die Stellung als Beteiligter eines auf die Gewährung von Sozialleistungen ge- **3**
richteten Sozialverwaltungsverfahrens beginnt mit **Eingang des Antrags** bei einer Beh, die gem § 16 Abs 1, Abs 2 SGB I Anträge fristwahrend entgegennehmen darf (§ 16 Abs 2 Satz 2 SGB I). Das sind nicht nur die Beh des zuständigen Leistungsträgers (§ 16 Abs 1 Satz 1 SGB I), sondern auch die Stellen anderer Sozialleistungsträger, der Gemeinden oder der deutschen Auslandsvertretungen (bei Personen, die sich im Ausland aufhalten). Geht der Antrag einer unzustän-

digen Stelle zu, ist er von dieser unverzüglich, also ohne schuldhaftes Zögern (§ 121 Abs 1 Satz 1 BGB), an die zuständige Stelle weiterzuleiten (§ 16 Abs 2 Satz 1 SGB I). Aus § 16 Abs 1, Abs 2 SGB I folgt, dass der Eingang des Antrags – auch der Eingang des zunächst gegenüber einer unzuständigen Stelle abgegebenen Antrags – der zuständigen Beh grundsätzlich zugerechnet wird, dh: die unzuständigen Stellen fungieren kraft G als „Übermittlungsboten" der zuständigen Beh. Zu dem Zeitpunkt des Antragseingangs bei ihnen beginnt das Sozialverwaltungsverfahren bei der zuständigen Stelle, dessen Beteiligter der Antragsteller ist. Das gilt aber nur für den Fall, dass die Sozialleistung von einem Antrag abhängig ist (§ 16 Abs 2 Satz 2 SGB I), was regelmäßig der Fall sein wird, denn Sozialleistungen, die ohne Antrag gewährt werden, sind die Ausnahme (vgl § 18 Rz 3). – Zu anderen Anträgen vgl § 20 Abs 3 (§ 20 Rz 25 f).

2.2. Antragsgegner (§ 12 Abs 1 Nr 1)

4   Der Begriff des Antragsgegners ist missverständlich. Es dürfte sich um eine nicht hinreichend durchdachte Übertragung der Rolle des „Beklagten" (§ 63 Nr 2 VwGO; § 69 Nr 2 SGG) in das Verwaltungsverfahren handeln, die allerdings als nicht evident sinnlose Regelungsentscheidung des Gesetzgebers ernst zu nehmen ist. Antragsgegner ist nicht etwa die Sozialbeh, an die der Antrag gerichtet ist, mag auch mancher Bürger gelegentlich den Sozialleistungsträger bzw die für ihn handelnde Beh als Gegner empfinden. Die das Verfahren betreibende Beh ist nicht Beteiligter, sondern Trägerin bzw „Herrin" des Verfahrens (*Roller* in von Wulffen/Schütze SGB X § 12 Rz 3; *Thieme* in Wannagat SGB X § 12 Rz 6; vgl auch oben § 10 Rz 1). Antragsgegner ist auch nicht, wer bei unbefangener Betrachtung aus Sicht des Antragstellers als „Gegner" erscheint; so ist etwa der am OEG-Verwaltungsverfahren nicht beteiligte Schädiger kein „Antragsgegner" (*OLG Hamm* OLGR Hamm 2000, 40). Im Sozialverwaltungsverfahren sind Antragsgegner nur möglich, wenn ein **Verwaltungsakt mit Doppelwirkung beantragt** wird, dieser mithin nach seinem Regelungsgehalt zwingend und offensichtlich Rechte Dritter berührt (vgl *Horn* DÖV 1987, 20, 22), also rechtlich gleichsam „auf Kosten" des Dritten ergeht. Grundsätzlich kann man hier – zur Orientierung – die Rspr zur notwendigen Hinzuziehung (§ 12 Abs 2 Satz 2) oder zur notwendigen Beiladung (§ 75 Abs 2 SGG) heranziehen, denn abgesehen von den besonderen Voraussetzungen für eine notwendige Hinzuziehung bzw eine notwendige Beiladung geht es der Sache nach um Situationen, in denen zwingend Rechte Dritte berührt werden (vgl *Vogelgesang* in Hauck/Noftz SGB X § 12 Rz 15, 39). Zur nicht immer einfachen **Abgrenzung zwischen Antragsgegnerschaft und notwendiger Hinzuziehung** unten Rz 13.

5   Eine solche **Doppelwirkung** ist ggf bei Leistungsbescheiden zu bejahen, zB dann, wenn die Gewährung einer Rente an einen Hinterbliebenen wegen der Höchstbegrenzung gleichzeitig die Höhe der Rente an einen anderen Hinterbliebenen verringert (vgl etwa *BSG* SozR 1500 § 75 SGG Nr 8). Eine Doppelwirkung kommt auch in Betracht, wenn ein Unterhaltsberechtigter gem § 48 Abs 1 SGB I den Antrag stellt, laufende Geldleistungen in angemessener Höhe an ihn auszuzahlen, denn dies führt gleichzeitig dazu, dass in die Rechte des Leistungsberechtigten eingegriffen werden soll.

6   Die **Stellung als Antragsgegner** beginnt grundsätzlich damit, dass der Betreffende von der federführenden Beh über den Eingang des Antrags bzw die Verfahrenseinleitung informiert wird, es sei denn, der Betreffende lässt erkennen (wie man aus dem Verhalten gegenüber der Beh schließen kann), dass er bereits auf

andere Weise von der Berührung seiner Rechte durch den Antrag erfahren hat, namentlich durch den Antragsteller selbst (vgl *Schmitz* in Stelkens/Bonk/Sachs VwVfG § 13 Rz 20).

2.3. (Intendierter) Adressat eines Verwaltungsaktes (§ 12 Abs 1 Nr 2)

Beteiligt am Verfahren ist auch derjenige, an den die Beh einen VA adressieren will oder adressiert hat. Das wird idR derjenige sein, der einen Antrag gestellt hat (*Thieme* aaO § 12 Rz 7); die Regelung des § 12 Abs 1 Nr 1 hat insoweit aber Vorrang. § 12 Abs 1 Nr 2 ist für Verfahren relevant, die ohne Antrag einzuleiten und durchzuführen sind, etwa das Verfahren von Amts wegen in der gesetzlichen UV (§ 19 Satz 2 SGB IV; vgl § 18 Rz 3, 15). Um frühzeitig dem von einer geplanten Verfügung Betroffenen die Chance zu eröffnen, seine Sichtweise in das Verfahren einzubringen, ist der **potenzielle Adressat eines Verwaltungsaktes** in dem Moment als Beteiligter (mit allen daraus folgenden Rechten, etwa Anhörungsrechten) zu behandeln, in dem die Beh den Erlass des VA ernsthaft erwägt. Wann das der Fall ist, lässt sich schwer sagen: Wann die Grenze von bloß vorbereitenden Verwaltungsinterna zu objektiv erkennbaren Maßnahmen überschritten ist (*Schmitz* aaO § 13 Rz 22; *Roller* aaO § 12 Rz 6) bzw die Beh von intern erst unbestimmten Überlegungen zu ernsthaften Erwägungen überwechselt (*Vogelgesang* aaO § 12 Rz 18), ist unklar. Als „**Faustformel**" lässt sich sagen: Dieser Moment liegt vor, wenn nach dem Stand der Ermittlungen der geplante VA, der den Rechtskreis des (präsumtiven) Beteiligten berühren wird (vgl § 31 Satz 1), nur dann auf eine verlässliche Tatsachengrundlage gestellt werden kann, wenn von diesem selbst herrührende Informationen vorliegen. Dieses Kriterium erscheint vor dem Hintergrund des Umstands angemessen, dass sich oft erst während eines bereits laufenden Verwaltungsverfahrens herausstellt, ob ein VA auch an eine bestimmte Person gerichtet werden soll (vgl *Thieme* aaO § 12 Rz 7).

Dass auch diejenigen von § 12 Abs 1 Nr 2 erfasst sind, gegen die ein VA gerichtet wurde, ist „mit Rücksicht auf die **Nachwirkungen**, insbesondere für das Rechtsmittelverfahren" (BT-Drucks 7/910, 43 [zu § 13 VwVfG]) geschehen. Er kann daher zB auch nach Erlass des VA Akteneinsicht (§ 25) verlangen (*Vogelgesamg* aaO § 12 Rz 19), um etwa die Erfolgsaussichten eines Widerspruchs zu prüfen.

2.4. (Intendierter) Partner eines öffentlich-rechtlichen Vertrages (§ 12 Abs 1 Nr 3)

Beteiligter kann gem § 12 Abs 1 Nr 3 auch derjenige sein, mit dem die Beh einen öffentlich-rechtlichen Vertrag abgeschlossen hat oder abschließen will. Hier gilt das zu § 12 Abs 1 Nr 2 Ausgeführte entsprechend. Hat zB der zuständige Träger der öffentlichen Jugendhilfe Leistungs- und Entgeltvereinbarungen nach den §§ 78 b, 78 c SGB VIII (öffentlich-rechtliche Verträge) mit einem Einrichtungsträger abgeschlossen, dann ist der Einrichtungsträger auch nach Vertragsabschluss etwa zur Akteneinsicht (§ 25) berechtigt. Ist der Vereinbarungszeitraum (vgl § 78 d SGB VIII) abgelaufen und beabsichtigt der Träger aufgrund bewährter Zusammenarbeit in der Vergangenheit einen erneuten Vertragsschluss mit dem Einrichtungsträger, dann ist der Einrichtungsträger intendierter Partner eines öffentlich-rechtlichen Vertrages iS des § 12 Abs 1 Nr 3. Die Beteiligteneigenschaft wird in aller Regel (spätestens) mit der **Aufnahme von Vertragsverhandlungen** beginnen (*Vogelgesang* aaO § 12 Rz 23).

2.5. (Notwendig) Hinzugezogene (§ 12 Abs 1 Nr 4, Abs 2)

10 Was mit dem „Hinzugezogenen" gemeint ist, wird klarer, wenn man sich vor Augen führt, dass mit ihm die aus dem Gerichtsverfahren bekannte **Rolle des sog Beigeladenen** (§ 65 VwGO, § 75 SGG) in das Sozialverwaltungsverfahren übernommen werden sollte (vgl BT-Drucks 7/910, 43 [zu § 13 VwVfG]). Bei der fakultativen oder einfachen Hinzuziehung, die von Amts wegen oder auf Antrag erfolgen kann, genügt es, dass die rechtlichen Interessen durch den Ausgang des Verfahrens berührt werden können (§ 12 Abs 2 Satz 1). Bei der obligatorischen oder notwendigen Hinzuziehung hat der Ausgang des Verfahrens **rechtsgestaltende** Wirkung für einen Dritten (§ 12 Abs 2 Satz 2 Halbs 1); er ist, soweit er der Beh bekannt ist, von der Einleitung des Verfahrens zu benachrichtigen (§ 12 Abs 2 Satz 2 Halbs 2). Eine Hinzuziehung kommt nur in Betracht, wenn der Hinzuziehende nicht schon Beteiligter, etwa Antragsgegner ist (*Vogelgesang* aaO § 12 Rz 26 aE; vgl unten Rz 13). Die Hinzuziehung bewirkt, dass der Hinzugezogene alle Rechte und Pflichten eines Verfahrensbeteiligten erhält (vgl BGHZ 158, 394 = NJW-RR 2004, 1093). Liegt dagegen eine „überflüssigerweise erfolgte Hinzuziehung" nach Abs 1 Nr 4 vor, gehen nach der Rspr des *LSG BW* (Urt v 17.11.2015 – L 11 R 1901/14, juris Rz 39) von ihr keine weitergehenden Rechtswirkungen aus, vor allem werden keine sonst nicht zustehenden Verfahrensrechte begründet.

11 Für die **einfache Hinzuziehung** gilt: Rechtliche Interessen können alle von einer Rechtsnorm des öffentlichen Rechts oder Privatrechts geschützten wirtschaftliche, ideelle oder sonstige Interessen sein. Dass sie betroffen sind, muss im Zeitpunkt der Entscheidung über die Hinzuziehung möglich sein (vgl § 12 Abs 2 Satz 1: „berührt werden können"). Das ist anzunehmen, wenn es möglich ist, dass der Hinzugezogene zum Antragssteller und/oder zum Antragsgegner oder zum Verfahrensgegenstand in einer solchen Beziehung steht, dass ein für den Antragstellers oder den Antragsgegner vor- oder nachteiliger Verfahrensausgang seine Rechtslage verbessert oder verschlechtert, dh: wenn der Verfahrensausgang für ihn zwar keine rechtsgestaltende Wirkung entfaltete (arg § 12 Abs 2 Satz 2 Halbs 1), aber gleichwohl seine Rechtsstellung uU bereits in tatsächlicher Hinsicht oder wegen (faktischer) Vorgreiflichkeit, realistisch betrachtet, beeinträchtigen würde (vgl *Kopp/Schenke* VwGO § 65 Rz 9). Der Begriff der rechtlichen Interessen ist enger zu verstehen als der Begriff der **berechtigten** Interessen in § 75 Abs 1 Satz 1 SGG. Anders als dort genügen gem § 12 Abs 2 Satz 1 nicht bloß wirtschaftliche, ideelle, soziale oder sonstige tatsächliche Interessen, die nicht Inhalt einer Rechtsnorm sind (*Littmann* Hk-SGG § 75 Rz 2; *Meyer-Ladewig* SGG § 75 Rz 8; *Schmitz* aaO § 13 Rz 32; *Vogelgesang* aaO § 12 Rz 30). Allerdings ist immer genau zu fragen, ob es im Hinblick auf den Verfahrensgegenstand eine Rechtsnorm gibt, die – zumindest auch – Interessen des evtl Hinzuzuziehenden schützt, und diese mglw tangiert sind. **Im Zweifel** ist bei der Annahme des Berührtwerdens **großzügig** zu verfahren, was bereits in der Formulierung „berühren (...) könnte" anklingt. Folglich wird kein „beeinträchtigen" oder gar „verletzen könnte" verlangt (*Vogelgesang* aaO § 12 Rz 32).

12 Die einfache Hinzuziehung, die von Amts wegen oder auf Antrag erfolgen kann, steht im **pflichtgemäß Ermessen** der Beh (*Roller* aaO § 12 Rz 10). Sie kann also auf Ermessensfehler überprüft werden, wobei die Rspr den Beh tendenziell einen großen Entscheidungsspielraum gewährt (*Schmitz* aaO § 13 Rz 38). Liegt jedoch eine Ermessensreduzierung auf Null vor, und zwar unabhängig von einer rechtsgestaltenden Wirkung der Entscheidung (§ 12 Abs 2 Satz 2), ist der Betroffene am Verfahren zu beteiligen, so dass in diesem Fall auch von einer **gebotenen** Beteiligung gesprochen werden kann (*Hufen/Siegel* aaO Rz 279). Einen Antrag auf einfache Hinzuziehung können sowohl der Hinzuzuziehende als auch bereits Beteiligte stellen (*Vogelgesang* aaO § 12 Rz aaO 34). Der Antrag allein führt nicht zur Hinzuziehung und damit zum Beteiligtenstatus. Erforderlich ist eine **Entscheidung über die Hinzuziehung**; es handelt sich um einen verfahrensrechtlichen **VA**, der mit der Bekanntgabe an den Hinzugezogenen wirksam wird (*Kopp/Ramsauer* aaO § 13 Rz 28, 30). Bei Fortfall der rechtl Voraussetzungen kann die Hinzuziehung aufgehoben werden (*Kopp/Ramsauer* aaO § 13 Rz 31). Ein VA, der dem einfach Hinzugezogenen ordnungsgemäß bekannt gegeben wurde, führt dazu, dass er in einem späteren Verfahren die Richtigkeit der ergangenen Entscheidung insoweit nicht mehr bestreiten kann, als ihm nach der Verfahrenslage im Zeitpunkt der Hinzuziehung das entsprechende Vorbringen noch möglich gewesen wäre (*Kopp/Ramsauer* aaO § 13 Rz 48 aE).

Für die **notwendige Hinzuziehung** gilt: Sie muss auf Antrag erfolgen, wenn der VA oder der öffentlich-rechtliche Vertrag, der das Verwaltungsverfahren beendet (vgl § 8), in die Rechtssphäre eines Dritten eingreift (§ 12 Abs 2 Satz 2 Halbs 1; verneint für die Beteiligung einer KV am Verfahren zur Bestimmung eines KH zur ambulanten Behandlung: *LSG Hmb* Beschl v 11.2.2008 – L 2 B 485/07 ER KA; ebenfalls verneint für einen Rechtsstreit über die Zustimmung zur gesonderten **Berechnung betriebsnotwendiger Investitionsaufwendungen gegenüber Pflegeheimbewohnern** nach § 82 SGB XI für die Bewohner und den zuständigen Sozialhilfeträger: *LSG LSA* Urt v 11.5.2010 – L 4 P 1/07). Der **Antrag** muss gestellt sein; auf diese Voraussetzung kann nicht verzichtet werden (*SächsLSG* Urt v 23.2.2005 – L 1 KR 38/02, juris Rz 39 f). Eine rechtsgestaltende Wirkung liegt immer vor, wenn die verfahrensbeendende Regelung zugleich belastende und begünstigende Wirkungen zwischen verschiedenen (auch: juristischen) Personen entfaltet (vgl BSGE 60, 284; BSGE 80, 54 = SozR 3-8850 § 3 Nr 1, BSGE 68, 248 = SozR 3-3100 § 19 Nr 1; vgl auch *LSG Bln-Bbg* Urt v 8.1.2010 – L 1 KR 116/09; bei Streit über Versicherungs-/Beitragspflicht BSGE 55, 160 = SozR 1300 § 12 Nr 1; BSGE 64, 145, 147; *LSG Bln-Bbg* Urt v 30.4.2008 – L 9 KR 138/04). Bei antragsgebundenen VA mit entsprechender rechtsgestaltender (Doppel-)Wirkung geht § 12 Abs 1 Nr 1 (vgl oben Rz 4 f) als speziellere Regelung vor, ansonsten greift die allg Regelung des § 12 Abs 1 Nr 4, Abs 2 Satz 2. So kann zB der Schädiger im Rahmen des OEG-Verfahrens die Hinzuziehung gem § 12 Abs 2 SGB X verlangen (*HessLSG* Breith 1996, 76 = NVwZ-RR 1996, 450). ZT wird in der Rspr angenommen, dass die – § 28 p Abs 1 Satz 5 SGB IV in zweifelhafter Auslegung – entnommene Befugnis der RV-Träger zum **Erlass sog abgeleiteter VAe** gegenüber dem Arbeitnehmer, mit dem diesem das Ergebnis der **Betriebsprüfung** (BP) beim Arbeitgeber mitgeteilt wird, zwar zu rechtsgestaltenden VAen iSd § 12 Abs 2 Satz 2 führe, wegen des bloß deklaratorischen bzw klarstellenden Charakters dieser VAe sei aber eine Hinzuziehung entbehrlich (*LSG Bln-Bbg* Urt v 12.8.2005 – L 1 KR 66/02, juris Rz 21 ff). Dies ist mit § 12 Abs 2 Satz 2 nicht vereinbar; die einschränkende Auslegung des § 12 Abs 2 Satz 2 wirft vielmehr die Frage auf, ob § 28 p Abs 1 Satz 5 SGB IV die Befugnis zum Erlass „abgeleiteter" VAe wirklich zu entnehmen ist. Die Folgen des § 12 Abs 2 Satz 2 ließen sich jedenfalls vermeiden, wenn man dem Arbeitnehmer das BP-Ergebnis nur nachrichtlich, nicht aber in der Form eines VA, mitteilen würde. Zahlreiche Rspr-Bspe zur notw Beiladung, die als Anhaltspunkte für die notw Hinzuziehung dienen können, bei *Littmann* Hk-SGG § 75 Rz 5.

14 Soweit der Dritte der Beh bekannt ist, hat sie ihn über die Einleitung des Verfahrens (dazu § 18 Rz 5) zu **benachrichtigen** (Abs 2 Satz 2 Halbs 2). Es sind alle Dritten zu informieren, für die der Ausgang des Verfahrens rechtsgestaltende Wirkung haben kann (*Vogelgesang* aaO § 12 Rz 41; *BSG* SozR 3-2600 § 243 Nr 9; BSGE 88, 75, 79 f = SozR 3-2200 § 1265 Nr 20), sofern es sich um Personen handelt, die der Beh bereits bei Einleitung des Verfahrens bekannt waren; die Beh ist nicht gehalten, zeitraubende Ermittlungen anzustellen, um alle als Bet in Betracht kommenden Personen ausfindig zu machen (*BSG* 22.6.1983 – 12 RK 71/82). Unaufwändige Ermittlungen (zB Überprüfen einer offensichtlich falschen Postleitzahl in der bekannten Anschrift) sind also geboten. Die **Benachrichtigung** ist wegen § 9 an keine Form gebunden (vgl *BSGE* 52, 281, 283; *BSG* SozR 2200 § 205 Nr 55; BSGE 68, 248, 250). Sie effektuiert das Recht auf Verfahrensteilhabe (vgl *Schmitz* aaO § 13 Rz 44). Die These, alle Beteiligten, nicht nur der Hinzugezogene, seien zu informieren (so *Mutschler* in Kass-Komm § 12 Rz 20), ist mit dem G nicht vereinbar. Ob die Benachrichtigung auch einen Hinweis auf die Möglichkeit der Antragstellung beinhalten muss (so *BSG* Urt v 3.4.2001 – B 4 RA 22/00 R, juris Rz 25), wird nicht einheitlich beantwortet (dagegen *LSG LSA* Urt v 19.3.2015 – L 6 KR 41/11, juris Rz 87). Gegen eine solche (weitergehende) Hinweispflicht spricht der Wortlaut in Abs 2 Satz 2 Halbs 2.

15 Ein dem notwendig Hinzugezogenen ordnungsgemäß bekannt gegebener VA bindet diesen wegen der rechtsgestaltenden Wirkung in gleichem Umfang wie einen Hauptbeteiligten, etwa den Antragsteller oder den Antragsgegner (*Kopp/Ramsauer* aaO § 13 Rz 48).

2.6. Kein Beteiligtenstatus kraft Anhörungspflicht (§ 12 Abs 3)

16 Das G legt fest, dass eine Person oder Institution, die (nur) angehört werden muss, nicht schon deswegen Beteiligter ist (sie kann allerdings Beteiligter sein, wenn die Voraussetzungen des § 12 Abs 1 oder Abs 2 erfüllt sind). Der Gesetzgeber hatte, als er § 12 Abs 3 erließ, offenbar vor allem Beh im Blick, die anzuhören sind (BT-Drucks 7/910, 44 [zu § 13 VwVfG]; Bsp aus dem Schwerbehindertenrecht [§ 17 Abs 2 SchwbG aF = § 87 Abs 2 SGB IX]: *OVG RhPf* Behindertenrecht [br] 1998, 18). Anhören meint hier das Sich-Informieren der federführenden Beh, das allein dem Zweck dient, ihr ein umfassenderes Bild der für ihre Entscheidung maßgeblichen Gesichtspunkte zu vermitteln (vgl *Kopp/Ramsauer* aaO § 13 Rz 54), sie also in Stand setzen soll, den Sachverhalt besser zu ermitteln. Die Anhörung in diesem Sinne ist auch gemeint, wenn es in § 21 Abs 1 Satz 2 Nr 2 heißt, Beteiligte könnten zu Beweiszwecken angehört werden. Dieser **Begriff der Anhörung** ist von der rechtswahrenden Anhörung iS des § 24 Abs 1 zu unterscheiden (vgl *Kopp/Ramsauer* aaO § 13 Rz 55, 55 a), obgleich beide Formen der Anhörung in der Praxis häufig zusammenfallen werden. Beh, die an einem Verwaltungsverfahren durch Zustimmungs- oder Einvernehmungsrechte bzw -pflichten mitwirken, fallen nicht unter § 12 Abs 1, sind also allein deswegen keine Beteiligten (*Vogelgesang* aaO § 12 Rz 46). Die Vernehmung von Zeugen und Sachverständigen (vgl § 21 Abs 1 Satz 2 Nr 2, im untechnischen Sinne eine „Anhörung") führt ebenfalls nicht zum Beteiligtenstatus (*Vogelgesang* § 12 Rz 46). Wer nur iS des § 12 Abs 3 anzuhören ist, kann keine Anträge stellen und hat auch keinen Anspruch auf die Wahrnehmung von Verfahrensrechten, denn als Nicht-Beteiligter ist er gerade kein Verfahrenssubjekt (vgl § 10 Rz 1; vgl auch *Thieme* aaO § 12 Rz 14 aE).

3. Wechsel der Beteiligten – Unterbliebene Hinzuziehung – Unterbliebene Anhörung

Beim **Wechsel** der Beteiligten gilt folgendes (hierzu *Thieme* § 12 Rz 11 f): Wurde das Verfahrensverhältnis gem § 12 Abs 1 Nr 1 begründet, geht es mit dem materiellen Recht, das den Verfahrensgegenstand bildet, über. Tritt zB der Antragsteller seinen Anspruch auf eine Geldleistung an einen Dritten ab (möglich gem § 53 Abs 3 SGB I) oder wird der Dritte Sonderrechtsnachfolger des Anspruchs auf Geldleistungen (§ 56 SGB I), so tritt er ohne Weiteres in die **verfahrensrechtliche Rechtsposition** seines Rechtsvorgängers ein. Soweit es um die in § 12 Abs 1 Nr 2 und Nr 3 geregelten Verfahrensverhältnisse geht, ist es denkbar, dass die Rechtsnachfolger derjenigen, an die der VA adressiert wurde oder werden sollte, in das Verfahrensrechtsverhältnis einrücken, wobei es jedoch entscheidend auf die in Rede stehende Rechtsposition ankommt, etwa die Frage, ob es sich um höchstpersönliche Positionen handelt (dazu auch § 10 Rz 10). Die Hinzuziehung wird durch einen VA der Beh begründet (Rz 12); ein automatischer Übergang der Stellung als Hinzugezogener scheidet aus. Die Beh muss vielmehr entscheiden, ob sie den Rechtsnachfolger hinzuzieht. **17**

Besteht ein Anspruch auf Hinzuziehung (§ 12 Abs 2 Satz 1) oder war nach pflichtgemäßem Ermessen bei den einfach (fakultativ) zu Beteiligenden die Hinzuziehung vorzunehmen, ist dieses aber nicht geschehen, so liegt ein **Verfahrensfehler** vor. Er ist heilbar (§ 41 Abs 1 Nr 6), dh: die erforderliche Hinzuziehung ist nachzuholen, was in der Regel bedeutet, das Verfahren ist unter Beteiligung des Betroffenen zu wiederholen (*BSGE* 55, 160; 81, 276; § 41 Rz 18; *Thieme* § 12 Rz 12). Die nachgeholte Hinzuziehung ist möglich bis zu letzten Tatsacheninstanz in einem sozial- oder verwaltungsgerichtlichen Verfahren (§ 41 Abs 2). Jedoch darf dem Hinzuzuziehenden eine Teilnahme am Verwaltungsverfahren nicht aufgedrängt werden, wenn er durch sein Verhalten eindeutig zu erkennen gibt, dass er kein Interesse an der Wiederholung des Verwaltungsverfahrens hat (*BSG* NZS 2014, 548, 552). Die nachträgliche Hinzuziehung wird nicht entbehrlich durch eine gerichtliche Beiladung (*BSGE* 55, 160; § 41 Rz 18; *Thieme* § 12 Rz 13). Unterbleibt die nachträgliche Hinzuziehung und wird ein VA erlassen, der dem Nicht-Hinzugezogenen nicht bekannt gegeben wird, so wird er durch den VA nicht gebunden (vgl *BSGE* 55, 160, 162; *BSG* NZS 2012, 548, 551 f; *BSG* SozR 4-2700 § 109 Nr 1 = BSGE 109, 285; *Kopp/Ramsauer* aaO § 13 Rz 51). Aus § 12 Abs 2 lässt sich nicht die Ermächtigung ableiten, dass die Beh einem nicht hinzugezogenen Dritten gegenüber nach Abschluss des Verwaltungsverfahrens unter Einleitung eines nur gegen diesen Dritten gerichteten weiteren Verwaltungsverfahrens, in dem dieser kraft Gesetzes Beteiligter ist, isoliert gegen diesen einen VA erlassen darf (*BSG* NZS 2012, 548, 551). **18**

Ist die in § 12 Abs 3 gemeinte **Anhörung** unterblieben, führt dies nur dann zur Aufhebung des VA, wenn auf Anfrage des Gerichts eine Wiederholung des Verfahrens beantragt wird; ein Verzicht auf die Anhörung ist somit möglich (*BSGE* 55, 160; § 41 Rz 18; *Thieme* aaO § 12 Rz 14). **19**

§ 13 Bevollmächtigte und Beistände

(1) [1]Ein Beteiligter kann sich durch einen Bevollmächigten vertreten lassen. [2]Die Vollmacht ermächtigt zu allen das Verwaltungsverfahren betreffenden Verfahrenshandlungen, sofern sich aus ihrem Inhalt nicht etwas anderes ergibt. [3]Der Bevollmächtigte hat auf Verlangen seine Vollmacht schriftlich nachzuweisen. [4]Ein Widerruf der Vollmacht wird der Behörde gegenüber erst wirksam, wenn er ihr zugeht.

(2) Die Vollmacht wird weder durch den Tod des Vollmachtgebers noch durch eine Veränderung in seiner Handlungsfähigkeit oder seiner gesetzlichen Vertretung aufgehoben; der Bevollmächtigte hat jedoch, wenn er für den Rechtsnachfolger im Verwaltungsverfahren auftritt, dessen Vollmacht auf Verlangen schriftlich beizubringen.

(3) [1]Ist für das Verfahren ein Bevollmächtigter bestellt, muss sich die Behörde an ihn wenden. [2]Sie kann sich an den Beteiligten selbst wenden, soweit er zur Mitwirkung verpflichtet ist. [3]Wendet sich die Behörde an den Beteiligten, muss der Bevollmächtigte verständigt werden. [4]Vorschriften über die Zustellung an Bevollmächtigte bleiben unberührt.

(4) [1]Ein Beteiligter kann zu Verhandlungen und Besprechungen mit einem Beistand erscheinen. [2]Das von dem Beistand Vorgetragene gilt als von dem Beteiligten vorgebracht, soweit dieser nicht unverzüglich widerspricht.

(5) Bevollmächtigte und Beistände sind zurückzuweisen, wenn sie entgegen § 3 des Rechtsdienstleistungsgesetzes Rechtsdienstleistungen erbringen.

(6) [1]Bevollmächtigte und Beistände können vom Vortrag zurückgewiesen werden, wenn sie hierzu ungeeignet sind; vom mündlichen Vortrag können sie nur zurückgewiesen werden, wenn sie zum sachgemäßen Vortrag nicht fähig sind. [2]Nicht zurückgewiesen werden können Personen, die nach § 73 Abs. 2 Satz 1 und 2 Nr. 3 bis 9 des Sozialgerichtsgesetzes zur Vertretung im sozialgerichtlichen Verfahren befugt sind.

(7) [1]Die Zurückweisung nach den Absätzen 5 und 6 ist auch dem Beteiligten, dessen Bevollmächtigter oder Beistand zurückgewiesen wird, schriftlich mitzuteilen. [2]Verfahrenshandlungen des zurückgewiesenen Bevollmächtigten oder Beistandes, die dieser nach der Zurückweisung vornimmt, sind unwirksam.

Literatur:

Beyer-Petz: Sozialversicherungsrechtliche Vertretungsbefugnis von Steuerberatern nach der jüngsten BSG-Rechtsprechung, DStR 2015, 205; *Brühl*: Rechtbesorgung in Sozialhilfesachen durch Vereine, info also 1998, 3; *Hansen*: Vertretungsbefugnis von Rentenberatern im Verwaltungsverfahren gegen die Bundesanstalt für Arbeit, SGb 2000, 27; *Heß*: Neues deutsches und europäisches Zustellungsrecht, NJW 2002, 2417; *Kleine-Cosack* Restriktive Auslegung des RBerG – Abwägungsgebot als oberstes Auslegungsprinzip, NJW 2003, 3010; *Pickel*: Bevollmächtigte und Vertreter im sozialrechtlichen Verwaltungsverfahren, SGb 1986, 353; *Riecker*: Die Vertretungsbefugnis von Steuerberatern in sozialrechtlichen Angelegenheiten, NZS 2014, 815; *Römermann*: Rechtsanwendung ohne rechtliche Prüfung?, NJW 2014, 1777; *Samartzis*: Die Vertretung der Bedarfsgemeinschaft nach § 38 SGB II im Spannungsfeld zwischen Verwaltungsökonomie und Subjektstellung des Vertretenen, ZfF 2009, 156; *Vetter*: Die Bekanntgabe von Verwaltungsakten im sozialrechtlichen Verwaltungsverfahren bei bestehender Bevollmächtigung ZfS 1992, 195; *Vopel*: Zur Anforderung anwaltlicher Originalvollmachten im Widerspruchsverfahren nach dem SGB II, NZS 2014, 253.

1. Allgemeines

Der Bürger wird seinen Status als Beteiligter, also als Verfahrenssubjekt (vgl **1**
§ 10 Rz 1), häufig nur dann effektiv zur Geltung bringen können, wenn ihm
eine Person seines Vertrauens zur Seite steht. Welchen Status und welche Befugnis solche **Personen des Vertrauens** haben, regelt § 13. Er entspricht – abgesehen von Abweichungen in § 13 Abs 3, 5 – weitgehend § 14 VwVfG (vgl BT-
Drucks 8/2034, 31). An der Einbindung von Personen des Vertrauens besteht,
wie die Gesetzesbegründung mit Recht ausführt, „ein praktisches Bedürfnis"
vor allem dann, wenn die Beteiligten „nicht rechtskundig sind" (BT-Drucks
7/910, 44 [zu § 14 VwVfG]). Angesichts der „elementaren Bedeutung, die die
Entscheidung von Sozialbehörden für das Leben des einzelnen hat" (Ausschussbericht, BT-Drucks 8/4022, 81 [zu § 13]), wird die Durchsetzung von Sozialleistungsansprüchen oder anderer sozialrechtlicher Anspruchspositionen (man
denke zB an das Leistungserbringerrecht der GKV, namentlich das sog Vertragsarztrecht) ohne die Heranziehung unabhängiger (rechts-)kundiger Vertrauenspersonen, realistisch betrachtet, nicht möglich sein. Die Möglichkeit, eine
Person des Vertrauens einzuschalten, steigert die **Chancengleichheit zwischen
Bürger und Behörde** (*Hufen/Siegel* Fehler im Verwaltungsverfahren Rz 106).

Das SGB X beschränkt den Kreis der verfahrensrechtlich bedeutsamen Perso- **2**
nen des Vertrauens auf zwei Rollen: die Rolle des „**Bevollmächtigten**" und die
Rolle des „**Beistands**". Bevollmächtigter und Beistand unterscheiden sich nach
dem Ausmaß der Unterstützungsbefugnisse, kraft derer sie dem Bürger zur Seite
stehen dürfen. Bevollmächtigte und Beistände sind selbst keine Verfahrensbeteiligten iS des § 12, obgleich sie am Fortgang des Verfahrens faktisch großen Anteil haben können.

Ein Vertretungszwang besteht im Sozialverwaltungsverfahren nicht; die Beh, **3**
die sich mit einem Beteiligten – aus welchen Gründen auch immer – schwer tut,
kann diesen nicht verpflichten, einen Bevollmächtigten iS des § 13 Abs 1 Satz 1
zu bestellen (*Kopp/Ramsauer* VwVfG § 14 Rz 3, 39); zur Sonderregelung über
den „Vertreter von Amts wegen" vgl § 15 Rz 1 ff. Der Bürger kann der Beh
grundsätzlich allein gegenübertreten, er darf auf Bevollmächtigte oder Beistän-

de verzichten. Aus § 13 folgt **kein Anspruch auf kostenfreie Beiordnung eines Rechtsanwalts** (*Vogelgesang* in Hauck/Noftz SGB X § 13 Rz 7). Er kann aber aus dem BerHG resultieren (vgl § 2 Abs 1 iVm § 1 Abs 1, Abs 2 BerHG).

2. Vertretung durch Bevollmächtigten – Unterstützung durch den Beistand

2.1. Vertretung durch den Bevollmächtigten

4   Nach § 13 Abs 1 Satz 1 kann sich der Beteiligte durch „einen" Bevollmächtigten vertreten lassen. Ob das, wie in der Vorauflage vertreten, rein wörtlich zu verstehen ist, mit der Folge, dass für den Beteiligten nur ein einziger Bevollmächtigter tätig werden darf, mag bezweifelt werden. Der Begriff „einen" kann vom Gesetzgeber lediglich als unbestimmter Artikel gebraucht worden sein. Eine **zahlenmäßige Begrenzung** würde sicherlich der Übersichtlichkeit des Verfahrens und damit auch der Rechtsdurchsetzung dienen, da die Handlungen mehrerer zeitgleich agierender Bevollmächtigter Verwirrung stiften kann (zum Problem des parallelen Handelns von Bevollmächtigtem und Beteiligtem § 11 Rz 13 f). Ob allein dieses Argument auch mit Blick auf § 9 Satz 2 (*Fichte* in Kreikebohm § 13 Rz 5) ausreichend sein kann, um eine solche Begrenzung auf „einen" Bevollmächtigten zu rechtfertigen, ist fraglich. Geht man von der Möglichkeit aus, dass mehrere Bevollmächtigte bestellt werden können und wird ein Beteiligter etwa durch mehrere Rechtsanwälte einer Sozietät vertreten, ist, sofern nichts Abweichendes gewollt ist (wie etwa eine gemeinschaftliche Vertretung), im Zweifel jeder Einzelne von ihnen zur Vertretung berechtigt (*Mutschler* in KassKomm § 13 Rz 6; *Vogelgesang* aaO § 13 Rz 9; *Schmitz* in Stelkens/Bonk/Sachs, VwVfG § 14 Rz 10). Die Beh kann dann Verfahrenshandlungen gegenüber jedem der Bevollmächtigten wirksam vornehmen. Der Beteiligte kann darüber hinaus den Bevollmächtigten abberufen und durch einen anderen Bevollmächtigten ersetzen. In diesen Fällen werden nicht mehrere Bevollmächtigte zeitgleich für ihn tätig, sondern nur jeweils einer in verschiedenen Verfahrensphasen. Zur Untervollmacht Rz 12 aE.

2.1.1. Bestellung des Bevollmächtigten

5   Bevollmächtigter ist jede verfahrenshandlungsfähige (§ 11 Abs 1 Nr 1), dh **geschäftsfähige natürliche Person**, die einen Beteiligten im Verwaltungsverfahren vertritt (§ 13 Abs 1 Satz 1), also im Verfahren mit Wirkung für und gegen ihn handelt (vgl § 164 Abs 1 Satz 1 BGB, § 85 Abs 1 Satz 1 ZPO); Verschulden des Bevollmächtigten hat der Beteiligte gegen sich gelten zu lassen (*Vogelgesang* aaO § 13 Rz 21; *Mutschler* in KassKomm § 13 Rz 13). Dass es sich um eine natürliche Person handeln muss, folgt schon aus der Zurückweisungsmöglichkeit des § 13 Abs 5 – 7 (*Vogelgesang* aaO § 13 Rz 5), denn sie setzen die sprachliche Kommunikation unter Menschen voraus. Da § 11 Abs 1 Nr 2 (vgl § 11 Rz 4 f) „höchstpersönlich (ist)", müsse – so der Gesetzgeber (BT-Drucks 8/2034, 31) – der Vertreter im Verwaltungsverfahren voll geschäftsfähig sein. Die Möglichkeit des Einsatzes beschränkt geschäftsfähiger Bevollmächtigter (vgl § 165 BGB) scheidet damit aus. Ob sich das aus § 11 Abs 1 Nr 2 herleiten lässt, wie es in der Gesetzesbegründung heißt, ist zweifelhaft. Allerdings kann man aus Sinn und Zweck des Instituts der Bevollmächtigung nach dem SGB X, die grundsätzlich zu „allen (...) Verfahrenshandlungen" ermächtigt (vgl den Wortlaut von § 13 Abs 1 Satz 2), schließen, dass Beschränkungen der Verfahrenshandlungsfähigkeit beim auserkorenen Bevollmächtigten ausscheiden müssen. Im Hinblick auf diese Wertung kann eine bloß beschränkt geschäftsfähige

Person iS des § 11 Abs 1 Nr 2 kein Bevollmächtigter sein. Die in § 11 Abs 1 Nr 3 und Nr 4 genannten Organisationen und Beh können ebenfalls keine gesetzlichen Vertreter sein, denn sie sind als solche nicht verfahrenshandlungsfähig. Allerdings wird man häufig eine auf sie lautende Vollmacht so auslegen können, dass deren gesetzliche Vertreter bzw sonstige Handlungsbefugte gem § 11 Abs 1 Nr 3 und Nr 4 gemeint sind (*Vogelgesang* aaO § 13 Rz 5).

Mit Bevollmächtigung ist die sog **gewillkürte Vertretung** gemeint, die dadurch **6** zustande kommt, dass der Beteiligte den Vertreter nach den Regeln des BGB bevollmächtigt (Vertretungsmacht durch Rechtsgeschäft, §§ 164 ff BGB). Was der sachlich-ökonomische Hintergrund der Bevollmächtigung ist, spielt für die Wirksamkeit der Vollmacht keine Rolle. Häufig wird ein Vertrag (etwa ein Auftrag oder ein Geschäftsbesorgungsvertrag) zugrunde liegen, so idR bei Rechtsanwälten, die bevollmächtigt werden. Ob der Mandatsvertrag zwischen dem Beteiligten und dem Rechtsanwalt noch besteht oder eingehalten wurde oder ob der Bevollmächtigte bestimmte Weisungen des Vollmachtgebers beachtet hat oder nicht („Innenverhältnis"), berührt die Wirksamkeit der Vollmacht und der auf ihrer Grundlage erfolgten Verfahrenshandlungen („Außenverhältnis") grundsätzlich nicht (Grundsatz der Abstraktheit der Bevollmächtigung vom Grund- bzw Innenverhältnis), es sei denn, Gegenteiliges käme in der Vollmacht, für die Beh erkennbar, zum Ausdruck (vgl *Kopp/Ramsauer* aaO § 14 Rz 15), was in der Praxis kaum je der Fall sein dürfte.

Kein Bevollmächtigter iS des § 13 ist der **gesetzliche Vertreter**, etwa ein Betreuer **7** oder die Eltern eines minderjährigen Kindes; § 13 trifft keine Regelungen über die gesetzliche Vertretung. Gesetzliche Vertreter können sich jedoch durch Bevollmächtigte vertreten lassen (*Roller* aaO § 13 Rz 5; *Kopp/Ramsauer* aaO § 14 Rz 2 aE). Als Bevollmächtigte kommen nicht nur Rechtsanwälte in Betracht, obgleich sie die berufenen Interessenvertreter in allen Rechtsangelegenheiten sind (vgl § 3 Abs 1 BRAO, § 1 Abs 3 BORA). Rechtsanwälte dürfen – im Unterschied zu anderen Bevollmächtigten – ausnahmslos nicht vom Vortrag zurückgewiesen werden, was ihnen einen stärkeren Status als andere Bevollmächtigten gibt (dazu noch Rz 29 aE; zur Abgrenzung von der Bestellung eines „Empfangsbevollmächtigten" [§ 14] und eines „Vertreter von Amts wegen" vgl § 14 Rz 2, 4 f und § 15 Rz 3, 12 f).

Die Vollmacht muss **nicht in schriftlicher Form** erteilt werden (vgl *BVerwG* **8** 15.12.1997 – 5 B 1/97; *SchlHLSG* Beschl v 12.6.2014 – L 6 AS 522/13 B PKH, juris Rz 6; *LSG BW* Beschl v 23.6.2015 – L 4 R 3235/14, NZS 2015, 720), wenngleich das aus Beweisgründen und im Interesse der Rechtssicherheit (insb zur Vermeidung zeitraubender Missverständnisse) empfehlenswert ist. Sinnvollerweise sollte der Beteiligte (bzw der Bevollmächtigte) der federführenden Beh die Bevollmächtigung schriftlich mitteilen. Die Beh kann, sollte eine Person als Bevollmächtigter auftreten, die Vorlage einer schriftlichen Vollmacht verlangen (§ 13 Abs 1 Satz 3; ob die Beh den Nachweis verlangt, steht in ihrem Ermessen: siehe nur *SächsLSG* Beschl v 5.6.2015 – 3 AL 150/13 B PKH, BeckRS 2015, 70351 mwN). Nach der Rspr des *LSG BW* (Beschl v 23.6.2015 – L 4 R 3235/14, NZS 2015, 720) handelt es sich bei diesem Nachweisverlangen um eine Verfahrenshandlung, für die die durch § 20 Abs 1 Satz 2 Halbs 1 SGB X vorgegebenen Maßstäbe gelten, so dass die Ausübung des „Verfahrensermessens" nur dahin gehend gerichtlich überprüfbar ist, ob die Verfahrenshandlung gegen gesetzliche Vorschriften verstößt. Uneinheitlich wird auch die Frage beantwortet, ob die Ausübung des Ermessens einer Begründung durch die Behörde bedarf (gegen eine Begründungspflicht: *LSG RhPf* Urt v 30.4.2013 – L 3 AS

98/13, juris Rz 17; *LSG BW* Beschl v 23.6.2015 – L 4 R 3235/14, NZS 2015, 720; für eine solche: *SächsLSG* Beschl v 5.6.2015 – 3 AL 150/13 B PKH, BeckRS 2015, 70351). Bis zum Nachweis der Bevollmächtigung sind die ohne Vollmachtsnachweis vorgenommenen Verfahrenshandlungen **schwebend unwirksam** (*VG Düsseldorf* Urt v 13.8.2004 – 13 K 4117/01, juris Rz 19 aE). Wird eine Vollmacht, die unter Fristsetzung angefordert wurde, nicht fristgerecht durch den Bevollmächtigten vorgelegt, so ist der von ihm eingelegte Widerspruch als unzulässig **zurückzuweisen** (*SG Hamburg* Urt v 15.6.1988 – 3 Ka 72/84; *SchlHLSG* Beschl v 12.6.2014 – L 6 AS 522/13 B PKH, juris Rz 9; *LSG BW* Beschl v 23.6.2015 – L 4 R 3235/14, NZS 2015, 720; *SchlHLSG* Urt v 4.11.2008 – L 4 KA 3/07, juris Rz 23: Der Mangel der Vollmacht kann nicht durch die spätere Vorlage der Vollmachten im gerichtlichen Verfahren geheilt werden). Das Verlangen erübrigt sich, wenn alle Informationen, die die Bevollmächtigung betreffen, der Beh schriftlich mitgeteilt werden. Möglich ist die Bevollmächtigung durch sog Innenvollmacht, die gegenüber dem Bevollmächtigten erklärt wird, oder durch sog Außenvollmacht, die gegenüber dem Dritten (= der Beh) erfolgt (§ 167 Abs 1 BGB). Empfehlenswert ist in jedem Fall, den Bevollmächtigten und die Beh zu informieren. Zu bedenken ist, dass auch im Fall einer Innenvollmacht die Beh über einen Widerruf in Kenntnis gesetzt werden muss (§ 13 Abs 1 Satz 4), da andernfalls die Vollmacht weiterhin als existent unterstellt wird (*Thieme* in Wannagat SGB X § 13 Rz 13 aE).

2.1.2. Parallelität der Verfahrensgestaltung durch Beteiligten und Bevollmächtigten

9 Durch die Bevollmächtigung wird die Befugnis des Beteiligten zu eigenen Verfahrenshandlungen und eigenem Sachvortrag nicht beschränkt; der Beteiligte wird nicht aus dem Verfahren ausgeschlossen (*Thieme* aaO § 13 Rz 9; *Kopp/ Ramsauer* aaO § 14 Rz 8). Das kommt ebenso darin zum Ausdruck, dass die Beh sich auch direkt an den Beteiligten wenden darf (§ 13 Abs 1 Satz 3; dazu noch Rz 19). Kommt es zu **widersprüchlichem Verhalten**, dann ist folgendermaßen zu unterscheiden:

10 Bei einander widersprechendem Sachvortrag ist die Beh aufgrund der sie treffenden Ermittlungspflicht (§ 20 Abs 1 Satz 1) gehalten, nochmals Kontakt zum Beteiligten aufzunehmen und um die Auflösung des Sachverhalts zu bitten; insoweit besteht ein Vorrang des Beteiligten (anders, nämlich genereller Vorrang des Sachvortrags des Beteiligten: *Thieme* aaO § 13 Rz 9). Ist dies nicht (mehr) möglich, dann muss die Beh den widersprüchlichen Sachvortrag nach eigener Überzeugung würdigen (insoweit zutr: *Kopp/Ramsauer* aaO § 14 Rz 8).

11 Geht es um die Frage, welche von zwei Erklärungen rechtsgestaltende Wirkung entfaltet, also das Verfahrensrechtsverhältnis und ggf auch die von ihm in Bezug genommene materiellrechtliche Lage unmittelbar begründet, geändert oder aufgehoben hat, dann ist grundsätzlich allein die erste Erklärung beachtlich (iE auch *Thieme* aaO § 13 Rz 9). Die dadurch entstandene Lage lässt sich durch eine spätere Erklärung nur noch beeinflussen, wenn andere Gestaltungsrechte dies ermöglichen. Häufig stellt sich das Problem bei abweichenden Anträgen, was folgende Beispiele veranschaulichen. **Beispiel (1):** Der Bevollmächtigte hat einen verfahrensrechtlichen (= einen nicht anspruchsbegründenden, sondern nur anspruchsauslösenden) Antrag gestellt, das Verfahrensrechtsverhältnis ist damit begründet; Anträge dürfen aber grundsätzlich (dh, von gesetzlichen Ausnahmen abgesehen) bis zur Entscheidung (VA) geändert werden; deshalb sind direkt vom Beteiligten stammende Antragsänderungen, wozu der Sache nach auch die Rücknahme von Anträgen gehört, beachtlich (*Kopp/Ramsauer* aaO § 14 Rz 8 aE; vgl unten § 18 Rz 17). **Beispiel (2)**: Der Bevollmächtigte hat auf die verfahrensrechtliche Befugnis, einen Antrag zu stellen (= Antragsrecht) verzichtet, ohne aber auf den zugrundeliegenden materiellrechtlichen Anspruch zu verzichten; der Beteiligte kann den Verzicht als Verfahrenshandlung nicht widerrufen, die Verfahrenshandlung kann aber unbeachtlich sein, wenn sie durch eine Täuschung der Beh zustande gekommen ist, was der Beteiligte, dem die Täuschung des Bevollmächtigten als eigene zugerechnet würde (Rechtsgedanke des § 166 Abs 1 BGB), gegenüber der Beh geltend machen kann. **Beispiel (3)**: Der wirksam Bevollmächtigte hat im Rahmen eines Verwaltungsverfahrens wirksam den Verzicht auf einen Sozialleistungsanspruch des Beteiligten erklärt (was angesichts von § 46 Abs 2 SGB I häufig nicht zulässig sein wird); der Beteiligte kann den Verzicht mit Wirkung für die Zukunft widerrufen (dazu § 46 Abs 1 Halbs 2 SGB I).

2.1.3. Befugnisse des Bevollmächtigten – Höchstpersönlichkeit als Kompetenzgrenze

Die Vollmacht ermächtigt grundsätzlich zu allen das Verwaltungsverfahren betreffenden **Verfahrenshandlungen**, sofern sich nicht aus dem Inhalt der Vollmacht etwas anderes ergibt (§ 13 Abs 1 Satz 2). Verfahrenshandlungen sind als aktive (zB Antragstellung, Akteneinsicht, Aufrechnung, Kündigung, Vergleich) oder passive (insb Entgegennahme von Erklärungen der Beh) möglich. Der Beteiligte im Verwaltungsverfahren muss sich sämtliche Handlungen seines Prozessbevollmächtigten zurechnen lassen (*HessLSG* Urt v 18.8.2009 – L 3 U 133/07). Die Fassung des § 13 Abs 1 Satz 2 („sofern … nicht"), aber auch die nur „auf Verlangen" nötige Vorlage der Vollmacht (§ 13 Abs 1 Satz 3) sind so zu verstehen, dass die Beh beim Auftreten eines Bevollmächtigten grundsätzlich davon ausgehen darf, dass die Vollmacht uneingeschränkt erteilt wurde (*Fichte* in Kreikebohm § 13 Rz 10). Auch die Frage des Umfangs der Vollmacht lässt sich jedoch verlässlicher klären, wenn die Vollmacht schriftlich erteilt wird (vgl Rz 8). Die Gesetzesbegründung führt aus, dass bei Ehegatten und Verwandten in gerader Linie idR zu vermuten sei, dass sie bevollmächtigt seien (BT-Drucks 8/2034, 31). Dh, ein Verlangen, die Vollmacht nachzuweisen, kommt in diesen Fällen nur bei konkreten Anzeichen dafür in Betracht, dass es an einer wirksamen Bevollmächtigung fehlt. Diese (Anscheins-)Vermutung gilt auch für Lebenspartner nach dem LPartG, denn im SGB sind Lebenspartner Ehegatten vielfach gleichgestellt (vgl zB § 33 b SGB I, § 56 Abs 1 Satz 1 Nr 1 a SGB I, § 2 Abs 1 Nr 6 SGB VII). Grds ist der Vollmachtgeber befugt, dem Bevollmächtigten die Befugnis einzuräumen, **Untervollmacht**(en) zu erteilen (vgl zur ähnl Rechtslage gem § 80 AO *OFD Frankfurt*/M, DStR 2006, 487). Ob indes die Vollmacht dazu ermächtigt, ggf ohne nähere Restriktionen Untervollmacht(en) zu erteilen, ist Sache der Auslegung im Einzelfall (vgl *Schmitz* aaO § 14 Rz 10 aE); im Zweifel ist dies zu verneinen, denn Sinn und Zweck des § 13 Abs 1 Satz 1 – eine konkrete Person des Vertrauens soll die Interessen des Beteiligten fördern – sprechen dagegen, dieser Person eine Befugnis zur Delegation auf beliebige andere einzuräumen.

Die Bevollmächtigung kann sich nicht auf Verfahrenshandlungen erstrecken, die **höchstpersönlichen Charakter** haben (*Vogelgesang* aaO § 13 Rz 15, 19), also auf Handlungen, für deren Vollzug kraft gesetzlicher Anordnung oder nach Sinn und Zweck einer Norm die (alleinige) Präsenz der Person des Beteiligten unabdingbar ist (zB Abgabe einer eidesstattlichen Versicherung [§ 23 Abs 2

Satz 1 iVm bspw § 49 Satz 2, § 286 a Abs 1 Satz 3 SGB VI], persönliches Erscheinen [§ 21 Abs 2 Satz 3 iVm § 61 SGB I], ärztliche oder psychologische Untersuchungen [§ 62 SGB I], Kranken- bzw Heilbehandlung [§ 63 SGB I, §§ 27 ff SGB V, §§ 27 ff SGB VII], fördernde Maßnahmen nach dem SGB III [vgl § 64 SGB I], Eignungs- und andere Prüfungen; zu den Grenzen der persönlichen Mitwirkung insb § 65 I, Abs 2 SGB I). Ein solcher Ausschluss kann sich zB auch aus Geheimhaltungsvorschriften ergeben (BT-Drucks 7/910, 44 [zu § 14 IV VwVfG]). Soweit gelegentlich die Rede davon ist, eine Vertretung sei nicht möglich bei der Anhörung des Beteiligten zur Ermittlung des Sachverhalts (*Vogelgesang* aaO § 13 Rz 19), ist dies missverständlich. Das Wort „Anhörung" wird hier nicht im Sinne der rechtswahrenden Anhörung iS des § 24 Abs 1 gebraucht, sondern im Sinne von „mündlicher Erörterung" iS von § 61 SGB I, die vom G auch als Anhörung bezeichnet wird (vgl § 21 Abs 1 2 Nr 2; dazu § 12 Rz 16). Bei der keine persönliche Präsenz fordernden spezifischen Anhörung gem § 24 Abs 1 darf der Bevollmächtigte demnach für den Beteiligten tätig werden.

14 Die Vollmacht ist an das durch den jeweiligen Gegenstand geprägte **konkrete Verfahren gebunden**. Solange dieses noch nicht durch eine bestandskräftige Regelung beendet wurde (§ 18 Rz 22), dauert das Verwaltungsverfahren an (vgl *LSG RhPf* ZfSH/SGB 1985, 26; *Thieme* aaO § 13 Rz 7, 13). In dieser Perspektive stellt sich das Widerspruchsverfahren als Fortsetzung des allg auf den Erlass eines VA gerichteten Verwaltungsverfahrens dar; das Widerspruchsverfahren gehört mithin, funktional betrachtet, zum Verwaltungsverfahren, für das die Vollmacht erteilt wurde (vgl *Kopp/Ramsauer* aaO § 9 Rz 23 a, 30, 54; *Thieme* in Wannagat, § 13 Rz 7; vgl unten § 18 Rz 11). Die Vollmacht gilt deshalb nicht für einen ggf nachfolgenden Prozess vor dem SG oder VG, es sei denn, sie erstreckt sich ausdrücklich auch hierauf (*LSG RhPf* SGb 1985, 292; *Kopp/ Ramsauer* aaO § 14 Rz 15; *Thieme* § 13 Rz 7). Sie gilt ebenfalls nicht für ein Parallelverfahren oder spätere Verwaltungsverfahren, in denen es um einen vergleichbaren Gegenstand geht, auch nicht für selbstständige Nebenverfahren, wohl aber für Verfahren zur Aussetzung der Vollziehung und für Kostenverfahren, denn diese stehen (insofern dem Widerspruchsverfahren vergleichbar) in einem engen Zusammenhang mit dem ursprünglichen Verwaltungsverfahren (vgl *Thieme* aaO § 13 Rz 13; dazu auch § 18 Rz 22).

15 Handelt ein Vertreter ohne Vertretungsmacht, kann dieser von der darüber in Kenntnis gesetzten Beh einstweilen zugelassen werden; seine Verfahrenshandlungen werden unwirksam, wenn nicht innerhalb einer angemessenen (vgl § 9 Rz 12) Frist (vgl *BVe rwG* Buchholz 428 § 30 a VermG Nr 25 = VIZ 2002, 290, 291), spätestens bis zur Entscheidung der Beh, die Vollmacht beigebracht wird oder der Vertretene die Handlungen nicht genehmigt (*Kopp/Ramsauer* aaO § 14 Rz 20; *Vogelgesang* aaO § 13 Rz 12; *Roller* aaO § 13 Rz 12; *Schmitz* aaO § 14 Rz 15; *VG Augsburg* NJW 2003, 917). Die §§ 177 ff BGB gelten entsprechend. Die rückwirkende Genehmigung mit heilender Wirkung ist auch in einem nachfolgenden Rechtsbehelfsverfahren, mithin noch im sozial- oder verwaltungsgerichtlichen Verfahren möglich (*Kopp/Ramsauer* aaO § 14 Rz 21). Im Sozialverwaltungsverfahren sind auch die sog **Anscheinsvollmacht** (der Vertretene kennt das Handeln seines angeblichen Vertreters nicht, hätte es aber bei pflichtgemäßer Sorgfalt erkennen und verhindern müssen; die Beh durfte nach Treu und Glauben annehmen, der Vertretene billige das Handeln seines Vertreters) und die sog **Duldungsvollmacht** (stillschweigende Duldung des dem Vertretenen bekannten Verhaltens des Vertreters) grundsätzlich anerkannt (*BSGE*

52, 245; *Kopp/Ramsauer* aaO § 14 Rz 22 f; *Schmitz* aaO § 14 Rz 16; *Vogelgesang* aaO § 13 Rz 10). **Richtigerweise gilt Folgendes:** Das SGB X trifft in § 13 grundlegende Regeln für den Einsatz von Bevollmächtigten. Es verlangt eine auf den Beteiligten zurückführbare Willenserklärung. Diese Regelungsentscheidung des Gesetzgebers wird unterlaufen, wenn an die Stelle einer rechtsgeschäftlichen Zurechnung der Sache nach eine (Rechtsschein-)Zurechnung kraft Verschuldens tritt, die den Willen des Beteiligten für irrelevant erklärt. Daraus folgt: Eine Duldungsvollmacht ist dann zu akzeptieren, wenn sie sich als konkludente Bevollmächtigung deuten lässt (*Broß*, Anm zu BSGE 52, 245, SGb 1982, 406). Die Anscheinsvollmacht ist ausnahmslos **abzulehnen**, denn sie ist keine Bevollmächtigung, sondern eine Bevollmächtigungs**fiktion**, für deren Legitimität es im spezifischen Kontext des SGB X keine gesetzliche Grundlage gibt (iE abl auch *BSGE* 37, 42; § 61 S 2 SGB X widerspricht dem nicht, denn das BGB kennt keine Vorschriften über das praeter legem geschaffene Institut der Anscheinsvollmacht).

2.1.4. Erlöschen insb Widerruf der Vollmacht – Bindung des Rechtsnachfolgers

Das **Ende der Vollmacht** bestimmt grundsätzlich der Vollmachtgeber, der die Vollmacht jederzeit widerrufen kann (vgl § 168 Satz 2, 3 BGB). Der **Widerruf der Vollmacht** wird der Beh gegenüber erst wirksam, wenn er ihr zugeht, also dann, wenn diese Information in ihren Machtbereich gelangt ist und nach dem gewöhnlichen Lauf der Dinge damit gerechnet werden darf, dass die Information zur Kenntnis genommen wird. Der Widerruf kann der Beh schriftlich, aber auch mündlich im Gespräch übermittelt werden, ggf auch telefonisch, sofern die Identität des Beteiligten zweifelsfrei ist; die Beh sollte (auch) den mündlichen Widerruf in der Akte vermerken. Es reicht also nicht, dass der Widerruf bei der Beh nur eingeht, dh, in den Machtbereich der Beh gelangt, wenn zu diesem Zeitpunkt nicht mit der zeitnahen Kenntnisnahme gerechnet werden kann (etwa durch den Einwurf eines Briefs nachts oder am Wochenende).

Die Vollmacht erlischt nicht dadurch, dass der Vollmachtgeber, also der Beteiligte, stirbt, auch nicht dadurch, dass sich seine (Verfahrens-)Handlungsfähigkeit (vgl § 11) oder seine gesetzliche Vertretung ändert (§ 13 Abs 2; die Vorschrift ähnelt § 86 ZPO iVm § 202 SGG, vgl *Roller* aaO § 13 Rz 8). Die Vollmacht ist im Interesse der Stabilisierung der veränderten Lage **veränderungsresistent**; Handlungen des ursprünglich Bevollmächtigten werden dem Rechtsnachfolger grundsätzlich zugerechnet. So sind zB Zustellungen an den Bevollmächtigten des Verstorbenen weiter möglich; sie wirken gegen den Rechtsnachfolger (*BSG* SozR 1300 § 13 Nr 1). Allerdings muss der Bevollmächtigte, wenn er für den Rechtsnachfolger des Vollmachtgebers auftritt, dessen schriftlich abgefasste Vollmacht beibringen, allerdings nur auf Verlangen der Beh (§ 13 Abs 2 Halbs 2). Will der Rechtsnachfolger das Tätigwerden des Bevollmächtigten beenden, muss er die Vollmacht widerrufen; ein Bevollmächtigter des Rechtsnachfolgers, der den Widerruf ausspricht, muss die Schriftform des § 174 BGB beachten.

2.1.5. Die Kommunikationsflüsse zwischen Behörde, Beteiligtem und Bevollmächtigtem

Das G stellt klar, dass die Beh sich an den für das Verfahren bestellten Bevollmächtigten wenden muss. Der Zweck des Rechts (vgl zur Zweckbestimmung der Regelung: *LSG Bln-Bbg* Beschl v 5.8.2010 – L 22 R 489/10 B ER: neben einer zweckmäßigen im öffentlichen Interesse liegenden Verfahrensgestaltung den Schutz des Verfahrensbeteiligten), einen Bevollmächtigten bestellen zu dürfen, nämlich die Optimierung der Interessendurchsetzung des Vollmachtgebers (Rz 1), würde unterlaufen, wenn die Beh gegen den Beteiligten wirkende Verfahrenshandlungen gleichsam am Bevollmächtigten vorbei vornehmen könnte. Es besteht eine **grundsätzliche Pflicht zum Kontakt mit dem Bevollmächtigten** (*SG Chemnitz* FamRZ 2014, 1733; *Schmitz* aaO § 14 Rz 22 [zu § 14 Abs 3 Satz 1 VwVfG, wo es allerdings anders als in § 13 Abs 3 Satz 1 nicht „muss", sondern „soll" heißt, dazu: Ausschussbericht, BT-Drucks 8/4022, 81]). Handelt die Beh gleichwohl am Bevollmächtigten vorbei, dann sind diese Verfahrenshandlungen unbeachtlich. Denn aus Sicht der Beh ist an die Stelle des Beteiligten dessen Bevollmächtigter getreten; wirksame Verfahrenshandlungen können grundsätzlich nur noch gegenüber dem Bevollmächtigten ergehen. Dem Beteiligten bleibt es dagegen – unabhängig von einer Vollmachtserteilung – unbenommen, sich direkt an die Beh zu wenden, da die Verpflichtung zur Kommunikation mit dem Bevollmächtigten nur die Behörde trifft (*Vogelgesang* aaO § 13 Rz 26). Dass auf diese Weise Abstimmungsschwierigkeiten im Hinblick auf möglicherweise parallel erfolgende Äußerungen des Bevollmächtigten entstehen können (Rz 9 ff), steht außer Frage.

19   Allerdings „kann" sich die Beh in Ausübung ihres pflichtgemäßen Ermessens direkt an den Beteiligten wenden, wenn es um dessen **höchstpersönliche Mitwirkung** geht (vgl § 13 Abs 3 Satz 2); diese Ausnahme vom behördlichen Kontaktaufnahmeverbot ist im Hinblick auf § 21 Abs 2 gerechtfertigt. Die Mitwirkungspflicht ist grundsätzlich in § 21 Abs 2 Satz 1, 2 geregelt, weitergehende Mitwirkungspflichten sind gem § 21 Abs 2 Satz 3 kraft spezialgesetzlicher Regelung zulässig, wobei insb die Bestimmungen der §§ 60 ff SGB I in Betracht zu ziehen sind (*Siefert* in von Wulffen/Schütze, SGB X, § 21 Rz 19 b; zu eng, nur §§ 60 ff SGB I: *Thieme* aaO § 13 Rz 11 f). Die Beh muss sich jedoch auch im Fall des § 13 Abs 3 Satz 2 nicht an den Beteiligten direkt werden. Es ist auch möglich, stattdessen den „Umweg" über den Bevollmächtigten zu gehen, der den Beteiligten über das behördliche Begehren informieren wird. Wendet sich die Beh zulässigerweise direkt an den Beteiligten, dann ist sie jedoch verpflichtet, den Bevollmächtigten hierüber zu verständigen (§ 13 Abs 3 Satz 3). Schon aus dem Wortlaut „verständigen" folgt nicht, dass der gesamte Inhalt der Erklärung wiederholt werden muss, sondern es genügt ein Hinweis hierauf oder auch die Übersendung von Kopien etc (*Vogelgesang* aaO § 13 Rz 28). Wird ein ablehnender Bescheid dem Antragsteller persönlich bekanntgegeben und sein für das Verwaltungsverfahren bestellter Bevollmächtigter hiervon entgegen § 13 Abs 3 Satz 3 nicht verständigt und infolgedessen die Widerspruchsfrist versäumt, so ist dem Antragsteller gem § 27 SGB X Wiedereinsetzung in den vorigen Stand zu gewähren (*VGH BW* 29.6.1987 – 7 S 243/87). Über die Regelung in § 13 Abs 3 Satz 2 hinaus darf sich die Beh auch dann an den Beteiligten ausnahmsweise direkt wenden, wenn der Bevollmächtigte wiederholt oder gar nicht auf Zuschriften reagiert (*Vogelgesang* aaO § 13 Rz 28; *Roller* aaO § 13 Rz 9).

20   Hinsichtlich der **Bekanntgabe eines Verwaltungsaktes** ist zu unterscheiden: Gem. § 37 Abs 1 Satz 2 „kann" die Bekanntgabe dem Bevollmächtigten gegenüber erfolgen; ob die Beh so verfährt, steht also in ihrem Ermessen (§ 37 Rz 8; *Engelmann* in von Wulffen/Schütze SGB X § 37 Rz 10; *BSG* SozR 1300 § 37 Nr 1; *LSG NRW* 16.5.1994 – L 5 [6] S 37/93). Nach *LSG Bremen* ist die Bekanntgabe an den Vertretenen trotz Vorliegens eines schriftliche Vollmacht er-

messenswidrig mit der Folge, dass der VA zwar wirksam ist, nicht aber eine Rechtsbehelfsfrist in Lauf gesetzt wird (*LSG Brem* 1.3.1990 – L 1 J 28/87). Nach wiederum anderer Ansicht ist bei Bestellung eines Bevollmächtigten und Bekanntgabe des Verwaltungsakts an den Adressaten dem Bevollmächtigten zumindest eine Durchschrift zukommen zu lassen (*LSG Bln-Bbg* Beschl v 11.3.2009 – L 28 B 1370/08 AS; *LSG NRW* Beschl v 13.7.2007 – L 20 B 16/07 AS; vgl auch: *LSG Bln-Bbg*, Urt v 5.11.2007 – L 32 B 1758/07 AS, wonach der Behörde nach § 193 Abs 1 SGG die Kosten aufzuerlegen sind). Zu beachten ist die Sondervorschrift des § 13 Abs 3 Satz 4, wonach die Regeln über die **Zustellung**, also der spezifisch formalisierten Bekanntgabe, unberührt bleiben. Das ist vor allem im Hinblick auf § 7 Abs 1 Satz 2 (Bundes-)**VwZG** bedeutsam, der gem § 65 Abs 1 Satz 1 für die Tätigkeit bundes(un)mittelbarer Sozialbehörden gilt. Dem § 7 Abs 1 Satz 2 VwZG sachlich entsprechende **landesgesetzliche Regelungen** (§ 7 Abs 1 Satz 2 VwZG BW, Art 8 Abs 1 Satz 2 VwZG Bay, § 101 Abs 1 Satz 2 VwVfG MV, § 8 Abs 1 Satz 2 VwZG Sachsen, § 152 Abs 1 Satz 2 LVwG SchlH, § 8 Abs 1 Satz 2 VwZG Thür, § 7 Abs 1 Satz 2 LZG NRW sowie [jew iVm § 7 VwZG] § 5 VwZG Berlin, § 1 Abs 1 VwZG Bbg, § 1 Abs 1 VwZG Bremen, § 1 Abs VwZG HH, § 1 Abs 1 VwZG Hessen, § 1 Abs 1 VwZG Nds, § 1 VwZG RhPf, § 1 VwZG Saarl, § 1 Abs 1 VwZG Sachs-Anh) gelten beim Tätigwerden von Landessozialbehörden (§ 65 Abs 2). § 7 Abs 1 Satz 2 VwZG schreibt vor, dass Zustellungen an den Bevollmächtigten zu richten sind, wenn dieser eine schriftliche Vollmacht vorgelegt hat. § 7 Abs 1 Satz 2 VwZG bzw die entsprechenden landesrechtlichen Bestimmungen sind strenge Muss-Vorschriften; jede „Zustellung" an den Beteiligten ist unwirksam; allerdings kann die Beh zusätzlich auch an den Vertretenen zustellen (*Danker* in Fehling/Kastner/Störmer, Verwaltungsrecht § 7 VwZG Rz 4; *Schlatmann* in Engelhardt/App/Schlatmann VwZG § 7 Rz 8; *Smollich* in Mann/Sennekamp/ Uechtritz, Verwaltungsverfahrensgesetz § 7 VwZG Rz 4).

Empfangsberechtigter iS des Zustellungsrechts ist somit allein der Bevollmächtigte (*Schlatmann* aaO § 8 Rz 3; *Smollich* aaO § 8 Rz 4). Eine fehlerhafte Zustellung (Überblick über denkbare Zustellungsmängel bei *Smollich* aaO § 8 VwZG Rz 3) beim Bevollmächtigten kann gem § 8 **VwZG** geheilt werden. Hierbei ist die Neufassung durch das **Zustellungsreformgesetz** (ZustRG) v 25.6.2001 (BGBl I, 1206 [1210]) mit Wirkung ab 1.7.2002 zu beachten (vgl *Heß* NJW 2002, 2417 ff). Für die Heilung von Zustellungsmängeln gilt nunmehr § 189 ZPO (tatsächlicher Zugang maßgeblich). § 8 VwZG entsprechende Regelungen kennt das **Landesrecht**, das zT auf das Bundes-VwZG verweist, zT inhaltlich gleichlautende Normen enthält (vgl zB Art 9 VwZG Bay; § 153 LVwG SchlH; § 9 VwZG BW; § 102 VwVfG MV; grds inhaltsgleich § 8 LZG NRW, jedoch „nachweislich" statt „tatsächlich"; inhaltsgleich § 9 VwZG Thür, der jedoch eine Sonderregelung für die elektronische Zustellung nach § 5 a VwZG Thür enthält). Es ist genau darauf zu achten, ob alle Länder die Änderung des § 8 (Bundes-)VwZG inhaltlich nachvollzogen haben (zur Zustellung vgl die Kommentierung zu § 65).

2.2. Unterstützung durch den Beistand (§ 13 Abs 4)

Beistand ist eine Person des Vertrauens, die nicht Bevollmächtigter ist; er kann nur zusammen mit dem Beteiligten, nicht an seiner Stelle, handeln (*Kopp/Ramsauer* aaO § 14 Rz 32). Eine Unterstützung scheidet aus, wenn Rechtsvorschriften dies ausdrücklich vorsehen oder nach ihrem Sinn und Zweck implizieren; so kommt das Erscheinen eines Beistands bei höchstpersönlichen Verfahrenshandlungen nicht in Betracht (vgl Rz 13). Der Beistand kann den Beteiligten bei seinem gesamten Vortrag unterstützen, also bei Sachverhalts- und Rechtsfragen. Er ist auch befugt, den Beteiligten bei der Formulierung (verfahrens-)rechtsgestaltender Erklärungen, zB bei der Antragsformulierung, zu unterstützen. Es muss nur klar werden, dass der Beistand allein **das unselbstständige Sprachrohr des Beteiligten** ist. Dass der Begriff „Vortrag" weit gefasst ist, ergibt sich aus § 13 Abs 6, wo er sich auf Beistände und Bevollmächtigte bezieht, also ersichtlich alle Äußerungen der Personen des Vertrauens erfassen soll (aA *Thieme* aaO § 13 Rz 16 aE). Dass ggf ein Beistand nicht zur Verfügung steht, stellt keinen wichtigen Grund dar, der zB eine Meldeversäumnis nach § 31 Abs 2 SGB II rechtfertigen könnte (*BayLSG* Beschl v 26.4.2010 – L 7 AS 212/10 B ER).

23   Der Beteiligte kann bei Verhandlungen und Besprechungen mit „einem" Beistand erscheinen. Ob auch dies als **zahlenmäßige Begrenzung** zu verstehen ist (mit Verweis auf die 1. Auflage *HessLSG* Beschl v 22.6.2007 – L 9 B 68/06 AS, BeckRS 2013, 72443), mag bezweifelt werden (siehe hierzu bereits Rz 4). So wird vertreten, dass es vom Umfang und der Schwierigkeit des Falles abhängt, ob auch mehrere Beistände zulässig sind, wobei jedoch entsprechend der in § 9 Satz 2 aufgezählten Verfahrensgrundsätze die zulässige Anzahl der Beistände auf ein Höchstmaß **begrenzt** sein muss (*Vogelgesang* aaO § 13 Rz 30). Der Beteiligte muss nicht zu allen Verhandlungen und Besprechungen mit demselben Beistand erscheinen. Der Beistand muss auch nicht bei der Beh (vor-)angemeldet werden; es genügt, wenn der Beistand zusammen mit dem Beteiligten präsent ist (*Schmitz* aaO § 14 Rz 27). Da das vom Beistand Vorgebrachte grundsätzlich als vom Beteiligten vorgebracht gilt und damit die Wirkung einer Verfahrenshandlung hat, muss der Beistand **verfahrenshandlungsfähig** iS des § 11 Abs 1 Nr 1 sein (*Vogelgesang* aaO § 14 Rz 30; *Roller* aaO § 13 Rz 13). Besondere Qualifikationen oder ein spezifisches Fachwissen im Hinblick auf den Gegenstand des Sozialverwaltungsverfahrens sind nicht erforderlich (*Schmitz* aaO § 14 Rz 29).

24   Aus der Formulierung: „Verhandlungen und Besprechungen" folgt, dass der Beistand jedenfalls bei allen nur denkbaren **mündlichen Erörterungen** zwischen Beteiligtem und Beh anwesend sein darf. Allerdings ist es dem Beistand auch erlaubt, den Beteiligten bei seinem **Schriftverkehr** mit der Beh zu unterstützen. Das folgt aus § 13 Abs 6, wonach Beistände vom mündlichen und vom schriftlichen Vortrag zurückgewiesen werden können (*Kopp/Ramsauer* aaO § 14 Rz 33; *Vogelgesang* aaO § 14 Rz 10 b). Dagegen lässt sich nicht die ursprüngliche Entwurfsfassung des § 13 Abs 6 anführen (so aber noch *von Wulffen* in von Wulffen, SGB X, 7. Aufl 2010, § 13 Rz 12), denn nicht sie, sondern eine überarbeitete Fassung ist G geworden (vgl BT-Drucks 8/4022, 81). Die Frage ist jedoch, was „Beistand" beim schriftlichen Verkehr mit der Beh bedeutet. Gemeint ist zunächst das Recht, dem Beteiligten dabei behilflich zu sein, das in der mündlichen Erörterung Vorzutragende schriftlich vorzuformulieren (ähnlich *Schmitz* aaO § 14 Rz 26 aE), weiter das Recht, dem Beteiligten bei der Formulierung von Schriftstücken, die der Beteiligte an die Beh richtet, hilfreich zur Seite zu stehen (*Vogelgesang* aaO § 13 Rz 32). Entscheidend ist, dass es sich immer nur um die Unterstützung handelt, der Beistand also nicht allein gegenüber der Beh auftritt. Kommt es dazu, muss die Beh prüfen, ob die Voraussetzungen dafür gegeben sind, dass der Beistand als Bevollmächtigter handelt (*Vogelgesang* aaO § 13 Rz 32). Der Beistand ist nicht berechtigt, bei Untersuchungen (vgl Rz 13) anwesend zu sein, weil sie keine Verhandlungen oder Besprechungen gerade mit der Behörde sind (vgl zum Problem *Roller* MedSach 2007, 30 ff).

Das vom Beistand in der mündlichen Erörterung Vorgetragene wird dem Beteiligten nur zugerechnet, wenn der Beteiligte nicht **unverzüglich**, also ohne schuldhaftes Zögern (vgl § 121 Abs 1 Satz 1 BGB), **widerspricht**. Meistens wird dies sofort geschehen müssen (*Schmitz* aaO § 14 Rz 30). Es genügt jedoch auch, dass der Beteiligte, der vielleicht das vom Beistand Vorgetragene noch einmal bedenken will, bis zum Ende des jeweiligen mündlichen Erörterungstermins widerspricht (*Vogelgesang* aaO § 13 Rz 33). § 13 Abs 4 bezieht sich auf Verhandlungen und Besprechungen; nur dem in ihnen Vorgetragenen kann widersprochen werden. Ein späterer Widerruf ist nur denkbar, wenn ein Aspekt noch nicht abschließend in einem Erörterungstermin besprochen wurde, was auch der Fall ist, wenn vereinbart wird, dass der Beteiligte und sein Beistand einen Aspekt noch einmal bedenken (in diesem Sinne: *Schmitz* aaO § 14 Rz 30). Allerdings ist eine spätere Korrektur des Vortrags des Beistands im Hinblick auf den Untersuchungsgrundsatz (§ 20 Abs 1) beachtlich, denn die Beh muss den wahren Sachverhalt ermitteln und daher auch neuem Vortrag nachgehen. Den Ausschluss mit „verspätetem" Vortrag (sog Präklusion) beabsichtigt § 13 Abs 4 Satz 2 nicht.

3. Zurückweisung von Bevollmächtigten oder Beiständen

3.1. Varianten der Zurückweisung

Hinsichtlich der Zurückweisung von Bevollmächtigten und Beiständen sind Fälle **obligatorischer Zurückweisung** von jenen **fakultativer Zurückweisung** zu unterscheiden:

3.1.1. Obligatorische Zurückweisung (§ 13 Abs 5)

Die Zurückweisung muss erfolgen, wenn Bevollmächtigte oder Beistände Rechtsdienstleistungen, die nach Art und Umfang § 3 Rechtsdienstleistungsgesetz – RDG (vom 12.12.2007, BGBl I, 2840) entgegenstehen, erbringen (§ 13 Abs 5 Satz 1). Die frühere Fassung von Abs 5 sah eine Zurückweisung von Bevollmächtigten und Beiständen vor, wenn diese unbefugt geschäftsmäßig fremde Rechtsangelegenheiten besorgten. Ob sie befugt waren, richtete sich bis zum 30.6.2008 in erster Linie nach dem RBerG, das allerdings nicht schematisch, sondern einzelfallorientiert anzuwenden war (*Kleine-Cosack* NJW 2003, 3010 ff; *BGH* NJW 2003, 3047). Seit dem 1.7.2008 gilt das RDG, welches das „lange überholte RBerG" abgelöst hat (so *Kopp/Ramsauer* aaO § 14 Rz 34, 13). Nach § 3 RDG ist die selbstständige Erbringung außergerichtlicher Rechtsdienstleistungen nur in dem Umfang zulässig, in dem sie durch das RDG oder in anderen Vorschriften (wie etwa Bundesrechtsanwalts- oder Bundesnotarordnung) erlaubt sind. Zweck dieser Vorschrift ist, Rechtssuchende, den Rechtsverkehr und die Rechtsordnung vor unsachgemäßer Beratung durch unqualifizierte Bevollmächtigte oder Beistände zu schützen (§ 1 Satz 2 RDG). Auch § 13 Abs 5 dient diesem Zweck und soll auf diese Weise die Durchführung eines ordnungsgemäßen Verwaltungsverfahrens sicherstellen (vgl *Vogelgesang* aaO § 13 Rz 35). Rechtsdienstleistung ist gem § 2 Abs 1 RDG jede Tätigkeit in konkreten fremden Angelegenheiten, sobald sie eine **rechtl Prüfung des Einzelfalls** erforderlich macht. **Fremd** sind Verfahren dritter Personen; allein mittelbares Fremdinteresse lässt die Fremdheit noch nicht entfallen (*Kopp/Ramsauer* aaO § 14 Rz 35). Wie das Merkmal „**rechtliche Prüfung**" auszulegen ist, wird nicht einheitlich beurteilt. Zum Teil wird verlangt, dass der vertretene Rechtsuchende eine besondere rechtliche Betreuung oder Aufklärung erkennbar erwartet oder nach der Verkehrsanschauung eine besondere rechtliche Prüfung erforderlich ist. Dabei wird darauf verwiesen, dass im ursprünglichen Regierungsentwurf zu § 2 Abs 1 RDG von einer „besonderen" rechtlichen Prüfung ausgegangen worden sei (vgl BT-Drucks 16/3655, 7 und 46). Aus diesem Umstand wird aber auch genau das Gegenteil abgeleitet, nämlich dass kein hoher Maßstab zugrunde zu legen ist. Danach seien alle rechtlichen Prüfungstätigkeiten erfasst, wenn sie nur über eine einfache rechtliche Prüfung und Rechtsanwendung hinausgingen und einer gewissen Sachkunde bedürften (siehe zum Meinungsstreit insgesamt die Darstellung bei *BGH* MDR 2011, 680 mwN; *BSG* SozR 4-1300 § 13 Nr 1 = BSGE 115, 18; SozR 4-1300 § 13 Nr 2 mwN). Der BGH hat die Frage offen gelassen, da die dort relevante Frage ohnehin eine vertiefte Rechtsprüfung erforderte, die über eine einfache oder schematische Rechtsanwendung hinausging (vgl *BGH* aaO). Auch das BSG hat sich hierzu nicht abschließend geäußert, jedoch klargestellt, dass der Begriff der rechtlichen Prüfung zumindest ein gewisses Maß an substantieller Prüfung, die über eine bloße Rechtsanwendung hinausgeht, verlangt (*BSG* SozR 4-1300 § 13 Nr 1 = BSGE 115, 18; vgl auch *BSG* SozR 4-1300 § 13 Nr 2 = BSGE 115, 171), was sich bereits aus den Gesetzesmaterialien ergibt (vgl bereits Gesetzentwurf der Bundesregierung in BR-Drucks 623/06, 1). Somit muss die Tätigkeit rechtlichen Sachverstand im Umfang qualifizierter Rechtskenntnisse erfordern (vgl *Kopp/Ramsauer* aaO § 14 Rz 35).

28   Eine geschäftsmäßige Tätigkeit im Sinne der Besorgung fremder Rechtsangelegenheiten in der Absicht, sie zu wiederholen und dadurch zu einer dauernden selbstständigen Tätigkeit zu machen (*BSG* SozR 3-1300 § 13 Nr 3, Nr 4), wird im Gegensatz zum RBerG nicht mehr verlangt (*Kopp/Ramsauer* aaO § 14 Rz 35). Das RDG verzichtet ebenso auf eine Aufzählung der Berufsgruppen, denen aufgrund spezialgesetzlicher Normen die Erbringung von Rechtsdienstleistungen (zB BRAO, BNotO, PatAnwO) erlaubt ist, da es gerade darum ging, den außergerichtlichen Rechtsberatungsmarkt für nicht anwaltliche Dienstleister zu öffnen. Im Ergebnis beschränken sich die Regelungen des RDG somit auf die außergerichtliche Rechtsdienstleistung durch „andere" Berufe (*Römermann* NJW 2014, 1777). Erlaubt sind etwa Rechtsdienstleistungen im Zusammenhang mit einer anderen Tätigkeit, wenn sie als Nebenleistung zum Berufs- oder Tätigkeitsbild gehören (§ 5 Abs 1 RDG). Nach Satz 2 der Regelung ist die Frage, ob eine Nebenleistung vorliegt, „nach ihrem Inhalt, Umfang und sachlichen Zusammenhang mit der Haupttätigkeit unter Berücksichtigung der Rechtskenntnisse zu beurteilen, die für die Haupttätigkeit erforderlich sind". An einem solchen Nebenleistungscharakter und sachlichen Zusammenhang zum Berufs- und Tätigkeitsbild eines Steuerberaters fehlt es zB beim Tätigwerden eines Steuerberaters in einem Anfrageverfahren (*BSG* SozR 4-1300 § 13 Nr 2). Findet sich also die relevante Tätigkeit nicht in dem explizit aufgeführten Prüfungskanon eines Berufes, spricht dies gegen eine erlaubte Nebenleistung (so *Römermann* NJW 2014, 1777, 1780). Auch unentgeltl Rechtsdienstleistungen sind nach § 6 Abs 1 RDG erlaubt, jedoch muss derjenige, der dienstliche Rechtsdienstleistungen außerhalb familiärer, nachbarschaftl oder ähnl enger persönl Beziehung erbringt, sicherstellen, dass die Rechtsdienstleistung durch eine Person, der die entgeltliche Erbringung dieser Rechtsdienstleistung erlaubt ist, durch eine Person mit Befähigung zum Richteramt oder unter Anleitung einer solchen Person erfolgt (§ 6 Abs 2 RDG). Erlaubt sind nach § 7 RDG des Weiteren Rechtsdienstleistungen, die berufliche oder andere zur Wahrung gemeinschaftlicher Interessen gegründete Vereinigungen und deren Zusammenschlüsse, Genossenschaften, genossenschaftliche Prüfungsverbände und deren Spitzenverbände sowie genossenschaftliche Treuhandstellen und ähnliche genossenschaftliche Einrichtungen im Rahmen ihres satzungsmäßigen Aufgabenbereichs für ihre Mitglieder oder für die Mitglieder der ihnen angehörenden Vereinigungen oder Einrichtungen erbringen. Ebenso sind Rechtsdienstleistungen erlaubt, die gerichtlich oder behördlich bestellte Personen, Behörden und juristische Personen des öffentlichen Rechts einschließlich der von ihnen zur Erfüllung ihrer öffentlichen Aufgaben gebildeten Unternehmen und Zusammenschlüsse, nach Landesrecht als geeignet anerkannte Personen oder Stellen iSd § 305 Abs 1 Nr 1 InsO, Verbraucherzentralen und andere mit öffentlichen Mitteln geförderte Verbraucherverbände, Verbände der freien Wohlfahrtspflege iSd § 5 SGB XII, anerkannte Träger der freien Jugendhilfe gem § 75 SGB VIII und anerkannte Verbände zur Förderung der Belange behinderter Menschen gem § 13 Abs 3 BehGleichG im Rahmen ihres Aufgaben- und Zuständigkeitsbereichs erbringen (§ 8 RDG). Uneingeschränkt befugt zur Erbringung von Rechtsdienstleistungen sind diejenigen natürl oder jur Personen sowie Gesellschaften ohne Rechtspersönlichkeit, die gem § 10 RDG den Nachweis **besonderer Sachkunde** erbracht haben und bei der zuständigen Beh registriert sind.

3.1.2. Fakultative Zurückweisung (§ 13 Abs 6 Satz 1)

Bevollmächtigte und Beistände können (pflichtgem Ermessen) vom mündlichen Vortrag nur zurückgewiesen werden, wenn sie zum **sachgemäßen** Vortrag nicht fähig sind (§ 13 Abs 6 Satz 1 Halbs 2). Eine solche Unfähigkeit ist nur selten gegeben, denn sie muss sich als völliges Unvermögen des Betreffenden darstellen, eine am Verfahrensgegenstand orientierte (= sachgemäße) sinnvolle Kommunikation zu führen bzw zu unterstützen (Bsp: Zurückweisung eines von Pflegeeltern benannten Beistands, *DIJuF* JAmt 2006, 23 f). Im Übrigen können sie vom (schriftlichen, elektronischen, vgl § 36 a SGB I) Vortrag zurückgewiesen werden, wenn sie zum Vortrag „ungeeignet" sind (§ 13 Abs 6 Satz 1 Halbs 1). Unfähig oder ungeeignet ist der Betreffende nicht schon, weil er unbeholfen, weitschweifig oder sachunkundig ist oder weil er emotional, provozierend oder „unsachlich" argumentiert bzw auftritt. Die Beh muss ihrerseits alles tun (etwa über klärende Fragen und Abmahnungen prekären Auftretens), dass ein sinnvolles Gespräch möglich wird. Ungeeignetheit oder Unfähigkeit zu bejahen, kann nur ultima ratio sein; die **Merkmale** sind **restriktiv auszulegen**, damit der Sinn und Zweck des § 13, dem Beteiligten die Hilfe einer Person seines Vertrauens zu ermöglichen (Rz 1), möglichst gut erreicht wird (*Schmitz* aaO § 14 Rz 39).

29

3.2. Zurückweisungsverbot (§ 13 Abs 6 Satz 2)

Eine Zurückweisung ist ausnahmslos **ausgeschlossen** bei Personen, die nach § 73 Abs 2 Satz 1 und 2 Nr 3 bis 9 SGG zur Vertretung im sozialgerichtlichen Verfahren befugt sind (§ 13 Abs 6 Satz 2). Ein Rechtsanwalt kann also unter keinen Umständen rechtmäßig zurückgewiesen werden (s auch Rz 7). Darüber hinaus sind zur Vertretung im (Sozial-)Verwaltungsverfahren ermächtigt:

30

- volljährige Familienangehörige (§ 15 AbgO, § 11 LPartG), Personen mit Befähigung zum Richteramt und Streitgenossen, wenn die Vertretung nicht im Zusammenhang mit einer entgeltlichen Tätigkeit steht,
- Rentenberater im Umfang ihrer Befugnisse nach § 10 Abs 1 Satz 1 Nr 2 RDG,

- Steuerberater, Steuerbevollmächtigte, Wirtschaftsprüfer und vereidigte Buchprüfer, Personen und Vereinigungen nach § 3 a StBerG sowie Gesellschaften iSd § 3 Nr 2 und 3 StBerG, die durch Personen gem § 3 Nr 1 StBerG handeln, in Angelegenheiten nach den §§ 28 h und 28 p SGB IV,
- selbstständige Vereinigungen von Arbeitnehmern mit sozial- oder berufspolitischer Zwecksetzung für ihre Mitglieder,
- berufsständische Vereinigungen der Landwirtschaft für ihre Mitglieder,
- Gewerkschaften und Vereinigungen von Arbeitgebern sowie Zusammenschlüsse solcher Verbände für ihre Mitglieder oder für andere Verbände oder Zusammenschlüsse mit vergleichbarer Ausrichtung und deren Mitglieder,
- Vereinigungen, deren satzungsgemäße Aufgaben die gemeinschaftliche Interessenvertretung, die Beratung und Vertretung der Leistungsempfänger nach dem sozialen Entschädigungsrecht (vgl § 5 SGB I, § 51 Abs 1 Nr 6 SGG) oder der behinderten Menschen wesentlich umfassen und die unter Berücksichtigung von Art und Umfang ihrer Tätigkeit sowie ihres Mitgliederkreises die Gewähr für eine sachkundige Prozessvertretung bieten, für ihre Mitglieder; im Wesentlichen geht es um Vereinigungen, die sich für Leistungsberechtigte nach dem BVG, insb im Bereich der KOV, einsetzen (etwa der VdK oder der SoVD) sowie um (Schwer-) Behindertenvereinigungen (Keller in Meyer-Ladewig ua aaO § 14 Rz 4), zu denen sich die ursprünglichen Kriegsopfer-Verbände häufig fortentwickelt haben (Begr zum 6. SGGÄndG v 17.8.2001 [BGBl I, 2144], BT-Drucks 14/5943, 22 [zu § 14 Abs 3 SGG]),
- jur Personen, deren Anteile sämtlich im wirtschaftlichen Eigentum einer der in den § 73 Abs 2 Satz 2 Nr 5 bis 8 SGG bezeichneten Organisationen stehen, wenn die jur Person ausschließlich die Rechtsberatung und Prozessvertretung dieser Organisation und ihrer Mitglieder oder anderer Verbände oder Zusammenschlüsse mit vergleichbarer Ausrichtung und deren Mitglieder entsprechend deren Satzung durchführt, und wenn die Organisation für die Tätigkeit der Bevollmächtigten haftet.

31 § 13 Abs 6 Satz 2 gehört systematisch eigentlich zu Abs 5. § 73 Abs 2 Satz 1 und 3 SGG benennt nämlich die Personen und Verbände, die bei einem sozialgerichtlichen Verfahren als Bevollmächtigte auftreten können und somit auch berechtigt sind, Rechtsdienstleistungen iSd RDG zu erbringen und damit als Bevollmächtigte oder Beistände im Sozialverfahren auftreten können (*Vogelgesang* aaO § 13 Rz 43).

3.3. Zeitpunkt und Bezug auf konkretes Verfahren

32 Die Zurückweisung ist **in jeder Lage des Verfahrens** möglich; sie bezieht sich nur auf das konkrete Verfahren (vgl den Wortlaut von § 13 Abs 1 Satz 2: „das Verwaltungsverfahren"; dazu *BayVGH* BayVBl 1984, 724 f; *Kopp/Ramsauer* aaO § 14 Rz 37). Eine pauschale Zurückweisung für alle künftig nur denkbaren oder auch nur thematisch ähnlich gelagerten Fälle ist wegen der Bindung der Zurückweisungsbefugnis an das konkrete Verfahren nicht möglich. Allerdings kann die Beh die Zurückweisung auf einschlägige Erfahrungen aus früheren Verfahren stützen, wenn sie den Schluss erlauben, dass der Betreffende auch diesmal unfähig bzw ungeeignet sein wird (aA *Schmitz* aaO § 14 Rz 33, 40).

3.4. Folgen der Zurückweisung

Die Zurückweisung ergeht in einem **selbstständigen Nebenverfahren**; sie hat **33**
selbstständigen VA-Charakter (§ 31 Satz 1) gegenüber dem Zurückgewiesenen,
denn sie stellt mit Wirkung für den Rechtskreis der jeweiligen Person des Vertrauens fest, dass er seiner Rechtsposition verlustig geht (*Roller* aaO § 13 Rz
17; *Vogelgesang* aaO § 13 Rz 44; aA *Thieme* aaO § 13 Rz 22: kein VA, nur
Verfahrenshandlung). Gegen die Zurückweisung kann der Zurückgewiesene die
allg Rechtsbehelfe anstrengen (vgl *LSG Bayern* BeckRS 2011, 76659; *SG Duisburg*, BeckRS 2014, 71005; *SG Kiel* NVwZ-RR 1992, 672 = Breith 1992, 603;
Vogelgesang aaO § 13 Rz 44). Die Zurückweisung ist dem Beteiligten **schriftl**
mitzuteilen (§ 13 Abs 7 Satz 1). Ob der Beteiligte, dessen Bevollmächtigter oder
Beistand zurückgewiesen wird, selbst die Zurückweisung anfechten darf, war
lange Zeit umstritten (für selbstständige Anfechtbarkeit, da § 44 a VwGO kein
allgemeiner Verfahrensgrundsatz sei: *Krasney* in KassKomm § 13 SGB X Rz 15;
von Wulffen in von Wulffen, SGB X, 7. Aufl 2010, § 13 Rz 18; gegen selbstständige Anfechtbarkeit, aber ohne Begründung: *Vogelgesang* aaO § 13 Rz 13
aE). Die schriftl Mitteilung lässt sich als rein informatorische Inkenntnissetzung
des Beteiligten begreifen, der damit von dem gegenüber dem Zurückgewiesenen
erlassenen VA erfährt. Man kann sie aber auch so verstehen, dass die schriftliche Mitteilung ihrerseits ein VA ist, denn sie stellt mit negativer Wirkung für
den Rechtskreis des Beteiligten fest, dass seine Befugnis, einen Bevollmächtigten
oder Beistand zu bestimmen, im konkreten Fall unbeachtlich ist (iE auch *Kopp/
Ramsauer* aaO § 14 Rz 43 aE). Das wird der Regelungsabsicht des Gesetzgebers gerecht, der mit § 13 Abs 7 Satz 1 die „Bedeutung der Zurückweisung (...)
für die Beteiligten" (BT-Drucks 8/4022, 81) zum Ausdruck bringen wollte. Gegen die isolierte Anfechtbarkeit spricht jedoch nunmehr § 56 a SGG, wonach
die Anfechtung behördlicher Verfahrenshandlungen nur zusammen mit der
Sachentscheidung gestattet ist. Der Beteiligte kann somit die Zurückweisung
seines Bevollmächtigten nur gemeinsam mit der Hauptsache anfechten (*SG Kiel*
NVwZ-RR 1092, 672 = Breith 1992, 603).

Nach bestands- bzw rechtskräftiger oder zumindest sofort vollziehbarer (§ 80 **34**
Abs 1 Nr 4 VwGO, § 86 a Abs 2 Nr 5 SGG) Zurückweisung erfolgende Verfahrenshandlungen des Bevollmächtigten oder des Beistands sind unheilbar **unwirksam** (§ 13 Abs 7 Satz 2). Vorher vorgenommene Verfahrenshandlungen
bleiben wirksam.

§ 14 Bestellung eines Empfangsbevollmächtigten

[1]Ein Beteiligter ohne Wohnsitz oder gewöhnlichen Aufenthalt, Sitz oder Geschäftsleitung im Inland hat der Behörde auf Verlangen innerhalb einer angemessenen Frist einen Empfangsbevollmächtigten im Inland zu benennen. [2]Un-
terlässt er dies, gilt ein an ihn gerichtetes Schriftstück am siebenten Tage nach
der Aufgabe zur Post und ein elektronisch übermitteltes Dokument am dritten
Tage nach der Absendung als zugegangen. [3]Dies gilt nicht, wenn feststeht, dass
das Dokument den Empfänger nicht oder zu einem späteren Zeitpunkt erreicht
hat. [4]Auf die Rechtsfolgen der Unterlassung ist der Beteiligte hinzuweisen.

1. Allgemeines

§ 14 soll die **Erreichbarkeit des Beteiligten**, der sich **im Ausland** aufhält, sicher- **1**
stellen. Insb dient die Vorschrift dazu, eine umständliche und zeitaufwändige

Zustellung im Ausland zu vermeiden (*Schmitz* in Stelkens/Bonk/Sachs VwVfG § 15 Rz 1, § 16 Rz 19). In der Praxis des Sozialrechts ist bei § 14 vor allem an Personen zu denken, die bei der Beh wegen eines Antrags auf Sozialleistungen persönlich vorsprechen, sich aber, was die Beh weiß, nur vorübergehend im Inland aufhalten, weil sie einen der Beh bekannten Wohnsitz im Ausland haben (vgl *Vogelgesang* in Hauck/Noftz SGB X § 14 Rz 6). Wegen des Auslandsbezugs der Regelung ist § 14 nicht auf im Inland lebende Personen anwendbar, insb nicht auf Wohnungslose (*Schmitz* aaO § 15 Rz 1 aE), und zwar unabhängig von der Frage, ob diese im Rechtsinne gem § 30 Abs 3 SGB I eine Wohnung oder einen gewöhnlichen Aufenthalt haben.

2   § 14 steht nicht nur äußerlich, nach ihrem Standort im G, sondern der Sache wegen in engem Zusammenhang zu den Bestimmungen der §§ 13 und 15, von denen sie genau abgegrenzt werden muss (Rz 4). Angesichts der vielfältigen Einschränkungen, denen die Benennung eines Empfangsbevollmächtigten unterworfen ist, aber auch im Hinblick auf die vergleichsweise leichte Entkräftbarkeit der Fiktionswirkung des § 14 Satz 2 (Rz 7 ff) ist der Kreis der Fälle, in denen die Regelung zum Zuge kommen kann, klein.

2. Benennung eines Empfangsbevollmächtigten (§ 14 Satz 1)

3   Ein Beteiligter ohne Wohnsitz, ohne gewöhnlichen Aufenthalt, ohne Sitz oder ohne Geschäftsleitung in Deutschland muss, wenn die Beh dies verlangt (= pflichtgemäßes Ermessen, *Kopp/Ramsauer* VwVfG § 15 Rz 4), der Beh innerhalb einer angemessenen Frist einen Empfangsbevollmächtigten im Inland benennen. Für die Angemessenheit ist insb die Entfernung zwischen Behördensitz und Aufenthaltsort des Beteiligten beachtlich (zur Angemessenheit der Frist vgl auch § 9 Rz 12). Häufig wird, sofern der Verfahrensgegenstand das zulässt, eine Frist von mindestens vier Wochen angemessen sein (vgl *Kopp/Ramsauer* aaO § 15 Rz 5). Die Frist ist gem § 26 Abs 7 verlängerbar. Was mit Wohnsitz oder gewöhnlichem Aufenthalt gemeint ist, folgt aus § 30 Abs 3 SGB I, nicht aus den §§ 7 ff BGB, die mit den Regelungen des § 30 Abs 3 SGB I nicht identisch sind (*Thieme* in Wannagat SGB X § 14 Rz 4). Sitz und Geschäftsleitung beziehen sich auf juristische Personen und Personenvereinigungen iS des § 10 Nr 1, Nr 2 (vgl § 10 Rz 4 ff). In Anlehnung an § 11 AO befindet sich der Sitz an dem Ort, der durch G, Gesellschaftsvertrag, Satzung, Stiftungsgeschäft oder dergleichen bestimmt ist. In Anlehnung an § 10 AO ist Geschäftsleitung „der Mittelpunkt der geschäftlichen Oberleitung". Ob es an einem inländischen Wohnsitz etc fehlt, muss die Beh nach dem Untersuchungsgrundsatz (§ 20 Abs 1, 2) feststellen; ihre **bloße Unkenntnis genügt nicht** (*Vogelgesang* aaO § 14 Rz 5 aE). Das Verlangen setzt voraus, dass die Beh den Beteiligten wenigstens zu dem Zweck erreichen kann, ihm ihr Verlangen zukommen zu lassen. Ist dies nicht möglich, kommt nur gem § 15 die Bestellung eines Vertreter von Amts wegen in Betracht (*Kopp/Ramsauer* aaO § 15 Rz 3 aE).

4   Der dazu aufgeforderte Beteiligte hat einen „Empfangsbevollmächtigten", also eine **natürliche Person**, zu benennen. Die Angabe von Adressen (etwa „Herrn/Frau XY, c/o Herrn/Frau YZ" oder „Herrn/Frau YZ, z Hd Herrn/Frau XY") oder die Angabe eines Postamtes für postlagernde Sendungen reichen nicht (*Kopp/Ramsauer* aaO § 15 Rz 6). Trotz der irreführenden Überschrift des § 14 geht es nicht um die (Zwangs-)Bestellung eines Bevollmächtigten durch die Beh, sondern darum, dass der Beteiligte aufgefordert wird, von seiner Privatautonomie in bestimmter Weise – durch die rechtsgeschäftliche Benennung eines Empfangsbevollmächtigten – Gebrauch zu machen. Der Empfangsbevollmächtigte

ist ein Bevollmächtigter (vgl allg zu dessen Status § 13 Rz 5 f), der vom Beteiligten ermächtigt wurde, für ihn schriftliche oder elektronische Dokumente (zB Mitteilungen, Ladungen, Entscheidungen) in Empfang zu nehmen, also an seiner Statt beim Vollzug passiver Verfahrenshandlungen tätig zu werden. Mit **Empfangnahme** sind alle Formen der Bekanntgabe (vgl § 37) gemeint, bei Schriftstücken auch die Bekanntgabe durch Zustellung (*Schmitz* aaO § 15 Rz 11). Der Empfangsbevollmächtigte vertritt den Beteiligten nur in dieser Hinsicht und zwar mit der Folge, dass mit wirksamem Zugang beim Empfangsbevollmächtigten die Dokumente bei dem Beteiligten zugegangen sind. Dieser Empfangsbevollmächtigte muss sich, wie das G hervorhebt, im Inland befinden, dh dort seinen Wohnsitz oder gewöhnlichen Aufenthalt haben (vgl § 30 Abs 3 SGB I). § 14 verbietet es nicht, dass mehrere Beteiligte denselben Empfangsbevollmächtigten benennen.

Ein Verlangen nach § 14 wäre **ermessenfehlerhaft** (weil nicht notwendig), wenn der Beteiligte bereits einen umfassend ermächtigten Bevollmächtigten gem § 13 benannt (*Schmitz*, aaO § 15 Rz 3 aE) oder wenn der Beteiligte einen gesetzlichen Vertreter im Inland hat (*Vogelgesang* aaO § 14 Rz 8). Ermessensfehlerhaft wäre das Verlangen auch, wenn angesichts des Verfahrens(gegen)stands und der fehlenden Erreichbarkeit des Beteiligten eine Kontaktaufnahme bloß über einen Empfangsbevollmächtigten nicht ausreicht, weil mit diesem keine zeitnahe, für den Beteiligten verbindliche Rücksprache in der Sache möglich ist. In einem solchen Fall der Unerreichbarkeit bleibt dann nur die Bestellung eines Vertreters von Amts wegen gem § 15 Abs 1 Nr 2 wegen unbekannten Aufenthalts (vgl § 15 Rz 11). Schließlich wäre das Verlangen ermessenfehlerhaft, wenn die Beh den Beteiligten in Anbetracht der heutigen Möglichkeiten des Telekommunikations- und Postverkehrs oder der elektronischen Datenübermittlung auch an der bekannten Adresse im Ausland erreichen kann (vgl *Vogelgesang* aaO § 14 Rz 9).

Das Verlangen der Beh ist ein VA (*Vogelgesang* aaO § 14 Rz 9; *Schmitz* aaO § 15 Rz 5), der in einem **Nebenverfahren** eigenständig angefochten werden kann. Soweit es um Sozialverwaltungsverfahren geht, die im Streitfall vor den VG entschieden werden (vgl § 13 Rz 33), findet **§ 44 a VwGO** wegen der Regelung des § 44 a Satz 2 VwGO keine Anwendung: Zwar ist der VA nicht im engeren Sinne „vollstreckbar", aber die Bestimmung wird über den Wortlaut hinaus in allen Fällen angewandt, in denen Rechtswirkungen zulasten des Beteiligten eintreten, die über den Verfahrensgegenstand hinausgehen (*Kopp/Schenke* VwGO § 44 a Rz 8). Angesichts der Sanktionen des § 14 Satz 2 ist dies der Fall (*Kopp/Ramsauer* aaO § 15 Rz 2 a).

3. Folgen der Nicht-Benennung eines Empfangsbevollmächtigten (§ 14 Satz 2–4)

Benennt der Beteiligte innerhalb der angemessenen Frist keinen Empfangsbevollmächtigten, dann gelten gem § 14 Satz 2 **Zugangsvermutungen**: Ein an den Beteiligten gerichtetes Schriftstück gilt am **siebten Tag** nach der Aufgabe zur Post (die in der Akte zu vermerken ist) und ein elektronisch übermitteltes Dokument (vgl § 36 a SGB I) gilt am **dritten Tag** nach der Absendung als zugegangen (Fristberechnung nach § 26 Abs 1). Voraussetzung dafür ist, dass dem Beteiligten das Verlangen gem § 14 Satz 1 zugegangen ist, wofür die Beh die sog obj Beweislast trägt (*Vogelgesang* aaO § 14 Rz 15; *Mutschler* in KassKomm § 14 Rz 7). Die Vermutung kann **widerlegt** werden, wenn feststeht, dass das Schriftstück oder die elektronische Nachricht den Empfänger nicht oder zu einem späteren Zeitpunkt erreicht hat. Das kann sich entweder aus dem Vortrag des Beteiligten ergeben oder aus objektiven Umständen folgen, etwa aus dem Datum des Poststempels oder aus dem Umstand, dass der Brief als unzustellbar zurückkommt (vgl *Schmitz*, aaO § 15 Rz 13; *Thieme* aaO § 14 Rz 9 aE; *Vogelgesang* aaO § 14 Rz 14).

8 Wird von dem Beteiligten behauptet, das Dokument sei nicht oder zu einem späteren Zeitpunkt zugegangen, dann ist dies von Amts wegen aufzuklären (*Vogelgesang* aaO § 14 Rz 14). Die **Nichterweislichkeit** (sog non liquet) über den Zugang geht zulasten des Beteiligten (*Kopp/Ramsauer* aaO § 15 Rz 7). Zwar heißt es in § 14 Satz 3 (= § 15 Satz 3 VwVfG) nicht mehr wie in § 14 Satz 2 Halbs 2 aF (= § 15 Satz 2 Halbs 2 VwVfG aF): „es sei denn", was als Umkehrung der objektiven Beweislast verstanden wurde, die ansonsten von der Beh zu tragen ist. Dass aus § 14 Satz 2 Halbs 2 aF die Bestimmung des § 14 Satz 3 geworden ist, hatte allein redaktionelle Gründe, die mit der Einfügung des elektronischen Dokuments in § 14 Satz 2 zusammenhängen (vgl die Begr zum 3. VwVfÄndG v 21.8.2002, BGBl I, 3322, BT-Drucks 14/9000, 32, 35). Die Funktion des normtextlichen Indizes für eine Umkehrung der objektiven Beweislast, die früher die Worte: „es sei denn" hatten, hat nunmehr die Formulierung: „Dies gilt nicht" in § 14 Satz 3. In Bezug auf die Tatsache, dass das Schriftstück vor dem siebten oder die elektronische Nachricht vor dem dritten Tag zugegangen ist, ist die Vermutung unwiderleglich.

9 Die **Wirkungen des § 14 Satz 2** treten **auch dann** ein, wenn der Beteiligte nach nachweislich ihm zugegangener Aufforderung zwar einen Empfangsbevollmächtigten benennt, diese Benennung aber widerruft, ohne einen Nachfolger zu benennen. Die Folge des § 14 Satz 2 tritt nicht ein, wenn der Empfangsbevollmächtigte sein Amt niederlegt und dies der Beh mitteilt. Diese muss daraufhin das aufwendige Verfahren des § 14 Satz 1, wenn es ihr sinnvoll erscheint, wiederholen (*Schmitz* aaO § 15 Rz 13).

10 Der Beteiligte ist zusammen mit dem Verlangen gem § 14 Satz 1 auf die Rechtsfolgen der Unterlassung **hinzuweisen** (§ 14 Satz 4), und zwar wegen des engen Sachzusammenhangs, insb im Hinblick auf die Sanktion des § 14 Satz 2. Ergeht der Hinweis gem § 14 Satz 4 später, muss die **Frist** gem § 14 Satz 1 **neu** gesetzt werden (*Mutschler* in KassKomm § 14 Rz 7; *Schmitz* aaO § 15 Rz 15).

§ 15 Bestellung eines Vertreters von Amts wegen

(1) Ist ein Vertreter nicht vorhanden, hat das Gericht auf Ersuchen der Behörde einen geeigneten Vertreter zu bestellen

1. für einen Beteiligten, dessen Person unbekannt ist,
2. für einen abwesenden Beteiligten, dessen Aufenthalt unbekannt ist oder der an der Besorgung seiner Angelegenheiten verhindert ist,
3. für einen Beteiligten ohne Aufenthalt im Inland, wenn er der Aufforderung der Behörde, einen Vertreter zu bestellen, innerhalb der ihm gesetzten Frist nicht nachgekommen ist,
4. für einen Beteiligten, der infolge einer psychischen Krankheit oder körperlichen, geistigen oder seelischen Behinderung nicht in der Lage ist, in dem Verwaltungsverfahren selbst tätig zu werden.

(2) ¹Für die Bestellung des Vertreters ist in den Fällen des Absatzes 1 Nr. 4 das Betreuungsgericht zuständig, in dessen Bezirk der Beteiligte seinen gewöhnlichen Aufenthalt hat; im Übrigen ist das Betreuungsgericht zuständig, in dessen

Bezirk die ersuchende Behörde ihren Sitz hat. [2]Ist der Beteiligte minderjährig, tritt an die Stelle des Betreuungsgerichts das Familiengericht.

(3) [1]Der Vertreter hat gegen den Rechtsträger der Behörde, die um seine Bestellung ersucht hat, Anspruch auf eine angemessene Vergütung und auf die Erstattung seiner baren Auslagen. [2]Die Behörde kann von dem Vertretenen Ersatz ihrer Aufwendungen verlangen. [3]Sie bestimmt die Vergütung und stellt die Auslagen und Aufwendungen fest.

(4) Im Übrigen gelten für die Bestellung und für das Amt des Vertreters in den Fällen des Absatzes 1 Nr. 4 die Vorschriften über die Betreuung, in den übrigen Fällen die Vorschriften über die Pflegschaft entsprechend.

1. Allgemeines

§ 15 schafft Regelungen, die sicherstellen sollen, dass die (Verfahrens-)Rechte von Personen, die für die Beh aus tatsächlichen Gründen nicht erreichbar sind, gewahrt werden. **Nichterreichbarkeit ist weit zu verstehen.** Gemeint ist die aufgrund körperlicher oder mentaler Abwesenheit fehlende Möglichkeit der Kommunikation. Grundsätzlich gelten für die Anwendung des § 15 strenge Anforderungen, denn sie weichen von dem Grundsatz ab, dass der Bürger seine Interessen selbst oder durch von ihm bestellte Personen seines Vertrauens durchsetzt (*Kopp/Ramsauer* VwVfG § 16 Rz 9; vgl dazu auch die Formulierung in § 15 Abs 1 Nr 4: „nicht in der Lage, ... selbst tätig zu werden"). Die Bestellung eines Vertreters von Amts wegen muss **ultima ratio** sein (*Schmitz* in Stelkens/Bonk/Sachs VwVfG § 16 Rz 2; *Dombert* in Mann/Sennekamp/Uechtritz VwVfG § 16 Rz 7, 17). **1**

Im Unterschied zu § 14, der missverständlich von der „Bestellung" eines Empfangsbevollmächtigten spricht, obwohl der Empfangsbevollmächtigte nicht durch eine staatliche Stelle (zwangs-)bestellt wird, sondern durch den Beteiligten selbst (§ 14 Rz 4), wird der Begriff Bestellung bei § 15 zurecht verwandt: der Vertreter von Amts wegen wird auf staatliche Initiative, nämlich auf Ersuchen der das jeweilige Verwaltungsverfahren führenden Beh, durch ein staatliches Organ, das Betreuungsgericht (§ 15 Abs 2), bestellt. **2**

2. Bestellung eines Vertreters von Amts wegen

2.1. Allgemeine Voraussetzungen und Rechtsfolgen

Die Bestellung eines Vertreters von Amts wegen kommt **nur in Betracht, wenn nicht** schon **ein Vertreter** vorhanden ist. Damit ist ein gesetzlicher Vertreter gemeint, etwa ein Pfleger (§§ 1909 ff BGB) oder ein Betreuer (§§ 1896 ff BGB). Allerdings ist darauf zu achten, ob das in Rede stehende Sozialverwaltungsverfahren im Wirkungs- bzw Aufgabenkreis des Pflegers bzw des Betreuers liegt (*Roller* in von Wulffen/Schütze SGB X § 15 Rz 5). Rechtsgeschäftlich bestellte **3**

Vertreter sind der (auch für das in Rede stehende Verwaltungsverfahren ermächtigte) Bevollmächtigte nach § 13 oder der Empfangsbevollmächtigte nach § 14, wobei das Vorhandensein eines Empfangsbevollmächtigten die Bestellung eines Vertreters von Amts wegen nicht ausschließt, wenn im Hinblick auf das konkrete Verwaltungsverfahren die Kommunikation mit einem Empfangsbevollmächtigten nicht genügt (*Schmitz* aaO § 15 Rz 2, § 16 Rz 4).

4   Die Beh trifft die Entscheidung, ob sie das Ersuchen an das für die Bestellung zuständige Betreuungsgericht (§ 15 Abs 2) richtet, nach **pflichtgemäßem Ermessen**. Leitlinie hierbei muss insb sein, ob ein Verwaltungsverfahren angesichts des (womöglich Dringlichkeit indizierenden) Gegenstands und der auf dem Spiel stehenden Rechte trotz Nichterreichbarkeit des Beteiligten durchgeführt werden muss. Von einer Vertreterbestellung kann zB auch abgesehen werden, wenn erkennbar ist, dass die Kosten, die gem § 15 Abs 3 Satz 2 dem Beteiligten aufzuerlegen wären, außer Verhältnis zu den Interessen stehen, deren Realisierung bzw Schutz das Verwaltungsverfahren (zumindest auch) dienen würde (*Schmitz* aaO § 16 Rz 8). Ist aber ersichtlich, dass ein nicht aufschiebbares Verwaltungsverfahren ohne Einbeziehung eines für den Beteiligten handelnden Vertreters von Amts wegen die Rechte des Beteiligten schmälern oder gefährden würde, dann wird sich das Ermessen idR „auf Null" bzw „auf eins" reduzieren (*Kopp/Ramsauer* aaO § 16 Rz 8; *Schmitz* aaO § 16 Rz 8).

5   Es muss sich um einen **geeigneten Vertreter** handeln, dh: bestellt werden darf nur, wer im Hinblick auf das Verfahren bzw den Verfahrensgegenstand in tatsächlicher wie rechtlicher Hinsicht hinreichend qualifiziert erscheint, wobei (Berufs-)Ausbildung, (Berufs-)Erfahrungen, ein Näheverhältnis zum Beteiligten oder zur Sache berücksichtigt werden können (zum Begriff der Eignung vgl § 13 Rz 29). In Betracht kommen insb Rechtsanwälte, aber ggf auch Angehörige eines Beteiligten iS des § 10 Nr 1 (natürliche Person). An Vorschläge der Beh ist das Betreuungsgericht nicht gebunden, die Auswahlbefugnis liegt beim Gericht (*Schmitz* aaO § 16 Rz 9). Das Gericht kann die Beh allerdings um Vorschläge bitten und die Beh kann sie bereits mit dem Ersuchen unterbreiten, wobei kurz erläutert werden sollte, wieso die Person geeignet erscheint.

6   Bestellt wird der Vertreter von Amts wegen durch das jeweils zuständige **Betreuungsgericht**: für die Fälle des § 15 Abs 1 Nr 1-3, Abs 2 Halbs 2 das Betreuungsgericht, in dessen Bezirk die ersuchende Beh – nicht ihr Rechtsträger – ihren Sitz hat; im Fall des § 15 Abs 1 Nr 4, Abs 2 Halbs 1 das Betreuungsgericht, in dessen Bezirk der Beteiligte seinen gewöhnlichen Aufenthalt (§ 30 Abs 3 SGB I) hat. Das Betreuungsgericht darf nur auf **Ersuchen** der Beh, nicht etwa von Amts wegen oder auf Antrag eines Beteiligten tätig werden. Es hat die Voraussetzungen für die Bestellung des § 15 Abs 1 **eigenständig** zu prüfen (vgl § 26 FamFG). An mögliche Vorschläge der Beh ist es dabei nicht gebunden (*Schmitz* aaO § 16 Rz 9). Die gesetzlichen Voraussetzungen für die Bestellung eines Vertreters nach § 15 sind von Amts wegen während des gesamten Verwaltungsverfahrens zu prüfen. Sind sie fortgefallen, hat die Beh ein entsprechendes Ersuchen auf Aufhebung der Bestellung an das Betreuungsgericht zu richten (vgl *Schmitz* aaO § 16 Rz 7, 11), was als Rücknahme des Ersuchens gem § 15 Abs 1 zu deuten ist. Da es damit an einer gesetzlichen Voraussetzung für die Bestellung fehlt, hat das Betreuungsgericht die Bestellung aufzuheben. Das Betreuungsgericht hat die Bestellung auch dann aufzuheben, wenn es auf andere Weise, etwa durch den Beteiligten, der nachträglich einen Bevollmächtigten benannt hat, erfährt, dass die Voraussetzungen des § 15 Abs 1 nicht mehr vorliegen. Die betreuungsgerichtliche Befugnis zur Aufhebung der Vertreterbestellung

folgt aus § 15 Abs 4, der für den Fall des § 15 Abs 1 Nr 4 die ergänzende entsprechende Anwendbarkeit der Regeln über die Betreuung, im Übrigen die ergänzende entsprechende Anwendbarkeit der Regeln über die Pflegschaft anordnet (die Kompetenz zur Aufhebung der Bestellung des Vertreters im Fall des § 15 Abs 1 Nr 4 ergibt sich danach aus § 15 Abs 4 iVm § 1908 d BGB, in den übrigen Fällen gem § 15 Abs 4 iVm § 1919 BGB). Der Verweis in § 15 Abs 4 erfasst alle materiell-, verfahrens- und kostenrechtlichen Bestimmungen (vgl BT-Drucks 7/910, 45 [zu § 15 Abs 4 VwVfG]). Das BSG geht deshalb davon aus, dass sich auch die Pflichten eines nach § 72 Abs 1 SGG bestellten besonderen Vertreters an § 1901 BGB orientieren (*BSG* NJW 2014, 1039, 1040).

Sonderregelungen, die von denen der Pflegschaft und der Betreuung abweichen,   **7** schafft das SGB X in § 15 Abs 3 für den Bereich der **Vergütung** und des **Aufwendungsersatzes.** Die Regeln im BGB sind dazu nach Ansicht des Gesetzgebers „nicht ausreichen(d)" (BT-Drucks 7/910, 45 [zu § 15 Abs 3 VwVfG]). Der Vertreter hat gegen die Beh, auf deren Ersuchen er bestellt wurde, Anspruch auf **angemessene** Vergütung, ferner auf die Erstattung seiner baren (= in bar berechenbaren) Auslagen (zB Kosten für Schreibarbeiten, Porto-, Telefon-, Übernachtungs-, Reisekosten, auch – so *Vogelgesang* in Hauck/Noftz SGB X § 15 Rz 28 – Verdienstausfall). Wonach sich die angemessene Vergütung bemisst, lässt das G offen, feste Sätze schreibt es nicht vor. Anders als bei Übersetzern und Dolmetschern wird zB auch nicht das ZSEG für entsprechend anwendbar erklärt (vgl § 19 Rz 12). Die Vergütung muss nach den konkreten, das Verfahren und den Vertreter kennzeichnenden Umständen angemessen sein (vgl *Kopp/ Ramsauer* aaO § 16 Rz 29; *Roller* aaO § 15 Rz 14). Als **Richtschnur** kann die Vergütungsregelung für Aufwendungsersatz des Verfahrenspflegers nach § 277 FamFG (*Kopp/Ramsauer* aaO § 16 Rz 29) bzw die im Vormünder- und Betreuervergütungsgesetz (VBVG) geregelten Vergütungsvorschriften oder § 3 RVG iVm dem Vergütungsverzeichnis gem Anlage 1, die Anwaltsgebührenregelung für SGG-Sachen (vgl *Thieme* aaO § 15 Rz 13), herangezogen werden. Hierbei ist allerdings nicht schematisch zu verfahren, sondern es muss die Schwierigkeit und Dauer der Tätigkeit sowie Qualifikationsgrad und (Berufs-)Erfahrung des Vertreters berücksichtigt werden (*Vogelgesang* aaO § 15 Rz 27). Durchweg ist zu bedenken, dass es nicht um eine almosenähnliche Kostenerstattung, sondern um die Vergütung für eine staatlich erzwungene Dienstleistung geht, die nur dann angemessen sein kann, wenn sie, orientiert an betriebswirtschaftlichen Berechnungsgrundsätzen, für den konkreten zum Vertreter Bestellten als gewinnermöglichendes Entgelt zu qualifizieren ist. Die Beh setzt den Vergütungsanspruch **von Amts** wegen (ein Antrag ist nicht erforderlich, allerdings zweckmäßig) durch VA fest (§ 15 Abs 3 Satz 3), gegen den die allg Rechtsbehelfe statthaft sind (*Roller* aaO § 15 Rz 14).

Die Beh kann von dem Vertretenen den Ersatz ihrer Aufwendungen verlangen   **8** (§ 15 Abs 3 Satz 2), sie muss es nicht tun (Ermessen). Die Festsetzung erfolgt durch VA (§ 15 Abs 3 Satz 3). Zu den Aufwendungen gehören die dem Vertreter gezahlte Vergütung und die ihm erstatteten Auslagen. Allerdings sind hierbei die Einkommens- und Vermögensverhältnisse des Vertretenen zu berücksichtigen, was (pflichtgemäßes Ermessen) zu einem geminderten Aufwendungsersatz führen kann bzw muss (vgl *Vogelgesang* aaO § 15 Rz 29).

2.2. Situationen der Nichterreichbarkeit

Der **abschließende,** durch Analogien nicht erweiterbare Katalog des § 15 Abs 1   **9** Nr 1-4 normiert folgende **Situationen der Nichterreichbarkeit:**

2.2.1. Unbekannte Person des Beteiligten (§ 15 Abs 1 Nr 1)

10 § 15 Abs 1 Nr 1 betrifft den Fall, dass die Person eines Beteiligten (vgl §§ 10, 12) unbekannt ist. Das setzt auf Seiten der Beh die Erkenntnis voraus, dass es nach der Sach- und Rechtslage einen Beteiligten geben muss, der Rechte hat, dessen „**Person**" – dh: dessen individualisierbare Identität, die namhaft gemacht werden kann – jedoch unbekannt ist, was nach dem Untersuchungsgrundsatz (§ 20) entsprechende Ermittlungen bedingt, die erfolglos waren (*Vogelgesang* aaO § 15 Rz 6). Der Gesetzgeber hat insb an die Fälle gedacht, in denen nicht sicher ist, wem ein Recht zusteht (BT-Drucks 7/910, 45). § 15 Abs 1 Nr 1 betrifft nicht die Fälle, in denen die Beteiligung einer bekannten Person ungewiss ist; die Beteiligteneigenschaft im Sinne des § 12 ist Voraussetzung für die Vertreterbestellung (*Roller* aaO § 15 Rz 6).

2.2.2. Abwesender Beteiligter (§ 15 Abs 1 Nr 2)

11 § 15 Abs 1 Nr 2 betrifft **zwei Varianten**: den abwesenden Beteiligten mit unbekanntem Aufenthalt (Alt 1) und den Beteiligten mit bekanntem Aufenthalt, der aber an der Besorgung seiner Angelegenheiten faktisch verhindert ist (Alt 2). In beiden Fällen kann der Beteiligte – dies ist der Unterschied zu Nr 1 – namhaft gemacht werden. Beide Varianten setzen erfolglose, nicht unverhältnismäßig aufwändige Ermittlungen (§ 20 Abs 1, 2) der Beh voraus (etwa durch Anfrage bei den Meldebehörden, Erkundigungen unter der letzten bekannten Adresse), die erfolglos sein müssen (*Kopp/Ramsauer* aaO § 16 Rz 14). Ob von einer Nichterreichbarkeit konstituierenden Abwesenheit ausgegangen werden kann, ist abhängig vom Verfahrens(gegen)stand, also von der Lage des Einzelfalls (*Vogelgesang* aaO § 15 Rz 9). Unbekannt ist der Aufenthalt, wenn der Wohn- oder Aufenthaltsort nicht in Erfahrung zu bringen ist. Verhinderung bedeutet die objektiv-faktische Unmöglichkeit zu Verfahrenshandlungen bei bekannter Person, Beteiligtenstellung und bekanntem Aufenthaltsort (gleich, ob dieser im In- oder Ausland liegt). Daher kann eine Verhinderung auch vorliegen, wenn sie auf eigenem Willen beruht (etwa längere Auslandsreise); ebenso kommen zB ein erzwungener bzw nur begrenzt freiwilliger Aufenthalt in stationären Einrichtungen (Krankenhaus, Strafvollzug uä) in Betracht. Eine Verhinderung scheidet aus, wenn der Beteiligte in der Lage ist, für einen Bevollmächtigten zu sorgen (*Kopp/Ramsauer* aaO § 16 Rz 15 aE).

2.2.3. Beteiligter ohne Inlandsaufenthalt (§ 15 Abs 1 Nr 3)

12 § 15 Abs 1 Nr 3 betrifft den Fall, dass für einen namentlich bekannten Beteiligten ohne (gewöhnlichen) Aufenthalt (vgl § 30 Abs 3 SGB I) in Deutschland ein Vertreter bestellt wird, nachdem er der Aufforderung der Beh, innerhalb einer bestimmten Frist einen Vertreter zu benennen, nicht nachgekommen ist. Die Regelung setzt voraus, dass der Beteiligte wenigstens **für eine** entsprechende **Aufforderung erreichbar** ist, was zB während eines kurzfristigen vorübergehenden Aufenthalts, der noch kein gewöhnlicher Aufenthalt gem § 30 Abs 3 SGB I ist und in dem er sich zB an die Beh gewandt hat, der Fall sein kann. Die Aufforderung ist anders als das Verlangen nach § 14 (vgl § 14 Rz 6), kein eigenständig anfechtbarer VA (*Kopp/Ramsauer* aaO § 16 Rz 18 aE; *Vogelgesang* aaO § 15 Rz 11; *Mutschler* in KassKomm § 15 Rz 9), denn aus der Systematik des § 15, insb aus § 15 Abs 2, folgt, dass die Bestellung nur als unselbstständiger Annex zum betreuungsgerichtlichen Beschluss angefochten werden kann. Die Frist muss angemessen sein, wobei insb die Entfernung zwischen Beteiligtem und Beh beachtlich ist (vgl näher zu den Kriterien § 9 Rz 12; § 14 Rz 3); die Frist kann nach § 26 Abs 7 verlängert werden.

Als Vertreter wird in der Regel ein Bevollmächtigter iS des § 13 zu benennen sein; nur ausnahmsweise wird es ausreichen, einen Empfangsbevollmächtigten (§ 14) zu benennen, denn für eine **effektive Verfahrensdurchführung** wird dies häufig nicht genügen. Ob die Beh ein Verlangen nach § 14 oder eine Aufforderung nach § 15 Abs 1 Nr 3 ausspricht, ist eine Frage pflichtgemäßen Ermessens. Die Beh ist nicht gehindert, nachdem der Beteiligte bereits einen Empfangsbevollmächtigten benannt hat, in einem späteren Verfahrensstadium, in dem dies unumgänglich erscheint, nach § 15 Abs 1 Nr 3 vorzugehen. Benennt der Beteiligte nach Ablauf der Frist einen Vertreter, so ist eine inzwischen erfolgte oder in die Wege geleitete Vertreterbestellung aufzuheben (*Schmitz* aaO § 16 Rz 21).

2.2.4. Behinderter oder psychisch kranker Beteiligter (§ 15 Abs 1 Nr 4)

Nichterreichbarkeit liegt gem § 15 Abs 1 Nr 4 auch vor, wenn ein Beteiligte infolge, dh gerade wegen einer psychischen Krankheit oder körperlichen, geistigen oder seelischen Behinderung nicht in der Lage, also unfähig ist, in dem Verwaltungsverfahren selbst tätig zu werden. Was eine Behinderung ist, folgt aus § 2 Abs 1 Satz 1 SGB IX. **Behinderung** ist danach eine länger als sechs Monate andauernde psychische oder physische vom typischen Lebensalter-Zustand abweichende Funktionsstörung, also eine nicht nur vorübergehende (Dauer-)Krankheit. Körperliche Behinderung kann vorliegen bei schweren Gebrechen wie Blindheit, Taubheit, Lähmung oder Altersgebrechlichkeit, aber auch bei jeder anderen insb die Mobilität dauerhaft beeinträchtigenden Krankheit. Die Grenze zwischen psychischer Erkrankung und seelischer Behinderung ist fließend. Für den Gesetzgeber sind seelische Behinderungen bleibende psychische Beeinträchtigungen als Folge psychischer Krankheiten (Begr zum BtG, BT-Drucks 11/4528, 116). Als psychische Erkrankungen bzw seelische Behinderungen gelten insb Psychosen (zB Schizophrenien), affektive Störungen, Neurosen und Persönlichkeitsstörungen (BT-Drucks 11/4528, 116; *Jürgens* in Jürgens, Betreuungsrecht § 1896 BGB Rz 4 ff; *Bundesarbeitsgemeinschaft für Rehabilitation* [Hrsg], Arbeitshilfe für die Rehabilitation psychisch kranker und behinderter Menschen, Schriftenreihe H 9, 2003, 17 ff). Anhaltspunkte enthält auch die GdB/MdE-Tabelle (Nr 26.3: Nervensystem und Psyche). Geistige Behinderung ist jede Minderung der geistigen Kräfte von erheblichem Umfang, zB aufgrund frühzeitig erworbener Intelligenzdefekte, etwa frühkindlicher Hirnschädigungen (vgl auch die Begr zum Betreuungsgesetz [BtG], BT-Drucks 11/4528, 116). Ob eine psychische Krankheit (Störung) bzw eine seelische oder geistige Behinderung vorliegt, lässt sich idR nur auf der Grundlage medizinischer **Sachverständigen-Gutachten** feststellen, es sei denn, der bisherige Akteninhalt ist insoweit schon aussagekräftig genug (vgl *Thieme* aaO § 15 Rz 9).

Allein die Feststellung einer Krankheit bzw Behinderung genügt für die Vertreterbestellung nicht. Es muss auch dargelegt werden, dass gerade wegen der Erkrankung bzw Behinderung ein eigenes Tätigwerden im Verfahren nicht möglich ist und dass sich dies insb mit den Hilfen nach den §§ 13-16 SGB I nicht vermeiden lässt (vgl *Kopp/Ramsauer* VwVfG § 16 Rz 20 aE). Grundsätzlich ist (abgesehen von Evidenzfällen, etwa Koma-Patienten, für die aber meist ohnehin ein Betreuer bestellt sein wird) die Annahme, die Erkrankung mache zur Teilnahme am Verfahren unfähig, **zurückhaltend zu bejahen** (*Vogelgesang* § 15 Rz 17). Nur dies entspricht den **Wertungen des SGB IX**, das Selbstbestimmung und gleichberechtigte Teilhabe am Leben fördern und Benachteiligungen vermeiden bzw ihnen entgegenwirken will (§ 1 Satz 1 SGB IX). Diese Wertungen gelten auch für das SGB X, das zu den Regelungen „nach diesem Buch" (so § 1 Satz 1 SGB IX), also zum SGB, gehört. Bei der Annahme einer Unfähigkeit iS des § 15 Abs 1 Nr 4 bei körperlicher Behinderung ist zusätzlich die **Wertung des § 1896 Abs 1 Satz 3 BGB** (vgl § 11 Rz 7), der zeitgleich mit § 15 Abs 1 Nr 4 durch das BtG v 12.9.1990 (Art 7 § 45 Nr 2, BGBl I, 2002, 2025) erlassen wurde, zu berücksichtigen, wonach eine Betreuung bei ausschließlich körperlich behinderten Menschen, die ihren Willen kund tun können, nur auf deren Antrag hin in Betracht kommt (dazu auch § 11 Rz 7).

§ 16 Ausgeschlossene Personen

(1) [1]In einem Verwaltungsverfahren darf für eine Behörde nicht tätig werden,

1.   wer selbst Beteiligter ist,
2.   wer Angehöriger eines Beteiligten ist,
3.   wer einen Beteiligten kraft Gesetzes oder Vollmacht allgemein oder in diesem Verwaltungsverfahren vertritt oder als Beistand zugezogen ist,
4.   wer Angehöriger einer Person ist, die einen Beteiligten in diesem Verfahren vertritt,
5.   wer bei einem Beteiligten gegen Entgelt beschäftigt ist oder bei ihm als Mitglied des Vorstandes, des Aufsichtsrates oder eines gleichartigen Organs tätig ist; dies gilt nicht für den, dessen Anstellungskörperschaft Beteiligte ist, und nicht für Beschäftigte bei Betriebskrankenkassen,
6.   wer außerhalb seiner amtlichen Eigenschaft in der Angelegenheit ein Gutachten abgegeben hat oder sonst tätig geworden ist.

[2]Dem Beteiligten steht gleich, wer durch die Tätigkeit oder durch die Entscheidung einen unmittelbaren Vorteil oder Nachteil erlangen kann. [3]Dies gilt nicht, wenn der Vor- oder Nachteil nur darauf beruht, dass jemand einer Berufs- oder Bevölkerungsgruppe angehört, deren gemeinsame Interessen durch die Angelegenheit berührt werden.

(2) [1]Absatz 1 gilt nicht für Wahlen zu einer ehrenamtlichen Tätigkeit und für die Abberufung von ehrenamtlich Tätigen. [2]Absatz 1 Nr. 3 und 5 gilt auch nicht für das Verwaltungsverfahren auf Grund der Beziehungen zwischen Ärzten, Zahnärzten und Krankenkassen.

(3) Wer nach Absatz 1 ausgeschlossen ist, darf bei Gefahr im Verzug unaufschiebbare Maßnahmen treffen.

(4) [1]Hält sich ein Mitglied eines Ausschusses oder Beirats für ausgeschlossen oder bestehen Zweifel, ob die Voraussetzungen des Absatzes 1 gegeben sind, ist dies dem Ausschuss oder Beirat mitzuteilen. [2]Der Ausschuss oder Beirat entscheidet über den Ausschluss. [3]Der Betroffene darf an dieser Entscheidung nicht mitwirken. [4]Das ausgeschlossene Mitglied darf bei der weiteren Beratung und Beschlussfassung nicht zugegen sein.

(5) [1]Angehörige im Sinne des Absatzes 1 Nr. 2 und 4 sind

1.   der Verlobte, auch im Sinne des Lebenspartnerschaftsgesetzes,
2.   der Ehegatte oder Lebenspartner,
3.   Verwandte und Verschwägerte gerader Linie,
4.   Geschwister,
5.   Kinder der Geschwister,
6.   Ehegatten oder Lebenspartner der Geschwister und Geschwister der Ehegatten oder Lebenspartner,

                     H. Lang

7. Geschwister der Eltern,
8. Personen, die durch ein auf längere Dauer angelegtes Pflegeverhältnis mit häuslicher Gemeinschaft wie Eltern und Kind miteinander verbunden sind (Pflegeeltern und Pflegekinder).

[2]Angehörige sind die in Satz 1 aufgeführten Personen auch dann, wenn

1. in den Fällen der Nummern 2, 3 und 6 die die Beziehung begründende Ehe oder Lebenspartnerschaft nicht mehr besteht,
2. in den Fällen der Nummern 3 bis 7 die Verwandtschaft oder Schwägerschaft durch Annahme als Kind erloschen ist,
3. im Falle der Nummer 8 die häusliche Gemeinschaft nicht mehr besteht, sofern die Personen weiterhin wie Eltern und Kind miteinander verbunden sind.

Literatur:

Buchner/Bosch: Befangenheitsanträge gegen Schiedsamtsmitglieder – Verfahrensrechtliche Fragestellungen, SGb 2011, 21; DIJuF-Rechtsgutachten: Unzulässigkeit einer Führung von Vormundschaften durch Fachkräfte im sozialpädagogischen Fachdienst Heimerziehung und Pflegekinderdienst, JAmt 2004, 196; DIJuF-Rechtsgutachten: Rechtliche Unzulässigkeit eines Mischarbeitsplatzes „Amtsvormundschaft/Adoption", JAmt 2004, 375; *Hauser*: Keine Kostenerstattung bei Personalunion von Amtsvormund und Fachkraft im ASD, JAmt 2002, 6; *Kaufmann*: Das Jugendamt als Vormund und als Sozialleistungsbehörde – Probleme der Doppelfunktion, DAVOrm 1998, 481; *Klinkhardt*: Zur Zulässigkeit einer organisatorischen Koppelung von Amtsvormund und Wirtschaftlicher Jugendhilfe, DAVorm 2000, 295; *Kopp*: Zur Nichtigkeit eines Verwaltungsaktes wegen Besorgnis der Befangenheit eines Amtsträgers – Forstsetzungsfeststellungsklage, SGb 1994, 235 f.

1. Allgemeines

Die Vorschriften der §§ 16 und 17 sind Ausdruck des **verfassungsstaatlichen Distanzgebots**. Ihre Geltung, die unabhängig von einer konkreten Kodifizierung anzunehmen ist (*BVerwG* DÖD 1983, 220; *HessVGH* DÖV 1970, 645; sa bereits *PreußOVG* OVGE 4, 282 [286]), beruht auf der Überlegung, dass Herrschaftsausübung im demokratischen Verfassungsstaat nur dann Legitimität be-   1 anspruchen kann, wenn im Interesse von Freiheit und Gerechtigkeit Abstand zwischen Interesse und staatlicher Entscheidung besteht (so *Kloepfer* VVDStRL 40, [1982], 63). Öffentlich Bedienstete haben ihr Amt deshalb **unparteiisch** zu führen. Dieser Gedanke durchzieht das gesamte Verwaltungs(verfahrens)recht und ist für das Sozialverwaltungsverfahren in den §§ 16, 17 umgesetzt. Die Vorschriften lassen sich auch als Konkretisierung des **Grundsatzes fairer Verfahrensgestaltung** ansprechen, der nicht auf das gerichtliche Verfahren beschränkt ist und gebiet, dass die für die Beh tätig werdenden Personen die ihnen übertragenen Aufgaben unparteiisch und in hinreichender Distanz zu eigenen und vom Gesetz nicht vorgesehenen Sonderinteressen vornehmen (*BVerwGE* 75, 214; 70, 143; 55, 355). Die unterschiedlichen verfassungsrechtlichen Herleitungen schließen sich nicht wechselseitig aus, sondern ergänzen einander. Ihnen allen liegt der in Rechtsprechung und Literatur gleichermaßen besonders betonte Distanzgedanke zugrunde (vgl *BVerfGE* 3, 377; 27, 312; 60, 175, aus neuerer Zeit *BVerfG* DVBl 1991, 1139 – Kammerbeschluss; aus dem Schrifttum etwa *Czybulka* in Sodan/Ziekow VwGO § 54 Rz 6).

2. Ratio der Regelungen

2   Mithilfe der Regelungen sollen Entscheidungsträger, die nicht über eine hinreichende Distanz zum Verfahrensgegenstand oder den Verfahrensbeteiligten verfügen, wegen der Besorgnis der Befangenheit aus dem Verfahren entfernt werden können.

3   Da **Parteilichkeit** (iSv Voreingenommenheit) eine *innere* Einstellung entweder zur Person oder zur Sache ist, kann auf sie regelmäßig nur aus *objektiv* feststehenden Indizien geschlossen werden. Das Gesetz unterscheidet nach der Stärke solcher Indizien die **Ausschließung** und die **Befangenheit** (vgl *Niemann* in Wieczorek/Schütze ZPO Vorbem § 41 Rz 3). Beide Institute unterscheiden sich vor allem in der Intensität der **Vermutungswirkung**. Während im Falle des Ausschlusses die Mitwirkung des Betreffenden bei einer Entscheidung kraft Gesetzes ausgeschlossen ist (einer im Streitfall dies bestätigende Entscheidung kommt deshalb lediglich deklaratorische Bedeutung zu.), wirkt die Entscheidung im Falle der Befangenheit konstitutiv (vgl *BVerfGE* 46, 34). Dahinter steht die Erwägung, dass die Ausschließungstatbestände Fallkonstellationen aufgreifen, bei denen eine von den eigenen Interessen abstrahierende Entscheidung schlechterdings nicht erwartet werden kann. Bei derartigen Entscheidungen stellt das Gesetz die **unwiderlegliche Vermutung** der Distanzlosigkeit auf (zur Rechtsfolge vgl unten Rz 52 ff). Die in § 16 genannten Ausschließungsgründe sind daher **von Amts wegen** zu beachten (vgl *BSG* SozR 3-1300 § 16 Nr 2).

4   Dabei ist den einschlägigen Vorschriften jeweils ein **doppelter Schutzzweck** eigen. Sie sollen einerseits das Vertrauen des Bürgers in die Ordnungsgemäßheit und Sauberkeit der Verwaltung stärken und erhalten, andererseits aber auch den Amtsträger vor Belastungen schützen, die durch die Ambivalenz, der Verquickung eigener mit dienstlichen Interessen entstehen.

5   Dass die Regelungen in §§ 16, 17 dem Bet – abweichend vom Prozessrecht, vgl nur § 60 Abs 1 SGG iVm §§ 42 ff ZPO – kein **förmliches Ablehnungsrecht** einräumen (so auch *Simmler* GesR 2007, 249, 250; vgl auch *BSGE* 104, 185 = NJOZ 2010, 1072, 1074; *LSG NRW* BeckRS 2012, 67393), erscheint deutlich problematischer als die hM (so *Schnapp* GesR 2007, 392, 396) annimmt. Denn das zur Begründung vorgetragene Missbrauchsargument erscheint ohne empirische Belege allzu pauschal. Vollends ungereimt aber ist es, wenn befangenheitsbezogene Einlassungen präkludiert werden, obgleich den Bet kein förmliches

Ablehnungsrecht zusteht (vgl zu dieser Präklusion auf Basis der hM etwa *OVG NRW* NWVBl 1993, 293 mwN; *Bonk/Schmitz* in Stelkens/Bonk/Sachs VwVfG § 20 Rz 4; auch *von Mutius* in GK-SGB X/1 § 17 Rz 3).

3. Der Regelungsgehalt im Einzelnen

3.1. Tätigwerden für eine Behörde im Verwaltungsverfahren

§ 16 enthält zusammengefasst zwei Voraussetzungen, unter denen eine Ausschließung anzunehmen ist: Es muss beim Tätigwerden für eine Beh im Verwaltungsverfahren jemand tätig werden, bei dem ein Ausschließungsgrund vorliegt.   **6**

Die Vorschrift setzt zunächst ein **Tätigwerden** *für* eine Beh *im* Verwaltungsverfahren voraus. Erste Voraussetzung für das Verbot der Mitwirkung ist deshalb eine nach außen wirkende, auf den Erlass eines VA oder den Abschluss eines öffentlich-rechtlichen Vertrages gerichtete Tätigkeit. Der Ausschluss bezieht sich also nur auf solche Personen, die an dem Verwaltungsverfahren (zum Begriff und seinen Grenzen vgl § 8) beteiligt sind. Entsprechend ist nicht erfasst, wer nur reine Hilfstätigkeiten bei technischen Verwaltungsvorgängen verrichtet (*Roller* in von Wulffen/Schütze SGB X § 16 Rz 4), etwa Botengänge oder Schreibarbeiten (*Vogelgesang* in Hauck/Noftz SGB X § 16 Rz 4), da derartige Tätigkeiten nicht als entscheidungsbezogen zu qualifizieren sind (*Bonk/Schmitz* aaO § 20 Rz 25 mw Beispielsfällen). Andererseits soll durch die Fassung des Abs 1 auch klargestellt werden, dass Tätigkeiten vorbereitender Art, zB die Ermittlung des Sachverhalts durch die Vernehmung von Zeugen, von der gesetzlichen Regelung erfasst sein können; auch solche Tätigkeiten werden nämlich in der Regel für die Entscheidung von wesentlicher Bedeutung sein (vgl zu diesem Aspekt: BT-Drucks 7/910, 45). Dagegen ist in § 16 kein Ausschluss an der Mitwirkung am Widerspruchsbescheid vorgesehen, wenn bereits zuvor eine Mitwirkung am Erstbescheid vorlag. Von einem solchen Ausschlussgrund wurde bewusst abgesehen (anders zB § 60 Abs 2 SGG), da gerade in Selbstverwaltungsangelegenheiten im Regelfall die Ausgangsbehörde selbst über den Widerspruch zu entscheiden hat, so dass die Mitwirkung derjenigen, die an der Erstentscheidung beteiligt waren, häufig kaum zu vermeiden sein wird (*LSG NRW* Urt v 31.10.2012 – L 11 KA 128/11, BeckRS 2013, 65979).   **7**

Nicht betroffen von der Regelung ist die Mitwirkung auf nichtbehördlicher Seite. Umstritten ist insofern die Einordnung von Sachverständigen (vgl *Kopp/Ramsauer* VwVfG § 20 Rz 13 a mwN).   **8**

3.2. Ausschließungsgründe

Ausschließung ist die kraft Gesetzes für einen bestimmten Rechtsstreit eintretende Unfähigkeit des Betreffenden zur Amtsausübung (vgl *Vollkommer* in Zöller ZPO § 41 Rz 1). **Befangenheit** bezeichnet eine innere Haltung, die die notwendige Distanz und Neutralität zu dem Verfahrensgegenstand oder den Verfahrensbeteiligten vermissen lässt und deshalb zur Bevorzugung oder Benachteiligung führen kann. Auch hier gilt wegen der Schwierigkeit des Nachweises innerer Haltungen, dass aus objektiven Anhaltspunkten auf die Besorgnis der Befangenheit geschlossen wird. Eine zur Ablehnung berechtigende Besorgnis der Befangenheit ist dabei anzunehmen, wenn Umstände vorliegen, die berechtigte Zweifel an der Unparteilichkeit oder Unabhängigkeit des Entscheidungsträgers aufkommen lassen (vgl *Vollkommer* aaO § 42 Rz 8). Die Ausschlusstatbestände beziehen sich immer nur auf natürliche Personen, nicht auf die Verwaltung, das Amt oder die Beh als solche.   **9**

10   Bei den in § 16 aufgezählten Personen wird **unwiderleglich vermutet**, dass sie befangen sind (*BSG* SozR 3-1300 § 16 SGB X Nr 2; *BVerwGE* 69, 256). Darauf, ob die Personen im konkreten Fall tatsächlich befangen sind oder dass hierfür konkrete Indizien vorliegen, kommt es also nicht an. Die Regelung des § 16 ist insofern zwingend, aber nur in Bezug auf die ipso iure vom Verwaltungsverfahren ausgeschlossenen Personen abschließend (missverständlich *Roller* aaO § 16 Rz 5). Für die Frage der Befangenheit ist § 17 zu beachten.

3.2.1. Fallgruppen unwiderleglicher gesetzlicher Vermutung
3.2.1.1. Beteiligtenstellung

11   Nach **Abs 1 Satz 1** ist von der Mitwirkung an einem Verwaltungsverfahren auf Seiten der Beh zunächst ausgeschlossen wer selbst Bet ist (Nr 1). Die **Beteiligteneigenschaft** ergibt sich aus § 12. Von § 16 erfasst werden damit der Antragsteller, der Antragsgegner, der Adressat eines VA oder der Vertragspartner der Beh sowie der nach § 12 Hinzugezogene. Die genannten Personen unterliegen einem Mitwirkungsverbot, soweit sie auf Seiten der Beh in das Verfahren einbezogen werden (sollen). Andere – zB wer in einem Sozialverwaltungsverfahren nur angehört wird – können nicht durch § 16, uU aber durch § 17 von einer Mitwirkung am Verfahren ausgeschlossen sein.

3.2.1.2. Angehörige der Beteiligten

12   Weiterhin sind ausgeschlossen die **Angehörigen** eines Bet (**Nr 2**) und die Angehörigen einer Person, die einen Bet in diesem Verfahren vertritt (**Nr 4**; zum Begriff der Vertretung Rz 13), nicht jedoch Angehörige eines Beistandes, für die ggf § 17 eingreift (*Vogelgesang* aaO § 16 Rz 15; zum Angehörigenbegriff § 16 Abs 5 vgl unten Rz 38 ff). Lebenspartner sind nunmehr explizit in den Kreis der Personen einbezogen worden, die kraft Gesetzes als Amtsträger in einem Sozialverwaltungsverfahren nicht tätig werden dürfen. Bei ihnen wird, wie bei den übrigen Personengruppen, die als Angehörige iSv Abs 1 Nr 2 und 4 gelten, wegen der engen persönlichen Beziehung zu dem Verfahrensbeteiligten die Befangenheit angenommen (siehe BT-Drucks 18/5901, 27).

3.2.1.3. Vertreter bzw Beistand der Beteiligten

13   Nach Abs 1 ist ferner ausgeschlossen wer allgemein oder in dem betroffenen Verwaltungsverfahren gesetzlicher oder gewillkürter **Vertreter eines Bet** ist oder als Beistand zugezogen ist (**Nr 3**). Nicht erfasst ist, wer den Bet lediglich in einer bestimmten, anderen Angelegenheit vertritt (*Vogelgesang* aaO § 16 Rz 14; *Roller* aaO § 16 Rz 9). In solchen Fällen wird aber regelmäßig eine Besorgnis der Befangenheit im Sinne von § 17 bestehen. Gesetzliche Vertretung liegt insbesondere vor in den Fällen elterlicher Sorge (§§ 1626 ff BGB) – insofern greift freilich auch Abs 1 Satz 1 Nr 2 iVm Abs 5 Satz 1 Nr 3 ein – bei Vormundschaft (§ 1793 BGB). Betreuung (§ 1902 BGB), Pflegschaft (§§ 1909 ff BGB), Vertretung eines rechtsfähigen Vereins (§ 26 Abs 2 BGB), einer rechtsfähigen Stiftung (§ 86 iVm § 26 Abs 2 BGB), einer OHG (§ 125 HGB), einer KG (§ 161 Abs 2 iVm § 125 HGB), AG (§§ 76 ff AktG) sowie GmbH (§ 35 GmbHG).

3.2.1.4. Angehörige des Vertreters

14   Durch § 16 Abs 1 **Nr 4** wird ein inkriminierter und damit vom Gesetz zu verhindernder Interessenkonflikt auch vermutet, soweit ein Angehöriger eines Vertreters auf Seiten der Beh tätig werden soll. Anders als im Rahmen der Nr 3 wird hier allerdings der Beistand nicht erfasst.

3.2.1.5. Entgeltliche Beschäftigung und ähnliche Verhältnisse

Weiterhin ist ausgeschlossen, wer bei einem Bet gegen Entgelt beschäftigt ist **15** oder bei ihm als Mitglied des Vorstandes, des Aufsichtsrates oder eines gleichartigen Organs tätig ist (**Nr 5**). Dies gilt indes nicht für Personen, deren Anstellungskörperschaft (=Arbeitgeber) Bet ist, und für Personen, die bei Betriebskrankenkasse beschäftigt sind. Die erste Ausnahmevariante ist nötig, weil sonst Behördenbedienstete, die für eine andere Beh als ihre Anstellungskörperschaft tätig sind, in einem Verfahren nicht mitwirken dürften, in der ihre Anstellungskörperschaft Bet ist (vgl *Roller* aaO § 16 Rz 11). Die zweite Ausnahmevariante ist vor dem Hintergrund zu sehen, dass bei Betriebskrankenkassen der Arbeitgeber auf seine Kosten und Verantwortung die für die Geschäfte der Betriebskrankenkasse erforderlichen Personen beruft (vgl § 147 Abs 2 SGB V) und diese ohne die Ausnahmeregelung nicht an Verwaltungsverfahren mitwirken dürften, bei denen der Arbeitgeber Bet ist (*Roller* aaO § 16 Rz 11). Gleichartige Organe sind nur solche mit leitender oder kontrollierender Funktion, nicht jedoch lediglich beratende Beiräte oder Unterausschüsse (vgl *Kopp/Ramsauer* VwVfG § 20 Rz 26).

Beschäftigt im Sinne von **Nr 5** ist, wer nichtselbstständige Arbeit leistet, also **16** insbesondere in einem Arbeits- oder sonstigen Dienstverhältnis steht, nicht jedoch, wer auf Grundlage eines Werkvertrages tätig wird. Voraussetzung für das Eingreifen des Ausschlussgrundes ist die Entgeltlichkeit der Beschäftigung (vgl dazu auch *Roller* aaO § 16 Rz 11). Auf Entgeltlichkeit kommt es bei Mitgliedern eines Vorstandes, eines Aufsichtsrates oder gleichartigen Organs hingegen nicht an. Nach Beendigung der entgeltlichen Beschäftigung oder der Mitgliedschaft in einem Vorstand, Aufsichtsrat oder gleichartigen Organ greift § 16 nicht mehr ein, jedoch kann ein Fall des § 17 vorliegen (*Roller* aaO § 16 Rz 17).

Nicht ausgeschlossen ist nach § 16 der Arbeitgeber eines Bet (*Roller* aaO § 16 **17** Rz 11). Dies ist vor der Ratio der Ausschlussgründe der **Nr 5**, Entscheidungen zu verhindern, die durch wirtschaftliche Abhängigkeit beeinflusst werden könnten, konsequent, da der Arbeitgeber anders als der Arbeitnehmer in der Regel nicht in dieser Weise abhängig sein wird. Allerdings kann insofern § 17 eingreifen.

3.2.1.6. Private gutachtliche und sonstige Tätigkeit

Schließlich ist bestimmt, dass ausgeschlossen ist, wer in der Angelegenheit au- **18** ßerhalb seiner amtlichen Eigenschaft, dh privat (*Bonk/Schmitz* in Stelkens/ Bonk/Sachs VwVfG, § 20 Rz 40 mit Hinweis auf BVerwGE 75, 214/229 = NVwZ 1987, 578; *Stüer/Hönig* DÖV 2004, 645), ein Gutachten abgegeben hat oder sonst tätig geworden ist (**Nr 6**). Eine Mitwirkung in amtlicher Eigenschaft etwa am Vorverfahren ist hingegen unschädlich (*Roller* aaO § 16 Rz 12). Ebenso wenig löst nach Auffassung des *BSG* die Abgabe eines Gutachtens durch einen im Verwaltungsverfahren involvierten Sozius den Ausschlusstatbestand des § 16 Abs 1 Nr 6 aus (vgl *BSG* SozR 1300 § 16 Nr 1 [im konkreten Fall ging es um den Ausschluss eines Rechtsanwalts als Vorsitzenden eines Disziplinarausschusses der KÄV, wobei die Einleitung des Disziplinarverfahrens auf einer Stellungnahme seines Sozius beruhte]). Die Tätigkeit eines ehrenamtlichen Richters in Widerspruchsausschuss trägt grundsätzlich nicht den Rechtsschein der Parteilichkeit in sich (*BayVGH* Urt v 18.6.2008 – 12 BV 05.2467, im konkreten Fall ging es um die Besorgnis der Befangenheit eines früheren ehrenamtlichen Richters am Arbeitsgericht, der nun im Widerspruchsverfahren zur Erteilung der Zustimmung zur Kündigung eines schwerbehinderten Menschen beteiligt war).

3.2.2. Gleichstellungen

19 Gemäß **Abs 1 Satz 2** steht einem Bet gleich, wer durch die Tätigkeit oder durch die Entscheidung einen unmittelbaren Vorteil oder Nachteil erlangen kann. Damit ist sowohl diese Person von der Mitwirkung am Verwaltungsverfahren auf Seiten der Beh ausgeschlossen als auch die Personen, die zu ihm in den Nr 2 bis 5 aufgeführten Beziehungen stehen. Satz 2 bezieht sich also nicht bloß auf Satz 1 Nr 1, sondern erweitert die Gleichstellung mit dem Bet auch auf dessen Rolle in den anderen Ausschlussgründen.

3.2.2.1. Vor- oder Nachteil

20 Der **Vor- oder Nachteil** kann wirtschaftlicher, rechtlicher und ideeller Natur sein (*Vogelgesang* aaO § 16 Rz 13, muss aber unmittelbare Folge der behördlichen Tätigkeit oder Entscheidung sein.

3.2.2.2. Unmittelbarkeit

21 Das Gesetz will mit der Koppelung von Vor- und Nachteil mit dem **Unmittelbarkeitserfordernis** dem Gedanken Rechnung tragen, dass sich irgendwelche Auswirkungen auf die Rechtspositionen der Entscheidenden stets finden lassen (ähnlich für die kommunalrechtlichen Regelungen etwa *Hassel* DVBl 1988, 711; *Hager* VBlBW 1994, 263). Eine extensive Auslegung der Kausalität würde deshalb zu einem ausufernden Anwendungsbereich des Mitwirkungsverbots und damit einer Lähmung der Verwaltung führen (so für die kommunalrechtliche Regelungen *OVG NRW* NWVBl 1989, 52; *Hassel* DVBl 1988, 711). Im Interesse der Sicherung der **Funktionalität** und **Praktikabilität** des Mitwirkungsverbots stellt deshalb das Unmittelbarkeitserfordernis ein notwendiges Korrelat dazu dar, dass das Gesetz hinsichtlich der Besorgnis der Befangenheit an Vermutungstatbestände anknüpft.

22 So plausibel und notwendig eine einschränkende Betrachtung der Kausalität auch erscheinen mag, so wenig besteht doch Einigkeit darüber, wie eine solche Begrenzung zu erreichen ist. Wie die Unmittelbarkeit zu bestimmen ist, ist namentlich im Kommunalrecht Gegenstand kontroverser Diskussionen, die hier nicht ausgebreitet werden können. Doch lassen sich folgende Eckpunkte feststellen: Bei der Subsumtion des Unmittelbarkeitserfordernisses kommt es zunächst ganz auf die Umstände des **Einzelfalles** an. Leitgedanke sollte dabei sein, dass die §§ 16, 17 bereits der Vermeidung des **„bösen Scheins"** parteiischer Amtsführung entgegentreten wollen (vgl *BVerwGE* 43, 42; 75, 214). Orientieren kann sich der Rechtsanwender auch an dem in etlichen Kommunalverfassungen unternommenen Versuch einer Legaldefinition wonach Unmittelbarkeit gegeben ist, wenn die Entscheidung eine natürliche oder juristische Person direkt berührt.

Ob eine mögliche Auswirkung der Verwaltungstätigkeit oder Verwaltungsentscheidung einen unmittelbaren Vor- oder Nachteil darstellt, ist nach der Rechtsprechung aus der Sicht eines objektiven Beobachters zu ermitteln (*LSG NRW* Urt v 24.11.2010 – L 11 KA 4/09, BeckRS 2011, 70054). Dabei ist nicht nur zu berücksichtigen, dass die Mitwirkung von Personen verhindert werden soll, die am Ausgang des Verwaltungsverfahrens ein eigenes, vor allem wirtschaftliches Interesse haben, sondern es muss auch eine Gesetzesauslegung vermieden werden, nach der jeder theoretisch denkbare Vor- oder Nachteil, selbst untergeordnete, entfernt liegende Interessenkollisionen beachtlich sind (*LSG NRW* Urt v 24.11.2010 – L 11 KA 4/09, BeckRS 2011, 70054).

Bei nur mittelbarer Kausalität kann § 17 eingreifen. Die Erlangung des Vor- oder Nachteils muss nicht sicher sein („erlangen kann"), vielmehr reicht ihre nach objektiven Maßstäben zu beurteilende ernsthafte Möglichkeit aus (*Hissnauer* in jurisPK-SGB X § 16 Rz 27).

23

3.2.3. Ausnahmetatbestände

3.2.3.1. Wahlen

Die Ausschlusstatbestände des Abs 1 gelten gem **Abs 2 Satz 1** nicht für Wahlen zu einer ehrenamtlichen Tätigkeit und für die Abberufung von ehrenamtlich Tätigen. Als Wahlen in diesem Sinne kommen etwa die Wahl der Vertreterversammlung (§§ 46 ff SGB IV), des Verwaltungsrates (§ 31 Abs 3 a SGB IV), des ehrenamtlichen Vorstandes (§§ 52 ff SGB IV), der Versichertenältesten und der Vertrauenspersonen (§§ 39, 61 SGB IV) in Betracht (vgl *Vogelgesang* aaO § 16 Rz 33).

24

Relevant ist die Vorschrift auch im Hinblick auf VA, durch die eine Person von einem ehrenamtlichen Wahlamt entbunden wird (vgl § 59 SGB IV; *Vogelgesang* aaO § 16 Rz 33).

25

3.2.3.2. Besondere Verwaltungsverfahren

Ferner gilt Abs 1 Nr 3 und 5 gemäß **Abs 2 Satz 2** nicht für das Verwaltungsverfahren aufgrund der Beziehungen zwischen Ärzten, Zahnärzten und KK. Diese Ausnahmen betreffen die für die Zulassung als Vertragsarzt eingerichteten Zulassungs- und Berufungsausschüsse nach §§ 96, 97 SGB V, die Prüfungs- und Beschwerdeausschüsse zur Überwachung der Wirtschaftlichkeit der kassenärztlichen Versorgung nach § 106 SGB V sowie die Schiedsämter nach § 89 SGB V (*Roller* aaO § 16 Rz 14) und sind vor dem Hintergrund zu sehen, dass in diesen Gremien auf Seiten der KK wie der KÄV regelmäßig Personen mitarbeiten, die bei einer KK, einem Kassenverband oder der KÄV hauptberuflich tätig sind, deren Mitwirkung am Verwaltungsverfahren „rechtsstaatlich unbedenklich und in der Praxis vielfach unverzichtbar" ist (*BSG* SozR 3-1300 § 16 SGB X Nr 1). Kein Ausschluss ergibt sich hinsichtlich eines bei einer KÄV angestellten Prüfarztes in Bezug auf seine Mitwirkung als Schriftführer an der Vorbereitung, Beratung und Abfassung von Entscheidungen der Prüfungseinrichtungen (*BSG* SozR 3-1300 § 16 SGB X Nr 1). Gleiches gilt für den Bediensteten einer KK, der von der Mitwirkung als Vorsitzender des Beschwerdeausschusses in der vertragsärztlichen Wirtschaftlichkeitsprüfung nicht deshalb ausgeschlossen ist, weil er zuvor im Verwaltungsverfahren die Interessen seiner KK vertreten hat (*BSG* SozR 3-1300 § 16 SGB X Nr 2). Verfassungsrechtlichen Bedenken ist das *BSG* ua unter Hinweis auf die Reservefunktion des § 17 Abs 2 entgegengetreten (vgl *BSG* SozR 3-1300 § 16 Nr 2); es hat zugleich einer vom Berufungsgericht vorgeschlagenen teleologischen Reduktion des § 16 Abs 2 Satz 2 eine Absage erteilt. Nach Auffassung des Untergerichts sollte derjenige, der für einen Krankenkassenverband Widerspruch gegen den Bescheid einer Prüfungskommission eingelegt und begründet hatte, gemäß § 16 Abs 1 Nr 3 von der Mitwirkung im Verfahren vor dem Beschwerdeausschuss als dessen Vorsitzender ausgeschlossen sein; insoweit sei § 16 Abs 2 Satz 2, um einen rechtsstaatlichen Mindeststandard des Verwaltungsverfahrens zu garantieren, „(... *insb*) zweck- und verfassungskonform zu reduzieren" (vgl *SchlHLSG* Urt v 21.2.1995 – L 6 Ka 15/94).

26

27 **Verfassungsrechtlich** bleiben trotz der Entscheidungen des *BSG* Zweifel. Denn wenn die von § 16 intendierten Mitwirkungsverbote Ausdruck **rechtsstaatlich gebotener Distanz** sind und § 16 Abs 2 – wie das *BSG* ausführt – die in den Fällen des § 16 Abs 1 unwiderleglich (sic) vermutete Interessenkollision aufhebt (*BSG* aaO; sa *BSG* SozR 3-1300 § 16 Nr 1), kann es nicht zufrieden stellen, wenn als Begründung hierfür unter Verweis auf die Gesetzesbegründung (BT-Drucks 8/2034, 31) angeführt wird, die Regelung sei erforderlich, um den bisherigen Rechtszustand beizubehalten. In verfassungsrechtlicher Perspektive kann es auch nicht darauf ankommen, ob eine Regelung vom Gesetzgeber ersichtlich so gewollt war (so aber das *BSG* aaO).

3.2.3.3. Gruppenvorteil

28 Die mögliche Erlangung eines Vor- oder Nachteils ist nach **Abs 1 Satz 3** unschädlich, wenn er nur darauf beruht, dass jemand einer Berufs- oder Bevölkerungsgruppe angehört, deren gemeinsame Interessen durch die Angelegenheit berührt werden. Auch in solchen Fällen kann aber § 17 eingreifen, wobei jedoch der Rechtsgedanke des Abs 1 Satz 3 zu beachten ist (vgl *Kopp/Ramsauer* VwVfG § 20 Rz 43). Wie das sog Gruppenprivileg dogmatisch einzuordnen ist und wann es einschlägig ist, darf aber nach wie vor als ungeklärt bezeichnet werden. Zumeist wird lapidar konstatiert, es greife immer dann ein, wenn von den Ausschließungsregelungen an sich inkriminierte Sonderinteressen auf der Zugehörigkeit zu einer Berufs- oder Bevölkerungsgruppe beruhten. Diese Auslegung weist aber den entscheidenden Nachteil auf, dass sie die gesetzlichen Regelungen gerade dann leer laufen lässt, wenn die Besorgnis störender Sonderinteressen (quantitativ) am größten ist.

29 Nicht angängig ist es dabei auch, das **Gruppenprivileg** mit der Überlegung zu stützen, andernfalls könne der Ausschluss größerer Personenkreise die Arbeitsfähigkeit der Entscheidungskörper in Frage stellen (so aber *Obermayer* VwVfG § 20 Rz 86; *OVG NRW* NJW 1979, 2632; *Hill* DVBl 1983, 1). Eine solche Interpretation verwischt Tatbestand und Rechtsfolge der Mitwirkungsverbote.

30 Die hM sucht das Gruppenproblem wertend zu lösen. Demzufolge sollen Sonder- oder Individualinteressen befangenheitsauslösend, Gruppeninteressen hingegen unschädlich sein. Die Abgrenzung erfolgt aufgrund einer „wertenden Betrachtung der Verhältnisse des Einzelfalles" (*OVG Lüneburg* NVwZ 1982, 44). Ein Ausschlussgrund ist nach dieser Auffassung gegeben, wenn der Entscheidende aufgrund persönlicher Beziehungen zum Beratungs- und Entscheidungsgegenstand ein individuelles Sonderinteresse besitzt, das zu einer Interessenkollision führen kann und die Besorgnis rechtfertigt, dass er nicht mehr uneigennützig und neutral handele (*OVG NRW* NVwZ 1984, 667; *Schmitz* VR 1997, 58).

31 Diese auf die Unterscheidung von **Gruppen- und Sonderinteressen** bezogene Abgrenzung stellt sich allerdings in der konkreten Anwendung als wenig praktikabel oder gar vorhersehbar dar. So sollen die Befangenheitsvorschriften nicht eingreifen, wenn „nur Gruppeninteressen im Spiel" seien. Ein die Befangenheit auslösendes individuelles Sonderinteresse sei demgegenüber anzunehmen, „wenn (der Entscheidende) zum Gegenstand der Beschlussfassung in lose persönliche oder sachliche Beziehung getreten ist" (*von Arnim* JA 1986, 1; *Knemeyer* Bayerisches Kommunalrecht Rz 215).

32 Angesichts der Vagheit solcher Abgrenzungsformeln erscheint es sachgerechter, Unmittelbarkeit und Gruppeninteresse unter Zuhilfenahme der klassischen

Auslegungsmittel weniger wertend als vielmehr ursachenbezogen zu akzentuieren.

Wie Wortlaut und systematische Auslegung nämlich zeigen, beruht bei den verwaltungsverfahrensrechtlichen Regelungen die Ausnahme vom Mitwirkungsverbot aufgrund eines (bloßen) Gruppeninteresses wie bei den als Vorbildern dienenden kommunalrechtlichen Mitwirkungsverboten auf dem engen Zusammenhang mit der Unmittelbarkeit des Vor- oder Nachteils. Das Gesetz gibt deutlich zu erkennen, dass das Gruppeninteresse nur deshalb grundsätzlich nicht zur Ausschließung führen soll, weil bei ihm nicht mit hinreichender Klarheit von einer Unmittelbarkeit des Vor- oder Nachteils ausgegangen werden kann. Für diese Sichtweise lässt sich besonders die sprachliche Unterscheidung in § 16 Abs 1 Satz 2 und Satz 3 anführen. Während in § 16 Abs 1 Satz 2 von einem unmittelbaren Vor- oder Nachteil die Rede ist, spricht Satz 3 davon, dass das Mitwirkungsverbot nicht gelten solle, wenn der Vor- oder Nachteil auf dem Gruppeninteresse beruht. Da in dieser Formulierung beim sog Gruppeninteresse nicht mehr von der Unmittelbarkeit des Vor- oder Nachteils gesprochen wird, der nach Satz 2 der Vorschrift doch gerade die Besorgnis der Befangenheit begründet, wird deutlich, dass das Gesetz das bloße Gruppeninteresse nicht als ausreichend ansieht, die Unmittelbarkeit der Vorteilserlangung oder Nachteilszufügung zu indizieren. Nur bei der geforderten Unmittelbarkeit besteht aber der böse Schein der Selbstbegünstigung.

Es spricht daher alles dafür, den Ausschluss des Gruppeninteresses in Beziehung zu dem Unmittelbarkeitserfordernis zu setzen. Dem nur mittelbaren Vor- und Nachteil wird dabei in der Regel das Gruppeninteresse, dem unmittelbaren Vorteil das Eigeninteresse entsprechen. Wenn im Schrifttum versucht wird, diese Interpretation mit dem Hinweis zu entkräften, dass es insoweit auch Überschneidungen gebe (vgl *Kazele* Interessenkollisionen und Befangenheit im Verwaltungsrecht, 1990, 199), lässt sich daraus nichts Entscheidendes herleiten. Denn der Ausschluss des Gruppeninteresses bedeutet ja nur, dass allein aus diesem Grund eine Befangenheit nicht vorliegen soll, weil damit eben keine Unmittelbarkeit dargetan ist. Liegt diese doch einmal vor, sind die betroffenen Gruppenmitglieder als befangen anzusehen. Die Gegenansicht, die hinnimmt, dass „unter bestimmten Umständen auch unmittelbare Vor- oder Nachteile durch die Mitwirkung verschafft werden dürfen" (so *Kazele* aaO) vermag diese Ausnahme vom Verbot befangener Entscheidungsfindung nicht systematisch begründen zu können und ist zudem dem bereits angesprochenen Einwand ausgesetzt, eine Auslegung der Befangenheitsregelungen zu favorisieren, die diese gerade dann leer laufen lässt, wenn die Besorgnis der Befangenheit (quantitativ) am größten ist.

Richtigerweise ist deshalb das Gruppenprivileg aus der Kontrastierung zum Unmittelbarkeitserfordernis zu verstehen. Während ein unmittelbar erlangbarer Vor- oder Nachteil die Besorgnis der Befangenheit begründet, ist das Gruppeninteresse privilegiert, weil mit ihm nur eine mittelbare Berührung zum Entscheidungsgegenstand verbunden ist.

3.3. Handlungsbefugnis bei Gefahr im Verzug

Abs 3 hält eine Ausnahme von dem durch Abs 1 angeordneten Ausschluss der dort genannten Personen für den Fall von **Gefahr in Verzug** bereit. In einem solchen Fall darf auch derjenige, der eigentlich nach Abs 1 vom Verwaltungsverfahren ausgeschlossen ist, unaufschiebbare – aber nur solche (!) – Maßnahmen treffen. Gefahr in Verzug und Unaufschiebbarkeit liegen vor, wenn im Falle des

Nichthandelns durch den eigentlich Ausgeschlossenen ein erheblicher Schaden einzutreten droht (vgl *Kopp/Ramsauer* VwVfG § 20 Rz 47). Voraussetzung ist ferner, dass ein rechtzeitiges Handeln durch einen Vertreter nicht möglich ist.

3.4. Sonderreglungen für Ausschussmitglieder

37   Gemäß **Abs 4** hat ein Mitglied eines Ausschusses oder eines Beirates, der sich für nach Abs 1 ausgeschlossen hält (Selbstablehnung) oder daran zweifelt, ob die Ausschlussvoraussetzungen vorliegen, dies dem Ausschuss bzw Beirat mitzuteilen (Selbstanzeige). Der Ausschuss oder Beirat entscheidet in beiden Fällen dann durch VA über den Ausschluss (*Mutschler* in KassKomm § 16 Rz 13 a), der jedoch nicht von den Bet im Ausgangsverfahren eigenständig angefochten werden kann (vgl *Kopp/Ramsauer* VwVfG § 20 Rz 52); er kann dies freilich auch tun, wenn er von den Ausschlussgründen von dritter Seite erfahren hat. An dieser Entscheidung darf der Betroffene nicht mitwirken und im Falle seines Ausschlusses bei der weiteren Beratung und Beschlussfassung nicht zugegen sein. Aus dieser unterschiedlichen Begrifflichkeit ergibt sich im Umkehrschluss, dass der Betroffene bis zur Entscheidung über den Ausschluss bei der Beratung darüber anwesend sein darf (aA *Kopp/Ramsauer* VwVfG § 20 Rz 51 mwN zu beiden Ansichten). Das Verbot der Mitwirkung hindert ihn aber nicht nur an der Teilnahme an der Abstimmung, sondern auch an der aktiven Teilnahme an der Beratung (etwa durch Wortbeiträge).

4. Legaldefinitionen (§ 16 Abs 5)

38   Der **Begriff der Angehörigen** im Sinne dieser Tatbestände ist in **Abs 5 Satz 2** abschließend legaldefiniert.

39   Danach sind Angehörige der Verlobte (**Nr 1**, s Rz 40), der Ehegatte (**Nr 2**, s Rz 41), Verwandte und Verschwägerte gerader Linie (**Nr 3**, s Rz 43), Geschwister (**Nr 4**, s Rz 44), Kinder der Geschwister (Neffen und Nichten; **Nr 5**, s Rz 45), Ehegatten der Geschwister und Geschwister der Ehegatten (Schwager und Schwägerinnen; **Nr 6** s Rz 46), Geschwister der Eltern (Onkel und Tanten; **Nr 7**, s Rz 47) sowie Personen, die durch ein auf längere Dauer angelegtes Pflegeverhältnis mit häuslicher Gemeinschaft wie Eltern und Kind miteinander verbunden sind (Pflegeeltern und Pflegekinder; **Nr 8**, s Rz 48). Keine Angehörigen iSd Regelung sind die Schwester des Schwiegervaters bzw die Tante des Ehemannes, da insoweit keine in gerader Linie, sondern nur in der Seitenlinie vermittelte Beziehung besteht (vgl dazu *LSG Bln* Urt v 26.3.2002 – L 14 AL 111/00).

40   **Verlobt** (§ 16 Abs 5 Satz 2 Nr 1) ist, wer einer anderen Person auf der Grundlage der Gegenseitigkeit in einem formlosen Vertrag versprochen hat, künftig die Ehe miteinander einzugehen (vgl auch § 1297 BGB). Nach Aufhebung des Verlöbnisses erlischt die Angehörigeneigenschaft.

41   Der Eheschluss und damit die Eigenschaft als **Ehegatte** richtet sich grundsätzlich nach §§ 1310 ff BGB. Ehegatte im Sinne von **Nr 2** ist auch, wessen Ehe nur nach dem für sie maßgebenden ausländischen Recht wirksam geschlossen worden ist (*Mutschler* aaO § 16 Rz 6), sofern kein Verstoß gegen den ordre public (Art 6 EGBGB) vorliegt (vgl *BVerfGE* 62, 323; vgl im Übrigen Art 3 bis 6, 13, 14 EGBGB, § 34 Abs 1 SGB I). Die Angehörigeneigenschaft eines Ehegatten endet gemäß Abs 5 Satz 2 Nr 1 nicht durch die Beendigung der Ehe, sei es durch Aufhebung, Scheidung oder Tod.

Mitglieder einer **nichtehelichen Lebensgemeinschaft** sind keine Ehegatten (widersprüchlich *Kopp/Ramsauer* VwVfG § 20 Rz 18 einerseits und Rz 54 andererseits); zur analogen Anwendung des § 16 Abs 1 Nr 4, Abs 5 Satz 1 Nr 2 im sozialgerichtlichen Prozess vgl *SchlHLSG* NZS 1998, 351 (Eheverhältnis zwischen Richterin und Prozessbevollmächtigten). Auch eine „eingetragene Lebenspartnerschaft (zur verfassungsrechtlichen Bewertung dieses „Instituts" vgl zutreffend *BVerfGE* 105, 313 ff, kritisch aber etwa *Burkiczak* ThürVBl 2003, 7 ff mwN) ist keine Ehe iSv Art 6 GG (zu den rechtlichen Wirkungen des Lebenspartnerschaftsgesetzes im hier interessierenden Bereich vgl § 11 LPartG sowie unten Rz 43). In beiden Konstellationen kann aber § 17 eingreifen. 42

Verwandtschaft in gerader Linie im Sinne von § 16 Abs 5 **Nr 3** liegt vor bei Personen, deren eine von der anderen abstammt (§ 1589 Satz 1 BGB), also direkte Vorfahren und Nachkommen, ohne dass es auf die Zahl der die Abstammung vermittelnden Geburten ankommt (also: Großvater, Großmutter, Vater, Mutter, Kind, Enkel, Urenkel etc). Dazu zählen auch Adoptiveltern und -kinder (vgl § 1754 BGB; *Roller* aaO § 16 Rz 7). **Schwägerschaft** in gerader Linie liegt vor, wenn die Verwandtschaft in gerader Linie durch eine Ehe vermittelt wird (§ 1590 Abs 1 BGB). Verschwägert sind somit Schwiegermutter, Schwiegervater, deren Eltern, Ehegatten der Kinder, Ehegatten der Eltern usw. Als verschwägert gelten gemäß § 11 Abs 2 Satz 1 LPartG auch die Verwandten eines Lebenspartners mit dem anderen gleichgeschlechtlichen Lebenspartner. 43

Zu den **Geschwistern** (**Nr 4**) zählen auch Halbgeschwister und Adoptivgeschwister (*Vogelgesang* aaO § 16 Rz 16; *Roller* aaO § 16 Rz 7). Weder die auf Verwandtschaft noch die auf Schwägerschaft beruhende Angehörigeneigenschaft endet gemäß Abs 5 Satz 2 Nr 1 durch die Beendigung der die Beziehung begründenden Ehe. Gleiches gilt für die Angehörigeneigenschaft von Schwägern und Schwägerinnen (Nr 6). Nach der ausdrücklichen Anordnung in **Abs 5 Satz 2 Nr 2** erlischt die Angehörigeneigenschaft von in Abs 5 Satz 1 Nr 3 bis 7 genannten Personen auch nicht dadurch, dass die Verwandtschaft oder Schwägerschaft durch Annahme als Kind erloschen ist. 44

Von **Nr 5** (Kinder der Geschwister) werden Nichten und Neffen erfasst, wobei auch hier § 16 Abs 5 Satz 2 Nr 2 gilt. 45

Die mit **Nr 6** angesprochenen Ehegatten der Geschwister und Geschwister der Ehegatten sind Schwager und Schwägerin. 46

Schließlich sind nach **Nr 7** Angehörige auch die Geschwister der Eltern, also die Onkel und Tanten. 47

Die **häusliche Gemeinschaft** bei **Nr 8** setzt regelmäßig das Zusammenleben in einem Hausstand voraus (*BSGE* 36, 117), wobei vorübergehende Unterbrechungen „von relativ kurzer Dauer" indes unschädlich sind (*BSGE* 36, 117). Auf ein Pflegschaftsverhältnis im Sinne von § 44 SGB VIII kommt es nicht an (*Roller* aaO § 16 Rz 7). Auch die Regelungen über die Pflegschaft in §§ 1909 f BGB sind insofern ohne Belang. Die Angehörigeneigenschaft besteht nach Abs 5 Satz 2 Nr 3 fort, wenn die häusliche Gemeinschaft nicht mehr besteht, sofern die Personen weiterhin wie Eltern und Kind miteinander verbunden sind. 48

Nicht nach § 16 Abs 1 ausgeschlossen sind die Kinder der Geschwister der Eltern, also Vetter und Cousinen sowie weitere verwandte und verschwägerte Personen. Insofern kann aber ein Fall des § 17 gegeben sein. 49

5. Verfahren

50 Bei Vorliegen einer der in § 16 genannten Ausschlussgründe tritt das Mitwirkungsverbot **kraft Gesetzes** ein; der Ausschluss ist daher **von Amts wegen** zu beachten. Bei Zweifeln über das Bestehen eines Ausschlussgrundes entscheidet der Behördenleiter, wer die Amtsgeschäfte fortzuführen hat; ist der Behördenleiter selbst befangen, bleibt nur der Rückgriff auf § 17 Abs 1, dh die Entscheidungsbefugnis der Aufsichtsbehörde (vgl *Vogelgesang* in Hauck/Noftz SGB X § 16 Rz 23).

51 § 16 gewährleistet keinen subjektiv-rechtlichen Anspruch der Bet auf Nichtmitwirkung der ausgeschlossenen Personen (dazu bereits oben Rz 5 sowie *Roller* aaO § 16 Rz 15) bzw ein **förmliches Ablehnungsrecht** (*BSG* SozR 3-1300 § 16 SGB X Nr 2). Die Bet können der Beh freilich einen Hinweis auf mögliche Ausschlussgründe geben und sollten dies auch tun, um nicht Gefahr zu laufen, das Recht späterer Geltendmachung zu verlieren (vgl *BSG* SozR 3-1300 § 16 SGB X Nr 1; *Kopp/Ramsauer* VwVfG § 20 Rz 3, 57).

6. Rechtsfolgen

52 Die Frage, welche Rechtsfolge sich bei einem Verstoß gegen die Mitwirkungsverbote des § 16 ergibt, ist differenziert zu beantworten.

53 Wirkt ein Bet am Verwaltungsverfahren mit, ist ein daraus hervorgehender VA nichtig (arg e contrario § 40 Abs 3 Nr 2; wie hier *von Wulffen* in von Wulffen, SGB X, 7. Aufl, § 16 Rz 3, 5). Die Gegenauffassung wird weder dem systematischen Zusammenspiel der genannten Vorschriften noch der gesetzlichen Ratio gerecht. Der Ausschlussgrund der Nr 1 stellt als „Entscheidung in eigener Sache" gerade den Prototyp distanzloser (vgl bereits den römisch-rechtlichen Grundsatz des nemo iudex in causa sua) und darum inkriminierter Entscheidung dar (vgl auch *BSGE* 73, 112 [115]: „Bei demjenigen, der selbst Bet ist, liegt es nahe, dass er bei der Entscheidung *nur* seine eigenen Interessen im Auge gehabt hat" – Hervorhebung hinzugefügt). Derartige Entscheidungen in eigener Sache führen mithin zur Nichtigkeit.

54 Die sonstigen Ausschließungsgründe (also die Fälle des § 16 Abs 1 Nr 2–6) werden vom Negativkatalog des § 40 Abs 3 Nr 2 erfasst, sind also nicht bereits wegen Verstoßes gegen die Mitwirkungsverbote nichtig. Deren Rechtsfolge wird von der hM mithin in der formellen Rechtswidrigkeit gesehen; das Gleiche soll dann auch für den öffentlich-rechtlichen Vertrag gelten (vgl *BSG* SozR 3-1300 § 16 SGB X Nr 2).

55 Das *BSG* hat als Begründung hierfür angeführt, die Ausnahme beruhe auf der Erwägung, dass, auch wenn eine nach § 16 Abs 1 Satz 1 Nr 2-6 ausgeschlossene Person mitgewirkt habe, der VA dem materiellen Recht entsprechen, also richtig sein könne (vgl *BSGE* 73, 112 unter Berufung auf BR-Drucks 269/70 sowie BT-Drucks 8/2034, 533). Die Mitwirkung der ausgeschlossenen Personen solle mithin – jedenfalls in der Regel – nicht dazu führen, dass die Verwaltungsentscheidung keinerlei Wirkung entfalte. Vielmehr sei die Entscheidung lediglich anfechtbar, also rechtswidrig (*BSGE* 73, 112; aus der in Bezug genommenen Literatur *Klappstein* in *Knack* VwVfG § 44 Rz 6.2; *Roos* in von Wulffen/Schütze SGB X § 40 Rz 19) und es müsse dann gemäß § 42 geprüft werden, ob keine andere Entscheidung in der Sache hätte getroffen werden können.

56 Freilich erscheint diese Begründung kaum vereinbar mit der Ratio der Ausschließungs- und Befangenheitstatbestände, die ja gerade bereits den **„bösen Schein"** parteiischer Entscheidungsfindung vermeiden sollen (dazu bereits oben

Rz 22 sowie § 17 Rz 1). Anders gewendet: Mit der Begründung des *BSG* wäre jedenfalls kaum begründbar, warum bei Mitwirkung eines Bet die gesetzliche Wertung eine andere (nämlich Nichtigkeit) sein sollte. Geht man vom Wortlaut der Regelung aus („nicht schon deshalb nichtig"), wird man einem unter Verletzung der Mitwirkungsverbote zustande gekommenen VA die Wirksamkeit regelmäßig dann absprechen müssen, wenn gerade die Durchsetzung der vom Ausschließungsgebot erfassten inkriminierten Interessen für die konkrete Entscheidung ursächlich war (vgl insoweit enger *Sachs* in Stelkens/Bonk/Sachs aaO § 44 Rz 153, nur bei vorsätzlichem Handeln contra legem; vgl auch *Meyer* in Meyer/Borgs VwVfG § 44 Rz 4; wie hier angedeutet in *BSGE* 73, 112).

7. Rechtsschutzfragen

Differenziert zu beantworten ist auch die Frage, wer auf welchem Weg Rechtsschutz erlangen kann. **57**

Einer selbstständigen Anfechtung einer von einem an sich auszuschließenden, aber nicht ausgeschlossenen Amtsträger getroffenen Entscheidung steht nach hA der Grundgedanke des § 44 a VwGO entgegen. Die Vorschrift beruht auf der Überlegung, dass die Ordnungsgemäßheit des Verfahrens kein Selbstzweck ist, ihr vielmehr gegenüber dem materiellen Recht eine dienende Funktion zukommt. Deshalb soll der gerichtlichen Überprüfung einer behördlichen Verfahrenshandlung das Rechtsschutzinteresse fehlen, solange der Betroffene nicht in seinen (sonstigen) Rechten verletzt ist (vgl *Geiger* in Eyermann VwGO § 44 a Rz 2 mwN auch zur Gegenauffassung). Namentlich das *BSG* sieht in § 44 a VwGO einen allgemeinen Rechtsgedanken verkörpert (*BSG* NVwZ 1989, 901; sa *SG Kiel* NVwZ-RR 1992, 672; *LSG Bln* Beschl v 25.2.2004 – L 8 B 74/03; aus dem Schrifttum etwa *von Mutius* aaO § 16 Rz 42). **58**

Anders liegen die Dinge, wenn jemand durch einen Beschluss nach § 16 Abs 4 Satz 2 ausgeschlossen wird. Hier besteht Einigkeit (s nur *von Mutius* aaO § 16 Rz 42), dass eine selbstständige rechtliche Kontrolle im Wege der Anfechtung bzw – wenn die VA-Qualität verneint wird – mittels allgemeiner Leistungsklage möglich sein muss. **59**

§ 17 Besorgnis der Befangenheit

(1) [1]Liegt ein Grund vor, der geeignet ist, Misstrauen gegen eine unparteiische Amtsausübung zu rechtfertigen, oder wird von einem Beteiligten das Vorliegen eines solchen Grundes behauptet, hat, wer in einem Verwaltungsverfahren für eine Behörde tätig werden soll, den Leiter der Behörde oder den von diesem Beauftragten zu unterrichten und sich auf dessen Anordnung der Mitwirkung zu enthalten. [2]Betrifft die Besorgnis der Befangenheit den Leiter der Behörde, trifft diese Anordnung die Aufsichtsbehörde, sofern sich der Behördenleiter nicht selbst einer Mitwirkung enthält. [3]Bei den Geschäftsführern der Versicherungsträger tritt an die Stelle der Aufsichtsbehörde der Vorstand.

(2) Für Mitglieder eines Ausschusses oder Beirats gilt § 16 Abs. 4 entsprechend.

Literatur:

Buchner/Bosch: Befangenheitsanträge gegen Schiedsamtsmitglieder – Verfahrensrechtliche Fragestellungen, SGb 2011, 21; *Kaufmann*: Eltern, Kinder und Fachkräfte der Jugendämter im familiengerichtlichen Verfahren zur Regelung der elterlichen Sorge bei Trennung und Scheidung, FamRZ 2001, 7; *Kopp*: Zur Nichtigkeit eines Verwaltungsaktes wegen Besorgnis der Befangenheit eines Amtsträgers – Fortsetzungsfeststellungsklage, SGb 1994, 235; *Weber:* Kassenarztrechtliche Probleme bei manipulierten Honorarabrechnungen unter besonderer Berücksichtigung der Rechtsprechung, NJW 1990, 2281.

1. Allgemeines

1 Zur verfassungsrechtlichen Grundierung der Ausschließungs- und Befangenheitsregelungen vgl zunächst die Kommentierung zu § 16 Rz 1. Auch § 17 sichert den Grundsatz fairer Verfahrensgestaltung nach dem die für die Beh tätig werdenden Personen die übertragenen Aufgaben unparteiisch und in hinreichender **Distanz** zu eigenen und vom Gesetz nicht vorgesehenen Sonderinteressen vornehmen müssen (*BVerwGE* 75, 214; 70, 143; 55, 355). Wie § 16 dient auch die Befangenheitsvorschrift des § 17 sowohl dazu, das **Vertrauen** des Bürgers in die Ordnungsgemäßheit und Sauberkeit der Verwaltung zu stärken und zu erhalten als auch dem einzelnen Amtsträger, der vor **unzumutbaren Belastungen** geschützt werden soll, die durch die Ambivalenz der Verquickung eigener mit dienstlichen Interessen entstehen.

2. Überblick

2 Die Vorschrift regelt – abgesehen von Abs 1 Satz 3 nahezu wortgleich mit § 21 VwVfG – den Fall, dass Grund zur Annahme besteht, eine Amtsausübung könnte nicht unparteiisch erfolgen, und ergänzt insofern den § 16.

3 Im Verhältnis zu § 16 fungiert § 17 als **Auffangtatbestand**, was bei Auslegungsschwierigkeiten des Tatbestandes der Vorschrift zu beachten ist. Während die in § 16 genannten Personen ipso iure von der Mitwirkung an einem Verwaltungsverfahren (zum Begriff vgl § 8) auf Seiten der Beh ausgeschlossen sind, weil ihre Befangenheit unwiderleglich vermutet wird, stellt § 17 darauf ab, ob im konkreten Fall eine Befangenheit zu befürchten ist, und macht den Ausschluss des Betroffenen von der Anordnung durch den Behördenleiter – wenn es um den Behördenleiter geht, durch die Aufsichtsbehörde bzw wenn es um den Geschäftsführer eines Versicherungsträgers geht, durch den Vorstand des Versicherungsträgers – abhängig. Eine zur Ablehnung berechtigende Besorgnis der Befangenheit ist dabei anzunehmen, wenn Umstände vorliegen, die **berechtigte Zweifel** an der Unparteilichkeit oder Unabhängigkeit des Entscheidungsträgers aufkommen lassen (vgl *Vollkommer* in Zöller ZPO § 42 Rz 8).

3. Regelungsgehalt im Einzelnen
3.1. Tatbestandsvoraussetzungen

4 Voraussetzung für die Anwendbarkeit des § 17 Abs 1 ist zunächst, dass ein Grund vorliegt, der geeignet ist, Misstrauen gegen eine unparteiische Amtsausübung eines Behördenbediensteten zu rechtfertigen. Insofern wird auf eine **objektive** Betrachtungsweise abgestellt. Es kommt also darauf an, ob ein **vernünftiger Grund** dafür vorliegt, die Unparteilichkeit des handelnden Amtsträgers zu bezweifeln, nicht hingegen auf dessen tatsächliche Befangenheit (vgl *Roller* in

von Wulffen/Schütze SGB X § 17 Rz 5). Es müssen objektiv feststellbare Tatsachen vorliegen, bei deren vernünftiger Würdigung ein Bet Bedenken gegen die Unparteilichkeit des Amtsträgers haben kann (vgl *BSG* SozR 3-1500 § 60 SGG Nr 1).

Die Besorgnis der Befangenheit kann sich etwa darauf stützen, dass sich der Behördenbedienstete und ein Bet in außerdienstlichem Kontext kennen, ohne dass bereits ein von § 16 erfasster Fall vorliegt. Insbesondere verwandtschaftliche und schwägerschaftliche Beziehungen, die nicht Gegenstand der Enumeration von § 16 Abs 5 sind, können die Befangenheit begründen. Namentlich die dort nicht als Angehörige geltenden Vettern und Cousinen, die manchen hier verorteten Problemen den schlagwortigen Namen erst verliehen haben („Vetternwirtschaft") können von § 17 erfasst sein. Gleiches gilt für Mitglieder einer nichtehelichen Lebensgemeinschaft oder einer aufgrund des LPartG „eingetragenen Lebenspartnerschaft" (s § 16 Rz 42). Auch unsachliches Verhalten des Bediensteten gegenüber einem Bet – ggf auch in einem früheren Verfahren mit demselben Bet – kann die Besorgnis der Befangenheit begründen. Gleiches gilt für eine voreilige Festlegung auf eine bestimmte Rechtsauffassung oder offenbare Voreingenommenheit (*Vogelgesang* in Hauck/Noftz SGB X § 17 Rz 3). Nicht ausreichend sind indes sachliche Meinungsäußerungen zu den Erfolgsaussichten eines Antrags, unter Umständen aber unangemessenes Drängen auf Antragsrücknahme (so *Roller* aaO § 17 Rz 5). Im Übrigen ist der in § 16 Abs 1 Satz 3 zum Ausdruck kommende Rechtsgedanke zu beachten: Eine Besorgnis der Befangenheit kann demnach nur in besonderen Ausnahmefällen allein deswegen vorliegen, weil jemand einer Berufs- oder Bevölkerungsgruppe angehört, deren gemeinsame Interessen durch die Angelegenheit berührt werden (ähnlich *Kopp/Ramsauer* VwVfG § 21 Rz 12; vgl auch *Vogelgesang* aaO § 17 Rz 3 a). Eine **Besorgnis der Befangenheit** hat das *BSG* verneint bei einem Krankenkassenbediensteten, der Vorsitzender des Beschwerdeausschusses in der vertragsärztlichen Wirtschaftlichkeitsprüfung ist, wenn die Besorgnis damit begründet wird, dass der Bedienstete zuvor im Verwaltungsverfahren die Interessen seiner KK vertreten hat (*BSG* SozR 3-1300 § 16 SGB X Nr 2). Gleiches gilt in Bezug auf einen RA, der Vorsitzender des Disziplinarausschusses einer KÄV ist, wenn die Einleitung des Disziplinarverfahrens auf einer Stellungnahme des Sozius des RA beruht (*BSG* SozR 3-1300 § 17 SGB X Nr 1).

Daneben tritt als zweite, subjektive Variante der Fall, dass ein Verfahrensbeteiligter (§ 12) das Vorliegen eines solchen Grundes behauptet. An diese **Behauptung** werden, um die Unterrichtungspflicht (s Rz 7 f) auszulösen, keine weiteren Anforderungen gestellt. Ob tatsächlich Befangenheit vorliegt, ist freilich wiederum nach **objektiven** Maßstäben zu beurteilen (vgl nur *LSG Bln-Bbg* Urt v 14.3.2012 – L 7 KA 58/08). Zur Vermeidung des Verlustes des Rügerechts müssen Bet ihrer Ansicht nach bestehende Befangenheitsgründe unverzüglich geltend machen (*Kopp/Ramsauer* VwVfG § 21 Rz 4 unter Hinweis auf *OVG RhPf* DVBl 1999, 1597).

3.2. Unterrichtungspflicht und Entscheidungsrecht

Ist eine der beiden Varianten gegeben, dann ist derjenige, auf den sich die Besorgnis der Befangenheit bezieht, verpflichtet, den Leiter der Beh oder den von diesem Beauftragten darüber zu informieren. An die Stelle des Behördenleiters tritt bei dessen Abwesenheit sein allgemeiner Vertreter (*Roller* aaO § 17 Rz 7). Der Behördenleiter oder sein Beauftragter entscheiden dann, ob sich der Betroffene der weiteren Mitwirkung an dem Verwaltungsverfahren enthalten soll.

Liegt ein Befangenheitsgrund im Sinne von § 17 vor, muss eine solche Anordnung getroffen werden (vgl *Kopp/Ramsauer* VwVfG § 21 Rz 20). An die Entscheidung ist der betroffene Behördenmitarbeiter gebunden. Im Zeitraum zwischen der Unterrichtung und der Entscheidung über den Ausschluss sollte der Bedienstete – in Anwendung des in § 16 Abs 3 enthaltenen Rechtsgedankens – sich einer Mitwirkung am Verwaltungsverfahren entziehen, sofern nicht Gefahr im Verzug (s § 16 Rz 36) Anderes gebietet (ähnlich *von Wulffen* in von Wulffen, SGB X, 7. Aufl, § 17 Rz 8).

8   Ist der Behördenleiter selbst die Person, bei der die Besorgnis der Befangenheit in Rede steht, besteht eine Unterrichtungspflicht gegenüber der Aufsichtsbehörde, die dann auch die Entscheidung über den Ausschluss des Behördenleiters von der Mitwirkung am Verwaltungsverfahren zu treffen hat. Unterrichtungspflicht und Entscheidungsrecht entfallen indes, wenn der Behördenleiter von sich aus auf die Mitwirkung verzichtet. Gemäß Abs 1 Satz 3 tritt an die Stelle der Aufsichtsbehörde der jeweilige Vorstand, wenn die betroffene Person Geschäftsführer eines Versicherungsträgers ist.

3.3. Entsprechende Anwendung von § 16 Abs 4

9   Abs 2 ordnet die entsprechende Anwendung von § 16 Abs 4 an. Dies hat zur Folge, dass ein Mitglied eines Ausschusses oder eines Beirats, wenn in Bezug auf dieses Besorgnis zur Befangenheit vorliegt oder eine entsprechende Besorgnis von einem Bet behauptet wird, gegenüber dem Ausschuss bzw dem Beirat die Unterrichtungspflicht nach Abs 1 hat (s Rz 7, 8) und der Ausschuss bzw der Beirat dann die Entscheidung über die weitere Mitwirkung des Betroffenen trifft. Vgl im Übrigen § 16 Rz 37.

4. Rechtsfolgen

10 Die Bet haben keinen subjektiv-rechtlichen Anspruch auf eine Ausschlussentscheidung des Behördenleiters und auch kein förmliches Ablehnungsrecht (vgl *BSG* SozR 3-1300 § 16 SGB X Nr 2). Zu den dabei im Blick auf das Fehlen eines förmlichen Ablehnungsrechts auftretenden Friktionen vgl die Kommentierung zu § 16 Rz 5, 51.

11 War die Entscheidung des Behördenleiters fehlerhaft, ist die das Verwaltungsverfahren abschließende Entscheidung zwar nicht nichtig (*BSG* SozR 3-1300 § 17 SGB X Nr 1), aber mit einem Verfahrensfehler behaftet und kann nach Maßgabe von § 42 Satz 1 angefochten werden. Dementsprechend kann der Bet die Aufhebung eines wegen Verstoßes gegen § 17 rechtswidrigen Verwaltungsakts nicht beanspruchen, wenn keine andere Entscheidung in der Sache hätte getroffen werden können (*LSG Nds-Brem* Urt v 27.4.2005 – L 3 KA 373/03). Gleiches gilt, wenn der betroffene Behördenmitarbeiter den Behördenleiter pflichtwidrig erst gar nicht unterrichtet oder trotz einer entsprechenden Entscheidung des Behördenleiters am Verwaltungsverfahren weiterhin mitgewirkt hat.

12 Unter **Mitwirkung** iSv § 17 befangener Amtsträger zustande gekommene Verwaltungsentscheidungen sind grundsätzlich also nur rechtswidrig. Nur im Einzelfall kann – bei einem besonders eklatanten Verstoß gegen § 17 – auch ein zur Nichtigkeit führender Verstoß gegen das Mitwirkungsverbot in Betracht kommen (verhaltener *Vogelgesang* aaO § 17 Rz 9; wie hier *Sachs* in Stelkens/Bonk/Sachs VwVfG § 44 Rz 176; vgl zur Problematik auch bereits die Komm zu § 16 Rz 52–56). Die Gegenauffassung (etwa *von Mutius* in GK-SGB X/1 § 17 Rz 13), die wegen des systematischen Zusammenhangs mit § 16 Abs 1

Nr 2-6 die Rechtsfolge stets auf Fehlerhaftigkeit begrenzen will, erscheint zu schematisch. Auch vermag die angezogene Begründung – ein Verstoß gegen § 16 wirke schwerer als ein Verstoß gegen § 17 – in dieser Allgemeinheit schwerlich zu überzeugen. Ob der Verstoß gegen § 17 daher zur Nichtigkeit führt, ist anhand einer Beurteilung des Einzelfalles zu entscheiden (vgl auch *Kopp/Ramsauer* VwVfG § 44 Rz 54).

5. Rechtsschutz

Die im Zusammenhang mit Verletzungen des Mitwirkungsverbots auftretenden Rechtsfragen sind bereits im Rahmen der Kommentierung des § 16 (dort Rz 57-59) dargestellt. Ergänzend bleibt festzuhalten, dass die Regelung zur Besorgnis der Befangenheit nach § 17 dem jeweiligen Beteiligten kein subjektives Ablehnungsrecht vermittelt, da sie auf eine verwaltungsinterne Entscheidung gerichtet ist (*BayVGH* Beschl v 17.6.2015 – 12 C 15.979, BeckRS 2015, 47374; *BayVGH* Beschl v 22.6.2009 – L 7 AS 348/09 B ER, BeckRS 2009, 72429; *VG Aachen* Beschl v 27.5.2011 – 2 L 143/11, BeckRS 2011, 51416 mwN). Ein isolierter gerichtlicher Rechtsschutz wegen einer behaupteten Befangenheit ist deshalb ausgeschlossen (*BayVGH*, Beschl v 22.6.2009 – L 7 AS 348/09 B ER, BeckRS 2009, 72429; *VG Aachen*, Beschl v 27.5.2011 – 2 L 143/11, BeckRS 2011, 51416 jeweils mwN).

13

§ 18 Beginn des Verfahrens

[1]Die Behörde entscheidet nach pflichtgemäßem Ermessen, ob und wann sie ein Verwaltungsverfahren durchführt. [2]Dies gilt nicht, wenn die Behörde auf Grund von Rechtsvorschriften

1. von Amts wegen oder auf Antrag tätig werden muss,
2. nur auf Antrag tätig werden darf und ein Antrag nicht vorliegt.

Literatur:

Dankelmann: Vorliegen eines Verwaltungs- oder Beitragsverfahrens, jurisPR-SozR 16/2012 Anm. 6; *Kerber*: Zuständigkeit für Einleitung eines Disziplinarverfahrens, jurisPR-MedizinR 1/2014 Anm. 2; *Mey*: Anmerkung zum Urteil des BSG vom 26.06.2008 – B 13 R 141/07 R – SGb 2009, 309-316; *Mrozynski*: Die Zukunft des Kenntnisgrundsatzes in der Sozialhilfe, ZFSH/SGB 2007, 463-474; *Pinnow*, Disziplinarbescheid der Kassenärztlichen Vereinigung auf Antrag einer unzuständigen Stelle ist rechtswidrig, AMK 2013, Nr. 11, 10; *Sartorius*, Der Antrag im Sozialrecht – Antragsprinzip, Antragstellung, Kenntnisgrundsatz, ASR 2014, 247-253; *Sartorius*: Der Antrag im Sozialrecht – Antragsprinzip, Antragstellung, Kenntnisgrundsatz, ZAP (2012) Fach 18, 1281-1290; *Weinreich*: Die Antragstellung gemäß § 37 SGB II und ihre Rechtswirkungen, NZS 2012, 612-618.

1. Allgemeines

1   Gemäß § 8 ist das Verwaltungsverfahren iSd SGB X die nach außen wirkende Tätigkeit der Behörden, die auf die Prüfung der Voraussetzungen, die Vorbereitung und den Erlass eines Verwaltungsaktes oder auf den Abschluss eines öffentlich-rechtlichen Vertrages gerichtet ist; es schließt den Erlass des Verwaltungsaktes oder den Abschluss des öffentlich-rechtlichen Vertrags ein. Während sich die §§ 10 bis 17 mit den am Verwaltungsverfahren beteiligten oder dort handelnden Personen befassen, enthalten die §§ 9, 18 bis 30 Grundsätze, die die Durchführung des Verwaltungsverfahrens betreffen (*Vogelgesang* in Hauck/Noftz, SGB X, Stand 06/09, § 18 Rz 1).

2   Ob und wann eine Behörde (dazu vgl § 1 Abs 2 SGB X) ein Verwaltungsverfahren iSd § 8 einzuleiten hat, bestimmt § 18, soweit nicht vorgehende abweichende Regelungen bestehen (§ 37 Satz 1 SGB I). Dabei beschreibt § 18 lediglich allgemein den **Beginn des Verwaltungsverfahren unter formellen Aspekten**. Nach der hM (vgl zB *Vogelgesang* aaO Rz 1) wird dagegen in § 8 1. HS der **tatsächliche Beginn** des Verwaltungsverfahrens beschrieben als die die nach außen wirkende Tätigkeit der Behörden, die auf die Prüfung der Voraussetzungen, die Vorbereitung und den Erlass eines Verwaltungsaktes oder auf den Abschluss eines öffentlich-rechtlichen Vertrages gerichtet ist. Um ein Verwaltungsverfahren zu beginnen, muss die Behörde damit eine nach außen wirkende Tätigkeit entfalten. Insoweit bestimmt § 18, wann die Behörde die nach außen wirkende, auf die Prüfung der Voraussetzungen, die Vorbereitung und den Erlass eines Verwaltungsaktes oder auf den Abschluss eines öffentlich-rechtlichen Vertrages gerichtete Tätigkeit **aufnehmen darf bzw muss** (ebenso *Mutschler* in Kass-Komm, § 18 SGB X Rz 2, Stand Dezember 2015). Insoweit ist die Überschrift des § 18 ungenau formuliert; eigentlich geht es nicht um den Beginn des Verwaltungsverfahrens als tatsächlichem Handeln sondern um die **verwaltungsverfahrensrechtliche Ermächtigungsgrundlage** zur Aufnahme des Verwaltungsverfahrens.

3   Die §§ 8, 18 werden in den weiteren Büchern des SGB durch verschiedene Vorschriften konkretisiert: Zum **Beginn des Verwaltungsverfahrens** enthält zB **§ 115 Abs 1 Satz 1 SGB VI** besondere Vorschriften, wonach das „Verfahren" mit dem Antrag beginnt, wenn nicht etwas anderes bestimmt ist. Auch dazu, ob das Verfahren **von Amts wegen** oder auf **Antrag** zu beginnen ist, besteht eine Reihe von Regelungen: So bestimmt **§ 19 Satz 1 SGB IV**, dass Leistungen in der gesetzlichen Kranken- und Rentenversicherung, nach dem Recht der Arbeitsförderung sowie in der sozialen Pflegeversicherung auf Antrag erbracht werden, soweit sich aus den Vorschriften für die einzelnen Versicherungszweige nichts Abweichendes ergibt. Leistungen in der gesetzlichen Unfallversicherung werden dagegen von Amts wegen erbracht, soweit sich aus den Vorschriften des SGB VII nichts Abweichendes ergibt (**§ 19 Satz 2 SGB IV**). Im SGB II bestimmt **§ 37 Abs 1 Satz 1 SGB II**, dass Leistungen nur auf Antrag erbracht werden. Für das Recht der Arbeitsförderung finden sich Regelungen zum Antragserfordernis in **§ 323 SGB III**. Im SGB VI beinhaltet zB **§ 115 Abs 1 Satz 1 SGB VI** ein Antragserfordernis, während nach § 115 Abs 1 Satz 2 und Abs 4 und 5 SGB VI auch ein Tätigwerden von Amts wegen möglich ist. Auch **§ 18 Abs 1 SGB XII** enthält Regelungen zum Beginn des Verwaltungsverfahrens, als Sozialhilfe, mit Ausnahme der Leistungen der Grundsicherung im Alter und bei Erwerbsminderung, einsetzt, sobald dem Träger der Sozialhilfe oder den von ihm beauftragten Stellen bekannt wird, dass die Voraussetzungen für die Leistung vorliegen (zu den Ausnahmen vgl zB *Coseriu* in juris-PK SGB XII, 2. Aufl, § 18 Rz 58 ff).

Dagegen können Verwaltungsverfahren nach den §§ 44 ff von Amts wegen begonnen werden.

§ 18 sieht grds ein **Tätigwerden der Behörden von Amts wegen** vor (Satz 1); nur   4
dann, wenn die Behörde von Amts wegen oder auf Antrag tätig werden muss
(Satz 2 Nr 1) oder nur auf Antrag tätig werden darf, gilt etwas anderes. § 18
schafft so eine allgemeine Regelung, die abstrakt die verschiedenen, zur Einleitung eines Verwaltungsverfahrens führenden Anlässe umschreibt. Während
§ 18 Satz 1 den **allgemeinen Grundsatz** enthält, verknüpft § 18 Satz 2 den Beginn des Verwaltungsverfahrens mit den jeweiligen besonderen Bestimmungen
des einschlägigen materiellen Rechts.

Der Grundsatz, also die Einleitung eines Verwaltungsverfahrens von Amts we-   5
gen, entspricht der Verwaltungsverfahrenstradition. Anders als im Verwaltungs-
und Sozialgerichtsverfahren gilt im Verwaltungsverfahren für den Beginn des
Verfahrens deshalb etwas anderes, weil hier in erster Linie **Belange der Allgemeinheit** zu wahren sind (vgl BT-Drucks 7/910, 47, 48 zu § 18 des Regierungsentwurfs VwVfG). Zu § 22 VwVfG (entspricht § 18 des VwVfG-Entwurfs) ergibt sich aus den Gesetzesmaterialien, dass die Tätigkeit der Behörden auch
hinsichtlich der Frage, ob und wann ein Verwaltungsverfahren durchgeführt
werden soll, **grundsätzlich von der Offizialmaxime** beherrscht werde (vgl BT-
Drucks 7/910, 47, 48 zu § 18 des Regierungsentwurfs VwVfG). Die Behörde
entscheide hierüber in der Regel nach pflichtgemäßem Ermessen, außer wenn
die Behörde aufgrund von Rechtsvorschriften verpflichtet sei, von Amts wegen
oder auf Antrag tätig zu werden (Satz 2 Nr 1), oder wenn sie ohne Antragstellung nicht tätig werden dürfe (Satz 2 Nr 2). Dieser Vorschrift (§ 22 VwVfG)
entspricht § 18 SGB X (BT-Drucks 8/2034, 31 zu § 18 des Regierungsentwurfs
§ 18 SGB X). In der **Praxis der heutigen Sozialleistungsverwaltung** ist jedoch
der „von sich aus" leistende Staat in den Hintergrund getreten; Sozialleistungen
bedürfen in weitem Umfang eines Antrags, die Leistungsgewährung von Amts
wegen ist eher die Ausnahme (dazu vgl *Vogelgesang* aaO Rz 2). Insofern hat die
Realität des Sozialleistungsrechts den Grundsatz des § 18 Satz 1 in weitem Umfang zurücktreten lassen; der klassische Bereich der sozialrechtlichen Eingriffsverwaltung (§§ 44 ff) ist dagegen ein typischer Anwendungsbereich des § 18
Satz 1.

Der Beginn des Verwaltungsverfahrens ist für den **Bürger** (zum Begriff des   6
„Bürgers" vgl die Kommentierung bei § 9) bedeutsam. Die im SGB X eingeräumten Verfahrensrechte hängen vom Status des Beteiligten ab (vgl zB § 24
Abs 1). Beteiligter zu sein bezieht sich aber immer auf ein konkretes Verwaltungsverfahren, was zB an § 11 Abs 1 deutlich wird, als Verfahrenshandlungen
eben nur in Bezug auf ein konkretes Verwaltungsverfahren vorgenommen werden können (dazu vgl auch *Hissnauer* in juris-PK-SGB X § 18 Rz 3). Mit Beginn des Verwaltungsverfahrens werden Beteiligten (§ 12) Rechte (zB §§ 24, 25)
und Pflichten (zB § 21 Abs 2 Satz 1) eingeräumt. Der Beginn des Verwaltungsverfahrens begründet ein **Verwaltungsverfahrens(rechts)verhältnis** zwischen
dem Beteiligten und der Beh (*Vogelgesang* aaO Rz 8; dazu siehe auch *BSG*
v 30.4.2013 – B 12 R 12/11 R – SozR 4-5075 § 3 Nr 3 = SozR 4-2600 § 197
Nr 3 = SozR 4-2600 § 198 Nr 2).

Nimmt der Bürger außerhalb eines Verwaltungsverfahrens iSd §§ 8, 18 Kontakt   7
mit der Verwaltung auf, etwa im Rahmen einer Beratung (§ 14 SGB I) oder eines Auskunftsersuchens (§ 15 SGB I), wird zwar ebenfalls ein Verwaltungsrechtsverhältnis mit der Beh begründet, das auch nicht ohne rechtliche Bedeutung bleibt (vgl zB den sozialrechtlichen Herstellungsanspruch), das aber von

§ 18 nicht erfasst wird. § 18 bezieht sich ausschließlich auf **Verwaltungsverfahrensrechtsverhältnisse** iSd § 8, ist also auf die Vorbereitung und den Erlass eines Verwaltungsaktes oder auf den Abschluss eines öffentlich-rechtlichen Vertrages gerichtet.

1.1. Beginn nach pflichtgemäßem Ermessen (Offizialmaxime iVm dem Opportunitätsprinzip)

8   Nach § 18 Satz 1 entscheidet die Beh nach pflichtgemäßem Ermessen, ob und wann sie ein Verwaltungsverfahren durchführt; über die Durchführung eines Verwaltungsverfahrens entscheidet die nach dem jeweils anzuwendenden materiellen Recht zuständige Behörde (*LSG Brandenburg* v 30.10.2002 – L 4 KR 19/01 – juris). Diese Regelung entspricht § 22 VwVfG (BT-Drucks 8/2034, 31 [zu § 18 SGB X]). Damit bestimmt das Gesetz sowohl für das Sozial- als auch für das allgemeine Verwaltungsverfahren den **Ermessens- bzw Opportunitätsgrundsatz** als **Maßstab für die Einleitung des Verfahrens** und überlässt die Einleitung des Verfahrens grds der Beh (= **Offizialmaxime** oder Grundsatz der Amtswegigkeit). Beispiele für Verwaltungsverfahren, die von Amts wegen eingeleitet werden können, sind Überprüfungsverfahren nach § 44 (zur Antragsunabhängigkeit vgl zB *Baumeister* in jurisPK-SGB X, § 44 Rz 133) aber auch die Aufhebungs- und Rücknahmeverfahren nach §§ 45, 48.

9   Das eingeräumte **Ermessen** bezieht sich auf die **Einleitung bzw Eröffnung eines Verwaltungsverfahrens.** Dieses Ermessen ist von dem Ermessen zu unterscheiden, das der Gesetzgeber in den jeweiligen Ermächtigungsnormen der Verwaltung zur Sachentscheidung einräumt. So hat die Beh nach Ermessen zu entscheiden, ob sie zB ein Verwaltungsverfahren zur Rücknahme eines rechtswidrigen begünstigenden Verwaltungsakts nach § 45 Abs 1 einleitet; die Entscheidung über die Rücknahme des Verwaltungsakts steht dann aber ihrerseits gemäß § 45 Abs 1 im Ermessen der Beh. Die Beh hat aber auch dann nach Ermessen über die Einleitung eines Verwaltungsverfahrens zu entscheiden, wenn die jeweilige Ermächtigungsnorm kein Ermessen einräumt, sondern eine gebundene Entscheidung verlangt (zB § 48 Abs 1 Satz 1). Ist jedoch die Einleitung eines Verfahrens die einzig ermessensrichtige Entscheidung, dann reduziert sich das Ermessen der Beh „auf null" und das Verfahren ist gem § 18 Satz 1 einzuleiten (allg zur Ermessensreduktion *BSGE* 28, 80). Insoweit beeinflussen die Tatbestandsvoraussetzungen der materiellrechtlichen oder verfahrensrechtlichen Ermächtigungsnorm sowie der jeweilige Kenntnisstand der Beh die Ermessensentscheidung nach § 18 Satz 1. So bedeutet die Ermächtigung der Beh nach Ermessen ein Verwaltungsverfahren einleiten zu dürfen nicht, dass die Beh zB ohne hinreichenden Anlass ein solches Verwaltungsverfahren einleiten oder trotz entsprechenden Anlasses die Einleitung eines Verwaltungsverfahren unterlassen dürfte. Denn das Ermessen der Beh ist immer dann im Sinne der Einleitung eines Verwaltungsverfahrens **auf Null reduziert,** wenn der Beh hinreichende Anhaltspunkte für das Vorliegen der Tatbestandsvoraussetzungen der anzuwendenden Norm bekannt sind; dann ist die Beh verpflichtet, ein Verwaltungsverfahren einzuleiten. Liegen der Beh jedoch auch nicht im Ansatz Anhaltspunkte für das Vorliegen der Tatbestandsvoraussetzungen der anzuwendenden Norm vor, ist das Ermessen der Beh im Sinne der Nichteinleitung eines Verwaltungsverfahrens auf Null reduziert. Die Einleitung eines Verwaltungsverfahrens ohne, dass zumindest gewisse Anhaltspunkte für das Vorliegen der Tatbestandsvoraussetzungen der anzuwendenden Rechtsnorm (zB § 45 Abs 1) vorliegen, kann allein dem Ziel der Ausforschung dienen und ist von §§ 8, 18 auch nicht

unter dem Aspekt „Prüfung der Voraussetzungen" und „Vorbereitung eines Verwaltungsaktes" gedeckt. Hat die Beh gemäß § 18 Satz 1 nach pflichtgemäßem Ermessen zu entscheiden, ob sie ein Verwaltungsverfahren einleitet oder nicht, kann der Bürger lediglich im Falle des Vorliegens eines ihm zustehenden subjektiven Rechts auf Einleitung eines Verwaltungsverfahrens, das zB aus seinen Grundrechten oder einem im SGB vorgesehenen materiellen Leistungsrecht herstammen könnte – ggf auch im Fall einer Ermessensreduzierung auf Null – die Einleitung eines Verwaltungsverfahrens verlangen. Im Übrigen kann er eine Einleitung des Verwaltungsverfahrens nicht verlangen; das SG Berlin hat daraus abgeleitet, der Bürger habe dann auch keinen Anspruch auf Bescheidung eines entsprechend gestellten Antrages (*SG Berlin* v 3.8.2011 – S 55 AS 1349/10, juris).

10 Der Gesetzgeber ging beim Grundsatz des § 18 Satz 1 von einem klassischen Verständnis der behördlichen Verwaltungtätigkeit (zu den Materialien vgl BT-Drucks 8/2034, 31 zu § 18 des Regierungsentwurfs § 18 SGB X und BT-Drucks 7/910, 47, 48 zu § 18 des Regierungsentwurfs VwVfG), mithin der Eingriffsverwaltung, aus. Dies spiegelt sich allein schon darin, dass der Gesetzgeber davon ausging, dass das Verwaltungsverfahren in erster Linie die **Belange der Allgemeinheit** zu wahren habe (vgl BT-Drucks 7/910, 47, 48 zu § 18 des Regierungsentwurfs VwVfG), was gerade bei den klassischen Bereichen der Eingriffsverwaltung der Fall ist. In weiten Sozialleistungsbereichen (zu den typischen Ausnahmen vgl § 19 Satz 2 SGB IV und § 18 Abs 1 SGB XII) hat der Gesetzgeber aber die Leistungserbringung an einen Antrag geknüpft. Damit entspricht der in § 18 Satz 1 bestimmte Grundsatz nicht der Wirklichkeit des Sozialleistungsrechts, wo die meisten Verfahren auf einen Antrag hin eröffnet werden, der das Verfahren als „eine Art Initialzündung" einleitet (dazu vgl in der Vorauflage *Rixen/Waschull* § 18 Rz 3; *Reinhardt* in Krahmer/Trenk-Hinterberger, LPK-SGB I, 3. Aufl, § 16 Rz 8). Dagegen verbleibt es gerade dort, wo auch im Sozialrecht Eingriffsverwaltung betrieben wird (zB §§ 44 ff), bei dem in § 18 Satz 1 bestimmten Grundsatz.

11 § 18 SGB X entfaltet nach zutreffender Ansicht eine **Sperrwirkung für die Einleitung weiterer Verwaltungsverfahren** zu demselben Verfahrensgegenstand (*SächsOVG* ZFSH/SGB 2009, 355; vgl auch Vorauflage: *Rixen/Waschull* Rz 4; ebenso *Hissnauer* in jurisPK-SGB X, § 18 Rz 20). Zwar fehlt es an einer § 90 Abs 1 VwGO und § 17 Abs 1 Satz 2 GVG entsprechenden ausdrücklichen Regelung über den Ausschluss neuer Verwaltungsverfahren in derselben Sache, sei es bei derselben oder einer weiteren Behörde. Jedoch handelt es sich bei § 90 Abs 1 VwGO und § 17 Abs 1 Satz 2 GVG um Ausprägungen eines allgemeinen rechtsstaatlichen Grundsatzes der Effizienz und guten Ordnung staatlichen Handelns, die auch für das Verwaltungsverfahren heranzuziehen sind (*SächsOVG* ZFSH/SGB 2009, 355).

12 Die Entscheidung der Beh, das Verfahren zu beginnen (**Einleitungsentscheidung**), ist eine **Verfahrenshandlung**, sie stellt keinen VA iSd § 31 Satz 1 dar. Es handelt sich um schlichtes Verwaltungshandeln, das keine Regelung beinhaltet (*SG Berlin* v 3.8.2011 – S 55 AS 1349/10, juris). Wird über das Ergebnis der Ermessensausübung dem Bürger eine Benachrichtigung erteilt, ist diese mangels Regelung kein VA iSd § 31, allenfalls (bei fehlerhafter äußerer Gestaltung) ein sog rein formeller Verwaltungsakt (*SG Berlin* v 3.8.2011 – S 55 AS 1349/10, juris). Die Einleitungsentscheidung setzt ein nach außen (allerdings nicht notwendig für den Bürger) erkennbare Verwaltungtätigkeit in Gang, die nicht bloß im Vorbereitungsstadium bzw behördenintern bleibt (so auch *Vogelgesang* aaO Rz 4), denn mit der Ingangsetzung eines Verwaltungsverfahrens entsteht zB der Status des Beteiligten und die damit in Zusammenhang stehenden Rechte und Pflichten des Beteiligten aber auch der Beh. Zwar ist für die Einleitungsentscheidung weder eine bestimmte Form noch ein förmlicher Akt vorgesehen, doch wird die Einleitungsentscheidung idR ein behördliches Verhalten sein, aus dem auch die Beteiligten zumindest konkludent, ggf auch erst rückblickend, schließen können, dass ein Verfahren eröffnet wurde. So kann zB eine Benachrichtigung über die Aufnahme eines Verwaltungsverfahrens, auf die allerdings kein Anspruch besteht (vgl zB *Vogelgesang* aaO Rz 7), als solcher Hinweis auf eine Einleitungsentscheidung zu verstehen sein. Eine Benachrichtigungspflicht widerspräche dem Grundsatz der Nichtförmlichkeit (§ 9 Satz 1).

13   Da die Regelungen des SGB X nicht für die Verfolgung und Ahndung von Ordnungswidrigkeiten gelten (§ 1 Abs 1 Satz 3) gilt auch § 18 nicht für die Bußgeld- bzw OWi-Verfahren (dazu am Bsp des SGB III: *Rixen* NZS 2002, 466 [466 f, 474]), in denen Verstöße gegen Pflichtennormen des SGB sanktioniert werden sollen (vgl etwa § 63 SGB II, § 404 SGB III, § 111 SGB IV, § 307 SGB V, § 320 SGB VI, § 209 SGB VII, § 104 SGB VIII, § 156 SGB IX, § 85 SGB X, § 121 SGB XI, § 117 SGB XII), gilt § 18 Satz 1 nicht. Das Verfahren richtet sich nach dem OWiG.

1.2. Beginn von Amts wegen (Offizialmaxime iVm dem Legalitätsprinzip) – § 18 Satz 2 Nr 1 1. Alt

14   § 18 Satz 2 bestimmt Abweichungen vom Grundsatz des § 18 Satz 1. § 18 Satz 2 Nr 1 bestimmt, wann die Behörde – über eine Ermessensreduzierung auf Null iSd § 18 Satz 1 hinaus – ein Verwaltungsverfahren **einleiten muss**. In Satz 2 Nr 1 sind zwei Fälle enthalten, in denen die Beh ein Verwaltungsverfahren zwingend einleiten muss. Nach § 18 Satz 2 Nr 1 Alt 1 muss das Verwaltungsverfahren **von Amts wegen** eingeleitet werden (**Legalitätsprinzip**), wenn besondere Rechtsvorschriften anordnen, dass die Beh von Amts wegen oder auf Antrag tätig werden muss. Besondere Rechtsvorschriften in diesem Sinne sind die Vorschriften des materiellen Sozialrechts. Ist dort eine **Pflicht zum Tätigwerden** der Beh von Amts wegen oder auf Antrag vorgesehen, so hat die Beh nach § 18 Satz 2 Nr 1 das Verwaltungsverfahren einzuleiten; Ermessen hinsichtlich der Frage der Einleitung eines Verwaltungsverfahrens steht der Beh daher gerade nicht zu. Sehen „lediglich" Verwaltungsvorschriften die Einleitung eines Verwaltungsverfahrens vor, genügt dies § 18 Satz 2 nicht (vgl auch *Hissnauer* aaO Rz 14). Auch darf das Tätigwerden nach den besonderen Regelungen nicht lediglich im Ermessen der Beh stehen. Denn § 18 Satz 2 Nr 1 setzt gerade voraus, dass die Beh von Amts wegen oder auf Antrag tätig werden „muss". Insoweit ist in § 18 Satz 2 Nr 1 der Grundsatz der Amtswegigkeit (Offizialmaxime) mit dem Legalitätsprinzip verknüpft.

15   Das materielle Sozialrecht sieht zB in § 19 Satz 2 SGB IV (jedenfalls grds) für die Leistungen der **gesetzlichen UV** (SGB VII) eine Pflicht zum Tätigwerden **von Amts wegen** vor (dazu vgl zB *Knospe* in Hauck/Noftz SGB IV § 19 Rz 21). Daher muss der UV-Träger, dem zB durch eine Anzeige des Unternehmers oder eines Arztes ein Arbeitsunfall bzw eine Berufskrankheit bekannt wird (vgl §§ 193, 202 SGB VII), von Amts wegen ein Verwaltungsverfahren einleiten, den Sachverhalt von Amts wegen ermitteln (§ 20) und über Leistungen entscheiden. Auch für die Leistungen der **Sozialhilfe** (SGB XII) hat der Gesetzgeber grds ein Tätigwerden von Amts wegen vorgesehen. Nach § 18 Abs 1 SGB XII setzt die Sozialhilfe, mit Ausnahme der Leistungen der Grundsicherung im Alter und bei

Erwerbsminderung, ein, sobald dem Träger der Sozialhilfe oder den von ihm beauftragten Stellen bekannt wird, dass die Voraussetzungen für die Leistung vorliegen. Dieser Träger hat dann von Amts wegen ein Verwaltungsverfahren einzuleiten, den Sachverhalt von Amts wegen zu ermitteln (§ 20) und über Leistungen zu entscheiden. Weitere Regelungen, die zu einer Einleitung des Verwaltungsverfahrens von Amts wegen verpflichten, finden sich auch in zB §§ 26 Abs 2, 76 Abs 1 SGB IV. Soweit dagegen in **§ 115 Abs 4 Satz 1 SGB VI** Leistungen zur medizinischen Rehabilitation oder zur Teilhabe am Arbeitsleben auch von Amts wegen erbracht werden können, handelt es sich nicht um eine besondere Bestimmung iSd § 18 Satz 2 Nr 1, denn nach § 115 Abs 4 Satz 1 „können" entsprechende Leistungen erbracht werden, § 18 Satz 2 Nr 1 setzt aber voraus, dass Leistungen von Amts wegen erbracht werden „müssen".

1.3. Beginn auf Antrag (Dispositionsmaxime iVm fakultativem oder obligatorischem Antragsprinzip) – § 18 Satz 2 Nr 1 2. Alt

Nach § 18 Satz 2 Nr 1 2. Alt ist ein Verwaltungsverfahren zwingend auch dann einzuleiten, wenn die Behörde aufgrund von Rechtsvorschriften auf Antrag tätig werden muss (zum Begriff des Antrags vgl auch die Kommentierung bei § 12; vgl zu einem Anwendungsfall: *LSG NRW* Beschl v 18.9.2008 – L 9 B 39/08 AS). Sieht das materielle Sozialrecht vor, dass Leistungen antragsabhängig sind, so handelt es sich insoweit um Vorschriften iSd § 18 Satz 2 Nr 1 2. Alt. Denn wenn der gesetzlich bestimmte Sozialleistungsanspruch, der regelmäßig auch grundgesetzlich geschützte Rechtspositionen konkretisiert, zu seiner Durchsetzung eines Antrags bedarf, darf die Beh nicht auf einen entsprechenden Antrag hin untätig bleiben, sie muss das Verwaltungsverfahren einleiten und die tatbestandlichen Voraussetzungen des geltend gemachten Anspruchs prüfen. Insoweit folgt gerade aus der sozialrechtlichen Einräumung von materiellen Rechten ein Anspruch gegen die Beh auf Tätigwerden iS der Einleitung eines Verwaltungsverfahrens auf einen entsprechenden Sozialleistungsantrag hin. Das bedeutet – entgegen der vielfach vertretenen Ansicht, dass bereits der Antrag als solcher das Verfahren einleite (*Kopp/Ramsauer* VwVfG, 15. Aufl, § 22 Rz 18 mwN) –, dass die Beh auf den Antrag hin verpflichtet ist, die Einleitungsentscheidung zu treffen (so auch Vorauflage, *Rixen/Waschull* Rz 8). Mit dem Antrag tritt der Bürger zwar in ein **Verfahrensrechtsverhältnis**, das **Verwaltungsverfahren** selbst beginnt jedoch erst mit der behördlichen Einleitungsentscheidung (Rz 13; ebenso *Schmitz* in Stelkens/Bonk/Sachs VwVfG, 8. Aufl, § 22 Rz 55 ff). **Antrag** ist jedes Verhalten eines Bürgers, das so ausgelegt werden kann, dass von der Beh etwas, idR eine Sozialleistung, verlangt wird (vgl *Vogelgesang* aaO Rz 19). Ob der Antrag nur anspruchsauslösende Funktion hat, also nur formale Voraussetzung für die Entscheidung ist, oder ob er anspruchsbegründende, also materiellrechtliche Bedeutung hat, ist eine Frage der Auslegung des jeweiligen materiellen Rechts, in dem das Antragserfordernis geregelt ist. Gleiches gilt für die Form des Antrags; der Grundsatz der Formlosigkeit (§ 9 Satz 1) wird im Sozialrecht spezialgesetzlich vielfach durchbrochen (dazu vgl die Kommentierung bei § 9).

Der **Antrag** muss lediglich in erkennbarer Weise zum Ausdruck bringen, dass von einem Antragsrecht Gebrauch gemacht wird (*BSG* 26.1.2000 – B 13 RJ 37/98 R, SozR 3-5910/910 Nr 7). Um ein Verwaltungsverfahren in Gang zu setzen, reicht es somit aus, dass eine auf Gewährung der Leistung gerichtete Willenserklärung gegenüber dem Sozialleistungsträger abgegeben wird (*BSG* aaO; *LSG NRW* 26.5.2010 – L 8 LW 6/09, juris). Ein Antrag bestimmt als eine auf die Einleitung eines Verwaltungsverfahrens gerichtete Willenserklärung insoweit Gegenstand und Ziel des Verfahrens (*VG München* 22.7.2004 – M 15 K 02.893, M 15 K 02.898, M 15 K 03.831, juris unter Hinweis auf *Gusy* BayVBl 1985, 484 und *Martens* NVwZ 1988, 684); der Antrag bestimmt mithin den **Umfang des Verfahrensgegenstandes** (*Schmitz* aaO § 22 Rz 46; zur Auskunfts-, Beratungspflicht der Beh vgl §§ 14, 15, 16 Abs 3 SGB I). Insoweit ist der Antrag aber nicht am eng Wortlaut orientiert zu verstehen (iE ebenso *BSGE* 106, 78-80 = SozR 4-4200 § 37 Nr 2; *Hissnauer* aaO Rz 20). Vielmehr bestimmt das – ggf durch Auslegung zu ermittelnde – im Antrag zum Ausdruck kommende Begehren den Verfahrensgegenstand (so auch *Mutschler* aaO Rz 9); dabei ist aber auch zu berücksichtigen, welchen Umfang das Gesetz selbst einem Leistungsbegehren einräumt (vgl zB im SGB II die Frage nach der Trennbarkeit von Verfahrens-/Streitgegenständen). Der Antrag kann grundsätzlich nicht wirksam unter einer Bedingung gestellt werden (sog Bedingungsfeindlichkeit, *Kopp/ Ramsauer* aaO § 22 Rz 58). Eine **Änderung des Antrags**, ebenso die (Teil-)Rücknahme, ist jedenfalls vor Erlass des VA, also vor einem ggf durchgeführten Widerspruchsverfahren, möglich, darüber hinaus auch bis zum Eintritt der Unanfechtbarkeit; in reinen Antragsverfahren führt die **Rücknahme** eines Antrags zur Unwirksamkeit eines noch nicht bestandskräftig gewordenen VA (dazu vgl *Kopp/Ramsauer* aaO § 22 Rz 85). Eventuelle gesetzliche Ausnahmen von dieser Regel, etwa Ausschlussfristen, die Antragsänderungen entgegenstehen können, sind zu beachten. Eine Änderung noch im Widerspruchsverfahren ist nur zulässig, wenn es sich nicht um eine den Verfahrensgegenstand wesentlich modifizierende Änderung handelt und wenn Ausgangs- und Widerspruchsbehörde identisch sind (vgl *Schmitz* aaO § 22 Rz 74 f), denn nur über die Identität des Verfahrensgegenstands und die Identität der entscheidenden Beh lässt sich sicherstellen, dass die Kontrollfunktion des Widerspruchsverfahrens wirksam wird. Hält die Beh für Anträge auf Sozialleistungen **Formblätter** bereit, „sollen" diese benutzt werden (§ 60 Abs 2 SGB I). Formblätter u dgl sind zu verwenden, wenn dies gesetzlich ausdrücklich angeordnet ist (vgl etwa § 46 Abs 3 BAföG).

18 Dem Antrag kann im Hinblick auf § 18 Satz 2 unter verfahrensrechtlichen Gesichtspunkten unterschiedliche Bedeutung zukommen. So kann dem Antrag iSd § 18 Satz 2 Nr 1 nach der jew Regelung im materiellen Sozialrecht die Bedeutung zukommen, dass er selbst – neben einer Verfahrenseinleitung von Amts wegen iSd § 18 Satz 2 Nr 1 1. Alt – Auslöser der Einleitung eines Verwaltungsverfahrens sein kann. Insoweit folgt das Verfahren dem **fakultativen Antragsprinzip**. Die Eröffnung des Verwaltungsverfahrens von Amts wegen bleibt daneben möglich (**gleichrangige Parallelität der Einleitungsmodi**, vgl hierzu *Kopp/ Ramsauer* aaO § 22 Rz 23). Darf das Verwaltungsverfahren dagegen nur aufgrund eines Antrags eingeleitet werden, handelt es sich um ein Verfahren, das dem reinen Antragsprinzip folgt (**obligatorisches Antragsprinzip**).

19 Das Antragsprinzip schafft eine **Ausnahme von der Offizialmaxime**, denn die jeweils Antragsberechtigten disponieren über die Einleitung des Verfahrens (Dispositionsmaxime, vgl *Schmitz* aaO Rz 1 f). Verfahren, deren Einleitung dem obligatorischen Antragsprinzip folgt (etwa die Verfahren der Leistungsgewährung in der GKV, vgl § 19 Satz 1 SGB IV), sollen insb verhindern, dass dem Bürger eine Leistung „aufgedrängt" wird (vgl *Hufen* Fehler im Verwaltungsverfahren Rz 115). Verfahren, die dem fakultativen Antragsprinzip folgen (vgl etwa die Heilbehandlung gem § 26, §§ 27 ff SGB VII, auf die – ungeachtet der Regelung des § 19 Satz 2 SGB IV – [auch] ein kraft Antrags geltend zu machen-

der Anspruch besteht, vgl *BSGE* 83, 30), gehen von der Annahme aus, dass die Gewährung von Sozialleistungen immer den Interessen des Begünstigten entspricht. Ein für den Erlass des VA (etwa eines Bewilligungsbescheids) erforderlicher Antrag kann nachgeholt werden (§ 41 Abs 1 Nr 1), und zwar noch bis zur letzten Tatsacheninstanz eines sozial- oder verwaltungsgerichtlichen Verfahrens (§ 41 Abs 2; zur Pflicht der Behörde, einen Antrag entgegenzunehmen, vgl § 20 Rz 23 f).

1.4. Verbot der Einleitung eines Verwaltungsverfahrens – § 18 Satz 2 Nr 2

Während sich § 18 Satz 2 Nr 1 damit befasst, dass die Behörde nach den Rechtsvorschriften des materiellen Sozialrechts ein Verwaltungsverfahren einleiten muss, enthält § 18 in Satz 2 Nr 2 ein Einleitungsverbot. Ein Verwaltungsverfahren darf nicht eingeleitet werden, wenn die Beh aufgrund von Rechtsvorschriften nur auf Antrag tätig werden darf und ein Antrag nicht vorliegt. Fehlt der Antrag, liegt ein Verfahrensfehler vor, der jedoch nach § 41 Abs 1 Nr 1 durch Nachholung geheilt werden kann. **20**

Zu Beispielen aus der Rechtsprechung sei auf folgende Entscheidungen Bezug genommen: Zur Befreiung von der Versicherungspflicht in der GKV vgl *LSG Bbg* v 10.12.2014 – L 1 KR 255/13, juris. Zum Disziplinarrecht nach § 81 Abs 5 SGB V vgl *LSG Nds-Brem* v 31.7.2013 – L 3 KA 41/12, juris. **21**

2. Ende, Unterbrechung oder Ruhen des Sozialverwaltungsverfahrens

Das Verwaltungsverfahren endet mit Erreichung seines Zieles, nämlich dem **Erlass des VA** oder dem **Abschluss des öffentlich-rechtlichen Vertrages** (vgl § 8). Das Verwaltungsverfahrens(rechts)verhältnis dauert dagegen an, bis die Entscheidung bestandskräftig ist und alle (unselbstständigen) Nebenentscheidungen (zB Kostenentscheidungen) getroffen sind; es handelt sich um immanente Nachwirkungen des Verwaltungsverfahrens. Der der Entscheidung zugrundeliegende Verfahrensgegenstand ist demnach erst zur Gänze erschöpft, wenn auch die die Hauptregelung des VA ggf **flankierenden Nebenentscheidungen** ergangen und vollzogen sind (vgl Vorauflage *Rixen/Waschull* Rz 12). Dabei darf die Beh das Verwaltungsverfahren erst dann durch einen VA beenden, wenn der Sachverhalt vollständig ermittelt und die Rechtslage geklärt ist (*Siefert* in v Wulffen/Schütze, SGB X, 8. Aufl, § 20 Rz 12). Umstritten ist, ob das Verwaltungsverfahren solange bestehen bleibt, wie ein dem VA nachfolgendes gerichtliches Verfahren andauert (so *Thieme* in Wannagat SGB X § 18 Rz 11 unter Verweis auf *BSG* 23.6.1982 – 9b/8 RU 6/81, nv). Dies ist zu bejahen (so auch Vorauflage *Rixen/Waschull* Rz 12), denn nach Sinn und Zweck des § 8 soll eine verbindliche Regelung hergestellt werden. Diese Verbindlichkeit tritt aber erst mit Rechtskraft eines angefochtenen VA ein. Dafür sprechen auch § 12 Abs 1 Nr 2 („Verwaltungsakt … gerichtet hat") und § 12 Abs 1 Nr 3 („Vertrag … geschlossen hat"). Diese Bestimmungen zeigen, dass der Erlass der Regelung als solcher das Verfahren nicht zwingend beendet (*Wolff/Bachof/Stober* VerwR I § 60 Rz 26). **22**

Im Übrigen gelten zunächst auch für die Beendigung des Verwaltungsverfahrens die Bestimmungen des § 18 Satz 1 bzw Satz 2, zumindest sinngemäß. Nach § 18 Satz 1 entscheidet die Beh nach pflichtgemäßem Ermessen, ob und wann sie ein Verwaltungsverfahren durchführt. Dabei kann der Begriff des „Durchführens" nicht nur im Hinblick auf den Beginn, sondern auch im Hinblick auf das Ende des Verwaltungsverfahrens verstanden werden. Insoweit ist jeweils im Hinblick **23**

auf den verfahrensauslösenden Anlass auch nach dem Ende des Verwaltungsverfahrens zu suchen; zu beachten ist jedoch, dass eine Verpflichtung zur Beendigung des Verwaltungsverfahrens nicht zugleich auch das Ende des tatsächlichen Verwaltungsverfahrens bedeuten muss, wenn die Beh dann rechtswidrig
das Verwaltungsverfahren nicht beendet.

24 Soweit ausgeführt wird, das Verwaltungsverfahren finde – sofern kein VA erlassen oder ein Vertrag geschlossen werde – sein Ende, wenn sich der Verfahrensgegenstand erledigt habe, etwa durch Zeitablauf, Rücknahme des Antrags oder
Tod des Antragstellers, soweit ein Übergang der Verfahrensrechtsposition bzw
der materiellrechtlichen Stellung ausscheide (vgl auch die Kommentierung bei
§ 10 und § 12), ist dies insoweit zutreffend, als mit dem Eintritt dieser Umstände das Verwaltungsverfahren sein materiellrechtliches Ziel (zB Leistungsgewährung) nicht mehr erreichen kann. Da es sich beim Verwaltungsverfahren als
einer nach außen wirkenden Tätigkeit der Beh um einen tatsächlichen Vorgang
handelt, bedeutet die rechtliche Erledigung des Verfahrensgegenstandes nicht
zwingend, dass auch das Verwaltungsverfahren in tatsächlicher Hinsicht beendet wäre. Vielmehr hat im Fall des § 18 Satz 1 die Beh das Verwaltungsverfahren nach pflichtgemäßem Ermessen zu beenden; im Regelfall dürfte bei einer
materiellrechtlichen Erledigung des Verfahrensgegenstandes dann auch eine Ermessensreduzierung auf Null eintreten und das Verwaltungsverfahren ist zu beenden. Im Fall einer Aufnahme des Verwaltungsverfahrens von Amts wegen
nach § 18 Satz 2 Nr 1 1. **Alt** hat die Beh ebenfalls mit Wegfall der Pflicht zum
Tätigwerden von Amts wegen nach den besonderen Rechtsvorschriften des materiellen Sozialrechts das Verwaltungsverfahren einzustellen. Musste die Beh
nach § 18 Satz 2 Nr 1 2. **Alt** auf Antrag tätig werden und wurde der Antrag zurückgenommen, so muss die Beh prüfen, ob sie das Verfahren nach § 18 Satz 2
Nr 1 1. Alt von Amts wegen betreiben kann; darf sie nur auf Antrag tätig werden, hat sie nach § 18 Satz 2 Nr 2 das Verwaltungsverfahren einzustellen. Ist
dagegen der Antragsteller verstorben, bedeutet dies nicht zwingend, dass nunmehr das Verwaltungsverfahren erledigt wäre. Denn soweit übergangsfähige
Rechtspositionen Gegenstand des Verwaltungsverfahrens sind, kann eine
Rechtsnachfolge und damit ein Fortgang des Verwaltungsverfahrens in Betracht
kommen; die Einstellung des Verfahrens kann dann rechtswidrig sein.

25 Die **Einstellung des Verwaltungsverfahrens** erfolgt dadurch, dass die nach außen wirkende Tätigkeit der Beh im Hinblick auf den konkreten Verfahrensgegenstand tatsächlich eingestellt, mithin nicht mehr ausgeübt wird. Einer förmlichen Einstellungsentscheidung, die wie auch die Einleitungsentscheidung, als
Verfahrenshandlung kein VA ist, bedarf es nicht. Mit dem Ende des Verwaltungsverfahrens endet der Status der Beteiligten, ebenso die verfahrensrechtlichen Rechte und Pflichten.

26 Zur nach pflichtgemäßem Ermessen erfolgenden Durchführung des Verwaltungsverfahrens gehört auch die Frage, ob das Verfahren zeitweilig **unterbrochen** oder zum **Ruhen** gebracht (also bis auf weiteres nicht weiter betrieben)
wird. Dies entscheidet die Beh nach der vorliegend vertretenen Auffassung nach
§ 18 Satz 1 nach pflichtgemäßem Ermessen. Entscheidend kommt es damit auf
die Umstände des jeweiligen Falls an. Ein Beteiligter kann das Ruhen oder eine
Unterbrechung des Verfahrens anregen. Das Ermessen ist „auf Null" reduziert,
wenn alle Beteiligten einvernehmlich die Aussetzung bzw das Ruhen wünschen
und öffentliche, von der entscheidenden Beh durchzusetzende Interessendem
nicht entgegenstehen (iE auch *Roller* in v Wulffen/Schütze, SGB X, 8. Aufl, vor
§§ 8-30 Rz 5). Eine Unterbrechung oder ein Ruhen des Verfahrens wird bei

Verfahren, die auf die Gewährung von Sozialleistungen gerichtet sind, angesichts der damit einhergehenden Bedarfssituation des Bürgers in der Praxis nur selten in Betracht kommen.

§ 19 Amtssprache

(1) [1]Die Amtssprache ist deutsch. [2]Hörbehinderte Menschen haben das Recht, zur Verständigung in der Amtssprache Gebärdensprache zu verwenden; Aufwendungen für Dolmetscher sind von der Behörde oder dem für die Sozialleistung zuständigen Leistungsträger zu tragen.

(2) [1]Werden bei einer Behörde in einer fremden Sprache Anträge gestellt oder Eingaben, Belege, Urkunden oder sonstige Dokumente vorgelegt, soll die Behörde unverzüglich die Vorlage einer Übersetzung innerhalb einer von ihr zu setzenden angemessenen Frist verlangen, sofern sie nicht in der Lage ist, die Anträge oder Dokumente zu verstehen. [2]In begründeten Fällen kann die Vorlage einer beglaubigten oder von einem öffentlich bestellten oder beeidigten Dolmetscher oder Übersetzter angefertigten Übersetzung verlangt werden. [3]Wird die verlangte Übersetzung nicht innerhalb der gesetzten Frist vorgelegt, kann die Behörde eine Übersetzung beschaffen und hierfür Ersatz ihrer Aufwendungen in angemessenem Umfang verlangen. [4]Falls die Behörde Dolmetscher oder Übersetzer herangezogen hat, erhalten sie auf Antrag in entsprechender Anwendung des Justizvergütungs- und -entschädigungsgesetzes eine Vergütung; mit Dolmetschern oder Übersetzern kann die Behörde eine Vergütung vereinbaren.

(3) Soll durch eine Anzeige, einen Antrag oder die Abgabe einer Willenserklärung eine Frist in Lauf gesetzt werden, innerhalb deren die Behörde in einer bestimmten Weise tätig werden muss, und gehen diese in einer fremden Sprache ein, beginnt der Lauf der Frist erst mit dem Zeitpunkt, in dem der Behörde eine Übersetzung vorliegt.

(4) [1]Soll durch eine Anzeige, einen Antrag oder eine Willenserklärung, die in fremder Sprache eingehen, zugunsten eines Beteiligten eine Frist gegenüber der Behörde gewahrt, ein öffentlich-rechtlicher Anspruch geltend gemacht oder eine Sozialleistung begehrt werden, gelten die Anzeige, der Antrag oder die Willenserklärung als zum Zeitpunkt des Eingangs bei der Behörde abgegeben, wenn die Behörde in der Lage ist, die Anzeige, den Antrag oder die Willenserklärung zu verstehen, oder wenn innerhalb der gesetzten Frist eine Übersetzung vorgelegt wird. [2]Anderenfalls ist der Zeitpunkt des Eingangs der Übersetzung maßgebend. [3]Auf diese Rechtsfolge ist bei der Fristsetzung hinzuweisen.

Literatur:

Aden: Zwischenruf – Die Sprache in Deutschland ist klares Deutsch, ZRP 2011, 120; *Bunge:* Die rechtliche Gewährleistung der Kommunikation bei behinderten Menschen, Arbeitspapiere/Lorenz-von-Stein-Institut Nr 103, Dissertation Kiel 2013; *Hauser:* Kostentragung für Gebärdendolmetscher, KH 2014, 1217; *Keller:* Rechtsweg für Klage eines Gebärdensprachdolmetschers, jurisPR-SozR 3/2015 Anm. 5; *Kraiczek:* Gleichstellung behinderter Menschen – Recht auf barrierefreie Kommunikation und Gestaltung von Dokumenten, SozVers 2003, 259; *Meyer/Höver/Bach:* JVEG, Kommentar, 23. Aufl 2005; *Kreutz:* In cunctis domina pecunia est oder die Bedeutung des 2. Kostenrechtsmodernisierungsgesetzes für Gebärdensprachdolmetscher, ZFSH/SGB 2014, 203; *Mrozynski:* Die Übernahme der Kosten für den Dolmetscher im Zusammenhang mit der Erbringung von Sozialleistungen, ZFSH/SGB 2003, 470; *Roller:* Auswirkungen der UN-Behindertenrechtskonvention auf das sozialgerichtliche Verfahrensrecht, SGb 2016, 17; *Weinreich:* Die Antragstellung gemäß § 37 SGB II und ihre Rechtswirkungen, NZS 2012, 612; *Welti:* Barrierefreiheit und Unfallversicherung, Festschrift „20 Jahre

Hochschule der Gesetzlichen Unfallversicherung 2014", 321; *Zimmermann*: JVEG, Kommentar, 2005.

1. Allgemeines

1 Das Behördenhandeln iSd Sozialverwaltungsverfahren ist kein reines Behördeninternum, es ist auf **Außenwirkung** gerichtet (§ 8); es agiert mit seiner Umwelt. Behördenhandeln in diesem Sinn setzt damit Kommunikation mit den Verfahrensbeteiligten voraus. Dabei sieht § 9 zwar die Nichtförmlichkeit des Verwaltungshandelns vor, doch ist damit lediglich die Form, nicht das Medium erfasst. Soll das Sozialverwaltungsverfahren sein Ziel erreichen (vgl § 8), ist ein Kommunikationsmedium erforderlich, das den verständlichen Informationsaustausch mit den Verfahrensbeteiligten garantiert. Dieses Kommunikationsmedium ist die Sprache. Sprache ist die **grundlegende Möglichkeitsbedingung** des (Sozial-)Verwaltungsverfahrens (vgl Vorauflage *Rixen/Waschull* Rz 1). Denn Verfahrenshandlungen werden regelmäßig sprachgebunden vorgenommen (*Roller* in v Wulffen/Schütze, SGB X, 8. Aufl, § 19 Rz 2). Verstehen sich die am Verwaltungsverfahren Beteiligten nicht, ist eine Durchführung des Verwaltungsverfahren in einfacher und zweckmäßiger Weise (dazu vgl § 9 Satz 2) kaum zu gewährleisten. Eine Verschiedensprachigkeit der Beteiligten würde den Verfahrensgang nicht nur verzögern, sondern nachhaltig hemmen, weil unter den Bedingungen einer Gesellschaft, in der Menschen zwar zahlreiche Sprachen sprechen (dazu BT-Drucks 7/910, 48), in der aber nicht alle Menschen alle Sprachen kennen, Missverständnisse, Nichtverstehen vorprogrammiert wären. Es ist deshalb erforderlich, dass das SGB X den Einsatz einer **Referenzsprache** („Amtssprache") regelt und zugleich Vorkehrungen für den Fall trifft, dass Bürger, die sich an Sozialbehörden wenden, diese Sprache nicht beherrschen. **Amtssprache** ist die Sprache, der sich die Beh bei ihrer Amtstätigkeit zu bedienen hat (*Vogelgesang* in Hauck/Noftz SGB X § 19 Rz 7, Stand 12/10). Regelungen über die Amtssprache im Verwaltungsverfahren finden sich auch in § 23 VwVfG; dieser Bestimmung entspricht § 19 weitgehend (BT-Drucks 8/2034, 31 aE).

Auch § 87 Abs 1 AO enthält Regelungen zur Amtssprache. Für Gerichtsverfahren gilt § 184 GVG iVm zB § 61 SGG bzw § 55 VwGO. Im Übrigen vgl auch § 57 SGB IX, §§ 6 bis 10 BGG, die KommunikationshilfeVO v 17.7.2002 (BGBl I 2650) sowie die VO über barrierefreie Dokumente in der Bundesverwaltung v 17.7.2002 (BGBl I 2652).

2. Der Gebrauch der Amtssprache

2.1. „Deutsch"

Amtssprache ist das heute gesprochene bzw in lateinischen Buchstaben sowie sog arabischen Zahlenziffern geschriebene (**Neu-**)**Hochdeutsch**. Die Festlegung des Deutschen als Amtssprache bedeutet jedoch trotz der mittelbaren Nachteilswirkungen für in Deutschland lebende, der deutschen Sprache nicht oder nicht ausreichend mächtige Personen keine Grundrechtsverletzung (*BVerfG* 17.5.1983 – 2 BvR 731/80, BVerfGE 64, 135 ff) und führt nicht zur Pflicht des Staates, Dolmetscher und Übersetzungen zu stellen (*VG Neustadt* 27.9.2013 – 3 K 623/13.NW). Mit der Festlegung auf die deutsche Sprache ist in erster Linie die (neu)hochdeutsche Schriftsprache als Standard- bzw Einheitssprache gemeint (zur Verwendung der Empfehlung der Kultusministerkonferenz im amtlichen Schriftverkehr vgl das Gemeinsame Rundschreiben des BMI und BMJ vom 13.9.2006, BAnz Nr 206 a v 3.11.2006) und umfasst die deutsche **Umgangssprache** (so auch *Hissnauer* in juris-PK SGB X § 19 Rz 76) in ihren jeweiligen im Bundesgebiet anzutreffenden regionalen Ausprägungen. Schriftzeichen sind so zu verwenden, dass der Text lesbar ist (vgl *BVerwG* 28.12.1988 – 5 B 49/88). Orthographische, grammatikalische etc Fehler, die die Lesbarkeit nicht aufheben bzw die Bestimmung des Informationsgehalts nicht verunmöglichen, sind unschädlich. **Fremdsprachige Fachausdrücke** sind zulässig, soweit sie in der jeweiligen in Deutschland gebräuchlichen Fachsprache allgemein geläufig sind, wenn sich eine einheitliche und bedeutungsgleiche deutsche Übersetzung (noch) nicht herausgebildet hat oder wenn dem (nur) deutsch sprechenden Fachmann ihre Bedeutung ohne Weiteres klar ist (*OVG NRW* v 8.4.2005 – 10 B 2730/04, „Showroom"; *VG Neustadt* 17.12.2013 – 4 K 918/13.NW, „Jobcenter"). Zum Deutschen iS des § 19 Abs 1 gehören auch **Mundarten** (Dialekte) bzw Übergangsformen zwischen Mundart und Hochdeutsch (zB das sog Honoratioren-Schwäbisch). Mundarten kommen in mündlicher, ggf auch schriftlicher Form als Formen der Amtssprache in Betracht, wenn Beh und Beteiligte diese Mundarten mit ihren grammatikalischen, lexikalischen, semantischen, syntaktischen und idiomatischen Eigenheiten beherrschen. Eine Mundart-Praxis, die Verständlichkeit nicht ermöglicht, ist als „fremde Sprache" (§ 19 Abs 2 Satz 1) zu bewerten. Sie gehört nicht zur Amtssprache. Strittig ist die Verwendung aus dem Deutschen abgeleiteter Sprachen bzw Dialekte, wie sie im Ausland (zB Frankreich, dort Elsässisch; Schweiz, dort Schwytzerdütsch) gesprochen werden. So lehnt *Roller* (aaO Rz 5) die Verwendung dieser Sprachen im bundesdeutschen Verwaltungsverfahren ab.

Entscheidend ist die Garantie der **Verständlichkeit des Informationsaustauschs** zwischen Behörde und Verfahrensbeteiligtem, was im Zweifel die Verwendung des Hochdeutschen verlangt. Insoweit darf vor dem Hintergrund der Intention der Nichtförmlichkeit des § 9 vom Bürger ein einfacher kommunikativer Zugang zur Behörde erwartet werden können. Er darf in seiner – einem deutsch sprechenden Behördenmitarbeiter – verständlichen deutschen Sprache, wozu grds auch die deutschen Mundarten zählen, sein Begehren vorbringen und mit der Behörde kommunizieren. Die Behörde selbst sollte sich jedoch – jedenfalls bei schriftlicher Kommunikation – weitestgehend an das Hochdeutsch halten.

4   **Unterschriften** sind in den Schriftzeichen einer fremden Sprache erlaubt (*Kopp/ Ramsauer* VwVfG, 15. Aufl, § 23 Rz 6; *Roller* aaO Rz 5): Es geht hierbei um die Identifikation des Bürgers, nicht um eine Sachinformation, die die Kommunikation im Hinblick auf das Ziel des Verwaltungsverfahrens (vgl § 8) voranbringen soll (*Roller* aaO).

5   Nicht unter § 19 Abs 1 fallen **Fragen der inhaltlichen Verständlichkeit.** Die rein inhaltliche Klärung einer in der Amtssprache verfassten Verfahrenshandlung ist durch Auslegung herbeizuführen. Für Beh gilt im Übrigen § 33 Abs 1, wonach der VA inhaltlich hinreichend bestimmt sein muss, und § 35, der eine Begründung des VA verlangt; nach § 19 Abs 1 hat diese in der Amtssprache zu erfolgen.

2.2. „Amtssprache"

2.2.1. Pflicht zum Gebrauch der Amtssprache bei „amtlichen" Tätigkeiten

6   Was mit „Amtssprache" gemeint ist, ergibt sich aus der systematischen Stellung des § 19 im Ersten Titel des Zweiten Abschn des SGB X: Sofern es um den Vollzug von Verwaltungsverfahren geht, also die Beh (§ 1 Abs 1 Satz 1, Abs 2) in dieser Weise „amtlich" agiert, ist die deutsche Sprache zu verwenden; dabei ist es unerheblich, ob schriftlich, mündlich, elektronisch oder auf sonstige Weise kommuniziert wird. Das bedeutet ua, dass der Informationsaustausch, der zwischen Bürger und Beh nicht im Kontext eines Verwaltungsverfahrens erfolgt (etwa Begrüßungsworte, sozial üblicher Smalltalk uä) auch in anderen Sprachen erfolgen können. Auch **Merkblätter** und dgl dürfen durchaus in fremden Sprachen verteilt werden (BT-Drucks 7/910, 48 [zu § 19 VwVfG]); ein Anspruch darauf besteht aber nicht (*Mutschler* in KassKomm § 19 SGB X Rz 3, Stand Dezember 2015; *Roller* aaO Rz 6). Dass Merkblätter nicht in allen Sprachen vorgehalten werden, verletzt grds weder Art 3 Abs 1 noch Art 3 Abs 3 GG (*VG Neustadt* 27.9.2013 – 3 K 623/13.NW). Das gilt auch für den inneradministrativen Informationsaustausch zwischen Bediensteten, sofern er nicht auf die Informationsgewinnung im Rahmen von Verwaltungsverfahren ausgerichtet ist. So kann nach der Rechtsprechung gerade die Verwendung einer fremden Sprache durch die Beh Indiz dafür sein, dass ein Schreiben seines Rechtscharakters nach kein VA ist (*VG Berlin* 4.7.2014 – 10 K 461.13, mwN). Die freiwillige Nutzung einer fremden Sprache im amtlichen Bereich durch Beh und Beteiligte anstelle des Deutschen, gleichsam als **selbstgewählte Amtssprache,** ist **nicht zulässig** (aA *Vogelgesang* aaO Rz 15).

7   Diese in den Vorauflagen von *Rixen/Waschull* vertretene Auffassung (vgl Vorauflage Rz 3) dürfte richtig sein. Zwar führen die Gesetzesmaterialien (BT-Drucks 7/910, 48, zu § 19) aus: „Die Beschränkung auf den Begriff „Amtssprache" erlaubt auch künftig, in der täglichen Verwaltungspraxis beim Umgang mit Ausländern sich deren Sprache zu bedienen, soweit die Angehörigen der Behörde ihrer mächtig sind. Auch die Verteilung von Merkblättern u. ä. in fremden Sprachen wird hierdurch nicht gehindert." Soweit die Gesetzesmaterialien darauf abzielen, Verfahrensbeteiligten Informationen verständlich nahe zu bringen, kann dem zugestimmt werden. Dem dürfte auch § 19 Abs 2 Satz 1 entsprechen, als Übersetzungen nur dann angefordert werden sollen, wenn die Beh die schriftlichen Erklärungen nicht selbst verstehen kann. Mit dem Abstellen auf eine Amtssprache soll nicht nur für den „glücklichen Einzelfall" eines Zusammentreffens von fremdsprachigem Verfahrensbeteiligtem und fremdsprachenkundigen Beh-Bediensteten Verständlichkeit geschaffen werden. Vielmehr will die Verpflichtung zur Verwendung der deutschen Amtssprache über den konkreten Kommunikationsverkehr hinaus anderen Beh-Bediensteten (zB der Widerspruchsstelle) eine Verständlichkeit der vorgenommenen Verfahrenshandlungen ermöglichen und so das Risiko des sprachlichen Nichtverstehens von der Beh auf den anderen Verfahrensbeteiligten verlagern. Der Bürger als Verfahrensbeteiligter hat zu gewährleisten, dass das von ihm gegenüber der Beh Mitzuteilende von dieser unabhängig von den sprachlichen Kenntnissen eines konkreten Bediensteten verstanden werden kann. Dies machen auch die Gesetzesmaterialien deutlich (aaO), als es dort heißt: „Andererseits wird durch die Vorschrift klargestellt, daß bei amtlichen Mitteilungen, Entscheidungen, Bescheiden usw. die deutsche Sprache maßgeblich bleibt und gesetzliche oder sonstige amtliche Fristen durch den Gebrauch einer fremden Sprache weder in Lauf gesetzt noch gewahrt werden."

2.2.2. Pflicht zum Gebrauch einer verständlichen Amtssprache

Amtssprache ist im Hinblick auf die Regelungsabsicht des Gesetzgebers, mit Erlass des SGB X die Rechtsstellung des Bürgers zu erleichtern (vgl § 9 Rz 2), nur ein **verständliches Deutsch**, dh idR (Rz 2) ein Hochdeutsch iSd umgangssprachlichen Deutsch mit seinen regionalen Färbungen, das es dem durchschnittlich sprachkompetenten, also nicht juristisch vorgebildeten, insb nicht sozialrechtlich ausgebildeten Bürger erlaubt zu verstehen, was die Beh mit ihren Erklärungen, etwa einem Bescheid, meint. Je mehr eine der Beh zurechenbare Erklärung nach ihrer Semantik, Syntaktik, Lexik etc besonderes Wissen voraussetzt bzw verlangt, desto wahrscheinlicher wird es, dass die Beh gegen das Gebot, eine verständliche Amtssprache zu verwenden (also ihr Amt iSd Bürgers auszuüben), verstößt. Aus diesem Gebot folgt ua auch eine **Pflicht der Sozialbehörden**, ihre Erklärungen auf **Sprachverständlichkeit** hin zu überprüfen und ggf zu modifizieren. Ob dieses Gebot zur Verwendung einer verständlichen Amtssprache, mithin ein Gebot, das an den Inhalt der Erklärung anknüpft, aus § 19 Abs 1 Satz 1 folgt, kann offen bleiben, denn § 19 Abs 1 Satz 1 bestimmt an sich lediglich die Sprache, nicht deren inhaltliche Verständlichkeit.

8

2.2.3. Übersetzungen bei Verhandlungen mit der Behörde?

Das SGB enthält **keine dem § 185 Abs 1 Satz 1 GVG vergleichbare Regelung** („Wird unter Beteiligung von Personen verhandelt, die der deutschen Sprache nicht mächtig sind, so ist ein Dolmetscher zuzuziehen."). Diese Entscheidung des Gesetzgebers ist ernst zu nehmen. Sie darf nicht durch eine analoge Anwendung des § 185 GVG unterlaufen werden (so aber für den Fall, dass dies „aus rechtsstaatlichen Gründen geboten ist", *Mutschler* aaO Rz 4; *Vogelgesang* aaO § 19 Rz 13). Die Regelung des § 19 Abs 1 Satz 2 belegt vielmehr, dass der von der Beh zu tragende Einsatz von Dolmetschern bei Verhandlungen mit der Beh, also Gesprächen in der Dienststelle, die Ausnahme ist. So hat auch das BSG aus § 19 Abs 1 und Abs 2 geschlossen, dass die des Deutschen nicht ausreichend kundigen Personen auf eigene Kosten für die Übersetzung ihrer in einer fremden Sprache vorgetragenen Anliegen, die die Beh nicht zu verstehen in der Lage ist, selbst zu sorgen haben (*BSG* v 6.2.2008 – B 6 KA 40/06 R, SozR 4-5520 § 31 Nr 3 = SozR 4-2500 § 116 Nr 5). Lediglich für den Sonderfall der hörbehinderten Menschen ist in § 19 Abs 1 Satz 2 bestimmt, dass diese das Recht haben, zur Verständigung in der Amtssprache die Gebärdensprache zu verwen

9

den, und die Aufwendung für Dolmetscher von der Behörde oder den für die Sozialleistung zuständigen Leistungsträger zu tragen sind (*BSG* v 6.2.2008 – B 6 KA 40/06 R, SozR 4-5520 § 31 Nr 3 = SozR 4-2500 § 116 Nr 5). Ein allgemeiner Anspruch auf Gestellung eines Dolmetschers durch die Beh besteht damit nicht (*NdsOVG* v 26.3.1999 – 1 L 215/97; *Roller* aaO Rz 6). Es bleibt damit Aufgabe des Bürgers, eine verständliche Kommunikation mit der Beh zu ermöglichen. Insoweit hat er sicherzustellen, dass er sprachlich von der Beh verstanden wird. Somit hat er im Bedarfsfall auf eigene Kosten einen Dolmetscher zu den Verhandlungen mitzubringen (aA für den Fall einer aus rechtsstaatlichen Gründen gebotenen Dolmetscherbeiziehung *Mutschler* aaO Rz 4; *Vogelgesang* aaO Rz 13). Auch stellt der Umstand, dass ein Beteiligter nicht Deutsch als Muttersprache hat, keine Behinderung iSd § 19 Abs 1 Satz 2 dar (*BSG* v 6.2.2008 – B 6 KA 40/06 R, SozR 4-5520 § 31 Nr 3 = SozR 4-2500 § 116 Nr 5). Bei Verständnisproblemen aufgrund mangelhafter Deutschkenntnisse ist ggf auf den Weg der schriftlichen Kommunikation gem § 19 Abs 2 einschließlich der entsprechenden Übersetzungsmöglichkeiten zu verweisen.

2.2.4. Gebrauch der Amtssprache durch (EU-)Ausländer

10 Auch für EU-Ausländer gilt zunächst § 19 Abs 1 Satz 1, mithin die Verwendung der deutschen Sprache als Kommunikationsmedium mit den deutschen Beh. Damit gilt für EU-Ausländer nichts anderes als für Inländer oder sonstige Ausländer (*Roller* aaO Rz 6). Ob die Pflicht, das Deutsche als Amtssprache zu verwenden, im Lichte des allg EG-rechtlichen **Diskriminierungsverbotes** (Art 18 AEUV) bzw im Lichte der Grundfreiheiten, namentlich der Dienstleistungsfreiheit (Art 56 ff AEUV), der Freizügigkeit (Art 45 AEUV) und der Niederlassungsfreiheit (Art 49 AEUV), Bestand haben kann, wird verschiedentlich bezweifelt (vgl *Kopp/Ramsauer* aaO § 23 Rz 4 b). Die Pflicht, als Amtssprache Deutsch zu verwenden, darf jedenfalls nicht mehr als erforderlich die **Grundfreiheiten** beeinträchtigen (*Schmitz* in Stelkens/Bonk/Sachs VwVfG, 8. Aufl, § 23 Rz 78). Grds verletzt die Pflicht zur Verwendung der Amtssprache EG-rechtliche Gleichbehandlungsgebote nicht. Jeder EU-Bürger muss deshalb auf eigene Kosten die ihm fehlende Sprachkompetenz kompensieren; ggf ist gem § 19 Abs 2 der Weg über schriftliche Übersetzungen zu suchen. Im koordinierenden EU-Sozialrecht gelten besondere Regelungen (vgl auch Rz 32 ff, 40).

11 Ausnahmen von der Pflicht zur Verwendung der deutschen Sprache als Referenzsprache bei der (grenzüberschreitenden) Kommunikation mit deutschen (Sozial-)Behörden sind zB da denkbar, wo eine Materie ohne sachlichen Grund in einem schwer verständlichen (kaum sinnwahrend übersetzbaren) Deutsch geregelt ist mit der Folge, dass die Kommunikation mit der Beh darunter permanent leidet oder unmöglich wird. Hier ist (auch im Hinblick auf den Verfahrensgrundsatz der Einfachheit und den auch die Verwaltung bindenden Gedanken von Treu und Glauben) zu verlangen, dass die Beh sich selbst einer verständlichen deutschen Sprache bedient (oben Rz 8) bzw Übersetzungen in verständliches Deutsch veranlasst und dafür die Kosten trägt. Das gilt nicht nur für EU-Ausländer, sondern für ausländische Bürger schlechthin. Wenn demgegenüber generell für eine „einzelfallbezogen(e)" Hinzuziehung eines Dolmetschers votiert wird (so *Hufen* Fehler im Verwaltungsverfahren Rz 223), dann ist dies abzulehnen, weil damit die Entscheidung des Gesetzgebers gegen eine Übernahme des § 185 GVG ignoriert wird (Rz 9). Mit der Kommentierung der Vorauflage (dort vgl Rz 7) sind auch abzulehnen die Versuche, mithilfe einer angeblichen praktischen Konkordanz die Bestimmung des § 19 im Interesse von

Ausländern ohne Deutschkenntnisse zu korrigieren (vgl iE wohl auch: *BSG* v 6.2.2008 – B 6 KA 40/06 R, SozR 4-5520 § 31 Nr 3 = SozR 4-2500 § 116 Nr 5). Hierbei handelt es sich in Wahrheit um einen rechtspolitischen Vorschlag, der das als ungenügend empfundene G korrigieren soll. Zu Korrekturen dieser Art ist aber nur der Gesetzgeber berufen. Allerdings zwingt das Verbot der Diskriminierung wegen der Sprache (Art 3 Abs 3 Satz 1 GG) jederzeit dazu, genau zu prüfen, ob gesetzliche Bestimmungen oder ihre administrative Umsetzung (noch) verfassungsgemäß sind (vgl *BVerfG* NJW 2004, 50; s auch zur EMRK *OLG Köln* JMBl NRW 2006, 126 = NStZ-RR 2006, 51 mwN).

2.3. Übersetzung fremdsprachiger Dokumente

Während Abs 1 sowohl die Kommunikation des Beteiligten mit der Beh als auch die Kommunikation der Beh mit dem Verfahrensbeteiligten betrifft, enthalten die **Abs 2 bis 4** Regelungen, die die schriftliche Kommunikation des Beteiligten mit der Beh betreffen. Die Beh muss daher immer in der Amtssprache kommunizieren. Dagegen kann der Verfahrensbeteiligte bei der Beh Anträge stellen oder Eingaben, Belege, Urkunden oder sonstige Dokumente vorlegen, die in einer anderen Sprache abgefasst sind; diese Erklärungen sind nicht grds unwirksam (*Mutschler* aaO Rz 2). Während die Beh bei mündlicher Kommunikation nicht verpflichtet ist, eine fremdsprachige Niederschrift aufzunehmen bzw in einer anderen als der Amtssprache zu kommunizieren (*Mutschler* aaO Rz 5), sieht Abs 2 für **schriftliche Erklärungen** die Möglichkeit der Übersetzung vor. Dabei kommt es nicht darauf an, ob der vorlegende Verfahrensbeteiligte an sich der deutschen Sprache mächtig oder Fremdsprachler ist (*Mutschler* aaO Rz 5). Werden bei einer Beh (§ 1 Abs 2) Anträge oder Schriftstücke in fremder Sprache eingereicht, soll diese unverzüglich, dh ohne schuldhaftes Zögern (dazu vgl § 121 Abs 1 Satz 1 BGB) die **Vorlage einer Übersetzung** in einer von ihr zu setzenden angemessenen (Rz 13) Frist verlangen, sofern sie nicht in der Lage ist, die Anträge oder Schriftstücke zu verstehen (§ 19 Abs 2 Satz 1). Damit muss die Beh auch in fremden Sprachen verfasste schriftliche Erklärungen entgegennehmen (*Roller* aaO Rz 9). Sind diese Erklärungen nicht in der deutschen Amtssprache verfasst, muss die Beh – wie § 19 Abs 2 Satz 1 aE zeigt – zunächst versuchen, die Erklärungen ohne Dolmetscher zu verstehen. Lässt sich der Inhalt der Erklärung nicht verstehen, soll die Beh zur Vorlage einer Übersetzung auffordern (§ 19 Abs 2 Satz 1). Mithin ist es grds Pflicht desjenigen, der des Deutschen nicht mächtig ist, die Übersetzung seiner schriftlichen Erklärung zu beschaffen (*Roller* aaO Rz 9); das gilt nicht nur für fremdsprachige Erklärungen gegenüber der Beh sondern auch für die Vorlage fremdsprachig abgefasster Urkunden. In diesem Sinne hat auch die Rechtsprechung von demjenigen, der der deutschen Sprache als Amtssprache nicht mächtig ist, verlangt, dass er die ihm in eigener Sache obliegenden **Sorgfaltspflichten** erfüllt (*BFH* 17.3.2010 – X B 114/09, BFH/NV 2010, 1239 mwN; *FG Hamburg* 17.6.2013 – 1 K 118/12). Diese Sorgfaltspflicht bestehe für den der Amtssprache Unkundigen darin, sich in angemessener Zeit eine Übersetzung der ihm zugehenden amtlichen Schriftstücke zu verschaffen und dann entsprechend zu reagieren (*FG Hamburg* 17.6.2013 – 1 K 118/12). Denn auch ohne dass er dessen Inhalt kennt, muss der Adressat eines amtlichen Schriftstücks damit rechnen, dass die Behörde mit dem Schriftstück einen Anspruch gegen ihn geltend macht oder eine Sanktion gegen ihn verhängt und gleichzeitig mit der Bekanntgabe des Schriftstücks eine Frist in Lauf gesetzt wird, innerhalb derer der Betroffene sich gegen die Verfügung wenden kann und zur Vermeidung von Nachteilen wenden muss. Ist der

Verfahrensbeteiligte rechtsunkundig, muss er Zweifel, die bei ihm hätten aufkommen müssen, rechtzeitig klären (*BFH* 17.3.2010 – X B 114/09, BFH/NV 2010, 1239 mwN; *FG Hamburg* 17.6.2013 – 1 K 118/12).

13 „Übersetzung" ist eine **sinnwahrende Übertragung** des vollständigen Textes ins Deutsche, also nicht eine bloß entfernt sinngemäße, nur approximativ sinnwahrende Übertragung. Ebenso scheidet zB eine bloße Zusammenfassung aus (ebenso *Hissnauer* aaO Rz 31). „Übersetzung" iSd § 19 Abs 2 Satz 1 ist auch nur die Übertragung ins Deutsche. Ist bei seltenen Sprachen keine direkte Übertragung ins Deutsche mangels verfügbarer Übersetzer möglich, ist der Text in eine „**Mittlersprache**" zu übertragen, aus der ins Deutsche übersetzt werden kann. Das in der Praxis danach nur bei extrem seltenen Sprachen relevant werdende Risiko der Nicht-Übersetzbarkeit trägt der Beteiligte, der die betreffende fremde Sprache verwendet. Die Übersetzung muss nicht durch einen amtlich bestellten, staatlich geprüften oder ausgebildeten Dolmetscher gefertigt sein. Es genügt, wenn der Übersetzer die deutsche Sprache für den Beh-Verkehr ausreichend verständlich beherrscht (*BSG* 14.6.1988 – 7 Rar 58/88, NJW 1989, 680; *Vogelgesang* aaO Rz 20).

14 Eine Regelung darüber, was die Beh zu tun hat, wenn sie aus einer in fremder Sprache – schriftlich oder mündlich – abgegebenen Erklärung den Inhalt nicht entnehmen kann, erschien nach den Gesetzesmaterialien (BT-Drucks 7/910, 48 zu § 19 aE) nicht geboten und auch nicht möglich. Die jeweilige Reaktion der Beh solle sich nach dem konkreten Einzelfall bemessen und entziehe sich einer generellen gesetzlichen Regelung. Insoweit ist inhaltliche Unverständlichkeit einer Eingabe des Verfahrensbeteiligten kein Problem des § 19 Abs 2 Satz 1. Auch gilt diese Regelung nicht für außerbehördliche Kommunikation. Damit setzt § 19 Abs 2 Satz 1 voraus, dass für die Beh überhaupt in groben Zügen erkennbar ist, dass es sich um eine verwaltungsverfahrensmäßige Kommunikation handelt und was Inhalt der Eingabe ist. Erst dann, wenn die Behörde eine solche verwaltungsverfahrensbezogene Erklärung annehmen kann, darf sie eine Übersetzung anfordern. Bei der **Anforderung** einer Übersetzung handelt es sich um einen **VA iSd § 31 Satz 1**, denn mit ihr werden dem Verfahrensbeteiligten Handlungspflichten auferlegt, an deren Nichtbefolgung Konsequenzen geknüpft werden können (zB kostenpflichtige Beschaffung der Übersetzung durch die Beh, § 19 Abs 2 Satz 3).

15 Maßstab für die **Unverzüglichkeit** des Verlangens, eine Übersetzung vorzulegen, ist der Verfahrensgegenstand, soweit er aus den Umständen erkennbar ist. Wird etwa eine Eingabe beim Sozialamt gemacht, ist es naheliegend, dass es um eine Sozialhilfeangelegenheit geht, die in der Regel besonders zügig (vgl § 9 Satz 2) zu bearbeiten ist, so dass im Einzelfall auch eine kurze Frist angemessen sein kann. Ob die Frist angemessen ist, hängt insb auch von Art und Umfang der erforderlichen Übersetzungen ab (zu weiteren Kriterien vgl § 9 Rz 12, § 14 Rz 3). Das Verlangen der Vorlage einer Übersetzung, also einer Übertragung ins (Hoch-)Deutsche, ist von demjenigen auf eigene Kosten zu besorgen, der die Eingaben veranlasst hat, also vom Verfahrensbeteiligten. Das Verlangen „soll" erfolgen, dh, sie muss im Regelfall erfolgen. Abweichungen sind nur in atypischen Sonderfällen erlaubt (*Hissnauer* aaO Rz 28; *Vogelgesang* aaO Rz 18; vgl zu „Soll"-Vorschriften: *Kopp/Ramsauer* aaO § 40 Rz 64; *BSGE* 35, 267), etwa wenn ein kurzer fremdsprachiger (zB in einfachem Englisch verfasster) Text ohne jede Fehlerwahrscheinlichkeit ganz leicht zu übersetzen ist oder die Beh über einen eigenen Übersetzerdienst verfügt (*Roller* aaO Rz 9). Ob der Bürger die Übersetzung durch ihm bekannte Laien-Übersetzer oder durch professionelle

Übersetzer anfertigen lässt, ist durch das G grds nicht vorgegeben (zu Ausnahmen sogleich).

In begründeten Fällen kann die Vorlage einer beglaubigten oder von einem öffentlich bestellten oder beeideten Dolmetscher oder Übersetzer angefertigten Übersetzung verlangt werden (§ 19 Abs 2 Satz 2). Die Beh hat damit ihr Verlangen nach einer qualifizierten Übersetzung konkret zu begründen. Ein begründeter Fall liegt zB vor, wenn es auf die genaue Bezeichnung etwa eines anspruchsbegründenden Merkmals ankommt oder eine Laienübersetzung erkennbar fehlerhaft ist (dazu vgl *Roller* aaO Rz 9). Hier hat die Beh, wie das Wort „kann" anzeigt, einen **Ermessensspielraum**. Im Bedarfsfall sollte es der Beh eine „Ehrenverpflichtung" (nobile officium) sein, den Beteiligten bei der Suche nach einem geeigneten Übersetzer oder Dolmetscher zu unterstützen (so auch *Roller* aaO Rz 9). Entsprechende (Adressen-)Listen können, etwa im Intranet der Beh, problemlos vorgehalten werden.

Wird die verlangte Übersetzung nicht innerhalb der von der Beh gesetzten Frist vorgelegt (Eingang bei der Beh vor Fristablauf), kann die Beh selbst eine Übersetzung beschaffen und hierfür Ersatz ihrer Aufwendungen in angemessenem Umfang verlangen (§ 19 Abs 2 Satz 3). Die Frist kann als behördlich gesetzte Frist nach § 26 Abs 7 verlängert werden. Die Beh hat einen **Ermessensspielraum** („kann"), der ua von der Dringlichkeit der Sache und vom Umfang der übersetzungsbedürftigen Texte abhängen wird. Der ebenfalls nach pflichtgemäßen Ermessen festzusetzende **Aufwendungsersatz**, der eine Ausnahme vom Grundsatz der Kostenfreiheit (§ 64) darstellt, steht unter dem Vorbehalt der Angemessenheit; in der Gesetzesbegründung heißt es dazu: „Um den Beteiligten nicht wegen der Kostenfrage möglicherweise von der Stellung von Anträgen usw abzuhalten, soll die Behörde (...) Ersatz ihrer Aufwendungen nur in angemessenem Umfang verlangen können, wobei die jeweils vorliegenden Verhältnisse zu berücksichtigen sind. Dabei kann im Einzelfall ein Aufwendungsersatz ganz entfallen" (BT-Drucks 8/2034, 32 zu § 19). Entscheidend dürfte es darauf ankommen, ob der Beteiligte aufgrund seiner finanziellen Lage von der Einholung von Übersetzungen abgehalten wurde; seine Absicht, Geld zu sparen und auf das Gemeinwesen abzuwälzen, genügt nicht. Die Leistungsfähigkeit des Beteiligten ist in jedem Fall zu berücksichtigen.

§ 19 Abs 2 Satz 4 Halbs 1 idF von Art 4 Abs 72 Nr 1 KostRMoG (BGBl 2004 I 718, 845) sieht vor, dass von der Beh herangezogene Dolmetscher oder Übersetzer – sie sind Sachverständige der Beh (*Vogelgesang* aaO § 19 Rz 23) – entsprechend dem Justizvergütungs- und Entschädigungsgesetz (JVEG) zu bezahlen sind (vgl §§ 8 ff JVEG). Die Beh kann auch eine Entschädigung vereinbaren (§ 19 Abs 2 Satz 4 Halbs 2). Die Möglichkeit, eine Entschädigung zu vereinbaren, erscheint aus Gründen der Wirtschaftlichkeit sachgerecht (*Vogelgesang* aaO § 19 Rz 23), etwa dann, wenn es um aufwändige Übersetzungen geht. § 19 Abs 2 Satz 4 Halbs 2 schließt im Übrigen nicht aus, dass die Beh mit Dolmetschern oder Übersetzen einen **Rahmenvertrag** abschließt, der über die Heranziehung im einzelnen Fall hinausgeht (vgl dazu auch § 14 JVEG), vgl insoweit insb den Rahmenvertrag zwischen VdAK/AEV und dem **Bundesverband der Gebärdensprachdolmetscher/innen**, dazu *Männig* ErsK 2004, 87 f.

Allerdings: Eine Übersetzung darf nur verlangt werden, wenn die Beh **nicht in der Lage** ist die Anträge oder Schriftstücke **zu verstehen**. Dh: die Beh – nicht bloß der geschäftsverteilungsmäßig zuständige Sachbearbeiter – muss außerstande sein, den Text zu verstehen (aA *Mutschler* aaO Rz 6). Das setzt innerhalb der Beh organisatorische Vorkehrungen voraus, die es dem zuständigen

Sachbearbeiter zügig (§ 9 Satz 2) erlauben festzustellen, welche fremden Sprachen in der Beh von welchem Mitarbeiter sicher – dh im Hinblick auf die sachliche Zuständigkeit der Beh verlässlich – beherrscht werden; ein Übersetzungsdienst ist aber nicht vorzuhalten (*Mutschler* aaO Rz 6). Fehlt es an einer solchen behördenintern verfügbaren **Fremdsprachenkompetenz**-Übersicht, ist der Sachbearbeiter verpflichtet, selbst unverzüglich herauszufinden, ob jemand in der Beh den fremdsprachigen Text korrekt zu übersetzen vermag. Der etwaige Misserfolg solcher konkret zu benennenden Bemühungen ist in den Akten zu vermerken. Der Gesetzgeber des SGB X ging davon aus, dass zumindest in einzelnen Leistungsbereichen die Beh wegen fremdsprachlich qualifizierter Mitarbeiter in der Lage sind, selbst Übersetzungen anzufertigen (vgl BT-Drucks 8/2034, 32 zu § 19).

2.4. Gebärdensprache als besonderer Zugang zur Amtssprache

20 Nach dem durch das SGB IX vom 19.6.2001 mWz 1.7.2001 eingeführten § 19 Abs 1 Satz 2 (BGBl I 1046, 1107) haben hörbehinderte Menschen das Recht, zur Verständigung in der Amtssprache im Rahmen eines Verwaltungsverfahrens (zur Phase der Leistungsausführung Rz 33 ff) **Gebärdensprache** zu verwenden; für sehbehinderte oder sprachbehinderte Menschen enthält das SGB keine entsprechende Regelung (vgl auch *Mutschler* aaO Rz 4 a), hier gelten lediglich § 57 SGB IX und ggf § 10 Abs 1 Satz 2 BGG bzw § 6 Abs 3 BGG. Die Vorschrift dürfte in der Praxis zumindest langfristig besonders bedeutsam werden, weil die Zahl der hörbehinderten Menschen zunimmt (dazu die Presseerklärung der Europäischen Kommission vom 29.8.2003 [IP/03/1183] zum „Welt-Gehörlosentag" am 1.9.2003). Außerdem finden ca. 80% aller Behördenkontakte mit Beh der Sozialverwaltung statt (vgl die Hinweise in der Begr zum BehindertengleichstellungsG [BGG] NRW, LT-Drucks 13/3855, 3), so dass gerade in diesem Bereich die Sicherung der Verständigungsmöglichkeit hörbehinderter Menschen dringlich ist. Die Hörbehinderung muss einer unmittelbaren Verständigung in der Amtssprache entgegenstehen bzw diese so erschweren, dass ein verlässlicher Informationsaustausch nicht durchweg gewährleistet ist und/oder nur nach überdurchschnittlich hohem Zeitaufwand gelänge. Von einer **Hörbehinderung** ist daher nicht nur beim vollständigen Ausfall des Hörsinns (= Taubheit) auszugehen. Die Regelung ist auf den visuellen Kontakt mit Mitarbeitern der jeweiligen Beh zugeschnitten. Insoweit kann die Hörbehinderung nach § 6 Abs 3 Satz 1 BGG definiert werden, als gehörlose, ertaubte und schwerhörige Menschen erfasst sind. Gebärdensprache als visuell erkennbares Zeichensystem kommt dagegen bei schriftlicher und elektronischer Kommunikation nicht in Betracht.

21 § 19 Abs 1 Satz 2 gewährt kein Recht auf gebärdensprachliche Verständigung mit den Mitarbeitern der Beh selbst. Die gebärdensprachliche Kommunikation soll den **Zugang zum Verständigungssystem der Amtssprache** eröffnen. Sie muss also mit der deutschen Sprache kompatibel sein. Auch muss der beh Mensch die eingesetzte Gebärdensprache verstehen (*Mutschler* aaO Rz 4 a). Gebärdensprachen, die sich auf andere Sprachen beziehen (etwa British/American Sign Language – BSL/ASL) scheiden daher als Gebärdensprache iS des § 19 Abs 1 Satz 2 aus. Das G spricht nur von „Gebärdensprache", nicht von der oder einer (bestimmten) Gebärdensprache. In der Gesetzesbegründung ist zwar von „der" Gebärdensprache die Rede (BT-Drucks 14/5074, 122 zu Art 9 Nr 1 SGB IX), aber mangels näherer Ausführungen ist nicht erkennbar, dass damit nur eine bestimmte Gebärdensprache gemeint sein soll.

Folgende Kommunikationstechniken hörbehinderter Menschen lassen sich in **22**
Deutschland feststellen:

- die **lautsprachbegleitenden Gebärden** (LBG): darunter versteht man die Lautsprache (also „normales" Sprechen), verbunden mit Mundablesen, Mimik und Gebärden;
- die **Deutsche Gebärdensprache** (DGS): darunter versteht man Gebärdensprache mit Mimik und Gebärden, aber ohne Lautsprache (es existieren Dialektformen, etwa Berliner, Hamburger, Münchner Dialekt);
- das (nicht nur in Deutschland verbreitete) **Fingeralphabet**: es geht um das Buchstabieren einzelner Wörter mit den Fingern, was häufig nur der unterstützenden Erläuterung einzelner nicht verstandener Wörter dient.

Maßgeblich ist nicht, welche Art der Gebärdensprache zur Anwendung kommt. **23**
Von Bedeutung ist lediglich, dass mit der angewandten Gebärdensprache ein
Informationsaustausch zwischen der Beh und dem betroffenen Menschen ermöglicht wird. Wie in der Vorauflage (dort Rz 17) dargestellt, gilt sprachheilwissenschaftlich, soweit ersichtlich, nur die DGS als vollgültige Gebärdensprache. Diese fachwissenschaftliche Kontroverse ist für die Einordnung des Regelungsgehalts des § 19 Abs 1 Satz 2 jedoch nicht bedeutsam. Entscheidend
kommt es darauf an, ob mittels einer **zumindest auch** an Gebärden gebundenen
Sprache die Verständigung in der Amtssprache ermöglicht wird. Daher kommen grds **DGS** und **LBG** gleichermaßen als **Gebärdensprache iS von § 19 Abs 1
Satz 2** in Betracht. Da es sich beim Fingeralphabet nicht um eine Sprache sondern lediglich um das Buchstabieren einzelner Worte geht, dürfte es sich nicht
um eine Sprache handeln, die daher grds nicht im Rahmen des § 19 Abs 1
Satz 2 als alleiniges Kommunikationsmedium in Betracht kommt, das Fingeralphabet kann freilich die gebärdensprachliche Kommunikation unterstützen. Nur diese Betrachtung wird auch dem Anliegen des § 19 Abs 1 Satz 2 gerecht, das hörbehinderten Menschen die Verständigung erleichtern will, was
voraussetzt, dass ihre gebärdensprachlichen Kompetenzen ernst genommen
werden. Die Verengung der Gebärdensprache iS des § 19 Abs 1 Satz 2 auf die
DGS würde dem widersprechen.

Diese für das SGB X erst im Wege der Auslegung gewonnene Sicht kommt in **24**
vergleichbaren landesrechtlichen Regelungen, die dem Vorbild des § 6 BGG
v 27.4.2002 (BGBl I 1467) folgen, deutlicher zum Ausdruck. Sie gelten zwar
wie das BGG nicht für das Sozialverwaltungsverfahren, können aber ggf verstärkend als „**binnenrechtsvergleichender**" **Gesichtspunkt bei der Auslegung des
SGB X** herangezogen werden. So heißt es etwa in § 12 Abs 1 Landesgleichberechtigungsgesetz Berlin (LGBG) v 17.5.1999 (GVBl, 178): „Lautsprachbegleitende Gebärden und Gebärdensprache" – aus der Aufzählung folgt: gemeint ist
die Gebärdensprache im engeren Sinne der DGS – „sind neben der Laut- und
der Schriftsprache gleichberechtigte Kommunikationsformen der deutschen
Sprache." Noch klarer, allerdings im Unterschied zu § 19 Abs 1 Satz 2 enger gefasst, heißt es im Brandenburger Behindertengleichstellungsgesetz (BbgBGG)
v 20.3.2003 (GVBl I, 42): „Die Deutsche Gebärdensprache ist als eigenständige
Sprache anerkannt" (§ 5 Abs 1). Und: „Lautsprachbegleitende Gebärden sind
als Kommunikationsform der deutschen Sprache anerkannt" (§ 5 Abs 2). Sinngleiche Regelungen finden sich zB auch in § 10 Abs 1 Landesbehindertengleichstellungsgesetz SchlH v 16.12.2002 (GVBl, 264), Art 6 Abs 1, Abs 2 Bay Behindertengleichstellungsgesetz (BayBGG) v 9.7.2003 (GVBl, 419), § 8 Abs 1, Abs 2
Hess Behinderten-Gleichstellungsgesetz (HessBGG) v 20.12.2004 (GVBl I, 482)
und § 11 Abs 1, Abs 2 Thüringer Gesetz zur Gleichstellung und Verbesserung

der Integration von Menschen mit Behinderungen (ThürGlG) v 16.12.2005 (GVBl, 383). Das Recht, sich „in Deutscher Gebärdensprache, mit lautsprachbegleitenden Gebärden oder mit anderen geeigneten Kommunikationshilfen" zu verständigen, wird bspw auch im rh-pf Landesgesetz zur Gleichstellung behinderter Menschen (LGGBehM) v 16.12.2002 (GVBl, 481) anerkannt. Das Landesrecht kennt staatliche Prüfungen für Gebärdensprachdolmetscher, bei deren Bestehen das Recht verliehen wird, die Bezeichnung „Staatlich geprüfte/r Gebärdensprachdolmetscher/in" zu führen (s etwa §§ 1, 5 des Berliner Übersetzergesetzes v 23.6.2003, GVBl, 230).

25 Die **Aufwendungen für Dolmetscher** sind „von der Beh oder dem für die Sozialleistung zuständigen Leistungsträger zu tragen" (§ 19 Abs 1 Satz 2 Halbs 2; zum Vergütungsanspruch einer Gebärdensprachdolmetscherin in der Abteilung für Gynäkologie und Geburtshilfe des Krankenhauses vgl *LSG Hmb* 5.8.2013 – L 1 KR 23/13 B, nachgehend *BSG* 29.7.2014 – B 3 SF 1/14 R, SozR 4-1500 § 51 Nr 13 = SozR 4-1720 § 17a Nr 12 = SozR 4-1200 § 17 Nr 2; zum Anspruch auf Schulbegleitung durch einen Gebärdensprachdolmetscher vgl *SG Nürnberg* 11.12.2013 – S 20 SO 199/13 ER). Damit hat die Beh, die vom Bürger angegangen wurde, die Kosten des Gebärdendolmetschers zu tragen. Zur Kostentragung ist die Beh auch dann verpflichtet, wenn sie unzuständig war. In keinem Fall darf der hörbehinderte Bürger mit den Kosten belastet werden.

2.5. Sorbisch als besondere Amtssprache in Teilen Sachsens – Zur Bedeutung des Friesischen in Teilen Schleswig-Holsteins

26 Anders als in § 184 Satz 2 GVG und dem schleswig-holsteinischen bzw sächsischen und brandenburgischen Landesrecht enthält das SGB X für die Sprachen der **Friesen** und der **Sorben** keine Erweiterung der Amtssprache.

2.5.1 Die sorbische Sprache

27 Durch den EinigVtr (BGBl 1990 II, 885, 925, Anl I Kap III Sachgebiet A Abschn III Nr 1 Buchst r) wurde festgelegt, dass das „**Recht der Sorben**, in den Heimatkreisen der sorbischen Bevölkerung vor Gericht **sorbisch zu sprechen**, (...) durch § 184 [GVG] nicht berührt (wird)". Durch § 11 RpflAnpG vom 26.6.1992 (BGBl I 1147) wurde diese für die ordentliche Gerichtsbarkeit geltende Maßgabe auf die übrigen Gerichtsbarkeiten, ua auch die Sozialgerichtsbarkeit, mWz 1.7.1992 (§ 32 Satz 1 RpflAnpG) erstreckt. Eine vergleichbare Regelung für das Sozialverwaltungsverfahren erfolgte weder im EinigVtr noch später durch besondere bundesgesetzliche Regelung. Allerdings legte der EinigVtr in der Protokollnotiz Nr 14 zu Art 35 des Vertrages, die normenhierarchisch bundesgesetzliche Qualität hat (Art 45 Abs 1, Abs 2 EinigVtr), fest (BGBl 1990 II, 885, 906), dass bezüglich der Bewahrung und Förderung der sorbischen Kultur und Sprache „(d)ie grundgesetzliche Zuständigkeitsverteilung zwischen Bund und Ländern (...) unberührt (bleibt)". Vor diesem Hintergrund haben sowohl Brandenburg und Sachsen in Ausführung entsprechender landesverfassungsrechtlicher Handlungsaufträge (vgl Art 25 Verf Bbg und Art 6 Verf Sachsen) Sorbengesetze erlassen: das G zur Ausgestaltung der Rechte der Sorben (Wenden) im Land Brandenburg (**Sorben[Wenden]-G – SWG**) v 7.7.1994 (GVBl I, 294) und das G über die Rechte der Sorben im Freistaat Sachsen (**Sächsisches Sorbengesetz – SächsSorbG**) vom 31.3.1999 (GVBl, 161).

28 Während sich das SWG mit einem allg gehaltenen Schutz- und Förderungsauftrag zugunsten der sorbischen Sprache begnügt (§ 8 SWG), findet sich in § 23 **Abs 5 BbgVwVfG** eine Regelung, mit der für das allg Verwaltungsverfahren die

Kostenlast für Übersetzer und Dolmetscher, die Texte vom Sorbischen ins Deutsche übertragen, den sorbischen Verfahrensbeteiligten auferlegt und festlegt wird, dass in bestimmten Fällen (§ 23 Abs 3 BbgVwVfG) der Gebrauch des Sorbischen für Fristen unschädlich ist. Da diese Bestimmung nur für die allg Verwaltungstätigkeit der Landesbehörden gilt und der Vollzug des SGB sich grundsätzlich nach dem SGB X richtet (vgl aber § 1 Abs 1 Satz 2; dazu *Roos* in von Wulffen SGB X § 1 Rz 4), spielt § 23 Abs 5 BbgVwVfG für das SGB praktisch keine Rolle.

Das **SächsSorbG geht darüber hinaus**: § 9 Abs 1 Satz 1 legt fest, dass die Bürger **29** ua das Recht haben, sich vor im sorbischen Siedlungsgebiet (dazu § 3 Sächs-SorbG) gelegenen Beh von Körperschaften, die der Aufsicht des Freistaates Sachsen unterliegen, der sorbischen Sprache zu bedienen, unabhängig davon, ob sie des Deutschen mächtig sind oder ob sie im sorbischen Siedlungsgebiet wohnen (*Schmitz* aaO § 23 Rz 86 ff). Das Recht, sich des Sorbischen zu bedienen, ist weit zu verstehen, so dass der Gebrauch in mündlicher oder schriftlicher Form, auch durch Vorlage von Urkunden uä, gemeint ist (*Schmitz* aaO § 23 Rz 86ff). „Machen sie von diesem Recht Gebrauch, hat dies dieselben Wirkungen, als würden sie sich der deutschen Sprache bedienen" (§ 9 Abs 1 Satz 2 SächsSorbG). Die Körperschaften „können" die in sorbischer Sprache vorgetragenen Anliegen der Bürger in sorbischer Sprache beantworten, woraus keine Kostenbelastungen oder sonstigen Nachteilen entstehen dürfen (§ 9 Abs 1 Satz 3, 4). Zu solchen Körperschaften gehören auch Krankenkassen (§ 4 Abs 1 SGB V), wenn sie keine bundesmittelbaren (§ 90 Abs 1 Satz 1 SGB IV), sondern landesunmittelbare Versicherungsträger sind, sich also nicht über das Gebiet eines Bundeslandes – hier: Sachsens – hinaus erstrecken (§ 90 Abs 2 SGB IV).

Es handelt sich um eine **ergänzende Regelung des Sozialverwaltungsverfahrens,** **30** die nicht wegen **Art 31 GG** nichtig ist, weil § 19 keine abschließende Regelung ist. Dafür spricht die Besonderheit der sorbischen Kultur, die erst mit dem Beitritt der DDR zu einem gesamtdeutschen Problem geworden und durch den EinigVtr anerkannt wurde. Im Lichte der normativen Feststellungen des EV erweist sich § 19 als lückenhaft gewordene Regelung. § 9 SächsSorbG verstößt daher nicht gegen die Regelungen der bundesstaatlichen Gesetzgebungskompetenzen. Die Vorschrift stellt eine **landesrechtliche Sonderregelung zu § 19 SGB X** dar, die in ihrem Anwendungsbereich das SGB X ergänzt (gegen eine Anwendung im Sozialverwaltungsverfahren *Hissnauer* aaO Rz 20). Dass das vom Freistaat Sachsen in § 9 Abs 2 SächsSorbG gegebene Versprechen, sich dafür einzusetzen, dass das Sorbische auch in Bundesbehörden ua im Bereich des Sozialwesens verwendet werden darf, bislang Erfolg gehabt hätte – etwa mit der Folge, dass bundesmittelbare gesetzliche KK im sorbischen Siedlungsgebiet das Sorbische akzeptierten –, ist nicht bekannt.

2.5.2 Die friesische Sprache

Durch das „Gesetz zur Förderung des Friesischen im öffentlichen Raum (**Frie-** **31** **sisch-Gesetz – FriesischG)"** v 13.12.2004 (GVBl, 481) hat das Land Schleswig-Holstein die „friesischen Sprachformen" (so § 1 Abs 1 S 1) – eine friesische Hoch- bzw Einheitssprache gibt es nicht – besonders anerkannt (zum Hintergrund vgl die Gesetzesmaterialien, LT S-H, Drucks 15/3150, 6 f; Informationen auch unter www.nordfriiskinstituut.de). Konkrete Folgen hat das für die Kommunen im Kreis Nordfriesland und auf der Insel Helgoland. Neben zweisprachigen Beschilderungen von Amtsgebäuden (vgl § 3) und der Berücksichtigung friesischer Sprachkenntnisse bei der Einstellung in den öffentlichen Dienst (vgl

§ 2) sollen Bürgerinnen und Bürgern beim Kontakt mit „Behörden im Kreis Nordfriesland und auf der Insel Helgoland" die friesische Sprache verwenden dürfen (näher § 1 Abs 2). Der Begriff der Behörden wird im FriesischG nicht definiert. Allerdings zeigt der Seitenblick auf § 3 Abs 1, dass der Gesetzgeber die Landesbehörden sowie die der Aufsicht des Landes unterstehenden Körperschaften, Anstalten und Stiftungen des öffentlichen Rechts im Blick hatte. Zu ihnen gehören (als Körperschaften des öffentlichen Rechts, § 4 Abs 1 SGB V) auch die **landesunmittelbaren Krankenkassen**. Soweit sie über Behörden (= Geschäftsstellen, Service-Center) im Kreis Nordfriesland oder auf der Insel Helgoland verfügen, trifft auch sie die Verpflichtung gem § 1 Abs 2 FriesischG, die Nutzung der friesischen Sprachformen sicherzustellen.

2.6. Sonderregelungen des über- und zwischenstaatlichen Rechts – insbesondere EU-Recht

32   Sonderregelungen des trans- und internationalen Sozialrechts haben **Vorrang** vor den nationalen Regelungen (§ 30 **Abs 2 SGB I**; § 6 **SGB IV**). Die Regelungen sehen idR eine reziproke Anerkennung der jew anderen Sprache vor bzw ordnen an, dass der Gebrauch der jeweiligen Sprachen ohne Nachteil bleiben muss. Solche Bestimmungen enthielt die **EWG-VO 1408/71** (früher häufig „Wanderarbeitnehmer-Verordnung" genannt) als zentrales Normenwerk des koordinierenden EG-Sozialrechts. Nach dem nunmehr geltenden Art 76 Abs 7 **EG-VO Nr 883/2004** (ABl EU L 166/1) dürfen die Beh, Träger und Gerichte eines Mitgliedstaats die bei ihnen eingereichten Anträge oder sonstigen Schriftstücke nicht deshalb zurückweisen, weil sie in einer Amtssprache eines anderen Mitgliedstaats abgefasst sind, die gemäß Art 290 des Vertrags als Amtssprache der Organe der Gemeinschaft anerkannt ist. Nach Art 81 EU-VO 883/2004 können Anträge, Erklärungen oder Rechtsbehelfe, die gemäß den Rechtsvorschriften eines Mitgliedstaats innerhalb einer bestimmten Frist bei einer Behörde, einem Träger oder einem Gericht dieses Mitgliedstaats einzureichen sind, innerhalb der gleichen Frist bei einer entsprechenden Behörde, einem entsprechenden Träger oder einem entsprechenden Gericht eines anderen Mitgliedstaats eingereicht werden – in der dortigen Amtssprache. Entsprechende Bestimmungen sind meist auch in den zwischenstaatlichen **Sozialversicherungsabkommen** (SVA) enthalten (dazu vgl die Übersicht auf der Homepage des BMAS im Internet unter https://www.bmas.de/DE/Themen/Soziales-Europa-und-Internationales/International/sozialversicherungsabkommen.html). Dass Sonderregelungen dem SGB X vorgehen, hatte deklaratorisch schon die Gesetzesbegründung hervorgehoben (BT-Drucks 8/2034, 32, aE zu § 19; zu EU-Ausländern vgl auch Rz 10, 40).

2.7. Sprachprobleme bei der Ausführung von Sozialleistungen

33   Für die Phase der Leistungsausführung bzw -erbringung gilt § 19 nicht, denn das Verwaltungsverfahren ist grds mit Erlass des leistungsgewährenden VA (bzw des öffentlich-rechtlichen Vertrages) beendet (zum Ende des Verwaltungsverfahrens vgl § 18); § 19 gilt aber nur für das Verwaltungsverfahren (zum Vergütungsanspruch einer Gebärdensprachdolmetscherin in der Abteilung für Gynäkologie und Geburtshilfe des Krankenhauses vgl *LSG Hmb* 5.8.2013 – L 1 KR 23/13 B, nachgehend *BSG* 29.7.2014 – B 3 SF 1/14 R, SozR 4-1500 § 51 Nr 13 = SozR 4-1720 § 17a Nr 12 = SozR 4-1200 § 17 Nr 2; zum Anspruch auf Schulbegleitung durch einen Gebärdensprachdolmetscher vgl *SG Nürnberg* 11.12.2013 – S 20 SO 199/13 ER). Gem § 17 Abs 2 SGB I, eingeführt durch

das SGB IX v 19.6.2001 (BGBl I 1046, 1107) mWz 1.7.2001, haben Hörbehinderte Menschen das Recht, **bei der Ausführung von Sozialleistungen**, insb auch bei ärztlichen Untersuchungen und Behandlungen, **Gebärdensprache** zu verwenden (§ 17 Abs 2 Satz 1 SGB I). Die Kosten für die Verwendung von Gebärdensprache und anderer Kommunikationshilfen werden von dem für die Sozialleistung zuständigen Leistungsträger (§ 12 SGB I) getragen (§ 17 Abs 2 Satz 2 SGB I).

Weiter zu beachten ist § 57 SGB IX: Bedürfen hörbehinderte Menschen oder **34** **behinderte Menschen** (vgl § 2 Abs 1 SGB IX) **mit besonders starker Beeinträchtigung der Sprachfähigkeit** aufgrund ihrer Behinderung zur Verständigung mit der Umwelt **aus besonderem Anlass** der Hilfe Anderer, werden ihnen die erforderlichen Hilfen zur Verfügung gestellt oder angemessene Aufwendungen hierfür erstattet. § 57 SGB IX geht auf § 21 der früheren Eingliederungshilfe-Verordnung zurück (EinglhV idF v 1.2.1975, BGBl I 434, 437, aufgehoben durch Art 16 Nr 1 SGB IX, BGBl 2001 I 1046, 1113; vgl die Begr zum SGB IX, BT-Drucks 14/5074, 111, 116). In § 21 EinglhV war als Beispielsfall für den besonderen Anlass ausdrücklich der **Verkehr mit Behörden** genannt. Obwohl § 57 SGB IX die besonderen Anlässe nur noch allg auf die „Verständigung mit der Umwelt" bezieht, ist weiterhin der Behördenverkehr miterfasst (*Majerski-Pahlen* in Neumann ua SGB IX, 12. Aufl, § 57 Rz 2 aE). Angesichts der Regelung des § 19 Abs 1 Satz 2 spielt § 57 SGB IX für hörbehinderte Menschen jedoch im Verwaltungsverfahren keine eigenständige Rolle, wohl aber für behinderte Menschen mit besonders starker Beeinträchtigung der Sprachfähigkeit. Ob ein besonderer Anlass iS des § 57 SGB IX auch die **Ausführung von Sozialleistungen** zugunsten behinderter Menschen mit besonders starker Beeinträchtigung der Sprachfähigkeit ist, erscheint zweifelhaft. Das ist **iE zu bejahen**: Zwar regelt nur § 17 Abs 2 SGB I ausdrücklich (und nur für hörbehinderte Menschen) die Verständigung in der Phase der Leistungsausführung, sie wird in § 57 SGB IX gerade nicht genannt. Allerdings ist ganz generell von der „Verständigung mit der Umwelt" die Rede und dazu zählen auch alle Stellen, die für die Leistungsausführung verantwortlich sind. Ein „besonderer Anlass" liegt vor, wenn mit Blick auf die jeweils in Rede stehende Sozialleistung eine möglichst missverständnisfreie sprachliche Kommunikation unabdingbar ist. Man denke etwa an Diagnose-Gespräche mit einem niedergelassenen oder einem Krankenhaus-Arzt oder an Therapie-Gespräche mit einem Psychotherapeuten im Rahmen der Leistungserbringung der GKV (vgl §§ 72 ff SGB V). Im Übrigen kann die Übernahme der Kosten für einen Dolmetscher, sofern dadurch die Ausführung einer Sozialleistung gesichert wird, als Leistung der **Eingliederungshilfe** gem § 54 SGB XII (vorher: § 40 BSHG) in Betracht kommen (vgl *OVG Lüneburg* NVwZ 2002, Beilage zu H. 4, 49 ff = FEVS 53, 447).

§ 17 Abs 2 SGB I und § 57 SGB IX gelten allerdings nur für die dort genannten **35** behinderten Menschen. **Nicht behinderte Menschen**, die des Deutschen nicht hinreichend mächtig sind, um die jeweils in Rede stehenden Sozialleistung sinnvoll in Anspruch zu nehmen, müssen für eine Übersetzer bzw Dolmetscher **in eigener finanzieller Verantwortung** sorgen (krit *Mrozynski* ZFSH/SGB 2003, 470 ff). Insoweit gilt im Ergebnis auch während der Leistungserbringung nichts anderes als sich aus § 19 Abs 1 und Abs 2 für das Verwaltungsverfahren ergibt: Grds ist es Sache des betroffenen Bürgers für eine sprachliche Kommunikationsmöglichkeit in der Amtssprache Deutsch Sorge zu tragen.

3. Amtssprache und Fristen

36 § 19 Abs 3 und 4 enthalten nähere Bestimmungen, die den **Zugang von Erklärungen** bei der Beh **modifizieren**. Für den Zugang von Erklärungen gegenüber von Beh gelten grds die allgemeinen Regelungen über den Zugang von Willenserklärungen. In Abweichung von diesen Grundsätzen verschieben § 19 Abs 3 und 4 den rechtlich maßgeblichen Zugang der Erklärung bei der Beh auf einen gegenüber dem tatsächlichen Zugang späteren Zeitpunkt. Insoweit beinhaltet § 19 in Abs 3 und 4 Regelungen im Hinblick auf **Frist-Probleme**, die aus der **Nichtverwendung der Amtssprache** resultieren können, und verlagert das Risiko einer unübersetzten Erklärung auf den Bürger. So sehen die Gesetzesmaterialien **Abs 3** vor allem im Hinblick darauf, dass es eine Reihe von Anzeigepflichten des Bürgers vor der Aufnahme bestimmter Handlungen gebe, die mitunter kurz bemessen seien, aber zur Folge hätten, dass die Handlung als genehmigt gelte, wenn die Behörde innerhalb der gesetzlich festgelegten Zeit keine Bedenken erhebe (so die BT-Drucks zu § 19 VwVfG, 97/910, 48). Der Lauf der Frist solle deshalb erst mit dem Zeitpunkt beginnen, in dem der Behörde eine deutsche Übersetzung vorliege (BT-Drucks aaO). **Abs 4** habe eine wichtige Bedeutung bei denjenigen Fristen, bei denen der rechtzeitige Eingang bei der Behörde für die Fristwahrung von Bedeutung sei (BT-Drucks aaO). Als Beispiel führt die BT-Drucks 7/910 (aaO) die Rechtsbehelfsfrist auf oder Fristen, bei denen die Gewährung einer sozialen Leistung oder sonstigen Vergütung zB vom Tag der Antragstellung bzw dem Beginn des Monats, in dem ein Antrag gestellt werde, abhängig sei. In diesen Fällen soll zugunsten der Beteiligten alleine die rechtzeitig beschaffte Übersetzung rückwirkende Kraft für die Fristenwahrung besitzen (BT-Drucks aaO). Im Ergebnis sollte mit dem SGB X, die Rechtsstellung des Bürgers gestärkt werden (BT-Drucks 8/2034, 29 [unter II.]), und zwar auch und gerade dadurch, dass das Sprachproblem den Rechtsstatus des Bürgers als Subjekt des Verfahrens nicht schwächt. Zu unterscheiden sind die Vorkehrungen, die eine für das Handeln der Beh maßgebliche Frist betreffen (**§ 19 Abs 3**), von den Sicherungen, die sich auf eine vom Beteiligten zu wahrende Frist beziehen (**§ 19 Abs 4**).

3.1. Für das Handeln der Behörde maßgebliche Frist (§ 19 Abs 3)

37 Soll durch eine vom Beteiligten stammende Erklärung (Anzeige, Antrag oder sonstige Willenserklärung), eine Frist in Lauf gesetzt werden, innerhalb der die Beh in einer bestimmten Weise tätig werden muss, und gehen diese in einer fremden Sprache ein, beginnt der Lauf der Frist erst mit dem Zeitpunkt, in dem der Beh eine Übersetzung vorliegt (§ 19 Abs 3), also bei ihr eingegangen ist. Die Beh soll erst handeln müssen, wenn der Sinn und Inhalt der Erklärung zweifelsfrei feststehen; Reibungsverluste durch Missverständnisse werden so vermieden. Anders als in § 19 Abs 2 Satz 1 und Abs 4 Satz 1 stellt § 19 Abs 3 nicht darauf ab, ob die Beh imstande wäre, das fremdsprachige Dokument zu verstehen. Angesichts der eindeutigen gesetzlichen Regelung und fehlenden Anzeichen für ein Redaktionsversehen, ist davon auszugehen, dass § 19 Abs 3 als **bewusste gesetzgeberische Regelungsentscheidung** zu verstehen ist (aA *Roller* aaO Rz 11) und daher nicht erweiternd ausgelegt werden kann. Auch muss – anders als bei Abs 4 – eine entsprechende Belehrung nicht erfolgen (*Mutschler* aaO Rz 10).

3.2. Vom Beteiligten zu wahrende Frist (§ 19 Abs 4)

38 § 19 Abs 4 enthält Bestimmungen für den rechtlich maßgeblichen Zugang, wenn durch die vom Beteiligten stammende in fremder Sprache verfasste Erklärung (Anzeige, Antrag oder sonstige Willenserklärung) eine Frist gegenüber der Beh gewahrt, ein öffentlich-rechtlicher Anspruch geltend gemacht oder eine Sozialleistung begehrt werden soll. In diesem Fall gilt die Erklärung zu dem Zeitpunkt des tatsächlichen Eingangs der Erklärung bei der Beh als abgegeben, wenn die Beh in der Lage ist, die Erklärung zu verstehen oder wenn innerhalb einer von der Beh gesetzten angemessenen Frist eine Übersetzung vorgelegt wird (§ 19 Abs 4 Satz 1). Mithin führt eine nach Aufforderung der Beh fristgerecht vorgelegte Übersetzung, wie auch das Verstehenkönnen der Erklärung durch die Beh ohne Übersetzung dazu, dass die Erklärung unmittelbar mit dem tatsächlichen Eingang bei der Beh als wirksam zugegangen gilt (dazu vgl *LSG NRW* 30.3.2011 – L 8 R 890/10). Kann die Beh die Erklärung wegen der Verwendung einer Fremdsprache nicht von sich aus verstehen und wird die von der Beh unter Setzung einer angemessenen Frist nach § 19 Abs 2 Satz 1 angeforderte Übersetzung nicht innerhalb der Frist vorgelegt, dann ist nicht der tatsächliche Zugang der fremdsprachlichen Erklärung bei der Beh, sondern der Zeitpunkt des Eingangs der Übersetzung rechtlich maßgebend (§ 19 Abs 4 Satz 2). Auf diese **Rechtsfolge** ist bei der Fristsetzung **hinzuweisen** (§ 19 Abs 4 Satz 3).

Als **Beispielsfall** der Fristwahrung iSd Abs 4 ist auch im Sozialrecht die Beachtung der Widerspruchsfrist (§ 84 SGG, § 70 Abs 1 VwGO; dazu vgl auch *LSG NRW* 30.3.2011 – L 8 R 890/10) zu nennen (vgl dazu auch die BT-Drucks 7/910, 48). Beispielhaft für die Geltendmachung öffentlich-rechtlicher Ansprüche sind Befreiungsanträge, etwa Anträge auf Befreiung von der Versicherungspflicht gem § 8 Abs 2 SGB V, § 6 Abs 4 SGB VI, § 22 Abs 2 SGB XI. Zu den termingebundenen Sozialleistungen gehören zB die Rente der gesetzlichen Rentenversicherung (vgl § 99 SGB VI) oder Leistungen der Arbeitsförderung (vgl §§ 324 f SGB III). In Fällen dieser Art stellt das G für die fristgemäße Abgabe der Erklärung auf den tatsächlichen Eingang ab, wenn die Beh in der Lage ist, die Erklärung zu verstehen; zu den Anforderungen an das Verstehenkönnen kann auf § 19 Abs 2 Satz 1 Bezug genommen werden (vgl Rz 12). Versteht die Beh die Erklärung nicht, muss sie den Beteiligten auffordern, eine (vollständige) Übersetzung vorzulegen und ihm dazu eine angemessene Frist setzen, die ihm das Beschaffen einer verlässlichen Übersetzung ermöglicht; diese Befugnis ergibt sich aus § 19 Abs 2 Satz 1. Ist die Frist im Hinblick auf Umfang und Schwierigkeit der Erklärung sowie Verbreitung der Sprache namentlich unter professionellen Übersetzern zu kurz bemessen, kann die Frist nach § 26 Abs 7 verlängert werden. Zweckmäßigerweise wird die Beh sich mit dem Beteiligten, soweit dies sprachlich möglich ist, darüber verständigen, was als angemessene Frist in Frage kommt, ein Einverständnis des Beteiligten in der Akte vermerken und noch einen „Sicherheitszuschlag" hinzurechnen. Geht die Übersetzung innerhalb der Frist bei der Beh ein, erklärt das Gesetz den Eingang der unübersetzten Erklärung als maßgeblich. Ob hiervon ausgehend die Erklärung die zu wahrende Frist eingehalten hat, ist dann zu prüfen.

Als eine von der Beh gesetzte Frist, kann die (**angemessene**) **Frist verlängert** werden (§ 26 Abs 7 Satz 1). Ist die (angemessene) Frist bereits abgelaufen, kann sie rückwirkend verlängert werden, namentlich dann, wenn es unbillig wäre, die durch den Fristablauf eingetretenen Rechtsfolgen bestehen zu lassen (§ 26 Abs 7 Satz 2). Die Fristverlängerung kann mit Auflagen versehen werden (§ 26 Abs 7 Satz 3 iVm § 32). Wird die **Übersetzung** nicht fristgerecht sondern **verspätet vorgelegt**, ist rechtlich maßgeblich nicht der tatsächliche Zugang der unübersetzten Erklärung bei der Beh, vielmehr bestimmt § 19 Abs 4 Satz 2 die Rechtsfolge: Maßgeblich ist zB für das Antragsdatum dann der Zeitpunkt des Eingangs der Übersetzung. Abweichendes kann sich aus Art 81 EU-VO 883/2004 ergeben, wonach Anträge, Erklärungen oder Rechtsbehelfe, die gemäß den Rechtsvorschriften eines Mitgliedstaats innerhalb einer bestimmten Frist bei einer Behörde, einem Träger oder einem Gericht dieses Mitgliedstaats einzureichen sind, innerhalb der gleichen Frist bei einer entsprechenden Behörde, einem entsprechenden Träger oder einem entsprechenden Gericht eines anderen Mitgliedstaats eingereicht werden können – in der dortigen Amtssprache (*Vogelgesang* aaO Rz 30).

4. Folgen der fehlerhaften Verwendung der Amtssprache und von Übersetzungsfehlern

41 Da am Verwaltungsverfahren zwei Akteure beteiligt sind, sind die Folgen eines amtssprachewidrigen Verhaltens von beiden Seiten zu beleuchten: Verwendet die **Beh** eine Sprache, die nicht als Amtssprache verwendet werden darf, so ist die Handlung ggf der VA formell rechtswidrig (so auch *Roller* aaO Rz 12). Ein solcher VA ist nach § 42 Satz 1 aufzuheben, denn der Fehler dürfte idR nicht ohne Einfluss auf das Ergebnis der Entscheidung geblieben sein. Kommuniziert der **Verfahrensbeteiligte**/Bürger nicht in der Amtssprache mit der Beh, trägt er das Risiko von Missverständnissen und Fehlern. Bei Unklarheiten über den Inhalt einer Erklärung bzw bei **Übersetzungsfehlern** ist danach zu unterscheiden, ob die Beh nach zwischen- oder überstaatlichem Recht verpflichtet ist, fremdsprachige Eingaben den deutschen gleichzustellen. In einem solchen Fall kommt es auf den fremdsprachigen Text an. Ignoriert die Beh dies, ohne es im Laufe des Verfahrens noch zu korrigieren, kann dies zur Aufhebung (vgl § 42 Satz 1) führen, wenn die Entscheidung davon beeinflusst sein kann. In den anderen Fällen ist die deutsche Übersetzung maßgebend, denn die Amtssprache ist deutsch (§ 19 Abs 1 Satz 1). Übersetzungsfehler gehen hier grundsätzlich zulasten dessen, der das fremdsprachige Schriftstück bei der Beh eingereicht hat; etwas anderes gilt nur, wenn die Beh das fremdsprachige Schriftstück akzeptiert und selbst fehlerhaft übersetzt hat oder sie selbst die Übersetzung veranlasst hat (§ 19 Abs 2 Satz 3). Alleine die Vorlage fremdsprachiger Unterlagen machen die damit verbundenen Erklärungen nicht per se unwirksam (*Mutschler* aaO Rz 2). Vielmehr sieht § 19 Abs 2 ein **abgestuftes Vorgehen** der Beh vor. Kann die Beh die Erklärung nicht von sich aus verstehen, soll sie den Verfahrensbeteiligten zur Vorlage einer Übersetzung veranlassen. Wird dem nicht nachgekommen, kann die Beh selbst die Übersetzung besorgen. Dass die fremdsprachige Erklärung nicht unwirksam ist, ergibt sich auch aus Abs 3 und 4, als dort lediglich ggf ein gegenüber dem tatsächlichen Eingang bei der Beh rechtlich maßgeblicher späterer Zugang vorgesehen ist. Ist die Beh dagegen nach Aufforderung zur Vorlage einer Übersetzung im Einzelfall nicht verpflichtet, selbst eine Übersetzung nach § 19 Abs 2 Satz 3 einholen, so ist die Erklärung des Beteiligten unwirksam; insoweit in nämlich der Inhalt der Erklärung nicht verständlich; Schriftstücke, die weder übersetzt sind, für die Beh verstehbar sind, noch von der Beh zu übersetzen sind, bleiben unbeachtlich (*Hissnauer* aaO Rz 36; *Mutschler* aaO Rz 8 b).

§ 20 Untersuchungsgrundsatz

(1) [1]Die Behörde ermittelt den Sachverhalt von Amts wegen. [2]Sie bestimmt Art und Umfang der Ermittlungen; an das Vorbringen und an die Beweisanträge der Beteiligten ist sie nicht gebunden.

(2) Die Behörde hat alle für den Einzelfall bedeutsamen, auch die für die Beteiligten günstigen Umstände zu berücksichtigen.

(3) Die Behörde darf die Entgegennahme von Erklärungen oder Anträgen, die in ihren Zuständigkeitsbereich fallen, nicht deshalb verweigern, weil sie die Erklärung oder den Antrag in der Sache für unzulässig oder unbegründet hält.

Literatur:

Bahemann: Amtsermittlung versus Mitwirkung – aus Sicht der Bundesagentur für Arbeit, MEDSACH 2013, 50; *Behrens:* Amtsermittlung versus Mitwirkung – aus Sicht der Unfallversicherung, MEDSACH 2013, 60; *Colling:* Amtsermittlung versus Mitwirkung – aus Sicht der Rentenversicherung, MEDSACH 2013, 54; *Dahm:* Rechtsfolgen bei Unterlassung notwendiger Ermittlungen im Verwaltungsverfahren eines Unfallversicherungsträgers, rv 2013, 32; *Dörr:* Verwaltungsverfahren – Beratung/Sanktion, SGb 2014, 454; *Felix:* Sachverhaltsermittlung durch Sozialleistungsträger und Aufgabe des Betreuers, BtPrax 2006, 199; *Göring:* Die Beweislast im Sozialrecht, 1994; *Kellner:* Zur Drittwirkung der Amtspflicht, DVBl 2010, 799; *Gutzler:* Das Meistbegünstigungsprinzip im Sozialrechtsverhältnis, ASR 2012, 178; *Köhler:* Das Akteneinsichtsrecht der am sozialrechtlichen Verwaltungsverfahren Beteiligten gem. § 25 SGB X, VSSR 2014, 315; *Köhler:* Die Bedeutung der Sachverhaltsermittlung im „modernen" Verwaltungsverfahren, WzS 2001, 129; *Marburger:* Mitwirkungspflichten der Versicherten bei Leistungsansprüchen – Sozialversicherungsträger kann Leistungen versagen, SuP 2015, 108; *Mey:* Zurückverweisung an die (Leistungs-)Verwaltung nach § 131 Abs 5 SGG – oder – Das Kind mit dem Bade ausschütten?, SGb 2010, 68; *Mey:* Der Amtsermittlungsgrundsatz in der gesetzlichen Rentenversicherung, DAngVers 2001, 439; *Rixen:* Sozialrecht und allgemeines Verwaltungsrecht – Festschriftbeitrag in „Zukunftsaufgaben der Sozialrechtswissenschaft als Verwaltungsrechtswissenschaft, Grundlagen und Herausforderungen des Sozialstaats – Denkschrift 60 Jahre Bundessozialgericht 2014", 351, Berlin 2014; *Sartorius:* Der Antrag im Sozialrecht – Antragsprinzip, Antragstellung, Kenntnisgrundsatz, ASR 2014, 247; *Seleserpe:* Das Verhältnis der allgemeinen (§§ 60 ff SGB I) zu den bereichsspezifischen Mitwirkungsobliegenheiten nach dem SGB II gemäß § 37 Satz 1 SGB I, DVP 2013, 324; *Sommer:* Die Mitwirkungspflichten des Leistungsberechtigten nach §§ 60 ff SGB I, ZFSH/SGB 2010, 278; *Sonnenschein:* Betrachtungen zur Verfassungsmäßigkeit des § 51 Abs 2 SGB I, SGb 2006, 278; *Spilker:* Behördliche Amtsermittlung, Habilitation, Tübingen 2015; *Weinreich:* Die Amtsermittlungspflicht und die Arbeit des Außendienstes im Rahmen des § 7 Abs 3 Nr 3 c SGB II, Sozialrecht aktuell 2014, 177.

1. Allgemeines

§ 20 bestimmt, wer während eines laufenden Verwaltungsverfahrens (dazu vgl § 18) den Sachverhalt zu ermitteln hat. Insoweit weist § 20 der Beh die Ermittlungspflicht zu; diese hat von Amts wegen tätig zu werden. § 20 enthält den sog Untersuchungsgrundsatz (auch: Ermittlungsgrundsatz, seltener: Inquisitionsmaxime), aus dem die **Aufklärungspflicht** der Beh resultiert. Während die Offizialmaxime bestimmt, dass die Beh für die Entscheidung über die Einleitung des

Verfahrens zuständig ist (vgl § 18 Rz 8 ff), geht es beim Untersuchungsgrundsatz (§ 20 Abs 1) darum, wer den Sachverhalt, der zum Erlass eines VA bzw dem Abschluss eines öffentlich-rechtlichen Vertrages führen soll (vgl § 8), zu ermitteln hat. Nicht der Bürger bzw der Verfahrensbeteiligte muss den Sachverhalt vorbringen, vielmehr ist die angegangene Beh gem § 20 Abs 1 Satz 1 zur Ermittlung des Sachverhalts als Grundlage einer späteren Entscheidung durch VA bzw eines Verwaltungsvertrages berufen und verpflichtet. Diese Ermittlung des Sachverhalts von Amts wegen wird von den **Mitwirkungsobliegenheiten** des Beteiligten (dazu vgl zB §§ 60 ff SGB I und Rz 16 f) flankiert. An der Ermittlung des Sachverhalts haben daher auch die Beteiligten (§ 12) mitzuwirken. Im Rahmen der Sachverhaltsaufklärung können aber auch weitere Personen befasst werden, so zB Zeugen und Sachverständige, die die Beh zur Aufklärung des Sachverhalts befragen bzw einsetzen kann (§ 21 Abs 1 Satz 1 Nr 2, Abs 3). § 20 betrifft also nicht die Frage, ob ein Verfahren durchzuführen ist, sondern beschreibt die Pflichten der Beh innerhalb eines begonnenen Verfahrens (*BSGE* 83, 30). § 20 enthält mit dem Untersuchungsgrundsatz ein wesentliches Grundprinzip des Verwaltungsverfahrensrecht (*Vogelgesang* in Hauck/Noftz SGB X § 20 Rz 1, Stand 12/10); der Untersuchungsgrundsatz resultiert aus dem Rechtsstaatsprinzip und dem Gebot der Gesetzmäßigkeit der Verwaltung (Art 20 Abs 3 GG) sowie dem Gebot eines fairen Verfahrens (so zu § 88 AO: *BVerfG* 9.3.2004 – 2 BvL 17/02, BVerfGE 110, 94-141, BStBl II 2005, 56; *Mutschler* in KassKomm § 20 SGB X Rz 2, Stand 12/2015; *Vogelgesang* aaO Rz 1). Der Untersuchungsgrundsatz beruht darauf, dass der Gesetzgeber dem öffentlichen Interesse an der Feststellung des wahren Sachverhalts Vorrang vor dem Privatinteresse der Beteiligten gegeben hat (BT-Drucks 7/910, 48, 49 zu § 19). Auch entspricht der Untersuchungsgrundsatz im Verwaltungsverfahren den rechtsstaatlichen Erfordernissen am Besten, da die richtige Entscheidung eine vollständige und zutreffende Aufklärung des Sachverhalts voraussetzt (BT-Drucks aaO). Der Untersuchungsgrundsatz wird in einzelnen Sachgesetze nicht selten dadurch eingeschränkt, dass den Verfahrensbeteiligten konkrete Mitwirkungspflichten auferlegt werden. Im Übrigen findet zB die Ermittlung des Sachverhalts aufgrund der Offizialmaxime dort ihre Grenze, wo weitere Bemühungen der Behörde im Verhältnis zum Erfolg nicht mehr vertretbar und zumutbar wären (BT-Drucks aaO). Mit § 20 vergleichbare Regelungen finden sich (für Verwaltungsverfahren) in § 24 VwVfG und in § 88 AO bzw (für Gerichtsverfahren) in § 103 SGG, § 86 VwGO und in § 76 FGO.

2   Aus § 20 folgt, dass der sog **Verhandlungsgrundsatz** (sog Dispositionsmaxime), wie er im streitigen Zivilprozess maßgeblich ist, im Sozialverwaltungsverfahren nicht gilt, auch nicht, wenn es um den Abschluss eines Verwaltungsvertrages geht. Nach dem Verhandlungsgrundsatz, der an die Gleichrangigkeit der Verfahrensbeteiligten im Zivilprozess anknüpft, bestimmen grds die Parteien darüber, welche Fakten als relevant in das Verfahren eingeführt werden. Im (Sozial-) Verwaltungsverfahren ist dies angesichts der grds gerade nicht bestehenden Gleichrangigkeit (vgl § 31 Satz 1), des Umstandes, dass die Beh nach § 2 Abs 2 SGB I der Sicherstellung der möglichst weitgehenden Verwirklichung der sozialen Rechte der Bürger verpflichtet ist sowie die Beh selbst zur grds einseitigen Entscheidung, Feststellung, Änderung usw dieser sozialen Rechte berufen ist, anders.

3   Im Sozialverwaltungsverfahren obliegt der Beh die Klärung des für die Entscheidung maßgeblichen Sachverhalts von Amts wegen. Dabei ist der Umfang, die Art und der Inhalt der Ermittlung immer **bezogen auf den Verfahrensgegen-**

   Böttiger/Waschull

stand und das insoweit anzuwendende materielle Recht zu bestimmen. Ausgerichtet an den nach dem **einschlägigen materiellen Recht** maßgeblichen Tatbestandsvoraussetzungen ist die Beh bei ihren Ermittlungen nach § 20 Abs 1 Satz 3 nicht an das Vorbringen und an die Beweisanträge der Beteiligten gebunden. Die Beh hat den Sachverhalt auch nicht nur im Hinblick auf die von ihr intendierte Entscheidung zu ermitteln, vielmehr hat sie den Sachverhalt umfassend, zugunsten und zulasten des Beteiligten zu klären und auch diejenigen Aspekte zu berücksichtigen, die dem Beteiligten günstig sind (§ 20 Abs 2). Damit darf die Beh während des Verwaltungsverfahrens grds noch nicht im Hinblick auf den Ausgang des Verfahrens Ermittlungen unterlassen, was sich auch im Hinblick auf Abs 3 erschließt, als die Beh die Entgegennahme von Erklärungen oder Anträgen nicht deswegen ablehnen darf, weil sie diese für unzulässig oder unbegründet hält, also das Ergebnis der Prüfung bereits vorweggenommen hat.

§ 20 gilt für **alle Verwaltungsverfahren** iSd § 8 (*Siefert* in v Wulffen/Schütze SGB X, 8. Aufl, § 20 Rz 3), mithin für alle nach außen wirkende Tätigkeit der Beh, die auf die Prüfung der Voraussetzungen, die Vorbereitung und den Erlass eines VA oder auf den Abschluss eines öffentlich-rechtlichen Vertrages gerichtet ist; dabei ist auch der Erlass des VA oder der Abschluss des öffentlich-rechtlichen Vertrags eingeschlossen. Ob dieses Verwaltungsverfahren auf Antrag oder von Amts wegen eingeleitet wird, ist ohne Bedeutung. Selbst für die **Schiedsstellenverfahren** (zB §§ 89, 111 b, 114 SGB V, § 76 SGB XI, § 80 SGB XII) gilt – soweit nicht abweichende Regelungen im materiellen Sozialrecht bestehen (vgl § 37 SGB I) – § 20. Denn auch insoweit handelt es sich um eine nach außen wirkende Tätigkeit einer Beh iSd § 8 (dazu vgl *LSG NRW* 29.9.2008 – L 20 SO 92/06, Breith 2009, 653; *LSG BW* 5.10.2011 – L 2 SO 5659/08 KL; *HessLSG* 25.2.2011 – L 7 SO 237/10 KL). Der Schiedsstelle kommt dabei eine umfassende Aufklärungspflicht zu; Aufklärungsermittlungen dürfen auf allen Seiten der am Schiedsverfahren beteiligten durchgeführt werden (*LSG BW* 5.3.2010 – L 4 P 4532/08 KL; *Böttiger/Clemens* in Pruetting, Fachanwaltskommentar Medizinrecht, 3. Aufl, § 76 SGB XI Rz 6). Mangels behördlichem Verwaltungsapparat sind die Schiedsstellen aber im Besonderen auf die Mitwirkung der Schiedsparteien angewiesen (*BSG* 29.1.2009 – B 3 P 7/08 R, BSGE 102, 227-248 = SozR 4-3300 § 85 Nr 1). Es ist deshalb in der Regel nicht zu beanstanden, wenn sich die Begründung der Schiedsstellenentscheidung auf die in diesem Rahmen vorgebrachten Angaben der Beteiligten oder von ihren Mitgliedern selbst eingeführte Hinweise bezieht (*BSG* 29.1.2009 – B 3 P 7/08 R, BSGE 102, 227-248 = SozR 4-3300 § 85 Nr 1). Dies kann auch in knapper Form erfolgen, soweit dies für die Beteiligten verständlich ist und sich nicht auf Tatsachen bezieht, die in der Schiedsstellenverhandlung selbst in Zweifel gezogen worden sind (*BSG* 29.1.2009 – B 3 P 7/08 R, BSGE 102, 227-248 = SozR 4-3300 § 85 Nr 1).

4

2. Einzelaspekte der Untersuchungsgrundsatzes

2.1. Umfang der Ermittlungen – Berücksichtigungsgebot (§ 20 Abs 1 Satz 2, Abs 2)

§ 20 postuliert die Ermittlungspflicht der Beh nur hinsichtlich des **Sachverhalts.** Diese Ermittlungen dürfen sich ausschließlich auf Tatsachen, nicht aber auf Ansichten oder auf die Auslegung von Rechtsvorschriften erstrecken (*BSG* 13.12.1962 – 8 RV 1165/60). Damit hat die Beh alle für die Entscheidung hinsichtlich des Verfahrensgegenstandes erforderlichen Tatsachen (*Siefert* aaO Rz 5), wozu auch ausländisches Recht gehört (*Siefert* aaO Rz 4; aA *Mutschler* aaO

5

Rz 5), zu ermitteln. Inländisches Recht, wie auch dessen Anwendung im konkreten Fall, sind nicht Gegenstand der Ermittlungen des § 20 Abs 1 (*Siefert* aaO Rz 4); die Beh hat das Recht zu kennen. Hat die Beh den **Sachverhalt nicht ausreichend geklärt**, kann der darauf gestützte **VA rechtswidrig** sein (zur Rechtswidrigkeit wegen der Zugrundelegung eines sich als unrichtig erweisenden Sachverhalts vgl § 44 Abs 1 Satz 1). **Erheblich ist der Fehler** aber nur dann, wenn in der Sache eine andere Entscheidung hätte getroffen werden können (*Siefert* aaO Rz 22). Insoweit ist eine Korrektur des VA nach §§ 44, 45 vorzunehmen. Im Gerichtsverfahren gelten § 131 Abs 5 SGG und § 192 Abs 4 Satz 1 SGG. Nach **§ 131 Abs 5 SGG** kann das Gericht, wenn es eine weitere Sachaufklärung für erforderlich hält, ohne in der Sache selbst zu entscheiden, den VA und den Widerspruchsbescheid aufheben, soweit nach Art oder Umfang die noch erforderlichen Ermittlungen erheblich sind und die Aufhebung auch unter Berücksichtigung der Belange der Beteiligten sachdienlich ist (dazu vgl zB *LSG BW* v 20.10.2015 – L 11 R 2841/15, juris). Nach **§ 192 Abs 4 SGG** kann das Gericht der Beh ganz oder teilweise die Kosten auferlegen, die dadurch verursacht werden, dass die Beh erkennbare und notwendige Ermittlungen im Verwaltungsverfahren unterlassen hat, die im gerichtlichen Verfahren nachgeholt wurden.

6 Der (quantitative) Umfang der Ermittlungen (= **Umfang der Aufklärungspflicht**) hängt hierbei entscheidend vom **Verfahrensgegenstand** ab; es sind alle Tatsachen zu ermitteln, die zum Erlass eines Verwaltungsakts bzw Abschluss eines Verwaltungsvertrages notwendig sind (*BSG* v 25.6.2015 – B 14 AS 30/14 R, SozR 4-4200 § 60 Nr 3 = juris Rz 18). Gegenstand des Verwaltungsverfahrens ist der durch die Einleitungsentscheidung (dazu § 18 Rz 12) bzw einen Antrag (*BSGE* 60, 11, 14) näher umrissene Ausschnitt aus der Lebenswirklichkeit (der Sachverhalt iS des § 20 Abs 1 Satz 1), aus dem sich die entscheidungserheblichen Fakten herleiten lassen (*Kopp/Ramsauer* VwVfG, 15. Aufl, § 9 Rz 24). Allerdings kann der Verfahrensgegenstand seine Konturen im Zuge eines Verwaltungsverfahrens verändern. Er ist **keine von vornherein feststehende statische Größe**. Die Ermittlungen sind mithin „ergebnisoffen" (*BSG* Breith 2003, 691) zu führen. Wenn es in § 20 Abs 1 Satz 1 heißt, die Beh ermittelt „den Sachverhalt", dann vermittelt dies den Eindruck, es stehe in jedem Fall schon zu Beginn des Verfahrens fest, welche Fakten relevant seien bzw welche Kriterien über die Relevanz der zu ermittelnden Fakten entschieden (zum Problem *Hufen*, Fehler im Verwaltungsverfahren, 4. Aufl, Rz 119). Obwohl es auch und gerade im Sozialrecht sog „Massenverfahren" gibt (zB Altersrentenverfahren nach dem SGB VI), in dem die Gewinnung der relevanten Informationen nach weithin eingespielten standardisierten Mustern erfolgt, die die jew Verfahrensgegenstände relativ leicht erkennen lassen, dürfen nicht die vielen Verfahren übersehen werden, die es nach dem jeweils maßgeblichen Normprogramm erforderlich machen, die Individualität des jeweiligen „Falls" – dh: die Individualität des Begehrens eines konkreten Bürgers – genauer zu betrachten. Insoweit hat die Beh **in jedem Stadium** des Verwaltungsverfahren **zu prüfen**, welcher Verfahrensgegenstand zu beurteilen ist, welche materielle Rechtsgrundlage für diesen konkret zu beurteilenden Verfahrensgegenstand einschlägig ist, welche Tatbestandsvoraussetzungen erfüllt werden müssen und ob – auch angesichts des bisherigen Standes der Erkenntnis der Beh in tatsächlicher und rechtlicher Hinsicht – diese nachgewiesen sind oder ob noch weitere Ermittlungen erforderlich sind. Die Ergebnisse der Ermittlungen sind aktenkundig zu machen (so für schriftliche Verfahren: *Luthe* aaO Rz 18; *SG Marburg* v 17.6.2015 – S 16 KA 460/12).

Welche Fakten relevant sind, bestimmt in erster Linie das für den Verfahrensgegenstand **einschlägige materielle und prozedurale Fachrecht**. Es ist gleichsam der „Kompass", der den Ermittlungen der Beh Orientierung gibt. Von ihm hängt ab, welche Umstände für den jeweiligen Einzelfall „bedeutsam" sind (§ 20 Abs 2). Gemessen am jew einschlägigen Normprogramm, muss die Beh alle relevanten Umstände, seien sie günstig oder ungünstig, ermitteln und berücksichtigen. Sie hat also diejenigen Fakten zu eruieren, die zB das Sozialleistungsbegehren iSd Antragstellers stützen oder zu seinen Ungunsten entkräften (§ 20 Abs 2). Der Beteiligte muss sich nicht vorher schon auf solche Umstände berufen (aA *Mey* DAngVers 2001, 439 [441]). Für das Gerichtsverfahren verlangt das Rechtsstaatsprinzip die grds umfassende tatsächliche und rechtliche Prüfung des Streitgegenstands durch das dazu berufene Gericht (*BSG* 3.9.2014 – B 10 ÜG 12/13 R, SozR 4-1720 § 198 Nr 4); gleiches muss in der Sache auch für das staatlich, einseitig geführte Verwaltungsverfahren gelten. Insoweit kommt es grds nicht darauf an, ob der Beteiligte alle aus Beh-Sicht maßgeblichen Umstände angesprochen hat. Vielmehr muss die Beh, wenn sie im Laufe des Verwaltungsverfahrens weitere für die Entscheidung bedeutsame Aspekte entdeckt, diesen im Rahmen des Verfahrensgegenstandes nachgehen. Sie darf **von Ermittlungen absehen** (vgl auch Rz 12), wenn es zB auf die ungeklärte Tatsache nicht ankommt, das Beweismittel ungeeignet oder unerreichbar ist, die Tatsache bereits erwiesen oder die Beweiserhebung wegen Offenkundigkeit überflüssig ist (*BSG* 19.10.2011 – B 13 R 33/11 R, NZS 2011, 230; *BSG* 7.4.2011 – B 9 SB 47/10 B, juris; *BSG* 6.5.2010 – B 13 R 134/08 R, juris; *BSG* 28.5.2008 – B 12 KR 2/07 B, juris; *Siefert* aaO Rz 15). Auch darf von Ermittlungen abgesehen werden, wenn sich für eine behauptete Tatsache keine Anhaltspunkte erkennen lassen (*BSG* 21.9.2000 – B 11 AL 7/00 R, BSGE 87, 132 = SozR 3-4100 § 128 Nr 10; *Vogelgesang* aaO Rz 6). So muss die Beh nicht jede Angabe in Frage stellen und kritisch überprüfen (*Vogelgesang* aaO Rz 6). Selbst wenn die Beh Informationen der Mitwirkungspflichtigen ohne nähere Prüfung übernimmt, bedeutet dies nicht, dass die Behörde an die Erklärung des Verfahrensbeteiligten gebunden wäre (*BVerfG* 9.3.2004 – 2 BvL 17/02, BVerfGE 110, 94-141, BStBl II 2005, 56). Das faktische und rechtliche Gewicht, das der Mitwirkung des Verfahrensbeteiligten zukommt, kann vielmehr als Konsequenz einer fairen, zumutbaren und effektiven Ausgestaltung des Verfahrens der Amtsermittlung beschrieben werden, das auf den Dialog mit den Mitwirkungspflichtigen angewiesen und deshalb dialogisch strukturiert ist (*BVerfG* 9.3.2004 – 2 BvL 17/02, BVerfGE 110, 94-141, BStBl II 2005, 56). Zwischen dem Ermittlungsbeitrag des Mitwirkungspflichtigen und der Feststellung des entscheidungserheblichen Sachverhalts hat stets die „ungebundene" Entscheidung über die Aufklärungsbedürftigkeit (und Aufklärbarkeit) des Sachverhalts zu stehen (BVerfG 9.3.2004 – 2 BvL 17/02, BVerfGE 110, 94-141, BStBl II 2005, 56). Sie ist von der Beh in Wahrnehmung ihrer Ermittlungskompetenz zu treffen. Die Maßstäbe für diese Entscheidung bestimmt jedoch nicht der Untersuchungsgrundsatz als Kompetenznorm, sondern diese folgen ua aus allgemeinen Maximen eines fairen und effektiven Ermittlungsverfahrens (*BVerfG* 9.3.2004 – 2 BvL 17/02, BVerfGE 110, 94-141, BStBl II 2005, 56).

Die Beh hat im Verwaltungsverfahren alle für den Einzelfall bedeutsamen Umstände zu berücksichtigen. Ob Umstände des Einzelfalles „**bedeutsam**" sind, beurteilt sich im konkreten Einzelfall im Hinblick auf die jeweils einschlägigen

Rechtsgrundlagen und deren Tatbestandsmerkmale. „Berücksichtigen" idS meint, dass die Umstände in den Entscheidungsprozess miteinbezogen, dh auf ihre Relevanz und Überzeugungskraft geprüft werden müssen (vgl *Kopp/Ramsauer* VwVfG, 8. Aufl, § 24 Rz 55). Die Prüfung auf Relevanz ist gerade bei auslegungsbedürftigen sozialrechtlichen Tatbestandsmerkmalen nicht einfach. Unklarheiten im Verständnis der Gesetzestexte wirken sich unmittelbar darauf aus, welche Fakten für relevant befunden werden und welche nicht. Sie beeinflussen damit unmittelbar den Verfahrensgegenstand. Diese in jedem Verfahren naheliegenden **Unschärfen** zeigen, dass der Verfahrensausgang von der Beachtung des Untersuchungsgrundsatzes entscheidend abhängt (so auch die Vorauflage *Rixen/Waschull* Rz 3).

9 Der Umfang der Ermittlungen (§ 20 Abs 1 Satz 2) bezieht sich auch auf die **Intensität der Ermittlungsanstrengungen (qualitativer Umfang der Ermittlungen)**. Wie umfänglich sie ausfallen, unterliegt dem pflichtgemäßen Ermessen der Beh. Wirtschaftliche und fiskalische Interessen der Beh spielen grds keine Rolle. Es müssen jedoch alle Tatsachen ermittelt werden, die für die Verwaltungsentscheidung wesentlich iSv entscheidungserheblich sind; ein Absehen von Ermittlungen ist nur zulässig, wenn es auf die ungeklärte Tatsache nicht ankommt, sie offenkundig ist oder als wahr unterstellt werden kann oder das Beweismittel unerreichbar ist (*BSG* v 25.6.2015 – B 14 AS 30/14 R, SozR 4-4200 § 60 Nr 3 = juris Rz 18 unter Hinweis auf *Siefert* aaO Rz 15 und *Luthe* aaO Rz 13). Die Beh hat sich bei ihren Ermittlungen daher am Verfahrensgegenstand zu orientieren. Auch bei einem Antrag nach § 44 SGB X hat die Beh den Untersuchungsgrundsatz des § 20 zu beachten (*BSG* v 13.2.2014 – B 4 AS 22/13 R, BSGE 115, 126-131 = SozR 4-1300 § 44 Nr 28). Jedoch kann es – je nach den konkreten Umständen der Antragstellung – erforderlich sein, dass die Beh auf eine Konkretisierung des Überprüfungsbegehrens durch den Leistungsberechtigten iSd § 21 Abs 2 S 1 hinwirkt (*BSG* aaO). In welchem Umfang der Leistungsträger seiner Amtsermittlungspflicht nachzukommen hat, beurteilt sich nach Lage des Einzelfalls (*BSG* aaO). Als Kriterium für den Umfang der Amtsermittlungspflicht des SGB II-Trägers nach einem Antrag gem § 44 SGB X kann nach der Rsp des *BSG* (aaO) zB zu berücksichtigen sein, ob der Leistungsberechtigte (mit juristischem Sachverstand) vertreten oder unvertreten ist oder ob sich aus vorangegangenen Kontakten zwischen ihm und der Verwaltung Anhaltspunkte für das Begehren des Antragstellers ergeben. Auch kann von Bedeutung sein, in welchem Gesamtkontext ein Überprüfungsantrag gestellt wird (*BSG* aaO). Die Beh kann aber auch andererseits faktische Kapazitätsgrenzen (Personalstärke, Arbeitszeitregeln, Falllast etc) berücksichtigen, wenn dadurch das Ermittlungsergebnis nicht beeinträchtigt wird oder eine gesetzliche Ermächtigung hierfür besteht. Das Verwaltungsverfahren verlangt einen kontrollierten Kräfteeinsatz. Daher darf die Beh bei der Auswahl der zur Sachverhaltsaufklärung einzusetzenden Beweismittel durchaus günstigere Beweismittel aufwändigeren Beweismitteln vorziehen, sofern dadurch nicht das Beweis-/Ermittlungsergebnis beeinflusst wird. Insoweit darf in engen Grenzen die Intensität der Ermittlungen nach der relativen Bedeutung der Fälle für den Bürger dosiert werden und der aus Sicht eines über die Verhältnisse in den Beh wohlinformierten Gerichts (noch) als vertretbar (gering) erscheinende Ermittlungsrahmen angepasst werden (Bsp: **Erlass eines nicht personenbezogenen Beitragssummenbescheides:** hier ist bei der Frage der Verhältnismäßigkeit im Sinne des § 28 f Abs 2 Satz 2 SGB IV eine „Relation zwischen der Höhe der Gesamtsozialversicherungsbeiträge und der Anforderungen an die sich aus § 20 SGB X ergebende Ermittlungspflicht herzustellen. Je höher die Summe der nachfolgenden Beiträge ist, desto intensiver muss der prüfende Rentenversicherungsträger versuchen, eine personenbezogene Zuordnung vorzunehmen", so *SchlHLSG* 20.9.2010 – L 5 KR 149/10 B ER). Gerade im Sozialleistungsbereich, in dem es häufig um die (mit entsprechender Dringlichkeit einhergehende) Sicherung grundlegender Bedarfe oder um die Stärkung bzw Aktivierung personaler Kompetenzen geht, erscheint dies misslich. Solange aber das Maß der personellen Ausstattung der Sozialbehörden eine **Domäne des Haushaltsgesetzgebers** (in Bund und Ländern), des Haushaltssatzungsgebers (in den Kommunen) oder des Haushaltsplangebers (bei den Sozialversicherungsträgern, vgl §§ 67 ff SGB IV) ist und nicht als Annex zu den Anspruchspositionen des Sozial(leistungs)rechts verstanden wird, der von den Bürgern gesteuert werden kann, ist eine gewisse **faktische Grenze der effektiven Anspruchsdurchsetzung** hinzunehmen.

Der Umfang der Aufklärungspflicht kann durch Sonderregelungen, die § 20 **10** Abs 1, Abs 2 verdrängen, reduziert sein (hierzu am Bsp des vom BVA durchzuführenden Risikostrukturausgleichs in der GKV [vgl ua § 266 Abs 5 Satz 1, Abs 7 Satz 1 Nr 6 SGB V]; *BSGE* 90, 231 = Breith 2003, 621; dazu die Anm von *Axer* SGb 2003, 485). Auch darf sich die Beh mit **bloßen Vermutungen** bzw Mutmaßungen nicht zufrieden geben (Bsp: *SG Berlin* 23.11.2005 – S 88 AY 335/05 ER, juris Rz 20; *HessLSG* 22.2.2006 – L 9 SO 40/05 ER, juris Rz 22). Ebenso bewirkt **schlichtes unsubstantiiertes Behaupten** (etwa, dass Vermögen vorhanden sei) nicht, dass der Sachverhalt ermittelt wäre (*HessLSG* 7.12.2005 – L 7 AS 81/05 ER, L 7 AS 102/05 ER, juris Rz 43). So legen auch – grds nicht bindende – Beweisanträge, die so unbestimmt bzw unsubstantiiert sind, dass im Grunde erst die Beweisaufnahme selbst die entscheidungs- und damit beweiserheblichen Tatsachen aufdecken soll bzw die allein den Zweck haben, dem Beweisführer, der nicht genügend Anhaltspunkte für seine Behauptungen angibt, erst die Grundlage für substantiierte Tatsachenbehauptungen zu verschaffen, eine Beweisaufnahme nicht nahe (*BSG* 19.10.2011 – B 13 R 33/11 R, juris).

Die Beh hat die entscheidungserheblichen Tatsachen selbst zu ermitteln; so dür- **11** fen zB ohne weitere Prüfung nicht **Informationen der Finanzbehörden** als zutreffend zugrunde gelegt werden (*BSG* SozR 4-4300 § 194 Nr 7 = SGb 2005, 454). Auch genügt bspw bei der Ermittlung der angemessenen Unterkunftskosten iSd § 22 Abs 1 SGB II die bloße **Bezugnahme auf Wohngeldtabellen** nach § 8 WoGG, ohne zu klären, ob sie den örtlichen Wohnungsmarkt real abbilden, dem Amtsermittlungsgrundsatz nicht (*HessLSG* NZM 2006, 595; *HessLSG* 13.12.2005 – L 9 AS 48/05 ER, juris Rz 27). Das Integrationsamt (früher: Hauptfürsorgestelle) darf sich nicht damit begnügen, das Vorbringen des Arbeitgebers, soweit es im Rahmen der nach § 85 SGB IX (früher: § 15 SchwbG) gebotenen Interessenabwägung zu berücksichtigen ist, nur auf seine **Schlüssigkeit** hin zu überprüfen (*BVerwG* Beschl v 24.11.2009 – 5 B 35/09).

Die Beh ist nicht verpflichtet, jedem von einem Beteiligten geäußerten Zweifel **12** oder jeder **Vermutung** nachzugehen. Sie muss insb nicht jede aufgrund der Aktenlage zu ihrer Überzeugung (Rz 27) feststehende Tatsache durch einen Beweis, etwa weil dies ein Beteiligter fordert, verifizieren. Sie darf auch, wenn sich keine Zweifel aufdrängen, sich aus der Gesamtbetrachtung des Einzelfalles keine Bedenken aufdrängen und die Tatsache von niemandem bestritten wird, **von Ermittlungen absehen** (BT-Drucks 8/2034, 32; *BVerwG* 18.1.1967 – 6 C 82.63, BVerwGE 26, 30; *SG Detmold* 8.4.2005 – S 12 KA 6/03, GesR 2005, 304 f; *Vogelgesang* aaO Rz 6). Übernimmt die Beh Informationen der Verfahrensbeteiligten ohne nähere Prüfung, bedeutet dies nicht, dass die Behörde an die Erklärung des Verfahrensbeteiligten gebunden wäre (*BVerfG* 9.3.2004 – 2 BvL 17/02, BVerfGE 110, 94-141, BStBl II 2005, 56). Zu beheben sind nur eigene **Zweifel der Beh** (in diesem Sinne BT-Drucks 8/2034, 32 zu § 20); diese sind allerdings unter **Ausschöpfen aller erreichbaren Erkenntnisquellen** zu beheben (*VGH Mannheim* VBlBW 2004, 386 = FEVS 56, 44 [zum WoGG]). Zu behebende Zweifel können auf **richterliche Hinweise** zurückgehen, aufgrund derer sich weitere Ermittlungen aufdrängen (*SG Gießen* 20.1.2006 – S 1 U 166/05, HVBG-INFO 2006, 819 = juris, Rz 16). So darf die Beh zB beim Fehlen von Unterlagen nicht untätig bleiben, sondern muss auf **ergänzende Informationen** (vgl *BSGE* 92, 159 = SozR 4-6580 Art 19 Nr 1 = NZS 2004, 597, 598 aE), insb auf die Vorlage „**genau bezeichneter Beweismittel**" drängen (*SG Düsseldorf* info also 2005, 86 f). Erscheint ein Alg II-Bezieher nicht zu einem Termin, an dem die **Eingliederungsvereinbarung** (EV) unterzeichnet werden sollte, dann darf nicht ohne Weiteres auf eine endgültige Weigerung, die EV zu unterzeichnen, geschlossen werden; vielmehr sind weitere Ermittlungen notwendig (vgl *LSG Bln-Bbg* 28.11.2005 – L 10 B 1293/05 AS ER, juris Rz 13). Allerdings muss die Behörde nicht gleichsam „**ins Blaue hinein**" ermitteln, dh sie muss nicht, ohne an konkrete Anhaltspunkte anknüpfen zu können, Ermittlungen betreiben (*BSG* 19.10.2011 – B 13 R 33/11 R, juris; *BSG* 21.9.2000 – B 11 AL 7/00 R, BSGE 87, 132 = SozR 3-4100 § 128 Nr 10; *BSG* 7.5.1998 – B 11 AL 81/97 R, juris; *BSGE* 71, 256, 259/263 = SozR 3-4100 § 119 Nr 7; *BSGE* 78, 207, 213 = SozR 3-2200 § 43 Nr 13; *BSG* SozR 3-4100 § 119 Nr 16 [S 73]; zum Problem bei § 44 vgl *BSG* 13.2.2014 – B 4 AS 22/13 R, BSGE 115, 126-131 = SozR 4-1300 § 44 Nr 28; *LSG BW* – L 3 SB 3340/12, juris). Die Beh darf auch von Ermittlungen absehen, wenn es auf die ungeklärte Tatsache **nicht ankommt**, das Beweismittel **ungeeignet** oder unerreichbar ist, die Tatsache bereits erwiesen oder die Beweiserhebung wegen **Offenkundigkeit** überflüssig ist (*BSG* 19.10.2011 – B 13 R 33/11 R, NZS 2011, 230; *BSG* 7.4.2011 – B 9 SB 47/10 B, juris; *BSG* 6.5.2010 – B 13 R 134/08 R, juris; *BSG* 28.5.2008 – B 12 KR 2/07 B, juris; *Siefert* aaO Rz 15). Das hat das BSG nunmehr erneut bestätigt, dass ein Absehen von Ermittlungen zulässig sei, wenn es auf die ungeklärte Tatsache nicht ankomme, sie offenkundig sei oder als wahr unterstellt werden könne oder das Beweismittel unerreichbar sei (*BSG* v 25.6.2015 – B 14 AS 30/14 R, SozR 4-4200 § 60 Nr 3 = juris Rz 18 unter Hinweis auf *Siefert* aaO Rz 15 und *Luthe* aaO Rz 13). Auch darf von Ermittlungen abgesehen werden, wenn sich für eine behauptete Tatsache **keine Anhaltspunkte erkennen** lassen (*BSG* 21.9.2000 – B 11 AL 7/00 R, BSGE 87, 132 = SozR 3-4100 § 128 Nr 10). Besteht auf gesetzlicher Grundlage eine Bindung der Beh an die Entscheidung bzw Feststellung einer anderen Beh („**Tatbestandswirkung**"), so darf die Beh von dieser Bindung nicht abweichen (*Siefert* aaO Rz 16), damit auch nicht ermitteln. Auch wenn die Beh nach § 20 Abs 1 Satz 2 nicht an **Beweisanträge** der Verfahrensbeteiligten gebunden ist, muss sie sich des mit einem Beweisantrag aufgezeigten Umstandes grds annehmen und diesen in ihre Überlegungen einbeziehen. Dem Vorbringen muss sie jedoch nicht nachgehen, wenn die Beh nach den oben dargestellten Grundsätzen diese Tatsache nicht zu ermitteln hat (*BSG* 11.12.1969 – GS 2/68, BSGE 30, 192; *Vogelgesang* aaO Rz 10; dazu vgl auch *Luthe* in juris-PK SGB X § 20 Rz 22).

13   Trägt ein Beteiligter in Auseinandersetzung mit den bisherigen Erkenntnissen der Beh **substantiiert Abweichendes** vor, so muss die Beh sich mit diesen Einwänden auseinandersetzen (§ 20 Abs 2) und sie ggf ermitteln. Die Beh darf nicht vorschnell – also ohne inhaltliche Auseinandersetzung mit dem Vorbringen – zu dem Schluss kommen, der Vortrag von Beteiligten sei irrelevant, biete nichts Neues oder sei gar querulatorisch. Was hier (noch) als angemessen gelten kann, ist vom Verfahrensgegenstand, insb der zeitlichen Dimension, abhängig (vgl § 9 Rz 12, § 14 Rz 3).

2.2. Art der Ermittlungen – Keine Bindung an Erklärungen der Beteiligten – Mitwirkung der Beteiligten

Die Beh bestimmt nach **pflichtgemäßem Ermessen** nicht nur den Umfang der Ermittlungen. Sie ist **Herrin des Verfahrens** (*Vogelgesang* aaO Rz 6) und bestimmt auch, in welcher Weise sie den Sachverhalt erforscht, mithin die Art der Ermittlungen. Sie ist dabei nicht an das Vorbringen oder Beweisanträge der Beteiligten gebunden (§ 20 Abs 1 Satz 2). Aus Sicht der Beh handelt es sich dabei um unverbindliche Anregungen, die Sachverhaltsermittlungspflicht in bestimmter Weise auszuüben. Die Beh wird solche Erklärungen nach pflichtgemäßem Ermessen prüfen und entscheiden, ob bzw inwieweit sie ihnen nachgeht (dazu vgl auch Rz 12).   **14**

Der Regelung, dass die Beh die Modalitäten der Ermittlung selbst bestimmt, entspricht § 21 Abs 1 Satz 1, wonach die Beh sich der **Beweismittel** bedient, die sich nach pflichtgemäßem Ermessen für erforderlich hält. Die in § 21 Abs 1 Satz 2 beispielhaft (vgl den Wortlaut: „insbesondere") aufgeführten Beweismittel zeigen, von welchen Beweismittel die Beh nach aller Erfahrung typischerweise Gebrauch machen wird. Sie kann aber auch andere Beweismittel heranziehen, wenn ihr dies im Hinblick auf den Verfahrensgegenstand zweckmäßig erscheint, denn ein förmliches Beweiserhebungsverfahren existiert im Hinblick auf § 9 nicht (so auch *Siefert* aaO Rz 11). Zum Teil bestehen auch im materiellen Sozialrecht Regelungen, die die Beweiserhebung näher ausgestalten (vgl zB § 200 Abs 2 SGB VII). Jedoch besteht ein § **109 SGG** vergleichbares Instrument im Verwaltungsverfahren nicht; § 109 SGG kann als speziell auf das sozialgerichtliche Verfahren zugeschnittene Regelung im Sozialverwaltungsverfahren auch nicht entsprechend oder analog angewandt werden.   **15**

Das G kann vorsehen, dass die Beh bei der Sachverhaltsermittlung die **Mitwirkung der Beteiligten** verlangen kann. Während die allg Regelung des § 21 Abs 2 Satz 1 nur eine Sollensregelung vorsieht („sollen ... mitwirken"), sehen besondere Vorschriften darüber hinausgehende Mitwirkungspflichten vor (insb §§ 60 ff SGB I; vgl dazu auch § 21 Abs 2 Satz 3); zur Vorlage von Kontoauszügen im Verfahren nach SGB II *SG Detmold* info also 2006, 77; *HessLSG* FEVS 57, 258; *LSG NRW* Beschl v 12.7.2006 – L9B48/06 AS ER, juris Rz 20; zum Außendienst im SGB II BReg BT-Drucks 16/4978; *Fahlbusch ua* NDV 2006, 411, 419 ff). In der Sache handelt es sich bei diesen **Mitwirkungspflichten** nicht um Pflichten im Rechtssinne. Vielmehr handelt es sich um **rechtliche Obliegenheiten** (dazu vgl zB *Voelzke* in Spellbrink/Eicher, Kasseler Hb des Arbeitsförderungsrechts, 2003, § 12 Rz 486; *Böttiger* in Eicher/Schlegel, SGB III nF, § 38 Rz 49) Obliegenheiten sind „Rechtspflichten gegen sich selbst". Sie begründen im Interesse des Verfahrensbeteiligten bzw Leistungsberechtigten aber auch im Interesse der Beh rechtlich bedeutsame Verhaltenspflichten, doch können diese Verhaltenspflichten nicht erzwungen werden (*BSG* 23.3.1972 – 5 RJ 63/70, BSGE 34, 124, 127; *BSG* 18.9.1991 – 10 RKg 5/91, BSGE 69, 233-238 = SozR 3-5870 § 20 Nr 3; *Kampe* in juris-PK SGB I, 2. Aufl, § 60 Rn 17). Auch führt die Verletzung von Obliegenheiten nicht zu einem unmittelbaren Rechtsverlust oder zu einem Anspruch auf Schadensersatz, sondern zum Eintritt von Rechtsnachteilen. Dabei müssen wegen des Gesetzesvorbehalts des § 31 SGB X nicht   **16** nur die den Einzelnen treffenden Obliegenheiten gesetzlich bestimmt sein (zur Frage, ob ungeschriebene Obliegenheiten möglich sind: *Seewald* in KassKomm, Vorbem zu §§ 60-67 SGB I, Rz 24 ff), sondern auch die sich aus einer Obliegenheitsverletzung ergebenden Rechtsfolgen. Das SGB knüpft an den Obliegenheitsverstoß grds regelmäßig einen Rechtsnachteil insoweit, als das Gesetz in Folge des Obliegenheitsverstoßes eine Rechtsgrundlage eröffnet, nach der die Beh ermächtigt wird, aus verwaltungsverfahrenstechnischen Gründen eine Ermessensentscheidung über die vollständige oder teilweise Versagung bzw die Entziehung von Sozialleistungen zu treffen (vgl zB § 66 SGB I, § 38 Abs 3 Satz 2 SGB III).

17 Durch die Bestimmungen über die Mitwirkungsobliegenheiten der Verfahrensbeteiligten wird auch die Art der Ermittlungen iSd § 20 gesetzlich genauer geregelt. Deswegen handelt es sich bei der Regelung des § 20 Abs 1 Satz 2 („Art ... der Ermittlungen") nur um eine **Grundsatzregelung**, die durch **Sonderregelungen** modifiziert werden kann. Allerdings kann die Beh, was in einem Rechtsstaat nicht verwundert, nicht grenzenlos agieren. Sie muss Ermittlungsgrenzen beachten, die die Art und Weise der Ermittlung limitieren:

2.3. Ermittlungsgrenzen

18 Ermittlungsgrenzen ergeben sich aus allen Rechtsregeln, die den Zugang zu Informationen, die auf den ersten Blick als Erkenntnisquelle der Ermittlungsarbeit in Frage kommen, verschließen. Das kann zunächst über **Ermittlungsverbote** geschehen, die bereits die (im weitesten Sinne verstandene) Gewinnung von Informationen verunmöglichen, außerdem durch **Beweisverbote**, die die Verifizierung von Tatsachenbehauptungen verhindern, ferner durch **Verwertungsverbote**, die die Verwertung rechtswidrig gewonnener oder verifizierter Informationen versperren.

2.3.1. Ermittlungs- bzw Beweis(erhebungs)verbote, ua im Datenschutzrecht

19 Ermittlungsverbote ergeben sich vor allem im Hinblick auf das verfassungsrechtlich garantierte (Art 2 Abs 1 iVm Art 20 Abs 3 GG) Grundrecht auf Freiheit von Selbstbezichtigungszwang, den sog **Nemo-Tenetur-Grundsatz** („nemo tenetur se ipsum prodere/accusare"), der nicht nur im Straf- und Bußgeldverfahren, sondern auch im Verwaltungsverfahren gilt (*Hufen* aaO Rz 126). Er schützt den Bürger vor der Pflicht, belastende Sachverhaltselemente beisteuern zu müssen. Allerdings kann dieser Grundsatz in verhältnismäßiger Weise eingeschränkt werden, etwa durch Mitwirkungs- und Offenbarungspflichten, so dass er im Sozialleistungsrecht (vgl nur §§ 60 ff SGB I) nur eingeschränkt zur Geltung kommen kann. Es ist aber zu beachten, dass diese Mitwirkungsgebote ihrerseits begrenzt sind (vgl zB die „Soll"- Regelungen der §§ 60 ff SGB I und die allg Mitwirkungssperre des § 65 SGB I), also eine unzulässig eingeforderte Mitwirkung die Ermittlungen fehlerhaft machen würde (*Hufen* aaO Rz 135 [Nr 13]). Zu beachten sind auch vorrangig anwendbare einfachgesetzliche Regelungen, die den Selbstbezichtigungszwang ausschließen (vgl etwa, § 19 Abs 3 Satz 2 SGB VII, §§ 98 Abs 2 Satz 2, 99 Satz 3, 100 Abs 2). Auf die Weigerung, **belastende Unterlagen** vorlegen zu müssen, erstreckt sich dieses einfachgesetzlich ausgeformte Verbot des Selbstbezichtigungszwangs im Sozialrecht allerdings idR **nicht** (Ausnahme in § 22 Abs 1 ArbSchG, einer Regelung außerhalb des Sozialrechts, aber mit Nähe zum SGB VII, denn dieses dient auch dem Arbeitsschutz, vgl § 1 Nr 1, §§ 14 ff SGB VII).

Ermittlungsgrenzen folgen ferner aus Beweis(erhebungs)verboten, also dann, wenn bestimmte Methoden der Verifizierung von Tatsachenbehauptungen ausgeschlossen sind. Den Begriff „Beweis(erhebungs)verbot" kann man als Synonym für das Wort „Ermittlungsverbot" auffassen, denn die Ermittlung einer Tatsache vollzieht sich (auch) im Verwaltungsverfahren meist über eine bestimmte Verifizierungsmethode, also den nicht notwendig streng formalisierten Nachweis vom Vorliegen der fraglichen Tatsache (= **Beweis**). **20**

Beweise – und damit auch eine Beweiserhebung – **müssen unterbleiben**, wenn sie untauglich bzw von vornherein unergiebig oder für die Sache unerheblich sind oder wenn es um Tatsachen geht, die nicht beweisbedürftig sind, weil sie allg bekannt oder doch zumindest behördenbekannt sind (*Kopp/Ramsauer* aaO § 24 Rz 35); der mit einer solchen Beweiserhebung einhergehende grundrechtliche Eingriff wäre mangels Geeignetheit von vornherein unverhältnismäßig. Beweise müssen **auch unterbleiben**, wenn sie unzulässig sind. Hier ist etwa an die Grenzen der Mitwirkungspflicht in § 21 Abs 2 Satz 3 zu denken (Rz 16 f), wonach insb das Beweismittel des persönlichen Erscheinens oder der Aussage nur kraft besonderer Rechtsvorschriften aktiviert werden kann, ansonsten also verboten ist. Eine vergleichbare Verbotsregelung besteht für Zeugen und Sachverständige (§ 21 Abs 3 Satz 1, 2; vgl auch die in § 21 Abs 3 Satz 3, 4 aufgestellten Grenzen). **21**

Ermittlungsgrenzen ergeben sich nicht zuletzt im Hinblick auf den **Datenschutz** (*Hufen* aaO Rz 137 ff). Die Sozialbehörden, insb die Leistungsträger (§§ 35 Abs 1, 12 SGB I), sind an die jew einschlägigen – vorrangig zu berücksichtigenden (§ 37 Satz 3 SGB I, dazu *HessLSG* FEVS 57, 258 = DuD 2006, 376) – allg (§§ 67 ff) sowie die besonderen Datenschutzbestimmungen (vgl etwa §§ 394 ff SGB III, §§ 294 ff, §§ 304 ff SGB V; §§ 147 ff SGB VI; §§ 199 ff SGB VII) gebunden. Das Datenschutzrecht mit seinen **bereichsspezifischen Regeln** entscheidet maßgeblich darüber, welche Fakten für die „Konstruktion" des „Sozialrechts-Falls" herangezogen werden dürfen. Dabei ist Informationsgewinnung umfassend zu verstehen (vgl die begrifflichen Differenzierungen im Datenschutzrecht, § 67 Abs 5–7). Immer geht es um Informationen, die wegen entgegenstehender datenschutzrechtlicher Bestimmungen bei der Sachverhaltsermittlung nicht berücksichtigt werden dürfen. **22**

2.3.2. (Beweis-)Verwertungsverbote

Wurden (insb im Wege des Beweises) rechtswidrig Informationen gewonnen, stellt sich die Frage, ob diese Informationen als relevanter Sachverhalt der Entscheidung zugrunde gelegt werden dürfen (vgl BSGE 94, 149 = SozR 4-2700 § 63 Nr 2 = NZS 2006, 43, 46). Explizite gesetzliche Regelungen dazu gibt es im Sozialrecht, soweit ersichtlich, nicht. Eine verfahrensbeendende Entscheidung (etwa ein VA, der die beantragte Sozialleistung ablehnt), die sich auf einen fehlerhaft gewonnenen Sachverhalt stützt, ist grds nur **rechtswidrig**, nicht aber nichtig iSd § 40 (dies ist nur bei schwerwiegenden Verstößen anzunehmen, etwa bei Informationen, die im Rahmen einer menschenwürdeverletzenden Aussage gewonnen wurden; vgl dazu auch *BayLSG* v 31.7.2015 – L 7 R 506/15 B ER, juris). Allerdings ist es der Beh, wenn sie diesen Mangel im Verwaltungsverfahren noch rechtzeitig bemerkt, nicht nur gestattet, sie ist dazu gem § 20 Abs 1, 2 verpflichtet, die illegal gewonnene Information legal zu bestätigen, zB durch erneute Beweiserhebung. Ein Verbot, hierbei eventuell von den „**Früchten des verbotenen Baumes**" zu essen (also sich Hinweise aus den illegal gewonnenen Informationen zu Nutze zu machen), besteht grundsätzlich nicht (Ausnahme bei **23** schwerwiegenden Verfahrensverstößen). Eine mögliche Fernwirkung eines Beweisverwertungsverbots beträfe aber nur (weitere) Beweismittel („weiteres Beweismittel"), nicht aber das Vorbringen eines Beteiligten im Verfahren (dazu vgl *BSG* 11.4.2013 – B 2 U 34/11 R, SozR 4-2700 § 200 Nr 4 = SozR 4-1500 § 160 a Nr 33; *LSG BW* 21.5.2015 – L 6 U 3246/14; *LSG BW* 21.5.2015 – L 6 U 3246/14).

24 Entscheidend ist gem § 42 im Ergebnis, ob die Beh-Entscheidung auf einer illegal gewonnenen Information beruht oder nicht. Jedoch stellt sich insoweit die Frage, ob es offensichtlich ist, dass der Verstoß gegen das Ermittlungsverbot nicht zu einer irrigen Sachentscheidung geführt hat. IdR wird man eine solche Beeinflussung nicht ausschließen können. „Eine Beh, die bei ihrer Entscheidung von einem falsch ermittelten Sachverhalt ausgeht, dürfte nur in den seltensten Fällen zu einem (…) richtigen Ergebnis in der Sache gelangen" (*Köhler* WzS 2001, 129, 136; vgl dazu auch die Vorauflage *Rixen/Waschull* Rz 13).

3. Pflicht zur Informationsentgegennahme (§ 20 Abs 3)

25 § 20 Abs 3 legt der Beh eine Pflicht zur Entgegennahme von Anträgen (zum Begriff vgl § 12 Rz 2, § 18 Rz 7) oder Erklärungen (sonstige Kommunikationen mit der Beh) auf, die **in ihren Zuständigkeitsbereich fallen**. Sie darf die Entgegennahme der Anträge und Erklärungen nicht unter Verweis auf die vorgebliche Unzulässigkeit oder Unbegründetheit der Erklärung bzw des Antrags verweigern (§ 20 Abs 3). Die Beh soll nicht die Möglichkeit haben, Informationen, die aus der Sphäre eines Beteiligten in das Verwaltungsverfahren gelangen, abzuwehren. Damit ist sichergestellt, dass der Verfahrensgegenstand, soweit er von Erklärungen und Anträge abhängt, nicht durch die Beh manipuliert werden darf. Darüber hinaus wird aus Abs 3 deutlich, dass die Beh trotz der Regelung des § 20 Abs 1 Satz 2 in Ausübung des Untersuchungsgrundsatzes sich an den Anregungen der Beteiligten, wiewohl dies nicht bindend sind, orientieren muss und für den Einzelfall bedeutsame Umstände zu beachten hat, auch wenn diese von einem Verfahrensbeteiligten vorgebracht werden. § 20 Abs 3 verpflichtet (nur) zur Kenntnisnahme (*Kopp/Ramsauer* aaO § 24 Rz 61). Somit steht die Regelung des § 20 Abs 3 durchaus in einem **Zusammenhang mit den Regelungen des § 20 Abs 1, 2.**

26 § 20 Abs 3 wird nicht durch § 16 Abs 1, 2 SGB I verdrängt (so auch *Siefert* aaO Rz 26 a). Vielmehr ergänzt § 16 SGB I die Regelung für Anträge auf Sozialleistungen (*Vogelgesang* aaO Rz 21; aA *Luthe* aaO Rz 30). So sind nach § 16 Abs 1 Satz 2 auch unzuständige Beh zur Entgegennahme verpflichtet, während nach § 20 Abs 3 der Antrag bzw die Erklärung zumindest in den Zuständigkeitsbereich der Beh fallen muss. Des Weiteren ist die entgegennehmende Beh nach § 16 Abs 3 verpflichtet, darauf hinzuwirken, dass klare und sachdienliche Anträge gestellt werden und unvollständige Angaben ergänzt werden. Auch gilt § 20 Abs 3 für alle Anträge und Erklärungen in einem Sozialverwaltungsverfahren, während § 16 nur bei Anträgen auf Sozialleistungen anwendbar ist.

4. Beweiswürdigung – Beweislast

27 Nicht ausdrücklich, aber nach einhelliger Meinung konkludent in § 20 Abs 1 Satz 1 mitgeregelt, ist die Frage der **Beweiswürdigung**. Der Sachverhalt kann nur ermittelt werden, wenn sich bei der Beh (konkret: beim jeweils zuständigen Sachbearbeiter) die Gewissheit vom Vorliegen oder Fehlen der relevanten Tatsachen einstellt (**Überzeugungsbildung**). Das gelingt idR dadurch, dass die Ergebnisse des Bemühens, die Tatsachenbehauptungen bzw -zweifel zu verifizieren (Beweise), nach ihrer Überzeugungskraft bewertet werden (Beweiswürdigung). Hierbei gilt der **Grundsatz der freien Beweiswürdigung**. Es gibt grds keine Beweisregeln, die angeben, wann das Vorliegen oder Fehlen einer Tatsache zwingend anzunehmen ist (Ausnahme zB § 165 ZPO). Bei der Überzeugungsbildung ist absolute Gewissheit nicht möglich. Es genügt ein so hoher Grad an Wahrscheinlichkeit (**„an Sicherheit grenzende Wahrscheinlichkeit"**), dass kein die Lebensverhältnisse überschauender vernünftiger Mensch noch zweifeln würde (*Kopp/Ramsauer* VwVfG § 24 Rz 33).

Das **Beweismaß** (= Anforderungen an den Nachweis) kann durch rechtliche Bestimmungen bzw Auslegungspraktiken **ausnahmsweise gemindert** werden, zB dann, wenn die Annahme einer bloßen Wahrscheinlichkeit für die Kausalität genügt (so zB vielfach im sozialen Entschädigungsrecht bzw im Recht der gesetzliche UV, zusf: *Erlenkämper* in Erlenkämper/Fichte, SozialR, 88 ff) oder wenn eine **Glaubhaftmachung** (Definition in § 23 Abs 1 Satz 2) ausreicht (s etwa § 203 Abs 1, § 307 c Abs 2 Satz 1 SGB VI). Funktional ähnlich wie eine Absenkung des Beweismaßes wirken (unwiderlegbare) **Fiktionen** (zB § 50 Abs 1 Satz 2, § 203 Abs 2 SGB VI) oder (widerlegbare) **Beweisvermutungen** (vgl etwa § 9 Abs 3 SGB VII bzw § 9 Abs 5 SGB II); eine solche Vermutung kann gesetzlichen Regelungen auch **im Wege der Auslegung** entnommen werden (vgl *BSGE* 94, 273 = SozR 4-2500 § 106 Nr 9 = NZS 2006, 163, 165). Zugleich bewirken Beweisvermutungen insofern eine Umkehr der Beweislast, als die allg Beweislastregeln (Rz 30) erst gelten, wenn die Vermutung widerlegt wurde (*Kopp/ Ramsauer* aaO § 24 Rz 41 a). Erleichtert wird die Überzeugungsbildung auch durch den sog Beweis des ersten Anscheins (**Anscheinsbeweis**), wonach ein bestimmter typischer Geschehensablauf, der in ähnlicher Weise immer wieder vorkommt, nach allg Lebenserfahrung den Schluss von einem Umstand auf einen anderen zulässt. Der Anscheinsbeweis wird erschüttert, wenn durch unstreitige bzw bewiesene Tatsachen die Möglichkeit eines anderen Verlaufs dargetan ist. Das Sich-Einstellen von Gewissheit wird auch durch sog **tatsächliche Vermutungen** bzw **allgemeine Erfahrungssätze** erleichtert, die auf typische Verhaltensweisen bzw allg bekannte Erfahrungen abstellen. Auch sie können allg oder im konkreten Fall widerlegt bzw in ihrer Überzeugungskraft erschüttert werden, was zur Maßgeblichkeit des üblichen Beweismaßes führt (vgl *Kopp/Ramsauer* aaO § 24 Rz 53). Einen Grundsatz „Im Zweifel für den Antragsteller" gibt es im Sozialverwaltungsverfahren nicht. Bei **Prognosen** gilt der Amtsermittlungsgrundsatz hinsichtlich der Tatsachen, auf denen die Vorhersage zukünftiger Umstände beruht; hinsichtlich der prognostizierten Umstände selber kommt der Beh eine Einschätzungsprärogative zu, die aufgrund der vorhandenen Daten nachvollziehbar ausgeübt worden sein muss, insb nicht gegen Denkgesetze und Erfahrungssätze verstoßen darf (vgl *BSG* SozR 3-7833 § 6 Nr 15; zu § 6 Abs 2 BErzGG, der Teil des SGB ist, vgl § 68 Nr 15 SGB I). Mögl sind (entspr § 444 ZPO) auch **Beweiserleichterungen wegen Beweisvereitelung** (unverschuldete Beweisnot) mit der Folge, dass sich die Beh über Zweifel hinwegsetzen und eine Tatsache als bewiesen ansehen kann (vgl Rz 30 und – für das sozialgerichtl Verf – zB *BSG* SozR 3-1750 § 444 Nr 1; *BSG* SozR 4-1500 § 128 Nr 5 = SGb 2005, 300; dazu auch *Mecke* SGb 2005, 304, 305).

Aus dem Untersuchungsgrundsatz folgt, dass die mit der Sachverhaltsermittlung notwendig einhergehende Beweiserhebung und die Beweiswürdigung von der Beh betrieben wird. Der Untersuchungsgrundsatz verpflichtet die Beh, die entscheidungserheblichen Tatsachen von Amts wegen zu ermitteln, weil das sozialrechtliche Verwaltungsverfahren weder eine subjektive Beweisführungslast, noch eine objektive Beibringungsfrist für Beweismittel kennt (*Siefert* aaO Rz 31; *Vogelgesang* aaO Rz 16; so zum Gerichtsverfahren *BSG* 8.9.2010 – B 11 AL 4/09 R, juris unter Hinweis auf *Krasney/Udsching*, Handbuch des sozialgerichtlichen Verfahrens, 5. Aufl. 2008, III. Kapitel, Rz 26). Im Rahmen der Amtsermittlung sind alle verfügbaren Erkenntnisquellen auszuschöpfen, um tatsächliche Feststellungen zu dem nach den anzuwendenden Rechtsgrundlagen relevanten Tatsachenstoff treffen zu können (*BSG* 8.9.2010 – B 11 AL 4/09 R, juris). Im Rahmen der Pflicht zur eingehenden Erforschung des Sachverhalts und nach dem Grundsatz der freien, aus dem Gesamtergebnis des Verfahrens zu gewinnenden Überzeugung obliegt es der Beh alle Besonderheiten des konkreten Falles in tatsächlicher Hinsicht zu erfassen und zu würdigen (*BSG* aaO). Erst wenn sich nach Ausschöpfung aller Ermittlungsmöglichkeiten entscheidungserhebliche Tatsachen nicht mehr feststellen lassen, stellt sich die Frage der objektiven Beweis- bzw Feststellungslast (*BSG* aaO).

30 Bei der sog (objektiven) **Beweislast** bzw Feststellungslast geht es um die (im Ansatz materiellrechtliche, mit der verfahrensrechtlichen Regelung des § 20 Abs 1 Satz 1 sachlich aber eng verbundene) Frage, wen das Risiko trifft, dass eine Tatsache nicht erweislich war (= nicht als gegeben ermittelt werden konnte, sog **non liquet**), sich also bei der Beh nicht die Gewissheit von ihrem Vorliegen eingestellt hat. Nach dem sog **Normbegünstigungsprinzip** gilt, dass die Unerweislichkeit einer Tatsache grundsätzlich zulasten desjenigen geht, der aus ihr eine ihm günstige Rechtsfolge herleiten will (*Kopp/Ramsauer* aaO § 24 Rz 42; *Luhte* aaO Rz 36 ff), sich also auf sie beruft. Die sog (objektive) **Beweislast** kann daher auch den Bürger treffen, wenn er sich auf das Vorliegen von Tatsachen beruft, die seinen Anspruch stützen, die aber nicht nachgewiesen sind. Vorbehaltlich sondergesetzlicher Regelungen bedeutet dies grds, dass zB bei einem Antrag auf Sozialleistungen die Unerweislichkeit zulasten des Antragstellers geht (Bspe: *BSG* 18.8.2010 – B 6 KA 21/10 B: für den Arzneikostenregress, wenn ein Vertragsarzt kompensatorische Einsparungen geltend macht; vgl auch: *VGH Mannheim* ZFSH/SGB 2004, 564; *VG Ansbach* 23.9.2004 – AN 14 K 03.01214, juris, Rz 80). Aber auch das materielle Recht kann Regelungen zur sog objektiven Beweislast enthalten. Geht es um Informationen, die in der Sphäre des Bürgers ohne reale Zugriffschance der Beh gewonnen werden müssen, kann die Beweislast umgekehrt sein, und auch in diesem Fall beim Bürger liegen (s etwa § 31 Abs 1 Satz 2 SGB II; § 159 Abs 1 Satz 3 SGB III; vgl auch zum „Beibringungsrundsatz", der von der Rspr zu § 147 a Abs 2 Nr 2 SGB III entwickelt wurde: *BSG* Beschl v 17.11.2009 – B 11 AL 87/09 B; zur Umkehr der Beweislast siehe unten). Dagegen liegt bei einer belastenden Maßnahme, etwa dem Widerruf eines rechtmäßigen begünstigenden VA (§ 47), der Rücknahme bzw der Aufhebung eines VA nach §§ 48, 45 oder der Feststellung der Versicherungspflicht (§ 28 h Abs 2 Satz 1, § 28 p Abs 1 Satz 5 SGB IV), die objektive Beweislast grds bei der Beh. Dh die Unerweislichkeit der die Rechtsfolgen stützenden Tatsachen geht zulasten der Beh, die sich auf die Voraussetzungen der Aufhebbarkeit bzw Rücknehmbarkeit, mithin die Rechtswidrigkeit des VA bzw den Eintritt einer wesentlichen Änderung beruft. Auch hier kann ausnahmsweise, wenn es um Informationen geht, die in der Sphäre des Bürgers ohne reale Zugriffschance der Beh gewonnen werden müssen, die Beweislast umgekehrt sein, und auch in diesem Fall beim Bürger liegen. Allerdings ist genau zu bestimmen, unter welchen, engen, Voraussetzungen die **Umkehr der Beweislast** eintritt (näher *Rixen* in Eicher/Spellbrink SGB II 2005 § 31 Rz 39 ff). Jedoch führt alleine der Umstand, dass die Beh den Sachverhalt nicht rechtzeitig, nicht vollständig oder nicht gründlich ermittelt hat, zu keiner Beweislastumkehr (*Luthe* aaO Rz 39). Eine solche Umkehrung der Beweislast als Ausnahme von der grundsätzlichen Beweislastverteilung kann nach der Rechtsprechung zB dann gerechtfertigt sein, wenn die Beh alle ihr zugänglichen Erkenntnisquellen ausgeschöpft hat und dennoch in der persönlichen Sphäre oder in der Verantwortungssphäre des Verfahrensbeteiligten wurzelnde Vorgänge nicht aufklärbar sind, dh wenn eine besondere Beweisnähe zum Verfahrensbeteiligten vorliegt (*BSG* 24.5.2006 – B 11a AL 7/05 R, BSGE 96, 238-246 = SozR 4-4220 § 6 Nr 4 = SozR 4-1300 § 45 Nr 3, Rn 33). Eine dem Verfahrensbeteiligten anzulastende Beweisnähe kann sich etwa daraus ergeben, dass bei der Antragstellung zB Angaben zu Vermögen unterlassen worden sind mit der Folge der Erschwerung der Aufklärung in späteren Jahren oder dass zB vollständige Kontenbewegungen nicht zugänglich gemacht werden mit der Folge der Unmöglichkeit einer Plausibilitätsprüfung (*BSG* 24.5.2006 – B 11a AL 7/05 R, BSGE 96, 238-246 = SozR 4-4220 § 6 Nr 4 = SozR 4-1300 § 45 Nr 3, Rn 33).

5. Übersicht über typische Fehler bei der Sachaufklärung

Die Beh begeht (im Anschluss an *Hufen* aaO Rz 135; dazu vgl auch die Vorauflage Rz 20) insb dann einen – die Regelung des § 20 Abs 1, 2 missachtenden – **Verfahrensfehler**, dessen Erheblichkeit allerdings immer an § 42 zu messen ist (oben Rz 24),   **31**

- wenn sie zur Auslegung materieller Normen erforderliche Tatsachenelemente nicht ermittelt oder nach deren Ermittlung nicht in das Verfahren einbezieht (vgl § 9 Rz 14),
- wenn sie ermessensfehlerhaft offenkundige oder angebotene Beweismittel und Informationen nicht zur Kenntnis nimmt oder zur Verfügung stehende Schriftstücke, Akten etc nicht hinzuzieht,
- wenn sie sich auf schriftliche oder andere mittelbare Informationen beschränkt, obgleich es auf die Unmittelbarkeit bzw Persönlichkeit der Informationen ankommt,
- wenn sie wesentliche Sachverhaltsentwicklungen während des Verfahrens nicht zur Kenntnis nimmt oder nicht in das Verfahren einbezieht,
- wenn sie bei mehreren nahe liegenden Sachverhaltsvarianten nur in eine Richtung ermittelt,
- wenn sie relevante Informationen so spät in das Verfahren einführt, dass diese keinen Einfluss mehr auf das Verfahrensergebnis erlangen können,
- wenn sie fehlerhafte, missverständliche oder unvollständige Formulare, Fragebögen, Vordrucke, Datenprogramme etc zur Sachverhaltsaufklärung verwendet,
- wenn sie einem Beteiligten oder einer anderen Person eine unzumutbare bzw sonst rechtswidrige Mitwirkungslast auferlegt (vgl Rz 16),
- wenn sie Tatsachen selbst abschließend beurteilt, obwohl diese nur unter Hinzuziehung sachverständiger Expertise angemessen möglich ist,
- wenn ohne fundierte Begründung von der Expertise eines Sachverständigen abgewichen wird,
- wenn bei einer umstrittenen Frage nur eine wissenschaftliche Position zur Sachvehaltsklärung herangezogen wird, es sei denn, es gibt spezielle Regelungsinstrumentarien, mit denen die Relevanz wissenschaftlicher Erkenntnisse bei der Anwendung sozialrechtlicher Gesetzesbegriffe verbindlich vorgeklärt wird (vgl etwa die Richtlinien des Gemeinsamen Bundesausschusses

(GemBA) gem § 92 Abs 1 Satz 1 SGB V, die nach dem Rahmenrechts- bzw Rechtskonkretisierungskonzept des BSG den medizinischen Inhalt des Behandlungsanspruchs des GKV-Versicherten im Detail festlegen, vgl *BSGE* 73, 271; 78, 70; 81, 54; 81, 73; 81, 245; zur Kritik: *Mrozynski* § 31 SGB I Rz 29 ff, § 37 SGB I Rz 8; *Auktor* in Kruse/Hänlein LPK-SGB V § 92 Rz 5 ff; *Rixen* Sozialrecht als öffentliches Wirtschaftsrecht, 2005, 179 ff).

§ 21 Beweismittel

(1) [1]Die Behörde bedient sich der Beweismittel, die sie nach pflichtgemäßem Ermessen zur Ermittlung des Sachverhalts für erforderlich hält. [2]Sie kann insbesondere

1. Auskünfte jeder Art, auch elektronisch und als elektronisches Dokument, einholen,
2. Beteiligte anhören, Zeugen und Sachverständige vernehmen oder die schriftliche oder elektronische Äußerung von Beteiligten, Sachverständigen und Zeugen einholen,
3. Urkunden und Akten beiziehen,
4. den Augenschein einnehmen.

[3]Urkunden und Akten können auch in elektronischer Form beigezogen werden, es sei denn, durch Rechtsvorschrift ist etwas anderes bestimmt.

(2) [1]Die Beteiligten sollen bei der Ermittlung des Sachverhalts mitwirken. [2]Sie sollen insbesondere ihnen bekannte Tatsachen und Beweismittel angeben. [3]Eine weitergehende Pflicht, bei der Ermittlung des Sachverhalts mitzuwirken, insbesondere eine Pflicht zum persönlichen Erscheinen oder zur Aussage, besteht nur, soweit sie durch Rechtsvorschrift besonders vorgesehen ist.

(3) [1]Für Zeugen und Sachverständige besteht eine Pflicht zur Aussage oder zur Erstattung von Gutachten, wenn sie durch Rechtsvorschrift vorgesehen ist. [2]Eine solche Pflicht besteht auch dann, wenn die Aussage oder die Erstattung von Gutachten im Rahmen von § 407 der Zivilprozessordnung zur Entscheidung über die Entstehung, Erbringung, Fortsetzung, das Ruhen, die Entziehung oder den Wegfall einer Sozialleistung sowie deren Höhe unabweisbar ist. [3]Die Vorschriften der Zivilprozessordnung über das Recht, ein Zeugnis oder ein Gutachten zu verweigern, über die Ablehnung von Sachverständigen sowie über die Vernehmung von Angehörigen des öffentlichen Dienstes als Zeugen oder Sachverständige gelten entsprechend. [4]Falls die Behörde Zeugen, Sachverständige und Dritte herangezogen hat, erhalten sie auf Antrag in entsprechender Anwendung des Justizvergütungs- und -entschädigungsgesetzes eine Entschädigung oder Vergütung; mit Sachverständigen kann die Behörde eine Vergütung vereinbaren.

(4) Die Finanzbehörden haben, soweit es im Verfahren nach diesem Gesetzbuch erforderlich ist, Auskunft über die ihnen bekannten Einkommens- oder Vermögensverhältnisse des Antragstellers, Leistungsempfängers, Erstattungspflichtigen, Unterhaltsverpflichteten, Unterhaltsberechtigten oder der zum Haushalt rechnenden Familienmitglieder zu erteilen.

Literatur:

Berger-Delhey: Personalvertretung und Arbeitsbeschaffungsmaßnahmen, PersV 1990, 152; *Bickenbach*: Evaluationen und (Sozial-)Verwaltungsverfahrensrecht dargestellt am SGB VIII – Kinder und Jugendhilfe, RdJB 2004, 354; *Buchner*: Verfahrensrechtliche Probleme zu § 128 AFG, BB 1990, Beilage Nr 17, 1; *Jerke*: Restriktion der „Bedürftigkeit" und Expansion der „Zumutbarkeit" in der Bedürftigkeitsprüfung der Arbeitslosenhilfe, SGb 1990, 283; *Marburger*: Zum Untersuchungsgrundsatz im sozialrechtlichen Verwaltungsverfahren, ZfS 1990, 74; *Ossenbühl*: Verfassungs- und verfahrensrechtliche Probleme des Urteils des BVerfG zu § 128 AFG, NZA 1990, 633; *Pitschas*: Das soziale Verwaltungsverfahren im „aktivierenden" Sozialstaat, Festschrift 50 Jahre BSG, 765; *Udsching*: Besonderheiten des Sachverständigenbeweises im sozialgerichtlichen Verfahren, NZS 1992, 50.

1. Allgemeines

Die Vorschrift – in Abs 1, Abs 2 und Abs 3 Satz 1 größtenteils wortgleich mit § 26 VwVfG (vgl auch § 65 Abs 1 VwVfG) – enthält verschiedene Regelungen über die Beweisaufnahme der Beh im Verwaltungsverfahren. **1**

2. Regelungsgehalt

2.1. Einführung

Abs 1 bestimmt, dass sich die Beh der **Beweismittel** bedienen kann, die sie nach pflichtgemäßem Ermessen zur Ermittlung des Sachverhalts für erforderlich hält, und zählt verschiedene Beweismittel auf. Diese Aufzählung der „klassischen Beweismittel der ZPO und StPO" (*Siefert* in von Wulffen/Schütze SGB X § 21 Rz 5) ist – wie sich aus dem Wortlaut („insbesondere") ergibt – nicht abschließend, deckt sich aber weitestgehend mit den in § 106 Abs 3 SGG freilich ebenfalls nicht abschließend genannten Ermittlungsmöglichkeiten (*Bieresborn* NZS 2008, 354, 356). Die Beh ist grundsätzlich frei in der Wahl ihrer Beweismittel (**Grundsatz des Freibeweises**). Ihr stehen alle Erkenntnismittel offen (*BVerwG* NVwZ 1999, 535; vgl *Kopp/Ramsauer* VwVfG § 26 Rz 9). Beschränkungen der Verwendung von Beweismitteln können sich indes aus anderen gesetzlichen Regelungen ergeben (vgl § 39 Abs 1 SGB I sowie Beispiele bei *Kopp/Raumsauer* aaO § 26 Rz 11 f; *Vogelgesang* in Hauck/Noftz SGB X § 21 Rz 4). **2**

Andere als die aufgezählten Beweismittel kann – ggf muss – die Beh verwenden, wenn sie dies zur Ermittlung des Sachverhalts für erforderlich hält. Angesichts des Normwortlauts kommt es insofern auf die subjektive Sicht der Beh an. Ein **Ermessensfehler** kann jedoch dann vorliegen, wenn die Beh einen Beweis nicht erhebt, welcher sich nach dem Amtsermittlungsprinzip des § 20 zur Ermittlung wesentlicher Tatsachen aufdrängt (vgl *Weber* in BeckOK SGB X § 21 Rz 3). **3**

4 Die Norm des § 21 iVm § 20 SGB X regelt nur allgemein die Geltung des **Untersuchungsgrundsatzes** im Sozialverwaltungsverfahren und ermächtigt die Behörde dabei nicht zur Durchführung von Maßnahmen zur Ermittlung beim Verdacht von Straftaten (vgl erg § 1 I 3 SGB X; *OVG RhPf* NVwZ-RR 2005, 326). Dennoch bleibt die Behörde auch bei Kenntnis von einer Straftat weiterhin befugt, den für ihre Maßnahme entscheidungserheblichen Sachverhalt aufzuklären (am Beispiel der Verwertbarkeit von Beobachtungen einer Privatdetektei *VG Frankfurt* Urt v 26.8.2002 – 3E 2297/98).

2.2. Absehen von einer Beweiserhebung

5 Daneben kann sich die **Ermessensfehlerhaftigkeit** einer Beweiserhebung auch aus allgemeinen Erwägungen ergeben. Insoweit kann zur Konturierung der vom Gesetz in Bezug genommenen pflichtgemäßen Ermessensentscheidung über die Erforderlichkeit einer Beweiserhebung auf die Grundsätze zurückgegriffen werden, die im Prozess das Absehen von einer Beweiserhebung rechtfertigen können (vgl dazu vertiefend *Lang* in Sodan/Ziekow VwGO § 98 Rz 39 ff). Danach kommt ein Absehen von der Beweisaufnahme in Betracht, wenn die Beweiserhebung unzulässig ist, bei offenkundigen Tatsachen, bei Unerheblichkeit, bei Untauglichkeit, bei Unerreichbarkeit sowie etwa bei Wahrunterstellung.

2.2.1. Bei unzulässiger Beweiserhebung

6 Wie die Gerichte muss auch die Beh von einer Beweiserhebung absehen, sofern eine solche bzw das angebotene Beweismittel **unzulässig** ist. Die Unzulässigkeit kann dabei aus einfachem Recht (zB § 244 Abs 3 bis 5 StPO analog) aber auch aus Bestimmungen der Verfassung ergehen (etwa aus Art 1 GG – vgl *BVerfG* NStZ 1981, 446; sa *Höfling* NJW 1983, 1582 und *Sachs* in ders GG Vor Art 1 Rz 53; Art 2 GG – vgl *SG Potsdam* Urt v 3.2.2009 – 40 AS 4140/08; zum Schutz vor rechtswidrigen staatlichen Auskunftsverlangen aus Art 2 Abs 1 GG vgl *Lang* in Epping/Hillgruber, GG, 2009, Art 2 Rz 4).

2.2.2. Bei offenkundigen Tatsachen

7 Keiner Beweiserhebung bedürfen weiterhin **offenkundige** Tatsachen (*BVerfG* NVwZ 1992, 561). Offenkundig sind solche Tatsachen, die entweder allgemein- oder amtskundig sind (*BVerfG* NVwZ 1992, 561; *BVerwG* NJW 1987, 1433; *BSG* NJW 1979, 1063). Als allgemeinkundig gelten solche in der Öffentlichkeit als feststehend angesehene Tatsachen, über die sich jedermann ohne besondere Fachkunde aus allgemein zugänglichen Quellen unterrichten kann (*BVerfG* NVwZ 1992, 561; *BVerwG* Buchholz 310 § 108 VwGO Nr 127). Amtskundig sind in Parallele zur Gerichtskundigkeit solche Tatsachen, die die Beh selbst (amtlich) wahrgenommen hat (zur Gerichtskundigkeit *BVerfG* NJW-RR 1996, 183).

2.2.3. Bei Unerheblichkeit des Beweismittels

8 Die bei der Auswahl der Beweismittel bestehende Ermessensentscheidung kann weiterhin berücksichtigen, ob es auf das angebotene Beweismittel nicht oder nicht mehr ankommt (*BVerwG* Buchholz 310 § 98 VwGO Nr 41; vertiefend *Lang* aaO § 98 Rz 44 ff).

2.2.4. Bei Untauglichkeit des Beweismittels

Es müssen weiterhin keine Beweise erhoben werden, deren Gelingen infolge **9**
völliger Ungeeignetheit der benannten Beweismittel von vornherein ausgeschlossen erscheint (vgl bereits *BGH* NJW 1952, 191 sowie *BVerwGE* 71, 38),
wobei insoweit freilich Zurückhaltung geboten ist.

2.2.5. Bei Unerreichbarkeit des Beweismittels

Auch die **Unerreichbarkeit** eines Beweismittels rechtfertigt dessen Zurückwei- **10**
sung. Ein Beweismittel ist unerreichbar, wenn die Beh alle der Bedeutung des
Zeugnisses entsprechenden Bemühungen zur Beibringung des Beweismittels ver-
geblich entfaltet hat und auch keine begründete Aussicht besteht, dass das Beweismittel in absehbarer Zeit beigebracht werden kann (vgl für den gerichtlichen Prozess *BGH* NJW 1979, 1788; *BGH* NJW 1990, 398). Die Unerreichbarkeit kann sich dabei aus tatsächlichen (zB Aufenthalt eines Zeugen ist unbekannt) oder auch aus rechtlichen Gründen ergeben (zB bei Immunität eines
Zeugen; hierzu *BVerwG* NJW 1989, 678).

2.2.6. Die Wahrunterstellung

Auf eine Beweiserhebung kann auch verzichtet werden, wenn die Tatsache, die **11**
durch das angebotene Beweismittel bewiesen werden soll, als wahr unterstellt
wird (vgl für unter dieser Untersuchungsmaxime geführten Prozesse *BVerwG*
NJW 1986, 2268; *BVerwG* Buchholz 310 § 86 Abs 1 VwGO Nr 111 mwN).
Insoweit enthält § 244 Abs 3 bis 4 StPO einen allgemeinen Rechtsgedanken,
der für alle unter dem **Amtsermittlungsgrundsatz** geführten Verfahren Anwendung finden kann (vgl *VGH BW* VGHBW RSpDienst 1995, Beilage 12, B 2;
Lang aaO § 98 Rz 55).

Wie bei jedem Behördenhandeln ist zudem der **Grundsatz der Verhältnismäßig-** **12**
keit zu beachten. Als Teil des Verwaltungsverfahrens ist auch die gesamte Beweisaufnahme nicht an bestimmte Formen gebunden (vgl § 9). Der Grundsatz
der Unmittelbarkeit der Beweisaufnahme (zur Bedeutung dieses Grundsatzes im
Prozessrecht vgl *Lang* aaO § 96 Rz 1 ff) gilt nicht (*Vogelgesang* aaO § 21 Rz 5;
Siefert aaO § 21 Rz 4). Die Beh ist nicht verpflichtet, die Bet über die Beweisaufnahme zu informieren (*Vogelgesang* aaO § 21 Rz 5; *Siefert* aaO § 21 Rz 4),
sie muss die Beweisaufnahme und ihr Ergebnis jedoch **aktenkundig** machen (vgl
Kopp/Ramsauer aaO § 26 Rz 6). Es liegt im Verfahrensermessen der Beh, es
den Bet zu ermöglichen, an der Beweisaufnahme teilzunehmen (dazu vertiefend
Kopp/Ramsauer aaO § 26 Rz 8).

2.3. Die aufgezählten Beweismittel

2.3.1. Auskünfte

Die Beh kann insbesondere „Auskünfte jeder Art einholen" (Nr 1) und zwar **13**
bei Jedermann, dh bei anderen Beh und bei Privatpersonen (so auch *BSGE* 2,
197 für § 106 Abs 3 Nr 3 SGG). Dies beinhaltet die mündliche, schriftliche sowie elektronische Äußerung (zB Fax oder E-Mail). § 21 Abs 1 Satz 2 Nr 1 begründet selbst keine Auskunftspflicht, so dass auf die Verweigerung keine
Zwangsmittel ergehen können. Eine solche Verpflichtung zur Auskunft kann
sich jedoch aus entsprechenden Fachgesetzen ergeben (*Siefert* in von *Wulffen/*
Schütze, SGB X § 21 Rz 6 f). Die Möglichkeit, Auskünfte auch elektronisch und
als elektronisches Dokument einzuholen wurde eingefügt durch das EGovGua-
ÄndG vom 25.7.2013 (BGBl I, 2749). Zweck ist die Optimierung von Verfah-

rensabläufen durch Digitalisierung (vgl BT-Drucks 17/11473, 51 zu Art 6 Nr 1). Für Bet bzw für Zeugen und Sachverständige sind Abs 1 Nr 2 und Abs 2 bzw Abs 3 indes **lex specialis** (aA wohl *Vogelgesang* aaO § 21 Rz 9, der zwischen den Bet als Beweismitteln iSv Abs 1 Nr 2 und ihrer Mitwirkung nach Abs 2 unterschieden wissen will). Die Aufzählung in Abs 1 Satz 2 Nr 1 bewirkt keine Verpflichtung der für eine Auskunft in Betracht kommenden Stelle oder Person auf Erteilung der gewünschten Auskunft. Für Beh wird sich eine solche Verpflichtung regelmäßig bereits aus dem **Grundsatz der Amtshilfe** (Art 35 GG, §§ 3-7) ergeben (vgl für die Finanzbehörden Abs 4; s Rz 41), für Privatpersonen bedarf es hingegen einer speziellen gesetzlichen Grundlage (vgl etwa §§ 98 ff).

2.3.2. Anhörung von Beteiligten, Vernehmung von Zeugen und Sachverständigen

14 Weiterhin kann die Beh Bet anhören, Zeugen und Sachverständige vernehmen oder die schriftliche oder elektronische Äußerung von Bet, Sachverständigen und Zeugen einholen (Nr 2).

15 Die **Beteiligteneigenschaft** bestimmt sich nach § 12. Bet können grundsätzlich nicht als Zeugen vernommen werden. Ihr Wissen wird durch schlichte Anhörung in das Verfahren eingebracht.

16 **Zeuge** ist eine nicht am Verwaltungsverfahren bet Person, die ihr Wissen über bestimmte Tatsachen bekunden soll (*Lang* aaO § 96 Rz 24 mwN). Da der Zeuge mithin über Tatsachen Auskunft geben soll, wird zugleich deutlich, dass Gegenstand des Zeugenbeweises dessen Wahrnehmung über eben jene vergangenen Tatsachen und auch Zustände sein kann; er kann aber nicht zur Beantwortung bestimmter Rechtsfragen vernommen werden; dies gilt auch, wenn der Zeuge entsprechenden Sachverstand aufweist (vgl *Lang* aaO § 98 Rz 123 mwN). Anders als im Prozess muss – wie § 21 Abs 1 Nr 2 zeigt – die Zeugenvernehmung nicht mündlich erfolgen.

17 Eine gesetzliche Definition des **Begriffs des Sachverständigen** fehlt (vgl auch die anderen Verfahrensordnungen, in denen der Sachverständige als Beweismittel aufgeführt ist [insb § 26 Abs 1 Satz 2 Nr 2 VwVfG]). Zur Orientierung kann freilich auf die Regelung in § 36 GewO zurückgegriffen werden, wenngleich auch diese – sich zudem mit der gewerbsmäßigen Sachverständigentätigkeit beschäftigende Norm – keine Legaldefinition enthält. Immerhin können aber § 36 Abs 1 Satz 1 GewO (besondere Sachkunde), Satz 2 (unabhängig) sowie Abs 2 der Vorschrift (Feststellung von Tatsachen, Überprüfung) Anhaltspunkte zur Aufgabenbeschreibung entnommen werden (so zu Recht *Tettinger* in Tettinger/Wank GewO § 36 Rz 5). Die Tätigkeit eines Sachverständigen lässt sich demgemäß mit der Prüfung, Beurteilung und Bewertung von Gegenständen, Vorgängen sowie individuellen Leistungen und Verhaltensweisen beschreiben, die ihm im Einzelfall wegen des besonderen Schwierigkeitsgrades, mit Rücksicht auf seine anerkannten Kenntnisse und Fähigkeiten und im Vertrauen auf seine Unabhängigkeit übertragen werden (vgl *OLG München* GewArch 1995, 297; *Tettinger* aaO § 36 Rz 5 mwN). Ein Sachverständiger soll der Beh mithin Fachwissen vermitteln und die für die Beh handelnden Personen in die Lage versetzen, den unterbreiteten Sachverhalt sachkundig zu beurteilen (zu den rechtlichen Anforderungen an ein Gutachten *P. Becker* MED SACH 105 08, 85). Dies kann durch die Übermittlung von Kenntnissen über Erfahrungssätze oder deren Anwendung auf dem besonderen Wissensgebiet des Sachverständigen oder durch Schlussfolgerungen auf einen Sachverhalt geschehen (vgl *Lang* aaO § 96 Rz

39). Ein im Verwaltungsverfahren erstattetes Sachverständigengutachten kann in einem späteren Gerichtsverfahren nur dann Verwendung finden, wenn die Vorschriften des § 118 Abs 1 SGG beachtet wurden (vgl *BSG* Beschl v 14.11.2013 – B 9 SB 10/13 B, Rz 6, juris). Dies gilt auch für ein von einem Sozialleistungsträger gemäß §§ 20, 21 eingeholtes Gutachten, bei dem es sich nicht um ein bloßes „Privatgutachten", sondern um ein im Rahmen der Erfüllung öffentlich-rechtlicher Aufgaben erstelltes Sachverständigengutachten handelt und somit auch Entscheidungsgrundlage für das Gericht sein kann (*BayLSG* Beschl v 29.7.2015 – L 15 VG 19/15 B PKH, BeckRS 2015, 71638).

Ein Bet kann nach dem Gesagten kein Zeuge und auch nicht Sachverständiger in demselben Verfahren sein.   18

Eine **Auskunft** unterscheidet sich von der Zeugenaussage dadurch, dass die   19
Auskunft die Kenntnis von Tatsachen erst verschaffen will, während die Zeugenaussage der Bestätigung einer Tatsache dient (*Kopp/Ramsauer* aaO § 26 Rz 16). Im Übrigen enthalten die Abs 2 und 3 spezielle Regelungen (Rz 26 ff). Eine Pflicht der Beh, einen Bet anzuhören, kann sich aus § 24 ergeben.

Durch die Einfügung des Passus „oder elektronische" ist klargestellt, dass auch   20
die Einholung von Äußerungen per elektronischer Post (zB „E-Mail"; weitere Bsp in *Rosenberg/Schwab/Gottwald* ZivilprozeßR § 119 Rz 2) zulässig ist. Ob die Äußerung per Telefax unter den Begriff der elektronischen Äußerung zu subsumieren ist (so *Vogelgesang* aaO § 21 Rz 10) oder bereits unter die Schriftlichkeit fällt, ist nunmehr ohne Belang. Insgesamt kann die Einholung von Äußerungen also auf allen denkbaren Kommunikationswegen erfolgen, sei es schriftlich, mündlich, fernmündlich oder eben auf den zwei soeben genannten Wegen. Mündliche und fernmündliche Äußerungen müssen **aktenkundig** gemacht werden. Demgegenüber dürfte bei der Anhörung der Bet und der Vernehmung von Zeugen und Sachverständigen der fernmündliche Weg versperrt sein (unklar *Vogelgesang* aaO § 21 Rz 10 f), bei der Anhörung der Bet zusätzlich auch der schriftliche und elektronische Weg, da die Vorschrift diese Möglichkeit gesondert nennt (vgl *Kopp/Ramsauer* aaO § 26 Rz 19).

2.3.3. Beiziehung von Urkunden und Akten

Die Beh kann ferner Urkunden und Akten beiziehen (Nr 3). Insofern sind die   21
§§ 415-444 ZPO anwendbar (vgl *Siefert* aaO § 21 Rz 14). Eine Pflicht, der Beh Urkunden und Akten vorzulegen, wird durch Abs 1 Nr 3 für niemanden statuiert (*Vogelgesang* aaO § 21 Rz 14; aA für die Bet *Kopp/Ramsauer* aaO § 26 Rz 36). Eine solche Verpflichtung kann sich indes aus besonderen Rechtsvorschriften ergeben (*Vogelgesang* aaO § 21 Rz 14). Die Beiziehung kann, falls keine entgegenstehende Rechtsvorschrift existiert, gemäß Abs 1 Satz 3 auch in elektronischer Form (zB Fax, E-Mail) geschehen. Beruhend auf die Einführung durch das EGovGuaÄndG vom 25.7.2013 (BGBl I, 2749) soll hiermit die elektronische Verfahrensabwicklung durchgehend Einzug finden und Medienbrüche, insbesondere in Verbindung mit dem Ausbau elektronischer Aktenführung, sollen vermieden werden (vgl BT-Drucks 17/11473, 51 zu Art 6 Nr 1).

Wie der verwaltungsprozessuale knüpft auch der sozialverwaltungsverfahrens-   22
rechtliche **Begriff der Urkunde** an Schriftstücke an. Gegenüber dem strafrechtlichen Urkundenbegriff der §§ 267 ff StGB, wonach eine Urkunde eine verkörperte Gedankenerklärung darstellt, die geeignet und bestimmt ist, für den Rechtsverkehr Beweis zu erbringen und die ihren Aussteller erkennen lässt (vgl *Lackner/Kühl* StGB § 267 Rz 2), ist der prozessuale und damit auch der verwaltungsverfahrensrechtliche Urkundenbegriff enger. Während im materiellen

Strafrecht in der Kombination mit einer Gedankenerklärung auch Beweiszeichen Urkundenqualität erlangen können (sog zusammengesetzte Urkunde, vgl *BGH* NStZ 1984, 73; *Lackner/Kühl* StGB § 267 Rz 8), dient der Urkundenbeweis der Ermittlung und Verwertung des gedanklichen Inhalts eines Schriftstücks. Deshalb meint Urkunde iSd rezipierten ZPO jede schriftliche Verkörperung eines Gedankens (vgl zum Ganzen *Lang* aaO § 98 Rz 224 mwN; *Rosenberg/Schwab/Gottwald* aaO § 118 Rz 1).

23   Die Beweiskraft der Urkunde hängt selbstredend von ihrer **Echtheit** ab. Echt ist eine Urkunde dann, wenn sie in ihrer gegenwärtigen Erscheinungsform und ihrem Inhalt nach von demjenigen rührt, der aus ihr als Aussteller in erkennen ist (allg Auffassung, vgl nur *Lang* aaO § 98 Rz 227 mwN). Wie im Strafrecht kommt es für die Ermittlung des Ausstellers nicht auf den körperlichen Herstellungsakt an. Aussteller einer Urkunde ist vielmehr derjenige, der sich zu ihrem Inhalt bekennt (sog **Geistigkeitstheorie** vgl *BGHSt* 13, 382; *Lackner/Kühl* StGB § 267 Rz 14).

24   Unter bestimmten Umständen kann eine Urkunde aufgrund ihrer Entstehung nur eingeschränkt verwertbar sein (*BSG* NZS 2006, 43 am Beispiel eines Obduktionsbefundes). Zur Frage, ob nur bestimmte Urkunden als zulässiges Beweismittel iSd § 21 Abs 1 Satz 2 Nr 3 SGB X in Frage kommen vgl *BSG* NZS 2002, 202.

25   Die eigenständige Erwähnung des Beweismittels Akten ist – wie die vorstehenden Ausführungen zum Urkundenbegriff verdeutlichen – an sich überflüssig, weil Akten ja ebenfalls Urkunden darstellen.

2.3.4. Augenscheinseinnahme

26   Schließlich nennt die Vorschrift als weiteres Beweismittel den **Augenschein** (Nr 4). Dieser ist jede unmittelbare Sinneswahrnehmung der Beh (vgl *Lang* aaO § 96 Rz 48). Der Augenschein ist mithin ein Beweismittel, bei dem die Beh bzw die für sie tätig werdende natürliche Person durch unmittelbare sinnliche Wahrnehmung (sehen, hören, fühlen, riechen, schmecken, also ohne Beschränkung auf den optischen Sinn [vgl *Kopp/Ramsauer* aaO § 26 Rz 37]), Beweis über Tatsachen erhebt (*Bley* aaO § 118 SGG Anm 5 a). Im Sozialrecht findet die Inaugenscheinnahme häufig durch die Form des Hausbesuches durch den sog Außendienst (§ 6 Abs 1 SGB II) statt. Hierbei sind die verfassungsrechtlichen Belange des Art 13 Abs 1 GG zu berücksichtigen. Eine Pflicht zur Duldung des Hausbesuchs besteht nicht. Der Bet trägt die Folgen der Nichterweislichkeit nur dann, wenn er die objektive Beweislast für den Sachverhalt trägt (vgl *BayLSG* Beschl v 11.3.2011 – L 7 AS 83/11 B ER, Rz 28, juris). Zu den Anforderungen an einen Hausbesuch als rechtmäßige Augenscheinseinnahme (*HessLSG* NZS 2006, 1548 mwN; *SG Koblenz* Urt v 30.5.2007 – S 2 AS 595/06; *Blüggel* SGb 2007, 336, 337).

27   Urkunden- und Zeugenbeweis sind keine Augenscheinsbeweise. Freilich können hier Abgrenzungsschwierigkeiten entstehen, beispielsweise dann, wenn ein Zeuge zu vorgelegten Augenscheinsobjekten Erklärungen abgibt. Zeugenbeweis und Augenscheinsbeweis bleiben aber auch dann selbstständige, nach unterschiedlichen Regeln zu erhebende Beweise, wenn sie im Zusammenhang stehen und gleichzeitig erhoben werden.

2.4. Mitwirkung der Beteiligten

Abs 2 betrifft die Mitwirkung von Bet (s § 12), die jedoch nicht erzwungen **28** werden kann (der Amtsermittlungsgrundsatz reicht als rechtliche Grundlage hierfür nicht aus [*LSG BW* Beschl v 26.8.2003 – L 5 KA 2906/03 B]). Eine Verpflichtung zum persönlichen Erscheinen besteht aufgrund dieser Vorschrift nicht, kann sich aber aus anderen Rechtsvorschriften ergeben (vgl §§ 60 ff SGB I). Gleiches gilt ausweislich des Wortlauts von Abs 2 Satz 2 auch in Bezug auf eine Pflicht zur Aussage. Es handelt sich um eine reine **Obliegenheit**, die wahrzunehmen möglicherweise im Interesse des Bet selbst liegt, weil die Beh sonst ggf nach Aktenlage entscheidet (vgl *VG München* Urt v 18.12.2014 – M 15 K 12.1048, BeckRS 2015, 44558). Die Beh kann die Nichtmitwirkung eines Bet bei ihrer Beweiswürdigung berücksichtigen (*Vogelgesang* aaO § 21 Rz 18; im Rahmen von Antragsverfahren sind Umstände aus dem persönlichen Lebensbereich vom Antragsteller hinreichend substantiiert darzulegen [*VG München* Urt v 28.8.2008 – M 22 K 08.1731]). Außerdem kann die Verweigerung der Mitwirkung ein Mitverschulden im Sinne von § 254 BGB sein und entsprechend bei Schadenersatzsprüchen wegen Amtspflichtverletzung relevant werden oder bei der Beurteilung der Schutzwürdigkeit im Sinne von § 45 Abs 2, 3 bedeutsam sein (*Vogelgesang* aaO § 21 Rz 18).

Adressat der Anordnung des persönlichen Erscheinens kann nur ein Bet sein (zu **29** auftretenden Schwierigkeiten, wenn Bet eine juristische Person ist *Lang* aaO § 95 Rz 18 ff).

2.5. Zeugen und Sachverständige

Abs 3 enthält zunächst die eher banale und im Grunde überflüssige Feststellung, dass Zeugen und Sachverständige zur Aussage bzw Gutachtenerstattung **verpflichtet** sind, wenn eine entsprechende Pflicht durch Rechtsvorschrift vorgesehen ist (vgl zB § 100). Sinnvoll daran ist allenfalls die enthaltene Klarstellung, dass eine ungeschriebene Pflicht zur Zeugenaussage bzw zur Gutachtenerstattung nicht besteht (vgl auch § 26 Abs 3 Satz 1 VwVfG; *BVerwG* NVwZ-RR 1995, 113). Satz 2 normiert sogleich eine Pflicht für den Fall, dass die Aussage oder die Erstattung von Gutachten im Rahmen von § 407 ZPO zur Entscheidung über die Entstehung, Erbringung, Fortsetzung, das Ruhen, die Entziehung oder den Wegfall einer Sozialleistung sowie deren Höhe unabweisbar ist. Unabweisbarkeit liegt vor, wenn keine anderen Aufklärungsmöglichkeiten gegeben sind, die den Beweis der erforderlichen Tatsachen erbringen können (*Siefert* aaO § 21 Rz 24), weil diese nicht vorhanden sind oder wegen unvertretbaren Aufwands nicht zur Verfügung stehen (*Vogelgesang* aaO § 21 Rz 12). Ferner ordnet Abs 3 die entsprechende Anwendung der zivilprozessrechtlichen Vorschriften über das Zeugnis- bzw Gutachtenverweigerungsrecht (§§ 383-385, 408 ZPO), über die Ablehnung von Sachverständigen (§ 406 ZPO) und über die Vernehmung von Angehörigen des öffentlichen Dienstes (§ 376 ZPO) sowie die entsprechende Anwendung des Justizvergütungs- und -entschädigungsgesetzes (JVEG; eingef d Art 2 des KostRMoG v 5.5.2004, BGBl I, 718) an. Wird eine Person nach § 60 SGB II zur Erteilung einer Auskunft in Anspruch genommen, so ergibt sich kein Entschädigungsanspruch aus § 21 Abs 3 SGB X (*SchlHLSG* Urt v 15.2.2013 – L 6 AS 24/12, Rz 21, juris). Mit Sachverständigen kann die Beh darüber hinaus auch – anders als im Rahmen von § 26 Abs 3 VwVfG – eine Entschädigung vereinbaren, die von den Vorgaben des JVEG abweicht, in der Regel, um damit Kosten zu sparen. Beauftragt die Behörde einen externen Gutachter außerhalb der Regelungen des § 21 Abs 3 Satz 4, so sind für Streitigkeiten über die Höhe der Vergütung nicht die Sozialgerichte, sondern die Zivilgerichte zuständig (vgl *LSG Bln-Bbg* Beschl v 5.10.2011 – L 13 SB 276/10 B, Rz 6, juris).

31 Einen Anspruch auf Zahlung der Mindestentschädigung nach dem JVEG sowie auf pauschalisierten Aufwendungsersatz für ggf eingesetztes Personal hat ein Arzt auch dann, wenn er auf Anforderung eines Befundberichts lediglich mitteilt, dass ihm der Patient unbekannt sei (*BSG* SozR 3-1300 § 21 SGB X Nr 2). Eine analoge Anwendung der Vorschrift zur Herleitung eines öffentlich-rechtlichen Erstattungsanspruchs für ein die Rentenversicherung zurück überweisendes Geldinstitut kommt allerdings nicht in Betracht (*BSG* SozR 3-2600 § 118 SGB VI Nr 8).

2.6. Zeugnisverweigerungsrechte

32 Die ggf bestehende **Aussageverpflichtung** eines Zeugen wird ergänzt durch Regelungen über das **Zeugnisverweigerungsrecht**. Hierfür gelten über § 21 Abs 3 Satz 3 die Vorschriften der §§ 383 ff ZPO. Das Gesetz will damit auf besondere Spannungs- und Konfliktlagen Rücksicht nehmen, die eine Aussageverpflichtung im Einzelfall unzumutbar erscheinen lassen. Deshalb kann aus bestimmten persönlichen oder sachlichen Gründen Zeugen ein Zeugnisverweigerungsrecht zustehen.

33 Macht ein Zeuge von dem ihm zustehenden Zeugnisverweigerungsrecht keinen Gebrauch, führt dies selbst dann nicht zu einem Verwertungsverbot der Aussage, wenn der Zeuge damit zugleich ein Berufsgeheimnis bricht (vgl *BVerwG* Buchholz 310 § 98 VwGO Nr 39).

34 Das Zeugnisverweigerungsrecht geht weder durch ausdrücklichen noch durch konkludenten – etwa infolge teilweiser Einlassung – Verzicht verloren. Es ist auch statthaft, dass ein Zeuge sein Zeugnisverweigerungsrecht wiederholt und aus bisher nicht genannten Gründen geltend macht (so schon *KG* JW 1928, 738).

35 Der Katalog der in § 383 ZPO aufgeführten Zeugnisverweigerungsrechte ist **abschließend** zu verstehen; eine analoge Anwendung des § 383 Nr 6 ZPO auf Parteifunktionäre scheidet aus (*OVG Bln* OVGE BE 20, 216). Früheren Mitarbeitern des Ministeriums für Staatssicherheit bzw des Amtes für Nationale Sicherheit steht ein Aussageverweigerungsrecht nach dem Beschluss des ehemaligen Ministerrats der DDR vom 16.5.1990 ebenfalls nicht zu (vgl *KG* NStZ 1993, 450). Für die Zeugnisverweigerungsrechte der StPO wird ebenfalls eine Analogiefähigkeit für andere als die dort genannten Berufsgruppen verneint (*Kleinknecht/Meyer-Goßner* StPO § 53 Rz 2).

36 Eine andere Frage ist es, ob ausnahmsweise aus übergeordneten Rechtssätzen Zeugnisverweigerungsrechte hergeleitet werden können (etwa aus Art 47 GG oder aus Art 2 Abs 1 GG [hierzu *BVerfGE* 38, 105]).

37 Selbstredend dürfen aus einer befugten Zeugnisverweigerung keinerlei nachteilige Schlüsse gezogen werden (vgl *BGH* NJW 1985, 392; *BGH* StrV 1987, 5 – jeweils für den Strafprozess).

38 Verweigert ein Zeuge die Aussage oder ein Sachverständiger die Gutachtenerstattung, obwohl eine Rechtspflicht, aber kein Zeugnis- bzw Gutachtenerstattungsverweigerungsrecht nach den genannten Vorschriften besteht, kann die Beh sich zur Vernehmung des Zeugen oder des Sachverständigen des zuständigen Sozial- oder Verwaltungsgerichts nach Maßgabe von § 22 bedienen. Eigene Zwangsmittel stehen der Beh nicht zu.

Die Behörden sind verpflichtet, Zeugen und Sachverständige auf ein ggf beste- **39** hendes Zeugnisverweigerungsrecht hinzuweisen (*Siefert* aaO § 21 Rz 26). Dies ist vor dem Hintergrund **grundrechtlicher Positionen** von Verfahrensbeteiligten, Zeugen und Sachverständigen (etwa Art 6 Abs 1 GG), aber auch im Hinblick auf das **Rechtsstaatsprinzip** (Art 20 Abs 3 GG) geboten. Sie kann sich auch nicht auf *BVerwG* NVwZ-RR 1995, 113 stützen, da es im dort entschiedenen Fall nur darum ging, ob ein Zeuge über die grundsätzliche Freiwilligkeit von Aussagen im Verwaltungsverfahren belehrt werden müsse. An speziellen Zeugnisverweigerungsrechten wie in § 21 Abs 3 Satz 3 fehlt es im dort einschlägig gewesenen § 26 Abs 3 VwVfG (anders als im förmlichen Verwaltungsverfahren nach § 65 Abs 1 VwVfG) aber gerade. Zudem entzieht sich eine Belehrungspflicht einer verallgemeinerungsfähigen Bestimmung bezgl des Inhalts, so dass dies vielmehr eine Frage des Einzelfalls darstellt. Für die vorliegende Vorschrift ist deshalb eine differenzierte Lösung angezeigt: Es besteht einerseits keine Pflicht der Beh, einen Zeugen oder Sachverständigen darüber zu informieren, dass Aussagen im Verwaltungsverfahren vorbehaltlich spezieller gesetzlicher Regelungen freiwillig sind. Andererseits hat die Beh die Zeugen oder Sachverständigen auf die ihnen ggf nach § 21 Abs 3 Satz 3 zustehenden (speziellen) Zeugnisverweigerungsrechte hinzuweisen.

2.7. Rechtsfolgen

Die Verletzung der Vorschriften der Abs 1-3 seitens der Beh hat die formelle **40** Rechtswidrigkeit eines auf dieser Grundlage ergangenen VA zur Folge (vgl *Vogelgesang* aaO § 21 Rz 19). Der VA ist nach Maßgabe von § 42 **anfechtbar**. Verwendung dürfen lediglich rechtmäßig erlangte Informationen finden (vgl *Vogelsang* in Hauck/Noftz SGB X § 21 Rz 4).

2.8. Auskunftspflicht der Finanzbehörden

Abs 4 normiert die Pflicht der Finanzbehörden, Auskunft über die ihnen be- **41** kannten Einkommens- oder Vermögensverhältnisse des Antragstellers, Leistungsempfängers, Erstattungspflichtigen, Unterhaltsverpflichteten, Unterhaltsberechtigten oder der zum Haushalt rechnenden Familienmitglieder zu erteilen, soweit dies im Verfahren nach diesem Gesetz erforderlich ist. Die Auskunftspflicht bezieht sich nur auf bereits bei den Finanzbehörden vorhandenes Wissen, verpflichtet sie also nicht, neue Ermittlungen anzustellen (vgl *Siefert* aaO § 29 Rz 15). Die ausdrückliche Normierung der Erforderlichkeit unterstreicht angesichts des Steuergeheimnisses die Notwendigkeit, dass die um Auskunft ersuchende Beh diese konkret darlegt (vgl *Vogelgesang* aaO § 21 Rz 8).

§ 22 Vernehmung durch das Sozial- oder Verwaltungsgericht

(1) [1]Verweigern Zeugen oder Sachverständige in den Fällen des § 21 Abs. 3 ohne Vorliegen eines der in den §§ 376, 383 bis 385 und 408 der Zivilprozessordnung bezeichneten Gründe die Aussage oder die Erstattung des Gutachtens, kann die Behörde je nach dem gegebenen Rechtsweg das für den Wohnsitz oder den Aufenthaltsort des Zeugen oder des Sachverständigen zuständige Sozial- oder Verwaltungsgericht um die Vernehmung ersuchen. [2]Befindet sich der Wohnsitz oder der Aufenthaltsort des Zeugen oder des Sachverständigen nicht am Sitz eines Sozial- oder Verwaltungsgerichts oder einer Zweigstelle eines Sozialgerichts oder einer besonders errichteten Kammer eines Verwaltungsge-

richts, kann auch das zuständige Amtsgericht um die Vernehmung ersucht werden. [3]In dem Ersuchen hat die Behörde den Gegenstand der Vernehmung darzulegen sowie die Namen und Anschriften der Beteiligten anzugeben. [4]Das Gericht hat die Beteiligten von den Beweisterminen zu benachrichtigen.

(2) Hält die Behörde mit Rücksicht auf die Bedeutung der Aussage eines Zeugen oder des Gutachtens eines Sachverständigen oder zur Herbeiführung einer wahrheitsgemäßen Aussage die Beeidigung für geboten, kann sie das nach Absatz 1 zuständige Gericht um die eidliche Vernehmung ersuchen.

(3) Das Gericht entscheidet über die Rechtsmäßigkeit einer Verweigerung des Zeugnisses, des Gutachtens oder der Eidesleistung.

(4) Ein Ersuchen nach Absatz 1 oder 2 an das Gericht darf nur von dem Behördenleiter, seinem allgemeinen Vertreter oder einem Angehörigen des öffentlichen Dienstes gestellt werden, der die Befähigung zum Richteramt hat oder die Voraussetzungen des § 110 Satz 1 des Deutschen Richtergesetzes erfüllt.

Literatur:

Behn: Der Sachverständigenbeweis im Sozialverwaltungsverfahren, BG 1990, 753.

1. Allgemeines

1 Die Vorschrift ergänzt (nahezu wortgleich mit § 65 Abs 2-5 VwVfG, der entsprechende Regelungen allerdings nur für das förmliche Verwaltungsverfahren vorsieht) die Regelung des § 21 Abs 3 über die Mitwirkung von Zeugen und Sachverständigen am Verwaltungsverfahren für den Fall, dass ein Zeuge oder ein Sachverständiger die Aussage bzw die Erstattung eines Gutachtens verweigert, obwohl er zur Aussage oder Gutachtenerstattung gesetzlich verpflichtet ist (dazu § 21 Rz 30 ff), ihm aber kein Zeugnisverweigerungsrecht nach §§ 376, 383-385, 408 ZPO zusteht. Die Regelung ist vor dem Hintergrund zu sehen, dass die Beh keine eigenen Mittel hat, die Aussage von Zeugen oder die Gutachtenerstattung durch Sachverständige zu erzwingen.

2. Regelungsgehalt

2.1. Behördliches Gesuch um gerichtliche Vernehmung

2 Liegt eine der in Rz 1 geschilderten Konstellationen vor, kann die Beh (s aber Abs 4, dazu Rz 10) gem Abs 1 je nach gegebenem Rechtsweg das für den Wohnsitz oder den Aufenthaltsort des Zeugen oder des Sachverständigen zuständige SG oder VG – schriftlich (*Hauck* in Hauck/Noftz SGB X § 22 Rz 7 a mwN) – um die Vernehmung ersuchen (die Beh kann auch den Partner als Zeugen vernehmen und das zuständige SG um die Vernehmung ersuchen [*LSG Bln-Bbg* Urt v 14.6.2007 – L 28 B 769/07 AS]). Ob die Beh so verfährt, liegt in ihrem **pflichtgemäßen Ermessen**. Das Ermessen ist auf Null reduziert, wenn die Zeugenaussage oder die Gutachtenerstattung unabweisbar iSv § 21 Abs 3 Satz 2 (dazu § 21 Rz 30 ff) ist. Darauf, ob eine gesetzliche Verpflichtung zur Aussage bzw zur Gutachtenerstattung objektiv vorliegt und ob es an einem Zeugnisverweigerungsrecht objektiv mangelt, kommt es für die Anwendbarkeit des Abs 1 nicht an. Die Entscheidung hierüber obliegt vielmehr gem Abs 3 dem zuständigen Gericht. Für die Anwendbarkeit des Abs 1 reicht es zunächst aus, dass die Beh die Rechtspflicht und das Fehlen eines Zeugnisverweigerungsrechts für gegeben hält (vgl *Siefert* in von Wulffen/Schütze SGB X § 22 Rz 3).

Die Beh hat zunächst alle ihr möglichen und zumutbaren Anstrengungen zur **3** Aufklärung des Sachverhalts zu unternehmen, bevor sie die Hilfe des Gerichts in Anspruch nimmt. Eine **Aussageverweigerung** iSv § 22 Abs 1 Satz 1 liegt erst vor, wenn der Zeuge oder Sachverständige einer an ihn gerichtete Aufforderung zu Aussage nicht Folge leistet. Der **Zeugnispflicht** kommt der Aufgeforderte jedoch erst dann nicht nach (dies entspricht dann einer Verweigerung), wenn der Zeuge oder Sachverständige vorher zur mündlichen Vernehmung in die Beh ordnungsgemäß geladen worden ist (vgl *LSG BW* Beschl v 8.4.2003 – L 6 SB 552/03 B; aA *HessLSG* Breith 2004, 986, wonach die Verpflichtung der Beh, einen Zeugen vor Anrufung des Gerichts zu einer mündlichen Vernehmung zu laden, dann ein formalistische Überspitzung an die Anforderungen des Vernehmungsersuchens darstellt, wenn aus dem bisherigen Verhalten des Zeugen zu erkennen ist, dass er die Aussage auch in Zukunft verweigert).

Die zuständige Fachgerichtsbarkeit ist danach zu bestimmen, welcher Rechts- **4** weg eröffnet wäre, würde der mit dem Verwaltungsverfahren intendierte VA bzw öffentlich-rechtliche Vertrag, in dem die Aussage oder das Gutachten verwendet werden soll, einer gerichtlichen Kontrolle unterworfen, letztlich also nach Maßgabe von § 40 VwGO bzw § 51 SGG (*Hauck* aaO § 22 Rz 6; *Weber* in BeckOK SGB X § 22 Rz 3; zu Bsp vgl *Siefert* aaO § 22 Rz 6).

Die **örtliche Zuständigkeit** des Gerichts hängt von dem Wohnsitz bzw dem Auf- **5** enthaltsort des Zeugen bzw des Sachverständigen ab. Der **Wohnsitz** wird nach den §§ 7-11 BGB bestimmt. Der **Aufenthaltsort** ist dort, wo jemand gewöhnlich oder vorübergehend tatsächlich verweilt (*Hauck* aaO § 22 Rz 6). Befindet sich der Wohnsitz oder der Aufenthaltsort des Zeugen bzw des Sachverständigen nicht am Sitz eines SG oder VG oder einer Zweigstelle eines SG oder einer besonders errichteten Kammer eines VG, kann die Beh aus Kostengründen auch das zuständige AG um die Vernehmung ersuchen.

Die Beh hat dem Gericht in seinem Ersuchen den Gegenstand der Vernehmung **6** darzulegen und die Namen und Anschriften der Bet anzugeben, damit das Gericht diese von den Beweisterminen benachrichtigen kann. Eine förmliche Ladung der Bet findet indes nicht statt (vgl *Kopp/Ramsauer* VwVfG § 65 Rz 10). Die Bet haben nach Maßgabe des für das ersuchte Gericht geltenden Prozessrechts ein Recht, an der Vernehmung teilzunehmen und an die Zeugen und Sachverständigen Fragen zu richten (vgl § 397 ZPO und *Kopp/Ramsauer* aaO § 65 Rz 10). Insofern ist auch die Stellung der Bet beim Verfahren nach § 22 gegenüber der nur behördlichen Vernehmung nach § 21 Abs 3 gestärkt (vgl § 21 Rz 30 ff). Damit das Gericht die Vernehmung sachdienlich vornehmen kann, empfiehlt es sich, dass die Beh dem Gericht die einschlägigen Akten übersendet, zumindest aber so ausreichend informiert, dass es den beweiserheblichen Tatbestand aufzuklären in der Lage ist (vgl *Hauck* aaO § 22 Rz 7). Das Gericht hat die Bet (§ 12) von dem Beweistermin zu benachrichtigen. Näheres über die Zeugen- bzw Sachverständigenvernehmung durch das Gericht regeln § 180 VwGO bzw § 205 SGG; bei der ausnahmsweisen Vernehmung durch das AG gelten die §§ 373 ff ZPO.

Die Vernehmung von Zeugen oder Sachverständigen durch die Gerichte ist kei- **7** ne Amtshilfe, sondern **Rechtshilfe** (aA *LSG BW* Beschl v 8.4.2003 – L 6 SB 552/03 B), weil die gewährte Hilfeleistung in einer dem Richter vorbehaltenen

Handlung besteht. Daher besteht keine Pflicht der Beh, dem Gericht Gebühren zu zahlen oder Auslagen zu erstatten (*ThürLSG* Breith 1999, 657; *Hauck* aaO § 22 Rz 9).

2.2. Gesuch um eidliche Vernehmung

8   Nach Abs 2 kann die Beh (s Abs 4, dazu Rz 10) nach eigenem Ermessen (vgl *Kopp/Ramsauer* aaO § 65 Rz 11) das nach Abs 1 zuständige Gericht schriftlich um die eidliche Vernehmung eines Zeugen oder Sachverständigen ersuchen, wenn sie dies mit Rücksicht auf die Bedeutung der Aussage eines Zeugen oder des Gutachtens oder zur Herbeiführung einer wahrheitsgemäßen Aussage für geboten hält. Ein entsprechendes Gesuch der Beh ist also Voraussetzung für die eidliche Vernehmung. Insofern bleibt die Beh Herrin über das Verfahren (vgl *Seifert* aaO § 22 Rz 13). An dieses Gesuch ist das Gericht grundsätzlich gebunden, worin keine Verletzung der Gewaltenteilung liegt, sofern das Gericht zumindest prüfen darf, ob die rechtlichen Voraussetzungen für die Beeidigung vorliegen (vgl *BVerfGE* 7, 183). Entsprechend wird man eine Ausnahme von der Bindung des Gerichts an das behördliche Gesuch für den Fall machen müssen, dass das Gericht die eidliche Vernehmung für rechtswidrig hält (etwa nach § 98 VwGO iVm § 393 ZPO bzw § 118 SGG iVm § 393 ZPO). Die strafrechtlichen Konsequenzen einer vorsätzlichen oder fahrlässigen eidlichen Falschaussage des Zeugen bzw Sachverständigen ergeben sich nach Maßgabe insb von §§ 154, 163 StGB.

3.   Beschränkte Entscheidungskompetenz des Gerichts

9   Das ersuchte Gericht ist grds an das Vernehmungsersuchen der Beh gebunden (*Hauck* aaO § 22 Rz 1). Dies gilt nur dann nicht, wenn der Beh Ermessensfehler bei der Wahl der Mittel unterlaufen (*HessLSG* Breith 2004, 986). Jedoch entscheidet das Gericht gem Abs 3 über die Rechtmäßigkeit einer Verweigerung des Zeugnisses, des Gutachtens oder der Eidesleistung (vgl Rz 7) nach Maßgabe der allg in Abs 1 genannten Vorschriften. Gegen entsprechende Beschlüsse sind die **üblichen Rechtsbehelfe** der VwGO (§§ 146 ff) bzw des SGG (§§ 172 ff) statthaft. Ist das ersuchte Gericht ausnahmsweise ein AG, gilt insofern § 387 ZPO. Hält es die Verweigerung eines Zeugnisses, des Gutachtens oder der Eidesleistung für rechtswidrig, kann das Gericht – nicht die Beh – die **Zwangsmittel** der ZPO (§§ 380, 390, 409, 411 ZPO) anwenden (vgl *BayLSG* Beschl v 14.1.2012 – L 2 SF 295/11 B, Rz 12, juris). Ein Zeuge kann durch das Gericht nicht verpflichtet werden, schriftliche Auskunft zu geben. Vor der Verhängung von Ordnungsmitteln gegenüber dem schriftlich angehörten Zeugen ist dieser vorzuladen und zu vernehmen (vgl *HessLSG* Beschl v 14.12.2010 – L 4 SF 11/10 B, BeckRS 2011, 65250).

4.   Personelle Beschränkung der behördlichen Ersuchungsbefugnis

10   Durch Abs 4 wird bestimmt, dass ein Ersuchen iSd Abs 1 und 2 nur von dem Behördenleiter, seinem allgemeinen Vertreter oder einem Angehörigen des öffentlichen Dienstes, der die Befähigung zum Richteramt hat (vgl § 5 DRiG) oder die Voraussetzungen des § 110 Satz 1 DRiG erfüllt, gestellt werden darf. Damit soll eine missbräuchliche Handhabung der den Beh durch Abs 1 und 2 eingeräumten Befugnisse verhindert werden (*Weber* aaO § 22 Rz 13).

§ 23 Glaubhaftmachung, Versicherung an Eides statt

(1) [1]Sieht eine Rechtsvorschrift vor, dass für die Feststellung der erheblichen Tatsachen deren Glaubhaftmachung genügt, kann auch die Versicherung an Eides statt zugelassen werden. [2]Eine Tatsache ist dann als glaubhaft anzusehen, wenn ihr Vorliegen nach dem Ergebnis der Ermittlungen, die sich auf sämtliche erreichbaren Beweismittel erstrecken sollen, überwiegend wahrscheinlich ist.

(2) [1]Die Behörde darf bei der Ermittlung des Sachverhalts eine Versicherung an Eides statt nur verlangen und abnehmen, wenn die Abnahme der Versicherung über den betreffenden Gegenstand und in dem betreffenden Verfahren durch Gesetz oder Rechtsverordnung vorgesehen und die Behörde durch Rechtsvorschrift für zuständig erklärt worden ist. [2]Eine Versicherung an Eides statt soll nur gefordert werden, wenn andere Mittel zur Erforschung der Wahrheit nicht vorhanden sind, zu keinem Ergebnis geführt haben oder einen unverhältnismäßigen Aufwand erfordern. [3]Von eidesunfähigen Personen im Sinne des § 393 der Zivilprozessordnung darf eine eidesstaatliche Versicherung nicht verlangt werden.

(3) [1]Wird die Versicherung an Eides statt von einer Behörde zur Niederschrift aufgenommen, sind zur Aufnahme nur der Behördenleiter, sein allgemeiner Vertreter sowie Angehörige des öffentlichen Dienstes befugt, welche die Befähigung zum Richteramt haben oder die Voraussetzungen des § 110 Satz 1 des Deutschen Richtergesetzes erfüllen. [2]Andere Angehörige des öffentlichen Dienstes kann der Behördenleiter oder sein allgemeiner Vertreter hierzu allgemein oder im Einzelfall schriftlich ermächtigen.

(4) [1]Die Versicherung besteht darin, dass der Versichernde die Richtigkeit seiner Erklärung über den betreffenden Gegenstand bestätigt und erklärt: „Ich versichere an Eides statt, dass ich nach bestem Wissen die reine Wahrheit gesagt und nichts verschwiegen habe." [2]Bevollmächtigte und Beistände sind berechtigt, an der Aufnahme der Versicherung an Eides statt teilzunehmen.

(5) [1]Vor der Aufnahme der Versicherung an Eides statt ist der Versichernde über die Bedeutung der eidesstattlichen Versicherung und die strafrechtlichen Folgen einer unrichtigen oder unvollständigen eidesstattlichen Versicherung zu belehren. [2]Die Belehrung ist in der Niederschrift zu vermerken.

(6) [1]Die Niederschrift hat ferner die Namen der anwesenden Personen sowie den Ort und den Tag der Niederschrift zu enthalten. [2]Die Niederschrift ist demjenigen, der die eidesstattliche Versicherung abgibt, zur Genehmigung vorzulesen oder auf Verlangen zur Durchsicht vorzulegen. [3]Die erteilte Genehmigung ist zu vermerken und von dem Versichernden zu unterschreiben. [4]Die Niederschrift ist sodann von demjenigen, der die Versicherung an Eides statt aufgenommen hat, sowie von dem Schriftführer zu unterschreiben.

Literatur:

Berndt: Die Einbeziehung der Selbständigen in die gesetzliche Rentenversicherung, DStR 2001, 1256; *Kunze*: Zur Erforderlichkeit von Zeugenvernehmungen in Fremdrentensachen, DRV 1998, 331; *Kutsch*: Form der Abgabe eidesstattlicher Versicherungen in Fällen des § 5 StVG, NZV 2006, 237.

1. Allgemeines

1 Die Vorschrift regelt die Voraussetzungen und das Verfahren für eine **Versicherung an Eides statt**, ohne jedoch selbst zur Abnahme von eidesstattlichen Versicherungen durch Beh zu ermächtigen (vgl Rz 2 ff). Eine eidesstattliche Versicherung soll der **Glaubhaftmachung** einer Tatsache dienen, für die ein Beweis nicht erbracht werden kann. Nach Abs 1 Satz 2 ist eine Tatsache dann als glaubhaft anzusehen, wenn ihr Vorliegen nach dem Ergebnis der Ermittlungen, die sich auf sämtliche erreichbare Beweismittel erstrecken soll, überwiegend wahrscheinlich ist, wobei Zweifel durchaus bestehen können, wenn mehr dafür als dagegen spricht, dass sich der Vorgang wie behauptet zugetragen hat (*LSG Bln-Bbg* Urt v 27.2.2009 – L 4 R 1519/07). Durch die Möglichkeit, die Glaubhaftmachung mittels einer eidesstattlichen Versicherung zu erreichen, werden insofern die Anforderungen an die Beweisführung gesenkt. Entsprechend ist das Instrument der eidesstattlichen Versicherung nicht generell zulässig. Die Zulässigkeit bedarf vielmehr einer ausdrücklichen Anordnung durch Rechtsvorschrift. Sinn und Zweck einer eidesstattlichen Versicherung ist es, den die Erklärung Abgebenden zu verdeutlichen, dass er mit strafrechtlichen Folgen rechnen muss, wenn er inhaltlich falsche Angaben in seiner Versicherung macht (vgl als normative Grundlage hierfür § 156 StGB). § 23 ist in seinen Abs 2 bis 6 identisch mit § 27 VwVfG.

2. Regelungsgehalt

2.1. Voraussetzungen

2 § 23 begründet nicht selbst eine allg Zulässigkeit der Abnahme von Versicherungen an Eides statt durch Beh, sondern setzt eine durch andere Rechtsvorschriften normierte Zulässigkeit voraus, und regelt auf dieser Grundlage ergänzend Fragen der Zulässigkeit und der Durchführung einer eidesstattlichen Versicherung.

3 Voraussetzung für die Zulässigkeit der Abnahme einer eidesstattlichen Versicherung ist also zunächst, dass der **Gegenstand** der Beweisaufnahme insofern eine **Tatsache** ist, für deren Feststellung aufgrund einer Rechtsvorschrift die Glaubhaftmachung genügt. Bsp: § 27 Abs 2 Satz 2, § 4 FRG, §§ 286 a, 286 h SGB VI.

4 **Glaubhaftmachung** bedeutet, dass eine Tatsache vorgetragen wird, wobei durchaus gewisse Zweifel – auch durchaus „vernünftige" (*LSG Bln* Urt v 29.4.2003 – L 12 RA 19/01) – an der Richtigkeit des Vortrags bestehen bleiben können (vgl *BSGE 45*, 9 ff; so auch zuletzt *OVG NRW* Beschl v 21.5.2013 – 12 A 1690/12, Rz 5, juris). Es muss nicht absolut mehr für als gegen die glaubhaft zu machende Tatsache sprechen. Die gute Möglichkeit ist ausreichend, dh es spricht mehr für die vorgetragene Möglichkeit gegenüber übrigen ernsthaft in Betracht zu ziehenden Sachverhaltsmöglichkeiten (vgl hierzu ausführlich *BSG* NJOZ 2002, 160; *SächsLSG* Urt v 16.2.2016 – L 5 RS 585/15, BeckRS 2016, 66504; *SächsLSG* Urt v 19.1.2016 – 5 RS 170/15, BeckRS 2016, 66128). Eine an Gewissheit grenzende Wahrscheinlichkeit iSd § 128 Abs 1 Satz 1 SGG ist zwar nicht erforderlich, das Vorhandensein der bloßen Möglichkeit einer Tatsache reicht jedoch nicht aus (vgl *BSG* Beschl v 8.8.2001 – B 9 V 23/01 B, Rz 5, juris; so auch zuletzt *LSG LSA* Urt v 10.10.2013 – L 1 RS 42/12, Rz 22, juris; *SächsLSG* Urt v 16.2.2016 – L 5 RS 585/15, BeckRS 2016, 66504; *SächsLSG* Urt v 19.1.2016 – 5 RS 170/15, BeckRS 2016, 66128).

Ferner ist erforderlich, dass eine Rechtsvorschrift (G oder Rechtsverordnung, nach dem klaren Wortlaut jedoch nicht Satzung oder allg Verwaltungsvorschrift) die Abnahme einer solchen Versicherung über den betreffenden Gegenstand vorsieht (bestätigend *LSG Saarl* Urt v 11.11.2004 – L 1 RA 4/03, für die Anerkennung einer Beschäftigungszeit iRd § 286 Abs 5 SGB VI) und auch die handelnde Beh für zuständig erklärt. **5**

Ergänzend ist aber auch das durch Abs 2 Satz 2 konkretisierte, allg dem **Rechtsstaatsprinzip** (Art 20 Abs 3 GG) bzw den Grundrechten zu entnehmende **Verhältnismäßigkeitsprinzip** bzw (so *Kopp/Ramsauer* VwVfG § 27 Rz 8) der „**Grundsatz der Subsidiarität**" zu beachten: Eine eidesstattliche Versicherung darf danach nur gefordert werden, wenn andere Mittel zur Erforschung der Wahrheit nicht vorhanden sind, zu keinem Ergebnis geführt haben oder einen unverhältnismäßigen Aufwand erfordern. Indes soll die Verletzung des Subsidiaritätsgrundsatzes keine Auswirkung auf die Wirksamkeit der abgegebenen Versicherung und ihre mögliche strafrechtliche Relevanz haben (so *Kopp/Ramsauer* aaO § 27 Rz 8). **6**

2.2. Rechtsfolgen

Liegen diese Voraussetzungen vor, liegt es im **Ermessen** der Beh („darf"), ob sie eine eidesstattliche Versicherung verlangt und abnimmt. Sie kann die Abgabe einer solchen Versicherung allerdings nicht erzwingen (*Hauck* in Hauck/Noftz SGB X § 23 Rz 6 mwN). **7**

Das Verlangen der Beh kann sich grds gegen **Jedermann** richten, der zum Gegenstand der Beweisaufnahme einen Beitrag leisten kann, also an Beteiligte ebenso wie an Zeugen und Sachverständige. **8**

Eine eidesstattliche Versicherung darf gemäß Abs 2 Satz 3 nicht von eidesunfähigen Personen iSv § 393 ZPO verlangt werden. Nach dieser Vorschrift sind Personen **eidesunfähig**, die zZt der Vernehmung das 16. Lebensjahr noch nicht vollendet oder wegen mangelnder Verstandesreife oder wegen Verstandesschwäche von dem Wesen und der Bedeutung des Eides keine genügende Vorstellung haben. Eine dennoch von solchen Personen abgenommene eidesstattliche Versicherung kann nur als **einfache Aussage** verwertet werden (vgl *Kopp/Ramsauer* aaO § 27 Rz 9). **9**

3. Zur Unterscheidung von Abnahme und Aufnahme

Allg wird unterschieden zwischen der **Abnahme** einer eidesstattlichen Versicherung und ihrer **Aufnahme** durch eine Beh (vgl *OLG Düsseldorf* NVwZ-RR 1991, 281; *Hauck* aaO § 23 Rz 1; *Kopp/Ramsauer* aaO § 27 Rz 2; *Siefert* in von Wulffen/Schütze SGB X § 23 Rz 3). Im ersten Fall nimmt die Beh die Versicherung nur entgegen (*Kopp/Ramsauer* aaO § 27 Rz 6), im zweiten Fall wird sie von einer Beh zur Niederschrift aufgenommen (*Kopp/Ramsauer* aaO § 27 Rz 10). Während die in Abs 1 und 2 normierten Voraussetzungen in beiden Varianten gelten, sollen die Verfahrens- und Formvorschriften nach den Abs 3 bis 6 nur in der zweiten Konstellation greifen. Für diese differenzierende Sichtweise spricht in der Tat die Begrifflichkeit des § 23, der zwischen Abnahme und Aufnahme unterscheidet. **10**

Fraglich ist, ob die Beh eine besondere Form der eidesstattlichen Versicherung verlangen darf. Insbesondere ist hierbei von Interesse, ob die eidesstattliche Versicherung vor der die Versicherung verlangende Beh abzugeben ist. Der § 23 enthält diesbezüglich keine Ermächtigungsgrundlage. § 23 Abs 1 und 2 regeln **11** insoweit nur die **Voraussetzungen** der Abnahme einer eidesstattlichen Versicherung. § 23 Abs 3-6 enthalten die maßgeblichen **Modalitäten** einer Aufnahme einer eidesstattlichen Versicherung. Jedoch impliziert bereits der Wortlaut des § 23 Abs 3 Satz 1 („Wird die eidesstattliche Versicherung von einer Beh aufgenommen …"), dass die Abgabe dieser Erklärung ggü der Beh nicht die einzige vom Gesetzgeber gesehene Möglichkeit darstellt. Dies entspricht insoweit auch der der gesetzgeberischen Intention bei der Regelung der eidesstattlichen Versicherung im allg Verwaltungsverfahrensrecht (vgl *Kopp/Ramsauer* aaO § 27 Rz 11), der § 23 Abs 2-6 entsprechen. Somit kann der Versichernde den Text selbst abfassen oder aber von einer anderen Person abfassen lassen. Dies bedeutet, dass iVm § 22 BNotO die eidesstattliche Versicherung auch durch einen Notar aufgenommen werden kann. Die Beh hat – aufgrund des hier aufgezeigten fehlenden Einflusses – auf die Art der Aufnahme der eidesstattlichen Versicherung jede Vorlage des Erklärenden zu akzeptieren, soweit diese Erklärung den textlichen Mindestanforderungen entspricht (vgl hierzu Rz 14). Die vom Versichernden eigenhändig unterschriebene Erklärung kann er dann persönlich der Beh vorlegen, durch einen Vertreter vorlegen lassen oder durch die Post oder einen Boten an die Beh senden (*Kopp/Ramsauer* aaO § 27 Rz 11). Ob mit der Möglichkeit gleichsam außerbehördlich verfasster eidesstattlicher Versicherungen und insofern dem Verzicht auf die Form- und Verfahrensanforderungen der Abs 3 bis 6 allerdings die mit der Abgabe einer solchen Versicherung verbundene besondere Tragweite und die strafrechtliche Relevanz ausreichend zum Ausdruck kommt, unterliegt erheblichen Zweifeln. Es ist jedoch durchaus widersprüchlich, wenn auf Seiten der Beh nur ein bestimmter, idR besonders qualifizierter Personenkreis zur Aufnahme von eidesstattlichen Versicherungen befugt ist (vgl Rz 10), außerhalb des behördlichen Kontextes aber Jedermann zur wirksamen Abfassung einer solchen Versicherung in der Lage sein soll. Zum Ganzen vertiefend *Kutsch* NZV 2006, 237.

12 Die Versicherung an Eides statt muss **schriftlich** erfolgen. **Weitere Formvorschriften** enthalten Abs 5 Satz 2 (vgl Rz 15) und Abs 6 (vgl Rz 17).

4. Personelle Zuständigkeit (Abs 3)

13 Abs 3 benennt die Personen, die zur Abnahme einer Versicherung an Eides statt befugt sind, wenn diese von einer Beh zur Niederschrift aufgenommen wird. Nimmt ein Unbefugter die eidesstattliche Versicherung ab, ist sie **unwirksam** (vgl *Siefert* aaO § 23 Rz 11; *Kopp/Ramsauer* aaO § 27 Rn 13). Befugt idS sind der Leiter der handelnden Beh, sein allg Vertreter sowie Angehörige des öffentlichen Dienstes, wenn sie die Befähigung zum Richteramt haben (vgl § 5 DRiG) oder die Voraussetzungen des § 110 Satz 1 DRiG erfüllen, ferner Angehörige des öffentlichen Dienstes, wenn sie durch den Leiter oder seinen allg Vertreter generell oder im Einzelfall hierzu schriftlich ermächtigt sind. Die personelle Befugnisbeschränkung dient nicht nur der Dokumentation der Bedeutung einer eidesstattlichen Versicherung (vgl *Siefert* aaO § 23 Rz 11), sondern soll auch eine sachgerechte und ordnungsgemäße Durchführung sicherstellen.

5. Inhalt der Versicherung (Abs 4)

14 Abs 4 bestimmt zunächst, dass derjenige, der die Versicherung an Eides statt abgeben soll, die Richtigkeit seiner Erklärung über den betreffenden Gegenstand zu bestätigen hat, und enthält den **Wortlaut** der Formel, den der Betroffene anschließend zu sprechen hat. Die Wiedergabe des genauen Wortlauts ist nicht Wirksamkeitsvoraussetzung, solange durch die Formulierung die Tatsache und die besondere Tragweite einer eidesstattlichen Versicherung dem Betroffenen vermittelt wird (vgl *Ritgen* in Knack/Henneke VwVfG § 27 Rz 9; aA *Mutschler* in KassKomm SGB X § 23 Rz 6 b; *Siefert* aaO § 23 Rz 13; zurückhaltender gegenüber der Möglichkeit einer Abweichung vom Wortlaut *Kopp/ Ramsauer* aaO § 27 Rz 15). Nach Abs 4 Satz 2 sind Bevollmächtigte und Beistände (vgl § 13) – gemeint ist: des Versichernden (vgl *Kopp/Ramsauer* aaO § 27 Rz 14 mwN auch zur Gegenansicht) – berechtigt, bei der Aufnahme der Versicherung an Eides statt anwesend zu sein.

6. Belehrung (Abs 5)

Abs 5 normiert eine Pflicht der Beh, denjenigen, von dem sie die Versicherung an Eides statt aufnehmen will, vorher über die Bedeutung dieser Versicherung und die strafrechtlichen Folgen einer unrichtigen oder unvollständigen eidesstattlichen Versicherung zu **belehren**. Namentlich ist der Betroffene also auf die Strafbarkeit einer vorsätzlichen falschen Versicherung an Eides statt gemäß § 156 StGB und einer fahrlässigen falschen Versicherung an Eides statt nach § 163 StGB hinzuweisen. Die Belehrung ist in der **Niederschrift** zu vermerken. Unterbleibt eine ausreichende Belehrung, so ist die Versicherung an Eides statt **unwirksam** (*Siefert* aaO § 23 Rz 15; vgl auch *Kopp/Ramsauer* aaO § 27 Rz l8 a).   **15**

Hieraus ergibt sich, dass § 23 Abs 5 nur auf die Fälle des § 23 Abs 2 anwendbar ist, in denen die Versicherung zur Niederschrift in der Beh aufgenommen wird (vgl *OLG Düsseldorf* NVwZ-RR 1991, 281 zu § 27 Abs 4 NRWVwVfG). Eine entsprechende Anwendung der Belehrungsvorschrift § 23 Abs 5 für den Fall der Abgabe einer eidesstattlichen Versicherung iSd § 23 Abs 1 ist insoweit jedoch wünschenswert und zweckmäßig (*OLG Düsseldorf* NVwZ-RR 1991, 281; *Kopp/Ramsauer* aaO § 27 Rz 3).   **16**

7. Formvorschriften (Abs 6)

Nach Abs 6 muss die **Niederschrift** der Versicherung an Eides statt neben der Belehrung (vgl Rz 15) auch die Namen der anwesenden Personen sowie den Ort und den Tag der Niederschrift enthalten. Die vollständige Niederschrift ist der Person, die die Versicherung an Eides statt abgibt, zur Genehmigung vorzulesen oder ihr auf Verlangen zur Durchsicht vorzulegen. Erteilt derjenige die Genehmigung, ist dies in der Niederschrift zu vermerken und diese von dem Versichernden zu unterschreiben. Wird die Genehmigung nicht erteilt, ist auch dies zu vermerken (vgl *Kopp/Ramsauer* aaO § 27 Rz 19). In beiden Fällen haben schließlich derjenige, der die eidesstattliche Versicherung aufgenommen hat, sowie der Schriftführer die Niederschrift zu unterzeichnen.   **17**

§ 24 Anhörung Beteiligter

(1) Bevor ein Verwaltungsakt erlassen wird, der in Rechte eines Beteiligten eingreift, ist diesem Gelegenheit zu geben, sich zu den für die Entscheidung erheblichen Tatsachen zu äußern.

(2) Von der Anhörung kann abgesehen werden, wenn

1. eine sofortige Entscheidung wegen Gefahr im Verzug oder im öffentlichen Interesse notwendig erscheint,

2. durch die Anhörung die Einhaltung einer für die Entscheidung maßgeblichen Frist in Frage gestellt würde,

3. von den tatsächlichen Angaben eines Beteiligten, die dieser in einem Antrag oder einer Erklärung gemacht hat, nicht zu seinen Ungunsten abgewichen werden soll,
4. Allgemeinverfügungen oder gleichartige Verwaltungsakte in größerer Zahl erlassen werden sollen,
5. einkommensabhängige Leistungen den geänderten Verhältnissen angepasst werden sollen,
6. Maßnahmen in der Verwaltungsvollstreckung getroffen werden sollen oder
7. gegen Ansprüche oder mit Ansprüchen von weniger als 70 Euro aufgerechnet oder verrechnet werden soll; Nummer 5 bleibt unberührt.

Literatur:

Bartels: Die Anhörung Beteiligter im Verwaltungsverfahren: dargestellt anhand von § 24 SGB X, Berlin 1985; *Blüggel*: Die fehlerhafte Anhörung im sozialgerichtlichen Verwaltungsverfahren und Möglichkeiten ihrer Heilung, SGb 2001, 294; *Bonnermann*: Anmerkungen zum Verwaltungsverfahren nach dem SGB X, SGb 2001, 543; *Bonnermann*: Die Anhörung nach § 24 SGB X, BG 1991, 29; *Dörr*: Unterlassung der Anhörung bei Massenverwaltungsakten, SGb 1992, 263; *Felix*: Die Relativierung von Verfahrensrechten im Sozialverwaltungsverfahren – Kritische Bemerkungen zur Neufassung der §§ 41 und 42 SGB X, NZS 2001, 341; *Grosser*: Das Dilemma der Rechtsverbindlichkeit mündlich tatsächlich erfolgter Zusicherungen im Verwaltungsverfahren, SGb 1994, 610; *Kainz*: Die Bestandskraft von Sozialverwaltungsakten - Auswirkungen von Fehlern im Verwaltungsverfahren und Aufhebung von Verwaltungsakten, NZS 2015, 767; *Pitschas*: Das soziale Verwaltungsverfahren im „aktivierenden" Sozialstaat, Festschrift 50 Jahre BSG, 765; *Schar*: Die Anhörung gemäß § 24 SGB X im sozialrechtlichen Verwaltungsverfahren, DAngVers 1996, 175.

1. Allgemeines

1 Die Vorschrift regelt die Anhörung Bet im Verwaltungsverfahren, indem sie den Bet grundsätzlich einen **Anspruch auf Anhörung** (zum wirksamen Verzicht vgl *BSGE* 70, 133, 136; *BSG* SozR 1200 § 34 Nr 4 Nr 19; *BSGE* 53, 167; *BSG* Urt v 1.12.1982 – 4 RJ 45/82; *BSGE* 55, 160, 163; *BSG* SozR 1300 § 45 Nr 12; *BSG* Urt v 29.11.2007 – B 13 R 48/06 R) gewährt und damit Vorgaben des **Rechtsstaatsprinzips** (Art 20 Abs 3 GG) konkretisiert (vgl auch *BSGE* 44, 207). Art 103 Abs 1 GG kann insofern nicht zur verfassungsrechtlichen Fundierung des Anhörungsrechts herangezogen werden, da sich der dort grundrechtsgleich verbürgte Anspruch auf rechtliches Gehör nur auf ein gerichtliches, nicht aber ein behördliches Verfahren bezieht (vgl *BVerfGE* 101, 397, 404; *BSG* SozR 3-1300 § 24 Nr 22; *BSG* Urt v 6.2.2008 – B 6 KA 9/07 B; *Kopp/ Ramsauer* VwVfG § 28 Rz 3a mwN; aA *SächsLSG* Urt v 24.10.2002 – L 3 AL 103/02). Das durch das Rechtsstaatsgebot gleichwohl verfassungsrechtlich verbürgte **Anhörungsrecht** (vgl *Vogelgesang* in Hauck/Noftz SGB X § 24 Rz 1 mwN; zur grundrechtlichen Bedeutung des Verwaltungsverfahrensrechts *BVerfGE* 53, 30 mwN; zur gemeinschaftsrechtlichen Geltung *EuGH* DVBl 1987, 230) wird freilich durch die Neuregelung des § 41 Abs 2 in seiner Durchsetzungskraft abgeschwächt, wenn eine Anhörung nach dieser Vorschrift bis zur letzten gerichtlichen Tatsacheninstanz zum Zwecke der Heilung (zum irreführenden Terminus „Heilung" vgl *BSG* SozR 3-1300 § 24 Nr 22) eines entsprechenden Verfahrensfehlers nachgeholt werden kann (kritisch auch *Siefert* in

von Wulffen/Schütze SGB X § 24 Rz 40; *Kopp/Ramsauer* aaO § 28 Rz 80; eingehend Komm zu § 41 Rz 14 f; zur Bewertung einer Heilung durch nachträgliche Anhörung als unzulässig, wenn der Leistungsträger den Verfahrensfehler rechtsmissbräuchlich, vorsätzlich oder durch Organisationsverschulden begangen hat, vgl *BSG* Urt v 31.10.2002 – B 4 RA 15/01 R, bejahend und *BSG* Urt v 5.2.2008 – B 2 U 6/07 R, verneinend). **Zweck** des Anhörungsanspruches ist es, den Bürger vor Überraschungsentscheidungen zu bewahren und sein Vertrauen in die unparteiliche sowie ergebnisoffene und sorgfältige Verfahrensleitung der Verwaltung zu stärken (*BSG* SozR 3-1300 § 24 SGB X Nr 21; *BSG* SozR 3-4100 § 139 a AFG Nr 1; ähnlich: *BSGE* 44, 207; vgl auch *BSG* SozR SGB X 3-1300 § 24 Nr 22; *LSG BW* Urt v 26.3.2015 – L 7 AS 4295/13, juris Rz 24). Die Vorschrift dient sowohl der Wahrung der Rechte und Belange des Betroffenen, als auch der Vermeidung von Fehlern der Verwaltung bei der Tatsachenermittlung (so: *BSG* SozR 3-1300 § 24 SGB X Nr 15). Der Bet soll durch die Anhörung Kenntnis von den für einen geplanten Bescheid rechtserheblichen Tatsachen als auch die Äußerungsmöglichkeit hierzu erhalten (*BSG* NZS 2004, 555), um durch sein Vorbringen zum Sachverhalt die Entscheidung der Beh zu beeinflussen (*BSGE* 69, 247). Zur Abgrenzung von VA und Anhörung (vgl *BayLSG* Urt v 17.3.2006 – L 7 AS 41/05).

Folge der zwingenden Anhörungspflicht gem § 24 ist, dass die **Jahresfrist** des § 45 Abs 4 S 2 erst nach erfolgter Anhörung des Bet beginnt (*BSG* SozR 3-1300 § 45 Nr 42 mwN). Beginn der Jahresfrist ist somit der Zeitpunkt der Äußerung des Bet auf das Anhörungsschreiben. Das Abstellen auf das grundsätzliche Anhörungsverfahren darf jedoch nicht dazu führen, dass die Behörde durch verzögernde Anhörung den Beginn der Jahresfrist hinausschieben kann (*SchlHLSG* Urt v 19.11.2013 – L 7 R 3/11).   **2**

Zur **Rechtswidrigkeit** einer verwaltungsinternen Geschäftsanweisung, die die Anhörung nach § 24 bis zu einem etwaigen Widerspruchsverfahren ausschließt und damit gegen die Bindung an Recht und Gesetz (Art 20 Abs 3 GG) sowie § 31 SGB I verstößt vgl *SG Mannheim* Urt v 4.2.2004 – S 9 AL 21130/03).   **3**

Abs 1 ist identisch mit § 28 Abs 1 VwVfG, während die Ausnahmeregelungen des Abs 2 im Vergleich zu § 28 Abs 2 VwVfG um Spezifika des sozialrechtlichen Verwaltungsverfahrens ergänzt wurden (insbesondere Nr 5 und 7), die Generalklausel des § 28 Abs 3 VwVfG aber nicht übernommen wurde.   **4**

2. Regelungsgehalt im Einzelnen

2.1. Grundsätzlicher Anspruch auf Anhörung

Nach Abs 1 hat jeder Bet einen Anspruch darauf, vor Erlass eines VA, der in seine Rechte eingreift, gehört zu werden. Der Anhörungsanspruch besteht unabhängig davon, ob im vorbereitenden Verfahren eine Anhörung nach § 21 Abs 1 Satz 2 Nr 2 durchgeführt worden ist (vgl *BSG* SozR 3-1300 § 24 SGB X Nr 18). Die Beteiligteneigenschaft bestimmt sich nach § 12. Statt eines sozialrechtlich nicht handlungsfähigen Bet ist sein gesetzlicher Vertreter anzuhören – § 36 Abs 1 Satz 1 SGB I iVm § 11 Abs 1 Nr 2 findet keine Anwendung bei Verwaltungsverfahren, welche nicht auf die Gewährung von Sozialleistungen gerichtet sind, sondern auf die Aufhebung von Verwaltungsakten und Erstattung von Sozialleistungen (*BSG* Urt v 7.7.2011 – B 14 AS 153/10 R, BSGE 108, 289). Die Anhörungspflicht besteht auch bei Vorbehaltsbescheiden, vgl *BSG* Urt v 19.9.2000 – B 9 SB 1/00 R (bestätigt durch *BSG* Urt v 23.1.2008 – B 10 LW 1/07 R).   **5**

6 Die Pflicht der Beh zur Anhörung betrifft nur ein Verwaltungsverfahren, das auf den **Erlass eines VA** gerichtet ist. Intendiert das Verwaltungsverfahren hingegen den Abschluss eines öffentlich-rechtlichen Vertrages, ist § 24 nicht anwendbar. Insofern ist eine Anhörung nicht erforderlich, da der Bürger beim Abschluss eines Vertrages ohnehin auf gleicher Ebene mit der Beh verhandeln kann (so auch *Siefert* aaO § 24 Rz 3).

7 Grds gilt § 24 auch im Widerspruchsverfahren (*BSG* SozR 3-1300 § 24 SGB X Nr 21). Allerdings ist eine erneute Anhörung nur dann geboten, wenn der Betroffene ansonsten an einer sachgerechten Rechtsverteidigung gehindert ist (*BSG* SozR 3-1300 § 24 SGB X Nr 21). Dies soll indes nicht bereits dann der Fall sein, wenn die zu Grunde gelegten Tatsachen im Ausgangs- und im Widerspruchsbescheid nicht voll und ganz identisch sind (so *BSG* SozR 3-1300 § 24 SGB X Nr 21). Eine nochmalige Anhörung sei vielmehr nur unter bestimmten Voraussetzungen erforderlich (*BSG* SozR 3-1300 § 24 SGB X Nr 21). Diese Voraussetzungen liegen zum einen dann vor, wenn die Verwaltung aufgrund des Vorbringens des Bet oder aus anderen Gründen neu ermittelt und sie sich infolge der durchgeführten Ermittlungen auf neue erhebliche Tatsachen stützen will oder wenn zum anderen die Widerspruchsbehörde ihrer Entscheidung einen anderen Sachverhalt zu Grunde legen will als die Ausgangsbehörde oder wenn schließlich die Beh die beabsichtigte Maßnahme in dem eingreifenden VA gegenüber dem bisher geplanten und angekündigten Inhalt nicht unerheblich ändert oder den Wesensgehalt des VA abwandelt (*BSG* SozR 3-1300 § 24 SGB X Nr 21; *BSG* NZS 2004, 555 mwN).

8 **Ein Eingriff in die Rechte** eines Bet liegt nur dann vor, wenn dessen vorhandener Rechtskreis durch den VA beeinträchtigt (*Siefert* aaO § 24 Rz 8), seine Rechtsstellung also zu seinem Nachteil verändert wird (vgl *BSG* SozR 3-4 100 § 139 a AFG Nr 1; *Vogelgesang* aaO § 24 Rz 5 a) bzw wenn zuerkannte Rechte aufgrund späterer Veränderungen wieder entzogen werden (*LSG NRW* Urt v 21.7.2004 – L 10 KA 5/02). Im Hinblick auf die rechtsstaatliche Fundierung des Anhörungsrechts ist indes in Zweifelsfällen ein belastender VA anzunehmen.

9 **Belastende Verwaltungsakte** sind etwa Bescheide, durch die eine höhere Beitragspflicht auferlegt wird als vorher bindend festgestellt (*BSGE* 69, 247), entsprechend auch Bescheide über die Umstufung eines freiwilligen Mitglieds einer ErsK in eine KK mit höherem Beitrag (*BSG* SozR 3-1200 § 34 SGB I Nr 7) und Bescheide über die Ablehnung der Weitergewährung einer bislang nur vorläufig gewährten Leistung (*BSG* SozR 3-1200 § 34 SGB I Nr 12) bzw Bescheide, durch die ein Vorbehaltsbescheid durch eine weniger günstige „endgültige" Regelung ersetzt wird *BSG* SozR 3-1300 § 24 SGB X Nr 17). Eine Anhörung hat auch stattzufinden im Verfahren zur Aufhebung eines VA nach § 48 (vgl *BSG* SozR 3-1300 § 24 SGB X Nr 1). Auch bei Erlass eines Erstattungsbescheids bei bestandskräftigem Aufhebungsbescheid muss eine Anhörung erfolgen, da der Erstattungsbescheid seinerseits vertieft in die Rechte des Bet eingreift (*BSG* Urt v 7.7.2011 – B 14 AS 153/10 R, BSGE 108, 289). Das Auskunftsersuchen gem § 117 SGB XII (§ 116 BSHG aF) ist ein Verwaltungsakt, der einer Anhörung gem § 24 bedarf (*BayVGH* Beschl v 10.3.2003 – 12 ZB 02.2679).

10 Allerdings greifen nicht alle belastenden Verwaltungsakte in die Rechte des Bet ein. Ein VA ist nicht anhörungspflichtig, wenn hierin über Bestehen und Umfang eines vom Bet lediglich behaupteten Rechts entschieden wird und dem Begehren nicht vollständig stattgegeben und daher eine (teilweise) ablehnende behördliche Entscheidung darstellt (so *BSG* SozR 3-4100 § 139 a AFG Nr 1; *BSG*

Urt v 9.12.2004 – 6 KA 84/03 R; *Vogelgesang* aaO § 24 Rz 5 a mwN; kritisch hierzu *Siefert* aaO § 24 Rz 8; aA *Kopp/Ramsauer* aaO § 28 Rz 26 a). In diesen Fällen geht es um die Erweiterung des Rechtskreises nicht die Einschränkung des bestehenden. Derartige Konstellationen wurden durch den Gesetzgeber in Sondermaterien (zB § 7 a SGB IV) geregelt, womit zum Ausdruck gebracht wird, dass eine extensive Auslegung des § 24 nicht dem Willen des Gesetzgebers entspricht (*LSG NRW* Urt v 21.7.2004 – L 10 KA 5/02). So besteht zB eine Anhörungspflicht bei Honorarbescheiden ggü Vertragsärzten nur dann, wenn durch die Verwaltungsentscheidung durch Bescheid zuerkannte Rechte wieder entzogen werden (*BSGE* 89, 90). Dagegen ist der Bet nicht anzuhören, wenn die KÄV die Höhe der Vergütung erstmals festsetzt und dabei hinter der Honorarforderung des Vertragsarztes zurückbleibt (*BSG* SozR 3-1200 § 34 SGB I Nr 8).

Kein belastender Verwaltungsakt iSv § 24 Abs 1 liegt etwa vor bei der Mitteilung über die Entziehung einer Rechtsposition, wenn diese auf einer Gesetzesänderung beruht (vgl *BSGE* 58, 72) und bei der Entscheidung, eine befristete Leistung in einem neuen Bewilligungsabschnitt nicht weiter in der bisherigen Höhe zu gewähren (vgl *BSG* SozR 3-4100 § 139 a AFG Nr 1). Der Rückforderung überzahlter Vorschüsse nach Maßgabe der Einkommensangaben des Bet muss keine Anhörung vorausgehen (*BSG* SozR 3-1300 § 24 SGB X Nr 12). Eine Anhörung muss auch nicht im Verfahren nach § 44 erfolgen, wenn der Betroffene gegen den ihn belastenden und rechtsverbindlichen, jetzt aber zur Überprüfung gestellten VA Widerspruch hätte einlegen können (*BSG* SozR 3-1200 § 34 SGB I Nr 18).   **11**

Anspruchsinhalt: Dem Bet ist bei Vorliegen der Voraussetzungen Gelegenheit zu geben, sich zu den für die Entscheidung erheblichen Tatsachen zu äußern (bei der Bedarfsgemeinschaft ist jedes Mitglied anzuhören, demgegenüber die Bewilligungsentscheidung aufgehoben werden soll, bei minderjährigen Hilfsbedürftigen der gesetzliche Vertreter (*Udsching/Link* SGb 2007, 513, 515; ebenso *Spellbrink* NZS 2007, 121,124; *Grühn* SGb 2008, 513, 514). Insoweit stellt das Anhörungsverfahren gem § 24 auch kein bes Verfahren innerhalb des Verwaltungsverfahrens dar (*BVerwG* ZfS 1994, 50) und in Übereinstimmung mit der Formlosigkeit des Verwaltungsverfahrens nach diesem Gesetz (vgl § 9) ist auch die Anhörung nicht an bestimmte Formen gebunden (vgl *BSG* SozR 3-1300 § 24 SGB X Nr 4; *BSG* Urt v 6.2.2008 – B 6 KA 9/07 B). Sie kann mündlich wie schriftlich erfolgen. Erforderlich ist jedoch, dass die Art der Anhörung geeignet ist, das Äußerungsrecht des Bet einschließlich evtl Reaktionen auf behördliche Gegenäußerungen effektiv zu realisieren. Insofern kann etwa eine fernmündliche Anhörung nur dann ausreichend sein, wenn der zu erörternde Sachverhalt in tatsächlicher wie rechtlicher Hinsicht keine besonderen Schwierigkeiten aufweist. (Fern)mündliche Anhörungen hat die Beh **aktenkundig** zu machen (vgl *Kopp/Ramsauer* aaO § 28 Rz 41 mwN).   **12**

Die Anhörung muss durch die Beh erfolgen, die auch über den zu erlassenden VA entscheidet (vgl *BSGE* 44, 207; *BSG* SozR 3-1300 § 24 SGB X Nr 22 mwN). Sinn und Zweck des Gebotes ist, die Anhörung von der Stelle zu gewähren, die über die das „ob" und „wie" des VA entscheidet (stRspr seit *BSG* SozR 3-1200 § 34 SGB I Nr 9). Die Anhörung vor einer Stelle, die iR ihrer verwaltungsinternen Mitwirkungspflichten am Verfahren beteiligt ist, kann dem nicht genügen.   **13**

Der Grundsatz einer effektiven Anhörung gebietet es auch, dass dem Bet die für die Entscheidung erheblichen Tatsachen mitgeteilt werden oder ihm jedenfalls   **14**

die Möglichkeit gegeben wird, diese Tatsachen so in Erfahrung zu bringen (vgl *Kopp/Ramsauer* aaO § 28 Rz 15; *Vogelgesang* aaO § 24 Rz 6 a), dass der Bet sie als diese erkennen (*LSG Bln-Bbg* Urt v 29.11.2005 – L 22 KN 25/03) und sich hierzu sachgerecht äußern kann (*BSG* SozR 3-1300 § 24 SGB X Nr 21). Welche Tatsachen für die behördliche Entscheidung maßgeblich sind und dem Bet zur Äußerung mitzuteilen sind, richtet sich nach Art und Inhalt der Einzelfallentscheidung (*BSG* NZS 2003, 500) sowie der der Entscheidung zugrunde liegenden Ermächtigungsgrundlage (*BSG* NZS 2004, 209). Dies erfordert eine hinreichende Information durch die Verwaltung (*BSG* SozR 3-1300 § 24 SGB X Nr 15 mwN). So ist etwa auch der einer Behördenentscheidung zugrunde liegende ärztliche Befundbericht dem Betroffenen mitzuteilen (*BSG* SozR 3-1300 § 24 SGB X Nr 15) oder die für den VA herangezogene Ermächtigungsgrundlage konkret zu benennen (mit weiteren inhaltlichen Anforderungen an die Anhörung *LSG Bln-Bbg* Urt v 17.4.2003 – L 16 RA 9/02; *LSG Bln-Bbg* Urt v 29.11.2005 – L 22 KN 25/03). Die umfassende Information setzt voraus, dass die Beh alle Sachverhaltsermittlungen abgeschlossen und eine abschließende Würdigung der Beweislage mit dem Ergebnis vorgenommen hat, dass alle für die Entscheidung erheblichen Haupttatsachen vorliegen (*BSG* SozR 3-1300 § 24 SGB X Nr 22).

15 In diesem Zusammenhang ist auch das **Recht auf Akteneinsicht** (§ 25) zu beachten, das teilweise das Anhörungsrecht überhaupt erst in sinnvoller Weise möglich macht (vgl § 25 Rz 1). Die Möglichkeit zur Akteneinsicht ersetzt indes nicht das Recht auf ordnungsgemäße Anhörung (*BSG* SozR 3-1300 § 24 SGB X Nr 15 mwN).

16 Die den Bet von der Beh gesetzte **Äußerungsfrist** muss dem Gegenstand der Anhörung **angemessen** sein (vgl auch: *Vogelgesang* aaO § 24 Rz 8; *Siefert* aaO § 24 Rz 15 mwN), also nach den Umständen des Einzelfalles bestimmt werden (*BSGE* 71, 104). Eine Frist von zwei Wochen wird regelmäßig die Untergrenze darstellen (so auch *BSGE* 71, 104), wenn der Bet keiner kürzeren Frist zustimmt oder mitteilt, er wolle sich nicht mehr äußern (*BSG* SozR 3-1300 § 24 SGB X Nr 22). Zusätzlich sind bei der Fristsetzung die Postlaufzeiten zu berücksichtigen (*BSGE* 71, 104; *BSG* Urt v 12.2.2009 – B 5 R 386/07 B). Ein Anspruch auf **Erstattung der Aufwendungen** für die Vertretung durch einen RA bei der Anhörung besteht nicht (*BSG* SozR 3-1300 § 63 SGB X Nr 1).

17 **Entscheidungserhebliche Tatsachen** sind alle Tatsachen, auf die die Beh ihre Entscheidung zumindest auch stützt oder auf die es nach ihrer materiellrechtlichen Ansicht objektiv ankommt (*BSGE* 69, 247; vgl auch *LSG BW* Urt v 25.4.2002 – L 12 AL 4941/01; *LSG BW* Urt v 26.3.2015 – L 7 AS 4295/13, juris Rn 24). Relevant ist also die Rechtsauffassung der Beh, unabhängig davon, ob sie zutreffend ist (vgl *Siefert* aaO § 24 Rz 13 mwN; *LSG BW* Urt v 26.3.2015 – L 7 AS 4295/13, juris Rn 24 mwN). Der Begriff der entscheidungserheblichen Tatsachen deckt sich weitgehend mit dem Begriff der Wesentlichkeit der Änderungen gem § 48 (*LSG Bln-Bbg* Urt v 29.11.2005 – L 22 KN 25/03). Anders als Tatsachen sind Rechtsfragen nicht Gegenstand des Anhörungsrechts (aA *Kopp/Ramsauer* aaO § 28 Rz 30; *Pitschas* Festschrift 50 Jahre BSG, 765; einschränkend auch *SchlHLSG* Urt v 12.11.2002 – L 1 KR 16/02). Der Bet hat erst recht keinen Anspruch auf ein Rechtsgespräch (*Vogelgesang* aaO § 24 Rz 7; so auch: *Kopp/Ramsauer* aaO § 28 Rz 3 1, 42). Gleichwohl wird es jedoch im Interesse eines effektiven Verwaltungshandelns und -verfahrens nahe liegen, auch Rechtsfragen mit den Bet zu erörtern.

2.2. Ausnahmen

Abs 2 normiert eine Reihe von Ausnahmen, bei denen ein Anspruch auf Anhörung nicht besteht. Diese Aufzählung der Ausnahmen ist **abschließend** (vgl *BSGE* 44, 207; 69, 247; 108, 289); anders im Rahmen von § 28 Abs 2 VwVfG („insbesondere"). Die Ausnahmetatbestände sind **im Zweifel eng auszulegen**. Das Gesetz gebietet eine großzügige Anhörungspraxis (*BSGE* 69, 247). Insofern liegt die Entscheidung im pflichtgemäßen Ermessen der Beh, die hinsichtlich der in den Ausnahmetatbeständen enthaltenen unbestimmten Rechtsbegriffe der **vollen gerichtlichen Nachprüfung** unterliegt (*BSGE* 69, 247).   **18**

Eine Anhörung kann zunächst dann unterbleiben, wenn eine sofortige Entscheidung wegen Gefahr im Verzug oder im öffentlichen Interesse notwendig erscheint (Nr 1). **Gefahr im Verzug** liegt vor, wenn durch eine vorherige Anhörung auch bei Gewährung kürzester Anhörungsfristen ein Zeitverlust einträte, der mit hoher Wahrscheinlichkeit zur Folge hätte, dass der Zweck der zu treffenden Regelung nicht erreicht wird und dadurch der Allgemeinheit erhebliche Nachteile oder Gefahren drohen würden (vgl *Siefert* aaO § 24 Rz 20). Die Beh darf nur so weit handeln, wie es zur Abwehr der Gefahr erforderlich ist. Ein **öffentliches Interesse** liegt dann vor, wenn die Verwaltungsentscheidung nach objektiven Gesichtspunkten nicht verzögert werden darf bzw eine mit den Situationen der Nrn 1 bis 5 vergleichbare Dringlichkeit vorliegt (*Siefert* aaO § 24 Rz 21). Erforderlich ist insoweit ein über ein allg öffentliches Interesse hinausgehendes, den Einzelfall besonders betreffendes öffentliches Interesse (*Vogelgesang* aaO § 24 Rz 12). Hierzu ist es ausreichend, dass die Beh eine sofortige Entscheidung für notwendig halten durfte (zu § 28 Abs 2 Nr 1 VwVfG *BVerwG* NVwZ 2005, 1435). Eine Anordnung der sofortigen Vollziehung gem § 86 b Abs 2 Nr 5 SGG entbindet nicht vom Erfordernis der Anhörung (str; vgl *VG Koblenz* Urt v 26.6.2006 – 4 K 1329/05.KO, zum gleich lautenden § 80 Abs 2 Nr 4 VwGO).   **19**

Von einer Anhörung kann auch dann abgesehen werden, wenn durch sie die Einhaltung einer für die Entscheidung maßgeblichen Frist in Frage gestellt würde (Nr 2). Diese Konstellation ist etwa dann gegeben, wenn durch die Entscheidungsverzögerung ein Anspruch des Leistungsträgers verjähren würde (vgl *Siefert* aaO § 24 Rz 26). Die Verwaltung darf sich indes nicht durch eigenes Verschulden in die Gefahr bringen, eine Frist nur bei Verzicht auf eine Anhörung einhalten zu können (*Vogelgesang* aaO § 24 Rz 13).   **20**

Nach Nr 3 besteht solange kein Anspruch auf Anhörung, wie die Beh bei ihrer Entscheidung nicht von den tatsächlichen Angaben eines Bet, die dieser in einem Antrag oder einer Erklärung gemacht hat, zu seinen Ungunsten abweicht (anhand von Nebeneinkommensbescheinigungen *BSG* NZS 2005, 47). Insofern ist dem **Gebot rechtlichen Gehörs** bereits durch den Antrag oder die Erklärung des Bet Genüge geleistet. Will die Verwaltung dagegen weitere Tatsachen einbeziehen oder von den mitgeteilten Tatsachen zuungunsten des Beteiligten abweichen, muss sie ihn anhören, um nicht eine Überraschungsentscheidung zu treffen, mit der der Beteiligte nicht rechnen konnte (*BayLSG* Urt v 22.4.2015 – L 8 AS 764/13, juris Rz 59). Es kommt dann nicht darauf an, ob die Entscheidung dann den Beteiligten begünstigt oder nicht. Die Vorschrift ist wegen des Anspruchs auf rechtliches Gehör zugunsten des Beteiligten einschränkend auszulegen und deshalb nur dann anzuwenden, wenn die Möglichkeit auszuschließen ist, dass eine Anhörung neue Gesichtspunkte ergibt, die eine für den Beteiligten günstigere Entscheidung rechtfertigen könnten (*BayLSG* Urt v 22.4.2015 – L 8 AS 764/13, juris Rz 59).   **21**

22 Eine Anhörung ist ferner entbehrlich, wenn **Allgemeinverfügungen** (vgl § 31 Satz 2; vgl die Komm zu § 31 Rz 60 f) oder gleichartige VA in größerer Zahl erlassen werden sollen (Nr 4). Eine Beh darf aufgrund der zweiten Variante nur dann von einer Anhörung absehen, wenn sie zu einem bestimmten Zeitpunkt schematische Regelungen gegenüber einer Vielzahl von Adressaten treffen muss, die deren Rechte ausschließlich nach einer für alle identischen Rechtsänderungsformel berühren, die also insbesondere von individuellen Umständen unabhängig ist (*BSGE* 69, 247). Die Formulierung des § 28 Abs 2 Nr 4 VwVfG, dass von einer Anhörung auch abgesehen werden kann, wenn VA „mithilfe automatischer Einrichtungen" erlassen werden sollen, findet sich im vorliegenden G allerdings nicht, so dass ein solches Verfahren allein nicht den Anspruch auf Anhörung zu beseitigen geeignet ist.

23 Auf eine Anhörung kann auch verzichtet werden, wenn einkommensabhängige Leistungen den geänderten Verhältnissen angepasst werden sollen (Nr 5). Handelt es sich dagegen nicht um eine solche Anpassung einkommensabhängiger Leistungen an geänderte Verhältnisse, sondern um einen Erstattungsanspruch im Zuge des Ruhens eines Anspruchs auf Arbeitslosengeld, greift Nr 5 nicht (*LSG NRW* Beschl v 22.7.2015 – L 9 AL 9/15 B, juris Rz 7). Von dieser Regelung werden auch Leistungen erfasst, die nur der Höhe nach einkommensabhängig sind und bei Erzielung von Einkommen oberhalb bestimmter Grenzen teilweise entfallen (zum Anspruch auf Arbeitslosengeld *BSG* NZS 2005, 47). Diese für Anpassungsbescheide normierte Ausnahme greift nur für das dem Bet bekannte Einkommen, was aufgrund der Komplexität bei der Berechnung des Arbeitslosengeldes nicht angenommen werden kann, womit dem Bet das anzurechnende Einkommen mitzuteilen ist (*SächsLSG* Urt v 28.8.2003 – L 3 AL 164/02). Die Ausnahme greift nach ihrer ratio zudem nur dann ein, wenn die Veränderung des Einkommens der einzige entscheidungsrelevante Gesichtspunkt für den Erlass des VA ist.

24 Nach Nr 6 kann die Anhörung auch bei Maßnahmen in der Verwaltungsvollstreckung unterbleiben.

25 Schließlich kann eine Anhörung unterbleiben, wenn durch den VA gegen Ansprüche oder mit Ansprüchen von weniger als 70 Euro aufgerechnet oder verrechnet werden soll (Nr 7). Die Verrechnungserklärung selbst stellt dabei einen Verwaltungsakt dar (*BSG* Urt v 5.2.2009 – B 13 R 31/08 R; *Wehrhahn* SGb 2007, 468, 471). Der Gesetzgeber setzt durch Nr 7 stillschweigend die Befugnis zum Erlass eines Verwaltungsaktes voraus, so dass es ggf über den § 52 SGB I hinaus keiner weiteren ausdrücklichen Ermächtigungsgrundlage bedarf (*BSG* Beschl v 31.8.2011 – GS 2/10, BSGE 109, 81). An den gesetzgeberischen Willen, dass die Verrechnung ebenso wie die Aufrechnung durch Verwaltungsakt zu erklären ist, sind die Gerichte gemäß Art 20 Abs 3 GG gebunden (vgl *BSG* Urt v 7.2.2012 – B 13 R 85/09 R, juris Rz 43). Die Ausnahme nach Nr 5 bleibt davon unberührt.

3. Rechtsfolgen

26 Der Gesetzgeber hat das Anhörungsrecht zu einem **zusätzlichen und eigenständigen Abwehrrecht** erhobenen Rechtmäßigkeitsvoraussetzung für Rechtseingriffe der Verwaltung ausgestaltet (*BSG* SozR 3-1300 § 24 Nr 22). Bet können jedoch den Anspruch auf Anhörung nicht isoliert einklagen bzw gegen eine unterbliebene Anhörung nicht isoliert gerichtlich vorgehen (vgl *Siefert* aaO § 24 Rz 38). Vielmehr gilt: Wird ein Bet nicht angehört, obwohl er einen Anspruch nach Abs 1 hat und keine Ausnahme nach Abs 2 vorliegt, ist der VA, zu dessen

Erlass er hätte angehört werden müssen, zwar nicht nichtig (vgl *BSGE* 44, 207), aber **formell rechtswidrig**. Der Bet kann den VA anfechten. § 42 Satz 1 gilt nicht (§ 42 Satz 2) mit der Folge, dass auch bei rechtlich gebundenen materiell rechtmäßigen VA die Anfechtungsklage allein auf die Tatsache der fehlenden Anhörung gestützt werden kann (*BSGE* 69, 247; vgl zuletzt *LSG Bln-Bbg* Urt v 5.12.2013 – L 22 R 228/11; vgl *Siefert* aaO § 24 Rz 38; vgl zur Möglichkeit der Heilung eines entsprechenden Verfahrensfehlers allerdings auch: § 41 Abs 1 Nr 3, Abs 2, vgl auch bereits Rz 1; zur Fristerleichterung: § 41 Abs 3). Eine Heilung ist jedoch dann ausgeschlossen, wenn die Beh die Anhörungspflicht vorsätzlich, rechtsmissbräuchlich oder durch Organisationsverschulden verletzt hat (*BSG* SozR 3-1300 § 24 Nr 22). Die Verletzung der Anhörungspflicht ist auch dann vom Gericht zu berücksichtigen, wenn sie nicht von Bet im Prozess gerügt wird (vgl *BSG [GrS]* NJW 1992, 2444 f; *BSG* SozR 3-1300 § 24 SGB X Nr 22; *BSGE* 69, 247; *BSGE* 71, 104; aA *LSG Nds-Brem* Urt v 26.4.2006 – L 4 KR 57/02, wenn das Gericht einen fachkundig durch RA vertreten Bet auf die Verletzung des Anhörungsrechts hingewiesen hat, eine Rüge dieser Verletzung dennoch unterbleibt, womit das Bestehen auf die Nachholung einer Anhörung unzulässiger Formalismus ist). Eine fehlende Anhörung, die gem § 41 Abs 2 iVm Abs 1 Nr 3 bis zur letzten Tatsacheninstanz nachgeholt werden kann, ist im Revisionsverfahren nicht mehr nachholbar. Eine **Nachholung einer Anhörung** im Gerichtsverfahren setzt hierzu ein **förmliches Verwaltungsverfahren** voraus (*BSG* SGb 2006, 351). Dies erfordert, dass die Behörde dem Kläger in angemessener Weise Gelegenheit zur Äußerung zu den entscheidungserheblichen Tatsachen einräumt und anschließend deutlich macht, ob sie nach Berücksichtigung dieser Tatsachen am erlassenen Verwaltungsakt festhält. Dies setzt regelmäßig ein gesondertes Anhörungsschreiben sowie eine Fristsetzung zur Äußerung voraus (*BSG* Urt v 9.11.2010 – B 4 AS 37/09 R, NJW 2011, 1996). Zum Einfluss einer nachgeholten Anhörung auf die Wirksamkeit des Verwaltungshandelns *BVerwGE* 37, 307.

§ 25 Akteneinsicht durch Beteiligte

(1) [1]Die Behörde hat den Beteiligten Einsicht in die das Verfahren betreffenden Akten zu gestatten, soweit deren Kenntnis zur Geltendmachung oder Verteidigung ihrer rechtlichen Interessen erforderlich ist. [2]Satz 1 gilt bis zum Abschluss des Verwaltungsverfahrens nicht für Entwürfe zu Entscheidungen sowie die Arbeiten zu ihrer unmittelbaren Vorbereitung.

(2) [1]Soweit die Akten Angaben über gesundheitliche Verhältnisse eines Beteiligten enthalten, kann die Behörde statt dessen den Inhalt der Akten dem Beteiligten durch einen Arzt vermitteln lassen. [2]Sie soll den Inhalt der Akten durch einen Arzt vermitteln lassen, soweit zu befürchten ist, dass die Akteneinsicht dem Beteiligten einen unverhältnismäßigen Nachteil, insbesondere an der Gesundheit, zufügen würde. [3]Soweit die Akten Angaben enthalten, die die Entwicklung und Entfaltung der Persönlichkeit des Beteiligten beeinträchtigen können, gelten die Sätze 1 und 2 mit der Maßgabe entsprechend, dass der Inhalt der Akten auch durch einen Bediensteten der Behörde vermittelt werden kann, der durch Vorbildung sowie Lebens- und Berufserfahrung dazu geeignet und befähigt ist. [4]Das Recht nach Absatz 1 wird nicht beschränkt.

(3) Die Behörde ist zur Gestattung der Akteneinsicht nicht verpflichtet, soweit die Vorgänge wegen der berechtigten Interessen der Beteiligten oder dritter Personen geheim gehalten werden müssen.

(4) [1]Die Akteneinsicht erfolgt bei der Behörde, die die Akten führt. [2]Im Einzelfall kann die Einsicht auch bei einer anderen Behörde oder bei einer diplomatischen oder berufskonsularischen Vertretung der Bundesrepublik Deutschland im Ausland erfolgen; weitere Ausnahmen kann die Behörde, die die Akten führt, gestatten.

(5) [1]Soweit die Akteneinsicht zu gestatten ist, können die Beteiligten Auszüge oder Abschriften selbst fertigen oder sich Ablichtungen durch die Behörde erteilen lassen. [2]Soweit die Akteneinsicht in eine elektronische Akte zu gestatten ist, kann die Behörde Akteneinsicht gewähren, indem sie Unterlagen ganz oder teilweise ausdruckt, elektronische Dokumente auf einem Bildschirm wiedergibt, elektronische Dokumente zur Verfügung stellt oder den elektronischen Zugriff auf den Inhalt der Akte gestattet. [3]Die Behörde kann Ersatz ihrer Aufwendungen in angemessenem Umfang verlangen.

Literatur:

Bachmann/Pavlitschko: Akteneinsicht in elektronische Behördenakten, MMR 2004, 370; *Brüggemann*: Auskunftserteilung und Gewährung der Akteneinsicht – Was kann der Amtsvormund/Amtspfleger verlangen, und wozu ist er verpflichtet?, DAVorm 1991, 127; *Guckelberger*: Informatisierung der Verwaltung und Zugang zu Verwaltungsinformationen, VerwArch 2006, 62; *Köhler*: Das Akteneinsichtsrecht der am sozialrechtlichen Verwaltungsverfahren, VSSR 2014, 315; *Kuchler*: „Anvertraute" Sozialdaten und kindbezogener Elternstreit, NJW 2012, 2321; *Marburger*: Akteneinsicht durch Beteiligte im sozialrechtlichen Verwaltungsverfahren, SozVers 1990, 118; *Mengel*: Akteneinsicht im Verwaltungsverfahren, Verw 23 (1990), 377; *Rombach*: Datenschutzrechtliche Restriktionen einer Bearbeitung der Erstattungsfälle nach der Entscheidung des BVerfG vorn 23.1.1990 zu § 128 AFG, SGb 1990, 443; *Roller*: Probleme der Akteneinsicht im Sozialverwaltungsverfahren, NZS 2013, 761; *Roßnagel*: Die rechtliche Bedeutung gescannter Dokumente, NJW 2006, 2145; *Schoch*: lnformationsfreiheitsgesetz für die Bundesrepublik Deutschland, Verw 35 (2002), 149; *Ossege*: Zum Umfang des Akteneinsichtsrechts in Zulassungsverfahren bei den Berufungsausschüssen, MedR 2013, 89; *Wigge*: Legitimation durch Partizipation – zur verfahrensrechtlichen Beteiligung der Leistungserbringer im Entscheidungsprozess des Bundesausschusses (Teil 2), NZS 2001, 623.

1. Allgemeines

1 Die Vorschrift regelt – in Abs 1 und 4 identisch mit § 29 Abs 1 und 3 VwVfG – die Akteneinsicht von am Verwaltungsverfahren (§ 8) Bet und stellt das **Prinzip der grds „Aktenöffentlichkeit"** (vgl *BSG* Beschl v 30.11.1994 – 11 RAr 89/94, SozR 3-1300 § 25 SGB X Nr 3) auf (zu allgemeinen Informationsrechten des Bürgers gegenüber der öffentlichen Verwaltung vgl *Vahle* DVP 2007, 413). Die **Beteiligteneigenschaft** richtet sich nach § 12. Das Recht auf Akteneinsicht ergänzt den Anspruch auf rechtliches Gehör aus § 24 (vgl *Rombach* in Hauck/Noftz SGB X § 25 Rz 1) bzw macht dieses rechtliche Gehör überhaupt erst in sinnvoller Weise möglich (*Siefert* in von Wulffen/Schütze SGB X § 25 Rz 3) und steht im Zusammenhang mit dem in Art 20 Abs 3 GG verankerten **Rechtsstaatsprinzip**, des **Anspruchs auf rechtliches Gehör** sowie des **Individualrechtsschutzes** (zu den Motiven des Akteneinsichtsrechts *BayVGH* NVwZ 1999, 889). Des Weiteren dient das Akteneinsichtsrecht als Voraussetzung eines

rechtsstaatlich fairen Verfahrens der **Transparenz** der Verwaltung (*Kopp/Ramsauer* VwVfG § 29 Rz 3; *Ossege* MedR 2013, 89 f).

Aufgrund der restriktiven Eröffnung des verwaltungsverfahrensrechtlichen Akteneinsichtsrechts sind Überlegungen angestellt worden, ob sich ein Informationsanspruch aus dem **Grundgesetz** herleiten lässt. Ein derartiger Anspruch kann nicht aus dem Grundrecht auf Informationsfreiheit (Art 5 Abs 1 S 1 GG) entnommen werden, da Behördenakten keine „allgemein zugänglichen Quellen" darstellen (*BVerfG* NJW 1986, 1243). Ein Anspruch auf Information über die staatlicherseits gesammelten Daten über die eigene Person ist andererseits aus Art 2 Abs 1 iVm Art 1 Abs 1 GG herzuleiten (*BVerfGE* 65, 1). 2

Das **Verhältnis** des § 25 zum Informationsanspruch gem § 1 Abs 1 IFG (Gesetz zur Regelung des Zugangs zu Informationen des Bundes [BGBl 2005 I, 2722]) ist in § 1 Abs 3 IFG ausdrücklich dahin gehend geregelt, dass die beiden Ansprüche **nebeneinander** bestehen. 3

2. Anspruch auf Akteneinsicht

Abs 1 normiert einen Anspruch der Bet – und deren Bevollmächtigten (§ 13 Abs 1), nicht jedoch der Beistände (§ 13 Abs 4) (zum bevollmächtigten RA *VG Berlin* Beschl v 12.12.2002 – 21 A 549.00; *Siefert* aaO § 25 Rz 17) – gegen die Beh auf Akteneinsicht, soweit diese Einsichtnahme zur Geltendmachung oder Verteidigung ihrer rechtlichen Interessen erforderlich ist. § 25 ist auf privatrechtliche Rechtsverhältnisse nicht anwendbar; insoweit muss zur Anspruchsbegründung immer eine Behörde gehandelt haben (*VG Gelsenkirchen* NVwZ-RR 2004, 860 zur Jugendhilfe bei privatem Träger). Die Einschränkung über das **rechtliche Interesse** ermöglicht es der Beh, die Einsicht in solche Akten(teile) zu verwehren, an deren Kenntnis der Bet kein solches hat. Ein rechtliches Interesse iSd Vorschrift liegt nur vor, wenn die Einsichtnahme bezweckt, eine tatsächliche Unsicherheit über ein Rechtsverhältnis zu klären, ein rechtlich relevantes Verhalten nach dem Ergebnis der Einsichtnahme zu regeln oder eine gesicherte Grundlage für die Verfolgung des Anspruchs zu erhalten (*BSG* SozR 3-1300 § 25 SGB X Nr 3). 4

Der **Begriff des rechtlichen Interesses** ist enger als der des berechtigten Interesses (*BSG* SozR 3-1300 § 25 SGB X Nr 3). Akteneinsicht muss deshalb darauf gerichtet sein, tatsächliche Unsicherheiten über ein Rechtsverhältnis zu klären, um etwa ein rechtlich relevantes Verhalten bzw Vorbringen nach dem Ergebnis der Einsichtnahme auszurichten (BT-Drucks 7/910, 53; *Siefert* aaO § 25 Rz 21; *Roller* NZS 2013, 761, 762). Ein nicht rechtliches, sondern lediglich ideelles oder wirtschaftliches Interesse reicht nicht aus (*BSG* SozR 3-1300 § 25 SGB X Nr 3; *Siefert* aaO § 25 Rz 22). Aufgrund der rechtsstaatlichen Fundierung des Akteneinsichtsrechts ist jedoch im Zweifel ein rechtliches Interesse anzunehmen. So genügt die Möglichkeit, dass die Akteneinsicht zur Geltendmachung oder Verteidigung rechtlicher Interessen erforderlich ist (*Siefert* aaO § 25 Rz 22; *Kopp/Ramsauer* aaO § 29 Rz 18; *Mutschler* in KassKomm, SGB X, § 25 Rz 10; *Roller* NZS 2013, 761, 762). Die Beh ist aber nicht verpflichtet, die Bet auf ihr Akteneinsichtsrecht hinzuweisen (*Siefert* aaO § 25 Rz 23). 5

Der **Begriff der „Akten"** ist umfassend zu verstehen (Bsp bei *Kopp/Ramsauer* VwVfG § 29 Rz 13; *Roller* NZS 2013, 761, 762 f; *Ossege* MedR 2013, 89, 90). Die Bestimmung, was zu den Akten gehört, hat **objektiv** zu erfolgen und ist nicht vom Willen der Behörde abhängig (*LSG NRW* Urt v 21.1.2004 – L 11 KA 179/02). Daher sind elektronische Dokumente (vgl Komm § 21) dem Ak- 6 tenbegriff zuzuordnen. Der Anspruch aus § 25 Abs 1 muss sich aufgrund zunehmender Informationalisierung der Verwaltung auch auf EDV-Daten beziehen (zB zum gleich lautenden § 29 Abs 1 VwVfG *Bachmann/Pavlitschko* MMR 2004, 370; *Guckelberger* VerwArch 2006, 62).

7 Eine **Einschränkung** des Akteneinsichtsrechts hält Abs 1 Satz 2 bereit. Danach besteht kein Anspruch auf Einsicht in Entwürfe zu Entscheidungen sowie die Arbeiten zu ihrer unmittelbaren Vorbereitung bis zum Abschluss des Verwaltungsverfahrens. Dadurch soll die Unbefangenheit in der Aktenführung und deren inhaltliche Vollständigkeit gewährleistet werden (*Siefert* aaO § 25 Rz 24). Aus dieser Regelung könnte man angesichts des Wortlauts schließen, dass ein Recht auf Einsicht nach Abschluss des Verwaltungsverfahrens gegeben ist. Da nach Abschluss und damit außerhalb des Verwaltungsverfahrens § 25 aber nicht anwendbar ist (vgl *BSG* SozR 3-1300 § 25 SGB X Nr 3; *BSG* SozR 3-1500 § 144 SGG Nr 3; *BVerwG* DVBl 1984, 53; *Siefert* aaO § 25 Rz 9 a) und es dann überdies regelmäßig an dem notwendigen rechtlichen Interesse fehlen dürfte, ist die Bestimmung insofern missverständlich. § 25 Abs 1 Satz 2 beinhaltet jedoch kein absolutes Verbot, dass die Einsicht auch in Entwürfe während des Verwaltungsverfahrens durch die Behörde gewährt werden kann (*Kopp/ Ramsauer* aaO § 29 Rz 15). Die Entscheidung über diese Einsichtsnahme liegt im Ermessen der Behörde. Kommt es allerdings zu einem Verfahren nach §§ 44 ff, können im ursprünglichen Verwaltungsverfahren nach Abs 1 Satz 2 gesperrte Akten eingesehen werden, da diese nun nicht mehr Gegenstand der (alten) Entscheidungsvorbereitung sind (vgl *LSG NSB* SGb 1987, 65).

8 Da oder obwohl es für die Zeit vor und nach einem Verwaltungsverfahren an einer gesetzlichen Regelung über ein Akteneinsichtsrecht fehlt, nimmt die hM zu Recht an, dass es in diesen Zeiträumen im **pflichtgemäßen Ermessen** der Beh steht, Akteneinsicht zu gewähren (*Rombach* aaO § 25 Rz 9 a mwN; *Mutschler* aaO § 25 Rz 11), wenn der Antragssteller hierzu ein **rechtliches Interesse** geltend machen kann (*BVerwGE* 67, 300 zu § 29 Abs 1 Satz 1 VwVfG; zu den Grundlagen dieses allg Akteneinsichtsanspruch *BVerwGE* 69, 278; *BVerwG* NJW 2004, 1543). Ein Anspruch auf Einsicht in Akten abgeschlossener Verfahren besteht nur, als Elemente aus diesem Verfahren noch für das laufende Verfahren aktuell sind (*NdsOVG* Urt v 14.8.2002 – 4 LC 88/02). Bei der Ermessensausübung sind insb grundrechtliche Positionen, namentlich das Recht auf informationelle Selbstbestimmung (Art 2 Abs 1 GG; vgl auch Vorbem, §§ 67–85 a Rz 3) insofern zu berücksichtigen, als daraus ein Anspruch des Bürgers – nicht nur der Bet iSv § 12 – erwachsen kann, Einsicht in Akten zu nehmen, die Informationen über ihn enthalten. Soweit die Einsichtnahme zur gerichtlichen Rechtsverfolgung erforderlich ist, kann sich ein Anspruch auch aus Art 19 Abs 4 GG ergehen (vgl dazu *BVerfG* [K] SozR 3-1300 § 25 SGB X Nr 1).

9 § 25 ist auch nicht anwendbar, wenn es nicht um ein Verwaltungsverfahren iSv § 8 geht (ebenso für ein Verwaltungsverfahren nach § 8 a SGB VIII *VG SH* Urt v 11.5.2009 – 15 A 160/08), sondern etwa **schlichtes Verwaltungshandeln** in Rede steht (*BSG* SozR 3-1 300 § 25 SGB X Nr 3). Auch in einem solchen Fall steht es im pflichtgemäßen Ermessen der Beh, ob sie Akteneinsicht gewährt (*BSG* SozR 3-1300 § 25 SGB X Nr 3).

10 Der Anspruch aus Abs 1 wird durch – den im VwVfG keine Entsprechung findenden – Abs 2 **modifiziert**, ohne materiell eingeschränkt zu werden (vgl Abs 2 Satz 4). Besteht der Bet auf unmittelbare Akteneinsicht, darf ihm die Beh dies nicht verwehren. Abs 2 betrifft Akten, soweit sie Angaben über gesundheitliche Verhältnisse eines Bet erhalten, regelt aber nicht das „Ob" der Akteneinsicht,

H. Lang

sondern in gleichsam paternalistischer Weise nur das „Wie", indem es eine möglichst schonende Eröffnung gesundheitlich relevanter Informationen gegenüber dem betroffenen Bet intendiert. So „kann" die Beh den Inhalt entspr Akten dem betroffenen Bet durch einen Arzt vermitteln lassen. Die Entscheidung darüber liegt in ihrem Ermessen. Die Beh „soll" so verfahren, dh ihr Ermessen ist auf Null reduziert, wenn zu befürchten ist, dass die unmittelbare Akteneinsicht dem Bet einen unverhältnismäßigen, insb gesundheitlichen Nachteil zufügen würde (*Siefert* aaO § 25 Rz 30).

Die Sätze 1 und 2 gelten nach Abs 2 Satz 3 auch für den Fall, dass die Akten **11** Angaben enthalten, die die Entwicklung und Entfaltung der Persönlichkeit des Bet beeinträchtigen können, allerdings mit dem Unterschied, dass hier die schonende Vermittlung des Akteninhalts nicht nur durch einen Arzt erfolgen kann bzw soll, sondern auch durch einen Bediensteten der Beh, der durch Vorbildung sowie Lebens- und Berufserfahrung dazu geeignet und befähigt ist.

3. Grenzen des Akteneinsichtsrechts

Abs 3 schränkt den Anspruch aus Abs 1 ein, indem er die Beh berechtigt, die **12** Akteneinsicht zu verweigern, soweit Vorgänge wegen der berechtigten Interessen der Bet oder dritter Personen geheim gehalten werden müssen (vgl *VG Aachen* Urt v 9.9.2008 – 2 K 213/06; *Ossege* MedR 2013, 89, 92 f). Gegenüber der verwandten Regelung in § 29 Abs 2 VwVfG sind die Verweigerungsgründe wesentlich **restriktiver**, das Einsichtsrecht also großzügiger gestaltet. Zur entsprechenden Anwendbarkeit des § 25 Abs 3 auf den allg Akteneinsichtsanspruch vgl *VG Gelsenkirchen* NVwZ-RR 2004, 860.

Beschränkungen iSv Abs 3 ergeben sich indes nicht nur aus dem **Sozialgeheim-** **13** **nis** (zur Legaldefinition vgl § 67 Abs 1 SGB X) nach § 35 SGB I (so aber *Rombach* aaO § 25 Rz 15). Eine solche Sichtweise vernachlässigt in unzulässiger Weise vor allem grundrechtliche Positionen von Bet und Dritten. Ein berechtigtes Interesse kann vielmehr jedes öffentlich-rechtliche und privatrechtliche, nach der Sachlage anzuerkennende schutzwürdige Interesse rechtlicher, wirtschaftlicher und ideeller Art sein (*Siefert* aaO § 25 Rz 35 mwN). Dieses Interesse muss sich nicht auf das Verfahren beziehen (so aber *Siefert* aaO § 25 Rz 35), sondern ist thematisch unabhängig vom betroffenen Verwaltungsverfahren zu bestimmen. So kann etwa im Hinblick auf das Recht auf informationelle Selbstbestimmung (Art 2 Abs 1 GG) die Verweigerung der Akteneinsicht angezeigt sein, soweit die Akten Informationen enthalten, die die Privat- oder gar Intimsphäre einer Person betreffen. Dies gilt namentlich bei Informationen über den Gesundheitszustand (vgl auch *Kopp/Ramsauer* aaO § 29 Rz 38 mwBsp und mwN; *Lang* in Epping/Hillgruber, GG, Art 2 Rz 42). Während also Abs 2 paternalistisch das Recht eines Bet auf Einsicht in Akten mit ihn selbst betreffenden Informationen regelt, gilt Abs 3 gleichsam drittschützend für die Informationen, die die Person des Akteneinsichtnehmenden gerade nicht selbst betreffen.

Ausweislich seines Wortlauts schränkt Abs 3 nur die Pflicht der Beh, Akteneinsicht **14** zu gewähren, ein, sagt aber nichts darüber aus, ob die Beh trotz Vorliegen der Tatbestandsvoraussetzungen Einsicht gewähren darf. Demgemäß wird man ein entsprechendes Verbot dieser Vorschrift nicht entnehmen können (aA *Rombach* aaO § 25 Rz 19). Jedoch kann sich ein solches Verbot aus anderen Rechtsvorschriften, namentlich nach Maßgabe von § 35 SGB I (zB iVm § 65 Abs 3 SGB VIII für Sozialdaten im Jugendhilferecht [hierzu *VG Göttingen* Urt v 9.2.2006 – 2 A 199/05]) oder aufgrund von Normen des allg Datenschutzes ergeben, bzw ist unmittelbar aus verfassungsrechtlichen Positionen abzuleiten.

4. Ort der Einsichtnahme

15   Abs 4 regelt den Ort der Einsichtnahme in die Akten. Sie erfolgt grds bei der **aktenführenden Beh** (Satz 1). Gemäß Satz 2 Halbs 1 kann die Einsicht nach dem pflichtgemäßen **Ermessen** der aktenführenden Beh auch bei einer anderen Beh oder bei einer diplomatischen oder berufskonsularischen Vertretung der Bundesrepublik Deutschland erfolgen. Die Beh wird bei ihrer Entscheidung insb den zeitlichen und finanziellen Aufwand zu berücksichtigen haben, der einerseits für den Bet entsteht, wenn er die aktenführende Beh aufsuchen muss, und der sich andererseits für die Beh und auch andere Bet – ergibt, wenn sie die Akten ggf an eine der genannten deutschen Auslandsvertretungen übermitteln muss. Nach Satz 2 Halbs 2 kann die Beh nach ihrem pflichtgemäßen Ermessen auch die Einsichtnahme an anderen Orten gestatten. In Betracht kommt hier etwa die Einsichtnahme in den Räumlichkeiten des Bet, wenn ihm aufgrund von Körperbehinderung der Weg in die Beh nicht zugemutet werden kann. Allerdings wird in einem solchen Fall die Möglichkeit, einen Bevollmächtigten einzuschalten (vgl § 13), zu berücksichtigen sein.

16   Abs 4 gilt gemäß § 84 a SGG nicht im Vorverfahren mit der Folge, dass hier wie im gerichtlichen Verfahren die Möglichkeit der **Aktenversendung** eingeräumt sein soll, wenn dies im Einzelfall nicht untunlich ist (*Siefert* aaO § 25 Rz 41; vgl hierzu auch *Roller* NZS 2013, 761, 765).

5. Annexrechte

17   Abs 5 enthält eine **Ergänzung** des Anspruchs aus Abs 1, die ebenfalls Anspruchsqualität hat. So muss die Beh den Bet ermöglichen, Auszüge oder Abschriften der Akten selbst zu fertigen oder sich Ablichtungen des Akteninhalts oder von konkret bezeichneten Teilen der Akte (vgl *BSG* SozR 3-1300 § 25 SGB X Nr 3; *Siefert* aaO § 25 Rz 42) durch die Beh erstellen zu lassen. Der Bet kann wählen, welche Variante – ggf kumulativ – vollzogen werden soll. Der Anspruch reicht nur soweit, wie auch der Anspruch auf Akteneinsicht selbst reicht (*BSG* SozR 3-1300 § 25 SGB X Nr 3) und soll zudem seinem Umfang nach durch die allg Grundsätze zulässiger Rechtsausübung (§§ 226, 242 BGB) begrenzt sein (so *BSG* SozR 3-1300 § 25 SGB X Nr 3).

18   § 25 Abs 5 Satz 2 wurde eingefügt durch das Gesetz zur Förderung der elektronischen Verwaltung sowie zur Änderung weiterer Vorschriften vom 25.7.2013 (BGBl I, 2749) und regelt ein Einsichtsrecht in die elektronische Akte im Sozialleistungsbereich. Grund dieser Regelung ist, dass der Umfang des Akteneinsichtsrechts nicht vom Medium abhängig sein darf, dessen sich die Behörde zur Führung der Akte bedient (BT-Drucks 17/11473, 39, 51). Liegen somit die allgemeinen Voraussetzungen hinsichtlich der Gewährung von Akteneinsicht vor, ist die Einsicht in die elektronische Akte im gleichen Umfang wie bei der Papierakte zu gestatten. Gleichzeitig gelten auch die gleichen Grenzen. Satz 2 räumt der Behörde hinsichtlich der Art und Weise der Akteneinsichtsgewährung Ermessen ein. Sie kann deshalb Akteneinsicht auch durch den Papierausdruck einer Akte gewähren oder den elektronischen Zugriff auf dem Bildschirm in den Büroräumen der Behörde selbst ermöglichen (BT-Drucks 17/11473, 40, 51). Dabei muss die Behörde sicherstellen, dass Manipulationen oder der Zugriff auf nicht vom Einsichtsrecht umfassten Informationen ausgeschlossen sind. Ebenso ist bei der elektronischen Übermittlung auf die Lesbarkeit und auf datenschutzrechtliche Belange zu achten (vgl BT-Drucks 17/11473, 40, 51 mit Verweis auf § 9 BDSG).

Nach Abs 5 Satz 3 kann die Beh Ersatz für ihre Aufwendungen, ua für die Ko- **19** pierkosten – in **angemessenem** (!) Umfang – verlangen. Die verlangten Kosten dürfen insb nicht so hoch sein, dass sie eine effektive Ausübung des Akteneinsichtsrechts zu verhindern geeignet sind. Allerdings hängt die Angemessenheit der Kostenforderung auch nicht von den persönlichen Verhältnissen des Bet ab (*Fichte* in Knickrehm/Kreikebohm/Waltermann § 25 Rz 15), sondern von den tatsächlich entstandenen Aufwendungen der Beh.

6. Rechtsfolgen

Hinsichtlich der **gerichtlichen Durchsetzung** des Anspruchs auf Akteneinsicht **20** ist zu unterscheiden.

Erfolgt die Verweigerung einer Akteneinsicht in einem Verfahren, dessen ab- **21** schließende Verwaltungsentscheidung gerichtlich überprüfbar ist, kann auch der mögliche Verstoß gegen den Anspruch aus Abs 1 nur gleichzeitig mit dem gegen die Sachentscheidung zulässigen Rechtsbehelf angegriffen werden (*BSG* SozR 15(X) § 144 SGG Nr 3; anders *Siefert* aaO § 25 Rz 45 f; *Kopp/Ramsauer* aaO § 29 Rz 44). Die Entscheidung der Verwaltung über die Gewährung der Akteneinsicht ist eine behördliche Verfahrenshandlung für dessen gerichtliche Überprüfung § 44 a VwGO einschlägig ist (zu § 29 VwVfG *BVerwG* NJW 1979, 177; zur Anwendbarkeit des § 44 a VwGO im sozialgerichtlichen Eilverfahren *BVerfG* NJW 1991, 415). § 44 a VwGO entspricht insoweit einem Rechtsgedanken des allg Verfahrensrechts (*BVerfG* NJW 1991, 415; *Keller* in Meyer/Ladewig SGG § 54 Rz 8 e), wonach das Verwaltungsverfahren nicht durch die isolierte Anfechtung einzelner Verfahrenshandlungen erschwert oder verzögert werden soll (*BayLSG* Urt v 14.12.2005 – L 3 U 429/05). Die rechtswidrige Verweigerung der Akteneinsicht führt zur formellen Rechtswidrigkeit (vgl *Siefert* aaO § 25 Rz 44) und damit Anfechtbarkeit des in dem betroffenen Verfahren ergangenen VA. Lediglich in **Ausnahmefällen** ist § 44 a VwGO aufgrund der Rechtsschutzgarantie des Art 19 Abs 4 GG anders zu handhaben (zu § 29 VwVfG *BVerfG* NJW 1991, 415; *HmbOVG* NVwZ 2003, 1529 mwN, wonach diese Ausnahme dann gegeben ist, wenn die fehlende gerichtliche Überprüfung zu Nachteilen führt, die sich in einem späteren gerichtlichen Verfahren nicht mehr beseitigen lassen).

Wird die Akteneinsicht hingegen in einem Verfahren, das ausschließlich die **22** Rechtmäßigkeit der Verweigerung der Akteneinsicht außerhalb eines Verwaltungsverfahrens betrifft, abgelehnt, ist der die Akteneinsicht ablehnende VA selbstständig anfechtbar (*BSG* SozR 3-1500 § 144 SGG Nr 3 mwN; *BSG* Beschl v 4.4.2012 – B 12 SF 1/10 R, NZS 2012, 786, 787). Dieser Streit ist aber dann nicht bei § 25 verortet, da § 25 ja gerade nur im Rahmen eines Verwaltungsverfahrens nach § 8 Anwendung findet (vgl auch Rz 9).

Zweiter Titel Fristen, Termine, Wiedereinsetzung

§ 26 Fristen und Termine

(1) Für die Berechnung von Fristen und für die Bestimmung von Terminen gelten die §§ 187 bis 193 des Bürgerlichen Gesetzbuches entsprechend, soweit nicht durch die Absätze 2 bis 5 etwas anderes bestimmt ist.

(2) Der Lauf einer Frist, die von einer Behörde gesetzt wird, beginnt mit dem Tag, der auf die Bekanntgabe der Frist folgt, außer wenn dem Betroffenen etwas anderes mitgeteilt wird.

(3) [1]Fällt das Ende einer Frist auf einen Sonntag, einen gesetzlichen Feiertag oder einen Sonnabend, endet die Frist mit dem Ablauf des nächstfolgenden Werktages. [2]Dies gilt nicht, wenn dem Betroffenen unter Hinweis auf diese Vorschrift ein bestimmter Tag als Ende der Frist mitgeteilt worden ist.

(4) Hat eine Behörde Leistungen nur für einen bestimmten Zeitraum zu erbringen, endet dieser Zeitraum auch dann mit dem Ablauf seines letzten Tages, wenn dieser auf einen Sonntag, einen gesetzlichen Feiertag oder einen Sonnabend fällt.

(5) Der von einer Behörde gesetzte Termin ist auch dann einzuhalten, wenn er auf einen Sonntag, gesetzlichen Feiertag oder Sonnabend fällt.

(6) Ist eine Frist nach Stunden bestimmt, werden Sonntage, gesetzliche Feiertage oder Sonnabende mitgerechnet.

(7) [1]Fristen, die von einer Behörde gesetzt sind, können verlängert werden. [2]Sind solche Fristen bereits abgelaufen, können sie rückwirkend verlängert werden, insbesondere wenn es unbillig wäre, die durch den Fristablauf eingetretenen Rechtsfolgen bestehen zu lassen. [3]Die Behörde kann die Verlängerung der Frist nach § 32 mit einer Nebenbestimmung verbinden.

Literatur:

Loytved: Kann die Zustellung eines Widerspruchbescheides mittels eingeschriebenen Briefes auf einen Sonnabend, Sonntag oder gesetzlichen Feiertag fallen?, SGb 1997, 253; *Pickel*: Fristen, Termine und Wiedereinsetzung, SGb 1998, 93; *Volbers*: Grundzüge der Fristenberechnung, DOK 1980, 594; *ders*: Fristenberechnung – neue Rechtsgrundlagen im Sozialgesetzbuch, DOK 1983, 418; *ders*: Neue Fristen im Leistungsrecht der gesetzlichen Kranken- und Pflegeversicherung, WzS 2000, 257.

1. Allgemeines

1   § 26 ist mit dem für das allgemeine Verwaltungsverfahren geltenden § 31 VwVfG identisch. Das Prozessrecht enthält allgemeine Vorschriften über Fristen in den §§ 64–66 SGG (Anhang Rz 75 ff).

2   Fristen und Termine dienen dem **allgemeinen Zweck, Rechtslagen zeitnah und rechtssicher herbeizuführen.** Aufgrund ihrer Abgrenzungsfunktion nehmen sie unterschiedliche Ergebnisse mit teilweise erheblichen Auswirkungen bis zur Ablehnung eines Anspruchs in Kauf, selbst wenn sie nur um ein Geringes überschritten werden. In diesen Fällen häufig vorgetragene Hinweise auf unbillige

Härten oder Treu und Glauben bleiben idR ohne Relevanz (*BSG* 21.7.1976 – 5/12 RJ 82/75, SozR 5420 § 95 Nr 3).

§ 26 bestimmt einheitlich für das **gesamte sozialversicherungsrechtliche Verwaltungsverfahren** die Handhabung von Fristen und Terminen. Dazu zählen nicht nur **Verfahrensfristen**, sondern auch die **materiellen Fristen** wie etwa Antragsfristen (zB §§ 99 SGB VI, 19 SGB IV), Leistungsfristen (zB §§ 99 SGB VI, 46 SGB V), Wartefristen (zB §§ 50 SGB VI, 142 SGB III) aber auch Verjährungsfristen (zB § 45 SGB I). Fristen sind entweder gesetzlich vorgegeben (**gesetzliche Fristen**), vertraglich vereinbart oder von den Beh gesetzt (**behördliche Fristen**). Die Unterscheidung ist zB wichtig für die Frage, ob Wiedereinsetzung in den vorigen Stand gewährt werden kann (§ 27 Abs 1).   3

Die **Begriffe** Fristen und Termine werden von § 26 als bekannt vorausgesetzt. **Frist** ist eine abgrenzbare bestimmte oder bestimmbare (nicht notwendig zusammenhängende – zB Wartezeiten nach dem SGB VI –) Zeitspanne zwischen zwei oder mehreren Zeitpunkten (vgl *BSG* 27.6.1961 – 3 RK 64/58, BSGE 14, 273). **Termin** ist ein im Voraus bestimmter Zeitpunkt, an dem etwas geschehen soll oder eine Wirkung eintritt (zur Definition der Begriffe vgl auch Hk-VerwR/VwVfG/*Schwarz* § 31 VwVfG Rz 6; *Vogelgesang* in Hauck/Noftz § 26 SGB X Rz 5, 6). Fristen werden berechnet, Termine bestimmt (§ 26 Abs 1).   4

2. Regelungsinhalt

2.1. Grundsätze, Abs 1-4

Grundlage der Berechnung und Bestimmung von Fristen und Terminen sind, entsprechend langjähriger Verwaltungsübung vor Inkrafttreten des SGB X, die §§ 187–193 BGB.   5

2.1.1. Fristbeginn

Regelungen zum Fristbeginn enthält **§ 187 BGB.** Im Grundsatz gilt danach die Zivilkomputation, dh es wird nur nach **vollen Tagen** gerechnet (anders die nicht dem BGB entsprechende Naturalkomputation, die auf den genauen Zeitpunkt des den Fristbeginn auslösenden Umstandes abstellt; zB Geburt am 27.1.2012 um 6:45 Uhr). **§ 26 Abs 2 ergänzt** diese Regelung **für behördliche** Fristen (Rz 8).   6

§ 187 Abs 1 BGB lautet:

Ist für den Anfang einer Frist ein Ereignis oder ein in den Lauf eines Tages fallender Zeitpunkt maßgebend, so wird bei der Berechnung der Frist der Tag nicht mitgerechnet, in welchen das Ereignis oder der Zeitpunkt fällt.

Hierunter fallen etwa die Fälle der Fristberechnung nach dem Ereignis der Zustellung zB eines Bescheides. Der Tag der Zustellung, etwa der 05.03., zählt danach nicht mit, die Frist beginnt am 06.03. zu laufen (zu beachten ist allerdings in diesem Zusammenhang zB § 37 Abs 2 SGB X mit der Fiktion der Bekanntgabe eines postalisch beförderten oder elektronisch übermittelten VA).

§ 187 Abs 2 BGB bestimmt abweichend von der Regel seines Abs 1:   7

Ist der Beginn eines Tages der für den Anfang einer Frist maßgebende Zeitpunkt, so wird dieser Tag bei der Berechnung der Frist mitgerechnet. Das Gleiche gilt von dem Tag der Geburt bei der Berechnung des Lebensalters.

Hierunter fallen eine Vielzahl sozialrechtlicher Regelungen, die Folgen an Beschäftigungsverhältnisse knüpfen, wie zB Beginn der Mitgliedschaft Versicherungspflichtiger oder freiwilliger Mitglieder in der GKV (§ 186 Abs 1 SGB V: Beginn mit dem Tag des Eintritts in das Beschäftigungsverhältnis; § 188 Abs 1 SGB V: Beginn mit dem Tag des Beitritts). Auch der Tag des Beginns der Arbeitsunfähigkeit wird bei der Berechnung der Dreijahresfrist (sog Blockfrist) einbezogen, dies allerdings schon, weil in § 48 Abs 1 Satz 1 SGB V so ausdrücklich bestimmt (*Brandts* in KassKomm § 48 SGB V Rz 21). Die Sonderregelung des § 187 Abs 2 Satz 2 BGB (Tag der Geburt zählt ab 00:00 Uhr mit) hat insbesondere bei altersabhängigen Sozialleistungen Bedeutung (§§ 35, 235 SGB VI: Altersrente ab Vollendung des 65. Lebensjahres iVm allerdings § 99 SGB VI).

8 **Fristen** können auch **von Behörden** gesetzt werden, entweder aufgrund spezialgesetzlicher (zB § 14 Satz 1 SGB X) oder allgemeiner Ermächtigung, das Verfahren nach pflichtgemäßem Ermessen zu gestalten. Eine solche Frist beginnt nach **§ 26 Abs 2** grundsätzlich entsprechend § 187 Abs 1 BGB, also mit dem darauf folgenden Tage, außer wenn den Betroffenen etwas anderes mitgeteilt wurde. Die Fristsetzung erfolgt durch VA, wenn wie bei § 14 daran bestimmte Rechtsfolgen geknüpft werden (*Franz* in juris-PK-SGB X § 26 Rz 20). Eine isolierte Anfechtung ist aber nicht möglich (*von Wulffen* in von Wulffen SGB X § 26 Rz 6; Hk-VerwR/VwVfG/*Schwarz* § 31 VwVfG Rz 16 unter Hinweis auf § 44 a VwGO).

2.1.2. Fristende

9 Zum Fristende bestimmt § 188 BGB:

(1) Eine nach Tagen bestimmte Frist endigt mit dem Ablaufe des letzten Tages der Frist.

(2) Eine Frist, die nach Wochen, nach Monaten oder nach einem mehrere Monate umfassenden Zeiträume – Jahr, halbes Jahr, Vierteljahr – bestimmt ist, endigt im Falle des § 187 Abs 1 mit dem Ablauf desjenigen Tages der letzten Woche oder des letzten Monats, welcher durch seine Benennung oder seine Zahl dem Tage entspricht, in den das Ereignis oder der Zeitpunkt fällt, im Falle des § 187 Abs 2 mit dem Ablaufe desjenigen Tages der letzten Woche oder des letzten Monats, welcher dem Tage vorhergeht, der durch seine Benennung oder seine Zahl dem Anfangstag der Frist entspricht.

(3) Fehlt bei einer nach Monaten bestimmten Frist in dem letzten Monat der für ihren Ablauf maßgebende Tag, so endigt die Frist mit dem Ablaufe des letzten Tages dieses Monats.

10 Bei den **Tagesfristen** ist dabei zu unterscheiden, ob Kalendertage (also einschl Sonn- und Feiertagen) oder Werktage gemeint sind. Eine Frist von 8 Tagen kann zwar nach dem allgemeinen Sprachgebrauch den Zeitraum einer Woche bedeuten, wird diese Frist jedoch in einer behördlichen Verfügung gesetzt, bedeutet sie auch 8 volle Tage (*Palandt/Ellenberger* BGB § 188 Rz 1). Bei den **längeren Fristen** des § 188 Abs 2 BGB ist zu unterscheiden, ob ein Fall des § 187 Abs 1 BGB (§ 188 Abs 2 Alt 1 BGB) oder ein Fall des § 187 Abs 2 BGB (§ 188 Abs 2 Alt 2 BGB) vorliegt. Beispiel der 1. Alt: Das maßgebende Ereignis fällt auf den 05.03., das Ende einer Monatsfrist fällt auf den 05.04. Fehlt ein entsprechender Monatstag, endet die Frist nach § 188 Abs 3 BGB mit dem Ablauf des letzten Tages dieses Monats (Fristbeginn 31.03., Fristende 30.04.). Das gilt aber nicht umgekehrt (Fristbeginn 30.04., Fristende 30.05. – *Palandt/Ellenberger* BGB § 188 Rz 2 mwN). Beispiel der 2. Alt des § 188 Abs 2 BGB: Fristbeginn mit Beginn des 05.03., das Ende der Monatsfrist fällt auf das Ende des 04.04. (*Kesseler* in Prütting/Wegen/Weinreich, BGB-Kommentar § 188 Rz 3).

Eine Regelung zur **Fristberechnung** von § 188 BGB abweichender Fristen und eine Erläuterung einiger in § 188 BGB aufgeführter Fristen enthält § 189 BGB. Dieser bestimmt: **11**

(1) Unter einem halben Jahre wird eine Frist von 6 Monaten, unter einem Vierteljahre eine Frist von 3 Monaten, unter einem halben Monat eine Frist von 15 Tagen verstanden.

(2) Ist eine Frist auf einen oder mehrere ganze Monate und einen halben Monat gestellt, so sind die 15 Tage zuletzt zu zählen.

Eine Frist von 4 Wochen gilt grundsätzlich nicht als Monatsfrist (*Palandt/Ellenberger* BGB § 189 Rz 1).

§ 191 BGB enthält eine Ergänzung zu § 188 BGB: **12**

Ist ein Zeitraum nach Monaten oder nach Jahren in dem Sinne bestimmt, dass er nicht zusammenhängend zu verlaufen braucht, so wird der Monat zu 30, das Jahr zu 365 Tagen gerechnet.

Beispiele sind etwa die Bestimmung der Berechtigung zum Beitritt in die KV (§ 9 SGB V) oder die Anwartschaftszeit in der Arbeitslosenversicherung (§ 142 SGB III).

Eine weitere gesetzliche Auslegungsregelung zu § 188 BGB enthält § 192 BGB: **13**

Unter Anfang des Monats wird der erste, unter Mitte des Monats der 15., unter Ende des Monats der letzte Tag des Monats verstanden.

Eine entsprechende Auslegungsregelung zu **Wochen** gibt es nicht. Beginn der Woche ist im Zweifel Montag, Mitte der Woche Mittwoch und Ende der Woche bei Kalendertagen Sonntag, bei Werktagen Sonnabend und bei Arbeitstagen im Zweifel Freitag (vgl *Palandt/Ellenberger* BGB § 192 Rz 1; *Vogelgesang* in Hauck/Noftz SGB X § 26 Rz 25).

Sonderregelungen zum Fristende enthalten §§ 26 Abs 3 ff SGB X und 193 BGB **14** (Rz 16).

2.1.3. Fristverlängerung

Gesetzliche Fristen können – soweit das Gesetz nicht selbst eine Verlängerung **15** vorsieht – grundsätzlich nicht verlängert werden, behördliche hingegen schon (Abs 7 Rz 22). Wie Fristen bei einer ausnahmsweisen Fristverlängerung berechnet werden, regelt § 190 BGB der lautet:

Im Falle der Verlängerung einer Frist wird die neue Frist von dem Ablauf der vorigen Frist an berechnet.

Sonderregelungen zur Fristverlängerung (besser: **zum Fristende**) enthalten **16** §§ 193 BGB und 26 Abs 3 ff SGB X. § 193 BGB lautet:

Ist an einem bestimmten Tag oder innerhalb einer Frist eine Willenserklärung abzugeben oder eine Leistung zu bewirken und fällt der bestimmte Tag oder der letzte Tag der Frist auf einen Sonntag, einen am Erklärungs- oder Leistungsort staatlich anerkannten allgemeinen Feiertag oder einen Sonnabend, so tritt an die Stelle eines solchen Tages der nächste Werktag.

Diese Regelung gilt für Fristen und Termine gleichermaßen. Was ein staatlich **17** anerkannter allgemeiner **Feiertag** ist, richtet sich nach Bundesrecht und den Vorschriften des Landesrechts, die am Erklärungs- oder Leistungsort gelten (*Vogelgesang* in Hauck/Noftz SGB X § 26 Rz 26). Um **keine Feiertage** handelt es sich grundsätzlich bei den **24. und 31. Dezember** (*HmbOVG* 9.2.1993 – Bs VI 4/93, NJW 1993, 1941; *VGH BW* 24.11.1986 – 1 S 1106/86, NJW 1987, 1353).

18 **§ 26 Abs 3 Satz 1 erweitert** die Anwendung des § 193 BGB auf **alle Fristen** im Anwendungsbereich des SGB, allerdings beschränkt auf das Ende einer Frist (*LSG Hmb* 18.10.2004 – L 5 AL 50/02, nv). Die Norm findet keine Anwendung auf die Regelung des § 4 Abs 2 Satz 2 VwZG, nach der ein durch die Post mittels Einschreiben zugestelltes Dokument am dritten Tag nach der Aufgabe zur Post als zugestellt gilt, es sei denn, dass es nicht oder zu einem späteren Zeitpunkt zugegangen ist; im Zweifel hat die Behörde den Zugang und dessen Zeitpunkt zu beweisen. Gleiches gilt für die an § 4 VwZG angelehnte Bestimmung des § 37 Abs 2 SGB X (vgl § 37 Rz 11). Denn § 4 Abs 1 VwZG (und § 37 Abs 2 SGB X) bestimmt eindeutig den Zeitpunkt der Bekanntgabe und regelt keine „Frist", die am dritten Tag nach der Aufgabe des Widerspruchsbescheides zur Post endet, sondern den (vermuteten) Tag der Bekanntgabe, also einen unabänderbaren Zeitpunkt bzw ein Ereignis oder einen Termin im Sinne von § 187 Abs 1 BGB. Er enthält im Gegensatz zur Frist keine Zeitspanne, innerhalb der ein Tätigwerden erforderlich würde (*BSG* 9.12.2008 – B 8/9 b SO 13/07 R, mwN). Ebenso scheidet eine entsprechende Anwendung des § 26 Abs 3 Satz 1 SGB X aus, weil diese Regelung allein Fristen vorbehalten ist und auch ihr Schutzzweck keine ausweitende Anwendung verlangt. Der Adressat eines Verwaltungsaktes oder eines Widerspruchsbescheides muss nämlich nicht spätestens am dritten Tag nach Aufgabe zur Post eine bestimmte Handlung vornehmen, wie dies bei dem Ausschöpfen einer Frist an deren Ende der Fall wäre (*BSG* aaO; *OVG Münster* 7.3.2001 – 19 A 4216/99, NVwZ 2001, 1171; *Pattar* in jurisPK-SGB X, § 37 Rz 97 mwN). Mit dieser Auslegung setzt sich das *BSG* allerdings in Widerspruch zu der Rspr des *BFH* (14.10.2003 – IX R 68/98, BFHE 203, 26 ff mit umfassenden Nachw aus Rspr und Lit; seither ständige Rspr unter Aufgabe der bisherigen; so auch *Recht* in Hauck/Noftz 37 Rz 16) zum § 122 Abs 2 Nr 1 AO, der ebenfalls die 3-Tages Fiktion beinhaltet. Nach dem *BFH* verlängert sich diese „Frist", wenn ihr Ende auf einen Sonntag fällt. Die Begründung, mit der das *BSG* ein Abweichen der Rspr und damit die Notwendigkeit einer Anrufung des Gemeinsamen Senats (vgl Anhang Rn 15) verneint, überzeugt dabei nicht. Denn der *BFH* hat seine Argumentation nicht nur auf die Regelungen der AO bezogen, sondern auch auf die entsprechenden Vorschriften in den anderen Verfahrensordnungen wie SGB X und VwVfG Bezug genommen. Außerdem hat sich der BFH gegen die Auffassung gewandt, dass die 3-Tages Fiktion keine Frist sei. Allerdings hätte es bereits nahegelegen, dass der *BFH* eine Entscheidung des Gemeinsamen Senats herbeigeführt hätte, da er von der (zudem vom *BFH* zitierten) Entscheidung des *BSG* (19.3.1957 – 10 RV 609/56, BSGE 5, 53) abwich. Das *BSG* hat seine Auffassung in einem späteren Urteil (6.5.2010 – B 14 AS 12/09 R, SozR 4-1300 § 37 Nr 1) bestätigt.

19 **Abs 3 Satz 2 beschränkt** § 193 BGB und Satz 1, setzt aber voraus, dass der Betroffene auf Satz 1 hingewiesen wurde. Die Bedeutung des Satzes 2 für das Sozialrecht ist allerdings gering (*von Wulffen* in v. Wulffen SGB X § 26 Rz 8).

20 Abweichend von § 26 Abs 3 bestimmt **Abs 4** für den Fall einer Leistungserbringung durch eine Behörde (zB Zahlung von Krg), dass der Zeitraum auf einen Sonntag, gesetzlichen Feiertag oder Sonnabend enden kann, wenn er auf diesen Tag fällt.

2.2. Sonderregelungen, Abs 5–7

Ähnliches wie § 26 Abs 4 bestimmt dessen **Abs 5** bezogen auf von der Behörde **21** gesetzte **Termine**. Anders als nach Abs 3 Satz 2 besteht keine besondere Hinweispflicht der Behörde. Ob diese die Befugnis zu einer solchen Terminbestimmung hat, folgt nicht aus § 26, sondern ergibt sich aus dem materiellen Recht. Die sozialrechtliche Relevanz der Regelung wird eher gering sein, da eine Terminbestimmung auf solche Tage grundsätzlich ermessensfehlerhaft wäre (für das Verwaltungsrecht s Hk-VerwR/VwVfG/*Schwarz* § 31 Rz 29).

Kaum eine Rolle dürfte auch **Abs 6** spielen, der die Bestimmung von sehr selte- **22** nen **Stundenfristen** in Bezug auf Sonn- und gesetzlichen Feiertage sowie Sonnabende regelt.

Abs 7 enthält eine besondere Regelung für die **Verlängerung behördlicher Fris-** **23** **ten**. Der Anwendungsbereich ist umfassend, da zB auch **behördliche Ausschlussfristen** von dieser Verlängerungsmöglichkeit **erfasst** sind, und zwar auch rückwirkend (*BSG* 16.10.1986 – 12 RK 30/86, SozR 5750 Art 2 § 51a Nr 66). Der Verlängerungsmöglichkeit kommt insbesondere deshalb eine besondere Bedeutung zu, weil es bei der Versäumung einer behördlichen Frist keine Wiedereinsetzung in den vorigen Stand nach § 27, der sich lediglich auf gesetzliche Fristen bezieht, gibt. Die Verlängerung liegt im **Ermessen** („... können verlängert...") der Behörde (*BSG* 19.10.2011 – B 6 KA 20/11 R, SozR 4-2500 § 103 Nr 10), das sich daran orientiert, ob ausnahmsweise außergewöhnliche Umstände vorgetragen oder ersichtlich sind (vgl *BayLSG* 10.3.2015 – L 12 KA 68/14, NZS 2015, 515). Vorschriften wie § 35 Abs 1 (Begründungspflicht) sind zu beachten. Von einem Ermessensfehler wird dann regelmäßig auszugehen sein, wenn Umstände vorliegen, die nach § 27 zu einer Wiedereinsetzung führen würden (*Vogelgesang* in Hauck/Noftz § 26 SGB X Rz 38; vgl *BSG* 16.10.1986 – 12 RK 30/86, SozR 5750 Art 2 § 51a Nr 66; Hk-VerwR/VwVfG/*Schwarz* § 31 Rz 31). Abs 7 Satz 3 (Verbindung mit einer Nebenbestimmung) hat neben § 32, der analog auch für Fristverlängerungen gilt, die keine VA sind, lediglich klarstellende Bedeutung. Fristverlängerungen nach Abs 7 können grundsätzlich auch rückwirkend erfolgen (Hk-VerwR/VwVfG/*Schwarz* § 31 Rz 32).

§ 27 Wiedereinsetzung in den vorigen Stand

(1) [1]War jemand ohne Verschulden verhindert, eine gesetzliche Frist einzuhalten, ist ihm auf Antrag Wiedereinsetzung in den vorigen Stand zu gewähren. [2]Das Verschulden eines Vertreters ist dem Vertretenen zuzurechnen.

(2) [1]Der Antrag ist innerhalb von zwei Wochen nach Wegfall des Hindernisses zu stellen. [2]Die Tatsachen zur Begründung des Antrages sind bei der Antragstellung oder im Verfahren über den Antrag glaubhaft zu machen. [3]Innerhalb der Antragsfrist ist die versäumte Handlung nachzuholen. [4]Ist dies geschehen, kann Wiedereinsetzung auch ohne Antrag gewährt werden.

(3) Nach einem Jahr seit dem Ende der versäumten Frist kann die Wiedereinsetzung nicht mehr beantragt oder die versäumte Handlung nicht mehr nachgeholt werden, außer wenn dies vor Ablauf der Jahresfrist infolge höherer Gewalt unmöglich war.

(4) Über den Antrag auf Wiedereinsetzung entscheidet die Behörde, die über die versäumte Handlung zu befinden hat.

(5) Die Wiedereinsetzung ist unzulässig, wenn sich aus einer Rechtsvorschrift ergibt, dass sie ausgeschlossen ist.

Literatur:

Born: Die Rechtsprechung des BGH zur Wiedereinsetzung in den vorigen Stand, NJW 2009, 2179; *Kummer:* Die Wiedereinsetzung in den vorigen Stand nach § 67 SGG und SGB X, DAngVers 1991, 234, 303, 416; *Marburger:* Wiedereinsetzung in den vorigen Stand im sozialrechtlichen Verwaltungsverfahren, ZAP Fach 18, 543; *Pickel:* Fristen, Termine und Wiedereinsetzung, SGb 1998, 93.

1. Allgemeines

1 § 27 ist mit dem für das allgemeine Verwaltungsverfahren geltenden § 32 VwVfG wortgleich. Die für das Prozessrecht einschließlich des Widerspruchsverfahrens geltende Vorschrift über die Wiedereinsetzung ist § 67 SGG, zu der aber einige **Unterschiede** bestehen (vgl auch Anhang Rz 82). So spricht § 27 von gesetzlichen Fristen, § 67 SGG von gesetzlichen Verfahrensfristen, nach § 27 ist die Wiedereinsetzung innerhalb von 2 Wochen, nach § 67 SGG binnen eines Monats nach Wegfall des Hindernisses zu beantragen und nach § 27 Abs 2 „sind" die Tatsachen zur Begründung des Antrags glaubhaft zu machen, nach § 67 Abs 2 SGG „soll" dies nur gemacht werden. Die Regelung des § 27 Abs 5 fehlt im § 67 SGG völlig. Zwar bestimmt § 27 Abs 1 anders als § 67 SGG ausdrücklich, dass das Verschulden eines **Vertreters** dem Vertretenen zuzurechnen ist, das gilt nach § 67 SGG aber nach allgemeiner Ansicht auch.

2 Neben den allgemeinen Wiedereinsetzungsbestimmungen der § 27 SGB X und § 67 SGG gibt es auch **spezialgesetzliche Ausprägungen** des Rechtsinstituts der Wiedereinsetzung. Um eine solche handelt es sich etwa bei **§ 324 Abs 3 Satz 2 SGB III**, nach der ein Arbeitnehmer bei von ihm nicht zu vertretener Säumnis der (2-monatigen) Antragsfrist für InsG den Antrag innerhalb von 2 Monaten nach Wegfall des Hinderungsgrundes noch stellen kann. Ihre Regelungen verdrängen die der allgemeinen Wiedereinsetzungen (*BSG* 8.2.2007 – B 7 a AL 22/06 R, SozR 4-4300 § 324 Nr 3 mwN). Fehlt es hingegen an näheren Regelungen, können bei der Anwendung dieser Bestimmung die Rechtsgrundsätze herangezogen werden, die die Rspr zur Wiedereinsetzung entwickelt hat (zum Verschulden der Säumnis *BSG* 18.1.1990 – 10 RAr 14/89, nv).

3 Die Ordnungsfunktion der Fristen sowie ihre Bedeutung für die Rechtssicherheit (§ 26 Rz 2) hat zugunsten der materiellen Gerechtigkeit bei Realisierung des Anspruchs auf rechtliches Gehör zurückzutreten, wenn es dem Bürger aus unverschuldeten Gründen nicht möglich war, eine Frist einzuhalten. Betroffen werden damit grundrechtsrelevante Bereiche (Art 19 Abs 4, 103 Abs 1 GG) einschließlich des Anspruchs auf ein faires Verfahren (Hk-VerwR/VwVfG/*Schwarz* § 32 VwVfG Rz 2), warum die Vorschrift in Zweifelsfällen auch extensiv ausgelegt werden sollte (*BVerfG* 2.7.1974 – 2 BvR 32/74, BSGE 38, 35). Damit dient die Wiedereinsetzung gleichzeitig der Effektuierung des Grundrechtsschutzes, der Einzelfallgerechtigkeit, der Rechtssicherheit und des Rechtsfriedens (Hk-VerwR/VwVfG/*Schwarz* § 32 VwVfG Rz 2). Allerdings ist die Fol-

ge eines Fristversäumnisses im Sozialrecht häufig nicht so gravierend wie in anderen Rechtsgebieten, da in vielen Fällen eine neue Sachentscheidung nach § 44 SGB X beantragt werden kann.

Folge einer Wiedereinsetzung ist, dass der Betroffene so gestellt wird, als hätte er die fragliche Handlung fristgemäß vorgenommen. Daher gehört zum Antrag, Wiedereinsetzung zu gewähren, auch das Nachholen der versäumten Handlung (§ 27 Abs 2 Satz 3).

4

2. Regelungsinhalt

2.1. Gesetzliche Fristen

Fristen sind abgrenzbare bestimmte oder bestimmbare (nicht notwendig zusammenhängende – zB Wartezeiten im SGB VI –) Zeitspannen zwischen zwei oder mehreren Zeitpunkten (§ 26 Rz 4). Dem entspricht bereits die 3-Tages-Fiktion der Bekanntgabe eines Verwaltungsaktes nach § 37 Abs 2 Satz 1 SGB X nicht (vgl § 26 Rn 18), so dass eine Wiedereinsetzung nicht in Betracht kommt. Auch auf die Antragsfrist des § 37 Abs 2 Satz 1 SGB II findet § 26 SGB X deshalb keine Anwendung (*LSG NRW* 17.4.2008 – L 9 AS 69/07, nv; *LSG BW* 26.11.2008 – L 2 AS 6052/07, nv). **Gesetzliche Fristen** ergeben sich aus formellem Gesetz, Rechtsverordnung oder Satzung. Erfasst werden, anders als bei § 67 SGG, **Verfahrens- und materiellrechtliche Fristen** (*BSG* 23.1.2008 – B 10 EG 6/07 R, SozR 4-7833 § 4 Nr 1). Allerdings kann die Wiedereinsetzung auch durch Rechtsvorschriften nach **§ 27 Abs 5** ausgeschlossen sein, entweder ausdrücklich, oder nach Sinn und Zweck der Vorschrift, die durch Auslegung zu ermitteln sind. Das ist etwa dann der Fall, wenn die Regelung mit der Einhaltung der Frist „steht und fällt" (*BSG* 23.1.2008 – B 10 EG 6/07 R, SozR 4-7833 § 4 Nr 1). Nicht ausreichend für den Ausschluss ist damit, dass die Norm begrifflich den sog **Ausschlussfristen** zugerechnet wird (zB § 25 Abs 6 BAföG: *VG Trier* 29.1.2009 – 2 K 699 /08. TR, nv; § 4 Abs 2 Satz 3 BErzGG: *BSG* 23.1.2008 – B 10 EG 6/07 R, SozR 4-7833 § 4 Nr 1 auch unter Hinweis auf Nr 4.2.1 der Richtlinien des Bundesministeriums für Familie, Senioren, Frauen und Jugend zur Durchführung des BErzGG, abgedruckt bei Hambüchen, BEEG, EStG, BKGG, Stand 7/07, „Verwaltungsvorschriften"; *LSG BW* 16.12.1997 – L 1 Eg 1219/97, nv; § 7 Abs 1 BEEG: Anm 7.1 der Richtlinien zum BEEG des BMFSFJ; § 1418 RVO: *BSG* 22.10. 1996 – 13 RJ 69/95, SozR 3-1200 § 14 Nr 22, jetzt ausdrücklich in § 140 Abs 3 SGB VI). Auch diese sind insoweit einer inhaltlichen Prüfung hinsichtlich des Inhalts der Fristsetzung und ihres Zwecks zugänglich (*Vogelgesang* in Hauck/Noftz SGB X § 27 Rz 29; *Mutschler* in KassKomm SGB X § 27 Rz 5 mwN und in Rz 6 mit umfassenden Beispielen für Ausschluss bzw Nichtausschluss von Wiedereinsetzungen). Allerdings ist in der Bezeichnung einer Frist als Ausschlussfrist ein Indiz dafür zu sehen, dass eine Wiedereinsetzung ausgeschlossen ist. Das gilt nach der Rechtsprechung des BSG insbesondere dann, wenn der Begriff in einem Gesetz verwendet wird, das nach Inkrafttreten des SGB X am 1.1.1981 erlassen worden ist und in dem sich der Antrag nur auf Leistungen für die Vergangenheit beziehen kann, die Fristversäumnis also stets zum Verlust des gesamten Anspruchs führt und es gleichgültig ist, ob die Frist als Verfahrens- oder als materielle Frist angesehen wird (*BSG* 5.2.2004 – B 11 AL 47/03 R, SozR 4-4300 § 325 Nr 1; *LSG BW* 16.2.2011 – L 3 AL 2195/10, nv). Für die **Antragsfrist auf Wintergeld nach § 325 Abs 4 Satz 1 SGB 3** haben das *BSG* und das *LSG BW* dies in den zitierten Entscheidungen bejaht. Ggf ist der Wille des Gesetzgebers zu erforschen (*BSG* 21.2.1991 – 7 RAr 74/89, SozR 3-4100 § 81 Nr 1). Auch in der

5

Antragsfrist des § 4 Abs 2 SGB VI sieht die hM eine Ausschlussfrist iSd Abs 5 (Nachweise bei *BSG* 26.4.2005 – B 5 RJ 6/04 R, SozR 4-2600 § 4 Nr 2). Das *HessLSG* (28.3.2008 – L 5 R 22/06 KN, NZS 2009, 224) verneint die Möglichkeit der Wiedereinsetzung für die Gewährung des Beitragszuschusses zu den Aufwendungen zur Kranken- bzw Pflegeversicherung, wenn dieser nicht in der Frist des § 99 **Abs 1 Satz 1 SGB VI** beantragt wurde, und das *LSG Bln-Bbg* (19.12.2007 – L 9 KR 167/02, nv) sieht in der Jahresfrist des § 27 **Abs 3 SGB X** selbst eine absolute Zeitgrenze und damit endgültige Ausschlussfrist, die nur in dem dort geregelten Fall der höheren Gewalt verlängert werden kann.

6   Wird eine behördliche gesetzte Frist versäumt, kommt keine Wiedereinsetzung nach § 27 in Betracht, sondern eine ggf rückwirkende Fristverlängerung nach § 26 Abs 7. Liegen jedoch die Voraussetzungen für eine Wiedereinsetzung nach § 27 vor, ist aber grundsätzlich eine Ablehnung der Fristverlängerung durch die Behörde als ermessensfehlerhafte Entscheidung rechtswidrig (vgl § 26 Rz 23).

2.2. Fristversäumnis

7   Weitere Voraussetzung für die Wiedereinsetzung ist das Versäumen gesetzlicher Fristen, dh die nicht rechtzeitige Vornahme der Frist wahrenden Rechtshandlung, aber auch die zwar rechtzeitige gleichwohl rechtsunwirksame und damit unzulässige Vornahme der Verfahrenshandlung (*Marschner* in Pickel SGB X § 32 Rz 4). Dazu gehört zunächst die genaue Bestimmung der Frist, ohne die eine Säumnis nicht festzustellen ist. So ist ein Wiedereinsetzungsantrag mangels Fristversäumnis nicht erforderlich, wenn ein Antrag zwar nicht in der gesetzlich gebotenen Antragsfrist bei der für die Bearbeitung zuständigen Behörde eingegangen ist, aber bei einem anderen Leistungsträger usw iSd § 16 Abs 1 Satz 2 SGB I, wie aus Abs 2 Satz 2 dieser Vorschrift folgt. Auch die Beachtung der Zugangsfiktion von § 37 Abs 2 für postalisch übermittelte VA kann zur Fristwahrung etwa eines Antrags führen.

2.3. Ohne Verschulden

8   Zentrales Element und Voraussetzung der Wiedereinsetzung ist das Fristversäumnis ohne Verschulden. Definiert wird dieses Erfordernis zunächst unter Anlehnung an § 276 BGB mit der Beachtung der Sorgfalt, die einem im Verwaltungsverfahren gewissenhaft Handelnden nach den Umständen des Falles abzufordern ist (vgl *von Wulffen* in von Wulffen SGB X § 27 Rz 6; *Vogelgesang* in Hauck/Noftz SGB X § 27 Rz 13). Beweispflichtig für fehlendes Verschulden ist dabei grundsätzlich der Betroffene. Das gilt aber nicht, wenn behördliche Maßnahmen zum Nachweis des rechtzeitigen Eingangs eines Schriftstücks versagen und der Bürger keine anderen Möglichkeiten zur Glaubhaftmachung hat (*BVerfG* 26.3.1997 – 2 BvR 842/96, NJW 1997, 1770, 1771: fehlende Aufbewahrung eines Briefumschlags durch ein Gericht). Konkret bestimmt hat sich das Erfordernis des fehlenden Verschuldens an einer Vielzahl von Gerichtsentscheidungen, auch zu den Parallelvorschriften §§ 32 VwVfG, 67 SGG und 60 VwGO. Abweichend von § 276 BGB ist das Verschulden nach § 27 zu **individualisieren,** dh auf die Fähigkeiten des Einzelnen (zB Geisteszustand, Alter, Bildungsgrad und Geschäftsgewandtheit) abzustellen (*BSG* 2.2.2006 – B 10 EG 9/05 R, SozR 4-1300 § 27 Nr 2; *Kummer* DAngVers 1991, 234 [237] mit umfangreichen Nachweisen in Fn 50).

9   An die Unverschuldetheit der Säumnis dürfen keine überzogenen Anforderungen gestellt werden (*BVerfG* 2.7.1974 – 2 BvR 32/74, BVerfGE 38, 35; *BSG*

10.12.1974 – GS 2/73, BSGE 38, 248). Gleichwohl ist von einem **Verschulden** in folgenden Fällen im Grundsatz (Ausnahme bei besonderen Fallkonstellationen) ausgegangen worden: **Arbeitsüberlastung** (*BFHE* 22.2.1968 – V R 130/67, BFHE 91, 303); **Fehladressierung** ohne Grund (*BVerfG* 4.12.1979 – 2 BvR 376/77, BVerfGE 53, 25) oder **unzureichende Frankierung** (Hk-VerwR/VwVfG/ *Schwarz* § 32 VwVfG Rz 19); davon gibt es grundsätzlich auch keine Ausnahme in einer unvorhersehbar aufgetretenen Stresssituation (*BGH* 1.2.2012 – XII ZB 298/11, MDR 2012, 621); unsorgfältige Auswahl, Belehrung oder Überwachung von **Hilfspersonen** (*BSG* 18.3.1987 – 9 b RU 8/86, BSGE 61, 213); **kein Briefkasten** (*Vogelgesang* in Hauck/Noftz § 27 SGB X Rz 14); **überlanger Urlaub** (zB über ca. 6 Wochen – Einzelfall!); **Vergessen** der Frist (*BGH* 17.9.1964 – VIII ZB 26/64, NJW 1964, 2302; kurz vor Fristende besteht Pflicht zur besonderen Aufmerksamkeit – *BFH* 11.12.1986 – IV R 184/84, BFHE 148, 422); **Krankheit, wenn notwendige Handlungen selbst vorgenommen oder veranlasst werden können** (*LSG Nds* 9.2.1984 – L 10 Lw 12/83, Breith 1984, 1015; *LSG Hmb* 16.1.1974 – I JBf 127/73, Breith 1974, 546); **mangelnde Deutschkenntnisse** verpflichten grundsätzlich den Betroffenen, die Übersetzung zu bewirken (*BSG* 14.6.1988 – 7 BAr 58/88, SozR 1500 § 67 Nr 21). Gleiches gilt für **mangelnde Rechtskenntnisse.** Zu den Sorgfaltspflichten gehört es, dass ein rechtsunkundiger Beteiligter sich bei einem Rechtskundigen Rat holt (*BVerwG* 7.10.2009 – B 83/09, DVBl 2009, 1529; *BSG* 5.11.1964 – 10 RV 504/64, KOV 1966, 93 f). **Dabei kann es für die Bewertung einer Sorgfaltspflichtverletzung sehr auf die Umstände ankommen, wie und vom wem eventuelle Rechtsauskünfte eingeholt werden** (*BSG* 23.1.2008 – B 10 EG 6/07 R, SozR 4-7833 § 4 Nr 1). Wiedereinsetzung in den vorigen Stand kann nicht gewährt werden, wenn sich die Partei darauf beruft, eine ihr günstige Entscheidung erst nach Ablauf der Rechtsmittelfrist aufgefunden zu haben (BGH 2.4.2009 – IX ZA 6/09, NJW 2009, 2310).

Von einer **unverschuldeten Säumnis** wird man dagegen grundsätzlich in folgenden Fällen auszugehen haben: Eine **schwere Erkrankung**, die eigenes Handeln oder die Bestellung eines Bevollmächtigten ausschließt, kann eine Wiedereinsetzung rechtfertigen (Hk-VerwR/VwVfG/*Schwarz* § 32 VwVfG Rz 21). Allein die Vorlage einer Arbeitsunfähigkeitsbescheinigung zur Begründung des Wiedereinsetzungsantrags reicht aber grds nicht aus (*BVerfG* 17.7.2007 – 2 BvR 1164/07, nv); für eine unverschuldete Fristversäumung muss diese grundsätzlich plötzlich und unvorhersehbar auftreten und so schwer sein, dass es unzumutbar ist, die Frist einzuhalten oder rechtzeitig einen Vertreter zu bestellen (*BFH* 21.11.2011 – VIII B 30/11, BFH/NV 2012, 599). Eine **Postbeförderung** (grds auch durch einen privaten Kurierdienst, BGH 23.1.2008 – XII ZB 155/07, MDR 2008, 583), auf deren normale bzw auf dem Briefkasten angegebenen Laufzeiten sich der Bürger verlassen darf (*BVerfG* 3.6.1975 – 2 BvR 99/74, BVerfGE 40, 42; *BGH* 20.5.2009 – IV ZB 2/08, NJW 2009, 2379) – es spricht nicht grundsätzlich für ein Verschulden, wenn Fristen vollständig ausgenutzt werden –; **technische Pannen** kurz vor Ablauf der Frist können aber eine Wiedereinsetzung ausschließen, wenn grds mit ihnen zu rechnen ist (zB Probleme beim Faxgerät). Kommt es aber **beim elektronischen Übertragungsvorgang** (Fax) einer Rechtsmittelschrift zu **Fehlern,** die aus dem Sendeprotokoll nicht ersichtlich sind, können sie einem Beteiligten nicht als schuldhaftes Verhalten angelastet werden (*BGH* 17.1.2006 – IX ZB 4/05, NJW 2006, 1518); wird mit der Übermittlung eines fristgebundene Schriftsatzes durch Telefax allerdings erst wenige Minuten vor Fristablauf begonnen und kann eine Übertragung we-

10

gen Belegung der Leitung nicht zeitgerecht erfolgen, so liegt grds ein Verschulden vor, da der Betroffene hiermit rechnen muss (*BVerfG* 14.8.2007 – 1 BvR 1820/07); Gleiches gilt bei einer Störung (*BFH* 15.11.2012 – XI B 70/12, nv); auch muss der Absender eines Telefaxes dafür Sorge tragen, dass mit der Übermittlung so rechtzeitig begonnen wird, dass unter gewöhnlichen Umständen mit dem Abschluss des Übermittlungsvorgangs noch vor Fristablauf gerechnet werden kann (*BFH* 9.1.2012 – I B 66/11, nv); **Unfall, auch am letzten Tag der Frist, da Fristen bis zuletzt ausgenutzt werden dürfen** (*BVerfG* 3.6.1975 – 2 BvR 99/74, BVerfGE 40, 42). **Fehler** durch den eine **Niederschrift** aufnehmenden Justizbediensteten sind dem Betroffenen nicht zuzurechnen (*BVerfG* 27.9.2005 – 2 BvR 172/04, NJW 2005, 3629 ff). Auch Gesetze können die unwiderlegliche Vermutung für fehlendes Verschulden begründen, wie zB § 41 Abs 3 Satz 1 SGB X und die Vorschriften über die Folgen fehlender oder falscher Rechtsmittelbelehrung.

11   Das **Verschulden eines Vertreters** ist dem Vertretenen zuzurechnen (Abs 1 Satz 2). Näheres darüber, wer Vertreter ist, regeln die §§ 13 und 15 SGB X. Da die Vollmacht nicht zwingend schriftlich erfolgen muss, sondern eine Vollmacht nach § 133 Abs 1 Satz 2 SGB X nur auf Verlangen schriftlich nachzuweisen ist, ist dieser Umstand auch nicht Voraussetzung des § 27 Abs 1 Satz 2 (*BFH* 19.7.1984 – V R 2/84, nv; aA *Marschner* in Pickel SGB X § 27 Rz 5). Die Rspr hat als Vertreter, dessen Verschulden im Rahmen der Wiedereinsetzung in den vorigen Stand dem Vertretenen zurechenbar ist, auch solche Personen angesehen, die der Betroffene nicht beauftragt oder bevollmächtigt hatte, bestimmte Erklärungen abzugeben, sondern denen insoweit lediglich Vorbereitungshandlungen oblagen (vgl *BSG* 29.10.1992 – 10 RAr 14/91, BSGE 71, 213, 214 f). Diese Rspr beruht auf dem allgemeinen Rechtsgedanken, dass sich niemand einer Verantwortung, die ihm im Außenverhältnis obliegt, dadurch entledigen kann, dass er eigene Aufgaben einem anderen zur Erledigung überträgt. Der Klägerin wird deshalb ein Verschulden ihres Ehemannes zuzurechnen sein, wenn sie von ihm „funktional" vertreten worden ist, indem sie es – bis auf ihre eigenhändige Unterschrift – ihm überlassen hat, die Erziehungsgeldangelegenheiten der Familie zu erledigen (so ausdrücklich *BSG* 23.1.2008 – B 10 EG 6/07 R, SozR 4-7833 § 4 Nr 1, vgl dazu auch BFH/NF 1991, 502 f und zur Frage der Zurechnung bei Entgegennahme eines Schriftstücks durch den Ehegatten *LSG NRW* 20.1.2011 – L 7 AS 887/10 B, nv).

12   Bei dem Vertreter kann ein strengerer **Maßstab** als bei dem Vertretenen herangezogen werden, wenn er rechtskundig ist (*Kummer* aaO 303). Bei Anwälten kann die Kenntnis des Gesetzes vorausgesetzt werden, klüger als die Gerichte müssen sie aber auch nicht sein. So braucht ein Anwalt etwa eine Rechtsmittelbelehrung nicht auf ihre Richtigkeit näher zu untersuchen (*BGH* 23.9.1993 – LwZR 10/92, NJW 1993, 3206). Gleiches gilt grundsätzlich auch für Verbandsvertreter zB § 73 Abs 2 Satz 2 Nr 7 SGG), an die die gleichen Anforderungen wie an einen Rechtsanwalt gestellte werden müssen (*Kummer* aaO und *BSG* 23.8.1957 – 9 RV 18/56, BSGE 6, 1). Das Verschulden einer **Hilfsperson des Prozessvertreters** ist diesem und damit dem Verfahrensbeteiligten grundsätzlich nicht zuzurechnen. Jedoch obliegt dem Prozessvertreter die Pflicht, seine **Kanzleikräfte** sorgfältig auszuwählen, zu belehren und bei der Arbeit zu überwachen. Kommt er dieser Pflicht nach und geschieht gleichwohl ein Fehler mit der Folge der Fristversäumnis, besteht Anspruch auf Wiedereinsetzung. Allerdings rechtfertigt etwa der Hinweis auf ein nicht näher erläutertes Büroversehen keine Wiedereinsetzung (*BFH* 27.5.2008 – I R 11/08). Bei ersichtlich unvollständigen Angaben hat das Gericht allerdings auf eine Ergänzung hinzuweisen (*BGH* 3.4.2008 – I ZB 73/07, MDR 2008, 877). Die Häufung von Fehlern bei einem Mitarbeiter bei der Bearbeitung kann ein Indiz für ein Organisationsverschulden darstellen und damit eine Wiedereinsetzung ausschließen (*SchlHLSG* 15.9.2009 – L 5 KR 27/09 ER, nv).

2.4. Antrag

Wiedereinsetzung wird grundsätzlich nur auf Antrag gewährt (§ 27 Abs 1 **13** Satz 1). Der Antrag ist formfrei und braucht nicht ausdrücklich als ein solcher gestellt zu werden. Es reicht aus, wenn das Begehren darauf deutlich wird. Der Antrag kann auch durch das Nachholen der versäumten Handlung ersetzt werden (Abs 2 Satz 3). Dann steht die Einräumung der Wiedereinsetzung allerdings im Ermessen der Behörde („... kann... gewährt werden", Abs 2 Satz 4). Kennt die Behörde in einem solchen Fall die Umstände, die zur unverschuldeten Fristversäumung geführt haben, wird sich ihr Ermessen allerdings regelmäßig auf Null zugunsten des Betroffenen reduzieren (*Marschner* in Pickel SGB X § 27 Rz 15).

Der Wiedereinsetzungsantrag ist ebenso wie die versäumte Handlung (zB Leis- **14** tungsantrag) innerhalb von **2 Wochen nach Wegfall des Hindernisses** (zB Rückkehr aus Urlaub) zu stellen (Abs 2 Satz 1 und 3). Dabei ist der Tag des Wegfalls des Hindernisses, also der Ereignistag, nicht mitzurechnen (§§ 26 Abs 1 iVm 187 Abs 1 BGB, vgl § 26 Rz 6), für das Ende sind §§ 26 Abs 1 iVm 188 Abs 2 BGB (vgl § 26 Rz 9) maßgebend; endet die Frist an einem Sonnabend, Sonntag oder gesetzlichen Feiertag, endet sie am darauffolgenden Werktag, § 26 Abs 3. Wird die 2-Wochen-Frist ohne Verschulden überschritten, kann auch hier Wiedereinsetzung gewährt werden.

Die zur Begründung des Antrags auf Wiedereinsetzung dienenden Tatsachen **15** sind **glaubhaft** zu machen (Abs 2 Satz 2). Glaubhaftmachung setzt nicht den Vollbeweis, also die an Gewissheit grenzende Wahrscheinlichkeit, sondern die überwiegende Wahrscheinlichkeit voraus. Einzelheiten hierzu regeln die §§ 21 ff, insbesondere 23, der insoweit die Versicherungen an Eides statt neben den üblichen Beweismitteln (Zeuge, Sachverständige, Augenschein, Urkunde) zulässt und die Abnahme sowie Aufnahme der Versicherung an Eides statt näher regelt. Daneben gilt die Untersuchungsverpflichtung der Behörde (§ 20) fort. Wird etwa der Wiedereinsetzungsantrag mit der **fristgerechten Absendung** des beim Adressaten nicht eingegangenen Schriftstücks begründet, reicht zur Glaubhaftmachung nicht die anwaltliche Versicherung aus, er habe selbst das fristwahrende Schriftstück zur Post gegeben. Vielmehr bedarf es darüber hinaus zusätzlicher objektiver Beweismittel. Als solche kommen die Eintragung der Frist in ein Fristenkontrollbuch und das Festhalten der Postsendung in einem Postausgangsbuch in Betracht (*BFH* 25.5.2011 – VIII R 25/09, nv; zur anwaltlichen Sorgfaltspflicht hinsichtlich der Postausgangskontrolle s. auch *BGH* 16.2.2010 – VIII ZB 76/09, NJW 2010, 1378).

Die Wiedereinsetzung kann grundsätzlich nicht mehr nach einem Jahr seit dem **16** Ende der versäumten Frist beantragt und die versäumte Handlung nicht mehr nachgeholt werden (Abs 3). Hierbei handelt es sich um eine Ausschlussfrist iSd Abs 5 (vgl oben Rz 4; *Marschner* in Pickel SGB X § 27 Rz 18). Nach dem Jahr kann die Wiedereinsetzung ausnahmsweise gewährt werden, wenn die Nachholung wegen **höherer Gewalt** vorher nicht möglich war. Unter höherer Gewalt ist ein außergewöhnliches Ereignis zu verstehen, dass es dem Betroffenen im konkreten Fall unmöglich gemacht hat, auch durch die größte, vernünftigerweise zu erwartende Sorgfalt die Frist einzuhalten (*BSG* 26.4.2005 – B 5 RJ 6/04 R, SozR 4-2600 § 4 Nr 2). Anzuwenden ist dabei ähnlich wie bei einem Verschulden ein subjektiver Maßstab (*BSG* 2.2.2006 – B 10 EG 9/05 R, SozR 4-1300 § 27 Nr 2; *von Wulffen* in von Wulffen SGB X § 27 Rz 12). Auch in dem Fall gilt das Antragserfordernis mit der Frist des Abs 2.

2.5. Verfahren

17 **Zuständig** für die Entscheidung über die Wiedereinsetzung ist nach Abs 4 die Behörde, die über die versäumte Handlung zu befinden hat, also regelmäßig die Behörde, bei der das Verwaltungsverfahren in der Hauptsache läuft. Die Entscheidung über die Wiedereinsetzung (Gewährung und Ablehnung) ist ein **VA**, der gesondert oder mit der Entscheidung in der Hauptsache zusammen ergeht (*BSG* 28.1.2009 – B 6 KA 11/08, SozR 4-1500 § 77 Nr 2; *von Wulffen* in von Wulffen SGB X § 27 Rz 13). Ist in einer isolierten Entscheidung Wiedereinsetzung versagt worden, kann diese Entscheidung bestandskräftig werden und bindet dann auch die Gerichte in einem Streitverfahren über die Entscheidung in der Sache selbst. In der Regel werden aber beide Entscheidungen zusammen ergehen. Nur dann trifft die ganz überwiegend im Schrifttum vertretene Auffassung (s *Kummer* DAngVers 1991, 416, 424) zu, dass der Betroffene die Versagung der Wiedereinsetzung nicht isoliert, sondern nur mit der Hauptsache anfechten kann. Zwar liegt ein Verwaltungsakt vor, aber für eine isolierte Anfechtung würde es an der fortdauernden Beschwer fehlen, weil ohne Anfechtung der Entscheidung in der Hauptsache letztere bestandskräftig würde, so dass die Versagung der Wiedereinsetzung bedeutungslos würde (*BSG* aaO).

18 Hält die Behörde den Wiedereinsetzungsantrag für zulässig und begründet, entscheidet sie in der Sache über den in der Hauptsache geltend gemachten Leistungsantrag. Andernfalls wird sie den Antrag unter Hinweis auf das Fristversäumnis ablehnen. Im anschließenden Gerichtsverfahren kann sich dann der Betroffene gegen die unterlassene Wiedereinsetzung wehren. Streitig ist, ob Gerichte der Sozialgerichtsbarkeit eine von der Widerspruchsbehörde bewilligte Wiedereinsetzung wegen Versäumnis der **Widerspruchsfrist** ändern können. Die wohl überwiegende Ansicht verneint dies überzeugend unter Hinweis auf § 84 Abs 2 Satz 3 SGG iVm § 67 Abs 4 Satz 2 SGG und den fehlenden Unterschieden zur sachlichen Entscheidung, die ja auch den Fristenverstoß heilen, vorausgesetzt, es wird durch die Entscheidung der Behörde nicht in Rechte Dritter eingegriffen (Rz 14; *Bley*, Gesamtkommentar SGG § 84 Anm 10 c; *Binder* in Hk-SGG § 84 Rz 16; *Leitherer* in Meyer-Ladewig SGG § 84 Rz 8 a; *Düring* in Jansen SGG § 84 Rz 6; Hk-SGG/*Binder* SGG § 84 Rz 15; aA *Kummer* aaO 416 [426] und Hk-VerwR/VwVfG/*Schwarz* § 32 VwVfG Rz 46 mwN).

2.6. Verwandte Rechtsinstitute

19 Liegen die Voraussetzungen der Wiedereinsetzung nicht vor, kann eine Nachholung der versäumten Handlung über andere Rechtsinstitute möglich sein. Infrage kommen hier der sozialrechtliche Herstellungsanspruch und die Nachsichtgewährung.

2.6.1. Sozialrechtlicher Herstellungsanspruch

20 Zum Herstellungsanspruch allgemein s §§ 44 Rz 67, 86 Rz 9 f und *Reinhardt* in LPK-SGB I § 14 Rz 13 ff. Dabei handelt es sich um ein richterrechtliches, allgemein anerkanntes Rechtsinstitut, das grundsätzlich im gesamten Sozialrecht Anwendung findet, wenn es nicht durch spezialgesetzliche Vorschriften ausge-

schlossen ist. Hauptanwendungsbereich sind Beratungsfehler (vgl §§ 14, 15 SGB I) der Behörden.

Uneinheitlich beantwortet die Rechtsprechung, ob der sozialrechtliche Herstellungsanspruch neben der Wiedereinsetzung überhaupt Anwendung findet (dagegen *BVerwG*, allerdings beschränkt auf den Antrag auf Wohngeld, 18.4.1997 – 8 C 38/95, NJW 1997, 2966; dafür *BSG* 28.1.2009 – B 6 KA 11/08 R, SozR 4-1300 § 27 Nr 2 mit zustimmender Anm v Timme u mwN; *LSG RhPf* 3.3.2011 – L 5 KR 108/10, Breith 2011, 497). Das wäre dann zu verneinen, wenn der Gesetzgeber mit der Wiedereinsetzungsregelung die entsprechenden Fälle abschließend geregelt hätte. Denn in dem Fall bestünde keine Rechtslücke, die durch Richterrecht auszufüllen wäre. So regelt etwa § 66 Abs 2 SGG eindeutig und abschließend den Fall, dass die Behörde den Betroffenen durch unterbliebene oder falsche Rechtsmittelbelehrung davon abhält, Rechtsmittel einzulegen und räumt ihm für diesen Fall eine generelle Rechtsmittelfrist von einem Jahr ein, bei höherer Gewalt länger. In dem Fall, aber auch nur in dem Fall, weil weitere Folgen von Behördenfehlern nicht geregelt sind, verdrängt die gesetzliche Regelung den Herstellungsanspruch mangels Regelungslücke. Eine solche Deckungsgleichheit beider Rechtsinstitute hat das *BSG* jedoch in der zitierten Entscheidung zutreffend im Hinblick auf die unterschiedlichen Voraussetzungen und Anwendungsbereiche verneint und damit, auch unter Hinweis auf die Entstehungsgeschichte des § 27 SGB X (die Materialien zu § 27 SGB X enthalten, was zu erwarten gewesen wäre, zu der Konkurrenz beider Rechtsinstitute keinen Hinweis), ein Nebeneinander beider Rechtsinstitute zutreffend bejaht. Während nämlich die Wiedereinsetzung sich am Verschulden des Betroffenen orientiert und fristgebunden Rechtsschutz gewährt, setzt der Herstellungsanspruch Behördenfehler voraus und gewährt grundsätzlich nicht fristgebunden Rechtsschutz. Dies verkennt das *LSG Bln-Bbg* (19.12.2007 – L 9 KR 167/02, nv). Darüber hinaus hat das *BSG* Argumente für seine Auffassung den §§ 2 Abs 2 SGB I und 44 SGB X entnommen.

2.6.2. Nachsichtgewährung

Auch die Nachsichtgewährung ist ein von der Rechtsprechung entwickeltes Rechtsinstitut. Es findet seine rechtliche Grundlage in dem Grundsatz von Treu und Glauben und dem verfassungsrechtlichen Gebot der Verhältnismäßigkeit (vgl *Marschner* in Pickel SGB X § 27 Rz 23 ff). Voraussetzungen sind eine Interessenabwägung zwischen dem des Betroffenen an der Nachholung der versäumten Handlung und dem Interesse der Allgemeinheit an der Einhaltung von Fristen (*BSG* 27.9.1983 – 12 RK 7/82, SozR 5750 Art 2 § 51 a Nr 55). Da die Ähnlichkeit der Nachsichtgewährung mit der Wiedereinsetzung ungleich höher ist als zwischen dem Herstellungsanspruch und der Wiedereinsetzung, wird letztere regelmäßig deren Anwendung auf wenige Fälle beschränken. Denkbar ist zB, wenn eine versäumte Antragsfrist etwa zum umfassenden Verlust einer Rentenanwartschaft führt (*Marschner* aaO Rz 25).

§ 28 Wiederholte Antragstellung

[1]Hat ein Leistungsberechtigter von der Stellung eines Antrages auf eine Sozialleistung abgesehen, weil ein Anspruch auf eine andere Sozialleistung geltend gemacht worden ist, und wird diese Leistung versagt oder ist sie zu erstatten, wirkt der nunmehr nachgeholte Antrag bis zu einem Jahr zurück, wenn er innerhalb von sechs Monaten nach Ablauf des Monats gestellt ist, in dem die Ab-

lehnung oder Erstattung der anderen Leistung bindend geworden ist. [2]Satz 1 gilt auch dann, wenn der rechtzeitige Antrag auf eine andere Leistung aus Unkenntnis über deren Anspruchsvoraussetzung unterlassen wurde und die zweite Leistung gegenüber der ersten Leistung, wenn diese erbracht worden wäre, nachrangig gewesen wäre.

1. Allgemeines

1 § 28 war zunächst im Regierungsentwurf nicht vorgesehen. Die Regelung wurde erst auf Antrag des Ausschusses für Arbeits- und Sozialordnung in das SGB X aufgenommen. Entsprechende Regelungen in anderen Verfahrensvorschriften, insbesondere dem VwVfG, gibt es nicht.

2 Ein Großteil der Sozialleistungen wird nur auf Antrag gewährt (vgl § 19 SGB IV: Leistungen in der gesetzlichen Kranken- und Rentenversicherung, nach dem Recht der Arbeitsförderung sowie in der sozialen Pflegeversicherung werden nur auf Antrag erbracht, soweit sich aus den Vorschriften für die einzelnen Versicherungszweige nichts Abweichendes ergibt). Auch der Beginn einer Leistung hängt häufig vom Zeitpunkt des Antrags ab. Zudem stellt das gegliederte Sozialversicherungssystem häufig (zu) hohe Anforderungen an die Kenntnis insbesondere rechtsunkundiger Versicherter, auf welche der unterschiedlichen Leistung insbesondere bei eingeschränktem Leistungsvermögen sie einen Anspruch haben. Hier dem Betreffenden **Nachteile zu ersparen**, wenn er in Erwartungen eines positiven Bescheides einen Antrag auf eine andere Sozialleistung nicht gestellt hat, bezweckt § 28 (BT-Drucks 8/4022, 81 f). Gleichzeitig verdeutlicht § 28 SGB X den im Sozialrecht geltenden Grundsatz, dass Sozialleistungen rechtzeitig (vorher) beantragt werden müssen und ein solcher Antrag, von Ausnahmen abgesehen (zB § 13 SGB V), nicht auf (spätere) Kostenerstattung zu richten ist (*BVerwG* 22.5.2008 – 5 B 130/07, nv; *OVG LSA* 23.4.2007 – 3 M 215/06, nv).

3 Als **besondere Art der Wiedereinsetzung** ermöglicht diese Vorschrift die Nachholung eines Antrags ohne Rechtsnachteile, wenn der Betroffene von einer Antragstellung bisher abgesehen hat, weil er von einem anderen Leistungsträger – ohne Erfolg oder nur mit teilweisem, weil die Leistung später eingestellt wurde (*Marschner* in Pickel, SGB X § 28 Rz 6) – Sozialleistungen erwartet hat. Damit beugt § 28 gleichzeitig der Geltendmachung eines sozialrechtlichen Herstellungs- oder Amtshaftungsanspruchs in den Fällen vor, in denen unrichtige oder unvollständige Auskünfte hinsichtlich der erforderlichen Antragstellung erteilt wurden. **§ 40 Abs 5 SGB II und § 6 a Abs 2 Satz 5 BKGG** enthalten eine **Abänderung** der Vorschrift (Rz 9)!

4 § 28 bezieht sich lediglich auf die Anspruchsvoraussetzung der Antragstellung; die Erfüllung anderer Voraussetzungen wie etwa die Arbeitslosmeldung nach §§ 137 Abs 1 Nr 2, 141 SGB III (vgl *BSG* 19.3.1986 – 7 RAr 17/84, SozR 1300 § 28 Nr 1) oder Arbeitsunfähigkeitsmeldung nach § 49 Abs 1 Nr 5 SGB V (*BSG* 22.2.1989 – 8 RKn 8/88, SozR 2200 § 216 Nr 11) ermöglicht er nicht.

2. Regelungsinhalt

5 Voraussetzung der Nachholung eines Antrags ist die **erfolglose Beanspruchung einer anderen Sozialleistung**. Erfolglosigkeit liegt dann vor, wenn eine andere Sozialleistung versagt oder eingestellt wurde oder vom Empfänger zu erstatten ist. Die Vorschrift des § 28 SGB X erfasst nach ihrem Wortlaut und Sinn nur Fallgestaltungen, in denen ein Anspruch auf eine andere Sozialleistung gegen

einen anderen Leistungsträger geltend gemacht wird. Eine ausdehnende Heranziehung dieser Vorschrift auf Fallgestaltungen, in denen ein Anspruch auf dieselbe Sozialleistung gegen denselben Leistungsträger geltend gemacht wird, ist daher nicht möglich (*LSG Saarl* 10.6.1999 – L 6 Kg 12/97, nv).

Die Anwendbarkeit von § 28 ist umstritten, wenn der Betroffene seinen **Antrag** **6** **zurücknimmt**, weil er von dessen Aussichtslosigkeit überzeugt ist (für § 28: *Mutschler* in KassKomm SGB X § 28 Rz 3; *Franz* in jurisPK-SGB X § 28 Rz 13; gegen § 28: *Vogelgesang* in Hauck/Noftz SGB X § 28 Rz 5; *von Wulffen* in von Wulffen SGB X § 28 Rz 4; *Marschner* in Pickel SGB X § 28 Rz 4). Der Ansicht, die § 28 auch bei Antragsrücknahme grundsätzlich für anwendbar ansieht, ist zu folgen. Da § 28 den schützt, der durch die ergebnislose Antragstellung auf eine andere Leistung von der rechtzeitigen Antragstellung abgehalten wird, erfasst der Zweck der Vorschrift auch diesen Fall. Voraussetzung ist allerdings, dass die Behörde den Antragsteller von der Aussichtslosigkeit seines Antrags überzeugt hat. Denn erst dann wird auch dieser Fall vom Wortlaut der Vorschrift (Leistung versagt) erfasst. Zum späteren Nachweis sollte der Betroffene sich daher eine schriftliche Stellungnahme der Behörde vorlegen lassen.

§ 28 SGB X kann nur die Rückwirkung einer (wiederholten) Antragstellung be **7** wirken, nicht jedoch die anderen Leistungsvoraussetzungen.

Weitere Voraussetzung des **Satzes 1** ist die **Kausalität** zwischen **Geltendma** **8** **chung** der einen Sozialleistung und dem **Absehen** von der Antragstellung der anderen Leistung; eine Artverwandtschaft fordert § 28 allerdings nicht (so aber *Vogelgesang* in Hauck/Noftz SGB X § 28 Rz 6). Satz 2 der Vorschrift enthält von Satz 1 eine Ausnahme (vgl unten Rz 10). Die Ansicht des *LSG BW* (26.6.2008 – 12 AS 407/08, nv), es sei nicht das Bewusstsein erforderlich, von diesem Antrag zunächst abzusehen und ein Vergessen des Antrags reiche grundsätzlich aus, lässt sich mit dem Wortlaut der Vorschrift nicht vereinbaren. Denn Voraussetzung des Satzes 1 ist es ausdrücklich, dass von dem Leistungsberechtigten bewusst in Erwartung der beantragten Leistung von dem Antrag auf die andere Leistung **abgesehen** wurde (so auch *Vogelgesang* in Hauck/Noftz SGB X § 28 Rz 6; *Marschner* in Pickel SGB X § 28 Rz 3; *Mutschler* in KassKomm SGB X § 28 Rz 3 a). Das folgt auch aus der Ausnahmeregelung des Satzes 2 der Vorschrift, die eine Anwendung des Satzes 1 (gleichwohl und nur) bestimmt, wenn der rechtzeitige Antrag aus Unkenntnis über die Anspruchsvoraussetzungen unterlassen wurde.

Die **Rückwirkung** der Antragstellung gilt nach § 28 nicht grenzenlos, sondern **9** **längstens für ein Jahr** von der Stellung des nachgeholten Antrags an. Die Jahresfrist gilt auch, wenn mehr als ein Jahr zwischen nachgeholtem Antrag und Versagung liegt. Die Leistung setzt dann ggf später ein. Dies gilt allerdings nur unter der Voraussetzung, dass der nachgeholte Antrag **innerhalb von 6 Mona** **ten** nach Ablauf des Monats gestellt wird, in dem die Ablehnung oder Erstattung der anderen Leistung bindend also unanfechtbar geworden ist. Für den Fall der Rücknahme des Antrags (s oben Rz 6) beginnt die Antragsfrist mit der Rücknahme des Antrags zu laufen (*Mutschler* in KassKomm SGB X § 28 Rz 4 b). Zu beachten ist die **Abänderung** der Vorschrift **durch § 40 Abs 5 SGB II** (nicht Verdrängung, da § 28 SGB X auch auf das Alg II Anwendung findet und nach § 40 Abs 5 SGB 2 durch die Sonderregelung des § 37 SGB 2 nicht vollständig verdrängt wird, *LSG BW* 26.6.2008 – L 12 AS 407/08, nv) **und § 6 a** **Abs 2 Satz 5 BKGG.** Nach § 40 Abs 5 SGB II gilt § 28 SGB X mit der Maßgabe, dass der Antrag unverzüglich nach Ablauf des Monats, in dem die Ablehnung oder Erstattung der anderen Leistung bindend geworden ist, nachzuholen ist.

Nach § 6 a Abs 2 Satz 5 BKGG gilt § 28 SGB X mit der Maßgabe, dass der Antrag auf Kindergeldzuschlag unverzüglich nach Ablauf des Monats, in dem die Ablehnung oder Erstattung der anderen Leistung bindend geworden ist, nachzuholen ist.

10   § 28 Satz 2 erweitert den durch die Kausalität zwischen Geltendmachung der einen Sozialleistung und Absehen der Antragstellung begrenzten Anwendungsbereich für den Fall, dass der Antrag in **Unkenntnis der anderen Sozialleistung** nicht gestellt wurde **und** die zweite Leistung gegenüber der ersten Leistung, wenn diese erbracht worden wäre, **nachrangig** gewesen wäre. An den **Nachweis der Unkenntnis** sind keine allzu hohen Anforderungen zu stellen, da regelmäßig davon auszugehen ist, dass ein Leistungsberechtigter bei Kenntnis seiner Anspruchsberechtigung die in erster Linie zustehende Leistung beanspruchen wird. Allerdings setzt die Vorschrift voraus, dass zunächst die vorrangige Leistung beantragt wird. Im umgekehrten Fall, dass zunächst die nachrangige Leistung beantragt wird, kann der Antrag nicht zurückbezogen werden. Wird der Antrag auf die richtige Leistung erst verspätet gestellt, weil der Betroffen diese Leistungsart nicht kennt, so kann weder mit § 16 Abs 2 SGB I noch mit dem Rechtsinstitut der Wiedereinsetzung oder dem sozialrechtlichen Herstellungsanspruch geholfen werden (*LSG BW* 16.12.1992 – L 5 Ar 1919/91, Breith 1993, 785 ff).

Dritter Titel Amtliche Beglaubigung

§ 29 Beglaubigung von Dokumenten

(1) [1]Jede Behörde ist befugt, Abschriften von Urkunden, die sie selbst ausgestellt hat, zu beglaubigen. [2]Darüber hinaus sind die von der Bundesregierung durch Rechtsverordnung bestimmten Behörden des Bundes, der bundesunmittelbaren Körperschaften, Anstalten und Stiftungen des öffentlichen Rechts und die nach Landesrecht zuständigen Behörden befugt, Abschriften zu beglaubigen, wenn die Urschrift von einer Behörde ausgestellt ist oder die Abschrift zur Vorlage bei einer Behörde benötigt wird, sofern nicht durch Rechtsvorschrift die Erteilung beglaubigter Abschriften aus amtlichen Registern und Archiven anderen Behörden ausschließlich vorbehalten ist; die Rechtsverordnung bedarf nicht der Zustimmung des Bundesrates.

(2) Abschriften dürfen nicht beglaubigt werden, wenn Umstände zu der Annahme berechtigen, dass der ursprüngliche Inhalt des Schriftstückes, dessen Abschrift beglaubigt werden soll, geändert worden ist, insbesondere wenn dieses Schriftstück Lücken, Durchstreichungen, Einschaltungen, Änderungen, unleserliche Wörter, Zahlen oder Zeichen, Spuren der Beseitigung von Wörtern, Zahlen und Zeichen enthält oder wenn der Zusammenhang eines aus mehreren Blättern bestehenden Schriftstückes aufgehoben ist.

(3) [1]Eine Abschrift wird beglaubigt durch einen Beglaubigungsvermerk, der unter die Abschrift zu setzen ist. [2]Der Vermerk muss enthalten

1. die genaue Bezeichnung des Schriftstückes, dessen Abschrift beglaubigt wird,

2. die Feststellung, dass die beglaubigte Abschrift mit dem vorgelegten Schriftstück übereinstimmt,

3. den Hinweis, dass die beglaubigte Abschrift nur zur Vorlage bei der angegebenen Behörde erteilt wird, wenn die Urschrift nicht von einer Behörde ausgestellt worden ist,

4. den Ort und den Tag der Beglaubigung, die Unterschrift des für die Beglaubigung zuständigen Bediensteten und das Dienstsiegel.

(4) Die Absätze 1 bis 3 gelten entsprechend für die Beglaubigung von

1. Ablichtungen, Lichtdrucken und ähnlichen in technischen Verfahren hergestellten Vervielfältigungen,

2. auf fototechnischem Wege von Schriftstücken hergestellten Negativen, die bei einer Behörde aufbewahrt werden,

3. Ausdrucken elektronischer Dokumente,

4. elektronischen Dokumenten,

   a) die zur Abbildung eines Schriftstücks hergestellt wurden,

   b) die ein anderes technisches Format als das mit einer qualifizierten elektronischen Signatur verbundene Ausgangsdokument erhalten haben.

(5) [1]Der Beglaubigungsvermerk muss zusätzlich zu den Angaben nach Absatz 3 Satz 2 bei der Beglaubigung

1. des Ausdrucks eines elektronischen Dokuments, das mit einer qualifizierten elektronischen Signatur verbunden ist, die Feststellungen enthalten,

   a) wen die Signaturprüfung als Inhaber der Signatur ausweist,

   b) welchen Zeitpunkt die Signaturprüfung für die Anbringung der Signatur ausweist und

   c) welche Zertifikate mit welchen Daten dieser Signatur zugrunde lagen;

2. eines elektronischen Dokuments den Namen des für die Beglaubigung zuständigen Bediensteten und die Bezeichnung der Behörde, die die Beglaubigung vornimmt, enthalten; die Unterschrift des für die Beglaubigung zuständigen Bediensteten und das Dienstsiegel nach Absatz 3 Satz 2 Nr. 4 werden durch eine dauerhaft überprüfbare qualifizierte elektronische Signatur ersetzt.

[2]Wird ein elektronisches Dokument, das ein anderes technisches Format als das mit einer qualifizierten elektronischen Signatur verbundene Ausgangsdokument erhalten hat, nach Satz 1 Nr. 2 beglaubigt, muss der Beglaubigungsvermerk zusätzlich die Feststellungen nach Satz 1 Nr. 1 für das Ausgangsdokument enthalten.

(6) Die nach Absatz 4 hergestellten Dokumente stehen, sofern sie beglaubigt sind, beglaubigten Abschriften gleich.

(7) Soweit eine Behörde über die technischen Möglichkeiten verfügt, kann sie von Urkunden, die sie selbst ausgestellt hat, auf Verlangen ein elektronisches Dokument nach Absatz 4 Nummer 4 Buchstabe a oder eine elektronische Abschrift fertigen und beglaubigen.

§ 30 Beglaubigung von Unterschriften

(1) [1]Die von der Bundesregierung durch Rechtsverordnung bestimmten Behörden des Bundes, der bundesunmittelbaren Körperschaften, Anstalten und Stiftungen des öffentlichen Rechts und die nach Landesrecht zuständigen Behörden sind befugt, Unterschriften zu beglaubigen, wenn das unterzeichnete Schriftstück zur Vorlage bei einer Behörde oder bei einer sonstigen Stelle, der auf Grund einer Rechtsvorschrift das unterzeichnete Schriftstück vorzulegen ist, benötigt wird. [2]Dies gilt nicht für

1. Unterschriften ohne zugehörigen Text,
2. Unterschriften, die der öffentlichen Beglaubigung (§ 129 des Bürgerlichen Gesetzbuches) bedürfen.

(2) Eine Unterschrift soll nur beglaubigt werden, wenn sie in Gegenwart des beglaubigenden Bediensteten vollzogen oder anerkannt wird.

(3) [1]Der Beglaubigungsvermerk ist unmittelbar bei der Unterschrift, die beglaubigt werden soll, anzubringen. [2]Er muss enthalten

1. die Bestätigung, dass die Unterschrift echt ist,
2. die genaue Bezeichnung desjenigen, dessen Unterschrift beglaubigt wird, sowie die Angabe, ob sich der für die Beglaubigung zuständige Bedienstete Gewissheit über diese Person verschafft hat und ob die Unterschrift in seiner Gegenwart vollzogen oder anerkannt worden ist,
3. den Hinweis, dass die Beglaubigung nur zur Vorlage bei der angegebenen Behörde oder Stelle bestimmt ist,
4. den Ort und den Tag der Beglaubigung, die Unterschrift des für die Beglaubigung zuständigen Bediensteten und das Dienstsiegel.

(4) Die Absätze 1 bis 3 gelten für die Beglaubigung von Handzeichen entsprechend.

(5) Die Rechtsverordnungen nach den Absätzen 1 und 4 bedürfen nicht der Zustimmung des Bundesrates.

Literatur:

Grunert: Das elektronische Verwaltungsverfahren, DAngVers 2002, 502; *Pickel:* Amtliche Beglaubigung im sozialrechtlichen Verwaltungsverfahren, BG 1986, 399; *Semperowitsch:* Die elektronische Akte im sozialgerichtlichen Verfahren, SGb 2004, 611.

1. Allgemeines zu §§ 29, 30

1 §§ 29, 30 entsprechen bis auf die zusätzlich in § 29 Abs 4 Satz 1 eingefügte Nr 3 und die diese berücksichtigende Erweiterung in Abs 4 Satz 2 den §§ 33, 34 VwVfG.

2 Mit diesen Vorschriften sollten die Möglichkeiten und Grenzen der amtlichen Beglaubigung geregelt werden, die bis dahin auf Herkommen, Verwaltungsübung und Gewohnheitsrecht beruhten. Soweit diese über die nunmehr getroffenen Regelungen hinausgingen, sind sie rechtswidrig.

3 §§ 29, 30 regeln lediglich die **amtliche Beglaubigung,** von der die öffentliche Beglaubigung des § 129 BGB zu unterscheiden ist. Ihr Inhalt beschränkt sich auf das Zeugnis der Übereinstimmung einer Abschrift mit der Vorlage (§ 29) oder der Echtheit einer Unterschrift (§ 30). Die amtliche Beglaubigung bezieht sich insbesondere nicht auf die Richtigkeit des Inhalts der Erklärung. § 65 BeurkG regelt die Abgrenzung der amtlichen von der öffentlichen Beglaubigung.

4 §§ 29, 30 begründen **keine Verpflichtung** zur amtlichen Beglaubigung sondern die Befugnis dazu. Es liegt im pflichtgemäßen Ermessen der Beh, ob sie eine Beglaubigung vornimmt (Begründung zu § 25 EVwVG, BT-Drucks 7/910, 55).

5 Die zu beglaubigenden Urkunden/Unterschriften müssen nicht im Rahmen eines Verwaltungsverfahrens iSd § 8 SGB X erstellt worden sein oder einem solchen Verfahren dienen (*Mutschler* in KassKomm SGB X §§ 29, 30 Rz 7). Die **Ablehnung** einer **Beglaubigung** ist ein **VA**, die Beglaubigung selbst nicht.

2. Regelungsinhalt

2.1. § 29

§ 29 regelt die **Beglaubigung von Dokumenten**. Nach Abs 1 Satz 1 ist jede Behörde befugt, Abschriften von ihr ausgestellter Urkunden zu beglaubigen. **Abschriften** sind nachträglich hergestellte hand- oder maschinenschriftlich gefertigte vollständige Wiedergaben von Urkunden, einschl Durch- und Zweitschriften. Abs 4 Satz 1 stellt den Abschriften die in (foto-)technischen Verfahren hergestellten Vervielfältigungen gegenüber und erstreckt den Anwendungsbereich der Abs 1 bis 3 nunmehr auch auf bestimmte elektronische Dokumente und die Ausdrucke elektronischer Dokumente.

6

Urkunden sind verkörperte Gedankenerklärungen (vgl § 415 ZPO). Die Verkörperung liegt regelmäßig in der Benutzung von Schriftzeichen auf Papier. Eine Unterschrift ist nicht erforderlich. Auch Computerausdrucke können Urkunden sein (*Vogelgesang* in Hauck/Noftz SGB X § 29 Rz 13 mw Beispielen). Ihre rechtliche Qualität ist unerheblich. Urkunden können ua Bescheide, öffentlich-rechtliche Verträge, medizinische Gutachten oder schriftliche Rentenauskünfte sein.

7

Zur Beglaubigung der von ihr selbst erstellten Urkunden ist die Behörde uneingeschränkt befugt. Zur Beglaubigung **fremder Urkunden** bedürfen nach Abs 1 Satz 2 die Behörden einer Ermächtigung durch Rechtsverordnung, die durch SGB-Beglaubigungsverordnung der Bundesregierung vom 11.4.2003 (BGBl I, 528) ergangen ist. Durch sie werden nach § 1 die Behörden des Bundes sowie die bundesunmittelbaren Körperschaften, Anstalten und Stiftungen des öffentlichen Rechts ermächtigt (zur Ermächtigung von Landesbehörden vgl *Mutschler* in KassKomm SGB X §§ 29, 30 Rz 6).

8

Durch **Abs 1 Satz 2** letzter Halbsatz („... sofern nicht...") soll vermieden werden, dass Urkunden beglaubigt werden, die aus sog fortgeschriebenen Registern ausgestellt werden, weil die Verwaltungspraxis immer wieder bestätigt, dass ein mit Datum versehener Beglaubigungsvermerk auf einer Abschrift den Eindruck hervorzurufen geeignet ist, der Inhalt der Urkunde entspreche dem Sachstand am Tage der Beglaubigung (Begründung zum VwVfG, BT-Drucks 7/910, 101 f). Ein **Beglaubigungsverbot** zur Vermeidung von Fälschungen spricht Abs 2 ausdrücklich für die Urkunden aus, bei denen Verdachtsgründe dafür sprechen, dass ihr ursprünglicher Inhalt geändert worden ist. Nicht abschließend („insbesondere"), aber sehr umfassend nennt Abs 2 Satz 2 hierzu Beispiele.

9

Umstritten ist die **Wirksamkeit** einer Beglaubigung **bei Verstoß gegen** das **Beglaubigungsverbot** (für eine wirksame Beglaubigung mit allerdings der Verpflichtung der Behörde, den Beglaubigungsvermerk rückgängig zu machen: *Kopp/Ramsauer* VwVfG § 33 Rz 9; *Marschner* in Pickel SGB X § 29 Rz 18; gegen eine wirksame Beglaubigung: *von Wulffen* in von Wulffen SGB X § 29 Rz 9; *Vogelgesang* in Hauck/Noftz SGB X § 29 Rz 23).

10

Form- und Inhaltsvorschriften enthält Abs 3, um der Beglaubigung den ihr zugedachten Beweiswert zu sichern. Satz 2 Nr 1–4 schreiben den Inhalt des Beglaubigungsvermerks dazu im Einzelnen vor, Satz 1 den Ort des Vermerks, nämlich unter die Abschrift. Die Anbringung auf der Rückseite ist zulässig (*Vogelgesang* in Hauck/Noftz SGB X § 29 Rz 24). Mehrere Blätter einer Abschrift sind dabei so fest miteinander zu verbinden, dass eine Trennung ohne merkbare

11

Beschädigung nicht möglich ist. Werden die zwingenden Formvorschriften des Abs 3 Satz 2 verletzt, ist die Beglaubigung unwirksam (*Vogelgesang* aaO § 29 Rz 27; *von Wulffen* in von Wulffen SGB X § 29 Rz 10).

12 Der Beglaubigungsvermerk ist kein Verwaltungsakt sondern als Wissensbekundung schlicht-hoheitliches Verwaltungshandeln. **Zulässige Klageart** ist daher auch nicht die Anfechtungsklage, sondern die allgemeine Leistungsklage (*Marschner* in Pickel SGB X § 29 Rz 23; *Schwarz* in HK-VerwR/VwVfG § 33 VwVfG Rz 6). Dem Beglaubigungsverfahren auf entsprechenden Antrag hingegen kommt als selbstständigem Verfahren Verwaltungsaktqualität zu. Gegen die Verweigerung einer Beglaubigung ist daher die zulässige Klageart die Verpflichtungsklage (*Klingbeil* in jurisPK-SGB X § 29 Rz 47; *Schwarz* aaO Rz 7 mwN).

13 Die durch Gesetz vom 21.8.2002 (BGBl I, 3322) ergänzten bzw neu gefassten Absätze 4 bis 6 sollen nach dem Willen des Gesetzgebers (BT-Drucks 14/9000, 32, 35) berücksichtigen, dass Schriftdokumente etwa zum Zwecke der elektronischen Weiterverarbeitung zunehmend in elektronische Dokumente, umgekehrt aber auch signierte elektronische Dokumente in schriftliche umgewandelt werden. In beiden Fällen kann eine Beglaubigung erforderlich sein. Daneben sieht der Gesetzgeber einen Bedarf, mit einer qualifizierten elektronischen Signatur versehene elektronische Dokumente bei einer notwendigen Umformatierung in Ihrem rechtlichen Wert zu erhalten. **Abs 4 Nr 3** bestimmt danach die Beglaubigung des **Ausdrucks** elektronischer Dokumente, **Abs 4 Nr 4** die Beglaubigung **elektronischer Dokumente**. Auf § 29 Abs 4 SGB X nimmt § 286 e Satz 2 SGB VI Bezug.

14 Wegen der Besonderheiten von elektronischen Dokumenten und deren Beglaubigung bestimmt **Abs 5 Satz 1** Einzelheiten zum **Beglaubigungsvermerk** bzw Ergänzungen zu Abs 3 Satz 2 der Vorschrift. **Nr 1** regelt dabei die zusätzlichen Feststellungen für die **Ausdrucke** eines elektronischen Dokuments, das mit einer qualifizierten Signatur verbunden ist, **Nr 2** die zusätzlichen Inhalte eines elektronischen Dokuments. **Abs 5 Satz 2** regelt die Beglaubigungsform für die **Sonderform eines elektronischen Dokumentes.**

15 Erfüllen die Dokumente des Abs 4 die genannten Anforderungen, stehen sie nach **Abs 6**, wie § 29 Abs 4 Satz 2 aF ua für die Fotokopien bestimmte, der beglaubigten Abschrift gleich.

16 Um eine vollständige elektronische Verfahrensabwicklung zu fördern, hat der Gesetzgeber mit dem ab 1.8.2013 geltenden **Abs 7** den Behörden die Befugnis eingeräumt, von Urkunden, die sie selbst ausgestellt hat, auf Verlangen eine Beglaubigung in elektronischer Form (nach Abs 4 Nr 4 a) oder eine elektronische Abschrift zu fertigen und zu beglaubigen, soweit sie über die entsprechenden technischen Möglichkeiten verfügt. So können einmal erstellte und beglaubigte elektronische Dokumente mehrfach verwendet werden, ohne das eine Vielzahl von Abschriften oder Kopien zu fertigen und zu beglaubigen wären (BT-Drucks 17/11473, 51). Eine Verpflichtung besteht nach Abs 7 nicht („kann...fertigen und beglaubigen"; s BT-Drucks aaO).

2.2. § 30

17 Mit der Beglaubigung einer Unterschrift wird die **Echtheit der Unterschrift** unter einem Schriftstück (schriftlich fixierte Gedankenerklärung) bezeugt. Einen bestimmten Inhalt braucht das Schriftstück nicht zu enthalten. Es reicht aus, wenn es im öffentlich-rechtlichen oder zivilen Rechtsverkehr erheblich sein kann. **Unterschrift** ist ein individueller, sich als Namensunterschrift darstellender Schriftzug (*BGH* 21.3.1974 – VII ZB 2/74, NJW 1974, 1090). Erforderlich ist nicht die Lesbarkeit für jeden. Es reicht, dass ein Dritter, der den Namen des Unterzeichners kennt, in dem Schriftbild Buchstaben dieses Namens erkennen und auf dieser Grundlage den Namen lesen kann (*BSG* 30.6.1970 – 7/2 RU 35/68, SozR Nr 12 zu § 151 SGG). Auch Anfangsbuchstaben können als Handzeichen iSd Abs 4 ausreichen (s Rz 20), mechanisch vervielfältigte Unterschriften (zB Faksimile, Stempel) reichen nicht.

§ 30 Abs 1 Satz 1 sieht vor, in welchen Fällen die Befugnis zur Beglaubigung besteht. Hinsichtlich der erforderlichen Rechtsverordnung wird auf die der BReg vom 11.4.2003 (BGBl I, 528) verwiesen (vgl oben Rz 8).   **18**

Beglaubigungsverbote enthält § 30 Abs 1 Satz 2 Nr 1 bei sog Blankounterschriften und Unterschriften, die der öffentlichen Beglaubigung nach § 129 BGB bedürfen. Zur Wirksamkeit bei einem Verstoß gegen das Beglaubigungsverbot vgl Rz 10. Nicht ganz so weit wie das Verbot des Abs 1 Satz 2 geht Abs 2, der als Soll-Vorschrift, also nicht stets, aber für den Regelfall (*BSG* 20.3.1973 – 8/7 RU 11/70, BSGE 35, 267), vorschreibt, dass als Voraussetzung für die Beglaubigung die Unterschrift in Gegenwart des beglaubigenden Bediensteten vollzogen oder anerkannt wird (vgl auch § 40 Abs 1 BeurkG). Im Hinblick auf Abs 3 Satz 2 Nr 2 ist dies in den Beglaubigungsvermerk aufzunehmen.   **19**

Form und Inhalt des Beglaubigungsvermerks schreibt Abs 3 in den Nrn 1–4 vor. Werden diese Vorschriften nicht beachtet, ist die Beglaubigung nichtig (vgl Rz 11). **Abs 4** erklärt die Abs 1–3 für die Beglaubigung von **Handzeichen** (Initialen usw, siehe auch § 126 BGB) für entsprechend anwendbar. Die Verwendung von Handzeichen kommt insbesondere für solche Personen in Betracht, die wegen Behinderung oder Schreibunkundigkeit eine Unterschrift (vgl oben Rz 17) nicht leisten können.   **20**

Dritter Abschnitt Verwaltungsakt

Erster Titel Zustandekommen des Verwaltungsaktes

Literatur zu den §§ 31-38 SGB X:

Axer: Verwaltungsakt unter Berichtigungsvorbehalt, DÖV 2003, 271; *Benz*: Die Bestandskraft von Verwaltungsakten der Sozialversicherungsträger, WzS 1986, 161; *Betz*: Die Rechtsnatur der Mitteilung zur Regelanpassung in der gesetzlichen Rentenversicherung, NZS 1998, 227; *Bockey*: Der vorläufige Verwaltungsakt, JA 1992, 161; *Brede*: Der Verwaltungsakt mit Dauerwirkung, 1997; *Correll*: Die Aufrechnungserklärung im Sozialhilferecht – gestaltende Willenserklärung der Behörde oder Verwaltungsakt?, ZfSH/SGB 1998, 268; *Di Fabio*: Vorläufiger Verwaltungsakt bei ungewissem Sachverhalt, DÖV 1991, 629; *Dörr*: Auch im Sozialrecht: Vorläufige Verwaltungsakte, DAngVers 1992, 97; *ders*: Verwaltungsakte und Realakte, DAngVers 1996, 413; *ders*: Verwaltungsakte auf der Höhe der Zeit, Kompass 2006, 9; *ders/Jährling-Rahnefeld*: Hypertrophie des Verwaltungsakts, SGb 2003, 549; *Ennuschat*: Der Verwaltungsakt und seine Rechtsgrundlagen, JuS 1998, 905; *Erfmeyer*: Der nicht materielle Verwaltungsakt – eine rechtswidrige und überflüssige Fiktion, DÖV 1996, 629; *Eschenbach*: Der vorläufige Verwaltungsakt – praxistaugliche Neuschöpfung oder Fortbildung praeter legem? DVBl 2002, 1247; *Felix*: Der Verwaltungsakt mit Dauerwirkung – eine sinnvolle Kategorie des Allgemeinen Verwaltungsrechts?, NVwZ 2003, 385; *Fichte*: Zur Rückforderung zu Unrecht gezahlter Sozialzuschläge, DAngVers 1996, 437; *Gerlach*: Die Schwierigkeiten bei der Bestimmung des Umfangs der Überprüfung eines Bescheids über Leistungen der Grundsicherung für Arbeitsuchende nach dem SGB II und der Sozialhilfe nach dem SGB XII im sozialgerichtlichen (Vor-)Verfahren und die Einbeziehung von Änderungsbescheiden, ZfF 2010, 1; *Gitter*: Die Entscheidung der Schiedstelle im Pflegeversicherungsrecht, in: Gedächtnisschrift M. Heinze, 2005, 251; *Harks*: Zuweisung eines Ein-Euro-Jobs als Verwaltungsakt, Urteilsanmerkung, jurisPR-SozR 5/2012 Anm. 1; *Hase*: Das Angebot einer Trainingsmaßnahme stellt keinen Verwaltungsakt dar, Urteilsanmerkung, AuB 2005, 155; *Heilemann*: Der Begriff des Verwaltungsaktes in der Rechtsprechung des Bundessozialgerichts, SGb 1998, 261; *ders.*: Der Ausführungsbescheid als Verwaltungsakt im Sinne des SGB X, SGb 1999, 603; *Kemper*: Der vorläufige Verwaltungsakt, 1990; *Knipping*: Die Erledigung des Rentenbescheides durch Ablauf einer Befristung, SGb 1994, 170; *Köhler*: Erstattung der Vorverfahrenskosten – Verwaltungsakt – Vorbereitungshandlung – Angebot einer beruflichen Eingliederungsmaßnahme – Trainingsmaßnahme, Urteilsanmerkung, SGb 2005, 598; *Köhler*: Die verwaltungsrechtlichen Handlungsformen – taugliches Instrumentarium des Sozialstaats neuer Prägung?, WzS 2005, 321; *König*: der vorläufige Verwaltungsakt, BayVBl. 1989, 33; F. J. *Kopp*: Vorläufiges Verwaltungsverfahren und vorläufiger Verwaltungsakt, 1992; *Kreßel*: Der „vorläufige" VA, BayVBl 1989, 65; *Kurr*: Erlaß und Bekanntgabe von Verwaltungsakten nach dem SGB X, SGb 1995, 288; *Ladeur*: Die Zukunft des Verwaltungsakts, VerwArch 86 [1995], 511; *Linhardt*: Der Bescheid, 1994; *Löcher*: Die Anhörung im Sozialverwaltungsverfahren, 2005; *Löcher*: Und immer noch keine Rechtssicherheit - die Rechtsnatur der Auf- und Verrechnung, rv 2010, 125; *Löffler-Sondermann*: Zum Problem des Vertrauensschutzes im Sozialrecht, Die Ersatzkasse 1994, 118; *Losch*: Der vorsorgliche Verwaltungsakt, NVwZ 1995, 235; *Mey*, Zum Erfordernis einstweiliger Verwaltungsakte in der Rentenüberleitung, DAngVers 2000, 103; *Paulus*: Der Sozialzuschlag – eine Erwiderung auf den Artikel von Dr. Wolfgang Fichte, DAngVers 1996, 444; *Pickel*: Verwaltungsakte und ihr Zustandekommen, SGb 1986, 226; *Peine* Der vorläufige Verwaltungsakt, DÖV 1986, 849; *Rath, vom*: Aufrechnung und Verrechnung – Verwaltungsakt oder öffentlich-rechtliche Willenserklärung?, DÖV 2010, 180; *Schimmelpfennig*: Vorläufige Verwaltungsakte, 1989; *Schmidt-DeCaluwe*: Der Verwaltungsakt in der Lehre Otto Meyers, 1998; *ders*: Vorläufige Verwaltungsakte im Arbeitsförderungsrecht, NZS 2001, 240; *Schnellenbach*: Rechtsfolgen von Verwaltungsakten, JA 1996, 981; *Schnapp*: Die Folgen von Verfahrensfehlern im Sozialrecht, SGb 1988, 309; *Schoch*: Der Sozialhilfebescheid, ZfF 2005, 241; *Spriegel-Walter*: Auf- und Verrechnung, Abtretung, Pfändung, Info DRV in Bayern 2006, 223; *Weber*: Die Rechtsqualität von Aufrechnung, Verrechnung, Abtretung (Übertragung), Abzweigung und Pfändung, SGb 1999, 255; *ders*: Die Verwaltungsaktsqualität der Rechte nach §§ 48 ff SGB I, SGb 2000, 165; *Voßkuhle*: Der relative Verwaltungsakt – eine unzulässige Handlungsform, SächsVBl 1995, 54; Voßkuhle/*Kaufhold*: Grundwissen öffentliches Recht: Der Verwaltungsakt, JuS 2011, 34; *Weyreuther*: Modifizierende Auflagen, DVBl 1984, 365; *Wiesner*: Schalterakt oder Verwaltungsakt? – Die Gewährung von Krankengeld als schlichtes Verwaltungshandeln oder als Verwaltungsakt, SGb 1982, 229. Weitere Literatur sowie verwendete Kommentare s Literaturliste.

§ 31 Begriff des Verwaltungsaktes

[1]Verwaltungsakt ist jede Verfügung, Entscheidung oder andere hoheitliche Maßnahme, die eine Behörde zur Regelung eines Einzelfalles auf dem Gebiet des öffentlichen Rechts trifft und die auf unmittelbare Rechtswirkung nach außen gerichtet ist. [2]Allgemeinverfügung ist ein Verwaltungsakt, der sich an einen nach allgemeinen Merkmalen bestimmten oder bestimmbaren Personenkreis richtet oder die öffentlich-rechtliche Eigenschaft einer Sache oder ihre Benutzung durch die Allgemeinheit betrifft.

1. Allgemeines

§ 31, der wörtlich mit § 35 VwVfG und § 118 AO übereinstimmt, enthält die **1** Legaldefinition des VA. Die ges Regelung normiert weitgehend das vor Erlass des SGB X in Rspr und Lit vorherrschende Begriffsverständnis (BT-Drucks 7/910, 56 f für § 35 VwVfG; Ausn: Krankengeldgewährung *BSG* SozR 2200 § 182 Nr 103, Rz 41). Zur Auslegung des Begriffs VA kann daher auch auf die einschlägige **ältere Rspr** des *BSG* (BSGE 3, 206; 12, 67; 17, 126; 42, 179) zurückgegriffen werden. Der Begriff des VA ist in der Verwaltungsrechtswissenschaft des ausgehenden 19. Jh entwickelt worden. Noch heute charakterisiert die **Definition** von *Otto Mayer* (Deutsches Verwaltungsrecht, Bd 1, 1. Aufl 1895, 95) die Grundstruktur des VA zutreffend: Der VA ist „ein der Verwaltung zugehöriger obrigkeitlicher Anspruch, der dem Untertan gegenüber im Einzelfall bestimmt, was für ihn Rechtens sein soll."

1.1. Bedeutung des VA

Der VA – andere Bezeichnungen: „Bescheid", „Regelung", „Verfügung" oder **2** „Anordnung" – hat im VerwVerf eine große praktische Bedeutung. Er stellt das **spezifische öffentl-rechtl Handlungsinstrument der SozialVerw** gegenüber Vers und Leistungsempfängern dar (vgl auch *Kirchhof* HdbStR III § 59 Rz 147: „Eckpfeiler im System verwrechtl Handlungsarten"; *Kopp/Ramsauer* VwVfG § 35 Rz 2). Das folgt insb auch daraus, dass sich Sozialverwaltung als **Massenverwaltung** darstellt, die nur über VA effizient gesteuert werden kann. Der VA tritt im VerwVerf neben den VerwVertrag (§§ 53 ff), denn nach § 8 ist das VerwVerf auf den Erlass eines VA oder den Abschluss eines VerwVertrags gerichtet. Der **VerwVertrag** hat im Sozialverwaltungsverfahrensrecht geringe Bedeutung, denn nach § 53 Abs 2 kann er nur über Sozialleistungen geschlossen werden, deren Erbringung im Ermessen des Leistungsträgers steht; Ermessensleistungen sind im Sozialrecht aber die Ausn (§ 38 SGB I).

Die **Dominanz des VA** im Recht der Sozialverwaltung ist allerdings **keineswegs** **3** „altmodisch" (*Wolff/Bachof/Stober* VerwR II § 45 Rz 2 a) und schon gar kein „Relikt des Obrigkeitsstaates" (so *O. Mayer* aaO 92). Zwar gibt es im allg VerwR eine Tendenz zum sog „**kooperativen Verwaltungshandeln**" und in diesem Zusammenhang kommt dem VerwVertrag Bedeutung zu, aber der VA ist nicht minder flexibel als der VerwVertrag (vgl *Schmidt-Aßmann* DVBl 1989, 532 [536]; *Ladeur* VerwArch 86 [1995], 511). Erfüllt er seine Funktion doch nicht nur als Entscheidungsinstrument der klassischen Eingriffsverwaltung, sondern ist geeignete Handlungsform auch in Leistungsbeziehungen und bei der feststellenden Konkretisierung von Rechtsbeziehungen (*Littmann* in Hauck/

Noftz SGB X § 31 Rz 1). Außerdem dient der VerwVertrag mehr der Effizienz der Verwaltung, denn der Emanzipation des Bürgers (*Tiedemann* in Obermayer VwVfG § 54 Rz 2; vgl hierzu eingehend: *Bauer* DÖV 1998, 89 [89 f]; *Maurer* DVBl 1989, 798 [805 f]). **Gemeinschaftsrechtlich** ist der VA zum einen das Instrument zur Erfüllung der Aufgaben der EU-Organe vor allem in Form des Beschlusses nach Art 288 AEUV; zum anderen ist über den Grds der gegenseitigen Anerkennung von VA der Mitgliedstaaten gewährleistet, dass diese Regelungen innerhalb der Gemeinschaft gelten (**Gemeinschaftsbindung durch Äquivalenzprinzip,** *Wolff/Bachof/Stober* VerwR I § 17 Rz 12 b).

4 Ob die Beh der Sozialverwaltung durch VA handeln dürfen, richtet sich nach materiellem Recht; § 31 gibt dafür keine Grundlage. Sie können durch VA auch **gegen den Willen des Einzelnen** Pflichten (zB Feststellung der Versicherungspflicht, Aufhebung der Bewilligung sowie Rückforderung der bereits gewährten Leistungen) und ggf gegen den Willen Dritter (bei sog VA mit Drittwirkung, Rz 32) Rechte statuieren. Hieraus folgt, dass sich VA als **Eingriffe in Grundrechte** des Einzelnen (Art 2 Abs 1 GG: Allg Handlungsfreiheit (subsidiär), Familienfreiheit: Art 6 GG, Berufsfreiheit: Art 12 GG oder Eigentumsfreiheit: Art 14 GG) darstellen können (vgl zu belastenden VA Rz 31). Jedenfalls belastende VA bedürfen deshalb nach allg verfassungsrechtlichen Grundsätzen einer **Ermächtigungsgrundlage** (sog grundrechtlicher Gesetzesvorbehalt, *BVerwGE* 75, 318 [319]; 96, 160 [162]; *BSG* NZS 2003, 216; *BSG* SozR 3-3100 § 62 Nr 4; *BSG* FEVS 55, 145, *BVerfG* NJW 1996, 3146; *LSG Nds-Brem* Urt v 23.11.2006 – L 12 AL 41/05; *Dörr/Jährling-Rahnefeld* SGb 2003, 549 [550 f]; *Kopp/Ramsauer* VwVfG § 35 Rz 21 f: Erfordernis doppelter Ermächtigung; hierzu näher auch: *Wolff/Bachof/Stober* VerwR II § 45 Rz 14).

5 **Bsp solcher Ermächtigungsgrundlagen** sind: § 50 Abs 3 Satz 1 (Rückforderungsbescheid; vgl auch § 118 Abs 3, 4 SGB VI), §§ 8 Abs 3 Satz 1, 10 Abs 5 Satz 1 AAÜG (Feststellung rentenrechtlich erheblicher Überführungsdaten), § 149 Abs 5 Satz 1 SGB VI (Kontenklärungsbescheid), §§ 77, 86, 93 SGB III (Antrag eines Trägers auf Anerkennung einer Maßnahme für die Weiterbildung; vgl *BSG* SozR 4-4300 § 86 Nr 1), § 14 BKGG (*LSG BW* Urt v 31.8.2010 – L 13 AS 5895/08). Für rentenrechtliche Leistungsentscheidungen ergibt sich die Zulässigkeit einer Entscheidung durch VA aus § 117 SGB VI. Zwar bedarf es keiner expliziten, aus dem Wortlaut der Norm unmittelbar abzuleitenden Ermächtigung zur Entscheidung durch VA (der Begriff: VA muss also nicht vorkommen), aber die Befugnis muss zumindest im Wege der **Auslegung** zu ermitteln sein (*BSG* Beschl v 6.8.2009 – B 3 KR 4/09 B; *BSG* SozR 4-1500 § 54 Nr 9: Löschung von Sozialdaten nach § 84 Abs 2; *BSG* NVwZ-RR 1998, 564 für Grundlagenbescheide iRah von § 128 AFG; *BSGE* 69, 259 für die Abgabepflicht zur Künstlersozialversicherung; *BSGE* 61, 203 zu Erfassungsbescheiden; *LSG Bln-Bbg* Beschl v 1.10.2009 – L 10 AS 654/09 NZB, für eine vorläufige Leistungsbewilligung; vgl auch *BSG* NZS 1998, 244; *BSG* SozR 3-3100 § 62 Nr 4; *Ost/Mohr/Estelmann* Grdz SR, 469; *BVerwGE* 97, 117; 96, 162; 72, 265; 75, 318; *Kopp/Ramsauer* VwVfG § 35 Rz 23; ausführlich: *Druschel* Die Verwaltungsaktsbefugnis 1999 passim). Problematisch ist es daher, wenn der Gesetzgeber – wie bei § 34 – die VA-Qualität ausdrücklich offen lässt (§ 34 Rz 7).

6 Bei **vorläufigen VA** ist allerdings eine **ausdrückliche Gesetzesgrundlage** zu verlangen (vgl zB § 328 Abs 1 Satz 1 Nr 1 SGB III; § 40 Abs 1 Ziff 1 a SGB II verweist auf § 328 SGB III). Die Annahme einer Befugnis ohne ausdrückliche Gesetzesgrundlage muss – nicht zuletzt wegen der Gefahr einer mögl Rückerstattung von Leistungen – ausscheiden (*BSGE* 112, 126; ablehnend auch *Eschenbach* DVBl 2002, 1247 passim, der in Vorläufigkeitsvermerken „unbenannte Nebenbestimmungen" sieht; *Axer* DÖV 2003, 271 [273]; differenzierend: *Engelmann* in von Wulffen/Schütze SGB X § 31 Rz 27; zu vorläufigen VA auch Rz 47). Vorläufige VA sind heute anerkanntermaßen VA; sie haben insb Regelungscharakter (*BSGE* 67, 104; *Schmidt-DeCaluwe* NZS 2001, 240 [240]). Da die Regelung der Vorläufigkeit Verfügungscharakter hat, muss sich aus dem VA eindeutig ergeben, ob und inwieweit die Verwaltung eine vorläufige Bewilligung verfügt hat (*BSGE* 108, 86).

1.2. Funktionen des VA

Der VA hat **verschiedene Funktionen** – auch im Sozialrecht (vgl *Kopp/Ramsauer* VwVfG § 35 Rz 9 ff). Da VA in den unterschiedlichsten materiellen Sozialverwaltungsbereichen ergehen können, sind die Funktionen **formeller Art**: Beendigung des VerwVerf, Verbindlichkeit für die Beteiligten und Vollstreckbarkeit gegenüber den Verpflichteten. Die Rechtsschutzfunktion ist immer noch von Bedeutung, obwohl wegen der Rechtsweggarantie in Art 19 Abs 4 GG Rechtsschutz gegen behördliches Handeln nicht mehr davon abhängt, dass ein VA vorliegt. Für die **Klageart** ist es allerdings von Bedeutung, ob ein VA vorliegt oder begehrt wird. Nur dann kommt eine Anfechtungs- oder Verpflichtungsklage in Betracht (§ 54 Abs 1 SGG). Fehlt es an einem VA, so ist die allgemeine Leistungsklage statthafte Klageart (§ 54 Abs 5 SGG).

7

Die Zulässigkeit der Anfechtungs- und Verpflichtungsklage ist allerdings von weiteren Voraussetzungen als die allg Leistungsklage abhängig: nach § 78 SGG ist vor Klageerhebung ein Widerspruchsverfahren durchzuführen (§§ 78 ff SGG) und die Klage kann nur innerhalb eines Monats nach Zustellung des Widerspruchsbescheids erhoben werden (§ 87 SGG; zum Rechtsschutz vgl Anhang). Allerdings muss der VA, der im Gerichtsverfahren unter jedem in Betracht kommenden rechtlichen Gesichtspunkt zu überprüfen ist (*BSGE* 85, 83; 87, 8), **bei wesentlichen Entscheidungen das maßgebliche Handlungsinstrument** bleiben, da die Verwaltungsverfahrensgesetze für VA die größte Dichte an Beteiligtenrechten und Verfahrensgarantien enthalten (*BSGE* 89, 111: „Erforderlichkeit eines VA"; vgl auch: *BSG* SozR 1300 § 63 Nr 10; *BSGE* 70, 37; *BSG* SozR 3-1200 § 53 Nr 7; aA für Leistungen der GKV: *BSGE* 85, 132). **Leistungseinstellungen** (= Aufhebung des bewilligenden VA) haben deshalb idR als VA und nicht als Realakt zu erfolgen (*BSGE* 89, 111 = NJW 2002, 2810; vgl auch: *LSG BW* Urt v 31.8.2010 – L 13 AS 5895/08), wobei sich die Ermächtigungsgrundlage für diesen actus contrarius aus der Ermächtigungsgrundlage zur Leistungsbewilligung iVm den §§ 45, 48 ergibt.

8

1.2.1. Beendigung des Verwaltungsverfahrens

Der VA beendet das VerwVerf (§ 8 **SGB X**), denn das VerwVerf ist die nach außen wirkende Tätigkeit der Beh, die auf die Prüfung der Voraussetzungen, die Vorbereitung und den Erlass eines VA oder auf den Abschluss eines öffentlrechtl Vertrags gerichtet ist, wobei der Erlass des VA bzw der Abschluss des Vertrags vom VerwVerf umfasst ist (vgl auch *BSGE* 88, 75: daraus folgt, dass die Notwendigkeit der Hinzuziehung eines Dritten, § 12, für jeden VA getrennt zu prüfen ist). Nach der sog „Zwei-Stufen-Theorie" wird im fiskalischen oder privatrechtlichen Bereich zur Erfüllung von Verwaltungsaufgaben die Entscheidung über die Vergabe von Leistungen oder die Zulassung zur Leistungserbringung dem öffentl R zugewiesen, während die Abwicklung des Rechtsverhältnis-

9

ses anschließend nach Maßgabe des Privatrechts erfolgt (*Mutschler* in Kass-Komm SGB X § 31 Rz 4 und 11).

10 Mit dem Erlass des VA enden das VerwVerf und damit die im VerwVerf beste-henden Rechte und Pflichten. Der Antragsteller ist nicht mehr Beteiligter iSv § 10 und hat zB kein Recht auf Akteneinsicht (§ 25; aber: § 83) mehr; der Sozi-alleistungsTr ist zB nicht mehr zu (weiteren) Ermittlungen verpflichtet (§ 20). Mit dem Erlass des VA „**emanzipiert**" sich die Entscheidung des Sozialleis-tungsträgers vom VerwVerf und wird autonom. Das SGB X spricht von „Wirk-samkeit" des VA, die mit der Bekanntgabe beginnt (§ 39; vgl *BSG* SozR 3-1300 § 48 Nr 32; *BSG* Breith 2001, 427). Allerdings wird durch den VA ein **Rechts-verhältnis** zwischen dem Sozialleistungsträger und dem VA-Adressaten begrün-det, aus dem sich (Neben-)Pflichten ergeben, die denen im VerwVerf vergleich-bar sein können. Das gilt zB für die **Mitwirkungspflichten** nach den §§ 60 ff SGB I, denn nach § 60 Abs 1 Nr 2 SGB I muss zB derjenige, der eine Leistung erhält, Änderungen in den Verhältnissen, die für die Leistung erheblich sind, unverzüglich mitteilen. Die Erfüllung dieser Pflichten kann dazu führen, dass die Beh gem § 18 SGB X ein neues VerwVerf in Gang setzt, das – zB wegen Än-derung der Verhältnisse – zu einer Aufhebung der Bewilligung oder zu einer ge-ringeren oder höheren Leistungsbewilligung für die Zukunft führt. Eine Ausn von der verfahrensbeendenden Wirkung des VA gilt allerdings für **vorläufige VA** (Rz 5, 46), da das VerwVerf bis zum Erlass des endgültigen, das Verfahren erst abschließenden VA fortdauert.

1.2.2. Verbindlichkeit für die Beteiligten

11 Eine weitere wichtige Funktion des VA besteht darin, eine für die Beteiligten ge-genseitig verbindliche Regelung zu schaffen (*BSGE* 67, 104; 75, 262; zur Not-wendigkeit einer feststellenden Regelung: *BSG* SGb 1999, 564; instruktiv auch *BSG* Breith 2001, 427 zur Feststellung der Versicherungspflicht bzw -freiheit in der Vergangenheit mwN; vgl auch *Frohn* Jura 1993, 393 [399]; aA für die GKV: *BSGE* 87, 132: „Die eingeschränkte Bindungswirkung von Bewilligun-gen im KV-Recht hat eine lange Tradition", die sich auch mit Inkrafttreten des SGB X nicht geändert habe). Nach Ablauf der Widerspruchsfrist (sog „Unan-fechtbarkeit") erwächst der VA in (formelle) **Bestandskraft** (*Leitherer* in Meyer-Ladewig/Keller/Leitherer, SGG § 77 Rz 2; VA sind auch einer der materiellen Rechtskraft vergleichbaren Endgültigkeit fähig, sog **materielle Bestandskraft**) und entfaltet **Bindungswirkung** (§ 77 SGG); das gilt allerdings nur für den Ver-fügungssatz, denn die Gründe des VA, also die tatsächl Feststellungen sowie die rechtl Ausführungen, nehmen an der Bindungswirkung nicht teil (*BSG* SozR 1500 § 77 Nr 18, Nr 56; *BSGE* 61, 289), können aber der Auslegung oder In-haltsbestimmung dienen (s § 32 Rz 2). Damit wird für die Beteiligten des Ver-wVerf **Rechtssicherheit** geschaffen (*Marschner* in Pickel/Marschner SGB X § 31 Rz 8). Der Antragsteller weiß, ob er mit der beantragten Leistung rechnen kann oder nicht und der Sozialleistungsträger ist ggf zur Leistung verpflichtet. Eine rückwirkende Aufhebung der Bewilligung ist deshalb im Hinblick auf das mit der Bestandskraft entstehende **Vertrauen** des VA-Adressaten nur unter bestimm-ten Voraussetzungen möglich (vgl §§ 45 Abs 2 Satz 3, 48 Abs 1 Satz 2). Die Rechtssicherheit hat als Ausdruck des formalen Rechtsstaatsprinzips (ua Art 20 Abs 3 GG) **Verfassungsrang** (*Burghart* in Leibholz/Rinck, Grundgesetz, Art 20 GG Rz 1534).

12 Die Bestandskraft des VA entsteht grds auch dann, wenn sich der VA als „**feh-lerhaft**" (andere Begriffe: „unrichtig" oder „rechtswidrig") erweist, dh gegen geltendes R verstößt (*BSGE* 77, 253) und die Nichterfüllung des durch rw Bescheid festgestellten Anspruchs kann **Schadensersatz aus Amtshaftung** auslösen (*BSG* SozVers 1995, 163). Die Bestandskraft ist selbst dann beachtlich, wenn kraft G eine leistungsschädliche Rechtsfolge eintritt: Obwohl die zum Erlöschen des Alg-Anspruchs führenden **Sperrzeitfolgen** kraft Gesetzes eintreten (§ 147 Abs 1 Nr 2 SGB III), ist eine ausdrückliche Aufhebung der Leistungsbewilligung unerlässlich, „da die Bindungswirkung dieses VA bis zu seiner Aufhebung jede für den Anspruchsinhaber nachteilige abweichende Verfügung über den zuerkannten Anspruch ohne Rücksicht auf die materielle Rechtslage ausschließt" (*BSG* SozR 3-4100 § 117 Nr 9; *BSG* NZS 2000, 210). Ob rw VA auch dann bestandskräftig werden, wenn sich die Rechtswidrigkeit daraus ergibt, dass schon die **Befugnis zum Erlass eines VA** nicht besteht, ist zweifelhaft, aber iE zu bejahen. Der Adressat des VA muss sich deshalb, um Rechtsnachteile zu vermeiden, innerhalb eines Monats gegen den belastenden VA wenden (§ 84 Abs 1 SGG), obwohl er – bei einem „in der Form" rechtmäßigem Handeln – an keine Fristen gebunden wäre. Allerdings dürften solche VA häufig gem § 40 Abs 1 **nichtig** sein und deshalb nicht bestandskräftig werden (Rz 13).

Die **Bestandskraft** des VA gilt allerdings nicht absolut, sondern kann unter bestimmten Voraussetzungen **durchbrochen** werden. Durch die §§ 45 ff wird die formale Rechtssicherheit zugunsten des Prinzips der **materiellen Gerechtigkeit** zurückgedrängt, denn nach diesen Regelungen kann der SozialleistungsTr für die Zukunft und unter bestimmten Voraussetzungen auch für die Vergangenheit einen bestandkräftigen VA aufheben und die zu Unrecht gewährte Leistung zurückverlangen. Eine Besonderheit im SR ist § 44, denn danach kann der Vers eine jederzeitige Überprüfung des bestandkräftigen (idR ablehnenden) VA auf Antrag verlangen. Diese in der Praxis häufig genutzte Möglichkeit erlaubt die Feststellung, dass es bei belastenden, ablehnenden VA nur eine „labile" Bestandskraft gibt. Schließlich führen gravierende Fehler des VA inhaltlicher oder (seltener) formaler Art zur **Nichtigkeit des VA** (§ 40). Nichtige VA sind unwirksam und von den Beteiligten nicht zu beachten. **13**

Von der Bindungswirkung ist die **Tatbestandswirkung** des VA zu unterscheiden. Die **Tatbestands- oder Drittbindungswirkung** von Verwaltungsakten besagt, dass Behörden und Gerichte die in einem bindenden Bescheid getroffene Regelung, solange sie Bestand hat, als verbindlich hinzunehmen und ohne Prüfung der Rechtmäßigkeit ihren Entscheidungen zugrunde zu legen haben (vgl *BSGE* 103, 243). Das bedeutet nicht, dass – neben dem Verfügungssatz – auch die Begründung des VA hinsichtlich des festgestellten Sachverhaltes zwischen den Beteiligten verbindlich ist (zur Trennung von Begründung und Verfügungssatz: *BSG* SozR 3-4100 § 119 Nr 18), sondern es geht um die **Ausdehnung der Bindungswirkung des Verfügungssatzes über die unmittelbar Beteiligten hinaus**; dadurch wird gewährleistet, dass die **ges geregelte Zuständigkeitsverteilung** nicht unterlaufen wird (zur Tatbestandswirkung: *BSG* SozR 3-4100 § 103 Nr 3; SozR 3-4100 § 141 a Nr 1; *BSGE* 70, 99; SozR 3-1500 § 54 Nr 15; SGb 2000, 217). Der Anerkennungsbescheid als Schwerbehinderter hat Tatbestandwirkungen für den Bezug vorgezogener Altersrente wegen Schwerbehinderung nach § 37 SGB VI. Der Anerkennungsbescheid über Schädigungsfolgen iSv § 1 BVG hat Tatbestandswirkung für eine Erstattung nach § 19 BVG (*BSGE* 34, 289) und der SozialhilfeTr ist an die Entscheidung der PflK über das Ausmaß der Pflegebedürftigkeit nach § 62 SGB XII gebunden (vgl *BSG* SGb 2000, 217). Das BSG hat über die Erweiterung des Beteiligtenbegriffs eine Bindungswir- **14** kung für die Feststellung von Versichertenzeiten zwischen zwei RVTr angenommen (*BSG* SozR 1500 § 77 Nr 61; SozR 2200 § 176 c Nr 3).

1.2.3. VA als Vollstreckungstitel

15 Die vollstreckungsrechtliche Funktion des VA liegt in der vereinfachten Möglichkeit begründet, rechtl Ansprüche zwangsweise durchsetzen zu können. Während im Zivilrechtsverkehr für die Vollstreckung grundsätzlich: **Titel, Klausel und Zustellung** erforderlich sind (§§ 704 Abs 1, 725, 794 ff ZPO) und hierbei die Zivilgerichte in Anspruch genommen werden müssen (häufig in langwierigen Verfahren), kann sich die Sozialverwaltung den Titel durch Erlass eines verpflichtenden VA selbst verschaffen – bzw bedarf gem § 3 Abs 1 Hs 2 VwVG Bund keines (zusätzlichen) Titels – und den öffentl-rechtl Anspruch (zB auf SV-Beiträge) nötigenfalls zwangsweise durchsetzen. Das Verwaltungszwangsverfahren sieht nur geringe Anforderungen vor. Zwar bedarf es der Bekanntgabe des VA gegenüber dem Verpflichteten, da der VA vorher nicht wirksam wird (§ 39), aber eine Zugangsvereitelung kann mittels PZU und der ges Zugangsfiktion (§ 3 Abs 3 VwZG iVm § 180 ZPO) überwunden werden. Das Vollstreckungsverfahren richtet sich hierbei entweder nach dem VwVG des Bundes oder den entspr VwVG der Länder (§ 66).

2. Begriffsmerkmale des VA

16 Die Legaldefinition des Begriffs VA enthält eine Reihe von sich teilweise überschneidenden und komplexen Einzelmerkmalen. Die früher vorgenommene Unterscheidung der VA-Merkmale anhand unterschiedlicher Betrachtungsebenen – Bsp: die „Maßnahme" bezeichnet das Tun, die „Regelung" dessen Inhalt (*Wolff/Bachof/Stober* VerwR II § 45 Rz 44) oder die Unterscheidung, ob der VA als „Vorgang" oder als „Regelungsinhalt" zu verstehen ist (vgl *BVerwGE* 31, 304; *BVerwG* DÖV 1973, 527) – ist verwirrend und wird deshalb in der Praxis zurecht kaum beachtet. Denn in der Rechtsanwendung lässt sich kaum begründen bzw plausibel differenzieren, warum derselbe Lebenssachverhalt aus unterschiedlicher Perspektive mit verschiedenen Tatbestandsmerkmalen abgebildet werden sollte.

17 Fehlte es an der Befugnis, überhaupt durch VA zu handeln, liegt dennoch ein – allerdings stets rw – sog **Nichtakt** oder **Schein-VA** (*BSGE* 114, 180; *BSG*, SozR 4-2600 § 2 Nr 6) oder **Formal-VA** (*BSG* Urt v 31.1.2006 – B 11 a AL 13/05 R, info also 2006, 218; *BSGE* 95, 176; *SchlHLSG* Urt v 11.10.2006 – L 3 AL 154/05) vor (anderer, allerdings missverständlicher Ausdruck auch: „formeller VA", *BSG* Urt v 24.7.2003 SozR 4-1200 § 52 Nr 1; *BSG* Urt v 5.9.2006 – B 4 R 71/06 R; *LSG Nds-Brem* Urt v 23.11.2006 – L 12 AL 41/05; *LSG RhPf* Urt v 20.1.2006 – L 1 KR 71/05). **Bsp** für Schein-VA:

- Die Arbeitsverwaltung ist nicht berechtigt und verpflichtet, über die **Meldung einer Beitragszeit** an den Rentenversicherungsträger durch Verwaltungsakt zu entscheiden (*LSG Nds-Brem* Urt v 23.11.2006 – L 12 AL 41/05).

- Eine Beh darf **privatrechtliche Beziehungen** nicht einseitig durch VA regeln (*BSGE* 15, 17; 25, 268; *BSG* FEVS 55, 145).

- **Aufforderung zu Eigenbemühungen iS von § 119 Abs 5 SGB III** mit Rechtsfolgen- und Rechtsbehelfsbelehrung (*BSG* Urt v 31.1.2006 – B 11 a AL 13/05 R, info also 2006, 218).

Eine Beh kann nicht durch VA die **Rechtmäßigkeit des eigenen Handelns** in verfahrensrechtlicher Hinsicht „regeln" (*BSGE* 116, 280).

Bei einem Schein-VA wird für den Rechtsschutz unterstellt, dass eine Regelung durch VA möglich ist (*BSGE* 15, 14; 25, 268; 49, 291; *BSG* Urt v 25.3.2004, B 12 AL 5/03 R; *BSG* FEVS 55, 145; *BSG*, Urt v 5.9.2006 – B 4 R 71/06 R; *Maurer* Allg VerwR § 10 Rz 8; *Kopp/Ramsauer* § 35 Rz 53; aA: *Erfmeyer* DÖV 1996, 629 [633 ff]). Auch erzwungene Handlungen oder erkennbar nicht ernst gemeinte Erklärungen („Scherzerklärungen") gehören hierher (vgl *Steinwedel* aaO, § 40 Rz 8).

2.1. Maßnahme einer Behörde

VA ist jede „Verfügung", „Entscheidung" oder „andere hoheitliche Maßnahme" einer Beh. Aus der Normsystematik ergibt sich, dass „Maßnahme" den **Oberbegriff** darstellt (vgl *Engelmann* aaO § 31 Rz 10; *Erichsen* in Erichsen/Martens, Allg VerwR § 11 Rz 7), während die beiden Begriffe Verfügung und Entscheidung nur Bsp einer Maßnahme sind („oder andere Maßnahme"). Der **im Polizeirecht geläufige Begriff** der Maßnahme ist **schillernd** und im Sozialrecht zu einer präzisen Abgrenzung kaum geeignet (*BGH* DÖV 1998, 429). Unter einer **Maßnahme** iSv § 31 wird häufig eine **verwaltungsrechtliche Willenserklärung** verstanden (*Wolff/Bachof/Stober* VerwR II § 45 Rz 42), allerdings **der Form nach in einem umfassenden Sinne**, dh es kommen Erklärungen mündlicher, schriftlicher, elektronischer oder konkludenter Art in Form von Zeichen, Schildern oder Körperbewegungen in Betracht (Bsp: Die **Auszahlung von KG** durch eine Beh mit deren „Ausweisung" in den monatlichen Mitteilungen der Bezüge wird als konkludenter VA angesehen: *BSG* SGb 1993, 215; *SächsLSG* Urt v 27.6.2005 – L 1 KR 46/02; ein konkludenter VA wird auch in dem Fall angenommen, dass der Versicherungsträger dem Antrag auf Weitergewährung des **Kinderzuschusses** allein durch Erhöhung des Rentenzahlbetrages nachkommt: *BSG* HV-Info 1990, 2294; in einem **Erstattungsbescheid** nach § 50 Abs 1 wird häufig eine konkludente Aufhebung des Bewilligungsbescheides gesehen: *Hämlein*, JuS 1992, 559 [561]; anders bei Erstattungsbescheiden nach § 50 Abs 2: *BSG* SozR 1300 § 50 Nr 15; vgl auch zum Fall eines möglw konkludenten Bescheids: *LSG Bln-Bbg* Urt v 17.2.2010 – L 4 R 531/07). Selbst maschinell gefertigte Entscheidungen können VA sein (vgl §§ 33 Abs 5, 35 Abs 2 Nr 3). Wie **Schweigen** regelmäßig im Rechtsverkehr nicht als Willenserklärung gilt, stellt es auch keine „Maßnahme" und damit keinen VA dar. Allenfalls aus besonderen Umständen (etwa Vertauensschutzgesichtspunkten) kann dem Schweigen einer Beh eine Erklärungswirkung zu entnehmen sein. Macht eine KK, von der ihr erteilten Einzugsermächtigung keinen Gebrauch mehr, liegt darin allein noch kein die Beitragsfreiheit feststellender VA (vgl *BSGE* 71, 244). Allerdings müssen diese Charakteristika des VA nicht notwendig aus dem Begriff der Maßnahme abgeleitet werden. Sie könnten auch aus dem Merkmal „Regelung" (Rz 27 ff) entwickelt werden. Denn genau betrachtet spricht vieles dafür, in dem Begriff: Maßnahme ein **Synonym** für den Begriff VA zu sehen: Zum einen werden die gesetzl Bsp für den Begriff Maßnahme, Verfügung und Entscheidung, häufig als Formulierungen für den Begriff VA selbst verwendet; zum anderen stellen sich die nachfolgenden Tatbestandsmerkmale – der Systematik nach – als nähere Bestimmung des Begriffs Maßnahme dar.

Behörde ist gem § 1 Abs 2 jede Stelle, die Aufgaben öffentlicher Verwaltung wahrnimmt. Diese weite Formulierung bringt zum Ausdruck, dass der Begriff: Beh nicht allein im organisatorischen Sinne verstanden wird, sondern der Regelung ein **funktioneller Behördenbegriff** zugrunde liegt (vgl zum Behördenbegriff: § 1 Rz 8 ff). Zu den Beh zählen neben (Landes-)Jugendamt, Sozialamt auch die Handlungsorgane der Landschaftsverbände als überörtliche Sozialhilfeträger sowie der SVTr, soweit sie Aufgaben öffentlicher Verwaltung wahrnehmen, zB Sozialhilfe oder Renten nach dem SGB VI gewähren, Versicherungspflicht in der GKV feststellen oder gegenüber dem vorrangig verpflichteten LeistungsTr Erstattungsansprüche geltend machen. Auch Schiedsämter und Schiedsstellen im Bereich des SGB V gehören hierher (vgl *BSGE* 105, 126; anders Schiedspersonen zB nach § 132 a Abs 2 SGB V, die **Vertragshelfer** und keine Beh sind, weil sie ihre Entscheidungsmacht unmittelbar von den Vertragsparteien selbst erhalten (vgl *BSG* SozR 4-2500 § 73 b Nr 1).

Nicht zu den öffentl Aufgaben zählen **fiskalische Tätigkeiten** (die Einstellung eines Mitarbeiters, die Anschaffung notwendiger Arbeitsmittel etc) oder rein **privatwirtschaftliche Betätigungen** (zB die Beteiligung an Unternehmen). Beh-Aufgaben können allerdings auch von natürlichen oder juristischen Personen des Privatrechts, sog Beliehene, wahrgenommen werden (vgl § 1 Rz 10, *BSGE* 43, 282; *Erichsen* aaO Rz 14; *Maurer* aaO § 9 Rz 23, § 23 Rz 56 ff). Außerdem können die Rechtsbeziehungen zu einem öffentl-rechtl Träger auch privatrechtlich sein (*Keller* aaO § 51 Rz 5).

2.2. Auf dem Gebiet des öffentlichen Rechts

21   Eine weitere Voraussetzung für die Qualifikation als VA ist, dass es sich um eine Maßnahme auf dem Gebiet des öffentl R handelt (sog **Gebietsklausel**), vgl auch § 1 Abs 1. Öffentl R ist hier in einem engeren Sinne zu verstehen, Verfassungs-, Kirchen-, Völker- oder EU-Recht gehören nicht hierher. Damit soll eine **Abgrenzung** zu Handlungen der Beh auf dem Gebiet des Privatrechts vorgenommen werden. Problematisch ist es deshalb, wenn umgekehrt aus der Handlungsform VA auf ein öffentich-rechtlichen Rechtsverhältnis geschlossen wird. Bei der **Unterscheidung von öffentl und privatem R** geht es um die Unterscheidung von Rechtssätzen, nicht aber um die Qualifizierung von Rechtsverhältnissen oder Handlungsweisen (vgl *Ehlers* Verwaltung in Privatrechtsform 1984, 52 ff; *Christ* Die Verwaltung zwischen öffentlichem und privatem Recht 1984, 26 ff) – auch, wenn das auf einer Rechtsnorm basierende Rechtsverhältnis bzw die Handlungsweise grds die Rechtsnatur der Norm teilt (vgl auch Rz 20). Um Rechtssätze dem einen oder dem anderen Rechtsgebiet zuordnen zu können, sind in Rspr und Lit zahlreiche **Abgrenzungstheorien** entwickelt worden. Überwiegend wird heute die von *H. J. Wolff* (Wolff/Bachof/Stober, VerwR I § 22 II) geprägte **Subjektstheorie** oder **Sonderrechtstheorie** vertreten (vgl *GemS BGH* 108, 285; *BSGE* 35, 188; 47, 35; 65, 135; *Keller* aaO § 51 Rz 3 c). Entscheidend ist danach, dass Rechtssätze angewendet werden, die einen Träger der öffentlichen Gewalt als solchen berechtigen oder verpflichten (vgl zB *BSG* SozR 4-1500 § 51 Nr 6).

22   **Unproblematisch** beruhen fiskalische Tätigkeiten oder rein privatwirtschaftliche Betätigungen (Rz 20) nicht auf öffentl R, sondern sind privatrechtlicher Natur. Vor diesem Hintergrund können bei einem Kauf von PC für die Geschäftsstelle einer KK Minderungsansprüche iRah der Mängelgewährleistung nicht durch VA festgesetzt und ggf zwangsweise durchgesetzt werden. Hiervon zu unterscheiden sind allerdings die **privatrechtsgestaltenden VA** (eingehend: *Schmidt,* Unmittelbare Privatrechtsgestaltung durch Verwaltungsakt, 1975).

Bsp. aus dem Sozialrecht:

- Zahlung der **Unterkunftskosten** nach § 22 SGB II oder § 29 SGB XII direkt an den Vermieter (*LSG Bln* Beschl v 24.5.2006 – L 5 B 147/06 AS ER, L 5 B 395/06 AS PKH).
- **Anspruchsüberleitungen nach § 93 Abs 1 Satz 1 SGB XII** wirken im Verhältnis zum Drittschuldner ebenfalls privatrechtsgestaltend und verleihen diesem einen Anspruch auf ermessensfehlerfreie Überleitungsentscheidung (vgl *BayVGH* Urt v 25.5.2005 – 12 B 02.2948).
- Sozialrechtliche Ansprüche auf Geldleistungen können nach § 53 **Abs 2 Nr 2 SGB I** übertragen und verpfändet werden, wenn der zuständige Leistungsträger feststellt, dass die Übertragung oder Verpfändung im wohlverstandenen Interesse des Berechtigten liegt. Feststellungen des wohlverstandenen Interesses stellen einen privatrechtsgestaltenden Verwaltungsakt dar (vgl *BSG* SozR 3-1200 § 53 Nr 9; *LSG NRW*, Urt v 15.6.2004 – L 18 KN 79/03).

Problematischer sind die Fallgestaltungen, in denen ein Sachverhalt sowohl unter den Tatbestand einer öffentl-rechtl als auch einer privatrechtlichen Norm subsumiert werden kann (Bsp: der Unterlassungsanspruch ist im Zivilrecht in den §§ 1004, 906 BGB geregelt und besteht im öffentlichen Recht als ungeschriebener Anspruch). Hier ist darauf abzustellen, **zu welchem Zweck gehandelt wurde** und ob diese Zweckverfolgung ein für den Staat spezifisches Sonderverhalten ist. Maßnahmen zur Ausübung des **behördlichen Hausrechts** (Hausverbot) richten sich nach der Rechtsnatur des Zwecks des Besuches. Das Hausverbot durch eine Behörde hat nach der inzwischen ganz herrschenden Auffassung in Rechtsprechung und Literatur dann öffentlich-rechtlichen Charakter, wenn es dazu dient, (allgemein) die Erfüllung der staatlichen Aufgaben im Verwaltungsgebäude zu sichern bzw (konkret) die unbeeinträchtigte Wahrnehmung einer bestimmten staatlichen Sachkompetenz zu gewährleisten (*BSG* SozR 4-1500 § 51 Nr 6). 23

Bei den **Regelungen in den SGB** ist grds davon auszugehen, dass sie öffentl-rechtl Natur sind (Ausn: Regelungen zur privaten Versicherung, zB § 110 SGB XI; vgl aber auch differenzierend: *Eichenhofer* SGb 2003, 365 passim für das Leistungserbringerrecht in der Sozialversicherung). Das gilt auch dann, wenn sich der LeistungsTr zu Unrecht auf Regelungen des öffentl R stützt, da deren Voraussetzungen gar nicht vorliegen. Liegt indes öffentliches Recht vor, so teilen auch die aus dem öffentl-rechtl Rechtsverhältnis **abgeleiteten Rechtspositionen** die rechtl Einordnung: Die **Rückforderung** rw gewährter Leistungen verändert deren öffentl-rechtl Natur nicht. Wenn irrtümlich an einen nichtberechtigten Dritten außerhalb des Sozialrechtsverhältnisses geleistet wurde, ist eine Rückforderung nur nach den §§ 812 ff BGB möglich (Ausn: § 118 Abs 4 SGB VI, *BSG* SozR 4-2600 § 118 Nr 13). Eine andere Beurteilung folgt auch nicht aus § 50 Abs 2 (*BSGE* 61, 11). Schließlich teilen **Herstellungs-, Schadensersatz- und Unterlassungsansprüche** wegen Verletzung besonderer Verpflichtungen die Rechtsnatur, in der das Rechtsverhältnis eingebettet ist, dem die Verpflichtung entstammt (vgl *BSGE* 49, 291 zu § 321 Nr 1 SGB III). 24

2.3. Hoheitlich

Nicht jede Maßnahme einer Beh stellt eine **hoheitliche** Maßnahme dar. Eine hoheitliche Maßnahme setzt allerdings **kein allg Über- und Unterordnungsverhältnis** voraus, denn dieses traditionelle Verständnis ist von der neueren Verwaltungsrechtslehre aufgegeben worden (vgl *Estelmann/Eicher* DOK 1992, 134 25

[139]; *Hill* DVBl 1989, 321 [323]). „Hoheitlich" ist auch mit „öffentlich-rechtlich" nicht gleichzusetzen. Der Begriff zielt in Abgrenzung zu vertraglichem Handeln vielmehr auf die spezielle Befugnis der Beh, **einseitig** und **unabhängig** und ggf gegen den Willen des Adressaten zu entscheiden (*Engelmann* aaO § 31 Rz 10 a; *Littmann* in aaO § 31 Rz 38). Insoweit ist die Verw dem Bürger übergeordnet, wie dieser dabei aber an Recht und Gesetz gebunden (Art 20 Abs 3 GG). Den Bürger trifft zwar die Anfechtungslast, ihm stehen aber auch entsprechende prozessuale und verfahrensrechtliche (Korrektur-)Mittel zur Verfügung. Aus der Begründung eines hoheitlichen Rechtsverhältnisses durch VA folgt die besondere Rechtfertigungsbedürftigkeit für dessen Erlass.

26 In der Rspr wird zB in der **Mitgliedschaft des Vers** in einem SVTr eine Rechtfertigung dafür gesehen, dass die allg Ansprüche (auf Leistungen einerseits und auf Beitragszahlung andererseits) von den SVTr durch VA festgestellt werden können (*BSG* SozR 1500 § 54 Nr 84; *BSGE* 62, 251). Gegenüber **Arbeitgebern** wird die Befugnis zur Entscheidung durch VA auf **öffentl-rechtl Pflichten** gegenüber zB der BA (*BSGE* 49, 291: Keine Durchsetzung von Schadensersatzansprüchen gem § 145 AFG – heute: § 321 SGB III – durch VA) oder der Einzugsstelle (§ 28 f SGB IV) beschränkt. Entscheidungen durch VA sind auch zwischen gleichgeordneten **juristischen Personen des öffentlichen Rechts** möglich, wenn dies gesetzlich vorgesehen ist oder sich aus der Natur der Sache ergibt (*BSGE* 45, 298; 58, 54; SozR 3-5555 § 15 Nr 1; *Ost/Mohr/Estelmann* Grdz SR, 469 f). Insoweit besteht auch hier ein Über-/Unterordnungsverhältnis, weil das Gesetz einer Beh eine hoheitliche Entscheidungskompetenz zuweist. So hat das BSG wiederholt entschieden, dass die KZÄV trotz des prinzipiellen Gleichordnungsverhältnisses zu den KK bei der Feststellung von Schadensregressen und der Durchführung von sachlich-rechnerischen Abrechnungsberichtigungen einer antragstellenden Kasse gegenüber durch VA entscheiden. Nach den bundesmantelvertraglichen Regelungen ist die KZÄV die allgemeine Vertragsinstanz, der (auch) die Feststellung obliegt, ob Vertragszahnärzte ihre vertragszahnärztlichen Pflichten verletzt und dadurch der betroffenen Krankenkasse des Versicherten einen Schaden verursacht haben (*BSG* SozR 4-2500 § 106 a Nr 13). Ebenso kann der RvTr durch VA entscheiden, ob eine KK die Erstattung der von ihr für einen KrG Bezieher entrichteten Beiträge zur gesetzl RV verlangen kann (*BSG* SozR 3-2400 § 26 Nr 4). Zwischen den VwTr besteht auch hier ein dem Regelverhältnis von Verwaltung und Betroffenem vergleichbares Rechtsverhältnis, anders aber bei einer Erklärung der Kostenübernahme einer KK im Rahmen des § 13 Abs 3 SGB V gegenüber dem Vertragsarzt wegen der gesetzlich vorgegebenen Trennung der Rechtskreise (*BSGE* 113, 123: VA nur ggü Patienten).

2.4. Regelung

2.4.1. Allgemeines

27 Ein VA liegt nur vor, wenn die Maßnahme der Beh zur Regelung eines Einzelfalls erfolgt. Eine Maßnahme hat nur dann Regelungscharakter (enthält einen Verfügungssatz), wenn sie nach ihrem Erklärungsgehalt darauf gerichtet ist, eine verbindliche **Rechtsfolge** zu setzen (*BSG* rv 2003, 95; *BSGE* 75, 97). Regelung ist deshalb jede einseitige durch eine Beh vorgenommene Begründung, Aufhebung, Änderung oder bindende Feststellung eines subjektiven Rechts oder einer Pflicht des Adressaten (vgl *BSGE* 97, 63; 75, 97; *BSG* SozR 3-2200 § 306 Nr 7; vgl auch *Wolff/Bachof/Stober* VerwR II § 45 Rz 43). Deshalb fehlt zB einer Vollstreckungsankündigung die **Regelungswirkung**, da sie lediglich den

Sinn hat, den Schuldner noch einmal auf die Situation hinzuweisen und ihm letztmalig die Gelegenheit zu geben, zur Abwendung der Vollstreckung freiwillig die Rückstände zu begleichen (*BSG* SozR 4-1300 § 63 Nr 23). Das Instrument des VA ist nicht auf individuelle Sozialrechtsverhältnisse beschränkt: **Schiedssprüche** im Leistungserbringerrecht zB des SGB XI stellen Verwaltungsakte zur Gestaltung des Vertrages über eine Vergütungsregelung für ambulante Pflegeleistungen nach § 89 SGB XI dar (*BSG* Urt v 17.12.2009 – B 3 P 3/08 R; *BSG* SozR 3-3300 § 85 Nr 1 S 4 = BSGE 87, 199; *BSG* SozR 4-3300 § 89 Nr 1 Rz 11).

Ein Bescheid kann schließlich mehrere Regelungen enthalten (*BSGE* 106, 110 – für den Regressbescheid iRah eines Arzneimittelregresses; *SächsLSG* Urt v 16.7.2009 – L 3 AL 23/07, für Insolvenzgeld). Ein **Rentenbescheid** enthält zB vier Regelungen (Verfügungssätze), die jew selbstständig in Bestandskraft erwachsen können und – in ihrem Zusammenwirken – das **Rentenstammrecht** umschreiben: Die Entscheidungen über die Rentenart, die Rentenhöhe sowie über den Beginn und ggf die Dauer der Rente (vgl *BSG* Breith 2000, 152; *BSG* SozR 3-8570 § 8 AAÜG Nr 2; *LSG BW* Urt v 12.11.2009 – L 10 R 5738/07). Die **Ablehnung**, eine bestimmt Regelung zu treffen, stellt ebenfalls eine Regelung dar. Der Regelungscharakter einer behördlichen Maßnahme hängt nicht davon ab, dass sie wirksam wird, in Bestandskraft erwächst und als vollstreckungsfähiger Titel fungieren kann (aA *OVG NRW* NVwZ 1987, 608; *OVG NRW* NVwZ 1990, 1083), denn das Vorliegen einer Regelung zählt zu den tatbestandlichen Voraussetzungen des VA, während Wirksamkeit, Bestandkraft sowie Titelfunktion demgegenüber bereits die Existenz eines VA voraussetzen. Regelungscharakter hat nur der **Entscheidungstenor** des VA, nicht auch die Begründung der Entscheidung (zur Unbeachtlichkeit von Begründungsmängeln/-fehlern vgl: *BVerwGE* 80, 96; *BSGE* 87, 8)

Bsp für den Entscheidungstenor eines VA:

- „Für die Zeit vom 1.10.2014 bis zum 30.9.2015 wird Grundsicherung im Alter und bei Erwerbsminderung in Höhe von monatlich 745,20 E gewährt.“
- „Für die Zeit vom 10.03. bis 26.03. werden Pflegesachleistungen in einer vollstationären Einrichtung als Kurzzeitpflege in Höhe von 847,– E gewährt.“

Eine Regelung verlangt einen **Regelungswillen** der Beh (VA als verwaltungsrechtliche Willenserklärung). Der Regelungswille setzt sich aus zwei Teilen zusammen, das Erklärungsbewusstsein und dem Rechtsfolgewille (vgl *Ellenberger* in Palandt BGB Einl § 116 Rz 4). Das **Erklärungsbewusstsein** ist das Bewusstsein, eine rechtlich erhebliche Erklärung abzugeben; hieran fehlt es ua bei bloßen Entwürfen zu VA (hierzu: *LSG NRW* Beschl v 10.2.2010 – L 7 B 359/09 AS), die versehentlich, dh ohne „Absicht“, an den Adressaten abgesandt werden sowie bei Anhörungsschreiben gem § 24, die vom Adressaten irrtümlicherweise bereits als VA angesehen werden. Der **Rechtsfolgewille** ist auf die Begründung, inhaltliche Änderung oder Beendigung eines öffentl-rechtl Rechtsverhältnisses und damit auf **Verbindlichkeit** gerichtet.

Bsp:
- Verneint für ein **Arbeitsangebot nach § 144 Abs 1 Satz 1 Nr 2 SGB III** (*BSG* SozR 4-1300 § 63 Nr 2; *BSG* rv 2003, 95).
- Bejaht aber neuerdings für einen **Zuweisungs- oder Heranziehungsbescheid gem. § 16 Abs 3 Satz 2 SGB II aF** (heute: § 16 d Satz 2 SGB II), da das Ge-

setz für die Arbeitsgelegenheiten nur einen weit gestreckten Rahmen vorgebe, der im Einzelfall durch Festlegungen hinsichtlich des konkreten Inhalts der Arbeitsgelegenheit und der Mehraufwandsentschädigung auszufüllen sei (*BSG* SozR 4-4200 § 16 Nr 8; krit *Harks* jurisPR-SozR 5/2012 Anm. 1).

■ Verneint für die **Mitteilung über die Beendigung der freiwillige Mitgliedschaft in der GKV**, denn diese endet nach § 191 Abs 1 Nr 3 SGB V kraft Gesetzes: *LSG Hmb*, Beschl v 21.2.2006 – L 1 B 390/05 ER KR).

■ Verneint für **angekündigte Leistungskürzungen** (*LSG NRW*, Beschl v 20.2.2006 – L 20 B 5/06 AS).

Bei **Realakten** (auch schlichtes Verwaltungshandeln) kann der Rechtsfolgewille und damit der Regelungswille (vgl *Dörr* DAngVers 1996, 413 [413]) fehlen. **Bsp: Aufklärung, Auskunft** oder **Beratung** (vgl auch *BSG* GesR 2015, 535; *BayLSG* Beschl v 27.4.2010 – L 7 AS 281/10 B ER); die **Mahnung**, nicht aber die Festsetzung von Mahngebühren in bestimmter Höhe (*SächsLSG* Urt v 25.2.2010 – L 2 AS 451/09; vgl auch *BayLSG* Urt v 12.5.2010 – L 16 AS 829/09; *LSG Bln-Bbg* Beschl v 24.2.2010 – L 22 LW 2/10 B ER); Mitteilung über eine **vorläufige Leistungseinstellung** (*LSG NRW* Beschl v 7.4.2014 – L 19 AS 389/14 B ER); Aufforderung an den Pflegegeld beziehenden Pflegebedürftigen, in bestimmten Abständen einen Pflegeeinsatz durch eine Pflegeeinrichtung, mit der die Pflegekasse einen Versorgungsvertrag abgeschlossen hat, abzurufen, § 37 Abs 3 Satz 1 SGB XI; die Aufforderung zur Rentenantragstellung (§ 115 Abs 6 SGB VI); das Erheben und Löschen von Sozialdaten; die Vergabe einer VersNr). Realakte sind wie VA ein **Handlungsmittel von Beh**; besteht auf die Leistung ein Anspruch, ohne dass ein VA zu ergehen hat, ist die allgemeine Leistungsklage gem § 54 Abs 5 SGG die richtige Klageart (vgl *BSG* SozR 4-1200 § 53 Nr 3).

30 Ob einer Maßnahme der Beh ein Regelungswille zugrunde liegt, kann im Einzelfall zweifelhaft sein und ist dann durch **Auslegung** der Erklärung zu bestimmen (vgl *BSG* 8.9.2015 – B 1 KR 27/14 R; *HessLSG* Urt v 29.4.2010 – L 8 KR 154/09, für eine Mitgliedsbescheinigung nach § 175 Abs 2 SGB V; *HessLSG* Urt v 15.3.2006 – B 2 U 24/04 R, für einen Honorarbescheid; *LSG BW* Urt v 6.9.2006 – L 4 KA 8/05; *VGH BW* BWVPr 1984, 201; *BSGE* 67, 104). Maßstab der Auslegung ist hier – wie bei der Auslegung des VA allg – der „Empfängerhorizont" eines verständigen Beteiligten, der die Zusammenhänge berücksichtigt, welche die Beh nach ihrem wirklichen Willen erkennbar in die Entscheidung einbezogen hat; Unklarheiten gehen dabei zulasten der Beh (*BSGE* 95, 176; *BSG* SozR 1200 § 42 Nr 4; *BSG* SozR 4100 § 117 Nr 12; *BSGE* 37, 155; *BSGE* 67, 104; *BSGE* 89, 90: „Klarstellungsfunktion des VA"; *LSG Bln* SGb 1999, 147 m Anm *Dörr*; vgl auch *BSG* SGb 2002, 275). Entsprechend des in § 133 BGB ausgedrückten allgemeinen Rechtsgedankens kommt es nicht auf den Buchstaben, sondern auf den wirklichen Willen der Behörde bzw des Verwaltungsträgers an, soweit er im Bescheid greifbar seinen Niederschlag gefunden hat. Für die Ermittlung des erklärten Willens sind dabei auch die Umstände und Gesichtspunkte heranzuziehen, die zur Aufhellung des Inhalts der Verfügung beitragen können und die dem Beteiligten bekannt sind, wenn der VA sich erkennbar auf sie bezieht. Maßstab der Auslegung ist insofern der verständige und Zusammenhänge berücksichtigende Beteiligte (*BSG* SozR 4-5075 § 3 Nr 1 Rz 15; *BSGE* 56, 274; *BSG* SozR 5755 Art 2 § 1 Nr 3; SGb 1996, 555; *BVerwGE* 57, 161).

Bsp:

- Hat der Hilfebedürftige, wenn die Unterkunftskosten die Angemessenheitsgrenze überschreiten, eine Aufforderung zur Kostensenkung iS von § 22 Abs 1 Satz 2 SGB II erhalten, dann ist das kein VA (*HessLSG* Beschl v 28.3.2006 – L 7 AS 121/05 ER und 122/05 ER; *LSG NRW* Beschl v 11.11.2005 – L 19 B 88/05 AS ER). Eine verbindliche Regelung wird erst mit der der Aufforderung nachfolgenden Leistungsabsenkung getroffen.
- Erklärung des Rentenversicherungsträgers, er behalte „Pflegeversicherungsbeiträge" ein, enthält keine Regelungswirkung, denn damit wird nicht erklärt, dass er das bindend festgestellte subjektive Stammrecht aufhebt oder die Rente verringert (*BSGE* 97, 63).

Die Bezeichnung als „Bescheid" stellt ein Indiz für das Vorliegen eines VA dar, doch kommt es für den Regelungscharakter – wie auch für den VA-Charakter überhaupt – nicht auf die Bezeichnung der Erklärung an (vgl *Kopp/Ramsauer* § 35 Rz 3). Umgekehrt bedeutet das Fehlen einer solchen Bezeichnung nicht zwingend, dass kein VA vorliegt. Entsprechendes gilt für die Verwendung einer Rechtsbehelfsbelehrung (vgl *LSG BW* Beschl v 18.10.2006 – L 7 SO 3313/06 ER-B). Für eine Regelung reicht es gegenüber einem im VA nicht als Adressaten genannten Dritten aus, wenn der VA (zB in Kopie) dem Dritten in der Absicht zugeleitet wird, dass auch dieser davon Kenntnis nehme (vgl *BSG* SozR 4-2700 § 54 Nr 1, SozR 4-2500 § 11 Nr 1).

2.4.2. Regelungsarten

Die Regelungen, die in einem VA getroffenen werden können, lassen sich grundsätzlich nach ihrem Inhalt und nach ihrer Wirkung differenzieren und damit systematisieren. Den Regelungsinhalten und -arten kommt somit **begriffsbildende Bedeutung für die Typen von VA** zu.   **31**

2.4.2.1. Inhalt der Regelungen

Es kann zwischen befehlenden, gestaltenden und feststellenden Regelungsinhalten von VA unterschieden werden. **Befehlende VA** gebieten oder verbieten ein bestimmtes Tun, Dulden oder Unterlassen und nur sie sind vollstreckungsfähig und ggf vollstreckungsbedürftig. **Bsp** hierfür im Sozialrecht sind zB Meldeaufforderungen nach § 309 SGB III (*Due* in Niesel, SGB III, § 309 Rz 7; eher ablehnend: *LSG Nds* Breith 1995, 966; offen gelassen: *BSG* SozR 4100 § 132 Nr 4) oder Beitragsbescheide, die iRah der Prüfung gem § 28 p SGB IV ergehen und zur Nachzahlung von Beiträgen verpflichten sowie Erstattungsansprüche nach § 50. **Gestaltende VA** sind auf die Begründung, Änderung oder Aufhebung von Rechtsverhältnissen gerichtet. Hierbei handelt es sich um die häufigste Form des VA – auch im Sozialrecht. **Bsp** sind LeistungsVA (zB Gewährung von Alg II oder Leistungen der medizinischen Rehabilitation) oder auch Förderentscheidungen (zB Entscheidung der KK über die Höhe des Förderungsanspruchs nach § 39 a Abs 2 SGB V: *BSGE* 105, 257) und Bescheide der Einzugstelle nach § 28 h Abs 2 Satz 1 SGB IV über die Feststellung der Versicherungspflicht, die stets ein Rechtsverhältnis begründen, sowie Aufhebungsbescheide nach §§ 45 ff (*BSG* SGb 1996, 444), da mit ihnen Rechtsverhältnisse geändert oder sogar ganz aufgehoben werden (vgl für die Errichtungsgenehmigung einer BKK: *BSGE* 59, 122; vgl auch: *BSGE* 68, 54). Hierzu zählt schließlich die Feststellung der Nichtigkeit eines VA (§ 55 Abs 1 Nr 4).   **32**

Feststellende VA (*BSG* SozR 4-2600 § 2 Nr 6; teilweise wird auch von „deklaratorischen" VA gesprochen: *BSG* SGb 1999, 564) stellen im Einzelfall die   **33**

Rechtslage für die Beteiligten verbindlich fest. Hierin eine eigenständige Regelung zu sehen, könnte zunächst zweifelhaft erscheinen, wird doch die nach dem geltenden Recht ohnehin bestehende Regelung nur für den Einzelfall wiederholt. Allerdings muss man sich in diesem Zusammenhang vor Augen führen, dass die **Anwendung eines Rechtssatzes** auf einen konkreten Sachverhalt kein mechanistischer Prozess und der Rechtsanwender nicht „en quelque facon nul" ist, sondern vielmehr eine normative Interessenbewertung nachvollzogen wird, die idR allg, dh generell und abstrakt, formuliert und mit einem gewissen Maß an Offenheit und Unbestimmtheit verbunden ist. Die Probleme der Rechtsanwendung liegen nicht nur im Bereich des Normativen, der Auslegung begründet, sondern zugleich in der für die Sachverhaltsermittlung notwendigen Tatsachenfeststellung. Ist eine Erklärung darauf gerichtet, die im Verhältnis von Staat und Bürger bestehenden Unsicherheiten zu beseitigen, indem sie die generelle und abstrakte Regelung verbindlich konkretisiert und individualisiert, so legt die Beh fest, was im Einzelfall rechtens sein soll und trifft damit eine Regelung. Typische **Bsp** für feststellende Bescheide sind die Feststellung des Eintritts einer Sperrzeit nach § 144 SGB III (*BSG* NZS 2006, 500; nach *Niesel* in Niesel, SGB III § 144 Rz 100 und *Vogel* NZS 1997, 249 [252] ist diese Feststellung erforderlich, nach *BSG* NZS 2000, 210 nicht), Bescheide über die Nachentrichtung von Beiträgen (*BSGE 50*, 16; nicht aber bei bloßem Beitragseinzug im Rahmen einer Einzugsermächtigung, *LSG Bln* Urt v 27.10.2004 – L 15 KR 76/02), Datenbescheide („Entgeltbescheide") nach § 8 AAÜG (*BSG* SGb 1996, 595; *BSG* Breith 2002, 726), die Feststellung, welcher Betrag einer Rente, die an eine Bank abgetreten wurde, an den Rentenberechtigten auszuzahlen ist (*BSG* SozR 1300 § 63 Nr 10), der Feststellungsbescheid über die Höhe des GdB nach § 69 SGB IX (*Straßfeld* SGb 2003, 88 [88 f]), die nach § 72 a Abs 1 SGB V von der Aufsichtsbehörde unter bestimmten Voraussetzungen zu treffende Feststellung, dass in einem Zulassungsbezirk oder regionalen Planungsbereich die vertragsärztliche – bzw gemäß § 72 Abs 1 S 2 SGB V die vertragszahnärztliche – Versorgung aufgrund eines kollektiven Zulassungsverzichts hier bislang zugelassener Leistungserbringer nicht mehr sichergestellt ist (*BSG* SozR 4-1500 § 54 Nr 15), die **Feststellung des Zulassungsausschusses**, dass die Zulassung des Vertragsarztes gem § 95 Abs 7 SGB V zu einem bestimmten Zeitpunkt endet (*LSG NRW* Beschl v 17.5.2005 – L 10 B 10/04 KA ER, Breith 2005, 972) sowie die Zuständigkeitserklärung der Aufsichtsbehörde über eine KK (*BSG* SozR 4-2400 § 90 Nr 1).

34   Teilweise werden als vierte Kategorie des Inhalts von Regelungen noch sog **beurkundende VA** angesehen (*Marschner* aaO § 31 Rz 11). Dazu wird zB die Eintragung einer Ersatzzeit in die Versicherungskarte gerechnet (vgl *BSGE 39*, 38). IdR genügen allerdings die überkommenden (drei) VA-Kategorien, um alle Gestaltungsmöglichkeiten zu erfassen. Die Annahme zusätzlicher Differenzierungen ist aber unschädlich, da an die begriffliche Systematisierung keine Rechtsfolgen geknüpft werden. Bloße **Bescheinigungen** weisen allerdings keinen Regelungsgehalt auf und sind somit keine VA (*BSG* SozR 2200 § 1232 Nr 14; vgl aber auch *BSG* SozR 4-2600 § 191 Nr 1, für Leistungsnachweise/Entgeltbescheinigung gemäß § 191 S 2 SGB VI iVm § 28 a Abs 5 SGB IV).

2.4.2.2. Wirkungen der Regelungen

35   Unter **begünstigenden VA** werden VA verstanden, die einen rechtlich erheblichen Vorteil begründen oder bestätigen (§ 45 Abs 1). Dazu gehören Bewilligungen, Genehmigungen und Erlaubnisse. Für die Beurteilung, ob eine Begünstigung vorliegt, kommt es auf den Inhalt des Bescheides und dessen unmittelbare Folgen an. Evtl mittelbar eintretende Nachteile, die sich als Konsequenz aus der Regelung ergeben können, sind unbeachtlich. Maßgeblich ist die subjektive Interessenlage des Betroffenen, wie sie im Antrag zum Ausdruck kommt. Als begünstigende Regelung ist somit zB ein Beitragserstattungsbescheid anzusehen, mit welchem dem Antrag des Vers in vollem Umfang entsprochen wird – trotz des Verlustes jeglicher Anspruchsposition bzw -anwartschaft (*BSG* SozR 1300 § 45 Nr 7 zu § 82 Abs 7 AVG; vgl § 210 SGB VI). Allerdings kann eine vordergründige Begünstigung zugleich Belastungen enthalten (**VA mit Doppelwirkung**). Werden zB Lohnersatzleistungen wie KrG oder Alg bewilligt, aber die Beiträge aus sog Einmalzahlungen bei der Bemessung der Anspruchshöhe zu Unrecht nicht berücksichtigt (§ 23 a SGB IV; zur verfassungsrechtlichen Problematik: *BVerfG* NZS 2000, 345; *BVerfGE* 92, 53; hierzu: *Schlegel* NZS 1997, 201; *Ebsen* NZS 1997, 441; *Waschull* SGb 2000, 602; *ders.* NZS 2001, 113; vgl auch *BSG* SGb 2004, 39; *BSGE* 91, 47), so ist die Bewilligung dem Grunde nach zwar eine Begünstigung, aber hinsichtlich der Leistungshöhe (auch) eine nicht begünstigende, belastende Regelung. Die Unterscheidung von VA hinsichtlich ihrer Wirkung für den Betroffenen ist daher häufig schwierig, aber dennoch **notwendig**, denn die Regelungen über Rücknahme und Widerruf von VA beruhen auf dieser Differenzierung. Die Unterscheidung ist aber auch möglich, denn VA können in einzelne Teilregelungen gegliedert und auch nur teilweise aufgehoben oder zurückgenommen bzw im Rechtsbehelfsverfahren nur in Teilen angegriffen werden.

Für **nicht-begünstigende**, belastende VA werden in den §§ 44 und 46 Regelungen getroffen. Eine allg Definition – wie für den Begriff des begünstigenden VA in § 45 Abs 1 Satz 1 – fehlt für den belastenden VA. Sie ist auch entbehrlich, denn jeder VA, der nicht als begünstigender VA qualifiziert werden kann, ist (automatisch) nicht-begünstigend („tertium non datur"). Das SGB X beschränkt sich daher in § 44 Abs 1 Satz 1 zu Recht auf die Erwähnung der beiden wesentlichen Anwendungsfälle, nämlich, dass Sozialleistungen zu Unrecht nicht erbracht oder Beiträge zu Unrecht erhoben wurden. Nicht-begünstigende VA können im Hinblick auf die Anhörungspflicht nach § 24 weiter danach unterschieden werden, ob sie in eine vorhandene Rechtsposition eingreifen (**EingriffsVA**) – zB, wenn eine Leistungsbewilligung aufgehoben wird – oder der Leistungsantrag für einen behaupteten Anspruch abgelehnt wird (ablehnender VA). Nur im ersten Fall besteht nach hM eine Anhörungspflicht (*BSG* SozR 1200 § 34 Nr 8; *BSGE* 87, 122; Siefert in von Wulffen/Schütze SGB X § 24 Rz 8).

VA mit Drittwirkung stellen einen weiteren im Sozialrecht praktisch relevanten VA-Typus dar. Im SGB X wird er zwar nicht definiert, aber in § 49 einer besonderen Rücknahme- und Widerrufsregelung unterworfen. Der VA mit Drittwirkung entfaltet nicht nur Rechtswirkungen zwischen Sozialverwaltung und dem unmittelbaren Adressaten, sondern auch gegenüber einer dritten Person, die durch die Regelung unmittelbar begünstigt oder belastet wird. Die Regelung muss deshalb zumindest mittelbar in die rechtlich geschützten Interessen des Dritten eingreifen können; ein ausschließlich wirtschaftliche Betroffenheit genügt hier regelmäßig nicht (vgl *BSGE* 70, 99; *Keller* aaO § 54 Rz 12). VA mit Drittwirkung müssen auch dem Dritten bekannt gegeben werden (vgl § 37 Abs 1 Satz 1) und er kann den VA – wie der unmittelbar Betroffene – selbstständig durch Widerspruch und Klage angreifen. Die Drittbetroffenen sind im Verwaltungsverfahren des Hauptadressaten hinzuzuziehen (§ 12 Abs 2) und in dessen gerichtlichen Verfahren **notwendig beizuladen** (§ 75 Abs 2 SGG; vgl Anhang Rz 87). Ein **VA mit Doppelwirkung** enthält im Unterschied zu einem VA mit Drittwirkung für denselben Regelungsadressaten sowohl begünstigende als auch belastende Elemente. Bei **mehrstufigen VA** liegt die Besonderheit darin, dass die Wirksamkeit von der Zustimmung oder sonstigen Mitwirkung einer anderen Behörde abhängig ist.

38 Ein VA mit Drittwirkung liegt vor zB bei der **Abzweigung von Sozialleistungen** nach § 48 SGB I (*BSGE* 89, 111; 59, 30; *BSG* SozR 1200 § 48 Nr 11, 12, 13; *Günther* VR 1995, 481 [481]; *ders* SGb 1999, 609 [610]; aA: *Weber* SGb 1999, 225 [232f]; *ders* SGb 2000, 165 [165f]) oder wenn die KK gegenüber dem Stammversicherten feststellt, dass die Ehefrau nicht familienversichert ist (*BSGE* 72, 292). Nach §§ 91 SGB VI, 34 Abs 2 SGB I wird die Hinterbliebenenrente zwischen verschiedenen Berechtigten aufgeteilt und auch hier ergehen VA mit Drittwirkung. Außerdem können sich BA und RVTr gegen den Bescheid einer KK wenden, mit dem Versicherungsfreiheit festgestellt wird (*BSGE* 39, 223). VA mit Drittwirkung können auch Honorarbescheide sein (*BSGE* 101, 235). Drittwirkung kommt auch dem Bescheid zur Vormerkung von Kindererziehungszeiten zu, wenn die Regelung für beide miterziehende Elternteile getroffen wird (*BSG* SGb 1991, 393). Der Bescheid über die Feststellung der Schwerbehinderteneigenschaft nach § 69 SGB IX ist gegenüber dem Arbeitgeber kein VA mit Drittwirkung und kann von ihm daher nicht angegriffen werden (vgl *BSGE* 60, 284). Der niedergelassene Kassenarzt kann sich grds nicht gegen die an einen Dritten erteilte Ermächtigung zur Teilnahme an der kassenärztlichen Versorgung wenden (*BSGE* 68, 291; anders noch *BSGE* 62, 231) und der Arbeitnehmer ist nicht in eigenen Rechten betroffen, wenn dem Arbeitgeber gegenüber die Gewährung von Schlechtwettergeld (heute: Winterausfallgeld gem § 214 SGB III) abgelehnt wird (*BSG* SozR § 54 SGG Nr 132; vgl auch: *BSG* SozR 3-1500 § 54 Nr 9; *LSG RhPf* Beschl v 22.7.1997 – L 1 Ar 133/96; *BSG* SozR 3-2500 § 85 Nr 3). Oft sind **privatrechtsgestaltende VA** (Rz 22) zugleich VA mit Drittwirkung.

39 Hinsichtlich der Wirkung der VA kann ferner nach der Dauer des geregelten Rechtsverhältnisses unterschieden werden. **VA mit Dauerwirkung** (Bsp: *BSG* v 13.5.2015 – B 6 KA 14/14 R: Bescheid nach § 34 Abs 6 Satz 4 SGB V [Aufnahme in die Zusammenstellung verordnungsfähiger Arzneimittel]; krit zur Notwendigkeit von DauerVA: *Felix*, NVwZ 2003, 385 [389 f]: „… bei geringer Modifikation des § 47 und großzügiger Auslegung des § 32 Abs 1 Alt 2 … de lege ferenda letztlich entbehrlich"; ähnlich: *Frohn* Jura 1993, 393 [399]; vgl auch eingehend: *Brede,* Der Verwaltungsakt mit Dauerwirkung, 1997) sind von solchen ohne Dauerwirkung zu unterscheiden (*Marschner* aaO SGB X § 31 Rz 21: VA mit einmaliger Wirkung). Bedeutung hat diese Unterscheidung nach §§ 45 Abs 3, 48 vor allem für die (verstärkte) Bestandskraft und (eigenständige) Aufhebbarkeit solcher Regelungen. Das Merkmal der Dauerwirkung kann im Einzelfall **schwierig zu bestimmen** sein, denn grds weist jeder nicht aufgehobene und nicht erledigte VA „Dauerwirkung" auf (*Felix* NVwZ 2003, 385 [386]). Ein VA hat Dauerwirkung, wenn er **zukunftsbezogen** ist, also in rechtlicher Hinsicht über den Zeitpunkt seiner Bekanntgabe hinaus Wirkungen zeitigt (*BSGE* 56, 165; *Engelmann* aaO § 48 Rz 48), dh, sich nicht in einem einmaligen Ge- oder Verbot oder in einer einmaligen Gestaltung der Rechtslage erschöpft, sondern ein auf Dauer berechnetes oder in seinem Bestand von dem VA abhängiges Rechtsverhältnis begründet oder inhaltlich verändert (BT-Drucks 8/2034, 4). **VA mit Dauerwirkung sind Bewilligungen fortdauernder,**

regelmäßig wiederkehrender Leistungen, zB Rentenleistungen, KrG für die laufende Bezugszeit, Beitragszuschüsse, die durch Bescheid laufend gewährt werden (*BSG* SGb 1996, 116) oder auch die Feststellung der Versicherungs- und Beitragspflicht (*BSG* SozR 3-5420 § 24 Nr 1).

Von der **Dauerwirkung** ist die **Bindungswirkung** zu unterscheiden. Während die   40
Dauerwirkung dadurch gekennzeichnet ist, dass ein nicht abgeschlossener Vorgang in die Zukunft wirkt, betrifft die Bindungswirkung die künftige Beachtlichkeit einer punktuellen Entscheidung. Eine bestimmte Dauer wird nicht vorausgesetzt, auch eine Befristung der Laufzeit ist für die Einstufung als Dauerverwaltungsakt unschädlich (vgl *SchlHLSG* v 13.11.2008 – L 6 AS 16/07). Deshalb sind Leistungen nach SGB II oder SGB XII, die jeweils für sechs Monate bewilligt werden und keinen einmaligen Bedarf decken, Dauerverwaltungsakte (vgl *Leopold* in Schlegel/Voelzke, jurisPK-SGB II, § 29 Rz 104). **Leistungen der Grundsicherung im Alter und bei Erwerbsminderung** nach den §§ 41 ff SGB XII sind wegen des Regelbewilligungszeitraums von einem Jahr (vgl § 44 Satz 1 SGB XII) ebenfalls als Dauerleistungen zu qualifizieren (*LSG BW* Beschl v 18.10.2006 – L 7 SO 3313/06 ER-B; *Kirchhoff* in Hauck/Noftz SGB XII K § 44 Rz 27; *Wahrendorf* in Grube/Wahrendorf, SGB XII § 44 Rz 1; *Rothkegel/ Grieger*, Sozialhilferecht, Teil IV Kapitel 6 Rz 47; *Münder* SGb 2006, 186 [193]).

Hilfe zum Lebensunterhalt nach dem 3. Kapitel SGB XII, zu der auch der **not-**   41
wendige Lebensunterhalt in Einrichtungen nach § 35 SGB XII zu rechnen ist (vgl § 19 Abs 2 Satz 3 SGB XII), wird regelmäßig auch als Dauerverwaltungsakt bewilligt (vgl *LSG BW* Beschl v 18.10.2006 – L 7 SO 3313/06 ER-B). Sofern die Auslegung im Einzelfall nicht ausdrücklich Gegenteiliges nahe legt, ist von einer Dauerbewilligung auch deshalb auszugehen, weil sich das **Konzept der neuen Sozialhilfe** nach dem SGB XII (Entfallen einmaliger Beihilfen und dafür höherer Regelsatz verbunden mit einer Ansparverpflichtung) deutlich von einer Spontanleistung für Notfälle verabschiedet hat. Insoweit ist zu berücksichtigen, dass die Hilfe zum Lebensunterhalt, die im BSHG die Hauptleistung darstellte, heute zwischen Alg II und Grundsicherung nach dem SGB XII „zerrieben" wird und kaum noch einen eigenen Anwendungsbereich aufweist (vgl *Waschull* SGb 2006, 179 [179]).

Bei der **Befähigung zur Erbringung und Abrechnung vertragsärztlicher Leistun-**   42
gen handelt es sich um einen Dauerverwaltungsakt (*BSG* SozR 4-1300 § 47 Nr 1), da nicht nur ein einmaliges Ge- oder Verbot ausgesprochen wird oder sich die Regelung in einer einmaligen Gestaltung der Rechtslage erschöpft, sondern ein auf Dauer angelegtes Rechtsverhältnis, nämlich die Befugnis zur Erbringung und Abrechnung bestimmter Leistungen, begründet wird (*BSGE* 82, 55).

2.4.3. Besondere Fallkonstellationen

Bei folgenden praktischen Fallgestaltungen kann es zweifelhaft sein, ob ein Re-   43
gelungscharakter und damit ein VA anzunehmen ist (für weitere zahlreiche Bsp vgl *Marschner* aaO § 31 Rz 28 ff).

2.4.3.1. Abtretungen

Ansprüche auf Sozialleistungen werden – ua zur Sicherung einer Forderung –   44
abgetreten **durch Vertrag** zwischen dem Abtretenden (Zedent, zB dem Empfänger von Alg) und dem Abtretungsempfänger (Zessionar, zB einem Kreditgeber) nach § 53 **Abs 2, 3 SGB I iVm** § 398 **BGB analog** (vgl *BSG* Breith 2002, 853;

LSG Nds-Brem Urt v 23.1.2007 – L 2 R 105/06; *LSG NRW* Urt v 14.9.2005 – L 14 RJ 89/03). Die Mitteilung des Ltr über die Höhe des nicht abtretbaren un- pfändbaren Betrages stellt – weder gegenüber dem Zedenten noch dem Zessio- nar – einen VA dar (vgl *Pflüger* in Schlegel/Voelzke, jurisPK-SGB I, § 53 Rz 49). Der Ltr ist nämlich am öffentlich-rechtlichen Abtretungsvertrag nicht beteiligt und es liegt auch außerhalb der verwaltungsrechtlichen Dispositionsbefugnis der Vertragsparteien, ihn zu VA zu ermächtigen, denn auch hier gilt der Geset- zesvorbehalt. § 53 Abs 3 SGB I regelt nur die Voraussetzungen der Grenzen der verwaltungsvertraglichen Übertragungs- und Verpfändungsmacht der Vertrags- parteien (*BSG* SozR 4-1200 § 53 Nr 1).

45   Bei Dauerschuldverhältnissen spaltet sich der jew zu Beginn des Monats fällig werdende Einzelanspruch aus dem Höchstwert des Rechts materiellrechtlich in einen pfändbaren, dem Abtretungsgläubiger zustehenden und einen unpfändba- ren dem Versicherten zustehenden Anspruch(steil) auf. Deshalb muss der Sozi- alleistungsträger gegenüber dem Stammrechtsinhaber **die bisherige Festsetzung insoweit aufheben und die Werte der monatlichen Einzelansprüche, soweit sie abgetreten sind, neu und niedriger feststellen** (§ 48 Abs 1 Satz 1 und 2). Hierge- gen stehen dem Stammrechtsinhaber die Anfechtungsklagen offen, die er je- weils mit einer auf die frühere Höchstwertfestsetzung gestützten (echten) Leis- tungsklage verbinden kann. Der Zessionar, der meint, der Sozialleistungsträger zahle ihm zu wenig, kann dies mit der Leistungsklage gegen diesen geltend ma- chen (*BSG* SozR 4-1200 § 53 Nr 1).

46   Diese entspr „Ausführungshandlungen“ des Sozialleistungsträgers gegenüber dem Zedenten stellen somit häufig einen **konkludenten VA** dar (*BSG* Breith 1996, 147; *BSGE* 57, 211; 76, 184; 89, 111; *BSG* Breith 2002, 853 für die Feststellung des dem Berechtigten auszuzahlenden Teils einer teilweise abgetre- tenen Sozialleistungsforderung; *BSG* SozR 4-1200 § 53 Nr 1; vgl *LSG NRW* v 14.9.2005 – L 14 RJ 89/03 für einen konkludenten VA; ebenso *Heilemann* SGb 1998, 261 [263]; aA wohl: *Dörr* DAngVers 1996, 413 [416]). Der teilwei- sen Auszahlung an den Zessionar liegt aber – mangels Ermächtigungsgrundlage – kein weiterer VA zugrunde. Aber: Nach § 53 Abs 2 Nr 1 SGB I bedarf die Ab- tretung notwendig einer gesonderten Feststellung des „wohlverstandenen Inter- esses“ des Berechtigten. Das geschieht durch gestaltenden VA (vgl *BSGE* 115, 11; *Timme* in LPK-SGB I, § 53 Rz 12).

2.4.3.2. Anpassungsmitteilungen

47   Eine Anpassungsmitteilung über die **veränderte Höhe des Leistungsanspruchs** (zB Rente: § 65 SGB VI oder Alg II, § 20 Abs 4 Satz 1 SGB II) stellt einen VA dar, jedenfalls aber liegt ihr ein VA zugrunde. Es handelt sich mithin nicht nur bei der erstmaligen Leistungsbewilligung, sondern ebenso bei Leistungsanpas- sungen – allerdings auch nur insoweit – nach Funktion und Sachzusammen- hang um Regelungen iSv § 31: Die wertmäßige Neubestimmung des dem Adressaten bereits zuerkannten rechtl Vorteils iRah einer Anpassungsmitteilung hat die Abänderung eines subjektiven Rechts zum Gegenstand und ist demge- mäss **als VA anzusehen** (vgl *BSGE* 15, 96; 75, 262; *BSG* NZS 2006, 368; vgl auch *BSG* SGb 2004, 109; ebenso: *Betz* NZS 1998, 227 [278]; *Heilemann* SGb 1998, 261 [263]; aA: *Dörr* DAngVers 1996, 413 [418]). Dass zB die regelmäßi- ge Anpassung laufender *Renten* (§§ 65, 254c SGB VI) von den RVTr im Zuge des Zahlungsverfahrens durch die Deutsche Post AG durchgeführt wird (§ 119 Abs 2 SGB VI, PostRDV) und keine individuelle fachliche Prüfung der einzelnen Rentenfälle stattfindet, ändert daran nichts.

2.4.3.3. Aufrechnungen/Verrechnungen

Nach § 51 SGB I haben SozialleistungsTr die Befugnis, mit bestimmten eigenen **48** Forderungen gegen Anspr des Sozialleistungsberechtigten aufzurechnen. Diese **Aufrechnung** erfolgt entsprechend der §§ 387 ff BGB. Durch die Aufrechnungserklärung erlöschen die gegenseitigen Forderungen im Umfang der Aufrechnung (vgl eingehend zur Aufrechnung: *Fischer* NZS 2003, 196). Aufrechnung und **Verrechnung** (§ 52 SGB X) konnten nach Ansicht insbes des 4. Senats des BSG nicht durch VA erfolgen, da die Erklärung der Verrechnung keine Regelung im Sinn des § 31 SGB X enthalte, weil das im (Renten-)Bescheid festgesetzte Recht dadurch nicht aufgehoben oder geändert werde (vgl zum Streitstand den Vorlagebeschluss des 13. Senats vom 25.2.2010 – B 13 R 76/09). Es sollte ausreichen, eine Aufrechnung durch sog öffentlich-rechtliche Willenserklärung vorzunehmen. Mit Beschluss des Großen Senats vom 31.8.2011 (*BSGE* 109, 81) ist dies Frage inzwischen geklärt: Eine Verrechnung kann die Voraussetzungen eines VA nach § 31 SGB X erfüllen und die Verw ist aus § 52 SGB I zu dieser Handlungsform ermächtigt. Die Regelung liegt darin, dass die Verrechnungserklärung (so weit sie reicht) den Auszahlungsanspruch erlöschen lässt. Die Befugnis zum Erlass eines (Verrechnungs-/Aufrechnungs-) VA ergibt sich zumindest aus der Systematik des Gesetzes und der Eigenart des Rechtsverhältnisses. Für die Regelungsbefugnis spricht auch § 24 Abs 2 Nr 7 SGB X, da der Gesetzgeber hier stillschweigend voraussetzt, dass bei Verrechnungen ein VA erlassen wird (vgl auch *Schaer* jurisPR-SozR 7/2012 Anm 1; *Dreher* jurisPR-SozR 11/2013 Anm 4). Für die Verw bedeutet die mit dieser Einordnung notwendige Beachtung der formellen Voraussetzungen (Anhörung, Ermessenausübung, Begründung) bei Erlass eines Verrechnungs-VA einen nicht zu unterschätzenden und fehleranfälligen Aufwand (vgl das Beispiel in *BSG* SozR 4-1200 § 52 Nr 5).

2.4.3.4. Auskünfte uä

Eine Regelung liegt nicht vor bei bloßen Auskünften und Beratungen (vgl **49** §§ 13 ff SGB I, § 109 SGB VI, § 83) sowie Mitteilungen (zB von Ermittlungsergebnissen; Mitteilung des RVTr über die Höhe des nicht abtretbaren unpfändbaren Betrags: *BSG* SozR 4-1200 § 53 Nr 1), Warnungen (zB vor der Inanspruchnahme eines in der GKV nicht zugelassenen Arztes im Hinblick darauf, dass eine Kostenerstattung nicht erfolgen wird) und Empfehlungen (zB zur Verbesserung der häuslichen Pflege als Ergebnis eines Pflegeeinsatzes gem § 37 Abs 3 SGB XI). Die Beh hat insoweit lediglich einen handlungs- aber keinen Regelungswillen (vgl *Marschner* aaO § 31 Rz 38). Bei dem Schreiben des Grundsicherungsträgers über die **Unangemessenheit der Unterkunftskosten** und Aufforderung zur Kostensenkung handelt es sich ebenfalls um ein Informationsschreiben mit Aufklärungs- und Warnfunktion und nicht um einen Verwaltungsakt (*BSG* SozR 4-4200 § 22 Nr 7; ebenso: *BSG* SozR 4-4200 § 22 Nr 8). Werden **Rechtsansichten** mitgeteilt, ohne dass hieraus Schlussfolgerungen gezogen werden, so liegt ebenfalls noch kein VA vor (vgl *BSG* rv 2003, 95; *BSG* SGb 2002, 275). Die **Auskunft** ist keine Willens-, sondern eine **Wissenserklärung** und kann sich auf Tatsachen beziehen oder eine Rechtsauskunft sein. Auskunft und Beratung sind nicht auf die Setzung einer Rechtsfolge gerichtet und daher keine VA (*BSG* SozR 2200 § 1237 Nr 10; *BSG* SGb 2004, 109; vgl § 109 Abs 4 2 SGB VI: „nicht rechtsverbindlich").

Allerdings kann es im Einzelfall zu **Abgrenzungsschwierigkeiten** kommen, denn **50** zum einen können VA mündlich ergehen (§ 32 Abs 2 Satz 1 Alt 2) und zum anderen sind – wie bereits dargelegt (Rz 33) – die Rechtslage feststellende VA anerkannt (zum Problem „vorgeschalteter Entscheidungen" vgl auch *Kopp/Ramsauer* VwVfG § 35 Rz 24). Darüber hinaus werden die Ablehnung des Antrags auf Erteilung einer Auskunft und die Ablehnung der Renten-„Optimierungsberechnung" zur Recht als VA angesehen (*BSG* SozR 1200 § 14 Nr 9). Die bloß allg Mitteilung einer geänderten Rechtslage stellt keine (eigenständige) Regelung dar (*BSGE* 58, 72), denn die bereits bewilligte Leistung darf nur aufgrund eines Aufhebungs- und Rückforderungsbescheids zurückgefordert werden (*BSGE* 58, 72). Von der Auskunft ist ferner die **Zusage** (§ 34 Abs 1) abzugrenzen, die einen VA darstellt (vgl § 34 Rz 7 ff; *BSG* SGb 2002, 275). Keine Regelung stellen schließlich **behördl Auskunftsersuchen** dar (*Dörr* DAngVers 1996, 413 [416]; aA § 98 Rz 2; *OVG NRW* NVwZ 1990, 1192). Die LeistungsTr sind nach allg Sozialverwaltungsrecht befugt, auch von Dritten außerhalb des VerwVerf Auskünfte über einen Beteiligten einzuholen (§§ 98–100). Das SGB X nimmt hier im 3. Kap eine besondere Drittrechtsbeziehung außerhalb des VerwVerf iSv § 8 an. Daraus folgt ua, dass ein VA nach § 31 ausgeschlossen ist. Wenn ein SozialleistungsTr nach den §§ 98 bis 100 um Auskunft ersucht, handelt es sich mithin um **Realakte**. Die **Ablehnung** einer Auskunft hat dagegen durch einen (ggf mit der unechten Leistungsklage durchzusetzenden) VA zu ergehen (vgl *BSGE* 112, 170; *Schlaeger* jurisPR-SozR 13/2013 Anm 6).

2.4.3.5. Pfändung

51 Die Pfändung von Sozialleistungen ist in § 54 **SGB I** geregelt. Ansprüche auf Geldleistungen können – mit Ausn – wie Arbeitseinkommen gepfändet werden (§ 54 Abs 4 SGB I). Die Pfändung erfolgt nach § 828 ZPO durch das Vollstreckungsgericht oder auch durch eine VollstreckungsBeh nach § 308 AO; beide haben § 54 SGB I zu beachten. Der SozialleistungsTr ist in diesem Verfahren Drittschuldner. **Durch die Ausführung der Pfändung trifft er keine neue Regelung**, weder gegenüber dem Pfändungsgläubiger, noch gegenüber dem ursprünglich Leistungsberechtigten (Pfändungsschuldner); allerdings kann er wegen verfahrensrechtlicher Mängel die Erinnerung gem § 766 ZPO einlegen. Eine Regelung liegt auch dann nicht vor, wenn der SozialleistungsTr als Drittschuldner prüft und erkennt, in welchem Umfang die gerichtliche oder behördliche Vollstreckungsmaßnahme greift. Eine Entscheidung durch VA ist hier nicht zulässig (*BSGE* 53, 182; *BSGE* 64, 17; *LSG Bln-Bbg* Beschl v 30.6.2006 – L 10 B 406/06 AS ER; *Bauriedl* DRV 1994, 839 [839]; *Dörr* DAngVers 1996, 413 [417]; *Häusler* in Hauck/Noftz SGB I § 54 Rz 24; *Thieme* in Wannagat § 54 SGB I Rz 24; *Weber* SGb 1999, 225 [235]; aA *Tannen* DRV 1994, 836 [837]; *Heilemann* SGb 1998, 261 [263] für die Mitteilung gegenüber dem Pfändungsgläubiger, mit der auch hier unzutreffenden Begründung, dass die Pfändungsausführung als Teilaufhebung der Bewilligung anzusehen sei).

2.4.3.6 Schalterakte

52 Der Begriff Schalterakt ist **heute überholt** (*BSG* SozR 2200 § 182 Nr 103) und weist keinen eigenständigen Inhalt mehr auf. Er diente im R der GKV zur Bezeichnung von Rechtshandlungen (Auszahlung des Krankengeldes „am Schalter"), die – nach heutigem Verständnis zu Unrecht – nicht als VA angesehen wurden. Das BSG vertrat vor Erlass des SGB X die Auffassung, dass die vielgestaltige Fülle von Leistungsverpflichtungen, die von den Tr der KV erfüllt und über die regelmäßig schnell entschieden werden müsse, nicht mit der in § 77 SGG grds geregelten Bestandskraft von VA in Einklang gebracht werden könne. Das gelte insb für die Leistungsgewährung „am Schalter", namentlich für die

Gewährung von KrG (*BSGE* 25, 280). Heute wird in der Gewährung (Auszahlung) von KrG in Rspr (*BSG* SozR 1300 § 50 Nr 15; SozR 2200 § 182 Nr 103; *BSGE* 68, 139; SozR 3-1300 § 30 Nr 13) und Lit (*Hinz* SozVers 1988, 130; *Engelmann* aaO § 31 Rz 61; *Wiesner* SGb 1982, 229) zu Recht ein **konkludenter VA** (*BSGE* 47, 288) gesehen. Die Anregung des Bundesrates, die VAQualität der Schalterakte im G selbst klarzustellen, wurde nicht umgesetzt (BT-Drucks 8/2034, 49, 62).

2.4.3.7. Teilakte

Der Regelungsgehalt kann auch problematisch sein, wenn sich das VerwVerf in Zwischenschritte aufgliedert. Während die abschließende Entscheidung regelmäßig als VA anzusehen ist, erhebt sich die Frage, ob auch die **Teilentscheidungen** VA darstellen. Teilentscheidungen sind von sog **mitwirkungsbedürftigen VA** zu unterscheiden, denn dieser VA-Typus stellt keinen Teilakt dar, sondern hebt sich von sonstigen VA allein dadurch ab, dass für den Erlass eines VA der Antrag oder die Zustimmung des Adressaten erforderlich ist (teilweise wird missverständlich von zweiseitigen VA gesprochen: *Marschne*r aaO § 31 Rz 18). Nach § 33 Abs 1 Satz 1 SGB XI erhalten zB die Pflegebedürftigen Leistungen aus der PflV nur auf Antrag (vgl auch §§ 99 Abs 1, 115 SGB VI). Das Fehlen einer formell notwendigen Mitwirkungshandlung begründet die formelle Rechtswidrigkeit des VA, die heilbar ist und nicht zur Nichtigkeit führt (§ 41 Abs 1 Nr 1). **53**

Vorbereitende Handlungen wie zB die Anhörung des Betroffenen nach § 24, Vorschläge über **Arbeitsgelegenheiten** für Arbeiten im Sinne von § 16 Abs 3 Satz 2 SGB II (*LSG Bln-Bbg* Beschl v 20.10.2009 – L 34 AS 1301/09 B PKH), die Durchführung von Ermittlungen bei den behandelnden Ärzten zB zur Prüfung des Anspruchs auf Erwerbsminderungsrente nach §§ 43, 44 SGB VI oder des Anspruchs auf ein Hilfsmittel gem § 33 SGB V sind keine VA, da ihnen die Außenwirkung fehlt. Eine andere Beurteilung greift auch nicht dann, wenn über die **Berechtigung einer Ermittlungshandlung** bzw die Aufforderung zur Mitwirkung selbst gestritten wird (*Stelkens/Bonk/Sachs* VwVfG § 35 Rz 84) – zB, wenn sich der Vers gegen die Anordnung einer Untersuchung nach § 62 SGB I mit der Begründung wendet, dass diese für die Entscheidung über die Leistung nicht erforderlich sei. Die Einsetzung und der **Wechsel des persönlichen Ansprechpartners** in einem SozLTr sind ebenfalls als schlichtes Verwaltungshandeln zu charakterisieren (*LSG Bln-Bbg* Urt v 26.3.2010 – L 32 AS 2431/08, anders aber bei der Zuweisung an einen privaten Arbeitsvermittler nach § 15 Abs 1 Satz 6 SGB II). Unter bestimmten Voraussetzungen kann der SozialleistungsTr gem **§ 66 Abs 1 SGB I** die Sozialleistung wegen fehlender Mitwirkung versagen bzw entziehen. Wenn sich der Vers also weigert und deswegen ein Bescheid gem § 66 Abs 1 SGB I ergeht, ist die Rechtmäßigkeit der Pflicht zur Mitwirkung iRah der Rechtmäßigkeitsprüfung des VA im WsprVerf oder Klageverfahren zu überprüfen. Die Untersuchungsanordnung oder eine sonstige Aufforderung nach § 60 SGB I selbst stellt keine Regelung dar und der Antragsteller ist also darauf beschränkt, eine Entscheidung nach § 66 Abs 1 SGB I ggf abzuwarten (*LSG NRW* Beschl v 21.12.2009 – L 19 B 346/09 AS). **54**

Bei der **Aufforderung** einer KK nach § 51 Abs 1 Satz 1 SGB V **an einen Vers,** einen Antrag auf Rehabilitationsmaßnahmen oder zur Teilnahme am Arbeitsleben zu stellen, handelt es sich wegen der Einschränkung der Dispositionsfreiheit (vgl *BSGE* 94, 26) um einen VA (vgl *BSGE* 101, 86). Das gilt auch für eine **Meldeaufforderung** nach § 59 Abs 2 SGB II (*Meyerhoff* in jurisPK-SGB II, § 59 **55**

Rz 20). Die Erteilung von **Auskünften über Sozialdaten des Betroffenen gem** § 83 erfolgt zur Klarstellung von Tatsachen und hat deshalb keinen Regelungs- und somit auch keinen VA-Charakter (vgl hierzu *VGH BW* NVwZ 1993, 797). Aktuell ist in diesem Zusammenhang die Änderung der **Rentenversicherungs- nummer** mit der Behauptung, dass sie ein falsches Geburtsdatum enthält (*BSG* Breith 1995, 941; DAngVers 1996, 252; NJW 1997, 413; *EuGH* SozR 3-6940 Art 3 Nr 1; vgl auch *Dörr/Jähring-Rahnefeld* SGb 2003, 549 [553]). Allerdings ist die **Ablehnung** einer Berichtigung – ebenso, wie die Ablehnung der Aus- kunftserteilung nach § 83 – als VA einzuordnen, da hierin nicht nur die Richtig- keit eines Sozialdatums, sondern zugleich die Feststellung zum Ausdruck kommt, dass die Anspruchsvoraussetzung für eine Berichtigung (bzw Aus- kunftserteilung) nicht vorliegen (vgl hierzu auch: *BSG* SozR 4-1500 § 54 Nr 9; *Rombach* in Hauck/Noftz SGB X § 83 Rz 24).

56   Eine andere Beurteilung greift nicht bei der Korrektur einer **offenbaren Unrich- tigkeit** nach § 38: Gleichgültig, ob der Verfügungssatz oder aber nur die Be- gründung inhaltlich geändert werden, so liegt keine eigenständige Regelung und damit kein VA vor, denn der wirkliche Inhalt muss sich aus der Auslegung ergeben (vgl § 38 Rz 1; wie hier: *Engelmann* aaO § 38 Rz 9; *Sachs* in Stelkens/ Bonk/Sachs VwVfG § 42 Rz 32; *Kopp/Ramsauer* VwVfG § 42 Rz 14: kein VA; aA *BSGE* 67, 70: stets VA). Soweit vorbereitende Maßnahmen **verwaltungsin- tern** stattfinden, sind sie schon deswegen nicht als VA anzusehen, weil es an einer unmittelbaren Rechtswirkung nach außen fehlt (*BVerwGE* 102, 174). In diesen Zusammenhang sind insbesondere Mitwirkungshandlungen anderer Beh einzuordnen (vgl auch § 40 Abs 3 Nr 3). Es wird bis zur endgültigen Regelung der letztendlich entscheidenden Beh häufig von einem **mehrstufigen VA** gespro- chen (vgl *BSGE* 71, 13). Ein Bsp hierfür ist die Entscheidung des RVTr über Er- werbsminderungsrente eines Versicherten im Verhältnis zur BA nach § 125 Abs 1 Satz 2 SGB III (früher § 105 a Abs 1 Satz 2 AFG: *BSG* NZS 1993, 81).

57   **Vorläufige Regelungen** können in unterschiedlichen Formen getroffen werden. Das *BVerwG* (s BVerwGE 67, 99) unterscheidet für das allg VerwR fünf For- men: Abschlagszahlungen, vorläufige VA, VA unter dem Vorbehalt einer end- gültigen Regelung, VA mit auflösender Bedingung sowie VA mit Widerrufsvor- behalt. **Nebenbestimmungen** sind im G geregelt (§ 32) und Teil eines VA (hierzu sowie zur Frage der selbstständigen Anfechtbarkeit: § 32 Rz 1, 29 ff). Das *BSG* (BSGE 67, 104) unterscheidet für das allg Sozialrecht drei Formen einstweiliger Regelungen: **Vorschüsse** (§ 42 SGB I), **vorläufige Leistungen** (§ 43 SGB I) und **Vorwegzahlungen** gem § 17 Abs 1 Nr 1 SGB I iVm §§ 9 Satz 2, 32 Abs 1 (*LSG BW* Urt v 29.6.2006 – L 10 U 3578/05, stützt sich auch auf die §§ 42, 43 SGB I). Da die vorläufige Regelung die endgültige aber nicht vorwegnehmen darf und ggf auch eine (teilweise) Rückerstattung möglich sein muss, kommen im Wesentlichen nur **Geldleistungen** in Betracht.

58   Der **vorläufige VA** steht zwischen dem Verwaltungsinternum und dem VA (zum Gesetzesvorbehalt bei vorläufigen VA vgl Rz 5). Die Rechte und Pflichten aus einen Verwaltungsrechtsverhältnis werden mit ihm zunächst nur aufgrund einer mehr oder weniger summarischen Prüfung der Sach- und Rechtslage geregelt (vgl *BVerwGE* 67, 99; *OVG NRW* NVwZ 1991, 589; *Henneke* in Knack VwVfG § 35 Rz 5.5.3). Der Gegenstand der Regelung steht dabei wegen der noch nicht abgeschlossenen Sachverhaltsermittlung (Stoffsammlung, Herbei- schaffung und Auswertung der Beweismittel, Anhörung etc) unter dem Vorbe- halt einer späteren, **endgültigen Entscheidung** (vgl *BSG* in SozR 3-1200 § 42 Nr 2; *LSG BW* Urt v 29.6.2006 – L 10 U 3578/05; *Kemper* DVBl 1989, 981

[982]; *König* BayVBl 1989, 33; *Henneke* aaO Rz 5.5.3.4: „Regelungswirkung ist temporalisiert"), durch die sich der vorläufige VA gem § 39 Abs 2 „auf andere Weise" erledigt (*BVerwGE* 67, 99; *Steinwedel* aaO § 39 Rz 26). Bei einer endgültigen Entscheidung bedarf es deshalb keiner **Aufhebung** der vorläufigen Bewilligung (*BVerwGE* 67, 99). Die beschränkte Bestandskraft unterscheidet vorläufige VA von **Nebenbestimmungen** gem § 32, denn Nebenbestimmungen sind endgültige Entscheidungen (vgl *BVerwGE* 67, 99; *OVG NRW* NVwZ 1991, 589; *Dörr* DAngVers 1992, 97 [98]; *Henneke* aaO Rz 5.5.3.3). Anders als bei einer Befristung ist nicht die zeitliche Dauer der Regelung beschränkt, sondern ihr Bestand ungewiss.

Das **BSG** hält im Hinblick auf die §§ 42 und 43 SGB I vorläufige VA ohne ausdrückliche gesetzl Ermächtigung (Ausn: sog Vorwegzahlungen), für **unzulässig** (Rz 6, *BSGE* 67, 104; ebenso: *Eschenbach* DVBl 2002, 1247 [1254 f]). Vorläufige VA verstoßen gegen das **Verbot des vorläufigen Verfahrensabschlusses** (*BSGE* 62, 32; 67, 104; *BSG* Urt v 14.5.1996, 4 RA 95/94; *BSG* SozR 3-1200 § 42 Nr 9). Nur für einen Sonderfall hat das BSG – im **Rentenüberleitungsrecht** zur Überführung der Zusatz- und Sonderversorgungssysteme im Beitrittsgebiet – den RVTr verpflichtet, im Hinblick auf die Verfassungswidrigkeit des § 6 Abs 2, 3 Nr 7 AAÜG (*BVerfGE* 100, 104) bis zu einer endgültigen Regelung durch den Gesetzgeber die Rentenwertfestsetzung sowie die Entscheidung über die Höhe des Nachzahlungsanspruchs in Gestalt eines „einstweiligen Verwaltungsakts" teilweise neu zu regeln (vgl *BSGE* 85, 156; vgl auch *BSG* SozR 3-8570 § 8 Nr 4; krit hierzu: *Mey* DAngVers 2000, 103 [107]: Die „ausgesprochene Verpflichtung, im Wege eines einstweiligen VA mehr zuzusprechen, als nach bisher maßgeblicher Sach- und Rechtslage gefordert werden konnte, ist zumindest ein Novum"). Da es hier zudem nicht nur um die bloße Ermittlung eines vergangenen Sachverhalts, sondern um die Überwindung der Unsicherheit über ein zukünftiges Ereignis geht, ist ein vorläufiger VA ohnehin nicht statthaft. Es wäre nur eine Nebenbestimmung in Betracht gekommen. Andersfalls würden die Regelungen über Nebenbestimmungen umgangen (§ 32 Rz 7). Vorläufige VA sind schlicht VA iSv § 31 (*Bockey* JA 1992, 161 [168]; *König* aaO 36; missverständlich *Kopp* DVBl 1989, 238 [239]). Soll ein VA nur vorläufig wirksam sein, müssen dem Adressaten Inhalt und Umfang der Vorläufigkeit hinreichend bestimmt (§ 33 Abs 1 SGB X) mitgeteilt werden, dh, es muss für ihn ersichtlich sein, inwieweit der Bescheid nur vorläufig und nur für eine Übergangzeit gilt (vgl *BSG* SozR 1200 § 42 Nr 4). Zum vorläufigen Charakter eines **Honorarbescheides** im Vertragsarztrecht siehe *BSGE* 96, 1 und allgemein *Sodan* NZS 2003, 57 (60 f).

Anwendungsfall einer vorläufigen Regelung sind insb die §§ **42 Abs 1, 43 Abs 1 SGB I** (vgl *BSGE* 57, 38; *Dörr* DAngVers 1992, 97 [99 ff]): Besteht ein Anspruch auf Geldleistungen dem Grunde nach und ist zur Feststellung seiner Höhe voraussichtlich längere Zeit erforderlich, kann der zuständige Leistungsträger **Vorschüsse** zahlen, deren Höhe er nach pflichtgemäßen Ermessen bestimmt (§ 42 Abs 1 Satz 1 SGB I; vgl hierzu *LSG BW* Urt v 29.6.2006 – L 10 U 3578/05). Die Vorschüsse sind auf die zustehende Leistung **anzurechnen** und – soweit sie diese übersteigen – vom Empfänger zu erstatten (§ 42 Abs 2 SGB I). Entscheiden SozialleistungsTr in einem Bescheid ausschließlich über die Gewährung eines Vorschusses, entsteht **keine Bindungswirkung** hinsichtlich der Voraussetzungen der endgültigen Leistung (*BSG* SozR 1200 § 42 Nr 2; *BSG* HVBG-Info 1995, 721). Wird allerdings auf die Vorläufigkeit der Entscheidung nicht hingewiesen, so kann das dazu führen, das die Vorschüsse, soweit sie die zustehende Leistung übersteigen, nicht vom Empfänger zu erstatten sind (*BSG* Breith 1997, 343). Bei § 43 Abs 1 SGB I (**vorläufige Leistung**) besteht keine Unsicherheit über die Höhe der Leistung, sondern über den zuständigen Leistungs-Tr; aber im übrigen gilt dasselbe wie bei § 42 SGB I (*LSG BW* Beschl v 26.10.2006 – L 13 AS 4113/06 ER-B).

61　Die **Zulässigkeit vorläufiger Bescheide ist auch an anderen Stellen zT ausdrücklich geregelt**, zB für das Versorgungsrecht in § 60 a BVG und für die RV in § 265 b SGB VI (vorläufige Berechnung bestimmter Hinterbliebenenrenten) sowie in Art 45 Abs 1 EWG-VO 574/72 für das Europäische Sozialrecht im Hinblick auf Anträge auf Leistungen bei Invalidität, Alter und an Hinterbliebene. Weitere ausdrückliche Ermächtigung finden sich in § 40 Abs 1 Nr 1 a SGB II, § 328 SGB III, § 85 Abs 2 a Satz 3 SGB V, § 32 SGB XI, § 22 Abs 4 KOVVfG iVm § 4 SchwbG (heute SGB IX), § 8 Abs 3 BEEG (Elterngeld), für Vorbehaltsbescheide (*BSGE* 87, 122).

62　Als VA sind außerdem verbindliche **Entscheidungen über Tatbestandsvoraussetzungen** (vgl *BSGE* 42, 178) anzusehen. Das gilt zB für den Anerkennungsbescheid nach § 173 Abs 3 SGB III (= § 72 Abs 1 Satz 4 AFG: *BSG* SozR 4100 § 64 Nr 5). **Ferner stellt die Vormerkung rentenversicherungsrechtlicher Zeiten** eine Teilentscheidung im Hinblick auf spätere Leistungsfälle (Renten etc) in Gestalt eines VA dar (*BSGE* 58, 49). Fehlt es an einer ausdrücklichen Ermächtigung zur Entscheidung über einzelne Tatbestandvoraussetzungen, so besteht **kein allg Anspruch** darauf, dass hierüber verbindlich entschieden wird (vgl zur grds Unzulässigkeit eines Elementenfeststellungsbescheids: *BSGE* 103, 17 und einer sog Elementenfeststellungsklage: *Keller* § 55 Rz 9).

63　Ein sog **Zweitbescheid** – und damit ein VA – wird **nach erneuter Prüfung** bei Erlass einer neuen, idR jedoch gleichen Sachentscheidung angenommen (vgl *BVerwGE* 39, 233; 53, 14; 69, 94; *LSG BW* Urt v 17.10.2006 – L 1 U 1247/06; *SchlHOVG* DÖV 1994, 394). **Praktischer Anwendungsfall** für den Erlass eines Zweitbescheids ist zB, dass nach Abschluss des Widerspruchsverfahrens die nach § 24 zwingende **Anhörung** nachgeholt wird und anschließend – trotz Prüfung – dieselbe Sachentscheidung neu getroffen wird (*BSGE* 75, 159; 87, 136). § 96 SGG setzt die Möglichkeit von Zweitbescheiden voraus. Unter einer **wiederholenden Verfügung**, die mangels Regelung keinen VA darstellt, wird demgegenüber – **ohne erneute Prüfung** – die bloße (textliche) Wiederholung eines bereits ergangenen VA (*BSG* SozR 4-2600 § 2 Nr 20; *BSGE* 104, 207; kommt zB auch bei nachgeholter Begründung von gebundenen VA in Frage: *BSGE* 68, 228; zustimmend *Casselmann* SGb 1992, 134) oder die Ablehnung einer erneuten Sachprüfung und Entscheidung hinsichtl eines bereits durch VA entschiedenen Sachverhalts verstanden (vgl hierzu: *OVG Bln* NVwZ 1988, 184; *Engelmann* aaO § 31 Rz 32; *Kopp/Ramsauer* VwVfG § 35 Rz 98 a). Wiederholende Verfügungen kommen insb bei **DauerVA** vor, zB wenn bei Leistungsänderungen – idR der Leistungshöhe – Regelungsgehalte des (Grund-) Leistungsbescheids („nachrichtlich") wiederholt werden (zB **Leistungsanpassungsbescheide in der RV**); ein VA ist nur im abgeänderten Teil eine Regelung zu sehen; im Übrigen liegt nur eine wiederholende Verfügung vor.

64　**Verlängerungsbescheide**, die den Regelungsgehalt eines VA verlängern (Bsp: § 31 Abs 1 Nr 3 AMG – Arzneimittelzulassung; *BVerwG*, Urt v 6.9.2005 – 3 C 22/04 – NVwZ-RR 2006, 125), sind keine nur wiederholenden Verfügungen (aA *BSG* SozR 3-5850 § 3 c Nr 3). Handelt es sich um die **schriftliche oder elektronische Bestätigung** eines mündlichen VA (§ 33 Abs 2 Satz 2), so liegt hier nicht ein „Zweit"-Bescheid (und auch keine wiederholende Verfügung) vor, sondern es handelt sich um die „Zweitform" (Formderivat) des (mündlichen) Ausgangsbescheids. Die Rechtsfigur des Zweitbescheids ist im SR allerdings wegen der Möglichkeit von **Überprüfungsbescheiden nach** § 44 problematisch (vgl zum Verhältnis von §§ 44 und Zweitbescheid: Vorbem §§ 44–51 Rz 18). IE dürfte das Nebeneinander von Zweitbescheid und § 44 jedoch keine Verschlechterung der Rechtsposition des Betroffenen VA-Adressaten bedeuten, wobei im Zweifel von einem Überprüfungsbescheid gem § 44 auszugehen ist.

Ausführungsbescheide, mit denen zB ein sozialgerichtliches Urteil (§§ 130 **65** Satz 1; 131 Abs 2, 3 SGG) oder ein Vergleich umgesetzt wird (*Heilemann* SGb 1999, 603 f), können eine eigenständige Regelung enthalten(*BSGE* 57, 138 [Ausführungsbescheid nach Grundurteil]; *Heilemann* SGb 1999, 603 [605]; *Ebsen* JbdSozRdG 1993, 398 f; aA *BSG* SozSich 1993, 62; *BSG* SGb 1992, 130; *BSG* SozR 3-3200 § 88 Nr 2; *BSG* Beschl v 18.9.2003, B 9 V 82/02 B: jew differenzierend je nach Grad der noch erforderlichen Konkretisierung durch d Beh; offen gelassen: *BSG* Breith 1986, 136). Wird die dem Bescheid zugrundliegende gerichtliche Entscheidung nicht rechtskräftig, so trifft der VA idR eine vorläufige Regelung (vgl *BSG* SozR § 96 Nr 12, 18; *Leitherer* in Meyer-Ladewig/Keller/Leitherer SGG § 96 Rz 4 b), die nach dem rechtskräftigen Abschluss des Verf durch eine endgültige ersetzt werden kann. Ein **angenommenes Anerkenntnis** (§ 101 Abs 2 SGG) hat zweiseitigen Charakter und ist deshalb kein VA, sondern ein VerwVertrag (*Heilemann* SGB 1998, 261 [262]).

2.4.3.8. Versicherungsverlauf

In der **Übersendung eines Versicherungsverlaufs** (§ 17 Abs 1 DEVO) ist grds **66** keine verbindliche Regelung von Versicherungszeiten (vgl § 149 SGB VI) und deshalb kein VA zu sehen (*BSG* SozR 7290 § 74 Nr 1; aA *Marschner* aaO § 31 Rz 24), es sei denn, aus den Umständen des Einzelfalles ergibt sich für den Versicherten ausnahmsweise etwas anderes (*BSGE* 49, 258). Der Versicherungsverlauf bezweckt, für den Rentenanspruch erforderliche **Tatsachen** möglichst zeitnah festzustellen. Über die **Anrechenbarkeit** ist erst anhand der bei Eintritt des Versicherungsfalls geltenden Regelungen zu entscheiden (*BSG* SozR 5280 § 17 Nr 4; *BSGE* 50, 294). Gleiches gilt für **Rentenauskünfte nach** § 109 SGB VI. **Beitragsbescheinigungen** eines Rentenversicherungsträgers dienen idR nur zur Bestätigung bzw zum Beweis der tatsächlichen Beitragsentrichtung. Sie treffen insoweit ebenfalls keine Regelungen (vgl auch *BSG* SGb 2004, 109).

2.5. Einzelfall

Ein VA liegt weiterhin nur dann vor, wenn es sich um die Regelung eines Einzelfalls handelt. Mit diesem Merkmal sollen VA von Rechtsnormen (formelles **67** Gesetz, Rechtsverordnung und Satzungen) abgegrenzt werden. Während **konkret-individuelle** Regelungen (= Regelungen konkreter Sachverhalte, die sich auf eine bestimmte Person bzw Personengruppe beziehen, Bsp: Der Versicherte A erhält aufgrund seiner AU Krankengeld) unproblematisch nur einen VA darstellen können, sind **abstrakt-generelle** Regelungen (= Regelungen nur allg bestimmter Sachverhaltstypen für eine unbestimmte Zahl von Personen, Bsp: Alle Versicherten, die aufgrund irgendeiner Erkrankung AU sind, erhalten KrG) unproblematisch Rechtsnormen. Fraglich war nur die Abgrenzung bei einer Kombination der Fallgruppen, nämlich bei konkret-generellen und bei abstrakt-individuellen Regelungen. Heute werden beide als VA angesehen: Für die **konkret-generellen** Regelungen ergibt sich das bereits aus § 31 Satz 2, denn Allgemeinverfügungen als VA sind konkret-generell, da sie sich für einen konkreten Sachverhalt an einen nach allg Merkmalen bestimmten bzw bestimmbaren Personenkreis richten (vgl Rz 60 ff). Allgemeinverfügungen haben **im Sozialrecht** angesichts des personengebundenen Sozialrechtsverhältnisses **allerdings kaum praktische Bedeutung**. Die Feststellung der Versicherungspflicht durch personenungebundene Allgemeinverfügungen ist nicht zulässig (*BSGE* 45, 206). Für die **abstrakt-individuellen** Regelungen wird in Rspr und Lit ebenfalls die VA-Eigenschaft angenommen (*OVG NRW*, OVGE 16, 289; *Erichsen* aaO Rz 45; *Maurer* Allg VerwR § 9 Rz 20).

2.6. Unmittelbare Rechtswirkung nach außen

68   Ein VA setzt schließlich voraus, dass er auf eine unmittelbare Rechtswirkung nach außen gerichtet ist. Die Formulierung „unmittelbare Rechtswirkung" verlangt, dass die angestrebte Rechtsfolge ohne Zwischenschaltung anderer Entscheidungen, dh **ohne weiteren Umsetzungsakt**, eintritt (*BSGE* 75, 97). Hierbei ist es ohne Bedeutung, zu welchem Zeitpunkt und mit welchen wirtschaftlichen Folgen die Rechtswirkungen eintreten, so dass auch die Aussparungsentscheidung nach § 48 Abs 3 bereits bei Bekanntgabe eine unmittelbare Rechtswirkung entfaltet und VA-Qualität hat. Das Teil-Merkmal **unmittelbare Rechtswirkung** enthält im Vergleich zum Merkmal Regelung keine zusätzlichen Anforderungen an den Begriff VA. Denn schon aus dem Merkmal Regelung ergibt sich, dass eine verbindliche Rechtswirkung und nicht eine bloße Information oder eine nur vorbereitende Maßnahme ohne eigenständigen Regelungscharakter conditio sine qua non des VA ist. Die Eigenständigkeit des Merkmals folgt also aus der Formulierung „**nach außen**", wenngleich es auch hier Überschneidungen zu dem Merkmal Einzelfall gibt.

69   Mit dem Merkmal unmittelbare Rechtswirkungen nach außen sollen **innerbehördliche Maßnahmen** wie Verwaltungsvorschriften/Richtlinien, Weisungen, Vorgespräche, Lösungsskizzen, Entwürfe, Amtshilfeersuchen und vorbereitende Handlungen (Rz 57 f) – und zwar unabhängig von einem konkreten VerwVerf – aus dem Begriff VA ausgeschlossen werden. Die Ablehnung einer gewünschten Zahlungsweise wird als Regelung mit Außenwirkung verstanden (*BSGE* 89, 111; *BSG* SozR 1200 § 47 Nr 1). Ein weiteres Bsp für ausschließlich verwaltungsinterne Regelungen stellt die **Zustimmung der Aufsichtsbehörde nach §§ 39, 107 bis 111 SGB V** dar (*BSGE* 59, 258). Das gilt ebenso für die Weisung der Beh an nachgeordnete Dienststellen desselben Trägers, da hier keine fremden Rechte berührt sind. Unterliegt eine Beh der Fachaufsicht eines anderen Trägers, entfalten dessen Weisungen keine Außenwirkung; anders, wenn sie lediglich Pflichtaufgaben zur Erfüllung nach Weisung ausführt, da sie dann im fremden und nicht im eigenen Aufgabenkreis erteilt wird (*Stelkens* aaO § 35 Rz 146). Die Mitteilung eines ausländischen VersicherungsTr in der EU zB über Versicherungszeiten eines in Deutschland Vers an einen deutschen VersicherungsTr entfaltet ebenfalls keine Außenwirkung (*BSG* SozR 2200 § 1286 Nr 2). Diese Regelungen selbst sind gegenüber dem Einzelnen noch nicht verbindlich, auch wenn sie die Entscheidung maßgeblich beeinflussen werden. Es reicht indes nicht aus, dass die Verwaltungshandlung überhaupt Außenwirkung hat. Entscheidend ist vielmehr die „**Finalität**", dh „Gerichtetheit" der Maßnahme nach außen (*BVerwG* BayVBl 1995, 474). Es handelt sich um eine Entsprechung zum Regelungswillen (Rz 29).

70   Anders ist die Beurteilung allerdings beim **Abschluss eines Versorgungsvertrags** bzw deren Kündigung oder die Verweigerung des Abschlusses mit einem Leistungserbringer nach dem SGB V oder dem SGB XI. Obwohl mit einem Versorgungsvertrag die Zulassung einer Pflegeeinrichtung und deren Einbeziehung in ein **öffentl-rechtl Sozialleistungssystem** verbunden ist, aus dem sich für die Pflegeeinrichtung eine besondere Rechtsstellung ergibt (BT-Drucks 12/5262, 135), stellt sie gegenüber der nicht-öffentlichen Einrichtung kein bloßes Verwaltungsinternum dar, sondern einen **statusbegründenden VA** (*BSG* NZS 1999, 610; *BSGE* 78, 233).

3. Allgemeinverfügungen

Eine besondere Form des VA ist die Allgemeinverfügung, denn nach **§ 31 Satz 2** **71** ist eine Allgemeinverfügung ein VA, der sich an einen nach allg Merkmalen bestimmten oder bestimmbaren Personenkreis (**echte Allgemeinverfügung**) richtet oder die öffentl-rechtl Eigenschaft einer Sache (**sachbezogene, dingliche Allgemeinverfügung**) oder deren Benutzung durch die Allgemeinheit (**gemischt sach- und personalbezogene Allgemeinverfügung**) betrifft (*Luthe* in Schlegel/Voelzke, jurisPK-SGB X, § 31 Rz 65). Im Sozialrecht haben sie keine große praktische Bedeutung (vgl Rz 57; *Ost/Mohr/Estelmann* Grdz SR, 469).

Bsp:

- **Festbetragsfestsetzung für Arznei- und Verbandmittel** nach § 35 SGB V (*BSGE* 114, 217; *BSGE* 94, 1) oder Hilfsmitteln nach § 36 SGB V (*BSGE* 112, 201; *Wagner* in Krauskopf § 35 SGB V Rz 13). Nach der Gesetzeskonzeption sind Adressaten sowohl Versicherte als auch Vertragsärzte (*BSGE* 107, 287). **Festlegungen der BVA zur Ermittlung der Risikozuschläge** nach § 31 Abs 4 S 1 RSAV sind ebenfalls als Allgemeinverfügung anzusehen (*BSGE* 116, 42).
- **Festlegung und Bekanntgabe der Veränderungsrate nach Art 18 GKV-SolG** (*SchlHLSG* Urt v 22.11.2005 – L 4 KA 33/02).

Allgemeinverfügungen unterliegen teilweise – im Vergleich zu allg VA – abweichenden Regelungen: § 24 Abs 2 Nr 4 (Anhörung), § 35 Abs 2 Nr 5 (Begründung) und § 39 Abs 3 (Bekanntgabe). Von Allgemeinverfügungen ist die **Sammelverfügung** zu unterscheiden, bei der verschiedene einzelne VA äußerlich verbunden werden (vgl das Bsp in *BVerfGE* 119, 331). Keine Allgemeinverfügung (sondern **Normsetzungsvertrag**) ist auch der Beschluss des erweiterten Bewertungsausschusses nach § 87 Abs 4 SGB V über eine Änderung des EBM.

Im **Beitragsrecht** sind Allgemeinverfügungen unzulässig (*BSG* SozSich 1987, **72** 192). Die betroffenen Vers müssen deshalb so genau bezeichnet werden, dass sie eindeutig bestimmt werden können. Die Versicherungs- und Beitragspflicht ist von der Einzugstelle selbst dann personenbezogen festzustellen, wenn der Arbeitgeber seine Aufzeichnungspflicht verletzt, eine Sachverhaltsaufklärung aber noch möglich ist (vgl *BSGE* 59, 235; *Baier* in Krauskopf § 28 f SGB IV Rz 11). **Beitragssummenbescheide** (§ 28 f Abs 2 SGB IV) sind keine Allgemeinverfügungen. Zwar können Beiträge evtl nicht mehr bestimmten Arbeitnehmern zugeordnet werden (vgl *LSG NRW* Beschl v 19.9.2006 – L 5 B 1/06 R ER), aber Adressat des Bescheids ist ein konkreter Arbeitgeber.

4. ErmessensVA

Hinsichtlich des Umfangs der Entscheidungsbefugnisse der Beh sind Ermessens- **73** VA und gebunde VA zu unterscheiden. Im G ergeben sich Hinweise auf **Ermessen** aus Begriffen wie „kann", „darf", „ist befugt" usw. Die SozialeistungsTr haben auf der Rechtsfolgenseite einen **Entscheidungsspielraum**, der durch den Zweck der Ermächtigung sowie die **gesetzlichen Grenzen** des Ermessens beschränkt wird (§ 39 Abs 1 Satz 1 SGB I). Im Bereich des Sozialleistungsrechts stellen Ermessensentscheidungen (mit der Befugnis zur Aufnahme von Nebenbestimmungen: § 32 Abs 2) allerdings die Ausnahme dar (§ 38 SGB I), weil die Sozialverwaltung regelmäßig gebundene Entscheidungen (sog **gebundene VA**) zu treffen hat.

Bsp:

- **aus dem Verfahrensrecht:** §§ 48, 66 Abs 1 SGB I, §§ 44 Abs 2 Satz 2, 46 Abs 1, 47 Abs 2 Satz 1, 48 Abs 1 Satz 2.
- **aus dem Leistungsrecht:** §§ 16 Abs 1, 22 Abs 5, 23 Abs 2 und 4 SGB II, §§ 45 Satz 1, 48 Abs 1 Satz 1, 81 Abs 1, 82, 83, 97 SGB III, §§ 40 Abs 1, 41 Abs 1, 43 Abs 1 SGB V.

Im Widerspruchsverfahren ist die Ermessensbetätigung zu überprüfen (§ 78 Abs 1 Satz 1 SGG: „Zweckmäßigkeit des VA"). Im gerichtlichen Verfahren ist die Überprüfung von Ermessensentscheidungen hingegen auf eine Rechtskontrolle, dh auf die Prüfung beschränkt, ob die Grenzen der Ermessensausübung eingehalten wurden. Vor diesem Hintergrund kommt der Begründung bei ErmessensVA (§ 35 Abs 1 Satz 3) besondere Bedeutung zu.

74   Zu den **Grenzen der Ermessensbetätigung** gehören:

- **Verbot sachwidriger Erwägungen** (Bsp.: Bei § 66 SGB I darf nicht darauf abgestellt werden, dass der Betroffene der Beh viel Mühe bereitet hat, weil das Ermessen keinen Sanktionscharakter haben soll).
- **Verbot des Ermessensausfalls,** dh die Beh muss gesehen haben, dass sie Ermessen zu betätigen hat. Diese praktisch wichtigste Grenze ist immer dann überschritten, wenn der Begründung des ErmessensVA nicht entnommen werden kann, dass sich die Beh ihres Entscheidungsspielraums bewusst war („... hatten wir *keine andere Möglichkeit*, als die Leistung abzulehnen").
- **Verbot der Ermessensüberschreitung,** dh die Beh setzt eine Rechtsfolge fest, die von der das Ermessen einräumenden Rechtsnorm nicht gedeckt ist (**Bsp:** Nach § 3 Abs 2 Satz 1 BKV hat der Träger der gesetzlichen Unfallversicherung einem Versicherten zum Ausgleich der durch die Aufgabe der gefährdenden Tätigkeit verursachten Minderung des Verdienstes oder sonstiger wirtschaftlicher Nachteile eine Übergangsleistung zu gewähren. Die Entscheidung über Art (einmalige oder monatlich wiederkehrende Leistung), Dauer und Höhe der Leistung (zB abgestaffelte Zahlung von 5/5 im ersten, 4/5 im zweiten Jahr usw.) steht im pflichtgemäßen Ermessen des Unfallversicherungsträgers (*BSG* SozR 3-5670 § 3 Nr 2). Wenn hierbei ein falscher, nämlich zu hochwertiger „Bezugsberuf" zugrundegelegt wird, kann es zu einer Ermessensüberschreitung kommen (*LSG BW* Urt v 22.4.2005 – L 1 U 2127/03, HVBG-INFO 2006, Nr 2, 148).
- **Beachtung des Verhältnismäßigkeitsgrundsatzes.** Die Entscheidung der Beh muss vor dem Hintergrund des gesetzgeberischen Ziels der Ermessensermächtigung **geeignet** sein (dh: zumindest nicht ungeeignet), **erforderlich** (dh es darf keine andere Entscheidung geben, die den Zweck der gesetzlichen Regelung in mindestens gleich intensiver Weise erreicht, dabei aber den Betroffenen weniger belastet) und **zumutbar** (Folgenabwägung) sein (vgl *BVerfG*, NJW 2005, 3057, 3058; ebenso *BVerfG* Beschl v 23.8.2005 – 1 BvR 276/05, BRAK-Mitteilungen 2005, 275, 276; vgl auch *BSGE* 73, 234, 237 f = SozR 3-2500 § 95 Nr 4 S 13; *LSG NRW* Urt v 1.3.2005 – L 1 AL 100/03: bei § 48 SGB I sind die Pfändungsschutzbestimmungen der §§ 850 d, 850 f ZPO zu beachten).

Von ErmessensVA sind **unbestimmte Rechtsbegriffe** zu unterscheiden, die im 75
gerichtlichen Verfahren grds vollständig überprüft werden können (Bsp: „erfor-
derlich" in § 37 Abs 2 Satz 1 SGB V; „zumutbar" in § 43 Abs 2 Satz 2, 3
SGB VI; „angemessen" in § 22 Abs 1 Satz 1 SGB II [*BSG* SozR 4-4200 § 22
Nr 85], „Wirtschaftlichkeit" in § 12 SGB V: *BVerfG*, SozR 4-2500 § 27 Nr 5 =
BVerfGE 115, 25). Während das Ermessen im Bereich der Rechtsfolge einen
Entscheidungsspielraum einräumt, sind unbestimmte Rechtsbegriffe auf der
Tatbestandsebene oder auf der Rechtsfolgenseite verortet und stellen idR höhere Anforderungen an die Auslegung (*BSG* Urt v 9.12.2004 – B 6 KA 84/03 R).
Ähnlich wie beim Ermessen wird den Behörden in bestimmten Fallkonstellationen allerdings auch bei unbestimmten Rechtsbegriffen ein gerichtlich nur begrenzt überprüfbarer **Beurteilungsspielraum** eingeräumt. Nach allg verwaltungsrechtlicher Dogmatik handelt es sich hierbei um: Prüfungsentscheidungen,
beamtenrechtliche Beurteilungen, Prognoseentscheidungen sowie Entscheidungen wertender Art durch weisungsfreie, mit Sachverständigen und/oder Interes-
senvertretern pluralistisch besetzten Ausschüssen (*BVerwGE* 71, 195; 91, 211;
99, 355; *Maurer* AllgVerwR § 7 Rz 35 ff mwN; *Rennert* in Eyermann/Fröhler
VwGO § 114 Rz 59). Bsp für die zuletzt genannte Fallgruppe sind die Entscheidungen des Schiedsamts nach § 89 Abs 1 SGB V (*BSGE* 116, 280) oder
Schiedsstellenentscheidungen nach § 80 SGB XII (BVerwGE 108, 47, 55) und
nach § 76 SGB XI (vgl *BSGE* 102, 227; 87, 199). Dem Gemeinsamen Bundesausschuss nach § 91 SGB V steht im Bereich des Wirtschaftlichkeitsgebots ein
Beurteilungsspielraum zu (*BSGE* 116, 153; 94, 102). Die Verw unterliegt innerhalb ihres Beurteilungsspielraums erheblichen Begründungsanforderungen
(§ 35 Abs 1), die gerichtlich voll überprüfbar sind. Darin liegt ein Korrektiv zu
den weitgehenden Spielräumen und der nur eingeschränkt möglichen gerichtlichen Überprüfung der Prüfbescheide, das dem Interesse eines effektiven Rechtsschutzes Rechnung trägt (vgl *BSGE* 69, 138; *BSG* SozR 4-2500 § 106 Nr 2).
Die genannten Fallgruppen geben bei der Prüfung eines möglichen Beurteilungsspielraums einen guten Anhalt. Sie sind aber weder verbindlich noch abschließend.

§ 32 Nebenbestimmungen zum Verwaltungsakt

(1) Ein Verwaltungsakt, auf den ein Anspruch besteht, darf mit einer Nebenbestimmung nur versehen werden, wenn sie durch Rechtsvorschrift zugelassen ist
oder wenn sie sicherstellen soll, dass die gesetzlichen Voraussetzungen des Verwaltungsaktes erfüllt werden.

(2) Unbeschadet des Absatzes 1 darf ein Verwaltungsakt nach pflichtgemäßem
Ermessen erlassen werden mit

1. einer Bestimmung, nach der eine Vergünstigung oder Belastung zu einem
    bestimmten Zeitpunkt beginnt, endet oder für einen bestimmten Zeitraum
    gilt (Befristung),
2. einer Bestimmung, nach der der Eintritt oder der Wegfall einer Vergünsti-
    gung oder einer Belastung von dem ungewissen Eintritt eines zukünftigen
    Ereignisses abhängt (Bedingung),
3. einem Vorbehalt des Widerrufs

oder verbunden werden mit

4. einer Bestimmung, durch die dem Begünstigten ein Tun, Dulden oder Unterlassen vorgeschrieben wird (Auflage),
5. einem Vorbehalt der nachträglichen Aufnahme, Änderung oder Ergänzung einer Auflage.

(3) Eine Nebenbestimmung darf dem Zweck des Verwaltungsaktes nicht zuwiderlaufen.

Literatur:

Erichsen: Nebenbestimmungen zu Verwaltungsakten, Jura 1990, 214; *Heilemann*: Der Rechtsschutz gegen Nebenbestimmungen zu sozialrechtlichen Verwaltungsakten, SGb 2000, 251; *Heitsch*: Neben- und Inhaltsbestimmungen bei begünstigenden Verwaltungsakten: Kriterien für die Auswahl des passenden Regelungsinstruments, DÖV 2003, 367; *Korte*: Nebenbestimmungen zu begünstigenden Verwaltungsakten nach dem SGB X – Zulässigkeit und Reichweite, NZS 2014, 853; *Laubinger*: Die Anfechtbarkeit von Nebenbestimmungen, VerwArch 1982, 345; *Pickel*: Zusicherungen und Nebenbestimmungen zum Verwaltungsakt, BKK 1987, 169; *Pietzcker*: Rechtsschutz gegen Nebenbestimmungen – unlösbar?, NVwZ 1995, 15; *Remmert*: Nebenbestimmungen zu begünstigenden Verwaltungsakten, VerwArch 88 [1997], 112; *Schenke*: Rechtsschutz gegen Nebenbestimmungen, JuS 1983, 182; *Schmehl*: Die Abgrenzung zwischen echter Auflage und Inhaltsbestimmung der Genehmigung, UPR 1998, 334; *Schmidt*: Zur Anfechtbarkeit von Nebenbestimmungen, NVwZ 1996, 1188; *Sieckmann*: Die Anfechtbarkeit von Nebenbestimmungen zu begünstigenden, DÖV 1998, 525; *Stadie*: Rechtsschutz gegen Nebenbestimmungen eines begünstigenden Verwaltungsaktes, DVBl 1991, 613; *Störmer*: Rechtsschutz gegen Inhalts- und Nebenbestimmungen, DVBl 1996, 81; *Schroeder-Printzen/Benkel*: Nebenbestimmungen in Verwaltungsakten der Sozialleistungsträger, SGb 1990, 398; siehe auch die Lit-Nachw vor § 31.

1. Allgemeines

1　§ 32 entspricht § 36 VwVfG. Nebenbestimmungen dienen als Instrument der Feinsteuerung und Konkretisierung des VA als Hauptbestimmung. Nebenbestimmungen ermöglichen es allgemein, „flexibel und detailliert, elastisch und differenziert, komplexen und vielfältigen Lebenssachverhalten Rechnung zu tragen" (*Wolff/Bachof/Stober* VerwR II, § 47 Rz 1). § 32 steht in einem **engen Zusammenhang mit dem Begriff des VA** in § 31. Der enge Zusammenhang ergibt sich zum einen daraus, dass Nebenbestimmungen stets **Ergänzungen eines VA** sind (*Brenner* JuS 1996, 281 [284]). Zum anderen weisen Nebenbestimmungen die meisten Merkmale des VA auf und Abweichungen ergeben sich – nicht für alle Nebenbestimmungen – nur aus dem **beschränkten Regelungsgehalt**: Eine Befristung nach § 32 Abs 2 Nr 1 ist als eigenständige Regelung sinnlos, sie ist nur in bezug auf eine Hauptregelung von Bedeutung. Anders ist die Beurteilung jedoch für die **Auflage** nach § 32 Abs 2 Nr 4, denn die Verpflichtung zu einem bestimmten Tun, Dulden oder Unterlassen ist auch als eigenständige Regelung denkbar (vgl zu den Folgen für den Rechtschutz: Rz 30 f).

Der **Begriff der Nebenbestimmungen** wird im G nicht definiert. Nebenbestimmungen **modifizieren eine Hauptentscheidung in sachlicher, zeitlicher oder räumlicher Hinsicht** (*BSG* SozR 3-1300 § 32 Nr 2). Sie sind grundsätzlich darauf beschränkt, die Erfüllung geringfügiger tatbestandlicher Voraussetzungen eines Verwaltungsaktes sicherzustellen (*BSGE* 113, 291). Die bloße **Wiederholung einer Anspruchsvoraussetzung** genügt nicht, zB die bloße Feststellung im Bescheid, Pflegegeld (§ 37 SGB XI) werde nur solange gewährt, solange die Pflegebedürftigkeit anhält.Gleiches gilt für den Hinweis des RVTr in einem Bescheid über die Befreiung von der Versicherungspflicht, die Befreiung werde bei Wegfall der Voraussetzungen widerrufen. Es handelt sich nicht um einen Widerrufsvorbehalt nach § 32 Abs 2 Nr 3, sondern um einen bloßen **Hinweis auf die Rücknahmemöglichkeit** des § 48 (*BSG* SozR 3-2940 § 7 Nr 2). Hinweise und Erläuterungen sind keine Nebenbestimmungen. In Fällen der Auferlegung von **Mitwirkungs- bzw Mitteilungspflichten** erfüllt der Hinweis auf § 48 aber zB den Zweck, bei einem Verstoß zumindest grobe Fahrlässigkeit annehmen zu können (§ 48 Abs 1 Satz 2 Nr 2). Auch andere Bestimmungen, die den Inhalt der Hauptregelung nicht modifizieren (zB die Anordnung der sofortigen Vollziehbarkeit), sind keine „Nebenbestimmungen". Andererseits ist die **ausdrückliche Bezeichnung als Nebenbestimmung nicht erforderlich**. Die Abgrenzung zwischen Neben- und Inhaltsbestimmung kann im Einzelfall schwierig sein (vgl *Marschner* in Pickel/Marschner SGB X § 32 Rz 6; *Engelmann* in von Wulffen SGB X § 32 Rz 4). Eine **Inhaltsbestimmung** konkretisiert oder präzisiert die Hauptregelung. So enthält die Bewilligung einer Rehabilitationsmaßnahme „für die Dauer von drei Wochen" keine Befristung, sondern die genannte Dauer der Maßnahme ist Gegenstand der gewährten Leistung (*Korte* NZS 2014, 853 [858]). In die Auslegung fließt dabei auch die Frage der Zulässigkeit einer Nebenbestimmung ein. Die **Auslegung** von Nebenbestimmungen orientiert sich grds an denselben Grundsätzen wie die Auslegung von VA (§ 31 Rz 30). Die Auslegung ist auch maßgeblich für die Frage, ob die Beh eine Nebenbestimmung oder aber eine vorläufige Entscheidung (§ 31 Rz 60) hat erlassen wollen.

Der VA im Sozialrecht ist grds **nebenbestimmungsfeindlich** (vgl *Marschner* aaO § 32 Rz 9 f). Aus der Funktion der Nebenbestimmung, Regelungswirkungen des VA von außerhalb der anspruchsbegründenden Norm liegenden, weiteren allg Leistungsvoraussetzungen abhängig zu machen bzw einzuschränken, ergibt sich das „**Problem von Nebenbestimmungen**". Deshalb dürfen primär **Ermessens VA** mit Nebenbestimmungen versehen werden (§ 32 Abs 2, 1), denn hier verfügt die Beh – im Gegensatz zu den gebundenen Entscheidungen – über einen Entscheidungsspielraum. Bei den **gebundenen Entscheidungen** ist die Aufnahme einer Nebenbestimmung deshalb nur zulässig, wenn sie entweder **durch Rechtsvorschriften (außerhalb von § 32) zugelassen** sind oder **sicherstellen sollen, dass die ges Voraussetzungen des VA erfüllt werden** (so kann zB zur Sicherung der Tatbestandsmerkmale des § 116 Satz 1 SGB V etwa die Fortsetzung der Tätigkeit im Krankenhaus oder die Zustimmung des Krankenhausträgers der Ermächtigung des Arztes beigefügt werden). Eine Nebenbestimmung kann unter dieser Voraussetzung nur in Betracht kommen, wenn lediglich noch geringfügige tatbestandliche Voraussetzungen fehlen, die wesentlichen Voraussetzungen aber erfüllt sind (vgl *BSGE* 113, 291; 89, 62). In Fällen der Leistungsbewilligung stellen sich die Nebenbestimmungen dann nicht als Leistungsbeschränkungen, sondern als **Leistungsermöglichungen** dar und sind eine anwendungsorientierte Umsetzung der Verpflichtung gem § 2 Abs 2 HS 2 SGB I, wonach sicherzustellen ist, dass die sozialen Rechte möglichst weitgehend verwirklicht werden.

2. Nebenbestimmungen

4   § 32 Abs 2 zählt die einzelnen Nebenbestimmungen auf. Obwohl sich der Anwendungsbereich des Abs 2 dem Wortlaut nach auf **ErmessensVA** bezieht, kommen die aufgeführten Nebenbestimmungen ebenso für **gebundene Entscheidungen** in Betracht. Die Verwendung einer Nebenbestimmungen – gleichgültig, ob bei gebundenen oder ErmessensVA – steht im pflichtgemäßen **Ermessen der Beh** (*Mutschler* in KassKomm SGB X § 32 Rz 8).

5   Die Nebenbestimmung soll nach § **32 Abs 3** dem Zweck des VA nicht zuwiderlaufen (vgl *BSG* DRV 1987, 189; *Maier* SGb 1997, 536 [538]). Diese Regelung ist allerdings **missverständlich**, denn es ist entspr der allg Grenzen der Ermessensausübung (§ 39 SGB I) weitergehend zu verlangen, dass die Nebenbestimmung dem jeweiligen Zweck des VA **dient**, da nur solche Regelungen von den materiellrechtliche Ermächtigungsgrundlagen zum Erlass des VA gedeckt sind (vgl auch *Marschner* aaO § 32 Rz 11; *Engelmann* aaO § 32 Rz 30; *Kopp/Ramsauer* VwVfG § 36 Rz 41). Vor diesem Hintergrund ist eine Nebenbestimmung, bei der zB die Gewährung einer Begünstigung von der Abwicklung eines – nicht damit zusammenhängenden – Geschäfts abhängig gemacht wird, als unzulässiges **Kopplungsgeschäft** ermessensfehlerhaft, da sie auf einer sachwidrigen Erwägung beruht.

2.1. Abschließende Aufzählung?

6   Die Aufzählung der Nebenbestimmungen in § 32 Abs 2 ist nicht **abschließend** (*BSGE* 62, 32 [36 f]; *Littmann* in Hauck/Noftz SGB X § 32 Rz 3; *Engelmann* aaO § 32 Rz 31; offen gelassen in *BSGE* 67, 104; aA *Meyer-Borgs* VwVfG § 36 Rz 24; *Ule/Laubinger* Verwaltungsverfahrensrecht § 50 Rz 6). § 32 ist nämlich nicht selbst Ermächtigungsgrundlage für die Beifügung von Nebenbestimmungen. Das ergibt sich für gebundene VA aus Abs 1, wonach es einer ausdrücklichen materiellrechtlichen Grundlage für Nebenbestimmungen bedarf bzw eine Nebenbestimmung nur zulässig ist, wenn anderenfalls der VA gar nicht erlassen werden dürfte. Und bei Ermessens-VA ist die Behörde durch die Ermessensbestimmung selbst berechtigt, auch eine in ihrem Ermessen stehende Nebenbestimmung beizufügen (*Engelmann* aaO § 32 Rz 7, 7 a). Allerdings sind weitere Typen von Nebenbestimmungen kaum vorstellbar (*Burkiczak*, jurisPK-SGB X, § 32 Rz 26) und es wird deshalb auch kein praktisches Bedürfnis für neue Nebenbestimmungen bestehen (*Kopp/Ramsauer*, VwVfG § 36 Rz 42).

7   **Vorläufige VA** (§ 31 Rz 6, 59 f) sind nicht identisch mit VA, die mit Nebenbestimmungen versehen sind. Auch durch einen Widerrufsvorbehalt (Abs 2 Nr 3) oder eine auflösende Bedingung (Abs 2 Nr 2) kommt allerdings eine Vorläufigkeit zum Ausdruck. Während vorläufige VA bis zum Abschluss des VerwVerf im Hinblick auf die noch nicht abgeschlossenen Ermittlungen eine Regelung mit begrenzter Wirkung bis zum Erlass der endgültigen Entscheidung treffen, sind VA mit **Nebenbestimmungen endgültige Regelungen**, die allerdings „zukunftsoffen" gestaltet sind. Allerdings sind VA, die im Hinblick auf eine – unabhängig vom Verhalten des Begünstigten – noch offene Entwicklung in der Zukunft „vorläufig" ergehen, unzulässig, denn die Möglichkeit solcher „vor-

läufigen VA" könnte dazu führen, dass die Anwendungsvoraussetzungen von Nebenbestimmungen umgangen würden.

2.2. Form und Bestimmtheit der Nebenbestimmungen

Als **Teil eines VA** bzw „unselbstständiger VA" ergeben sich die Anforderungen **8** an Form und Bestimmtheit der Nebenbestimmung unmittelbar aus §§ 33, 35. Die Form der Nebenbestimmung folgt dabei der Form des VA. Ebenso wie die (Haupt-)VA selbst können auch die Nebenbestimmungen in **mündlicher** oder in anderer Form ergehen, müssen begründet werden (§ 35 Abs 1) und die erlassende Behörde erkennen lassen (§ 33 Abs 3, 5); allerdings dürfte gerade bei Nebenbestimmungen ein berechtigtes Interesse an einer **schriftlichen oder elektronischen Bestätigung** (§ 33 Abs 2 Satz 2) bestehen. Nebenbestimmungen unterliegen schließlich dem Bestimmtheitsgebot nach § 33 Abs 1. Der Adressat des VA muss zumindest nach Auslegung klar, verständlich und widerspruchsfrei erkennen können, welcher ergänzenden Regelung der (Haupt-)VA unterliegt bzw welches (zusätzliche) Tun oder Unterlassen ihm abverlangt wird. Es ist danach zu fragen, wie ein „verständiger Empfänger" den Erklärungswillen und Erklärungswert der Nebenbestimmung auffassen konnte (vgl *BSGE* 112, 126; 62, 32; 37, 155). Die Verwendung von Begriffen wie „angemessen", „ausreichend", „erforderlich" führen daher idR zur Unbestimmtheit der Nebenbestimmungen (*Marschner* aaO § 32 Rz 46). Unklarheiten gehen dabei zulasten der Verw (vgl *Kopp/Ramsauer* § 36 Rz 9 b).

2.3. Arten der Nebenbestimmungen

Überwiegend wird zwischen **selbstständigen** bzw echten Nebenbestimmungen **9** (Auflage und Auflagenvorbehalt) und **unselbstständigen** bzw unechten Nebenbestimmungen (Befristung, Bedingung und Widerrufsvorbehalt) unterschieden. Diese Unterscheidung kommt auch in der Gesetzesformulierung zum Ausdruck, denn erstere werden mit einem VA „verbunden", während letztere mit einem VA „erlassen werden." Diese Unterscheidung war früher für die Möglichkeit einer **isolierten Anfechtung von Nebenbestimmungen** wichtig (vgl Rz 30); heute, nach einem Wandel des Meinungsbildes in dieser Frage (vgl Rz 31 f), hat die Unterscheidung jedoch an Bedeutung verloren.

2.3.1. Befristung

Die Befristung ist nach der Legaldefinition in Abs 2 Nr 1 eine „**Bestimmung**" – **10** dh eine (Teil-) Maßnahme iSv § 31 Satz 1 –, nach der eine Vergünstigung (dieser Ausdruck ist missverständlich und es sollte der aus den §§ 44 ff geläufige Begriff: „Begünstigung" verwendet werden) oder Belastung zu einem bestimmten Zeitpunkt beginnt, endet oder für einen bestimmten Zeitraum gilt (vgl auch § 163 BGB; zu weiteren Differenzierungen: *Losch* NVwZ 1995, 235 [236]). Gemäß § 39 Abs 1 wird der befristete VA mit seiner Bekanntgabe zwar wirksam, aber die – durch die Nebenbestimmung auf einen späteren Zeitpunkt bestimmte – Rechtsfolge tritt erst später ein (**aufschiebende Befristung;** *Heitsch* DÖV 2003, 367 [367]; vgl auch Rz 8). Da Befristungen für Begünstigungen und Belastungen gleichermaßen gelten, kann diese gelegentlich schwierige und für die Regelungen über Rücknahme und Widerruf von VA konstitutive Unterscheidung zwischen beiden VA-Formen (vgl § 31 Rz 35 f) hier dahinstehen.

Nach Wegfall einer befristeten Leistungen (zB einer Rente wg verminderter Er- **11** werbsfähigkeit auf Zeit, § 102 Abs 2–4 SGB VI) ist die Behörde ohne einen **neuen Leistungsantrag** nicht verpflichtet, über das weitere Vorliegen der Leistungsvoraussetzungen zu entscheiden (*Knipping* SGb 1994, 170 [171]; vgl aber auch: *Heilemann* SGb 1993, 467 [468]). Bei einer **auflösenden Befristung** bzw einer Regelung für einen bestimmten Zeitraum verliert der VA nach Ablauf der Frist bzw des Zeitraums seine Wirksamkeit, § 39 Abs 2. Es bedarf keines **Aufhebungsbescheids** (*BSG* SozR 3-1300 § 32 Nr 3), wohl aber eines neuen VA bei erneuter Befristung. Eine rechtmäßige Befristung setzt voraus, dass die Einhaltung der Frist verbindlich vorgeschrieben wurde (*BSG* SozR 5750 Art 2 § 51a ArVNG Nr 29; *BSGE* 50, 16) und die Befristung selbst angemessen ist (*Engelmann* aaO § 32 Rz 14). Von der Bedingung (Abs 2 Nr 2) unterscheidet sich die Befristung dadurch, dass der Eintritt der Rechtsfolge von einem **gewissen Ereignis** abhängt (vgl *BVerwGE* 60, 269; *Mutschler* aaO § 32 Rz 13), denn sie bezieht sich auf kalendermäßig bestimmte oder zumindest bestimmbare Termine.

2.3.2. Bedingung

12 Eine Bedingung ist gegeben, wenn der Eintritt oder der Wegfall einer Vergünstigung (= Begünstigung, Rz 10) oder Belastung von dem **ungewissen Eintritt** eines zukünftigen Ereignisses (meint: zukünftiger Eintritt eines ungewissen Ereignisses) abhängt (Abs 2 Nr 2). **Bsp:** Zulassung zum Vertragsarzt erfolgt unter der Bedingung, dass das Beschäftigungsverhältnis zum KH gekündigt wird (vgl *BSG* GesR 2003, 173). Unbestimmt kann nicht nur sein, wann das Ereignis eintritt, sondern ebenso, ob es überhaupt eintritt (*Brenner* JuS 1996, 281 [283]). Der Struktur nach entspricht die Bedingung zwar der Befristung nach Abs 2 Nr 1. Aber die Unterschiede liegen zum einen darin, dass Befristungen ein **zeitliches Moment** innewohnt, während die Bedingung primär materieller Natur ist und zum anderen darin, dass der zukünftige Verlauf bei der Befristung **gewiss** ist (es muss ein bestimmter oder bestimmbarer Termin bzw eine entsprechende Frist gegeben sein). In Anlehnung an § 158 **BGB** kann zwischen **aufschiebenden** (Rechtsfolge wird bei Eintritt des Ereignisses ausgelöst) und **auflösenden Bedingungen** (Rechtsfolge endet bei Eintritt des Ereignisses) unterschieden werden.

13 Hängt der Eintritt des Ereignisses vom **Willen des Adressaten** des VA ab, so besteht nicht eine zweiseitige **Ungewissheit**, sondern nur eine einseitige (**unechte Bedingung**). Es wird gleichwohl auch hierin eine Bedingung iSv Abs 2 Nr 2 gesehen; nach § 32 Abs 1 Alt 2 ist dann eine Bedingung auch ohne gesetzl Ermächtigung statthaft (vgl Rz 23 f). Ein Bsp hierfür ist, dass dem Vers vom RVTr die Nachentrichtung von Beiträgen für den Fall gestattet wird, dass diese bis zu einem bestimmten Zeitpunkt eingezahlt worden sind (*BSG* SozR 1300 § 32 Nr 2). Eine Bedingung iSv Abs 2 Nr 2 liegt aber nicht vor, wenn es sich um **gegenwärtige oder vergangene Umstände** handelt, die den Beteiligten nur (noch) nicht bekannt sind oder ungewiss erscheinen (*Engelmann* aaO § 32 Rz 15; dann kommt allenfalls eine vorläufige Regelung in Betracht, § 31 Rz 61 ff). Gleiches wird zT für **Rechtsbedingungen**, bei denen vor Eintritt der Rechtsfolge des VA weitere Rechtsvoraussetzungen gegeben sein müssen, angenommen (*BSG* SozR 4-4300 § 173 Nr 1). Dieser Ansicht ist nicht zu folgen. Dem **Gesetzeswortlaut** kann eine Unterscheidung zwischen tatsächlichen und rechtlichen Bedingungen nicht entnommen werden (*Burkiczak* aaO § 32 Rz 43); der Begriff „Ereignis" ist insoweit indifferent. Vielmehr ist wie folgt zu differenzieren: Gibt es im jew G eine Ermächtigung zum Erlass einer Nebenbestimmung (§ 32 Abs 1 Alt 1), so ist – in Abgrenzung zur vorläufigen Regelung – nur maßgeblich, ob die Bedingung bereits eingetreten ist (dann: vorläufiger VA) oder nicht (dann: Nebenbestimmung). Gibt es keine spezielle Nebenbestimmungsermächtigung

(§ 32 Abs 1 Alt 2), so kommen Rechtsbedingungen, die nicht von einem Tun des Begünstigten abhängig sind, nicht in Betracht (vgl Rz 23 f). Wenn bei **berufsfördernden Leistungen** die Ziele des § 17 SGB VI alt (= § 34 SGB IX neu) aufgenommen werden, so handelt es sich nicht um Bedingungen (aA *Götze* DAngVers 1990, 157 [160]), sondern um eine bloße **Information**; das folgt auch aus § 17 Satz 2 SGB VI alt (= § 34 Abs 1 Satz 2 SGB IX), der neben den Anspruchsvoraussetzungen die Möglichkeit von Auflagen und Bedingungen ausdrücklich vorsieht.

Während VA und Bedingung mit der Bekanntgabe **wirksam** und mit Ablauf der **14** Widerspruchsfrist **bestandkräftig** werden, ist der VA mit Eintritt der Bedingung häufig bereits unanfechtbar. Das ist dann **problematisch**, wenn der Adressat des VA bei Erlass des VA die möglichen Folgen **nicht überblicken** kann oder sich die Voraussetzungen seitdem geändert haben. Es ist daher Ausdruck des grundrechtlichen **Verhältnismäßigkeitsgrundsatzes**, dass Bedingungen nur um so eingeschränkter verwendet werden dürfen, je weniger der Zeitpunkt des Bedingungseintritts übersehen werden kann. Ob ein **ZweitVA** zulässig ist, der unter der Bedingung zur Geltung kommen soll, dass der ErstVA rw ist, ist wegen der Umgehung der Regelungen über Rücknahme und Widerruf von VA zu verneinen. Zulässig dürfte ein solcher ZweitVA aber unter der Bedingung sein, „im Rechtsstreit rechtskräftig zu unterliegen". Darin liegt eine Regelung, die für die Zeit nach Eintritt der Rechtskraft getroffen werden soll (offen gelassen von *BSG* SozR 1200 § 34 Nr 6; *BSG* SozR 3-1300 § 48 Nr 26). Wird der Eintritt der Bedingungen von einem der Beteiligten treuwidrig herbeigeführt oder vereitelt, so kann er sich **analog § 162 BGB** hierauf nicht berufen (*Kopp/Ramsauer* § 36 Rz 19 a; *Stelkens* in Stelkens/Bonk/Sachs § 36 Rz 77).

2.3.3. Widerrufsvorbehalt

Der VA kann auch mit einem Vorbehalt des Widerrufs versehen werden (**Abs 2** **15** **Nr 3**). Dieser Widerrufsvorbehalt ermöglicht die spätere Aufhebung eines rechtmäßigen begünstigenden VA auf der Grundlage von § 47 **Abs 1 Nr 1** (*BSGE* 89, 62). Da hierdurch zeitlich unbeschränkt und einseitig eine verbindlich festgestellte Rechtsposition für die **Zukunft** (sog „ex nunc-Wirkung", vgl § 47 Abs 1; vgl *BSGE* 62, 32; 67, 104; 89, 62) entzogen werden kann, gebietet es der **Vertrauensschutz** des Begünstigten, dass Möglichkeit und Voraussetzungen des Widerrufsvorbehalts im VA selbst konkret genannt sind oder sich aus dem G ergeben. Umgekehrt verhindert der Widerrufsvorbehalt, dass schutzwürdiges Vertrauen entsteht. Der Widerrufsvorbehalt kann wegen seiner Wirkung allein für die Zukunft nur **DauerVA** beigefügt (*BSGE* 89, 62; str aA *Littmann* in Hauck/Noftz § 32 SGB X Rz 24) und außerdem auf bestimmte **Widerrufsgründe** beschränkt sowie mit einer Bedingung oder Befristung verbunden werden (vgl *LSG BW* Breith 1996, 534). Da der Widerrufsvorbehalt idR die **Funktion** hat, den Fortbestand von einzelnen Tatbestandsvoraussetzungen zu gewährleisten, kommt er nur in Betracht, wenn mit hoher Wahrscheinlichkeit der Wegfall dieser Voraussetzungen möglich erscheint (vgl *Paulus* DAngVers 1996, 444 [446]); **konkludente Widerrufsvorbehalte** sind idR unzulässig (vgl auch Rz 23). Ob die Beh vom Widerruf Gebrauch macht, liegt dabei in ihrem Ermessen (Rz 4; vgl auch *BSGE* 7, 226). Für die Annahme eines **allgemeinen Rücknahmevorbehalts** als Unterfall des Widerrufsvorbehalts (*BVerwGE* 67, 99) ist weder in den Fällen der anfänglichen, noch der nachträglichen Rechtswidrigkeit Raum, da andernfalls die Voraussetzungen der §§ 45, 48 unterlaufen würden (*BSGE* 67, 104; offen gelassen in *BSGE* 89, 62 mit dem Hinweis: „Grundlagen und

Anwendungsbereich eines Rücknahmevorbehalts sind nicht abschließend geklärt"; vgl auch: *BSG* SozR 3-1300 § 45 Nr 5; *BSG* SozR 3-1300 § 23 Nr 4). Die Entscheidung über den Widerruf einer Genehmigung auf der Grundlage eines Widerrufsvorbehalts gemäß § 47 Abs 1 SGB X ist eine Ermessensentscheidung. Im Rahmen der Ermessensausübung muss berücksichtigt werden, ob der Widerrufsvorbehalt rechtmäßig beigefügt wurde (*BSG* SozR 4-1300 § 32 Nr 3; s im Übrigen zur umstrittenen Frage, ob auch ein rechtswidriger Widerrufsvorbehalt zur Rücknahme des VA berechtigt § 47 Rz 6).

16 Die **Bedeutung** des Widerrufsvorbehalts ist **gering**. Er kommt grds – ohne ausdrückliche Ermächtigung iSv § 32 Abs 1 Alt 1 – nicht in Betracht, wenn eine Leistungsbewilligung zeitnah erfolgen soll, ohne dass schon beurteilt werden kann, ob alle Leistungsvoraussetzungen gegeben sind (*Engelmann* aaO § 32 Rz 19; aA *BSGE* 89, 62; 42, 189; 37, 158); eine **Ausnahme** gilt nur dann, wenn die Erfüllung einer Tatbestandsvoraussetzung ein (anhaltendes) Tun des Begünstigten verlangt. Durch einen Widerrufsvorbehalt kann insb nicht sichergestellt werden, dass die ges Voraussetzungen „**erfüllt werden**" (Abs 1 Alt 1), wenn bereits feststeht, ob die Voraussetzungen erfüllt sind oder nicht, die Behörde (aus Zeitgründen) nur noch keine abschließende Prüfung angestellt hat. **Bedingungen** kommen hier zwar ebenfalls nicht in Betracht, da sie bei einer Ungewissheit hinsichtlich vergangener bzw gegenwärtiger Umstände unzulässig sind (Rz 13). Möglich können aber **vorläufige VA** (§ 31 Rz 6, 61 ff) sein. Denn bei vorläufigen VA muss die Sachverhaltsermittlung nur bereits soweit fortgeschritten sein, dass eine hohe Wahrscheinlichkeit für die Erfüllung der Anspruchsvoraussetzungen gegeben ist. **Zurückhaltung** ist auch deshalb geboten, weil der Widerrufsvorbehalt die Gefahr in sich birgt, dass die den Begünstigten schützenden **Voraussetzungen der** §§ 45 ff umgangen werden. Es ist deshalb iE davon auszugehen, dass es bei endgültigen **Geldleistungsbescheiden** keinen Raum für einen Widerrufsvorbehalt gibt.

2.3.4. Auflage

17 Die Auflage stellt eine Bestimmung dar, durch die dem Begünstigten ein Tun, Dulden oder Unterlassen vorgeschrieben wird (Abs 2 Nr 4). Während Befristung, Bedingung und Widerrufsvorbehalt bei Begünstigungen und Belastungen zur Anwendung kommen, gilt die Auflage **nur bei Begünstigungen**. Ein weiterer Unterschied zu den anderen Nebenbestimmungen besteht darin, dass der **Adressat des VA selbst unmittelbar verpflichtet** wird (vgl auch zur Abgrenzung zwischen Bedingung und Auflage als Nebenbestimmung einer Zulassung zur vertragspsychotherapeutischen Versorgung: *LSG Nds* Urt v 9.2.2005 – L 3 KA 360/03). Aus der Sicht der Beh steht die Verpflichtung aus der Auflage in einem synallagmatischen Verhältnis zur Hauptregelung (vgl auch *BSG* SGb 2004, 37; *LSG NRW* Beschl v 2.7.2010 – L 1 AL 158/10 B ER). Handelt es sich hier um einen ErmessensVA, so muss die Auflage zudem angemessen sein und in einem sachlichen Zusammenhang mit dem VA stehen (vgl § 55 Abs 1 Satz 2); bei gebundenen LeistungsVA sind die Grenzen des Abs 1 zu beachten (vgl *BSG* SozR 3-3870 § 54 Nr 1; *BSGE* 72, 187).

18 Die Auflage ist mit dem VA „**verbunden**" und nicht dessen Bestandteil. Sie stellt selbst einen **VA** dar, der vom Bestand des **HauptVA** abhängig ist (hM: *LSG NRW* Beschl v 2.7.2010 – L 1 AL 158/10 B ER; *Knack/Henneke* VwVfG § 36 Rn. 41; *Kopp/Ramsauer* aaO § 36 Rz 31; *Engelmann* aaO § 32 Rz 24; aA: *Ule/ Laubinger*, Verwaltungsverfahren, § 50 Rz 13: Bestandteil einer einheitlichen Regelung). Umgekehrt ist der Bestand des HauptVA nicht von der Wirksamkeit und Erfüllung der Auflage abhängig. Eine Auflage ist zB gegeben, wenn für das familienversicherte Kind ein **Therapie-Tandem** als Hilfsmittel gem § 33 SGB V mit der Pflicht der Eltern bewilligt wird, von März bis November im Durchschnitt mindestens einmal die Woche eine Fahrt mit dem Kind zu unternehmen. Der Vertragsarzt darf mit der Auflage zugelassen werden, innerhalb einer bestimmten Entfernung von der Praxis den Wohnort zu nehmen (*BSG* SGb 2004, 37). Die Erlaubnis zur gewerbsmäßigen Arbeitnehmerüberlassung kann mit Auflagen verbunden werden (*LSG NRW* Beschl v 2.7.2010 – L 1 AL 158/10 B ER). Ergibt sich die **Pflicht** bereits unmittelbar **aus dem Gesetz** selbst bzw wird deren Erfüllung vorausgesetzt, so liegt keine Auflage vor (*BSG* SozR 4-5520 § 32 Nr 5); das wäre zB der Fall, wenn **Alg** mit der „Auflage" bewilligt wird, während des Bezugs der Leistung keine mehr als 15 Stunden in der Woche umfassende Beschäftigung auszuüben. Wenn allerdings im Einzelfall der Umfang der gesetzl **Pflicht zweifelhaft** ist und deshalb fallbezogen konkretisiert wird, so ist dies im Rahmen einer Auflage möglich (vgl *BSG* SozR 3-7815 Art 1 § 2 Nr 1, 2). Die sog „modifizierende Auflage", die mit dem (Haupt-) VA in so engem Zusammenhang steht, dass sie von ihm nicht getrennt werden kann (vgl *Kopp/Ramsauer* § 36 Rz 35), hat im Sozialrecht bisher keine Bedeutung erlangt (s auch *BSGE* 72, 187).

Der Regelungsgehalt der Auflage kommt dann zum Tragen, wenn der Adressat **19** die Begünstigung in Anspruch nehmen will. Dann kann die Beh die **Erfüllung** der Auflage („Zug-um-Zug") verlangen und den Gegenanspruch ggf im Rahmen der Verwaltungsvollstreckung auch **zwangsweise** durchsetzen (vgl *HessLSG* MedR 2010, 443; *Störmer* DVBl 1996, 81 [83]) bzw den HauptVA sogar ganz oder teilweise widerrufen (**§ 47 Abs 1 Nr 2**).

2.3.5. Auflagenvorbehalt

Der HauptVA kann mit einem Vorbehalt der nachträglichen Aufnahme, Ände- **20** rung oder Ergänzung einer Auflage versehen werden (Abs 2 Nr 5). Wie der Widerrufsvorbehalt verhindert der Auflagenvorbehalt die Entstehung schutzwürdigen Vertrauens, wie die Auflage kommt auch er nur bei **Begünstigungen** zur Anwendung (Bsp: *BayLSG* Urt v 1.4.2009 – L 12 EG 133/05). Durch den Auflagenvorbehalt kann **nachträglich** eine Begünstigung an eine Gegenleistung geknüpft werden. Damit den Adressaten die spätere Auflage nicht völlig überraschend trifft, er sich also nicht doch auf Vertrauensschutz berufen kann, muss der Auflagenvorbehalt im Hinblick auf mögliche Auflagen **hinreichend bestimmt** sein. In Anlehnung an die Delegationsbefugnis in **Art 80 Abs 1 Satz 2 GG** müssen „Inhalt, Zweck und Ausmaß" der möglichen Auflagen im VA bereits hinreichend deutlich erkennbar sein (aA *Kopp/Ramsauer* § 36 Rz 38: Nähere Präzisierung nicht erforderlich). Die nachträgliche Anordnung einer Auflage bzw deren Änderung oder Ergänzung stellt ebenfalls einen VA dar. Dieser ist auch anfechtbar, da hinsichtlich der potenziellen Auflagen der HauptVA nicht bestandskräftig geworden ist. Der Betroffene ist mithin nicht verpflichtet (und auch nicht berechtigt), den HauptVA hinsichtlich „möglicher" Auflagen überprüfen zu lassen, sondern muss den Erlass der Auflage abwarten.

Ein **Blankovorbehalt** ist unzulässig (vgl zur Unzulässigkeit eines allgemeinen **21** Rückforderungsvorbehalts: Rz 15). Teilweise wird zu Unrecht die Möglichkeit eines Vorbehalts zugunsten einer nachträglichen **Befristung** oder **Bedingung** als zulässig angesehen (*Marschner* aaO § 32 Rz 44). Der Zweck des Auflagenvorbehalts kann im Prinzip auch mit dem **Widerrufsvorbehalt** erreicht werden (*Engelmann* aaO § 32 Rz 29), doch während der Widerrufsvorbehalt darauf abzielt, dass der HauptVA aufgehoben wird, ist der Auflagenvorbehalt gerade darauf gerichtet, den Fortbestand des HauptVA zu ermöglichen. Das Fortwirken des HauptVA ist von der Erfüllung der neuen Gegenpflicht nicht abhängig.

3. Nebenbestimmungen und gebundene VA

22　Nach § 32 Abs 1 sind Nebenbestimmungen bei gebundenen VA nur zulässig, wenn sie entweder durch Rechtsvorschriften zugelassen sind oder sicherstellen sollen, dass die ges Voraussetzungen des VA erfüllt werden (*BSG* SozR 4-1300 § 32 Nr 1, abgelehnt für Nebenbestimmungen bei der Genehmigung von **künstlichen Befruchtungen** nach § 121 a SGB V).

23　**Rechtsvorschriften** in diesem Sinne können alle formellen und nur materiellen Bundes- und Landesgesetze sein sowie Satzungen und sonstiges Recht sein (*BSG* SozR 3-2500 § 72 Nr 14 S 47 mwN; *BSG* MedR 2002, 589, 590). Dazu gehören auch **Richtlinien des Gemeinsamen Bundesausschusses nach §§ 92, 135 SGB V**, nicht aber bloße Verwaltungsvorschriften (*BSG* SozR 4-1300 § 32 Nr 1). Ein Bsp hierfür ist § 102 Abs 2 SGB VI, wonach Renten wegen Erwerbsminderung unter bestimmten Voraussetzungen nur auf Zeit gewährt werden (vgl *Dörr* DAngVers 1991, 70) sowie die Möglichkeit einer Befristung der Arbeitserlaubnis nach § 285 Abs 5 SGB III; weitere **Bsp** sind: § 26 Abs 7 und § 75 Abs 3. Für Leistungsbewilligungen unter der aufschiebenden Bedingung einer **grundbuchrechtlichen Absicherung der Darlehensrückzahlung** gibt es in § 24 Abs 5 Satz 2 SGB II und in § 91 SGB XII Ermächtigungsgrundlagen. Auch eine Verzinsungspflicht darf als Nebenbestimmung nur bei Vorliegen einer entsprechenden gesetzl Ermächtigung vorgesehen werden (vgl *BSGE* 116, 80). Bei **§ 116 SGB V** wird aus der Wendung: „soweit und solange" die Zulässigkeit von Befristungen hergeleitet (*BSGE* 70, 167, 170 f = SozR 3-2500 § 116 Nr 2 S 12 f; *BSGE* 71, 280, 281 f = SozR aaO Nr 3 S 21, *BSG* SozR 4-1300 § 32 Nr 1). § 20 Abs 3 Ärzte-ZV bestimmt, dass ein Arzt, bei dem Hinderungsgründe für eine vertragsärztliche Tätigkeit vorliegen, unter der Bedingung zugelassen werden kann, dass der seiner Eignung entgegenstehende Grund spätestens drei Monate nach dem Eintritt der Bestandskraft beseitigt wird(vgl *BSG* SozR 4-5520 § 32 Nr 5).

24　Die Zulässigkeit einer Nebenbestimmung kann sich auch **konkludent** aus einer Norm ergeben (*BSGE* 63, 107), wobei wegen des Gesetzesvorbehalts und der möglichen Umgehung von § 48 allerdings ein strenger Maßstab anzuwenden ist (vgl *Littmann* aaO § 32 SGB X Rz 35). Es können auch **mehrere Nebenbestimmungen** miteinander verbunden werden (zB nach § 285 Abs 5 SGB III kann die Arbeitserlaubnis befristet und auf bestimmte Bezirke beschränkt werden), solange für den Betroffenen noch nachvollziehbar bleibt, welche Rechtsfolgen wann eintreten (*BSG* SozR 1300 § 32 Nr 2).

25　Soweit die Nebenbestimmung sicherstellen soll, dass **die gesetzlichen Voraussetzungen des VA erfüllt werden**, wird zum Erlass eines VA ermächtigt, obwohl (noch) nicht alle Tatbestandsvoraussetzungen gegeben sind. In diesen Fällen dürfte regelmäßig eine Befristung ausscheiden (*BSG* SozR 4-1300 § 32 Nr 1). Die nähere Bestimmung des Norminhalts ist schwierig. Schwierigkeiten resultieren aus der Notwendigkeit der Abgrenzung zu vorläufigen VA, der Gefahr einer Aufweichung der Verbindlichkeit von VA sowie einer Umgehung der Vertrauensschutzbestimmungen in den §§ 45 ff; problematisch ist diese Zulässigkeitsvoraussetzung insb beim Widerrufsvorbehalt gem § 32 Abs 3 Nr 3 (*BSGE* 89, 62). Die „Sicherstellung, dass die gesetzlichen Voraussetzungen des VA erfüllt werden", wird nach hM dahin gehend verstanden, dass die Verwaltung dadurch die Möglichkeit erhält, „über die Gewährung von Vorschüssen iSv § 42 Abs 1 SGB I hinaus einen begünstigenden VA, auf den ein Rechtsanspruch besteht, schon dann zu erlassen, wenn zwar wesentliche aber noch nicht alle tatbestandlichen Voraussetzungen der Anspruchsnorm erfüllt oder nachgewiesen sind, also noch nicht feststeht, ob der Anspruch überhaupt dem Grunde nach besteht" (*BSGE* 89, 62; ebenso ua: *Engelmann* aaO § 32 Rz 10).

Die Unterscheidung zwischen „wesentlichen" und „unwesentlichen" Tatbestandsvoraussetzungen überzeugt nicht. Vielmehr ist wie folgt zu differenzieren: Eine Nebenbestimmung „sichert", dass die Tatbestandsvoraussetzungen „erfüllt werden", wenn die jew Ermächtigungsnorm die Rechtsfolge (ua) an ein aktiven Tun des Begünstigten knüpft und die Nebenbestimmung die Begünstigung hiervon abhängig macht (Bsp: *BSGE* 89, 134 – wobei es sich um eine durch G zugelassene Nebenbestimmung handelte). Dann ist eine Leistungsbewilligung – mit entspr Nebenbestimmung – auch zulässig, wenn zum Zeitpunkt des VA-Erlasses nicht feststeht, ob ein Anspruch überhaupt entstehen wird (§ 36 Rz 32). Nebenbestimmungen, die bezwecken sollen, dass die gesetzlichen Voraussetzungen **auch erfüllt bleiben**, sind nicht zulässig, denn der vom SGB X intendierte Vertrauensschutz wäre in Frage gestellt, wenn sich Beh generell gegen Entscheidungsfehler absichern könnten (vgl *BSG* SozR 4-1300 § 32 Nr 3; *BSGE* 62, 32). Die Gegenansicht, die Nebenbestimmungen jedenfalls zur Sicherung des künftigen Fortbestands der gesetzlichen Voraussetzungen eines Dauer-VA zulassen will (zB *Engelmann* aaO § 32 Rz 10; *Rüfner* in Wannagat, SGB X, § 32 Rz 11; *Stelkens* aaO § 36 Rz 122 f), überzeugt nicht. Sie hat nicht nur den Wortlaut („erfüllt werden", nicht „erfüllt bleiben") gegen sich, die §§ 45, 48 SGB X liefen so auch ins Leere (*BSGE* 62, 32; 67, 104, 117; 112, 74). Ein Vorbehalt, mit dem die Genehmigung (weitgehend) frei wieder entzogen werden könnte, dürfte aber auch dem Zweck des VA zuwiderlaufen (§ 32 Abs 3; vgl auch *BSG* SozR 4-1300 § 32 Nr 1).

4. Nebenbestimmungen und ErmessensVA

§ 32 Abs 2 betrifft primär die Verwendung von Nebenbestimmungen bei ErmessensVA (§ 31 Rz 76 ff). Das ergibt sich nicht aus der Formulierung in Abs 2: „nach pflichtgemäßen Ermessen", denn damit wird nur zum Ausdruck gebracht, dass bei Ermessenentscheidungen die Verwendung einer Nebenbestimmung Gegenstand einer **eigenen Ermessensprüfung** ist. Dass § 32 Abs 2 Ermessenverwaltungsakte betrifft, folgt aus einem **Umkehrschluss zu Abs 1**, da dort explizit von gebundenen Entscheidungen gesprochen und in Abs 2 eine Regelung „unbeschadet des Absatzes 1" getroffen wird.

Nebenbestimmungen im Zusammenhang mit Ermessenentscheidungen haben im Sozialrecht **geringere Bedeutung**, denn nach § 38 SGB I sind im Leistungsrecht gebundene Entscheidungen die Regel und Ermessensleistungen die Ausn (zB Zuschüsse an den Arbeitgeber nach § 54 a Abs 1 SGB III). § 32 Abs 2 enthält durch die einzelnen Nebenbestimmungen eine standardisierte Ergänzung zum Entscheidungsrahmen nach § 39 SGB I. Die Nebenbestimmung kann sowohl beim **Entschließungsermessen** (ob überhaupt eine Leistung gewährt wird), als auch beim **Auswahlermessen** (welche Leistung in welchem Umfang gewährt wird) greifen. Allerdings muss die Nebenbestimmung **in doppelter Weise ermessensgerecht** sein: Zum einen muss das in Abs 2 eingeräumte Ermessen sachgerecht ausgeübt werden, dh die Nebenbestimmung darf die Ermessensgrenzen – insbesondere die Grenze der Verhältnismäßigkeit – nicht überschreiten und dem Zweck der Ermessensermächtigung nicht zuwiderlaufen. Zum anderen betrifft die Nebenbestimmung die Ermessensermächtigung für den VA selbst (*HessLSG* MedR 2010, 443). Allerdings ist der Zweck der Ermächtigung in Abs 2 – ebenso wie in Abs 1 – im sog **Sicherstellungsauftrag** zu sehen. Daraus ergibt sich, dass das Ermessen nach Abs 2 insoweit gegenüber der Ermessensermächtigung für den VA eine „**dienende Funktion**" hat und den Ermessensrahmen mithin nicht erweitern darf (*Marschner* in aaO § 32 Rz 18; *Stelkens* aaO § 36 Rz 30; *HessLSG* MedR 2010, 443).

29 Dass demnach bei der Verwendung einer Nebenbestimmung insb die **Ermessensgrenzen** und der Zweck der den Erlass eines ErmessensVA rechtfertigenden Norm beachtet werden müssen, wird in **§ 32 Abs 3** nochmals ausdrücklich klargestellt. Diese Regelung ist keine überflüssige Wiederholung des § 39 SGB I, denn zum einen gilt Abs 3 **auch für gebundene Entscheidungen** nach Abs 1 und zum anderen wird damit nochmals deutlich, dass Nebenbestimmungen nur **Hilfsfunktionen gegenüber dem HauptVA** haben. Deshalb darf zB eine medizinische Rehabilitationsmaßnahme gem §§ 26 ff SGB IX nicht nur für 2 Tage gewährt werden, wenn eine Unsicherheit darüber besteht, ob die Erwerbsfähigkeit bereits „erheblich" gefährdet ist, denn dies liefe dem Zweck des § 26 Abs 1 SGB IX zuwider. Entweder besteht eine erhebliche Gefährdung der Erwerbsfähigkeit, dann ist eine zweitägige Maßnahme zu kurz oder es besteht keine und dann ist keine Maßnahme zu gewähren.

5. Isolierte Aufhebung von Nebenbestimmungen

30 Bei der Anwendung der Regelungen über Rücknahme und Widerruf von VA gelten für Nebenbestimmungen keine Besonderheiten, denn sie sind Bestandteil des VA oder auch eigenständige VA und VA können grds auch teilweise, dh hinsichtlich einzelner Regelungen, aufgehoben werden (§§ 45 Abs 1, 48 Abs 1: „soweit"; §§ 46 Abs 1, 47 Abs 1: „teilweise"). Gleiches gilt für das gerichtl Verfahren (*Keller* in Meyer-Ladewig/Keller/Leitherer SGG § 131 Rz 3 b). Nebenbestimmungen können rechtswidrig oder nichtig sein. Es erhebt sich allerdings jew die Frage, ob die Fehlerhaftigkeit der Nebenbestimmung zugleich den VA selbst „infiziert" und damit den Bestand des VA insgesamt in Frage stellt oder aber vom VA und dessen Bestand unabhängig (**isoliert**) beurteilt werden kann; im ersten Fall wäre – neben der isolierten Anfechtungsklage – die **Verpflichtungsklage** statthaft (stets für die Verpflichtungsklage: *Fehn* DÖV 1988, 202 [207 ff]; *Stadie* DVBl 1991, 613 [614 ff]), die auf Erlass des nebenbestimmungsfreien VA gerichtet ist, im zweiten Fall wäre die **isolierte Anfechtungsklage** ausreichend (zum Meinungsstand: *Heilemann* SGb 2000, 250 [251 ff]; vgl auch *BayLSG* Breith 2009, 211). In diesem Zusammenhang wurde früher häufig zwischen **unselbstständigen** Nebenbestimmungen (Befristung, Bedingung, Widerrufsvorbehalt und die sog modifizierte Auflage: *BVerwGE* 55, 135; 56, 254), welche grds nicht isoliert aufgehoben werden können, und den **selbstständigen** Nebenbestimmungen (Auflage und Auflagenvorbehalt) unterschieden (*Marschner* aaO § 32 Rz 62 ff; *Pietzcker* NVwZ 1995, 15 [20]; alte Rspr *BSG*: *BSGE* 30, 218; *BSG* SozR 1300 § 32 SGB X Nr 2; alte Rspr *BVerwG*: *BVerwGE* 36, 145; 41, 178). Bei selbstständigen Nebenbestimmungen sollte außerdem von Bedeutung sein, ob es sich bei der Hauptregelung um eine gebundene oder um eine Ermessensentscheidung handelt (*BVerwGE* 55, 135; 56, 254; vgl auch: *Kopp/Ramsauer* aaO § 36 Rz 60; *Ule/Laubinger* aaO § 50 Rz 29).

31 Dieser Ansatz überzeugt nicht, denn **richtigerweise** kann Maßstab für die Frage der Zulässigkeit einer isolierten Anfechtbarkeit von Nebenbestimmungen nur sein, ob ohne die jeweilige Nebenbestimmung der VA rechtmäßig ist. Es kommt hierbei nicht auf die **Art der Nebenbestimmung**, sondern auf die **Art der Entscheidung** sowie deren materielle Entscheidungsvoraussetzungen an (so: *BSGE* 59, 148; 70, 167; 89, 134; *BVerwGE* 60, 269; 81, 185; 85, 24; 88, 348; 112, 221 m Anm *Hufen* JuS 2001, 926; *Heilemann* SGb 2000, 250 [251 ff]; *Mutschler* in KK, § 32 Rz 10; *Laubinger* VerwArch 1982, 345 [357 ff]; *Ule/Laubinger* § 50 Rz 29). Auch die neuere Rspr des BVerwG unterscheidet nicht mehr zwischen selbstständigen und unselbstständigen Nebenbestimmungen und lässt generell gegen belastende Nebenbestimmungen eines VA die Anfechtungsklage zu (*BVerwGE* 112, 221; krit *Kopp/Ramsauer* § 36 Rz 63; *Labrenz* NVwZ 2007, 161). Es kommt darauf an, ob der begünstigende VA bei isolierter Aufhebung der Nebenbestimmung sinnvoller- und rechtmäßigerweise bestehen bleiben kann; das ist eine Frage der Begründetheit der Klage (vgl *BVerwGE* 81, 185). Diese Auffassung entspricht auch der jüngeren Rspr des *BSG* (vgl *BSGE* 107, 56; 89, 134). Die damit wohl hM lässt für alle Nebenbestimmungen die isolierte Anfechtbarkeit zu (vgl *Littmann* aaO § 32 SGB X Rz 47; *Burkiczak* aaO § 32 SGB X Rz 103; *Engelmann* aaO § 31 Rz 38). Eine rechtswidrige Nebenbestimmung ist danach unter der Voraussetzung, dass Haupt-VA und Nebenbestimmung teilbar sind, aufzuheben. Die Teilbarkeit eines VA wird in § 54 Abs 1 Satz 1 SGG vorausgesetzt, denn neben der Aufhebung kommt auch die Abänderung des VA in Betracht (*BSGE* 70, 167). Ein VA ist teilbar, wenn Teile der Entscheidung zahlenmäßig, zeitlich, örtlich, gegenständlich oder personell abgrenzbar sind (vgl *BSGE* 116, 64; *BSG* SozR 4-2600 § 165 Nr 1 und *BSG* Urt v 15.7.2015 – B 6 KA 32/14 R, juris). Inhaltlich wird eine Teilbarkeit des VA dann angenommen, wenn die abzutrennenden Teile nicht in einem untrennbaren rechtlichen Zusammenhang mit den übrigen Teilen stehen und als selbstständige Regelung weiter existieren können, ohne ihren ursprünglichen Bedeutungsgehalt zu verändern (vgl *BSGE* 103, 8). Auch darf sich die Rechtswidrigkeit des einen Teils nicht auf den Rest des VA auswirken (*BSGE* 103, 8; 59, 137).

Die richtige **Klageart** bei rechtswidrigen Nebenbestimmungen richtet sich nach **32** dem Interesse des anfechtenden Verfahrensbeteiligten. Ist einem begünstigenden VA eine belastende Nebenbestimmung beigefügt, so wird der Begünstigte den rechtlichen Vorteil behalten wollen und sich daher nur gegen die Belastung wenden. Daher reicht die isolierte **Anfechtungsklage** in diesen Fällen aus; der Kläger muss nicht – wie früher teilweise angenommen wurde – **Verpflichtungsklage** auf Erlass eines VA ohne Nebenbestimmungen erheben (vgl *Keller* in Meyer-Ladewig/Keller/Leitherer, SGG, nach § 54 Rz 18 a; aA *Kopp/Ramsauer* § 36 Rz 63). Auch bei einer Nebenbestimmung zu einem belastenden VA ist die Anfechtungsklage richtige Klageart, denn der Adressat wird sich in erster Linie gegen die gesamte Belastung wenden wollen; in Betracht kommt auch eine Teilanfechtungsklage nur gegen die Nebenbestimmung. Mindestens Missverständlich ist der Hinweis, die Anfechtungsklage sei unzulässig, wenn der verbleibende Teil des VA offensichtlich rechtswidrig sei (*Sproll* NJW 2002, 3221, 3223) oder eine isolierte Aufhebbarkeit von vornherein ausscheide (*BVerwGE* 144, 341). Beide Fragen sind vielmehr erst im Rahmen der Begründetheit der Anfechtungsklage zu beantworten (vgl *Mutschler* in KassKomm § 32 SGB X Rz 24). Im Rahmen des § 106 Abs 1 SGG kann und sollte insoweit aber durch den Vors auf einen sachdienlichen Antrag hingewirkt werden.

Nebenbestimmungen, die aus einem der in § 40 Abs 1 oder 2 genannten Grün- **33** den **nichtig** sind, lassen die Rechtmäßigkeit des der Nebenbestimmung zugrundliegenden VA unberührt, wenn es sich bei der Nebenbestimmung nicht um den **wesentlichen Teil** der Gesamtregelung handelt, denn nach § 40 Abs 4 ist der VA im ganzen nichtig, wenn der nichtige Teil so wesentlich ist, dass die Beh den VA ohne den nichtigen Teil nicht erlassen hätte; hier ist im Grundsatz dieselbe Differenzierung vorzunehmen, wie bei der isolierten Anfechtbarkeit. Ein **Gleichklang** in der Beurteilung von Rechtswidrigkeit und Nichtigkeit ergibt sich auch im umgekehrten Fall der Rechtswidrigkeit oder Nichtigkeit des HauptVA: Die **Akzessorietät** der Nebenbestimmungen gegenüber dem VA führt dazu, dass Rechtswidrigkeit bzw Nichtigkeit des HauptVA unmittelbar auf die Nebenbestimmung „durchschlägt".

§ 33 Bestimmtheit und Form des Verwaltungsaktes

(1) Ein Verwaltungsakt muss inhaltlich hinreichend bestimmt sein.

(2) [1]Ein Verwaltungsakt kann schriftlich, elektronisch, mündlich oder in anderer Weise erlassen werden. [2]Ein mündlicher Verwaltungsakt ist schriftlich oder elektronisch zu bestätigen, wenn hieran ein berechtigtes Interesse besteht und der Betroffene dies unverzüglich verlangt. [3]Ein elektronischer Verwaltungsakt ist unter denselben Voraussetzungen schriftlich zu bestätigen; § 36 a Abs. 2 des Ersten Buches findet insoweit keine Anwendung.

(3) [1]Ein schriftlicher oder elektronischer Verwaltungsakt muss die erlassende Behörde erkennen lassen und die Unterschrift oder die Namenswiedergabe des Behördenleiters, seines Vertreters oder seines Beauftragten enthalten. [2]Wird für einen Verwaltungsakt, für den durch Rechtsvorschrift die Schriftform angeordnet ist, die elektronische Form verwendet, muss auch das der Signatur zugrunde liegende qualifizierte Zertifikat oder ein zugehöriges qualifiziertes Attributzertifikat die erlassende Behörde erkennen lassen. [3]Im Fall des § 36 a Absatz 2 Satz 4 Nummer 3 des Ersten Buches muss die Bestätigung nach § 5 Absatz 5 des De-Mail-Gesetzes die erlassende Behörde als Nutzer des De-Mail-Konos erkennen lassen.

(4) Für einen Verwaltungsakt kann für die nach § 36 a Abs. 2 des Ersten Buches erforderliche Signatur durch Rechtsvorschrift die dauerhafte Überprüfbarkeit vorgeschrieben werden.

(5) [1]Bei einem Verwaltungsakt, der mit Hilfe automatischer Einrichtungen erlassen wird, können abweichend von Absatz 3 Satz 1 Unterschrift und Namenswiedergabe fehlen; bei einem elektronischen Verwaltungsakt muss auch das der Signatur zugrunde liegende Zertifikat nur die erlassende Behörde erkennen lassen. [2]Zur Inhaltsangabe können Schlüsselzeichen verwendet werden, wenn derjenige, für den der Verwaltungsakt bestimmt ist oder der von ihm betroffen wird, auf Grund der dazu gegebenen Erläuterungen den Inhalt des Verwaltungsaktes eindeutig erkennen kann.

Literatur:

Benkel: Ist der Bestimmtheitsgrundsatz zu unbestimmt?, NZS 1997, 58; *Britz:* Reaktionen des Verwaltungsverfahrensrechts auf die informationstechnischen Vernetzungen der Verwaltung, in Hoffmann-Riem/Schmidt-Aßmann, Verwaltungsverfahren und Verwaltungsverfahrensgesetz, 2002, 213; *Rieker:* Die unrichtige Rechtsbehelfsbelehrung im sozialrechtlichen Verfahren, NZS 2012, 814; *Roßnagel:* Das elektronische Verwaltungsverfahren, NJW 2003, 469; *Schmitz/Schlatmann:* Digitale Verwaltung? – Das Dritte Gesetz zur Änderung verwaltungsverfahrensrechtlicher Vorschriften, NVwZ 2002, 1281; *Schulz:* Die Fortentwicklung der Schriftformäquivalente im Verwaltungsverfahrensrecht, DÖV 2013, 882.

1. Allgemeines

§ 33, der § 36 VwVfG und § 119 AO entspricht, hat zwei verschiedene Regelungsgegenstände: In Abs 1 (und zum Teil auch in Abs 3, Rz 2) wird als materielle Rechtmäßigkeitsvoraussetzung eines VA die **Bestimmtheit** geregelt (vgl *BSGE* 105, 194), in den Abs 2 bis 5 als Element der formellen Rechtmäßigkeit die **Form** des VA normiert. § 33 steht im Regelungszusammenhang zum **Begründungszwang** in § 35 sowie zur Erforderlichkeit der **Rechtsbehelfsbelehrung** in § 36 und ist Ausdruck der Rechtssicherheit und der Rechtsklarheit als Emanationen des verfassungsrechtlichen **Rechtsstaatsprinzips** (vgl *Jarass* in Jarass/Pieroth GG Art 20 Rz 60 ff). Nachdem bereits durch Art 3 Nr 7 des 3. Gesetzes zur Änderung verwaltungsverfahrensrechtlicher Vorschriften vom 21.8.2002 (BGBl I 3322) Regelungen über den elektronischen VA eingefügt worden waren, ist durch Art 6 Nr 4 des Gesetzes v 25.7.2013 (BGBl I 2749) zum 1.8.2013 in Abs 3 ein neuer Satz 3 angefügt worden, mit dem Formvorschriften bei Versendung einer De-Mail-Nachricht vorgegeben werden. **1**

2. Bestimmtheitsgebot (Abs 1)

Nach Abs 1 muss der Inhalt des VA **hinreichend bestimmt** sein; Abs 3 regelt hierzu ergänzend die Bestimmtheit hinsichtlich der „Urheberschaft eines VA". Das Bestimmtheitsgebot gilt **nur für VA**, nicht (auch) für Realakte, wenngleich der Ausschluss der Realakte nicht mit der mangelnden Stofflichkeit erklärt werden kann, denn auch VA können mündlich oder in anderer als in schriftlicher Form erlassen werden (Abs 2 Satz 1). Die Bestimmtheit bezieht sich auf **VA insgesamt**, dh er gilt auch für Nebenbestimmungen oder sonstige Teile des VA (vgl *Peine* Fs Thieme 1993, 563 [583]); enthält ein VA also **mehrere Regelungen**, so müssen alle dem Bestimmtheitsgebot genügen. Die Bestimmtheit steht mit der **Begründungspflicht** (§ 35) in einem engen Zusammenhang, da die Begründung zur Bestimmung des Regelungsgehalts herangezogen werden kann. Das Bestimmtheitserfordernis bezieht sich sowohl auf den **Verfügungssatz** (*BSG* SozR 4-4200 § 38 Nr 3) als auch auf den **Adressaten** eines Verwaltungsakts (*BSG* SozR 4-1300 § 33 Nr 1 Nr 16). Der Verfügungssatz eines VA muss nach seinem Regelungsgehalt in sich widerspruchsfrei sein und den Betroffenen aus der Sicht eines verständigen Empfängers in die Lage versetzen, sein Verhalten daran auszurichten (*BSGE* 105, 194). Zudem muss der VA eine geeignete Grundlage für seine zwangsweise Durchsetzung bilden (*BSG* SozR 4-3500 § 102 Nr 1). **2**

Der Tenor muss ferner „**hinreichend**" bestimmt sein (so ausdrücklich für Honorarscheide: *BSGE* 94, 50). Hieraus ergibt sich, dass die Bestimmtheit ein **Prinzip** darstellt, dass in unterschiedlichem Grade realisiert sein kann und die Pflicht nach Abs 1 daher im Sinne eines **Optimierungsgebots** zu verstehen ist. Aus dem Verfügungssatz muss für die Beteiligten vollständig, klar und unzweideutig erkennbar sein (sog. Klarstellungsfunktion des VA, *LSG Bln-Bbg* Urt v 6.5.2010 – L 33 R 1404/08), was die Beh will (vgl *LSG NRW* Beschl v 1.7.2009 – L 7 B 91/09 AS NZB, für die Anforderungen an einen Sanktionsbescheid nach § 31 SGB II; *BSGE* 97, 94: ein Rückforderungsbescheid muss **3** den Rückforderungsbetrag genau angeben; *BSGE* 108, 289; vgl auch: *BSG* SozR-25000 § 85 Nr 46; *OVG NRW* NVwZ 1993, 1000; *Sodan* NZS 2003, 130 [130]; vgl auch *BSG* Breith 1996, 175: bei Beitragsbescheiden muss der betroffene Vers individuell bezeichnet werden; ebenso: *LSG RhPf* Urt v 30.3.2010 – L 3 AS 138/08; *LSG Nds-Brem* Urt v 16.12.2009 – L 9 AS 477/08; vgl auch *BSG* Breith 2010, 342 = SozR 4-2700 § 168 Nr 2 – das gilt auch für Beitragssummenbescheide: *BSGE* 89, 158; *BSGE* 70, 117: der Adressat eines VA kann durch den sonstigen Inhalt des Bescheids hinreichend bestimmt werden; *BSG* SozR 3-1300 § 32 Nr 9; *VGH BW* VBlBW 1993, 298: falsche gesellschaftsrechtliche Firmenbezeichnung ist unschädlich), wobei der VA auszulegen ist (zur Auslegung § 31 Rz 5, 30). Die **Begründung der Forderung** ist hingegen nicht vom Bestimmtheitsgebot erfasst (*BSG* SozR 4-3500 § 102 Nr 1: Ein Bescheid über den **Kostenersatz durch Erben** nach § 92 c BSHG ist demnach schon dann hinreichend bestimmt, wenn der Adressat des Verwaltungsakts die Höhe der Haftungsschuld erkennen kann. Neben der Höhe des Kostenersatzes ist weder die konkrete Benennung des Haftungsgrundes noch die Bezeichnung des Zeitraums erforderlich, für den Kostenersatz begehrt wird, und detailliert aufzulisten, wann und in welcher Höhe die jeweiligen Sozialhilfeleistungen erbracht worden sind); anders kann sich die Situation aber bei Feststellungsbescheiden darstellen, da hier Begründung und Bestimmtheit der Regelung oft kaum zu unterscheiden sind (*BSG* Urt v 4.6.2009 – B 12 R 6/08 R; *BSGE* 103, 17) oder bei teilweisen Rückforderungen (*LSG Bln-Bbg* Beschl v 22.12.2009 – L 25 AS 1862/09 B ER). Allerdings hat die hinreichende Bestimmtheit auch für die Beh Bedeutung, da zB nur hinreichend bestimmte VA vollstreckbar sind (*Wolff/Bachof/Stober* VerwR II § 48 Rz 34). Inhaltliche Unklarheiten gehen im Zweifel zulasten der Beh (vgl *BSG* SozR 2200 § 182 RVO Nr 103; *BSGE* 42, 184; 48, 120; 89, 13; *BSG* SozR 2-1200 § 42 Nr 6 zu einem Vorschuss gem § 42 Abs 1 SGB I; *LSG Nds* Beschl v 29.6.2006 – L 9 AS 239/06 ER, zu einem VA nach § 66 SGB I; *BVerwGE* 41, 305; *OVG NRW* NWVBl 1995, 344). Unschädlich ist, wenn zur Auslegung des Verfügungssatzes auf die Begründung des Verwaltungsaktes, auf früher zwischen den Beteiligten ergangene Verwaltungsakte oder auf allgemein zugängliche Unterlagen zurückgegriffen werden muss (*BSGE* 112, 221).

4 Der VA ist nicht **hinreichend** bestimmt, wenn seine Eigenschaft als verbindliche Regelung nicht erkennbar ist (*Engelmann* in von Wulffen/Schütze SGB X § 33 Rz 6 a; *LSG Nds-Brem* Beschl v 29.6.2006 – L 9 AS 239/06 ER; *SG Berlin* SGb 1994, 181: Die Einkleidung eines VA in die Form einer „Bitte" ist unschädlich; *Marschner* in Pickel/Marschner § 33 Rz 3: Die Bezeichnung als Bescheid, Anordnung etc ist nicht erforderlich) oder nicht klar ist, welcher **Sachverhalt** geregelt werden soll (*BSGE* 37, 114), wer **Adressat** des VA ist. Bei schriftlichen VA müssen Name, Adresse und ggf das Geburtsdatum genannt werden (*BSGE* 45, 206; *BSG* SozR 1300 § 33 Nr 1) und bei mehreren Adressaten eines belastenden VA muss deutlich werden, ob sie als Gesamtschuldner oder nach Bruchteilen in Anspruch genommen werden; die Inanspruchnahme eines Gesamtschuldners reicht (*BSGE* 89, 90). Die Bestimmtheit fehlt auch, wenn die Regelung **widersprüchlich** ist (*BSG* SozR 4-4200 § 31 Nr 3) oder wenn der **Regelungsinhalt** durch **unbestimmte Rechtsbegriffe** geprägt wird (angemessen, rechtzeitig, erforderlich etc). Das Bestimmtheitsgebot verbietet nicht **vorläufige Regelungen**, aber es muss dem Adressaten deutlich sein, dass noch eine endgültige Regelung getroffen werden muss (*BSG* SozR 3-1300 § 32 Nr 4). Eine hinreichende Bestimmtheit ist zB nicht gegeben, wenn der **Unfallversicherungsträger** von einer

MdE „von 40 bis 50 vH" ausgeht (*BSG* SozR 3-1300 § 32 Nr 4; vgl auch: *Zeit* SGb 1993, 614). Im Rahmen einer Eingliederungsvereinbarung muss für den Betroffenen erkennbar sein, was von ihm erwartet wird: Eine (sanktionsbewehrte) Vorgabe, alle verfügbaren Möglichkeiten zu nutzen, ist nicht hinreichend bestimmt (*LSG NRW* 9.9.2014 – L 7 AS 1220/14 B ER). Die Abzweigung zugunsten eines Dritten, der mehreren Kindern des Leistungsempfängers Unterhalt gewährt, verlangt eine ausdrückliche Aufteilung des Abzweigungsbetrages bezogen auf jedes Kind (*BSG* SozR 4-1200 § 48 Nr 2).

Bsp: 5

- „Der ihnen zustehende Anteil des Arbeitslosengeldes II wird unter Wegfall des eventuell zustehenden Zuschlages nach § 24 SGB II für die Zeit vom 1.9.2015 bis 30.11.2015 monatlich um 10 % der Regelleistung, höchstens jedoch in Höhe des zustehenden Auszahlungsbetrages, abgesenkt. Daraus ergibt sich eine Absenkung in Höhe von maximal 35 EUR monatlich"
- Dieser Verfügungssatz lässt nicht hinreichend vollständig, klar und unzweideutig erkennen, in welcher Höhe eine Absenkung und Aufhebung der bewilligten Leistung für den genannten Zeitraum erfolgt. Vielmehr ist es erforderlich, den genauen Betrag festzusetzen, um den die konkret zuerkannte Leistung abgesenkt wird (*LSG BW* Beschl v 17.10.2006 – L 8 AS 4922/06 ER-B).

Unbestimmte VA sind **rechtswidrig** (*SächsLSG* Urt v 9.3.2006 – L 2 U 167/05, 6
HVBG-INFO 2006, Nr 6, 722; vgl *Ruffert* in Knack/Henneke VwVfG § 37 Rz 8; *Mutschler* in KassKomm § 33 Rz 16; *Engelmann* in von Wulffen/Schütze SGB X § 33 Rz 16). Eine **Heilung** gem § 41 kommt nicht in Betracht, denn es liegt kein Formfehler, sondern ein materieller Fehler (Rz 1) vor (*BSG* SozR 4-4200 § 31 Nr 3; *BSG* SozR 4-1200 § 48 Nr 2; *LSG RhPf* 30.3.2010 – L 3 AS 138/08); aus demselben Grund kommt auch § 42 nicht in Betracht (*BSG* SozR 4-1200 § 48 Nr 2). Allerdings begründet die mangelnde Bestimmtheit idR einen besonders **schwerwiegenden Fehler** iSv § 40 Abs 1. Ob dieser auch „**offenkundig**" ist (in *BSG* SozR 1500 § 55 Nr 35 wird auf die Offenkundigkeit verzichtet) und damit zur Nichtigkeit führt, ist allerdings eine Frage des Einzelfalls (Bsp: *LSG Bln* SGb 1999, 147). Ein rechtswidriger VA kann noch im Widerspruchsverfahren durch einen hinreichend bestimmten VA geheilt werden (*BVerwGE* 123, 261; *Engelmann* aaO § 33 Rz 16 a).

3. Form des VA (Abs 2, 3)

Grundsätzlich ist für den Erlass des VA **Formfreiheit** gegeben (Abs 2 Satz 1). 7
Das entspricht der Formfreiheit des Verwaltungsverfahrens (§ 9) und die Praktikabilität des Handlungsinstruments VA wird hierdurch erhöht (vgl BT-Drucks 7/910, 42). **Spezialgesetzliche** Formerfordernisse gehen als lex specialis vor (zB § 117 SGB VI, § 85 Abs 2 SGG, § 102 SGB VII, § 36 a Abs 1 Satz 1 Nr 2 SGB IV, § 34 Abs 1 Satz 1) und ist eine **Zustellung des VA** vorgeschrieben (§ 85 Abs 3 SGG aF), so impliziert dies notwendig die Schriftlichkeit des VA. Die Schriftform ist schließlich auch dann geboten, wenn der VA Grundlage der Vollstreckung sein soll (*BSG* SGb 2003, 157 zu § 93 Abs 1 Satz 2 SGB VIII). Allerdings ist die **Schriftform im Sozialrecht die Regel**, da es zumeist auf den Wortlaut der Regelung ankommt und die Schriftform auch Beweiszwecken dient (vgl *BSGE* 13, 269 für Beitragsbescheide; *Engelmann* aaO § 33 Rz 19 a). Ergeht ein VA in schriftlicher Form, so ergeben sich daraus weitergehende Anforderungen als bei einem mündlich erlassenen VA (vgl §§ 35, 36, 37 Abs 2, 4). Seit dem 28.8.2002 (G v 21.8.2002, BGBl I 3322) kann die Schriftform – unter

bestimmten Voraussetzungen und mit gewissen Ausn (vgl zB § 33 Abs 2 Satz 3 Hs 2) – durch die **elektronische Form** ersetzt werden (vgl § 36 a Abs 2 SGB I; vgl Rz 1; *Roßnagel* NJW 2003, 469 [472]). Die mit den Formen des schriftlichen Verkehrs verknüpften Zwecke (vgl zu den Funktionen der Schriftform: BT-Drucks 14/9000, 31) sollen auch bei der elektronischen Kommunikation erreicht werden (sog **Funktionsäquivalenz**, *Hoffmann-Riem* in Hoffmann-Riem/Schmidt-Aßmann, Verwaltungsrecht in der Informationsgesellschaft, 2000, 9 [46 ff]); Voraussetzung für die Kommunikation auf diesem Wege ist die **Eröffnung des Zugangs** durch ein E-Mail-Postfach des Empfängers (§ 36 a Abs 1 SGB I).

3.1. Formfreiheit des VA

8 Ein VA kann schriftlich, elektronisch, mündlich oder aber in anderer Weise erlassen werden (sog Formfreiheit, **Abs 2 Satz 1**). Die **Schriftform** ist gekennzeichnet durch die Fixierung einer Mitteilung in lesbaren Schriftzeichen in Papierform. **Mündlich** ergeht ein VA, wenn die Beh sich ausschließlich dem gesprochen Wort als Übermittlung der Regelung an den **anwesenden** (oder fernmündlich: an den abwesenden) Adressaten bedient (vgl *Pattar* in Schlegel/Voelzke, jurisPK-SGB X, § 33 Rz 74). Ein VA wird „**in anderer Weise erlassen**" bei Verwendung von Handzeichen, sonstigen Handlungen oder bei konkludentem Handeln (Bsp: Auszahlung von Kindergeld durch eine Beh mit deren „Ausweisung" in den monatlichen Bezügemitteilungen: *BSG* SGb 1993, 215; vgl auch: *BSGE* 101, 49; 68, 139). Auch Aufsprechen auf einen Anrufbeantworter zählt hierzu (*Stelkens* in Stelkens/Bonk/Sachs VwVfG § 37 Rz 79). Zahlungseinstellungen sind dann ein VA, wenn der Rechtshandlungswille der Beh erkennbar ist; das bloße Unterlassen von Abbuchungen genügt regelmäßig nicht, um hierin einen VA zu sehen (*BSGE* 71, 244: Keine Regelung der Beitragsfreiheit bei bloßem Unterlassen der Beitragsabbuchung).

9 Der Begriff des elektronischen VA wird im G nicht definiert. Nach richtiger Ansicht liegt ein elektronischer VA dann vor, wenn die regelmäßig als elektronisches Dokument erzeugte Verwaltungsentscheidung unter Nutzung eines elektronischen Speichermediums (zB CD-ROM, USB-Stick, Speicher-Chip oder durch elektronische Übermittlung [E-Mail]) von der Beh erlassen wird (wie hier: *Schmitz/Schlatmann* NVwZ 2002, 1281 [1286]; aA *Rosenbach* DVBl 2001, 332 [335]; ähnlich *Catrein* NWVBl 2001, 50 [50 f], die allein die elektronische Erzeugung und Speicherung des Dokuments für maßgeblich halten; demgegenüber stellt *Stelkens* aaO VwVfG § 37 Rz 64 f darauf ab, ob der textlich perpetuierte VA nur als elektronischer Speicherzustand oder auf elektronischen Medien gespeichert und damit nicht unmittelbar wahrnehmbar ist).

10 Nach **Abs 2 Satz 2** ist ein mündlicher VA – nicht auch ein auf sonstige Art erlassener VA (aA *Littmann* in Hauck/Noftz SGB X § 33 Rz 7) – schriftlich oder elektronisch zu bestätigen. Voraussetzung hierfür ist ein berechtigtes Interesse und ein unverzügliches Verlangen. Die **schriftliche oder elektronische Bestätigung** ist allerdings selbst **kein VA**, so dass es für die Wirksamkeit und Rechtmäßigkeit des VA auf die mündliche Form und den Zeitpunkt des Erlasses des mündlichen VA ankommt (*Fichte* DAngVers 1996, 437 [441]; weicht die Bestätigung von dem VA ab, liegt allerdings ein neuer VA vor (*Engelmann* in von Wulffen/Schütze SGB X § 33 Rz 24). Ein **berechtigtes Interesse** an der schriftlichen Bestätigung kann ideeller, wirtschaftlicher oder rechtlicher Natur sein und ist zB gegeben, wenn die Anfechtung des VA beabsichtigt oder der Nachweis gegenüber einem Dritten erforderlich ist (*Littmann* in Hauck/Noftz SGB X § 33

Rz 7; *Ruffert* in Knack/Henneke VwVfG § 37 Rz 48; *Engelmann* aaO § 33 Rz 25). Das **Verlangen** des Adressaten ist als **unverzüglich** anzusehen, wenn es ohne schuldhaftes Zögern geltend gemacht wird. Bei **verspätetem** Verlangen – ebenso wie bei VA, die **auf andere Weise** erlassen wurden – entscheidet die Beh nach Ermessen; auch in diesen Fällen ist eine schriftliche Bestätigung zweckmäßig. Bei einer Weigerung der Beh kann gem § 54 Abs 5 SGG **Leistungsklage** (nicht Verpflichtungsklage, da die schriftliche Bestätigung keinen VA darstellt) erhoben werden, bei fehlender Übereinstimmung zwischen mündlichem VA und schriftlicher Bestätigung ist die **Feststellungsklage** (§ 55 SGG) statthafte Klageart.

Nach **Abs 2 Satz 3 ist** auch ein elektronischer VA schriftlich zu bestätigen, wobei hierbei dieselben Voraussetzungen gelten (berechtigtes Interesse/unverzügliches Verlangen) wie beim schriftlichen VA (vgl daher Rz 10). In **Abs 2 Satz 3 Hs 2** wird bestimmt, dass § 36 a Abs 2 SGB I „insoweit", dh nur bei der schriftlichen Bestätigung, keine Anwendung findet. § 36 a Abs 2 SGB I bestimmt im Wesentlichen für Dokumente, also nicht allein für VA, dass die Schriftform grds, wenn keine abweichende gesetzliche Regelung besteht, durch die elektronische Form ersetzt werden kann, dann aber eine Signatur nach dem SigG erforderlich ist. Mit dem **Ausschluss von** § 36 a Abs 2 SGB I wird festgelegt, dass an die Stelle der schriftlichen Bestätigung nicht eine elektronische Bestätigung treten kann. Hierbei dürfte es sich allerdings um eine **überflüssige Klarstellung** handeln, weil die Annahme zwingend ist, dass § 33 Abs 2 Satz 2 eine Rechtsvorschrift darstellt, die etwas anderes bestimmt iSv § 36 Abs 2 Satz 1 SGB I. **11**

3.2. Herkunft und Authentizität des VA (Abs 3)

Abs 3 enthält weitere formelle Anforderungen an schriftliche und elektronische VA. **Satz 1** bezieht sich dabei auf schriftliche und elektronische VA, **Satz 2** normiert zusätzliche Anforderungen nur für elektronische VA. Nach Satz 1 muss ein schriftlicher und elektronischer VA die erlassene Beh erkennen lassen und die Unterschrift oder die Namenswiedergabe des Behördenleiters, seines Vertreters oder eines Beauftragten (vgl hierzu *Kurr* SGb 1995, 288) enthalten. **12**

Die **Erkennbarkeit der erlassenen Beh** ist eine Ausprägung der Bestimmtheit. Fehlt es hieran, so ist der VA **nichtig**, ohne dass weitere Voraussetzungen erfüllt sein müssen (§ 40 Abs 2 Nr 1) – und eine Heilung gem § 41 kommt nicht Betracht (vgl hierzu: *BSG* SozR 4-2400 § 3 Nr 1). Es genügt, wenn die Beh aus einem Dienstsiegel oder einer Beifügung zur Unterschrift ersichtlich ist (*Engelmann* aaO § 33 Rz 31), der Absender oder Poststempel der Beh auf dem Briefumschlag reicht dagegen nicht aus (*Benkel* NZS 1997, 58 [60]). Die Erforderlichkeit einer **Unterschrift** oder der **Namenswiedergabe** dient der Bestätigung – und ggf auch dem Nachweis –, dass der VA mit Wissen und Willen der in der Beh Verantwortlichen ergangen ist; außerdem soll dem Adressat die Feststellung der Zuständigkeit erleichtert werden (*Pattar* aaO § 33 SGB X Rz 79); allerdings erlässt die Beh den VA und nicht der zeichnende Sachbearbeiter (*Kurr* SGb 1995, 288 [289]). Mit der Unterschrift wird dokumentiert, dass es sich nicht um einen bloßen **Entwurf** eines VA handelt. Deshalb muss die Unterschrift einen **individuellen Schriftzug** darstellen, aber nicht leserlich sein (*Ruffert* in Knack/Henneke VwVfG § 37 Rz 55), eine Paraphe genügt nicht (zur Abgrenzung zwischen Unterschrift und Paraphe: *BGH* SGb 1994, 279) und eine Wiederholung in Maschinenschrift ist ebensowenig erforderlich wie eine Beglaubigung. Erfolgt die Namenswiedergabe ohne Unterschrift oder wird ein Faksimilestempel verwendet, ist allerdings eine Beglaubigung notwendig (*En-* **13** *gelmann* aaO § 33 Rz 33; Littmann in Hauck/Noftz SGB X § 33 Rz 11). Erfolgt ein Teil der Regelung erst nach der Unterschrift des verantwortlichen Mitarbeiters, so führt das nicht zur formellen Rechtswidrigkeit (*BSG* NVwZ 1994, 830). Nach Abs 3 genügt aber auch die (beglaubigte) Namenswiedergabe. Wer als **BehLeiter**, Vertreter oder aber Beauftragter unterschriftsbefugt ist, ergibt sich aus der **inneren Organisation** der Beh. Wenn eine Beh im Auftrag einer anderen Beh durch VA tätig wird, ist nach § 89 Abs 1 dieses Auftragsverhältnis offenzulegen (*v Maydell* GK-SGB X 3, § 89 Rz 11).

14 Die Angabe des **Ortes** und des **Datums** sind in § 33 nicht zwingend vorgeschrieben, aber die Angabe des Ortes ist regelmäßig erforderlich, um die erlassende Beh zu kennzeichnen und die Datierung empfiehlt sich deshalb, weil nach § 37 Abs 2 ein nicht zustellungsbedürftiger VA am dritten Tag nach der Aufgabe zur Post als bekanntgegeben gilt, wenn er nicht zu einem späteren Zeitpunkt zugegangen ist.

15 Nach § 33 **Abs 3 Satz 2** gilt für elektronische VA, dass das der Signatur zugrundeliegende **qualifizierte Zertifikat** oder ein zugehöriges qualifiziertes Attributzertifikat die erlassende Beh erkennen lassen muss. Diese Regelung erklärt sich zunächst daraus, dass elektronische Dokumente, insb wenn sie – wie bei VA – rechtswirksamen Inhalt haben sollen, nur dann an die Stelle schriftlicher Dokumente treten können, wenn die **Authentizität hinsichtlich der Person des Handelnden und des Inhalts** gewährleistet ist. Diese Gewährleistungsfunktion übernimmt die elektronische Signatur. **Elektronische Signaturen** sind technische Verfahren, welche gewährleisten, dass eine entsprechend signierte Nachricht von einem identifizierbaren Absender stammt und während der elektronischen Übermittlung zum Empfänger nicht verändert wurde (vgl § 2 Ziff 1, 2 SigG). **§ 36 a Abs 2 Satz 2 SGB I (Generalklausel)** bestimmt deshalb auch, dass für jedes Dokument, für das die Schriftform vorgeschrieben ist, die elektronische Form nur dann zulässig ist, wenn das Dokument mit **einer qualifizierten elektronischen Signatur nach dem SigG** (§ 2 Ziff 3 SigG) versehen wird. Nur bei qualifizierten elektronischen Signaturen ist aufgrund des durch das SigG vorgegebenen Verfahrens eine zuverlässige Identitätsprüfung des Inhabers der Signaturkarte zwingend erforderlich und damit die notwendige Sicherheit für den Rechtsverkehr gegeben (vgl zu Signaturverfahren: *Roßnagel* DVBl 2001 221 [224 f]; *Roßnagel* NJW 2003, 469 [473]; zur Funktionsweise der Signatur: *Deutscher Städtetag* Digitale Signatur auf der Basis multifunktionaler Chipkarten, 1999, 15 f; *Schmitz/Schlatmann* NVwZ 2002, 1281 [1284 f]).

16 **Qualifizierte elektronische Signaturen** sind elektronische Signaturen die auf einem zum Zeitpunkt ihrer Erzeugung gültigen qualifizierten Zertifikat beruhen und mit einer sicheren Signaturerstellungseinheit erzeugt werden (§ 2 Ziff 3 SigG). **Zertifikate** sind elektronische Bescheinigungen, mit denen Signaturprüfschlüssel einer Person zugeordnet werden und die Identität dieser Person bestätigt wird (§ 2 Ziff 6 SigG). **Qualifizierte Zertifikate** sind elektronische Bescheinigungen für natürliche Personen, die die Voraussetzungen des § 7 SigG erfüllen und von Zertifizierungsdiensteanbietern ausgestellt werden, die mindestens die Anforderungen nach den §§ 4 bis 14 oder § 23 SigG und der sich darauf beziehenden Vorschriften der Rechtsverordnung nach § 24 SigG erfüllen. Nach § 7 Abs 1 Ziff 1 SigG müssen die Bescheinigungen ua den **Namen des Signaturschlüssel-Inhabers**, der im Falle einer Verwechslungsmöglichkeit mit einem Zusatz zu versehen ist, oder ein dem Signaturschlüssel-Inhaber zugeordnetes unverwechselbares Pseudonym, welches als solches kenntlich sein muss, enthalten (zum qualifizierten Attributzertifikat vgl § 7 Abs 2 SigG). Hierbei – insb bei

Verwendung eines Pseudonyms – muss die **erlassende Beh erkennbar** sein. Die Erkennbarkeit der erlassenden Beh bezieht sich bei elektronischen VA also in **doppelter Weise** auf den VA sowie die **Sicherung der personellen und inhaltlichen Authentizität**, also der Signatur.

4. Dauerhafte Überprüfbarkeit elektronischer VA (Abs 4)

Der mWz 1.2.2003 neu geschaffene Abs 4 lässt spezial-/fachgesetzliche Rechtsvorschriften zu, die eine dauerhafte Überprüfbarkeit der Signatur vorsehen. Die **Generalklausel in § 36 a Abs 2 SGB I** wird dann insoweit **verdrängt**. Die Regelungsnotwendigkeit für solche Rechtsvorschriften ergibt sich aus der **Funktionsäquivalenz** zwischen elektronischer und schriftlichen Form (vgl Rz 6). Der Schriftform kommt ua eine **Perpetuierungsfunktion** zu, wonach die „fortdauernde Wiedergabe der Erklärung in einer Urkunde mit der Möglichkeit zur Überprüfung" (BT-Drucks 14/9000, 31) gewährleistet sein muss. Diese Perpetuierungsfunktion soll durch Abs 3 für die Signatur elektronischer VA erreicht werden. Dauerhaft überprüfbare Signaturen sind qualifizierte Signaturen iSv § 2 Ziff 3 SigG (BT-Drucks 14/9000, 28). Die in Abs 3 geregelte dauerhafte Überprüfbarkeit muss sich dabei ua auf die Feststellung beziehen, dass zum Zeitpunkt der Signaturbildung das zugrunde liegende Zertifikat gültig, nicht gesperrt und einem berechtigten Bediensteten der für die Entscheidung zuständigen Beh zugeordnet war (*Schmitz/Schlatmann* NVwZ 2002, 1281 [1287]). Entscheidendes Merkmal der Überprüfbarkeit ist, dass die Integrität, also die Unverändertheit des elektronischen VA sowie der Signaturinhaber schnellstmöglich festgestellt werden können. Das ist insb bei VA mit Dauerwirkung von besonderer Bedeutung (näher: *Schmitz/Schlatmann* aaO 1287).

17

5. Automatisch hergestellte VA (Abs 5)

Abs 5 trifft Sonderregelungen für automatisch hergestellte VA. Ein automatisch hergestellter VA ist stets ein **schriftlicher VA**, der mithilfe **automatischer Einrichtungen** erlassen worden ist; kommt es zu manuellen Abänderungen, so handelt es sich nicht um einen automatisch erlassenen VA (*BVerwG* SGb 1994, 23). Die Zulässigkeit solcher VA wird im SGB X nicht ausdrücklich geregelt, aber von § 33 Abs 5 vorausgesetzt. Bei diesen VA können (**Ermessen**) in Abweichung zu Abs 3 Unterschrift und Namenswiedergabe fehlen (Abs 5 Satz 1); nicht fehlen darf aber die **Angabe der erlassenen Beh**. Der Verzicht auf Unterschrift und Namenswiedergabe ist bei automatisch erlassenen VA deswegen hinnehmbar, weil es sich idR um **standardisierte MassenVA** handelt (zB regelmäßige Anpassung der Leistungen an veränderte VO), bei denen das Wissen, ob der VA mit Wissen und Willen der in der Beh Verantwortlichen ergangen ist sowie die Feststellung der Zuständigkeit, geringere Bedeutung haben. **Abs 5 Satz 1 Hs 2** stellt klar, dass bei elektronischen VA das der Signatur zugrundeliegende Zertifikat nur die erlassende Beh erkennen lassen muss. Bedient sich die Verw lediglich bei der textlichen Herstellung der Datenverarbeitung, fallen entsprechende Bescheide nicht unter Abs 4. Früher verwendete Speicherschreibmaschinen gehören nicht zu den automatischen Einrichtungen iS des Abs 4 (*Kopp/Ramsauer* § 37 Rz 39).

18

Der Regelungsinhalt kann durch **Schlüsselzeichen** bestimmt werden, wenn – und das ist Ausdruck des Bestimmtheitsgrundsatzes (Abs 1) – der Adressat aufgrund der zu den Schlüsselzeichen abgegebenen Erläuterungen den Inhalt des VA eindeutig erkennen kann (*Clemens* NJW 1985, 1998). Schlüsselzeichen sind Zahlen, Zeichen, Abkürzungen etc, die für bestimmte Feststellungen oder Be-

19

gründungen stehen, dh diese **symbolisieren**. Der VA muss für den Adressaten noch lesbar sein, wobei sich hieraus insbesondere Anforderungen an die dem VA beigefügten **Erläuterungen** ergeben; diese müssen hinreichend verständlich sein. Wenn zwar der Verfügungssatz selbst, nicht aber die Erläuterungen hinreichend verständlich sind, so fehlt es nicht an der hinreichenden Bestimmtheit, sondern an einer Begründung und die Folgen ergeben sich aus §§ 35, 41.

6. Folgen von Verstößen gegen Abs 2 bis 5

20　Verstöße gegen die Anforderungen der Abs 2 bis 5 führen idR zur **formellen Rechtswidrigkeit** des VA. Wenn in der Sache keine andere Entscheidung hätte getroffen werden können, so kann allein wegen dieses Formverstoßes die Aufhebung des VA nicht verlangt werden (**§ 42 Satz 1**), es sei denn, der VA ist gemäß § 40 nichtig. Ein VA ist nach § 40 Abs 1 **nichtig**, wenn er an einem besonders schwerwiegenden Fehler leidet und dieser bei verständiger Würdigung aller in Betracht kommenden Umstände offensichtlich ist. Hierbei kommt es stets auf die **Umstände des Einzelfalles** an und allgemeine Aussagen lassen sich nur schwer treffen. Besteht für ein VA ein Schriftformerfordernis, so führt der mündliche Erlass idR zur Nichtigkeit, wenn die Schriftform nicht lediglich Ordnungsfunktion, sondern zB auch **Schutzfunktion** hat (Bsp für Nichtigkeit: Mündliche Zusicherung gem § 34 Abs 1 Satz 1).

§ 34　Zusicherung

(1) [1]Eine von der zuständigen Behörde erteilte Zusage, einen bestimmten Verwaltungsakt später zu erlassen oder zu unterlassen (Zusicherung), bedarf zu ihrer Wirksamkeit der schriftlichen Form. [2]Ist vor dem Erlass des zugesicherten Verwaltungsaktes die Anhörung Beteiligter oder die Mitwirkung einer anderen Behörde oder eines Ausschusses auf Grund einer Rechtsvorschrift erforderlich, darf die Zusicherung erst nach Anhörung der Beteiligten oder nach Mitwirkung dieser Behörde oder des Ausschusses gegeben werden.

(2) Auf die Unwirksamkeit der Zusicherung finden, unbeschadet des Absatzes 1 Satz 1, § 40, auf die Heilung von Mängeln bei der Anhörung Beteiligter und der Mitwirkung anderer Behörden oder Ausschüsse § 41 Abs. 1 Nr. 3 bis 6 sowie Abs. 2, auf die Rücknahme §§ 44 und 45, auf den Widerruf, unbeschadet des Absatzes 3, §§ 46 und 47 entsprechende Anwendung.

(3) Ändert sich nach Abgabe der Zusicherung die Sach- oder Rechtslage derart, dass die Behörde bei Kenntnis der nachträglich eingetretenen Änderung die Zusicherung nicht gegeben hätte oder aus rechtlichen Gründen nicht hätte geben dürfen, ist die Behörde an die Zusicherung nicht mehr gebunden.

1. Allgemeines

1　Die Vorschrift entspricht inhaltlich § 38 VwVfG. Die Zusicherung (der Begriff Zusage ist nach dem Wortlaut in § 34 Abs 1 Satz 1 der Oberbegriff) war bereits vor Erlass des SGB X allg anerkannt (*BSGE* 14, 107; 23, 252; 25, 200) und wegen ihrer wachsenden Bedeutung im SGB X normiert worden (BT-Drucks

7/910, 59). Mit § 34 sind allerdings Meinungsverschiedenheiten (zB über die Erforderlichkeit der Schriftform) beseitigt worden. Die Zusicherung erlaubt verbindliche Regelungen vor Erlass des eigentlichen VA. Hierbei handelt es sich allerdings nicht um **vorläufige Regelungen** (vgl § 31 Rz 6, 61), sondern um einen von der späteren Regelung verschiedenen VA (aA *Wolff/Bachof/Stober* VerwR II § 53 Rz 9: „Verwaltungsvorakt"; Rz 6 ff). Es wird ein bestimmter VA (bzw seine Unterlassung) für die Zukunft verbindlich in Aussicht gestellt (vgl *BSGE* 113, 123). Der eigentlich begehrte VA kann nicht erlassen werden, da (noch) nicht alle Voraussetzung für seinen Erlass gegeben sind; insoweit ist die Zusicherung mit einer **Nebenbestimmung** vergleichbar (insb nach § 32 Abs 2 Nr 2). Die Zusicherung unterscheidet sich von der Nebenbestimmung allerdings dadurch, dass der HauptVA noch nicht erlassen wird. Die Zusicherung bewegt sich mithin – anders als vorläufige VA und Nebenbestimmungen – im **Vorfeld des eigentlichen Verwaltungshandelns**. Andererseits ist die Zusicherung aufgrund ihres verbindlichen Regelungscharakters keine bloße **Auskunft** oder Information (zur Abgrenzung: *SG Hamburg* Breith 1997, 214); sie ist ein der Bewilligung vorgeschalteter VA (*BSG* SGb 2011, 325 f) und nicht nur Realakt (BT-Drucks 7/910, 59; *BSGE* 92, 92). Insoweit ist die Zusicherung von den Realakten Aufklärung (§ 13 SGB I), Beratung (§ 14 SGB I) oder Auskunft (§ 15 SGB I) zu unterscheiden. Die Möglichkeit der Zusicherung führt zur Unzulässigkeit einer Feststellungsklage (*BSG* SozR 4-1500 § 55 Nr 9).

2 Die Zusicherung trägt dem Bedürfnis der Betroffenen nach **Planungssicherheit** Rechnung (vgl *BSG* SozR 4-1500 § 55 Nr 9: für die Zusicherung, dem Kläger nach Abgabe des landwirtschaftlichen Unternehmens einen die Rente wegen Erwerbsminderung gewährenden Bescheid zu erteilen; *Maurer* in HdbStR III § 60 C II 1; *Rokohl* BWVPr 1992, 217 [219]: „Orientierungsinteresse"), denn sie soll dem Adressaten, der erst noch die Voraussetzungen für den Erlass eines VA schaffen muss, die Gewissheit geben (vgl *Wolff/Bachof/Stober* VerwR II § 53 Rz 10: „rechtliche Gewissheitserklärung"), dass seine Aufwendungen den beabsichtigten Erfolg haben (vgl *Marschner* in Pickel/Marschner § 34 Rz 3: „Selbstverpflichtung der Behörde"; *Tipke/Lang* Steuerrecht § 22 Rz 14: „Risiko- und Dispositionsschutz"; Bsp: Für den Fall der Aufgabe des nur auf Kosten der Gesundheit ausgeübten Arbeitsplatzes wird die Rente wegen Erwerbsminderung zugesichert; vgl auch *BSGE* 66, 140). Gleichzeitig wird durch die Zusicherung die **Komplexität sozialverwaltungsrechtl Rechtsbeziehungen** beachtet: Denn im Sozialleistungsrecht stehen häufig belastende und begünstigende Maßnahmen miteinander im Zusammenhang, werden allerdings zu unterschiedlichen Zeitpunkten erlassen und die Hinnahme der einen hängt von der Erwartung der anderen ab (**Bsp**: Das einem Arbeitslosen vom AfA unterbreitete Angebot über die Teilnahme an einer Fortbildungsmaßnahme erfordert eine verbindliche Zusage, welche Leistung während dieser Maßnahme gewährt wird, *BSG* SozR 3-1300 § 34 Nr 1; *BSGE* 66, 140; vgl auch *LSG Bln* SGb 1989, 257). Die Zusicherung erweist sich vor diesem Hintergrund als ein **modernes Handlungsinstrument** der Sozialverwaltung und mit der Zusicherung wird – ähnlich dem VerwVertrag – die Möglichkeit geboten, das **Sozialleistungsverhältnis zu gestalten**.

3 In § 34 werden für Zusicherungen, welche nicht auf einen Sozialleistungsbereich beschränkt sind, **spezielle Verfahrens- und Formvorschriften** statuiert. Danach ist insb die **Schriftform** einzuhalten (Abs 1 Satz 1) und eine eigentlich erst bei Erlass des VA erforderliche **Mitwirkung oder Anhörung Dritter** vorzuziehen (Abs 1 Satz 2). Zudem werden Regelungen über Nichtigkeit von VA, Heilung von Formfehlern und Bestimmungen über **Rücknahme und Widerruf** für entsprechend anwendbar erklärt (Abs 2). Schließlich wird in Abs 3 ein Sonderfall der Nichtigkeit unter dem Gesichtspunkt: **Wegfall der Geschäftsgrundlage** geregelt.

2. Begriff der Zusicherung

4   Eine Zusicherung ist nach der Legaldefinition in **Abs 1 Satz 1** eine von einer Beh erteilte Zusage, einen bestimmten VA später zu erlassen oder zu unterlassen (*BSG* SozR 4-2400 § 24 Nr 5: Informationsblatt der BfA als Zusicherung, keine Säumniszuschläge festzusetzen; *LSG BW* Beschl v 17.2.2010 – L 11 R 5304/09 ER-B). Eine Zusicherung kann nur von einer **Beh** erteilt werden. Eine Beh ist nach § 1 Abs 2 jede Stelle, die Aufgaben öffentl Verw wahrnimmt, wobei der BehBegriff funktionell und nicht organisatorisch zu verstehen ist (§ 1 Rz 9; § 31 Rz 20). **Zuständige Beh** ist diejenige, die für den Erlass des späteren VA bzw dessen Unterlassen sachlich und örtlich zuständig ist (*Engelmann* in von Wulffen/Schütze SGB X § 34 Rz 9: Wirksamkeitsvoraussetzung; *Knack* in Knack/Henneke VwVfG § 38 Rz 12), wobei es aus Vertrauensschutzgründen auf die Wahrung der behördeninterne Kompetenzverteilung nicht ankommt (*SG Hamburg* Breith 1997, 214; *Littmann* in Hauck/Noftz SGB X § 34 Rz 17). Handelt die unzuständige Beh, so führt das – abweichend von § 40 Abs 2 – zur **Nichtigkeit** der Zusicherung (BT-Drucks 7/910, 60; *Marschner* aaO § 34 Rz 15) – gleichgültig, ob der Adressat von der Zuständigkeit der Beh ausgehen durfte bzw ausgegangen ist oder nicht (*BSG* ZfSH/SGB 1985, 42; *Kopp/Ramsauer* VwVfG § 38 Rz 28; *Engelmann* aaO § 34 Rz 15; aA *Mutschler* in KassKomm § 34 Rz 17). Die Zusicherung bezieht sich auf einen **bestimmten VA**, der später erlassen oder unterlassen werden soll. Die Zusage einer Realhandlung ist keine Zusicherung iSv Abs 1 Satz 1.

5   Aus der Zusicherung muss ferner hervorgehen, dass sich die Beh für die Zukunft zu einem bestimmten Tun oder Unterlassen **verbindlich verpflichten will** (**Verpflichtungswille**, vgl *BSG* SozR 4-2500 § 85 Nr 82; *BSG* SozR 3-1300 § 34 Nr 2). Eine bloße Verwaltungspraxis gegenüber einem Vers stellt keine Zusicherung dar, diese fortzusetzen (*LSG NRW* SGb 1991, 357). Beratungen oder Aufklärungen (§§ 14, 15) über (zukünftige) Rechte und deren Voraussetzungen stellen keine Zusicherung dar (*SächsLSG* Urt v 10.2.2005 – L 3 AL 265/04; vgl auch: *LSG NRW* Breith 2005, 377 zur Abgrenzung zu einer „nicht vollständig zutreffenden Tatsachenbehauptung als Teil einer Subsumtion"). Allerdings kann ein Hinweis in einem Ablehnungsbescheid, nach Eintritt eines bestimmten Umstandes stehe Kindergeld rückwirkend ab Einreise zu, eine Zusicherung sein (*BSG* SozR 3-1300 § 34 Nr 2). Im Einzelfall kommt es auf den **Erklärungswillen der Beh** aus der Sicht eines objektiven Empfängers an (*LSG BW* Breith 1983, 497; *SächsLSG* Urt v 10.2.2005 – L 3 AL 265/04; *LSG NRW* Breith 2005, 377; vgl auch: *BSG* SozR 3-1300 § 34 Nr 2). Als ein der eigentlichen Leistungsbewilligung vorgeschalteter Verwaltungsakt kann sich die Zusicherung nur auf ein **Verhalten in der Zukunft** beziehen (vgl *BSG* 17.12. 2014 – B 8 SO 15/13 R), wobei grds Wirkungen für die Vergangenheit (Rücknahme eines Bescheids für die Vergangenheit) nicht ausgeschlossen werden (*Marschner* in Pickel/Marschner § 34 Rz 20). Eine im Rahmen der Aufsichtsbeschwerde ergehende falsche Mitteilung ist keine Zusicherung, sich zukunftig entspr zu verhalten (*BSG* HVBG-Info 2001, 2729).

6   § 34 Abs 3 SGB X ist zu entnehmen, dass die in die Zukunft reichende Zusicherung nur erteilt werden kann, wenn die Sach- und Rechtslage bereits gegenwärtig eine abschließende positive Sachentscheidung erlaubt, dh der VA muss gem

§ 33 Abs 1 **hinreichend bestimmt** sein(vgl *BSG* SozR 4-2500 § 33 Nr 39). Handelt es sich beim zukünftigen VA um eine gebundene Entscheidung, so besteht für eine Zusicherung idR kein Bedürfnis, denn der Adressat der Zusicherung hat Anspruch auf Erlass des VA (§ 38 SGB I). Raum für eine Zusicherung ist allerdings dann gegeben, wenn die Tatbestandsvoraussetzungen für den Erlass des VA **unbestimmte Rechtsbegriffe** enthalten oder bei **Ermessen VA** (vgl *Engelmann* aaO § 34 Rz 4). Ob die Beh eine Zusicherung erteilt, steht in ihrem Ermessen (*BSGE* 59, 249; *Mutschler* aaO § 34 Rz 10). Demnach besteht zunächst nur ein Anspruch auf ermessensfehlerfreie Entscheidung (*BSG* SozR 4-4300 § 421 g Nr 1; aA *BVerwG* NVwZ 1987, 471; *Henneke* in Knack/Henneke § 38 Rz 22). Ein Anspruch auf Erlass der Zusicherung besteht darüber hinaus nur bei einer Ermessensreduzierung auf Null und wenn im Übrigen die Voraussetzungen für den Erlass des zuzusichernden VA gegeben sind (*BSGE* 59, 249). Zusätzlich ist ein **berechtigtes, eigenes Interesse** des Antragstellers an einer verbindlichen Vorabentscheidung zu verlangen (*Engelmann* aaO § 34 Rz 12; die Rspr setzt ein solches Interesse idR voraus). Das Interesse muss nicht notwendig rechtlicher, sondern kann auch wirtschaftlicher oder ideeller Natur sein. Ein berechtigtes Interesse ist zB anzunehmen, wenn ein Vers beabsichtigt, seinen Wohnsitz ins Ausland zu verlegen und wissen will, ob er dort Anspruch auf Leistungen der PflegeV hat (hierzu: *EuGH* Slg 1998, I-843 – Molenaar; *Gassner* NZS 1998, 313). Die Erteilung einer Zusicherung kann mit der **Verpflichtungsklage** (§ 54 Abs 1 Satz 1 Alt 3 SGG) verfolgt werden (*BSGE* 56, 249; *Stelkens* in Stelkens/Bonk/Sachs VwVfG § 38 Rz 117). Greift eine Zusicherung in Rechte eines Dritten ein, muss dieser mit der Anfechtungsklage (§ 54 Abs 1 Satz 1 Alt 1 SGG) vorgehen.

3. VAQualität der Zusicherung

Die Zusicherung ist ein **VA iS von** § 31 (*BSG* SozR 4-4300 § 421 g Nr 1; *BSG* SozR 3-1300 § 34 Nr 2; *BSGE* 92, 92; 56, 249; 61, 123; *LSG BW* Beschl v 17.2.2010 – L 11 R 5304/09 ER-B; *SächsLSG* Beschl v 26.10.2009 – L 3 AS 20/09, juris; *Engelmann* aaO § 34 Rz 5; aA *BVerwGE* 97, 323; *Stelkens/Bonk/Sachs* VwVfG § 28 Rz 23; *Wolff/Bachof/Stober/Kluth* VerwR II § 53 Rz 9, 23; *Erichsen* Jura 1990, 109; offen gelassen bei *Mutschler* aaO § 34 Rz 9), denn alle Merkmale des VA sind auch bei der Zusicherung erfüllt: Es handelt sich um eine hoheitliche Maßnahme einer Behörde zur Regelung eines Einzelfalls auf dem Gebiet des öffentlichen Rechts mit unmittelbarer Rechtswirkung nach außen. Die Regelungswirkung liegt in der verbindlichen Verpflichtung zu einem bestimmten Tun oder Unterlassen; da der Eintritt dieser Verpflichtung häufig an ein bestimmtes Verhalten des Adressaten geknüpft ist, handelt es sich zumeist um einen **VA mit Nebenbestimmung** iSv § 32 Abs 2 Nr 3. Die Besonderheit gegenüber sonstigen VA mit Nebenbestimmungen liegt aber darin, dass der HauptVA nicht der eigentliche, zuzusichernde VA ist, sondern die Verpflichtung, diesen unter bestimmten Voraussetzungen zu erlassen oder zu unterlassen.

Der Qualifikation als VA steht auch nicht entgegen, daß in **Abs 2** Regelungen für entsprechend anwendbar erklärt werden, die für VA ohnehin gelten. Zwar hätte es Abs 2 nicht bedurft, wenn Zusicherungen VA sind. Der Gesetzgeber hat aber die **Rechtsnatur der Zusicherung** bewusst offen gelassen (BT-Drucks 7/910, 59) und wollte sicherstellen, dass die in Abs 2 in Bezug genommenen Normen auf jeden Fall zur Anwendung kommen. Der Meinungsstreit ist deshalb aber auch bedeutungslos (*Mutschle*r aaO § 34 Rz 9). Der Gesetzgeber hat in Abs 2 die **Verweisungen** also allein zur Sicherheit – und damit ggf nur deklaratorisch – aufgenommen. Dass in Abs 3 eine für VA eher untypische Sonderregelung über den „Wegfall der Geschäftsgrundlage" aufgenommen wurde, ist **systemwidrig**; sie kann allerdings mit dem (im Hinblick auf den zugesicherten VA) **vorläufigen Charakter** der Zusicherung erklärt werden. Bei vorläufigen Regelungen ist die Aufhebung des VA häufig gesondert geregelt, wie zB § 42 Abs 2 Satz 2 SGB I für **Vorschüsse**, die als VA angesehen werden, zeigt. Neben den in Abs 2 ausdrücklich in Bezug genommenen Normen kommen grds auch alle anderen VA betreffenden Regelungen zur Anwendung (zB: §§ 32, 33, 37, 38, 42, 43), soweit Abs 3 keine Sonderregelung trifft; die **Begründungspflicht** dürfte zumeist entfallen (§ 35 Abs 1 Nr 1).

4. Schriftform

9   Nach **Abs 1 Satz 1** bedarf die Zusicherung zu ihrer Wirksamkeit der Schriftform; es handelt sich um eine **Wirksamkeitsvoraussetzung** der Zusicherung (aA *Grosser* SGb 1994, 610 [612]). Aus Abs 2 Satz 1 („unbeschadet des Absatzes 1 Satz 1") folgt die **Nichtigkeit** einer nicht schriftl erlassenen Zusicherung (*SchlHLSG* SGb 1997, 374; zur Bedeutung einer „mündlichen Zusicherung" iRah der Ermessensausübung: *BSG* SozR 4-4300 § 324 Nr 2; *BSG* SozR 4-4300 § 415 Nr 1 = AuB 2006, 325 für Eingliederungszuschüsse nach §§ 217 ff SGB III; *LSG BW* Breith 1993, 670; *Grosser* SGb 1994, 610 ff). Die Schriftform ist auch dann beachtlich, wenn der zugesicherte VA selbst mündlich oder auf andere Weise (vgl § 33 Abs 2) erlassen werden kann (*Engelmann* aaO § 34 Rz 10). Das Schriftformerfordernis hat **Schutzfunktion**, denn die Beh soll sich vor Abgabe der Zusicherung über Gegenstand und Inhalt der Zusicherung klar werden (BT-Drucks 7/910, 60). Wie alle Schriftformerfordernisse hat die Einhaltung der Form damit neben der **Warnfunktion** auch **Beweisfunktion**: Meinungsverschiedenheiten über das Bestehen und den Inhalt von Zusicherungen sollen vermieden werden (*Marschner* aaO § 34 Rz 16). Die Anforderungen an die Schriftform ergeben sich aus **§ 33 Abs 3** (vgl auch § 126 Abs 3 BGB; *BVerwG* SGb 1995, 545). Dass die Zusicherung in einem Teil des Bescheids enthalten ist, der erst **nach der Unterschrift** folgt, steht ihrer Wirksamkeit dann nicht entgegen, wenn erkennbar ist, dass der Zusatz nicht nachträglich aufgenommen wurde (andere Handschrift als die Unterschrift oder anderes Schriftbild), denn nach Sinn und Zweck des Abs 1 dient die Unterschrift bzw Namenswiedergabe dem Nachweis, dass der VA mit Wissen und Willen der in der Beh verantwortlichen Amtsträger ergangen ist und dieser Zweck ist gewahrt, wenn der einschlägige Text hinter der Unterschrift steht und ein nachträgliches Hinzufügen ausgeschlossen werden kann (vgl *BSG* SozR 3-1300 § 34 Nr 2; *Engelmann* aaO § 34 Rz 10). Die Schriftform kann allerdings durch die **elektronische Form** ersetzt werden (§ 36 a Abs 2 SGB I). Die mit der Schriftform verbundenen Funktionen (vgl auch BT-Drucks 14/9000, 31) werden ebenso von der elektronischen Form erfüllt (sog Funtionsäquivalenz, vgl § 33 Rz 7).

5. Vorgezogene Beteiligungsrechte

10   Nach **Abs 1 Satz 2** ist die Beh verpflichtet, vor Erlass einer Zusicherung die ggf gem § 24 für den Erlass des HauptVA erforderliche **Anhörung** der Beteiligten (§§ 10, 12) durchzuführen bzw die aufgrund einer Rechtsvorschrift notwendige **Mitwirkung** anderer Beh bzw eines Ausschusses zu ermöglichen. Damit wird berücksichtigt, dass die Zusicherung die spätere Regelung **vorwegnimmt** und deshalb eine erst unmittelbar vor Erlass des HauptVA erfolgende Anhörung oder Mitwirkung das Entscheidungsergebnis nicht mehr beeinflussen könnte. **Damit die Beteiligungsrechte nicht „leer laufen"**, werden sie nach Abs 1 Satz 2 vorgezogen. Außerdem wird die **Rechtssicherheit** für den Betroffenen **erhöht**, da er spätere Einwände nicht mehr zu gegenwärtigen braucht.

Nach aA (*Engelmann* aaO § 34 Rz 11) soll durch diese Regelung sichergestellt **11** werden, daß **die Zusicherung** nicht wegen fehlender Anhörung oder Mitwirkung angreifbar wird. Dem ist nicht zu folgen: Die Entscheidung über die Zusicherung ist vom zugesicherten VA zu unterscheiden. Zwar ist auch vor Erlass der Entscheidung über die Zusicherung eine Anhörung der Beteiligten, soweit die Voraussetzungen des § 24 gegeben sind (nach hM ist dies allerdings idR nicht der Fall), durchzuführen und es sind die anderen für einen VA allg geltenden Beteiligungsrechte zu beachten. Aber die Besonderheit von Abs 1 Satz 2 liegt darin begründet, dass die Beteiligungsrechte **für den zugesicherten VA** vorgezogen werden. Es soll mithin nicht die Angreifbarkeit der Zusicherung verhindert werden. Gebe es die Regelung des Abs 1 Satz 2 nicht, so wäre schließlich auch nicht zu befürchten, dass der zugesicherte VA wegen fehlender Anhörung oder Mitwirkung rechtswidrig wäre, denn diese Verfahrensrechte könnten auch vor Erlass des HauptVA durchgeführt werden, doch im Hinblick auf die Zusicherung wäre eine Änderung im Regelungsinhalt nicht mehr möglich.

6. Fehlerhaftigkeit der Zusicherung

In **Abs 2** werden bei Fehlern der Zusicherung allg Regelungen aus dem SGB X **12** für anwendbar erklärt. Da es sich bei Zusicherungen um VA handelt, sind die Verweisungen in Abs 2 nur **deklaratorisch** (Rz 8). Bei einer wirksamen Zusicherung ist die Beh zu dem zugesicherten Verhalten verpflichtet. Aus der gegebenen Zusicherung hat der Begünstigte einen Anspruch auf den Erlass eines (begünstigenden) VA, der mit der Verpflichtungsklage durchsetzbar ist (vgl *Kepert* in Schlegel/Voelzke, jurisPK-SGB X, § 34 Rz 43).

Fehlerhafte Zusicherungen sind grds **rw**, aber nicht nichtig und damit auch **13** nicht unwirksam (§ 39 Abs 3). Ob eine Zusicherung ausnahmsweise **nichtig** ist, beurteilt sich nach § 40, wobei die Nichtigkeitsgründe nach Abs 1 Satz 1 (fehlende schriftliche od elektronische Form und Zuständigkeit) unberührt bleiben, dh (als **lex specialis** ohnehin) vorgehen. Die Zusicherung ist rw, wenn sie gegen Verfahrensbestimmungen oder materielles Recht verstößt. Eine **formelle Rw** liegt zB vor, wenn die nach Abs 1 Satz 2 erforderliche Beteiligtenanhörung bzw die gesetzlich bestimmte Mitwirkung einer Beh bzw eines Ausschusses unterblieben ist. Formfehler iSv § 41 Abs 1 können allerdings auch bei Zusicherungen **geheilt** werden, wobei die zeitlichen Grenzen nach § 41 Abs 2 zu beachten sind. Auf die **Rücknahme** einer rw Zusicherung finden die §§ 44, 45 Anwendung. Stellt der zugesicherte VA eine Begünstigung mit Dauerwirkung dar, sind die Einschränkungen des § 45 Abs 2 zu beachten. Der Verweis auf § 44 ist ohne Bedeutung, da Zusicherungen ausschließlich begünstigende VA sind. Für den **Widerruf** einer rechtmäßigen Zusicherung gelten die §§ 46, 47. Es bestehen insoweit keine Besonderheiten zu sonstigen VA (vgl *Baumeister* DÖV 1997, 229 [230]).

Eine **Ausn** zu den allgemeinen Regelungen über die Fehlerhaftigkeit von VA **14** stellt **Abs 3** dar (vgl *Baumeister* DÖV 1997, 229 [231]). Nach dieser Vorschrift steht die Zusicherung – in Anlehnung an die Rspr vor Erlass des SGB X (vgl *BSGE* 41, 260) – unter dem „Status-Quo-Vorbehalt". Es handelt sich um eine Ausprägung der im allg Zivilrecht (*Grüneberg* in Palandt BGB § 313 Rz 1 ff) aus § 242 BGB entwickelten Grundsätze über den **Wegfall der Geschäftsgrund-**

lage (clausula rebus sic stanibus) dar. Danach ist die Beh dann nicht mehr an die Zusicherung gebunden, wenn sich **nachträglich** die konkrete Sach- oder Rechtslage derart ändert, dass sie bei Kenntnis dieser Umstände die Zusicherung nicht abgegeben hätte oder aus rechtlichen Gründen nicht hätte abgeben dürfen.

Bsp: *Einerseits:* Fällt die Zuständigkeit der die Zusicherung nach § 34 Abs 1 S 1 abgebenden Behörde nachträglich aufgrund von Umständen weg, die die Behörde nicht beeinflussen kann, zB bei einer Änderung der örtlichen Zuständigkeit infolge Wohnortwechsels, erstreckt sich die Bindungswirkung auch auf die nach einem Wohnortwechsel örtlich zuständig gewordene Behörde. *Andererseits:* Eine Beh, die einem Antragsteller im Rahmen der KfzHV nach Vorlage eines Kostenvoranschlages die Zusicherung erteilt, einen Zuschuss zur Anschaffung dieses Kfz zu gewähren, ist an diese Zusicherung nicht mehr gebunden, wenn der Antragsteller ein anderes als das im Kostenvoranschlag bezeichnete Fahrzeug kauft (*LSG BW* Beschl v 17. 2. 2010 – L 11 R 5304/09 ER-B). Fraglich ist das **Verhältnis zu § 48:** Zwar wird in Abs 2 nicht auch auf § 48 verwiesen, aber die Zusicherung stellt einen VA (Rz 7) dar, auf den grds die allg Bestimmungen – und damit auch § 48 – anzuwenden sind. Allerdings ist Abs 3 **lex specialis** zu § 48 und geht deshalb vor. Auf der Grundlage von § 48 käme man indes jedoch überwiegend zu denselben Ergebnissen wie über Abs 3, denn es käme nur eine Aufhebung für die Zukunft gem § 48 Abs 1 Satz 1 in Betracht. Eine Aufhebung für die Vergangenheit (§ 48 Abs 1 Satz 2) – und damit die Berücksichtigung von Vertrauensschutz – scheidet hier aus, da sich die Zusicherung mit Erlass des zugesicherten VA erledigt. Ein Unterschied besteht aber in den **Fristbindungen** nach § 48 Abs 4 iVm § 45 Abs 3, 4, die für Abs 3 nicht gelten. Allerdings dürfte dieser Unterschied selten relevant werden.

15   **Abs 3** kommt nur zur Anwendung, wenn es zu einer **nachträglichen** Änderung der für die Zusicherung maßgeblichen tatsächlichen oder rechtlichen Verhältnisse kommt (*LSG BW* Beschl v 17.2.2010 – L 11 R 5304/09 ER-B). Einen Anhalt dafür, wann eine Änderung der Verhältnisse eingetreten ist, gibt § 48 Abs 1 (*Engelmann* aaO § 34 Rz 18 a). Lagen diese Umstände bereits bei Abgabe der Zusicherung (unerkannt) vor oder wurden zum Zeitpunkt der Zusicherung falsch bewertet, so handelt es sich um **unbeachtliche Motivirrtümer**, die nicht unter Abs 3 subsumiert werden können; allerdings kann dann eine Rücknahme gem § 45 in Betracht kommen. Die Beh ist an die Zusicherung dann nicht mehr gebunden, wenn sie bei Kenntnis der nachträglich eintretenden Änderungen die Zusicherung nicht mehr hätte abgeben dürfen (Bsp: Die rechtlichen Voraussetzungen für den zugesicherten Anspruch haben sich so geändert, dass sie der Vers nicht mehr erfüllen kann). Hat die nachträgliche Rechtsänderung keine Rückwirkung, so bleibt die Behörde gebunden (*BSG* SozR 3-1300 § 34 Nr 2). Problematisch ist die zweite Alternative: Ob die Zusicherung nicht mehr abgegeben worden wäre, kann nur beurteilt werden, wenn die Motive für die Zusicherung deutlich geworden sind. Häufig werden diese Eingang in Nebenbestimmungen gefunden haben, so dass es Abs 3 nicht bedarf; denn die Beh wäre bereits nach § 32 Abs 2 Nr 2 nicht mehr verpflichtet. Jedenfalls kommt es nicht auf den subjektiven, hypothetischen Willen der Beh an, den sie bei Kenntnis der nachträglichen Änderung gehabt hätte. Maßgeblich ist vielmehr, ob nach objektiver Betrachtungsweise sicher zu erwarten gewesen wäre, dass die Zusicherung nicht gegeben worden wäre (*Marschner* aaO § 34 Rz 38). Abweichend von den Regelungen über Rücknahme und Widerruf bedarf es im Falle des Abs 3 keiner Aufhebungsentscheidung, sondern die Folgen treten kraft Gesetzes ein.

§ 35 Begründung des Verwaltungsaktes

(1) [1]Ein schriftlicher oder elektronischer sowie ein schriftlich oder elektronisch bestätigter Verwaltungsakt ist mit einer Begründung zu versehen. [2]In der Begründung sind die wesentlichen tatsächlichen und rechtlichen Gründe mitzuteilen, die die Behörde zu ihrer Entscheidung bewogen haben. [3]Die Begründung von Ermessensentscheidungen muss auch die Gesichtspunkte erkennen lassen, von denen die Behörde bei der Ausübung ihres Ermessens ausgegangen ist.

(2) Einer Begründung bedarf es nicht,

1. soweit die Behörde einem Antrag entspricht oder einer Erklärung folgt und der Verwaltungsakt nicht in Rechte eines anderen eingreift,
2. soweit demjenigen, für den der Verwaltungsakt bestimmt ist oder der von ihm betroffen wird, die Auffassung der Behörde über die Sach- und Rechtslage bereits bekannt oder auch ohne Begründung für ihn ohne weiteres erkennbar ist,
3. wenn die Behörde gleichartige Verwaltungsakte in größerer Zahl oder Verwaltungsakte mit Hilfe automatischer Einrichtungen erlässt und die Begründung nach den Umständen des Einzelfalles nicht geboten ist,
4. wenn sich dies aus einer Rechtsvorschrift ergibt,
5. wenn eine Allgemeinverfügung öffentlich bekannt gegeben wird.

(3) In den Fällen des Absatzes 2 Nr. 1 bis 3 ist der Verwaltungsakt schriftlich oder elektronisch zu begründen, wenn der Beteiligte, dem der Verwaltungsakt bekannt gegeben ist, es innerhalb eines Jahres seit Bekanntgabe verlangt.

Literatur:

Benrath: Die Verständlichkeit des Verwaltungsakts, VerwArch 2011, 547; *Linder/Jahr*: Der unzureichend begründete Verwaltungsakt, JuS 2013, 673; *Schwab*: Folgen einer Verletzung der Begründungspflicht nach § 39 VwVfG, DÖD 1993, 249.

1. Allgemeines

§ 35 entspricht § 39 VwVfG und statuiert eine **allgemeine Begründungspflicht** 1 für grds alle VA auf dem Gebiet des Sozialleistungsrechts (vgl zu speziellen Begründungserfordernissen: *LSG Nds-Brem* Beschl v 1.9.2006 – L 8 AS 315/06 ER, NDV-RD 2007, 9 zu § 31 Abs 5 SGB II; vgl *LSG Hmb* Urt v 19.8.2015 – L 5 KA 62/13, zum Begründungsumfang eines Honorarbescheids im Vertragsarztrecht; zur fehlenden Begründungspflicht des untergesetzlichen Normgebers: *BSG* Beschl v 3.2.2010 – B 6 KA 8/09 B, er sei auch nicht „verpflichtet, Ermittlungen zum Zwecke treffsicherer bzw faktenorientierter Normgebung vorzunehmen"). Die Begründungspflicht lässt sich heute – unabhängig von der konkreten Rechtsgrundlage – aus **allgemeinen Rechtsgrundsätzen** ableiten (so *EuGH* EuZW 1998, 336). Die Begründung belastender VA – wie belastender Akte des Staates überhaupt – ist grundrechtlich motiviert, denn Belastungen greifen in (Grund-)Rechte der Adressaten ein und bedürfen der Rechtfertigung durch ein ermächtigendes Gesetz (vgl § 31 Rz 4). Ob der VA sich im Rahmen seiner Ermächtigung hält, kann oft nur anhand der Begründung beurteilt werden. Die Begründung ist ferner aus Gründen eines **effektiven Rechtsschutzes** erforderlich (vgl § 41 Abs 3), denn der Betroffene kann nur anhand der Begründung sachgerecht beurteilen, ob und ggf mit welcher Begründung ein Rechtsbehelf Aussicht auf Erfolg hat (*BVerfGE* 17, 83; 27, 38; 49, 66; *BSGE* 47, 3; 49, 66; *BSG* SozR 1300 Art 2 § 40 Nr 8; *BVerwGE* 38, 194; BT-Drucks 7/910, 60 zu § 39 VwVfG). Die Begründungspflicht dient allerdings auch den **Interessen der Verwaltung**, denn sie ist eine Form der **Selbstkontrolle** (*BSGE* 17, 83; *EuGH* EuZW 1997, 599). Außerdem dient sie schließlich der **Nachprüfung** der Verwaltungsentscheidung durch Gerichte (vgl zudem: § 136 Abs 3 SGG) und Aufsichtsbehörden (*BSGE* 27, 38; 88, 20). Auch deshalb kann der Adressat des VA auch nicht auf eine Begründung verzichten (s näher Rz 10).

2 **Abs 1 Satz 1** regelt einen Begründungszwang nur für **schriftliche oder elektronische VA** sowie für schriftlich oder elektronisch bestätigte VA („mit einer Begründung zu versehen"), nicht aber für mündliche VA oder Realakte. Eine Begründung ist dabei nicht nur bei belastenden, sondern auch bei begünstigenden VA erforderlich (Ausn: § 35 Abs 2 Nr 1). Die Begründung ist aber **kein konstitutiver Bestandteil des VA**, da sie § 31 nicht erwähnt (*Littmann* in Hauck/Noftz SGB X § 35 Rz 3) und erwächst deshalb nicht in Bestandskraft. Der Begründungszwang erstreckt sich auch auf **Nebenbestimmungen** (*Schroeder-Printzen/ Benkel* SGb 1990, 398 [399]). Die Begründungspflicht ist zT spezialgesetzlich geregelt (zB: § 85 Abs 3 SGG für den Widerspruchsbescheid) bzw § 35 wird analog angewendet (so *BSG* NZS 2010, 387 für die Anforderung von Behandlungsunterlagen durch den Medizinischen Dienst der Krankenversicherung). In **Abs 1 Satz 2 und 3** wird der notwendige Inhalt der Begründung festgelegt und **Abs 2** statuiert Ausnahmen vom Begründungszwang, wobei unter bestimmten Voraussetzungen (**Abs 3**) ein Beteiligter die Nachholung der Begründung verlangen kann. Daneben hat das **BSG** im Bereich der **vertragsärztliche Wirtschaftlichkeitsprüfung** – wegen der Besonderheiten in der Wirtschaftlichkeitsprüfung – einen Verstoß gegen § 35 Abs 1 auch dann angenommen, wenn der Bescheid des Beschwerdeausschusses **später als fünf Monate nach der Beschlussfassung** zum Zwecke der Zustellung zur Post gegeben wurde (*BSGE* 76, 300; ebenso: *BSG* 27.6.2001 – B 6 KA 5/01 B, nv). Im Übrigen wird diese Folge zT dann angenommen, wenn ein VA dem Beteiligten **später als ein Jahr nach Entscheidung** bekannt gegeben wird (*BSGE* 72, 214; *Krasney* KassKomm § 35 Rz 3; vgl auch *BSG* SozR 3-1300 § 35 Nr 7).

2. Art und Umfang der Begründung

3 Bei gebundenen Entscheidungen muss aus der Begründung ersichtlich sein, welche **tatsächlichen** und **rechtlichen** Gründe für die Entscheidung wesentlich waren (vgl *BSGE* 17, 83; 56, 55); formelhafte Floskeln oder Wiederholungen des ges Tatbestandes genügen nicht (vgl *BVerwGE* 12, 20; 22, 215; *BSG* SozR 1300 § 35 Nr 3; *BayLSG* SGb 1993, 174; vgl auch: *BSG* SozR 1300 Art 2 § 48 Nr 8; *LSG LSA* Urt v 11.10.2005 – L 2 AL 124/04, für eine Meldeaufforderung nach § 309 Abs 2 SGB III: eine genauere Konkretisierung könne auch in einem persönlichen Gespräch erfolgen). Der Umfang der Begründungspflicht richtet sich nach **den konkreten Verhältnisse des Einzelfalls** (BT-Drucks 7/910, 60; *BSGE* 94, 50: Geringere Anforderungen an Begründungen von Honorarbescheiden, weil sie sich an einen sachkundigen Personenkreis richten; *BSGE* 59, 30; 56, 55, 61; *BVerwG* ZfSH/SGB 1985, 411; *BVerwGE* 74, 196; vgl *Brühl* JuS 1994, 420 [433]). Wird die Kostenerstattung für eine Behandlung in einem nicht zugelassenen Krankenhaus abgelehnt, muss sich die KK zu den Voraussetzungen einer Notfallbehandlung äußern (§ 76 Abs 1 SGB V). **Nicht erforderlich ist allerdings, dass die Begründung sich mit allen Einzelheiten des Sachverhalts und Argumenten der Betroffenen auseinandersetzt** (vgl zu § 39 VwVfG: BT-Drucks 7/910, 60; für das Schwerbehindertenrecht: *Zeit*, SGb 1993, 614; zur Heilungsbewährung: *Jaeger* MedSach 1994, 47; zu Honorarkürzungsbescheiden: *BSGE* 94, 50; *BSG* Breih 2003, 801; *BSG* Breith 2004, 9; *BSGE* 66, 1; vgl auch: *LSG NRW* SGb 1998, 164; *BayVGH* ZBR 1992, 23; *SächsLSG* Urt v 15.6.2005 – L 2 AL 124/04). Maßstab ist jeweils, dass der Betroffene in die Lage versetzt wird, seine Rechte sachgemäß wahrzunehmen bzw zu verteidigen (*Engelmann* in von Wulffen/Schütze SGB X § 35 Rz 5 b). Da sich die Beh nach § 33 SGB I bei ihrer Entscheidung auch – soweit gesetzliche Regelungen dem nicht entgegenstehen – an den Wünschen des Berechtigten orientieren soll, muss sich ggf der insoweit ablehnende Bescheid auch hierzu äußern. Die Begründung muss von der Beh gegeben werden, die den VA erlassen hat (vgl *BSGE* 47, 5; *BSG* SozR 1500 § 85 Nr 7). Stammt der VA von einem beschließenden **Gremium** (zB Widerspruchsausschuss) muss die Begründung erkennen lassen, was den Ausschuss zu seiner Entscheidung bestimmt hat. Die nachträgliche Begründung eines nicht an der Beschlussfassung beteiligten ausführenden Beamten reicht nicht. Ist die Mitwirkung des Kollegialorgans nur Voraussetzung für de Erlas des eigentlichen VA, so muss diese Entscheidug nicht begründet werden (*BVerwGE* 105, 89 für Richterwahlausschuss).

3. Begründung bei Ermessensentscheidungen

Bei Ermessensentscheidungen bestehen **zusätzlich Anforderungen** an die Begründung (Abs 1 S 3; vgl hierzu: *LSG BW* Breith 2010, 93); eine analoge Anwendung auf unbestimmte Rechtsbegriffe, bei denen ein **Beurteilungsspielraum** eingeräumt ist, kommt nicht in Betracht, sondern die Anforderungen an die Begründung richten sich nach den allgemeinen Maßstäben in Abs 1 Satz 2 (*BSGE* 74, 70; *LSG NRW* Urt v 11.2.2009 – L 11 KA 98/08; *Engelmann* aaO § 35 Rz 11; aA aber: *BayLSG* SGb 1993, 174; *Ebsen* JbSozRGegenwart 1993, 393 [399]; *Kopp/Ramsauer* VwVfG § 39 Rz 28). Die Beh muss bei Ermessensentscheidungen die Gesichtspunkte mitteilen, von denen sie **bei der Ausübung des Ermessens** ausgegangen ist (*BSGE* 27, 34; 66, 204; *BSG* SozR 1300 § 44 Nr 22; *HessLSG* Urt v 9.10.2006 – L 9 AL 1200/03; *LSG BW* Breith 2010, 93). Entsprechend den Grenzen des Ermessens (vgl § 39 SGB I, § 54 Abs 2 Satz 2 SGG; zur allg Fehlerlehre vgl § 31 Rz 77; *Maurer* VerwR AT, § 7 II) muss aus der Begründung ersichtlich sein, dass sich die Beh bewusst war, Ermessen auszuüben und welche Gesichtspunkte sie (vgl auch § 2 Abs 2 SGB I) bei der Ausübung des Ermessens berücksichtigt (zur Amtsermittlungspflicht insoweit: *BSGE* 59, 157; Ausn: *BSGE* 67, 232; *BSG* SozR 3-1300 § 35 Nr 6) bzw wie sie diese gewichtet hat (vgl *BSG* SozR 3-2700 § 76 Nr 2; *Marschner* in Pickel/Marschner § 35 Rz 11). Andernfalls wäre nicht zu erkennen, ob sie vom Ermessen in **pflichtgemäßer**, dem Zweck der Ermächtigung entsprechender Weise (§ 54 Abs 2 S 2 SGG) Gebrauch gemacht und im Rahmen der Verhältnismäßigkeit (*BSGE* 87, 76) allgemeine Rechtsgrundsätze wie den Gleichheitssatz und das Sozialstaatsprinzip beachtet hat (BT-Drucks 7/910, 60; *BSGE* 27, 38; 64, 36; vgl auch *LSG BW* Breith 2010, 93; *Littmann* in Hauck/Noftz SGB X § 35 Rz 27).

Die Anforderungen an die Begründung nach Abs 1 Satz 3 sind verpflichtend („**muss**"). Das entspricht der gefestigten Rspr, wonach eine Ermessensentscheidung, welche die Gesichtspunkte für die Ausübung des Ermessens nicht erkennen lässt, idR aufzuheben ist (*BSGE* 27, 38; 48, 193; *BSG* MDR 1987, 700; *BSG* SozR 1300 § 45 Nr 39; *LSG RhPf* Urt v 31.5.2000 – 5 L 2 U 10/04; vgl BT-Drucks 8/4022, 82; vgl auch: *BSG* SozR 2200 § 1301 Nr 12; anders zB in Fällen des § 35 Abs 2: *BSG* DAngVers 1994, 286). Den Anforderungen nach Abs 1 Satz 3 genügt es nicht, wenn nur allgemein ausgeführt wird, dass keine Besonderheiten vorliegen und die dabei verwendeten Beurteilungsmaßstäbe nicht erkennbar sind (*BSG* SozR 1300 § 35 Nr 3; *LSG Bln* SGb 1992, 128). Ausführungen zum **Vertrauensschutz** genügen bei Rücknahmebescheiden nach § 45 den Anforderungen an die Ermessensbetätigung zB nicht, da der Vertrauensschutz bereits auf Tatbestandsebene zu beachten ist (*BSGE* 59, 157; vgl auch: *BSG* SozR 3-1300 § 50 Nr 16; hierzu: *Kowol* DAngVers 1994, 288).

4. Folgen fehlerhafter Begründung

6   Die Begründung kann die **formelle Rechtmäßigkeit des VA** betreffen (vgl § 41 **Abs 1 Nr 2**), nämlich dann, wenn sie **ganz fehlt** oder aber nur **unzureichend** (dem Umfang nach) in dem Bescheid wiedergegeben wird, obwohl sie tatsächlich dem Erlass des VA zugrunde lag. Bei einer Ermessensentscheidung führt eine fehlerhafte Begründung zur Rechtswidrgkeit des VA (*Littmann* in Hauck/ Noftz SGB X § 36 Rz 27). Im Übrigen wird häufig übersehen, dass es für die formelle Seite nicht darauf ankommt, ob die Begründung den Adessaten überzeugt (vgl *BSG* SozR 4-3300 § 89 Nr 1; enger, nämlich auf das Fehlen einer Begründung beschränkend: *BVerwGE* 61, 200; 68, 143; 75, 119; ebenso *Brischke* DVBl 2002, 429 [429]). Die **Richtigkeit bzw Tragfähigkeit der Begründung** betrifft nicht das formelle Begründungserfordernis, sondern die **materielle Rechtmäßigkeit** des VA (*BSG* Urt v 7.9.2006 – B 4 RA 43/05 R; *BSG* SozR 4-5910 § 92 c Nr 1; vgl auch *LSG Nds-Brem* Beschl v 28.8.2008 – L 14 P 13/09 ER) und ist vom Gericht unter Zugrundelegung einschlägiger Rechtsvorschriften und rechtserheblicher Tatsachen zu prüfen (vgl *BVerwG* NVwZ 1990, 673; *BVerwG* NVwZ-RR 1989, 528; *Schenke* VerwArch 1999, 232 [239]; *Schmidt* in Eyermann VwGO § 113 Rz 22). Unrichtige Begründungen können nicht **analog § 41 Abs 1 Nr 2** korrigiert werden (vgl hierzu: *Schenke* VerwArch 1999, 232 [237 f]) und betreffen auch nicht § 42 Satz 1 (*BSG* Urt v 7.9.2006 – B 4 RA 43/05 R; *BSGE* 94, 50; *SächsLSG* Urt v 15.6.2005 – L 2 AL 124/04).

7   Bei **gebundenen** Entscheidungen rechtfertigt eine unterbliebene oder fehlerhafte Begründung nicht die Aufhebung, wenn offensichtlich ist, dass die Verletzung die Entscheidung in der Sachen nicht beeinflusst hat (§ 42); die Begründung kann auch **nachgeholt** bzw nachgebessert werden (vgl § 41 Abs 1 Nr 2, Abs 2; *LSG Hmb* NZS 2010, 45; aA *LSG Bln-Bbg* Urt v 29.11.2005 – L 22 KN 25/03, für einen Rücknahmebescheid nach §§ 48, 50; *LSG Nds-Brem* Beschl v 31.5.2006 – L 8 AS 205/06 ER, für Rücknahmebescheide nach §§ 45, 50 – allerdings handelt es sich um Ermessensentscheidungen, so zutreffend: *LSG RhPf* Urt v 31.5.2005 – L 2 U 10/04; vgl auch *Marschner* aaO SGB X § 35 Rz 39). Bei **Ermessensentscheidungen** ist zu differenzieren: In Fällen einer sog **Ermessenreduzierung auf null** sind ErmessensVA nicht anders zu behandeln als gebundene Entscheidungen (vgl *BSGE* 59, 30; *BVerwGE* 62, 108, 116; 78, 101). Im Übrigen galt **bis zum 31.12.2000** auf der Grundlage des § 41 **Abs 2 aF**, dass die Begründung nur bis zum Abschluss des Vorverfahrens bzw bis zur Klageerhebung nachgeholt werden konnte; sie musste auch nachgeholt werden, weil die Unbeachtlichkeitsregel in § 42 aF nicht zur Anwendung kam.

8   **Gem § 41 Abs 2** kann die Begründung bis zum Abschluss der letzten Tatsacheninstanz nachgeholt bzw nachgebessert werden (vgl auch **§ 114 Abs 2 SGG**). Be-

gründungsdefizite können somit entgegen der früheren Rechtslage auch im gerichtlichen Verfahren noch geheilt werden (die Beh kann dann allerdings mit den Kosten des Klageverfahrens belastet werden, vgl *BSGE* 88, 274). Ob das auch für **Ermessensentscheidungen** gilt, ist umstr (dafür: *LSG NRW* Beschl v 20.10.2008 – L 20 AS 19/07; *LSG NRW* Beschl v 9.6.2008 – L 7 B 140/08 AS; dagegen: *LSG BW* Urt v 29.9.2008 – L 1 U 1249/08; *LSG Bln-Bbg* Urt v 12.2.2008 – L 2 U 221/06; iE ebenso: *SächsLSG* Beschl v 28.4.2008 – L 3 AS 110/08 AS-ER). Jedenfalls kann dies nur für solche Erwägungen gelten, die bei der Entscheidungsfindung auch vorlagen (vgl *Littmann* aaO § 35 Rz 57). Allerdings kommt nach der **Neufassung des** § 42 die Folgenlosigkeit von Begründungsmängeln auch bei Ermessensentscheidungen in Betracht (vgl BT-Drucks 13/1445, 7 zu § 46 VwVfG). Diese vom Gedanken der **Verfahrensökonomie bzw -beschleunigung** getragenen Gesetzesänderungen (krit im Hinblick auf die Tauglichkeit der Änderungen zur Zielerreichung ua: *Sachs* in Stelkens/Bonk/Sachs VwVfG § 45 Rz 39; *Hatje* DÖV 1997, 477 ff), die im VwVfG bereits 5 Jahre früher stattfanden (§§ 45 Abs 2, 46 VwVfG), stoßen in der Lit auf (verfassungsrechtliche) Bedenken (*Felix* NZS 2001, 341 [insb 343 ff]); vgl hierzu auch die Kommentierung von § 41.

5. Ausnahmen vom Begründungszwang

Abs 2 regelt abschließend (vgl *Littmann* aaO § 35 Rz 32; *Engelmann* aaO § 35 Rz 13; aA *Kopp/Ramsauer* § 39 Rz 14) die Fälle, in denen die Begründungspflicht nicht besteht. Als **Ausnahmeregelungen** sind sie eng auszulegen (*Marschner* aaO § 35 Rz 13). Im Hinblick auf Abs 3 handelt es sich nur bei Abs 2 Nr 4 und 5 um „echte" Ausnahmen. Der **Verzicht** auf eine Begründung ist nicht geregelt und daher auch nicht zulässig, weil befürchtet wurde, dass seine Zulassung in der Praxis zum **Formularverzicht** hätte führen können (BT-Drucks 7/910, 61). Allerdings könnte bei einem Verzicht eine Ausnahme nach Abs 2 Nr 2 in Frage kommen. Ob ein VA in den Fällen des Abs 2 dennoch begründet wird, liegt im **Ermessen** der Beh.

9

Nach **Nr 1** bedarf es keiner Begründung, soweit die Beh **einem Antrag entspricht oder einer Erklärung folgt und der VA nicht in Rechte eines Dritten eingreift**. Grund für die Freistellung vom Begründungszwang ist, dass es idR an einer Beschwer fehlt und Rechtsschutz nicht in Betracht kommt. Dem Antrag wird dann **entsprochen**, wenn der Antragsteller das Beantragte in vollem Umfang erhält (Bsp: Das beantragte Hilfsmittel gem § 33 SGB V wird bewilligt). Wenn die Beh allerdings nur dem Hilfsantrag stattgibt (zB Vollrente statt Teilrente, § 42 SGB VI), so ist eine Begründung erforderlich (Marschner aaO § 35 Rz 17). Unter **Erklärungen** sind tatsächliche Angaben und Sachausführungen zu verstehen. Die Beh **folgt** einer Erklärung, wenn sie die Angaben und Sachausführungen – gleich, ob nach oder ohne eigene Ermittlungen – dem VA zugrundelegt. Aus der Formulierung „**soweit**" ist abzuleiten, dass sich die Ausnahme von der Begründungspflicht auf Teile des VA beschränken kann (*Engelmann* aaO § 35 Rz 14). Erhält der Antragsteller zB zwar das beantragte Hilfsmittel, wird aber ein Eigenbeteiligung in Höhe der Kosten für einen Gebrauchsgegenstand des täglichen Lebens verlangt (Bsp: Abzug für ein Fahrrad bei einem sog „Copilot-Therapie-Tandem", *BSG* SozR 3-2500 § 33 Nr 28; einschränkend: *BSG* SozR 3-2500 § 33 Nr 32; vgl auch *BSG* Breith 2003, 701), so ist nur der Eigenanteil zu begründen. Obwohl die Interessenlage bei einem begünstigenden VA vergleichbar ist, ist Nr 1 nach dem eindeutigen Gesetzeswort-

10

laut insoweit nicht analog anzuwenden (*Littmann* aaO § 35 Rz 36; *Kopp/Ramsauer* § 39 Rz 35).

11 Nach Abs 2 **Nr 2** ist der VA nicht zu begründen, soweit demjenigen, für den der VA bestimmt ist oder der von ihm betroffen wird, die Auffassung der Behörde über die Sach- und Rechtslage bereits bekannt oder auch – ohne Begründung – für ihn ohne weiteres erkennbar ist (vgl *BSG* NJW 2003, 691: Keine Begründung erforderlich, wenn Kläger den Versicherungsträger auffordert, einen VA zu erlassen, um eine gerichtl Klärung herbeiführen zu können). Denn die Begründung hat ausschließlich den Zweck, den Bürger zu informieren, aus welchen Gründen der VA erlassen worden ist, damit er seine Rechte sachgemäß geltend machen kann. Kennt er die Gründe aber bereits, so kann ohne Nachteile für den Betroffenen auf eine Begründung verzichtet werden. Aus der Formulierung „ohne weiteres erkennbar" ist allerdings abzuleiten, dass bezüglich der Erkennbarkeit ein strenger Maßstab anzulegen ist, da andernfalls die Gefahr besteht, dass die Vorschrift zur Umgehung des Begründungszwangs führt (*BSG* SozR 4-1200 § 52 Nr 5; *Engelmann* aaO § 35 Rz 14). Ein Fall von Abs 2 Nr 2 liegt zB vor, wenn die Begründung für den zu erwartenden VA bereits im Rahmen einer Zusicherung nach § 34 SGB X gegeben worden ist. Es genügt allerdings nicht, wenn dem Beteiligten nur der Sachverhalt bekannt ist, nicht aber auch die Rechtslage (*Marschner* aaO § 35 Rz 19). Eine nähere Begründung ist zB entbehrlich, wenn die Beh bereits in einem Anhörungsschreiben nach § 24 SGB X alle wesentlichen Gesichtspunkte genannt und der Betroffene keine zusätzlichen Angaben gemacht hat.

12 Erlässt die Beh **gleichartige** (zum Begriff der Gleichartigkeit vgl § 24 Rz 17) VA in größerer Zahl oder VA mit Hilfe **automatischer Einrichtungen** und ist die Begründung nach den Umständen des Einzelfalls nicht geboten, so kann nach **Abs 2 Nr 3** auf die Begründung ebenfalls verzichtet werden. Eine Begründung ist danach **nicht geboten**, wenn der VA ohne weiteres aus sich heraus verständlich ist. Gerade bei „**Formularbescheiden**" sollte der Begründungszwang ausgeschlossen werden, um die Verwaltung nicht mit überflüssigen Förmlichkeiten zu belasten. Bei mit EDV-Anlage erlassenen VA ist unter den Voraussetzungen des § 33 Abs 4 zur Begründung die **Verwendung von Schlüsselzeichen** möglich. Wann von einer **größeren Zahl** von Bescheiden auszugehen ist, ist unklar und auch der Entstehungsgeschichte der Norm nicht zu entnehmen. Man wird auf einen zeitlichen Zusammenhang der größeren Zahl von Bescheiden abzustellen haben, die im Übrigen aber in verschiedenen VerwVerfahren und an verschiedene Adessaten ergehen können. Entscheidend ist, dass ihnen eine **gleiche Sach- und Rechtslage** zugrunde liegt (vgl *Littmann* aaO § 35 Rz 42).

13 Gemäss **Abs 2 Nr 4** bedarf es einer Begründung ferner nicht, wenn sich dies aus einer Rechtsvorschrift ergibt. Als **Rechtsvorschriften** kommen Bundes- und Landesgesetze, Rechtsverordnungen oder Satzungen in Betracht, aufgrund derer eine Begründung nicht notwendig ist. Die Rechtsvorschrift muss allerdings **ausdrücklich** vorsehen, dass eine Begründung nicht erfolgen muss (wie hier: *Marschner* aaO § 35 Rz 25; *Engelmann* aaO § 35 Rz 17; aA *Kopp/Ramsauer* VwVfG § 39 Rz 50; *Henneke* in Knack § 39 Rz 18, wonach das Absehen von der Begründung ebenso aus Sinn und Zweck der Regelung folgen kann).

14 Nach **Abs 2 Nr 5** braucht eine **Allgemeinverfügung,** die öffentl bekanntgegeben wird, nicht begründet zu werden. Das Motiv für diese Ausnahme ist mit dem für die Ausnahme nach Abs 2 Nr 3 vergleichbar (BT-Drucks 7/910, 61). Deshalb ist auch hier zu verlangen, dass die Allgemeinverfügung ohne weiteres aus sich heraus verständlich ist.

6. Nachholen der Begründung

Grds werden Begründungen zusammen mit der Entscheidung nach § 37 be- **15**
kanntgegeben, wenn sie nicht überhaupt nach Abs 2 entbehrlich sind. **Abs 3**
schränkt die Ausnahmen von der Begründungspflicht ein. Denn anders als nach
§ 39 VwVfG ist nach Abs 3 die Begründung in den Fällen des Abs 2 Nr 1-3
nachzuholen. Voraussetzung hierfür ist ein **Verlangen** des Beteiligten **innerhalb**
eines Jahres seit Bekanntgabe, den VA schriftlich oder elektronisch zu begründen. Mit Abs 3 wird das besondere **Informationsinteresse** des Bürgers an den
Gründen für den VA betont (BT-Drucks 8/4022, 82). Dem Informationsinteresse wird größere Bedeutung beigemessen als der **Verwaltungsvereinfachung**,
die ursächlich für Ausnahmen nach Abs 2 Nr 1-3 ist. Die schriftliche oder elektronische Begründung kann allein von einem Beteiligten iSv § 12, dem der VA
bekannt zu geben (vgl § 37) ist, verlangt werden, nicht von einem Dritten.

§ 36 Rechtsbehelfsbelehrung

Erlässt die Behörde einen schriftlichen Verwaltungsakt oder bestätigt sie schriftlich einen Verwaltungsakt, ist der durch ihn beschwerte Beteiligte über den
Rechtsbehelf und die Behörde oder das Gericht, bei denen der Rechtsbehelf anzubringen ist, deren Sitz, die einzuhaltende Frist und die Form schriftlich zu belehren.

Literatur:

Rieker: Die unrichtige Rechtsbehelfsbelehrung im sozialgerichtlichen Verfahren, NZS
2012, 814; *Ulmer*: Von fehlenden, unwichtigen und irreführenden Rechtsmittelbeleh-
rungen, SGb 1998, 575; *Zeihe*: Folgen der Belehrung über ein falsches Rechtsmittel –
Auseinandersetzung mit der Rechtsprechung des Bundesverwaltungsgerichts, SGb
1998, 259.

1. Allgemeines

§ 36, der in § 37 Abs 6 VwVfG sein zeitgemäßeres Pendant findet, hat – ähn- **1**
lich der Begründungspflicht nach § 35 – die Funktion, dem durch einen VA Betroffenen den **Rechtsschutz** zu erleichtern und findet seine grundrechtliche Stütze in dem aus **Art 19 Abs 4 GG** abzuleitenden Anspruch auf Gewährung effektiven Rechtsschutzes (*Stelkens* in Stelkens/Bonk/Sachs VwVfG § 37 Rz 145).
Mit der Rechtsbehelfsbelehrung soll der Betroffene die notwenigen Informationen zum Ingangsetzen des Rechtsbehelfverfahrens (vgl *BSG* SozR 1500 § 66
Nr 8: nur die ersten Schritte) erhalten, denn er soll in die Lage versetzt werden,
ohne die Hinzuziehung weiterer Hilfsmittel den Rechtsbehelf selbst einzulegen
(*Mutschler* in KassKomm § 36 SGB X Rz 2). Die Rechtsbehelfsbelehrung ist
kein begriffskonstitutiver Bestandteil des VA iSv § 31, sondern eine notwendige
Ergänzung. Eine fehlende Rechtsbehelfsbelehrung führt deshalb auch nicht zur
Rechtswidrigkeit des VA (vgl *Kopp/Schenke*VwGO § 58 Rz 3; *Stelkens* aaO
§ 37 Rz 163; *Wolff/Bachof/Stober* aaO Rz 45). § 36 fasst die ehemals im Sozialrecht verstreuten Vorschriften über die Rechtsbehelfsbelehrungspflicht bei

schriftlichen (oder seit 28.8.2002: elektronischen, § 36 a Abs 2 SGB I) VA zusammen (**redaktionelle Konzentration**). Die Bestimmung wird durch Regelungen in den einschlägigen gerichtl Verfahrensordnungen (vgl § 66 SGG, § 58 VwGO, § 55 FGO) ergänzt, wonach eine fehlerfreie Rechtsbehelfsbelehrung Voraussetzung für den Lauf der Rechtsbehelfsfrist ist. Für die **Widerspruchsbescheide** ergibt sich eine entsprechende Regelung aus § 85 Abs 3 SGG bzw § 73 Abs 3 VwGO (lex specialis).

2. Voraussetzungen für die Rechtsbehelfsbelehrung

2   Eine Rechtsbehelfsbelehrung ist zu erteilen, wenn die Beh einen schriftlichen oder elektronischen VA erlässt bzw einen VA schriftlich oder elektronisch bestätigt und dieser einen Beteiligten beschwert. Der Begriff **Beh** ergibt sich aus § 1 Abs 2 (§ 1 Rz 9 ff). Die Pflicht („ist") zur Erteilung einer Rechtsbehelfsbelehrung bezieht sich nur auf **schriftliche bzw elektronische (§ 36 a Abs 2 SGB I) VA** und mündliche VA dann, wenn sie gem § 33 Abs 2 Satz 2, 3 **schriftlich oder elektronisch bestätigt** werden. Im Übrigen sind **mündliche VA** weder schriftlich bzw elektronisch, noch mündlich mit einer Rechtsbehelfsbelehrung zu versehen. Problematisch ist, dass die den § 36 ergänzenden § 66 SGG, § 58 VwGO sich auf VA in jeglicher Form beziehen, mithin auch **mündliche VA** erfassen (*BVerwG* RiA 1985, 46); das wirkt sich in der Praxis allerdings kaum aus. Zum einen sind insbesondere belastende mündliche VA im Sozialrecht selten. Zum anderen ist hier davon auszugehen, dass mündliche VA ohne Rechtsbehelfsbelehrung nach § 66 SGG, § 58 VwGO nur eine einjährige Rechtsbehelfsfrist in Gang setzen. Beabsichtigt der Betroffene, gegen einen mündlichen VA einen Rechtsbehelf einzulegen, so wären stets die Voraussetzungen für eine schriftliche oder elektronische Bestätigung nach § 33 Abs 2 Satz 2, 3 gegeben. Erkennt die Beh, dass der Betroffene mit einem mündlichen VA nicht einverstanden ist, so hat sie dies als „Verlangen" iSv § 33 Abs 2 Satz 2 zu werten, den VA schriftlich oder elektronisch zu bestätigen und mit einer Rechtsbehelfsbelehrung zu versehen.

3   Die Beh muss den VA bereits **erlassen** haben. Aus § 36 ist allerdings nicht zu folgern, dass die Rechtsbehelfsbelehrung **zusammen mit dem VA** erteilt werden muss (*Engelmann* in von Wulffen/Schütze SGB X § 36 Rz 13). Sie kann vielmehr auch nachgereicht werden (*BVerwG* BayVBl 1999, 188). Der Lauf der Frist beginnt dann aber erst mit der Bekanntgabe der Rechtsbehelfsbelehrung. Wer **Beteiligter** des Verwaltungsverfahrens iS des § 36 sein kann, ergibt sich aus § 12 Abs 1. Die Rechtsbehelfsbelehrung ist – entgegen der ursprüngliche Absicht der BReg (BT-Drucks 8/2034, 62) – nur dem durch VA **beschwerten Beteiligten** zu erteilen, da in Fällen, in denen der Antragsteller nicht beschwert ist, ein Rechtsschutz nicht gegeben und die Belehrung deshalb überflüssig ist (BT-Drucks 8/2034, 33). Mit der **Beschwer** wird ein prozessrechtlicher Begriff eingeführt (§ 54 Abs 1, 2 SGG). Eine Beschwer ist gegeben, wenn dem Begehren eines Beteiligten (Antragsteller iSv § 12 Abs 1 Nr 1) im VA nicht in vollem Umfang entsprochen wird oder in die Rechtsposition eines Beteiligten iS des § 12 Abs 1 Nr 1 (Antragsgegner), Nr 2 oder Nr 4 eingegriffen wird (*Engelmann* aaO § 36 Rz 5). Ob tatsächlich eine Beschwer vorliegt, ist oft **schwierig zu beurteilen**, da auch Begünstigungen häufig mit Belastungen verbunden sind (Bsp: Der Antragsteller erhält das beantragte KrG oder AlG, aber bei der Leistungshöhe werden die Beiträge aus Einmalzahlungen nicht berücksichtigt: *BVerfG* NZS 2000, 345; *BVerfGE* 92, 53; hierzu: *Schlegel* NZS 1997, 201; *Ebsen* NZS 1997, 441; *Waschull* SGb 2000, 602; *ders* NZS 2001, 113). Daher sollte im

Zweifel eine Rechtsbehelfsbelehrung erteilt werden. Liegt tatsächlich keine Beschwer vor, so ist der Rechtsbehelf dann idR unzulässig.

3. Begriff der Rechtsbehelfsbelehrung

Unter dem Begriff „Rechtsbehelf" ist der **Anspruch** des Betroffenen auf materielle oder formelle Nachprüfung eines VA oder einer gerichtl Entscheidung zu verstehen (*Keller* in Meyer-Ladewig/Keller/Leitherer SGG § 66 Rz 2). Der Begriff **Rechtsmittel** ist demgegenüber der engere Begriff, denn er umfasst nur diejenigen Rechtsbehelfe, die auf eine Überprüfung einer gerichtl Entscheidung durch eine höhere Instanz gerichtet sind (Berufung, §§ 143 ff SGG; Revision, §§ 160 ff SGG; Beschwerde, §§ 172 ff SGG). Die Rechtsbehelfe sind, auch soweit es sich nicht um eine gerichtliche Überprüfung handelt, in den einschlägigen **Prozessordnungen** geregelt. Neben den Rechtsmitteln ist als Rechtsbehelf noch die Klage (§§ 87 ff) und – als außergerichtlicher Rechtsbehelf – der Widerspruch (§§ 83 ff) anzusehen. Bei der **Wiedereinsetzung in den vorigen Stand** handelt es sich um einen unselbstständigen Rechtsbehelf im Rahmen von Widerspruch und Klage (*Keller* aaO Rz 2). Eine **Dienstaufsichtsbeschwerde** ist kein Rechtsbehelf iSv § 36. Gleiches gilt für die **Petition** (Art 17 GG), die **Verfassungsbeschwerde** (Art 93 Abs 1 Nr 4 a GG), die Gegenvorstellung und den **Antrag auf Rücknahme oder Widerruf eines VA nach §§ 44 ff**; eine Belehrungspflicht folgt in diesen Fällen auch nicht aus den §§ 13 ff SGB I. **4**

4. Inhalt der Rechtsbehelfsbelehrung

§ 36 legt den **Mindestinhalt** der Rechtsbehelfsbelehrung fest: den Rechtsbehelf, die Behörde oder das Gericht, bei denen der Rechtsbehelf anzubringen ist, deren Sitz, die einzuhaltende Frist und schließlich die Form. Die Rechtsbehelfsbelehrung ist **in deutscher Sprache** abzufassen (§ 19 Abs 1). Das gilt auch bei Ausländern, denn diese haben keinen Anspruch auf eine Belehrung in ihrer Heimatsprache (*BVerfGE* 42, 125; *BSG* SozR 1500 § 61 Nr 1). Wenn allerdings eine Rechtsbehelfsfrist wegen mangelnder Sprachkenntnisse versäumt wird, dann kann eine Wiedereinsetzung in den vorigen Stand gem § 67 SGG in Betracht kommen (*BVerfGE* 42, 125; *BSG* Breith 1976, 517). Bedenken gegen die zusätzliche Beifügung einer **Übersetzung der Rechtsbehelfsbelehrung** in der jew Heimatsprache der Betroffenen bestehen zudem nicht (*Engelmann* aaO § 36 Rz 12). Genügen diese nicht den Anforderungen des § 36, so treten nicht die Folgen nach §§ 66 Abs 2 SGG, 58 Abs 2 VwGO ein, sondern es kann allenfalls zu einer Wiedereinsetzung kommen. Eine Rechtsmittelbelehrung muss vollständig, richtig und widerspruchsfrei sein (vgl *BSG* Beschl v 6.10.2011 – B 14 AS 55/11 B). **Allgemeiner Maßstab** für die Richtigkeit der Rechtsbehelfsbelehrung ist, dass sie den Betroffenen zuverlässig über die Möglichkeiten der Rechtsverfolgung informieren. Sie müssen deshalb **klar und verständlich** abgefasst sowie auf den notwendigen Inhalt beschränkt sein und dürfen nicht irreführen (*BSG* SozR § 66 SGG Nr 3; *BSG* SozR 1500 § 93 Nr 1; *BVerwGE* 25, 191; *BVerwG* NJW 1991, 508). Dabei ist allerdings nicht auf den jew „Empfängerhorizont" abzustellen (*BSG* Breith 1984, 911). **5**

Ein **allgemeiner Hinweis** auf die Möglichkeit eines Rechtsbehelfs überhaupt (Bsp: „Sie haben die Möglichkeit, diese Entscheidung überprüfen zu lassen"; „sollten Sie mit dieser Entscheidung nicht einverstanden sein, so wenden Sie sich an uns") ist nicht ausreichend, ebenso wenig ein Hinweis auf die die Rechtsbehelfe regelnden Vorschriften (*BSG* SozR § 66 SGG Nr 23; vgl auch für den Fall der Aushändigung eines allgemeinen Merkblatts: *BSGE* 3, 112). Der **6** bzw die in Frage kommenden **Rechtsbehelfe** müssen vielmehr genau bezeichnet weden (zB: „Gegen diesen Bescheid können Sie Widerspruch einlegen"; vgl auch *BGH* DVBl 1999, 777). Ebenso muss die **Beh** oder das **Gericht**, bei welchem der jeweilige Rechtsbehelf einzulegen ist, mit vollständigem Namen und Anschrift (Ort, Straße und Hausnummer) angegeben werden (nach *BSG* SozR 1500 § 66 Nr 9 muss bei einem Gericht neben der Strasse nicht auch die Hausnummer angegeben werden; vgl auch: *LSG BW* Breith 1971, 74); die Angabe eines **Postschließfachs** genügt nicht (*SächsOVG* LKV 1997, 228).

Bsp: Verweist die Behörde in ihrer Rechtsbehelfsbelehrung auf eine „oben genannte Stelle", dann ist das nur ausreichend, wenn ohne Weiteres erkennbar ist, um welche Stelle es sich handelt; daran fehlt es, sofern im Text mehrere Stellen genannt sind (*SG Karlsruhe* GB v 7.2.2007 – S 5 AS 3454/06; *LSG BW* Urt v 17.3.2006 – L 8 AS 4314/05, NZS 2006, 441).

Kommen Rechtsbehelfe alternativ in Betracht, so muss über **Wahlmöglichkeiten belehrt** werden (*BSG* SozR 2200 § 1291 Nr 25), nicht allerdings über sog „**Auch-Möglichkeiten**" (vgl *BSG* Breith 1984, 911; *BSGE* 51, 202).

7   Aus der Belehrung muss die für die Einlegung des Rechtsbehelfs **einzuhaltende Frist** hervorgehen (die Widerspruchsfrist beträgt nach § 84 Abs 1 SGG 1 Monat, außerhalb des Geltungsbereichs des SGG: 3 Monate nach Bekanntgabe). Hierzu gehört allerdings weder der (vorab nur schwer bestimmbare) **konkrete Beginn der Frist**, noch das **Fristenende** (vgl auch *BVerfGE* 31, 388). Dass aber dennoch mitzuteilen ist, wonach sich der **Fristenbeginn** bemisst, folgt nicht aus dem Tatbestandsmerkmal „einzuhaltende Frist", sondern aus dem Merkmal „Rechtsbehelf", denn in den jeweiligen Regelungen im SGG und der VwGO ist geregelt, wonach sich der Fristenbeginn bemisst. Wenn zB der Widerspruchsbescheid bekanntzugegeben ist (Widerspruchsbescheide müssen nach § 85 Abs 3 Satz 1 nF SGG nicht mehr zugestellt werden) und die Frist mit der Bekanntgabe des Widerspruchsbescheids zu laufen beginnt, so ist dies in der Belehrung mitzuteilen (vgl *BSG* SozR § 66 SGG Nr 32); bei der Zustellung mittels **eingeschriebenem Brief** ist es nicht notwendig darauf hinzuweisen, dass der Bescheid erst mit dem Dritten Tag nach Aufgabe zur Post als zugestellt gilt (*BSG* SozR 3-1500 § 66 Nr 2: „nach Zustellung" reicht aus; *BSG* Breith 1994, 68; *Engelmann* aaO § 36 Rz 9). Es ist auch nicht erforderlich darauf hinzuweisen, dass fristwahrend der Rechtsbehelf auch bei sonstigen Gerichten oder Beh (§§ 91 Abs 1, 84 Abs 2 SGG) oder ggf bei ausländischen Versicherungsträgern eingereicht werden kann (*BSG* NZS 1998, 254; *LSG RhPf* Breith 1976, 1599; anders noch: *BSG* SozR 1500 § 92 Nr 2; *BSG* Breith 1976, 517; *BSGE* 51, 202). Wenn auf diese Möglichkeit hingewiesen wird, so führt das indes nicht zur Fehlerhaftigkeit der Belehrung, soweit der Hinweis vollständig, richtig und verständlich ist. Eine Rechtsbehelfsbelehrung, nach welcher binnen eines Monats nach „Zustellung" Widerspruch eingelegt werden kann, ist auch bei einem nur bekanntzugebenden Bescheid nicht unrichtig, doch beginnt dann die Widerspruchsfrist erst von dem Zeitpunkt an zu laufen, zu dem der Bescheid nach Verwaltungszustellungsrecht zugestellt wird oder als zugestellt gilt (*BSG* SozR 1500 § 84 Nr 6; vgl auch für den umgekehrten Fall: *BSG* Breith 1997, 571; *OVG NRW* NJW 1973, 165). Wird eine andere als die gesetzliche Frist angegeben, so ist die Rechtsbehelfsbelehrung **unrichtig**. Dies gilt selbst dann, wenn die gesetzliche Frist verlängert wird (*BSGE* 69, 9 [11] mwN, str).

8   § 36 verlangt auch eine **Belehrung über die Form des einzulegenden Rechtsbehelfs**. Kann der Rechtsbehelf auch zur Niederschrift des Urkundsbeamten der Geschäftsstelle des zuständigen Gerichts erfolgen (§ 84 Abs 1 Satz 1 SGG für

den Widerspruch und § 90 SGG für die Klage), so muss in der Belehrung darauf hingewiesen werden (*BSGE* 7, 16; *BSG* Breith 1976, 517). Eine Rechtsbehelfsbelehrung ist allerdings nicht dann unrichtig, wenn in ihr die Belehrung darüber fehlt, dass die Klageschrift den angefochtenen VA bezeichnen, einen bestimmten Antrag enthalten und die zur Begründung dienenden Tatsachen und Beweismittel angeben soll (*BSG* SozR § 1500 § 66 Nr 8; *BayLSG* NZS 2012, 639; vgl auch: *BVerwGE* 37, 85, wonach nicht der Eindruck erweckt werden darf, der Rechtsbehelf müsse einen **bestimmten Antrag** enthalten). Die Belehrung ist unrichtig, wenn sie den Hinweis enthält, dass Klage innerhalb der Klagefrist zu **begründen** ist (*BVerwGE* 57, 188). Als zulässig ist allerdings der Zusatz angesehen worden, es sei „tunlich", den Widerspruch zu begründen und einen bestimmten Antrag zu stellen (*BVerwG* NJW 1982, 300). Enthält die Klage den Zusatz, dass nach § **93 SGG** die Klageschrift, sonstige Schriftsätze sowie alle der Klage beigefügten Unterlagen in doppelter Ausfertigung einzureichen sind, so ist sie unrichtig, denn sie erschwert die Erhebung der Klage (*BSG* SozR 1500 § 93 Nr 1).

5. Folgen fehlerhafter oder unterbliebener Belehrungen

Fehlt die Rechtsbehelfsbelehrung ganz oder wird sie fehlerhaft erteilt, so führt das nicht zur Rechtswidrigkeit des VA, sondern nach §§ 66 Abs 2 SGG, 58 Abs 2 VwGO **verlängert** sich die Frist für die Einlegung des Rechtsbehelfs **auf ein Jahr** (vgl auch *LSG BW* ASR 2010, 123); wird hingegen der VA einem Beteiligten gar nicht zugestellt, so wird für diesen gar keine Rechtsbehelfsfrist in Gang gesetzt (allerdings kann sich eine Begrenzung aus den **Grundsätzen der Verwirkung** ergeben). Mängel der Rechtsbehelfsbelehrungen führen mithin nicht dazu, dass die nicht disponiblen Regelungen der Rechtsbehelfe entsprechend der fehlerhaften Belehrung angepasst werden (*BSGE* 69, 9; aA *LSG Bln* Breith 1977, 659). Enthält die Rechtsbehelfsbelehrung zB ein falsches Gericht, so wird das Gericht nicht – unter Umgehung der Regelungen über die örtliche, sachliche oder funktionelle Zuständigkeit – zuständig; wird eine zu lange Frist genannt, so verlängert sich die Frist nicht dementsprechend, sondern es gilt die Jahresfrist.

9

Es kommt für die Unrichtigkeit der Rechtsbehelfsbelehrung und die dadurch verlängerte Rechtsbehelfsfrist nicht darauf an, **ob es überhaupt oder gerade durch die Unrichtigkeit zu einer Fristversäumung kommt** (*BSG* SozR 1500 § 66 Nr 33). Unbeachtlich ist auch, dass im Fall einer falsch bezeichneten Beh und eines tatsächlich nicht zuständigen Gerichts dort jedenfalls eine fristwahrende Einlegung des Rechtsbehelfs (vgl § 16 SGB I, §§ 91, 84 Abs 2 SGG) möglich ist (*BSG* SozR § 66 SGG Nr 15). Unerheblich ist auch, ob der Beschwerte die zutreffende Rechtsmittelfrist kannte. Entscheidend ist allein, dass die Rechtsbehelfsbelehrung unrichtig ist und deshalb **abstrakt** die Möglichkeit eines Kausalzusammenhangs zwischen unrichtiger Belehrung und einem Rechtsbehelfsverlust nicht auszuschließen ist (*BSG* SozR 1500 § 66 Nr 33; *BVerwGE* 57, 188; *Grube* in Schlegel/Voelzke, jurisPK-SGB X, § 36 Rz 40).

10

§ 37 Bekanntgabe des Verwaltungsaktes

(1) [1]Ein Verwaltungsakt ist demjenigen Beteiligten bekannt zu geben, für den er bestimmt ist oder der von ihm betroffen wird. [2]Ist ein Bevollmächtigter bestellt, kann die Bekanntgabe ihm gegenüber vorgenommen werden.

(2) [1]Ein schriftlicher Verwaltungsakt, der im Inland durch die Post übermittelt wird, gilt am dritten Tag nach der Aufgabe zur Post als bekannt gegeben. [2]Ein Verwaltungsakt, der im Inland oder Ausland elektronisch übermittelt wird, gilt am dritten Tag nach der Absendung als bekannt gegeben. [3]Dies gilt nicht, wenn der Verwaltungsakt nicht oder zu einem späteren Zeitpunkt zugegangen ist; im Zweifel hat die Behörde den Zugang des Verwaltungsaktes und den Zeitpunkt des Zugangs nachzuweisen.

(3) [1]Ein Verwaltungsakt darf öffentlich bekannt gegeben werden, wenn dies durch Rechtsvorschrift zugelassen ist. [2]Eine Allgemeinverfügung darf auch dann öffentlich bekannt gegeben werden, wenn eine Bekanntgabe an die Beteiligten untunlich ist.

(4) [1]Die öffentliche Bekanntgabe eines schriftlichen oder elektronischen Verwaltungsaktes wird dadurch bewirkt, dass sein verfügender Teil in der jeweils vorgeschriebenen Weise entweder ortsüblich oder in der sonst für amtliche Veröffentlichungen vorgeschriebenen Art bekannt gemacht wird. [2]In der Bekanntmachung ist anzugeben, wo der Verwaltungsakt und seine Begründung eingesehen werden können. [3]Der Verwaltungsakt gilt zwei Wochen nach der Bekanntmachung als bekannt gegeben. [4]In einer Allgemeinverfügung kann ein hiervon abweichender Tag, jedoch frühestens der auf die Bekanntmachung folgende Tag bestimmt werden.

(5) Vorschriften über die Bekanntgabe eines Verwaltungsaktes mittels Zustellung bleiben unberührt.

Literatur:

Allesch: Zustellungsmängel und Wirksamkeit von Verwaltungsakten, NVwZ 1993, 544; *Erichsen/Hörster*: Die Bekanntgabe von Verwaltungsakten, Jura 1997, 659; *Hinz*: Zugangsprobleme bei Verwaltungsakten und gerichtlichen Entscheidungen, SozVers 1991, 113; *Kurr*: Erlass und Bekanntgabe von Verwaltungsakten nach dem SGB X, SGb 1995, 288; *Loytved*: Kann die Zustellung eines Widerspruchsbescheides mittels eingeschriebenen Briefes auf einen Sonnabend, Sonntag oder gesetzlichen Feiertag fallen?, SGb 1997, 253; *Schmidt-De Caluwe*: Die Wirksamkeit des Verwaltungsakts, VerwArch 90 [1999], 49; *Vetter*: Die Bekanntgabe von Verwaltungsakten im sozialrechtlichen Verwaltungsverfahren bei bestehender Bevollmächtigung, ZfS 1992, 195.

1. Allgemeines

1 § 37 SGB X regelt die Bekanntgabe als **formelle Voraussetzung** für das Wirksamwerden des VA. Die Bedeutung des § 37 erschließt sich aus dem **Regelungszusammenhang zu § 39**, denn gem § 39 Abs 1 Satz 1 werden VA als empfangsbedürftige **Willenserklärung** in dem Zeitpunkt **wirksam**, in dem sie dem Betroffenen bekannt gegeben werden (vgl *BSGE* 59, 122; *BSG* SozR 4-1300 § 37 Nr 3). Mit der Bekanntgabe des VA hat der Betroffene die Möglichkeit, von seinem Inhalt Kenntnis zu nehmen. Das Bekanntgabeerfordernis ist – wie die Be-

gründungspflicht (§ 35) und die Rechtsbehelfsbelehrung (§ 36) – Ausdruck des aus dem Rechtsstaatsprinzip (Art 20 Abs 3 GG) folgenden Gebots der **Rechtssicherheit** (*BVerfGE* 84, 133 [159]: VA können daher „erst dann gegenüber dem Bürger Rechtswirkungen entfalten, wenn sie ihm persönlich oder in ordnungsgemäßer Form öffentlich bekannt gemacht worden sind"). Der **Zeitpunkt der Bekanntgabe** bestimmt zugleich den Zeitpunkt für den Beginn der Rechtsbehelfsfristen (vgl *BSG* SozR § 66 SGG Nr 34; *BSGE* 37, 31).

§ 37 definiert den Begriff der Bekanntgabe nicht selbst, sondern setzt ihn voraus; **Abs 1** regelt, wem gegenüber der VA bekannt zu geben ist und **Abs 2** bestimmt den Zeitpunkt der Bekanntgabe, allerdings nur für den praktisch häufigsten Fall der **Übermittlung im Inland durch die Post** sowie (seit 1.2.2003) die **Übermittlung elektronischer VA. Abs 3 und 4** bestimmen Voraussetzungen sowie Anforderungen an die Durchführung der öffentlichen Bekanntmachung. Aus **Abs 5** geht hervor, dass die besonderen Regelungen über die Bekanntgabe mittels Zustellung unberührt bleiben. § 37 ist weitgehend mit § 41 **VwVfG** identisch (BT-Drucks 8/2034, 13, 33); in Abweichung zu § 41 Abs 4 Satz 1 VwVfG bestimmt § 37 Abs 4 Satz 1, dass der verfügende Teil des VA in der jeweils vorgeschriebenen Weise entweder ortsüblich oder in sonst für amtliche Veröffentlichungen vorgeschriebenen Art bekannt zu machen ist.

2. Begriff der Bekanntgabe

Die Bekanntgabe ist eine einseitige empfangsbedürftige öffentlich-rechtliche Willenserklärung, die nicht der Annahme bedarf. Eine wirksame Bekanntgabe liegt vor, wenn die Beh willentlich dem Adressaten vom Inhalt des VA Kenntnis verschafft und der Adressat zumindest die Möglichkeit der Kenntnisnahme hat. Die Bekanntgabe setzt somit eine **zielgerichtete Mitteilung** des VA durch die Beh voraus (vgl *Engelmann* in von Wulffen/Schütze SGB X § 37 Rz 3 a). Richtet sich ein Verwaltungsakt an **mehrere Beteiligte** oder sind mehrere von ihm betroffen, so wird er jedem Einzelnen gegenüber erst zu dem Zeitpunkt wirksam, zu dem er ihm bekannt gegeben wird (*BSGE* 64, 17; s aber Rz 7). Vorher zeitigt der VA keine Rechtsfolgen. Die erstmalige Bekanntgabe führt so zur **äußeren Wirksamkeit** und für denjenigen, demgegenüber er bekannt gegeben wird, zugleich zur inneren Wirksamkeit (vgl zum Wirksamkeitsbegriff: *Schmidt-De Caluwe* VerwArch 90 [1999], 49 ff). Es lässt sich daher feststellen, dass die Bekanntgabe **begriffskonstitutiver Bestandteil des VA** ist, denn gem § 31 Satz 1 ist der VA auf eine „unmittelbare Rechtswirkung nach außen" gerichtet. Der Erlass des VA verlangt ein **wissentliches und willentliches Handeln der Beh**, den Beteiligten den VA bekannt zu machen (vgl *BSG* SozR 4-4200 § 38 Nr 3; *Engelmann* aaO § 37 Rz 3 a; *Ost/Mohr/Estelmann* Grdz SR 481). Es handelt sich hierbei um den **Regelungswillen**, welcher neben einem Erklärungsbewusstsein auch einen Rechtsfolgewillen verlangt (§ 31 Rz 29). Nach *VG Bremen* (NVwZ-RR 1996, 550) fehlt es hieran, wenn die Beh einen Betroffenen die **Kopie eines Bescheides** zur Information zusendet. Die Möglichkeit der Kenntnisnahme ist zwingend, aber auch ausreichend. Deshalb reicht weder die zufällige Kenntnisnahme der Beteiligten vom Inhalt des VA, etwa durch Mitteilung seitens eines Dritten, noch durch eine spätere Akteneinsicht im Gerichtsverfahren für eine wirksame Bekanntgabe aus (vgl *BSGE* 108, 123). Eine **interne Zuständigkeitsverletzung** ist allerdings irrelevant, solange ein grundsätzlich Berechtigter die Erklärung abgegeben hat (*BSGE* 114, 180; *Engelmann* aaO § 37 Rz 3 a).

Die Bekanntgabe ist grds mit dem **Zugang des VA** in den Machtbereich des Empfängers vollzogen (zB: Einwurf in den Briefkasten, *LSG BW* Beschl v 5.2.2007 – L 13 AS 64/07 ER-B; bei Ehegatten liegt Zugang an den einen bei Übergabe an den anderen in der gemeinsamen Ehewohnung vor: *BVerwG* SGb 1995 206). Die **tatsächliche Kenntnisnahme ist nicht erforderlich** (§ 130 BGB gilt entsprechend), aber es besteht grundsätzlich eine Obliegenheit, Bescheide zu lesen und deren Inhalt zur Kenntnis zu nehmen (*BSG* SozR 3-1300 § 45 Nr 45). Es liegt vor diesem Hintergrund auch dann eine Bekanntgabe vor, wenn der Adressat die Annahme des schriftlichen VA verweigert (*BSGE* 114/180; *Stelkens* in Stelkens/Bonk/Sachs VwVfG § 41 Rz 42; vgl *BVerwG* NVwZ 1991, 73 für die arglistige Zugangsvereitelung). Anders beurteilt sich die Rechtslage indes im **elektronischen Rechtsverkehr.** Denn während heute idR jeder über einen Briefkasten verfügt und damit für schriftliche VA erreichbar ist, macht **§ 36 a Abs 1 SGB I** (ebenso § 3 a Abs 1 VwVfG) die Zulässigkeit der Übermittlung elektronischer Dokumente davon abhängig, dass der Empfänger „hierfür einen Zugang eröffnet hat". Die bloße Übersendung eines VA per E-Mail begründet also mit dessen elektronischem Eingang beim Empfänger keinen Zugang. Vielmehr ist eine **ausdrückliche oder konkludente Widmung** erforderlich, wobei auf die sich mit der Verbreitung der elektronischen Kommunikationsmittel fortentwickelnde Verkehrsauffassung abzustellen ist (BT-Drucks 14/9000, 30 f). Der Zugang einer E-Mail oder auch eines Telefaxes, bei dem es sich ebenfalls um ein elektronisch übermitteltes Schriftstück handelt, wird aber regelmäßig eröffnet, **wenn die E-Mail-Adresse oder die Faxnummer im Briefkopf aufgeführt wird** (vgl hierzu: *Roßnagel* DVBl 2001, 221 [223]; *Schlatmann* DVBl 2002, 1005 [1008 f]; vgl auch *Schmitz/Schlatmann* NVwZ 2002, 1281 [1288]; GBegr BT-Drucks 14/9000, 31; aA *Stelkens* aaO § 41 Rz 90; vgl auch *OVG Lüneburg* NJW 2002, 1969).

5   Die Bekanntgabe ist bei **allen Formen des VA erforderlich,** bei mündlichen, elektronischen schriftlichen oder konkludenten (§ 33). Bei mündlichen VA erfolgt die Bekanntmachung durch die **Verlautbarung,** bei konkludenten VA liegt die Bekanntgabe in einem bestimmten **Handeln** (zB: Auszahlung des KrG, *BSG* SozR 2200 § 182 Nr 103) begründet. **Schriftliche VA** werden bekanntgegeben durch die Übergabe des VA an den Betroffenen oder die Übermittlung durch einen Boten oder die Post mittels einfachen Brief (Abs 2), eingeschriebenen Brief (ggf mit Rückschein), durch Zustellung (vgl Abs 5) oder durch öffentl Bekanntgabe (Abs 3, 4). Die **förmliche Zustellung** richtet sich nach dem VwZG des Bundes und den entsprechenden Landesgesetzen. Welche der möglichen Formen der Bekanntgabe eines schriftlichen VA die Beh zu wählen hat, liegt – soweit sich aus dem Gesetz keine konkrete Regelung ergibt (die früher erforderl Zustellung von Widerspruchsbescheiden hat der Gesetzgeber aufgehoben, vgl § 86 Abs 3 Satz 1 nF SGG) – im **Ermessen** der Beh. **Elektronische VA** (§ 33 Rz 9) sind im elektronischen Rechtsverkehr mit der elektronischen Übermittlung zB per E-Mail bekanntgegeben worden, sofern der Zugang eröffnet wurde (Rz 4).

3. Adressaten der Bekanntgabe

3.1. Adressaten nach Abs 1 Satz 1

6   Nach **Abs 1 S 1** ist der VA denjenigen Beteiligten eines Verwaltungsverfahrens (§ 8) bekannt zu geben, für die er bestimmt ist oder die von ihm betroffen sind. Wer **Beteiligter** ist, ergibt sich aus § 12. Der VA ist für denjenigen Beteiligten **bestimmt,** der durch die Regelung des VA unmittelbar berechtigt oder verpflichtet wird, der sich also idR aus dem Anschriftenfeld ergibt. **Betroffen** ist derjenige, in dessen Rechte oder rechtl geschützte Interessen der VA eingreift. Indem das G neben dem „Bestimmten" noch den „Betroffenen" aufführt, sollten insbesondere die durch einen VA mit Doppelwirkung (§ 31 Rz 35) belasteten **Dritte** in die Bekanntgabeverpflichtung miteinbezogen werden (BT-Drucks 7/910, 62); allerdings wird unter dem Begriff: Betroffener häufig jeder verstanden, an den ein VA adressiert ist, also nicht nur Drittbetroffene. Wenn ein VA-Adressat nicht handlungsfähig ist (§ 11), kann der VA wirksam nur seinem gesetzlichen Vertreter bekanntgegeben werden.

Richtet sich der VA an **mehrere Beteiligte** oder sind mehrere von ihm betroffen, so ist er jedem einzelnen bekannt zu geben (vgl § 39 Abs 1 Satz 1; BT-Drucks 7/910, 63 zu § 43 VwVfG; *BSG* SozR 1200 § 54 Nr 13; vgl auch *BVerwG* NVWZ-RR 1994, 305; *Littmannn* in Hauck/Noftz SGB X § 39 Rz 23; *Marschner* in Pickel/Marschner § 37 Rz 12; *Engelmann* aaO § 37 Rz 9). Der **Lauf der Rechtsbehelfsfrist** beginnt für jeden der einzelnen VA-Adressaten individuell mit der Bekanntgabe des VA an ihn (*BSGE* 25, 35; 37, 31). Sofern keine Sonderregelung besteht (zB § 155 Abs. 5 AO), reicht es nicht, wenn mehreren Beteiligten nur eine Ausfertigung des VA übermittelt wird, selbst wenn es sich bei den Beteiligten um ein **Ehepaar** handelt (*BVerwG* NJW 1993, 2884; *Kopp/Ramsauer*, VwVfG § 41 Rz 30 a; *Engelmann* aaO § 37 Rz 9; zweifelnd *Stelkens* aaO § 41 Rz 76). Bei **Minderjährigen** genügt die Bekanntgabe ggü einem ges Vertr (*BSGE* 108, 289; *BSGE* 102, 76 unter Hinweis auf § 6 Abs 3 VwZG). Bei einer **Eigentümergemeinschaft** wird der Beitragsbescheid (Bsp: Gegenüber den Eigentümern einer Wohnungsgemeinschaft wird die Versicherungspflicht des Hausmeisters festgestellt) mit Zustellung an den Verwalter den Eigentümern gegenüber (vgl § 27 Abs 2 Nr 3 WEG) wirksam bekanntgegeben, wenn im Bescheid die Eigentümer hinreichend konkret bestimmt sind und erkennbar ist, dass der Bescheid an den Verwalter als Eigentümervertreter gerichtet ist (*OVG NRW* NJW-RR 1992, 458; vgl auch: *BVerwG* NJW-RR 1995, 73); entsprechendes gilt bei einer Bekanntgabe gegenüber dem **Vertreter der Bedarfsgemeinschaft** (§ 7 Abs 3 SGB II) gem § 38 SGB II (*BSG* SozR 4-1300 § 37 Nr 3).

Bei Aufhebungs- und Rückforderungsbescheiden genügt es, wenn dieser nur an einen der **Gesamtschuldner** gerichtet und bekantgegeben wird (*BSGE* 89, 90), soweit die anderen nicht in Anspruch genommen werden sollen. Wird der VA einem Beteiligten, der durch ihn betroffen wird, nicht bekanntgegeben, wird er **diesem gegenüber** nicht wirksam (Rz 18) und die Rechtsbehelfsfrist beginnt nicht zu laufen.

3.2. Adressaten nach Abs 1 Satz 2

Nach **Abs 1 S 2** kann die Bekanntgabe auch gegenüber einem **Bevollmächtigten** iSd § 13 erfolgen. Diese Vorschrift ist **lex specialis zu § 13 Abs 3 Satz 1**, wonach sich die Beh dann, wenn ein Bevollmächtigter bestellt wurde, grds in allen Belangen an diesen wenden **muss** (*Engelmann* aaO § 37 Rz 10; *Ruffert* in Knack/Henneke VwVfG § 41 Rz 17). Ausschließlich bei der Bekanntgabe eines VA steht es im **Ermessen** der Beh, ob sie sich an den Betroffenen bzw „Bestimmten" oder an dessen Bevollmächtigten wendet (*LSG Bln* Urt v 30.3.2005 – L 7 KA 53/01); eine Ausn stellt die Zustellung dar, denn nach § 7 Abs 1 S 2 VwZG (lex specialis) „muss" an den Bevollmächtigten zugestellt werden. IdR ist eine Bekanntgabe nur an den Bevollmächtigten nicht ermessensfehlerhaft. Zwar scheint der Wortlaut des § 37 Abs 1 für die Bekanntgabe an den Beteiligten bzw Betroffenen als **Normalfall** zu sprechen (vgl auch *BVerwGE* 105, 288), aber der Vergleich zu § 13 Abs 3 Satz 1 und § 7 VwZG (**systematische Auslegung**) zeigt, dass in Fällen der Bevollmächtigung der Bevollmächtigte der unmittelbare

Ansprechpartner sein soll. Ein anderes Normverständnis begründet die **Gefahr, dass der Sinn der Bevollmächtigung unterlaufen wird.** Die Einräumung von Ermessen in § 37 **Abs 1 Satz 2** wird man deshalb als **missglückt** ansehen müssen und die Bekanntgabe an den Bevollmächtigten hätte – entspr der ursprünglichen Absicht des GGebers (BT-Drucks 8/4022, 24) – als verpflichtend ausgestaltet werden sollen. Vor diesem Hintergrund wird in der Rspr auch vorgeschlagen, dass bei Bekanntgabe des Verwaltungsaktes an den Adressaten dem Bevollmächtigten zumindest eine **Durchschrift** zukommen zu lassen sei (*LSG NRW* Beschl v 13.7.2007 – L 20 B 16/07 AS; ebenso: *LSG Bln-Bbg* Beschl v 11.3.2009 – L 28 B 1370/08 AS).

9   Als **ermessensfehlerhaft** stellt sich die Bekanntgabe ausschließlich an den Beteiligten insb dar, wenn – für die Beh erkennbar – **Besonderheiten in der Person oder Situation des Beteiligten** (Unerfahrenheit, Ortsabwesenheit, Zeitmangel, mangelnde Deutschkenntnisse etc) vorliegen. Ermessensfehlerhaft wird es idR auch sein, wenn der VA nicht dem von der Beh geforderten **Empfangsbevollmächtigten gem § 14** bekannt gegeben worden ist (*Engelmann* aaO § 37 Rz 10; aA *Marschner* aaO § 37 Rz 16). Fraglich ist allerdings, wann der VA als bekanntgegeben anzusehen ist, wenn er an den **Beteiligten und an den Bevollmächtigten zu unterschiedlichen Zeitpunkten** bekannt gegeben wird. Hier ist zu differenzieren: Sollte eine Bekanntgabe an beide ermessensfehlerfrei sein, dann ist für den Zeitpunkt der Bekanntgabe auf den **zuerst erfolgten Zugang** abzustellen (so generell *Pickel* SGb 1986, 226 [229]; ebenso *Engelmann* aaO § 37 Rz 10 b). Sollte nur die Bekanntgabe an den Beteiligten oder an den Bevollmächtigten ermessensfehlerfrei sein, so ist allein auf diese Bekanntgabe abzustellen. Wenn der VA dem Bevollmächtigtem bekannt gegeben wird, dann muss er den **Adressaten des VA**, wenn auch nicht aus dem Anschriftenfeld, so doch aus dem sonstigen Inhalt des Bescheides **klar erkennen** können (*BSG* SozR 1300 § 37 Nr 1; *BFHE* 112, 452 mwN).

4. Bekanntgabe durch die Post/Absendung elektronischer VA (Abs 2)

10   Nach **Abs 2** gilt ein schriftlicher VA, der durch die Post im Geltungsbereich dieses Gesetzbuches übermittelt wird, mit dem dritten Tag nach der Aufgabe zur Post als bekanntgegeben, außer wenn er nicht oder zu einem späteren Zeitpunkt zugegangen ist, wobei im Zweifel die Beh den Zugang zu beweisen hat. Die Bekanntgabe durch die Post ist nur bei **schriftlichen VA** möglich, nicht auch bei mündlichen oder konkludenten VA; umgekehrt kann ein schriftlicher VA allerdings auch anders als durch die Post übermittelt werden (Übergabe, Bote). Für die **Übermittlung durch die Post mit einfachem Brief** enthält das G eine **Zugangsvermutung**, dh wann die Bekanntgabe (spätestens) als bewirkt gilt. Die Zugangsvermutung gilt auch dann, wenn der Zugang tatsächlich früher erfolgte. Diese Gesetzesfiktion gilt allerdings **nur im Inland**. Bei der postalischen Übermittlung von VA ins **Ausland** mit einfachem Brief ist für die Bekanntgabe auf den Zeitpunkt des **tatsächlichen Zugangs** abzustellen. Eine Ausnahme gilt dann, wenn ein Beteiligter ohne Wohnsitz oder gewöhnlichen Aufenthalt, Sitz oder Geschäftsleitung im Inland innerhalb einer angemessenen Frist keinen Empfangsbevollmächtigten im Inland benannt hat. In diesem Fall gilt für den Zugang die **7-Tage-Vermutung** (§ 14 Satz 2).

11   Die Zugangsfiktion in Abs 2 ist an **§ 4 Abs 1 VwZG** angelehnt, wenngleich nicht erforderlich ist, dass es sich um einen eingeschriebenen Brief handelt. Voraussetzung für die Zugangsvermutung ist allerdings, dass dem VA ein **Vermerk über den Tag der Aufgabe** zur Post entnommen werden kann (*BSGE* 97, 279).

Andernfalls tritt keine Zugangsfiktion ein, sondern es kommt auf den tatsächlichen Zugang an, für den die Beh die obj Beweislast trägt (*SchlHLSG* Breith 1988, 423). Der VA ist dann **zur Post aufgegeben** worden, wenn er entweder in den Postkasten eingeworfen oder beim Postamt abgegeben wurde. Auf die Leerung des Postkastens kommt es nicht an (vgl *Pickel* SGb 1986, 226 [230]; str). Die Drei-Tages-Frist verlängert sich nicht, wenn der dritte Tag auf einen Sonntag, gesetzlichen Feiertag oder einen Samstag fällt, denn § **26 Abs 3**, der das nur für das Ende einer Frist regelt, kommt hier nicht zur Anwendung (*BSG* SozR 4-1300 § 37 Nr 1; *BSGE* 5, 53; *BayLSG* Urt v 14.1.2010 – L 8 AS 235/09; *Pickel* SGb 1986, 226 [230]; *Loytved* SGb 1997, 253 [257]; aA *Ruffert* in Knack/Henneke § 41 Rz 35).

Die **Zugangsvermutung** ist unwiderleglich. Wenn der VA tatsächlich **früher** zu- **12** gegangen ist, so wird dann die Rechtsbehelfsfrist faktisch verlängert. Auch wenn der Adressat tatsächlich an einem früheren Zugang interessiert sein sollte, kann er die Fiktion insoweit nicht bestreiten (vgl *Littmann* aaO § 37 Rz 33). Die Zugangsvermutung ist allerdings dann **widerleglich**, wenn der VA tatsächlich erst **später als drei Tage** seit der Aufgabe zur Post zuging. Das muss vom VA-Adressaten wegen der Zugangsvermutung behauptet werden. Entgegen der das VerwVerf nach § 20 beherrschenden Amtsermittlungspflicht trifft den Beteiligten hier ausnahmsweise eine **Darlegungslast**. Diese Pflicht wird aber dadurch kompensiert, dass er im Falle eines **non liquet** nicht die obj Beweislast trägt, sondern **im Zweifel** (Abs 2 Hs 2), wenn Zugang und dessen Zeitpunkt nicht beweisbar sind, die Beklagte; sie hat den Zugang des VA und den Zeitpunkt des Zugangs nachzuweisen (so nunmehr überzeugend: *BSG* SozR 4-2600 § 115 Nr 2: es besteht „weder eine Zugangsvermutung noch gelten die Grundsätze des Anscheinsbeweises"; iE ebenso wohl: *BSG* SozR 4-4200 § 22 Nr 15; *BSG* FEVS 60, 550; vgl auch: *LSG BW* Urt v 10.10.2006 – L 13 AL 3133/05; *LSG Bln-Bbg* Urt v 9.5.2006 – L 10 AS 102/06, NZM 2006, 831: gelingt der Nachweis nicht, trägt die Beh die Kosten der Untätigkeitsklage). Die Nachweispflicht ist ebenfalls iS der objektiven Beweislast zu verstehen. Das Rechtschutzbedürfnis gegen einen VA, der tatsächlich nicht zugegangen ist, besteht, wenn die Beh den Rechtsschein des Zugangs gesetzt hat (*SächsLSG* Beschl v 7.4.2005 – L 3 B 188/02 AL).

Bei der Darlegungslast des VA-Adressaten ist zu unterscheiden: Wird schlicht **13** bestritten, dass der VA zugegangen ist, sind **keine höheren Anforderungen** zu stellen. Allerdings reicht es nicht aus, lediglich mit einer Vermutung zu bestreiten (*BSG* Urt v 9.12.2008 – B 8/9 b 13/07 R; *Engelmann* aaO § 37 Rz 13 a). Der Betroffene kann idR nicht mehr sagen, als dass er den VA gar nicht erhalten hat. Trägt er vor, den VA erst später erhalten zu haben, sind höhere Anforderungen an die Substantierungslast zu stellen (hM, *Littmann* aaO § 37 Rz 31; *Engelmann* aaO § 37 Rz 13 b; *Pattar* in jurisPK-SGB X, § 37 Rz 105). Der Adressat muss Tatsachen vortragen, die die nicht entfernt liegende Möglichkeit eines verspäteten Zugangs schlüssig nahelegen (vgl *BSG* SozR 4-2600 § 115 Nr 2). Er darf sich dann nicht darauf beschränken, ohne weitere Abgabe den Zugang zu bestreiten (*BSG* SozR 3-1750 § 418 Nr 1), sondern muss zB Abgaben zu seinem persönlichen Umfeld machen (wann ist der VA genau zugegangen, warum ist in diesem Fall ein früherer Zugang ausgeschlossen etc; es kann zB an den Tag des Zugangs im Einzelfall ein genaues Erinnerungsvermögen bestehen [zB wenn ein ablehnende Bescheid am Geburtstag zuging, dies dem Ehepartner erzählt wurde und sich der Empfänger darüber besonders ärgerte]). Allerdings kann der der Beh obliegende Beweis für die Bekanntgabe des Verwaltungsaktes auf Indizien gestützt und im Wege der **freien Beweiswürdigung** geführt werden (*LSG BW* Urt v 10.10.2006 – L 13 AL 3133/05; vgl aber auch: *LSG Nds-Brem* Urt v 12.7.2006 – L 3 KA 76/01, MedR 2006, 674, wonach behördeninterne Vorgänge einem Anscheinsbeweis nicht zugänglich sind). Wegen der **Nachweisschwierigkeiten** sollten VA, die eine Ausschlussfrist auslösen, zugestellt werden (vgl auch *BFH* NVwZ 1995, 181).

14   Abs 2 enthält ferner mWv 1.2.2003 eine **Bekanntgabefiktion für die elektronische Übermittlung von VA**, denn diese gelten am dritten Tag nach der Absendung als bekannt gegeben. Die bisher ausschließlich auf Schriftstücke und deren postalische Transportbedingungen abstellende Regelung wird vollständig auf elektronische VA ausgedehnt. Diese Vorgehensweise ist überraschend, da die Bedingungen der Übermittlung elektronischer Dokumente vollständig anders sind: Eine Postlaufzeit gibt es nicht und die Übermittlungszeit ist so kurz, dass die Entfernung zum Bestimmungsort bedeutungslos ist. Deshalb ist – anders als bei der postalischen Versendung von Schriftstücken – die **Beschränkung der Vermutungsregel auf das Inland entfallen** (s BT-Drucks 14/9000, 34). Überdies hätte es nahe gelegen, den Zugang spätestens am Tag nach der Übermittlung zu vermuten (BT-Drucks 14/9000, 34). Eine solche, zunächst im Gesetzgebungsverfahren erwogene Möglichkeit ist indes im Hinblick auf die **Unwägbarkeiten des Internets** nicht weiter verfolgt werden (BT-Drucks 14/9000, 34). Denn im Internet ist der **Übertragungsweg nicht vorhersehbar**; das Verhalten der Provider nach einem gescheiterten Übermittlungsversuch ist zB sehr unterschiedlich. IE wurde es daher für angemessen gehalten, wie bei der postalischen Versendung eine Zugangsfiktion nach drei Tagen anzunehmen (BT-Drucks 14/9000, 34). Mit der Bezugnahme auf das **Absenden des VA** wurde schließlich ein mit der Aufgabe zur Post vergleichbarer Anknüpfungspunkt gewählt (BT-Drucks 14/9000, 34). Auch hier muss für die Fiktion des Abs 2 festehen, dass die Mail abgesendet wurde.

5. Öffentliche Bekanntgabe (Abs 3 und 4)

5.1. Allgemeines

15   Gem **Abs 3 Satz 1** ist **die öffentl Bekanntgabe** eines VA nur erlaubt, wenn sie durch eine Rechtsvorschrift zugelassen wird. Diese Einschränkung dient dem **Schutz der Betroffenen**, die durch diese Art der Bekanntgabe idR tatsächlich keine Kenntnis erhalten (vgl BT-Drucks 8/2034, 62). Eine nicht durch Rechtsvorschrift zugelassene öffentl Bekanntmachung ist unwirksam und setzt deshalb zB auch keine Rechtsbehelfsfrist in Lauf. Eine Ausnahme gilt nach **Abs 3 Satz 2** bei **Allgemeinverfügungen**. Diese dürfen, das wird in Abs 3 Satz 2 vorausgesetzt, ohne weiteres öffentlich bekanntgegeben werden. Das dient der Verwaltungsvereinfachung und liegt auch **in der Sache begründet**, denn nach § 31 Satz 2 sind Allgemeinverfügungen VA, die sich an einen nach allgemeinen Merkmalen bestimmten oder bestimmbaren Personenkreis richten oder die öffentlich-rechtliche Eigenschaft einer Sache oder ihre Benutzung durch die Allgemeinheit betreffen. Eine Bekanntgabe an die Betroffenen ist in der zweiten und dritten Alternative kaum möglich und in der ersten Alternative regelmäßig mit **erheblichem Aufwand** verbunden. Deshalb wird die öffentl Bekanntgabe von Allgemeinverfügungen auch dann für zulässig erklärt, wenn eine Bekanntgabe an Beteiligte untunlich ist. **Untunlichkeit** liegt vor, wenn die individuelle Bekanntgabe unmöglich oder mit erheblichen Schwierigkeiten verbunden ist (vgl auch BT-Drucks 7/910, 61 zu § 41 VwVfG).

5.2. Verfahren bei der öffentlichen Bekanntgabe

In **Abs 4** wird das Verfahren bei einer – nach Abs 3 zulässigen – öffentlichen **16**
Bekanntgabe schriftlicher oder elektronischer VA geregelt. Nach Satz 1 ist nur
der **verfügende Teil** des VA bekannt zu machen (hierzu: *BSGE* 94, 1); das ist
allerdings **missverständlich**, denn es wird der Eindruck erweckt, dass die nicht
bekannt zu machende Begründung der andere Teil des VA ist. Die Begründung
ist rechtlich allerdings kein begriffskonstitutiver Bestandteil des VA nach § 31
(§ 35 Rz 2; richtig wiederum Satz 2: „der VA und seine Begründung"). Zum
verfügenden Teil gehören neben der **Regelung** auch die **erlassende Beh** und der
betroffene Adressatenkreis. Die **Rechtsbehelfsbelehrung** wird nicht erwähnt.
Allerdings ist im Hinblick auf den klaren Wortlaut von Satz 1 („verfügender
Teil") die Rechtsbehelfsbelehrung nicht bekannt zu machen, so dass die Jahresfrist des § 66 Abs 2 SGG läuft. Die Regelung stellt insoweit eine **lex specialis zu**
§ 36 dar. Jedoch wird die öffentliche Bekanntmachung nicht fehlerhaft, wenn
Begründung oder Rechtsbehelfsbelehrung (dafür: *Stelkens* in Stelkens/Bonk/
Sachs § 41 Rz 157; *Engelmann* aaO § 37 Rz 17) öffentlich bekannt gemacht
werden. Außerdem ist in der öffentlichen Bekanntmachung noch anzugeben,
wo der VA und seine Begründung **eingesehen** werden können (Satz 2). Ob die
Jahresfrist des § 66 Abs 2 SGG auch dann gilt, wenn angegeben wird, wo die
Rechtsbehelfsbelehrung eingesehen werden kann, erscheint nicht unproblema-
tisch, ist aber iS eines effektiven Rechtschutzes zu bejahen.

Die **Bekanntmachung** muss nach **Abs 4 Satz 1** jeweils in der vorgeschriebenen **17**
Weise entweder ortsüblich oder in der sonst für öffentliche Bekanntmachungen
vorgeschriebenen Art erfolgen. Die Beh hat hierbei **keine Wahlmöglichkeit** zwischen ortsüblicher oder der sonst für amtliche Veröffentlichungen vorgeschriebenen Form der Bekanntmachung, weil sie **in der jew vorgeschriebenen Weise**
vorzunehmen ist (BT-Drucks 8/2034, 49, 62). Die **Ortsüblichkeit** orientiert sich
an den Gepflogenheiten, die am Sitz der Beh herrschen. Als ortsübliche Formen
kommen in Frage: Veröffentlichung in Tageszeitungen oder im Amtsblatt sowie
ein Aushang in öffentlichen Gebäuden. Als „sonst für amtliche Veröffentlichungen vorgeschriebene Art" ist zB die Bekanntgabe in Mitteilungsblättern
der Versicherungsträger denkbar (BT-Drucks 8/2034, 63). **Allgemeine Informationen über Massenmedien** genügen allerdings nicht (vgl *LSG RhPf* SozVers
1984, 275 und zustimmend: *Beschorner* SozVers 1986, 29 [34]). Der Verbrei-
tungskreis der öffentlichen Bekanntmachung richtet sich im Zweifel nach dem
Zuständigkeitsbereich der erlassenden Beh (vgl *Engelmann* aaO § 37 Rz 19 a).
Die öffentliche Bekanntmachung eines **elektronischen VA** erscheint im Sozialrecht kaum praxisrelevant; am ehesten kommt hierfür die Homepage der Beh
in Betracht.

Nach **Abs 4 Satz 3** gilt der VA zwei Wochen nach der Bekanntmachung als be- **18**
kanntgegeben, wobei sich die **Zwei-Wochen-Frist** nach § 26 Abs 1 iVm §§ 187
Abs 2, 188 Abs 2 BGB berechnet (§ 26 Rz 6 ff). Die Zugangsfiktion ist unwiderlegbar (*Marschner* aaO § 37 Rz 29). Nach Ablauf dieser Frist wird der VA
wirksam und die Rechtsbehelfsfrist beginnt zu laufen. Nach **Abs 4 Satz 4** kann
in der Allgemeinverfügung ein hiervon abweichender Tag, jedoch frühestens
der auf die Bekanntmachung folgende Tag, bestimmt werden. Dies muss aber
aus der Bekanntmachung selbst hervorgehen.

6. Zustellungen (Abs 5)

19 Nach **Abs 5** bleiben die Vorschriften über die **Bekanntgabe eines VA mittels Zustellung** unberührt. Damit wird klargestellt, dass die Verpflichtungen zu förmlichen Zustellungen iS einer **zu beurkundenden Übergabe** als Sonderfall der Bekanntmachung schriftlicher VA, die nach dem VwZG des Bundes oder den ihm entspr VwZG der Länder zu erfolgen hat, vorgehen (vgl hierzu auch *BSG* FEVS 60, 550). Für Bundesbeh verweist § 65 auf das VwZG. Zu den Zustellungen gehören die Zustellung durch die Post mit Zustellungsurkunde (§ 3 VwZG), die Zustellung durch die Post per Einschreiben (§ 4 VwZG mit einer Vermutung des Zustellungsdatums wie in § 37 Abs 2), die Zustellung durch die Beh gegen Empfangsbekenntnis (§ 5 Abs 1, 2 VwZG), die Zustellung ins Ausland über die entsprechende Beh des fremden Staates oder die dt amtliche Vertretung in diesem Staat (§ 14 VwZG) sowie nach § 15 VwZG die öffentliche Zustellung (vgl hierzu: *Fischer* JuS 1994, 416). **Förmliche Zustellungen kraft G sind die Ausnahme.** Zuzustellen waren zB Bescheide iSv § 1631 RVO (*BSG* SozR § 87 SGG Nr 6), aber nicht mehr Widerspruchsbescheide iSv § 85 Abs 3 SGG. Wählt die Beh freiwillig die Möglichkeit der Zustellung, um zB über einen Zustellungsnachweis zu verfügen und die Rechtsfolgen des § 37 Abs 2 Hs 2 auszuschließen, dann gelten ebenfalls die Vorschriften der jew VwZG (*BSG* SozR 1500 § 84 Nr 6).

7. Folgen fehlerhafter Bekanntgabe

20 Die Folgen von **Bekanntgabemängeln** sind im G nicht geregelt. Aus der Wirksamkeitsfunktion folgt allerdings, dass der VA dann, wenn er einem „Bestimmten" oder „Betroffenen" nicht oder nicht ordnungsgemäß bekannt gegeben wird, **nicht wirksam** wird (sog **objektiver Wirksamkeitsmangel**). Richtet die Beh **gleichartige VA** an verschiedene Personen, so beurteilen sich Bekanntgabemängel für jeden Beteiligten separat und es ergeben sich keine Besonderheiten. Wird **der gleiche VA an zwei Beteiligte** gerichtet (zB: die Versicherungspflicht der Hausangestellten wird gegenüber beiden Ehepartnern festgestellt), so wird er nur einem gegenüber wirksam, wenn er dem anderen fehlerhaft oder gar nicht bekanntgegeben wurde (sog **subjektiver Wirksamkeitsmangel**). Wenn allerdings ein VA nur dem Drittbetroffenen nicht oder nicht wirksam bekanntgegeben wird, so entfaltet er dem Dritten gegenüber keine Wirksamkeit (sog **subjektiv/objektiver Wirksamkeitsmangel**), soweit der Regelungsinhalt für den Dritten eine rechtliche Belastung darstellt, fehlt es auch dem Berechtigten gegenüber an Rechtswirksamkeit, da der Dritte nicht zu einem Dulden oder Tun verpflichtet ist. Ist der Adressat des VA zur Vornahme von Verfahrenshandlungen nicht fähig (vgl § 11), weil er zB **geschäftsunfähig oder beschränkt geschäftsfähig** ist, wird überwiegend angenommen, dass die Bekanntgabe unwirksam war (vgl *Kopp/Ramsauer* VwVfG § 41 Rz 29; *Mutschler* in KassKomm SGB X § 37 Rz 9; aA *Ost/Mohr/Estelmann* Grdz SozR 483, die auf den Rechtsgedanken des § 9 VwZG abstellen).

21 Soweit der VA wegen Bekanntgabemängeln unwirksam ist, kann der Beteiligte die **Feststellung der Unwirksamkeit** (§ 55 Abs 1 Nr 1 SGG oder § 55 Abs 1 Nr 4 analog – da Nichtigkeit des VA die Existenz eines VA voraussetzt) begehren, um den **Rechtsschein** eines wirksam VA nach außen hin zu zerstören (iE auch *Engelmann* aaO § 37 Rz 23). Der durch Bekanntgabe an andere Beteiligte existente (äußerlich wirksame) VA kann von dem übergangenen Beteiligten, der auf andere Weise Kenntnis erlangt, nicht mit den üblichen Rechtsmitteln angefochten werden, da ihm gegenüber der VA keine (innere) Wirksamkeit entfaltet hat (aA *Engelmann* aaO § 37 Rz 23 a), es sei denn es kommt zu einer **Heilung des Bekanntgabemangels** (vgl *BVerwG* DVBl 1994, 810; nach § 9 **Abs 2** VwZG wird ein Zustellungsmangel durch den tatsächlichen Zugang geheilt). Fehlt es an einer Bekanntgabe gegenüber einem Dritten, so beginnt die **Rechtsbehelfsfrist** für diesen gar nicht zu laufen. Im Einzelfall kann es bei Kenntnis des Inhalts des VA – entgegen einer verbreiteten Ansicht – auch nicht zu einer **Verwirkung** der Rechtsbehelfsmöglichkeit gem § 242 BGB analog kommen (so aber *Engelmann* aaO § 37 Rz 21; vgl auch *BVerwGE* 44, 294; 85, 213; *BVerwG* BayVBl 1987, 761; *BVerwGE* 85, 213; *Marschner* aaO § 39 Rz 14). Allerdings führt eine fehlerhafte Zustellung nicht zur Unrichtigkeit der Rechtsbehelfsbelehrung (*BSG* SozR § 1500 § 84 Nr 6). Der übergangene Beteiligte kann vielmehr **Bekanntgabe an sich verlangen** und ggf durch Leistungsklage (§ 54 Abs 5 SGG) erzwingen (*Kopp/Ramsauer* § 41 Rz 33; aA *Littmann* aaO § 37 Rz 43: Nur Anfechtungsklage gegen den ihm zufällig bekannt gewordenen VA). Die **Nachholung der Bekanntgabe** wirkt stets nur ex nunc; gleiches gilt für die Heilung eines Bekanntgabemangels, denn auch hier wird der VA erst ab der Heilung existent. Bei **teilweiser Bekanntgabe** wird nur dieser Teil wirksam (§ 39 Abs 1 Satz 2), es sei denn, die Voraussetzungen von § 40 Abs 4 liegen vor.

§ 38 Offenbare Unrichtigkeiten im Verwaltungsakt

[1]Die Behörde kann Schreibfehler, Rechenfehler und ähnliche offenbare Unrichtigkeiten in einem Verwaltungsakt jederzeit berichtigen. [2]Bei berechtigtem Interesse des Beteiligten ist zu berichtigen. [3]Die Behörde ist berechtigt, die Vorlage des Dokumentes zu verlangen, das berichtigt werden soll.

Literatur:

Jachmann: Die Berichtigung offenbar unrichtiger Verwaltungsakte gemäß § 42 VwVfG, 1993. *Tannen*: Berichtigung eines Verwaltungsaktes wegen offenbarer Unrichtigkeit, DRV 1984, 621.

1. Allgemeines

§ 38 erlaubt **Veränderungen im Text** des VA („Berichtigung"), ohne dass hierbei die Voraussetzungen der §§ 44 ff zu beachten sind; allerdings können sich über die Verweisung in § 50 **Abs 5** bei vorausgegangener Leistungsgewährung Erstattungsansprüche der Beh ergeben. Die **Legitimation** zur jederzeitigen Berichtigung von VA ohne eine Prüfung des Vertrauensschutzes im Einzelfall ergibt sich daraus, dass **der Inhalt der Regelung unverändert bleibt**. Das Vertrauen auf einen offenbar unrichtigen VA ist nicht schutzwürdig (*BSGE* 67, 70). Es dürfen nur „offenbare Unrichtigkeiten" berichtigt werden, so dass sich stets anhand der **Auslegung** des Regelungstextes das tatsächlich Gewollte ergeben muss (vgl *BVerwG* NVwZ 2000, 553). Es darf sich nicht um einen Fehler bei der **Willensbildung** handeln, sondern es muss ein Fehler bei der Willensäußerung vorliegen. **Vertrauen** auf den Fortbestand der Unrichtigkeit ist wegen der Evidenz des Fehlers nicht schutzwürdig (BT-Drucks 7/910, 62 zu § 42 VwVfG; *BSGE* 18, 271; *BSG* SozR § 77 SGG Nr 48 mwN; enger *BSGE* 67, 70), wenngleich die Abgrenzung im Einzelfall problematisch ist. § 38 stellt sich mithin als

1

„normative Verlängerung" der Auslegung von Willenserklärungen im Sozialrecht dar.

2 § 38 entspricht § 42 VwVfG (ebenso: § 129 AO, der systematisch allerdings nicht vor den Bestimmungen über die Wirksamkeit und Bestandskraft von VA, sondern im Abschnitt über die Bestandskraft verortet ist), findet in den **Prozessordnungen** sein urteilsbezogenes Pendant (vgl §§ 138 SGG, 118 VwGO, 103 FGO, 319 ZPO) und entspricht weitgehend der früheren Rspr (*BSGE* 67, 70). § 38 gilt in erster Linie für schriftliche und elektronische VA („Schreibfehler"), erfasst aber auch mündliche VA (*Wolff/Bachof/Stober* VerwR II § 49 Rz 70; aA *Engelmann* in von Wulffen/Schütze SGB X § 38 Rz 3) und ist auf die **schriftliche oder elektronische Bestätigung** eines mündlichen VA (§ 33 Abs 2 Satz 2) entsprechend anzuwenden (*Littmann* in Hauck/Noftz SGB X § 38 Rz 4; *Engelmann* aaO § 38 Rz 3). Die analoge Anwendung von § 38 auf **Realakte** kommt allerdings nicht in Betracht, wohl aber auf **Nebenbestimmungen** als Teile eines VA bzw unselbstständige VA (§ 32 Rz 8); für **Zusicherungen** gem § 34, welche VA sind (§ 34 Rz 7), gilt § 38 unmittelbar.

2. Unrichtigkeiten

3 Es dürfen nur Unrichtigkeiten eines VA (gleichgültig, ob im Verfügungssatz, der Begründung oder in der Rechtsbehelfsbelehrung) berichtigt werden, mithin „rein mechanische Versehen" (*SG Braunschweig* GB v 28.5.2009 – S 36 R 517/08), wozu nach der **nicht abschließenden Aufzählung in Satz 1** („und ähnliche offenbare Unrichtigkeiten") insb **Schreib- und Rechenfehler** gerechnet werden (vgl hierzu: *SächsLSG* Beschl v 18.3.2009 – L 7 B 446/08 AS-PKH). Schreib- und Rechen*fehler* setzen nicht notwendig voraus, dass die tatsächlich gewollte Regelung und deren sprachlicher Ausdruck nicht übereinstimmen, denn **Schreibfehler** sind ausschließlich Fehler in der **Schreibtechnik**, mithin der Orthografie, der Grammatik oder der Interpunktion. Hier kommt es selten zu einer Sinnentstellung und deshalb in der Praxis kaum zu einer Berichtigung (allerdings ist eine Sinnentstellung nach dem Wortlaut der Norm auch keine Voraussetzung für eine Berichtigung); idR besteht auch kein berechtigtes Interesse eines Beteiligten iSv Satz 2 an einer Berichtigung. Ob es sich bei einer **falschen Schreibweise des Namens des Versicherten** um einen Schreibfehler in diesem Sinne handelt, kann fraglich sein. Es handelt sich zumindest aber um eine **ähnliche Unrichtigkeit iSv Satz 1**, welche ebenfalls eine Berichtigung rechtfertigt. Die Unrichtigkeit muss aus der Sphäre der Beh stammen; dass sie auf unrichtige Angaben von Betroffenen oder Dritten zurückgeht, schadet aber nicht. Auch auf Verschulden kommt es nicht an.

4 **Rechenfehler** sind Unrichtigkeiten, die auf einem falschen Rechenvorgang, etwa einer unzutreffenden Addition, beruhen, wenn die Faktoren der Berechnung angegeben sind (*BSG* SozR 1200 § 34 Nr 18; Bsp: Die Pflegestufe 1 nach §§ 14, 15 SGB XI wird abgelehnt, da nicht mindestens 46 Min an Grundpflege festgestellt worden seien, obwohl die Addition der aufgeführten und vom MDK festgestellten Pflegezeiten 56 Min ergibt). Eine **ähnliche Unrichtigkeit** kann in der **Benutzung eines falschen Begriffs** (zB EU-Rente statt BU-Rente, DM-Betrag statt Euro-Betrag), einer **fehlerhaften Übertragung aus einer Tabelle** (Bsp: *BSGE* 15, 96; 24, 236), einer **Verwechslung** (Bsp: In einem Rentenbescheid werden die deutschen und schweizerischen Versicherungszeiten versehentlich verwechselt, *BSG* SozR § 77 SGG Nr 81) oder auch einer **perplexen Argumentation** (Bsp: In der Begründung eines ablehnenden Bescheids zu einem Hilfsmittel nach § 33 SGB V heißt es aE: „... Daher sind die Voraussetzungen erfüllt und es wird Ihnen das Hilfsmittel gewährt"; die Kosten des Widerspruchsverfahrens werden dem Widerspruchsführer auferlegt, obwohl dem Widerspruch in vollem Umfang abgeholfen wurde) begründet liegen (vgl *Thelen* DAngVers 1983, 229 [230] mwN). Offenbare Unrichtigkeit ist abzulehnen für eine Änderung der Veränderungsrate der ärztl Gesamtvergütung (*SchlHLSG* Urt v 22.11.2005 – L 4 KA 33/02).

Für die Annahme einer Unrichtigkeit ist unbeachtlich, wie es zu diesem Fehler **5** gekommen ist, so dass auch Versehen bei der **Eingabe in Datenverarbeitungsanlagen** hierher gerechnet werden können (*BSG* SozR 4-2500 § 106 a Nr 5; *BFH* BStBl 1975, 868; *Jahn* SGB X § 38 Rz 4). Fehler, die durch das **EDV-Programm** selbst verursacht werden, führen ebenfalls zu einer offenbaren Unrichtigkeit, wenn sie einem Rechenfehler das Sachbearbeiters vergleichbar sind (*Kopp/ Ramsauer*, VwVfG § 42 Rz 5). Eine Unrichtigkeit kann auch darin liegen, dass etwas versehentlich nicht ausgesagt wurde, obwohl es die Beh gewollt hat (Bsp: Aus der Begründung des Rentenbescheids ergibt sich, dass die Erwerbsminderungsrente- wegen einer zu erwartenden Besserung des Gesundheitszustands nur auf Zeit gewährt werden soll, § 102 Abs 2 Nr 1 SGB VI, aber dem Tenor des Bescheids kann eine Befristung nicht entnommen werden). Da ein Fehler bei der Willensbildung ausgeschlossen sein muss, können Irrtümer über Sachverhalte (infolge einer unzureichenden Sachaufklärung oder der Nichtbeachtung von Tatsachen) oder die Rechtslage nur über § 45 bzw bei späteren Änderungen über § 48 korrigiert werden (*BFH* NVwZ-RR 2004, 529; *Kopp/Ramsauer* VwVfG § 42 Rz 7). Die **Grenzziehung** zwischen einer Unrichtigkeit und einer nach den Bestimmungen über die Rücknahme und den Widerruf von VA zu beurteilende Rechtswidrigkeit des VA ist im Einzelfall schwierig, aber wegen der unterschiedlichen Rechtsregime von Bedeutung. Ein VA ist jedenfalls nicht schon deshalb offenbar unrichtig, weil er nicht hätte ergehen dürfen (*BSG* Kompaß 1995, 302: Rentenanpassung trotz Rentenentziehung).

3. Offenbarkeit

Die berichtigungsfähigen Unrichtigkeiten müssen „offenbar" sein; das gilt auch **6** für sachlogische **Folgeunrichtigkeiten** (*Dörr* Kompaß 1991, 212 [213]). **Offenbar** ist eine Unrichtigkeit, wenn sie für einen verständigen, aber nicht fachkundigen, **objektiven Dritten** aus dem VA (im übrigen) selbst, den Umständen bei dessen Erlass oder aber aus sonstigen Umständen erkennbar ist (*BSGE* 24, 204; 37, 219; 67, 70; *Engelmann* aaO § 38 Rz 6). Es ist also ein objektiver Maßstab („verständiger Leser", so *BSGE* 67, 70) anzulegen, es kommt nicht auf die individuellen Fähigkeiten des Empfängers an. Diese Maßstäbe stimmen mit denen bei der **Auslegung von VA** überein (§ 31 Rz 30). Deshalb muss die Auslegung das wirklich Gewollte ergeben. Andernfalls handelt es sich nicht um eine Berichtigung, sondern um eine Korrektur des VA, die sich nach den §§ 44 ff beurteilt. Die **Erkennbarkeit** muss sich daher stets aus Umständen ergeben, die nach außen getreten sind, also für den Betroffenen wahrnehmbar waren; bloß **interne Verwaltungsvorgänge** können die Offenbarkeit nicht begründen. Allerdings ist es nicht erforderlich, dass sich der Fehler beim Lesen des Bescheids bereits aufdrängen muss (vgl *BSG* SozR 1200 § 34 Nr 18; SozR § 77 SGG Nr 36; vgl auch *BSGE* 24, 204; *Mutschler* in KassKomm SGB X § 38 Rz 6; *Engelmann* aaO § 38 Rz 6). Der Fehler muss nach einer gebräuchlichen Formulierung in der allgemeinen Verwaltungsgerichtsbarkeit „ins Auge springen" (vgl *BVerwGE* 30, 146; 40, 212; *OVG Brem* DOV 1974, 353; BT-Drucks 7/910, 62 zu § 42 VwVfG; *Leopold* in Schlegel/Voelzke jurisPK-SGB X § 38 Rz 32; ebenso: *Wolff/Bachof/Stober* VerwR II § 49 Rz 70). Es kommt nicht darauf an, dass erkennbar ist, was die erlassende Beh eigentlich wollte (vgl *Littmann* aaO Rz 12; *Leopold* aaO Rz 36), da das Gesetz darauf nicht abstellt.

4. Berichtigung

7 Die Berichtigung ist entweder (selten) die bloße Korrektur eines den Regelungsinhalt nicht berührenden (idR Schreib-)Fehlers oder aber (zumeist) – bei einer **Divergenz von Regelungstext und Regelungsinhalt** – die inhaltliche **Klarstellung des wirklich Gewollten** (*BVerwG* NVwZ 2000, 553). Ein unrichtiger VA ist **nicht rechtswidrig** (*Sachs* in Stelkens/Bonk/Sachs VwVfG § 42 Rz 1; *Wolff/ Bachof/Stober* VerwR II § 49 Rz 70). Die Berichtigung ist – gleichgültig, ob es sich um einen begünstigenden oder einen belastenden VA handelt – **zugunsten und/oder zulasten des Betroffenen** möglich – und zwar **jederzeit**, also auch noch in der Rechtsmittelinstanz oder nach Unanfechtbarkeit des VA (*BSG* SozR 1200 § 34 Nr 18; anders als bei § 45 Abs 3, 4 gibt es **keine Ausschlussfrist**). Allerdings kann es unter bestimmten Voraussetzungen zur **Verwirkung** des Berichtigungsrechts kommen (*BSG* Breith 1966, 269; *Hofe* SGb 1986, 11 [12] mwN). Die Berichtigung steht grundsätzlich im **Ermessen** der Beh (Satz 1), die jetzt örtlich zuständig ist, also nicht notwendig der erlassenden Beh (BT-Drucks 7/910, 62). Hat der Betroffene ein **berechtigtes Interesse** an einer Berichtigung, so ist die Beh nach Satz 2 **verpflichtet**, den VA zu berichtigen. Ein Interesse ist nicht erst dann berechtigt, wenn es sich **rechtlich** begründen lässt (zB: Korrektur der hinsichtlich des Geburtsdatums offenbar unrichtigen sog Rentenversicherungsnummer auf einer Rentenauskunft, um bei einem späteren Versicherungsfall der Regelaltersrente keine Nachteile befürchten zu müssen), sondern **es genügt ein wirtschaftliches** oder **ideelles Interesse**.

8 Die Berichtigung wird entweder **von Amts wegen** (Satz 1) oder **auf Antrag eines Beteiligten** (nicht notwendig des Betroffenen, Satz 2) vorgenommen. Die Beh kann hierbei zum Zwecke der Berichtigung die **Vorlage des VA** – bzw genauer: des „Schriftstücks" als textliche Verkörperung des VA, der zu berichtigen ist – verlangen (Satz 3). Sie ist deshalb auch befugt, einen Berichtigungsvermerk anzubringen, ohne dass dies aber Voraussetzung einer wirksamen Berichtigung wäre. MWv 1.2.2003 ist durch Art 3 Nr 7 des G v 21.8.2002 (BGBl I 3322) der Begriff Schriftstück durch den Begriff **Dokument** ausgetauscht worden, welcher als **Oberbegriff für Schriftstücke und elektronische Dokumente** neu eingeführt wurde (*Schmitz/Schlatmann* NVwZ 2002, 1281 [1289]). Die **Aufforderung zur Vorlage des Dokuments** ist selbst ein VA (*Thelen* DAngVers 1983, 229 [231]). Die Ablehnung der beantragten Berichtigung ist ebenfalls ein VA. **Die Vornahme der Berichtigung** ist kein VA (wie hier: BVerwGE 21, 316; *Ruffert* in Knack/ Henneke VwVfG § 42 Rz 20; *Kopp/Ramsauer* VwVfG § 42 Rz 14; *Liebetanz* in Obermayer VwVfG § 42 Rz 24; *Wolff/Bachof/Stober* VcrwR II § 49 Rz 74; *Hofe* SGb 1986, 11 [13]); sie bedarf deshalb auch keiner Begründung (§ 35 Abs 1 Satz 3) und auch keiner Anhörung gem § 24. Die entgegengesetzte Meinung, die stets von einem VA ausgeht (*BSG* ZBR 1993, 269; *BSG* Breith 1964, 630; *BSG* SozR 1200 § 34 Nr 18; *BVerwG* DOV 1970, 747; *BFH* BStBl 1984, 511; *Dörr* DAngVers 1982, 278 [279]; *Straub* Sozialverwaltungsverfahren 1991, 106; *Thelen* DAngVers 1983, 229 [231]), überzeugt nicht. Indem nur offenbare Unrichtigkeiten korrigiert werden dürfen, ergibt sich bereits aus der Auslegung des unrichtigen VA das wirklich Gewollte (vgl Rz 6), so dass das nach § 38 begehrte Verwaltungshandeln auf eine Klarstellung und nicht auf eine Regelung gerichtet ist und deshalb auch selbst nicht als Regelung (auch nicht als feststellende Regelung) angesehen werden kann. Der Betroffene könnte (bei einem berechtigten Interesse) Leistungsklage (*Sachs* aaO §42 Rz 35) erheben und bei einer Auseinandersetzung über den Inhalt des VA ist dieser stets auszulegen (informelle oder faktische Berichtigung). Für die Annahme eines VA besteht bei Berichtigungen bloßer Formalia kein Bedürfnis. Dennoch ist eine **differenzierende Betrachtung** angezeigt, da es gerade streitig sein kann, ob die Beh sich bei der Berichtigung in den Grenzen des §38 gehalten hat. Ist der Betroffene durch die Änderung im Verfügungssatz beschwert und wird in seine Rechtsposition eingegriffen, ist von einem anfechtbaren VA auszugehen (wie hier Mutschler aaO Rz 15; Leopold aaO Rz 52). In diesem Sinne dürfte auch die Rspr des BSG zu verstehen sein.

Zweiter Titel Bestandskraft des Verwaltungsaktes

Literatur zu den §§ 39–51 SGB X:

Arndt: Rücknahme und Widerruf von Verwaltungsakten, 1998; *Baumeister*: Die Novellierung der §§ 48, 49, 49a VwVfG, NVwZ 1997, 19; *Berninghausen*: Die Europäisierung des Vertrauensschutzes, 1998; *Becker*: Die Bindungswirkung von Verwaltungsakten im Schnittpunkt von Handlungsformlehre und materiellem öffentlichem Recht, 1997; *Becker*: Rücknahme fehlerhafter begünstigender Verwaltungsakte und Rückforderung ohne Rechtsgrund gewährter Leistungen, DÖV 1973, 379; *Bieback*: Probleme der Einjahresfrist bei der Rücknahme von Verwaltungsakten gem. §45 Abs 4 und §48 SGB X, SGb 1995, 141; *Britz*: Aufhebung fehlerhafter Dienstpostenübertragung, DÖV 1982, 231; *Dahm*: Das Erlöschen von Ansprüchen auf Geldleistungen gemäß §59 SGB I, rv 2010, 32; *Dörr*: Aussparen als speziell sozialrechtliche Bescheidkorrektur, SGb 1990, 349; *ders*: Aktuelle Grundsätze zu den Korrekturbestimmungen des SGB X, SozVers 1989, 29; *ders*: Rücknahme oder Aufhebung von Verwaltungsakten, RVaktuell 2008, 319; *ders*: Neue Rechtslagen und alte Bescheide, RVaktuell 2015, 42; *Eichenhofer*: Aufhebung bestandskräftiger Verwaltungsakte im Sozialrecht, NdsVBl 1995, 10; *Erichsen/Ebber*: Das Wiederaufgreifen unanfechtbar abgeschlossener Verwaltungsverfahren gemäß §51 VwVfG Jura 1997, 424; *Erichsen/Knoke*: Bestandskraft von Verwaltungsakten, NVwZ 1983, 185; *Frehse*: Die Handlungsfrist des §45 Abs 4 Satz 2 SGB X, ZfS 1988, 225; *Frohn*: Die Korrektur von Verwaltungsakten wegen nachträglicher Verhältnisänderung, Jura 1993, 393; *Gagel*: Die Aufhebung von Verwaltungsakten mit Dauerwirkung, SGb 1990, 252; *Graßl*: Vertrauensschutz bei der Aufhebung rechtswidrig begünstigender Verwaltungsakte, SGb 1985 145; *Heinz*: Die Aufhebung von Verwaltungsakten nach dem Sozialgesetzbuch X unter besonderer Berücksichtigung der Rechtsentwicklung im Bereich der Existenzsicherung, WzS 2008, 105; *Hofe*: Das System der Bestandskorrektur bei rechtswidrigen nicht begünstigenden Verwaltungsakten (SGB X), SGb 1986, 11; *Kaltenbach*: Die Rücknahme von rechtswidrigen Verwaltungsakten nach dem Zehnten Buch SGB aus der Sicht der gesetzlichen Rentenversicherung, DAngVers 1980, 470; *Kainz*: Die Bestandskraft von Sozialverwaltungsakten – Auswirkungen von Fehlern im Verwaltungsverfahren und Aufhebung von Verwaltungsakten, NZS 2015, 767; *Kleinlein*: Der maßgebliche Zeitpunkt für die Beurteilung der Rechtmäßigkeit von Verwaltungsakten, VerwArch 81 [1990], 149; *Klostermann*: Die Aufhebung des Verwaltungsaktes mit Doppelwirkung im Verwaltungsverfahren, 1992; *Knipping*: Kann ein Verwaltungsakt rechtswidrig werden?, SGb 1994, 514; *Korber*: Der Aufbau des Verwaltungsverfahrens zur Aufhebung belastender Verwaltungsakte, DÖV 1985, 309; *Krasney*: Zur Neuregelung der Rücknahme rechtswidriger Leistungsbescheide der Sozialversicherung im Sozialgesetzbuch, SozSich 1978, 367; *Langhoff*: Eintritt der aufschiebenden Wirkung bei Drittwidersprüchen gegen statusbegründende Entscheidungen erst ab Kenntniserlangung des Begünstigten, MedR 2010, 133; *Manssen*: Der Begriff „Verwaltungsakt" mit Dauerwirkung" im SGB X, ZfSH/SGB 1991, 225; *Pickel*: Verwaltungsakte und ihr Zustandekommen, SGb 1986, 226; *ders*: Die Rücknahme von Verwaltungsakten nach dem SGB X, NVwZ, 1987, 454; *ders*: Verwaltungsakte mit Dauerwirkung und ihre Aufhebung, SGb 1992, 294; *Randak*: Bindungswirkung von Verwaltungsakten, JuS 1992, 33; *Richter*: Die Aufhebung von Verwaltungsakten auf Betreiben der Verwaltung und des Betroffenen, JuS

1990, 719; *Schnapp*: Rücknahme von Verwaltungsakten, SGb 1993, 1; *Seibert*: Die Bindungswirkung von Verwaltungsakten, 1989; *Siebert*: Rücknahme rechtswidriger Verwaltungsakte gemäß §§ 44 und 45 SGB X, SGb 1990, 245; *Stadie*: Unmittelbare Wirkung von EG-Richtlinien und Bestandskraft von Verwaltungsakten, NVwZ 1994, 435. Weitere Literatur sowie verwendete Kommentare Literaturliste sowie Nachw bei den einzelnen Bestimmungen.

§ 39 Wirksamkeit des Verwaltungsaktes

(1) [1]Ein Verwaltungsakt wird gegenüber demjenigen, für den er bestimmt ist oder der von ihm betroffen wird, in dem Zeitpunkt wirksam, in dem er ihm bekannt gegeben wird. [2]Der Verwaltungsakt wird mit dem Inhalt wirksam, mit dem er bekannt gegeben wird.

(2) Ein Verwaltungsakt bleibt wirksam, solange und soweit er nicht zurückgenommen, widerrufen, anderweitig aufgehoben oder durch Zeitablauf oder auf andere Weise erledigt ist.

(3) Ein nichtiger Verwaltungsakt ist unwirksam.

Literatur:

Benz: Der Wirksamkeitszeitpunkt bei Änderung in den Voraussetzungen einer Rente der gesetzlichen Unfallversicherung, SGb 1999, 344.

1. Allgemeines

1 § 39, dem § 43 VwVfG und § 124 AO entsprechen, leitet den **Zweiten Titel** über die Bestandskraft von VA ein. § 39 – der auch im Vorverfahren anwendbar ist (§ 62) – regelt den Beginn und das Ende der Wirksamkeit eines VA. Der **Begriff der Wirksamkeit** ist mit dem Begriff der Bestandskraft nicht identisch; die Bestandskraft setzt vielmehr die Wirksamkeit des VA notwendig voraus (*Roos* in von Wulffen/Schütze SGB X § 39 Rz 3; *Schmidt-De Caluwe* VerwArch 90 [1999], 49 [68]; aA *Wolff/Bachof/Stober* VerwR II § 50 Rz 5). Obwohl der Zweite Titel mit „Bestandskraft des Verwaltungsaktes" überschrieben ist, wird der **Begriff der Bestandskraft** (vgl auch § 31 Rz 11 ff) selbst weder in § 39, noch in einem der nachfolgenden Bestimmungen definiert, näher konkretisiert oder auch nur erwähnt (vgl aber zB § 307 a XII SGB VI). Er ist mit dem Begriff „Bindungswirkung" identisch, die aus historischen Gründen in § 77 **SGG** geregelt ist. Entsprechende Vorschriften fehlen in VwGO und FGO und auch für das Sozialverwaltungsverfahrensrecht ist die Norm seit Inkrafttreten des SGB X eigentlich entbehrlich (*Steinwedel* in KassKomm § 39 SGB X Rz 4; zur geringen Bedeutung von § 77 SGG: *BSG* NZS 1993, 421). Art 19 EinigVert bestätigt für VA der ehemaligen DDR die Rechtsinstitute Wirksamkeit (Art 19 Satz 1) und Bestandskraft (Art 19 Satz 3).

2. Bestandskraft und sonstige Bindungswirkungen

2 Die **Bestandskraft** eines VA ähnelt der **Rechtskraft** eines gerichtlichen Urteils (vgl *Leitherer* in Meyer-Ladwig/Keller/Leitherer SGG § 77 Rz 2; *Sachs* in Stel-

kens/Bonk/Sachs VwVfG § 43 Rz 6; *Wolff/Bachof/Stober* VerwR II § 50 Rz 5 f). Bei der Bestandskraft ist – analog zur Unterscheidung bei der Rechtskraft – die formelle von der materiellen Bestandskraft zu unterscheiden. Die **formelle Bestandskraft** (Unanfechtbarkeit, vgl §§ 84, 87 SGG) hat zum Inhalt, dass der VA nicht mehr mit einem Rechtsbehelf angefochten werden kann (*Breitkreuz* in Breitkreuz/Fichte SGG § 77 Rz 1). Die **materielle Bestandskraft** bedeutet, dass die Regelung des VA sowohl für die erlassende Beh, als auch für den Adressaten des VA grundsätzlich verbindlich ist, mithin **Bindungswirkung entfaltet** („Abänderungsverbot" und „Abweichungsverbot", *BSGE* 41, 113; 77, 253; vgl auch: *BSG* NZS 1993, 421; *BSG* SGb 1996, 424). Formelle Bestandskraft tritt erst mit **Ablauf der Rechtsbehelfsfrist** ein, während materielle Bestandskraft schon **mit Erlass des VA** einsetzt (*Leitherer* aaO § 77 Rz 2). Wird der VA durch **Widerspruch oder Klage** angefochten, kann dennoch materielle Bestandskraft eintreten, wenn nämlich den Rechtsbehelfen (ausnahmsweise) keine aufschiebende Wirkung zukommt (§ 86 a Abs 2 SGG). Die Vollziehung des VA ist zulässig und der VA gerät hinsichtlich seiner Wirkung nicht in einen „Schwebezustand" (*BVerwG* DÖV 1973, 786; vgl zum Streit, ob dieser Schwebezustand zu einer Wirksamkeitshemmung oder zu einer Vollzugshemmung führt: *Kopp/Schenke* VwGO § 80 Rz 16; *Sachs* in *Stelkens/Bonk/Sachs* VwVfG § 43 Rz 154). Die Bestandskraft entsteht unabhängig davon, ob der konkrete VA rechtmäßig oder rechtswidrig ist.

Allerdings wirkt die **Bestandskraft von VA nicht uneingeschränkt**, da die Bestimmungen über Rücknahme, Widerruf und Aufhebung von VA (§§ 44 ff) auch nach Ablauf der Rechtsbehelfsfrist Korrekturen am VA zulassen – zT auch rückwirkend. In der sozialrechtlichen Praxis kommt insb § 44 große Bedeutung zu. Überdies entsteht eine Bindungswirkung auch nur hinsichtlich der eigentlichen Regelung, also des **Entscheidungssatzes**; die Bindungswirkung bezieht sich hingegen nicht (auch) auf die Begründung (*BSGE* 24, 240; 46, 237; *Leitherer* aaO § 77 Rz 5 b). **3**

Von der Bestandskraft ist die sog **Tatbestands-** und **Feststellungswirkung** zu unterscheiden. Während die Bestandskraft das **Innenverhältnis** („inter-partes-Wirkung") zwischen Beh sowie Adressaten und/oder Betroffenen betrifft, hat die Tatbestandswirkung eine darüber **hinausgehende Bedeutungsebene** des VA zum Inhalt („inter-omnes-Wirkung"): Sonstige Dritte, insb sonstige Beh und Gerichte (soweit die konkrete Regelung nicht Gegenstand der Rechtsprüfung ist), müssen die in einem bindenden Bescheid getroffene Regelung, solange sie Bestand hat, als verbindlich hinnehmen und ohne Prüfung der Rechtmäßigkeit ihren Entscheidungen zugrunde legen (sog „Drittbindungswirkung", vgl *BSG* SozR 4-1300 § 48 Nr 11; *BSGE* 103, 243; *Wolff/Bachof/Stober* VerwR II § 48 Rz 8; *BSGE* 70, 51: „unbestrittene Tatsache"; *BSG* Breith 1995, 480; *BayLSG* Urt v 10.11.2004 – L 2 U 152/03, ASR 2005, 35 wo zwischen Tatbestandswirkung „im engeren" und „im weiteren Sinne" unterschieden wird; vgl auch *BVerwGE* 21, 312). **4**

Bsp: **5**

■ Grdstl darf der auf **Erstattung** in Anspruch genommene LeistungsTr diejenigen Einwendungen, die ihm gegen den Sozialleistungsanspruch zustehen, auch gegen den Erstattungsanspruch erheben (hierzu: *BSGE* 70, 99; *dass* SozR 3-1300 § 86 Nr 3); das gilt auch hinsichtlich des Einwandes, über den Sozialleistungsanspruch des (vermeintlich) Berechtigten sei rechtskräftig ablehnend entschieden (*SG Hannover* GB v 6.4.2005 – S 36 U 211/04, HVBG-INFO 2005, 570), es sei denn, dass sich die Entscheidung als offensichtlich fehlerhaft erweist und dem in Anspruch genommenen Leistungsträger zum Nachteil gereicht (*Kater* in KassKomm § 103 SGB X Rz 46; *BSG* SozR 3-1300 § 86 Nr 3).

■ Nur dann, wenn beim Berechtigten vom Versorgungsamt ein **GdB von mind 50 vH** festgestellt wurde, kann der RVTr eine Rente wegen Schwerbehinderung nach § 37 SGB VI zusprechen, er darf den GdB nicht selbst bestimmen (*BSGE* 52, 168; **ferner**: die bestandskräftige Entscheidung des Versorgungsamts zur Feststellung des Merkzeichens „BL" im Schwerbehindertenausweis bindet die Beh, die über den Anspruch auf Landesblindengeld nach dem Nds Landesblindengeldgesetz entscheidet, *LSG Nds-Brem* Urt v 18.11.2004 – L 5 BL 2/04, NdsRpfl 2006, 102; **aber**: die Entscheidung der Versorgungsverwaltung hinsichtlich der Gewährung einer höheren Pflegezulage nach § 35 BVG ist nicht vorgreiflich und entfaltet keine Bindungswirkung für den Bereich der sozialen Pflegeversicherung, *BSG* Beschl v 10.4.2006 – B 3 P 2/06 B).

■ **Statusfeststellungsbescheide** der Deutschen Rentenversicherung Bund nach § 7a SGB IV haben zwar mangels gesetzlicher Anordnung keine Drittbindungswirkung, binden die zuständigen und beteiligten VersTr als Einzugsstellen versicherungsrechtlich aber über § 12 Abs 2 Satz 2 (*Knospe* in Hauck/Noftz SGB IV § 7a Rz 23).

6   Von der Feststellungswirkung in diesem Sinne ist die **unselbstständige Mitwirkung** von Sozialleistungsträgern im Verwaltungsverfahren zu unterscheiden. Hier werden keine VA erlassen, sondern die mitwirkenden Sozialleistungsträger stellen nur im Rahmen einer gesetzlich standardisierten Amtshilfe ihre Fachkompetenz zur Verfügung (**Bsp.**: § 45 Abs 1 SGB XII).

7   Die **Feststellungswirkung** geht weiter als die Tatbestandswirkung, da die sonstigen Beh und Gerichte dann nicht nur den VA als Tatsache hinnehmen, sondern auch die im VA enthaltenen Entscheidungselemente, tatsächliche Feststellungen und rechtliche Wertungen, also den Inhalt des VA, der eigenen Entscheidung zugrunde legen müssen (vgl *Wolff/Bachof/Stober* VerwR II § 48 Rz 8; *BVerwGE* 34, 90; 35, 316; *BayLSG* Urt v 10.11.2004 – L 2 U 152/03, ASR 2005, 35; *Knöpfle* BayVBl 1982, 225 [227]; *Kollmann* DÖV 1990, 189 [193]; *Kainz* NZS 2015, 767 [768]; *Sehnert* NZS 2000, 437; *Ost/Mohr/Estelmann* Grdz SR 485 fassen die Feststellungswirkung weiter). Bei der Feststellungswirkung handelt es sich um ein Rechtsinstitut, das die Rechtsordnung zur Verhütung eines ständigen Wiederaufgreifens rechtlich geklärter Lebenssachverhalte und zur Vermeidung divergierender Entscheidungen entwickelt hat (*BayLSG* Urt v 10.11.2004 – L 2 U 152/03, ASR 2005, 35).

8   Eine Feststellungswirkung kann nur angenommen werden, wenn sie gesetzlich geregelt ist (zB: § 62 SGB XII, § 24 Abs 2 Satz 3 BAföG: *BVerwG* Urt v 11.7.1990 – 5 B 143/89, Buchholz 436.36 § 24 BAföG, Nr 14; *dass* Urt v 12.5.1993 – 11 C 9/92, BVerwGE 92, 272 [277 f]; § 8 Abs 5 Satz 2 AAÜG, § 15 BVFG; vgl *BVerfGE* 35, 316; vgl auch *BSGE* 72, 164; *BSG* Breith 1995, 480). Eine **genaue Abgrenzung** zwischen Tatbestandswirkung und Feststellungswirkung ist allerdings **bis heute nicht gelungen**. Tatbestands- und Feststellungswirkungen kommen typischerweise bei gestaltenden VA (*BSGE* 70, 51) in Betracht. Ebenso wie bei der Bestandskraft kommt es auch bei der Tatbestands- und Feststellungswirkung nicht darauf an, ob der VA rechtmäßig oder rechtswidrig ist.

3. Wirksamkeit

Der Begriff der Wirksamkeit des VA wird nicht definiert, sondern vorausgesetzt **9** (Rz 1). Es wird zwischen der sog äußeren und der inneren Wirksamkeit unterschieden (vgl zu diesem zweigliedrigen Wirksamkeitsbegriff: *Erichsen/Hörster* Jura 1997, 659 [659]; *Schmidt-De Caluwe* VerwArch 90 [1999], 49 [50 ff]; *Ost/Mohr/Estelmann* Grdz SR 483 f; vgl auch *BSGE* 53, 284). Die Wirksamkeit des VA setzt nicht dessen Rechtmäßigkeit voraus.

3.1. Äußere Wirksamkeit

Die äußere Wirksamkeit beginnt mit der (erstmaligen) **Bekanntgabe** (vgl § 37) **10** an den Betroffenen (**Abs 1 Satz 1**) und bedeutet, dass der VA überhaupt rechtlich existent wird (§ 37 Rz 3; *BSGE* 114, 180; davor ist der VA nur ein „Entwurf" (vgl *Wolff/Bachof/Stober* VerwR II § 48 Rz 1). Mit seiner Bekanntgabe wird der VA zugleich für die erlassende Behörde bindend (vgl *BSG* SozR 4-4200 § 22 Nr 13; *BSGE* 53, 284). **Zeitpunkt der Bekanntgabe** ist grundsätzlich der Zeitpunkt des Zugangs des VA (§ 37 Rz 3; vgl *BSG* NZS 1993, 421; *BayVGH* BayVBl 1987, 693; *Pickel* aaO § 39 Rz 22). Die Bekanntgabe ist selbst dann conditio sine qua non der Wirksamkeit, wenn die Ablehnung der Leistung unter jedem denkbaren Gesichtspunkt rechtswidrig wäre (vgl *BSG*, SozR 1200 § 40 Nr 3 für einen Anspruch auf Ermessensleistungen gemäß § 40 Abs 2 SGB I). Die Bekanntgabe des VA setzt den Bekanntgabewillen des für den Erlass des VA zuständigen Bediensteten voraus (vgl § 37 Rz 3). § 39 verlangt eine **wirksame Bekanntgabe**, wobei eine fehlerhafte Bekanntgabe geheilt werden kann (vgl § 37 Rz 19). Die aüßere Wirksamkeit des VA setzt nicht dessen formelle oder materielle **Rechtmäßigkeit** voraus (*BSGE* 77, 253; *Wolff/Bachof/ Stober* VerwR II § 48 Rz 4 f); das folgt schon aus der Regelungen über die Rücknahme eines rw VA (§ 45) sowie aus einem Umkehrschluss zu Abs 3, wonach ausdrücklich nur bei nichtigen VA die Unwirksamkeit angeordnet wird.

3.2. Innere Wirksamkeit

Die innere Wirksamkeit bedeutet, dass der VA die in ihm enthaltenen bzw kraft **11** Gesetzes mit ihm verbundenen **Rechtswirkungen** (auch Tatbestands- und Feststellungswirkung) gegenüber der Beh, den Betroffenen und ggf Dritten auslöst (*BSGE* 72, 50; *BSG* Breith 1994, 410; *Roos* aaO § 39 Rz 7; *Wolff/Bachof/ Stober* VerwR II § 48 Rz 3). Die innere Wirksamkeit eines VA kann nicht zu einem späteren Zeitpunkt als die äußere Wirksamkeit eintreten – auch nicht, wenn zB die Rechtswirkungen vom Eintritt einer aufschiebenden Bedingung abhängig ist (so aber *Schneider-Danwitz* in Schlegel/Voelzke jurisPK-SGB X § 39 Rz 36), weil auch bei Nichteintritt der Bedingung der VA bereits Rechtswirkungen entfaltet (zB: Verbot, den Bedingungseintritt treuwidrig zu vereiteln). Die innere Wirksamkeit weist Ähnlichkeiten zur **materiellen Bestandskraft** (Rz 2) auf. Diese innere Wirksamkeit gilt nur im Verhältnis zwischen dem Vers bzw Begünstigten und der den VA erlassenden Beh bzw deren Rechtsnachfolger (zB bei der Fusion von zwei KK) oder Funktionsnachfolger (zB bei Aufgabenverlagerung von einer Behörde zur anderen), nicht aber im Verhältnis des Vers zu einem – zB nach KK-Wechsel zuständig gewordenen – anderen Versicherungsträger, soweit nicht in besonderen gesetzlichen Regelungen eine Bindungswirkung angeordnet worden ist. Das ist zB im Bereich der Beschädigtenversorgung nach dem SVG (vgl § 88 Abs 3 SVG) der Fall (dazu *BSG* SozR 4-3200 § 88 Nr 1), nicht aber beim Wechsel von der privaten zur sozialen Pflegeversicherung, zumal schon keine VA erlassen werden (*BSG* SozR 4-3300 § 37 Nr 2).

12 Die Wirksamkeit bezieht sich allerdings nur auf den **Inhalt des VA**, mit dem er bekanntgegeben wurde (**Abs 1 Satz 2**). Der Inhalt des VA ist ggf durch **Auslegung** zu bestimmen (Bsp: Wenn der VTr in einem Bescheid ausschließlich über die Gewährung eines Vorschusses entscheidet, entsteht hinsichtlich der Voraussetzungen der endgültigen Leistungen keine Bindungswirkung, *BSGE* 55, 287; 67, 104). Der Satz 2 enthält mithin eine Klarstellung für den Fall, dass eine Divergenz zwischen **Ausfertigung** und **Aktenverfügung** besteht (*Steinwedel* in KassKomm § 39 SGB X Rz 19; *Roos* aaO § 39 Rz 9; *Marschner* in Pickel/Marschner § 39 Rz 17). Entscheidend ist der aus dem VA erkennbar **erklärte Wille** der Beh, nicht was sie (unerkennbar) tatsächlich hat äußern wollen (vgl *BVerwGE* 29, 310). Fehlt dem VA ein regelnder Teil (zB eine Nebenbestimmung), so wird dieser erst mit der eigenen Bekanntgabe wirksam, fehlt die Begründung oder die Rechtsbehelfsbelehrung, so wird der VA sofort und in vollem Umfang wirksam (vgl *BSG* SozVers 1996, 186; eine gewisse Ausn stellt Art 6 § 4 Abs 3 a FANG dar); er ist nur wegen Verstoßes gegen § 35 rw oder es wird eine längere Rechtsbehelfsfrist in Gang gesetzt (§ 66 SGG, § 58 VwGO).

13 Der VA ist nach § 37 Abs 1 Satz 1 demjenigen bekanntzugeben, für den er **bestimmt** ist oder der von ihm **betroffen** wird (vgl § 37 Rz 5 ff). Die innere Wirksamkeit des VA kann andererseits auch nur demjenigen gegenüber eintreten, demgegenüber eine Bekanntgabe tatsächlich erfolgt ist. Die Bekanntgabe des VA an den **Vertretenen** unter ermessensfehlerhafter Umgehung des **Bevollmächtigten** (vgl § 37 Rz 7 f) berührt die Wirksamkeit des VA nicht (vgl auch *Vetter* ZfS 1992 195 [197]). Wird der VA an mehrere adressiert oder sind **mehrere betroffen,** wird er jedem von ihnen gegenüber erst **in dem Zeitpunkt** wirksam, in dem er ihnen jeweils individuell bekanntgegeben worden ist (Abs 1 Satz 1; vgl auch § 37 Rz 6).

3.3. Wirksamkeitsgrenzen

14 Nach **Abs 2** bleibt ein VA (auch ein feststellender VA: *SchlHLSG* SGb 1994, 573) wirksam, solange und soweit er nicht zurückgenommen, widerrufen, anderweitig aufgehoben oder durch Zeitablauf oder auf andere Weise erledigt ist. Abs 2 regelt die **Dauer der Wirksamkeit** („solange") sowie **Umstände, die die Wirksamkeit eines VA beenden.** Die Regelung betrifft sowohl die äußere als auch die innere Wirksamkeit und setzt eine wirksame Bekanntgabe voraus. Hinsichtlich der einzelnen Umstände, die Wirksamkeit eines VA zu beenden, können endogene und exogene Umstände unterschieden werden. Aus der Formulierung „soweit" ergibt sich, dass auch eine **teilweise Aufhebung** oder Erledigung eines VA in Betracht kommen kann.

3.3.1. Endogene Umstände

15 Die **endogenen Umstände** bezeichnen Gründe der Beendigung der Wirksamkeit, die in der Regelung selbst begründet liegen, nämlich die Erledigung durch Zeitablauf oder auf andere Weise: Der **Tod** des aus einem höchstpersönlichen VA **Berechtigten** (zB Rentenbewilligung) führt zur Erledigung des begünstigenden VA, ohne dass es eines Aufhebungsbescheides bedürfte (*BSG* SozR 4-2600 § 118 Nr 11; *BSGE* 84, 16). Umgekehrt erledigt der Tod des aus einem VA **Verpflichteten** nicht die Verpflichtung, da diese auf den Rechtsnachfolger übergeht. **Zeitablauf** einer befristeten Regelung führt auch zur Erledigung des VA (zB Erwerbsminderungsrente auf Zeit gem § 102 Abs 2 SGB VI; so auch *BSG* ZfSH/SGB 1990, 314; *Knipping* SGb 1994 170 [171]; aA *Heilemann* SGb 1993, 467 [468] und SGb 1994, 370 [372], der zu Unrecht von einer Zusiche-

rung gem § 34 ausgeht, die Rente bei unveränderter Sach- und Rechtslage wei-
terzugewähren; zum Nachentrichtungsrecht: *BSG* SozR 3-5750 Art 51 a Nr 9).
Eine Erledigung ist schließlich auch dann anzunehmen, wenn die Ausführung
seines Hauptverfügungssatzes **rechtlich oder tatsächlich unmöglich** geworden
ist (zB kann Pflegegeld gem § 37 SGB XI nicht mehr gewährt werden, wenn der
pflegende Angehörige selbst pflegebedürftig wird, so dass er die Pflege tatsächlich gar nicht mehr durchführen kann; vgl auch *BSGE* 72, 50 = SGb 1993,
435 m Anm *Kreikebohm*; *BSG* Urt v 24.3.2015 – B 8 SO 22/13 R). Nach einem
Wechsel der KK ist diese gem § 19 Abs 1 SGB V nicht mehr zur Erbringung von
Leistungen an den Vers verpflichtet, ein entsprechender Bescheid der KK erledigt sich auf andere Weise (vgl *BSG* NZS 2012, 141). Ein **vorläufiger VA** wird
durch Erlass der endgültigen Regelung erledigt.

Wenn die **materiellen Voraussetzungen** eines durch VA festgestellten Anspruchs **16**
auf Sozialleistungen entfallen, erledigt allein diese Veränderung noch nicht den
VA, sondern es bedarf der ausdrücklichen Aufhebung (*OVG NRW* NWVBl
1993, 393). Eine Ausnahme wird allerdings für die **Sozialhilfe** in Form einer
Hilfe zum Lebensunterhalt (§§ 27 ff SGB XII) angenommen: Fallen die Voraussetzungen für die Erbringung einer laufenden Sozialhilfeleistung weg, hat sich
der VA nach § 39 Abs 2 in „anderer Weise" erledigt, ohne dass es einer Aufhebungsentscheidung bedarf (BT-Drucks 8/2034, 33 in Anlehnung an das
BVerwG, wonach der Sozialhilfefall täglich erneut regelungsbedürftig ist,
BVerwGE 25, 307; vgl aber auch: *BSG* Urt v 24.3.2015 – B 8 SO 22/13 R).
Die **Verjährung** und die **Verwirkung** führen nicht zur Erledigung (*Roos* aaO
§ 39 Rz 14). Der einen **Vorschuss** bewilligende VA erledigt sich indes, sobald
der Vorschuss im endgültigen VA auf die zustehende Leistung angerechnet wird
(*BSG* SozR 1200 § 42 Nr 4; *BSGE* 67, 104; vgl auch für die vorläufige Rege-
lung: *BSG* SozR 3-1300 § 31 Nr 10).

3.3.2. Exogene Umstände

Zu den exogenen Umständen zählen die anderen, in Abs 2 im Einzelnen aufge- **17**
führten Gründe zur Beendigung der Wirksamkeit eines VA, die nicht aus der
Regelung selbst resultieren, sondern einen selbstständigen **actus contrarius** erfordern (vgl auch: *BSG* SozR 4-2600 § 2 Nr 21; *BSGE* 75, 262; *BSG* SozR
3-8570 § 11 Nr 4). Sind neue Bescheide ergangenen, so haben diese den Ablehnungsbescheid für die von ihnen betroffenen Zeiträume erledigt iS des § 39 Abs
2; die neuen Bescheide werden gem § 96 SGG Gegenstand des Gerichtsverfahrens (vgl *BSG* SozR 4-4200 § 21 Nr 22). Ein Bescheid über die Zulassung zur
Nachzahlung von Beiträgen ist zB im Umfang der Zulassung eigenständiger
Rechtsgrund dafür, dass Beiträge nachgezahlt werden dürfen und in der Folge
rechtmäßig entrichtet sind (*BSG* SGb 1996, 168). Eine so rechtmäßige Beitragsentrichtung ist nur dann rückgängig zu machen, wenn der Zulassungsbescheid
zurückgenommen, widerrufen oder anderweitig aufgehoben wird (vgl *BSG* SGb
1996, 168). Wenn ein Versicherter nach Zugang des Rentenbescheids den ursprünglichen **Leistungsantrag zurückzieht**, führt das nicht zur Unwirksamkeit
des VA, sondern es bedarf hierzu einer Aufhebungsentscheidung der Beh (vgl
auch *BSG* Breith 1996, 40). Ferner führt bei der Bewilligung einer **zweiten Rente** für denselben Berechtigten § 89 SGB VI nicht zur Unwirksamkeit des VA
über die rangniedrigere Leistung, sondern es bedarf der Bescheidaufhebung
(*Zweng/Scheerer/Buschmann/Dörr* HbRV § 89 SGB VI Rz 22; aA *Knipping*
DRV 1995, 228 [231]). Vollstreckungsmaßnahmen, die sich rückgängig machen lassen, sind nicht als Erledigungsgrund im Sinne des Abs 2 SGB X anzuer-

kennen (vgl *BVerwG* Beschl v 17.11.1998 – 4 B 100/98, zur entsprechenden Vorschrift des § 43 Abs 2 VwVfG). Dies gilt jedoch für eine Pfändungs- und Überweisungsverfügung gerade nicht (*LSG BW* Beschl v 20.5.2010 – L 10 LW 5533/07).

18 Unter „**zurückgenommen**" ist dabei die Rücknahme gem §§ 44, 45 oder § 330 Abs 1, 2 SGB III (aber auch nach Art 19 Satz 2 Einigungsvertrag, vgl: *BSG* Breith 1996, 390) und unter „**widerrufen**" der Widerruf gemäß §§ 46, 47 zu verstehen. Eine **anderweitige Aufhebung** kann iRah der Aufhebung des VA im Rechtsbehelfsverfahren durch Widerspruchs- oder Abhilfebescheid sowie in einem gerichtlichen Verfahren in Gestalt eines Ausführungsbescheids erfolgen (BT-Drucks 7/910, 63 zu § 43 VwVfG; *Littmann* in Hauck/Noftz SGB X § 39 Rz 29; vgl auch Art 38 Satz 2 RÜG; § 331 Abs 1 SGB III gehört indes nicht hierher). Nicht zu den exogenen – aber auch nicht zu den endogenen – Umständen zählt die **Nichtigkeit** (§ 40), denn sie führt – .wie **Abs 3** klarstellt – **eo ipso zur Unwirksamkeit** (*BSGE* 21, 79; 24, 13; 28, 111; *BSG* SozR 2200 § 734 Nr 6; *BSG* SozSich 1990, 192). Nichtige VA dürfen und müssen daher von niemandem befolgt oder beachtet werden (*BSGE* 24, 15; 28, 111), ohne dass es eines actus contrarius bedarf, denn ihnen fehlt es an der Wirksamkeit für alle Beteiligten von Anfang an. Eine Feststellungsklage nach § 55 Abs 1 Nr 4 SGG bleibt allerdings möglich (BT-Drucks 7/910, 63 zu § 43 VwVfG; *Roos* aaO § 39 Rz 15).

§ 40 Nichtigkeit des Verwaltungsaktes

(1) Ein Verwaltungsakt ist nichtig, soweit er an einem besonders schwerwiegenden Fehler leidet und dies bei verständiger Würdigung aller in Betracht kommenden Umstände offensichtlich ist.

(2) Ohne Rücksicht auf das Vorliegen der Voraussetzungen des Absatzes 1 ist ein Verwaltungsakt nichtig,

1. der schriftlich oder elektronisch erlassen worden ist, die erlassende Behörde aber nicht erkennen lässt,
2. der nach einer Rechtsvorschrift nur durch die Aushändigung einer Urkunde erlassen werden kann, aber dieser Form nicht genügt,
3. den aus tatsächlichen Gründen niemand ausführen kann,
4. der die Begehung einer rechtswidrigen Tat verlangt, die einen Straf- oder Bußgeldtatbestand verwirklicht,
5. der gegen die guten Sitten verstößt.

(3) Ein Verwaltungsakt ist nicht schon deshalb nichtig, weil

1. Vorschriften über die örtliche Zuständigkeit nicht eingehalten worden sind,
2. eine nach § 16 Abs. 1 Satz 1 Nr. 2 bis 6 ausgeschlossene Person mitgewirkt hat,
3. ein durch Rechtsvorschrift zur Mitwirkung berufener Ausschuss den für den Erlass des Verwaltungsaktes vorgeschriebenen Beschluss nicht gefasst hat oder nicht beschlussfähig war,
4. die nach einer Rechtsvorschrift erforderliche Mitwirkung einer anderen Behörde unterblieben ist.

(4) Betrifft die Nichtigkeit nur einen Teil des Verwaltungsaktes, ist er im Ganzen nichtig, wenn der nichtige Teil so wesentlich ist, dass die Behörde den Verwaltungsakt ohne den nichtigen Teil nicht erlassen hätte.

(5) Die Behörde kann die Nichtigkeit jederzeit von Amts wegen feststellen; auf Antrag ist sie festzustellen, wenn der Antragsteller hieran ein berechtigtes Interesse hat.

Literatur:

Will/Rathgeber: Die Nichtigkeit von Verwaltungsakten gem. § 44 VwVfG, JuS 2012, 1057; *Siedeck*: Die Nichtigkeit von Verwaltungsakten gemäß § 44 VwVfG, JA 1994, 483.

1. Allgemeines

§ 40 regelt eine praktisch eher seltene **Ausnahme von der Bestandskraft:** Leidet   **1** ein VA an einem besonders schwerwiegenden Mangel, ist er nichtig. Ein nichtiger VA ist gem § 39 Abs 3 von Anfang an unwirksam und kann damit auch nicht bestandskräftig werden (vgl *BSG* SozR 2200 § 250 Nr 8; *BVerwG* DVBl 1990, 702; *Wolff/Bachof/Stober* VerwR II § 49 Rz 43). **Abs 2** führt enumerativ Fallkonstellationen auf, die ohne weiteres zur Nichtigkeit des VA führen („**absolute Nichtigkeit**"). Liegt keine dieser Fallkonstellationen vor, so kann sich die Nichtigkeit – als Auffangtatbestand – aus einer Abwägungen anhand der Maßstäbe nach **Abs 1** ergeben („**relative Nichtigkeit**"), wobei die Fallkonstellationen nach **Abs 3** in keinen Fall zur Nichtigkeit führen („**Negativkatalog**"). **Abs 4** regelt die Teilnichtigkeit und **Abs 5** räumt die Möglichkeit ein, die Nichtigkeit eines VA feststellen zu lassen. § 40 gilt auch für das Vorverfahren (§ 62 SGB X). Zweck der Regelung ist vor allem die **Wahrung der Gesetzmäßigkeit der Verwaltung** und der **Rechtsschutz des Betroffenen** (*Kopp/Ramsauer* VwVfG § 44 Rz 1). § 40 wird als Ausdruck eines **allgemeinen Rechtsgedankens** verstanden, der zT auch auf sonstige, **einseitige Verwaltungshandlungen** angewendet wird, die dem Anschein oder ihrer Wirkung nach mit VA vergleichbar sind (hierzu *BVerwGE* 75, 65; *Ehlers* NVwZ 1990, 105 [108]; *Schenke* DÖV 1990, 489 [495]). Die Regelung ist mit § **44 VwVfG** und § 125 AO weitgehend identisch, allerdings enthält der Katalog der Nichtigkeitsfälle in § 44 VwVfG noch ein 6. Bsp: Örtliche Unzuständigkeit in Bezug auf die im Bereich einer Behörde belegene Sache, Abs 2 Nr 3, die im Sozialrecht nicht von Bedeutung ist.

2. Begriff der Nichtigkeit

2 Der Begriff der Nichtigkeit (hierzu *Martens* NVwZ 1990, 624 [624ff]) ist weder in § 40, noch sonst im SGB X definiert (zur Zugehörigkeit der Nichtigkeit zum Verwaltungsverfahrensrecht vgl: BT-Drucks 7/910, 63 zu § 44 VwVfG). Da der nichtige VA unwirksam ist und keine Rechtswirkungen entfaltet, darf der VA nicht vollzogen und damit auch nicht zwangsweise durchgesetzt werden. Umgekehrt kann ein begünstigender VA von seinem Adressaten nicht in Anspruch genommen werden. Auch ein nichtiger VA muss **bekanntgegeben** worden sein, denn ansonsten fehlt es bereits an der äußeren Wirksamkeit (§ 39 Rz 10) und es liegt kein VA vor (*Kopp/Ramsauer* VwVfG § 44 Rz 2). Von dem nichtigen VA ist der sog **Nicht-VA** (auch Schein-VA) zu unterscheiden (*Wolff/Bachof/Stober* VerwR II § 49 Rz 18 ff). Hierunter versteht man Handlungen, die einer Beh nicht zugerechnet werden können, also insb **Handlungen von ersichtlich Unbefugten**, die den äußeren Anschein eines VA setzen, Akte, die erkennbar nicht ernst gemeint sind (**Scherzerklärungen**), Handlungen, die mit **unmittelbaren Zwang** herbeigeführt worden sind (sog „vis absoluta"), durchschaubare **Amtsanmaßungen, Lehrbeispiele** oder **vorbereitende Maßnahmen** (vgl hierzu *Schnapp/Henkenötter* JuS 1998, 524 [524 f]; teilweise werden hierher zu Unrecht auch die nicht oder fehlerhaft bekanntgegebenen VA gerechnet: so *BFH* 132, 219; *Kopp/Ramsauer* aaO § 43 Rz 49).

3 Der Begriff der Nichtigkeit des VA ist vom Begriff der **Rechtswidrigkeit** zu unterscheiden. Zwar sind sowohl Nichtigkeit als auch Rechtswidrigkeit jeweils Ergebnis eines **VA-Fehlers** (= „Fehlerhaftigkeit ieS": *Wolff/Bachof/Stober* VerwR II § 49 Rz 1; daneben gibt es **unbeachtliche Fehler**, die weder die Aufhebbarkeit, noch die Nichtigkeit begründen, zB: offenbare Unrichtigkeiten nach § 38, Heilung nach § 41 Abs 2 oder Unbeachtlichkeit nach § 42 = „Fehlerhaftigkeit iwS"; BT-Drucks 7/910, 63 zu § 44 VwVfG). Aber die Rechtswidrigkeit unterscheidet sich von der Nichtigkeit zum einen durch die **geringere Fehlerschwere** (vgl zur Evidenztheorie: Rz 16) und zum anderen die **mildere Fehlerfolge** (Aufhebbarkeit statt Unwirksamkeit; vgl demgegenüber zum angloamerikanischen „Ultra-vires-Prinzip": *Burmeister* VVDStRL 52 [1993], 190 [219 f]). Die Nichtigkeit ist demnach also eine „**qualifizierte Rechtswidrigkeit**", die nur ausnahmsweise, bei **besonders gravierenden Fehlern** des VA, die offensichtlich sind (vgl Rn 19 f), zum Tragen kommt (vgl *BSG* SozR 4-1300 § 63 Nr 9; Bsp *BSGE* 115, 210: Eine Eingliederungsvereinbarung iSd SGB II ist nichtig, wenn sie die Gewährung von Leistungen zur Sicherung des Lebensunterhalts regelt; Alg II ist als gesetzlich gebundene Leistung verpflichtend zu erbringen und ist nicht disponibel; im Recht der EU knüpft der EuGH die Nichtigkeit des VA ebenfalls an das Vorliegen besonders schwerer und offensichtlicher Fehler: vgl *EuGH* NJW 1987, 3074; *EuGH* EuZW 1994, 436). In diesen Fällen wird eine bloße Korrektur**möglichkeit** – sei es durch eine Rücknahme- oder Widerrufsentscheidung der Beh oder eine (zeitlich befristete) Anfechtung durch den Betroffenen – nicht als angemessen angesehen; die Nichtigkeit soll ohne weitere Entscheidung zur Unwirksamkeit des VA führen.

4 Die **unterschiedlichen Rechtsfolgen** von Nichtigkeit und Rechtswidrigkeit begründen die Notwendigkeit für die Unterscheidung der **Fehlerqualitäten**. Die Unterscheidung stellt sich für den Betroffenen besonders dann, wenn er die **Anfechtungsfrist versäumt** hat oder ein Dritter durch einen VA mit Drittwirkung belastet wird, da bei einem nichtigen VA eine Anfechtung nicht notwendig und auch nicht zulässig ist. Für die Beurteilung der Fehlerhaftigkeit des VA ist grundsätzlich auf den **Zeitpunkt der Bekanntgabe** abzustellen (*BSGE* 88, 76;

Wolff/Bachof/Stober VerwR II § 49 Rz 57; eingehend hierzu: *Mager* Der maßgebliche Zeitpunkt für die Beurteilung der Rechtswidrigkeit von Verwaltungsakten, 1994), wobei der Erlass der letzten Verwaltungsentscheidung (evtl des Widerspruchsbescheids, § 95 SGG) maßgeblich ist (*BVerwGE* 82, 260; vgl auch *Lemke* JA 1999, 240 [241]). Hiervon ist die materiellrechtliche Frage zu unterscheiden, ob der Betroffene bei nachträglicher Änderung der Sach- und Rechtslage einen **Anspruch auf VA-Änderung** hat (vgl *Wolff/Bachof/Stober* VerwR II § 49 Rz 52; vgl auch zu den **prozessrechtlichen Auswirkungen**: *Kleinlein* VerwArch 1990, 149 passim). Die Fehlerhaftigkeit bzw Fehlerfreiheit eines vollwirksamen VA wird demnach also durch eine nachträgliche **Veränderung der Sach- oder Rechtslage** – soweit bei Gesetzesänderungen nicht ausnahmsweise eine (zulässige) Rückwirkung (vgl *Jarass* in Jarass/Pieroth GG Art 20 Rz 67 ff) vorliegt – nicht beeinflusst (vgl *BVerwGE* 45, 235; zur Nichtigkeit bindender Beitragsbescheide siehe *BSGE* 50, 129).

3. Nichtigkeit nach Abs 2

Abs 2 regelt **abschließend** (vgl *Roos* in von Wulffen/Schütze SGB X § 40 Rz 11;   **5**
Schneider-Danwitz in Schlegel/Voelzke, jurisPK-SGB X, § 40 Rz 20, 22; so für das Verhältnis von § 44 Abs 1 und 2: *Sachs* in Stelkens/Bonk/Sachs VwVfG § 44 Rz 62; *Ule/Laubinger* Verwaltungsverfahrensrecht § 57 Abs 2; aA *BSG* SozR 1500 § 55 Nr 35) diejenigen Fallkonstellationen, in denen VA – ohne weitere Prüfung – nichtig sind (**Positivkatalog**); auf die Voraussetzungen nach Abs 1 kommt es hier nicht an. Der Positivkatalog dient **der besseren Abgrenzung und Erkennbarkeit der Nichtigkeitsfälle** und damit der Rechtssicherheit (s *H. Meyer* in Knack/Henneke VwVfG § 44 Rz 10), so dass **die Generalklausel in § 40 Abs 1** nur **subsidiär** zur Anwendung kommt.

3.1. Verstoß gegen die Erkennbarkeit der erlassenden Beh (Nr 1)

Nach Abs 2 Nr 1 ist ein schriftlicher oder elektronischer VA nichtig, wenn er   **6**
die erlassende Beh nicht erkennen lässt, auch nicht durch Auslegung des VA; eine sinngemäße Anwendung auf mündlich oder in anderer Weise erlassene VA (ggf über Abs 1) ist nicht ausgeschlossen (*Pickel* SGb 1985, 532, 533; aA *Schneider-Danwitz* aaO Rz 48). Bei **elektronischen VA** bezieht sich die Erkennbarkeit der erlassenden Beh auch auf das der Signatur zugrunde liegende qualifizierte Zertifikat (§ 33 Abs 3 Satz 2; vgl dort Rz 15 ff). Mit der angeordneten Nichtigkeitsfolge wird ein **Verstoß gegen § 33 Abs 3** sanktioniert (§ 33 Rz 10 ff). Der Grund für die Nichtigkeit ist, dass bei einer nicht erkennbaren Urheberschaft zum einen fraglich ist, **ob überhaupt ein VA vorliegt** (es könnte sich um einen Schein-VA handeln, Rz 2) und zum anderen, dass die Beh bei Erlass eines VA **hoheitliche Befugnisse** in Anspr nimmt und sich daher zu erkennen zu geben hat; schließlich soll der **Rechtsschutz** nicht erschwert werden (vgl auch BT-Drucks 7/910, 63 zu § 44 VwVfG). Die Beh muss zB aus dem Briefkopf, der Unterschrift, dem Dienstsiegel oder dem VA-Inhalt erkennbar sein; die Absenderangabe auf dem Briefumschlag oder der Poststempel genügen nicht (*Schneider-Danwitz* aaO Rz 42). Die in § 33 Abs 3 ebenfalls vorgeschriebene **Unterschrift** (bzw Namenswiedergabe) ist in Nr 1 nicht als Nichtigkeitsgrund erwähnt und erschwert auch nicht die Erkennbarkeit der Beh (vgl auch: *BSG* Breith 1995, 480). Allerdings kann dieses Unterlassen zur **Nichtigkeit nach Abs 1** führen, wenn nach den näheren Umständen seines Erlasses nicht mit hinreichender Sicherheit ausgeschlossen werden kann, dass der Akt noch nicht als

endgültige Entscheidung der Beh gewollt war, sondern erst den **Entwurf eines VA** darstellt (*Roos* aaO § 40 Rz 12; verneint von: *BSG* Breith 1995, 480).

3.2. Formverstoß bei konstitutiver Urkundenaushändigung (Nr 2)

7 Nach Nr 2 ist ein VA nichtig, wenn er nach einer Rechtsvorschrift nur durch Aushändigung einer Urkunde erlassen werden kann, aber dieser Form nicht genügt. Hier wird ein Verstoß gegen das Erfordernis einer **konstitutiven Urkunde** geregelt. Erforderlich ist jeweils, dass nach **gesetzlichen Bestimmungen** (Rechtsvorschriften) die Aushändigung einer Urkunde einen konstitutiven, nicht abdingbaren Teil des VA bildet (zB für die Ernennung zum Beamten, § 11 Abs 1 Nr 1 BeamtStG, § 13 Abs 1 Nr 1 BBG; im SVR selten). Dient die Ausstellung einer Urkunde lediglich **Legitimations-** oder **Beweiszwecken**, so handelt es sich nicht um einen Fall von Abs 1 Nr 2 (*Roos* aaO § 40 Rz 13). Der Grund für die Nichtigkeit des VA ist, dass das (seltene) Formerfordernis einer Urkundenaushändigung regelmäßig nur bei als besonders wichtig angesehen Regelungen greift, bei denen evtl **Zweifel über die Wirksamkeit** des VA ausgeschlossen werden sollen. Anderseits wird deutlich, dass nur die **Verletzung bestimmter Formvorschriften** die Nichtigkeitsfolge auslöst (BT-Drucks 7/910, 63 zu § 44 VwVfG). Ein Verstoß liegt vor, wenn der VA nicht in Form einer Urkunde erlassen wurde, die Urkunde nicht den gesetzlich geregelten Anforderungen entspricht oder aber nicht übergeben wurde; ist die Urkunde allerdings gar nicht bekanntgegeben worden, so liegt schon deshalb kein wirksamer VA vor.

3.3. Tatsächlich unmöglicher VA (Nr 3)

8 Nach Nr 3 ist ein VA auch dann nichtig, wenn ihn aus tatsächlichen Gründen niemand ausführen kann. Die Regelung trägt dem allg Grundsatz Rechnung, dass niemand zu **objektiv unmöglichen Leistungen** verpflichtet ist oder verpflichtet werden kann (§§ 275, 283 BGB; *BVerwG* Buchholz 112 § 6 VermG Nr 12: VA an eine noch nicht gegründete GmbH; vgl aber auch: *BSGE* 48, 60). Das **Unvermögen (subjektive Unmöglichkeit)**, dh, dass der Adressat des VA allein aus in seiner Person liegenden Gründen die ihm durch VA auferlegte Leistung etc nicht erbringen kann, wird allerdings nicht erfasst (vgl BT-Drucks 7/910, 63 zu § 44 VwVfG; *Sachs* in Stelkens/Bonk/Sachs, VwVfG § 44 Rz 144). Bei **Unvermögen** ist die Frage der Nichtigkeit ausschließlich nach Abs 1 zu beurteilen. Nicht unter Nr 3 fällt ferner die **rechtliche Unmöglichkeit**, die – soweit sie nicht nach Nr 4 zur Nichtigkeit führt – nur nach Abs 1 beurteilt werden kann (vgl BT-Drucks 7/910, 63 zu § 44 VwVfG; *Littmann* in Hauck/Noftz SGB X § 40 Rz 20; *Wolff/Bachof/Stober* VerwR II § 49 Rz 27). Eine analoge Anwendung der Nr 3 auf Fälle, in denen eine Leistung zwar objektiv möglich ist, aber nur mit einem unverhältnismäßig hohen technischen Aufwand (**wirtschaftliche Unmöglichkeit**) realisiert werden kann, ist – ebenso wie nach hM im Zivilrecht (*Grüneberg* in Palandt BGB § 275 Rz 27) – unzulässig (*Littmann* aaO § 40 Rz 20; *Roos* aaO § 40 Rz 14; aA *Kopp/Ramsauer* VwVfG § 44 Rz 39; krit *Wolff/Bachof/Stober* VerwR II § 49 Rz 27).

3.4. Begehung einer Straftat oder Ordnungswidrigkeit (Nr 4)

9 Nach Nr 4 ist ein VA ferner dann nichtig, wenn er die Begehung einer rechtswidrigen Tat verlangt, die einen Straf- oder Bußgeldtatbestand verwirklicht. Es wird damit aus dem Bereich der Verstöße gegen ein Gesetzesverbot (vgl § 134 BGB) nur ein Teilbereich übernommen (BT-Drucks 7/910, 63 zu § 44 VwVfG).

Dieser Nichtigkeitstatbestand ist zum einen Ausdruck des Grundsatzes der **Einheit der Rechtsordnung** und zum anderen Ausfluss des **Verhältnismäßigkeitsprinzips**, denn es ist unzumutbar, jemanden durch VA zu einem Tun, Dulden oder Unterlassen zu verpflichten oder eine Leistung zu gewähren, wenn die Umsetzung des VA eine Straftat oder eine Ordnungswidrigkeit darstellt. Ein solcher VA soll **ohne weiteres nichtig** sein, da die Annahme einer bloßen Rechtswidrigkeit, die idR nur durch ein Handeln der Beh (Rücknahme des VA) bzw ein befristetes Anfechtungsrecht des Betroffenen korrigiert werden kann, die erwähnten tragenden Grundsätze verletzen würde. Sind hier allerdings **Rechtfertigungsgründe** vorhanden, ist der VA wirksam (*Roos* aaO § 40 Rz 15). Auf Verschulden des Betroffenen kommt es nicht an. Auf andere als Straftat- oder Bußgeldtatbestände ist Nr 4 nicht (auch nicht analog) anwendbar. Es muss im VA eine mit Strafe oder Bußgeld bedrohte Handlung **verlangt** werden (oder sie gebieten). Verwirklicht die Beh selbst einen derartigen Tatbestand oder ermöglicht sie ihn bzw lässt ihn zu, dann fällt das nicht unter Nr 4 (*Roos* aaO § 40 Rz 15; aA *Kopp/Ramsauer* VwVfG § 44 Rz 43), aber ggf unter Abs 1 (*Littmann* aaO § 40 Rz 21).

3.5. Verstoß gegen die guten Sitten

Nach Nr 5 ist ein VA schließlich dann nichtig, wenn er gegen die guten Sitten **10** verstößt. Diese Regelung entspricht dem allgemeinen – auch **im** öffentlichen Recht geltenden – Rechtsgedanken des § 138 BGB (BT-Drucks 7/910, 63 zu § 44 VwVfG). Ein VA ist dann sittenwidrig, wenn er gegen das „Anstandsgefühl aller billig und gerecht Denkenden" verstößt (vgl *BSG* SozR 3-1300 § 40 Nr 2). Der Begriff der **guten Sitten** wird durch die herrschende Rechts- und Sozialmoral bestimmt (*BVerwGE* 84, 314). § 138 BGB verweist auf die der Rechtsordnung immanenten rechtsethischen Werte und Prinzipien, insb auf das Wertesystem des GG (vgl *Ellenberger* in Palandt BGB § 138 Rz 4f; **Bsp:** Betragsbescheid in der Krankenversicherung, der sich auf ein zwar ausgefertigtes, aber noch nicht verkündetes G stützt: *Kakeldey* NZS 1995, 573 [574]; vgl auch *BVerwGE* 42, 342). Entscheidend ist, dass der Regelungsgehalt des VA aus sich heraus das Anstandsgefühl aller billig und gerecht Denkenden verletzt. Es kommt insoweit zB nicht darauf an, ob der AmtsTr sich mit dem Bescheid unter Missbrauch seiner Position bereichern will (vgl *BSGE* 114, 180). Die Rechtfertigung dieses Nichtigkeitsgrundes ist dieselbe wie für die Nr 4 (krit zur Angemessenheit dieses evidenzunabhängigen Nichtigkeitsgrundes *Wolff/Bachof/Stober* VerwR II § 49 Rz 28).

4. Negativkatalog nach Abs 3

In Abs 3 werden **abschließend** (*Wolff/Bachof/Stober* VerwR II § 49 Rz 30 zu **11** § 44 Abs 3 VwVfG; aA *Kopp/Ramsauer* VwVfG § 44 Rz 51) die Fallkonstellationen aufgezählt, in denen ohne weitere Prüfung (nach Abs 1) festgestellt werden kann, dass eine Nichtigkeit nicht gegeben ist (der VA ist „nur" rechtswidrig), da die Entscheidungen trotz formeller Fehler materiell richtig sein können. Das gilt selbst dann, wenn die Voraussetzungen des Abs 1 vorliegen. Allerdings wird eine Nichtigkeit jeweils nur hinsichtlich der aufgeführten Fehler ausgeschlossen. Weist der VA darüber hinaus einen Fehler nach Abs 2 auf, so kann insoweit Nichtigkeit (ggf Teilnichtigkeit nach Abs 4) gegeben sein; für weitere Umstände kann sich auch eine (Teil-) Nichtigkeit nach Abs 1 ergeben.

4.1. Verstoß gegen die örtliche Zuständigkeit (Nr 1)

12 Ein VA ist nach Nr 1 nicht deshalb nichtig, weil Vorschriften über die örtliche Zuständigkeit (zB § 128 SGB VI) nicht eingehalten worden sind. Ein Verstoß gegen die **örtliche Zuständigkeit** führt auch bei Ermessensentscheidungen nicht zur Nichtigkeit (*BVerwGE* 90, 25). Bei gebundenen Entscheidungen führen Verstöße gegen die örtliche Zuständigkeit noch nicht einmal zur Aufhebbarkeit im Rechtsbehelfsverfahren, wenn offensichtlich keine andere Entscheidung in der Sache hätte getroffen werden können (§ 42). Nicht erfasst ist der Fall, dass die Zuständigkeit zwischen verschiedenen Sozialleistungsträgern (§ 125 SGB VI) fehlerhaft festgestellt wird. Eine (analoge) Anwendung auf Verletzungen der **sachlichen Zuständigkeit** kommt nicht in Betracht, da der Gesetzgeber insoweit eine bewusste Beschränkung vorgenommen hat (BT-Drucks 7/910, 63 zu § 44 VwVfG; *BSG* SozR 3-1300 § 40 Nr 5; *BSGE* 15, 282; *Roos* aaO § 40 Rz 18). Bei einer **absoluten sachlichen Unzuständigkeit einer Beh** wird allerdings idR Nichtigkeit nach Abs 1 angenommen (vgl *BVerwG* NJW 1974, 1961). Wird der VA hingegen nur von einer behördenintern unzuständigen Stelle erlassen, so ist er weder nichtig, noch anfechtbar (vgl *Sachs* aaO § 44 Rz 172). Wird gegen die Regelungen über die **funktionelle Zuständigkeit** – etwa, wenn die Widerspruchsstelle aus Anlass eines Widerspruchs über den durch das Vorverfahren gezogenen Rahmen hinaus tätig geworden ist (*OVG Bln* NJW 1977, 1116 für Widerspruchsbehörde) – verstoßen, so wird zumeist keine Nichtigkeit angenommen (vgl *BVerwGE* 30, 138; *Roos* aaO § 40 Rz 18).

4.2. Mitwirkung einer ausgeschlossenen Person (Nr 2)

13 Nach Nr 2 führt es nicht zur Nichtigkeit des VA, wenn eine nach § 16 Abs 1 Satz 1 Nr 2 bis 6 ausgeschlossene Person für die Beh am Zustandekommen des VA mitgewirkt hat. Der unter **Mitwirkung ausgeschlossener Personen** zustande gekommene VA ist mithin nur anfechtbar. Hierbei handelt es sich um die Mitwirkung von **Angehörigen** eines Beteiligten (Nr 2), dessen **Vertreter** oder Beistand bzw deren Angehörige (Nr 3 und 4), die **Organvertreter** und **Arbeitnehmer** eines Beteiligten (Nr 5) oder – nach Nr 6 – um Privatgutachter und sonst in der zu entscheidenden Angelegenheit bereits tätig gewordene Personen (vgl § 16). Die Fälle des **Handelns in eigener Sache** (§ 16 Abs 1 Satz 1 Nr 1) sind bewusst von der Nr 2 ausgenommen worden und können deshalb am Maßstab des Abs 1 beurteilt werden (BT-Drucks 7/910, 63 zu § 44 VwVfG; idR wird man hier Nichtigkeit annehmen müssen, es sei denn, eine Selbstbegünstigung kann ausgeschlossen werden). Erforderlich ist stets eine Mitwirkung auf **Seiten der Beh**; eine Mitwirkung auf Seiten eines Beteiligten führt nicht zum Ausschluss. Auf die Form bzw Intensität der Mitwirkung kommt es nicht an (; § 16 Abs 1 Satz 1: „tätig werden"); auch die Teilnahme an **entscheidungserheblichen Vorbereitungshandlungen** stellt eine „Mitwirkung" dar (*Roos* aaO § 40 Rz 19). Eine über die bloße Mitwirkung hinausgehende Beeinflussung des Verfahrens kann aber zur Nichtigkeit nach Abs 1 führen (vgl *Schneider-Danwitz* aaO Rz 60; offen gelassen in *BSGE* 73, 112). Unbeachtlich ist es ferner, wenn eine Person, welche nach § 17 wegen Besorgnis der Befangenheit **hätte abgelehnt werden können**, beim Erlass des VA mitgewirkt hat; der VA ist nicht allein deshalb nichtig (*BSGE* 73, 112 = SGb 1994, 229 m Anm Kopp).

4.3. Fehlerhafte Mitwirkung eines Ausschusses (Nr 3)

14 Ein VA ist – was vor Erlass des § 40 **str** war – ferner nicht schon deshalb nichtig, weil ein zur Mitwirkung berufener Ausschuss den für den Erlass des VA

vorgeschriebenen Beschluss nicht gefasst hat oder nicht beschlussfähig war. Es ist zwar nicht auszuschließen, dass bei vorschriftgemäßer Besetzung eine andere Entscheidung ergangen wäre, aber die Nichtigkeitsfolge wurde als **zu weitgehend** angesehen (BT-Drucks 7/910, 63 zu § 44 VwVfG). Der Begriff „**Ausschuss**" in Nr 3 ist im weiten Sinne zu verstehen. Er ist nicht davon abhängig, dass er in der „Rechtsvorschrift" selbst als Ausschuss bezeichnet wird (*Roos* aaO § 40 Rz 20). Es kommen allerdings nur die Ausschüsse in Betracht, die nicht selbst Beh iSv § 1 Abs 2 sind (*BVerwGE* 21, 240; *Schneider-Danwitz* aaO Rz 61). Die Nr 3 ist ferner auf die gesetzlich (**Rechtsvorschrift**) vorgeschriebenen „Mitwirkungsbeschlüsse" beschränkt („für den Erlass…vorgeschrieben"). **Beschlüsse** iSd Regelung sind zum einen solche, auf denen der VA unmittelbar beruht und deren Vollzug er darstellt, als auch sonstige Beschlüsse, mit denen ein bei der Beh gebildeter Ausschuss einem beabsichtigten VA zustimmt oder dazu Stellung nimmt (*Kopp/Ramsauer* aaO § 44 Rz 56). Wenn ein Mitglied des Ausschusses befangen oder ausgeschlossen war, ist der VA nur fehlerhaft, aber nicht nichtig, denn selbst im Falle der Mitwirkung solcher Personen führt die Entscheidung der erlassenden Beh nicht zur Nichtigkeit des VA (Abs 3 Nr 2). Hat der Ausschuss **überhaupt keinen Beschluss** gefasst, ist der VA ebenfalls nur anfechtbar, es sei denn, aus anderen gesetzlichen Regelung ist eine Nichtigkeit abzuleiten (*Roos* aaO § 40 Rz 20). Entsprechendes gilt für die Beschlussunfähigkeit des Ausschusses.

4.4. Unterbliebene Mitwirkung einer anderen Beh (Nr 4)

Die Nichtigkeit des (mehrstufigen, vgl § 31 Rz 68) VA wird gem Nr 4 nicht dadurch herbeigeführt, dass die nach einer Rechtsvorschrift erforderliche Mitwirkung einer anderen Beh unterblieben ist. Damit wurde ein in Rspr und Lit bestehender **Meinungsstreit** beendet. Die Nichtigkeitsfolge wurde verneint, da der Fehler im Innenverhältnis zweier Beh begründet liegt und somit nicht offensichtlich iSv Abs 1 ist; nach außen hin wird der Eindruck einer ordnungsgem durchgeführten Willensbildung erzeugt (BT-Drucks 7/910, 63 zu § 44 VwVfG). Die fehlende Mitwirkung berechtigt nur im Rahmen des § 42 zur Anfechtung. Auf die **Art der Mitwirkung** der Beh – zB: Anhörung, Beratung, Benehmen, Einvernehmen, Zustimmung – kommt es hier nicht an (*Roos* aaO § 40 Rz 21). **15**

5. Generalklausel nach Abs 1

Nach Abs 1 ist ein VA nichtig, soweit er an einem **besonders schwerwiegenden Fehler** leidet und dies bei verständiger Würdigung aller in Betracht kommenden Umstände **offensichtlich** (bis 13.8.1998: „offenkundig") ist. Diese Generalklausel ist sowohl gegenüber dem Positivkatalog (Abs 2), als auch gegenüber dem Negativkatalog (Abs 3) **subsidiär**. Liegt also einer der in Abs 2 Nr 1-5 genannten Fälle vor, bedarf es eines Rückgriffs auf die Generalklausel nicht. Leidet ein VA **ausschließlich** an **einem** der in Abs 3 Nr 1-4 aufgezählten Fehlern, so ist er selbst dann nicht nichtig, wenn diesbezüglich der Fehler iSv Abs 1 offensichtlich ist. Daraus folgt für die praktische Rechtsanwendung, dass die Nichtigkeit nach Abs 1 immer erst dann zu prüfen ist, wenn die Anwendbarkeit der Abs 2 und 3 geprüft und verneint wurde (vgl *Littmann* aaO § 40 Rz 2; *Kopp/Ramsauer* VwVfG § 44 Rz 7; vgl auch: BT-Drucks 7/910, 64 zu § 44 VwVfG: Abs 2 und 3 sollen „die Handhabung der Generalklausel in Absatz 1 erleichtern"). Die Generalklausel normiert die vorher in der Rspr anhand der sog **Evidenztheorie** vorgenomme Abgrenzung zwischen Nichtigkeit und Aufhebbarkeit (vgl *BVerwGE* 27, 295; 35, 343; 70, 43; *BVerwG* DVBl 1974, 564 mwN; *BSGE* **16**

24, 162; 25, 251; *BSG* SGb 1976, 457; *BVerfGE* 34, 25; *BGHZ* 21, 294), indem die beiden maßgeblichen Kriterien, besondere Schwere und Evidenz des
Fehlers, in Abs 1 aufgenommen wurden (vgl BT-Drucks 7/910, 63 zu § 44
VwVfG; vgl auch: *Wolff/Bachof/Stober* VerwR II § 49 Rz 9: Der VA muss danach die Fehlerhaftigkeit „gewissermaßen auf der Stirn tragen").

5.1. Schwere des Fehlers

17 Die Generalklausel des Abs 1 setzt eine besondere Qualität des Fehlers voraus.
Die Nichtigkeit des VA kann daher nur festgestellt werden, wenn ein **besonders
schwerwiegender Form- und Inhaltsfehler** angenommen werden kann. Entschei-
dend ist dabei die Bedeutung und das Gewicht des Fehlers, nicht aber die Feh-
lerart. Ein Fehler ist dann als **schwerwiegend** anzusehen, wenn er so deutlich im
Widerspruch zur geltenden Rechtsordnung und den ihr zugrunde liegenden
Wertvorstellungen der Gemeinschaft steht, dass es unerträglich wäre, wenn der
VA die mit und in ihm enthaltenen Rechtswirkungen hätte (vgl *BSG* Breith
1996, 50; *BVerwG* DVBl 1985, 624; *OVG RhPf* NVwZ 1999, 198; *Kopp/
Ramsauer* VwVfG § 44 Rz 8; *Roos* aaO § 40 Rz 7). Unbeachtlich ist hierbei,
ob ein Verstoß gegen bestimmte – uU zwingende (*BVerwG* DVBl 1974, 564) –
Rechtsvorschriften festgestellt werden kann; es kommt vielmehr darauf an, ob
ein Verstoß gegen die der Rechtsordnung insgesamt oder in bestimmter Hinsicht zugrunde liegenden **wesentlichen Zweck- und Wertvorstellungen**, insbesondere gegen Verfassungsgrundsätze (*BVerwG* DVBl 1985, 624; *BVerwG*
DVBl 1992, 568; krit *BSG* Beschl v 23.2.2005 – B 2 U 409/04 B, mit dem Hinweis, dass es insoweit regelmäßig an der Offenkundigkeit fehlen dürfte), festgestellt werden kann (*BVerwG* NVwZ 1998, 1061; *BVerwGE* 104, 289; *OVG
Lüneburg* NJW 1998, 1168; *Roos* aaO § 40 Rz 7; *Wolff/Bachof/Stober* VerwR
II § 49 Rz 9). Anhaltspunkte hierfür geben die in Abs 2 und Abs 3 geregelten
Tatbestände. Entscheidend sind allerdings jeweils die Umstände des Einzelfalles
(vgl *BSG* SGb 1976, 457 m Anm Schnapp).

18 **Bsp** für besonders schwerwiegende Fehler sind ua:

- **Unverständlichkeit** des VA (*BSG* SozR 2200 § 1286 Nr 2; *BSGE* 56, 20;
  BSG DRV 1984, 96; *VGH BW* DVBl 1965, 776; *Pickel* aaO § 40 Rz 21),
  die nicht durch Berichtigung (§ 38) behoben werden kann (Bsp: Die Beh
  hilft einem Widerspruch in vollem Umfang ab und erlässt anschließend
  einen ablehnenden Widerspruchsbescheid; vgl auch zu einem VA, dessen Inhalt nicht eindeutig feststellbar ist: *BSGE* 25, 254; *BSG* SGb 1976, 457; vgl
  auch *BSG* SozR 1500 § 55 Nr 35).

- Das Fehlen einer anwendbaren **Ermächtigungsgrundlage** für Eingriffsakte;
  wenn ein Verwaltungsträger allerdings eine objektiv gegebene, gültige und
  anwendbare Ermächtigungsgrundlage – ohne Willkür – zulasten des Bürgers falsch auslegt oder – ohne sonstigen Verfassungsverstoß – unrichtig an-
  wendet, liegt grdstl kein schwerer Verstoß vor (*BSG* Urt v 7.9.2006 – B 4
  RA 43/05 R).

- **Unbestimmtheit** des Adressaten auch nach Auslegung des VA (vgl *BVerwG*
  DVBl 1994, 810; *Martens* NVwZ 1990, 624 [625]).

- **Absolute sachliche Unzuständigkeit** der erlassenden Beh (*BSGE* 9, 171; 15,
  282; 24, 162; 42, 268; *LSG NRW* Urt v 24.8.2006 – L 17 U 20/04, HVBG-
  INFO 2006, Nr 3, 358; *BVerwG* DÖV 1974, 565; *Marschner* in Pickel/
  Marschner § 40 Rz 11; krit *Wolff/Bachof/Stober* VerwR II § 49 Rz 36 ff;
  ansonsten führt ein Verstoß gegen die sachliche Zuständigkeit nur zur Anfechtbarkeit: *BSGE* 57, 151; vgl auch: *BSG* Breith 1996, 141).

- **Absolute rechtliche Unmöglichkeit** der Ausführung des VA (*Littmann* aaO Rz 14).
- Die **erschlichenen VA** oder solche, welche durch Drohung, arglistige Täuschung oder Bestechung erlangt worden sind, gehören idR nicht zu den nichtigen VA (vgl § 45 Abs 2 Nr 1; *Marschner* in Pickel/Marschner SGB X § 40 Rz 14; aA *Roos* aaO § 40 Rz 9). Gleiches gilt auch für **VA ohne Unterschrift** (*BSG* Breith 1995, 480) oder bei Verletzung des rechtlichen Gehörs (*BSG* SozR 1200 § 34 Nr 4).
- Auch wenn ein VA **ohne den erforderlichen Antrag** erlassen wird, ist er entgegen der früher hM (vgl zB *BSGE* 52, 42; *BSG* SozR 2200 § 1303 Nr 12) nicht ohne weiteres nichtig. Nach der jetzigen, anders lautenden Regelung in § 41 Abs 1 ist diese Rechtsprechung überholt (*BSGE* 76, 149; *Steinwedel* in KassKomm SGB X § 41 Rz 10). Ein fehlender Antrag führt nur dann zur Nichtigkeit eines gleichwohl erlassenen VA, wenn der Bescheid unter den konkreten Umständen des Einzelfalles ohne Antrag als schlechterdings unwirksam angesehen werden muss (s § 41 Rz 7f und *Schütze* in von Wulffen/Schütze § 41 Rz 7 und *SächsLSG* Urt v 8.10.2014 – L 1 KR 85/11).

5.2. Offensichtlichkeit des Fehlers

Der zur Nichtigkeit führende Fehler muss nicht nur besonders schwerwiegend, sondern darüber hinaus auch **offensichtlich** sein. Durch Art 1a Nr 3 des **2. VwVfÄndG** vom 6.8.1998 (BGBl I 2024) ist mWz 14.8.1998 das Wort „offenkundig" durch das Wort „offensichtlich" ersetzt worden, wobei es sich lediglich um eine **sprachliche Bereinigung** handelte, die keine materiellen Auswirkungen hat (BT-Drucks 13/8884, 5; *Schmitz/Olbertz* NVwZ 1999, 126 [127]). Maßstab für die Offensichtlichkeit ist die „verständige Würdigung aller in Betracht kommenden Umstände". Die Generalklausel klärt den **Meinungsstreit** darüber, nach welchen Maßstäben die Offensichtlichkeit des Fehlers zu beurteilen ist und ist als **„brauchbarer Mittelweg"** verstanden worden (BT-Drucks 7/910, 63 zu § 44 VwVfG). Dieser Maßstab entspricht der **bisherigen Rspr,** wonach es darauf ankam, dass jeder Verständige und Urteilsfähige ohne besondere Sachkenntnis oder Heranziehung irgendwelchen Aufklärungsmittel den Fehler erkennen konnte, sich der Fehler also „aufdrängte". Es ist auf den zwar aufgeschlossenen, aber nicht besonders sach- oder rechtskundigen Durchschnittsbetrachter abzustellen (*BSG* SozR 3-5520 § 44 Nr 1, SozR 3-1300 § 40 Nr 5; *BVerwGE* 19, 287: „urteilsfähiger Bürger"; *Wolff/Bachof/Stober* VerwR II § 49 Rz 12: „Durchschnittbetrachter"; *BSGE* 115, 210: „jeder Urteilssfähige"; vgl zur Frage der Offenkundigkeit eines VA einer nicht mehr zuständigen BG: *BSGE* 58, 63 und zur mangelnden sachlichen Zuständigkeit einer Genehmigungsbehörde *BSGE* 59, 122).

19

Allerdings verlangt die Offensichtlichkeit des Fehlers nicht, dass er auch für **Dritte** ohne weiteres erkennbar ist, mithin auch für diese verdeckte Fehler „offensichtlich" iSv § 40 Abs 1 sein kann (*Kopp/Ramsauer* VwVfG § 44 Rz 13; *Wolff/Bachof/Stober* VerwR II § 49 Rz 13). Offensichtlichkeit kann auch dann gegeben sein, wenn sie sich erst aufgrund einer „verständigen Würdigung aller in Betracht kommenden Umstände" ergibt, die für den Erlass des VA und für seinen Regelungsinhalt von Bedeutung sind, wenn also erst eine **sorgfältige Prüfung** den besonders schwerwiegenden Fehler offensichtlich macht. Das *BSG* stellt – etwa nach dem **Leitbild eines ehrenamtlichen Richters** – darauf ab, wie ein urteilsfähiger unvoreingenommener Bürger, der die (uU von „Experten"

20

vorgenommene) Würdigung aller in Betracht kommenden tatsächlichen und rechtlichen Umstände verständig nachvollzieht, das Maß der Ersichtlichkeit des besonders schweren Fehlers im Zeitpunkt der Bekanntgabe des VA beurteilen würde. Müsste dieser „**verständige Durchschnittsadressat**" mit Gewissheit zu dem Ergebnis kommen, dass der VA im Zeitpunkt seines Erlasses an einem besonders schwerwiegenden Fehler litt, sei notwendig und stets „Offensichtlichkeit" iS von § 40 Abs 1 gegeben (*BSGE* 97, 94).

6. Teilnichtigkeit (Abs 4)

21 Betrifft die Nichtigkeit nur einen **Teil des VA**, so ist er im Ganzen **ausnahmsweise** nur dann nichtig, wenn der nichtige Teil so wesentlich ist, dass die Beh (nach obj Kriterien) den VA ohne den nichtigen Teil nicht erlassen hätte (Abs 4). Diese Regelung der Teilnichtigkeit – welcher der **zuvor hM** (vgl *Kopp/Ramsauer* VwVfG § 44 Rz 60 mwN) entspricht – ist von der bürgerlich-rechtlichen Regelung in **§ 139 BGB** verschieden (vgl auch § 58 Abs 3 für den öffentl-rechtl Vertrag). Denn während § 139 BGB von der vollständigen Nichtigkeit des Rechtsgeschäfts als Grundsatz ausgeht, ist die **Teilnichtigkeit des VA nach Abs 4 die Regel** (BT-Drucks 7/910, 63 zu § 44 VwVfG). Dies entspricht dem Unterschied zwischen einem privatrechtlichen Rechtsgeschäft und einem staatlichen Hoheitsakt, der die Vermutung der Richtigkeit und Gültigkeit für sich hat (BT-Drucks 7/910, 65 zu § 44 VwVfG). Voraussetzung ist jedoch jeweils die **Teilbarkeit** des VA (vgl *BSG* SozR 4-2600 § 165 Nr 1; *Kopp/Ramsauer* VwVfG § 44 Rz 61). Abtrennbar sind in der Regel zahlenmäßig, zeitlich, örtlich, gegenständlich oder personell abgrenzbare Teile einer Entscheidung (*BSGE* 116, 64). Die abzutrennenden Teile dürfen nicht in einem untrennbaren rechtlichen Zusammenhang mit den übrigen Teilen stehen, sondern müssen als selbstständige Regelung weiter existieren können, ohne ihren ursprünglichen Bedeutungsgehalt zu verändern (vgl *BSGE* 103, 8). Bei Form-, Verfahrens- und Zuständigkeitsfehlern ist idR der gesamte VA erfasst. Hierbei ist auf den **mutmaßlichen Willen der Beh** abzustellen, welcher anhand objektiver Gesichtspunkte, die sich an Sinn und Zweck des VA orientieren, zu ermitteln ist (vgl *BVerwG* DOV 1974, 563; *OVG NRW* DVBl 1991, 1366; *Wolff/Bachof/Stober* VerwR II § 49 Rz 69).

22 Hat die **verbleibende Regelung** (die Teilnichtigkeit kann sich nie auf die Begründung beziehen: *Sachs* aaO § 44 Rz 199; *Roos* aaO § 40 Rz 22) keine selbstständige Bedeutung oder würde sie durch die Nichtigkeit des anderen Teils einen anderen Sinn erhalten und dadurch den Zweck verfehlen, den der VA insgesamt erfüllen sollte, dann ist der VA insgesamt nichtig (vgl *Kopp/Ramsauer* VwVfG § 44 Rz 62; vgl auch *Erichsen* Allg VerwR § 15 Rz 30 f). Wäre die Beh zum Erlass des VA ohne den nichtigen Teil verpflichtet, ist von der Wirksamkeit des nicht von der Fehlerhaftigkeit betroffenen Teils auszugehen (*OVG NRW* DVBl 1991, 1366; *Erichsen* aaO Rz 31; *Wolff/Bachof/Stober* VerwR II § 49 Rz 69). Die Trennbarkeit ist ferner immer dann zu bejahen, wenn mehrere VA, zwischen denen kein zwingender Zusammenhang besteht, nur äußerlich in einem VA zusammengefasst wurden. Bei **Ermessensentscheidungen** ist auf den in der VA-Begründung zum Ausdruck gebrachten Willen der Beh abzustellen (*Roos* aaO § 40 Rz 22).

7. Feststellung der Nichtigkeit (Abs 5)

23 Nach Abs 5 kann die Beh die (Teil-)Nichtigkeit jederzeit von Amts wegen feststellen (Ermessen) und auf Antrag ist sie hierzu verpflichtet, wenn der Antragsteller hieran ein berechtigtes Interesse hat. Diese Regelung entspricht dem bisherigen Recht und stellt ein verwaltungsverfahrensrechtliche Pendant zu § 55 Abs 1 Nr 4 SGG dar. Die Feststellung der Nichtigkeit dient der **Rechtssicherheit** (BT-Drucks 7/910, 63 zu § 44 VwVfG). Der Betroffene kann wählen, ob er eine Feststellung durch die Beh oder durch das Gericht möchte; wendet er sich sogleich an das Gericht, so fehlt dem gerichtlichen Feststellungsantrag nicht das **Feststellungsinteresse** (so *BSG* SozR 1500 Nr 35: vorherige Anrufung der Beh ist unzumutbar; vgl auch *OVG NRW* NVwZ-RR 1991, 331). Neben der Feststellungsklage kann der Betroffene gegen den mglw nichtigen VA mit denselben Rechtsbehelfen vorgehen, die auch bei Wirksamkeit des VA zur Verfügung stünden, also **Anfechtungs- oder Verpflichtungsklage** erheben (vgl *BSG* NVwZ 1989, 2910; *Kopp/Ramsauer* VwVfG § 44 Rz 69). Voraussetzung für den Antrag an die Beh ist – wie im gerichtlichen Verfahren auch – ein **berechtigtes Interesse**. Dieses ist bei konkretem Anlass jedes nach der Sachlage vernünftigerweise gerechtfertigte Interesse, das rechtlicher, wirtschaftlicher oder ideeller Art sein kann (*Roos* aaO § 40 Rz 23). Die Feststellung der Nichtigkeit ist selbst ein **VA** (*BVerwG* DVBl 1990, 210; *Schneider-Danwitz* aaO § 40 Rz 68; aA *Obermayer* VwVfG § 44 Rz 122: kein VA, da keine Änderung der Rechtslage bewirkt wird). § 40 kann nicht auf die **Feststellung der Gültigkeit oder Wirksamkeit des VA** analog angewendet werden (mit Zweifeln auch: *Kopp/Ramsauer* aaO § 44 Rz 65). Bei „Nicht-VA" (vgl Rz 2) kommt Abs 5 nicht zur Anwendung (vgl *BVerwG* DVBl 1987, 629: nur allg Feststellungsklage; aA *Kopp/Ramsauer* aaO § 44 Rz 69, es sei denn, es ist ganz offensichtlich, dass es sich um einen Nicht-VA handelt).

§ 41 Heilung von Verfahrens- und Formfehlern

(1) Eine Verletzung von Verfahrens- oder Formvorschriften, die nicht den Verwaltungsakt nach § 40 nichtig macht, ist unbeachtlich, wenn

1. der für den Erlass des Verwaltungsaktes erforderliche Antrag nachträglich gestellt wird,
2. die erforderliche Begründung nachträglich gegeben wird,
3. die erforderliche Anhörung eines Beteiligten nachgeholt wird,
4. der Beschluss eines Ausschusses, dessen Mitwirkung für den Erlass des Verwaltungsaktes erforderlich ist, nachträglich gefasst wird,
5. die erforderliche Mitwirkung einer anderen Behörde nachgeholt wird,
6. die erforderliche Hinzuziehung eines Beteiligten nachgeholt wird.

(2) Handlungen nach Absatz 1 Nr. 2 bis 6 können bis zur letzten Tatsacheninstanz eines sozial- oder verwaltungsgerichtlichen Verfahrens nachgeholt werden.

(3) [1]Fehlt einem Verwaltungsakt die erforderliche Begründung oder ist die erforderliche Anhörung eines Beteiligten vor Erlass des Verwaltungsaktes unterblieben und ist dadurch die rechtzeitige Anfechtung des Verwaltungsaktes versäumt worden, gilt die Versäumung der Rechtsbehelfsfrist als nicht verschuldet. [2]Das für die Wiedereinsetzungsfrist maßgebende Ereignis tritt im Zeitpunkt der Nachholung der unterlassenen Verfahrenshandlung ein.

Literatur:

Allesch: Neue Chancen für die missglückte Vorschrift des § 45 Abs 3 VwVfG, NVwZ 2003, 444; *Blüggel*: Die fehlerhafte Anhörung im sozialgerichtlichen Verwaltungsverfahren und Möglichkeiten ihrer Heilung, SGb 2001, 294; *Christian*: Heilung eines Anhörungsfehlers im Verwaltungsverfahren, JuS 2012, 671; *Dahm*: Die Korrektur einer fehlerhaften Anhörung gemäß § 41 Abs 2 SGB X , ZfS 2006, 97; *Felix*: Die Relativierung von Verfahrensrechten im Sozialverwaltungsverfahren, NZS 2001, 341; *Finkenbusch*: Anhörung und Akteneinsicht im Verwaltungsverfahren der Krankenkasse, SF-Medien Nr 157, 63; *Gühlsdorf*: Die Heilung von Verfahrensmängeln im Widerspruchsverfahren und ihre Kehrseite: die Kostenerstattung, DVP 2004, 313; *Heinrich*: Behördliche Nachbesserung von Verwaltungsakten im verwaltungsgerichtlichen Verfahren und Rechtschutz der Betroffenen, 1999; *Köhler*: Heilung behördlicher Anhörungsfehler im sozialgerichtlichen Verfahren, WzS 2010, 296; *Martin*: Heilung von Verfahrensfehlern im Verwaltungsverfahren, Diss. jur. Berlin, 2003; *Rieker*: Die Kostenerstattung im Widerspruchsverfahren bei einer unzutreffenden Rechtsbehelfsbelehrung, NZS 2011, 15; *Steiner*: Verwaltungsverfahren und Grundrechte, NZS 2002, 113; *Weidemann/Rheindorf*: Die Heilung von Verfahrens- und Formfehlern, DVP 2010, 178.

1. Allgemeines

1　§ 41 beschäftigt sich mit den **Folgen der Rechtswidrigkeit von VA** und knüpft an § 40 an, der sich mit der Nichtigkeit (als qualifizierte Rechtswidrigkeit) befasst, wobei sich die Folge der Nichtigkeit nicht aus § 40, sondern aus § 39 Abs 3 ergibt. Allerdings regelt § 41 wiederum nur einen speziellen Fall der Rechtswidrigkeit, nämlich die aus einer Verletzung von Verfahrens- und Formvorschriften resultierenden **formelle Rechtswidrigkeit**, während die (wesentlich bedeutendere) materielle Rechtswidrigkeit erst an späterer Stelle (§§ 44 ff) behandelt wird. Schließlich erfasst § 41 nicht die gewöhnlichen Folgen der Fehlerhaftigkeit eines VA, nämlich die Aufhebbarkeit, sondern die **Heilung** von formellen VA-Fehlern: § 41 rechtfertigt sich allein aus der Überlegung, dass Verfahrens- und Formvorschriften gegenüber dem materiellen Recht im Interesse einer richtigen Sachentscheidung nur eine „dienende Funktion" haben (vgl *BVerfGE* 83, 111; Einleitung Rz 24 ff) und deshalb Verstöße allein dann Rechtsfolgen zeitigen sollen, wenn Fehler im formellen Bereich getroffene Entscheidungen tatsächlich beeinflusst haben (BT-Drucks 7/910, 65). Anders als bei der Berichtigung nach § 38 ist der VA hier rechtswidrig. Die Heilung soll somit **Rechtsbehelfe,** die ausschließlich auf die Verletzung von Verfahrensvorschriften gestützt werden, **einschränken** und die Befugnisse der Beh, VA nach den §§ 44-48 mit der Begründung zurückzunehmen, diese seien verfahrensfehlerhaft zustande gekommen, begrenzen (*Schütze* in von Wulffen/Schütze SGB X § 41 Rz 1). Die Regelung dient der **Verfahrensökonomie** (*Wolff/Bachof/Stober* VerwR II § 49 Rz 65; *Sachs* in Stelkens/Bonk/Sachs § 45 Rz 5).

2　§ 41 war mit § 45 **VwVfG** in der ursprünglichen Fassung bis auf § 45 Abs 1 Nr 6 VwVfG wörtlich identisch; mit G v 12.9.1996 (BGBl I 1354) wurde § 45 **Abs 2 VwVfG** dahingehend geändert, dass eine Heilung bis zum Abschluss des gerichtlichen Verfahrens möglich ist (vgl die prozessualen Folgeänderungen: §§ 87 Abs 1 Satz 2 Nr 7, 94 Satz 2, 114 Satz 2 VwGO). Durch Art 10 Nr 4 des

4. Euro-Einführungsgesetzes v 21.12.2000 (BGBl I 1977) ist der Rechtszustand in § 41 Abs 2 mWz 1.1.2001 dem des § 45 Abs 2 VwVfG weitgehend angeglichen worden. Der Verwaltungsrechtsschutz ist insoweit auch auf **„Reformation bei verfahrensfehlerhaften Grundlagen" von VA** gerichtet (*BSGE* 87, 132). **Abs 1** regelt, welche Verfahrensfehler geheilt werden können und **Abs 2** setzt hierfür zeitliche Grenzen. **Abs 3** befasst sich schließlich mit den Folgen bestimmter Formfehler (unterlassene Anhörung oder Begründung) für den Rechtsschutz und konkretisiert insoweit die allgemeinen Grundsätze **über die Wiedereinsetzung in den vorigen Stand.** Zu den in § 42 normierten Folgen einer formellen Rechtswidrigkeit kommt es nur, wenn der Fehler nicht nach § 41 geheilt worden ist. Ein **nichtiger VA** kann nicht geheilt werden (mögliche Ausn: Teilnichtigkeit) und § 41 setzt voraus, dass ein **VA** (und nicht zB ein Realakt) gegeben ist. Nach **§ 34 Abs 2** finden § 41 Abs 1 Nr 3-6, 2 auf die Zusicherung entsprechende Anwendung.

2. Heilbare Form- und Verfahrensfehler (Abs 1)

Abs 1 enthält einen **abschließenden Katalog** von sechs formellen Fehlern eines VA, die geheilt werden können (*Felix* NZS 2001, 341 [342]; *Wolff/Bachof/ Stober* VerwR II § 49 Rz 65; *Schütze* aaO § 41 Rz 2: „Der Gesetzgeber hätte ansonsten eine Generalklausel geschaffen"; aA: *BVerwG* DVBl 1993, 1241) und nicht die Nichtigkeit des VA gem § 40 bewirken dürfen. Eines „**Nachhol verfahrens**" bedarf es nicht (so aber *Kopp/Ramsauer* aaO § 45 Rz 42). Die **analoge Anwendung** auf weitere, nicht genannte formelle Fehler kommt nicht in Betracht (*BVerwGE* 83, 79; aA BVerwGE DVBl 1994, 210; *Kopp/Ramsauer* VwVfG § 45 Rz 9: „Ausdruck allgemeiner Rechtsgrundsätze"). Bei **förmlicher Zustellung** ergeben sich allerdings aus § 8 VwZG spezielle Heilungsvorschrif ten. Ein wegen fehlender Rechtsgrundlage rechtswidriger Bescheid kann durch ein nachträgliches Inkrafttreten der erforderlichen Vorschrift ebenfalls nicht ge heilt werden (vgl *BayVGH* NVwZ 1995, 395). Abs 1 erfasst bestimmte Verfah rens- oder Formerfordernisse, die versäumt wurden. Es ist aber auch dann eine Heilung möglich, wenn diese formellen Anforderungen zwar nicht ganz unter lassen, aber doch **fehlerhaft durchgeführt** wurden (argumentum a maiore ad minus; *BSG* SozR 1200 § 34 aF Nr 12 für eine unangemessen kurze Anhö rungsfrist; ähnlich *Littmann* in Hauck/Noftz SGB X § 41 Rz 2: Gleichgeartete minder schwere Fehler werden erfasst). Wird die **Heilung** selbst **fehlerhaft durchgeführt** (Bsp: Anhörungsfrist ist zu kurz; vgl auch *BVerwGE* 66, 111), kommt wiederum eine Heilung (des VA, nicht der unzureichenden „Heilungs handlung") in Betracht. Im Übrigen gilt: Materielle Fehler sind – soweit eine Umdeutung nach § 43 nicht in Frage kommt – nur über die §§ 44 ff korrigier bar; bei formellen Fehlern kommt darüber hinaus eine Unbeachtlichkeit nach § 42 in Frage.

Die Heilung gilt für **Zusicherungen** eingeschränkt (vgl § 34 Abs 2: § 41 Abs 1 Nr 3-6, 2) und für **Nebenbestimmungen** iSv § 32 (vgl *Kopp/Ramsauer* VwVfG § 45 Rz 6). Die Heilung kann im Einzelfall aus **materiellrechtlichen Gründen** ausscheiden, zB, wenn die Antragstellung nur innerhalb einer bestimmten Frist (als „materieller Ausschlussfrist") zulässig sein soll (vgl Rz 7; *Kopp/Ramsauer* aaO § 45 Rz 3). Ferner wird eine Heilung dann als ausgeschlossen angesehen, wenn eine **sog „heilungsoffene" Entscheidungssituation** nicht (mehr) gegeben ist, so dass die nachzuholende Verfahrenshandlung also ihre rechtstaatlich ge botene Funktion nicht (mehr) erfüllen könnte (vgl *Hufen* Fehler im VerwVerf Rz 600 m Bsp). Hierbei dürfte es sich – insb in Fällen der unterbliebenen Anhörung – um eine der im Rahmen der Heilung **am schwierigsten zu beurteilenden Fragen** handeln, denn hier ringt die mit der Änderung des Abs 2 verfolgte Absicht des GGebers zur Verfahrensbeschleunigung mit den Bemühungen der Lit, die in der Änderung des Abs 2 gesehene Verfassungswidrigkeit abzumildern. Die für die Heilung **zuständige Beh** bestimmt sich nach den allg Regelungen über die Entscheidungszuständigkeit der Beh **im Zeitpunkt der Vornahme des nachzuholenden Verfahrensschrittes** (vgl *BVerwGE* 66, 114; *Kopp/Ramsauer* aaO § 45 Rz 40). Die Heilung ist auch noch im GerichtsVerf mögl, der Besch wird dann gem § 96 SGG ersetzt (*BSGE* 94, 221).

5 Wenn der formelle Mangel nachträglich geheilt wird, so **kann er keine Wirkung mehr entfalten** (*BSG* SozR 1200 § 34 Nr 4, 8, 13). Die Heilung führt nicht zur **Ersetzung** des fehlerhaften durch einen fehlerfreien VA (deshalb auch keine Rechtsbehelfsbelehrung, vgl aber auch Abs 3), die Identität des VA bleibt vielmehr erhalten, sofern er nicht gleich durch einen neuen VA ersetzt wird (*Sachs* in Stelkens/Bonk/Sachs VwVfG § 45 Rz 21, 48). Der VA ist vom Zeitpunkt seiner Heilung an so anzusehen, als sei er **von Anfang an mangelfrei** gewesen („*ist* unbeachtlich"; ebenso: *Steinwedel* KassKomm § 41 Rz 9; *Schütze* aaO § 41 Rz 3; *Littmann* aaO § 41 Rz 6; *Sachs* in Stelkens/Bonk/Sachs VwVfG § 45 Rz 18, 21; *Messerschmidt* NVwZ 1985, 877; *BSGE* 75, 159); er entfaltet Rechtswirkung **ex tunc** und nicht erst ab dem Zeitpunkt der Heilung, ex nunc (in diesem Sinne: *Kopp/Ramsauer* VwVfG § 45 Rz 14; *Ule/Laubinger* VerwVerfR § 58 Rz 16; vgl auch *Redeker* NVwZ 1996, 126 [130]; *Klappstein* in Knack VwVfG § 45 Rz 2.5; *Wagner* SGb 1995, 410 [411]). **Bsp**: Ein Aufhebungs- und Rückforderungsbescheid bleibt nach einer zunächst versäumten Anhörung von dem im Bescheid angegebenen Zeitpunkt an wirksam (*BSG* SozR 1200 § 34 aF Nr 13).

6 Der **Meinungsstreit hat allerdings keine große Bedeutung** (BT-Drucks 7/910 65 zu § 41 EVwVfG: von „allenfalls rechtstheoretischem" Interesse), weil auch bei Annahme einer ex-tunc-Wirkung unstr ist, dass aus der ursprünglichen **Mangelhaftigkeit Rechtsfolgen abgeleitet werden können**. Bspw kann die vorübergehende Rechtswidrigkeit des VA uU einen Amtshaftungsanspruch begründen, wenn dem Betroffenen dadurch ein Schaden entstanden sein sollte (*Schwager/Krohn* DVBl 1990, 1077 [1088]). Bei berechtigtem Interesse dürfte auch eine Fortsetzungsfeststellungsklage analog § 131 Abs 1 Satz 3 SGG, die darauf gerichtet ist, die Rechtswidrigkeit des VA vor der Heilung festzustellen, zulässig sein. Wird ein Mangel iSv Abs 1 im Widerspruchsverfahren behoben und damit dem Rechtsbehelf die Grundlage entzogen, so sieht **§ 63 Abs 1 Satz 2** vor, dass die Verfahrenskosten zu erstatten sind (ebenso für das Klageverfahren nach Änderung von § 41 Abs 2: BR-Drucks 531/00, 147). Führt hingegen die Nachholung der unterlassenen Verfahrensschritte zu der Erkenntnis, dass der **Inhalt des VA** nicht unverändert bleiben kann, so kommt nur eine Aufhebung und Neubescheidung in Betracht, so dass eine Heilung von vornherein ausscheidet (vgl auch *BVerwG* BayVBl 1987, 220).

2.1. Nachträgliche Antragstellung (Nr 1)

7 Nach Abs 1 Nr 1 ist die Verletzung des **Antragserfordernisses** (zB § 115 Abs 1 Satz 1 SGB VI) unbeachtlich, wenn der für den Erlass des VA erforderliche Antrag nachträglich gestellt wird. Nach Abs 2 kann der Antrag **ohne zeitliche Begrenzung** nachgeholt werden (*BSGE* 76, 149; *Felix* NZS 2001, 341 [342]); wird der Antrag nicht nachgeholt, so kann der Betroffene den VA anfechten. Entscheidend für eine Heilung iSv § 41 ist, ob dem Antrag allein formelle oder auch materielle Bedeutung (§ 99 Abs 1 SGB VI; § 33 Abs 1 SGB XI) zukommt. Denn im letzteren Falle kann die nachträgliche Antragstellung den formell **und materiell fehlerhaften VA** nicht rückwirkend heilen (**Bsp**: der Anspruch auf die gewährte Rente besteht frühestens ab dem Zeitpunkt der nachgeholten Antragstellung).

Beschränkt man die Heilung nach § 41 nicht – wie hier (vgl Rz 4) – von vornherein auf **ausschließlich formell wirkende Fehler** (teleologische Reduktion der „Verletzung von Verfahrens- und Formvorschriften"), so dass Fehler, die sich zugleich materiell auf den str VA auswirken von § 41 gar nicht erfasst werden, stellt sich die Frage, ob solche Fehler zur **Nichtigkeit** führen, denn nur dann könnte die Rechtswirkung des § 41 Abs 1 ausgeschlossen werden (so: *Schneider-Danwitz* in Schlegel/Voelzke jurisPK-SGB X § 41 Rz 17; für Ausschlussfristen: *Schütze* aaO § 41 Rz 8; *Littmann* aaO § 41 Rz 7; vgl auch die ältere Rspr: *BSGE* 12, 268). Das erscheint aber in dieser Allgemeinheit **zweifelhaft** (so auch: *Broß* SGb 1982, 406; *Dörr* DAngVers 1982, 278 [279]: nur Rechtswidrigkeit). Insb in den Fällen, in denen eine Leistung wegen fehlender Antragstellung erst zu einem späteren, mit der nachgeholten Antragstellung einsetzenden Zeitpunkt gewährt werden kann, dürfte die Annahme eines die Nichtigkeit begründenden, besonders schwerwiegenden Fehlers (§ 40 Rz 17) ausscheiden.

8

2.2. Nachträgliche Begründung (Nr 2)

Nach Abs 1 Nr 2 ist die Verletzung des **Begründungserfordernisses** (§ 35) unbeachtlich, wenn die Begründung nachträglich bekannt gegeben wird (zu den Anforderungen an die erforderliche Begründung vgl § 35 Rz 3). Einer **fehlenden Begründung** steht jedenfalls bei VA von Kollegialorganen die später als 5 Monate nach Erlass des VA erfolgte Begründung gleich (*BSG* SozR 3-1300 § 35 Nr 8; *BSGE* 72, 214; § 35 Rz 6). Die nachträgliche Begründung ist von der **Berichtigung offenbarer Unrichtigkeiten** (§ 38) als Ausfluss der Auslegung von VA zu unterscheiden. Während die nachträgliche Begründung zur Vervollständigung des VA führt, soll die Berichtigung einen Fehler im sprachlichen Ausdruck korrigieren (§ 38 Rz 5). Die nachträgliche Begründung ist ferner von der **Umdeutung** (§ 43) verschieden, die den Regelungsgehalt und damit den materiellrechtlichen Gehalt des VA verändert (vgl § 43 Rz 1).

9

Abs 1 Nr 2 erfasst nicht das sog **Nachschieben weiterer Gründe** (zB: neue Tatsachen, andere Rechtsgrundlagen) im Klage- und Berufungsverfahren, um die Rechtsmäßigkeit des VA darzulegen (*BSGE* 87, 8; 85, 83; *LSG Bln-Bbg* Beschl v 17.1.2006 – L 29 B 1104/05 AS ER; *SchlHLSG* NZS 1999, 30; *BVerwGE* 64, 356; 71, 368; 80, 96; 85, 241; *Kopp/Ramsauer* VwVfG § 45 Rz 18). Die **formelle Rechtmäßigkeit** verlangt ohnehin nur, dass bis zur letzten Tatsacheninstanz eine den Anforderungen des § 35 entsprechende Begründung überhaupt vorliegt; ob die Begründung inhaltlich richtig ist, stellt eine materiellrechtliche Frage dar (*BSGE* 87, 8;), die vom Gericht von Amts wegen geprüft wird (vgl *BSGE* 45, 206; 85, 83; 87, 8; *BVerwGE* 64, 356). Das Nachschieben von Gründen ist daher iS einer **Ergänzung oder Änderung** der von der Beh gegebenen Begründung (auch) im Prozess bei gebundenen Entscheidungen unproblematisch (vgl *BSGE* 87, 8; *BSG* SozR 2200 § 1286 Nr 12; *BSG* NZS 1993, 465; *SchlHLSG* NZS 1999, 30; *BVerwG* NJW 1994, 211; *Schütze* aaO § 41 Rz 5; *Sachs* aaO § 45 Rz 45 ff; *Littmann*, aaO. § 41 Rz 10; *Kopp/Ramsauer* VwVfG § 45 Rz 18: „nur Präzisierung und Klarstellung der dem VA beigefügten Begründung"; zum Meinungsstand vgl auch: *Kopp/Schenke* VwGO § 113 Rz 63 ff). Eine Ergänzung der Begründung muss durch die erlassende Beh selbst er-

10

folgen; ein BehMitarbeiter kann nicht die Entscheidung eines Widerspruchsaus-schusses ergänzen (*LSG Nds-Brem* Urt v 29.4.2015 – L 2 R 485/14).

11 Allerdings darf durch das Nachschieben von Gründen auch bei gebundenen Entscheidungen nicht die **Regelung des VA selbst in ihrem Wesen verändert** werden (*BSG* SozR 4-4200 § 60 Nr 3; *BSGE* 107, 255; *BVerwGE* 38, 191; 64, 356; vgl auch *Maurer* Allg VerwR § 10 Rz 40). Eine Wesensänderung kann vor-liegen, wenn die Regelung auf einen **anderen Lebenssachverhalt** gestützt wird (vgl *BSGE* 87, 8). Davon ist allerdings trotz des **Schuldvorwurfs nach § 45 Abs 1 Satz 3 Nr 2, 3** nicht bei einem Wechsel der Rechtsgrundlage von § 48 Abs 1 zu § 45 Abs 1 auszugehen (*BSGE* 87, 8). Nach *BSG* (SozR 1500 § 77 Nr 56) soll eine **Wesensänderung** zB vorliegen, wenn in einem Rechtsstreit um Gewäh-rung einer höheren Rente aufgrund nachgeschobener Gründe die Rente durch Nichtberücksichtigung einer der ersten Berechnung zugrunde liegenden Ersatz-zeit geringer festgestellt und nur noch in Höhe des Besitzstandes gezahlt wird. Ebenso, wenn auf eine andere Rechtsgrundlage zurückgegriffen wird, die einem anderen Zweck dient (*BSGE* 107, 255).Weiter darf die **Rechtsverteidigung** des Betroffenen durch das Nachschieben von Gründen nicht in unzulässiger Weise beeinträchtigt oder erschwert werden (*BSGE* 29, 129; 45, 206; 87, 9; *BSG* SozR 1500 § 77 Nr 56; *Schütze* aaO § 41 Rz 5).

12 Bei **Ermessensentscheidungen** (§ 31 Rz 76 ff) ist eine Nachholung der Begrün-dung und eine Nachschieben von Gründen grdstl problematisch, da hier for-mell-rechtliche und materiellrechtliche Dimensionen der Begründung enger bei-einander liegen und die Qualität der Begründung zugleich über eine einge-schränkte gerichtliche Überprüfbarkeit entscheidet. Bei Ermessensbetätigungen ist die Begründung identitätsstiftend und muss die Gesichtspunkte erkennen lassen, von denen sich die Beh bei der Ausübung ihres Ermessens hat leiten las-sen (§ 35 Abs 1 Satz 3). Für Ermessensentscheidungen hatte deshalb die **zeitli-che Begrenzung für die Nachholung in Abs 2 aF** – anders als bei gebundenen Entscheidungen – die Folge, dass im gerichtlichen Verfahren **keine sachgemäßen Gründe nachgeschoben werden** konnten (vgl *BSGE* 27, 38; 62, 179; *BSG* SozR 1300 § 35 Nr 4; *Schütze* aaO § 41 Rz 10; vgl auch *BVerwG*, NJW 1980, 2034 und DVBl 1982, 304). Die Beh konnte während des Gerichtsverfahrens, soweit nicht inzwischen Verjährung eingetreten war, eine fehlende oder fehlerhafte Er-messensausübung nur durch Erlass eines neuen, ersetzenden VA, der nach § 96 SGG Gegenstand des Verfahrens wird, „korrigieren" (*BSGE* 75, 159 – GrS; *BVerwGE* 85, 166; 92, 145; *Kopp/Schenke* aaO § 113 Rz 63 ff; *Schütze* aaO § 41 Rz 10; *Kopp/Ramsauer* VwVfG § 45 Rz 21).

13 Mit der **Neufassung des § 41 Abs 2** stellt sich nun die Frage, welche Folgen die neue Rechtslage auf die Nachholung der Begründung von ErmessensVA bzw auf das Nachschieben von Ermessensgründen hat. § 41 Abs 2 ist dabei notwen-dig im Lichte des § 42 Satz 1 anzuwenden, wonach offensichtlich sein muss, dass die fehlende oder unzureichende Begründung „die Entscheidung in der Sa-che nicht beeinflusst" haben darf; denn die Heilung eines Verfahrens- oder Fomfehlers muss sich – begriffsnotwendig – zum Entscheidungsergebnis „neu-tral" verhalten. Andernfalls würde sie zu einer Wesensänderung des Ermesssn-VA führen. **Fehlt** dem Bescheid **die Begründung** überhaupt und wird sie im ge-richtlichen Verfahren (in den Tatsacheninstanzen) „nachgeliefert", so kann da-durch die Entscheidung in der Sache offensichtlich nicht beeinflusst worden sein. Schwieriger sind indes die praktisch relevanteren Fälle zu beurteilen, in de-nen es um die **Nachbesserung der Begründung**, also das Nachschieben von Gründen, geht (deutlich § 114 Satz 2 SGG: „Die Verwaltungsbehörde kann ihre

Ermessenserwägungen hinsichtlich des Verwaltungsaktes auch noch im verwaltungsgerichtlichen Verfahren ergänzen". Allerdings kennt das SGG keine § 114 Satz 2 VwGO vergleichbare Regelung, wonach die Beh ihre Ermessenserwägungen auch noch im verwaltungsgerichtlichen Verfahren ergänzen kann.

Geht aus der Begründung hervor, dass das Ermessen gar nicht gesehen wurde, **14** die Beh also eine gebundene Entscheidung angenommen hatte (Bsp.:„...hatten wir keine andere Möglichkeit als ..."), sog **Ermessensausfall** (§ 31 Rz 77), kann regelmäßig nicht ausgeschlossen werden, dass die Beh bei Kenntnis ihres Ermessensspielraums eine andere Entscheidung getroffen hätte (so: *LSG RhPf* Urt v 23.9.2010 – L 5 KR 121/09; *ThürLSG* Urt v 3.11.2005 – L 3 AL 108/04; s auch *BSG* Beschl v 7.12.2010 – B 11 AL 74/10 B), allerdings ist das nicht zwingend (**Bsp.**: Eingliederungsleistungen nach § 16 SGB II stehen im Ermessen, was die Beh übersieht; hätte die Beh die Leistungen aber auch in Kenntnis des Ermessens zB aus finanziellen Gründen ablehnen „müssen", so kann dieser Ermessensfehler durch das Nachschieben von Ermessenserwägungen nachträglich geheilt werden). Bei Ermessensausfall ist deshalb eine **Aussetzung nach § 114 Abs 2 Satz 2 SGG** in Betracht zu ziehen. Gleiches gilt für Begründungen, welche **sachwidrige Erwägungen** enthalten. Liegt indes eine **Ermessensüberschreitung** vor oder ist gegen den **Verhältnismäßigkeitsgrundsatz** verstoßen worden, so sind das Fehler im Entscheidungsergebnis und nicht in der Entscheidungsbegründung, die ohnehin nicht nach § 41 Abs 1 Nr 2 geheilt werden können. Ein Vorgehen nach § 96 SGG wird durch § 41 allerdings nicht begrenzt (*BSGE* 94, 221).

2.3. Nachträgliche Anhörung (Nr 3)

Nach Abs 1 Nr 3 ist die Verletzung der **Anhörungspflicht** (§ 24) unbeachtlich, **15** wenn die Anhörung nachgeholt wird. Abs 1 Nr 3 ist – wegen des abschließenden Charakters von § 41 Abs 1 (Rz 3) – nicht über seinen Wortlaut hinaus **nach Sinn und Zweck** auf jegliche fehlerhafte oder unterlassene Gewährung rechtlichen Gehörs und somit auch auf **Verstöße gegen die §§ 12, 13, 15 und 25** auszudehnen (so aber *Littmann* aaO § 41 Rz 14; *Steinwedel* KassKomm § 41 Rz 3; *Schütze* aaO § 41 Rz 7; *Kopp/Ramsauer* VwVfG § 45 Rz 24). Die Anhörung Beteiligter, welche der Gewährung rechtlichen Gehörs dient, konnte nach **Abs 2 aF** nur bis zum Abschluss des WsprVerf nachgeholt werden, zumal gem § 42 Satz 2 die unterlassene Anhörung immer erheblich ist. Im Gerichtsverfahren hatte die Beh daher nur die Möglichkeit, den Bescheid aufzuheben und – nach Anhörung – einen gleichlautenden VA zu erlassen, der gem § 96 SGG Gegenstand des Verfahrens wurde (*BSG* SozR 1200 § 34 Nr 15; *BSG* NZS 1995, 285; *BSG* Breith 1995, 988; vgl auch: *Bonnermann* SGb 1996, 7 [7]). Wird bei einer wegen fehlenden Vorverfahrens unzulässigen Klage nach § 78 Abs 1 SGG das Vorverfahren nachgeholt, kann in ihm – also zwar während, aber nicht **im** Gerichtsverfahren – der Betroffene angehört und der Fehler geheilt werden.

Seit dem 1.1.2001 kann die Anhörung durch die **Neufassung des Abs 2** bis zur **16** **letzten Tatsacheninstanz** (Berufungsverfahren vor dem LSG; nicht mehr im Revisionsverfahren: *BSG* SGb 2006, 351) nachgeholt werden. Die Nachholung der fehlenden oder fehlerhaften Anhörung während des Gerichtsverfahrens setzt voraus, dass die beklagte Beh dem Kläger eine angemessene Gelegenheit zur Äußerung einräumt und danach zu erkennen gibt, ob sie nach Prüfung dieser Tatsachen am bisher erlassenen VA festhält (*BSG* SozR 4-1300 § 41 Nr 2). Dazu muss die Beh dem Kläger in einem gesonderten „Anhörungsschreiben" alle erheblichen Tatsachen mitteilen, auf die sie die belastende Entscheidung stützen will, und ihm eine angemessene Frist zur Äußerung setzten. Die Beh muss das Vorbringen des Betr zur Kenntnis nehmen und sich abschließend zum Ergebnis der Überprüfung äußern; die bloße Klageerwiderung verbunden mit einem Antrag auf Klageabweisung reicht insoweit nicht aus (vgl *BSG* SozR 4-1300 § 24 Nr 5). Die Lit, die ebenfalls überwiegend davon ausgeht, dass die Anhörung der Beteiligten ihren verfahrensrechtlichen Zweck „an sich" nur dann erfüllen kann, wenn sie vor Erlass des VA erfolgt, will jew genau prüfen, „ob eine Anhörung während des verwaltungsgerichtlichen Verfahrens den Zweck der Anhörung im konkreten Fall erreicht bzw erreichen konnte und es sich nicht nur um eine substanzlose pro-forma-Anhörung handelte" (*Wolff/ Bachof/Stober* VerwR II § 60 Rz 87; vgl auch *BSGE* 89, 111: „vielmehr muss die Nachholung der erforderlichen Anhörung dieselbe rechtliche Qualität haben wie die an sich nach § 24 Abs 1 SGB X gebotene Handlung"; ebenso *BSG* SozR 4-1300 § 41 Nr 1; *LSG Bln-Bbg* FEVS 61, 160; aA: *SchlHLSG* NZS 2010, 170: „bloße Förmelei").

17   Da die unterbliebene Anhörung auch im Widerspruchsverfahren nachgeholt werden kann, besteht die Gefahr, dass auf die Anhörung verzichtet und sie nur dann nachgeholt wird, wenn der Betr den VA nicht akzeptiert. Diese inakzeptable Verfahrensweise dürfte die Rspr veranlasst haben, eine nachträgliche Heilung nur zuzulassen, wenn der „Verwaltungsträger diesen Verfahrensfehler nicht vorsätzlich, rechtsmissbräuchlich oder durch Organisationsverschulden begangen hat" und im Übrigen mit den „prozessrechtlichen, kostenrechtlichen, amtshaftungsrechtlichen und disziplinarrechtlichen Folgen des Anhörungsfehlers" „droht", um dann schließlich doch wieder auf den – vom Gesetzgeber gerade nicht mehr gewollten – Weg des § 96 SGG zu verweisen (*BSG* SozR 3-1300 § 24 Nr 22; offen gelassen: *BSG* SGb 2006, 351 – 4. Senat; aA: *BSG* SozR 4-1300 § 41 Nr 1 – 2. Senat). Diese teleologisch überladene Normauslegung bzw Normschöpfung zielt ersichtlich auf eine Umgehung der Gesetzesänderung ab, trägt eine zornige Handschrift und dürfte in der praktischen Anwendung mehr Fragen aufwerfen, als sie zu beantworten vorzugeben scheint (vgl zur Frage der Verfassungsmäßigkeit der Neuregelung: Rz 20). Mit *Steiner* (NZS 2002, 113 [118]) kann ein Grund für diese Reaktion des BSG evtl darin gesehen werden, dass „im Kern ... das neue Recht den Richter und dessen Selbstverständnis als neutrale Instanz mit gleicher Distanz zu den Verfahrensbeteiligten" kränkt. „Der Richter will nicht ‚Verwaltungshelfer' sein, Es ist nicht Aufgabe des Gerichts, für die zukünftige Einhaltung des Rechts zu sorgen. Eine zusätzliche Einschränkung der Heilungsmöglichkeit kann mit Rücksicht auf die Gewaltenteilung nur durch den Gesetzgeber erfolgen (vgl *Schmidt-Danwitz* aaO § 41 Rz 31).

18   Wenn die Beh vor Erlass des VA die Anhörung versäumt hatte, so vertrat die **Rspr insb vor Änderung des Abs 2** zT die Auffassung, es genüge, wenn der Betroffene im WsprVerf die **Möglichkeit der Äußerung** hatte, so dass eine Heilung regelmäßig mit der Widerspruchseinlegung angenommen wurde (*BSG* SozR 1200 § 34 aF Nr 1, 7; *BSGE* 89, 90; *BVerwGE* 54, 276; 66, 111; *Nehls* NVwZ 1982, 494 [495]). Für die Nachholung der Anhörung – gleichgültig, ob vor oder nach Klageerhebung – ist jedoch zu verlangen, dass der Verwaltungsträger dem Betroffenen die entscheidungserheblichen Tatsachen unterbreitet, dieser sie als solche erkennen und sich zu ihnen sachgerecht äußern kann („Grds der substanziellen Anhörung": *BSGE* 69, 247; 87, 122; 89, 111; *BVerwGE* 75, 214; *Wolff/Bachof/Stober* VerwR II § 60 Rz 73). **Entscheidungserheblich** sind dabei alle Tatsachen, auf die die Beh den Verfügungssatz gestützt hat oder auf den es nach ihrer materiellrechtlichen Ansicht objektiv ankommt (*BSGE* 69, 247 ff im Anschluss an *BSG* SozR 1300 § 24 Nr 6; *BSG* Breith 1999, 1086; *BSG* SGb 1999, 517; *BSG* SozSich 1999, 379; vgl auch *ThürLSG* Breith 2000, 474). Die **bloße Einlegung des Widerspruchs** heilt deshalb den Anhörungsmangel noch nicht (*BSGE* 89, 111, *Schütze* aaO § 41 Rz 7; krit auch *Hufen* NJW 1982, 2160 [2166]; *Wolff/Bachof/Stober* VerwR II § 60 Rz 88: „Akzeptabel ist allenfalls eine fallbezogene Betrachtungsweise"). Die Anhörung ist im **Widerspruchsverfahren** idR dann schon nachgeholt worden, wenn der Bescheid selbst alle wesentlichen Tatsachen enthält, zu denen der Betroffene dann im Vorverfahren Stellung nehmen kann (*BSG* SGb 1995, 405 m Anm Wagner; anders: *BSGE* 89, 111). Unter bestimmten Voraussetzung kann die fehlerhafte Anhörung durch die Gewährung von **Akteneinsicht** geheilt werden (*LSG Brem* Breith 1999, 252). Bei **Ermessensentscheidungen** muss nicht notwendig die **Ausgangsbehörde**, sondern kann auch die Widerspruchsbehörde die Anhörung nachholen (wie hier *Sachs* aaO § 45 Rz 77; aA *Schütze* aaO § 41 Rz 7 im Anschluss an *BVerwGE* 66, 184).

Das Anhörungsrecht ist nicht verzichtbar, deshalb kommt es nicht darauf an, ob sich der Betr – ggf nach entsprechendem gerichtlichen Hinweis – auf diesen Verfahresnmangel beruft (aA *Sachs* aaO § 41 Rz 91; *LSG Nds-Brem* Urt v 26.4.2006 – L 4 KR 55/02).

Wendet sich der VA gegen mehrere Personen, sind alle Betroffenen anzuhören. Ist die Anhörung unterblieben, kann der Fehler nur durch die Anhörung der Person geheilt werden, deren Anhörung gesetzeswidrig unterblieben ist. Bei Bescheiden an die Mitglieder einer **Bedarfsgemeinschaft** nach § 7 Abs 3 SGB II ist zu beachten, dass die gesetzliche Vermutung, dass die Mitglieder einander vertreten, nach § 38 Abs 1 SGB II nur für die Beantragung und Entgegennahme von Leistungen oder die Vornahme vergleichbarer im Grundsatz für die Betroffenen günstiger Handlungen gilt (*BSG* SozR 4-1300 § 24 Nr 6).

2.4. Nachträglicher Ausschussbeschluss (Nr 4)

Nach Abs 1 Nr 4 ist die **unterlassene Mitwirkung eines Ausschusses** unbeachtlich, wenn sie nachgeholt wird (BT-Drucks 7/910, 65: eine Aufhebung wäre ein „zu starrer Formalismus"). Damit ist ein Fall des § 40 **Abs 3 Nr 3** gemeint, obwohl die Normfassungen verschieden sind (*Schneider-Danwitz* aaO § 41 Rz 32). Abs 1 Nr 4 ist auch dann („erst Recht") anwendbar, wenn zwar ein Beschluss ergangen ist, dieser aber aus formellen Gründen (falsche Besetzung, Beschlussunfähigkeit) **fehlerhaft**, dh nicht wirksam zustande gekommen ist (*Schütze* aaO § 41 Rz 18). Eine Nachholung nach Abs 1 Nr 4 kommt nicht in Betracht, wenn der Ausschuss den erforderlichen positiven Beschluss ausdrücklich abgelehnt hat. Die Bestimmung hat im SVRecht eher **geringe Bedeutung** (Bsp § 36 a Abs 1 Nr 2 SGB IV).

2.5. Nachträgliche Mitwirkung einer anderen Beh (Nr 5)

Nach Abs 1 Nr 5 ist die unterlassene Mitwirkung einer anderen als die den VA erlassenden Beh unbeachtlich, wenn sie nachgeholt wird (*OVG Saarl* DÖV 1990, 154: gilt auch für mehrstufige BehBeteiligungen). Es ist ein Fall des § 40 Abs 3 Nr 4 gemeint, obwohl auch hier der Wortlaut beider Regelungen voneinander abweicht. Mit dieser Regelung werden **mehrstufige VA** erfasst (Bsp § 145 Abs 1 Satz 2 SGB III). Wird die Mitwirkung einer Beh nachgeholt, so bedeutet dies nicht, dass auch materiellrechtliche Beschränkungen gegenstandslos werden. Abs 1 Nr 5 gilt insbesondere dann nicht, wenn nach materiellem Recht eine vorherige Mitwirkung erforderlich ist oder ein VA einer anderen Beh Voraussetzung für den Erlass des Bescheids eines Sozialleistungsträgers ist. Abs 1 Nr 5 gilt auch nicht für eine ausschließlich nach innerdienstlicher Anordnung vorgeschriebenen Beteiligung einer anderen Beh, da ihr Fehlen keinen Einfluss auf die Rechtmäßigkeit des VA hat (*Schütze* aaO § 41 Rz 18). Die Mitwirkung kann in verschiedenen Formen erfolgen, wie zB: Einvernehmen, Zustimmung oder Anhörung (*Littmann* aaO § 41 Rz 21).

2.6. Nachträgliche Hinzuziehung eines Beteiligten (Nr 6)

21 Nach Nr 6 ist die unterlassene Hinzuziehung eines Beteiligten unbeachtlich, wenn sie nachgeholt wird, was idR bedeutet, das Verfahren unter Beteiligung des Betroffenen zu wiederholen (*BSGE* 55, 160; 81, 276; *Thieme* in Wannagat SGB X § 12 Rz 12). Wer Beteiligter iS des Abs 1 Nr 6 ist, ergibt sich aus § 12 Abs 2 (vgl § 12 Rz 18). Nr 6 gilt für beide in § 12 Abs 2 geregelten Fälle, dh auch dann, wenn eine Beteiligung ermessensfehlerhaft unterblieben ist (*Littmann* aaO § 41 Rz 22; unklar *Schütze* aaO § 41 Rz 18; aA: *Marschner* in Pickel/Marschner SGB X § 41 Rz 25: Nr 6 gilt nur für den Fall der notwendigen Hinzuziehung nach § 12 Abs 2 Satz 2). Aus Nr 6 iVm Abs 2 folgt, dass eine Beiladung im Gerichtsverfahren eine unterbliebene Beteiligung nicht heilen kann (*BSGE* 55, 160; § 12 Rz 18). Ist die **Anhörung** gem § 12 Abs 3 unterblieben, führt dies nur zur Aufhebung des VA, wenn eine Wiederholung des Verfahrens beantragt wird, so dass hier ein Verzicht auf die Anhörung in Betracht kommt (*BSGE* 55, 160; § 12 Rz 19).

3. Ausschlussfristen (Abs 2)

22 Die zur Heilung führenden Handlungen nach **Abs 1 Nr 1** sind zeitlich unbegrenzt möglich (vgl auch *BSGE* 76, 149; aA *Schneider-Danwitz* aaO § 41 Rz 42: Redaktionsversehen, vgl die insoweit anderslautende Regelung in § 45 Abs 2 VwVfG) und die nach den **Abs 1 Nr 2-6** durften nach **aF** nur bis zum Abschluss eines Vorverfahrens (§§ 78 SGG) oder, wenn ein Vorverfahren nicht stattfindet, nur bis zur Erhebung der Klage nachgeholt werden (*Felix* NZS 2001, 341 [342]; eingehend auch zu den prozessualen Folgen: *Blüggel* SGb 2001, 294 [298 ff]). Mit der durch **Art 10 Nr 4 des 4. Euro- EinführungsG** v 21.12.2000 (BGBl I 1977) mWz **1.1.2001** vorgenommenen Änderung des Abs 2 können die Handlungen nach Abs 1 Nr 2-6 bis zum **Abschluss der letzten Tatsacheninstanz eines gerichtliche Verfahrens.** Der früher anders lautende § 45 Abs 2 VwVfG ist insoweit inzwischen durch G v 21.8.2011(BGBl I 3322) der Regelung im SGB X angepasst worden. Die letzte Tatsacheninstanz ist idR das LSG und bei Sprungrevisionen des SG (*Schütze* aaO § 41 Rz 19). In (konsequenter) Umsetzung dieser erweiterten Heilungsmöglichkeiten hat der GGeber – ebenfalls mWz 1.1.2001 – **§ 114 Abs 2 SGG** um den Satz ergänzt: „Auf Antrag kann das Gericht die Verhandlung zur Heilung von Verfahrens- und Formfehlern aussetzen, soweit dies im Sinne der Verfahrenskonzentration sachdienlich ist" (Art 21 des 4. Euro-EinführungsG; vgl auch §§ 87 Abs 1 Satz 2 Nr 7, 94 Satz 2 VwGO; *BSG* SozR 3-2600 § 243 Nr 9: „funktionale Einheit"; vgl zur Kritik an dieser Regelung: *Tschentscher* in Demel (Hrsg), Funktionen und Kontrolle der Verwaltung 2000, 165 [174]; zurückhaltender: *Steiner* aaO 118: „Vielleicht liegt in Wirklichkeit eine Art verfassungsrechtliche Obdachlosigkeit der Einwände vor"). Die Heilung kann somit nicht durch das Gericht erfolgen; es reicht zB nicht, den zu Unrecht im VerwVerf nicht hinzugezogene Bet im Ge-

richtsVerf beizuladen (*Steinwedel* in KassKomm § 41 Rz 26). Die Heilungs-
und Nachbesserungsmöglichkeiten der Beh wird auch durch die Möglichkeit
der Zurückverweisung vom Gericht an die Beh (§ 131 Abs 5 SGG) erweitert,
wenn diese Ermittlungen unterlässt (dazu *BSG* SozR 4-4200 § 60 Nr 3).

Mit diesen Änderungen sollte verhindert werden, dass ein im materiellen Ergeb-   **23**
nis „richtiger" VA aufgehoben werden muss, dann aber (erneut) erlassen und –
uU – nochmals der gerichtlichen Rechtsprüfung unterworfen wird (vgl BR-
Drucks 30/96, 26). Die Änderung dient vor diesem Hintergrund der beschleu-
nigten Bereinigung eines Rechtsstreits und der **Vermeidung von mehrfachen gerichtlichen Auseinandersetzungen in derselben Sache** (BR-Drucks 30/96, 27).
Damit sollte „keine ungerechtfertigte Privilegierung fehlerhaften Behördenhan-
delns geschaffen werden (werden). Wenn der Kläger wegen einer gem § 41 Abs
2 nachgeholten Handlung die Hauptsache für erledigt erklärt, sind die Kosten
des Rechtsstreits in der Regel der beklagten Behörde aufzuerlegen (§ 161 Abs 2
VwGO, § 193 SGG)" (BR-Drucks 531/00, 147). Nach zutreffender Ansicht ist
§ 41 Abs 2 auch auf Verwaltungsverfahren **anzuwenden**, die bereits vor dem
1.1.2001 mit Erlass des Widerspruchsbescheids beendet und sodann zur gerichtliche Überprüfung gestellt wurden (*Blüggel* SGb 2001, 294 [297]; *LSG
Nds-Brem* Urt v 26.4.2006 – L 4 KR 55/02: § 41 nF ist nach seiner Zielsetzung
jedenfalls auch auf Bescheide anwendbar, die zwar bis zum 1.1.2001 ergangen,
aber noch nicht bestandskräftig gewesen sind; anders aber ohne nähere Auseinandersetzung *BSGE* 87, 8; 87, 122).

Diese Änderung wird im Schrifttum kritisiert, weil die erweiterten Heilungs-   **24**
möglichkeiten für Verfahrens- und Formfehler die praktische Relevanz des Verfahrensrechts und damit dessen grundrechtsschützende Funktion schwächt (vgl
Felix NZS 2001, 341 [342]; *Steiner* NSZ 2002, 113). Außerdem sei die Änderung wegen § 96 SGG nicht im Interesse einer Verfahrensbeschleunigung erforderlich gewesen (*Felix* aaO, 345 f; *Steiner* aaO 116; hierzu auch *BSGE* 75, 159;
Bonnermann SGb 1996, 7). Aus der Sicht der Verwaltungspraxis dürfte diese
Betrachtungsweise, die zT die Verfassungswidrigkeit der Regelung annimmt,
freilich **überzeichnet** sein (zurückhaltend auch: *Krumsiek/Frenzen* DÖV 1995,
1013 [1025]; *Schütze* aaO § 41 Rz 9; vgl auch: *Steiner* aaO 117: „nachvollzieh-
bares grundgesetzliches Unbehagen, kein verfassungsrechtlich tödliches Krank-
heitsbild"), denn zum einen sind die **Verfahrensrechte heute weitgehend gelebte
Praxis**, zum anderen wissen die Rechtsanwender in den Beh inzwischen sehr
gut, dass Verstöße gegen Verfahrensrechte, insb die Anhörung, **Rechtsbehelfe
provozieren**, die zusätzlichen, vermeidbaren Verwaltungsaufwand bedeuten.
Nicht zuletzt ist idR die Beachtung von Verfahrensregelungen erforderlich, um
auch in der Sache eine rechtmäßige Entscheidung zu treffen bzw sich deren
Richtigkeit zu versichern. *Kopp/Ramsauer* (§ 45 Rz 35: nicht verfassungswidrig) weisen für § 45 Abs 2 ferner zutreffend darauf hin, dass die Neufassung
der **Rechtslage vor Erlass des VwVfG** entsprach und der Zweitbescheid ebenfalls eine Verfahrensmöglichkeit zuließ, die iE der Verlängerung der Heilungs-
frist entspricht (vgl auch *Bonk* NVwZ 1997, 320 [324]; *Sachs* aaO § 45 Rz
112 ff).

4. Wiedereinsetzung in den vorigen Stand (Abs 3)

Fehlt einem VA die erforderliche Begründung oder ist die erforderliche Anhö-   **25**
rung eines Beteiligten vor Erlass des VA unterblieben und dadurch die rechtzeitige Anfechtung des VA versäumt worden, gilt die Versäumung der Rechtsbehelfsfrist als nicht verschuldet und das für die Wiedereinsetzungsfrist maßge-

bende Ereignis tritt im Zeitpunkt der Nachholung der unterlassenen Verfahrenshandlung ein (Abs 3). Diese Regelung bezieht sich auf die **Wiedereinsetzung in den vorigen Stand im Widerspruchsverfahren**. Abs 3 findet auf die Klagefristen nach § 87 SGG, § 74 VwGO keine Anwendung, da dort die § 67 Abs 1 SGG, § 60 VwGO gelten (*Marschner* aaO § 41 Rz 41; *Schneider-Danwitz* aaO § 41 Rz 45; aA *Schütze* aaO § 41 Rz 25). Die Wiedereinsetzung ist möglich, wenn jemand ohne Verschulden verhindert war, eine gesetzliche Verfahrensfrist einzuhalten. Unterbleibt die Begründung oder Anhörung und wird deshalb die Rechtsbehelfsfrist nicht eingehalten, so begründet Abs 3 die **unwiderlegliche Fiktion** eines fehlendes Verschuldens (*Marschner* aaO § 41 Rz 41). Bei rechtsanwaltlicher Vertretung greift diese Vermutung ebenfalls (vgl *Kopp/Ramsauer* aaO § 45 Rz 49; *Sachs* aaO § 45 Rz 17).

26   Problematisch sind indes die **Anforderungen an die Kausalität** zwischen unterlassener Anhörung bzw Begründung des VA einerseits und der versäumten rechtzeitigen Anfechtung des VA andererseits. Dass es einen Einfluss gibt, ist zwar ohne weiteres nachvollziehbar, aber dieser darf auch nicht überschätzt werden, zumal das Gesetz selbst Ausnahmen von der Begründungspflicht vorsieht (vgl zB § 35 Abs 2 Nr 2 und 3). Einer wirklich gewollten Anfechtung dürften die genannten Verfahrensfehler daher nicht wirklich entgegenstehen (*Allesch* NVwZ 2003, 444 [445]). Da auf einen Nachweis der Kausalität nicht verzichtet worden ist, müssen besondere Umstände hinzukommen, um eine Wiedereinsetzung rechtfertigen zu können. Überwiegend wird dabei **kein strenger Maßstab** angelegt (vgl *Sachs* aaO § 45 Rz 17; *Kopp/Ramsauer* aaO § 45 Rz 50), so dass es ausreicht, wenn die Nachholung von Anhörung oder Begründung die Frage der Rechtmäßigkeit des VA „aus Sicht eines obj Dritten in einem neuen Licht" erscheinen lässt (vgl *Schäfer* in Obermayer VwVfG § 45 Rz 83; *Allesch* NVwZ 2003, 444 [445]). Die Kausalität ist also bereits dann zu bejahen, wenn sich bei früherer Begründung oder Anhörung die Bedenken des Betroffenen gegen die Rechtmäßigkeit des VA erhöht hätten. Die Kausalität ist zu verneinen, wenn die Fristversäumnis auf anderen Gründen beruhte. Der Beginn der Wiedereinsetzungsfrist kann aber auch bei anderweitiger Kenntnis des Betr von dem VA nicht auf einen Zeitpunkt vor der nachgeholten Anhörung verlegt werden (Verstoß gegen Art 19 Abs 4 GG, *BVerfG* NVwZ 2001, 1392; krit *Allesch* NVwZ 2003, 444).

27   Die **Wiedereinsetzungsfrist** beginnt mit dem Nachholen der unterlassenen Verfahrenshandlung (Abs 3 Satz 2). Der Betroffene muss die **Voraussetzungen des Abs 3**, insbesondere die Kausalität zwischen unterlassener Anhörung oder Begründung und versäumter Rechtsbehelfsfrist, **glaubhaft machen**. Der Antrag auf Wiedereinsetzung in die Widerspruchsfrist und die Erhebung des Rechtsbehelfs müssen innerhalb von 2 Wochen nach Heilung des Verfahrensfehlers durch den Sozialleistungsträger erfolgen. Für weitere Einzelheiten vgl die Kommentierung von § 27.

§ 42   Folgen von Verfahrens- und Formfehlern

[1]Die Aufhebung eines Verwaltungsaktes, der nicht nach § 40 nichtig ist, kann nicht allein deshalb beansprucht werden, weil er unter Verletzung von Vorschriften über das Verfahren, die Form oder die örtliche Zuständigkeit zustande gekommen ist, wenn offensichtlich ist, dass die Verletzung die Entscheidung in der Sache nicht beeinflusst hat. [2]Satz 1 gilt nicht, wenn die erforderliche Anhörung unterblieben oder nicht wirksam nachgeholt ist.

Literatur:

Felix: Die Relativierung von Verfahrensrechten im Sozialverwaltungsverfahren, NZS 2001, 341; *Guckelberger*: Anhörungsfehler bei Verwaltungsakten, JuS 2011, 577; *Roßnagel*: Verfahrensfehler ohne Sanktionen, JuS 1994, 927.

1. Allgemeines

§ 42 ergänzt die Regelung des § 41 und befasst sich ebenfalls mit den **Folgen der formellen Rechtswidrigkeit von VA**. § 42 ist allerdings in noch stärkerem Maße von der Einsicht bestimmt, dass Form- und Verfahrensregelungen „dienende Funktion" (vgl BT-Drucks 7/910 65; *BVerfGE* 83, 111; *BSGE* 115, 87; *Bonk* NVwZ 1997, 320 [322]; *Wolff/Bachof/Stober* VerwR II § 49 Rz 51; *Hufen* DVBl 1988, 69 [70] spricht von einer „simplifizierenden Beschwörungsformel") haben und die **inhaltliche Richtigkeit** des VA im Vordergrund steht (vgl auch § 41 Rz 1). § 42 soll verhindern, dass in den dort genannten Fällen formeller Mängel ein VA allein wegen eines Verfahrensfehlers aufgehoben werden muss, obwohl er mit demselben materiellrechtlichen Inhalt neu erlassen werden müsste („dolo agit, qui petit, quod statim redditurus est"; vgl *Martensen* DÖV 1995, 538 [544]; *Schütze* in von Wulffen/Schütze SGB X § 42 Rz 1; vgl *BSGE* 42, 268); insoweit ist § 42 Ausdruck des allgemeinen Grds der **Unzulässigkeit rechtsmissbräuchlicher Geltendmachung von Rechten** (§ 242 BGB; vgl BT-Drucks 13/1445, 7). § 42 ist aber kein allgemeiner Rechtsgedanke zu entnehmen, wonach VerfFehler den VA dann nicht rechtsfehlerhaft machen, wenn ausgeschlossen werden kann, dass sie die Entscheidung der Behörde hätten beeinflussen können (*Steinwedel* in KassKomm § 42 Rz 11; aA *BVerwGE* 86, 244, 252). Die Regelung betrifft allerdings allein den **Aufhebungsanspruch**, denn die Rechtswidrigkeit des VA, die sich aus dem nicht geheilten Verstoss gegen Verfahrens- und Formvorschriften zwingend ergibt, bleibt unberührt (*Felix* NZS 2001, 341 [342]; *Kopp/Ramsauer* VwVfG § 46 Rz 1; *Sachs* in Stelkens/Bonk/Sachs VwVfG § 46 Rz 1; *Ule/Laubinger* VerwVerfR § 58 Rz 25). § 42 dient mithin der **Verfahrensökonomie** (BT-Drucks 7/910, 66 zu § 46 VwVfG; vgl auch *BVerwGE* 61, 49; 65, 290; 90, 33; *Kopp/Ramsauer* aaO § 46 Rz 4). Eine Ausnahme gilt allerdings für die unterlassene **Anhörung** (Satz 2) der als Emanation des rechtlichen Gehörs höheres Gewicht beigemessen wird (Rz 12).

§ 42 Satz 1 entspricht **§ 46 VwVfG**; § 42 Satz 2 findet im allg Verwaltungsverfahrensrecht kein Vorbild. Die Regelung ist umstritten: Sie berge die **Gefahr**, dass die Verwaltung sich veranlasst sehen könnte, **Verfahrens- und Formvorschriften unbeachtet zu lassen**, da sie keine Sanktionen befürchten müsse. Das widerspreche gerade dem Prinzip der „dienenden" Verwaltung und sei schließlich mit einem rechtstaatlichen und grundrechtlichen Anforderungen entsprechendem VerwVerf nicht vereinbar (*Wolff/Bachof/Stober* VerwR II § 49 Rz 52; krit auch: *Hatje* DÖV 1997, 477 [480]; *Hufen* JuS 1999, 313 [318 f]; *Schnapp/Cordewener* JuS 1999, 147 [149]). Diese Einwände betreffen erst recht die Änderung des § 42 durch **Art 10 Nr 5 des 4. Euro-Einführungsgesetzes** v 21.12.2000 (BGBl I 1983): Während die Aufhebung eines verfahrens- oder formfehlerhaft zustandegekommenen VA bisher nur dann ausgeschlossen war, wenn keine andere Entscheidung in der Sache hätte getroffen werden können, gilt dies seit 1.1.2001 dann, wenn „offensichtlich" ist, dass die Verletzung die Entscheidung in der Sache nicht beeinflusst hat" (krit: *Felix* NZS 2001, 341 [343 ff]; vgl auch die Nachw bei § 41 Rz 21; *Wolff/Bachof/Stober* VerwR II § 49 Rz 54 sehen in dem Erfordernis einer „offensichtlichen Nichtbeeinflussung" sogar eine Verbesserung gegenüber dem alten Rechtszustand). IE ist die – urspr den Vorschriften über die Kontrolle im Revisionsverfahren nachgebildete – Bestimmung ebenso wenig verfassungswidrig wie § 41 (vgl § 41 Rz 23 f).

2. Unbeachtliche Fehler (Satz 1)

3 Nach **Satz 1** kann die Aufhebung eines VA, der nicht nach § 40 nichtig ist, nicht allein deshalb beansprucht werden, weil er unter Verletzung von Vorschriften über das Verfahren, die Form oder die örtliche Zuständigkeit zustande gekommen ist, wenn offensichtlich ist, dass die Verletzung die Entscheidung in der Sache nicht beeinflusst hat.

2.1. Grundsätzliches

4 § 42 erfasst einerseits nur solche Fehler, die nicht zur **Nichtigkeit** des VA (§ 40) führen, denn nichtige VA sind unwirksam (vgl § 39 Abs 3; es besteht ein Anspruch auf Feststellung der Nichtigkeit nach § 40 Abs 5) und bezieht sich andererseits allein auf VA, die **nicht (auch) materiellrechtlich fehlerhaft** sind (vgl *Sachs* aaO § 46 Rz 38; *Ule/Laubinger* aaO § 58 Rz 21). Die inhaltliche Fehlerhaftigkeit kann unabhängig von Form- bzw Verfahrensfehlern bestehen (Bsp: Die Begründung fehlt und eine Anspruchsvoraussetzung wurde zu Unrecht verneint), mit dem formellen Fehler zusammenhängen (Bsp: Bei Mitwirkung einer dritten Beh wäre erkannt worden, dass eine andere Entscheidung hätte getroffen werden müssen) oder aber mit dem Formverstoß identisch sein (Bsp: Der Antrag ist auch materielle Anspruchsvoraussetzung). In allen Fällen kann die Aufhebung des VA verlangt werden, denn es fehlt an der regelungsbegrenzenden **ausschließlichen Rückführbarkeit der Rechtswidrigkeit auf die genannten Form- und Verfahrensfehler** („allein deshalb"; vgl auch *BVerwGE* 90, 32; *VGH Kassel* NVwZ-RR 1994, 344). Erforderlich ist, dass der VA – den Fehler nach § 42 hinweggedacht – im Übrigen rechtmäßig ist (vgl *LSG NRW* GesR 2006, 456). Weist ein VA neben einem unbeachtlichen (einen) beachtliche(n) formelle(n) Fehler auf, kommt § 42 ebenfalls nicht zum Tragen. Führt der Fehler indes nicht zur Rechtswidrigkeit (zB bei offenbarer Unrichtigkeit nach § 38), so scheidet § 42 ebenfalls aus. Ferner muss ein **wesentlicher Verfahrensmangel** vorliegen, der in Rechte des Betroffenen eingreift, also den Rechtskreis des Betroffenen beeinträchtigt, und nicht nur öffentlichen Interessen dient (*BSGE* 87, 122; *BVerwGE* 29, 283; *Schütze* aaO § 42 Rz 4).

2.2. Fehlerarten

5 Welche Fehler isoliert unbeachtlich sind, kann nicht abstrakt entschieden werden, weil jew zusätzlich festgestellt werden muss, dass sie die Entscheidung in der Sache offensichtlich nicht beeinflusst haben dürfen. Dennoch können grdstl zu den für die Anwendung des § 42 Satz 1 tauglichen Fehlern rechnen:

6 Verstoß gegen die Regelungen über die **örtliche Zuständigkeit** (§ 40 Abs 3 Nr 1). Entscheidet also ein örtlich unzuständiger Sozialleistungsträger (zB: § 130 SGB VI) inhaltlich richtig, besteht kein Aufhebungsanspruch. Gerade bei

Anspruchsleistungen ist in aller Regel offensichtlich, dass die örtliche Unzuständigkeit der entscheidenden Behörde die Entscheidung in der Sache nicht beeinflusst haben kann (vgl *BSGE* 115, 87). Allerdings werden Verstöße gegen die **sachliche Zuständigkeit**, die Verbandszuständigkeit oder der instanziellen Zuständigkeit (zB: WiderspruchsBeh entscheidet erstmals über den Anspruch des Betroffenen: *BSG* Urt v 30.3.2004 – B 4 RA 48/01 R; *dass* SozR 3-1500 § 87 Nr 1) trotz inhaltlicher Richtigkeit, nie als nach § 42 Satz 1 unbeachtlich angesehen („argumentum e contrario"; vgl *BSG* Urt v 18.5.2006 – B 4 RA 40/05 R; *BSG* SGb 1999, 262 m Anm *Meydell*; *Leopold* in Schlegel/Voelzke jurisPK-SGB X § 42 Rz 43; *Kopp/Ramsauer* aaO § 46 Rz 10: nicht analogiefähig); kommt es nicht zur Heilung besteht ein Anspruch auf Aufhebung wegen formeller Rechtswidrigkeit (**Bsp:** Wenn ein Ausschuss, der gem § 368 a Abs 5 RVO – jetzt § 95 Abs 1 S 1 SGB VI – gebildet worden ist, entscheidet, obwohl ihm die geltende Verfahrensordnung diese Entscheidung nicht übertragen hat, ist der Bescheid nach Anfechtung wegen sachlicher Unzuständigkeit aufzuheben, *BSGE* 57, 151 in Abgrenzung zu *BSGE* 42, 268; vgl auch *Tannen* DRV 1988, 498).

Weiterhin können „Verfahrens- und Formfehler" unbeachtlich sein. **Verfahrensfehler** sind Verstöße gegen diejenigen Vorschrifte, die das Verfahren von seiner Eröffnung bis zu seiner abschließenden Entscheidung durch VA (vgl § 8) betreffen(vgl *BSG* SozR 4-2500 § 106 Nr 50). Da die einzelen Verfahrensfehler nicht genannt werden, müssen sie dem Gesetz entnommen werden (vgl *BSG* SozR 4-2500 § 106 Nr 40). Anhaltspunkte geben zum einen die **§ 40 Abs 1, 3** und **§ 41 Abs 1**, da Unbeachtlichkeit nur bestehen kann, wenn der VA nicht bereits nichtig ist und der Verfahrensmangel nicht schon geheilt wurde. Danach sind sachlich richtige VA ua nicht aufzuheben, wenn – bei gebundenen VA – die **Begründung** fehlt (*BSGE* 68, 228), die Mitwirkung einer Beh unterblieb, ein Antrag nicht gestellt wurde oder **Akteneinsicht** zu Unrecht verwehrt worden ist (*LSG NRW* GesR 2006, 456). Darüber hinaus können § 42 grdstl die **ungenügende Sachaufklärung** (vgl *BSGE* 81, 259; 87, 132; *BSG* Breith 2002, 651; *BSG* SGb 2002, 558; *LSG BW* SGb 1996, 330 zur Abgrenzung zwischen Begründung und Sachaufklärung), Verstöße gegen allg Erfahrungs- und Denkgesetze zugeordnet werden (*Kopp/Ramsauer* aaO § 46 Rz 16 ff). **Weitere Verfahrensvorschriften**, deren Verletzung nicht zur Aufhebung führt, sind im SGB X: §§ 2, 9-23, 33, 35 (*Schütze* aaO § 42 Rz 4). Mängel bei der Bekanntgabe (§ 37) sind in diesem Zusammenhang kaum von Bedeutung, da es ohne die Bekanntgabe bereits an einem wirksamen VA fehlt.

7

Unbeachtlichkeit kann schließlich auch bei der **Verletzung von Vorschriften über die Form** eintreten. Denkbar ist hier die Verletzung der Schriftform (vgl *GmS OGB* SozR 1500 § 164 Nr 14). Die Rechtsfolgen einer unterbliebenen oder unrichtigen **Rechtsmittelbelehrung** sind abschließend in § 66 Abs 2 SGG und § 58 VwGO geregelt. Eine entsprechende Anwendung von § 42 Satz 2 ist abzulehnen, wenn ein Antrag auf Sozialleistung ausschließlich aus **verfahrensrechtlichen Gründen** (zB wg Verfristung) ohne weitere Sachprüfung abgelehnt wurde (vgl *Kopp/Ramsauer* aaO § 46 Rz 9).

8

2.3. Offensichtliche Nichtbeeinflussung der Sachentscheidung

Mit der durch das **4. Euro-EinfG** zum 1.1.2001 vorgenommenen **Neufassung von Satz 1** (vgl Rz 2) tritt Unbeachtlichkeit formeller Fehler nur dann ein, wenn „**offensichtlich ist, dass die Verletzung die Entscheidung in der Sache nicht beeinflusst hat.**" Die Neufassung stellt nicht mehr allein auf die rechtliche Gebun-

9

denheit der Sachentscheidung, sondern auf den konkreten Einfluss des Fehlers auf das Ergebnis der Entscheidung ab (tatsächliche statt rechtliche Alternativlosigkeit, *Kopp/Ramsauer* aaO § 46 Rz 2 a). Zunächst hat es den Anschein, als wäre damit für Entscheidungsspielräume der Verw, insb für ErmessensVA, keine Änderung eingetreten, denn wenn schon die alte Regelung, dass keine andere Entscheidung in der Sache hätte getroffen werden können, für die genannten Entscheidungen der Verw nicht galt, so müsste dies für die neue Regelung erst recht gelten, denn es dürfte bei Ermessen, Beurteilungsspielräumen oder Planungsentscheidungen kaum möglich sein festzustellen, dass „offensichtlich" bei formell fehlerfreiem Verfahren die Entscheidung in der Sache „nicht beeinflusst" worden wäre. In der Lit wird deshalb auch die Ansicht vertreten, die Neufassung der Vorschrift bringe **keine Änderung der Rechtslage** (*Hatje* DÖV 1997, 477 [479]; vgl auch *Jäde* UPR 1996, 361 [362]).

10　Das **Problem der Neuregelung** wird aber darin gesehen, das mit Ihr der Anwendungsbereich von Satz 1 erweitert werden sollte und der Gesetzgeber neben gebundenen Entscheidungen **bewusst auch Ermessensentscheidungen mit einbeziehen wollte** (vgl BT-Drucks 13/3995, 8). Solle die Neuregelung nicht leer laufen, so erhebe sich die Frage, ob – bzw in welchen Fallkonstellationen – bei (komplexen) **Ermessensentscheidungen** Fehler überhaupt offensichtlich entscheidungsunerheblich sein könnten. Tatsächlich dürfte gerade nicht offensichtlich sein, wie das Ergebnis ausfällt und die Nichtbeeinflussung nur schwer überprüfbar sein (vgl hierzu auch *Wolff/Bachof/Stober* VerwR II § 49 Rz 54: das Recht auf fehlerfreie Ermessensausübung ist tangiert; *Hatje* DÖV 1997, 477 [479]; zu gemeinschaftsrechtlichen Einwänden: *Classen* Verw 31 [1998] 307 [327 ff]; ob § 42 Satz 1 für Ermessensentscheidungen gilt, wird offen gelassen von *LSG NRW* Urt v 30.11.2005 – L 10 KA 29/05, GesR 2006, 456). Allerdings ist eine **differenzierte Betrachtung** erforderlich (vgl § 41 Rz 12 a f). Die Neuregelung wird **zT für verfassungsrechtlich bedenklich gehalten** (vgl *Kopp/Ramsauer* aaO § 46 Rz 4; *Sachs* in Stelkens/Bonk/Sachs VwVfG § 46 Rz 5; *Wolff/Bachof/Stober* VerwR II § 49 Rz 52; aA *BVerwGE* 70, 147). Das Kriterium der „**Offensichtlichkeit**", dass die Anwendung des § 42 an sich erleichtern und nach Einschätzung des Gesetzgebers im Spannungsfeld von Verfahrensökonomie einerseits und Form- und Verfahrensanforderung andererseits zum Schutz Beteiligter den angemessenen Ausgleich gewährleisten soll (vgl BT-Drucks 13/3995, 8), wird zT wegen seiner **Unbestimmtheit** als kaum hilfreich angesehen (*Felix* NZS 2001, 341 [346] unter Hinweis auf die Auslegungsschwierigkeiten bei demselben Begriff in § 40 Abs 1).

11　Die fomulierten **Bedenken sind nicht überzeugend:** Die Verw selbst müsste – um sich auf § 42 Satz 1 stützen zu können – die Offensichtlichkeit darlegen, dh sie trüge im Falle der Nichterweislichkeit die **obj Beweislast** (vgl *Sachs* aaO § 46 Rz 2). Sozial- und Verwaltungsgerichte können sich zwar nicht mehr auf die Frage der „Alternativlosigkeit" der Entscheidung beschränken, sondern müssen den behördlichen Entscheidungsprozess nachvollziehen, um die Frage einer konkreten Beeinflussung in der Sache beantworten zu können (vgl *Schütze* aaO § 42 Rz 12; *Kopp/Ramsauer* aaO § 46 Rz 4; *Felix* NZS 2001, 341 [346]: „Hypothetische Kausalbetrachtung der Vergangenheit"; instruktiv auch die GBegr zur alten Fassung: BT-Drucks 7/910 § 42 Anl 3, wonach dies gerade vermieden werden sollte); insoweit berührt die Regelung auch die sinnvolle Abgrenzung der Aufgaben der Verwaltung von denen der Gerichtsbarkeit im **modernen gewaltenteiligen Staat** (so *Kopp/Ramsauer* aaO § 46 Rz 2; vgl auch *BSGE* 87, 132). Aber die berechtigterweise vorgetragenen Auslegungs- und Anwendungsschwierigkeiten gehen nur **zulasten der Verw**, die sich auf die Unbeachtlichkeit von Verfahrensfehlern nach § 42 stützen möchte. Insofern ist im Begriff der **Offensichtlichkeit** sehr wohl ein **Sicherungsinstrument** zugunsten der Betroffenen zu sehen und bisher ist nicht erkennbar, dass es in der Praxis nicht „funktioniert". Einer verfassungskonformen Auslegung bedarf es daher (bisher) nicht (so aber: *Bonk* NVwZ 1997, 320 [326]; *Kopp/Ramsauer* aaO § 46 Rz 5; *Sachs* aaO § 46 Rz 8).

Der mWz 1.1.2001 neu eingeführte Begriff der **Offensichtlichkeit** kann – in Anlehnung an die Begriffsprägung im Planungsrecht – dahin verstanden werden, dass die fehlende Ursächlichkeit des Mangels dann offensichtlich ist, wenn sich dies ggf mithilfe **der beizuziehenden Akten obj eindeutig beweisen lässt** und jeder vernünftige Zweifel an einer Beeinflussung ausgeschlossen ist (vgl BRDrucks 422/94, 5; vgl *BVerwGE* 64, 33; *Littmann* in Hauck/Noftz SGB X § 42 Rz 22). Maßgebend ist die Sicht eines **objektiven Dritten** zum Zeitpunkt der Verwaltungsentscheidung. Müsste erst ein Behmitarbeiter als Zeuge vernommen werden, ist der Fehler nicht offensichtlich (*Leopold*, aaO § 42 Rz 55). Die Schwierigkeit der Begriffsausfüllung im vorliegenden Zusammenhang besteht freilich darin, dass eine Nichtbeeinflussung und damit eine **negative Tatsache** bewiesen werden muss. Aber hierin ist gerade die **besondere Sicherung der Betroffenen** (vgl Rz 13) zu sehen, zumal die Beh den Nachweis der zweifelsfreien Bedeutungslosigkeit führen muss. Das ist auch in Fällen, in denen der Verw ein **Ermessens- oder Beurteilungsspielraum** eingeräumt ist, nicht von vornherein ausgeschlossen (so aber *BSG* SozR 4-1300 § 63 Nr 9; dagegen *Schütze* aaO § 42 Rz 12).

2.4. Anspruchsausschluss

Satz 1 enthält – als Verteidigungsmittel der Verw – einen Anspruchsausschluss: Obwohl der VA – formell – **rechtswidrig** ist, kann die Aufhebung nicht beansprucht werden; wurde der formelle Fehler allerdings bereits geheilt (§ 41), so besteht der Aufhebungsanspruch schon deshalb nicht, weil der VA nicht (mehr) rechtswidrig ist. Die **Aufhebung** kommt weder iRah eines Verfahrens nach § 44, noch in Gestalt eines Widerspruchs oder eines Klageverfahrens (Anfechtungsklage bzw kombinierten Anfechtungs- und Leistungsklage; auf eine Verpflichtungsklage ist § 42 ohnehin nicht anwendbar) in Betracht. Die Anfechtungsklage wäre danach unbegründet, nicht unzulässig (*BSG* SGb 1992, 130), bei gegebenem Rechtsschutzinteresse ist aber eine **Feststellungsklage** möglich (*Schütze* aaO § 42 Rz 14). Der Anspruchsausschluss gilt nicht nur gegenüber VA-Adressaten, sondern auch **gegenüber der Beh**. Sie darf von sich aus – in analoger Anwendung des § 42 – einen VA nicht nach den §§ 44 ff ausschließlich wegen eines Formfehlers aufheben, denn § 42 soll auch das Interesse des Betroffenen an einer verfahrensökonomischen Vorgehensweise schützen (vgl *Marschner* in Pickel/Marschner § 42 Rz 4; ebenso: *Schütze* aaO § 42 Rz 2; *Kopp/Ramsauer* VwVfG § 46 Rz 8; *Hofe* SGb 1986, 11 [12]; *Pickel* SGb 1985, 532 [538]; aA *Steinwedel* in KassKomm § 42 SGB X Rz 5; *Littmann* aaO § 42 SGB X Rz 24). Zu einem Anspruchsausschluss kann es schließlich – ohne das es auf § 42 ankäme – auch durch einen **wirksamen Verzicht** auf das Verfahrensrecht (*BSGE* 53, 167: arg a maiore ad minus aus § 46 Abs 1 SGB I; *Kopp/Ramsauer* VwVfG § 46 Rz 12) sowie durch **verspätete Geltendmachung** einer enstprechenden Rüge kommen (vgl *BVerwGE* 90, 292; *Kopp* BayVBl 1994, 107 [109]).

3. Unterbliebene Anhörung (Satz 2)

14 Der in Satz 1 statuierte Grundsatz der Unbeachtlichkeit von Form- und Verfahrensfehlern gilt nach der sozialrechtlichen Sonderregelung in Satz 2 nicht für die unterlassene und nicht wirksam nachgeholte Anhörung („absoluter Verfahrensmangel", vgl § 41 Abs 1 Nr 3 iVm Abs 2; „oder" in Satz 2 stellt ein Redaktionsversehen dar); eine Analogie auf sonstige Fälle (zB unterlassene Akteneinsicht) scheidet aus (*LSG NRW* GesR 2006, 456). In der Anhörung (zu den Voraussetzungen einer Anhörung: § 24 Rz 2 ff) verwirklicht sich der individuelle Anspruch auf **rechtliches Gehör,** ein prozessuales **Grundrecht** (Art 103 Abs 1 GG) und ein rechtsstaatliches Erfordernis (BT-Drucks 8/4022, 82; vgl *BSGE* 87, 122). Es kommt nicht darauf an, ob ohne Anhörung eine andere Entscheidung hätte ergehen können (vgl *BSGE* 108, 289). Der VA ist nach Satz 2 aber nicht bereits deshalb aufzuheben, weil die Verw den Betroffenen nicht zu einem „objektiv erhebl" Umstand angehört hat, den sie selbst nicht für relevant gehalten hat (vgl *Steinwedel* aaO § 42 Rz 16). Ist der VA unter dem Blickwinkel der Rechtsansicht der Verw rechtswidrig, kann der Aufhebungsanspruch im Widerspruchs- oder im Sozialgerichtsverfahren durchgesetzt werden (*BSG* Breith 1997, 464: Die unterlassene Anhörung im Vorverfahren führt nur zur Aufhebung des Widerspruchsbescheids, nicht auch des Ausgangsbescheids; hierzu auch: *LSG Brem* E-LSG SF-043 SGG). Die Aufhebung erfolgt von Amts wegen (*BSG* SozR 1200 § 34 Nr 4; *BSGE* 70, 133), dh nicht nur, wenn der Betroffene unmittelbar nach Kenntnis des Mangels die Aufhebung wegen des Mangels verlangt (*BSGE* 70, 133; *Schütze* aaO § 42 Rz 10; aA *Schur* DAngVers 1988, 446 [449]). Satz 2 dürfte durch die Änderung von § 41 Abs 2 indes an Bedeutung verloren haben (*Felix* NZS 2001, 341 [346]). Satz 2 stellt eine **Ausnahmevorschrift** dar und ist deshalb einer erweiternden Auslegung nicht zugänglich.

§ 43 Umdeutung eines fehlerhaften Verwaltungsaktes

(1) Ein fehlerhafter Verwaltungsakt kann in einen anderen Verwaltungsakt umgedeutet werden, wenn er auf das gleiche Ziel gerichtet ist, von der erlassenden Behörde in der geschehenen Verfahrensweise und Form rechtmäßig hätte erlassen werden können und wenn die Voraussetzungen für dessen Erlass erfüllt sind.

(2) [1]Absatz 1 gilt nicht, wenn der Verwaltungsakt, in den der fehlerhafte Verwaltungsakt umzudeuten wäre, der erkennbaren Absicht der erlassenden Behörde widerspräche oder seine Rechtsfolgen für den Betroffenen ungünstiger wären als die des fehlerhaften Verwaltungsaktes. [2]Eine Umdeutung ist ferner unzulässig, wenn der fehlerhafte Verwaltungsakt nicht zurückgenommen werden dürfte.

(3) Eine Entscheidung, die nur als gesetzlich gebundene Entscheidung ergehen kann, kann nicht in eine Ermessensentscheidung umgedeutet werden.

(4) § 24 ist entsprechend anzuwenden.

Literatur:

Leopold: Die Umdeutung fehlerhafter Verwaltungsakte, Jura 2006, 895; *Windthorst/ Lüdemann:* Die Umdeutung von Verwaltungsakten im Verwaltungsprozeß, NVwZ 1994, 244; *Wirth:* Umdeutung fehlerhafter Verwaltungsakte, 1991.

1. Allgemeines

§ 43 befasst sich – wie auch die §§ 41 und 42 – mit den **Folgen der Rechtswid-** 1
rigkeit eines VA. Ebenso wie bei den vorangegangenen Normen soll auch nach
§ 43 die **Aufhebung** eines rw VA vemieden werden, so dass die Norm der **Ver-**
fahrensökonomie dient (vgl *Wolff/Bachof/Stober* VerwR II § 49 Rz 67; *Sachs* in
Stelkens/Bonk/Sachs VwVfG § 47 Rz 2). Anders als die vorangegangenen Normen betrifft § 43 allerdings nicht nur formelle Mängel, sondern Fehler jeder
Art und gilt auch für **nichtige VA** (vgl *Leopold* in Schlegel/Voelzke jurisPK-
SGB X § 43 Rz 30; *Kopp/Ramsauer* VwVfG § 47 Rz 3). Die Besonderheit der
Regelung liegt darin, dass nicht der Fehler behoben, sondern der im Übrigen
rechtmäßige **VA in seinem Wesen verändert** („umgedeutet") wird, so dass er
nicht mehr fehlerhaft ist (vgl *Brischke* DVBl 2002, 429 [430]: insb bei Zugrundelegung einer anderer Rechtsgrundlage; *Kraft* BayVBl 1995, 519 [521]; *Schen-*
ke VerwArch 1999, 232 [250]; vgl *BVerwG* NVwZ 1993, 976; *BVerwG*
NVwZ 1994, 903). Die **zeitlich unbegrenzt mögliche** Umdeutung führt also dazu, dass dem VA gerade nicht der ursprünglich intendierte Inhalt bewahrt wird,
sondern ein ähnlicher, in dem sich der Fehler nicht auswirkt, dessen gesetzlichen Voraussetzungen gegeben sind und der der von der Beh mit dem fehlerhaften VA verfolgten Regelungsabsicht nahe kommt (BT-Drucks 7/910, 66). Zivil-
rechtliches Vorbild der Umdeutung (Konversion) ist **§ 140 BGB** (BT-Drucks
7/910, 66; vgl *Kopp/Ramsauer* VwVfG § 47 Rz 1: „allg Rechtsgedanke"; *Ule/*
Laubinger VerwR § 60 Rz 1). § 43 entspricht **§ 47 VwVfG**.

§ 43, welcher der Anwendung der §§ **44, 45** vorgeht (BT-Drucks 7/910, 66), re- 2
gelt in **Abs 1** die Voraussetzungen einer zulässigen Umdeutung dem Grunde
nach. **Abs 2** schränkt die Umdeutung ein, wenn der umgedeutete VA der erkennbaren Regelungsabsicht der Beh widerspräche, die Rechtsfolgen für den
Betroffenen ungünstiger wären und eine Rücknahme des VA nicht in Betracht
käme. **Abs 3** erklärt die Umdeutung in einen Ermessens-VA für unzulässig und
in **Abs 4** wird schließlich klargestellt, dass die Umdeutung nur nach vorheriger
Anhörung zulässig ist. Die **Bedeutung der Vorschrift ist gering geblieben**, denn
vor einer Umdeutung steht die **Auslegung** des VA, die sich auf den erklärten
Willen (und nicht das eigentlich Gewollte) bezieht (vgl *Sachs* in Stelkens/Bonk/
Sachs VwVfG § 47 Rz 8; *Pickel* SGb 1985, 532 [539 f]; *Leopold*, Jura 2006,
895; *BSG* SozR 3-1300 § 85 Nr 1). Auch eine **Berichtigung** nach § 38 geht vor
(*Kopp/Ramsauer* aaO § 47 Rz 6; *Schütze* in von Wulffen/Schütze SGB X § 43
Rz 3); neben einer Umdeutung kommt zudem eine Abänderung im Widerspruchsverfahren nach allgemeinen Grundsätzen sowie ein **Nachschieben von**
Gründen (vgl *Brischke* DVBl 2002, 429 [430]; zum Unterschied zwischen Umdeutung und Nachschieben von Gründen: *BVerwGE* 80, 97; *BVerwG* NVwZ
1990, 673; vgl auch *Ule/Laubinger* aaO § 60 Rz 4 ff; vgl zum Nachschieben
von Gründen auch § 35 Rz 8; § 41 Rz 10 ff) in Betracht. § 47 regelt die Umdeutung von VA **abschließend** (*Windhorst/Lüdemann* NVwZ 1994, 244 [245];

Kopp/Ramsauer VwVfG § 47 Rz 5). **Zuständig für die Umdeutung** ist die im Zeitpunkt der Umdeutung für den Ziel-VA zuständige Beh (*Kopp/Ramsauer* VwVfG § 47 Rz 34), sofern die Umdeutung nicht im Widerspruchsverfahren oder im gerichtlichen Verfahren erfolgt.

2. Begriff und Rechtsnatur der Umdeutung

3   Der Begriff der Umdeutung ist weder in § 43 noch sonst im SGB X definiert. Unter Umdeutung wird idR die Modifizierung eines fehlerhaften VA verstanden, indem er als VA mit gleichwertiger Regelung so aufrecht erhalten wird, dass er mit der Rechtsordnung vereinbar ist und von der Beh gewollte worden wäre, wenn sie sich des Fehlers bewusst gewesen wäre (vgl *Ule/Laubinger* aaO § 60 Rz 4). Ändert sich der **Verfügungssatz** nicht, so liegt keine Umdeutung vor, sondern bei gleichbleibender Regelung wird nur die Begründung verändert (vgl *BSG* Breith 2003, 154; *BSG* KrV 2003, 27; *BSGE* 87, 8; *BVerwG* NVwZ 1989, 471; *Brischke* DVBl 2002, 429 [430]: „Eingriff in den Tenor" des Bescheids ist erforderlich; *Kopp/Ramsauer* VwVfG § 47 Rz 7). Eine nähere Begriffsbestimmung ergibt sich insb aus der Abgrenzung zu anderen, im Sozialverwaltungsverfahren zulässigen Korrekturmöglichkeiten. Die Umdeutung darf sich nicht als Korrektur einer **offenbaren Unrichtigkeit** nach § 38 darstellen, denn diese ist gerade auf die Wahrung des authentischen Regelungswillens gerichtet ist und korrigiert deshalb nur den sprachlichen Ausdruck, nicht aber den Inhalt (vgl § 38 Rz 1; *Kopp/Ramsauer* aaO § 47 Rz 7); entsprechendes gilt für das **Nachschieben von Gründen**, das den VA nur „saniert", aber nicht in seinem Wesen ändert (vgl § 41 Rz 10 f). Es handelt sich auch nicht um eine **Heilung** iSv § 41. Das folgt bereits daraus, dass die Heilung auf formelle Fehler beschränkt ist, während die Umdeutung formelle und materielle Fehler gleichermaßen erfasst. Im Übrigen verhalten sich Umdeutung und Heilung **strukturell gerade entgegengesetzt**: Während die Heilung darauf gerichtet ist, den Fehler nachträglich zu beheben, um die Regelung im Übrigen zu erhalten, verändert die Umdeutung die Regelung selbst so, dass der Fehler (gewissermaßen: „in neuer Umgebung") nun nicht mehr als Fehler erscheint.

4   Die Umdeutung ist ein **Realakt, kein VA.** Dies ist freilich ebenso umstritten wie die Frage, ob der Umdeutung überhaupt ein Entscheidungsprozess vorauszugehen hat oder ob § 43 nicht wie im Zivilrecht § 140 BGB lediglich ein gesetzliches Auslegungsgebot darstellt. Der Streit um die Rechtsnatur ist nicht bedeutungslos, denn wäre die Umdeutung selbst ein VA, wäre § 43 Kompetenznorm nur für die Verw. Die Gerichte könnten zur Umdeutung dann jedenfalls nicht nach § 43 befugt sein, sondern höchstens analog § 140 BGB prozessrechtlich zun diesem Ziel gelangen (so noch die Voraufl, vgl auch *BSGE* 80, 267; *Windhorst/Lüdemann* NVwZ 1994, 244 [245]). Die Befürworter einer VA-Qualität der Umdeutung argumentieren vor allem damit, dass die Tatbestandsmerkmale des § 31 bei einer Umdeutung alle erfüllt seien (*Littmann* in Hauck/Noftz, SGB X § 43 Rz 10; *Schütze* aaO § 43 Rz 3; *Marschner* in Pickel/Marschner § 43 Rz 34). Auch stehe dem Gericht keine Kompetenz zur Rechtsgestaltung zu, die Umdeutung durch das Gericht berühre den Grundsatz der Gewaltenteilung (vgl *Littmann* aaO § 43 Rz 14). Dass es für die Aufrechterhaltung eines VA mit anderem Verfügungssatz der Entscheidung durch einen weiteren VA bedarf, liegt allerdings nicht nahe (in diesem Sinne auch *Leopold* aaO § 43 Rz 63). Ebensowenig kann diese Ansicht Satz 4 erklären, wonach § 24 „entsprechend" anwendbar ist. Schließlich wird historisch dagegen argumentiert, nach der Begründung des Gesetzesentwurfs zu § 47 VwVfG habe die damals beste-

hende Rechtslage, nämlich „die in Rspr und Lehre erarbeiteten Grundsätze zur ... Umdeutung fehlerhafter VA" kodifiziert werden sollen (BT-Drucks. 7/910, 66). Bis dahin wurde die Umdeutung aber als **reiner Erkenntnisakt**, also nicht als VA angesehen (*BVerwGE* 48, 83; 73, 300; *Erichsen* AllgVerwR § 38 Rz 43). Hätte der Gesetzgeber davon abweichen wollen, hätte eine eindeutige Regelung der Umdeutung als VA nahe gelegen (*Sachs* aaO § 47 Rz 6). Auch aus Praktikabilitätserwägungen heraus wird im Sinne dieser wohl überwiegenden Meinung argumentiert: Da die Vorschrift im VerwVerf kaum praktische Bedeutung habe, wäre es widersinnig, dass ihr die gesetzl Regelung jede praktische Relevanz (nämlich die für das gerichtliche Verfahren) habe nehmen wollen (*Steinwedel* in KassKomm § 43 SGB X Rz 7).

Nach hM wirkt die Umdeutung auf den Zeitpunkt des Erlasses des VA zurück **5** (vgl *Schütze* aaO § 43 Rz 5; *Littmann* aaO § 43 Rz 33). Der Betroffene kann sich gegen den umgedeuteten VA mit Widerspruch und Klage wenden. Im gerichtlichen Verfahren selbst ist die Umdeutung von ungleich größerer Bedeutung als im VerwVerf; häufig stellt sich erst hier das Bedürfnis für eine Umdeutung heraus. Da mit der Umdeutung kein neuer VA geschaffen wird, verändern behördliche oder gerichtliche Umdeutung auch den Streitgegenstand nicht (*Sachs* aaO § 47 Rz 12). Die Grundsätze des § 43 SGB X sind daher im gerichtlichen Verfahren anwendbar (vgl *BSG* SozR 4-1300 § 47 Nr 1 Rz 29 mwN; ebenso die s. Rpsr des *BVerwG* zu § 47 VwVfG, zB BVerwGE 126, 254; 115, 111).

3. Voraussetzungen der Umdeutung

3.1. Ausgangs-VA

Die Voraussetzungen der Umdeutung beziehen sich einerseits auf den fehlerhaf- **6** ten „Ausgangs-VA" und andererseits auf den „Ziel-VA", zu dem eine Umdeutung zulässig ist. Nach **Abs 1** ist nur ein **fehlerhafter VA** einer Umdeutung zugänglich. Die Umdeutung kann sich mithin ausschließlich auf **VA, WsprBescheide** und **Zusicherungen** (§ 34) beziehen (vgl *Sachs* aaO Rz 64; *VGH BW* NVwZ-RR 1991, 49), mithin nicht auch auf verwaltungsinterne Mitwirkungsrechte (vgl aber auch *BVerwGE* 62, 306: nach allg Rechtsgrundsätzen). Ferner scheidet eine Umdeutung in **andere Handlungsformen der Verwaltung** (Vertrag, Verordnung) aus (*Kopp/Ramsauer* VwVfG § 47 Rz 2; *Sachs* aaO Rz 25). Eine Umdeutung **rechtmäßiger VA** ist nicht möglich (*BSGE* 48, 56; *BVerwGE* 80, 96; 98, 298; *Wirth* Umdeutung fehlerhafter Verwaltungsakte, 1991 162), auch wenn der Ziel-VA zweckmäßiger wäre oder der Regelungsabsicht mehr entsprochen hätte. Das gilt insb für **Ermessens-VA**, die grundsätzlich umgedeutet werden dürfen (argumentum e contrario zu Abs 3). Da es um die Modifizierung eines VA geht, kann der **Betroffene selbst** nicht umdeuten.

Der Begriff „fehlerhafter" VA umfasst **rechtswidrige und nichtige** VA (BT- **7** Drucks 7/910, 66; *Steinwedel* aaO § 43 Rz 11; *Schütze* aaO § 43 Rz 6; aA *Littmann* aaO § 43 Rz 17, der auf die logische Unmöglichkeit hinweist, einen nichtigen VA rückwirkend in Kraft zu setzen). Der Wortlaut enthält aber anders als bei §§ 41, 42 keine Beschränkung auf nur rw VA (zudem findet § 140 BGB auch auf *nichtige* Verträge Anwendung). Im Gegensatz zu §§ 41, 42 ist § 43 auch auf **materiell-rechtliche Fehler** anzuwenden. Dazu zählt auch die praktische Undurchführbarkeit des VA (Unmöglichkeit; vgl *BSG* SozR 2200 § 368 a Nr 5). Allerdings sind die Anforderungen an die Umdeutung bei nichtigen oder nur aufhebbaren VA **unterschiedlich intensiv**. Bei nichtigen begünstigenden VA steht einer Umdeutung weder entgegen, dass die Rechtsfolgen für den Betroffenen ungünstiger sein könnten (Abs 2 Satz 1), denn nichtige VA entfalten keine Rechtswirkungen, noch, dass eine Rücknahme nicht mehr zulässig wäre (Abs 2 Satz 2), denn nichtige VA können nicht zurückgenommen werden.

3.2. Ziel-VA (Abs 1-3)

3.2.1. Zielgleichheit und Erlassvoraussetzungen (Abs 1)

8 Nach Abs 1 darf nur in solche VA umgedeutet werden, die auf das gleiche Ziel gerichtet sind wie der Ausgangs-VA. **Gleiches Ziel** bedeutet nicht Identität der Rechtsfolge, sondern das hinter der Rechtsfolge stehende **Regelungsinteresse** muss einheitlich sein (*BVerwGE* 48, 85; vgl BT-Drucks 7/910, 66: gleiche materielle Tragweite; *Kopp/Ramsauer* VwVfG § 47 Rz 13: es müssen dieselben öffentlichen und privaten Interessen verfolgt werden). Dazu müssen die rechtlichen und wirtschaftlichen Auswirkungen des umgedeuteten VA dem mit dem fehlerhaften VA angestrebten Erfolg entsprechen (*Leopold* aaO § 43 Rz 31). Bsp: Ein fehlerhafter Rücknahmebescheid kann in einen Feststellungsbescheid hinsichtlich der Rechtswidrigkeit der Leistung umgedeutet werden, der Grundlage für eine Abschmelzung nach § 48 Abs 3 Satz 1 sein kann (*BSG* SGb 1998, 409). Ein unrichtiger Aufhebungsbescheid gem § 48 kann mangels Vorliegens einer rechtswirksamen Leistungsbewilligung in einen die begehrte Leistung ablehnenden Bescheid umgedeutet werden (*BSG* Urt v 7.7.2005 – B 3 P 12/04 R). Ein Widerruf und eine Aufhebung mit Wirkung für die Zukunft sind auf dasselbe Ziel gerichtet (*BSG* SozR 4-1300 § 47 Nr 1). Weiterhin wird nach Abs 1 vorausgesetzt, dass der VA **im Zeitpunkt des Erlasses des Ausgangs VA** in der geschehenen Verfahrensweise und Form (vgl auch zur Identität in der Zuständigkeit: *Sachs* aaO § 47 Rz 37) rechtmäßig hätte erlassen werden können und die Voraussetzungen für dessen Erlass gegeben waren. Unter „Voraussetzungen" sind die formellen und materiellen Erfordernisse des VA zu verstehen. Wäre zB für den Ziel-VA eine unterbliebene **Anhörung** erforderlich gewesen, so scheidet die Umdeutung aus. Ferner darf es nicht erforderlich sein, dass weitere Voraussetzungen erst noch geprüft werden. Dass die **Begründung des Ausgangs VA** durch den umgedeuteten Inhalt falsch wird, steht der Umdeutung indes nicht entgegen, denn es handelt sich weder um einen formellen, noch um einen materiellen Fehler (vgl § 35 Rz 6, § 41 Rz 10 ff). Ein formloser Rentenablehnungsbescheid kann nicht in einen Rentenherabsetzungsbescheid umgedeutet werden, weil er nicht den bei Entziehung oder Änderung einzuhaltenden Formvorschriften entspricht (vgl *BSGE* 48, 202).

9 Unzulässig ist eine **Fehlerabwägung bzw -gewichtung,** denn ein materiell fehlerhafter VA darf nicht in einen nur noch formell fehlerhaften VA umgedeutet werden. Der VA darf also nicht fehlerhaft bleiben (vgl *BSGE* 107, 255). Eine Ausn besteht insoweit freilich dann, wenn die Form- und Verfahrensfehler nach § 41 nachgeholt werden können oder nach § 42 unbeachtlich wären (vgl *Kopp/Ramsauer* VwVfG § 47 Rz 17). Hiervon abgesehen kommt eine Umdeutung grds nur in Betracht, wenn der **Ziel-VA in jeder Hinsicht fehlerfrei** ist, wobei es unschädlich ist, wenn geringere Verfahrens- und Formanforderungen hätten beachtet werden müssen (**Bsp:** Nur Schriftform anstatt der eingehaltenen Urkundenform; Schriftform statt Mündlichkeit; *Schütze* aaO § 43 Rz 5). Die Rechtmäßigkeitsvoraussetzungen dürfen inzwischen auch nicht weggefallen sein. Daran fehlt es zB, wenn zwischenzeitlich eine andere Beh für den Erlass des umgedeuteten, neuen VA zuständig geworden ist oder es aufgrund einer Besserung oder Verschlechterung des Gesundheitszustands eines bestimmten anderen Hilfsmittels nach § 33 SGB V nicht mehr bedarf.

3.2.2. Absicht der Behörde, Verschlechterungsverbot und Rücknahmemöglichkeit (Abs 2)

Abs 2 enthält weitere **Anforderungen an eine Umdeutung**. Die Gesetzesfassung ("Absatz 1 gilt nicht, ...") bedeutet keinen qualitativen Unterschied zwischen den Anforderungen aus Abs 1 und Abs 2; gleiches gilt dafür, dass die Voraussetzungen in Abs 1 positiv und in Abs 2 negativ formuliert sind. Eine Umdeutung scheidet nach Abs 2 Satz 1 aus, wenn der Ziel-VA der erkennbaren Absicht der erlassenen Beh widerspricht; damit wird die Beh vor **unberechtigten Umdeutungsverlangen** geschützt (*Kopp/Ramsauer* VwVfG § 47 Rz 23). Es ist danach zu fragen, ob die Beh den neuen VA auch dann nicht erlassen hätte, wenn sie die Fehlerhaftigkeit des ursprünglichen VA erkannt hätte. Ist das der Fall, liegt ein Widerspruch zu ihrer erkennbaren Absicht vor (vgl *Leopold* aaO § 43 Rz 42; vgl auch BT-Drucks 7/910, 66).

10

Es kommt es auf den **erkennbaren** Willen der Beh an. Hierbei ist nicht auf den inneren Willen oder subj Auffassungen und Erwartungen abzustellen, sondern darauf, was bei **obj Betrachtungsweise** nach Treu und Glauben festgestellt werden kann (*Kopp/Ramsauer* § 47 Rz 24). Das kann sogar dazu führen, eine Umdeutung auch gegen den subjektiven Willen der Behörde vorgenommen wird (vgl *Littmann* aaO § 43 Rz 23; *Kopp/Ramsauer* aaO § 47 Rz 24). Deshalb ist nicht von einer „**Absichtsidentität**" (im Unterschied zur Zielidentität des Abs 1) auszugehen. Die objektive Absicht der Beh kann sich insb aus der Begründung des VA, aber auch der Anhörung oder den Verfahrensakten ergeben. Auch wenn die Umdeutung durch die Beh selbst vorgenommen wird, so ist zu beachten, dass es auf die Absicht der Beh im Zeitpunkt des Erlasses des fehlerhaften VA ankommt und nicht auf eine evtl erst später gewonnene (bessere) Einsicht.

11

Der umgedeutete VA darf ferner für den VA-Adressaten oder den sonstigen Betroffenen **keine ungünstigeren Rechtsfolgen** zeitigen als der Ausgangs-VA (vgl *BSG* SozR 4-1200 § 66 Nr 3 ; *Erichsen* aaO § 38 Rz 43; *Sachs* aaO § 47 Rz 29 f; vgl auch *OVG NRW* NVwZ 1988, 942). Auch darf es nicht zu einer erstmaligen Belastung bisher nicht betroffener weiterer Personen kommen. Vor diesem Hintergrund ist ein **Rechtsfolgenvergleich** vorzunehmen (vgl *BSG* HVBG-Info 1994, 2711); Verschlechterungen auf tatbestandlicher Seite sind unbeachtlich, wenn sie sich iE nicht auswirken (**Bsp**: Für das zunächst beantragte, im Hilfsmittelverzeichnis vorgesehene Hilfsmittel gem § 33 SGB V fehlt dem Vers eine körperliche Voraussetzungen, zB der Blinde kann den Rollstuhl nicht selbstständig fahren; für das ebenfalls erörterte, tatsächlich auch geeignete Hilfsmittel: Copilot-Therapie-Tandem fehlt es zwar an der Anerkennung im Hilfsmittelverzeichnis, aber die vom BSG entwickelten Kriterien für die Leistungsgewährung trotz fehlender Anerkennung sind erfüllt). Die Rechtsfolgen dürfen weder bei begünstigenden VA (§ 45 Abs 1), noch bei belastenden VA ungünstiger sein (**Bsp**: In einem Beitragshöhenbescheid einer KK ist bei einem freiwillig Vers ein berücksichtigungsfähiger Einkommensbestandteil übersehen worden, der zu höheren Beiträgen führt; der fehlerhafte kann nicht in einen höheren Beitragsbescheid umgedeutet werden; vgl auch: *LSG Nds* Breith 1997, 939), wobei auch mittelbare Folgen zu berücksichtigen sind. Zur Beurteilung der Günstigkeit ist auf **rechtliche oder auch wirtschaftliche Gesichtspunkte** abzustellen (*Steinwedel* aaO § 43 Rz 16; vgl auch: *BSG* Breith 1998, 421; **Bsp**: *BSGE* 45, 271: Ein Pfändungs- und Überweisungsbeschluss kann nicht in ein

12

Verrechnungsersuchen nach § 52 SGB I umgedeutet werden); ideelle Folgen stehen einer Umdeutung nicht entgegen. Möglich ist es aber, einen Abgabenbescheid in einen (hier: Künstersozialabgaben-) Schätzungsbescheid umzudeuten (vgl *BSG* SozR 4-5425 § 24 Nr 17).

13   Eine Umdeutung ist nach **Abs 2 S 2** unzulässig, wenn der fehlerhafte VA nicht zurückgenommen werden dürfte. Damit wird insb auf die §§ 44, 45 Bezug genommen. Eine Rücknahme scheidet nach § 45 aus, wenn sich der Betroffene nach § 45 Abs 2 Satz 3 auf Vertrauensschutz berufen kann oder die Fristen nach § 45 Abs 3 und 4 abgelaufen sind. Damit wird **strukturellen Gemeinsamkeiten** zwischen der Umdeutung und den §§ 44 f (Rz 4) Rechnung getragen und es soll verhindert werden, dass mit der Umdeutung die Voraussetzungen der §§ 44 und 45 umgangen werden. Dh: VA, die nicht mehr zurückgenommen werden können, sind „**umdeutungsfest**". Abs 2 Satz 2 bedeutet eine wesentliche Einschränkung des Anwendungsbereiches des § 43 (*Schütze* aaO § 43 Rz 7) ist aber zugleich überflüssig, da sie im Ergebnis nur die bereits durch Satz 1 2. Alt unzulässige Umdeutung zulasten des Betroffenen weiter einschränkt (*Steinwedel* aaO § 43 Rz 17). Bei nichtigen VA ist die Beh mangels Bestandschutz allerdings nie an einer Umdeutung gehindert.

3.2.3 Umdeutung in ErmessensVA (Abs 3)

14   Nach Abs 3 kann ein AusgangsVA, der sich als gebundene Entscheidung darstellt, nicht in einen **ErmessensVA** umgedeutet werden (*BSG* Urt v 31.1.2006 – B 11 a AL 13/05 R). Diese Regelung hat **klarstellende Funktion**, denn mit dem Begriff der Umdeutung ist notwendig verbunden, dass der Ziel-VA rechtmäßig ist: Ein derart umgedeuteter VA wäre wegen fehlender Ermessensausübung („Ermessensausfall") rechtswidrig (vgl BT-Drucks 7/910, 66; *BVerwGE* 48, 81; zur Ermessensausübung § 35 Abs 1 Satz 3; vgl dort die Komm Rz 7). Im **umgekehrte Fall**, dass ein ErmessensVA in einen gebundenen VA umgedeutet wird, enthält die Begründung zwar überflüssige Ermessenserwägungen, der umgedeutete VA ist deswegen aber nicht rechtswidrig (vgl *BSG* SozR 4-1300 § 47 Nr 1). Ein auf § 48 gestützter Aufhebungsbescheid kann demnach nicht in einen Rücknahmebescheid nach § 45 umgedeutet worden – sofern wegen Änderung des Verfügungssatzes überhaupt ein Umdeutung vorliegen sollte (unter diesem Gesichtspunkt ablehnend: *BSG* SozR 3-1300 § 45 Nr 42; *BSG* Breith 2003, 154: Keine Umdeutung, da Verfügungssatz unverändert; ebenso: BSG KrV 2003, 27) –, denn eine solche Aufhebung ergeht als gebundene Entscheidung, während die Rücknahme nach § 45 im Ermessen der Beh steht, für die Wirksamkeit mithin die Ausübung eines Ermessens voraussetzt (*BSG* SozR 1300 § 43 Nr 1; vgl auch Rz 16). Gleiches gilt für die Umdeutung eines auf § 50 Abs 2 gestützten Erstattungsbescheids in einen Aufhebungs- und Erstattungsbescheid nach §§ 45, 50 Abs 1, da es dann an einer Ermessensentscheidung unter Berücksichtigung der die Rücknahme rechtfertigenden Alternative des § 45 fehlt (vgl *BSG* Kompaß 1995, 302). Ein Ermessenserwägungen enthaltender Bescheid nach § 45 kann jedoch in einen Änderungsbescheid nach § 48 umgedeutet werden, wenn die ursprüngliche Rechtswidrigkeit nicht nachgewiesen werden kann (vgl *BSG* SozR-3 1300 § 48 Nr 25; vgl auch: *BSG* Breith 1995, 988 [994]).

15   Eine andere Beurteilung greift allerdings bei der **Ermessensreduzierung auf Null**, weil dann der ursprünglich entscheidenden Beh kein Ermessen zugestanden hätte (vgl für das Verhältnis von § 45 und § 48: *BSG* ZfS 2002, 329; ebenso: *BSGE* 87, 8, wenn die Rücknahme der Bewilligung von Alhi gem § 152 Abs

2 AFG = § 330 Abs 2 SGB III nicht im Ermessen steht; vgl auch: *BSG* Breith 1993, 853; *HessLSG* E-LSG Ar – 051; *Schütze* aaO § 43 Rz 10). Die Umdeutung einer Ermessensentscheidung in eine andere Ermessensentscheidung ist zulässig, wenn die Ermessenserwägungen für den alten in gleicher Weise auch für den neuen VA gelten (*Kopp/Ramsauer* VwVfG § 47 Rz 30; *Littmann* aaO § 43 Rz 28). **Abs 3 gilt für Entscheidungen mit Beurteilungsspielraum nicht entsprechend** (aA *Kopp/Ramsauer* VwVfG § 47 Rz 30; *Littmann* aaO § 43 Rz 28 unter Berufung auf den Gesetzeszweck). Dagegen spricht bereits der Wortlaut von Abs 3, der – trotzdem die Unterscheidung zwischen Ermessen und Beurteilungsspielraum im allg VerwR bekannt ist – nur die Umdeutung in einer Ermessensentscheidung regelt. Außerdem ist das Ermessen als Rechtsfolgenkonkretisierung vom Beurteilungsspielraum als Tatbestandskonkretisierung rechtssystematisch sehr verschieden. Zwar ist der Beurteilungsspielraum – ebenso wie das Ermessen – nur beschränkt überprüfbar (vgl die Übersicht bei *Maurer* Allg VerwR § 7 Rz 31 ff), eine fehlende Begründung führt zur Rechtswidrigkeit des Bescheids (vgl § 41 Rz 12) und dies ist der Grund für Umdeutungsverbot nach Abs 3, aber es besteht dennoch kein Grund für eine analoge Anwendung von Abs 3. Wie bereits erwähnt, hat Abs 3 nur klarstellende Funktion (Rz 15) und ein **Umdeutungsverbot in VA mit Beurteilungsspielraum ergibt sich bereits aus Abs 1.**

Nach Abs 4 ist § 24 entsprechend anzuwenden, wobei sich die Anhörung auf die Ziele und Voraussetzungen der Umdeutung beziehen muss (*Schütze* aaO § 43 Rz 13). Für die Anwendung von § 24 kommt es – wie bei sonstigen VA auch – darauf an, ob in Rechte des Betroffenen eingegriffen wird (vgl § 24 Rz 5 ff; vgl auch *BSGE* 87, 122). Wenn in diesem davon gesprochen wird, dass die Anhörung **Zulässigkeitsvoraussetzung** für die Umdeutung sei (*Marschner* in Pickel/Marschner SGB X § 43 Rz 37), so ist das missverständlich, denn nicht vor jeder Umdeutung ist – unabhängig von der Frage des Eingriffs – eine Anhörung durchzuführen (wie hier *Steinwedel* aaO § 43 Rz 19; aA *Schütze* aaO § 43 Rz 13; *Littmann* aaO § 43 Rz 31). **16**

Eine andere Beurteilung ergibt sich auch nicht vor dem Hintergrund, dass eine Umdeutung nach **Abs 2** ohnehin nur dann in Frage kommt, wenn die **Rechtsfolgen** des neuen, umgedeuteten VA für den Betroffenen nicht ungünstiger sind. Das darf nicht zu dem Schluss verleiten, dass es bei einer (rechtmäßigen) Umdeutung nie zu einer Anhörung käme und Abs 4 leer liefe. Vielmehr wird mit der Umdeutung eine neue Regelung getroffen, die wiederum in Rechte des Betroffenen eingreifen kann. Dass ggf bereits zum AusgangsVA angehört wurde, bedeutet nicht, dass auf eine Anhörung zum umgedeuteten VA verzichtet werden könnte. **17**

Vorbemerkungen zu den §§ 44 bis 51

1. Allgemeines

Die §§ 44–51 regeln die **Aufhebung von VA.** Der Begriff Aufhebung hat sich als **Oberbegriff für den Widerruf und die Rücknahme** durchgesetzt und liegt auch **1** dem allg Verwaltungsverfahrensrecht zugrunde (vgl bereits *Forsthoff* Lehrbuch des Verwaltungsrechts Bd I, 10. Aufl 1973, 260; vgl auch *BSGE* 87, 8; *Schnapp* in GK SGB X,1 § 48 Rz 14; zur Unterschiedlichkeit der Regelungen in den einzelnen VerwBereichen: *Arndt* Rücknahme und Widerruf von Verwaltungsakten 1998, 17 ff). Der Begriff „Aufhebung" ist im Sozialverwaltungsverfahrensrecht als Oberbegriff nicht glücklich, da er auch in § 48 für den rechtswidrig gewordenen VA verwendet wird.

2   Die §§ 44-51 haben in der **Verwaltungspraxis große Bedeutung.** Das gilt sowohl wegen der Häufigkeit der Aufhebung von VA, als auch wegen der wirtschaftlichen/finanziellen Folgen solcher Entscheidungen, insb für die Betroffenen. Sie haben sich wegen der Vielschichtigkeit der zu regelnden Problematik zu einem sehr **komplexen Regelungssystem** entwickelt. In den §§ 44-51 werden weitgehend **Rechtsgrundsätze** normiert, die im Sozialrecht schon vor Inkrafttreten dieser Vorschriften **richterrechtlich anerkannt** waren. Die Rücknahme- und Widerrufsmöglichkeiten wurden aus Gründen der Übersichtlichkeit in mehreren Vorschriften geregelt (BT-Drucks 8/2034, 33).

3   Das **Regelungssystem** der §§ 44 ff ist von **drei Differenzierungskriterien** geprägt, die in unterschiedlichen Kombinationen vorkommen können. Hierbei handelt es sich um die drei **Begriffspaare:** „rechtmäßig-rechtswidrig", „begünstigend-belastend" sowie schließlich „anfänglich rechtswidrig-nachträglich rechtswidrig" (zur Begriffsentwicklung vgl BT-Drucks 7/910, 67 zu §§ 48, 49 VwVfG). Diese Merkmale der jew Begriffspaare können jew beliebig mit den Merkmalen der anderen Begriffspaare kombiniert werden, so dass insgesamt sechs verschiedene Fallkonstellationen denkbar sind:

Anfänglich rechtswidrig und begünstigend	Nachträglich rechtswidrig und belastend	Rechtmäßig und belastend
Anfänglich rechtswidrig und belastend	Nachträglich rechtswidrig und begünstigend	Rechtsmäßig und begünstigend

Für die Aufhebung anfänglich **rechtswidriger VA** verwendet das G den Begriff der **Rücknahme,** die in den §§ 44, 45 geregelt wird. Bei der Aufhebung **rechtmäßiger VA** in den §§ 46, 47 wird von **Widerruf** gesprochen (diese Begriffsprägungen lassen sich zurückführen auf: *Haueisen* Anm zu BVerwG, Urteil vom 28.6.1957 – IV C 235/56, NJW 1958, 642; vgl auch: *Erichsen* AllgVerwR § 17 Rz 3 ff). Innerhalb beider Gruppen wird weiterhin danach unterschieden, ob sich der Regelungsinhalt des VA für den Betroffenen **begünstigend** (§§ 45, 47) oder „nicht begünstigend", **belastend** (§§ 44, 46), auswirkt. Die Rücknahme bezweckt eine **Korrektur von Fehlern,** also die „Geltungsvernichtung", der Widerruf (und die Aufhebung nach § 48) eine **Anpassung an eine veränderte Sach- oder Rechtslage,** also eine „Geltungsbeendigung" (vgl *Wolff/Bachof/Stober* VerwR II § 51 Rz 18). Die Rücknahme stellt deshalb der Sache nach ein **Wiederaufgreifen eines abgeschlossenen VerwVerf** dar (vgl *Bettermann* Fs Wolff, 1973, 465).

4   Jeder VA ist entweder belastend oder begünstigend. Die Rechtsfigur des „neutralen VA" (*Rüfner* in Wannagat/Eichenhofer SGB X § 44 Rz 21) ist abzulehnen (§ 44 Rz 53), jedenfalls aber den nicht begünstigenden VA zuzurechnen (*Prange* in Schlegel/Voelzke jurisPK-SGB X § 46 Rz 24). Die **anfängliche** Rechtswidrig-

keit bildet den Schwerpunkt der Regelungen (§§ 44-47), während die **nachträg-liche** Rechtswidrigkeit nur in einer Norm thematisiert wird (§ 48). Ist **nicht fest-stellbar**, ob ein VA schon bei Erlass rechtswidrig war oder erst nachträglich rechtswidrig geworden ist, kann eine **Rücknahme in Wahlfeststellung** auf die §§ 44 oder 48 gestützt werden. Es gelten dann die den Betroffenen jew am günstigsten stellenden Einzelregelungen dieser Vorschriften (*Schütze* in von Wulffen/Schütze SGB X § 44 Rz 12).

Bei der Aufhebung von VA wird weiter danach unterschieden, ob die **Aufhe-bung für die Zukunft** (§§ 44 Abs 2 Satz 1, 45 Abs 1; 46 Abs 1, 47 Abs 1; 48 Abs 1, 2) oder aber **für die Vergangenheit** (§§ 45 Abs 1, 47 Abs 2) erfolgen soll. Für die Abgrenzung zwischen Vergangenheit und Zukunft ist der Zeitpunkt der Bekanntgabe des Rücknahmebescheids maßgebend (*BSGE* 61, 189; 80, 186). Wird eine Leistung im Voraus bewilllligt (zB Rente, § 118 SGB VI), ist davon auszugehen, dass die „Zukunftswirkung" des Rücknahmebescheids nicht be-reits mit dem Tag nach der Bekanntgabe beginnt, sondern erst mit dem **Beginn des nächsten Leistungszeitraums** (*BSGE* 65, 185; 80, 186). Für zurückliegende Zeiträume ist es unerheblich, ob die insoweit bewilligten Leistungen schon aus-gezahlt sind (*BSGE* 80, 186).   **5**

§ 48 regelt die Aufhebung von **VA mit Dauerwirkung** wegen nachträglicher, dh nach Erlass des VA eingetretener Änderungen der zugrunde liegenden tatsächli-chen oder rechtlichen Verhältnisse, wobei sowohl rechtmäßige und rechtswidri-ge, als auch begünstigende und belastende VA erfasst werden (zur Abgrenzung von §§ 44, 45 und 48 vgl *Dörr* DAngVers 1988, 452). Ein VA mit Dauerwir-kung liegt dann vor, wenn er sich nicht in einem einmaligen Ge- oder Verbot oder in einer einmaligen Gestaltung der Rechtslage erschöpft, sondern ein auf Dauer berechnetes oder in seinem Bestand vom VA abhängiges Rechtsverhält-nis begründet oder inhaltlich verändert, dh wenn er in rechtlicher Hinsicht über den Zeitpunkt seiner Bekanntgabe hinaus Wirkungen zeitigt (*BSGE* 56, 165; 81, 156; 88, 172; 89, 13; krit zur Rechtsfigur: *Felix* NZS 2003, 385 passim; näher § 48 Rz 16 ff). § 49 regelt die Aufhebung begünstigender VA, die von einem durch den VA belasteten Dritten angefochten werden.   **6**

Teilweise werden diese allg Regelungen wegen § 37 SGB I (vgl *B VerwG* DVBl 1994, 409; *BSG* SozR 3-1300 § 63 Nr 4; krit zu dieser Norm *Schoch* ZfS 1995, 32; *Giese* ZfSH/SGB 1988, 1 [7]) durch **Sonderregelungen** verdrängt oder mo-difiziert (*BSGE* 89, 151: § 119; vgl auch: *BSGE* 59, 211; *BSG* SozR-3 2500 § 85 Nr 2):   **7**

- ■ **SGB I:** § 66 (Entzug der Leistung).
- ■ **SGB II:** § 6 a Abs 7 (Widerruf der Zulassung einer kommunalen Trägers), § 40 (Sonderregelungen für Rücknahme und Widerruf von VA: Abs 1 Ziff 1 verweist auf § 330 SGB III, Abs 2 modifiziert § 50).
- ■ **SGB III:** § 330 (Soderregelungen für Rücknahme und Widerruf von VA), § 422 (Vertrauensschutz bei Leistungen der aktiven Arbeistförderung); §§ 7, 11 Abs 5, 12 Abs 3 **ArGV** (Rücknahme und Widerruf von Arbeitsge-nehmigungen), §§ 4, 5 **AÜG** (Rücknahme und Widerruf von Arbeitnehmer-überlassungserlaubnissen).
- ■ **SGB IV:** § 28 f Abs 2 Satz 5 (Widerruf eines Beitragssummenbescheids).
- ■ **SGB V:** § 8 Abs 2 (Befreiung von der Versicherungspflicht), § 95 Abs 6 Satz 1 (Entziehung der Zulassung), § 95 d Abs 5 (Widerruf der Anstellungs-genehmigung), § 124 Abs 6 (Widerruf der Zulassung von Heilmittelerbrin-gern), § 126 Abs 1 Satz 5 (Widerruf der Zulassung von Hilfsmittelerbrin-gern), § 173 Abs 2 Satz 3 (Widerruf von Satzungsregelungen); § 18 Abs 1

AMG (Rücknahme und Widerruf von Arzneimittelerlaubnissen), § 25 b Abs 5 AMG (Rücknahme bei gegenseitiger Anerkennung), §§ 30, 31 Abs 3, 4 AMG (Rücknahme der Zulassung), § 32 Abs 5 AMG (Rücknahme der Chargenfreigabe), 39 d Abs 5 AMG, 42 a AMG (Rücknahme und Widerruf von Genehmigungen), § 52 a Abs 5 AMG (Rücknahme von Großhandelserlaubnissen), § 64 Abs 3 g AMG, § 4 **ApoG** (Rücknahme und Widerruf der Apothekenerlaubnis), § 9 Abs 4 ApoG (Rücknahme der Pächtererlaubnis), § 11 b ApoG (Rücknahme der Versandhandelerlaubnis), § 14 Abs 2 ApoG (Rücknahme zum Betrieb einer Krankenhausapotheke; vgl auch § 28 a ApoG), §§ 6, 7 **BApO** (Rücknahme und Widerruf der Approbation als Apotheker), § 5 **BÄO** (Rücknahme und Widerruf der ärztl Approbation); die Befugnis zur Korrektur von sachlich-rechnerischen Fehlern in Honrarbescheiden über vertrags(zahn)ärztliche Leistungen ergibt sich aus den auf das SGB V zurückzuführenden **BMV-Ä und EKV-Ä**, deren einschlägige Regelungen als lex specialis § 45 SGB X vorgehen, § 3 **ErgThG** (Rücknahme und Widerruf der Erlaubnis), Art 56 Abs 1, 4 **GRG** (Widerruf der Befreiung von der Krankenversicherungspflicht), § 7 **GesundKostV** (Kosten bei Rücknahme und Widerruf), § 3 **HebG** (Rücknahme und Widerruf der Erlaubnis), § 29 HebG (Widerruf der Niederlassungserlaubnis), § 2 Abs 2 **KrPflG** (Rücknahme und Widerruf der Erlaubnis zur Führung einer Berufsbezeichnung), § 7 Abs 1 **KSVG** (Widerruf der Befreiung von der Versicherungspflicht), § 27 Abs 1 a KSVG (Rücknahme des Abgabenbescheids), § 4 Abs 2 **KVLG 1989** (Widerruf der Befreiung von der Versicherungspflicht), § 59 Abs 1 **KVLG 1989** (Widerruf von Befreiungen), § 3 Abs 1, 2 **PsychThG** (Widerruf der Approbation Psychotherapeuten), § 4 **ZHG** (Rücknahme und Widerruf der Approbation von Zahnärzten).

- **SGB VI**: § 101 Abs 3 Satz 3 a (Anwendbarkeit von § 48 nach Entscheidung des Familiengerichts über Versorgungsausgleich), § 149 Abs 5 Satz 2 (Aufhebung von Kontenklärungsbescheiden), § 307 b (Anpassungen von Bestandsrenten aus dem beitrittsgebiet), § 309 Abs 1, 1 a (Rentenneufeststellung); § 34 Abs 3, 5 **ALG** (Rücknahme und Entzug von Beitragszuschüssen), § 76 Abs 4 ALG (Beitragserstattungen), § 118 ALG (Beitragsentlastungen), § 18 Abs 1 Satz 2 **FELG** (Rücknahme von VA bei der Alterssicherung der Landwirte), § 14 b **AAÜG** (Bescheide zur Überführung von Ansprüchen oder Anwartschaften aus Versorgungssystemen des Beitrittsgebiets). Art 11 **AAÜG-2. ÄndG**, §§ 8 Abs 1, 9, 10 **AltZertG** (Zertifizierung von Altersvorsorgeverträgen), Art 38 **RÜG** (Überprüfung von Feststellungsbescheiden nach der Versicherungsunterlagen-Verordnung und dem Fremdrentenrecht), § 8 Abs 4 **EntschRG** (Entziehung von Entschädigungsrenten). Die verfahrensrechtl Vorschriften (§§ 72-79) der **1. Renten-VO-DDR** sind ab 1.1.1991 durch die Regelungen des SGB X abgelöst worden (*Kahl* SGb 1991, 23 passim; vgl zu den zahlreichen Sondervorschriften zur Neufeststellung und Umwandlung von Renten *Dörr* DAngVers 1992, 239 passim).
- **SGB VII**: § 47 Abs 1 a (Rücknahme von Verletztengeld) §§ 73 Abs 3, 74 Abs 1 Satz 1 (Änderungen bei der Feststellung der Erwerbsfähigkeit), § 101 Abs 2 (Entzug der Leistung) § 125 Abs 4 (Widerruf der Übernahme eines Unternehmens in die Zuständigkeit der Unfallkasse des Bundes) § 168 Abs 2 (Aufhebung von Beitragsbescheiden).
- **SGB VIII**: § 44 Abs 3 Satz 2 (Rücknahme und Widerruf der Erlaubnis zur Vollzeitpflege), § 45 Abs 7 (Rücknahme und Widerruf der Erlaubnis zum Betrieb einer Einrichtung); § 4 Abs 3 AdVermiG (Widerruf der Anerkennung als Vermittlungsstelle).

■ **SGB IX**: § 116 Abs 2 Satz 2 (Widerruf der Gleichstellung), § 117 (Entziehung der Leistung).

■ **SGB X**: § 32 Abs 2 Nr 3 (Widerrufsvorbehalt), § 34 Abs 2 (Rücknahme und Widerruf einer Zusicherung), vgl auch § 43 Abs 2 (Umdeutung scheidet aus, wenn eine Rücknahme nicht möglich wäre).

■ **SGB XI**: § 22 Abs 2 Satz 3 (Widerruf einer Befreiung von der Versicherungspflicht), § 37 Abs 6 (Entzug von Pflegegeld); Art 42 Abs 2 **PflegeVG** (Widerruf der Befreiung von der Versicherungspflicht).

■ **Sonstige Regelungen**: § 20 **BAföG** (Rückzahlungspflicht), § 53 BAföG (Änderung des Bescheids), § 7 Abs 2 **BEG** (Entzug von Entschädigungsleistungen), §§ 183, 200 Abs 1, 201 Abs 1, 202, 203, 204, 205 Abs 1, 212 BEG, § 11 Abs 4 **BKGG** (Rücknahme von Kindergeld- und Kinderzuschlagbewilligungen), § 14 BKGG (Entzug von Kindergeld- und Kinderzuschlagbewilligungen), § 60 Abs 4 **BVG** (Leistungsentzug), § 64 f Abs 3 BVG (Entzug und Minderung einer Leistung), § 5 Abs 3 **FÖJFG** (Rücknahme der Trägerzulassung), § 48 **IFSG** (Rücknahme und Widerruf der Erlaubnis für Tätigkeiten mit Krankheitserregern), § 61 Satz 3 IFSG (Rücknahme einer Gesundheitsschadensanerkennung), § 77 IFSG (Rücknahme und Widerruf einer Erlaubnis für das Arbeiten mit Krankheitserregern), § 48 **VfG-KOV** (Rückzahlung einer Kapitalabfindung), §§ 3 Abs 5, 18 **VwRehaG** (Rücknahme einer Anerkennung einer Gesundheitsstörung als Folge einer Schädigung), §§ 29, 30 und § 34 **WoGG**.

Besonderheiten für die Aufhebung von VA der ehemaligen DDR: Rz 25.

Die Differenzierung zwischen **anfänglicher** und **nachträglicher Rechtswidrigkeit** **8** in den §§ 44 ff ist zu unterscheiden vom Zeitpunkt der Rechtmäßigkeitsbeurteilung im **gerichtlichen Verfahren**: Hierbei handelt es sich allerdings nicht um eine Frage des Prozessrechts, sondern des materiellen Rechts (*BVerwG* NVwZ 1991, 360; *Meyer-Ladewig* SGG § 54 Rz 32). Wurde eine Sozialleistung abgelehnt, so ist für die Beurteilung der Rechtmäßigkeit bei **einmaligen Leistungen** iRah einer Leistungsklage grds auf den **Zeitpunkt der letzten mündlichen Verhandlung** abzustellen – auch, wenn der Antragstellung materiellrechtliche Wirkungen zukommt (vgl *BSGE* 41, 38; 43, 5; *Merten* in Hauck/Noftz SGB X § 44 Rz 45; *Kelle*r in Meyer-Ladewig/Keller/Leitherer SGG § 54 Rz 34).

Bei **Dauerleistungen** ist grds ebenfalls auf den Zeitpunkt der letzten mündlichen **9** Verhandlung abzustellen und die Leistung ggf ab Eintritt der Änderung zwischen Erlass und gerichtlicher Entscheidung zuzuerkennen. Ändert sich seit Erlass des ablehnenden VA die einschlägige Rechtslage, so kann die Rechtswidrigkeit entweder entfallen oder neu entstehen (*BVerwGE* 13, 28; 18, 168; *BSG* SozR 1300 § 44 Nr 31). Wendet sich der Betroffene gegen einen belastenden VA, so beurteilt sich die Rechtmäßigkeit iRah der Anfechtungslage grds nach der Sach- und Rechtslage im Zeitpunkt seines Erlasses (*BSGE* 43, 5; 51, 147; *BSG* SozR 3-1500 § 54 Nr 18; vgl zu den Ausn: *Keller* aaO § 54 Rz 33 a).

Abhilfe- oder Widerspruchsbescheide können ebenfalls nach den §§ 44 ff aufge- **10** hoben werden (Rz 17; *Heilemann* SGb 1995, 240 [241]; vgl auch *Kopp/Ramsauer* VwVfG § 48 Rz 6) und gem § 34 Abs 2 finden die §§ 44 ff auf die **Zusicherung** entsprechend Anwendung. **Einstweilige (vorläufige) Regelungen** (vgl hierzu § 31 Rz 6, 61) müssen – nach Erlass der endgültigen Regelung – allerdings nicht aufgehoben oder zurückgenommen werden, da sie ohne Weiteres ihre Wirksamkeit verlieren (*BSGE* 55, 287; *BSG* SozR 3-1300 § 32 Nr 4). Die §§ 44 ff können nicht auf einseitige öffentl-rechtl Verwaltungshandlungen, **die keine VA-Qualität besitzen,** analog angewendet werden (aA *Kopp/Ramsauer*

VwVfG § 48 Rz 23; *Kluth* NVwZ 1990, 608 [612]); eine Ausn gilt auch nicht dann, wenn es sich um mit VA vergleichbare vertrauensbegründende sonstige einseitige Handlungen aufgrund öffentlichen Rechts im Über-/Unterordnungsverhältnis handelt (aA *HmbOVG* NVwZ 1988, 73; *OVG Lüneburg* NVwZ 1986, 780: Analoge Anwendbarkeit von § 48 VwVfG für Verzichtserklärung einer Beh).

2. Durchbrechungen der Bindungswirkung

11 Das **Regelungssystem der** §§ 44 ff setzt voraus, dass VA auch dann wirksam und zu beachten sind, wenn sie sich als rechtswidrig erweisen, es sei denn, der Fehler führt zur Nichtigkeit des VA (§§ 39 Abs 3, 40). Ein rechtswidriger VA kann daher nur durch einen ausdrücklichen **actus contrarius** beseitigt werden. Das gilt auch, soweit **Nebenbestimmungen** des Bescheids aufgehoben werden sollen (*BSG* SozR 5750 Art 2 § 51 a Nr 30; *BSG* SozR 5755 Art 2 § 1 Nr 3), zB eine Bedingung (*LSG BW* SGb 1986, 286), da sie ebenfalls Bindungswirkungen entfalten (zur isolierten Anfechtungs von Nebenbestimmungen § 32 Rz 30 f).

12 Die §§ 44 ff gelten **ab Bekanntgabe**, dem Wirksamwerden des VA. Solange die Rechtsbehelfsfristen noch laufen, gehen für den Betroffenen die Regelungen über das Widerspruchs- oder Klageverfahren idR vor (vgl *Steinwedel* in KassKomm SGB X § 44 Rz 7; *Kopp/Ramsauer* VwVfG § 48 Rz 35). Die Beh kann selbst im **Widerspruchs- und Klageverfahren** einen VA zum Nachteil des Betroffenen nur nach Maßgabe der §§ 44 ff verändern und in Rechtspositionen eingreifen, denn im Widerspruchsverfahren darf derjenige, der den VA anficht, nicht schlechter gestellt werden, als er stünde, wenn er die Entscheidung der Beh hingenommen hätte, sog **Verbot der reformatio in peius** (*BSG* SozR 4-5520 § 19 Nr 3; *BSG* SozR 4-2500 § 106 Nr 37; *Frohn* SozVers 1992, 281 [281 f]; *Dörr* SozVers 1992, 169 [169 f]; *Knipping* SozVers 1993, 175 [177]); für das **Klageverfahren** gilt wegen des durch den gestellten **Antrag** begrenzten Überprüfungsauftrags iE dasselbe (vgl *BSGE* 81, 50). Allerdings wiegt bei einem formell noch nicht bestandskräftigen VA der **Vertrauensschutz** geringer, als bei dem bestandskräftigen VA. Ist der VA dagegen nicht (wirksam) **bekanntgegeben** worden, so wird er rechtlich nicht existent (§ 39 Rz 10) und ist daher einer Aufhebung gar nicht zugänglich.

13 Darüber hinaus schränken die Aufhebungsbestimmungen die **materielle Bestandskraft und die Bindungswirkung** ein, da sie auch für VA gelten, die bereits unanfechtbar und bestandskräftig geworden sind (zur Bestandskraft vgl § 39 Rz 2 ff). Nach § 77 SGG wird der unanfechtbar gewordene VA für die Beteiligten zwar bindend, aber nur soweit, als durch das G nichts anderes bestimmt ist. Eine anderweitige, gesetzliche Regelung iS des § 77 SGG stellen die §§ 44 ff dar. In dieser **Durchbrechung der Bindungswirkung** liegt die Bedeutung, aber auch Problematik der §§ 44 ff begründet (vgl *Schnapp* SGb 1993, 1 [2]).

14 Praktische Relevanz kommt insoweit insb der **Rücknahme begünstigender VA** zu. Während in der Rspr lange Zeit die Ansicht vorherrschte, dass rechtswidrige VA jederzeit zurückgenommen werden könnten (vgl *Forsthoff* Lehrbuch des Verwaltungsrechts 10. Aufl 1973, 265 Fn 1), die Rechtswidrigkeit mithin den Rücknahmegrund darstellte, kam es **Mitte der 50iger Jahre** zu einem Rechtsprechungswandel in der allg Verwaltungsgerichtsbarkeit (vgl grundlegend: *OVG Bln* DVBl 1957, 503 m Anm Haueisen; *BVerwGE* 5, 312; vgl auch die Übersicht bei *BVerwGE* 48, 87). Die Rücknahme wurde zunehmend im Hinblick auf den **Vertrauensschutz des VA-Adressaten** eingeschränkt (zusammen-

fassend *BVerwG* NVwZ 1989, 143; *Wolff/Bachof/Stober* VerwR II § 51 Rz 2 f).

Die Rücknahme begünstigender VA wird von den beiden kontradiktorischen **15** Grundsätzen **Gesetzesmäßigkeit der Verwaltung** (Art 20 Abs 3 GG) und **Vertrauensschutz des Betroffenen** – letzterer ist grundrechtlich (insb in Art 14 GG) und durch das Rechtsstaatsprinzip gesichert (vgl *Bryde* in v Münch/Kunig GGK I Art 14 Rz 28; *Jarass* in Jarass/Pieroth GGK Art 20 Rz 55; *Maurer* HbdStR III, 252, 255 f; vgl auch *BVerfGE* 59, 128; 74, 152; 80, 153; *BVerwGE* 83, 197; 91, 306) – bestimmt. Während der erste Grundsatz auf die Aufhebung des VA abzielt, ist der zweite auf die Bewahrung des VA gerichtet. In diesem **Spannungsfeld** bewegt sich die Rücknahme begünstigender VA. Im Sinne einer **praktischen Konkordanz** (*BVerfGE* 93, 1; vgl auch *BVerfGE* 81, 278) sind beide Interessen in einen Ausgleich zueinander zu bringen. Ergebnis dieses Interessenausgleichs ist insb § 45 (vgl aber auch § 48): Die Aufhebung rechtswidriger und begünstigender VA ist zulässig, soweit im Einzelfall Gründe des Vertrauensschutzes nicht entgegenstehen (§ 45 Abs 2) und der Rechtssicherheit dienen Fristen (§ 45 Abs 3, 4) eingehalten wurden. Der Gesetzgeber hat damit zwar die **materielle Richtigkeit** des VA vor den Rechtsfrieden wegen Unanfechtbarkeit gestellt (*BSGE* 97, 54; *BSG* NZS 2004, 660). Dennoch gilt für das Sozialrecht, dass der Vertrauensschutz des Betroffenen normativ Vorrang hat gegenüber dem Änderungsinteresse der Beh und zudem § 44 die Möglichkeit bietet, belastende, aber bereits bestandskräftige VA neu überprüfen zu lassen, so dass sich in den §§ 44 ff ein **Maximum an Vertrauensschutz für den Bürger mit einem Minimum an belastender Bestandskraft verbinden** (vgl hierzu *Wolff/ Bachof/Stober* VerwR II § 51 Rz 9). Bei durch VA abgeschlossenen Verfahren ist der Bürger gegen Rechtsverluste nahezu umfassend geschützt: Versäumt er unverschuldet Widerspruchs- oder Rechtsmittelfristen, so wird ihm nach § 67 SGG Wiedereinsetzung gewährt. Lässt er die Fristen – auch verschuldet – verstreichen, so ist ein rechtswidriger Verwaltungsakt ohne Rücksicht auf dessen Bindungswirkung nach § 44 zurückzunehmen (*BSG* SozR 4-1300 § 27 Nr 2).

Die Regelungen über die Rücknahme begünstigender VA erweisen sich als **Mo** **16** **delfall** für die Aufhebung von VA; die Rücknahme begünstigender VA ist zugleich der komplizierteste und schwierigste Fall, da hier die Interessengegensätze voll zum Tragen kommen. Die **Rücknahme belastender VA** ist demgegenüber leichter zu handhaben, da kein Vertrauensschutz, der auf die Bewahrung des VA gerichtet ist, greift und sich somit der Grundsatz der Gesetzmäßigkeit der Verwaltung voll entfalten kann. Der **Widerruf begünstigender VA** ist vor diesem Hintergrund nur unter erhöhten Voraussetzungen möglich, da hier der Vertrauensschutz zum Tragen kommt und die Aufhebung des VA nicht durch die Verpflichtung zur Gesetzmäßigkeit gerechtfertigt werden kann.

3. Die Aufhebungsentscheidung

Die Aufhebung eines VA nach den §§ 44 ff ist selbst ein **VA** (zu den Begriffs- **17** merkmalen des VA: § 31 Rz 16 ff), so dass die **allg Regelungen** über den VA (§§ 31 ff) zur Anwendung kommen (vgl *BVerwGE* 90, 43; *Kopp/Ramsauer* VwVfG § 48 Rz 32, 172). Nach den §§ 44 ff kann auch ein **bestandskräftiger Aufhebungsbescheid neu überprüft und aufgehoben werden** (*BSG* SozR 3-4300 § 143 Nr 4; SozR 3-4100 3 101 Nr 10; *BSGE* 58, 49; *BSG* SGb 1986, 157; *BFH* NVwZ-RR 1990, 281; *VGH BW* NVwZ 1992, 184; vgl auch Rz 10). Das ist zB der Fall, wenn ein nach § 48 ergangener VA nach § 44 zurückgenommen wird, weil sich später herausstellt, dass eine wesentliche Änderung gar nicht eingetreten war oder aber die Voraussetzungen für den Vertrauensschutz vorlagen. Die Aufhebung einer Rücknahmeentscheidung führt dazu, dass der ursprgl VA wieder auflebt (vgl *BSGE* 58, 49; *LSG BW* Breith 1995, 428; *Maurer* AllgVerwR § 11 Rz 20).

18 Die Aufhebung ist vom sog **Zweitbescheid** zu unterscheiden, der keine Aufhebung darstellt, bei unveränderter Sach- und Rechtslage ergeht und den Rechtsweg erneut eröffnet (*BVerfGE* 27, 297; *BSGE* 65, 261). Zweitbescheide sind trotz der §§ 44 ff zulässig (vgl § 31 Rz 52; *LSG RhPf* Breith 1986, 633; *Thelen* DAngVers 1985, 363 [364]; krit mit beachtlichen Argumenten: *Steinwedel* aaO § 44 Rz 18). Wird der Zweitbescheid nicht ausdrücklich als solcher bezeichnet, kann er nur dann angenommen werden, wenn weder der Antrag, noch der Bescheid selbst auf die frühere Entscheidung Bezug nehmen. Liegt eine sog **offenbare Unrichtigkeit** vor, so ist eine Korrektur gem § 38 jederzeit möglich und der VA braucht nicht nach den §§ 44 ff aufgehoben zu werden. Bei einer **wiederholenden Verfügung** beruft sich die Beh lediglich auf die vorangegangene Entscheidung, ohne eine neue Entscheidung zu treffen (vgl *BSGE* 102, 1). Mangels eigenständiger Regelung liegt darin kein VA (vgl *BSGE* 104, 207).

19 Im Rahmen der §§ 44 ff kommen die **allg Verfahrens- und Beweislastregelungen** zur Anwendung (*BSG* NZA 2003, 92). Will die Beh einen VA aufheben, trägt sie die **obj Beweislast** für dessen Fehlerhaftigkeit (*BayLSG* Breith 1994, 35) und begehrt ein Betroffener die Aufhebung eines VA, geht ein „non liquet" zu seinen Lasten (*BSGE* 6, 70; *BSG* SozR 5870 § 2 Nr 44). Erschwert der Berechtigte die Tatsachenfeststellung und wirkt nicht in ausreichendem Maße mit, so kehrt sich die Beweislast zwar nicht zu seinen Ungunsten um, doch die **Beweisanforderungen verringern sich** zu seinen Lasten (*BSG* SozR Nr 75 zu § 128 SGG). Die Regelung des § 63 Abs 1 über die **Erstattung von Kosten** des Vorverfahrens (Widerspruchsverfahrens) ist nicht entsprechend auf das Verwaltungsverfahren anzuwenden, das die Rücknahme eines VA betrifft (hM, BVerfGE 35, 295: kein allg Rechtsgedanke; *BSGE* 55, 92; *BVerwGE* 62, 201; 70, 58; 82, 342; *Sachs* aaO § 80 Rz 48; aA zT die Lit: *Kopp/Ramsauer* VwVfG § 80 Rz 15 ff; vgl auch § 63 Rz 3).

4. Die §§ 44 ff und das gerichtliche Verfahren

20 Wie bereits gezeigt, durchbrechen die §§ 44 ff die Bestandskraft von VA (Rz 13). Das führt zu der Frage, in welchem Verhältnis **gerichtliche Entscheidungen** über VA – oder auch andere Formen der Verfahrensbeendigung – zu den Aufhebungsbestimmungen stehen, insb, ob sie auch die **Rechtskraft** überwinden können. Dafür ist zu differenzieren: **Wird ein VA durch Urteil bestätigt,** so steht seiner Aufhebung und einer Neuregelung – auch für die Vergangenheit – die Rechtskraft nicht entgegen (vgl *BSGE* 51, 139; *BSG* SozR 2200 § 1268 Nr 29; *BSG* SGb 2015, 35; vgl auch *BVerwGE* 70, 110; *Heilemann* SGb 1995, 240 [241]; *Kopp/Ramsauer* VwVfG § 48 Rz 35; *Steinwedel* aaO § 44 SGB X Rz 7; aA wohl *BVerfG* NVwZ 1989, 141; *Schnapp* in GK SGB X 1 § 44 Rz 20, *Martens* NVwZ 1985, 158 [159]). **Wenn das Gericht dann über die Aufhebung des zuvor bestätigten VA zu entscheiden hat,** so ist es zunächst durch frühere Urteile über den aufzuhebenden Bescheid nicht gebunden (*BSG* SozR 3900 § 40 VwVfG Nr 1, 3, 15; *BVerwG* JuS 1985, 488 m zust Anm *Sachs*). Allerdings hat es bei der erneuten Prüfung die Rechtmäßigkeit des ursprünglichen VA zu beachten, die gem. § 141 Abs 1 SGG bindend festgestellt wurde (vgl *Mey* SGb 2012, 198 [201]).

Wird der Aufhebungsbescheid allerdings iRah einer (isolierten) **Anfechtungs-** **21**
klage aufgehoben, so dass die (aufgehobene) Bewilligung wieder auflebt (Rz
17), steht einem **erneuten Aufhebungsbescheid** (sog wiederholender VA) die
Rechtskraft des Urteils entgegen. Denn es ist mit dem *BVerwG* davon auszugehen, dass die „unterlegene Beh bei unveränderter Sach- und Rechtslage gegen
denselben Betroffenen nicht einen neuen VA aus den vom Gericht missbilligten
Gründen erlassen" darf (*BVerwGE* 140, 22; *BVerwG* NVwZ 1993, 672; *Kopp/*
Kopp NVwZ 1994, 1 [1]; *Maurer* JZ 1993, 574 [574 f]; aA noch: *PrOVG* 103,
175; 104, 260). Es gibt insoweit also ein „**VA-Wiederholungsverbot**" (vgl *Det-*
terbeck NVwZ 1994, 35 [35 ff]: *Gotzen*, Das Verwaltungsakt-Wiederholungs-
verbot, 1997). Hat sich aber die Sach- oder Rechtslage verändert, so ist eine
Wiederholung des VA selbstverständlich zulässig. Ist ein VA noch nicht bestandskräftig, so gehen einem Aufhebungsantrag des Betroffenen idR die üblichen Rechtsschutzformen (Widerspruch und Klage) vor.

Hat das Gericht – unter Aufhebung des ablehnenden Bescheids – die Beh **zur**   **22**
Leistung verurteilt, so kann der rechtskräftig gewordene Ausführungsbescheid
nur dann zulasten des Berechtigten abgeändert werden, wenn **das Urteil sitten-**
widrig erlangt worden ist (*BSG* SozR 1500 § 141 Nr 15; *Padé* in Schlegel/Voelz-
ke, jurisPK-SGB X Rz 46; aA *Heilemann* SGb 1995, 240 [241]). Kommt es zu
einer **wesentlichen Änderung iSv** § 48, so steht dem Änderungsbescheid die
Rechtskraft des Urteils nicht entgegen, da sich der Streitgegenstand geändert
hat (vgl *BSGE* 19, 138; ebenso *Heilemann* SGb 1995, 240 [241]). Hat die Beh
einen **Bescheid wegen ursprünglicher Rechtswidrigkeit** (§ 45) **aufgehoben** und
stellt sich im **Gerichtsverfahren** gegen den Aufhebungsbescheid heraus, dass tatsächlich keine anfänglich Rechtswidrigkeit vorlag, sondern eine **nachträgliche**
Änderung der Verhältnisse, der Bescheid also erst rechtwidrig geworden ist,
kann die Aufhebung nur aus § 48 gerechtfertigt werden, wenn die Beh einen
entsprechenden **Bescheid nach** § 48 (unter Aufhebung des Bescheids nach § 45)
erlässt, der gem § 96 **SGG** Gegenstand des Verfahrens wird (vgl zur Frage des
Nachschiebens von Gründen in diesen Fallkonstellationen: § 35 Rz 8; § 41 Rz
10 ff).

Einer (auch rückwirkenden) **Neuregelung** steht nicht entgegen, dass eine Leis-   **23**
tung nach vorangegangenem, ablehnenden Bescheid aufgrund **Anerkenntnisses**
im Klageverfahren (oder durch Abhilfebescheid im Widerspruchsverfahren) gewährt wurde; es ist außerdem gleichgültig, ob der Erstbescheid anlässlich des
Anerkenntnisses aufgehoben wurde oder ein Ausführungsbescheid ergangen ist.
Die Beh kann allerdings ein **angenommenes Anerkenntnis** durch eine spätere,
entgegenstehende Regelung nur in den **Grenzen des** § 45 **Abs 3** beseitigen, da
ein Anerkenntnis mit der Bewilligung durch VA verfahrensrechtlich gleichzustellen ist (vgl *BSG* VersorgB 1984, 95). Die Beh muss sich allerdings nicht darauf verweisen lassen, dass sie das Anerkenntnis im gerichtlichen Verfahren evtl
anfechten könnte.

Eine Aufhebung und Neuregelung ist ferner auch dann grds möglich, wenn die   **24**
aufgehobene Regelung in Form eines **Prozessvergleichs** wirksam geworden oder
aus ihm hervorgegangen ist (*BSG* SozR 4-1300 § 44 Nr 27; *Merten* aaO § 44
Rz 54). Eine andere Beurteilung greift allerdings dann, wenn nach dem Inhalt
des Vergleichs die Aufhebung und Neuregelung gerade ausgeschlossenen ist
(*BSG* SozR 2200 § 1251 Nr 115; aA *Heilemann* SGb 1995, 241 [243]). War
Gegenstand des Vergleichs zB, dass die Leistung nach einer bestimmte Berech-
nungsweise erfolgen sollte, so kann dies nicht nachträglich nach § 45 geändert
werden (*BSG* SozR 1300 § 48 Nr 33). Wurde vergleichsweise die **Entziehung**

einer Leistung geregelt, so kann der Ausführungsbescheid dennoch nach § 44 zurückgenommen werden, wenn im Vergleich nicht ausdrücklich auf den später geltend gemachten Anspruch iS des § 46 SGB I verzichtet wurde (*BSG* SozR 2200 § 1251 Nr 115: Rücknahme nur für die Zukunft möglich; aA *SG Mannheim* Breith 1989, 476; *Zweng* ua HbRV, § 44 Anm 111).

5. Wirksamkeit von VA in der ehemaligen DDR

25   Die **vor dem Wirksamwerden des Beitritts ergangenen VA** der ehemaligen DDR sind nach Art 19 Satz 1 EinigVtr **grds wirksam**. Sie können nach Art 19 Satz 2 EinigVtr nur aufgehoben werden, wenn sie mit rechtsstaatlichen Grundsätzen oder mit den Regelungen des EinigVtr unvereinbar sind; die Regelungen über die Bestandskraft von VA bleiben daneben unberührt (Art 19 Satz 2 EinigVtr). Die Wirksamkeit von VA der Beh der ehem DDR ist danach die Regel, die Möglichkeit der Aufhebung die Ausnahme (sog **Regel-Ausnahme-Verhältnis**, *BSG* SGb 2002, 46; *BSGE* 80, 119). Damit trägt der EinigVtr dem Umstand Rechnung, dass eine vollständige **Aufarbeitung von 40 Jahren DDR-Verwaltungspraxis** anhand der Prüfungsmaßstäbe der nach dem EinigVtr nunmehr auch in den neuen BundesL geltenden RechtsO **unmöglich** wäre. Sie könnte insb an unüberwindlichen Schwierigkeiten der Sachverhaltsaufklärung scheitern und auch zu neuen Ungerechtigkeiten führen (*BSGE* 76, 124; 80, 19).

26   Ob **Art 19 Satz 2** EinigVtr auf Eingriffsakte in bestehende subjektive (vor allem: Menschen-)Rechte zugeschnitten ist, die uU nach Maßgabe von DDR-Vorschriften rechtswidrige Leistungsablehnungen in der SV der ehem DDR erfasst, hat das BSG bisher offen gelassen (*BSG* SozR 3-1300 § 44 Nr 8; *BSGE* 80, 119). Jedenfalls ist Art 19 Satz 2 EinigVtr erkennbar darauf ausgerichtet, nur solchen VA die Weitergeltung zu versagen, die „in **unerträglicher Weise das rechtsstaatliche Rechtsgefühl verletzen würden**" (*BSGE* 80, 119 [121]; vgl hierzu auch: *ThürOVG* DÖV 1994, 964). Im Beitrittsgebiet sind nach Art 8, 19 Satz 3 EinigVtr und Anl I Kap VIII Sachg D Abschn III Nr 2 EinigVtr **die §§ 45 und 48 anwendbar** (vgl auch für die Anwendbarkeit der §§ 48, 49 VwVfG: *VGH BW* VBlBW 1992, 150; *Sachs* in Stelkens/Bonk/Sachs § 48 Rz 267 ff). Hierbei ist die Überprüfung der DDR-VA jedoch nur unter Beachtung des nach Art 19 EinigVtr vorrangigen Bestandsschutzes möglich. Damit wird ein Fehler in der Anwendung des DDR-Rechts ggf **stärker geschützt** als ein Fehler nach dem Recht der Bundesrepublik vor dem Beitritt.

§ 44   Rücknahme eines rechtswidrigen nicht begünstigenden Verwaltungsaktes

(1) [1]Soweit sich im Einzelfall ergibt, dass bei Erlass eines Verwaltungsaktes das Recht unrichtig angewandt oder von einem Sachverhalt ausgegangen worden ist, der sich als unrichtig erweist, und soweit deshalb Sozialleistungen zu Unrecht nicht erbracht oder Beiträge zu Unrecht erhoben worden sind, ist der Verwaltungsakt, auch nachdem er unanfechtbar geworden ist, mit Wirkung für die Vergangenheit zurückzunehmen. [2]Dies gilt nicht, wenn der Verwaltungsakt auf Angaben beruht, die der Betroffene vorsätzlich in wesentlicher Beziehung unrichtig oder unvollständig gemacht hat.

(2) [1]Im Übrigen ist ein rechtswidriger nicht begünstigender Verwaltungsakt, auch nachdem er unanfechtbar geworden ist, ganz oder teilweise mit Wirkung

für die Zukunft zurückzunehmen. ²Er kann auch für die Vergangenheit zurückgenommen werden.

(3) Über die Rücknahme entscheidet nach Unanfechtbarkeit des Verwaltungsaktes die zuständige Behörde; dies gilt auch dann, wenn der zurückzunehmende Verwaltungsakt von einer anderen Behörde erlassen worden ist.

(4) ¹Ist ein Verwaltungsakt mit Wirkung für die Vergangenheit zurückgenommen worden, werden Sozialleistungen nach den Vorschriften der besonderen Teile dieses Gesetzbuches längstens für einen Zeitraum bis zu vier Jahren vor der Rücknahme erbracht. ²Dabei wird der Zeitpunkt der Rücknahme von Beginn des Jahres an gerechnet, in dem der Verwaltungsakt zurückgenommen wird. ³Erfolgt die Rücknahme auf Antrag, tritt bei der Berechnung des Zeitraumes, für den rückwirkend Leistungen zu erbringen sind, anstelle der Rücknahme der Antrag.

Literatur:

Apidopoulos: Die Rückforderung von Sozialzuschlägen – und kein Ende, SGb 1998, 305; *Bogun*: Grundsicherungs- und Sozialhilfeleistungen für vergangene Bedarfszeiträume, info also 2010, 108; *Breitkreuz/Merten*: Die beiden Anwendungsfälle des § 44 Abs. 1 S. 1 SGB X im Lichte rechtsstaatlich gebotener Bestandskraft, SGb 2014, 113; *Dörr*: Rücknahme, Widerruf, Aufhebung oder neue Erstentscheidung, ZfS 1998, 340; *Dörr*: Das Sozialverwaltungsrecht zur Bescheid-Korrektur, NJ 2006, 160; *Dörr*: Sozialhilfe – Ausnahmen von der grundsätzlichen Anwendbarkeit des § 44 SGB 10 – keine Leistungen für die Vergangenheit bei Besonderheiten des Sozialhilferechts, SGb 2010, 610; *Felix*: Der Verwaltungsakt mit Dauerwirkung – eine sinnvolle Kategorie des allgemeinen Verwaltungsrechts, NVwZ 2003, 385; *Fenn*: Vertrauensschutz im Beitragsrecht der gewerblichen Unfallversicherung bei fehlerhaftem Gefahrtarif, NZS 2006, 237; *Frohn*: Zur Eigentumsgrundrechtskonformität der §§ 66 Abs 1 und 2 SGB I sowie 44 Abs 1 S 2, 44 Abs 4 SGB X, SGb 2006, 253; *Gagel*: Weitergehende Möglichkeiten der nachträglichen Leistungserbringung gegenüber § 44 Abs. 4 SGB X im sozialen Entschädigungsrecht, jurisPR-SozR 9/2009 Anm. 2; *Gerlach*: „Gelebt ist gelebt"! – Abschied auf Raten von einem Strukturprinzip der Sozialhilfe? – Zur Anwendung des § 44 Abs. 1 SGB X in der Grundsicherung für Arbeitsuchende und in der Sozialhilfe, ZfF 2008, 193; *Groth*: Anwendung des § 44 Abs. 4 SGB X bei Rückerstattungsansprüchen, jurisPR-SozR 18/2014 Anm. 2; *Grube*: „Keine Hilfe für die Vergangenheit" – im SGB II und SGB XII, Sozialrecht aktuell 2010, 11;*Heilemann*: Rücknahme oder Aufhebung – zur Abgrenzung der Anwendungsbereiche der §§ 44, 45 und 48 Abs 1 SGB X, SGb 1996, 160; *ders*: Die Rücknahme des rechtswidrigen Verwaltungsaktes mit Doppelwirkung nach dem SGB X, SGb 1997, 255; *Hochheim*: § 44 SGB X und das Gegenwärtigkeitsprinzip der Sozialhilfe, NZS 2010, 302; *Jung*: §§ 44, 45, 48 SGB X: Schwierigkeiten bei der Aufhebung bindender Verwaltungsakte, insbesondere im Bereich der gesetzlichen Unfallversicherung, SGb 2002, 1; *Kahl*: Rücknahme und Aufhebung von Verwaltungsakten im Bereich der Sozialversicherung auf dem Gebiet der ehemaligen DDR – zur Anwendung, Systematik und zu Problemen der §§ 44, 45 SGB X unter Berücksichtigung der Bestimmungen im Einigungsvertrag, SGb 1991, 23; *Knoke*: Rechtsfragen der Rücknahme von Verwaltungsakten, 1989; *Kopp*: Zum Verwaltungsakt iS von § 44 Abs 1 Satz 1 SGB X, mit dem Sozialleistungen zu Unrecht nicht erbracht worden sind, SGb 1987, 121; *ders*: Die Ausschlußfrist des § 48 Abs 4 VwVfG nach rechtskräftiger Aufhebung eines Rücknahmebescheids, DVBl 1990, 663; *Löcher*: Die Korrektur von Verwaltungsentscheidungen im Recht der Kriegsopferfürsorge, ZfS 2006, 193; *Münder*: Wünsche der Wissenschaft an die sozialgerichtliche Rechtsprechung zur Sozialhilfe, SGb 2006, 186; *Mutschler*: Aktuelle Probleme zur Überprüfung belastender Verwaltungsakte nach § 44 SGB X, WzS 2009, 193; *Negele*: Aus der Rechtsprechung des Bundessozialgerichts – zur Anwendung des § 44 Abs 4 SGB X, MittlLVAWürtt. 1987, 237; *Pache*: Rechtsfragen der Aufhebung gemeinschaftswidriger nationaler Beihilfebescheide, NVwZ 1994, 318; *Pattar*: Nochmals – Das Ende des Gegenwärtigkeitsprinzips in der Sozialhilfe?, NZS 2010, 7; *Pickel*: Die Rücknahme von Verwaltungsakten nach dem SGB-X, NVwZ 1987, 454; *ders*: Verwaltungsakte mit Dauerwirkung und ihre Aufhebung, SGb 1992, 294; *Rappelt*: Gerichts- und Verwaltungsverfahren im Wandel – 38.

Richterwoche des Bundessozialgerichts, AuB 2006, 339; *Rothkegel*: Ist die Rechtsprechung des Bundesverwaltungsgerichts zur Sozialhilfe durch Hartz IV überholt?, SGb 2006, 74; *Rützel*: Zur Anwendung von § 44 SGB X in der gesetzlichen Rentenversicherung, SozVers 1999, 64; *Schenke*: Widerruf oder Rücknahme rechtswidrig gewordener Verwaltungsakte?, BayVBl 1990, 107; *Schmidt/Schmidt*: Der sozialrechtliche Herstellungsanspruch, Jura 2005, 372; *Schnapp*: Rücknahme von Verwaltungsakten, SGb 1993, 1; *Siebert*: Rücknahme rechtswidriger Verwaltungsakte gemäß §§ 44 und 45 SGB X, SGb 1990, 245; *Sodan*: Rückwirkende Korrekturen vertrags(zahn)ärztlicher Gesamtvergütungsverträge und Honorarbescheide als Rechtsproblem, NZS 2003, 57, 130; *Steinäcker, von*: Rückwirkende Feststellungen der Versorgungsverwaltung im Schwerbehindertenrecht, Behindertenrecht 2006, 98; *Steiner*: Zum Anwendungsbereich der verwaltungsverfahrensrechtlichen Regelungen über die materielle Bestandskraft von Verwaltungsakten (§§ 48, 49 VwVfG), VerwArch 1992, 479; *Steinwedel*: Der Anspruch auf Rücknahme rechtswidriger nicht begünstigender Verwaltungsakte – § 44 SGB X, Festschrift 50 Jahre Bundessozialgericht 2004, 783; *Tannen*: Verhältnis des § 44 SGB X zu § 48 Abs 2 SGB X, DRV 1996, 90; *Tillmann*: Rechtswidrigkeit von Bescheiden im Zuständigkeitsrecht der gewerblichen Berufsgenossenschaften, BG 1997, 366; *Uhle*: Die Bindungswirkung des Widerspruchsbescheides, NVwZ 2003, 811; *Vopel*: Zur Anwendung der „Jahresfrist" nach § 40 Abs. 1 S. 2 SGB II auf Eingriffsbescheide, NZS 2013, 810; *Wenner*: Viele Versicherte haben zu hohe Beiträge gezahlt, SozSich 2005, 62; *Schütze*: Die Aufhebbarkeit von Honorarbescheiden im Vertragsarztrecht, SGb 1997, 150.

1. Allgemeines

1 § 44 steht am Anfang der Normen über die **Aufhebung von VA** und regelt die Aufhebung nicht begünstigender, dh belastender, VA (sog Rücknahme, vgl zu den Begriffen Vor §§ 44–51 Rz 1, 3). Die Voraussetzungen in § 44 sind mit denen des früheren § 40 **KOVVfG** („Zugunstenbescheid") weitgehend identisch (*BSGE* 51, 139); eine vergleichbare Regelung findet sich weder im VwVfG noch in der AO. § 44 ist eine andere Regelung iSv § 77 **SGG**, wonach der VA für die Beteiligten in der Sache bindend wird, wenn der Rechtsbehelf nicht oder erfolglos eingelegt wurde. § 44 ist zum **1.1.1981 in Kraft getreten** (Vor §§ 44–51 Rz 25 ff) und löste die bisher gültigen Rücknahmebestimmungen: §§ **627, 1300 RVO, § 79 AVG und § 93 RKG** ab („Neufeststellung"). § 44 kommt auch dann zur Anwendung, wenn Entscheidungen **vor dem 1.1.1981** erlassen oder bestandskräftig wurden (Art 2 § 40 Abs 2 Satz 2; *BSGE* 54, 223).

2 Von der Rspr wurde der in den §§ 627, 1300 RVO, § 79 AVG und § 93 RKG enthaltene **Rechtsgedanke**, wonach Sozialleistungsträger eine Leistung neu feststellen mussten, wenn sie sich bei erneuter Prüfung davon überzeugten, dass sie die Leistung zu Unrecht ganz oder teilweise abgelehnt, entzogen oder eingestellt hatte, als ein **das gesamte deutsche Sozialrecht beherrschender Wesenszug** angesehen (vgl *BSGE* 36, 120; *Merten* in Hauck/Noftz SGB X § 44 Rz 3). Norm-

zweck des § 44 ist die Verwirklichung der **materiellen Gerechtigkeit** zugunsten des Bürgers (*BSG* HVBG-INFO 2004, 41, *Jung* SGb 2002, 1 [2]; *Steinwedel* in KassKomm § 44 SGB X Rz 2), nicht aber die Wiedereinsetzung in den vorigen Stand bei versäumter Rechtsbehelfsfrist (*BSG* SozR 1300 § 44 Nr 38). Nach dem in § 44 enthaltenen **Restitutionsgedanken** ist der Berechtigte so zu stellen, als hätte die Verwaltung von vornherein richtig entschieden (*BSG* Breith 2000, 507; *BSG* SozR 3-2600 § 300 Nr 10; *BSGE* 62, 143).

In den östlichen Bundesländern sowie in Berlin-Ost gilt § 44 für Angelegenhei-   **3**
ten ua der Rentenversicherung seit dem 1.1.1991 (Anl I Sg D Abschn III Nr 2 EinigVtr; *KreisG Rostock-Stadt* SGb 1992, 373). Eine Überprüfung bindender Bescheide, die von Beh der **ehemaligen DDR** erlassen wurden, ist nach der Überleitung bundesdeutschen Rechts auf das Beitrittsgebiet idR ausgeschlossen (vgl Vorbem §§ 44-51 Rz 28 f; *BSGE* 76, 124; *BSG* SozR 3-1300 § 44 Nr 26 zur Ablehnung der Anerkennung von Arbeitsunfällen). § 44 gilt grds für alle Sozialleistungsbereiche. Sonderregelungen bestehen zB im **Arbeitsförderungs-** **recht** (§ 330 SGB III, § 434 c SGB III, vgl *BSGE* 108, 268), im **Kindergeldrecht** (§ 11 Abs 4 BKGG) im **Bereich der GKV** (§ 25 Abs 3 RSAV, *BSG* 24.1.2003 – B 12 KR 19/02 R), in der Rentenversicherung (§ 160 Abs 3 SGB VI, *BSG* Urt v 9.12.2003 – B 2 U 54/02 R), im Entschädigungsrecht (§ 60 Abs 2 BVG, *BSG* SozR 4-3100 § 60 Nr 4) und in § 119 (BSGE 89, 151).

Bereits aus dem Gesetz selbst (vgl § 40 Abs 1 SGB II) ergibt sich, dass § 44 auf   **4**
das SGB II anwendbar ist (vgl dazu *BSGE* 104, 213). Die Rechtsprechung des BVerwG, das § 44 mit der Begründung nicht anwandte, für die Vergangenheit komme Sozialhilfe nicht in Betracht (*BVerwGE* 58, 68 [69]; 60, 236 [238]; 68, 285 [289]), hat das BSG weder für das SGB II, noch für das SGB XII aufrechter-halten. Entgegen der **Rechtsprechung des BVerwG** existiere, wie auch § 9 Abs 3 AsylblG für den Bereich des AsylblG deutlich mache, kein über § 37 SGB I dem § 44 generell vorgehendes **normatives Strukturprinzip** – „keine Leistungen für die Vergangenheit; Bedarfsdeckungsgrundsatz; Aktualitätsprinzip" (*BSG* SozR 4-1300 § 44 Nr 15 RdNr 19; *BSG BSGE* 104, 213). Aus § 40 SGB II ergibt sich vielmehr, dass der Berechtigte grundsätzlich auch im SGB II so gestellt werden soll, als hätte die Verw von vornherein richtig entschieden. Dem Hilfebedürfti-gen sollen diejenigen Leistungen zukommen, die ihm nach materiellem Recht zugestanden hätten (sog Restitutionsgedanke, vgl *BSGE* 106, 155).

Nach § **44 Abs 4** werden Sozialleistungen allerdings (nur) „nach den Vorschrif-   **5**
ten der besonderen Teile dieses Gesetzbuchs" (längstens für einen Zeitraum bis zu vier Jahren vor der Rücknahme) erbracht, wenn ein VA mit Wirkung für die Vergangenheit zurückgenommen worden ist. Die Worte „nach den Vorschriften der besonderen Teile dieses Gesetzbuchs" lassen nach dem BSG erkennen, dass den **Besonderheiten des jeweiligen Leistungsrechts** Rechnung getragen werden muss (*BSGE* 104, 213; vgl auch *Wahrendorf* in FS Schnapp, 2008, S 577, 580). Im Bereich der Sozialhilfe sei insoweit zu berücksichtigen, dass die Sozialhilfe nur der Behebung einer gegenwärtigen Notlage dient (sog **Gegenwärtigkeits-** **prinzip**) und nicht als nachträgliche Geldleistung ausgestaltet sei (*BVerfG* Breit-h2005, 803, 805; *BVerwGE* 60, 236, 238; 66, 335, 338; 69, 5, 7; 79, 46, 49). Allerdings entnimmt das BSG den gesetzlich vorgesehenen Bewilligungszeiträu-men (§ 41 Abs 1 Satz 4 und 5 SGB II), dass eine Bedarfsdeckung nicht nur we-gen eines gegenwärtigen, sondern auch wegen eines prognostisch zukünftigen Hilfebedarfs im Wege der Bewilligung einer Dauerleistung stattfindet (*BSGE* 106, 155). Im Unterschied zu § 44 Abs 4 begrenzen § 40 Abs 1 Satz 2 SGB II und § 116 a SGB XII den Leistungsanspruch des Betroffenen nach erfolgter

Rücknahme auf ein Jahr (s dazu *Volpel* NZS 2013, 810). Diese Verkürzung diene dem Interessenausgleich und der Entlastung der LTr und der Sozialgerichte (vgl BT-Drucks 17/3404, 129 zu Nr 35 [§ 116a]).

6　Daraus folgt zum einen (*BSG* SozR 4-1300 § 44 Nr 15; *BSGE* 104, 213): Sozialhilfeleistungen sind trotz rechtswidriger Leistungsablehnung nicht nachträglich zu erbringen, wenn diese zB für Bedarfe abgelehnt wurden, die entgegen prognostischer Sicht überhaupt **nicht angefallen** sind, etwa für Einmalleistungen (zB Klassenfahrt nach § 31 Abs 1 Nr 3 SGB XII) oder Mehrbedarfe, bei denen nur die Höhe des Bedarfs, nicht aber der (nachzuweisende) Bedarf als solcher vom Gesetzgeber typisierend unterstellt wird (zB für kostenaufwändige Ernährung nach § 21 Abs 5 SGB II, § 30 Abs 5 SGB XII). Wurden Leistungen zum anderen rechtswidrig abgelehnt und hat der Hilfebedürftige den (nicht entfallenen) Bedarf in der Folgezeit im Wege der **Selbsthilfe** (etwa unter Rückgriff auf Schonvermögen oder durch Aufnahme von Schulden) oder Hilfe Dritter gedeckt, die die fehlende Unterstützung durch den Sozialhilfeträger substituiert, sei zu **unterscheiden**, ob Bedürftigkeit aktuell noch bestehe oder zwischenzeitlich entfallen sei. Besteht Bedürftigkeit iS des SGB XII oder des SGB II ununterbrochen fort, seien Sozialhilfeleistungen im Wege des § 44 Abs 4 (nachträglich) zu erbringen, weil der Sozialhilfeträger bei rechtswidriger Leistungsablehnung nicht dadurch entlastet werden dürfe, dass der Bedarf anderweitig gedeckt wurde. Die Sozialhilfe könne ihren Zweck noch erfüllen, weil an die Stelle des ursprünglichen Bedarfs eine vergleichbare Belastung als Surrogat getreten sei. Wenn die Bedürftigkeit inzwischen allerdings temporär oder auf Dauer entfallen ist, etwa weil der Antragsteller ein entsprechendes Einkommen erzielt oder Vermögen erworben habe, sei die Nachzahlung in der Regel abzulehnen; denn ein sozialhilferechtlicher Bedarf besteht mangels fortbestehender Bedürftigkeit nicht mehr (*BSG* SozR 4-1300 § 44 Nr 15; *BSGE* 104, 213).

7　Für Leistungen nach dem AsylbLG gilt entspreches. Das AsylbLG ist zwar kein Teil des SGB (vgl § 68 SGB I), doch ordnet § 9 Abs 3 AsylbLG die analoge Anwendung ua des § 44 SGB X ausdrücklich an. Auch hier kommt im Rahmen eines Zugunstenverfahrens die nachträgliche Leistungserbringung nur in Betracht, „wenn die Existenzsicherungsleistungen ihre Aufgabe noch erfüllen können" (vgl *BSGE* 114, 20), die Hilfebedürftigkeit also noch ununterbrochen fortbesteht. Entscheidend ist damit auch hier die aktuelle Bedürftigkeit, nicht der frühere Bedarf. Wegen dieses fürsorgebezogenen Gesetzeszwecks ist der Rechtsgedanke des § 116a SGB XII, der die Vierjahresfrist des § 44 Abs 4 auf ein Jahr verkürzt, auch hier anzuwenden (vgl *BSGE* 114, 20; *Birk* in LPK-SGB XII, Vorbem AsylbLG Rz 6; *Groth* in jurisPK-SGB XII, § 9 AsylbLG Rz 34).

8　Liegen die Voraussetzungen der Rücknahme nach § 44 vor, so besteht idR ein **Anspruch auf Rücknahme** (*BSGE* 88, 75; *Merten* aaO § 44 Rz 55). Dieser Anspruch kann bei belastenden VA **einredeweise** geltend gemacht werden (*BSG* SozR 1200 § 14 Nr 18). Die **Rücknahme** kann **auf Antrag** (näher *Steinwedel* aaO § 44 Rz 22) oder **von Amts wegen** durchgeführt werden. § 44 kann als **einfachgesetzlicher Grundrechtsschutz** verstanden werden, denn nach Art 2 Abs 1 GG hat jeder das Recht, von rechtswidrigen Belastungen verschont zu werden (*BVerfGE* 42, 220; 91, 207; *Jarass* in Jarass/Pieroth GG Art 2 Rz 3). Auch im Rahmen der begehrten Überprüfung bestandskräftiger Bescheide nach § 44 ist die Gewährung **einstweiligen Rechtsschutzes** möglich (vgl *LSG BW* Beschl v 11.10.2010 – L 7 AS 4197/10 ER-B). § 44 regelt nur, inwieweit die Beh zur Rücknahme verpflichtet ist; denn die auf die Aufhebung ggf folgende **Neurege-**

lung ist nicht Gegenstand der Norm (Ausn: Abs 4), folgt aber aus der Pflicht zur Gesetzmäßigkeit der Verwaltung (Art 20 Abs 3 GG, § 31 SGB I). Gleichwohl kann § 44 auch das materielle Recht beeinflussen (vgl *BayLSG* Breith 1998, 850: § 1 Abs 1 BVG; § 15 KOVVfG; *SchlHLSG* E-LSG Kr-087; *BSG* Breith 1998, 196: Vorversicherungszeit in der KVdR). Bei ablehnenden Leistungsbescheiden liegt idR ein **Antrag** vor, der – nach der Rücknahme des Bescheids – **nicht** (mehr) **verbraucht** ist und über den dann neu zu entscheiden ist. Eine Umdeutung in einen Antrag nach § 48 kommt nicht in Betracht, da der Altbescheid keine Dauerwirkung entfaltet (*BSGE* 58, 27; 81, 150).

Ein Antrag auf Rücknahme eines bestandskräftigen VA, mit dem die Gewäh- **9** rung einer laufenden Sozialleistung abgelehnt wurde, enthält idR zugleich einen **neuen Antrag auf die laufende Leistung** selbst (§ 16 SGB I), der mit der Ablehnung der Rücknahme ebenfalls abgelehnt wurde (*BSGE* 81, 150). Bei einem unzulässigen Widerspruch ist ggf zu prüfen, ob in ihm ein **Antrag nach § 44** enthalten ist (vgl *BSG* SozR 1500 § 84 Nr 5; *LSG RhPf* SozVers 1987, 222; *Steinwedel* aaO § 44 Rz 22; *Schütze* aaO X § 44 Rz 38). Auf Korrekturentscheidungen **infolge eines Widerspruchs- oder KlageVerf** ist § 44 jedoch nicht anwendbar, wohl aber, wenn die Beh während des Widerspruchs- oder Klage-Verf die angegriffene Entscheidung aufhebt (Vor §§ 44–51 Rz 10). Nur für den **Betroffenen** gehen – wenn die Rechtsbehelfsfristen noch laufen – die Regelungen zum Widerspruchs- und Klageverfahren vor (*Schütze* aaO § 44 Rz 3). Die Ansicht des *HessVGH* (SGb 1995, 72), § 44 solle ein Korrektiv nur für den Fall schaffen, dass der VA **unanfechtbar** geworden ist und die Beh sich dann, wenn die Vorschrift nicht bestünde, auf die Bestandskraft des VA berufen könnte, geht zu weit, da der VA sofort wirksam wird und die Beh dann – anders als der Betroffene – nicht die Möglichkeit von Widerspruch und Klage hat.

Der Tod des Adressaten steht einer **Aufhebung und ggf Neuregelung zugunsten** **10** **der Erben** nicht entgegen (*BSGE* 38, 211; 55, 220; *BSG* SozR 1300 § 44 Nr 15; ebenso *Merten* aaO § 44 Rz 75), denn auch nach dem Tod des Berechtigten ist ein VA zurückzunehmen, wenn zum Zeitpunkt des Todes ein Antrag nach § 44 bereits vorlag bzw von Amts wegen ein Verfahren eingeleitet worden war (§ 59 Satz 2 SGB I). Darüber hinaus kann der **Sonderrechtsnachfolger** iSv § 56 Abs 1 SGB I selbst einen Antrag nach § 44 auf Rücknahme und Neufeststellung zu Unrecht nicht erbrachter Leistungen stellen (*BSG* SozR 4-5910 § 28 Nr 1). § 59 Satz 2 SGB I verlangt zwar insoweit, dass ein VerwVerf „im Zeitpunkt des Todes des Leistungsberechtigten anhängig" sein muss, was beim Verf nach § 44 nicht der Fall ist; aber mit dem BSG ist in einem Antrag auf Durchführung eines Verfahrens nach § 44 die **Fortsetzung des ursprünglichen Leistungsverfahrens** zu sehen (*BSG* SozR 1200 § 59 SGB I Nr 5; *BSG* SozR 1300 § 44 Nr 15; *BSGE* 55, 220; vgl auch *BSGE* 57, 215; *Steinwedel* aaO § 44 Rz 26; zum Verhältnis von § 59 SGB I und § 44 vgl auch *Rathmann* ZfS 1985, 321 ff; *Adami* SozVers 1984, 197 ff).

2. Rücknahme von Leistungs- und Beitragsbescheiden (Abs 1)

Abs 1 befasst sich mit der Rücknahme von Bescheiden, gleichgültig, ob sie be- **11** reits bestandskräftig sind oder Gegenstand einer gerichtlichen Entscheidung waren (*BSG* Breith 1992, 477; *Merten* aaO § 44 Rz 31), wenn Sozialleistungen zu Unrecht nicht erbracht oder Beiträge zu Unrecht erhoben wurden. Die Rücknahme kommt nur dann nicht mehr in Betracht, wenn sich der VA – zB durch Zeitablauf – **erledigt** hat (vgl *BVerwGE* 84, 274; *Kopp/Ramsauer* VwVfG § 48 Rz 19: ggf kann ein „feststellender VA" in Frage kommen; ebenso *BayVGH*

BayVBl 1990, 405). Voraussetzung für die Rücknahme ist nur, dass bei Erlass des VA das Recht unrichtig angewandt oder von einem falschen Sachverhalt ausgegangen wurde (§ 44 Abs 1 Satz 1 ist entsprechend auf die Rückzahlung des zurückgezahlten Sozialzuschlags zu Renten im Beitrittsgebiet anzuwenden: *ThürLSG* E-LSG RA-101; *BSG* NZS 1998, 203). Die **Vertrauensschutzvorschriften** nach den §§ 45, 48 sind iRah von § 44 nicht – auch nicht unter bestimmten Voraussetzungen – zu beachten (aA *ThürLSG* E-LSG RA-101). Auf ein Verschulden der Behörde bei Erlass des aufzuhebenden VA kommt es nicht an (vgl *BSG* SozR 1300 § 48 Nr 32).

12 Der VA ist mit Wirkung für die **Vergangenheit** (ex tunc), also seit Erlass des VA, zurückzunehmen, es sei denn, der VA beruht auf Angaben, die der Betroffene vorsätzlich in wesentlicher Beziehung unrichtig oder unvollständig gemacht hat (**Abs 1 Satz 2**). Die Rücknahme für die Vergangenheit steht nicht im **Ermessen** der Beh. Handelt es sich nicht um einen VA iSv Abs 1, so kommt eine Rücknahme nach **Abs 2** in Betracht, wobei die Rücknahme nur für die Zukunft zwingend ist, für die Vergangenheit aber im Ermessen der Beh steht. Die Rücknahme eines VA ist auch **teilweise** möglich, wenn sich der Fehler auf einen abtrennbaren Teil des VA beschränkt. Soweit es sich um die Rücknahme von **Nebenbestimmungen** handelt, kommt es maßgeblich auf die Teilbarkeit des VA sowie darauf an, ob der Rest-VA rechtmäßig ist (§ 32 Rz 30 ff).

2.1. Sozialleistungen und Beiträge

13 Eine Rücknahme kommt ua dann in Betracht, wenn Sozialleistungen zu Unrecht nicht erbracht wurden (vgl *BSG* Breith 1992, 477). **Sozialleistungen** sind nach der **Legaldefinition in § 11 SGB I** Dienst-, Sach- und Geldleistungen (vgl hierzu näher *Baumeister* in Schlegel/Voelzke, jurisPK-SGB X § 44 Rz 64). Es kommt ausschließlich darauf an, ob eine solche Leistung **in einem SGB** (einschließlich seiner besonderen Teile, § 68 SGB I) **aufgeführt** wird (vgl zB § 23 SGB I für die RV); ob sie unmittelbar der Verwirklichung einer der in §§ 3-10 normierten sozialen Rechte dient, ist dabei unbeachtlich (*BSGE* 56, 1). Zu den **Dienstleistungen** ist zB die Pflege in vollstationären Einrichtungen nach § 43 SGB XI zu rechnen. **Sachleistungen** sind idR Dienstleistungen, bei denen es nicht zu einem leistungsrechtlichen Vertragsverhältnis zwischen Vers und Leistungserbringer kommt (zB Leistungen der GKV); der Gegensatz ist die Kostenerstattung (vgl § 13 Abs 3 SGB V).

14 Zu den **Geldleistungen** gehören Renten aus der GRV, KrG, Alg etc sowie Sozialzuschläge zu Renten im Beitrittsgebiet (*ThürLSG* E-LSG RA-101; *BSG* NZS 1998, 203). Es werden ferner **Zinsen** und **Kosten** erfasst (nicht aber Kosten des Verfahrens iSv § 63) sowie **sozialrechtliche Herstellungsansprüche**. Keine Sozialleistung stellt die **Beitragserstattung** dar (vgl *BSGE* 55, 40; *Lilge* in Lilge SGB I § 11 Rz 11; *Schütze* aaO § 44 Rz 14; aA *BSGE* 56, 1), da sie der Verwirklichung sozialer Rechte dienen. Auf Bescheide zur Rückforderung von Sozialleistungen wird – wenn sie sich als rechtswidrig belastend herausstellen – § 44 Abs 1 analog angewendet (*LSG NRW* Breith 1995, 701). Das **vertragsärztliche Honorar** stellt keine Sozialleistung iSv Abs 1 dar (*BSGE* 89, 62); ggf kommt § 44 Abs 2 in Betracht.

15 Die Feststellung eines **GdB** nach § 69 SGB IX – soweit er Voraussetzung für Steuervorteile und andere nicht zu den Sozialleistungen zählenden Rechtsfolgen ist – stellt keine Sozialleistung dar; entsprechendes gilt für die **Feststellung von Behinderungen** (*BSGE* 82, 50; *Merten* aaO § 44 Rz 47; *Straßfeld* SGb 2003, 88 [90]; aA *Zanker* NVwZ 1984, 85 [85], der den Kündigungsschutz als Sozialleistung ansieht, so dass die Zustimmung des Integrationsamtes gem §§ 85, 91 SGB IX nach Abs 1 für die Vergangenheit zurückzunehmen ist). Wenn eine Sozialleistung anstatt **als Zuschuss als Darlehen** gewährt wird (vgl zB § 23 Abs 4 SGB II, §§ 37, 38 SGB XII), so handelt es sich um zwei verschiedene Sozialleistungen und in einem Leistungswechsel (von der Gewährung einer Geldleistung ohne Rückzahlungspflicht zur Gewährung als Geldleistung in Form eines Kredits) kann ein belastender VA gesehen werden (BSG SozR 3-1300 § 44 Nr 1 = SGb 1991, 498; *BVerwG* Buchholz 436.36 zu § 17 BAföG Nr 15).

Beiträge (vgl §§ 20 ff SGB IV) sind in der SV die auf einer **gesetzlichen Verpflichtung** beruhenden und zur **Finanzierung der Aufgaben der SV** bestimmten **Zahlungen an Versicherungsträger** (*BSG* Beiträge 1982, 311). Die Zahlung kann durch Arbeitnehmer, Arbeitgeber Versicherungspflichtiger oder durch Dritte aufgrund einer Versicherungspflicht oder freiw Versicherung erfolgen (vgl *Schütze* aaO § 44 Rz 15) und schließt **Zinsen** und **Säumniszuschlägen** mit ein. **Beiträge der Versicherten** sind die vom Mitglied zu tragenden, nach seinen beitragspflichtigen Einnahmen bemessenen Beiträge. **Kostenbeteiligungen** Vers zB an stationären Vorsorge- und RehaMaßnahmen, an Krankenhausbehandlungen oder an Arznei- und Hilfsmitteln sind – auch soweit sie ausdrücklich an die KK weiterzuleiten sind (zB § 39 Abs 4 Satz 1 SGB I) – **keine Beiträge** der Vers (vgl auch: *Schultes* MittLVA Ofr/Mfr 1994, 259 [267]).   **16**

Beiträge der Arbeitgeber sind die von den Arbeitgebern idR zu tragenden Beiträge für ihre Arbeitnehmer sowie auch die Beitragsanteile, die ohne Bestehen einer VersPflicht vom Arbeitgeber zu zahlen sind (vgl § 172 SGB VI: vgl auch *BSGE* 91, 287). **Beiträge Dritter** sind ua Beiträge der zuständigen SozialleistungsTr zur RV der Bezieher von Entgeltersatzleistungen (§ 170 Abs 1 Nr 2 und 3 SGB VI) oder RV-Beiträge der PflK für Pflegepersonen (§ 44 Abs 1 Satz 1 SGB VI). § 44 Abs 1 Satz 1 findet nach der Rspr des BSG auch auf Beitragsbescheide der BG Anwendung (*BSGE* 83, 270). Die **Ablehnung einer Beitragserstattungen** (vgl zB § 26 Abs 2 SGB IV) oder eine ungerechtfertigte Rücknahme von Erstattungsbescheiden werden ebenfalls erfasst (*Jahn* SGB X § 44 Rz 5; *Schütze* aaO § 44 Rz 15; *Zweng* ua HbRV § 44 SGB X Anm IV 1B).   **17**

Handelt es sich nicht um einen VA, der eine Sachleistung ablehnt oder eine Beitragspflicht auferlegt, so kommt eine Aufhebung nur nach **Abs 2** in Betracht; liegt ein begünstigender VA vor, so kann sich die Aufhebung nur nach den §§ 45, 46, 48 richten. Enthält der streitgegenständliche VA materielle Regelungen, welche unterschiedlichen Aufhebungsbestimmungen zugeordnet werden können, so kommen die Regelungen jew **nebeneinander** zur Anwendung, soweit der VA **teilbar** ist. Andernfalls ist hier nur eine **kumulative Anwendung** möglich, wobei die den Betroffenen jeweils günstigsten Regelungen durchgreifen.   **18**

2.2. Unberechtigte Leistungsablehnung oder Beitragserhebung

Eine Aufhebung nach Abs 1 kommt nur in Betracht, soweit Sozialleistungen zu Unrecht nicht erbracht wurden oder Beiträge zu Unrecht erhoben wurden. Eine Leistung ist dann **zu Unrecht** nicht erbracht worden, wenn sie den Betroffenen für den fraglichen Zeitraum nach materiellem Recht tatsächlich zustand. Es gilt deshalb der **Grundsatz**, dass ein Betroffener die (Wieder-) Einräumung einer ihm materiell nicht zustehenden Position nicht über § 44 erreichen kann (**Bsp**: Sozialleistung wurde zwar zu niedrig festgesetzt, hätten dem Antragsteller aber überhaupt nicht bewilligt werden dürfen, weil er die Anspruchsvoraussetzungen nicht erfüllt [hat]: *BSG* SozR 1300 § 44 Nr 38; hM: *BSG* SozR 5870 § 2   **19**

Nr 44; vgl zum Meinungsstreit auch: *BSG* SozR 4-2600 § 48 Nr 4; *Schneider-Danwitz* GesamtKomm § 44 SGB X Rz 18; *Steinwedel* aaO § 44 SGB X Rz 41; *derselbe* in DAngVers 1989, 372 f). Werden Leistungen lediglich darlehensweise gewährt, obwohl die Voraussetzungen für einen Zuschuss vorliegen, werden auch hier Sozialleistungen nicht erbracht (vgl *BSG* NZS 2013, 518).

20 Abs 1 erfasst ferner ausschließlich **belastende** VA (dh: ablehnende Leistungsbescheide, leistungsmindernde oder -entziehende Bescheide sowie ablehnende oder verpflichtende Feststellungsbescheide), denn die Erwähnung des Begriffs: „nicht begünstigender" VA nur in **Abs 2** ist als **deklaratorisch** zu verstehen, so dass ein Umkehrschluss für Abs 1 nicht in Frage kommt. Ein belastender VA in diesem Sinne **liegt nicht vor**, wenn eine Leistung – welche sich ungünstig auf eine andere Leistungen auswirkt – zu Unrecht gewährt wurde, weil etwa eine Verzichtserklärung übersehen worden war (**Bsp:** Der Zuschuss zur Krankenversicherung freiwillig oder privat krankenversicherter Rentenbezieher nach § 106 SGB VI wirkt sich nach den Landesbeihilfeverordnungen der Länder bei einem Betrag über 45 EUR nachteilig auf die Höhe des Beihilfeanspruchs aus, vgl zB §§ 14 Abs 4, 5 LBO BW).

21 Abs 1 erfasst den Fall, dass nach Unanfechtbarkeit eine von Anfang an **höhere Leistung** begehrt wird. Obwohl hier ein dem Grunde nach begünstigender VA angegriffen wird, muss nach § 44 die Leistungshöhe überprüft werden. Denn auch ein begünstigender VA wirkt insoweit unmittelbar belastend, als er einen an sich bestehenden höheren Leistungsanspruch vorenthält. Nach dem Wortlaut des Abs 1 ist auch ein solcher Bescheid aufzuheben, „soweit" er eine Sozialleistung teilweise nicht gewährt. Es kommt aber jeweils auf die **Trennbarkeit** der im VA ausgesprochenen Rechtsfolge an (*Merten* aaO § 44 Rz 12).

22 Nicht erfasst werden Bescheide, mit denen Sozialleistungen **nicht unmittelbar abgelehnt** wurden, sondern lediglich ein Zusammenhang mit Sozialleistungen oder Beiträgen besteht (vgl *Merten* aaO § 44 Rz 47). Hier richtet sich die Aufhebung nach **Abs 2** (vgl Rz 49 ff), der eine Aufhebung für die Vergangenheit in das Ermessen der Beh stellt und die Betroffenen damit in eine unsicherere Rechtsposition versetzt als nach Abs 1, der die Aufhebung für die Vergangenheit als gebundene Entscheidung regelt (Ausn: § 44 Abs 1 Satz 2). Abs 1 findet deshalb auch keine Anwendung auf Bescheide, die es zB ablehnen, **Versicherungs- oder Beitragszeiten in der RV** anzuerkennen, da insoweit keine Sozialleistung abgelehnt wird.

23 In der Praxis ist der Unterschied zwischen Abs 1 und 2 insbesondere in den Fällen relevant, in denen es um die Anwendung des § 44 auf Rücknahmebescheide nach §§ 45, 50 SGB X geht (Bsp: Ein rechtmäßiger Bewilligungsbescheid wird zu Unrecht gem § 45 aufgehoben – kann der Aufhebungsbescheid nach § 44 Abs 1 oder aber nach § 44 Abs 2 zurückgenommen werden?). Das BSG differenziert hier wie folgt:

- Wird die Leistungsbewilligung aufgehoben, aber die gewährte Leistung nicht zurückgefordert, so soll § 44 **Abs 2** angewendet werden (*BSG* SozR 1300 § 44 Nr 22; ebenso wohl auch: *BSG* SozR 3-1300 § 44 Nr 19).
- Wird die Leistungsbewilligung **aufgehoben und gleichzeitig die gewährte Leistung zurückgefordert**, so soll § 44 Abs 1 entsprechend herangezogen werden (*BSG* SozR 3-1300 § 44 Nr 19 – Begründung: „kein rechtserheblicher Unterschied zu den von Abs 1 unmittelbar geregelten Fällen"; ebenso: *BSG* SozR 3-1300 § 44 Nr 24; *BVerwG* Urt v 25.11.1990 – 5 C 78/88, BVerwGE 87, 103 = NVwZ 1991, 572; offen gelassen von: *BSG* SozR

1300 § 44 Nr 22; krit zu der Differenzierung auch *Merten* aaO § 44 Rz 70, 81).

Problematisch sind hier allerdings die Fälle, in denen die Rücknahme eines **24** rechtswidrigen Aufhebungs- und ggf Rückforderungsbescheids dazu führen würde, dass eine materiell rechtswidrige Leistungsbewilligung wieder auflebt. Denn es gilt der Grundsatz (Rz 18), dass ein Betroffener die (Wieder-) Einräumung einer ihm materiell nicht zustehenden Position nicht über § 44 erreichen können soll. Die Rspr differenziert hier in folgender Weise:

- **Kein unrechtmäßiger Leistungsbezug:** Wenn die Leistungsbewilligung materiell rechtswidrig war und der Aufhebungsbescheid nach § 45 oder § 48 ebenfalls rechtswidrig ist, so kommt nach § 44 eine Aufhebung des Aufhebungsbescheids – gleichgültig, ob nach Abs 1 oder 2 – mit der Folge einer Wideraufnahme der Leistungsgewährung, nicht in Betracht (vgl die Nachw Rz 18; ferner: *LSG BW* Breith 1995, 428; *LSG NRW* Breith 1995, 701; vgl auch *Steinwedel* DAngVers 1989, 372 [373]; *Schnapp* SGb 1993, 1 [4]). Hiervon weichen der **9. und 14. Senat des BSG** ab (*BSG* SozR 3-1300 § 44 Nr 24 : „Die Vertrauensschutzvorschriften können ein eigenständiger, materieller Rechtsgrund für den Weiterbezug einer zwar unter Verstoß gegen das materielle Leistungsrecht bewilligten, aber langjährig bezogenen Sozialleistung sein"; vgl auch *BSG* SozR 3-1300 § 44 Nr 21; ebenso *Schütze* aaO § 44 Rz 17).

- **Keine vertrauensschutzwidrige Leistungsrückforderung:** Ein rechtswidriger Rückforderungsbescheid (nach § 50 oder einer entspr spezialgesetzlichen Regelung), der eine nach Grundsätzen des Vertrauensschutzes unaufhebbar gewordene rechtswidrige Leistungsbewilligung aufhebt, kann nach § 44 (wohl Abs 1) zurückgenommen werden, wenn die Behörde zu Unrecht Unlauterkeit (§ 45 Abs 2 Satz 3, § 48 Abs 1 Satz 2) angenommen, die Jahresfrist (§ 45 Abs 4 Satz 2, § 48 Abs 4 Satz 1) versäumt oder die Ausübung von Ermessen unterlassen hatte (*BSG* SozR 3-1300 § 44 Nr 21). In diesen Fällen geht es um die Abwehr von Eingriffen in bereits vergangene Zeiträume und dem grundrechtlich geschützten Vertrauen muss gegenüber dem Rechtmäßigkeitspostulat Vorrang eingeräumt werden. Anträge nach § 44 haben in diesen Fällen bei formell rw Aufhebungsbescheiden insoweit Erfolg, als noch innerhalb der 4-Jahres-Frist nach Abs 4 Zahlungen auf den Rückforderungsbescheid geleistet wurden (iE ebenso: *Steinwedel* aaO § 44 Rz 50).

Beiträge sind zu Unrecht erhoben worden, wenn der Betroffene tatsächlich **25** nicht zur Zahlung der Beiträge verpflichtet war. Es reicht aus, wenn ein **Kausalzusammenhang** zwischen der Beitragserhebung und dem zugrundeliegenden rechtswidrigen VA besteht. Deshalb ist der Veranlagungsbescheid zum Gefahrentarif, der für die Höhe der Beitragsforderung im Beitragsbescheid ursächlich ist, nach § 44 Abs 1 aufhebbar (aA noch die Voraufl; wie hier *Schütze* aaO § 44 Rz 16).

Auch hier ist in Fällen, in denen rechtmäßige Beitragsbescheide (Beiträge wur- **26** den in rechtmäßiger Höhe festgesetzt oder es wurde eine Befreiung erteilt) rechtswidrig nach § 45 oder § 48 geändert oder aufgehoben wurden, für die Frage, ob die Aufhebungsbescheide nach Abs 1 oder Abs 2 zu beurteilen sind, zu differenzieren:

- Wurde zu Unrecht eine Beitragsbefreiung erteilt oder sind die Beiträge rechtswidrig zu niedrig festgesetzt worden, so sind daraufhin rechtswidrig ergehende, bestandskräftige Änderungs- und Neufeststellungsbescheide nach § 44 Abs 2 zu beurteilen.

■ Wenn daneben aber rechtwidrig Beiträge nachgefordert wurden (zur Verjährung von Beitragsansprüchen vgl § 25 SGB IV), so beurteilt sich die Rücknahme nach § 44 Abs 1, da es letztlich keinen Unterschied macht, ob jemand zu Unrecht zu Beiträge herangezogen oder diese rechtswidrig nachgefordert wurden.

■ Wurde zu Unrecht eine Beitragsbefreiung erteilt oder sind die Beiträge rechtswidrig zu niedrig festgesetzt worden, so muss auch hier der Grundsatz gelten, dass ein Betroffener die (Wieder-)Einräumung einer ihm materiell nicht zustehenden teilweisen oder vollen Beitragsbefreiung nicht über § 44 erreichen können soll (vgl Rz 18). Wenn also die (teilweise) Beitragsbefreiung materiell rechtswidrig war und der Aufhebungsbescheid nach § 45 oder § 48 ebenfalls rechtswidrig ist, so kommt nach § 44 eine Aufhebung des rechtswidrigen Aufhebungsbescheids – gleichgültig, ob nach Abs 1 oder 2 – mit der Folge einer Wideraufnahme der (teilweisen) Beitragsbefreiung nicht in Betracht (vgl Rz 23).

■ Andererseits: Ein rechtswidriger Beitragsaufhebungs- und -nachforderungsbescheid (nach § 22 Abs 1 Satz 1 SGB IV iVm dem jeweiligen Beitragsbestimmungen in den SGB), der eine nach den Grundsätzen des Vertrauensschutzes unaufhebbar gewordene rechtswidrige Beitragsbefreiung rechtswidrig aufhebt, kann nach § 44 zurückgenommen werden, wenn die Behörde zu Unrecht Unlauterkeit (§ 45 Abs 2 Satz 3, § 48 Abs 1 Satz 2) angenommen, die Jahresfrist (§ 45 Abs 4 Satz 2, § 48 Abs 4 Satz 1) versäumt oder die Ausübung von Ermessen unterlassen hatte (*BSG* SozR 3-1300 § 44 Nr 21). Denn in diesen Fällen geht es um einen Eingriff in die Vergangenheit, da rückwirkend Beiträge nacherhoben werden sollen; hier ist der Vertrauensschutz höher zu bewerten als der Grundsatz der Rechtsmäßigkeit (vgl Rz 24).

2.3. Rechtswidrigkeit bei VA-Erlass

27 Eine Rücknahme ist nach Abs 1 nur dann zulässig, wenn bei Erlass eines VA (*BSG* Urt v 15.6.2010 – B 2 U 22/09 R; *BSG* SGb 2003, 33; *BSG* SozR 3-2600 § 300 Nr 18; *BSGE* 88, 75) das Recht unrichtig angewandt oder von einem Sachverhalt ausgegangen wurde, der sich als unrichtig erwies. Die **zweite Alternative**, dass nämlich von einem **unrichtigen Sachverhalt** ausgegangen wurde, ist eigentlich überflüssig, denn ein unzutreffend ermittelter Sachverhalt führt stets zu einer unrichtigen Rechtsanwendung, zu der im Rahmen der **Subsumtion** auch die Feststellung des zutreffenden Sachverhalts gehört (**Bsp:** Bei der Prüfung der Pflegebedürftigkeit nach dem SGB XI wird der Pflegebedarf in der Nacht übersehen und deshalb die Voraussetzungen der Pflegestufe III verneint). Außerdem dürfte ein VA nicht rechtswidrig sein, wenn zwar der Sachverhalt fehlerhaft erfasst, aber dennoch die richtige Rechtsfolge festgestellt worden ist (Bsp: Der nächtliche Pflegebedarf wurde zwar übersehen, hätte aber nicht zur Feststellung der Pflegestufe III geführt – etwa, weil die erforderlichen 240 Minuten in der Grundpflege nicht erreicht worden wären oder es sich nicht um berücksichtigungsfähigen Pflegebedarf handelt, vgl § 15 Abs 1 Satz 1 Ziff 3, Abs 3 Ziff 3). Die zweite Alternative gibt mithin allein Auskunft darüber, aus welcher typischen Fehlerquelle heraus es zur fehlerhaften Rechtsanwendung kommt und somit Rechtswidrigkeit entsteht; sie hat deshalb weniger normative, als vielmehr heuristische Bedeutung. Weitergehend *Breitkreuz/Merten* (SGb

2014, 113 [116]): § 44 Abs 1 Satz 1, 2. Alt SGB X betreffe nur die Tatsachengrundlage einer Entscheidung, nicht auch die rechtlichen Schlüsse (Subsumtion), die die Behörde aus ihnen ziehe. Das ist mindestens missverständlich, denn gerade Subsumtionsfehler führen zu Rechtsfehlern. Und eine Begrenzung auf Rechtsfehler „im engeren Sinne" (so *Merten* aaO § 44 Rz 32) kann schwerlich in § 44 hineininterpretiert werden. Zutreffend ist aber, dass es nicht um die Bewertung neuer Tatsachen, sondern um die Überprüfung auf Rechtsfehler geht (*Merten* aaO § 44 Rz 21; überzogen deshalb die Kritik bei *Baumeister* aaO § 44 Rz 45.2 f).

Die unrichtige Rechtsanwendung nach Abs 1 stellt eine **Umschreibung des** **28** **Merkmals Rechtswidrigkeit** dar (für § 48 Abs 1 Satz 1: BT-Drucks 7/910, 68; *BVerwGE* 31, 222; *Wolff/Bachof/Stober* VerwR II § 51 Rz 20). Ein **nichtiger Bescheid** kann gem § 44 analog zurückgenommen werden, da er einen Rechtsschein erzeugt (vgl *BSG* SozR 1500 § 55 Nr 35 = DVBl 1990, 210; *Merten* aaO § 44 Rz 19; *Baumeister* aaO § 44 Rz 33; *Kopp/Ramsauer* aaO § 48 Rz 18), obwohl nach § 40 Abs 5 die Nichtigkeit jederzeit von Amts wegen festgestellt werden kann (damit begründet *Schütze* aaO § 44 Rz 7 seine gegenteilige Meinung). Für die Feststellung der Rechtswidrigkeit nach Abs 1 kommt es auf **Verschulden** oder Vertretenmüssen der Beh nicht an (*Schütze* aaO § 44 Rz 8). Eine Aufhebung nach Abs 1 verlangt nur, dass die Rechtswidrigkeit objektiv gegeben ist. **Unerheblich** ist hierbei ferner, ob die Rechtswidrigkeit **offensichtlich** ist (*BSG* SozR 2200 § 1251 Nr 102; anders zum alten Recht in der RV und UV nach den §§ 627, 1300 RVO, §§ 79 AVG, 93 RKG: *BSGE* 19, 38).

Es ist außerdem unbeachtlich, **ob die Rechtswidrigkeit im Zeitpunkt der Ent-** **29** **scheidung schon feststand** (Bsp: Der Wohnsitz oder der gewöhnliche Aufenthalt eines Kindes ausländischer Staatsangehöriger im Inland als Voraussetzung eines Anspruchs auf Kindergeld endet bei einer Ausweisung durch die Ausländerbehörde auch dann, wenn dagegen ein Rechtsbehelf eingelegt wird; sollte die Ausweisung nachträglich aufgehoben werden, kann die Rechtmäßigkeit des Aufenthalts im Zugunstenverfahren nach § 44 geltend gemacht werden: *BSG* Breith 1998, 330). Allerdings darf die Rechtswidrigkeit nicht erst **nachträglich entstanden sein**, denn dann ist § 48 einschlägig (*Baumeister* aaO § 44 Rz 46). Eine **anfängliche Rechtswidrigkeit** ist umgekehrt dann unbeachtlich, wenn sich die materielle Rechtslage ändert und der ursprünglich bestehende (aber fehlerhaft versagte) Anspruch nachträglich rückwirkend entfällt. Maßgeblich ist die Rechtslage im Zeitpunkt der Entscheidung, wenn diese auch den Zeitpunkt des Bescheiderlasses umfasst (*BSG* Urt v 20.7.2011 – B 13 R 41/10). Vertrauensschutz des VA-Adressaten spielt im Rahmen von § 44 keine Rolle, begründet keinen materiellen Anspruch (vgl Rz 23). Das Merkmal der Rechtswidrigkeit ist mithin ein **gewöhnliches Tatbestandsmerkmal**. Allerdings: Durfte eine zu Unrecht gewährte Sozialleistung aus Gründen des Vertrauensschutzes nicht rückwirkend entzogen werden, so kann dies auch noch im Zugunstenverfahren auf Rücknahme des bestandskräftig gewordenen Aufhebungs- und Erstattungsbescheids geltend gemacht werden (vgl Rz 23).

Die Rechtswidrigkeit des VA kann sich aus der **Verletzung materiellen und for-** **30** **mellen Rechts** ergeben (vgl *Baumeister* aaO § 44 Rz 40; *Knoke* Rechtsfragen der Rücknahme von Verwaltungsakten, 35 ff; *Schütze* aaO § 44 Rz 7; Steinwedel aaO § 44 Rz 39; *Wolff/Bachof/Stober* VerwR II § 51 Rz 20; vgl auch für rückwirkende Änderung des Gesetzes: *BSG* NZS 2004, 103). Dass es bei **formellen Rechtsfehlern idR an der Kausalität für die Rücknahme („soweit deshalb") fehlt** (denn Verstöße gegen formelles Recht können durch Nachholung

geheilt werden oder aber **unbeachtlich** sein, vgl §§ 38, 42), ist an dieser Stelle irrelevant, da die Rechtswidrigkeit von der Aufhebbarkeit eines VA zu unterscheiden ist (vgl Rz 36). Daher ist es kein Widerspruch, wenn in der Rspr zu Recht geklärt ist, dass § 44 nicht zur Korrektur von Verstößen gegen die **Anhörungspflicht** (*BSG* SozR 1200 § 34 Nr 18; SozR 3-1300 § 44 Nr 21) oder **reine Formverstöße** (*BSG* SozR 3-1300 § 44 Nr 21) dienen soll. Andererseits kann selbst bei einer Verletzung materiellen Rechts die Aufhebung des (ursprünglichen) VA ausscheiden, nämlich zB dann, wenn es zu einer **Umdeutung** nach § 43 kommt (§ 43 Rz 2). Zur Rechtswidrigkeit kann es ferner bei einem **Verstoß gegen eine ständige Verwaltungspraxis** kommen, da dann eine Selbstbindung der Beh entsteht, deren Verletzung gegen Art 3 GG verstößt, es sei denn, die Beh gibt ihre Verwaltungspraxis auf. Ein Verstoß gegen Art 3 GG kann sich bereits aus der erstmaligen Nichtbeachtung innerdienstlicher **Verwaltungsvorschriften** ergeben, soweit darin die zukünftige Verwaltungspraxis antizipiert wird (*BVerwGE* 52, 193; *Kopp/Ramsauer* VwVfG § 48 Rz 30; *Schnapp* SGb 1993, 1 [4]). Bei **Ermessensleistungen** führt ein Ermessensfehler zur Rechtswidrigkeit (§ 39 SGB I).

31 Ein VA ist auch dann rechtswidrig, wenn er auf einer später **vom BVerfG für nichtig erklärten** Gesetzesvorschrift beruht (*BSGE* 64, 62). § 44 ist im Verhältnis zu § 79 Abs 2 BVerfGG (Bestandsschutz unanfechtbarer Entscheidungen) als lex specialis anzusehen (ebenso *Recht* aaO § 44 Rz 9 a; *Hellmich/Spellbrink* SGb 2001, 605 [606]; *Heußner* NJW 1982, 257 [258]; vgl auch: *Steinwedel* aaO § 44 SGB X Rz 9: § 44 ist neben § 79 Abs 2 BVerfGG anwendbar; aA *Rudlof* Kompaß 1987, 165 [166]; vgl auch zu § 434 c Abs 1 SGB III als spezielle Ausprägung des § 79 Abs 2 BVerfGG: *BSG* 25.3.2003 B 7 AL 114/01 R, info also 2003, 266; *BSG* SozR 4-4300 § 434 c Nr 1 = NZS 2004, 327; *Steiner* in „Freiheit und Eigentum", Festschrift für Walter Leisner, 1999, 569, 579 f; *Schlegel* DStR 2000, 1353, 1355). Wird die Norm vom Gericht allerdings – wie es insb bei **gleichheitswidrigen Begünstigungsausschlüssen** üblicher Praxis entspricht – für verfassungswidrig erklärt und eine weitere Anwendung für eine Übergangszeit zugelassen (**Bsp:** Verfassungswidrigkeit der Erhebung von **Beiträgen aus Einmalzahlungen**, vgl *BVerfGE* 92, 53, 102, 127), so sind die auf dieser verfassungswidrigen Norm beruhenden VA in der Übergangszeit nicht rechtswidrig (*BVerfG* NJW 2003, 737; *BSG* ZfS 2004, 36; *BSG* SozR 4-2600 § 307 d Nr 1; *BSG* info also 2003, 266). Die Rechtswidrigkeit kann ferner aus einem **Verstoß gegen Richterrecht** – zB der falschen Anwendung des sozialrechtlichen Herstellungsanspruchs – resultieren (*BSG* SozR 4-4300 § 330 Nr 3; *BSG* SozR 1300 § 44 Nr 17; SozR 1300 § 44 Nr 18; vgl auch *Hofe* SGb 1986, 11 [15]). Unerheblich ist, ob der VA zum Zeitpunkt seines Erlasses der damaligen höchstrichterlichen Rspr entsprach (*BSGE* 57, 209; 58, 27).

32 Die **Beweisanforderungen** an die Rechtswidrigkeit entsprechen denjenigen, die auch sonst an die anspruchsbegründenden Tatsachen gestellt werden (so schon: *BSGE* 45, 1 zu § 40 KOV-VfG; *BSGE* 47, 159 zu § 79 AVG). Die Rechtswidrigkeit muss **bewiesen** sein. Das ist der Fall, wenn kein vernünftiger Zweifel daran besteht, dass der VA gegen geltendes Recht verstößt. Es gilt der Grundsatz der freien Beweiswürdigung. Die objektive **Beweislast** für die Rechtswidrigkeit des aufzuhebenden Bescheides trägt der Bürger, der sich auf sie beruft (vgl *BSG* SozR 5870 § 2 Nr 44; *BSG* SozR 1300 § 44 Nr 33; *BSG* Urt v 25.6.2002 – B 11 AL 3/02 R; *LSG Saarl* Urt v 6.3.2006 – L 4 KN 6/04). Wer schon nach materiellem Recht (zB nach § 159 Abs 1 Satz 2 SGB III) darlegungs- und beweispflichtig ist, ist dies im Überprüfungsverfahren nach § 44 erst Recht. Andererseits können **Beweiserleichterung** (zB des § 4 Abs 1 Satz 1 FRG) auch bei der Anwendung des § 44 in Anspruch genommen werden, die Glaubhaftmachung der für die Anwendung der FRG-Regelungen erheblichen Tatsachen reicht aus (vgl *BayLSG* Urt v 25.3.2014 – L 20 R 760/11).

Für die Beurteilung, ob das materielle Recht unrichtig angewandt wurde, ist nach dem **Wortlaut von Abs 1** auf den **Zeitpunkt des Erlasses des VA** abzustellen. In § 44 kommt es mithin – ebenso wie in § 45 für begünstigende VA – auf die **anfängliche Rechtswidrigkeit** an (*BSGE* 88, 76; *Wolff/Bachof/Stober* VerwR II § 51 Rz 21; vgl hierzu auch: *Schenke* DVBl 1989, 433; *Kleinlein* VerwArch 81 [1990], 149). Hat sich die Rechtslage oder auch der zu beurteilende Sachverhalt geändert, so kann die Aufhebung nur nach § 48 erfolgen (vgl *BSG* NZS 1996, 536; zum Unterschied des Zeitpunkts der Beurteilung der Rechtmäßigkeit eines VA im gerichtlichen Verfahren Vor §§ 44-49 Rz 8 f). **33**

Auf den Zeitpunkt des Erlasses des VA wird nicht abgestellt, wenn sich – bei unverändertem Normenbestand – **die höchstrichterliche Rechtsprechung** des BSG oder eines anderen obersten Bundesgerichts ändert oder erstmals entwickelt (vgl hierzu: BSGE 57, 209; *Steinwedel* aaO § 44 Rz 29; **aA**, ohne auf die abweichende Entscheidung des eigenen Senats aus dem Jahr 1984 oder das Verhältnis zu § 48 Abs 2 einzugehen: *BSG* SozR 4-4300 § 330 Nr 1 zu § 330 Abs 1 SGB III), so dass der Bescheid nach § 44 auch dann aufgehoben werden kann, wenn er zwar im Zeitpunkt seines Erlasses mit der höchstrichterlichen Rechtsprechung vereinbar war, aber diese sich nachträglich zugunsten des Betroffenen ändert bzw eine höchstrichterliche Rechtsprechung zugunsten des Betroffenen nach Erlass des VA erst entwickelt (*BSG* SozR 4-4300 § 330 Nr 1). Entscheidend ist also die **damalige Rechtslage aus heutiger Sicht** (*BSGE* 63, 18; *BSG* SozR 4-2600 § 307 d Nr 1). **34**

Bei der nachträglichen Änderung der höchstrichterlichen Rechtsprechung handelt es sich nicht um einen Fall der nachträglichen Änderung der Rechtslage, da die einschlägigen Rechtsnormen gleich geblieben sind und sich („nur") die **Auslegung** in der Praxis geändert hat. Es kommt also auch insoweit auf die damalige Sach- und Rechtslage an, die aber mit einer womöglich „geläuterten" Rechtsauffassung betrachtet wird. Das wird in **§ 48 Abs 2** mittelbar klargestellt, der zwar in bestimmten Fällen eine Aufhebung für die Zukunft auch bei einer höchstrichterlichen Rechtsprechungsänderung zulässt. Nach § 48 Abs 2 Hs 2 soll § 44 ausdrücklich unberührt bleiben. Dadurch wird deutlich, dass die Rechtsprechungsänderung einen Fall des Abstellens auf die Rechtslage bei Erlass des VA darstellt und in § 48 Abs 2 – systemwidrig, da es nicht zu einer nachträglichen Änderung der Sach- oder Rechtslage iSv § 48 Abs 1 gekommen ist – die Rechtsfolgen des § 48 Abs 1 auf diesen Fall ausgedehnt werden. Diese Auslegung des § 44 in Fällen der nachträglichen Entstehung/Änderung höchstrichterlicher Rechtsprechung wirft allerdings die Frage nach dem Anwendungsbereich der § 48 Abs 2 auf (vgl § 48 Rz 77). Die Änderung der **Rspr der Untergerichte** genügt nicht, um schon einen Rechtsprechungswandel anzunehmen (vgl *BSG* SozR 4-4300 § 330 Nr 1; *Schütze* aaO § 44 Rz 11). **35**

§ 44 soll bei einem nachträglichen Rechtsprechungswandel allerdings dann nicht greifen, wenn mit der neuen Rspr **gewandelten sozialen, wirtschaftlichen oder rechtlichen Umständen Rechnung getragen werden soll.** (*BSGE* 78, 109; *Schütze* aaO § 44 Rz 11; **Bsp:** Eine bisher von der Rspr aus dem Leistungssystem der GKV mangels Anerkennung durch den Gemeinsamen Bundesausschuss nach § 91 SGB V ausgeschlossene Außenseitermethode wird nunmehr der GKV zugeordnet, da trotz fehlender Anerkennung davon ausgegangen wird, dass die **36**

Wirksamkeit der Methode inzwischen wissenschaftlich nachgewiesen wurde, im wissenschaftlichen Schrifttum anerkannt ist und von einer großen Zahl von Ärzten angewendet wird, vgl hierzu: *BSGE* 81, 54; *Wagner* in Krauskopf SGB V § 13 Rz 16 ff). Ferner ist nicht danach zu differenzieren, ob die Beh vor dem Rspr-Wandel auf dem Boden der höchstrichterlichen Rspr entschieden hatte, denn auf **Verschulden** kommt es nicht an; maßgeblich ist vielmehr die objektive Veränderung der für die Beurteilung des VA einschlägigen Rspr.

37 Die Rechtswidrigkeit muss ferner **kausal** für die Belastung des Betroffenen geworden sein („und soweit deshalb": *BSG* SozR 3-1300 § 44 SGB X Nr 38; SozR 3-1300 § 44 SGB X Nr 21; *Merten* aaO § 44 Rz 48). Dieses Merkmal ist bei materiellen Rechtsverstößen idR **unproblematisch**. Eine **Mit-Ursächlichkeit** reicht hier. Die Kausalität fehlt regelmäßig, wenn ausschließlich Verstöße gegen Form- und Verfahrensregelungen die Rechtswidrigkeit begründen, da diese für die Ablehnung der Leistung oder die Auferlegung einer Beitragslast häufig nicht ursächlich waren (iE auch: *BSG* SozR 3-1300 § 44 Nr 21). Überdies können formelle Fehler zumeist geheilt werden (vgl § 41) oder sind unbeachtlich, so dass es einer Aufhebung nicht bedarf (§ 42); vgl auch Rz 29. Verstöße gegen die Anhörungspflicht (§ 24) stellen daher bspw kein Unrecht im Sinne des § 44 SGB X dar (vgl *BSG* SozR 1200 § 34 Nr 18; SozR 3-1300 § 44 Nr 21 S 45). Außerdem ist es Ziel des Zugunstenverfahrens nach § 44, **materielles Unrecht** zu beseitigen und der materiellen Gerechtigkeit zum Erfolg zu verhelfen (vgl dazu schon *BSG* SozR 5870 § 2 Nr 44; SozR 1300 § 44 Nr 38; *LSG BW* Urt v 15.12.2006 – L 7 R 4538/04). **Ausn:** vgl Rz 23 aE.

2.4. Anspruch auf Aufhebung für die Vergangenheit

38 Wenn der VA rechtswidrig ist, hat die Beh ihn aufzuheben und ggf – was in § 44 nicht geregelt ist, sondern sich nach materiellem Recht richtet – die Leistung neu zu regeln. Der VA ist **zwingend für die Vergangenheit**, also ab Erlass, **aufzuheben**. Die **Aufhebung** kann in **vollem Umfang** oder **teilweise** erfolgen („soweit"), wobei die teilweise Aufhebung **zeitlich** (Bsp: Rente wird für einen Monat in der Vergangenheit aufgehoben, weil entgegen § 99 Abs 1 SGB VI bereits ab Beginn des Monats der Antragstellung die Leistung bewilligt wurde) oder **inhaltlich** (Bsp: Rente wird in einer bestimmten Höhe aufgehoben, da teilweise rentenversicherungsrechtliche Zeiten nach dem FRG zu Unrecht berücksichtigt wurden) beschränkt werden kann (vgl *BSG* Breith 1986, 792). Für die Rücknahmeentscheidung ist **keine besondere Form** vorgesehen, es sind aber die für den AusgangsVA gültigen Regelungen entsprechend auch auf die Rücknahmeentscheidung anzuwenden.

39 Der Betroffene hat bei Rechtswidrigkeit des Erstbescheids einen **Anspruch auf Aufhebung und Neubescheidung**. Ermessen oder ein Beurteilungsspielraum stehen der Beh nicht zu (*BSG* SozR 2200 § 1251 Nr 102; *Merten* aaO § 44 Rz 55). Im Gerichtsverfahren setzt die Anwendung des § 44 Abs 1 nur voraus, dass das Gericht davon überzeugt ist, dass bei Erlass des früheren Bescheides das Recht unrichtig angewandt oder von einem unrichtigen Sachverhalt ausgegangen wurde (vgl *BSG* SozR 3-2600 § 243 Nr 8; vgl auch zur Klageart: *BSG* ZfS 2003, 296). Der Anspruch besteht zwar grundsätzlich **zeitlich unbegrenzt**, kann aber **verwirkt** werden. Der Anspruch ist nicht von einem **Antrag** des Betroffenen abhängig (Umkehrschluss zu § 44 Abs 4 Satz 3). Bei Vorliegen der Voraussetzungen (der Leistungsträger hat eine frühere Entscheidung zu widerrufen, wenn sich aus dem Vorbringen des Betroffenen oder eines Dritten oder aus den sonstigen Umständen ergibt, dass der erlassene VA rechtswidrig sein kann; *BSG* Breith 2002, 753) **muss** die Beh vielmehr von sich aus („von Amts wegen") tätig werden und das abgeschlossene Verfahren wieder aufgreifen (§ **18 Satz 1**: „pflichtgemäßen Ermessen" wird insoweit modifiziert, anders § 51 VwVfG). Eine Pflicht zur Aufhebung des VA besteht selbst dann, wenn die behördliche Verfügung auf Angaben beruht, die der Betroffene in wesentlicher Beziehung unrichtig oder unvollständig gemacht hat. Der Betroffene kann allerdings auch einen ausdrücklichen **Rücknahmeantrag** nach § 44 stellen.

Stellt sich der VA als rechtmäßig dar, so ist der Rücknahmeantrag durch Bescheid abzulehnen (auch bei wiederholten Rücknahmeanträgen; *BSGE* 97, 54). In Anlehnung an Entscheidungen des 9. und des 4. Senats des BSG (*BSGE* 63, 33; *BSGE* 88, 75) wird die Prüfung von § 44 Abs 1 Satz 1 oft in drei Schritten vorgenommen („**Drei-Stufen-Schema**"):   **40**

1. Ergibt sich im Rahmen des Zugunstenverfahrens nichts, was für die Unrichtigkeit der Vorentscheidung sprechen könnte, so darf sich die Beh ohne jede Sachprüfung auf die Bindungswirkung berufen.
2. Werden zwar neue Tatsachen oder Erkenntnisse vorgetragen und neue Beweismittel benannt, ergibt aber die Prüfung, dass die vorgebrachten Gesichtspunkte tatsächlich nicht vorliegen oder für die frühere Entscheidung nicht erheblich waren, darf sich die Beh ebenfalls auf die Bindungswirkung stützen.
3. Nur wenn die Prüfung zu dem Ergebnis führt, dass ursprünglich nicht beachtete Tatsachen oder Erkenntnisse vorliegen, die für die Entscheidung wesentlich sind, ist ohne Rücksicht auf die Bindungswirkung erneut zu entscheiden; auch wenn die neue Entscheidung ebenso lautet wie die bindend gewordene Entscheidung, ist der Streitstoff in vollem Umfang erneut zu prüfen (*LSG BW* Breith 1996, 331).

Eine solche Vorprüfungspflicht wird teilweise kritisch gesehen; es gebe für eine solche pragmatische, aber letztlich doch den Rechtsschutz verkürzende Vorgehensweise keine gesetzliche Grundlage (vgl auch: *BSG* SozR 3-4100 § 119 Nr 23: einer Vorgehensweise, die sich an ein „Stufen-Schema" hält, bedarf es nicht; *BSG* SozR 3-2600 § 243 Nr 8; *Jung* SGb 2002, 1 [3]: eine „allzu formalistische Anwendung des dreistufigen Prüfungsschemas ist nicht angeraten"; *Steinwedel* aaO § 44 Rz 43). Ein gegenüber dem Ausgangsverfahren strengerer Maßstab ist allerdings unter Hinweis auf das konkurrierende Prinzip der Rechtssicherheit gerechtfertigt (vgl *Merten* aaO § 44 Rz 39). Die Beh kann nich allein unter Berufung auf § 44 zu einer vollständigen Neuprüfung ihrer Entscheidung gezwungen werden. Die Ermittlungs- und Prüfungsintensität muss sich nach dem Vorbringen des Betroffenen richten, den insoweit eine **Mitwirkungsobliegenheit** trifft. Je präziser und konkreter der Überprüfungsantrag formuliert ist, desto größer ist die Prüfungspflicht der Beh (ebenso *Breitkreuz/Merten* SGb 2014, 113 [117]; diesen Zusammenhang betont auch *BSG* Beschl v 14.3.2012 – 4 AS 239/11 B).   **41**

Wird ein Antrag oder Vorbringen **querulatorisch** wiederholt, so kann sich die Beh auf die **Bindungswirkung** des ursprünglichen Bescheides berufen, ohne in alle denkbaren Richtungen ermitteln zu müssen (*Baumeister* aaO § 44 Rz 137). Hat die Beh einen **Neufeststellungsantrag bereits abschlägig beschieden**, so darf sie einen **erneuten Antrag** auch dann nicht unbeachtet lassen, wenn dies durch rechtskräftiges Urteil bestätigt worden ist (vgl *BSGE* 51, 139; *BSG* VersorgB 1981, 143). Die Beh muss auch dann durch **anfechtbaren VA** entscheiden (*BSGE* 51, 139; 63, 33; *BSG* HVBG-INFO 2004, 41; *Schütze* aaO § 44 Rz 38 a; aA *Kaltenbach* DAngVers 1980, 470 [473], wonach die Entscheidung kein   **42** anfechtbarer VA sei). Hält das **Gericht** demgegenüber die Voraussetzungen für eine Aufhebung und ggf für einen Neuerlass für gegeben, so muss es die Aufhebung und die Pflicht zum Erlass des neuen VA aussprechen (vgl zur Tenorierung auch Rz 60).

43   Ein Überprüfungsanspruch besteht allerdings dann nicht (mehr), **wenn die Rücknahme des rw VA keine Auswirkungen mehr haben kann,** zB wegen Ablaufs der 4-Jahres-Frist nach Abs 4 (vgl auch *BSG* SozR 3-1300 § 44 Nr 1; anders allerdings bei Verjährung: *BSG* SozR 1300 § 44 Nr 31; krit *Wallerath* SGb 1991, 500 [501]). Mit dem Anspruch des Betroffenen korreliert allerdings **keine Pflicht der Beh, Akten von sich aus auf Rücknahmemöglichkeiten durchzuarbeiten;** auch nicht aufgrund einer neuen Rechtslage (*Jung* SGb 2002, 1 [2]; *Schütze* aaO § 44 Rz 39). Dies würde die Sozialleistungsträger und die sonstige Sozialverwaltung überfordern (*BSG* SozSich 1981, 288: Ein RVTr muss eine vom UVTr nur zum Zwecke der Abstimmung auf medizinischem Gebiet übersandte Akte nicht auf die Richtigkeit aller Zahlungsvorgänge hin überprüfen).

44   Aus dem Wortlaut der Norm („**im Einzelfall**") folgt, dass sich bei der **Bearbeitung eines konkreten Falles** Anhaltspunkte für eine Aufhebung ergeben müssen. Selbst, wenn bei der Bearbeitung eines Einzelfalles bekannt wird, dass – zB wegen einer rückwirkenden Rechtsänderung – eine **Anzahl anderer Fälle unrichtig entschieden** worden sind, so sind diese nicht von Amts wegen aufzugreifen (*Schütze* aaO § 44 Rz 39). Wird ein VA **teilweise aufgehoben,** so kann der Bescheid insgesamt durch einen neuen ersetzt werden oder es kann nur eine teilweise Änderung erfolgen; im ersten Fall wird allerdings für die gesamte Regelung der **Rechtsschutz** neu eröffnet.

2.5. Rücknahme für die Zukunft (Abs 1 Satz 2)

45   Mit Abs 1 Satz 2 werden für bestimmte, **von dem Betroffenen verursachte Fehler des VA** nicht die Wirkungen des Abs 1, sondern die des Abs 2 (Rücknahme nur für die Zukunft als gesetzl Regel) festgelegt: Beruht der VA auf Angaben, die der Betroffene vorsätzlich in wesentlicher Beziehung unrichtig gemacht hat, so ist der VA **zwingend für die Zukunft** aufzuheben. **Unrichtige Angaben** können bei einem Beitragsbescheid zB aufgrund von falschen Angaben zur Höhe des Einkommens gegeben sein. **Unvollständige Angaben,** die zur Ablehnung der Leistung führten, liegen zB vor, wenn im Antrag auf Alhi zwar das Einkommen des Ehegatten angegeben wird, so dass wegen Anrechnung ein Anspruch verneint wurde, aber aus Schamgefühl verschwiegen wurde, dass der Antragsteller und Ehegatte dauerhaft getrennt leben (§ 9 SGB II).

46   Die unrichtigen oder unvollständigen Angaben müssen **vorsätzlich** erfolgen; ein (sei es auch grob) fahrlässiges Verhalten ist unschädlich. Es genügt also nicht, dass der Betroffene die Fehlerhaftigkeit „**irgendwie zu vertreten**" hat. Erforderlich ist vielmehr, dass **bewusst** unvollständige oder unrichtige Angaben gemacht wurden. Dh, der **Vers muss wissen,** dass seine Angaben falsch oder unvollständig sind und zumindest **billigend in Kauf nehmen,** dass die Fehlerhaftigkeit von der Beh nicht erkannt und die Angaben deshalb der Entscheidung zugrunde gelegt werden (*Baumeister* aaO § 44 Rz 80). Die Rechtswidrigkeit muss der Vers nicht erkennen. Der Vorsatz bezieht sich allein auf die Angaben selbst und nicht auf ihre Rechtsfolgen oder rechtliche Bedeutung (vgl *LSG Hmb* Urt v 11.12.2013 – L 4 AS 453/11). Ersichtlich **nicht ernst gemeinte Erklärungen** (**Bsp:** Der Leistungen nach dem SGB XI beantragende, bettlägerige 70jährige Vers erklärt auf Frage des die Pflegebedürftigkeit nach den §§ 14, 15 SGB XI ermittelnden MDK, ob er in alltäglichen Verrichtungen eingeschränkt sei:

„Nein, ich versuche gerade die Qualifikation für Olympia zu erreichen") sind nicht unter Abs 1 Satz 2 Nr 1 zu fassen. Ferner sind die **Motive des Betroffenen** unbeachtlich; werden – wie oben (Rz 44) – aus Schamgefühl falsche Angaben gemacht, so ist der Tatbestand des Abs 1 Satz 2 Nr 1 genauso erfüllt wie in den Fällen, in denen jemand mit der Absicht handelt, sich rechtswidrig zu bereichern. Allerdings können die Motive im Rahmen der Ermessensausübung berücksichtigt werden.

Abs 1 Satz 2 erfasst zunächst nicht den Fall des **vorsätzlichen Verschweigens** **47** (*BSGE* 63, 214; 68, 264), es sei denn, die Beh fragt nach einer bestimmten Tatsache oder bei einer bestehenden Mitteilungspflicht werden bewusst unvollständige Angaben gemacht (vgl *BSG* SozR 3-2400 § 26 Nr 3: Rechtspflicht zum Tätigwerden; s auch *Steinwedel* aaO § 44 Rz 45). Entspr **Erklärungen eines Dritten** reichen aus, wenn der Berechtigte sie kennt und sie von ihm bewußt zur Grundlage seines Antrages gemacht worden sind (vgl *BVerwG* NVwZ 1985, 656). Im Übrigen sind allerdings Bemühungen, Abs 2 Satz 1 erweiternd dahin auszulegen, dass auch **die übrigen Fälle des § 45 Abs 2 Satz 3** die Rechtsfolge nach § 44 Abs 1 Satz 2 auslösen, skeptisch zu sehen. Zwar mag die Entstehungsgeschichte (BT-Drs 8/4022, 82; vgl hierzu auch *BSGE* 63, 214) hierfür Hinweise bieten, aber der Wortlaut ist eindeutig und ist als die Rechtsposition des Betroffenen schwächende Ausn eng auszulegen. Die Beh muss bei der Entscheidung darüber, ob sie den VA **für die Vergangenheit** zurücknehmen will, Ermessen ausüben. Im Rahmen der Ermessenserwägungen kann sie insb die Motive für das Verschweigen einstellen.

3. Rücknahme sonstiger VA (Abs 2)

Nach **Abs 2** sind sonstige rechtswidrige und nicht begünstigende VA – gleich- **48** gültig, ob diese bestandskräftig sind oder nicht – zurückzunehmen. Abs 2, der damit den Grundtatbestand des § 44 enthält, erfasst als **Auffangtatbestand** rechtswidrige, unanfechtbare VA, deren Rücknahme nicht in den Geltungsbereich des § 44 Abs 1 einbezogen ist (vgl *BSG* SozR 4-5425 § 24 Nr 14; krit *Merten* aaO § 44 Rz 78). Die Regelung erfasst nicht nur die Fälle, in denen der VA zwar auf unrichtigen oder unvollständigen Angaben des Betroffenen beruht (vgl Abs 1 Satz 2), sich aber Vorsatz nicht nachweisen lässt, sondern Abs 2 greift auch dann, wenn Regelungsgehalt des VA weder Beiträge noch Sozialleistungen sind oder Spezialregelungen die Anwendung des Abs 1 ausschließen (*BSGE* 61, 184). Abs 2 ist daher auf **feststellende VA** anwendbar, zB die Anerkennung von Beitragszeiten in der RV, es sei denn, dass ihre Fehlerhaftigkeit bereits dazu geführt hat, dass Sozialleistungen zu niedrig erbracht wurden (dann gilt: Abs 1). Abs 2 erfasst somit zB: **Feststellungen nach dem SchwbG/SGB IX** (*BSGE* 69, 14), die Beendigung einer Mitgliedschaft (*BSG* SozR 3-2200 § 511 Nr 1) oder die **Berechtigung zur Nachentrichtung von Beiträgen** (*BSGE* 62, 134). Nach Abs 2 **Satz 1** sind VA für die Zukunft zurückzunehmen, nach Abs 2 **Satz 2** können sie auch für die Vergangenheit zurückgenommen werden.

3.1. Nicht begünstigende (belastende) VA

Abs 2 gilt für alle nicht begünstigenden (=belastenden) VA, mit Ausnahme der **49** von Abs 1 erfassten. **Belastend** sind alle VA, die nicht begünstigend iSv § 45 Abs 1 sind (vgl auch *Jung* SGb 2002, 1 [4]), also keinen rechtlich erheblichen Vorteil begründen oder bestätigen (tertium non datur, vgl Rz 53). Belastende VA iSv von Abs 2 stellen insb Eingriffe in Rechtsstellungen und geschützte Vermögenspositionen des Adressaten dar (**Bsp:** Aufhebung der Leistungsbewilligung, Leistungsbewilligungen mit bestimmten Auflagen als Nebenbestimmungen). Als Belastung genügt idR, dass **dem Antrag auf eine Leistung nicht in vollem Umfang entsprochen worden ist** (*BSG* SozR 2200 § 1303 Nr 23; *BSGE 55, 53*). Bei der Entscheidung, ob eine Regelung belastend wirkt, sind auf die **Interessen des Aufhebenden oder des die Aufhebung Begehrenden** an der Rücknahme aus der Sicht eines verständigen Dritten abzustellen (*SchlHLSG* SGb 1999, 29; *Schütze* aaO § 44 Rz 22; vgl auch *BSGE 38, 210*; aA *Siebert* SGb 1990, 245 [246], wonach nur das subjektive Interesse des Betroffenen maßgebend sein soll; *Steinwedel* aaO § 44 SGB X Rz 13; das BSG stellt teilweise auf den Inhalt des VA oder den Antrag des Betroffenen ab: *BSG* SozR 1300 § 45 Nr 7); es können insb **finanzielle Interessen** legitimer Gegenstand der Interessenabwägung sein (*SchlHLSG* SGb 1999, 29). Vor diesem Hintergrund kann die Beh gegen einen von ihr erlassenen Beitragsbescheid geltend machen, der Beitrag sei zu niedrig, während der Versicherte einwenden kann, der Beitrag sei zu hoch festgesetzt worden (vgl dazu *LSG NRW* HVBG-Info 1993, 2743). Da sich die Beurteilung des Betroffenen (aus obj Sicht), ob ein VA begünstigend oder belastend ist, ändern kann, es also immer auf die aktuelle, gegenwärtige Betrachtung ankommt (*Steinwedel* in KassKomm § 44 SGB X Rz 13), unterliegt auch **die Anwendbarkeit v § 44 im Laufe der Zeit Veränderungen** (*BSGE 50, 16*).

50   Problematisch ist die Aufhebbarkeit von VA, die für den Betroffenen zugleich begünstigende und belastende Elemente enthalten (**VA mit Doppel- oder Mischwirkung**; vgl § 31 Rz 30; *Wolff/Bachof/Stober* VerwR II § 45 Rz 72; § 46 Rz 24; *Ule/Laubinger* VerwR § 60 III 2 c, d; *BVerwGE 91, 7*; *v Einem* SozVers 1986, 197 ff; *ders* MittLVARheinprov 1986, 155; **Bsp:** Der Versicherte beantragt die Gewährung von Alg; das Alg wird zwar gewährt, die Beiträge aus Einmalzahlungen bleiben aber unberücksichtigt). Die **Feststellung der Versicherungsberechtigung** stellt einen typischen VA mit Doppel- oder Mischwirkung dar, wenn eine Beitragspflicht damit verbunden ist (*BSGE 15, 252*; ebenso für den Fall der Befreiung von der Versicherungspflicht: *BSGE 30, 17*). Grundsätzlich sind der begünstigende und der belastende Teil **getrennt zu beurteilen** (vgl *BSGE 55, 53*).

51   Enthält ein VA für den Adressaten begünstigende und auch belastende Bestandteile, die nicht trennbar sind, so richtet sich die Aufhebung, wenn der **Betroffene** die Rücknahme beantragt, nach § 44 (*BSG* SGb 1985, 336 Anm *Eichenhofer*, zur Rücknahme einer rechtswidrigen Beitragsbefreiung in der RV; vgl auch die Bsp bei *Dörr* Kompaß 1987, 50 [52]). Begehrt indes die **Beh** die Aufhebung des VA, so beurteilt sich die Aufhebung nach § 45, da er für den Betroffenen günstiger ist (*Merten* aaO § 44 Rz 30). Der Betroffene kann allerdings auf den weitergehenden Bestandsschutz nach § 45 **verzichten**. Voraussetzung ist stets, dass der Betroffene über die Folgen **belehrt** wurde und der VA für den Betroffenen in seiner unmittelbaren (vgl hierzu Rz 52), inhaltlichen Regelung auch belastend wirkt (*BSG* DRV 1984, 610 m Anm *Tannen*). Nimmt die Beh den VA jedoch von sich aus nach § 44 zurück, so muss sich der Bürger auf den Vertrauensschutz des § 45 berufen können (*Schütze* aaO § 44 Rz 23; *Zweng* ua HbRV § 44 SGB X Anm 111 A).

52   Bei einer Bewertung des **Gesamtcharakters des VA** (bzw der Teilregelung bei VA mit Doppel- oder Mischwirkung) unter Berücksichtigung der Interessenlage des Betroffenen muss sich eine **unmittelbare Belastung** ergeben; eine nur mittelbar belastende Auswirkung genügt nicht (**Bsp:** Wenn der Betroffene zunächst antragsgemäß Beiträge aus der RV erstattet erhielt, so kann er nicht nach § 44 den mit der Beitragserstattung verbundenen Verlust aller Versicherungszeiten als belastend geltend machen, denn diese Auswirkung ist nur eine mittelbare, *BSG SozR* 2200 § 1308 Nr 26; Wenn jemand Unterhaltsgeld als Darlehen – und nicht als Zuschuss – erhält, so kann er nach Abschluss der Maßnahme nicht die rückwirkende Aufhebung des Bewilligungsbescheids gem § 44 Abs 2 begehren, um die ratenweise Rückzahlung abzuwehren, denn es liegt auch hier nur eine mittelbare Belastung vor, *BSG SozR* 3-1300 § 44 Nr 1; krit *Ebsen* JbdSozRdG 14 (1992) 271 [280 f]). In diesen Fällen kommt es besonders auf die genaue Bestimmungen der Interessen des die Aufhebung Begehrenden im Zeitpunkt der Entscheidung an (Rz 49).

Treten begünstigende und/oder belastende Wirkungen bei **verschiedenen Personen** ein, liegt kein VA mit Doppelwirkungen, sondern ein **VA mit Drittwirkung** vor (§ 31 Rz 37; *Wolff/Bachof/Stober* VerwR II § 46 Rz 24). In diesem Fall hat die Rücknahme gegenüber dem Belasteten nach § 44 und gegenüber dem Begünstigten nach § 45 zu erfolgen (*v Einem* SGb 1985, 464 [465 f]; *Merten*aaO SGB X § 44 Rz 30; vgl auch *BSG SozR* 2200 § 1265 Nr 73; *Platzer* ZfSH/SGB 1984, 491 [496]). Die Sonderregelung des § 49 enthält hinsichtlich § 44 keine Einschränkung. Neben belastenden und begünstigenden VA gibt es **keine neutralen VA**, die ebenfalls von § 44 (da sie „nicht begünstigend" sind) erfasst wären, auch nicht in Gestalt von feststellenden VA, weil eine Rechtswirkung in die eine oder andere Richtung notwendig mit dem **Regelungsgehalt des VA** (§ 31 Rz 27 ff) verbunden ist (so *Kopp/Ramsauer* VwVfG § 48 Rz 62; *OVG Lüneburg* NVwZ 1990, 675; aA *BayVGH* BayVBl 1988, 497; *Knoke* aaO 55; *Schütze* aaO § 44 Rz 23). **53**

3.2. Zeitpunkt der Rücknahmeentscheidung

Die Rücknahme hat nach **Abs 2 Satz 1 zwingend für die Zukunft,** dh ab dem Zeitpunkt der Bekanntgabe des Rücknahmebescheids (vgl zur Abgrenzung von Vergangenheit und Zukunft: Vor §§ 44-49 Rz 5), zu erfolgen; in der RV ist der maßgebende Zeitpunkt der Rücknahme des VA wegen § 99 Abs 1 SGB VI der Erste des Folgemonats. Ob ein VA nach **Abs 2 Satz 2** für die **Vergangenheit** zurückgenommen wird, entscheidet die Beh nach **pflichtgemäßem Ermessen** (vgl zum Verlust des Rücknahmeanspruchs wegen unzulässiger Rechtsausübung: *BSGE* 97, 94). Welche Erwägungen iRah des Ermessens zu berücksichtigen sind, ergibt sich indes nicht unmittelbar aus dem Gesetz. Nach **Sinn und Zweck der Regelungen** (§ 39 Abs 1 SGB I) ist insb zu prüfen, ob eine Rückabwicklung bzw Erstreckung auf die Vergangenheit möglich bzw zumutbar ist (auf Billigkeitsgesichtspunkte stellen ab: *Schütze* aaO § 44 Rz 25; zu weiteren Gesichtspunkten: *Steinwedel* aaO § 44 Rz 47), denn grds soll – wenn möglich – von Beginn an der rechtmäßige Zustand hergestellt werden (vgl auch: *BSG SozR* 1300 § 44 Nr 28). Problematisch kann dies zB bei einer rechtswidrig ergangenen Befreiung von der RVPflicht sein (*BSG* SGb 1985, 336 m Anm *Eichenhofer*). **Bsp:** Soweit die KV die Belastung der Gesamtvergütung mit Nachzahlungen für die Vergangenheit so gering wie möglich hält und deshalb regelmäßig bestandskräftige Honorarbescheide nicht für die Vergangenheit zurücknimmt, macht sie von dem ihr in § 44 Abs 2 Satz 2 eingeräumten Ermessen rechtmäßig Gebrauch (*BSGE* 82, 50). **54**

Eine Rücknahme ausschließlich **für die Zukunft** kann zB gerechtfertigt sein, wenn der Verwaltungsaufwand unverhältnismäßig hoch wäre oder den Berechtigten ein alleiniges bzw hohes und überwiegendes Verschulden trifft. Die Beh muss über einen Überprüfungsantrag in aller Regel auch als neuen Leistungsantrag entscheiden. Lehnt es die beantragte Rücknahme des – vom Antragsteller **55** als rechtswidrig angesehenen – Ablehnungsbescheides nach § 44 Abs 1 ab, so bedeutet dies in aller Regel auch, dass er die Voraussetzungen für eine Leistung unter Berücksichtigung inzwischen eingetretener neuer Umstände ebenfalls verneint (vgl *BSG* Urt v 20.7.2005 – B 9 a V 1/05 R; *BSG* SozR 3-3100 § 30 Nr 18). Der Betroffene hat Anspruch auf eine **ermessensfehlerfreie Entscheidung** (vgl *BSGE* 67, 232; *BVerwGE* 44, 355; 69, 90; *BVerwG* NVwZ-RR 1993, 222; BFH 139, 128; *Erichsen* AllgVerwR § 17 Rz 5; *Kopp/Ramsauer* VwVfG § 48 Rz 81). Die Beh muss neben dem Zweck des Abs 2 Satz 2 insb die Grenzen der Ermessensausübung beachten. Die Ermessensentscheidung kann gerichtlich nur auf Ermessensfehlgebrauch hin überprüft werden (§ 31 Rz 77). Die Möglichkeit einer **Ermessensreduzierung auf Null** hat das BSG für den Fall des Abs 2 Satz 2 verneint (SozR 1300 § 44 Nr 28; aA *BVerwG* NVwZ 1985, 265). Wird vom Gericht ein im übrigen rechtmäßiger VA wegen **unterlassener Anhörung** aufgehoben (was nach der Änderung des § 41 Abs 2 nur noch selten vorkommen wird), hat dies nach Abs 2 Satz 2 rückwirkend zu erfolgen, da andernfalls der Verstoß gegen § 24 sanktionslos bliebe (*Schütze* aaO § 44 Rz 17).

4. Zuständige Beh (Abs 3)

56 Nach **Abs 3 Hs 1** entscheidet über die Rücknahme **nach Unanfechtbarkeit** des VA nicht die im Zeitpunkt des Erlasses, sondern die im Zeitpunkt der Aufhebungsentscheidung **zuständige** Beh (*Schütze* aaO § 37). Dies gilt auch dann, wenn der zurückzunehmende VA (gleichgültig, ob es sich um einen Ermessens-VA oder einen gebundenen VA handelt) von einer anderen Beh erlassen worden ist (**Abs 3 Hs 2**). **Bsp:** Beitragsbescheide nach Betriebsprüfungen werden nicht mehr von KK, sondern von den RVTr erlassen (§ 28 p Abs 1 SGB IV). Nach Eintritt der Bestandskraft kommen für die Rücknahmeentscheidung die **allg Regelungen über die örtliche und sachliche Zuständigkeit der Beh** zur Anwendung, denn eine spezielle Zuständigkeit für Rücknahmeentscheidungen gibt es nicht, obwohl das Rücknahmeverfahren ein eigenständiges Verwaltungsverfahren darstellt (*BSG,*SozR 1500 § 77 Nr 61; *BVerwG* NVwZ-RR 1996, 538 = DÖV 1995, 1046; vgl *OVG RhPf* DOV 1985, 588).

57 Die parallele Regelung in § 48 **Abs 5 VwVfG** erfasst nur einen Wechsel der **örtlichen Zuständigkeit**, während § 44 Abs 3 auch bei einem Wechsel der sachlichen Zuständigkeit greift (vgl *BSGE* 114, 302). § 44 Abs 3 gilt nach Unanfechtbarkeit auch dann, wenn sich die örtliche Zuständigkeit zwar nicht geändert hat, der Erstbescheid aber von der örtlich unzuständigen Beh erlassen worden ist (vgl *BVerwG* NVwZ-RR 1996, 538 = DÖV 1995, 1046). Wenn eine **sachlich unzuständige Beh** den inzwischen unanfechtbaren Bescheid erlassen haben sollte, dürfte grds nichts anderes gelten (vgl aber zur umstr Praxis der RVTr, § 44 Abs 3 zwar bei einem Wechsel der örtlich zuständigen LVA innerhalb der ArV, nicht aber beim Wechsel des sachlich zuständigen RVTr anzuwenden: *Tannen* DRV 1988, 498 [501 f]; *Schütze* aaO § 44 Rz 37 a). Allerdings ist zu beachten, dass VA, die von der sachlich unzuständigen Beh erlassen worden sind, gem § 40 Abs 1 nichtig sein können (§ 40 Rz 12), so dass es dann eines Vorgehens nach § 44 gar nicht bedarf. Wenn eine Beh jedoch einen Leistungsrückforderungs- oder Beitragsrückerstattungsbescheid nach §§ 44, 38 oder 48 iVm § 50 erlassen haben sollte, bleibt sie für dessen Rücknahme nach § 44 auch dann zuständig, wenn zwischenzeitlich Beiträge an einen anderen Versicherungsträger geleistet worden sind (*BSG* SozR 1300 § 45 Nr 7; *Siebert* SGb 1990, 245 [248]).

Aus Abs 3 ergibt sich im Umkehrschluss, dass **bis zur Unanfechtbarkeit** nur die **58** erlassende Beh den VA zurücknehmen darf; wenn allerdings eine örtlich und/ oder sachlich unzuständige Behörde den VA erlassen haben sollte, tritt an dessen Stelle die zuständige Behörde (vgl zur entsprechenden Problematik nach Unanfechtbarkeit Rz 57), es sei denn, der VA ist bei absoluter sachlicher Unzuständigkeit bereits gem § 40 Abs 1 nichtig (vgl Rz 57). Allerdings bedarf es bis zur „formellen Bestandskraft" (zum Begriff vgl § 39 Rz 2) eines ausdrücklichen actus contrarius, da der VA mit seinem Erlass wirksam wird (vgl Vor §§ 44-49 Rz 11). Der **Widerspruchsbescheid** kann bis zur formellen Bestandskraft nur von der Widerspruchsbeh zurückgenommen werden. Die **Abhilfe** nach § 85 Abs 1 SGG ist mit Erlass des Widerspruchsbescheids nicht mehr möglich, so dass die Abhilfe und die Rücknahme nicht in Konkurrenz zueinander treten können.

Die negative oder positive Aufhebungsentscheidung ist ein **VA** und das hierauf **59** gerichtete Zugunstenverfahren ein **VwVerf** iSv § 8 (*Merten* aaO § 44 Rz 73). Daraus folgt, dass nur Beh (zum Begriff: § 1 Rz 9 ff, § 31 Rz 20) zur Aufhebung des VA nach dieser Bestimmung befugt sind. Wird der Antrag auf Rücknahme eines VA abgelehnt, ist dagegen der **Widerspruch** zulässig. Im **gerichtlichen Verfahren** gegen Zugunstenbescheide ist die Kombination von Anfechtungs-, Verpflichtungs- und Leistungs- bzw Feststellungsklage notwendig (*BSG* SozR 3-1300 § 44 Nr 8 – 4. Senat; *BSG* Urt v 24.7.2003 – B 4 RA 62/02 R; *BSGE* 81, 150 – 9. Senat; *BSGE* 76, 156 – 7. Senat; *Steinwedel* aaO § 44 Rz 16; *Keller* in Meyer-Ladewig/Keller/Leitherer SGG § 54 Rz 20 c; **aA:** *BSGE* 97, 54: Einer zusätzlichen Verpflichtungsklage, mit der die Beklagte verpflichtet werden soll, ihren früheren, dem Anspruch entgegenstehenden Bescheid selbst aufzuheben, bedarf es in einem Gerichtsverfahren zur Überprüfung eines Verwaltungsakts nach § 44 SGB X nicht; *Krasney/Udsching*, Handbuch des sozialgerichtlichen Verfahrens, Kap IV Rz 76; *Ulmer* in Hennig SGG § 54 Rz 106).

Im Urteil ist zu **tenorieren:** **60**

In Fällen zu Unrecht abgelehnter Leistungen

▶ Die Beklagte wird unter Aufhebung des Bescheids x (nach § 44) in Gestalt des Widerspruchsbescheid y verpflichtet, den Bescheid z (Ausgangsbescheid) aufzuheben und dem Kläger (zB) Alg ab 1.1.2003 in gesetzlicher Höhe zu gewähren. ◀

Sieht die Beh übrigens in einem Antrag nach § 44 zu Unrecht einen **Neuantrag**, so ist im gerichtlichen Verfahren über den Anspruch aus § 44 mitzuentscheiden, ohne dass es einer Ergänzung des VA oder der Erhebung einer Untätigkeitsklage bedarf (so: *BSGE* 65, 84; *Steinwedel* aaO § 44 Rz 30; aA: *BSG* SozR 3-2200 § 1251 a Nr 16: neues Verfahren).

Abs 3 ist schließlich in den Fällen **rechtswidriger „VA-Ketten"** zu beachten. **61** Bsp: Der nach § 44 zu überprüfende VA stützt sich auf eine rechtswidrige Nebenbestimmung eines zuvor ergangenen VA (vgl *BSG* SozR 3-1300 § 45 Nr 5 zu einem rechtswidrigen Rückforderungsvorbehalt). Sollte hier für die Rücknahme des VA mit rechtswidriger Nebenbestimmung eine andere Beh zuständig sein also für die Rücknahme des sich anschließenden („folgerichtig" ebenfalls fehlerhaften) VA und der Anspruch auf Rücknahme des zweiten Bescheids von der Rücknahme des ersten Bescheids abhängen, ist eine Entscheidung über die Rücknahme des ersten Bescheid abzuwarten, sofern der Betroffene einen Überprüfungsantrag gestellt hat; das gerichtlichen Verfahren kann solange **gem § 114 Abs 2 SGG ausgesetzt** werden (*Steinwedel* aaO § 44 Rz 31). Wird die zuständige Beh beigeladen, so kann sie zur Aufhebung nicht verurteilt werden (vgl § 75 Abs 5 SGG; *BSGE* 57, 1).

5. Rückwirkende Leistungsbewilligung (Abs 4)

62 Abs 4 befasst sich nicht mit der Aufhebung von VA, sondern mit den **leistungsrechtlichen Folgen**. Nach – der missverständlichen Formulierung in – **Abs 4 Satz 1** werden Sozialleistungen, wenn ein VA mit Wirkung für die Vergangenheit zurückgenommen wurde, nach den materiellrechtlichen Regelungen, jedoch „längstens für einen Zeitraum von **bis zu vier Jahren** vor der Rücknahme", erbracht. Der Gesetzgeber verfolgt damit das Ziel eines Ausgleichs zwischen dem Interesse der Allgemeinheit an Rechtssicherheit und dem Interesse des Leistungsberechtigten an materieller Gerechtigkeit (vgl *Palsherm* SGb 2014, 274, 279). Wegen **Abs 4 Satz 2**, der die Rücknahme auf den **Jahresbeginn vorverlegt,** kann tatsächlich für einen **Zeitraum von nahezu 5 Jahren** nachzuzahlen sein; die Frist des Abs 4 Satz 2 beginnt mit dem letzten Tag des Vorjahres (§ 26 Abs 1 iVm § 187 Abs 1 BGB) und endet nach 4 Jahren mit dem ersten Tag des Jahres (§ 26 Abs 1 iVm § 188 Abs 2 BGB). **Bsp:** Rücknahme erfolgt am 12.11.2015, die rücklaufende Frist beginnt dann am 31.12.2014 und „endet" am 1.1.2011 (58 Monate und 12 Tage). Der Vierjahreszeitraum entspricht der **Verjährungsfrist nach § 45 SGB I.** Abs 4 ist dennoch aufgenommen worden, um sicherzustellen, dass nicht über diesen Zeitraum hinaus rückwirkende Leistungen zu erbringen sind, denn nach *BSGE* 38, 224 entfällt bei rückwirkender Aufhebung des VA auch eine bereits eingetretene Verjährung (BT-Drucks 8/2034, 34). Der **Abs 4** zugrunde liegende Gedanke, dass die den laufenden Lebensunterhalt sicherstellenden Sozialleistungen (Aktualität der Sozialleistungen) im Falle ihres rechtswidrigen Vorenthaltens nur für einen begrenzten Zeitraum nachgezahlt werden sollen (Rz 66), auch um den Leistungsträgern eine Überschaubarkeit ihrer Leistungsverpflichtungen zu ermöglichen (so *BSGE* 34, 1 – GrS; 60, 158; 89, 152), findet sich auch in anderen Regelungen wieder (vgl **§§ 45 Abs 1 SGB I, 25 Abs 1 Satz 1 und 27 Abs 2 SGB IV**).

63 Abs 4 ist allerdings nicht Ausdruck eines **allg Rechtsgedankens** (*BSGE* 98, 162; *Merten* aaO § 44 Rz 94). Entsprechende Ansätze in der Rspr des *BSG* (SozR 1300 § 44 SGB X Nr 24, 25) haben keine Fortentwicklung erfahren (*BSG* SozR 1300 § 48 SGB X Nr 32; SozR 2200 § 1254 RVO Nr 7; vgl auch: *BSGE* 74, 267; 79, 179; 89, 152). Daher ist unter bestimmten Voraussetzungen **ein längerer Nachzahlungszeitraum möglich** (Ermessen nach § 45 Abs 1 SGB I, Verjährungseinrede kann treuwidrig sein, vgl *BSG* SozR 3-1300 § 44 Nr 18; *BSGE* 89, 152: Nach § 37 Satz 1 Hs 1 SGB I geht § 119 hinsichtlich des Ersatzes von Beitrags- und Rentenschäden § 44 Abs 4 vor); überdies wird die Überprüfung länger zurückwirkender Rückforderungsbescheide durch Abs 4 nicht eingeschränkt (vgl *BSG* SozR 3-1300 § 44 Nr 19; *Steinwedel* aaO § 44 Rz 145). Abs 4 kommt auch dann nicht zur Anwendung, wenn die Beh zB die **laufende Zahlung von KG** ohne Erlass eines entsprechenden VA einstellt und dann wegen Rückzahlungen über einen Zeitraum von mehr als 4 Jahren gestritten wird (vgl *BSGE* 74, 267). Abs 4 ist nach alledem auf **spezialgesetzliche Regelungen** der Rücknahme eines rechtswidrigen belastenden VA (zB § 307 a Abs 8 SGB VI; vgl *ThürLSG* SGb 1996, 274) **nur dann entsprechend anzuwenden, wenn sich aus deren Sinn und Zweck** nicht etwas anderes ergibt (*BSGE* 95, 219: Eine nachträgliche Korrektur der Entscheidung über Rechte wegen AU kommt nur in den zeitlichen Grenzen des § 44 Abs 4 in Betracht, da die Anwendung des § 44 nicht durch spezielle Regelungen über das Krankengeld ausgeschlossen ist).

64 Im Verhältnis von § 44 zu § 300 Abs 3 SGB VI ergibt sich aus § 300 SGB VI, welches Recht der Neuberechnung der Rente iSv § 44 Abs 4 zugrunde zu legen ist. Nach § 300 Abs 1 SGB VI sind die Bestimmungen des SGB VI vom Zeitpunkt ihres Inkrafttretens an anzuwenden. Das gilt auch dann, wenn nach dem maßgebenden Zeitpunkt eine bereits vorher geleistete Rente neu festzustellen ist und dabei die persönlichen Entgeltpunkte neu zu ermitteln sind (§ 300 Abs 3 Satz 1 SGB VI). Der in § 300 Abs 3 Satz 2 SGB VI erfasste **Besitzschutz** erfasst diejenigen persönlichen Entgeltpunkte, die sich bei von vornherein richtiger Bescheiderteilung ergeben hätten (*BSG* Breith 2000, 507 – 5. Senat; BSG SGb 2000, 18 – 13. Senat; *BSG* SozR 3-2600 § 300 Nr 18 – 13. Senat; vgl auch: *LSG Nds* SGb 1997, 424).

Abs 4 ist **von Amts wegen** zu beachten und verfassungsrechtlich unbedenklich (vgl *BSG* SozR 1300 § 44 Nr 23). Er bewirkt namentlich bei Ausschluss von durch Beitragszahlung erworbenen Ansprüchen **keine unzulässige Enteignung** (*BSG* ZfS 1986, 309). Abs 4 kommt auch dann zur Anwendung, wenn für den Erstantrag eine kürzere Rückwirkungsfrist bestand (*Schütze* aaO § 44 Rz 20). Auf ein **Verschulden der Beh** beim Erlass des aufgehobenen VA kommt es nicht an (*BSG* SozR 1300 § 44 Nr 17; *BSG* SozR 1300 § 48 Nr 32; *BSG* SGb 1994, 85; *LSG Nds* SGb 1994, 331). Hat der aufzuhebende VA in den 4 Jahren vor dem Überprüfungsantrag keinerlei Wirkungen erzeugt, die durch eine Aufhebung beseitigt werden könnten, braucht die Beh die Rechtswidrigkeit nicht zu prüfen (*BSGE* 68, 180). Abs 4 stellt sich vor diesem Hintergrund weder als Verfahrensbestimmung noch als Einrede, sondern als eine **materiellrechtliche Ausschlussfrist dar** (*Merten* aaO § 44 Rz 91; *BSGE* 62, 10): Soweit also eine Nachleistung nicht in Frage kommt, besteht auch kein Anspruch auf Rücknahme des (ursprünglich rechtswidrigen und belastenden) VA (*BSG* SGb 1994, 85; *Eichenhofer* NdsVBl 1995, 1 [10]) und dem Betroffenen steht kein Überprüfungsanspruch zur Seite (vgl *BSG* Breith 1995, 820).

65

Grund für die Anspruchsbeschränkung nach Abs 4 ist der **Unterhaltscharakter** laufender Sozialleistungen (vgl auch Rz 62), mit dem – unter Beachtung der verfassungsrechtlichen Anspruchsposition des Betroffenen – eine Nachzahlung für einen längeren Zeitraum als vier Jahre als nicht vereinbar angesehen wurde (BT-Drucks 8/2034, 34). Aber auch **Nachzahlungen einer einmaligen Leistung,** die in der Vergangenheit vor mehr als 4 Jahren abgelehnt wurden, werden von Abs 4 erfasst (*BSG* SozR 3-6610 Art 5 Nr 1; *Schütze* aaO § 44 Rz 28; *Merten* aaO § 44 Rz 92; *Steinwedel* aaO § 44 Rz 51, der sich auf die Entstehungsgeschichte bezieht; aA Voraufl; *Dörr* DAngVers 1982, 333 [335]). Abs 4 gilt auch für **Nebenforderungen,** zB Zinsen. Geht es um die Rückerstattung zu Unrecht entrichteter Beiträge, so werden in den §§ 26, 27 SGB IV Sonderregelungen getroffen. Abs 4 erfasst im Bereich des Vertragsarztrechtes auch den **allg öffentlich-rechtlichen Erstattungsanspruch** (*BSGE* 69, 185).

66

Liegen neben den Voraussetzungen von § 44 die Voraussetzungen des **sozialrechtlichen Herstellungsanspruchs** vor, so geht § 44 als die gesetzliche Sonderregelung dem richterrechtlich aus allg Grundsätzen entwickelten Rechtsinstitut vor (*BSG* ZfS 1986, 309; *BSG* Breith 2000, 507; vgl auch *BSG* SozR 1300 § 44 Nr 18, 25; *BayLSG* Urt v 14.7.2010 – L 19 R 446/06; *Steinwedel* aaO § 44 Rz 16). Der Herstellungsanspruch kommt auch dann nicht zur Anwendung, wenn es um Leistungen geht, die **länger als vier Jahre zurückliegen** (zuletzt *BSG* Urt v 24.4.2014 – B 13 R 23/13 R, mit ausführlicher Darstellung des Streitstandes; *BSGE* 60, 245; 87, 280; *BSG* Breith 1999, 989: Selbst, wenn die Versäumung der Frist des § 44 Abs 4 auf einem Fehlverhalten der Beh beruht, kann ein sozialrechtlicher Herstellungsanspruch nicht zu einer mehr als 4 Jahre rückwirkenden nachträglichen Leistungsgewährung führen), denn die Verletzung einer Nebenpflicht kann nicht weiterreichende Folgen haben, als die Ver-

67

letzung der Hauptpflicht (*BSGE* 87, 280). Das gilt auch dann, wenn die Voraussetzungen von § 44 gar nicht vorliegen. **§ 44 konkretisiert insoweit den Herstellungsanspruch** (vgl *BSG* SozR 1300 § 44 Nr 17; *Bühler* MittLVAWürtt 1984, 201 [206]; *Schütze* aaO § 44 Rz 33; aA *Geschwinder* ZfS 1985, 70 [74]; vgl zum Verhältnis von § 44 und Herstellungsanspruch auch *Schmidt-de Caluwe* SozVers 1991, 314).

68 **§ 48 Abs 4 Satz 1** schreibt die entsprechende Anwendung von § 44 Abs 4 ausdrücklich vor, **§ 307 b Abs 2 Satz 4 SGB VI** (idF d AAÜG-ÄndG v 11.11.1996, BGBl I 1674) schließt demgegenüber eine rückwirkende Leistungsbegrenzung über § 44 Abs 4 ausdrücklich aus (vgl auch die Modifikationen in § 330 Abs 1 SGB III). Abs 4 gilt ferner nicht im Falle des § 48 Abs 1 Satz 2 Nr 1 (*BSG* VersorgB 1987, 107; vgl auch: *BSG* SozR 3-1300 § 44 Nr 18; aA: *BSG* SozR 1300 § 44 Nr 24, 25; vgl auch *Schnapp* SGb 1993, 1 [7]). Ein sog „**Unterwerfungsvergleich**", mit dem sich die Beteiligten darüber einigen, dass die Beh nach einer künftigen Entscheidung in einem anderen gerichtlichen (Parallel-)Verfahren ggf zugunsten des Klägers neu bescheiden wird, kann die Anwendung der Frist nach § 44 Abs 4 ausschließen, auch wenn dazu eine ausdrückliche Regelung nicht getroffen wurde (*SG Berlin* SGb 1995, 94; *LSG Bln* SGb 1995, 546: Auslegung des Vergleichs in entsprechender Anwendung der §§ 133, 157 BGB).

69 Bei einer Neufeststellung nach § 44 sind **Zinsen** (§ 44 Abs 1 SGB I) nicht erst ab dem Antrag auf Neubescheidung, sondern seit Erlass des ursprünglichen, ablehnenden VA **nachzuzahlen** (*BSG* SozR 1200 § 44 Nr 4; *Schütze* aaO § 44 Rz 32), aber nur insoweit, als nach Abs 4 tatsächlich nachzuzahlen ist. Wenn allerdings erst durch den Neufeststellungsantrag die Leistungsvoraussetzungen vervollständigt worden sind, ist auf den neuen Antrag abzustellen.

70 Bei **Rücknahme auf Antrag** ist für die Berechnung der Vierjahresfrist der Tag der Antragstellung maßgeblich. **Abs 4 Satz 3** soll eine **Benachteiligung des Bürgers** durch eine zu lange Verfahrensdauer verhindern (vgl *BSG* SozR 1300 § 44 Nr 19: Äußerungen gegenüber dem Versorgungsarzt, die sich aus einem der entscheidenden Beh vorgelegten Bericht ergeben, sind als Antragstellung anzusehen, wenn sich aus ihnen ergibt, dass eine Neuregelung gewollt war). Die Frist berechnet sich auch dann ab dem Tag der Antragstellung, wenn dieser vor dem 1.1.1981 gestellt worden ist (vgl *BSGE* 54, 223). **Anträge auf frühere Zugunstenverfahren** sind nicht maßgebend (*BSGE* 72, 8), erst recht nicht frühere Anträge auf die Leistung selbst (vgl *Schütze* aaO § 44 Rz 29). Verzögert die Beh bei einem **von Amts wegen durchzuführenden VerwVerf** ohne triftigen Grund den Bescheid und sollte dem Betroffenen hinsichtlich der Vierjahresfrist ein Nachteil entstehen, ist dieser im Wege des **Herstellungsanspruchs** auszugleichen (*Schütze* aaO § 44 Rz 29).

71 Ob allerdings und in welchem Umfang an die Stelle der aufgehobenen, belastenden Regelung eine günstigere zu treten hat, richtet sich ausschließlich nach **materiellem Recht** (*Schütze* aaO § 44 Rz 34). Daneben besteht ein **Folgenbeseitigungsanspruch**, dh ein Anspruch auf Rückgängigmachung aller durch den aufgehobenen VA bewirkten unmittelbaren, belastenden Folgen (*BSGE* SGb 1980, 546 m Anm *Seewald*; *BSGE* 60, 245; *BSG* SozR 1300 § 44 Nr 23; vgl auch *Keller* aaO § 131 Rz 4; *Maaß* BayVBl 1987, 520 [524 f]). Für ihn gilt Abs 4 ebenfalls, nicht allerdings für den auch möglichen **Amtshaftungsanspruch** nach Art 34 GG iVm § 839 BGB (ebenso *Schütze* aaO § 44 Rz 34; *BGH* MDR 1989, 891; vgl auch *Bonz* DAngVers 1989, 425; ablehnend *v Einem* SozVers 1989, 261 [262 f]).

§45 Rücknahme eines rechtswidrigen begünstigenden Verwaltungsaktes

(1) Soweit ein Verwaltungsakt, der ein Recht oder einen rechtlich erheblichen Vorteil begründet oder bestätigt hat (begünstigender Verwaltungsakt), rechtswidrig ist, darf er, auch nachdem er unanfechtbar geworden ist, nur unter den Einschränkungen der Absätze 2 bis 4 ganz oder teilweise mit Wirkung für die Zukunft oder für die Vergangenheit zurückgenommen werden.

(2) [1]Ein rechtswidriger begünstigender Verwaltungsakt darf nicht zurückgenommen werden, soweit der Begünstigte auf den Bestand des Verwaltungsaktes vertraut hat und sein Vertrauen unter Abwägung mit dem öffentlichen Interesse an einer Rücknahme schutzwürdig ist. [2]Das Vertrauen ist in der Regel schutzwürdig, wenn der Begünstigte erbrachte Leistungen verbraucht oder eine Vermögensdisposition getroffen hat, die er nicht mehr oder nur unter unzumutbaren Nachteilen rückgängig machen kann. [3]Auf Vertrauen kann sich der Begünstigte nicht berufen, soweit

1. er den Verwaltungsakt durch arglistige Täuschung, Drohung oder Bestechung erwirkt hat,
2. der Verwaltungsakt auf Angaben beruht, die der Begünstigte vorsätzlich oder grob fahrlässig in wesentlicher Beziehung unrichtig oder unvollständig gemacht hat, oder
3. er die Rechtswidrigkeit des Verwaltungsaktes kannte oder infolge grober Fahrlässigkeit nicht kannte; grobe Fahrlässigkeit liegt vor, wenn der Begünstigte die erforderliche Sorgfalt in besonders schwerem Maße verletzt hat.

(3) [1]Ein rechtswidriger begünstigender Verwaltungsakt mit Dauerwirkung kann nach Absatz 2 nur bis zum Ablauf von zwei Jahren nach seiner Bekanntgabe zurückgenommen werden. [2]Satz 1 gilt nicht, wenn Wiederaufnahmegründe entsprechend § 580 der Zivilprozessordnung vorliegen. [3]Bis zum Ablauf von zehn Jahren nach seiner Bekanntgabe kann ein rechtswidriger begünstigender Verwaltungsakt mit Dauerwirkung nach Absatz 2 zurückgenommen werden, wenn

1. die Voraussetzungen des Absatzes 2 Satz 3 Nr. 2 oder 3 gegeben sind oder
2. der Verwaltungsakt mit einem zulässigen Vorbehalt des Widerrufs erlassen wurde.

[4]In den Fällen des Satzes 3 kann ein Verwaltungsakt über eine laufende Geldleistung auch nach Ablauf der Frist von zehn Jahren zurückgenommen werden, wenn diese Geldleistung mindestens bis zum Beginn des Verwaltungsverfahrens über die Rücknahme gezahlt wurde. [5]War die Frist von zehn Jahren am 15. April 1998 bereits abgelaufen, gilt Satz 4 mit der Maßgabe, dass der Verwaltungsakt nur mit Wirkung für die Zukunft aufgehoben wird.

(4) [1]Nur in den Fällen von Absatz 2 Satz 3 und Absatz 3 Satz 2 wird der Verwaltungsakt mit Wirkung für die Vergangenheit zurückgenommen. [2]Die Behörde muss dies innerhalb eines Jahres seit Kenntnis der Tatsachen tun, welche die Rücknahme eines rechtswidrigen begünstigenden Verwaltungsaktes für die Vergangenheit rechtfertigen.

(5) § 44 Abs. 3 gilt entsprechend.

Literatur:

Altmann: Rückforderung von Leistungen zur sozialen Sicherung von Pflegepersonen, NZS 2009, 665; *Bieback*: Probleme der Einjahresfrist bei der Rücknahme von Verwaltungsakten gem §§ 45 Abs 4 und 48 Abs 4 SGB X, SGb 1995, 141; *Brede*: Der VA mit

Dauerwirkung, 1997; *Dörr*: Rücknahme, Widerruf, Aufhebung oder neue Erstentscheidung, ZfS 1998, 340; *Dörr*: Bescheidkorrektur, Rückforderung, sozialrechtliche Herstellung, 2013; *Dörr*: Das Sozialverwaltungsrecht zur Bescheid-Korrektur, NJ 2006, 160; *Dörr/Groß*: Rücknahme oder Aufhebung von Verwaltungsakten, RVaktuell 2008, 319; *Fichte*: Zur Rückforderung zu Unrecht gezahlter Sozialzuschläge, DAngVers 1996, 437; *Francke/Mehrow*: Rücknahme von rechtswidrigen begünstigenden Bescheiden (§ 45 SGB X), Kompass 1999, 339; *Francke*: Der böse Rentner, das BSG und die Gesetzesauslegung, Gedanken zum Urteil des BSG vom 30.10.2013 – B 12 R 14/11 R –, NZS 2015, 8; *Frohn*: Die Bescheidkorrektur nach § 45 SGB X – Ermessens- oder gebundene Pflichtentscheidung?, SGb 1999, 541; *Gassner*: Zum Verhältnis von § 20 Abs 4 BKGG und § 48 Abs 4 Satz 1 iVm § 45 Abs 3 Satz 3 SGB X, SGb 1990, 359; *Geiger*: Anforderungen an Aufhebungsbescheide nach §§ 45, 48 SGB X im SGB III und SGB II, info also 2009, 147; *ders*: Rentenzahlungsansprüche für Zeiten des Bezugs von ALG II, Erstattung nach §§ 102 f SGB X oder Rückforderung nach §§ 45, 48 SGB X, SGb 2014, 183; *Gerlach*: Die Schwierigkeiten bei der Bestimmung des Umfangs der Überprüfung eines Bescheids über Leistungen der Grundsicherung für Arbeitsuchende nach dem SGB II und der Sozialhilfe nach dem SGB XII im sozialgerichtlichen (Vor-)Verfahren und die Einbeziehung von Änderungsbescheiden, ZfF 2010, 1; *Graßl*: Vertrauensschutz bei Aufhebung rechtswidrig begünstigender Verwaltungsakte, SGb 1985, 145; *Günther*: Abtretung, Pfändung und Abzweigung von Sozialleistungen, ZfSH/SGB 1998, 272; *Heilemann*: Die Korrektur aus einem Rechtsbehelfsverfahren hervorgegangener Verwaltungsakte, SGb 1995, 240; *ders*: Rücknahme oder Aufhebung – zur Abgrenzung der Anwendungsbereiche der §§ 44, 45 und 48 Abs 1 SGB X, SGb 1996, 160; *ders*: Die Rücknahme des rechtswidrigen Verwaltungsaktes mit Doppelwirkung nach dem SGB X, SGb 1997, 255; *Heinz*: Ist die Zweijahresfrist des § 45 Abs 3 Satz 1 SGB X für SchwbG-Feststellung gefallen?, Versorgungsverwaltung 1998, 58; *ders*: Die Aufhebung von Verwaltungsakten nach dem Sozialgesetzbuch X unter besonderer Berücksichtigung der Rechtsentwicklung im Bereich der Existenzsicherung, WzS 2008, 105; *ders*: Aufhebung behördlicher Entscheidungen auf dem Gebiet der Sozialversicherung, WzS 02/2013, 35; *ders*: Zur Korrektur behördlicher Entscheidungen nach dem SGB X und zu verfahrensrechtlichen Besonderheiten im Existenzsicherungsrecht: zugleich eine Anmerkung zu BSG, Urteil v. 29.09.2009, B 8 SO 16/08 R, ZfF 2012, 25; *Homann*: Rückforderung sozialrechtlicher Leistungen und Versagung der Restschuldbefreiung, ZVI 2006, 425; *Jung*: §§ 44, 45, 48 SGB X: Schwierigkeiten bei der Aufhebung bindender Verwaltungsakte, insbesondere im Bereich der gesetzlichen Unfallversicherung, SGb 2002, 1; *Keller*: Der Beweis der Tatsachen, die die Rechtswidrigkeit eines begünstigenden Verwaltungsaktes nach dem Sozialgesetzbuch begründen, SGb 1993, 259; *Knipping*: Rechtsbehelfe und Rücknahme – zwei selbständige Korrekturmöglichkeiten für Verwaltungsakte, SozVers 1993, 177; *Köhler*: Die Beweislastverteilung im sozialgerichtlichen und sozialverwaltungsrechtlichen Verfahren der gesetzlichen Unfallversicherung, ZFSH/SGB 2009, 643; *Kuklok*: Die Ausübung des Ermessens in Rücknahmebescheiden nach § 45 Sozialgesetzbuch (SGB X), SozVers 1997, 63; *Löcher*: Die Korrektur von Verwaltungsentscheidungen im Recht der Kriegsopferfürsorge, ZfS 2006, 193; *Mayer*: Bewilligungszeitraum für Leistungen nach dem SGB II und Streitgegenstand, NZS 2007, 17; *Marburger*: Erstattung zu Unrecht entrichteter Rentenversicherungsbeiträge, rv 2014, 21; *Mrozynski*: Die Zurechnung des Vertreterverhaltens im Sozialrecht, SGb 1993, 13; *Paul*: Der Sozialhilfebescheid im Spannungsfeld zwischen täglicher Regelungsbedürftigkeit und Dauerwirkung, ZfSH/SGB 1999, 78; *Pfeifer*: Leistungen nach dem SGB II und dem SGB III – Zur Rücknahme rechtswidriger Bewilligungsbescheide, NZS 2005, 411; *Pickel*: Die Rücknahme von Verwaltungsakten, NZA 1987, 454; *Rieker*: Der Einwand der Verwirkung bei rückwirkenden Beitragsforderungen der gesetzlichen Krankenkassen, rv 2010, 1; *ders*: Die Rückforderung einer gegenüber dem Leistungsberechtigten ohne Verwaltungsakt erbrachten Sozialleistung, NZS 2013, 653; *Roth*: Die verwaltungsrechtlichen Probleme des BAföG-Betrugs, NJW 2006, 1707; *Sartorius/Bube*: Das Schwerbehindertenrecht in der anwaltlichen Praxis, ZAP 2007 (18), 949 *Saul*: Fällt die Zweijahresfrist des § 45 Abs 3 Satz 1 SGB X für SchwbG-Feststellungen?, Die Versorgungsverwaltung 1996, 10; *Schnapp*: Rücknahme von Verwaltungsakten, SGb 1993, 1; *Schwabe*: Rückzahlung von „Hartz IV"? – Die rechtlichen Rahmenbedingungen zur Rückforderung von Leistungen nach dem SGB II, ZfF 2006, 145; *ders*: Rückzahlung von Sozialhilfe? – Die rechtlichen Rahmenbedingungen zur Rückforderung von Leistungen nach dem SGB XII, ZfF 2006, 217; *Siebert*: Rücknahme rechtwidriger Verwaltungsakte gemäß §§ 44 und 45 SGB X, SGb 1990, 245; *Sodan*: Rückwirkende Korrekturen vertrags(zahn)ärztlicher Gesamtvergütungsverträge und Honorarbescheide als Rechtsproblem, NZS 2003, 57, 130; *Straßfeld*: SGb 2003, 88; *Tapper*: Optimierung der Refinanzierung (Rückholung) von Grundsicherungsleistungen durch rechtsbereichsintegrierende Auslegung, SGb 2012, 245; *Weber*: Kostenerstattung und Kostenersatz bei rechtswidrig oder zu Unrecht gewährter Sozialhilfe nach dem SGB XII, DVP 2010, 278; *Wehr*: Der Verwaltungsakt mit Dauerwirkung, BayVBl 2007, 385; *Wiesner*: Die Aufhebbarkeit von Honorarbescheiden im Vertragsarztrecht, SGb 1997, 150.

1. Allgemeines

Die Rücknahme eines begünstigenden VA nach § 45 ist **Modellfall** (Vor §§ 44-51 Rz 16) für die Abwägung zwischen **Gesetzmäßigkeit der Verwaltung** (bzw dem „öffentlichen Interesse", BT-Drucks 8/2034, 34; *Wolff/Bachof/Stober* VerwR I § 51 Rz 73) einerseits und **Vertrauensschutz** des VA-Adressaten andererseits (Vor §§ 44-49 Rz 15; BT-Drucks 7/910, 69 für § 48 VwVfG; vgl *BSG* KrV 2003, 27; *BSG* SozSich 1995, 355; vgl auch *Maurer* HdbStR III § 60 Rz 78); die Regelung ist Ausdruck eines **verhältnismäßigen Ausgleichs** (insb durch Abs 3, BT-Drucks 8/2034, 34) zwischen den genannten Interessen (praktische Konkordanz; vgl BT-Drucks 7/910, 69 für § 48 VwVfG: „Das Prinzip des Abwägens beherrscht das gesamte Verwaltungsrecht und hat hier etwa dieselbe hervorragende Bedeutung wie der Grundsatz von Treu und Glauben im bürgerlichen Recht"). § 45 betont allerdings stärker als § 44 den Gedanken der **Rechtssicherheit** und des Rechtsfriedens zugunsten des Bürgers (*Steinwedel* in KassKomm SGB X § 45 Rz 4; *Schütze* in von Wulffen SGB X § 45 Rz 1). Während in § 48 die Aufhebung des rechtswidrig „gewordenen" VA geregelt wird, erfasst § 45 den von Anfang an rechtswidrigen VA.

1

Die Abwägung nach § 45 ist zwar stets **Einzelfallentscheidung**, aber der **Abwägungsvorgang** wird insoweit **näher konkretisiert**, als einerseits Vertrauensschutz größeres Gewicht beizumessen ist, wenn die aufgrund des VA erbrachte **Leis-**

2

tung verbraucht oder nach Erlass des VA **Vermögensdispositionen** getroffen wurden. Andererseits werden Fallkonstellationen aufgeführt, in denen das Vertrauen nicht schutzwürdig ist und Bestandsschutz nicht in Betracht kommt (**Abs 2 Satz 2 und 3**). Aus grundrechtlicher Sicht stellt § 45 die erforderliche Ermächtigungsgrundlage für den Eingriff in die durch VA bereits gesicherte Rechtsposition des Betroffenen dar (**grundrechtlicher Gesetzesvorbehalt**). In dem wichtigsten Bereich der **laufenden Sozialleistungen** in der RV, UV und KV erweitert § 45 die Rücknahmemöglichkeiten gegenüber dem früheren Recht (vgl *Becker* DÖV 1973, 379 ff; *Haueisen* DVBl 1960, 913 [913 ff]).

3   **Abs 1** regelt zum einen die **Befugnis zur Rücknahme** von VA sowie zum anderen den **sachlichen Anwendungsbereich** der Norm, indem die Rücknahme von rechtswidrigen und begünstigenden VA – auch nach Bestandskraft – für die Zukunft oder die Vergangenheit erfasst wird. Die näheren Vor und insb die **Grenzen der Rücknahme** (das G spricht von „Einschränkungen") sind kraft ausdrücklicher Verweisung in den folgenden Absätzen geregelt, mit Ausnahme von **Abs 5**, der die entsprechende Anwendung von § 44 Abs 3 anordnet (**zuständige Behörde**). **Abs 2** enthält das **Abwägungsgebot** zwischen dem Vertrauen des Betroffenen einerseits und den öffentlichen Interessen andererseits, wobei die Gesetzesfassung (Abs 1: der VA darf nur zurückgenommen werden, wenn ...; in Abs 2 wird der Vertrauensschutz an erster Stelle geregelt) deutlich macht, dass die Rücknahme die **Ausnahme** darstellt. **Abs 3** befasst sich mit den **Rücknahmefristen** für Dauerverwaltungsakte und **Abs 4** mit den erhöhten Voraussetzungen für die Rücknahme mit Wirkung für die Vergangenheit.

4   § 45 ist **am 1.1.1981 in Kraft getreten** und in den neuen Bundesländern sowie in Berlin Ost nach dem EinigVtr am **1.1.1991** (hierzu: *BSG* NZS 1995, 518). § 45 löst **§ 1744 RVO** ab und regelt die Interessen der Betroffenen ausgewogener als die Vorgängerregelung (näher *Pickel* SGB X § 45 Rz 3); weitere Vorgängerregelungen sind: §§ 151, 152 AFG aF und §§ 41, 41, 47 VwVfG-KOV aF. § 45 kommt nicht zur Anwendung, wenn und soweit **bei Leistungskonkurrenz eine nachrangige Leistung zu Unrecht gewährt wird** und dem nachrangig verpflichteten Leistungsträger ein **Erstattungsanspruch** zusteht (*Steinwedel* aaO § 45 Rz 5; *BSG* SozR 3-1300 § 107 Nr 10; SozR 3-2600 § 93 Nr 4; *BSG* Breith 1998, 683).

Bsp: Erhält der Berechtigte eine zu hohe Rente aus der RV, da für denselben Zeitraum Anspruch auf eine Unfallrente besteht (§ 93 SGB VI), so ist die Überzahlung wegen der **Erfüllungsfiktion des § 107 Abs 1** als – rechtmäßige – Zahlung der Unfallrente anzusehen, soweit ein Erstattungsanspruch des RVTr besteht; wegen dieser Überzahlung darf der RVTr den Bewilligungsbescheid nicht nach § 45 zurücknehmen).

5   § 45 hat im Sozialversicherungsrecht **keinen Monopolcharakter**, sondern wird durch Regelungen im besonderen Sozialrecht (vgl auch die allg Übersicht Vor §§ 44-51 Rz 7) verdrängt, ergänzt und modifiziert (**§ 37 Satz 1 SGB I**): **§ 10 AAÜG** verdrängt § 45, räumt kein Ermessen ein und auch keinen Vertrauensschutz (*BSGE* 72, 50; *LSG Bln* Breith 1995, 704). Nach **§ 11 Abs 3 BKGG** findet § 45 Abs 3 keine Anwendung (vgl *BSGE* 69, 233). Vorrang haben auch § 95 Abs 6 und 7 SGB V iVm §§ 27, 28 Ärzte-ZV bei Erlöschen und Entziehung der Zulassung im Vertragsarztrecht (*BSG* Beschl v 5.11.2003 – B 6 KA 56/03 B). In der ges UV haben Vorrang: §§ 160, 168 Abs 2, 183 Abs 5 SGB VII (vgl *BSG* Urt v 9.12.2003 – B 2 U 54/02 R; *Steinwedel* aaO § 45 Rz 6). Ebenfalls unanwendbar ist § 45 bei der Fortschreibung des Hilfsmittelverzeichnisses nach § 139 Abs 8 SGB V (*BSG* Urt v 24.1.2013 – B 3 KR 22/11 R, Rz 14).

Auch im Bundesversorgungsgesetz finden sich ergänzende Regelungen zu § 45: **6**
Nach § 62 Abs 3 Satz 1 BVG kann die Leistung nicht entzogen werden, auch
wenn eine zweifelsfreie, ursprüngliche Rechtswidrigkeit festgestellt wird (*BSG*
SozR 3-3100 § 62 Nr 1; *BSG* SozR 4-3100 § 62 Nr 1 = Breith 2007, 143).

Eine vorrangige Spezialregelung zu den §§ 45, 50 findet sich im Recht der Ar- **7**
beitsförderung in § 330 Abs 2 SGB III (*BSG* SozR 4-4300 § 434 c Nr 1; *BSG*
SGb 2004, 38; *BSG* SozR 4-4300 § 122 Nr 4 = NZS 2007, 104; *BSG* SozR
4-4300 § 119 Nr 3 = NZS 2006, 436); § 40 Abs 2 Satz 2 und 3 SGB II verweist
auf Teile des § 330 SGB III. Danach „ist" (kein Ermessen) in den Fällen des
§ 45 Abs 2 Satz 3 auch für die Vergangenheit zurückzunehmen. § 330 SGB III
iVm §§ 45, 50 gewähren der **Bundesagentur für Arbeit** keinen Anspruch gegen
den **Arbeitgeber,** ihr das zu Unrecht geleistete **Wintergeld und Schlechtwetter-**
geld zu erstatten; ihr Anspruch richtet sich ausschließlich nach § 108 Abs 3
SGB III (*BSG* NZS 1999, 43). Vorrang genießen auch § 434 c SGB III (*BSG*
SozR 4-4300 § 434 c Nr 1; *BSG* SGb 2004, 38; *BSG* SGb 2003, 575; *BSG* info
also 2003, 266; *BSGE* 91, 47) und § 92 SGB III (*BSG* SozR 4-4300 § 223 Nr 1
= NZS 2005, 497). **Honorarkürzungsbescheide im Vertragsarztrecht** unterlie-
gen nicht den Einschränkungen des § 45, denn die auf § 82 Abs 1 SGB V beru-
henden bundesmantelvertraglichen Bestimmungen zur sachlich-rechnerischen
Richtigstellung stellen Sonderregelungen dar, die gemäß § 37 S 1 SGB I in ihrem
Anwendungsbereich die Regelung des § 45 SGB X verdrängen (st Rspr: *BSG*
Beschl v 14.12.2011 – B 6 KA 64/11 B; *BSG* SozR 4-2500 § 106 a Nr 1 =
Breith 2006, 811; *BSGE* 68, 97; 74, 44; 89, 62; 89, 94; *BSG* SozR 3-1300 § 45
Nr 22; vgl auch: *BSG* SozR 3-5525 § 32 Nr 1; *BSG* NZS 1997, 44; vgl auch
Sodan NZS 2003, 57 [59 f]). § 45 gilt im **Sozialhilferecht** (vgl *BVerwGE* 70,
196), § 103 SGB XII ist nicht vorrangig anwendbar (zum BSHG *BVerwGE* 64,
318; 67, 163) ebensowenig § 307 a Abs 8 SGB VI, der § 45 weder verdrängt
noch modifiziert (*LSG Bln-Bbg* Urt v 27.2.2009 – L 4 R 346/06). § 45 kommt
auch zur Anwendung, soweit er auf **VA mit Dauerwirkung** abstellt. Zwar soll
Sozialhilfe nach den §§ 17, 18 SGB XII immer nur aufgrund aktuellen Bedarfs
gewährt werden (BT-Drucks 8/2034, 34). Die Bewilligungen von Sozialhilfe in
Gestalt der Grundsicherungen nach SGB II und SGB XII sowie der Hilfe zum
Lebensunterhalt nach den §§ 27 ff SGB X sind nach zutreffender Ansicht als VA
mit Dauerwirkung anzusehen (vgl hierzu § 44 Rz 4 ff).

2. Allgemeine Rücknahmevoraussetzungen (Abs 1)

Abs 1 – der inhaltlich § 48 Abs 1 Satz 2 VwVfG entspricht (BT-Drucks 8/2034, **8**
34) – regelt allg die Vor für die Rücknahme iS eines **allgemeinen Programmsat-**
zes (vgl *Schütze* aaO § 45 Rz 3; für die Grenzen wird auf die Abs 2-4 verwiesen) und markiert damit den **sachlichen Anwendungsbereich.** Aus Abs 1 ergibt
sich auch, dass die Rücknahme im **Ermessen der Beh** steht („darf"). § 45 gilt
nach seinem Wortlaut nur für VA (zum Begriff des VA § 31 Rz 16 ff), nicht
auch für Realakte (zum Begriff des Realakts vgl § 31 Rz 29). Der Anwendungsbereich ist dabei nicht auf gestaltende VA beschränkt, sondern erfasst auch sog
feststellende VA (vgl zu den Begriffen § 31 Rz 32 ff: das VwVfG unterscheidet
zwischen Leistungs- und Nichtleistungsbescheiden).

Die Rücknahme (zum Begriff; Vor §§ 44–51 Rz 3) nach § 45 ist auch möglich, **9**
wenn der VA bereits **unanfechtbar** (formell bestandskräftig) geworden ist (vgl
§ 39 Rz 2). Sie kommt ferner in Betracht, wenn der VA **angefochten** wurde,
denn ein Widerspruchsverfahren berechtigt die Beh nicht zur Korrektur zum
Nachteil des Begünstigten (sog **reformatio in peius,** *BSGE* 53, 284). Mit der

Wirksamkeit (Bekanntgabe iSv § 39) des VA ist eine Korrektur zum Nachteil des Begünstigten vielmehr nur nach § 45 möglich. Der Rücknahmebescheid kann sogar – wenn die WsprBeh ggf kraft Sachzusammenhangs auch für seinen Erlass zuständig ist – in den Widerspruchsbescheid aufgenommen werden (vgl *BSGE* 71, 274; *Steinwedel* aaO § 45 Rz 9). Soll eine (Teil-) Anerkenntnis während des Klageverfahrens widerrufen werden, so ist auch das nur unter den Vor der §§ 45, 47 möglich (*LSG Saarl* Breith 1997, 84; vgl auch: Vor §§ 44–51 Rz 23).

2.1. Begünstigende VA

10 Der sachliche Anwendungsbereich von Abs 1 wird auf begünstigende VA beschränkt. Begünstigende VA sind von **belastenden VA** (Bsp: Beitragsbescheide, *LSG NRW* SGb 1989, 345) abzugrenzen; sog **neutrale VA** sind nicht anzuerkennen (vgl Vor §§ 44-51 Rz 4; § 44 Rz 53). Im Einzelfall kann der VA jedoch sowohl begünstigende, als auch belastende Elemente, dh Regelungen, enthalten (**VA mit Doppelwirkung**, vgl § 44 Rz 50) und ob dann § 44 oder § 45 zur Anwendung kommt, hängt davon ab, welche Regelung konkret angegriffen wird. Die Rücknahme belastender VA beurteilt sich nach § 44. **Abs 1** enthält eine **Legaldefinition** des Begriffs begünstigender VA, wonach ein Recht oder ein rechtlich erheblicher Vorteil begründet oder bestätigt worden sein muss (vgl § 44 Rz 26). „**Rechte**" in diesem Sinne sind alle öffentl-rechtl Rechte, einschl des Rechts auf ermessens- bzw beurteilungsfehlerfreie Entscheidung (vgl *Kopp/Ramsauer* VwVfG § 48 Rz 64).

11 Der Begriff des „**rechtlich erheblichen Vorteils**" dient nur der Klarstellung (vgl *OVG NRW* NVwZ 1989, 72), dh soll eine zu enge Auslegung des Begriffs Rechts vermeiden (vgl BT-Drucks 7/910, 68 zu § 48 Abs 1 Satz 2 VwVfG), und erfasst jedes von der Rechtsordnung als schutzwürdig anerkannte Individualinteresse (*Sachs* in Stelkens/Bonk/Sachs VwVfG § 48 Rz 125; *Ule/Laubinger* VerwR § 61 Rz 25); eine lediglich **tatsächl Begünstigung genügt nicht** (*Sachs* aaO § 48 Rz 126). Ob eine Regelung rechtlich vorteilhaft ist, beurteilt sich nach der **Verkehrsauffassung** und den allg Wertentscheidungen des Verfassungsrechts sowie auch der Rechtsordnung im Übrigen; schließlich ist – im Zweifel – auch auf **subjektive Vorstellungen des Betroffenen** abzustellen (vgl hierzu *Kopp/Ramsauer* VwVfG § 48 Rz 64). IdR handelt es sich um zuerkennende Leistungsbescheide, anerkennende Feststellungsbescheide oder leistungserhöhende Bescheide; der einen begünstigenden VA bestätigende **Widerspruchsbescheid** gehört ebenfalls hierher (*Pickel* aaO § 45 Rz 19).

12 Eine Begünstigung kann ferner in der **Aufhebung oder Minderung einer Belastung** liegen (vgl *BSGE* 70, 117; *OVG Lüneburg* ZfSH/SGb 1990, 192; *Pickel* aaO § 45 Rz 19). Der Bescheid, in dem die **Beiträge in der UV zu niedrig festgesetzt** wurden, ist – als Minderung einer Belastung – (jedenfalls insoweit) ebenfalls als begünstigend anzusehen (*Siebert* SdL 1984, 374 [375 f]; vgl auch: *BSGE* 70, 117). Bescheide, in welchen eine zu geringe **Umlageverpflichtung zur produktiven Winterbauförderung** abschließend festgesetzt wurde, ist hinsichtlich der Differenz zur eigentlich rechtmäßigen Verpflichtungshöhe ein begünstigender VA (*BSGE* 70, 117). Abs 1 („... ein Verwaltungsakt, der ein Recht oder einen rechtlich erheblichen Vorteil begründet oder bestätigt") ist daher zu eng formuliert, denn es ist stets auf die **jeweilige Regelung abzustellen** (das Wort „soweit" in Abs 1 bezieht sich auf das Merkmal der Rechtswidrigkeit).

13 **§ 45 ist nicht anwendbar**, soweit der zurückzunehmende begünstigende VA nur **ein Urteil ausführt**, denn darin liegt kein „neues" Verwaltungshandeln. Leistun-

gen, welche in Ausführung eines rechtskräftigen Urteils bewilligt wurden, können nur in Anwendung des in § 826 BGB normierten **Grundsatzes von Treu und Glauben** entzogen werden: Die Rechtskraft des Urteils muss dann zurückstehen, wenn sie sittenwidrig herbeigeführt worden ist (*BSGE* 60, 251; *Steinwedel* aaO § 45 Rz 7). Bei Rückforderungen von aufgrund **nicht rechtskräftiger Urteile** gewährten Leistungen ist § 50 Abs 2 einschlägig (§ 50 Rz 38). Eine Rücknahme gem § 45 scheidet ebenfalls aus, wenn der rechtswidrige VA auf einem **zulässigerweise geschlossenen Vergleich** beruht (vgl *BSG* SozR 1300 § 48 Nr 33; *Steinwedel* aaO § 45 Rz 7; vgl auch Vor §§ 44-51 Rz 24). Nach dem **Tod des Berechtigten** kommt allerdings eine Rücknahme nach § 45 gegenüber den Rechtsnachfolgern in Betracht (*BSG* SozR 1300 § 45 Nr 5).

Für die Beurteilung der Frage, ob eine Begünstigung vorliegt, ist unmittelbar **14** auf den **Inhalt der Regelung** des VA abzustellen, nicht aber auf die sonstigen, mit ihm ggf mittelbar verbundenen Folgen (*BSG* SozR 1300 § 45 Nr 7; *Kopp/Ramsauer* VwVfG § 48 Rz 64; *Sachs* aaO § 48 Rz 127). Die Abgrenzung wird dadurch erleichtert, dass ein VA stets dann als begünstigend anzusehen ist, wenn und soweit **einem Antrag entsprochen wurde** (*BSGE* 50, 16). Begünstigend ist deshalb – trotz der mittelbaren wirtschaftlichen Nachteile – ein **Beitragsrückerstattungsbescheid** (*BSG* SozR 1300 § 45 Nr 7; *BSG* SozR 2200 § 1308 Nr 26; *Pickel* aaO § 45 Rz 20), weil dem Antrag entsprochen worden ist und der unmittelbare Regelungsinhalt des VA auf die Gewährung eines wirtschaftlichen Vorteils gerichtet war; dass damit zugleich (spätere) Ansprüche verloren gehen, bleibt unberücksichtigt. Aus demselben Grund sind **Bescheide über die Befreiung von der Versicherungspflicht in der RV** (*BSG* SozR 5755 Art 2 § 51 Nr 3; vgl auch: *LSG Brem* Breith 1998, 515; *LSG Bln* E-LSG KR-146), **Bescheide über die Feststellung der Versicherungspflicht in der KSV** (*LSG Bln* SGb 1999, 468) oder **Bescheide über die Berechtigung zur Weiterentrichtung von Beiträgen in der RV** (*BSGE* 31, 190) begünstigend.

Enthält ein VA für den einzelnen Betroffenen **sowohl begünstigende als auch 15 belastende Regelungen**, so ist er dann **insgesamt als begünstigend zu werten,** wenn die Regelungen in einen untrennbaren Zusammenhang zueinander stehen (*Knoke* aaO 62; *Kopp/Ramsauer* VwVfG § 48 Rz 68; *Pickel* aaO § 45 Rz 20; *Sachs* aaO § 48 Rz 129; *Ule/Laubinger* VerwR § 61 Rz 27); auf ein Überwiegen der begünstigenden Regelung kommt es dabei nicht an (*Knoke* aaO 62; aA wohl *BVerwG* DÖV 1977, 106). Eine andere Beurteilung greift, wenn begünstigende und belastende Regelungen getrennt werden können und die Rücknahme ausschließlich nur die Vorteile oder die Nachteile betrifft bzw der Begünstigte allein an der Beseitigung der Belastung interessiert ist und deshalb die sich aus einer Rücknahme für ihn ergebenden Nachteile (Verlust der Vorteile) in Kauf nimmt (vgl hierzu *BVerwGE* 81, 149). Bleibt ein **Vorteil hinter den Erwartungen zurück** (Bsp: Alg wird gewährt, bei der Bestimmung der Leistungshöhe bleiben die Beiträge aus Einmalzahlungen aber unberücksichtigt), so handelt es sich insoweit um eine **belastende Regelung,** als eine höhere Leistung begehrt wird (*BVerwGE* 71, 226; *VGH Kassel* NVwZ 1990, 384). **Fällt eine Belastung geringer aus, als erwartet,** so handelt es sich im Hinblick auf die unterbliebene Belastung nicht um eine Begünstigung (vgl *BVerwGE* 67, 134; *Kopp/Ramsauer* VwVfG § 48 Rz 68), es sei denn, die Beh hat einen **Verzicht** ausgesprochen oder eine entspr **Zusicherung** (§ 34) erteilt (vgl *BGH* NVwZ 1986, 792; *Erichsen* AllgVerwR § 16 Rz 9; *Kopp/Ramsauer* VwVfG § 48 Rz 69).

2.2. Rechtswidrigkeit

16 Der VA muss **rechtswidrig** sein (zum Begriff der Rechtswidrigkeit vgl § 44 Rz 26 ff); dass ihn die Beh nach neuerem Erkenntnisstand nur nicht (mehr) erlassen hätte, genügt nicht (*SG Hildesheim* Breith 1997, 767). Die Rechtswidrigkeit muss bei Erlass des VA (sog **anfängliche Rechtswidrigkeit**) bestanden haben (Umkehrschluss zu § 48 Abs 1, der ausdrücklich die nachträgliche Rechtswidrigkeit voraussetzt; *BSG* HVBG Info 1994, 2711; vgl auch *BSG* SGb 1992, 13; *Steinwedel* aaO § 45 Rz 24; *Kleinlein* VerwArch 81 [1990], 149 ff; *Wolff/Bachof/Stober* VerwR II § 51 Rz 21; **Bsp:** Beh stellt eine einkommensabhängige Sozialleistung fest, ohne vom Berechtigten nach Antragstellung aber vor Bescheiderlass erzieltes, aber erst nach Bescheiderlass bekannt gewordenes Einkommen zu berücksichtigen, *BSGE* 57, 274). **Erlassen** ist ein VA mit Eintritt seiner Wirksamkeit, dh mit der Bekanntgabe (§ 37), zB durch **Zustellung** (*BSG* SozR 4-4300 § 122 Nr 4 = NZS 2007, 104; *Pickel* aaO § 45 Rz 15; *Schütze* aaO § 45 Rz 10; aA *HessLSG* SGb 1989, 164: Erlass des VA liegt bereits vor, wenn die Beh den VA ausgefertigt und zur Post gegeben hat).

17 Hängt die Beurteilung der Rechtmäßigkeit von einer **Prognose** ab (Bsp: Pflegebedürftigkeit besteht für mindestens 6 Monate (§ 14 Abs 1 SGB XI); Einkommensprognose bei der Grundlohnbestimmung; Gewährung von Einmalleistungen gem § 24 Abs 3 Satz 4 SGB II oder § 31 Abs 2 Satz 2 SGB XII), so ist anfängliche Rechtswidrigkeit gegeben, wenn die Prognose von Anfang an falsch war (*BSGE* 57, 240; *BSG* Breith 2010, 443 = SozR 4-1300 § 45 Nr 8). **§ 48 Abs 1** ist demgegenüber einschlägig, wenn eine nicht vorhersehbare Entwicklung dazu führt, dass sich die getroffene Regelung als rechtswidrig erweist (vgl *BSG* SozR 3-1300 § 48 Nr 33; SozR 3-2600 § 93 Nr 3; *Steinwedel* aaO § 45 Rz 12). Für eine Rücknahme muss dann allerdings die gesicherte Überzeugung (der Vollbeweis) bestehen, dass sich der als wahrscheinlich nachzuweisende Sachverhalt **als unzutreffend erwiesen hat** (vgl auch: *BSG* SozR 1300 § 45 Nr 41; SozR 1300 § 45 Nr 49; *BSG* Breith 2010, 443 = SozR 4-1300 § 45 Nr 8: bloße Zweifel genügen nicht; *BSG* Urt v 2.4.2009 – B 2 U 25/07 R). Wird bei einer einkommensabhängigen Leistung **fehlerhaft von Beginn an endgültig statt richtigerweise vorläufig** bewilligt, kommt als Rechtsgrundlage für die Aufhebung nur § 45 SGB X in Betracht (*BSG* Urt v 29.11.2012 – B 14 AS 6/12 R).

18 Ein wegen Änderung der Verhältnisse ergangener **Folgebescheid** kann nicht schon deswegen nach § 45 zurückgenommen werden, weil er auf einem rechtswidrigen VA mit Dauerwirkung (Ausgangsbescheid) beruht (*BSG* Breith 1997, 627). Es kommt allein darauf an, ob der Folgebescheid selbst von Anfang an rechtswidrig war. **Anpassungsbescheide** (zB hinsichtlich der Leistungshöhe bei Renten der RV oder Alhi) sind ebenfalls nur dann rechtwidrig, wenn die Anpassung (Neufeststellung) selbst fehlerhaft ist, nicht aber, wenn die **Erstfeststellung** des Stammrechts oder die sonstigen Feststellungen mit dem Recht nicht vereinbar sind, auch wenn diese sich fortlaufend auf die Höhe der Leistung auswirken (*BSG* SozR 1300 § 45 Nr 37; vgl auch: *LSG BW* SGb 1989, 390). Die Rücknehmbarkeit dieser Bescheide ist hinsichtlich der **Fristen von Abs 3 und 4** gesondert zu prüfen (*BSG* SozR 1300 § 45 Nr 37).

19 **Schwieriger** ist die Beurteilung, wenn eine Sozialleistung von einer anderen bzw einem sonstigen VA abhängig ist (sog **Tatbestandswirkung von VA,** vgl § 31 Rz 14). In diesen Fällen kommt es jeweils auf die **Regelungen im materiellen Recht** an.

War der VA bei Erlass rechtswidrig und ist dann **rechtmäßig geworden**, so **20** kommt bei **Dauerverwaltungsakten** nur eine zeitlich begrenzte Aufhebung bis zu diesem Zeitpunkt in Betracht (**Bsp:** Zum 1.3. wird Pflegegeld nach dem SGB XI in Höhe der Pflegestufe I gewährt, wobei zu Unrecht eine „allgemeine Aufsicht" bei der Bestimmung der Pflegebedürftigkeit berücksichtigt wurde, *BSG* Breith 1999, 50; zum 1.10. verschlechtert sich dauerhaft der Gesundheitszustand, so dass jetzt die Voraussetzungen der Pflegestufe 1 vorliegen. Die Aufhebung nach § 45 ist hier nur vom 1.3. bis 30.9. möglich). Eine Rücknahme über den Zeitpunkt der Rechtmäßigwerdung kann im Einzelfall auch nicht deswegen erfolgen, weil es an der **erforderlichen Antragstellung** fehlt. Der Antrag ist mit der rechtwidrigen Bewilligung zwar „verbraucht", aber die Antragstellung kann nach § 41 Abs 1 Nr 1, Abs 2 bis zur letzten gerichtliche Tatscheninstanz nachgeholt werden. Außerdem dürfte der fehlende Antrag rechtlich gem § 42 Satz 1 unbeachtlich sein; schließlich dürfte in diesen Fällen idR über die Grundsätze des **sozialrechtlichen Herstellungsanspruchs** eine Abhilfe möglich sein. Bei den – im Sozialversicherungsrecht eher selteneren – **VA mit einmaliger Wirkung** (Bsp: Hilfsmittelbewilligung nach § 33 SGB V, wenn das Hilfsmittel nicht leihweise überlassen wird; Kostenerstattung nach § 13 Abs 3 SGB V) kommt eine Rücknahme trotz anfänglicher Rechtswidrigkeit häufig wegen bereits eingetretener Erledigung nicht in Betracht kommen.

Die **Beweislast** für die tatsächlichen Voraussetzungen der Rechtswidrigkeit eines **21** begünstigenden VA trägt grds die Beh, denn es gilt der Grundsatz, dass jeder diejenigen Umstände zu beweisen hat bzw die obj Beweislast bei einem non liquet trägt, aus denen er günstige Rechtsfolgen herleitet (*BSG* SozR 4100 § 132 Nr 1; *BSG* Urt v 13.9.2006 – B 11a AL 19/06 R; *LSG BW* RV 1993, 216; *BVerwGE* 12, 359; 34, 225; *Meyer-Ladewig* SGG § 103 Rz 19; *Schütze* aaO § 45 Rz 11). **Beweiserleichterungen für den Bürger** bei der Feststellung von Leistungsansprüchen (hinreichende Wahrscheinlichkeit der Kausalität in der UV, Glaubhaftmachung nach § 4 FRG etc) kommen bei einer Rücknahme nicht der Beh zugute, denn sie würden sich sonst gegen den Begünstigten kehren (vgl *BSGE* 64, 190; *BSG* SozR 1300 § 45 Nr 41 und 49; *Steinwedel* aaO § 45 Rz 24; *Schütze* aaO § 45 Rz 9). Das läuft allerdings auf eine „**Umkehr der Beweislast**" hinaus (deshalb ablehnend: *Wolff/Bachof/Stober* VerwR II § 51 Rz 85; *Sachs* aaO § 48 Rz 70).

Ausnahmsweise liegt die Beweislast für die Rechtswidrigkeit des VA beim Betroffenen und nicht bei der Beh (**Umkehr der Beweislast**), wenn in der persönlichen Sphäre oder in der Verantwortungssphäre des Betroffenen wurzelnde Vorgänge nicht näher aufklärbar sind (sog „**anzulastende Beweisnähe**"). Zwar sei die obj Beweislast der Beh grdstl auch in den Fällen des § 45 Abs 2 Satz 3 anzunehmen (*BSG* Urt v 24.5.2006 – B 11a AL 7/05 R, Breith 2007, 259).

Nach nunmehr **gefestigter Rechtsprechung des BSG** (zu unterschiedlichen Fallkostellationen: *BSG* Urt v 8.9.2010 – B 11 AL 4/09 R; *BSG* Urt v 24.11.2010 – B 11 AL 35/09 R; *BSG* Urt v 21.3.2007 – B 11a AL 21/06 R; *BSG* Urt v 28.8.2007 – B 7a AL 10/06 R; *BSG* Urt v 24.5.2006 – B 11a AL 49/05 R; *BSG* Urt v 13.9.2006 – B 11a AL 13/06 R und B 11a AL 19/06 R; alle nach juris) ergibt sich aber eine „dem Kläger anzulastende Beweisnähe" zB daraus, dass er durch seine (unterbliebenen) Angaben im Zusammenhang mit den Antragstellungen eine zeitnahe Aufklärung des Sachverhalts unmöglich gemacht hat. Vgl auch bereits: *BSG* SozR 3-4100 § 119 Nr 7 = BSGE 71, 256, 263: Beruft sich eine Arbeitsloser iRah einer Sperrzeitregelung wegen unberechtigter Arbeitsablehnung nachträglich auf gesundheitliche Einschränkungen für einen wichtigen Grund zur Arbeitsablehnung, trägt er den Nachteil der Nichtaufklärbarkeit, wenn das AA mangels entsprechender zeitnaher Angaben des Arbeitslosen keinen Anlass hatte, diese rechtzeitig aufzuklären). Das BSG stützt sich auf **Entscheidungen der Instanzgerichte** (*LSG RhPf* HVBG-INFO 1998, 309 = SGb 1998, 657; *LSG RhPf* Urt v 9.5.2001 – L 6 AL 432/00; *BayLSG* Urt v 18.11.2004 – L 11 AL 196/03; *LSG Bbg* Urt v 28.8.1997 – L 8 [7] Ar 41/96, E-LSG AL-165), wonach sich die Beweislast dann umkehre, wenn der Betroffene den VA durch Vorsatz oder grobe Fahrlässigkeit herbeigeführt habe oder wenn er nachträglich erstmals andere Tatsachen behauptet, die den begünstigenden VA gerechtfertigt hätten (vgl hierzu auch eingehend: *Keller* SGb 1993, 258 [259]; *Krön* ZfS 1995, 62 [64]). Die Beh (entspr gilt für Gerichte: § 86 Abs 1 VwGO; § 103 SGG) ist jedoch auch in diesen Fällen zunächst zur **Amtsermittlung** verpflichtet, da der Amtsermittlungsgrundsatz (§ 20) auch iRah von § 45 gilt.

2.3. Rücknahmeentscheidung

22 Die Rücknahmeentscheidung kann sich auf den **VA insgesamt oder auf einen bzw mehrere Teile** („ganz oder teilweise") des VA beziehen („soweit") und **für die Vergangenheit oder die Zukunft** (= ab Zugang der Korrekturentscheidung, *BSGE* 61, 189; *BSG* SGb 1996, 168) erfolgen. **Die Aufhebung des VA erfolgt ganz**, wenn die Hauptregelung oder eine wesentliche Teilregelung rechtwidrig ist und der verbleibende Teil des VA keinen Sinn mehr hätte bzw rechtswidrig wäre; der VA wird nur **teilweise aufgehoben**, wenn sich die Rechtswidrigkeit auf einen isolierbaren Teil der Regelung des VA beschränkt (zB zu hoher Zahlbetrag der dem Grunde nach rechtmäßigen Rentenbewilligung) und der VA im Übrigen rechtmäßig wäre (zur Teilanfechtung des VA vgl § 32 Rz 30). Zur Unterscheidung zwischen **Vergangenheit und Zukunft** vgl Vor §§ 44-51 Rz 5. Scheitert eine Rücknahme mit Wirkung für die Vergangenheit, so ist stets zu prüfen, ob der insoweit fehlerhafte Rücknahmebescheid nicht zumindest die Voraussetzungen für eine Rücknahme mit Wirkung für die Zukunft erfüllt (*BSGE* 67, 104; *Steinwedel* aaO § 45 Rz 17). Für die Einschränkungen des Rücknahmeanspruchs wird auf die Abs 2 bis 4 verwiesen.

3. Besondere Rücknahmevoraussetzung: Kein schutzwürdiges Vertrauen (Abs 2)

23 Abs 2 schränkt die Rücknahmebefugnis aus Abs 1 ein und enthält das für die Rücknahme nach § 45 spezifische und **in der Praxis idR bedeutsamste materielle Prüfungsmerkmal**; durfte eine zu Unrecht gewährte Sozialleistung aus Gründen des Vertrauensschutzes nicht rückwirkend entzogen werden, so kann das auch noch im **Zugunstenverfahren** auf Rücknahme des bestandskräftig gewordenen Aufhebungs- und Erstattungsbescheids geltend gemacht werden (*BSG* NZS 1998, 203; str zum Meinungsstand: *BSG* Urt v 1.7.2010 – B 13 R 86/09 R; offen gelassen *BSG* Urt v 24.4.2014 – B 13 R 3/13 R). Nur dann, wenn eine Rücknahme nicht nach Abs 2 (bis 4) ausgeschlossen ist, bleibt der Beh **Ermessen** iRah von Abs 1 (*BSG* VersorgB 1984, 131; *BSG* Breith 1998, 601; unklar *Pickel* aaO § 45 Rz 21 einerseits und Rz 25 andererseits, wonach die Interessen der Beteiligten iRah der Ermessensentscheidung gegeneinander abzuwägen sind; vgl zum Vertrauensschutz bei **janusköpfigen VA**: *LSG Bln* E-LSG KR-146).

24 Abs 2 weist eine komplexe Regelung auf. **Abs 2 Satz 1** begrenzt zunächst Rücknahmemöglichkeiten für den Fall, dass der (durch den VA) Begünstigte auf den

Bestand des VA vertraut hat und das Vertrauen unter Abwägung mit den öffentlichen Interessen an einer Rücknahme schutzwürdig ist. Das Vertrauen ist schutzwürdig (**Abs 2 Satz 2**), wenn der Begünstigte die erbrachte Leistung verbraucht oder Vermögensdispositionen getroffen hat, die er nicht oder nur unter unzumutbaren Nachteilen rückgängig machen kann; es wird deutlich, dass es bei § 45 nicht um Schadensersatz geht, sondern um **Naturalrestitution**. In **Abs 2 Satz 3** sind Fallkonstellationen aufgeführt, in denen das Vertrauen des Begünstigten nicht schutzwürdig ist und deshalb die Abwägung idR zwingend zugunsten des öffentlichen Interesses zu erfolgen hat.

3.1. Verhältnis von Satz 1 zu Satz 2 und 3

Nach **Abs 2 Satz 1** ist die Zulässigkeit der Rücknahme von der **Abwägung** zwischen dem investierten Vertrauen des Begünstigten einerseits und dem öffentlichen Interesse an der Rücknahme andererseits abhängig (*BVerwGE* 92, 81; *Kopp/Ramsauer* aaO § 48 Rz 86). Die **Problematik dieser Abwägung** besteht darin, dass die beiden widerstreitenden Interessen **gar nicht vergleichbar** sind, denn es geht um ein privates Bestands- und ein öffentliches Rücknahmeinteresse. Unter dem **öffentlichen Interesse** an der Rücknahme ist das **allg Vollzugsinteresse** zu verstehen, also das Interesse der Allgemeinheit an einer gleichmäßigen Anwendung des Gesetzes und das Vermeiden von ungerechtfertigten Aufwendungen durch die öffentliche Hand (*Kopp/Ramsauer* aaO § 48 Rz 87; *Sachs* aaO § 48 Rz 144; *Ule/Laubinger* aaO § 62 Rz 15). Eine rationale Abwägung iS eines „**konkreten Belastungsvergleichs**" ist deshalb gar nicht möglich, so dass sich das Abwägungserfordernis in der **praktischen Rechtsanwendung** als **Fiktion** darstellt. Die Abwägung nach Abs 2 Satz 1 ist vor diesem Hintergrund als **besonderes Begründungserfordernis** zu verstehen. Sie wird dadurch justiziabel, dass in **Satz 2** eine (widerlegbare) Vermutung für den Vorrang des privaten Interesses bei Leistungsverbrauch und Vermögensdispositionen statuiert wird und **Satz 3** Anwendungsfälle normiert, in denen ein Vertrauensschutz unter keinen Umständen in Betracht kommt.

In der **praktischen Anwendung** empfiehlt sich daher – entgegen der Regelungsreihenfolge – **mit der Prüfung von Satz 3 zu beginnen**, da es sich hierbei um die Regelung mit dem höchsten Konkretisierungsgrad handelt. Liegt ein Fall von Satz 3 vor, so bedarf es keiner weiteren Prüfung: Der Rücknahme steht ein schutzwürdiges Vertrauen des Betroffenen nicht entgegen. Sind die Vor nach Satz 3 nicht gegeben, so sollten die **Voraussetzungen nach Satz 2** geprüft werden, da Satz 2 die Regelung mit dem zweithöchsten Konkretisierungsgrad darstellt. Sind die Vor von Satz 2 gegeben, so ist die Rücknahme „idR" nicht zulässig. Es bedarf einer besonderen Begründung zum Vertrauensschutz bzw, dass das öffentliche Interesse überwiegt, wenn gleichwohl eine Rücknahme erfolgen soll. Nur in dem Fall, dass auch die Vor nach Satz 2 nicht erfüllt sind, kommt es auf eine typische „Abwägung" nach Satz 3 an (Ausn: Abwägung auch, wenn atypische Fälle nach Satz 2 oder 3 vorliegen: *BVerwG* NVwZ 1990, 672), wobei die typischen Sonderfälle nach Satz 1 und 2 auch Anhaltspunkte für die Beurteilung vergleichbarer Fälle nach Satz 3 geben (*BSG* DVBl 1985, 628; BT-Drucks 7/910, 70; *Kopp/Ramsauer* aaO § 48 Rz 86).

3.2. Vertrauensausschluss (Satz 3)

Abs 2 Satz 3 regelt diejenigen Fallkonstellationen, in denen **ohne Weiteres ein Überwiegen des öffentlich-rechtlichen Vollzugsinteresses** anzunehmen ist. Das folgt indes nicht daraus, dass das öffentl-rechtl Vollzugsinteresse in diesen Fällen an Gewicht gewonnen hätte, sondern – als Ausfluss des auch im öffentlichen Recht geltenden **Grundsatzes von Treu und Glauben** (§ 242 BGB) – der Begünstigte hat vielmehr die Berufung auf den Schutz seines Vertrauens **verwirkt**. In den **ersten zwei Fallkonstellationen** ist es widersprüchlich, wenn der Begünstigte einerseits die entscheidende Ursache für die Rechtswidrigkeit des VA setzt und sich andererseits bei der Korrektur auf sein Vertrauen in den Bestand des VA beruft (venire contra factum proprium). Ebenso wie der Begünstigte grds auf die Rechtmäßigkeit der Entscheidungen der Beh vertrauen darf, darf die Beh sich auf die **Redlichkeit der Betroffenen** verlassen.

28   Bei der **dritten Fallkonstellation** ist es widersprüchlich – und der Begünstigte hat die Berufung auf den Vertrauensschutz deshalb verwirkt –, dass er aufgrund seiner (ggf möglichen) Kenntnis von der Rechtswidrigkeit nicht schutzwürdig ist, also aus der Sicht eines vernünftigen Dritten in den Bestand des VA gar nicht hätte vertrauen dürfen.

29   Durch Verwendung des Wortes „soweit" wird deutlich, dass jeweils zu prüfen ist, ob die in Satz 3 genannten und zum Ausschluss des Vertrauensschutzes führenden Verhaltensweisen auch für die konkret aufzuhebende Regelung **kausal** waren. Die Handlung muss allerdings nicht für den Erlass des VA, sondern **für dessen Fehlerhaftigkeit kausal** geworden sein. An der Kausalität fehlt es daher, wenn bzw soweit bei richtigen Angaben dieselbe Entscheidung getroffen worden wäre. Diese gesetzl aufgegebene **Differenzierung** kann dazu führen, dass ein Teil der Regelung (nach Abs 2 Satz 3) aufzuheben ist, hinsichtlich eines anderen aber der Vertrauensschutz des Begünstigten überwiegt (**Bsp**: Teilt der Bezieher von Alg I ein Nebeneinkommen pflichtwidrig nicht mit, und vereitelt er dadurch die Anrechnung nach § 155 Abs 1 SGB III, kommt die Rücknahme nach § 45 Abs 2 Satz 3 Nr 2 SGB X nur hinsichtlich des überzahlten Anteils des Alg I, nicht aber insgesamt in Betracht.

3.2.1. Verwerfliche Unredlichkeit (Satz 3 Nr 1)

30   Abs 2 Satz 3 Nr 1 schließt Vertrauensschutz aus, wenn der VA durch **arglistige Täuschung, Drohung oder Bestechung** erwirkt wurde (verwerfliche Unredlichkeit). Die Begriffe arglistige Täuschung und Bedrohung entsprechen denjenigen in § 123 BGB. Unter **arglistiger Täuschung** ist das Hervorrufen oder Aufrechterhalten eines Irrtums durch Vorspiegelung falscher oder Unterdrückung wahrer Tatsachen, wodurch auf den Erklärungswillen der Beh eingewirkt wird, zu verstehen (vgl *VGH BW* NVwZ-RR 1990, 1199; *Pickel* aaO § 45 Rz 30). Die Beh muss hier die Motivation des Betroffenen aufzeigen (*BSG* Breith 1993, 837; *Jährling-Rahnefeld* DAngVers 1996, 276 [279]). Mit **Drohung** ist jede Ausübung psychischen Zwangs und damit die beabsichtigte Erregung der Furcht vor einem künftigen Übel gemeint (*Pickel* § 45 Rz 30). Unter dem Begriff der **Bestechung** ist eine aktive Bestechung seitens des Begünstigten und eine passive Bestechung seitens der Beh (Bestechlichkeit) nach den §§ 332, 334 StGB zu verstehen (*Pickel* aaO § 45 Rz 30; *Kopp/Ramsauer* aaO § 48 Rz 98: auch Vorteilsgewährung gem § 333 StGB). Der VA muss durch die in Abs 2 Satz 3 Nr 1 aufgezählten Handlungen schließlich **erwirkt** worden sein. Das „Erwirken" setzt **kein final ausgerichtetes Handeln** voraus (BT-Drucks 8/2034, 34). Die Handlung muss für die Fehlerhaftigkeit des VA (nicht auch für deren Erlass) ursächlich gewesen sein (*Pickel* aaO § 45 Rz 31, Rz 29; vgl auch *Erfmeyer* DÖV 1997, 629).

31   Es genügen **Anstiftung und Beihilfe** iSd §§ 26, 27 StGB (*Kopp/Ramsauer* aaO § 48 Rz 98). **Anstifter** ist, wer vorsätzlich einen anderen zu dessen vorsätzlich begangener rechtswidriger Tat (scil: arglistige Täuschung, Drohung oder Bestechung) bestimmt (§ 26 StGB). **Bestimmen** zur Tat heißt, in ihm den Entschluss zur Tat durch eine dafür (zumindest mit-)ursächliche Anstiftungshandlung hervorzurufen (*BGHSt* 9, 379; *Dreher/Tröndle* StGB § 26 Rz 3). **Gehilfe** ist, wer vorsätzlich einem anderen zu dessen vorsätzlich begangener rechtswidriger Tat Hilfe leistet (§ 27 Abs 1 StGB). Das **Verhalten des Bevollmächtigten** iSv Abs 2 Satz 3 Nr 1 muss sich der Versicherte – anders als sonst (Rz 37) – allerdings nicht zurechnen lassen (*Pickel* aaO § 45 Rz 30; aA *BSGE* 28, 258; *Sachs* aaO § 48 Rz 156). Teilt ein Versicherter **wesentliche Tatsachen** (zB eine Einkommenserhöhung) nicht mit, kann nicht ohne Weiteres von einem arglistigen Verhalten ausgegangen werden (was in der Praxis häufig so differenziert nicht berücksichtigt wird), jedoch wird idR Absatz 3 Nr 2 erfüllt sein.

3.2.2. Unvollständige oder fehlerhafte Angaben (Satz 3 Nr 2)

Nach **Abs 2 Satz 3 Nr 2** kann sich der Begünstigte auf Vertrauen auch dann **32** nicht berufen, soweit der VA auf Angaben beruht, die der Begünstigte vorsätzlich oder grob fahrlässig in wesentlicher Beziehung unrichtig oder unvollständig gemacht hat. **Angaben** iSv Abs 2 Satz 3 Nr 2 sind alle iRah des Verwaltungsverfahrens (§ 8) festgestellten Tatsachen. Die Angaben sind dann **unrichtig**, wenn sie nicht der Wahrheit entsprechen, dh mit der Wirklichkeit nicht übereinstimmen. Die **Unvollständigkeit** ist ein **Unterfall der unrichtigen Angaben**, denn von unvollständigen Angaben kann nur dann gesprochen werden, wenn das Weglassen einer Angabe iS eines **beredten Schweigens** zu verstehen ist, das Unterlassen der Vervollständigung als positive Angabe zu werten ist (*Kopp/Ramsauer* aaO § 48 Rz 104).

Bsp:

- Wird beim Antrag auf Alg das Nebeneinkommen iSv § 155 SGB III nicht angegeben, so wird grdstl davon ausgegangen, dass tatsächlich kein Nebeneinkommen besteht.
- Wer Leistungen nach BaföG beantragt und – selbst wenn danach im Antragsformular nicht gefragt wird – unentgeltliche Verfügungen an die Schwester nicht angibt, täuscht nach BVerwG, iSv § 45 Abs 2 Satz 3 Nr 1 SGB X (NVwZ-RR 2013, 689).
- Außerdem ist von einem beredten Schweigen dann auszugehen, wenn das Unterlassen einer Mitteilung dazu führt, dass frühere Angaben (im Wiederbewilligungsantrag) unrichtig oder unvollständig werden (*BSG* SozR 1300 § 45 Nr 29 S 93 f; *BSG* SozR 4-4300 § 122 Nr 4 = NZS 2007, 104; *BSG* NJOZ 2014, 433 = BSGE 113, 184).

Aus der **Abgrenzung zu Abs 2 Satz 3 Nr 3** folgt allerdings, dass eine Kenntnis des Begünstigten von der Relevanz der unterlassenen (unvollständigen) Angabe nicht erforderlich ist (*BSG* NVwZ-RR 1989, 285; *Kopp/Ramsauer* aaO § 48 Rz 104; aA *Pickel* aaO § 45 Rz 32).

Es sind – anders als bei § 48 Abs 2 Satz 3 Nr 2 VwVfG – **Vorsatz oder grobe** **33** **Fahrlässigkeit** des Betroffenen oder des Vertreters erforderlich; entgegen der früheren Rspr zur KOV (vgl *BSGE* 8, 14) genügt es dabei nicht, dass der Fehler nur in den **Verantwortungsbereich des Versicherten** fällt. Die Änderung v § 43 Abs 2 Satz 3 Nr 2 RegEntw – der noch § 48 Abs 2 Satz 3 Nr 2 VwVfG entsprach – zur heutigen Fassung begründete der Ausschuss des BT damit, dass ein nicht mehr anfechtbarer rechtswidriger begünstigender VA im Sozialleistungsbereich **nicht bei schuldlos falschen Angaben oder bei einfacher Fahrlässigkeit** für die Vergangenheit zurückgenommen werden sollte (BT-Drucks 8/4022, 82).

Vorsatz liegt vor, wenn der Betroffene die Unrichtigkeit oder Unvollständigkeit seiner Angaben kennt. **Grobe Fahrlässigkeit** ist nach der Legaldefinition in Abs 2 Satz 3 Nr 3 – welche der allg anerkannten Standarddefinition des BGH entspricht (s BT-Drucks 8/4022, 82) – gegeben, wenn der Begünstigte **die erforderliche Sorgfalt in besonders schwerem Maße verletzt** hat (vgl auch zur eingeschränkten revisionsrechtlichen Überprüfbarkeit: *BSG* Urt v 1.7.2010 – B 13 R 77/09 R). Das ist insb anzunehmen, wenn **einfachste, ganz naheliegende Überlegungen** nicht angestellt wurden und nicht beachtet wird, was im gegebenen Fall jedem einleuchten muss (vgl *BSG* NJW 2003, 691; *BVerwGE* 92, 81; *OVG NRW* NVwZ-RR 1997, 585; *Wolff/Bachof/Stober* VerwR II § 51 Rz 65). Vorsatz und grobe Fahrlässigkeit müssen sich auf die Unrichtigkeit sowie Unvollständigkeit der Angaben beziehen. Ob der Begünstigte mit der unrichtigen oder unvollständigen Angabe **Vorteile** für sich erreichen wollte, ist dabei unbeachtlich.

34 Bei der **Prüfung der groben Fahrlässigkeit** ist erheblich, ob die Fragestellung durch die Beh im Hinblick auf den **Bildungsstand und die Erfahrenheit des Betroffenen** missverständlich oder zu unübersichtlich war (*Pickel* aaO § 45 Rz 34). Hat ein **Ausländer** einen Antrag deshalb falsch ausgefüllt, weil er schlecht deutsch lesen und schreiben kann, begründet dies keine grobe Fahrlässigkeit; daran ändert auch § 19 Abs 1 nichts. Bei Verständnisschwierigkeiten muss sich der Betroffene aber mit Dolmetschern oder auf andere Art und Weise Kenntnis über den Inhalt von Dokumenten verschaffen (vgl *BSG* Urt v 1.7.2010 – B 1 3 R 77/09 R, SozR 4-1300 § 48 Nr 18). Es ist aber nicht grob fahrlässig, wenn ein Landwirt in Fragen der sozialen Sicherheit auf (falsche) **Auskünfte des „Landvolks"** vertraut oder wenn jemand ein **einschlägiges Fachbuch** zu Rate zieht, um seinen Rechtsanspruch zu klären, in ihm diesbezüglich aber widersprüchliche Angaben enthalten sind (*LSG Nds* Breith 1995, 988). Teilt ein Versicherter wesentliche Tatsachen nicht mit, obwohl er dazu verpflichtet war und auch unmissverständlich belehrt worden ist, liegt idR grobe Fahrlässigkeit vor (ebenso *Siebert* SdL 1990, 249). Es muss dem Versicherten allerdings **ohne weitere Überlegungen klar** gewesen sein, dass er den betreffenden Umstand mitteilen musste (*BSG* SozR 4100 § 152 Nr 10). Die **objektive Beweislast** hierfür trifft die Beh (vgl *BSG* SozR 4100 § 132 Nr 1).

35 Das **Unterlassen oder die Verweigerung von Angaben** steht den unvollständigen Angaben allerdings nicht gleich, auch nicht nach Sinn und Zweck der Vorschrift. Das gilt auch dann, wenn eine Mitwirkungspflicht nach § 60 SGB I besteht bzw sonst berechtigterweise nach den Angaben gefragt worden ist (vgl *BSG* in SozR 1300 § 45 Nr 29; *BSGE* 7, 16; *Kopp/Ramsauer* aaO § 48 Rz 102; *Recht* aaO § 45 Rz 23, *Jahn* aaO § 45 Rz 14; *Schnapp* aaO § 45 Rz 36; aA *Schütze* aaO § 45 Rz 22). Innerhalb bestimmter Grenzen (§ 65 SGB I) kann die Beh die Leistung ggf bis zur Nachholung der Mitwirkung ganz oder teilweise versagen oder entziehen, soweit die Vor der Leistung nicht nachgewiesen sind (§ 66 Abs 1 SGB I).

36 Der VA insgesamt bzw eine einzelne Regelung „beruht auf Angaben", wenn diese für die Regelung zumindest **mitursächlich** sind (*BVerwGE* 74, 264; *Kopp/Ramsauer* aaO § 48 Rz 101; *Steinwedel* aaO § 45 Rz 38), dh die unrichtigen Angaben müssen **kausal** für die Fehlerhaftigkeit gewesen sein (*BSG* NJOZ 2014, 433, Rz 33 ff = *BSGE* 113, 184; *BSGE* 47, 28; *BVerfGE* 59, 171; *BVerwGE* 74, 264). Daran fehlt es, wenn – die Vollständigkeit und Richtigkeit der Angaben unterstellt – dieselbe begünstigende Entscheidung getroffen worden wäre. (**Bsp:** Pflegegeld nach § 37 **SGB XI** hängt ua davon ab, dass der Pflegebedürftige die erforderliche Pflege selbst sicherstellt. Wenn die Pflege aber nicht sichergestellt ist und jemand als Pflegeperson genannt wird, der die Pflege tatsächlich nicht übernimmt, so liegt ein Fall von Abs 2 Satz 3 Nr 2 vor. Wird aber nur über die **Identität der Pflegeperson** getäuscht, so ist das im Hinblick auf Abs 2 Satz 3 Nr 2 unbeachtlich, denn die Leistung beruht nicht auf diesen Angaben; anders bei Leistungen nach § 44 SGB XI an die Pflegeperson selbst). Der VA ist jedoch dann nicht durch in wesentlicher Beziehung **unvollständige** Angaben erwirkt worden, **wenn die Beh auf die entspr Information erkennbar keinen Wert legte** (*BVerwG* SGb 1991, 549; SGb 1992, 350) bzw die Angaben selbst als zutreffend bezeichnete oder – sehr praxisrelevant – dem Bürger sogar selbst zu dieser Angabe riet (*BVerwG* DÖV 1998, 510).

Der Vertretene muss die Folgen wissentlich unwahrer Angaben oder das Verschweigen wesentlicher Umstände auch dann gegen sich gelten lassen, wenn diese Vor nur in der Person des **Vertreters** erfüllt sind, soweit dieser sich im Rahmen seiner Vollmacht bewegt hat (*BSGE* 28, 258; *Kopp/Ramsauer* aaO § 48 Rz 105; *Schütze* aaO § 45 Rz 22; *Pickel* aaO § 45 Rz 33). **Bösgläubigkeit** kann deshalb durch Rechtskenntnisse des Bevollmächtigten begründet werden, die sich der Versicherte zurechnen lassen muss (*BSGE* 57, 274). Nach aA ist stets auf die Person des Versicherten abzustellen, da es in § 45 um den **subjektiven Vertrauensschutz** des Berechtigten gehe – Verstöße von Vertretern sollten bei der generellen Abwägung zwischen privatem und öffentlichem Interesse berücksichtigt werden (vgl *Ule/Laubinger* aaO § 62 Rz 14). Das überzeugt nicht, da sich dann der Versicherte durch die Hinzuziehung eines Vertreters – wenn auch unbewusst – der Rücknahme nach Abs 2 Satz 3 Nr 2 entziehen könnte.

Dass es sich gleichwohl (nur) um ein **Übernahmeverschulden** handelt, kann bei der **Ermessensabwägung** berücksichtigt werden (*BSGE* 73, 41; *BSG* SozR 3-1300 § 45 Nr 8). Vertraut jemand das Ausfüllen eines Fragebogens oder eines Antrags einem **öffentlich Bediensteten** an, dem nicht alle erforderlichen Einzelheiten bekannt sind, so liegt grobe Fahrlässigkeit nicht vor, wenn sich der Versicherte darauf verlassen konnte, dieser werde alle Einzelheiten bei ihm erfragen (*BSG* VersorgB 1984, 143). Ein **sonstiger Dritter**, der die unrichtigen Angaben gemacht hat, ist dem Begünstigten nur dann gleich zu stellen, **wenn der Begünstigte davon wusste** (*BVerwGE* 71, 227; *Kopp/Ramsauer* aaO § 48 Rz 105).

Offensichtliche Unvollständigkeiten und Widersprüchlichkeiten in den Angaben des Betroffenen, die von der Beh weiter aufzuklären gewesen wären (vgl § 16 Abs 3 SGB I) begründen die Voraussetzungen von Abs 2 Satz 3 Nr 3 nicht; denn die Offenkundigkeit kompensiert das Fehlverhalten des Begünstigten und das Vertrauen der Beh in die Angaben des Versicherten wäre nicht schutzwürdig und darf dem Begünstigten nicht zum Nachteil gereichen (*BSG* SozR 2200 § 1744 Nr 15; *Schütze* aaO § 45 Rz 22).

3.2.3. Kenntnis oder Kennenmüssen des Betroffenen (Satz 3 Nr 3)

Nach **Abs 2 Satz 3 Nr 3** (der inhaltlich mit § 48 Abs 1 Satz 2 Nr 4 übereinstimmt, vgl *BSG* SozR 1300 § 48 Nr 14) kann sich schließlich auf Vertrauensschutz nicht berufen, wer die Rechtswidrigkeit des VA (nicht nur: die die Rechtswidrigkeit begründenden Tatsachen, *BVerwG* NVwZ 1994, 369) kannte oder infolge grober Fahrlässigkeit nicht kannte. Dem liegt die Überlegung zugrunde, dass derjenige, der die Rechtswidrigkeit kennt bzw kennen könnte, **mit der Rücknahme rechnen muss** (*BVerwGE* 92, 84; *dass* DVBl 1994, 115). Kenntnis oder Kennenmüssen des Vertreters sind hier dem Vertretenen zuzurechnen. **Maßgebender Zeitpunkt** für das Kennen oder Kennenmüssen ist die

Bekanntgabe (§ 37) des aufzuhebenden VA (*BSG* Urt v 27.1.2009 – B 7/7 a AL 30/07 R). Der Vorwurf der grob fahrlässigen Unkenntnis iS des § 45 Abs 2 Satz 3 Nr 3 darf deshalb zB nicht auf den Umstand gestützt werden, dass die Rechtswidrigkeit der zur Überzahlung führenden Bewilligungsentscheidung beim Blick auf die Kontoauszüge habe auffallen müssen, sofern die Überweisung der Leistung nicht vor Bekanntgabe des Bewilligungsbescheides erfolgt ist und von der Überweisung nicht vor Bekanntgabe des Bescheides Kenntnis erlangt wurde (*BSG* Urt v 27.1.2009 – B 7/7 a AL 30/07 R).

41 **Ein einmal entstandenes Vertrauen** auf den Bestand des VA wird nicht dadurch beseitigt, dass der Betroffene (erst) **später die Rechtswidrigkeit erkennt** oder erkennen könnte (vgl *BSG* SGb 1998, 409; *BSG* SozR 3-1300 § 45 Nr 24; *Neumann-Duesberg* WzS 1981, 13; aA *Jahn* aaO § 45 Rz 15). Nachträgliche Bösgläubigkeit kann ledigl im Rahmen des Vertrauensschutzes nach § 45 II Satz 1 und 2 SGB X berücksichtigt werden (*BSG* Urt v 27.1.2009 – B 7/7 a AL 30/07 R). Erlangt der Begünstigte erstmals durch das **Anhörungsschreiben** der Beh vor der Aufhebungsentscheidung Kenntnis von der Rechtswidrigkeit, so werden dadurch die Voraussetzungen von Abs 2 Satz 3 Nr 3 ebenfalls nicht erfüllt (so auch *Steinwedel* aaO § 45 Rz 41; eingehend *Kunze* DAngVers 1989, 269); der Begünstigte kann sich allerdings von diesem Zeitpunkt an nicht mehr mit Erfolg auf den Verbrauch der Leistung oder eine Vermögensdisposition iSv Abs 1 Satz 2 berufen.

42 Für die Kenntnis der Rechtswidrigkeit genügt eine **Parallelwertung in der Laiensphäre** (*Sachs* aaO § 48 Rz 167; *Schütze* aaO § 45 Rz 23; *Kopp/Ramsauer* aaO § 48 Rz 107). Der Begünstigte muss also nur wissen, dass ein VA fehlerhaft ist und mit dem G nicht übereinstimmt. Ein **Kennenmüssen** ist erst zu bejahen, wenn der Versicherte die Rechtswidrigkeit, dh die Fehlerhaftigkeit des Bescheids, ohne Mühe hätte erkennen können (*BVerwGE* 40, 212; Bsp: Die Lohnersatzleistung ist höher als der vorherige Verdienst). Kenntnis oder Kennenmüssen dürfen sich nicht allein auf die die **Fehlerhaftigkeit verursachenden Tatsachen** beziehen, sondern müssen sich auch auf die Fehlerhaftigkeit des VA selbst erstrecken.

43 **Grobe Fahrlässigkeit** iRah des Kennenmüssens liegt nach der zivil- und verwaltungsrechtlicher Rspr vor, wenn die in der Personengruppe herrschende Sorgfaltspflicht in ungewöhnlich hohem Maße verletzt worden ist, wenn also außer acht gelassen worden ist, was im gegebenen Falle jedem hätte einleuchten müssen (Rz 33 f; *BGHZ* 10, 16; *BVerwGE* 92, 84; *VGH BW* DVP 1991, 158: „ungewöhnlich hohes Maß an sorglosem Verhalten", bejaht für den Fall, dass der Empfänger von Sozialhilfe die Differenz zwischen 184 Euro gem Bewilligung und der Auszahlung von 286 Euro nicht bemerkte; *Kopp/Ramsauer* aaO § 48 Rz 109). Die Rechtswidrigkeit muss sich **ohne weitere Nachforschungen** aus dem Bescheid selbst ergeben haben und es musste anhand der Umstände und ganz naheliegender Überlegungen einleuchten und auffallen, dass der Bescheid fehlerhaft ist. Offenkundige Schreib- und Rechenfehler reichen aus (*BSGE* 14, 154; 15, 96; 24, 204).

44 Dabei ist auch in **subjektiver Hinsicht** ein gegenüber einfacher Fahrlässigkeit **gesteigertes Verschulden** nötig. Eine erheblich verminderte Einsichtsfähigkeit kann dabei nicht außer Betracht bleiben (vgl *BGH* NJW 1985, 2648). Der Versicherte muss unter Berücksichtigung seiner individuellen Einsichts- und Urteilsfähigkeit seine Sorgfaltspflichten in außergewöhnlich hohem Maße, dh in einem das gewöhnliche Maß an Fahrlässigkeit erheblich übersteigendem Ausmaß verletzt haben (*BSG* SozSich 1985, 64; vgl auch *BSGE* 42, 186 und *Stüwe*

SdL 1984, 81). Ob ein Kennenmüssen zu bejahen ist, muss unter **Berücksichtigung aller Umstände**, insbesondere der Persönlichkeit des Betroffenen (insbesondere die individuelle Urteils- und Kritikfähigkeit sowie das Einsichtsvermögen) und seines Verhaltens, entschieden werden (*BSGE* 5, 267; *BSG* SGb 1997, 177; *LSG BW* SGb 1993, 119: Grobe Fahrlässigkeit bejaht, wenn einer der deutschen Sprache unkundiger Ausländer sich nicht um die Hilfe Dritter bemüht, die ihm das Schreiben eines deutschen Sozialversicherungsträgers erklären könnten; *Ule/Laubinger* aaO § 62 Rz 14). Es kommt für die Beurteilung auf den Zeitpunkt der jeweiligen Leistung an (*Pickel* aaO § 45 Rz 35). Siehe auch Rz 34.

Zum späteren Nachweis des Kennens oder Kennenmüssens sollten die Beh bereits bei Bewilligung der Leistung auf alle möglichen Wegfall- und Ruhenstatbestände ausführlich hinweisen (eine eigenständige Regelung für den Fall von ruhenden oder weggefallenden Leistungen wurde wegen Abs 2 Satz 3 Nr 3 im Gesetzgebungsverfahren nicht für erforderlich gehalten, BT-Drucks 8/4022, 82). Die Nichtbeachtung eines (nachweislich ausgehändigten) **Merkblattes** zu einem konkreten Leistungstatbestand wird idR grobe Fahrlässigkeit begründen, wenn dieses so abgefasst war, dass der Begünstigte seinen Inhalt hätte verstehen können (ebenso *Jahn* aaO § 45 Rz 15 unter Hinweis auf *BSG* SozR 5870 Nr 1 zu § 13 BKGG; vgl auch: *SG Berlin* SGb 1989, 429) und die Aushändigung noch nicht zu lange zurücklag. Häufig werden in diesen Fällen auch die Vor von § 60 SGB I und damit von Abs 2 Satz 3 Nr 2 gegeben sein.

45

Die Beh kann Kenntnis oder Kennenmüssen nicht pauschal damit begründen, sie habe einen **Abdruck aller maßgeblichen Rechtsvorschriften** übersandt (vgl: *Recht* aaO § 45 Rz 24). Bei komplizierten Berechnungen und maschinellen Verschlüsselungen ohne einen erklärenden Langtext ist idR nicht von einer groben Fahrlässigkeit auszugehen. Eine **Verpflichtung zu Erkundigungen** besteht in diesem Zusammenhang nur, wenn sich diese aufdrängen mussten (*Pickel* aaO § 45 Rz 35). Ob die Beh die Rechtswidrigkeit kennen musste, ist unbeachtlich, ebenso die Frage, **wer die Rechtswidrigkeit verursacht hat**. Die grobfahrlässige Unkenntnis der Rechtswidrigkeit entfällt nicht schon dann, wenn die wesentliche Ursache der Unrichtigkeit des VA bei der Beh liegt (*Steinwedel* aaO § 45 Rz 40 unter Berufung auf *BSG* Breith 1999, 327).

46

3.3. Leistungsverbrauch und Vermögensdispositionen (Satz 2)

Abs 2 Satz 2 regelt, wann das private Bestandsinteresse das öffentliche Rücknahmeinteresse überwiegt, ohne dass es idR einer weiteren Abwägung bedarf. Aus dem Gesetzeswortlaut („**in der Regel**") folgt einerseits, dass sich der **überwiegende Vertrauensschutz auch aus anderen Gesichtspunkten** ergeben kann (vgl *BSG* DRV 1985, 321 m Anm Tannen; *Pickel* aaO § 45 Rz 27: Jedes Verhalten, das in ursächlichem Zusammenhang mit dem begünstigenden VA steht und Rückwirkungen auf die Vermögensdisposition des Begünstigten hat; *Kopp/Ramsauer* aaO § 48 Rz 93) und andererseits, dass auch beim Vorliegen der Vor von Abs 2 Satz 2 **ausnahmsweise das öffentliche Interesse** überwiegt, zB wenn die Vermögensdisposition grob (dh aus der Sicht eines Dritten: offensichtlich) unangemessen oder unvernünftig war (*Schütze* aaO § 45 Rz 18; *Pickel* aaO § 45 Rz 28). Liegt aber einer der in Abs 2 Satz 2 genannten Fallkonstellationen vor, wird die **Schutzwürdigkeit des Vertrauens vom Gesetz vermutet** und es ist nicht als fehlerhaft anzusehen, wenn – **ohne weitere Ermittlungen** – davon ausgegangen wird, dass eine Rücknahme nicht in Frage kommt (vgl auch *BVerwGE* 105, 289).

47

48 Die **Schutzwürdigkeit des Vertrauens** wird ua dann vermutet, wenn der Begünstigte **erbrachte Leistungen verbraucht** hat. **Verbrauch** ist analog § 818 BGB jede Form der Nutzung, die eine Minderung des Bestands oder der Substanz des aufgrund des VA erhaltenen zur Folge hat, außerdem auch jede Abnutzung oder sonstige Form einer Entwertung (*BVerwG* DVBl 1993, 947; *Kopp/Ramsauer* aaO § 48 Rz 96; die bloße Erwartung, eine zugebilligte Leistung werde zukünftig „in jedem Fall ungeschmälert ausgezahlt", führt nicht zur Schutzwürdigkeit: *BAG* NJW 1994, 538). An einem Verbrauch fehlt es dann, wenn zB Geldbeträge für Anschaffungen im entsprechenden Wert eingesetzt wurden, die wertmäßig dem Vermögen zugeführt oder Schulden getilgt wurden („unveränderte Vermögensbilanz"; *Sachs* aaO § 48 Rz 96). Der Verbrauch erbrachter Leistungen kann nur bei Gutgläubigkeit des Begünstigten ein schutzwürdiges Vertrauen begründen (vgl *Steinwedel* aaO § 45 Rz 48). Aus der Gesetzesfassung („erbrachte Sozialleistungen") folgt, dass diese Vermutungsregel nur bei einer **Rücknahme für die Vergangenheit** beachtlich sein kann, die nach Abs 4 nur unter eng begrenzten Vor in Betracht kommt. Soll der VA, auf dessen Grundlage Sozialleistungen in der Vergangenheit erbracht wurden, rückwirkend aufgehoben werden, ist davon auszugehen, dass die Leistungen verbraucht worden sind, wenn **die Dauerleistungen laufend von einem Konto abgehoben wurden** und keine gegenteiligen Anhaltspunkte erkennbar sind. Bei **größeren Nachzahlungen** ist ein Verbrauch indes **nachzuweisen**. Bei einmaligen Geldleistungen ist die Schutzwürdigkeit auch dann anzunehmen, wenn der Begünstigte den erhaltenen Betrag zur Schuldentilgung benutzt oder für Anschaffungen verwendet hat, es sei denn, diese sind wertmäßig noch im Vermögen des Begünstigten vorhanden (*BVerwG* DÖV 1994, 42; ebenso: *Wolff/Bachof/Stober* VerwR II § 51 Rz 69).

49 Ein Vorrang des Vertrauensschutzes wird auch angenommen, wenn es – bei Gutgläubigkeit des Begünstigten – zu schwer rückgängig zu machenden **Vermögensdispositionen** gekommen ist. Damit soll ausgeschlossen werden, dass die Rücknahme zu **großen Vermögensopfern des Betroffenen** (Bsp: Einkauf in einem Seniorenwohnheim aufgrund einer unzutreffenden Rentenbewilligung) führt (*Schütze* aaO § 45 Rz 20). Die **Vermögensdisposition** umfasst jedes Verhalten (zB das Eingehen von Ratenverbindlichkeiten, die Beteiligung an einer Gesellschaft, Aufwendungen für Darlehensbewilligungen, das Unterlassen einer Rechtsverfolgung wegen vermögensrechtlicher Ansprüche oder auch die Kündigung einer privaten Krankenversicherung, vgl *BSG* ZfS 1992, 115), das **wegen des begünstigenden VA** erfolgte und wesentlichen Einfluss auf die finanzielle Situation des Begünstigten hatte (*Erichsen* Allg VerwR § 17 Rz 8; *Kopp/Ramsauer* aaO § 48 Rz 97). Sie muss idR **vor Erlass des Bewilligungsbescheids** vorgenommen worden sein (vgl *BSGE* 59, 206; *Pickel* aaO § 45 Rz 26; *Steinwedel* aaO § 45 Rz 48), jedenfalls aber vor Erlass des Rücknahmebescheids bzw vor der diesbezüglichen Anhörung (§ 24). Dem Verbrauch unterliegen Sachleistungen und Geldleistungen; bei Nichtleistungsbescheiden kommt dieses Kriterium nicht in Betracht (*Pickel* aaO § 45 Rz 26).

50 Hat jemand seine **Lebensführung** auf eine unzutreffende Rentenzahlung eingerichtet, so wird dies allein idR nicht als eine nur noch unter unzumutbaren Nachteilen rückgängig zu machende Vermögensdisposition gelten können. Eine **Unzumutbarkeit** ist auch dann zu bejahen, wenn der Betroffene durch die Rücknahme **sozialhilfebedürftig** werden würde, denn andernfalls wären die wirtschaftlich schlechter gestellten Betroffenen, die keine Vermögensdispositionen treffen können, vielmehr die überzahlte Rente notwendig zur Bestreitung ihres Lebensunterhalts benötigen, durch § 45 benachteiligt (*Pickel* aaO § 45 Rz 28; *Schütze* aaO § 45 Rz 20). Zu berücksichtigen ist auch, **wie lange** jemand eine Leistung, zB eine Rente, zu Unrecht erhalten hat. Im Einzelfall kann sich die Zumutbarkeit der Rücknahme dadurch ergeben, dass die Beh die Rücknahme von einem späteren Zeitpunkt an oder iRah einer **Übergangsregelung** wirksam werden lässt (vgl dazu *BSG* SozR Nr 18 zu § 1301 RVO; vgl auch BT-Drucks 7/910, 69 zu § 48 VwVfG: „Oft dürfte es genügen, den Verwaltungsakt aufzuheben und den schutzwürdigen Interessen des Betroffenen durch eine differenzierende Regelung der Folgen der Aufhebung Rechnung zu tragen"; aA *Schnapp* in GK-SGB X 1 § 45 Rz 29). Innerhalb des fürsorgerechtlichen Systems des SGB II besteht eine grundsätzliche Pflicht des Leistungsempfängers, **bedarfssteigernde Schuldentilgungen** zu unterlassen (*BSG* NZS 2011, 70; BSG SozR 4-4200 § 11 Nr 18). In der Regel liegt in diesen Fällen ohnehin grobe Fahrlässigkeit nach § 45 Abs 2 Satz 3 Nr 2 SGB X vor.

Der **Begriff der Vermögensdisposition** ist umfassend zu verstehen. Eine Vermögensdisposition ist nicht allein dann anzunehmen, wenn eine das Vermögen unmittelbar betreffende Handlung vorgenommen wurde (**Bsp**: eine Urlaubsreise ist bereits gebucht worden), sondern auch dann, wenn die **Auswirkungen auf das Vermögen des Betroffenen nur mittelbarer Natur** sind (**Bsp**: Umzug oder Aufgabe des Arbeitsplatzes wegen rechtswidriger Zusage einer Rente oder Umschulung). Entscheidend ist in erster Linie, ob es unzumutbar ist, die Vermögensdisposition rückgängig zu machen und erst in zweiter Linie, ob die **Disposition selbst** unangemessen ist. Hat jemand darauf vertraut, zur **freiwilligen Versicherung** berechtigt zu sein und deshalb über einen längeren Zeitraum Beiträge entrichtet und keine Lebensversicherung abgeschlossen, kann die Versicherungsberechtigung nachträglich nicht – auch nicht für die Zukunft – entzogen werden. Vertrauensschutz ist allerdings nicht anzuerkennen, wenn der Begünstigte **wiederholten Anfragen nach den Einkommens- und Vermögensverhältnissen** nicht nachkommt und infolge seines Verhaltens die Beh nicht nachprüfen kann, ob und ggf welche Vermögensdispositionen er im Vertrauen auf die vermeintliche Rechtmäßigkeit des fehlerhaften VA getroffen hat, die er nur unter unzumutbaren Nachteilen rückgängig machen kann (*BVerwG* Buchholz 427.3 § 335 a LAG Nr 70). Zur Aufhebung von VA wegen Verletzung von Mitwirkungspflichten vgl auch Rz 121.

3.4. Allgemeines Abwägungsgebot (Satz 1)

Wenn die Voraussetzungen nach Satz 3 und 2 nicht erfüllt sind, hat die Beh nach Satz 3 iRah einer **Abwägung** zwischen öffentlichem und privatem Interesse unter Berücksichtigung „aller Umstände des Einzelfalls" (*BSGE* 59, 206; *Wolff/Bachof/Stober* VerwR II § 51 Rz 52; aber zu Recht krit: *Steinwedel* aaO § 45 Rz 46: Missverständlich, denn Vor ist jeweils, dass die Umstände das Vertrauen in den Bestand des VA oder dass öffentliche Aufhebungsinteresse tatsächlich beeinflusst haben; für allg Billigkeitserwägungen ist nur iRah des Ermessens Raum) zu prüfen, ob das Vertrauen – objektiv – **schutzwürdig** ist (Rz 2 und *Schnapp* aaO § 45 Rz 20 und 22; *Schütze* aaO § 45 Rz 17). Ob **auf den Bestand des VA** – subjektiv – **vertraut** wurde, ist eine Frage des tatsächlichen Sachverhalts, der bei Zweifeln nach § 20 zu ermitteln und beim Fehlen entgegenstehender Anhaltspunkte idR zu bejahen ist (vgl für das Erfordernis einer Vertrauensbetätigung: *BVerwGE* 48, 93; 67, 133; *dass* NVwZ 1989, 144; *Sachs* aaO § 48 Rz 142; dagegen: *BSG* DVBl 1975, 514; *dass* DVBl 1985, 628). **Die Behörde trägt die obj und subj Beweislast** dafür, dass der Begünstigte nicht auf den Bestand des VA vertraut hat (vgl *Schnapp* aaO § 45 Rz 19 mit Hinweis auf *BVerfGE* 59, 170; ebenso: *Schütze* aaO § 45 Rz 16; aA *Pickel* aaO § 45 Rz 24). Die Abwägung ist im Gegensatz zum Ermessen gerichtlich voll überprüfbar.

53 Bei **Zustimmungsbescheiden nach dem SGB IX (§ 88 Abs 3)** ist für die Rücknahme darauf abzustellen, ob das Vertrauen des Arbeitgebers schutzwürdig ist (*Zanker* NVwZ 1984, 85 [85 f]). Wenn ausnahmsweise eine Beh Adressat eines VA ist, so kann sie sich nicht auf Vertrauensschutz berufen. Wird **der einem Sozialleistungsträger erteilte Bescheid** zurückgenommen, so bedarf es keiner Interessenabwägung; allerdings ist auch hier nach pflichtgemäßem Ermessen zu entscheiden (*BSGE* 64, 24). Beruft sich die Beh auf die **Nichtigkeit des VA**, dann muss dem Betroffenen der gleiche Vertrauensschutz wie beim rechtswidrigen VA zuerkannt werden (*Schütze* aaO § 45 Rz 17). Vertrauensschutz kommt bei Nichtigkeit des VA jedoch nur in den Fällen des § 40 Abs 2 in Betracht, nicht hingegen bei offensichtlicher Fehlerhaftigkeit nach § 40 Abs 1.

54 **Für die Schutzwürdigkeit des Vertrauens** können – außer der Fallkonstellationen in Satz 2 – **folgende Umstände** sprechen: Verfolgteneigenschaft, Alter und weitere persönliche Umstände, finanzielle Verhältnisse der Betroffenen (ein rein finanzielles Interesse des Begünstigten genügt aber nicht: *BSGE* 59, 157; aA *BSG* DRV 1985, 319), **Verursachungsgrad beim Zustandekommen des Fehlers** (hat der Versicherungsträger den Fehler allein verschuldet, schließt dies idR eine Rücknahme noch nicht ohne Weiteres aus; erforderlich ist ein grobes Verschulden der Beh, das das Vertrauen des Begünstigten nachhaltig gestärkt hat: *BSGE* 59, 157; vgl für das erhebliche Verschulden der KÄV bei Abrechnungsbescheiden *BSG* SozSich 1985, 158; *Kopp/Ramsauer* aaO § 48 Rz 90; *Wolff/ Bachof/Stober* VerwR II § 51 Rz 76 f) sowie weitere Vertrauensbetätigung (außer der nach Abs 2 Satz 2). Eine **ausdrückliche Bestätigung des rechtswidrigen VA** vor der Rücknahme erhöht die Schutzwürdigkeit des Vertrauens (*BSG* SozR 1300 § 45 Nr 9; vgl auch für Folge- und Anpassungsbescheide nach einer fehlerhaften Grundentscheidung: *BSG* SozR 1300 § 45 Nr 37). Je später der VA zurückgenommen wird, um so größer ist die Schutzwürdigkeit (vgl *BSG* SozR 1300 § 45 Nr 24; *BSG* DRV 1973, 118 m Anm *Tannen*). Ein **längerer Leistungsbezug** allein kann die Rücknahme allerdings nicht ausschließen (vgl aber auch: *BSG* SozR 3-3100 § 62 Nr 1), ebenso nicht ein hohes Alter (*BVerwGE* 24, 297). Im Rah der Abwägung kann aber darauf abgestellt werden, wessen **Verantwortungsbereich** die **der** Rücknahme zugrundeliegenden Tatsachen zuzurechnen sind (*BVerwGE* 74, 364; *dass* NVwZ 1990, 1070; *BSG* SGb 1985, 70; vgl auch *Kopp/Ramsauer* aaO § 48 Rz 90; *Pickel* aaO § 45 Rz 25).

55 Bei **laufenden Leistungen** ist iRah der Abwägung außerdem zu beachten, ob die Rücknahme nach Abs 4 auch für die Vergangenheit möglich ist; denn das Vertrauen des Begünstigten auf die **Fortdauer der Begünstigung** auch in der Zukunft kann im geringeren Maße schutzbedürftig sein, als das Vertrauen auf das Behaltendürfen der bereits empfangen Leistung (vgl *Schütze* aaO § 45 Rz 17; vgl auch *Steinwedel* aaO § 45 Rz 47; Rz 51); überdies ist das öffentliche Interesse an der Beseitigung des rechtswidrigen Zustands bei einem eine Dauerleistung bewilligendem VA regelmäßig größer als bei der Gewährung einmaliger Leistungen (*BSG* KrV 2003, 27; *BSGE* 59, 157; 81, 156; *BVerwGE* 19, 188; *BSG* SozR 1300 § 45 Nr 9). Im allg VerwR wird bei laufenden Leistungen idR ein **Vertrauensschutz für die Zukunft** verneint (vgl *BVerwGE* 5, 312; 8, 261; 9, 251, *BVerwG* Buchholz 316, § 48 VwVfG Nr 38; *Wolff/Bachof/ Stober* VerwR II § 51 Rz 84). Gleiches sollte auch im Sozialrecht gelten: Bei rechtswidrigen

Dauerleistungen in die Zukunft übersteigt das Interesse der Allgemeinheit an der Rechtsmäßigkeit idR das Vertrauen des Begünstigten auf den Fortbestand der Leistung (*BSGE* 59, 15). Grundlage eines schutzwürdigen Vertrauens (vgl zum Vertrauensschutz allg *Graßl* SGb 1985, 145) kann außerdem **eine ständige rechtmäßige Verwaltungspraxis** sein (vgl *BSGE* 46, 218; *Schütze* aaO § 45 Rz 15); gleiches gilt für **eine ständige Rechtsprechung**, die einen Vertrauensschutz idR nur für die Zukunft zu begründen vermag (*BSGE* 51, 31).

Wenn der VA mit einem **zulässigen Widerrufsvorbehalt** versehen worden ist ("allg Rückversicherungsklauseln" genügen nicht: *BSG* ZfS 1991, 70), kommt idR schutzwürdiges Vertrauen auf den Fortbestand des VA nicht in Betracht (vgl auch für den Rückforderungsvorbehalt in Ausführungsbescheiden nach Urteil: *BSGE* 57, 38; *BSG* SozR 3-1300 § 45 Nr 10; vgl auch: *BSGE* 57, 138). Um eine Umgehung von § 45 Abs 2 zu verhindern, darf von einem Widerrufsvorbehalt (**§ 32 Abs 2 Nr 3**) nur in **eingeschränktem Umfang** Gebrauch gemacht werden. Er ist deshalb nur unter den näheren Voraussetzungen des § 32 möglich (vgl § 32 Rz 15 f). Eine **laufende Leistung** (KrG, Alg, Altersrente etc) darf vor diesem Hintergrund zB wegen **§ 32 Abs 3** nicht über einen längeren Zeitraum unter dem Vorbehalt einer endgültigen Entscheidung gezahlt werden (*BSGE* 42, 190). **Schutzwürdiges Vertrauen** auf das Behaltendürfen kann ferner **nicht** bei **Vorschüssen** auf laufende Leistungen (vgl § 42 Abs 1 Satz 2 SGB I) entstehen, denn sie sind a priori nach § 42 Abs 2 und 3 SGB 1 zurückzufordern, wenn die Leistungsvoraussetzungen in der Hauptsache verneint werden, so dass eine Bindungswirkung in Bezug auf die bevorschusste Leistung selbst nicht entsteht (vgl § 31 Rz 63; *Jung* SGb 2002, 1 [6 f]); der längere Bezug eines Vorschusses kann allerdings ausnahmsweise einen Vertrauenstatbestand begründen (*BSGE* 55, 287).

56

4. Ermessensausübung

Die Rücknahme (dh, das „Ob", der „Umfang" und der „Zeitpunkt"; dazu: *Schultes* MittLVAOfr/Mfr 1994, 258 [259]) steht im **Ermessen der Beh** („darf"; vgl § 48 Abs 1 Satz 1 VwVfG: „kann"; *BSGE* 66, 204; 64, 36; 60, 147; 59, 157; 55, 250; *BSG* SozR 1300 § 45 Nr 12; *LSG NRW* Breith 1998, 268; vgl auch *Wolff/Bachof/Stober* VerwR II § 51 Rz 53, 88; zur Ermessensausübung vgl auch § 31 Rz 62 f; § 35 Rz 4 f). Statt einer Ermessensentscheidung ist im Recht der **Arbeitsförderung eine gebundene Entscheidung** zu treffen (§ 330 Abs 2 SGB III, im SGB II über § 40 Abs 2 Nr 3 SGB II, hierzu eingehend *BSG* Urt v 22.8.2012 – B 14 AS 165/11 R, SozR 4-1300 § 50 Nr 3). Die Rücknahme kann allein wegen fehlender Ermessensausübung aufgehoben werden (*BSGE* 65, 221; 66, 69; *LSG Nds* SGb 1990, 326); allerdings kann die Begr von Ermessensentscheidungen nach § 41 Abs 2 nF auch im gerichtlichen Verfahren noch nachgeholt werden (vgl § 41 Rz 12). Es besteht also eine **Pflicht zur Ermessensausübung** (*BVerwGE* 78, 101; Ausn beim „intendierten Ermessen": *BVerwGE* 91, 82; 105, 55; *ThürOVG* NVwZ-RR 1999, 435); das gilt – trotz des Wortlauts (Abs 4 Satz 1: „wird" und Satz 2: „muss") – auch für die **Rücknahme in der Vergangenheit** (*Steinwedel* aaO § 45 Rz 51).

57

Die Pflicht zur Ermessensausübung gilt idR auch in den Fällen der sog **Ermessenreduzierung auf Null** (vgl Rz 67 f). Das scheint zunächst widersprüchlich, legt doch der Begriff: Ermessensreduzierung auf Null nahe, dass gar kein Ermessen betätigt werden kann. Allerdings: Der **4. Senat des BSG**, der zunächst 1994 (SozR 3-1300 § 50 Nr 16) eine Pflicht der Beh angenommen hatte, von einem **bösgläubigen Versicherten** stets alles zu Unrecht Gewährte zurückzufor-

58

dern, mit der Folge, dass bei Rücknahmen für die Vergangenheit – da sie nur bei Bösgläubigkeit in Betracht kommen – stets eine Ermessenreduzierung auf Null anzunehmen war (zustimmend: *Buchert* MittLVAWürtt 1994, 409 [409]; vgl *Kowol* DAngVers 1994, 288; krit zB *BSGE* 76, 291 – 8. Senat; *BSG* SGb 1998, 578 – 13. Senat; differenzierend: *BSG* KrV 2003, 27 – 3. Senat: Die Ermessensschrumpfung auf Null stellt einen seltenen Ausnahmefall dar), hat später für einen solchen Fall klargestellt, dass auch bei einer Ermessenreduzierung auf Null eine Ermessensentscheidung erforderlich ist (Urt v 30.10.1997 – 4 RA 71/96, nv). Entscheidend ist, ob eher ein **prozedurales** („Ermessensausübung als Entscheidungsprozess") oder aber ein **finales Verständnis von Ermessensbetätigungen** („Ermessensausübung als Ergebnisalternativität") verfolgt wird. Im ersteren Fall stellt sich die Ermessensreduzierung auf Null als Ergebnis der Ermessensbetätigung dar, im zweiten Fall führt sie zum Ausschluss der Ermessensbetätigung selbst. Die prozedurale Sicht zur Beschreibung der Ermessensausübung wird hier für richtig gehalten. Mit ihr verträgt sich – schon „aus Prinzip" – nicht, dass von vornherein eine feste Ergebnisbindung angenommen wird (zutreffend deshalb: *BSG* SGb 1998, 578 – 4. Ls: „Auf dem Gebiet der Sozialversicherung sind Ermessenserwägungen ... grundsätzlich erforderlich. Eine solche Ermessensbetätigung ist auch in Fällen der Bösgläubigkeit iS von § 45 Abs 2 Satz 3 Nr 2 nicht von vornherein ausgeschlossen"; ebenso: *BSGE* 75, 291; anders für das Versorgungsrecht: *BSGE* 81, 156). Wenn allerdings am Ende nur eine rechtmäßige Entscheidung in Betracht kommt, so liegt nur ein **unbeachtlicher Begründungsfehler** vor, wenn die Beh diese rechtmäßige Entscheidung trifft, ohne dabei zu erkennen zu geben, dass sie sich des Ermessens bewusst war. Hierin fügt es sich, dass bei Ermessensreduzierung auf Null eine Umdeutung eines Bescheides nach § 48 in einen solchen nach § 45 für statthaft gehalten wird (*BSGE* 87, 8; *BSG* ZfS 2002, 329; vgl auch für die gebundenen Entscheidungen nach § 45 Abs 2 Satz 3 iVm § 330 Abs 2 SGB III: *BSG* SozR 4-4300 § 119 Nr 3 = NZS 2006, 436; siehe auch Rz 123).

4.1. Ermessensgesichtspunkte

59 Der Bescheid muss die **Gesichtspunkte** erkennen lassen, **von denen sich die Beh bei der Ausübung des Ermessens hat leiten lassen** (*BSGE* 66, 204; 57, 274; SozR 1300 § 45 Nr 32; SozR 1300 § 44 Nr 22). Wegen § 35 Abs 1 Satz 3 dürfen allerdings „**keine Leerformeln**" verwendet werden, welche die angelegten Maßstäbe nicht (ausreichend) erkennen lassen (*BSG* SozR 1300 § 35 Nr 3; *BSGE* 66, 204; *BSG* Breith 1999, 957; vgl auch *SG HH* SGb 1989, 30; *Schütze* aaO § 45 Rz 4; in *BSGE* 61, 223 wird der Hinweis der Beh: es sei über die Rücknahme nach pflichtgemäßem Ermessen entschieden worden, zu Unrecht „angesichts der hier vorliegenden Gesamtumstände" akzeptiert).

60 Es müssen jeweils „**alle Umstände des Einzelfalls**" berücksichtigt werden (*BSGE* 67, 232). Stellt die Behörde **einen eigenen Fehler** nicht in die Interessenabwägung ein, liegt **kein Abwägungsdefizit** vor, wenn ein Fall des § 45 Abs 2 Satz 3 Nr 3 SGB X vorliegt (*BSG* Urt v 30.10.2013 – B 12 R 14/11 R, SozR 4-1300 § 45 Nr 15). Der Beh steht es allerdings idR frei, auf **welche Umstände** sie iRah der Ermessensausübung abstellen will (*BSG* SozR 3-1300 § 45 Nr 2 und 5). Es müssen aber die „**wesentlichen**" Gesichtspunkte berücksichtigt werden (*Steinwedel* aaO § 45 Rz 54; iE ebenso *BSG* SozR 3-1300 § 45 Nr 18). Ausführungen zum **fehlenden Vertrauensschutz** genügen dabei ebenso wenig (*BSGE* 59, 157; *BSG* SozR § 45 Nr 34; *BSGE* 56, 55; *BSG* SGb 1986, 467 m Anm *Steinmeyer*; vgl *OVG NRW* ZfS 1987, 18; *Pickel* aaO § 45 Rz 21), wie der Hinweis auf eine mögliche Ratenzahlung oder Niederschlagung nach Feststellung der Rückforderung dem Grunde nach (*LSG Nds* Breith 1992, 36). **Allerdings können iRah des Ermessens auch solche Umstände berücksichtigt werden, die bereits bei der Versagung des Vertrauensschutzes beachtet wurden** (*BSG* 59, 157; *Steinwedel* aaO § 45 Rz 53; *Schütze* aaO § 45 Rz 5; aA: *BSG* SozR 3-1300 § 45 Nr 2; *BSG* SozR 1300 § 45 Nr 46; aA: *BSGE* 81, 156 – 9. Senat: für das Ermessen bleiben nach erfolgter Interessenabwägung keine eigenständigen Prüfungspunkte übrig; aber auch *BSG* Urt v 20.12.2012 – B 10 LW 2/11 R, und *BSG* Urt v 19.10.2011 – B 13 R 9/11 R, SozR 4-2600 § 77 Nr 10 Rz 14). Es sind aber idR weitere Umstände zu beachten, welche bei der Vertrauensabwägung keine Rolle gespielt haben (*BSG* SozR 3-1300 § 45 Nr 5), insb **alle Billigkeitsgesichtspunkte** (*BSG* SozR 1300 § 45 Nr 34).

Die **Ermessensprüfung** kann in Form einer Abwägung der privaten mit den öffentlichen Belangen im Einzelfall geschehen (*BSGE* 59, 157), die aber – wie bereits erwähnt – von der Abwägung nach Abs 2 Satz 1 verschieden ist (vgl *Steinwedel* aaO § 45 Rz 55). Aufgrund des Ermessens kann auch **eine zeitlich, summen- oder quotenmäßig differenzierte Rücknahmeentscheidung** getroffen werden (vgl *BSG* SozR 3-1300 § 45 Nr 5; Bsp: *BSG* SozR 1300 § 45 Nr 34). Wenn keine Rücknahmeentscheidung ergeht (zB wegen Fristversäumnis), dann ist bei DauerVA allerdings zwingend § 48 Abs 3 zu beachten (vgl hierzu auch *Dörr* Komp 1991, 221). **61**

Ermessen kann allerdings erst ausgeübt werden, wenn die **Tatbestandsvoraussetzungen** gegeben sind (*BSGE* 63, 37; *BSG* SozR 1300 § 45 Nr 32; anders jedoch bei einer Rücknahme für die Vergangenheit ab Urteilserlass und nach verstrichener Frist gem Abs 4 Satz 2: *BSGE* 65, 221; vgl auch *BSGE* 81, 156) und es kommt **nicht in Betracht**, soweit dafür **geeignete Tatsachen** fehlen, denn dann besteht tatsächlich kein Spielraum für eine Ermessensausübung (*BSGE* 67, 232). Wird die **unterlassene Ermessensbetätigung** gerügt, so hat dies nur dann Bedeutung, wenn berücksichtigungsfähige Tatsachen vorgetragen werden (vgl *BSGE* 67, 232). Werden bis zum Abschluss des Widerspruchsverfahrens keine berücksichtigungsfähigen Tatsachen vorgetragen, so ist die Rüge wegen **widersprüchlichen Verhaltens** unbeachtlich (*BSG* SozR 3-1300 § 50 Nr 16; *BSG* DAngVers 1994, 286). **62**

Es sind grds solche Gesichtspunkte erheblich und im Rahmen der Ermessensbetätigung zu berücksichtigen, die zum einen ersichtlich für das Vorliegen einer **Ausnahme von der bereits im G zum Ausdruck gebrachten Interessenabwägung** sprechen (vgl *OVG NRW* ZfSH/SGB 1987, 155) und zum anderen **nicht dem Zweck des § 45 zuwiderlaufen** (vgl: *BSG* SGb 1986, 463). Der Ansicht, wonach alle denkbaren Erwägungen schon bei der **Prüfung der Tatbestandsvoraussetzungen** von § 45 anzustellen sind, so dass für weitergehende Ermessenserwägungen kein Raum mehr bleibt (so: *Haus* SGb 1987, 190 [192]; unklar: *Schütze* aaO § 45 Rz 5: ablehnend und Rz 6: zustimmend: Die Beh darf idR, wenn die Voraussetzungen der Abs 2–4 geprüft worden sind und einer Rücknahme nicht entgegenstehen, aus öffentlichem Interesse zu einer Rücknahme kommen, denn im Bereich der Sozialverwaltung sind Einnahmen nach § 76 Abs 1 SGB IV rechtzeitig und vollständig zu erheben; vgl auch *Frehse* VersR 1987, 9), ist nicht zu folgen. **63**

Zwar ist der **9. Senat** im Wesentlichen mit dieser Begründung zu dem Ergebnis gekommen, im **KOV-Recht** sei in der Regel für ein Ermessen kein Raum mehr (*BSGE* 60, 147; *BSG* SozR 1300 § 45 Nr 46), aber die **anderen Senate** sind dieser Ansicht nicht gefolgt (vgl *BSGE* 63, 37; 67, 232; *BSG* SozR 1300 § 45 **64**

Nr 19, 34, 38, 47; ebenso: *LSG Bln* Breith 1992, 782; zur Entwicklung vgl auch *Steinwedel* aaO § 45 Rz 50). Maßgeblich sind stets die **Umstände des Einzelfalls**. Liegen die Voraussetzungen nach **Abs 2 Satz 2 oder 3** (**normierte Abwägung**) vor, so ist für eine Abwägung nach Abs 2 Satz 1 kein Raum mehr (Rz 47) und die Besonderheiten des Einzelfalls können allein iRah des Ermessens berücksichtigt werden (weiteres Bsp: *BSGE* 73, 41: Wenn der Begünstigte für das Verschulden eines Dritten einzustehen hat, entlastet ihn fehlendes eigenes Verschulden bei der Interessenabwägung zwar nicht; aber dieser Gesichtspunkt ist bei der Ermessensentscheidung zu berücksichtigen). Liegen die Vor nach **Abs 2 Satz 1** vor, so können die Abwägungsgesichtspunkte auch im Ermessen berücksichtigt werden (Rz 60). Außerdem ist im Tatbestand kein Raum für Billigkeitserwägungen, so dass diese der Ermessensprüfung vorbehalten bleiben.

65 **Gegen eine Rücknahme** spricht zB **besonders grobes Verschulden der Beh** ohne gleichzeitiges Verschulden des Betroffenen (vgl: *BSG* SozSich 1996, 197; *BSG* Breith 1999, 327: Bejaht für den Fall, dass der Rentenversicherungsträger einen marokkanischen Antragsteller auf eine **Witwenrente** nicht nach dem Bestehen einer weiteren Ehe [Mehrehe] befragte; *SächsLSG* E-LSG AL-155; *LSG RhPf* Breith 1996, 943; einschränkend aber: *LSG NRW* E-LSG Ar-123: Mitverschulden der Beh kann nur dann berücksichtigt werden, wenn sich die Rückforderung als widersprüchliches Verhalten darstellt, § 254 BGB sei nicht entsprechend anwendbar; *LSG Bln-Bbg* Urt v 15.5.2013 – L 12 R 970/09: trotz alleinigen Verschulden des Rententrägers überwiegt öffentliches Interesse an Abänderung des rw VA); vgl auch *Köhler* BG 1993, 116 [118]: Wird einem Betroffenen ein **Merkblatt mit deutlich erkennbaren sachlichen Fehlern** von einer Beh ausgehändigt, so ist dieser nicht nur verpflichtet, das Merkblatt sorgfältig zu lesen, sondern die zuständige Stelle auf die Fehler hinzuweisen, da er ansonsten grob fahrlässig handelt; *Pickel* aaO § 45 Rz 25, der allgemein nach Verantwortungsbereichen unterscheiden will). Jüngst betonte das BSG aber, dass „normale" Fehler der Beh Leitbild des § 45 SGB X seien (*BSG* Urt v 30.10.2013 – B 12 R 14/11 R, SGb 2015, 335). Solche Verwaltungsfehler muss die Beh damit nicht gesondert im Rahmen einer Ermessensausübung erwähnen oder abwägen. Zum Begriff des „normalen" Fehlers *BSG* aaO und mit beachtl Argumenten krit zum Prob der Abgrenzung zu „schwer(er)n" Fehlern: *Francke* in NZS 2015, 8 und *Rieker*, jurisPK-SozR 12/2014 Anm 5).

66 Weiterhin sprechen gegen eine Rücknahme: **Unverhältnismäßigkeit der Rückforderung**, zB bei kleineren Beträgen, **besondere Härten** durch eine Rückforderung (ob das Ermessen auch bei **existenzvernichtenden Eingriffen** zu betätigen ist, wird offen gelassen in *BSG* SozR 3-1300 § 50 Nr 16; zur Berücksichtigung der wirtschaftlichen Folgen der Bescheidrücknahme: *BSGE* 59, 157; *BSG* SGb 1991, 560; krit *BSGE* 75, 291), **unverhältnismäßig hoher Verwaltungsaufwand** für Rücknahme mit anschließender Rückforderung (*BSGE* 64, 24), das **Lebensalter** des Betroffenen, **soziale Verhältnisse** wie Kriegsbeschädigung, Sozialhilfebedürftigkeit, Unterstützung anderer Personen (im einzelnen *Rauschenbach* DAngVers 1988, 441 [443]) und uU auch der bloße Zeitablauf (*BSG* Breith 1993, 837). Erheblich kann auch sein, dass die Rücknahmevoraussetzungen nur deshalb angenommen wurden, weil dem Begünstigten ein **Verhalten seines Vertreters** zuzurechnen ist (*BSG* SozR 1300 § 45 Nr 34) oder in einem anderen Fall, dass durch VA überzahlte Sozialleistungen ihm selbst gar nicht zugeflossen sind (vgl *Steinwedel* aaO § 45 Rz 54; *Mrozynski* SGb 1993, 13 [19]).

4.2. Ermessensreduzierung auf Null

Das **Ermessen kann auf Null reduziert sein.** Eine Reduzierung des Ermessens **67** auf Null setzt jedoch voraus, dass es nach dem festgestellten Sachverhalt ausgeschlossen ist, dass Umstände vorliegen, die eine andere Entscheidung rechtsfehlerfrei zuließen (*BSG* ZfS 2002, 329; *BSGE* 81, 156; 67, 232; 60, 147; *BSG* SozR 1300 § 45 Nr 34). Eine Ermessensreduzierung stellt jedoch die **Ausnahme** dar (*BSGE* 55, 254; 60, 240; 64, 38; *BSG* SozR 3-1300 § 45 Nr 10; SozR 3-1300 § 50 Nr 13; *BSG* SozSich 1996, 197: Nach der Abwägung verbleiben keine berücksichtigungsfähigen Aspekte mehr; aA *BSG* SozR 3-1300 § 50 Nr 16: Bei Bösgläubigkeit sei der Ermessensspielraum bis auf Ausnahmen auf Null geschrumpft; ähnlich *BSGE* 67, 232: Bei betrügerisch erlangten Leistungen wird von der Beklagten iRah von § 45 keine Ermessensentscheidung verlangt; ebenso: *LSG Saarl* SGb 1995, 252; dagegen zutreffend: *BSG* Urt v 24.1. 1995 – 8 RKn 11/93, nv; *BVerwG* Urt v 14.3.2013 – 5 C 10/12, NVwZ-RR 2013, 689 verlangt selbst bei Täuschung im Rahmen einer BaföG-Rückforderung Ermessensausübung und verneint eine gesetzlich vorgezeichnete Ermessensentscheidung („intendiertes Ermessen"). Eine Ermessensreduzierung auf Null liegt jedenfalls dann nicht vor, wenn Umstände vorliegen, die dem Leistungsträger hätten Veranlassung geben können, die **Aufhebung der Leistungsbewilligung dem Umfang nach zu beschränken** (*BSG* SozVers 1999, 137). Eine ausdrückliche Ermessensausübung bedarf es indes nicht bei der Bewilligungsaufhebung in sog **Doppelleistungsfällen** (*LSG BW* Breith 1996, 331) oder bei unverzüglicher Behebung des Fehlers (*BayLSG* Urt v 6.6.2014 – L 13 R 746/12: Neufeststellung fünf Tage nach Erlass des rechtswidrigen VA).

Nimmt die Beh **voreilig** eine Ermessensreduzierung auf Null an, dann läuft sie **68** Gefahr, dass das angerufene Gericht – insbesondere, wenn die Gründe für die Annahme der Ermessensreduzierung auf Null im Bescheid nicht dargelegt werden – Anlass für eine Ermessensentscheidung sieht und den Bescheid wegen **Ermessensnichtgebrauch** aufhebt (*Schütze* aaO § 45 Rz 5). Wenn ein VA mit einem **zulässigen Rückforderungsvorbehalt** versehen wurde, so ist dennoch nach pflichtgemäßem Ermessen zu prüfen, ob von einer Aufhebung und Rückforderung abgesehen werden kann (*BSG* SozR 3-1300 § 45 Nr 5 = SGb 1991, 560 m Anm Kopp). Da nach § 37 **Satz 1 SGB I** das SGB X und damit auch § 45 nur insoweit gelten, als sich aus seinen besonderen Teilen nichts Abweichendes ergibt (zum Verhältnis von § 37 SGB I und § 45 vgl Rz 5 sowie *BVerwG* DVBl 1994, 409), können Sonderregelungen eine Ermessensausübung ausschließen (§ 330 Abs 2 SGB III: *BSGE* 87, 8).

4.3. Ermessenskontrolle

Dass die Beh ihr Ermessen **richtig ausgeübt** hat, ist idR nachgewiesen, wenn aus **69** dem Bescheid hervorgeht, dass sich **die Beh des Ermessensspielraums bewusst war** (sich also nicht zur Rücknahme verpflichtet sah), durch die Rücknahme – ggf nach weiteren Ermittlungen (!) – **keine besonderen Härten beim Betroffenen erkannte** (es ist sinnvoll, den Betroffenen iRah der Anhörung hierzu zu befragen) und **weitere Umstände für eine Ermessensentscheidung zugunsten des Versicherten verneinte** oder aber ausführte, dass sie ein (teilweises) Absehen von der Rücknahme nicht rechtfertigten (vgl *BSG* Kompaß 1999, 78; ähnlich: *Steinwedel* aaO § 45 Rz 56). Eine ausreichende Ermessensausübung kann darin zum Ausdruck kommen, dass die Beh den VA nur **teilweise zurücknimmt** (*BSG* aaO; *BSG* SozR 3-5425 § 24 Nr 14).

70 Ob das Ermessen richtig ausgeübt worden ist, kann im **gerichtlichen Verfahren** nur eingeschränkt überprüft werden, denn das Gericht darf sein Ermessen nicht an die Stelle des Ermessens der Beh setzen. Das Gericht darf nur prüfen, ob die **Grenzen des Ermessens** eingehalten worden sind und die Behörde verpflichten unter Beachtung der Rechtsauffassung des Gerichts eine neue (Ermessens-)Entscheidung zu treffen. Überprüfbare **Ermessensfehler** liegen vor, wenn entweder eine Ermessensausübung gänzlich unterlassen (**Ermessensnichtgebrauch;** *BSGE* 66, 204) oder vom Zweck der Ermessensregelung fehlerhaft Gebrauch gemacht wurde (**Ermessensfehlgebrauch**). Ein Ermessensfehlgebrauch wiederum liegt vor, wenn der Entscheidungsspielraum entweder überschritten wurde (**Ermessensüberschreitung**) oder **sachfremde Erwägungen** angestellt worden sind. Im Rahmen der Ermessensausübung ist auch der **Verhältnismäßigkeitsgrundsatz** zu prüfen. Während das Ermessen eingeführt wurde, den Entscheidungsspielraum und damit die **Flexibilität der Beh im Einzelfall** zu erhöhen – freilich schon immer in Kombination mit einer gesteigerten prozeduralen Kontrolle – wird heute teilweise beklagt, dass die Rspr die **Anforderungen an die richtige Ausübung des pflichtgemäßen Ermessens** zu hoch geschraubt habe (vgl *Schütze* aaO § 45 Rz 6: „So sind Ermessensvorschriften heute Stolpersteine für die Sachbearbeiter in den Verwaltungen geworden").

71 Der hieraus abgeleiteten **Forderung**, die Anforderungen an die Darlegung der Ermessensgründe in § 45 – insb an die Gründe für die Vertrauensabwägung – sollten **reduziert** werden (*Schütze* aaO § 45 Rz 6; vgl auch *Ebsen*, JbdSozRdG Bd 16, S 335 f), kann in dieser Allgemeinheit allerdings nicht gefolgt werden, denn eine **effektive Kontrolle der Ermessensbetätigung** ist im Hinblick auf den gerichtsfesten Entscheidungsspielraum und den grundrechtlichen Gesetzesvorbehalt unabdingbar. Überdies sind Ermessensentscheidungen im SVR selten. Bei § 45 kommt hinzu, dass idR **Verwaltungsfehler** den rechtswidrigen VA (mit-)verursacht haben und verwaltungsintern **Regressansprüche** zu gegenwärtigen sind, so dass auch deshalb ein Zurückschrauben der Anforderungen nicht sachgerecht ist. Ferner können Entscheidungen nach § 45 für die Betroffenen große **wirtschaftliche Bedeutung** haben.

72 Schließlich wird sich der **Ermessensfehler nicht auswirken**, wenn die Ermessensentscheidung schon aus anderen Gründen (zB: Entscheidungsfrist wurde versäumt) rechtswidrig ist (vgl auch *BSG* Die Beiträge 1986, 254; *BSGE* 63, 37; 65, 225). Wenn für die Vergangenheit aufgehoben wurde und die **Jahresfrist** nach Abs 4 Satz 2 verstrichen ist, ist eine erneute Aufhebung (des ermessensfehlerhaften Aufhebungsbescheids) indes nicht möglich (*BSGE* 66, 69; *BSG* Die Beiträge 1990, 183; *BSG* SozR 1300 § 45 Nr 39). Die Jahresfrist wird durch den ersten (aufgehobenen) Aufhebungsbescheid **nicht unterbrochen** (*BSGE* 66, 204; *BVerwG* SGb 1996, 485; *Schütze* aaO § 45 Rz 32; vgl auch *BSG* SozR 3-1300 § 50 Nr 19; näher Rz 102).

73 Bei der Prüfung, ob ein ausgeübtes Ermessen fehlerhaft und damit rechtswidrig war, war das Gericht auf die **spätestens im Widerspruchsbescheid aufgeführten Ermessenserwägungen** beschränkt (**§ 41 Abs 1 Nr 2, Abs 2 aF;** *BSGE* 66, 204); erst später angestellte bzw nachgeholte Überlegungen konnten nicht mehr berücksichtigt werden (*BSG* SozR 3-1300 § 35 Nr 4; SozR 3-1300 § 50 Nr 16; *BSG* MDR 1987, 700). Ein **Nachschieben von Gründen** war bei Ermessensentscheidungen daher nicht zulässig (*BSG* SozR 4-4300 § 119 Nr 3 = NZS 2006, 436; *BSGE* 64, 36; 66, 204 unter Berufung auf das Rechtsstaatsprinzip sowie: Es könnte „dadurch eine aus verwaltungsökonomischen Gründen verständliche Haltung gefördert werden, ... erst einmal abzuwarten, ob überhaupt Klage erhoben wird, und erst danach dem Betroffenen mitzuteilen, was die Verwaltung zur Rechtfertigung ihrer Entscheidung für maßgeblich gehalten hat oder sogar erst jetzt für maßgeblich hält"). Anderseits musste der **bösgläubig bereicherte Versicherte** dem Sozialleistungsträger ermessensrelevante Tatsachen, die noch nicht aktenkundig sind, spätestens im Widerspruchsverfahren dargelegt haben (*BSG* SozR 3-1300 § 50 Nr 16).

Ein **während des Gerichtsverfahrens erlassener VA**, der gem § 96 SGG Gegenstand des Verfahrens wurde, verstieß allerdings nicht gegen das Verbot der Ermessensnachholung im gerichtlichen Verfahren, wenn er einen VA ersetzte, der mangels Ermessensausübung rechtswidrig war (vgl *BSGE 75*, 159; anders noch: *BSGE 66*, 204). Der frühere Bescheid wird indes nicht geheilt, da die Rechtsfolgen des ersetzenden Bescheids erst mit dem Zeitpunkt seiner Wirksamkeit eintreten. Der neue Bescheid musste zudem innerhalb der einzuhaltenden Fristen ergangen sein. Ermessenserwägungen können nach § 41 Abs 2 im Klageverfahren nachgeholt werden. **74**

Liegen die **Voraussetzungen des Abs 4** vor (Rz 96 ff), so ist **für die Vergangenheit** zurückzunehmen. Dies schließt es allerdings nicht aus, dass die Beh aufgrund des ihr nach Abs 1 Satz 1 eingeräumten Ermessens im Einzelfall zu dem Ergebnis kommt, den VA gar nicht oder von einem späteren Zeitpunkt an, dh auch nur für die Zukunft, zurückzunehmen (*BSG* Breith 1997, 89: Hierin ist grundsätzlich eine hinreichende Ausübung des Ermessens zu sehen; ebenso: *Jahn* aaO § 45 Rz 6; *Schütze* aaO § 45 Rz 13; *Steinwedel* aaO § 45 Rz 55). Dafür müssen jedoch **besondere Gründe** sprechen (*Kaltenbach* DAngVers 1980, 470 [475]), zB, dass die Beh die rechtswidrige Zahlung oder Überzahlung allein verschuldet hat (*Benz* WzS 1986, 161 [169]). Nach anderer, ua von *Pickel* (aaO § 45 Rz 5) vertretenen Ansicht besteht kein Ermessen, ob für die Vergangenheit oder für die Zukunft zurückzunehmen ist, dh, wenn sich die Beh nach pflichtgemäßem Ermessen dafür entschieden hat, zurückzunehmen, muss sie dies in den Fällen des Abs 4 zwingend für die Vergangenheit tun (vgl auch *Schnapp* aaO § 45 Rz 50; *Heinze* SGb 1982, 74 [75]). **75**

5. Rücknahmefristen (Abs 3)

Abs 3 setzt der Rücknahme rechtwidriger begünstigender VA **zeitliche Grenzen** (*Pickel* aaO § 45 Rz 38: „Rücknahmeverbot durch Zeitablauf"). Hierbei handelt es sich um **Ausschlussfristen** (vgl *Kopp/Ramsauer* aaO § 48 Rz 130; *Sachs* aaO § 48 Rz 208; *Wolff/Bachof/Stober* VerwR II § 51 Rz 92). Aus Gründen des **Vertrauensschutzes** (*BVerwG* NVwZ 1988, 349), des **Rechtsfriedens** (*Klappstein* in Knack VwVfG § 48 Anm 5.3.1; *Schoch* Verw 1992, 21 [37]), der **Rechtssicherheit** (*BVerwGE* 70, 356) sowie der **Rechtsklarheit** (Sachs aaO § 48 Rz 205) und schließlich des **Verwirkungsgedankens** (*BSGE* 65, 221; *Kopp/Ramsauer* aaO § 48 Rz 131) sollen auch rechtswidrige VA nicht zeitlich unbegrenzt zurückgenommen werden können (BT-Drucks 8/2034, 34: „Abs 3 geht einen **Mittelweg** und bringt einen **Ausgleich** zwischen dem Interesse des einzelnen auf Aufrechterhaltung der ihm eingeräumten günstigen Rechtsposition und dem Interesse der Allgemeinheit an einer Durchsetzung des geltenden Rechts und einer zweckentsprechenden Mittelverwendung"; vgl *Wolff/Bachof/Stober* VerwR II § 51 Rz 92). Zur Systematik vgl instruktiv: *Steinwedel* aaO § 45 Rz 33. **76**

In Abs 3 sind nur **VA mit Dauerwirkung** erfasst, dh VA, die sich nicht in einem einmaligen Ge- oder Verbot oder in einer einmaligen Gestaltung der Rechtslage erschöpfen, sondern in rechtlicher Hinsicht **über den Zeitpunkt ihrer Bekannt-** **77**

gabe bzw Bindungswirkung hinaus Wirkungen zeitigen, dh ein auf Dauer berechnetes oder in seinem Bestand vom VA abhängiges **Rechtsverhältnis** begründen oder inhaltlich verändern (BT-Drucks 8/2034, 34; *BSG* SozR 4-1300 § 48 Nr 6 = Breith 2006, 365; *BSGE* 56, 165; 88, 172; 89, 13; *BVerwGE* 78, 101; *BVerwG* NZS 1993, 183; *Jung* SGb 2002, 1 [6]; *Pickel* aaO § 45 Rz 40; vgl auch *Schnapp* SGb 1993, 1 [6], der darauf abstellt, ob der VA insb durch eine Änderung der Sachlage „rechtswidrig werden kann"; vgl *Steinwedel* aaO § 45 Rz 19; eingehend auch: *Brede*, Der VA mit Dauerwirkung, 1997; zum Begriff vgl auch § 31 Rz 39; § 44 Rz 9). Damit sind auch die VA erfasst, mit denen eine laufende, regelmäßig wiederkehrende Leistung bewilligt wird, zB Krankengeld für die laufende Bezugszeit (vgl *BSG* ErsK 1984, 222), ALG II und Alhi (*BSGE* 89, 13), Elterngeld (*BSG* Urt v 4.9.2013 – B 10 EG 6/12 R) oder der Beitragszuschuss zur freiw KV (vgl *BSGE* 63, 224; krit zur Notwendigkeit von Dauer-VA: *Felix* NVwZ 2003, 385 [389 f]: „... bei geringer Modifikation des § 47 und großzügiger Auslegung des § 32 Abs 1 Alt 2 ... de lege ferenda letztlich entbehrlich"; ähnlich: *Frohn* Jura 1993, 393 [399]).

78 Das **BSG** hatte den VA mit Dauerwirkung zunächst als VA verstanden, bei dem nachträglich eine wesentliche Änderung der tatsächlichen und rechtlichen Verhältnisse in Betracht kommen und rechtlich ins Gewicht fallen könne (vgl *BSG* SozR 1300 § 48 Nr 1). Das war unbefriedigend, da es sich tatsächlich nicht um eine Definition handelte, sondern ein Tatbestandsmerkmal (VA mit Dauerwirkung) durch ein anderes (Veränderung der tatsächlichen und rechtlichen Verhältnisse) ersetzt wurde. Das BSG hat später eine Dauerwirkung solchen VA beigemessen, **die in rechtlicher Hinsicht über den Zeitpunkt der Bekanntgabe bzw Bindungswirkung hinaus Wirkungen zeigen** (krit auch hierzu: *Schnapp* SGb 1993, 1 [6]), also zB die Bewilligung einer **monatlich zu zahlenden Lehrgangsgebühr** (*BSG* SozR 1500 § 146 Nr 19), die Bewilligung von Leistungen der Pflegeversicherung (*BSG* SozR 4-1300 § 48 Nr 6 = Breith 2006, 365) oder die Bewilligung von Elterngeld (*BSG* NJOZ 2015, 35).

79 Tatsächliche Wirkungen für eine gewisse Dauer sind nicht erforderlich (*BSGE* 56, 165); es kommt vielmehr allein auf die **rechtlichen Wirkungen** des VA an (*BSG* SozR 1300 § 45 Nr 9). Aus dem **materiellen Recht** muss die Notwendigkeit folgen, dass die tatbestandsmäßigen Voraussetzungen für den gesamten Zeitraum, für den der VA seine Regelungswirkung entfaltet, gegeben sind (vgl *Manssen* ZfSH/ SGB 1991, 225 [230]). Dauerwirkung ist somit gegeben, wenn der VA durch Änderung der Verhältnisse **rechtswidrig werden kann** (vgl *Ebsen* JbdSozRdG 1992, 284; *Manssen* ZfSH/SGB 1991, 225 [228]; *Schnapp* SGb 1993, 1 [3 f]). Für die Erfüllung der sich aus dem VA mit Dauerwirkung ergebenden Voraussetzungen dürfen während des Bewilligungszeitraums **keine weiteren Regelungsakte** notwendig sein, solange der VA nicht aufgehoben ist. Der VA muss permanent Rechtsfolgen zeitigen, sich mithin gewissermaßen bis zum Ablauf seiner Geltungsdauer **ständig neu aktualisieren**. Dauerwirkung kann mithin grds nicht nur VA zukommen, die eine laufende Geldleistung zum Gegenstand haben, sondern generell **allen Leistungs- und Feststellungsbescheiden** (*BSGE* 87, 126).

80 Dauerwirkung kommt daher ua zu: Der **Rückzahlung** einer darlehnsweise gewährten Sozialleistung (BAföG) in vierteljährlichen Raten (vgl *BVerwG* NZS 1993, 183), die **Feststellung der Höhe laufender Beitragszahlungen** (*BSG* SozR 3-1300 § 48 Nr 13), die **Zusage der Versorgung mit Zahnersatz** (*BSG* BKK 1992, 317), die **Erteilung einer Arbeitserlaubnis** (*BSGE* 42, 212), die **Zulassung zu oder die Befreiung von freiwilliger oder Pflichtversicherung** (*BSGE* 80, 215), da sie zu laufender Beitragszahlung verpflichtet oder von ihr entbindet und die **Anerkennung oder Vormerkung von Beitrags-, Ersatz- oder Ausfallzeiten** (*BSGE* 56, 165; 58, 49; aA *Dörr* DAngVers 1982, 332 [339]; *v Einem* SozVers 1981, 29 [31]; *Thelen* DAngVers 1984, 381 [386]), da sie zukunftsorientiert ist und bis zum Erlass des nachfolgenden Rentenbescheids fortdauernde Wirkung zeigt. VA mit Dauerwirkung sind ferner die Feststellung eines versicherten Arbeitsunfalls, Feststellungsbescheide nach § 69 SGB IX (*BSGE* 60, 287; 87, 126), Bewilligung einer Maßnahme der Rehabilitation – zB einer beruflichen Umschulung (*BSG* SozR 1300 § 48 Nr 1) – und Bescheide über die Höhe laufender Beitragszahlungen (vgl *BSGE* 69, 255).

Keine VA mit Dauerwirkung sind Bescheide, die einen Leistungsantrag ableh-　**81** nen (*BSGE* 58, 27; *BSG* SozR 1300 § 48 Nr 29; *BVerwGE* 25, 241; *Steinwedel* aaO § 45 Rz 21; aA: *LSG RhPf* ZfSH/SGB 1984, 554; *Pickel* aaO § 45 Rz 41) oder eine (Dauer)Leistung entziehen, dh einen Verwaltungsakt mit Dauerwirkung aufheben (*BSG* SozR 1300 § 45 Nr 5; *BSG* VersorgB 1982, 23; *Steinwedel* aaO § 45 Rz 21; aA *Pickel* SGb 1992, 294 [299]; problematisch ist es aber, wenn die Minderung des GdB nach *BSGE* 81, 50 nicht als DauerVA angesehen wird). Das BSG hat dies für die praxisrelevanten Aufhebungsentscheidungen von Alg II – Leistungsbescheiden ausdrücklich bestätigt (*BSG* Urt v 29.4.2015 – B 14 AS 10/14 R, BeckRS 2015, 69807) mit der Folge, dass der maßgebliche Zeitpunkt der Sach- und Rechtslage für die gerichtliche Entscheidung die letzte Behördenentscheidung (idR der Widerspruchsbescheid) ist.

Kein Dauerwirkung kommt auch Bescheiden über eine vor der Bekanntgabe endenden wiederkehrende Leistungen zu (zutreffend *Steinwedel* aaO § 45 Rz 21). Hierfür sprechen insb praktische Erwägungen, denn in dem neuen Leistungsbescheid muss der frühere Ablehnungs- oder Aufhebungsbescheid nicht aufgehoben werden (eine Dauerwirkung wurde dagegen früher bejaht für die Ablehnung eines Antrags auf Alhi: *BSG* SozR 1500 § 75 Nr 37 und für die Versagung der Arbeitserlaubnis; vgl: *BSGE* 42, 212; vgl hierzu auch: *LSG RhPf* ZfSH/SGB 1984, 554). Keine VA mit Dauerwirkung sind die Gewährung einer Nachzahlung (Rente nur für zurückliegende Zeit), Bescheide über eine Witwenabfindung, die Nachentrichtung von Beiträgen oder die Entscheidung über die Nachversicherung (*Thelen* DAngVers 1984, 385 mit Hinweis auf *BSGE* 56, 165), da die Regelung abgeschlossen in der Vergangenheit liegen. Es ist unschädlich, dass im Bewilligungsbescheid die Leistung auf eine **bestimmte Laufzeit begrenzt** worden ist (Renten auf Zeit, Übergangsgeld für die Dauer einer bestimmten Maßnahme). Es genügt die **laufende Gewährung von Sachleistungen**, zB die Bewilligung einer Umschulung als Reha-Leistung.

Im Bereich der Sozialhilfe nach SGB XII und II spielt der VA mit Dauerwirkung　**82** – anders als zum Vorgängerrecht nach dem BSHG – inzwischen eine größere Rolle, obwohl gemäß §§ 17 und 18 SGB XII Sozialhilfe immer nur im Rahmen des jeweiligen Bedarfs zu leisten ist (vgl § 44 Rz 4) und die Sozialhilfe keine rentengleiche Dauerleistung sein soll (vgl *BVerwGE* 25, 309). Dauerwirkung kommt auch dem VA über Eingliederungshilfe für eine gewisse Zeit in der Zukunft zu (*BVerwG* DVBl 1996, 857). Gleiches gilt für VA aus dem Bereich der Jugend- und Familienhilfe (*Pickel* SGb 1992, 294). Nach einer Entscheidung des OVG NRW hat jedoch ein die Sozialhilfe für einen Monat gewährender VA Dauerwirkung, so dass zu Unrecht empfangene Leistungen erst nach dessen Aufhebung gem § 50 Abs 1 zurückgefordert werden können (*OVG NRW* NDV 1994, 72; *BVerwGE* 89, 81 vermeidet die Bezeichnung: VA mit Dauerwirkung). Siehe auch Rz 127.

83 Nicht geregelt werden VA, auf deren Grundlage **einmalige Leistungen** gewährt wurden (wird ein VA, mit dem eine einmalige Leistung bewilligt wurde, aufgehoben, so betrifft auch der aufhebende Bescheid eine einmalige Leistung, *BSG* SozR 1500 § 144 Nr 25). Sie können deshalb – im Umkehrschluss zu Abs 3 – **zeitlich unbegrenzt** zurückgenommen werden (*Schnapp* aaO § 45 Rz 46; aA *Barnewitz* VSSR 1981, 33 [55]).

84 Da VA nach § 45 grds **nur für die Zukunft** zurückgenommen werden können (vgl Abs 4), müssen erbrachte Leistungen idR nicht zurückgezahlt werden. Fristen nach Abs 3 gelten erst recht für die Rücknahme von Begünstigungen, die aufgrund eines **Anerkenntnisses** gewährt worden sind (vgl *BSG* ZfS 1984 208; *LSG BW* SGb 1997, 120). Die Ausschlussfristen werden durch **Anpassungsbescheide** hinsichtlich der Fehler im Ausgangsbescheid nicht neu in Gang gesetzt, soweit keine neue Regelung zB über die Leistungshöhe und dann auch idR nur für die Zukunft getroffen werden (*BSG* SozR 1300 § 45 Nr 25; Nr 37). Die Fristen **berechnen** sich nach § 26. Die Fristen des Abs 3 begannen, wenn der **aufzuhebende VA vor dem 1.1.1981** ergangen ist, nicht erst vom Zeitpunkt des Inkrafttretens des SGB X, sondern vom Zeitpunkt der Bekanntgabe des VA an zu laufen (*BSGE* 56, 165; *BSG* SozR 1300 § 45 Nr 17). Eine Rücknahme kann innerhalb der Fristen **verwirkt** sein, wobei der Zeitpunkt des Eintritts der Verwirkung vom Vertrauensschutz abhängig ist. Die **Zweijahresfrist** nach Abs 3 Satz 1 beginnt mit der Bekanntgabe des VA (§ 37).

5.1. Grundsatz: Zweijährige Aufhebungsfrist (Satz 1)

85 Die Rücknahme kann nach Satz 1 grundsätzlich nur bis zum Ablauf von zwei Jahren nach der Bekanntgabe erfolgen. Die **Bekanntgabe** richtet sich nach den §§ 37, 39. Später ergehende Anpassungs- bzw Folgebescheide begründen keine neuen Fristen (*Steinwedel* aaO § 45 Rz 35), denn **die Rechtswidrigkeit des Grundlagenbescheides führt nicht zur Rechtswidrigkeit der darauf aufbauenden Folgebescheide** (vgl *BSG* SGb 1998, 409; *BSGE* 79, 92). Die Frist beginnt daher auch im Falle der nachträglichen Erhöhung der Rente mit der Bekanntgabe des Rentenbescheids und nicht erst mit der Bekanntgabe des Rentenerhöhungsbescheids (*BSG* SozR 1300 § 45 Nr 25). Diese **Ausschlussfrist kann nicht verlängert werden** (*Pickel* aaO § 45 Rz 44); eine **Wiedereinsetzung in den vorigen Stand** (§ 27) ist nicht möglich. Die Zwei-Jahres-Frist gilt nach § 11 Abs 3 BKGG nicht im Kindergeldrecht (*BSG* SozR 1300 § 45 Nr 9; *BSGE* 69, 233).

5.2. Zeitlich unbeschränkte Aufhebungsmöglichkeit (Satz 2)

86 Nach **Abs 3 Satz 2** ist die Rücknahme des VA zeitlich unbeschränkt möglich, wenn Wiederaufnahmegründe gem § 580 ZPO vorliegen (*Pickel* aaO § 45 Rz 46; *Steinwedel* aaO § 45 Rz 42: Regelung keine große Bedeutung erlangt). Hier gilt weder die zweijährige, noch die zehnjährige Ausschlussfrist (*BSGE* 56, 165; *Freischmidt* in Hauck/Noftz SGB X § 45 Rz 26; *v Einem* ZfS 1988, 7 [10]; *Steinwedel* aaO § 45 Rz 44). **Es kommt hier auch nicht die 5-Jahresfrist nach § 586 Abs 2 Satz 2 ZPO zur Anwendung** (so aber *BSGE* 72, 139; *Schnapp* aaO § 45 Rz 48; *Fehl* ZfS 1987, 95 [97]), da in Abs 3 Satz 2 nur auf die **Wiederaufnahmegründe des § 580 ZPO**, nicht aber (auch) auf die Voraussetzungen der Restitutionsklage überhaupt – oder zumindest auf § 586 Abs 2 Satz 2 ZPO – Bezug genommen wird. Außerdem entstünde ein **Wertungswiderspruch**, wenn in Fällen des Abs 3 Satz 3 die Ausschlussfrist 10 Jahre läuft, während sie bei den viel gravierenderen Restitutionsgründen nach § 580 ZPO nur 5 Jahre betragen soll.

Hieraus folgt auch keine **Schlechterstellung** zB eines Gutgläubigen – bei dem **87** aus einer nachträglich gefundenen Urkunde die Rechtswidrigkeit seiner Begünstigung hervorgeht – gegenüber einem „nur" Bösgläubigen (so *Recht* aaO § 45 Rz 27), denn die Rücknahme ist bei Gutgläubigkeit nur unter **Abwägung nach Abs 2 Satz 1 und 2** und zusätzlicher **Ermessensausübung** möglich. In diesem Rah ist ausreichend Raum, den Zeitablauf zu berücksichtigen (*Steinwedel* aaO § 45 Rz 44; anders aber: *BSG* SozR-1300 § 45 Nr 16). Schließlich spricht die **Gesetzessystematik** für die zeitlich unbegrenzte Rücknahmemöglichkeit:

In **Abs 3 Satz 1** wird die Rücknahmemöglichkeit allg auf zwei Jahre befristet. **88** **Satz 2** sagt explizit, dass Satz 1 beim Vorliegen eines Wiederaufnahmegrunds nicht gelten soll, es mithin keine Ausschlussfrist gibt; **Satz 3** regelt – als Ausnahme – ausdrücklich einen **Sonderfall**, für den eine zehnjährige Ausschlussfrist geregelt wird. Die Voraussetzungen des § 581 ZPO, wonach in den Fällen § 580 Nr 1-5 ZPO die Restitutionsklage nur stattfindet, wenn wegen der Straftat eine **rechtskräftige Verurteilung** ergangen ist oder die Einleitung oder Durchführung eines Strafverfahrens aus anderen Gründen als wegen Mangels an Beweisen nicht erfolgen kann, sind aus denselben Gründen ebenfalls nicht erforderlich. Zu den **einzelnen Wiederaufnahmegründen** vgl eingehend *Pickel* aaO § 45 Rz 47 ff.

§ 580 ZPO Restitutionsklage   **89**
Die Restitutionsklage findet statt:
1. wenn der Gegner durch Beeidigung einer Aussage, auf die das Urteil gegründet ist, sich einer vorsätzlichen oder fahrlässigen Verletzung der Eidespflicht schuldig gemacht hat;
2. wenn eine Urkunde, auf die das Urteil gegründet ist, fälschlich angefertigt oder verfälscht war;
3. wenn bei einem Zeugnis oder Gutachten, auf welches das Urteil gegründet ist, der Zeuge oder Sachverständige sich einer strafbaren Verletzung der Wahrheitspflicht schuldig gemacht hat;
4. wenn das Urteil von dem Vertreter der Partei oder von dem Gegner oder dessen Vertreter durch eine in Beziehung auf den Rechtsstreit verübte Straftat erwirkt ist;
5. wenn ein Richter bei dem Urteil mitgewirkt hat, der sich in Beziehung auf den Rechtsstreit einer strafbaren Verletzung seiner Amtspflichten gegen die Partei schuldig gemacht hat;
6. wenn das Urteil eines ordentlichen Gerichts, eines früheren Sondergerichts oder eines Verwaltungsgerichts, auf welches das Urteil gegründet ist, durch ein anderes rechtskräftiges Urteil aufgehoben ist;
7. wenn die Partei
   a) ein in derselben Sache erlassenes, früher rechtskräftig gewordenes Urteil oder
   b) eine andere Urkunde auffindet oder zu benutzen in den Stand gesetzt wird, die eine ihr günstigere Entscheidung herbeigeführt haben würde;
8. wenn der Europäische Gerichtshof für Menschenrechte eine Verletzung der Europäischen Konvention zum Schutz der Menschenrechte und Grundfreiheiten oder ihrer Protokolle festgestellt hat und das Urteil auf dieser Verletzung beruht.

Die unbefristete Rücknahme beim Vorliegen von Wiederaufnahmegründen setzt **90** nicht voraus, dass sie vom **Begünstigten selbst verschuldet** wurden (*Schütze* aaO § 45 Rz 30). Der **gegenteiligen Ansicht**, nach der in Abs 3 Satz 3 Nr 1 deshalb nicht auf Abs 2 Satz 3 Nr 1 Bezug genommen wurde, weil die dort umschriebenen Vor einer besonders schwerwiegenden Bösgläubigkeit eine zusätzliche Vor für einen Wiederaufnahmegrund und somit für eine unbefristete Rücknahme sein sollten (vgl *Dörr* DAngVers 1982, 338 [340], ähnlich *Barnewitz* VSSR 1981, 57 [62]), **kann nicht gefolgt werden**. Nach dieser Auffassung setzt die unbefristete Rücknahme einen Wiederaufnahmegrund voraus sowie einen Tatbestand, der **Abs 2 Satz 3 Nr 1** entspricht (*Recht* aaO § 45 Rz 26 f). Dagegen spricht zunächst, dass diese zusätzliche Anforderung aus dem **Normtext** nicht hervor geht. Außerdem wäre dann das **Verhältnis zum Restitutionsgrund Nr 4** zweifelhaft, wobei – iRah der entsprechenden Anwendung – der Begünstigte als „Gegner" anzusehen wäre. **§ 580 Nr 7 b ZPO** ist unmittelbar anwendbar. Die Rspr zur Vorgängernorm § 1744 Abs 1 Nr 5 und 6 RVO aF (vgl *BSGE* 22, 13; 38, 207) bleibt insoweit anwendbar.

91 Die Nr 1-7 a in § 580 ZPO sind **sinngemäß** anzuwenden. **Statt Urteil ist „VA" zu lesen** (eingehend *Kopp/Ramsauer* VwVfG § 51 Rz 23 ff). Liegen die Voraussetzungen des Abs 2 Satz 3 Nr 1 vor, so gilt grds die 2-Jahresfrist nach Abs 3 Satz 1, da Abs 2 Satz 3 Nr 1 in Abs 3 Satz 3 Nr 1 nicht genannt wird. Dieser **Wertungswiderspruch** zu Abs 3 Satz 3 Nr 1 dürfte sich idR aber nicht auswirken, da zugleich die Voraussetzungen **nach § 580 Nr 4 ZPO** vorliegen dürften, so dass idR eine **zeitlich unbegrenzte Rücknahme** in Betracht kommt (iE ebenso: *LSG RhPf* Breith 1991, 333; *Schütze* aaO § 45 Rz 30; *Recht* aaO § 45 Rz 28; aA *Pickel* aaO § 45 Rz 56: Zehnjahresfrist mit einem erst-recht-Schluss). Indes ist auch die zeitlich grds unbefristet Rücknahmemöglichkeit nach der **Rspr des BSG** beschränkt: **30 Jahre** nach seinem Erlass kann ein VA für die Vergangenheit nicht mehr zurückgenommen werden und für die Zukunft nur, wenn er durch **Betrug, Erpressung oder Bestechung** erwirkt wurde (*BSGE* 72, 139).

5.3. Zehn-Jahres-Frist (Satz 3-5)

92 Nach **Abs 3 Satz 3 Nr 1** ist die Rücknahme eines rechtswidrigen und begünstigenden VA **innerhalb von zehn Jahren** zulässig, wenn die Voraussetzungen nach Abs 2 Satz 3 Nr 2 oder 3 gegeben sind. Die Zehn-Jahres-Frist ist auf Rückforderungen **ohne VA zu Unrecht erbrachter Leistungen** nicht entspr anzuwenden (*BSGE* 75, 291: Wird eine Rente ohne bewilligenden VA gezahlt, kann in einer Rentenanpassungsmitteilung des Versicherungsträgers ein die Rente bewilligender VA mit Dauerwirkung liegen, der nach § 45 zurückzunehmen ist). Hierbei ist es gleichgültig, ob die Rücknahme **für die Zukunft oder die Vergangenheit** erfolgen soll (anders bei einer wesentlichen Änderung, vgl § 48 Rz 130).

93 Das „**und**" in Abs 3 Satz 3 Nr 1 ist durch das **1. SGB-ÄndG** zum 21.7.1988 (ohne Rückwirkung: *BSG* SozR 1300 § 45 Nr 42) in „**oder**" geändert worden (zu Unrecht nimmt *Pickel* aaO § 45 Rz 55 deshalb unter Berufung auf ältere Rspr auch für die Neufassung an, dass die Zehn-Jahres-Frist nur dann gilt, wenn die Vor von § 45 Abs 2 Satz 3 Nr 2 und 3 „nebeneinander" gegeben sind). Vor dem SGB-ÄndG bestand in der Lit überwiegend Einigkeit darin, dass es sich bei der aF um ein **Redaktionsversehen** handelte (vgl BR-Drucks 315/87, 39; BT-Drucks 11/1004, 17: „Bereinigung eines Redaktionsversehens"; *Federl* MittLVA Ofr/Mfr 1981, 390; *Neumann-Duesberg* WzS 1981, 130 [138], aA *BSGE* 58, 180). Durch diese Änderung wird die **Aufhebungsbefugnis zeitlich erweitert**.

94 Die **Neuregelung** gilt nicht für VA, die zum Zeitpunkt des Inkrafttretens schon bestandskräftig waren (vgl *BSG* SozR 1300 § 45 Nr 42). Erlangt der Begünstigte **nach Bekanntgabe** Kenntnis oder grobfahrlässig keine Kenntnis von der Rechtswidrigkeit des VA, so ändert das weder den Ablauf der Zwei-Jahres-Frist, noch wird dadurch die Zehn-Jahres-Frist iSv § 45 Abs 3 Satz 3 in Lauf gesetzt (*BSG* SozR 3-1300 §45 Nr 24; SozR 3-1300 §45 Nr 39). Nach **Abs 3 Satz 3 Nr 2** greift die Zehn-Jahres-Frist auch dann, wenn der VA mit einem **zulässigen Vorbehalt des Widerrufs** erlassen wurde (zur Frage, wann ein Widerrufsvorbehalt zulässig ist: §47 Rz 6 ff, §32 Rz 15 sowie *BSG* SozSich 1980, 309 und *Platzer* SGb 1983, 275 [277]). Der Widerruf muss noch ausgeübt werden können, dh er darf nicht **verwirkt** sein. Ein Widerrufsvorbehalt berechtigt nur zu einer Rücknahme für die Zukunft (vgl aber §47 Rz 6).

Durch Art 5 Nr 2, 14 Abs 1 **Gesetz zur sozialrechtlichen Absicherung flexibler Arbeitszeitregelungen vom 6.4.1998** (BGBl I 690, 693) sind §45 Abs 3 mit Wirkung zum 15.4.1998 die Sätze 4 und 5 angefügt worden. **Satz 4** verlängert die 10-Jahres-Frist nach Satz 3 für den Fall, dass die Geldleistung mind bis zum Beginn des Rücknahmeverfahrens gezahlt wurde. Damit sollten unbillige Ergebnisse („Betrügerschutz") bei der Anwendung der 10-Jahres-Frist (vgl *BSGE* 79, 92) vermieden werden (*Meyer* Fs Krasney 1997, 319 [324]). Es handelte sich um eine Reaktion des GGebers auf eine entspr Forderung des Bundesrechnungshofs (*BSG* Urt v 1.7.2010 – B 13 R 77/09 R; BT-Drucks 13/10033, 20 zu Art 5 Nr 2; vgl auch *Jung* SGb 2002, 1 [5]). Gleichzeitig ist mit der Neuregelung die **Rspr des 9. Senats des BSG** (SozR 3-1300) überholt, mit der dieser ein auch von der früheren Fassung des Abs 3 abweichendes zeitlichen System zu entwickeln versucht hatte (vgl *Steinwedel* aaO §45 Rz 33). Satz 5 stellt eine Übergangsvorschrift dar, die bewirkt, dass es sich bei Satz 4 um eine (verfassungsrechtlich zulässige) unechte Rückwirkung bzw tatbestandliche Rückanknüpfung (vgl hierzu: *Jarass* in Jarass/Pieroth GG Art 20 Rz 68 ff) handelt (*Ebsen* JbdSozRdG 22. Bd [1999], 361). Im Einzelfall kann die Grenze der Zehnjahresfrist mit Wirkung für die Zukunft überschritten werden, bspw bei der Abänderung eines GdB nach §48 SGB X (*BSG* Urt v 11.08.2015 – B 9 SB 2/15 R) oder bei der Rückforderung einer Witwerrente bei Wiederheirat auch für die Vergangenheit (*BSG* Urt v 1.7.2010 – B 13 R 77/09 R, SozR 4-1300 §45 Nr 9).

95

6. Rücknahme für die Vergangenheit (Abs 4)

Abs 4, der §48 **Abs 4 VwVfG** entspricht (BT-Drucks 8/2034, 34), regelt zum einen, ob der VA für die Vergangenheit oder für die Zukunft zurückgenommen werden darf und zum anderen die Entscheidungsfrist der Beh für die Rücknahme (vgl zur Rspr des BSG zu Abs 4: *Bieback* SGb 1995, 141). Satz 1 regelt, dass VA nur in den **Fällen des Abs 2 Satz 3** und des **Abs 3 Satz 2** mit Wirkung für die Vergangenheit zurückgenommen werden dürfen. Daraus folgt im **Umkehrschluss**, dass **VA im Übrigen nur für die Zukunft** zurückgenommen werden dürfen – auch, wenn ein **Widerrufsvorbehalt** in den VA aufgenommen worden ist. Bei schuldlos falschen Angaben oder bei einfacher Fahrlässigkeit des Begünstigten kann ebenfalls nicht für die Vergangenheit zurückgenommen werden (vgl BT-Drucks 8/4022, 83). Wenn zB ein VersTr eine **Ersatzzeit vorgemerkt** hat und später die Vormerkung mit Wirkung für die Zukunft zurücknimmt, muss er bei der rückwirkenden Neufeststellung einer dem Versicherten gewährten Rente die Ersatzzeit für den Zeitraum des Rentenbezugs berücksichtigen, für den die Vormerkung wirksam geblieben ist (*BSGE* 61, 223). Bei der Entscheidungswirkung wird dabei – anders als in Abs 3 – nicht zwischen **VA mit Dauerwirkung** und solchen mit **einmaliger Wirkung** unterschieden (*Pickel* aaO §45 Rz 57).

96

Soweit die Rücknahme eines rechtswidrigen begünstigenden VA – zB wegen Fristablaufs – gem §45 **scheitert**, ist nach §48 **Abs 3** zwingend die Leistung

97

„einzufrieren", dh so lange von **Leistungssteigerungen** auszunehmen, bis die rechtswidrige Begünstigung „aufgezehrt" ist (Bsp bei *Dörr* Komp 1991, 212 [215 f]). Dies bedarf jedoch einer **gesonderten Entscheidung** und ist nicht regelmäßig „hilfsweise" Gegenstand aller fehlerhaften Bescheide nach § 45. Die Anwendung v § 48 Abs 3 setzt stets den **Erlass eines konstitutiven (feststellenden) VA** voraus (*BSGE* 63, 266), der aber in einem im Übrigen rechtswidrigen Bescheid nach § 45 enthalten sein kann (*BSG* SGb 1998, 409; *Steinwedel* aaO § 45 Rz 14).

98   Das Wort „**wird**" ist nicht iS einer Verpflichtung zur Rücknahme zu verstehen, sondern es bleibt bei der **Ermessensermächtigung in Abs 1** (aA *Pickel* aaO § 45 Rz 57). Das Wort „**und**" in Satz 1 ist nicht kumulativ gemeint („... in den Fäll*en* ..."), sondern als eine Aufzählung der beiden Fallkonstellationen zu verstehen, in denen eine Rücknahme für die Vergangenheit in Betracht kommt. Nach **§ 1 Abs 3 Satz 3 BVG aF** konnte in dem dort geregelten Sonderfall abweichend von § 45 Abs 4 **bei unzweifelhaft unrichtiger Beurteilung** der Zusammenhangsfrage durch die Beh mit Wirkung für die Vergangenheit zurückgenommen werden (vgl *BSG* SozR 3100 § 1 BVG Nr 38; *BSGE* 62, 191; zur Rücknahme für die Vergangenheit vgl auch Rz 23 ff und § 47 Rz 6; zur Abgrenzung von Vergangenheit – Zukunft vgl § 44 Rz 50).

99   Die **Rücknahme für die Vergangenheit** ist möglich, wenn eine der Nr 1-3 des Abs 2 Satz 3 (vgl Rz 27 ff) oder ein Wiederaufnahmegrund nach § 580 ZPO vorliegen; für Fehlverhalten bzw Kenntnis oder grob fahrlässige Nichtkenntnis nach Abs 2 Satz 3 Nr 1-3 ist nicht nur auf den Begünstigten selbst, sondern auch auf seinen **Vertreter** abzustellen (*BSGE* 57, 274; *Steinwedel* aaO § 45 Rz 36). **Statt „und"** ist daher in **Abs 4 Satz 1 „oder"** zu lesen (*Schütze* aaO § 45 Rz 13). Die Rücknahme für die Vergangenheit zieht die **Erstattungspflicht** nach sich (zur Rücknahme rechtmäßiger VA vgl die Komm zu § 47). Unter den dort genannten Vor kann auch ein begünstigender rechtswidriger VA zurückgenommen werden. Wird einem Sozialleistungsträger ein Bescheid erteilt, ist dessen Rücknahme ohne die besonderen Vor des Abs 4 zulässig (vgl *BSG* SGb 1989, 214 m Anm Kopp).

6.1. Jahres-Frist (Abs 4 Satz 2)

100   Nach Abs 4 Satz 2 darf („muss") der VA mit Wirkung für die Vergangenheit nur innerhalb eines Jahres seit Kenntnis der Tatsachen, welche die Rücknahme eines rechtswidrigen (Rz 16 ff) begünstigenden (Rz 10 ff) VA für die Vergangenheit rechtfertigen, zurückgenommen werden. Ebenso wie bei Abs 3 handelt es sich auch bei der Frist nach Abs 4 Satz 2 um eine **Ausschlussfrist** (*BSGE* 65, 221), welche die Bestandskraft stärkt (*BSG* SozVers 1996, 188).

101   Die **Vorschriften des BGB über die Hemmung und Unterbrechung der Verjährung** können nicht auf die Ausschlussfrist des § 45 Abs 4 Satz 2 entsprechend angewendet werden (*BSG* SozR 3-1300 § 50 Nr 19; *BSG* SozSich 1995, 355). Vor Ablauf der Frist muss die Rücknahme erfolgt, dh der **Rücknahmebescheid bekannt gegeben worden sein** (§§ 37, 39 Abs 1, *BSG* SozR 1300 § 45 Nr 44). Die Frist wird durch die Bekanntgabe an einen **handlungsunfähigen Beteiligten** nicht gewahrt (*BSGE* 80, 283; *LSG BW* SGb 1997, 120). Ob der Rücknahmebescheid formell und materiell rechtmäßig ist, hat für die Wahrung der Frist zunächst keine Bedeutung; auch rechtswidrige Rücknahmebescheide wahren die Jahres-Frist (vgl Rz 106).

Die Jahres-Frist konnte frühestens mit dem **Inkrafttreten des SGB X** zum **102**
1.1.1981 beginnen, denn andernfalls würde die Kenntnis in einem Zeitraum
schaden, in dem die Vorschrift noch nicht galt und der Beh die Pflicht aus dieser Vorschrift nicht bekannt sein konnte (*BSG* SozR 1300 § 45 Nr 13; SozR
1300 § 48 Nr 21). Die Frist berechnet sich nach **§ 26 SGB X iVm §§ 187 ff
BGB.** Da die Jahres-Frist eine nicht verlängerbare Ausschlussfrist ist, kommt
eine **Wiedereinsetzung in den vorigen Stand** (§ 27) nicht in Betracht (*Steinwedel*
aaO § 45 Rz 31).

Die **Jahres-Frist** beginnt mit der Kenntnis der die Rücknahme rechtfertigenden **103**
Tatsachen (*BSG* SozR 3-1300 § 45 Nr 2). Zum Begriff der **Tatsachen** vgl Rz
113 ff. Zum erforderlichen Umfang der Kenntniserlangung vgl Rz 40. Aus **Hinweisen Dritter** auf Tatsachen, die die rückwirkende Aufhebung eines begünstigenden VA rechtfertigen, folgt eine den Beginn der Jahresfrist für die Aufhebung bestimmende Kenntnis nur, wenn die Beh von der Richtigkeit und Vollständigkeit der Information überzeugt ist und diese einen Sicherheitsgrad erreicht hat, der nach der (insoweit sehr unbestimmten) Rspr des BSG „vernünftige, objektiv gerechtfertigte Zweifel schweigen (!) lässt" (s *BSGE* 74, 20). Die
Kenntnis der Tatsachen setzt nicht voraus, dass die Beh erst nach Erlass des VA
die Kenntnis erworben haben darf; die Jahresfrist gilt vielmehr auch dann,
wenn die Kenntnis **schon bei Erlass des VA** vorhanden war (*BVerwGE* 66, 61;
70, 365; *Kopp/Ramsauer* aaO § 48 Rz 136).

Erfährt die Beh später **weitere Tatsachen**, die – für sich genommen – ebenfalls **104**
eine Rücknahme rechtfertigen, beginnt die Frist nicht von neuem. Ist die Jahresfrist einmal verstrichen, kann (nur) noch **für die Zukunft** aufgehoben werden
(BT-Drucks 8/2034, 34; anders die Regelung: § 48 Abs 4 Satz 1 VwVfG). Die
Frist ist außerdem (im Gegensatz zu § 48 Abs 4 Satz 2 VwVfG) „**verschuldens-
unabhängig**", dh selbst, wenn der VA durch arglistige Täuschung, Bedrohung
oder Bestechung erwirkt wurde (*BSG* SozR 1300 § 45 Nr 44), wird die Frist
nicht verlängert (aA: *LSG RhPf* Breith 1991, 333). Die Frist ist nicht auf **spezialgesetzliche Sonderregelungen** anzuwenden, auch nicht auf solche, denen insoweit nicht (!) ausdrücklich etwas anderes zu entnehmen ist (so aber: *Klappstein*
in Knack VwVfG § 48 Anm 5.3.1). Zwar liegt der Fristenregelung ein der **Verwirkung** entsprechender Rechtsgedanke zugrunde, aber zum einen hat der
GGeber bei der Umsetzung rechtsstaatlicher und grundrechtlicher Prinzipien
einen Gestaltungsspielraum, zum anderen kennt der GGeber die Rechtsproblematik, so dass bei Fehlen einer Rücknahmefrist von einer unbefristeten Rücknahmemöglichkeit auszugehen ist, die jedoch im Einzelfall verwirkt sein kann
(ebenso: *BVerwG* NVwZ 1987, 694; *dass* NJW 1988, 2912; *dass* NVwZ 1992,
1201; *Sachs* aaO § 48 Rz 207; vgl auch hierzu: *Wolff/Bachof/Stober* VerwR II
§ 51 Rz 93: keine Verallgemeinerung der Einjahresgrenze).

Die Jahresfrist gilt entspr **bei Rückforderungen nach § 50 Abs 2,** da dort § 45 **105**
für entsprechend anwendbar erklärt wird (*BSG* SozR 1300 § 50 Nr 12; *BSGE*
60, 239; *Schütze* aaO § 45 Rz 32). Abs 4 Satz 2 gilt **nicht** bei Aufhebungen
nach § 330 SGB III, soweit diese Vorschrift eine Sonderregelung zu § 47 ist,
nicht bei Rückforderungen nach § 60 a Abs 1 Satz 2 BVG, da darin die Neufeststellung vorläufiger Festsetzungen geregelt wird (vgl *BayLSG* Breith 1984, 698)
sowie auch nicht für § 20 Abs 1 Nr 3 BAföG (*OVG NRW* NVwZ 1986, 402;
VG Mannheim FamRz 1989, 1363). Die Frist gilt auch nicht für die Feststellung der Rechtswidrigkeit eines Bescheides, die für zukünftige Abschmelzungen
nach § 48 Abs 3 getroffen wird (*BSG* SozR 1300 § 45 Nr 48 und auch nicht
beim Erlass vorläufiger VA im Bereich des Alg II nach § 328 Abs 1 SGB III, die

erst mit erheblicher Verzögerung endgültig festgesetzt wurden und Grundlage für einen Erstattungs-VA sind (*SG Berlin* Urt v 21.8.2013 – S 205 AS 15021/11). Hier kommen – in sehr engen Grenzen – Verwirkungsgesichtspunkte in Betracht.

106   Ist der Aufhebungsbescheid formell rechtswidrig, so kann der Mangel **gem § 41** bis zum Abschluss der letzten Tatsacheninstanz **geheilt** werden. Die **Frist** ist **gewahrt**, wenn die Heilung erst **nach Ablauf der Jahres-Frist** vorgenommen wird. Das folgt daraus, dass der Heilung **ex-tunc-Wirkung** zukommt (vgl § 41 Rz 5). Sollte der formelle Fehler **gem § 42 unbeachtlich** sein, so ist nur auf den Zeitpunkt des Erlasses des VA abzustellen. Das Rücknahmerecht kann **vor Ablauf der Jahresfrist** allerdings **verwirkt** werden, zB wenn die Beh nach Kenntniserlangung die fehlerhafte Leistung nochmals bestätigt und damit einen weiteren Vertrauenstatbestand geschaffen hat (*BayVGH* BayVBl 1983, 120).

107   Ist der Aufhebungsbescheid **materiell rechtswidrig,** besteht die Gefahr, dass er zB iRah eines gerichtlichen Verfahrens aufgehoben wird. Zwar kann anschließend einer neuer, rechtmäßiger Aufhebungsbescheid ergehen, aber die Jahresfrist wird durch den rechtswidrigen ersten Aufhebungsbescheid **weder gewahrt noch unterbrochen** (*BSGE* 65, 221; 66, 204; *BSG* SozR 4100 § 103 Nr 42; *BSG* NZS 1995, 267; *BVerwG* ZfSG/SGB 1996, 586; SGb 1997, 326; aA: *BSGE* 62, 103; *LSG Nds* Breith 1987, 319; *OVG Münster* SGb 1995, 119; *BVerwG* SGb 1997, 326; *Steinwedel* aaO § 45 Rz 31; krit dazu *Siebert* SGb 1990, 250), dh auch der neue Bescheid muss innerhalb der bereits in Gang gesetzten Frist des Abs 4 Satz 2 erlassen werden (*BSG* Urt v 6.4.2006 – B 7a AL 64/05 R, SGb 2006, 351: Die Jahresfrist beginnt spätestens dann, wenn die Behörde der Ansicht ist, dass die ihr vorliegenden Tatsachen für eine Rücknahme bzw Aufhebung genügen. „Dies ist spätestens zu dem Zeitpunkt der Fall, an dem die Bewilligung erstmals aufgehoben wurde. Dass sich dieser Aufhebungsbescheid durch Erlass eines neuen Rücknahmebescheides später erledigt hat, ändert daran nichts"). Zwar dient die Jahresfrist dem **Schutz des Vertrauens,** das durch den ersten Bescheid bereits erschüttert wurde, aber die zeitliche Begrenzung der Rücknahmebefugnis für die Vergangenheit dient ebenso der **Rechtssicherheit,** der Vorrang einzuräumen ist, da von Abs 4 Satz 1 ohnehin nur Fallkonstellationen erfasst sind, in denen Vertrauensschutz des Begünstigten wegen **Verwirkung** nicht in Betracht kommt (*BSGE* 65, 221). In diesen Fällen kann es sich empfehlen, den fehlerhafte VA frühzeitig durch einen **neuen Aufhebungsbescheid** zu ersetzen – zB im gerichtlichen Verfahren nach § 96 SGG (*BSGE* 75, 159; Rz 74).

6.2. Kenntnis der Behörde

108   Die Beh (iSv § 1 Abs 2, *HessLSG* Breith 1995, 119) darf den VA nach Abs 4 Satz 2 nur innerhalb eines Jahres **seit Kenntnis der die Rücknahme rechtfertigenden Tatsachen** zurücknehmen. An dieser Regelung hat sich eine Auseinandersetzung entzündet, die bis heute nicht als geklärt angesehen werden kann. Es konkurrieren eine enge, die Rechtssicherheit in den Vordergrund stellende Auslegung mit einer weiten, die Verwaltungspraktikabilität betonende Interpretation. Hierbei geht es im Kern um zwei Fragen, nämlich was versteht man unter dem **Begriff: Tatsachen,** auf die sich die Kenntnis beziehen muss (vgl Rz 111 ff) und geht es bei der erforderlichen **Kenntnis** um ein Wissen des jew Sachbearbeiters oder ist auf das bloße Bekanntsein bzw die Aktenkundigkeit innerhalb der Beh abzustellen.

Für die **Beantwortung der zweiten Frage** ist der Wortlaut der Regelung unergie- **109**
big. Dass von der „Beh" gesprochen wird, erleichtert die Auslegung nicht, denn
die Beh steht im Regelungskontext zur Rücknahme, nicht aber zur Kenntnis.
Auf wessen Kenntnis es ankommt, ist damit nicht entschieden. Für die Kenntnis
zumindest einer konkreten natürlichen Person – und dann läge nahe: des Sachbearbeiters – könnte sprechen, dass der Begriff: Kenntnis einen **personalen Bezug** aufweist, so dass die Beh Tatsachen nicht „zur Kenntnis nehmen", sondern
eher Daten speichern und aufbewahren (vgl § 67 Abs 6) kann. Andererseits
spricht gegen die Annahme, es komme auf die Kenntnis einer konkreten Person, des Sachbearbeiters, an, dass diese nur schwer nachweisbar sein dürfte,
während die Aktenkundigkeit einfacher festgestellt werden könnte.

Ferner könnte diese Betrachtungsweise dahin missverstanden werden, dass der **110**
Zeitpunkt der Kenntnisnahme möglichst lang hinausgeschoben wird, so dass
letztlich derjenige privilegiert werden würde, der Akten nur **oberflächlich bear-
beitet** und sich deshalb später auf die Unkenntnis berufen könnte. Vor diesem
Hintergrund steht diejenige Ansicht, welche auf die **Kenntnis des konkreten
Sachbearbeiters** abstellt, vor der **Folgefrage**, ob für den Fristbeginn nach Abs 4
Satz 2 ein bloßes **Kennenmüssen ausreicht**, wenn die Verschaffung positiver
Kenntnis „vorwerfbar" unterbleibt (zur Kenntnis eingehend: *Köhler* BG 1993,
116 [126] und *ders* SdL 1992, 95). Wird auf die Kenntnis des Sachbearbeiters
abgestellt, so müssten als Korrektiv die Anforderungen an eine – insb in zeitlicher Hinsicht – **ordnungsgemäße Sachbearbeitung** geklärt werden. Schließlich
tritt die Beh dem einzelnen gegenüber idR auch als Beh und nicht in Gestalt der
konkreten Sachbearbeiter auf.

Die erforderliche Kenntnis in Abs 4 Satz 2 ist deshalb dahin zu verstehen, dass **111**
die Kenntnis innerhalb der zuständigen Verwaltungseinheit, mithin die **Aktenkundigkeit der die Rücknahme rechtfertigenden Tatsachen**, maßgebend ist; auf
die Kenntnis des konkreten Sachbearbeiters kommt es nicht an (uneinheitlich,
so wohl: *BSG* Urt v 6.4.2006 – B 7 a AL 64/05 R, SGb 2006, 351; *BSG* SozR
3-1300 § 48 Nr 32; *BSG* SozR 3-1300 § 45 Nr 27; *BSG* info also 2002, 228:
der zuständige Leistungsträger bzw die zuständige Beh; vgl ebenso: *LSG Saarl*
SGb 1995, 208; *LSG RhPf* Breith 1987, 559; *Schütze* aaO § 45 Rz 33; *Waschull* JbSozR Bd. 29 [2008], 81 [97 f]; **aA [hM]**: *BSG* Beschl v 17.11.2008 – B
11 AL 87/08 B; *BSGE* 60, 239; 77, 295; *BVerwG* Buchholz 31.6 § 48 VwVfG
Nr 33; *BfA* SGB X § 45 1.3.1.1; *Jung* SGb 2002, 1 [5]; *Steinwedel* aaO § 45 Rz
30; vgl auch: *Bieback* SGb 1995, 141 [142]; *Köhler* SdL 1992, 95 [116 ff]).

Es müssen in der den **Begünstigten betreffenden** Verwaltungsakte Tatsachen **112**
festgehalten sein, aus welchen sich die Fehlerhaftigkeit des VA ohne Weiteres
ergibt. Werden **beigezogene Akten** unter einem anderen Aspekt durchgearbei-
tet, darf sich die Durchsicht auf die dafür rechtserheblichen Umstände beschränken (*Schütze* aaO § 45 Rz 33; *Pickel* aaO § 45 Rz 58). Enthält eine solche Akte für die Rücknahme bedeutsame Umstände, so kann nicht ohne Weiteres von einer Kenntnis iSv § 45 Abs 4 Satz 2 ausgegangen werden (*BSG* SozR
2200 § 1301 Nr 14). Beh ist dabei diejenige **Dienststelle, die über die Rücknahme des VA zu entscheiden hat** (*OVG Berlin* DVBl 1983, 354; *VG Köln* NVWZ
1984, 537; *Allesch* BayVBl 1984, 519 [522]; *BSGE* 63, 224; vgl auch *BSGE*
74, 20 und *BSG* Beschl v 17.11.2008 – B 11 AL 87/08 B, das zwischen der
Kenntnis des Außendienstmitarbeiters und des (Innendienst-)Sachbearbeiters
differenzieren will; *LSG Saarl* SGb 1995, 208) bzw **nach innerdienstlicher Weisung** oder einer **ordnungsgemäßen Verwaltungsübung** gehalten ist, der entscheidenden Stelle die Tatsache mitzuteilen (*Schütze* aaO § 45 Rz 33); nach BFH

(*BFHE* 138, 313) müssen sich **Leistungs- und Widerspruchsabteilung** die Kenntnis der Jahresfrist jew gegenseitig zurechnen lassen.

6.3. Begriff der Tatsachen

113 Nach **Abs 4 Satz 2** ist Kenntnis der **Tatsachen** erforderlich, welche die Rücknahme des VA für die Vergangenheit rechtfertigen. Hier erhebt sich zum einen die Frage, was unter dem Begriff „Tatsachen" zu verstehen ist sowie zum anderen, ob die Kenntnis aller Tatsachen zu verlangen ist. **Tatsachen** sind Umstände in der Wirklichkeit, die in ihrem Sosein durch Wahrnehmung festgestellt werden können. Tatsachen sind von **Normen** abzugrenzen, mit denen Tatsachen bewertet und an ihr Vorhandensein Rechtsfolgen geknüpft wird. Unterschiedlich beurteilt wird indes, ob und inwieweit die Jahresfrist auch von der **Kenntnis normativer Faktoren** abhängig ist. Für den Fristenbeginn sind daher folgende, verschieden **weitreichende Tatsachenbegriffe** denkbar: 1. Kenntnis der die Rechtswidrigkeit des zurückgenommenen VA begründenden Tatsachen, 2. Kenntnis der die Rücknahme rechtfertigenden Tatsachen, 3. Rechts- und Tatsachenkenntnis hinsichtlich der Voraussetzungen der Rücknahme (der Rechtswidrigkeit des zurückgenommenen VA), während hinsichtlich der übrigen Rücknahmevoraussetzungen Tatsachenkenntnis genügt oder 4. Kenntnis aller Tatsachen, die die Rücknahme rechtfertigen und ihre rechtliche Bedeutung (so *BSGE* 65, 221; 66, 204; 77, 295; *BSG* SGb 2003, 51; vgl auch *BSG* Urt v 6.4.2006 – B 7 a AL 64/05 R, SGb 2006, 351).

114 Der **ersten Alternative** ist nicht zu folgen, weil sie schon mit dem **Wortlaut von Abs 4 Satz 2** nicht übereinstimmt, der ausdrücklich von der Rücknahme und nicht von der Rechtswidrigkeit des VA spricht (*BSGE* 60, 239; 62, 103; 65, 221; 66, 204; ebenso: *Steinwedel* aaO § 45 Rz 28; für die entspr Anwendung der Jahresfrist nach § 48: *BSG* SozR 1300 § 48 Nr 47; ebenso für § 48 Abs 4 Satz 1 VwVfG: *BVerwGE* 70, 356). Abzulehnen ist weiterhin die **dritte und vierte Alternative** (ebenso für die vierte Alternative, aber offen gelassen für die dritte: *BSGE* 65, 221; 66, 204), da der Begriff der Tatsachen nicht auch Rechtskenntnisse umfasst (vgl BT-Drucks 7/910, 71: Die Beh sollte durch tatsächliche Ereignisse auf die Rechtswidrigkeit eines VA hingewiesen werden; *BVerwGE* 70, 356; *Wolff/Bachof/Stober* VerwR II § 51 Rz 95). Die Rechtswidrigkeit des aufzuhebenden VA ist zwar ein Tatbestandsmerkmal für die Rücknahme nach § 45, aber **keine Tatsache im Sinne des Abs 4 Satz 2** (*LSG RhPf* Breith 1987, 589: Die Beh könnte anderenfalls den Zeitpunkt manipulieren, indem sie weitere Ermittlungen anstellt, um sich von der Rechtswidrigkeit zu überzeugen und die Frist liefe weitgehend leer; *LSG Saarl* SGb 1995, 208; *SchlHLSG* Urt v 19.11.2013 – L 7 R 3/11; *Pickel* aaO § 45 Rz 58; *Steinwedel* aaO § 45 Rz 28: Andernfalls würde die Jahresfrist erst dann beginnen, „wenn der Sachbearbeiter den fertigen Rücknahmebescheid bereits im Kopf hat"; aA *BSGE* 65, 221: Wäre mit dem Wortlaut noch zu vereinbaren; *BVerwG* DVBl 1996, 867). Die **Entstehungsgeschichte** bestätigt das Ergebnis (hierzu *Köhler* SdL 1992, 95 [112]). Gleiches gilt auch für die Kenntnis, dass die Rücknahme ausdrücklich Ermessenserwägungen erfordert (ebenso *BVerwG* SGb 1997, 326; *BSG* SozR 3-1300 § 45 Nr 1; *Steinwedel* aaO § 45 Rz 27). Überdies ist auch nur **schwer feststellbar**, wann sich die Beh der Rechtswidrigkeit bewusst geworden ist. Ließe man auch **Rechtsanwendungsfehler** ausreichen, so bliebe die Beschränkung auf Tatsachen unbeachtet und der Gesetzgeber hätte anstatt des Begriffs Tatsachen den Begriff **Voraussetzungen der Rücknahme** verwenden können.

Eine andere Beurteilung folgt auch nicht daraus, dass das G in anderem Zu- **115**
sammenhang nicht „zwischen der rechtlichen und der tatsächlichen Rechtswidrigkeit" (zB: § 44 Abs 1: „Unrichtige Rechtsanwendung" und „unrichtiger
Sachverhalt") unterscheidet (vgl *BSGE* 65, 221 m dem Hinweis auf *BVerwGE*
70, 356), denn die differenzierende Begrifflichkeit verdeutlicht gerade, dass
dem Gesetzgeber der Unterschied zwischen tatsächlichen und normativen Faktoren bekannt war und die Verwendung des Begriffs: Tatsachen eine **bewusste
Entscheidung gegen die Erforderlichkeit der Rechtskenntnis** darstellt. Außerdem wäre es nach der dritten und insb auch nach der vierten Alternative konsequent, wenn nur die „richtige Rechtsanwendung" die Jahresfrist auslöst, was
aber gerade nicht gewollt wird (*BSGE* 65, 221; 66, 204), denn dann liefe die
Jahresfrist leer und das mit ihr verfolgte Ziel der **Rechtssicherheit** würde auch
deshalb nicht erreicht, weil die Beh bei Annahme der dritten oder vierten Alternative jederzeit Tatsachen, die bei der Ermessensausübung berücksichtigt werden dürften, **neu ermitteln** könnte (vgl *Kopp* DVBl 1985, 525; *Schoch* NVwZ
1985, 880). Allerdings dürfte es **in der Praxis** selten auf die Voraussetzung:
Rechtskenntnis ankommen, da es häufig schon an **anderen Voraussetzungen** für
die Rücknahme mit Wirkung für die Vergangenheit fehlen dürfte (**Bsp**: Wird
die Rechtswidrigkeit erst später nach Bildung einer höchstrichterlichen Rspr erkannt, so fehlt es an der groben Fahrlässigkeit nach Abs 4 Satz 1 iVm Abs 2
Satz 3 Nr 1), so dass die Beachtung der Frist ohnehin nur in **Fällen der Alternative 2** relevant wird (zutreffend: *BSGE* 65, 221).

Nach alledem ist also nur die **Kenntnis** von Tatsachen im engeren Sinne, nicht **116**
auch die Kenntnis der rechtlichen Bedeutung, Vor für den Beginn der einjähri-
gen Ausschlussfrist (**zweite Alternative**; so wohl *BSGE* 60, 239; *BSG* SozR
3-1300 § 45 Nr 26; *BSG* info also 2002, 228); **bloße Rechtsirrtümer**, die nicht
durch einen Tatsachenirrtum verursacht wurden, sind nicht erfasst, so dass hier
die Jahresfrist nicht läuft (aA *Wolff/Bachof/Stober* VerwR II § 51 Rz 95: Diese
Differenzierung wäre kaum sachlich gerechtfertigt; vgl auch: *BVerwGE* 70,
356; *Klappstein* aaO § 48 Anm 5.3.1.1). Es erhebt sich allerdings die Frage, ob
für den Fristenbeginn bereits **alle Tatsachen** bekannt sein müssen (*BSG* info also 2002, 228; *BSG* SGb 1997, 177; *BFA* SGB X § 45 3.2 f, *BayLSG* Urt v
25.11.2015 – L 11 AS 723/13, BeckRS 2016, 65851) oder es genügt, wenn
„eine hinreichende Sicherheit für den Erlass eines Rücknahmebescheids" besteht (*BSG* SozR 3-1300 § 48 Nr 32; ebenso: *Steinwedel* aaO § 45 Rz 29; vgl
auch *BSG* SozR 3-1300 § 45 Nr 2). Zum Teil wird die Kenntnis nur **einiger
Tatsachen**, die den „**Verdacht der Fehlerhaftigkeit**" des VA begründen, als ausreichend angesehen (so wohl *Pickel* aaO § 45 Rz 58: „Anstoßfunktion"); es
sind noch weitere Ermittlungen erforderlich, um über die Rücknahme des VA
entscheiden zu können. Letztlich geht es um die Frage, ob die Jahres-Frist eine
Bearbeitungsfrist oder eine bloße **Beurteilungs- und Entscheidungsfrist** ist
(*BSGE* 65, 221 mit etwas abweichender Diktion). Im letzteren Falle geht es um
die rechtliche Beurteilung und Entscheidung auf der Grundlage der maßgeblichen Tatsachen und die Frist beginnt erst zu laufen, wenn alle für die Rücknahme maßgeblichen Umstände festgestellt wurden.

Der **Wortlaut der Norm** spricht für die Annahme einer **Beurteilungs- und Ent-** **117**
scheidungsfrist, denn die Tatsachen müssen die Rücknahme „rechtfertigen"; bei
Annahme einer Bearbeitungsfrist hätte es nahegelegen, wenn zB nur auf die
Kenntnis der die Rechtswidrigkeit begründenden Tatsachen oder auf Tatsachen,
die zu einer Rücknahme führen könnten, abgestellt worden wäre. Der **Große
Senat des BVerwG** hat deshalb zu § 48 Abs 4 Satz 1 VwVfG entschieden, die

Jahresfrist beginne erst dann zu laufen, wenn **alle für die Rücknahmeentscheidung erheblichen Umstände** bekannt sind (*BVerwGE* 70, 356; ebenso: *BVerwGE* 92, 81; *dass* NJW 1988, 2911; *dass* DVBl 1996, 867; BT-Drucks 7/910, 71). Daraus folgt, dass die **Jahresfrist** bei § 45 Abs 4 Satz 2 **erst dann beginnt**, wenn **alle erforderlichen** Tatsachen bekannt sind, welche eine Rücknahme für die Vergangenheit rechtfertigen (*BSG* Breith 1995, 988), so zB die Tatsachen, aus denen sich eine grobe Fahrlässigkeit oder ein Verschulden ergibt (vgl *BSGE* 60, 239; 65, 226; 66, 204; *BSG* SozR 1300 § 45 Nr 1, 2, 45; SozR 4100 § 103 Nr 42; ebenso *Engelhard* DOK 1992, 468) oder die Kenntnis der Bösgläubigkeit des Empfängers seitens der Beh (*BSG* SozR 3-1300 § 45 Nr 2; **aA**: *Schütze* aaO § 45 Rz 33; *Bieback* SGb 1995, 141 [142]; *Klappstein* aaO § 48 Anm 5.3.1.2; *Kopp/Ramsauer* aaO § 48 Rz 137; *Wolff/Bachof/Stober* VerwR II § 51 Rz 97).

118   Der Beginn der Jahresfrist setzt allerdings **keine Anhörung** voraus, sondern maßgeblich ist, **wann die Anhörung hätte eingeleitet werden können** (*SchlHLSG* E-LSG Kn-21; aA *BSGE* 74, 20; 77, 295: Die Jahresfrist beginnt erst dann zu laufen, wenn die Beh entweder objektiv eine sichere Kenntnis der Tatsachen hat, welche die Rücknahme eines rechtswidrigen begünstigenden VA für die Vergangenheit rechtfertigt oder subjektiv von der Richtigkeit und Vollständigkeit der ihr vorliegenden Informationen überzeugt war; dies ist regelmäßig erst nach der gem § 24 durchgeführten Anhörung des Betroffenen der Fall"; ebenso: *BfA* SGB X § 45 3.2. f; *Steinwedel* aaO § 45 Rz 27 mit dem Hinweis: Allerdings lösen weitere Ermittlungen dann keinen neuen Fristenbeginn aus, wenn deren Einfluss auf das Ermessen nicht erkennbar ist; vgl auch *Dörr* SozVers 1989, 29 [32]; *Jung* SGb 2002, 1 [5]; *Straußfeld* SGb 2003, 88 [88f]). Es kommt auch nicht auf den Abschluss der ggf **hypothetischen Anhörung** an (ebenso: *LSG BW* SGb 1990, 454).

119   Hierzu gehört allerdings **nicht die Kenntnis der Tatsachen, die zur Grundlage der nach § 45 Abs 1 erforderlichen Ermessensausübung** benötigt werden (vgl *HessLSG* Breith 1995, 51; *Pickel* aaO § 45 Rz 38; *Schütze* aaO § 45 Rz 33; *Rüfner* in Wannagat SGB X § 45 Rz 66; *Klappstein/Knack* VwVfG § 48 5.3.1.2; offengelassen in *BSGE* 65, 226; *BSG* SozR 4100 § 103 Nr 42; SozR 3-1300 § 45 Nr 1; aA *BVerwG* DVBl 1996, 867; *Erichsen* AllgVerwR § 17 Rz 28; *BfA* SGB X 3.2. f; *Steinwedel* aaO § 45 Rz 27). Das ergibt sich daraus, dass nach zutreffender Ansicht die Kenntnis der Rechtswidrigkeit bzw die rechtliche Beurteilung der Tatsachen für den Beginn der Jahresfrist nicht zu fordern ist (Rz 116). Zwar stellt der Wortlaut – wie bereits erwähnt – auf diejenigen Tatsachen ab, die die Rücknahme des VA rechtfertigen und nicht nur auf diejenigen, die die Rechtswidrigkeit begründen, aber **die Beschränkung auf Tatsachen würde weitestgehend leer laufen**, wenn auch die für den Rechtsfolgenausspruch maßgeblichen Tatsachen bekannt sein müssten, da dies idR Rechtskenntnis, dh die zutreffende Bewertung der festgestellten Tatsachen, voraussetzt.

120   Vor diesem Hintergrund beginnt in den Fällen, in denen die Beh den Ausgangs-VA nach richtig und vollständig ermitteltem Sachverhalt aufgrund eines Rechtsanwendungsfehlers erlassen hat, die **Jahresfrist idR mit Erlass dieses VA.** Kann in den **Übergangsfällen** des Art 2 § 40 Abs 2 ein VA nur zurückgenommen werden, wenn auch die Voraussetzungen der Vorgängernorm (**§ 1744 RVO**) vorliegen (*BSGE* 54, 223), dann gehören die tatsächlichen Umstände, die nach dieser Vorschrift vorliegen müssen, auch zu den Tatsachen iSv Abs 4 Satz 2. Lagen die Tatsachen nicht schon **beim Erlass des aufzuhebenden VA** vor, sondern sind nachträglich entstanden, kommt nur eine Rücknahme über § 48 Abs 4 in Betracht. Eine **Änderung der höchstrichterlichen Rspr** ist keine Tatsache iSv Abs 4 Satz 2 (vgl *Bley* DOK 1978, 863 [865]; *Weides* DÖV 1985, 93 [95]). Es genügt, wenn die Beh zufällig bei der Prüfung anderer Sachverhalte feststellt, dass falsch entschieden worden ist.

7. Abs 5: Zuständige Behörde

Nach Abs 5, der § 48 **Abs 5 VwVfG** entspricht (BT-Drucks 8/2034, 34), gilt **121** § 44 **Abs 3** entsprechend. Nach § 44 Abs 3 entscheidet über die Rücknahme nach Unanfechtbarkeit die zuständige Beh – auch, wenn der zurückzunehmende VA von einer anderen Beh erlassen wurde (vgl auch *BVerwG* ZfSH/SGB 1996, 74). Für die **Einzelheiten** vgl § 44 Rz 56 ff. Zur Rücknahme eines Beitragserstattungsbescheids durch einen RV-Träger: *BSG* SozR 1300 § 45 Nr 7.

8. Verfahren der Rücknahme

Wie das Verfahren der Rücknahme des VA beginnt, ist in § 45 nicht geregelt. Es **122** gilt deshalb die **allg Regelungen über das Verwaltungsverfahren** (§ 8; vgl eingehend *Pickel* NVwZ 1987, 454 [460]). Da die Rücknahme nach § 45 nach pflichtgemäßem Ermessen erfolgt und einen VA darstellt, ist ein **Widerspruchsverfahren notwendig** (*BSGE* 55, 250; *Pickel* aaO § 45 Rz 60; aA *Stüwe* SdL 1984, 79 [84]). Verletzt ein Versicherter im Rücknahmeverfahren **Mitwirkungspflichten** nach §§ 60 ff SGB I, kann der Entzug der Leistung auch auf § 66 SGB I gestützt werden. Die Leistung darf nach § 66 SGB I jedoch nicht rückwirkend, sondern nur: **ex nunc** entzogen werden (vgl *BSG* SozR 1200 § 66 Nr 10).

Aufgrund der Ermessenbefugnis kann ein **Aufhebungsbescheid nach** § 48 nicht **123** in einem Rücknahmebescheid nach § 45 **umgedeutet** werden (*BSG* VersorgB 1984, 131; *Pickel* aaO § 45 Rz 21; anders bei Ermessenreduzierung auf Null: *LSG Saarl* SGb 1995, 252; *HessLSG* E-LSG Ar-151), aber: Ein Rücknahmebescheid ist im Gerichtsverfahren in einen Änderungsbescheid umzudeuten, wenn die ursprüngliche Unrichtigkeit des zu berichtigenden Bescheids nicht nachgewiesen werden kann (*BSG* SozR 3-4100 § 117 Nr 10 = SGb 1994, 142 m Anm *Hanau*). Hat die Behörde ihren Bescheid fehlerhaft auf § 45 SGB X statt auf § 48 SGB X gestützt, kann sie grundsätzlich **nachträglich die Rechtsgrundlage wechseln** (st Rspr: *BSG* Breith 1993, 853; *BSGE* 80, 267; *BayLSG* Breith 2000, 593). Da beide Normen auf die Aufhebung eines VA gerichtet sind, ist das Auswechseln der Rechtsgrundlage grundsätzlich zulässig und verändert nicht den Wesensgehalt des Bescheides (*BSG* Urt v 16.12.2008 – B 4 AS 48/07 R).

Die **Herabsetzung des GdB** nach dem SGB IX wegen einer nach Erlass des Fest- **124** stellungsbescheids eingetretenen wesentlichen Besserung des Gesundheitszustands des Beh gem § 48 ist nicht schon deshalb ausgeschlossen, weil von Anfang an ein **überhöhter GdB** festgesetzt wurde und diese Entscheidung nach § 45 nicht mehr zurückgenommen werden kann. Der GdB darf jedoch nur in dem Verhältnis gem § 48 herabgesetzt werden, in dem sich der Zustand der behinderungsbedingten Funktionseinbuße seit Erlass des Feststellungsbescheids gebessert hat; dessen Bestandskraft steht einer Herabsetzung des GdB auf den der tatsächlich behinderungsbedingten Funktionseinbuße entsprechenden GdB entgegen (*LSG Bln* SGb 1992, 505).

Die **Beweislast** für die Fehlerhaftigkeit die VA trägt die Beh, die zurücknehmen **125** will (*BSG* SozR 4100 § 132 Nr 1; *BVerwGE* 18, 168; 34, 225; *Schütze* aaO § 45 Rz 36; vgl auch Rz 21). Die Beh trägt mithin das Risiko der Nichterweislichkeit zB dafür, dass im Zeitpunkt des Bescheiderlasses die Vor für Leistungen nach dem SGB XI nicht gegeben waren, weil der Begünstigte nicht die Vor der Pflegestufe I erfüllte. Das bedeutet indes eine „Umkehr der Beweislast" (*Wolff/ Bachof/Stober* VerwR II § 51 Rz 85).

126 Vor Erlass eines Aufhebungsbescheids ist der Versicherte nach § 24 **anzuhören** (*BSG* SozR 1300 § 45 Nr 12; *Pickel* aaO § 45 Rz 22). Sofern nicht Ausnahmen nach § 24 Abs 2 SGB X greifen, kann die Behörde aber eine unterlassene Anhörung im Widerspruchsverfahren und auch im gerichtlichen Verfahren nachholen. Das BSG verlangt die Durchführung eines „mehr oder minder förmlichen Verwaltungsverfahrens" (*BSG* Urt v 7.7.2011 – B 14 AS 144/10 R; *BSG* Urt v 9.11.2010 – B 4 AS 37/09 R, SozR 4-1300 § 41 Nr 2, *BSG* Urt v 4.6.2014 – B 14 AS 2/13 R, SozR 4-4200 § 38 Nr 3 Rz 20). Das BSG betont, das gesonderte Anhörungsverfahren sei keine „inhaltsleere Formalität". § 45 ist bei der **Rückgängigmachung rechtswidriger öffentl-rechtl Verträge entspr anzuwenden** (aA *Recht* aaO § 45 SGB X Rz 14) und bei **nichtigen VA**, soweit diese wegen offensichtlicher Rechtswidrigkeit keinen Rechtsschein erzeugt haben (*Schütze* aaO § 45 Rz 37). Anwendbar ist § 45 weiter bei **Leistungen aufgrund schlichten Verwaltungshandelns** (vgl § 50 Abs 2 Satz 2). Liegen die Vor des § 42 vor, dh, ist der VA nur in dem in § 42 umschriebenen Umfang wegen eines bloßen Verfahrensfehlers rechtswidrig, schließt dies auch eine Rücknahme seitens der Beh nach § 45 aus. **Vorläufige VA oder Vorschussbescheide** haben keine endgültige Bindungswirkung, sie brauchen daher nicht nach § 45 zurückgenommen zu werden (vgl *BSG* SozR 1200 § 42 Nr 2; *BSG* SozR 2200 § 1735 Nr 2; § 31 Rz 6, 61).

127 Will die Behörde gewährte Leistungen zurückfordern, ist sie verpflichtet, alle zuvor ergangenen (Bewilligungs-)Entscheidungen zurückzunehmen. Das BSG verlangt bspw im SGB II bei Rückforderungen und Erstattungen die ausdrückliche Aufhebung vorheriger Bewilligungsentscheidungen. Sofern die Beh einzelne Bescheide als aufgehoben benennt (im SGB II regelm der Fall), muss sie die vollständige „Bescheidskette" benennen. Anderenfalls ist der **Erstattungsverwaltungsakt** betreffen des Regelungsgegenstands der nicht aufgehobenen Bescheide **rechtswidrig** (*BSG* Urt v 29.11.2012 – B 14 AS 196/11 R, Rz 19, NJOZ 2014, 669; differenzierend: *BSG* Urt v 10.9.2013, B 4 AS 89/12 R, juris).

§ 46 Widerruf eines rechtmäßigen nicht begünstigenden Verwaltungsaktes

(1) Ein rechtmäßiger nicht begünstigender Verwaltungsakt kann, auch nachdem er unanfechtbar geworden ist, ganz oder teilweise mit Wirkung für die Zukunft widerrufen werden, außer wenn ein Verwaltungsakt gleichen Inhalts erneut erlassen werden müsste oder aus anderen Gründen ein Widerruf unzulässig ist.

(2) § 44 Abs. 3 gilt entsprechend.

Literatur:

Bress-Brandmaier/Gühlstorf: Die Geltendmachung von Unterhaltsansprüchen durch Sozialleistungsträger nach dem SGB II und dem SGB XII, ZfF 2005, 193; *Bronnenmeyer*: Der Widerruf rechtmäßiger begünstigender Verwaltungsakte nach § 49 VwVfG, 1994; *Dörr*: Rücknahme, Widerruf, Aufhebung oder neue Erstentscheidung, ZfS 1998, 340; *Ibler*: Kann der Widerruf eines Verwaltungsaktes widerrufen werden?, NVwZ 1993, 451; *Knipping*: Rücknahme oder Aufhebung oder Missachtung wiederholter Verwaltungsakte – Defizite bei der Anwendung und Probleme bei der Auswahl der Korrekturvorschriften, dargestellt an Beispielen aus dem Bereich der gesetzlichen Rentenversicherung, NZS 1994, 109; *Löcher*: Die Korrektur von Verwaltungsentscheidungen im Recht der Kriegsopferfürsorge, ZfS 2006, 193; *Pickel*: Widerruf von Verwaltungsakten, SozVers 1986, 169; *Suerbaum*: Widerruf und Erstattung bei Geld- und Sachleistungsverwaltungsakten, VerwArch 90 [1999], 361.

1. Allgemeines

§ 46 (Parallelvorschrift § 49 **Abs 1 und 4** VwVfG, BT-Drucks 8/2034, 15) regelt die Aufhebung eines rechtmäßigen, nicht begünstigenden VA, der als **Widerruf** bezeichnet wird. Obwohl bereits vor Erlass des SGB X der Widerruf eines VA anerkannt war, existierte eine entsprechende Vorschrift bisher weder im Recht der RV noch im Versorgungsrecht (hierzu: *Rathmann* ZfS 1980, 319). Nach Art II § 40 Abs 2 Satz 1 ist § 46 erstmals anzuwenden, wenn nach dem 31.12.1980 ein (auch) vorher erlassener VA aufgehoben wird – es sei denn, dass er bereits bestandskräftig war und nach § 1744 RVO idF vor dem 1.1.1981 eine neue Prüfung nicht vorgenommen werden konnte (*Pickel* SGB X § 46 Rz 3). § 46 kann durch spezialgesetzliche Regelungen ausgeschlossen sein (*Sachs* in Stelkens/Bonk/Sachs VwVfG § 49 Rz 22).

Die **Interessenlagen bei § 46 sind gegensätzlich zu denen bei § 45**: Während das Interesse des Betroffenen auf eine Aufhebung gerichtet ist, besteht bei der Beh ein Bestandsinteresse. Allerdings steht das **Aufhebungsinteresse** – anders als bei § 45 – auf **schwachen Füßen**, da es sich nicht auf die Rechtswidrigkeit des VA stützen kann, sondern nur auf die – von der Rechtsordnung gewollte – belastende Wirkung des VA. Daraus folgt, dass sich die **Zulässigkeit des Widerrufs** nach anderen Maßstäben beurteilt als die der Rücknahme nach § 45. Es besteht weder ein Bedürfnis für die Prüfung des Vertrauensschutzes, noch für die Beachtung von Rücknahmefristen. Der Widerruf ist deshalb ein rechtliches Instrument, mit dessen Hilfe die Verwaltung **neuen Verhältnissen in rechtlicher oder tatsächlicher Hinsicht** (soweit nicht § 48 einschlägig ist) Rechnung tragen kann (*Freischmidt* in Hauck/Noftz SGB X § 46 Rz 1); wird die Regelung durch die Änderung der Verhältnisse allerdings gegenstandslos, so ist § 46 nicht einschlägig (vgl BVerwGE 69, 93).

Die Beh kann (**Ermessen**) einen rechtmäßigen belastenden VA, auch nach Eintritt der Bestandskraft, jederzeit aufheben, es sei denn, er müsste erneut erlassen werden. Das ist regelmäßig dann der Fall, wenn es sich um **gebundene VA** handelt. Da Ermessensentscheidungen im SozR die **Ausnahme** darstellen (vgl § 38 SGB I; **Bsp**: §§ 66 Abs 2 SGB I; 41 Abs 1 SGB V; 13 Abs 1 SGB VI; 32 Abs 1 SGB XI), kommt dem Widerruf nur **geringe Bedeutung** zu (*Schütze* in von Wulffen SGB X § 46 Rz 8; *Steinwedel* aaO § 46 Rz 2; *Freischmidt* aaO § 46 Rz 3, Anwendungsbereich offen gelassen: *BSG* Urt v 19.12.2013 – B 2 U 17/12 R, NZS 2014, 342 Rz 27 ff). Kommt es zu einer **Änderung der maßgeblichen Sach- oder Rechtslage** und führt diese zur Rechtswidrigkeit des VA, so beurteilt sich die Aufhebung des VA ab der Änderung nach § 48 und für die Zeit davor nach § 46.

2. Widerrufsvoraussetzungen

Der VA muss im Zeitpunkt des VAErlasses und des Widerrufs **rechtmäßig** sein (*Pickel* aaO § 46 Rz 7). Der VA ist rechtmäßig, wenn er **nicht rechtswidrig** ist (zum Begriff der Rechtswidrigkeit vgl § 44 Rz 20 ff, § 45 Rz 16 f), dh den Anforderungen des **formellen und materiellen Rechts** im Zeitpunkt des Erlasses des VA entspricht. Der VA ist auch dann rechtmäßig, wenn ein **Verfahrens- oder Formfehler unbeachtlich** ist (vgl § 42), nach § 41 **geheilt** wurde, eine Umdeutung nach § 43 stattgefunden hat (*Pickel* aaO § 46 Rz 6; *Freischmidt* aaO § 46 Rz 6) oder eine offenbare Unrichtigkeit vorliegt (§ 38). Der Rechtmäßigkeit des VA steht ferner nicht entgegen, dass sich der VA als **unzweckmäßig** erwiesen hat.

5 Da sich die Anwendung von § 46 im Wesentlichen auf **Ermessens VA beschränkt** (Rz 10) und dort auch die Zweckmäßigkeit zu beurteilen ist (vgl zur Zweckmäßigkeitsprüfung iRah des Ermessen: *Wolff/Bachof/Stober* VerwR I § 31 Rz 31), sind Korrekturen aufgrund der Unzweckmäßigkeit eines VA Hauptanwendungsfall des § 46 (*Schütze* aaO § 46 Rz 6; *Pickel* aaO § 46 Rz 6). Eine **entsprechende Anwendung** des § 46 kommt außerdem bei **nichtigen VA** sowie **bei rechtswidrigen VA** in Betracht (*Schütze* aaO § 46 Rz 2). Die Beh kann schließlich die Rechtswidrigkeit des VA – falls sie zweifelhaft ist – dahingestellt sein lassen und – wenn die übrigen Vor des § 46 vorliegen – die Aufhebung nach § 46 vornehmen (*Freischmidt* § 46 Rz 1; *Sachs* in Stelkens/Bonk/Sachs VwVfG § 49 Rz 4; *Pickel* aaO § 46 Rz 6; aA *Obermayer* VwVfG § 49 Rz 7).

6 § 46 erfasst – im Zeitpunkt des VAErlasses – **nicht begünstigende (= belastenden) VA.** Aus einem **Umkehrschluss zu § 45 Abs 1** folgt, dass ein VA dann belastend ist, wenn er eine Pflicht oder einen rechtlich erheblichen Nachteil begründet bzw bestätigt oder ein Recht oder einen rechtlich erheblichen Vorteil ablehnt (vgl *Pickel* aaO § 46 Rz 8; *Freischmidt* aaO § 46 Rz 7; zum Begriff vgl § 44 Rz 49 ff). Rechtmäßig **begünstigende** VA fallen unter § 47. Ist der rechtmäßige VA **teilweise belastend und teilweise begünstigend** oder begünstigt er einen Dritten, so kommt § 46 nur für die begünstigende Regelung zur Anwendung („ganz oder teilweise").

7 Wenn die Regelungen indes **nicht trennbar** sind, so ist ein Widerruf **nur nach** § 47, der den Betroffenen in größerem Umfang schützt, möglich (*Pickel* aaO § 46 Rz 8). Im Übrigen werden keine Anforderungen an den VA gestellt. § 46 gilt sowohl für **VA mit Dauerwirkung** (§ 45 Rz 77 ff), als auch für VA, die auf eine einmalige Leistung gerichtet sind. Es werden sowohl **feststellende** (zB: Versicherungspflicht), als auch **gestaltende VA** (zB: Leistungsgewährung) erfasst und es kommt auch nicht darauf an, ob der VA auf eine **Geldleistung**, Dienstleistung oder Sachleistung gerichtet ist. Nach dem Gesetzeswortlaut spielt es weiterhin keine Rolle, ob der VA bereits (formell) **bestandskräftig** wurde („auch nachdem er unanfechtbar geworden ist"). Sollte allerdings ein **Widerspruchsverfahren** anhängig sein, so bleibt für ein Verfahren nach § 46 kein Raum.

3. Zulässigkeit des Widerrufs

8 Die VA dürfen **nur für die Zukunft**, dh ab Bekanntgabe der Korrekturentscheidung oder Antragstellung, und nicht auch für die Vergangenheit widerrufen werden (*Schütze* aaO § 46 Rz 5; zur Entscheidungswirkung für die Zukunft vgl Vor §§ 44–51 Rz 5, 45 Rz 22). Es ist gleichgültig, ob der **Widerrufsgrund** bereits in der Vergangenheit bestand und ob, bzw welches Interesse der Betroffene oder die Beh an dem Widerruf haben. Der Widerruf selbst ist **ein VA** und er kann nach § 45 zurückgenommen werden (*Pickel* aaO § 46 Rz 14). Wenn ein Widerruf für die Vergangenheit erforderlich erscheint, kann mit dem Erlass eines **Zweitbescheides** geholfen werden.

9 Der Widerruf steht im **Ermessen der Behörde,** dh der **Bürger** hat nur einen Anspruch auf **ermessensfehlerfreie Entscheidung** (vgl *BVerfGE* 27, 297; *BVerwGE* 44, 333; *VGH Kassel* DÖV 1992, 271; zum Ermessen vgl § 31 Rz 62 f, § 35 Rz

4 ff und § 45 Rz 22). Die Gründe für die Ermessensentscheidung sind darzulegen. Handelt es sich beim Ausgangsbescheid um eine **gebundene Entscheidung**, so ist es nicht ermessensfehlerhaft, wenn ein Widerruf unter Hinweis auf die Rechtmäßigkeit des VA ablehnt wird (*Schütze* aaO § 46 Rz 4; zustimmend: *Freischmidt* aaO § 46 Rz 10). Liegen allerdings **Wiederaufnahmegründe** entsprechend § 580 ZPO oder nach § 179 Abs 2 SGG vor, so ist die Ablehnung des Überprüfungsantrages ohne neue Sachprüfung idR ermessensfehlerhaft, denn worauf im Sozialgerichtsverfahren ein Rechtsanspruch besteht, muss auch im Verwaltungsverfahren in demselben Umfange möglich sein (*Pickel* aaO § 46 Rz 15). Zur Unterscheidung von **vollständiger und teilweiser Aufhebung** vgl § 45 Rz 22.

Ein **Widerruf** ist ausgeschlossen, wenn die zuständige Beh den belastende VA **10** erneut erlassen müsste („widersprüchliches Verhalten", BT-Drucks 7/910, 72 zu § 49 VwVfG), es sich also um eine gebundene Entscheidung handelt, da dann bei seiner **Aufhebung ein rechtswidriger Zustand** eintreten würde (*Sachs* aaO § 49 Rz 22; *Kopp/Ramsauer* VwVfG § 49 Rz 20: Grds der doppelten Deckung). Daher **beschränkt sich der Anwendungsbereich des § 46 im Wesentlichen auf die Aufhebung von Ermessensentscheidungen**, soweit keine Ermessensreduzierung auf Null vorliegt (*Freischmidt* aaO § 46 Rz 3; *Steinwedel* aaO § 46 Rz 3; *Pickel* aaO § 46 Rz: 10; offen gelassen: *BSG* Urt v 19.12.2013 – B 2 U 17/12 R, NZS 2014, 342 Rz 27 ff). Das wird auch dadurch bestätigt, dass die Anpassung aufgrund einer wesentlichen Änderung der Sach- und Rechtslage von § 48 erfasst wird.

§ 46 hat Bedeutung bei Ermessensentscheidungen, bei denen die Aufhebung eines **11** nes rechtmäßigen VA aus **Gründen der Zweckmäßigkeit** geboten sein kann (*Kopp/Ramsauer* VwVfG § 49 Rz 21). **Bsp:** Bei Abzweigung, Verrechnung oder Aufrechnung laufender Geldleistungen (§§ 48, 51, 52 SGB I) sollen die Einbehaltungsraten gemindert werden. Damit kann (nur) für die Ausübung des Ermessens erheblichen Fehleinschätzungen oder Änderungen Rechnung getragen werden (*Steinwedel* aaO § 46 Rz 3). **Gebundene VA** können dann nach § 46 ausnahmsweise widerrufen werden, wenn der Beh bei der Anwendung eines unbestimmten Rechtsbegriffs ein **Beurteilungsspielraum** zusteht und nach ihm nicht nur der Erlass des belastenden VA möglich ist. Unbestimmte Rechtsbegriffe unterliegen aber der vollständigen richterlichen Nachprüfung (vgl § 31 Rz 78). Für einen **positiven Widerrufsbescheid** sind an die Begründung geringere Anforderungen zu stellen (§ 35 Abs 2).

Ein Widerruf ist aus anderen Gründen unzulässig, wenn er durch G, VO oder **12** aufgrund allg Rechtsgrundsätze ausgeschlossen ist. Weiterhin genügen auch Verwaltungsanordnungen ohne Rechtssatzcharakter wie Erlasse und andere verwaltungsinterne Weisungen (vgl BT-Drucks 7/910, 72 zu § 49 VwVfG), da dieser Ausschlussgrund öffentliche Belange wahren soll (*Freischmidt* aaO § 46 Rz 8; *Pickel* aaO § 46 Rz 11; *Schütze* aaO § 46 Rz 7; *Sachs* aaO VwVfG § 49 Rz 18 unter Hinweis auf die Gesetzesmaterialien zum VwVfG; aA *Kopp/Ramsauer* VwVfG § 49 Rz 22, wonach Verwaltungsanordnungen ohne Rechtscharakter nicht für ausreichend erachtet werden; ebenso: *Schnapp* GK-SGB X 1, § 46 Rz 23).

Nach **§ 46 Abs 2** gilt **§ 44 Abs 3** entsprechend. Danach entscheidet über den **13** Widerruf nach Unanfechtbarkeit des VA die **zuständige Behörde** – auch wenn es sich nicht um die erlassende Beh handelt (vgl näher § 44 Rz 46).

§ 47 Widerruf eines rechtmäßigen begünstigenden Verwaltungsaktes

(1) Ein rechtmäßiger begünstigender Verwaltungsakt darf, auch nachdem er unanfechtbar geworden ist, ganz oder teilweise mit Wirkung für die Zukunft nur widerrufen werden, soweit

1. der Widerruf durch Rechtsvorschrift zugelassen oder im Verwaltungsakt vorbehalten ist,

2. mit dem Verwaltungsakt eine Auflage verbunden ist und der Begünstigte diese nicht oder nicht innerhalb einer ihm gesetzten Frist erfüllt hat.

(2) [1]Ein rechtmäßiger begünstigender Verwaltungsakt, der eine Geld- oder Sachleistung zur Erfüllung eines bestimmten Zweckes zuerkennt oder hierfür Voraussetzung ist, kann, auch nachdem er unanfechtbar geworden ist, ganz oder teilweise auch mit Wirkung für die Vergangenheit widerrufen werden, wenn

1. die Leistung nicht, nicht alsbald nach der Erbringung oder nicht mehr für den in dem Verwaltungsakt bestimmten Zweck verwendet wird,

2. mit dem Verwaltungsakt eine Auflage verbunden ist und der Begünstigte diese nicht oder nicht innerhalb einer ihm gesetzten Frist erfüllt hat.

[2]Der Verwaltungsakt darf mit Wirkung für die Vergangenheit nicht widerrufen werden, soweit der Begünstigte auf den Bestand des Verwaltungsaktes vertraut hat und sein Vertrauen unter Abwägung mit dem öffentlichen Interesse an einem Widerruf schutzwürdig ist. [3]Das Vertrauen ist in der Regel schutzwürdig, wenn der Begünstigte erbrachte Leistungen verbraucht oder eine Vermögensdisposition getroffen hat, die er nicht mehr oder nur unter unzumutbaren Nachteilen rückgängig machen kann. [4]Auf Vertrauen kann sich der Begünstigte nicht berufen, soweit er die Umstände kannte oder infolge grober Fahrlässigkeit nicht kannte, die zum Widerruf des Verwaltungsaktes geführt haben. [5]§ 45 Abs. 4 Satz 2 gilt entsprechend.

(3) § 44 Abs. 3 gilt entsprechend.

Literatur:

Baumeister: Die Novellierung der §§ 48, 49, 49 a VwVfG, NVwZ 1997, 19; *Bronnenmeyer*: Der Widerruf rechtmäßig begünstigender Verwaltungsakte nach § 49 VwVfG, 1994; *Dörr*: Rücknahme, Widerruf, Aufhebung oder neue Erstentscheidung, ZfS 1998, 340; *Löcher/vom Rath*: Hilfe zur Pflege im Sozialhilferecht, ZfS 2006, 129; *Löcher*: Die Korrektur von Verwaltungsentscheidungen im Recht der Kriegsopferfürsorge, ZfS 2006, 193; *Sarnighausen*: Widerruf aufgrund rechtswidriger Widerrufsvorbehalte nach § 49 Abs 2 Nr 1, 2. Altern VwVfG, NVwZ 1995, 563; *Schultes*: Die Aufhebung von Verwaltungsakten – Recht der gesetzlichen Rentenversicherung, MittLVA Mfr/Ofr 1994, 259; *Schwabe*: Rückzahlung von „Hartz IV"? – Die rechtlichen Rahmenbedingungen zur Rückforderung von Leistungen nach dem SGB II, ZfF 2006, 145; *Steiner*: Zum Anwendungsbereich der verwaltungsverfahrensrechtlichen Regelungen über die materielle Bestandskraft von Verwaltungsakten (§§ 48, 49 VwVfG), VerwArch 1992, 479; *Suerbaum*: Widerruf und Erstattung bei Geld- und Sachleistungsverwaltungsakten nach der Novellierung des Verwaltungsverfahrensrechts, VerwArch 1999, 361.

1. Allgemeines

§ 47, der § 49 Abs 2-4 VwVfG entspricht, ist im Sozialrecht neu. Die Regelung **1** unterscheidet sich von den §§ **44, 45 und 48** dadurch, dass nur **rechtmäßige VA** erfasst werden; insoweit besteht Übereinstimmung mit § 46. Die Aufhebung rechtmäßiger VA nennt das G **Widerruf** (Vor §§ 44-51 Rz 3; § 46 Rz 1). Anders als bei § 46 geht es hier nur um **begünstigende VA**. Während bei § 46 die Interessenlage – geradezu umgekehrt zu § 45 – so verteilt ist, dass nur im Hinblick auf die belastenden Wirkungen des rechtmäßigen VA ein **Aufhebungsinteresse des Betroffenen** besteht, gibt es bei § 47 zunächst kein Interesse, den VA zu widerrufen: für die Beh nicht, da der VA rechtmäßig ist und für den Betroffenen nicht, weil der VA begünstigend ist. Anders als bei § 46 hat der Betroffene im Hinblick auf die begünstigenden Wirkungen des VA allerdings ein **Interesse an der Aufrechterhaltung des VA**. Im Zentrum der Regelung des § 47 steht daher, ob und inwieweit der **Vertrauensschutz des Begünstigten** – insoweit vergleichbar mit den §§ 44, 45, 48 – einem Widerruf entgegensteht. § 47 spielte in der VerwPraxis vor Einführung des Abs 2 jedoch kaum eine Rolle (*Kranig* BG 1990, 464 [466]; *Freischmidt* in Hauck/Noftz SGB X § 47 Rz 3).

Abs 1 regelt den **Widerruf für die Zukunft**. Dieser ist nur dann zulässig, wenn **2** sich der Begünstigte auf Vertrauensschutz nicht berufen kann, weil entweder ein zulässiger Widerrufsvorbehalt oder eine Auflage bestand, die der Begünstigte nicht (fristgerecht) erfüllte (vgl *BayLSG* Urt v 21.1.2010 – L 9 AL 45/07). **Abs 2** regelt den **Widerruf auch für die Vergangenheit**, wobei die Prüfung – ähnlich wie bei § 45 Abs 2 – **in zwei Schritten** vorzunehmen ist: Zunächst ist – anders als bei § 45 Abs 2 – der **Widerrufsgrund** (welcher entweder bei Erlass schon unerkannt vorlag: *BSGE* 56, 295 oder nachträglich eingetreten ist) zu prüfen, nämlich: ob die Leistung zweckentsprechend (bereits) verwendet wurde oder – wie bei Abs 1 – der Begünstigte eine Auflage nicht fristgerecht erfüllte. Anschließend ist zu prüfen, ob der Begünstigte **schutzwürdiges Vertrauen durch Leistungsverbrauch oder Vermögensdispositionen betätigt** hat und die Umstände kannte bzw grob fahrlässig nicht kannte, die zum Widerruf geführt haben. **Abs 3** erklärt die Zuständigkeitsregelung des § 44 Abs 3 für entsprechend anwendbar. Anders als bei §§ 45, 48 sind – wie bei § 46 – **keine Fristen** zu beachten. Allerdings kommt § **45 Abs 4 Satz 2** zur Anwendung (vgl § 47 Abs 2 Satz 5), jedoch nur für den Widerruf nach Abs 2. Ferner kann das Recht zum Widerruf **verwirkt** werden (*Schütze* in von Wulffen SGB X § 47 Rz 11).

§§ 124 Abs 6 Satz 1 SGB V und § 28 f Abs 2 Satz 5 SGB IV schließen einen Wi- **3** derruf nach § 47 als **vorrangige Sondervorschriften** aus. Für den Bereich des Wohngeldes sind die Tatbestände der Zweckverfehlung zB abschließend in § 30 WoGG geregelt (BT-Drucks 13/1534, 7). Die Regelungen über Widerrufsvorbehalte sind auf Bescheide nach § 60 a **Abs 1** BVG entsprechend anwendbar (*BayLSG* Breith 1994, 698; vgl aber auch: *BSG* 10.8.1983 – 9 a RV 33/82). § **44 a BHO** ist durch das Gesetz zur Änderung verwaltungsverfahrensrechtlicher Vorschriften v 2.5.1996 (BGBl I 656) gestrichen worden und wird für den Bereich des SGB X durch § 47 Abs 2 ersetzt. Neben § 47 kann eine Rücknahme für die Zukunft nach § 66 SGB I in Betracht kommen, denn diese Vorschrift gilt ebenfalls auch für bestandskräftige VA. Abs 2 findet auch Anwendung auf VA, die **vor dem Inkrafttreten der Vorschrift** erlassen worden sind (Art 6 Abs 2 des Gesetzes zur Änderung verwaltungsverfahrensrechtlicher Vorschriften, BT-Drucks 13/1534 und BR-Drucks 154/96; zu verfassungsrechtlichen Bedenken vgl *Baumeister* NVwZ 1997, 19 [26]; offen gelassen in *BSGE* 87, 219).

2. Widerruf für die Zukunft (Abs 1)

4 Abs 1 regelt den Widerruf für die Zukunft. Der VA iSv § 31 (vgl zum Widerruf eines **Teilanerkenntnisses:** *LSG Saarl* Breith 1997, 84) muss **rechtmäßig** (zum Begriff: § 46 Rz 4) sein. § 47 ist auf **rechtswidrige** begünstigende **VA** entsprechend anwendbar, zB auf solche, die wegen der in § 45 genannten Fristen nicht mehr zurückgenommen werden können (*Pickel* SGB X § 47 Rz 10; *Steinwedel* in KassKomm SGB X § 47 Rz 7; *Freischmidt* aaO § 47 Rz 6; vgl auch *BSGE* 63, 107; *OVG Bautzen* Beschl v 14.6.2013 – 1 A 181/11; ebenso zu § 49 VwVfG: *BVerwG* Buchholz 316 § 49 Nr 9). Ist die **Rechtswidrigkeit zweifelhaft**, kann die Beh nach § 47 aufheben, wenn dessen Vor im Übrigen gegeben sind (*Freischmidt* aaO § 47 Rz 6; *Schütze* aaO § 47 Rz 3; *Pickel* aaO § 47 Rz 10). Der VA muss ferner **begünstigend** (zum Begriff: § 45 Rz 10 ff) sein. Der Widerruf kommt auch in Betracht, wenn der VA bereits **bestandskräftig** (zum Begriff: § 39 Rz 2) geworden ist. Im Übrigen gibt es hinsichtlich der erfassten VA **keine Einschränkungen**, dh es kommt zB nicht darauf an, ob sie Dauerwirkung entfalten oder nur einmalig wirken (*Pickel* aaO § 47 Rz 7 f). Der VA kann – je nachdem, ob der VA teilbar ist und sich der Widerrufsgrund nur auf einen Teil der Regelung bezieht – **ganz oder teilweise** widerrufen werden (hierzu: § 44 Rz 11; § 45 Rz 22).

2.1. Widerrufsgründe

5 Ein Widerruf kommt nach Abs 1 für die Zukunft nur in Betracht, wenn einer der beiden Widerrufsgründe gegeben ist. Eine nähere **dogmatische Qualifikation der Widerrufsgründe** fällt schwer. Zwar lässt sich anführen, dass zB dann, wenn nach Abs 1 Nr 2 eine mit dem VA verbundene Auflage nicht ausgeführt wurde, der Begünstigte sich nicht auf Vertrauen berufen darf, da er aufgrund der selbst hervorgerufenen Störung des „synalagmatischen Verhältnisses" (do et des) mit einem Widerruf rechnen musste, seine Rechtsposition also von vornherein **labil** war; unter diesem Gesichtspunkt ist der Widerrufsgrund als Ausnahme vom Vertrauensschutz anzusehen. Aber im **Umkehrschluss aus Abs 2 Satz 2** ergibt sich, dass das schutzwürdige Vertrauen nach der Gesetzessystematik einen eigenen Prüfungspunkt darstellt. Genau betrachtet unterscheiden sich die Widerrufsgründe nach Abs 1 (und Abs 2 Satz 1) von der Vertrauensschutzprüfung (Abs 2 Satz 2) nur dadurch, dass sie **generell-abstrakte Ausschlussgründe** für den Vertrauensschutz darstellen, während es iRah der Vertrauensschutzprüfung **konkret-individuell auf das tatsächlich betätigte Vertrauen** ankommt.

2.1.1. Widerrufsvorbehalt (Abs 1 Nr 1)

6 Nach Abs 1 Nr 1 ist der Widerruf für die Zukunft zulässig, wenn er **durch Rechtsvorschrift zugelassen** (vgl Rz 3) ist oder **im VA vorbehalten** wurde. Der Widerrufvorbehalt stellt – ebenso wie die Auflage nach Abs 1 Nr 2 – eine **Nebenbestimmung zum VA** dar, deren Zulässigkeit sich nach **§ 32 Abs 2 Nr 3** beurteilt. Nebenbestimmungen werden von der Bindungswirkung des VA mit umfasst (*BSG* SozR 5750 Art 2 § 51 a Nr 30; SozR 5755 Art 2 § 1 Nr 3; eingehend

§ 32 Rz 1, 2). Abs 1 Nr 1 erfasst indes – gleiches gilt für Nr 2 – nur eine **rechtmäßige Nebenbestimmung**, dh es sind jeweils die Vor von § 32 zu prüfen, denn es fehlt der zuständigen Beh die Befugnis zur Ausübung eines Widerrufsvorbehalts, wenn diese Nebenbestimmung rechtswidrig dem ursprünglichen VA beigefügt war (*BSG* ZfS 1990, 372; *BSG* SGb 1991, 560; *BVerwGE* 45, 242; *Bronnenmeyer* aaO 101; *Erichsen* aaO § 18 Rz 7; *Schütze* aaO § 47 Rz 4; *Pickel* aaO § 47 Rz 20; *Steinwedel* aaO § 47 Rz 6; vgl auch BT-Drucks 7/910, 72 zu § 49 Abs 2 VwVfG; aA *BVerwG* NVwZ 1987, 498; *Sachs* aaO § 49 Rz 41; *Ule/Laubinger* aaO § 63 Rz 6). Außerdem dürfte bei Offensichtlichkeit der Rechtswidrigkeit die Ausübung des Widerrufsvorbehalts idR ermessensfehlerhaft sein (*BVerwG* NVwZ 1994, 588; *dass* DVBl 1995, 65; *Suerbaum* VerwArch 1999, 361 [373]). **Widerruf und Auflage** sind danach bei **gebundenen VA** nur zulässig (§ 32 Abs 1), wenn sie durch Rechtsvorschrift ausdrücklich zugelassen sind oder wenn sie sicherstellen sollen, dass die gesetzlichen Vor des VA erfüllt werden (vgl hierzu auch: *Schultes* MittLVA Mfr/Ofr 1994, 259 [276 und Fn 84]). Bei **ErmessensVA** können Nebenbestimmungen nach pflichtgemäßen Ermessen verwendet werden (§ 32 Rz 25). Die **Alt 1** von Abs 1 Nr 1 gilt daher nur für gebundene Entscheidungen, die **Alt 2** auch für ErmessensVA.

Gebundene VA im Bereich des Sozialversicherungsrechts werden als **nebenbestimmungsfeindlich** angesehen (vgl *BSGE* 7, 228; 37, 159; 42, 190; § 32 Rz 3). Rechtsvorschriften, aus denen sich die Zulässigkeit eines Widerrufs ergibt, sind kaum denkbar (vgl hierzu *Platzer* SGb 1983, 277 [277]; *Federl* MittLVA Ofr/Mfr 1981, 391 [394]; *Schütze* aaO § 47 Rz 6; *Steinwedel* aaO § 47 Rz 5; *Freischmidt* aaO § 47 Rz 10). Die Annahme, die Ermächtigung für den Erlass eines Widerrufsvorbehalts, kann sich auch **konkludent** aus dem G ergeben (vgl *BSGE* 63, 107; *Pickel* aaO § 47 Rz 18), ist **problematisch** (§ 32 Rz 23). **Zur Sicherung der gesetzlichen Voraussetzungen des VA** ist bei den gebundenen VA ein Widerrufsvorbehalt im VA auch ohne ausdrückliche gesetzliche Regelung zulässig (§ 32 Abs 1). Die Vorschrift ermächtigt allerdings grds nicht dazu, die vor Bescheiderlass **erforderlichen und grds möglichen Ermittlungen zu unterlassen** und den VA mit dem Vorbehalt zu versehen: er werde widerrufen, falls weitere Ermittlungen ergeben, dass ein Anspruch nicht besteht (§ 32 Rz 25).

7

§ 32 erlaubt es nur **ausnahmsweise**, einem bevorstehenden Ereignis mit zum Zeitpunkt der Entscheidung noch nicht absehbaren Auswirkungen durch Erlass eines Widerrufsvorbehalts Rechnung zu tragen (**Bsp**: Eingang von Unterlagen über zurückgelegte Beitragszeiten, die in einem langwierigen Verfahren aus dem Ausland beschafft werden müssen). Das BSG hatte bereits vor Inkrafttreten des § 47 einen Widerrufsvorbehalt bei Anspruchsleistungen für zulässig erachtet, wenn durch den Vorbehalt lediglich sichergestellt werden sollte, dass die rechtlichen Vor des VA erfüllt wurden, wenn also nur auf diese Weise **künftigen, ungewissen Ereignissen** Rechnung getragen werden konnte, die für Ausmaß und Fortbestand der Leistungszusage maßgeblich waren (vgl *BSGE* 37, 159; 30, 125; **Bsp**: Wegfall der Rente, wenn sich ein Krebsverdacht nicht bewahrheiten sollte, *BSG* SozR Nr 4 § 1286; Wegfall einer EWG-Vorschussrente, wenn sich die Erfüllung der Wartezeit durch noch ausstehende Unterlagen nicht bestätigen sollte, *BSG* SozR 2200 § 1286 Nr 2).

8

Nach **jüngster Rspr des** *BSG* (6. Senat) beschränken sich zulässige Nebenbestimmungen nach § 32 darauf, „**die Erfüllung geringfügiger tatbestandlicher Voraussetzungen eines VA sicherzustellen**", da ansonsten „die §§ 45 und 48 weitestgehend ins Leere laufen würden" (ausführlich und zum Meinungsstr *BSG* SozR 4-1300 § 47 Nr 1 = MedR 2015, 306; vgl auch *BSG* Urt v 5.6.2013

9

– B 6 KA 29/12 R, Rz 21). Bei gebundenen Leistungen sowie auch bei Ermessensleistungen ist deshalb die **Beifügung eines Widerrufsvorbehalts nicht unproblematisch**, da die Korrekturbestimmungen der §§ 44 ff umgangen werden (Bsp: Widerruf einer **Kurmaßnahme** für den Fall, dass der Begünstigte sich nicht in die Gemeinschaft einfügt oder am Erfolg der Maßnahme nicht mehr in zumutbarer Weise mitarbeitet). Nach *BSG* SozR 1300 § 48 Nr 1 bedarf es keines Widerrufsvorbehalts, sondern es greift § 45 oder § 48 ein. Andererseits soll bei einer **kassenärztlichen Ermächtigung** von einem Widerrufsvorbehalt Gebrauch gemacht werden können, wenn das öffentliche Interesse oder eine Änderung der Sachlage den Widerruf rechtfertigen (*BSG* SozSich 1980, 309). Der Bescheid über die Bewilligung von Krankenhauspflege kann mit Wirkung für die Zukunft widerrufen werden, wenn die Krankheit keiner stationären Behandlung mehr bedarf (*BSGE* 63, 107). Dazu auch § 32 Rz 16.

2.1.2. Keine Auflagenerfüllung (Abs 1 Nr 2)

10 Ein begünstigender rechtmäßiger VA kann auch dann für die Zukunft widerrufen werden, wenn mit dem VA eine Auflage verbunden ist und der Begünstigte diese nicht oder nicht innerhalb einer ihm gesetzten Frist erfüllt hat (Abs 1 Nr 2; so bereits die frühere hM: BT-Drucks 7/910, 72; *BVerwGE* 59, 128; *Wolff/Bachof/Stober* VerwR II § 51 Rz 43). Voraussetzung ist auch hier die Rechtmäßigkeit der Nebenbestimmung (vgl Rz 6). Der Nichterfüllung einer Auflage sind schwere Verstöße gegen eine Auflage gleichzuachten (BVerwGE 49, 168; *Pickel* aaO § 47 Rz 24). Die Auflage ist nach der **Legaldefinition in § 32 Abs 2 Nr 4** eine Bestimmung, durch die dem Begünstigten ein Tun, Dulden oder Unterlassen aufgegeben wird. Es sollen so die aus der Begünstigung drohenden Nachteile für die Allgemeinheit oder einzelne Dritte ausgeschlossen werden (BT-Drucks 7/910, 72 zu § 49 Abs 2 VwVfG; *BSG* SozR 7815 Art 1 § 2 Nr 2). Die Auflage stellt selbst einen **VA** dar und ist deshalb **selbstständig erzwingbar und anfechtbar** (vgl § 32 Rz 18).

11 Da die Beh auch aus der nicht erfüllten Auflage vollstrecken kann, ist beim **Ermessen, ob** widerrufen werden soll, nach dem Grundsatz der **Verhältnismäßigkeit** der Mittel zu prüfen, ob eine Vollstreckung aus der Auflage nicht einen minderschweren Eingriff bedeuten würde (*Sachs* aaO § 49 Rz 56; *Kopp/Ramsauer* aaO § 49 Rz 39: Widerruf muss ultima ratio sein; *Schütze* aaO § 47 Rz 9; *Steinwedel* aaO § 47 Rz 6; *Freischmidt* aaO § 47 Rz 11). In diesem Zusammenhang ist zu beachten, ob der Begünstigte der Auflage **schuldhaft nicht nachgekommen ist** (so *Erichsen* aaO § 18 Rz 8; *Kopp/Ramsauer* aaO § 49 Rz 39; *Pickel* aaO § 47 Rz 25; *Sachs* aaO § 49 Rz 53). Ferner sind die Bedeutsamkeit der Auflage und diejenigen Interessen, die mit dem Gesetz, aufgrund dessen der VA erlassen worden ist, geschützt werden sollen sowie die **Nachteile aus der Nichterfüllung** der Auflage im Verhältnis zur Rechtsbeeinträchtigung des Betroffenen durch den Widerruf und sein Vertrauen auf den Bestand der VA gegeneinander abzuwägen. Sofern die Auflage noch erfüllbar ist, muss Gelegenheit gegeben werden, dies vor einem Widerruf **nachzuholen** (*Pickel* aaO § 47 Rz 26; *Schütze* aaO § 47 Rz 9). Gegenstand einer Auflage kann allerdings nicht eine Pflicht sein, deren Erfüllung von dem **gesetzlichen Leistungstatbestand** selbst vorausgesetzt wird (*BSG* SozR 1300 § 48 Nr 1).

12 **Weitere Gründe** für einen Widerruf in die Zukunft kommen nicht in Betracht, denn die **Aufzählung der Widerrufsgründe in Abs 1 ist abschließend** (vgl *Erichsen* AllgVerwR § 18 Rz 4; *Kopp/Ramsauer* VwVfG § 49 Rz 26; *Sachs* in Stelkens/Bonk/Sachs VwVfG § 49 Rz 35; *Schütze* aaO § 47 Rz 19); im Sozialversicherungsrecht gibt es daher – anders als in § 49 Abs 2 Nr 5 VwVfG – keinen Widerruf, um schwere Nachteile für das Gemeinwohl zu verhüten oder zu beseitigen. Im Einzelfall kann es deshalb zweckmäßig sein, anstelle eines VA mit Widerrufsvorbehalt einen **Vorschuss** zu gewähren, zB auf eine festzustellende vorläufige Verletztenrente (vgl *BSGE* 55, 287; *Pickel* SGB X § 47 Rz 16). Dies setzt nach § 42 SGB I voraus, dass Streit nur noch über die **Höhe der zu erbringenden Leistung** besteht. Mit *BVerwGE* 67, 99 (= DÖV 1983, 814 m Anm *Tiedemann*) ist eine vorläufige Bewilligung – ein vorläufiger VA – unter bestimmten Voraussetzungen zulässig (ebenso *BSG* SozR 3-1300 § 32 Nr 2). Die generelle Zulässigkeit würde allerdings iE zur Umgehung der §§ 47 und 42 SGB I führen (§ 31 Rz 6, 60 ff; § 32 Rz 7; ebenso *Maier* ZfS 1989, 78 [79]). Die Widerrufsgründe nach Abs 1 Nr 1 Alt 2 oder Nr 2 müssen mit dem VA **bekannt gegeben** worden sein; evtl Unklarheiten gehen zulasten der Beh (vgl *BSGE* 48, 120).

2.2. Ermessensausübung

Liegen die Vor eines der Widerrufsgründe nach Abs 1 vor, so hat die Beh **nach pflichtgemäßen Ermessen** über den Widerruf zu entscheiden („darf"); der Betroffene hat Anspruch auf eine **ermessensfehlerfreie Entscheidung**. Selbst, wenn ein Widerrufsgrund vorliegt, kann die Beh ermessensfehlerfrei zu dem Ergebnis kommen, den VA nicht zu widerrufen (kein indiziertes Ermessen: *BVerwG* NVwZ 1995, 43; *Pickel* aaO § 47 Rz 14; *Sachs* aaO § 49 Rz 34; aA *BVerwG* NVwZ 1992, 565). Dies kann im Einzelfall die einzige vertretbare Entscheidung sein (**Ermessensreduzierung auf Null**). Die Ermessenserwägungen müssen **überprüfbar** sein und sind deshalb im Einzelnen darzulegen (§ 39 Abs 3 Satz 3). Die Beh hat die Rechtswidrigkeit eines Widerrufsvorbehaltes im Rahmen ihres Ermessens auch dann zu berückichtigen, wenn die Nebenbestimmung bestandskräftig ist (*BSG* MedR 2015, 306 = SozR 4-1300 § 47 Nr 1). Nach **Abschluss des Widerspruchsverfahrens** dürfen – gem § 41 Abs 2 – weitere Ermessensgründe nachgeschoben werden (§ 35 Rz 8 ff; § 41 Rz 12). Bei der Ermessensentscheidung sind die **allg Grenzen** der Ermessensausübung zu beachten, insb der **Grundsatz der Verhältnismäßigkeit**.

Die Ermessensausübung ist **fehlerhaft**, wenn die Beh zB ausschließlich den Widerrufsgrund feststellt und zur Begründung auf ihn verweist (*BSG* SozR 1200 § 66 Nr 10; vgl auch *BSGE* 45, 45). Die Ermessensausübung ist ferner **sachwidrig**, wenn aus Gründen widerrufen wird, die nicht mit den Regelungen über den VA im Zusammenhang stehen. Wenn die **Nebenbestimmung** rechtswidrig ist, so führt das idR auch zur Ermessensfehlerhaftigkeit des darauf gestützten Widerrufs, da die Nebenbestimmung dem Zweck des VA nicht zuwiderlaufen darf (§ 32 Abs 3). Aufgrund der Ermessensausübung kann der Widerruf von einem **späteren Zeitpunkt** als zum Erlass der widerrufenden VA ausgesprochen, also gerade deshalb ermessensfehlerfrei werden (*Kopp/Ramsauer* VwVfG § 49 Rz 27; *Schütze* aaO § 47 Rz 8). Vor dem Widerruf ist eine Anhörung gem § 24 durchzuführen. Bei einem **Widerruf aufgrund einer gesetzlichen Vorschrift** kommt es zwar nicht darauf an, ob der Betreffende die Vorschrift und die sich daraus ergebende Widerrufsmöglichkeit kannte, aber die **Kenntnis oder Unkenntnis** ist iRah der Ermessensausübung beim Widerruf zu beachten.

3. Widerruf für die Vergangenheit (Abs 2)

Abs 2 regelt – als lex specialis zu Abs 1 – den Widerruf für die **Vergangenheit** (*BSGE* 89, 62); er ist im Wesentlichen der Regelung in § 49 Abs 3 VwVfG nachgebildet. Die einschränkenden Vor des Abs 1 gelten nicht für Abs 2 (vgl BT-Drucks 13/1534, 7). Abs 2 schließt die Anwendung von Abs 1 nicht aus (*Baumeister* NVwZ 1997, 19 [21]; *Kopp/Ramsauer* aaO § 49 Rz 62; *Suerbaum* VerwArch 1999, 361 [375]). Der VA muss wie bei Abs 1 **rechtmäßig** und **begünstigend** sein. Abweichend von Abs 1, nämlich einengend, werden allerdings nur VA erfasst, welche eine **Geld- oder Sachleistung** zur Erfüllung eines bestimmten Zwecks zuerkennen oder hierfür Vor sind (Rz 16). Der Widerruf kommt auch hier in Betracht, wenn der VA bereits **bestandskräftig** ist und er kann – je nachdem, ob der VA teilbar ist und sich der Widerrufsgrund nur auf einen Teil der Regelung bezieht – **ganz oder teilweise** widerrufen werden. Nach Abs 2 kommt neben einem Widerruf für die Zukunft („auch") ein **Widerruf für die Vergangenheit** (vgl Vor §§ 44-51 Rz 5) in Betracht. Abs 2 schließt aber iRah der Ermessensausübung beim Vorliegen der Vor eine Rücknahme **nur für die Zukunft** nicht aus.

16   Abs 2 ist **eingeführt** worden, weil ein nur für die Zukunft möglicher Widerruf rechtmäßiger begünstigender VA, welcher Geld- oder Sachleistungen gewährt, zu **rechtspolitisch unerwünschten Ergebnissen** führen konnte (vgl BT-Drucks 13/1534, 7; *LSG RhPf* v 19.7.1988 – L1U 46/88, nv; *Schütze* aaO § 47 Rz 14). Die Notwendigkeit einer **sparsamen und sachgerechten Verwendung öffentlicher Mittel** ließ es geboten erscheinen, in bestimmten Fällen begünstigende VA, die Leistungen der genannten Art gewähren oder hierfür Vor sind, auch für die Vergangenheit zu widerrufen. Deshalb hat der Gesetzgeber mit Art 3 d G zur Änderung verfahrensrechtlicher Vorschriften v 2.5.1996 (BGBl I 656), in Kraft getreten am 21.5.1996, **Abs 2 neu aufgenommen** (BT-Drucks 13/1534, 7). Abs 2 stellt sich zudem als eine Folgeänderung zur Einfügung des § 48 Abs 3 VwVfG und zur Streichung des § 44 BHO dar; zur „Einheitlichkeit des Verwaltungsverfahrens" vgl BT-Drucks 13/1534, 7). Aus Abs 2 aF wurde Abs 3.

3.1. Zweckgebundener Geld- oder Sachleistungsverwaltungsakt

17   Abs 2 erfasst nur VA, der eine **Geld- oder Sachleistung** zur Erfüllung eines bestimmten Zwecks zuerkennt oder hierfür Voraussetzung ist (sog „Zuwendungsbescheide" oder „Subventionsbescheide"). Damit sind **nicht VA** gemeint, die iRah der **allg Zwecksetzung** von Sozialleistungen ergehen (*BSGE* 87, 219; *BSG* Urt v 21.2.2013 – B 10 EG 12-12 R), sondern es wird an die im VA selbst getroffene Zweckbestimmung zur Verwendung von Geld- und Sachleistungen angeknüpft, dh Abs 2 zielt auf Leistungsbewilligungen mit dem erkennbaren Ziel, vom Begünstigten ein bestimmtes Verhalten einzufordern (vgl BT-Drucks 13/1534, 5, 7; *BSGE* 87, 219: verhaltenssteuernde Zweckbestimmung; *Baumeister* NVwZ 1997, 19 [20]: Leistungsverwendungszweck; *Gröpl* VerwArch 1997, 23 [26]; *Sachs* aaO § 49 Rz 96; *Suerbaum* VerwArch 1999, 361 [369] *Schütze* aaO § 47 Rz 14). Dass der Zweck **Geschäftsgrundlage des VA** ist, reicht nicht aus. Die Leistungen müssen nach dem VA **gezielt und nur für einen bestimmten Zweck** zur Verfügung gestellt worden sein. Der Hinweis im VA auf die **Rechtsgrundlage** genügt nicht (*BSGE* 87, 219). Es ist schließlich auch nicht ausreichend, dass der VA die allg Zweckbestimmung des Gesetzes präzisiert oder durch eine Nebenbestimmung ergänzt (BT-Drucks 13/1534, 8; *Kopp/Ramsauer* aaO § 49 Rz 66; *Schütze* aaO § 47 Rz 14). **Geldleistungen** sind einmalige oder wiederkehrende Zahlungen eines bestimmten Geldbetrages bzw in Geld bezifferbare Leistungen (vgl *Knoke* Rechtsfragen der Rücknahme von Verwaltungsakten, 1989, 144; vgl hier auch die Bsp bei *Kopp/Ramsauer* aaO § 48 Rz 76). Als **Sachleistungen** sind die Lieferung von Gütern und sonstige Leistun-

gen (zB Pflegehilfsmittel gem § 40 SGB XI: Bettlifter oder Rollstuhl) anzusehen (vgl *Sachs* aaO § 48 Rz 135).

Solche Leistungen finden sich insb im **Arbeitsförderungsrecht**, zB Zuschüsse an Arbeitgeber für die Ausbildungsvergütung von Auszubildenden gem §§ 73 ff **SGB III. Leistungen mit Lohnersatzfunktion** wie ua Alg, Alhi, UhG und KauG gehören nicht hierher (BT-Drucks 13/1534, 8). Weitere Bsp sind: § 31 Abs 1 Satz 1 Nr 5 SGB VI, **Pflegehilfsmittel** nach § 40 SGB XI, **häusliche Krankenpflege** gem § 37 SGB V und Kfz-Beihilfen (*Freischmidt* aaO § 47 Nr 11 a). Das **Pflegegeld** nach § 37 SGB XI (vgl § 37 Abs 1 Satz 2 SGB XI) gehört nicht hierher, denn es wird nicht zu dem Zweck gewährt, dass die häusliche Pflege sichergestellt wird; ob der Pflegebedürftige die häusliche Pflege gerade mit dem Pflegegeld sicherstellt, bleibt ihm überlassen (vgl *Spinnarke* LPK-SGB XI § 37 Rz 5: der Begriff Sachleistungssurrogat ist unpräzise). Die **Unterscheidung** in Abs 2 Satz 1 zwischen Leistungen, die zur Erfüllung eines bestimmten Zwecks zuerkannt werden und solchen, die hierfür Vor sind, kann nicht immer eindeutig vorgenommen werden. Allerdings sollen auch solche Geld- und Sachleistungen erfasst werden, die nur **mittelbar auf einen solche spezifischen Zweck** gerichtet sind.

18

3.2. Widerrufsgründe (Abs 2 Satz 1)

In Abs 2 Satz 1 sind die Gründe für einen Widerruf (auch) für die Zukunft geregelt. Nach **Abs 2 Satz 1 Nr 1** kommt ein Widerruf in Betracht, wenn die Leistung nicht, nicht alsbald nach der Erbringung oder nicht mehr für den im VA bestimmten Zweck verwendet wird. Es handelt sich hier um einen **Anwendungsfall des Wegfalls der Geschäftsgrundlage**, wie er von der zivilrechtlichen Rspr entwickelt und teilweise – auch im Sozialversicherungsrecht – gesetzlichen Niederschlag gefunden hat (§ 27 Satz 1 SGB XI). Die drei Fallkonstellationen, die in Nr 1 erwähnt werden, erfassen den Fall der **anfänglichen** und der **nachträglichen Aufgabe der Zweckerreichung** („nicht" und „nicht mehr; vgl *BayLSG* Urt v 13.8.2009 – L 8 AL 189/07); die dritte Variante („nicht alsbald nach der Erbringung") stellt eine **Beweiserleichterung** dar: Um den Einwand abzuschneiden, die Leistung solle noch irgendwann zweckentsprechend verwendet werden, wird eine **Zweckaufgabe vermutet**, wenn nicht „alsbald" eine entspr Verwendung erfolgt. Der Begriff „alsbald" ist allerdings unbestimmt und von der konkreten Leistung sowie den sonstigen Umständen des Einzelfalls abhängig. Die **Gründe der Zweckverfehlung** sind unerheblich, insbesondere kommt es grundsätzlich nicht auf ein Verschulden an (*BayLSG* Urt v 13.8.2009 – L 8 AL 189/07).

19

Es empfiehlt sich, in den Bescheid eine **Frist zur zweckentsprechenden Verwendung** der Leistung aufzunehmen. Im Einzelfall kann es allerdings zu Abgrenzungsschwierigkeiten zu einer Nebenbestimmung, insb einem **Widerrufsvorbehalt**, kommen (vgl Abs 2 Satz 1 Nr 2). **Abs 2 Satz 1 Nr 2** ist mit Abs 1 Nr 1 identisch (vgl deshalb Rz 6 ff). Dass der Widerrufsgrund in Abs 2 nochmals wiederholt wird, zeigt, dass auch in diesen Fällen eine Aufhebung nur für die Vergangenheit unbillig ist. Sprachlich wird man den **Aufbau von § 47** als **missglückt** bezeichnen müssen (vgl zu einer ähnlich Konstruktion bei § 110 SGB XI: *Waschull* in Krauskopf SGB XI § 110 Rz 9).

20

3.3. Vertrauensschutz (Abs 2 Satz 2 bis 4)

21 Anders als bei Abs 1 ist der Widerruf für die Vergangenheit nach Abs 2 an **zu-sätzliche Kautelen** gebunden (vgl *Gröpl* VerwArch 88 (1997), 23 [47]). Die nach Abs 2 Satz 2 erforderliche Vertrauensschutzprüfung ist teilweise mit der nach **§ 45 Abs 1 Satz 1, 2 und 3 Nr 3 identisch** (§ 45 Rz 23 ff). Nach Abs 2 Satz 2 scheidet ein Widerruf aus, soweit der Begünstigte auf den Bestand des VA vertraut hat und sein Vertrauen unter **Abwägung mit dem öffentlichen Interesse** an einem Widerruf schutzwürdig ist (§ 45 Rz 25 ff). Das ist nach Abs 2 Satz 4 nicht der Fall, soweit der Begünstigte in Person die Umstände **kannte** oder **infolge grober Fahrlässigkeit nicht kannte** (§ 45 Rz 40 ff). **Eine Zurechnung von Wissen oder Verhalten** eines Mitgliedsverbandes auf deren Mitgliedern analog über Regelungen des BGB **ist nicht mgl** (*OVG Bautzen* Urt v 3.11.2011 – 1 A 752/08, LKV 2012, 175). Es kann iRah von § 47 Abs 2 für die Kenntnis des Begünstigten allerdings nicht auf den Zeitpunkt des Erlasses des bewilligenden VA ankommen, da diese Regelungen auch Änderungen erfasst (*Steinwedel* aaO § 47 Rz 16). In diesem Fall ist ohne weitere Prüfung davon auszugehen, dass einer Rücknahme für die Vergangenheit **Vertrauensschutz nicht entgegensteht**. Im übrigen ist idR von einem schutzwürdigen Vertrauen auszugehen, wenn der Begünstigte die erbrachte **Leistung verbraucht** oder eine **Vermögensdisposition** getroffen hat, die nicht oder nur unter unzumutbaren Nachteilen rückgängig gemacht werden kann (**Satz 3**; hierzu § 45 Rz 47 ff).

22 Der Ausschluss des Vertrauensschutzes darf sich jedoch nicht auf diejenigen **Tatbestandsmerkmale** stützen, die für die Erlangung eines rechtswidrigen VA von Bedeutung sind, denn die Zweckverfehlung eines rechtmäßig erlangten VA kann immer erst später eintreten (vgl BT-Drucks 13/1534, 7). Ob und von wem die Zweckverfehlung **verschuldet** worden ist, kann nur iRah der Kriterien der Sätze 2 bis 4 berücksichtigt werden. Bei **teilweiser Zweckverfehlung** ist nur zu diesem Teil zu widerrufen. Ein nach Abs 2 ergangener VA kannin **einen VA nach § 48 umgedeutet** werden (Widerruf einer Sonograhie-Genehmigung, *BSG* Urt v 2.4.2014 – B 6 KA 15/13 R, MedR 2015, 306 = SozR 4-1300 § 47 Nr 1, siehe Rz 9; *BSG* SozR 3-4100 § 63 Nr 2).

3.4. Jahresfrist gem Abs 2 Satz 5 iVm § 45 Abs 4 Satz 2

23 Nach Abs 2 Satz 5 gilt **§ 45 Abs 4 Satz 2 entsprechend**. Dabei ist Kenntnis der Tatsachen entscheidend, die einen Widerruf nach § 47 Abs 2 rechtfertigen. Unter Tatsachen sind nur **Tatsachen im engeren Sinne** zu verstehen, dh nicht auch die Kenntnis der rechtlichen Bedeutung (eingehend § 45 Rz 107 ff). Es handelt sich um eine verschuldensunabhängige **Ausschlussfrist** (§ 45 Rz 96). Nach zutreffender Ansicht kommt es auf die **Kenntnis der Beh**, nicht des konkreten Sachbearbeiters an (§ 45 Rz 104 ff). Die Jahres-Frist stellt zwar grds eine Beurteilungs- und Bearbeitungsfrist dar, aber die **Anhörung** wird nicht vorausgesetzt (§ 45 Rz 111 ff). Zur Kenntnis der Tatsachen gehören nicht diejenigen Tatsachen, welche zur Grundlage der nach § 45 Abs 1 erforderlichen Ermessensausübung benötigt werden (§ 45 Rz 114).

3.5. Ermessensausübung

24 Die Entscheidung nach Abs 2 steht ebenfalls im **Ermessen der Beh** („kann", vgl auch Rz 13). Das Ermessen bezieht sich auf das Ob, den Umfang („soweit") und den Zeitpunkt der Rücknahme (§ 45 Rz 57). Der Bescheid muss diejenigen Gesichtspunkte erkennen lassen, von denen sich die Beh hat leiten lassen, wobei

die **wesentlichen Umstände** erwähnt werden müssen und keine **Leerformeln** verwendet werden dürfen (§ 45 Rz 59 ff). Allerdings kann das Ermessen nicht ausgeübt werden, wenn **geeignete Tatsachen** für eine Ermessenbetätigung fehlen (§ 45 Rz 62). Schließlich kann es zu einer **Ermessensreduzierung auf Null** kommen (§ 45 Rz 67). Im gerichtlichen Verfahren ist die Ermessensbetätigung nur eingeschränkt überprüfbar (§ 45 Rz 69). Soweit ein Widerruf für die Vergangenheit ausgesprochen wird, führt dies zwingend zur Rückforderung überzahlter Leistungen nach § 50 Abs 1 einschließlich Verzinsung (§ 50 Abs 2 a; vgl hier *Baumeister* NVwZ 1997, 19 [20]).

4. Zuständige Behörde (Abs 3)

§ 47 Abs 3 ordnet – ebenso wie §§ 45 Abs 5 und 46 Abs 2 – die **entsprechende**   25
Geltung von § 44 Abs 3 über die zuständige Beh für die Rücknahme des VA an. Daraus ergibt sich, dass diejenige Beh für den Widerruf nach § 47 zuständig ist, die über den **Erlass des Ausgangsbescheids im Zeitpunkt des Widerrufs** zu entscheiden gehabt hätte, auch wenn den zu widerrufenden VA tatsächlich eine andere Beh (wegen nachträglicher Änderung der Zuständigkeitsregelung) erlies.

§ 48 Aufhebung eines Verwaltungsaktes mit Dauerwirkung bei Änderung der Verhältnisse

(1) [1]Soweit in den tatsächlichen oder rechtlichen Verhältnissen, die beim Erlass eines Verwaltungsaktes mit Dauerwirkung vorgelegen haben, eine wesentliche Änderung eintritt, ist der Verwaltungsakt mit Wirkung für die Zukunft aufzuheben. [2]Der Verwaltungsakt soll mit Wirkung vom Zeitpunkt der Änderung der Verhältnisse aufgehoben werden, soweit

1. die Änderung zugunsten des Betroffenen erfolgt,
2. der Betroffene einer durch Rechtsvorschrift vorgeschriebenen Pflicht zur Mitteilung wesentlicher für ihn nachteiliger Änderungen der Verhältnisse vorsätzlich oder grob fahrlässig nicht nachgekommen ist,
3. nach Antragstellung oder Erlass des Verwaltungsaktes Einkommen oder Vermögen erzielt worden ist, das zum Wegfall oder zur Minderung des Anspruchs geführt haben würde, oder
4. der Betroffene wusste oder nicht wusste, weil er die erforderliche Sorgfalt in besonders schwerem Maße verletzt hat, dass der sich aus dem Verwaltungsakt ergebende Anspruch kraft Gesetzes zum Ruhen gekommen oder ganz oder teilweise weggefallen ist.

[3]Als Zeitpunkt der Änderung der Verhältnisse gilt in Fällen, in denen Einkommen oder Vermögen auf einen zurückliegenden Zeitraum auf Grund der besonderen Teile dieses Gesetzbuches anzurechnen ist, der Beginn des Anrechnungszeitraumes.

(2) Der Verwaltungsakt ist im Einzelfall mit Wirkung für die Zukunft auch dann aufzuheben, wenn der zuständige oberste Gerichtshof des Bundes in ständiger Rechtsprechung nachträglich das Recht anders auslegt als die Behörde bei Erlass des Verwaltungsaktes und sich dieses zugunsten des Berechtigten auswirkt; § 44 bleibt unberührt.

(3) [1]Kann ein rechtswidriger begünstigender Verwaltungsakt nach § 45 nicht zurückgenommen werden und ist eine Änderung nach Absatz 1 oder 2 zugunsten des Betroffenen eingetreten, darf die neu festzustellende Leistung nicht über den Betrag hinausgehen, wie er sich der Höhe nach ohne Berücksichtigung der

Bestandskraft ergibt. [2]Satz 1 gilt entsprechend, soweit einem rechtmäßigen begünstigenden Verwaltungsakt ein rechtswidriger begünstigender Verwaltungsakt zugrunde liegt, der nach § 45 nicht zurückgenommen werden kann.

(4) [1]§ 44 Abs. 3 und 4, § 45 Abs. 3 Satz 3 bis 5 und Abs. 4 Satz 2 gelten entsprechend. [2]§ 45 Abs. 4 Satz 2 gilt nicht im Fall des Absatzes 1 Satz 2 Nr. 1.

Literatur:

Altmann: Rückforderung von Leistungen zur sozialen Sicherung von Pflegepersonen, NZS 2009, 665; *Baumeister*: Aufhebung der Arbeitslosenhilfebewilligung – Beschäftigungssuche – Nachweis von Eigenbemühungen – verfassungskonforme Auslegung – Konkretisierungspflicht der BA – Verschulden des Arbeitslosen – Aufforderungsschreiben als Formverwaltungsakt, SGb 2006, 549; *Behn*: Sozialrechtliche Feststellungen nach dem Schwerbehindertengesetz und Zulässigkeit der Berufung in Schwerbehindertenstreitsachen, ZfSH/SGB 1991, 412; *Benz*: Der Wirksamkeitszeitpunkt bei Änderungen in den Voraussetzungen einer Rente der gesetzlichen Unfallversicherung (§ 73 Abs 1 SGB VII), SGb 1999, 344; *Bieback*: Probleme der Einjahresfrist bei der Rücknahme von Verwaltungsakten gem §§ 45 Abs 4 und 48 Abs 4 SGB X, SGb 1995, 141; *Bigge*: Die Veranlagungsänderung – §§ 44, 45, 48 SGB X in Verbindung mit § 160 Abs 3 SGB VII?, BG 2004, 297; *Dörr*: Aussparen als speziell sozialrechtliche Bescheidkorrektur, SGb 1990, 349; *ders*: Rücknahme, Widerruf, Aufhebung oder neue Erstentscheidung, ZfS 1998, 340; *ders*: Das Sozialverwaltungsrecht zur Bescheid-Korrektur, NJ 2006, 160; *ders*.: Bescheidkorrektur, Rückforderung, sozialrechtliche Herstellung, 2009; *Dörr/Groß*: Rücknahme oder Aufhebung von Verwaltungsakten, RVaktuell 2008, 319; *Eichenhofer*: Abzweigung bei Verletzung der Unterhaltspflicht – minderjährige Kinder – Rangverhältnis der Unterhaltsansprüche bei Unterhaltstitel – Gleichrangigkeit – Übernahme der Durchführungskosten bei rechts widriger Abzweigungsentscheidung, SGb 2005, 408; *von Einem*: Die Teilaufhebung von Verwaltungsakten mit Dauerwirkung bei Überschreitung der zulässigen Hinzuverdienstgrenze?, SozVers 1996, 5; *Fehl*: Zur Anwendbarkeit des § 48 Abs 1 SGB X auf Verwaltungsakte ohne Dauerwirkung, SGb 1989, 371; *Felix*: Der Verwaltungsakt mit Dauerwirkung – eine sinnvolle Kategorie des Allgemeinen Verwaltungsrechts ?, NVwZ 2003, 385; *Fichte*: Zur Rückforderung zu Unrecht gezahlter Sozialzuschläge, DAng Vers 1996, 437; *Frohn*: Zur Eigentumsgrundrechtskonformität der §§ 66 Abs 1 und 2 SGB I sowie 44 Abs 1 S 2, 44 Abs 4 und 48 Abs 4 S 1 SGB X, SGb 2006, 253; *Gagel*: Die Aufhebung von Verwaltungsakten mit Dauerwirkung bei Änderung der Verhältnisse, SGb 1990, 252; *Gassner*: Zum Verhältnis von § 20 Abs 4 BKGG und § 48 Abs 4 Satz 1 iVm § 45 Abs 3 Satz 3 SGB X, SGb 1990, 359; *Geiger*: Anforderungen an Aufhebungsbescheide nach §§ 45, 48 SGB X im SGB III und SGB II, info also 2009, 147; *ders*: Rentenzahlungsansprüche für Zeiten des Bezugs von ALG II, Erstattung nach §§ 102 f SGB X oder Rückforderung nach §§ 45, 48 SGB X, SGb 2014, 183; *Günther*: Abtretung, Pfändung und Abzweigung von Sozialleistungen, ZfSH/SGB 1998, 272; *Hagedorn*: Aufhebungsregelungen für Verwaltungsakte und Erstattung zu Unrecht erbrachter Leistungen – das Verhältnis der §§ 44-48 und 50 SGB X zueinander, WzS 1987, 353; *Hase*: Zur Abgrenzung der Anwendungsbereiche des § 44 SGB 10 und des § 48 SGB 10, wenn Ehegatten nach Bewilligung von Arbeitslosengeld einen Lohnsteuerklassenwechsel vornehmen, AuB 2004, 379; Rücknahme oder Aufhebung – zur Abgrenzung der Anwendungsbereiche der §§ 44, 45 und 48 Abs 1 SGB X, SGb 1996, 160; *Heinz*: Die Aufhebung von Verwaltungsakten nach dem Sozialgesetzbuch X unter besonderer Berücksichtigung der Rechtsentwicklung im Bereich der Existenzsicherung, WzS 2008, 105; *ders*: Aufhebung behördlicher Entscheidungen auf dem Gebiet der Sozialversicherung, WzS 2013, 35; *ders*: Berücksichtigung der Rechtsentwicklung im Bereich der Existenzsicherung, WzS 2008, 105; *ders*: Die Korrektur behördlicher Entscheidungen nach dem SGB X im Bereich der Sozialen Pflegeversicherung, PflR 2011, 503; *Jung*: §§ 44, 45, 48 SGB X: Schwierigkeiten bei der Aufhebung bindender Verwaltungsakte, insbesondere im Bereich der gesetzlichen Unfallversicherung, SGb 2002, 1; *Keller*: Der Beweis der Tatsachen, die die Rechtswidrigkeit eines begünstigenden Verwaltungsakts nach dem Sozialgesetzbuch begründen, SGb 1993, 259; *Keller*: Leitlinien zur MdE-Bewertung in der gesetzlichen Unfallversicherung bei berufsbedingten Krebserkrankungen in Abgrenzung zum Sozialen Entschädigungsrecht, SGb 2005, 127; *Klinkhammer*: Arbeitslosengeld II und Unterhaltsregress nach § 33 SGB II – Fortentwicklungsgesetz, FamRZ 2006, 1171;

Köhler: Die Bestandsschutzgarantie des § 48 Abs. 3 SGB X, Soziale Sicherheit in der Landwirtschaft SdL H. 3/2010, 257 ff.; *Kurr*: Erlaß und Bekanntgabe von Verwaltungs- akten nach dem SGB X, SGb 1995, 288; *Löcher*: Die Korrektur von Verwaltungsent- scheidungen im Recht der Kriegsopferfürsorge, ZfS 2006, 193; *Louven*: Die juristische Bewältigung des Umbaues des Sozialstaates – Eine kritische Auseinandersetzung mit der Rechtsprechung des Bundessozialgerichts (insbesondere BSGE 78, 201 ff.), SGb 1998, 507; *Mannes/Peters-Lange*: Anpassungsmöglichkeiten von Vergleichsverträgen mit Versicherten bei wesentlicher Änderung der Verhältnisse, SGb 2011, 126; *Manssen*: Der Begriff Verwaltungsakt mit Dauerwirkung im SGB X, ZfSH/SGB 1991, 225; *Mar- schner*: Aufhebung der Arbeitslosenhilfebewilligung – Wegfall der Verfügbarkeit – Ab- lehnung einer amtsärztlichen Untersuchung – Verhältnis von § 66 SGB 1 zu § 48 SGB 10, SGb 2006, 486; *Paul*: Der Sozialhilfebescheid im Spannungsfeld zwischen täglicher Regelungsbedürftigkeit und Dauerwirkung, ZFSH/SGB 1999, 78; *Paulus*: Der Sozialzu- schlag – Eine Erwiderung auf den Artikel von Dr. Wolfgang Fichte, DAngVers 1996, 444; *Pickel*: Verwaltungsakte mit Dauerwirkung und ihre Aufhebung, SGb 1992, 294; *Rahnefeld-Jährling*: Rücknahme eines Pflegegeld bewilligten Verwaltungsaktes bei Rechtswidrigkeit der Leistungsbewilligung, SGb 2006, 325; *Riedel*: Ausbildungszeiten – Höchstdauer der Berücksichtigung von Schul- und Hochschulausbildungszeiten als Anrechnungszeiten – Bindungswirkung eines Vormerkungsbescheides im Kontenklä- rungsverfahren – Verfassungsmäßigkeit – Aufhebung im Rentenverfahren, rv 2006, 57; *Rieker*: Die Aussparungsregelung des § 48 Abs 3 SGB X, rv 2009, 5 *ders*: Die Aufhe- bung von Feststellungsbescheiden im Rentenbescheid, rv 2012 S. 86; *ders*: Die Rückfor- derung einer gegenüber dem Leistungsberechtigten ohne Verwaltungsakt erbrachten Leistung, NZS 2013, 653; *Schnapp*: Rücknahme von Verwaltungsakten, SGb 1993, 1; *Schwabe*: Rückzahlung von Sozialhilfe? – Die rechtlichen Rahmenbedingungen zur Rückforderung von Leistungen nach dem SGB XII, ZfF 2006, 217; *ders*: Die rechtli- chen Rahmenbedingungen zur Rückforderung von Leistungen nach dem SGB II, ZfF 2006, 145; *Schaer*: Fremdrentenrecht – Herstellungsbescheid – Bindungswirkung – so- zialrechtliches Verwaltungsverfahren – sozialgerichtliches Verfahren, SGb 2006, 433; *Straßfeld*: Aufhebung und Rücknahme von Bescheiden nach § 69 SGB IX, SGb 2003, 88; *Udsching/Link*: Aufhebung von Leistungsbescheiden im SGB II, SGb 2007, 516; *Wehrhahn*: Früherer Rentenbeginn und rückwirkende Gewährung einer Rente nach dem ZRBG, Anmerkung zu BSG v 7.2.2012 – B 13 R 40/11 R – jurisPR-SozR 2/2013 Anm 4; *Wirkus*: Erstattungsforderungen der Träger der Grundsicherung für Arbeit- suchende, RVaktuell 2013, 98; *Wolber*: Zur Relativierung der Rechtswidrigkeit in § 48 Abs 3 SGB X, SGb 2001, 15.

1. Allgemeines

1 § 48 ist – neben § 45 – die **in der Praxis bedeutsamste Regelung** über die Aufhebung (zum Begriff vgl Vor §§ 44 ff Rz 1) von VA, die von der bloßen **Neuentscheidung** zu unterscheiden ist (*BSGE* 65, 221; 69, 180). Die Regelung hebt sich von § 45 – und von den §§ 44, 46 – im Wesentlichen dadurch ab, dass hier nur die nachträgliche, dh nach Erlass des VA (nicht: Bestandskraft), entstandene Rechtswidrigkeit erfasst, dort allein die anfängliche Rechtswidrigkeit geregelt wird (vgl zur Frage der Anwendbarkeit von § 48 auf rechtswidrige VA: Rz 15 ff, Abgrenzung mwN *Schütze* in von Wulffen SGB X § 48 Rz 4-12 b). Der Unterschied zu § 44 ist primär darin zu sehen, dass dort nur die Aufhebung nicht begünstigender VA normiert wird, während § 48 auch auf begünstigende VA Anwendung findet; darin besteht auch ein Unterschied zu § 46 und – iS einer Einengung auf begünstigende VA – zu § 47. Ein wesentlicher Unterschied zu den letzten beiden Regelungen ist ferner darin zu sehen, dass diese auf rechtmäßige VA bezogen sind, während die Regelung des § 48 nur für rechtwidrige VA gilt.

2 § 48 kann als Vorschrift zur **Anpassung von Rechtsbeziehungen des Sozialrechts an sich verändernde tatsächliche und rechtliche Verhältnisse** (*Freischmidt* in Hauck/Noftz SGB X § 48 Rz 1 f; *Kurr* SGb 1995, 288 [290]; *Schütze* in von Wulffen aaO § 48 Rz 1; vgl auch *BSGE* 65, 185; allg: *Wolff/Bachof/Stober* VerwR II § 51 Rz 45) verstanden werden. Mit dieser Norm wird der die (labile) „Geschäftsgrundlage" berührende Wandel der inneren oder äußeren Rahmenbedingungen, welcher zur „Rechtswidrigwerdung" des VA führt, erfasst. Die Regelung folgt dabei einem **Rechtsgedanken**, der auch in § 323 ZPO und § 49 **Abs 2 Satz 1 Nr 3 und 4 VwVfG** seinen Niederschlag gefunden hat (BT-Drucks 8/2034, 35; *Freischmidt* aaO § 48 Rz 7; *Steinwedel* aaO § 48 Rz 4; *Schütze* aaO § 48 Rz 1). Hieraus ergibt sich, dass der Anwendungsbereich des § 48 auf **DauerVA** beschränkt ist, denn nur sie sind veränderten Rahmenbedingungen ausgesetzt und somit einer **rechtsinduzierten Steuerung des Sozialrechtsverhältnisses in der Zukunft** zugänglich und bedürftig.

3 **Abs 1** sieht bei einer Änderung der tatsächlichen oder rechtlichen Rahmenbedingungen grds eine Aufhebung für die Zukunft (**Satz 1**; *Freischmidt* aaO § 48 Rz 2: „Kern der Regelung") und nur in qualifizierten Fällen ab Änderung der Verhältnisse vor (**Satz 2**). **Abs 1 Satz 3** enthält eine besondere Definition für den Beginn der Verhältnisse, wenn für die Vergangenheit Einkommen oder Vermögen anzurechnen sind. Einer Änderung der Verhältnisse wird es gleichgestellt, wenn der zuständige oberste Gerichtshof in ständiger Rspr nachträglich das Recht anders auslegt (**Abs 2**). Die Aussparung in **Abs 3 gehört systematisch zu** § 45, da ein Fall der anfänglichen Rechtswidrigkeit normiert wird; Abs 3 ist dennoch zu Recht in § 48 aufgenommen worden, weil der Anwendungsbereich von § 45 tatsächlich nicht (mehr) eröffnet ist und eine Änderung iSv § 48 Abs 1 oder 2 zugunsten des Betroffenen erfolgt. Die neu festzustellende Leistung wird auf dem bisherigen Niveau „**eingefroren**", dh von künftigen Erhöhungen ausgespart, bis die rechtmäßige Leistungshöhe die bisherige übersteigt. In **Abs 4** wird

für die Entscheidungskompetenz sowie die zu beachtenden Fristen auf die
§§ 44, 45 verwiesen.

Aus § 48 folgt allerdings **kein allgemeiner Grundsatz**, geändertes Recht stets auf **4**
Altfälle anzuwenden (*BSGE* 70, 31; 72, 50; *Freischmidt* aaO § 48 Rz 14) –
auch, wenn Übergangsregelungen das nicht ausdrücklich festlegen (st Rspr,
BSGE 44, 231; 58, 243; 70, 31: Entstehung und Fortbestand sozialrechtlicher
Ansprüche richtet sich nach dem Recht, das zZt der anspruchsbegründenden
Ereignisse oder Umstände gegolten hat, Grundsatz der „**Maßgeblichkeit des**
Versicherungsfalls", zur (rechtmäßigen) gesetzlichen Absenkung des Elterngel-
des: *BSG* Urt v 4.9.2013 – B 10 EG 6/12 R, NJOZ 2015, 35). Ein solcher
Grundsatz ergibt sich weder aus dem Zweck der Regelung, noch lässt er sich
aus den Gesetzesmaterialien entnehmen (*BSGE* 70, 31; vgl zur **materiellen**
Rückwirkung: *BSGE* 71, 202; *Schütze* aaO § 48 Rz 1). § 48 ist ausschließlich
Verfahrensvorschrift (*BSGE* 70, 31).

Wenn leistungsmindernde gesetzliche Neuregelungen **laufende Leistungsfälle** **5**
für die Zukunft erfassen und somit eine Aufhebung nach § 48 rechtfertigen,
müssen allerdings die verfassungsrechtlichen Grundsätze über die Zulässigkeit
einer **tatbestandlichen Rückanknüpfung** (*BVerfGE* 72, 200) beachtet werden
(*BSGE* 77, 253: Es ist das rechtsstaatliche Verbot der rückwirkenden Anpassung zu beachten, das § 48 Abs 1 Satz 1 zugrunde liegt. Häufig greifen hier
Übergangsvorschriften, die idR Ausdruck des verfassungsrechtlichen **Vertrau-**
ensschutzes oder des grundrechtlichen Eigentumsschutzes (Art 14 GG) sind (vgl
BSGE; 70, 31; 80, 215). Fehlen Übergangsvorschriften, so gilt allein § 48
(*BSGE* 65, 185).

Für die Entziehung einer Dauerleistung ist ein **ausdrücklicher Entziehungsbe-** **6**
scheid (actus contrarius) erforderlich (vgl §§ 39 Abs 2, 48 Abs 1 Satz 2 Rz
46 ff; *BSG* SGb 2004, 45; *BSG* Breith 2002, 753; *BSG* SGb 2000, 281 mAnm
Dörr; *BSG* Breith 2000, 497; *BSGE* 83, 95; 72, 111; *BSG* SozR 1300 § 48
Nr 17 und 57; SozR 3-1300 § 32 Nr 1; BVerwG 69, 93; *Freischmidt* aaO § 48
Rz 21; vgl auch *Steinwedel* aaO § 48 Rz 9: „Kein Selbstvollzug des Gesetzes";
Wolff/Bachof/Stober VerwR II § 51 Rz 45; zu den Anforderungen an einen Aufhebungsbescheid: *BSGE* 72, 1), es sei denn, es ist etwas Abweichendes ges bestimmt, zB Art 45 PflegeVG, der die Umwandlung von Leitungen nach
§§ 53-57 SGB V in Leistungen nach dem SGB XI aus Anlass der Einführung der
PflegeV regelt (vgl auch § 307 b Abs 7 Hs 2 SGB VI; *BSG* SozR 5850 § 4 Nr 8
zu § 25 Abs 2 BKGG aF). Keine ges Absenkung durch § 31 a SGB II: Sanktioniert die Beh gem §§ 31 ff SGB II, müssen der Sanktions-VA oder ein Ände-
rungs-VA die urspr Bewilligungsentscheidung betreffend der Sanktionsmonate
aufheben (*LSG NRW* Beschl v 8.9.2014 – L 2 AS 1461/14 B mwN; *HessLSG*
Urt v 24.04.2015 – L 9 AS 282/14).

Liegt ein Entziehungsbescheid nicht vor, hat der Berechtigte **Anspruch auf Wei-** **7**
tergewährung der Leistung (*BSGE* 72, 111: „Aufhebung des rechtswidrigen Bewilligungsbescheids ist unerlässlich, da dieser den (formellen) Rechtsgrund für
das Erhalten und Behaltendürfen der bewilligten Leistung bildet.... Die Bindungswirkung des Bewilligungsbescheids schließt bis zu seiner Aufhebung jede
für den Betroffenen nachteilige abweichende Verfügung über den zuerkannten
Anspruch ohne Rücksicht auf die materielle Rechtslage aus"; vgl hier auch
BSGE 80, 186; *BSG* SozR 4100 § 117 Nr 12; *Steinwedel* aaO § 48 Rz 9: keine
„vorsorgliche Leistungseinstellung"; *Schütze* aaO § 48 Rz 1).

Eines Aufhebungsbescheides bedarf es allerdings nicht, wenn sich der VA **offen-** **8**
sichtlich von selbst erledigt hat, zB bei Zeitablauf, sonstiger Befristung oder

Tod des Berechtigten (*BVerwG* ZfS 1996, 82; *BSGE* 72, 50; *BSG* SGb 2000, 281 mAnm Dörr: verneint, „trotz dogmatischer Bedenken", für das Überschreiten der Hinzuverdienstgrenze nach § 34 Abs 2, 3 SGB VI; *Freischmidt* aaO § 48 Rz 15; *Steinwedel* aaO § 48 Rz 9; *Schütze* aaO § 48 Rz 1). Im gerichtlichen Verfahren besteht kein Anspruch darauf, dass das Gericht bestandskräftige Bescheide selbst aufhebt (*BSGE* 77, 175). Wird ein Aufhebungsbescheid gerichtlich angefochten, so kommt es für die Beurteilung der Rechtsmäßigkeit auf die Sach- und Rechtslage im Zeitpunkt des Erlasses des VA an (vgl *BSG* SozR 3-1500 § 54 Nr 18; *BSGE* 79, 223; *Steinwedel* aaO § 48 Rz 11; spätere, dem Kläger günstige Änderungen können uU iRah einer Klageänderung berücksichtigt werden: *BSG* SozR 3-3870 § 4 Nr 13). § 48

9 Häufig ist bei einer Änderung der tatsächlichen oder rechtlichen Verhältnissen nicht nur eine (teilweise) Aufhebung des Bescheids, sondern auch die **Feststellung einer neuen Leistung** gerechtfertigt (**zB**: Pflegegeld nach der Pflegestufe I, statt bisher II oder EU-Rente statt BU-Rente wegen Verschlechterung des Gesundheitszustandes). In diesen Fällen ist die Aufhebungsregelung von der Neufeststellungsregelung zu unterscheiden; beide können allerdings **in einem VA** enthalten sein (vgl auch: *Steinwedel* aaO § 48 Rz 26 f). Hiervon abweichend bestimmen die §§ 307 a, 307 b VII SGB VI, dass Rentenbescheide noch nach den Vorschriften des Beitrittsgebietes bei ihrem Ersatz durch solche nach dem SGB VI **ohne Weiteres** (dh: ohne eine ausdrückliche Aufhebungsentscheidung) ihre Wirkung verlieren (vgl hierzu: *Knipping* NZS 1994, 109 [116]). Einer Aufhebung und Neufeststellung wegen einer wesentlichen Änderung steht dabei nicht entgegen, dass die letzte bestandskräftige Feststellung durch Urteil getroffen oder bestätigt worden ist (vgl Vor zu §§ 44-49 Rz 20 ff).

10 Bei Anwendung v § 48 Abs 1 steht der Beh **kein Ermessen zu** (*BSG* Breith 2000, 501, wobei dort eine Ausn gemacht wird, wenn die Leistung nach Verwaltungsvorschriften gewährt wird; *Freischmidt* aaO § 48 Rz 15; *Steinwedel* aaO § 48 Rz 34) und es bedarf **keines Antrags** (*Schütze* aaO § 48 Rz 1; vgl auch *BSGE* 70, 51: Verpflichtung der SVTr). An die Einleitung eines VerwVerf nach § 48 Abs 1 werden zT erhöhte Anforderungen gestellt (§ 22 a Abs 3 FRG; Art 6 § 6 Satz 2 FANG, dazu: *Soßala* DAngVers 1990, 121 [122]). Soweit eine Sozialleistung entzogen werden soll, ist der Betroffene **zuvor nach § 24 anzuhören** (eingehend: *ThürLSG* Breith 2000, 475; *BSGE* 80, 215).

11 § 48 ist **am 1.1.1981 in Kraft getreten,** in den neuen Bundesländern und Ost-Berlin aufgrund des EinigVtr (Anl I D Abschn III Nr 2) am **1.1.1991** (vgl *BSGE* 77, 253; 80, 119). Allerdings stellt allein die Rechtsüberleitung noch keine wesentliche Änderung iSv § 48 von vorher, nach altem Recht erlassener VA dar (*BSG* Breith 1996, 390). Für die **Aufhebung eines vor dem 1.1.1981 erlassenen VA** gilt § 48 auch dann, wenn die wesentliche Änderung vor diesem Zeitpunkt lag (*BSGE* 54, 223; 72, 1). Im **VwVfG gibt es kein Pendant,** sondern die Änderung der Verhältnisse nach Erlass des VA kann einen Anspruch auf **Wiederaufgreifen des Verwaltungsverfahrens nach § 49 Abs 2 Satz 1 Nr 4 oder 4 VwVfG** begründen. Eine Aufhebung nach § 48 kommt nicht in Betracht, wenn § 115 **Abs 1** über die **Erstattung gegenüber dem Arbeitgeber** zur Anwendung kommt (*BSG* SozR 3-1300 § 48 Nr 70). Eine andere Beurteilung gilt allerdings bei nachträglicher Zahlung von Arbeitsentgelt, da es dann zu einem Doppelbezug von Sozialleistung und Arbeitsentgelt kommen kann. In diesem Fall ist eine Aufhebung nach Nr 3 iVm Satz 3 zulässig (*BSGE* 74, 287).

12 In den Rechtsbereichen des Sozialrechts gibt es zT **spezialgesetzliche Ermächtigungen,** die als **abweichende Vorschriften iSv § 37 Satz 1 SGB I** dem § 48 vorgehen (*BSGE* 72, 238; 72, 50; 87, 7), zB: **§ 330 Abs 3 SGB III** (Sonderregelung für die Aufhebung von VA; *BSG* info also 2003, 266; *BSGE* 91, 47), **§ 40 Abs 2 Nr 3 SGB II** iVm § 330 Abs 3 SGB III, **Art 38 Satz 2 Hs 2 RÜG** (Aufhebung von Vormerkungsbescheiden), **Art 6 Satz 1 und 6, 10 Abs 5 Satz 1, Abs 1 Nr 1 AAÜG-ÄndG** (Neufeststellung bei Renten mit Zeiten in der ehemaligen DDR; nicht aber § 13 Abs 1 Nr 4 AAÜG aF: *BSGE* 77, 253), **§ 18 e Abs 4 Satz 3 SGB IV** (Aufhebung bei vorläufig berücksichtigten Einkommen); **§ 95 Abs 6 SGB V** iVm **§ 27 Ärzte-ZV** (Zulassungsentziehung bei Vertragsärzten); Fortschreibung des Hilfsmitttelverzeichnisses nach § 139 Abs 8 SGB V (*BSG* Urt v 24.1.2013 – B 3 KR 22-11 R, BeckRS 2013, 70362), **§ 124 Abs 6 und § 126 Abs 4, 5 SGB V** (Zulassungsentziehung bei Heil- und Hilfsmittelerbringer; *BSGE* 77, 108); § 44 Abs 1 SGB XII; § 62 SGB VII (*BSG* UV-Recht Aktuell 2010, 717); § 53 Abs 2 Satz 3 BAföG; Spezialregelungen gibt es insb im **Recht der sozialen Entschädigung** § 62 Abs 3 BVG, § 49 SVG.

2. Keine Anwendbarkeit von Abs 1 und 2 auf rechtswidrige VA

§ 48 Abs 1 und 2 kann nicht auch auf anfänglich rechtswidrige VA angewendet werden. **Ausn:** Die nachträgliche Änderung der Verhältnisse bezieht sich auf tatsächliche oder rechtliche Umstände, auf denen die Rechtswidrigkeit nicht beruht (*BSG* SozR 3-1300 § 48 Nr 47; *BSG* KrV 2003, 27; *BSG* Urt v 28.3.2013 – B 4 AS 59/12 R, NJOZ 2014, 433 = BSGE 113, 184). Zwar ist der vorherrschenden **Gegenansicht** (BT-Drucks 8/2034, 35; *BSG* Beschl v 19.7.2010 – B 8 SO 22/10 B; *BSG* SozR 4-1300 § 48 Nr 6 = Breith 2006, 365; *BSG* SozR 1300 § 48 Nr 13; *BSGE* 60, 218; 74, 131; *BSG* NZS 1996, 446; *BSG* Breith 1998, 213; vgl auch *BSG* SozR 1300 § 48 Nr 13, ebenso *BSGE* 67, 204; vgl auch *Freischmidt* aaO § 48 Rz 12) zu konzedieren, dass weder Abs 1, noch Abs 2 eine **ausdrückliche Beschränkung** auf rechtmäßige VA zu entnehmen ist. **13**

Allerdings wird die Aufhebung rechtswidriger VA explizit **in den §§ 44, 45** (lex specialis) **geregelt** und aus **Abs 3** ergibt sich, dass der Gesetzgeber das Problem einer nicht mehr möglichen Rücknahme bei wesentlichen Änderungen gesehen hat (systematische Anwendung). Er hat die Anwendung von § 48 auf anfänglich rechtswidrige VA bewusst auf den Fall der Aussparung beschränkt, so dass auch **kein Raum für eine Analogie** (vgl zu deren Vor: *BSG* SGb 2000, 281) besteht. Für die Anwendung auch auf rechtswidrige VA spricht schließlich nicht der **argumentum-a-maiore-ad-minus-Schluss**, denn damit würde übersehen, dass die Interessenbeurteilung bei rechtmäßigen VA einerseits und rechtswidrigen VA andererseits verschieden ist (für die Gegenansicht soll es im Fall der unrechtmäßigen Bewilligung einer Leistung zur Wahrung des Vertrauensschutzes des Betroffenen erforderlich sein, dass die Umstände, deren Änderung geltend gemacht wird, aus dem Bescheid als maßgeblich erkennbar sind, vgl BSG SozR 3-1300 § 48 Nr 60; *BSG* SozR 4-1300 § 48 Nr 6 = Breith 2006, 365). **14**

Die Verhältnisse können sich mithin nur bei einem rechtmäßigen VA iSv § 48 ändern, nicht aber auch bei einem **rechtswidrigen VA** (vgl *Steinwedel* aaO § 48 Rz 25; vgl auch *BSG* SozR 4-1300 § 48 Nr 6 = Breith 2006, 365: „Allerdings ist es bei rechtswidriger Leistungsbewilligung schwieriger, einen Maßstab zu finden, der eine Beurteilung erlaubt, ob eine Änderung ´wesentlich` ist. Während bei rechtmäßiger Leistungsbewilligung in der Regel nur zu prüfen ist, ob die geänderten Verhältnisse tatbestandliche Voraussetzungen oder Modalitäten des Leistungsanspruchs betreffen mit der Folge, dass die Leistung bei einer Neubewilligung nicht oder nicht in dieser Weise zu gewähren wäre, versagt dieser Prüfungsmaßstab bei rechtswidrigen Leistungsbewilligungen, wenn die tat- **15** sächliche Änderung gerade jene Leistungsvoraussetzung betrifft, die rechtsfehlerhaft zur Leistungsbewilligung geführt hat"). Ändern sich die Verhältnisse bei anfänglich rechtwidrigen VA, so ist wie folgt zu differenzieren: Bei (anfänglicher) **Rechtswidrigkeit zuungunsten des Betroffenen** (zB: Leistung wurde zu niedrig festgesetzt) greift § 44. IRah des danach erfolgenden rechtmäßigen (höheren) Leistungsbescheids, ist ab Änderung der Verhältnisse eine Leistungsanpassung vorzunehmen. Bei (anfänglicher) **Rechtswidrigkeit zugunsten des Betroffenen** kommt nur eine Korrektur nach § 45 oder § 48 Abs 3 in Betracht. Tritt eine Veränderung bei der fehlerhaft angenommenen Leistungsvoraussetzung („falsche Subsumtion") ein (Bsp: Bei der Bestimmung der Pflegestufe wird fälschlicherweise die Behandlungspflege berücksichtigt, die später entfällt), so greift Abs 1 ebenfalls nicht. Eine Korrektur ist auch hier nur über § 45 möglich, denn für eine Anwendung von Abs 1 fehlt es an einer „wesentlichen Änderung" (vgl Rz 27); dafür kommt es allein auf die **objektiv** bei Erlass des VA gegebenen Verhältnisse an und nicht darauf, was subjektiv für die Beh bei Erlass des VA maßgebend war.

3. Aufhebung für die Zukunft (Abs 1 Satz 1)

16 Soweit in den tatsächlichen oder rechtlichen Verhältnissen, die beim **Erlass** eines **VA mit Dauerwirkung** (vgl für statusbegründende Regelungen: *BSGE* 72, 238; 80, 215; 82, 283; *BSG* SGb 2004, 107; vgl für Beitragsbescheide *BSGE* 71, 244; *BSGE* 71, 237; für Feststellungsbescheide nach dem SGB IX bzw SchwbG: *BSGE* 79, 223; 81, 50; für Alhi: *BSGE* 66, 134; 79, 66; für Alg: *BSGE* 77, 175; 78, 109; für KrG: *BSGE* 74, 287; 79, 66; für Rentenhöchstwertfestsetzungen: *BSG* ZfS 2004, 36; für die Bewilligung eines Stipendiums: *BSG* Breith 2000, 501; für Genehmigung zur Durchführung vertragsärztlicher Leistungen: *BSGE* 82, 55; zum Begriff: *Freischmidt* aaO § 48 Rz 9; *Pickel* aaO § 48 Rz 9 f; § 45 Rz 77) vorgelegen haben, eine wesentliche Änderung eintritt, ist der VA mit **Wirkung für die Zukunft** (zum Begriff: § 44 Rz 36), dh idR ab Zugang des neuen VA (vgl *BSGE* 41, 189; 65, 185; 77, 253; 81, 134; zT später, nämlich ab Beginn des nächsten Leistungszeitraums, wenn die Sozialleistung abschnittsweise gewährt wird, *BSG* Breith 2000, 501), aufzuheben (Abs 1 Satz 1; **vgl aber die Modifikation iRah von § 330 Abs 3 Satz 2 SGB III „vom Zeitpunkt der Änderung der Verhältnisse an"**).

17 Der Bescheid, mit dem ein VA nach §§ 45, 48 zurückgenommen oder aufgehoben wird, ist selbst **kein VA mit Dauerwirkung** (*BSGE* 58, 27; 79, 223; *BSG* SozR 1300 § 45 Nr 5; vgl *Freischmidt* aaO § 48 Rz 10; aA *Schnapp*, GK-SGB X 1, § 48 Rz 19: Ein Dauerverhältnis wird negativ gestaltet; *Pickel* aaO § 48 Rz 2). Bei einem **Antrag auf Aufhebung und Neufeststellung** ist in entspr Anwendung des § 44 Abs 4 Satz 3 der Eingang des Antrags entscheidend, um Benachteiligungen des Bürgers durch eine zu lange Verfahrensdauer zu vermeiden. **Fristen** sind hier nicht zu beachten (vgl *Steinwedel* aaO § 48 Rz 34). Vgl § 45 Rz 81.

18 Reicht der Bewilligungszeitraum bei Erteilung des Bescheides in die Zukunft, dann ist die Leistungsbewilligung **auch hinsichtlich der Vergangenheit ein VA mit Dauerwirkung** (vgl *BSGE* 58, 180). Liegt der **Bewilligungszeitraum** im Zeitpunkt der Bewilligung jedoch **ausschließlich in der Vergangenheit** und stellt sich später heraus, dass wegen einer wesentlichen Änderung im Bewilligungszeitraum die Leistung nur bis zu dieser Änderung hätte gewährt werden dürfen, dann ist wegen teilweiser anfänglicher Rechtswidrigkeit **nach § 45** zurückzunehmen, nicht aber nach § 48 aufzuheben. Ein auf § 48 gestützter Aufhebungsbescheid kann **in einen VA nach § 45 umgedeutet** werden, wenn § 45 **keine Ermessensausübung** (bei § 45 Abs 2 Satz 3 idR Ermessensreduzierung auf Null (bejaht *BSG* SozR 4-1300 § 48 Nr 30), § 45 Rz 67, im Arbeitsförderungsrecht und dem SGB II durch § 40 Abs 2 Nr 3 SGB II iVm § 330 SGB III besteht in den Fällen des § 45 Abs 2 Satz 3 kein Ermessen: *BSG* SozR 4-4300 § 119 Nr 3 = NZS 2006, 436) verlangt (*BSGE* 87, 8; *BSG* ZfS 2002, 329; für die gebundenen Entscheidungen nach § 330 Abs 2, 3: *BSG* SozR 4-4300 § 119 Nr 3 = NZS 2006, 436 und *BSG* Urt v 10.9.2013 – B 4 AS 89/AS R, Rz 29), ansonsten ist aber ein Wechsel von einer gebunden Entscheidung zu einer Ermessensentscheidung (trotz Änderung des § 41 Abs 2) unzulässig (*BSG* SozR 4-4300 § 119 Nr 3 = NZS 2006, 436); ein Bescheid nach § 45 kann allerdings umgekehrt in einen Bescheid nach § 48 umgedeutet werden (*BSG* Breith 1993, 853; *BSGE* 80, 267; *BayLSG* Breith 2000, 593; *Pickel* aaO § 48 Rz 12; *Steinwedel* aaO § 48 Rz 8).

VA mit Dauerwirkung dürfen gem § 45 **Abs 3** nach einer bestimmten Zeit nicht   **19**
mehr zurückgenommen werden (vgl § 45 Rz 92 ff). Beginnt eine bewilligte Leistung, zB eine Badekur, erst später und tritt bis zu diesem Zeitpunkt eine Änderung ein, dann gilt **§ 48 entsprechend** (vgl *Fehl* SGb 1989, 371 [374]). **§ 48 kommt nicht zur Anwendung**, wenn nach Erlass eines inzwischen bestandskräftigen Ablehnungsbescheids die Veränderung tatsächlicher oder rechtlicher Verhältnisse **zu einer Leistungsbewilligung führen muss** (*Steinwedel* aaO § 48 Rz 12; Bsp: Aufgrund einer Verschlechterung der Pflegesituation werden erstmals die erforderlichen 46 Minuten in der Grundpflege erreicht, so dass nunmehr die Vor für Leistungen nach der Pflegestufe I in der PflegeV erreicht werden); denn **der ablehnende VA hat keine Dauerwirkung** (*BSGE* 58, 27; aA: *Pickel* aaO § 48 Rz 10).

3.1. Die tatsächlichen und rechtlichen Verhältnisse

Die Rechtsfolgen des § 48 setzen – und das ist das § 48 im Kreis der Aufhe-   **20**
bungsvorschriften **individualisierende Merkmal** – eine wesentliche Änderung der tatsächlichen oder rechtlichen Verhältnisse voraus. Obwohl gleichermaßen Änderungen der **tatsächlichen Verhältnisse** und Änderungen der **rechtlichen Verhältnisse** erfasst werden, ist eine nähere Begriffsbestimmung keineswegs entbehrlich. Das wäre nur dann der Fall, wenn es eine **dritte Kategorie** – dh Veränderungen, die weder dem Tatsächlichen noch dem Rechtlichen zugeordnet werden können – nicht gebe (tertium non datur). Dagegen spricht aber bereits **Abs 2**, wonach eine Änderung der höchstrichterlichen Rspr den Änderungen der tatsächlichen und rechtlichen Verhältnisse gleichgestellt wird. **Schwierigkeiten** ergeben sich mithin nicht aus der Unterscheidung von Tatsächlichem und Rechtlichem (ebenso *Schütze* aaO § 48 Rz 6), sondern aus der Abgrenzung zu einer dritten Kategorie, die nicht unter Abs 1 subsumiert werden kann (vgl Rz 25 ff).

Tatsachen sind Elemente des Sachverhalts (§ 45 Rz 113). Tatsachenänderungen   **21**
betreffen den Sachverhalt, der vom VA geregelt wird. Die tatsächlichen Umstände, die für den Erlass des VA maßgeblich waren, insbesondere die Tatsachen, die den Tatbestand der zugrunde liegenden Rechtsvorschriften ausfüllen, müssen sich geändert haben; auch **innere Tatsachen** werden erfasst (*Freischmidt* aaO § 48 Rz 11; *Kopp/Ramsauer* VwVfG § 49 Rz 43). Der Begriff der Tatsachenveränderungen meint auch den Sachverhalt, dass sich ein Begünstigter zB aufgrund einer **Änderung seines Verhaltens** nachträglich als ungeeignet erweist (vgl *BSGE* 72, 238: Erweist sich ein **nichtärztlicher Verhaltenstherapeut** für die

Teilnahme an der kassen- und vertragsärztlichen Versorgung im Wege des Delegationsverfahrens **nachträglich in persönlicher Hinsicht als ungeeignet**, so kann dies eine wesentliche Änderung darstellen und die Aufhebung nach § 48 Abs 1 rechtfertigen; vgl *BVerwGE* 59, 124; *BSG* NZS 2004, 110).

22 Eine **Änderung der tatsächlichen Verhältnisse** liegt bspw vor, wenn der Versicherte nach der Bewilligung von Alg eine Vollzeitbeschäftigung nimmt, AU wird (vgl *Niesel* in Niesel SGB III § 330 Rz 38; weiteres Bsp: Verschlechterung des gesundheitlichen Zustands, so dass die Voraussetzungen einer höheren Pflegestufe nach dem SGB XI erfüllt sind; vgl hier auch: *LSG Nds* Breith 2000, 656) oder leistungsschädliches Einkommen erzielt wird (*BSG* info also 2003, 228; vgl auch: *BSG* SGb 2004, 45; *BSG* NZS 2004, 110) oder die Verbesserung der Gesundheit und damit verbundenes Herabsinken der Gesamt-MdE und Aufhebung einer Verletztenrente (*BSG* NZS 2013, 464). Eine wesentliche Änderung der Verhältnisse iS des § 48 durch Nichtantritt einer Eingliederungsmaßnahme „Eignungsfeststellung/Trainingsmaßnahme für kaufmännische Sachbearbeitung" tritt nur ein, wenn alle Voraussetzungen des § 31 Abs 1 SGB II für eine Absenkung des Arbeitslosengeld II und den Wegfall des befristeten Zuschlags vorliegen (vgl *BSG* NJW 2010, 3115; *BSG* SozR 4-4200 § 16 Nr 4). Werden **Erkenntnisse** (Bewertungen) über die bei Erlass des VA vorliegenden Tatsachen **erst nachträglich gewonnen**, so handelt es sich indes nicht um eine Änderung der tatsächlichen Verhältnisse (vgl für die nachträgliche Erkenntnis einer Fehldiagnose: *Freischmidt* aaO § 48 Rz 12; *Steinwedel* aaO § 48 Rz 18; anders evtl bei der Verdachtsdiagnose: *BSG* SozR 1300 § 48 Nr 43 mwN; vgl auch: *BSG* SGb 2004, 107: „unbeachtlicher reiner Rechts- bzw Motivirrtum"; *BVerwGE* 45, 236; *Schütze* aaO § 48 Rz 6). Keine Änderung der Verhältnisse liegt vor, wenn die Beh bei unklarem Sachverhalt statt vorläufig, endgültig entscheidet und der VA sich später als anfänglich rechtswidrig herausstellt; dann ist zutreffend § 45 und nicht § 48 einschlägig (*BSG* Urt v 21.6.2011 – B 4 AS 22/10 R, BeckRS 2011, 75444).

23 Unter einer **Änderung der rechtlichen Verhältnisse** ist eine **Rechtsänderung**, dh eine Änderung des **G im materiellen Sinne** (auch, wenn die Änderung vor dem 1.1.1981 erfolgt ist: *BSG* SozR 1300 Art 2 § 40 Nr 8; *BSGE* 72, 1; *BSG* SGb 2004, 107; vgl Rz 1), zu verstehen (*BSGE* 82, 212; *Freischmidt* aaO § 48 Rz 14; *Kopp/Ramsauer* aaO § 49 Rz 49; *Pickel* aaO § 48 Rz 28; **Bsp:** Änderung der Beitragsbemessung freiwilliger Mitglieder in der GKV nach dem GRG v 1.1.1989, *BSGE* 71, 237; vgl auch *BSGE* 70, 31; es wird eine zusätzliche Leistungsvoraussetzung eingeführt oder ein Rechtssatz wird im Normenkontrollverfahren aufgehoben;; **Bsp**, in dem eine Änderung abgelehnt wurde: *BSG* Breith 2000, 469).

24 Eine Rechtsänderung in diesem Sinne ist auch in einer Änderung der **Richtlinien des Bundesausschusses gem** § 135 SGB V zu sehen, denen nach jüngerer Rspr des BSG Rechtsnormqualität zukommt (*BSG* SozR 3-2500 § 92 Nr 6; *BSG* Urt v 15.12.2015 – B 1 KR 30/15 R, Rn 44). Entsprechendes gilt für die vom BMAS aufgestellten „**Versorgungsmedizinischen Grundsätze**" zum SGB IX, bei denen es sich um ein geschlossenes Beurteilungsgefüge handelt, dem **rechtnormative Qualität** (*BSGE* 67, 204; 75, 176) zuerkannt wird, und das deshalb wie untergesetzliche Normen durch die Gerichte nur eingeschränkt überprüft werden kann (*BSGE* 67, 204; 72, 285; 79, 223; 82, 212; zur Verfassungsmäßigkeit vgl *BVerfG* NJW 1995, 3049).

25 Die **Änderung einer Satzungsbestimmung** iRah des Selbstverwaltungsrechts einer KK ist ebenfalls als Rechtsänderung anzusehen (*BSG* Breith 1993, 900;

Schütze aaO § 48 Rz 6). Änderungen in der „**allgemeinen Rechtsauffassung**" (zB: eine frühere Einzelmeinung wird zur „herrschenden") genügen indes nicht (aA *Freischmidt* aaO § 48 Rz 14; *Stelkens* NVwZ 1982, 491 [494]). Gleiches gilt für die Änderung der Verwaltungspraxis oder der rechtlichen Beurteilung aus sonstigen Gründen. Eine **Änderung der höchstrichterlichen Rspr** stellt keine Änderung der rechtlichen Verhältnisse dar (argumentum e contrario zu Abs 2; aA *Freischmidt* aaO § 48 Rz 14). Für den **Zeitpunkt der Rechtsänderungen** ist auf das **jeweilige Datum des Inkrafttretens** abzustellen. Etwas anderes gilt allerdings dann, wenn aufgrund von Übergangsbestimmungen **die Fortgeltung des alten Rechts** ausdrücklich angeordnet wird (zB: § 300 Abs 2, 3 SGB VI); in diesem Fall kommt es erst mit **Ende der Übergangsfrist** zu einer Rechtsänderung. Sind Rechtsänderungen **vor Erlass des VA** erfolgt, so greifen die §§ 44, 45.

Schwierig ist die Beurteilung, wenn sich die Verwaltungspraxis dadurch ändert, **26** dass **Verwaltungsanordnungen ohne Rechtssatzcharakter**, mit denen die Bewertung von Sachverhalten geregelt wird, neu gefasst werden. Der 2. Senat des BSG hat für die „Empfehlungen für die Einschätzung der MdE bei Berufskrankheiten der Haut nach der Nr 5101 der Anl 1 zur BKVO" entschieden, dass ihre Änderung **keine Rechtsänderung iSv § 48 Abs 1 Satz 1** darstellt, da diese Empfehlungen – wie auch die **MdE-Tabellen** – nur als antizipierte Sachverständigengutachten anzusehen seien (*BSGE* 82, 212). Dieser Beurteilung ist zuzustimmen (wie hier: *BVerwG* NVwZ 1991, 579; *Kopp/Ramsauer* aaO § 49 Rz 49), so dass die Änderungen solcher Verwaltungsanordnungen keine Änderung der rechtlichen Verhältnisse darstellen (aA wohl *Schütze* aaO § 48 Rz 6; *Freischmidt* aaO § 48 Rz 14; *LSG Nds* Breith 1996, 28). Andernfalls wäre auch fraglich, ob eine Änderung zur nachträglichen oder anfänglichen Rechtswidrigkeit des Bescheids führt, denn sie kann Ausdruck neuer medizinischer Erkenntnisse oder verfeinerter Untersuchungsmethoden sein (vgl *LSG Nds* Breith 1996, 28), so dass wegen anfänglicher Rechtswidrigkeit nach den §§ 44, 45 aufzuheben wäre.

3.2. Begriff der wesentlichen Änderung

Der Anwendungsbereich von Abs 1 ist nicht schon bei jeder Änderung der tat- **27** sächlichen oder rechtlichen Verhältnisse (frühestmöglicher Zeitpunkt einer rückwirkenden Aufhebung von Bescheiden, *BSGE* 74, 287) eröffnet, sondern es muss eine „**wesentliche Änderung**" stattgefunden haben (vgl auch *BSG* SGb 2003, 33). Der Begriff der Wesentlichkeit stellt einen **unbestimmten Rechtsbegriff** dar (vgl *Freischmidt* aaO § 48 Rz 15; *Pickel* aaO § 48 Rz 22; vgl auch *BSGE* 65, 185). Er beschreibt eine „**qualifizierte Relation**" zwischen den ursprünglichen und den neuen, veränderten Verhältnissen. Wesentlich Voraussetzung für die Feststellung, ob eine Änderung vorliegt, ist daher ein **Vergleich** zwischen den objektiven Verhältnissen im Zeitpunkt des Erlasses der letzten bindend gewordenen Leistungsfeststellung durch VA und dem Zustand im Zeitpunkt der Neufeststellung (*BSGE* 65, 301; 78, 109; 81, 50; 82, 212; 88, 172; 89, 13; 89, 152; vgl hier auch: *Pickel* aaO § 48 Rz 15; *Freischmidt* aaO § 48 Rz 12; *Schütze* aaO § 48 Rz 7).

3.2.1. Verhältnisse bei Erlass des VA

Der Vergleich beginnt mit der Feststellung der Verhältnisse, „**die bei Erlass**" des **28** Ausgangsbescheids vorlagen. Ist eine Unfallrente durch bloßen Zeitablauf zur Dauerrente geworden, kommt es ebenfalls auf die Verhältnisse bei Erlass des Bescheids an, nicht hingegen auf die Verhältnisse zum Zeitpunkt der Umwandlung kraft Gesetzes (*BSGE* 55, 165; aA *Pickel* § 48 Rz 19). Als Vergleichs-grundlage sind die Tatsachen maßgebend, die für die **letzte Feststellung** der Leistung entscheidend waren und bei denen es zu einer Änderung gekommen ist (so bereits *BSGE* 27, 244; vgl auch *BSG* SozR 3-1300 § 48 Nr 32; *Steinwe-del* aaO § 48 Rz 16). Sind seit der ersten Bewilligung **Anpassungsbescheide** er-gangen, so ist bei einer wesentlichen Änderung von nicht im Anpassungsbe-scheid entschiedener Umstände maßgebliche Vergleichsgrundlage nicht der letz-te Anpassungsbescheid, sondern derjenige VA, in dem über die – jetzt geänderte – Leistungsvoraussetzung entschieden worden ist, dh idR der erste Anerken-nungsbescheid (*BSG* SozR 1300 § 45 Nr 37; *Freischmidt* aaO § 48 Rz 12).

29   Außerdem kommt es allein auf die **objektiv** bei Erlass des VA gegebenen Ver-hältnisse an und nicht darauf, was subjektiv für die Beh bei Erlass des VA maß-gebend war (ebenso *Freischmidt* aaO § 48 Rz 12; vgl auch: *BSGE* 65, 302; 78, 109: Ob eine wesentliche Änderung vorliegt, beurteilt sich nach der „**wahren Rechtslage**"; *BSG* ZfSH/SGB 1995, 308: es ist unschädlich, wenn die weggefal-lene Behinderung im Ausgangsbescheid nicht genannt wurde; vgl auch *Steinwe-del* aaO § 48 Rz 14; zu Ausn: *BSG* SozR 1300 § 48 Nr 1). Danach werden von § 48 also auch diejenigen Fälle erfasst, in denen die Verhältnisse zwar bei Erlass des VA gegeben waren, aber keine Berücksichtigung gefunden haben (BT-Drucks 8/20348, 62 zu Nr 25; auch bereits *BSGE* 35, 277).

30   Wird eine Dauerleistung allerdings **ohne bewilligenden VA** gezahlt, kann in einer Anpassungsmitteilung ein bewilligender VA gesehen werden (vgl *BSG* Urt v 24.1.1995 – 8 RKn 11/93, nv). Naheliegender ist jedoch, in der Zahlung der Leistung einen **konkludenten VA** (zB wie beim KrG, vgl § 31 Rz 15, 41) zu se-hen. Wird ein Rentenentziehungs- oder Herabsetzungsbescheid durch **Urteil** aus formalen Gründen ohne Prüfung der tatsächlichen Verhältnisse aufgeho-ben, bleiben die Verhältnisse zZt der letzten Rentenfeststellung maßgebend (*BSGE* 19, 7; 26, 229 zu § 608 RVO aF, inzwischen aufgehoben). Dies gilt auch dann, wenn ein Bescheid, der die Rente entzieht oder herabsetzt, deshalb durch Urteil aufgehoben wird, weil das Gericht eine wesentliche Änderung der Verhältnisse nicht feststellen konnte.

3.2.2. Anforderungen an die neuen Verhältnisse

31   Ob eine **wesentliche** Änderung nach Erlass (Zugang bzw Wirksamwerden gem § 39 Abs 1, *BSG* SozR 4-4300 § 122 Nr 4 = NZS 2007, 104) des Bewilligungs-bescheids (*BSGE* 74, 20) eingetreten ist, richtet sich nach **materiellem Recht** (*BSGE* 74, 131; 77, 175; 78, 109; *BSG* Breith 2000, 501; *BSG* Urt v 6.3.2003 – B 11 AL 39/02 R, info also 2003, 228; *BSG* Urt v 12.12.2006 – B 13 R 33/06 R; *Freischmidt* aaO § 48 Rz 11). Die Wesentlichkeit kann **nicht anhand von** § 48 selbst beurteilt werden. Entscheidend ist, ob die veränderten tatsächlichen oder rechtlichen Verhältnisse bei einer (fiktiven) Erstentscheidung – zumindest teilweise – zu einer anderen Rechtsfolge hätten führen müssen. Die Änderung muss mithin **rechtserheblich** sein und sich auf den Regelungsgehalt des VA aus-wirken (st Rspr: *BSGE* 59, 111; 65, 301; 66, 103; 74, 287; 89, 13; 89, 153; *BSG* Breith 2000, 497; *BSG* Breith 2000, 501; *BSG* VersorgVerw 2004, 10; *BSG* SozR 4-2600 § 266 Nr 1 = Breith 2006, 762; *LSG Nds* Breith 2000, 656; *Steinwedel* aaO § 48 Rz 13; *Straßfeld* SGb 2003, 88 [89]; vgl auch zur „Kumu-lation wesentlicher Änderungen": *BSG* Urt v 5.10.2006 – B 10 LW 6/05 R); sie muss also dazu geführt haben, dass **der VA jetzt nicht mehr hätte ergehen dür-fen** (*BSGE* 65, 302; 80, 215; 81, 134; *BSG* Breith 2000, 501; *BSG* SozR 1300 § 48 Nr 19, 22, 44; *Freischmidt* aaO § 48 Rz 11; *Kopp/Ramsauer* aaO § 49 Rz

44; *Steinwedel* aaO § 48 Rz 13; *Schütze* aaO § 48 Rz 9; vgl hierzu auch *BSG* SozVers 1996, 24; instruktiv aber auch: *BVerwG* SGb 1996, 602). Eine Änderung nach **Beginn des Bezugszeitraums** genügt nicht (*BSGE* 65, 221; 74, 20).

Die Änderung der die **anspruchsbegründenden Tatbestandsmerkmale** ausfüllen- **32** den Umstände stellen daher regelmäßig eine wesentlichen Änderung dar, zB: Wegfall der „Arbeitslosigkeit" für den Bezug von ALG (zur Alhi: *BSGE* 66, 103; 79, 66; vgl auch *BSG* Breith 2000, 497 für eine Sperrzeit), ein Verzicht iSv § 46 SGB I (*BSGE* 70, 51), Bewilligung einer anderen anspruchsschädlichen Sozialleistung (*BSGE* 76, 84; 81, 134), die Vollendung einer Schul-/Berufsausbildung (*BSGE* 80, 205) oder eines bestimmten Lebensjahres (*BSGE* 67, 204) sowie Änderungen im Familienstand (*BSG* SozR 2200 § 205 RVO Nr 29). Ergeben sich in der RV nach Feststellung einer Sozialleistung mit Dauerwirkung (unter Beachtung einer rechtmäßigen **Entgeltvorausbescheinigung gem § 194 SGB VI**) nachträglich andere Entgeltwerte, so wird vom 4. Senat des BSG hierin eine wesentliche Änderung iSv § 48 Abs 1 gesehen (*BSG* NZS 1996, 536; *BSG* Urt v 11.6.2015 – B 11 AL 13/14 R, ZIP 2015, 1800), während die Träger der RV zurecht einen Verstoß gegen § 70 Abs 4 Satz 2 SGB VI annehmen. Eine andere Beurteilung greift aber dann, wenn – für den Leistungsanspruch relevant – nach Erlass des bindenden VA zusätzliches Entgelt zugeflossen ist (*BSGE* 77, 175). Entfallen die **Voraussetzung für eine Entziehung** nach § 66 Abs 1 SGB I, so ist darin eine wesentliche Änderung zu sehen (*BSGE* 76, 16).

Die Erhöhung von Sozialleistungen durch **Anpassungsbescheide aufgrund von** **33** **Anpassungsgesetzen** stellt eine typische und praktisch relevante wesentliche Änderung iS des § 48 Abs 1 dar (*BSG* SozR 3-1300 § 32 aaO Nr 2; vgl dazu auch Rz 28) bspw die Regelsatzerhöhungen im SGB II und SGB XII und Rentenerhöhungen. Arbeitsunfälle sowie Berufskrankheiten, die nach **DDR-Recht** vor dem 3.10.1990 bindend anerkannt waren, sind nicht allein aus Anlass der Überleitung des bundesrepublikanischen Rechts von Amts wegen neu festzustellen (*BSG* Breith 1996, 390). Eine wesentliche Änderung kann ferner von der **konstitutiven Entscheidung eines anderen SVTr** abhängig sein. Problematisch ist in diesem Zusammenhang zB die Behandlung von Rentenfällen, deren bestandskräftige Feststellung unter Anwendung des AAÜG erfolgte, wenn der zuständige Versorgungsträger nachträglich seine Datenmitteilung nach § 8 Abs 2 AAÜG und den parallelen Bescheid gegenüber den Betroffenen nach § 8 Abs 3 AAÜG ändert. Aufgrund der strikten Bindung des RVTr nach § 8 Abs 5 Satz 2 AAÜG an die einschlägige Entscheidung des Versorgungsträgers ist eine Rentenfeststellung nach **geänderten Überführungsdaten** erst auf der Grundlage einer neuen Entscheidung des Versorgungsträgers statthaft.

Bei **Ermessensentscheidungen** genügt als wesentliche Änderung, dass die Beh **34** ihr Ermessen abweichend hätte ausüben können; das gilt jedoch stets nur in dem Umfang, in dem das Ermessen auch tatsächlich gehandhabt wird (vgl *BSGE* 66, 63; ebenso: *Schütze* aaO § 48 Rz 6). Bei **Prognoseentscheidungen** kommt § 48 zur Anwendung, wenn die Prognose fortbestehen muss und sich von einem bestimmten Zeitpunkt an als nicht mehr haltbar erweist (*BSGE* 57, 240, zur Einkommensprognose bei der Grundlohnbestimmung; vgl auch *BSGE* 67, 11; *BSG* NZS 2008, 493; *Freischmidt* aaO § 48 Rz 12). Eine Änderung kann auch in einem **geänderten Verhalten des Betroffenen** liegen (*BVerwGE* 18, 36). Es reicht allerdings nicht, dass nachträglich eine andere Rechtslage bekannt wird (*BVerwGE* 45, 236). § 48 berechtigt auch nicht zu einer Rücknahme aufgrund nachträglich gewonnener Erkenntnisse über rechtserhebliche Tatsachen, die objektiv zZt der Entscheidung gegeben waren. Erheblich ist zB ein (teilweiser) **Verzicht des Berechtigten** gem § 46 Abs 1 SGB (*BSG* NZS 2004, 110) oder ein wirsamer Widerruf des Leistungsantrags (*BSG* Urt v 5.9.2006 – B 7 a AL 70/05 R). Ferner kann auch das **Verhalten eines Dritten** maßgeblich sein (vgl *BSG* SozR 1300 § 48 Nr 53; *BSG* info also 2003, 228: Erzielung von Einkommen eines Familienmitglieds bei Bezug von Lohnersatzleistungen; vgl auch: *BSG* SGb 2004, 45 zu § 101 Abs 3 Satz 1 SGB VI: „Rentnerprivileg").

35 Fraglich ist, ob es eine **Vermutung** gibt, dass sich bei einer nachträglich wesentlich anderen Beurteilung (zB des Gesundheitszustands) als in einem früheren Bescheid eine Veränderung ergeben hat und der VA nicht von Anfang an rechtswidrig war (so für den Bereich des SchwbG/SGB XI: *BSG* Breith 1993, 853; aA: *BayLSG* Breith 1994, 35; krit auch: *Steinwedel* aaO § 48 Rz 24 im Hinblick auf das schutzwürdige Vertrauen des Betroffenen). Diese Frage ist allerdings **missverständlich**. Zunächst erfordert der Amtsermittlungsgrundsatz (§ 20 SGB X), dass die Verhältnisse bei Erlass des Bescheids und mögliche wesentliche Änderungen ermittelt werden (vgl *BSGE* 7, 295). Lassen sich die Verhältnisse bei Erlass des VA nicht mehr ausreichend aufklären, so trägt derjenige die **objektive Beweislast** für die Behauptung über die Verhältnisse bei Erlass des VA, der sich auf sie beruft – gleichgültig, ob es um die Anwendung von § 45 oder § 48 geht (aA: *Steinwedel* aaO § 48 Rz 22: negative Feststellungslast desjenigen, der aus einer Veränderung Rechte herleitet; vgl dort, Rz 23, auch zur Möglichkeit der Wahlfeststellung).

36 **Die veränderten Verhältnisse müssen eine bestimmte Zeit andauern.** Die Dauer hängt jeweils von Sinn und Zweck der Vorschrift ab. Für **Renten wegen Erwerbsminderung** in der RV muss die Erwerbsminderung – wegen § 101 Abs 1 SGB VI – mind 6 Mon andauern (*Niesel* in KassKomm § 43 SGB VI Rz 77). Kommt es also zu einer Verschlechterung der Erwerbsfähigkeit, so dass nunmehr (ab 1.1.2001) statt einer Teilrente eine Vollrente in Betracht kommt, so muss dieser Zustand mind 6 Mon andauern. Für den **Begriff der Pflegebedürftigkeit im SGB XI** ist eine (voraussichtliche!) Mindestdauer von 6 Mon ausdrücklich gesetzlich normiert, so dass eine gesundheitsbedingte Erhöhung der Pflege nur dann zu einer höheren Pflegestufe führt, wenn diese Prognose möglich ist. Die wesentliche Änderung muss ferner **nachgewiesen** werden, dh es müssen sowohl Unterlagen für die ursprünglichen, als auch für die neuen Verhältnisse vorhanden sein Die Anforderungen an einen Nachweis sind auch erfüllt, wenn aus dem derzeitigen Untersuchungsbefund medizinisch sichere Schlüsse auf den Zustand im Zeitpunkt der letzten Rentenfeststellung gezogen werden können und so die Änderung zu belegen ist (*BSGE* 7, 295).

3.2.2.1. Veränderungen im medizinischen Bereich

37 Im SVR sind häufig **Veränderungen im medizinischen Bereich** von Bedeutung. Wesentliche Änderungen können ua darin liegen, dass seit dem Zeitpunkt der letzten Leistungsfeststellung obj nachweisbare Veränderungen eingetreten sind, zB: Verschlimmerung, Heilung oder Besserung von Krankheits-, Behinderungs-, Schädigungs- oder Unfallfolgen. Bei gesundheitlichen bzw körperlichen Beeinträchtigungen können ferner **Anpassung und Gewöhnung** zu einer wesentlichen Änderung führen (*Freischmidt* aaO § 48 Rz 13; *Schütze* aaO § 48 Rz 14). Der Zeitablauf allein genügt nicht; es müssen vielmehr konkrete Anhaltspunkte für das Vorliegen der Anpassung und Gewöhnung vorhanden sein (*BSG* SozR Nr 3 zu § 608 RVO aF, inzwischen aufgehoben; *BSG* BG 1973, 449).

38 Bei überwundenen Krankheiten, welche für eine gewisse Zeit noch die **Gefahr von Rückfällen** in sich bergen (Krebserkrankungen ua), kann eine wesentliche

Änderung darin liegen, dass nach Ablauf einer längeren Zeitspanne feststeht, dass Rückfälle wahrscheinlich nicht mehr zu erwarten sind, mithin eine Konsolidierung im Krankheitsverlauf eingetreten ist (*BSGE* 17, 63; *Freischmidt* aaO § 48 Rz 13; zur Heilungsbewährung: *Steinwedel* aaO § 48 Rz 20; *Pickel* aaO § 48 Rz 25; vgl auch: *BSGE* 62, 243; *Jaeger* MedSach 1994, 47). Eine wesentliche Änderung kann auch darin liegen, dass eine zZt der letzten Rentenfeststellung noch **begründete Gefahr der Verschlimmerung** eines Leidens später weggefallen ist (vgl *BSG* SozR Nr 3 zu § 1286 RVO, inzwischen aufgehoben). Eine Rente, die aufgrund eines **Krankheitsverdachts** und seiner Auswirkungen gewährt worden ist, kann entzogen werden, wenn sich der Verdacht später als unbegründet herausstellt (vgl *BSGE* 17, 285; vgl auch *BSGE* 17, 63; zur Frage, wann bei einer schweren **Hauterkrankung** iS der BKVO nach Wegfall der sichtbaren Hautveränderungen eine wesentliche Besserung angenommen werden kann: *BSG* SozR Nr 15 noch zu § 622 RVO, inzwischen aufgehoben).

3.2.2.2. Beispiele

In der **RV** kommen bei **Renten wegen Erwerbsminderung** neben einer Änderung des Gesundheitszustandes (vgl dazu Rz 38) als Änderung auch der **Erwerb neuer Kenntnisse** durch eine Umschulung oder Fortbildung in Betracht, wenn für nunmehr zumutbar gewordene Tätigkeiten genügend Arbeitsplätze zur Verfügung stehen (*BSG* SozR 2200 § 1286 RVO Nr 4; *BSG* SozR 4-2600 § 43 Nr 7 = Breith 2006, 848) oder die **tatsächliche Eingliederung in einen Arbeitsplatz** erfolgt ist (*BSG* SozR 2200 § 1286 Nr 5 und 9; *BSG* SozR 1300 § 48 Nr 27), es sei denn, die Tätigkeit wird auf Kosten der Gesundheit ausgeübt (vgl *BSG* SozR 2200 § 1286 Nr 5). Gleiches galt für die **Änderung der Lage am Arbeitsmarkt** bei Erwerbsminderungsrenten nach § 102 Abs 2 Satz 1 Nr 2 **aF** SGB VI. Der maßgebliche bisherige **Bezugsberuf** konnte sich während des Bezuges einer Rente allerdings nicht ändern (vgl *BSGE* 24, 7). Eine wesentliche Veränderung in den tatsächlichen Verhältnissen iSd § 48 Abs 4 Ziff 1 SGB VI) ist der **Eintritt der Volljährigkeit** eines waisenberechtigten Kindes mit der Folge, dass für die Zeit danach nur noch die Hinterbliebenenrente zu zahlen ist (*BSG* SozR 1300 § 48 Nr 17).

39

Rückwirkend zu berücksichtigende **Nachversicherungsbeiträge** (§ 185 Abs 2 Satz 1 SGB IV) führen nach richtiger Ansicht zur Anwendbarkeit des § 48 (so *Knipping* NZS 1994, 109 [117]; *Schütze* aaO § 48 Rz 7; aA *Dörr* DAngVers 1988, 452; vgl dazu auch *BSG* SozR 1300 § 48 Nr 46), denn im Zeitpunkt des VAErlasses waren die Beiträge objektiv noch nicht gezahlt worden. Arbeitsentgelt, auf das die Arbeitnehmer im Rahmen eines Sanierungstarifvertrags verzichten, ist, auch wenn der Anspruch im Fall der Insolvenz des Arbeitgebers wieder auflebt, aber nicht als Bemessungsentgelt bei der Berechnung des ALG I zu berücksichtigen (*BSG* Urt v 11.6.2015 – B 11 AL 13/14 R, ZIP 2015, 1800). Wesentliche tatsächliche Änderungen im Bereich der RV sind ferner: **Hinzutritt einer Rente** aus der ges UV (§ 93 SGB VI), **Änderung des Unterhaltsanspruchs,** der auf eine Witwen- oder Witwerrente nach dem vorletzten Ehegatten anzurechnen ist (§ 90 Abs 1 SGB VI; vgl auch *BSGE* 72, 1: Wiederheirat bei Witwenrente), **Hinzutreten eines weiteren Berechtigten** auf Witwen- oder Witwerrente aus derselben Versicherung (vgl § 91 SGB VI, hierzu: *Mey* DAngVers 1993, 367), **Wegfall der Voraussetzungen für die Befreiung von der Versicherungspflicht** gem § 6 SGB VI und das **Überschreiten der Hinzuverdienstgrenze in § 34 Abs 2 SGB VI** (*BSG* SozR 3-1300 § 48 Nr 37; *BSG* SGb 2000, 281 mAnm Dörr).

40

41 Der **Ablauf der Prüffrist, ob ein ausländischer Arbeitnehmer zu vermitteln ist,** stellt eine wesentliche Änderung seiner Verfügbarkeit dar und berechtigt die Agentur für Arbeit, eine bewilligte Leistung für die Zukunft zu entziehen (*BSG* SozR 1300 § 48 Nr 28). Eine Gehaltsnachzahlung an den Bezieher von Alg (*BSGE* 78, 109; ebenso für den Empfänger einer Versichertenrente: *BSG* Breith 1989, 390; *BSG* NZS 1996, 536) ist ebenfalls eine wesentliche Änderung iS von § 48 sowie die Berufsaufgabe (*BSGE* 80, 215). Eine wesentliche Änderung ist auch das **Eintreten eines Ruhenstatbestands,** zB nach § 34 SGB XI. Es ist dann kein Ruhensbescheid zu erteilen, sondern eine Rücknahme nach § 48 Abs 1 Satz 1 mit Wirkung für die Zukunft oder nach Abs 1 Satz 2 Nr 4 vom Zeitpunkt des Ruhens an auszusprechen (vgl *Schütze* aaO § 48 Rz 6).

42 Die **Änderung einer inneren Tatsache genügt** (vgl auch Rz 21). Fällt während einer **Reha-Maßnahme** zB die subjektive Bereitschaft eines Versicherten, an der Maßnahme entsprechend mitzuwirken, nachträglich weg, so liegt darin eine wesentliche Änderung (*BSG* SozR 1300 § 48 Nr 1). Gleiches gilt im Hinblick auf den Anspruch **auf Alg** für den nachträglichen Wegfall der Absicht, eine Beschäftigung aufnehmen zu wollen (vgl *BSG* SozR 4460 § 7 Nr 6). Eine wesentliche Änderung kann ferner darin liegen, dass bei gleichbleibendem medizinischen Befund die **Arbeitgeber** nun der Auffassung sind, dass Schädigungsfolgen die Leistungsfähigkeit wesentlich einschränken (so für das berufliche Betroffensein *BSGE* 59, 100).

43 **Im Hinblick auf die Unbeachtlichkeit unfallunabhängiger Nachschäden** (*BSG* SozR 3100 § 30 Nr 71) bedeutet es keine wesentliche Änderung und rechtfertigt keine Neufeststellung (vgl *Benz* SGb 1981, 302 [303]; vgl auch *BSG* SozR 3100 § 62 Nr 24), wenn ein Rentenbezieher, der durch das zu entschädigende Ereignis die Sehkraft eines Auges verlor, später – hiervon unabhängig – auf dem anderen Auge erblindet (vgl *BSGE* 27, 142). Dies gilt auch, wenn sich **Schädigungsfolgen** wegen zunehmenden Alters oder wegen unfallunabhängiger Krankheiten oder Gebrechen stärker bemerkbar machen (*BSGE* 14, 172). Entsprechendes gilt, wenn die unfall- oder schädigungsbedingten Gesundheitsstörungen abklingen, aber neue, davon unabhängige Leiden auftreten, welche die gleichen Symptome aufweisen wie die früher bestehenden Verletzungsfolgen. Hier wird von einem „**Verschieben der Wesensgrundlage**“ (Wechsel der Ursache) eines Leidens gesprochen (vgl hierzu *BSGE* 13, 89; *Schütze* aaO § 48 Rz 13).

44 Der Wegfall des SchwbG zum 1.7.2001 und das gleichzeitige Inkrafttreten des SGB IX stellt keine wesentliche Änderung iS von § 48 dar (*BSG* Urt v 11.11.2004 – B 9 SB 1/03 R). Bei einer Neufeststellung nach dem SGB IX ist die Beh allerdings nicht an die **Bewertung von GdB** für unverändert gebliebene Leiden gebunden, da den für die Festsetzung des Gesamt-GdB im Bescheid zugrunde gelegten Einzelgraden der Behinderung keine Bindungswirkung zukommt (*BSG* SozR Nr 44 zu § 77 SGG; SozR 3-3870; *BSG* SGb 1997, 165; *BSGE* 81, 50). Die Beh ist aber an den verbindlich festgestellten Gesamt-GdB gebunden. Eine andere Beurteilung (§ 48) gilt aber dann, wenn in den einzelnen Funktionsbeeinträchtigungen (*BSGE* 81, 50) Änderungen eingetreten sind, denn dann darf insoweit auch eine Neubewertung vorgenommen werden Die Beh ist zudem berechtigt, eine Besserung früher festgestellter Funktionsbeeinträchtigungen und die damit mögliche Verringerung des GdB-Satzes mit einer Erhöhung wegen neuer Behinderungen in einer **Gesamtbetrachtung** zu „verrechnen“ (vgl *Schütze* aaO § 48 Rz 6). Steht einer zusätzlichen Behinderung auf der einen Seite eine Besserung der bisherigen Behinderungen auf der anderen

Seite in etwa gleichem Maße gegenüber, so ist für eine Änderung der Gesamt-MdE kein Raum (*BSG* SozR 3100 § 62 Nr 21; SozR 1300 § 48 Nr 29).

Wenn im Einzelfall die **MdE** unter Berücksichtigung einer **unfallbedingten Berufsaufgabe** festgesetzt wurde, ist wegen des Erwerbs neuer Kenntnisse und Fähigkeiten, mit denen eine gleichwertige Tätigkeit ausgeübt werden kann, die MdE entsprechend herabzusetzen (*BSGE* 56, 274; dazu, wann bei Erwerb neuer Kenntnisse und Fertigkeiten eine wesentliche Änderung bejaht werden kann: *BSGE* 39, 49; *BSG* SozR 2200 § 622 RVO Nr 10; vgl auch: *LSG NRW* Breith 1990, 127). Das **altersbedingte Ausscheiden** eines Rentenbeziehers aus dem Erwerbsleben bedeutet keine wesentliche Änderung bei einer Hauterkrankung (*BSG* SozR 2200 § 622 RVO Nr 15). Eine Besserung oder Verschlimmerung von **Schädigungs- oder Unfallfolgen** ist allein dann wesentlich, wenn sich hierdurch **die MdE/GdB um mehr als 5 vH senkt oder erhöht**, denn eine MdE lässt sich grundsätzlich nur auf volle 10 vH genau bemessen (*BSG* Urt v 19.12.2013 – B 2 U 17/12 R, NZS 2014, 342; *BSGE* 41, 99; *Freischmidt* aaO § 48 Rz 11). Dies gilt auch dann, wenn davon die Wiedergewährung der Rente oder die Schwerbehinderteneigenschaft abhängt (*BSGE* 32, 245). Dies gilt auch für den **Bereich der KOV** (*BSG* in SozR 3100 § 62 BVG Nr 14). Eine andere Beurteilung greift allerdings dann, wenn sich nunmehr erstmals eine MdE in rentenberechtigender bzw ein GdB in feststellbarere Höhe ergibt (zutreffend: *Steinwedel* aaO § 48 Rz 19).

45

4. Aufhebung ab Änderung der Verhältnisse (Abs 1 Satz 2)

Der VA soll – anders als bei Abs 1 Satz 1 – mit Wirkung vom Zeitpunkt der Änderung der Verhältnisse (= **rückwirkend**, *BSGE* 74, 20) aufgehoben werden, soweit einer der folgenden abschließenden vier Fallkonstellationen (Nr 1-4) gegeben ist (vgl auch § 330 Abs 3 Satz 1 SGB III). Hierbei ist zu beachten, dass für die **Unterscheidung der Aufhebungswirkung** (ex tunc oder ex nunc) nicht immer auf den Tag des Zugangs abgestellt werden kann, denn bei **Sozialleistungen, die für bestimmte Zeiträume bewilligt werden**, beginnt die Zukunftswirkung nicht bereits mit dem Tag nach Zugang, sondern erst mit dem **Beginn des nächsten Leistungszeitraums** (*BSGE* 65, 185; 80, 186; *BSG* Breith 2000, 501 für ein Stipendium).

46

Es ist eine einheitliche Aufhebungsentscheidung zu treffen (*Ebsen* JbdSozRdG 1994, 327 [338]). Die Aufhebung soll nur in dem Umfang erfolgen, in dem die Änderung reicht („**soweit**"). Der Begriff „soweit" kann dabei eine **zeitliche** (Aufhebung der Anrechnung einer Berücksichtigungszeit wegen Ausbildung nach § 58 Abs 1 Nr 4 SGB VI für einen Monat, weil die Prüfungen bereits absolviert wurden und keine Lehrveranstaltungen mehr stattfinden, vgl *BSG* SozR 3-2600 § 58 Nr 13) oder aber eine **inhaltliche Einschränkung** (niedrigere Leistungen, zB: Aufgrund der Gewöhnung an eine Behinderung darf nur noch Pflegegeld gem Pflegestufe I, 244 Euro, und nicht mehr Pflegegeld gem Pflegestufe II, 458 Euro, gewährt werden) bedeuten (*BSG* SozR 1300 § 48 Nr 21). Ist rückwirkend eine vorrangige Sozialleistung bewilligt worden, ist nur insoweit aufzuheben, als es zu einem Doppelbezug gekommen ist (*BSG* SozR 1300 § 48 Nr 22; ebenso *Schütze* aaO § 48 Rz 1).

47

4.1. Atypische Fälle

In den Fällen des Abs 1 Satz 2 „**soll**" der VA rückwirkend vom Zeitpunkt der Änderung der Verhältnisse an aufgehoben werden (nach § 330 Abs 3 Satz 1

48

SGB III „ist" aufzuheben). Mit dem Begriff „soll" wird zum Ausdruck ge-bracht, **dass die Aufhebung die Regel ist** (*BSGE* 59, 111; 60, 180; 66, 103; 69, 233; 74, 131, *BVerwGE* 78, 101; st Rspr; *Freischmidt* aaO § 48 Rz 16; *Stein-wedel* aaO § 48 Rz 35: Eingeschränktes Ermessen). Da iRah des weggefallenen § 622 Abs 1 RVO die Rückwirkung uneingeschränkt galt und damit § 48 ge-genüber früher eine Verschlechterung der Rechtsposition des Bürgers bedeutet, ist Abs 1 Satz 2 einer Mussvorschrift angenähert auszulegen (zutreffend: *Schüt-ze* aaO § 48 Rz 20). Nur in Ausnahmefällen – den sog **atypischen Fällen** – kann auch allein für die Zukunft aufgehoben werden, denn die Beh muss hier **Ermes-sen** ausüben (*BSGE* 59, 111; 60, 180; 66, 103; 69, 233; 74, 20; 74, 131; 74, 287; *BSG* SozR 1300 § 48 Nr 53 mwN; *Freischmidt* aaO § 48 Rz 16; *Pickel* aaO § 48 Rz 32; kein Ermessen bei atypischen Fällen aber im Anwendungsbe-reich des § 330 **SGB III**: *BSG* info also 2004, 21; *Niesel* in Niesel SGB III § 330 Rz 34). Die Feststellung, **ob ein atypischer Fall gegeben ist**, liegt nicht im Er-messen der Beh (*BSGE* 59, 111; 66, 103; 74, 131; 74, 287; *Steinwedel* aaO § 48 Rz 36).

49 Der atypische Fall berechtigt die Beh also, von der rückwirkenden Aufhebung im Wege des Ermessens abzusehen; allerdings kann die Beh iRah d **Ermessen** dennoch zu einer Aufhebung für die Vergangenheit kommen (*BSG* SozR 1300 § 48 Nr 19). Sie entscheidet, ob und in welchem zeitlichen Umfang der VA auf-gehoben wird (*BSG* NZS 1995, 267). Ein atypischen Fall verlangt, dass – unter Würdigung aller Umstände des Einzelfalls (*BSGE* 66, 103; 74, 287; *BSG* SozR 1300 § 48 Nr 44) – der konkrete Sachverhalt im Hinblick auf die mit der rück-wirkenden Aufhebung verbundenen Nachteile von den Normalfällen der Tatbe-stände der Nr 1 bis 4 so signifikant abweicht (*BSGE* 66, 103; 74, 20; 74, 287; *BSG* SozR 1300 § 48 Nr 24, 25, 44, 53), dass der Leistungsempfänger in be-sondere Bedrängnis geriete, wenn für die Vergangenheit aufgehoben werden würde (*BSG* Urt v 5.10.2006 – B 10 EG 6/04 R; *BSGE* 59, 116; 66, 103; 74, 287; *BSG* SozR 1300 § 48 Nr 44; *Steinwedel* aaO § 48 Rz 37). Dass mit der rückwirkenden Bescheidaufhebung bei begünstigenden VA **zwingend eine Rückforderung nach § 50 Abs 1** verbunden ist, war dem Gesetzgeber bewusst und begründet deshalb allein noch keinen atypischen Sachverhalt (*BSG* NZS 1993, 465; *Freischmidt* aaO § 48 Rz 18; *Steinwedel* aaO § 48 Rz 37; vgl auch *BSGE* 74, 287; aA *BSG* SozVers 1996, 24). Die besonderen Umstände hat die Beh darzulegen und zu beweisen; sie trägt die **materielle Beweislast**.

50 Hätte der Betroffene alternativ Anspruch auf eine **andere Sozialleistung** gehabt, so begründet das allein ebenfalls noch keinen atypischen Fall (*BSG* Urt v 20.2.1991 – 11 RAr 67/89; aA *BSG* Urt v 5.10.2006 – B 10 EG 6/04 R, für den Fall, dass anstatt des Betroffenen der Ehegatte einen Anspruch auf Sozial-leistung nach dem BerzGG gehabt hätte). Gleiches gilt für die fehlende **Sprach-kenntnisse und das Analphabetentum** (*LSG BW* SGb 1993, 119). Ein atypi-scher Fall liegt allerdings vor, wenn der Betroffene durch die rückwirkende Auf-hebung sozialhilfebedürftig werden würde (*BSG* Urt v 12.12.1995 – 10 RKG 9/95; *BSG* SozR 4-3800 § 10 a Nr 1 = Breith 2005, 587). Einkommen- oder Vermögenslosigkeit reicht hingegen nicht aus (*BSG* NZA 1987, 467).

51 Wurde die Überzahlung durch eine **grobe Pflichtwidrigkeit des Leistungsemp-fängers verursacht**, reicht auch eine Überschuldung oder schlechte Einkom-menslage nicht aus, einen atypischen Fall zu begründen (*BSG* SozR 1300 § 48 Nr 44; *BSG* NZA 1987, 468; *BSG* Urt v 20.2.1991 – 11 RAr 67/89; aA wohl *BSGE* 74, 287: Für die Frage der Atypik eines Falles kann es nicht darauf an-kommen, aus welchen Gründen sich der von einer Rückforderung Betroffene in schlechten wirtschaftlichen Verhältnissen befindet). Die mit jeder Rückforderung verbundene Härte genügt ebenfalls nicht, einen atypischen Fall anzunehmen, wohl aber eine **besonders unbillig erscheinende Härte** (*BSG* SozR 5870 § 2 Nr 30; SozR 1300 § 38 Nr 44; *BSGE* 74, 287). Auch **Bösgläubigkeit des Betroffenen** schließt eine Atypik aus, so dass die Aufhebung einer Rentenbewilligung selbst nach 15 Jahren noch möglich sein kann (*BSG* Urt v 1.7.2010 – B 13 R 77/09 R, BeckRS 2010, 72717).

Wann ein atypischer Fall vorliegt, richtet sich auch nach **Sinn und Zweck der jeweiligen Fallgruppe in § 48 Abs 1 Satz 2** (vgl *BSG* NZS 1996, 238; *Schütze* aaO § 48 Rz 20). Bei **Nr 3** liegt ein atypischer Fall zB vor, wenn der Betroffene aufgrund besonderer Umstände nicht damit zu rechnen brauchte, erstattungspflichtig zu werden, und er im Vertrauen darauf das nachträglich erzielte **Einkommen ausgegeben** hat, aus dem er sonst die Erstattungsforderung beglichen hätte (vgl *BSG* SozR 1300 § 48 Nr 22, Nr 25; *BSG* VersVerw 1995, 31). Ein atypischer Fall ist weiter dann gegeben, wenn der Empfänger die überzahlte Leistung **gutgläubig verbraucht** hat und ihm für die Rückzahlung nur die laufenden Bezüge zur Verfügung stehen (*BSG* SozR 4-3800 § 10 a Nr 1 = Breith 2005, 587; *BSG* SozR 1300 § 48 Nr 53; *BSG* SozR 5870 § 11 Nr 2; vgl auch *BSGE* 74, 287, wo ein atypischer Fall angenommen wurde, weil die Gehaltszahlung mit Prämienvorschüssen verrechnet wurden, so dass die Rückzahlung von KrG den Betroffenen in besondere Bedrängnis gebracht hätte). Von einem atypischen Fall ist ferner dann auszugehen, wenn die aufgrund eines VA erbrachte Sozialleistung **einem Dritten zufließt** und der Adressat des VA nicht mehr Anspruchsinhaber ist (*LSG RhPf* Breith 1992, 147) oder durch **falsche Angaben in Merkblättern** ein besonderer Vertrauenstatbestand geschaffen wurde (*BSG* SozR 5870 § 2 Nr 47; *Freischmidt* aaO § 48 Rz 21).

Ein atypischer Fall kann außerdem dann gegeben sein, wenn die Überzahlung **52** auf einem **groben Verschulden der Verwaltung** beruht (vgl *BSGE* 66, 103; 74, 287; *BSG* SozR 1300 § 48 Nr 24, 25; SozR 3-4100 § 115 Nr 1; *BSG* NZA 1991, 117: Eine Änderungsmitteilung erreicht innerhalb der Beh nicht die entscheidende Stelle; vgl auch *Steinwedel* aaO § 48 Rz 37; hierzu: *Schultes* MittLVA Ofr/Mfr 1994, 259 [279]; vgl auch *BSGE* 76, 84). Hat der LeistungsTr nach Kenntnisnahme einer mit Nachteilen für den Betroffenen verbundenen Änderung der Sach- und Rechtslage nicht durch ihm obliegendes Verhalten (Beratung) **den Schaden begrenzt**, erfordert die Aufhebung des VA ab Änderung der Verhältnisse die Ausübung von Ermessen (*BSG* SozR 4100 § 103 Nr 47).

Verschweigt ein Leistungsempfänger in **Verletzung seiner Mitteilungspflicht 54** nach § 60 SGB I bewusst eine ihm nachteilige Änderung der Verhältnisse, liegt kein atypischer Fall vor, wenn der Leistungsträger bei Beachtung seiner Mitteilungspflicht die Überzahlung hätte vermeiden können (*BSG* SozR 3-1300 § 48 Nr 10). Wenn die Beh hier durch einen **missverständlichen Hinweis** in einem Merkblatt einen besonderen Vertrauenstatbestand geschaffen hat, so liegt ebenfalls kein atypischer Fall vor (*BSG* SozR 5870 § 2 Nr 47; zu atypischen Fällen im Bereich der RV vgl: *Rauschenbach* DAngVers 1988, 444).

Der Begriff des atypischen Falls ist ein **unbestimmter Rechtsbegriff**, so dass des- **55** sen Vor durch die Gerichte vollständig überprüft werden können (vgl *BSG* SozR 1300 § 48 Nr 21, 25, 30, 44; auch erst in der Revisionsinstanz: *BSG* Urt v 18.11.2014 – B 4 AS 3/14 R, NJOZ 2015, 1789). Nimmt das Gericht anders als die Beh einen atypischen Fall an, so ist der VA wegen Ermessensnichtgebrauch aufzuheben (*Steinwedel* aaO § 48 Rz 38). Daher sollte die Beh in Zweifelsfällen eine Ermessensentscheidung treffen. Aus dem Widerspruchsbescheid muss jedenfalls hervorgehen, dass Ermessen ausgeübt worden ist (*BSGE* 59, 157). Die Ermessensentscheidung, ob für die Vergangenheit (ab Änderung der Verhältnisse) oder die Zukunft (ab Aufhebungsentscheidung) aufgehoben wird, kann von den Gerichten nur auf **Ermessensfehler** hin überprüft werden (vgl hierzu: § 31 Rz 76). Bei der Ermessensentscheidung sind alle entscheidungserheblichen Umstände zu berücksichtigen, auch wenn sie die Atypik selbst begründet haben (*Steinwedel* aaO § 48 Rz 39; vgl auch *Wilze* Komp 1990, 250). Bei einer **rückwirkenden Aufhebung zulasten** des Betroffenen vom Zeitpunkt der Änderung der Verhältnisse an brauchen nur die Voraussetzungen vorzuliegen, die in Abs 1 Satz 2 Nr 2-4 normiert sind, Vertrauenstatbestände gem § 45 sind hier nicht (ergänzend) zu prüfen (*Schütze* aaO § 48 Rz 20).

4.2. Einzelfälle

56   **Die Aufzählung in Abs 1 S 2** stellt eine abschließende Regelung derjenigen Fallkonstellationen dar, in denen VA mit Dauerwirkung bei Änderung der Verhältnisse rückwirkend aufgehoben werden können (aA *Graßl* SGb 1985, 153 [153]). Die Nr 1-4 stellen **Ausnahmeregelungen** z Grds einer Aufhebung für die Zukunft dar, die nicht analogiefähig sind (*BSGE* 69, 255). Eine andere Beurteilung ergibt sich auch nicht aus **Abs 4**. Dort wird zwar § 45 Abs 3 Satz 3, Abs 4 für entsprechend anwendbar erklärt, aber es sind nur die in diesen Vorschriften enthaltenen **Fristen** gemeint, nicht jedoch die weiteren materiellrechtlichen Vertrauensschutzkriterien (*LSG Nds* Breith 1985, 144; so auch *Schütze* aaO § 48 Rz 20; vgl zum Regelungsumfang des Abs 4 Rz 107 ff). Bei Renten aus der RV ist die rückwirkende Wiedergewährung von Rente in den §§ 99, 100 SGB VI geregelt.

57   Die Fallkonstellationen in den Nr 1-4 stehen **alternativ** nebeneinander; es genügt, wenn die Vor einer Ziff vorliegen. Allerdings können mehrere Alt gleichzeitig nebeneinander erfüllt sein, so dass jede für sich geeignet ist, die rückwirkende Aufhebung zu rechtfertigen (vgl *BSG* VersorgVerw 1994, 94). Es empfiehlt sich, bereits im Bescheid die Vor aller Alt zu prüfen und die Rücknahme ggf auf mehrere Alt stützen, denn im Klageverfahren könnten die Vor einer Fallkonstellation verneint werden (so: *Schütze* aaO § 48 Rz 21); allerdings können Gründe, die es rechtfertigen, den Bescheid nach einer anderen Ziffer aufzuheben, nachgeschoben werden. Bescheide über die **Höhe laufender Beitragszahlungen** können nur nach der Nr 2 aufgehoben werden (*BSGE* 66, 103; 62, 10).

4.2.1. Änderung zugunsten des Betroffenen (Nr 1)

58   Die erste Fallkonstellation betrifft **Änderungen zugunsten des Betroffenen** (in Abs 2 wird von „Berechtigten" gesprochen, ohne das ein sachlicher Unterschied gemeint ist; zum Verhältnis von Betroffenen und Berechtigtenbestimmung nach dem BKGG: *BSGE* 69, 233). Für **Abs 1 Satz 2 Nr 1** kommt es also darauf an, ob die nach einer Aufhebung beabsichtigte Neuregelung zugunsten des Betroffenen erfolgen soll, also statt einer belastenden **eine begünstigende, eine weniger belastende oder aber eine noch begünstigendere Regelung** getroffen werden soll, zB Rentenerhöhung bei Verschlechterung des Gesundheitszustandes oder der Verringerung eines „Unterhaltsanspruchs", der nach § 90 Abs 1 SGB VI auf die Witwenrente nach dem vorletzten Ehegatten anzurechnen ist (*BSG* SozR 3-5795 § 6 VAHRG; *BSGE* 72, 50; *Schnapp* in GK-SGB X § 48 Rz 39) oder das Entfallen der Voraussetzung für eine Entziehung nach § 66 SGB I (*BSGE* 76, 16). Eine Verbesserung des gesundheitlichen Zustandes ist keine

Änderung zugunsten des Betroffenen, wenn sie zu einer niedrigeren Leistung führt (*Freischmidt* aaO § 48 Rz 17).

ZT begrenzt der Zeitpunkt der Antragstellung eine rückwirkende Neufeststel- **59** **lung zugunsten des Betroffenen** (vgl in der RV: §§ 99, 100, 46 Abs 3, 90 SGB VI, in der UV: § 73 Abs 2 Satz 2 SGB VII; PflegeV: § 33 Abs 1 SGB XI). In den Fällen, in denen der Antrag Anspruchsvoraussetzung ist, kann eine Rückwirkung also nicht erfolgen. Wenn auf bestandskräftige VA mit Dauerwirkung mehrere Änderungen tatsächlicher und/oder rechtlicher Art einwirken, ist Nr 1 nur erfüllt, wenn sich **aus allen Änderungen „per saldo" für den Betroffenen eine günstigere neue Regelung ergibt** (hierzu *BSG* Breith 1995, 629; *Steinwedel* aaO § 48 Rz 40).

Die **Vierjahresfrist des § 44 Abs 4** (vgl § 44 Rz 51 ff) kommt seit dem 2. **60** SGBÄndG entsprechend zur Anwendung (Verweisung in Abs 4). Davor galt gem § 45 SGB I für Leistungen, der über Art 2 § 17 SGB I auch Altfälle erfasste (*BSG* SozR 3100 § 10 Nr 7), die **vierjährigen Verjährungsfrist** (*BSGE* 61, 54; *BSG* SozR 3-1200 § 45 Nr 2). Das galt auch für die Fälle, in denen die verspätete Neufeststellung in den Verantwortungsbereich der Beh fiel (*BSGE* 61, 54; zu den Ermessenserwägungen bei der Erhebung der Einrede der Verjährung vgl *BSG* SozR 3-1200 § 45 Nr 2; auch § 44 Abs 3 ist nicht anwendbar, *BSG* aaO). Von einer rückwirkenden Aufhebung darf abgesehen werden, wenn der Begünstigte es zu vertreten hat, dass die Beh nicht rechtzeitig von der Änderung Kenntnis erlangte (BT-Drucks 8/2034, 35).

4.2.2. Verletzung der Mitteilungspflicht (Nr 2)

Mit der zweiten Fallkonstellation wird die **grob fahrlässige oder vorsätzliche** **61** **Verletzung von Mitteilungspflichten über nachteilige Änderungen** erfasst. Mitteilungspflichten nach **Abs 1 Satz 2 Nr 2** werden insb durch § 60 Abs 1 Nr 2 SGB I als nicht erzwingbare Obliegenheit vorgeschrieben (*BVerwG* ZfS 1996, 82; *Freischmidt* aaO § 48 Rz 18; *Pickel* aaO § 48 Rz 37; *Steinwedel* aaO § 48 Rz 44; zum Mitteilungspflichtigen *BSGE* 69, 233; 77, 175). Der Bürger ist nicht verpflichtet, der Beh mitzuteilen, dass ein ihn betreffendes G sich zu seinem Nachteil verändert hat (*BSGE* 77, 253). Ist der Betroffene allerdings **belehrt** worden, dass er bestimmte für den Leistungsbezug erhebliche Umstände mitzuteilen hat (zB Arbeitsaufnahme, Steuerklassenwechsel, Heirat, Erzielung von weiteren Einkünften) und kommt er dieser Pflicht nicht nach, so liegt idR **grobe Fahrlässigkeit** vor. An einer groben Fahrlässigkeit fehlt es, wenn der Rentenbezieher bei nachträglicher Bewilligung einer UV-Leistung nach den Gegebenheiten seines Einzelfalles davon ausgehen konnte, dass der UVTr diese Leistungsbewilligung dem RVTr mitteilt (vgl *LSG Saarl* SozVers 1995, 189).

Grobe Fahrlässigkeit (§ 45 Abs 2 Satz 3 Nr 3) liegt danach also vor, wenn der **62** Leistungsempfänger aufgrund einfachster Überlegungen sicher das von ihm geforderte Verhalten, also die bestehende Mitteilungspflicht, hätte erkennen können und er das diese Mitteilungspflicht auslösende Ereignis kannte (*BSGE* 62, 103; 74, 20; ausführlich: *BSGE* 77, 253: das geforderte Verhalten muss offen auf der Hand liegen; *BSG* SozR 1300 § 48 Nr 22; zum Begriff der groben Fahrlässigkeit vgl auch: § 45 Rz 33; vgl auch *Steinwedel* aaO § 48 Rz 43), wobei vom **subjektiven Fahrlässigkeitsbegriff** auszugehen ist (*BSGE* 35, 108; 44, 264; 74, 20; 79, 66; *BSG* Urt v 5.9.2006 – B 7a AL 14/05 R; *BSG* Urt v 9.2.2006 – B 7a AL 58/05 R, SGb 2006, 307). **Vorsatz** verlangt ein bewusst und gewolltes Vorenthalten der mitzuteilenden Änderungen (zum Begriff: *Freischmidt* aaO § 48 Rz 18; § 45 Rz 33).

63　Diesem Unterlassen einer gebotenen Mitteilung sind die vorsätzliche oder grob fahrlässige Mitteilung **unrichtiger Angaben** zur Aufrechterhaltung des Anspruchs nach Erlass des VA gleich zu achten (*Pickel* aaO § 48 Rz 36; *Steinwedel* aaO § 48 Rz 44; *Schütze* aaO § 48 Rz 23). **Nr 2 ist sinngemäß auch in den Fällen anzuwenden**, in denen die Beh aufgrund einer Änderung des dem DauerVA zugrundeliegenden G verpflichtet ist zu prüfen, ob dadurch entscheidungserhebliche gewordene tatsächliche Umstände vorliegen, die nach der neuen Rechtslage die Aufhebung oder Anpassung des DauerVA rechtfertigen. Dann sind die Berechtigten zur wahrheitsgem Antwort verpflichtet, falls eine Rechtsvorschrift ihnen die Angabe entscheidungserheblicher Tatsachen vorschreibt, zB § 60 Abs 1 Nr 1 SGB I (vgl *BSGE* 77, 253).

64　Die Verletzung der Mitteilungspflicht muss nicht im strengen Sinne **kausal** für die Überzahlung geworden sein bzw dafür, dass nicht früher zurückgenommen wurde (*BSG* Urt v 9.2.2006 – B 7a AL 58/05 R, SGb 2006, 307; vgl auch Eicher in Eicher/Schlegel, SGB III, § 330 Rz 9; aA noch Voraufl, *Schütze* in von Wulffen, aaO § 48 Rz 23, *Rüfner* in Wannagat, SGB X, § 48 Rz 52; vgl auch *BSGE* 47, 28; *BSG* SozR 4100 § 152 Nr 10 zu § 152 Abs 1 Nr 1 AFG, dessen Wortlaut sich allerdings von dem des § 48 Abs 1 Satz 2 unterscheidet). Die Anwendung von § 48 Abs 1 S 2 Nr 2 verlangt allerdings nicht, dass die Verletzung der Mitteilungspflicht ursächlich für die Überzahlung war, sondern nur, dass der Verstoß gegen eine Mitteilungspflicht in einem „**Pflichtwidrigkeitszusammenhang**" mit der Leistungsgewährung steht. Es reicht also nicht jeder Verstoß gegen Mitwirkungspflichten aus, sondern nur der gegen eine Mitteilungspflicht, die die Leistungserbringung gerade im konkreten Kontext verhindern soll (bejaht für die in § 122 Abs 2 Nr 2 SGB III aF normierte Mitteilungspflicht, *BSG* Urt v 9.2.2006 – B 7a AL 58/05 R, SGb 2006, 307). Nur soweit dies der Fall gewesen ist, kann zurückgenommen werden. Die Mitteilungspflicht entfällt nicht, wenn die mitzuteilenden Umstände der Beh bereits bekannt waren (*BSG* SozR 4100 § 152 Nr 10); dies kann allerdings einen atypischen Fall begründen (*BSGE* 66, 103; *Steinwedel* aaO § 48 Rz 45). Die (nicht endgültige) Leistungsversagung oder Entziehung nach § 66 **Abs 1 Satz 1 SGB I** ist selbstständig neben § 48 Abs 1 Satz 2 Nr 2 anwendbar (*BSGE* 76, 16; *BayLSG* Breith 2000, 593).

4.2.3.　Nachträglich erzieltes Einkommen oder Vermögen (Nr 3)

65　Die dritte und praxisrelevanteste Fallkonstellation erfasst das nachträgliche Erzielen von leistungsschädlichem Einkommen oder Vermögen (vgl zur Einkommensanrechnung in der RV: §§ 90 ff SGB VI; hierzu *Schultes* MittLVA Ofr/Mfr 1994, 259 [278]; vgl auch *BSGE* 89, 13). Maximal in Höhe des erzielten Einkommens bzw Vermögens wird der Vertrauensschutz eingeschränkt (*BSGE* 89, 13). Bei einkommens- und vermögensabhängigen Sozialleistungen soll eine Parallelität von Sozialleistungen und Einkommen auch für vergangene Zeiträume nicht hingenommen werden (*Freischmidt* aaO § 48 Rz 19). Der Begriff des **Einkommens iSv Nr 3** geht über den Einkommensbegriff in § 16 SGB IV hinaus (*Freischmidt* aaO § 48 Rz 19). Es werden auch die nicht zu den Einkünften iSd Steuerrechts gehörenden, geldwerten, **steuerfreien Bezüge und (ggf vorschussweise gewährten) Sozialleistungen** gerechnet (*BSG* SozR 5870 § 2 Nr 30; *BSG* Breith 1996, 791).

66　Es genügt, wenn nicht der Antragsteller, sondern eine **dritte Person**, deren wirtschaftliche Verhältnisse für den Leistungsanspruch rechtserheblich sind, Einkommen erzielt hat (vgl *BSG* info also 2004, 21 *BSG* SozR 1300 § 48 Nr 53;

BSG ZfS 1996, 81). Es genügt außerdem, dass der erzielte Betrag weitergereicht – erstattet – werden musste (vgl *BSG* DStR 1992, 880; vgl auch *BSG* SozR 3-4100 § 115 Nr 3). Ein Fall der Nr 3 liegt allerdings nicht vor, wenn der Betroffene einen möglichen **anderweitigen Einkommenserwerb ausgelassen** hat (*Schütze* aaO § 48 Rz 24). Teile der nachträglich bewilligten Sozialleistung, die im Wege der **Verrechnung** einem anderen Tr und nicht dem Begünstigten direkt ausgezahlt werden, sind ebenfalls erzieltes Einkommen (vgl *BSGE* 60, 180). Auf evtl anrechenbares, **fiktives Einkommen** ist Nr 3 allerdings nicht anrechenbar (*Steinwedel* aaO § 48 Rz 49).

Einkommen oder Vermögen muss **nach Erlass des aufzuhebenden Bescheids** erzielt worden sein (*Schütze* aaO § 48 Rz 24). Hat der Betroffene hingegen nach Antragstellung, aber **vor Erlass des aufzuhebenden Bescheids**, Einkommen oder Vermögen erzielt, dies jedoch der Beh nicht angegeben oder zwar angegeben, ohne dass es von der Beh beachtet wurde, so liegt ein **ursprünglich rechtswidriger VA** vor, dessen Aufhebung sich nach § 45 richtet (vgl auch: *BSGE* 79, 92; *BayLSG* Urt v 24.11.2010 – L 19 R 395/07, BeckRS 2011, 69823). Dieser Fall der anfänglichen Rechtswidrigkeit wird nach richtiger Ansicht – trotz des Wortlauts – nicht von Abs 1 Satz 2 Nr 3 erfasst (*BSGE* 57, 274; 61, 278; *BSG* SozR 1300 Art 2 § 40 Nr 7; *Steinwedel* aaO § 48 Rz 48; *Pickel* aaO § 48 Rz 38). Gleiches gilt für den Fall, dass zwischen Antrag und Bewilligung eine **andere Sozialleistung vorschussweise** gezahlt worden ist (*BSG* SozR 1300 § 43 Nr 1; anders aber bei Aufhebung von Bescheiden wegen rückwirkend bewilligter anderer Leistungen, zB KrG, Alhi: *BSGE* 59, 111; 74, 287; *BSG* SozR 1300 § 48 Nr 22 und 26).

Es kommt nicht darauf an, dass **bewusst und gewollt** Einkommen oder Vermögen geschaffen wurde (*Freischmidt* aaO § 48 Rz 20; *Pickel* aaO § 48 Rz 37). Der **Begriff „Erzielen"** verlangt eine solche Auslegung nicht. Deshalb wird zB auch der Fall einer **Erbschaft** erfasst (vgl BT-Drucks 8/2034, 35). Es genügt, dass die anrechenbare Leistung erst nach Ablauf der Anspruchszeit ausgezahlt worden ist. Nr 3 ist dann **entsprechend anzuwenden**, wenn nachträglich Einkommen oder Vermögen erzielt worden ist, das zum **Ruhen** des Anspruchs geführt haben würde (so: *BSG* SozR 1300 § 48 Nr 22; *BSG* ZfS 1996, 81; *Freischmidt* aaO § 48 Rz 19; *Steinwedel* aaO § 48 Rz 46; *Schütze* aaO § 48 Rz 24; aA *SchlHLSG* Urt v 21.3.1985 – L 3 Ar 81/84, juris; *LSG Nds* Urt v 16.3.1984 – L 7 Ar 85/83, juris). Eine Aufhebung ist allerdings nur dann gerechtfertigt, wenn das Einkommen **anrechenbar** war (*BSGE* 60, 180; *BSG* SozR 3-1300 § 48 Nr 37; *v Einem* SozVers 1996, 5; aA *BSGE* 59, 111; *Steinwedel* aaO § 48 Rz 47). Nr 3 gilt ferner in allen Fällen, in denen **rückwirkend eine Leistung bewilligt** worden ist, die – bei rechtzeitiger Gewährung – die andere Sozialleistung ausgeschlossen hätte (vgl Abs 1 Satz 3), dh nicht nur, wenn im Gesetz ausdrücklich von Wegfall, Anrechenbarkeit oder Ruhen gesprochen wird.

Die rückwirkende Aufhebung nach Nr 3 kommt nur in dem Umfang in Betracht, in dem nachträglich leistungsschädliches Einkommen oder Vermögen erzielt wurde, also zB bei Überschreiten der Hinzuverdienstgrenze iH des Mehrverdienstes („soweit", *BSG* SozVers 1996, 24; *BSG* Breith 1996, 684; *Steinwedel* aaO § 48 Rz 50; vgl auch: *v Einem* SozVers 1996, 5 [7]). Wird nachträglich eine **niedrigere Sozialleistung** bewilligt, welche die bisherige, höhere Leistung entfallen lässt, so ist die Aufhebung auf die Höhe der nachträglich bewilligten niedrigeren Sozialleistung beschränkt.

70　Ergibt sich im Klageverfahren, dass die Aufhebung des VA nur nach Nr 3 gerechtfertigt werden kann, so darf die Regelung noch durch das **Nachschieben von Gründen** auf Nr 3 gestützt werden und umgekehrt. Nr 3 setzt **kein Verschulden des Betroffenen** voraus und keine Bösgläubigkeit wie Nr 2 und 4 (*Pickel* SGb 1992, 294 [297]; *Steinwedel* aaO § 48 Rz 51; *Schütze* aaO § 48 Rz 24). Sonderregelung zu Nr 3 ist § 20 **Abs 1 Nr 3 BAföG.** Vor dem 1.1.1981 erzieltes Einkommen berechtigt nicht zur Aufhebung von **Altbescheiden** nach Nr 3 (ebenso *BSG* SGb 1985, 508; *BSG* SozR 1300 Art 2 § 40 Nr 7; bei einer bloßen Minderung für das Versorgungsrecht aber abweichend *BSGE* 59, 30; zur rückwirkenden Aufhebung wegen nachträglichen Einkommens vgl *LSG Nds* Breith 1986, 780).

4.2.4. Kenntnis des Betroffenen (Nr 4)

71　Nr 4 erfasst die Fallgruppe der Betroffenen, die wussten oder hätten wissen müssen, dass der Anspruch **kraft Gesetzes** (durch VA reicht nicht: *BSGE* 77, 253) **nachträglich zum Ruhen gekommen oder weggefallen ist** (Bsp in *BSGE* 72, 1: Die Wiederverheiratung einer Witwe führt zum Entfallen des Anspruch auf Witwenrente kraft Gesetzes; vgl auch: *BSG* SozR 3-1300 § 45 Nr 26); die **bloße Abänderung** des gesetzl Anspruchs gem § 48 Abs 1 Satz 1 genügt nicht (*BSGE* 77, 253). Hier ist zu beachten, dass der **VA**, nicht das abstrakte und generelle Gesetz, **die individuelle Rechtsposition des Betroffenen gegenüber der Beh bestimmt.** Der VA entlastet den Bürger von eigener Rechtskenntnis; er entbindet ihn, die sich ständig ändernde Vielzahl der das tägliche Leben regelnden verwaltungsrechtlichen ges Regelungen zu verfolgen und selbst zu prüfen, was er von der Beh zu Recht beanspruchen kann. Deshalb braucht der aus einem DauerVA Berechtigte **grds nicht nachzuprüfen, ob sein sich aus dem VA ergebender Anspruch „kraft Gesetzes" nachträglich entfallen oder zum Ruhen gekommen ist**; insb wird er nicht schon durch die Publikation eines auf VerwVollzug angelegten G „bösgläubig" (vgl *BSGE* 65, 185; 71, 202; ausführlich *BSGE* 77, 253; vgl auch *BSGE* 65, 185: „Vertrauensschutz- und Entlastungsfunktion der Leistungsbewilligung"). *Steinwedel* (in KassKomm § 48 Rz 53 a) versteht die Formulierung „kraft Gesetzes" daher zutreffend als „**nach dem Gesetz**", weil die Regelung ansonsten weitgehend leer liefe (so auch *BSG* SozR 3-8755 § 6 Nr 1).

72　Lagen Ruhens- oder Wegfallvoraussetzungen bereits bei Erlass des VA vor, ist § 45 Abs 2 Satz 3 Nr 3 einschlägig. Obwohl **der Anspruch kraft Gesetzes wegfällt,** muss ein Aufhebungsbescheid ergehen, es sei denn, etwas anderes ist gesetzlich ausdrücklich bestimmt (*BSG* SGb 2004, 45; *BSG* SozR 5850 § 4 Nr 8; vgl auch Rz 6). Die in Nr 4 verlangte **Sorgfaltspflichtverletzung** entspricht dem in Nr 2 ausdrücklich enthaltenen Begriff der groben Fahrlässigkeit, wie die Legaldefinition der groben Fahrlässigkeit in § 45 Abs 2 Satz 3 Nr 3 zeigt (*BSGE* 74, 20; *BSG* SozR 1300 § 48 Nr 14, 22; *Steinwedel* aaO § 48 Rz 54). Dieses Erfordernis ist im Laufe des Gesetzgebungsverfahrens eingeführt worden (BT-Drucks 8/4022, 31), um die Regelung an § 45 Abs 2 Satz 3 Nr 3 anzupassen. Die **Kenntnis oder grob fahrlässige Unkenntnis** vom Wegfall oder Ruhen des Anspruchs muss dann bestanden haben, als der Empfänger Kenntnis von der Auszahlung oder Weiterleitung erhalten hat (*BSG* SozR 4100 § 152 Nr 8; zur Bestimmung der Sorgfaltsmaßstäbe vgl *LSG RhPf* Breith 1994, 778). Zum späteren **Nachweis** eines Kennens oder Kennensmüssens empfiehlt sich, dass die Beh schon **bei Erlass des Bescheids auf alle Ruhens- oder Wegfallvorschriften**

ausführlich und deutlich hinweist (*Schütze* aaO § 48 Rz 25; vgl auch: *BSGE* 63, 224; *Steinwedel* aaO § 48 Rz 54).

Die Aufhebung und Rückforderung bei rückwirkendem Ruhen oder Wegfall ist **73** **auf die Höhe beschränkt,** in der die Leistung wegen nachträglicher Bewilligung einer anderen Leistung zum Ruhen oder Wegfall gekommen ist (so auch für das Ruhen von Alg wegen rückwirkender Bewilligung von Rente *BSG* SozR 1300 § 48 Nr 26). Dies gilt unabhängig davon, ob das Ruhen oder der Wegfall nur in Höhe der Doppelleistung oder in vollem Umfang angeordnet war. Der Grundsatz der sog **Kostenneutralität des Versorgungsausgleichs** für den VersTr rechtfertigt es allerdings nicht, die Rentenbewilligung im Falle der Rentengewährung an den ausgleichsberechtigten Ehegatten im Umfang der Rentenminderung ohne Rücksicht auf den in § 48 Abs 1 Satz 2 Nr 4 vorgesehenen Vertrauensschutz rückwirkend aufzuheben (s *BSGE* 61, 230). **Ruhensvorschriften** sind in der **KV:** §§ 16 Abs 1-3 a, 49 Nr 1-7 SGB V; in der **PflegeV:** § 34 SGB XI, in der **RV:** §§ 89 ff SGB VI; im Bereich des **SGB III:** § 156 Abs 1 SGB III. **Wegfallregelungen** sind zB §§ 50 SGB V, 100 ff SGB VI.

4.3. Anrechnung von Einkommen und Vermögen (Abs 1 Satz 3)

Nach Abs 1 Satz 3 gilt als **Zeitpunkt der Änderung der Verhältnisse,** in denen **74** Einkommen oder Vermögen auf einen zurückliegenden Zeitraum aufgrund der besonderen Teile dieses Gesetzbuchs anzurechnen ist, der **Beginn des Anrechnungszeitraums.** Vor ist jedoch, dass es zur Anrechnung kommt (*BSGE* 59, 111; 66, 134; *BSG* info also 2004, 21; *BSG* Beschl v 23.11.2006 – B 11 b AS 17/06 B, juris: Fiktion). Wird **nachträglich** eine anrechenbare Unterhaltsleistung bewilligt, zB eine EU-Rente, dann ist als Zeitpunkt der Änderung der Verhältnisse nicht etwa der Tag, an dem der Rentenbescheid ergeht oder an dem zum erstenmal gezahlt worden ist, anzusehen, sondern der **Tag des Rentenbeginns** bzw der Beginn des rückwirkend anrechenbaren Bezugszeitraums (vgl *BSG* SozR 1300 § 48 Nr 19; *Freischmidt* aaO § 48 Rz 20). Abs 1 Satz 3 stellt eine **Ergänzung zu Abs 1 Satz 2 Nr 3** dar und erfasst nach zutreffender Ansicht nicht nur den Zeitpunkt einer rückwirkenden Anrechnung, sondern auch eines **rückwirkenden Wegfalls oder Ruhens** (*Schütze* aaO § 48 Rz 24). **Abweichendes gilt uU im Arbeitsförderungsrecht** – bspw. Abweichung vom Monatsprinzip bei Alg II nach § 37 Abs 2 Satz 2 SGB II bei Überbrückungsgeld (§ 51 Abs 1 StVollzG) aufgrund öffentl-rechtl Zweckbindung (*BSG* Urt v 28.10.2014 – B 14 AS 36/13 R, BeckRS 2015, 66093).

5. Änderung der höchstrichterlichen Rechtsprechung (Abs 2)

Der VA ist nach Abs 2 im Einzelfall mit Wirkung für die Zukunft auch dann **75** aufzuheben, wenn der zuständige oberste Gerichtshof des Bundes in st Rspr nachträglich das Recht anders auslegt als die Beh bei Erlass des VA und sich dieses zugunsten des Berechtigten auswirkt. Entspr gilt für die Fallkonstellation der **nachträglichen Änderung der höchstrichterlichen Rspr in Kombination mit einer tatsächlichen Änderung** (offen gelassen in *BSGE* 78, 109). Systematisch wird die nachträgliche Änderung der Rspr – allerdings nur für den „Zugunstenfall" – **der späteren Änderung der tatsächlichen und rechtlichen Verhältnisse gleichgesetzt** (vgl *Rüfner* Fs Krasney, 1997, 401 ff). Es handelt sich nicht um eine (entbehrliche) Klarstellung, denn zum einen hätte für diesen Fall eine **andere Gesetzesfassung** nahegelegen (zB „Als Änderung der rechtlichen Verhältnisse ist auch ... anzusehen") und zum anderen kann in einer Änderung der Rechtsauslegung – dh Rechtsanwendung – kaum eine Änderung der rechtlichen Verhältnisse gesehen werden (iE auch *Freischmidt* aaO § 48 Rz 22). Zu § 51 VwVfG wird deshalb zurecht überwiegend die Ansicht vertreten, dass es sich bei einem Rechtsprechungswandel nicht um eine Änderung der Rechtslage, sondern um eine nachträgliche Erkenntnis des richtigen Rechts handelt (vgl hierzu *Kopp/Ramsauer* VwVfG § 51 Rz 19).

76 Bei den Fällen des Abs 2 handelt es sich formal gesehen um einen **Anwendungsfall der anfänglichen Rechtswidrigkeit gem** § 45; das folgt auch aus der Verweisung auf § 44 (§ 48 Abs 2 2. Hs). Die Einordnung in § 48 ist aber dennoch zutreffend, da die Beh – aufgrund der nachträglichen Änderung der Auslegung – keine „Schuld" (iSv Vermeidbarkeit) an der fehlerhaften Entscheidung trifft. Diese Gleichstellung bezieht sich auch auf die Rechtsfolgen, so dass in den Fällen des Abs 2 ebenso wie bei Abs 1 eine Aufhebung für die Vergangenheit erfolgen kann. Abs 2 gilt nur für **VA mit Dauerwirkung**, nicht auch für bestandskräftige Ablehnungsbescheide. Bei der Anwendung von Abs 2 kommt es nicht darauf an, ob die Beh bewusst der bisherigen Auslegung des obersten Bundesgericht gefolgt ist. Entscheidend ist mithin **nicht der Wille der Beh**, sondern (nur) die obj höchstrichterliche Änderung der Auslegung.

77 **Die Bedeutung der Regelung für die Praxis** ist allerdings **gering**. Zwar soll § 48 Abs 2 dann relevant werden, wenn die „nachträgliche Änderung höchstrichterlicher Rechtsprechung auf einer Änderung ihrer rechtlichen Grundlagen oder der bei Schaffung geltenden sozialen, soziologischen und wirtschaftlichen Gegebenheiten und Ausnahmen beruht" (*BSG* ZfSH/SGB 1985, 362; vgl auch *BSG* NZS 1996, 536). Aber die Praxis wendet bei nachträglichen Auslegungsänderungen **zugunsten des Betroffenen idR** § 44 (mit evtl Nachzahlungen von Sozialleistungen für max 4 Jahre, § 44 Abs 4, SGB II und AsylbLG: 1 Jahr) und bei Änderung **zulasten des Betroffenen zumeist** § 45 (ggf Aussparung nach § 48 Abs 3) an. Verschiedentlich wird deshalb gefordert, die Vorschrift zu streichen (vgl *von Einem* SGb 1986, 148 [150], vgl auch; *Dörr* Kompaß 1987, 51 [53]; *Steinwedel* aaO § 48 Rz 58: „überflüssig" dagegen aber: *Freischmidt* aaO § 48 Rz 22; zum Streitstand: *Schütze* aaO § 48 Rz 18).

5.1. Zuständige Oberste Gerichtshöfe

78 Ein Änderung der Rechtsauslegung ist nur dann von Bedeutung, wenn sie durch oberste Gerichtshöfe des Bundes vorgenommen wird (*BSG* SozR 3-4100 § 152 Nr 5; *BSG* SGb 2004, 39). **Oberste Gerichtshöfe des Bundes** sind nach Art 95 GG der BGH, das BVerwG, der BFH, das BAG und das BSG. Das **BVerfG** gehört nicht hierher, denn nach Art 92 GG wird die rechtsprechende Gewalt durch das BVerfG, die im GG vorgesehenen Bundesgerichte und durch die Gerichte der Länder ausgeübt; außerdem unterscheidet sich das BVerfG von den anderen Gerichten nach zutreffender Ansicht dadurch, dass es als **Verfassungsorgan** angesehen wird (*BVerfGE* 7, 377; 65, 152). Der Wandel in der Rspr der (obersten) **Gerichte der Länder** erlaubt indes nie eine Aufhebung für die Zukunft – auch dann nicht, wenn die Zuständigkeit eines obersten Gerichtshofs des Bundes im konkreten Einzelfall gar nicht in Betracht kommt (zB dann, wenn nur die Beschwerde an das LSG oder OVG statthaft ist; vgl auch *BVerwG* NVwZ 1988, 143 zu § 51 Abs 1 Nr 1 VwVfG; *Schütze* aaO § 48 Rz 16).

79 Als **zuständige** oberste Gerichte iSv Abs 2 (vgl dazu BSG, Urt v 23. 3. 1995 – 11 RAr 71/94 – nv) kommen im Bereich des SozR das *BSG* und das *BVerwG* in Betracht. Fraglich ist, ob auch die anderen Gerichte „zuständig" sein können. Die **„Zuständigkeit" des BFH** wäre zB denkbar, wenn es seine Auslegung zu einer Verfahrensnorm aus der AO, die es entspr auch im SGB X gibt, änderte; von einer „**Zuständigkeit**" **des BAG** könnte man sprechen, wenn es seine Auslegung von Kündigungsschutzregelungen änderte und dies Einfluss auf den Eintritt von Sperrzeiten gem § 159 Abs 1 Nr 1 SGB III wegen Arbeitsaufgabe hätte. Es erhebt sich also die Frage, ob das Wort „zuständig" in Abs 2 die für das **materielle Rechtsgebiet** zuständige obersten Gerichtshöfe meint oder aber der Begriff weiter zu verstehen ist, es also genügt, dass aufgrund einer geänderten Rspr eines der obersten Gerichtshöfe die Entscheidung der Beh anders hätte ausfallen müssen.

Maßstab für die Auslegung des Begriffs „zuständig" ist die **Gesetzessystematik.**   **80** Nach **Abs 1** muss die Änderung der Verhältnisse **wesentlich** sein, dh die streitige Entscheidung hätte nach der Änderung der Verhältnisse so nicht mehr getroffen werden dürfen. Die Gleichwertigkeit der Aufhebung nach Abs 1 und Abs 2 (auch wenn nach Abs 2 nur für die Zukunft aufgehoben werden darf) verlangt als Voraussetzung in Abs 2, dass die Entscheidung nach einer Änderung der Rspr rechtswidrig gewesen wäre. Das kann nur angenommen werden, wenn der für das unmittelbar anzuwendende Recht zuständige oberste Gerichtshof des Bundes seine Auslegung ändert. Dieses Ergebnis folgt auch aus **Sinn und Zweck der Regelung,** denn es ist davon auszugehen, dass die Beh eine andere Entscheidung nur dann getroffen hätte, wenn – zB im Hinblick auf eine von den abgabe- oder arbeitsrechtlichen Normen abweichende Interessenlage im SozR – BSG oder BVerwG der Auslegungswandel für das SozR übernommen haben. Hieraus folgt, dass **der BFH sowie das BAG nicht zuständig iSv Abs 2 sind** (so wohl auch die Regelungsabsicht des Gesetzgebers: BT-Drucks 8/2034, 16; *Pickel* aaO § 48 Rz 30; vgl aber zu § 330 SGB III: *BSG* ZIP 2004, 330, wenn Rechtsprechung aus anderen Rechtszweigen entscheidungserhebliche Vorfrage [BAG zum § 613 a BGB] ist).

5.2. Nachträgliche Änderung der Auslegung

Erforderlich ist weiterhin, dass der zuständige oberste Gerichtshof „in ständiger   **81** Rechtsprechung **nachträglich** (*BSGE* 78, 109) das Recht anders auslegt als die Behörde bei Erlass des Verwaltungsakts". Es wird sowohl die erstmalige Bildung einer höchstrichterlichen Rspr, als auch deren Änderung erfasst (*Freischmidt* aaO § 48 Rz 22). Der Begriff **Auslegung** ist kein rechtsnormativer Begriff, sondern ein in der **Rechtsmethodik** etabliertes Verfahren der Rechtsanwendung. Die (Rechts-)Auslegung erfolgt anhand des klassischen, auf **von Savigny** (*von Savigny*, System des heutigen römischen Rechts, Bd I, 1840, 213 ff) zurückgehenden **Auslegungscanons** (vgl *Larenz*, Methodenlehre, Studienausgabe, 2. Aufl 1992, 200 ff), nämlich der wörtlichen, systematischen, teleologischen und historischen Auslegung mit zahlreichen Unterarten (vgl auch: *BVerfGE* 26, 201; 75, 40; *Waschull*, Das Unternehmen im engeren Sinne als verfassungsrechtliches Eigentum, 1999, 255 ff). **Bsp** für eine Änderung der Auslegung: Während das BSG bis 1995 für die Frage, ob eine neue Behandlungsmethode zum Leistungsumfang der GKV gehört, auf den Erfolg im Einzelfall abstellte, misst es nunmehr – bei unveränderter Rechtslage – den Richtlinien des Bundesausschusses maßgebliche Bedeutung bei (*BSGE* 76, 194; zur Entwicklung vgl: *Wagner* in Krauskopf § 13 SGB V Rz 17 ff).

Mit der Formulierung „**nachträglich**" wird zum Ausdruck gebracht, dass die   **82** Beh **unbeabsichtigt eine rechtswidrige Entscheidung** getroffen hat (deswegen die Zuordnung zu § 48 und nicht zu § 45), denn die Auslegung, die die Entscheidung zunächst deckte, hat sich erst nach Erlass der Entscheidung geändert. Abs

2 wird zurecht erweiternd auch auf die Fälle der **Rechtsfortbildung**, dh die Analogie (*Larenz* aaO 254 ff), ausgedehnt (argumentum a maiore ad minus). Stellt sich später allerdings heraus, dass die **veränderte Auslegung rechtswidrig** war, zB wegen Verstoßes gegen das GG oder Europarecht, so kommt – je nachdem, ob diese Feststellung des BVerfG bzw EuGH ex nunc oder ex tunc wirkt – entweder eine Anwendung von Abs 1 („veränderte rechtliche Verhältnisse") oder aber der §§ 44, 45 in Betracht (zum Verhältnis von § 44 und § 79 BVerfGG vgl: § 44 Rz 24).

83　Für Abs 2 reicht nicht jede abweichende Entscheidung des obersten Gerichtshofs aus, sondern **die neue Rspr muss inzwischen auch gefestigt sein** („in ständiger Rechtsprechung"). Das ist der Fall, wenn entweder der für die zu entscheidende Rechtsfrage **zuständige Senat mindestens zweimal** iSd neuen Auslegung entschieden hat und bei mehreren zuständigen Senaten desselben Gerichts die streitige Rechtsfrage übereinstimmend mindestens zweimal anders beantwortet worden ist (offen gelassen in: *BSGE* 78, 109). Es genügt allerdings auch, wenn der **Große Senat** oder der **Gemeinsame Senat** der obersten Gerichtshöfe sich für eine neue Auslegung entschieden hat (s *BSG* ErsK 1978, 492; *Freischmidt* aaO § 48 Rz 23).

5.3. „Zugunsten des Berechtigten"

84　Abs 2 greift weiter nur ein, wenn sich die **Auslegungsänderungen zugunsten des Betroffenen** auswirken, also statt einer belastenden eine begünstigende, eine weniger belastende oder aber eine noch begünstigendere Regelung erlassen worden wäre, wenn die Beh auf der Grundlage der neuen Auslegung zu entscheiden gehabt hätte. Hier kommt der für § 45 Abs 1 maßgeblichen **Unterscheidung zwischen begünstigenden und belastenden Wirkungen** Bedeutung zu (vgl dazu eingehend § 45 Rz 10 ff). Entscheidend ist also, ob die neue Auslegung den Betroffenen – im Vergleich zum aufzuhebenden VA – „per saldo" iS von § 45 Abs 1 begünstigt (*BSG* Breith 1989, 390). Belastende Wirkungen dürfen von der neuen Auslegung nicht ausgehen. Allerdings wird in Abs 2 **nicht ausgeschlossen**, dass die mit der Änderung verbundenen Nachteile gleichzeitig zu einer **Bescheidkorrektur zu Lasten eines Dritten** führen können, denn er ist nicht Berechtigter iSv Abs 2 (**Bsp:** Aufhebung und Neufeststellung einer Geschiedenenwitwenrente, vgl: *BSG* SozR 2200 § 1286 Nr 29; *Schütze* aaO § 48 Rz 17). Bei Ermessensentscheidungen liegt eine Rspr-Änderung zugunsten des Berechtigten nur dann vor, wenn das Ermessen im konkreten Einzelfall nunmehr auf Null reduziert ist.

5.4. Entscheidungswirkung für die Zukunft

85　Der VA ist nach Abs 2 Halbsatz 1 **mit Wirkung für die Zukunft** aufzuheben. Die Zukunft beginnt mit dem **Tag der Zustellung des Aufhebungsbescheides** (vgl *BSGE* 62, 103; *BSG* NZS 1994, 527; *BSG* Breith 1995, 988 vgl auch § 45 Rz 22). Allerdings sind zT vorrangige **Sonderregelungen** zu beachten. Das gilt zB für § 100 **Abs 3 SGB VI** (vgl hierzu *Knipping* DRV 1995, 228 [231 ff]; vgl auch *BSGE* 87, 88). Entfällt danach etwa ein Anspruch auf Rente, weil sich die Erwerbsfähigkeit der Berechtigten nach einer Leistung zur Rehabilitation gebessert hat, endet die Rentenzahlung erst mit Beginn des vierten Kalendermonats nach der Besserung der Erwerbsfähigkeit (§ 100 Abs 3 Satz 2 SGB VI; zum Problem der Anwendung des Kalendermonatsprinzips, wenn der Wegfall anzurechnenden Einkommens nach §§ 93-97 SGB VI zur Rentenerhöhung führt

Zweng/Scheerer/Buschmann/Dörr HbRV, § 100 Rz 11; weiteres Bsp: § 92 Abs 1, 3 SGB VI; vgl auch § 307 b Abs 2 Satz 4 SGB VI).

Problematisch ist, ob in Fällen des § 48 Abs 2 nur eine Aufhebung für die Zu- **86** kunft in Betracht kommt. Die Gesetzesformulierung „mit Wirkung für die Zukunft ... aufzuheben" könnte diese Deutung nahe legen. Nach zutreffender Ansicht steht § 48 Abs 2 der **Anwendung der geläuterten Rechtsauffassung für die Vergangenheit** und damit der Aufhebung des VA für die Vergangenheit nicht entgegen (*BSGE* 78, 109; 58, 28; *Freischmidt* aaO § 48 Rz 22). Denn **§ 48 Abs 2 ist nicht iS einer Sonderregelung zu verstehen**, die bei Änderung der Rspr eine Aufhebung des VA nur mit Wirkung für die Zukunft vorsieht (*BSG* SozR 4-4300 § 330 Nr 2). Das ergibt sich sowohl aus der **Entstehungsgeschichte** (BT-Drucks 8/2034, 15, 35, 50), als auch aus dem **Wortlaut**, wonach der VA mit Wirkung für die Zukunft „auch dann" aufzuheben ist und § 44 unberührt bleibt (*BSGE* 78, 109 mwN). § 44 ist **neben** § 48 anwendbar und der Anwendungsbereich von § 44 Abs 1 ist durch § 48 Abs 2 „nicht geschmälert" worden (*BSGE* 57, 209; 58, 28). Der **Gegenauffassung** ist allerdings zuzugeben, dass das Nebeneinander beider Bestimmungen für **§ 48 Abs 2 kaum einen Anwendungsbereich** lässt – nicht zuletzt deshalb wird vorgeschlagen, diese Bestimmung zu streichen (Rz 77).

Nach einer Ansicht soll für die Frage, ob die Entscheidung ex tunc oder ex **87** nunc erfolgt, der **Grund für den Auslegungswandel** entscheidend sein: Resultiert dieser aus einem Wandel tatsächlicher oder rechtlicher Gegebenheiten (Verschlossenheit des Arbeitsmarkts etc), so soll eine Aufhebung ex nunc erfolgen. Besteht die Änderung der Rspr hingegen in der Klarstellung, dass eine frühere Rspr unrichtig war, so sei die Aufhebung ex tunc vorzunehmen (*BSGE* 58, 27; 78, 109; *Schütze* aaO § 48 Rz 18). Dem ist aber entgegenzuhalten, dass dann, wenn die Voraussetzungen von § 44 gegeben sind, immer ein Anspruch auf Rücknahme für die Vergangenheit besteht. Außerdem ist diese Differenzierung im Einzelfall kaum praktikabel, wenn der Rechtsprechungswandel zB auf beiden Gesichtspunkten beruht oder aus den Entscheidungen nicht deutlich genug hervorgeht (vgl *BSGE* 78, 109). Nach richtiger Ansicht ist also **in jedem Fall eine Aufhebung ex tunc** vorzunehmen (so auch *Dörr*, Komp 1986, 102 [106]; vgl auch *Schmalz* SGb 1982, 233 [236]).

6. Aussparung/Einfrieren (Abs 3)

Bei einem rechtswidrigen begünstigenden VA **nach** § 45 darf, wenn er nicht **88** mehr zurückgenommen werden kann und eine Änderung nach § 48 Abs 1 Satz 2 **zugunsten des Betroffenen** eingetreten ist, die neu festzustellende „Leistung" nicht über den „Betrag" hinausgehen, wie er sich „der Höhe nach" **ohne Berücksichtigung der Bestandskraft** ergibt (vgl *Jung* SGb 2002, 1 [8 f]). Nach Wortlaut, Zweck und Systematik ermächtigt Abs 3 den Leistungsträger nicht, **vor Eintritt einer** „**Änderung** nach Abs 1 oder 2 zugunsten des Betroffenen" eine Feststellung zu treffen, der bindend (§ 77 SGG) festgestellte Zahlbetrag sei rechtswidrig (*BSGE* 65, 8; *BSG* SozR 1300 § 48 Nr 33; aA *BSG* SozR § 48 Nr 49, 51).

Abs 3 regelt – vglbar mit Abs 2 – ein Verfahren, das eigentlich dem Anwen- **89** dungsbereich des § 45 zugeordnet werden müsste, denn es geht um begünstigende VA mit Dauerwirkung (zum Begriff: § 44 Rz 40 ff), welche **von Anfang an**, dh aus damaliger Sicht (*BSG* Breith 2000, 463, Ausn für d Recht der sozialen Entschädigung), **rechtwidrig** sind (zum Begriff: § 45 Rz 16 ff; vgl auch *BSG* SozR-2600 § 93 Nr 3). Allerdings werden von Abs 3 nur die Fälle erfasst, in denen eine Rücknahme nach § 45 – zB wegen Fristversäumnis – nicht mehr in Betracht kommt (*Steinwedel* aaO § 48 Rz 62: Auffangtatbestand zu § 45; zu weitgehend aber: *BSG* SozR 3-2600 § 63 Nr 1, wonach Abs 3 auch trotz Rücknehmbarkeit in Frage kommt). Aus welchem Grund das der Fall ist, hat keine Bedeutung. Die Beh muss **einen nach § 45 zurücknehmbaren VA also nicht aufheben**, sondern kann zB im Ermessenswege von einer Rücknahme absehen und sich mit einem Abschmelzen anlässlich einer wesentlichen Änderung begnügen (sieht das Gericht die Vor für ein Abschmelzen allerdings nicht als gegeben an, so darf es die Abschmelzung nicht damit rechtfertigen, der abgeänderte Bescheid sei als nach § 45 aufgehoben anzusehen; vgl *BSGE* 58, 63).

90 Gebe es § 48 Abs 3 nicht, so wäre aber fraglich, was mit anfänglich rechtswidrigen VA geschieht, wenn die festgestellte Leistung zB aufgrund Gesetzesänderung angepasst oder eingestellt werden müsste (in der RV sind insb die Rentenanpassungsverordnungen – §§ 65, 69, 255 b SGB VI – von Bedeutung, *BSG* SozR 3-1300 § 32 aaO Nr 2). Im Fall einer **Reduzierung oder Einstellung der rechtswidrigen Leistung** kommt § 48 Abs 1-2 nicht zur Anwendung, da die (evtl teilweise) Rücknahme eines begünstigenden rechtswidrigen VA abschließend in § 45 geregelt ist. Da iRah v § 48 weitestgehend dieselben Fristen wie bei § 45 zu beachten sind, genießen anfänglich rechtswidrige VA keinen stärkeren materiellen Bestandsschutz als anfänglich rechtmäßige VA.

91 Müsste die **rechtswidrige Leistung** hingegen **erhöht** werden, so stellt sich indes die Frage, ob hier von der rechtswidrigen oder der rechtmäßigen Leistungshöhe auszugehen ist. Abs 3 gibt eine differenzierende Antwort: Es ist von der **rechtswidrigen Leistungshöhe als Mindesthöhe** auszugehen. Eine Erhöhung erfolgt nur, wenn diese auch der rechtmäßigen Höhe der Leistung entspricht. Ansonsten kommt es solange nicht zu einer Erhöhung, bis die rechtmäßige Leistungshöhe die rechtswidrige erstmals übersteigt. Bei Änderungen zugunsten des Betroffenen ist nicht von der durch Bestandsschutz garantierten Leistung auszugehen, sondern von dem, was sich **bei Annahme einer rechtmäßigen Ausgangsentscheidung** ergeben würde (vgl BT-Drucks 8/2034, 36; *BSG* ZfSH/SGB 1990, 141; *BSGE* 69, 208; *BSG* Breith 1993, 653; Breith 1993, 837). Bsp: Wird die Pflegegeld zB nach der Pflegestufe II gewährt und stellt sich bei der Aufhebung zum Zwecke der Neufeststellung heraus, dass nur die Voraussetzungen der Pflegestufe I vorlagen, so ist bei einer wesentlichen Verschlechterung der Pflegesituation (zB: Gesundheitszustand des Betroffenen wird schlechter oder die häusliche Situation verändert sich nachteilig) nicht von der zu hohen Pflegestufe II, sondern der richtigen Pflegestufe I auszugehen. Allerdings darf das zuerkannte Pflegegeld iHv 458 Euro (Pflegestufe II) in dem Neufeststellungsbescheid nicht unterschritten werden.

92 Diese Aussparung der Leistungserhöhung verhindert eine **Perpetuierung der Rechtswidrigkeit** (vgl *BSG* SozR § 48 Nr 51: verhindert, dass „Unrecht weiter wächst"; *BSG* ZfS 1990, 372; *BSGE* 69, 208: Abs 3 verhindert, dass der durch einen Fehler zu hohe Zahlbetrag an einer Erhöhung teilnimmt; *Dörr* SGb 1990, 349: „speziell sozialrechtliche Bescheidkorrektur"; *Freischmidt* aaO § 48 Rz 24). Das ist mit dem verfassungsrechtlich verbürgten **Vertrauensschutz** vereinbar, da die Höhe der bewilligten Leistung, auf die ggf vertraut wurde, erhalten bleibt. Das Vertrauen des Betroffenen, die Leistung werde an **künftigen Erhöhungen bzw Leistungsverbesserungen** (vgl *BSGE* 80, 119) teilnehmen, ist eine nicht geschützte **bloße Chance**; wird sie durch die Aussparung vereitelt, so bedeutet dies keinen Verstoß gegen Grundrechte. Das gilt auch dann, wenn es sich um **regelmäßige Erhöhungen aufgrund gesetzlicher Leistungsanpassungen**

wie zB in der Rentenversicherung oder beim Alg handelt. Hinweise in Ausgangsbescheiden über zukünftige Erhöhungen kraft Gesetzes sind allgemeine Hinweise, nicht aber eine verbindliche Zusage, dass die Leistung zukünftig auch tatsächlich an Erhöhungen teilnehmen wird. Geschützt ist also nur der jeweils festgesetzte Zahlbetrag (*BSGE* 69, 208; *BSG* SozR 1300 § 48 Nr 49, 51, 54, 55; *Freischmidt* aaO § 48 Rz 27).

6.1. Verfahrensgrundsätze (Abs 3 Satz 1)

Bei **variablen, zB einkommensabhängigen Leistungen** ist die letzte mit derjenigen zu vergleichen, die korrekterweise ohne den Bestandsschutz zu zahlen gewesen wäre (letzter Zahlbetrag iSv Abs 3 ist stets derjenige, der vor einer anstehenden Erhöhung zur Auszahlung kommt, *BSGE* 69, 208). Sobald sie zum erstenmal den bestandsgeschützten Zahlbetrag überschreitet, ist die **Aussparung abgeschlossen** (*BSGE* 69, 208, dort wird außerdem offen gelassen, ob die Aussparung auch bei einem vorläufigen Bescheid zur Anwendung kommt). Bei einkommensabhängigen öffentlichen Leistungen wirkt sich ein fehlerhafter Berechnungsfaktor nicht als eine bestimmte Zahlungsgröße aus, denn auch der Fehler ist variabel und hängt von den sonstigen Einkünften ab und kann durch diese sogar vollständig aufgehoben werden (*BSGE* 69, 208).

93

Betrifft die Rechtswidrigkeit nicht die Leistungshöhe, sondern **den Leistungsgrund** (zur Anwendbarkeit von Abs 3 in diesen Fällen: *BSG* SozR 1300 § 48 Nr 51, 54; vgl zur Ausn bei § 1154 Abs 1 RVO, inzwischen aufgehoben: *BSGE* 80, 119), dann kommt eine Erhöhung während der gesamten Leistungsdauer nicht in Betracht; denn bei einer Neuberechnung wäre stets von „Null" als rechtmäßiger Leistungshöhe auszugehen (*BSG* SozR 1300 § 48 Nr 33; *Schütze* aaO § 48 Rz 26; aA *Gagel* SGb 1990, 252 [254]; anders zum früheren Recht auch *BSG* SozR Nr 53 zu § 77 SGG). Vor diesem Hintergrund müsste die Beh iRah einer Neufeststellung zugunsten des Betroffenen bei der Feststellung der Leistungshöhe auch den gesamten Versicherungsfall überprüfen – zB, ob ein Unfall vorlag oder Versicherteneigenschaft zu Recht bejaht worden ist (aA *Pickel* aaO § 48 Rz 43).

94

Abs 3 gilt ausschließlich für bestandskräftige VA über eine laufende **Geldleistung** (vgl *BSGE* 65, 8; BT-Drucks 8/2034, 62; *Gagel*, SGb 1990, 252 [255]; das gilt auch für VA aus der Zeit vor dem 1.1.1981; aA: *BSGE* 60, 287; *Freischmidt* aaO § 48 Rz 27; *Steinwedel* aaO § 48 Rz 64: Entsprechende Anwendung auf die MdE- und die GdB-Höhe). Die Aussparung kommt deshalb im Unfall-, Versorgungs- und Schwerbehindertenrecht bei der Aufhebung und der Neufeststellung der MdE oder GdB grds nicht in Betracht (*Böhm* VersorgB 1984, 51; *Dörr* SGb 1990, 349; aA: *BSGE* 60, 287; *BSG* Breith 1996, 492; *BSGE* 87, 126; *Schütze* aaO § 48 Rz 26; kann die Feststellung eines zu hohen GdB aber nicht mehr über § 44 oder 45 SGB X korrigiert werden, kann das Abschmelzen **auch im Schwerbehindertenrecht** zum Tragen kommen: *BSG* Urt v 17.4.2013 – B 9 SB 6/12 R, NJOZ 2013, 1789). Abs 3 ist anwendbar bei der Anpassung von Renten (*BSGE* 65, 8; *Schütze* aaO § 48 Rz 26; *Benz* WzS 1985, 65; *Böhm* VersorgB 1984, 51; aA *Mehrtens* BG 1983, 557 [557f]; eingehend dazu *Kunze* DAngVers 1986, 326). **Leistungsfestsetzungen durch Urteil oder Vergleich** unterliegen nicht der Aussparung (*BSG* SozR 4100 § 151 Nr 10; *BSG* SozR 1300 § 48 Nr 33; ebenso *Gagel* SGb 1990, 254). Hat sich eine Beh in einem Vergleich wirksam zu einer bestimmten Berechnung verpflichtet, so darf sie nicht davon abweichend nach Abs 3 abschmelzen (*BSG* SozR 1300 § 48 Nr 33).

95

96 Ein Abschmelzen setzt die **Feststellung der Rechtswidrigkeit des Ausgangsbescheids** in einem eigenständigen VA oder einem selbstständig anfechtbaren Teil des Abschmelzungsbescheids voraus (*BSGE* 63, 266; 80, 119; *Steinwedel* aaO § 48 Rz 63, 67). Diese Feststellung muss hinreichend bestimmt sein (§ 33 Abs 1), dh regeln, in welchem konkreten Umfang der UrsprungsVA rechtswidrig ist (instruktiv *BSG* SozR 1300 § 48 Nr 54). Für die bescheidmäßige Feststellung der Rechtswidrigkeit eines VA, die nur für die Abschmelzungen getroffen wird, gilt die Jahresfrist des § 45 Abs 4 Satz 2 nicht (*BSG* SozR 1300 § 45 Nr 48). Da diese Feststellung der Aussparung wegen ihrer konstitutiven Wirkung nur für die Zukunft erfolgen kann, ist das **Nachholen eines unterlassenen Abschmelzens** in früheren Anpassungsbescheiden iRah einer Neufeststellung nach § 45 nicht möglich (*BSG* Urt v 22.6.1988 – 9/9a RV 10 und 46/86; *Schütze* aaO § 48 Rz 26). Eine andere Beurteilung greift dann, wenn die Rechtswidrigkeit bereits früher festgestellt worden ist. Wird wegen Abs 3 eine laufende Leistung weniger hoch neu festgestellt, als dies ohne Anwendung des Abs 3 der Fall gewesen wäre, liegt eine **zugleich begünstigende und belastende Regelung** vor (vgl *BSGE* 63, 259).

97 **Wenn der Bescheid Entscheidungen über mehrere selbstständige Leistungen enthält,** so darf nur diejenige Leistung abgeschmolzen werden, die wegen des Fehlers zu hoch gezahlt worden ist (*Schütze* aaO § 48 Rz 26). Auch die regelmäßige gesetzliche **Rentenanpassung** ist eine Änderung iS des Abs 3 (*BSG* Breith 1989, 418). Dies gilt auch in der gesetzlichen UV (*BSG* SozR 1300 § 48 Nr 54). Die Aussparung ist auch bei Erhöhung der Schwerbeschädigtengrundrente nach § 62 BVG möglich (*BSG* Urt v 2.12.2010 – B 9 V 1/10 R). Abs 3 kommt allerdings nicht nur dann zur Anwendung, wenn die tatsächliche oder rechtliche Veränderung **die ursprünglich unrichtig beurteilten Faktoren** betrifft, denn eine solche Beschränkung folgt weder aus dem Wortlaut, noch aus Sinn und Zweck der Norm (*BSG* SozR 1300 § 48 Nr 51; ebenso: *Krause* NJW 1981, 81 [87]; *Rathmann* ZfS 1980, 317 [320]; *Freischmidt* aaO § 48 Rz 27; eingehend auch *Graßl* SGb 1985, 153; *Kunze* DAngVers 1986, 326 [330]; aA *Schmeiduch*, MittLVA RheinProvinz 1981, 297).

98 Die Gerichte können Abs 3 – wegen der konstitutiven Feststellung der Rechtswidrigkeit durch die Beh – nicht selbstständig anwenden, indem die Klage auf eine höhere Leistung abgewiesen wird (*BSGE* 63, 266; *BSG* SozR 1300 SozR 1300 § 45 Nr 48; *BSG* SozR 1300 § 48 Nr 54; *Steinwedel* aaO § 48 Rz 69). Da Abs 3 gegenüber Abs 1 und § 45 ein **eigenständiger Versagungsgrund** ist, darf das Gericht, wenn die Beh nur eine wesentliche Verschlimmerung geprüft und verneint hat, die Versagung einer höheren Leistung nicht (erstmals) mit Abs 3 rechtfertigen (*Schütze* aaO § 48 Rz 26). Ist die **MdE bestandskräftig zu niedrig festgestellt** worden, so ist bei einer Verschlimmerung von dem auszugehen, was der Betroffene tatsächlich – zu niedrig – erhält. Abs 3 greift in diesem Fall nicht ein, die Beh hat vielmehr im Neufeststellungsverfahren wegen wesentlicher Verschlimmerung zugleich die frühere unrichtige Feststellung nach § 44 zu berichtigen. Erhält jemand – nach § 45 unkorrigierbar – zuviel (zB Rente nach einer MdE in Höhe von 50 vH statt richtigerweise 30 vH) und **tritt eine Änderung der MdE zu Ungunsten** (Besserung des Gesundheitszustandes) ein, ist von der irrig zu hoch gewährten Leistung auszugehen (ebenso *Graßl* SGb 1985, 151).

99 Die Aussparung nach Abs 3 ist zwingend, dh der Beh steht **kein Ermessen** zu (*Pickel* aaO § 48 Rz 42; *Steinwedel* aaO § 48 Rz 66 mit dem zutreffenden Hinweis, dass nicht in jedem VA nach § 45 hilfsweise ein Bescheid nach Abs 3 zu sehen ist). Vor einem Abschmelzen nach Abs 3 ist der Betroffene nach § 24 anzuhören. IRah des Abs 3 trifft die Beh die **Beweislast** dafür, dass die letzte bestandskräftige Feststellung rechtswidrig zu hoch war (*BSGE* 64, 190; *Freischmidt* aaO § 48 Rz 27; *Schütze* aaO § 48 Rz 26; zur Beweislast vgl auch § 45 Rz 125). Abs 3 ist in den Fällen anzuwenden, in denen die vor dem 1.1.1981 erlassenen VA nach altem und neuem Recht nicht zurückgenommen werden können. Die Fristen des § 48 Abs 4 Satz 1 gelten für die Abschmelzung nicht (vgl *Gagel*, SGb 1990, 252 [256]; aA *Steyer* VersVerw 1993, 23; aA für den Bereich des Versorgungsrechts, wenn zusätzlich die Vor des § 62 Abs 3 Satz 1 BVG vorliegen: *BSG* SozR 3100 § 62 Nr 1).

6.2. Der rechtswidrige „Elementenbescheid" (Abs 3 Satz 2)

Nach Abs 3 Satz 2 gilt Abs 3 Satz 1 entsprechend, soweit einem rechtmäßigen begünstigenden VA ein rechtswidriger begünstigender VA zugrunde liegt, der nach § 45 nicht zurückgenommen werden kann. Mit dem durch Art 7 des Rentenüberleitungs-Ergänzungsgesetzes vom 24.6.1993 (BGBl I S 1038) zum 1.7.1993 eingefügten **Satz 2** wird somit festgelegt (BT-Drucks 12/4810, 36: „gesetzliche Korrektur der Rechtsprechung"), dass es für die Aussparung ausreicht, wenn zwar der abzuschmelzende Geldbeitragsbescheid rechtmäßig ist, dieser aber auf **einem rechtswidrigen zuvor ergangenen Bescheid beruht** (zB Vormerkung einer Versicherungzeit nach der VuVO). Bestandsschutz kommt somit nur für den Zahlbetrag in Frage (*Schütze* aaO § 48 Rz 26). **100**

Abs 3 gilt damit auch für **Berechnungselemente**, welche gesondert bindend festgestellt worden sind (**Bsp**: Beim Berufsschadensausgleich ist durch gerichtlichen Vergleich ein bestimmtes Vergleichseinkommen festgelegt worden, vgl *BSG* SozR 1300 § 48 Nr 33; in einem gesonderten Verfahren ist eine Beitragszeit nach der VuVO festgestellt worden; vgl *Gagel* SGb 1990, 252 [254]; *Dörr* SGb 1990, 349 [351]; ebenso schon *BSG* SozR 1300 § 48 Nr 51, 54; wegen des Todes des Versicherten ist Hinterbliebenenrente zu zahlen, vgl *Wilze* Kompaß 1990, 314; *Dörr* SGb 1990, 349 [351]). Abs 3 Satz 2 ist allerdings dann nicht erfüllt, wenn infolge eines rechtswidrigen, begünstigenden Nichtleistungsbescheid Beiträge zur RV rechtswirksam entrichtet wurden. Nach zutreffender Ansicht gilt Abs 3 Satz 2 nicht erst für nach dem 31.6.1993 ergangene, nicht mehr rücknehmbare VA (*Steinwedel* aaO § 48 Rz 74). **101**

7. Verweisungen (Abs 4)

Abs 4 ist ausschließlich eine **Verweisungsnorm**. **Satz 1** erklärt, dass die §§ 44 Abs 3, 4 und 45 Abs 3 Satz 3-5, Abs 4 Satz 2 entsprechend gelten (zuletzt geändert durch G v 6.4.1998, BGBl I 690, 693, mWv 15.4.1998), **Satz 2** bestimmt, dass § 45 Abs 4 Satz 2 nicht im Fall von Abs 1 Satz 2 Nr 1 zur Anwendung kommt. Ursprünglich wurde auf § 45 Abs 4 insgesamt verwiesen, allerdings handelte es sich dabei um ein **Redaktionsversehen des Gesetzgebers**, denn nach dem GEntwurf sollte damals schon nur auf § 45 Abs 4 Satz 2 verwiesen werden. Das ist durch das **2. SGBÄndG v 13.6.1994** (BGBl I 1229) korrigiert worden (vgl bereits zur alten GFassung: *BSG* SozR 5870 § 2 Nr 30). **102**

7.1. Satz 1

§ 44 Abs 3, 4 wird für **entsprechend anwendbar** erklärt (**Rechtsfolgenverweisung**). Nach § 44 Abs 3 entscheidet über die Aufhebung (statt: Rücknahme) nach Unanfechtbarkeit des VA die **zuständige Beh** – auch, wenn der zurückzunehmende VA von einer anderen Beh erlassen worden ist (vgl hierzu näher: § 44 Rz 46 ff). Durch **103** das 2. SGBÄndG wurde Abs 4 Satz 1 mit Wirkung vom 18.6.1994 (Art 23) um den **Verweis auf § 44 Abs 4** ergänzt, so dass nunmehr auch iRah von § 48 eine **Nachzahlung von Sozialleistungen** nach Aufhebung des Bescheids idR nur noch zeitlich begrenzt für **vier Jahre** in der Vergangenheit in Betracht kommt (vgl hierzu näher *Schultes* MittLVA Ofr/Mfr 1994, 259; § 44 Rz 51 ff). **§ 307 b Abs 2 Satz 4 SGB VI** schließt die entsprechende Anwendung von § 44 Abs 4 für Bescheidänderungen auf seiner Grundlage ausdrücklich aus.

104   Die Verweisung auf §§ 45 Abs 3 Satz 3-5 und Abs 4 (hierzu: § 45 Rz 76 ff) ist ebenfalls eine **Rechtsfolgenverweisung** (*BSGE* 72, 1). Die entsprechende Geltung von § 45 Abs 3 Satz 3 bedeutet, dass die **Aufhebung eines rechtmäßigen VA zeitlich eingeschränkt** ist, nämlich nur innerhalb von **10 Jahren** seit der wesentlichen Änderung der Verhältnisse in Betracht kommt (*BSGE* 72, 1; *BSGE* 69, 233, wonach außerdem eine Ausnahme für den Bereich des BKGG gilt; vgl auch *Gagel* SGb 1990, 252 [255]; *Steinwedel* aaO § 48 Rz 77). Der (neue) Verweis auf § 45 Abs 3 Satz 4 und 5 sind Folgeänderungen (BT-Drucks 13/10033, 24). Die entsprechende Anwendung hat zur Folge, dass iRah des § 48 **nur die Aufhebung zulasten des Betroffenen** eingeschränkt ist, denn in § 45 Abs 3 Satz 3-5 und Abs 4 geht es nur um die Rücknahme begünstigender VA. Die Regelung in § 45 Abs 3 Satz 3 und Abs 4 findet daher auf den Fall des Abs 1 Satz 2 Nr 1 keine Anwendung (zutreffend *Schütze* aaO § 48 Rz 28). Mithin hat auch iRah von § 48 Abs 1 die Zehn-Jahres-Frist an Bedeutung verloren. Bei **Änderungen zugunsten des Betroffenen** ist eine **Anpassung zeitlich unbegrenzt** möglich; es gilt weder die Zehnjahresfrist des § 45 Abs 3 Satz 3, noch die Jahresfrist seit Kenntnis gem § 45 Abs 4 Satz 2.

105   Str ist, ob **nach Ablauf der Zehnjahresfrist** eine Aufhebung überhaupt nicht mehr möglich ist (*HessLSG* SozVers 1991, 111; *Schütze* aaO § 48 Rz 28) oder aber die Zehnjahresfrist nur bei **Aufhebungen für die Vergangenheit** gilt, so dass die Aufhebungen für die Zukunft unbeschränkt möglich ist (*BSGE* 72, 1 mwN zum Meinungsstreit; ebenso: *BSGE* 79, 92; *LSG Nds* Breith 1985, 144; *dass* Breith 1989, 729; *VDR-Kommentar* SGB X, § 48 Erl 24). Der 9. Senat des BSG ist zuletzt der zweiten Auffassung gefolgt, wonach Sinn der entsprechenden Anwendung der Zehnjahresfrist nicht darin liegt, einer wesentlichen Änderung nach 10 Jahren keinerlei Bedeutung mehr beizumessen (*BSG* Urt v 11.8.2015 – B 9 SB 2/15 R, BeckRS 2015, 73064, bezugn auf bish Rspr: Selbst nach über 10 Jahren Untätigkeit der Beh keine Verwirkung und ex nunc Aufhebung möglich).

106   Die **gesteigerte Bestandskraft** nach Ablauf von 10 Jahren rechtfertigt sich dadurch, dass der Leistungsträger vor Erlass des Bescheids die Möglichkeit hatte, die maßgebliche Sach- und Rechtslage zutreffend zu beurteilen. Es gibt keinen überzeugenden Grund, die Aufhebung des Ausgangbescheids für die Zukunft davon abhängig zu machen, wann die Änderung eingetreten ist. Außerdem ist die Zehnjahresfrist in § 45 Abs 3 Satz 3 eine **Ausnahmeregelung** und für die Beschränkung des 10-Jahres-Frist auf die Vergangenheit spricht **§ 48 Abs 3** (eingehend: *BSGE* 72, 1) Die **Zehnjahresfrist läuft** von dem Zeitpunkt der wesentlichen Änderung der Verhältnisse an (*Gagel* SGb 1990, 252 [255]).

107   Die Verweisung auf **§ 45 Abs 4** bedeutet, dass ein begünstigender VA für die Vergangenheit nur innerhalb **eines Jahres** seit Kenntnis der die wesentliche Änderung begründenden Tatsachen zulässig ist (zu den schwierigen Streitfragen in diesem Zusammenhang vgl § 45 Rz 100 ff; eingehend für die Anwendung iRah von § 48 Abs 4: *BSGE* 74, 20). Zu den **Tatsachen**, die die Aufhebung eines VA für die Vergangenheit rechtfertigen, gehören zunächst die Umstände, welche die wesentliche Änderung betreffen. Erforderlich ist aber zusätzlich die Kenntnis der Tatsachen, die die Aufhebung mit Wirkung für die Vergangenheit rechtfertigen (*BSGE* 62, 103; 63, 224; 66, 204; 74, 20). Der Beginn der Jahresfrist setzt nicht voraus, dass die Beh weiß, dass ein atypischer Fall nicht vorliegt bzw die dann für die Ermessensausübung relevanten Tatsachen nicht gegeben sind (vgl *Gagel* SGb 1990, 252 [255 ff]; *Steinwedel* aaO § 48 Rz 79).

108 Kommen der Beh zeitgleich mit den Vor von Abs 1 Satz 2 Nr 2-4 Umstände zur Kenntnis, die das **Vorliegen eines atypischen Falles** belegen und zugleich einen Ermessensrahmen für die Entscheidung eröffnen, so beginnt die Jahresfrist erst dann, wenn weitere Umstände bekannt werden, die eine Aufhebung rechtfertigen, also die Atypik ausschließen oder eine entgegengesetzte Ermessensausübung zulässt (so zutreffend: *Steinwedel* aaO § 48 Rz 79). Werden der Beh diese Umstände erst später bekannt, so wird keine neue Jahresfrist in Gang gesetzt (so auch *Gagel* SGb 1990, 252 [255]; *Steinwedel* aaO § 48 Rz 79). Da § 45 Abs 4 Satz 2 die Rücknahme eines begünstigenden VA nur für die Vergangenheit einschränkt, gilt auch iRah des § 48 die **Jahresfrist nur für die rückwirkende Aufhebung** (*Schütze* aaO § 48 Rz 28). Hat die Beh die Jahresfrist überschritten, kann der VA noch mit **Wirkung für die Zukunft** aufgehoben werden. Wird ein Aufhebungsbescheid aus Gründen aufgehoben, die einen weiteren nicht ausschließen, so kann der zweite Aufhebungsbescheid **nur innerhalb der bereits angelaufenen Jahresfrist** erlassen werden (*BSGE* 62, 103; vgl auch *BSG* SozR 1300 Art 2 § 40 Nr 8).

7.2. Satz 2

109 Abs 4 S 2 stellt klar, dass eine Änderung zugunsten des Betroffenen nach § 48 Abs 1 Satz 2 Nr 1 rückwirkend auf den Zeitpunkt des Eintritts der Änderung auch dann in Frage kommt, wenn die Aufhebung erst später als 1 Jahr nach Kenntniserlangung der die Aufhebung rechtfertigenden Umstände erfolgt. Zu Ungunsten ist in diesem Fall nur noch eine Aufhebung für die Zukunft möglich (vgl Rz 28).

§ 49 Rücknahme und Widerruf im Rechtsbehelfsverfahren

§ 45 Abs. 1 bis 4, §§ 47 und 48 gelten nicht, wenn ein begünstigender Verwaltungsakt, der von einem Dritten angefochten worden ist, während des Vorverfahrens oder während des sozial- oder verwaltungsgerichtlichen Verfahrens aufgehoben wird, soweit dadurch dem Widerspruch abgeholfen oder der Klage stattgegeben wird.

Literatur:

Dörr: Korrektur bei ungleicher Drittwirkung, ZfSH/SGB 1985, 208; *Dörr*: Bescheidkorrektur, Rückforderung, sozialrechtliche Herstellung, 2009; *Gassner*: Rücknahme drittbelastender Verwaltungsakte im Rechtsbehelfsverfahren, JuS 1997, 794; *Heilemann*: Die Anfechtung drittwirkender Verwaltungsakte im sozialgerichtlichen Verfahren, SGb 1993, 165; *ders*: Die Rücknahme des rechtswidrigen Verwaltungsaktes mit Doppelwirkung nach dem SGB X, SGb 1997, 255: *Horn*: Der Aufhebungsanspruch beim VA mit Drittwirkung DÖV 1990, 864.

1. Allgemeines

1   § 49 begründet eine **Ausnahme von der Anwendung der Beschränkungen** bei Widerruf und Rücknahme von VA in Fällen der – im Sozialversicherungsrecht allerdings seltenen – sog **Drittbetroffenheit**. § 49 verbindet die Prüfung eines VA im **Rechtsbehelfsverfahren** mit der Korrektur einer begünstigenden Entscheidung (*Freischmidt* in Hauck/Noftz SGB X § 49 Rz 3, aber auch 21: „§ 49 bleibt ein Verfahren der Rücknahme und des Widerrufs, nicht aber des Rechtsbehelfs"; *Pickel* SGB X § 49 Rz 1); diese Verbindung ist notwendig, weil die einschlägigen Bestimmungen in SGG und VwGO nur **verfahrensrechtlicher Natur** sind, die materiellen Grenzen der Aufhebung sich aber aus den §§ 45 ff ergeben und die Beh nicht gezwungen sein soll, den Ausgang des Verf (**tatenlos**) **abzuwarten** (BT-Drucks 7/910, 73). § 49 greift mithin nicht ein, wenn ein begünstigender Verwaltungsakt nicht im Zusammenhang mit einem von einem Dritten angestrengten Widerspruchsverfahren oder sozialgerichtlichen Verfahren aufgehoben wird (*LSG RhPf* Urt v 23.9.2010 – L 5 KR 121/09). Die Beh hat die **Wahl**, ob sie sofort handeln oder das Ende des Rechtsbehelfsverfahrens abwarten will (*BVerwGE* 101, 64; *Kopp/Ramsauer* VwVfG § 50 Rz 2; *Sachs* in Stelkens/Bonk/Sachs VwVfG § 50 Rz 2). Unter den in § 49 geregelten Vor kann sich der Betroffene nicht auf **Vertrauensschutz** berufen (*Freischmidt* aaO § 49 Rz 2; *Schütze* in von Wulffen SGB X § 49 Rz 1; *BSG* Urt v 3.7.2013 – B 12 KR 8/11 R, SozR 4-1300 § 49 Nr 1) und es kommt – trotz Bekanntgabe (§ 39 Abs 1 Satz 1 iVm Abs 2) – auch **nicht zur Selbstbindung der Beh** (BT-Drucks 7/910, 73 f). Die Vorschrift des § 49 bewirkt somit, dass der durch den Verwaltungsakt Begünstigte nicht auf den Bestand des Verwaltungsakts vertrauen kann, solange ein Rechtsbehelfsverfahren anhängig ist (*BSG* Urt v 25.2.2010 – B 13 R 147/08 R: ob § 49 auch auf den Zeitraum nach bestandskräftigem Abschluss des Widerspruchs- [bzw Klage-]verfahrens zu erstrecken ist, wird offen gelassen).

2   Während die sonstigen Regelungen über die Aufhebung von VA nur die Interessen zwischen dem Betroffenen und der Beh bzw der Öffentlichkeit abzuwägen haben, wird hier das **Rechtsverhältnis um eine dritte Person erweitert**. Das Vertrauen des Betroffenen bzw die Rechtssicherheit wird nicht berührt, wenn der VA ohnehin **Gegenstand eines Rechtsbehelfsverfahrens** ist, denn dann muss jeder mit der Möglichkeit der Aufhebung rechnen: Das gilt zum einen, wenn der Begünstigte selbst den VA anficht und zum anderen nach § 49 auch dann, wenn der VA von einem Dritten angefochten wird (BT-Drucks 7/910, 73; *BSG* SGb 2000, 418 mAnm *Klose*; *BSGE* 17, 261; 25, 34; *Pickel* aaO § 49 Rz 1; *Schütze* aaO § 49 Rz 1). Nach § 49 entfällt also der für begünstigende VA geltende **Bestandsschutz** und die **Aufhebung ist leichter möglich** (*BVerwGE* 5, 321; *Kopp/Ramsauer* aaO § 50 Rz 2).

3   § 49 ist **erstmals anzuwenden**, wenn nach dem 31.12.1980 ein VA aufgehoben wird (Art II § 40 Abs 2 Satz 1), auch wenn der VA vor dem 1.1.1981 erlassen wurde (Art II § 40 Abs 2 Satz 2; vgl hierzu auch: *BSGE* 54, 223). Eine Ausnahme gilt allerdings für VA, die **bereits bestandskräftig** waren und nach § 1744 RVO, inzwischen aufgehoben, nicht hätten aufgehoben werden können; das ist Ausdruck des Vertrauensschutzes (*Freischmidt* aaO § 49 Rz 24). § 50 kommt nicht zur Anwendung, soweit in den einzelnen SGB **Spezialregelungen** vorhanden sind (§ 37 SGB I; Bsp § 91 SGB VI).

2. Anfechtung eines begünstigenden VA durch einen Dritten

Voraussetzung für die Anwendung v § 49 – der § 50 VwVfG nachgebildet wurde (BT-Drucks 8/2034, 36) – ist, dass ein begünstigender VA von einem Dritten angefochten wird (vgl *BSGE* 89, 119). Der Begriff des **begünstigenden VA** entspricht dem Begriff in **§ 45 Abs 1** (§ 45 Rz 10 ff). Es werden sowohl rechtmäßige, als auch rechtswidrige VA erfasst (*Pickel* aaO § 49 Rz 11). Der Begriff des **Dritten** ist nicht näher definiert. Aus dem Regelungszusammenhang ergibt sich allerdings, dass nur diejenigen als Dritte iSv § 49 in Betracht kommen, die durch den VA in ihren **aktuellen Rechten verletzt** werden, dh sich auf eine **subjektiv-rechtliche Norm** berufen können (vgl auch § 12 Abs 2 Satz 2; *BSGE* 89, 119; *Freischmidt* aaO § 49 Rz 13; *Kopp/Ramsauer* aaO § 50 Rz 16; *Schütze* aaO § 49 Rz 4) und anfechtungsberechtigt sind (*Steinwedel* in KassKomm § 49 Rz 4). Dritter kann auch ein Sozialversicherungsträger sein (RV-Träger: *BSG* Urt v 3.7.2013 – B 12 KR 8/11 R, SozR 4-1300 § 49 Nr 1; *BSG* SGb 2000, 418 mit insoweit ablehnender Anm *Klose*). **4**

Es genügt nicht, dass Dritte **nur mittelbar betroffen** sind (*BSGE* 41, 113; *Freischmidt* aaO § 49 Rz 5: kein bloßer Rechtsreflex; *Pickel* aaO § 49 Rz 10; *Schütze* aaO § 49 Rz 4). § 49 gilt entsprechend, wenn der Dritte zwar nicht den zurückzunehmenden VA, aber einen **inhaltlich gleichen** derselben Beh angefochten hat (*BSG* SozR 1300 § 49 Nr 3). Weiter gilt § 49 entspr auch für den Fall, dass der Adressat belastet, der Dritte begünstigt wird und der Adressat den VA anficht (vgl *Freischmidt* aaO § 49 Rz 8: redaktionell ungenau; *Schütze* aaO SGB X § 49 Rz 4). **5**

ZT wird in diesem Zusammenhang von einem „**VA mit Doppelwirkung**" gesprochen (Begr der BReg: BT-Drucks 7/910, 73; *LSG Nds-Brem* Urt v 9.12.2009 – L 1 KR 210/08; *Freischmidt* aaO § 49 Rz 5 f; *Pickel* aaO § 49 Rz 1; abw die Begrifflichkeit auch bei *Steinwedel* aaO § 49 Rz 3). Das ist allerdings **missverständlich**, da hierunter nur VA verstanden werden sollten, die gegenüber demselben Betroffenen sowohl belastende, als auch begünstigende Regelungen enthalten (vgl § 31 Rz 35, 37; zur uneinheitlichen Begrifflichkeit auch: *Knoke* Rechtsfragen der Rücknahme von Verwaltungsakten, 1989, 56 ff). Es sollte in diesem Zusammenhang deshalb besser von einem **VA mit Drittwirkung** gesprochen werden (so auch: *Wolff/Bachof/Stober* VerwR II § 51 Rz 30; *Erichsen* AllgVerwR § 19 Rz 1; *Sachs* in Stelkens/Bonk/Sachs VwVfG § 50 Rz 11; *Dörr* ZfSH/SGB 1985, 208 [209]). **6**

VA mit Drittwirkung müssen zwar auch dem Dritten bekannt gegeben werden, um auch ihm gegenüber wirksam zu werden (§ 39 Abs 1 Satz 1), aber es handelt sich um einen **einheitlichen VA** (vgl *Freischmidt* aaO § 49 Rz 5; *Steinwedel* aaO § 49 Rz 4; *Dörr* ZfSH/SGB 1985, 208 [208]). Für die Anwendung von § 49 ist es gleichgültig, ob ein einheitlicher VA **allen Betroffenen** bekannt gegeben wird oder es sich um **verschiedene VA** handelt (vgl *Steinwedel* aaO § 49 Rz 4; vgl auch: *BSG* SozR 1300 § 49 Nr 3). Ficht also einer der Adressaten den ihm bekannt gegebenen Bescheid an, so gilt der Bescheid zugleich gegenüber dem anderen als **mitangefochten** (*Schütze* aaO § 49 Rz 2; aA: *Heilemann* SGb 1993, 165 [166 f]). Obwohl die Regelung auf dem Grundgedanken beruht, dass der Begünstigte mit dem Rechtsbehelf rechnen muss, ist es nicht erforderlich, dass der Begünstigte zB im Bescheid **auf die Anfechtungsmöglichkeit** durch den Dritten **hingewiesen wird** (*BSG* SGb 2000, 418 mit dem Hinweis, dass die Beh andernfalls den Dritten außer durch den Erlass eines rw Bescheids noch dadurch beeinträchtigen könnte, dass sie dessen Aufhebung durch Unterlassen ei- **7** nes solchen Hinweis verhindert; aA: *Steinwedel* aaO § 49 Rz 4; vgl auch *BSG* SozR 1300 § 49 Nr 3).

8   **VA mit Drittwirkung** sind **im Sozialrecht selten** (*Freischmidt* aaO § 49 Rz 7; *Schütze* aaO § 49 Rz 2) und setzen voraus, dass die Leistung entweder nur einem von mehrere Anwärtern zusteht oder zwischen mehreren Berechtigten aufzuteilen ist (*Steinwedel* aaO § 49 Rz 3). VA haben zB Drittwirkung bei der **Aufteilung einer Witwenrente** aus derselben Versicherung auf mehrere Berechtigte nach § 91 SGB VI (*Mey* DAngVers 1993, 367 [368]) oder § 66 Abs 1 SGB VII; denn in der Höhe, in der der „Geschiedenen-Witwe" Rente gewährt wird, mindert sich die Rente der Witwe, dh eine Rentengewährung an die frühere Ehefrau begünstigt diese und schmälert den Anspruch der Witwe (vgl dazu *BSGE* 21, 125; *BSG* SGb 1990, 331 Anm Kreikebohm).

9   Die **Ermächtigung eines Nichtvertragsarztes** zur Teilnahme an der kassenärztlichen Versorgung betrifft einen am gleichen Ort ansässigen Vertragsarzt (*BSGE* 68, 291; *Heilemann* SGb 1993, 165 [166]). VA mit Drittwirkung sind ferner die **Abzweigung einer Sozialleistung** nach § 48 SGB I sowie Bescheide über die **Versicherungspflicht abhängiger Beschäftigter** (§ 28 h Abs 2 SGB IV; vgl *LSG Nds-Brem* Urt v 9.12.2009 – L 1 KR 210/08). Die Befreiung von der Versicherungspflicht durch die KK betrifft den Arbeitgeber und den Sozialversicherungsträger (*BSGE* 17, 261; 25, 34). Beim Streit darüber, wer ein Kind überwiegend unterhält, kann die Bewilligung des **Kinderzuschusses** an eine Person dazu führen, dass dieser bei einer anderen wegfällt (vgl § 270 SGB VI). Die **Vormerkung einer Pflichtversicherungszeit** bei Kindererziehung ist zumindest dann ein VA mit Drittwirkung, wenn sie für miterziehende Elternteile beantragt worden ist (vgl *BSGE* 68, 171; weitere Bsp bei *Freischmidt* aaO § 49 Rz 7).

3. Aufhebung des VA im Vor- bzw Gerichtsverfahren

10 Weiterhin gehört es zu den Tatbestandsvoraussetzungen, dass die Beh sich **während** eines schwebenden Anfechtungsverfahrens (**nicht: zwischen den Instanzen,** *Freischmidt* aaO § 49 Rz 10; *Sachs* aaO § 50 Rz 94; aA: *Kopp/Ramsauer* aaO § 50 Rz 18; *Schenke* DÖV 1983, 324 [329]: Vertrauensschutz auch dann nicht, wenn der Aufhebungsbescheid zwischen den Instanzen ergeht) entschließt, den VA aufzuheben. § 49 besagt nichts darüber, nach welchen Grundsätzen **wegen des erhobenen Widerspruchs oder der Klage** der VA durch die Beh aufzuheben ist (vgl § 85 SGG; im gerichtlichen Verfahren ggf als Zweitbescheid oder Anerkenntnis, §§ 96, 101 Abs 2 SGG). § 49 gilt solange, bis **das Anfechtungsverfahren abgeschlossen ist,** dh ggf bis zum Revisionsurteil, nicht aber schon bei bloßer Anfechtbarkeit durch einen Dritten (*Erichsen* AllgVerwR § 10 Rz 13; *Kopp/Ramsauer* aaO § 50 Rz 11; *Lüke* SGb 1984, 118 [119]; *Sachs* aaO § 50 Rz 70; *Steinwedel* aaO § 49 Rz 6; *Schütze* aaO SGB X § 49 Rz 5; aA *BVerwGE* 31, 69; *Horn* DÖV 1990, 864 [864]). Vor einer Anfechtung sowie auch nach Abschluss des Rechtsbehelfsverfahrens gelten die allgemeinen Vorschriften über den Bestandsschutz (*Freischmidt* aaO § 49 Rz 12). § 50 ist nicht auf andere Rechtsbehelfe (zB im ordentlichen Rechtsweg, Amtshaftung) entsprechend anwendbar (aA *Kopp/Ramsauer* aaO § 50 Rz 4: § 50 ist Ausdruck eines allg Rechtsgedankens); auch nicht bei einer **Wiederaufnahmeklage** nach § 153 VwGO, § 179 SGG.

11 § 49 erfasst nur den Teil des VA (zur teilweisen Anfechtung: *Ule/Laubinger* VerwR § 64 Rz 16), der **zulässigerweise** (ansonsten käme eine Abhilfe oder „Stattgabe" nicht in Betracht) angefochten worden ist (vgl *BSGE* 89, 119; *ThürLSG* Urt v 28.1.2013 – L 6 KR 1128/09; *Erichsen* AllgVerwR § 19 Rz 13;

Freischmidt aaO Rz 5; *Kopp/Ramsauer* aaO § 50 Rz 22); auf die **Begründetheit** kommt es nicht an (*Pickel* aaO § 49 Rz 16; *Steinwedel* aaO § 49 Rz 5; *Schütze* aaO § 49 Rz 6; aA; *BVerwG* NVwZ 1990, 857; vgl *Freischmidt* aaO § 49 Rz 11; *Kopp/Ramsauer* aaO § 50 Rz 24; *Schnapp* GK-SGB X 1, § 49 Rz 16; *Ule/Laubinger* aaO § 64 Rz 9), es sei denn, der Rechtsbehelf ist **ganz offensichtlich unbegründet** (*BVerwGE* 65, 321; *Erichsen* AllgVerwR § 19 Rz 13; *Knoke* Rechtsfragen der Rücknahme von Verwaltungsakten, 1989, 310). Müssten Widerspruch oder Klage nicht zumindest zulässig sein, so könnte der Bestandsschutz bei VA mit Drittwirkung weitgehend umgangen werden. Es liegt auch nicht – anders als sonst – in der Entscheidungsbefugnis der Beh, über einen **verspäteten Wspr** in der Sache zu entscheiden (vgl *BSGE* 49, 85; *BVerwGE* 65, 33 zu § 50 VwVfG; *Steinwedel* aaO § 49 Rz 5).

Die Wirkungen des § 49 treten unabhängig davon ein, ob **dem Begünstigten die Anfechtung bekannt** ist, solange er um die Möglichkeit der Drittanfechtung weis und mit ihr rechnen muss (*Freischmidt* aaO § 49 Rz 9; *Pickel* aaO § 49 Rz 13). Allerdings ist idR eine (notwendige) Beiladung erforderlich (*Meyer-Ladewig* SGG § 75 Rz 10; *BVerwGE* 18, 216). Durch die Aufhebung des VA muss außerdem dem Widerspruch oder der Klage **abgeholfen** worden sein. Nur **insoweit** ist der VA ohne die Beschränkungen der §§ 45, 47, 48 aufhebbar (*Kopp/Ramsauer* aaO § 50 Rz 21; *Sachs* aaO § 50 Rz 96; *Schütze* aaO § 49 Rz 7). Die Anwendung von § 49 wird nicht dadurch ausgeschlossen, dass neben dem Dritten auch der Begünstigte (zB wegen einer Nebenbestimmung oder einer noch höheren Leistung) den VA anficht (vgl *Freischmidt* aaO § 49 Rz).   **12**

4. Freistellung von der Geltung der §§ 45 Abs 1-4, 47 und 48

Liegen die Tatbestandsvoraussetzungen von § 49 vor, so gelten die §§ 45 Abs 1-4, 47 und 48 nicht. Die (missverständliche) Verweisung auf § 45 Abs 1-4 bedeutet allerdings nicht etwa, dass die Rücknahme eines rechtswidrigen, begünstigenden VA ausgeschlossen ist, sondern – ganz im Gegenteil –, dass die Rücknahme nach § 45 Abs 1 **ohne die Kautelen nach Abs 2–4** erfolgt (*Freischmidt* aaO § 49 Rz 22; *Steinwedel* aaO § 49 Rz 7; *Schütze* aaO § 49 Rz 1). Die Beh ist namentlich nicht an die Jahresfrist (§ 45 Abs 4) gebunden (*Pickel* aaO § 49 Rz 19). Ebenso sind die Verweisungen auf die §§ 47 und 48 zu verstehen. § 49 selbst enthält keine Korrekturbefugnis.   **13**

Die Aufhebungsentscheidung eines rechtmäßigen VA ist nach **pflichtgemäßem Ermessen** – als einzige Einschränkung – zu treffen (*Kopp/Ramsauer* aaO § 50 Rz 9; *Pickel* aaO § 49 Rz 18; *Sachs* aaO § 50 Rz 74 f; *Steinwedel* aaO § 49 Rz 8), wobei auch hier individuell Vertrauensschutzgesichtspunkte berücksichtigt werden können (*Freischmidt* aaO § 49 Rz 19 mit dem Bsp, dass Vertrauen des Begünstigten dann beachtlich ist, wenn der Dritte mangels Bekanntgabe noch zulässigerweise nach Jahren einen Rechtsbehelf einlegt; *Kopp/Ramsauer* aaO § 50 Rz 9). § 49 schließt auch die **Anwendung des § 48** aus, so dass bei nachträglicher Änderung der Sach- und Rechtslage die Beh den VA ohne Beschränkungen (Ausn: Ermessen bei atypischen Fällen gem § 48 Abs 1 Satz 2) aufheben kann (*Schütze* aaO § 49 Rz 7). Allerdings darf die Beh den Rechtsschutz des Dritten nicht vermindern, so dass **einem begründeten Drittwiderspruch idR stattzugeben ist**. Da § 49 nicht auf § 44 Abs 3 verweist, bleibt die **Ausgangsbeh** zur Aufhebung zuständig, solange ein Rechtsbehelf anhängig ist (*Kopp/Ramsauer* aaO § 50 Rz 29; *Steinwedel* aaO § 49 Rz 9; *Ule/Laubinger* aaO § 64 Rz 9; *Schütze* aaO § 49 Rz 8; vgl auch *BVerwG* NJW 1983, 1626).   **14**

§ 50 Erstattung zu Unrecht erbrachter Leistungen

(1) [1]Soweit ein Verwaltungsakt aufgehoben worden ist, sind bereits erbrachte Leistungen zu erstatten. [2]Sach- und Dienstleistungen sind in Geld zu erstatten.

(2) [1]Soweit Leistungen ohne Verwaltungsakt zu Unrecht erbracht worden sind, sind sie zu erstatten. [2]§§ 45 und 48 gelten entsprechend.

(2 a) [1]Der zu erstattende Betrag ist vom Eintritt der Unwirksamkeit eines Verwaltungsaktes, auf Grund dessen Leistungen zur Förderung von Einrichtungen oder ähnliche Leistungen erbracht worden sind, mit fünf Prozentpunkten über dem Basiszinssatz jährlich zu verzinsen. [2]Von der Geltendmachung des Zinsanspruchs kann insbesondere dann abgesehen werden, wenn der Begünstigte die Umstände, die zur Rücknahme, zum Widerruf oder zur Unwirksamkeit des Verwaltungsaktes geführt haben, nicht zu vertreten hat und den zu erstattenden Betrag innerhalb der von der Behörde festgesetzten Frist leistet. [3]Wird eine Leistung nicht alsbald nach der Auszahlung für den bestimmten Zweck verwendet, können für die Zeit bis zur zweckentsprechenden Verwendung Zinsen nach Satz 1 verlangt werden; Entsprechendes gilt, soweit eine Leistung in Anspruch genommen wird, obwohl andere Mittel anteilig oder vorrangig einzusetzen sind; § 47 Abs. 2 Satz 1 Nr. 1 bleibt unberührt.

(3) [1]Die zu erstattende Leistung ist durch schriftlichen Verwaltungsakt festzusetzen. [2]Die Festsetzung soll, sofern die Leistung auf Grund eines Verwaltungsaktes erbracht worden ist, mit der Aufhebung des Verwaltungsaktes verbunden werden.

(4) [1]Der Erstattungsanspruch verjährt in vier Jahren nach Ablauf des Kalenderjahres, in dem der Verwaltungsakt nach Absatz 3 unanfechtbar geworden ist. [2]Für die Hemmung, die Ablaufhemmung, den Neubeginn und die Wirkung der Verjährung gelten die Vorschriften des Bürgerlichen Gesetzbuchs sinngemäß. [3]§ 52 bleibt unberührt.

(5) Die Absätze 1 bis 4 gelten bei Berichtigungen nach § 38 entsprechend.

Literatur:

Altmann: Rückforderung von Leistungen zur sozialen Sicherung von Pflegepersonen, NZS 2009, 665; *Basse*: Kostenerstattungsrechtliche Entscheidungen der Sozial- und Verwaltungsgerichte sowie der Spruchstelle Stuttgart, ZfF 2006, 163; *Baumeister*: Die Novellierung der §§ 48, 49, 49 a VwVfG, NVwZ 1997, 19; *Dahm*: Der Schadensersatzanspruch des Unfallversicherungsträgers bei unrichtigen Angaben des Versicherten, SozVers 1995, 241; *Dober*: Gebotene Einheit und bestehende Differenzierung des Verwaltungsverfahrensrechts im SGB, SGb 1990, 225; *Dörr*: Bescheidkorrektur, Rückforderung, sozialrechtliche Herstellung, 2009; *von Einem*: Die Behandlung zu Unrecht gezahlter Beiträge zwischen Sozialversicherungsträgern, SGb 1998, 198; *Erfmeyer*: Der Entreicherungseinwand bei vorläufigen VA, DÖV 1998, 459; *Ficher*: Vom Rentnerprivileg und sonstigen Begünstigungen im Rentenrecht, NZS 2004, 523; *Fichte*: Zur Rückforderung zu Unrecht gezahlter Sozialzuschläge, DAngVers 1996, 437; *Frohn*: Zivilistische oder öffentlich-rechtliche Rückabwicklung fehlgeschlagener Sozialleistungsbeziehung, BayVBl 1992, 7; *Günther*: Abtretung, Pfändung und Abzweigung von Sozialleistungen, ZfSH/SGB 1998, 272; *Heilemann*: Die Haftung Minderjähriger nach § 50 SGB X, SGb 1996, 475; *ders*: Die Rückforderung zu Unrecht erbrachter Sozialleistungen in Abzweigungsfällen, SozVers 1997, 174; *ders*: Die Rückforderung von Sozialleistungen in Abtretungs- und Pfändungsfällen, SozVers 1999, 148; *Heinrichsohn*: Rückforderung überzahlter Leistung von den Erben des Versorgungsberechtigten nach § 50 SGB X, SGb 1983, 478; *Heinz*: Aufhebung behördlicher Entscheidungen auf dem Gebiet der Sozialversicherung, WzS 2013, 35; *Heße*: Die Rückforderung von Zuwendungen und vergleichbaren staatlichen Leistungen nach dem Gesetz zur Änderung verwaltungsverfahrensrechtlicher Vorschriften vom 2. Mai 1996, VerwArch 88 [1997], 23; *Hofe*: Erstattung zu Unrecht erbrachter Leistungen nach § 50 SGB X, 1990, 527; *Jähr-*

ling-Rahnefeld: Vertrauensschutz bei der Rückforderung zu Unrecht ohne Verwaltungsakt erbrachter Leistungen gem. § 50 Abs 2 SGB X, DAngVers 1996, 276; *Jülicher*: Erbfall und Sozialhilferegress, FPR 2006, 148; *Löcher*: Die Korrektur von Verwaltungsentscheidungen im Recht der Kriegsopferfürsorge, ZfS 2006, 193; *Müller*: Die Sozialgerichtsbarkeit entdeckt Prozess- und Verzugszinsen – Rechtsprechungswandel der Sozialgerichte bei den Nebenentscheidungen, SGb 2010, 336; *Ossenbühl*: Der öffentlich-rechtliche Erstattungsanspruch, NVwZ 1991, 513; *Rensing*: Die Forderungsabtretung im Sozialversicherungsrecht, Diss jur Bochum 2005; *Rieker*: Die Rückforderung zu Unrecht erbrachter Sozialleistungen gegenüber Dritten, rv 2010, 135; *ders*: Die Rückforderung einer gegenüber dem Leistungsberechtigten ohne Verwaltungsakt erbrachten Leistung, NZS 2013, 653; *ders.* Die rechtliche Einordnung von behördlichem Fehlverhalten bei der Rückforderung von Beitragszuschüssen zur Krankenversicherung, rv 2013, 21; *Roth*: Die verwaltungsrechtlichen Probleme des BAföG-Betrugs, NJW 2006, 1707; *Sachs/Wermeckes*: Die Neuregelung verwaltungsverfahrensrechtlicher Vorschriften zur Rückabwicklung fehlgeschlagener Subventionsverhältnisse, NVwZ 1996, 1185; *Schmidt*: Rückforderung überzahlter Sozialleistungen bei Abtretung und Pfändung, RVaktuell 2005, 461; *Schwabe*: Rückzahlung von „Hartz IV“? – Die rechtlichen Rahmenbedingungen zur Rückforderung von Leistungen nach dem SGB II, ZfF 2006, 145; *ders*: Die rechtlichen Rahmenbedingungen zur Rückforderung von Leistungen nach dem SGB XII, ZfF 2006, 217; *Suerbaum*: Widerruf und Erstattung bei Geld- und Sachleistungsverwaltungsakten nach der Novellierung des Verwaltungsverfahrensrechts, VerwArch 90 [1999], 361; *Weber*: Geld und Recht am Beispiel des Forderungseinzugs, AuB 2004, 257; *Weber*: Kostenerstattung und Kostenersatz bei rechtswidrig oder zu Unrecht gewährter Sozialhilfe nach dem SGB XII, DVP 2010, 278; *Weidhaas*: Untreue durch die Verantwortlichen einer KV bei Abschluss eines Vergleichs mit betrügerisch abrechnendem Arzt, ZMGR 2006, 75; *Wolff*: Zinsen im öffentlichen Recht, DÖV 1998, 872; *Wirkus*: Erstattungsforderungen der Träger der Grundsicherung für Arbeitsuchende, RVaktuell 2013, 98.

1. Allgemeines

1   § 50 **ergänzt die** §§ 44 ff und regelt die Rückabwicklung des sozialrechtlichen Leistungsverhältnisses nach Rücknahme bzw Widerruf des die Leistung gewährenden VA (**Abs 1**) oder auch dann, wenn die Leistung nicht aufgrund eines VA gewährt wurde (**Abs 2**; vgl auch *BSG* SozR 1300 § 50 Nr 13: „**Kehrseite eines sozialrechtlichen Leistungsverhältnisses**"). Der Erstattungsanspruch beruht auf dem **besonderen Rechtsgrundsatz,** dass eine mit der Rechtslage nicht übereinstimmende Vermögenslage auszugleichen ist (*BSGE* 71, 180; *BVerwGE* 71, 85; *dass* NVwZ 1996, 595; *Ossenbühl* NVwZ 1991, 513 [513]; *Wolff/Bachof/ Stober* VerwR II § 55 Rz 19). Insofern ist der Erstattungsanspruch eine Folge der Gesetzmäßigkeit der Verwaltung, eine Forderung nach wiederherstellender Gerechtigkeit und eine Konsequenz wirtschaftlicher Verwaltungsführung (vgl *BVerwG* DVBl 1999, 537; *Wolff/Bachof/Stober* VerwR II § 55 Rz 19). Der **zentrale Begriff** des § 50 ist der Begriff der **Erstattung,** der eine durch die Sozialleistung eingetretene „**Vermögensverschiebung**" (*Freischmidt* in Hauck/Noftz SGB X § 50 Rz 2) voraussetzt. § 50 bezweckt den **Ausgleich ungerechtfertigter Vermögensverschiebungen** (vgl *BVerwGE* 80, 177; ebenso: *Wolff/Bachof/ Stober* VerwR II § 55 Rz 20).

2   Der Anwendungsbereich von § 50 ist weit gesteckt, denn er gilt bei Aufhebung **rechtswidriger und rechtmäßiger VA** sowie auch bei der Rückforderung von Ermessensleistungen (*Schütze* in von Wulffen SGB X § 50 Rz 1). **Abs 2 a** regelt die **Verzinsung** des Erstattungsbetrags, wobei hiervon unter bestimmten Vor abgesehen werden kann. Nach **Abs 3** ist die Erstattungsforderung **durch VA festzusetzen,** wobei die Festsetzung bei aufhebenden VA mit diesem zu verbinden ist. **Abs 4** regelt schließlich die **Verjährung** und nach **Abs 5** sollen die Regelungen über die Erstattung bei **Berichtigungen** entsprechend angewendet werden. Das Pendant im allg VerwR war zunächst § 48 Abs 2 Satz 5 VwVfG; seit ÄndG v 2.5.1996 (BGBl I 656) ist es § **49 a VwVfG.** Mit § 50 ist für das Sozialversicherungsrecht **zum 1.1.1981 erstmals** der allg Erstattungsanspruch eingehend geregelt worden, vgl auch zum Verhältnis von § 50 und §§ 9, 13 AAÜG: *BSGE* 72, 111; zum Verhältnis von § 50 und § 223 Abs 2 SGB III aF: *BSGE* 89, 122. **§ 39 Nr 1 SGB II** enthält Sonderregeln zur aufschiebenden Wirkung von WS und Klage. Der Regelungsgehalt der Vorschrift des § 39 Nr 1 SGB II erstreckt sich aber **nicht auf Erstattungsbescheide nach** § 50, da solche Verwaltungsakte keine Leistungen der Grundsicherung aufheben (48), zurücknehmen (§ 45) oder widerrufen (§§ 46, 47), sondern nur den sich aus einer Entscheidung nach den §§ 45–47 ergebenden öffentlich-rechtlichen Erstattungsanspruch regeln (*LSG NRW* Beschl v 30.9.2009 – L 19 B 247/09 AS).

3   **Noch nicht abgeschlossene Erstattungsverfahren** sind gemäß Art II § 37 Abs 1 an sich ab dem 1.1.1981 nach neuem Recht zu beurteilen (zu den Vor dafür vgl Vor §§ 44-51 Rz 25 ff). Die Rechtmäßigkeit eines **vor dem 1.1.1981 erlassenen Rückforderungsbescheids** kann nicht an § 50 gemessen werden, sondern es ist vielmehr die weggefallene Regelung maßgeblich (*Pickel* aaO § 50 Rz 2), zB § 152 AFG aF (*BSG* SozSich 1985, 29).

2. Der Erstattungsanspruch

2.1. Rechtsnatur des Anspruchs

4   Der **allg öffentl-rechtl Erstattungsanspruch** war bereits vor Inkrafttreten des § 50 in Rspr und Lit anerkannt (*BSGE* 29, 6; *Freischmidt* aaO § 50 Rz 5; *Schütze* aaO § 50 Rz 1; vgl dazu *Detterbeck* DVBl 1996, 889 [891]). Seit In-

krafttreten des § 50 kann auf den ungeschrieben allg öffentl-rechtl Erstattungsanspruch nicht mehr zurückgegriffen werden (*BSGE* 66, 176; 67, 232; 82, 183; aA *BfA* SGB X § 50 Anm 7.3). **Sonderregelungen** (vgl auch die Übersicht Vor §§ 44-51 Rz 7) sind gem § 37 SGB I allerdings vorrangig zu beachten (*Schütze* aaO § 50 Rz 1) Bsp: **§ 40 Abs 2 Satz 1 SGB II** regelt abweichend von § 50, dass nur 56 v.H. der bei der Leistung nach § 19 Satz 1 Nr 1 und Satz 2 sowie § 28 SGB II berücksichtigten Kosten für Unterkunft, mit Ausnahme der Kosten für Heizungs- und Warmwasserversorgung, nicht zu erstatten sind. Nach § 40 Abs 2 Satz 2 gilt das nicht in den Fällen des § 45 Abs 2 Satz 3, des § 48 Abs 1 Satz 2 Nr 2 sowie in Fällen, in denen die Bewilligung lediglich teilweise aufgehoben wird. Entsprechende Regelung findet sich auch in **§ 27 a BVG.**

§ 50 ist **ausschließlich eine Anspruchsgrundlage der Verwaltung gegenüber dem Bürger** (vgl BT-Drucks 8/2034, 36) und er gilt nicht – auch nicht anlog – für Ansprüche von Leistungsträgern untereinander (*BSGE* 29, 249; 34, 88: Es kommt stets zur Erstattung, ohne dass die Vor gem § 50 erfüllt sein müssen) oder für Ansprüche von Bürgern gegenüber Beh (vgl BT-Drucks 8/2034, 36; *Freischmidt* aaO § 50 Rz 4; *Hofe*, SGb 1990, 527 [528]; *Kopp/Ramsauer* VwVfG § 49 a Rz 5; *Pickel* aaO § 50 Rz 1; *Sachs* in Stelkens/Bonk/Sachs VwVfG § 49 a Rz 12). Regelungen über den **Anspruch des Bürgers auf Erstattung** von zu Unrecht geleisteten Beiträgen in der KV, RV und UV enthalten die §§ 26-28 SGB IV (für den Bereich der Arbeitsverwaltung vgl § 351 SGB III). Die Erstattungsansprüche der Träger untereinander sind in den §§ 91, 102 ff sowie § 40 a SGB II (seit 2014 iKraft mit Rückwirkung zum 1.1.2009) und Ansprüche gegenüber Dritten in den §§ 115 ff geregelt. **Neben dem öffentl-rechtl Erstattungsanspruch** kann nach allg Grundsätzen ein **Folgenbeseitigungsanspruch** bestehen, dh ein Anspruch auf Rückgängigmachung aller Folgen, die durch die Vollziehung des zurückgenommenen VA unmittelbar herbeigeführt wurden (*Schnapp* in GK-SGB X § 50 Rz 13). Soweit § 50 eingreift, kann eine Rückforderung allerdings nicht auf einen **Schadensersatzanspruch** gestützt werden (vgl *LSG NRW* Breith 1998, 503; *Freischmidt* aaO § 50 Rz 18; *Schütze* aaO § 50 Rz 27; vgl auch *BSG* SozR 3-4100 § 155 Nr 2; SozR 3-4100 § 157 Nr 1), es sei denn, dies wird durch G ausdrücklich angeordnet (vgl *Hofe* SGb 1990, 527 [535] mwN aus der Rspr).

Der öffentl-rechtl Erstattungsanspruch wird heute zurecht **nicht mehr in Analogie zu den §§ 812 ff BGB als öffentl-rechtl Bereicherungsanspruch** verstanden (vgl *BSGE* 16, 151). Er stellt vielmehr einen **Vermögensausgleich eigener Art** dar (hM; vgl *BVerwGE* 71, 85; *BSGE* 71, 180; *Wolff/Bachof/Stober* VerwR II § 55 Rz 19; *Freischmidt* aaO § 50 Rz 6; *Schütze* aaO § 50 Rz 1; BT-Drucks 7/910, 71 zu § 44 Abs 5 des Entwurfs zum VwVfG; vgl zu weiteren Ansätzen: *Schoch* Jura 1994, 82 ff). IRah von § 50 besteht daher keinen Raum für die ergänzende Heranziehung zivilrechtlicher Vorschriften über die ungerechtfertigte Bereicherung (*BVerwG* DÖV 1985, 577, *BSGE* 54, 250; *Schütze* aaO § 50 Rz 1; krit auch *Wolff/Bachof/Stober* VerwR II § 55 Rz 20; aA *Morlok* Verw 1992, 371 [374 ff]; *Ossenbühl* Staatshaftungsrecht 422 f). Bedeutung hatte diese Frage insb für die im Zivilrecht mögliche Berufung auf den **Wegfall der Bereicherung** (§ 818 BGB), die bei einer Erstattung nach § 50 nicht in Betracht kommt (BT-Drucks 8/4022, 83; *Wolff/Bachof/Stober* VerwR II § 55 Rz 21 d: der Verwaltung wegen der Geltung des Gesetzmäßigkeitsprinzips verwehrt; *Pickel* aaO § 50 Rz 18; die Entreicherungseinrede ist kraft **Gemeinschaftsrechts** im Interesse des „effet utile" von vornherein ausgeschlossen, *EuGH* EuZW 1997, 276; *Sachs* in Stelkens/Bonk/Sachs VwVfG § 49 a Rz 69 a).

7 Während zum **alten Recht** (§§ 628, 1301 RVO, 47 KOVVerfG) str war, ob der Erstattungsanspruch von einem **Verschulden** der Beh oder des Bürgers oder dem Grad beiderseitigen Verschuldens abhängig ist, ist dies **für den Erstattungsanspruch nach § 50 nicht mehr erheblich** (*Pickel* aaO § 50 Rz 1). Jedoch sind Überlegungen zum Umfang des Vertrauensschutzes des Bürgers – und in diesem Rahmen auch zum Verschulden sowie zu den wirtschaftlichen Verhältnissen – bei der Rücknahme des den Rechtsgrund der Leistung bildenden VA nach §§ 45 und 48 anzustellen, so dass sich die Problematik nur verschoben hat (*Schütze* aaO § 50 Rz 8). Ist – unter Beachtung des Vertrauensschutzes etc – eine Rücknahme für die Vergangenheit möglich, so ist der Erstattungsanspruch also nur noch von den in § 50 genannten Voraussetzungen abhängig.

2.2. Rechtswidrige Leistungen an Dritte

8 Problematisch sind diejenigen Fälle, in denen irrtümlich an einen **Nichtberechtigten** geleistet wurde. Da der öffentl-rechtl Erstattungsanspruch und damit § 50 die Kehrseite eines sozialrechtlichen Leistungsverhältnisses darstellt (Rz 1), ist eine Sozialleistung dann nur nach den §§ 812 ff BGB rückforderbar (dazu näher: *Pickel* aaO § 50 Rz 31), wenn sie **an einen außerhalb eines solchen öffentl-rechtl Rechtsverhältnisses stehenden Dritten** gelangt ist, ohne dass dieser in ein bestehendes öffentl-rechtl Rechtsverhältnis (zB durch Vererbung; vgl auch § 118 Abs 4 Satz 3 SGB VI) eingetreten ist („Kehrseitentheorie"; vgl hierzu *BSGE* 25, 268; 32, 145; 61, 11; *BSG* SozR 1300 § 50 Nr 13 – 7. Senat; *ThürLSG* Breith 2000, 581; *LSG Bln-Bbg* Urt v 17.2.2010 – L 4 R 531/07; *BGH* WM 1982, 101; *OVG NRW* RiA 1985, 143; *von Einem* SGb 1988, 484 [488]; *Hartmann* SozVers 1995, 118; *Jahn* SGB X § 50 Anm 1, 3 und 9; *Pickel* aaO § 50 Rz 17; *Steinwedel* aaO § 50 Rz 15; anders allerdings noch: *BSGE* 55, 250 – 7. Senat; anders auch *BFA* SGB X § 50 Anm 1).

2.2.1. Beispiele

9 Im Einzelfall kann die Beurteilung schwierig sein, ob eine Leistung an Dritte vorliegt. Hierbei sind **zwei Fallgestaltungen** zu unterscheiden.

- Zum einen: Der **Begünstigte tritt an die Stelle des Berechtigten.** Dann liegt tatsächlich keine Leistung an einen Dritten vor, sondern es handelt sich um einen Fall der Rechtsnachfolge und § 50 kann unproblematisch angewendet werden.
- Zum anderen: Der **Begünstigte tritt neben den Berechtigten.** Dann stellt sich die Frage, ob § 50 oder die § 812 ff BGB gelten. Handelt es sich indes um Leistungen an **Minderjährige,** dann richtet sich der Erstattungsanspruch an den Minderjährigen, nicht aber an die Eltern; nur der VA muss allerdings den gesetzl Vertretern bekanntgegeben werden (vgl *BSG* NZS 1992, 156; *LSG Nds* Breith 1991, 127; *BVerwG* NZS 1992, 156; *BVerwG* ZfSH/SGB 1993, 479; vgl aber zu Ausn: *Heilemann* SGb 1996, 475). Das gilt auch dann, wenn zB **Kindergeld oder Sozialhilfe** für ein Kind als Leistungsberechtigten an einen Erziehungsberechtigten ausgezahlt worden ist und dieser unrichtige Angaben gemacht hat (*BVerwG* NZS 1992, 156; *BVerwG* ZfS 1993, 51; *Steinwedel* aaO § 50 Rz 23; *VG Braunschweig* NJW 1986, 2270; aA *OVG Berlin* NJW 1985, 822; der Erstattungsanspruch nach § 50 besteht unabhängig von den §§ 102, 103 SGB XII; denn diese Vorschriften enthalten Kostenersatzansprüche). Je nach Alter und Fall

greift die Beschränkung der Minderjährigenhaftung nach § 1629 a BGB (im SGB II anwendbar: *BSG* SozR 4-1300 § 50 Nr 2).

Der ersten Fallgruppe war die **Rückforderung vom Vermögensübernehmer** (§ 419 BGB aF) zuzuordnen (vgl *BGHZ* 71, 180; *BSG* SozR 1500 § 54 Nr 66), ebenso die **Rückforderung vom Empfangsbevollmächtigten** (*LSG Bln* SGb 1963, 81; *Bucka* aaO 260), vom **Erben** (hierzu näher mwN: *Pickel* aaO § 50 Rz 29; vgl zur älteren Rspr *Freischmidt* aaO § 50 Rz 9) oder die **Rückforderung vom Abtretungsempfänger** nach § 53 SGB I (*BSG* SozR 3-1300 § 50 Nr 10; *Steinwedel* aaO § 50 Rz 18), da die „Dritten" jeweils in die Rechtsposition des Berechtigten eingetreten sind bzw in dessen Auftrag handeln.

Das *BSG* hat 1990 für die **Rückforderung von WG und SWG** offen gelassen, ob Adressat des Rücknahme- und Rückforderungsbescheids der Arbeitnehmer oder aber der Arbeitgeber ist (*BSGE* 68, 67 – 11. Senat; vgl auch bereits *BSGE* 40, 23 – 7. Senat). Bei der Gewährung von WG/SWG wird der **Arbeitgeber** für die Abwicklung des Verfahrens kostenlos in Dienst genommen und **als Treuhänder der Arbeitnehmer** tätig (*BSGE* 68, 67; 82, 183). Nur hinsichtlich der Beitragszuschüsse macht der Arbeitgeber eigene Rechte geltend (*BSG* SozR 1500 § 144 Nr 33; *BSGE* 82, 183). Wegen dieser Rechtsstellung als Treuhänder kann die allg Rückerstattungsregelung des § 50 Abs 1 **nicht die Beziehung der BA zum Arbeitgeber** erfassen (*BSGE* 82, 183 – 7. Senat). Es ist auch eine Prozessstandschaft des Arbeitgebers für seine Arbeitnehmer iRah der Rückabwicklung dieser Leistungsbeziehung zu verneinen (*BSGE* 82, 183 – 7. Senat).

Schließlich können von dem (vermeintlich) Leistungsberechtigten Beträge zurückgefordert werden, die nach **§ 48 Abs 1 SGB I** an den **Abzweigungsberechtigten** ausgezahlt worden sind, da sich der Leistungsberechtigte diese Auszahlungen zurechnen lassen muss (vgl *BSGE* 68, 107; *BSG* SozR 3-1300 § 50 Nr 10; vgl auch zur Erstattungspflicht gegenüber Abzweigungsbegünstigten: *SG Hamburg* Breith 1991, 562; *Freischmidt* aaO § 50 Rz 13; vgl auch *Ebsen* Jbd-SozRdG 14. Bd (1992) 271 [286]; ebenso bei Abtretung des Beitragserstattungsanspruchs: *BSG* Breith 2002, 853). Der **Abzweigungsbegünstigte** ist allerdings **vorrangig leistungspflichtig** (*BSG* SozR 1300 § 50 Nr 10); von ihm kann indes nur zurückgefordert werden, wenn zuvor der ihm gegenüber ergangene Abzweigungsbescheid aufgehoben worden ist (*Baier* in Krauskopf, § 48 SGB I Rz 15; *SG Hamburg* Breith 1991, 526 *Schütze* aaO § 50 Rz 6). Die Erstattung erfolgt ebenfalls gegenüber dem vermeintlich Berechtigten, wenn der Zahlungsbetrag auf Anweisung des Berechtigten auf ein **Konto** überwiesen wurde, über das er nun nicht mehr verfügen kann (*BSG* SozR 1300 § 50 Nr 16 *Freischmidt* aaO § 50 Rz 13.

In allen anderen Fällen, in denen die Leistung an einen weder zum Leistenden, noch zum Berechtigten in einer Rechtsbeziehung stehenden (unbeteiligten) Dritten fließt, werden Zahlungen an Dritte nicht von § 50 erfasst, denn es fehlt an einem Leistungserfolg und damit am Erbringen iSv § 50 (*BSG* Breith 2001, 989; *BSG* Breith 2002, 853; vgl zum Begriff „unbeteiligten" Dritten: *LSG BW* Urt v 10.7.2013 – L 3 AS 2083/11), und die Erstattung richtet sich nach den §§ 812 ff BGB, so dass sich der Begünstigte insb auf den Wegfall der Bereicherung (§ 818 BGB) berufen kann. Das gilt zB für die Rückforderung nach **Fehlüberweisung** auf ein fremdes Konto ohne ausdrückliche Anweisung des Berechtigten (*BSG* SozR 1300 § 50 Nr 13), für das **Erschleichen** oder die unbefugte Annahme einer Leistung durch Dritte (*BSGE* 32 145). **Keine Anwendung** von § 50 auch bei Rückabwicklung der Auszahlung von SozLeistungen an einen „ersichtlich nicht einzugsberechtigten Durchlaufempfänger" durch einen treuwidrig handelnden MA der Beh (*BSG* Urt v 4.9.2013 – B 10 EG 7/12 R, SozR 4-1300 § 50 Nr. 4) oder Rückforderung von direkt an den Vermieter gezahlter Miete durch ein Jobcenter von diesem nach § 22 Abs 7 SGB II (*BayLSG* Urt v 21.1.2013 – L 7 AS 381/12).

2.2.2. Keine Anwendung von § 50

14   Gegen die Anwendung der §§ 812 ff BGB bei Leistungen an Dritte ist eingewandt worden, dass eine öffentl-rechtl Leistung nicht dadurch, dass sie (unbewusst) fehlgeleitet worden sei, zivilrechtlichen Charakter erhalten könne (*Freischmidt* aaO § 50 Rz 9, die das missverständlich als „unbestritten" bezeichnet; so auch: *Bethge* NJW 1978, 1801; *Birk* SGb 1979, 302 mwN). Teilweise deshalb wird die Ansicht vertreten, dass auch eine fehlgeleitete öffentl-rechtl Leistung nach § 50 zurückzufordern ist (so: *Schütze* aaO § 50 Rz 4; *Freischmidt* aaO § 50 Rz 10; iE auch *Schnapp* in GK-SGB X § 50 Rz 12; *Wolber* SozVers 1989, 85 [87]; *Hofe* SGb 1990, 527 [529]; *Frohn* BayVBl 1992, 7 [11]; *Hähnlein* JuS 1992, 560 [565]; *Meyer-Ladewig* SGG § 51 Rz 15; *Dörr* NZS 1993, 150 [151]). Zur Begründung wird ausgeführt, dass § 50 lediglich eine öffentl-rechtl gewährte Sozialleistung iSv § 11 SGB I voraussetze. Es komme deshalb auf die **Rechtsnatur der erbrachten Leistungen** und nicht auf das Rechtsverhältnis zwischen der Beh und dem Leistungsempfänger an; ist diese öffentl-rechtl, so greife § 50 auch gegenüber Dritten (*Freischmidt* aaO § 50 Rz 10: „Dass die Leistung zB in die Hand eines Dritten gelangt ist, beseitigt den öffentl-rechtl Charakter des Leistungsvorganges nicht"; ebenso: *Stüwe* SdL 1984, 89 [90]; *Möbius* DAngVers 1984, 122 [133f]; auch *OLG Hamm*, NJW 1986, 2769 unter ausdrücklicher Bezugnahme auf § 50; eingehend *Emmerich* ZfSH/SGB 1986, 417).

15   Diese Argumentation ist ein **circulus vitiosus**, denn ob die fehlgeleitete Leistung an einen Dritten als öffentl-rechtl gewährte Sozialleistung iSv § 11 SGB I anzusehen ist, stellt gerade die entscheidende Frage dar und kann deshalb nicht einfach als Voraussetzung statuiert werden. Zwar ist es zur Charakterisierung der Leistungen der SVTr nicht unproblematisch, auf den „**Zweck der Leistung**" abzustellen, der bei Fehlleitungen an Dritte nicht erreicht wird (aA *Freischmidt* aaO § 50 Rz 10: „Für den Leistungsbegriff iRah des § 50 muss es ausreichen, dass die Leistung auf einem zweckgerichteten Handeln des Sozialleistungsträgers beruht, unabhängig davon, ob der damit bezweckte Erfolg auch tatsächlich eingetreten ist"), da diese Betrachtungsweise in anderem Zusammenhang, nämlich bei der Aufhebung von VA, eine leichtere Aufhebbarkeit des VA suggerieren könnte (indem jedem VA – als Nebenbestimmung – die „Zielereichung" beigefügt ist etc), aber in diesem Zusammenhang ist der topoi „Leistungszweck" sehr wohl geeignet. Der Leistungszweck ist allg dahin zu verstehen, **dass mit der Leistung sozialrechtliche Ansprüche bzw sozialrechtliche Pflichten konkretisiert werden sollen,** die gegenüber einem Dritten grds nicht verwirklicht werden können (iE ähnlich *Steinwedel* aaO § 50 Rz 15). Die Gesetzesmaterialien haben zu der hier zu beurteilenden Frage nicht Stellung genommen (die Argumentation von *Freischmidt* aaO § 50 Rz 11 aus der Entstehungsgeschichte überzeugt daher nicht). Gegen das Nebeneinander von § 50 und §§ 812 ff BGB können auch nicht überzeugend Abgrenzungsprobleme und Rechtswegverweisungen ins Feld geführt werden (*Freischmidt* aaO § 50 Rz 11), denn damit kann aus **grundrechtlicher Perspektive** nicht gerechtfertigt werden, dass die Verwaltung gegenüber Dritten hoheitlich tätig werden darf.

Außerdem spricht die **Rechtsentwicklung** gegen die Annahme, § 50 komme bei 16
fehlgeleiteten Leistungen auch gegenüber Dritten in Betracht. **§ 118 Abs 4
Satz 1 SGB VI** berechtigt die RVTr, einen Erstattungsanspruch außerhalb eines
sozialrechtliche Leistungsverhältnisses gegen einen Dritten mit VA geltend zu
machen, wobei gem § 118 Abs 4 Satz 3 SGB VI der Anspruch gegen die Erben
gem § 50 unberührt bleibt (hierzu: *BSG* Urt v 6.9.2006 – B 4 RA 43/05 R, *BSG*
SozR 4-1300 § 50 Nr 1; *BSGE* 82, 239; *ThürLSG* Breith 2000, 581; *LSG BW*
SozVers 1996, 131; *SG Stuttgart* NZS 1996, 29; zum Verhältnis zu § 50 vgl
HessLSG Breith 1997, 785; vgl dazu auch *Dörr* Kompaß 1996, 460 [462]; *Ra-
be* HVBG-Info 1996, 452 [458]; zur Beurteilung nach altem Recht gem
§§ 812 ff BGB: *BSGE* 15, 14; 32, 144; *BGH* SGb 1979, 350). Eine entspr Regelung für die UV ist **§ 96 Abs 3, 4 SGB VII.** Dieser Regelungen hätte es nicht
bedurft, wenn § 50 auch gegenüber Dritten anzuwenden wäre (aA *Freischmidt*
aaO § 50 Rz 12, wo unter Hinweis auf die Entstehungsgeschichte nur eine
Klarstellung angenommen wird). Überzeugend ist die Auffassung auch nicht zu
Abs 2 – selbst, wenn dort nicht die Aufhebung eines VA und damit kein durch
Erlass eines VA begründetes öffentl-rechtl Leistungsverhältnis vorausgesetzt
wird (so aber *Schütze* aaO § 50 Rz 4; so auch *Schnapp* aaO § 50 Rz 11). Zum
einen wird ein öffentl-rechtl Leistungsverhältnis nicht allein durch VA begründet, zum anderen ist auch in den Fällen des Abs 2 die zu erstattende Leistung
durch VA festzusetzen (Abs 3).

2.3. Inhalt und Grenzen des Anspruchs

Wenn die Tatbestandsvoraussetzungen von Abs 1 oder 2 erfüllt sind, hat der 17
Betroffene die Sozialleistungen zu erstatten. Der Erstattungsanspruch ist auf die
Herausgabe des Erlangten gerichtet (vgl *BSGE* 22, 138; *Freischmidt* aaO § 50
Rz 17) – und zwar an den Träger, der die Leistung erbracht hat (vgl *Steinwedel*
aaO § 50 Rz 24; *Schütze* aaO § 50 Rz 16). Das gilt jedenfalls für Geldleistun-
gen; Sach- und Dienstleistungen sind in Geld zu erstatten (Abs 1 Satz 2), dh es
ist der **objektive Gegenwert** zu erstatten (*Steinwedel* aaO § 50 Rz 27). **§ 44 Abs
3** ist entsprechend anzuwenden. Der Umfang des Anspruchs richtet sich ebenfalls nicht nach den Vorschriften über die Herausgabe einer ungerechtfertigten
Bereicherung, so dass eine Berufung auf den Wegfall der Bereicherung (§ 818
BGB) ausscheidet (anders noch der GEntw der BReg, BT-Drucks 8/2034 16;
Schütze aaO § 50 Rz 16). Gutscheine im SGB II können nach § 40 Abs 3 SGB II
zurückgegeben werden.

Verwaltungskosten des SVTr sind nicht zu erstatten (*LSG NRW* Breith 1998, 18
503) und Zinsen sind – außer in den Fällen des Abs 2 a – ebenso nicht zu zahlen (*BSGE* 69, 221; *BSG* SozR 3-1300 § 50 Nr 8; *Freischmidt* aaO § 50 Rz 17).
Der Anspruch auf Erstattung kann **verwirkt** werden (*Freischmidt* aaO § 50 Rz
21; zur Verwirkung im Sozialrecht vgl *BSGE* 2, 288; 47, 194). Eine **bloße Untätigkeit der Beh** reicht dafür allerdings nicht aus; es müssen vielmehr besondere Umstände hinzu kommen, nach denen die spätere Geltendmachung der Forderung als Verstoß gegen **Treu und Glauben** empfunden wird (*BSGE* 7, 199;
BVerwG NJW 1998, 3135; *Pickel* aaO § 50 Rz 28; *Wolff/Bachof/Stober*
VerwR II § 55 Rz 21 d; vgl auch *BSG* SozR 3900 § 47 KOVVerfG Nr 2, 4
und 5).

Steht dem Erstattungsschuldner ein Anspruch auf eine Geldleistung gegen die 19
erstattungsberechtigte Beh zu, so kann mit dem Erstattungsbescheid zugleich
die (ggf auch konkludente) **Verrechnung nach § 51 SGB I** erklärt werden
(*BSGE* 69, 221; *Pickel* aaO § 50 Rz 24). Eine wirksame **Aufrechnung gem**

§§ 387 **BGB** durch den Leistungsempfänger hat zur Folge, dass der Erstattungsbescheid ab Beginn der Aufrechnungslage rechtswidrig ist (*Steinwedel* aaO § 50 Rz 28). **Die Erstattungsforderung erlischt** durch die seitens des Empfängers erklärte Aufrechnung (vgl *BSGE* 63, 224; *BSG* SozR 1300 § 50 Nr 10). Im Bereich der Leistungserbringung im Rahmen von SGB II und SGB XII ist die Aufrechnung nur in engen Grenzen möglich (§§ 43 SGB II, 26 SGB XII).

3. Erstattung bei LeistungsVA (Abs 1)

20 Nach **Abs 1 Satz 1** sind bereits erbrachte Leistungen zu erstatten, soweit der VA aufgehoben worden ist. Handelt es sich bei den Leistungen um Sach- oder Dienstleistungen, so sind sie in Geld zu erstatten (**Satz 2**). Bei den Fällen des Abs 1 handelt es sich im Sozialversicherungsrecht um die **häufigste Erstattungsform**, weil den Leistungen idR ein VA zugrunde liegt (vgl auch § 117 SGB VI), auch wenn sich dies erst nach Auslegung erschließt oder ausschließlich ein konkludenter VA in Betracht kommt (vgl zum KrG: § 31 Rz 41): IdR liegt in einer antragsgemäßen Zahlung zugleich die Bewilligung der Leistung, wenn damit einem Antrag entsprochen worden ist (zB *BSG* SozR 3-1300 § 50 Nr 13: Auszahlung von Kindergeld verbunden mit einer Gehaltsmitteilung; *BSGE* 61, 11). Ferner ist ausreichend, wenn Dauerleistungen ursprünglich ohne VA gewährt, dann aber Anpassungsbescheide erlassen wurden (*BSGE* 75, 291). Der Erstattungsanspruch, der die Leistungen erfasst, die für die **Dauer der aufschiebenden Wirkung** – wegen eines Widerspruchs gegen einen VA, der eine laufende Sozialleistung entzieht – ausgezahlt wurden, richtet sich nach Abschluss des Widerspruchsverfahrens ebenfalls nach § 50 Abs 1 (*BSG* SozR 3-1300 § 50 Nr 20). Hat jemand zum Ruhen des Anspruchs auf Alg führende Leistungen des Arbeitgebers nach **§ 157 SGB III** erhalten, ist nach erfolgter Aufhebung des Alg-Bescheids die Leistung **ausschließlich nach § 50 Abs 1** zu erstatten, nicht auch nach § 157 Abs 3 Satz 2 SGB.

21 Die Erstattung nach Abs 1 setzt die Aufhebung des Bewilligungsbescheids voraus (vgl Rz 24). In der Geltendmachung der Rückforderung kann uU **gleichzeitig die Aufhebung (Rücknahme) des leistungsbewilligenden VA** gesehen werden, insb in den Fällen, in denen die Beh durch den Gesamtzusammenhang der Darstellung im Bescheid (nach Abs 3) ihren Willen zum Ausdruck bringt, nicht mehr am Bewilligungsbescheid festhalten zu wollen und der Bescheid auch den Voraussetzungen von § 45 oder § 48 entspricht (*BSGE* 48, 120; *BSG* SozR 1300 § 50 Nr 15; SozR 1500 § 144 Nr 25; *BVerwG* BayVBl 1985, 373; *Freischmidt* aaO § 50 Rz 19; *Steinwedel* aaO § 50 Rz 12; *Schütze* aaO § 50 Rz 9, 21). Dies gilt jedoch nicht, wenn die Beh die Aufhebung gewollt auf Abs 2 gestützt hat (*BSG* SozR 1300 § 50 Nr 15: Wird die Rückforderung zB von KrG – fehlerhaft – ausdrücklich auf § 50 Abs 2 gestützt, so kann hierin nicht die gleichzeitige Rücknahme des das KrG bewilligenden VA gesehen werden). Wendet sich der Betroffene in diesen Fällen gegen die Erstattung, so ist idR auch die Aufhebung angefochten. Ein **Erstattungsbescheid** kann jedoch idR nicht in einen Aufhebungsbescheid nach § 45 Abs 1 **umgedeutet** werden, denn die Umdeutung einer gesetzl gebundenen Entscheidung in eine Ermessensentscheidung schließt § 43 Abs 3 aus (*BSGE* 72, 111 für § 143 Abs 4 SGB III aF; *BSG* SozR 4-4300 § 119 Nr 3 = NZS 2006, 436 für das Verhältnis von § 45 zu § 48 jew iVm § 330 Abs 2, 3 SGB III sowie zu § 66 Abs 1 SGB I; vgl auch: *BSGE* 75, 291; vgl zum Verhältnis von § 50 und § 143 Abs 4 SGB III aF; *BSGE* 67, 221; vgl für die Besonderheiten des WG- und SWG-Verfahrens: *BSGE* 82, 183; vgl auch *BSG* SozR 4-4300 § 415 Nr 1).

Problematisch erscheint allerdings, wenn der **Adressat des Erstattungsbescheids** **22**
nicht auch gleichzeitig Adressat des Aufhebungs VA ist, da die „Rückforde-
rungsautomatik" nach Abs 1 ihre Rechtfertigung daraus bezieht, dass die Belange des Rückforderungsschuldners im Aufhebungsverfahren ausreichend berücksichtigt wurden (vgl *Steinwedel* aaO § 50 Rz 17). Ist der Rückforderungs-
schuldner als **Erbe** (§§ 1922 ff BGB) Rechtsnachfolger, so kann der Erstattungsbetrag ohne neuen Aufhebungsbescheid festgesetzt werden (vgl aber *BSG* Urt
v 6.3.2014 – B 5 R 25/13, Anm *Plagemann* FD-SozVR 2014, 361930). Obwohl
in das **Ermessen** nur Tatsachen eingestellt wurden, welche nicht auf die Person
des Rechtsnachfolgers zugeschnitten sind, entspricht es dem Wesen der Rechtsnachfolge, dass der jew Rechtsnachfolger so in die Rechtsbeziehungen eintritt,
wie sie zZt der Rechtsnachfolge bestanden haben. Der Rechtsnachfolger ist außerdem dadurch geschützt, dass er die **Haftung auf das Erbe** (§§ 1942 ff BGB)
beschränken kann (entspr galt bis Ende 1998 für den Vermögensübernehmer
nach § 419 Abs 2 – durch Artikel 33 Nr 16 EGInsO ersatzlos gestrichen). Entsprechendes gilt für den Sonderrechtsnachfolger (§ 56 SGB I), der nur haftet,
soweit Ansprüche auf ihn übergegangen sind (§ 57 Abs 2 Satz 1 SGB I; vgl hierzu *Steinwedel* aaO § 50 Rz 19).

3.1. Aufhebung

Eine Erstattung nach Abs 1 setzt also voraus, dass ein Bewilligungsbescheid **23**
aufgehoben und damit als rechtfertigender Grund für das Behaltendürfen der
Leistung weggefallen ist (*BSGE* 68, 67; 72, 111; *BayVGH* BayVBl 1982, 692;
Freischmidt aaO § 50 Rz 13; *Schütze* aaO § 50 Rz 1; zur Rückforderung von
Krankenversicherungsbeiträgen bei rückwirkender Aufhebung und Erstattung
von Alg vgl *BSGE* 66, 176; *BSG* SozR 3-4100 § 157 Nr 1; die Rückforderung
nach § 44 Abs 6 AFG setzte eine Aufhebung des Bewilligungsbescheides nicht
voraus, *BSG* SozR 4100 § 44 Nr 51; nach SGB III greifen heute allerdings die
§§ 44 ff, 50). Die bloße Änderung der Rechtslage beseitigt den Leistungsanspruch nicht (vgl § 39 Abs 2). Aus § 50 Abs 1 hat das BSG zurecht abgeleitet,
dass ein **Rückforderungs- und Rückzahlungsvorbehalt als Nebenbestimmung**
bei endgültigen Leistungsbewilligungen unzulässig ist (vgl *BSGE* 50, 144; 67,
104: Der Begünstigte, dem die Leistung aufgrund eines VA erbracht worden ist,
kann nicht schlechter gestellt sein als derjenige, dem die Leistung ohne VA zu
Unrecht zugeflossen ist; so nunmehr für die Bewilligung von WG/SWG: *BSGE*
82, 183 mwN). Eine Rückforderung kann nur auf eine Selbstverpflichtung zur
Rückzahlung gestützt werden, oder es muss nach den §§ 44 ff aufgehoben und
zurückgefordert werden (zur Möglichkeit einer **Rückforderung aufgrund einer**
Selbstverpflichtung, VA auf Unterwerfung, vgl *BSGE* 54, 286).

Die Rückforderung nach § 50 Abs 1 setzt eine **rechtmäßige Aufhebung** der **24**
Leistungsbewilligung voraus (*BSGE* 74, 287; aA *Schütze* aaO § 50 Rz 8: Entscheidend ist die Wirksamkeit, nicht die Rechtmäßigkeit des Aufhebungsbescheids; *BSGE* 68, 107: „bindende" bzw „wirksame" Aufhebung). Die **Aufhe-**
bung muss nicht nach §§ 45, 48 oder ggf § 47 Abs 2 erfolgt sein, § 50 Abs 1
gilt auch bei Aufhebung eines VA nach anderen sozialrechtlichen Vorschriften,
soweit diese, zB hinsichtlich eines zu prüfenden Vertrauensschutzes, bei der
Aufhebung eines rechtswidrigen VA den §§ 45, 48 gleichwertig sind
(*Freischmidt* aaO § 50 Rz 13; *Pickel* aaO § 50 Rz 11; *Steinwedel* aaO § 50 Rz
8, 12; ebenso *Schütze* aaO § 50 Rz 8).

Ist der VA aufgehoben worden, steht der Verwaltung **kein Ermessen** mehr zu, **25**
ob sie den Erstattungsanspruch geltend macht (hM, *Freischmidt* aaO § 50 Rz

13; *Pickel* aaO § 50 Rz 10; *Schütze* aaO § 50 Rz 8; *Steinwedel* aaO § 50 Rz 11; vgl auch *BSG* SozR 1300 § 50 Nr 16). Wenn der SVTr die Erstattung überzahlter Leistungen nicht geltend macht, so kann das nur iRah der Ermessensprüfung nach § 45 **Abs 1** geschehen (*Pickel* aaO § 50 Rz 11) oder es kommt unter den Vor in § 76 Abs 2 SGB IV eine **Stundung, Niederschlagung** oder ein **Erlass** in Betracht (*Steinwedel* aaO § 50 Rz 11). Bei **VA mit Drittwirkung** ist eine Vertrauensschutzprüfung zwar weder nach § 49 noch im Rechtsbehelfsverfahren vorgesehen, aber Vertrauen ist in diesen Fällen idR auch nicht schutzwürdig (vgl § 49 Rz 14; aA *Pickel* aaO § 50 Rz 11).

26 Aus dem Begriff „soweit" folgt, dass bei **teilweiser Aufhebung** auch nur eine teilweise Erstattung zu erfolgen hat (*Freischmidt* aaO § 50 Rz 16; *Pickel* aaO § 50 Rz 19). Kann für einen Zeitraum von 10 Jahren rückwirkend aufgehoben werden, ist auch die Erstattung „soweit" möglich. Diese Regelung ist **nicht mit Abs 4** zu **verwechseln**, wonach der Erstattungsanspruch in 4 Jahren verjährt, denn in Abs 4 geht es um die Dauer, innerhalb welcher der Erstattungsanspruch geltend gemacht werden darf, in Abs 1 aber um die Höhe des Erstattungsanspruchs.

3.2. Erbrachte Leistungen

27 Nach Abs 1 Satz 1 sind „erbrachte Leistungen" zu erstatten. Bereits nach diesem Begriff war davon auszugehen, dass nicht nur Geldleistungen, sondern alle die in §§ 11, 18-29 SGB I genannten **Sozialleistungen**, also auch Sach- und Dienstleistungen, erfasst sind (vgl *BSGE* 22, 138; *Pickel* aaO § 50 Rz 14; *Schütze* aaO § 50 Rz 2). Mit G v 4.11.1982 (BGBl I 1454) wurde mW zum 1.7.1983 Abs 1 um den **Satz 2** ergänzt, der eine entsprechende **Klarstellung** gebracht hat: auch Sach- und Dienstleistungen sind erstattungsfähig. Wenn die Sachleistungen allerdings (in natura) herausgegeben werden können, so tritt die Herausgabe nach zutreffender Ansicht – trotz Abs 1 S 2 – iS einer **Wahlschuld** neben die Erstattung in Geld (*Schütze* aaO § 50 Rz 2; aA *Freischmidt* aaO § 50 Rz 17; *Pickel* aaO § 50 Rz 18; *Steinwedel* aaO § 50 Rz 26). Das setzt allerdings voraus, dass es sich bei den Sachleistungen um langlebige Güter handelt, die **übereignet** wurden, denn bei einer nur **leihweisen Überlassung** (zB bei Hilfsmitteln der GKV, § 33 Abs 5 Satz 1 SGB V) stellt die Rückgabe keine Erstattung dar, sondern nur „die Aufgabe der entsprechenden Gebrauchsvorteile für die Zukunft" (zutreffend: *Steinwedel* aaO § 50 Rz 26). In Fällen der Übereignung wird es allerdings neben der Herausgabe auch zu einer teilweisen Erstattung des Vermögenswerts kommen, der durch die Nutzung der Sachleistung entstanden ist (*BSGE* 22, 138; *Schütze* aaO § 50 Rz 17).

28 Leistungen werden häufig bereits **durch Bekanntgabe des aufgehobenen Bescheids erbracht**, denn auf den Zeitpunkt der Auszahlung (bei Geldleistungen), der Übergabe (bei Sachleistungen) oder der Erbringung von Dienstleistungen kommt es nicht an (vgl *BSGE* 72, 111). Maßgeblich ist, dass **der Leistungsträger das „Erforderliche" getan hat**, damit das Geschuldete dem Berechtigten rechtzeitig zufließen kann (vgl auch *SchlHLSG* SGb 1990, 293). Danach ist bei **Geldleistungen** – neben der Bekanntgabe des bewilligenden Bescheids – noch zu verlangen, dass die Zahlstelle zur fristgerechten Auszahlung des Betrags angewiesen wurde (*BSGE* 72, 111). Andererseits ist er gegenüber dem durch den Entziehungsbescheid unterrichteten Bürger nicht verpflichtet, besondere Anstrengungen zu unternehmen, **die laufende Auszahlung für den nächstfolgenden Bezugszeitraum sofort zu unterbinden** (*BSGE* 72, 111).

Erbracht ist eine Geldleistung auch dann, wenn deren Auszahlung an einen **berechtigten** (!) Ersatzempfänger oder einen Abzweigungsberechtigten angewiesen wurde (*BSGE* 68, 107: Zurechnung, vgl dort auch zu den Einschränkungen; vgl auch *BSG* SozR 1300 § 50 Nr 16; SozR 3-1300 § 50 Nr 10; *SchlHLSG* SGb 1990, 293; *Freischmidt* aaO § 50 Rz 13; *Steinwedel* aaO § 50 Rz 14; aA *Hofe* SGb 1990, 527 [532]; *Heilemann* SozVers 1997, 174 [176]); ansonsten, bei Zahlung an Unberechtigte, kommen die §§ 812 ff BGB zur Anwendung (Rz 14). **Eine Bereicherung des Leistungsberechtigten ist nicht erforderlich** (*SchlHLSG* SGb 1990, 293; *Schütze* aaO § 50 Rz 2).   **29**

4. Erstattung bei Leistungen ohne VA (Abs 2)

Abs 2 (lex specialis: § 50 Abs 4 BaföG) regelt die Erstattung in Fällen, in denen die Leistung nicht durch VA bewilligt worden ist. Die Rückforderung gem § 50 Abs 2 ist **rechtswidrig**, wenn die Leistung aufgrund eines VA gewährt wurde (vgl *BSGE* 75, 291). Ob eine Leistung ohne VA erbracht wurde, ist in einer „ex-post" Betrachtung festzustellen (*Dörr* DAngVers 1989, 464 [465]; *Schütze* aaO § 50 Rz 10). **Die Gewährung von Leistungen ohne VA ist selten** und kann zB in Betracht kommen, wenn die Leistungen in Ausführung eines nur gegenüber einem Dritten ergangenen VA erbracht werden (vgl *Steinwedel* aaO § 50 Rz 6), es sei denn, der VA wird auch dem Dritten gegenüber bekannt gegeben (*BSG* SozR 1300 § 50 Nr 17). Eine **Leistung aufgrund VA** liegt auch vor, wenn eine bescheidmäßig festgestellte Sozialleistung nach Prüfung eines Erstattungsanspruchs von einem anderen Leistungsträger ausgezahlt wird (*BSG* SozR 1300 § 50 Nr 14). Unter Abs 2 fallen also **Leistungen im Wege schlichten Verwaltungshandelns** (vgl *BSGE* 18, 148; *Pickel* aaO § 50 Rz 16). Daneben kommen **irrtümliche Zahlungen** (häufig an Dritte) in Frage (vgl Rz 8). Erforderlich ist aber stets, dass die Leistung **zu Unrecht erbracht** wurde, also rechtswidrig ist (vgl *Freischmidt* aaO § 50 Rz 14; *Hämlein* JuS 1992, 559 [561]). Eine Leistung kann ohne VA auch dann **zu Unrecht** erbracht worden sein, wenn bzw soweit sie von dem bewilligenden VA nicht gedeckt ist, **Bewilligung und Zahlung** also **nicht übereinstimmen.**   **30**

4.1. Beispiele

Eine solche Divergenz von Bewilligung und Zahlung ist zB bei **Doppelzahlungen** (vgl *BSG* SozR 3-1300 § 50 Nr 16; SozR 3-1300 § 45 Nr 2; SozR 1300 § 45 Nr 12) anzunehmen, bei **Zahlungen über den Bewilligungszeitraum hinaus** (Bsp: Rente wegen EU auf Zeit wird über den Befristungszeitpunkt oder KrG für dieselbe Krankheit über 78 Wochen hinaus gezahlt), bei **Zahlungen trotz Aufhebungs- oder Wegfallbescheid,** bei Zahlungen, wenn die Bewilligung infolge **Eintritts einer auflösenden Bedingung** rückwirkend weggefallen ist (*LSG BW* SGb 1986, 286; vgl auch *BayLSG* SGb 1990, 493; vgl für das Ruhen: *BSGE* 67, 221; vgl auch *BSGE* 60, 239) oder auch beim **Tod eines Berechtigten** (*BVerwGE* 84, 274). An einem VA fehlt es bei **Nichtigkeit des VA** (§ 40; *Pickel* aaO § 50 Rz 16; *Steinwedel* aaO § 50 Rz 5; vgl auch: *Schütze* aaO § 50 Rz 10). Abs 2 ist allerdings nicht in Fällen der **Gleichwohlgewährung im SGB III** einschlägig. Zwar setzt die **Erstattung des gezahlten Alg** die Aufhebung des Bewilligungsbescheids nicht voraus (*BSGE* 60, 168; 67, 221), aber in diesen Fällen wurde die Leistung dennoch nicht ohne VA erbracht (*BSGE* 72, 111; vgl auch *BSGE* 75, 291).   **31**

4.1.1. Vorschüsse und vorläufige Leistungen

32 § 50 gilt grds nicht für die Erstattung von Vorschüssen (§ 42 SGB I) und vorläufig erbrachten Leistungen (§ 43 SGB I), welche die endgültige Leistung übersteigen (*BSG* rv 2003, 34). Hier kommt als Anspruchsgrundlage für die Rückforderung in Höhe der überzahlten Vorschussbeträge § 42 Abs 2 Satz 2 SGB I als lex specialis (*BSG* Urt v 26.3.2014 – B 10 EG 4/13 R; *BSG* Breith 1997, 241; *Freischmidt* aaO § 50 Rz 4; vgl auch zu § 147 AFG/§ 328 SGB III: *BSG* rv 2003, 34) in Betracht. Dabei ist § 50 Abs 4 entsprechend anwendbar. Das BSG geht zutreffend davon aus, dass durch die Bewilligung des Vorschusses ein (vorübergehendes) **öffentl-rechtl Rechtsverhältnis eigener Art** begründet wird (vgl *BSGE* 18, 148). Hat der RVTr allerdings einen **Vorschuss nach § 42 Abs 1 SGB I** gewährt und entspricht die Höhe der Rente der Höhe des Vorschusses, so kann der RVTr die Erstattung der irrtümlich über den Vorschuss hinaus geleisteten Zahlung nur nach § 50 Abs 2 und nicht nach § 42 Abs 2 SGB I verlangen (*SG Altenburg* SGb 1998, 272). Leistet der RVTr aufgrund eines **Pfändungs- und Überweisungsbeschlusses** an den Pfändungsgläubiger und wird der RVTr später rechtskräftig verurteilt, die pfändbare Rente auch für die Vergangenheit dem vorrangigen Abtretungsgläubiger auszukehren, richtet sich die Erstattung der Rente durch den Pfändungsgläubiger nach § 50 Abs 2. Dies bedeutet, dass nach § 50 Abs 2 Satz 2 die Vor der §§ 45, 48 erfüllt sein müssen (*LSG B W* SGb 1999, 563; gegen die Anwendung von § 50 aber: *SG Stuttgart* DAVorm 1991, 690).

4.1.2. Erledigung des VA auf andere Weise (§ 39 Abs 2)

33 Nach zutreffender Ansicht kommt **Abs 2 analog** zur Anwendung, wenn zwar die Leistung aufgrund eines VA erfolgte, dieser aber nicht aufgehoben zu werden brauchte, sondern auf andere Weise erledigt ist (§ 39 Abs 2; vgl *Steinwedel* aaO § 50 Rz 8). Das ergibt sich aus dem Grds, dass Leistungsrückforderungen möglichst eine **Ermessensausübung** voranzugehen hat, sei es bei der Aufhebung des VA (Abs 1) oder bei der Rückforderung selbst (Abs 2; vgl aber auch Rz 40). Kommt es nach dem **Tod des Berechtigten** (vgl auch *LSG NRW* Breith 1987, 282) zu Überzahlungen, so ist somit zu differenzieren: Wenn für die Leistungsbeendigung der Erlass eines VA gegenüber dem Rechtsnachfolger erforderlich ist (zB § 30 Abs 3 WoGG), so liegt ein Anwendungsfall von Abs 1 vor. Wenn sich aber durch den Tod der VA „auf andere Weise" iS von § 39 Abs 2 erledigt, so wird die Leistung nach dem Tod ohne VA iSv Abs 2 erbracht; dh, es handelt sich auch **nicht um eine an einen Dritten fehlgeleitete Leistung,** auf welche die §§ 812 ff BGB anzuwenden wären (*Steinwedel* aaO § 50 Rz 20 unter Verweis auf § 119 Abs 4 Satz 3 SGB VI, der ausdrücklich den Anspruch gegen die Erben nach § 50 unberührt lässt; vgl auch *B VerwG* DVBl 1990, 870; *Hänlein* JuS 1992, 559 [561]; vgl auch Rz 22; aA *B VerwGE* 84, 274).

4.1.3. Leistungen aufgrund gerichtlicher Entscheidungen

34 Abs 2 ist auch auf solche Leistungen (nach *BSG* SozR 1500 § 154 Nr 8; SozR 1300 § 50 Nr 6: **entsprechend**) anwendbar, die **aufgrund eines noch nicht rechtskräftigen Urteils** oder einer einstweiligen Anordnung erbracht wurden, wenn das Urteil oder der Beschluss später aufgehoben werden (vgl §§ 97 Abs 1, 154, 165 SGG; *BSGE* 57, 138; *BSG* SozR 3-1300 § 45 Nr 8 und 10; *BSG* NZS 1996, 587; *OVG Lüneburg* NdsMBl 1994, 114; *Dörr* DAngVers 1983, 378 [380]; *Freischmidt* aaO § 50 Rz 14 a; *Pickel* aaO § 50 Rz 16; *Steinwedel* aaO § 50 Rz 7, 39; *Schütze* aaO § 50 Rz 13; vgl auch BT-Drucks 8/2034, 50 zu § 48

VwVfG; aA, § 50 Abs 1 anwendbar: *Schmidt* DAngVers 1983, 274 [275]). Denn Abs 2 verlangt eine Ermessens- und Vertrauensschutzprüfung nach den §§ 45, 48, die im gerichtlichen Verfahren noch nicht stattgefunden hat. Das gilt selbst dann, wenn die Höhe der Leistungen in einem **Ausführungsbescheid** festgestellt worden ist (*BSG* SozR 3-1300 § 45 Nr 8, 10; *Freischmidt* aaO § 50 Rz 14 a; *Steinwedel* aaO § 50 Rz 39), da sich dieser mit der Aufhebung des Urteils bzw Beschlusses, ohne dass es einer Aufhebung bedarf, erledigt (*BSG* SozR 3-1300 § 45 Nr 10).

Vertrauensschutz kommt hier nicht in Betracht, da der Betroffene mit der Aufhebung des Urteils rechnen musste (*BSGE* 57, 138). Die Gutgläubigkeit des Empfängers wird auch durch den üblichen Hinweis in Ausführungsbescheiden ausgeschlossen, dass die Leistungen bei Aufhebung des Urteils zu erstatten sind. Allerdings verhält es sich hier **ähnlich wie bei der Gewährung eines Vorschusses**, so dass die Leistung in **entsprechender Anwendung des § 42 Abs 3 Nr 3 SGB I iVm § 43 Abs 2 Satz 1 SGB I** nicht zurückgezahlt werden muss, soweit es für den Empfänger eine **besondere Härte** darstellen würde (*BSGE* 57, 138; *Pickel* aaO § 50 Rz 19; *Steinwedel* aaO § 50 Rz 39; *Schütze* aaO § 50 Rz 13), insb, wenn der Betroffene ohne die streitgegenständliche Leistung Anspruch auf Sozialhilfe gehabt hätte oder durch die Rückzahlung **sozialhilfebedürftig** würde (*BSG* SozR 1500 § 154 Nr 8; vgl auch *BayLSG* ZfSH/SGB 1992, 199; vgl ebenfalls: *Knauf* SozVers 1986, 143 [144]). **35**

Leistungen aufgrund eines **wirksam angefochtenen Anerkenntnisses** unterfallen ebenfalls dem Anwendungsbereich von Abs 2 (*BSG* SozR 3-1300 § 50 Nr 19; *LSG BW* SGb 1997, 120). Bei Leistungen aufgrund der **einstweiligen Aussetzung des Vollzugs von Aufhebungsbescheiden** gem § 97 Abs 2 SGG ist demgegenüber **Abs 1** anzuwenden (aA *BSGE* 63, 74: allg öffentl-rechtl Erstattungsanspruch; wiederum anders: *Freischmidt* aaO § 50 Rz 14: Anwendung von Abs 2). **36**

4.2. Entsprechende Geltung der §§ 45, 48 (Satz 2)

§ 50 Abs 2 geht davon aus, dass der Empfänger einer zu Unrecht gewährten Leistung, der kein bewilligender VA zugrunde lag, diese nicht schon allein wegen dieses Umstands dem Leistungsträger zurückzuerstatten hat. Die schlichte, nicht weiter eingeschränkte **Erstattungspflicht des § 50 Abs 2 Satz 1** („sind … zu erstatten") wird deshalb durch **Satz 2** abgemildert. Die darin enthaltene **Verweisung auf §§ 45, 48** bedeutet, dass die Schranken, die jene Vorschriften für eine Rücknahme bzw Aufhebung mit Rückwirkung – aus der dann nach § 50 Abs 1 ohne Weiteres die Rückforderung folgt – aufstellen, entsprechend für die Rückforderung solcher Leistungen gelten, die ohne bewilligenden VA erbracht werden (*BSGE* 32, 54; 32, 156; 75, 291; *Freischmidt* aaO § 50 Rz 15; *Steinwedel* aaO § 50 Rz 30; *Schütze* aaO § 50 Rz 10). Allerdings verlangt die entsprechende Anwendung der §§ 45, 48 stets die Prüfung, inwieweit deren Vor bei einer Leistung ohne VA überhaupt, wenn auch entsprechend, erfüllt sein können (*BSGE* 75, 291). **Liegt eine der Vor der §§ 45 oder 48 nicht vor, entsteht der Erstattungsanspruch gar nicht erst,** dh er ist nicht nur hinsichtlich der Geltendmachung gehemmt (so *Schütze* aaO § 50 Rz 14). **37**

4.2.1. Anfänglich rechtwidrige Leistung (§ 45)

Die entsprechende Anwendung von § 45 setzt voraus, dass auf die Leistung bzw deren Höhe **von Anfang an kein Anspruch** bestand. Es kommt also darauf an, ob ein fiktiv erlassener VA bei anfänglicher rw Begünstigung mit Rückwir- **38** kung hätte zurückgenommen werden dürfen (vgl *BSGE* 57, 138; 75, 291; *BSG* SozR 3-1300 § 45 Nr 18; *Freischmidt* aaO § 50 Rz 15; *Pickel* aaO § 50 Rz 15; *Straub* Sozialverwaltungsverfahren 1991, 178). Wird bei der Herabsetzung einer laufenden Leistung durch Neufeststellung zB der ursprünglich höhere Betrag versehentlich weitergezahlt, richtet sich dessen Rückforderung nach Abs 2 iVm § 45 Abs 1-5 (*LSG Nds* Breith 1992, 36). Demnach wird der Erstattungsbetrag sowohl dem Grunde, als auch der Höhe nach insb durch das **schutzwürdige Vertrauen des Betroffenen gem § 45 Abs 2** eingeschränkt, dass allerdings nach § 45 Abs 2 Satz 3 ua dann entfällt, wenn sich der Betroffene den VA mit unlauteren Mitteln (Täuschung, Drohung, Bestechung, § 45 Abs 2 Satz 3 Nr 1) erschlichen hat. Die **Jahresfrist nach § 45 Abs 4 Satz 2** kommt iRah von § 50 Abs 2 ebenfalls entsprechend zur Anwendung (*BSGE* 60, 239; 75, 291; *BSG* SozR 1300 § 45 Nr 44; vgl auch *BSG* SozR 3-1300 § 45 Nr 2). Dabei ist auf die Kenntnis der Tatsachen abzustellen, die die Rückforderung der ohne VA erbrachten Leistungen rechtfertigen; sie kann frühestens mit den Zahlungen entstehen, die zurückgefordert werden (*BSG* SGb 1987, 60).

39 Es werden nur diejenigen Regelungen in § 45 entsprechend angewendet, die zu einer **Rücknahme mit Wirkung für die Vergangenheit** führen können, weil die Erstattung nach Abs 2 stets voraussetzt, dass Leistungen erbracht wurden. Die **Zehn-Jahres-Frist nach § 45 Abs 3 Satz 3** gilt bei Rückforderungen nach § 50 Abs 2 allerdings nicht (*BSGE* 75, 291; *Steinwedel* aaO § 50 Rz 36; *Schütze* aaO § 50 Rz 10), denn § 45 Abs 3 enthält eine Sonderregelung für rechtswidrig begünstigende VA mit Dauerwirkung. Die reine Weiterzahlung einer Leistung ohne zugrundeliegenden VA hat keine ähnliche Bedeutung. Ihr Empfänger kann dem Begünstigten eines VA, der eine Dauerleistung zuspricht, nicht gleichgestellt werden, denn die schlichte, wenn auch wiederholte Zahlung einer Leistung macht **keine in die Zukunft weisende Aussage** (vgl *BSGE* 75, 291; *Jähring-Rahnefeld* DAngVers 1996, 276 [282]). Deshalb kommt auch die Zwei-Jahres-Frist nach § 45 Abs 3 Satz 1 nicht zur Anwendung (*Steinwedel* aaO § 50 Rz 35). Der Betroffene kann sich nicht auf Entreicherung berufen, jedoch besteht ein Anspruch auf Erstattung nur in dem Umfang, wie dies nach §§ 45, 48 in analoger Anwendung möglich ist (vgl § 45 Abs 4, 48 Abs 1 Satz 2 Nr 2-4).

40 Im Gegensatz zu der auf Abs 1 gestützten Entscheidung steht die **Rückforderung nach Abs 2 im Ermessen der Beh**, soweit inzident § 45 Abs 1 und 2 zu prüfen sind, denn auch die Rücknahme nach § 45 steht im Ermessen der Beh (*BSGE* 55, 250; 57, 138; *BSG* SozR 1300 § 45 Nr 10, 12; vgl auch zum alten Recht: *BSGE* 32, 54; 32, 156; *Dörr* DAngVers 1983, 378; *Jähring-Rahnefeld* DAngVers 1996, 276 [283]; *Pickel* aaO § 50 Rz 15; *Schütze* aaO § 50 Rz 11; aA wohl *VGH BW* DÖV 1990, 892; *Kunkel* DVP 1992, 407 [412]; *Stüwe* SdL 1984, 79 [83]; zur Ermessensreduzierung auf Null vgl *BSG* DAngVers 1994, 286; *BSG* Urt v 5.4.2012 – B 10 EG 10/11 R: Ermessen und Vertrauensprüfung bei Erst v Elterngeld). Allerdings geht es zu weit, dem SGB X einen allg Rechtsgedanke entnehmen zu wollen, wonach der Leistungsrückforderung stets eine **Ermessensausübung** voranzugehen hat, bei § 50 Abs 1 iRah der zugrunde liegenden Aufhebung nach § 45 oder § 48, bei § 50 Abs 2 bei der Rückforderung selbst (*Schütze* aaO § 50 Rz 29; vgl aber auch: Rz 33), da Rücknahme und Aufhebung nicht immer im Ermessenswege erfolgen (zB bei der Aufhebung ab Änderung der Verhältnisse nach § 48 Abs 1 Satz 2, wenn kein atypischer Fall vorliegt). Deshalb ist es problematisch, seit dem Inkrafttreten des SGB X auch bei **Rückforderungen nach anderen Rückforderungsregelungen** – die sich zB auch aus dem Bescheid selbst ergeben können – ein Ermessen der Beh anzunehmen (vgl *BSG* SozR 3870 § 8 Nr 2). Sofern der Leitungsempfänger sich nicht auf Vertrauensschutz berufen kann, darf der Leistungserbringer im SGB II-Bereich richtigerweise bei einer irrtümlichen Zahlung ohne VA bei Vorliegen der Voraus d § 45 SGB X in entspr Anwendung des § 330 Abs 2 SGB III **kein Ermessen** beim Erstattungs-VA ausüben (*BSG* SozR 4-1300 § 50 Nr 3).

4.2.2. Rechtswidrig gewordene Leistung (§ 48)

Die Verweisung auf § 48 setzt voraus, dass (notwendig: Dauer-)Leistungen ohne VA ursprünglich rechtmäßig erbracht, später aber dann rechtswidrig wurden (vgl *BSG* SozR 3-1300 § 45 Nr 18). Allerdings ist **der Anwendungsbereich gering**, da zum einen die Fälle der fehlenden Kongruenz von Bewilligung und Leistung von § 45 erfasst werden (vgl auch *LSG Nds* Breith 1992, 36) und zum anderen Leistungen im Sozialrecht regelmäßig aufgrund VA gewährt werden (*Steinwedel* aaO § 50 Rz 32: § 48 kommt „kaum in Betracht"). Es gilt auch hier, dass § 48 nur dann und nur insoweit zur Anwendung gelangt, als eine entsprechend Anwendung in Betracht kommt. Deshalb scheidet zB eine **Aussparung nach § 48 Abs 3** aus. Im Vordergrund steht die Prüfung von **§ 48 Abs 1 Satz 2**, denn in den Fällen von § 48 Abs 1 Satz 1 kann es gar nicht zu einer Erstattung kommen.

41

5. Verzinsung (Abs 2 a)

Der zu erstattende Betrag ist bei bestimmten VA vom Eintritt der Unwirksamkeit des VA an zu verzinsen. Die Regelung des Abs 2 a, das macht schon der Zusatz „a" deutlich, ist **nachträglich eingeführt** worden – ebenso wie § 49 a Abs 3, 4 im VwVfG – und zwar durch ÄndG vom 2.5.1996 (BGBl I 656) mWz 21.6.1996. Es handelt sich um eine Folgeregelung zu § 47 Abs 2 (*Steinwedel* aaO § 50 Rz 40). Eine Verzinsung von öffentl-rechtl Forderung der Sozialverwaltung ergibt sich jetzt auch aus **§ 108 Abs 2** (ÄndG v 23.7.1996, BGBl I 1088). Die Verzinsungspflicht ist dabei – indes anders als bei § 49 a VwVfG – auf diejenigen Leistungen beschränkt worden, die auf VA beruhen, welche iRah der **Förderung von Einrichtungen oder ähnlichen Leistungen** gewährt wurden, da nur in diesem Bereich Leistungen im verzinsungswürdigen Umfang anfallen und es iRah der Förderung zur parallelen Anwendung von VwVfG und SGB X kommen kann (vgl BT-Drucks 13/1534 8; *Gröpl* VerwArch 88 (1997), 23 [47]). Daraus folgt zugleich, dass im übrigen Erstattungsforderungen nicht zu verzinsen sind (argumentum e contrario; BT-Drucks 13/1534, 8; *Pickel* aaO § 50 Rz 20; *Schütze* aaO § 50 Rz 19).

42

In **Wertungsanalogie zu** § 49 a VwVfG soll durch Abs 2 a nicht hingenommen werden, dass dann, wenn Förderleistungen für Einrichtungen zweckwidrig verwendet werden, aus ihnen noch ein nicht unerheblicher **Zinsvorteil** gezogen werden kann (zB bei einer Anlage im Ausland; *Schütze* aaO § 50 Rz 19). Durch die Formulierung „**ähnliche Leistungen**" weist die Verzinsungspflicht auch keine „offene Flanke" (generelle Erweiterung) auf, denn nach der amtlichen Begr (BT-Drucks 13/1534, 8) sollen nur „**andere vergleichbare Förderungen in anderen Gesetzen**" erfasst werden. Abs 2 a ist deshalb auch nicht ohne Weiteres auf den gesamten Geltungsbereich des **§ 47 Abs 2** anwendbar (*Schütze* aaO § 50 Rz 19). Ferner kommt in Fällen einer **Erstattung nach Abs 2** schon deshalb keine Verzinsung in Betracht, da **Abs 2 a** einen die Leistung legitimierenden VA verlangt. Nach **Art 6 Abs 2 ÄndG** findet § 50 Abs 2 a auch auf VA Anwendung, die vor dem Inkrafttreten von Abs 2 a erlassen worden sind, nicht aber, wenn die Leistung vor dem 21.5.1996 erbracht wurde. Wenn Leistungen vor Inkraft-

43

treten des G erbracht worden sind, dürfen sie nur nach den vor Inkrafttreten dieses G geltenden Bestimmungen verzinst werden (BT-Drucks 13/3868, 8).

5.1. Exklusivität der Verzinsungsregelung

44   Da neben § 50 für die Anwendung des Rechts der ungerechtfertigten Bereicherung kein Raum ist (vgl Rz 6), kann **auch über die §§ 818 Abs 4, 291 BGB keine Verzinsung des Erstattungsanspruchs** ab Rechtshängigkeit oder Erlass des Erstattungsbescheids begründet werden (aA *Barnewitz* SGb 1979, 99 [104]). Außerdem hätte bei Annahme einer Verzinsungspflicht auch für die übrigen Erstattungsansprüche eine Verweisung auf § 44 SGB I nahegelegen; aus § 44 SGB I selbst kann eine Verzinsung unmittelbar nicht abgeleitet werden, denn diese Regelung ist auf Forderungen des Bürgers gegen die Verwaltung beschränkt (*Freischmidt* aaO § 50 Rz 17; *Schütze* aaO § 50 Rz 18). Außerdem ist in § 27 **SGB IV** für den Anspruch des Bürgers auf Erstattung zu Unrecht entrichteter Beiträge ausdrücklich eine Verzinsungspflicht normiert, so dass für § 50 im übrigen von einem „**beredten Schweigen**" auszugehen ist (argumentum a maiore; vgl *BSGE* 29, 56; *Schütze* aaO § 50 Rz 18). Nach Inkrafttreten des SGB X hat das BSG bereits entschieden, dass kein Anspruch auf Verzinsung besteht, wenn rechtmäßig erbrachte Beiträge später von der Verwaltung erstattet werden (*BSGE* 55, 40).

5.2. Inhalt und Grenzen des Anspruchs

45   Die Zinspflicht beginnt mit dem **Eintritt der Unwirksamkeit** des VA, dh die behördliche Zinsforderung entsteht, wenn der sozialrechtliche Zuwendungsbescheid zugunsten einer Einrichtung oder eines Betriebs mit Rückwirkung widerrufen, zurückgenommen oder aufgehoben worden bzw eine Erledigung gem § 39 Abs 2 eingetreten ist. Soweit die Unwirksamkeit durch den Eintritt einer **auflösenden Bedingung** herbeigeführt wird, ergibt sich der Zeitpunkt aus der Ausgestaltung der Bedingung im einzelnen. Die **Zinsforderung** ist ebenso wie der Anspruch nach Abs 1 **zwingend. Satz 1** sieht die grundsätzliche Pflicht zur auch rückwirkenden Verzinsung eines zu erstattenden Betrags **iHv 5 Prozentpunkten** (bis 28.6.2002: 3 vH, G v 21.6.2002, BGBl I 2167) **über dem Basiszinssatz** (bis 31.12.2001: Diskontsatz, Art 11 Nr 3 G v 21.12.2000, BGBl I 1983) vor. Der variable Zinssatz trägt den Schwankungen der Zinssätze Rechnung, die auf dem Kapitalmarkt für die Wiederbeschaffung von Finanzmitteln durch die öffentliche Hand gelten. Der an die Bedingungen des Kapitalmarktes angepasste Zinssatz soll auch verhindern, dass Zuwendungsempfänger die zugewendeten Beträge vor ihrer oder anstelle ihrer sofortigen Verwendung **zinsbringend anlegen.**

46   **Von der Geltendmachung des Zinsanspruchs kann abgesehen werden**, wenn der Begünstigte die Umstände, die zur Rücknahme, zum Widerruf oder zur Unwirksamkeit des VA geführt haben, nicht zu vertreten hat und (kumulativ) den zu erstattenden Betrag innerhalb der von der Beh festgesetzten Frist leistet (**Abs 2 a Satz 2**; BT-Drucks 13/1534, 8). Das Absehen vom Zinsanspruch ist in Satz 2 **nicht abschließend** geregelt („insbesondere"). Der Beh steht **Ermessen** („kann") zur Seite, das sich nicht nur auf das „Ob" der Zinspflicht, sondern auch auf dessen Höhe bezieht (*Steinwedel* aaO § 50 Rz 42). Allerdings kommt der Verwaltung hier ein **weiter Beurteilungsspielraum** zu. Berücksichtigt werden können alle Umstände des Einzelfalls, auch wenn sie bereits iRah von §§ 45, 48 beachtet wurden, außer das Vertretenmüssen, da es sich insoweit um eine Anspruchsvoraussetzung handelt. Der Begünstigte hat die Umstände für Rücknah-

me, Widerruf oder Unwirksamkeit dann **zu vertreten**, wenn er sie vorsätzlich oder fahrlässig verursacht hat (vgl § 276 BGB, *Steinwedel* aaO § 50 Rz 42). IRah des Ermessens könnte zB berücksichtigt werden, ob und in welcher Höhe ein Zinsgewinn erzielt wurde.

5.3. Zinsanspruch bei vorübergehender Zweckverfehlung (Satz 3)

Satz 3 (entspr § 49a Abs 4 VwVfG) sieht für den Fall, dass die Leistung nicht **47** alsbald (*BVerwG* DVBl 2003, 270) nach der Auszahlung für den bestimmten Zweck verwendet wird, die Möglichkeit vor, an Stelle eines Widerrufs nach § 47 Abs 2 Satz 1 Nr 1 Alt 2 dem Berechtigten die Verpflichtung zur Verzinsung des empfangenen Betrages aufzuerlegen. Hierin wird besonders sinnfällig, dass durch die Zinsregelung zweckwidrige Zinsvorteile verhindert werden sollen. Die Ausgestaltung der gesetzlichen Bestimmung begründet – ebenso wie bei Satz 2 – einen **weiten Ermessensspielraum**, der auch iS eines geringeren Zinssatz als nach Satz 1 ausgeübt werden kann (*Steinwedel* aaO § 50 Rz 43). Hier kann ebenfalls berücksichtigt werden, ob und in welcher Höhe Zinsvorteile erzielt wurden. Werden derartige Zinsen verlangt, so schließt das allerdings nicht aus, dass später doch noch von der Widerrufsmöglichkeit Gebrauch gemacht wird, was der **zweite Hs** des Satzes 3 (§ 47 Abs 2 Satz 1 Nr 1 bleibt unberührt) klarstellt. Vor diesem Hintergrund kann iRah des **Ermessens nach § 47 Abs 2** von einem Widerruf im Hinblick auf die Verzinsungspflicht nach Satz 3 abgesehen werden. Satz 3 erweist sich gleichzeitig als **Ausdruck des Verhältnismäßigkeitsgrundsatzes**, da die Forderung von Zinsen einen geringeren Eingriff als der Widerruf darstellt. Der mWz 1.1.2002 **neu eingeführte Satz 3 Hs 2** („entsprechendes gilt …"; vgl G v 21.6.2002, BGBl I 2167) – ebenso: § 49a Abs 4 VwVfG – trägt der **Rspr des BayVGH** (vgl Urt v 18.11.1999 – 4 B 98/2346 nv) Rechnung, wonach gem der aF die nachträgliche Verzinsung nicht gefordert werden durfte, wenn die Leistung vorzeitig in Anspr genommen wurde, obwohl noch andere Mittel anteilig oder vorrangig einzusetzen waren (BT-Drucks 14/9442, 51).

6. Festsetzung des Erstattungsanspruchs (Abs 3)

Nach Abs 3 ist die zu erstattende Leistung durch VA (dem Grunde und der Hö- **48** he nach) festzusetzen. Das ist eine der wenigen Regelungen, in denen die Beh **ausdrücklich zum Erlass eines VA ermächtigt** wird (vgl hierzu auch § 31 Rz 3 f). Die Möglichkeit der Rückforderung durch VA war in der Rspr auch schon vor Inkrafttreten des SGB X anerkannt (vgl *BSGE* 4, 190). Ein Aufhebungsbescheid allein reicht nicht aus. Bei einer Rückforderung gewährter Leistungen ist allerdings idR anzunehmen, dass die Beh mit der Festsetzung der zu erstattenden Leistung konkludent auch die Rücknahme des gewährenden VA erklärt hat. Die zu erstattende Leistung soll aus Gründen der Rechtssicherheit in Abweichung von § 33 Abs 2 **durch schriftlichen VA festgesetzt** werden (BT-Drucks 8/2034, 36). Es ist ein formeller Rückforderungsbescheid erforderlich, ein bloßer VA „auf Unterwerfung" genügt nicht (so *HessLSG* Breith 1985, 306; *Pickel* aaO § 50 Rz 21; *Schütze* aaO § 50 Rz 21). Allerdings kann die Beh versuchen, die Rückerstattung eines überzahlten Betrages zunächst durch einfache Aufforderung zu erreichen. Eine Leistungsklage ist indes nicht statthaft (*BSGE* 60, 209; *BVerwG* NVwZ-RR 1993, 495; *Freischmidt* aaO § 50 Rz 19; *Pickel* aaO § 50 Rz 22; zweifelnd: *BSG* SozR 1300 § 50 Nr 17; *Steinwedel* aaO § 50 Rz 45; vgl auch bei Leistungen an Dritte: *BSGE* 61, 11; *Pickel* aaO § 50 Rz 17); dafür fehlt es am Rechtschutzbedürfnis, weil sich die Beh durch den Festsetzungsbescheid selbst einen Vollstreckungstitel schaffen kann (vgl *BSGE* 60, 209).

49   **Festsetzen** bedeutet, dass die Höhe der Forderung verbindlich zu bestimmen ist. Der zu erstattende Betrag muss also **beziffert** werden, eine Verpflichtung zur Erstattung **dem Grunde nach**, wie dies früher iRah der §§ 628, 1301 RVO aF möglich war, ist nicht mehr zulässig (*Schütze* aaO § 50 Rz 21). Zu hohe Anforderung an die Art der Zusammensetzung der Forderungsbeträge im AufhebungsVA sind nicht zu stellen (BSGE 108, 289, NJOZ 2013, 127), wohl ist ein Erstattungs-VA aber rw, wenn der Aufhebungsbescheid bei mehreren vorangegangene bewilligenden VA nur einzelne und nicht alle benennt (*BSG* Urt v 29.11.2012 – B 14 AS 196/11 R). Wird nur ein **mündlicher VA** erlassen, so ist der ErstattungsVA rechtswidrig. Der Betroffene kann gleichwohl nicht die Aufhebung verlangen, weil dieser Formverstoß nicht zur **Nichtigkeit** des VA (§ 40 Abs 1, 2) führt. Selbst wenn der Verstoß bis zum Abschluss des Widerspruchsverfahrens oder bis zur Erhebung der Klage nicht behoben wird (**§ 41 Abs 1, 2**), so kann allein deshalb der (mündliche) ErstattungsVA nicht aufgehoben werde (**§ 42**). Bei Erstattungen nach § 50 Abs 2 kann sich die Aufhebbarkeit allerdings daraus ergeben, dass **Ermessensgesichtspunkte nicht erkennbar** sind (vgl § 35 Abs 1 Satz 3); entsprechendes gilt in Fällen der Verzinsung nach Abs 2 a. Wenn der Erstattungsbescheid rechtswidrig ist, dann muss nicht auch der **Aufhebungsbescheid** aufgehoben werden (*BVerwGE* 90, 25), da Aufhebung und Erstattung zwei **selbstständige Streitgegenstände** sind. Eine Anfechtung des Erstattungsbescheids verhindert daher zB nicht, dass der Aufhebungsbescheid bestandskräftig wird (*Steinwedel* aaO § 50 Rz 47).

6.1. Festsetzungsbescheide im allg VerwR

50   Auf den Festsetzungsbescheid sind die **allg Regelungen über VA** anzuwenden (Ausn: Schriftlichkeitsgebot, Rz 48), dh er kann mit einer **Nebenbestimmung** versehen werden (Bsp: ein bestimmter Betrag zu erstatten ist, wenn nicht Zinsen gezahlt werden), muss **hinreichend bestimmt** sein (§ 33 Abs 1) und **begründet** werden (§ 35), ist mit einer **Rechtsbehelfsbelehrung** (§ 36) zu versehen und bedarf der Bekanntgabe (§ 37). Die §§ 38, 39 ff kommen ebenso zur Anwendung wie die §§ **44 ff**, wobei Einwände gegen die Rechtmäßigkeit insoweit ausgeschlossen sind, als sie sich aus der Aufhebung des VA ergeben. Vor einer auf Abs 2 gestützten Rückforderung ist der Betroffene **anzuhören** (*BSG* SozR 1300 § 45 Nr 12); denn auch die ohne VA rechtswidrig erlangten Zuwendungen sind nach § 24 geschützte Rechtspositionen. Aufhebungs- und Erstattungsbescheide sind – trotz Verbindungsgebot gem Abs 3 Satz 2 (vgl Rz 56 f) – jeweils gesondert anfechtbar (*Pickel* aaO § 50 Rz 25).

51   Der Erstattungsbetrag gehört zu den **Einnahmen iS des § 76 SGB IV, § 19 Abs 1 HaushaltsgrundsätzeG, § 34 Abs 1 BHO** und nur in dem in § 76 Abs 2 SGB IV, § 31 Abs 2 HaushaltsgrundsätzeG und § 59 Abs 1 BHO genannten Umfang sind **Niederschlagungen, Erlasse in Bagatellfällen und Stundungen** möglich (*Freischmidt* aaO § 50 Rz 18). Über Stundung, Niederschlagung und Erlass nach § 76 SGB IV, wird zwar idR erst in dem Durchsetzungsbescheid nach § 52 entschieden werden, die Beh kann jedoch darüber auch schon zugleich mit der Festsetzung nach Abs 3 Satz 1 befinden (*BSG* SozR 3-1300 § 48 Nr 37; *Schütze* aaO § 50 Rz 23). Bei Geltendmachung der Rückforderung durch VA ist die Beh nicht verpflichtet, zugleich über die Durchsetzung der Forderung und damit über eine mögliche Stundung oder einen Erlass zu entscheiden.

Die **Stundung** kommt bei vorübergehender fehlender Liquidität in Betracht (vgl **52**
BSGE 69, 221), sie kann von einer angemessenen Verzinsung der gestundeten
Beträge abhängig gemacht werden (vgl § 76 Abs 1 Nr 2 SGB IV; § 59 Abs 1
Satz 1 BHO; NiederschlagungAO der BA, ANBA 1970, 220). Der **Erlass** ist ein
Verzicht auf die Forderung, welcher durch VA auszusprechen ist. Ein Erlass
kommt zB in Betracht, wenn der Empfänger überzahlter Sozialleistungen ohne
diese Bezüge (ggf in größerem Umfang) **Ansprüche auf Sozialhilfe** gehabt hätte,
die er nachträglich nicht realisieren kann (*BSG* NZS 1996, 587). Aus Gründen
der Verhältnismäßigkeit und Verwaltungsentlastung hat die Rückforderung von
Bagatellbeträgen zu unterbleiben. **Niederschlagen** bedeutet „nicht-geltend-ma-
chen", wodurch der Anspruch selbst nicht erlischt (vgl hierzu *Schütze* aaO § 50
Rz 23). Nach § 2 Abs 3 Satz 3 ALG II-V bleibt eine monatliche Überzahlung
von 20 EUR im Rahmen der endgültigen Festsetzung bei der Rückforderung
außer Betracht. Niederschlagung kommt in Betracht, wenn feststeht, dass die
Einziehung keinen Erfolg haben wird bzw die **Kosten außer Verhältnis zur Höhe des Anspruchs** stehen (§ 76 Abs 2 Nr 3 SGB IV).

Mit einem öffentl-rechtl Erstattungsanspruch kann **aufgerechnet** und **verrechnet** **53**
werden (*Schütze* aaO § 50 Rz 25;). Für den Anspruch des Bürgers auf Erstattung zu Unrecht entrichteter Beiträge ist die Verrechnung in § 28 SGB IV ausdrücklich zugelassen worden (zu den Vor einer Aufrechnung im Einzelnen vgl
BSGE 31, 29). Eine **unmittelbare Verrechnung** kommt nicht in Betracht, sondern es darf erst dann mit einer anderen laufenden Leistung **an den Betroffenen**
verrechnet werden, wenn der Festsetzungsbescheid bestandskräftig geworden
ist (*Schütze* aaO § 50 Rz 21; ebenso *Freischmidt* aaO § 50 Rz 19).

6.2. Festsetzungsbescheide und Rechtsschutz

Nach § 78 Abs 1 Satz 1 SGG ist ein **Widerspruchsverfahren** durchzuführen **54**
(*BSGE* 55, 250; *BSG* SozR 1300 § 45 Nr 12; *Pickel* aaO § 50 Rz 25) und der
Rechtsweg vor den SG oder VG ist eröffnet (*Freischmidt* aaO § 50 Rz 23), sofern die Leistung selbst bei jeweils diesem Gerichtszweig geltend zu machen wäre (vgl *BSGE* 24, 191; *Pickel* aaO § 50 Rz 29). Die Klage gegen einen Bescheid,
mit dem die Rücknahme eines nach § 50 Abs 2 ergangenen Rückforderungsbescheids abgelehnt worden ist, ist als **kombinierte Anfechtungs- und Verpflichtungsklage**, gerichtet auf die Verpflichtung der Beh zur Rücknahme der Rückforderungsbescheids, zulässig (*LSG NRW* Breith 1995, 701). Vollstreckt wird
der Erstattungsbescheid gemäß § 66 SGB X nach dem **Verwaltungsvollstre-
ckungsgesetz** (*Freischmidt* aaO § 50 Rz 19). Es ist rechtswidrig, wenn im Einzelfall nur für den ErstattungsVA die sofortige Vollziehung angeordnet wird,
nicht aber auch für den Aufhebungsbescheid. Auf einen Antrag nach § 80 Abs
4 VwGO, §§ 86 a Abs 3, 86 b Abs 1 SGG wäre die Anordnung aufzuheben
(*BayVGH* NVwZ 1985, 663; *BayVGH* BayVBl 1988, 658; *Schütze* aaO § 50
Rz 9; aA wohl *Pickel* aaO § 50 Rz 25).

Sind Aufhebungs- und Rückforderungsbescheid miteinander verbunden oder **55**
werden sie sonst gemeinsam angefochten, sind beide **hinsichtlich einer Beru-
fungsfähigkeit getrennt zu beurteilen**. Ist die Berufung hinsichtlich des Rückfor-
derungsbegehrens zulässig, weil der Beschwerdewert überschritten ist, folgt daraus nicht, dass die Aufhebung des zugrunde liegenden Bescheids für die Vergangenheit nach §§ 45, 48 ebenfalls materiellrechtlich überprüft werden kann
(zu Vorgängerregelungen: *BSG* SozR 1500 § 146 Nr 19; SozR 1500 § 144
Nr 25; *Schütze* aaO § 50 Rz 26; aA *SchlHLSG* Breith 1986, 902; teilweise abweichend *LSG BW* SGb 1985, 292 und SozVers 1986, 79; *LSG Brem* DAng-

Vers 1984, 323, *BayLSG* Breith 1984, 1017; vgl auch *Keßler* SGb 1985, 182 [184]). Im umgekehrten Fall – Berufung hinsichtlich der Aufhebung zulässig, hinsichtlich des Erstattungsanspruchs unzulässig – ist die Berufung insgesamt zulässig (so *BSG* SozR 1500 § 146 Nr 4).

6.3. Verbindungsgebot nach Satz 2

56   Nach **Abs 3 Satz 2** soll der Erstattungsbescheid – anders als bei § 49 a VwVfG – mit dem Aufhebungsbescheid verbunden werden, es soll mithin ein „Gesamtbescheid" erlassen werden (*BfA* SGB X § 50 Anm 2.2; *Freischmidt* aaO § 50 Rz 19; *Pickel* aaO § 50 Rz 23). Der Wortlaut des Abs 1 ist vor diesem Hintergrund **missverständlich**, als für die Erstattung gerade nicht erforderlich ist, dass der VA bereits zuvor „aufgehoben worden" ist (*Benz* WzS 1990, 353 [355]). Grund für dieses Verbindungsgebot ist, dass **alle Rechtsfragen schnell und einheitlich in einem Bescheid** geregelt werden. Allerdings führt ein Verstoß nicht zu Sanktionen (*Freischmidt* aaO § 50 Rz 19: „Soll-Vorschrift"; *Steinwedel* aaO § 50 Rz 46). Nur in begründeten Ausnahmen darf von dieser Regel abgewichen werden.

57   Aus dem Begriff „**soll**" geht hervor, dass die Verbindung die Regel ist und nur ausnahmsweise von ihr abgewichen werden darf. Der Betroffene kann die **Verletzung des Verbindungsgebots nicht rügen**. Der Grund dafür liegt allerdings nicht darin, dass der Erstattungsbescheid nicht formell rechtswidrig würde (*Pickel* aaO § 50 Rz 23), sondern Abs 3 Satz 2 begründet **kein subjektiv-öffentliches Recht** auf Einhaltung dieses Verfahrenserfordernisses, da es allein der objektiv-rechtliche Verfahrensökonomie dient. Ergeht der Erstattungsbescheid gesondert, ist der Betroffene nochmals anzuhören (*BfA* SGB X § 50 Anm 2.3). Wird eine isoliert ausgesprochene Aufhebung angefochten, kann der Erstattungsanspruch wegen des Suspensiveffektes nicht durchgesetzt werden (*Schütze* aaO § 50 Rz 21).

7. Verjährung des Erstattungsanspruchs (Abs 4)

58   Nach Abs 4 verjährt der Erstattungsanspruch in **4 Jahren** nach Ablauf des Kalenderjahres, in dem der VA nach Abs 3 unanfechtbar geworden ist (Hinsichtlich der Verjährung des Anspruchs aus § 2 BAföG gilt ebenfalls § 50 Abs 4, vgl *BVerwG* ZfS 1989, 339). Für die Hemmung, die Ablaufhemmung, den Neubeginn und die Wirkung der Verjährung wird die sinngemäße Geltung der Vorschriften des BGB angeordnet. Die Regelung in § 52 soll unberührt bleiben. Die Regelung der Verjährung ist **weitgehend mit den § 45 SGB I, § 113 identisch**. Abs 4 ist nicht nur auf § 50, sondern auch auf ähnliche Sonderregelungen, zB § 20 Abs 1 BaföG, anzuwenden (*BVerwGE* 78, 101; *VGH BW* FamRz 1989, 1363; *Schütze* aaO § 50 Rz 22).

7.1. Beginn und Wirkung der Verjährung

59   Abweichend von den § 45 SGB I, § 113 wird als Anknüpfungspunkt für den Beginn der Verjährung nicht auf die Entstehung des Anspruchs und auch nicht auf die Unanfechtbarkeit des Aufhebungsbescheids, sondern auf die **Unanfechtbarkeit des Erstattungsbescheids** abgestellt (*BSG* SozR 1300 § 45 Nr 44; *Freischmidt* aaO § 50 Rz 20; *Steinwedel* aaO § 50 Rz 49). Hierfür reicht die bloße Feststellung des Rückforderungsanspruchs nicht. Es kommt vielmehr auf die Regelung an, mit der eine konkrete Zahlungspflicht begründet wird (vgl *BSG* SozSich 1982, 192; *Schütze* aaO § 50 Rz 22). Sind Aufhebung und Erstattung getrennt angeordnet worden, so ist der Erstattungsbescheid maßgeblich. Der Zeitpunkt der Überzahlung selbst ist für den Eintritt der Verjährung nach Abs 4 also ebenfalls unerheblich (vgl *Schütze* aaO § 50 Rz 22; *BFA* SGB X § 50 Anm 6.3 b).

60 Hat die Beh lediglich den zugrunde liegenden Bewilligungsbescheid aufgehoben, so verjährt der Erstattungsanspruch auch nicht entsprechend § 45 **Abs 1 SGB I**, wenn innerhalb von 4 Jahren nicht der Festsetzungsbescheid ergeht (*RV-Träger* Kommentar § 50 Rz 10). Allerdings kann **der Erstattungsanspruch,** wenn ihn die Beh nach Aufhebung des zugrunde liegenden VA nicht in einer angemessenen Zeit nach Abs 3 Satz 1 festsetzt, **verwirkt werden** (*Schütze* aaO § 50 Rz 22).

7.2. Durchsetzungsbescheide nach § 52

61 **Nach Abs 4 Satz 3 bleibt § 52 unberührt.** Daraus folgt, dass VA, die zugleich mit der Festsetzung nach Abs 3 Satz 1 oder innerhalb der 4-Jahres-Frist des Abs 4 Satz 1 **zur Durchsetzung** des festgestellten Erstattungsanspruchs ergehen, nach § 52 Abs 2 eine **Verjährungsfrist von 30 Jahren** – gerechnet ab Rechtskraft des Durchsetzungsbescheids – in Gang setzen (vgl *Pickel* aaO § 50 Rz 27; *Schütze* aaO § 50 Rz 22; aA *Tannen* SGb 1987, 15 [19] unter Verweis auf *BVerwGE* 66, 220). Diese Regelung erklärt sich daraus, dass die Beh mit dem Versuch, die festgestellte Forderung durchzusetzen, alles getan hat, den Anspruch zu realisieren; dieser Anspruch soll ihr bei Nichterfüllung deshalb ohne Weiteres 30 Jahre lang erhalten bleiben. Gleiches gilt, wenn zugleich mit dem Erstattungsbescheid nach Abs 3 die Aufrechnung oder später die Verrechnung nach §§ 51, 52 SGB I erklärt (so *Schütze* aaO § 50 Rz 22) oder eine Vollstreckungsmaßnahme durchgeführt wird (*Pickel* aaO § 50 Rz 27).

8. Erstattung und Berichtigung (Abs 5)

62 Ein Erstattungsanspruch besteht nach Abs 5 auch dann, wenn Leistungen – idR höhere Leistungen als geschuldet – aufgrund eines Rechen- oder Schreibfehlers oder ähnlicher **offensichtlicher Unrichtigkeiten** (§ 38) erbracht worden sind. Es gelten über Abs 2 die §§ 45 und 48, dh der Vertrauensschutz muss innerhalb des Erstattungsanspruchs geprüft werden, weil ein Aufhebungsbescheid nicht ergeht und die Berichtigung nach § 38 jederzeit formlos möglich ist (vgl *Freischmidt* aaO § 50 Rz 22; *Schütze* aaO § 50 Rz 24; vgl auch: *BSG* NVwZ-RR 1991, 1; zum Erfordernis eines Berichtigungsbescheids vgl aber: *BSG* ZBR 1993, 269). **Vertrauensschutz** wird aufgrund der Offensichtlichkeit nur **selten** bejaht werden können (*Schütze* aaO § 50 Rz 15, 24). Durch den Berichtigungsbescheid entfällt rückwirkend der Rechtfertigungsgrund für die erbrachten Leistungen. **Abs 5 schließt eine Lücke** (BT-Drucks 8/2034, 36 zu § 48 Entw), denn für den Fall der Berichtigung war ein öffentl-rechtl Erstattungsanspruch bisher in der Rspr des BSG nicht anerkannt, er findet sich in dieser Form auch nicht im VwVfG (*Freischmidt* aaO § 50 Rz 22; *Pickel* aaO § 50 Rz 12). Abs 5 tritt an die Stelle des § 47 **Abs 3 KOVVerfG**, der in den Fällen einer Berichtigung bisher schon den bösgläubigen Empfänger zur Rückgabe verpflichtete.

63 Die Berichtigung einer offenbaren Unrichtigkeit nach § 38 steht im **Ermessen** der Beh (vgl § 38 Rz 7). Die Beh muss hierbei (§ 38 Satz 2) die öffentlichen und privaten Interessen gegeneinander abwägen und vor allem die Folgen einer Berichtigung für den Einzelnen, zB den gesetzlichen Zwang zur Rückforderung zuviel erbrachter Sozialleistungen (§ 50 Abs 1, 5), berücksichtigen (*BSGE* 67,

70; vgl § 38 Rz 7). Da die Berichtigung nicht den Inhalt der Entscheidung, sondern nur deren **Verlautbarung** korrigiert und deshalb **keinen VA** darstellt (§ 38 Rz 2), müsste bei Überzahlung infolge einer offenbaren Unrichtigkeit eigentlich ein Fall von Abs 2 angenommen werden. Da aber die Berichtigung im Ermessen der Beh liegt und diese dabei die sich hieraus ergebende Rückforderung zu berücksichtigen hat (*BSGE* 67, 70), ist naheliegender, **für die Rückforderung Abs 1 anzuwenden** (*Steinwedel* aaO § 50 Rz 50). Dass in Abs 5 die entsprechende Geltung von Abs 1 bis 4 angeordnet wird, ist daher **missverständlich**. Die Rückforderung selbst muss durch schriftlichen VA festgesetzt werden (Abs 3) und die Verjährungsregelung (Abs 2 a) gilt auch hier. Will der Betroffene gegen die Berichtigung und die Rückforderung vorgehen, so **teilt sich der Rechtsschutzweg**, da im Hinblick auf die Berichtung nur eine **Leistungsklage** in Betracht kommt und ein Vorverfahren nicht vorgeschaltet ist.

§ 51 Rückgabe von Urkunden und Sachen

[1]Ist ein Verwaltungsakt unanfechtbar widerrufen oder zurückgenommen oder ist seine Wirksamkeit aus einem anderen Grund nicht oder nicht mehr gegeben, kann die Behörde die auf Grund dieses Verwaltungsaktes erteilten Urkunden oder Sachen, die zum Nachweis der Rechte aus dem Verwaltungsakt oder zu deren Ausübung bestimmt sind, zurückfordern. [2]Der Inhaber und, sofern er nicht der Besitzer ist, auch der Besitzer dieser Urkunden oder Sachen sind zu ihrer Herausgabe verpflichtet. [3]Der Inhaber oder der Besitzer kann jedoch verlangen, dass ihm die Urkunden oder Sachen wieder ausgehändigt werden, nachdem sie von der Behörde als ungültig gekennzeichnet sind; dies gilt nicht bei Sachen, bei denen eine solche Kennzeichnung nicht oder nicht mit der erforderlichen Offensichtlichkeit oder Dauerhaftigkeit möglich ist.

Literatur:

Pickel: Verfahrensabwicklung nach Beseitigung des Verwaltungsaktes, WzS 1985, 353; *Weidemann/Barthel*: Die Rückforderung von Urkunden und Sachen nach § 52 VWVfG, GewArch 2012, 112.

1. Allgemeines

1 § 51 schließt den Zweiten Titel des Dritten Abschnittes über die Bestandskraft von VA ab. Die Norm ist eine Folgenregelung zu den §§ 44-49 und befasst sich – ebenso wie § 50 (§ 50 Rz 1) – mit der **Rückabwicklung des Rechtsverhältnisses** nach Rücknahme, Widerruf oder Aufhebung des VA (oder, wenn aus sonstigen Gründen die Wirksamkeit des VA entfallen ist, Rz 6). § 51 ist zum 1.1.1981 in Kraft getreten und entspricht § 52 VwVfG. Der Regelung kommt aber **in der Praxis** – anders als § 50 – eine **geringe Bedeutung** zu, da es nur um die (idR auch nur vorübergehende) Rückgabe von die aufgehobene Rechtsposition nachweisenden Urkunden und Sachen geht. Ziel dieser Bestimmung ist nicht – wiederum anders als bei § 50 – die Herstellung eines rechtmäßigen Zustands (§ 50 Rz 1), sondern der **Schutz des Rechtverkehrs** (*Freischmidt* in

Hauck/Noftz SGB X § 51 Rz 1; ebenso: *Kopp/Ramsauer* VwVfG § 52 Rz 1; *Pickel* SGB X § 51 Rz 1; *Ule/Laubinger* VerwR § 66 Rz 2). Es soll verhindert werden, dass sich der ehedem für berechtigt gehaltene Leistungsempfänger aufgrund von Urkunden etc weiterhin einer nicht mehr bestehenden Rechtsposition rühmt.

Satz 1 und 2 regeln, unter welchen Vor die aufgrund des nicht mehr bestehenden VA erteilten und allein dem Nachweis dienenden Urkunden oder Sachen **zurückgefordert** werden dürfen bzw herauszugeben sind (materielle Ermächtigungsgrundlage; *Kopp/Ramsauer* aaO § 52 Rz 1). In **Satz 3** ist geregelt, dass die Urkunden und Sachen an den nicht mehr Berechtigten **wieder herauszugeben sind**, nachdem sie als ungültig gekennzeichnet wurden. Der Grund hierfür ist darin zu sehen, dass einerseits von solchen Urkunden und Sachen keine Gefahr für den Rechtsverkehr mehr ausgeht und das andererseits der ehedem Berechtigte durchaus ein Interesse daran haben kann, seine frühere Berechtigung durch die entwerteten Urkunden und Gegenstände nachweisen zu können. Das Verfahren zur Aufnahme von Änderungs- und Ungültigkeitsvermerken auf Urkunden ist damit wesentlich einfacher geworden (*Rathmann* ZfS 1980, 317 [321]).

2. Rückgabe von Urkunden und Sachen (Satz 1)

Nach Satz 1 ist die Beh berechtigt, Urkunden und Sachen zurückzufordern. Diese Befugnis steht im **Ermessen** des Gerichts („kann"). **Welche Beh berechtigt ist**, ist weder in Satz 1, noch in den folgenden Sätzen geregelt. Nach dem **Wortlaut** wäre es möglich, als befugt diejenige Beh anzusehen, die damals die Urkunden oder Sachen **ausgegeben** hat. Da für Aufhebung, Rücknahme und Widerruf auf **§ 44 Abs 3** verwiesen wird, wonach nach Unanfechtbarkeit die zuständige Beh entscheidet, die mit der den VA erlassenden Beh nicht identisch sein muss, kann in Satz 1 auch die jew aktuell zuständige Beh gemeint sein. Da es sich bei § 51 um eine Regelung über die Abwicklung des Rechtsverhältnisses nach „Unwirksamkeit" des VA handelt, **ist in Satz 1 die Beh iS der jew zuständigen Beh** zu verstehen – zumal die davon ggf abweichende AusgangsBeh evtl gar nicht um die Aufhebung des VA weis (iE auch *Pickel* § 51 Rz 10; *Schütze* in von Wulffen SGB X § 51 SGB X Rz 4).

2.1. Urkunden und Sachen

Urkunden (§ 21 Abs 1 Satz 2 Nr 3 Alt 1 SGB X, § 415 ZPO) sind schriftliche Verkörperungen eines Gedankens (vgl § 21 Rz 21), in diesem Zusammenhang insb Erklärungen von Beh, die einen Nachweis der durch den VA begründeten Rechte und Ansprüche ermöglichen, wobei eine besondere Form oder die Bezeichnung als Urkunde nicht erforderlich ist (*Pickel* aaO 51 Rz 14: Der Begriff ist weit gefasst). Hierunter fallen namentlich das Original des VA oder die Ausfertigungen (*Freischmidt* aaO § 51 Rz 7). Unter **Sachen** sind für § 52 VwVfG zB Schilder, Siegel oder Plaketten verstanden worden (BT-Drucks 7/910, 75). Dazu gehören Sachen, die „amtlichen Charakter" haben und im unmittelbaren Zusammenhang mit dem VA stehen. **Für das SVR kommt den Sachen keine Bedeutung** zu (*Freischmidt* aaO § 51 Rz 7). Es sind insb nicht die in natura gewährten Sachleistungen gemeint (*Steinwedel* SGB X § 51 Rz 3).

Urkunden (und Sachen) sind zum **Nachweis der Rechte** aus dem VA zB dann **bestimmt**, wenn ihre Vorlage ausreicht, aber auch erforderlich ist, um den Nachweis der Existenz der Rechte zu führen. Dazu gehören zB Beitragsbescheinigungen oder Bescheinigungen darüber, dass Rente bezogen wird. Zur **Ausübung eines Rechts** sind zB Ausweise (Schwerbehindertenausweise gem § 69 Abs 5 SGB IX etc) oder andere Dokumente (zB: Versicherungskarten nach § 286 SGB VI, KV-Karten gem § 291 SGB V) erforderlich, die der **Legitimation des Betroffenen** dienen. Es werden also nicht alle Urkunden und Sachen erfasst, die der Berechtigte aufgrund des VA erhalten hat. Urkunden oder Sachen, die einen Nachweis nur ermöglichen können, werden von § 51 nicht erfasst (*Schütze* aaO § 51 X Rz 3; aA wohl *Pickel* § 51 Rz 13). Es ist jew zu fordern, dass von den Urkunden oder Sachen obj die **Gefahr eines Missbrauchs** ausgeht (*Pickel* § 51 Rz 12; *Schütze* aaO § 51 Rz 3). Sie müssen ferner von der zuständigen Beh ausgehändigt worden sein (*Pickel* aaO § 51 Rz 13).

2.2. Ursprünglicher LeistungsVA

6　Satz 1 stellt auf den **ursprünglichen LeistungsVA** ab, denn dieser hat zur Erteilung der Urkunden oder Sachen geführt, die zum Nachweis der Rechte aus dem VA oder zu deren Ausübung bestimmt sind. Vor ist weiterhin, dass dieser VA unanfechtbar widerrufen oder zurückgenommen wurde oder seine Wirksamkeit aus einem anderen Grunde nicht oder nicht mehr gegeben ist. Der **Widerruf** beurteilt sich nach §§ 46, 47 und 49, die **Rücknahme** nach §§ 44, 45 und 49. **Die Wirksamkeit ist aus anderen Gründen nicht mehr gegeben** (§ 39 Abs 2), wenn der VA zB gem § 48 aufgehoben wurde, der VA an einem Fehler litt, der zur Nichtigkeit (von Anfang an) führte (§ 40), ferner bei Verzicht, unwirksamer Bekanntgabe (§ 39 Abs 1), Tod des Berechtigten oder wenn sich eine wirksame Nebenbestimmung realisierte, welche zum Wegfall der Rechtsposition geführt hat (zB: Befristung nach § 32 Abs 2 Nr 1, auflösende Bedingung gem § 32 Abs 2 Nr 2 oder ein Widerruf, vgl § 32 Abs 2 Nr 3). Es gibt jedenfalls **keinen auf die §§ 44 ff beschränkten nummerus clausus an Unwirksamkeitsgründen.**

7　Die Unwirksamkeit ist **unanfechtbar**, wenn der Bescheid nach den §§ 44 ff **bestandskräftig** geworden ist. Bei einem noch schwebenden Widerspruchs- oder Klageverfahren besteht der Anspruch nach Satz 1 also (noch) nicht. Dem gleichzustellen ist der Fall, dass gem § 97 Abs 1 Nr 4, 5 SGG, § 80 Abs 2 Nr 4 VwGO die **sofortige Vollziehung** angeordnet worden ist (*Freischmidt* aaO § 51 Rz 5; *Kopp/Ramsauer* aaO § 52 Rz 7; *Stelkens/Bonk/Sachs* VwVfG § 51 Rz 15; *Ule/Laubinger* aaO § 66 Rz 3; *Schütze* aaO § 51 Rz 2). Im Übrigen sind **vorläufige Maßnahmen** zur Verhinderung eines Missbrauchs bis zur Unanfechtbarkeit nicht zulässig (*Pickel* aaO § 51 Rz 11). **Nicht geregelt** ist der Fall, dass eine Urkunde oder Sache innerhalb eines Sozialrechtsverhältnisses **ohne VA** ausgehändigt worden ist. Mit *Freischmidt* (aaO § 51 Rz 6) ist die Beh in **Analogie zu** § 51 berechtigt, die Gegenstände zurückzufordern, wenn die ihrer Erteilung zugrundeliegende Rechtsposition nicht mehr besteht).

3. Pflicht zur Herausgabe (Satz 2)

8　Der Inhaber und auch der Besitzer (wenn er nicht zugleich der Inhaber ist) sind zur Herausgabe der Urkunden oder Sachen verpflichtet. Mit dem Begriff **Inhaber** ist derjenige gemeint, der in der Urkunde genannt ist, auf den sie **ausgestellt** wurde (BT-Drucks 7/910, 75; *Pickel* aaO § 51 Rz 16), häufig der Eigentümer. **Besitzer** ist derjenige, der die tatsächliche Gewalt über die Urkunde inne hat (§ 854 Abs 1 BGB). Damit soll die Durchsetzung des Anspruchs auch in den Fällen gesichert werden, in denen ein anderer als der Berechtigte die Urkunde hat, **die Beh soll also nicht prüfen müssen, wer Eigentümer der Urkunden oder Sachen ist** (*Pickel* aaO § 51 Rz 17; *Schütze* aaO § 51 Rz 4).

Die Pflicht zur Herausgabe richtet sich auf die **Übertragung des Gewahrsams**, **9**
nicht auf die bloße Vorlage (*Freischmidt* aaO § 51 Rz 11). Es spielt hierbei keine Rolle, ob die Urkunde oder Sache im Eigentum des Betroffenen steht (*Schütze* aaO § 51 Rz 3). Die Aufforderung zur Herausgabe stellt einen **VA** dar (BT-
Drucks 7/910 zu § 48; *Freischmidt* aaO § 51 Rz 8; *Pickel* aaO § 51 Rz 9;
Schütze aaO § 51 SGB X Rz 4). Der Betroffene ist deshalb gem § 24 vor der
Entscheidung anzuhören. Der Herausgabeanspruch kann ggf im Wege des Ver-
waltungszwangs durchgesetzt werden. Die Pflicht zur Herausgabe ist eine **zwingende Rechtsfolge** und die eigentlich logische (und damit an sich nicht rege-
lungsbedürftige) Folge des Rückforderungsrechts nach Satz 1; der Schwerpunkt
der Regelung in Satz 2 liegt auf der Erweiterung der Verpflichtungsadressaten.
Gleichwohl ist Satz 2 iRah der **Ermessensausübung** nach Satz 1 einzuordnen.
Für eine Rückforderung spricht es, wenn tatsächlich die **Gefahr des Missbrauchs** besteht.

4. Wiederaushändigung an Inhaber oder Besitzer (Satz 3)

Bei den Urkunden und Sachen besteht ein Anspruch auf Wiederaushändigung **10**
(*Pickel* aaO § 51 Rz 18). Der Beh steht insoweit **kein Ermessen** zur Seite (*Kopp/
Ramsauer* aaO § 52 Rz 15). Ob der Inhaber oder Besitzer an der Aushändigung
ein erhebliches Interesse hat, um seine Rechtsposition nachzuweisen, ist unbeachtlich bzw muss **nicht nachgewiesen** werden (*Pickel* aaO § 51 Rz 18;
Freischmidt aaO § 51 Rz 11). Ein Rückgabeanspruch hat allerdings nur derjenige, der die Urkunde oder Sache herausgegeben hat, bei Besitzern allerdings
nur dann, wenn der Besitz **rechtmäßig** ist (*Pickel* aaO § 51 Rz 18).

Voraussetzung ist weiterhin, dass Urkunden oder Sachen als **ungültig gekenn-** **11**
zeichnet wurden. Die Ungültigmachung erfolgt zB durch **Stempel, Einprägung**
oder eine entsprechende **Eintragung** (*Pickel* aaO § 51 Rz 18). Eine Wiederaushändigung kommt allerdings dann nicht in Betracht, wenn die **Kennzeichnung**
unmöglich ist oder nicht mit der erforderlichen Offensichtlichkeit oder Dauerhaftigkeit erfolgen kann; dann kann ein Schutz des Rechtsverkehrs vor miss-
bräuchlicher Verwendung nur durch den **endgültigen Einzug** verhindert werden. Allerdings ist auch hier (vgl Rz 9) – selbst wenn Satz 3 keine Ermessens-
befugnis einräumt – eine **Rückwirkung auf die Ermessensentscheidung nach**
Satz 1 anzunehmen. Es sind insb die Grundsätze der Verhältnismäßigkeit zu beachten. Ggf muss die Beh dem Betroffenen eine **Bestätigung** über die nicht wie-
derausgehändigte Sache ausstellen (*Pickel* aaO § 51 Rz 19). Außerdem sind
dann, wenn die Kennzeichnung unmöglich ist oder nicht mit der erforderlichen
Offensichtlichkeit oder Dauerhaftigkeit erfolgen kann, das Interesse am Schutz
des Rechtsverkehrs einerseits und das Interesse des ehemals Berechtigten am
Behaltendürfen andererseits gegeneinander abzuwägen.

Dritter Titel Verjährungsrechtliche Wirkungen des
Verwaltungsaktes

§ 52 Hemmung der Verjährung durch Verwaltungsakt

(1) [1]Ein Verwaltungsakt, der zur Feststellung oder Durchsetzung des Anspruchs
eines öffentlich-rechtlichen Rechtsträgers erlassen wird, hemmt die Verjährung
dieses Anspruchs. [2]Die Hemmung endet mit Eintritt der Unanfechtbarkeit des
Verwaltungsakts oder sechs Monate nach seiner anderweitigen Erledigung.

(2) Ist ein Verwaltungsakt im Sinne des Absatzes 1 unanfechtbar geworden, beträgt die Verjährungsfrist 30 Jahre.

1. Allgemeines

1 § 52 ist durch Art 11 des G zur Einführung einer kapitalgedeckten Hüttenknappschaftlichen Zusatzversicherung und zur Änderung anderer G (HZvNG) vom 21.6.2002, BGBl I 2167 grundlegend geändert worden und gilt in der jetzigen Fassung gem Art 25 Abs 5 HZvNG rückwirkend ab dem 1.1.2002. Mit der Änderung erfolgte eine **Anpassung an die Neuregelung der verjährungsrechtlichen Vorschriften**, die das BGB **durch das Schuldrechtsmodernisierungsgesetz** vom 26.11.2001, BGBl I 3138 (vgl zum Schuldrechts-ModG: *Däubler* NJW 2001, 3729) ebenfalls mW ab dem 1.1.2002 erfahren hat. § 52 Abs 1 und Abs 2 stimmt wörtlich mit § 53 Abs 1 und Abs 2 Satz 1 VwVfG überein, anders als in § 53 Abs 2 Satz 2 VwVfG fehlt in § 52 Abs 2 allerdings eine besondere Regelung über Anspr auf künftig fällig werdende regelmäßig wiederkehrende Leistungen.

2 Die Frage der Anwendbarkeit des alten oder des neuen Verjährungsrechts ergibt sich aus der **Übergangsvorschrift** des § 120 Abs 5, wonach Art 229 § 6 Abs 1-4 EGBGB entspr gilt.

3 Der wesentliche Inhalt der **Neuregelung** besteht darin, dass bei einer Beibehaltung der Parallelität zwischen dem Erlass eines VA und der Erhebung einer Klage durch den Erlass eines VA die Verjährung nicht mehr unterbrochen wird, um danach neu zu beginnen. Die durch den Erlass eines VA bewirkte Hemmung der Verjährung hat vielmehr zur Folge, dass gem § 209 BGB nF die **Verjährungsfrist lediglich nicht weiterläuft** (*Kopp/Ramsauer* VwVfG § 53 Rz 25) und die während der Hemmung verstrichene Zeit unberücksichtigt bleibt (*Krasney* in KassKomm SGB X § 52 Rz 4).

4 § 52 ist inhaltlich **eine Ergänzung zur Regelung in § 45 SGB I, der ebenfalls mit Wirkung zum 1.1.2002 an die Änderungen des BGB angepasst wurde.** Während § 45 SGB I die Verjährungsfrist für Anspr auf Sozialleistungen sowie die Hemmung und Unterbrechung der Verjährung solcher Anspr regelt, legt § 52 zugunsten der Beh fest, unter welchen Voraussetzungen die Verjährung von Anspr der Beh gegenüber Dritten gehemmt wird. Anders als § 45 SGB I **regelt** § 52 jedoch **nicht die Frist, in der ein Anspr** eines öffentl-rechtl Rechtsträgers **verjährt**, sondern lediglich die Frage der Hemmung der Verjährungsfrist zugunsten des öffentl-rechtl Rechtsträgers. Die Dauer der **Verjährungsfrist selbst** folgt hingegen **aus dem jew einschlägigen materiellen Recht**, auf dem der Anspr der Beh beruht. Von besonderer Bedeutung sind in diesem Zusammenhang §§ 25 und 27 SGB IV (Verjährung von Beitragsansprüchen, Verjährung von Erstattungsansprüche bei zu Unrecht entrichteten Beiträgen) sowie § 50 Abs 4 (Erstattungsanspruch bei zu Unrecht erbrachten Leistungen). Die Frage, ob dann, wenn **bei nicht ausdrücklich geregelter Anspruchsverjährung** im materiellen Sozialrecht ergänzend auf die Vorschriften des BGB verwiesen wird, statt der typischen sozialrechtlichen Verjährungsfrist von vier Jahren die dreijährige

Regelverjährungsfrist des § 195 BGB gilt, hat das BSG dahin gehend beantwortet, dass dann in Analogie zu § 45 SGB I die **Verjährungsfrist vier Jahre** beträgt (*BSG* Urt v 12.5.2005 = SozR 4-2005 § 69 Nr 1; *BSG* Urt v 28.9.2006 = SozR 4-1005 § 92 Nr 3).

2. Absatz 1

2.1. Verwaltungsakt, der erlassen wird

Voraussetzung für die Hemmung der Verjährung von Anspr eines öffentl-rechtl Rechtsträgers ist, dass zur Durchsetzung dieses Anspr ein VA iSv § 31 erlassen wird. Der VA muss den förmlichen Anforderungen an inhaltliche Bestimmtheit und Form (§ 33) genügen und gegenüber dem Adressaten wirksam bekannt gegeben werden (§ 37).   **5**

Voraussetzung für die verjährungshemmende Wirkung ist nicht, dass der VA schriftlich erlassen wird. In der Praxis wird aber schon aus Beweisgründen regelmäßig von dem Erlass eines schriftlichen VA auszugehen sein. Wird der VA schriftlich erlassen, muss er nach allg Grundsätzen eine Begr (§ 35) sowie eine Rechtsmittelbelehrung (§ 36) enthalten, ohne dass dies aber Voraussetzung für die verjährungshemmende Wirkung ist.   **6**

Die **materielle Rechtmäßigkeit des VA** ist für die Hemmung der Verjährung **nicht erforderlich** (*BSG* SozR 2200 § 368 e Nr 10; *BSG* SozR 4100 § 145 Nr 3; *Engelmann* in v Wulffen/Schütze SGB X § 52 Rz 9; *Krasney* aaO § 52 Rz 7). Problematisch ist dies bei einem auf Geldleistung gerichteten Anspruch, wenn dieser unter **Verstoß gegen** das inhaltliche **Bestimmtheitsgebot** des § 33 Abs 1 den Anspruchsumfang nicht ausreichend spezifiziert bzw individualisiert, da dann zwangsläufig auch die inhaltliche Reichweite der Hemmung der Verjährung im Unklaren bleiben muss. Da das BSG für den Fall der verjährungshemmenden Wirkung einer Klage eine Spezifizierung oder Individualisierung des Klaganspruchs zu diesem Zeitpunkt noch nicht fordert (*BSG* Urt v 28.9.2006 = SozR 4-1005 § 92 Nr 3), dürfte für die hemmende Wirkung eines erlassenen VA das Gleiche gelten. Bedenken an der Richtigkeit dieser Auffassung sind aber angebracht, da das Bestimmtheitsgebot kein Selbstzweck sondern eine Konkretisierung des Rechtsstaatsprinzips ist (zu der Möglichkeit, einen Feststellungsbescheid zu erlassen, wenn eine Konkretisierung – noch – nicht möglich ist, siehe Rz 11).   **7**

Ein **nichtiger VA** hemmt hingegen nicht die Verjährung, da dieser keine Rechtswirkung entfaltet (*BSG* SozR 4100 § 145 Nr 3; *Engelmann* aaO; *Krasney* aaO).   **8**

Nur der Erlass eines VA führt zur Hemmung der Verjährung. Eine Mahnung genügt dementsprechend ebenso wenig wie eine Anhörung nach § 24 (zum Mahnbescheid vgl Rz 17).   **9**

2.2. „zur Feststellung oder Durchsetzung"

Ein VA, der zur Durchsetzung eines Anspr dient, führt zur Hemmung der Verjährung. Ein VA dient dann zur Durchsetzung eines Anspr, wenn er die **konkrete Feststellung** des Anspr beinhaltet und den Verpflichteten **zur Leistung auffordert** (*Engelmann* aaO § 52 Rz 9).   **10**

Ob auch bloße **Feststellungsbescheide**, die lediglich die Leistungspflicht dem Grunde nach feststellen, ausreichen (so *Engelmann* aaO § 52 Rz 9; *Stelkens/Bonk/Sachs* VwVfG § 53 Rz 29) war nach der früheren Fassung des § 52 (*Ein VA, der zur Durchsetzung eines Anspr … erlassen wird*) strittig. Zur Begr wur-   **11** de darauf verwiesen wird, dass auch ein Feststellungsurteil verjährungsunterbrechende Wirkung habe (*Stelkens/Bonk/Sachs* aaO) und auch der Feststellungsbescheid letztlich der Durchsetzung des Anspr diene (*Engelmann* aaO). Andererseits setzt ein Feststellungsurteil eine zulässige Feststellungsklage voraus, es müssen also besondere Gründe vorliegen, die ein Absehen von einer Leistungsklage rechtfertigen. Des Weiteren können nur solche VA der Durchsetzung eines Anspr dienen, die auch einen vollstreckungsfähigen Inhalt haben. Ein bloßer Feststellungsbescheid ist alleine nicht vollstreckungsfähig und erfordert stets einen weiteren, konkretisierenden Leistungsbescheid, so dass einem Feststellungsbescheid nach der früheren Fassung des § 52 Abs 1 keine verjährungsunterbrechende Wirkung zukommen konnte (*Krasney* aaO § 52 Rz 8). Allenfalls in besonderen Ausnahmefällen, wenn die Beh aus Gründen, die nicht in ihrem Verantwortungsbereich liegen, keinen den Anspr konkretisierenden Leistungsbescheid vor Ablauf der Verjährungsfrist erlassen kann, konnte eine Unterbrechung der Verjährung durch einen bloßen Feststellungsbescheid diskutiert werden. Durch die jetzige Formulierung (*zur Feststellung oder Durchsetzung*) dürfte diese Diskussion jedoch obsolet geworden sein. Zwar schweigen die Gesetzesmaterialien (BT-Drucks 14/9007 und 9442) zu dieser Frage. Der eindeutige Gesetzeswortlaut spricht jedoch für sich. Danach hemmen auch bloße Feststellungsbescheide den Eintritt der Verjährung.

2.3. „Anspruch eines öffentl-rechtl Rechtsträgers"

12   § 52 gilt für diejenigen öffentl-rechtl Rechtsträgers, auf die das SGB X anwendbar ist. Da ein öffentl-rechtl Rechtsträger jedoch **nur öffentl-rechtl Anspr** durch VA durchsetzen kann, erstreckt sich § 52 nicht auf etwaige privatrechtliche Anspr eines öffentl-rechtl Rechtsträgers (*Krasney* aaO § 52 Rz 5). Ebenso findet § 52 keine Anwendung auf Anspr Privater gegen einen öffentl-rechtl Rechtsträger (aA HK-VerwR/VwVfG/*Terhechte* § 53 Rz 3, für den Fall, dass solche Anspr durch VA festgestellt wurden).

2.4 „hemmt die Verjährung"

13   Die Hemmung der Verjährung führt gem § 209 BGB, der in diesem Zusammenhang entspr anwendbar ist – zur entspr Anwendbarkeit der §§ 204 ff BGB nachfolgend Rz 17 – dazu, dass die **Verjährungsfrist** während der Dauer der Hemmung **nicht weiterläuft**. Die Verjährungsfrist setzt sich somit aus dem Zeitraum vor der Hemmung sowie der Zeit nach der Hemmung zusammen.

14   Von der Hemmung ist die **Unterbrechung** der Verjährung zu unterscheiden. Eine Unterbrechung der Verjährung bedeutet, dass die Verjährungsfrist nach Beendigung der Unterbrechung vollständig neu beginnt. Dies ist in § 212 BGB, der ebenfalls entspr anwendbar ist, ausdrücklich so geregelt. § 212 BGB fasst die Regelungen der §§ 208, 209 Abs 2 Nr 5 und 216 BGB aF zusammen und regelt, dass die Verjährungsfrist mit der Rechtsfolge des Neubeginns (nur) dann unterbrochen wird, wenn der der Verjährung unterliegende Anspr durch den Schuldner durch Abschlagszahlung, Zinszahlung, Sicherheitsleistung oder in anderer Weise anerkannt wird (§ 212 Abs 1 Nr 1 BGB) oder wenn eine gerichtliche oder behördliche Vollstreckungshandlung vorgenommen oder beantragt wird (§ 212 Abs1 Nr 2 BGB).

15   § 52 regelt nicht, ob die **Hemmung der Verjährung sowie die Verjährung selbst von Amts wegen oder nur als Einrede** im Falle ihrer Geltendmachung **zu berücksichtigen** ist. Das *BSG* hat bislang danach unterschieden, ob es sich um

Anspr eines Versicherungsträgers handelt (*BSGE* 22, 177; 25, 73 = Berücksichtigung von Amts wegen) oder ob es sich um Anspr gegen einen Versicherungsträger handelt (*BSGE* 6, 288; 8, 218; *BSG* SozR 2200 § 29 Nr 10 = Einrede). § 52 regelt nur den ersten Fall, so dass nach der Rspr des *BSG* die Hemmung der Verjährung von Amts wegen zu berücksichtigen wäre. Dieses Ergebnis verkennt jedoch, dass die eingetretene Verjährung lediglich zu einem Leistungsverweigerungsrecht führt und den Anspr nach Ablauf der Verjährungsfrist nicht zum Erlöschen bringt (*Seewald* in KassKomm § 45 SGB I Rz 14). Auch wenn § 52 im Unterschied zu § 45 Abs 2 SGB I für die Hemmung und Wirkung der Verjährung nicht ausdrücklich die entspr Anwendbarkeit ua von § 214 Abs 1 BGB anordnet, kann auch für den Anwendungsbereich des § 52 zur Wirkung der Verjährung nichts anderes gelten. Die Verjährung führt unabhängig davon, ob es sich um Anspr eines Hoheitsträgers oder aber um Anspr gegen einen Hoheitsträger handelt nie zum Erlöschen des Anspr, sondern lediglich zu einem Leistungsverweigerungsrecht, so dass dementsprechend die Verjährung **stets eine Einrede** begründet, die weder im Falle des § 52 noch im Falle des § 45 SGB I von Amts wegen sondern nur bei entspr Geltendmachung zu berücksichtigen ist.

Die **Geltendmachung der Einrede** der Verjährung steht im Übrigen **im pflichtgemäßem Ermessen** der Beh (*BSGE* 62,10), wobei im Einzelfall in der Erhebung der Einrede der Verjährung durch den Leistungsträger ein Verstoß gegen Treu und Glauben bzw eine unzulässige Rechtsausübung liegen kann (*Seewald* in KassKomm § 45 SGB I Rz 15). **16**

Zur früheren Fassung des § 52 war unbestritten, dass eine Unterbrechung der Verjährung in entspr Anwendung der §§ 208 ff BGB aF auch durch Erhebung der Klage oder Beantragung eines Mahnbescheides eintreten konnte (*Engelmann* in v Wulffen/Schütze SGB X § 52 Rz 8; *Stelkens/Bonk/Sachs* VwVfG § 53 Rz 11). Die Gesetzesmaterialien zur Änderung des § 52 (BT-Drucks 14/9007 und 9442) treffen hierzu keine Aussage. Wenn aber ausdrücklich die bisherige Rechtslage im Wesentlichen beibehalten werden sollte (BT-Drucks 14/9007, 40), dann gibt es keinen durch die Schuldrechtsreform bedingten Grund, der jetzt eine andere Sichtweise rechtfertigen kann. Darüber hinaus ist zu berücksichtigen, dass § 45 SGB I für Anspr auf Sozialleistungen die entspr Anwendbarkeit der §§ 204 ff BGB nF ausdrücklich regelt und nicht ersichtlich ist, warum diese entspr Anwendbarkeit nicht auch für Anspr eines öffentl-rechtl Rechtsträgers gelten soll. Folglich ergibt sich aus entspr Anwendung des § 204 Abs 1 Nr 1 bzw Nr 2 BGB nF eine Hemmung der Verjährung **auch durch Erhebung der Klage** oder **Zustellung eines Mahnbescheides** (so auch *Kopp/Ramsauer* aaO § 53 Rz 23). **17**

Auch wenn der praktische Anwendungsbereich hierfür gering sein dürfte, ergibt sich ausgehend von einer entspr Anwendbarkeit des § 204 BGB aus § 204 Abs 1 Nr 12 BGB, dass die Verjährung schließlich auch durch einen **Leistungsantrag** oder durch Einlegung eines **Widerspruches** gehemmt wird (vgl *Kopp/Ramsauer* aaO Rz 23 f; vgl auch § 45 Abs 3 SGB I). Soweit schließlich auch im Falle von Amtshaftungsansprüchen eines öffentl-rechtl Rechtsträgers eine Hemmung der Verjährung von Amtshaftungsansprüchen durch Widerspruch und Klage gegen einen amtspflichtwidrigen VA oder allg durch gebotene Maßnahmen des Primärrechtsschutzes angenommen wird (so ausdrücklich *Kopp/Ramsauer* aaO Rz 23), setzt dies voraus, dass überhaupt Amtshaftungsansprüche eines öffentl-rechtl Rechtsträgers gegenüber einer anderen Beh, insb wegen eines amtspflichtwidrigen VA, in Betracht kommen können. Dies ist im Hinblick auf die für den VA erforderliche Außenwirkung sowie im Hinblick auf die Stellung des öffentl-rechtl Rechtsträgers als „Dritter" iSd § 839 BGB (vgl hierzu *Thomas* in Palandt § 839 Rz 50 mwN) nur in Ausnahmefällen vorstellbar.

2.5 Dauer

18   Die verjährungshemmende Wirkung eines VA endet mit dessen Unanfechtbarkeit oder sechs Monate nach einer anderweitigen Erledigung des Verwaltungsverfahrens, das zum Erlass des VA geführt hat. **Unanfechtbar** ist ein VA, wenn er wegen Fristablaufes weder durch Widerspruch noch durch Klage angefochten werden kann. Eine **anderweitige Erledigung** des VerwVerf (vgl zur Erledigung § 39 Rz 13 f) kann unter anderem durch Aufhebung des VA durch Rücknahme, Widerruf oder gerichtliche Entscheidung, durch Anerkenntnis oder durch einen Vergleichsvertrag iSv § 54 erfolgen.

19   Eine Unterscheidung nach unterschiedlichen Arten der Aufhebung eines VA mit hieran anknüpfenden unterschiedlichen Rechtsfolgen, ist – anders als nach der früheren Fassung des § 52 – jetzt nicht mehr geboten. In jedem Fall der Aufhebung oder anderweitigen Erledigung kann die Beh jetzt binnen der Frist von sechs Monaten nach § 52 Abs 1 Satz 3 einen neuen VA erlassen und hiermit erneut die verjährungshemmende Wirkung herbeiführen.

3. Absatz 2

20   § 52 Abs 2 ordnet für **unanfechtbare VA** (Rz 18), die der Durchsetzung des Anspr eines öffentl-rechtl Rechtsträgers dienen, eine Verjährung innerhalb einer **Frist von 30 Jahren** an.

21   Anders als nach altem Recht gilt für **regelmäßig wiederkehrende, erst künftig fällig werdende Leistungen** keine kürzere Verjährungsfrist. Diese bisherige Sonderregelung wurde durch den GGeber für entbehrlich gehalten, da für diese Fälle etwaige Bestimmungen in anderen Büchern vorrangig sind (BT-Drucks 14/9007, 40). Hierdurch unterscheidet sich die Regelung des § 52 von der entspr Regelung in § 53 Abs 2 VwVfG, die in dem dortigen Satz 2 auch weiterhin eine Sonderregelung vorsieht.

Vierter Abschnitt Öffentlich-rechtlicher Vertrag

Vorbemerkungen zu den §§ 53 bis 61

Literatur:

Bullinger: Vertrag und Verwaltungsakt, 1962; *Imboden*: Der verwaltungsrechtliche Vertrag, 1958; *Martens*: Normenvollzug durch VA und Verwaltungsvertrag, AöR 1964, 429; *Maurer*: Der Verwaltungsvertrag – Probleme und Möglichkeiten, DVBl 1989, 798; *Otto Mayer*: Zur Lehre vom öffentlich-rechtlichen Vertrag, AöR 1888, 3; *Salzwedel*: Die Grenzen der Zulässigkeit des öffentl-rechtl Vertrages, 1958.

1   Die ausdrückliche Normierung der Zulässigkeit öffentl-rechtl Verträge und die normative Ausgestaltung der verfahrensrechtlichen und materiellrechtlichen Voraussetzungen für den Abschluss eines öffentl-rechtl Vertrages vollzieht eine Rechtswirklichkeit nach, die schon vor dem Inkrafttreten des SGB X oder des VwVfG unbestritten war. Die Rspr hat öffentl-rechtl Verträge auch vor dem Inkrafttreten des SGB X bereits als zulässig anerkannt (*BSGE* 35, 47). Trotz der mittlerweile unbestrittenen Anerkennung der Zulässigkeit öffentl-rechtl Verträge sah der GGeber eine ausdrückliche gesetzl Regelung als notwendig an. Zur

Begr wurde aufgrund einer Empfehlung der Professoren Bachof, Fröhler und Ule im Anhörungsverfahren durch den Bund-Länder-Ausschuss angeführt, „dass eine Kodifikation des Verwaltungsverfahrensrechts nicht an einem Rechtsinstitut vorbei gehen darf, das in der Verwaltungspraxis – auch und gerade außerhalb der wenigen Fällen, in denen es in einigen Gesetzen angesprochen wird – eine ständig steigende Bedeutung hat. Es muss angesichts dieser Entwicklung als eine sehr wesentliche Aufgabe des GGeber angesehen werden, die in vielfacher Hinsicht herrschenden Zweifel über Möglichkeiten und Grenzen öffentl-rechtl Vereinbarungen durch eine Normierung dieses Gestaltungsmittels öffentlichen Verwaltens zu beseitigen" (Musterentwurf zum VwVfG, allg Begr, 73). Des weiteren wurde darauf verwiesen, dass eine gesetzl Regelung deshalb unverzichtbar sei, weil es einer nicht zu verantwortenden Kapitulation gleichkäme, wenn man diesem Mittel des Verwaltungshandelns die Anerkennung versage, das gewiss nicht zufällig fest in Brauch und Übung stehe (BT-Drucks 7/910, 77 zu § 54 VwVfG).

Mit der Anerkennung des öffentl-rechtl Vertrages steht fest, dass der Vertragsschluss neben dem Verwaltungshandeln durch Erlass eines VA die **zweite verfahrensrechtlich anerkannte Handlungsform einer Beh zur Ausübung öffentl-rechtl Verwaltungstätigkeit** ist. Ein Rangverhältnis zugunsten der einen oder der anderen Handlungsform besteht indessen nicht. **2**

Die Bedeutung des öffentl-rechtl Vertrages im Sozialrecht liegt nicht so sehr auf den Gebieten, die auch einseitig durch VA geregelt werden können, denn insb bei der Regelung von Leistungsansprüchen im Sozialversicherungsrecht handelt es sich um Massenverfahren, die in der Regel effizienter durch den Erlass eines VA abgewickelt werden können (siehe hierzu aber auch Rz 4 aE). Eine erhebliche praktische Bedeutung hat der öffentl-rechtl Vertrag hingegen für die Regelung der Rechtsbeziehungen zwischen den SVTr und den Leistungserbringern sowie im Verhältnis der SVTr zueinander. Gerade in diesem Bereich erfüllt der öffentl-rechtl Vertrag in besonderer Weise die Funktion der Sicherung des Rechtsfriedens. Als Ausdruck der gemeinsamen Selbstverwaltung ist vor allem das Leistungserbringungsrecht sowohl des SGB V als auch des SGB XI ist mittlerweile nachhaltig durch öffentl-rechtl Verträge ausgestaltet. **3**

Bsp für öffentl-rechtl Verträge, die aufgrund entspr gesetzlicher Regelungen ausdrücklich vorgesehen sind, sind die Vereinbarungen von Modellvorhaben zwischen KK und Leistungserbringern zur Versorgung der Versicherten (§ 64 SGB V) sowie zur Arzneimittelversorgung (§ 64 a SGB V) und zur Versorgung psychisch kranker Menschen (§ 64 b SGB V), Verträge zur Sicherstellung der vertrags(zahn)ärztlichen Versorgung zwischen KK und Leistungserbringern (§ 72 a Abs 3 SGB V), Strukturverträge zur Versorgung der Versicherten und Vergütung der Leistungserbringer (§ 73 a SGB V), Verträge zur hausarztzentrierten Versorgung (§ 73 b SGB V), Gesamtverträge iS des § 83 SGB V, Versorgungsverträge mit Krankenhäusern (§ 109 SGB V), Vorsorge- und Rehaeinrichtungen (§ 111 SGB V) oder ambulanten bzw stationären Pflegeeinrichtungen (§ 72 SGB XI), Verträge über Rabatte bei der Abgabe von Arzneimitteln (§ 130 a Abs 8 SGB V). Für das Verhältnis zwischen sonstigen Versicherungsträgern (BG, RVTr, Bundesagentur für Arbeit) und Leistungserbringern beinhalten die Vorschriften im SGB VII, VI, III oder II entspr Regelungen. Die Beteiligung eines Krankenhauses am Verletzungsartenverfahren (§ 34 Abs 1 Satz 3 SGB VII) erfolgt über den Abschluss eines öffentl-rechtl Vertrages (*BSGE* 71, 27, 29). Auch die Regelungen zwischen den örtlichen Agenturen der Bundesagentur für Arbeit (BA) und den kommunalen Trägern als Träger der Grundsicherung für **4**

Arbeitsuchende (§ 6 Abs 1 Satz 1 SGB II) zu der – verfasungswidrigen (*BVerfG* Urt v 20.12.2007 – 2 BvR 2433/04 u. 2 BvR 2434/04, NVwZ 2008, 183) – Gründung einer ARGE gem § 44 b Abs 1 SGB II erfolgen durch öffentl-rechtl Vertrag. Als Handlungsinstrument auch in der Massenverwaltung hat sich mittlerweile der öffentl-rechtl Vertrag in der Form einer Eingliederungsvereinbarung nach § 37 Abs 2 SGB III oder nach § 15 SGB II etabliert, um in flexibler und individueller Weise die Verpflichtungen der Arbeitsuchenden zu konkretisieren (vgl hierzu auch § 53 Rz 17).

§ 53 Zulässigkeit des öffentlich-rechtlichen Vertrages

(1) ¹Ein Rechtsverhältnis auf dem Gebiet des öffentlichen Rechts kann durch Vertrag begründet, geändert oder aufgehoben werden (öffentlich-rechtlicher Vertrag), soweit Rechtsvorschriften nicht entgegenstehen. ²Insbesondere kann die Behörde, anstatt einen Verwaltungsakt zu erlassen, einen öffentlich-rechtlichen Vertrag mit demjenigen schließen, an den sie sonst den Verwaltungsakt richten würde.

(2) Ein öffentlich-rechtlicher Vertrag über Sozialleistungen kann nur geschlossen werden, soweit die Erbringung der Leistungen im Ermessen des Leistungsträgers steht.

Literatur:

Kretschmer: „Sozialhilfe" durch Vertrag, DÖV 2006, 893; *Lang*: Die Eingliederungsvereinbarung zwischen Autonomie und Bevormundung, NZS 2006, 176; *Sodan*: Normsetzungsverträge im Sozialversicherungsrecht, NZS 1998, 305 ff; *von Alemann/ Scheffczyk*: Selektivverträge in der GKV – Aktuelle Rechtsfragen der hausarztzentrierten Versorgung, NZS 2012, 45.

1. Allgemeines

1   § 53 Abs 1 stimmt wörtlich mit § 54 VwVfG überein. § 53 Abs 2 enthält demgegenüber eine eigenständige, einschränkende Regelung zur Zulässigkeit des öffentl-rechtl Vertrages, die das allg Verwaltungsverfahrensrecht nicht kennt.

2   § 53 bestimmt zum einen für den Geltungsbereich des SGB X die Zulässigkeit des öffentl-rechtl Vertrages und stellt die Handlungsform des öffentl-rechtl Vertrages dem Erlass eines VA gleich.

2. Absatz 1

2.1. „Rechtsverhältnis"

3   Als Rechtsverhältnis, das durch einen öffentl-rechtl Vertrag geregelt werden kann, sind die aus einem konkreten Tatbestand entstandenen und durch das materielle Recht inhaltlich bestimmten Rechtsbeziehungen sowohl von juristischen als auch von privaten Personen zu betrachten (*BSG* NJW 1971, 166).

Der Anwendungsbereich der §§ 53 ff erfasst jedoch, entgegen dem Wortlaut, **4** nicht sämtliche Rechtsverhältnisse auf dem Gebiet des öffentlichen Rechts sondern nur diejenigen Rechtsbeziehungen des öffentlichen Rechts, die dem **Anwendungsbereich des SGB X** unterliegen.

2.2. „öffentlich-rechtlicher Vertrag"

Als öffentl-rechtl Vertrag iSv § 53 Abs 1 Satz 1 gilt sowohl der Vertrag im **5** Gleichordnungsverhältnis, also der **koordinationsrechtliche Vertrag**, als auch der Vertrag, in dem sich die Parteien in einem Über-/Unterordnungsverhältnis zueinander befinden, also der **subordinationsrechtliche Vertrag** (BT-Drucks 7/910, 78). Zu **Bsp** vgl Vorbemerkungen Rz 4 und ausführlich *Becker* in Hauck/Noftz SGB X § 53 Rz 119 ff.

Eine Besonderheit der gemeinsamen Selbstverwaltung in der gesetzlichen Kran **6** kenversicherung und der sozialen Pflegeversicherung ist die Etablierung von Schiedsverfahren in den Fällen, in denen es den Vertragspartnern nicht – wie vom Gesetzgeber aufgetragen – gelingt, zB über Inhalte und die Vergütung von Leistungen eine vertragliche Einigung zu erzielen. Das SGB V, das KHG sowie das SGB XI sehen in diesen Fällen Einigungsverfahren vor einem Schiedsamt (zB § 89 SGB V), einer Schiedsstelle (zB § 18 a KHG, § 111 b SGB V oder § 76 SGB XI) oder einer Schiedsperson (zB § 73 b Abs 4 a SGB V oder § 132 a Abs 2 SGB V) vor. Der diese Einigungsverfahren beendende **Schiedsspruch**, mit dem zwischen den Vertragspartnern der Vertragsinhalt verbindlich festgesetzt wird, hat eine **Doppelnatur**. Gegenüber den Kollektivvertragsparteien setzt der Schiedsspruch den Vertragsinhalt durch **Verwaltungsakt** iSv § 31 SGB X fest (*BSGE* 20, 73 [75]), während er für die jeweiligen Mitglieder (Ärzte, Krankenkassen, Krankenhäuser) als **Normsetzungsvertrag** wirkt.

Um einen öffentl-rechtl Vertrag handelt es sich in Abgrenzung zum privatrecht **7** lichen Vertrag dann, wenn der Vertrag seinem **Inhalt** nach **Fragen des öffentlichen Rechts** regelt, wenn also durch den Vertrag Rechte oder Pflichten geregelt werden, die dem öffentlichen Recht zuzuordnen sind.

Bei Verträgen, die sowohl Fragen des öffentlichen Rechts als auch des Privat **8** rechts regeln, also bei **gemischten Verträgen**, kommt es für die Zuordnung darauf an, ob die Regelungen in ihrem **Schwerpunkt** öffentlich-rechtlich oder privatrechtlich ausgestaltet sind und welcher Teil hiervon dem Vertrag das **entscheidende Gepräge** gibt (*BVerwGE* 42, 331; 92, 56; *BGH Z* 67, 81; *Stelkens/ Bonk/Sachs* VwVfG § 54 Rz 77). Im Rahmen einer einheitlichen Betrachtungsweise ist auf den **Gesamtcharakter** abzustellen, was zur Folge hat, dass dann, wenn sich der Gesamtcharakter der getroffenen Vereinbarungen als vom öffentlichen Recht bestimmt erweist, der Vertrag dann auch insgesamt dem öffentlichen Recht zuzurechnen ist (*BGH Z* 76, 16; aA: *Engelmann* in v Wulffen/ Schütze SGB X § 53 Rz 9, wonach ein Vertrag, der sowohl privatrechtliche als auch öffentl-rechtl Rechte und Pflichten begründet stets dem öffentlichen Recht zuzurechnen ist).

Kennzeichnend für den öffentl-rechtl Vertrag ist, dass an ihm jedenfalls immer **9** **mindestens eine Beh beteiligt** ist (*BSGE* 50, 203; *Krasney* in KassKomm § 53 SGB X Rz 4). Zwar ist vorstellbar, dass auch **Privatpersonen** untereinander Regelungen treffen, die ausschließlich öffentl-rechtl Fragen betreffen. Dies kann allerdings gleichwohl nicht zu einem öffentl-rechtl Vertrag iSv § 53 führen, denn § 53 ist in seinem Anwendungsbereich durch den Anwendungsbereich des SGB X begrenzt. § 1 Abs 1 enthält insoweit die Vorgabe, dass die Vorschriften des ersten Kapitels des SGB X, zu denen auch die Vorschriften über den öffentl-rechtl Vertrag zählen, für die öffentl-rechtl Verwaltungstätigkeit der Beh gelten. Die einzig mögliche Schlussfolgerung hieraus ist, dass an einem öffentl-rechtl Vertrag iS der §§ 53 ff zumindest immer eine Beh iSv § 1 Abs 2 beteiligt sein muss. Selbst wenn man also Verträge unter Privatpersonen ihrem Inhalt nach als öffentl-rechtl Verträge einstuft, können die Vorschriften der §§ 53 ff hierauf keine Anwendung finden (aA: *BSG* SozR 3-1200 § 53 Nr 2 für den Fall der Abtretung eines Teils des Altersruhegeldes an eine Privatperson).

10 Der öffentl-rechtl Vertrag muss die Rechtsbeziehungen zwischen mindestens zwei Personen regeln, wobei die Regelung **von Rechten und Pflichten weiterer Personen zulässig** ist; zu beachten ist in diesem Fall § 57.

11 Der öffentl-rechtl Vertrag hat eine **Doppelnatur**, da er **materiellrechtlich** eine Regelung ist, die auf die Begr, Änderung oder Aufhebung eines Rechtsverhältnisses gerichtet ist und **verfahrensrechtlich** eine Form des Verwaltungshandelns darstellt, für die nach § 61 Satz 1 die Vorschriften des SGB X gelten, sofern sich aus den §§ 53 ff nichts Abweichendes ergibt (*Engelmann* aaO § 53 Rz 11).

12 Das Zustandekommen eines öffentl-rechtl Vertrages setzt eine **Einigung** iS übereinstimmender Willenserklärungen voraus, wobei die Vertragsparteien einen entspr vertraglichen **Bindungswillen** haben müssen. Im Übrigen gelten insoweit die gleichen Grundsätze, die auch für das Zustandekommen eines zivilrechtlichen Vertrages gelten, die Vorschriften des Bürgerlichen Gesetzbuches gelten gem § 61 Satz 2 entspr.

2.3. „soweit Rechtsvorschriften nicht entgegenstehen"

13 Eine Regelung durch öffentl-rechtl Vertrag ist nach § 53 Abs 1 Satz 1 2. Halbsatz nur dann zulässig, wenn Rechtsvorschriften nicht entgegenstehen. Entgegenstehende Rechtsvorschriften, die den Abschluss eines öffentl-rechtl Vertrages verbieten, können sowohl in **Gesetzen** im förmlichen Sinne als auch in **Rechtsverordnungen** enthalten sein. Darüber hinaus können auch **Satzungsbestimmungen** zB eines Versicherungsträgers oder einer Selbstverwaltungskörperschaft wie der KÄV/KZÄV die Handlungsform des öffentl-rechtl Vertrages im Einzelfall ausschließen, solange nicht der Abschluss eines öffentl-rechtl Vertrages entgegen dem Grundgedanken des § 53 Abs 1 generell verboten wird (*Krasney* aaO § 53 Rz 6; *Becker* in Hauck/Noftz SGB X § 53 Rz 13; aA *Engelmann* aaO § 53 Rz 15 sowohl für bloße Verwaltungsvorschriften als auch für Satzungsbestimmungen). Bloße **Verwaltungsvorschriften** können indessen die Handlungsform des öffentl-rechtl Vertrages nicht ausschließen, da es sich insoweit nicht um „Rechtsvorschriften" iSd § 53 Abs 1 handelt (so auch *Becker* aaO § 53 Rz 13).

Der wichtigste gesetzl Ausschluss des öffentl-rechtl Vertrages ist die Regelung in § 53 Abs 2.

2.4. „kann durch Vertrag"

14 Soweit der Abschluss eines öffentl-rechtl Vertrages nicht durch Rechtsvorschriften ausgeschlossen ist, hat die Beh grds **nach pflichtgemäßem Ermessen** zu entscheiden, ob sie einen solchen Vertrag abschließt (*Krasney* aaO § 53 Rz 7). Dementsprechend kann die Beh ein ihr unterbreitetes Vertragsangebot nicht generell mit der Begr ablehnen, sie schließe grds keine öffentl-rechtl Verträge.

15 Ein **Anspr auf Vertragsschluss** besteht allerdings in den Fällen, in denen Leistungserbringer erst nach Maßgabe eines Versorgungsvertrages zur Leistungser-

bringung zugelassen werden, wie dies zB bei Krankenhäusern (§ 109 SGB V) oder ambulanten wie stationären Pflegeeinrichtungen (§ 72 SGB XI) der Fall ist, sofern die normierten materiellen Voraussetzungen erfüllt sind (*BSGE* 51, 126; 59, 112; *BSG* SozR 3-2500 § 109 Nr 1; vertiefend: *Knispel*, Rechtsfragen der Versorgungsverträge nach SGB V, NZS 2006, 120; *Quaas*, Der Versorgungsvertrag nach dem Pflege-Versicherungsgesetz, NZS 1995, 197). Ob es sich bei der **Ablehnung des Abschlusses eines Versorgungsvertrages** durch eine Krankenkasse oder die Landesverbände der Krankenkassen und die Ersatzkassen um einen VA handelt, ist str.

Das BSG sieht hierin sowohl gegenüber einem Krankenhaus (*BSGE* 51, 126; 59, 258, *BSG* SozR 3-2500 § 109 Nr 1) als auch gegenüber einer Pflegeeinrichtung (*BSGE* 78, 233 [235]) – ebenso der Gesetzgeber (*BT-Drucks* 12/5262, 137) – einen **VA** und begründet dies mit der sog Zwei-Stufen-Lehre für öffentl-rechtl Verträge, nach der die Entscheidung über das „ob" eines Vertrages im Subordinationsverhältnis ergeht.

Nach anderer Auffassung ist die Ablehnung eines Versorgungsvertrages nicht als VA zu qualifizieren, da sich die Parteien insgesamt in einem Gleichordnungsverhältnis befinden und es deshalb an der Befugnis zum Erlass eines VA fehle (vgl *Knittel* in Krauskopf, SGB V, § 109 Rz 7 ff; *Knispel*, aaO, mwN; differenzierend: *Quaas*, aaO).

Je nach der Rechtsnatur der Ablehnung ist der statthafte **Rechtsbehelf** dementspr entweder die kombinierte Anfechtungs- und Leistungsklage – die Erforderlichkeit eines Vorverfahrens ist von Fall zu Fall unterschiedlich geregelt – oder aber die unmittelbare Leistungsklage.

2.5. „anstatt einen Verwaltungsakt zu erlassen"

Insb dann, wenn die Beh sonst einen VA erlassen würde, kann sie stattdessen mit dem Adressaten des VA auch einen öffentl-rechtl Vertrag abschließen. § 53 Abs 1 Satz 2 regelt mithin ausdrücklich die Zulässigkeit des **subordinationsrechtlichen Vertrages**, ohne dass hiermit in sonstigen Fällen der Vertragsabschluss ausgeschlossen wäre. **16**

Grds zulässig sind insb auch Verträge, die unmittelbare Rechtswirkungen gegenüber den durch ihre abstrakt-generellen Regelungen betroffenen Dritten und damit gegenüber anderen als den Vertragspartnern enthalten, sogenannte **Normsetzungsverträge** (*Ebsen* in Schulin, HdSVR Bd 1, § 7 Rz 110). Die Zulässigkeit solcher Normsetzungsverträge hat das *BSG* schon seit langem anerkannt (*BSGE* 29, 254; 38, 201; 70, 240). Normsetzungsverträge sind als öffentl-rechtl Verträge iSv § 53 ff zu qualifizieren (*Sodan* NZS 1998, 305 ff). Eine Erstreckung der Inhalte auf Dritte, die nicht Mitglieder einer der Vertragsparteien sind und wie sie durch das *BSG* zB hinsichtlich der Gesamtverträge nach § 83 SGB V zwischen den KÄV und den Verbänden der KK auch auf die Versicherten in der GKV angenommen wird (*BSG* NZS 1998, 331), ist jedoch problematisch, da es insoweit an der verfassungsrechtlich erforderlichen demokratischen Legitimation fehlt (*Sodan* aaO 307 f; zweifelnd jetzt auch *BVerfG* Beschl v 10.11.2015 – 1 BvR 2056/12, NZS 2016, 20) und es sich im Falle der Beschränkung von Leistungsansprüchen der Versicherten um einen rechtlich unzulässigen Vertrag zulasten Dritter handelt. **17**

Schiedssprüche sind aufgrund ihrer Doppelnatur auch Normsetzungsverträge (siehe Rz 6). **18**

3. Absatz 2

19 Sozialleistungen, also die im SGB vorgesehenen Dienst-, Sach- und Geldleistungen (§ 11 SGB I), auf die ein Anspr besteht, können nach § 53 Abs 2 nicht Gegenstand eines öffentl-rechtl Vertrages sein. Dieser Ausschluss soll nach dem Willen des GGebers dem Schutz des Bürgers dienen (BT-Drucks 8/2034, 36). Vor dem Hintergrund dieser Regelung ist die Zulässigkeit von **Eingliederungsvereinbarungen** nach § 15 SGB II, die vor allem unter dem Gesichtspunkt eines Kontrahierungszwangs mit der Verwaltung diskutiert wird (vgl *Kretschmer* DÖV 2006, 893; *Lang* NZS 2006, 176 jew. mwN) problematisch, da die vertragl vereinbarten Eingliederungsleistungen zwar Ermessensleistungen sind, bei Verweigerung des Vertragsschlusses aber gem § 31 Abs 1 SGB II eine Absenkung des ALG II erfolgt und wegen dieser Konsequenz jedenfalls mittelbar eine Vereinbarung über eine gebundene Sozialleistung getroffen wird. Allein der Umstand, dass der Gesetzeswortlaut („Vereinbarung") darauf schließen lassen könnte, dass der Gesetzgeber im Kern die Vorstellung eines öffentl-rechtl Vertrages hatte (vgl *Becker* in Hauck/Noftz SGB X § 53 Rz 127), kann die Bedenken im Hinblick auf das ausdrückliche Verbot eines Vertrages über gebundene Geldleistungsansprüche nicht ausräumen.

Hinsichtlich der Eingliederungsvereinbarung nach § 37 Abs 2 SGB III bestehen indessen keine Bedenken, diese als öffentl-rechtl Vertrag einzustufen, da die Verweigerung nicht sanktioniert ist (so auch vgl *Becker* in Hauck/Noftz SGB X § 53 Rz 130). Das *SG Stade* entnimmt der Gesetzesbegründung (BT-Drucks 14/6944, 30 f), dass der Gesetzgeber die Eingliederungsvereinbarung nach § 37 Abs 2 SGB III zwar nicht als öffentl-rechtl Vertrag sehen wollte (aA *Peters-Lange* in Gagel, SGB III, § 37 Rz 7 ebenfalls unter Bezugnahme auf die Gesetzesbegründung), geht dann aber unter Verweis auf die hM davon aus, dass es sich um einen subordinationsrechtlichen Vertrag handelt (*SG Stade* Urt. v. 11.1.2011 – S 16 AL 122/09, mit ausführlichen Nachw zum Meinungsstand).

20 Die Einschränkung des Abs 2 gilt jedoch nicht für den Abschluss von Vergleichsverträgen (§ 54 Abs 2) oder den Abschluss von Austauschverträgen (§ 55 Abs 2).

§ 54 Vergleichsvertrag

(1) Ein öffentlich-rechtlicher Vertrag im Sinne des § 53 Abs. 1 Satz 2, durch den eine bei verständiger Würdigung des Sachverhalts oder der Rechtslage bestehende Ungewissheit durch gegenseitiges Nachgeben beseitigt wird (Vergleich), kann geschlossen werden, wenn die Behörde den Abschluss des Vergleichs zur Beseitigung der Ungewissheit nach pflichtgemäßem Ermessen für zweckmäßig hält.

(2) § 53 Abs. 2 gilt im Fall des Absatzes 1 nicht.

1. Allgemeines

§ 54 Abs 1 stimmt wörtlich mit § 55 VwVfG überein. Da es für die Regelung 1
des § 53 Abs 2 eine Entsprechung im VwVfG nicht gibt, gibt es dementsprechend auch keine Regelung im allg Verwaltungsverfahrensrecht, die klarstellt, dass der öffentl-rechtl Vergleich **sowohl über Pflichtleistungen als auch über Ermessensleistungen** geschlossen werden kann, wie dies durch § 54 Abs 2 erfolgt.

2. Absatz 1
2.1. Anwendbarkeit und Zweck

Der öffentl-rechtl Vergleichsvertrag ist ein besonderer **Typus des subordinati-** 2
onsrechtlichen Vertrages iS des § 53 Abs 1 Satz 2 (*Engelmann* in v Wulffen/
Schütze SGB X § 54 Rz 3). Voraussetzung für den Abschluss eines öffentl-rechtl Vergleichsvertrages ist demnach, dass zwischen den Vertragsparteien ein Über-/
Unterordnungsverhältnis besteht, welches statt durch den Abschluss eines Vergleiches auch durch den Erlass eines VA geregelt werden könnte. In einem solchen Subordinationsverhältnis kann durch einen Vergleich zugleich auch ein Austausch iS des § 55 geregelt werden. Insoweit müssen dann zusätzlich auch die Voraussetzungen des § 55 erfüllt sein, die Beurteilung der Angemessenheit der Gegenleistung kann aber vor dem Hintergrund der dem Vergleich innewohnenden Ungewissheit gelockerten Maßstäben folgen (Hk-VerwR/*Fehling* § 55 VwVfG Rz 13).

Mit der in § 54 enthaltenen **Legaldefinition** des Vergleiches werden Inhalt und 3
materiellrechtliche Voraussetzungen des Vergleichsvertrages festgelegt. Bereits vor dem Inkrafttreten des SGB X war die Zulässigkeit eines öffentl-rechtl Vergleichsvertrages anerkannt, obwohl wegen des verfassungsrechtlichen Grundsatzes der Bindung der Verwaltung an Gesetz und Recht nach Art 20 Abs 3 GG sowie wegen des verfassungsrechtlichen Gleichbehandlungsgrundsatzes und des ebenfalls verfassungsrechtlich verankerten Willkürverbotes Bedenken geäußert wurden. Diese Bedenken überzeugen letztlich jedoch nicht, denn ein Vergleich mit rechtswidrigem Inhalt, der trotz einer klaren Sach- und Rechtslage geschlossen wird, ist nach § 58 Abs 2 Nr 3 nichtig. Dementsprechend ist der GGeber zurecht davon ausgegangen, dass dann, wenn eine Ungewissheit über den Sachverhalt oder die Rechtslage besteht, es häufig unangemessen sei, diese Ungewissheit mit einem Aufwand an Mitteln und an Zeit klären zu wollen, die außer Verhältnis stehe zu dem Objekt, über das zwischen dem Bürger und der Beh Meinungsverschiedenheiten bestehe (amtl Begr zu § 55 VwVfG, BT-Drucks 7/910, 80), so dass aus Gründen der Verwaltungsvereinfachung und der Verhältnismäßigkeit die Beseitigung einer solchen Ungewissheit durch einen Vergleich rechtlich zulässig ist.

Der öffentl-rechtl Vergleichsvertrag hat ebenso wie der Prozessvergleich eine 4
Doppelnatur. Während der Prozessvergleich sowohl Prozesshandlung als auch ein Rechtsgeschäft ist, ist der öffentl-rechtl Vergleichsvertrag, der selbstverständlich **auch im Widerspruchsverfahren** abgeschlossen werden kann (*Krasney*
in KassKomm § 54 SGB X Rz 4), gleichzeitig **Verfahrenshandlung und materielles Rechtsgeschäft**.

Ebenso wie der Prozessvergleich kann auch der im VerwVerf geschlossene Ver- 5
gleichsvertrag unter **Widerrufsvorbehalt** geschlossen werden. Wird der Widerruf erklärt, gilt der Vergleichsvertrag als nicht geschlossen (*Krasney* aaO § 54
Rz 4) bzw als rückwirkend unwirksam (*Engelmann* in v Wulffen/Schütze

SGB X § 54 Rz 12), so dass das VerwVerf, welches durch den Vergleich sonst beendet worden wäre, fortgeführt wird.

6 Seinem Zweck entspr kann der Vergleichsvertrag auch **Befristungen, Bedingungen oder Auflagen** enthalten, ohne dass die Vertragsparteien an die Beschränkungen des § 32 gebunden wären, da § 32 im Vertragsrecht nicht – auch nicht nach § 61 Satz 1 entspr – anwendbar ist.

2.2. „Ungewissheit"

7 Der Abschluss eines öffentl-rechtl Vergleichsvertrages ist nur dann zulässig, wenn bei verständiger Würdigung eine Ungewissheit des Sachverhalts oder der Rechtslage besteht. Die Ungewissheit muss **bei allen Vertragsbeteiligten** bestehen und sich **auf den zu regelnden Vertragsgegenstand beziehen**.

8 Die Ungewissheit kann sowohl hinsichtlich des Sachverhaltes als auch der Rechtslage bestehen. Eine tatsächliche, den **Sachverhalt** betreffende Ungewissheit besteht dann, wenn eine für die von der Beh im VerwVerf zu treffende Sachentscheidung erhebliche Tatsache nicht festgestellt ist. Eine die **Rechtslage** betreffende Unsicherheit besteht dann, wenn der Sachverhalt zwischen den Parteien zwar feststeht, die daraus entstehenden Rechtsfolgen aber im Ungewissen sind (*BVerwG* DÖV 1990, 929). Die sich aus dem Sachverhalt ergebenden Rechtsfolgen sind jedoch nur dann im Ungewissen, wenn die Rechtslage objektiv entweder gesetzl oder durch die Rspr nicht geklärt ist, weil zB höchstrichterliche Rspr fehlt oder aber voneinander abweichende Urteile vorliegen bzw in Rspr und Lit verschiedene Meinungen bestehen (*Stelkens/Bonk/Sachs* VwVfG § 55 Rz 45; *Krasney* aaO § 54 Rz 7).

2.3. „gegenseitiges Nachgeben"

9 Sinn und Zweck des Vergleiches ist die Beseitigung der bestehenden Ungewissheit durch gegenseitiges Nachgeben, um das VerwVerf zu seinem Abschluss zu bringen. Da § 54 Abs 1 ausdrücklich ein gegenseitiges Nachgeben verlangt, müssen **alle Vertragsparteien von ihren ursprünglichen Positionen abrücken** (*Engelmann* aaO § 54 Rz 8).

10 Ein Nachgeben zu gleichen Teilen ist nicht erforderlich und schon ein geringfügiges Nachgeben kann genügen (vgl *BSG* Urt v 20.9.2012 – B 8 SO 4/11 R, SozR 4-3500 § 28 Nr 8 im Sinne einer weiten Auslegung). Gibt jedoch ausschließlich die Beh nach, dann handelt es sich nicht um einen Vergleich sondern um ein einseitiges Anerkenntnis (*Krasney* aaO § 54 Rz 9).

11 Eine Vereinbarung, durch die die Ungewissheit nicht beseitigt und das VerwVerf dementsprechend nicht abgeschlossen wird, ist mit § 54 Abs 1 nicht vereinbar. Es ist jedoch nicht erforderlich, dass die Ungewissheit vollständig beseitigt wird. Ein Vergleichsvertrag ist vielmehr bereits dann zulässig, wenn hierdurch die Ungewissheit in bestimmten, selbstständigen Teilen des Gegenstandes des VerwVerf iS eines **Teilvergleiches** beseitigt wird. Soweit im Übrigen die Ungewissheit fortbesteht, ist der durch den Vergleich nicht erledigte Teil des VerwVerf nach den allg verfahrensrechtlichen Vorschriften fortzuführen.

2.4. „zur Beseitigung"

12 Das Nachgeben einerseits und die Ungewissheit andererseits müssen denselben Sachverhalt betreffen. Insoweit ist ein Sachzusammenhang erforderlich (*BVerwGE* 49, 0364; 98, 58; *Kopp/Ramsauer*, VwVfG § 55 Rz 19 a).

2.5. „für zweckmäßig hält"

Der Abschluss eines öffentl-rechtl Vergleichsvertrages ist nur dann zulässig, **13** wenn die Beh den Vergleich für zweckmäßig hält. Auf die Zweckmäßigkeit allein aus Sicht des Vertragspartners kommt es nicht an.

Die hiernach zwingend gebotene **Zweckmäßigkeitsprüfung** hat **nach pflichtge-** **14** **mäßem Ermessen** die Umstände, die für eine Behebung der Ungewissheit durch Nachgeben sprechen gegenüber den Umständen, die für eine Fortführung des VerwVerf durch weitere Sachverhaltsaufklärung nach dem Amtsermittlungsgrundsatz und Klärung der Rechtsfrage, ggf durch alle Instanzen, sprechen, abzuwägen.

Die nach pflichtgemäßem Ermessen zu prüfende Zweckmäßigkeit des Vertrags- **15** abschlusses richtet sich letztlich immer nach den Umständen des Einzelfalles, so dass es keine feststehenden Grundsätze, wann von einer Zweckmäßigkeit auszugehen ist, gibt. Maßgebliche Kriterien sind zum einen die allg Grundsätzen der Verhältnismäßigkeit und des Übermaßverbotes (*Becker* in Hauck/Noftz SGB X § 54 Rz 3, 15 f). Zum anderen sind der ansonsten entstehende Verwaltungsaufwand sowie auch Umstände, die in der Person des Vertragspartners begründet liegen, zB Alter oder Gesundheitszustand (*Becker* aaO § 54 Rz 17), zu berücksichtigen.

Da der Abschluss eines öffentl-rechtl Vertrages anstelle der Beendigung des Ver- **16** wVerf durch den Erlass eines VA stets in das pflichtgemäße Ermessen der Beh sowohl hinsichtlich des „ob" als auch hinsichtlich des „wie" (HK-VerwR/ *Fehling* § 55 VwVfG Rz 29, 31) gestellt ist (*Engelmann* aaO § 54 Rz 10; *Stelkens/Bonk/Sachs* aaO § 55 Rz 53; *Kopp/Ramsauer* aaO § 55 Rz 20), wird die zu treffende Ermessensentscheidung durch den unbestimmten Rechtsbegriff der „Zweckmäßigkeit" konkretisiert, so dass unter der Voraussetzung einer bei beiden Vertragsparteien bestehenden rechtlichen oder tatsächlichen Ungewissheit ein gegen die Beh gerichteter **Anspr auf ermessensfehlerfreie Entscheidung über den Abschluss eines Vergleichsvertrages** besteht. Je zweckmäßiger die Beseitigung der Ungewissheit durch einen Vergleich ist, desto mehr kann sich der Anspr auf Abschluss eines Vergleichsvertrages verdichten. Ein ausschließlich zum Zwecke eines Vergleichsabschlusses geführtes gerichtliches Verfahren ist idR allerdings nicht sinnvoll, da das Gericht den Inhalt des Vergleiches nicht vorgeben kann (so im Ergebnis auch *Becker* in Hauck/Noftz SGB X § 54 Rz 62).

3. Absatz 2

Da die Beschränkung der Zulässigkeit des öffentl-rechtl Vertrages bei Sozialleis- **17** tungen auf Ermessensleistungen nach § 53 Abs 2 im Falle des Vergleichsvertrages ausdrücklich nicht gilt, kann sich der Vergleichsvertrag **auch** auf solche **Sozialleistungen** beziehen, **auf die ein Rechtsanspruch besteht.**

4. Fehlerhafter Vergleichsvertrag

Die Folgen eines fehlerhaften Vergleichsvertrages ergeben sich aus § 58 Abs 1 **18** und § 58 Abs 2 Nr 3 – Nichtigkeit oder Teilnichtigkeit (§ 58 Abs 3) sowie § 61 Satz 2 mit der ergänzenden Geltung des BGB.

4.1. § 779 BGB

§ 779 Abs 1 BGB, der nach § 61 Satz 2 entspr anwendbar ist, enthält neben der **19** ausdrücklichen gesetzl Regelung in § 59 Abs 1 Satz 1 eine weitere **Sonderrege-**

lung zum Wegfall der Geschäftsgrundlage. Nach § 779 Abs 1 BGB ist ein Vergleich und somit auch ein öffentl-rechtl Vergleichsvertrag iSv § 54 unwirksam, wenn der nach dem Inhalt des Vertrags **als feststehend zugrundegelegte Sachverhalt der Wirklichkeit nicht entspricht** und der Streit oder die Ungewissheit bei Kenntnis der Sachlage nicht entstanden sein würde.

20 Der **Begriff des Sachverhaltes** iS des § 779 Abs 1 BGB ist weit auszulegen und schließt neben Tatsachen **auch Rechtsverhältnisse oder die Rechtslage** mit ein (*Thomas* in Palandt BGB § 779 Rz 15). Der sich später als unrichtig erweisende Sachverhalt muss derjenige sein, der von den Vertragsparteien als unstreitige Grundlage betrachtet wurde. Erweist sich hingegen der Sachverhalt, der von den Parteien zunächst als ungewiss angesehen wurde und dessen Ungewissheit durch den Vergleich gerade beseitigt werden sollte, später als unrichtig, so bleibt dies für die Wirksamkeit des Vergleiches ohne Bedeutung, denn die Beseitigung dieser Ungewissheit ist ihrerseits ja gerade eine Wirksamkeitsvoraussetzung für den Vergleichsvertrag (*Stelkens/Bonk/Sachs* aaO § 55 Rz 61; *Thomas* aaO § 779 Rz 17).

21 Weitere Voraussetzung für die Unwirksamkeit nach § 779 Abs 1 BGB ist, dass sich der beiderseitige Irrtum über den dem Vergleich zugrundegelegten Sachverhalt auf einen **streitausschließenden Umstand** beziehen muss (*Thomas* aaO § 779 Rz 19).

4.2. Nichtigkeit

22 Ein Vergleichsvertrag kann nach §§ 58 Abs 1, 61 Satz 2 iVm §§ 134, 138 BGB wegen des **Verstoßes gegen ein gesetzliches Verbot** oder wegen eines **Verstoßes gegen die guten Sitten** nichtig sein. Vgl zu Einzelheiten § 58 Rz 12.

23 Ein Vergleichsvertrag kann im Übrigen nach § 58 Abs 2 Nr 3 auch dann nichtig sein, wenn die **gesetzl Voraussetzungen zum Abschluss eines Vergleichsvertrages nicht** vorlagen und ein **VA mit entsprechendem Inhalt** nicht nur wegen eines Verfahrens- oder Formfehlers iS des § 42 **rechtswidrig** wäre, vgl hierzu § 58 Rz 15, 16.

4.3. Anfechtung

24 Der Vergleichsvertrag unterliegt als materielles Rechtsgeschäft nach § 61 Satz 2 iVm §§ 116 ff BGB auch der Anfechtbarkeit wegen **Willensmängeln** oder einer **arglistigen Täuschung** iSv § 123 BGB. Die Irrtumsanfechtung ist jedoch insoweit ausgeschlossen, als der Irrtum diejenigen ungewissen rechtlichen oder tatsächlichen Fragen betrifft, die durch den Vergleich abschließend geklärt werden sollten.

5. Abänderung/Anpassung

25 Unter den Voraussetzungen des § 59, also wesentliche Änderung der maßgeblichen Verhältnisse und Unzumutbarkeit des Festhaltens am Vergleich, kann die Anpassung eines Vergleichsvertrages verlangt werden. Dies gilt auch für den Prozessvergleich.

26 Ein gerichtlicher Vergleich, durch den eine Einigung über eine in tatsächlicher Hinsicht streitige Frage erfolgt, ist auch dann verbindlich, wenn sich als Rechtsfolge ein Leistungsanspruch möglicherweise reduziert, § 46 SGB I ermöglicht keinen Widerruf, da die einvernehmliche Regelung keinen Verzicht auf eine Sozialleistung bedeutet (*LSG BW* Urt v 9.6.2011 – L 10 R 3494/08).

Ebenso scheidet die nachträgliche Abschmelzung einer Verletztenrente nach § 48 Abs 3 SGB X aus, wenn die Beteiligten im Zeitpunkt des Vergleichsschlusses von einer zu hohen MdE ausgegangen sein sollten (*LSG Nds-Brem* Urt v 29.4.2012 – L 9 U 183/09).

§ 55 Austauschvertrag

(1) [1]Ein öffentlich-rechtlicher Vertrag im Sinne des § 53 Abs. 1 Satz 2, in dem sich der Vertragspartner der Behörde zu einer Gegenleistung verpflichtet, kann geschlossen werden, wenn die Gegenleistung für einen bestimmten Zweck im Vertrag vereinbart wird und der Behörde zur Erfüllung ihrer öffentlichen Aufgaben dient. [2]Die Gegenleistung muss den gesamten Umständen nach angemessen sein und im sachlichen Zusammenhang mit der vertraglichen Leistung der Behörde stehen.

(2) Besteht auf die Leistung der Behörde ein Anspruch, kann nur eine solche Gegenleistung vereinbart werden, die bei Erlass eines Verwaltungsaktes Inhalt einer Nebenbestimmung nach § 32 sein könnte.

(3) § 53 Abs. 2 gilt in den Fällen der Absätze 1 und 2 nicht.

1. Allgemeines

§ 55 Abs 1 und Abs 2 stimmen wörtlich mit § 56 Abs 1 und Abs 2 VwVfG überein. Wie im Falle des Vergleichsvertrages erfolgt auch für den Austauschvertrag nach § 55 Abs 3 die Klarstellung, dass ein öffentl-rechtl Austauschvertrag **sowohl über Pflichtleistungen als auch über Ermessensleistungen** geschlossen werden kann, vgl im Übrigen hierzu § 54 Rz 1.   **1**

2. Absatz 1

2.1. Anwendbarkeit und Zweck

Auch der Austauschvertrag ist ein besonderer **Typus des subordinationsrechtlichen Vertrages** iS des § 53 Abs 1 Satz 2 und setzt demnach ebenfalls voraus, dass zwischen den Vertragsparteien ein Über-/Unterordnungsverhältnis besteht, welches anstelle des Austauschvertrages auch durch den Erlass eines VA geregelt werden könnte.   **2**

Der Zweck des öffentl-rechtl Austauschvertrages liegt darin, auch in **atypischen Fällen** das vom GGeber gesetzte Ziel verwirklichen zu können, wenn es sich über den üblichen Aufgabenvollzug durch VA nicht erreichen lässt (BT-Drucks 7/910, 80 zu § 56 VwVfG). Mit Rücksicht auf diesen beabsichtigten Zweck einerseits und dem **Schutz vor einem Ausverkauf von Hoheitsbefugnissen** (BT-Drucks aaO) sowie dem **Schutz** des Bürgers **vor** einer **Benachteiligung** in den Fällen, in denen auf die erstrebte Leistung ein Rechtsanspruch besteht (BT-Drucks aaO, 81) andererseits, sind die Voraussetzungen, unter denen anstelle   **3** des Erlasses eines VA ein Austausch von Leistungen auf der Grundlage vertraglicher Regelungen erfolgen kann, detailliert festgelegt.

4 § 55 Abs 1 Satz 1 enthält zugleich eine **Legaldefinition** des Austauschvertrages als öffentl-rechtl, subordinationsrechtlicher Vertrag, in dem sich der Vertragspartner der Beh zu einer Gegenleistung verpflichtet.

5 Darüber hinaus sind in § 55 Abs 1 und Abs 2 die Voraussetzungen, unter denen der Abschluss eines solchen Austauschvertrages zulässig ist, im Einzelnen geregelt.

6 Vor allem aber beinhaltet § 55 das **für alle öffentl-rechtl Verträge** iSv §§ 53 ff geltende (*Stelkens/Bonk/Sachs* VwVfG § 56 Rz 1, 3) **Koppelungsverbot,** nach dem eine Beh die Erfüllung hoheitlicher Aufgaben nicht von unmittelbar „verkoppelten" wirtschaftlichen Gegenleistungen abhängig machen darf (*Stelkens/Bonk/Sachs* aaO Rz 3). Das sich aus § 55 Abs 1 Satz 2 ergebende Koppelungsverbot ist ein Ausdruck des verfassungsrechtlich verankerten Rechtsstaatsprinzips.

7 § 55 Abs 1 gilt in erster Linie für die Ermessensleistungen. Für die Leistungen, auf die ein Anspr besteht, gelten zusätzlich die besonderen Einschränkungen des § 55 Abs 2.

2.2. „Gegenleistung"

8 Der Begriff der Gegenleistung macht deutlich, dass auch eine Leistung erfolgen muss. Der Austauschvertrag stellt sich dementsprechend als eine **Verbindung von Leistung und Gegenleistung** dar, so dass ein öffentl-rechtl Austauschvertrag dann ausgeschlossen ist, wenn die Gegenleistung bereits konkret und abschließend gesetzl geregelt ist, so dass für eine vertragliche Regelung kein Grund mehr besteht.

9 Als **Leistungen der Beh** kommen alle Handlungen, Erklärungen oder sonstige Verhaltensweisen mit rechtlichen oder tatsächlichen Auswirkungen in Betracht, die nach der Einschätzung der Vertragspartner von materiellem oder immateriellem Wert sind (vgl *Stelkens/Bonk/Sachs* aaO § 56 Rz 22). Auch der Erlass oder die Unterlassung eines VA kommen als Leistung der Beh, ebenso wie der Erlass, die Änderung oder Beibehaltung einer Rechtsnorm (*Stelkens/Bonk/Sachs* aaO Rz 23), in Betracht (*Engelmann* in v Wulffen/Schütze SGB X § 55 Rz 4).

10 Als **Gegenleistung** kommt zunächst die Zahlung eines Geldbetrages in Betracht. Darüber hinaus kann die Gegenleistung in allen sonstigen Handlungen, Duldungen, Unterlassungen, Erklärungen oder sonstigem Tun bestehen, ohne dass diese zwingend einen wirtschaftlichen Wert haben muss.

11 Solange die Gegenleistung rechtlich generell zulässig ist und gesetzl Regelungen nicht widerspricht, kann die Vereinbarung einer Gegenleistung zulässigerweise **auch** dann erfolgen, **wenn sie nicht Gegenstand des die Leistung gewährenden VA sein dürfte** (*Becker* in Hauck/Noftz SGB X § 55 Rz 3, 9).

12 Die vereinbarte Gegenleistung muss dem **Bestimmtheitsgrundsatz** genügen, so dass aus dem Vertrag selbst und insb nicht erst aus einer späteren einseitigen Entscheidung der Beh erkennbar wird, welche konkrete Gegenleistung zu erbringen ist, ob die Gegenleistung angemessen ist (siehe Rz 17) und ob sie in einem sachlichen Zusammenhang (siehe Rz 18) mit der nach dem Vertrag zu erbringenden Leistung der Beh steht.

13 Die nach dem Vertrag geschuldete Gegenleistung darf ebenso wie die Leistung **auch an einen Dritten** erbracht werden (*Siewert* in GK-SGB X/1 § 55 Rz 9), so dass der Austauschvertrag bezüglich der Leistung einerseits und der Gegenleistung andererseits auch ein öffentl-rechtl **Vertrag zugunsten Dritter** sein kann, was sich letztlich aus § 61 Satz 2 iVm §§ 328 ff BGB ergibt (*BayVGH* DÖV 1987, 654).

2.3. „kann"

Die Beh „kann" anstelle des Erlasses eines VA die von ihr zu erbringende Leistung mit einer Gegenleistung durch den Abschluss eines öffentl-rechtl Vertrages verknüpfen. Die Beh hat also nach **pflichtgemäßem Ermessen** zu entscheiden, in welcher Form sie handelt. **14**

2.4. „für einen bestimmten Zweck vereinbart"

Die zu erbringende Gegenleistung muss **im Vertrag selbst** für einen bestimmten Zweck vereinbart sein. Die Zweckbestimmung muss inhaltlich über bloße allg Angaben hinaus **konkretisiert** werden (*Engelmann* aaO § 55 Rz 7). Eine **wörtliche Festlegung** der Zweckbestimmung ist indessen **nicht erforderlich**. Es reicht vielmehr aus, wenn sich diese aus dem Vertrag – erforderlichenfalls im Wege der Auslegung – ergibt (*BVerwG* NVwZ 1990, 665; aA *Stelkens/Bonk/Sachs* aaO Rz 51, wonach eine ausdrückliche schriftliche Zweckbestimmung, die regelmäßig im Wortlaut der Vertragsurkunde in Erscheinung treten muss, notwendig ist, im Übrigen dort aber in Rz 59 ebenfalls auf die Möglichkeit der Ermittlung des Zwecks der Gegenleistung durch Auslegung verwiesen wird). **15**

2.5. „zur Erfüllung ihrer öffentlichen Aufgabe"

Die Vereinbarung einer Gegenleistung für die von der zu Beh zu erbringenden Leistungen im Wege eines öffentl-rechtl Austauschvertrages ist nur dann zulässig, wenn die vereinbarte Gegenleistung der Beh zu Erfüllung ihrer öffentlichen Aufgaben dient. Es muss sich um **öffentliche Aufgaben der vertragschließenden Beh** handeln, die im Rahmen ihrer **Zuständigkeit** und **Befugnisse** liegen (*Engelmann* aaO § 55 Rz 8), wobei es sich nicht um Aufgaben handeln muss, welche die Beh gegenüber ihrem Vertragspartner zu erfüllen hat. **16**

2.6. Angemessenheit der Gegenleistung

Die zu erbringende Gegenleistung muss den gesamten Umständen nach angemessen sein, § 55 Abs 1 Satz 2. Das Gebot der Angemessenheit der Gegenleistung ist Ausdruck des verfassungsrechtlichen **Grundsatzes der Verhältnismäßigkeit** (*Stelkens/Bonk/Sachs* aaO Rz 54). Zwischen Leistung und Gegenleistung muss demnach eine **Ausgewogenheit** bestehen, wobei in Anbetracht des ausdrücklichen Hinweises auf die „gesamten Umstände" eine **Gesamtbetrachtung** der Rechtsbeziehungen der Vertragspartner vorzunehmen ist, die auch außerhalb des Vertrages liegende Umstände einbeziehen kann (*BVerwGE* 42, 345). Im Rahmen dieser Gesamtbetrachtung ist eine **objektive Ausgewogenheit** erforderlich, auf die subjektive Einschätzung der Vertragsparteien kommt es nicht an. **17**

2.7. „im sachlichen Zusammenhang"

Die zu erbringende Gegenleistung muss gem § 55 Abs 1 Satz 2 mit der Leistung der Beh in einem sachlichen Zusammenhang stehen. Ein solcher sachlicher Zusammenhang besteht dann, wenn **Leistung und Gegenleistung demselben** im Vertrag bestimmten **Zweck** dienen (*Krasney* in KassKomm § 55 SGB X Rz 9), **18** wobei ein **unmittelbarer Sachzusammenhang** jedoch **nicht** erforderlich ist (*Engelmann* aaO § 55 Rz 10).

3. Absatz 2

19 Auch dann, wenn auf die Leistung der Beh ein Anspr besteht, müssen zunächst die Voraussetzungen des § 55 Abs 1 erfüllt sein. Darüber hinaus enthält § 55 Abs 2 **zusätzliche Einschränkungen für** die **gebundenen Leistungen** der Beh. Zum Schutz des rechtsunkundigen Bürgers, der nicht erkennt, dass er ohnehin einen gebundenen Leistungsanspruch hat (BT-Drucks aaO, 81), wird festgelegt, dass die Beh von ihrem Vertragspartner nur solche Gegenleistungen im Rahmen eines Austauschvertrages annehmen darf, die sie auch mit einer **Nebenbestimmung** iS des § 32 (vgl hierzu die Kommentierung zu § 32, insb Rz 9–21) fordern könnte. IE soll verhindert werden, dass der Vertragspartner der Beh bei gebundenen Leistungen schlechter gestellt wird, als dies beim Erlass eines entspr VA zulässig wäre (*Engelmann* aaO § 55 Rz 12).

4. Absatz 3

20 Die Beschränkung der Zulässigkeit des öffentl-rechtl Vertrages bei Sozialleistungen auf Ermessensleistungen gem § 53 Abs 2 gilt für den öffentl-rechtl Austauschvertrag ebenso wie im Falle des öffentl-rechtl Vergleichsvertrages nicht, § 55 Abs 3. Der Austauschvertrag kann sich also **auch** auf solche **Sozialleistungen** beziehen, **auf die ein Rechtsanspruch besteht.** Dies ergibt sich im Übrigen auch aus der vorhergehenden Regelung des § 55 Abs 2, der für die gebundenen Leistungen zusätzliche Anforderungen aufstellt (vgl Rz 19).

§ 56 Schriftform

Ein öffentlich-rechtlicher Vertrag ist schriftlich zu schließen, soweit nicht durch Rechtsvorschrift eine andere Form vorgeschrieben ist.

1. Allgemeines

1 § 56 stimmt wörtlich mit der Regelung in § 57 VwVfG überein. Das besondere Schriftformerfordernis als Wirksamkeitsvoraussetzung für den öffentl-rechtl Vertrag stellt eine Ausnahme von dem Grds der Nichtförmlichkeit des VerwVerf nach § 9 dar. Dies ist insofern eine Besonderheit, als im Zivilrecht und auch im öffentlichen Recht grds die Form- und Gestaltungsfreiheit herrscht und insb auch der VA, dem der öffentl-rechtl Vertrag als Handlungsform der öffentlichen Verwaltung gleichberechtigt gegenübersteht, auch in mündlicher Form wirksam erlassen werden kann.

2. Zwecke der Schriftform

2 Entgegen der amtlichen Begr zur gleichlautenden Vorschrift des § 57 VwVfG (BT-Drucks 7/910, 81) rechtfertigt der öffentl-rechtl Vertrag als (vermeintlich) atypische Regelung allein aus diesem Grunde nicht das Schriftformerfordernis.

Die Zwecke des Schriftformerfordernisses sind vielmehr in der Erreichung einer **3**
Abschlussklarheit und -Wahrheit zu sehen, um bloße Verhandlungen von dem
eigentlichen Vertragsschluss abgrenzen zu können (*Stelkens/Bonk/Sachs*
VwVfG § 57 Rz 4). Darüber hinaus dient die Schriftform der **Inhaltsklarheit** iS
einer Fixierung der jeweiligen Rechte und Pflichten der Vertragsparteien. Ein
weiterer Zweck dient iS einer **Warnfunktion** dem Schutz vor einer Übereilung.
Schließlich besteht der Zweck des Schriftformerfordernisses auch und vor allem
in der **Beweisfunktion**, was im Unterschied zu einem privatrechtlichen Vertrag
deshalb von besonderer Bedeutung ist, weil die für eine Beh handelnden Personen häufiger wechseln, als dies bei einer dem Privatrecht zuzuordnenden Vertragspartei der Fall ist (so auch die amtliche Begr zu § 57 VwVfG, aaO).

3. „öffentl-rechtl Vertrag"

Das Schriftformerfordernis besteht für alle Formen des öffentl-rechtl Vertrages, **4**
also sowohl für subordinationsrechtliche als auch für koordinationsrechtliche
Verträge.

4. „schriftlich"

Nach dem gem § 61 Satz 2 entspr anwendbaren § 126 Abs 1 BGB bedeutet das **5**
Schriftformerfordernis, dass die Vertragsurkunde von den vertragschließenden
Parteien **eigenhändig** durch **Namensunterschrift** oder mittels notariell beglaubigten Handzeichens unterzeichnet sein muss. Für die Vertragsparteien können
auch deren Vertreter handeln, wobei die Wahrung des Schriftformerfordernisses
eine schriftliche Bevollmächtigung zum Nachweis der Vertretungsmacht nicht
verlangt. Eine beglaubigte Unterschrift reicht ebenso wenig wie die bloße Namenswiedergabe des Behördenleiters, seines Vertreters oder seines Beauftragten;
§ 33 Abs 3 ist nicht entspr anwendbar (*Engelmann* in v Wulffen/Schütze SGB X
§ 56 Rz 6; *Krasney* in KassKomm § 56 SGB X Rz 5; aA *Kopp/Ramsauer*
VwVfG § 57 Rz 10; *Fehling* in HK-VerwR § 57 VwVfG Rz 21 ist entgegenzuhalten, dass es nicht darauf ankommt, ob die Anforderungen an die Schriftform
im öffentlichen Recht seit jeher nicht so streng gesehen wurden, denn für den
öffentl-rechtl Vertrag hat der GGeber bewusst und ausdrücklich ein strenges
Formerfordernis aufgestellt).

Über § 61 Satz 2 ist auch § 126 Abs 2 Satz 2 BGB entspr anwendbar, so dass **6**
dann, wenn über den Vertrag **mehrere gleichlautende Urkunden** aufgenommen
werden, jede Partei jew nur die für die andere Partei bestimmte Urkunde unterzeichnen muss. Ansonsten gilt der **Grundsatz der Urkundeneinheit** (§ 126 Abs
2 Satz 1 BGB), so dass jede Partei auf der Urkunde unterzeichnen muss. Gegenteilige Auffassungen (vgl *Bonk* in Stelken/Bonk/Sachs, aaO, § 57 Rz 20; Hk-
VerwR/*Fehling* § 57 VwVfG Rz 16), die eine wechselseitige Bezugnahme
schriftlicher Erklärungen aufeinander ausreichen lassen, setzen die Frage des
wirksamen Vertragsschlusses ohne Not der Ungewissheit einer retrospektiven
Beurteilung und Wertung durch das im Zweifel zur Beantwortung dieser Frage
berufene Gericht aus. Dies widerspricht dem angestrebten Zweck der Abschlussklarheit, so dass dieser Auffassung in der Praxis schon aus diesem
Grund nicht gefolgt werden kann. Das *BSG* sieht **bei koordinationsrechtlichen**
öffentl-rechtl Verträgen allerdings von dem Erfordernis der Urkundeneinheit
ab, da dem Schriftformerfordernis im Gleichordnungsverhältnis nicht die Do-
kumentations- und Schutzfunktion wie bei subordinationsrechtlichen Verträgen
zukomme (*BSGE* 69, 238 = SozR 3-1200 § 52 Nr 2). Auch das BSG weicht hier
ohne Not vom Wortlaut des § 126 Abs 2 Satz 1 BGB ab. Zuzustimmen ist dem

BSG aber in dem Fall, dass durch eine einseitig empfangsbedürftige Erklärung von der vorab eingeräumten Möglichkeit des Beitritts zu einem bereits formwirksam geschlossenen Vertrag Gebrauch gemacht wird. In einem solchen Fall genügt im Hinblick auf den Schutzzweck dann die schriftliche Erklärung der beitretenden Vertragspartei (vgl *BSG* Urt v 13.12.2011 – B 1 KR 9/11 R = SozR 4-2500 § 133 Nr 6 Rz 15).

7 Über § 61 Satz 2 ist außerdem auch § 126 Abs 4 BGB entspr anwendbar, so dass die schriftliche Form durch die **notarielle Beurkundung** nach den Vorschriften des BeurkG ersetzt wird. Da die notarielle Beurkundung ihrerseits und mithin auch die Schriftform bei einem **gerichtlichen Vergleich** gem § 61 Satz 2 iVm § 127a BGB durch die Aufnahme der Erklärungen in ein nach den Vorschriften der ZPO errichtetes Protokoll ersetzt wird, wird die nach § 56 vorgeschriebene Schriftform auch durch die in einem gerichtlichen Vergleich protokollierte Vereinbarung der Prozess (Vertrags)-Parteien gewahrt.

8 Das Schriftformerfordernis gilt sowohl für den Vertragsschluss als **auch für Vertragsänderungen oder** eine **Vertragsaufhebung** (*Krasney* aaO § 56 Rz 4). Anders als bei der gewillkürten Schriftform kann das gesetzl Schriftformerfordernis auch nicht durch eine mündliche Vereinbarung der Vertragsparteien aufgehoben werden.

5. Elektronische Form

9 Das Dritte Gesetz zur Änderung verwaltungsverfahrensrechtlicher Vorschriften (3. VwVfGÄndG) vom 21.8.2002, BGBl I 3322 hat für den Anwendungsbereich des VwVfG mit den Regelungen des § 3a Abs 2 VwVfG die grundsätzliche Gleichwertigkeit der elektronischen Form mit der durch Gesetz angeordneten Schriftform festgelegt. Für den Anwendungsbereich des SGB X ist eine solche Regelung nicht unmittelbar in das SGB X selbst, sondern durch Art 2 des 3. VwVfGÄndG in das SGB I eingefügt und durch Art 4 des Gesetzes zur Förderung der elektronischen Verwaltung sowie zur Änderung weiterer Vorschriften vom 25.7.2013, BGBl I 2749 modifiziert worden. § 36a SGB I[1] regelt die **elek**-

---

1 § 36a SGB I Elektronische Kommunikation
(1) Die Übermittlung elektronischer Dokumente ist zulässig, soweit der Empfänger hierfür einen Zugang eröffnet.
(2) [1]Eine durch Rechtsvorschrift angeordnete Schriftform kann, soweit nicht durch Rechtsvorschrift etwas anderes bestimmt ist, durch die elektronische Form ersetzt werden. [2]Der elektronischen Form genügt ein elektronisches Dokument, das mit einer qualifizierten elektronischen Signatur nach dem Signaturgesetz versehen ist. [3]Die Signierung mit einem Pseudonym, das die Identifizierung der Person des Signaturschlüsselinhabers nicht unmittelbar durch die Behörde ermöglicht, ist nicht zulässig. [4]Die Schriftform kann auch ersetzt werden
1. durch unmittelbare Abgabe der Erklärung in einem elektronischen Formular, das von der Behörde in einem Eingabegerät oder über öffentlich zugängliche Netze zur Verfügung gestellt wird;
2. bei Anträgen und Anzeigen durch Versendung eines elektronischen Dokuments an die Behörde mit der Versandart nach § 5 Absatz 5 des De-Mail-Gesetzes;
3. bei elektronischen Verwaltungsakten oder sonstigen elektronischen Dokumenten der Behörden durch Versendung einer De-Mail-Nachricht nach § 5 Absatz 5 des De-Mail-Gesetzes, bei der die Bestätigung des akkreditierten Diensteanbieters die erlassende Behörde als Nutzer des De-Mail-Kontos erkennen lässt;
4. durch sonstige sichere Verfahren, die durch Rechtsverordnung der Bundesregierung mit Zustimmung des Bundesrates festgelegt werden, welche den Datenübermittler (Absender der Daten) authentifizieren und die Integrität des elektronisch

tronische Kommunikation und geht in seinen Regelungen nunmehr über den Inhalt der Parallelvorschrift des § 3 a VwVfG hinaus.

§ 36 a Abs 2 Satz 2 SGB I stellt der handschriftlichen Unterschrift zunächst die Versehung des elektronischen Dokumentes mit einer **qualifizierten elektronischen Signatur** gleich. Über die Regelungen aus dem Jahre 2002 hinaus kann die Schriftform gem § 36 a Abs 2 Satz 4 Nr 1 SGB I nunmehr auch durch die Abgabe der Erklärung in einem **elektronischen Formular** (= Web-Formular) oder ab dem 1.7.2014 durch **Versendung als De-Mail** nach Maßgabe des § 5 Abs 5 des De-Mail-Gesetzes (§ 36 a Abs 2 Satz 4 Nr 2 und 3 SGB I) ersetzt werden. Für die schriftformersetzende Abgabe einer Erklärung in einem elektronischen Formular ist ein sicherer Identitätsnachweis nach § 18 PAuswG oder nach § 78 AufenthG erforderlich. § 36 a Abs 2 Satz 5 HS 2 SGB I erlaubt für die Kommunikation zwischen dem Versicherten und seiner KK als Identitätsnachweis auch die **elektronische Gesundheitskarte** nach § 291 Abs 2 a Satz 4 SGB V. Zusätzlich regelt § 36 a Abs 4 SGB I, wie eine gemeinsame und bundeseinheitliche Kommunikation und Datenübermittlung der Träger der SV sicherzustellen ist.

10

Ob ein öffentl-rechtl Vertrag in elektronischer Form geschlossen werden kann, beantwortet § 36 a SGB I unmittelbar allerdings nicht. Entscheidend für die Zulässigkeit des elektronischen Vertragsschlusses ist gem § 36 a Abs 2 Satz 1 SGB I vielmehr, ob gesetzl etwas Anderes bestimmt ist. Nur wenn dies nicht der Fall ist, kann eine qualifizierte elektronische Signatur die Schriftform ersetzen. Eine andere gesetzl Bestimmung könnte der **Grds der Urkundeneinheit** nach Maßgabe des über § 61 Satz 2 entspr geltenden § 126 Abs 2 BGB sein. Dieser Grds würde einen elektronischen Vertragsschluss ausschließen. Für den privatrechtlichen Vertrag regelt aber § 126 a Abs 2 BGB ergänzend zu den allg Regeln in §§ 126 Abs 3, 126 a Abs 1 BGB, dass die Parteien bei einem elektronischen Ver-

11

übermittelten Datensatzes sowie die Barrierefreiheit gewährleisten; der IT-Planungsrat gibt Empfehlungen zu geeigneten Verfahren ab. [5]In den Fällen des Satzes 4 Nummer 1 muss bei einer Eingabe über öffentlich zugängliche Netze ein sicherer Identitätsnachweis nach § 18 des Personalausweisgesetzes oder nach § 78 Absatz 5 des Aufenthaltsgesetzes erfolgen; in der Kommunikation zwischen dem Versicherten und seiner Krankenkasse kann die Identität auch mit der elektronischen Gesundheitskarte nach § 291 Absatz 2 a des Fünften Buches elektronisch nachgewiesen werden. (2 a) [1]Ist durch Rechtsvorschrift die Verwendung eines bestimmten Formulars vorgeschrieben, das ein Unterschriftsfeld vorsieht, wird allein dadurch nicht die Anordnung der Schriftform bewirkt. [2]Bei einer für die elektronische Versendung an die Behörde bestimmten Fassung des Formulars entfällt das Unterschriftsfeld. (3) Ist ein der Behörde übermitteltes elektronisches Dokument für sie zur Bearbeitung nicht geeignet, teilt sie dies dem Absender unter Angabe der für sie geltenden technischen Rahmenbedingungen unverzüglich mit. Macht ein Empfänger geltend, er könne das von der Beh übermittelte elektronische Dokument nicht bearbeiten, übermittelt sie es ihm erneut in einem geeigneten elektronischen Format oder als Schriftstück. (4) Die Träger der Sozialversicherung einschließlich der Bundesagentur für Arbeit, ihre Verbände und Arbeitsgemeinschaften verwenden unter Beachtung der Grundsätze der Wirtschaftlichkeit und Sparsamkeit im jeweiligen Sozialleistungsbereich Zertifizierungsdienste nach dem Signaturgesetz, die eine gemeinsame und bundeseinheitliche Kommunikation und Übermittlung der Daten und die Überprüfbarkeit der qualifizierten elektronischen Signatur auf Dauer sicherstellen. Diese Träger sollen über ihren jeweiligen Bereich hinaus Zertifizierungsdienste im Sinne des Satzes 1 verwenden. Die Sätze 1 und 2 gelten entsprechend für die Leistungserbringer nach dem Fünften und dem Elften Buch und die von ihnen gebildeten Organisationen.

trag jew ein gleichlautendes Dokument mit einer qualifizierten elektronischen Signatur versehen müssen. Bei Aufrechterhaltung des Grundsatzes der Urkundeneinheit regelt § 126 a Abs 2 BGB, wie diese Einheit bei einem elektronischen Vertragsschluss herzustellen ist. Wenn also der Grds der Urkundeneinheit, an dem festzuhalten ist (aA *Kopp/Ramsauer* aaO Rz 9 und 11 a zum elektronischen Vertrag sowie HK-VerwR/*Fehling* § 57 VwVfG Rz 24, der für eine entspr Anwendung des § 126 a BGB keinen Raum sieht) gewahrt werden kann und wenn die Vorschriften des BGB gem § 61 Satz 2 ergänzend entspr gelten, dann folgt hieraus, dass **in entspr Anwendung des § 126 a Abs 2 BGB auch ein öffentl-rechtl Vertrag in elektronischer Form** geschlossen werden kann. Jede Vertragspartei muss danach das für die andere Partei bestimmte Exemplar des Vertragsdokumentes mit seiner qualifizierten elektronischen Signatur versehen oder beide Parteien müssen ein einziges Vertragsdokument jew mit ihrer qualifizierten elektronischen Signatur versehen.

6. „andere Form"

12 Die elektronische Form ist keine andere sondern eine der Schriftform gleichwertige, ihr entspr Form. Andere Formen, die das Schriftformerfordernis des § 56 ersetzen können, können **nur weitergehende**, strengere Formen wie zB die öffentliche Beurkundung oder Beglaubigung nach §§ 128, 129 BGB sein (*Engelmann* aaO § 56 Rz 9).

13 Dieses strengere Formerfordernis kann sowohl durch förmliches Gesetz als auch durch Rechtsverordnung oder autonomes Satzungsrecht, beispielsweise der SVTr, vorgeschrieben werden (*Krasney* aaO § 56 Rz 7).

7. Folgen eines Verstoßes

14 Der Verstoß gegen das Schriftformerfordernis des § 56 hat nach § 58 Abs 1 iVm § 125 BGB, ebenso wie der Verstoß gegen eine andere vorgeschriebene Form die **Nichtigkeit** des Vertrages zur Folge.

15 Eine **Berufung auf die Formnichtigkeit** kann ausnahmsweise jedoch gegen den auch im öffentlichen Recht geltenden Grds von **Treu und Glauben** verstoßen und dem Einwand der unzulässigen Rechtsausübung begegnen. Ein solcher Ausnahmefall wird jedoch nur dann anzunehmen sein, wenn die Nichtigkeit **schlechthin zu untragbaren Ergebnissen** führen würde (*BGH* NJW 1977, 2072; 1987, 1069), was zum einen bei einer **Existenzgefährdung** und zum anderen in Fällen einer **besonders schweren Treuepflichtverletzung** der Fall sein kann (*BGHZ* 16, 338; 26, 142; 85, 315; *OVG Lüneburg* KStZ 1992, 93).

16 Bei einer arglistigen Vereitelung der Wahrung der Schriftform durch die eine Vertragspartei kann zugunsten der anderen Vertragspartei eine vertragliche **Haftung wegen Nichterfüllung** des Vertrages (*BGH* NJW 1959, 626) bzw unter dem Gesichtspunkt der **culpa in contrahendo** entspr den Grds des § 311 Abs 2 BGB in Betracht kommen.

17 Soweit nicht ausnahmsweise die Berufung auf die Formnichtigkeit als treuwidrig anzusehen ist, besteht im Übrigen auch **kein Anspr auf Abschluss eines inhaltsgleichen formwirksamen Vertrages**, da dies dem Schutzzweck des Schriftformerfordernisses widersprechen würde (*Krasney* aaO § 56 Rz 8; aA *Stelkens/Bonk/Sachs* aaO Rz 28, die jedenfalls einen Anspr auf Herstellung des vertragsgemäßen Zustandes in Betracht ziehen).

Wurde aufgrund eines formnichtigen öffentl-rechtl Vertrages geleistet, kann ein öffentl-rechtl **Erstattungsanspruch** in Betracht kommen (*Stelkens/Bonk/Sachs* aaO Rz 29). **18**

§ 57 Zustimmung von Dritten und Behörden

(1) Ein öffentlich-rechtlicher Vertrag, der in Rechte eines Dritten eingreift, wird erst wirksam, wenn der Dritte schriftlich zustimmt.

(2) Wird anstatt eines Verwaltungsaktes, bei dessen Erlass nach einer Rechtsvorschrift die Genehmigung, die Zustimmung oder das Einvernehmen einer anderen Behörde erforderlich ist, ein Vertrag geschlossen, so wird dieser erst wirksam, nachdem die andere Behörde in der vorgeschriebenen Form mitgewirkt hat.

1. Allgemeines

§ 57 stimmt wörtlich mit § 58 VwVfG überein und trägt dem allg Rechtsgedanken, dass Verträge zulasten Dritter grds unzulässig sind, Rechnung (*Heinrichs* in Palandt BGB Einführung Vor § 328 Rz 10). Ebenso wie ein VA, der in Rechte Dritter eingreift, nicht per se unzulässig ist, verbietet § 57 auch nicht von vornherein den öffentl-rechtl Vertrag, der in Rechte Dritter eingreift oder zumindest Rechte Dritter berührt. Stattdessen wird die Zustimmung nach § 57 Abs 1 bzw die Mitwirkung nach § 57 Abs 2 zur Wirksamkeitsvoraussetzung erhoben. Dieses absolute Wirksamkeitserfordernis wird zT als Hemmnis für den Abschluss öffentl-rechtl Verträge angesehen und de lege ferenda wird deshalb eine Eresetzung des Zustimmungserfordernisses durch ein befristetes Widerspruchsrecht des Dritten diskutiert (*Ziekow/Siege*, VerwArch 95 (2004), 133; *Ziekow*, Kooperationsverhältnisse, S 143 ff; vgl auch Bericht des Beirates Verfahrensrecht beim BMI, NVwZ 2002, 834). **1**

2. Absatz 1

2.1. Anwendbarkeit und Zweck

Das Zustimmungserfordernis nach § 57 Abs 1 gilt sowohl für den **koordinationsrechtlichen** als auch den **subordinationsrechtlichen** Vertrag (*Siewert* in GK-SGB X/1 § 57 Rz 8; *Engelmann* in von Wulffen § 57 Rz 3). Das Zustimmungserfordernis sorgt dafür, dass Dritte, wenn in deren Rechte durch einen öffentl-rechtl Vertrag eingegriffen wird, durch den Vertrag nicht vor vollendete Tatsachen gestellt werden (*Engelmann* aaO § 57 Rz 2). **2**

2.2. „in Rechte eines Dritten eingreift"

Das Zustimmungserfordernis nach § 57 Abs 1 besteht dann, wenn ein öffentl-rechtl Vertrag in Rechte eines Dritten eingreift. Dritter iSd Vorschrift kann nur ein Privatrechtssubjekt sein (*BSG* NZS 2005, 274). Ein Vergleich zwischen Gremien der vertrags(zahn)ärztlichen Wirtschaftlichkeitsprüfung und einem **3**

Vertrags(zahn)arzt bedarf somit nicht der Zustimmung der Krankenkassen oder der kassen(zahn)ärztlichen Vereinigung (*BSG aaO*). Ein Eingriff in Rechte Dritter liegt dann vor, wenn deren **Rechtspositionen, die sich aus einem subjektiv-öffentlichen Recht ergeben, vermindert oder verschlechtert** werden (vgl *Engelmann* aaO, § 57 Rz 3 mwN) bzw der Vertrag ansonsten nicht durchgeführt werden kann. Die bloße Verletzung von Verfahrensrechten Dritter ist kein Eingriff iSd § 57 Abs 1 (*BSG* Urt v 5.7.2000 – B 3 KR 20/99 R, SozR 3-2500 § 109 Nr 7).

4 Ein Eingriff in Rechte Dritter erfolgt jedenfalls dann, wenn der Vertrag selbst die Rechtsposition Dritter unmittelbar zu deren Nachteil verändert. Des Weiteren ist ein Eingriff in Rechte Dritter auch dann bereits anzunehmen, wenn erst aufgrund einer von den Vertragsparteien noch zu treffenden Maßnahme in die Rechte Dritter eingegriffen wird (*Becker* in Hauck/Noftz SGB X § 57 Rz 3; *Krasney* in KassKomm § 57 SGB X Rz 4; jetzt auch *Engelmann* aaO § 57 Rz 5; aA *Siewert* in GK-SGB X/1 § 57 Rz 13 f).

5 Soweit lediglich **einzelne Teile** des Vertrages in Rechte Dritter eingreifen, ist auch nur insoweit die Zustimmung erforderlich (*Engelmann* aaO § 57 Rz 5; *Siewert* in GK-SGB X/1 § 57 Rz 19).

6 Ein Zustimmungserfordernis besteht indessen nicht, wenn der Dritte in den Vertragsschluss als Vertragspartei im Rahmen eines **mehrseitigen öffentl-rechtl Vertrages** einbezogen wird.

2.3. „zustimmt"

7 Die Zustimmung nach § 57 Abs 1 muss anders als im Falle des § 182 Abs 2 BGB **zwingend schriftlich** erfolgen, was sich direkt aus dem Wortlaut des § 57 Abs 1 ergibt.

8 Die Zustimmung kann **vor Vertragsschluss in der Form der Einwilligung** (§ 61 Satz 2 iVm § 183 BGB) oder **nachträglich in der Form der Genehmigung** (§ 61 Satz 2 iVm § 184 BGB) erfolgen. Eine Zustimmung gegenüber beiden Vertragspartnern ist nicht erforderlich. Es reicht vielmehr, wenn die Zustimmung **gegenüber einem der Vertragspartner** erklärt wird (§ 61 Satz 2 iVm § 182 Abs 1 BGB; *Engelmann* aaO § 57 Rz 6).

9 Bloßes **Schweigen** gilt – wie auch sonst im Rechtsverkehr – nicht als Zustimmung.

2.4. Wirksamkeit

10 Die schriftliche Zustimmung ist Wirksamkeitsvoraussetzung für den Vertrag, der in Rechte eines Dritten eingreift. Wird die Zustimmung bereits vor Vertragsschluss in der Form der **Einwilligung** erteilt, dh geht die schriftliche Einwilligung einer der Vertragsparteien vorher zu (§ 130 BGB), dann wird der Vertrag **mit** seiner **Unterzeichnung** sofort **wirksam**. Liegt im Zeitpunkt des Vertragsschlusses eine Einwilligung nicht vor, hängt die Wirksamkeit von der nachträglichen Genehmigung des Dritten ab. Bis zum Eingang der Genehmigungserklärung des Dritten ist der Vertrag schwebend unwirksam (*Krasney* aaO § 57 Rz 6). Die Wirksamkeit wirkt nicht auf den Zeitpunkt des Vertragsschlusses zurück, sondern tritt tatsächlich erst im Zeitpunkt des Zugangs der nachträglichen Genehmigung ein, da § 184 Abs 1 BGB, der die **Rückwirkung der Genehmigung** auf den Zeitpunkt der Vornahme des Rechtsgeschäftes regelt, **nicht entspr anwendbar** ist. § 57 enthält insoweit mit dem Wort „erst" eine abweichende Regelung, die ansonsten keinen Sinn ergeben würde (*Krasney* aaO § 57

Rz 4 mwN; aA *Engelmann* aaO, § 57 Rz 6, *Stelkens/Bonk/Sachs* aaO § 58 Rz 19 und *Kopp/Ramsauer* VwVfG § 58 Rz 3 b, 11).

3. Absatz 2

3.1. Anwendbarkeit

Das Mitwirkungserfordernis anderer Beh nach § 57 Abs 2 gilt dem Wortlaut der Regelung nach nur für den **subordinationsrechtlichen** Vertrag, denn nur im Über-/Unterordnungsverhältnis kann auch ein VA erlassen werden. Darüber hinaus wird jedoch auch vertreten, dass § 57 Abs 2 entspr auch auf sogenannte Normsetzungsverträge sowie auf koordinationsrechtliche Verträge anwendbar sei, da in ihm ein allg Rechtsgrundsatz zum Ausdruck komme, wonach Verträge zulasten dritter Beh unzulässig seien (*Stelkens/Bonk/Sachs* aaO § 58 Rz 34). **11**

3.2. Mitwirkung

Die Mitwirkung einer anderen Beh am Abschluss eines öffentl-rechtl Vertrages ist dann erforderlich, wenn statt des Vertrages auch ein VA erlassen werden könnte und der Erlass des VA nach einer Rechtsvorschrift die Mitwirkung der anderen Beh vorschreibt. **12**

Die Mitwirkung kann ebenso wie die Zustimmung nach § 57 Abs 1 sowohl vor als auch nach dem Vertragsschluss erfolgen (*Krasney* aaO § 57 Rz 8). **13**

Die **Art** der Mitwirkung, nämlich Zustimmung in Form der Genehmigung oder Einwilligung oder aber das Einvernehmen richtet sich nach der im Falle des Erlasses eines VA vorgesehenen Art der Mitwirkung. **14**

Die **Form** der Mitwirkung richtet sich ebenfalls nach der im Falle des Erlasses eines VA vorgesehenen Form der Mitwirkung. **15**

Das Mitwirkungserfordernis muss in einer **Rechtsvorschrift** ausdrücklich geregelt sein, wobei insoweit Gesetze, Rechtsverordnungen und Satzungen als Rechtsvorschrift in Betracht kommen (*Engelmann* aaO § 57 Rz 9). **16**

Zum Zeitpunkt der Wirksamkeit des Vertrages im Falle der Vornahme der erforderlichen Mitwirkungshandlung gelten die vorstehenden Ausführungen zu § 57 Abs 1, vgl Rz 9. **17**

Wird das Mitwirkungserfordernis einer anderen Beh übersehen, so kann dies für den Vertragspartner der handelnden Beh zu **Schadensersatzansprüchen** aus c.i.c. entspr §§ 311 Abs 2, 241 Abs 2, 280 BGB oder aus Amtspflichtverletzung führen (*Siewert* in GK-SGB X/1 § 57 Rz 22). **18**

Die **Verweigerung** der Mitwirkung einer anderen Beh kann, sofern dies nicht gesetzl ausdrücklich ausgeschlossen ist, durch die Aufsichtsbehörde ersetzt werden (*Krasney* aaO § 57 Rz 8). **19**

§ 58 Nichtigkeit des öffentlich-rechtlichen Vertrages

(1) Ein öffentlich-rechtlicher Vertrag ist nichtig, wenn sich die Nichtigkeit aus der entsprechenden Anwendung von Vorschriften des Bürgerlichen Gesetzbuches ergibt.

(2) Ein Vertrag im Sinne des § 53 Abs. 1 Satz 2 ist ferner nichtig, wenn

1. ein Verwaltungsakt mit entsprechendem Inhalt nichtig wäre,
2. ein Verwaltungsakt mit entsprechendem Inhalt nicht nur wegen eines Verfahrens- oder Formfehlers im Sinne des § 42 rechtswidrig wäre und dies den Vertragschließenden bekannt war,
3. die Voraussetzungen zum Abschluss eines Vergleichsvertrages nicht vorlagen und ein Verwaltungsakt mit entsprechendem Inhalt nicht nur wegen eines Verfahrens- oder Formfehlers im Sinne des § 42 rechtswidrig wäre,
4. sich die Behörde eine nach § 55 unzulässige Gegenleistung versprechen lässt.

(3) Betrifft die Nichtigkeit nur einen Teil des Vertrages, so ist er im ganzen nichtig, wenn nicht anzunehmen ist, dass er auch ohne den nichtigen Teil geschlossen worden wäre.

1. Allgemeines

1   § 58 stimmt wörtlich mit § 59 VwVfG überein. In dem zwangsläufig auftretenden Konflikt zwischen dem Rechtsgrundsatz „pacta sunt servanda" und dem verfassungsrechtlichen Grds der Gesetzmäßigkeit des Verwaltungshandelns nach Art 20 Abs 3 GG hat sich der GGeber für eine Lösung entschieden, die **rechtsfehlerhafte Verträge grds hinnimmt**, besonders schwerwiegende Mängel jedoch mit der Rechtsfolge der Nichtigkeit sanktioniert, wobei die in Betracht kommenden Nichtigkeitsgründe in § 58 abschließend aufgezählt sind (BT-Drucks 7/910, 81 zu § 59 VwVfG).

2   Im Unterschied zum VA, der bei „einfacher" Rechtswidrigkeit, die nicht zur Nichtigkeit führt, der Anfechtbarkeit im Wege des Widerspruches oder der Änderung nach §§ 44 ff unterliegt, führen beim öffentl-rechtl Vertrag nur die **enumerativen Nichtigkeitsgründe** zwingend dazu, dass die vertraglich getroffenen Regelungen keine Rechtswirkung entfalten, so dass dem öffentl-rechtl Vertrag iE eine höhere Bestandskraft zukommt (*Becker* in Hauck/Noftz SGB X § 58 Rz 8). Im Unterschied zum VA sind die Nichtigkeitsgründe für den öffentl-rechtl Vertrag aber weiter gefasst.

2. Absatz 1

2.1. Anwendungsbereich

3   Ein öffentl-rechtl Vertrag ist dann nichtig, wenn sich die Nichtigkeit aus der entspr Anwendung von Vorschriften des BGB ergibt. Dieser Grds gilt **für alle öffentl-rechtl Verträge** (so *Krasney* in KassKomm § 58 SGB X Rz 4; *Engelmann* in v Wulffen/Schütze SGB X § 58 Rz 4; *Siewert* in GK-SGB X/1 § 58 Rz 6).

Für die subordinationsrechtlichen Verträge (§ 53 Abs 1 Satz 2) enthält § 58 Abs **4**
2 jedoch zusätzliche, spezielle Nichtigkeitsgründe, die als spezielle öffentl-rechtl
Nichtigkeitsgründe der allg Regelung in Abs 1 – allerdings nicht im Sinne einer
lex specialis (so zutreffend *Becker* in Hauck/Noftz SGB X § 58 Rz 18, anders
insoweit noch die 2. Aufl) – vorgehen. Für die subordinationsrechtlichen Verträge kommt § 58 Abs 1 mithin lediglich eine ergänzende Funktion zu (*Stel-
kens/Bonk/Sachs* VwVfG § 59 Rz 14).

2.2. Entsprechend anwendbare Vorschriften

Entsprechend anwendbar sind die §§ 105, 116-120, 123, 125, 134, 138, 142, **5**
BGB (hM, vgl *Krasney* aaO § 58 Rz 5 mwN). Nichtig sind danach insb Verträge, die von **Geschäftsunfähigen** oder unter einem **geheimen Vorbehalt** geschlossen werden, **Scheingeschäfte**, Verträge, denen des an der **Ernstlichkeit mangelt**,
oder Verträge, die wegen Irrtums oder arglistiger Täuschung **angefochten** wurden. Auch Verträge, die **gegen die guten Sitten** verstoßen, insb weil ein deutlicher Missbrauch einer hoheitlichen Überlegenheit oder die Ausnutzung einer
Zwangs- oder Notsituation zum Vertragsschluss geführt hat (*BVerfG* ZIP
1993, 1775; *BGH* DVBl 1981, 628; *BVerwGE* 42, 331), sind nichtig.

Verträge, die auf eine von Anfang an **objektiv unmögliche Leistung** gerichtet **6**
sind, waren in entspr Anwendung des § 306 BGB aF ebenfalls nichtig. Mit dem
Schuldrechts-ModG ist § 306 BGB aF jedoch gestrichen und inhaltlich durch
§ 311 a BGB nF ersetzt worden. Nach dieser grundlegenden Neuregelung führt
die anfänglich objektive Unmöglichkeit der vertraglich vereinbarten Leistung
nicht zur Nichtigkeit des Vertrages und mithin auch nicht zur Nichtigkeit eines
koordinationsrechtlichen öffentl-rechtl Vertrages. Bei subordinationsrechtlichen
Verträgen folgt über § 58 Abs 2 Nr 1 iVm § 40 Abs 2 Nr 3 aber weiterhin die
Nichtigkeit eines Vertrages, der zu einer objektiv unmöglichen Leistung verpflichtet.

2.3. Verstoß gegen ein gesetzliches Verbot (§ 134 BGB)

In welchem Umfang der Gesetzesverstoß zur Nichtigkeit führt (§ 134 BGB), ist **7**
im Einzelnen umstritten (zum Meinungsstand: *Meyer-Hesemann* DVBl 1980,
872). **Nicht jeder Verstoß** gegen den Grds der Gesetzmäßigkeit der Verwaltung
führt bereits zur Anwendung von § 134 BGB und somit zur Nichtigkeit des öffentl-rechtl Vertrages (*Engelmann* aaO § 58 Rz 6; *Krasney* aaO § 58 Rz 5; *Stel-
kens/Bonk/Sachs* aaO Rz 49-58).

Als **Verbotsgesetze** iSv § 134 BGB kommen zunächst nur **Normen des öffentli-** **8**
chen Rechts in Betracht (*Engelmann* aaO § 58 Rz 6). Hierzu zählen förmliche
Gesetze, Rechtsverordnungen oder Satzungen (*Engelmann* aaO). Auch die Normen des Verfassungsrechts sowie des Gemeinschaftsrechts der EU kommen als
Verbotsnorm iS des § 134 BGB in Betracht (*Stelkens/Bonk/Sachs* aaO Rz 53).
Der Versorgungsvertrag eines Krankenhauses kann danach nicht rückwirkend
zu einem Zeitpunkt vor seiner Genehmigung in Kraft gesetzt werden, da hierin
eine Umgehung des § 109 Abs 3 Satz 2 SGB V liegt und somit ein Verstoß gegen
ein gesetzliches Verbot (§ 134 BGB) erfolgt (*BSG* Urt v 24.1.2008 – B 3 KR
17/07 R). Unzulässig ist auch der Abschluss eines Versorgungsvertrages mit
einem Krankenhaus, wenn das Krankenhaus zur bedarsgerechten Versorgung
nicht erforderlich ist. Insoweit besteht für die KKVerbände kein Ermessen, sondern ein aus § 109 Abs 2 Satz 1 Nr 3 SGB V folgendes Kontrahierungsverbot
iSd § 134 BGB (*BSG* Urt v 29.5.1996 – 3 RK 23/95, BSGE 78, 233).

9 Nach den von der Rspr zu § 134 BGB entwickelten Grds tritt die Rechtsfolge der Nichtigkeit wegen eines Gesetzesverstoßes nach § 134 BGB jedoch nur dann ein, wenn sich das gesetzliches Verbot **gegen die Vornahme gerade dieses Rechtsgeschäfts** richtet und sich **an beide Vertragsparteien** als Adressaten wendet (*BGH* NJW 1983, 2873; *BGH* NJW 1991, 2955; *BGH* NJW 1994, 728). Dementsprechend kommt eine Nichtigkeit in entspr Anwendung von § 134 BGB dann in Betracht, wenn durch die Verbotsnorm die Handlungsform des öffentl-rechtl Vertrages generell untersagt wird oder aber wenn ein Vertrag dieses Inhalts nicht geschlossen werden darf (*Engelmann* in v Wulffen/Schütze SGB X § 58 Rz 6; *Siewert* in GK-SGB X/1 Rz 7; *BVerwG* NJW 1982, 2392).

3. Absatz 2

3.1. Anwendungsbereich

10 § 58 Abs 2 gilt seinem Wortlaut nach **nur für subordinationsrechtliche Verträge** iSv § 53 Abs 1 Satz 2 und ist insoweit gegenüber § 58 Abs 1 die speziellere Regelung, ohne dass die allgemeinen Nichtigkeitsgründe, die sich aus dem BGB ergeben, deshalb ausgeschlossen sind. Bei koordinationsrechtlichen Verträgen ist eine entspr Anwendbarkeit nicht grds ausgeschlossen und insb in den Fällen des Abs 2 Nr 2, also bei positiver Kenntnis der Rechtswidrigkeit von Vertragsinhalt oder Vertragsform, vorstellbar (*Stelkens/Bonk/Sachs* aaO Rz 15).

11 Der GGeber hat die subordinationsrechtlichen Verträge, die in ihrem Regelungsgehalt einen VA zumindest teilweise ersetzen, bewusst einer **strengeren Rechtmäßigkeitsbindung** unterzogen, um für diesen Bereich die Rechtsfolgen zwischen rechtswidrigen VA und rechtswidrigen öffentl-rechtl Verträgen möglichst weitgehend zu harmonisieren (*Stelkens/Bonk/Sachs* aaO Rz 14).

3.2. Nichtiger VA (Nr 1)

12 Die Gründe, die nach § 40 **Abs 1** (Offenkundigkeit eines besonders schwerwiegenden Fehlers) und nach § 40 **Abs 2** (fehlende Erkennbarkeit der erlassenden Beh, Verstoß gegen das Erfordernis einer konstitutiven Urkunde, objektive Unmöglichkeit der Ausführung, Verwirklichung eines Straf- oder Bußgeldtatbestandes, Verstoß gegen die guten Sitten) zur Nichtigkeit eines VA führen würden, führen in entspr Anwendung auch zur Nichtigkeit eines (subordinationsrechtlichen) öffentl-rechtl Vertrages, vgl hierzu im Einzelnen die Kommentierung zu § 40 Abs 2.

3.3. Kenntnis der Rechtswidrigkeit (Nr 2)

13 Die Nichtigkeit nach Abs 2 Nr 2 tritt dann ein, wenn ein entspr VA nicht nur wegen eines Verfahrens- oder Formfehlers iS des § 42 rechtswidrig wäre und wenn außerdem dieser Umstand den Vertragsparteien bekannt war. Hiermit soll die Verbindlichkeit solcher Vereinbarungen ausgeschlossen werden, mit denen die Parteien durch **Kollusion**, also bewusstes und gewolltes Zusammenwirken, einen rw Erfolg herbeiführen wollen (*Stelkens/Bonk/Sachs* aaO Rz 30; *Engelmann* aaO § 58 Rz 10).

14 Voraussetzung für die Rechtsfolge der Nichtigkeit ist, dass **bei allen** Vertragsparteien **positive Kenntnis** der Rechtswidrigkeit besteht (*Stelkens/Bonk/Sachs* aaO Rz 34) wobei bedingter Vorsatz ausreicht (*Stelkens/Bonk/Sachs* aaO). Eine Kenntnis der einschlägigen Rechtsnormen ist nicht erforderlich, insoweit wird vielmehr auf die Parallelwertung in der Laiensphäre abgestellt (*Siewert* in GK-SGB X/1 § 58 Rz 10; *Krasney* aaO § 58 Rz 9).

Nicht entscheidend ist, ob die Rechtswidrigkeit aus der Verletzung des materi- **15**
ellen Rechts oder des Verfahrensrechts, wie zB § 45, folgt (unklar insoweit *Stel-
kens/Bonk/Sachs* aaO Rz 30; zweifelnd *Rudnik* NVwZ 2008, 977), da der
Wortlaut lediglich auf die Rechtswidrigkeit abstellt und der Normzweck eine
solche Unterscheidung nicht erlaubt.

Die Kenntnis der Vertragsparteien muss im **Zeitpunkt des Vertragsschlusses** be- **16**
standen haben (*Siewert* in GK-SGB X/1 aaO; *Engelmann* aaO § 58 Rz 9).

3.4. Fehlende Voraussetzungen des Vergleichsvertrages (Nr 3)

Wenn ein VA mit entspr Inhalt nicht nur wegen eines Verfahrens- oder Form- **17**
fehlers iS des § 42 rechtswidrig wäre und außerdem die Voraussetzungen zum
Abschluss eines Vergleichsvertrages nicht vorlagen (vgl § 54 Rz 2–16), führt
dies zur Nichtigkeit des öffentl-rechtl Vergleichsvertrages. Ziel dieser Regelung
ist es, den Bürger davor zu schützen, dass die Beh ihre überlegene Position dazu
missbraucht, sich Leistungen versprechen zu lassen, die nach § 53 unzulässig
sind (BT-Drucks 7/910, 82 zu § 59 VwVfG).

Im Unterschied zu Abs 2 Nr 2 ist es **nicht erforderlich, dass** den Vertragspartei- **18**
en das Fehlen der Voraussetzungen zum Abschluss eines Vergleichsvertrages **bekannt** war. Jeder Verstoß gegen die Voraussetzungen des § 54, also nicht lediglich die fehlende Ungewissheit oder das fehlende Nachgeben, führt zur Nichtigkeit, insb also auch die fehlerhafte Ausübung des der Beh in § 54 eingeräumten
Ermessens (*Engelmann* in v Wulffen/Schütze SGB X § 58 Rz 11).

3.5. Unzulässige Gegenleistung im Austauschvertrag (Nr 4)

Auch mit dieser Vorschrift soll der Bürger – vor einer Übervorteilung – ge- **19**
schützt werden. Auf die Zulässigkeit der Leistung der Beh kommt es nicht an.
Entscheidend ist, ob die von dem Vertragspartner der Beh zu erbringende Leistung zulässig ist. Ist dies nicht der Fall, tritt die Rechtsfolge der Nichtigkeit ein.

Auf die Kenntnis der Parteien von der Unzulässigkeit der Gegenleistung kommt **20**
es ebenfalls nicht an (*Krasney* aaO § 58 Rz 11).

Maßgeblicher Zeitpunkt für die Beurteilung der Unzuläsigkeit der Gegenleis- **21**
tung kann nur der Zeitpunkt des Vertragsschlusses sein, denn nur so kann der
beabsichtigte Schutz des Bürgers sichergestellt werden, indem die Behörde für
den Zeitpunkt des Handelns gezwungen wird, die Zulässigkeit der vereinbarten
Gegenleistung des Bürgers zu prüfen (so auch *Becker* in Hauck/Noftz SGB X
§ 58 Rz 105). Gegen eine ex-post-Beurteilung spricht im Übrigen auch das beiderseitige Interesse der Vertragsparteien an Rechtssicherheit.

Zur Unzulässigkeit der Gegenleistung vgl § 55 Rz 8–13, 15–17). **22**

4. Absatz 3

Die **Teilnichtigkeit** eines Vertrages führt zur **Vollnichtigkeit**, wenn nicht anzu- **23**
nehmen ist, dass der Vertrag auch ohne den nichtigen Teil geschlossen worden
wäre. Abs 3 greift die Regelung des § 139 BGB auf und stellt bei der Frage der
Vollnichtigkeit anders als § 40 Abs 4 für den VA nicht auf die Wesentlichkeit
des nichtigen Teils ab.

Die Rechtsfolge der Vollnichtigkeit setzt voraus, dass es sich um ein **einheitli- 24
ches Rechtsgeschäft** handelt. Handelt es sich hingegen um lediglich der Form
nach in einer Vertragsurkunde zusammengefasste, im Übrigen aber voneinander unabhängige Vertragsgegenstände, führt die Nichtigkeit eines Vertragsge-

genstandes nicht zur Nichtigkeit der anderen Vertragsgegenstände (*Krasney* aaO § 58 Rz 12). Ob ein Vertrag auch ohne den nichtigen Teil geschlossen worden wäre, richtet sich nach dem Vertragszweck und dem Gesamtzusammenhang der getroffenen Regelungen (*Engelmann* aaO § 58 Rz 12).

25 Voraussetzung für eine Erhaltung des von der Teilnichtigkeit nicht betroffenen Vertragsteiles ist die **Teilbarkeit des Vertrages** in dem Sinne, dass ein für sich eigenständig sinnvoller, zulässiger und erfüllbarer Vertragsteil bleibt. Außerdem muss die Erhaltung des verbleibenden Vertragsteils auf der Grundlage objektivierter Maßstäbe dem **mutmaßlichen Willen der Vertragsparteien** entsprechen (*Becker* in Hauck/Noftz SGB X § 58 Rz 116 ff).

26 Neben der Möglichkeit einer bloßen Teilnichtigkeit kann – theoretisch – eine „Rettung" des nichtigen Vertrages durch eine **Umdeutung** nach § 61 Satz 2 iVm § 140 BGB in Betracht kommen. Voraussetzung ist aber kumulativ, dass der nichtige Vertrag den Erfordernissen eines anderen Handlungsform des SGB X (anderer öffentl-rechtl Vertrag, VA, Zusicherung) sowohl in formeller als auch in materieller Hinsicht entspricht, dass die Parteien bei Kenntnis der Nichtigkeit diese Handlungsform mit entsprechendem Inhalt gewollt hätten und dass die Umdeutung dem Rechtsgedanken des § 43 Abs 2 Satz 1 entspr zu keiner für den Bürger ungünstigeren Folge führt. Die gleichzeitige Erfüllung aller Voraussetzungen einer Umdeutung ist in der Praxis kaum vorstellbar, so dass die Relevanz der Umdeutung gering ist.

5. Rechtsfolgen eines nichtigen Vertrages

27 Solange ein Vertrag nicht nach § 58 ausdrücklich nichtig ist, entfaltet er trotz rw Regelungen Rechtswirkung. Umgekehrt entfaltet ein nach § 58 nichtiger Vertrag keine Rechtswirkungen, was in jeder Lage des VerwVerf von Amts wegen zu beachten ist (*Krasney* aaO § 58 Rz 13). Dementsprechend kann eine Beh aufgrund eines nichtigen Vertrages nicht verpflichtet werden, einen VA zu erlassen, auch wenn dies Bestandteil der vertraglichen Vereinbarung ist. Ist der **nichtige Vertrag** jedoch **bereits erfüllt und** auf der Grundlage dieses Vertrages ein **VA erlassen** worden, dann richtet sich die Frage der Nichtigkeit oder Rechtswidrigkeit sowie der Aufhebung dieses VA nach den für VA geltenden Regelungen (*Krasney* aaO).

28 Im Übrigen folgt aus der Nichtigkeit eines Vertrages, dass die in Erfüllung des Vertrages **erbrachten Leistungen wechselseitig zurückzugewähren** sind. Dies ist regelmäßig dann problematisch, wenn beide Vertragsseiten bereits geleistet haben, die Leistung der Behörde aber nicht mehr rückgängig zu machen ist, Dem Rückforderungsanspruch des Vertragspartners steht wegen der **nur einseitig möglichen Rückabwicklung** nicht sofort der Einwand des Verstoßes gegen Treu und Glaube gegenüber. Es müssen vielmehr besondere, in der Person des Vertragspartners liegende Umstände hinzutreten, die sein Rückforderungsbegehren als rechtsmissbräuchlich erscheinen lassen (*BVerwG* Urt v 16.5.2000 – 4 C 4.99, BVerwGE 111, 162, 174). Solche Umstände ergeben sich nicht allein daraus, dass der Vertrag auf die Initiative oder den Wunsch des Vertragspartners der Behörde zurückgeht (*BVerwG* Urt v 26.3.2003 – 9 C 4.02, NVwZ 2003, 993). Die Rechtfertigung hiefür liegt in dem **Sanktionsgedanken** des Gesetzgebers, der verlangt, dass ein verbotener und deshalb nichtiger Vertrag im Ergebnis nicht doch zugunsten der Behörde Bestand hat. Dieser Sanktionsgedanke hat letztlich den Vorrang gegenübe dem Umstand, dass der Vertragspartner bei nur einseitiger Rückabwicklung einen ungerechtfertigten Vorteil erlangt, der ihm ohne Gegenleistung nicht zugefallen wäre (*BVerwG* Urt v 29.1.2009 – 4 C 15.07, BVerwGE 133, 85).

Der Fortfall eines gesetzl Verbotes räumt die Nichtigkeit des Vertrages nach- **29** träglich aus, sofern dies dem – ggf durch Auslegung zu ermittelnden Vertragswillen der Parteien entspricht (*BVerwG* Buchholz 406.11 § 133 Nr 87). Aus einem formnichtigen Vertrag, in dem sich der Vertragspartner nach § 60 der sog sofortigen Vollstreckung unterworfen hat, darf im Übrigen gleichwohl vollstreckt werden, solange nicht der Vertragspartner die Unwirksamkeit geltend macht, was von Amts wegen zu berücksichtigen ist oder aber Vollstreckungsgegenklage erhebt (*BGH* NJW 1994, 2755).

Falls zwischen den Vertragsparteien – oder ggf auch im Verhältnis zu Dritten – **30** die Frage der Nichtigkeit eines öffentlich-rechtlichen Vertrages str ist, kann dies prozessual durch eine Feststellungsklage nach § 55 SGG (*Engelmann* in v Wulffen/Schütze § 58 Rz 15 mwN) oder ggf auch durch eine Drittfeststellungsklage geklärt werden.

Vgl im Übrigen zu den weiteren Folgen § 56 Rz 13–17. **31**

§ 59 Anpassung und Kündigung in besonderen Fällen

(1) [1]Haben die Verhältnisse, die für die Festsetzung des Vertragsinhalts maßgebend gewesen sind, sich seit Abschluss des Vertrages so wesentlich geändert, dass einer Vertragspartei das Festhalten an der ursprünglichen vertraglichen Regelung nicht zuzumuten ist, so kann diese Vertragspartei eine Anpassung des Vertragsinhalts an die geänderten Verhältnisse verlangen oder, sofern eine Anpassung nicht möglich oder einer Vertragspartei nicht zuzumuten ist, den Vertrag kündigen. [2]Die Behörde kann den Vertrag auch kündigen, um schwere Nachteile für das Gemeinwohl zu verhüten oder zu beseitigen.

(2) [1]Die Kündigung bedarf der Schriftform, soweit nicht durch Rechtsvorschrift eine andere Form vorgeschrieben ist. [2]Sie soll begründet werden.

1. Allgemeines

§ 59 stimmt wörtlich mit § 60 VwVfG überein. Inhalt der Regelung ist die **ein-** **1** **fachgesetzliche Ausgestaltung der** sog **clausula rebus sic stantibus**, die ihrerseits ein ungeschriebener Bestandteil des Bundesverfassungsrechts (*BVerfGE* 34, 216) ist und dementsprechend als **allg Rechtsgrundsatz** schon vor dem Inkrafttreten des VwVfG und des SGB X im öffentlichen Recht gegolten hat (*BVerwGE* 25, 299). Inhalt dieses Rechtsgrundsatzes ist, dass dann, „wenn sich die Verhältnisse, die im Zeitpunkt des Vertragsschlusses bestanden haben, mittlerweile grundlegend geändert haben und angesichts dieser Änderung das Festhalten am Vertrag oder an einer Einzelvereinbarung innerhalb des Vertrages für die Verpflichteten unzumutbar geworden ist" (*BVerfGE* 34, 216), in Durchbrechung des Grundsatzes „pacta sunt servanda" eine Anpassung des Vertragsinhaltes an die geänderten Verhältnisse geboten ist. Die Regelungen des § 59 über die Voraussetzungen und Rechtsfolgen eines Wegfalls der Geschäftsgrundlage **gelten für alle öffentl-rechtl Verträge**, wobei die Vertragsparteien über den Inhalt des § 59 hinaus weitergehende, zusätzliche Regelungen für den Wegfall der Geschäftsgrundlage treffen können (*BSG* SozR 3-2200 § 559 Nr 1; *Engelmann* in v Wulffen/Schütze SGB X § 59 Rz 4 a; *Siewert* in GK-SGB X/1 § 59 Rz 3). Ein **Ausschluss** der Anwendbarkeit des § 59 bzw der grds Geltung der clausula rebus sic stantibus ist jedoch **nicht möglich** (*Krasney* in KassKomm § 59 SGB X Rz 2).

2　§ 59 gilt unmittelbar für alle öffentl-rechtl Verträge, die seit dem Inkrafttreten des SGB X am 1.1.1981 geschlossen wurden. Wegen des unabhängig von § 59 aus verfassungsrechtlichen Gründen zu beachtenden Inhaltes der sogenannten clausula rebus sic stantibus ist § 59 aber auch auf solche öffentl-rechtl Verträge entspr **anwendbar, die vor dem 1.1.1981 abgeschlossen** worden sind, sofern diese bis dahin noch nicht vollständig abgewickelt oder vollständig erfüllt waren (*BVerwGE* 97, 332; *Stelkens/Bonk/Sachs* VwVfG § 60 Rz 8).

3　Eine entspr und ergänzende **Anwendung der zivilrechtlichen Regelungen über den Wegfall der Geschäftsgrundlage,** wie es sie mittlerweile in § 313 BGB nF positivrechtlich ausdrücklich gibt, scheidet aus, da § 59 insoweit die speziellere Regelung ist.

2.　Absatz 1 Satz 1

2.1.　Maßgebende Verhältnisse

4　Voraussetzung für eine Vertragsanpassung oder eine Vertragskündigung ist, dass sich die für die Festsetzung des Vertragsinhaltes maßgebenden Verhältnisse geändert haben. Maßgebend sind diejenigen Verhältnisse, die **zwar nicht Vertragsinhalt** iS eines Rechtsgrundes, einer causa oder einer Bedingung, **aber auch nicht bloßer Beweggrund** waren, sondern aufgrund der beim Vertragsschluss zutage getretenen **gemeinsamen Vorstellungen beider Vertragsparteien** oder der dem Vertragspartner erkennbaren und von ihm nicht beanstandeten Vorstellungen der anderen Vertragspartei zur **gemeinsamen Vertragsgrundlage** geworden sind (*BVerwGE* 25, 299; 87, 79; 97, 331; *BVerwG* NVwZ 1991, 1096; *Engelmann* aaO § 59 Rz 5 a; *Krasney* aaO § 59 Rz 3; *Stelkens/Bonk/Sachs* aaO Rz 10).

2.2.　„wesentlich geändert"

5　Nur eine wesentliche Änderung der maßgebenden Verhältnisse berechtigt zur Vertragsanpassung oder Vertragskündigung. Auch wenn von einer Änderung der Verhältnisse zunächst nur dann auszugehen ist, wenn sich die maßgebenden Verhältnisse **nach Vertragsschluss** geändert haben, ist § 59 nach ganz überwiegende Auffassung zumindest entspr **anwendbar,** wenn die Vertragsparteien schon **beim Abschluss des Vertrages** einem **gemeinsamen Irrtum** über die maßgebenden Verhältnisse erlegen sind (*Becker* in Hauck/Noftz SGB X § 59 Rz 15; *Siewert* in GK-SGB X/1 § 59 Rz 6; *Krasney* aaO § 59 Rz 5 a; *Stelkens/Bonk/Sachs* aaO Rz 13). Die von vornherein fehlende Geschäftsgrundlage wird also genauso behandelt, wie der nachträgliche Wegfall, was im Zivilrecht im Übrigen ebenfalls seit langem anerkannt ist (*BGHZ* 25, 390; 58, 355; *BGH* NJW 1986, 1149; *BGH* NJW 1991, 1478; *Heinrichs* in Palandt BGB § 242 Rz 123).

6　Die Änderung kann sich sowohl auf die **tatsächlichen** als auch auf die **rechtlichen Verhältnisse** beziehen. Insbesondere die nachträgliche Feststellung der Verfassungswidrigkeit einer Norm (*Siewert* in GK-SGB X/1 § 59 Rz 5; *Stelkens/Bonk/Sachs* aaO Rz 15) oder eine Änderung der Rspr (*Engelmann* aaO § 59 Rz 7; *Krasney* aaO § 59 Rz 5) kann eine Änderung iSv § 59 sein, wenn die Gültigkeit der für verfassungswidrig erklärten Norm oder der Inhalt einer bestimmten Rspr von beiden Vertragsparteien gemeinsam vorausgesetzt wurde. Soweit eine Änderung der tatsächlichen Verhältnisse von einer Vertragspartei selbst herbeigeführt wurde, schließt dies die Möglichkeit der Anpassung oder Kündigung nicht bereits aus diesem Grund aus, idR wird ein Festhalten an den vereinbarten Vertragsinhalten dann aber zumutbar sein.

Nur **wesentliche** Änderungen berechtigen zur Vertragsanpassung oder Vertrags- **7** änderung. Erforderlich ist hiernach eine grundlegende Änderung der maßgebenden Verhältnisse (*BVerfGE* 34, 216). Die Anforderungen an die Wesentlichkeit sind demnach höher als im Rahmen des § 48, was zum einen aus dem unterschiedlichen Wortlaut von § 48 und § 59 und zum anderen aus der stärkeren Bindungswirkung einer vertraglichen Vereinbarung („pacta sunt servanda") folgt (*Engelmann* aaO § 59 Rz 6; *Krasney* aaO § 59 Rz 6). Die Änderung kann sowohl in den tasächlichen als auch in den rechtlichen Verhältnissen (*Engelmann* aaO § 59 Rz 7) einschließlich einer Änderung der Rspr (*Kopp/Ramsauer* § 60 VwVfG Rz 16 f mwN; *BSG* Urt v 22.3.1984 – 6 RKa 23/83) liegen. Eine Änderung ist dann wesentlich, wenn die Parteien mit deren Eintritt nicht gerechnet haben und wenn nach obj Maßstäben anzunehmen ist, dass der Vertrag bei Kenntnis der Änderung mit dem ursprünglichen Inhalt so nicht geschlossen worden wäre.

2.3. Festhalten nicht zuzumuten

Neben der Wesentlichkeit der Änderung setzt die Rechtsfolge des § 59 voraus, **8** dass einer Vertragspartei das Festhalten an der ursprünglichen vertraglichen Regelung nicht zuzumuten ist. Wegen der Durchbrechung des Grundsatzes der Vertragstreue kann von einer Unzumutbarkeit nur dann ausgegangen werden, wenn die Durchbrechung eben dieses Grundsatzes **notwendig** ist, **um untragbare, mit Recht und Gerechtigkeit schlechterdings unvereinbare Ergebnisse im öffentlichen Interesse zu vermeiden** (*BVerwGE* 25, 299; *BVerfGE* 77, 60; *Stelkens/Bonk/Sachs* aaO Rz 18). Insb wenn für eine Vertragspartei die Opfergrenze überschritten ist, weil sich das Äquivalenzverhältnis zwischen Leistung und Gegenleistung iS eines nicht mehr hinzunehmenden groben Missverhältnisses verändert hat, kommt eine Unzumutbarkeit des Festhaltens an der ursprünglichen vertraglichen Vereinbarung in Betracht. Letztlich erfordert die Beurteilung sowohl der Frage der Unzumutbarkeit als auch der Wesentlichkeit aber **stets eine Einzelfallbetrachtung** (*Stelkens/Bonk/Sachs* aaO Rz 17).

2.4. Anpassung

Liegen die tatbestandlichen Voraussetzungen des § 59 Abs 1 Satz 1 vor, haben **9** sich also die maßgebenden Verhältnisse so wesentlich geändert, dass einer Vertragspartei das Festhalten an dem Vertrag nicht mehr zuzumuten ist, kommt als Rechtsfolge **vorrangig** eine **Anpassung** des Vertragsinhaltes an die geänderten Verhältnisse in Betracht. Dieser, von der zivilrechtlichen Rspr schon seit langem anerkannte Vorrang der Vertragsanpassung (*BGHZ* 47, 52; *BGH* NJW 1991, 1478; *BGH* ZIP 1992, 1797) ist in § 59 Abs 1 Satz 1 noch einmal ausdrücklich geregelt, wobei er schon vor dem Inkrafttreten des SGB X bzw des VwVfG auch im öffentlichen Recht allg anerkannt war (*Stelkens/Bonk/Sachs* aaO Rz 23).

10   Mit welchen Inhalten der Vertrag an die geänderten Verhältnisse anzupassen ist, muss stets nach den Besonderheiten des Einzelfalls entschieden werden (*BGH* ZIP 1992, 1797). Maßgebend sind insoweit die von den Parteien ursprünglich gemeinsam verfolgten Vertragsziele.

11   Es besteht ein **Rechtsanspruch auf Vertragsanpassung,** sofern die Voraussetzungen des § 59 erfüllt sind. Vor einer gerichtlichen Durchsetzung der Vertragsanpassung muss **zunächst** jedoch **außergerichtlich** die Vertragsanpassung begehrt werden, da ansonsten das Rechtsschutzbedürfnis für eine gerichtliche Klage fehlt (*VGH BW* Urt v 26.1.2005 – 5 S 1662/03, BauR 2005, 1435 = NVwZ-RR 2006, 81). Dieses außergerichtliche **Anpassungsverlangen bedarf nicht der Schriftform,** was sich zum einen im Umkehrschluss aus § 59 Abs 2 Satz 1 und zum anderen daraus ergibt, dass durch das bloße Anpassungsverlangen eine Vertragsänderung noch nicht bewirkt wird. In der Praxis empfiehlt sich aber schon aus Beweisgründen, das Anpassungsverlangen in Schriftform an den Vertragspartner zu richten.

12   Die Beachtlichkeit des Anpassungsverlangens setzt außerdem voraus, dass **konkret dargelegt** wird, welche Regelungen des Vertrages geändert werden sollen, warum die Änderung erfolgen soll und welche künftigen Regelungsinhalte angestrebt werden.

13   Das **Anpassungsverlangen** ist stets eine **einseitig empfangsbedürftige Willenserklärung.** Auch das Verlangen einer Beh lässt sich nicht als VA qualifizieren, da durch das bloße Verlangen noch keine unmittelbare Regelung getroffen wird.

14   Einigen sich die Vertragsparteien, mit welchem Inhalt der Vertrag anzupassen ist, **erfordert** diese **Einigung** über die Vertragsanpassung nach § 56 die **Schriftform** (*Engelmann* aaO § 59 Rz 7; *Krasney* aaO § 59 Rz 8). Zur Vertragsanpassung in elektronischer Form gelten die Grds zum Vertragsschluss in elektronischer Form, vgl § 56 Rz 9 f.

15   Einigen sich die Vertragsparteien nicht oder ist die andere Vertragsseite von vornherein zu einer Vertragsanpassung nicht bereit, kann das Anpassungsverlangen gerichtlich mit der **Leistungsklage** verfolgt werden. Ein der Klage stattgebendes Urteile ersetzt nach § 894 ZPO iVm § 198 Abs 1 SGG die Zustimmung des Vertragspartners zur Anpassung (*Siewert* in GK-SGB X/1 Rz 14; *Engelmann* aaO § 59 Rz 7; instruktiv zur Anpassung und prozessualen Durchsetzung *VGH BW* Urt v 26.1.2005, aaO) und ersetzt darüber hinaus die nach § 56 erforderliche Schriftform.

16   Der Anspr auf Vertragsanpassung ist **nicht fristgebunden.** Im Einzelfall kann jedoch eine Verwirkung des Anspr auf Vertragsanpassung in Betracht kommen.

2.5. Kündigung

17   Nur wenn einerseits die tatbestandlichen Voraussetzungen für eine Vertragsanpassung vorliegen, andererseits aber die Vertragsanpassung nicht möglich oder einer Vertragspartei nicht zumutbar ist, besteht das gegenüber der Vertragsanpassung nachrangige Recht zur Vertragskündigung. Zur **Rechtsnatur der Vertragskündigung** siehe Rz 26.

18   Das **Kündigungsrecht nach § 59 Abs 1 Satz 1 steht** anders als das Kündigungsrecht nach § 59 Abs 1 Satz 2 **beiden Vertragsparteien zu.** Wegen des gegenüber der Vertragsanpassung oder Vertragsänderung vorrangigen Grds der Vertragstreue sind an die Voraussetzungen der Unzumutbarkeit einer Vertragsanpassung und dementsprechend an die Voraussetzungen für eine Vertragskündigung **strenge Anforderungen** zu stellen. Nur dann, wenn das ursprünglich angestrebte Vertragsziel unter Berücksichtigung der geänderten Verhältnisse im Wege einer Vertragsanpassung nicht erreicht werden kann oder wenn der mögliche Inhalt einer Vertragsanpassung für die Vertragsparteien schlechterdings unzumutbar wäre, kann eine Kündigung in Betracht kommen.

Die **grundsätzliche Ablehnung einer Vertragsanpassung** durch den einen Vertragspartner kann für den anderen Vertragspartner ein Kündigungsgrund sein, wenn für ihn ohne die Änderung ein Festhalten an den vertraglichen Regelungen unzumutbar ist (vgl *Krasney* aaO § 59 Rz 10). **19**

Die **Rechtsfolgen** einer Kündigung sind gesetzl bewusst **nicht geregelt** worden (BT-Drucks 7/910, 82 zu § 60 VwVfG). Eine wechselseitige Ausgleichspflicht scheidet insb dann aus, wenn beide Parteien ein gleiches Risiko tragen (*Stelkens/Bonk/Sachs* aaO Rz 25). Im Übrigen ist eine Schadensersatzpflicht grds ausgeschlossen, im Einzelfall kann aber eine Teilung eines etwaigen Schadens in Betracht kommen (*BGH* JZ 1993, 664), die durch Ausgleichszahlungen abgewickelt werden kann (*BGH* ZIP 1992, 1797). Da der GGeber die Rechtsfolge einer Kündigung bewusst offen gelassen hat (BT-Drucks, aaO) scheidet insb ein in entspr Anwendung des § 346 BGB entstehendes gesetzliches Rückabwicklungsschuldverhältnis aus. **20**

3. Absatz 1 Satz 2

§ 59 Abs 1 Satz 2 beinhaltet ein **Sonderkündigungsrecht zugunsten der vertragschließenden Beh,** das dann besteht, wenn die Kündigung erforderlich ist, um schwere Nachteile für das Gemeinwohl zu verhüten oder zu beseitigen. **21**

Ob auch für das Sonderkündigungsrecht der Beh nach § 59 Abs 1 Satz 2 der Grds der Vorrangigkeit der Vertragsanpassung gilt (so *Engelmann* aaO § 59 Rz 12; *Kopp/Ramsauer* aaO Rz 17), ist str. Da das Kündigungsrecht nach Satz 1 für beide Vertragsparteien gilt und die Beh den Vertrag **auch** unter den Voraussetzungen des Satz 2 kündigen kann, spricht zunächst schon der Wortlaut dafür, dass der Beh mit dieser Regelung ein eigenständiges, von den Voraussetzungen des Abs 1 Satz 1 unabhängiges Kündigungsrecht eingeräumt wird (so auch *Krasney* aaO § 59 Rz 13; *Siewert* in GK-SGB X/1 § 59 Rz 18). Hinzu kommt, dass nach hM die clausula rebus sic stantibus im öffentlichen Recht in einem erweiterten Umfang gilt und auch dann Anwendung findet, wenn unabhängig vom Parteiwillen schwere Nachteile für das Gemeinwohl verhütet oder beseitigt werden müssen (*Stelkens/Bonk/Sachs* aaO Rz 27 mwN), so dass iE ein **genereller Vorrang der Vertragsanpassung für dieses Sonderkündigungsrecht nicht besteht.** Dem Verhältnismäßigkeitsgrundsatz wird insoweit durch eine enge Auslegung des Begriffs des „schweren Nachteils" Rechnung getragen. **22**

Der Anwendungsbereich dieser Regelung wird indessen denkbar klein gefasst und nur in extremen Ausnahmefällen eröffnet sein (*Engelmann* aaO § 59 Rz 12; *Siewert* in GK-SGB X/1 § 59 Rz 20; *Becker* aaO § 59 Rz 14). Der Begriff des **„schweren Nachteils"** ist eng auszulegen und kann nur dann bejaht werden, wenn **besondere, erhebliche, überragende Interessen der Allgemeinheit die Auflösung des Vertrages, durch die dem Staat auf seinen verschiedenen Ebenen unzumutbare Lasten auferlegt würden, gebieten** (*Stelkens/Bonk/Sachs* aaO Rz 28). Die bloße Rechtswidrigkeit oder wirtschaftliche Nachteiligkeit wird idR nicht ausreichen. **23**

Auch für den Fall der Ausübung dieses Sonderkündigungsrechtes nach Abs 1 Satz 2 fehlt es an einer gesetzl Anordnung der Rechtsfolgen. Insoweit gelten zunächst dieselben Grundsätze wie zur Kündigung nach Satz 1 (siehe Rz 17). **24**

Zum Teil wird in der Lit für die Ausübung des Kündigungsrechtes nach Satz 2 jedoch ein **Entschädigungsanspruch diskutiert** (*Kopp/Ramsauer* aaO § 60 Rz 23: entspr Anwendung des § 49 Abs 2 Nr 5 VwVfG; *Stelkens/Bonk/Sachs* aaO Rz 30: Entschädigung dann, wenn die Voraussetzungen der Enteignung bzw enteignenden Wirkung oder der Aufopferung gegeben sind; vgl im Übrigen die Nachweise bei *Stelkens/Bonk/Sachs* aaO).

4. Absatz 2
4.1. Rechtsnatur; Schriftform (Satz 1)

25   Die Kündigung bedarf der Schriftform, soweit nicht durch Rechtsvorschriften eine andere, nämlich weitergehende (vgl § 56 Rz 11) Form vorgeschrieben ist. Der Schriftform entspricht auch eine elektronische Kündigung mit einer qualifizierten elektronischen Signatur, § 36 a Abs 2 SGB I sowie ab dem 1.7.2014 auch mit einer Übermittlung per De-Mail, § 36 a Abs 2 Satz 4 Nr 2 u 3 SGB I.

26   Die **Kündigung** ist Verfahrenshandlung und **einseitige, empfangsbedürftige öffentl-rechtl Willenserklärung**, deren Wirksamkeit den Zugang bei allen Vertragsbeteiligten voraussetzt (*Stelkens/Bonk/Sachs* aaO Rz 31). Bei der Qualifizierung der durch die Beh ausgesprochenen **Kündigung als VA** muss nach der Art des gekündigten Vertrages **unterschieden** werden. In den Fällen, in denen durch Abschluss eines Versorgungsvertrages die Voraussetzung und Berechtigung für einen Leistungserbringer geschaffen wird, die von ihm an die Versicherten erbrachten Leistungen gegenüber dem SozVersTräger abzurechnen (zB §§ 109, 111 SGB V für Krankenhäuser und Vorsorge- oder Reha-Einrichtungen oder § 73 SGB XI für Pflegeeinrichtungen), führt die Kündigung des Versorgungsvertrages unmittelbar zum Fortfall der Berechtigung zur Abrechnung der Leistungen gegenüber den VersTrägern. Wegen dieser unmittelbaren Regelungswirkung gegenüber dem Leistungserbringer ist eine solche Kündigung zwar auch eine einseitig empfangsbedürftige Willenserklärung, sie ist darüber hinaus in Übereinstimmung mit der Rspr des BSG aber auch als VA zu qualifizieren (*BSG* SozR 3-2500 § 110 Nr. 2) Soweit der Kündigung stets die Qualität eines VA abgesprochen wird (vgl *Knittel* in Krauskopf, Soziale Krankenversicherung, Pflegeversicherung, § 110 SGB V Rz 3 sowie § 74 SGB XI Rz 15; *Knispel*, NZS 2006, 120) wird dieser im Hinblick auf Art 12 Abs 1 GG grundrechtsrelevante Aspekt der statusbegründenden Verträge übersehen. Wenn aber, wie zB bei der Häuslichen Krankenpflege nach § 132 a SGB V, durch den Vertrag ein solcher besonderer Status für den Vertragspartner nicht begründet wurde (*BSGE* 90, 150; 99, 303), dann ist der reinen vertragsrechtlichen Sichtweise der Vorrang einzuräumen, so dass dann die Kündigung eine bloße empfangsbedürftige Willenserklärung und nicht zugleich auch VA ist und eine vorherige Anhörung nach § 24 in diesen Fällen weder erforderlich noch geboten ist; die Durchführung einer Anhörung empfiehlt sich in diesem Fall idR aber gleichwohl, um das bei der Kündigung eingeräumte Ermessen ordnungsgemäß ausüben zu können.

4.2. Begründung (Satz 2)

27   Die Kündigung soll begründet werden. Schon aus dem Wortlaut ergibt sich, dass ein Begründungszwang nicht besteht. Dementsprechend **führt das Fehlen** einer Begr grundsätzlich **nicht zur Unwirksamkeit** der Kündigung (*Engelmann* aaO § 59 Rz 10). Eine **Ausnahme** gilt allerdings in den Fällen, in denen die Kündigung als Verwaltungsakt zu qualifizieren ist (vgl Rz 26). Da die Kündigung der Schriftform bedarf und ein schriftlicher Verwaltungsakt gem § 35 Abs

1 Satz 1 zu begründen ist, muss die **Kündigung von Versorgungsverträgen** stets begründet und im Übrigen dann auch mit einer Rechtsbehelfsbelehrung versehen werden.

§ 60 Unterwerfung unter die sofortige Vollstreckung

(1) [1]Jeder Vertragschließende kann sich der sofortigen Vollstreckung aus einem öffentlich-rechtlichen Vertrag im Sinne des § 53 Abs. 1 Satz 2 unterwerfen. [2]Die Behörde muss hierbei von dem Behördenleiter, seinem allgemeinen Vertreter oder einem Angehörigen des öffentlichen Dienstes, der die Befähigung zum Richteramt hat oder die Voraussetzungen des § 110 Satz 1 des Deutschen Richtergesetzes erfüllt, vertreten werden.

(2) [1]Auf öffentlich-rechtliche Verträge im Sinne des Absatzes 1 Satz 1 ist § 66 entsprechend anzuwenden. [2]Will eine natürliche oder juristische Person des Privatrechts oder eine nichtrechtsfähige Vereinigung die Vollstreckung wegen einer Geldforderung betreiben, so ist § 170 Abs. 1 bis 3 der Verwaltungsgerichtsordnung entsprechend anzuwenden. [3]Richtet sich die Vollstreckung wegen der Erzwingung einer Handlung, Duldung oder Unterlassung gegen eine Behörde, ist § 172 der Verwaltungsgerichtsordnung entsprechend anzuwenden.

1. Allgemeines

§ 60 Abs 1 entspricht wörtlich § 61 Abs 1 VwVfG. § 60 Abs 2 Satz 1 unterscheidet sich hingegen von § 61 Abs 2 Satz 1 dadurch, dass für Vollstreckungen zugunsten der Beh zunächst auf § 66 verwiesen wird, der dann seinerseits auf das VwVG verweist, während § 61 Abs 2 Satz 1 VwVfG in diesen Fällen unmittelbar auf das VwVG des Bundes verweist. **1**

§ 60 Abs 1 wurde durch das Dritte Gesetz zur Änderung verwaltungsverfahrensrechtlicher Vorschriften (3. VwVfGÄndG) vom 21.8.2002, BGBl I 3322 geändert. Art 3 Nr 12 des 3. VwVfGÄndG hat das ursprünglich bestehende Erfordernis der Genehmigung einer Unterwerfungserklärung der Beh ersatzlos gestrichen.

Da der öffentl-rechtl Vertrag anders als ein VA nicht zugleich auch einen Vollstreckungstitel schafft und eine Beh zur Durchsetzung der nach dem Vertrag geschuldeten Leistungen des Vertragspartners auch keinen VA erlassen kann, ergibt sich für die Durchsetzung der vertraglichen Verpflichtungen zum einen das Erfordernis der vorherigen gerichtlichen Geltendmachung des vertraglichen Anspr im Wege der Leistungsklage (*Engelmann* in v Wulffen/Schütze SGB X § 60 Rz 2; *Siewert* in GK-SGB X/1, § 60 Rz 4). Darüber hinaus ergibt sich hieraus das Bedürfnis nach einer Regelung, wie einerseits anschließend vollstreckt werden kann und wie andererseits die Möglichkeit einer Vollstreckung erleich- **2** tert werden kann. § 60 Abs 1 sieht zur Erleichterung der Vollstreckung aus einem subordinationsrechtlichen Vertrag die Möglichkeit der Unterwerfung unter die Vollstreckung vor. Durch eine solche Unterwerfung wird ein Titel geschaffen, aus dem dann unmittelbar und ohne vorherige Klage vollstreckt werden kann. (*Krasney* in KassKomm § 60 SGB X Rz 2 mwN).

2. Absatz 1

2.1. Anwendbarkeit

3 Die Möglichkeit der Unterwerfung unter die sofortige Vollstreckung besteht zunächst nur bei **subordinationsrechtlichen Verträgen** iS des § 53 Abs 1 Satz 2. Eine entspr Anwendung auch für den koordinationsrechtlichen Vertrag zwischen Beh wird zurückhaltend beurteilt, weil der Gesetzeszweck einer Erleichterung und Sicherung der Vollstreckung hier nicht in gleicher Weise wie im Verhältnis zwischen Beh und Bürger zum Tragen kommt und die sich aus dem Vertrag ergebenden Erfüllungsansprüche in der Regel auch durch Aufsichtsmaßnahmen durchgesetzt werden können (*Krasney* aaO § 60 Rz 3; *Stelkens/Bonk/ Sachs* VwVfG § 61 Rz 12). Ein genereller rechtlicher Ausschluss solcher Unterwerfungsklauseln von Beh im Verhältnis zueinander besteht jedoch nicht (*BVerwGE* 98, 58; *Stelkens/Bonk/Sachs* aaO; aA *Engelmann* aaO § 60 Rz 5: generelle Unwirksamkeit von Unterwerfungsklauseln bei koordinationsrechtlichen Verträgen).

4 Im Übrigen besteht die Möglichkeit der Unterwerfung unter die sofortige Vollstreckung für beide Vertragsseiten.

2.2. Unterwerfung

5 Die Unterwerfung unter die sofortige Vollstreckung ist eine **einseitige, empfangsbedürftige öffentl-rechtl Willenserklärung** (*Engelmann* aaO § 60 Rz 5 a) durch die der Vertragspartner berechtigt wird, ohne vorherige Klage unmittelbar aus dem Vertrag die Zwangsvollstreckung zu betreiben. Die Unterwerfung ist, auch wenn sie von der Beh erklärt wird, **kein VA** (*Krasney* aaO § 60 Rz 4).

6 Die Unterwerfung wird in der Regel bereits bei Vertragsschluss in den Vertrag aufgenommen werden. Sie bleibt allerdings auch dann eine einseitige Willenserklärung und wird nicht zur vertraglichen Regelung, die eine Zweiseitigkeit voraussetzt (*Stelkens/Bonk/Sachs* aaO Rz 7). Zulässig ist auch die spätere Ergänzung des Vertrages um eine Unterwerfungserklärung oder eine Unterwerfungserklärung außerhalb des Vertrages (*Krasney* aaO § 60 Rz 4).

7 Die Unterwerfungserklärung kann sich auf sämtliche, in dem Vertrag geregelten Pflichten oder aber nur auf einzelne Pflichten, sofern diese abgrenzbar sind, beziehen.

8 Zulässig ist auch die Verknüpfung der Unterwerfung an **Bedingungen** (*BGHZ* 16, 180) oder die **Befristung** und die **Begrenzung auf einen bestimmten Betrag** (*Stelkens/Bonk/Sachs* aaO Rz 15).

9 Im Hinblick auf die spätere Vollstreckbarkeit ist allerdings stets Voraussetzung, dass der zu vollstreckende **Anspr inhaltlich hinreichend bestimmt** und überhaupt **vollstreckungsfähig** ist (*Krasney* aaO § 60 Rz 5).

10 Gegenstand der Unterwerfungserklärung können sowohl **Primärleistungsansprüche** aus dem Vertrag als auch **sekundäre Leistungsansprüche** wegen einer Nicht-, Spät- oder Schlechterfüllung eines öffentl-rechtl Vertrages sein (*Stelkens/Bonk/Sachs* aaO Rz 16).

2.3. Form

Eine wirksame Unterwerfungserklärung erfordert stets zumindest die Beach- **11**
tung der **Schriftform** (*BVerwGE* 98, 58), wobei eine Erklärung zu Protokoll des
Gerichts oder zur Niederschrift der Beh ausreicht (*Stelkens/Bonk/Sachs* § 61
VwVfG Rz 14). Für den Fall der Vereinbarung der Unterwerfung bei Vertragsschluss ergibt sich das bereits aus § 56, da das Schriftformerfordernis für alle
Bestandteile des Vertrages gilt. Entspr gilt auch für die nachträgliche Ergänzung
des Vertrages, da auch solche Ergänzungen der Form des § 56 bedürfen (§ 56
Rz 8). Für die einseitige, vom Vertrag unabhängige Unterwerfungserklärung ergibt sich dies aus dem Gebot der Eindeutigkeit als Voraussetzung für die Vollstreckbarkeit (*Stelkens/Bonk/ Sachs* aaO Rz 14). Eine Erklärung in elektronischer Form mit qualifizierter elektronischer Signatur ist gem § 36 a Abs 2 Satz 2
SGB I möglich. Ebenso ist eine Unterwerfung in einer die Schriftform ersetzenden Form nach § 36 a Abs 2 Satz 4 SGB I, insbesondere ab dem 1.7.2014 per
De-Mail, möglich.

2.4. Sofortige Vollstreckung

Aus der Schaffung der Möglichkeit einer sofortigen Vollstreckung ergibt sich, **12**
dass unmittelbar aus dem Vertrag vollstreckt werden kann. Der **Vertrag selbst
wird zum Vollstreckungstitel,** ohne dass zuvor durch gerichtliche Klage ein solcher Titel beschafft werden müsste.

2.5. Vertretung der Beh (Satz 2)

Die Beh muss bei der Unterwerfung von dem Behördenleiter, seinem allg Ver- **13**
treter oder einem Angehörigen des öffentlichen Dienstes, der die Befähigung
zum Richteramt oder die Voraussetzungen des § 110 Satz 1 DRiG erfüllt, vertreten werden. Dieses besondere Vertretungserfordernis ist eine **Schutzvorschrift
für die Beh** (*Stelkens/Bonk/Sachs* aaO Rz 19 unter Hinweis auf die Begr des
Musterentwurfs). Ein **Verstoß führt zur Unwirksamkeit** der Unterwerfungserklärung (*Siewert* in GK-SGB X/1 § 60 Rz 8; *Krasney* aaO § 60 Rz 8).

Str ist, ob die **Unterwerfung des Vertragspartners der Beh** gegenüber einem Be- **14**
diensteten iS des Abs 1 Satz 2 abgegeben werden muss. Der Wortlaut („hierbei") lässt eine solche Auslegung zu. Darüber hinaus wird argumentiert, eine
solche Auslegung diene dem Schutz des Vertragspartners der Beh, der von dem
Vertreter der Beh ggf über die Wirkungen der Unterwerfungserklärung informiert und beraten werden kann, wie dies im Falle einer notariell beurkundeten
Unterwerfungserklärung nach § 794 Abs 1 Nr 5 ZPO ebenfalls geschehe
(*Becker* in Hauck/Noftz SGB X § 60 Rz 62 f; *Siewert* in GK-SGB X/1 § 60 Rz
11; *Kowalski* NVwZ 1992, 351; *BVerwGE* 98, 58 mit eingehender Darlegung
der Schutzbedürftigkeit des Bürgers gegenüber der Behörde). Eine solche Auslegung verkennt jedoch, dass es sich bei der Unterwerfungserklärung um eine einseitige Willenserklärung des Vertragspartners handelt, die der Beh lediglich zugehen muss, ohne dass – wie auch sonst bei einseitigen empfangsbedürftigen
Willenserklärungen – eine Mitwirkung der Beh erforderlich ist (*Krasney* aaO
§ 60 Rz 9).

2.6. Genehmigung (Satz 3 und 4 aF)

Die Unterwerfungserklärung einer Beh war nach § 60 Abs 1 Satz 3 und 4 aF **15**
nur wirksam, wenn sie **von der Aufsichtsbehörde** der vertragschließenden Beh
genehmigt wurde (Satz 3), es sei denn, die Unterwerfung wurde von oder ge-

genüber einer obersten Bundes- oder Landesbehörde erklärt (Satz 4). Dieses Genehmigungserfordernis ist durch Art 3 Nr 12 des 3. VwVfGÄndG ersatzlos gestrichen worden, weil der GGeber diese zusätzliche Förmlichkeit für überflüssig gehalten hat.

3. Absatz 2
3.1. Vollstreckung zugunsten der Beh (Satz 1)

16　Soweit die Vollstreckung zugunsten der Beh erfolgt, gilt § 66 entspr, der grundsätzlich auf die landesrechtlichen Vorschriften über das Verwaltungsvollstreckungsverfahren verweist. Zu beachten ist, dass mit dem GKV-VStG vom 22.11.2011 (BGBl I 2983) § 66 Abs 3 um einen Satz 3 ergänzt wurde. Danach erfolgt die Vollstreckung zugunsten landesunmittelbarer Krankenkassen, die sich über mehr als ein Bundesland erstrecken (Bsp: AOK Rheinland/Hamburg, IKK Nord), abweichend nach den bundesrechtlichen Vorschriften des VwVG. Vgl im Weiteren die Kommentierung zu § 66.

3.2. Vollstreckung gegen eine Beh
3.2.1. wegen einer Geldforderung (Satz 2)

17　Wird gegen eine Beh aus einem öffentl-rechtl Vertrag wegen einer Geldforderung vollstreckt, ist § 170 Abs 1 bis 3 VwGO entspr anzuwenden. Auf entspr Antrag des Vollstreckungsgläubigers verfügt dementsprechend das Gericht des ersten Rechtszugs, also das SG, die Vollstreckung. Das **SG bestimmt** sodann die vorzunehmenden **Vollstreckungsmaßnahmen** und ersucht die zuständige Stelle um deren Vornahme (§ 170 Abs 1 VwGO). Vor Erlass der Vollstreckungsverfügung hat das Gericht die **Beh** von der beabsichtigten Vollstreckung **zu benachrichtigen** und diese aufzufordern, die Vollstreckung innerhalb einer vom Gericht zu bemessenden Frist, die einen Monat nicht übersteigen darf, abzuwenden (§ 170 Abs 2 VwGO). Eine Vollstreckung in Sachen, die für die Erfüllung öffentlicher Aufgaben unentbehrlich sind oder deren Veräußerung ein öffentliches Interesse entgegensteht, ist unzulässig (§ 170 Abs 3 VwGO).

3.2.2. zur Erzwingung einer Handlung, Duldung oder Unterlassung (Satz 3)

18　Erfolgt die Vollstreckung aus einem öffentl-rechtl Vertrag gegen eine Beh zur Erzwingung einer Handlung, Duldung oder Unterlassung, ist § 172 VwGO entspr anzuwenden. Das Gericht des ersten Rechtszugs, also das **SG**, kann auf Antrag des Vollstreckungsgläubigers gegen die Beh unter Fristsetzung ein **Zwangsgeld bis 10.000 Euro androhen.** Nach fruchtlosem Fristablauf kann das Zwangsgeld festgesetzt und von Amts wegen vollstreckt werden. Das Zwangsgeld kann wiederholt angedroht, festgesetzt und vollstreckt werden (vgl § 172 VwGO).

§ 61 Ergänzende Anwendung von Vorschriften

[1]Soweit sich aus den §§ 53 bis 60 nichts Abweichendes ergibt, gelten die übrigen Vorschriften dieses Gesetzbuches. [2]Ergänzend gelten die Vorschriften des Bürgerlichen Gesetzbuches entsprechend.

1. Allgemeines

§ 61 stimmt wörtlich mit der Regelung in § 62 VwVfG überein. Da die Vor- **1**
schriften der §§ 53 bis 60 über den öffentl-rechtl Vertrag im Wesentlichen nur
die öffentl-rechtl Besonderheiten regeln, nicht aber eine umfassende gesetzl Regelung des öffentlichen Vertragsrechtes in allen Einzelheiten beinhalten, trifft
§ 61 hinsichtlich der in den §§ 53 bis 60 nicht geregelten Fragen in einem
Rangverhältnis die Anordnung, dass die übrigen Vorschriften des SGB X unmittelbar gelten. Darüber daraus sind ergänzend die Vorschriften des BGB entspr
anwendbar.

2. Satz 1

2.1. Anwendbare Vorschriften

Anwendbar sind insb die Vorschriften des ersten Abschnitts (Anwendungsbe- **2**
reich, Zuständigkeit, Amtshilfe). Entspr gilt für die allg Vorschriften über das
VerwVerf des zweiten Abschnitts (*Engelmann* in v Wulffen/Schütze SGB X § 61
Rz 3; *Stelkens/Bonk/Sachs* VwVfG § 62 Rz 10). Besonders zu beachten ist, dass
auch die Vorschriften des zweiten Kapitels über den Schutz der Sozialdaten gelten (*Engelmann* aaO; *Krasney* in KassKomm § 61 SGB X Rz 3). In Anbetracht
des klaren Wortlautes der Vorschrift ordnet Saz 1 nur die Geltung der übrigen
Vorschriften des SGB X und nicht auch der anderen Bücher des Sozialgesetzbuches an (*Engelmann* aaO § 61 Rz 3; aA *Becker* in Hauck/Noftz SGB X § 61 Rz
19).

2.2. Nicht anwendbare Vorschriften

Die Vorschriften des dritten Abschnitts über den **VA** (§§ 31 bis 52) gelten grds **3**
nicht, sofern ihre Anwendbarkeit in den Vorschriften über den öffentl-rechtl
Vertrag nicht ausdrücklich vorgeschrieben ist, da diese auf den besonderen
Charakter eines VA als einer einseitigen, hoheitlichen Maßnahme zugeschnitten
sind, während der öffentl-rechtl Vertrag durch das Konsensualprinzip geprägt
ist (*Engelmann* aaO; *Krasney* in KassKomm § 61 SGB X Rz 4).

Ebenfalls grds nicht anwendbar ist § 24 (**Anhörung**). Eine ausdrückliche Ver- **4**
pflichtung zur Anhörung eines Betroffenen vor dem Abschluss eines öffentlich-
rechtlichen Vertrages ist entbehrlich, da sich die vertragschließenden Parteien
zum einen gleichberechtigt gegenüberstehen (*Engelmann* aaO Rz 6) und da aufgrund der vorangegangenen Vertragsverhandlungen bei den beteiligten Vertragsparteien bereits Kenntnis von den Tatsachen besteht, die für den Abschluss
und den Inhalt des Öertrages maßgeblich sind (*Krasney* aaO § 61 Rz 4; *Becker*
in Hauck/Noftz SGB X § 61 Rz 3). Soweit außer den Vertragsparteien andere
Beteiligte iSv § 12 Abs 2 betroffen sind, müssen diese jedoch angehört werden
(*Krasney* aaO § 61 Rz 3 und 4).

3. Satz 2

3.1. Auswirkungen durch das Schuldrechtsmodernisierungsgesetz

Das SchuldrechtsModG vom 26.11.2001 (BGBl I 3138; vgl zum Schuldrechts- **5**
ModG *Däubler* NJW 2001, 3729) hat mit Wirkung ab dem 1.1.2002 eine Vielzahl von grundlegenden Änderungen des Schuldrechts bewirkt. Die **dynamische**

Verweisungsklausel des § 61 Satz 2 hat zur Folge, dass das **BGB in seiner jew gültigen Fassung** auf öffentl-rechtl Verträge entspr anwendbar ist. Für bis zum 31.12.2001 bereits abgeschlossene öffentl-rechtl Verträge gilt allerdings das BGB in der bis dahin geltenden Fassung auch weiterhin, Art 229 § 5 Satz 1 EGBGB. Für Dauerschuldverhältnisse besteht gem Art 229 § 5 Satz 1 EGBGB eine Sonderregelung, mit einer Anpassungsfrist für bestehende Verträge bis zum 31.12.2002. Für Verträge, die ab dem 1.1.2002 geschlossen werden, gilt das neue Schuldrecht.

3.2. Anwendbare Vorschriften

6   Soweit sich aus den speziellen Vorschriften der §§ 53 bis 60 sowie den für öffentl-rechtl Verträge geltenden sonstigen Vorschriften des SGB X (Rz 2) keine Regelungen ergeben, sind ergänzend die Vorschriften des BGB entspr anwendbar. Hierbei handelt es sich insb um die Vorschriften der §§ 104, 105, 116, 117, 118 und 134 BGB über die Wirksamkeit von **Willenserklärungen**, §§ 116 ff, 154 BGB über **Willensmängel**, §§ 119, 120, 123, 142 bis 144 BGB über die **Anfechtung** von Willenserklärungen bzw eines Vertrages (*Engelmann* aaO § 61 Rz 4; *Krasney* aaO § 61 Rz 6). Anwendbar ist des Weiteren § 273 BGB (**Zurückbehaltungsrecht** wegen öffentl-rechtl Forderungen), § 276 BGB (Haftung für eigenes **Verschulden**), § 278 (Verschulden des Erfüllungsgehilfen), § 387 BGB (**Aufrechnung**), wobei jedoch die Besonderheiten der §§ 51, 52 SGB I zu beachten sind, §§ 662, 677 ff BGB (Auftrag und Geschäftsführung ohne Auftrag), § 779 BGB (**Vergleich**) und schließlich auch die Vorschriften über die **ungerechtfertigte Bereicherung** nach §§ 812 ff BGB (zur entspr Anwendbarkeit so auch *Becker* aaO § 61 Rz 10 und 11; *Krasney* aaO § 61 Rz 6; *Engelmann* aaO § 61 Rz 4).

7   Vergütet ein Leistungsträger, zB der UVTr, die Leistungen eines Leistungserbringers, zB eines Krankengymnasten, mit dem vertragliche Beziehungen bestehen, trotz entspr Mahnung nicht oder nicht vollständig, so sind evtl entstehende **anwaltliche Mahnkosten** in entspr Anwendung von § 286 BGB zu erstatten (*BSG* SozR 3-1300 § 61 Nr 1; anders in einfach gelagerten Fällen *BSG* Urt v 15.11.2007 – B 3 KR 1/07 R).

8   Nach der früheren ständigen Rspr des BSG bestand bei fälligen vertraglichen Zahlungsansprüchen weder ein Anspruch auf Prozesszinsen noch auf Verzugszinsen, sofern diese nicht ausdrücklich vertraglich vereinbart waren (vgl hierzu die Nachweise in *BSG* Urt v 23.3.2006 – B 3 KR 6/05 R, BSGE 96, 113 = NZS 2007, 220). Der 6. Senat des BSG hat dann zunächst für den fälligen Anspr einer KV gegen die KKn auf Zahlung der Gesamtvergütung einen Anspruch auf **Prozesszinsen** nach § 61 iVm § 291 BGB bejaht, einen Anspruch auf Verzugszinsen aber weiterhin ausgeschlossen (*BSG* – B 6 KR 71/04 R, BSGE 95, 141, 153 ff = NZS 2006, 385). Der 3. Senat des BSG hat für die fälligen Vergütungsforderungen zugelassener Leistungserbringer gegen KKn ebenfalls den Anspruch auf Prozesszinsen bejaht (*BSG* Urt v 23.3.2006 – B 3 KR 6/05 R, aaO) und sodann nach § 61 iVm § 286 BGB auch vorprozessual angefallene **Verzugszinsen** zugesprochen (*BSG* Urt v 19.4.2007 – B 3 KR 10/06 R; Urt v 15.11.2007 – B 3 KR 1/07 R). Auch der 1. Senat des BSG hat in der Folge für den Anspruch einer KK gegen ein Krankenhaus auf Rückzahlung der geleisteten Vergütung einen Anspruch auf Verzugszinsen bejaht (*BSG* Urt v 8.9.2009 – B 1 KR 8/09 R). Mittlerweile ist in diesem Zusammenhang von einer gefestigten Rechtsprechung des BSG auszugehen, die über § 61 iVm § 291 BGB Pro-

zesszinsen sowie iVm §§ 286, 288 Abs 2 BGB auch Verzugszinsen zuspricht, soweit es um Leistungsbeschaffungsbeziehungen geht.

Entspr anwendbar sind darüber hinaus diejenigen zivilrechtlichen Rechtsinstitute, die generell auch im öffentlichen Recht gelten, wie zB der Grds von **Treu und Glauben** gem §§ 157, 242 BGB, das **Verbot sittenwidriger Geschäfte** gem § 138 BGB oder das **Schikaneverbot** nach § 226 BGB, wobei die Verweisung in § 61 entbehrlich ist, da diese Rechtsinstitute generell auch im öffentlichen Recht gelten (*Krasney* aaO § 61 Rz 5). **9**

Entspr anwendbar sind auch die Grundsätze zu einer Haftung wegen eines Verschuldens bei Vertragsschluss (**culpa in contrahendo**) sowie wegen einer **positive Forderungsverletzung** (*Stelkens/Bonk/Sachs* VwVfG § 62 Rz 45 ff und 56 mwN). Diese im Zivilrecht bis zur Schuldrechtsreform nicht ausdrücklich normierten Rechtsinstituten haben nunmehr über §§ 311 Abs 2, 241 Abs 2 BGB (culpa in contrahendo) bzw § 280 BGB (positive Forderungsverletzung) eine ausdrückliche Kodifizierung erfahren und gelten nunmehr in entspr Anwendung dieser Vorschriften auch für öffentl-rechtl Verträge (zum Grds von Treu und Glauben sowie zur Haftung wegen vorvertraglicher Pflichtveletzung vgl *BSG* NZS 2009, 35 im Verhältnis zwischen Pflegedienst und KK). **10**

Auch die Vorschriften des allg Leistungsstörungsrechts zB über **Unmöglichkeit** (§§ 275, 326 BGB), **Verzug** (§§ 280 Abs 2, 286 BGB) Nicht- oder **Schlechtleistung** (§ 281, 323 BGB) gelten entspr. **11**

Die Anwendbarkeit des § 314 BGB zur **Kündigung** von Dauerschuldverhältnissen **aus wichtigem Grund** ist umstritten. § 59 enthält für die Vertragskündigung aber eine vorrangige Regelung. Ein „wichtiger Grund" iSd § 314 BGB wird idR mit einer wesentlichen Änderung der Verhältnisse iSd § 59 einhergehen und wegen des in § 59 geregelten Vorrangs der Vertragsanpassung scheidet der Rückgriff auf eine Kündigung in entspr Anwendung des § 314 BGB aus (vgl *Becker* in Hauck/Noftz SGB X § 61 Rz 112 f; aA *BayLSG* Beschl v 22.2.2011 – L 12 KA 2/11 B ER, NZS 2011, 386; *LSG Hmb* Urt v 3.8.2011 – L 1 KR 14/08). **12**

3.3. Nicht entsprechend anwendbare Vorschriften

Eine entspr Anwendbarkeit der **Vorschriften über Allgemeine Geschäftsbedingungen** auf öffentl-rechtl Verträge, lässt sich jetzt nicht mehr allein mit dem formalen Argument der Stellung des AGBG außerhalb des BGB verneinen (so bislang *OVG NRW* NJW 1989, 1879; *Stelkens/Bonk/Sachs* aaO Rz 25), da mit dem Schuldrechts-ModG gem §§ 305 – 310 BGB nunmehr eine Einbindung der Regelungen über Allgemeine Geschäftsbedingungen in das BGB erfolgt ist. Auch das *BVerwG* hat eine Klauselkontrolle in entspr Anwendung der Vorschriften des AGBG abgelehnt und für entbehrlich gehalten (*BVerwGE* 74, 78). Der *BGH* hat dies iE für die alte Rechtslage bestätigt und für den Anwendungsbereich (privatrechtlicher) städtebaulicher Verträge einerseits auf die spezielle Regelung des § 11 Abs 2 BauGB, die eine angemessene Vertragsgestaltung vorschreibt, verwiesen, andererseits aber dieses Gebot auch als einen allg Rechtsgrundsatz für das Handeln der öffentlichen Hand bezeichnet, der unabhängig von der Handlungsform durch öffentl-rechtl oder privatrechtlichen Vertrag gilt und deshalb eine Anwendung der Regelungen über Allgemeine Geschäftsbedingungen entbehrlich macht (*BGH* NJW 2003, 888). Die formale Eingliederung des AGB-Rechts in das BGB kann allerdings nicht automatisch zu einer Klauselkontrolle nach §§ 305 – 310 BGB führen. Zunächst ist mit Rücksicht auf die geringere Schutzbedürftigkeit von juristischen Personen ausdrücklich ausge- **13** schlossen, dass diese zu ihren Gunsten eine Klauselkontrolle nach §§ 308, 309 BGB fordern können, vgl § 310 Abs 1 Satz 1 BGB. Sodann muss das durch § 61 selbst vorgegebene Rangverhältnis – Vorrang der §§ 53 – 60, Geltung der sonstigen Vorschriften des SGB X und lediglich ergänzend die entspr Geltung des BGB – beachtet werden. Nur wenn wegen fehlender anderweitiger Regelungen im SGB X selbst ein Bedarf für die Anwendung der §§ 305 – 310 BGB besteht, kommt eine Klauselkontrolle von öffentl-rechtl Verträgen in Betracht. Dieser Anwendungsbedarf ist fraglich, da das besondere Schutzbedürfnis des Vertragspartners der Beh wegen eines ungleichen Machtgewichts bei koordinationsrechtlichen Verträgen idR nicht bestehen dürfte (so auch *Engelmann* aaO § 61 Rz 9 b). *Becker* geht hingegen von einer entsprechenden Anwendbarkeit aus, da die Schutzbedürftigkeit kein Kriterium für die Anwendbarkeit von Vorschriften sei (vgl *Becker* aaO Rz 108 ff). Dem ist entgegnzuhalten, dass zunächst ein Anwendungsvorrang der Vorschriften des SGB X besteht und dass die Schutzbedürftigkeit einer Vertragspartei der Grund dafür ist, dass die Vorschriften über AGB überhaupt bestehen. Wenn aber wegen der Gleichordnung keine der Vertragsparteien schutzbedürftig ist, dann fehlt die Rechtfertigung für die entsprechende Anwendung der §§ 305 ff BGB. Bei subordinationsrechtlichen Verträgen ist zu berücksichtigen, dass der Vertragspartner der Beh durch die Vorgaben in § 55 und 58 Abs 2 sowie den ohnehin geltenden Grds von Treu und Glauben hinreichend geschützt ist. Vor diesem Hintergrund besteht auch weiterhin kein Bedürfnis für eine ergänzende Anwendung der §§ 305 – 310 BGB (so auch *Kopp/Ramsauer* aaO § 62 Rz 7 c).

14 Da die §§ 13, 14 eigene Regelungen über die **Bevollmächtigung** enthalten, sind die diesbezüglichen Vorschriften des BGB nicht entspr anwendbar (*Krasney* aaO § 61 Rz 7). Die **Zinsvorschriften** des BGB werden im Sozialrecht durch eigene Regelungen ersetzt (§§ 44 SGB I, 27 Abs 1 SGB IV), so dass diese auf Forderungen aus einem öffentl-rechtl Vertrag nicht anwendbar sind (*BSG* SozR 1300 § 61 Nr 1). Die **Verjährung** wird im Sozialrecht zunächst eigenständig geregelt, so zB in § 45 SGB I und § 25 SGB IV. In diesen Vorschriften erfolgt allerdings hinsichtlich der Hemmung, der Unterbrechung und der Wirkung der Verjährung regelmäßig ein Verweis auf die Vorschriften des BGB, die dann wiederum entspr gelten.

Fünfter Abschnitt Rechtsbehelfsverfahren

§ 62 Rechtsbehelfe gegen Verwaltungsakte

Für förmliche Rechtsbehelfe gegen Verwaltungsakte gelten, wenn der Sozialrechtsweg gegeben ist, das Sozialgerichtsgesetz, wenn der Verwaltungsrechtsweg gegeben ist, die Verwaltungsgerichtsordnung und die zu ihrer Ausführung ergangenen Rechtsvorschriften, soweit nicht durch Gesetz etwas anderes bestimmt ist; im Übrigen gelten die Vorschriften dieses Gesetzbuches.

1. Allgemeines

§ 62 entspricht im Grds der Regelung des § 79 VwVfG, der als Vorlage für die- **1**
se Regelung diente. In § 60 des RegEntw-SGB X (BT-Drucks 8/2034, 36), dem
§ 62 entspricht, wird dementsprechend ganz überwiegend auf die Begr zu § 79
VwVfG verwiesen (vgl BT-Drucks 7/910, 91). Der Unterschied zu § 79 VwVfG
besteht darin, dass sowohl auf das SGG als auch auf die VwGO verwiesen
wird. Dies beruht darauf, dass öffentl-rechtl Streitigkeiten, die der Sache nach
sozialrechtlicher Natur sind, im Falle einer gerichtlichen Auseinandersetzung
sowohl in die Zuständigkeit der Sozialgerichtsbarkeit als auch in die Zuständigkeit der Verwaltungsgerichtsbarkeit fallen können. Da wie im allg Verwaltungsverfahrensrecht das förmliche Rechtsbehelfsverfahren gegen VA auch im
Anwendungsbereich des SGB X nicht in den Vorschriften über das VerwVerf
selbst, sondern in der gerichtlichen Verfahrensordnung (SGG) geregelt ist, ist
die Anordnung der Geltung sowohl des SGG als auch der VwGO erforderlich.

Das förmliche Rechtsbehelfsverfahren gegen VA, also das sozialgerichtliche **2**
Vorverfahren oder das Widerspruchsverfahren, dient vorrangig dem **Individual-
rechtsschutz** des von dem VA Betroffenen. Darüber hinaus dient das Vorverfahren als Teil des VerwVerf jedoch auch der **Selbstkontrolle** der Sozialverwaltung
(*BSGE* 71, 274; vgl auch Anhang Rz 102). Neben der Rechtmäßigkeitskontrol-
le dient das Vorverfahren auch der Überprüfung der **Zweckmäßigkeit** eines VA
(§ 78 Abs 1 Satz 1 SGG). Im Rahmen des Vorverfahrens darf allerdings ein VA,
der für unzweckmäßig gehalten wird, nicht aufgehoben werden, wenn dies ein
rw Ergebnis zur Folge hat, da die Sozialverwaltung gem Art 20 Abs 3 GG als
vollziehende Gewalt an Gesetz und Recht gebunden ist.

2. Förmliche Rechtsbehelfe

Der förmliche Rechtsbehelf gegen VA iSv § 62 ist der **Widerspruch**, der, soweit **3**
der Sozialrechtsweg eröffnet ist, in den §§ 77 bis 86 SGG und, soweit der Verwaltungsrechtsweg eröffnet ist, in den §§ 68 bis 80 VwGO geregelt ist.

Zu den förmlichen Rechtsbehelfen zählen unter anderem **nicht** die **Gegenvor-** **4**
stellung, persönliche oder sachliche **Dienstaufsichtsbeschwerde** oder die **Petition**
(*Roos* in v Wulffen/Schütze SGB X § 62 Rz 2), so dass dementsprechend für
diese formlosen Rechtsbehelfe § 62 nicht gilt (*Krasney* in KassKomm § 62
SGB X Rz 3).

3. Sozial-/Verwaltungsrechtsweg

Ob für das Rechtsbehelfsverfahren die Vorschriften des SGG oder der VwGO **5**
gelten, richtet sich danach, ob der Sozialrechtsweg oder der Verwaltungsrechtsweg gegeben ist. Gemeinsame Voraussetzung sowohl für die Eröffnung des So-
zialrechtsweges als auch des Verwaltungsrechtsweges ist, dass es sich um eine
öffentl-rechtl Streitigkeit nichtverfassungsrechtlicher Art handelt (§ 40 Abs 1
VwGO, § 51 Abs 1 SGG). In öffentl-rechtl Streitigkeiten nichtverfassungsrechtlicher Art ist grdstl der Verwaltungsrechtsweg eröffnet. Ist die Streitigkeit durch
Bundesgesetz jedoch einem anderen Gericht ausdrücklich zugewiesen (§ 40 Abs
1 Satz 1 VwGO), hat diese anderweitige Rechtswegzuweisung Vorrang. Eine

solche **anderweitige Rechtswegzuweisung zur Sozialgerichtsbarkeit** besteht primär in § 51 SGG (Anhang Sozialgerichtsverfahren Rz 27 ff; zum Begriff der öffentl-rechtl Streitigkeit: *Meyer-Ladewig* SGG § 51 Rz 40 ff). Darüber hinaus wird der Sozialrechtrechtsweg durch eine Reihe von einzelnen gesetzl Vorschriften eröffnet, wie zB § 48 ALG, § 7 OEG, § 13 BErzGG (vgl im Einzelnen die Aufstellung im Anhang Rz 31 sowie bei *Meyer-Ladewig* aaO § 51 Rz 37). Der Sozialrechtweg ist gem § 51 Abs 2 SGG schließlich auch für Streitigkeiten in Angelegenheiten der privaten PflV sowie für privatrechtliche Streitigkeiten in Angelegenheiten der GKV – gemeint sind wettbewerbsrechtliche Auseinandersetzungen – eröffnet.

6   Der **Verwaltungsrechtsweg** ist ua eröffnet für Leistungsansprüche nach dem **BAFöG** oder dem **WoGG**. Des Weiteren ist der Verwaltungsrechtsweg eröffnet für öffentl-rechtl Streitigkeiten zwischen Arzt und Ärztekammer, Arzt und berufsständischen Versorgungseinrichtungen (*BVerwGE* 17, 74) sowie auch für Streitigkeiten zwischen Apotheker und Kammer (*BVerwG* NJW 1992, 1579). Ebenso ist der Verwaltungsrechtsweg eröffnet für Streitigkeiten im Rahmen der Krankenhausfinanzierung nach den Vorschriften des KHG und KHEntgG zwischen den Krankenhausträgern und den Leistungsträgern. Die frühere Zuständigkeit der Verwaltungsgerichte für Streitigkeiten nach dem früheren **BSHG** – jetzt **SGB II und XII** sowie dem **AsylbLG** ist mit Wirkung ab dem 1.1.2005 auf die Sozialgerichtsbarkeit übergegangen (§ 51 Abs 1 Nr 4.a und 6.a SGG). Befristet bis zum 31.12.2008 können die Länder diese Zuständigkeit durch Landesgesetz gem § 50 a SGG auf besondere Spruchkörper der Verwaltungsgerichte zurück übertragen.

4. Widerspruchsverfahren

4.1. Erforderlichkeit (§ 78 SGG)

7   Wer durch den Erlass eines belastenden oder die Ablehnung eines beantragten, begünstigenden VA in seinen Rechten verletzt wird, kann hiergegen Anfechtungs- oder Verpflichtungsklage erheben. § 78 Abs 1 Satz 1 SGG schreibt jedoch vor, dass vor Erhebung einer Anfechtungsklage grds ein Vorverfahren durchzuführen ist. Für die Verpflichtungsklage gilt gem § 78 Abs 3 SGG entspr (vgl zur Erforderlichkeit auch: Anhang Rz 102).

8   Die vorherige, erfolglose Durchführung eines Vorverfahrens ist mithin Voraussetzung dafür, dass anschließend der Weg zum SG eröffnet ist. Das zuvor erfolglos durchgeführte Vorverfahren ist eine **unverzichtbare** (*BSG* SozR 1500 § 78 Nr 15) **Sachurteilsvoraussetzung** für das folgende Klagverfahren (*BSG* SozR 1500 § 78 Nr 8).

9   Ein etwaig fehlendes Vorverfahren kann noch während des gerichtlichen Verfahrens bis zum Schluss der letzten mündlichen Tatsachenverhandlung **nachgeholt** werden (*BSGE* 20, 199; *BSG* SozR 1500 § 78 Nr 8).

10   In bestimmten Fällen ist die Durchführung eines Vorverfahrens gem § 78 Abs 1 Satz 2 SGG **entbehrlich**. Dies gilt zunächst für die durch G besonders bestimmten Fällen (§ 78 Abs 1 Satz 2 Nr 1 SGG) wie zB § 146 Abs 6 Satz 3 SGB III, § 57 Abs 3 Satz 3 SGB IV, § 35 Abs 7 Satz 3 SGB V, § 36 Abs 3 SGB V. Für Verfahren nach dem SGB XI im Verhältnis zwischen den Leistungserbringern und den Pflegekassen bzw den Landesberbänden der Pflegekassen besteht ein nahezu vollständiger Ausschluss des Vorverfahrens. § 73 Abs 2 SGB XI regelt dies zunächst nur für die Ablehnung des Abschlusses eines Versorgungsvertrages. Unter anderem für Klagen gegen die Kündigung eines Versorgungsvertrages

(§ 74 Abs 3 Satz 2 SGB XI), gegen die Festsetzung der Vergütung im Pflegesatz-verfahren (§ 85 Abs 5 Satz 4 SGB XI) oder auch gegen Maßnahmebescheide im Rahmen der Qualitätsprüfung (§ 115 Abs 2 Satz 3 SGB XI) wird die entspre-chende Geltung des § 73 Abs 2 SGB XI und damit die Entbehrlichkeit des Vor-verfahrens angeordnet.

Ein Vorverfahren ist außerdem dann entbehrlich, wenn der VA von einer obers-ten Bundesbehörde, eine obersten Landesbehörde oder von dem Präsidenten der Bundesagentur für Arbeit erlassen worden ist, es sei denn, ein G schreibt die Nachprüfung durch ein Vorverfahren ausdrücklich vor (§ 78 Abs 1 2 Nr 2 SGG) oder aber wenn ein Land oder ein VTr klagen will (§ 78 Abs 1 Satz 2 Nr 3 SGG). **11**

Auch in den Fällen der **Untätigkeitsklage**, wenn also ein Antrag auf Vornahme eines VA ohne zureichenden Grund in angemessener Frist sachlich nicht be-schieden worden ist (§ 88 Abs 1 Satz 1 SGG) oder wenn über einen Wider-spruch ohne zureichenden Grund in angemessener Frist sachlich nicht entschie-den worden ist (§ 88 Abs 2 SGG), ist ein Vorverfahren entbehrlich, so dass in diesen Fällen **unmittelbar Klage** erhoben werden kann (vgl auch Anhang Rz 56 ff). **12**

Neben der prozessualen Erforderlichkeit der Durchführung eines Vorverfahrens besteht auch eine **materiellrechtliche Erforderlichkeit**, um die ansonsten nach § 77 SGG eintretende Bindungswirkung und Bestandskraft des VA auszuschlie-ßen. **13**

4.2. Beginn (§ 83 SGG)

Das Vorverfahren beginnt mit der Erhebung des Widerspruchs (§ 83 SGG). Oh-ne Einlegung eines Widerspruches wird selbst dann keine Vorverfahren durch-geführt, wenn die Beh zwischenzeitlich selbst die Rechtswidrigkeit ihres VA er-kannt hat. In diesen Fällen kann dann allerdings von Amts wegen eine Rück-nahme nach § 44 in Betracht kommen. **14**

4.3. Frist (§ 84 SGG)

Der Widerspruch ist **innerhalb eines Monats** nach seiner Bekanntgabe einzule-gen (§ 84 Abs 1 SGG). Zur Fristberechnung vgl § 26 Rz 6 ff. **15**

Voraussetzung für die Fristwahrung ist, dass der Widerspruch innerhalb der Frist in den Machtbereich der Beh gelangt ist (*BVerfGE* 57, 117; *BSGE* 42, 279). **16**

Die Widerspruchsfrist läuft allerdings nur dann an, wenn der Betroffene über den einzulegenden Rechtsbehelf in der gesetzl vorgeschriebenen Form schrift-lich **belehrt** worden ist (§§ 84 Abs 2 Satz 3, 66 Abs 1 SGG). **Fehlt** eine **Rechts-behelfsbelehrung** oder wurde diese **unrichtige** erteilt, ist der Widerspruch nur innerhalb eines Jahres seit Zustellung des VA zulässig (§§ 84 Abs 2 Satz 3, 66 Abs 2 Satz 1 SGG). **17**

Der **fehlende Hinweis** auf die Möglichkeit, einen **Widerspruch auch elektro-nisch** einlegen zu können, sofern die Beh hierfür gem § 36a Abs 1 SGB I einen Zugang eröffnet hat, **führt** – jedenfalls derzeit – **nicht zur Unrichtigkeit der Rechtsbehelfsbelehrung**. Das BSG hat in diesem Zusammenhang für die Rechtsmittelbelehrung im gerichtlichen Verfahren ausgeführt, dass die Mög-lichkeit, Schriftsätze in gerichtlichen Verfahren als elektronisches Dokument dem Gericht elektronisch zu übermitteln, allein durch ihre rechtliche Zulassung in § 65a SGG iVm einer ausfüllenden Rechtsverordnung noch keine solche **18** praktische Bedeutung erlangt habe, dass es geboten wäre, die Beteiligten zum Schutz vor Rechtsnachteilen durch Unwissenheit (vgl BSGE 42, 140, 144 = SozR 1500 § 84 Nr 1 S 4) auch auf diese Form notwendig hinzuweisen. Dies ergebe sich vor allem daraus, dass der mit einer rechtswirksamen elektronischen Übermittlung von Schriftsätzen an das Gericht gemäß § 65a SGG verbundene Aufwand bei Weitem denjenigen übersteige, der mit einer Übermittlung auf herkömmliche Weise (schriftlich oder zur Niederschrift) einhergehe (vgl *BSG* Urt v 14.3.2013 – B 13 R 19/12 R). Vor diesem Hintergrund könne noch nicht davon ausgegangen werden, dass zur Gewährleistung eines effektiven Rechtsschutzes zwingend eine Belehrung auch über die Möglichkeiten einer elektronischen Kommunikation mit den Gerichten erforderlich sei (*BSG*, aaO). Diese Grundsätze sind zunächst auf die Rechtsbehelfsbelehrung für das sozialgerichtliche Vorverfahren uneingeschränkt zu übertragen, da die praktischen Hürden für die qualifizierte elektronische Signatur dort in gleicher Weise gelten. Künftig wird man aber für die Zeit ab dem 1.7.2014 mit dem Inkrafttreten der Verpflichtung zur Eröffnung eines elektronischen Zugangs durch eine De-Mail-Adresse gem § 2 Abs 1 EGovG möglicherweise an dieser Argumentation nicht mehr uneingeschränkt festhalten können. Die Ersetzung der Schriftform durch Übermittlung eines Widerspruches per De-Mail ist gegenüber der elektronischen Signatur in der praktischen Handhabung deutlich vereinfacht. § 2 Abs 1 EGovG verpflichtet zunächst zwar nur die Behörden des Bundes, eine Erstreckung bzw entsprechende Anwendung auf alle dem Anwendungsbereich des SGB X unterfallenden Behörden und Körperschaften, wie sie in § 1 Abs 1 und 2 EGovG im Übrigen bereits geregelt ist, ist aber de lege ferenda zu erwarten.

19 Wurde der Widerspruch dem Betroffenen **nicht bekannt gegeben** und hat dieser lediglich in sonstiger Weise Kenntnis von dem Inhalt des VA erlangt, läuft keine Widerspruchsfrist. Ggf kommt dann aber eine **Verwirkung** des Widerspruchsrechtes in Betracht (*Meyer-Ladewig* aaO § 66 Rz 13).

20 Im Falle der Versäumung der Widerspruchsfrist kann ggf auf Antrag **Wiedereinsetzung** in den vorigen Stand gem § 67 SGG gewährt werden (Anhang Rz 82; § 27 Rz 5 ff), wobei § 67 SGG im Wesentlichen § 27 entspricht, insoweit aber Vorrang hat (*Krasney* aaO § 27 Rz 13).

4.4. Form (§ 84 SGG)

21 Der Widerspruch ist **schriftlich** oder **zur Niederschrift** einzureichen (§ 84 Abs 1 SGG).

22 Das Schriftformerfordernis verlangt nicht, dass der schriftliche Widerspruch auch unterschrieben sein muss. Ein Widerspruch ist **auch ohne Unterschrift wirksam**, wenn sich aus ihm allein oder iVm Anlagen zum Widerspruch mit hinreichender Sicherheit ergibt, dass das Schriftstück von dem Widerspruchsführer herrührt und wenn darüber hinaus keine Anzeichen dafür bestehen, dass der Widerspruch ohne dessen Willen in den Verkehr gelangt ist (*BVerwGE* 30, 274). Da im Übrigen § 92 SGG für die Klage lediglich anordnet, dass diese unterzeichnet sein soll, ergibt sich auch hieraus, dass ein Unterschriftserfordernis nicht besteht, da an die Einlegung des Widerspruches keine strengeren Anforderungen gestellt werden können, als an die Einreichung der Klage (*Meyer-Ladewig* aaO § 84 Rz 3).

23 Die **telegraphische** oder **fernschriftliche** Einlegung ist ebenso zulässig wie die Einlegung des Widerspruches durch **Telefax**. Zulässig ist auch die Einlegung durch ein sog PC-Fax, also unmittelbar aus dem PC per Datenübertragung ohne dass das Schreiben vorher ausgedruckt und mit einer Unterschrift versehen wurde, wenn die elektronisch übermittelte Textdatei entweder eine eingescannte Unterschrift beinhaltet oder aber den Hinweis beinhaltet, dass der Urheber wegen der gewählten Übertragungsform nicht unterzeichnen kann (*GmS-OGB* Beschl. v 5.4.2000, BGHZ 144, 160 = NJW 2000, 2340; konkretisierend *BGH* Beschl v 10.10.2006 – XI ZB 40/05, NJW 2006, 3784).

Auch die **elektronische Übermittlung mit qualifizierter Signatur** wahrt die vorgeschriebene Schriftform (*Meyer-Ladewig* SGG § 84 Rz 3; *Hintz* in BeckOK SGG § 84 Rz 1), nicht aber die Übermittlung per einfacher Email (*Meyer-Ladewig* aaO; *Hintz* aaO). Ab dem 1.7.2014 wird auch die Übermittlung per **De-Mail** dem Formerfordernis genügen.   **24**

Die **mündliche** oder **telefonische** Einlegung des Widerspruches reicht hingegen **nicht** (vgl *BVerwGE* 17, 166).   **25**

Der Widerspruch kann außerdem durch Erklärung des Widerspruchsführers oder seines Bevollmächtigten **zur Niederschrift** wirksam eingelegt werden, wobei der Widerspruchsführer oder sein Bevollmächtigter aber anwesend sein müssen (vgl zur Form auch: Anhang Rz 104).   **26**

Der Widerspruch kann wirksam – auch fristwahrend – sowohl bei der Stelle, die den VA erlassen hat schriftlich oder zur Niederschrift eingereicht werden, als auch bei jeder anderen der in § 84 Abs 2 SGG genannten Stellen; ggf ist der Widerspruch unverzüglich der zuständigen Beh oder dem zuständigen VTr zuzuleiten.   **27**

Eine **Begr** des Widerspruches ist **nicht vorgeschrieben** und schon wegen des Amtsermittlungsgrundsatzes entbehrlich. Zweckmäßigerweise sollte der Widerspruch aber gleichwohl begründet werden. Wird der Widerspruch begründet, hat die Widerspruchsstelle aber wegen des Amtsermittlungsgrundsatzes eine Pflicht zur umfassenden Prüfung der Rechtmäßigkeit und der Zweckmäßigkeit des angefochtenen VA und darf sich nicht auf den Inhalt der Widerspruchsbegründung beschränken.   **28**

Hinweis: Der Bevollmächtigte, der für seinen Mandanten Widerspruch einlegt, ggf auch der Widerspruchsführer selbst, sollten vor der Begründung des Widerspruches zunächst die Gewährung von Akteneinsicht beantragen. Soweit medizinische Sachverhalte eine Rolle spielen, sind dem Widerspruchsführer häufig die eingeholten und berücksichtigten Arztberichte und Gutachten sowie auch die Stellungnahme des beratenden Arztes der jeweiligen Behörde nicht vollständig bekannt. Ohne deren vollständige Kenntnis lassen sich die Erfolgsaussichten eines Widerspruches aber kaum beurteilen und die Begründung des Widerspruches wird häufig unzureichend sein. Für den Anwalt droht bei Nichtbeachtung dieses Grundsatzes ein Regress. Zu den Einzelheiten der Akteneinsicht Rz 33 ff.   **29**

4.5. Vertretung (§ 73 SGG)

Der Widerspruchsführer kann sich in jeder Lage des Verfahrens durch einen **Bevollmächtigten** vertreten lassen (§ 73 Abs 1 SGG).   **30**

Die **Vollmacht** ist **schriftlich** zu erteilen, was auch zur Niederschrift geschehen kann, und bis zu Entscheidung über den Widerspruch einzureichen (§ 73 Abs 2 Satz 1 SGG). Bei Ehegatten und Verwandten in gerader Linie kann die Bevollmächtigung unterstellt werden (§ 73 Abs 2 Satz 2 SGG).   **31**

32 Im Falle einer mündlichen Verhandlung vor der Widerspruchsstelle oder im Falle einer sonstigen Anhörung des Widerspruchsführers kann dieser mit einem **Beistand** erscheinen (§ 73 Abs 5 Satz 1 SGG).

4.6. Akteneinsicht (§ 84 a SGG)

33 Das allg Recht auf Akteneinsicht nach § 25 **Abs 4 gilt** im Vorverfahren **nicht** (§ 84 a SGG). Diese Vorschrift ist durch den EinigVtr Anm 1 Kapitel VIII Sachgebiet D Abschnitt II Nummer 1 b) (BGBl 90 II 1032) eingeführt wurden und soll das Recht auf Akteneinsicht im Vorverfahren verbessern, indem dem Umfang nach die **Rechte des § 120 SGG eingeräumt** werden.

34 § 25 Abs 4 sieht vor, dass die Akteneinsicht grds bei der aktenführenden Beh zu gewähren ist. § 120 SGG geht jedoch darüber hinaus und sieht für den **Regelfall** vor, dass die **Akten** einem Prozessbevollmächtigten, insb einem RA in seine Kanzlei **auszuhändigen** sind, wenn dies nicht aus besonderen Gründen untunlich ist (*Meyer-Ladewig* aaO § 120 Rz 4). Dementsprechend sind auch im Widerspruchsverfahren die Akten im Regelfall an den Bevollmächtigten zu übersenden.

35 **Hinweis:** Der Bevollmächtigte, der für seinen Mandanten Akteneinsicht beantragt, sollte seinem Einsichtsgesuch nicht nur eine ihn legitimierende schriftliche Vollmacht sondern auch eine gesonderte Erklärung seines Mandanten über die Entbindung von der ärztlichen Schweigepflicht sowie den Vorschriften des Sozialgeheimnisses (§ 67 SGB X) beifügen.

36 Die Entscheidung über die Form der Gewährung der Akteneinsicht steht im pflichtgemäßen Ermessen der Widerspruchsstelle. Eine Entscheidung, mit der die Übersendung der Akten verweigert wird, kann als unselbstständige Verfahrenshandlungen nicht gesondert angefochten werden.

37 Die durch Ges v 25.7.2013 (BGBl I 2749) zum 1. 8.2013 wirksamgewordene Änderung des § 25 Abs 2 SGB X, die der Beh die Möglichkeit einräumt, die **Einsichtnahme** in eine elektronische Akte auch **auf elektronischem Wege** zu gewähren, ist für das Vorverfahren grds anwendbar, da § 84 a SGG lediglich die Anwendung des § 25 Abs 4 SGB X ausschließt. Da mit dem Ausschluss des § 25 Abs 4 SGB X für das Vorverfahren aber eine Verbesserung der Position des Widerspruchsführers erreicht werden sollte, wird man § 25 Abs 2 SGB X einschränkend in dem Sinne auslegen müssen, dass der Widerspruchsführer die elektronische Übermittlung einer elektronisch geführten Akte als Alternative zur Übersendung auf dem Postweg beanspruchen kann, die Beh andererseits aber den Widerspruchsführer nicht auf diese Form der Akteneinsicht beschränken kann.

5. Widerspruchsentscheidung

5.1. Abhilfebescheid (§ 85 Abs 1 SGG)

38 Die Beh, die den angefochtenen VA erlassen oder den beantragten VA abgelehnt hat, hat zunächst selber zu prüfen, ob sie dem Widerspruch gegen ihre Entscheidung abhilft (*Meyer-Ladewig* aaO § 85 Rz 2; *Benz* BG 1994, 778). Hält die Ausgangsbehörde den Widerspruch für begründet, so ergeht kein Widerspruchsbescheid (*BSG* SozR 1500 § 83 Nr 1), sondern ein **Abhilfebescheid** (vgl Anhang Rz 109).

39 Wird dem Widerspruch nur teilweise abgeholfen, ergeht nur insoweit ein (**Teil-**) **Abhilfebescheid**. Hinsichtlich desjenigen Teils des Widerspruchs, zu dem keine

Abhilfe erfolgt ist, muss die Widerspruchsstelle eine abschließende Entscheidung über den insoweit noch im Streit stehenden Teil des Widerspruchs treffen.

5.2. Widerspruchsbescheid (§ 85 Abs 2 SGG)

Hat die Ausgangsbehörde dem Widerspruch nicht abgeholfen, so erlässt die **40** Widerspruchsstelle einen das Vorverfahren abschließenden Widerspruchsbescheid. Wurde dem Widerspruch lediglich teilweise abgeholfen, ergeht der Widerspruchsbescheid über den noch im Streit stehenden Teil des Widerspruches.

Widerspruchsstelle ist grds die **nächst höhere Beh** oder, wenn diese eine oberste **41** Bundes- oder eine oberste Landesbehörde ist, die Beh, die den VA erlassen hat, also die Ausgangsbehörde (§ 85 Abs 2 Nr 1 SGG). In **Angelegenheiten der SV** ist die von der Vertreterversammlung bestimmte Stelle für den Erlass des Widerspruchsbescheides zuständig (§ 85 Abs 2 Nr 2 SGG), in **Angelegenheiten der Bundesagentur für Arbeit** die von dem Vorstand bestimmte Stelle (§ 85 Abs 2 Nr 3 SGG) und in **Angelegenheiten der kommunalen Selbstverwaltung** gem § 85 Abs 2 Nr 4 SGG die Selbstverwaltungsbehörde (vgl auch Anhang Rz 111).

Die Widerspruchsstelle prüft sowohl die Rechtmäßigkeit als auch die Zweck- **42** mäßigkeit des angefochtenen VA (Rz 2) und hat in diesem Zusammenhang auch die Richtigkeit und Vollständigkeit der dem VA zugrunde liegenden tatsächlichen Feststellungen zu prüfen. Falls vor einer abschließenden Widerspruchsentscheidung noch weitere tatsächliche Feststellungen erforderlich sind, kann die Widerspruchsstelle die erforderlichen Ermittlungen selber durchführen oder aber die Sache an die Ausgangsbehörde zur weiteren Sachverhaltsaufklärung zurückgeben. Die Ausgangsbehörde kann dann anschließend dem Widerspruch entweder selber abhelfen oder die Sache der Widerspruchsstelle erneut zur abschließenden Widerspruchsentscheidung vorlegen (*Krasney* aaO § 62 Rz 21; vgl auch Anhang Rz 112).

Liegt dem angefochtenen VA eine Ermessensentscheidung zugrunde, kann die **43** Widerspruchsstelle im Unterschied zum Gericht (vgl § 54 Abs 2 Satz 2 SGG; *BSG* SozR 1500 § 85 Nr 7) in vollem Umfang eine **eigenständige Ermessensentscheidung** treffen und ihr Ermessen an die Stelle des von der Ausgangsbehörde ausgeübten Ermessens setzen (*Becker* in Hauck/Noftz SGB X § 62 Rz 49).

5.3. Form (§ 85 Abs 3 SGG)

Die Widerspruchsstelle hat den Widerspruchsbescheid **schriftlich** zu erlassen, zu **44** **begründen** und den Beteiligten **bekanntzugeben** (§ 85 Abs 3 Satz 1 SGG). Etwaige Bekanntgabemängel müssen mit der Klage beanstandet werden, die rügelose Einlassung heilt im Ergebnis den Mangel (*BayLSG* Urt v 23.6.2004 – L 2 U 283/03).

Bei Ermessensentscheidungen müssen auch hier, wie bei der Ausgangsentschei- **45** dung, die die Entscheidung tragenden Ermessenserwägungen dargelegt werden. Vgl zu Form und Inhalt des Widerspruchsbescheides im Übrigen auch Anhang Rz 115.

Außerdem muss der Widerspruchsbescheid gem § 63 Abs 3 eine Kostenent- **46** scheidung treffen (vgl hierzu § 63 Rz 47 ff).

Der Widerspruchsbescheid muss eine **Rechtsbehelfsbelehrung** enthalten, die **47** über die Zulässigkeit der Klage, die einzuhaltende Frist und den Sitz des zuständigen Gerichts belehrt (§ 85 Abs 3 Satz 3 SGG; vgl auch Rz 18 zum Hinweis auf die Erhebung der Klage in elektronischer Form sowie im Weiteren Anhang Rz 116).

6. Einbeziehung neuer Verwaltungsakte (§ 86 Abs 1 SGG)

48　Wird der angefochtene VA während des Vorverfahrens abgeändert, so wird auch der neue VA Gegenstand des Vorverfahrens. Der neue VA ist der Stelle, die über den Widerspruch entscheidet, unverzüglich mitzuteilen (§ 86 Abs 1 SGG).

49　Der neue VA wird **automatisch,** ohne dass es der Zustimmung des Widerspruchsführers oder anderer Beteiligter bedarf, **Gegenstand des Widerspruchsverfahrens.** Die Widerspruchsstelle hat dann sowohl über den ursprünglichen VA als auch über den neuen VA zu entscheiden.

50　**Voraussetzung** für die Einbeziehung eines neuen VA in das laufende Vorverfahren ist, dass der neue VA zur **Regelung desselben Rechtsverhältnisses** ergangen ist (*Meyer-Ladewig* aaO § 86 Rz 3; vgl zur Einbeziehung auch: Anhang Rz 110).

7. Aufschiebende Wirkung (§ 86 a SGG)

51　Anders als der Widerspruch nach § 68 VwGO, der (noch) gem § 80 Abs 1 Satz 1 VwGO aufschiebende Wirkung hat, hatte der Widerspruch nach der **bis zum 31.12.2001 geltenden Rechtslage grds keine aufschiebende Wirkung.** Nur in den in § 86 Abs 2–4 SGG aF ausdrücklich genannten Fällen hatte ein Widerspruch ausnahmsweise doch aufschiebende Wirkung.

52　Das 6. SGGÄndG vom 17.8.2001 (BGBl I 2144) hat zum einen eine umfassende Kodifizierung des bislang im sozialgerichtlichen Verfahren nur fragmentarisch geregelten vorläufigen Rechtsschutzes gebracht und zum anderen – im Einklang mit der Regelung in § 80 Abs 1 VwGO – auch für das sozialgerichtliche Vorverfahren mit Wirkung **ab dem 1.1.2002** gem § 86 a Abs 1 SGG die **aufschiebende Wirkung** des Widerspruches (und der Anfechtungsklage) **zur Regel** erhoben. Vgl auch Anhang Rz 108, 276 ff.

53　Wie in den Regelungen des § 80 VwGO auch, trifft § 86 a SGG nunmehr aber verschiedene Regelungen zu **Ausnahmen,** in denen Widerspruch und Klage keine aufschiebende Wirkung haben. § 86 a Abs 2 SGG regelt ua die sofortige Vollziehbarkeit von Bescheiden über die **Versicherungs-, Beitrags- und Umlagepflicht** sowie über die Anforderung von **Beiträgen** (Abs 2 Nr 1). Bei Bescheiden in Angelegenheiten der SV, die eine **laufende Leistung entziehen oder herabsetzen,** besteht die Besonderheit, dass ein Widerspruch zwar aufschiebende Wirkung hat, nicht aber die Anfechtungsklage (Abs 2 Nr 3) Für die in der Praxis **wichtigen Anwendungsfälle der Rückforderung von Beiträgen oder sonstigen Leistungen,** also Sach-, Ersatz- oder Geldleistungen (zB Krg, Pflegegeld, Verletztengeld, Rente) gilt, dass ein Widerspruch aufschiebende Wirkung hat.

54　In Fällen, in denen die sofortige Vollziehung im öffentlichen Interesse oder im überwiegenden Interesse eines Beteiligten ist, kann die Beh die **sofortige Vollziehbarkeit** mit gesonderter Begr **anordnen,** § 86 a Abs 2 Nr 5 SGG.

55　Die aufschiebende Wirkung des Widerspruches entfällt außerdem in den durch Bundesgesetz **ausdrücklich angeordneten Fällen** wie zB § 35 Abs 7 Satz 2 SGB V (Arzneimittelfestbeträge), § 89 Abs 1, 1 a SGB V (Schiedsamtsfestsetzungen z vertragsärztl Versorgung/Vergütung) oder in verschiedenen Fällen in denen die Bundesagentur für Arbeit Bescheide erlässt, die in § 336 a SGB III im Einzelnen aufgeführt sind. Der GGeber macht von der Möglichkeit der ges Anordnung des Wegfalls der aufschiebenden Wirkung von Widerspruch und Anfechtungsklage in zunehmendem Maß Gebrauch (zB sofortige Vollziehbarkeit der Entscheidungen über Grundsicherung für Arbeitsuchende gem § 39 SGB II oder beim Anspruchsübergang für Leistungen nach dem SGB XII gem § 93 Abs 3 SGB XII, Widersprüche von Leistungserbringern gegen Entscheidungen der Krankenkassen/Pflegekassen bzw deren Landesverbände, soweit nicht ohnehin unmittelbar – unter Wegfall der aufschiebenden Wirkung – Klage zu erheben ist), so dass in der Praxis mit besonderer Sorgfalt in dem jeweiligen Fachgesetz die Frage der aufschiebenden Wirkung zu prüfen ist.

56 Wenn ein Widerspruch aufgrund der Ausnahmen des § 86 a Abs 2 SGG keine aufschiebende Wirkung haben sollte, kann gem § 86 a Abs 3 SGG bei der Ausgangsbehörde selbst oder der Widerspruchsbehörde die **Aussetzung der sofortigen Vollziehbarkeit** beantragt werden, vgl Anhang Rz 283 ff. Daneben kann das Gericht der Hauptsache die **aufschiebende Wirkung** des Widerspruches ganz oder teilweise **anordnen**, § 86 b Abs 1 Satz 1 Nr 2 SGG, vgl Anhang Rz 287 ff.

8. Geltung der Vorschriften des SGB X

57 Da § 62 auf die Vorschriften des SGG und der VwGO verweist, diese aber das VerwVerf nur partiell regeln, wird klargestellt, dass im Übrigen, soweit diese Gesetze keine vorrangigen Regelungen enthalten, die Vorschriften des SGB X gelten.

§ 63 Erstattung von Kosten im Vorverfahren

(1) [1]Soweit der Widerspruch erfolgreich ist, hat der Rechtsträger, dessen Behörde den angefochtenen Verwaltungsakt erlassen hat, demjenigen, der Widerspruch erhoben hat, die zur zweckentsprechenden Rechtsverfolgung oder Rechtsverteidigung notwendigen Aufwendungen zu erstatten. [2]Dies gilt auch, wenn der Widerspruch nur deshalb keinen Erfolg hat, weil die Verletzung einer Verfahrens- oder Formvorschrift nach § 41 unbeachtlich ist. [3]Aufwendungen, die durch das Verschulden eines Erstattungsberechtigten entstanden sind, hat dieser selbst zu tragen; das Verschulden eines Vertreters ist dem Vertretenen zuzurechnen.

(2) Die Gebühren und Auslagen eines Rechtsanwalts oder eines sonstigen Bevollmächtigten im Vorverfahren sind erstattungsfähig, wenn die Zuziehung eines Bevollmächtigten notwendig war.

(3) [1]Die Behörde, die die Kostenentscheidung getroffen hat, setzt auf Antrag den Betrag der zu erstattenden Aufwendungen fest; hat ein Ausschuss oder Beirat die Kostenentscheidung getroffen, obliegt die Kostenfestsetzung der Behörde, bei der der Ausschuss oder Beirat gebildet ist. [2]Die Kostenentscheidung bestimmt auch, ob die Zuziehung eines Rechtsanwalts oder eines sonstigen Bevollmächtigten notwendig war.

1. Allgemeines

1 § 63 entspricht im Grds der Regelung des § 80 VwVfG, der als Vorlage für diese Regelung diente. In § 61 des RegEntw-SGB X (BT-Drucks 8/2034, 36), dem § 63 entspricht, wird dementsprechend ganz überwiegend auf die Begr zu § 80 VwVfG verwiesen (BT-Drucks 7/910, 91). Der wesentliche Unterschied zu § 80 VwVfG besteht darin, dass für den Fall eines ganz oder teilweise erfolglosen Widerspruches eine Verpflichtung zur Erstattung der notwendigen **Aufwendungen der Beh** durch den Widerspruchsführer **nicht vorgesehen** ist.

2. Absatz 1

2.1. Vorverfahren

2 § 63 regelt die Frage der Erstattung von Kosten im Vorverfahren, die **durch** die **Einlegung eines Widerspruches gegen** den **VA** einer Beh entstanden sind. § 63 regelt hingegen **nicht** die Erstattung von Kosten für das dem Vorverfahren **vorangegangene VerwVerf** Diese sind nicht erstattungsfähig (*BSG* SozR 1300 § 63 Nr 1). Soweit ein Widerspruchsführer sowohl in dem vorangegangenen VerwVerf, als auch in dem nachfolgenden Vorverfahren anwaltlich vertreten war, kann allenfalls mittelbar eine Berücksichtigung der in dem vorangegangenen VerwVerf entstandenen Kosten bei der Ausfüllung des Gebührenrahmens im Zusammenhang mit der Bemessung der notwendigen Kosten des Vorverfahrens, die durch eine anwaltliche Vertretung entstanden sind, in Betracht kommen (vgl hierzu *Madert/Hellstab* Anwaltsgebühren in Verwaltungs-, Sozial- und Steuersachen § 3 Rz 4; sa Rz 36).

3 Ob bei erfolgreichen außergerichtlichen Einwendungen gegen eine Entscheidung zur Pflegebedürftigkeit in der privaten Pflegeversicherung, eine entsprechende Anwendung des § 63 in Betracht kommt – ein förmliches Vorverfahren nach den Vorschriften des SGB X findet nicht statt und ist auch nicht Sachurteilsvoraussetzung für die sozialgerichtliche Überprüfung der Entscheidung der privaten Pflegeversicherung – ist strittig. Das SG Köln hat dies abgelehnt (*SG Köln* Urt v 1.6.2007 – S 23 P 141/06). Das *LSG NRW* scheint eine analoge Anwendung aber in Betracht zu ziehen (vgl *Klünder*, Erfolgreiche außergerichtliche Durchsetzung von Pflegeleistungen in der privaten Pflegeversicherung, NZS 2009, 426).

4 § 63 ist darüber hinaus **nicht** – auch nicht entspr – auf Kosten eines solchen VerwVerf anzuwenden, das die **Rücknahme oder** den **Widerruf** eines VA zum Inhalt hat (*BSG* SozR 1300 § 63 Nr 1). Schließt sich im Anschluss an die Rücknahme oder den Widerruf eines VA jedoch ein Vorverfahren an, dann findet § 63 insoweit hinsichtlich des Widerspruches gegen die Rücknahme oder den Widerruf des VA Anwendung. Schließlich scheidet eine Kostenerstattung nach § 63 auch dann aus, wenn sich der Betroffene nur gegen eine **bloße Verfahrenshandlung** der Beh richtet, die nicht die Qualität eines VA iSv § 31 hat und dementsprechend nicht der Anfechtbarkeit durch das sozialgerichtliche Vorverfahren nach §§ 77 ff SGG unterliegt. Hingegen findet § 63 auch auf das Verfahren vor dem Beschwerdeausschuss in der kassen- bzw vertrags(zahn)ärztlichen

Wirtschaftlichkeitsprüfung trotz der zum Vorverfahren nach dem SGG bestehenden strukturellen Unterschiede Anwendung (*BSG* SozR 1300 § 63 Nr 12). Soweit in diesem Bereich nach der bis zum 31.12.1988 gültigen Vorschrift des § 368 n Abs 5 Satz 3 RVO durch Vereinbarung der Vertragsparteien des Gesamtvertrages die Anwendbarkeit des § 63 ausgeschlossen werden konnte (*BSGE* 59, 211), ist ein solcher Ausschluss mit dem Inkrafttreten des § 106 SGB V nicht mehr zulässig (*BSG* NZS 1998, 199).

§ 63 ist entspr anwendbar in Fällen des **Drittwiderspruchs** für das Verfahren **5** **vor dem Berufungsausschuss,** wenn der Widerspruch einer Krankenkasse gegen die durch den Zulassungsausschuss ausgesprochene Zulassung eines Arztes zurückgewiesen wird (*BSGE* 59, 216; *BSG* SozR 3-1300 § 63 Nr 9).

2.2. „Soweit der Widerspruch erfolgreich ist"

Ein Anspr auf Kostenerstattung besteht nur in dem Umfang, in dem der Wider- **6** spruch erfolgreich ist. Ist der Widerspruch in vollem Umfang erfolgreich, findet dem Grunde nach eine volle Kostenerstattung statt. Hat der Widerspruch hingegen **nur teilweise Erfolg,** findet auch nur eine teilweise Kostenerstattung iS einer **Quotelung** statt, wobei der Umfang der Kostenerstattung dann von dem Verhältnis des Erfolges des Widerspruches zu seinem Misserfolg abhängt. Unerheblich ist in diesem Zusammenhang, ob und in welchem Umfang einzelne Aufwendungen für den Erfolg oder Misserfolg des Widerspruches ursächlich waren (*Krasney* in KassKomm § 63 SGB X Rz 7). Geht aus dem Widerspruch nicht hervor, in welchem Umfang die Verwaltungsentscheidung angefochten wird, so ist das Begehren des Widerspruchsführers von der Widerspruchsbehörde zu erfragen, damit dann ggf eine sachgerechte Kostenentscheidung getroffen werden kann.

Entscheidend für den Kostenerstattungsanspruch ist allein der Erfolg des Wi- **7** derspruches. Nicht entscheidend ist, ob zwischen der Widerspruchsbegründung und dem Erfolg des Widerspruches eine Kausalität besteht. Es reicht aus, wenn der VA aus Gründen aufgehoben wird, auf die die Widerspruchsbegründung gar keinen Bezug genommen hat. Ebenfalls ausreichend ist es, wenn der Erfolg des Widerspruches allein darauf beruht, dass erst nach seiner Einlegung eine Änderung der Gesetzeslage oder der maßgeblichen Rspr eingetreten ist (*Krasney* aaO § 63 Rz 5).

Es ist unerheblich, ob der Erfolg des Widerspruches bereits durch eine Abhilfe **8** der Beh eintritt oder erst durch einen das Vorverfahren abschließenden Widerspruchsbescheid.

Ein erfolgreicher Widerspruch liegt dann nicht vor, wenn die abhelfende Ent- **9** scheidung des Rechtsträgers nicht dem Widerspruch, sondern einem **anderen Umstand** – wie zB der nachträglichen Erfüllung von Mitwirkungspflichten – zuzurechnen ist (*BSG* SozR 3-1300 § 63 Nr 3).

Ebenso fehlt es an einem erfolgreichen Widerspruch, wenn dieser im Hinblick **10** auf eine beim BVerfG anhängige Normenkontrolle zunächst ruhte und nach Inkrafttreten einer vom BVerfG geforderten Übergangsregelung, die den Widerspruchsführer allerdings nicht erfasst, für erledigt erklärt wurde, da es für die Erstattung nach § 63 nicht abstrakt auf die Rechtswirksamkeit der überprüften Norm, sondern konkret auf den Ausgang des Gerichtsverfahrens ohne das Ruhen ankommt (*LSG BW* Beschl v 4.11.2008 – L 10 4433/08, NZS 2009, 589).

Auch bei einem **erfolglosen Widerspruch** kann ausnahmsweise eine Kostener- **11** stattung in der Form eines Anspr auf **Aufwendungsersatz** nach § 65 a SGB I in

Betracht kommen, denn das Vorverfahren ist insoweit Teil des VerwVerf, für welches § 65 a SGB I gilt (*Becker* in Hauck/Noftz SGB X § 63 Rz 5).

12   Des Weiteren kommt eine Kostenerstattung nach § 63 **Abs 1 Satz 2** trotz eines erfolglosen Widerspruches auch dann in Betracht, wenn der mit dem Widerspruch angegriffene VA ursprünglich wegen eines **Verfahrens- oder Formfehlers iSv § 41** zwar rechtswidrig aber nicht nichtig (§ 40) war, die anfängliche Rechtswidrigkeit aber in einer nach § 41 zulässigen Weise geheilt wurde. Voraussetzung ist jedoch, dass sich der Widerspruch in diesem Fall auf die Beanstandung des Verfahrens- oder Formfehlers beschränkt. Ist dies nicht der Fall und wird mit dem Widerspruch über die Beanstandung des Verfahrens- oder Formfehlers hinaus eine andere Sachentscheidung begehrt, richtet sich die Erstattungsfähigkeit nach dem Erfolg des Widerspruches in der Sache selbst (*Krasney* aaO § 63 Rz 9; *Streckenbach* AmtlMittLVA Rhein- pr 1994, 305 [306]). Trotz erfolglosen Widerspruches hat eine Kostenerstattung außerdem dann zu erfolgen, wenn vor Erlass des VA die vorgeschriebene Anhörung (§ 24) unterblieben ist (*LSG BW* NZS 2002, 277).

13   Ein erfolgloser **Drittwiderspruch** gegen den einen Konkurrenten begünstigenden Bescheid hat im Übrigen nicht zur Folge, dass der Widerspruchsführer die Aufwendungen des – zumindest mittelbar – erfolgreichen Konkurrenten zu erstatten hat (*BSG* NZS 2007, 391).

14   Wenn die Voraussetzungen für eine Erstattung nach § 63 nicht erfüllt sind, kann ein Erstattungsanspruch auch nicht über den sozialrechtlichen Herstellungsanspruch konstruiert werden (*LSG BW* Beschl v 4.11.2008 – L 10 4433/08, NZS 2009, 589).

2.3. „zur zweckentsprechenden Rechtsverfolgung notwendige Aufwendung"

15   Die Definition entspricht der in §§ 91 Abs 1 ZPO, 193 Abs 2 SGG, 162 Abs 1 VwGO. Zu den hiernach erstattungsfähigen Aufwendungen, dh dem Widerspruchsführer **tatsächlich entstandenen Auslagen**, zählen die Kosten, die für die Vorbereitung und Durchführung des Vorverfahrens entstanden sind, zB für Postgebühren, Fotokopien, Einholung ärztlicher Atteste, Beschaffung von Urkunden und ggf für die Übersetzung von Urkunden.

16   Zu den notwendigen Aufwendungen zählen auch die **Fahrtkosten** zu einer mündlichen Erörterung mit den Bediensteten der Beh oder zur Sitzung der Widerspruchsstelle sowie der hierdurch etwaig entstandene **Verdienstausfall**.

17   Die Erstattungsfähigkeit der Kosten für eine **Informationsreise** des Widerspruchsführers **zu** seinem **Bevollmächtigten** sowie des hierdurch etwaig entstandenen Verdienstausfalls hängt davon ab, ob die Hinzuziehung eines Bevollmächtigten erforderlich war (Rz 24, 25).

18   Generell gilt, dass diejenigen tatsächlichen Aufwendungen erstattet werden, die nach **allg Verkehrsauffassung** aus der Sicht eines verständigen Beteiligten für erforderlich gehalten werden durften (*Stelkens/Bonk/Sachs* VwVfG § 80 Rz 60). Jeder Beteiligte ist allerdings verpflichtet, die Kosten so gering wie möglich zu halten (*Stelkens/Bonk/Sachs* aaO). Die Kosten eines **Verbandsvertreters** können notwendige Kosten iSd Vorschrift sein (vgl Rz 23).

19   Nicht erstattungsfähig sind der Verlust an **eigener Zeit** sowie die aufgewendete eigene Mühe insb bei der Fertigung der Widerspruchsbegründung (*Krasney* aaO § 63 Rz 15).

Eine Erstattung von Kosten für **ärztliche Gutachten oder** für **Rechtsgutachten,** 20
die der Widerspruchsführer selbst in Auftrag gegeben hat, kann nur ganz ausnahmsweise in Betracht kommen, da wegen des Amtsermittlungsgrundsatzes
grds ein substantiierter Vortrag ausreicht, um die Beh zu eigenen, weiteren Ermittlungen zu veranlassen. Der Widerspruchsführer muss die Beh zumindest
zunächst durch einen hinreichend substantiierten Vortrag zu weiteren Ermittlungen anhalten (so für das sozialgerichtliche Verfahren: *Krasney* in Krasney/
Udsching Hdb SGV XII Rz 78). Im Übrigen hängt die Erstattungsfähigkeit der
Kosten für ein im Vorverfahren in Auftrag gegebenes Privatgutachten von den
Umständen des Einzelfalls ab, wobei einerseits der Grds zur sparsamen, dh kos-
tengünstigen Verfahrensführung zu beachten ist. Andererseits ist aber auch zu
berücksichtigen, ob sich der Widerspruchsführer in einer verfahrensrechtlichen
Notlage befunden hat, die es unausweichlich erschienen ließ, insb zu schwierigen medizinischen Sachverhalten eine privatgutachterliche Stellungnahme einzuholen (*Stelkens/Bonk/Sachs* aaO Rz 67).

Eine Erstattung von Kosten ist ausgeschlossen, wenn diese durch das **Verschul-** 21
den des Widerspruchsführers oder seines Bevollmächtigten entstanden sind,
§ 63 Abs 1 Satz 3. Hat der Widerspruchsführer durch eine fehlende Mitwirkung in dem dem Vorverfahren vorangegangenen VerwVerf, der Beh keine andere Entscheidungsmöglichkeit gelassen und holt er die ihm obliegende Mitwirkung erst im Vorverfahren nach, sind die ihm durch das Vorverfahren entstandenen Kosten „verschuldet" und eine Kostenerstattung scheidet aus (*BSGE* 62,
214). Ein Verschulden scheidet hingegen aus, wenn sich nach Einlegung des
Widerspruches die Gesetzeslage oder die maßgebliche Rspr geändert hat (vgl
Rz 7).

3. Absatz 2
3.1. „Rechtsanwalt oder sonstiger Bevollmächtigter"

Die Erstattungsfähigkeit nach Abs 2 bezieht sich zum einen auf die durch die 22
Tätigkeit eines RA entstandenen Kosten. Darüber hinaus werden jedoch auch
die Kosten, die durch die Vertretung durch sonstige Bevollmächtigte iSv § 13
entstehen, erfasst, sofern deren Kosten bzw Gebühren auf einer gesetzlichen
Grundlage beruhen (*BSG* Urt v 18.9.2014 – B 14 AS 5/14, NZS 2015, 155).

Der 5. Senat des BSG hält an seiner Rechtsprechung, wonach der reine Zeit- 23
und Arbeitsaufwand eines **Bevollmächtigten, der nicht nach einer gesetzl Ge-**
bührenordnung abrechnen kann, im Vorverfahren nicht als „notwendige Aufwendung" erstattungsfähig ist (*BSG* SozR 3-1300 § 63 Nr 7), ausdrücklich
nicht mehr fest (*BSG* Beschl v 17.10.2006 – B 5 R 12/06 S, B 5 R 16/06 S und
B 5 R 20/06 S). Der 9 a Senat des BSG hat daraufhin entschieden, dass Gebühren iSd § 63 Abs 2 auch weiterhin nur die Gebühren sein können, die auf einer
gesetzlichen Grundlage beruhen. Der Zeit- und Arbeitsaufwand sonstiger Bevollmächtigter kann deshalb nicht nach Abs 2, wohl aber nach § 63 Abs 1 erstattungsfähig sein (*BSG* Urt v 18.9.2014 – B 14 AS 5/14, NZS 2015, 155),
wenn die Beauftragung notwendig war und wenn dem Widerspruchsführer
durch die Tätigkeit des sonstigen Bevollmächtigten (insbesondere eines Verbandsvertreters) tatsächlich ein Aufwand rechtmäßig entstanden ist (*BSG* Urt
v 29.3.2007 – B 9 a SB 3/05 R, BSGE 98, 183). Voraussetzung für die Erstattungsfähigkeit der Kosten eines Verbandsvertreters ist, dass die Kostenforderung in einer satzungsrechtlichen Grundlage wurzelt, die satzungsmäßige Ver-
bandsvertretung insbesondere unter Berücksichtigung des § 3 RDG rechtmäßig

ist und den Erstattungsberechtigten hierfür eine endgültige Kostentragungspflicht trifft (*BSG* Urt v 18.9.2014 – B 14 AS 5/14, NZS 2015, 155). Als erstattungsfähige Aufwendungen sonstiger Bevollmächtigter kommen darüber hinaus nachweislich entstandene tatsächliche Auslagen in Betracht.

3.2. „notwendige Zuziehung"

24   Anders als im sozialgerichtlichen Verfahren, in dem die gesetzl Gebühren und Auslagen eines Rechtsanwaltes nach § 193 Abs 3 SGG immer erstattungsfähig sind, sind diese Kosten im sozialgerichtlichen Vorverfahren nur dann erstattungsfähig, wenn die Zuziehung eines Rechtsanwaltes im Vorverfahren notwendig war. Entscheidend ist, ob aus der **Sicht eines vernünftigen Bürgers** die Beauftragung eines Rechtsanwaltes unter Berücksichtigung der Sach- und Rechtslage nahe liegend war. Letztlich hängt dies stets von den Umständen des Einzelfalls ab.

25   Die unterschiedliche Rspr der Senate des BSG, wonach die Zuziehung eines Bevollmächtigten im **Schwerbehindertenrecht** generell für notwendig gehalten wird (vgl hierzu: *BSG* Urt v 8.10.1987 – 9 a RVs 10/87, nv), im **vertragsärztlichen Prüfungsverfahren** hingegen grds nicht (*BSG* SozR 1300 § 63 Nr 12; differenzierend jetzt *BSG* Urt v 31.5.2006 – B 6 KA 13/05 R, wonach die Hinzuziehung eines Anwaltes jdf dann notwendig ist, wenn nicht allein medizinische Aspekte der Behandlungsweise, sondern schwierige Sachfragen und/oder Rechtsfragen erörtert werden), ist nicht nachvollziehbar. Mit Rücksicht darauf, dass das Sozialrecht wie kaum ein anderes Rechtsgebiet ständigen Gesetzesänderungen unterworfen ist und inhaltlich in erheblichem Maße durch die Rspr geprägt ist, wird die Prüfung im Rahmen der Kostenentscheidung **im Regelfall** dazu führen, die Zuziehung eines RA im Vorverfahren für **notwendig zu erklären**.

3.3. „Gebühren und Auslagen"

26   Die Höhe der erstattungsfähigen Gebühren und Auslagen eines Rechtsanwaltes ergibt sich für Widerspruchsverfahren mit deren Durchführung der Anwalt **vor dem 1.7.2004 beauftragt** wurde, gem § 61 Abs 1 RVG aus der Bundesrechtsanwaltsgebührenordnung (**BRAGO**). Erfolgt die Beauftragung des Anwaltes **ab dem 1.7.2004** ergeben sich die Gebühren und Auslagen indessen aus den Vorschriften des Rechtsanwaltsvergütungsgesetzes (**RVG**) iVm den einschlägigen Tatbeständen des Vergütungsverzeichnisses (VV).

27   Mit dem Zweiten Gesetz zur Modernisierung des Kostenrechts (**2. KostRMoG**) v 29.7.2013 (BGBl 2013 I, 2586) und den im dortigen Art 8 enthaltenen Regelungen, die zum 1.8.2013 in Kraft getreten sind, hat der Gesetzgeber das RVG einer grundlegenden Reform unterzogen. Die Regelungen beinhalten zum einen eine Gebührenerhöhung bei den wertabhängigen Gebühren wie auch bei den im sozialrechtlichen Vorverfahren besonders bedeutsamen Betragsrahmengebühren und zum anderen strukturelle Anpassungen und Änderungen. Wurde der unbedingte Auftrag zur Erledigung einer konkreten Angelegenheit bis zum 31.7.2013 erteilt, findet für die Abrechnung dieser Angelegenheit das RVG-alt Anwendung. Umgekehrt führt die **unbedingte Beauftragung ab dem 1.8.2013** zur **Anwendung des RVG idF des 2. KostRMoG**, § 60 Abs 1 RVG. Entscheidend ist die Beauftragung in der konkreten Angelegenheit iSv § 15 RVG. Dies bedeuet, dass der Anwalt, der vor dem 1.8.2013 zunächst nur für das dem Vorverfahren vorgelagerte behördliche Verfahren beauftragt worden war und der am 1.8.2013 oder später dann auch für die Vertretung im Vorverfahren beauf-

tragt wurde, für die Vertretung im Vorverfahren eine Vergütung nach Maßgabe der höheren Gebühren des RVG-neu beanspruchen kann, da gem § 17 Nr 1 a RVG die Tätgkeit im behördlichen Verfahren einerseits und im Vorverfahren andererseits jeweils eine eigenständige Angelegenheit iSv § 15 RVG ist.

Hinweis: Die in der Regel weit gefassten Anwaltsvollmachten unterscheiden im Normalfall nicht zwischen der Beauftragung für das Verwaltungsverfahren und der Beauftragung für das Vorverfahren, so dass in solchen Fällen vor dem Hintergrund der urkundlichen Beweiskraft der anwaltlichen Vollmacht besondere Darlegungserfordernisse bestehen, wenn ein Rechtsanwalt, der zuvor bereits tätig war, behauptet, für die Vertretung im Vorverfahren den unbedingten Auftrag erst nach dem 31.7.2013 erhalten zu haben.

Die erstattungsfähigen **Auslagen eines RA** iwS werden im Teil 7 VV RVG (bislang §§ 25 bis 30 BRAGO) aufgeführt. Vorb 7 Abs 1 VV bestimmt, dass mit den „normalen" Gebühren auch **allg Geschäftskosten** entgolten sind. Nach Nr 7008 VV (bislang § 25 Abs 2 BRAGO) besteht ein Anspr auf Ersatz der auf die Vergütung des RA entfallenden **Umsatzsteuer.** Nr 7001 und 7002 VV (bislang § 26 BRAGO) regeln die Erstattungsfähigkeit der Entgelte für **Post- und Telekommunikationsdienstleistungen.** Nr 7000 VV (bislang § 27 BRAGO) regelt die Erstattungsfähigkeit von Auslagen für **Abschriften, Ablichtungen und die Überlassung von elektronisch gespeicherten Dateien** und wurde durch das 2. KostRMoG modifiziert. Nr 7003 – 7006 VV (bislang § 28 BRAGO) regelt die Erstattungsfähigkeit der Kosten für Geschäftsreisen (**Fahrtkosten und Tage- und Abwesenheitsgeld**), wobei das Tage- und Abwesenheitsgeld nach Nr 7005 durch das 2. KostRMoG erhöht wurde. Vorb 7 Abs 3 VV regelt die Anrechnung von Reisekosten, wenn auf einer Reise mehrere Geschäfte erledigt werden (bislang § 29 BRAGO) und trifft eine Regelung für den Fall der Verlegung des Kanzleisitzes des RA (bislang § 30 BRAGO).

Wie schon im Anwendungsbereich der BRAGO hängt auch im Anwendungsbereich des RVG die Berechnung der anwaltlichen Vergütung zunächst davon ab, ob der zugrundeliegende Gegenstandswert zu berücksichtigen ist. **Unabhängig vom Gegenstandwert** erfolgt die Vergütung nach einer sogenannten **Betragsrahmengebühr** dann, wenn der Auftraggeber als Kläger oder Beklagter Gerichtskostenfreiheit genießt, § 3 Abs 2 iVm Abs 1 Satz 1 RVG. Dies ist gem § 183 Satz 1 SGG für **Versicherte, Leistungsempfänger** einschl Hinterbliebenenleistungsempfänger und **Behinderte** oder deren Sonderrechtsnachfolger der Fall. In allen anderen Fällen ist für die Berechnung der anwaltlichen Vergütung der Gegenstandswert maßgeblich.

Soweit der **Gegenstandswert** maßgeblich ist, ist dieser gem § 52 Abs 1 GKG nach dem Antrag des Klägers und der sich für ihn daraus ergebenden **Bedeutung der Sache** nach Ermessen des Gerichts zu bestimmen, wobei der wirtschaftlichen Bedeutung besonderes Gewicht beizumessen ist. Bei **bezifferten Geldleistungen** oder einem hierauf gerichteten VA ist deren Höhe maßgebend, § 52 Abs 3 GKG. Bietet der Sach- und Streitstand keine genügenden Anhaltspunkte für die Bestimmung des Streitwertes, ist dieser gem § 52 Abs 2 GKG auf den **Auffangwert** von 5000 Euro festzusetzen. Zur Vereinheitlichung der Streitwertfestsetzung und zur Erleichterung der Voraussehbarkeit der entstehenden Verfahrenskosten haben die Präsidenten der Landessozialgerichte mit dem Präsidenten des BSG einen **Streitwertkatalog** erarbeitet, der zwar unverbindlich ist, gleichwohl aber eine Orientierung bietet. Dieser Katalog ist in der Fassung vom 1.5.2012 ua auf www.lsg.nrw.de/infos/Streitwertkatalog/Streitwertkatalog_2012.pdf veröffentlicht (weitere Hinw auch im Anhang Rz 319 ff).

31 Da die idR lange Dauer der sozialgerichtl Verfahren auch heute noch zur Abrechnung von Verfahren nach den Vorschriften der BRAGO führt, ist auf die Rechtslage **vor dem 1.7.2004** weiterhin einzugehen. Während sich für die Auslagen sowie die Gebühren eines RA im gerichtlichen Verfahren in der BRAGO ausdrückliche Regelungen finden ließen, fehlte es für das **sozialgerichtliche Vorverfahren** de lege lata an einer ausdrücklichen Regelung hinsichtlich der Gebühren. Nach der ständigen Rspr des *BSG* hätte es zwar an sich nahe gelegen, für das sozialgerichtliche Vorverfahren § 118 BRAGO anzuwenden. Da § 118 BRAGO aber erkennbar von einer gegenstandswertbezogenen Berechnung der Gebühren ausgehe, im gerichtlichen Verfahren in den Fällen des § 116 Abs 1 BRAGO jedoch keine gegenstandswertbezogene Vergütung erfolge, sei es nicht angängig, im Vorverfahren in den Fällen, die im gerichtlichen Verfahren in den Anwendungsbereich des § 116 Abs 1 BRAGO fielen, von einem Gegenstandswert auszugehen. Deshalb richte sich in diesen Fällen die anwaltliche Vergütung ausschließlich nach § **116 Abs 1 BRAGO**, der entspr **anwendbar** sei (*BSG* AnwBl 84, 565; 85, 652). In den Fällen, in denen die Anwaltsgebühren gegenstandswertbezogen berechnet wurden (§ 116 Abs 2 BRAGO) galt indessen auch für das Widerspruchsverfahren eine Berechnung der Kosten nach § 118 Abs 1 BRAGO.

32 Eine entspr Anwendung des § 116 Abs 1 Satz 1 Nr 1 BRAGO führte dazu, dass nach ständiger Rspr des *BSG* der dort vorgesehene **Gebührenrahmen** von seinerzeit 50 Euro – 660 Euro **auf zwei Drittel** (*BSG* SozR 1300 § 63 Nr 2 und 3), also etwa 33 Euro – 440 Euro **reduziert** wurde.

33 Der Rspr des *BSG* ist in ihrem Ausgangspunkt zuzustimmen. Bei Angelegenheiten, die im Falle der Klagerhebung nach einer Rahmengebühr abgerechnet werden, kann es nicht angängig sein, für das Vorverfahren einen Gegenstandswert zu bemühen, zumal dies unabhängig von den tatsächlichen Schwierigkeiten, einen Gegenstandswert zuverlässig bestimmen zu können, häufig zu einem Widerspruch zu den sozialpolitischen Überlegungen, die den GGeber veranlasst haben, in § 116 Abs 1 BRAGO von einer gegenstandswertbezogenen Vergütung abzusehen, führen wird. Entgegen der ständigen Rspr des *BSG* ist der dort für das sozialgerichtliche Vorverfahren kreierte **eigene Gebührenrahmen** jedoch **abzulehnen**; eine Mindestgebühr, die unter der gesetzl Gebühr des § 116 Abs 1 Nr 1 BRAGO liegt, ist unzulässig (*Madert/Hellstab* aaO § 3 Rz 2; *Göttlich/ Mümmler* Sozialgerichtssachen 3.1 b). Das SG Nordhausen hat die fehlende Rechtfertigung einer Kürzung des Gebührenrahmens im Widerspruchsverfahren damit begründet, dass der GGeber durch Änderung verschiedener Vorschriften der BRAGO Anreize geschaffen habe, Verfahren außergerichtlich zu erledigen, dem widerspreche eine Gebührenkürzung im Widerspruchsverfahren (*SG Nordhausen* NZS 2002, 112).

34 Besonderen Umständen, die auf die Bemessung der Gebühren im Vorverfahren Einfluss haben, konnte statt einer gesetzl nicht gerechtfertigten pauschalen Reduzierung des Gebührenrahmens eher durch eine Anwendung des § **12 BRAGO** Rechnung getragen werden (vgl *Madert/Hellstab* aaO), der im Übrigen ohnehin galt und festlegte, dass die angemessene Gebühr unter **Berücksichtigung aller Umstände**, insb der Bedeutung der Angelegenheit, des Umfangs und der Schwierigkeit der anwaltlichen Tätigkeit sowie der Vermögens- und Einkommensverhältnisse des Auftraggebers, also des Widerspruchsführers, festzulegen ist.

35 Die Neufassung der Regelungen über die Vergütung der anwaltlichen Tätigkeit durch das **RVG** regelt die Vergütung der anwaltlichen Tätigkeit im Vorverfahren nunmehr ausdrücklich und nimmt von der durch die Rspr kreierten Kürzung des Gebührenrahmens Abstand. In den Fällen, in denen die Vergütung gem § 3 Satz 1 RVG **nicht gegenstandswertbezogen** berechnet wird (vgl Rz 29), sieht Nr 2302 VV nunmehr als **Geschäftsgebühr** eine Betragsrahmengebühr für die **Vertretung im Vorverfahren** von 50 Euro bis 640 Euro (bis 31.7.2013 nach Nr 2401 VV: 40 Euro bis 520 Euro) vor, die sog Mittelgebühr liegt danach bei 345 Euro (bis 31.7.2013: 280 Euro), wobei eine Gebühr von mehr als 300 Euro (bis 31.7.2013: 240 Euro) nur gefordert werden kann, wenn die anwaltliche Tätigkeit entweder umfangreich oder schwierig war. Das 2. KostRMoG hat hier zu einer Gebührenerhöhung von ca. 23 – 25 % geführt.

36 Soweit der Anwalt eine **gegenstandswertbezogene Vergütung** beanspruchen kann, erhält er für die Vertretung im Vorverfahren gem Nr 2300 VV eine Geschäftsgebühr mit einem Rahmen von 0,5 bis 2,5 und dementsprechend einer Mittelgebühr von 1,5. War die Tätigkeit weder umfangreich noch schwierig kann eine Geschäftsgebühr von mehr als 1,3 nicht gefordert werden (Kappungsgrenze).

37 Ob in den Fällen, in denen die anwaltliche Tätigkeit im **Vorverfahren** auf eine Tätigkeit im **vorangegangenen VerwVerf** folgt, automatisch ein **höherer Vergütungsanspruch** besteht, war nach den Regelungen der BRAGO zweifelhaft (in diesem Sinne aber wohl *Madert/Hellstab* aaO § 3 Rz 4). § 119 BRAGO regelte nämlich, dass das vorangegangene VerwVerf und das sich anschließende Vorverfahren eine Angelegenheit sind. Allein die vorangegangene Tätigkeit konnte deshalb nicht zu einem höheren Vergütungsanspruch führen. Da nach § 12 Abs 1 BRAGO ua aber auch der Umfang der anwaltlichen Tätigkeit für die Höhe der angemessenen Gebühr von Bedeutung ist, konnte je nach den Umständen des Einzelfalles eine deutlich über der „Mittelgebühr" liegende Gebühr bis hin zur Höchstgebühr gerechtfertigt sein.

38 Mit dem Inkrafttreten des **RVG** ist auch diese Frage eindeutig geregelt. Gem § 17 Nr 1 a RVG sind das **Verwaltungsverfahren und das Vorverfahren verschiedene Angelegenheiten**. Für die Tätigkeit im Verwaltungsverfahren kann der Anwalt die Vergütung nach Nr 2302 (50 bis 640 Euro bzw bis 31.7.2013 nach Nr 2400 VV: 40 bis 520 Euro) beanspruchen und für die Tätigkeit im anschließenden Vorverfahren erhielt der Anwalt **nach RVG-alt** eine **zusätzliche Vergütung** gem Nr 2401 VV **mit einem gekürzten Rahmen** von 40 bis 260 Euro, einer Mittelgebühr von 150 Euro und einer Kappungsgrenze bei einer weder umfangreichen noch schwierigen Tätigkeit bei 120 Euro.

39 **Ab dem 1.8.2013** führt das 2. KostRMoG in diesem Bereich zu einer strukturellen Veränderung. Sowohl für die Tätigkeit im Verwaltungsverfahren als auch für die Tätigkeit im nachfolgenden Vorverfahren entsteht nunmehr **jeweils zunächst** eine **Geschäftsgebühr mit** dem **ungekürzten Rahmen** von 50 bis 640 Euro nach Nr 2302 VV. Gem Vorbemerkung 2.3 Abs 4 erfolgt dann allerdings eine **Anrechnung der zuerst entstandenen Geschäftsgebühr** in Höhe der Hälfte, höchstens aber iHv 175 Euro auf die danach entstandene Geschäftsgebühr im Vorverfahren. Nominal führt diese strukturelle Veränderung, die eine Übernahme der Vergütungsstrukturen in zivilrechtlichen Verfahren auch für die sozialrechtlichen Verfahren bedeutet, zwar zu einer Erhöhung der Vergütung, wenn ein Rechtsanwalt in beiden Angelegenheiten tätig ist. Die Erhöhung bleibt aber deutlich hinter der sonstigen Erhöhung der Betragsrahmengebühr von rund 23 % zurück und bedeutet insoweit strukturell eine Verschlechterung der Vergütung.

40 Bei einer **gegenstandswertbezogenen Vergütung** kann der Anwalt für die Tätigkeit im Verwaltungsverfahren zunächst eine Geschäftsgebühr gem Nr 2300 VV (Rahmen von 0,5 bis 2,5) beanspruchen und er erhielt bis zum 31.7.2013 für die Tätigkeit im anschließenden Vorverfahren eine **zusätzliche Geschäftsgebühr** nach Nr 2301 VV-alt **mit** einem **verringerten Rahmen** von 0,5 bis 1,3, einer Mittelgebühr von 0,9 und einer Kappungsgrenze bei einer weder umfangreichen noch schwierigen Tätigkeit von 0,7.

41 **Ab dem 1.8.2013** erhält der Rechtsanwalt bei einer gegenstandswertbezogenen Vergütung für die Tätigkeit im Verwaltungsverfahren zunächst eine Geschäftsgebühr gem Nr 2300 VV (Rahmen von 0,5 bis 2,5, einer Mittelgebühr von 1,5 und einer Kappungsgrenze bei einer weder umfangreichen noch schwierigen Tätigkeit von 1,3) und für die Tätigkeit im anschließenden Vorverfahren kann er nunmehr eine **weitere Geschäftsgebühr** nach Nr 2300 VV mit demselben Rahmen beanspruchen. Auf die später entstandene Geschäftsgebühr im Vorverfahren wird gem Vorbemerkung 2.3 Abs 4 dann aber die **vorherige Geschäftsgebühr** zur Hälfte, max mit einem Gebührensatz von 0,75 **angerechnet.**

42 Die im Verwaltungsverfahren entstandene Geschäftsgebühr ist nicht erstattungsfähig (*HessLSG* Urt v 19.3.2008 – L 4 SB 51/07, NZS 2009, 533). Es fehlt hierfür an einer entsprechenden Rechtsgrundlage. Erstattungsfähig ist zwar die nachfolgend im Vorverfahren entstandene Geschäftsgebühr. Wenn sich wegen der vorangegangenen Tätigkeit im Verwaltungsverfahren für das Vorverfahren der Gebührenrahmen gem Nr 2401 VV-alt verringert, bzw wenn die zuvor entstandene Geschäftsgebühr nunmehr zur Hälfte anzurechnen ist, dann begünstigt dies die erstattungspflichtige Behörde, die jetzt geringere Gebühren erstatten muss, als bei erstmaliger anwaltlicher Vertretung im Widerspruchsverfahren. Dieser „Vorteil" der Behörde bleibt bestehen. Der Mandant schuldet dem Anwalt nur die volle Geschäftsgebühr für das Verwaltungsverfahren und die – ab dem 1.8.2013 durch Anrechnung – ermäßigte Geschäftsgebühr (Synergieeffekt für den Anwalt) für das Vorverfahren, die Behörde ist wiederum nur verpflichtet, die kraft Gesetzes entstandenen Gebühren der Höhe nach in dem Umfang zu erstatten, wie dies dem Grunde nach durch die Regelung in § 63 vorgesehen ist (vgl *BSG* Urt v 25.10.2010 – B 11 AL 24/08 R).

43 In den Fällen des **§ 116 Abs 2 BRAGO,** in denen eine gegenstandswertbezogene Vergütung erfolgte, kam auch nach der Rspr des *BSG* eine **Reduzierung** der Gebühren für das Vorverfahren **nicht** in Betracht (*BSG* SozR 1300 § 63 Nr 11). Für den Anwendungsbereich des RVG spielt diese Frage keine Rolle mehr.

44 Als der Höhe nach in der Regel erstattungsfähig wird die sogenannte „**Mittelgebühr**" anzusehen sein. Diese wird in normalen, durchschnittlich gelagerten Fällen, in denen die nach § 14 Abs 1 RVG (bislang § 12 Abs 1 BRAGO), der zusätzlich nunmehr auch das anwaltliche Haftungsrisiko als rahmenbildenden Faktor berücksichtigt, zu berücksichtigenden Merkmale alle von durchschnittlicher Art sind (*Madert/Hellstab* aaO § 1 Rz 25 mwN; *BSG* SozR 1300 § 63 Nr 4), beansprucht werden können. Die Mittelgebühr errechnet sich aus der Summe der Mindest- und der Höchstgebühr des Gebührenrahmens der Vergütung nach Nr 2302 VV bzw bis 31.7.2013 Nr 2400 bzw Nr 2401 VV (davor § 116 Abs 1 BRAGO), die dann anschließend durch zwei zu teilen ist. Bsp für Nr 2302 VV: 50 Euro + 640 Euro = 690 Euro : 2 = 345 Euro. Je nach dem, ob man mit der Rspr des *BSG* für das Vorverfahren im Anwendungsbereich der BRAGO eine Reduzierung des Gebührenrahmens annahm, ergab sich hieraus dann ein unterschiedlicher Betrag für die Mittelgebühr (50 Euro + 660 Euro = 710 Euro : 2 = 355 Euro als Mittelgebühr bei einem ungekürzten Gebührenrahmen; oder aber 33 Euro [= 50 Euro × 2/3] + 440 Euro [= 1300 Euro × 2/3] = 473 Euro : 2 = 236,50 Euro bei einem gekürzten Gebührenrahmen).

Das RVG sieht allerdings eine sogenannte **Kappungsgrenze** für die Bestimmung der angemessenen Vergütung vor, die dazu führt, dass in bestimmten Fällen auch die Mittelgebühr nicht verlangt werden kann. Unabhängig von der Gewichtung der sonstigen Kriterien des § 14 Abs 1 RVG kann eine höhere Gebühr als 300 Euro (bis 31.7.2013: 240 Euro bzw 120 Euro bei vorangegangener Tätigkeit im Verwaltungsverfahren) nur gefordert werden, wenn die Tätigkeit entweder **umfangreich oder schwierig** war und ansonsten auch die weiteren Kriterien des § 14 Abs 1 RVG eine entspr Vergütung rechtfertigen. Bei einer gegenstandswertbezogenen Vergütung erfolgt die Kappung durch eine Begrenzung des Gebührenrahmens auf maximal eine 1,3 Geschäftsgebühr (sowie bis zum 31.7.2013 auf eine 0,7 Geschäftsgebühr bei vorangegangener Tätigkeit im Verwaltungsverfahren). **45**

In sozialrechtlichen Streitigkeiten über typische Dauerleistungen kann wegen der hohen wirtschaftlichen Bedeutung für den Widerspruchsführer ein Überschreiten der Mittelgebühr (*BSG* SozR 3-1930 § 116 Nr 4) bis hin zur Höchstgebühr (*LSG RhPf* NZS 1998, 207) gerechtfertigt sein. Der Anwalt wird nunmehr aber zusätzlich den besonderen Umfang oder die besondere Schwierigkeit seiner Tätigkeit darlegen müssen. Dies sollte bereits unaufgefordert in dem Kostenerstattungsantrag geschehen. **46**

Im Übrigen hängt bei einem **Überschreiten der** von einem Dritten zu erstattenden **angemessenen Gebühr** die Erstattungsfähigkeit davon ab, ob hinsichtl der Überschreitung die Grenze der Unbilligkeit überschritten wird (§ 14 Abs 1 Satz 4 RVG bzw bislang § 12 Abs 1 2 BRAGO). Nach hM wird erst bei einer Abweichung um mehr als 20 % eine Unbilligkeit angenommen (vgl *BSG* SozR 1300 § 63 Nr 4 mwN; *Gerold/Schmidt-Madert* aaO § 12 Rz 9; aA der 9a-Senat des *BSG* SozR 1300 § 63 Nr 2 und Urt v 26.2.1992 – 9 a RVs 3/90, nv). **47**

Die Frage, ob die Billigkeitsgrenze von 20 % dazu führen kann, dass eine Gebühr in Höhe der Mittelgebühr letztlich nie zu beabstanden ist, weil damit die Kappungsgrenze für Tätigkeiten, die weder umfangreich noch schwierig waren, nicht um mehr als 20 % überschritten wird, wurde zunächst uneinheitlich beantwortet. Der 9. Senat des *BGH* hatte dies jedenfalls in dem Beschluss vom 13.1.2011 – IX ZR 110/10, NJW 2011, 1603 so gesehen. Der 6. Senat des *BGH* hat in den Beschlüssen vom 8.5.2012 – VI ZR 273/11, VersR 2012, 1056 sowie vom 5.2.2013 – VI ZR 195/12, aber zutreffend klargestellt, dass die Überschreitung der Kappungsgrenze an gesetzlich festgelegte Merkmale (umfangreich oder schwierig) geknüpft ist und dass diese Merkmale nicht durch die Toleranzgrenze von 20 % ersetzt werden können. **48**

Hatte ein RA im Vorverfahren an der **Erledigung** der Rechtssache wesentlich mitgewirkt, war die angemessene Rahmengebühr des Bevollmächtigten innerhalb des nach § 116 Abs 4 BRAGO **um 50 % erhöhten Gebührenrahmens** zu ermitteln (*BSG* SozR 1300 § 63 Nr 3; *BSG* SozR 3-1930 § 116 Nr 7; *BSG* SozR 3-1930 § 116 Nr 9). Voraussetzung für eine solche Erhöhung ist, dass der Rechtsanwalt über das bloße Betreiben des Verfahrens hinaus einen eigenen Beitrag zur Erledigung i. v. § 24 BRAGO geleistet hat (*BSG* Beschl v 22.2.1993 – 14 b/4 Reg 12/91, nv). Es mussten die Voraussetzungen des § 24 BRAGO vorliegen, lediglich hinsichtlich der Rechtsfolgen galt statt § 24 BRAGO die Vorschrift des § 116 Abs 4 BRAGO. **49**

50 Im Anwendungsbereich des RVG gilt die Erhöhung des Vergütungsanspruches für den Fall der anwaltlichen Mitwirkung an der Erledigung fort. Der Begriff der Erledigung ist in Nr 1002 VV definiert, die Rechtsfolge ergibt sich für den Anwendungsbereich der Betragsrahmengebühren aus Nr 1005 VV, wonach im Falle der Erledigung eine zusätzliche Erledigungsgebühr in Höhe der Geschäftsgebühr bzw bis zum 31.7.2013 mit einem Rahmen von 40 bis 520 Euro entsteht. Ab dem 1.8.2013 wird man wegen des geänderten Wortlautes in Nr 1005 VV davon ausgehen müssen, dass die konkrete Höhe der Erledigungsgebühr nunmehr der Höhe der in der Angelegenheit entstandenen Geschäftsgebühr entspricht, während zuvor für die Erledigungsgebühr in Nr 1005 VV ausdrücklich ein Gebührenrahmen genannt war, der nach den Kriterien des § 14 RVG auszufüllen war. Bei einer gegenstandswertbezogenen Vergütung entsteht für die Mitwirkung bei der Erledigung gem Nr 1200 eine zusätzl Erledigungsgebühr iHv 1,5.

51 Entsprechendes gilt auch für den Fall, dass das Vorverfahren durch einen **Vergleich**, an dessen Abschluss der Bevollmächtigte mitgewirkt hat, beendet wird. Im Anwendungsbereich der BRAGO erhöht sich die Gebührenrahmen um 50 % und im Anwendungsbreich des RVG entsteht nach Nr 1005 iVm Nr 1000 VV eine zusätzliche Einigungsgebühr in Höhe der Geschäftsgebühr bzw bis zum 31.7.2013 mit einem Rahmen von 40 bis 520 Euro. Bei einer gegenstandswertbezogenen Vergütung entsteht für die Mitwirkung bei einem Vergleich gem Nr 1000 eine zusätzl Einigungsgebühr iHv 1,5.

52 Die im Teil 3 des VV, der die Vergütung für die Tätigkeit im gerichtlichen Verfahren regelt, verankerte Terminsgebühr kann auch im Vorverfahren entstehen und dann erstattungsfähig sein. Gem der Vorbemerkung 3 Abs 3 Satz 1 iVm Satz 3 Nr 3 VV entsteht die **Terminsgebühr** auch für die Wahrnehmung von **außergerichtlichen** Terminen und **Besprechungen, die auf** die **Vermeidung** oder Erledigung **des Verfahrens gerichtet** sind. Hieraus folgt, dass ein gerichtliches Verfahren **noch nicht anhängig sein muss,** da ja bereits die Besprechung, durch die ein Gerichtsverfahren vermieden werden soll, die Terminsgebühr entstehen lässt. Nach Auffassung des BGH ist aber Voraussetzung für die Entstehung der Terminsgebühr, dass der Rechtsanwalt, der im laufenden Widerspruchsverfahren eine Besprechung führt, zu diesem Zeitpunkt bereits einen Prozessauftrag für den Fall der Erfolglosigkeit des Widerspruchsverfahrens hat, da die Besprechung ein gerichtlichliches Verfahren nicht vermeiden kann, wenn ein solches gar nicht geführt werden soll (*BGH* Beschl v 8.2.2007 – IX ZR 215/05; Beschl v 1.7.2010 – IX ZR 198/09). Dieses Erfordernis eines bereits bestehenden unbedingten Prozessauftrages lässt sich mit dem Wortlaut der Vorbemerkung 3 Abs 3 allerdings nicht zwingend in Einklang bringen.

4. Absatz 3

4.1. „Kostenentscheidung"

53 § 63 Abs 3 Satz 1 unterscheidet zunächst zwischen der eigentlichen Kostenentscheidung, die auch als **Kostengrundentscheidung** bezeichnet wird und der Kostenfestsetzung. Die Kostenentscheidung ergeht in der Form eines VA (§ 32) und hat dem Grunde nach (Kostengrundentscheidung) zu regeln, **ob** dem Widerspruchsführer seine Aufwendungen ganz oder teilweise **zu erstatten** sind.

54 Ist der Widerspruchsführer durch einen Bevollmächtigten vertreten worden, so hat die Kosten(Grund)entscheidung darüber hinaus zu regeln, **ob** die **Zuziehung** eines Bevollmächtigten **notwendig** war.

Diejenige Beh bzw der Ausschuss oder Beirat, der über den Widerspruch ent- **55**
scheidet, hat **von Amts wegen** auch die Kostengrundentscheidung zu treffen.
Enthält der Widerspruchs- oder Abhilfebescheid keine Kostenentscheidung,
kann diese nachgeholt werden.

4.2. „Setzt den Betrag fest"

Mit der **Kostenfestsetzung** wird entschieden, **in welcher Höhe** ggf Aufwendun- **56**
gen zu erstatten sind. Im Unterschied zur Kostengrundentscheidung erfolgt die
Kostenfestsetzung nicht von Amts wegen sondern **nur auf Antrag.**

Auch wenn ein Ausschuss oder Beirat die Kostengrundentscheidung getroffen **57**
hat, erfolgt die Kostenfestsetzung stets durch die Beh, bei der der Ausschuss
oder Beirat gebildet ist.

Ein **Antrag** des Anwaltes könnte danach wie folgt lauten: **58**

▶ Ich beantrage, meine Hinzuziehung im Vorverfahren für notwendig zu erklären.
(Es folgt ggf eine kurze Begründung.) Des Weiteren beantrage ich, die meinem
Mandanten durch meine Tätigkeit im Vorverfahren entstandenen Kosten nach
Maßgabe der beiliegenden Vergütungsrechnung zu erstatten und den dort aus-
gewiesenen Betrag an meinen Mandanten auf dessen Konto … / auf eines meiner
Konten unter Angabe des obigen Aktenzeichens zu erstatten. (Es folgt als Anlage
eine den Vorgaben des RVG entsprechende Vergütungsrechnung.) ◀

4.3. Rechtsmittel

Da sowohl die **Kostenentscheidung** als auch die **Kostenfestsetzung** in der **59**
Rechtsform eines VA erfolgen, sind beide Entscheidungen anfechtbar.

Erfolgt die Kostenentscheidung mit dem Widerspruchsbescheid, kann diese **60**
selbstständig mit der Klage auch dann angefochten werden, wenn die in der Sache ergangene Widerspruchsentscheidung nicht angefochten wird. Erfolgt hingegen die Kostenentscheidung in einem Abhilfebescheid, dann ist diese mit dem
Widerspruch anfechtbar (*Krasney* aaO § 63 Rz 32).

Wird gegen die Kostenentscheidung in einem isolierten Vorverfahren Klage er- **61**
hoben, ist die Berufung nicht nach § 144 Abs 4 SGG ausgeschlossen (*BSG*
SozR 3-1500 § 144 Nr 13).

4.4. Verzinsung und Verjährung

Der Erstattungsanspruch für die Aufwendungen im Vorverfahren ist **nicht zu** **62**
verzinsen (*BSG* SozR 1300 § 63 Nr 9). Die **Verjährung** des Kostenerstattungs-
anspruches tritt entspr § 45 SGB I nach Ablauf von **4 Jahren** ein, da der Kostenerstattungsanspruch einen jedenfalls idR einen Anspr auf eine Sozialleistung,
über den im Vorverfahren gestritten wurde, voraussetzt und dementsprechend
verjährungsrechtlich als Annex zum Sozialleistungsanspruch nach § 45 SGB I
zu sehen ist.

Sechster Abschnitt Kosten, Zustellung und Vollstreckung

§ 64 Kostenfreiheit

(1) [1]Für das Verfahren bei den Behörden nach diesem Gesetzbuch werden keine Gebühren und Auslagen erhoben. [2]Abweichend von Satz 1 erhalten die Träger der gesetzlichen Rentenversicherung für jede auf der Grundlage des § 74 a Abs. 2 Satz 1 erteilte Auskunft eine Gebühr von 10,20 Euro.

(2) [1]Geschäfte und Verhandlungen, die aus Anlass der Beantragung, Erbringung oder der Erstattung einer Sozialleistung nötig werden, sind kostenfrei. [2]Dies gilt auch für die im Gerichts- und Notarkostengesetz bestimmten Gerichtskosten. [3]Von Beurkundungs- und Beglaubigungskosten sind befreit Urkunden, die

1. in der Sozialversicherung bei den Versicherungsträgern und Versicherungsbehörden erforderlich werden, um die Rechtsverhältnisse zwischen den Versicherungsträgern einerseits und den Arbeitgebern, Versicherten oder ihren Hinterbliebenen andererseits abzuwickeln,
2. Im Sozialhilferecht, im Recht der Grundsicherung für Arbeitsuchende, im Recht der Grundsicherung im Alter und bei Erwerbsminderung, im Kinder- und Jugendhilferecht sowie im Recht der Kriegsopferfürsorge aus Anlass der Beantragung, Erbringung oder Erstattung einer nach dem Zwölften Buch, dem Zweiten und dem Achten Buch oder dem Bundesversorgungsgesetz vorgesehenen Leistung benötigt werden,
3. im Schwerbehindertenrecht von der zuständigen Stelle im Zusammenhang mit der Verwendung der Ausgleichsabgabe für erforderlich gehalten werden,
4. im Recht der sozialen Entschädigung bei Gesundheitsschäden für erforderlich gehalten werden,
5. im Kindergeldrecht für erforderlich gehalten werden.

(3) [1]Absatz 2 Satz 1 gilt auch für gerichtliche Verfahren, auf die das Gesetz über das Verfahren in Familiensachen und in den Angelegenheiten der freiwilligen Gerichtsbarkeit anzuwenden ist. [2]Im Verfahren nach der Zivilprozessordnung, dem Gesetz über das Verfahren in Familiensachen und in den Angelegenheiten der freiwilligen Gerichtsbarkeit sowie im Verfahren vor Gerichten der Sozial- und Finanzgerichtsbarkeit sind die Träger der Sozialhilfe, der Grundsicherung für Arbeitsuchende, der Leistungen nach dem Asylbewerberleistungsgesetz, der Jugendhilfe und der Kriegsopferfürsorge von den Gerichtskosten befreit; § 197 a des Sozialgerichtsgesetzes bleibt unberührt.

Literatur:

Dahm: Die Bedeutung der Kostenfreiheit nach § 64 Abs. 2 Satz 1 und 2 SGB X, WzS 2009, 308; *Hees/Rammert:* Kostenerstattung bei Sozialhilfebetrug – Durchbrechung des Grundsatzes der Kostenfreiheit gemäß § 64 SGB 10, NVwZ 2005, 1031; *Groth:* Gerichtskostenfreiheit von Sozialhilfe- und Grundsicherungsträgern im sozialgerichtlichen Verfahren, SGb 2007, 536; *Gühlstorf:* Kostenfreiheit des Sozialleistungsträgers bei streitigen Verfahren vor den ordentlichen Gerichten nach der ZPO, ZfF 2006, 57; *Pickel:* Kosten, Zustellung und Vollstreckung im Verwaltungsverfahren, SGb 1995, 12.

1. Allgemeines

§ 64 fasst die verschiedenen Kostenvorschriften des Sozialrechts ohne wesentlichen neuen Regelungsinhalt zusammen. Ausweislich der Gesetzesmaterialien lag dem § 64 SGB X die Vorschrift des § 118 BSHG (idF bis 1980) als Vorbild zugrunde (vgl BT-Drucks 8/2034, 36). § 118 Abs 1 Hs 1 BSHG aF, der mit § 64 Abs 2 Satz 1 SGB X weitgehend wörtlich übereinstimmt, erstreckte die in ihm geregelte Kostenfreiheit auf die Geschäfte und Verhandlung von Behörden aller Verwaltungen, insbesondere auch der inneren Verwaltung. Eine entsprechend umfassende Regelung im allgemeinen Verwaltungsverfahren gibt es nicht. Auch die dem sozialrechtlichen Verwaltungsverfahren sich anschließenden Klageverfahren sind grundsätzlich kostenfrei (§§ 183 SGG, 188 Satz 2 VwGO).

Grund der Kostenfreiheit ist, dass ein Beteiligter nicht aus Kostengründen die Beantragung von Sozialleistungen oder sonstige Inanspruchnahme der Sozialbehörden unterlassen soll. Grundlage ist das im Grundgesetz verankerte Sozialstaatsprinzip (Art 20 Abs 1) und dem daraus abgeleiteten § 2 Abs 2 Hs 2 SGB I, wonach sicherzustellen ist, dass die sozialen Rechte möglichst weitgehend verwirklicht werden.

2. Regelungsinhalt

2.1. Allgemeiner Befreiungstatbestand, Abs 1

Die Kostenfreiheit gilt für Verfahren bei den unter das SGB fallenden **Behörden** iSd § 1 Abs 2 SGB X. Das sind in erster Linie die Sozialversicherungs- und Sozialhilfeträger und die Versorgungsämter bzw die entsprechenden Ämter. **Verfahren** iS des Abs 1 ist nicht nur das Verwaltungsverfahren nach § 8 SGB X einschl des Widerspruchsverfahrens, sondern auch schlichtes Handeln der Verwaltung wie Beratung und Auskunftserteilung, nicht jedoch das gerichtliche Verfahren (*BVerwG* 30.9.2010 – 5 KSt 4/10, nv). Nach dem *LSG RhPf* (26.5.2011 – L 1 AY 16/10, nv) besteht eine Kostenfreiheit auch für Verfahren nach dem AsylbLG in analoger Anwendung des § 64 Abs 1. Die Freistellung nach § 64 Abs 1 bezieht sich auf **Gebühren**, also finanzielle Gegenleistungen für die Vornahme von Amtshandlungen und **Auslagen** wie Aufwandsersatz für im Zusammenhang mit der Inanspruchnahme anfallende Kosten (Porto, Schreibgebühren, Fahrtkosten). Soweit der Grundsatz der Kostenfreiheit zum Tragen kommt, können auch nicht durch Satzung Gebühren erhoben oder Auslagen erstattet verlangt werden (*SächsLSG* 23.11.2011 – L 6 SB 34/11, ZFSH/SGB 2012, 296). **Ausnahmen** enthalten §§ 7 (Amtshilfe), 19 Abs 2 Satz 3 (Kosten einer Übersetzung), 25 Abs 5 Satz 3 (Abschriften und Ablichtungen) und § 98 Abs 2 Nr 4 SGB V (Kosten der Ausschüsse dort). Eine weitere Ausnahme enthält die Vorschrift seit 2013 in ihrem Abs 1 Satz 2 selbst für Auskünfte der Rentenversicherungsträger nach § 74 a SGB X.

2.2. Besondere Kostenbefreiungen, Abs 2

Abs 2 dehnt die Kostenfreiheit im Bereich des Sozialrechts auf die Inanspruchnahme von Behörden aus, die nicht dem SGB unterliegen (*VG Koblenz* 16.2.2009 – 3 K 1184/08.KO, nv). Diese Regelung gilt nicht nur für die Rechtsbeziehungen zwischen Bürger und Sozialleistungsträger, sondern gleichfalls im Verhältnis von Sozialleistungsträgern zu anderen Behörden, und zwar auch zu solchen, deren Verwaltungstätigkeit wie im Fall der Zulassungsstellen nicht nach dem Sozialgesetzbuch ausgeübt wird (*BVerwG* 18.12.1987 – 7 C 95/86, E 78, 363; *OLG LSA* 27.1.2011 – 2 Wx 42/10, nv). Eine gemeinsame Einrichtung der Tarifvertragsparteien des Baugewerbes ist keine Sozialleistungsträgerin in diesem Sinne und daher auch nicht gemäß § 64 Abs 2 Satz 1 von den Kosten für die Erteilung von Auskünften aus dem Gewerberegister befreit (*SächsOVG* 9.3.2012 – 3 A 185/10, nv). Die Begriffe **Geschäfte und Verhandlungen** iSd Abs 2 **Satz 1** sind weit auszulegen (*BVerwG* aaO; *OLG Hamm* 19.2.2008 – 15 VA 16/07, nv; *OVG NRW* 27.4.2011 – 9 A 1174/08, nv; Feddern in jurisPK-SGB X § 64 Rz 33). Beispiele sind zB Auskünfte von Einwohnermeldeämtern, Gemeindeverwaltungen (*BVerwG* 26.6.1987 – 8 C 70/85, BVerwGE 77, 364) und Kfz-Zulassungsstellen (*BVerwG* 18.12.1987 – 7 C 95/86, BVerwGE 78, 363). Die Gebührenfreiheit nach § 64 Abs 2 Satz 1 SGB X steht einem Beteiligten aber nicht zu, wenn er ein aus seiner Sicht nicht ertragsreiches Grundstück veräußert, um anschließend Sozialhilfe in Anspruch nehmen zu können, weil dies zur Stellung eines Sozialhilfeantrags erforderlich ist (*OLG Hamm* 2.12.2011 – I-15 W 321/10, nv).

5 Abs 2 **Satz 2** bestimmt ausdrücklich die Kostenfreiheit auch für **Gerichtskosten** nach dem **GNotKG**. Erfasst werden davon die Kosten der freiwilligen Gerichtsbarkeit, die im Zusammenhang mit der Beantragung, Erbringung oder Erstattung von Sozialleistungen entstehen (s auch Rz 7 f), zB Grundbuch-, Register-, Nachlass- (zB die Erwirkung eines Erbscheins, *Dahm* WzS 2009, 309) und Teilungssachen sowie Personenstandsangelegenheiten. Auch die Eintragung und Löschung von Grundbucheintragungen kann unter die Kostenfreiheit der Norm fallen (Beispiele s *Dahm* aaO). Voraussetzung ist aber stets, dass, auch bei der gebotenen weiten Auslegung, in den Verfahren Sozialleistungen (§ 11 Satz 1 SGB I) geltend gemacht werden oder diese damit im Zusammenhang stehen (so *OLG Düsseldorf* 30.8.1994 – 10 W 99/94, MDR 1995, 102: keine Kostenprivilegierung, wenn ein Kraft Gesetzes übergegangener bürgerlich-rechtlicher Schadensersatzanspruch geltend gemacht wird; *OLG Karlsruhe* 17.5.1989 – 11 W 59/89, nv: Zusammenhang zur Rückzahlung zuviel gezahlten Arzthonorars reicht nicht). **Notarkosten** hingegen unterfallen **nicht** der Befreiungsregelung des Abs 2 Satz 1.

6 Eine Sonderregelung für **Beurkundungs- und Beglaubigungskosten** von Urkunden enthält Abs 2 **Satz 3** in seinen Nr 1–5, soweit nicht bereits von den Sätzen 1 und 2 erfasst (zu Einzelheiten der Beglaubigung vgl auch §§ 29, 30). **Notarkosten** werden zwar unmittelbar nicht von dieser Vorschrift erfasst. Gemäß Vorbem 2 Abs 2 Satz 2 in Anlage 1 zu § 3 Abs 2 GNotKG gilt allerdings die in § 64 Abs 2 Satz 3 Nr 2 bestimmte Gebührenfreiheit auch gegenüber dem Notar, außer in den Fällen der Kostenerstattung zwischen den Trägern der Sozialhilfe. Nur mittelbar mit der Beurkundung oder Beglaubigung anfallende Gebühren fallen nicht unter die Befreiung (*LG Aachen* 26.2.1988 – 3 T 316/87, nv).

2.3. Gerichtskostenfreiheit, Abs 3

7 Satz 1 erstreckt die Kostenfreiheit des Abs 2 Satz 1 auch auf die **gerichtlichen Verfahren,** auf die das Gesetz über das Verfahren in Familiensachen und in den Angelegenheiten der freiwilligen Gerichtsbarkeit (**FamFG**) anzuwenden ist. Durch das Gesetzt vom 17.12.2008 (FGG-Reformgesetz, BGBl I 2008, 2586) war Satz 1 mWv 1.9.2009 auf Verfahren nach dem FamFG, dass ua das FGG ersetzt hat, ergänzt worden.

8 Satz 2 enthält eine **Gerichtskostenbefreiung** für Träger der Sozial- und Jugendhilfe, der Grundsicherung für Arbeitssuchende und der Leistungen nach dem Asylbewerberleistungsgesetz sowie der Kriegsopferfürsorge. **Nicht erfasst** werden von dem Befreiungstatbestand die **Sozialversicherungsträger** (vgl hier: *LG*

Lüneburg 25.1.1982 – 4 T 32/82, nv; *OLG Düsseldorf* 22.7.1981 – 3 W 142/81, nv). Die Gerichtskostenbefreiung erstreckt sich auf Verfahren vor den **ordentlichen Gerichten**, den **Sozial-** und den **Finanzgerichten**. Nach einer Entscheidung des *ArbG Lörrach* (1.3.1989 – Ca 45/88, nv) gilt die sachliche Kostenfreiheits-Regelung des § 64 Abs 3 Satz 2 für Verfahren nach der ZPO auch für Verfahren vor den **Arbeitsgerichten**. Die Änderung in § 64 Abs 3 Satz 2 SGB X zum 1.9.2009 durch das FGG-Reformgesetz vom 17.12.2008 (Rz 7), mit dem die Vorschrift um Verfahren nach dem FamFG ergänzt wurde, sollte klarstellen, dass auch künftig die Träger der Sozial- und Jugendhilfe in selbstständigen Familienstreitsachen, die dem Zweck der Geltendmachung von Unterhaltsansprüchen aus übergegangenem Recht dienen (§ 94 SGB XII, § 7 Uh-VorschG), von den Gerichtskosten befreit sind (BR-Drucks 309/07, 829 zu Art 106). Für Verfahren vor den **Verwaltungsgerichten** bestimmt § 188 Satz 2 **VwGO** die (umfassende) Kostenfreiheit, und zwar auch für die öffentliche Hand (*BVerwG* 22.10.1976 – VI C 36.72, BVerwGE 51, 211, 215). Mit Abs 3 letzter Hs hat der Gesetzgeber klargestellt, dass das Kostenprivileg des Satzes 2 nicht für den Kreis der Beteiligten gilt, der in § 197a SGG genannt wird. Damit bezieht sich ua die Kostenfreiheit der Träger der Grundsicherung für Arbeitsuchende nur auf die Pauschgebührenpflicht des § 184 SGG, Verfahren in Erstattungsstreitigkeiten zwischen Sozialleistungsträgern werden von der Kostenfreiheit nicht erfasst sind, soweit nicht wiederum eine Gebührenbefreiung nach § 2 GKG eingreift (*SächsLSG* 5.2.2013 – L 5 R 340/11, nv; Roos in v Wulffen SGB X § 64, Rz 18 d unter Bezugnahme auch auf: BT-Drucks. 15/3867, 3).

§ 65 Zustellung

(1) [1]Soweit Zustellungen durch Behörden des Bundes, der bundesunmittelbaren Körperschaften, Anstalten und Stiftungen des öffentlichen Rechts vorgeschrieben sind, gelten die §§ 2 bis 10 des Verwaltungszustellungsgesetzes. [2]§ 5 Abs. 4 des Verwaltungszustellungsgesetzes und § 178 Abs. 1 Nr. 2 der Zivilprozessordnung sind auf die nach § 73 Abs. 6 Satz 3 und 4 des Sozialgerichtsgesetzes als Bevollmächtigte zugelassenen Personen entsprechend anzuwenden. [3]Diese Vorschriften gelten auch, soweit Zustellungen durch Verwaltungsbehörden der Kriegsopferversorgung vorgeschrieben sind.

(2) Für die übrigen Behörden gelten die jeweiligen landesrechtlichen Vorschriften über das Zustellungsverfahren.

Literatur:

App: Das Zustellungsverfahren der Sozialversicherungsträger und -behörden sowie der Sozialgerichte, SGb 1996, 366; *App:* Die öffentliche Zustellung im Verwaltungsverfahren nach dem Sozialgesetzbuch, ZfSH/SGB 1996, 16; *App:* Überblick über die Zustellung eines Verwaltungsakts an einen Bevollmächtigten, SGb 1996, 12; *Engelhardt/App:* Verwaltungs-Vollstreckungsgesetz, Verwaltungszustellungsgesetz, Kommentar, 8. Aufl, 2008; Köhler: Die elektronische Zustellung von Verwaltungsakten durch De-Mail, SdL 2012, 214; *Pickel:* Kosten, Zustellung und Vollstreckung im Verwaltungsverfahren, SGb 1995, 12.

1. Allgemeines

1 **Zustellung** ist die Bekanntgabe eines schriftlichen oder elektronischen Dokuments in der im VwZG bestimmten Form (§ 2 Abs 1 VwZG). Die Zustellung ist damit kein aliud zur Bekanntgabe, sondern umfasst diese (*Phillip* in Giese SGB X § 65 Rz 5.4 mwN). Die Zustellung wird durch einen Erbringer von Postdienstleistungen (zB Post) oder durch die Behörde ausgeführt. Daneben gelten die in den §§ 9 und 10 geregelten Sonderarten der Zustellung, § 2 Abs 2 VwZG. Die zustellende Behörde hat dabei die Wahl zwischen den verschiedenen Zustellungsarten (§ 2 Abs 3 VwZG). § 65 regelt einheitlich für die in ihm genannten Verwaltungen das Zustellungsverfahren. Die Vorschrift steht im Zusammenhang mit § 37 Abs 5 SGB X. Das Zustellungsverfahren erfolgt, anders als in der entsprechenden Vorschrift für als Gerichtsverfahren in § 63 Abs 2 SGG bestimmt wird (Anhang Rz 70: dort ZPO), durch Verweisung auf die §§ 2–10 VwZG, die grundsätzlich auf die genannten Behörden Anwendung finden; für die übrigen Behörden gelten die jeweiligen landesrechtlichen Vorschriften (§ 65 Abs 2). Damit gelten im Sozialverfahren keine Sonderregelungen, sondern es wird auf das allgemeine Zustellungsrecht Bezug genommen.

2 §§ 3–5 a VwZG regeln die Arten der Zustellung, §§ 6–8 bestimmen gemeinsame Vorschriften für alle Zustellungsarten, § 9 regelt die Zustellung im Ausland und § 10 die öffentliche Zustellung.

3 Durch die Zustellung als förmlicher Akt der Bekanntgabe soll sichergestellt werden, dass der Adressat das Schriftstück oder das elektronische Dokument und die Behörde einen Nachweis über die Bekanntgabe erhält. Wann zuzustellen ist, regelt nicht § 65, sondern hierfür gelten Sonderregelungen.

2. Regelungsinhalt

2.1. Arten der Zustellung

2.1.1. § 3 VwZG

4 Soll durch die Post mit **Zustellungsurkunde** zugestellt werden, so übergibt nach § 3 VwZG die Behörde, die die Zustellung veranlasst, der Post den Zustellungsauftrag, das zuzustellende Dokument in einem verschlossenen Umschlag und einen vorbereiteten Vordruck einer Zustellungsurkunde. Weitere Einzelheiten sind in Abs 2 der Vorschrift geregelt und hier insbesondere die Verweisung auf die §§ 177–182 ZPO. Nach § 177 ZPO kann die Zustellung grundsätzlich an **jedem Ort** im Inland erfolgen, wo die Person angetroffen wird. §§ 178 ff ZPO sehen die Ersatzzustellung vor, wenn der Adressat nicht angetroffen wird (§ 178: Zustellung an andere Personen, § 180: Einlegung in Briefkasten, § 181: Niederlegung) oder dieser die Annahme verweigert (§ 179).

2.1.2. § 4 VwZG

5 Die Zustellung durch die Post mittels **eingeschriebenen Briefes** regelt § 4 VwZG. Die Norm sieht dabei **2 Möglichkeiten** dieser Zustellungsform vor, nämlich mittels Einschreiben **durch Übergabe oder** Einschreiben **mit Rückschein.**

6 Zum **Nachweis der Zustellung** dient beim Einschreiben der Rückschein. Im Übrigen gilt das Dokument am dritten Tag nach der Aufgabe zur Post als zugestellt (auch wenn dieser Tag auf einen Samstag, Sonntag oder Feiertag fällt –

BSG 19.3.1957 – 10 RV 609/56, BSGE 5, 53; s insb § 26 Rz 14), es sei denn, dass es nicht oder zu einem späteren Zeitpunkt zugegangen ist (Abs 2 Satz 1, 2); im Zweifel hat die Behörde den Zugang des Schriftstücks und den Zeitpunkt des Zugangs nachzuweisen. Der Tag der Absendung wird nicht mitgezählt. Der Tag der Aufgabe zur Post ist in den Akten zu vermerken (Abs 2 Satz 4 VwZG), ggf nachzuholen. Die Vermutung kann **nur für den Fall widerlegt** werden, dass das zuzustellende Schriftstück überhaupt nicht oder erst zu einem späteren Zeitpunkt zugegangen ist. Im Hinblick auf die für die Behörde grundsätzlich ungünstige Zweifelsregelung sollte diese bei wichtigen fristauslösenden Dokumenten daher eine Zustellungsart wählen, bei der die Zustellung und ihr Zeitpunkt nachgewiesen werden. Die Vorschrift ähnelt § 37 SGB X, der den Zeitpunkt der Bekanntgabe eines postalisch übermittelten VA regelt (s daher auch Kommentierung dort).

2.1.3. § 5 VwZG

Eine weitere Zustellungsart sieht § 5 VwZG durch **Empfangsbekenntnis** vor. Hierbei handelt es sich um eine finanziell sehr preisgünstige Zustellungsalternative, auf die zunehmend Gerichte im Rahmen des Abs 4 (iVm § 63 Abs 2 SGG) zurückgreifen. Bei der Zustellung durch Empfangsbekenntnis erhält der Empfänger bei Aushändigung des Schriftstücks oder anderer Zustellung (postalisch) gleichzeitig ein Empfangsbekenntnis, das er mit Datum und Unterschrift versieht. Bei der persönlichen Aushändigung nach § 5 Abs 1 vermerkt der aushändigende Bedienstete das Datum der Zustellung auf dem auszuhändigenden Schriftstück. An Behörden, Körperschaften und Anstalten des öffentlichen Rechts, Rechtsanwälte, Patentanwälte, Notare, Steuerberater, Steuerbevollmächtigte, Wirtschaftsprüfer, vereidigte Buchprüfer, Steuerberatungsgesellschaften, Wirtschaftsprüfungsgesellschaften und Buchprüfungsgesellschaften kann das Schriftstück auf jede Weise, auch elektronisch (s Abs 4 u 5, Rz 9), übermittelt werden; als Nachweis der Zustellung genügt dann das mit Datum – dieses allein bestimmt den Zustellungszeitpunkt (*BSG* 7.11.2000 – B 2 U 14/00 R, nv) – und Unterschrift versehene Empfangsbekenntnis, das an die Behörde zurückzusenden ist (§ 5 Abs 4 VwZG). Diese Regelung erweiterte § 65 Abs 1 Satz 2 auf die Verbandsvertreter. Berücksichtigt werden muss dabei allerdings, dass diese seit 1.7.2008 nicht mehr in § 73 Abs 6 SGG näher bestimmt werden. Die **Zustellung** ist zu dem Zeitpunkt **bewirkt**, zu dem der Empfänger von dem Zugang des zuzustellenden Schriftstücks Kenntnis erlangt und dieses mit der Bereitschaft annimmt, die Zustellung entgegenzunehmen. Der bloße Eingang eines gegen Empfangsbekenntnis zuzustellenden Widerspruchsbescheides beim Empfänger bedeutet noch keine Zustellung (*BSG* 21.12.2009 – B 14 AS 63/08 R, FEVS 61, 513 mwN aus der Rspr; *Engelhardt/Arp* VwVG – VwZG § 5 VwZG Rz 12). Das datierte und unterschriebene Empfangsbekenntnis erbringt als öffentliche Urkunde Beweis für die Entgegennahme des darin bezeichneten Schriftstücks als zugestellt und für den Zeitpunkt dieser Entgegennahme. Der Gegenbeweis der Unrichtigkeit der im Empfangsbekenntnis enthaltenen Angaben ist nach der übereinstimmenden Rechtsprechung der obersten Bundesgerichte zulässig; er ist nur geführt, wenn die von dem Empfangsbekenntnis ausgehende Beweiswirkung vollständig entkräftet und jede Möglichkeit ausgeschlossen ist, dass die Angaben des Empfangsbekenntnisses richtig sind.

Besonderheiten der Zustellung gegen Empfangsbekenntnis nach § 5 Abs 1 VwZG regeln die §§ 177 bis 178 ZPO: Sie kann an jedem Ort bewirkt werden, an dem der Empfänger angetroffen wird (§ 177 ZPO). Wird er in seiner Wohnung oder Geschäftsräumen nicht angetroffen, so kann es anderen in § 178 ZPO näher beschriebenen Personen übergeben werden. Der Grund, der die Ersatzzustellung rechtfertigt, ist dabei nach § 5 Abs 2 Satz 2 Nr 1 VwZG zu vermerken. Ist auch die Zustellung nach § 178 Abs 1 Nr 1 oder 2 ZPO nicht möglich, kann das Schriftstück gemäß § 180 ZPO in einen Briefkasten (auch außerhalb der Geschäftszeit, *BVerwG* 2.8.2007 – 2 B 20/07, NJW 2007, 3222) geworfen werden. Mit der Einlegung gilt das Schriftstück als zugestellt (§ 180 Satz 2 ZPO). Ist auch die Zustellung nach § 180 ZPO (neben §§ 178, 179 ZPO) nicht möglich, kann diese durch Niederlegung beim Amtsgericht nach § 181 ZPO erfolgen. Hinsichtlich der §§ 179 bis 181 ZPO sind die Nr 2 und 3 des § 5 Abs 2 Satz 2 VwZG zu beachten. Zu **bestimmten Zeiten** (Nachtzeit, Sonn- und Feiertagen) ist nur mit Erlaubnis des Behördenvorstandes eine Zustellung möglich (§ 5 Abs 3 VwZG).

2.1.4. Elektronische Zustellung, §§ 5 Abs 4-7, 5 a VwZG

9   § 36 a SGB I sieht die elektronische Kommunikation im SGB vor. § 5 Abs 4–7 VwZG regelt dabei die elektronische Zustellung gegen Empfangsbekenntnis, § 5 a VwZG die elektronische Zustellung gegen Abholbestätigung über De-Mail-Dienste. Die **elektronische Zustellung gegen Empfangsbekenntnis** kann an die in § 5 Abs 4 genannten Stellen (Rz 7) erfolgen, darüber hinaus nach § 5 Abs 5 an andere, soweit diese hierfür einen Zugang eröffnen. Ob ein Zugang eröffnet worden ist, richtet sich im Einzelfall nach der Verkehrsanschauung, die sich mit der Verbreitung elektronischer Kommunikationsmittel fortentwickelt. Zum Schutz Privater soll derzeit bei Bürgern (anders als bei Firmen oder Rechtsanwälten) in der Regel nur dann von einer Zugangseröffnung ausgegangen werden, wenn gegenüber der Behörde die Bereitschaft zur elektronischen Verfahrensabwicklung erklärt wird (BT-Drucks 16/10844, 7; vgl auch Feddern in jurisPK SGB X § 65 Rz 33). Bei der Übermittlung sind die Formerfordernisse des § 5 Abs 5-7 VwZG zu beachten.

10   Durch den seit 3.5.2011 eingefügten § 5 a VwZG ist eine weitere Möglichkeit der elektronischen Zustellung über De-Mail-Dienste eröffnet worden. **De-Mail** ist der Name eines auf E-Mail-Technik beruhenden Kommunikationsmittels zur sicheren, vertraulichen und nachweisbaren Kommunikation im Internet, für die sich eine gesetzliche Grundlage im De-Mail-Gesetz vom 28.4.2011 findet. § 5 a sieht die elektronische Zustellung in dieser Form über die nach § 17 des De-Mail-Gesetzes akkreditierten Dienstanbieter gegen Abholbestätigung nach § 5 Abs 9 des De-Mail-Gesetzes in seinem Abs 1 vor und beschreibt in den Abs 2-4 nähere Einzelheiten.

2.2. Gemeinsame Vorschriften

2.2.1. §§ 6, 7 VwZG

11   Bei **Geschäftsunfähigen, beschränkt Geschäftsfähigen** und Personen, für die **ein Betreuer bestellt ist,** wird nicht persönlich an diese, sondern an ihre gesetzlichen Vertreter bzw Betreuer, soweit der Aufgabenbereich des Betreuers reicht, zugestellt (§ 6 VwZG). Gibt es mehrere gesetzliche Vertreter, reicht die Zustellung an einen von ihnen (§ 6 Abs 3 VwZG); für die schriftliche Bekanntgabe durch Aufgabe eines Briefes zur Post gilt nichts anderes (*BSG* 13.11.2008 – B 14 AS 2/08 R, SozR 4-4200 § 9 Nr 7).

12   Bei **Behörden** wird an den Behördenleiter, ua bei **juristischen Personen** an ihren gesetzlichen Vertreter zugestellt (Abs 2).

Ist ein **Bevollmächtigter** bestellt, so **kann** die Behörde an ihn zustellen (§ 7 **Abs** **13** **1 Satz 1 VwZG**). Sie **muss** dies tun, wenn er eine **schriftliche Vollmacht** vorgelegt hat (§ 7 Abs 1 Satz 2 VwZG). Einem Zustellungsbevollmächtigten mehrerer Beteiligter sind so viele Ausfertigungen oder Abschriften zuzustellen, als Beteiligte vorhanden sind (§ 8 Abs 2 VwZG).

2.2.2. § 8 VwZG

Lässt sich die formgerechte Zustellung eines Schriftstücks nicht nachweisen **14** oder sind zwingende Zustellungsvorschriften verletzt worden, kann gem § 8 **Abs 1 VwZG** dieser Mangel **geheilt** werden. Das Schriftstück gilt danach in dem Zeitpunkt als zugestellt, in dem es der Empfangsberechtigte nachweislich erhalten hat.

2.3. Sonderarten der Zustellung

2.3.1. § 9 VwZG

Die Zustellung im **Ausland** hat sich durch die Neufassung des § 9 vom **15** 12.8.2005 erheblich erleichtert. Notwendig danach ist nicht mehr die umständliche Zustellung auf diplomatischem Wege, sondern es ist nach Abs 1 Nr 1 auch die Zustellung durch Einschreiben mit Rückschein (was innerhalb der EG nach der Rspr des *BSG* 19.6.1975 – 8 RU 25/73, NJW 1975, 2162 auch bisher zulässig war) und nach Nr 4 durch Übermittlung elektronischer Daten nach § 5 Abs 5 möglich, soweit dies und die Zustellung von Dokumenten unmittelbar durch die Post völkerrechtlich zulässig ist. Die Zustellung auf diplomatischem Wege regeln weiterhin die Nr 2 und 3. Danach wird auf Ersuchen der zuständigen Behörde des fremden Staates oder in diesem Staat befindlichen konsularischen oder diplomatischen Vertretungen des Bundes zugestellt (Nr 2). Im Übrigen kann durch zwischenstaatliches Abkommen eine Regelung getroffen werden. Zur Bestellung eines Empfangsbevollmächtigten vgl § 9 Abs 3 VwZg und § 63 Abs 3 SGG.

2.3.2. § 10 VwZG

Ist ua der **Aufenthaltsort** des Empfängers eines Schriftstücks **unbekannt**, kann **16** durch **öffentliche Bekanntmachungen** gemäß § 10 **VwZG** zugestellt werden. Davon darf allerdings erst Gebrauch gemacht werden, wenn der Aufenthaltsort trotz Durchführung der gebotenen Nachforschungen nicht ermittelt werden kann (zB Anfrage Einwohnermeldeamt). Sie ist erst zulässig, wenn alle anderen Möglichkeiten, dem Empfänger nachweislich Schriftstücke zuzuleiten, fehlgeschlagen sind. Korrespondiert etwa ein Gericht mit einem Beteiligten über ein Postfach, ist es erforderlich, ihn vor einer öffentlichen Zustellung etwa einer Ladung zur mündlichen Verhandlung nochmals über das Postfach aufzufordern, eine Anschrift mitzuteilen oder einen Zustellungsbevollmächtigten zu benennen, an den Schriftstücke zugestellt werden können (*SächsLSG* 15.10.2008 – L 1 P 10/07). Das zuzustellende Schriftstück ist zur öffentlichen Bekanntmachung an der Stelle auszuhängen, die von der Behörde hierfür allgemein bestimmt ist (Abs 2 Satz 1) oder statt des Schriftstücks kann auch eine Benachrichtigung im Bundesanzeiger oder im elektronischen Bundesanzeiger erfolgen (Abs 2). Die Einzelheiten regeln die Sätze 2 ff in Abs 2 der Vorschrift.

§ 66 Vollstreckung

(1) [1]Für die Vollstreckung zugunsten der Behörden des Bundes, der bundesunmittelbaren Körperschaften, Anstalten und Stiftungen des öffentlichen Rechts gilt das Verwaltungs-Vollstreckungsgesetz. [2]In Angelegenheiten des § 51 des Sozialgerichtsgesetzes ist für die Anordnung der Ersatzzwangshaft das Sozialgericht zuständig. [3]Die oberste Verwaltungsbehörde kann bestimmen, dass die Aufsichtsbehörde nach Anhörung der in Satz 1 genannten Behörden für die Vollstreckung fachlich geeignete Bedienstete als Vollstreckungsbeamte und sonstige hierfür fachlich geeignete Bedienstete dieser Behörde als Vollziehungsbeamte bestellen darf; die fachliche Eignung ist durch einen qualifizierten beruflichen Abschluss, die Teilnahme an einem Lehrgang einschließlich berufspraktischer Tätigkeit oder entsprechende mehrjährige Berufserfahrung nachzuweisen. [4]Die oberste Verwaltungsbehörde kann auch bestimmen, dass die Aufsichtsbehörde nach Anhörung der in Satz 1 genannten Behörden für die Vollstreckung von Ansprüchen auf Gesamtsozialversicherungsbeiträge fachlich geeignete Bedienstete

1. der Verbände der Krankenkassen oder
2. einer bestimmten Krankenkasse

als Vollstreckungsbeamte und sonstige hierfür fachlich geeignete Bedienstete der genannten Verbände und Krankenkassen als Vollziehungsbeamte bestellen darf. [5]Der nach Satz 4 beauftragte Verband der Krankenkassen ist berechtigt, Verwaltungsakte zur Erfüllung der mit der Vollstreckung verbundenen Aufgabe zu erlassen.

(2) Absatz 1 Satz 1 bis 3 gilt auch für die Vollstreckung durch Verwaltungsbehörden der Kriegsopferversorgung; das Land bestimmt die Vollstreckungsbehörde.

(3) [1]Für die Vollstreckung zugunsten der übrigen Behörden gelten die jeweiligen landesrechtlichen Vorschriften über das Verwaltungsvollstreckungsverfahren. [2]Für die landesunmittelbaren Körperschaften, Anstalten und Stiftungen des öffentlichen Rechts gilt Absatz 1 Satz 2 bis 5 entsprechend. [3]Abweichend von Satz 1 vollstrecken die nach Landesrecht zuständigen Vollstreckungsbehörden zugunsten der landesunmittelbaren Krankenkassen, die sich über mehr als ein Bundesland erstrecken, nach den Vorschriften des Verwaltungs-Vollstreckungsgesetzes.

(4) [1]Aus einem Verwaltungsakt kann auch die Zwangsvollstreckung in entsprechender Anwendung der Zivilprozessordnung stattfinden. [2]Der Vollstreckungsschuldner soll vor Beginn der Vollstreckung mit einer Zahlungsfrist von einer Woche gemahnt werden. [3]Die vollstreckbare Ausfertigung erteilt der Behördenleiter, sein allgemeiner Vertreter oder ein anderer auf Antrag eines Leistungsträgers von der Aufsichtsbehörde ermächtigter Angehöriger des öffentlichen Dienstes. [4]Bei den Versicherungsträgern und der Bundesagentur für Arbeit tritt in Satz 3 an die Stelle der Aufsichtsbehörden der Vorstand.

Literatur:

App: Die Vollstreckung von Geldforderungen der Sozialversicherungsträger – ein Überblick, ZfSH/SGB 1995, 514; Biggen: Neue Wege in der Zwangsvollstreckung bei den Sozialversicherungsträgern, WzS 2014, 41; *Schwidden:* Die Bestellung von Vollstreckungs- und Vollziehungsbeamten der bundesunmittelbaren Sozialversicherungsträger, RiA 2001, 166; *Schwidden:* Zwangsbeitreibung der bundesunmittelbaren Sozialversicherungsträger durch eigenes Vollstreckungspersonal, ZfS 2002, 129.

1. Allgemeines

§ 66 regelt die Vollstreckung zugunsten von Behörden. Für das sozialgerichtli- **1**
che Verfahren regeln §§ 198–201 SGG die Vollstreckung (Anhang Rz 323 ff).

Vollstreckung ist die zwangsweise Durchsetzung eines Anspruchs. Sie ist nicht **2**
zu verwechseln mit der **Vollziehung.** Bei der Frage der Vollziehung eines Verwaltungsakts geht es nämlich zunächst ausschließlich darum, ob der Adressat
des Bescheides diesen sofort befolgen muss oder nicht. Bei der Vollstreckung
geht es hingegen um die Frage der Durchsetzung einer nicht erfüllten Leistungsverpflichtung (*SchlHLSG* 21.11.2008 – L 3 B 502/08 ER, nv). § 66 regelt die
Vollstreckung **durch die Behörde,** nicht gegen sie. Sollten Behörden einer Verpflichtung nicht nachkommen, muss der Betroffene Leistungsklage erheben
bzw einstweiligen Rechtsschutz beantragen und im Falle des Erfolges ggf über
die Regelungen im SGG (Anhang Rz 323 ff) vollstrecken.

Die Behörden haben die **Wahl** (Ermessensentscheidung, vgl *BSG* 15.2.1989 – **3**
12 RK 3/88, NJW 1990, 2708) zwischen zwei Vollstreckungsarten:

1. die **öffentlich-rechtliche Vollstreckung** nach den öffentlich-rechtlichen Vorschriften (VwVG und Landesverwaltungsvollstreckungsgesetze) und
2. die Vollstreckung aus einem VA in entsprechender Anwendung der **ZPO**
   (Abs 4).

2. Regelungsinhalt
2.1. Vollstreckung nach öffentlich-rechtlichen Vorschriften

Für die Vollstreckung zugunsten der in § 66 Abs 1 Satz 1 genannten Behörden **4**
gilt das **VwVG.** Dieses regelt in den §§ 1–5 die (häufigste) Vollstreckung wegen
Geldforderungen und in den §§ 6–18 die Erzwingung von Handlungen, Duldungen oder Unterlassungen. Das VwVG gilt nur für die Vollstreckung im **Inland.** Die Ausführung von Vollstreckungsersuchen ausländischer Sozialversicherungsträger aufgrund von zwischenstaatlichen Vereinbarungen durch deutsche
Vollstreckungsbehörden ist zulässig.

Eingeleitet wird die Vollstreckung durch die **Vollstreckungsanordnung;** eines **5**
vollstreckbaren Titels (vgl § 199 Abs 1 SGG) bedarf es nicht (§ 3 Abs 1
VwVG), ebenso wenig, anders als bei der Vollstreckung nach der ZPO (Rz
11 ff), einer Vollstreckungsklausel (*LSG LSA* 16.10.2013 – L 4 KR 36/13 B,
nv). Voraussetzung für die Einleitung der Vollstreckung sind nach § 3 Abs 2
VwVG: Leistungsbescheid (zB Beitragsbescheid), Fälligkeit und Fristablauf sowie (im Regelfall: „... soll...") eine besondere Mahnung mit weiterer Wochenfrist (Abs 3). Werden Mahnung und Fristsetzung unterlassen, bleibt die Vollstreckung rechtmäßig (*Mutschler* in KassKomm § 66 SGB X Rz 9), die Unterlassung kann aber einen Schadensersatzanspruch nach sich ziehen.

Der Leistungsbescheid braucht noch nicht bindend zu sein, eine durch Wider- **6**
spruch oder Anfechtungsklage eingetretene aufschiebende Wirkung (vgl §§ 86 a
SGG und Anh Rz 278) ist jedoch zu beachten. Nicht selten bestimmt das jeweilige Gesetz allerdings, dass die aufschiebende Wirkung entfällt (s. die zahlreichen Fälle in § 86 a Abs 2 SGG). **Vollstreckungsbehörden** sind in der Regel (§ 4

Buchst b VwVG) die Hauptzollämter (*LSG LSA* 16.10.2013 – L 4 KR 36/13 B, nv). Das Vollstreckungsverfahren richtet sich nach den in § 5 Abs 1 VwVG aufgeführten Vorschriften der AO. Ist Inhalt des zugrunde liegenden VA die Herausgabe eines Gegenstandes (zB ein nicht mehr benötigtes im Eigentum der Krankenkasse stehendes Hilfsmittel), erfolgt die Vollstreckung nach den §§ 6 bis 18 VwVG durch Ersatzvornahme, Zwangsgeld oder unmittelbaren Zwang (§ 9 VwVG).

7   Nach Maßgabe des § 66 Abs 1 Satz 3 können auch **eigene Behördenbedienstete** zu Vollstreckungs-/Vollziehungsbeamten bestellt werden. Der dafür in Frage kommende Personenkreis ist durch das Verwaltungsvereinfachungsgesetz vom 21.3.2005 erweitert worden. Maßgebend ist nicht mehr die Funktion der Person, sondern ihre fachliche Eignung. Die Vorschrift regelt hierzu und auch zu dem Sachkundenachweis Näheres.

8   Für die **Behörden**, die auf das Gebiet **eines Landes** beschränkt sind (zB AOK), gelten gem § 66 Abs 3 die Vorschriften des jeweiligen Landes über das Vollstreckungsverfahren (vgl Aufzählung bei: *Roos* in von Wulffen SGB X § 66 Rz 5). Die Vollstreckung wird vom Leistungsträger durch den **Auftrag an** die **Vollstreckungsbehörde** eingeleitet. Mit der Ergänzung des Abs 3 um Satz 3 durch das Gesetz vom 22.12.2011 (BGBl. I, 2983) wird ein Vorschlag des Bundesrates aufgegriffen, nach dem aus Gründen der Rechtssicherheit und Gleichbehandlung für die Vollstreckung durch die Krankenkassen generell das Vollstreckungsrecht des Bundes Anwendung finden soll. Aufgrund des voranschreitenden Fusionsprozesses der Krankenversicherungsträger sind landesunmittelbare Krankenkassen zunehmenden über ein Bundesland hinaus tätig. Dies führt in der Praxis zu Problemen, wenn außerhalb des Sitzlandes vollstreckt werden soll (BT-Drucks 17/6906, 101).

9   Bei einer Vollstreckung durch eine Vollstreckungsbehörde iS des § 4 VwVG richtet sich der **Vollstreckungsschutz** nach den §§ 249–258 AO (§ 5 Abs 1 VwVG); erfolgt die Vollstreckung durch nach § 66 Abs 1 Satz 3 bestellte Bedienstete, kann der Schutz durch die üblichen Rechtsmittel (Widerspruch, Klage) gegen die Vollstreckungsmaßnahme als VA erreicht werden (*Mutschler* in KassKomm § 66 SGB X Rz 19). Führen die Hauptzollämter die Vollstreckung nach § 66 Abs 1 Satz 1 SGB X durch, sind die Finanzgerichte zuständig (§ 33 Abs 1 Nr 2 FGO; *Freischmidt* in Hauck/Noftz SGB X K § 66 Rz 25)

10   Die **Kosten** der Vollstreckung hat der Vollstreckungsschuldner zu tragen (§ 19 VwVG). Für die Mahnung nach § 3 Abs 3 VwVG wird eine Mahngebühr erhoben (§ 19 Abs 2 mit der Berechnung der Höhe in Satz 2). § 64 findet keine Anwendung. Der die Vollstreckung anordnende Leistungsträger hingegen hat der Vollstreckungsbehörde keine Kosten zu erstatten.

2.2. Vollstreckung nach der ZPO

11   § 66 Abs 4 sieht für die Behörde die alternative Vollstreckungsmöglichkeit in entsprechender Anwendung der ZPO (§§ 704 ff) vor. Auf Antrag werden danach die dafür zuständigen Vollstreckungsorgane Gerichtsvollzieher (§ 735 Nr 2 ZPO), Vollstreckungsgericht (§ 828 ZPO) und Grundbuchamt (§ 868 ZPO) tätig. Vollstreckungstitel ist ein Bescheid. Für den **Beitragsnachweis** des Arbeitgebers nach § 28 f Abs 3 SGB IV bestimmt dessen Satz 3 ausdrücklich, dass dieser für die Vollstreckung als Leistungsbescheid der Einzugsstelle gilt. Die notwendige **vollstreckbare Ausfertigung** (§ 724 ZPO) ist eine mit der Vollstreckungsklausel (§ 725 ZPO: „vorstehende Ausfertigung wird dem usw [Be-

zeichnung der Partei] zum Zwecke der Vollstreckung erteilt") versehene Ausfertigung des VA. Bei der Ausfertigung muss es sich um eine richtig wiedergegebene Abschrift der Urschrift handeln, die dazu bestimmt ist, die Urschrift im Rechtsverkehr zu vertreten. Die vollstreckbare Ausfertigung ist stets eine Papierurkunde. Eine elektronische Ausfertigung nach § 317 Abs 5 ZPO ist für die vollstreckbare Ausfertigung ungeeignet, weil § 733 ZPO vorschreibt, dass grundsätzlich nur eine vollstreckbare Ausfertigung zu erteilen ist. Eine elektronische Ausfertigung kann dagegen (einschließlich der Signatur) beliebig oft vervielfältigt werden, ohne dass es noch möglich wäre, zwischen Original und Kopie zu unterscheiden (*BGH* 25.10.2007 – I ZB 19/07, WM 2008, 1074; MünchKomm-ZPO/*Wolfsteiner*, 3. Aufl., § 725 Rz 2). Die vollstreckbare Ausfertigung wird nach § 66 Abs 4 Satz 3 vom Behördenleiter, seinem allgemeinen Vertreter oder einem anderen auf Antrag eines Leistungsträgers von der Aufsichtsbehörde ermächtigten Angehörigen des öffentlichen Dienstes erteilt. In der Literatur umstritten ist, ob dies nur Beamte und DO-Angestellte sein können (Nachweise bei *Mutschler* in KassKomm § 66 SGBX Rz 29). Zwar weicht die Aufzählung möglicher Personen in Abs 4 Satz 3 von der des Abs 1 ab. Gefordert wird die Beamteneigenschaft aber nicht, sondern lediglich die Angehörigkeit beim öffentlichen Dienst. Die Befähigung zum Richteramt brauchen diese Personen nicht zu besitzen (*Mutschler* aaO).

Der Vollstreckungsschuldner **soll** mit einer Zahlungsfrist von einer Woche vor Beginn der Vollstreckung gemahnt werden (§ 66 Abs 4 Satz 2), also im Regelfall. Ein Verstoß dagegen macht die Vollstreckung nicht rechtswidrig. Die vollstreckbare Ausfertigung ist ein VA, der mit Widerspruch und Klage angefochten werden kann. Wendet sich der Vollstreckungsschuldner gegen die Art und Weise der Zwangsvollstreckung (Erinnerung gemäß § 766 ZPO), ist das Amtsgericht zuständig. Wendet er sich hingegen gegen den materiellen Anspruch, aus dem vollstreckt wird (**Vollstreckungsabwehrklage** nach § 767 ZPO), ist das Sozialgericht zuständig (*SchlHLSG* 26.6.1985 – L 4 U 5/85, Breith 1987, 88). Entsprechend § 767 Abs 2 ZPO sind Einwendungen nur insoweit zulässig, als die Gründe, auf denen sie beruhen, erst nach Erlass des Leistungsbescheides entstanden sind. Denn bei § 767 ZPO handelt es sich um eine prozessuale Gestaltungsklage, die nicht den Vollstreckungstitel sondern dessen Vollstreckbarkeit beseitigt (*LSG NRW* 8.11.2004 – L 17 U 201/03, nv; *BGH* 14.5.1992 – VII ZR 204/90, BGHE 118, 229 mwN; *Scheuch* in Prütting/Gehrlein ZPO-Kommentar, § 767 ZPO Rz 1).

Die **Kosten** der Zwangsvollstreckung fallen dem Vollstreckungsschuldner zur Last (§ 788 ZPO). Kostenfreiheit besteht nicht. Ist die Vollstreckung durch den Gerichtsvollzieher fruchtlos, hat der Vollstreckungsgläubiger dessen Kosten zu zahlen, da er mit dem Vollstreckungsschuldner gemäß § 13 Abs 1 und 2 Gerichtsvollzieherkostengesetz gesamtschuldnerisch hinsichtlich der notwendigen Kosten der Zwangsvollstreckung haftet.

Zweites Kapitel Schutz der Sozialdaten

Vorbemerkungen zu den §§ 67 bis 85 a

Das Zweite Kapitel hat den Schutz der **Sozialdaten** zum Gegenstand. Sozialdaten sind Einzelangaben über die persönlichen oder sachlichen Verhältnisse einer bestimmten oder bestimmbaren natürlichen Person, die von einem Leistungsträger iSd SGB zur Erfüllung seiner Aufgaben nach dem SGB erhoben, verarbeitet oder genutzt werden, wie § 67 Abs 1 Satz 1 es definiert. Zu den Sozialdaten gehören alle **Daten von Empfängern sozialer Leistungen** oder von **Sozialversicherungsnehmern**, etwa auch Daten von **Familienangehörigen**, Arbeitgebern, Ärzten oder anderen Leistungsträgern. Bei den Daten, mit denen im Bereich der Sozialverwaltung umgegangen wird, handelt es sich teilweise um höchst **sensible Daten**, bspw wenn es um den Gesundheitszustand eines Betroffenen geht. Sozialdaten liegen außerdem **in großem Umfang** vor, denn nahezu jeder Bürger hat im Laufe seines Lebens mit Sozialleistungsträgern zu tun.

2 Es liegt auf der Hand, dass diese Daten über die sozialen Verhältnisse der Bürger **besonders schutzbedürftig** sind. Sind diese Daten nicht hinreichend geschützt, drohen Gefahren für die persönliche Entfaltung des Einzelnen, zB wenn medizinische und psychologische Gutachten oder ihre Ergebnisse, die für eine Entscheidung der KK oder der BA von Bedeutung sind, an andere Stellen übermittelt werden, die ebenfalls daran interessiert sind. Auch wenn aus dieser Kenntnis im Einzelfall keine Nachteile erwachsen, muss der Wunsch nach **Abschirmung** respektiert werden, da niemand „Gegenstand fremder Neugierde" sein will (*Bull* NJW 1979, 1177 [1180]). Das in § 35 Abs 1 SGB I geregelte **Sozialgeheimnis** (vgl zu dessen historischer Entwicklung *Hase* in GK-SGB X 2 § 67 Rz 7 ff; *Beckmann* Der Schutz personenbezogener Daten im sozialen Sicherungssystem, 36 f) soll garantieren, dass jeder zu einem Arzt, in das Krankenhaus oder zu einer Sozialbehörde gehen kann, ohne befürchten zu müssen, dass diese Tatsache Außenstehenden bekannt wird oder dass ihm daraus Nachteile entstehen. **Sozialdatenschutz** ist die „**Grundlage der Vertrauensbeziehungen**" zwischen den betroffenen Bürgern und den Leistungsträgern der sozialen Sicherung (1. Tb des BfD, BT-Drucks 8/2460, 37). Die Gefahr einer Kenntnisnahme von Sozialdaten (§ 67 Abs 1 Satz 1) wie auch personenbezogener Daten (§ 3 Abs 1 BDSG) durch Dritte besteht grds jedoch immer, sei es beabsichtigt oder unbeabsichtigt. Dies gilt umso mehr, weil die Übermittlungsfähigkeit von Daten aufgrund des technischen Fortschritts immer weiter zugenommen hat. Die **Weiterleitungsmöglichkeit von Daten** in Computernetzen oder auf mobile Datenträger besteht heute **ohne Grenzen** (vgl *Trute* JZ 1998, 822 [827]), und diese Möglichkeit wird auch für Sozialdaten genutzt. Da Sozialdaten in der Europäischen Union aufgrund der Arbeitnehmerfreizügigkeit nicht nur jeweils in einem Mitgliedsstaat anfallen, gibt es auch ein tatsächliches Bedürfnis, den Informationsfluss grenzüberschreitend elektronisch abzuwickeln (vgl 24. Tb des BfD, BT-Drucks 17/13000, 33). Allerdings bergen **technische Entwicklungen** und deren Umsetzung stets **Risiken** für die Daten eines Betroffenen (*Bull* NJW 2006, 1617 [1619]; vgl zB zur elektronischen Gesundheitskarte 22. Tb des BfD, BT-Drucks 16/12600, 80 f). Diese Risiken zeigen sich heute insbes vor dem Hintergrund des **Internet**. In diesem Zusammenhang ist allgemein die „**Vernetzung der Systeme**" zu nennen (*BVerfG* NJW 2008, 822 [824]), jedoch spezifischer auf internetbasierte Anwendungen hinzuweisen, wie etwa die „**elektronische Gesundheitsakte**" (vgl 22. Tb des BfD, BT-Drucks 16/12600, 82), das „**Cloud Computing**" (vgl *Rammos/Vonhoff* CR 2013, 265; *Wagner/Blaufuß* BB 2012, 1751; *Obenhaus* NJW 2010, 651) oder der Einsatz von DE-Mail und E-Postbrief im Sozialverwaltungsverfahren (*Schulz/Tischler* NZS 2012, 254). Nicht zuletzt wecken **umfangreiche Datensammlungen** Begehrlichkeiten, die Daten für andere Zwecke zu verwenden als für die Zwecke, für die diese Daten erhoben wurden (22. Tb des BfD, BT-Drucks 16/12600, 82).

In seinem **Volkszählungsurteil** v 15.12.1983 (vgl *Gola* NJW 1984, 1155; *Gola*, NJW 1985, 1196 [1197 f]) hat das BVerfG Gefährdungslagen dieser Art vor allem vor dem Hintergrund der Möglichkeiten der automatischen Datenverarbeitung gesehen und dagegen eine Abwehrbefugnis des Bürgers anerkannt. Bei diesem mit Verfassungsrang ausgestatteten Recht handelt es sich um das **Grundrecht auf „informationelle Selbstbestimmung"**. Dieses Grundrecht wird ganz allgemein anerkannt (vgl nur *BGH* NJW 2003, 2213; *BVerwG* NJW 2005, 2330; *Ronellenfitsch* NJW 2006, 321 [323]). Es folgt aus dem allg Persönlichkeitsrecht des Art 2 Abs 1 iVm Art 1 Abs 1 GG und hat folgenden Gegenstand (*BVerfGE* 65, 1 [43]; *BVerfG* Urt v 8.11.2013 – BvR 3167/08): „Das Grundrecht gewährleistet insoweit die Befugnis des Einzelnen, grds selbst über die Preisgabe und Verwendung seiner persönlichen Daten zu bestimmen." Der Einzelne muss selbst entscheiden können, „wann und innerhalb welcher Grenzen persönliche Lebenssachverhalte offenbart werden" (*BVerfGE* 65, 1 [42]; ebenso *BVerfG* NJW 2001, 884; *BVerfG* NJW 2006, 1116 [1117]). An das Volkszählungsurteil anknüpfend spricht das BVerfG später von einem „grundrechtlichen Datenschutz" (*BVerfGE* 67, 100 [143]; 77, 1 [46 f]) bzw einem „**Grundrecht auf Datenschutz**" (*BVerfGE* 84, 239 [280]). Mit seinem Urteil vom 27.2.2008 hat das *BVerfG* das allgemeine Persönlichkeitsrecht weiterentwickelt, das allgemeine Persönlichkeitsrecht umfasse auch das **Grundrecht auf „Gewährleistung und Integrität informationstechnischer Systeme"** (*BVerfG* NJW 2008, 822 [824]; vgl zu dieser „zeitgemäßen Konkretisierung" des allgemeinen Persönlichkeitsrechts *Roßnagel/Schnabel* NJW 2008, 3534). Damit betont das *BVerfG* einen zunehmend präventiven Aspekt im Datenschutz, der letztlich alle Träger der öffentlichen Gewalt mit einem Handlungsauftrag versieht. Gerichte und Verwaltungen haben eine Schutzpflicht dem Bürger gegenüber, die es gebietet, dafür Sorge zu tragen, dass „**informationeller Selbstschutz für Einzelne tatsächlich möglich ist**", so die Feststellung des Gerichts (*BVerfG* Urt v 8.11.2013 – BvR 3167/08).   **3**

Der Bürger teilt der Sozialverwaltung in großem Umfang seine „persönlichen Lebenssachverhalte" mit. Dementsprechend ist es **Zweck** der Vorschriften des Zweiten Kapitels, den Einzelnen davor zu **schützen**, dass er durch den Umgang mit seinen Sozialdaten in seinem **Persönlichkeitsrecht** beeinträchtigt wird, wie § 1 Abs 1 BDSG es programmatisch für den Umgang mit personenbezogenen Daten bestimmt. § 1 DSG NRW rekurriert in seiner Aufgabenbestimmung ausdrücklich auf das „informationelle Selbstbestimmungsrecht", ebenso wie andere LandesdatenschutzG (zB § 1 Abs 1 Nr 1 DSG Berlin, § 1 DSG Brandenb, § 1 DSG Saarl). Zwar hat der Begriff „informationelles Selbstbestimmungsrecht" keinen Eingang in die Gesetzessprache des Zweiten Kapitels gefunden. Auch ist dem Zweiten Kapitel keine Zweck-, Aufgaben- oder Zielbestimmung vorangestellt. Nach Auffassung des RegE zum 2. SGBÄndG v 13.6.1994 (BGBl I 1229) war dies wegen § 35 Abs 1 SGB I (vgl Rz 13) nicht erforderlich (BT-Drucks 12/5187, 26). Inhaltlich dienen die Regelungen des **Zweiten Kapitels** aber auch ohne Voranstellung einer Zweck-, Aufgaben- oder Zielbestimmung unmittelbar der vollumfänglichen **Sicherung und Verwirklichung des Rechts auf „informationelle Selbstbestimmung"** im Bereich der Sozialverwaltung.   **4**

Der soziale Rechtsstaat ist bei der Erbringung sozialer Leistungen darauf angewiesen, dass der Leistungsberechtigte mitwirkt und leistungserhebliche Tatsachen angibt (§ 60 Abs 1 SGB I). Jeder **Leistungsträger benötigt Informationen** vom und über den leistungsberechtigten (oder nicht leistungsberechtigten) Bürger, um seiner Verpflichtung nachkommen zu können, eine zustehende Leistung   **5**

zu gewähren oder um einen Nichtberechtigten vom Leistungsbezug auszuschließen. Die Erhebung von Daten, dh das Beschaffen von Sozialdaten über den Betroffenen (§ 67 Abs 5), ist eine Notwendigkeit für eine im Einzelfall handlungs-
fähige Sozialverwaltung (vgl auch *Waschull* in Krauskopf SozKV vor §§ 93-109
Rz 3: „notwendiger Datenfluss"). Auch der **Umgang mit den Sozialdaten** muss
der Sozialverwaltung ermöglicht werden, da Sozialdaten, die zB nicht auf Rech-
nersystemen gespeichert werden dürften, bereits nicht IT-gestützt verarbeitet
werden könnten. Die Verwaltung von Sozialdaten, die wegen der Vielzahl der
Betroffenen immer Massenverwaltung ist, wäre nicht möglich. Zudem profi-
tiert der Bürger seit jeher von den Effizienzgewinnen einer IT-gestützten Verwaltung von Sozialdaten. Außerdem dient dies auch dem Gebot der schnellen
Leistungsgewährung gem § 17 Abs 1 Nr 1 SGB I (so auch *Waschull* aaO Rz
11). Das gegliederte System der Sozialverwaltung erfordert im Einzelfall auch
einen **Informationsaustausch der Leistungsträger** untereinander. Ein absolut ge-
setzter Datenschutz, der jeglichen Umgang mit Informationen über die soziale
Lage des Einzelnen ausschlösse, würde dem Bürger keinen Vorteil bringen. Im
Volkszählungsurteil v 15.12.1983 hat das BVerfG dementsprechend darauf hingewiesen, dass das **Recht auf „informationelle Selbstbestimmung" nicht schran-
kenlos** gewährleistet sein kann. Grds müsse der Einzelne **Einschränkungen** dieses Rechts „**im überwiegenden Allgemeininteresse**" hinnehmen (*BVerfGE* 65, 1
[43 f]; vgl zur Umsetzung des überwiegenden Allgemeininteresses im Zweiten
Kapitel die Übersicht bei *Beckmann* aaO 95 f). Dies betrifft nicht nur die unmittelbare Leistungserbringung, sondern zB auch die Staatsaufgabe „Planung"
(vgl § 75), was auch das BVerfG ausdrücklich anerkannt hat (*BVerfGE* 65, 1).
Gleiches gilt zB für das Interesse des Staates, die innere und äußere Sicherheit
aufrechterhalten zu können (vgl § 72), Strafverfahren durchführen zu können
(vgl § 73) oder das Steueraufkommen zu sichern (vgl § 71 Abs 1 Nr 3). Alles
dies sind legitime Aufgaben, die der Staat wahrnehmen können muss, auch
wenn dies den Umgang mit Sozialdaten erfordert. Das Persönlichkeitsrecht des
Einzelnen an seinen Sozialdaten, das auf Abschirmung zielt, und das überwiegende Interesse der Allgemeinheit, des Staates, mit den Sozialdaten umgehen zu
können, müssen hierbei in einen angemessenen Ausgleich gebracht werden (vgl
auch *Mrozynski* NZS 1996, 545 [549]; *Ricke* SGb 1999, 282 [283]; *Schöning*
DAngVers 1994, 201 [203]). Diese **Herstellung einer praktischen Konkordanz**
wird vom Zweiten Kapitel unternommen.

6   Leitlinie für den Regelungskomplex „Sozialdatenschutz" war das Bestreben,
    dass niemand dadurch, dass er (zwangsweise) der SV angehört oder sonst An-
    sprüche auf Sozialleistungen hat, mehr als andere Bürger der Preisgabe seiner
    personenbezogenen Daten ausgesetzt sein darf (BT-Drucks 8/4022, 80). Dass
    Sozialdaten erhoben, verarbeitet und genutzt werden, ist zwar unumgänglich.
    Der Sozialdatenschutz soll aber eine generell erhöhte Gefährdungslage und den
    Umfang der Eingriffe in Grundrechte des Betroffenen so gering wie möglich
    halten. Seit dem Inkrafttreten der Regelungen des Zweiten Kapitels zum
    1.1.1981 ist der **Sozialdatenschutz bundeseinheitlich** geregelt. Die Landesdaten-
    schutzG regeln den Datenschutz in den öffentlichen Stellen der Länder (vgl zB
    § 2 Abs 1 DSG NRW). Soweit diese Stellen auch Leistungsträger iSd § 35 Abs 1
    Satz 1 SGB I sind, wie zB Sozial- oder Jugendämter, gelten bei diesen für den
    Sozialdatenschutz die Regelungen des Zweiten Kapitels. Die Gesetzgebungs-
    kompetenz des Bundes beruht auf Art 74 Nr 12 GG. Das BDSG gilt subsidiär
    gem § 1 Abs 3 Satz 1 BDSG. Dem BDSG bleibt im Sozialleistungsbereich kein
    eigener Anwendungsbereich, soweit man von den Verweisungen des Zweiten

Kapitels auf das BDSG absieht (vgl §§ 68 Abs 3 Satz 2, 75 Abs 4, 80 Abs 6 Satz 1, 81 Abs 2 Satz 1 und Abs 4 Satz 1, 82, 84 Abs 1 a, 85 Abs 1 Nr 3). Der **Geltungsbereich des Sozialdatenschutzes** reicht über die räumlichen Grenzen des Geltungsbereichs des SGB hinaus (*BSG* MDR 1979, 347). Nicht nur Personen mit einem inländischen Wohnsitz (§ 30 Abs 1 SGB I) stehen unter dem Schutz des Sozialgeheimnisses, sondern auch im Ausland lebende Personen unabhängig von einer bestimmten Staatsangehörigkeit (*Schatzschneider* MDR 1992, 6 [9]). Schließlich unterstehen auch Verstorbene dem Schutz des Sozialgeheimnisses (*Kollhosser* Fs Henckel, 468 f). § 35 Abs 1 Satz 1 SGB I bringt alles dies mit der Wendung „jeder" zum Ausdruck. Dies ist gegenüber dem BDSG ein zusätzlicher Schutz, da die Daten Verstorbener vom BDSG nicht geschützt werden (*Gola/Schomerus* BDSG § 3 Rz 12).

Datenschutzrecht ist eine **Querschnittsmaterie** (*Bull* NJW 1979, 1177 [1182]; *Gola* NJW 1981, 1498 [1502]; *Gola* NJW 1985, 1196 [1200]; *Ronellenfitsch* NJW 2006, 321 [323]). Anforderungen, wie sie sich in bestimmten Bereichen stellen, müssen bereichsspezifischen Lösungen zugeführt werden. Nach § 37 Satz 1 SGB I gelten das Erste und das Zehnte Buch für alle Sozialleistungsbereiche des SGB (vgl § 67 Rz 6), soweit sich aus den übrigen Büchern des SGB nichts Abweichendes ergibt. Wegen § 37 Satz 1, Halbs 2 SGB I gehen zahlreiche bereichsspezifische Vorschriften in anderen Büchern des SGB als Spezialnormen den §§ 67 a ff vor. Solche **bereichsspezifischen Sozialdatenschutznormen** sind zB: §§ 50 ff SGB II, §§ 189 a, 282 a ff, 394 ff SGB III, §§ 18 f, 95 ff SGB IV, §§ 276 Abs 2 iVm 275, 284 ff, 288 ff, 291 a f, 294 ff, 300 ff, 304 f, 306 SGB V, §§ 145, 147 ff, 196, 274 b, 321 SGB VI, §§ 188 ff, 199 ff, 206 ff, 211 SGB VII, §§ 61 ff SGB VIII, § 93 ff SGB XI, §§ 4 f SGB XII (vgl auch die Übersichten bei *Binne* in SRH B 11 Rz 206 ff; *Krahmer* in Krahmer Sozialdatenschutz 319 ff). **Bereichsspezifische Datenschutzkonzepte** geraten in **Widerspruch** zueinander, wenn bestimmte Aktivitäten der Normadressaten unterschiedlichen Gesetzen mit einander ausschließenden oder widersprüchlichen Geltungsanordnungen unterworfen sind. Auf diese Weise stehen sich das **Zweite Kapitel** und das **TMG** unversöhnlich gegenüber. Die **Leistungsträger** sind mit ihren „Online"-**Aktivitäten** Diensteanbieter iSd § 2 Nr 1 TMG, was den Anwendungsbereich des TMG eröffnet. Dies ist der Fall, wenn Leistungsträger ihre Dienste „online" anbieten, zB wenn die BA Stellensuchenden über das Internet Online-Bewerbungen ermöglicht. Gleiches gilt, wenn zB die Deutsche Rentenversicherung Bund die Anforderung einer Rentenauskunft unter Einschluss des Versicherungsverlaufs über ihre Webseiten anbietet. In beiden Fällen gelten für die Leistungsträger die Regelungen des § 15 TMG, da selbst bei Datensparsamkeit Nutzungsdaten generiert werden, die eine Inanspruchnahme des jeweiligen Dienstes ermöglichen. Auch das Setzen von Cookies unterfällt dem TMG (vgl *Spindler/Schmitz/Geis* § 4 TDDSG Rz 9). Die Unentgeltlichkeit der Dienste der Leistungsträger ist für deren Einordnung als Diensteanbieter nicht von Bedeutung, wie § 1 Abs 1 Satz 2 TMG nunmehr ausdrücklich klarstellt. Auch für öffentlich-rechtliche Körperschaften oder andere rechtsfähige öffentlich-rechtliche Rechtsformen Diensteanbieter gilt das TMG (§ 1 Abs 1 Satz 2). Wegen der **Spezialität** der gesetzlichen **Erlaubnistatbestände** in §§ 11 ff TMG ist ein Rückgriff auf die Erlaubnistatbestände anderer Gesetze nicht möglich (BT-Drucks 16/3078, 16). Damit scheint die Anwendung der Regelung des Zweiten Kapitels ausgeschlossen. Da in beiden Fällen die Leistungsträger die Nutzungsdaten in einem funktionalen Zusammenhang mit ihrer Aufgabenerfüllung erheben, verarbeiten und nutzen (vgl § 67 Rz 6), stellen diese **Nutzungsdaten** begrifflich zugleich **Sozialdaten** iSd § 67 Abs 1 dar. Die Erhebung dieser Daten als Sozialdaten ist jedoch nur zulässig, weil ihre Kenntnis zur Erfüllung einer Aufgabe der erhebenden Stelle nach dem SGB erforderlich ist (vgl § 67a Rz 2). Diese Aufgabe lässt sich in den genannten Beispielen für die BA aus § 3 Abs 1 Nr 1 SGB III herleiten, für die Deutsche Rentenversicherung Bund aus § 149 Abs 3 SGB VI. An sich ist damit nunmehr der Erlaubnistatbestand des § 15 TMG gesperrt, weil **keine Erlaubnistatbestände** für den Umgang mit Sozialdaten **außerhalb** des **SGB** in Frage kommen können. Dieser bestehende Widerspruch lässt sich de lege lata bereits in dem gegebenen Zusammenhang nicht auflösen. **Leistungsträger** sollten sich der jeweils **strengeren Geltungsanordnung** unterwerfen. Aus Sicht des Datenschutzes empfiehlt es sich auch, dass ein im Internet präsenter Leistungsträger seiner **Unterrichtungspflicht** nach § 13 TMG genügt (vgl vgl BfD-Info 5: Datenschutz in der Telekommunikation, 62 f), obwohl dem Zweiten Kapitel eine solche Pflicht fremd ist. Entsprechendes gilt für die Erfüllung der allgemeinen **Informationspflichten** des Leistungsträgers nach § 5 TMG.

8 Die präzise formulierten **Vorgaben des Volkszählungsurteils** ziehen einer Gestaltung des Zweiten Kapitels durch den Gesetzgeber enge Grenzen. Es müssen **zahlreiche Voraussetzungen** eingehalten werden, die gewisse Eigenarten allen Datenschutzrechts bedingen, gleich für welchen Bereich dieses konzipiert ist (vgl Rz 11). Der Gesetzgeber hat bei der Rechtssetzung von Datenschutznormen folgende Eckpunkte zu beachten, die das BVerfG für Beschränkungen des Grundrechts auf „informationelle Selbstbestimmung" gesetzt hat (*BVerfGE* 65, 1):

1. Es gilt uneingeschränkt der Vorbehalt des Gesetzes. Eine verfassungsmäßige, **formell-gesetzliche Grundlage** ist **stets erforderlich**, auch bei „belanglosen" Daten, da sich die Sensibilität nicht nur aus der Art der Daten, sondern auch aus deren Verwendungszusammenhang ergibt (vgl dazu etwa die Einfügung des Passus „seinen derzeitigen oder zukünftigen Aufenthalt" in § 68 Rz 5).
2. Die gesetzl Regelungen müssen dem **Grundsatz der Normenklarheit** entsprechen, dh Voraussetzungen und Umfang der Beschränkungen müssen sich klar und für den Bürger erkennbar aus dem G selbst ergeben.
3. Es gilt uneingeschränkt die Bindung an den **Grundsatz der Verhältnismäßigkeit**.
4. Der Gesetzgeber muss **organisatorische und verfahrensrechtliche Regelungen** treffen, die einer Gefahr der Grundrechtsverletzung entgegenwirken. Aufklärungs-, Auskunfts- und Löschungspflichten sind insoweit wesentlich (**Transparenzgrundsatz**) und die **Beteiligung eines Datenschutzbeauftragten** ist für einen effektiven Schutz des Rechts auf informationelle Selbstbestimmung von erheblicher Bedeutung.
5. Zur Sicherung der zweckentsprechenden Verwendung sind in den gesetzlichen Regelungen die zu erhebenden Daten und die Verwendungszwecke der Daten auf das erforderliche und geeignete Maß festzulegen (**Grundsatz der Datensparsamkeit**).
6. Die Verwendung der Daten ist auf den festgelegten Zweck begrenzt (**Zweckbindungsgrundsatz**). Es ist ein **amtshilfefester Schutz gegen Zweckentfremdung** durch Weitergabe- und Verwertungsverbote erforderlich.
7. Eine **Speicherung auf Vorrat** ist generell **unzulässig**.
8. Bei der Datenerhebung für statistische Zwecke kann eine enge Zweckbindung nicht verlangt werden. Hier ist durch **Anonymisierung** und „Abschot-

tung" Sorge zu tragen, dass persönliche Rechte nicht mehr als unvermeidbar beeinträchtigt werden.

9. Das Erstellen von **Persönlichkeitsprofilen** ist **unzulässig**, auch das Erstellen von „Teilabbildern" von Persönlichkeiten. Dies gilt in gleicher Weise für die Anonymität statistischer Erhebungen.

10. Bereits die Phase der **Erhebung** der Daten ist **schutzbedürftig**.

Das BVerfG hat im Volkszählungsurteil festgestellt, dass die am 1.1.1981 in Kraft getretene Fassung von § 35 SGB I und das Zweite Kapitel (BGBl I 1469) bereits „in die verfassungsrechtlich gebotene Richtung" wiesen (*BVerfGE* 65, 1 [45]). In mancher Hinsicht war jedoch nachzubessern. So fehlte es an einer Ausdehnung der Prävention bereits auf die Phase der Erhebung von Sozialdaten. Der gegenwärtige § 35 Abs 2 SGB I idF des 2. SGBÄndG v 13.6.1994 (BGBl I 1229) unterstellt nunmehr bereits die **Erhebung von Sozialdaten**, dh das Beschaffen von Sozialdaten beim Betroffenen (§ 67 Abs 5), bestimmten **Rechtmäßigkeitsvoraussetzungen** (vgl § 67 a). Die **präventive Wirkung** des Sozialdatenschutzes (vgl grds *Bull* NJW 1979, 1177 [1180]) wurde damit auf den frühest möglichen Zeitpunkt vorverlagert. Gleichfalls erst mit dem 2. SGBÄndG v 13.6.1994 (BGBl I 1229) wurde § 78 a in das Zweite Kapitel eingefügt, der die technischen und organisatorischen Maßnahmen zum Gegenstand hat, die erforderlich sind, um den sozialdatenschutzrechtlichen Vorschriften zu genügen. Als weitere Notwendigkeit präventiven Datenschutzes einzufügen war eine Bestimmung über **Datenvermeidung** und **Datensparsamkeit**, was mit § 78 b durch das G zur Änderung des BDSG und anderer G v 18.5.2001 (BGBl I 904) erfolgte. Die präventiv datenschützende Wirkung des Zweiten Kapitels hat damit gegenüber der urspr Konzeption erheblich an Schärfe zugenommen. Eingefügt wurde mit § 82 schließlich eine Bestimmung über die Gefährdungshaftung. Die Novellierung des Zweiten Kapitels durch das G zur Änderung des BDSG und anderer Gesetze v 18.5.2001 (BGBl I 904) dienten der **Anpassung** des **Sozialdatenschutzes an die RiLi 95/94/EG v 24.10.1995** (ABl L Nr 281/31 v 23.11.1995; vgl zur RiLi-Entstehung: *Gola* NJW 1993, 3109 [3117]; *Gola* NJW 1995, 3283 [3290]). Eine systematische Überarbeitung der Regelungen des Zweiten Kapitels hat es seitdem nicht mehr gegeben (zur Gesetzgebung im Sozialdatenschutz im Übrigen vgl 20. Tb des BfD, BT-Drucks 15/5252, 152 ff), auch nicht in Zusammenhang mit der Novellierung des BDSG durch G v 14.8.2009 (BGBl I 2814), allerdings hat die Zusammenlegung von Arbeitslosen- und Sozialhilfe mit Wirkung zum 1.1.2005 eine Reihe von Problemen in Hinsicht auf einen adäquaten Sozialdatenschutz aufgeworfen (vgl *Müller* NJW 2005, 1541 ff; 20. Tb des BfD, BT-Drucks 15/5252, 156 ff).

Das G zur Regelung des Zugangs zu Informationen des Bundes (**Informationsfreiheitsgesetz – IFG**) v 5.9.2005 (BGBl I 2722) hat mit der Regelung in § 1 Abs 1 IFG die Zugangsbefugnisse zu amtlichen Informationen nicht ausgedehnt, wenn und soweit es sich bei diesen Informationen um **Sozialdaten** handelt. Das **IFG** begründet **keine weiteren Übermittlungsbefugnisse**, die gegebenenfalls über die §§ 67 d ff hinausreichen würden (vgl ausführlich *Steinbach/Hochheim* NZS 2006, 517 ff). Denn § 3 Abs 4 IFG schließt einen Anspruch auf Informationszugang aus, wenn die Information einer durch Rechtsvorschrift geregelten Geheimhaltungs- oder Vertraulichkeitspflicht bzw einem besonderen Amtsgeheimnis unterliegt, wie dies für Sozialdaten dies mit den Rechtsvorschriften des Zweiten Kapitels bzw mit § 35 Abs 1 SGB I der Fall ist (*BayVGH* Urt v 7.10.2008 – 5 BV 07.2162). Der Auskunftsanspruch nach § 83 Abs 1 geht dem allgemeinen Akteneinsichtsrecht des § 1 Abs 1 IFG vor (vgl § 83 Rz 1). Die wirtschaftlichen Interessen der Sozialversicherungen schützt gesondert § 3 Abs 6 IFG. Bei den in § 3 IFG genannten **„absoluten Verweigerungsgründen"** (*Kugelmann* NJW 2005, 3609 [3611]) ist ein Informationszugang zwingend ausgeschlossen (*BayVGH* Urt v 7.10.2008 – 5 BV 07.2162; *Sokol* CR 2005, 835 [839]). Für einen Rechtsstreit, dessen Streitgegenstand allein ein Auskunftsanspruch nach § 1 Abs 1 Satz 1 IFG bildet, ist der Verwaltungsrechtsweg gegeben (*BSG* Urt v 4.4.2012 – B 12 SF 1/10 R).

11 Das **Zweite Kapitel** zeichnet sich – wie jedwedes Datenschutzrecht – durch eine **hohe Regelungsdichte** unter Nutzung kleinräumiger Begriffe bei einem gleichzeitigen **Verzicht auf Generalklauseln und auf unbestimmte Rechtsbegriffe** aus. Eine Verwendung eng formulierter Tatbestände und der Verzicht auf generalklauselartige Wendungen ist eine Notwendigkeit des Sozialdatenschutzrechts (vgl 1. Tb des BfD, BT-Drucks 8/2460, 37). Die präzisen Vorgaben von Verfassungs wegen bedingen detailreiche Regelungen und eine engmaschige Gesetzessprache. Gleichzeit muss jedoch der Gesetzgeber dem **Grundsatz der Normenklarheit** Rechnung tragen (vgl Rz 8). Ein bürgerfreundlich und gut lesbar formuliertes Datenschutzrecht bildet eine **„unverzichtbare Akzeptanzvoraussetzung"** für den Datenschutz bei Bürgern, Wirtschaft und Verwaltung (18. Tb des BfD, BT-Drucks 14/5555, 212). Ob dies dem Gesetzgeber im Recht des Sozialdatenschutzes grds geglückt ist, wird teilweise bezweifelt. Das Programm des Volkszählungsurteils sei im Sozialdatenschutz auf eine Weise „erfüllt" worden, die geradezu das Gegenteil von dem hervorgebracht habe, was beabsichtigt gewesen sei (*Roßnagel/Pfitzmann/Garstka* Modernisierung des Datenschutzrechts, 29). *Kloepfer* spricht von einer **„Normenflut"**. Insbesondere im SGB X gebe es nicht mehr überschaubare **„Überdifferenzierungen"** (*Kloepfer* Gutachten D für den 62. DJT 1998, 72). Kritik erfährt auch das nicht bereichsspezifische Datenschutzrecht. Die Konferenz der Datenschutzbeauftragten des Bundes und der Länder kritisiert das BDSG als in Aufbau, Wortlaut und Regelungstechnik „kaum noch verständlich und nachvollziehbar" (23. Tb des BfD, BT-Drucks 17/5200, 204).

12 Die **Gesetzessprache des Zweiten Kapitels** entspricht in weitem Umfang der **Terminologie des BDSG,** wobei der Gesetzgeber grds darauf verzichtet, auf die Vorschriften des BDSG zu verweisen (Ausnahmen sind die §§ 68 Abs 3, 75 Abs 4, 80 Abs 6, 81 Abs 2 und 4, 82, 84 Abs 1a, 85 Abs 1). Die Begründung zum RegE stellt insoweit die Zielsetzung heraus, „dem Bürger einen in sich geschlossenen Gesetzestext in die Hand zu geben" und ihm **Verweisungen zu ersparen** (BT-Drucks 12/5187, 26), es aber bei einer „einheitlichen Gesetzessprache" zu belassen (BT-Drucks 12/5187, 36). Die bereichsspezifisch modifizierende Paraphrasierung allg Datenschutzrechts wird zwar teilweise mit dem Argument gutgeheißen, der Sozialdatenschutz sei damit „dezidierter" geregelt (*Wagner* NJW 1994, 2937). Jedoch wird sie unter dem Gesichtspunkt einer mit **Überregulierung, Zersplitterung und Unübersichtlichkeit** einhergehenden Normenflut im Bereich des Datenschutzrechts auch kritisiert (*Roßnagel/Pfitzmann/Garstka* aaO 13, 29 f). Der BfD fordert dementsprechend wiederholt, das Datenschutzrecht sei zu vereinfachen und möglichst viele Vorschriften seien in das BDSG zu integrieren (19. Tb des BfD, BT-Drucks 15/888, 18; 20. Tb des BfD, BT-Drucks 15/5252, 23). Der BT schließt sich dieser Kritik an (BT-Drucks 15/4597, 2). Die geäußerte Kritik ist berechtigt, soweit sie auf den der allg Gesetzessystematik beinhaltenden Grundsatz einer Ökonomie der Vorschriften rekurriert. Gerade die Verweisung ist ein gesetzestechnisches Mittel, um umständliche Wiederholungen zu vermeiden (*Larenz* Methodenlehre der Rechtswissenschaft, 261).

Für die **Auslegung der Regelungen** des Zweiten Kapitels gelten prinzipiell keine 13
Besonderheiten. Nach den **tradierten Grundsätzen** (vgl *Larenz* aaO 320 ff,
324 ff, 329, 339 ff; *Kudlich/Christensen* JA 2004, 74 ff; *BVerfGE* 11, 126) ist
Ausgangspunkt der Auslegung einer Rechtsnorm die Wortbedeutung (**sprach-
lich-grammatikalische Auslegung**). Diese wird ergänzt durch die Auslegung
nach dem Bedeutungszusammenhang eines Gesetzes (**systematische Auslegung**),
die den einzelnen Rechtssatz in seinen Regelungszusammenhang stellt. Die Auslegung nach der Entstehungsgeschichte (**historische Auslegung**) ist zwar möglich, aber **nicht bindend**, da den Vorstellungen, die in den Gesetzgebungsmaterialien zum Ausdruck gebracht werden, keine autoritative Bedeutung zukommt.
Diese können lediglich den Gesetzeszweck verdeutlichen. Gerade der letzte
Punkt verdient Beachtung, da im Sozialdatenschutz in außerordentlich großem
Umfang auf die Gesetzgebungsmaterialien zurückgegriffen wird. Aufgrund der
starken Grundrechtsgeprägtheit des Datenschutzrechts (vgl Rz 8) gilt für die
Regelungen des Zweiten Kapitels in besonderer Weise das Gebot der **verfassungskonformen Auslegung** (vgl allg dazu *Lüdemann* JuS 2004, 27 ff). Von
mehreren Auslegungsmöglichkeiten hat hierbei diejenige den Vorrang, bei der
die Rechtsnorm mit dem GG in Einklang steht. Es darf **kein Ergebnis der Auslegung** sein, einem nach Wortlaut und Sinn eindeutigen G einen **entgegengesetz-
ten** Sinn zu verleihen, der dessen normativen Sinn neu bestimmt oder das gesetzgeberische Ziel in einem wesentlichen Punkt verfehlt (BVerfGE 54, 277).
Dieser Grundsatz wird im Sozialdatenschutz bisweilen verkannt, indem eine
Berufung auf die „ratio legis" einer Vorschrift erfolgt. Ein Bsp dafür ist die
„datenschutzfreundliche" Auslegung des § 200 Abs 2 SGB VII, wonach der Unfallversicherungsträger dem Versicherten vor Erteilung eines Gutachtenauftra-
ges mehrere Gutachter zur Auswahl benennen soll. Trotz dieses eindeutigen
Wortlauts wird bisweilen gefordert, dem Versicherten stehe das Recht zu, *selbst*
einen oder mehrere Gutachter vorzuschlagen (20. Tb des BfD, BT-Drucks
15/5252, 175 f; 24. Tb des BfD, BT-Drucks 17/13000, 150; *Spickschen* ASR
2003, 13 [19]). Dieses vom G nicht vorgesehene Mitwirkungsrecht beruhe „unmittelbar auf dem Recht auf informationelle Selbstbestimmung" und betreffe
damit „den Kern des Datenschutzes" (18. Tb des BfD, BT-Drucks 14/5555,
154). Die Einführung eines derartigen datenschutzrechtlichen „effet utile" ist –
für die Auslegung des § 200 Abs 2 SGB VII im Ergebnis gleichlautend mit dem
BSG (*BSG* Urt v 5.2.2008 – B 2 U 8/07 R; *BSG* Urt v 20.7.2010 – B 2 U 17/09
R; zust *Bieresborn* SGb 2011, 408; *LSG Nds-Brem* Urt v 30.11.2011 – L 3 U
220/10; zust *Dahm* DGUV-Forum 2012, 37) – **abzulehnen**. Eine Anerkennung
dieses Argumentationsparadigmas würde den auch im Recht des Sozialdatenschutzes geltenden Grundsatz der Bindung an das G aushebeln.

Das **Zweite Kapitel** ist eng mit § 35 SGB I verschränkt (vgl *Krahmer* in LPK- 14
SGB I § 35 Rz 5 ff). Dies wird durch die Bestimmung zum **Sozialgeheimnis** in
§ 35 Abs 1 Satz 1 SGB I zum Ausdruck gebracht: „Jeder hat Anspruch darauf,
dass die ihn betreffenden Sozialdaten (§ 67 Abs 1) von den Leistungsträgern
nicht unbefugt erhoben, verarbeitet oder genutzt werden (Sozialgeheimnis)."
§ 35 Abs 2 SGB I ordnet an, dass „eine Erhebung, Verarbeitung und Nutzung
von Sozialdaten (...) nur unter den Voraussetzungen des Zweiten Kapitels des
Zehnten Buches zulässig" ist. Dies gilt gem § 37 Satz 1 SGB I für alle Sozialleistungsbereiche des SGB. § 35 SGB I bringt das grds Verbot einer unbefugten Erhebung, Verarbeitung und Nutzung der Sozialdaten als **subjektiv-öffentliches
Recht** zum Ausdruck, während die §§ 67 a bis 78 gerade die Befugnisse zur Erhebung, Verarbeitung und Nutzung von Sozialdaten zum Gegenstand haben,

also Durchbrechungen des Sozialgeheimnisses und damit **Erlaubnisvorbehalte** darstellen. Von § 35 SGB I ist vielfach auch als einer „Grundnorm" die Rede (BT-Drucks 8/4022, 80; *Schatzschneider* MDR 1982, 6 [7]; *Krahmer* in LPK-SGB I § 35 Rz 3, 5). An dieser Stelle sollte allerdings besser von einer „**Grundsatzbestimmung**" gesprochen werden, so wie es die Begründung zum RegE des 2. SGBÄndG v 13.6.1994 (BGBl I 1229) tut (BT-Drucks 12/5187, 27), von einer „grundlegenden Bestimmung" oder einem „wichtigen Kern" (*Wagner* NJW 1994, 2937 [2938]). Zwar dürfte die Verwendung des Begriffs „Grundnorm" in Zusammenhang mit § 35 SGB I inhaltlich genau darauf abzielen. Der **Begriff „Grundnorm" passt nicht.** Er ist der Rechtsphilosophie von Kelsen entlehnt, wo die inhaltsleere Grundnorm den letzten, nicht weiter deduzierbaren normativen Geltungsgrund einer jeden positiven Rechtsordnung darstellt (vgl *Kelsen* Reine Rechtslehre, 196 ff).

15   Dem Zweiten Kapitel liegt ein in vier Abschnitte gegliederter **Aufbau** (vgl die Schaubilder bei *Krahmer* in Krahmer Sozialdatenschutz 4, 6, 8, 10 f) zugrunde: Der **1. Abschnitt** stellt mit § 67 die maßgeblichen Definitionsbestimmungen an den Beginn. Es schließt sich mit den §§ 67 a bis 78 der **2. Abschnitt** an, der die einzelnen Zulässigkeitsvoraussetzungen der Sozialdatenerhebung, -verarbeitung und -nutzung zum Gegenstand hat. Hier sind auch die Befugnisse zur Sozialdatenübermittlung geregelt. Im **3. Abschnitt** folgen mit den §§ 78 a bis 80 Bestimmungen zu den technischen und organisatorischen Maßnahmen, die zum Schutz der Sozialdaten zu treffen sind. Im abschließenden **4. Abschnitt** findet der Rechtsanwender in den §§ 81 bis 85 a Regelungen über die Kontrolle, die besonderen Rechte der Betroffenen und über Schadensersatz sowie Straf- und Bußgeldvorschriften.

Erster Abschnitt Begriffsbestimmungen

§ 67 Begriffsbestimmungen

(1) [1]Sozialdaten sind Einzelangaben über persönliche oder sachliche Verhältnisse einer bestimmten oder bestimmbaren natürlichen Person (Betroffener), die von einer in § 35 des Ersten Buches genannten Stelle im Hinblick auf ihre Aufgaben nach diesem Gesetzbuch erhoben, verarbeitet oder genutzt werden. [2]Betriebs- und Geschäftsgeheimnisse sind alle betriebs- oder geschäftsbezogenen Daten, auch von juristischen Personen, die Geheimnischarakter haben.

(2) Aufgaben nach diesem Gesetzbuch sind, soweit dieses Kapitel angewandt wird, auch

1. Aufgaben auf Grund von Verordnungen, deren Ermächtigungsgrundlage sich im Sozialgesetzbuch befindet,

2. Aufgaben auf Grund von über- und zwischenstaatlichem Recht im Bereich der sozialen Sicherheit,

3. Aufgaben auf Grund von Rechtsvorschriften, die das Erste und Zehnte Buch des Sozialgesetzbuches für entsprechend anwendbar erklären, und

4. Aufgaben auf Grund des Arbeitssicherheitsgesetzes und Aufgaben, soweit sie den in § 35 des Ersten Buches genannten Stellen durch Gesetz zugewiesen sind. § 8 Abs. 1 Satz 3 des Arbeitssicherheitsgesetzes bleibt unberührt.

(3) [1]Automatisiert im Sinne dieses Gesetzbuches ist die Erhebung, Verarbeitung oder Nutzung von Sozialdaten, wenn sie unter Einsatz von Datenverarbeitungsanlagen durchgeführt wird (automatisierte Verarbeitung). [2]Eine nicht automatisierte Datei ist jede nicht automatisierte Sammlung von Sozialdaten, die gleich-

artig aufgebaut ist und nach bestimmten Merkmalen zugänglich ist und ausgewertet werden kann.

(4) (aufgehoben)

(5) Erheben ist das Beschaffen von Daten über den Betroffenen.

(6) [1]Verarbeiten ist das Speichern, Verändern, Übermitteln, Sperren und Löschen von Sozialdaten. [2]Im Einzelnen ist, ungeachtet der dabei angewendeten Verfahren,

1. Speichern das Erfassen, Aufnehmen oder Aufbewahren von Sozialdaten auf einem Datenträger zum Zwecke ihrer weiteren Verarbeitung oder Nutzung,

2. Verändern das inhaltliche Umgestalten gespeicherter Sozialdaten,

3. Übermitteln das Bekanntgeben gespeicherter oder durch Datenverarbeitung gewonnener Sozialdaten an einen Dritten in der Weise, dass

   a) die Daten an den Dritten weitergegeben werden oder

   b) der Dritte zur Einsicht oder zum Abruf bereitgehaltene Daten einsieht oder abruft;

   Übermitteln im Sinne dieses Gesetzbuches ist auch das Bekanntgeben nicht gespeicherter Sozialdaten; das Senden von Sozialdaten durch eine De-Mail-Nachricht an die jeweiligen akkreditierten Diensteanbieter – zur kurzfristigen automatisierten Entschlüsselung zum Zweck der Überprüfung auf Schadsoftware und zum Zweck der Weiterleitung an den Adressaten der De-Mail-Nachricht – ist kein Übermitteln,

4. Sperren das vollständige oder teilweise Untersagen der weiteren Verarbeitung oder Nutzung von Sozialdaten durch entsprechende Kennzeichnung,

5. Löschen das Unkenntlichmachen gespeicherter Sozialdaten.

(7) Nutzen ist jede Verwendung von Sozialdaten, soweit es sich nicht um Verarbeitung handelt, auch die Weitergabe innerhalb der verantwortlichen Stelle.

(8) Anonymisieren ist das Verändern von Sozialdaten derart, dass die Einzelangaben über persönliche oder sachliche Verhältnisse nicht mehr oder nur mit einem unverhältnismäßig großen Aufwand an Zeit, Kosten und Arbeitskraft einer bestimmten oder bestimmbaren natürlichen Person zugeordnet werden können.

(8 a) Pseudonymisieren ist das Ersetzen des Namens und anderer Identifikationsmerkmale durch ein Kennzeichen zu dem Zweck, die Bestimmung des Betroffenen auszuschließen oder wesentlich zu erschweren.

(9) [1]Verantwortliche Stelle ist jede Person oder Stelle, die Sozialdaten für sich selbst erhebt, verarbeitet oder nutzt oder dies durch andere im Auftrag vornehmen lässt. [2]Werden Sozialdaten von einem Leistungsträger im Sinne von § 12 des Ersten Buches erhoben, verarbeitet oder genutzt, ist verantwortliche Stelle der Leistungsträger. [3]Ist der Leistungsträger eine Gebietskörperschaft, so sind eine verantwortliche Stelle die Organisationseinheiten, die eine Aufgabe nach einem der besonderen Teile dieses Gesetzbuches funktional durchführen.

(10) [1]Empfänger ist jede Person oder Stelle, die Sozialdaten erhält. [2]Dritter ist jede Person oder Stelle außerhalb der verantwortlichen Stelle. [3]Dritte sind nicht der Betroffene sowie diejenigen Personen und Stellen, die im Inland, in einem anderen Mitgliedstaat der Europäischen Union oder in einem anderen Vertragsstaat des Abkommens über den Europäischen Wirtschaftsraum Sozialdaten im Auftrag erheben, verarbeiten oder nutzen.

(11) Nicht-öffentliche Stellen sind natürliche und juristische Personen, Gesellschaften und andere Personenvereinigungen des privaten Rechts, soweit sie nicht unter § 81 Abs. 3 fallen.

(12) Besondere Arten personenbezogener Daten sind Angaben über die rassische und ethnische Herkunft, politische Meinungen, religiöse oder philosophische Überzeugungen, Gewerkschaftszugehörigkeit, Gesundheit oder Sexualleben.

Literatur:

Beckmann: Der Schutz personenbezogener Daten im sozialen Sicherungssystem auf der Basis des deutschen, österreichischen und europäischen Rechts, Baden-Baden 2000; *Bieresborn*: Die Grundlagen des Sozialdatenschutzes, MEDSACH 2011, 214; *Bull*: Zweifelsfragen um die informationelle Selbstbestimmung – Datenschutz als Selbstaskese?, NJW 2006, 1617; *Bundesbeauftragter für den Datenschutz und die Informationsfreiheit* (Hrsg): BfD-Info 1 – Bundesdatenschutzgesetz – Text und Erläuterung, 16. Auflage, Bonn 2014; *Bundesbeauftragter für den Datenschutz und die Informationsfreiheit* (Hrsg): BfD-Info 3 – Sozialdatenschutz – Rechte der Versicherten, 1. Auflage, Bonn 2012; *Figge*: Schutz der Sozialdaten und weitere Änderungen durch das 2. SGBÄndG, DB 1994, 1518; *Gola/Klug*: Die Entwicklung des Datenschutzrechts in den Jahren 2008/2009, NJW 2009, 2577; *Gola/Klug*: Die Entwicklung des Datenschutzrechts in den Jahren 2009/2010, NJW 2010, 2483; *Gola/Klug*: Die Entwicklung des Datenschutzrechts in den Jahren 2010/2011, NJW 2011, 2484; *Gola/Klug*: Die Entwicklung des Datenschutzrechts in den Jahren 2011/2012, NJW 2012, 2489; *Gola/Klug*: Die Entwicklung des Datenschutzrechts im zweiten Halbjahr 2012, NJW 2013, 834; *Gola/Klug*: Die Entwicklung des Datenschutzrechts im ersten Halbjahr 2013, NJW 2013, 2487; *Gola/Klug*: Die Entwicklung des Datenschutzrechts im zweiten Halbjahr 2013, NJW 2014, 667; *Gola/Klug*: Die Entwicklung des Datenschutzrechts im ersten Halbjahr 2014, NJW 2014, 2622; *Gola/Klug*: Die Entwicklung des Datenschutzrechts im zweiten Halbjahr 2014, NJW 2015, 674; *Gola/Klug*: Die Entwicklung des Datenschutzrechts im ersten Halbjahr 2015, NJW 2015, 2628; *Gola/Klug*: Die Entwicklung des Datenschutzrechts im zweiten Halbjahr 2015, NJW 2016, 691; *Gola/Schomerus*: BDSG-Kommentar, 11. Auflage, München 2012; *Härting*: Anonymität und Pseudonymität im Datenschutzrecht, NJW 2013, 2065; *Hartleb*: Ein Datennetz der sozialen Sicherung, RDV 1995, 153; *Jacob*: Perspektiven des neuen Datenschutzrechts, DuD 2000, 5; *Klässer*: Sozialdatenschutz nach dem Zweiten Gesetz zur Änderung des Sozialgesetzbuches – 2. SGBÄndG, RDV 1994, 117; *Krahmer* (Hrsg.): Sozialdatenschutz nach SGB I und X, 3. Auflage, 2011; *Medding*: Das Sozialgeheimnis und seine Durchbrechungen – Ein systematischer Überblick, SGb 1986, 55; *Pickel*: Geheimhaltung und Offenbarung von Daten im Sozialrecht, MDR 1984, 885; *Pickel*: Erhebung, Nutzung, Speicherung und Veränderung von Sozialdaten, SGb 1997, 455; *Roßnagel/Pfitzmann/Garstka*: Modernisierung des Datenschutzrechts, Gutachten im Auftrag des Bundesministeriums des Innern, Berlin 2001; *Simitis*: Datenschutz – Rückschritt oder Neubeginn, NJW 1998, 2473; *Trute*: Der Schutz personenbezogener Daten in der Informationsgesellschaft, JZ 1998, 822; *Vogelgesang/Vogelgesang*: Die Rechtsprechung des Bundesverwaltungsgerichts zum Datenschutz, CR 1996, 752; *von Maydell/Ruland/Becker*: Sozialrechtshandbuch (SRH), 5. Auflage, 2012; *Wagner*: Änderung von Vorschriften des SGB über den Schutz der Sozialdaten, NJW 1994, 2937; *Wolff*: Die Geltung des Sozialgeheimnisses für das sozialgerichtliche Verfahren, NZS 2011, 161.

1. Allgemeines

§ 67 gibt die für den Sozialdatenschutz maßgeblichen Begriffsbestimmungen **1**
wieder. In Erweiterung des § 3 BDSG definiert Abs 1 den Begriff der Sozialdaten, des Betroffenen sowie der Betriebs- und Geschäftsgeheimnisse. Abs 2 um-
reißt Aufgaben, bei deren Erfüllung das Zweite Kapitel Anwendung findet. Abs
3 liefert Legaldefinitionen für die automatisierte Verarbeitung und die nicht automatisierte Datei. Die Absätze 5, 6, 7, 8 und 8a geben Legaldefinitionen für
alle denkmöglichen Handlungs- und Verwendungsweisen von Sozialdaten (Erheben, Verarbeiten, Nutzen, Anonymisieren und Pseudonymisieren von Sozialdaten). Abs 9 definiert die verantwortliche Stelle. In Abs 10 finden sich Legaldefinitionen des Empfängers und des Dritten. Abs 11 verzeichnet eine Definition der nicht-öffentlichen Stelle. Abs 12 erläutert, um was es sich bei besonderen Arten personenbezogener Daten handelt.

2. Begriffsbestimmungen

2.1. Sozialdaten (Abs 1 Satz 1)

Abs 1 Satz 1, Halbs 1 übernimmt zunächst die Definition für personenbezogene **2**
Daten aus § 3 Abs 1 BDSG, um dann mit dem **Halbs 2** unter Rekurs auf § 35
SGB I einen der Sozialverwaltung gemäßen, engeren Anwendungsrahmen zu
ziehen. Aufgrund der Erhebung, Verarbeitung oder Nutzung (Rz 10 ff) für Aufgaben nach diesem Gesetzbuch (Rz 5) sind Sozialdaten eine **besonders qualifizierte Form personenbezogener Daten.** Für Betriebs- und Geschäftsgeheimnisse
gilt diese Aussage nicht. Der Gesetzgeber ordnet mit § 35 Abs 4 SGB I eine
Gleichstellung von **Betriebs- und Geschäftsgeheimnissen** mit Sozialdaten an.
Deswegen bezieht **Satz 2** der Vorschrift betriebs- und geschäftsbezogene Daten
in **beschränktem Umfang** (vgl § 81 Rz 3; § 82 Rz 2; § 83 Rz 2) in den Sozialdatenschutz ein (vgl Rz 7).

Einzelangaben sind Informationen über die persönlichen oder sachlichen Ver- **3**
hältnisse einer bestimmten oder bestimmbaren natürlichen Person. Solche Informationen sind zB Name, Alter, Familienstand, Staatsangehörigkeit, Konfes-
sion, Gesundheitszustand, Anschrift, Telefonnummer, Renten- und Krankenver-
sicherungsnummer, KKzugehörigkeit, Einkommen, Vermögen, medizinische
Diagnosen, Äußerungen, Überzeugungen und ähnliches mehr. Auch Kontoauszüge eines Leistungsempfängers enthalten Sozialdaten (*VG Hannover* Urt
v 28.1.2006 – 9 A 645/02), und zwar betreffend die Daten über das Einnahme-
verhalten und das Ausgabeverhalten des Leistungsempfängers (*BSG* Urt
v 19.9.2008 – B 14 AS 45/07 R). Eine **erschöpfende Aufzählung der Einzelangaben** ist **ausgeschlossen** (*Pickel* MDR 1984, 885 [886]). Der Begriff ist weit zu
verstehen (*Kollhosser* Fs Henckel, 468). Es ist dabei nicht immer möglich, die
Begriffe, „persönlich oder sachlich" exakt voneinander abzuschichten. Dies ist
nicht erforderlich, da das G keine unterschiedlichen Rechtsfolgen vorsieht,
wenn persönliche oder sachliche Verhältnisse bezeichnet sind (*Beckmann* Der
Schutz personenbezogener Daten im sozialen Sicherungssystem, 45). Auf die
Schutzbedürftigkeit eines Datums, dh darauf, ob es sich um ein besonders belangvolles oder ein weniger belangvolles Datum handelt, kommt es nicht an. Es
gibt **kein „belangloses" Datum** im Sozialbereich (*BayVGH* Urt v 7.10.2008 – 5

BV 07.2162; *BSG* NJW 2003, 2932; *Steinmeyer* in Wannagat SGB X/2 § 67 Rz 5; vgl Vorb §§ 67-85a Rz 8). Nach Auffassung der Rspr handelt es sich bei Werturteilen nicht um Sozialdaten (*LSG Bln* Beschl v 12.2.2003 – L 10 AL 87/02). Für personenbezogene Daten (*Gola/Schomerus* BDSG § 3 Rz 6) und für Sozialdaten wird dies mit Recht bestritten (*Beckmann* aaO 42; *Steinmeyer* aaO § 67 Rz 15). Der Gesetzgeber hat in § 67b Abs 4 einen Fall des Umgangs mit Sozialdaten geregelt, der die *Bewertung* einzelner Persönlichkeitsmerkmale zum Gegenstand hat (vgl § 67b Rz 7). Ein bewertendes **Sozialdatum** stellt nichts anderes als ein **Werturteil** dar.

4   Der Bezug auf eine bestimmte oder bestimmbare natürliche Person, also das Merkmal der **Personenbezogenheit**, muss erfüllt sein, um von einem Sozialdatum sprechen zu können. Dies ist immer der Fall, wenn die Informationen selbst den Bezug zu einer **bestimmten natürlichen Person** erkennen lassen. Andernfalls reicht auch die Bestimmbarkeit der natürlichen Person aus, was der Fall ist, wenn eine bestimmte Person zwar nicht eindeutig oder unmittelbar zu identifizieren ist, es aber möglich ist, die Identität der Person mithilfe anderer Informationen festzustellen. Man bezeichnet diese als **individualisierbare** bzw **personenbeziehbare Daten**. Auch das Vorliegen nur weniger Identifikationsmerkmale kann ausreichen, um eine Bestimmung einer natürlichen Person vorzunehmen, wie Abs 8a (Rz 19) selbst zum Ausdruck bringt. In allen diesen Fällen spricht das G von den **Sozialdaten** eines „Betroffenen". Auf die Staatsangehörigkeit des Betroffenen kommt es dabei nicht an, da das Zweite Kapitel **In- und Ausländer** gleichermaßen schützt (vgl Vorbem §§ 67-85a Rz 6). Es enthält teilweise besondere, nur auf Ausländer anwendbare Datenschutzvorschriften (vgl § 71 Abs 2). Der Betroffene kann im Übrigen bereits verstorben sein (vgl Vorbem §§ 67-85a Rz 6). Sammelangaben über eine Personengruppe, ausreichend anonymisierte (Abs 8) oder pseudonymisierte (Abs 8a) Angaben fallen nicht unter den Begriff der Sozialdaten, da die erforderliche Bestimmtheit des Betroffenen nicht (mehr) gegeben ist (vgl Rz 18 f).

5   Von Sozialdaten kann bei personenbezogenen Daten nur gesprochen werden, soweit diese von einer in § 35 Abs 1 SGB I genannten Stelle im Hinblick auf Aufgaben nach diesem Gesetzbuch erhoben, verarbeitet oder genutzt werden. Stellen iSd Vorschrift sind die Leistungsträger iSd § 12 Satz 1 SGB I. Hierbei handelt es um die in den §§ 18 bis 29 SGB I bezeichneten Körperschaften, Anstalten und Behörden. Diese **Leistungsträger** sind **Normadressaten des Sozialgeheimnisses**, also die zur Wahrung des Sozialgeheimnisses iSd § 35 Abs 1 Satz 1 SGB I Verpflichteten (vgl *Pickel* SGb 2001, 57 [60]; *Krahmer* in Krahmer Sozialdatenschutz § 35 SGB I Rz 13; *Krahmer* in LPK-SGB I § 35 Rz 13). **Weitere Normadressaten** und damit in gleicher Weise zur Wahrung des Sozialgeheimnisses verpflichtet sind die in § 35 Abs 1 Satz 4 SGB I genannten Stellen (vgl *Pickel* SGb 2001, 57 [60 f]; *Krahmer* in Krahmer Sozialdatenschutz § 35 SGB I Rz13; *Krahmer* in LPK-SGB I, § 35 Rz 15).

6   Die personenbezogenen Daten müssen im Hinblick auf Aufgaben nach diesem Gesetzbuch erhoben, verarbeitet oder genutzt werden, damit Sozialdaten vorliegen. Dies erfordert einen **funktionalen Zusammenhang** mit der Aufgabenerfüllung (*Borchert* in GK-SGB X 2 § 35 SGB I Rz 27; *Krahmer* in Krahmer Sozialdatenschutz § 67 SGB X Rz 7; vgl auch *BayLSG* Beschl v 2.7.2002 – L 17 U 19/00 – nv), wobei sich die Aufgabenzuweisung im Einzelnen aus den §§ 18 bis 29 SGB I aber auch aus § 35 Abs 1 Satz 4 SGB I ergibt. Auch soweit Aufgaben in Leistungsbereichen aufgrund von Gesetzen ausgeführt werden, die nicht in das SGB integriert sind (BAföG, BKGG, WoGG), handelt es sich um Aufga-

ben iSd Satz 1 (vgl §§ 18, 25, 26, 28, 68 SGB I). Praktische Konsequenz des **funktionalen Stellenbegriffs** ist zB, dass das Jugendamt eines Landkreises sozialdatenschutzrechtlich eine andere Stelle als das Amt für Soziales und Wohnen derselben Körperschaft ist, wie Abs 9 Satz 3 es zum Ausdruck bringt (vgl auch *Borchert* aaO Rz 28). Wird ein Leistungsträger lediglich fiskalisch tätig und geht er bei dieser Gelegenheit mit personenbezogenen Daten um, so gilt das BDSG (§ 1 Abs 2 Nr 1 BDSG) oder das jew LandesdatenschutzG (§ 1 Abs 2 Nr 2 BDSG). Das BDSG gilt ebenfalls, wenn die Deutsche Post AG mit personenbezogenen Daten umgeht, soweit sie nicht mit der Berechnung oder Auszahlung von Sozialleistungen betraut ist (§ 35 Abs 1 Satz 4 SGB I, § 119 SGB VI, § 99 SGB VII).

2.2. Betriebs- und Geschäftsgeheimnisse (Abs 1 Satz 2)

Betriebs- und Geschäftsgeheimnisse (vgl Rz 2) stehen Sozialdaten nach **Satz 2** nur dann gleich (§ 35 Abs 4 SGB I), wenn diese **Geheimnischarakter** haben. Nach spezialgesetzlicher Regelung ist der Schutz von Betriebs- und Geschäftsgeheimnissen zT aus dem Sozialdatenschutz ausgeschlossen (zB § 93 SGB XI; dazu: *Waschull* in Krauskopf SozKV § 93 SGB XI Rz 28). Unter einem Betriebs- oder Geschäftsgeheimnis ist jede Tatsache zu verstehen, die in Zusammenhang mit einem Geschäftsbetrieb steht, nicht offenkundig ist und nach dem bekundeten Willen des Inhabers geheim gehalten werden soll. Dabei muss ein berechtigtes Interesse an der Geheimhaltung bestehen (*Medding* SGb 1986, 55 [56]; *Kunkel* GK-SGB VIII § 61 Rz 23). Der Passus „*auch* von juristischen Personen" bringt zum Ausdruck, dass der Schutz auch den Unternehmen zugutekommt, die **nicht** in Form einer **juristischen Person** verfasst sind (GbR, oHG, KG, EWIV). Zum Teil wird Satz 2 zwar so verstanden, als fielen die Betriebs- und Geschäftsgeheimnisse dieser unter Satz 1 (*Kunkel* aaO Rz 23). Dies trifft aber nur in Ansehung der Sozialdaten der Gesellschafter zu, wenn diese natürliche Personen sind.

2.3. Aufgaben nach diesem Gesetzbuch (Abs 2)

Abs 2 verdeutlicht, dass auch die unter den Nr 1 bis 4 genannten Aufgaben solche nach diesem Gesetzbuch sind, womit auch sie dem Sozialdatenschutz unterliegen. Nach **Nr 1** gilt dies für Aufgaben aufgrund von Verordnungen, deren Ermächtigungsgrundlage sich im SGB findet, so das Verfahren der Meldungen nach § 28 a SGB IV gem der **DEÜV** v 10.2.1998 (BGBl I 343; neugefasst durch Bekanntmachung v 23.1.2006, BGBl I 152; zuletzt geändert durch G v 23.12.2014, BGBl I 2462). Weitere Ermächtigungsgrundlagen für Verordnungen finden sich zB in §§ 28 Abs 2, 60, 69, 96 Abs 2 SGB XII. **Nr 2** erfasst zum einen die Aufgaben aufgrund von überstaatlichem oder „supranationalem" Recht, was auf das **Europäische Gemeinschaftsrecht** auf dem Gebiet der sozialen Sicherheit abstellt (vgl *Schulin/Igl* Sozialrecht Rz 1152, 1157 ff, 1192 ff; *Schulte* in LPK-SGB I Anhang Rz 45). Zum anderen bezieht Nr 2 auch die Aufgaben aufgrund von zwischenstaatlichem Recht ein, womit die **zwischenstaatlichen Verträge** der Bundesrepublik auf dem Gebiet der sozialen Sicherheit gemeint sind. Verträge dieser Art existieren in multilateraler Form (zB Europäisches Fürsorgeabkommen v 11.12.1953, BGBl 1956 II 564, Anh I, II und III neu gefasst gem Bekanntmachung v 8.5.1991, BGBl II 686) oder in bilateraler Form als Abkommen über Soziale Sicherheit (zB Abkommen zwischen der Bundesrepublik und Australien v 13.12.2000, BGBl 2002 II 2306; zwischen der Bundesrepublik und Japan v 20.4.1998, BGBl 1999 II 876; zwischen der Bundesrepublik und der Republik Korea v 10.3.2000, BGBl 2001 II 915; zwischen der Bundesrepublik und der Republik Ungarn v 2.5.1998, BGBl 1999 II 900). Rechtsvorschriften iSd **Nr 3** sind zB das G zur Förderung der Einstellung der landwirtschaftlichen Erwerbstätigkeit v 21.2.1989 (BGBl I 233, zuletzt geändert durch G v 16.12.1997, BGBl I 2998) oder das G über Entschädigungen für Opfer des Nationalsozialismus im Beitrittsgebiet v 22.4.1992 (BGBl I 906). Aufgrund von **Nr 4 Satz 1** sind die Aufgaben der Stellen iSd § 35 Abs 1 Satz 1 SGB I nach dem ASiG solche nach diesem Gesetzbuch. Eine Zuweisung durch G iSd Satz 1 ist zB die Mitwirkung der Träger der UV an der Überwachung des Arbeitsschutzes nach § 21 Abs 2 ArbSchG. Im Rahmen des ASiG verbleibt es wegen **Satz 2** bei der Geltung des § 8 Abs 1 Satz 3 ASiG.

2.4. Automatisierte Verarbeitung und nicht automatisierte Datei (Abs 3)

9   **Abs 3** entspricht dem Wortlaut des § 3 Abs 2 BDSG. Definiert wird in **Satz 1** die automatisierte Verarbeitung. Entscheidend für diese Art der Verarbeitung ist der Einsatz **automatisierter Verarbeitungstechniken**, wobei diese sich in den Phasen der Erhebung, Verarbeitung oder Nutzung vollziehen kann. Die nicht automatisierte Datei iSd **Satz 2** wird manuell geführt, ist **systematisch aufgebaut** und geordnet, wie zB Karteien, Lochkarten oder Sichtlochkarten. Erforderlich ist ein gleichartiger Aufbau, der einen leichten Zugriff auf die Daten ermöglicht (*Gola/Schomerus* BDSG § 3 Rz 17). Auch **Akten** können unter den Begriff der nicht automatisierten Datei und damit unter den Schutz des Zweiten Kapitels fallen, wenn sie zB nach Aktenzeichen geordnet sind und aufgrund ihrer gleichartigen Aufbausystematik einen geordneten und gleichartigen Zugang ermöglichen. Dies dürfte bei den Akten der Leistungsträger idR der Fall sein. Bedeutung hat die Differenzierung zwischen automatisierter Verarbeitung und nicht automatisierter Datei im Rahmen der Anlage zu § 78a (vgl § 78a Rz 5 ff), bei § 81 Abs 4 (vgl § 81 Rz 6), bei § 82 (vgl § 82 Rz 6) sowie bei § 83 Abs 1 Satz 3 (vgl § 83 Rz 4).

2.5. Erheben (Abs 5)

10   **Abs 5** entspricht vollinhaltlich § 3 Abs 3 BDSG. Entsprechend der Terminologie des Zweiten Kapitels müsste an sich von „Sozialdaten" (wie es in § 67a Abs 1 Satz 1 der Fall ist) die Rede sein. Hierbei liegt offenbar ein redaktionelles Versehen des Gesetzgebers vor. Das Erheben der Sozialdaten steht begriffsnotwendig **an erster Stelle** der weiteren Umgangsmöglichkeiten des Abs 6, da diese ohne ein „Haben" der Sozialdaten nicht erfolgen können. Es ist unerheblich, wie die Sozialdaten beschafft werden, ob mündlich oder schriftlich, durch das Ausfüllenlassen von Vordrucken oder durch ausdrückliche Befragung. Beschaffen schließt lediglich die Erlangung von Daten ganz ohne eigenes Zutun aus (*Krahmer* in Krahmer Sozialdatenschutz § 67 SGB X Rz 10), da stets ein **zielgerichtetes Beschaffen** erforderlich ist (*Gola/Schomerus* BDSG § 3 Rz 24). Bereits die Phase der Erhebung von Sozialdaten ist durch § 67a geschützt, dh an die dort angeführten Zulässigkeitsvoraussetzungen geknüpft (vgl § 67a Rz 2).

2.6. Verarbeitung (Abs 6)

11   In **Abs 6 Satz 1** werden einzelne Phasen der Verarbeitung von Sozialdaten (nämlich: **Speichern, Verändern, Übermitteln, Sperren und Löschen**) definiert und zwar – ausweislich **Satz 2** – ungeachtet der dabei angewendeten Verfahren. Mit Ausnahme des Satz 2 Nr 3 und 4 entspricht der Gesetzeswortlaut von Abs

6 demjenigen des § 3 Abs 4 BDSG. Im Einzelnen definiert Nr 1 bis 5 die Verarbeitungsphasen wie folgt:

Speichern (**Nr 1**) ist das **Erfassen, Aufnehmen** oder **Aufbewahren** von Sozialda-　**12** ten auf einem **Datenträger** zum Zwecke ihrer weiteren Verarbeitung oder Nutzung. Erheben (vgl Rz 10) und Speichern können zeitlich zusammenfallen, wenn zB die Sozialdaten bereits mit der Erhebung erfasst werden, indem sie schriftlich fixiert oder elektronisch gespeichert werden. Das Aufnehmen vollzieht sich unter Anwendung technischer Mittel mit einem Aufnahmegerät, wie einem Diktiergerät. Mit der Erwähnung des Aufbewahrens wird verdeutlicht, dass auch das bloße Aufbewahren anderweitig fixierter Sozialdaten den Tatbestand des Speicherns erfüllt (*Gola/Schomerus* BDSG § 3 Rz 26). Unerheblich ist die technische Qualifikation des Datenträgers und das der Speicherung dienende Verfahren. Es kann sich um jedes Trägermedium für Informationen handeln, etwa die Festplatte eines Computers, eine Speicherkarte, einen USB-Stick oder eine Videokamera, wobei es nicht notwendig ist, dass ein elektronisches Medium vorliegt. Auch das Herstellen und Abheften von Unterlagen in der Verwaltungsakte ist eine Form der Datenspeicherung (*BayLSG* Urt v 14.11.2013 – L 7 AS 579/13 B ER). Voraussetzung ist lediglich, dass das Medium ein **Wiederherauslesen** der gespeicherten Sozialdaten erlaubt, also auch die Verwirklichung der Zweckbestimmung des Speicherns ermöglicht, nämlich die weitere Verarbeitung oder Nutzung.

Verändern (**Nr 2**) ist das inhaltliche Umgestalten gespeicherter Sozialdaten. Die　**13** Handlung bezieht sich auf **Modifikationen** des **Informationsinhalts** und der Aussagebedeutung gespeicherter Sozialdaten. Ein Verändern ist auch möglich, indem Sozialdaten weggelassen oder weitere Sozialdaten hinzugefügt werden, weil sich auch dadurch die Aussagebedeutung ändern kann.

Als **Übermitteln** (**Nr 3**) gilt das wissentliche und gewollte **Bekanntgeben** von　**14** Sozialdaten zur **Kenntnis** eines **Dritten** (*Krahmer* in Krahmer Sozialdatenschutz § 67 SGB X Rz 14). Ein Übermitteln kann sich dadurch vollziehen, dass die speichernde Stelle die gespeicherten oder durch Datenverarbeitung gewonnenen Sozialdaten an einen Dritten weitergibt (**Halbs 1 a**). Es ist gleich, ob dies durch die physische Weitergabe von Datenträgern mit darauf gespeicherten Sozialdaten erfolgt, zB durch das Aushändigen eines USB-Sticks oder auf schriftliche, mündliche oder sonstige Weise. Die Weitergabe als Unterfall des Übermittelns unterscheidet nicht danach, ob die Übermittlung von Sozialdaten in **verkörperter Form** auf Datenträgern oder rein elektronisch und damit **unverkörpert** erfolgt. Nach **Halbs 1 b** liegt ein Übermitteln vor, wenn der Dritte zur Einsicht oder zum Abruf bereitgestellte Sozialdaten einsieht oder abruft. Von einem Einsehen ist bereits bei einem Lesenlassen auszugehen. Vollzieht sich der Abruf in automatisierter Form, sind für die Einrichtung dieses Abrufverfahrens die Bestimmungen des § 79 zu beachten. **Halbs 2 Teil 1** hat den Fall einer Übermittlung im Auge, der **keine Speicherung vorangegangen** ist. Grds können diese Sozialdaten nur durch Weitergabe (a) übermittelt werden, da die Übermittlung durch Einsehen oder Abrufen (b) technisch unmöglich ist. Dieser Passus bezieht sich auf Sozialdaten, die noch nicht auf Datenträgern erfasst sind, sondern sich „im Kopf eines Bediensteten" der speichernden (konsequenterweise muss es heißen: der „erhebenden") Stelle befinden (BT-Drucks 12/5187, 36). **Halbs 2 Teil 2** stellt klar, dass das Senden von Sozialdaten durch eine **De-Mail-Nachricht** an einen akkreditierten De-Mail Diensteanbieter nicht als Übermitteln gilt, wenn dies zur kurzfristigen automatisierten Entschlüsselung zur Überprüfung auf Schadsoftware und zum Zweck der anschließenden Weiterleitung der

De-Mail-Nachricht an den Adressaten geschieht. Der Dritte iSd Nr 3 ist in Abs 10 Satz 2 legaldefiniert (vgl Rz 21). Wie bereits für Abs 5 angemerkt (vgl Rz 10), handelt es sich auch bei Nr 3, Halbs 1 a und b um ein Redaktionsversehen, soweit dort nur von „Daten" die Rede ist. Auch hier sind Sozialdaten gemeint.

15   Mit dem **Sperren** ist in **Nr 4** eine weitere eigenständige Phase der Verarbeitung der Sozialdaten definiert. Das Sperren erfolgt durch das vollständige oder teilweise **Untersagen** der weiteren Verarbeitung oder Nutzung von Sozialdaten durch eine entsprechende Kennzeichnung. Die Untersagungskennzeichnung kann durch einen **Sperrvermerk** erfolgen (*Krahmer* in Krahmer Sozialdatenschutz § 67 SGB X Rz 15). Sie kann auch dadurch erfolgen, dass in automatisierten Dateien die Zugriffsmöglichkeit auf Sozialdaten **programmtechnisch gesperrt** wird. In Zusammenhang mit § 78 a sollte daran gedacht werden, dass eine Dienstanweisung die Möglichkeit des Sperrens von Sozialdaten ausdrücklich behandelt. Mit Nr 4 geht der Sozialdatenschutz über die Anforderungen des § 3 Abs 4 Nr 4 BDSG hinaus, wo für das Sperren eine Kennzeichnung ausreicht, um den weiteren Umgang mit den personenbezogenen einzuschränken. Regelungen für das Sperren finden sich in § 84 Abs 3 und 4 (vgl § 84 Rz 6 f).

16   Das **Löschen** (**Nr 5**) besteht in dem Unkenntlichmachen gespeicherter Sozialdaten. Es muss derart vollzogen werden, dass eine technisch-physikalische Unwiederbringlichkeit der Sozialdaten eintritt, sei es durch eine **Zerstörung des jew Datenträgers** selbst oder durch ein Löschen oder **Überschreiben der Informationen** auf einem für die elektronische Nutzung bestimmten Datenträger oder durch ein Durchstreichen, Übermalen oder Schwärzen auf einem nicht für die elektronische Nutzung geeigneten Datenträger. **Schutzwürdige Akteninhalte** mit personenbezogenem Inhalt müssen **datenschutzgerecht entsorgt** werden, also zB nicht mit dem Hausmüll (20. Tb des BfD, BT-Drucks 15/5252, 162 f). Von Bedeutung ist das Löschen im Rahmen des § 84 Abs 2 (vgl § 84 Rz 5).

2.7. Nutzen (Abs 7)

17   Der Tatbestand des **Abs 7** knüpft an den Tatbestand des § 3 Abs 5 BDSG an, ergänzt diesen aber. Mit Nutzen bezeichnet die Regelung **jede andere Verwendung** von Sozialdaten, soweit diese **keine Verarbeitung** iSd Abs 6 darstellt. Der Umgang mit Sozialdaten wird durch die Begriffe der Erhebung, der Verarbeitung und der Nutzung vollständig erfasst. Eine weitere Verwendungsart von Sozialdaten ist durch den **Auffangtatbestand** des Abs 7 ausgeschlossen. Ergänzend fügt Abs 7 an, dass auch die Weitergabe innerhalb der verantwortlichen Stelle eine Nutzung ist. Gedacht ist hier an den Fall, dass etwa Sozialdaten vom Registrator an den Sachbearbeiter weitergegeben werden (BT-Drucks 12/5187, 36). Eine solche Handlung stellt damit keine Übermittlung iSd Abs 6 Nr 3 dar, erfordert also nicht das Vorliegen der Rechtmäßigkeitsvoraussetzungen nach der Grundsatzbestimmung des § 67 d Abs 1 oder den §§ 68 bis 77. Gleichwohl muss auch für die Nutzung der Sozialdaten ein **Zulässigkeitstatbestand** vorliegen, der sich in den §§ 67 b, 67 c findet.

2.8. Anonymisieren (Abs 8)

18   Der Tatbestand des Anonymisierens in **Abs 8** kann in zwei Varianten erfolgen und entspricht dem Wortlaut des § 3 Abs 6 BDSG. Das G spricht in diesem Zusammenhang von einem „Verändern" der Sozialdaten. Ist die Anonymisierung aber erst erfolgt, liegen begrifflich keine Sozialdaten mehr vor, da der für Sozialdaten konstitutive **Personenbezug** (vgl Rz 4) **aufgehoben** ist (ebenso: *Waschull* in Krauskopf SozKV § 93 SGB XI Rz 20). Nach **Variante 1** ist das Anonymisieren gegeben, wenn die **Zuordnungsmöglichkeit** der Einzelangaben zu einer bestimmten oder bestimmbaren Person **aufgehoben** wird. Dies kann dadurch geschehen, dass alle Individualisierungsmerkmale, die eine Zuordnung zu einer bestimmten oder bestimmbaren Person erlauben, aufgehoben werden. Die Aufhebung der Zuordnungsmöglichkeit muss in der ersten Variante faktisch unumkehrbar sein. Nach **Variante 2** ist dies nicht erforderlich, doch muss die Wiederherstellung der **Zuordnung** einen **unverhältnismäßig großen Aufwand** erfordern. Der Gesetzgeber trägt damit dem Umstand Rechnung, dass eine absolute Anonymisierung vor dem Hintergrund der Möglichkeiten IT-gestützter Datenverarbeitung nur in den seltensten Fällen möglich ist (*Gola/Schomerus* BDSG § 3 Rz 44). Welche Kriterien für die Beantwortung der Frage eines unverhältnismäßig großen Aufwands im Einzelfall von Belang sind, gibt der Gesetzeswortlaut mit den Kriterien Zeit, Kosten und Arbeitskraft vor. Je sensibler die Daten sind, desto größer muss der Aufwand sein, sie zu einer Person wieder zuordnen zu können. Anwendungsfälle des Anonymisierens finden sich in § 75 Abs 1 Satz 2 („auf andere Weise", vgl § 75 Rz 9), und in § 78 b Satz 2 (vgl § 78 b Rz 4).

2.9. Pseudonymisieren (Abs 8 a)

Bei dem in **Abs 8 a** geregelten Pseudonymisieren wird die Herstellung des **Perso-** **nenbezugs** zwar nicht aufgehoben, aber **wesentlich erschwert**. Parallelvorschrift ist § 3 Abs 6 a BDSG. Während der Verarbeitung oder Nutzung ist der Betroffene nicht mit seiner wahren Identität erkennbar. Die Anwendungsfälle des Pseudonymisierens decken sich mit denjenigen des Anonymisierens (Rz 18).

19

2.10. Verantwortliche Stelle (Abs 9)

Mit **Abs 9** übernimmt das G aus § 3 Abs 7 BDSG den Oberbegriff für eine **da-** **tenschutzrechtlich verpflichtete Stelle**, bezeichnet also auch für das Zweite Kapitel die Normadressaten des Sozialdatenschutzes als verantwortliche Stelle. Nach **Satz 2** sind dies (anknüpfend an § 35 Abs 1 Satz 1 SGB I, § 67 Abs 1 Satz 1) die Leistungsträger iSd § 12 Satz 1 SGB I (vgl Rz 5). **Satz 1** verdeutlicht, dass verantwortliche Stelle auch der Leistungsträger bleibt, der die Erhebung, Verarbeitung oder Nutzung der **Sozialdaten** durch andere **im Auftrag** (vgl § 80) vornehmen lässt. Damit sind etwa Fallgestaltungen erfasst, in denen ein Leistungsträger sich der Dienstleistungen eines Rechenzentrums bedient, das nicht Bestandteil des Leistungsträgers ist (vgl § 80 Rz 4). Verbleibt es dagegen bei einer Verarbeitung und Nutzung der Sozialdaten innerhalb desselben Leistungsträgers, wird der Leistungsträger auch dann als eine einheitliche verantwortliche Stelle angesehen, wenn die Verarbeitung und Nutzung zwischen der Zentrale und einer Zweig- oder Außenstelle des Leistungsträgers aufgeteilt ist (BT-Drucks 12/5187, 36). Der **Austausch** von Sozialdaten zwischen der **Zentrale** und der **Zweig- oder Außenstelle** oder umgekehrt stellt folglich keine Übermittlung iSd Abs 6 Nr 3 dar, da keine Weitergabe an bzw keine Einsicht oder ein Abruf durch einen Dritten erfolgt, der definitionsgemäß (Abs 10) außerhalb der verantwortlichen Stelle stehen muss (vgl Rz 21). Gleiches gilt hinsichtlich verschiedener Stellen, die innerhalb einer **Behördenhierarchie** notwendigerweise an einer Entscheidung beteiligt sind. Auch diese bilden jeweils einen Teil der verantwortlichen Stelle (BT-Drucks 12/6334, 9). Die Rechtmäßigkeitsvoraussetzungen des § 67 d Abs 1 müssen insoweit jeweils nicht vorliegen. **Satz 3** trifft für den Fall, dass eine Gebietskörperschaft Leistungsträger ist (zB in Fällen der

20

Leistung von Wohngeld nach §§ 7, 26 SGB I, § 23 Satz 1 WoGG oder Leistungen der Sozialhilfe nach §§ 9, 28 SGB I) eine von Satz 2 abweichende **Sonderregelung**. Demnach ist bei Gemeinden verantwortliche Stelle nicht die juristische Person, sondern lediglich die Organisationseinheit, die eine Aufgabe nach einem der besonderen Teile des SGB funktional durchführt. Werden innerhalb derselben Gebietskörperschaft Sozialdaten von einer Organisationseinheit an eine andere Organisationseinheit (zB vom Wohngeldamt an das Sozialamt) weitergegeben, so handelt es sich um unterschiedliche verantwortliche Stellen. Bei verschiedenen örtlichen Stellen mit der gleichen Aufgabe (zB Bezirkssozialämter in Berlin), liegt eine einzige speichernde Stelle vor (BT-Drucks 12/5187, 36). Verfügt die Gebietskörperschaft wiederum über andere Organisationseinheiten, die für die verantwortliche Stelle eine unterstützende Funktion erfüllen (zB Rechenzentrum oder die Stadtkasse), liegt ein Fall des Satz 1 vor (BT-Drucks 12/6334, 9).

2.11. Empfänger (Abs 10)

21 **Abs 10** erläutert in ergänzender Übernahme des § 3 Abs 8 BDSG die Begriffe Empfänger und Dritter. Empfänger ist jede Person oder Stelle, die Sozialdaten erhält (**Satz 1**). An einen Empfänger können Daten weitergegeben werden, ohne dass eine Übermittlung iSd Abs 6 Nr 3 vorliegt, da keine Weitergabe an bzw keine Einsicht oder ein Abruf durch einen Dritten erfolgt (der Dritte muss nach Satz 2 außerhalb der verantwortlichen Stelle sein), sondern die Sozialdaten an eine Person oder Stelle innerhalb der verantwortlichen Stelle weitergegeben werden. Von der verantwortlichen Stelle beschäftigte **Mitarbeiter** sind nicht Dritte, sondern Empfänger. Entsprechendes gilt für Personen, die durch „besondere Rechtsbeziehung" mit dem Leistungsträger verbunden sind, zB für Beratungsärzte, die durch den Abschluss eines Dienst- oder Beratungsvertrages höherer Art mit dem Leistungsträger verbunden sind (*BSG* Urt v 5.2.2008 – B 2 U 8/07 R; *LSG BW* Urt v 25.10.2013 – L 8 U 541/13). § 67d Abs 1 greift in diesen Fällen nicht ein. Dies bedeutet jedoch nicht, dass eine Weitergabe an Empfänger unbeschränkt möglich wäre. Es folgt aus der Zusammenschau von Satz 1 mit § 35 Abs 1 Satz 2 SGB I, dass es „**befugte Empfänger**" gibt, an die eine Weitergabe zulässig ist, und dass es „**nicht befugte Empfänger**" gibt, an die sich eine Weitergabe verbietet. Bspw handelt es sich bei einem Sachbearbeiter, der in einem Vorgang die urlaubsweise Vertretung für einen anderen Sachbearbeiter wahrnimmt, um einen befugten Empfänger. Demgegenüber liegt mit einem Mitarbeiter, der für die Materialbeschaffung innerhalb der verantwortlichen Stelle zuständig ist, kein befugter Empfänger vor. Auch die **Weitergabe** an einen Empfänger ist durch den **Erforderlichkeitsgrundsatz beschränkt**. Zugangs- und Weitergabebeschränkung gelten auch innerhalb der verantwortlichen Stelle. Von einem Dritten kann aufgrund von **Satz 2** gesprochen werden, wenn diese Person oder Stelle außerhalb der verantwortlichen Stelle belegen ist. Auch der Betroffene selbst ist außerhalb der verantwortlichen Stelle, doch stellt **Satz 3** klar, dass es sich bei ihm nicht um einen Dritten handelt. Soweit eine Erhebung, Verarbeitung oder Nutzung von Sozialdaten im Auftrag erfolgt (vgl § 80) handelt es sich bei der beauftragten Person oder Stelle nicht um einen Dritten. Satz 3 qualifiziert die **Weitergabe von Sozialdaten** an den Auftragnehmer **nicht** als **Übermittlung**, obwohl diesem in sachlicher Hinsicht derselbe Vorgang zugrunde liegt wie dem Übermittlungsvorgang. Der Gesetzgeber sieht die beauftragte Stelle sozialdatenschutzrechtlich als eine Einheit mit der verantwortlichen und weisungsgebenden Stelle (vgl § 80) an. Es ist gleich, die ob Er-

hebung, Verarbeitung oder Nutzung von Sozialdaten im Inland, in einem EU-Mitgliedstaat oder in einem **EWR-Staat** erfolgt. Die Einbeziehung von im **Ausland** belegenen Personen und Stellen folgt daraus, dass zwischen den EU-Mitgliedstaaten und den EWR-Staaten und im Verhältnis zu den **Organen und Einrichtungen der EG** der **Grundsatz des freien Datenverkehrs** gilt (vgl § 77 Rz 3).

2.12. Nicht-öffentliche Stelle und besondere Arten personenbezogener Daten (Abs 11 und 12)

Mit **Abs 11** erfolgt eine ergänzende Übernahme des § 2 Abs 4 BDSG. In der Definition werden die in § 81 Abs 3 genannten **Verbände** ausgeklammert, die datenschutzrechtlich als öffentliche Stellen behandelt werden (vgl § 81 Rz 5).   **22**

Abs 12 entspricht § 3 Abs 9 BDSG und definiert die in Art 8 Abs 1 RiLi 95/46/EG bezeichneten **besonderen Kategorien** personenbezogener Daten. Auch hier muss es Sozialdaten heißen (vgl Rz 10).   **23**

Zweiter Abschnitt
Datenerhebung, -verarbeitung und -nutzung

§ 67 a   Datenerhebung

(1) [1]Das Erheben von Sozialdaten durch in § 35 des Ersten Buches genannte Stellen ist zulässig, wenn ihre Kenntnis zur Erfüllung einer Aufgabe der erhebenden Stelle nach diesem Gesetzbuch erforderlich ist. [2]Dies gilt auch für besondere Arten personenbezogener Daten (§ 67 Abs. 12). [3]Angaben über die rassische Herkunft dürfen ohne Einwilligung des Betroffenen, die sich ausdrücklich auf diese Daten beziehen muss, nicht erhoben werden. [4]Ist die Einwilligung des Betroffenen durch Gesetz vorgesehen, hat sie sich ausdrücklich auf besondere Arten personenbezogener Daten (§ 67 Abs. 12) zu beziehen.

(2) [1]Sozialdaten sind beim Betroffenen zu erheben. [2]Ohne seine Mitwirkung dürfen sie nur erhoben werden

1. bei den in § 35 des Ersten Buches oder in § 69 Abs. 2 genannten Stellen, wenn
    a) diese zur Übermittlung der Daten an die erhebende Stelle befugt sind,
    b) die Erhebung beim Betroffenen einen unverhältnismäßigen Aufwand erfordern würde und
    c) keine Anhaltspunkte dafür bestehen, dass überwiegende schutzwürdige Interessen des Betroffenen beeinträchtigt werden,
2. bei anderen Personen oder Stellen, wenn
    a) eine Rechtsvorschrift die Erhebung bei ihnen zulässt oder die Übermittlung an die erhebende Stelle ausdrücklich vorschreibt oder
    b) aa) die Aufgaben nach diesem Gesetzbuch ihrer Art nach eine Erhebung bei anderen Personen oder Stellen erforderlich machen oder
       bb) die Erhebung beim Betroffenen einen unverhältnismäßigen Aufwand erfordern würde

    und keine Anhaltspunkte dafür bestehen, dass überwiegende schutzwürdige Interessen des Betroffenen beeinträchtigt werden.

(3) [1]Werden Sozialdaten beim Betroffenen erhoben, ist er, sofern er nicht bereits auf andere Weise Kenntnis erlangt hat, über die Zweckbestimmungen der Erhebung, Verarbeitung oder Nutzung und die Identität der verantwortlichen

Stelle zu unterrichten. [2]Über Kategorien von Empfängern ist der Betroffene nur zu unterrichten, soweit

1. er nach den Umständen des Einzelfalles nicht mit der Nutzung oder der Übermittlung an diese rechnen muss,
2. es sich nicht um eine Verarbeitung oder Nutzung innerhalb einer in § 35 des Ersten Buches genannten Stelle oder einer Organisationseinheit im Sinne von § 67 Abs. 9 Satz 3 handelt oder
3. es sich nicht um eine Kategorie von in § 35 des Ersten Buches genannten Stellen oder von Organisationseinheiten im Sinne von § 67 Abs. 9 Satz 3 handelt, die auf Grund eines Gesetzes zur engen Zusammenarbeit verpflichtet sind.

[3]Werden Sozialdaten beim Betroffenen auf Grund einer Rechtsvorschrift erhoben, die zur Auskunft verpflichtet, oder ist die Erteilung der Auskunft Voraussetzung für die Gewährung von Rechtsvorteilen, ist der Betroffene hierauf sowie auf die Rechtsvorschrift, die zur Auskunft verpflichtet, und die Folgen der Verweigerung von Angaben, sonst auf die Freiwilligkeit seiner Angaben hinzuweisen.

(4) Werden Sozialdaten statt beim Betroffenen bei einer nicht-öffentlichen Stelle erhoben, so ist die Stelle auf die Rechtsvorschrift, die zur Auskunft verpflichtet, sonst auf die Freiwilligkeit ihrer Angaben hinzuweisen.

(5) [1]Werden Sozialdaten weder beim Betroffenen noch bei einer in § 35 des Ersten Buches genannten Stelle erhoben und hat der Betroffene davon keine Kenntnis, ist er von der Speicherung, der Identität der verantwortlichen Stelle sowie über die Zweckbestimmungen der Erhebung, Verarbeitung oder Nutzung zu unterrichten. [2]Eine Pflicht zur Unterrichtung besteht nicht, wenn

1. der Betroffene bereits auf andere Weise Kenntnis von der Speicherung oder der Übermittlung erlangt hat,
2. die Unterrichtung des Betroffenen einen unverhältnismäßigen Aufwand erfordert oder
3. die Speicherung oder Übermittlung der Sozialdaten auf Grund eines Gesetzes ausdrücklich vorgesehen ist.

[3]Über Kategorien von Empfängern ist der Betroffene nur zu unterrichten, soweit

1. er nach den Umständen des Einzelfalles nicht mit der Nutzung oder der Übermittlung an diese rechnen muss,
2. es sich nicht um eine Verarbeitung oder Nutzung innerhalb einer in § 35 des Ersten Buches genannten Stelle oder einer Organisationseinheit im Sinne von § 67 Abs. 9 Satz 3 handelt oder
3. es sich nicht um eine Kategorie von in § 35 des Ersten Buches genannten Stellen oder von Organisationseinheiten im Sinne von § 67 Abs. 9 Satz 3 handelt, die auf Grund eines Gesetzes zur engen Zusammenarbeit verpflichtet sind.

[4]Sofern eine Übermittlung vorgesehen ist, hat die Unterrichtung spätestens bei der ersten Übermittlung zu erfolgen. [5]Die verantwortliche Stelle legt schriftlich fest, unter welchen Voraussetzungen von einer Unterrichtung nach Satz 2 Nr. 2 und 3 abgesehen wird. [6]§ 83 Abs. 2 bis 4 gilt entsprechend.

Literatur:

Vgl die Literaturangaben zu § 67.

1. Allgemeines

Die Vorschrift untersagt eine „bevorratende" Datensammlung, indem Abs 1 die   **1**
Zulässigkeit einer Erhebung daran knüpft, dass diese für die Aufgabenerfüllung
erforderlich sein muss. Gleichzeitig wird die Erhebung an bestimmte Zwecke
gebunden. Damit werden die Vorgaben des BVerfG aus dem Volkszählungsurteil umgesetzt (vgl Vorbem §§ 67-85a Rz 8). Es werden die ausnahmsweisen
Erlaubnisvoraussetzungen für die Erhebung von Sozialdaten in Anknüpfung an
§ 35 Abs 2 SGB I konkretisiert. Aufgrund Art 8 Abs 2 bis 4 RiLi 95/46/EG waren Bestimmungen zur Erhebung besonderer Arten personenbezogener Daten
iSd § 67 Abs 12 aufzunehmen, was in Abs 1 Satz 2 bis 4 erfolgte. Abs 2 Satz 1
beinhaltet den Grundsatz der Ersterhebung beim Betroffenen. Dieser Grundsatz
wird durch enge Ausnahmebestimmungen ergänzt, die ersatzweise eine Erhebung bei anderen Personen oder Stellen gestatten. In den Absätzen 3, 4 und 5
finden sich Unterrichtungs- und Hinweispflichten, die eine Wahrnehmung des
informationellen Selbstbestimmungsrechts im Sozialdatenschutz effektivieren.

2. Erhebung von Sozialdaten

2.1. Voraussetzungen einer zulässigen Erhebung (Abs 1 Satz 1)

Abs 1 Satz 1 ist an den Wortlaut des § 13 Abs 1 BDSG angelehnt. Zum Begriff   **2**
der Sozialdaten vgl § 67 Rz 2 ff. Zum Begriff des Erhebens vgl § 67 Rz 10. Die
weitgehende Gleichstellung von betriebs- und geschäftsbezogenen Daten mit
Sozialdaten (vgl § 67 Rz 7) bewirkt, dass auch für deren Erhebung die Zulässigkeitsvoraussetzungen des § 67a erfüllt sein müssen. Zum Erheben von Sozialdaten ist nur ein Leistungsträger iSd § 35 Abs 1 SGB I (vgl § 67 Rz 5) ermächtigt. Wegen § 67 Abs 9 Satz 1 muss der Leistungsträger das Erheben nicht zwingend selbst durchführen. Das Erheben ist nach Satz 1 nur dann zulässig, wenn
die **Kenntnis der Sozialdaten** zur Erfüllung einer Aufgabe des Leistungsträgers
erforderlich ist. Mit der Verknüpfung von Aufgabenerfüllung und Erforderlichkeit wird die Zweckbindung angesprochen. Die **Aufgabenerfüllung** selbst muss
rechtmäßig sein (*Pickel* SGb 1997, 455). Nur das rechtmäßige Handeln eines
Leistungsträgers schafft eine Legitimation, Sozialdaten über den Betroffenen zu
beschaffen. Erforderlich ist die Kenntnis der Sozialdaten, wenn der Leistungsträger ohne die Kenntnis der Sozialdaten im konkreten Einzelfall eine Aufgabe
nicht, nicht vollständig oder nicht in rechtmäßiger Weise erfüllen kann (*Krahmer* in Krahmer Sozialdatenschutz § 67a SGB X Rz 6). Die Vorlage von Kontoauszügen ist nicht erst bei einem konkreten Verdacht erforderlich, der Leistungsempfänger habe falsche Angaben gemacht bzw verschweige Einnahmen
(*BSG* Urt v 19.9.2008 – B 14 AS 45/07 R). Die Mitgliederwerbung zählt nicht
zu den Aufgaben, für die KK Sozialdaten erheben dürfen (*BSGE* 90, 162; vgl 1.
Tb des BfD, BT-Drucks 8/2460, 37). Der **Kenntnisbedarf** muss **gegenwärtig**

sein, da das Sammeln von Daten auf Vorrat nach dem BVerfG unzulässig ist (vgl Vorbem §§ 67-85 a Rz 8). Unzulässigerweise erhobene Daten sind nach dem Löschungsanspruch des Betroffenen gem § 84 Abs 2 Satz 2 zu löschen (vgl § 84 Rz 5). Sie dürfen weder verarbeitet noch genutzt werden. Die Erhebung nicht erforderlicher Sozialdaten in Zusammenhang mit dem Erlass zB eines Leistungsbescheides wirkt sich nicht auf die Rechtmäßigkeit des Bescheides aus (*Müller-Thelen* NJW 2005, 1541 [1543 f]).

2.2. Erhebung besonderer Arten personenbezogener Sozialdaten (Abs 1 Satz 2 bis 4)

3 Satz 2 erlaubt ausdrücklich auch das Erheben besonderer Arten personenbezogener Sozialdaten (vgl § 67 Rz 23). Nach allg Datenschutzrecht ist die Erhebung, Verarbeitung und Nutzung dieser „sensiblen Datenkategorien" (so die Bezeichnung in Erwägungsgrund Ziff 34 RiLi 95/46/EG) besonderen **Restriktionen** unterworfen, wie die §§ 4 a Abs 3, 28 Abs 6 bis 9 BDSG zeigen. Geht aus den Kontoauszügen eines Leistungsempfängers hervor, dass der Leistungsempfänger Beiträge an eine politische Partei, Gewerkschaft oder Religionsgemeinschaft überweist, so ist die Kenntnis des Zahlungsadressaten vor dem Hintergrund von Satz 2 „grundsätzlich irrelevant" (*BSG* Urt v 19.9.2008 – B 14 AS 45/07 R). Das Erheben von Daten ethnischer Herkunft und religiöser oder philosophischer Überzeugungen ist bspw wegen der Regelungen über die Anerkennung von Ersatzzeiten in der gesetzl RV (§ 250 Abs 1 Nr 4 SGB VI; vgl aber auch § 245 Abs 2 Nr 6 SGB VI) und der Voraussetzungen des G zur Regelung der Wiedergutmachung nationalsozialistischen Unrechts in der SV **erforderlich**. Die Leistungsvoraussetzungen knüpfen jeweils an den Verfolgtenbegriff des BEG an. Auch das FRG setzt Erhebungen dieser Art von Daten voraus. Angaben über politische Meinungen sind zB notwendig bei der Bearbeitung von Ansprüchen nach dem Beruflichen RehabilitierungsG. Die in § 67 Abs 12 genannten Datenkategorien sind hinsichtlich der Angaben zur Gewerkschafts-, Partei- oder Religionszugehörigkeit auch **notwendig** bei der Aufgabenerfüllung nach § 42 Satz 2 SGB III, wenn es um die Arbeitsvermittlung in Tendenzbetriebe geht (vgl auch die Privilegierung der Tendenzbetriebe bei besonderen Arten personenbezogener Daten in § 28 Abs 9 BDSG). Ohne die Kenntnis von Angaben über das Sexualleben könnten im Einzelfall medizinische Leistungen nicht im notwendigen Umfang bewilligt werden, zB bei Rehabilitationsmaßnahmen. Diese **Ausnahmen** von dem grds **Verarbeitungsverbot** (zur Verarbeitung zählt nach Art 2 b RiLi 95/46/EG bereits die Erhebung) sind in Einklang mit den Ausnahmeregelungen in Art 8 Abs 2 und 3 iVm Erwägungsgrund Ziff 34 RiLi 95/46/EG. Es ist jeweils gesondert zu prüfen, ob die Kenntnis der besonderen Arten personenbezogener Daten für Erfüllung der Aufgaben der erhebenden Stelle erforderlich ist (*BSG* Urt v 19.9.2008 – B 14 AS 45/07 R).

4 Einen gegenüber Satz 2 erhöhten Schutz für Angaben über die rassische Herkunft eines Betroffenen beinhaltet **Satz 3**. Demzufolge dürfen diese Angaben ohne eine **ausdrückliche Einwilligung** des Betroffenen (vgl § 4 a Abs 3 BDSG) gar nicht erhoben werden. Eine Zulässigkeit der Erhebung kraft gesetzl Vorschrift ist ausgeschlossen. Für die Einholung der Einwilligung gilt § 67 b Abs 2 (vgl § 67 b Rz 5).

5 Ist die Einwilligung des Betroffenen durch G vorgesehen, hat sie sich nach **Satz 4 ausdrücklich** (vgl § 4 a Abs 3 BDSG) auf die besonderen Arten personenbezogener Daten (§ 67 Rz 23) zu beziehen. Für die Einholung der Einwilligung gilt § 67 b Abs 2 (vgl § 67 Rz 5).

2.3. Grundsatz der Ersterhebung beim Betroffenen (Abs 2 Satz 1)

Abs 2 Satz 1 statuiert den **Grundsatz der Ersterhebung**, demzufolge Sozialdaten **6** in erster Linie beim Betroffenen zu erheben sind. Der Grundsatz der Ersterhebung effektiviert das Grundrecht auf informationelle Selbstbestimmung (vgl Vorbem §§ 67-85a Rz 3) und ergibt sich als Grundsatz aus diesem Grundrecht selbst (*HessLSG* Urt v 17.4.2013 – L 4 SO 285/12), weil derjenige, der seine Sozialdaten selbst zur Verfügung stellt, damit gleichzeitig kontrollieren kann, welche Sozialdaten er in welchem Umfang preisgibt. Der Betroffene soll „Herr seiner Daten" bleiben können (*BSG* Urt v 25.1.2012 – B 14 AS 65/11 R). Aus diesem Grund ergibt sich als Notwendigkeit eine **bewusste Mitwirkungsmöglichkeit** des Betroffenen. Diese ist im Einzelfall erst dann möglich, wenn eine Unterrichtung nach Abs 3 über die Zweckbestimmung der Erhebung (vgl Rz 10) erfolgt ist, weil nur diese Kenntnis von der Zweckbestimmung eine bewusste Mitwirkung ermöglicht. Bei dem Betroffenen sind Sozialdaten nur dann rechtmäßig erhoben worden, wenn ihm die Möglichkeit geblieben ist, **frei darüber zu entscheiden**, um welche Sozialdaten es sich handelt und ob er diese Sozialdaten preisgeben will (*Pickel* SGb 1997, 455).

2.4. Erhebung ohne Mitwirkung des Betroffenen (Abs 2 Satz 2)

Satz 2 erlaubt **ausnahmsweise** die Erhebung ohne eine Mitwirkung des Betroffe- **7** nen. Der Vorgang der Datenerhebung wird damit für den Betroffenen weniger transparent und ist aufgrund dessen **Beschränkungen** unterworfen. Die Voraussetzungen von **Nr 1** müssen kumulativ erfüllt sein. Der Kreis der Stellen, bei denen Sozialdaten über den Betroffenen beschafft werden dürfen, beschränkt sich wegen Nr 1 auf die in § 35 Abs 1 SGB I (vgl § 67 Rz 5) sowie in die § 69 Abs 2 genannten Stellen (vgl § 69 Rz 8). Diese Stellen müssen ihrerseits zur Übermittlung der Sozialdaten an die erhebende Stelle befugt sein, was an **drei Voraussetzungen** geknüpft ist: Erstens (**a**) das Vorliegen einer gesetzl Übermittlungsbefugnis nach den §§ 68 bis 77 (§ 67d Abs 1), die sich etwa aus § 69 Abs 1 Nr 1 ergeben kann. Zweitens (**b**) muss die Erhebung bei dem Betroffenen einen **unverhältnismäßigen Aufwand** erfordern. Davon kann bspw ausgegangen werden, wenn die Ersterhebung beim Betroffenen mit dessen kostenaufwendiger Anreise verbunden wäre. Drittens (**c**) muss eine **Güterabwägung** ergeben, dass überwiegende schutzwürdige Interessen des Betroffenen nicht beeinträchtigt werden. Eine solche Prüfung ist nur vorzunehmen, wenn hierfür konkrete Anhaltspunkte vorliegen. Schutzwürdige Interessen des Betroffenen werden beeinträchtigt, wenn er ein schutzwürdiges Interesse an der Geheimhaltung hat (*Heese* in Giese/Krahmer SGB I und X § 67a SGB X Rz 8.3). Dies kann der Fall sein, wenn **besonders schutzwürdige Sozialdaten** (zB Krankheiten, Vorstrafen) erhoben werden müssen (*Steinmeyer* in Wannagat SGB X/2 § 67a Rz 14). Im Rahmen der Mitwirkungspflicht des § 60 Abs 1 Nr 1 SGB I hat der Betroffene auf Verlangen des Leistungsträgers der Erteilung der erforderlichen Auskünfte durch Dritte zuzustimmen. Allerdings muss der schriftliche Hinweis nach § 66 Abs 3 SGB I erfolgen (vgl Rz 13).

Ohne Mitwirkung des Betroffenen dürfen Sozialdaten nach **Nr 2** noch bei an- **8** deren als den in Nr 1 genannten Personen oder Stellen erhoben werden. Voraussetzung dafür ist nach **a**, dass eine **Rechtsvorschrift** die Erhebung bei ihnen zulässt (**Variante 1**). Solche Fälle sind etwa in §§ 9 Abs 9 SGB VII, 200 Abs 1 SGB VII, § 117 SGB XII oder § 98 Abs 1 geregelt. Rechtsvorschrift in diesem Sinne sind nicht das BDSG oder die LandesdatenschutzG, da der Sozialdatenschutz bundeseinheitlich abschließend geregelt ist (vgl Vorbem §§ 67-85a Rz

6). Möglich ist auch, dass die Übermittlung an die erhebende Stelle durch **Rechtsvorschrift** ausdrücklich **vorgeschrieben** ist (**Variante 2**). Dies ist zB bei den Meldepflichten nach § 28 a SGB IV, § 47 Abs 1 SGB VIII bzw nach der Übermittlungspflicht gem § 118 Abs 4 SGB XII der Fall. Eine Güterabwägung ist bei den von Nr 2 a erfassten Fallgestaltungen nicht erforderlich (vgl BT-Drucks 12/6334, 9).

9 Weiterhin darf nach **b** ohne eine Mitwirkung des Betroffenen bei der Erhebung der Sozialdaten eine Erhebung bei anderen Personen oder Stellen erfolgen, wenn dies wegen der Aufgaben der Sozialverwaltung ihrer Art nach **erforderlich** ist (**aa**). Dies ist typischerweise bei der **Missbrauchskontrolle** der Fall, wie er etwa in § 306 SGB III, § 118 SGB XII geregelt ist. Gleiches gilt, wenn die Erhebung bei dem Betroffenen einen **unverhältnismäßigen Aufwand** erfordern würde (**bb**). Hierdurch soll der Empfänger von Sozialdaten auch in die Lage versetzt werden, die Sozialdaten von sich aus bei anderen Personen oder Stellen zu erheben, wenn die Sozialdaten unvollständig oder unkorrekt zur Verfügung stehen (BT-Drucks 12/5187, 37). Bei den Fällen nach bb muss eine **Güterabwägung** ergeben, dass überwiegende schutzwürdige Interessen des Betroffenen nicht beeinträchtigt werden (vgl Rz 7). Die Regelung nach aa oder bb verleiht einer KK keine Befugnis, Behandlungsunterlagen über einen Betroffenen von einem Krankenhaus zu erhalten (*BSG SGb* 2002, 612).

2.5. Hinweis- und Aufklärungspflichten (Abs 3 und 4)

10 Die in **Abs 3** festgeschriebenen Hinweis- und Aufklärungspflichten sind als Ausprägungen des **Transparenzgrundsatzes** (vgl Vorbem §§ 67-85 a Rz 8) zu verstehen. Sie entsprechen im Wesentlichen § 4 Abs 3 BDSG und sind durch Art 10 RiLi 95/46/EG veranlasst. Es soll dem Betroffenen in Kenntnis der Bedingungen einer Datenerhebung bei ihm selbst ermöglicht werden, zu entscheiden, ob er die Sozialdaten preisgeben möchte oder nicht. Zugleich dient die Unterrichtung des Betroffenen dazu, dass dieser seine ihm zustehende **Rechte** aus dem G auf Auskunft, Berichtigung oder Löschung (§§ 83, 84) auch **wahrnehmen kann**. Die Erfüllung der Hinweis- und Aufklärungspflichten nach **Satz 1** ist zwingend („ist [...] zu unterrichten"), während dies bei denjenigen nach Satz 2 nicht der Fall ist („nur zu unterrichten, soweit"). Abs 3 ist nur anwendbar für den Fall, dass die Sozialdaten beim Betroffenen erhoben werden und dieser selbst mitwirkt (Abs 2 Satz 1). Grds ist die erhebende Stelle (dies muss wegen § 67 Abs 9 Satz 1 aE nicht die verantwortliche Stelle sein) nach Satz 1 verpflichtet, über die **Zweckbestimmung** der Erhebung, Verarbeitung und Nutzung sowie die Identität der verantwortlichen Stelle (vgl § 67 Rz 20) **zu unterrichten**. Die Unterrichtung über die Zweckbestimmung muss Aussagen darüber beinhalten, wozu die Sozialdaten benötigt werden. Auch mögliche, bereits absehbare **Zweckänderungen** sind anzugeben (BT-Drucks 14/4329, 50). Werden die Sozialdaten für mehrere Zwecke benötigt, so ist der Betroffene auf alle diese Zwecke **hinzuweisen** (vgl *Gola/Schomerus* BDSG § 4 Rz 31). Ein bloßer Verweis auf eine ermächtigende Vorschrift reicht nicht aus (*Krahmer* in Krahmer Sozialdatenschutz § 67 a SGB X Rz 10). Hinsichtlich der Identität der verantwortlichen Stelle sind mindestens Name und Anschrift der verantwortlichen Stelle anzugeben. Die **Identitätsangaben** müssen eine effektive Wahrnehmung der Rechte des Betroffenen ermöglichen. Das Auskunftsrecht des Betroffenen nach § 83 Abs 1 übt dieser bspw durch einen Antrag aus. Dies wäre ihm nicht möglich, wenn er nur über eine Telefonnummer der verantwortlichen Stelle verfügte. Alle dem Betroffenen nach Satz 1 zu erteilenden Hinweise müssen **zeitnah** gegeben werden, dh so rechtzeitig, dass er noch über eine Preisgabe der Sozialdaten entscheiden kann (vgl *Gola/Schomerus* BDSG § 4 Rz 29). Eine bestimmte Form ist für die Erfüllung der Informationspflichten nicht vorgeschrieben. Empfehlenswert ist die **schriftliche Aushändigung** der Informationen an den Betroffenen.

Satz 2 statuiert eine Pflicht, den Betroffenen über **Kategorien von Empfängern** 11 zu unterrichten. Die Regelung schafft **Transparenz** für den Betroffenen in Hinsicht auf den leistungsträgerinternen und leistungsträgerexternen Sozialdatenweiterfluss nach der Erhebung. Empfänger ist nach § 67 Abs 10 Satz 1 jede Person oder Stelle, die Daten erhält (vgl § 67 Rz 21). Das G gesteht das Informationsrecht des Betroffenen nach Satz 2 ausdrücklich nicht in Bezug auf einzelne Empfänger zu, sondern nur bezüglich der Kategorien von Empfängern. Eine Gruppe einzelner Empfänger muss damit allenfalls pauschal bezeichnet werden. Ohne diese Beschränkung auf die jew Empfängerkategorie wäre der Betroffene über interne organisatorische Stufen der Verarbeitung oder Nutzung seiner Sozialdaten innerhalb eines Leistungsträgers zu informieren (vgl BT-Drucks 14/4329, 50), was **unpraktikabel** wäre.

Die Unterrichtungspflicht besteht nach Satz 2 ohnehin nur eingeschränkt. Nicht 12 zu unterrichten nach **Nr 1** ist der Betroffene, wenn er mit der Nutzung (§ 67 Abs 7) oder der Übermittlung (§ 67 Abs 6 Satz 2 Nr 3) an die Kategorien von Empfängern rechnen muss. Muss der Betroffene nach den Umständen des Einzelfalls davon ausgehen, dass eine bestimmte Nutzung oder Übermittlung erfolgt, **entfällt** die **Unterrichtungspflicht**. Eine Übermittlung erfolgt typischerweise, wenn Leistungen durch Banküberweisung ausgezahlt werden, weil in diesem Fall Sozialdaten des Betroffenen (Kontonummer, beziehende Bank; vgl zur nicht zulässigen Übermittlung des Verwendungszwecks auf dem Überweisungsträger § 69 Rz 2) an die bezogene Bank übermittelt werden. Keine Unterrichtungspflicht besteht nach **Nr 2**, wenn die Verarbeitung oder Nutzung nur **innerhalb** des **Leistungsträgers** oder einer Organisationseinheit iSd § 67 Abs 9 Satz 3 erfolgt. So muss der Betroffene damit rechnen, dass seine Sozialdaten zur Sachbearbeitung innerhalb des Leistungsträgers weitergegeben werden. Keine Unterrichtungspflicht besteht nach **Nr 3**, wenn Leistungsträger aufgrund G zu einer **engen Zusammenarbeit** verpflichtet sind. Eine solche Verpflichtung zu einer engen Zusammenarbeit folgt etwa aus § 58 Abs 2 SGB XII, § 6 SchwarzArbG, §§ 4 Abs 3, 20 Abs 2 Satz 2, 306 SGB V, § 14 Abs 2 SGB VII, § 101 Abs 1 SGB IX oder aus § 18 AÜG. Zur Rechtzeitigkeit der Unterrichtung sowie für die Form der Unterrichtung gilt das zuvor Gesagte (vgl Rz 10).

Satz 3 regelt drei Fallvarianten. Werden Sozialdaten beim Betroffenen aufgrund 13 einer Rechtsvorschrift erhoben, so ist der Betroffene auf die zur Auskunft verpflichtende Rechtsvorschrift **hinzuweisen** sowie darauf, welche Folgen sich aus der Verweigerung der Auskunft ergeben (**Variante 1**). Einschlägige Rechtsvorschrift ist zB die eine Aussageverpflichtung statuierende Vorschrift des § 205 SGB V, die **spezielle Auskunftspflichten** beinhaltet und die anzugebenden Sozialdaten im Einzelnen aufzählt. Ebenso einschlägig sind hier aber Rechtsvorschriften, die eine eher **generelle Auskunftspflicht** in Hinsicht auf die erforderlichen Sozialdaten vorsehen, ohne diese im Einzelnen zu benennen, wie etwa § 206 SGB V. Der Hinweis muss sich neben demjenigen auf die jew Vorschrift als solche auch darauf beziehen, dass im Falle des § 206 Abs 1 Satz 1 SGB V die Nichtangabe der Sozialdaten eine Ordnungswidrigkeit nach § § 307 Abs 1 Nr 2 SGB V nach sich ziehen kann. Ist die Erhebung von Sozialdaten Voraussetzung für die **Gewährung von Rechtsvorteilen**, so ist der Betroffene hierauf hinzuweisen sowie auf die Folgen der Verweigerung von Angaben (**Variante 2**). In der

Regel wird der Betroffene hier darauf aufmerksam zu machen sein, dass seine **Mitwirkung** für die Erbringung einer Leistung **erforderlich** ist und ein **Verstoß** gegen seine Mitwirkungsobliegenheit **Nachteile** für ihn haben kann, wie etwa die Versagung oder die Entziehung einer Leistung aufgrund § 66 Abs 1 SGB I. In diesen Fällen muss wegen § 66 Abs 3 SGB I schriftlich informiert werden. Schließlich gibt es Fälle (**Variante 3**), in denen ein Leistungsträger Sozialdaten erhebt, hinsichtlich derer **keine ausdrückliche Auskunftspflicht** besteht, die aber bei der Durchführung der Aufgabe hilfreich sind oder der Erleichterung und Beschleunigung des Verfahrens dienen. Hierzu zählt etwa die **Telefonnummer** eines Betroffenen für fernmündliche Rückfragen. Weiterhin ist das der BA (§ 367 Abs 1 SGB III) angegliederte Institut für Arbeitsmarkt- und Berufsforschung nach § 282 Abs 5 Satz 2 SGB III unter den dortigen Voraussetzungen befugt, zum Zweck der wissenschaftlichen Forschung Erhebungen ohne eine Auskunftspflicht des Betroffenen durchzuführen. Auch die insoweit gemachten Angaben des Betroffenen erfolgen damit freiwillig. Werden diese Angabe erhoben, muss der Betroffene darauf hingewiesen werden, dass er diese **Angabe freiwillig** macht. In derartigen Fällen ist der Leistungsträger verpflichtet, auf die Tatsache aufmerksam zu machen, dass die Auskunftsverweigerung keine nachteiligen Folgen hat.

14   **Abs 4** entspricht § 13 Abs 1 a BDSG. Die **Hinweispflicht** ist als eine Ergänzung zu Abs 2 Satz 2 Nr 2 zu verstehen, wo die Voraussetzungen genannt werden, unter denen Sozialdaten ohne Mitwirkung des Betroffenen bei anderen Personen oder Stellen erhoben werden dürfen. Handelt es sich bei diesen um nicht-öffentliche Stellen iSd § 67 Abs 11 (vgl § 67 Rz 22), muss entweder ein Hinweis auf die zur Auskunft verpflichtende **Rechtsvorschrift** erfolgen (zB auf § 117 SGB XII) oder aber auf die **Freiwilligkeit der Angabe** hingewiesen werden. Durch diese Hinweispflicht soll ausgeschlossen werden, dass eine nicht-öffentliche Stelle Sozialdaten übermittelt, obwohl sie hierzu rechtlich nicht verpflichtet ist, sich aber irrtümlich für verpflichtet hält. Eine solche Gefahr besteht typischerweise, wenn eine öffentliche Stelle hoheitlich um die Übermittlung von Sozialdaten ersucht. Wird ohne Mitwirkung des Betroffenen bei einer öffentlichen Stelle erhoben, ist Abs 4 nicht einschlägig. Die öffentliche Stelle hingegen hat die rechtlichen Vorgaben des Abs 2 Satz 2 Nr 2 a zu beachten.

2.6. Benachrichtigung des Betroffenen (Abs 5)

15   **Abs 5** ist weitgehend eine Übernahme von § 19 a BDSG Die Regelung ist in Zusammenhang mit Abs 3 zu sehen, der eine nahezu vergleichbare Regelung für den Fall trifft, dass Sozialdaten bei dem Betroffenen (allerdings mit dessen Kenntnis) erhoben werden. Erfolgt eine **Erhebung** nunmehr **ohne Kenntnis des Betroffenen** bei Stellen, bei denen es sich nicht um Leistungsträger iSd § 35 SGB I handelt, entsteht gem **Satz 1** grds eine **Unterrichtungspflicht** in Hinsicht auf Speicherung, Identität der verantwortlichen Stelle sowie über die Zweckbestimmung der Erhebung, Verarbeitung oder Nutzung. Im Regelfall wird der Leistungsträger die Sozialdaten bei dem Betroffenen selbst erheben. Der Anwendungsbereich der Vorschrift erstreckt sich auf Fälle der Auftragsverarbeitung, die auch insoweit möglich sind, dass bereits die Erhebung im Auftrag des Leistungsträgers erfolgt (§§ 67 Abs 9 Satz 1, 80 Abs 1). Eine Unterrichtungspflicht besteht nicht, wenn ohne seine Kenntnis eine Erhebung bei einem Leistungsträger iSd § 35 SGB I erfolgt. **Satz 2** sieht **Ausnahmen von der Unterrichtungspflicht** vor. So ist die Sozialverwaltung nicht zur Unterrichtung verpflichtet, wenn entsprechend **Nr 1** der Betroffene bereits auf andere Weise Kenntnis von der Speicherung oder der Übermittlung erlangt hat. Die Unterrichtungspflicht liefe in diesen Fällen ins Leere. Gleiches gilt nach **Nr 2**, wenn die Unterrichtung des Betroffenen einen unverhältnismäßigen Aufwand erfordert oder wenn nach **Nr 3** die Speicherung oder Übermittlung der Sozialdaten aufgrund eines G ausdrücklich vorgesehen ist. Dazu zählen alle aufgrund eines G vorgesehenen Regelungen, nicht nur zB die des SGB X, sondern auch die in den sonstigen Büchern des SGB (BT-Drucks 14/4329, 50). Über Kategorien von Empfängern ist der Betroffene nach **Satz 3 Nr 1 bis 3** nur unter den wiederholenden Voraussetzungen von Abs 3 Satz 2 Nr 1 bis 3 zu unterrichten (vgl Rz 11 f).

Eine Regelung für den **Unterrichtungszeitpunkt** trifft **Satz 4**, sofern eine Übermittlung vorgesehen ist. Dann hat die Unterrichtung spätestens bei der ersten Übermittlung zu erfolgen. Durch **Satz 5** wird das Erfordernis der „geeigneten Garantien" gem Art 11 Abs 2 Satz 2 RiLi 95/46/EG im Wege einer schriftlichen Fixierung der Voraussetzungen, bei deren Vorliegen von einer Unterrichtung nach Abs 5 Satz 2 Nr 2 und 3 abgesehen wird, umgesetzt. **Satz 6** stellt sicher, dass auch in den Fallkonstellationen des § 83 Abs 2 bis 4 die Pflicht zur Unterrichtung des Betroffenen entfällt.   **16**

§ 67 b Zulässigkeit der Datenverarbeitung und -nutzung

(1) [1]Die Verarbeitung von Sozialdaten und deren Nutzung sind nur zulässig, soweit die nachfolgenden Vorschriften oder eine andere Rechtsvorschrift in diesem Gesetzbuch es erlauben oder anordnen oder soweit der Betroffene eingewilligt hat. [2]§ 67 a Abs. 1 Satz 2 bis 4 gilt entsprechend mit der Maßgabe, dass die Übermittlung ohne Einwilligung des Betroffenen nur insoweit zulässig ist, als es sich um Daten über die Gesundheit oder das Sexualleben handelt oder die Übermittlung zwischen Trägern der gesetzlichen Rentenversicherung oder zwischen Trägern der gesetzlichen Rentenversicherung und deren Arbeitsgemeinschaften zur Erfüllung einer gesetzlichen Aufgabe erforderlich ist.

(2) [1]Wird die Einwilligung bei dem Betroffenen eingeholt, ist er auf den Zweck der vorgesehenen Verarbeitung oder Nutzung sowie auf die Folgen der Verweigerung der Einwilligung hinzuweisen. [2]Die Einwilligung des Betroffenen ist nur wirksam, wenn sie auf dessen freier Entscheidung beruht. [3]Die Einwilligung und der Hinweis bedürfen der Schriftform, soweit nicht wegen besonderer Umstände eine andere Form angemessen ist. [4]Soll die Einwilligung zusammen mit anderen Erklärungen schriftlich erteilt werden, ist die Einwilligungserklärung im äußeren Erscheinungsbild der Erklärung hervorzuheben.

(3) [1]Im Bereich der wissenschaftlichen Forschung liegt ein besonderer Umstand im Sinne des Absatzes 2 Satz 3 auch dann vor, wenn durch die Schriftform der bestimmte Forschungszweck erheblich beeinträchtigt würde. [2]In diesem Fall sind der Hinweis nach Absatz 2 Satz 1 und die Gründe, aus denen sich die erhebliche Beeinträchtigung des bestimmten Forschungszweckes ergibt, schriftlich festzuhalten.

(4) Entscheidungen, die für den Betroffenen eine rechtliche Folge nach sich ziehen oder ihn erheblich beeinträchtigen, dürfen nicht ausschließlich auf eine automatisierte Verarbeitung von Sozialdaten gestützt werden, die der Bewertung einzelner Persönlichkeitsmerkmale dient.

Literatur:

Pätzel: Die Einwilligung in die Offenbarung schutzwürdiger Sozialdaten nach § 67 Satz 1 Nr 1 SGB X, München 1991. Vgl außerdem die Literaturangaben zu § 67.

1. Allgemeines

1 Abs 1 ergibt sich die Grundregel für die Verarbeitung und Nutzung von Sozialdaten: Eine Verarbeitung und Nutzung darf nur dann erfolgen, wenn sie gesetzl
zugelassen ist oder der Betroffene eingewilligt hat. In der Vorschrift findet sich
damit eine erste Konkretisierung der bereits in § 35 Abs 2 SGB I angesprochenen Erlaubnisvoraussetzungen für die Verarbeitung und Nutzung von Sozialdaten. Abs 1 stellt insoweit eine Einweisungsvorschrift dar. Er verweist auf die
nachfolgenden Vorschriften bzw andere Rechtsvorschriften in den einzelnen
Büchern des SGB und bestimmt, dass sich die Erlaubnistatbestände zur Verarbeitung und Nutzung von Sozialdaten ausschließlich aus diesen Vorschriften ergeben können. Den Erlaubnistatbeständen gleichgestellt ist nach Abs 1 die Einwilligung des Betroffenen. Zudem beinhaltet Abs 1 hinsichtlich besonderer Arten personenbezogener Daten (§ 67 Abs 12) eine von den Restriktionen des
BDSG privilegierende Sonderregelung. Abs 2 thematisiert die Einwilligung, verbindet diese mit einer Hinweispflicht und lässt sie nur dann als wirksam gelten,
wenn sie in Schriftform erfolgt. Eine privilegierende Ausnahme von dem
Schriftformerfordernis der Einwilligung lässt Abs 3 für den Bereich der wissenschaftlichen Forschung zu (§ 75). Abs 4 regelt in Umsetzung von Art 15 RiLi
95/46/EG und in Anlehnung an § 6 a Abs 1 BDSG die automatisierte Einzelent-
scheidung.

2. Zulässigkeit der Datenverarbeitung und -nutzung

2.1. Einwilligung des Betroffenen (Abs 1)

2 Zum Begriff der Sozialdaten vgl § 67 Rz 2 ff. **Abs 1** regelt in Anlehnung an § 4
Abs 1 BDSG die Zulässigkeit der weiteren Verwendung von Sozialdaten **nach**
deren **Erhebung** (§ 67 Abs 5; vgl zu deren Zulässigkeitsvoraussetzungen § 67 a).
Die Vorschrift schließt zeitlich an die Erhebung als erster Phase der Verwen-
dung der Sozialdaten an. Regelungsgegenstand sind die Zulässigkeit der Verar-
beitung (§ 67 a Abs 5) und der Nutzung (§ 67 a Abs 7) der Sozialdaten. Zu den
Begriffen Verarbeitung und Nutzung vgl § 67 Rz 11 ff, 17. Satz 1 weist in die
Erlaubnisvoraussetzungen ein und bestimmt iSd § 35 Abs 2 SGB I, in welchen
Fällen eine Verarbeitung und Nutzung von Sozialdaten zulässig ist. Normadressat des § 67 a sind die Leistungsträger iSd § 35 Abs 1 SGB I (vgl § 67 Rz 5). Die
Verarbeitung und die Nutzung von Sozialdaten sind nur dann zulässig, wenn
sich aus den § 67 b nachfolgenden Vorschriften oder aus anderen **Rechtsvorschriften** dieses Gesetzbuchs eine Erlaubnis oder Anordnung ergibt oder aber
der **Betroffene eingewilligt** hat. Die Zulässigkeitsvoraussetzungen im Einzelnen
ergeben sich aus den §§ 67 c bis 77, 79, 80 sowie aus den bereichsspezifischen
Regelungen in bestimmten Zweigen der Sozialverwaltung, so zB §§ 284 ff
SGB V, §§ 148 ff SGB VI, §§ 61 ff SGB VIII, §§ 94 ff SGB XI. Sind die besonderen Zulässigkeitsvoraussetzungen erfüllt, ist eine Verarbeitung oder Nutzung
auch ohne oder gegen den Willen des Betroffenen möglich. Die weitgehende
Gleichstellung von betriebs- und geschäftsbezogenen Daten mit Sozialdaten (vgl

§ 67 Rz 7) bewirkt, dass auch für deren Verarbeitung und Nutzung die einschlägigen Zulässigkeitsvoraussetzungen erfüllt sein müssen.

Die Verarbeitung und Nutzung von Sozialdaten ist nach **Satz 1** auch zulässig, soweit der **Betroffene eingewilligt** hat. Die Einwilligung des Betroffenen steht den **gesetzl Erlaubnistatbeständen** gleich. Ihr Anwendungsbereich im Sozialdatenschutz ist auf die von dem Betroffenen freiwillig gegebenen Informationen begrenzt (vgl § 67a Rz 3, 13). Die Einwilligung kann einem Leistungsträger **keine Befugnisse** im Umgang mit Sozialdaten verleihen, wenn dem gesetzl **Vorschriften entgegenstehen**. Ist zB eine Erhebung von Sozialdaten unzulässig, kann es auf eine Einwilligung des Betroffenen nicht ankommen (*BSGE* 90, 162). Unter der Einwilligung ist die vorherige Zustimmung gem § 183 Satz 1 BGB zu verstehen. Eine nachträgliche Zustimmung, dh die Genehmigung gem § 184 Abs 1 BGB ist keine taugliche Rechtfertigung für die Verarbeitung und Nutzung von Sozialdaten. Sind bereits Sozialdaten gespeichert, erfolgte dies rechtswidrig. Es besteht ein Anspruch des Betroffenen auf Löschung nach 84 Abs 2 Satz 1. Geschäftsfähigkeit iSd §§ 104 ff BGB ist für die Erteilung der Einwilligung nicht erforderlich. Die **Wirksamkeit der Einwilligung** erfordert nur die Einsichtsfähigkeit des Betroffenen in Hinsicht auf die Bedeutung und Tragweite seiner Entscheidung (*Pickel* MDR 1984, 885 [887]). Vor dem Hintergrund der Handlungsfähigkeit für 15-Jährige und ältere Jugendliche im Bereich des Sozialrechts nach § 36 Abs 1 Satz 1 SGB I kann davon ausgegangen, dass diese **Einsichtsfähigkeit** nach Vollendung des 15. Lebensjahres besteht. Für einen nicht handlungsfähigen Betroffenen nach § 36 Abs 1 Satz 1 SGB I gelten die allg Vorschriften (§§ 1629, 1793, 1902 BGB). Soll eine Einwilligung hinsichtlich der Verarbeitung und Nutzung in Bezug auf **Betriebs- oder Geschäftsgeheimnisse** von einer Personen- oder Kapitalgesellschaft oder von einem Verein eingeholt werden, gelten die allg Vertretungsregeln: § 714 BGB (GbR), §§ 125 f HGB (oHG), § 161 Abs 2 iVm §§ 125 f HGB (KG), § 35 GmbH (GmbH), § 78 AktG (AG), § 26 BGB (Verein). Auch rechtsgeschäftliche Vertretung bei Erteilung der Einwilligung nach §§ 48 ff HGB oder §§ 164 ff BGB ist zulässig. Bei der Firma nach § 17 HGB ist die Einwilligung vom Kaufmann abzugeben. Weitere Anforderungen an die Einwilligung stellt Abs 2 auf (Rz 5).

Satz 2 knüpft an § 67a Abs 1 Satz 2 bis 4 an, indem er die entsprechende Geltung der Regelungen anordnet. Das bedeutet, dass bei Vorliegen einer ausdrücklichen Einwilligung auch besondere Arten personenbezogener Daten (§ 67 Abs 12) übermittelt (vgl § 67 Rz 23) werden dürfen. Die entsprechende Geltung von § 67a Abs 1 Satz 2 erfordert, dass sich die **ausdrückliche Einwilligung** nunmehr auf die **Übermittlung** beziehen muss. Eine Übermittlung besonderer Arten personenbezogener Daten ohne diese ausdrückliche Einwilligung ist unzulässig, soweit nicht **Satz 2, Halbs 2** diese gestattet. Gegenüber § 67a Abs 1 Satz 2 sieht Satz 2, Halbs 2 eine Einschränkung vor. Während nach § 67a Abs 1 Satz 2 alle besonderen Arten personenbezogener Daten gem § 67 Abs 12 – mit Ausnahme von Daten über die rassische Herkunft, deren Erhebung an eine ausdrückliche Einwilligung geknüpft ist (§ 67a Abs 1 Satz 3) – auch ohne Einwilligung erhoben werden dürfen, gilt dies nicht in gleicher Weise für die Übermittlung ohne eine Einwilligung des Betroffenen. Aus dem Kreis der **besonderen Arten personenbezogener Daten** gem § 67 Abs 12 dürfen nach Satz 2, Halbs 2 nur Daten über die Gesundheit oder das Sexualleben übermittelt werden. Weiterhin beschränkt die Regelung die Übermittlung auf einen begrenzten Kreis verantwortlicher Stellen. Daten über die Gesundheit oder das Sexualleben dürfen nur zwischen den Trägern der gesetzl RV untereinander oder aber zwischen den

Trägern der gesetzl RV und deren Arbeitsgemeinschaften (vgl § 81 Rz 5, 94) übermittelt werden, soweit dies zur Erfüllung einer gesetzl Aufgabe erforderlich ist. Sonstige Schutzvorschriften wie § 76 und § 200 Abs 2 SGB VII bleiben unberührt.

2.2. Anforderungen an die Einwilligung (Abs 2)

5   **Abs 2** übernimmt weitgehend die Regelung des § 4 a Abs 1 BDSG, allerdings muss der Betroffene immer auf die Folgen der Verweigerung der Einwilligung hingewiesen werden. Nach **Satz 1** muss der Betroffene auf den **Zweck** der vorgesehenen Verarbeitung oder Nutzung **hingewiesen** werden. Nur auf diesen Zweck in einem bestimmten Anwendungsfall kann sich die Einwilligung beziehen. Sie muss **im Einzelfall** erklärt werden; pauschale Ermächtigungen sind ausgeschlossen. Auch auf die Folgen einer Verweigerung der Einwilligung ist der Betroffene nach Satz 1 stets hinzuweisen (vgl § 67 a Rz 13). Die Hinweise nach Satz 1 haben im Rahmen der Beratung bzw der Auskunft nach §§ 14 f SGB I zu erfolgen. **Satz 2** lässt nur die in **freier Entscheidung** erfolgte Einwilligung des Betroffenen als wirksam gelten. Die Regelung schützt die Entschließungsfreiheit des Betroffenen in Hinsicht auf die Ausübung seines **informationellen Selbstbestimmungsrechts**. Eine erzwungene oder durch Täuschung erschlichene Einwilligung scheidet als taugliche Rechtsgrundlage aus (Art 2 h RiLi 95/46/EG; vgl *Beckmann* Der Schutz personenbezogener Daten im sozialen Sicherungssystem, 173). Gem **Satz 3** bedürfen die Einwilligung und der Hinweis nach Satz 1 grds der **Schriftform** (vgl als Bsp für eine formgültige Einwilligungserklärung *Kunkel* GK-SGB VIII § 61 SGB VIII Rz 77). Die nicht in Schriftform erfolgte Einwilligung ist entsprechend §§ 125 f BGB nichtig, soweit nicht wegen besonderer Umstände eine andere Form angemessen ist. Ein gesetzl geregelter Fall eines **besonderen Umstands** findet sich in Abs 3 Satz 1 (vgl Rz 6). Bei der Bestimmung dessen, ob besondere Umstände vorliegen, ist ein strenger Maßstab anzulegen (BT-Drucks 8/4022, 84; *Pickel* SGb 1997, 455 [457]). Eine andere Form kann angemessen sein in Eilfällen, bei einem Auslandsaufenthalt oder bei Krankheit des Betroffenen (*Pickel* MDR 1984, 885 [887]). Entsprechendes gilt für die schriftliche Hinweispflicht. Auch in diesen Fällen ist eine **ausdrückliche Einwilligung** zu fordern. Eine konkludente Einwilligung ist nicht ausreichend (zutr *Krahmer* in Krahmer Sozialdatenschutz § 67 b SGB X Rz 8; aA *Pickel* MDR 1984, 885 [887]; *Pickel* SGb 1997, 455 [457]; differenzierend: *Medding* SGb 1986, 55 [57]). Der Ausnahmetatbestand der „besonderen Umstände" lässt zwar grds eine Formfreiheit zu, erlaubt jedoch keine Aufweichung der Ausdrücklichkeit der Einwilligungserklärung. Dafür spricht auch die Regelung von Satz 4, der eine Hervorhebung der Einwilligungserklärung im äußeren Erscheinungsbild der Erklärung fordert. Soll bereits bei der schriftlich erfolgten Einwilligungserklärung verhindert werden, dass diese im „Kleingedruckten versteckt" wird (*Gola/Schomerus* BDSG § 4 a Rz 14) bzw in „Formularanträgen untergeht" (*Krahmer* in Krahmer Sozialdatenschutz § 67 b SGB X Rz 8), so muss dies erst recht dann gelten, wenn die Formpflicht der Erklärung gelockert wird. In jedem Fall muss die Erteilung einer nicht schriftlichen Einwilligung aktenkundig dokumentiert werden (*Pickel* MDR 1984, 885 [887]; *Pickel* SGb 1997, 455 [457]; *Krahmer* in Krahmer Sozialdatenschutz § 67 b SGB X Rz 8). **Satz 4** regelt den Fall, dass der Betroffene mehrere schriftliche Erklärungen gleichzeitig abgibt. Die **Einwilligungsklausel** ist an einer deutlich sichtbaren Stelle in drucktechnisch hervorgehobener Weise von dem übrigen Text **abgesetzt darzustellen** (*Gola/Schomerus* BDSG § 4 a Rz 14). Teilweise wird auch die Aufnahme einer

besonderen Erklärung auf einem gesonderten Formular für erforderlich gehalten (*Pickel* MDR 1984, 885 [887 f]; *Pickel* SGb 1997, 455 [457]). Als ausreichend kann indes jede Gestaltung angesehen werden, die verhindert, dass der Betroffene eine Einwilligung erklärt, ohne sich der Abgabe dieser Erklärung bewusst zu sein. Bei einer Nichtbeachtung der durch Abs 2 vorgeschriebenen Förmlichkeiten ist die Verarbeitung oder Nutzung der Sozialdaten unzulässig. Es greift der Löschungsanspruch nach § 84 Abs 2 Satz 1 ein (vgl § 84 Rz 5).

2.3. Privilegierung der wissenschaftlichen Forschung (Abs 3)

Abs 3 stellt eine Übernahme der Vorschrift des § 4 a Abs 2 BDSG dar. Mit den Regelungen soll in privilegierender Weise besonderen Belangen der wissenschaftlichen Forschung Rechnung getragen werden können. Auf die Erteilung des Hinweises (Abs 2 Satz 1 und Satz 3) sowie der Einwilligung in Schriftform (Abs 2 Satz 3) kann nach **Satz 1** verzichtet werden, wenn durch diese der bestimmte **Forschungszweck erheblich beeinträchtigt** würde. Es muss sich um ein konkretes Projekt der wissenschaftlichen Forschung handeln (vgl § 75 Rz 4). Hintergrund der Regelung ist, dass die schriftliche Mitteilung von der wissenschaftlichen Beobachtung an die Beobachteten das Ergebnis **verfälschen oder verunmöglichen** würde. Als Bsp nennt der RegE den Bereich der Motivationsforschung bei Arbeitslosen. Hier würde der Forschungszweck durch das Einholen einer schriftlichen Einwilligung erheblich beeinträchtigt, weil der in Frage kommende Personenkreis idR auf die Anfrage nicht antworten würde (BT-Drucks 12/5187, 37). Die Regelung privilegiert allerdings nur in Hinsicht auf die Form, was bedeutet, dass die Hinweise dennoch formfrei erteilt werden müssen und auch auf die Einholung der Einwilligung nicht verzichtet werden darf. **Satz 2** schreibt eine **Dokumentationspflicht** vor.

2.4. Entscheidungen aufgrund automatisierter Verarbeitung (Abs 4)

Abs 4 entspricht § 6 a Abs 1 BDSG. Die Vorschrift soll verhindern, dass Entscheidungen aufgrund von Persönlichkeitsprofilen ergehen, ohne dass der Betroffene die Möglichkeit hat, die zugrunde liegenden Angaben und Bewertungsmaßstäbe zu erfahren (BT-Drucks 14/4329, 50). Durch Abs 4 erfasst werden nur Verarbeitungen und Nutzungen von Sozialdaten, die einzelne **Persönlichkeitsmerkmale bewerten**. Gemeint sind hiermit Sozialdaten, die die Persönlichkeit des Betroffenen unter einzelnen Aspekten beschreiben. Art 15 Abs 1 RiLi 95/46/EG verweist auf Bsp wie die berufliche Leistungsfähigkeit, die Zuverlässigkeit oder das Verhalten eines Betroffenen. Der Anwendungsbereich der Vorschrift ist in mehrfacher Weise eingeengt. Zunächst muss es sich um eine Entscheidung handeln, die **rechtliche Folgen** nach sich zieht oder zumindest eine erheblich beeinträchtigende Wirkung hat. Im Bereich der Sozialverwaltung wird es sich hier **idR** um **VA** handeln. Dann muss die Entscheidung ausschließlich aufgrund einer automatisierten Verarbeitung iSd § 67 Abs 3 Satz 1 (vgl § 67 Rz 9) erfolgen, dh eine erneute Überprüfung durch einen Menschen darf nicht vorgesehen sein. Nur in diesen Fällen greift das Verbot des Abs 4 ein.

§ 67 c Datenspeicherung, -veränderung und -nutzung

(1) ¹Das Speichern, Verändern oder Nutzen von Sozialdaten durch die in § 35 des Ersten Buches genannten Stellen ist zulässig, wenn es zur Erfüllung der in der Zuständigkeit der verantwortlichen Stelle liegenden gesetzlichen Aufgaben

nach diesem Gesetzbuch erforderlich ist und es für die Zwecke erfolgt, für die die Daten erhoben worden sind. [2]Ist keine Erhebung vorausgegangen, dürfen die Daten nur für die Zwecke geändert oder genutzt werden, für die sie gespeichert worden sind.

(2) Die nach Absatz 1 gespeicherten Daten dürfen von derselben Stelle für andere Zwecke nur gespeichert, verändert oder genutzt werden, wenn

1. die Daten für die Erfüllung von Aufgaben nach anderen Rechtsvorschriften dieses Gesetzbuches als diejenigen, für die sie erhoben wurden, erforderlich sind,

2. der Betroffene im Einzelfall eingewilligt hat oder

3. es zur Durchführung eines bestimmten Vorhabens der wissenschaftlichen Forschung oder Planung im Sozialleistungsbereich erforderlich ist und die Voraussetzungen des § 75 Abs. 1 vorliegen.

(3) [1]Eine Speicherung, Veränderung oder Nutzung für andere Zwecke liegt nicht vor, wenn sie für die Wahrnehmung von Aufsichts-, Kontroll- und Disziplinarbefugnissen, der Rechnungsprüfung oder der Durchführung von Organisationsuntersuchungen für die verantwortliche Stelle erforderlich ist. [2]Das gilt auch für die Veränderung oder Nutzung zu Ausbildungs- und Prüfungszwecken durch die verantwortliche Stelle, soweit nicht überwiegende schutzwürdige Interessen des Betroffenen entgegenstehen.

(4) Sozialdaten, die ausschließlich zu Zwecken der Datenschutzkontrolle, der Datensicherung oder zur Sicherstellung eines ordnungsgemäßen Betriebes einer Datenverarbeitungsanlage gespeichert werden, dürfen nur für diese Zwecke verwendet werden.

(5) [1]Für Zwecke der wissenschaftlichen Forschung oder Planung im Sozialleistungsbereich erhobene oder gespeicherte Sozialdaten dürfen von den in § 35 des Ersten Buches genannten Stellen nur für ein bestimmtes Vorhaben der wissenschaftlichen Forschung im Sozialleistungsbereich oder der Planung im Sozialleistungsbereich verändert oder genutzt werden. [2]Die Sozialdaten sind zu anonymisieren, sobald dies nach dem Forschungs- oder Planungszweck möglich ist. [3]Bis dahin sind die Merkmale gesondert zu speichern, mit denen Einzelangaben über persönliche oder sachliche Verhältnisse einer bestimmten oder bestimmbaren Person zugeordnet werden können. [4]Sie dürfen mit den Einzelangaben nur zusammengeführt werden, soweit der Forschungs- oder Planungszweck dies erfordert.

Literatur:
Vgl die Literaturangaben zu § 67.

1. Allgemeines

Abs 1 begrenzt die Zulässigkeit der Speicherung, Veränderung und Nutzung **1**
von Sozialdaten auf die für die Aufgabenerfüllung des Leistungsträgers erforderlichen Fälle und verpflichtet diesen zur Wahrung des Zweckbindungsgrundsatzes. Die Speicherung, Veränderung und Nutzung von Sozialdaten darf nur
für die Zwecke erfolgen, für die sie erhoben worden sind. Ausnahmen vom
Zweckbindungsgrundsatz beinhaltet Abs 2 der Vorschrift. Abs 3 zufolge liegt
keine Zweckänderung vor, wenn Sozialdaten aus Gründen verwaltungsinterner
Kontrolle, zur Rechnungsprüfung oder zu Ausbildungs- und Prüfungszwecken
verwendet werden. Die Bestimmung des Abs 4 verbietet es, die für Datenschutzkontrolle oder Datensicherung gespeicherten Sozialdaten für andere
Zwecke als diese zu verwenden. Abs 5 trifft Verwendungsregelungen für den
Umgang mit Sozialdaten bei Forschung oder Planung im Sozialleistungsbereich.

2. Datenspeicherung, -veränderung und -nutzung

2.1. Zulässigkeitsvoraussetzungen (Abs 1)

Zum Begriff der Sozialdaten vgl § 67 Rz 2 ff. Zu den Begriffen Speichern, Ver- **2**
ändern und Nutzen vgl § 67 Rz 12 f, 17. Die weitgehende Gleichstellung von
betriebs- und geschäftsbezogenen Daten mit Sozialdaten (vgl § 67 Rz 7) bewirkt, dass auch für deren Speicherung, Veränderung und Nutzung die Zulässigkeitsvoraussetzungen des § 67 c erfüllt sein müssen.

Abs 1 Satz 1 übernimmt die Regelung des § 14 Abs 1 BDSG. Die aufgezählten **3**
Arten der Verwendung von Sozialdaten sind nur zulässig, wenn sie zur **Erfüllung** der in der Zuständigkeit der verantwortlichen Stelle liegenden **Aufgabe**
nach diesem Gesetzbuch **erforderlich** sind. Die Zulässigkeitsvoraussetzungen
für das Speichern, Verändern oder Nutzen der Sozialdaten entsprechen denjenigen für das Erheben nach § 67 a Abs 1 (vgl § 67 a Rz 2). In Abweichung von
§ 67 a Abs 1 Satz 1 stellt Satz 1 auf die in der Zuständigkeit der verantwortlichen Stelle liegenden gesetzl Aufgaben nach diesem Gesetzbuch ab, während
§ 67 a Abs 1 Satz 1 auf die Aufgabe der erhebenden Stelle nach diesem Gesetzbuch abstellt. Materiell begründet dies keinen Unterschied (*Pickel* SGb 1997,
455 [458]; ebenso für § 14 Abs 1 BDSG im Vergleich mit § 13 Abs 1 BDSG,
allerdings alleine in Hinsicht auf die Zuständigkeit: *Gola/Schomerus* BDSG
§ 14 Rz 5). Der Unterschied, dass in Satz 1 im Verhältnis zu § 67 a Abs 1 Satz 1
nicht von der „erhebenden Stelle", sondern von der „verantwortlichen Stelle"
die Rede ist, liegt darin begründet, dass Satz 1 diejenigen Phasen der Verwendung der Sozialdaten thematisiert, die sich zeitlich an die Erhebung anschlie-
ßen. § 67 Abs 9 Satz 1 hätte es an sich erlaubt, bereits in § 67 a Abs 1 Satz 1
von der „verantwortlichen Stelle" zu sprechen, da dies auch (bereits) diejenige
Stelle ist, die Sozialdaten für sich selbst erhebt oder erheben lässt. Satz 1 bindet
den Leistungsträger bei den weiteren Verwendungsvorgängen an den durch die
jew SGB-Aufgabenstellung **vorgegebenen Erhebungszweck**. Dies schließt ebenso
das Sammeln der Sozialdaten auf Vorrat aus wie eine Veränderung der Sozialdaten zum Nachteil des Betroffenen. Satz 1 konkretisiert § 35 Abs 1 Satz 2
SGB I, demzufolge auch innerhalb des Leistungsträgers sicherzustellen ist, dass
die Sozialdaten nur Befugten zugänglich sind oder nur an diese weitergegeben
werden (vgl *Krahmer* in LPK-SGB I § 35 Rz 12 f). Denn auch bei der Weitergabe innerhalb der verantwortlichen Stelle handelt es sich wegen § 67 Abs 7 um
ein Nutzen der Sozialdaten (vgl § 67 Rz 17). Hier ist bei jeder Weitergabe die

strikte **Bindung** an den **Erforderlichkeitsgrundsatz** zu beachten (vgl § 67 Rz 21).

4 **Satz 2** berücksichtigt, dass Sozialdaten nicht auch von der verantwortlichen Stelle ersterhoben worden sein müssen, zB in Fällen des § 67 a Abs 2 Satz 2, Abs 4 und 5 (vgl § 67 a Rz 7, 14 f). Für das Speichern dieser Sozialdaten besteht keine Zweckbindung. Anders verhält sich dies bei dem Verändern oder Nutzen der Sozialdaten, bei denen dann die Bindung an den Speicherzweck zu beachten ist.

2.2. Durchbrechungen des Zweckbindungsgrundsatzes (Abs 2)

5 **Abs 2** ist an die Bestimmung des § 14 Abs 2 BDSG angelehnt. In drei Fällen erlaubt Abs 2 die **Umwidmung des Zwecks** eines Sozialdatums, dh die Speicherung, Veränderung oder Nutzung für andere Zwecke als diejenigen, für die das Sozialdatum ursprünglich erhoben worden ist. Ermächtigt aus allen Bestimmung von Abs 2 wird nur dieselbe Stelle, die die Sozialdaten zulässigerweise unter den Voraussetzungen von Abs 1 gespeichert hat (BT-Drucks 12/5187, 37). **Nr 1** trägt der **Verfahrensökonomie** Rechnung indem die Regelung erlaubt, dass gespeicherte Sozialdaten auch für andere Zwecke gespeichert, verändert oder genutzt werden dürfen, wenn dies für eine anderweitige Aufgabenerfüllung nach diesem Gesetzbuch erforderlich ist. Wenn ohne die gespeicherten Sozialdaten eine andere Aufgabe nach dem SGB nicht ordnungsgemäß erfüllt werden kann, dürfen die bei dieser Stelle gespeicherten Sozialdaten zulässigerweise für diesen anderen Zweck verwendet werden (BT-Drucks 12/5187, 37). Damit können zB die ursprünglich zum Zweck der Zahlung von Arbeitslosengeld gespeicherten Daten eines Arbeitnehmers auch genutzt werden, damit dieser einen Gründungszuschuss zur Aufnahme einer selbstständigen Tätigkeit (vgl §§ 3 Abs 1 Nr 4, 57 Abs 1 SGB III), einen Vermittlungsgutschein (§ 421 g SGB III) oder einen Existenzgründungszuschuss (§ 421 l SGB III) erhalten kann. Nicht zulässig ist dagegen zB die Nutzung der KK-Versichertenkarte zur Inanspruchnahme vergünstigter Leistungen privater Vertragspartner der KK, da dies nicht dem durch § 291 Abs 1 Satz 3 SGB V abschließend vorgezeichneten Rahmen für den Einsatz dieser Karte entspricht (21. Tb des BfD, BT-Drucks 16/4950, 133 f). Entsprechend **Nr 2** kann der Betroffene im Einzelfall auch seine **Einwilligung** erklären. Die praktische Bedeutung dieser Regelung ist gering, da die relevanten Fallgestaltung von Nr 1 oder Nr 3 abgedeckt werden dürften. Der Forderung, es müsse im Rahmen des Zumutbaren vor einer Vorgehensweise nach Nr 1 oder Nr 3 versucht werden, die Einwilligung nach Nr 2 einzuholen (*Krahmer* in Krahmer Sozialdatenschutz § 67 c SGB X Rz 8), kann nicht gefolgt werden. Nach **Nr 3** dürfen die gespeicherten Sozialdaten schließlich für andere Zwecke genutzt werden, wenn dies zur Durchführung eines bestimmten Vorhabens der **wissenschaftlichen Forschung** oder **Planung** im Sozialleistungsbereich **erforderlich** ist und die Voraussetzungen des § 75 Abs 1 vorliegen. Die Voraussetzungen für diese Durchbrechung des Zweckbindungsgrundsatzes stimmen mit denjenigen für die Übermittlung überein (vgl § 75 Rz 3 ff), wobei die Übermittlungsvoraussetzungen von § 75 Abs 2 nicht erfüllt sein müssen. Nr 3 ermächtigt nicht zu einem freien Sammeln von Sozialdaten für Forschung oder Planung, da es sich stets um ein **bestimmtes Vorhaben** handeln muss. Das Vorhaben muss also hinreichend konkret sein. Zu beachten ist weiterhin, dass die Sozialdaten aufgrund von § 75 Abs 1 anonymisiert werden müssen (vgl § 75 Rz 9), soweit sich dieses Gebot nicht bereits aus bereichsspezifischen Spezialvorschriften ergibt (vgl § 282 Abs 5 Satz 5 SGB III, § 64 Abs 3 SGB VIII).

2.3. Fiktion der Nichtdurchbrechung des Zweckbindungsgrundsatzes (Abs 3)

Die in **Abs 3** getroffene Ausnahmeregelung entspricht § 14 Abs 3 BDSG. Sie ist   **6**
vom **öffentlichen Interesse** an einer funktionsfähigen Sozialverwaltung bestimmt. Rechtmäßigkeit, Zweckmäßigkeit, Kostengerechtigkeit und funktionie-
rende Kontrollmechanismen liegen nicht nur im Interesse des Betroffenen, sondern ebenso im allg Interesse (*Pickel* SGb 1997, 455 [459]; *Gola/Schomerus*
BDSG § 14 Rz 24). Es liegt nach **Satz 1** keine Durchbrechung des Zweckbindungsgrundsatzes vor, wenn ohne das Speichern, Verändern oder Nutzen von
Sozialdaten **Aufsichts-, Kontroll- oder Disziplinarbefugnisse, Rechnungsprüfungen** und **Organisationsuntersuchungen** nicht wahrgenommen werden können.
Die Anforderungen von Abs 2 gelten in diesem Zusammenhang nicht. Aufgaben der vorgenannten Art können Rechnungsprüfungsämter, Landesrechnungs-
höfe oder Rechtsaufsichtsbehörden wahrnehmen. Auch Übermittlungen an den
Bundesrechnungshof fallen unter den Anwendungsbereich von Satz 1 (vgl § 112
BHO). Der Rechnungsprüfung unterliegen wegen § 76 Abs 1 Nr 2 auch die Daten, die der ärztlichen Schweigepflicht unterliegen (vgl bereits *BVerwG* RDV
1990, 87; *BVerfG* RDV 1996, 184). Kontrollbefugnisse nehmen auch die Datenschutzbeauftragten der Länder und der BfD wahr (vgl § 81 Rz 4). Deren
Kontrollbefugnis wird auch in Abs 4 angesprochen (vgl Rz 8). Satz 1 greift ferner ein, wenn die BA ihren Aufsichts- und Kontrollaufgaben nach den §§ 16 f
AÜG nachkommt. Sie ist hierbei auf die Sozialdaten angewiesen, die sie zur Erfüllung ihrer Aufgaben nach dem SGB gespeichert hat (BT-Drucks 12/5187,
37). Als Aufsicht ist im Übrigen die Dienst- und Fachaufsicht durch die jew
hierarchisch übergeordnete Stelle anzusehen. Gegenstand von Organisationsuntersuchungen ist die Art und Weise des Verwaltungsvollzugs, die Frage der
Zweckmäßigkeit von Zuständigkeitsabgrenzungen und die Einführung möglicher neuer Arbeitsablaufformen. Die Untersuchungen können von externen
Einrichtungen öffentlicher oder privater Art durchgeführt werden (*Pickel* SGb
1997, 455 [459]; *Gola/Schomerus* BDSG § 14 Rz 25).

Mit der Ausnahmeregelung in **Satz 2** soll die Ausbildung des Nachwuchses für   **7**
öffentliche Stellen möglichst lebensnah und an tatsächlichen Lebenssachverhalten orientiert erfolgen können. In diesen Fällen ist das **Interesse der verantwortlichen Stelle** an der Veränderung oder Nutzung der Sozialdaten für Ausbil-
dungs- oder Prüfungszwecke **abzuwägen** gegen das **Interesse des Betroffenen** an
der Erhaltung der Zweckbindung. Es sollte möglich sein, dass mit anonymisier-
ten Daten iSd § 67 Abs 8 (vgl § 67 Rz 18) gearbeitet wird.

2.4. Zweckbindung bei Datenschutzkontrolle und Datensicherung (Abs 4)

Abs 4 entspricht § 14 Abs 4 BDSG. Die Regelung unterwirft Sozialdaten einer   **8**
verstärkten Zweckbindung, soweit sie ausschließlich für den Zweck der Datenschutzkontrolle, der Datensicherung oder zur Sicherstellung des ordnungsgemäßen Betriebs einer Datenverarbeitungsanlage gespeichert wurden. Damit dürfen
diese Sozialdaten auch unter den Voraussetzungen von Abs 2 nicht für andere
Zwecke verwendet werden. Als **Datenschutzkontrolle** einzuordnen sind die
durch den BfD ausgeübten Befugnisse nach § 81 Abs 2 Satz 1 iVm § 24 BDSG
sowie der LfD nach § 81 Abs 2 Satz 2 und 3 iVm mit den einschlägigen Bestimmungen der LandesdatenschutzG (vgl § 81 Rz 4). Weiterhin gehören auch die
Kontrollen durch den internen Datenschutzbeauftragten eines Leistungsträgers
nach § 81 Abs 4 hierzu (vgl § 81 Rz 6). Diese Kontrollbefugnisse werden be-

reits in Abs 3 Satz 1 angesprochen (vgl Rz 6). Auch die im Rahmen eines Datenschutzaudits nach § 78 c durchgeführten Prüfungen fallen unter den Begriff der Datenschutzkontrolle (vgl § 78 c Rz 3). In die Fallgruppe der **Datensicherung** fallen alle Sicherungskopien, die im Zuge der Datensicherung nach § 78 a Satz 1 iVm Anlage Nr 7 gespeichert werden (vgl § 78 a Rz 12). Der strengen Zweckbindung unterliegen schließlich die Sozialdaten, die zur Sicherstellung des ordnungsgemäßen Betriebs gespeichert wurden.

2.5. Verwendungsregelung bei Forschung oder Planung (Abs 5)

9   **Abs** 5 übernimmt im Wesentlichen die Bestimmung des § 40 Abs 1 und 2 BDSG. Nach **Satz 1** dürfen die für Zwecke der wissenschaftlichen Forschung oder Planung erhobenen Daten ausschließlich für diese Zwecke verändert oder genutzt werden, wobei es sich um ein **bestimmtes Forschungs-** oder **Planungsvorhaben** im Sozialleistungsbereich handeln muss. Entsprechendes gilt für ein bestimmtes Vorhaben der wissenschaftlichen Arbeitsmarkt- und Berufsforschung (vgl § 75 Rz 3). Forschungsvorhaben dieser Art werden etwa durch das an die BA (§ 367 Abs 1 SGB III) angegliederte Institut für Arbeitsmarkt- und Berufsforschung durchgeführt (vgl § 282 Abs 2 Satz 2 SGB III). Mit der Beschränkung auf bestimmte Vorhaben wird das bevorratende Sammeln von Sozialdaten auch in diesem Bereich ausgeschlossen (vgl § 67 a Rz 2). Die Zweckentfremdung der Sozialdaten entgegen Satz 1 ist ordnungswidrig nach Maßgabe des § 85 Abs 2 Nr 5 (vgl § 85 Rz 5). Nach **Satz 2** sind die Sozialdaten zu **anonymisieren**, sobald dies möglich ist. Die Legaldefinition für das Anonymisieren findet sich in § 67 Abs 8 (vgl § 67 Rz 18). Dies beinhaltet in Konkretisierung des Gebots der Datenvermeidung und Datensparsamkeit in § 78 b, dass die Daten überhaupt nur dann mit Personenbezug erhoben und gespeichert werden dürfen, wenn der Forschungs- oder Planungszweck dies erfordert. Wurden die Daten mit Personenbezug erhoben und ist es für die Durchführung des Forschungs- oder Planungsvorhabens erforderlich, dass Einzelangaben dem Betroffenen individualisiert zugeordnet werden können (vgl § 67 Rz 3 f), bestimmt **Satz 3**, dass diese bis zur Anonymisierung gesondert zu speichern sind. Ein Rückschluss auf eine bestimmte oder bestimmbare natürliche Person während der eigentlichen Forschungs- oder Planungstätigkeit soll so ausgeschlossen werden. **Satz 4** lässt die Zusammenführung der Zuordnungskriterien mit den Einzelangaben nur zu, wenn der Forschungs- oder Planungszweck dies erforderlich macht.

2.6. Rechtsfolgen fehlender Ermächtigungsgrundlage

10   Sind die Sozialdaten ohne Ermächtigungsgrundlage gespeichert, so sind diese nach § 84 Abs 2 Satz 1 zu **löschen** (vgl § 84 Rz 5). Gleiches gilt nach § 84 Abs 1 Satz 2, wenn der Speicherungszweck durch Zeitablauf erschöpft ist (vgl § 84 Rz 5). Die „automatische Löschungsverpflichtung" ergibt sich letztlich aus der Verletzung des Grundrechts des Betroffenen auf informationelle Selbstbestimmung (*Müller-Thelen* NJW 2005, 1541 [1544]). Ein **Schadensersatzanspruch** kann sich aus § 82 ergeben. Hat die Veränderung der Sozialdaten dazu geführt, dass diese unrichtig sind, sind diese nach Maßgabe des § 84 Abs 1 zu **berichtigen** (vgl § 84 Rz 3).

§ 67 d Übermittlungsgrundsätze

(1) Eine Übermittlung von Sozialdaten ist nur zulässig, soweit eine gesetzliche Übermittlungsbefugnis nach den §§ 68 bis 77 oder nach einer anderen Rechtsvorschrift in diesem Gesetzbuch vorliegt.

(2) [1]Die Verantwortung für die Zulässigkeit der Übermittlung trägt die übermittelnde Stelle. [2]Erfolgt die Übermittlung auf Ersuchen des Dritten, an den die Daten übermittelt werden, trägt dieser die Verantwortung für die Richtigkeit der Angaben in seinem Ersuchen.

(3) Sind mit Sozialdaten, die nach Absatz 1 übermittelt werden dürfen, weitere personenbezogene Daten des Betroffenen oder eines Dritten so verbunden, dass eine Trennung nicht oder nur mit unvertretbarem Aufwand möglich ist, so ist die Übermittlung auch dieser Daten nur zulässig, wenn schutzwürdige Interessen des Betroffenen oder eines Dritten an deren Geheimhaltung nicht überwiegen; eine Veränderung oder Nutzung dieser Daten ist unzulässig.

(4) [1]Die Übermittlung von Sozialdaten auf maschinell verwertbaren Datenträgern oder im Wege der Datenübertragung ist auch über Vermittlungsstellen zulässig. [2]Für die Auftragserteilung an die Vermittlungsstelle gilt § 80 Abs. 2 Satz 1, für deren Anzeigepflicht § 80 Abs. 3 und für die Verarbeitung und Nutzung durch die Vermittlungsstelle § 80 Abs. 4 entsprechend.

Literatur:
Vgl die Literaturangaben zu § 67.

1. Allgemeines

Abs 1 ist eine weitere Konkretisierung der in § 35 Abs 2 SGB I angesprochenen Erlaubnisvoraussetzungen für die Verarbeitung (deren Unterfall die Übermittlung nach § 67 Abs 6 Satz 2 Nr 3 ist) und Nutzung von Sozialdaten. Die Bestimmung beinhaltet in Abs 1 die Grundregel für die Zulässigkeit der Übermittlung von Sozialdaten. Eine solche darf nur erfolgen, wenn sie gesetzl zugelassen ist. Abs 1 stellt eine Einweisungsvorschrift dar, indem auf die Vorschriften der §§ 68 bis 77 bzw auf andere Rechtsvorschriften in den einzelnen Büchern des SGB verwiesen wird. Eine Regelung hinsichtlich der Tragung der Verantwortung für die Zulässigkeit der Übermittlung trifft Abs 2. Nach Abs 3 muss bei der Übermittlung von in Dateien gespeicherten Daten eine Trennung in Fällen von nur teilweise erlaubter Übermittlung erfolgen. Abs 4 regelt die automatisierte Datenübermittlung.

2. Erläuterungen
2.1. Einweisungsvorschrift (Abs 1)

Zum Begriff der Sozialdaten vgl § 67 Rz 2 ff. Zum Begriff der Übermittlung vgl § 67 Rz 14. **Abs 1** begrenzt die Zulässigkeit der Übermittlung von Sozialdaten auf die Fälle, in denen eine **gesetzl Übermittlungsbefugnis** besteht. Diese kann sich ausweislich Abs 1 aus den §§ 68 bis 77 ergeben. Eine Übermittlungsbefugnis sieht bereits § 67 e Satz 2 vor, der hier aufgrund eines offensichtlich redaktionellen Versehen des Gesetzgebers nicht genannt wird. Auch aus anderen Büchern des SGB kann eine bereichsspezifische Übermittlungsbefugnis folgen, so aus den § 282 a SGB III, § 205 SGB VII, §§ 64 f SGB VIII, § 103 SGB VIII, § 104 SGB XI. Die Fälle der Übermittlungsbefugnis sind damit **abschließend** geregelt. Andere Vorschriften greifen nicht durch, insbesondere nicht diejenigen des gerichtlichen Verfahrens (vgl § 68 Rz 4). Nicht eigens erwähnt in Abs 1 ist die **Einwilligung** zur Übermittlung, die einen weiteren **Zulässigkeitstatbestand** konstituiert. Dieser ist in § 67 b Abs 1 und 2 geregelt, da die Übermittlung ein Unterfall der Verarbeitung nach § 67 Abs 6 Satz 2 Nr 3 ist (vgl § 67 Rz 11, 14). Für die Einholung der Einwilligung in die Übermittlung gilt die Hinweispflicht des § 67 b Abs 2 Satz 1 entsprechend (vgl § 67 b Rz 5). Der Hinweis hat zu umfassen, an wen welche Informationen zu welchem Zweck und auf welche Art und Weise übermittelt werden sollen (*Heyers/Heyers* MDR 2001, 1209 [1212]).

2.2. Verantwortung für die Zulässigkeit der Übermittlung (Abs 2)

3   Bei **Abs 2 Satz 1** handelt es sich um eine entsprechende Übernahme von § 15 Abs 2 Satz 1 BDSG. Abs 2 Satz 1 regelt, welche von den beiden an einer Übermittlung beteiligten Stellen (übermittelnde Stelle oder die Übermittlung empfangende Stelle) zu prüfen und zu entscheiden hat, ob ein Zulässigkeitstatbestand vorliegt oder nicht, was die Vorschrift als Verantwortung für die Zulässigkeit der Übermittlung bezeichnet. Diese Verantwortung trägt die **übermittelnde Stelle** (abweichend § 79 Abs 4 Satz 1 bei einer Übermittlung im automatisierten Abrufverfahren; vgl § 79 Rz 8). Hierbei verbleibt es nach **Satz 2** (anders in § 15 Abs 2 Satz 2 BDSG) auch dann, wenn die Übermittlung auf Ersuchen eines Dritten erfolgt. Der um die Übermittlung von Sozialdaten **ersuchende Dritte** hat lediglich die sachliche **Richtigkeit der Angaben** in seinem Ersuchen **zu verantworten**. Also muss die Anfrage der ersuchenden Stelle hinreichende Angaben enthalten, die es der ersuchten Stelle ermöglichen, die Rechtsmäßigkeit der Übermittlung zu prüfen (16. Tb des BfD, BT-Drucks 13/7500, 128). Ob diese Angaben indes auch einen Übermittlungstatbestand „tragen", hat die um Übermittlung ersuchte Stelle zu prüfen. Das Erschleichen von Sozialdaten durch unrichtige Angaben stellt nach näherer Maßgabe des § 85 Abs 2 Nr 4 eine Ordnungswidrigkeit dar (vgl § 85 Rz 4).

2.3. Übermittlung von in Dateien gespeicherten Sozialdaten (Abs 3)

4   **Abs 3** übernimmt im Wesentlichen § 15 Abs 5 BDSG. Hier wird der Fall ins Auge gefasst, dass eine Gesamtheit von Sozialdaten übermittelt wird und lediglich für einen Teil der Sozialdaten ein Zulässigkeitstatbestand vorliegt, während dies für den anderen Teil der Sozialdaten nicht gegeben ist, dabei aber die Trennung dieser Gesamtheit von Sozialdaten nicht oder nur mit unverhältnismäßigem Aufwand möglich ist. Abs 3 ordnet an, dass auch die **Übermittlung** dieser „überschießenden" Sozialdaten (so die Terminologie in BT-Drucks 12/5187, 38; *Krahmer* in Krahmer Sozialdatenschutz § 67 d SGB X Rz 9) unter bestimmten Voraussetzungen **zulässig** ist. Zunächst zur Trennung der Sozialdaten voneinander: Bei der Übermittlung kompletter Akten ist es bspw unausweichlich, dass sich unter den darin übermittelten Sozialdaten teilweise solche befinden, deren Übermittlung an sich unzulässig ist. Gleiches gilt, wenn ganze Datensätze übermittelt werden, und von einem Datensatz nur bestimmte Sozialdaten benötigt werden. Eine Trennung der überschießenden Sozialdaten von den anderen

Sozialdaten ist hier **unmöglich**, wenn dies zur Unbrauchbarkeit der Akte bzw des Datensatzes führt. Ist diese möglich, erfordert sie häufig einen **unverhältnismäßigen Aufwand** an Zeit, Kosten oder Arbeitskraft (vgl § 67 Abs 8). Es muss allerdings stets nach Abs 3 geprüft werden, ob nicht schutzwürdige Interessen des Betroffenen oder Dritter der Übermittlung der überschießenden Sozialdaten entgegenstehen. Eine Veränderung oder Nutzung der nach dieser Regelung übermittelten überschießenden Sozialdaten ist aufgrund von Abs 3 aE ausdrücklich unzulässig. Die anderen Formen der Datenverarbeitung, also das Speichern, Sperren oder Löschen (vgl § 67 Rz 12, 15 f), sind dagegen zulässig.

2.4. Automatisierte Übermittlung (Abs 4)

Nach **Abs 4 Satz 1** ist bei der technischen Ausführung des Übermittlungsvorgangs die **Einschaltung von Vermittlungsstellen** erlaubt, wenn die Übermittlung auf maschinell verwertbaren Datenträgern oder im Wege der Datenübertragung erfolgt. Datenträger iSd Regelung sind zB CD-Rom's oder USB-Sticks. Datenübertragung ist die Fernübermittlung mittels digitaler Verfahren (via Internet oder über Standleitungen). Bei der Einschaltung von Vermittlungsstellen handelt es sich um eine Art Datenverarbeitung im Auftrag (*Beckmann* Der Schutz personenbezogener Daten im sozialen Sicherungssystem 49; *Steinmeyer* in Wannagat SGB X/2 § 67 d Rz 20). Aufgrund von **Satz 2** gelten daher die gleichen **Sicherheitsanforderungen** wie bei der Datenverarbeitung im Auftrag, dh die entsprechende Geltung von § 80 Abs 2 Satz 1, Abs 3 und Abs 4 (vgl § 80 Rz 8 ff).

5

§ 67 e Erhebung und Übermittlung zur Bekämpfung von Leistungsmissbrauch und illegaler Ausländerbeschäftigung

[1]Bei der Prüfung nach § 2 des Schwarzarbeitsbekämpfungsgesetzes oder nach § 28 p des Vierten Buches darf bei der überprüften Person zusätzlich erfragt werden,

1. ob und welche Art von Sozialleistungen nach diesem Gesetzbuch oder Leistungen nach dem Asylbewerberleistungsgesetz sie bezieht und von welcher Stelle sie diese Leistungen bezieht,
2. bei welcher Krankenkasse sie versichert oder ob sie als Selbständige tätig ist,
3. ob und welche Art von Beiträgen nach diesem Gesetzbuch sie abführt und
4. ob und welche ausländischen Arbeitnehmer sie mit einer für ihre Tätigkeit erforderlichen Genehmigung und nicht zu ungünstigeren Arbeitsbedingungen als vergleichbare deutsche Arbeitnehmer beschäftigt.

[2]Zu Prüfzwecken dürfen die Antworten auf Fragen nach Satz 1 Nr. 1 an den jeweils zuständigen Leistungsträger und nach Satz 1 Nr. 2 bis 4 an die jeweils zuständige Einzugsstelle und die Bundesagentur für Arbeit übermittelt werden. [3]Der Empfänger hat die Prüfung unverzüglich durchzuführen.

Literatur:
Vgl die Literaturangaben zu § 67.

1. Allgemeines

1 Die Vorschrift erweitert die Möglichkeiten der Datenerhebung und -übermittlung zu Prüfzwecken, insbesondere zur Bekämpfung des Missbrauchs von Sozialleistungen und der illegalen Beschäftigung (BT-Drucks 13/8994, 70). Bei den Prüfungen der Behörden der Zollverwaltung nach § 2 SchwarzArbG und der Rentenversicherungsträger nach § 28 p SGB VI dürfen diese die in Satz 1 Nr 1 bis 4 genannten Angaben erfragen. Nach Satz 2 dürfen die Antworten auf die Fragen an die jeweils zuständigen Leistungsträger übermittelt werden. Satz 3 schreibt eine unverzügliche Prüfung auf Seiten des Empfängers vor.

2. Erläuterungen
2.1. Fallgruppen (Satz 1)

2 **Satz 1** erweitert für den Fall von Prüfungen nach § 2 SchwarzArbG und § 28 p SGB IV die Befugnis, Sozialdaten zu erheben, um die in Nr 1 bis 4 genannten Angaben. Überprüfte Person iSd Satz 1 sind in erster Linie die Arbeitgeber, ferner die Beschäftigten (*Ensslen* in Giese/Krahmer SGB I und X § 67 e SGB X Rz 11). Es müssen **keine** konkreten **Anhaltspunkte** für einen **Leistungsbezug** vorliegen (BT-Drucks 13/8994, 70; *Bieresborn* in von Wulffen/Schütze SGB X § 67 e Rz 3). Die Angaben nach **Nr 1** dienen der Aufdeckung des Doppelbezugs von Sozialleistungen. **Nr 2** soll die Aufdeckung von Schwarzarbeit und Scheinselbstständigkeit ermöglichen. **Nr 3** lässt die Frage zu, ob und welche Art von Beiträgen die überprüfte Person nach dem SGB abführt. Anhand der Angaben nach **Nr 4** sollen sich Verstöße gegen das AEntG und die §§ 284 ff SGB III aufdecken lassen.

2.2. Übermittlungserlaubnis und Verfahrensregelung (Satz 2 und 3)

3 **Satz 2** beinhaltet eine Übermittlungserlaubnis an die genannten Leistungsträger (kritisch zur Durchbrechung von Erhebungs- und Übermittlungszusammenhang in dieser Vorschrift: *Ensslen* aaO § 67 e SGB X Rz 5). Die Antworten der befragten Personen dürfen an die in Frage kommenden Sozialleistungsträger, insbesondere die Träger der Sozialhilfe, übermittelt werden, auch wenn ein entsprechender Leistungsbezug verneint wurde (BT-Drucks 13/8994, 70). Die Übermittlungsbefugnis nach Satz 2 steht den in § 67 d Abs 1 genannten Übermittlungsbefugnissen der §§ 68 bis 77 gleich (vgl § 67 d Rz 2).

4 **Satz 3** trifft eine Verfahrensregelung, derzufolge der Empfänger die ihm nach Satz 2 übermittelten Sozialdaten unverzüglich für eine Prüfung nutzen muss. Unverzüglich bedeutet ohne schuldhaftes Zögern iSd § 121 Abs 1 BGB. Damit soll erreicht werden, dass die Nutzung der Sozialdaten **schnellstmöglich** nicht mehr erforderlich iSd § 84 Abs 2 Satz 2 ist, so dass die Sozialdaten zu **löschen** sind (vgl § 84 Rz 5).

§ 68 Übermittlung für Aufgaben der Polizeibehörden, der Staatsanwaltschaften, Gerichte und der Behörden der Gefahrenabwehr

(1) [1]Zur Erfüllung von Aufgaben der Polizeibehörden, der Staatsanwaltschaften und Gerichte, der Behörden der Gefahrenabwehr und der Justizvollzugsanstalten dürfen im Einzelfall auf Ersuchen Name, Vorname, Geburtsdatum, Geburtsort, derzeitige Anschrift des Betroffenen, sein derzeitiger oder zukünftiger

Aufenthaltsort sowie Namen, Vornamen oder Firma und Anschriften seiner derzeitigen Arbeitgeber übermittelt werden, soweit kein Grund zu der Annahme besteht, dass dadurch schutzwürdige Interessen des Betroffenen beeinträchtigt werden, und wenn das Ersuchen nicht länger als sechs Monate zurückliegt. [2]Die ersuchte Stelle ist über § 4 Abs. 3 hinaus zur Übermittlung auch dann nicht verpflichtet, wenn sich die ersuchende Stelle die Angaben auf andere Weise beschaffen kann. [3]Satz 2 findet keine Anwendung, wenn das Amtshilfeersuchen zur Durchführung einer Vollstreckung nach § 66 erforderlich ist.

(1 a) Zu dem in § 7 Abs. 2 des Internationalen Familienrechtsverfahrensgesetzes bezeichneten Zweck ist es zulässig, der in dieser Vorschrift bezeichneten Zentralen Behörde auf Ersuchen im Einzelfall den derzeitigen Aufenthalt des Betroffenen zu übermitteln, soweit kein Grund zur Annahme besteht, dass dadurch schutzwürdige Interessen des Betroffenen beeinträchtigt werden.

(2) Über das Übermittlungsersuchen entscheidet der Leiter der ersuchten Stelle, sein allgemeiner Stellvertreter oder ein besonders bevollmächtigter Bediensteter.

(3) [1]Eine Übermittlung der in Absatz 1 Satz 1 genannten Sozialdaten, von Angaben zur Staats- und Religionsangehörigkeit, früherer Anschriften der Betroffenen, von Namen und Anschriften früherer Arbeitgeber der Betroffenen sowie von Angaben über an Betroffene erbrachte oder demnächst zu erbringende Geldleistungen ist zulässig, soweit sie zur Durchführung einer nach Bundes- oder Landesrecht zulässigen Rasterfahndung erforderlich ist. [2]§ 67 d Abs. 2 Satz 1 findet keine Anwendung; § 15 Abs. 2 Satz 2 und 3 des Bundesdatenschutzgesetzes gilt entsprechend.

Literatur:

Hardtung: Auskunftspflicht der Sozialbehörden nach § 69 Abs 1 Nr 1 SGB X im staatsanwaltschaftlichen Ermittlungsverfahren, NJW 1992, 211; *Karl*: Staatsanwalt und Sozialgeheimnis, NJW 1984, 2444; *Schnapp/Düring*: Anzeigepflicht der KK und Kassenärztlichen Vereinigungen beim Verdacht auf sogenannten Abrechnungsbetrug?, NJW 1988, 738. Vgl auch die Literaturangaben zu den §§ 69, 73.

1. Allgemeines

Die Überschrift von § 68 sowie Abs 1 Satz 1 wurden durch G zur Reform der Sachaufklärung in der Zwangsvollstreckung v 29.7.2009 (BGBl I 2258) mit Wirkung zum 1.1.2013 geändert. § 68 Abs 1 in der bis zum 31.12.2012 gültigen Fassung regelte sowohl die Zulässigkeit der Übermittlung von Daten zur Erfüllung von Aufgaben der Polizeibehörden, der Staatsanwaltschaften und Gerichte, der Behörden der Gefahrenabwehr und der Justizvollzugsanstalten, als auch zur Durchsetzung öff-rechtl Ansprüche. Das G zur Reform der Sachaufklärung in der Zwangsvollstreckung regelt mit Wirkung ab dem 1.1.2013 die Datenübermittlung zur Durchsetzung öff-rechtl Ansprüche und im Vollstreckungsverfahren gesondert in dem eingefügten § 74 a. **1**

Die Vorschrift dient (ebenso wie § 72) dem präventiven Schutz öffentlicher Interessen (so bereits BT-Drucks 8/4022, 85 unter Bezugnahme auf die aF der Vorschrift). Aufgrund Abs 1 ist eine Übermittlung von Sozialdaten im Rahmen der Amtshilfe für Aufgaben der Polizeibehörden, der StA und Gerichte und der Beh der Gefahrenabwehr zulässig. § 68 soll es den genannten öffentlichen Stellen ermöglichen, über den Leistungsträger Personen zu identifizieren und mit ihnen Kontakt aufzunehmen. Die Übermittlung ist nur im Einzelfall auf Ersuchen zulässig und auf einen genau festgelegten Kreis von Sozialdaten beschränkt. Überdies darf kein Grund zu der Annahme bestehen, dass durch die Übermittlung schutzwürdige Belange des Betroffenen beeinträchtigt werden. Abs 1 a sieht eine Datenübermittlungsbefugnis für Leistungsträger vor, um dem Generalbundesanwalt beim BGH die Aufenthaltsermittlung eines Betroffenen zu erleichtern. Abs 2 trifft eine Regelung, wer in der um eine Übermittlung ersuchten Stelle über das Ersuchen zu entscheiden hat. Mit Abs 3 wird der Kreis der zu übermittelnden Sozialdaten erweitert, soweit die Übermittlung für eine gesetzl zulässige Rasterfahndung erforderlich ist. Abs 3 trifft eine von § 67 d Abs 2 Satz 1 abweichende Regelung der Tragung der Verantwortung für die Zulässigkeit der Übermittlung und ordnet insoweit die entsprechende Geltung von § 15 Abs 2 Satz 2 und 3 BDSG an.

2. Erläuterungen

2.1. Voraussetzungen der Übermittlungsbefugnis (Abs 1, 1 a)

2   Zum Begriff der Sozialdaten vgl § 67 Rz 2 ff. Zum Begriff der Übermittlung vgl § 67 Rz 14. Die Vorschrift beruht auf der Überlegung, dass die von § 35 Abs 1 SGB I statuierte erhöhte Geheimhaltungspflicht grds auch im Rahmen der Amtshilfe zu beachten ist. Die Vorschrift ermöglicht allerdings im Hinblick auf Art 35 Abs 1 GG die **Übermittlung** einiger „weniger empfindlicher" Sozialdaten (so BT-Drucks 8/4022, 84 unter Bezugnahme auf die aF der Vorschrift). Mit den in **Abs 1 Satz 1** genannten Stellen sind die **empfangsberechtigten Stellen abschließend** aufgezählt. Aufgaben der Gefahrenabwehr werden primär von den Verwaltungsbehörden übernommen. Wer sich ansonsten amtshilfeberechtigt wähnt, aber in § 68 (oder §§ 71, 72) nicht genannt ist, „geht leer aus", und zwar trotz Art 35 Abs 1 GG (*Wagner* NJW 1994, 2937 [2938]). Satz 1 begrenzt daher die Amtshilfepflicht nach §§ 3 ff SGB X, indem die Regelung den Kreis der „amtshilfeberechtigten Informations-Nehmer" (*Zeitler/Schindler* § 68 SGB X Rz 3) beschränkt. Mit dem G zum internationalen Familienrecht v 26.1.2005 (BGBl I 162) hat der Gesetzgeber **Abs 1 a** eingefügt. Die Bestimmung erlaubt eine Übermittlung von Informationen über den derzeitigen Aufenthalt eines Betroffenen an den **Generalbundesanwalt beim BGH**. Anhand dieser Informationen soll der Generalbundesanwalt beim BGH eine seiner Aufgaben als zentraler Behörde nach § 3 Abs 1 IntFamRVG wahrnehmen können, nämlich den Aufenthalt eines Kindes im Rahmen des § 7 Abs 1 IntFamRVG zu ermitteln. Die nach Abs 1 a übermittelbaren Informationen können sich auf den Aufenthaltsort des Kindes selbst oder auch des Unterhaltsschuldners beziehen (BR-Drucks 607/04, 77).

2.2. Übermittlungsbefugnis und Amtshilfe

3   § 68 selbst schafft nicht die Voraussetzungen für die Inanspruchnahme der Amtshilfe, sondern lässt nur einzelne Handlungen im Rahmen einer Amtshilfe zu. Für StA wird deren Befugnis, nach § 161 Abs 1 Satz 1 StPO von allen Beh Auskunft zu verlangen, durch Abs 1 Satz 1 iSd § 161 Abs 1 Satz 1, Halbs 2

StPO besonders geregelt. Es gelten im Übrigen die **allg Amtshilfevoraussetzungen** wie sie in §§ 3 kodifiziert sind, dh dass neben dem Vorliegen einer Übermittlungsbefugnis nach dieser Vorschrift – und der Einhaltung der Übermittlungsgrundsätze nach § 67 d – die in §§ 3 ff geregelten Voraussetzungen der **Amtshilfe** gegeben sein müssen. Die Übermittlung von Sozialdaten **kann abgelehnt werden,** wenn die Voraussetzungen des § 4 Abs 3 (vgl § 4 Rz 17 ff) vorliegen, dh wenn eine andere Beh die Hilfe wesentlich einfacher oder mit wesentlich geringerem Aufwand leisten kann oder wenn die ersuchte Beh die Hilfe nur mit unverhältnismäßig großem Aufwand leisten könnte. Auch wenn die ersuchte Beh unter Berücksichtigung der Aufgaben der ersuchenden Beh durch die Übermittlung von Sozialdaten die Erfüllung ihrer eigenen Aufgaben gefährden würde, kann die Amtshilfe abgelehnt werden. Eine über § 4 Abs 3 hinausgehende Regelung trifft Satz 3 (vgl Rz 10). Die Übermittlungstatbestände begründen für Sozialdaten lediglich eine **Befugnis, nicht** aber eine **Pflicht zur Übermittlung** (so: *BSG* SGb 1985, 554 in Hinsicht auf die aF der Vorschrift). Wegen § 37 Satz 3 SGB I „beherrschen" die Vorschriften zum Sozialdatenschutz die Amtshilferegelungen (*Richter* in LPK-SGB I § 37 Rz 15). Die Amtshilfe bei der Ermittlung des Sachverhalts ist nur unter Beachtung der Vorschriften des Zweiten Kapitels gestattet.

2.3. „Justizfestigkeit" des Sozialgeheimnisses

Ausweislich v § 35 Abs 3 SGB I (vgl *Krahmer* in LPK-SGB I § 35 Rz 21) ist das **4** Sozialgeheimnis „justizfest" (*Schatzschneider* MDR 1982, 6 [8]). Nur soweit sich aus § 68 (oder aus §§ 69 Abs 1 Nr 2, 73) Übermittlungsbefugnisse ergeben (ggf in den besonderen Grenzen der §§ 64 Abs 2, 65 SGB VIII), ist die Erfüllung der strafprozessualen Verpflichtung zur Auskunft nach § 161 Abs 1 StPO oder zur Aktenvorlage nach § 95 StPO gegeben. Wenn keine Pflicht zur Aktenvorlage besteht, dürfen die **Akten** bzw die **sonstigen Datenträger** auch **nicht** gem § 94 Abs 2 StPO **beschlagnahmt werden.**

2.4. Begrenzungen der Übermittlungsbefugnis

Abs 1 Satz 1 legt weiterhin fest, welche Sozialdaten im Einzelnen übermittelt **5** werden dürfen. Dieser enge **Datensatz** ist **abschließend.** Entsprechendes gilt für Abs 1 a, wonach über die Angaben zum derzeitigen Aufenthalt des Betroffenen hinaus keine weiteren Informationen übermittelt werden dürfen. Eine Grundlage zur Anzeige von strafrechtlich relevanten Sachverhalten bietet Abs 1 Satz 1 nicht, da der jeweils einschlägige Sachverhalt nicht übermittelt werden darf (vgl *Casselmann/Gundlach* SGb 1981, 92 [93]). Im Gegensatz zur aF nennt der Gesetzgeber nunmehr ausdrücklich als übermittlungsfähige Sozialdaten auch den **derzeitigen oder zukünftigen Aufenthalt** des Betroffenen (eingefügt durch Art 4 des 1. MPGÄndG v 6.8.1998, BGBl I 2005). Der frühere Streit darüber, ob der jew tatsächliche Aufenthaltsort des Betroffenen zu den übermittlungsfähigen Sozialdaten zählt oder nicht, hat sich damit erledigt (vgl *Vetter* DuD 1997, 219). Als Anschrift gelten der Wohnsitz (§ 30 Abs 3 SGB I, §§ 15 f, 22 MG NRW), der gewöhnliche Aufenthalt (§ 30 Abs 3 SGB I) oder der tatsächliche Aufenthalt von längerer Dauer, zB in Heimen und Anstalten sowie an anderen Orten des tatsächlichen Wohnens.

Zu beachten sind in Abs 1 und Abs 1 a als weitere **Einschränkungen,** dass nur **6** **im Einzelfall** und **auf Ersuchen** eine Übermittlung gerechtfertigt ist. Diese Einschränkungen (eingefügt durch Art 4 des 1. MPGÄndG v 6.8.1998, BGBl I 2005) verdeutlichen, dass mit der Regelung kein Instrument für eine ständige

Mitwirkung etwa des Sozialamtes bei Fahndungen der Polizei geschaffen werden sollte (vgl 17. Tb des BfD, BT-Drucks 14/850, 146). Eine Übermittlung der einschlägigen Sozialdaten aus eigener Initiative ist damit unzulässig. Ebenso wenig zulässig ist eine Übermittlung über den jew Einzelfall hinaus. Dies schließt etwa die automatisierte Übermittlung (vgl § 79 Rz 3) der einschlägigen Sozialdaten aus, aber ebenso die Übermittlung hinsichtlich einer ganzen Gruppe Betroffener.

7   Sozialdaten dürfen nach Abs 1 Satz 1 nicht übermittelt werden, wenn Grund zu der Annahme besteht, dass **schutzwürdige Belange** des Betroffenen beeinträchtigt werden. Keine Beeinträchtigung ist anzunehmen, wenn aus den Umständen geschlossen werden darf, dass der Betroffene der Übermittlung nicht widersprechen würde. Ob dies der Fall ist oder nicht, beurteilt sich nicht aus der subjektiven Sicht des Betroffenen, da der Gesetzeswortlaut auf einen objektiv bestehenden Grund abstellt. Ergibt sich, dass die **Übermittlung** zu Nachteilen für den Betroffenen führt, wenn dieser etwa wegen besonderer Gefährdung seinen Aufenthaltsort geheim hält oder die Angabe der Anschrift auf eine strafbares Verhalten oder eine psychische Erkrankung des Betroffenen schließen lässt, hat diese **zu unterbleiben** (*Gola/Schomerus* BDSG § 16 Rz 11). Bei der Prüfung der schutzwürdigen Belange des Betroffenen ist auf den **Einzelfall** abzustellen. Es kann sich um persönliche, soziale oder wirtschaftliche Gründe handeln. Alleine das Interesse des Betroffenen, von Strafverfolgungsmaßnahmen verschont zu bleiben, ist nicht schutzwürdig (*KG* JR 1985, 24). Die Ausführungen gelten entsprechend für Abs 1 a. Keine Schutzwürdigkeit des Betroffenen wird begründet, wenn dieser sich den Ordnungsmitteln bzw dem unmittelbaren Zwang nach § 44 IntFamRVG entziehen möchte.

8   Schließlich darf das Ersuchen nicht länger als **sechs Monate** zurückliegen. Die Übermittlung der einschlägigen Sozialdaten muss in einem Zeitraum von längstens sechs Monaten seit dem Eingang des Ersuchens abgeschlossen sein. Diese Einschränkung gilt für Abs 1 a nicht.

9   **Satz 2** schränkt die Zulässigkeit einer Übermittlung der einschlägigen Sozialdaten ein, indem diese über § 4 Abs 3 hinausgehend dann unzulässig ist, wenn sich die ersuchende Stelle die Angaben auf andere Weise beschaffen kann. Diese Verschärfung soll sicherstellen, dass den **Leistungsträgern nicht** die Funktion von „**Ersatzmeldebehörden**" zukommt (*Kunkel* GK-SGB VIII, § 61 Rz 103; so bereits BT-Drucks 8/4022, 84 unter Bezugnahme auf die aF der Vorschrift). Für die Ablehnung eines Amtshilfeersuchens genügt es, dass sich die ersuchende Stelle die Angaben auf irgendeine Weise anderweitig beschaffen kann (*Krahmer* in Krahmer Sozialdatenschutz § 68 SGB X Rz 7). Vorrangig hat die ersuchende Stelle etwa die Meldebehörden oder das Finanzamt um Auskunft zu ersuchen. Sind über diese Stellen keine Angaben erhältlich, verbleibt es bei der Auskunftspflicht der Leistungsträger. Für Abs 1 a gelten derartige Einschränkungen nicht.

10   **Satz 3** schließt die Anwendung von Satz 2 aus, wenn das Amtshilfeersuchen zur Durchführung einer **Vollstreckung** nach § 66 **erforderlich** ist. Die Einschränkung von Satz 2 findet daher zB dann keine Anwendung, wenn Vollstreckungsbehörden der Länder Vollstreckungsersuchen eines Leistungsträgers durchführen und zu diesem Zweck Daten von anderen Leistungsträgern, zB die Anschrift des Arbeitgebers des Vollstreckungsschuldners, erfahren müssen (Bsp nach BT-Drucks 12/5187, 38).

2.5. Entscheidung über das Übermittlungsersuchen (Abs 2)

Abs 2 regelt, wer bei der ersuchten Stelle über das Übermittlungsersuchen zu **11** entscheiden hat. Die erforderliche Prüfung durch den Stellenleiter, seinen allg Stellvertreter oder einen mit dem Datenschutz beauftragten Bevollmächtigten setzt idR ein **schriftliches Amtshilfeersuchen** einer anderen Beh voraus, das auch die Unmöglichkeit erkennen lassen muss, dass die Angaben nicht „auf andere Weise" iSd Abs 2 Satz 2 zu beschaffen sind (*Krahmer* in Krahmer Sozialdatenschutz § 68 SGB X Rz 9). Nach § 67 d Abs 2 Satz 1 trägt die übermittelnde Stelle die Veranwortung für die Zulässigkeit der Übermittlung, während nach § 67 d Abs 2 Satz 2 die ersuchende Stelle die Verantwortung für die Richtigkeit der Angaben in ihrem Übermittlungsersuchen trägt (vgl § 67 d Rz 3).

2.6. Übermittlung für Zwecke der Rasterfahndung (Abs 3)

Abs 3 wurde aufgenommen, um die Sozialdaten wirkungsvoller bei der Raster-　**12** fahndung verwenden zu können (BT-Drucks 14/7386, 1). Die **Tauglichkeit** der Norm wird **bestritten**. Bisher sei nicht bekannt, dass Sozialleistungsträger einen bestimmten, im Rahmen einer Rasterfahndung vorgegebenen Merkmalkatalog zu übermittelnder Daten aus ihren Beständen überhaupt zusammengefasst ermitteln könnten (16. Tb LfD NRW, 151; kritisch ebenfalls 19. Tb des BfD, BT-Drucks 15/888, 27; *Rublack* DuD 2002, 202 [205]). Mit **Satz 1** wird der Kreis der in Abs 1 Satz 1 genannten der Übermittlung zugänglichen Sozialdaten einbezogen und weiter **ausgedehnt**. Nicht alle PolG der Länder schöpfen den durch Satz 1 eröffneten „Freiraum" hinsichtlich aller übermittlungsfähigen Sozialdaten aus (vgl § 31 Abs 2 Satz 1 PolG NRW). Auch ansonsten ist Satz 1 **weniger restriktiv** gefasst als Abs 1 Satz 1. So ist eine Beschränkung auf den Einzelfall nicht vorgesehen, womit der maschinell-automatisierte Datenabgleich ermöglicht wird. Durch die Verweisung auf die bundes- und landesrechtlichen Regelungen gelten auch für die Rasterfahndung im Sozialleistungsbereich die einschlägig geregelten Voraussetzungen und Einschränkungen. Mit dem Ausschluss der Anwendung von § 67 d Abs 2 Satz 1 in **Satz 2** wird die Verantwortung für die Zulässigkeit der Übermittlung der um Übermittlung ersuchenden Stelle übertragen. Auf die entsprechende Geltung der Regelung in § 15 Abs 2 Satz 2 und 3 BDSG wird verwiesen.

§ 69 Übermittlung für die Erfüllung sozialer Aufgaben

(1) Eine Übermittlung von Sozialdaten ist zulässig, soweit sie erforderlich ist

1. für die Erfüllung der Zwecke, für die sie erhoben worden sind oder für die Erfüllung einer gesetzlichen Aufgabe der übermittelnden Stelle nach diesem Gesetzbuch oder einer solchen Aufgabe des Dritten, an den die Daten übermittelt werden, wenn er eine in § 35 des Ersten Buches genannte Stelle ist,

2. für die Durchführung eines mit der Erfüllung einer Aufgabe nach Nummer 1 zusammenhängenden gerichtlichen Verfahrens einschließlich eines Strafverfahrens oder

3. für die Richtigstellung unwahrer Tatsachenbehauptungen des Betroffenen im Zusammenhang mit einem Verfahren über die Erbringung von Sozialleistungen; die Übermittlung bedarf der vorherigen Genehmigung durch die zuständige oberste Bundes- oder Landesbehörde.

(2) Für die Erfüllung einer gesetzlichen oder sich aus einem Tarifvertrag ergebenden Aufgabe sind den in § 35 des Ersten Buches genannten Stellen gleichgestellt

1. die Stellen, die Leistungen nach dem Lastenausgleichsgesetz, dem Bundesentschädigungsgesetz, dem Strafrechtlichen Rehabilitierungsgesetz, dem Beruflichen Rehabilitierungsgesetz, dem Gesetz über die Entschädigung für Strafverfolgungsmaßnahmen, dem Unterhaltssicherungsgesetz, dem Beamtenversorgungsgesetz und den Vorschriften, die auf das Beamtenversorgungsgesetz verweisen, dem Soldatenversorgungsgesetz, dem Anspruchs- und Anwartschaftsüberführungsgesetz und den Vorschriften der Länder über die Gewährung von Blinden- und Pflegegeldleistungen zu erbringen haben,

2. die gemeinsamen Einrichtungen der Tarifvertragsparteien im Sinne des § 4 Abs. 2 des Tarifvertragsgesetzes, die Zusatzversorgungseinrichtungen des öffentlichen Dienstes und die öffentlich-rechtlichen Zusatzversorgungseinrichtungen,

3. die Bezügestellen des öffentlichen Dienstes, soweit sie kindergeldabhängige Leistungen des Besoldungs-, Versorgungs- und Tarifrechts unter Verwendung von personenbezogenen Kindergelddaten festzusetzen haben.

(3) Die Übermittlung von Sozialdaten durch die Bundesagentur für Arbeit an die Krankenkassen ist zulässig, soweit sie erforderlich ist, den Krankenkassen die Feststellung der Arbeitgeber zu ermöglichen, die am Ausgleich der Arbeitgeberaufwendungen nach dem Aufwendungsausgleichsgesetz teilnehmen.

(4) Die Krankenkassen sind befugt, einem Arbeitgeber mitzuteilen, ob die Fortdauer einer Arbeitsunfähigkeit oder eine erneute Arbeitsunfähigkeit eines Arbeitnehmers auf derselben Krankheit beruht; die Übermittlung von Diagnosedaten an den Arbeitgeber ist nicht zulässig.

(5) Die Übermittlung von Sozialdaten ist zulässig für die Erfüllung der gesetzlichen Aufgaben der Rechnungshöfe und der anderen Stellen, auf die § 67 c Abs. 3 Satz 1 Anwendung findet.

Literatur:

Vgl die Literaturangaben zu den §§ 68, 73.

1. Allgemeines

1 Die Vorschrift beruht auf der Überlegung, dass die nach dem SGB erhobenen Sozialdaten für die Erfüllung der sich aus dem SGB insgesamt ergebenden Aufgaben bestimmt sind. Insoweit berücksichtigt die Norm, dass diese Aufgaben nicht von einer einheitlichen Sozialverwaltung, sondern von einer Vielzahl ver-

schiedener Stellen wahrgenommen werden. Sie trägt dem Umstand Rechnung, dass auch bestimmte andere Stellen oder Einrichtungen vergleichbare soziale Aufgaben haben (so BT-Drucks 8/4022, 84 unter Bezugnahme auf die aF der Vorschrift). Abs 1 gestattet daher die Übermittlung von Sozialdaten, um eine ordnungsgemäße und reibungslose Zusammenarbeit der in § 35 Abs 1 SGB I genannten Stellen zu ermöglichen (Nr 1). Weiterhin soll die Tatsachenermittlung in gerichtlichen Streitigkeiten erleichtert werden, die in Zusammenhang mit einer Aufgabenerfüllung nach dem SGB geführt werden (Nr 2). Schließlich kann die Übermittlung dem Schutz gegen unwahre Tatsachenbehauptung des Betroffenen dienen (Nr 3). Als Beschränkung gilt für diese Übermittlungstatbestände, dass eine Übermittlung jeweils nur im Rahmen der Aufgabenerfüllung erfolgen darf („soweit sie erforderlich ist"). Abs 2 berücksichtigt, dass zahlreiche gesetzl Regelungen sozialrechtlichen Charakters nicht in das SGB eingegliedert sind. Die insoweit ausführenden Stellen werden denjenigen in § 35 Abs 1 SGB I gleichgestellt. Abs 3 schafft eine Übermittlungsmöglichkeit zwischen der BA (§ 367 Abs 1 SGB III) und den KK, um die Feststellung der Umlagepflicht nach § 3 AufAG zu ermöglichen. Nach Abs 4 sind die KK befugt, ein Sozialdatum zur Erkrankung eines Arbeitnehmers an den Arbeitgeber zu übermitteln, um dem Arbeitnehmer die Feststellungen der Voraussetzungen des § 3 Abs 1 Satz 2 EntgeltfortzahlungsG zu ermöglichen. Abs 5 schafft eine mit § 67 c Abs 3 Satz 1 korrespondierende und ergänzende Befugnisnorm für die Übermittlung von Sozialdaten.

2. Erläuterungen

2.1. Übermittlung zum Zweck der Zusammenarbeit der Stellen iSd § 35 Abs 1 SGB I (Abs 1 Nr 1)

Zum Begriff der Sozialdaten vgl § 67 Rz 2 ff. Zum Begriff der Übermittlung vgl § 67 Rz 14. **Abs 1 Nr 1** beinhaltet drei Fallvarianten. Eine Übermittlung von Sozialdaten darf nach **Variante 1** erfolgen, wenn die übermittelnde Stelle damit die Zwecke erfüllt, um deretwillen die Sozialdaten erhoben worden sind. Die Rechtfertigung einer Übermittlung ist gebunden an den sich bereits aus der Erhebung nach § 67 a Abs 1 Satz 1 folgenden Zweckbindungsgrundsatz (vgl § 67 a Rz 2). In der Übermittlung hat sich die **Zweckbindung** der Erhebung **fortzusetzen.** Hat zB das Wohngeldamt einer Gebietskörperschaft Zweifel, ob der Betroffene das bei der Regelbemessung nach § 28 Abs 4 SGB XII zu berücksichtigende Wohn- oder Kindergeld zutreffend angegeben hat, darf das Wohngeldamt diejenigen Sozialdaten an das Sozialamt (vgl § 67 Rz 20) oder die BA übermitteln, um die bestehenden Zweifel aufzuklären. Mit dieser Übermittlung der Sozialdaten an das Sozialamt oder an die BA setzt sich die Zweckbindung der Erhebung fort, weil die Übermittlung genauso wie die Erhebung der Gewährung des Wohngeldes dient. Durch das **Erfordernis der Erforderlichkeit** wird die Übermittlung auf die Sozialdaten begrenzt, die die übermittelnde Stelle unbedingt mitteilen muss. Im Beispielsfall wird daher nur der beschränkte Kreis von Sozialdaten übermittelt werden dürfen, der erforderlich ist, um eine zweifelsfreie Antwort erhalten zu können. Nicht von Variante 1 getragen wird die Angabe „Sozialleistung" in dem Feld „Verwendungszweck" der mit der Ausführung der **Überweisung** der Sozialhife betrauten Geldinstitute (*BVerwG* DVBl. 1994, 1313; *VG Düsseldorf* NJW 1985, 1794; *Kunkel* GK-SGB VIII § 61 Rz 28; 16. Tb des BfD, BT-Drucks 13/7500, 130; vgl *Vogelgesang/Vogelgesang* CR 1996, 752 [758 f]). Gleiches gilt in Fällen der Gewährung von BAföG (4. Tb des Thür LfD 2000/2001, 68 f). Ebenso wenig dürfen die den Eltern von einer Kommune gewährten **Zuschüsse** im Zusammenhang mit der Kostenübernahme von Kindertagesstättenbeiträgen unmittelbar an den Träger der Einrichtung gezahlt werden. Denn dies bewirkt, dass der Träger der Einrichtung Rückschlüsse auf die Vermögensverhältnisse der bezuschussten Personen ziehen kann (24. Tb des Hess LfD, Ziffer 6.6). Auch die Bekanntgabe von **Lieferadressen** an Versandhäuser oder Kaufhäuser, die Sozialhilfeempfängern Rabatte einräumen, erfüllt nicht das Erforderlichkeitskriterium nach Variante 1 (*Krahmer* in Krahmer Sozialdatenschutz § 69 SGB X Rz 5.3; aA *VG Bremen* NVwZ-RR 1991, 564). In diesen Fällen wird in diskriminierender Weise gegenüber den Lieferanten kenntlich gemacht, dass der Empfänger der Leistung Sozialhilfe bezieht. Allerdings soll die Kundennummer mit dem Kürzel „BG" kein Sozialdatum darstellen, gegen dessen Offenbarung durch Angabe auf dem Überweisungsvermerk der Betroffene geschützt wäre, da sich aus den Buchstaben „BG" nicht erkennen lasse, dass es sich um eine Sozialleistung handele (*BayLSG* Urt v 17.6.2013 – L 7 AS 48/13). Dieses Argument greift nicht durch (mit Recht krit auch *Ziebarth* ZD 2014, 45), weil begrifflich ein Sozialdatum vorliegt, denn auch eine Kundennummer mit einer Buchstabenkombination ist eine Einzelangabe über die persönlichen Verhältnisse eines Betroffenen gem § 67 Abs 1 Satz 1, und ein „belangloses" Sozialdatum gibt es nicht (§ 67 Rz 2; vgl auch Vorbem §§ 67-85 a Rz 8).

3   Eine Übermittlung von Sozialdaten ist nach **Variante 2** zulässig zur Erfüllung einer **gesetzl Aufgabe** der übermittelnden Stelle nach diesem Gesetzbuch. Als gesetzl Aufgabe ist jede Aufgabe anzusehen, die sich aus dem SGB insgesamt ergibt. Dabei ist es nicht erforderlich, dass eine ausdrückliche Bezeichnung als Aufgabe vorliegt, sondern es genügt, dass für die Aufgabe eine **gesetzl Grundlage** iSd § 31 SGB I vorhanden ist. § 30 SGB IV ordnet an, dass die Versicherungsträger nur Geschäfte zur Erfüllung ihrer gesetzl vorgeschriebenen oder zugelassenen Aufgaben führen dürfen. Nicht zwingend muss ein G im formellen Sinn die Aufgabe vorsehen. Auch auf **Rechtsverordnungen** oder **Satzungen** beruhende Regelungen können Übermittlungen von Sozialdaten im Rahmen der Variante 2 rechtfertigen (*Medding* SGb 1986, 55 [58]). Nicht zu den gesetzl Aufgaben gehören reine Verwaltungsfunktionen. Eine Übermittlung ist daher nicht befugt, wenn diese von einer in § 35 Abs 1 SGB I genannten Stelle in Hinsicht auf ihre Arbeitgeberfunktion oder bei einem Handeln der Stelle für den fiskalischen Bereich vollzogen wird (vgl bereits BT-Drucks 8/4022, 85; vgl § 67 Rz 6). In diesem Zusammenhang ist es nicht notwendig, dass es sich beim Empfänger der Sozialdaten um eine in § 35 Abs 1 SGB I genannte Stelle handelt. Auch ist bei einer Übermittlung nach Variante 2 eine **Abweichung** vom **Zweckbindungsgebot** zulässig. Denn zu den gesetzl Aufgaben der Träger der GKV zählt auch eine Strafanzeige oder eine Anzeige an die Gewerbeaufsichtsbehörde, wenn diese Maßnahmen zur Wahrung der Zahlungsdisziplin oder zur Verhütung weiterer Schäden für die Versichertengemeinschaft erforderlich sind (BT-Drucks 8/4022, 85). Auch die Angabe der Anschrift des Geschädigten im Anspruchsschreiben der KK an den Schädiger gehört zur Erfüllung der gesetzl Aufgabe der Kasse nach dem Forderungsübergang auf sie (*OLG Schleswig* SGb 1994, 478).

4   **Variante 3** hebt auf die Aufgabenerfüllung der Stelle ab, an die Sozialdaten übermittelt werden. Bei dieser Stelle muss es sich um eine solche iSd § 35 Abs 1 SGB I handeln (vgl § 67 Rz 5). Erfolgt bei dem zu Variante 1 gebildeten Beispielfall (vgl Rz 2) in Beantwortung der Anfrage des Wohngeldamtes eine Über-

mittlung von Sozialdaten, die bei dem Sozialamt oder der BA erhoben worden sind, an das Wohngeldamt, so ist diese Übermittlung nach Variante 3 zulässig.

Anders als bei § 68 ist die Übermittlung der Sozialdaten in den Varianten 1 **5** bis 3 nicht auf eine Gruppe **enumerativ aufgezählter Sozialdaten** beschränkt. War bereits die Erhebung unzulässig, kann auch die Übermittlung nicht gerechtfertigt werden.

2.2. Übermittlung zum Zweck der Durchführung gerichtlicher Verfahren (Abs 1 Nr 2)

Nr 2 ermöglicht in gerichtlichen Verfahren einschließlich eines Strafverfahrens **6** die Tatsachenermittlung, wenn das jeweilige Verfahren in Zusammenhang mit einer Aufgabenerfüllung nach dem SGB geführt wird. Bedeutung hat die Regelung für **Verfahren** vor den **Sozialgerichten**. Eine Zulässigkeit der Übermittlung von Sozialdaten ergibt sich nicht aus prozessualen Vorschriften wie § 119 SGG, da dieser die explizite Regelung § 35 Abs 2 und 3 SGB I entgegensteht. Insoweit bedarf es auch für Verfahren nach dem SGG einer ausdrücklichen Übermittlungsregelung, wie sie mit Nr 2 vorliegt. Das **Bußgeldverfahren** ist **kein Verfahren iSd Nr 2** (BT-Drucks 13/8653, 29). Von Nr 2 (**Strafverfahren**) erfasst werden zB Fälle des Leistungsbetrugs (vgl insoweit auch § 73 Rz 4), eine fahrlässige Körperverletzung oder Tötung infolge eines Arbeitsunfalls, der Hausfriedensbruch eines Leistungsbeziehers in den Räumen des Leistungsträgers, eine Sachbeschädigung an dem Eigentum des Leistungsträger oder eine Körperverletzung an einem Beschäftigten des Leistungsträgers. Wird ein als strafwürdig erkanntes Verhalten lediglich bei der Wahrnehmung einer gesetzl Aufgabe erkannt, hängt es aber nicht mit der Erfüllung der Aufgabe als solcher zusammen, gibt Nr 2 keine taugliche Grundlage für eine Übermittlung (*Zeitler/ Schindler* § 73 SGB X Rz 6; vgl *Casselmann/Gundlach* SGb 1981, 92 [93]). Hier gilt § 73 (vgl zur „Justizfestigkeit" des Sozialgeheimnisses § 68 Rz 4). Strafverfahren ist nicht das strafrechtliche Ermittlungsverfahren (*LG Hamburg* NJW 1984, 1570; *Schnapp/Düring*, NJW 1988, 738 [741]; *Hase* in GK-SGB X 2 § 69 Rz 103; *Krahmer* in Krahmer Sozialdatenschutz § 69 SGB X Rz 6; aA *LG Stuttgart* NJW 1994, 63; *Hardtung* NJW 1992, 211 [214]). Eine Übermittlung im **Ermittlungsverfahren** ist lediglich nach § 73 zulässig. Die Gegenansicht verkennt, dass die Architektur der §§ 68, 69, 73 Übermittlungen gewollt begrenzen, auch wenn dies mit Effektivitätsverlusten auf Seiten der Staatsanwaltschaft einhergeht (vgl § 73 Rz 6). Die Übermittlungsbefugnis ist nicht auf einen bestimmten Kreis von Sozialdaten beschränkt, muss aber auf den Kreis der erforderlicherweise zu übermittelnden Sozialdaten begrenzt werden.

2.3. Übermittlung zum Zweck des Schutzes gegen unwahre Tatsachenbehauptungen (Abs 1 Nr 3)

Nr 3 ist § 30 Abs 4 Nr 5 c AO nachgebildet. Die Regelung setzt die Verbreitung **7** einer unwahren Tatsachenbehauptung (§§ 186, 187 StGB) in der Öffentlichkeit durch den Betroffenen voraus. Für die öffentliche Richtigstellung der Tatsachenbehauptung wird die Übermittlung von Sozialdaten erlaubt. Auch hier gilt das Kriterium der **Erforderlichkeit**. Die Norm schreibt die **vorherige Genehmigung** durch die zuständige oberste Landes- oder Bundesbehörde vor, um „einen so tiefgreifenden Eingriff wie die Verbreitung von Sozialdaten einzelner in der Öffentlichkeit auf die sozialpolitischen bedeutsamen Fälle zu beschränken" (so BT-Drucks 8/4022, 85 in Hinsicht auf die aF der Vorschrift).

2.4. Gleichstellung mit Stellen iSd § 35 Abs 1 SGB I (Abs 2)

8 Abs 2 berücksichtigt den Umstand, dass bei weitem nicht alle Vorschriften, die materiellrechtlich der Sozialverwaltung und der SV zuzuordnen sind, kodifikatorisch in die einzelnen Bücher des SGB integriert sind. Daher stellt Abs 2 verschiedene Beh, die sozialrechtlichen Vorschriften im weiteren Sinne durchzuführen haben, sowie gemeinsame Einrichtungen von Tarifvertragsparteien (zB Lohnausgleichskassen, Urlaubskassen; vgl § 4 Abs 2 TVG) und öffentlich-rechtliche Zusatzversorgungseinrichtungen den in § 35 Abs 1 SGB I genannten Stellen gleich. Für diese Beh und Einrichtungen gilt § 78, so dass auch sie den **Zweckbindungsgrundsatz** und die **Geheimhaltungspflicht** zu beachten haben (vgl § 78 Rz 3 ff).

2.5. Übermittlung von Sozialdaten an KK, Arbeitgeber und Rechnungshöfe (Abs 3 bis 5)

9 Abs 3 gestattet einen Datenfluss von der BA (§ 367 Abs 1 SGB III) an die KK, um den KK die **Feststellung der Umlagepflicht** nach § 3 AufAG zu ermöglichen.

10 Mit **Abs 4** wurde dem Bedürfnis genügt, eine **arbeitgeberfreundliche Praxis** bei der Lohnfortzahlung zu legalisieren (*Wagner* NJW 1994, 2937 [2939]). Die Regelung erlaubt die Übermittlung der Information an einen Arbeitgeber, ob die Fortdauer oder die erneute Arbeitsunfähigkeit eines Arbeitnehmers auf derselben Krankheit beruht. Der Arbeitgeber benötigt diese Angaben, um feststellen zu können, ob die Voraussetzungen nach § 3 Abs 1 Satz 2 EntgeltfortzahlungsG vorliegen oder nicht. **Unzulässig** ist die **Übermittlung von Diagnosedaten.** Daher darf der zur Fortdauer oder der zur erneuten Arbeitsunfähigkeit führende Grund dem Arbeitgeber nicht übermittelt werden. § 76 Abs 1 gilt im Rahmen des Abs 4 nicht (vgl § 76 Rz 14).

11 Abs 5 stellt eine Ergänzung für die Datenübermittlung dar, soweit diese für die Wahrnehmung der in § 67 Abs 3 Satz 1 genannten Aufgaben erforderlich ist. Wenn ohne die Übermittlung von Sozialdaten Aufsichts-, Kontroll- oder Disziplinarbefugnisse, Rechnungsprüfungen und Organisationsuntersuchungen nicht wahrgenommen werden können, dürfen diese Sozialdaten übermittelt werden. **Begrenzt** wird diese Befugnis durch den **Erforderlichkeitsgrundsatz.** § 76 Abs 1 gilt im Rahmen des Abs 5 nicht (vgl § 76 Rz 14).

2.6. Bei Übermittlungen zu beachtende Vorschriften

12 Im Rahmen der Übermittlungen nach § 69 ist bei besonders schutzwürdigen Sozialdaten § 76 in dem einschlägigen Umfang Rechnung zu tragen (vgl § 76 Rz 3 ff). Auf Seiten des Übermittlungsempfängers ist § 78 zu beachten.

§ 70 Übermittlung für die Durchführung des Arbeitsschutzes

Eine Übermittlung von Sozialdaten ist zulässig, soweit sie zur Erfüllung der gesetzlichen Aufgaben der für den Arbeitsschutz zuständigen staatlichen Behörden oder der Bergbehörden bei der Durchführung des Arbeitsschutzes erforderlich ist und schutzwürdige Interessen des Betroffenen nicht beeinträchtigt werden oder das öffentliche Interesse an der Durchführung des Arbeitsschutzes das Geheimhaltungsinteresse des Betroffenen erheblich überwiegt.

1. Allgemeines

Die Vorschrift regelt einen Übermittlungtatbestand, der Nicht-Sozialleistungs- **1** trägern die Erfüllung öffentlicher Aufgaben im Bereich des Arbeitsschutzes ermöglicht. Mit der Vorschrift werden Übermittlungen von Sozialdaten durch Stellen iSd § 35 Abs 1 SGB I an Nicht-Sozialleistungsträger erlaubt. Voraussetzung ist, dass diese für die Nicht-Sozialleistungsträger bei der Durchführung des Arbeitsschutzes erforderlich sind und entweder schutzwürdige Interessen des Betroffenen nicht beeinträchtigt werden oder dessen Geheimhaltungsinteresse hinter dem öffentlichen Interesse an der Durchführung des Arbeitsschutzes zurückstehen muss.

2. Erläuterungen

2.1. Zusammenarbeit zum Zweck des Arbeitsschutzes

Zum Begriff der Sozialdaten vgl § 67 Rz 2 ff. Zum Begriff der Übermittlung vgl **2** § 67 Rz 14. Adressat der Vorschrift sind die Stellen iSd § 35 Abs 1 SGB I (§ 67 Rz 5). Sie werden zur Sozialdatenübermittlung ermächtigt, und zwar auch an die in der Vorschrift genannten Dritten, bei denen es sich nicht um Stellen iSd § 35 Abs 1 SGB I handelt. Die Vorschrift soll insbesondere den **Informationsaustausch** zwischen den **BG** und den **Gewerbeaufsichtsämtern** im Interesse einer sinnvollen Zusammenarbeit sicherstellen (*Krahmer* in Krahmer Sozialdatenschutz § 70 SGB X Rz 5). Außerdem soll sie Mehrfacherhebungen derselben Daten bei einem Arbeitgeber vermeiden, soweit dies nicht speziell für eine Überprüfung im Interesse eines effektiven Arbeitsschutzes erforderlich ist (*Bieresborn* in von Wulffen/Schütze SGB X § 70 Rz 4).

Nach § 21 Abs 1 Satz 1 ArbSchG ist die Überwachung des Arbeitsschutzes eine **3** staatliche Aufgabe. Träger der gesetzl UV sowie sonstige Leistungsträger iSd SGB und staatliche Beh ergänzen sich im Arbeitsschutz. Während die Aufsichtsdienste der Träger der gesetzl UV branchenbezogen eingreifen, wird die Arbeitsschutzaufsicht durch staatliche Beh fachorientiert tätig. Für den Arbeitsschutz zuständige staatliche Beh sind die **Bergbehörden** oder die **Arbeitsschutzbehörden**. Bergbehörden sind die nach Landesrecht zuständigen Beh, die für den Bereich des Bergbaus eine der Gewerbeaufsicht entsprechende Bergaufsicht wahrnehmen. Welche Beh dies im Einzelnen sind, regeln die LandesorganisationsG. Konkrete Zusammenarbeitsgebote in Hinsicht auf den Arbeitsschutz, in dessen Rahmen Sozialdaten übermittelt werden können, ergeben sich aus § 21 Abs 3 Satz 1 ArbSchG, demzufolge die Beh eines Landes und die Träger der gesetzl UV bei der Überwachung eng zusammenwirken. Ein weiteres Zusammenarbeitsgebot der für den Arbeitsschutz zuständigen Beh eines Landes mit den Leistungsträgern iSd SGB ergibt sich aus § 139 b Abs 8 iVm Abs 7 GewO. Eine Mitteilungspflicht der KK an die für den Arbeitsschutz zuständigen Stellen für den Fall der Annahme, dass bei einem Versicherten eine berufsbedingte gesundheitliche Gefährdung oder eine Berufskrankheit vorliegt, ergibt sich aus § 20 Abs 2 Satz 3 SGB V.

Der Begriff Arbeitsschutz umfasst alle Maßnahmen, um die aus dem Arbeitsle- **4** ben abzuleitenden **Gefahren** zu **unterbinden** oder weitestgehend **auszuschließen**

(*Beckmann*, Der Schutz personenbezogener Daten im sozialen Sicherungssystem, 56; *Bieresborn* aaO Rz 7). Die Aufgaben des Arbeitsschutzes ergeben sich aus **zahlreichen Gesetzen**, zB aus dem ArbeitsschutzG, ArbeitssicherheitsG, ArbeitszeitG, GewO, JugendarbeitsschutzG, KinderarbeitsschutzG oder aus dem MutterschutzG.

2.2. Einschränkungen der Übermittlungsbefugnis und Verfahrensregelung

5   Die Übermittlungsbefugnis ist **eingeschränkt** durch die Erforderlichkeit, die Beeinträchtigung schutzwürdiger Belange des Betroffenen (vgl § 68 Rz 7) oder durch das Übergewicht des Geheimhaltungsinteresses des Betroffenen. Wenn eine **Güterabwägung** ergibt, dass die öffentlichen Interessen des Arbeitsschutzes erheblich überwiegen, kann (dies folgt aus dem „oder" im Gesetzestext) trotz der Beeinträchtigung des Geheimhaltungsinteresses des Betroffenen eine Übermittlung erfolgen. Von einem erheblichen Überwiegen der **öffentlichen Interessen** ist auszugehen, wenn eine Gefahr für die körperliche Integrität des Betroffenen, von Kollegen des Betroffenen oder unbeteiligter Dritter besteht (*Casselmann/Gundlach* SGb 1981, 92 [93]). Das ist zB der Fall, wenn Personen auf engem Raum zusammengearbeitet haben und in Unkenntnis über die Gefahr einer Ansteckung mit einer Infektionskrankheit gewesen sind (*Bieresborn* aaO Rz 9).

6   Ob die **Voraussetzungen** für eine Übermittlung gegeben sind, hat nach § 67d Abs 1 Satz 1 die **übermittelnde Stelle** zu **prüfen**. Sie kann eine genaue Darlegung des Vorliegens der Voraussetzungen von der um Übermittlung anfragenden Stelle verlangen (*Medding* SGb 1986, 55 [59]). Auf Seiten des Übermittlungsempfängers gilt § 78 Abs 1 Satz 1. Die Sozialdaten dürfen nur zu dem Zweck verwendet werden, für den sie befugt übermittelt worden sind.

§ 71 Übermittlung für die Erfüllung besonderer gesetzlicher Pflichten und Mitteilungsbefugnisse

(1) [1]Eine Übermittlung von Sozialdaten ist zulässig, soweit sie erforderlich ist für die Erfüllung der gesetzlichen Mitteilungspflichten

1.   zur Abwendung geplanter Straftaten nach § 138 des Strafgesetzbuches,
2.   zum Schutz der öffentlichen Gesundheit nach § 8 des Infektionsschutzgesetzes vom 20. Juli 2000 (BGBl. I S. 1045),
3.   zur Sicherung des Steueraufkommens nach § 22a Abs. 4 des Einkommensteuergesetzes und den §§ 93, 97, 105, 111 Abs. 1 und 5, § 116 der Abgabenordnung und § 32b Abs. 3 des Einkommensteuergesetzes, soweit diese Vorschriften unmittelbar anwendbar sind, und zur Mitteilung von Daten der ausländischen Unternehmen, die auf Grund bilateraler Regierungsvereinbarungen über die Beschäftigung von Arbeitnehmern zur Ausführung von Werkverträgen tätig werden, nach § 93a der Abgabenordnung,
4.   zur Gewährung und Prüfung des Sonderausgabenabzugs nach § 10 des Einkommensteuergesetzes,
5.   zur Überprüfung der Voraussetzungen für die Einziehung der Ausgleichszahlungen und für die Leistung von Wohngeld nach § 33 des Wohngeldgesetzes,
6.   zur Bekämpfung von Schwarzarbeit und illegaler Beschäftigung nach dem Schwarzarbeitsbekämpfungsgesetz,

7. zur Mitteilung in das Gewerbezentralregister einzutragender Tatsachen an die Registerbehörde,
8. zur Erfüllung der Aufgaben der statistischen Ämter der Länder und des Statistischen Bundesamtes gemäß § 3 Abs. 1 des Statistikregistergesetzes zum Aufbau und zur Führung des Statistikregisters,
9. zur Aktualisierung des Betriebsregisters nach § 97 Abs. 5 des Agrarstatistikgesetzes,
10. zur Erfüllung der Aufgaben der Deutschen Rentenversicherung Bund als zentraler Stelle nach § 22 a und § 91 Abs. 1 Satz 1 des Einkommensteuergesetzes oder
11. zur Erfüllung der Aufgaben der Deutschen Rentenversicherung Knappschaft-Bahn-See, soweit sie bei geringfügig Beschäftigten Aufgaben nach dem Einkommensteuergesetz durchführt.

²Erklärungspflichten als Drittschuldner, welche das Vollstreckungsrecht vorsieht, werden durch Bestimmungen dieses Gesetzbuches nicht berührt. ³Eine Übermittlung von Sozialdaten ist zulässig, soweit sie erforderlich ist für die Erfüllung der gesetzlichen Pflichten zur Sicherung und Nutzung von Archivgut nach den §§ 2 und 5 des Bundesarchivgesetzes oder entsprechenden gesetzlichen Vorschriften der Länder, die die Schutzfristen dieses Gesetzes nicht unterschreiten. ⁴Eine Übermittlung von Sozialdaten ist auch zulässig, soweit sie erforderlich ist, Meldebehörden nach § 6 Absatz 2 des Bundesmeldegesetzes über konkrete Anhaltspunkte für die Unrichtigkeit oder Unvollständigkeit von diesen auf Grund Melderechts übermittelter Daten zu unterrichten.

(2) ¹Eine Übermittlung von Sozialdaten eines Ausländers ist auch zulässig, soweit sie erforderlich ist

1. im Einzelfall auf Ersuchen der mit der Ausführung des Aufenthaltsgesetzes betrauten Behörden nach § 87 Abs. 1 des Aufenthaltsgesetzes mit der Maßgabe, dass über die Angaben nach § 68 hinaus nur mitgeteilt werden können
    a) für die Entscheidung über den Aufenthalt des Ausländers oder eines Familienangehörigen des Ausländers Daten über die Gewährung oder Nichtgewährung von Leistungen, Daten über frühere und bestehende Versicherungen und das Nichtbestehen einer Versicherung,
    b) für die Entscheidung über den Aufenthalt oder über die ausländerrechtliche Zulassung oder Beschränkung einer Erwerbstätigkeit des Ausländers Daten über die Zustimmung nach § 4 Abs. 2 Satz 3, § 17 Satz 1, § 18 Absatz 2 Satz 1, § 18 a Absatz 1, § 19 Absatz 1 Satz 1 und § 19 a Absatz 1 des Aufenthaltsgesetzes,
    c) für eine Entscheidung über den Aufenthalt des Ausländers Angaben darüber, ob die in § 55 Abs. 2 Nr. 4 des Aufenthaltsgesetzes bezeichneten Voraussetzungen vorliegen, und
    d) durch die Jugendämter für die Entscheidung über den weiteren Aufenthalt oder die Beendigung des Aufenthaltes eines Ausländers, bei dem ein Ausweisungsgrund nach den §§ 53 bis 56 des Aufenthaltsgesetzes vorliegt, Angaben über das zu erwartende soziale Verhalten,
2. für die Erfüllung der in § 87 Abs. 2 des Aufenthaltsgesetzes bezeichneten Mitteilungspflichten,
3. für die Erfüllung der in § 99 Absatz 1 Nummer 14 Buchstabe d, f und j des Aufenthaltsgesetzes bezeichneten Mitteilungspflichten, wenn die Mitteilung die Erteilung, den Widerruf oder Beschränkungen der Zustimmung nach § 4 Abs. 2 Satz 3, § 17 Satz 1, § 18 Absatz 2 Satz 1, § 18 a Absatz 1, § 19

Absatz 1 Satz 1 und § 19 a Absatz 1 des Aufenthaltsgesetzes oder eines Versicherungsschutzes oder die Gewährung von Leistungen zur Sicherung des Lebensunterhalts nach dem Zweiten Buch betrifft oder

4. für die Erfüllung der in § 6 Absatz 1 Nummer 8 des Gesetzes über das Ausländerzentralregister bezeichneten Mitteilungspflichten.

[2]Daten über die Gesundheit eines Ausländers dürfen nur übermittelt werden,

1. wenn der Ausländer die öffentliche Gesundheit gefährdet und besondere Schutzmaßnahmen zum Ausschluss der Gefährdung nicht möglich sind oder von dem Ausländer nicht eingehalten werden oder

2. soweit sie für die Feststellung erforderlich sind, ob die Voraussetzungen des § 55 Abs. 2 Nr. 4 des Aufenthaltsgesetzes vorliegen.

(2 a) Eine Übermittlung personenbezogener Daten eines Leistungsberechtigten nach § 1 des Asylbewerberleistungsgesetzes ist zulässig, soweit sie für die Durchführung des Asylbewerberleistungsgesetzes erforderlich ist.

(3) [1]Eine Übermittlung von Sozialdaten ist auch zulässig, soweit es nach pflichtgemäßem Ermessen eines Leistungsträgers erforderlich ist, dem Betreuungsgericht die Bestellung eines Betreuers oder eine andere Maßnahme in Betreuungssachen zu ermöglichen. [2]§ 7 des Betreuungsbehördengesetzes gilt entsprechend.

Literatur:

Kunkel: Die Mitteilungspflichten des Jugend- und Sozialamtes nach dem neuen Ausländergesetz, DVBl 1991, 567.

1. Allgemeines

1 Die Vorschrift hat mit dem 2. SGBÄndG v 13.6.1994 (BGBl I 1229) ihre jetzige Konzeption erhalten, ist seitdem aber mehrfach ergänzt bzw geändert worden, zuletzt durch das Dritte G zur Änderung des Vierten Buches Sozialgesetzbuch und anderer G v 5.8.2010 (BGBl I 1127) sowie Art 12 des G zur Verbesserung der Registrierung und des Datenaustausches zu aufenthalts- und asylrechtlichen Zwecken v 2.2.1016 (BGBl I 130) – lässt man an dieser Stelle einmal den zum 1.5.2015 in Kraft getretenen Art 2 Abs 13 des Gesetzes zur Fortentwicklung des Meldewesens v 3.5.2013 (BGBl I 1084) außer Acht, mit dem in Abs 1 Satz 4 lediglich redaktionell nunmehr auf die Meldebehörden nach dem Bundesmeldegesetz an Stelle des Melderechtsrahmengesetzes verwiesen wird. Mit dem Zweiten G für moderne Dienstleistungen am Arbeitsmarkt v 23.12.2002 (BGBl I 4621) fügte der Gesetzgeber Abs 1 Nr 11 ein und nahm zahlreiche Änderungen in Abs 2 Satz 1 vor (vgl Rz 23, 25, 29). Diese Änderungen setzten bereits die Geltung des ZuwanderungsG v 20.6.2002 (BGBl I 1946) mit den darin

für Abs 2 vorgesehenen Änderungen voraus. Das ZuwanderungsG konnte dann aber nicht zum 1.1.2003 (Art 15 Abs 3 G v 20.6.2002) in Kraft treten, weil das BVerfG am 18.12.2002 durch Urteil das ZuwanderungsG wegen Unvereinbarkeit mit Art 78 GG für nichtig erklärte (*BVerfG* NJW 2003, 339). Erst mit dem Inkrafttreten des AufenthG zum 1.1.2005 (Art 1 ZuwanderungsG v 30.7.2004, BGBl I 1950) lässt sich Abs 2 durchgehend ein durchführbarer Sinngehalt abgewinnen (vgl zur Rechtslage vor dem 1.1.2005 die 1. Auflage, § 71 Rz 1, 23, 25, 29).

Die Vorschrift regelt abschließend die Fälle, in denen besondere gesetzl Mitteilungspflichten dem Sozialgeheimnis vorgehen. Damit wird Nicht-Sozialleistungsträgern die Erfüllung einer ihnen obliegenden öffentlichen Aufgabe ermöglicht. Leitgedanke des § 71 ist der Gesichtspunkt des erheblich überwiegenden öffentlichen Interesses (vgl BT-Drucks 8/4022, 85 im Hinblick auf die aF der Vorschrift). Die in § 71 erwähnten gesetzl Mitteilungspflichten gehen dem Interesse des Betroffenen an einer Geheimhaltung seiner Sozialdaten in jedem Fall vor. Schutzwürdige Belange des Betroffenen oder dessen Geheimhaltungsinteresse an den Sozialdaten müssen im Rahmen einer Güterabwägung nicht berücksichtigt werden. Andererseits ist die Übermittlung der Sozialdaten auf die in der Vorschrift ausdrücklich genannten Fälle beschränkt, die keinen lediglich beispielhaften Charakter haben (dazu hätte es der Einfügung des Wortes „insbesondere" hinter „für die Erfüllung" in Abs 1 bedurft). Der enumerativen Aufzählung wurde aus Gründen der Rechtsklarheit der Vorzug gegeben (so BT-Drucks 8/4022, 85 im Hinblick auf die aF der Vorschrift), was dem im Datenschutzrecht herrschenden Grundsatz der Normenklarheit (vgl Vorbem §§ 67-85a Rz 8) entspricht. In § 71 nicht genannte Vorschriften können nicht als Rechtsgrundlage eines Übermittlungsvorgangs berücksichtigt werden, auch wenn diese Mitteilungspflichten statuieren. Befugnisse zur Übermittlung aufgrund prozessualer Vorschriften (bspw aufgrund von § 99 VwGO, § 161 StPO; vgl § 68 Rz 4) greifen nicht durch.

2. Erläuterungen

2.1. Reichweite der Übermittlungsbefugnis (Abs 1 Satz 1)

Zum Begriff der Sozialdaten vgl § 67 Rz 2 ff. Zum Begriff der Übermittlung vgl § 67 Rz 14. Adressaten der Vorschrift sind die Stellen iSd § 35 Abs 1 SGB I (vgl § 67 Rz 5). Diese werden mit Ausnahme des in Abs 1 Satz 1 Nr 1 geregelten Falls (vgl Rz 5) zur Sozialdatenübermittlung ermächtigt und zwar an solche Dritte, bei denen es sich nicht um Stellen iSd § 35 Abs 1 SGB I handelt.

Der Kreis der aufgrund der Vorschrift übermittelbaren Sozialdaten ist nicht durch einen Katalog bestimmter Sozialdaten beschränkt, anders als dies zB in §§ 72 Abs 1 Satz 2, 73 Abs 2 geregelt ist. Die Übermittlungsbefugnis reicht jedoch nicht über den Kreis der Sozialdaten hinaus, die nach der **jew gesetzl Mitteilungspflicht** mitgeteilt werden müssen (vgl Rz 8, 15, 16). Auch sonstige Tatbestandsmerkmale einer gesetzl Mitteilungspflicht wirken **übermittlungsbegrenzend**. Besteht zB eine gesetzl Mitteilungspflicht nur auf ein **Ersuchen** oder eine **Anforderung** des Mitteilungsempfängers, so muss das Ersuchen oder die Anforderung für eine zulässige Übermittlung vorliegen (vgl Rz 11, 15, 16, 22). Dies gilt auch hinsichtlich der **Form** der Übermittlungsanforderung. Muss diese schriftlich gestellt werden (vgl Rz 9), ist eine Übermittlung ohne Vorliegen eines schriftlichen Ersuchens unrechtmäßig. Weiterhin kommt es bei allen Tatbeständen des **Abs 1** darauf an, ob die Übermittlung eines konkreten Sozialdatums er-

forderlich ist. Dies wird in **Satz 1** zum Ausdruck gebracht. Es ist stets zu prüfen, ob und hinsichtlich welcher Sozialdaten eine gesetzl Mitteilungspflicht besteht. Dann muss berücksichtigt werden, hinsichtlich welcher Sozialdaten die
Übermittlung **erforderlich** ist.

2.2. Einzelfälle gesetzlicher Mitteilungspflichten (Abs 1 Satz 1 bis 4)

5   **Nr 1** erfasst die Mitteilung über **geplante, noch abwendbare Straftaten** iSd
§ 138 StGB. Hierbei geht es um folgende Straftaten: Vorbereitung eines An-
griffskriegs (§ 80 StGB), Hochverrat (§§ 81 bis 83 Abs 1 StGB), Landesverrat
oder Gefährdung der äußeren Sicherheit (§§ 94 bis 96, 97 a, 100 StGB), Geld-
oder Wertpapierfälschung (§§ 146, 151, 152 StGB), Fälschung von Zahlungs-
karten und Vordrucken für Euroschecks (§ 152 a Abs 1 bis 3 StGB), schwerer
Menschenhandel (§ 181 Abs 1 Nr 2 oder 3 StGB), Mord (§ 211 StGB), Tot-
schlag (§ 212 StGB), Völkermord (§ 6 VStGB; G zur Einführung des VStGB
v 26.6.2002, BGBl I 2254), Verbrechen gegen die Menschlichkeit (§ 7 VStGB),
Kriegsverbrechen (§§ 8 bis 12 VStGB), Straftaten gegen die persönliche Freiheit
(§§ 234, 234 a, 239 a, 239 b StGB), Raub oder räuberische Erpressung (§§ 249
bis 251, 255 StGB) oder gemeingefährliche Straftaten (§§ 306 bis 306 c, 307
Abs 1 bis 3, 308 Abs 1 bis 4, 309 Abs 1 bis 5, 310, 313, 314, 315 Abs 3, 315 b
Abs 3, 316 a, 316 c StGB).

6   Übermittlungsbefugt nach Nr 1 ist der jeweilige **Normadressat** des § 138 StGB,
also die **natürliche Person**, die von dem Vorhaben oder der Ausführung der in
§ 138 StGB aufgezählten Delikte erfahren hat und die entsprechende Anzeige
zu machen verpflichtet ist. Eine Stelle iSd § 35 Abs 1 SGB I als solche kann
nicht aus § 138 StGB verpflichtet sein. Insoweit stellt Nr 1 klar, dass das **Sozialgeheimnis** die **Anzeige nicht hindert**, auch wenn die über ein Vorhaben oder die
Ausführung eines Delikts iSd § 138 StGB informierte Person bei einem Träger
iSd § 35 Abs 1 SGB I arbeitet (*Krahmer* in Krahmer Sozialdatenschutz § 71
SGB X Rz 7). Wem gegenüber die Übermittlungsbefugnis nach Nr 1 besteht, ergibt sich daraus, an welche Stelle oder Person die Mitteilung nach § 138 StGB
zu erfolgen hat. § 138 StGB nennt die Beh oder den Bedrohten, denen die Anzeige zu machen ist. Als Beh wird idR eine **Polizeidienststelle** in Betracht kommen. Es muss jedenfalls eine Beh sein, die einschreiten kann (*Fischer* StGB
§ 138 Rz 23). § 138 StGB geht § 203 StGB vor, womit § 76 in den Fällen der
Nr 1 nur beschränkt eingreift (vgl § 76 Rz 9).

7   Der Wortlaut von **Nr 2** entspricht der seit dem 1.1.2001 geltenden Fassung, die
die Regelung durch Art 2 § 2 des G zur Neuordnung seuchenrechtlicher Vorschriften (SeuchRNeuG) v 20.7.2000 erhalten hat (BGBl I 1045). Gleichzeitig
sind mit Art 5 Abs 1 und 2 des SeuchRNeuG das BundesseuchenG und das G
zur Bekämpfung der Geschlechtskrankheiten, auf das Nr 2 in der bis zum
31.12.2000 geltenden Fassung abstellte, außer Kraft getreten. Bedeutung hat
Nr 2 zB für den **MDK** und deren **ärztliche Mitarbeiter** (§§ 278, 279 Abs 5
SGB V). Nr 2 erklärt die Übermittlung von Sozialdaten für zulässig, soweit sie
für die Erfüllung der gesetzl Mitteilungspflichten nach § 8 IfSG erforderlich ist.
In § 6 IfSG wird die namentliche Meldung von über 17 Krankheiten und Impf-
schäden gefordert. In § 7 IfSG wird die namentliche Meldung von über 47
Krankheitserregern gefordert sowie die nicht namentliche Meldung von 6 Erre-
gern. § 8 IfSG benennt die zur Meldung verpflichteten Personen. § 76 Abs 1
steht einer Übermittlung nicht entgegen, da die **Ärzte** in den meldepflichtigen
Fällen **selbst übermittlungsbefugt** sind (*Bieresborn* in von Wulffen/Schütze
SGB X § 71 Rz 6).

Die **Übermittlungsbefugnis** nach Nr 2 hat den Umfang, in dem eine korrespon- **8** dierende Mitteilungspflicht nach § 8 iVm §§ 6 und 7 IfSG besteht. Wenn in § 7 Abs 3 IfSG eine **nichtnamentliche Mitteilungspflicht** auferlegt wird (etwa nach § 7 Abs 3 Nr 2 IfSG der direkte oder indirekte Nachweis einer HIV-Infektion) lässt sich aus Nr 2 keine Übermittlungsbefugnis für eine namentliche Mitteilung dieses Nachweises herleiten. Auch sind die in § 7 Abs 1 IfSG nicht genannten Krankheitserreger nach § 7 Abs 2 Satz 1 IfSG **nur dann namentlich zu melden,** soweit deren örtliche und zeitliche Häufung auf eine schwerwiegende Gefahr für die Allgemeinheit hinweist. Hinsichtlich welcher Sozialdaten eine Übermittlungsbefugnis nach Nr 2 besteht, wird durch § 9 Abs 1 und 2 IfSG für die namentliche Meldung und durch § 10 Abs 1 IfSG für die nichtnamentliche Meldung abgegrenzt. Aus den einschlägigen Bestimmungen des IfSG folgt, wem gegenüber die Übermittlungsbefugnis nach Nr 2 besteht. In Fällen der namentlichen Meldung hat diese nach § 9 Abs 3 IfSG gegenüber dem zuständigen **Gesundheitsamt** zu erfolgen, während eine nichtnamentliche Meldung nach § 10 Abs 4 IfSG dem **Robert-Koch-Institut** in Berlin zu erstatten ist (vgl Art 1 § 2 BGA-NachfG v 24.6.1994, BGBl I 1416).

Nach **Nr 3** ist die Übermittlung von Sozialdaten in zwei Varianten zulässig. **9** Nach **Variante 1** ist dies der Fall, soweit die Sozialdatenübermittlung für die Erfüllung der gesetzl Mitteilungspflichten nach den §§ 93, 97, 105, 111 Abs 1 und 5, 116 AO und § 32 b Abs 3 EStG erforderlich ist. Nach Nr 3 besteht die Übermittlungsbefugnis nur in dem Umfang, in dem die AO-Vorschriften Mitteilungspflichten auferlegen. Die **tatbestandlichen Einschränkungen** der in Bezug genommenen AO-Vorschriften sind also zu beachten, ebenso wie das für den Bereich des § 93 AO geltende **Subsidiaritätsprinzip.** Gem § 93 Abs 1 Satz 3 AO sollen andere Personen als die Beteiligten erst dann zur Auskunft angehalten werden, wenn die Sachverhaltsaufklärung durch die Beteiligten nicht zum Ziel führt oder keinen Erfolg verspricht. Gem § 97 Abs 2 Satz 1 AO soll die Vorlage von Büchern, Aufzeichnungen, Geschäftspapieren und anderen Urkunden idR erst dann verlangt werden können, wenn der Vorlagepflichtige eine Auskunft nicht erteilt hat, wenn die Auskunft unzureichend ist oder Bedenken gegen ihre Richtigkeit bestehen. Das **Auskunftsersuchen** der Finanzbehörde an den Sozialleistungsträger ist **schriftlich** zu stellen, wenn der Sozialleistungsträger als Auskunftspflichtiger dies verlangt (§ 93 Abs 2 Satz 2 AO). Der Wortlaut von Nr 3 verdeutlicht, dass die Übermittlungsbefugnis unter dem Vorbehalt der unmittelbaren Anwendbarkeit steht. Wenn andere Gesetze lediglich auf die in Nr 3 genannten AO-Vorschriften verweisen (zB § 12 Abs 1 Nr 3 a KAG NRW) begründet dies **keine Übermittlungsbefugnis.** Im Rahmen der **Variante 2** dürfen Sozialdaten übermittelt werden, wenn durch eine Rechtsverordnung auf der Grundlage des § 93 a AO die Verpflichtung von Beh begründet wird, den Finanzbehörden ua Anhaltspunkte für **Schwarzarbeit, unerlaubte Arbeitnehmerüberlassung** oder **unerlaubte Ausländerbeschäftigung** mitzuteilen (§ 93 a Abs 1 Satz 1 Nr 3 AO). Die Mitteilungspflicht wird auf die Sozialdaten der ausländischen Unternehmen beschränkt, die aufgrund bilateraler Regierungsvereinbarungen über die Beschäftigung von Arbeitnehmern zur Ausführung von Werkverträgen auf dem Gebiet der Bundesrepublik tätig werden. Entsprechende Vereinbarungen hat die Bundesrepublik mit 13 Staaten abgeschlossen, ua mit den Regierungen der Länder Bulgarien (Vereinbarung v 12.3.1991, BGBl II 1991, 863, zuletzt geändert durch Notenwechsel v 5.3.1993/28.3.1994, BGBl II 1995, 90), Polen (Vereinbarung v 31.1.1990, BGBl II 1990, 602, zuletzt geändert durch die Zweite Vereinbarung zur Änderung der Vereinbarung v 31.1.1990 idF v 8.12.1990, BGBl II 1992, 93, v 1.3.1993/30.4.1993, BGBl II 1993, 1125) und der Türkei (Vereinbarung v 18.11.1991, BGBl II 1992, 54, zuletzt geändert durch die durch Notenwechsel v 24.10.1997/18.11.1997 geschlossene Vereinbarung zur Änderung der Vereinbarung, BGBl II 1998, 94). Die BReg hat von der in § 93 Abs 1 Satz 1 AO normierten Verordnungsermächtigung bislang keinen Gebrauch gemacht, so dass es derzeit keinen Anwendungsbereich für die Variante 2 gibt.

10 Nr 4 geht zurück auf das G zur verbesserten steuerlichen Berücksichtigung von Vorsorgeaufwendungen (BürgerentlastungsG Krankenversicherung) v 16.7.2009 (BGBl I 1559) mit dem zB Beiträge zur Kranken- und Pflegeversicherung ab dem 1.1.2010 steuerliche Berücksichtigung finden. Gem § 10 Abs 2 a EStG werden die Träger der gesetzlichen Kranken- und Pflegeversicherung hierbei verpflichtet, die Höhe der im jeweiligen Beitragsjahr geleisteten und erstatteten Krankenversicherungsbeiträge und Beiträge für eine soziale Pflegeversicherung an die zentrale Stelle (§ 81 EStG) zu übermitteln. Außerdem wird das Bundeszentralamt für Steuern ermächtigt, die zutreffende Höhe der von den Trägern der gesetzlichen Kranken- und Pflegeversicherung übermittelten und bescheinigten Werte zu prüfen. Zur Erfüllung dieser Mitteilungspflichten und für die Prüfung ist es erforderlich, eine Übermittlung von Sozialdaten zuzulassen (BT-Drucks 12/6334, 10).

11 Nr 5 wurde eingefügt, um eine Übermittlung der in § 33 WoGG genannten Daten von den Wohngeldstellen an die für die Erhebung der Fehlbelegungsabgabe zuständigen Stelle zu ermöglichen (BT-Drucks 12/6334, 10). Nach § 33 Abs 1 Satz 1 WoGG ist die **Wohngeldstelle** verpflichtet, auf Verlangen der für die Erhebung der Ausgleichszahlungen nach dem G über den Abbau der Fehlsubventionierungen im Wohnungswesen (AFWoG) v 22.12.1981 (BGBl I 1523, 1542), zuletzt geändert durch G v 8.6.1989 (BGBl I 1058), und den hierzu erlassenen landesrechtlichen Vorschriften zuständigen Stelle mitzuteilen, ob der betroffene Wohnungsinhaber Wohngeld erhält. Die Änderung von Nr 5 durch das Zweite G zur Änderung wohnungsrechtlicher Vorschriften vom 15.12.2004 (BGBl I 3450) ermöglicht nunmehr die Übermittlung von Sozialdaten der Wohngeldstelle auch im Rahmen der **Überprüfung der Voraussetzungen** für die **Leistung von Wohngeld** (BT-Drucks 15/3943, 19). Ohne Nr 5 wäre die Wohngeldstelle aufgrund von § 35 Abs 2 SGB I iVm § 67 d Abs 1 gehindert, die betreffenden Sozialdaten zu übermitteln, da die Gewährung von Leistungen nach dem WoGG eine Aufgabe nach diesem G iSd § 67 Abs 1 ist. Die **Übermittlungsbefugnis** wird durch die Formulierung „auf Verlangen" in § 33 Abs 1 Satz 1 WoGG eingegrenzt. Ohne Vorliegen eines Verlangens ist die Wohngeldstelle nicht nach Nr 5 übermittlungsbefugt.

12 Gem **Nr 6** können Leistungsträger zur Bekämpfung von Schwarzarbeit und illegaler Beschäftigung nach dem **SchwarzArbG** Sozialdaten übermitteln. Dies schließt eine Übermittlung für den Zweck der **Verfolgung von Ordnungswidrigkeiten** nach §§ 8 ff SchwarzArbG ein. Ordnungswidrig handelt ua, wer gemäß § 8 Abs 1 Nr 1 a oder 1 b SchwarzArbG entgegen § 60 Abs 1 Satz 1 Nr 1 SGB I eine Tatsache, die für eine Leistung nach dem SGB erheblich ist, nicht richtig oder nicht vollständig anzeigt oder entgegen § 60 Abs 1 Satz 1 Nr 2 SGB I eine Änderung in den Verhältnissen, die für eine Leistung nach dem SGB erheblich ist, nicht, nicht richtig, nicht vollständig oder nicht rechtzeitig mitteilt (vgl *Reinhardt* in LPK-SGB I § 60 Rz 9). Sachlich zuständige Behörde (§ 36 Abs 1 Nr 1 OWiG) ist nach § 12 Abs 1 Nr 1 SchwarzArbG der Leistungsträger selbst für seinen Geschäftsbereich. An sich bedürfte es hier keiner Übermittlungsregelung, da bei einem Weiterleiten der Sozialdaten innerhalb der verantwortlichen Stelle lediglich ein mit einer Zweckänderung (vgl § 67 c Rz 3) einhergehendes Nutzen iSd § 67 Abs 7 („Weitergabe innerhalb der verantwortlichen Stelle") und keine Übermittlung iSd § 67 Abs 6 Nr 3 vorliegt. Nr 6 berücksichtigt, dass § 67 Abs 9 Satz 3 eine **Sondervorschrift für Gebietskörperschaften** aufstellt (BT-Drucks 13/8653, 29). Bei diesen ist verantwortliche Stelle iSd § 67 Abs 9 Satz 1 nicht die juristische Person, sondern die Organisationseinheit, die eine Aufgabe nach einem besonderen Teil des SGB funktional durchführt (vgl § 67 Rz 20). Dritter iSd § 67 Abs 10 Satz 2 ist in diesem Fall jede Stelle außerhalb der Organisationseinheit, also auch die Bußgeldstelle der Gebietskörperschaft im Verhältnis zur Wohngeldstelle. Eine Weiterleitung der Sozialdaten von der Wohngeldstelle an die Bußgeldstelle ist daher ein Übermittlungsvorgang iSd § 67 Abs 6 Nr 3.

Die Regelung in **Nr 7** stellt klar, dass sozialdatenschutzrechtliche Vorschriften der Übermittlung von Tatsachen, die einen in § 149 GewO genannten Tatbestand erfüllen, an das **Gewerbezentralregister**, insbesondere von Tatsachen nach § 5 AEntG, nicht entgegenstehen (BT-Drucks 13/8653, 30).   **13**

Nr 8 erlaubt der **BA** (§ 367 Abs 1 SGB III) die Erfüllung der ihr nach § 3 Abs 1 StatregG v 16.6.1998 (BGBl I 1300) obliegenden Übermittlungspflichten.   **14**

Nr 9 erlaubt den **landwirtschaftlichen BG** die Übermittlung der Angaben nach § 97 Abs 5 iVm Abs 2 Nr 1 bis 6 AgrarstatistikG idF der Bekanntmachung v 8.8.2002 (BGBl I 3118) an die statistischen Landesämter. Zu beachten ist, dass § 97 Abs 5 AgrarstatistikG eine Mitteilungspflicht der Angaben lediglich **alle zwei Jahre**, nur auf **Anfrage** der statistischen Landesämter und nur „**soweit vorhanden**" vorsieht. Dies begrenzt die Übermittlungsbefugnis nach Nr 9. Der Katalog der nach Nr 9 zulässigerweise zu übermittelnden Sozialdaten wird durch § 97 Abs 2 Nr 1 bis 6 AgrarstatistikG bestimmt.   **15**

Nr 10 schafft Übermittlungsbefugnisse für Leistungsträger, damit diese denen im EStG niedergelegten Übermittlungspflichten entsprechen können. So ermöglicht Nr 10 zunächst den Trägern der **gesetzl RV** und dem **Gesamtverband der landwirtschaftlichen Alterskassen für die Träger der Alterssicherung der Landwirte** die Erfüllung der diesen Leistungsträgern aufgrund von § 22 a Abs 1 EStG obliegenden Verpflichtung zur Rentenbezugsmitteilung an die Deutsche Rentenversicherung Bund als zentraler Stelle (§ 81 EStG). Der **Katalog** der zu übermittelnden **Daten** im Einzelnen ergibt sich aus § 22 a Abs 1 Satz 1 Nr 1-4 EStG. Weiterhin befugt Nr 10 die **BA** und die **Familienkassen** zur Erfüllung der ihnen gemäß § 91 Abs 1 Satz 1 EStG auferlegten Mitteilungspflicht. Diese Mitteilungspflicht besteht (anders als die nach § 22 a Abs 1 EStG) nur auf **Anforderung**. Ohne Anforderung besteht keine Übermittlungsbefugnis nach Nr 10. Die Übermittlungsbefugnis erstreckt sich auf den **Datenkatalog** des § 89 Abs 2 EStG.   **16**

Nr 11 erlaubt die Übermittlung von Sozialdaten zur Erfüllung der Aufgaben der **Deutschen Rentenversicherung Knappschaft-Bahn-See**, soweit sie bei geringfügig Beschäftigten Aufgaben nach dem EStG durchführt. Dies ist der Fall nach § 40 a EStG.   **17**

Satz 2 bestimmt, dass **Erklärungspflichten des Drittschuldners** nach § 840 ZPO oder nach § 316 AO durch Bestimmungen dieses Gesetzbuchs nicht berührt werden. Vor der Einfügung von Satz 2 durch das 2. SGBÄndG v 13.6.1994 (BGBl I 1229) beinhaltete der Katalog der gesetzl Mitteilungspflichten keine Erklärungsmöglichkeit für den **Leistungsträger** in seiner Funktion als Drittschuldner. Die nunmehr mit Satz 2 getroffene Regelung entspricht der geltenden Pra-   **18**

xis und sichert diese ab (BT-Drucks 12/5187, 39). Der Sozialleistungsträger ist nicht befugt, bereits vor der Pfändung der Sozialleistung Sozialdaten eines leistungsberechtigten Schuldners zu übermitteln (*LSG Bln* Beschl v 30.1.2001 – L 4 AL 106/00, nv).

19 Satz 3 begründet eine Übermittlungsbefugnis von Sozialdaten an **Bundes- oder Landesarchive**. Damit können Leistungsträger der Bestimmung des § 2 Abs 1 BArchivG Rechnung tragen, die sie verpflichtet, grds alle Unterlagen, die sie zur Erfüllung ihrer öffentlichen Aufgaben nicht mehr benötigen, dem Bundesarchiv oder gegebenenfalls dem zuständigen Landesarchiv zur Übernahme anzubieten. Es sind nach § 2 Abs 4 Satz 1 Nr 1 BArchG auch dem Schutz des § 35 SGB I unterliegende Unterlagen anzubieten. Die Regelung in § 2 Abs 4 Satz 1 Nr 1 BArchG betrifft **alle Unterlagen**, auch Datenträger sowie Bild- und Tonträger (*Bieresborn* in von Wulffen/Schütze SGB X § 71 Rz 15). Mit der Bezugnahme auf § 5 BArchG sowie die Schutzfristen dieses G wird gewährleistet, dass das Sozialdaten beinhaltende Archivgut frühestens 80 Jahre nach Entstehen benutzt werden darf (§ 5 Abs 3 iVm § 2 Abs 4 BArchG). Die „**Öffnungsklausel**" (*Walz* in GK-SGB X, 2 § 71 Rz 41) für LandesarchivG trägt dem Umstand Rechnung, dass der überwiegende Teil der Sozialdaten beinhaltenden Unterlagen in den Ländern anfällt und der Schutz des Betroffenen dort nicht geringer sein darf als im Bereich des Bundes (*Bieresborn* aaO § 71 Rz 15). Für Übermittlungen im Rahmen von Satz 3 gilt § 76 Abs 1 nicht (vgl § 76 Rz 18).

20 Satz 4 beinhaltet im Interesse der Richtigkeit und Vollständigkeit des **Melderegisters** unter Bezugnahme auf § 6 Abs 2 BMG eine Übermittlungsbefugnis der Leistungsträger, wenn ihnen konkrete Anhaltspunkte dafür vorliegen, dass die ihnen aufgrund Melderechts übermittelten Daten unrichtig oder unvollständig sind.

2.3. Übermittlung der Sozialdaten eines Ausländers (Abs 2 Satz 1)

21 Abs 2 normiert besondere Zulässigkeitsvoraussetzungen für die Übermittlung der **Sozialdaten eines Ausländers**. Ausländer ist nach § 2 Abs 1 AufenthG jeder, der nicht Deutscher iSd Art 116 Abs 1 GG ist. Nach Abs 2 können **keine Übermittlungsbefugnisse** begründet werden, soweit das AufenthG **auf bestimmte Ausländer nicht anwendbar** ist. Nach § 1 Abs 2 Nr 1 AufenthG gilt dies für Ausländer, deren Rechtsstellung von dem FreizügG geregelt wird (vgl Rz 28, 30) und für Ausländer, die nach § 1 Abs 2 Nr 2 AufenthG iVm §§ 18 ff GVG nicht der deutschen Gerichtsbarkeit unterliegen. § 1 Abs 2 Nr 3 AufenthG führt zur Unanwendbarkeit von Nr 2, wenn es um Ausländer im diplomatischen oder im konsularischen Dienst geht oder um solche, die für internationale Organisationen und Einrichtungen tätig sind (zu weiteren Einschränkungen vgl *Bieresborn* aaO § 71 Rz 21).

22 Satz 1 begrenzt die Übermittlung auf den **erforderlichen Umfang**. Dies muss die Beurteilung durch den Leistungsträger einschließen, ob ausländerrechtlich relevante Fragen vorliegen (*Krahmer/Ensslen* in Giese/Krahmer, SGB I und X, § 71 SGB X Rz 12). Für alle Fallgestaltungen von **Nr 1** a bis d gilt, dass Sozialdatenübermittlungen nur **im Einzelfall** und **auf Ersuchen** erfolgen dürfen. Im Rahmen ihres Ersuchens ist die Ausländerbehörde dem Leistungsträger gegenüber zur Darlegung verpflichtet, ob und inwieweit sie die zu übermittelnden Sozialdaten zur Klärung ausländerrechtlicher Fragen benötigt. Weiterhin muss die Ausländerbehörde darlegen, warum hinsichtlich der zu übermittelnden Sozialdaten keine Erhebung bei dem Betroffenen erfolgte oder erfolgen konnte. Die in a bis d aufgezählten **Datenkataloge** sind **abschließend**. Der **Vorrang der Erster-**

hebung bei dem Betroffenen gilt nach § 86 AufenthG auch (vgl § 67 a Rz 6) im Ausländerrecht. Daneben gelten die allg Grundsätze der Amtshilfe nach §§ 3 ff (vgl § 68 Rz 3). Das Wort „auch" in Satz 1 wurde eingefügt, um klarzustellen, dass Sozialdaten von Ausländern sowohl nach Abs 2 als auch nach anderen Übermittlungsvorschriften des Zweiten Kapitels übermittelt werden dürfen (BT-Drucks 12/5187, 39). Wegen § 67 d Abs 1 können dies nur Übermittlungsvorschriften nach dem SGB sein, zB Abs 1, Abs 2 a oder § 68.

2.4. Anwendbarkeit der geltenden Gesetzesfassung seit dem 1.1.2005 (Abs 2 Satz 1 Nr 1 bis 4)

Übermittlungsempfangende Dritte iSd § 67 Abs 10 Satz 2 sind nach Satz 1 Nr 1 **23** die mit der Ausführung des AufenthaltG betrauten Beh (§ 86 Satz 1 AufenthG). Dieser Wortlaut entspricht der Änderung der Vorschrift durch Art 5 Nr 1 Buchstabe b des Zweiten G für moderne Dienstleistungen am Arbeitsmarkt v 23.12.2002 (BGBl I 4621) in der seit dem 1.1.2003 geltenden Fassung (Art 17 Abs 1 G v 23.12.2003). Die Bezugnahmen der vorliegenden Fassung von Nr 1 auf das AufenthaltG sind allerdings erst seit dem Inkrafttreten des AufenthG am 1.1.2005 sinnvoll anwendbar (vgl Rz 1).

Die Regelung in **a** erlaubt die Übermittlung von Sozialdaten über die **Gewäh-** **24** **rung** oder **Nichtgewährung von Leistungen.** Dies können zB Angaben über Hilfen zum Lebensunterhalt nach §§ 27 ff SGB XII sein. Voraussetzung für die Übermittlung ist, dass eine Entscheidung über den Aufenthalt davon abhängig ist. Dies ist möglich, weil ein Ausländer nach § 55 Abs 2 Nr 2 AufenthG ausgewiesen werden kann, wenn er für sich, seine Familienangehörigen oder für sonstige Haushaltsangehörige Sozialhilfe in Anspruch nimmt oder in Anspruch nehmen muss. Eine **Übermittlungsbefugnis** besteht auch, wenn ausländerrechtliche Maßnahmen nur gegen einen Familienangehörigen in Frage kommen. Die Übermittlung darf nur **im Einzelfall** und **auf Ersuchen** erfolgen (vgl Rz 22).

b sieht eine Übermittlungsbefugnis an die Ausländerbehörde in drei Fällen vor. **25** In allen drei geregelten Fällen ist eine Übermittlung der Sozialdaten „über die Zustimmung" zulässig, womit der **Katalog der übermittlungsfähigen Sozialdaten** bestimmt wird. Zum einen ist die Übermittlung der Erklärung der Zustimmung selbst erfasst, sodann sind diejenigen Sozialdaten angesprochen, die eine individualisierende Zuordnung der Zustimmungsentscheidung zu einem ausländischen Betroffenen erlaubt (Familienname, Geburtsname, Vorname, Tag, Ort und Staat der Geburt, Geburtsdatum, Staatsangehörigkeit, Anschrift) und schließlich die Gründe, die im Rahmen der §§ 39, 40 AufenthG für eine Zustimmung oder deren Versagung maßgeblich sind, wenn eine **Zustimmung** der **BA** nach § 4 Abs 2 Satz 3 AufenthG für denjenigen Ausländer erklärt werden soll, der über **keinen Aufenthaltstitel** (§ 4 Abs 1 AufenthG) verfügt, dem aber gleichwohl die **Ausübung** einer **Beschäftigung** erlaubt werden soll. Ihre **Zustimmung** in Fällen der **Aufenthaltsgenehmigung** zum Zweck der **betrieblichen Aus-** **und Weiterbildung** (gefordert von § 17 Satz 1 AufenthG) darf die BA gleichfalls übermitteln. Schließlich ist die BA befugt, im Rahmen ihrer **Zustimmung** nach § 19 Abs 1 AufenthG Sozialdaten zu übermitteln, wenn es um die **Niederlassungserlaubnis** für **hoch qualifizierte Ausländer** geht. In diesem Rahmen darf die BA zB auch Informationen darüber übermitteln, ob dem Ausländer ein konkretes Arbeitsangebot vorliegt (§ 18 Abs 5 AufenthG). Die Übermittlung darf nur **im Einzelfall** und **auf Ersuchen** erfolgen (vgl Rz 22). Bereits hiermit grenzt sich b von Abs 2 Satz 1 Nr 3 ab (vgl Rz 29).

26 Die nach c zu übermittelnden Angaben dienen der Klärung der Frage, ob ein Ausländer Heroin, Kokain oder ein vergleichbar gefährliches **Betäubungsmittel** verbraucht und nicht zu einer erforderlichen und seiner Rehabilitation dienenden Behandlung bereit ist oder sich ihr entzieht. Insbesondere auf diese in § 55 Abs 2 Nr 4 AufenthaltG geregelten Voraussetzungen kann die Ausländerbehörde ihre Ermessensentscheidung über eine Ausweisung stützen (§ 55 Abs 1 AufenthG). Satz 2 erlaubt die Übermittlung auch dann, wenn es um **Gesundheitsdaten** eines Ausländers geht (vgl Rz 31). Die Übermittlung darf nur **im Einzelfall** und **auf Ersuchen** erfolgen (vgl Rz 22).

27 **d** betrifft die in zulässiger Weise zu übermittelnden Angaben des **Jugendamts** über das zu erwartende soziale Verhalten eines Ausländers an eine Ausländerbehörde. Kommunale **Jugendhäuser** oder **Erziehungsberatungsstellen** sind nach der Regelung **nicht auskunftsbefugt** (*Bieresborn* aaO § 71 Rz 31). Die Angaben nach d spielen im Rahmen der von der Ausländerbehörde nach §§ 53-56 AufenthG zu treffenden Entscheidung eine Rolle, ob ein Ausweisungsgrund bei einem jugendlichen Ausländer vorliegt. In Zusammenhang mit der Prüfung der Ermessensausweisung nach § 55 AufenthG kann die Ausländerbehörde eine gutachterliche Stellungnahme des Jugendamts einholen (hierzu sind die Ausländerbehörden in einer Reihe von Bundesländern durch Erlasse verpflichtet) und ist dabei **nicht** auf die **Einwilligung des Betroffenen** angewiesen (vgl BT-Drucks 11/6541, 9). Die Übermittlung darf nur **im Einzelfall** und **auf Ersuchen** erfolgen (vgl Rz 22).

28 **Nr 2** gestattet den Leistungsträgern die unverzügliche Übermittlung von Sozialdaten für die Erfüllung der in § 87 Abs 2 AufenthG bezeichneten Mitteilungspflichten. Die Übermittlungsbefugnis im Rahmen dieser „Spontanmitteilung" (*Bieresborn* aaO § 71 Rz 32) besteht **ersuchensunabhängig**. Nach näherer Maßgabe des § 87 Abs 2 AufenthG aE darf statt an die **Ausländerbehörde** an die **Polizeibehörde** übermittelt werden. **Keine Übermittlungsbefugnis** begründet Nr 2 in Hinsicht auf die **Sozialdaten** der Staatsangehörigen anderer Mitgliedstaaten der Europäischen Union – der **Unionsbürger** nach § 1 FreizügG/EU – und ihrer Familienangehörigen. Zwar statuiert § 11 Abs 1 Satz 2 FreizügG, dass die Mitteilungspflichten nach § 87 Abs 2 Nr 1-3 AufenthG gleichfalls bestehen, wenn die dort genannten Umstände für die Feststellung nach §§ 5 Abs 5, 6 Abs 1 AufenthG entscheidungserheblich sein können. Hiermit wird zwar eine Mitteilungspflicht der Leistungsträger insoweit auch auf die Unionsbürger erstreckt, jedoch sieht Nr 2 keine korrespondierende Befugnis vor. § 11 Abs 1 Satz 2 FreizügG läuft insoweit ins Leere (vgl § 68 Rz 3).

29 Im Gegensatz zu b (vgl Rz 25) sieht **Nr 3** eine **ersuchensunabhängige Übermittlungsbefugnis** (§ 99 Abs 1 AufenthG aE) der **BA** vor, deren korrespondierende Pflicht sich aus §§ 71, 75 der zu § 99 Abs 1 Nr 14 d, f und j AufenthG erlassenen AufenthV v 25.11.2004 (BGBl I 2945) idF v 2.8.2010 (BGBl I 1134) ergibt. Der Verordnungsgesetzgeber hat vom Erlass einer Übermittlungspflicht für **Sozial- und Jugendämter** abgesehen, wie § 99 Abs 1 Nr 14 f AufentG sie an sich gestattet (vgl den Katalog der auskunftspflichtigen Behörden nach § 71 Abs 1 Nr 1-5 AufenthV), womit der Fall vorliegt, dass zwar eine Übermittlungsbefugnis vorliegt, der jedoch **keine Übermittlungspflicht** gegenübersteht (vgl § 68 Rz 2). Nr 3 spricht wie b die Fallgestaltungen der Zustimmung der BA nach §§ 4 Abs 2 Satz 3, 17 Satz 1, 18 Satz 1 und 19 Abs 1 AufenthG an. Während b allerdings lediglich die Einholung der Entscheidung über die Zustimmung betrifft, regelt Nr 3 den **Widerruf und Beschränkungen der Zustimmung**. Lediglich insoweit wirkt Nr 3 übermittlungserweiternd, da die Mitteilung der Erteilung der

Zustimmung bereits von b erfasst wird (vgl Rz 25). Nr 3 greift ein, wenn der BA Informationen vorliegen, die eine **Revision** ihrer ursprünglich erteilten **Zustimmung rechtfertigen**, so im Fall des § 41 AufentG. Der Katalog der übermittelbaren Sozialdaten ergibt sich positivrechtlich aus § 71 Abs 2 AufenthV, umfasst aber auch die Mitteilung der Gründe, die für die abermalige Entscheidung der BA erkenntnisleitend sind. Die Reichweite der Übermittlungsbefugnis nach Nr 3 erstreckt sich darüber hinaus auf die **Mitteilung** eines **Versicherungsschutzes** oder die Gewährung von **Leistungen nach dem SGB II**. Es soll sichergestellt werden, dass entsprechend § 23 Abs 2 SGB XII Leistungsberechtigte nach § 1 AsylbLG keine Leistungen der Sozialhilfe erhalten.

Die durch das DatenaustauschverbesserungsG (BGBl I 2016, 130) angefügte **30** **Nr 4** sieht ebenfalls eine **ersuchens- und einzelfallunabhängige Übermittlungsbefugnis** der BA für Arbeit sowie der für die Durchführung der Grundsicherung für Arbeitsuchende zuständigen Stellen vor. § 6 Abs 1 Nr 8 AZRG verpflichtet diese Beh zur Übermittlung bestimmter Daten von Asylbewerbern an das Ausländerzentralregister. Das DatAustVG v 2.2.2016 bezweckt als Reaktion auf die erhebliche Zunahme der Zahl der eingereisten **Flüchtlinge und Asylbewerber** im Jahr 2015 eine Verbesserung und Beschleunigung der zentralen Erfassung der Daten der Antragsteller, um das Antrags- und Prüfverfahren hierdurch zu beschleunigen (BT-Drucks 18/7043). Außerdem soll die Durchführung von **Integrationsmaßnahmen** und die **Arbeits- und Ausbildungsvermittlung** für den betroffenen Personenkreis erleichtert und verbessert werden. Zu diesem Zwecke wurde der Umfang der an das Ausländerzentralregister zu übermittelnden Daten erweitert und eine Übermittlungspflicht begründet. Dieser Übermittlungspflicht korrespondiert die Übermittlungsbefugnis nach Nr 4, durch die der Sozialdatenschutz insoweit eingeschränkt wird. Bei den danach zu übermittelnden Daten handelt es sich um Schulbildung, Studium, Ausbildung, Beruf, Sprachkenntnisse, die Teilnahme an einem Integrationskurs und die Teilnahme an einer Maßnahme der berufsbezogenen Deutschsprachförderung (§ 3 Abs 3 AZRG).

2.5. Übermittlung der Gesundheitsdaten eines Ausländers (Abs 2 Satz 2)

Satz 2 ist nicht nur als Beschränkung einer nach Satz 1 zulässigen Übermittlun- **31** gen zu verstehen, sondern auch als **übermittlungserweiternde Abweichung** von § 76. Die **Beschränkung** besteht darin, dass ohne Satz 2 alle Gesundheitsdaten eines Ausländers, die nicht unter die engere Definition der besonders schutzbedürftigen Sozialdaten des § 76 Abs 1 fallen, nach Satz 1 übermittelt werden dürften. Andererseits würde ohne Satz 2 für die Gesundheitsdaten, bei denen es sich um besonders schutzbedürftigen Sozialdaten iSd § 76 Abs 1 handelt, keine Übermittlungsbefugnis wegen § 76 Abs 1 bestehen. Gesundheitsdaten eines Ausländers dürfen nach **Nr 1** übermittelt werden, wenn der betreffende Ausländer die öffentliche Gesundheit gefährdet. Nr 1 soll einen Verstoß gegen EG-Recht darstellen (vgl *Beckmann* aaO 64 f; vgl Rz 28). Die Gesundheitsdatenübermittlung eines Ausländers kann nach **Nr 2** für den Fall erfolgen, dass ein Ausländer die in § 55 Abs 2 Nr 4 AufenthG genannten Drogen konsumiert und die dort genannten weiteren Voraussetzungen erfüllt (vgl Rz 26). Im Rahmen einer Übermittlung nach Satz 2 sind die **Grenzen** des § 65 SGB VIII zu beachten.

2.6. Übermittlung für die Durchführung des AsylbLG (Abs 2 a)

32 Abs 2 a ermöglicht die Übermittlung von Sozialdaten eines Leistungsberechtigten nach § 1 AsylbLG, soweit dies für die **Durchführung des AsylbLG** erforderlich ist. Bei den nach §§ 2 ff AsylbLG zu gewährenden Leistungen handelt der Leistungsträger nicht im Rahmen einer Aufgabenerfüllung nach dem SGB iSd § 67 c Abs 1. Gem § 23 Abs 2 SGB XII erhalten Leistungsberechtigte nach § 1 AsylbLG keine Leistungen der Sozialhilfe. Dies schließt Übermittlungen entsprechend § 69 aus. Um eine über § 68 hinausgehende **Übermittlungsbefugnis** zu begründen, wurde Abs 2 a eingefügt (BT-Drucks 13/2746, 19).

2.7. Übermittlung bei Betreuungsbedürftigkeit eines Betroffenen (Abs 3)

33 Leistungsträger erfahren häufig als erste von der Betreuungsbedürftigkeit eines Betroffenen (BT-Drucks 11/6949, 86). Durch **Abs 3 Satz 1** soll es den Leistungsträgern daher ermöglicht werden, dem **Betreuungsgericht** die Bestellung eines Betreuers (§ 1896 Abs 1 Satz 1 BGB) oder eine andere Maßnahme in Betreuungssachen (zB §§ 1903, 1908 d BGB) zu ermöglichen, wobei der Leistungsträger sein pflichtgemäßes Ermessen ausüben muss (vgl § 39 SGB I). Nicht von Satz 1 gerechtfertigt ist die Übermittlung von Sozialdaten an einen Betreuer mit gesondertem Aufgabenkreis (*LSG Bln-Bbg* Urt v 5.12.2012 – L 27 P 31/11). **Satz 2** ordnet die entsprechende Geltung des § 7 BtG an. Dies wirkt sich **begrenzend** auf die Übermittlung aus. Nach § 7 Abs 1 BtG muss geprüft werden, ob die Bestellung eines Betreuers oder einer anderen Maßnahme in Betreuungssachen unter Beachtung der berechtigten Interessen erforderlich ist, um eine erhebliche Gefahr für das Wohl des Betroffenen abzuwehren. Wegen § 7 Abs 2 BtG ist der Inhalt der Mitteilung, die Art und Weise ihrer Übermittlung und der Empfänger **aktenkundig** zu machen. Der Empfänger ist hier Dritter iSd § 67 Abs 10 Satz 2 (vgl § 67 Rz 21). Im Rahmen des Abs 3 werden häufig Sozialdaten vorliegen, die Aussagen über das Vorliegen von Krankheiten oder einer körperlichen, geistigen oder seelischen Behinderung treffen (vgl *Bieresborn* aaO § 71 Rz 38). In Fällen dieser Art sind die **besonderen Grenzen** des § 76 zu beachten.

2.8. Bei Übermittlungen zu beachtende Vorschriften

34 In allen Fällen des § 71 gilt § 78 Abs 1. Die Sozialdaten dürfen von dem jew Übermittlungsempfänger nur zu dem **Zweck** verwendet werden, für den sie ihm **befugt übermittelt** worden sind (vgl § 78 Rz 3 ff).

§ 72 Übermittlung für den Schutz der inneren und äußeren Sicherheit

(1) [1]Eine Übermittlung von Sozialdaten ist zulässig, soweit sie im Einzelfall für die rechtmäßige Erfüllung der in der Zuständigkeit der Behörden für Verfassungsschutz, des Bundesnachrichtendienstes, des Militärischen Abschirmdienstes und des Bundeskriminalamtes liegenden Aufgaben erforderlich ist. [2]Die Übermittlung ist auf Angaben über Name und Vorname sowie früher geführte Namen, Geburtsdatum, Geburtsort, derzeitige und frühere Anschriften des Betroffenen sowie Namen und Anschriften seiner derzeitigen und früheren Arbeitgeber beschränkt.

(2) [1]Über die Erforderlichkeit des Übermittlungsersuchens entscheidet ein vom Leiter der ersuchenden Stelle bestimmter Beauftragter, der die Befähigung zum Richteramt haben oder die Voraussetzungen des § 110 des Deutschen Richtergesetzes erfüllen soll. [2]Wenn eine oberste Bundes- oder Landesbehörde für die Aufsicht über die ersuchende Stelle zuständig ist, ist sie über die gestellten Übermittlungsersuchen zu unterrichten. [3]Bei der ersuchten Stelle entscheidet über das Übermittlungsersuchen der Behördenleiter oder sein allgemeiner Stellvertreter.

Literatur:

Rublack: Terrorismusbekämpfungsgesetz: Neue Befugnisse für die Sicherheitsbehörden, DuD 2002, 202.

1. Allgemeines

§ 72 dient ebenso wie § 68 dem präventiven Schutz öffentlicher Interessen (so bereits BT-Drucks 8/4022, 85 unter Bezugnahme auf die aF der Vorschrift). Die Vorschrift regelt die Durchbrechung des Sozialgeheimnisses zum Schutz der inneren und äußeren Sicherheit abschließend. Abs 1 Satz 1 zählt die Sicherheitsbehörden auf, an die eine Übermittlung von Sozialdaten erfolgen darf, während Abs 1 Satz 2 festlegt, welche Sozialdaten im Einzelnen übermittelt werden dürfen. In Abs 2 ist ein besonderes Verfahren auf der Seite der um die Übermittlung von Sozialdaten ersuchenden sowie auf der Seite der um die Übermittlung von Sozialdaten ersuchten Stelle vorgesehen. Die ersuchende Stelle unterliegt nach Maßgabe von Abs 2 Satz 2 einer Unterrichtungspflicht hinsichtlich ihres Übermittlungsersuchens.

1

2. Erläuterungen

2.1. Aufzählung der Sicherheitsbehörden und allg Voraussetzungen (Abs 1 Satz 1)

Zum Begriff der Sozialdaten vgl § 67 Rz 2 ff. Zum Begriff der Übermittlung vgl § 67 Rz 14. Adressaten der Vorschrift sind die Stellen iSd § 35 Abs 1 SGB I (vgl § 67 Rz 5). Diese werden ihm Rahmen der Vorschrift zur Sozialdatenübermittlung ermächtigt. **Abs 1 Satz 1** bestimmt, an welche **Sicherheitsbehörden** Sozialdaten (der Kreis der übermittelbaren Sozialdaten ist definiert in Abs 1 Satz 2) übermittelt werden dürfen. Beh für den Verfassungsschutz sind das Bundesamt für den Verfassungsschutz (§ 2 Abs 1 BVerfSchG) und die Verfassungsschutzbehörde des jew Bundeslandes (zB ist dies in NRW nach § 2 Abs 1 VSG NRW das Innenministerium). Zur Organisation des BND vgl § 1 Abs 1 BNDG; zur Organisation des BKA vgl § 1 Abs 1 BKAG. Der MAD untersteht dem Bundesminister der Verteidigung (vgl § 1 Abs 1 MADG). Die **Aufzählung** der Sicherheitsbehörden ist **abschließend**. Aus der Vorschrift lassen sich keine Befugnisse für Übermittlungen an Landeskriminalämter herleiten. Auch allg Polizeibehörden

2

gegenüber begründet die Vorschrift keine Übermittlungsbefugnis. Hierfür gilt alleine § 68 (vgl § 68 Rz 2).

3   Weitere Voraussetzung einer zulässigen Übermittlung ist nach Satz 1, dass die Sozialdaten für die **rechtmäßige Erfüllung** der in der Zuständigkeit der Sicherheitsbehörden liegenden **Aufgaben erforderlich** sind. Welche Aufgaben die Sicherheitsbehörden haben, ergibt sich aus den einschlägigen Gesetzen (§ 3 BVerfSchG, § 3 VSG NRW, § 1 Abs 2 BNDG, §§ 1 f MADG, § 2 BKAG). Nur soweit das BKA nach § 2 BKAG im Präventivbereich tätig wird, ist § 72 einschlägig. Nimmt das BKA Aufgaben auf dem Gebiet der Strafverfolgung entsprechend § 4 BKAG wahr, ist die Rechtmäßigkeit einer Sozialdatenübermittlung an den §§ 68, 73 zu messen.

4   Durch den **Wortlaut „im Einzelfall"** ist ebenso wie in § 68 gewährleistet, dass nur die Sozialdaten eines einzelnen Betroffenen übermittelt werden dürfen. Nicht zulässig ist daher zB ein Datenabgleich im Rahmen einer einen größeren Personenkreis umfassenden Aktion (so das Bsp in BT-Drucks 8/4022, 85 unter Bezugnahme auf die aF der Vorschrift). Auch wäre bspw ein Datenabgleich durch das BKA mit den beim VDR gespeicherten Namen nicht gerechtfertigt, wie er 1975 erfolgte (vgl 1. Tb des BfD, BT-Drucks 8/2460, 37).

5   Nach Satz 1 darf eine Übermittlung nur im Rahmen der Erforderlichkeit rechtmäßiger Aufgabenerfüllung erfolgen (vgl Rz 3).

2.2. Kreis der übermittelbaren Sozialdaten (Abs 1 Satz 2)

6   Der **Datenkatalog** in **Satz 2** gibt **abschließend** an, welche Angaben übermittelt werden dürfen. Nach der Neufassung durch das 2. SGBÄndG v 13.6.1994 (BGBl I 1229) ist klargestellt, dass nunmehr auch der früher geführte Name übermittelt werden darf. Anders als nach § 68 Abs 1 Satz 1 kommt es bei § 72 nicht darauf an, ob durch die Übermittlung schutzwürdige Interessen des Betroffenen beeinträchtigt werden.

2.3. Verfahrensregelung (Abs 2)

7   **Abs 2** trifft eine Verfahrensregelung. Die Sicherheitsbehörde als ersuchende Stelle hat nach **Satz 1** zu prüfen und zu entscheiden, welche Sozialdaten zur Erfüllung ihrer Aufgaben erforderlich sind. Die zu dieser Entscheidung vom Leiter der ersuchenden Stelle bestimmte Person muss über die **Befähigung** zum **Richteramt** nach § 5 DRiG oder die Befähigung zum **höheren Verwaltungsdienst** nach § 110 DRiG verfügen. Für die Stellung des Übermittlungsersuchens ist keine der vorgenannten Qualifikationen erforderlich (unzutreffend BT-Drucks 8/4022, 85 in Hinsicht auf die aF der Vorschrift). Prinzipiell soll die Sicherheitsbehörde nicht gezwungen sein, sicherheitsrelevante Informationen zur Einschätzung der Erforderlichkeit an den um Übermittlung ersuchten Leistungsträger geben zu müssen (*Krahmer* in Krahmer Sozialdatenschutz, § 72 SGB X Rz 7). Vgl zu **Satz 2** Rz 8. Nach **Satz 3** muss bei der ersuchten Stelle der Behördenleiter oder der allg Stellvertreter über das Übermittlungsersuchen entscheiden. Die bei dieser Gelegenheit durchzuführende Rechtmäßigkeitsprüfung, kann bei den gegebenen Kenntnissen im Einzelfall nur oberflächlich sein (*Medding* SGb 1986, 55 [60]).

8   Adressaten der **Unterrichtungspflicht** nach Satz 2 sind als um Übermittlung ersuchende Stellen das Bundesamt für den Verfassungsschutz, der BND und der MAD. In allen Fällen unterliegen die Sicherheitsbehörden der Aufsicht einer obersten Bundesbehörde (§ 2 Abs 1 Satz 2 BVerfSchG, § 1 Abs 1 Satz 1 BNDG,

§ 1 Abs 1 Satz 1 MADG). Für die Aufsicht über die jew Verfassungsschutzbe-hörde eines Bundeslandes gelten die einschlägigen landesrechtlichen Bestim-mungen. Nicht erforderlich ist eine Unterrichtung bei jedem einzelnen Über-mittlungsersuchen. Sie kann auch in angemessenen **regelmäßigen Zeitabständen** erfolgen (so BT-Drucks 8/4022, 85 in Hinsicht auf die aF der Vorschrift).

2.4. Bei Übermittlungen zu beachtende Vorschriften

Es gilt § 78 Abs 1. Die Sozialdaten dürfen von dem jew Übermittlungsempfän-ger nur zu dem **Zweck** verwendet werden, für den sie ihm **befugt übermittelt** worden sind (vgl § 78 Rz 3 ff).   **9**

§ 73 Übermittlung für die Durchführung eines Strafverfahrens

(1) Eine Übermittlung von Sozialdaten ist zulässig, soweit es zur Durchführung eines Strafverfahrens wegen eines Verbrechens oder wegen einer sonstigen Straf-tat von erheblicher Bedeutung erforderlich ist.

(2) Eine Übermittlung von Sozialdaten zur Durchführung eines Strafverfahrens wegen einer anderen Straftat ist zulässig, soweit die Übermittlung auf die in § 72 Abs. 1 Satz 2 genannten Angaben und die Angaben über erbrachte oder demnächst zu erbringende Geldleistungen beschränkt ist.

(3) Die Übermittlung nach den Absätzen 1 und 2 ordnet der Richter an.

Literatur:

Bittmann: Das Sozialgeheimnis im Ermittlungsverfahren, NJW 1988, 3138; *Karl*: Staatsanwalt und Sozialgeheimnis, NJW 1984, 2444. Vgl auch die Literaturangaben zu § 68.

1. Allgemeines

Abs 1 erlaubt die im Hinblick auf den Datenumfang durch die Regelung selbst nicht beschränkte Übermittlung von Sozialdaten (anders § 68) zur Aufklärung eines Verbrechens oder einer sonstigen Straftat von erheblicher Bedeutung. Abs 2 enthält eine analoge Vorschrift für die Aufklärung eines Vergehens, bestimmt jedoch, dass der Umfang der zu übermittelnden Sozialdaten auf die in § 72 Abs 1 Satz 2 genannten Angaben und die Angaben über erbrachte oder demnächst zu erbringende Geldleistungen beschränkt ist. In jedem Fall ist nach Abs 3 eine richterliche Anordnung für die Übermittlung von Sozialdaten erforderlich.   **1**

2. Erläuterungen
2.1. Übermittlung für die Durchführung eines Strafverfahrens (Abs 1)

Zum Begriff der Sozialdaten vgl § 67 Rz 2 ff. Zum Begriff der Übermittlung vgl § 67 Rz 14. Adressaten der Vorschrift sind die Stellen iSd § 35 Abs 1 SGB I (vgl   **2**

§ 67 Rz 5). Die Vorschrift ist auch auf Betriebs- oder Geschäftsgeheimnisse (§ 35 Abs 4 SGB I iVm § 67 Abs 1 Satz 2) anwendbar (vgl § 67 Rz 7).

3   Die Vorschrift erlaubt im Rahmen des **Abs 1** die Übermittlung aller **erforderlichen Sozialdaten**. Die Übermittlungsbefugnis ist nicht auf die Übermittlung von Sozialdaten eines Beschuldigten beschränkt. Übermittelt werden dürfen auch personenbezogene Daten von Dritten, etwa von Personen, die in einem Strafverfahren als Zeugen in Betracht kommen, wenn die weiteren Voraussetzungen der Befugnisnorm gegeben sind (*OLG Karlsruhe* NJW 3656 [3657]). Anders als bei § 68 Abs 1 oder Abs 2 iVm § 72 Abs 1 Satz 2 ist die Übermittlung nicht auf die dort genannten Angaben beschränkt. **Verbrechen** sind nach § 12 Abs 1 StGB rechtswidrige Taten, die im Mindestmaß mit Freiheitsstrafe von einem Jahr oder darüber bedroht sind. Auch **bei Straftaten von erheblicher Bedeutung**, die keine Verbrechen sind, ist die umfassende Übermittlung von Sozialdaten möglich. Diese Ausweitung der Übermittlungsbefugnis gibt die Abgrenzung Verbrechen/Vergehen auf und differenziert nicht anhand einzelner Straftatbestände. Auch die § 98 a Abs 1, 100 g Abs 1 Satz 1 StPO gebrauchen den Begriff der Straftat von erheblicher Bedeutung, sehen allerdings bestimmte (abschließende bzw im Fall des § 100 g iVm § 100 a StPO nicht abschließende) Katalogstraftaten vor. Dies ist bei Abs 1 nicht der Fall. Mit dem Merkmal der Erheblichkeit soll es im Rahmen des Sozialdatenschutzes ermöglicht werden, dass zB in **schweren Betrugsfällen** mit Schadenssummen in Millionenhöhe die vollständige Sozialdatenübermittlung eine umfassende Sachaufklärung im Strafverfahren ermöglicht, obwohl es sich bei dem Delikt nach § 263 Abs 1 iVm § 12 Abs 1 StGB nicht um ein Verbrechen handelt. Ein mögliches Kriterium für die Erheblichkeit ist die Schadenshöhe. **Bagatellfälle** mit sehr geringen Schadenssummen werden von Abs 1 **nicht erfasst** (BT-Drucks 12/6334, 10). Als keine Straftat von erheblicher Bedeutung hat der Hess LfD ein Delikt iSd § 315 c Abs 1 Nr 1 b StGB angesehen (30. Tb des Hess LfD, Ziffer 15.5). Für die Übermittlung von Sozialdaten auf der Grundlage des Abs 1 bedarf es einer **richterlichen Anordnung** gem Abs 3 (Rz 6).

2.2. Kreis der übermittelbaren Sozialdaten bei Vergehen von nicht erheblicher Bedeutung iSd Abs 1 (Abs 2)

4   Für die Aufklärung von Vergehen ohne erhebliche Bedeutung gem Abs 1 ist nach **Abs 2** nur die **Übermittlung** der Angaben **zulässig**, die in § 72 Abs 1 Satz 2 aufgezählt sind (Name und Vorname sowie früher geführte Namen, Geburtsdatum, Geburtsort, derzeitige und frühere Anschriften des Betroffenen sowie Namen und Anschriften seiner derzeitigen und früheren Arbeitgeber; vgl § 72 Rz 6). Zusätzlich erweitert Abs 2 diesen **Katalog** um Angaben über durch den Leistungsträger erbrachte oder demnächst zu erbringende Geldleistungen, was zB zur Aufklärung eines Betrugs notwendig ist (*LG Frankfurt* NJW 1988, 84; *Bittmann* NJW 1988, 3138; *Höfer* in Krahmer Sozialdatenschutz § 73 SGB X Rz 6). Hieraus erklärt sich die Notwendigkeit der Erweiterung nicht abschließend, da Übermittlungen in diesen Fällen dann von § 69 Abs 1 Nr 2 abgedeckt werden können, jedenfalls wenn ein Fall des Leistungsbetrugs vorliegt (vgl § 69 Rz 6). Hintergrund der Regelung ist zumindest auch § 40 Abs 2 Satz 1 StGB, demzufolge das Gericht bei der Verhängung einer Geldstrafe in Tagessätzen die wirtschaftlichen Verhältnisse des Täters zu berücksichtigen hat. Hierbei ist das Gericht auf die Sozialdaten über Geldleistungen angewiesen. **Vergehen** sind nach § 12 Abs 2 StGB rechtswidrige Taten, die im Mindestmaß mit einer geringeren Freiheitsstrafe als einem Jahr oder mit Geldstrafe bedroht sind. Auch für

Übermittlungen in Zusammenhang mit der Aufklärung einer Straftat nach § 138 StGB ist Abs 2 einschlägig (aA *Höfer* in Krahmer Sozialdatenschutz § 73 SGB X Rz 6). § 71 Abs 1 Satz 1 Nr 1 gilt nur insoweit, als die Ausführung oder der Erfolg der in § 138 StGB aufgezählten Delikte noch abgewendet werden können.

Soweit das Strafverfahren mit der Erfüllung einer Aufgabe des Leistungsträgers zusammenhängt, gilt § 69 Abs 1 Nr 2 (vgl § 69 Rz 6). § 73 ist nicht lex specialis zu § 69, da beide Normen unterschiedliche Sachverhalte regeln (*Kunkel* GK-SGB VIII § 61 Rz 168). Abs 2 iVm § 72 Abs 1 Satz 2 gilt in diesem Fall nicht. Gleichfalls ist die Anordnung nach Abs 3 entbehrlich. **5**

2.3. Richterliche Anordnung (Abs 3)

Entsprechend **Abs 3** bedarf die Anordnung einer Übermittlung nach Abs 1 oder Abs 2 **immer** einer **richterlichen Anordnung** (vgl zur „Justizfestigkeit" des Sozialgeheimnisses § 68 Rz 4). **Keine Anordnungsbefugnis** hat die **StA** oder deren Hilfsbeamte nach § 152 Abs 1 GVG (vgl einerseits BT-Drucks 8/4022, 86; andererseits BT-Drucks 8/4216, 5). Die Erschwerung der staatsanwaltschaftlichen Ermittlungstätigkeit nimmt die Norm in Kauf (*LG Hamburg* NJW 1984, 1570; *Schnapp/Düring* NJW 1988, 738 [741]; vgl bereits § 69 Rz 6). Die StA kann ein Ersuchen um die Übermittlung von Sozialdaten über § 162 StPO iVm Abs 3 durchsetzen. Beh und Beamten des Polizeidienstes gegenüber besteht nach den §§ 161 Abs 1 Satz 2, 163 Abs 1 StPO keine Übermittlungsbefugnis. An die **Entscheidung des Gerichts** sind die Sozialleistungsträger **gebunden**. Das betrifft auch die Bewertung, ob im Rahmen des Abs 1 eine Straftat von erheblicher Bedeutung vorliegt. Bei seiner Entscheidung hat der Richter zu prüfen, ob die Übermittlung erforderlich ist. Weiterhin hat die Entscheidung dem Verhältnismäßigkeitsgrundsatz Rechnung zu tragen (vgl BT-Drucks 8/4022, 86). Die Grenzen des § 76 für besonders schutzwürdige Sozialdaten sind zu beachten. Anders als nach § 68 Abs 1 Satz 1 kommt es allerdings weder bei Abs 1 noch bei Abs 2 darauf an, ob durch die Übermittlung schutzwürdige Interessen des Betroffenen beeinträchtigt werden. Dem Leistungsträger steht gegen die an ihn gerichtete Anordnung das **Rechtsmittel der Beschwerde** nach § 304 StPO zu. Ist mit der Anordnung etwa die Beschlagnahme von Akten aufgegeben, so entfaltet die Beschwerde gem § 307 Abs 1 StPO keine Vollzugshemmung. Eine solche kann nur nach § 307 Abs 1 StPO erreicht werden. **6**

2.4. Bei Übermittlungen zu beachtende Vorschriften

Im Rahmen der Vorschrift gilt § 78 Abs 1. Die Sozialdaten dürfen von dem jew Übermittlungsempfänger nur zu dem **Zweck** verwendet werden, für den sie ihm **befugt übermittelt** worden sind (vgl § 78 Rz 3 ff). **7**

§ 74 Übermittlung bei Verletzung der Unterhaltspflicht und beim Versorgungsausgleich

(1) [1]Eine Übermittlung von Sozialdaten ist zulässig, soweit sie erforderlich ist
1. für die Durchführung
   a) eines gerichtlichen Verfahrens oder eines Vollstreckungsverfahrens wegen eines gesetzlichen oder vertraglichen Unterhaltsanspruchs oder eines an seine Stelle getretenen Ersatzanspruchs oder

   b) eines Verfahrens über den Versorgungsausgleich nach § 220 des Gesetzes über das Verfahren in Familiensachen und in den Angelegenheiten der freiwilligen Gerichtsbarkeit oder

2. für die Geltendmachung

   a) eines gesetzlichen oder vertraglichen Unterhaltsanspruchs außerhalb eines Verfahrens nach Nummer 1 Buchstabe a, soweit der Betroffene nach den Vorschriften des bürgerlichen Rechts, insbesondere nach § 1605 oder nach § 1361 Absatz 4 Satz 4, § 1580 Satz 2, § 1615 a oder § 1615 l Absatz 3 Satz 1 in Verbindung mit § 1605 des Bürgerlichen Gesetzbuchs, zur Auskunft verpflichtet ist, oder

   b) eines Ausgleichsanspruchs im Rahmen des Versorgungsausgleichs außerhalb eines Verfahrens nach Nummer 1 Buchstabe b, soweit der Betroffene nach § 4 Absatz 1 Satz 1 des Versorgungsausgleichsgesetzes zur Auskunft verpflichtet ist, oder

3. für die Anwendung der Öffnungsklausel des § 22 Nummer 1 Satz 3 Buchstabe a Doppelbuchstabe bb Satz 2 des Einkommensteuergesetzes auf eine im Versorgungsausgleich auf die ausgleichsberechtigte Person übertragene Rentenanwartschaft, soweit die ausgleichspflichtige Person nach § 22 Nummer 1 Satz 3 Buchstabe a Doppelbuchstabe bb Satz 2 des Einkommensteuergesetzes in Verbindung mit § 4 Absatz 1 des Versorgungsausgleichsgesetzes zur Auskunft verpflichtet ist.

[2]In den Fällen der Nummern 2 und 3 ist eine Übermittlung nur zulässig, wenn der Auskunftspflichtige seine Pflicht, nachdem er unter Hinweis auf die in diesem Buch enthaltene Übermittlungsbefugnis der in § 35 des Ersten Buches genannten Stellen gemahnt wurde, innerhalb angemessener Frist, nicht oder nicht vollständig erfüllt hat. [3]Diese Stellen dürfen die Anschrift des Auskunftspflichtigen zum Zwecke der Mahnung übermitteln.

(2) Eine Übermittlung von Sozialdaten durch die Träger der gesetzlichen Rentenversicherung und durch die Träger der Grundsicherung für Arbeitsuchende ist auch zulässig, soweit sie für die Erfüllung der nach § 5 des Auslandsunterhaltsgesetzes der zentralen Behörde (§ 4 des Auslandsunterhaltsgesetzes) obliegenden Aufgaben und zur Erreichung der in den §§ 16 und 17 des Auslandsunterhaltsgesetzes bezeichneten Zwecke erforderlich ist.

1. Allgemeines

1 Die Vorschrift erlaubt die Übermittlung von Sozialdaten eines familienrechtlich zum Unterhalt oder zum Ausgleich Verpflichteten im Zusammenhang mit den einschlägigen Gerichts- oder Vollstreckungsverfahren, um die Verwirklichung der Ansprüche des Unterhalts- oder Ausgleichsberechtigten zu sichern. Sie beruht auf dem Gedanken, dass Unterhaltsleistungen in ihrer sozialen Funktion den Sozialleistungen, bei denen an die Stelle der Familie die Versichertengemeinschaft oder der Staat tritt, vergleichbar sind. Ähnlich wie § 48 SGB I soll

die Regelung die Bedürftigkeit von Unterhaltsberechtigten vermeiden (BT-Drucks 8/4022, 86).

2. Erläuterungen

2.1. Übermittlung von Sozialdaten an ein Gericht (Satz 1 Nr 1)

Zum Begriff der Sozialdaten vgl § 67 Rz 2 ff. Zum Begriff der Übermittlung vgl § 67 Rz 14. Adressaten der Vorschrift sind die Stellen iSd § 35 Abs 1 SGB I (vgl § 67 Rz 5). Die Vorschrift ist auch auf Betriebs- oder Geschäftsgeheimnisse (§ 35 Abs 4 SGB I iVm § 67 Abs 1 Satz 2) anwendbar (vgl § 67 Rz 7).   **2**

Satz 1 Nr 1 a erlaubt in Fällen der Verletzung der gesetzl oder einer vertraglichen Unterhaltspflicht für den Zweck der Durchführung eines gerichtlichen Verfahrens oder eines Vollstreckungsverfahrens die Übermittlung von Sozialdaten des Unterhaltsverpflichteten. Die Norm gilt **nicht** in **Strafverfahren** wegen einer Verletzung der Unterhaltspflicht nach § 170 StGB, für das § 73 einschlägig ist (*LG Hamburg* NJW 1984, 1570 [1571]; *Bittmann* NJW 1988, 3138 [3139]; *Borchert* in GK-SGB X 2 § 74 Rz 8; *Steinmeyer* in Wannagat SGB X/2 § 74 Rz 14; aA *LG Stade* MDR 1981, 960). Als **gesetzl Unterhaltsansprüche** kommen diejenigen zwischen Ehegatten (§§ 1360 bis 1360 b BGB), zwischen getrennt lebenden Ehegatten (§ 1361 BGB), zwischen geschiedenen Ehegatten (§§ 1569 bis 1586 b BGB) und zwischen Verwandten in gerader Linie (§§ 1601 bis 1615 o BGB) in Betracht. Ein **vertraglicher Unterhaltsanspruch** kann sich aus einer Vereinbarung gem § 1585 c BGB ergeben (vgl zur Einbeziehung des § 1585 c BGB BT-Drucks 8/4216, 6). Gleiches gilt für einen an die Stelle der genannten Ansprüche getretenen Ersatzanspruch. Dies ist der Anspruch nach § 844 Abs 2 BGB (BT-Drucks 8/4022, 86).   **3**

Nr 1 b erklärt die Sozialdatenübermittlung in dem jew **Versorgungsausgleichsverfahren** für zulässig (vgl §§ 1587 ff BGB).   **4**

In den Fällen von Satz 1 Nr 1 a und b ist **auskunftsberechtigt** jeweils nur das **Gericht** (BT-Drucks 8/4022, 86). Die Zulässigkeit der Sozialdatenübermittlung ist begrenzt durch den **Erforderlichkeitsgrundsatz**. Bei Nr 1 a folgt daraus eine Beschränkung der zulässigen Sozialdatenübermittlung auf die Einkommensverhältnisse des Unterhaltsverpflichteten. Nr 1 b befugt zur Sozialdatenübermittlung in Entsprechung mit den in § 11 Abs 2 VAHRG, § 53 b Abs 2 FGG genannten Auskünften lediglich über Grund und Höhe der Versorgungsanwartschaften.   **5**

2.2. Übermittlung von Sozialdaten an Privatpersonen (Satz 1 Nr 2)

Nr 2 und **Nr 3** lassen eine Sozialdatenübermittlung an Privatpersonen zu. Voraussetzung ist, dass der **Betroffene** (vgl § 67 Abs 1 Satz 1) als Unterhalts- oder Ausgleichsverpflichteter nach den in Nr 2 a, Nr 2 b bzw Nr 3 aufgezählten Vorschriften **auskunftspflichtig** ist. Der Betroffene muss gem **Satz 2** unter Hinweis auf die Übermittlungsbefugnis der in § 35 SGB I genannten Stellen nach § 74 **gemahnt** worden sein und darf seine Auskunftspflicht innerhalb angemessener Frist nicht oder nicht vollständig erfüllt haben. Die angemessene Frist ist nach den Umständen des Einzelfalls zu bemessen. In der Regel liegt die Angemessenheit bei einer Dauer von etwa 6 Wochen (*Krahmer* in Giese/Krahmer SGB X § 74 Rz 7).   **6**

Gem **Satz 3** darf dem Auskunftsberechtigten die **Anschrift** des **Auskunftspflichtigen** zum Zweck der Mahnung übermittelt werden. Denn häufig tritt der Fall ein, dass dem Auskunftsberechtigten die Anschrift des Auskunftspflichtigen   **7** nicht bekannt ist. Der Gesetzgeber hat die Regelung eingefügt, um den Auskunftsberechtigten in die Lage zu versetzen, die erforderliche Mahnung vorzunehmen (vgl BT-Drucks 12/5187, 39).

2.3. Übermittlung von Sozialdaten an die zentrale Behörde nach dem AUG

8 Die in den §§ 16, 17 AUG der zentralen Behörde eingeräumte Auskunftsbefugnis erforderte eine korrespondierende Ermächtigungsvorschrift im Zweiten Kapitel. Diese hat der Gesetzgeber mit **Abs 2** geschaffen (vgl BT-Drucks 17/4887, 53). Zentrale Behörde ist nach § 4 Abs 1 Satz 1 AUG das Bundesamt für Justiz.

2.4. Bei Übermittlungen zu beachtende Vorschriften

9 Es gilt § 78 Abs 1. Die Sozialdaten dürfen von dem jew Übermittlungsempfänger nur zu dem **Zweck** verwendet werden, für den sie ihm **befugt übermittelt** worden sind (vgl § 78 Rz 3 ff).

§ 74 a Übermittlung zur Durchsetzung öffentlich-rechtlicher Ansprüche und im Vollstreckungsverfahren

(1) [1]Zur Durchsetzung von öffentlich-rechtlichen Ansprüchen in Höhe von mindestens 500 Euro dürfen im Einzelfall auf Ersuchen Name, Vorname, Geburtsdatum, Geburtsort, derzeitige Anschrift des Betroffenen, sein derzeitiger oder zukünftiger Aufenthaltsort sowie Namen, Vornamen oder Firma und Anschriften seiner derzeitigen Arbeitgeber übermittelt werden, soweit kein Grund zu der Annahme besteht, dass dadurch schutzwürdige Interessen des Betroffenen beeinträchtigt werden, und wenn das Ersuchen nicht länger als sechs Monate zurückliegt. [2]Die ersuchte Stelle ist über § 4 Abs. 3 hinaus zur Übermittlung auch dann nicht verpflichtet, wenn sich die ersuchende Stelle die Angaben auf andere Weise beschaffen kann. [3]Satz 2 findet keine Anwendung, wenn das Amtshilfeersuchen zur Durchführung einer Vollstreckung nach § 66 erforderlich ist.

(2) [1]Zur Durchführung eines Vollstreckungsverfahrens, dem zu vollstreckende Ansprüche von mindestens 500 Euro zugrunde liegen, dürfen die Träger der gesetzlichen Rentenversicherung im Einzelfall auf Ersuchen des Gerichtsvollziehers die derzeitige Anschrift des Betroffenen, seinen derzeitigen oder zukünftigen Aufenthaltsort sowie Namen, Vornamen oder Firma und Anschriften seiner derzeitigen Arbeitgeber übermitteln, soweit kein Grund zu der Annahme besteht, dass dadurch schutzwürdige Interessen des Betroffenen beeinträchtigt werden und das Ersuchen nicht länger als sechs Monate zurückliegt. [2]Die Träger der gesetzlichen Rentenversicherung sind über § 4 Abs. 3 hinaus zur Übermittlung auch dann nicht verpflichtet, wenn sich die ersuchende Stelle die Angaben auf andere Weise beschaffen kann. [3]Die Übermittlung ist nur zulässig, wenn

1. der Schuldner seiner Pflicht zur Abgabe der Vermögensauskunft nach § 802 c der Zivilprozessordnung nicht nachkommt,

2. bei einer Vollstreckung in die in der Vermögensauskunft aufgeführten Vermögensgegenstände eine vollständige Befriedigung des Gläubigers voraussichtlich nicht zu erwarten wäre oder

3. die Anschrift oder der derzeitige oder zukünftige Aufenthaltsort des Schuldners trotz Anfrage bei der Meldebehörde nicht bekannt ist.

⁴Der Gerichtsvollzieher hat in seinem Ersuchen zu bestätigen, dass diese Voraussetzungen vorliegen.

1. Allgemeines

Am 1.1.2013 ist Art 4 des G zur **Reform der Sachaufklärung in der Zwangsvollstreckung** vom 29.7.2009 (BGBl I 2258) in Kraft getreten. Die Regelungen, die die Durchsetzung von Forderungen zum Gegenstand haben, werden nunmehr im Rahmen der **Neuregelung** in § 74a zusammengefasst. Die Datenübermittlung in Zusammenhang mit der Durchsetzung **öffentlich-rechtlicher Ansprüche** ist aus § 68 herausgefallen und wird jetzt in § 74a Abs 1 geregelt. **1**

2. Erläuterungen

2.1. Durchsetzung öffentlich-rechtlicher Ansprüche (Abs 1)

Inhaltlich ergeben sich für die Datenübermittlung zur Durchsetzung öffentlich-rechtlicher Forderungen in § 74a Abs 1 gegenüber § 68 Abs 1 Satz 1 aF **keine durchgreifenden Änderungen**, allerdings ist die bereits in § 39 StVG enthaltene Grenze von 500 Euro einheitlich für alle Auskünfte nach § 74a übernommen worden. Der Katalog der Sozialdaten, deren Übermittlung gem § 74a Abs 1 zulässig bleiben wird, ist mit der Aufzählung in § 68 Abs 1 Satz 1 nF wörtlich und der Aufzählung in § 68 Abs 1 aF nahezu deckungsgleich. Eine tatsächliche Erweiterung der Übermittlungsbefugnisse beinhaltet die Erwähnung des Vornamens und der Firma des derzeitigen Arbeitgebers – bislang war in § 68 Abs 1 Satz 1 aF lediglich die Rede von dem „Namen" des derzeitigen Arbeitgebers – nicht. **2**

Die Datenübermittlung muss der Durchsetzung öff-rechtl Ansprüche im Sinne einer Geldforderung dienen. Dies sind solche Forderungen, die ihren **Rechtsgrund im öffentlichen Recht** haben. Hierunter fallen Abgabeforderungen, Ausgleichsforderungen, Zwangsgelder, Geldbußen ebenso wie Forderungen aus öff-rechtl Verträgen (vgl *Bieresborn* in von Wulffen/Schütze § 74a Rz 6 mwN). Geldforderungen, die aus einer rein **fiskalischen Tätigkeit** einer Behörde resultieren, fallen nicht hierunter und rechtfertigen dementsprechend keine Datenübermittlung. **3**

Die Durchsetzung von Ansprüchen beinhaltet alle Maßnahmen zur Geltendmachung, Sicherung und Vollstreckung sowohl bei der Erhebung als auch bei der Beitreibung des Anspruchs und erstreckt sich auch auf das Verfahren der Zwangsvollstreckung (*Bieresborn* in von Wulffen/Schütze § 74a Rz 5). **4**

Zu den **weiteren Voraussetzungen der Übermittlungsbefugnis** und deren Begrenzungen gelten die Erläuterungen zu § 68 Abs 1 (vgl § 68 Rz 3-10). **5**

2.2. Durchführung eines Vollstreckungsverfahrens (Abs 2)

Als Neuerung ergibt sich aus § 74a Abs 2, dass nunmehr auch zur Vollstreckung **zivilrechtlicher Ansprüche** Sozialdaten übermittelt werden dürfen. Es besteht eine entsprechende Befugnis der Träger der gesetzlichen Rentenversicherung, im Einzelfall und auf Ersuchen des Gerichtsvollziehers Sozialdaten zur **6**

Durchführung eines Vollstreckungsverfahrens, dem Ansprüche in Höhe von mindestens 500 Euro zugrunde liegen, zu übermitteln.

7   Der Kreis der Sozialdaten, die in diesem Zusammnehang übermittelt werden dürfen, ist hier aber enger als in § 74 a Abs 1; so wird die Übermittlung des Geburtsdatums und des Geburtsorts nicht zugelassen. Die Gesetzesbegründung verweist zu § 74 a Abs 2 darauf, dass im Interesse der „Erforderlichkeit und Angemessenheit des Grundrechtseingriffs" inhaltlich genau zu fassen sei, welche Sozialdaten auf Ersuchen des Gerichtsvollziehers übermittelt werden dürfen (BT-Drucks 16/13432, 59). Diese Begründung ist für den in § 74 a Abs 2 gegenüber § 74 a Abs 1 reduzierten Katalog allerdings nicht durchgreifend. Denn grundrechtliche Bedeutung und Schutzbedürfnis sind für den Betroffenen bei der Vollstreckung eines öffentlich-rechtlichen Anspruchs nicht geringer als bei der Vollstreckung einer zivilrechtlichen Forderung. Überdies ist die **Herausnahme des Geburtsnamens und des Geburtsorts** aus dem Katalog übermittlungsfähiger Sozialdaten in § 74 a Abs 2 gegenüber § 74 a Abs 1 **nicht praxisgerecht**, da dies den Vollstreckungsschuldner eindeutig individualisierende Informationen sind, deren Kenntnis für den Gläubiger regelmäßig bedeutsam ist. Im Ergebnis privilegiert der Staat **in systemwidriger Weise** die Zwangsvollstreckung aus seinen Forderungen gegenüber der Zwangsvollstreckung aus Forderungen Privater sogar, wenn die Übermittlung der Angaben zu Geburtsnamen und Geburtsort im Rahmen des § 74 a Abs 2 nicht zugelassen wird.

8   Hintergrund der in Abs 2 a geregelten Übermittlungsbefugnis ist die datenschutzrechtliche **Absicherung zivilprozessualer Auskunftsansprüche des Gerichtsvollziehers**. Der Gerichtsvollzieher ist gem § 755 Abs 2 S 1 Nr 2 ZPO berechtigt, zur Ermittlung des Aufenthaltsortes eines Schuldners bei den Rentenversicherungsträgern die Anschrift, den derzeitigen oder den zukünftigen Aufenthaltsort des Schuldners zu erheben. Dem Erhebungsrecht des Gerichtsvollziehers steht aber der Schutz der Sozialdaten des Schuldners gegenüber und damit das Recht des Gerichtsvollziehers nicht leerläuft, ist eine dem Erhebungsrecht korrespondierende Übermittlungsbefugnis der Rentenversicherungsträger erforderlich.

9   Die Voraussetzungen für die Datenübermittlung decken sich zunächst mit den in Abs 1 genannten Voraussetzungen (vgl Rz 5 sowie § 68 Rz 3-10). Weitere Voraussetzungen ergeben sich aus Abs 2 Satz 3. Die Übermittlung ist nur dann zulässig, wenn der Schuldner zusätzlich seiner Pflicht zur Abgabe der Vermögensauskunft nach § 802 c ZPO nicht nachkommt (Abs 2 Satz 3 Nr 1) oder wenn zwar die Vermögensauskunft erteilt wurde, bei einer Vollstreckung in die dort aufgeführten Gegenstände eine vollständige Befriedigung des Gläubigers nicht zu erwarten wäre (Abs 2 Satz 3 Nr 2) oder wenn die Anschrift oder der Aufenthaltsort trotz Anfrage bei der Meldebehörde nicht bekannt ist.

§ 75 Übermittlung von Sozialdaten für die Forschung und Planung

(1) [1]Eine Übermittlung von Sozialdaten ist zulässig, soweit sie erforderlich ist für ein bestimmtes Vorhaben

1. der wissenschaftlichen Forschung im Sozialleistungsbereich oder der wissenschaftlichen Arbeitsmarkt- und Berufsforschung oder

2. der Planung im Sozialleistungsbereich durch eine öffentliche Stelle im Rahmen ihrer Aufgaben

und schutzwürdige Interessen des Betroffenen nicht beeinträchtigt werden oder das öffentliche Interesse an der Forschung oder Planung das Geheimhaltungsinteresse des Betroffenen erheblich überwiegt. [2]Eine Übermittlung ohne Einwilligung des Betroffenen ist nicht zulässig, soweit es zumutbar ist, die Einwilligung des Betroffenen nach § 67 b einzuholen. [3]Angaben über den Familien- und Vornamen, die Anschrift, die Telefonnummer sowie die für die Einleitung eines Vorhabens nach Satz 1 zwingend erforderlichen Strukturmerkmale des Betroffenen können für Befragungen auch ohne Einwilligungen übermittelt werden.

(2) [1]Die Übermittlung bedarf der vorherigen Genehmigung durch die oberste Bundes- oder Landesbehörde, die für den Bereich, aus dem die Daten herrühren, zuständig ist. [2]Die oberste Bundesbehörde kann das Genehmigungsverfahren bei Anträgen von Versicherungsträgern nach § 1 Absatz 1 Satz 1 des Vierten Buches auf das Bundesversicherungsamt übertragen. [3]Die Genehmigung darf im Hinblick auf die Wahrung des Sozialgeheimnisses nur versagt werden, wenn die Voraussetzungen des Absatzes 1 nicht vorliegen. [4]Sie muss

1. den Dritten, an den die Daten übermittelt werden,
2. die Art der zu übermittelnden Sozialdaten und den Kreis der Betroffenen,
3. die wissenschaftliche Forschung oder die Planung, zu der die übermittelten Sozialdaten verwendet werden dürfen, und
4. den Tag, bis zu dem die übermittelten Sozialdaten aufbewahrt werden dürfen,

genau bezeichnen und steht auch ohne besonderen Hinweis unter dem Vorbehalt der nachträglichen Aufnahme, Änderung oder Ergänzung einer Auflage.

(3) Wird die Übermittlung von Daten an nicht-öffentliche Stellen genehmigt, hat die genehmigende Stelle durch Auflagen sicherzustellen, dass die der Genehmigung durch Absatz 1 gesetzten Grenzen beachtet und die Daten nur für den Übermittlungszweck gespeichert, verändert oder genutzt werden.

(4) Ist der Dritte, an den Daten übermittelt werden, eine nicht öffentliche Stelle, gilt § 38 des Bundesdatenschutzgesetzes mit der Maßgabe, dass die Kontrolle auch erfolgen kann, wenn die Daten nicht automatisiert oder nicht in nicht automatisierten Dateien verarbeitet oder genutzt werden.

Literatur:

Gerling: Datenschutzprobleme der Forschung, DuD 1999, 384; *Hase*: Forschung mit Sozialdaten, DuD 2011, 875; *Metschke/Wellbrock*: in Datenschutz in Wissenschaft und Forschung, Berliner Beauftragter für Datenschutz und Informationsfreiheit (Hrsg), 3. Auflage, Berlin 2002.

1. Allgemeines

Die Regelung trägt dem Umstand Rechnung, dass die Entscheidungsträger in allen Bereichen der sozialen Sicherung auf Informationen über das soziale Geschehen angewiesen sind. Aufgrund dessen ermöglicht § 75 eine Lockerung des

Sozialgeheimnisses sowie eine Abweichung vom Zweckbindungsgrundsatz. Im Verhältnis zu § 69 handelt es sich bei der Vorschrift um eine Sonderregelung (so BT-Drucks. 8/4022, 86 in Hinsicht auf die aF der Vorschrift). Abs 1 erlaubt die Übermittlung von ursprünglich nicht für diesen Zweck erhobenen Sozialdaten für Zwecke der wissenschaftlichen Forschung oder der Planung im Sozialleistungsbereich oder der wissenschaftlichen Arbeitsmarkt- und Berufsforschung. Abs 2 flankiert die inhaltlichen Beschränkungen für eine zulässige Übermittlung nach Abs 1 durch das formale Erfordernis einer Genehmigungsregelung. Mit den Absätzen 3 und 4 wird gewährleistet, dass auch bei den Empfängern, die keine öffentlichen Stellen sind, die Datenschutzbestimmungen eingehalten werden.

2. Erläuterungen

2.1. Zulässigkeit der Übermittlung (Abs 1 Satz 1)

2 Zum Begriff der Sozialdaten vgl § 67 Rz 2 ff. Zum Begriff der Übermittlung vgl § 67 Rz 14. Adressaten der Vorschrift sind die Stellen iSd § 35 Abs 1 SGB I (vgl § 67 Rz 5). Die Vorschrift ist auch auf Betriebs- oder Geschäftsgeheimnisse (§ 35 Abs 4 SGB I iVm § 67 Abs 1 Satz 2) anwendbar (vgl § 67 Rz 7).

3 Der Anwendungsbereich der Vorschrift ist nach **Abs 1 Satz 1** eröffnet, wenn die Übermittlung von Sozialdaten für ein bestimmtes **Vorhaben der wissenschaftlichen Forschung** oder der **wissenschaftlichen Arbeits- und Berufsforschung** (Nr 1) oder für ein bestimmtes **Vorhaben der Planung** durch eine öffentliche Stelle (Nr 2) erforderlich ist. Dabei müssen sich Forschung und Planung jeweils auf den Sozialleistungsbereich beziehen. Dem Sozialleistungsbereich ist diejenige Tätigkeit der Leistungsträger zuzurechnen, die sich auf die **Verwirklichung der sozialen Rechte** (§ 2 Abs 1 Satz 1 SGB I) der §§ 3 bis 10 SGB I bezieht.

4 **Wissenschaftliche Forschung** iSv **Nr 1** ist alles, „was nach Inhalt und Form als ernsthafter planmäßiger Versuch zur **Ermittlung der Wahrheit** anzusehen ist". Es ist „die geistige Tätigkeit mit dem Ziel, in methodischer und nachprüfbarer Weise **neue Erkenntnisse** zu gewinnen" (BVerfGE 35, 79 [113]). Die wissenschaftliche Forschung muss sich im Rahmen eines **bestimmten Vorhabens** vollziehen (ebenso § 28 Abs 2 DSG NRW; ohne diese gesetzl Vorgabe § 40 BDSG; vgl insoweit allerdings *Gola/Schomerus* BDSG § 40 Rz 7), was eine generelle Übermittlung für Forschungszwecke ausschließt (BT-Drucks 12/5187, 40). Ausgeschlossen bleibt das bevorratende Sammeln von Sozialdaten (vgl § 67 a Rz 2), um diese lediglich bei Gelegenheit einem wissenschaftlichen Forschungsvorhaben zuzuführen.

5 Nr 1 erfasst lediglich Fälle der **Fremdforschung**, dh Fälle, in denen nicht der Leistungsträger als die verantwortliche Stelle selbst (dann gilt § 67 c Abs 2 Nr 3, weil ein Nutzen der Sozialdaten für Forschung oder Planung von „derselben Stelle" erfolgt) ein wissenschaftliches Vorhaben durchführt (aA *Krahmer* in Giese/Krahmer SGB I und X § 75 SGB X Rz 5.1). Führt der Leistungsträger selbst ein Forschungsvorhaben im Rahmen der **Eigenforschung** (zB durch das der BA angegliederte Institut für Arbeitsmarkt- und Berufsforschung, vgl § 282 Abs 2 Satz 2 SGB III) durch, kann kein Übermittlungstatbestand vorliegen, da dies aufgrund von § 67 Abs 6 Satz 2 Nr 3 die Weitergabe oder die Bekanntgabe der Sozialdaten an einen Dritten oder eine Einsichtnahme bzw ein Abrufen der Sozialdaten durch einen Dritten voraussetzt. Bei dem Dritten kann es sich wegen § 67 Abs 10 Satz 2 nur um eine Person oder Stelle außerhalb der verantwortlichen Stelle handeln. § 67 c Abs 2 Nr 3 würde leerlaufen, wenn § 75 auch die Eigenforschung erfassen würde.

Unter **Planung** iSv **Nr 2** ist die gedankliche Vorwegnahme künftigen Verhaltens **6** einer öffentlichen Stelle aufgrund zu erwartender Entwicklungen im Sozialleistungsbereich zu verstehen (*Krahmer* aaO Rz 5.2). Dies umfasst vor allem die auf die Zukunft bezogene **Bedarfs- und Bereitstellungsplanung** (vgl § 9 SGB XI, § 59 Nr 3 SGB XII). Hinsichtlich der **Fremdplanung** und der **Eigenplanung** gelten die Ausführungen zu Nr 1 (vgl Rz 5) entsprechend (aA auch insoweit *Krahmer* aaO Rz 5.2).

Nr 1 deckt die Übermittlung an öffentliche und nicht-öffentliche Stellen (vgl **7** §§ 67 Abs 11, 81 Abs 3) ab, während Nr 2 lediglich eine Übermittlung an öffentliche Stellen rechtfertigt. Nr 2 ist keine geeignete gesetzliche Grundlage für die Einschaltung eines privaten Inkassounternehmens zum Zwecke des Forderungseinzugs durch BA, auch nicht soweit dieses Verfahren in Modellversuchen erprobt werden soll (20. Tb des BfD, BT-Drucks 15/5252, 161). Eine **Übermittlung** von Sozialdaten für Zwecke der Planung kann auch **spezialgesetzlich ausgeschlossen** sein (vgl § 64 Abs 3 SGB VIII). Der Kreis der im Rahmen von Nr 1 und Nr 2 zulässigerweise zu übermittelnden Daten ist lediglich durch den **Erforderlichkeitsgrundsatz** beschränkt. Auf die Einwilligung des Betroffenen in die Übermittlung kommt es bei Nr 1 und Nr 2 nicht an.

Werden schutzwürdige Belange des Betroffenen beeinträchtigt (vgl § 68 Rz 7), **8** ist nach Satz 1 aE eine Übermittlung nur zulässig, wenn das **öffentliche Interesse** an der Forschung oder Planung das **Geheimhaltungsinteresse** des Betroffenen **erheblich überwiegt**. Ein überwiegendes öffentliches Interesse ist zB gegeben, wenn ohne die Übermittlung ein Forschungs- oder Planungsvorhaben unmöglich würde, dessen Ergebnisse für die Erfüllung der Aufgaben der übermittelnden Stelle notwendig sind.

2.2. Vorrang der Einholung einer Einwilligung und Ausschluss dieses Vorrangs für Befragungen (Abs 1)

Weiter beinhaltet **Satz 2** eine Ausprägung des **Verhältnismäßigkeitsgrundsatzes** **9** (Grundsatz des mildesten Mittels). In erster Linie muss die **Einwilligung des Betroffenen** eingeholt werden und es müssen **alternative Wege** geprüft werden, den Forschungs- oder Planungszweck zu erreichen. Nur wenn die Einholung der Einwilligung des Betroffenen unter Berücksichtigung des mit der Datenübermittlung verfolgten Zweckes nicht zumutbar ist, darf eine Übermittlung auch ohne die Einwilligung des Betroffenen erfolgen. Anders als nach dem durch Art. 10 TarifautonomiestärkungsG vom 11.8.2014 (BGBl I 1348) gestrichenen zweiten HS des Satz 2 rechtfertigt die Unzumutbarkeit der anderweitigen Erreichung des Zweckes der Forschung oder Planung den Verzicht auf die Einwilligung des Betroffenen nicht mehr. Soweit eine **Anonymisierung** (vgl § 67 Abs 8) der Sozialdaten durchgeführt wird, ist für eine Anwendung des § 75 „kein Raum" mehr (so BT-Drucks. 8/4022, 86 in Hinsicht auf die aF der Vorschrift). Nach § 78 b Satz 2 ist die **Anonymisierung** als Ausprägung des Grundsatzes der Datensparsamkeit im Rahmen von Satz 2 aE **geboten** (vgl auch die Regelungen in § 40 Abs 2 Satz 1 BDSG, § 28 DSG NRW). Nicht anwendbar ist § 75 daher im Fall des § 287 Abs 2 SGB V, in dem spezialgesetzlich die Anonymisierung von Sozialdaten bei Forschungsvorhaben angeordnet ist. **Nicht immer** ist die Anonymisierung **möglich**. So gibt es in psychologischen Forschungsvorhaben Daten, die nicht oder nur sehr schwer zu anonymisieren sind, zB Bildaufzeichnungen (*Gerling* DuD 1999, 384 [385]). Die Anonymisierung nach

§ 67 Abs 8 hebt den Bezug eines jeden Datums zu einer bestimmten oder bestimmbaren Person auf (vgl § 67 Rz 18). Es liegen begrifflich keine Sozialdaten mehr iSd § 67 Abs 1 Satz 1 vor.

Nach **Satz 3** ist für die Angaben über den Familien- und Vornamen, die Anschrift und die Telefonnummer eine Übermittlung für Befragungen auch ohne Einwilligung zulässig. Gleiches gilt für die Strukturmerkmale des Betroffen, die für die Einleitung eines Vorhabens zwingend erforderlich sind. Der Gesetzgeber hat in dem Erfordernis einer Einwilligung „das erhebliche Risiko" von „frühzeitigen Selektivitäten" im Hinblick auf die Übermittlung von Kontaktdaten für Befragungen gesehen (BT-Drucks 18/1558). Daher sind die in Satz 3 enumerativ genannten Angaben einwilligungsfrei gestellt.

2.3. Genehmigungserfordernis (Abs 2)

10   **Abs 2 Satz 1** statuiert als weitere Voraussetzung einer zulässigen Übermittlung nach Abs 1 ein Genehmigungserfordernis für den jew Übermittlungsvorgang. Das Vorliegen der Genehmigung einer zuständigen obersten Bundes- oder Landesbehörde soll sicherstellen, dass eine **Übermittlung** nach Abs 1 ein **Ausnahmetatbestand** bleibt, dessen Voraussetzungen in jedem Einzelfall sorgfältig zu prüfen sind (so BT-Drucks. 8/4022, 87 in Hinsicht auf die aF der Vorschrift). Gem Abs 2 Satz 2 kann die oberste Bundesbehörde bei Übermittlungsanträgen von VersTrägern iSv § 1 Abs 1 Satz 1 SGB IV das Genehmigungsverfahren auf das Bundesversicherungsamt übertragen. Die Genehmigung muss die in **Satz 4 Nr 1 bis 4** aufgezählten Angaben genau bezeichnen und steht unter dem Vorbehalt der nachträglichen Aufnahme, Änderung oder Ergänzung einer Auflage, ohne dass insoweit ein besonderer Hinweis erfolgen müsste. Nach **Satz 3** darf die Genehmigung nur versagt werden, wenn die Voraussetzungen des Abs 1 nicht vorliegen. Durch diese **Ermessensbeschränkung** soll vermieden werden, dass die jew politische Spitze über die Genehmigung mittelbar auf die Inhalte der Forschung oder Planung Einfluss nimmt (so BT-Drucks. 8/4022, 87 in Hinsicht auf die aF der Vorschrift). Forscher und Planer haben einen **Rechtsanspruch** auf die Erteilung einer **Genehmigung**, den sie mit einer Verpflichtungsklage (§ 42 VwGO) durchsetzen können (*Kunkel* GK-SGB VIII Rz 185 mwN auch zur Gegenauffassung).

2.4. Auflagen bei Übermittlungen an nicht-öffentliche Stellen (Abs 3)

11   Abs 3 ist einschlägig nur für Übermittlungen nach Abs 1 Nr 1, da Abs 1 Nr 2 nur Übermittlungen an öffentliche Stellen zulässt, Abs 3 sich aber lediglich auf Übermittlungen an nicht-öffentliche Stellen bezieht. Als nicht-öffentliche Stellen kommen etwa **private Forschungseinrichtungen** in Betracht. Da diese als Dritte, an die Sozialdaten übermittelt werden, ggf Adressaten einer Auflage entsprechend Abs 2 Satz 2 sind, müssen sie auch Antragsteller für eine Genehmigung sein (BT-Drucks 12/5187, 40). Soweit mit der Auflage sichergestellt werden soll, dass die Sozialdaten „nur für den Übermittlungszweck gespeichert, verändert oder genutzt werden", gilt dies ohnehin wegen § 78 Abs 1 Satz 1. Einer **Auflage** bedürfte es insoweit **anordnungstechnisch nicht**. Die Funktion der Auflage ist vor diesem Hintergrund eher als hinweisend und warnend zu verstehen. Zudem kann sie über § 78 Abs 1 Satz 1 hinausgehende Regelungen treffen.

2.5. Kontrollen bei Übermittlungen an nicht-öffentliche Stellen (Abs 4)

Wie Abs 3 ist auch **Abs 4** nur für Übermittlungen an nicht-öffentliche Stellen **12** einschlägig. Mit der Abweichung von § 38 Abs 1 Satz 1 BDSG, demzufolge sich die aufsichtsbehördliche Kontrolle nur auf die automatisierte Verarbeitung (vgl § 67 Abs 3 Satz 1, § 3 Abs 2 Satz 1 BDSG) personenbezogener Daten oder die Verarbeitung oder Nutzung personenbezogener Daten in oder aus automatisierten Dateien erstreckt, kann die Kontrolle nach Abs 3 iVm § 38 BDSG auch dann erfolgen, wenn die Sozialdaten nicht automatisiert oder nicht in nicht automatisierten Dateien (vgl § 67 Rz 9) verarbeitet oder genutzt werden. Dies dehnt die **Kontrollbefugnis** im Verhältnis zu § 38 Abs 1 Satz 1 BDSG erweiternd auf die Fälle aus, in denen **Sozialdaten „händisch" verarbeitet oder genutzt** werden oder in denen die Verarbeitung oder Nutzung nicht im Rahmen der systematischen Strenge einer nicht automatisierten Datei erfolgt. Auch die Anordnungsbefugnis der Aufsichtsbehörde im Rahmen des § 38 Abs 5 BDSG wird entsprechend erweitert. Die Länder haben entsprechen § 38 Abs 6 BDSG **Aufsichtsbehörden** eingerichtet (vgl BfD-Info 1: BDSG, 142 ff; *Gola/Schomerus* BDSG § 38 Rz 29).

Im Rahmen der Aufsicht nach Abs 4 iVm § 38 BDSG bestehen ua folgende **13** Pflichten einer der Kontrolle unterliegenden Stelle bzw folgende **Befugnisse** der jew **Aufsichtsbehörde** (vgl ausführlich *Gola/Schomerus* BDSG § 38 Rz 22 ff): Die Stellen sowie die mit deren Leitung beauftragten Personen der Aufsichtsbehörde haben auf Verlangen die für die Erfüllung ihrer Aufgaben erforderlichen Auskünfte unverzüglich zu erteilen (Abs 4 iVm § 38 Abs 3 BDSG). Die von der Aufsichtsbehörde mit der Kontrolle beauftragten Personen sind befugt, soweit erforderlich, während der Betriebs- und Geschäftszeiten Grundstücke und Geschäftsräume der Stelle zu betreten und dort Prüfungen und Besichtigungen vorzunehmen. Der **Auskunftspflichtige** hat diese **Maßnahmen zu dulden** (Abs 4 iVm § 38 Abs 4 BDSG). Die Aufsichtsbehörde kann anordnen, dass im Rahmen der Anforderungen nach § 9 BDSG (hier gilt § 78 a) Maßnahmen zur Beseitigung festgestellter technischer oder organisatorischer Mängel getroffen werden (Abs 4 iVm § 38 Abs 5 BDSG).

Es verbleibt bei den **aufsichtsrechtlichen Zuständigkeiten** nach Maßgabe des **14** § 38 Abs 6 BDSG. Die Aufgabe der Kontrolle und Überwachung ist den **Bundesländern** übertragen, die die entsprechenden Beh eingerichtet haben (vgl die Auflistung in BfD-INFO 2: Der Bürger und seine Daten, 99 ff).

§ 76 Einschränkung der Übermittlungsbefugnis bei besonders schutzwürdigen Sozialdaten

(1) Die Übermittlung von Sozialdaten, die einer in § 35 des Ersten Buches genannten Stelle von einem Arzt oder einer anderen in § 203 Abs. 1 und 3 des Strafgesetzbuches genannten Person zugänglich gemacht worden sind, ist nur unter den Voraussetzungen zulässig, unter denen diese Person selbst übermittlungsbefugt wäre.

(2) Absatz 1 gilt nicht

1. im Rahmen des § 69 Abs. 1 Nr. 1 und 2 für Sozialdaten, die im Zusammenhang mit einer Begutachtung wegen der Erbringung von Sozialleistungen oder wegen der Ausstellung einer Bescheinigung übermittelt worden sind, es sei denn, dass der Betroffene der Übermittlung widerspricht; der Betroffene ist von der verantwortlichen Stelle zu Beginn des Verwaltungsverfah-

rens in allgemeiner Form schriftlich auf das Widerspruchsrecht hinzuweisen,

2. im Rahmen des § 69 Abs. 4 und 5 und des § 71 Abs. 1 Satz 3,

3. im Rahmen des § 94 Abs. 2 Satz 2 des Elften Buches Sozialgesetzbuch.

(3) Ein Widerspruchsrecht besteht nicht in den Fällen des § 279 Abs. 5 in Verbindung mit § 275 Abs. 1 bis 3 des Fünften Buches.

Literatur:

Casselmann/Gundlach: Sozialgeheimnis und rechtfertigender Notstand, SGb 1981, 92; *Heyers/Heyers*: Arzthaftung – Schutz von digitalen Patientendaten, MDR 2001, 1209; *Maier*: Die Sphinx des Sozialgeheimnisses bei besonders schutzwürdigen personenbezogenen Daten, SGb 1983, 89.

1. Allgemeines

1   Mit § 76 werden nach den einschlägigen Bestimmungen der §§ 67 d ff an sich zulässige Übermittlungen von Sozialdaten eingeschränkt. Abs 1 begründet einen „verlängerten Geheimnisschutz" (*Schatzschneider* MDR 1982, 6 [9]). Angaben, die der jew Stelle von einem Arzt oder einer sonstigen nach dem StGB zur besonderen Geheimhaltung verpflichteten Person zugänglich gemacht worden sind, dürfen nur übermittelt werden, wenn der Arzt oder der jew Geheimnisträger sie selbst hätte übermitteln dürfen. Abs 2 trifft für bestimmte Fallgestaltungen eine Ausnahme von diesem Übermittlungsverbot. Ärztliche Sozialdaten dürfen nach Abs 2 Nr 1 übermittelt werden, wenn sie in Zusammenhang mit einer Begutachtung (zB durch den MDK) wegen der Erbringung von Sozialleistungen oder wegen der Ausstellung einer Bescheinigung zugänglich gemacht worden sind. Der Betroffene verfügt im Rahmen von Abs 2 Nr 1 über ein Widerspruchsrecht, auf das er schriftlich hinzuweisen ist. Ein derartiges Widerspruchsrecht sehen Abs 2 Nr 2 und Nr 3 nicht vor. Es besteht auch nicht in der von Abs 3 erfassten Fallgestaltung.

2. Erläuterungen
2.1. Verhältnis zu § 203 StGB (Abs 1)

2   Zum Begriff der Sozialdaten vgl § 67 Rz 2 ff. Zum Begriff der Übermittlung vgl § 67 Rz 14. Adressaten der Vorschrift sind die Stellen iSd § 35 Abs 1 SGB I (vgl § 67 Rz 5). Die Vorschrift ist für **Betriebs- oder Geschäftsgeheimnisse** (§ 35 Abs 4 SGB I iVm § 67 Abs 1 Satz 2; vgl § 67 Rz 7) **kaum von Bedeutung,** da sie nur auf natürliche Personen und deren gesundheitsbezogenen Sozialdaten anwendbar ist.

3   **Abs 1** legt aufgrund seines Verhältnisses zu § 203 StGB das Durchlaufen folgender **Prüfungsschritte** nahe:

1. Erfolgte die Kenntniserlangung der in § 35 Abs 1 SGB I genannten Stelle von dem zur Übermittlung vorgesehenen Sozialdatum durch einen Arzt oder einem anderen Träger eines Berufsgeheimnisses nach § 203 Abs 1 StGB (vgl Rz 4)? War dieses Sozialdatum dem Träger eines Berufsgeheimnisses anvertraut oder sonst bekannt geworden iSd § 203 Abs 1 aE StGB (vgl Rz 5)? Wurden die Sozialdaten dem Leistungsträger zugänglich gemacht (vgl Rz 6)?
2. Liegt ein Fall des § 69 Abs 1 Nr 1 und 2 vor, in dem Gutachtendaten zur Übermittlung vorgesehen sind und hat der Betroffene nicht widersprochen (vgl Rz 11 ff)? Soll die Übermittlung im Rahmen des § 69 Abs 4 und 5 (vgl Rz 14) oder liegt ein Fall der Archivübermittlung vor (vgl Rz 15)?
3. Liegt eine wirksame Einwilligung des Betroffenen in die Übermittlung vor (vgl Rz 8)? Besteht eine vorrangige gesetzl Mitteilungspflicht (vgl Rz 9)? Handelt es sich um einen Fall des rechtfertigenden Notstands nach § 34 StGB und liegt damit eine fiktive strafrechtliche Offenbarungsbefugnis vor (vgl Rz 10)?

2.2. Zur Geheimhaltung verpflichtete Personen (Abs 1)

Abs 1 nennt aus dem Kreis der nach § 203 Abs 1 StGB verpflichteten Personen den Arzt. Dies ist der **niedergelassene Arzt** sowie auch der **freie Gutachterarzt**. Unter die Vorschrift fallen auch die bei einem Leistungsträger **angestellten oder beamteten Ärzte** (*Maier* SGb 1983, 89 [90 f]; *Krahmer/Enssler* in Giese/Krahmer SGB X § 76 Rz 8; aA *Casselmann/Gundlach* SGb 1981, 92 [95]), also zB die Ärzte der MDK iSd §§ 275 ff SGB V, 18 SGB XI. Dies ist kein Widerspruch zu § 203 Abs 2 Nr 1 und 2 StGB, da es sich dabei um einen Auffangtatbestand für alle nicht bereits von § 203 Abs 1 StGB erfassten Personen handelt (*Krahmer/Enssler* aaO Rz 10). § 203 Abs 1 Nr 1 StGB nennt weiterhin ua den **Zahnarzt** und die Angehörigen eines anderen **Heilberufs**, der für die Berufsausübung oder die Führung der Berufsbezeichnung eine **staatlich geregelte Ausbildung** erfordert. Eine staatlich geregelte Ausbildung ist **nicht** erforderlich für **Heilpraktiker** (vgl HeilpraktikerG), weswegen diese nicht erfasst werden. Letzteres ist hingegen zB der Fall bei **Krankenschwestern und -pflegern**. Von praktischer Bedeutung für Abs 1 sind weiterhin: **Berufspsychologen** mit staatlich anerkannter wissenschaftlicher Abschlussprüfung (§ 203 Abs 1 Nr 2 StGB). Dies sind die nach § 1 Abs 1 Satz 1 PsychThG approbierten Psychotherapeuten. **Ehe-, Familien-, Erziehungs- oder Jugendberater** sowie **Berater für Suchtfragen** in einer Beratungsstelle, die von einer Beh oder Körperschaft, Anstalt oder Stiftung des öffentlichen Rechts anerkannt ist (§ 203 Abs 1 Nr 4 StGB). Mitglieder oder Beauftragte einer anerkannten Beratungsstelle nach den §§ 3 und 8 des SchwangerschaftskonfliktG (§ 203 Abs 1 Nr 4 a StGB). Staatlich anerkannte **Sozialarbeiter** oder staatlich anerkannte **Sozialpädagogen** (§ 203 Abs 1 Nr 5 StGB). Abs 1 verweist ferner ausdrücklich auf § 203 Abs 3 StGB. Nach § 203 Abs 3 Satz 2 StGB stehen den in § 203 Abs 1 StGB genannten Personen diejenigen gleich, bei denen es sich um berufsmäßig tätige Gehilfen oder Personen handelt, die zur Vorbereitung auf den Beruf bei einem nach § 203 Abs 1 StGB Verpflichteten tätig sind. Hiermit erstreckt sich der Schutzbereich des § 203 Abs 1 StGB erweiternd auf zB **Sprechstundenhilfen** oder **Sekretariatskräfte**, **Praktikanten** oder **Auszubildende**.

2.3. Anvertrauen oder Bekanntwerden (Abs 1)

5   Der Schutz des Abs 1 ist nur für das Arztgeheimnis und die sonstigen Berufsgeheimnisse nach § 203 Abs 1 StGB gewährleistet (BT-Drucks 8/4022, 87). Dies setzt voraus, dass Einzelangaben iSd § 203 Abs 1 aE StGB anvertraut oder sonst bekannt geworden sein müssen. Anvertrauen ist das **Einweihen in ein Geheimnis** unter Umständen, aus denen sich eine Pflicht zur Verschwiegenheit ergibt (*Fischer* StGB § 203 Rz 8). Ein frei gewähltes Vertrauensverhältnis des Betroffenen zu einem Arzt ist hierfür keine Voraussetzung, so dass der beim **Amtsarzt** vorgeladene Betroffene diesem auch in dessen beruflicher Eigenschaft gegenübertritt (*Maier* SGb 1983, 89 [91]). Gleiches gilt für einen **Arzt des MDK** (vgl auch § 275 Abs 5 SGB V). Mit bekannt geworden sein sind Fälle gemeint, in denen eine mindestens vermutlich schutzwürdige Tatsache anders als durch Anvertrauen erfahren wird, wobei entscheidend nur das **Bekanntwerden kraft Berufsausübung** ist (*Fischer* StGB § 203 Rz 9).

6   Der Wortlaut von Abs 1 (die Daten müssen dem Leistungsträger „zugänglich gemacht" worden sein) führt zu keiner Beschränkung auf Fälle einer aktiven und zielgerichteten Übermittlung an den Leistungsträger durch die in § 203 Abs 1 StGB genannten Personen. Es sind alle Fälle erfasst, in denen die Sozialdaten von den einschlägigen Berufsgruppen stammen, gleich ob der **Leistungsträger** sich diese **selbst beschafft** hat oder diese dem Leistungsträger **indirekt zugekommen** sind (*Krahmer/Enssler* aaO § 76 SGB X Rz 12).

2.4. Offenbarungsbefugnisse (Abs 1)

7   Eine Übermittlung von Sozialdaten nach Abs 1 ist zulässig, wenn eine in § 203 Abs 1 oder 3 StGB genannte Person diese selbst hätte offenbaren dürfen, maW wenn die Offenbarung ihrerseits selbst befugt hätte erfolgen können. Denn **tatbestandsmäßig** iSd § 203 Abs 1 StGB ist nur das **unbefugte Offenbaren**. Als einschlägige Befugnisse kommen die Einwilligung des Betroffenen (vgl Rz 8), das Vorliegen gesetzl Mitteilungspflichten (vgl Rz 9) oder ein rechtfertigender Notstand iSd § 34 StGB in Betracht (vgl Rz 10).

8   Die ausdrückliche **Einwilligung des Betroffenen** muss als vorherige Zustimmung erfolgen (vgl § 67 b Rz 3). Sie ist an die allg Voraussetzungen geknüpft. Einsichtsfähigkeit auf Seiten des Betroffenen ist ebenso vorauszusetzen wie Freiwilligkeit (vgl § 67 b Rz 5). Die Einwilligung muss sich auf einen für den Betroffenen konkret erkennbaren Datenfluss beziehen (*Krahmer/Enssler* aaO § 76 Rz 14). Schriftform wird von der strafrechtlich wirksamen Einwilligung zwar nicht gefordert. Die Inkorporierung der strafrechtlichen Vorgaben in den Tatbestand des Abs 1 darf jedoch nicht zu dem Schluss verleiten, dass damit die ansonsten geforderte **Schriftform** der datenschutzrechtlichen Einwilligung in die Übermittlung nach § 67 b Abs 1 und 2 (vgl § 67 b Rz 5) oder nach § 75 Abs 1 Satz 2 (vgl § 75 Rz 8 f) entbehrlich wäre (so aber *Krahmer/Enssler* aaO § 76 Rz 14; aA *Maier* SGb 1983, 89 [92]; *Heyers/Heyers* MDR 2001, 1209 [1212]). Denn dies hätte zur Folge, dass eine Einwilligung hinsichtlich der Offenbarung von besonders schutzwürdigen Sozialdaten letztlich deren Übermittlung mit geringeren Anforderungen tragen und rechtfertigen würde als die Einwilligung in die Übermittlung nicht besonders schutzwürdiger Sozialdaten. § 76 soll jedoch der ausdrücklichen Zielrichtung nach Übermittlungsbefugnisse einschränken, wie dies auch die amtliche Überschrift zum Ausdruck bringt (vgl auch BT-Drucks 8/4022, 87). Jede Erweiterung der Übermittlungsbefugnis wäre ein überraschendes Ergebnis. Auch eine allenfalls wieder strafrechtlich relevante

konkludente oder **mutmaßliche Einwilligung** des Betroffenen in eine Offenbarung (vgl *Fischer* aaO § 203 Rz 30 f) bewirkt **keine Übermittlungsbefugnis** im Rahmen des Abs 1 (aA *Beckmann*, Der Schutz personenbezogener Daten im sozialen Sicherungssystem, 82; *Kunkel* GK-SGB VIII § 61 Rz 210; *Krahmer/Enssler* aaO § 76 SGB X Rz 14.1 f; wie hier, aber differenzierend hinsichtlich der mutmaßlichen Einwilligung: *Maier* SGb 1983, 89 [92 f]; gegen die mutmaßliche Einwilligung als Grundlage: *Borchert* in GK-SGB X 2 § 76 Rz 66). Abermals würden datenschutzrechtlich zwingende Anforderungen an eine Einwilligung unterlaufen (vgl § 67 b Rz 3, 5). Im Rahmen der Kontrolle des BfD oder eines LfD nach § 81 Abs 2 ist keine Einwilligung erforderlich (vgl § 81 Rz 4). Zur Einwilligung im Rahmen der Auftragsverarbeitung vgl § 80 Rz 6.

9 Weitere Offenbarungsbefugnisse iSd § 203 Abs 1 StGB begründen die **gesetzlichen Mitteilungspflichten** zur

1. Nichtanzeige geplanter Straftaten nach § 138 StGB (vgl § 71 Rz 5 f);
2. Mitteilung von übertragbaren Krankheiten nach den §§ 6 ff IfSG (vgl § 71 Rz 7 f); § 88 Abs 2 AufenthG (vgl § 71 Rz 21 ff);
3. Geburtsanzeige nach den §§ 17 ff PersStdG;
4. Übermittlung von Leistungsdaten nach den §§ 294 ff SGB V;
5. Erfüllung der Berichtspflicht des Sozialarbeiters im Rahmen der §§ 50, 65 Abs 1 Satz 1 Nr 2 SGB VIII.

10 Eine die Übermittlungsbefugnis nach Abs 1 herstellende Offenbarungsbefugnis iSd § 203 Abs 1 StGB kann aus einem **rechtfertigenden Notstand** iSd § 34 StGB folgen (hM, vgl nur *Maier* SGb 1983, 89 [93] mwN; aA *Medding* SGb 1986, 55 [60]). Dies setzt eine gegenwärtige, nicht anders abwendbare Gefahr für Leben, Leib, Freiheit, Ehre, Eigentum oder ein anderes Rechtsgut voraus. Hier kommt eine Information der Angehörigen bei einer **HIV-Infektion** des Betroffenen in Betracht (*Krahmer/Enssler* aaO § 76 Rz 16), weiterhin die Information der Führerscheinstelle über die Erkrankung eines Betroffenen, die bei diesem zu einer **Fahruntauglichkeit** führt (*Casselmann/Gundlach* SGb 1981, 92 [96], vgl auch 30. Tb des Hess LfD, Ziffer 15.5) aber auch die Information der Polizei bzw der StA, wenn der Arzt eines Rentenversicherungsträgers von einem Fall der **Kindesmisshandlung** Kenntnis erhalten hat (*Casselmann/Gundlach* SGb 1981, 92 [96]). Die im Rahmen des § 34 StGB vorzunehmende Güterabwägung, ob das geschützte Interesse das beeinträchtigte Interesse wesentlich überwiegt, hat die übermittelnde Stelle vorzunehmen.

2.5. Besondere Übermittlungsbefugnisse (Abs 2 Nr 1)

11 **Abs 2 Nr 1** erlaubt dem Leistungsträger die Übermittlung besonders schutzwürdiger Sozialdaten im Rahmen der gesetzl Aufgabenerfüllung nach § 69 Abs 1 Nr 1 und 2 (vgl § 69 Rz 2 f, 6), wenn sie dem Leistungsträger aufgrund einer **Begutachtung** wegen der Erbringung von Sozialleistungen oder wegen der Ausstellung einer **Bescheinigung** zur Verfügung stehen. Eine Begutachtung iSd Abs 2 Nr 1 erfolgt bspw durch den MDK im Verfahren zur Feststellung der Pflegebedürftigkeit nach § 18 SGB XI. Die Ausstellung einer Bescheinigung iSd Abs 2 Nr 1 ist zB die Ausstellung eines Ausweises über die Eigenschaft als schwerbehinderter Mensch gem § 69 Abs 5 SGB IX. Abs 2 Nr 1 erfasst dabei auch die Gestaltung, dass der Leistungsträger die Sozialdaten als verantwortliche Stelle (vgl § 67 Rz 20) selbst (§ 279 Abs 5 SGB V bestimmt lediglich, der Medizinische Dienst habe „vorrangig" Gutachter zu beauftragen) durch einen bei der Stelle beschäftigten Arzt (vgl Rz 4) erhoben hat, was keinen Übermittlungsvorgang voraussetzt. Die Sozialdaten müssen dem Leistungsträger seinerseits nicht notwendigerweise „übermittelt" worden sein, wie es der Wortlaut nahelegt. Die Ausnahmeregelung der Nr 1 im Verhältnis zu Abs 1 soll nicht „die üblichen Anamnese-, Befund- und Diagnosedaten des behandelnden Arztes" erfassen, sondern „nur solche personenbezogenen Daten, die im Zusammenhang mit einer Begutachtung erfasst wurden" (so BT-Drucks 8/4022, 87 in Hinsicht auf die aF der Vorschrift). Daten dieser Art sollen damit den „strengen Prüfungen" des Abs 1 unterworfen bleiben (*Krahmer/Enssler* aaO § 76 Rz 19). Eine Stütze für diese Ansicht findet sich im G nicht. Der Kreis der für eine Übermittlung qualifizierten Sozialdaten im Rahmen des Abs 2 Nr 1 ist nur durch den **Erforderlichkeitsgrundsatz** beschränkt. Andernfalls müsste sich ein Niederschlag im Gesetzeswortlaut in einer gegebenenfalls enumerativen Aufzählung einzelner Sozialdaten finden lassen (vgl §§ 67 e Satz 2, 68 Abs 1 Satz 1, 72 Abs 1 Satz 2). Dies ist bei Abs 2 Nr 1 nicht der Fall. Gleiches gilt für § 69 Abs 1 Nr 1 und 2, wo der Kreis der zulässigerweise zu übermittelnden Daten lediglich durch den Erforderlichkeitsgrundsatz beschränkt wird (vgl § 69 Rz 6).

2.6. Widerspruchsrecht des Betroffenen (Abs 2 Nr 1)

12 Ein **Widerspruch** des Betroffenen macht die Übermittlung im Rahmen der Nr 1 **unzulässig.** Der Betroffene kann auch der **Einsicht in Gutachten** widersprechen, die dem SG von einer am Verfahren nicht beteiligten Beh bereits vorgelegt wurden (*VGH BW* Justiz 1984, 371). Entsprechend § 84 Abs 2 Satz 1 müssen die Sozialdaten bei der Stelle **gelöscht** werden, an die sie übermittelt worden sind (21. Tb des BfD, BT-Drucks 16/4950, 137). Auf das Bestehen des Widerspruchsrechts ist der Betroffene gem Abs 2 Nr 1 aE zu Beginn des Verwaltungsverfahrens in allg Form (vgl BT-Drucks 12/5187, 40) **schriftlich hinzuweisen.** Gleichzeitig mit dem Hinweis auf das Widerspruchsrecht sollte der schriftliche Hinweis auf die Rechtsfolgen fehlender Mitwirkung gem § 66 Abs 3 SGB I erfolgen (vgl *Reinhardt* in LPK-SGB I § 66 Rz 18), da die §§ 60 ff SGB I von dem sozialdatenschutzrechtlichen Widerspruchsrecht unberührt bleiben (vgl BT-Drucks 8/4022, 87 in Hinsicht auf die aF der Vorschrift).

13 Dem Wortlaut des Abs 2 Nr 1 nach besteht das Widerspruchsrecht ausdrücklich auch im Rahmen des § 69 Abs 1 Nr 2 (vgl § 69 Rz 6). Damit wird die von § 69 Abs 1 Nr 2 zu fördernde Sachverhaltsaufklärung zugunsten des Geheimhaltungsinteresses des Betroffenen im Einzelfall ausgeschlossen.

2.7. Kein Widerspruchsrecht (Abs 2 Nr 2 und Nr 3 und Abs 3)

14 Abs 2 **Nr 2** erlaubt die Übermittlung bei Nichtvorliegen der Voraussetzungen des Abs 1, wenn die **Übermittlung** nach § 69 Abs 4 an einen **Arbeitgeber** erfolgt. Die Übermittlung von **Diagnosedaten** bleibt dabei spezialgesetzlich von § 69 Abs 4 **verboten** (vgl § 69 Rz 10). Gleiches gilt für § 69 Abs 5, weil ansonsten Vorgänge mit medizinischen Sozialdaten nicht von den Rechnungshöfen geprüft werden könnten und § 69 Abs 5 (wie auch § 69 Abs 4) durch Abs 1 „blockiert" worden wäre (vgl BT-Drucks 12/5187, 40). Auch **Nr 3** schließt die Anwendung von Abs 1 aus, wenn die Übermittlung auf Ersuchen des Vormundschaftsgerichts im Rahmen des § 94 Abs 2 Satz 2 SGB XI erfolgt. Die Befugnis, ein bereits bestehendes ärztliches Gutachten einschließlich der Befunde an das Vormundschaftsgericht zu übermitteln, besteht **im Interesse des Betroffenen,** um entsprechend dem Gedanken des § 96 eine weitere Begutachtung vermeiden zu können (vgl BT-Drucks 15/4874, 33). Die Einräumung eines Widerspruchsrechts liefe hier den wohlverstandenen Interessen des Betroffenen entgegen.

Ebenfalls nicht an die Voraussetzung des Abs 1 ist nach Nr 2 die Übermittlung 15
geknüpft, wenn sie gem § 71 Abs 1 Satz 3 an ein **Bundes- oder ein Landesarchiv**
erfolgt (vgl § 71 Rz 19). Eine Minderung des Geheimhaltungsschutzes des Betroffenen unter das Niveau des § 203 Abs 1 StGB ist damit nicht verbunden, da
§ 2 Abs 4 Satz 2 BArchG den Schutz nach den §§ 35 SGB I, 67 ff fortschreibt.
Gleiches gilt zB nach § 7 Abs 5 b ArchivG NRW.

Abs 3 soll sicherstellen, dass der Betroffene nicht durch die Geltendmachung 16
seines Widerspruchsrechts eine unter Umständen **notwendige Kontrolle** nach
den §§ 275, 279 Abs 5 SGB V verhindert (BT-Drucks 12/5187, 40).

§ 77 Übermittlung ins Ausland und an über- oder zwischenstaatliche Stellen

(1) [1]Die Übermittlung von Sozialdaten an Personen oder Stellen in anderen
Mitgliedstaaten der Europäischen Union oder in anderen Vertragsstaaten des
Abkommens über den Europäischen Wirtschaftsraum oder an Stellen der Orga-
ne und Einrichtungen der Europäischen Gemeinschaften ist zulässig, soweit

1. dies für die Erfüllung einer gesetzlichen Aufgabe der in § 35 des Ersten Bu-
    ches genannten übermittelnden Stelle nach diesem Gesetzbuch oder zur Er-
    füllung einer solchen Aufgabe von ausländischen Stellen erforderlich ist, so-
    weit diese Aufgaben wahrnehmen, die denen der in § 35 des Ersten Buches
    genannten Stellen entsprechen,
2. die Voraussetzungen des § 69 Abs. 1 Nr. 3 oder des § 70 oder einer Über-
    mittlungsvorschrift nach dem Dritten Buch oder dem Arbeitnehmerüberlas-
    sungsgesetz vorliegen und die Aufgaben der ausländischen Stelle den in die-
    sen Vorschriften genannten entsprechen oder
3. die Voraussetzungen des § 74 vorliegen und die gerichtlich geltend gemach-
    ten Ansprüche oder die Rechte des Empfängers den in dieser Vorschrift ge-
    nannten entsprechen.

[2]Die Übermittlung von Sozialdaten unterbleibt, soweit sie zu den in Artikel 6
des Vertrages über die Europäische Union enthaltenen Grundsätzen in Widerspruch stünde.

(2) [1]Absatz 1 gilt entsprechend für die Übermittlung an Personen oder Stellen
in einem Drittstaat sowie an über- oder zwischenstaatliche Stellen, wenn der
Drittstaat oder die über- oder zwischenstaatliche Stelle ein angemessenes Datenschutzniveau gewährleistet. [2]Die Angemessenheit des Datenschutzniveaus
wird unter Berücksichtigung aller Umstände beurteilt, die bei einer Datenübermittlung oder einer Kategorie von Datenübermittlungen von Bedeutung sind;
insbesondere können die Art der Sozialdaten, die Zweckbestimmung, die Dauer
der geplanten Verarbeitung, das Herkunfts- und das Endbestimmungsland, die
für den betreffenden Empfänger geltenden Rechtsnormen sowie die für ihn geltenden Standesregeln und Sicherheitsmaßnahmen herangezogen werden. [3]Bis
zur Feststellung der Kommission der Europäischen Gemeinschaften entscheidet
das Bundesversicherungsamt, ob ein angemessenes Datenschutzniveau gewährleistet ist.

(3) [1]Eine Übermittlung von Sozialdaten an Personen oder Stellen im Ausland
oder an über- oder zwischenstaatliche Stellen ist auch zulässig, wenn

1. der Betroffene seine Einwilligung gegeben hat,
2. die Übermittlung in Anwendung zwischenstaatlicher Übereinkommen auf
    dem Gebiet der sozialen Sicherheit erfolgt oder

3. die Voraussetzungen des § 69 Abs. 1 Nr. 2 oder des § 73 vorliegen, die Aufgaben der ausländischen Stelle den in diesen Vorschriften genannten entsprechen und der ausländische Staat oder die über- oder zwischenstaatliche Stelle ein angemessenes Datenschutzniveau (Absatz 2) gewährleistet; für die Anordnung einer Übermittlung nach § 73 ist ein Gericht im Inland zuständig.

[2]Die Übermittlung ist nur zulässig, soweit der Betroffene kein schutzwürdiges Interesse an dem Ausschluss der Übermittlung hat.

(4) Gewährleistet der Drittstaat oder die über- oder zwischenstaatliche Stelle ein angemessenes Datenschutzniveau (Absatz 2) nicht, ist die Übermittlung von Sozialdaten an die Stelle im Drittstaat oder die über- oder zwischenstaatliche Stelle auch zulässig, soweit die Voraussetzungen des § 69 Abs. 1 Nr. 1 und 2, des § 70 oder einer Übermittlungsvorschrift nach dem Dritten Buch oder dem Arbeitnehmerüberlassungsgesetz vorliegen und der Betroffene kein schutzwürdiges Interesse an dem Ausschluss der Übermittlung hat.

(5) Die Stelle, an die die Sozialdaten übermittelt werden, ist auf den Zweck hinzuweisen, zu dessen Erfüllung die Sozialdaten übermittelt werden.

(6) Das Bundesversicherungsamt unterrichtet das Bundesministerium des Innern über Drittstaaten und über- oder zwischenstaatliche Stellen, die kein angemessenes Datenschutzniveau gewährleisten.

Literatur:

Tinnefeld: Die Novellierung des BDSG im Zeichen des Gemeinschaftsrechts, NJW 2001, 3078; *Gola/Klug*: Die Entwicklung des Datenschutzrechts in den Jahren 2000/2001, NJW 2001, 3747; *Gola/Klug*: Die Entwicklung des Datenschutzrechts in den Jahren 2002/2003, NJW 2003, 2420.

1. Allgemeines

1 Die Vorschrift ist eine bereichsspezifische Modifizierung der Regelungen der §§ 4 b, 4 c BDSG. Anwendungsbereich der Vorschrift sind Übermittlungen in das Ausland. Abs 1 betrifft Übermittlungen in das europäische Ausland, wobei die empfangenden Stellen ein Datenschutzniveau gewährleisten, das demjenigen der Bundesrepublik entspricht. Abs 2 regelt Übermittlungen in nicht-europäische Drittstaaten, in denen gleichfalls ein angemessenes Datenschutzniveau gewährleistet ist. Abs 3 und Abs 4 lassen Übermittlungen auch bei einem unzureichenden Datenschutzniveau zu. Anhand von Abs 5 wird der übermittelnden Stelle eine Hinweispflicht auf den Zweck der Übermittlung auferlegt. Abs 6 beinhaltet eine Verfahrensregelung für Informationspflichten des BVA an das BMI. Über die Erlaubnistatbestände des § 77 hinausreichende Übermittlungen in das Ausland sind nicht erlaubt.

2. Erläuterungen

2.1. Übermittlungen in das europäische Ausland (Abs 1 Satz 1)

Zum Begriff der Sozialdaten vgl § 67 Rz 2 ff. Zum Begriff der Übermittlung vgl **2** § 67 Rz 14. Adressaten der Vorschrift sind die Stellen iSd § 35 Abs 1 SGB I (vgl § 67 Rz 5). Die Vorschrift ist auch auf Betriebs- oder Geschäftsgeheimnisse (§ 35 Abs 4 SGB I iVm § 67 Abs 1 Satz 2) anwendbar (vgl § 67 Rz 7).

Der Anwendungsbereich der Regelungen des **Abs 1 Nr 1 bis 3** erstreckt sich auf **3** Übermittlungen in das europäische Ausland (vgl § 4 b Abs 1 Nr 1-3 BDSG). Grenzüberschreitende Übermittlungen von Sozialdaten inländischer Betroffener in das innergemeinschaftliche Ausland werden vor dem Hintergrund des **freien Dienstleistungsverkehrs** zB im Gesundheitssektor zunehmen (vgl *EuGH* EuZW 2003, 466; *EuGH* NJW 2004, 131). Befinden sich die Datenempfänger in anderen EU-Mitgliedstaaten, in einem EWR-Staat oder handelt es sich bei den Empfängern um Organe oder Einrichtungen der EG, gilt der **Grundsatz des freien Datenverkehrs**, dh die Übermittlungen in die betreffenden Drittstaaten werden rechtlich grds wie Übermittlungen im Inland behandelt. Gerechtfertigt ist dies aufgrund der Verwirklichung eines **gleichwertigen Datenschutzniveaus**, der sich aus der Angleichung der einzelstaatlichen Rechtsvorschriften ergibt, wie es das erklärte Ziel der Erwägungsgründe Ziff 8 f RiLi 95/46/EG war. Dieses Ziel gilt wegen des umfassenden Geltungsanspruchs gem Ziff 1 f, 4 f RiLi 95/46/EG auch auf dem **Gebiet der sozialen Sicherheit** (*Beckmann* Der Schutz personenbezogener Daten im sozialen Sicherungssystem, 158 ff; BT-Drucks 14/4329, 51).

Nr 1 erklärt die Übermittlung von Sozialdaten in zwei Varianten für zulässig. **4** Nach **Variante 1** kommt es darauf an, dass die aus dem Inland übermittelnde Stelle in Erfüllung einer gesetzl Aufgabe nach dem SGB tätig wird. Gesetzl Aufgaben insoweit sind Leistungsregelungen für **Deutsche im Ausland** (zB § 62 SGB III; §§ 110 ff SGB VI). Entsprechend **Variante 2** ist entscheidend, dass die aus dem Inland Sozialdaten erhaltende ausländische Stelle eine der SGB-Aufgabe entsprechende Aufgabe wahrnimmt. Ob dies der Fall ist, bestimmt sich nach der „partiellen Funktionsgleichheit" zwischen der ausländischen und der inländischen Stelle (BT-Drucks 14/4329, 51), dh danach, ob die ausländische Stelle – und sei es auch nur teilweise – Aufgaben wahrnimmt, die denjenigen der inländischen Stelle entsprechen. Beiden Varianten gemeinsam ist die Begrenzung der Zulässigkeit der Übermittlung durch den **Erforderlichkeitsgrundsatz**.

Nr 2 erlaubt die Übermittlung an ausländische Stellen zur Abwehr falscher Be- **5** hauptungen des Betroffenen (69 Abs 1 Nr 3), zum Arbeitsschutz (§ 70), nach § 394 Abs 1 Satz 2 Nr 5 SGB III oder nach § 18 AÜG. Voraussetzung ist wie nach Nr 1, dass die ausländische Stelle – wenn auch nur teilweise – Aufgaben wahrnimmt, die denjenigen der inländischen Stelle entsprechen (vgl Rz 4).

Nr 3 erlaubt die Übermittlung an ausländische Stellen in Fällen der Verletzung **6** der Unterhaltspflicht (§ 74). Die § 74 entsprechenden Ansprüche (vgl § 74 Rz 3 ff) müssen gerichtlich geltend gemacht werden.

2.2. Kein Widerspruch zu den Grundsätzen des Art 6 EU-Vertrag (Abs 1 Satz 2)

Eine Datenübermittlung, die im **Widerspruch zu Art 6 EU-Vertrag** stünde, ist **7** nach Abs 1 Satz 2 **unzulässig**. Die Vorschrift wurde durch Art 8 G über die Vereinfachung des Austauschs von Informationen und Erkenntnissen zwischen den Strafverfolgungsbehörden der Mitgliedstaaten der EU vom 21.7.2012 (BGBl I

1566) mit Wirkung vom 26.7.2012 eingefügt. Dieses Gesetz soll einerseits den Datenaustausch zwischen den Strafverfolgungsbehörden der EU-Mitgliedsstaaten erleichtern (BT-Drucks 17/5096, 1). Andererseits werden die Mitgliedsstaaten durch Art 6 EUV verpflichtet, die Grundrechte gem der Europäischen Konvention zum Schutze der Menschenrechte und Grundfreiheiten vom 4.11.1950 zu gewährleisten. Satz 2 soll sicherstellen, dass trotz des Erfordernisses eines grenzüberschreitenden Datenaustausches die in Art 6 EUV festgeschriebenen Grundrechte und allgemeinen Rechtsgrundsätze gewahrt bleiben.

2.3. Übermittlungen in nicht-europäische Drittstaaten (Abs 2)

8   **Abs 2** erklärt die Bestimmungen des Abs 1 dann für entsprechend anwendbar, wenn in dem **Drittstaat**, in dem der Empfänger der Sozialdaten belegen ist, ein **angemessenes Datenschutzniveau** herrscht (**Satz 1**), obwohl es kein Drittstaat iSd Abs 1 ist (vgl § 4 b Abs 2 BDSG). **Satz 2** gibt im Einzelnen die **Beurteilungskriterien** vor, die für die Feststellung der Angemessenheit des Datenschutzniveaus maßgeblich sind (vgl § 4 b Abs 3 BDSG, der nahezu wörtlich die in Art 26 Abs 2 RiLi 95/46/EG vorgegebenen Kriterien übernimmt). Zuständige Beh für die Bestimmung dessen, ob in dem Drittstaat ein angemessenes Datenschutzniveau herrscht, ist nach **Satz 3** das BVA, dies bis zur Feststellung der Kommission nach Art 25 Abs 6 RiLi 95/46/EG. Die Kommission der Europäischen Gemeinschaften hat bislang für die **Schweiz** (Entscheidung 2000/518/EG, ABl L 215/1 v 25.8.2000), für **Ungarn** (Entscheidung 2000/519/EG, ABl L 215/4 v 25.8.2000), für **Kanada** (Entscheidung 2002/2/EG, ABl L 2/13 v 4.1.2002) für **Argentinien** (Entscheidung C 1731, ABl L 168/19 v 5.7.2003), für **Guernsey** (Entscheidung 2003/821/EG, ABl L 308 v 25.11.2003) sowie für die **Insel Man** (Entscheidung 2004/411/EG, ABl L 151 v 30.4.2004) entschieden, dass die genannten Drittländer (teilweise mit Einschränkungen; Guernsey und die Insel Man werden als Drittländer iSd RiLi 95/46/EG betrachtet) ein angemessenes Schutzniveau iSd Art 25 Abs 2 RiLi 95/46/EG für personenbezogene Daten gewährleisten, die aus der Gemeinschaft übermittelt werden. Herrscht in dem Drittstaat nur ein unzureichendes Datenschutzniveau, ist eine Übermittlung unter den Voraussetzungen des Abs 3 oder Abs 4 zulässig.

2.4. Übermittlungen bei unzureichendem Datenschutzniveau (Abs 3 und 4)

9   **Abs 3** lässt eine Übermittlung unabhängig vom Vorliegen der Voraussetzungen des Abs 1 oder des Abs 2 zu, obwohl in dem Drittstaat kein angemessenes Datenschutzniveau herrscht oder ungeklärt ist, ob dieses herrscht. Zulässigkeitstatbestand ist nach **Satz 1 Nr 1** die **Einwilligung des Betroffenen**. Sie muss den allg Anforderungen genügen (vgl § 67 b Rz 3, 5). Darüber hinaus ist der Betroffene darüber aufzuklären, dass eine Übermittlung in einen Drittstaat erfolgt, in dem der Schutz seiner Sozialdaten nicht in der Weise gewährleistet ist, wie dies für das Inland oder das europäische Ausland iSd Abs 1 der Fall ist. Ohne eine solche Aufklärung kann der Betroffene die Risiken für die mögliche Beeinträchtigung seines Persönlichkeitsrechts nicht einschätzen. Eine uninformierte Einwilligung ist unwirksam (vgl § 67 b Rz 5). Zwischenstaatliche Abkommen nach **Nr 2** sind solche iSd § 67 Abs 2 Nr 2 (vgl § 67 Rz 8). Teilweise beinhalten diese Abkommen selbst Bestimmungen zum Datenschutz (vgl zB Art 15 des Abkommens über Soziale Sicherheit zwischen der Bundesrepublik und Australien v 13.12.2000, BGBl 2002 II, 2306). Mit **Nr 3** wird die Zulässigkeit der Sozial-

datenübermittlung für die Durchführung eines **gerichtlichen Verfahrens** nach § 69 Abs 1 Nr 2 oder eines **Strafverfahrens** nach § 73 geregelt. Die Bezugnahme auf Abs 2 in Nr 3 macht deutlich, dass in diesen Fällen auch das BVA die Angemessenheit des Datenschutzniveaus feststellt, solange die Entscheidung der Kommission noch aussteht (vgl Rz 7). Solange solche Entscheidungen nicht vorliegen, hat in den Fällen des § 73 allein das inländische Gericht zu entscheiden (BT-Drucks 14/4329, 51). Die Regelungen gelten nach **Satz 2** nicht, wenn **schutzwürdige Belange des Betroffenen** berührt sind, die einen Ausschluss der Übermittlung rechtfertigen. Hier muss jedes schutzwürdige Interesse berücksichtigt werden (so BT-Drucks 12/5187, 40 in Hinsicht auf die aF der Vorschrift). Schutzwürdige Interessen des Betroffenen werden insbesondere beeinträchtigt, wenn die übermittelten Sozialdaten zu einer **politischen Diskriminierung** des Betroffenen führen könnten oder geeignet sind, Rückschlüsse auf Verstöße des Betroffenen gegen Rechtsvorschriften anderer Staaten zuzulassen (vgl BT-Drucks 8/4022, 87 in Hinsicht auf die aF der Vorschrift).

Nach **Abs 4** ist die Übermittlung auch bei **einem unzureichenden Datenschutz-** **niveau** im Drittstaat zulässig, wenn die Voraussetzungen des § 69 Abs 1 Nr 1 oder Nr 2 vorliegen (vgl § 69 Rz 2 ff, 6). Eine Übermittlung nach § 69 Abs 1 Nr 1 dritte Variante (vgl § 69 Rz 4) scheidet allerdings aus, weil die ausländische Stelle der inländischen Stelle nicht gleichgestellt ist (BT-Drucks 14/4329, 52), dies entgegen der Regelung in Abs 1 Nr 1 und Abs 3 Satz 1 Nr 3. Weiterhin gelten im Rahmen des Abs 4 die bereits in Abs 1 Nr 2 genannten Bestimmungen zum Arbeitsschutz (§ 70), nach § 394 Abs 1 Satz 2 Nr 5 SGB III und nach dem AÜG. Diese Regelungen gelten nicht, wenn schutzwürdige Belange des Betroffenen berührt sind (vgl Rz 8). **10**

2.5. Hinweispflicht (Abs 5)

Abs 5 entspricht § 4 b Abs 6 BDSG. Die empfangende Stelle ist in allen Fällen einer Übermittlung nach den Absätzen 1 bis 4 auf die **Einhaltung der Zweck-** **bindung** hinzuweisen, da eine Zweckbindung der im Ausland belegenen Empfänger nicht über § 78 erfolgen kann. Sie befinden sich nicht im territorialen Geltungsbereich des SGB. **11**

2.6. Verfahrensregelung für Unterrichtungspflichten (Abs 6)

Abs 6 dient der Erfüllung der Unterrichtungspflichten, die der Bundesrepublik nach Art 25 Abs 3 RiLi 95/46/EG gegenüber der Kommission auferlegt sind. Die Kommission ist demnach von einem Mitgliedstaat zu unterrichten, wenn ein Drittstaat nach Ansicht des Mitgliedstaates kein angemessenes Datenschutzniveau gewährleistet. Innerstaatlich legt Abs 6 die **Prüfungspflicht** insoweit dem **BVA** auf, das auch zu prüfen hat, welche über- und zwischenstaatlichen Stellen kein angemessenes Datenschutzniveau gewährleisten. Das BVA unterrichtet das BMI dementsprechend. Das **BMI** nimmt dann als zentrale Stelle die Unterrichtungspflichten gegenüber der **Kommission** nach Art 25 Abs 3 RiLi 95/46/EG für die Bundesrepublik wahr. Eine Unterrichtungspflicht der Bundesrepublik nach Art 26 Abs 3 RiLi 95/46/EG besteht im Bereich des Sozialdatenschutzes nicht (irrtümlich BT-Drucks 14/4329, 52). Die Unterrichtungspflicht gegenüber der Kommission setzt ein Ausnahmegenehmigungsverfahren nach Art 26 Abs 2 RiLi 95/46/EG voraus, das zwar in § 4 c Abs 2 BDSG umgesetzt ist (die Erfüllung der Meldepflicht nach Art 26 Abs 3 RiLi 95/46/EG ermöglich § 4 c Abs 3 BDSG), nicht jedoch im Zweiten Kapitel des SGB X. **12**

§ 78 Zweckbindung und Geheimhaltungspflicht eines Dritten, an den Daten übermittelt werden

(1) [1]Personen oder Stellen, die nicht in § 35 des Ersten Buches genannt und denen Sozialdaten übermittelt worden sind, dürfen diese nur zu dem Zweck verarbeiten oder nutzen, zu dem sie ihnen befugt übermittelt worden sind. [2]Die Dritten haben die Daten in demselben Umfang geheimzuhalten wie die in § 35 des Ersten Buches genannten Stellen. [3]Sind Sozialdaten an Gerichte oder Staatsanwaltschaften übermittelt worden, dürfen diese gerichtliche Entscheidungen, die Sozialdaten enthalten, weiter übermitteln, wenn eine in § 35 des Ersten Buches genannte Stelle zur Übermittlung an den weiteren Dritten befugt wäre. [4]Abweichend von Satz 3 ist eine Übermittlung nach § 115 des Bundesbeamtengesetzes und nach Vorschriften, die auf diese Vorschrift verweisen, zulässig. [5]Sind Sozialdaten an Polizeibehörden, Staatsanwaltschaften, Gerichte oder Behörden der Gefahrenabwehr übermittelt worden, dürfen diese die Daten unabhängig vom Zweck der Übermittlung sowohl für Zwecke der Gefahrenabwehr als auch für Zwecke der Strafverfolgung und der Strafvollstreckung verarbeiten und nutzen.

(2) Werden Daten an eine nicht-öffentliche Stelle übermittelt, so sind die dort beschäftigten Personen, welche diese Daten verarbeiten oder nutzen, von dieser Stelle vor, spätestens bei der Übermittlung auf die Einhaltung der Pflichten nach Absatz 1 hinzuweisen.

(3) [1]Ergibt sich im Rahmen eines Vollstreckungsverfahrens nach § 66 die Notwendigkeit, dass eine Strafanzeige zum Schutz des Vollstreckungsbeamten erforderlich ist, so dürfen die zum Zwecke der Vollstreckung übermittelten Sozialdaten auch zum Zweck der Strafverfolgung verarbeitet oder genutzt werden, soweit dies erforderlich ist. [2]Das Gleiche gilt auch für die Klärung von Fragen im Rahmen eines Disziplinarverfahrens.

(4) Sind Sozialdaten an Gerichte oder Staatsanwaltschaften für die Durchführung eines Straf- oder Bußgeldverfahrens übermittelt worden, so dürfen sie nach Maßgabe der §§ 476, 487 Abs. 4 der Strafprozessordnung und der §§ 49 b und 49 c Abs. 1 des Gesetzes über Ordnungswidrigkeiten für Zwecke der wissenschaftlichen Forschung verarbeitet oder genutzt werden.

1. Allgemeines

1 Die Vorschrift regelt die Rechtsstellung des Dritten, an den Sozialdaten befugt im Rahmen der §§ 67 e Satz 2, 68 bis 77 iVm 67 d Abs 1 übermittelt worden sind (vgl § 67 d Rz 2). § 78 „verlängert" die entsprechenden Datenschutzverpflichtungen auf den Dritten (*Krahmer/Ensslen* in Giese/Krahmer SGB I und X § 78 SGB X Rz 2). Die Vorschrift schützt vor der Zweckentfremdung einmal erhobener Sozialdaten (vgl *Schatzschneider* MDR 1982, 6 [9]). Anhand der Vor-

schrift wird das „Prinzip der Konstanz der Sozialdaten" verwirklicht und gleichzeitig die Funktion erfüllt, das Vertrauen der übermittelnden Stelle in die sozialdatenschutzgerechte Verwendung der übermittelten Informationen abzusichern (*Walz* in GK-SGB X 2 § 78 Rz 5). Korrespondierende Vorschrift im nicht-bereichsspezifischen Datenschutzrecht ist § 28 Abs 5 BDSG. Abs 1 stellt klar, dass nur Personen oder Stellen, die nicht in § 35 Abs 1 SGB I genannt sind, von der Regelung erfasst werden. Sie werden in gleicher Weise zur Geheimhaltung verpflichtet wie die in § 35 Abs 1 SGB I genannten Stellen. Dabei ist insbesondere dem Grundsatz der Zweckbindung Rechnung zu tragen. Abs 1 Satz 3 bis 5 sieht Ausnahmen von der Zweckbindung vor. Abs 2 ordnet eine Hinweispflicht auf die Einhaltung der Pflichten nach Abs 1 an. Abs 3 soll helfen, Vollstreckungsbeamte zu schützen. Anhand von Abs 4 wird eine Durchbrechung des Zweckbindungsgrundsatzes erlaubt, indem die bei StA oder Gerichten in Akten oder Dateien bereits verfügbaren, aufgrund einer Übermittlung erhaltenen Sozialdaten, für die Durchführung bestimmter wissenschaftlicher Forschungsarbeiten weiterübermittelt werden dürfen.

2. Erläuterungen

2.1. Adressaten der Vorschrift (Abs 1 Satz 1)

Zum Begriff der Sozialdaten vgl § 67 Rz 2 ff. Zum Begriff der Übermittlung vgl § 67 Rz 14.

2

Aus **Abs 1 Satz 1** folgt, dass Adressaten der Vorschrift nicht die in § 35 Abs 1 SGB I genannten Stellen (vgl § 67 Rz 5) sind. Für diese gelten die §§ 67a ff wegen § 35 Abs 2 SGB I unmittelbar. Soweit die Hauptzollämter Aufgaben nach § 107 SGB IV durchführen, werden sie von Satz 1 nicht erfasst (BT-Drucks 12/5187, 40). Das Gebot der zweckgebundenen Verwertung der übermittelten Sozialdaten gilt für jeden anderen **Dritten** iSd § 67 Abs 10 Satz 2, unabhängig davon, ob es sich bei dem Dritten um eine **amtliche** (zB staatliche Beh oder Bergbehörde iSd § 70) oder um eine **nichtamtliche Stelle** (private Einrichtung, zB Freie Wohlfahrtsverbände als Partner im Rahmen der Jugendhilfe, Bank, die die Überweisung einer Geldleistung nach dem SGB ausführt) oder um eine natürliche Person (§ 74) handelt. Satz 1 gilt grds auch für Gerichte (§§ 69 Abs 1 Nr 2, 74), **StA** (§§ 68, 73), **Polizeibehörden** und **Beh der Gefahrenabwehr** (§ 68), für die der Zweckbindungsgrundsatz allerdings in Satz 3 bis 5 aufgelockert wird. Die Sozialdaten dürfen nach Satz 1 nur zu dem Zweck verwendet werden, für den sie befugt übermittelt worden sind. **Unbefugt** übermittelte Sozialdaten dürfen **nicht verwertet** werden (*Walz* aaO § 78 Rz 13; *Krahmer/Ensslen* aaO § 78 SGB X Rz 6; so bereits BT-Drucks 8/4022, 87 in Hinsicht auf die aF der Vorschrift). Dies gilt zB für datengeschützte Tatsachen über die Fahreignung einer Person, die die Straßenverkehrsbehörde unzulässigerweise vom Sozialamt erhalten hat (*OVG Lüneburg* RDV 1989, 241). Der Löschungsanspruch nach § 84 Abs 2 greift im Rahmen der Fallgestaltungen des § 78 nicht ein, da dieser sich nur gegen Stellen iSd § 35 Abs 1 SGB I richtet, es sich aber bei der Stelle, an die eine Übermittlung erfolgte, gerade nicht um eine solche handelt. Ein **Löschungsanspruch** dem Übermittlungsempfänger gegenüber folgt aus § 20 Abs 2 BDSG oder dem jew LandesdatenschutzG (zB § 19 Abs 3 DSG NRW). Bei befugt übermittelten Sozialdaten hat sich der Dritte für die Zwecke seiner Verarbeitung und Nutzung (vgl § 67 Rz 11 ff) dieser Sozialdaten an den Übermittlungszweck zu halten. Er hat sich an dem **konkreten Zweck** zu orientieren, für den die Übermittlung erfolgte (*Walz* in GK-SGB X 2 § 78 Rz 16). Im Rahmen des § 75 für die Forschung oder Planung übermittelte Sozialdaten dürfen

3

nur für das bestimmte und genehmigte Vorhaben verarbeitet und genutzt werden, nicht für ein anderes Vorhaben. Sind Sozialdaten für ein bestimmtes gerichtliches Verfahren nach § 69 Abs 1 Nr 2 übermittelt worden, dürfen diese nicht für andere Verfahren verarbeitet und genutzt werden. War die Übermittlung aufgrund einer Einwilligung des Betroffenen legitimiert (vgl § 67 d Rz 2), kommt es für die Reichweite der zulässigen Verarbeitung und Nutzung bei dem Dritten nach Satz 1 auf den Umfang der Einwilligung an.

2.2. Umfang der Geheimhaltungspflicht (Abs 1 Satz 2)

4 Nach **Satz 2** hat der Dritte die Sozialdaten in demselben Umfang geheim zu halten wie die in § 35 Abs 1 SGB I genannten Stellen. Die Verpflichtung nach Satz 2 besteht nicht im Verhältnis von dem sachentscheidenden Spruchkörper eines SG zur Dienstaufsicht (*OVG NRW* DuD 1991, 95). Satz 1 hat Vorrang vor Satz 2. Die **Übermittlungssperren** durch die Zweckbindung sind strikt zu respektieren, nur „im Übrigen" gilt die besondere Geheimhaltungspflicht (*Walz* aaO § 78 Rz 27). Insoweit hat der Dritte das Verbot jeder weiteren Übermittlung zu respektieren. Der Verpflichtung zur **aktiven Wahrung des Sozialgeheimnisses** wird der Dritte gerecht, indem er die technischen und organisatorischen Maßnahmen iSd § 78 a trifft (vgl § 78 a Rz 5 ff), die zu treffen er wegen Satz 2 verpflichtet ist. Über die Geheimhaltungspflicht des § 35 Abs 1 SGB I hinaus gilt für den Dritten § 35 Abs 3 SGB I. Danach besteht, soweit eine Übermittlung nicht zulässig ist, keine Auskunftspflicht, keine Zeugnispflicht und keine Pflicht zur Vorlegung oder Auslieferung von Schriftstücken, nicht automatisierten Dateien und automatisiert erhobenen, verarbeiteten oder genutzten Sozialdaten. Die Verlängerung des Sozialgeheimnisses auf Dritte führt auch bei diesen zu einer **Justizfestigkeit** des Sozialgeheimnisses (vgl § 68 Rz 4).

5 Es empfiehlt sich hinsichtlich der **praktischen Umsetzung** der Norm, die Erstübermittlungsempfänger, bei denen es sich nicht um Stellen iSd § 35 Abs 1 SGB I handelt, **schriftlich** auf den Zweckbindungsgrundsatz nach Satz 1 und das Geheimhaltungsgebot nach Satz 2 **hinzuweisen**. Dazu zählt auch die präzise Fixierung des Übermittlungszwecks (*Walz* aaO § 78 Rz 33).

2.3. Ausnahmen von der Zweckbindung (Abs 1 Satz 3 bis 5)

6 **Satz 3** befugt **Gerichte** und **StA** als Übermittlungsempfänger von Sozialdaten, die Sozialdaten enthaltenden gerichtlichen Entscheidungen weiter zu übermitteln, wenn eine Stelle iSd § 35 Abs 1 SGB I übermittlungsbefugt wäre. Die Regelung gilt nicht für Sozialdaten, die dem Gericht aufgrund **eigener Ermittlungstätigkeit** bekannt geworden sind (*OVG NRW* DuD 1991, 95; *BayLSG* Beschl v 2.7.2002 – L 17 U 19/00, nv). Satz 3 ermöglicht es zB einer Strafverfolgungsbehörde nach der Verurteilung eines Arbeitgebers wegen der Nichtabführung von Sozialabgaben, das entsprechende Urteil an das **Gewerbeaufsichtsamt** übermitteln, das damit eine bessere Entscheidungsgrundlage erhält, als wenn es nur auf die Angaben des geschädigten Leistungsträgers zurückgreifen könnte (BT-Drucks 12/6334, 11). Nach Satz 3 iVm § 69 Abs 5 und § 67 c Abs 3 dürfen Gerichte und StA gerichtliche Entscheidungen, in denen ihnen übermittelte Sozialdaten enthalten sind, zur Wahrnehmung von **Disziplinarbefugnissen** weiter übermitteln (BR-Drucks 889/95, 102).

7 **Satz 4** verdeutlicht, dass eine Sozialdatenübermittlung in Zusammenhang mit Übermittlungen nach **§ 115 BBG** oder Vorschriften, die auf § 115 BBG verweisen, möglich ist, ohne dass die Voraussetzungen des Satz 3 gelten. Damit sollen die entsprechenden Mitteilungen auch in den „eher seltenen" Fällen ermöglicht werden, in denen Sozialdaten betroffen sind (BR-Drucks 889/95, 103).

Satz 5 beinhaltet eine **Durchbrechung des Zweckbindungsgrundsatzes**, indem eine Nutzung unabhängig vom Zweck der Übermittlung ermöglicht wird. Dies bedeutet, dass einmal übermittelte Sozialdaten nicht nur im Rahmen desjenigen Verfahrens verwendet werden dürfen, für das sie übermittelt wurden, sondern auch für sonstige Zwecke der Gefahrenabwehr, der Strafverfolgung oder der Strafvollstreckung. Sind der Polizei Sozialdaten zur Festnahme einer mit Haftbefehl verurteilten Person übermittelt worden, so ist die Nutzung derselben Sozialdaten auch möglich, um die Person wegen einer anderen Tat zu vernehmen (vgl BT-Drucks 12/6334, 11).   **8**

2.4. Hinweispflicht (Abs 2)

Nach **Abs 2** ist die übermittelnde Stelle verpflichtet, die Beschäftigten bei nicht-öffentlichen Stellen (vgl §§ 67 Abs 1, 81 Abs 3) auf die **Einhaltung der Pflichten** nach Abs 1 **hinzuweisen**. Dies muss spätestens bei der Übermittlung geschehen. § 5 Satz 2 BDSG gilt insoweit unmittelbar und auch abschließend für die nicht-öffentlichen Stellen iSd §§ 1 Abs 2 Nr 3, 2 Abs 4 BDSG (irrend BT-Drucks 12/5187, 40).   **9**

2.5. Schutz des Vollstreckungsbeamten (Abs 3)

Abs 3 trägt einem Anliegen der Praxis Rechnung, zB bei einer Vollstreckung durch die Vollstreckungsbehörden der Länder (vgl BT-Drucks 12/5187, 41). Die Regelung erlaubt mit **Satz 1** die Verarbeitung und Nutzung der für Zwecke der Vollstreckung nach § 66 übermittelten Sozialdaten, wenn dies für eine **Strafanzeige** zum Schutz des Vollstreckungsbeamten **notwendig** ist. Dies kann zB bei verbalen oder tätlichen Angriffen gegen einen Vollstreckungsbeamten der Fall sein. Gleiches wie im Fall des Satz 1 gilt nach **Satz 2** für die Klärung von Fragen im Rahmen eines Disziplinarverfahrens.   **10**

2.6. Weiterübermittlung für Forschungszwecke (Abs 4)

Abs 4 überträgt die durch das StrafverfahrensänderungsG 1999 für das Strafverfahren vorgegebene Regelung, wonach sich die Datenverwendung für Forschungszwecke nach einer Übermittlung der Sozialdaten an ein Gericht oder die StA nach den Forschungsklauseln der dortigen Verfahrensregeln richtet, auf das Bußgeldverfahren, für das ohnedies die Forschungsklauseln des Strafverfahrens sinngemäß gelten (BR-Drucks 330/02, 33; BT-Drucks 14/9001, 17). Die (erste) Übermittlung von Sozialdaten an StA oder Gerichte wird durch § 68 oder durch § 69 Abs 1 Nr 2 zum Zweck der Durchführung der einschlägigen Verfahren ermöglicht. Hierbei wird der Zweckbindungsgrundsatz durchbrochen. Abs 4 gestattet nunmehr eine abermalige **Durchbrechung des Zweckbindungsgrundsatzes**, indem die bei StA oder Gerichten in Akten oder Dateien verfügbaren Sozialdaten für die Durchführung bestimmter **wissenschaftlicher Forschungsarbeiten** (weiter) übermittelt werden dürfen. Für Sozialdaten aus **Akten** folgt dies aus § 476 Abs 1 StPO bzw § 49 b Satz 1 OWiG iVm § 476 Abs 1 StPO. Sind die Sozialdaten in **Dateien** gespeichert, gelten die §§ 487 Abs 4, 476 StPO bzw § 49 b Satz 1 OWiG iVm §§ 487 Abs 4, 476 StPO. § 75 ist im Rahmen der von Abs 4 erfassten Übermittlungen nicht anwendbar. Die Voraussetzungen und Grenzen der (weiteren) Sozialdatenübermittlung durch die Gerichte oder Staatsanwaltschaften sowie die Art und Weise der Durchführung der Übermitt-   **11**

lung ergeben sich mittelbar (§ 49 b Satz 1 OWiG) oder unmittelbar aus § 476 StPO.

2.7. Übermittlungsempfänger im Ausland und Datenverarbeitung im Auftrag

12　Für im **Ausland** belegene Übermittlungsempfänger gilt die Vorschrift **nicht**, weil sich diese außerhalb des territorialen Geltungsbereichs des SGB befinden. In diesen Fällen ist § 77 Abs 5 zu beachten (vgl § 77 Rz 10). **Nicht** anwendbar ist § 78 bei der **Datenverarbeitung im Auftrag** nach § 80. Die Einhaltung der sozialdatenschutzrechtlichen Vorschriften wird hier über § 80 selbst gewährleistet (vgl § 80 Rz 8).

Dritter Abschnitt Organisatorische Vorkehrungen zum Schutz der Sozialdaten, besondere Datenverarbeitungsarten

§ 78 a　Technische und organisatorische Maßnahmen

[1]Die in § 35 des Ersten Buches genannten Stellen, die selbst oder im Auftrag Sozialdaten erheben, verarbeiten oder nutzen, haben die technischen und organisatorischen Maßnahmen einschließlich der Dienstanweisungen zu treffen, die erforderlich sind, um die Ausführung der Vorschriften dieses Gesetzbuches, insbesondere die in der Anlage zu dieser Vorschrift genannten Anforderungen, zu gewährleisten. [2]Maßnahmen sind nicht erforderlich, wenn ihr Aufwand in keinem angemessenen Verhältnis zu dem angestrebten Schutzzweck steht.

Anlage (zu § 78 a)

Werden Sozialdaten automatisiert verarbeitet oder genutzt, ist die innerbehördliche oder innerbetriebliche Organisation so zu gestalten, dass sie den besonderen Anforderungen des Datenschutzes gerecht wird. Dabei sind insbesondere Maßnahmen zu treffen, die je nach der Art der zu schützenden Sozialdaten oder Kategorien von Sozialdaten geeignet sind,

1. Unbefugten den Zutritt zu Datenverarbeitungsanlagen, mit denen Sozialdaten verarbeitet oder genutzt werden, zu verwehren (Zutrittskontrolle),
2. zu verhindern, dass Datenverarbeitungssysteme von Unbefugten genutzt werden können (Zugangskontrolle),
3. zu gewährleisten, dass die zur Benutzung eines Datenverarbeitungssystems Berechtigten ausschließlich auf die ihrer Zugriffsberechtigung unterliegenden Daten zugreifen können, und dass Sozialdaten bei der Verarbeitung, Nutzung und nach der Speicherung nicht unbefugt gelesen, kopiert, verändert oder entfernt werden können (Zugriffskontrolle),
4. zu gewährleisten, dass Sozialdaten bei der elektronischen Übertragung oder während ihres Transports oder ihrer Speicherung auf Datenträger nicht unbefugt gelesen, kopiert, verändert oder entfernt werden können, und dass überprüft und festgestellt werden kann, an welche Stellen eine Übermittlung von Sozialdaten durch Einrichtungen zur Datenübertragung vorgesehen ist (Weitergabekontrolle),
5. zu gewährleisten, dass nachträglich überprüft und festgestellt werden kann, ob und von wem Sozialdaten in Datenverarbeitungssysteme eingegeben, verändert oder entfernt worden sind (Eingabekontrolle),

6. zu gewährleisten, dass Sozialdaten, die im Auftrag erhoben, verarbeitet oder genutzt werden, nur entsprechend den Weisungen des Auftraggebers erhoben, verarbeitet oder genutzt werden können (Auftragskontrolle),

7. zu gewährleisten, dass Sozialdaten gegen zufällige Zerstörung oder Verlust geschützt sind (Verfügbarkeitskontrolle),

8. zu gewährleisten, dass zu unterschiedlichen Zwecken erhobene Sozialdaten getrennt verarbeitet werden können.

Eine Maßnahme nach Satz 2 Nummer 2 bis 4 ist insbesondere die Verwendung von dem Stand der Technik entsprechenden Verschlüsselungsverfahren.

Literatur:

Büllesbach/Garstka: Meilensteine auf dem Weg zu einer datenschutzgerechten Gesellschaft, CR 2005, 720; *Bundesamt für Sicherheit in der Informationstechnik (Hrsg)*: IT-Grundschutz-Kataloge, Stand (Loseblatt-Sammlung): 2009, Köln; *Müthlein/Heck*: Einstieg in die Datenschutzorganisation, RDV 1994, 121; *Pickel*: Organisatorische Vorkehrungen zum Schutz der Sozialdaten und besondere Datenverarbeitungsformen, SGb 2000, 198, *Schmidl*: Aspekte des Rechts der IT-Sicherheit, NJW 2010, 476; *Thüringer Landesbeauftragter für den Datenschutz (Hrsg)*: Rechtsvorschriften zum Datenschutz, 2. Auflage, Erfurt 2003. Vgl die Literaturangaben zu § 67.

1. Allgemeines

Die Vorschrift konkretisiert den Grundsatz der Verhältnismäßigkeit für die technische und organisatorische Gestaltung der Datenverarbeitungssysteme. Durch ein „integriertes Datenschutzmanagement" (*Büllesbach/Garstka* CR 2005, 720 [723]), eine datenschutzgerechte Systemgestaltung, die Wahl von technischen Optionen und die Schaffung einer hierauf gerichteten Systeminfrastruktur kann den Gefährdungen der informationellen Selbstbestimmung entgegengewirkt werden (*Trute* JZ 1998, 822 [827]). Die Konferenz der Datenschutzbeauftragten des Bundes und der Länder hält die „besten rechtlichen Verarbeitungsbeschränkungen" für „praktisch wertlos", wenn die technische und organisatorische Absicherung dieser Verarbeitungsbeschränkungen fehlt oder mangelhaft ist (23. Tb des BfD, BT-Drucks 17/5200, 130). Ein Individualanspruch lässt sich aus der Vorschrift aber nicht ableiten (*Müller-Thele* NJW 2005, 1541 [1544]). Die Vorschrift übernimmt weitgehend den Wortlaut des § 9 BDSG unter Einschluss der Anlage zu dieser Vorschrift. Die nach Satz 1 zu treffenden Maßnahmen stehen in einem engen Zusammenhang mit den schon im Interesse der Sozialdaten verarbeitenden oder nutzenden Stelle selbst gebotenen Maßnahmen der Datensicherung, dh den Maßnahmen, die den ordnungsgemäßen Ablauf der Datenverarbeitung sowie den Schutz der Daten vor Verlust, Beschädigung oder Missbrauch betreffen (*Pickel* SGb 2000, 198; *Gola/Schomerus* BDSG § 9 Rz 2). In Abweichung zu § 9 Satz 2 BDSG tragen nach Satz 2 die Normadressaten der Vorschrift die Beweislast, wenn die Maßnahmen nach Satz 1 für sie einen unverhältnismäßigen Aufwand darstellen. Die Anlage zu § 78 a entspricht derjenigen zu § 9 BDSG. Sie hat Rechtsnormcharakter (*Krahmer* in Giese/Krahmer SGB I und X § 78 a SGB X Rz 2, 8).

2. Erläuterungen

2.1. Datensicherungsmaßnahmen (Satz 1)

2　Zum Begriff der Stelle iSd § 35 Abs 1 SGB I vgl § 67 Rz 5. Zum Begriff der Sozialdaten vgl § 67 Rz 2 ff. Zu den Begriffen Erhebung, Verarbeitung und Nutzung vgl § 67 Rz 10 ff. Zum Begriff der Auftragsdatenverarbeitung vgl § 80 Rz 3 ff. Normadressaten sind alle die vom Zweiten Kapitel erfassten Sozialdaten erhebenden, verarbeitenden oder nutzenden Stellen unter Einschluss derjenigen, die Daten im Auftrag erheben, verarbeiten oder nutzen.

3　Die Verpflichtung nach **Satz 1** betrifft den Umgang mit Sozialdaten aus automatisierten und nicht automatisierten Dateien iSd § 67 Abs 3 (vgl § 67 Rz 9). Die Verpflichtung zur Durchführung von Datensicherheitsmaßnahmen gilt also zB auch für **manuelle Karteien und Akten** (vgl § 67 Rz 9). Maßnahmen iSd Satz 1 betreffen die Aufbau- und Ablauforganisation, Vorkehrungen im baulichen Bereich, Schulungen der Mitarbeiter, die Festlegung von Verantwortlichen oder Benutzerprofilen (*Pickel* SGb 2000, 198). Die Maßnahmen müssen sich dem Einzelfall anpassen und sind vom Schutzbedarf der Daten, vom Verarbeitungssystem, von der Bedrohungslage und vom Stand der Technik abhängig (18. Tb des BfD, BT-Drucks 14/5555, 32). Als **praktische Folgerung** aus Satz 1 ergibt sich zB, dass Dienstzimmer bei Sozialhilfeträgern so ausgestaltet sein müssen, dass auch bei Vorsprache mehrerer Hilfesuchender der jew **Gesprächsinhalt vertraulich** bleibt (*Krahmer* aaO § 78 a SGB X Rz 6). Es müssen geeignete Maßnahmen ergriffen werden, damit das **unbefugte Mithören** von Sozialdaten durch Dritte **unterbunden** wird (18. Tb des Bfd, BT-Drucks 14/5555, 142; 20. Tb des BfD, BT-Drucks 15/5252, 161). Dies gilt für alle Leistungsträger. Die gesamte **innerdienstliche Organisation** des Aktentransports, des Posteingangs und des Postausgangs sowie der Schreibdienste muss so erfolgen, dass Sozialgeheimnisse Besuchern oder mit dem Fall nicht befassten Mitarbeitern nicht bekannt werden (*Kunkel* in GK-SGB VIII § 61 Rz 26). Zu den Maßnahmen nach Satz 1 gehört auch die **Wahrung der Transportsicherheit**. So dürfen Sozialdaten nur dann per Telefaxschreiben übermittelt werden, wenn gewährleistet ist, dass die Sozialdaten nicht beim Übermittlungsvorgang unbefugten Personen zur Kenntnis gelangen (*OLG Nürnberg* NJW-RR 1992, 703). Zur Wahrung der Pflichten nach Satz 1 zählt auch, dass die entsprechenden **Dienstanweisungen** getroffen werden (vgl Gemeinsames Rundschreiben der Senatsverwaltungen für Gesundheit und Soziales, für Schule, Jugend und Sport und für Inneres der Stadt Berlin an die Bezirksämter von Berlin v 14.2.1997 über die Übermittlung von Sozialdaten gem §§ 68 ff) und deren Einhaltung kontrolliert wird. Insgesamt kann sich die praktische Umsetzung der technisch-organisatorischen Verpflichtungen nach Satz 1 am IT-Grundschutzhandbuch des BSI orientieren (18. Tb des BfD, BT-Drucks 14/5555, 32).

2.2. Verhältnismäßigkeit von Sicherungsmaßnahmen zum Schutzzweck (Satz 2)

4　Satz 2 beschränkt die Datensicherungspflicht durch den Verhältnismäßigkeitsgrundsatz. Die Datensicherungsmaßnahmen müssen in einem angemessenen Verhältnis zum Schutzzweck stehen. Welches das angemessene Verhältnis ist, wird nicht nur durch den finanziellen, personellen und technischen Aufwand bestimmt, sondern auch durch die **Schutzbedürftigkeit des Sozialdatums**. Der zu betreibende Aufwand nach Satz 1 steigt mit der Schutzbedürftigkeit der Sozialdaten. Liegen etwa Sozialdaten iSd §§ 67 Abs 12, 76 Abs 1 vor, muss der

Aufwand größer sein als bei weniger „empfindlichen" Sozialdaten. Ein „belangloses" Sozialdatum gibt es nicht (vgl Vorbem §§ 67-85 a Rz 8). Muss aus Gründen des Angemessenheitsprinzips auf eine bestimmte Maßnahme verzichtet werden, so ist dies nachvollziehbar zu dokumentieren (*Thür LfD* Rechtsvorschriften zum Datenschutz, 15). In Abweichung zu § 9 Satz 2 BDSG kehrt Satz 2 die **Beweislast** für ein angemessenes Verhältnis der vorgeschriebenen Maßnahmen zu dem angestrebten Schutzzweck zulasten der Stellen iSd § 35 Abs 1 SGB I um (vgl *Wagner* NJW 1994, 2937 [2939]). Nur diese Stellen können darlegen, dass ein angemessenes Verhältnis iSd Vorschrift besteht (BT-Drucks 12/5187, 41).

2.3. Anlage zu § 78 a

Die **Anlage** zu § 78 a gilt entsprechend **Satz 1** (vgl Rz 3) nur für die **automatisierte Verarbeitung und Nutzung** von Sozialdaten iSd § 67 Abs 3 Satz 1 (vgl § 67 Rz 9). Aus den einzelnen Kontrollzielen der Anlage lassen sich im Bereich der IT-Sicherheit folgende Ziele ableiten, die für den Umgang mit Sozialdaten gelten: Vertraulichkeit, Integrität, Verfügbarkeit, Authentizität, Revisionsfähigkeit und Transparenz (vgl 18. Tb des BfD, BT-Drucks 14/5555, 33 f). Bsp für die nach **Satz 2** insbesondere zu **treffenden Schutzmaßnahmen** in technischer und organisatorischer Hinsicht sind (*Thür LfD* Rechtsvorschriften zum Datenschutz, 16 f; vgl auch *Pickel* SGb 2000, 198 [199 f]; *Gola/Schomerus* BDSG, § 9 Rz 22 ff):   5

Nr 1 Zutrittskontrolle   6

Bsp für Maßnahmen:

- Anlagen, PC und Terminals nicht an allg zugänglichen Orten aufstellen,
- keine Hinweise auf Rechenzentren, Verteileranlagen usw,
- Abschließen der Räume mit IT-Anlagen oder -Terminals,
- Festlegung von Zutrittsbefugnissen,
- Regelung für Besucher, Reinigungsdienst, Wartung, Abschließen der Geräte, Aufbewahrung der Datenträger,
- Fenster- und Türensicherung durch Spezialglas, einbruchhemmende Türen,
- Installation von Überwachungsanlagen, Überwachungspersonal.

Nr 2 Zugangskontrolle   7

Bsp für Maßnahmen:

- Begrenzung der Zugangsberechtigten,
- Abweisung unberechtigter Nutzer mit Protokollierung der Zugangsversuche,
- Begrenzung fehlerhafter Zugangsversuche,
- Vorgaben zur Passwortgestaltung, -handhabung und -verwaltung,
- Dunkelschaltung des Bildschirms mit Passwortschutz,
- Einsatz von Identifikations- und Authentifikationsverfahren,
- Überwachung von Netzwerkzugängen (Einsatz von Firewalls),
- Besondere Absicherung bei Fremd- und Fernwartung,
- Verzicht auf Zugriff über Wählleitung auf sensible Daten.

Nr 3 Zugriffskontrolle   8

Bsp für Maßnahmen:

- zeitliche Begrenzung der Zugriffsmöglichkeit,
- Verwendung von sicheren Passwortverfahren, Benutzerkennungen,

- Festlegung und softwaremäßig Absicherung der Zugriffsberechtigungen,
- Protokollierung von Zugriffen und Zugriffsversuchen des Benutzers,
- Verschlüsselung von Daten und Signierung von Programmen,
- Festlegung von Personen, die Datenträger nutzen oder entfernen dürfen,
- Datenträgerverwaltung (schriftliche Regelung über den Umgang mit Datenträgern, automationsgestützte oder manuelle Aufzeichnung über den Verbleib von Datenträgern) mit Kontrollen,
- Einschließen der Datenträger,
- Verbot der Verwendung privater Datenträger im Dienst und der Mitnahme dienstlicher Datenträger nach Hause,
- organisatorische, softwaremäßige und hardwaremäßige Festlegung der Befugnisse zum Kopieren,
- physikalisches Löschen nicht mehr benötigter Daten,
- Einsatz von Sicherheitssoftware,
- Einsatz von Kopierschutzmaßnahmen,
- Vernichtung überflüssiger Ausdrucke und Fehldrucke.

9   Nr 4 Weitergabekontrolle

Bsp für Maßnahmen:

- Dokumentation von Übermittlungsprogrammen,
- Festlegung der Datenempfänger,
- Protokoll der Übermittlungen,
- Verschlüsselung der zu übertragenden Daten,
- Einsatz der elektronischen Signatur,
- Einsatz von Prüfsummenverfahren,
- Regelung des Kommunikationsverkehrs,
- Prüfung der Identität der empfangenden Stelle hinsichtlich der Zulässigkeit von Übermittlungen.

10   Nr 5 Eingabekontrolle

Bsp für Maßnahmen:

- Protokoll der Eingaben (wer hat wann, was neu aufgenommen, geändert oder gelöscht?),
- Einsatz von Sicherheitssoftware.

11   Nr 6 Auftragskontrolle

Bsp für Maßnahmen:

- sorgfältige Auswahl des Auftragnehmers,
- klare schriftliche Vereinbarungen zwischen Auftraggeber und Auftragnehmer über Rechte und Pflichten der Vertragspartner,
- Kontrolle der Vertragsausführung (insbesondere hinsichtlich der Einhaltung der Datensicherheitspflichten),
- Vereinbarung von Vertragsstrafen und arbeitsrechtlichen Maßnahmen bei Nichteinhalten der Pflichten,
- Genehmigung von Subunternehmen.

12   Nr 7 Verfügbarkeitskontrolle

Bsp für Maßnahmen:

- regelmäßige Datensicherungen, Sicherheitskopien an einem anderen Ort,
- Einsatz gespiegelter Festplatten oder RAID-Systeme,
- unterbrechungsfreie Stromversorgung,

- Maßnahmen zum Katastrophenschutz,
- Dokumentation der Verarbeitungsprogramme,
- Einsatz von Virenerkennungsprogrammen,
- Schulung der Mitarbeiter.

Nr 8 Trennungsgebot   13

Bsp für Maßnahmen:

- getrennte Vorhaltung und getrennte Verarbeitung der Daten,
- Festlegung eines Zulässigkeitsrahmens für die Datenverarbeitung,
- Autorisierung/Rechteverwaltung,
- Protokollierung/Beweissicherung.

Hinsichtlich der nach der Anlage zu § 78 a im Einzelnen zu treffenden Maßnah-   14
men nehmen auch der **BfD** bzw die **LfD** immer wieder Stellung. So gibt es bspw
konkrete Empfehlungen zur Passwortgestaltung und zum Sicherheitsmanagement (14. Tb des BfD, BT-Drucks 12/4805, 193), zur Abwehr von Computervi-
ren (23. Tb des Hess LfD, Ziffer 28) oder zum Einsatz von Notebooks (*Gola/
Schomerus* BDSG § 9 Rz 17). Gleiches gilt für die datenschutzgerechte Einrichtung von Telearbeitsplätzen für Mitarbeiter (14. Tb des LfD NRW, 130 ff; 18.
Tb des BfD, BT-Drucks 14/5555, 136). Ob diese Arbeitsplätze datenschutzgerecht eingerichtet sind, wird auch kontrolliert (19. Tb des BfD, BT-Drucks
15/888, 44).

§ 78 b Datenvermeidung und Datensparsamkeit

[1]Gestaltung und Auswahl von Datenverarbeitungssystemen haben sich an dem
Ziel auszurichten, keine oder so wenig Sozialdaten wie möglich zu erheben, zu
verarbeiten oder zu nutzen. [2]Insbesondere ist von den Möglichkeiten der Anonymisierung und Pseudonymisierung Gebrauch zu machen, soweit dies möglich
ist und der Aufwand in einem angemessenen Verhältnis zu dem angestrebten
Schutzzweck steht.

Literatur:

Borking: Einsatz datenschutzfreundlicher Technologien in der Praxis, DuD 1998, 636.

1. Allgemeines

Die Vorschrift konkretisiert den Grundsatz der Verhältnismäßigkeit für die   1
technische Gestaltung der Datenverarbeitungssysteme. Eine vergleichbare Regelung trifft § 3 a BDSG. Mit Satz 1 wurde der Grundsatz der Datenvermeidung
und -sparsamkeit bzw Grundsatz des Systemdatenschutzes (vgl BT-Drucks
14/1191, 13) auch in das Zweite Kapitel aufgenommen (vgl BT-Drucks
14/4329, 52). Dadurch soll bereits anhand der Gestaltung der Systemstruktu-
ren die Erhebung, Verarbeitung oder Nutzung personenbezogener Daten soweit
wie möglich vermieden werden. Die entsprechende Technikgestaltung dient der
präventiven Reduzierung der Gefährdungen für das informationelle Selbstbestimmungsrecht des Betroffenen (*Gola/Schomerus* BDSG § 3 a Rz 1). Satz 2 beinhaltet den Vorrang anonymer und pseudonymer Formen der Datenverarbei-

tung. Auch dies ist ein Mittel, dem Grundsatz der Erforderlichkeit Rechnung zu tragen. Hierbei geht es in erster Linie darum – soweit technisch möglich und aufgrund der vorgegebenen funktionalen Zusammenhänge sachgerecht – das Mitführen der vollen Identität Betroffener während der eigentlichen Datenverarbeitungsvorgänge zu reduzieren.

2. Erläuterungen

2.1. Datenvermeidung (Abs 1 Satz 1)

2 Zum Begriff der Sozialdaten vgl § 67 Rz 2 ff. Zu den Begriffen Erhebung, Verarbeitung und Nutzung vgl § 67 Rz 10 ff. Adressaten der Norm sind alle die vom Zweiten Kapitel erfassten Sozialdaten erhebenden, verarbeitenden oder nutzenden Stellen (vgl § 67 Rz 20) unter Einschluss derjenigen, die Daten im Auftrag erheben, verarbeiten oder nutzen (vgl § 80 Rz 3 ff).

3 Wie das BVerfG festgestellt hat (vgl Vorbem §§ 67–85 a Rz 3, 8 f), müssen sich „alle Stellen, die zur Erfüllung ihrer Aufgaben personenbezogene Daten sammeln, auf das zum Erreichen des angegebenen Ziels erforderliche Minimum beschränken" (*BVerfGE* 65, 1 [46]). Dementsprechend verpflichtet **Satz 1** die Normadressaten auf das Ziel der Datenvermeidung. Dies beinhaltet die **„konsequente Minimierung"** von Sozialdaten durch den Einsatz **datenschutzfreundlicher Technologien** (vgl 17. Tb des BfD, BT-Drucks 14/850, 231). Die Regelung bedeutet nicht, dass Sozialdaten, die für die Aufgabenerfüllung erforderlich sind, nicht erhoben, verarbeitet oder genutzt werden dürften. Es handelt sich um einen reinen Programmsatz, dessen Nichtbeachtung keine Rechtsfolgen, dh keine Rechtswidrigkeit der gleichwohl verarbeiteten Daten, nach sich zieht, wenn die in den Zulässigkeitstatbeständen verankerte Erforderlichkeit gegeben ist (*Gola/Schomerus* BDSG § 3 a Rz 2). **Praktisch** kann die Forderung des Satz 1 durch eine **dateneinsparende Organisation** sowie durch die Abschottung von Verarbeitungsbereichen unterstützt werden (vgl BT-Drucks 14/1191, 13).

2.2. Vorrang anonymer bzw pseudonymer Verarbeitungen (Abs 1 Satz 2)

4 Nach **Satz 2** soll insbesondere von den Möglichkeiten der Anonymisierung und der Pseudonymisierung Gebrach gemacht werden (vgl § 67 Rz 18 f). Hierfür sind die IT-Systeme so auszuwählen und zu gestalten, dass die Verarbeitung personenbezogener Daten minimiert wird, indem weitgehend auf einen **Personenbezug verzichtet** wird. Sofern dies nicht möglich ist, ist der Datenverarbeitungsprozess so zu organisieren und sind die IT-Systeme so zu gestalten und auszuwählen, dass die Verarbeitung personenbezogener Daten zeitlich möglichst kurz gehalten wird und die personenbezogenen Daten **frühestmöglich gelöscht, anonymisiert oder pseudonymisiert** werden (vgl *Roßnagel/Pfitzmann/Garstka* Modernisierung des Datenschutzrechts, 101). Die Regelung steht unter dem Vorbehalt der technischen Realisierbarkeit und der Zumutbarkeit. Bei der Zumutbarkeit spielt der Kostenaufwand ebenso eine Rolle wie das Verhältnismäßigkeitsprinzip (*Gola/Schomerus* BDSG § 3 a Rz 7).

§ 78 c Datenschutzaudit

[1]Zur Verbesserung des Datenschutzes und der Datensicherheit können Anbieter von Datenverarbeitungssystemen und -programmen und datenverarbeitende Stellen ihr Datenschutzkonzept sowie ihre technischen Einrichtungen durch unabhängige und zugelassene Gutachter prüfen und bewerten lassen sowie das Er-

gebnis der Prüfung veröffentlichen. ²Die näheren Anforderungen an die Prüfung und Bewertung, das Verfahren sowie die Auswahl und Zulassung der Gutachter werden durch besonderes Gesetz geregelt. ³Die Sätze 1 und 2 gelten nicht für öffentliche Stellen der Länder mit Ausnahme der Sozialversicherungsträger und ihrer Verbände.

Literatur:

Gola: Der auditierte Datenschutzbeauftragte – oder von der Kontrolle der Kontrolleure, RDV 2000, 93; *Golembiewski*: Erstes Datenschutzaudit-Zertifikat in Schleswig-Holstein verliehen, DuD 2002, 132; *Petri*: Vorrangiger Einsatz auditierter Produkte, DuD 2001, 150; *Schläger*: Gütesiegel nach Datenschutzauditverordnung Schleswig-Holstein, DuD 2004, 459.

1. Allgemeines

Die Vorschrift nimmt die Regelung zum Datenschutzaudit auch in das Zweite Kapitel auf (vgl BT-Drucks 14/4329, 52). Eine entsprechende Regelung enthält bereits § 9 a BDSG. Das Datenschutzaudit verfolgt das Ziel, datenschutzfreundliche Produkte auf dem Markt zu fördern, indem deren Datenschutzkonzept geprüft und bewertet wird. Satz 2 bestimmt für das nähere Verfahren des Datenschutzaudits eine Regelung durch G. Satz 3 trifft eine Ausnahme zu Satz 1 und 2, die selbst wieder eine Einschränkung enthält. **1**

2. Erläuterungen
2.1. Prüfung und Bewertung (Satz 1)

Satz 1 stellt eine Kann-Bestimmung dar. Sie greift den Gedanken auf, Datenschutz nicht restriktiv als Behinderung zu begreifen, sondern positiv einzusetzen (so 19. Tb des BfD, BT-Drucks 15/888, 29 unter Bezugnahme auf § 9 a BDSG), etwa als vertrauensbildende Maßnahme. Eine externe neutrale Begutachtung soll es ermöglichen, den datenverarbeitenden Stellen eine Art „datenschutzrechtliches Gütesiegel" zu verleihen. **2**

2.2. AusführungsG (Satz 2)

Den Erlass eines gesonderten AusführungsG sieht **Satz 2** vor. Dies ist erforderlich, weil die Bestimmung der Anforderungen an die Prüfung und Bewertung sowie die Auswahl und Zulassung der Gutachter berufsbeschränkenden Charakter hat und damit dem verfassungsrechtlichen **Vorbehalt des G** unterliegt (BT-Drucks 14/4329, 38). Die Verankerung des Datenschutzaudits im Zweiten Kapitel „läuft solange leer", wie das erforderliche AusführungsG nicht in Kraft getreten ist (so 19. Tb des BfD, BT-Drucks 15/888, 17, 29 unter Bezugnahme auf § 9 a BDSG). Dieser Zustand dauert unverändert an. Ein Gesetzentwurf der BReg zum Datenschutzaudit (BT-Drucks 16/12011) ist im Gesetzgebungsverfahren gescheitert. Allerdings hatte der Gesetzentwurf ohnehin lediglich ein Datenschutzaudit für nicht-öffentliche Stellen iSd § 2 Abs 4 BDSG im Blick (BT-Drucks 16/12011, 7). **3**

2.3. Datenschutzaudit in den Bundesländern (Satz 3)

4 Satz 3 nimmt diejenigen öffentlichen Stellen der Länder von der Vorschrift aus, für die der Bund keine Gesetzgebungskompetenz hat. Die DatenschutzG der Länder sehen **eigene Regelungen zum Datenschutzaudit** vor (vgl zB § 7 b BremDSG, § 10 a DSG NRW, §§ 4 Abs 2, 43 Abs 2 DSG SchlH). Bremen und Schleswig-Holstein haben als einzige Bundesländer für öffentliche Stellen des Landes die Teilnahme an einem Datenschutzaudit ermöglicht (BremDSAuditV v 5.10.2004, Brem GBl, 515; Anwendungsbestimmungen des Unabhängigen Landeszentrums für Datenschutz zur Durchführung eines Datenschutzaudits nach § 43 Abs 2 DSG SchlH, ABl 2001, 196; vgl *Schläger* DuD 2004, 459 ff).

§ 79 Einrichtung automatisierter Abrufverfahren

(1) [1]Die Einrichtung eines automatisierten Verfahrens, das die Übermittlung von Sozialdaten durch Abruf ermöglicht, ist zwischen den in § 35 des Ersten Buches genannten Stellen sowie mit der Deutschen Rentenversicherung Bund als zentraler Stelle zur Erfüllung ihrer Aufgaben nach § 91 Abs. 1 Satz 1 des Einkommensteuergesetzes und der Deutschen Rentenversicherung Knappschaft-Bahn-See, soweit sie bei geringfügig Beschäftigten Aufgaben nach dem Einkommensteuergesetz durchführt, zulässig, soweit dieses Verfahren unter Berücksichtigung der schutzwürdigen Interessen der Betroffenen wegen der Vielzahl der Übermittlungen oder wegen ihrer besonderen Eilbedürftigkeit angemessen ist und wenn die jeweiligen Aufsichtsbehörden die Teilnahme der unter ihrer Aufsicht stehenden Stellen genehmigt haben. [2]Das Gleiche gilt gegenüber den in § 69 Abs. 2 und 3 genannten Stellen.

(1 a) Die Einrichtung eines automatisierten Abrufverfahrens für eine Datei der Sozialversicherung für Landwirtschaft, Forsten und Gartenbau ist nur gegenüber den Trägern der gesetzlichen Rentenversicherung, der Deutschen Rentenversicherung Bund als zentraler Stelle zur Erfüllung ihrer Aufgaben nach § 91 Absatz 1 Satz 1 des Einkommensteuergesetzes, den Krankenkassen, der Bundesagentur für Arbeit und der Deutschen Post AG, soweit sie mit der Berechnung oder Auszahlung von Sozialleistungen betraut ist, zulässig; dabei dürfen auch Vermittlungsstellen eingeschaltet werden.

(2) [1]Die beteiligten Stellen haben zu gewährleisten, dass die Zulässigkeit des Abrufverfahrens kontrolliert werden kann. [2]Hierzu haben sie schriftlich festzulegen:

1. Anlass und Zweck des Abrufverfahrens,
2. Dritte, an die übermittelt wird,
3. Art der zu übermittelnden Daten,
4. nach § 78 a erforderliche technische und organisatorische Maßnahmen.

(3) Über die Einrichtung von Abrufverfahren ist in Fällen, in denen die in § 35 des Ersten Buches genannten Stellen beteiligt sind, die der Kontrolle des Bundesbeauftragten für den Datenschutz unterliegen, dieser, sonst die nach Landesrecht für die Kontrolle des Datenschutzes zuständige Stelle rechtzeitig vorher unter Mitteilung der Festlegungen nach Absatz 2 zu unterrichten.

(4) [1]Die Verantwortung für die Zulässigkeit des einzelnen Abrufs trägt der Dritte, an den übermittelt wird. [2]Die speichernde Stelle prüft die Zulässigkeit der Abrufe nur, wenn dazu Anlass besteht. [3]Sie hat mindestens bei jedem zehnten Abruf den Zeitpunkt, die abgerufenen Daten sowie Angaben zur Feststellung des Verfahrens und der für den Abruf verantwortlichen Personen zu protokol-

lieren; die protokollierten Daten sind spätestens nach sechs Monaten zu löschen. [4]Wird ein Gesamtbestand von Sozialdaten abgerufen oder übermittelt (Stapelverarbeitung), so bezieht sich die Gewährleistung der Feststellung und Überprüfung nur auf die Zulässigkeit des Abrufes oder der Übermittlung des Gesamtbestandes.

(5) Die Absätze 1 bis 4 gelten nicht für den Abruf aus Datenbeständen, die mit Einwilligung der Betroffenen angelegt werden und die jedermann, sei es ohne oder nach besonderer Zulassung, zur Benutzung offenstehen.

Literatur:

Pickel: Organisatorische Vorkehrungen zum Schutz der Sozialdaten und besondere Datenverarbeitungsformen, SGb 2000, 198. Vgl die Literaturangaben zu §§ 67, 78 a.

1. Allgemeines

Die Vorschrift lehnt sich in weiten Teil an § 10 BDSG an. Abs 1 Satz 1 regelt die Zulässigkeit der Einrichtung von automatisierten Abrufverfahren zwischen Stellen iSd 35 Abs 1 SGB I sowie von diesen Stellen mit der DRV Bund bzw der DRV Knappschaft-Bahn-See. Satz 2 erstreckt diese Regelung auch auf die in § 69 Abs 2 und 3 genannten Stellen. Abs 1 a regelt die Zulässigkeit eines automatisierten Abrufverfahrens für eine Datei der Sozialversicherung für Landwirtschaft, Forsten und Gartenbau. Abs 2 formuliert Auflagen, die die Kontrolle der Zulässigkeit des Abrufverfahrens ermöglichen sollen. Nach Abs 3 ist jeweils der BfD oder ein LfD über die Einrichtung eines automatisierten Abrufverfahrens zu unterrichten. Abs 4 legt dem Übermittlungsempfänger die Verantwortung für die Zulässigkeit jedes einzelnen Abrufs auf, verpflichtet aber die übermittelnde Stelle auf die Einhaltung von Kontroll- und Protokollpflichten. Abs 5 nimmt Abrufe aus öffentlich zugänglichen Datenbeständen von den Bestimmungen der Abs 1 bis 4 aus. **1**

2. Erläuterungen

2.1. Zulässigkeit der Einrichtung automatisierter Abrufverfahren (Abs 1)

Zum Begriff der Sozialdaten vgl § 67 Rz 2 ff. Zum Begriff der Übermittlung vgl § 67 Rz 14. **2**

Abs 1 Satz 1 gilt idF des Dritten G zur Änderung des Vierten Buches Sozialgesetzbuch und anderer G v 5.8.2010 (BGBl I 1127). Bei einem **Abruf** iSd Satz 1 handelt es sich um eine **besondere Form der Übermittlung**, wie auch § 67 Abs 6 Nr 3 b verdeutlicht (vgl § 67 Rz 14). Die Vorschrift gilt für **Online-Verfahren** zwischen Stellen iSd § 35 Abs 1 SGB I (vgl § 67 Rz 5) sowie für Online-Verfahren (BT-Drucks 11/4306, 43; BT-Drucks 14/4329, 38) dieser Stellen mit der **3**

Deutschen Rentenversicherung als zentraler Stelle nach § 81 EStG bzw der Deutschen Rentenversicherung Knappschaft-Bahn-See in Zusammenhang mit der Durchführung ihrer Aufgaben nach § 40 a EStG. **Satz 2** erstreckt den Anwendungsbereich der Vorschrift auch auf die in § 69 Abs 2 und 3 genannten Stellen (vgl § 69 Rz 8 f). Betroffen von der Vorschrift sind nur Online-Verfahren, bei denen Sozialdaten übermittelt werden. Werden zB anonymisierte statistische Daten iSd § 67 Abs 8 (vgl § 67 Rz 18) übermittelt, ist der Anwendungsbereich der Vorschrift nicht eröffnet.

4   Nach Satz 1 wird die Zulässigkeit der Einrichtung von einer **Interessenabwägung** abhängig gemacht, wobei die Bestimmung auf die „Angemessenheit" des Abrufverfahrens abstellt. Gleiches gilt für die Aufrechterhaltung des Verfahrens, auch wenn dieses nicht genannt ist (*Gola/Schomerus* BDSG § 10 Rz 11). Die Angemessenheit kann sich insbesondere aus der **Häufigkeit der Abrufe** bei Massenübermittlungen (BT-Drucks 11/4306, 43) oder der **Dringlichkeit der Abrufe** ergeben. Im Rahmen der Prüfung der Angemessenheit sind die schutzwürdigen Interessen des Betroffenen zu berücksichtigen. Dies sind die durch das Abrufverfahren entstehenden **besonderen Gefährdungen**, wobei auch die Schutzwürdigkeit der Sozialdaten eine Rolle spielt (vgl § 78 a Rz 4). Erforderlich für die Einrichtung eines automatisierten Abrufverfahrens ist in formaler Hinsicht die **Genehmigung der jew Aufsichtsbehörde** (vgl § 67 c Rz 6). In den Fällen, in denen es eine solche Aufsichtsbehörde nicht gibt, weil zB keine Fachaufsicht eingerichtet ist (vgl § 87 Abs 1 SGB IV, § 78 Abs 3 SGB V), greift die Kontrolle nach Abs 3 ein (vgl Rz 7).

5   Lediglich die Einrichtung eines automatisierten Abrufverfahrens beurteilt sich nach der vorliegenden Vorschrift, während sich die **Rechtmäßigkeit jedes einzelnen Abrufs** nach den einschlägigen Übermittlungsvorschriften beurteilt (*Pickel* SGb 2000, 198 [200]; vgl BT-Drucks 11/4306, 43). Insoweit kommen lediglich die §§ 67 e Satz 2, 69, 71 Abs 1 Satz 1 Nr 10 und 11 in Betracht, nicht aber die anderen Übermittlungsermächtigungen. Diese betreffen Übermittlungen an Nicht-Leistungsträger und nicht die in Satz 1 oder Satz 2 bezeichneten Stellen und sehen eine Übermittlung teilweise nur im Einzelfall vor (zB §§ 68, 72). Satz 1 ist als **gesonderte Ermächtigung** zu verstehen, die die Einrichtung automatisierter Abrufverfahren auf die einschlägigen Fälle begrenzt.

2.2. Zulässigkeit automatisierter Abrufverfahren für eine Datei der Sozialversicherung für Landwirtschaft, Forsten und Gartenbau (Abs 1 a)

6   Durch Art 9 LSV-NeuordnungsG vom 12.4.2012 (BGBl I 579) wurde mit Wirkung vom 1.1.2013 Abs 1 a eingefügt. Während bis zum 31.12.2012 für die Zweige der landwirtschaftlichen Sozialversicherung durch § 205 Abs 1 Satz 3 SGB VII die Anwendbarkeit des § 79 SGB X ausdrücklich ausgeschlossen war, ist seit dem 1.1.2013 aufgrund der Ergänzung des Abs 1 a auch für die Einrichtung eines automatisierten Abrufverfahrens bei der SVLFG das SGB X anwendbar. Abs 1 a normiert für die landwirtschaftliche Sozialversicherung kein gesondertes Genehmigungserfordernis. Zweck der Regelung war es aber, die bisherigen Sonderregelungen aus dem SGB VII in das Recht des Sozialdatenschutzes des SGB X einzubinden. Hingegen war nicht beabsichtigt, automatisierte Abrufverfahren bei der landwirtschaftlichen Sozialversicherung geringeren Anforderungen zu unterstellen. Dementsprechend gelten auch hier die Voraussetzungen der **Angemessenheit des Verfahrens** und der **Genehmigung durch die Auf-**

sichtsbehörde nach Abs 1 (so auch *Bieresborn* in von Wulffen/Schütze, § 79 Rz 7 a).

Abs 1 a beschränkt den **Kreis der** im automatisierten Verfahren **Abrufberechtig-** **7** ten auf die dort ausdrücklich genannten Stellen. Die **Vermittlungsstelle** nach Abs 1 a Hs 2 entspricht nach ihrer Funktion der Vermittlungsstelle nach § 67 d Abs 4 Satz 1 (vgl § 67 d Rz 5).

2.3. Schriftliche Festlegungen (Abs 2)

Abs 2 sieht **Dokumentationspflichten** vor, mit denen gewährleistet werden soll, **8** dass die Zulässigkeit des Abrufverfahrens selbst und die Zulässigkeit eines jeden einzelnen Abrufs kontrolliert werden kann. Nach **Satz 1** haben die beteiligten Stellen die Pflicht, zu gewährleisten, dass **Zulässigkeitskontrollen** durchgeführt werden können. Beteiligte Stellen sind gleichermaßen die übermittelnde Stelle sowie die eine Übermittlung empfangende Stelle. **Satz 2** gibt diesen Stellen auf, Einzelheiten des Abrufverfahrens **schriftlich festzulegen**. Anlass und Zweck des Abrufverfahrens sind nach **Nr 1** zu dokumentieren. Dies erlaubt zu beurteilen, ob die Kriterien des Abs 1 gegeben sind, dh ob eine Vielzahl von Übermittlungen gegeben ist bzw eine besondere Eilbedürftigkeit der Übermittlungen vorliegt. Mit den Angaben nach **Nr 2** kann ua kontrolliert werden, ob die Übermittlungsempfänger ihre Verpflichtung zur Dokumentation im Rahmen der Vorschrift einhalten. Die zum Abruf berechtigten Stellen sind konkret zu bezeichnen (*Pickel* SGb 2000, 198 [200]). **Nr 3** ermöglicht eine Beurteilung der Schutzwürdigkeit der Sozialdaten. Es sind konkrete Angaben geboten, wie Name, Adresse, Beruf, etc (*Gola/Schomerus* BDSG § 10 Rz 14). Anhand der Informationen nach **Nr 4** kann ermittelt werden, ob die technischen und organisatorischen Maßnahmen zum Schutz der Sozialdaten nach § 78 a getroffen sind.

2.4. Unterrichtung der Datenschutzkontrollbehörden (Abs 3)

Abs 3 bindet die Datenschutzbeauftragten in die Kontrolle des Verfahrens ein, **9** vor allem für die Fälle, in denen die Stellen iSd § 35 Abs 1 SGB I keiner Fachaufsicht unterstehen (BT-Drucks 12/5187, 41; vgl Rz 4). Die **Datenschutzkontrollinstanzen** sind wie folgt zuständig: Der **BfD** ist zuständig für die Beh der Bundesverwaltung und die sonstigen öffentlichen Stellen des Bundes und die bundesunmittelbaren Körperschaften im Bereich der sozialen Sicherung. Die **LfD** sind zuständig für die Beh der Landesverwaltung und die sonstigen öffentlichen Stellen des jew Landes, wozu auch die Kommunalverwaltungen gehören. Die Unterrichtung hat so **rechtzeitig** zu erfolgen, dass der BfD oder ein LfD ausreichend Gelegenheit hat, die Zulässigkeit des Verfahrens vor dessen endgültiger Festlegung zu überprüfen (BT-Drucks 12/6334, 11).

2.5. Verantwortung und Pflichten der beteiligten Stellen (Abs 4)

Abweichend von § 67 d Abs 2 Satz 1 (vgl § 67 d Rz 3) trägt nach **Abs 4 Satz 1** **10** nicht die übermittelnde Stelle, sondern die **abrufende Stelle** die **Verantwortung** für die Zulässigkeit eines einzelnen Abrufs. Gem § 85 Abs 2 Nr 3 ist der unbefugte Abruf ordnungswidrig (vgl § 85 Rz 4). Entsprechend **Satz 2** besteht für die Stelle, bei der der Abruf erfolgt, lediglich eine **Kontrollpflicht** der Zulässigkeit des Abrufs, wenn dazu Anlass besteht. Ein solcher Anlass liegt vor, wenn sich etwa ein Betroffener über die Zulässigkeit eines Abrufs beschwert (*Krahmer* in Giese/Krahmer SGB I und X § 79 SGB X Rz 11). Zur Kontrolle der Zulässigkeit der Übermittlung wird der speichernden Stelle nach **Satz 3** die Pflicht auferlegt, **Stichproben** von mindestens jedem zehnten Abruf zu machen. Dabei hat sie die in Satz 3 genannten Daten zu protokollieren und für längstens 6 Monate vorzuhalten. Gem **Satz 4** wird bei einem **Stapelverfahren** die Nachweispflicht aus Satz 3 erleichtert. Hier muss lediglich global die Zulässigkeit der Übermittlung des Gesamtbestands der Daten und nicht die der einzelnen Daten überprüfbar sein (*Pickel* SGb 2000, 198 [201]).

2.6. Jedermann offen stehende Datenbestände (Abs 5)

11   Nach **Abs 5** gelten die Abs 1 bis 4 nicht für jedermann offenstehende Datenbestände. Solche Datenbestände sind allg zugänglich, sie kann **also jedermann nutzen**, sei es ohne oder nach vorheriger Anmeldung, Zulassung oder Entrichtung eines Entgelts (§ 10 Abs 5 BDSG). Die Vorschrift stellt sicher, dass Verfahren zur **Selbstinformation**, die die Übermittlung von Sozialdaten auf Abruf ermöglichen (zB Stellenangebote oder Daten über Bildungseinrichtungen zum Selbstabruf) zulässig sind (BT-Drucks 12/5187, 41). Gleiches gilt zB für das Autorenverzeichnis einer für jedermann öffentlich zugänglichen Bibliothek.

§ 80 Erhebung, Verarbeitung oder Nutzung von Sozialdaten im Auftrag

(1) [1]Werden Sozialdaten im Auftrag durch andere Stellen erhoben, verarbeitet oder genutzt, ist der Auftraggeber für die Einhaltung der Vorschriften dieses Gesetzbuches und anderer Vorschriften über den Datenschutz verantwortlich. [2]Die in den §§ 82 bis 84 genannten Rechte sind ihm gegenüber geltend zu machen.

(2) [1]Eine Auftragserteilung für die Erhebung, Verarbeitung oder Nutzung von Sozialdaten ist nur zulässig, wenn der Datenschutz beim Auftragnehmer nach der Art der zu erhebenden, zu verarbeitenden oder zu nutzenden Daten den Anforderungen genügt, die für den Auftraggeber gelten. [2]Der Auftrag ist schriftlich zu erteilen, wobei insbesondere im Einzelnen festzulegen sind:

1. der Gegenstand und die Dauer des Auftrags,
2. der Umfang, die Art und der Zweck der vorgesehenen Erhebung, Verarbeitung oder Nutzung von Daten, die Art der Daten und der Kreis der Betroffenen,
3. die nach § 78 a zu treffenden technischen und organisatorischen Maßnahmen,
4. die Berichtigung, Löschung und Sperrung von Daten,
5. die bestehenden Pflichten des Auftragnehmers, insbesondere die von ihm vorzunehmenden Kontrollen,
6. die etwaige Berechtigung zur Begründung von Unterauftragsverhältnissen,
7. die Kontrollrechte des Auftraggebers und die entsprechenden Duldungs- und Mitwirkungspflichten des Auftragnehmers,
8. mitzuteilende Verstöße des Auftragnehmers oder der bei ihm beschäftigten Personen gegen Vorschriften zum Schutz von Sozialdaten oder gegen die im Auftrag getroffenen Festlegungen,
9. der Umfang der Weisungsbefugnisse, die sich der Auftraggeber gegenüber dem Auftragnehmer vorbehält,
10. die Rückgabe überlassener Datenträger und die Löschung beim Auftragnehmer gespeicherter Daten nach Beendigung des Auftrags.

[3]Der Auftraggeber ist verpflichtet, erforderlichenfalls Weisungen zur Ergänzung der beim Auftragnehmer vorhandenen technischen und organisatorischen Maßnahmen zu erteilen. [4]Der Auftraggeber hat sich vor Beginn der Datenverarbeitung und sodann regelmäßig von der Einhaltung der beim Auftragnehmer getroffenen technischen und organisatorischen Maßnahmen zu überzeugen. [5]Das Ergebnis ist zu dokumentieren. [6]Die Auftragserteilung an eine nicht-öffentliche Stelle setzt außerdem voraus, dass der Auftragnehmer dem Auftraggeber schriftlich das Recht eingeräumt hat,

1. Auskünfte bei ihm einzuholen,
2. während der Betriebs- oder Geschäftszeiten seine Grundstücke oder Geschäftsräume zu betreten und dort Besichtigungen und Prüfungen vorzunehmen und
3. geschäftliche Unterlagen sowie die gespeicherten Sozialdaten und Datenverarbeitungsprogramme einzusehen,

soweit es im Rahmen des Auftrags für die Überwachung des Datenschutzes erforderlich ist.

(3) [1]Der Auftraggeber hat seiner Aufsichtsbehörde rechtzeitig vor der Auftragserteilung

1. den Auftragnehmer, die bei diesem vorhandenen technischen und organisatorischen Maßnahmen und ergänzenden Weisungen nach Absatz 2 Satz 2 und 3,
2. die Art der Daten, die im Auftrag erhoben, verarbeitet oder genutzt werden sollen, und den Kreis der Betroffenen,
3. die Aufgabe, zu deren Erfüllung die Erhebung, Verarbeitung oder Nutzung der Daten im Auftrag erfolgen soll, sowie
4. den Abschluss von etwaigen Unterauftragsverhältnissen

schriftlich anzuzeigen. [2]Wenn der Auftragnehmer eine öffentliche Stelle ist, hat er auch schriftliche Anzeige an seine Aufsichtsbehörde zu richten.

(4) Der Auftragnehmer darf die zur Datenverarbeitung überlassenen Sozialdaten nicht für andere Zwecke verarbeiten oder nutzen und nicht länger speichern, als der Auftraggeber schriftlich bestimmt.

(5) Die Erhebung, Verarbeitung oder Nutzung von Sozialdaten im Auftrag durch nicht-öffentliche Stellen ist nur zulässig, wenn

1. beim Auftraggeber sonst Störungen im Betriebsablauf auftreten können oder
2. die übertragenen Arbeiten beim Auftragnehmer erheblich kostengünstiger besorgt werden können und der Auftrag nicht die Speicherung des gesamten Datenbestandes des Auftraggebers umfasst. Der überwiegende Teil der Speicherung des gesamten Datenbestandes muss beim Auftraggeber oder beim Auftragnehmer, der eine öffentliche Stelle ist, und die Daten zur weiteren Datenverarbeitung im Auftrag an nicht-öffentliche Auftragnehmer weitergibt, verbleiben.

(6) [1]Ist der Auftragnehmer eine in $\S$ 35 des Ersten Buches genannte Stelle, gelten neben den $\S\S$ 85 und 85 a nur $\S$ 4 g Abs. 2, $\S$ 18 Abs. 2, und die $\S\S$ 24 bis 26 des Bundesdatenschutzgesetzes. [2]Bei den in $\S$ 35 des Ersten Buches genannten Stellen, die nicht solche des Bundes sind, treten anstelle des Bundesbeauftragten für den Datenschutz insoweit die Landesbeauftragten für den Datenschutz. [3]Ihre Aufgaben und Befugnisse richten sich nach dem jeweiligen Landesrecht. [4]Ist der Auftragnehmer eine nicht-öffentliche Stelle, kontrolliert die Einhaltung der Absätze 1 bis 5 die nach Landesrecht zuständige Aufsichtsbe-

hörde. [5]Bei öffentlichen Stellen der Länder, die nicht Sozialversicherungsträger oder deren Verbände sind, gelten die landesrechtlichen Vorschriften über Verzeichnisse der eingesetzten Datenverarbeitungsanlagen und Dateien.

(7) [1]Die Absätze 1, 2, 4 und 6 gelten entsprechend, wenn die Prüfung oder Wartung automatisierter Verfahren oder von Datenverarbeitungsanlagen durch andere Stellen im Auftrag vorgenommen wird und dabei ein Zugriff auf Sozialdaten nicht ausgeschlossen werden kann. [2]Verträge über Wartungsarbeiten sind in diesem Falle rechtzeitig vor der Auftragserteilung der Aufsichtsbehörde mitzuteilen; sind Störungen im Betriebsablauf zu erwarten oder bereits eingetreten, ist der Vertrag unverzüglich mitzuteilen.

Literatur:

Eßer: Auftragsdatenverarbeitung von Sozialdaten, DSB 2011, 18. Vgl die Literaturangaben zu §§ 67, 78 a.

1. Allgemeines

1   Die Vorschrift lehnt sich in großem Umfang an § 11 BDSG an. Der Schutz der Sozialdaten soll sich für den Betroffenen auch dann nicht vermindern, wenn ein Auftragnehmer eingeschaltet wird (*Pickel* SGb 2000, 198 [201]). Abs 1 belässt es bei der Verantwortlichkeit des Auftraggebers und verhindert, dass er sich durch eine Auftragsdatenverarbeitung von ihr freizeichnet. Gem Abs 2 ist die Auftragserteilung nur zulässig, wenn damit keine Minderung des Datenschutzniveaus einhergeht. Abs 2 trifft weitere Festlegungen für die Zulässigkeit der Auftragserteilung, die Weisungsbefugnisse des Auftraggebers einschließen. Soll die Auftragsdatenverarbeitung durch eine nicht-öffentliche Stelle erfolgen, sieht Abs 2 weitere Kontrollbefugnisse vor. Detaillierte schriftliche Anzeigepflichten des Auftraggebers an seine Aufsichtsbehörde, die rechtzeitig vor der Auftragserteilung erfüllt werden müssen, statuiert Abs 3. Nach Abs 4 besteht für den Auftragnehmer ein Zweckänderungsverbot. Es sind Löschungsregelungen vorzusehen. Abs 5 bindet die Auftragsdatenverarbeitung durch eine nicht-öffentliche Stelle an weitere erschwerende Voraussetzungen. Mit Abs 6 wird die Kontrolle der die Auftragsdatenverarbeitung reglementierenden Bestimmungen gewährleistet. Eine entsprechende Geltung der Abs 1, 2, 4 und 6 ordnet Abs 7 für Fälle der Fernwartung von IT-Systemen an.

2. Erläuterungen

2.1. Datenverarbeitung im Auftrag (Abs 1 Satz 1)

Zum Begriff der Sozialdaten vgl § 67 Rz 2 ff. Zu den Begriffen Erhebung, Verarbeitung und Nutzung vgl § 67 Rz 10 ff.

Datenverarbeitung im Auftrag iSd **Abs 1 Satz 1** umfasst Fälle, in denen die tatsächliche Erhebung, Verarbeitung oder Nutzung der Sozialdaten von einem Auftragnehmer für eine Stelle iSd § 35 Abs 1 SGB I (vgl § 67 Rz 5) durchgeführt wird, die Stelle iSd § 35 Abs 1 SGB I als Auftraggeber aber für die Erhebung, Verarbeitung oder Nutzung und deren Ergebnisse nach außen allein verantwortlich bleibt, wie es Satz 1 zum Ausdruck bringt. Satz 1 knüpft an § 67 Abs 9 Satz 1 (vgl § 67 Rz 20) an. Die **Weitergabe an den Auftragnehmer** stellt wegen § 67 Abs 10 Satz 3 **keine Sozialdatenübermittlung** dar (vgl § 67 Rz 21). Der Auftragnehmer ist der „verlängerte Arm" der verantwortlichen Stelle (*Gola/Schomerus* BDSG § 11 Rz 3). „Herrin der Daten" bleibt die **auftraggebende Stelle** (*Walz* GK-SGB X 2 § 80 Rz 3), da alleine sie über deren Erhebung, Verarbeitung oder Nutzung bestimmt. § 78 gilt in Fällen der Auftragsverarbeitung nicht, da die Vorschrift einen Übermittlungsvorgang voraussetzt (vgl § 78 Rz 1, 3). Die **Verantwortlichkeit des Auftraggebers** besteht – konkretisiert durch Satz 2 (vgl Rz 7) – **in allen Rechtsbeziehungen**, dh sowohl gegenüber dem Betroffenen als auch gegenüber den Aufsichts- bzw den Kontrollbehörden (*Krahmer* in Giese/Krahmer SGB I und X § 80 SGB X Rz 8). In Hinsicht auf die Belegenheit des Auftragnehmers gilt wegen § 67 Abs 10 Satz 2, dass dieser sich im **Inland** oder im **Ausland** befinden darf, so in einem anderen **Mitgliedstaat der EU** oder in einem **Vertragsstaat** des Abkommens über den **EWR** befinden darf (vgl § 67 Rz 21; vgl auch § 77 Rz 3). Er kann sich auch in einem **Drittstaat** befinden, in dem ein angemessenes Datenschutzniveau iSd § 77 Abs 2 Satz 1 gewährleistet ist (vgl § 77 Rz 7).

Bedienen sich Stellen iSd § 35 Abs 1 SGB I zur Erledigung ihrer Aufgaben (vgl § 67 Rz 6) **gemeinsamer Rechenzentren** oder Rechenzentren anderer öffentlicher oder privater Stellen, liegt Auftragsdatenverarbeitung vor (vgl § 67 Rz 20). Auftragsdatenverarbeitung liegt auch bei externer Datenerhebung, Datenerfassung auf Datenträgern, Mikroverfilmung von Unterlagen sowie bei der Auftragsarchivierung vor. Gleiches gilt für die **Vernichtung von Schriftgut, Akten und Datenträgern** (*Gola/Schomerus* BDSG § 11 Rz 7). Keine Auftragsdatenverarbeitung liegt vor, wenn die verantwortliche Stelle eine fremde Datenverarbeitungsanlage alleine und mit eigenem Personal benutzt (*Pickel* SGb 2000, 198 [201]) oder wenn der Arbeitsplatz eines Mitarbeiters im Rahmen der **Telearbeit** (vgl § 78 a Rz 14) in die Wohnung des Mitarbeiters „ausgelagert" wird (*Gola/Schomerus* BDSG § 11 Rz 10). Keine Rechtsgrundlage für eine Datenverarbeitung im Auftrag besteht, wenn eine KK ein **Call-Center** für die ärztliche Beratung ihrer Mitglieder einschaltet, dessen Tätigkeit weit über eine reine Unterstützungsleistung für die KK hinausgeht und die KK nicht mehr allein die Verantwortung für die Datenverarbeitung trägt (16. Tb des LfD NRW, 134). Eine Aufgabe muss nicht vollständig durch den Auftragnehmer erfüllt werden, damit von Auftragsdatenverarbeitung gesprochen werden kann. Es ist ausreichend, wenn die beauftragte Person oder Stelle bei wenigstens einer Phase des Umgangs mit den Sozialdaten iSd § 67 Abs 5-8 a (vgl § 67 Rz 10 ff) unterstützend tätig wird (*Pickel* SGb 2000, 198 [201]). Hierunter ist etwa der Fall zu fassen, in dem **ein privater Dienstleister für Sozialämter** die finanzielle Abwicklung der medizinischen Behandlung von Sozialhilfeempfängern und Asylbewerbern übernimmt (vgl 30. Tb des Hess LfD, Ziffer 11.4).

5   Wie das **Auftragsverhältnis** rechtlich zu qualifizieren ist, ist nicht erheblich (*Walz* aaO § 80 Rz 10). Es kommt auf die **tatsächlichen Verhältnisse** an (*Krahmer* aaO § 80 SGB X Rz 5). Der Begriff „Auftrag" entspricht nicht § 88 und ist nicht alleine iSd § 662 BGB zu verstehen. In Betracht kommen Dienstverträge, Werkverträge oder Geschäftsbesorgungsverträge (*Gola/Schomerus* BDSG § 11 Rz 6).

6   Umfasst die Auftragsdatenverarbeitung **besonders schutzwürdige Sozialdaten** iSd § 76 (vgl 30. Tb des Hess LfD, Ziffer 11.4.3), so liegt auch hinsichtlich der Abgabe dieser Sozialdaten kein Übermittlungsvorgang vor (vgl Rz 3). Dennoch sind die durch **§ 203 Abs 1 StGB** gezogenen **Grenzen** zu beachten. Mitarbeiter von Stellen iSd § 35 Abs 1 SGB I, die den besonderen, durch § 203 Abs 1 StGB geschützten Verschwiegenheitspflichten unterliegen (zB Amtsärzte, bei öffentlichen Stellen beschäftigte Ehe-, Erziehungs- und Jugendberater sowie staatlich anerkannte Sozialarbeiter; vgl § 76 Rz 4) dürfen die ihnen anvertrauten Sozialdaten nur offenbaren, wenn hierzu eine Offenbarungsbefugnis besteht (vgl § 76 Rz 7). Eine Auftragsdatenverarbeitung ohne Einwilligung des Betroffenen ist ausgeschlossen, als die für die Auftragserledigung erforderliche Datenweitergabe an den Auftragnehmer eine unzulässige Offenbarung darstellt (vgl *BGHZ* 115, 123).

2.2. Verantwortlichkeit der auftragserteilenden Stelle (Abs 1 Satz 2)

7   Satz 2 konkretisiert die Verantwortlichkeit der auftragserteilenden Stelle, die bereits in Satz 1 festgeschrieben ist (vgl Rz 3). Ansprüche des Betroffenen auf **Schadensersatz** (vgl § 82; vgl Rz 14), **Auskunft** (vgl § 83) sowie **Berichtigung, Löschung und Sperrung** von Sozialdaten (vgl § 84) sind gegen die auftraggebende Stelle zu richten.

2.3. Zulässigkeitsvoraussetzungen der Auftragsdatenverarbeitung (Abs 2)

8   **Abs 2** bestimmt die Zulässigkeitsvoraussetzungen der Auftragsdatenverarbeitung. Sind diese nicht erfüllt, darf keine Auftragserteilung stattfinden. Satz 1 bis Satz 3 müssen sowohl bei einer Auftragserteilung an eine öffentliche und an eine nicht-öffentliche Stelle iSd § 67 Abs 11 (vgl § 67 Rz 22) beachtet werden. § 81 Abs 3 ist für die Einordnung der Verbände und Arbeitsgemeinschaften der Stellen iSd § 35 Abs 1 SGB I als öffentliche Stellen zu beachten. Erfolgt die Auftragserteilung an eine nicht-öffentliche Stelle, gelten zusätzlich die Anforderungen gem Satz 4 und diejenigen des Abs 5 (Rz 11). Nach **Satz 1** müssen für die mit dem Auftrag überantworteten Sozialdaten bei dem Auftragnehmer die gleichen **Schutzanforderungen** gelten wie bei dem Auftraggeber. Das in Abhängigkeit von der Schutzwürdigkeit der Sozialdaten zu bestimmende Schutzniveau (vgl § 78 a Rz 4) des Auftragnehmers muss demjenigen des Auftraggebers entsprechen. **Satz 2** fordert eine **schriftliche Auftragserteilung**, für die § 126 BGB gilt. Dieser Passus entspricht der Regelung, wie § 11 Abs 2 Satz 2 Nr 1 bis Nr 10 BDSG sie seit der Novellierung durch das G v 14.8.2009 (BGBl I 2814) beinhaltet, so dass nunmehr ein einheitliches Schutzniveau erreicht wird (vgl BT-Drucks 17/1684, 16). Der Katalog von 10 Punkten führt enumerativ das „**schriftlich zu fixierende Minimum**" auf (*Gola/Schomerus* BDSG § 11 Rz 18 f). Verstöße gegen Satz 2 sind ordnungswidrig gem § 85 Abs 1 Nr 1 a (vgl § 85 Rz 3). Die Festlegung der Schutzmaßnahmen (**Nr 3**) kann sich an der Anlage zu § 78 a orientieren (vgl § 78 a Rz 5 ff). **Satz 3** verpflichtet den Auftraggeber zur Erteilung von Weisungen, damit der Auftragnehmer den Anforderungen iSd

§ 78 a genügt. Darüber hinaus sollte die Auftragsvereinbarung Festlegungen zur Verfahrensweise bei Verstößen gegen den Datenschutz und die Datensicherheit enthalten, zB Abmahnerfordernisse (vgl § 314 BGB) oder ein sofortiges Kündigungsrecht. **Satz 4** und **Satz 5** verpflichten den Auftraggeber entsprechend den Regelungen in § 11 Abs 2 Satz 4 und Satz 5 BDSG, sich bereits vor dem Beginn der Datenverarbeitung von der Einhaltung der beim Auftragnehmer getroffenen technisch-organisatorischen Sicherungsmaßnahmen zu überzeugen und das Ergebnis zu dokumentieren. Wer die Verpflichtung nach Satz 4 missachtet, handelt gegebenenfalls ordnungswidrig gem § 85 Abs 1 Nr 1 b (vgl § 85 Rz 3). Zusätzliche Erfordernisse stellt **Satz 6** bei einer Auftragserteilung an nicht-öffentliche Stellen auf. So muss dem Auftraggeber das Recht eingeräumt werden, dass er Auskünfte einholen darf (**Nr 1**), Grundstücke und Geschäftsräume des Auftragnehmers während bestimmter Zeiten betreten darf, um vor Ort Besichtigungen und Prüfungen vorzunehmen (**Nr 2**) sowie Geschäftsunterlagen, gespeicherte Sozialdaten und Datenverarbeitungsprogramme einsehen darf (**Nr 3**). Diese Befugnisse stehen unter dem Vorbehalt der Erforderlichkeit für die Überwachung des Datenschutzes im Rahmen des Auftrags.

2.4. Anzeigepflichten gegenüber der Aufsichtsbehörde (Abs 3)

Abs 3 soll der Aufsichtsbehörde Gelegenheit geben, noch vor der Auftragserteilung durch Beratung und gegebenenfalls mit den ihr sonst zur Verfügung stehenden Aufsichtsmitteln tätig zu werden (so BT-Drucks 8/4022, 88 in Hinsicht auf die aF der Vorschrift). Die Auftragserteilung ist zwar nicht von einer Genehmigung der Aufsichtsbehörde abhängig, jedoch empfiehlt sich die Abstimmung, um spätere Beanstandungen zu vermeiden (*Pickel* SGb 2000, 198 [202]). **Satz 1** verpflichtet den Auftraggeber, die **schriftliche Anzeige** bei der jew Aufsichtsbehörde (vgl § 67 c Rz 6) rechtzeitig zu machen. **Rechtzeitig** bedeutet, dass die Aufsichtsbehörde noch ausreichend Gelegenheit haben muss, die Zulässigkeit der Auftragsdatenverarbeitung vor der Auftragserteilung zu überprüfen. Sie muss auch die Gelegenheit zur Stellungnahme haben. Der **Zulässigkeitsprüfung** der Aufsichtsbehörde dienen die Angaben nach **Nr 1 bis 4**. Handelt es sich bei dem Auftragnehmer gleichfalls um eine öffentliche Stelle, hat nach **Satz 2** auch der Auftragnehmer eine schriftliche Anzeige an seine Aufsichtsbehörde zu richten.

2.5. Zweckänderungsverbot (Abs 4)

Abs 4 untersagt dem Auftragnehmer ein Abweichen von der **schriftlichen Zweckbestimmung** des Auftraggebers in Hinsicht auf den Umgang mit den im Rahmen des Auftrags überantworteten Sozialdaten. Die Bestimmung soll zugleich eine möglichst **rasche Löschung** der zur Datenverarbeitung im Auftrag überlassenen Sozialdaten gewährleisten (vgl BT-Drucks 8/4022, 88). § 78 gilt im Rahmen des Abs 4 nicht (vgl Rz 3). Ein Verstoß gegen die Verpflichtungen aus Abs 4 ist nach näherer Maßgabe des § 85 Abs 1 Nr 2 ordnungswidrig (vgl § 85 Rz 3).

2.6. Auftragsdatenverarbeitung durch nicht-öffentliche Stellen (Abs 5)

Nach **Abs 5** müssen für die Auftragsdatenverarbeitung durch nicht-öffentliche Stellen iSd § 67 Abs 11 (vgl § 67 Rz 22) weitere Voraussetzungen erfüllt sein, die selbstständig neben diejenigen des Abs 2 (vgl Rz 8) treten (vgl BT-Drucks 8/4022, 88). Wie bereits bei Abs 2 ist § 81 Abs 3 zu beachten (vgl Rz 8). Die

Voraussetzungen der Vorschrift sind **eng auszulegen**. Das gilt insbesondere für die Verarbeitung von Sozialdaten der BKK durch den Arbeitgeber (so BT-Drucks 8/4022, 88 in Hinsicht auf die ursprüngliche Fassung der Vorschrift). **Störungen im Betriebsablauf** (**Nr 1**) können insbesondere bei einem Eintritt unvorhergesehener Ereignisse oder bei einem besonders großen Arbeitsanfall eintreten (*Pickel* SGb 2000, 198 [202]). Für die Feststellung, ob der Auftragnehmer die übertragenen Arbeiten erheblich kostengünstiger durchführen kann (**Nr 2**), muss ein **Kostenvergleich** mit öffentlichen Stellen durchgeführt werden. Kostendruck ist ein häufiger Beweggrund für die Auftragsverarbeitung (vgl 15. Tb des LfD NRW, 101). Bei der Feststellung besteht für den Auftraggeber ein Beurteilungsspielraum (*Pickel* SGb 2000, 198 [202]). Der Auftrag darf nicht die Speicherung (vgl § 67 Rz 12) des gesamten Datenbestands des Auftraggebers umfassen. Dieser muss überwiegend bei dem Auftraggeber oder bei einem Auftragnehmer, der eine öffentliche Stelle ist und die Daten zur weiteren Datenverarbeitung im Auftrag an eine nicht-öffentliche Stelle weitergibt, verbleiben. Soweit die Auftragsdatenverarbeitung keine Speicherung ist, kann sie auch den gesamten Datenbestand erfassen (BT-Drucks 12/6334, 11).

2.7. Effektivierung der datenschutzrechtlichen Kontrolle (Abs 6)

12   Ist der Auftragnehmer eine Stelle iSd § 35 Abs 1 SGB I (vgl § 67 Rz 5), gelten nach **Abs 6 Satz 1** neben den §§ 85 und 85 a (Bußgeld- und Strafvorschriften) nur § 4 g Abs 2, § 18 Abs 2 und die §§ 24 bis 26 BDSG. § 4 g Abs 2 BDSG regelt die Aufgaben des **internen Datenschutzbeauftragten**. § 18 Abs 2 BDSG verpflichtet die öffentlichen Stellen zur Führung eines Verzeichnisses der eingesetzten Datenverarbeitungsanlagen. In § 24 BDSG wird die Kontrolle durch den **BfD**, in § 25 BDSG werden Beanstandungen durch den BfD und in § 26 BDSG weitere Aufgaben des BfD geregelt. Handelt es sich bei der auftragnehmenden Stelle nicht um eine Stelle des Bundes, tritt nach **Satz 2** der **LfD** an die Stelle des BfD. Die Aufgaben und Befugnisse des LfD richten sich ausweislich **Satz 3** nach dem jew Landesrecht (vgl zB §§ 22, 24 DSG NRW). Wenn der Auftragnehmer eine nicht-öffentliche Stelle iSd § 67 Abs 11 (vgl § 67 Rz 22) ist, kontrolliert nach **Satz 4** die nach Landesrecht zuständige Aufsichtsbehörde (vgl § 75 Rz 12) die Einhaltung der Abs 1 bis 5. Landesrechtliche Vorschrift nach **Satz 5** ist zB § 8 DSG NRW.

2.8. Fernwartung von IT-Systemen (Abs 7)

13   **Abs 7 Satz 1** erklärt die Regelungen über die Auftragsdatenverarbeitung der Abs 1, 2, 4 und 6 für entsprechend anwendbar auf die Prüfung oder Wartung automatisierter Verfahren oder von IT-Systemen durch Stellen außerhalb der verantwortlichen Stelle. Mit der Regelung wird die Fernwartung **ausdrücklich erlaubt**, aber gleichzeitig reglementierenden **Beschränkungen** unterworfen. Die Bestimmung findet auch dann Anwendung, wenn Prüfung oder Wartung vor Ort beim Anwender durch einen externen Techniker erfolgen (*Thür LfD* Rechtsvorschriften zum Datenschutz, 15). **Satz 2** verpflichtet den Auftraggeber, den Vertrag über Wartungsarbeiten **rechtzeitig** bzw unverzüglich der Aufsichtsbehörde (vgl Rz 9) mitzuteilen. Damit Wartungsarbeiten verwaltungsökonomisch und effizient durchgeführt werden können, wurde diese Mitteilungsverpflichtung so gestaltet, dass Verzögerungen in der Abwicklung von Sozialleistungen zulasten der Leistungsempfänger nicht eintreten (BT-Drucks 14/4329, 52).

2.9. Schadensersatz

Erleidet der Betroffene im Rahmen der Durchführung der Auftragsdatenverar- **14**
beitung durch ein Fehlverhalten des Auftragnehmers einen Schaden, trifft die
Haftung zunächst den für die Verarbeitung **verantwortlichen Auftraggeber** nach
§ 82, wie bereits Abs 1 Satz 2 verdeutlicht (Rz 7). Dem **Auftragnehmer** gegen-
über greift § 82 nicht ein. Dessen Haftung richtet sich auch nicht nach Art 34
GG iVm § 839 BGB, da die **Datenverarbeitung im Auftrag keine hoheitliche
Tätigkeit** darstellt. Infrage kommt ein Schadensersatzanspruch aus unerlaubter
Handlung nach § 823 Abs 1 BGB. Das allg Persönlichkeitsrecht ist als sonstiges
Recht iSd § 823 Abs 1 BGB (*Sprau* in Palandt § 823 BGB Rz 19, 83 ff) und das
BDSG bzw das SGB X (*Sprau* aaO § 823 BGB Rz 61, 65) sind als Schutzgesetze
iSd § 823 Abs 2 BGB anerkannt (*OLG Hamm* MDR 1983, 667; *OLG Hamm*
NJW 1996, 131; *Krahmer* aaO § 80 SGB X Rz 15).

Vierter Abschnitt Rechte des Betroffenen,
Datenschutzbeauftragte und Schlussvorschriften

§ 81 Rechte des Einzelnen, Datenschutzbeauftragte

(1) Ist jemand der Ansicht, bei der Erhebung, Verarbeitung oder Nutzung seiner
personenbezogenen Sozialdaten in seinen Rechten verletzt worden zu sein, kann
er sich

1. an den Bundesbeauftragten für den Datenschutz wenden, wenn er eine Ver-
    letzung seiner Rechte durch eine in § 35 des Ersten Buches genannten Stelle
    des Bundes bei der Wahrnehmung von Aufgaben nach diesem Gesetzbuch
    behauptet,
2. an die nach Landesrecht für die Kontrolle des Datenschutzes zuständigen
    Stellen wenden, wenn er die Verletzung seiner Rechte durch eine andere in
    § 35 des Ersten Buches genannte Stelle bei der Wahrnehmung von Aufga-
    ben nach diesem Gesetzbuch behauptet.

(2) ¹Bei der Wahrnehmung von Aufgaben nach diesem Gesetzbuch gelten für
die in § 35 des Ersten Buches genannten Stellen die §§ 24 bis 26 des Bundesdatenschutzgesetzes. ²Bei öffentlichen Stellen der Länder, die unter § 35 des Ersten Buches fallen, treten an die Stelle des Bundesbeauftragten für den Datenschutz die Landesbeauftragten für den Datenschutz. ³Ihre Aufgaben und Befugnisse richten sich nach dem jeweiligen Landesrecht.

(3) ¹Verbände und Arbeitsgemeinschaften der in § 35 des Ersten Buches genannten Stellen oder ihrer Verbände gelten, soweit sie Aufgaben nach diesem
Gesetzbuch wahrnehmen und an ihnen Stellen des Bundes beteiligt sind, unbeschadet ihrer Rechtsform als öffentliche Stellen des Bundes, wenn sie über den
Bereich eines Landes hinaus tätig werden, anderenfalls als öffentliche Stellen
der Länder. ²Sonstige Einrichtungen der in § 35 des Ersten Buches genannten
Stellen oder ihrer Verbände gelten als öffentliche Stellen des Bundes, wenn die
absolute Mehrheit der Anteile oder der Stimmen einer oder mehrerer öffentlicher Stellen dem Bund zusteht, anderenfalls als öffentliche Stellen der Länder.
³Die Datenstelle der Träger der Rentenversicherung nach § 145 Abs. 1 des
Sechsten Buches gilt als öffentliche Stelle des Bundes.

(4) ¹Auf die in § 35 des Ersten Buches genannten Stellen und die Vermittlungsstellen nach § 67 d Abs. 4 sind die §§ 4 f, 4 g mit Ausnahme des Absatzes 3 sowie § 18 Abs. 2 des Bundesdatenschutzgesetzes entsprechend anzuwenden. ²In

räumlich getrennten Organisationseinheiten ist sicherzustellen, dass der Beauftragte für den Datenschutz bei der Erfüllung seiner Aufgaben unterstützt wird. [3]Die Sätze 1 und 2 gelten nicht für öffentliche Stellen der Länder mit Ausnahme der Sozialversicherungsträger und ihrer Verbände. [4]Absatz 2 Satz 2 und 3 gilt entsprechend.

Literatur:

Bundesbeauftragter für den Datenschutz und die Informationsfreiheit (Hrsg): BfD-Info 4, Die Datenschutzbeauftragten in Behörden und Betrieb, 7. Auflage, Bonn 2008; *Pickel*: Rechte des Betroffenen im Sozialdatenschutz, SGb 2001, 57; *Schild*: Der behördliche Datenschutzbeauftragte, DuD 2001, 31.

1. Allgemeines

1   Die Einräumung eines Anrufungsrechts für den Betroffenen in der Vorschrift verwirklicht lediglich ein Element des „wehrhaften Datenschutzes", deren weitere sich in den §§ 81 ff verwirklicht finden (*Kunkel* GK-SGB VIII § 61 Rz 223). In Abs 1 wird das Anrufungsrecht des Betroffenen bei den Kontrollbehörden für den Datenschutz geregelt. Abs 2 unterwirft die Leistungsträger der Sozialverwaltung der Kontrolle des BfD bzw des jew LfD. Nach Abs 3 sind auch Verbände und Arbeitsgemeinschaften der Stellen iSd § 35 Abs 1 SGB I unbeschadet ihrer privaten Rechtsform öffentliche Stellen, womit sie der Kontrolle des BfD bzw eines LfD unterliegen. Abs 4 regelt die Bestellung eines stelleninternen Datenschutzbeauftragten.

2. Erläuterungen

2.1. Anrufungsrecht des Betroffenen (Abs 1)

2   Zum Begriff der Sozialdaten vgl § 67 Rz 2 ff. Zu den Begriffen Erhebung, Verarbeitung und Nutzung vgl § 67 Rz 10 ff.

3   Bei **Abs 1** handelt es sich um eine entsprechende Übernahme des § 21 Satz 1 BDSG. Abs 1 berücksichtigt, dass zu den in § 35 Abs 1 SGB I genannten Stellen (vgl § 67 Rz 5) bundes- und landesunmittelbare Stellen gehören (BT-Drucks 12/5187, 41 f). Dementsprechend kann der Betroffene (vgl § 67 Rz 4) den **BfD** (**Nr 1**) bzw den jew **LfD** (**Nr 2**) anrufen. Bei dieser Befugnis handelt es sich um einen Rechtsanspruch des Betroffenen (*Krahmer* in Giese/Krahmer SGB I und X § 81 SGB X Rz 5). Dieser **Rechtsanspruch** steht jedermann zu (*Pickel* SGb 2001, 57), unabhängig von der Staatsangehörigkeit (vgl § 67 Rz 4). Das Anrufungsrecht besteht nur für personenbezogene Sozialdaten, nicht aber für Betriebs- und Geschäftsgeheimnisse iSd § 67 Abs 1 Satz 2 iVm § 35 Abs 4 SGB I (vgl § 67 Rz 7). In zahlreichen Fällen wird der BfD aufgrund von **Eingaben eines Betroffenen** tätig (vgl nur 22. Tb des BfD, BT-Drucks 16/12600, 38, 62 f, 119), so dass der Stellenwert des Anrufungsrechts für einen rechtskonformen Umgang mit Sozialdaten nicht zu unterschätzen ist. Das Anrufungsrecht besteht immer dann, wenn die Sozialdaten unbefugt erhoben, verarbeitet oder genutzt werden. Dies ist der Fall, wenn für einen bestimmten Umgang mit Sozialdaten eine Befugnis begründende Norm nicht besteht bzw Voraussetzungen oder Grenzen einer solchen Norm nicht eingehalten werden. Auch wegen der Verletzung einer Hinweis- oder Aufklärungspflicht (vgl §§ 67a Abs 3 Satz 1, 67b Abs 2) oder des Verstoßes gegen den Grundsatz der Ersterhebung (vgl § 67a Rz 6) greift die Befugnis des Betroffenen nach Abs 1 ein. Gleiches gilt für die Verletzung von Sperrungs-, Löschungs- oder Berichtigungspflichten (vgl § 84) oder von technischen bzw organisatorischen Standards (vgl § 78a). Ausreichend ist eine **drohende Verletzung** der Betroffenenrechte, um die Befugnis nach Abs 1 auszulösen (*Krahmer* aaO § 81 SGB X Rz 5). Es reicht jeweils aus, wenn der Betroffene der Ansicht ist, er sei in seinen Rechten verletzt worden. Die Rechtsverletzung muss **nicht tatsächlich vorliegen** (*Gola/Schomerus* BDSG § 21 Rz 5). Für die Anrufung gilt kein Form- und Fristerfordernis. Sie kann schriftlich, mündlich oder zu Protokoll der Dienststelle des jew Datenschutzbeauftragten eingelegt werden (*Pickel* SGb 2001, 57). Der Datenschutzbeauftragte hat den Sachverhalt im Rahmen seiner Kontrollbefugnisse zu ermitteln. Stellt er eine Rechtsverletzung fest, kann er auf Abhilfe hinwirken (vgl *Gola/Schomerus* BDSG § 21 Rz 6). Der Betroffene kann eine schriftliche Unterrichtung über die Ergebnisse der Überprüfung des Datenschutzbeauftragten verlangen (*Rixen* in Krahmer Sozialdatenschutz § 81 SGB X Rz 5). Das Anrufungsrecht besteht in allen LandesdatenschutzG (vgl zB § 25 DSG NRW; vgl *Gola/Schomerus* BDSG § 21 Rz 7 mwN). Wegen Abs 4 Satz 1 iVm § 4f Abs 5 Satz 2 BDSG können sich Betroffene auch jederzeit an den **internen Datenschutzbeauftragten** (vgl Rz 6) des Sozialleistungsträgers wenden. Niemand darf benachteiligt oder gemaßregelt werden, weil er sich an den internen Datenschutzbeauftragten gewandt hat.

2.2. Datenschutzkontrolle (Abs 2)

Kontrollpflichten des **BfD** der von § 35 Abs 1 SGB I genannten Stellen (vgl § 67 Rz 5) bestehen aufgrund von **Abs 2 Satz 1 iVm §§ 24 bis 26 BDSG** (vgl § 80 Rz 12). Gegenstand der Kontrolle ist die Einhaltung und Gewährleistung des Sozialdatenschutzes (vgl § 24 Abs 1 BDSG). Die Kontrolle des BfD erstreckt sich nach § 24 Abs 2 Nr 2 BDSG auch auf Sozialdaten, die einem Berufs- (§ 203 StGB) oder einem besonderen Amtsgeheimnis unterliegen (§ 30 AO). Hinsichtlich der besonders schutzbedürftigen Sozialdaten iSd § 76 Abs 1 kommt es auf eine Einwilligung des Betroffenen (vgl § 76 Rz 8) nicht an. **Satz 2** stellt sicher, dass landesunmittelbare Träger der Sozialverwaltung unter der Kontrolle des zuständigen **LfD** bleiben (vgl BT-Drucks 12/5187, 42). Die Aufgaben und Befugnisse eines LfD richten sich ausweislich **Satz 3** nach dem jew Landesrecht (vgl zB §§ 22, 24 DSG NRW).

4

2.3. Verbände und Arbeitsgemeinschaften als öffentliche Stellen (Abs 3)

Hintergrund der Regelung des **Abs 3** ist, dass die von Leistungsträgern in Form des Privatrechts (zB eines eV) betriebenen Vereinigungen dem SGB unterfallen und der Kontrolle des BfD bzw eines LfD unterstehen (BT-Drucks 12/5187, 42). Nach **Satz 1** gelten Verbände und Arbeitsgemeinschaften der Stellen iSd § 35 Abs 1 SGB I (vgl § 67 Rz 5) oder ihrer Verbände **unbeschadet ihrer Rechtsform** als öffentliche Stellen des Bundes, wenn an ihnen Stellen des Bundes beteiligt sind, soweit sie Aufgaben nach diesem Gesetzbuch wahrnehmen und sie über den Bereich eines Landes hinaus tätig werden. Länderübergreifende Institutionen, an denen der Bund nicht beteiligt ist, werden von der Vorschrift nicht als Stellen des Bundes behandelt (vgl BT-Drucks 12/6334, 12). In Betracht

5

kommen zB die **Spitzenverbände der KK** (§ 213 Abs 1 SGB V), Arbeitsgemeinschaften der Krankenkassen und ihrer Verbände mit Kassenärztlichen Vereinigungen und anderen Leistungserbringern (§ 219 SGB V), die **Arbeitsgemeinschaft der Spitzenverbände der KK** (§ 282 Satz 2 SGB V) oder der **Hauptverband der gewerblichen BG** (vgl § 181 Abs 1 SGB VII). Sonstige Verbände und
Arbeitsgemeinschaften gelten als öffentliche Stellen der Länder. Um öffentliche
Stelle des Bundes nach **Satz 2** handelt es sich, wenn die absolute Mehrheit der
Anteile oder der Stimmen einer oder mehrerer öffentlicher Stellen dem Bund
zusteht, anderenfalls handelt es sich um öffentliche Stellen der Länder. **Satz 3**
stellt klar, dass die Datenstelle der Träger der Rentenversicherung (§ 145 Abs 1
SGB VI) eine öffentliche Stelle des Bundes ist (BT-Drucks 15/3654, 88).

2.4. Interner Datenschutzbeauftragter (Abs 4)

6 Nach **Abs 4 Satz 1** haben Stellen iSd § 35 Abs 1 SGB I (vgl § 67 Rz 5) und Vermittlungsstellen iSd § 67 d Abs 4 (vgl § 67 d Rz 5), die Sozialdaten (vgl § 67 Rz
2 ff) automatisiert (vgl § 67 Rz 9) zu erheben, verarbeiten oder nutzen (vgl § 67
Rz 10 ff), spätestens innerhalb eines Monats nach Aufnahme ihrer Tätigkeit
schriftlich einen **Beauftragten für den Datenschutz** zu bestellen (Satz 1 iVm § 4 f
Abs 1 BDSG). Die **Privilegierung** des § 4 Abs 1 Satz 4 BDSG greift für die
Normadressaten des Abs 4 **nicht** ein, da es sich bei diesen um **öffentliche Stellen**
handelt. Lediglich nicht-öffentliche Stellen unterliegen der eingeschränkten Be-
stellungspflicht für einen Datenschutzbeauftragten, wenn bei ihnen in der Regel
höchstens ständig neun Personen mit der automatisierten Verarbeitung beschäftigt sind. Das gleiche gilt im Ergebnis – allerdings insoweit auch für die Normadressaten des Abs 4 – nach Satz 1 iVm § 4 f Abs 1 Satz 3 BDSG, wenn personenbezogene Daten auf andere Weise erhoben, verarbeitet oder genutzt werden
und damit idR mindestens 20 Personen beschäftigt sind. Die Vorschrift dürfte
praktisch leerlaufend sein, da der automatisierte Umgang mit Sozialdaten die
Regel ist. Die Bestellung eines **externen Datenschutzbeauftragten** soll allenfalls
in Ausnahmefällen zuzulassen sein, zB bei sehr kleinen Leistungsträgern (16.
Tb des BfD, BT-Drucks 13/7500, 127). Der Datenschutzbeauftragte muss gegebenenfalls vollständig für seine Datenschutzaufgaben zur Verfügung stehen (18.
Tb des BfD, BT-Drucks 14/5555, 138). Eine **befristete Bestellung** des Datenschutzbeauftragten hält der BfD, wenn sie für einen kürzeren Zeitraum als fünf
Jahre erfolgt, wegen § 4 f Abs 3 Satz 4 BDSG für problematisch (16. Tb des
BfD, BT-Drucks 13/7500, 127 f). Fachliche und persönliche Anforderungen an
den Datenschutzbeauftragten sind gem Satz 1 iVm § 4 f Abs 2 BDSG zu stellen.
Die Stellen müssen den Datenschutzbeauftragten bei seiner Tätigkeit **unterstützen**. Wegen Satz 1 iVm § 4 f Abs 5 Satz 1 BDSG sind ihm, soweit dies zur Erfüllung seiner Aufgaben erforderlich ist, Hilfspersonal sowie Räume, Einrichtungen, Geräte und Mittel zur Verfügung zu stellen. Die Aufgaben des Datenschutzbeauftragten ergeben sich aus Satz 1 iVm § 4 g BDSG. Satz 1 nimmt § 4 g
Abs 1 Satz 3 BDSG von der entsprechenden Geltung ausdrücklich aus. Dies
würde zu „nicht sachgerechten" Ergebnissen führen (BT-Drucks 14/4329, 52).
Aus Satz 1 iVm § 18 Abs 2 Satz 1 BDSG folgt, dass die Stellen ein Verzeichnis
der eingesetzten Datenverarbeitungsanlagen führen müssen. Entsprechend
Satz 2 ist auch in räumlich getrennten Organisationseinheiten sicherzustellen,
dass der Datenschutzbeauftragte bei der Erfüllung seiner Aufgaben unterstützt
wird. Dies kann abhängig von der Größe und der räumlichen Entfernung der
Organisationseinheiten beinhalten, dass hierzu ein **Mitarbeiter freizustellen** ist
(BT-Drucks 12/5187, 42). Satz 1 und 2 gelten nach **Satz 3** nicht für öffentliche

Stellen der Länder, also zB Jugend- und Sozialämter. Ausgenommen sind die Sozialversicherungsträger und ihre Verbände. Eine Verpflichtung zur Bestellung eines Datenschutzbeauftragten in öffentlichen Stellen der Länder kann sich aus **landesrechtlichen Vorschriften** ergeben (zB § 32 a DSG NRW). Gem **Satz 4** gelten Abs 2 Satz 2 und 3 entsprechend (vgl Rz 4). Satz 4 stellt klar, dass bei landesunmittelbaren Stellen der **LfD** an die Stelle des **BfD** tritt (BT-Drucks 14/4329, 52). Die nicht oder nicht rechtzeitig erfolgte Bestellung eines Datenschutzbeauftragten ist ordnungswidrig nach § 85 Abs 1 Nr 3 (vgl § 85 Rz 3).

§ 82 Schadenersatz

[1]Fügt eine in § 35 des Ersten Buches genannte Stelle dem Betroffenen durch eine nach diesem Gesetzbuch oder nach anderen Vorschriften über den Datenschutz unzulässige oder unrichtige Erhebung, Verarbeitung oder Nutzung seiner personenbezogenen Sozialdaten einen Schaden zu, ist § 7 des Bundesdatenschutzgesetzes entsprechend anzuwenden. [2]Für den Ersatz des Schadens bei unzulässiger oder unrichtiger automatisierter Erhebung, Verarbeitung oder Nutzung von personenbezogenen Sozialdaten gilt auch § 8 des Bundesdatenschutzgesetzes entsprechend.

Literatur:

Meier/Wehlau: Die zivilrechtliche Haftung für Datenlöschung, Datenverlust und Datenzerstörung, NJW 1998, 1585.

1. Allgemeines

In Umsetzung von Art 23 RiLi 95/46/EG schafft Satz 1 durch die Anordnung der entsprechenden Geltung des § 7 BDSG eine eigenständige Anspruchsgrundlage für eine Verschuldenshaftung. Satz 2 sieht mit der entsprechenden Geltung des § 8 BDSG für die automatisierte Verarbeitung von Sozialdaten eine Gefährdungshaftung vor.   **1**

2. Erläuterungen

2.1. Verschuldenshaftung bei vermutetem Verschulden (Satz 1)

Zum Begriff der Sozialdaten vgl § 67 Rz 2 ff. Zu den Begriffen Erhebung, Verarbeitung und Nutzung vgl § 67 Rz 10 ff. Zum Begriff des Betroffenen vgl § 67 Rz 4. Haftungsfälle im Datenschutzrecht sind zwar selten (*Roßnagel/Pfitzmann/Garstka* Modernisierung des Datenschutzrechts, 178). Eine **Haftungsregelung** ist zur Sicherung der Persönlichkeitsrechte des Betroffenen dennoch **notwendig**, nicht zuletzt wegen Art 23 RiLi 95/46/EG. Der Schadensersatzanspruch richtet sich gegen die in § 35 Abs 1 SGB I genannten Stellen (vgl § 67 Rz 5). Jedoch wird als haftungsrechtlich verantwortlicher Träger der **Bund** oder ein **Bundesland** angesprochen, wenn sich der Schadensersatzanspruch gegen eine Sozialverwaltungsbehörde des Bundes (zB BA) oder eines Bundeslandes   **2** richtet. Die Haftungsregelungen des § 82 erstrecken sich auch auf die **Stellen der Bundesländer,** nachdem der Bund unterdessen über den notwendigen Kompetenztitel des Art 74 Abs 1 Nr 25 GG verfügt (vgl BT-Drucks 14/4329, 52). Sie gilt daher zB auch für Sozial- oder Jugendämter (vgl *OLG Zweibrücken* Urt v 21.2.2013 – 6 U 21/12). Auch bei einer Datenverarbeitung im Auftrag bleibt die verantwortliche Stelle wegen § 80 Abs 1 Satz 2 dem Betroffenen gegenüber in der Haftung (vgl § 80 Rz 7). Wie § 81 Abs 1 gilt die Regelung nur für personenbezogene Sozialdaten (vgl § 81 Rz 3), nicht aber für Betriebs- und Geschäftsgeheimnisse iSd § 67 Abs 1 Satz 2 iVm § 35 Abs 4 SGB I (BT-Drucks 12/5187, 42; vgl § 67 Rz 7). Hier kann ein Schadensersatzanspruch auf der Grundlage der allg Bestimmungen geltend gemacht werden (vgl Rz 8).

3   Nach Art 23 RiLi 95/46/EG kann jeder, dem durch eine rechtswidrige Datenverarbeitung ein Schaden entstanden ist, von der verantwortlichen Stelle iSd § 67 Abs 9 (vgl § 67 Rz 20) Schadensersatz verlangen. Die Richtlinie begründet eine Haftung für **vermutetes Verschulden** mit gleichzeitiger **Entlastungsmöglichkeit. Satz 1** übernimmt mit seinem Verweis auf § 7 BDSG diese Regelung zur Verschuldenshaftung. Die Verweisung auf § 7 BDSG umfasst die tatbestandlichen Voraussetzungen und die Rechtsfolgen dieser Vorschrift (BT-Drucks 12/5187, 42), was sich nicht mit dem bei dem Zweiten Kapitel verfolgten Ziel verträgt, dem Betroffenen Verweisungen zu ersparen (vgl Vorbem §§ 67-85 a Rz 11) und teilweise für rechtspolitisch unbefriedigend gehalten wird (*Krahmer* in Giese/Krahmer SGB I und X § 82 SGB X Rz 5). Die Schadensersatzregelung erfasst Ansprüche aus **automatisierter** und **nicht automatisierter Datenverarbeitung** iSd § 67 Abs 3 (vgl § 67 Rz 9). Die Regelung findet damit auch bei der Datenverarbeitung in Akten Anwendung (BT-Drucks 14/4329, 38).

4   Die Verpflichtung zum Schadensersatz entsteht nach Satz 1 iVm § 7 Satz 1 BDSG, wenn die verantwortliche Stelle dem Betroffenen durch eine unzulässige oder unrichtige Erhebung, Verarbeitung oder Nutzung seiner Sozialdaten einen Schaden zufügt. **Unzulässig** ist jede Art des Umgangs mit Sozialdaten, die nicht erlaubt, also rechtswidrig ist. Hier kommt es darauf an, ob ein einschlägiger Erlaubnisvorbehalt des Zweiten Kapitels (vgl Vorbem §§ 67-85 a Rz 13) eine Erhebung (§ 67 a Abs 1 Satz 1), Verarbeitung oder Nutzung (§§ 67 b Abs 1 Satz 1, 67 c Abs 1) oder Übermittlung (§ 67 d Abs 1) rechtfertigt. Unzulässigkeit liegt auch vor, wenn bestehende Hinweis- und Aufklärungspflichten (§§ 67 a Abs 3 bis 5, 67 b Abs 2) nicht erfüllt werden. **Unrichtig** ist die Erhebung, Verarbeitung oder Nutzung der Sozialdaten, wenn bereits ein einzelnes Sozialdatum unzutreffend ist oder wenn Sozialdaten unvollständig sind. Typische Bsp für eine Unrichtigkeit sind die falsche Zuordnung einer Berufsangabe oder „Zahlendreher" (vgl BR-Drucks 618/88, 109). Unerheblich ist, ob die Unrichtigkeit der Sozialdaten von Beginn der Speicherung an bestand oder erst im Verlauf der Verarbeitung und Nutzung aufgetreten ist (*Gola/Schomerus* BDSG § 7 Rz 4).

2.2. Entlastungsmöglichkeit (Satz 1)

5   Die Verletzungshandlung (vgl Rz 4) muss für einen Schaden des Betroffenen ursächlich sein. Der Betroffene muss darlegen und gegebenenfalls beweisen, dass ihm ein Schaden entstanden ist. Gleiches gilt für die Tatsache, dass ihm dieser Schaden durch eine rechtswidrige Handlung oder Unterlassung der verantwortlichen Stelle entstanden ist. Dies muss auch schuldhaft, dh vorsätzlich oder fahrlässig (§ 276 BGB) erfolgt sein. Der Gesetzgeber trägt allerdings der Tatsache Rechnung, dass es dem Betroffenen außerordentlich **schwer** fallen kann, das **Verschulden nachzuweisen.** Satz 1 iVm § 7 Satz 2 BDSG setzt Art 23 Abs 2

RiLi 95/46/EG um, der den für die Verarbeitung Verantwortlichen von der Haftung befreit, wenn er nachweist, dass der Umstand, durch den der Schaden eingetreten ist, ihm nicht zur Last gelegt werden kann. Demzufolge haftet die **verantwortliche Stelle** gegenüber dem Betroffenen nicht, wenn sie den **Nachweis** führen kann, dass die gebotene Sorgfalt beachtet wurde und sie demzufolge **kein Verschulden** trifft (Satz 1 iVm § 7 Satz 2 BDSG). Schaden ist in diesem Rahmen (vgl aber Rz 8) nur der Vermögensschaden, da Satz 2 iVm § 8 Abs 2 BDSG für den immateriellen Schaden eine abschließende Regelung trifft.

2.3. Gefährdungshaftung (Satz 2)

6 Satz 2 iVm § 8 BDSG erfasst nur Schadensersatzansprüche aus **automatisierter** (vgl § 67 Rz 9) **Verarbeitung, Erhebung oder Nutzung** personenbezogener Sozialdaten (vgl Rz 2), für die der Gesetzgeber die Gefährdungshaftung eingeführt hat. Damit wird der vom BVerfG aufgezeigten besonderen Gefährdung des Persönlichkeitsrechts durch die automatisierte Datenverarbeitung (vgl Vorbem §§ 67-85 a Rz 3) dadurch Rechnung getragen, dass das **Risiko** beim Einsatz dieser Technik **dem Betreiber auferlegt** wird, nämlich die technisch unbegrenzte Möglichkeit, auch falsche Daten dauerhaft speichern und in Sekundenschnelle ohne Rücksicht auf Entfernungen abrufen zu können (BT-Drucks 11/4306, 41; BR-Drucks 618/88, 108; *Gola/Schomerus* BDSG § 8 Rz 5). **Kein Schadensersatzanspruch** besteht bei einer fehlerhaften manuellen Sozialdatenerhebung (zB fehlerhaftes Ausfüllen des Erhebungsbogens), selbst wenn sich dieser Fehler auf eine spätere automatisierte Verarbeitung oder Nutzung auswirkt (BT-Drucks 11/4306, 42; BR-Drucks 618/88, 109; *Bieresborn* in von Wulffen/Schütze SGB X § 82 Rz 9). Der Betroffene hat die unzulässige oder unrichtige (vgl Rz 4) automatisierte Erhebung, Verarbeitung oder Nutzung darzulegen und gegebenenfalls zu beweisen. Ohne Bedeutung ist wegen der Gefährdungshaftung (Satz 2 iVm § 8 Abs 1 BDSG) die Frage des Verschuldens der Stelle. Sie hat keine Exkulpationsmöglichkeit.

7 Der Betroffene kann unabhängig von seinem materiellen Schaden (BR-Drucks 618/88, 110) seinen **immateriellen Schaden** geltend machen, da Satz 2 iVm § 8 Abs 2 BDSG dies iSd § 253 Abs 1 BGB bei einer schweren Verletzung des Persönlichkeitsrechts vorsieht. Satz 2 iVm § 8 Abs 3 Satz 1 BDSG beschränkt den Schadensersatzanspruch insgesamt auf einen Betrag von 130.000 Euro. Ohne eine **Höchstgrenze** würde das Haftungsrisiko unkalkulierbar (BT-Drucks 11/4306, 42; BR-Drucks 618/88, 110). Die Höchstgrenze gilt nach Satz 2 iVm § 8 Abs 3 Satz 2 BDSG auch dann, wenn an mehrere Personen Schadensersatz zu leisten ist. Sind bei einer automatisierten Verarbeitung **mehrere Stellen** speicherungsberechtigt und ist der Geschädigte nicht in der Lage, die speichernde Stelle festzustellen, so haftet jede dieser Stellen **gesamtschuldnerisch** nach Satz 2 iVm § 8 Abs 4 BDSG und § 421 BGB. Hintergrund der Regelung ist, dass es für den Betroffenen häufig schwer festzustellen ist, welcher Stelle bei der Beteiligung mehrerer Stellen an automatisierten Dateien (Daten-Pool), eine unrichtige Verarbeitung anzulasten ist (BT-Drucks 11/4306, 42; BR-Drucks 618/88, 110 f). Für das mitwirkende Verschulden des Betroffenen bei der Entstehung des Schadens gilt § 254 BGB (Satz 2 iVm § 8 Abs 5 BDSG). Ein solches Verschulden des Betroffenen kann vorliegen, wenn die Unrichtigkeit der Sozialdaten auf seine falschen Angaben zurückzuführen sind (*Bieresborn* aaO § 82 Rz 15). Für die Verjährung des Schadensersatzanspruchs gilt § 199 Abs 3 BGB (Satz 2 iVm § 8 Abs 6 BDSG).

2.4. Weitere Anspruchsgrundlagen

8   Der Betroffene ist nicht auf den Schadensersatzanspruch nach § 81 beschränkt, sondern kann seinen Anspruch alternativ auf **andere Rechtsgrundlagen** stützen, auch um einen über die Höchstgrenze (vgl Rz 7) hinausgehenden Schaden geltend zu machen, wobei dann allerdings die Voraussetzungen der Verschuldenshaftung Anwendung finden (*OLG Zweibrücken* Urt v 21.2.2013 – 6 U 21/12; BT-Drucks 11/4306, 43; BR-Drucks 618/88, 111). Die spezielle Schadensersatzvorschrift des § 81 verdrängt Anspruchsgrundlagen nach anderen Gesetzen nicht (*Bieresborn* aaO § 82 Rz 3). Auch ein **Anspruch auf Folgenbeseitigung** kann geltend gemacht werden (vgl *Krahmer* in LPK-SGB I § 35 Rz 27). Normwidrige Sozialdatenverarbeitung ist haftungsrechtlich **hoheitlichem Handeln** zuzuordnen. Art 34 GG und § 839 BGB gelten unabhängig (*Wagner* NJW 1994, 2937 [2939/Fn 32]). Der Betroffene kann insoweit auch seinen immateriellen Schaden geltend machen (§§ 253, 847 BGB). Auch für Schäden in Zusammenhang mit den nicht-personenbezogenen Sozialdaten (vgl Rz 2) gelten die allg Bestimmungen. Im Streitfall sind die Landgerichte zuständig, dies unabhängig vom Streitwert (§ 71 Abs 2 Nr 2 GVG). § 51 SGG ist nicht anwendbar.

§ 83 Auskunft an den Betroffenen

(1) [1]Dem Betroffenen ist auf Antrag Auskunft zu erteilen über

1. die zu seiner Person gespeicherten Sozialdaten, auch soweit sie sich auf die Herkunft dieser Daten beziehen,
2. die Empfänger oder Kategorien von Empfängern, an die Daten weitergegeben werden, und
3. den Zweck der Speicherung.

[2]In dem Antrag soll die Art der Sozialdaten, über die Auskunft erteilt werden soll, näher bezeichnet werden. [3]Sind die Sozialdaten nicht automatisiert oder nicht in nicht automatisierten Dateien gespeichert, wird die Auskunft nur erteilt, soweit der Betroffene Angaben macht, die das Auffinden der Daten ermöglichen, und der für die Erteilung der Auskunft erforderliche Aufwand nicht außer Verhältnis zu dem vom Betroffenen geltend gemachten Informationsinteresse steht. [4]Die verantwortliche Stelle bestimmt das Verfahren, insbesondere die Form der Auskunftserteilung, nach pflichtgemäßem Ermessen. [5]§ 25 Abs. 2 gilt entsprechend.

(2) Für Sozialdaten, die nur deshalb gespeichert sind, weil sie auf Grund gesetzlicher, satzungsmäßiger oder vertraglicher Aufbewahrungsvorschriften nicht gelöscht werden dürfen, oder die ausschließlich Zwecken der Datensicherung oder der Datenschutzkontrolle dienen, gilt Absatz 1 nicht, wenn eine Auskunftserteilung einen unverhältnismäßigen Aufwand erfordern würde.

(3) Bezieht sich die Auskunftserteilung auf die Übermittlung von Sozialdaten an Staatsanwaltschaften und Gerichte im Bereich der Strafverfolgung, an Polizeibehörden, Verfassungsschutzbehörden, den Bundesnachrichtendienst und den Militärischen Abschirmdienst, ist sie nur mit Zustimmung dieser Stellen zulässig.

(4) Die Auskunftserteilung unterbleibt, soweit

1. die Auskunft die ordnungsgemäße Erfüllung der in der Zuständigkeit der verantwortlichen Stelle liegenden Aufgaben gefährden würde,
2. die Auskunft die öffentliche Sicherheit gefährden oder sonst dem Wohle des Bundes oder eines Landes Nachteile bereiten würde oder

3. die Daten oder die Tatsache ihrer Speicherung nach einer Rechtsvorschrift oder ihrem Wesen nach, insbesondere wegen der überwiegenden berechtigten Interessen eines Dritten, geheim gehalten werden müssen,

und deswegen das Interesse des Betroffenen an der Auskunftserteilung zurücktreten muss.

(5) [1]Die Ablehnung der Auskunftserteilung bedarf keiner Begründung, soweit durch die Mitteilung der tatsächlichen und rechtlichen Gründe, auf die die Entscheidung gestützt wird, der mit der Auskunftsverweigerung verfolgte Zweck gefährdet würde. [2]In diesem Fall ist der Betroffene darauf hinzuweisen, dass er sich, wenn die in § 35 des Ersten Buches genannten Stellen der Kontrolle des Bundesbeauftragten für den Datenschutz unterliegen, an diesen, sonst an die nach Landesrecht für die Kontrolle des Datenschutzes zuständige Stelle wenden kann.

(6) Wird einem Auskunftsberechtigten keine Auskunft erteilt, so kann, soweit es sich um in § 35 des Ersten Buches genannte Stellen handelt, die der Kontrolle des Bundesbeauftragten für den Datenschutz unterliegen, dieser, sonst die nach Landesrecht für die Kontrolle des Datenschutzes zuständige Stelle auf Verlangen der Auskunftsberechtigten prüfen, ob die Ablehnung der Auskunftserteilung rechtmäßig war.

(7) Die Auskunft ist unentgeltlich.

Literatur:

Knemeyer: Auskunftsanspruch und behördliche Auskunftsverweigerung, JZ 1992, 348; *Mallmann*: Zum datenschutzrechtlichen Auskunftsanspruch des Betroffenen, GewArch 2000, 354.

1. Allgemeines

Die Regelung behandelt das Auskunftsrecht des Betroffenen und deren Umfang. Es verwirklicht Transparenz für den Betroffenen und ist Ausfluss des Grundrechts auf informationelle Selbstbestimmung (vgl Vorbem §§ 67-85 a Rz 8). Die Bürger müssen wissen können, „wer was wann und bei welcher Gelegenheit über sie weiß" (*BVerfGE* 65, 1 [43]). Erst dieses Wissen ermöglicht dem Betroffenen die Wahrnehmung seiner Rechte aus den §§ 81, 82, 84, 85 und 85 a. Ohne diesen Auskunftsanspruch wären die Datenschutzansprüche nicht durchsetzbar (*BayLSG* Urt v 27.9.2012 – L 18 SO 78/09). Die Regelungen zur Auskunftserteilung entsprechen verfassungsrechtlichen Anforderungen (*LSG Nds* SGb 1996, 542; vgl Vorbem §§ 67-85 a Rz 8) und sichern das Grundrecht auf informationelle Selbstbestimmung (*BSG* Urt v 13.11.2012 – B

1 KR 13/12 R). Weitgehend wird § 19 BDSG übernommen. Der Auskunftsanspruch des Betroffenen nach § 83 geht dem allgemeinen Akteneinsichtsrecht gem § 1 Abs 1 IFG aufgrund der Regelung des § 1 Abs 3 IFG vor (1. Tb des BfD zur Informationsfreiheit, BT-Drucks 18/8500, 56; vgl zum IFG vor § 67a Rz 10). Abs 1 regelt den Umfang des Auskunftsanspruchs und sieht Verfahrensbestimmungen vor. Nach Abs 2 sind bestimmte Daten vom Auskunftsanspruch ausgenommen. Abs 3 knüpft die Auskunftserteilung in bestimmten Fällen an die Zustimmung der darin genannten Sicherheitsbehörden und von StA und Gerichten. Ausnahmen vom Auskunftsanspruch regelt Abs 4. Nach Abs 5 muss die Ablehnung der Auskunftserteilung nicht immer begründet werden. Der Betroffene ist darauf hinzuweisen, dass er sich an die Datenschutzkontrollbehörden wenden kann. Diese können entsprechend Abs 6 die Rechtmäßigkeit der Ablehnung der Auskunftserteilung überprüfen. Mit Abs 7 wird eine Regelung über die Kosten der Auskunftserteilung getroffen.

2. Erläuterungen

2.1. Rechtsanspruch des Betroffenen auf Auskunft (Abs 1 Satz 1)

2   **Abs 1 Satz 1** sieht einen Rechtsanspruch des Betroffenen (vgl § 67 Rz 4) auf Auskunft zu den ihn betreffenden Sozialdaten (vgl § 67 Rz 2 ff) vor. Die Auskunftsgewährung ist zwar **kein VA** iSv § 31, sondern Realakt. Erfolgt die Auskunftsgewährung nicht, ist statthafte Klageart dennoch nicht die echte Leistungsklage gem § 54 Abs 5 SGG (*BayLSG* Urt v 27.9.2012 – L 18 SO 78/09), sondern die **unechte Leistungsklage** gem § 55 Abs 4 SGG, da jedenfalls die ablehnende Entscheidung einen VA darstellt, so dass gerichtlicher Rechtsschutz auch erst nach **Durchführung eines Vorverfahrens** zulässig ist (*BSG* Urt v 13.11.2012 – B 1 KR 13/12 R; vgl *Dahm* WzS 2013, 173). Wie bei § 81 (vgl § 81 Rz 3) und § 82 (vgl § 82 Rz 2) sind Regelungsgegenstand **nur personenbezogene Sozialdaten**, nicht aber Betriebs- und Geschäftsgeheimnisse iSd § 67 Abs 1 Satz 2 iVm § 35 Abs 4 SGB I (vgl § 67 Rz 7). Der Auskunftsanspruch steht ausschließlich dem Betroffenen zu, allerdings ist die Erteilung der Auskunft an einen Vertreter oder Bevollmächtigten zulässig. Für die Handlungsfähigkeit des Betroffenen gilt § 36 Abs 1 SGB I (vgl § 67b Rz 3). Der **Anspruch** ist **unabdingbar** (vgl § 84a). Es gelten Beschränkungen für die Auskunftserteilung nach Abs 2 (vgl Rz 5), 3 (vgl Rz 6) und Abs 4 (vgl Rz 7). Er setzt einen Antrag des Betroffenen voraus (vgl Rz 4). Die **Auskunft** ist **binnen angemessener Frist** nach Stellung des Antrags zu erteilen, die zwei bis drei Wochen nicht überschreiten sollte (*Walz* in GK-SGB X 2 § 83 Rz 21). Der Anspruch richtet sich gegen die Stelle, die personenbezogene Sozialdaten des Betroffenen gespeichert hat, gleich ob sie diese durch eigene Erhebung oder Übermittlung erhalten hat. In Entsprechung damit orientiert sich zB der Auskunftsanspruch von Mitgliedern der gesetzlichen KK gegen eine Kassenärztliche Vereinigung über die dort gespeicherten personenbezogenen Daten an den Voraussetzungen des § 83, der auch nicht durch § 305 SGB V als einer spezielleren Regelung ausgeschlossen wird (*SG Düsseldorf* Urt v 12.8.2009 – S 14 KA 316/06). Bei einer Datenverarbeitung im Auftrag (§ 80) bleibt allerdings die verantwortliche Stelle wegen § 80 Abs 1 Satz 2 dem Betroffenen gegenüber in der Haftung (vgl § 80 Rz 7).

2.2. Umfang des Auskunftsanspruchs (Abs 1 Satz 1 Nr 1 bis 3)

3   Der Anspruch erstreckt sich nach **Nr 1** auf **alle** zur Person des Betroffenen gespeicherten (vgl § 67 Rz 12) **Sozialdaten**, soweit diese nicht unter Abs 2 (vgl Rz 5), Abs 3 (vgl Rz 6) oder Abs 4 (vgl Rz 7) fallen. Auch über iSd § 67 Abs 6

Satz 2 Nr 4 (vgl § 67 Rz 15) iVm § 84 Abs 3 (vgl § 84 Rz 6) **gesperrte Sozialdaten** ist Auskunft zu erteilen. Auf die Art der Speicherung kommt es dabei nicht an, wie Satz 3 der Bestimmung (vgl Rz 4) verdeutlicht. Umfasst vom Auskunftsanspruch ist auch die **Herkunft** der personenbezogenen Sozialdaten, da die speichernde Stelle diese nicht selbst erhoben haben muss (vgl § 67a Rz 7 ff). Nicht immer erfährt der Betroffene, an welche Empfänger oder Kategorien von Empfängern die Sozialdaten weitergegeben werden (vgl § 67a Rz 12). Daher bezieht **Nr 2** den Auskunftsanspruch auch auf diese Umstände, die dem Betroffenen eine Einschätzung des Datenflusses erlauben. Über den Wortlaut dieser Regelung hinaus ist auch die Auskunft über das **Übermittlungsmedium** einzubeziehen, wenn dies erforderlich ist, um Rechte auf ein künftiges Unterlassen, Löschung und Schadensersatz verfolgen zu können (*BSG* Urt v 13.11.2012 – B 1 KR 13/12 R). Der **Unterrichtung über Empfänger** oder **Kategorien von Empfängern** kann durch Merkblätter entsprochen werden, in denen auf regelmäßig im Verwaltungsverfahren durchzuführende Erhebungen, Verarbeitungen und Nutzungen in allg verständlicher Form hingewiesen wird (BT-Drucks 14/4329, 52 f). **Nr 3** verpflichtet zur Auskunft über den **Zweck** der Speicherung. Anhand dieser Kenntnis kann der Betroffene die Rechtmäßigkeit etwaiger Zweckwechsel (vgl §§ 67b Abs 2, 67c Abs 2, 69 Abs 1 und 2, 78 Abs 1 Satz 1, 85 Abs 1 Nr 1) überprüfen.

2.3. Auskunftsantrag und Auskunftsverfahren (Abs 1 Satz 2 bis 5)

Der Betroffene soll in seinem Auskunftsantrag die Art der Sozialdaten nach **4** Satz 2 näher bezeichnen. Obwohl Satz 2 als **Sollvorschrift** ausgestaltet ist, kann nicht gänzlich auf die **Angabe** der **Art der Sozialdaten** verzichtet werden. Ein Auskunftsantrag ohne diesen Hinweis würde eine Untersuchung des gesamten Informationsbestandes der Stelle daraufhin erfordern, ob sich darin auskunftspflichtige Sozialdaten befinden (vgl *Gola/Schomerus* BDSG § 19 Rz 10). Die schlüssige Darlegung eines schützenswerten Auskunftsinteresses ist hingegen nicht erforderlich (*Knemeyer* JZ 1992, 348 [350]). Eine Sondervorschrift für Sozialdaten in Akten oder andere nicht automatisierte Dateien gem § 67 Abs 3 Satz 2 (vgl § 67 Rz 9) trifft **Satz 3**. Hier muss der Betroffene so **konkrete Angaben** machen, dass sie ein Auffinden der Sozialdaten ermöglichen. Hierfür ist die Mitteilung des **Aktenzeichens** eines Vorgangs ausreichend. Für das Auffinden darf kein unverhältnismäßiger Aufwand betrieben werden müssen. Allerdings ist zu beachten, dass die verantwortliche Stelle es in der Hand hat, die Aktenführung generell so zu gestalten, dass der Aufwand für die gesetzlichen Auskunftsrechte möglichst gering gehalten wird (*BSG* Urt v 13.11.2012 – B 1 KR 13/12 R). Formvorschriften gelten für den Antrag nicht, jedoch sollte aus Gründen der Beweissicherung eine Niederschrift aufgenommen werden (*Pickel* SGb 2001, 57 [62]). **Satz 4** stellt die Ausgestaltung des **Auskunftsverfahrens** in das **pflichtgemäße Ermessen** der Stelle. Dies dient in erster Linie der Gewährleistung, dass die Auskunft dem wirklich Betroffenen erteilt wird. Dessen Identität muss also festgestellt werden (*Gola/Schomerus* BDSG § 19 Rz 14). Ermessenseinschränkend wirkt die Verweisung auf die entsprechende Geltung des § 25 Abs 2 in **Satz 5**. Auskünfte über die gesundheitlichen Verhältnisse des Betroffenen oder entwicklungsrelevante Angaben erfordern idR die Einschaltung eines **Arztes** bzw eines geeigneten Bediensteten der Stelle. Als geeignete Bedienstete kommen ua **Psychologen** in Betracht, die Erfahrungen mit schwierigen Klientenkontakten haben (*Walz* aaO § 83 Rz 50).

2.4. Ausnahmen vom Auskunftsanspruch (Abs 2)

5   **Abs** 2 betrifft die Sozialdaten, die an sich wegen § 84 Abs 2 Satz 2 zu löschen sind, dies aber wegen entgegenstehender Aufbewahrungsvorschriften nicht zulässig ist. Dies betrifft zB **Sozialdaten in Archiven** nach § 71 Abs 1 Satz 3. Gleiches gilt nach Abs 2 für die nach § 67c Abs 4 zu **Kontroll- oder Sicherungszwecken** gespeicherten Sozialdaten. Sozialdaten dieser Art nimmt Abs 2 grds von der Auskunftspflicht nach Abs 1 aus. Lediglich wenn die Auskunftserteilung ohne einen nennenswerten Aufwand möglich ist, hat sie zu erfolgen (*Gola/Schomerus* BDSG § 19 Rz 21).

2.5. Zustimmungsgebundene Auskunftserteilung (Abs 3)

6   **Abs** 3 räumt den darin genannten **Sicherheitsbehörden, StA** und **Gerichten** das Recht ein, dass eine Auskunft nur mit ihrer Zustimmung erteilt wird. Diese können nach §§ 68, 69 Abs 1 Nr 2, 72, 73 jeweils iVm § 78 Abs 1 Satz 1 übermittelte Sozialdaten des Betroffenen gespeichert haben. Strafrechtliche Ermittlungsverfahren könnten gefährdet werden, wenn der Betroffene von laufenden Ermittlungen erfährt und damit **Verdunkelungsgefahr** (vgl § 112 Abs 2 Nr 3c StPO) besteht. Die ordnungsgemäße Erfüllung der Aufgaben der Strafverfolgungsbehörden wäre dadurch gefährdet (BT-Drucks 12/6334, 12). Die nicht erteilte Zustimmung ist mangels Außenwirkung kein JustizVA iSd § 23 EGGVG. **Rechtsschutz** ist daher gegen die eigentliche Ablehnung des Auskunftsersuchens zu suchen (vgl Rz 11).

2.6. Befugnis zur Auskunftsverweigerung (Abs 4)

7   Weitere Tatbestände, die grds zur Auskunftsverweigerung berechtigen, sind in **Abs** 4 aufgeführt. Die Auskunftsverweigerung ist ein VA (nach §§ 33, 35 bzw § 35 VwVfG oder der entsprechenden Vorschrift des Landes-VwVfG, wenn die um Auskunft ersuchte Stelle keine iSd § 35 Abs 1 SGB I ist), für dessen Rechtmäßigkeit zwei Voraussetzungen vorliegen müssen. Einer der Tatbestände von Nr 1 bis 3 muss erfüllt sein und das Interesse des Betroffenen an der Auskunftserteilung muss zurücktreten. Nach **Nr 1** unterbleibt die Auskunftserteilung, wenn die Auskunft die ordnungsgemäße Erfüllung der in der Zuständigkeit der verantwortlichen Stelle liegenden **Aufgaben gefährden** würde. Dies ist der Fall, wenn die speichernde Stelle ermittelnd gegen den Betroffenen tätig wird und der Erfolg gefährdet würde, wenn die Daten dem Betroffenen vorzeitig bekannt würden (*Gola/Schomerus* BDSG, § 19 Rz 25). Die Vorschrift soll auch einen Schutz gegen querulatorische Auskunftsersuchen bilden, die erkennbar nur den Zweck verfolgen, die Arbeit der speichernden Stelle zu blockieren (SGb 2001, 57 [62]). Arbeitsüberlastung dürfte für die Verweigerung nicht ausreichen (*Krahmer* in Giese/Krahmer SGB I und X § 83 SGB X Rz 11.1). Die Auskunftserteilung unterbleibt nach **Nr 2**, wenn die Auskunft die **öffentliche Sicherheit gefährden** oder sonst dem Wohle des Bundes oder eines Landes Nachteile bereiten würde. Öffentliche Sicherheit ist der Bestand der verfassungsmäßigen Ordnung und die Unversehrtheit wesentlicher Rechtsgüter der Bürger (Leben, Gesundheit, Freiheit, Eigentum). Den Bund oder Länder bedrohende Nachteile (vgl § 62 Abs 1 BBG, § 119 Abs 1 SGG, § 99 Abs 1 VwGO, § 29 Abs 2 VwVfG) werden zB bei einer ernstlichen Gefährdung der inneren oder äußeren Sicherheit gegeben sein (*Krahmer* aaO § 83 SGB X Rz 11.2). Nach **Nr 3** darf keine Auskunft erteilt werden, wenn die Daten oder die Tatsache ihrer Speicherung nach einer Rechtsvorschrift oder ihrem Wesen nach, insbesondere wegen der überwiegenden berechtigten Interessen eines Dritten, **geheim gehalten** wer-

den müssen. Rechtsvorschrift im vorgenannten Sinne ist zB § 61 Abs 2 PStG. Für die Geheimhaltung ihrem Wesen nach kommt es darauf an, dass der mit der Geheimhaltung verfolgte Zweck von der Rechtsordnung als schutzwürdig anerkannt ist. Der Begriff der dritten Person ist weit auszulegen (*Pickel* SGb 2001, 57 [62]). Ein solches überwiegendes berechtigtes Interesse eines Dritten liegt zB vor, wenn der Dritte ein Behördeninformant ist, dessen Namen die Behörde geheim hält. Dies gilt jedenfalls dann, wenn keine Anhaltspunkte dafür vorliegen, dass dieser Informant gegenüber dem Leistungsträger wider besseres Wissen gehandelt oder leichtfertig falsche Behauptungen über denjenigen aufgestellt hat, der die Auskunftserteilung begehrt (*BVerwG* NJW 2004, 1543 [1544]; *SG Aachen* Urt v 8.12.2006 – S 8 AS 48/06, nv).

2.7. Ablehnung der Auskunftserteilung (Abs 5)

Nach **Abs 5 Satz 1** bedarf die in Form eines VA erfolgende (§§ 33, 35) Ablehnung der Auskunftserteilung **keiner Begründung**, soweit durch die Mitteilung der tatsächlichen und rechtlichen Gründe, auf die die Entscheidung gestützt wird, der mit der Auskunftsverweigerung verfolgte Zweck gefährdet würde. **Satz 2** trägt dem Umstand Rechnung, dass bundes- und landesunmittelbare Stellen Adressaten der Vorschrift sind (BT-Drucks 12/5187, 42). Demnach ist der Betroffene darauf hinzuweisen, dass er sich, wenn die speichernde Stelle eine solche iSd § 35 Abs 1 SGB I ist (vgl § 67 Rz 5), die der Kontrolle des **BfD** unterliegt, an diesen, sonst an die nach **Landesrecht** für die **Kontrolle des Datenschutzes** zuständige Stelle wenden kann (vgl § 79 Rz 7).

    8

2.8. Überprüfung der Rechtmäßigkeit der Ablehnungsentscheidung (Abs 6)

Abs 6 erlaubt dem Betroffenen je nach Zuständigkeit der Datenschutzkontrollinstanzen (vgl Rz 8) eine Überprüfung der Rechtmäßigkeit der Ablehnungsentscheidung durch den **BfD** bzw die nach **Landesrecht** für die **Kontrolle des Datenschutzes** zuständige Stelle. Die Ausübung des Kontrollrechts erstreckt sich nur auf die Entscheidung als solche. Sie darf nicht dazu führen, dass der Datenschutzbeauftragte die Auskunft erhält, obwohl die Auskunftsverweigerung rechtmäßig war (BT-Drucks 12/5187, 42).

    9

2.9. Unentgeltlichkeit der Auskunftserteilung (Abs 7)

Abs 7 schreibt vor, dass die Auskunft dem Betroffenen **unentgeltlich** erteilt wird.

    10

§ 83 a Informationspflicht bei unrechtmäßiger Kenntniserlangung von Sozialdaten

[1]Stellt eine in § 35 des Ersten Buches genannte Stelle fest, dass bei ihr gespeicherte besondere Arten personenbezogener Daten (§ 67 Absatz 12) unrechtmäßig übermittelt oder auf sonstige Weise Dritten unrechtmäßig zur Kenntnis gelangt sind und drohen schwerwiegende Beeinträchtigungen für die Rechte oder schutzwürdigen Interessen der Betroffenen, hat sie dies unverzüglich der nach § 90 des Vierten Buches zuständigen Aufsichtsbehörde, der zuständigen Datenschutzaufsichtsbehörde sowie den Betroffenen mitzuteilen. [2]§ 42 a Satz 2 bis 6 des Bundesdatenschutzgesetzes gilt entsprechend.

1. Allgemeines

1 Die Vorschrift enthält eine Informationspflicht für Stellen iSd § 35 Abs 1 SGB I (vgl § 67 Rz 5) und stellt eine bereichsspezifische Modifizierung des § 42 a BDSG dar. Die Informationspflicht gem Satz 1 besteht, wenn besondere Arten personenbezogener Daten (§ 67 Abs 12) unrechtmäßig zur Kenntnis gelangen und schwerwiegende Beeinträchtigungen für die Rechte oder die schutzwürdigen Interessen der Betroffenen drohen. Mit der Einfügung der Vorschrift durch das Dritte G zur Änderung des Vierten Buches Sozialgesetzbuch und anderer G v 5.8.2010 (BGBl I 130) passt der Gesetzgeber das Zweite Kapitel dem BDSG entsprechend dem Stand des G zur Änderung datenschutzrechtlicher Vorschriften v 14.8.2009 (BGBl I 2814) auf ein einheitliches Datenschutzniveau an (vgl BT-Drucks 17/1684, 16). Die Vorschrift des § 42 a BDSG knüpft an einen Vorschlag der EG und Regelungen im Recht der Vereinigten Staaten von Amerika an (BT-Drucks 16/12011, 34).

2. Erläuterungen

2.1. Mitteilungspflicht (Satz 1)

2 **Normadressat** gem **Satz 1** ist die **verantwortliche bzw speichernde Stelle** iSd § 67 Abs 9 (vgl § 67 Rz 20). Die Mitteilungspflicht dieser Stelle greift auch dann ein, wenn die unrechtmäßige Kenntniserlangung sich bei einer **Datenverarbeitung im Auftrag** ereignet. Dies gilt, obwohl § 80 Abs 1 Satz 2, der die verantwortliche Stelle dem Betroffenen (§ 67 Abs 1) gegenüber in der Haftung stellt (vgl § 80 Rz 7), bei der Einfügung der Vorschrift nicht angepasst worden ist. Denn auch die Daten bei dem Auftragsdatenverarbeiter stammen aus dem Verfügungsbereich der verantwortlichen Stelle (BT-Drucks 16/12011, 34). Die **Informationspflicht** besteht mit Blick auf die Einordnung der Daten nach dem Schutzinteresse des Betroffenen an ihnen nicht uneingeschränkt, sondern **nur bei** den **besonderen Arten von Sozialdaten** gem § 67 Abs 12 (vgl § 67 Rz 23). Wie bei der Parallelvorschrift in § 42 a BDSG ist die Informationspflicht damit auf besonders sensible Daten begrenzt (vgl BT-Drucks 16/12011, 34).

3 Die **Informationspflicht** greift ein, wenn die verantwortliche Stelle feststellt, dass bei ihr oder ihrem Auftragsdatenverarbeiter **besondere Arten von Sozialdaten** gem § 67 Abs 12 **einem Dritten unrechtmäßig übermittelt** wurden oder sonst wie unrechtmäßig **einem Dritten zur Kenntnis** gelangt sind. Der Dritte ist in § 67 Abs 10 Satz 2 legaldefiniert (vgl § 67 Rz 21). Die Feststellung im Rahmen des Satz 1 setzt das **Vorliegen tatsächlicher Anhaltspunkte** voraus, dass unrechtmäßige Handlungsweisen mit den Daten vorliegen. Es ist gleich, wer die tatsächlichen Anhaltspunkte feststellt, dies kann zB das eigene Sicherheitsmanagement sein oder der Datenschutzbeauftragte (vgl BT-Drucks 16/12011, 34). Da die Übermittlung – sie ist geregelt in § 67 Abs 6 Nr 3 (vgl § 67 Rz 14) – nur die zielgerichtete Kenntnisverschaffung umfasst, war die Vorschrift um die **Kenntniserlangung** zu ergänzen, die **auch unbeabsichtigt oder unwissentlich** erfolgen kann, zB durch ein menschliches Versehen oder ein technisches Versagen (Daten-„Leck"). Darüber hinaus ist klargestellt, dass es auf eine Mitwirkung der verantwortlichen Stelle gar nicht ankommt, etwa in Form einer Wei-

tergabe oder der Bereitstellung der Daten zum Abruf oder zur Einsicht (*Gola/ Schomerus* BDSG § 42 a Rz 4).

Dem Vorbild von § 42 a BDSG folgend, knüpft die Vorschrift eine Informationspflicht an die weitere Voraussetzung einer **schwerwiegenden Beeinträchtigung** für die **Rechte oder schutzwürdigen Interessen des Betroffenen**. Diese Hürde ist im vorliegenden Regelungszusammenhang des Zweiten Kapitels **nicht sachgerecht**. Der Gesetzgeber hat bei der Übernahme der Regelungen aus dem nicht bereichsspezifischen Datenschutz unberücksichtigt gelassen, dass Satz 1 ohnehin nur die höchst schutzbedürftigen besonderen Arten von Sozialdaten gem § 67 Abs 12 (vgl § 67 Rz 23) in den Fokus stellt, bei denen **regelmäßig** – wegen des erhöhten Geheimhaltungsbedürfnisses des Betroffenen – die von der Vorschrift geforderte **schwerwiegende Beeinträchtigung** vorliegt, wenn eine Kenntnisnahme dieser Sozialdaten durch unbefugte Dritter erfolgt. Vor diesem Hintergrund ist automatisch von der schwerwiegenden Beeinträchtigung der Rechte bzw der schutzwürdigen Interessen des Betroffenen auszugehen, wenn die Kenntniserlangung eines Dritten vorliegt.   **4**

Zu erfolgen hat die **Benachrichtigung** an die gem § 90 SGB IV jeweils zuständige **Aufsichtsbehörde**, soweit eine anderweitige Zuständigkeit im Rahmen der Datenschutzaufsicht besteht, an diese Behörde (vgl § 81, 3 ff) und an den **Betroffenen** (§ 67 Abs 1) selbst. Die Benachrichtigung der Aufsichtsbehörde muss **unverzüglich** erfolgen, dh ohne schuldhaftes Zögern entsprechend der Legaldefinition in § 121 BGB. Die Regelung zielt darauf ab, der verantwortlichen Stelle die Möglichkeit zu geben, etwaige technische Sicherheitslücken, unter deren Ausnutzung die Datenschutzverletzung erfolgte, zu analysieren und so weit wie möglich zu beheben, bevor weitere Kreise von der Lücke Kenntnis erhalten (BT-Drucks 16/12011, 34).   **5**

2.2. Verweis auf § 42 a BDSG (Satz 2)

Satz 2 verweist auf eine entsprechende Geltung von § 42 a Satz 2 bis 6 BDSG. § 42 a Satz 2 BDSG stellt klar, dass mit Blick auf die unverzügliche Benachrichtigung des Betroffenen ein **schuldhaftes Zögern** dann **nicht** gegeben ist, wenn Datensicherungspflichten nach § 78 a oder **Interessen** einer Strafverfolgung einer Veröffentlichung der Datenschutzverletzung vorläufig noch **entgegenstehen** (BT-Drucks 16/12011, 34). Aus § 42 a Satz 3 und Satz 4 BDSG ist zu entnehmen, dass der **Inhalt der Benachrichtigung** nach dem jeweiligen Empfänger **variiert**. Ausweislich § 42 a Satz 3 BDSG muss die Benachrichtigung des **Betroffenen** für dessen Verständnishorizont eine Darlegung der Art der Verletzung und Empfehlungen für Maßnahmen zur Minderung möglichst nachteiliger Folgen enthalten. Die Benachrichtigung des Betroffenen verfolgt den Zweck, die zur Abwehr, Begrenzung oder zum Ersatz eines Schadens erforderlichen Maßnahmen treffen zu können (*Gola/Schomerus* BDSG § 42 a Rz 6). Die Benachrichtigung der **Aufsichtsbehörde** nach § 42 a Satz 4 BDSG muss eine Darlegung der möglichen nachteiligen Folgen der Verletzung und der von der verantwortlichen Stelle nach der Verletzung ergriffenen Maßnahmen enthalten. Dies soll die Aufsichtsbehörde in den Stand versetzen sicherzustellen, dass der datenschutzrechtliche Verstoß beseitigt wurde (BT-Drucks 16/12011, 35). An die Stelle der direkten Benachrichtigung der Betroffenen soll gem § 42 a Satz 5 BDSG eine **Information der Öffentlichkeit** durch Anzeigen in Tageszeitungen treten. Es fragt sich allerdings, ob bei der Geeignetheit der besonderen Arten von Sozialdaten gem § 67 Abs 12 zur Stigmatisierung der Betroffenen die Übernahme die entsprechende Geltung dieser Regelung im Zweiten Kapitel wirklich   **6**

sachgerecht ist. § 42 a Satz 6 BDSG beinhaltet ein strafrechtliches **Verwertungsgebot**, das den Benachrichtigungspflichtigen oder einen seiner Angehörigen nach § 52 Abs 1 StPO davor bewahren soll, dass die Offenlegung der Datenschutzversäumnisse den Datenschutzbehörden gegenüber dazu führt, dass die in der Benachrichtigung enthaltenen Information gegen den Benachrichtigungspflichtigen verwandt werden, es sei denn, dieser würde zustimmen. Auf diese Weise soll das Spannungsverhältnis verfassungskonform gelöst werden, dass der Benachrichtigungspflichtige sich selbst bezichtigt oder nach § 85 Abs 2 Nr 6 (vgl § 85 Rz 4) ordnungswidrig verhält (vgl BT-Drucks 16/12011, 35).

§ 84 Berichtigung, Löschung und Sperrung von Daten; Widerspruchsrecht

(1) [1]Sozialdaten sind zu berichtigen, wenn sie unrichtig sind. [2]Wird die Richtigkeit von Sozialdaten von dem Betroffenen bestritten und lässt sich weder die Richtigkeit noch die Unrichtigkeit der Daten feststellen, bewirkt dies keine Sperrung, soweit es um die Erfüllung sozialer Aufgaben geht; die ungeklärte Sachlage ist in geeigneter Weise festzuhalten. [3]Die bestrittenen Daten dürfen nur mit einem Hinweis hierauf genutzt und übermittelt werden.

(1 a) § 20 Abs. 5 des Bundesdatenschutzgesetzes gilt entsprechend.

(2) [1]Sozialdaten sind zu löschen, wenn ihre Speicherung unzulässig ist. [2]Sie sind auch zu löschen, wenn ihre Kenntnis für die verantwortliche Stelle zur rechtmäßigen Erfüllung der in ihrer Zuständigkeit liegenden Aufgaben nicht mehr erforderlich ist und kein Grund zu der Annahme besteht, dass durch die Löschung schutzwürdige Interessen des Betroffenen beeinträchtigt werden.

(3) An die Stelle einer Löschung tritt eine Sperrung, soweit

1. einer Löschung gesetzliche, satzungsmäßige oder vertragliche Aufbewahrungsfristen entgegenstehen,

2. Grund zu der Annahme besteht, dass durch eine Löschung schutzwürdige Interessen des Betroffenen beeinträchtigt würden, oder

3. eine Löschung wegen der besonderen Art der Speicherung nicht oder nicht mit angemessenem Aufwand möglich ist.

(4) Gesperrte Sozialdaten dürfen ohne Einwilligung des Betroffenen nur übermittelt oder genutzt werden, wenn

1. es zu wissenschaftlichen Zwecken, zur Behebung einer bestehenden Beweisnot oder aus sonstigen im überwiegenden Interesse der verantwortlichen Stelle oder eines Dritten liegenden Gründen unerlässlich ist und

2. die Sozialdaten hierfür übermittelt oder genutzt werden dürften, wenn sie nicht gesperrt wären.

(5) Von der Tatsache, dass Sozialdaten bestritten oder nicht mehr bestritten sind, von der Berichtigung unrichtiger Daten sowie der Löschung oder Sperrung wegen Unzulässigkeit der Speicherung sind die Stellen zu verständigen, denen im Rahmen einer Datenübermittlung diese Daten zur Speicherung weitergegeben worden sind, wenn wenn dies keinen unverhältnismäßigen Aufwand erfordert und schutzwürdige Interessen des Betroffenen nicht entgegenstehen.

(6) § 71 Abs. 1 Satz 3 bleibt unberührt.

Literatur:

Gola: Informationelle Selbstbestimmung in Form des Widerspruchrechts, DuD 2001, 278.

1. Allgemeines

Die Vorschrift (vgl das Schaubild bei *Krahmer* in Krahmer Sozialdatenschutz, 388) lehnt sich in großem Umfang an § 20 BDSG an und modifiziert diese bereichsspezifisch. Abs 1 gibt dem Betroffenen einen Berichtigungsanspruch, wenn seine Sozialdaten unrichtig sind und trifft eine besondere Regelung für die Unerweislichkeit der Richtigkeit von Sozialdaten. Abs 1 a ordnet die entsprechende Geltung von § 20 Abs 5 BDSG an. Sozialdaten sind nach Maßgabe des Abs 2 zu löschen. Die Regelung kodifiziert das „Prinzip des gesteuerten bzw geplanten Vergessens" (vgl *Bull* NJW 1979, 1177 [1181]). Abs 3 sieht für bestimmte Fallgestaltungen eine Sperrung anstelle einer Löschung vor. Abs 4 beinhaltet Ausnahmeregelungen, bei deren Vorliegen gesperrte Sozialdaten trotz der Sperre übermittelt oder genutzt werden dürfen. In Abs 5 ist die „Anschlussberichtigung" (*Gola/Schomerus* BDSG § 20 Rz 35) geregelt. Gem Abs 6 geht die Löschungsanordnung nicht der Übermittlung von Sozialdaten an Archive vor. **1**

2. Erläuterungen

2.1. Berichtigungsanspruch des Betroffenen (Abs 1)

Zum Begriff der Sozialdaten vgl § 67 Rz 2 ff. Zum Begriff der Unrichtigkeit von Sozialdaten vgl § 82 Rz 4. Normadressat ist die verantwortliche bzw speichernde Stelle iSd § 67 Abs 9 (vgl § 67 Rz 20). Auch bei einer Datenverarbeitung im Auftrag bleibt die verantwortliche Stelle wegen § 80 Abs 1 Satz 2 dem Betroffenen gegenüber in der Haftung (vgl § 80 Rz 7). Die Vorschrift gilt auch für Betriebs- und Geschäftsgeheimnisse iSd § 35 Abs 4 SGB I iVm § 67 Abs 1 Satz 2 (vgl § 67 Rz 7). **2**

Anders als in § 38 bezieht sich der Berichtigungsanspruch des Betroffenen (vgl § 67 Rz 4) nach **Abs 1 Satz 1** nicht nur auf offenbare, sondern **auf alle Unrichtigkeiten** (*Pickel* SGb 2001, 57 [62]). Da auch Werturteile Sozialdaten sein können (vgl § 67 Rz 3), erstreckt sich der Berichtigungsanspruch auch auf die unrichtigen **Werturteile** (aA *LSG Bln* Beschl v 12.2.2003 – L 10 AL 87/02, nv). Die Unrichtigkeit muss nicht vom Betroffenen bewiesen werden. Vielmehr hat die Stelle die **Beweislast** für die Richtigkeit (*Krahmer* in Giese/Krahmer SGB I und X § 84 SGB X Rz 5). Bestreitet der Betroffene die Richtigkeit von Sozialdaten, bleibt deren Richtigkeit jedoch **unerweislich**, werden diese nach **Satz 2** nicht gelöscht, und es tritt auch keine Sperrung ein (vgl Rz 6), soweit es um die Erfüllung sozialer Aufgaben geht (vgl § 67 Rz 6). Ist dies nicht der Fall, zB bei einer Übermittlung nach den §§ 68, 71 bis 74, sind die Sozialdaten gesperrt (vgl BT-Drucks 14/4329, 53). Ein Berichtigungsanspruch greift nicht durch. Die **ungeklärte Sachlage** ist in geeigneter Weise **festzuhalten**. In Fällen der Nutzung (vgl § 67 Rz 17) oder der Übermittlung (vgl § 67 Rz 14) sind Nutzender bzw **3**

Übermittlungsempfänger nach **Satz 3** auf die ungeklärte Sachlage hinzuweisen, da diese grds Kenntnis davon haben müssen, wenn die Richtigkeit der Sozialdaten bestritten wird (BT-Drucks 12/6334, 12). Mit Satz 3 wird zwar der **Schutz unterschritten**, den § 20 Abs 4 BDSG für diesen Fall bietet. Die Sperrung von Sozialdaten wird als nicht geeignete Maßnahme angesehen, da sie zur Folge haben kann, dass Leistungen nicht oder nur in geringerem Umfang gewährt werden und die **Missbrauchsgefahr** bei dem hohen Datenschutzniveau der Sozialleistungsträger als **gering** eingeschätzt wird (BT-Drucks 12/5187, 43).

2.2. Widerspruchsrecht des Betroffenen (Abs 1a)

4   Gem **Abs 1a** gilt § 20 Abs 5 BDSG entsprechend. § 20 Abs 5 BDSG setzt Art 14a RiLi 95/46/EG für den öffentlichen Bereich um. Das Widerspruchsrecht gilt für **Fälle rechtmäßiger Datenverarbeitung** (Erwägungsgrund Ziff 45 RiLi 95/46/EG). Begründet ist der Widerspruch des Betroffenen nach § 20 Abs 5 Satz 1 BDSG allerdings nur, wenn besondere Umstände in der Person des Betroffenen vorliegen und das schutzwürdige Interesse des Betroffenen an der Unterlassung das der speichernden Stelle an der Verarbeitung überwiegt. Diese Voraussetzungen werden nur in **Ausnahmefällen** erfüllt sein. Da dem Widerspruch eine rechtmäßige Verarbeitung und Nutzung zugrunde liegt, ist bei der Prüfung des Vorliegens einer besonderen persönlichen Situation ein „**besonders strenger Maßstab**" anzulegen (BT-Drucks 14/4329, 41). Bsp für derartige Regelungen finden sich bereits in § 7 Nr 5 MRRG und in § 3 Abs 2 Satz 2 KrebsregisterG. Anders als bei § 76 Abs 2 Nr 1 muss auf das Bestehen des Widerspruchsrechts nicht hingewiesen werden. Wird das Widerspruchsrecht ausgeübt, muss der schriftliche Hinweis auf die Rechtsfolgen fehlender Mitwirkung gem § 66 Abs 3 SGB I erfolgen (vgl § 76 Rz 12). § 20 Abs 5 Satz 2 BDSG schließt das Widerspruchsrecht in den Fällen aus, in denen eine Rechtsvorschrift zur Erhebung, Verarbeitung oder Nutzung verpflichtet. Dies steht in Einklang mit RiLi 95/46/EG, die auch weitere bereichsspezifische Ausnahmen ermöglicht (vgl BT-Drucks 14/4329, 41, 53). In Betracht kommen hier vor allem Übermittlungen nach den §§ 67e ff. Legt der Betroffene insoweit einen Widerspruch ein, ist dieser unter Verweis auf § 20 Abs 5 Satz 2 BDSG iVm der jew Rechtsvorschrift abzulehnen. Gegen diese Entscheidung kann der Betroffene **Rechtsschutz** vor dem SG suchen (§ 51 Abs 1 Nr 5 SGG). Unabhängig davon kann er im Rahmen des § 81 Abs 1 durch **Anrufung** der **Datenschutzkontrollbehörden** gegen die Entscheidung vorgehen (vgl § 81 Rz 3).

2.3. Löschung von Sozialdaten (Abs 2)

5   Entsprechend **Abs 2 Satz 1** hat die Löschung von Sozialdaten iSd § 67 Abs 6 Satz 2 Nr 5 (vgl § 67 Rz 16) zu erfolgen, wenn ihre **Speicherung unzulässig** ist. Ob dies der Fall ist, ist am Zulässigkeitstatbestand des § 67c für die Speicherung von Sozialdaten zu messen. War bereits die **Erhebung** iSd § 67 Abs 5 **nicht zulässig** nach § 67a, so war auch die Speicherung unzulässig. Ausnahmebestimmungen im Verhältnis zu Satz 1 sind Abs 3 (vgl Rz 6) und Abs 6 (vgl Rz 9). Die Löschungsanordnung des Satz 1 gilt auch für **Sozialdaten in Akten** (BT-Drucks 12/5187, 43), da es gleich ist, ob die Sozialdaten in automatisierten oder nicht automatisierten Dateien iSd § 67 Abs 3 (vgl § 67 Rz 9) gespeichert sind. Eine Pflicht zur Löschung von Sozialdaten besteht nach **Satz 2** auch, wenn ihre **Kenntnis** für die verantwortliche Stelle **nicht mehr erforderlich** ist und kein Grund zu der Annahme besteht, dass die Löschung schutzwürdige Interessen (vgl § 68 Rz 7) des Betroffenen beeinträchtigt. Gleiches gilt, wenn diese Kennt-

nis **nie erforderlich gewesen** ist (*Stähler* in Krahmer Sozialdatenschutz § 67a SGB X Rz 6; so auch für § 20 Abs 2 Nr 2 BDSG: *Gola/Schomerus* BDSG § 13 Rz 7). Satz 2 erfasst hauptsächlich den Fall, dass die Zulässigkeitsvoraussetzungen für eine Speicherung im Zeitpunkt der Speicherung vorlagen, diese aber wegen des Vollzugs der Aufgabe, für die die Speicherung erfolgte, weggefallen sind. Wann diese Aufgabe vollzogen ist, muss jeweils sorgfältig geprüft werden. Allgemeingültige Kriterien gibt es hier nicht, da dies von der jew Art der Aufgabenerfüllung abhängt (vgl *Pickel* SGb 2001, 57 [63]). Den Löschungszeitpunkt steuernde **gesetzl Aufbewahrungsfristen** sind teilweise bereichsspezifisch vorgesehen (§ 304 Abs 1 iVm §§ 292, 295 SGB V, § 97 Abs 3 Satz 1 SGB XI), allerdings gilt hier Abs 3 Nr 1 (vgl Rz 6). Endet die Aufbewahrungsfrist oder liegt die „Nicht-mehr-Erforderlichkeit" (*Gola/Schomerus* BDSG, § 20 Rz 12) der Speicherung vor, hat die **Löschung** von Amts wegen **unverzüglich** iSd § 121 Abs 1 Satz 1 BGB zu erfolgen. Bei der Entscheidung darüber, ob die Sozialdaten zur Aufgabenerfüllung noch erforderlich sind, ist auch zu berücksichtigen, dass Leistungs- oder Verwaltungsvorgänge zu Kontrollzwecken zu speichern sein können, was § 67c Abs 3 (vgl § 67c Rz 6) ermöglicht. Der Begriff der **Aufgabenerfüllung** umfasst daher nicht nur die Sozialdaten, die zur Erledigung der Sozialverwaltungsaufgabe erforderlich sind, sondern ist einschließlich der **Dokumentationspflichten** zu verstehen. Soweit keine gesetzl Aufbewahrungsfristen vorgegeben sind, sind für die gespeicherten Sozialdaten konkrete Aufbewahrungsfristen festzulegen. Von einer Beeinträchtigung der schutzwürdigen Interessen des Betroffenen (vgl § 68 Rz 7) ist auszugehen, wenn der Betroffene die in den zu löschenden Sozialdaten enthaltenen Informationen erneut beibringen müsste oder die nach der Löschung verbleibenden Sozialdaten unvollständig oder irreführend wären (*Pickel* SGb 2001, 57 [63]). In diesen Fällen gilt Abs 3 Nr 2 (vgl Rz 6).

2.4. Sperrung von Sozialdaten (Abs 3)

Nach **Abs 3** geht die Sperrung iSd § 67 Abs 6 Satz 2 Nr 4 (vgl § 67 Rz 15) einer Löschung vor. **Nr 1** nimmt die Sozialdaten von einer Löschung aus, für die zB bereichsspezifische **gesetzl Aufbewahrungsfristen** bestehen (vgl Rz 5). Werden durch eine Löschung von Sozialdaten **schutzwürdige Interessen** des Betroffenen beeinträchtigt (vgl Rz 5), sind diese nach **Nr 2** zu sperren. So liegt es zB im Interesse des Betroffenen, wenn auf die Daten früherer Berufsunfälle im Zusammenhang mit einer Minderung der Erwerbsfähigkeit Bezug genommen werden kann (vgl *Walz* in GK-SGB X 2 § 84 Rz 17). Mit **Nr 3** wird dem Umstand Rechnung getragen werden, dass die Löschung bei **Sozialdaten in Akten** einen unangemessenen Aufwand erfordern kann (BT-Drucks 12/5187, 43).

2.5. Übermittlung oder Nutzung trotz Sperrung (Abs 4)

Abs 4 regelt Ausnahmen zur Wirkung der Sperrung. Erteilt der Betroffene seine **Einwilligung**, so dürfen die Sozialdaten trotz der Sperrung übermittelt oder genutzt werden. Für die Erteilung der Einwilligung gilt § 67b Abs 2 entsprechend (vgl § 67b Rz 3). Ansonsten gilt dies nach **Nr 1** nur dann, wenn es zu wissenschaftlichen Zwecken (vgl §§ 67c Abs 5, 75), zur Behebung einer bestehenden Beweisnot oder aus sonstigen im überwiegenden Interesse der verantwortlichen Stelle oder eines Dritten liegenden Gründen **unerlässlich** ist. Eine Beweisnot liegt vor, wenn entscheidungserhebliche Tatsachen nicht anders als durch die Vorlage gesperrter Daten bewiesen werden kann (*Gola/Schomerus* BDSG § 20 Rz 32). Dritter ist zB das Kind eines Kindergeldberechtigten (BT-Drucks

12/5187, 43). In allen Fällen von Nr 1 müssen zusätzlich die Voraussetzungen nach **Nr 2** erfüllt sein, dh die Übermittlung oder Nutzung der Sozialdaten darf nicht aus weiteren Gründen nicht gerechtfertigt sein. Die Voraussetzungen ergeben sich im Grundsatz aus § 67 b Abs 1 Satz 1 (vgl § 67 b Rz 2) bzw § 67 d Abs 1 (vgl § 67 d Rz 2). Bei dem Kriterium der Unerlässlichkeit ist ein **sehr strenger Maßstab** anzulegen (*Krahmer* in Krahmer Sozialdatenschutz § 84 SGB X Rz 11).

2.6. Anschlussberichtigung (Abs 6)

8 Anhand von **Abs 5** soll gewährleistet werden, dass regelmäßige Übermittlungsempfänger von Sozialdaten in dem erforderlichen Umfang über die Tatsache unterrichtet werden, dass Sozialdaten bestritten oder nicht mehr bestritten sind (BT-Drucks 12/6334, 12). Der Betroffene muss nicht selbst seine entsprechenden Ansprüche bei den Empfängern seiner Sozialdaten geltend machen. Die **Verständigungspflicht** besteht auch hinsichtlich der Berichtigung unrichtiger Daten sowie der Löschung oder Sperrung wegen Unzulässigkeit der Speicherung. Einschränkend gilt, dass dies keinen unverhältnismäßigen Aufwand erfordern darf und schutzwürdige Interessen des Betroffenen nicht entgegenstehen. Bei Schreibfehlern und anderen unerheblichen Korrekturen wäre der damit verbundene Aufwand nicht zu rechtfertigen (*Pickel* SGb 2001, 57 [64]). **Schutzwürdige Interessen** des Betroffenen stehen entgegen, wenn die Daten, die an die Stelle der zu korrigierenden treten sollen, für den Betroffenen ungünstiger sind und der Empfänger diese Daten nicht für seine Aufgabenerfüllung benötigt (*Gola/Schomerus* BDSG § 20 Rz 38).

2.7. Löschungsanordnung und Archivübermittlung (Abs 6)

9 Gem **Abs 6** bleibt § 71 Abs 1 Satz 3 (vgl § 71 Rz 19) unberührt. Damit ist klargestellt, dass das die Löschungsanordnung nach Abs 2 (vgl Rz 5) nicht **die Übermittlung** an das **Bundesarchiv** oder ein **Landesarchiv** hindern soll. Unzulässig gespeicherte Daten sind von der Verpflichtung ausgenommen, sie vor ihrer Löschung einem Archiv anzubieten.

§ 84 a Unabdingbare Rechte des Betroffenen

(1) Die Rechte des Betroffenen nach diesem Kapitel können nicht durch Rechtsgeschäft ausgeschlossen oder beschränkt werden.

(2) [1]Sind die Daten des Betroffenen automatisiert oder in einer nicht automatisierten Datei gespeichert und sind mehrere Stellen speicherungsberechtigt, kann der Betroffene sich an jede dieser Stellen wenden, wenn er nicht in der Lage ist festzustellen, welche Stelle die Daten gespeichert hat. [2]Diese ist verpflichtet, das Vorbringen des Betroffenen an die Stelle, die die Daten gespeichert hat, weiterzuleiten. [3]Der Betroffene ist über die Weiterleitung und jene Stelle zu unterrichten.

  Diering/Seidel

1. Allgemeines

Die Vorschrift entspricht in ihrer bereichsspezifisch modifizierten Form weitgehend § 6 BDSG (vgl BT-Drucks 12/5187, 43). Abs 1 beschränkt zum Schutz des Betroffenen dessen Dispositionsbefugnis, indem sie einen Ausschluss oder eine Einschränkung der Betroffenenrechte nach dem Zweiten Kapitel untersagt. Abs 2 effektiviert die von Abs 1 erfassten Betroffenenrechte für den Fall, dass dessen Sozialdaten bei mehreren Stellen gespeichert sind.

2. Erläuterungen
2.1. Dispositionsbefugnis hinsichtlich der Betroffenenrechte (Abs 1)

Zum Begriff des Betroffenen vgl § 67 Rz 4. Die Rechte des Betroffenen nach dem Zweiten Kapitel können gem **Abs 1** nicht durch Verträge oder sonstige Rechtsgeschäfte ausgeschlossen oder beschränkt werden. Einer rechtsgeschäftlichen Verstärkung oder Erweiterung der Rechte steht nichts entgegen. Um welche Rechte es sich im Rahmen des Abs 1 handelt, ergibt sich insbesondere aus den §§ **81 bis 84**. Der Betroffene kann sich ferner nicht der Rechte begeben, die sich aus **Unterrichtungs- und Hinweispflichten** der Leistungsträger ergeben (§§ 67a Abs 3 bis 5, 67b Abs 2). Gleiches gilt, wenn im Zweiten Kapitel ein **Widerspruchsrecht** des Betroffenen vorgesehen ist (§ 76 Abs 2 Nr 1) oder dem Betroffenen eine **konkrete Befugnis** gegenüber der verantwortlichen Stelle eingeräumt wird (§ 80 Abs 1 Satz 2). Von Abs 1 erfasst werden schließlich die sich aus allg Regelungen ergebenden Rechte des Betroffenen, zB auf **Schadensersatz** aus § 839 BGB (vgl § 82 Rz 8). Soweit die genannten Rechte nicht nur natürlichen Personen zukommen (vgl zB § 84 Rz 5), sind diese gleichfalls unabdingbar. Die von Abs 1 betroffenen Rechte sind **höchstpersönlich**, können nicht übertragen oder abgetreten werden (*Pickel* SGb 2001, 57 [65]). Das Geheimhaltungsgebot überdauert **das Ableben des Betroffenen**, wie § 35 Abs 5 SGB I es bestimmt (vgl *Pickel* SGb 2001, 57 [61]; *Krahmer* in LPK-SGB I § 35 Rz 24; *Steinmeyer* in Wannagat SGB X/2 § 67 Rz 18). Die Erben eines Betroffenen verfügen über keinen öffentlich-rechtlichen Auskunftsanspruch, auch nicht aus übergeleitetem Recht (*BSG* NJW 1986, 3105).

2.2. Betroffenenrechte bei Speicherung bei mehreren Stellen (Abs 2)

Abs 2 gewährleistet, dass der Betroffene seine von Abs 1 umfassten Rechte auch dann wirksam geltend machen kann, wenn seine Sozialdaten in **vernetzten Systemen** oder **Verbunddateien** vorliegen und daher bei mehreren speicherungsberechtigten Stellen gespeichert sind. Zum Begriff der Sozialdaten vgl § 67 Rz 2 ff. Zum Begriff der Speicherung vgl § 67 Rz 12. Es ist ausweislich **Satz 1** nicht von Bedeutung, ob die Sozialdaten in automatisierten oder nicht automatisierte Dateien vorliegen (vgl § 67 Rz 9). Gem Satz 1 kann der Betroffene sich an **jede der Stellen** wenden, wenn er nicht in der Lage ist festzustellen, welche Stelle die Sozialdaten gespeichert hat. Diese Stelle ist aufgrund von **Satz 2** verpflichtet, das Vorbringen an die speichernde Stelle **weiterzuleiten**. Sie hat den Betroffenen nach **Satz 3** über die Weiterleitung an jene Stelle **zu unterrichten**. Die Verletzung der Weiterleitungs- und Unterrichtungspflicht stellt eine Amtspflichtverletzung dar (*Gola/Schomerus* BDSG § 6 Rz 7).

§ 85 Bußgeldvorschriften

(1) Ordnungswidrig handelt, wer vorsätzlich oder fahrlässig

1. entgegen § 78 Abs. 1 Satz 1 Sozialdaten verarbeitet oder nutzt, wenn die Handlung nicht nach Absatz 2 Nr. 5 geahndet werden kann,

1a. entgegen § 80 Absatz 2 Satz 2 einen Auftrag nicht richtig, nicht vollständig oder nicht in der vorgeschriebenen Weise erteilt,

1b. entgegen § 80 Absatz 2 Satz 4 sich nicht vor Beginn der Datenverarbeitung von der Einhaltung der beim Auftragnehmer getroffenen technischen und organisatorischen Maßnahmen überzeugt,

2. entgegen § 80 Abs. 4, auch in Verbindung mit § 67 d Abs. 4 Satz 2, Sozialdaten anderweitig verarbeitet, nutzt oder länger speichert oder

3. entgegen § 81 Abs. 4 Satz 1 dieses Gesetzes in Verbindung mit § 4 f Abs. 1 Satz 1 oder 2 des Bundesdatenschutzgesetzes, diese jeweils auch in Verbindung mit § 4 f Abs. 1 Satz 3 und 6 des Bundesdatenschutzgesetzes, einen Beauftragten für den Datenschutz nicht oder nicht rechtzeitig bestellt.

(2) Ordnungswidrig handelt, wer vorsätzlich oder fahrlässig

1. unbefugt Sozialdaten, die nicht allgemein zugänglich sind, erhebt oder verarbeitet,

2. unbefugt Sozialdaten, die nicht allgemein zugänglich sind, zum Abruf mittels automatisierten Verfahrens bereithält,

3. unbefugt Sozialdaten, die nicht allgemein zugänglich sind, abruft oder sich oder einem anderen aus automatisierten Verarbeitungen oder nicht automatisierten Dateien verschafft,

4. die Übermittlung von Sozialdaten, die nicht allgemein zugänglich sind, durch unrichtige Angaben erschleicht,

5. entgegen § 67 c Abs. 5 Satz 1 oder § 78 Abs. 1 Satz 1 Sozialdaten für andere Zwecke nutzt, indem er sie an Dritte weitergibt oder

6. entgegen § 83 a Satz 1 eine Mitteilung nicht, nicht richtig, nicht vollständig oder nicht rechtzeitig macht.

(3) [1]Die Ordnungswidrigkeit kann im Falle des Absatzes 1 mit einer Geldbuße bis zu fünfzigtausend Euro, in den Fällen des Absatzes 2 mit einer Geldbuße bis zu dreihunderttausend Euro geahndet werden. [2]Die Geldbuße soll den wirtschaftlichen Vorteil, den der Täter aus den Ordnungswidrigkeiten gezogen hat, übersteigen. [3]Reichen die in Satz 1 genannten Beträge hierfür nicht aus, so können sie überschritten werden.

1. Allgemeines

1 Der Regelung als Vorbild dient § 43 BDSG (vgl BT-Drucks 12/5187, 43). Sie soll den in Bezug genommenen Vorschriften „den erforderlichen Nachdruck" verleihen (so BT-Drucks 8/4022, 88 zur aF der Vorschrift). Abs 1 bedroht den Verstoß gegen eine Reihe von Pflichten aus dem Zweiten Kapitel als ordnungswidrig. Abs 2 verschärft die Sanktionsandrohung, wenn es sich um Sozialdaten handelt, die nicht allg zugänglich sind.

2. Erläuterungen

2.1. Normadressaten (Abs 1)

Zum Begriff der Sozialdaten vgl § 67 Rz 2 ff. Normadressaten sind die **Mitarbeiter einer verantwortlichen Stelle** iSd § 67 Abs 9 (vgl § 67 Rz 20), die Mitarbeiter **eines Auftragsdatenverarbeiters** iSd § 80 sowie **externe Dritte**. Auch **den Inhaber** eines im Auftrag Sozialdaten verarbeitenden Unternehmens kann der Vorwurf des ordnungswidrigen Handelns nach der Vorschrift treffen, wenn er es vorsätzlich oder fahrlässig unterlässt, die erforderlichen Aufsichtsmaßnahmen zu treffen, um Verstöße gegen die einschlägigen Pflichten zu vermeiden (§ 130 Abs 1 OWiG). § 130 Abs 1 OWiG ist auf Organmitglieder von Sozialversicherungsträgern nicht anwendbar, die für andere Stellen iSd § 35 Abs 1 SGB I (vgl § 67 Rz 5) Auftragsdatenverarbeitung betreiben, da die Sozialversicherungsträger keine öffentlichen Unternehmen iSd § 130 Abs 2 OWiG sind. Jedoch kann eine Bußgeldpflicht nach **§ 30 OWiG** begründet werden, der grds auch auf juristische Personen des öffentlichen Rechts und insoweit auch auf **Träger der Sozialverwaltung** anwendbar ist (*Walz* in GK-SGB X 2 § 85 Rz 13). Beteiligen sich **mehrere Personen** an einer ordnungswidrigen Handlung, so handelt **jeder** wegen § 14 Abs 1 OWiG (einheitlicher Täterbegriff) ordnungswidrig.

2.2. Ordnungswidrige Handlungen (Abs 1 und 2)

Abs 1 Nr 1 sanktioniert Verstöße gegen das **Gebot der zweckgebundenen Verwertung** der übermittelten Sozialdaten nach § 78 Abs 1 Satz 1 als ordnungswidrig. Es gilt für jeden Dritten iSd § 67 Abs 10 Satz 2 (vgl § 78 Rz 3). Nr 1 greift nicht ein, wenn die Handlung nach Abs 2 Nr 5 geahndet werden kann (vgl Rz 4). Nach **Nr 1 a** sind Verstöße gegen die Vorschriften über die **Auftragsdatenverarbeitung** gem § 80 Abs 2 Satz 2 ordnungswidrig (vgl § 80 Rz 8). Entsprechend **Nr 1 b** handelt auch derjenige ordnungswidrig, der sich nicht bereits **vor** dem **Beginn** der Auftragsdatenverarbeitung von der Einhaltung der beim Auftragsdatenverarbeiter getroffenen technischen und organisatorischen Maßnahmen überzeugt (vgl § 80 Rz 8). **Nr 2** regelt den Verstoß gegen die **schriftliche Bestimmung des Auftraggebers** iSd § 80 Abs 4 (vgl § 80 Rz 10) und erstreckt sich auch auf einen solchen Verstoß, der durch eine Vermittlungsstelle iSd § 67 d Abs 4 Satz 2 erfolgt (vgl § 67 d Rz 5). Ordnungswidrig handelt nach **Nr 3**, wer nicht oder nicht rechtzeitig einen **internen Datenschutzbeauftragten** bestellt. Die entsprechende Pflicht folgt aus § 81 Abs 4 Satz 1 iVm § 4 f Abs 1 Satz 1 oder 2 BDSG, diese jeweils auch in Verbindung mit § 4 f Abs 1 Satz 3 und 6 BDSG (vgl § 81 Rz 6).

Abs 2 sieht in Nr 1 bis 4 einen **erhöhten Schutz** für Sozialdaten vor, die nicht allg zugänglich sind. Nach § 10 Abs 2 Satz 2 BDSG sind Daten allg zugänglich, die jedermann nutzen kann, sei es ohne oder nach vorheriger Anmeldung, Zulassung oder Entrichtung eines Entgelts. Die Legaldefinition deckt sich mit den „für jedermann offen stehenden Datenbeständen" in § 79 Abs 5 (vgl § 79 Rz 9). Werden solche Sozialdaten unbefugt erhoben (vgl § 67 Rz 9) oder verarbeitet (vgl § 67 Rz 11), ist dies ordnungswidrig nach **Nr 1**. Unbefugt erfolgen die Handlungen, wenn es **keine gesetzl Befugnisnorm** oder eine **Einwilligung des Betroffenen** gibt (vgl § 67 a Rz 2 ff, § 67 b Rz 2 f). Gleiches gilt nach **Nr 2**, wenn die Sozialdaten unbefugt zum Abruf mittels automatisierter Verfahren bereitgehalten werden (vgl § 79) und nach **Nr 3**, wenn jemand die Sozialdaten abruft oder sich oder einem anderen aus automatisierten Verarbeitungen oder nicht automatisierten Dateien verschafft. Dem Schutz nach Nr 3 unterliegen hinsichtlich der Begehungsvariante des Abrufens nur Sozialdaten, die auch abrufbar gespeichert sind, dh Sozialdaten, die in automatisierter Form vorgehalten werden (*Gola/Schomerus* BDSG § 43 Rz 22). Für die Tatbestandsvariante des Verschaffens ist dies keine Voraussetzung. Hier werden auch Sozialdaten aus nicht automatisierten Dateien (vgl § 67 Rz 9) geschützt. Befugt erfolgen die Tathandlungen, wenn die entsprechenden **Übermittlungsbefugnisse** eingeräumt sind (vgl § 67 d Rz 2, vgl § 79 Rz 5). Der Tatbestand von **Nr 4** soll namentlich die Datenbeschaffung durch **Hacker** erfassen (*Gola/Schomerus* BDSG § 43 Rz 23). Die Regelung greift auch ein, wenn sich jemand der Stellung als befugter Übermittlungsempfänger von Sozialdaten lediglich berühmt. **Nr 5** betrifft die zweckwidrige Verwendung von **Forschungsdaten** iSd § 67 c Abs 5 Satz 1 (vgl § 67 c Rz 9) durch Weitergabe an Dritte. Weiterhin erfasst von der Regelung ist die Fallgestaltung, dass jemand als Übermittlungsempfänger an § 78 Abs 1 gebunden ist (vgl § 78 Rz 3 f), die Sozialdaten aber entgegen dieser Verpflichtung weitergibt. Gem **Nr 6** ist der Verstoß gegen die Benachrichtigungspflicht nach § 83 a Satz 1 ordnungswidrig (vgl § 83 Rz 3 ff).

5   Abs 1 und 2 setzen voraus, dass der Täter **vorsätzlich** oder **fahrlässig** gehandelt hat. Die Tatbestände müssen durch eine eigene rechtswidrige und vorwerfbare Handlung erfüllt werden (vgl zu Einzelheiten *Fischer* StGB § 15 Rz 2 ff).

2.3. Sanktionsrahmen (Abs 3)

6   Abs 3 sieht für eine Ordnungswidrigkeit nach Abs 1 die Ahndung mit einer Geldbuße bis zu 50.000 **Euro** vor. In den Fällen des Abs 2 kann die Handlung mit einer Geldbuße bis zu 300.000 **Euro** geahndet werden.

§ 85 a Strafvorschriften

(1) Wer eine in § 85 Abs. 2 bezeichnete vorsätzliche Handlung gegen Entgelt oder in der Absicht, sich oder einen anderen zu bereichern oder einen anderen zu schädigen, begeht, wird mit Freiheitsstrafe bis zu zwei Jahren oder mit Geldstrafe bestraft.

(2) [1]Die Tat wird nur auf Antrag verfolgt. [2]Antragsberechtigt sind der Betroffene, die verantwortliche Stelle, der Bundesbeauftragte für den Datenschutz oder der zuständige Landesbeauftragte für den Datenschutz.

Literatur:

Tiedemann: Datenübermittlung als Straftatbestand, NJW 1981, 945.

1. Allgemeines

1   Der Regelung als Vorbild dient § 44 BDSG (vgl BT-Drucks 12/5187, 43). Abs 1 verschärft das Strafmaß für tatbestandsmäßige Handlungen nach § 85 Abs 2, wenn sie in Gewinn- oder Schädigungsabsicht begangen werden. Abs 2 regelt die Antragsbefugnis.

2. Erläuterungen

2.1. Handlung gegen Entgelt oder in Schädigungsabsicht (Abs 1)

Zu den in § 85 Abs 2 bezeichneten Handlungen vgl § 85 Rz 4. Die Strafandro- **2**
hung greift nach **Abs 1** nur ein, wenn die jew Handlung vorsätzlich begangen
wird (§ 15 StGB). Gegen Entgelt wird die Handlung begangen, wenn sie eine **in
einem Vermögensvorteil bestehende Gegenleistung** beinhaltet (§ 11 Abs 1 Nr 9
StGB). Schädigungsabsicht liegt vor, wenn die Absicht besteht, einem anderen
mit der Tat einen **Nachteil zuzufügen** und dieser Nachteil die notwendige Folge
der Tat ist (*Fischer* StGB § 274 Rz 9). Auf welche Rechtsgüter sich der Nachteil
auswirkt oder auswirken soll, ist unerheblich. Bei Vorliegen der Voraussetzungen sind eine Geldstrafe oder eine Freiheitsstrafe bis zu zwei Jahren vorgesehen.
Eine Strafbarkeit nach anderen Tatbeständen des StGB bleibt unberührt.

2.2. Strafantrag und Strafantragsbefugnis (Abs 2)

Die Tat wird nach **Abs 2 Satz 1** nur auf **Antrag** erfolgt. Es gilt § 77 StGB. Ne- **3**
ben dem Betroffenen als dem Verletzten sind nach **Satz 2** auch (vgl § 77 Abs 1
StGB) die **verantwortliche Stelle** iSd § 67 Abs 9 (vgl § 67 Rz 20), der **BfD** oder
der zuständige **LfD** antragsbefugt. Für die Antragsfrist gilt § 77 b StGB, dh der
Antrag muss binnen drei Monaten von Kenntniserlangung von der Tat und
dem Täter gestellt werden. Eine Zurücknahme des Antrags ist nach § 77 d StGB
möglich.

Drittes Kapitel Zusammenarbeit der Leistungsträger und ihre Beziehungen zu Dritten

Erster Abschnitt Zusammenarbeit der Leistungsträger untereinander und mit Dritten

Erster Titel Allgemeine Vorschriften

§ 86 Zusammenarbeit

Die Leistungsträger, ihre Verbände und die in diesem Gesetzbuch genannten öffentlich-rechtlichen Vereinigungen sind verpflichtet, bei der Erfüllung ihrer Aufgaben nach diesem Gesetzbuch eng zusammenzuarbeiten.

Literatur:

André: Die wesentlichen Grundzüge der Regelungen über die Zusammenarbeit der
Leistungsträger und ihre Beziehungen zu Dritten im Sozialgesetzbuch, Zehntes Buch
(X), NDV 1983, 73; *Pappai*: Gesetz über die Zusammenarbeit der Leistungsträger und
ihre Beziehung zu Dritten, BKK 1983, 2 ff, 57 ff, 97 ff; *Pickel*: Zusammenarbeit der
Leistungsträger und ihre Beschleunigung, SGb 1997, 206; siehe auch bei § 88.

1. Allgemeines

1 Die in § 86 enthaltene Verpflichtung zur Zusammenarbeit soll Nachteile abfangen, die dem Betroffenen aus der für ihn oft kaum zu überblickenden Vielfalt der Sozialleistungsträger mit ihren unterschiedlichen Zuständigkeiten entstehen können und dient somit der von § 17 SGB I geforderten optimalen Verwirklichung der sozialen Rechte. Besondere Ausprägungen des Zusammenarbeitsgebots finden sich etwa in den §§ 87 bis 96 SGB X oder in § 109 a Abs 1 (insbesondere Satz 5) SGB VI; eine verwandte Verpflichtung enthält etwa § 4 Abs 1 Satz 1 SGB VIII.

Andererseits – und hier liegt der Schwerpunkt der Vorschrift als Auslegungshilfe etwa im Bereich der §§ 102 ff – entlastet § 86 aber auch Sozialleistungsträger, die im Interesse optimaler Aufgabenerfüllung Nachteile erleiden.

2. Verpflichtete

2 **Leistungsträger** iSd § 86 ist, wer Sozialleistungen erbringt, § 12 SGB I. Sozialleistung ist im Zusammenhang mit den §§ 86 ff jeder Vorteil, der dem Einzelnen nach den Vorschriften des SGB zur Verwirklichung sozialer Rechte zugute kommen sollen. Hierzu gehören insbesondere auch Feststellungen nach § 69 SGB IX, die zwar schon begrifflich nicht als Leistungen iSd §§ 18 ff SGB I aufgefasst werden können, jedoch ebenfalls den allgemeinen Vorschriften über Sozialleistungen unterfallen (*BSG* Urt v 6.12.1989 – 9 RVs 4/89, E 66, 120).

Die ARGEn nach § 44 b SGB II in der bis 31.3.2011 geltenden Fassung waren keine Leistungsträger in diesem Sinne (aus neuerer Zeit *BSG* Urt v 26.5.2011 – B 14 AS 54/10 R, SozR 4-4200 § 44 b Nr 3), dasselbe dürfte für die gemeinsame Einrichtung nach § 44 b SGB II nF gelten (ausführlich *Voelzke* in Hauck/Noftz SGB II § 44 b Rz 13). Diese Abgrenzung betrifft indes in erster Linie die Frage nach den rechtlichen Gestaltungsmöglichkeiten dieser Entitäten. Soweit Rechtspflichten und Ansprüche nach den §§ 86, 102 ff in Rede stehen, spricht wenig dagegen, die dahinter stehenden Leistungsträger als berechtigt und verpflichtet anzusehen.

Keine Leistungsträger sind die von den Leistungsträger eingeschalteten Leistungserbringer (aus neuerer Zeit *LSG BW* Urt v 27.1.2012 – L 4 R 1296/11), auch wenn sie öffentlich-rechtlich organisiert sind (Krankenhaus in privater Trägerschaft) und auch dann nicht, wenn sie „daneben" Sozialleistungsträger sind. Hier ist letztlich danach zu differenzieren, ob die betreffende juristische Person als Leistungsträger oder als Leistungserbringer auftritt, dh ob ein Privater in derselben Weise am Streit beteiligt sein könnte: Streiten Krankenkasse und BG darum, in wessen Zuständigkeit eine von der BG bereits erbrachte Behandlung fällt (vgl § 108 Abs 1), so sind beide in ihrer Eigenschaft als Leistungsträger betroffen. Im Streit zwischen Krankenkasse und BG um die Höhe der Vergütung für eine Krankenhausbehandlung, die dem Versicherte in einem von der BG betriebenen Krankenhaus zuteil geworden ist, tritt die BG nicht anders auf als ein privatrechtlich organisierter Krankenhausbetreiber. Hier gilt das gesamte Dritte Kapitel nicht.

3 **Verbände** der Leistungsträger sind sämtliche Zusammenschlüsse, an denen (zumindest auch) Sozialleistungsträger beteiligt sind und deren Zweck die Erbringung von Sozialleistungen zumindest mittelbar berührt. Eine Beschränkung auf Verbände in öffentlich-rechtlicher Organisationsform lässt sich dem Gesetz nicht entnehmen (ausführlich *Schütze* in v Wulffen/Schütze SGB X § 86 Rz 4 mwN; *Boecken* DB 1983, 2034 [2034 f]; aA *Pickel* SGb 97, 206) und ist auch

nicht sinnvoll. Da es zur Errichtung einer juristischen Person des öffentlichen Rechts eines entsprechenden staatlichen Organisationsaktes bedarf (*Maurer* AllgVerwR § 23 Rz 38), wären gerade gesetzlich nicht zwingend vorgeschriebene, für die Koordinierung der Leistungserbringung jedoch ausgesprochen nützliche Spitzenverbände von der Pflicht zur Zusammenarbeit nicht erfasst.

Voraussetzung für eine Verpflichtung nach § 86 ist allerdings, dass ein Verband **4** entweder eigene Rechtspersönlichkeit besitzt oder doch zumindest teilrechtsfähig ist (dh nicht Träger aller denkbaren, sondern nur bestimmter Rechte und Pflichten sein kann, vgl grundlegend *Bachof* AÖR 83 (1958), 208 [261 f]) und gerade durch § 86 verpflichtet wird. Letzteres wird nach dem oben gesagten anzunehmen sein, wenn an ihm Sozialleistungsträger (nicht notwendig ausschließlich) beteiligt sind und sein Zweck die Erbringung von Sozialleistungen berührt. Andernfalls bleibt es bei einer Verpflichtung nur der daran beteiligten Sozialleistungsträger.

Im SGB genannte öffentlich-rechtliche Vereinigungen ergeben sich unproblema- **5** tisch allein aus ihrer Nennung im Gesetz. Anders als bei den Verbänden ist hier eine öffentlich-rechtliche Organisationsform allerdings Voraussetzung für die Anwendbarkeit von § 86.

Nicht nach einer der Alternativen des § 86 **verpflichtet** sind soziale Dienste und **6** Einrichtungen iSd §§ 1 Abs 2 und 17 Abs 1 Nr 2 SGB I (*Schütze* Rz 3) sowie die freien und gemeinnützigen Organisationen, die nicht kraft des SGB, sondern aufgrund eigener Aufgabensetzung tätig werden. Nicht erfasst ist auch rein administratives oder rein fiskalisches Handeln der Leistungsträger, Verbände und Vereinigungen, wobei jedoch bereits ein unmittelbares Tangieren der sozialen Rechte (§ 2 SGB I) ausreicht, um § 86 anwendbar zu machen. Die Zusammenarbeit der Leistungsträger mit Dritten regeln die §§ 97 ff.

3. Inhalt der Verpflichtung

§ 86 verpflichtet zu möglichst effizienter Zusammenarbeit bei der Aufgabener- **7** füllung. Dies gilt nicht nur für das Recht der Leistungserbringung, sondern bereits „im Vorfeld" für Aufklärung, Auskunft und Beratung (vgl auch § 109 a Abs 1 SGB VI). Insbesondere ist die Vorschrift nicht nur eine allgemein gehaltene Präambel zu den folgenden Spezialregelungen (*LSG Nds* Urt v 24.3.1993 – L 4 Kr 148/91, SozVers 1994, 53), sondern fungiert als Auffangvorschrift für dort nicht geregelte Materien und nimmt als **programmatische Grundaussage** Einfluss auf die Auslegung anderer Rechtsvorschriften und auf das gesamte Handeln der Verpflichteten, soweit es die sozialen Rechte berührt. So müssen sich solch spezielle Dinge wie die Gestaltung von Antragsvordrucken an den Vorgaben von § 86 messen lassen (*Pappai* BKK 1983, 2).

3.1. Rechtsreflex gegenüber dem Betroffenen

Für den Betroffenen wirkt sich diese Verpflichtung allerdings lediglich als **8** Rechtsreflex aus und ist insbesondere nicht gesondert einklagbar (*v. Maydell* GK-SGB X, § 86 Rz 4, ganz hM). Auch eine Durchsetzung im Aufsichtswege (hierzu *Seewald* in KassKomm SGB X § 86 Rz 108 ff) kann der Bürger höchstens anregen (*Rode* in BochKomm SGB-AT § 17 Rz 2 f). Da § 86 jedoch auch dem Schutz des Bürgers dient (*BSG* Beschl v 5.10.2006 – B 10 KR 5/05 B, SozR 4-5420 § 3 Nr 1), kommt ein Amtshaftungsanspruch grundsätzlich in Betracht (*Schütze* aaO Rz 8 mwN), wobei jedoch eine aus § 86 abgeleitete konkrete Einzelpflicht, deren fahrlässige Verletzung und der genau daraus entstandene Schaden präzise identifiziert werden müssen.

3.2. Rechte der Leistungsträger untereinander

9   Anders als im Verhältnis zum Bürger enthält § 86 im Verhältnis der Leistungsträger untereinander eine echte Rechtspflicht zu gegenseitiger Rücksichtnahme, deren Verletzung Herstellungsansprüche auslösen kann.

Gereicht eine offensichtlich fehlerhafte Entscheidung (zum Maßstab aus neuerer Zeit *HessLSG* Urt v 29.10.2009 – L 8 KR 252/07; zur heranzuziehenden Tatsachengrundlage *HessLSG* Urt v 29.10.2009 – L 8 KR 311/07) eines Sozialleistungsträgers einem anderen Sozialleistungsträger zum Nachteil (was insbesondere deswegen der Fall sein kann, weil unanfechtbare Leistungsbescheide grundsätzlich auch im Verhältnis der Leistungsträger bindend sind, vgl etwa *BSG* Urt v 26.6.2008 – B 13 R 141/07 R, SGb 2009, 309 und Urt v 26.6.2008 – B 13 R 37/07 R, SozR 4-2500 § 51 Nr 2), so ist sie auf dessen Verlangen erneut zu prüfen und gegebenenfalls (unter Beachtung der §§ 45 ff) zu korrigieren (*BSG* Urt v 1.9.1999 – B 13 RJ 49/98 R, SozR 3-1300 § 86 Nr 3; *LSG NRW* Urt v 27.9.2001 – L 2 KN 287/00 KR, mwN; *LSG Nds* aaO; Einzelheiten bei *Seewald* aaO Rz 113 ff). Die Korrektur kann sich auch auf das Verhältnis zwischen den Leistungsträgern beschränken und – bei unverändertem Außenverhältnis gegenüber dem Leistungsbezieher – Auswirkungen auf einen Erstattungsanspruch (§§ 102 ff) haben (*HessLSG* Urt v 29.10.2009 – L 8 KR 252/07).

Im Rahmen von Erstattungsstreitigkeiten kann § 86 das Prioritätsprinzip zumindest relativieren (ausf *HessLSG* Urt v 27.11.2003 – L 1 KR 1610/98). Auch der Ablauf der Frist aus § 111 Satz 1 SGB X kann unbeachtlich sein, wenn er wesentlich auf dem Fehlverhalten des anderen Leistungsträgers beruht (*BSG* Urt v 10.5.2007 – B 10 KR 1/05 R, SozR 4-1300 § 111 Nr 4: erheblich verspätet mitgeteilte Rentenantragstellung).

10   Bei der Anwendung dieses Grundsatzes ist jedoch Vorsicht geboten. Ein sozialrechtlicher Herstellungsanspruch besteht nicht bereits immer dann, wenn ein Sozialleistungsträger auf Kosten eines anderen Trägers Fehler macht (*BSG* SozR 3-1300 § 111 Nr 8). Auch aus § 823 Abs 2 BGB, anderen Rechtsinstituten des Schuldrechts (wie dem Recht der Leistungsstörung, der Amtshaftung etc) oder dem Grundsatz von Treu und Glauben (§ 242 BGB) ergibt sich nichts anderes (*LSG BW* Urt v 11.8.1998 – L 13 KnU 2117/96, HVBG-Info 1999, 156; *HessLSG* Urt v 27.6.1997 – L 10 Ar 920/94). So trifft einen Sozialleistungsträger keine Verpflichtung, einen anderen Leistungsträger darauf hinzuweisen, dass ein angemeldeter Erstattungsanspruch nicht den rechtlichen Anforderungen entspricht (*LSG Hmb* Urt v 10.2.1999 – L 3 U 40/98, HVBG-Info 1999, 2313). Statusentscheidungen können keine derartigen Herstellungsansprüche auslösen, da der von § 86 bezweckte Interessenausgleich in solchen Fällen nicht erreicht werden kann (*BSG* Urt v 6.2.1992 – 12 RK 15/90, SozR 3-1500 § 54 SGG Nr 15).

11   Virulent wird weiterhin eine „quasi-wettbewerbsrechtliche" Komponente des § 86: Ein KVTr, der irreführende Informationen zur Möglichkeit des „Kassenwechsels" abgibt, verstößt gegen § 86 (*LSG NRW* Urt v 8.7.2004 – L 2 B 16/04 KR ER, NJW 2004, 3733); hier kommen Unterlassungs- wie auch Schadensersatzansprüche in Betracht.

Zweiter Titel Zusammenarbeit der Leistungsträger untereinander

§ 87 Beschleunigung der Zusammenarbeit

(1) [1]Ersucht ein Leistungsträger einen anderen Leistungsträger um Verrechnung mit einer Nachzahlung und kann er die Höhe des zu verrechnenden Anspruchs noch nicht bestimmen, ist der ersuchte Leistungsträger dagegen bereits in der Lage, die Nachzahlung zu erbringen, ist die Nachzahlung spätestens innerhalb von zwei Monaten nach Zugang des Verrechnungsersuchens zu leisten. [2]Soweit die Nachzahlung nach Auffassung der beteiligten Leistungsträger die Ansprüche der ersuchenden Leistungsträger übersteigt, ist sie unverzüglich auszuzahlen.

(2) [1]Ist ein Anspruch auf eine Geldleistung auf einen anderen Leistungsträger übergegangen und ist der Anspruchsübergang sowohl diesem als auch dem verpflichteten Leistungsträger bekannt, hat der verpflichtete Leistungsträger die Geldleistung nach Ablauf von zwei Monaten seit dem Zeitpunkt, in dem die Auszahlung frühestens möglich ist, an den Berechtigten auszuzahlen, soweit ihm bis zu diesem Zeitpunkt nicht bekannt ist, in welcher Höhe der Anspruch dem anderen Leistungsträger zusteht. [2]Die Auszahlung hat gegenüber dem anderen Leistungsträger befreiende Wirkung. [3]Absatz 1 Satz 2 gilt entsprechend.

Literatur:

Siehe die Nachw bei § 86.

1. Allgemeines

§ 87 regelt entgegen seiner Überschrift nicht die Beschleunigung jedweder Form von Zusammenarbeit (§ 86) zwischen Sozialleistungsträgern, sondern beschränkt sich auf die Frage, wie lange eine fällige Zahlung aufgrund von Rechten anderer als des zuständigen Sozialleistungsträgers zurückgehalten werden darf. Für die Beschleunigung anderer Formen der Zusammenarbeit als der hier genannten (insbesondere für die Zusammenarbeit zum Vorteil des Bürgers) gilt § 17 Abs 1 Nr 1 SGB I.

§ 87 knüpft an die Tatbestände der Verrechnung von Sozialleistungen (§ 52 SGB I) und des Anspruchsübergangs an und ergänzt die materiellen Regelungen in verfahrensrechtlicher Hinsicht. Insbesondere setzt die Vorschrift den Leistungsträgern eine Frist, innerhalb derer sie ihren Anspruch zu beziffern gezwungen sind, wenn sie in den Genuss des Vorteils kommen wollen, ihren Anspruch gegenüber einem (regelmäßig solventeren) anderen Leistungsträger realisieren zu können. Diese Frist benachteiligt den Leistungsberechtigten zwar insoweit, als er eine eigentlich fällige Leistung nicht ausgezahlt bekommt, begünstigt ihn jedoch zugleich durch die Beschränkung des Wartezeitraums auf die überschaubare Zeitspanne von zwei Monaten.

3 § 87 trifft hier einen Interessenausgleich: Die materiellen Institute der Verrechnung und des Anspruchsübergangs knüpfen daran an, dass Leistungen eines unzuständigen Trägers bezogen wurden und nun zugleich die „richtige" Leistung erbracht und die „falsche" ohne wesentliche Nachteile für den Betroffenen (dem es oft schwer fällt, die Vielzahl möglicher Leistungsträger und ihrer Zuständigkeiten zu überblicken) rückabgewickelt werden soll (anschaulich zum Ganzen *Eichenhofer* in Wannagat § 87 SGB X Rz 3 f). Das in § 87 normierte Zurückbehaltungsrecht des (nunmehr) zur Leistung verpflichteten Trägers gibt dem unzuständigen Träger Zeit, seinen Anspruch zu realisieren, ohne dass der Betroffene unangemessen lange auf die ihm zustehende Leistung warten muss. Soweit sein Anspruch den des unzuständigen Trägers übersteigt (also gleichsam der Höhe nach unstreitig ist), darf das Zurückbehaltungsrecht nicht ausgeübt werden, Abs 1 Satz 2 und Abs 2 Satz 3.

2. Zurückbehaltungsrecht bei Verrechnungsersuchen (Abs 1)

4 Abs 1 knüpft an § 52 SGB I an, wonach ein Leistungsträger Ansprüche eines anderen Leistungsträgers – mit dessen Ermächtigung und soweit die Voraussetzungen der sozialrechtlichen Aufrechnung (§ 51 SGB I) vorliegen – mit einer Leistung an den Berechtigten verrechnen kann (umfassend zur Verrechnung etwa *Heinze* in BochKomm zum SGB-AT § 52 passim; aus neuerer Zeit *Fischer* NZS 2003, 196). Regelt § 52 SGB I, wann eine Verrechnungslage besteht, so betrifft § 87 Abs 1 das Verfahrensstadium, in dem ein anderer als der zuständige Leistungsträger diesen um Verrechnung ersucht ohne zugleich den Verrechnungsbetrag bestimmen zu können.

5 Das Verrechnungsersuchen ist eine (formlose) Aufforderung an den zuständigen Leistungsträger, im Hinblick auf eine Forderung des Ersuchenden vom dem Zurückbehaltungsrecht aus § 87 Gebrauch zu machen (*Eichenhofer* aaO Rz 7). Sie sollte – und muss auf Verlangen des ersuchten Leistungsträgers – wegen Abs 1 Satz 2 dem Höchstbetrag nach bestimmt sein.

2.1. Tatbestand

6 **Berechtigt und verpflichtet** sind aus § 87 nur Leistungsträger iSd 12 SGB I. **Nachzahlung** ist zunächst jede dem Betrag nach bestimmte verspätete oder zusammenfassende Zahlung einer laufenden Geldleistung, wobei unbeachtlich ist, ob und wie lange die betreffende Leistung nach der Nachzahlung noch weiter gewährt wird (*Schütze* in v Wulffen/Schütze SGB X § 87 Rz 5). Dasselbe gilt für bereits von Gesetzes wegen nur einmalig vorgesehen Zahlungen, wenn sie anstelle einer laufenden Geldleistung treten sollen (zB anstelle einer Rente tretende Abfindungen, vgl §§ 76, 77–80 SGB VII, *Eichenhofer* aaO Rz 11; *Seewald* in KassKomm § 87 SGB X Rz 18). Keine Nachzahlungen sind hingegen Leistungen, die (wie etwa Beitragserstattungen) aus anderen, „tatsächlichen" Gründen nur einmalig geleistet werden (*Eichenhofer* aaO; aA *Schütze* aaO). Hier wie auch bei laufenden Leistungen (die schon begrifflich keine Nachzahlung sind) bleibt es bei § 52 SGB I.

7 § 87 Abs 1 setzt das Bestehen einer **Verrechnungslage** voraus, die der ersuchte Leistungsträger selbstständig zu prüfen verpflichtet ist (*Schütze* aaO Rz 4). Dies umfasst insbesondere die gem § 52 SGB I aE anwendbaren Voraussetzungen aus den §§ 51 und 54 SGB I, nicht jedoch, ob der zu verrechnende Anspruch tatsächlich besteht (*Schütze* aaO). Zur Möglichkeit einer „Nachbesserung" des Verrechnungsersuchens vgl *LSG NRW* Urt v 24.7.2009 – L 13 R 137/08.

2.2. Rechtsfolge

Liegen die Voraussetzungen aus Abs 1 vor, so ist der ersuchte Leistungsträger berechtigt, die eigentlich fällige Leistung (BT-Drucks 9/95, 18) für die Dauer von zwei Monaten hinauszuzögern. Den Erlass eines Nachzahlungsbescheides (der zum besseren Verständnis mit dem Zusatz, die Nachzahlung werde vorläufig einbehalten, zu versehen ist), hindert § 87 nicht.   **8**

2.2.1. Kein Ermessen des ersuchten Leistungsträgers

Ob § 87 Abs 1 Satz 1 hingegen auch eine Verpflichtung des ersuchten Leistungsträgers zur Geltendmachung seines Zurückbehaltungsrechts enthält, ist eher in der dogmatischen Herleitung als im Ergebnis streitig. Eine Auffassung verneint eine zwingende Verpflichtung unter Berufung auf Wortlaut und Entstehungsgeschichte sowie ein in § 52 SGB I eingeräumten Ermessen (*Pickel* SGb 97, 207; *Pappai* BKK 1983, 2; jetzt auch *Steinbach* in Hauck/Noftz SGB X/3 § 87 Rz 9), nimmt aber zugleich regelmäßig eine Ermessenreduzierung an. Angesichts von *BSG* Urt v 26.9.1991 – 4/1 RA 33/90, E 69, 238, wonach die gesetzliche Formulierung „kann" in § 52 SGB I eben nicht als Ermessens-, sondern als Kompetenz-Kann (hierzu etwa *BVerwG* Urt v 7.2.1974 – III C 115.71, E 44, 339) zu verstehen ist, verdient die Gegenauffassung (*Eichenhofer* aaO Rz 8) den Vorzug.   **9**

2.2.2. Einzelheiten zur Frist

Die angeordnete **Frist** von zwei Monaten berechnet sich nach § 26 und beginnt entweder mit Zugang des Verrechnungsersuchens (bei mehreren solcher Ersuchen ist der Zugang des zeitlich letzten maßgeblich) an den ersuchten Leistungsträger oder aber – falls das Ersuchen zugeht, bevor der Nachzahlungsbetrag bestimmbar ist – mit dem Zeitpunkt, zu dem die Nachzahlung frühestens ausgezahlt werden kann (*Pickel* aaO 207; Einzelheiten bei *Schütze* aaO Rz 6). Eine Verlängerung der Frist kommt auch nicht im Wege der Wiedereinsetzung in den vorigen Stand in Betracht (*Eichenhofer* aaO Rz 14).   **10**

2.3. Sofortige Auszahlung des Differenzbetrags

Neben die zeitlichen Grenze des Zurückbehaltungsrecht tritt gem. § 87 Abs 1 Satz 2 eine betragsmäßige, wenn der Nachzahlungsbetrag den Verrechnungsbetrag nach Auffassung beider Leistungsträger übersteigt: An dem – dem Leistungsberechtigten unstreitig zustehenden – **Differenzbetrag** besteht kein Zurückbehaltungsrecht und er ist unverzüglich (ohne schuldhaftes Zögern, § 121 Abs 1 Satz 1 BGB) auszuzahlen, sobald sich aus den Darlegungen des ersuchenden Leistungsträgers der Höchstbetrag seiner Forderung ergibt. Da § 87 Abs 1 jedoch gerade den Fall regelt, dass diese Forderung noch nicht beziffert werden kann, droht der in Satz 2 festgeschrieben Schutz des Betroffenen grundsätzlich leer zu laufen, wenn der Vorschrift nicht auch die Verpflichtung des ersuchenden Trägers entnommen wird, seine Forderung frühestmöglich dem Höchstbetrag nach zu beziffern (vgl *Pickel* aaO: Der ersuchende Leistungsträger muss seine Forderung ungefähr abschätzen können).   **11**

2.4. Folgen der Verletzung von Abs 1

12   Beachtet der ersuchte Leistungsträger eine der gesetzlichen Voraussetzungen des Zurückbehaltungsrechts nicht oder hält er sich nicht an die gesetzliche Rechtsfolge, so stellt sich die Frage nach den **Folgen der Verletzung von § 87 Abs 1**. Ob in diesem Zusammenhang dem ersuchenden Leistungsträger ein Schadensersatzanspruch zusteht, wenn der Ersuchte von seinem Zurückbehaltungsrecht keinen Gebrauch macht und somit letztlich die Verrechnung verhindert (in diese Richtung *Schütze* aaO), dürfte im Hinblick auf *BSG* Urt v 28.3.2000 – B 8 KN 3/98 U R, SozR 3-1300 § 111 Nr 8 eher zu bezweifeln sein. Zudem wird die Bezifferung des durch Vereitelung der entsprechenden Verrechnungsmöglichkeit entstandenen Schadens (der nicht im Verlust des Anspruchs selbst, sondern in einer erschwerten Durchsetzung liegt) mit Schwierigkeiten verbunden sein.

13   Gegenüber dem Leistungsberechtigten wird der ersuchte Leistungsträger auch durch eine Verrechnung nach Überschreitung der Zwei-Monats-Frist von seiner Leistungspflicht frei. Der Berechtigte kann bei Überschreitung einer der Grenzen des § 87 Abs 1 sofortige Leistung verlangen (und gerichtlich durchsetzen). Da die Grenzen des Zurückbehaltungsrechts seine Rechte schützen, kommt ein Anspruch auf Amtshaftung (Art 34 GG; § 839 BGB) zwar grundsätzlich in Betracht, wird jedoch hinsichtlich Zinsverlust, Zinslast und eingeschränkter Lebensführung durch § 44 SGB I verdrängt (*BSG* Urt v 23.7.1992 – 7 RAr 98/90, E 71, 72) und umfasst nur andere Nachteile aufgrund verspäteter Zahlung (vgl *BSG* Urt v 5.10.1995 – 2 RU 4/95, SozR 3-1300 § 61 Nr 1).

3.   Zurückbehaltungsrecht bei Anspruchsübergang (Abs 2)

14   Abs 2 knüpft an ein weiteres typisches Dreiecksverhältnis an: Der **Leistungsempfänger** hatte ursprünglich einen Leistungsanspruch gegen einen Leistungsträger (dessen Pflichten das Gesetz in Abs 2 regelt und ihn daher als den **verpflichteten Leistungsträger** bezeichnet), der nunmehr jedoch auf einen **anderen Leistungsträger** übergegangen ist. Aus Sicht der drei Beteiligten ist die Interessenlage dieselbe wie in Abs 1: Der andere Leistungsträger möchte seine Forderung gegenüber dem verpflichteten realisieren, während der Empfänger ein Interesse an schneller Abwicklung hat.

3.1.   Tatbestand

15   Die Vorschrift setzt voraus, dass ein **Anspruch** – kraft Gesetzes oder durch Überleitungsanzeige (zB § 290 LAG; § 332 Abs 1 Satz 1 SGB III – angesichts der nur vereinzelten Fälle des Anspruchsübergangs schätzt *Eichenhofer* aaO Rz 16, die tatsächliche Bedeutung von § 87 Abs 2 als gering ein) – **übergegangen** ist. Hiervon nicht erfasst sind die Erstattungsansprüche aus den §§ 102 ff SGB X, bei denen es sich nicht um auf einen Leistungsträger übergegangene Ansprüche eines Leistungsempfängers (deren Rechtsnatur durch den Übergang nicht berührt wird, vgl *Pickel* aaO 208), sondern um originäre Ansprüche des Leistungsträgers aufgrund bestimmter eigener Tatbestandsvoraussetzungen handelt (*LSG Bln-Bbg* Urt v 22.1.2009 – L 31 U 398/08, UV-Recht Aktuell 2009, 398). Anders als Abs 1 knüpft Abs 2 nicht an eine Nachzahlung des verpflichteten Leistungsträgers an, sondern ist auch bei laufenden Geldleistungen anwendbar.

16   Weiter müssen beide beteiligte Träger positive Kenntnis von den tatsächlichen und rechtlichen Voraussetzungen des Anspruchsübergangs haben. Hier verpflichtet bereits § 86 die Träger zu enger und vertrauensvoller Zusammenarbeit. Insbesondere hat jeder der beiden Träger den anderen frühestmöglich bereits über Anzeichen für einen möglichen Anspruchsübergang zu informieren.

3.2. Rechtsfolge

Als **Rechtsfolge** verleiht Abs 2 dem verpflichteten Träger ein **Zurückbehaltungsrecht**, für das die zu Abs 1 dargestellten Grundsätze entsprechend gelten.　　**17**

Die **Frist** beginnt mit dem Tag, an dem die Auszahlung der vom verpflichteten Träger zu erbringenden Leistung frühestens möglich ist. Sie wird also im Regelfall durch Erlass des Leistungsbescheides in Gang gesetzt und kann auch dann nicht verlängert werden, wenn der verpflichtete Leistungsträger seinen Anspruch nach Ablauf der Frist, aber vor einer (etwa aus technischen Gründen verzögerten) Auszahlung zu beziffern vermag (*Schütze* aaO Rz 10).　　**18**

Eine wichtige Einschränkung von Abs 2 ergibt sich daraus, dass Satz 1 bei wörtlicher Auslegung den verpflichtete Leistungsträger in manchen Fällen dazu zwänge, sehenden Auges an einen nicht mehr Berechtigten zu leisten (ausführlich hierzu und zum Folgenden *Eichenhofer* aaO Rz 17 mwN): Während in der in Abs 1 geregelten Fallkonstellation der ersuchende Leistungsträger Gefahr läuft, durch fruchtlosen Fristablauf die mit der Verrechnungsmöglichkeit verbundenen Vorteile zu verlieren, würde in Abs 2 anerkanntermaßen an einen Nichtberechtigten ausgezahlt. Das sozialrechtliche Beschleunigungsgebot soll indes – wie insbesondere Abs 2 Satz 3 iVm Abs 1 Satz 2 zeigt – den Berechtigten davor schützen, unangemessen lange auf *ihm zustehenden Leistungen* warten zu müssen. Soweit ihm eine Leistung jedoch aufgrund Anspruchsübergang überhaupt nicht mehr zusteht, ist er auch nicht mehr schützenswert. § 87 Abs 2 ist daher im Wege der **teleologischen Reduktion** auf die Auszahlung desjenigen Betrages zu reduzieren, der dem Berechtigten jedenfalls zusteht. Zur Ermittlung dieses Betrags sind beide beteiligte Leistungsträger zu enger und effizienter Zusammenarbeit verpflichtet.　　**19**

Nach § 87 Abs 2 Satz 2 hat die in Einklang mit den Vorgaben aus den Sätzen 1 und 3 stehende Auszahlung an den Bürger gegenüber dem anderen Leistungsträger befreiende Wirkung. Den anderen Leistungsträger treffen insoweit die Folgen seiner verspäteten Bezifferung und er muss sich auf eine Geltendmachung gegenüber dem Bürger (als Erstattungsanspruch oder auch im Wege der Verrechnung, *Steinbach* aaO Rz 20) verweisen lassen.　　**20**

3.3. Folgen der Verletzung von Abs 2

Für den Fall der Leistung durch den verpflichteten Träger unter **Verstoß gegen** § 87 **Abs 2 Satz 1** wird vertreten, dass die befreiende Wirkung nicht eintritt (der andere also vom verpflichteten Leistungsträger weiterhin Leistung verlangen kann und der verpflichtete auf eine Rückforderung gegenüber dem Bürger verwiesen ist – so *Steinbach*, aaO) oder aber dass die befreiende Wirkung zwar eintritt, den verpflichteten Leistungsträger aber gegenüber dem anderen ersatzpflichtig macht (so die wohl hM, vgl die Nachw bei *Schütze* aaO Rz 11: Amtshaftungs-, Folgenbeseitigungs-, Herstellungs- oder Erstattungsanspruch). Angesichts der dogmatischen Bedenken gegen Haftungsansprüche aus dem Verhältnis verschiedener Leistungsträger untereinander (oben Rz 12 f), erscheint es vorzugswürdig, die befreiende Wirkung zu verneinen. Dies findet eine Stütze auch im Wortlaut von Abs 2 Satz 2, wonach nur die in Satz 1 angesprochene　　**21**

Auszahlung den verpflichteten Leistungsträger gegenüber dem anderen zu befreien vermag.

§ 88 Auftrag

(1) [1]Ein Leistungsträger (Auftraggeber) kann ihm obliegende Aufgaben durch einen anderen Leistungsträger oder seinen Verband (Beauftragter) mit dessen Zustimmung wahrnehmen lassen, wenn dies

1. wegen des sachlichen Zusammenhangs der Aufgaben von Auftraggeber und Beauftragten,
2. zur Durchführung der Aufgaben und
3. im wohlverstandenen Interesse der Betroffenen

zweckmäßig ist. [2]Satz 1 gilt nicht im Recht der Ausbildungsförderung, der Kriegsopferfürsorge, des Kindergelds, der Unterhaltsvorschüsse und Unterhaltsausfallleistungen, im Wohngeldrecht sowie im Recht der Jugendhilfe und der Sozialhilfe.

(2) [1]Der Auftrag kann für Einzelfälle sowie für gleichartige Fälle erteilt werden. [2]Ein wesentlicher Teil des gesamten Aufgabenbereichs muss beim Auftraggeber verbleiben.

(3) [1]Verbände dürfen Verwaltungsakte nur erlassen, soweit sie hierzu durch Gesetz oder auf Grund eines Gesetzes berechtigt sind. [2]Darf der Verband Verwaltungsakte erlassen, ist die Berechtigung in der für die amtlichen Veröffentlichungen des Verbands sowie der Mitglieder vorgeschriebenen Weise bekannt zu machen.

(4) Der Auftraggeber hat einen Auftrag für gleichartige Fälle in der für seine amtlichen Veröffentlichungen vorgeschriebenen Weise bekannt zu machen.

Literatur:

Bley: Zusammenarbeit und Ausgleichsansprüche der Sozialleistungsträger – auch zum Nutzen des Bürgers, ZRP 1981, 80; *Boecken*: Probleme des Auftragsrechts im 10. Buch SGB, DB 1983, 2034; *Brackmann*: Zu den Vorschriften des SGB 10 über den Auftrag, BKK 1985, 260; *Terwey*: Das Recht der Auftragsverhältnisse nach den §§ 88 bis 93 SGB X, DRV 1983, 519; siehe im Übrigen die Nachw bei § 86.

1. Allgemeines

1   § 88 knüpft an § 30 Abs 2 Satz 1 SGB IV an, wonach Versicherungsträgern die Aufgaben anderer Versicherungsträger und der Träger öffentlicher Verwaltung nur aufgrund eines Gesetzes übertragen werden dürfen. Die § 88 bis 97 regeln

allerdings nicht die Übertragung der Aufgaben selbst, sondern deren Durchführung im Wege eines Auftrages. Hierbei ist wiederum zwischen dem Auftrag kraft der in § 88 Abs 1 Satz 1 angesprochenen **Zustimmung** des Beauftragten (§§ 88 bis 92) und dem Auftrag **kraft Gesetzes** (§ 93) zu unterscheiden.

Der im folgenden behandelte Auftrag kraft Zustimmung (im Schrifttum als ver- **2** traglicher – *Engelmann* in v Wulffen/Schütze SGB X § 88 Rz 3 – oder gewillkürter – *v Maydell* SGB X § 88 Rz 29 im Anschluss an *Bley* ZRP 1981, 82 – Auftrag bezeichnet) ist ein **öffentlich-rechtlicher koordinationsrechtlicher Vertrag** (ganz hM, vgl *BSG* Urt v 26.9.1991 – 4/1 RA 33/90, E 69, 238 ff; *Engelmann* aaO Rz 4 mwN), auf den in erster Linie die §§ 88 ff, sodann die allgemeinen Vorschriften über den koordinationsrechtlichen öffentlich-rechtlichen Vertrag (§§ 53 ff) und schließlich über § 61 die weiteren Vorschriften des SGB und ergänzend die des BGB anwendbar sind (*Steinbach* in Hauck/Noftz SGB X/3 § 88 Rz 11). Letzteres meint nicht nur das im BGB normierte Recht des Auftrages, sondern grundsätzlich sämtliche Vorschriften des Allgemeinen Teils und des Schuldrechts, deren Einschlägigkeit jedoch nach § 61 stets unter dem Vorbehalt sozialrechtlicher Besonderheiten steht.

Vertragsnatur, Gegenstand des Auftrages und vor allem die Ausgestaltung des **3** Auftragsverhältnisses unterscheiden den Auftrag von Organleihe und Amtshilfe (Art 35 Abs 1 GG iVm §§ 3 ff SGB X; ausführlich *v Maydell* aaO Rz 24 ff vor § 88); gewisse Berührungspunkte bestehen jedoch zu Beleihung und Verwaltungshilfe. Nicht zu verwechseln sind Auftrag und Bundesauftragsverwaltung (Art 85 GG). Dass Leistungen im Auftrag des Bundes erbracht werden, der auch die Kosten trägt, macht diesen nicht zum Leistungsträger iSd §§ 88 ff (*OVG Nds* SozVers 1996, 1713).

2. Wirksamkeitsvoraussetzungen

2.1. Zulässiger Auftraggeber und Beauftragter

Als zulässige **Auftraggeber** kommen ausschließlich Leistungsträger iSd durch **4** § 86 gebotenen weiten Auslegung in Betracht, deren Aufgaben nicht unter Abs 1 Satz 2 fallen (unten Rz 8). Zur Arbeitsgemeinschaft nach § 44 b SGB II in der bis 31.3.2011 geltenden Fassung siehe zuletzt *BSG* Urt v 26.5.2011 – B 14 AS 54/10 R, SozR 4-4200 § 44 b Nr 3; auch die gemeinsame Einrichtung nach § 44 b SGB II nF dürften nicht selbst Leistungsträger sein (ausführlich *Voelzke* in Hauck/Noftz SGB II § 44 b Rz 13).

Verbände der Leistungsträger oder andere Vereinigungen sind mangels Leistungsträgereigenschaft keine zulässigen Auftraggeber (was sie nicht darin hindert, mit zulässigen Beauftragten Verträge anderer Art abzuschließen, die nicht unter die §§ 88 ff fallen).

Beauftragter **Leistungsträger** kann jeder andere Leistungsträger sein. Auf die **5** Zuordnung zum selben Sozialleistungsbereich kommt es ebenso wenig an, wie darauf, ob der Beauftragte zu den von Abs 1 Satz 2 erfassten Leistungsträgern gehört. Denn diesen ist die Eingehung eines Auftragsverhältnisses nur auf Auftraggeber-, nicht aber auch auf Beauftragtenseite untersagt. Sinn von Abs 1 Satz 2 ist es nicht, die dort aufgeführten Leistungsträger generell von Auftragsverhältnissen auszuschließen. Selbst wenn ein besonderer Schutz der in der Vorschrift genannten Aufgaben beabsichtigt wäre, könnte ein Handeln der zuständigen Leistungsträger diesen auf Beauftragtenseite nicht tangieren (hM, ausführlich *Steinbach* aaO Rz 16 und 18).

6 Während Abs 1 Satz 1 einem Leistungsträger unproblematisch die Möglichkeit einräumt, den **Verband**, dem er (auch vermittelt durch einen regionalen Unterverband) angehört, zu beauftragen, ist umstritten, ob ein Auftragsverhältnis auch zu einem Verband begründet werden kann, in dem der Auftraggeber nicht Mitglied ist. Aus dem Wortlaut („seinen Verband" statt „dessen Verband" oder „einen Verband") schließen manche auf die Unzulässigkeit eines Auftrags an einen „fremden" Verband (*v Maydell* aaO Rz 16; *Steinbach* aaO Rz 18). Auch wenn das Wortlautargument zu überzeugen vermag, ist kein inhaltlicher Grund für die Ausnahme „fremder" Verbände ersichtlich (wohl hM: *Engelmann* aaO Rz 8; *Seewald* in KassKomm § 88 SGB X Rz 21; *Eichenhofer* in Wannagat § 88 SGB X Rz 13 f; *Terwey* DRV 1983, 519 f; *Brackmann* BKK 1985, 260). Dies gilt umso mehr, als die Begründung zum Regierungsentwurf (BT-Drucks 9/95, 18) selbst einen Beispielsfall anführt (Auftrag eines Rentenversicherungsträgers an Verbände der Krankenkassen), der nach einer wörtlichen Auslegung von § 88 Abs 1 Satz 1 ausgeschlossen sein müsste (*Engelmann* aaO).

2.2. Inhaltliche Determinanten für Zulässigkeit und Ausgestaltung

2.2.1. Zuständigkeit des Auftraggebers (Abs 1 Satz 1); Gesetzlicher Ausschluss (Abs 1 Satz 2)

7 **Zulässiger Gegenstand eines Auftrags** sind nach Abs 1 Satz 1 die Aufgaben (ausführlich zum Begriff *Seewald* aaO Rz 24 ff), für die der Auftraggeber (durch oder aufgrund Gesetz, vgl § 30 Abs 1 SGB IV) zuständig ist. Ursprung (originär oder übertragen) und Sachbereich der Aufgabe sind unmaßgeblich, unzulässig sind jedoch ein Auftrag über die Durchführung von Aufgaben, die kraft Gesetzes von Dritten zu erfüllen sind (*Steinbach* aaO Rz 5), oder eine „Weiterdelegation" von im Wege des § 88 übertragenen Aufgaben. Die Verrechnung nach § 52 SGB I ist keine dem ersuchten Leistungsträger obliegende Aufgabe (*BSG* Urt v 26.9.1991 – 4/1 RA 33/90, E 69, 238; *Seewald* aaO Rz 33).

8 **Generell ausgeschlossen** ist ein Auftrag in den in Abs 1 Satz 2 genannten Fällen. Ausschlaggebend ist nicht die Art der Rechtsmaterie, sondern die Zuständigkeit der allgemeinen staatlichen oder kommunalen Verwaltung, für die der Gesetzgeber das Institut des Auftrags für bedeutungslos gehalten hat (*v Maydell* aaO Rz 45 ff). Da es also nicht auf eine besondere Sensibilität oder Komplexität der Rechtsgebiete ankommt, gilt Abs 1 Satz 2 bei entsprechender gesetzlicher Zuständigkeit auch für Rechtsgebiete, die erst nach Erlass der Vorschrift kodifiziert oder wesentlich modifiziert worden sind (bejahend für das Erziehungsgeldrecht und die Adoptionsvermittlung *Steinbach* aaO Rz 15).

2.2.2. Zweckmäßigkeit

9 Die erforderliche Zweckmäßigkeit des Auftrags bemisst sich nach dem sachlichen Zusammenhang zwischen den Aufgaben von Auftraggeber und Beauftragtem, der Durchführung der Aufgaben und dem wohlverstandenen Interesse der Betroffenen. Sie unterliegt als unbestimmter Rechtsbegriff **voller gerichtlicher Kontrolle** (*Engelmann* aaO Rz 9); auch ein Beurteilungsspielraum steht den Beteiligten nicht zu (aA *Steinbach* aaO Rz 21; allgemein zur Trias: Ermessen – unbestimmter Rechtsbegriff – Beurteilungsspielraum *Maurer* aaO § 7).

10 Ein **sachlicher Zusammenhang** ist immer gegeben, wenn beide Seiten demselben Sozialleistungsbereich (als Leistungsträger, auf Beauftragtenseite auch als Verband) angehören und darüber hinaus anzunehmen, wenn sie Aufgaben zumindest wirtschaftlich gleicher Zielsetzung wahrzunehmen haben (*Steinbach* aaO Rz 22). Das gängigste Beispiel hierfür ist die Rehabilitation. Die Zweckmäßigkeit zur **Durchführung** der Aufgaben setzt nichts weiter voraus, als dass der Beauftragte über die personellen und sachlichen Mittel zur Durchführung der dem Auftraggeber obliegenden Aufgabe verfügt (einschränkend *Seewald* aaO Rz 44). Im **wohlverstandenen Interesse der Betroffenen** liegt ein Auftrag, wenn er für die Betroffenen zu qualitativen Verbesserungen führt (*Engelmann* aaO Rz 12, hM). Bloße Erleichterungen auf Seiten des Auftraggebers reichen nicht aus (*Steinbach* aaO Rz 24 unter Aufgabe der bisherigen Auffassung). Ob Gesichtspunkte wie eine bessere Ausstattung oder eine größere Ortsnähe des Beauftragten bei Nr 2 oder Nr 3 der Vorschrift in Rechnung zu stellen sind, dürfte praktisch ohne größere Bedeutung sein. Zu beachten ist aus Sicht des Beauftragten hierbei, dass er durch die Übernahme von Aufträgen nicht die Durchführung eigener Aufgaben praktisch gefährden darf (*Engelmann* aaO Rz 16). **Betroffen** im Sinne der Vorschrift ist jede natürliche und juristische Person (also ggf auch dritte Leistungsträger), deren berechtigte rechtliche oder sonstige Interessen durch den Auftrag berührt werden können. Widerstreiten die Interessen verschiedener Betroffener, so wird regelmäßig auf das des (am direktesten berührten) Adressaten des Verwaltungshandelns abzustellen sein. Ob es zu den geforderten qualitativen Verbesserung kommt, beurteilt sich nicht aus der subjektiven Sicht des Individuums sondern (daher „wohlverstandenes Interesse") nach der objektiven Nützlichkeit (*Seewald* aaO Rz 45). Zur Begründung wird auf die Möglichkeit eines Auftrags für eine Vielzahl von Fällen (Abs 2 Satz 1) verwiesen (*Engelmann* aaO Rz 12); einen weiteren Anhaltspunkt bieten vergleichbare Überlegung zu § 683 Satz 1 BGB (*Sprau* in Palandt BGB § 683 Rz 4).

2.2.3. Zulässige Vertragsgestaltung nach Abs 2
2.2.3.1. Auftrag auch für eine Vielzahl von Fällen

Schließlich enthält auch Abs 2 Vorgaben für die konkrete Vertragsgestaltung: Relativ unproblematisch ist Satz 1, der ein Auftragsverhältnis sowohl für den konkreten **Einzelfall** als auch für eine unbestimmte **Vielzahl gleichartiger Fälle** zulässt. Was ein Einzelfall ist, bemisst sich nach denselben Kriterien wie in § 31 Satz 1; auf das umfangreiche Schrifttum hierzu (und zur Parallelvorschriften in § 35 Satz 1 VwVfG und § 118 AO) kann verwiesen werden. Die Gleichartigkeit von Fällen setzt lediglich einen sehr allgemeinen Zusammenhang hinsichtlich Aufgabe und deren Bearbeitung voraus (*Steinbach* aaO Rz 19). **11**

2.2.3.2. Eigenverantwortung des Auftraggebers (Abs 2 Satz 2)

Satz 2 stellt sicher, dass sich der Auftraggeber seiner gesetzlich zugewiesenen Aufgabe nicht im Wege des Auftrags praktisch entledigt. Maßgeblich sollen Quantität und Qualität der verbleibenden Aufgaben sein (BT-Drucks 9/95, 18), und zwar bezogen auf die vom zu prüfenden Auftragsverhältnis betroffene Aufgabe, nicht auf das Gesamtspektrum aller Aufgaben des Auftraggebers (*v Maydell* aaO Rz 54; eingehend *Engelmann* aaO Rz 16). **12**

Abs 1 Satz 2 ist insoweit ähnlich unbestimmt wie etwa Abs 1 Satz 1 Nr 3 und enthält insbesondere praktisch keinen konkreten Maßstab zur Prüfung des „wesentlichen Teils" der dem Auftraggeber obliegenden Aufgabe. Hier hilft gerade angesichts § 89 Abs 2 ein vorsichtiger und die Besonderheiten des Sozialrechts beachtender Rückgriff auf die zum verwaltungsrechtlichen Institut der Privatisierung entwickelten Grundsätze (vgl aus neuerer Zeit insbesondere *Burgi* Funktionale Privatisierung und Verwaltungshilfe 1999, 145 ff und passim) **13** weiter: Jedenfalls beim Auftraggeber verbleibt die **Eigenverantwortung** (zum Begriff der Verantwortung *Wilke* DÖV 1975, 510 f) für die Aufgabe (*Eichenhofer* aaO Rz 19; *Brackmann* BKK 1985, 260 f), die er durch Schaffung und Ausübung entsprechender vertraglicher Ingerenzmöglichkeiten und deren Ausübung sicherzustellen hat. **§ 89 Abs 3 bis 5** geben dem Auftraggeber insoweit nicht nur entsprechende rechtliche Mittel an die Hand, sondern enthalten **Vorgaben für die Gestaltung des Auftragsverhältnisses** (*Seewald* aaO Rz 31). Wo der zugrundeliegende Vertrag derartige Möglichkeiten nicht vorsieht, gelten diese Vorschriften subsidiär. Auch ist der Vertrag im Lichte dieser Bestimmungen auszulegen und entgegenstehende Klauseln sind im Zweifel nichtig. Die Eigenverantwortung des Auftraggebers erfordert, dass er von vertraglichen und gesetzlichen (§ 89 Abs 3 bis 5) Kontroll- und Weisungsmöglichkeiten auch Gebrauch macht. In engem Zusammenhang mit der Eigenverantwortung des Auftraggebers steht schließlich der bei der Auslegung der §§ 88 ff stets zu berücksichtigende Grundsatz, dass dem betroffenen Bürger aus dem Auftrag kein spezifischer Nachteil erwachsen darf (*Gitter* Sozialrecht § 51 3 a).

14   All dies bedeutet jedoch nicht, dass jedwedes Handeln mit einiger (Grundrechts-)Wesentlichkeit dem Auftraggeber belassen bleiben müsste. Aus den §§ 88 Abs 3 Satz 1, 89 Abs 1 und 90 ergibt sich gerade, dass der Beauftragte – die entsprechenden spezialgesetzlichen Tatbestandsmerkmale vorausgesetzt – zum (selbstständigen und nicht lediglich „verwaltungsnotariellen") **Erlass von VA** ermächtigt ist.

15   Die auch nach Auftragserteilung fortbestehende Verantwortung des Auftraggebers führt dementsprechend weiterhin dazu, dass der Auftraggeber gegenüber dem Betroffenen nicht nur für eigene Fehler, sondern auch **für Fehler des Beauftragten einzustehen** hat. Dies ergibt sich für den wohl wichtigsten Teilbereich, nämlich den Erlass von Verwaltungsakten im Rahmen des Auftragsverhältnisses, ausdrücklich aus § 89 Abs 1, für alle anderen Aspekte aus den §§ 89 Abs 2 und 88 Abs 2 Satz 2. Ein Fehlverhalten des Beauftragten kann daher einen sozialrechtlichen Herstellungsanspruch sowie staatshaftungsrechtliche oder (im fiskalischen Bereich) zivilrechtliche Ansprüche eines Dritten (des Leistungsempfängers oder beispielsweise eines Kontrahenten in einem fiskalischen Hilfsgeschäft) gegen den Auftraggeber begründen (vgl *Engelmann* aaO § 89 Rz 5), die unabhängig davon sind, ob dem Auftraggeber im Innenverhältnis ein Regressanspruch gegen den Beauftragten zusteht. Entsprechendes gilt im Verhältnis zwischen Auftraggeber und Aufsichtsbehörde (*Steinbach* aaO § 89 Rz 6). Schließlich können besonders gravierende oder wiederholte Fehler des Beauftragten eine Rechtspflicht zur Beendigung des Auftrages – nicht nur im Einzelfall – begründen (*Steinbach* § 89 Rz 11 mwN).

2.3. Zustandekommen des Auftrags

16   Zustande kommt der Auftrag entgegen dem etwas irreführenden Wortlaut von Abs 1 Satz 1 durch Angebot und Annahme, auf die weitestgehend die Vorschriften des BGB anzuwenden sind. Gemäß § 56 bedarf die Auftragsvereinbarung der Schriftform, dasselbe gilt für die Kündigung (§ 92 SGB X enthält inhaltliche Vorgaben insbesondere für den Zeitpunkt der Kündigung und derogiert § 59 Abs 1, nicht jedoch die Formvorschrift in Abs 2, *Steinbach* aaO § 88 Rz 8). Ein Kontrahierungszwang besteht nicht (*Seewald* aaO Rz 36).

3. Rechtsfolgen aus dem Auftragsverhältnis

Rechtsfolge eines wirksamen zustande gekommenen und den inhaltlichen Vorgaben aus § 88 Abs 1 und 2 entsprechenden Auftragsverhältnisses ist die Verpflichtung des Beauftragten, die Aufgabe wahrzunehmen. Diese **Wahrnehmung** kann sich durch den Erlass von Verwaltungsakten, aber auch durch schlichthoheitliches oder fiskalisches Tätigwerden vollziehen (*Pappai* BKK 1983, 2, 3). Wie Abs 3 Satz 1 zeigt, gehört zu den Folgen des Auftragsverhältnisses jedoch keine grundsätzliche Ermächtigung zum Erlass von Verwaltungsakten durch Institutionen, die keine Behörden iSd § 31 Satz 1 sind. Verbände können Verwaltungsakte namens des Auftraggebers nur dann erlassen, wenn ihnen dies durch oder aufgrund eines Gesetzes eingeräumt ist. Wo einem privatrechtlich organisierten Verband eine solche gesetzliche Ermächtigung erteilt ist, handelt er als Beliehener (*Maurer* Allg VerwR § 23, Rz 56 ff). Fehlt es – wie im Regelfall – an einer derartigen Ermächtigung, so spricht einiges dafür, einen Beauftragten in privatrechtlicher Organisationsform als Verwaltungshelfer nach funktionaler Privatisierung (umfassend hierzu *Burgi* aaO passim, siehe auch *Peine* DÖV 1997, 353 [357 ff] und *Schoch* DVBl 1994, 962 ff) aufzufassen. **17**

Den **Beauftragten** treffen neben den vertraglich vereinbarten **Pflichten** die gesetzlichen aus den § 89 und 90, die zur Auslegung der vertraglichen heranzuziehen sind und im Zweifel vorgehen. Rechte des Beauftragten enthält insbesondere § 91. Das vertragliche Rechtsverhältnis zwischen Auftraggeber und Beauftragtem wird – anders als das Verhältnis zwischen Leistungsträgern im Allgemeinen – **subsidiär** auch durch das privatrechtliche Schuld- und insbesondere **Leistungsstörungsrecht** ausgestaltet. Hieraus ergibt sich neben den speziellen gesetzlichen und vertraglichen Bestimmungen eine besondere Pflicht zur gegenseitigen Rücksichtnahme, die inhaltlich jedoch auf das Auftragsverhältnis beschränkt ist und deren Verletzung zu Schadensersatz oder Herstellung verpflichten kann. **18**

Auftragswidriges Handeln des Beauftragten berührt – entsprechend allgemeinen Rechtsgrundsätzen – das Außenverhältnis gegenüber Dritten nicht und begründet insbesondere nicht die Rechtswidrigkeit eines durch den Beauftragten erlassenen Verwaltungsaktes (*v Maydell* aaO § 89 Rz 43). In seltenen Fällen kann auftragswidriges Handeln nach § 61 Satz 2 iVm § 665 BGB zulässig und gerade geboten sein (ausführlich *Eichenhofer* aaO § 89 Rz 11). Zur Frage, ob der Beauftragte rechtswidrigen Weisungen (§ 89 Abs 5) Folge leisten muss, vgl § 89 Rz 12 ff. **19**

Gegenüber (potenziellen) Betroffenen verpflichten Abs 3 Satz 2 und Abs 4 zur Bekanntmachung von Ermächtigungen zum Verwaltungsakterlass durch Verbände (Abs 3 Satz 2) sowie von Aufträgen für gleichartige Fälle (Einzelheiten bei *v Maydell* aaO Rz 58 ff und 67 ff). **20**

4. Fehlerlehre

Die **Verletzung der gesetzlichen Vorgaben** aus Abs 1 und 2 führt nach § 58 zur Unwirksamkeit des Auftragsverhältnisses. Eine geltungserhaltende Auslegung der Vertragsbestimmungen im Sinne von § 58 Abs 3 ist zwar grundsätzlich möglich, jedoch wird ein Verstoß gegen zwingendes Gesetzesrecht (das der effektiven Verwirklichung der sozialen Rechte dient) in aller Regel solch weitreichende Folgen für das gesamte Verhältnis haben, dass er zur Nichtigkeit des Auftrags insgesamt führt. Das nichtige Auftragsverhältnis vermag keine Rechte und Pflichten zu begründen; zwischen den Leistungsträgern erbrachte Zahlun- **21** gen (insbesondere gem. § 91) sind rechtsgrundlos geleistet und dementsprechend rückabzuwickeln (wobei die analoge Anwendbarkeit der §§ 812 ff BGB zweifelhaft ist). Hat der Beauftragte im Vertrauen auf die Wirksamkeit des Auftrags Leistungen an den Bürger erbracht, so greifen vorrangig die §§ 102 ff, die insoweit einen Rückgriff auf das – auch im Sozialrecht anwendbare und an die §§ 674 BGB ff angelehnte Rechtsinstitut der öffentlich-rechtlichen Geschäftsführung ohne Auftrag (*Steinbach* aaO Rz 12) – ausschließen (*BSGE* 67, 100 mwN).

22 **Aufgrund eines unwirksamen Auftrags ergangene Verwaltungsakte** sind anhand der §§ 40 ff auf ihre Wirksamkeit und Rechtmäßigkeit zu prüfen. Hierbei ist jedoch als Grundregel zu beachten, dass die Fehlerhaftigkeit eines Auftragsverhältnisses den Betroffenen iSd Abs 1 Satz 1 höchstens dann zum Nachteil gereichen darf, wenn die die Unwirksamkeit begründenden Umstände ihren Ursprung gerade in seinem Verantwortungsbereich haben. Im „Außenverhältnis" wird sich daher im Zweifel aus der Unwirksamkeit des Auftrags ergeben, dass der Auftraggeber vollumfänglich in die Position des Beauftragten eintritt (ähnlich *Engelmann* aaO Rz 19). Vom Handeln aufgrund eines nichtigen Auftrags zu unterscheiden ist auftragswidriges Verhalten des Beauftragten bei wirksamem Auftrag (hierzu Rz 19). Ohne Folgen bleiben Verstöße gegen Abs 3 Satz 2 und Abs 4 (ausführlich *v Maydell* aaO Rz 64 ff und 71 f).

§ 89 Ausführung des Auftrags

(1) Verwaltungsakte, die der Beauftragte zur Ausführung des Auftrags erlässt, ergehen im Namen des Auftraggebers.

(2) Durch den Auftrag wird der Auftraggeber nicht von seiner Verantwortung gegenüber dem Betroffenen entbunden.

(3) Der Beauftragte hat dem Auftraggeber die erforderlichen Mitteilungen zu machen, auf Verlangen über die Ausführung des Auftrags Auskunft zu erteilen und nach der Ausführung des Auftrags Rechenschaft abzulegen.

(4) Der Auftraggeber ist berechtigt, die Ausführung des Auftrags jederzeit zu prüfen.

(5) Der Auftraggeber ist berechtigt, den Beauftragten an seine Auffassung zu binden.

Literatur:
Siehe bei § 88.

1. Allgemeines

1 § 89 trägt den Vorgaben von § 88 Abs 2 Satz 2 Rechnung, wonach ein wesentlicher Teil des gesamten Aufgabenbereichs beim Auftraggeber verbleiben muss. Da dies nicht nur quantitativ zu verstehen ist, sondern auch und insbesondere bedeutet, dass sich der Auftraggeber seiner Verantwortung für die Aufgabe nicht entäußern kann (vgl auch § 89 Abs 2), gibt § 89 dem Auftraggeber entsprechende rechtliche Mittel an die Hand, mit deren Hilfe er seinen Verpflichtungen nachkommen kann (und muss). Geregelt wird sowohl das Innenverhältnis zwischen den Leistungsträger als auch das Außenverhältnis beider gegenüber dem Betroffenen (*Engelmann* in v Wulffen/Schütze SGB X § 89 Rz 2). § 89 SGB X gilt nur innerhalb einer Auftragsbeziehung iSd § 88 und im Rahmen der Verweisung in § 93. Auf andere Rechtsbeziehungen zwischen den in § 86 Genannten ist die Vorschrift angesichts der Besonderheiten des Auftragsrechts nicht anwendbar.

2. VA-Erlass durch den Beauftragten (Abs 1)

Nach Abs 1 ergehen die vom Beauftragten in Ausführung des Auftrags erlassenen Verwaltungsakte im Namen des Auftraggebers. Der Beauftragte tritt also nicht etwa in die Rechte und Pflichten des Auftraggebers ein (was angesichts der Zielsetzung der §§ 88 ff, die gesetzlichen Zuständigkeiten unangetastet zu lassen, auch kaum denkbar wäre), sondern handelt für diesen (*v. Maydell* GK-SGB X, § 89 Rz 2; *Eichenhofer* in Wannagat, § 89 SGB X, Rz 3 spricht daher von einer „Ausfertigung" des Verwaltungsakts). Angesichts der gesetzlichen Zuständigkeiten besteht ein Sozialrechtsverhältnis nur zwischen dem VA-Adressaten (der auf die Eingehung eines Auftragsverhältnisses ohnehin keinen Einfluss hat) und dem Auftraggeber.

2

2.1. Rechtsbeziehungen zwischen den Beteiligten

Ein eigenes Rechtsverhältnis zwischen betroffenem Dritten und Beauftragten begründet der Auftrag nicht (*Eichenhofer* Rz 5; *Engelmann* Rz 4). Ob er darüber hinaus verfahrensrechtliche Pflichten des Beauftragten begründet (so *Engelmann* aaO, der als Beispiele die Rechte des Betroffenen aus den §§ 24 und 25 anführt), ist fraglich. Angesichts der Natur des Auftragsverhältnisses liegt es näher, auch diese Rechte im Verhältnis zum Auftraggeber zu verorten: Verweigert der Beauftragte etwa die Akteneinsicht, so muss sich der Betroffene an den Auftraggeber wenden, der wiederum den Beauftragten nach Abs 5 entsprechend anweisen kann. Allerdings berührt ein Streit über die Ausführung des Auftrags auch Interessen des Beauftragten, der deswegen im sozialgerichtlichen Verfahren regelmäßig gem. § 75 SGG beizuladen sein wird (*Engelmann*, aaO Rz 7).

3

2.2. Kennzeichnungspflicht

Zwingend vorgeschrieben ist in Abs 1 eine Kennzeichnungspflicht für in Ausführung eines Auftrags erlassene Verwaltungsakte durch Angaben von Namen und Anschrift des Auftraggebers und Offenlegung des Auftrags. Die Vorschrift ist über ihren Wortlaut hinaus auch jedenfalls auf den Abschluss öffentlichrechtlichen Verträgen anwendbar, und zwar nicht nur im Falle verwaltungsaktvertretender Verträge gem. § 53 Abs 1 Satz 2 (*Engelmann* aaO Rz 5). Ob sie auch für schlicht-hoheitliches Handeln (wie etwa die Erteilung von Auskünften) gilt, ist streitig (dafür *Engelmann* aaO Rz 5; *Steinbach* in Hauck/Noftz SGB X/3, § 89 Rz 5 mwN; dagegen *Eichenhofer* aaO Rz 4) und zu bejahen. Denn auch hier besteht ein Bedürfnis des Betroffenen, erkennen zu können, welcher Leistungsträger hinter dem behördlichen Handeln steht (und ggf für Fehler haftet). Für fiskalisches Handeln im Rahmen des Auftrags gilt nicht Abs 1 (*Engelmann* aaO Rz 5); eine vergleichbare Offenlegungspflicht ergibt sich

4

aufgrund der Geltung von Privatrecht für das fiskalische Handeln (*Maurer* Allg VerwR § 3 Rz 7) jedoch aus § 164 BGB (vgl *Sprau* in Palandt Rz 7 vor § 662).

5 Ein Verstoß gegen das Offenlegungsgebot führt zur Rechtswidrigkeit des Verwaltungsakts (*LSG MV* Beschl v 19.3.2009 – L 8 B 208/07; *Eichenhofer* aaO Rz 3, hM), nicht jedoch zur Nichtigkeit gemäß § 40 Abs 2 Nr 1, denn die erlassende Behörde ist nach § 89 Abs 1 gerade der Beauftragte.

3. Eigenverantwortung des Auftraggebers (Abs 2)

6 § 89 Abs 2 steht in engem inhaltlichen Zusammenhang mit § 88 Abs 2 Satz 2 und verdeutlicht, dass der dort erwähnte wesentliche Teil des gesamten Aufgabenbereichs, der beim Auftraggeber zu verbleiben hat, nicht nur quantitativ zu verstehen ist. § 89 Abs 2 bekräftigt nicht nur, was ohnehin bereits gilt (in diese Richtung *Eichenhofer* aaO Rz 5), sondern ist von grundsätzlicher Bedeutung insbesondere für die vertragliche Ausgestaltung des Auftragsverhältnisses (siehe § 88 Rz 12). Weiterhin ergänzt Abs 2 den vorangehenden Absatz dahin gehend, dass der dort umgesetzte Grundsatz, wonach das Außenverhältnis weiterhin zwischen Auftraggeber und Bürger besteht, auch für solche Gegenstände gilt, die nicht durch Verwaltungsakt geregelt werden (können) (vgl *Eichenhofer* aaO).

4. Effektive Kontrolle durch den Auftraggeber (Abs 3 und 4)

7 Die an § 666 BGB angelehnte Verpflichtung des Beauftragten zu **Mitteilung, Auskunft und Rechenschaft (Abs 3)** geben dem Auftraggeber Instrumente in die Hand, um seiner Verantwortung wirksam nachkommen zu können. Sie wird durch das in Abs 4 normierte Recht des Auftraggebers zur selbstständigen Prüfung ergänzt. Beide Vorschriften enthalten Vorgaben für die vertragliche Ausgestaltung des Auftragsverhältnisses und sind insbesondere **unabdingbar**.

8 Eine **Mitteilung** im Sinne der Vorschrift ist – im Gegensatz zur Auskunft – eine unaufgeforderte Meldung. Ihre Erforderlichkeit bemisst sich nach der Eigenverantwortung des Auftraggebers, weswegen diesem (gleich in welchem Stadium der Ausführung des Auftrags, vgl *Steinbach* aaO Rz 12) sämtliche Umstände mitzuteilen sind, die seine Funktion als verantwortlicher Leistungsträger berühren. **Auskunft** ist ein auf Verlangen des Auftraggebers erstatteter Bericht über Umstände der (bereits begonnenen oder geplanten) Ausführung des Auftrags. Ihr Umfang richtet sich nach dem Verlangen des Auftraggebers, solange dies die Grenzen des Auftragsverhältnisses wahrt (ausführlich *Steinbach* aaO Rz 13). Nach Ausführung (oder sonstiger Beendigung) des Auftrages hat der Beauftragte (nach hM unaufgefordert, vgl *Seewald* in Kasseler Kommentar, § 89 SGB X Rz 28; *Engelmann* aaO Rz 8 mN zum Streitstand) **Rechenschaft** abzulegen, dh den Auftraggeber über Beendigung und Ergebnis der Durchführung nebst allen erheblichen Umständen zu unterrichten sowie Rechnung zu legen.

9 Das **Prüfungsrecht** (Abs 4) erlaubt dem Auftraggeber darüber hinaus, sich selbst über die Durchführung des Auftrags zu unterrichten. Er darf zu diesem Zweck Einsicht in die Unterlagen des Beauftragten nehmen und insbesondere auch dessen Einrichtungen in Augenschein nehmen (zu Einzelheiten *Eichenhofer* aaO Rz 10 und *Seewald* aaO Rz 35 ff).

10 Dass sich die Rechte aus den Absätzen 3 und 4 nur auf Gegenstände erstrecken, die in **inhaltlichem Zusammenhang mit der Durchführung** der Aufgabe stehen, ist angesichts des Normzusammenhangs offensichtlich. Bei ihrer Anwendung auf den Einzelfall ist eine **Abwägung** zwischen den Interessen von Auftraggeber und Beauftragtem insbesondere dann erforderlich, wenn beide außerhalb des Auftragsverhältnisses in einer Konkurrenzsituation stehen und ein wichtiges Geschäftsgeheimnis des Beauftragten iSd § 172 Nr 2 GVG betroffen ist. Die Preisgabe solcher Informationen darf der Auftraggeber nur verlangen, wenn dies absolut unumgänglich ist.

5. Weisungsrecht des Auftraggebers (Abs 5)

Etwas irreführend spricht Abs 5 von einer Berechtigung des Auftraggebers, den Beauftragten an seine Auffassung zu binden (ausführlich *Eichenhofer* aaO Rz 11). Die Vorschrift wird von der hM dahin gehend verstanden, dass der Auftraggeber dem Beauftragten gegenüber umfassend **weisungsberechtigt** ist (*Boecken* DB 1983, 2034, 2036; *Seewald* aaO Rz 41). Das Weisungsrecht beschränkt sich nicht auf Einzelfälle (*Engelmann* aaO) und kann insbesondere durch die Aufnahme detaillierter Richtlinien in den konkreten Vertrag umgesetzt werden. Vertragsklauseln, die es mehr als nur unwesentlich beschränken, sind nichtig. Die Weisung ist kein Verwaltungsakt (vgl aber *Seewald* aaO Rz 41: „VA-ähnliche Rechtshandlung"), sondern ist ein vertragliches Gestaltungsmitteln innerhalb des Auftragsverhältnisses.   **11**

Zumindest fraglich ist, ob der Beauftragte von **rechtswidrigen Weisungen** abweichen darf (so *Steinbach* aaO Rz 9; ähnlich *v. Maydell* aaO Rz 41: keine Bindung bei offenkundiger Rechtswidrigkeit). Hier ist zwischen der Weisung selbst und ihrem Inhalt zu differenzieren: **12**

Die **Rechtmäßigkeit einer Weisung selbst** (dh der Einflussnahme des Auftraggebers auf den Beauftragten), an der es insbesondere dann fehlt, wenn die Weisung die Grenzen des Auftrags überschreitet (*LSG Bln* Urt v 20.3.1996 – L 15 Kr 59/93, EzS 50/297: keine Weisungsbefugnis im Anwendungsbereich von § 28h Abs 2 Satz 1 und Abs 3 SGB IV), darf der Beauftragte jederzeit prüfen. Weisungen außerhalb der Grenzen des Weisungsrechts sind unverbindlich.   **13**

Anders verhält es sich, wenn das von einer an sich rechtmäßigen Weisung **bezweckte Ergebnis** rechtlich zweifelhaft ist (dh wenn der Auftraggeber sich an die Grenzen des Auftrags hält, den Beauftragten jedoch etwa zum Erlass eines Verwaltungsakts verpflichten will, der gegen materielles Recht verstößt). Hier ergibt sich aus den Absätzen 2 und 5 sowie aus der gesetzlichen Ausgestaltung des Auftragsverhältnisses insgesamt eine umfassende Verantwortung des Auftraggebers, der als Kehrseite ebenso umfassende Ingerenzmöglichkeiten gegenüberstehen. Kommt es nun zwischen Auftraggeber und Beauftragtem zum Streit um die Rechtmäßigkeit des mit der Weisung bezweckten Ergebnisses, so ist der Beauftragte insbesondere durch die §§ 89 Abs 1 und 2 und 91 Abs 1 Satz 3 hinreichend geschützt (vgl *Schneider-Danwitz* SGB X § 91 Anm 14): Nicht ihn, sondern den Auftraggeber treffen die Folgen des auftragsgemäßen Handelns. Umgekehrt betrachtet liefe es den ua in § 89 Abs 5 normierten weitreichenden Ingerenzmöglichkeiten des Auftraggebers zuwider, wenn es dem Beauftragten freistünde, vom Inhalt einer Weisung abzuweichen. Nach § 89 Abs 5 ist gerade die Rechtsauffassung des Auftraggebers und nicht die des Beauftragten maßgeblich.   **14**

Dem steht nicht entgegen, dass auch ein weisungswidrig erlassener Verwaltungsakt rechtmäßig sein kann (*Steinbach* aaO), da diese Frage nur das Außenverhältnis gegenüber dem Adressaten berührt. Im Innenverhältnis bietet sich § 665 BGB (iVm § 61 Satz 2) als Lösung an (vgl *Seewald* aaO Rz 50; *Boecken* DB 1983, 2034, 2036). Der Beauftragte hat dem Auftraggeber seine Zweifel an   **15** der Rechtmäßigkeit des Weisungsinhalts mitzuteilen (wozu ihn weiterhin Abs 3 – erforderliche Mitteilung – sowie das vertragliche Vertrauensverhältnis verpflichten), die wiederholte Weisung jedoch (sofern sie nicht die Begehung einer strafbaren Handlung zum Inhalt hat oder gegen die Menschenwürde verstößt) auszuführen.

§ 90 Anträge und Widerspruch beim Auftrag

[1]Der Beteiligte kann auch beim Beauftragten Anträge stellen. [2]Erhebt der Beteiligte gegen eine Entscheidung des Beauftragten Widerspruch und hilft der Beauftragte diesem nicht ab, erlässt den Widerspruchsbescheid die für den Auftraggeber zuständige Widerspruchsstelle.

Literatur:

Siehe bei § 88.

1. Allgemeines

1   § 90 trägt dem allgemeinen Grundsatz des Auftragsrechts Rechnung, wonach dem Betroffenen aus dem Auftrag keinerlei Nachteil erwachsen dürfen, und schafft insoweit Erleichterungen in verfahrensrechtlicher Hinsicht.

2. Antragsstellung auch beim Beauftragten

2   Satz 1 erweitert § 16 SGB I dahin gehend, dass der Beauftragte Anträge, die bei ihm gestellt werden und den Gegenstand des Auftragsverhältnisses betreffen, nicht etwa gem. § 16 Abs 2 Satz 1 SGB I weiterleitet, sondern (vorbehaltlich einer abweichenden Auftragsvereinbarung oder Weisung – *Seewald* in Kass-Komm § 90 SGB X Rz 5) selbst bearbeitet. Obwohl Satz 1 den Auftraggeber nicht etwa zum unzuständigen Leistungsträger macht und Anträge nach dem Wortlaut der Vorschrift auch beim Auftraggeber gestellt werden können, ist dieser analog § 16 Abs 2 Satz 1 SGB I zur Weiterleitung an den Beauftragten verpflichtet (*Engelmann* in v Wulffen/Schütze SGB X § 90 Rz 3). Satz 1 ordnet somit zum Schutz des Bürgers eine Doppelzuständigkeit (die hinsichtlich des Beauftragten fiktiver Natur ist, siehe dazu ausführlich *Eichenhofer* in Wannagat § 90 SGB X Rz 5 f) für die Antragstellung an. Betrifft der Antrag nicht den Gegenstand des Auftrags, hat der Beauftragte ihn gem § 16 Abs 2 SGB I weiterzuleiten (*Engelmann* aaO).

3   § 90 Satz 1 erweitert jedoch nicht nur § 16 SGB I, sondern geht auch erheblich über dessen Anwendungsbereich (und den von Satz 2) hinaus, gilt er doch anders nicht nur für Sozialleistungen (§§ 19 ff SGB I), sondern für jedwede Tätigkeit der Leistungsträger wie etwa auch für Auskünfte und Beratung (*Steinbach* in *Hauck/Noftz* SGB X/3 § 90 Rz 4 mwN). Diese weite Auslegung spricht auch dagegen, der Vorschrift eine praktische Bedeutung nur für den Fallgruppenauftrag (§ 88 Abs 2 Satz 1 2. Alt) beizumessen (so *Eichenhofer* aaO Rz 3), denn auch beim Einzelauftrag kann sich nach begonnener Durchführung ein Bedarf etwa nach Beratung ergeben.

4   Beteiligt iSv Satz 1 ist jeder Antragsteller; die Vorschrift setzt insbesondere nicht etwa ein bereits laufendes Verfahren oder ein bestehendes Sozialrechtsverhältnis voraus.

3. Zuständigkeiten beim Widerspruch gegen Entscheidungen des Beauftragten

Satz 2 enthält eine verfahrensrechtliche Besonderheit für den Fall des Widerspruchs gegen einen in Ausführung des Auftrages erlassenen Verwaltungsakt (wobei unbeachtlich ist, ob dieser ausdrücklich namens des Auftraggebers gem. § 89 Abs 1 erlassen wird, vgl *Steinbach* aaO Rz 7). Hier wird das Verfahren zunächst vom Beauftragten geführt, der zur Abhilfe berechtigt ist. Diese Berechtigung gilt auch dann, wenn die Auftragsvereinbarung sie nicht vorsieht. Wenn der Beauftragte eine Abhilfe ausschließt, hat er den Widerspruch an den Auftraggeber weiterzuleiten. Nun kann entweder der Auftraggeber seinerseits abhelfen (str, wie hier *Steinbach* aaO Rz 11 mwN) oder aber die für ihn zuständige Widerspruchsstelle erlässt den Widerspruchsbescheid. In einem anschließenden sozialgerichtlichen Verfahren ist stets der Auftraggeber beklagt; der Beauftragte wird in aller Regel beizuladen sein. Beteiligt iSd Satz 2 ist der jeweilige Widerspruchsführer unabhängig von einer tatsächlichen Widerspruchsbefugnis.

5

Die hM leitet aus Satz 2 eine Satz 1 vergleichbare **Doppelzuständigkeit** ab: Der Beteiligte kann sowohl beim Auftraggeber als auch beim Beauftragten Widerspruch einlegen, denn beide sind erlassende Stelle (iSd § 84 Abs 1 SGG und § 70 Abs 1 VwGO) und somit für die Einlegung des Widerspruchs zuständig (*Engelmann* aaO Rz 4).

6

Fraglich ist in diesem Zusammenhang allerdings, ob die Abhilfebefugnis des Beauftragten so weit geht, dass ein „direkt" **beim Auftraggeber eingelegter Widerspruch** dem Beauftragten sogar dann zuerst zur Abhilfeentscheidung zugeleitet werden muss, wenn der Auftraggeber selbst eine Abhilfe beabsichtigt (so die hM: *Steinbach* aaO Rz 9; *Seewald* aaO Rz 8). Ein solches Verfahren würde indes lediglich zu einer (für den Bürger in aller Regel nachteiligen) zeitlichen Verzögerung führen. Schutzwürdige Interessen des Beauftragten, in einem solchen Fall eine eigene Abhilfeprüfung durchzuführen und selbst abzuhelfen, sind – insbesondere angesichts dessen, dass gesetzliche Zuständigkeiten nicht um ihrer selbst willen bestehen (vgl *Schoch* JuS 1994, 849, 853) – nicht erkennbar.

7

Legt der Betroffene den **Widerspruch beim Beauftragten** ein, so verlängert sich möglicherweise das Widerspruchsverfahren, jedoch gewinnt der Bürger eine weitere Abhilfeinstanz. Auch dem Auftraggeber erwachsen in diesem Fall keine unzumutbaren Nachteile, bleibt es ihm doch unbenommen, die Abhilfeentscheidung des Beauftragten insbesondere im Wege von Abs 5 zu steuern. Verstöße des Beauftragten gegen die Auftragsvereinbarung oder gegen Weisungen des Auftraggebers berühren die Rechtmäßigkeit eines Abhilfebescheides nicht, können den Beauftragten jedoch gegenüber dem Auftraggeber haftbar machen.

8

Konsequenzen hat Satz 2 auch im Anwendungsbereich von § 36: Enthält die Rechtsbehelfsbelehrung keinen Hinweis auf die Doppelzuständigkeit für die Einlegung des Widerspruchs, ist sie unrichtig iSd 66 Abs 2 Satz 1 SGG und § 58 Abs 2 Satz 1 VwGO (*Seewald* aaO Rz 10).

9

§ 91 Erstattung von Aufwendungen

(1) [1]Erbringt ein Beauftragter Sozialleistungen für einen Auftraggeber, ist dieser zur Erstattung verpflichtet. [2]Sach- und Dienstleistungen sind in Geld zu erstatten. [3]Eine Erstattungspflicht besteht nicht, soweit Sozialleistungen zu Unrecht erbracht worden sind und den Beauftragten hierfür ein Verschulden trifft.

(2) ¹Die bei der Ausführung des Auftrags entstehenden Kosten sind zu erstatten. ²Absatz 1 Satz 3 gilt entsprechend.

(3) Für die zur Ausführung des Auftrags erforderlichen Aufwendungen hat der Auftraggeber dem Beauftragten auf Verlangen einen angemessenen Vorschuss zu zahlen.

(4) Abweichende Vereinbarungen, insbesondere über pauschalierte Erstattungen, sind zulässig.

Literatur:

Siehe bei § 88.

1. Allgemeines

1 Während § 670 BGB den Auftraggeber zum Ersatz der Aufwendungen verpflichtet, die der Beauftragte den Umständen nach für erforderlich halten darf, differenziert das Sozialrecht in § 91 Abs 1 und 2 zwischen den unterschiedlichen Arten von Aufwendungen (allerdings ohne hieran unterschiedliche Rechtsfolgen zu knüpfen) und bestimmt die Anspruchsvoraussetzungen näher. Der Anspruch des Beauftragten auf Vorschuss in Abs 3 ist § 669 BGB nachgebildet und passt nur insofern unter die Überschrift, als dort gleichsam die Erstattung zukünftiger Aufwendungen geregelt ist (dementsprechend auch die Kritik an der Gesetzesfassung bei *v Maydell* in GK-SGB X § 91 Rz 7; zu terminologischen Unzulänglichkeiten auch *Eichenhofer* in Wannagat SGB X § 91 Rz 3).

2 § 91 enthält **Sonderregelungen** für das sozialrechtliche Auftragsverhältnis, die den §§ 102 ff vorgehen. Dies gilt insbesondere gegenüber den §§ 102 bis 105 (*Engelmann* in v Wulffen/Schütze SGB X § 91 Rz 3), § 109 (der die Erstattung von Verwaltungskosten ausschließt und an die von Auslagen besondere Anforderungen stellt), § 110 (der anders als § 91 Abs 4 Pauschalierungen nicht nur zulässt, sondern vorschreibt) sowie gegenüber wort- und inhaltsgleichen Vorschriften (wie in § 108 Abs 1).

Auch die übrigen Vorschriften des zweiten Abschnitts gelten – angesichts der unterschiedlichen Konzeption von Ansprüchen aus dem Auftragsverhältnis einerseits und Erstattungsansprüchen aufgrund zu Unrecht erbrachter Sozialleistungen andererseits – nur dort, wo sie (wie in § 21 Satz 1 BVG) spezialgesetzlich für anwendbar erklärt werden (anders noch die Vorauflage). Somit gilt insbesondere § 111 nicht für den Anspruch der Krankenkasse nach § 264 Abs 7 SGB V (*BSG* Urt v 12.11.2013 – B 1 KR 56/12 R; *LSG NRW* Urt v 26.5.2012 – L 16 KR 675/11; *LSG BW* Urt v 19.12.2012 – L 2 SO 2960/12, mwN; anders *BayLSG* Urt v 3.5.2012 – L 18 SO 15/08). Auch für eine analoge Anwendung besteht angesichts verschiedenartiger Interessenlagen kein Anhaltspunkt, denn anders als bei Erstattungsansprüchen nach den §§ 102 ff weiß der Auftraggeber um seine Leistungspflicht und kann ggf. den Beauftragten zur zeitnahen Abrechnung anhalten.

Die Absätze 1 und 3 gelten gem § 93 auch für gesetzliche Aufträge (nicht aber **3** für die Amtshilfe, hier sind neben § 7 Sondervorschriften wie etwa § 109 a Abs 2 SGB VI einschlägig). Wesentliche Besonderheiten ergeben sich hierbei in aller Regel nicht (ausführlich *Schneider-Danwitz* aaO § 93 Anm 13 ff), jedoch ist zu beachten, dass manche spezialgesetzliche Vorschriften hier abweichende Regelungen enthalten (auch hierzu *Schneider-Danwitz* aaO Anm 4). Ausgeschlossen war § 91 daher (neben der Fallkonstellation, dass kein wirksamer Auftrag vorliegt) durch die Sondervorschriften des BSHG (*BVerwG* Beschl v 6.8.1992 – 5 B 135/91, Buchholz 436.0 § 96 BSHG Nr 1; *OVG Bbg* Urt v 13.11.1997 – 4 D 35/96.NE, LKV 1998, 274) sowie durch § 9 Abs 2 BliGG (*LSG Nds* ZfF 2003, 88).

2. Aufwendungsersatz nach Abs 1 und 2

2.1. Sozialleistungen (Abs 1)

Der Begriff der Sozialleistungen (Abs 1) entspricht der Definition in § 11 SGB I **4** und umfasst Geld-, Sach- und Dienstleistungen. Während sich die Höhe der Erstattung bei Geldleistungen unproblematisch aus dem Leistungsumfang selbst ergibt, richtet sie sich bei Sachleistungen nach dem Betrag, den der Beauftragte seinerseits konkret aufgewendet hat. Der zu erstattende Wert von Dienstleistungen bestimmt sich nach der üblichen oder – falls es eine übliche nicht gibt – nach der angemessenen Vergütung; hier sind die zur gleichlautenden Vorschrift in § 108 Abs 1 SGB X entwickelten Grundsätze heranzuziehen. Dass Aufwendungen für Sach- und Dienstleistungen auch als Kosten iSd Abs 2 aufgefasst werden könnten (vgl auch § 30 Abs 2 Satz 1 SGB IV), ist unbeachtlich, da das Gesetz in beiden Absätzen ohnehin dieselben Rechtsfolgen anordnet (vgl *Schneider-Danwitz* aaO Anm 10).

2.2. Kosten (Abs 2)

Kosten im engeren Sinne des Abs 2 sind solche Aufwendungen, die keine Sozi- **5** alleistungen darstellen und auch nicht (wie etwa die Aufwendungen für Sachleistungen) unmittelbar durch ihre Erbringung veranlasst sind (ähnlich *Steinbach* aaO Rz 6). Hierzu zählen insbesondere Aufwendungen gegenüber Dritten, die im Zuge der Ermittlung tatsächlicher und rechtlicher Voraussetzungen für die Leistungsgewährung erbracht worden sind (zB die Entschädigung von Sachverständigen und Zeugen nebst übernommener Reisekosten des Betroffenen – *Seewald* aaO § 91 SGB X Rz 27). Da sich der Beauftragte bei der Durchführung des Auftrags jedoch nicht nur der Hilfe Dritter bedient, sondern insbesondere seine eigenen personellen und sachlichen Mittel einsetzt, hat der Auftraggeber auch die Verwaltungskosten des Beauftragten zu erstatten. Lassen sich die speziell auf die Auftragsdurchführung aufgewandten Kosten nicht gesondert ausweisen, erstreckt sich der Erstattungsanspruch anteilig auf die allgemeinen Verwaltungskosten des Beauftragten (*Steinbach* aaO). Aus Vereinfachungsgründen bietet sich insbesondere hierzu der Abschluss einer Vereinbarung gem Abs 4 an.

2.3. Erstattungsausschluss (Abs 1 Satz 3, Abs 2 Satz 2)

Von der Erstattung ausgeschlossen sind zu Unrecht erbrachte Sozialleistungen **6** (Abs 1 Satz 3) und verursachte Aufwendungen (Abs 2 Satz 2), wenn den Beauftragten hierfür ein Verschulden trifft. Die (objektive) Beweislast (hierzu *Leithe-rer* in Meyer-Ladewig/Keller/Leitherer SGG § 103 Rz 19 a ff mwN) hinsichtlich aller Voraussetzungen des Erstattungsausschlusses trägt angesichts der Norm-struktur der Auftraggeber.

2.3.1. Zu Unrecht erbrachte Sozialleistungen

7 Ob Sozialleistungen ganz oder teilweise (Abs 1 Satz 3: „soweit") zu Unrecht er-bracht worden sind, beurteilt sich allein nach dem zugrunde liegenden materiel-len Recht (dh nach der einschlägigen Anspruchsgrundlage und möglicherweise nach § 39 Abs 1 SGB I – ausführlich zu letzterem *Schneider-Danwitz* aaO Anm 16). Zu erstatten sind demnach auch Leistungen, die der Beauftragte rechtmä-ßig, aber unter Verstoß gegen eine „ermessenslenkende" Weisung (§ 89 Abs 5) des Auftraggebers erbringt.

8 Da die Rechtswidrigkeit der Leistungsgewährung nach rein objektiven Maßstä-ben zu prüfen ist (*v Maydell* aaO Rz 17), kommt es auf die Frage der Vertret-barkeit einer Rechtsauffassung nicht an dieser Stelle, sondern bei der Frage nach dem Verschulden des Beauftragten an. Unerheblich ist auch, ob der Beauf-tragte seinerseits einen Erstattungsanspruch gegen den Leistungsempfänger hat (*Seewald* aaO Rz 14).

2.3.2. Sonderfall: Handeln auf Weisung des Auftraggebers

9 Dahinstehen kann die Frage nach rechtswidriger Leistungserbringung immer dann, wenn dem Beauftragten das möglicherweise rechtswidrige Handeln durch den Auftraggeber (in der Auftragsvereinbarung oder durch Weisung gem § 89 Abs 5) vorgeschrieben worden ist, denn in diesen Fällen fehlt es angesichts der ausgedehnten Ingerenzmöglichkeiten des Auftraggebers jedenfalls am Ver-schulden des Beauftragten (*Steinbach* aaO Rz 8; *Eichenhofer* aaO Rz 8; zum Begriff des Verschuldens sogleich). Dasselbe gilt, wenn es an einer derartigen Verpflichtung fehlt, der Beauftragte jedoch gemäß der ihm (etwa aus Parallel-fällen) bekannten Auffassung des Auftraggebers gehandelt hat. Da der Beauf-tragte jedoch verpflichtet ist, den Auftraggeber auf Zweifel an der Richtigkeit seiner Auffassung hinzuweisen, kann ein Erstattungsanspruch entfallen oder ge-mindert sein, wenn der Beauftragte sehenden Auges Weisungen rechtswidrigen Inhalts **völlig unbeanstandet** ausführt.

2.3.3. Anwendungsbereich von Abs 2 Satz 2

10 Im Anwendungsbereich von Abs 2 Satz 3 sind mit dem kraft Verweisung gelten-den Begriff „zu Unrecht" nicht nur unter **Verstoß gegen eine Rechtsvorschrift** getätigte Ausgaben (hierzu *Seewald* aaO Rz 32) gemeint, sondern auch ansons-ten **unnötige** oder **unwirtschaftliche** (außer Verhältnis zum erreichten Nutzen stehende) Aufwendungen (ähnlich *Eichenhofer* aaO Rz 10 unter Hinweis auf den missglückten Wortlaut der Vorschrift; *Schneider-Danwitz* aaO Anm 20 spricht von mangelnder Erforderlichkeit). Insbesondere setzt Abs 2 Satz 2 nicht voraus, dass die zu Unrecht entstandenen Kosten im Zusammenhang mit einer zu Unrecht gewährten Sozialleistung entstanden sein müssen (*v Maydell* aaO Rz 32). Umgekehrt ergibt sich aus der Rechtswidrigkeit einer Leistungsgewäh-rung nicht zwingend, dass auch alle damit in Zusammenhang stehenden Kosten zu Unrecht entstanden sind: Hier ist zu unterscheiden zwischen solchen Kosten, die in kausalem Zusammenhang mit der Rechtswidrigkeit der Leistungsgewäh-rung stehen und solchen, die dem Beauftragten im konkreten Fall auch bei rechtmäßigem Handeln entstanden wären. Gewährt der Beauftragte beispiels-

weise rechtswidrig Sozialleistungen, weil er aus den durch ein Sachverständigengutachten ermittelten Tatsachen einen rechtlich unzutreffenden Schluss zieht, so sind nicht die Sozialleistungen, aber doch die Aufwendungen für das Gutachten zu erstatten, denn diese Kosten wären auch bei rechtmäßigem Handeln angefallen.

2.3.4. Verschulden

Verschulden heißt **Vorsatz und Fahrlässigkeit** (§ 276 Abs 1 BGB iVm § 61 Satz 2 SGB X, vgl *Seewald* aaO Rz 15 f). Anders als in § 670 BGB kommt es für die Aufwendungserstattung nach § 91 gerade nicht darauf an, was der Beauftragte für erforderlich halten durfte (*v Maydell* aaO Rz 19). Der Fahrlässigkeitsmaßstab ergibt sich aus § 276 Abs 2 BGB; eine Begrenzung auf grobe Fahrlässigkeit ist bisweilen angedacht worden (*Eichenhofer* aaO Rz 8, der dies jedoch verwirft), lässt sich jedoch nicht begründen (*SG Berlin*, Urt v 15.12.1988 – S 48 V 229/85, nv; *Seewald* aaO ausführlich auch *Schneider-Danwitz* aaO Anm 18).

Abgesehen vom bereits erörterten Fall des Handelns auf Weisung oder aufgrund der Rechtsauffassung des Auftraggebers stellt sich bei der Prüfung des Verschuldens die Frage, wann eine Rechtsauffassung verschuldensausschließend als vertretbar angesehen werden kann (vgl *BSG* Urt v 11.9.1980 – 1 RA 75/79, E 50, 207). Hier bietet sich der Rückgriff auf die zu § 839 BGB entwickelten Grundsätze an: Der Beauftragte muss die einschlägige Vorschrift (und die höchstrichterliche Rechtsprechung) in ihrer zum betreffenden Zeitpunkt gültigen Fassung heranziehen, die im konkreten Fall wesentlichen Probleme erkennen und nach gewissenhafter tatsächlicher (zum Unterlassen der erforderlichen Sachverhaltsaufklärung *BSG* Urt v 25.6.1985 – 9 a RV 29/84, SozR 3100 § 20 Nr 4) und rechtlicher Prüfung unter Heranziehung der zu Gebote stehenden Hilfsmittel zu einem auf vernünftige Erwägungen gestützten Ergebnis kommen (vgl *Sprau* in Palandt § 839 Rz 53 mwN; *Maurer* Allg VerwR § 25 Rz 25). Der bloße Verweis auf eine vereinzelt im Schrifttum vertretene Auffassung genügt nicht (*BGH* Urt v 17.3.1994 – III ZR 27/93, NJW 1994, 3158). Gerade angesichts schwieriger Rechtsfragen trägt der Beauftragte grundsätzlich Verschulden, wenn er keine Klärung (am besten im Wege einer verschuldensausschließenden Weisung gem § 89 Abs 5) durch den Auftraggeber herbeiführt (*BSG* Urt v 7.12.1983 – 9 a RV 49/82, USK 83, 184; *Seewald* aaO Rz 17).

3. Vorschussanspruch des Beauftragten (Abs 3)

Beim **Anspruch auf angemessenen Vorschuss** differenziert das Gesetz nicht mehr zwischen Sozialleistungen und Kosten, sondern spricht schlicht von Aufwendungen. Das Merkmal der **Angemessenheit** bezieht sich auf die **Höhe** des zu zahlenden Vorschusses und den **Zeitpunkt** der Zahlung. Grundsätzlich soll der Beauftragte wirtschaftlich abgesichert sein, bevor ihm Aufwendungen in mehr als nur unerheblichem Umfang entstehen. Andererseits ist es dem Auftraggeber nicht zuzumuten, dass er im Hinblick auf alle grundsätzlich nur irgend in Betracht kommende Aufwendungen Geldmittel langfristig bindet. Dementsprechend sind beim Auftrag über eine Mehrzahl von Fällen (§ 88 Abs 2 Satz 1) in periodischen Abständen Vorschusszahlungen zu leisten, die sich der zu erwartenden Zahl einzelner Durchführungen sowie an bisherigen Erfahrungssätzen orientieren (*Steinbach* aaO Rz 16). Nach Beendigung der Durchführung und/oder des Auftrags insgesamt ist über geleistete Vorschüsse unverzüglich abzurechnen (§ 89 Abs 3 aE, vgl *v Maydell* aaO Rz 40). Der Vorschuss ist nach dem Wortlaut der Vorschrift nur auf Verlangen des Beauftragten zu leisten, dem auch die Bezifferung obliegt. Dieses Verlangen ist eine einseitige Willenserklärung (*Schneider-Danwitz* aaO Anm 23), kein VA.

14 Auf Vorschusszahlung besteht ein **Rechtsanspruch**, der gerichtlich durchgesetzt werden kann (*Schneider-Danwitz* aaO Anm 25). Der Gegenansicht (Seewald aaO Rz 39; *Engelmann* aaO Rz 8; ähnlich auch die hM im Privatrecht, vgl *Sprau* in Palandt BGB § 669 Rz 1), die auf ein fehlendes Recht des Beauftragten an der Durchführung des Auftrags abstellt, ist entgegenzuhalten, dass § 91 Abs 3 auf ein solches Recht auch nicht Bezug nimmt. Wo der Auftraggeber sich dazu entschließt, die Wahrnehmung seiner Aufgaben aus der Hand zu geben, hat er jedoch den Beauftragten mit entsprechenden Geldmitteln auszustatten, denn diesem dürfen durch das Auftragsverhältnis keine Nachteile entstehen (*Eichenhofer* aaO Rz 11 spricht von einem Anspruch auf Vorschuss). Der Unterschied zwischen beiden Ansichten dürfte praktisch nur gering sein, denn der Beauftragte kann die Durchführung des Auftrags bis zur Zahlung eines angemessenen Vorschusses verweigern (so auch *Seewald* aaO; *Sprau* aaO). Im Einzelfall empfiehlt sich auch hier eine Vereinbarung gem Abs 4.

4. Abweichende Vereinbarungen (Abs 4)

15 Die Absätze 1 bis 3 können im Einzelfall komplizierte Berechnungen und (bei Abs 3) Schätzung erfordern, die ihrerseits mit erheblichem Verwaltungsaufwand verbunden sind. Zur Vereinfachung der Abwicklung des Auftragsverhältnisses gibt Abs 4 Auftraggeber und Beauftragtem die Möglichkeit, von den gesetzlichen Vorgaben der vorangehenden Absätze in weitem Umfang abzuweichen. Der Vereinbarung gem Abs 4 (öffentlich-rechtlicher Vertrag: vgl *VG Lüneburg*, Gerichtsbescheid vom 17.6.2004 – 6 A 120/03) zugänglich sind Voraussetzungen und Höhe des Erstattungsanspruchs, nicht jedoch darüber hinausgehende Modalitäten des Auftragsverhältnisses (insbesondere ist die Eigenverantwortung des Auftraggebers und hieraus abzuleitenden Rechte unabdingbar).

16 Dies geht soweit, dass auch Abs 1 Satz 3 (und Abs 2 Satz 2) im Schrifttum zu Recht als **abdingbar** angesehen werden (*Steinbach* Rz 18). Unbedenklich ist dies vor allem deswegen, weil Vereinbarungen nach Abs 4 die Zustimmung beider Beteiligter voraussetzen (vgl demgegenüber *VG Greifswald* Urt v 20.10.1999 – 5 A 843/98, LKV 2000, 510 zur Einführung einer solchen Regelung durch Satzung). Vor diesem Hintergrund ist auch die Frage, inwieweit von § 30 Abs 2 SGB IV abgewichen werden darf, weniger im Ergebnis als in der Begründung streitig (vgl *Steinbach* aaO Rz 17). In der Praxis beziehen sich solche Vereinbarungen meist auf den Verschuldensmaßstab in Abs 1 Satz 3 (dergestalt, dass dort die Erheblichkeit auch leichter Fahrlässigkeit abbedungen wird).

17 Die Vereinbarung stellt einen Teil der gesamten Auftragsvereinbarung dar (wo sie nachträglich geschlossen wird, handelt es sich um eine nachträgliche Änderung) und bedarf gem § 56 der Schriftform.

§ 92 Kündigung des Auftrags

[1]Der Auftraggeber oder der Beauftragte kann den Auftrag kündigen. [2]Die Kündigung darf nur zu einem Zeitpunkt erfolgen, der es ermöglicht, dass der Auftraggeber für die Erledigung der Aufgabe auf andere Weise rechtzeitig Vorsorge treffen und der Beauftragte sich auf den Wegfall des Auftrags in angemessener

Zeit einstellen kann. [3]Liegt ein wichtiger Grund vor, kann mit sofortiger Wirkung gekündigt werden. [4]§ 88 Abs. 4 gilt entsprechend.

Literatur:
Siehe bei § 88.

1. Kündigungsrecht; Wirkungen der Kündigung

Ein Kündigungsrecht steht Auftraggeber und Beauftragtem zu und ist in § 92 – anders als in § 59 Abs 1 – nicht an bestimmte Gründe geknüpft. Es ist einer näheren Ausgestaltung in der Auftragsvereinbarung zugänglich, jedoch – im Interesse der betroffenen Bürger – auch über den Regelungsgehalt von § 671 Abs 3 BGB hinaus nicht abdingbar (zu Einzelheiten *Steinbach* in Hauck/Noftz SGB X/3 § 92 Rz 7). Die Kündigung selbst erfolgt durch einseitige empfangsbedürftige Willenserklärung, die kein VA ist (*Schneider-Danwitz* in Gesamtkommentar SGB X § 92 Anm 3), nach den §§ 59 Abs 2, 56 der Schriftform bedarf (sowie begründet werden soll – ein Verstoß hiergegen ist bedeutungslos, vgl *Engelmann* in v Wulffen/Schütze SGB X § 92 Rz 3) und sich im Übrigen nach den Vorschriften des BGB über Willenserklärungen (§§ 116 ff BGB iVm § 61 Satz 2 SGB X) richtet (*Steinbach* aaO Rz 4 f). **1**

Ab dem in der Kündigungserklärung genannten Zeitpunkt ist das **Auftragsverhältnis beendet** und zwar unabhängig davon, ob der Auftrag vollständig ausgeführt wurde. Gemäß der Leitlinie, dass dem Betroffenen (also idR dem Leistungsberechtigten) kein spezifischer Nachteil aus dem Auftrag erwachsen darf, hat der Auftraggeber bereits begonnene Maßnahmen ordnungsgemäß zu Ende zu führen. Zwischen Auftraggeber und Beauftragtem begründet die Auftragsbeendigung insbesondere Verpflichtungen aus den §§ 89 Abs 3 aE und 91 Abs 1 und 2. **2**

2. Bestimmung der Kündigungsfrist nach Satz 2

§ 92 Satz 2 ist weder vom Wortlaut noch von der Rechtsfolge her völlig klar. Zuerst einmal kommt es nicht darauf an, wann die Kündigung erklärt wird, sondern wann nach dieser Erklärung das Auftragsverhältnis beendet werden soll. Anders als beispielsweise der Arbeitsvertrag (§ 622 BGB) kennt das Auftragsrecht **keine festen Kündigungsfrist**, sondern verpflichtet zur Einräumung einer an den konkreten Umständen ausgerichteten Umstellungsfrist, die je nach Lage der beteiligten Interessen sehr unterschiedlich lang sein kann. Wesentliches Gewicht hierbei haben die Interessen des betroffenen Leistungsempfängers (die besonderen Anforderungen aus Satz 2 schützen bei näherer Betrachtung diesen und nicht die Leistungsträger). **3**

Des Weiteren ist die unter **Verstoß gegen Satz 2** erfolgte Kündigung nach hM weder unwirksam (*Eichenhofer* in Wannagat SGB X § 92 Rz 6) noch führt sie dazu, dass eine angemessene Umstellungsfrist an die Stelle der unangemessenen träte. Wenn die hM jedoch zugleich eine Schadensersatzpflicht des Kündigenden als Folge der unzeitigen Kündigung annimmt (*Boecken* DB 1983, 2034 **4**

[2037]; *v Maydell* in GK-SGB X § 92 Rz 13), kann dies uU dieselben praktischen Auswirkungen haben wie eine solche „Anpassung" der Kündigungsfrist. Denn da die Kündigung den Leistungsberechtigten im Ergebnis nicht benachteiligen darf, sind jedenfalls bereits begonnene Maßnahmen zur Wahrnehmung der Aufgabe auch ordnungsgemäß zu Ende zu führen. Vermag dies der Auftraggeber ohne Zuhilfenahme des Beauftragten nicht, so schuldet dieser als Schadensersatz (vgl die hypothetische Betrachtungsweise in § 249 Abs 1 BGB) die weitere Durchführung der Maßnahme und kann hierfür seinerseits Aufwendungsersatz verlangen (den der Auftraggeber nach § 91 auch dann schuldete, wenn die Kündigung unterblieben wäre).

3. Kündigung aus wichtigem Grund (Satz 3)

5 Vor diesem Hintergrund ist auch Satz 3 nicht etwa dahin gehend zu verstehen, dass die Kündigung mit sofortiger Wirkung grundsätzlich unwirksam wäre – auch sie löst nach hM nur Schadensersatzverpflichtungen aus, wenn sie nicht aus wichtigem Grund erfolgt. Bei der Frage, was ein wichtiger Grund in diesem Sinne ist, kann auf die Rechtsprechung zu privatrechtlichen Parallelvorschriften (insbesondere § 626 Abs 1 BGB) zurückgegriffen werden, deren Grundsätze gegebenenfalls angesichts sozialrechtlicher Vorgaben – und hier insbesondere der Eigenverantwortung des Auftraggebers – zu modifizieren ist (*Steinbach* aaO Rz 10). Auch ein nur einmaliger Verstoß des Beauftragten gegen zwingendes Gesetzesrecht oder eindeutige Weisungen nach § 89 Abs 5 ist jedenfalls dann ein wichtiger Grund, wenn er faktische Nachteile für Betroffene nach sich zieht. Wirkt sich ein Fehlverhalten hingegen nur im Innenverhältnis aus, kommt es darauf an, ob dem benachteiligten Leistungsträger ein Festhalten an dem Auftrag unzumutbar erscheint (zu einzelnen Fallgruppen *Eichenhofer* aaO Rz 4).

4. Bekanntmachungspflicht (Satz 4)

6 Die Bekanntmachungspflicht in Satz 4 trifft – vgl § 88 Abs 4 – ausschließlich den Auftraggeber als zuständigen Leistungsträger, erstreckt sich jedoch auch auf die Kündigung durch den Beauftragten. Ein Verstoß beeinträchtigt die Wirksamkeit der Kündigung nicht und wird nur in seltenen Ausnahmefällen Ansprüche des Leistungsberechtigten auf Schadensersatz auslösen können.

5. Exkurs: Andere Beendigungstatbestände

7 Weitere Gründe für die Beendigung des Auftrags sind insbesondere vollständige Erfüllung der wahrzunehmenden Aufgabe, Zeitablauf (falls die Auftragsvereinbarung – was zulässig ist – eine Befristung enthält), sowie ein Aufhebungsvertrag (der im Gegensatz zur Kündigung einvernehmlich geschlossen wird). Hinzu kommen alle sich aus bürgerlichem Recht (iVm § 61 Satz 2) ergebenden Tatbestände der Vertragsbeendigung (zB nach den §§ 119 ff BGB, vgl die Aufzählung bei *Eichenhofer* aaO Rz 4 mwN). Sofern sich die Beendigung des Auftrags nicht bereits aus in der Bekanntmachung gem § 88 Abs 4 mitgeteilten Umständen ergibt, ist § 92 Satz 4 auch auf andere Fälle als die Kündigung anwendbar (*Steinbach* aaO Rz 13).

§ 93　Gesetzlicher Auftrag

Handelt ein Leistungsträger auf Grund gesetzlichen Auftrags für einen anderen, gelten § 89 Abs. 3 und 5 sowie § 91 Abs. 1 und 3 entsprechend.

Literatur:
Siehe bei § 88.

1. Anwendungsbereich

1.1. Begriff des gesetzlichen Auftragsverhältnisses

§ 93 gilt ausschließlich für gesetzliche Auftragsverhältnisse, dh Konstellationen, **1**
in denen ein Leistungsträger durch Gesetz verpflichtet ist, Aufgaben eines anderen Leistungsträgers wahrzunehmen. Nicht ausreichend ist die vom Gesetz lediglich eingeräumte Möglichkeit zum Abschluss von Auftragsvereinbarungen
iSd der §§ 88 ff (*Steinbach* in Hauck/Noftz SGB X/3 § 93 Rz 6), jedoch ist § 93
auch auf Fälle anwendbar, in denen das Recht einen Leistungsträger zur Begründung eines Auftragsverhältnisses durch einseitigen Rechtsakt ermächtigt
(*Seewald* in KassKomm § 93 SGB X Rz 3; *Schneider-Danwitz* SGB X § 93 Anm
9 unter Verweis auf § 189 SGB VII). Gesetzliche Auftragsverhältnisse, an denen
auch andere als Leistungsträger (insb deren Verbände) beteiligt sind, unterfallen
§ 93 dem Wortlaut nach nicht unmittelbar, jedoch ist die Vorschrift analog anwendbar, wo sie nicht durch Sondervorschriften derogiert wird (*Seewald* aaO
Rz 5; offenbar aA *Steinbach* aaO Rz 5 mit dem zutreffenden Hinweis auf die
Befugnis des Gesetzgebers, derlei bereichsspezifisch zu regeln). Da das Auftragsverhältnis nicht durch Vertrag, sondern durch Gesetz begründet wird (und
§ 88 Abs 1 Satz 2 nicht gilt), kann sich der gesetzliche Auftrag – wie § 18 c Abs
1 Satz 3 und Abs 2 BVG zeigt – auch auf Rechtsgebiete beziehen, die einem vertraglichen Auftrag entzogen sind (*Schneider-Danwitz* aaO Anm 9).

1.2. Kasuistik

Der wohl praktisch wichtigste Fall eines gesetzliches Auftrags ist die Einziehung **2**
des Gesamtsozialversicherungsbeitrags iSd § 28 d SGB IV durch die Krankenkassen gem § 28 h SGB IV (zu den Grenzen des Auftrags siehe *SG Aachen*, Urt
v 17.11.1986 – S 6 Kr 12/86, nv). Vergleichbare Konstellationen enthalten
§ 358 SGB III (*Eichenhofer* in Wannagat SGB X § 93 Rz 6) und § 255 SGB V
(*Seewald* aaO Rz 4; dort auch zu § 256 SGB V). Weitere Fälle sind die Krankenbehandlung für nicht oder anderweitig Versicherte (hierzu für den Bereich
der Krankenhilfe *BSG* Urt v 17.6.2008 – B 1 KR 30/07 R, SozR 4-2500 § 264
Nr 1 – § 264 SGB V blieb auch nach Einführung von § 5 Abs 1 Nr 13 SGB V
relevant; weitere Fälle etwa in § 18 Abs 1 Satz 3 und Abs 2 BVG; § 165 Abs 4
SGB V; § 34 Abs 3 SGB VII) und die Durchführung der Angestelltenversicherung durch die DRV Knappschaft-Bahn-See (§ 135 Abs 1 und 3 SGB VI).

Streitig (aber angesichts § 101 a Abs 3 Nr 1 zu bejahen) ist die Anwendbarkeit **3**
von § 93 auf die Rentenzahlung durch die Deutsche Post AG gem § 119 SGB VI
und § 99 SGB VII; (dagegen *Steinbach* aaO Rz 12). § 189 SGB VII ermächtigt
zur Begründung eines vertraglichen Auftragsverhältnis (vgl den zweiten Satzteil).

Weder unter § 93 noch unter die §§ 88 ff fällt die Bundesauftragsverwaltung **4**
(Art 85 GG; zu Auszahlungen von Kindergeld nach § 72 EstG *BVerwG* Urt
v 30.11.1995 – 7 C 56/93, E 100, 56). Ein Verrechnungsersuchen (§ 52 SGB I)
begründet kein Auftragsverhältnis (*BSG* Urt v 26.9.1991 – 4/1 RA 33/90, E 69,

238), ebenso wenig die Rückzahlungspflicht des kontoführenden Geldinstituts nach § 118 Abs 3 SGB VI (*BSG* Urt v 20.12.2001 – B 4 RA 126/00 R, SozR 3-2600 § 118 Nr 8).

2. Rechtliche Vorgaben für gesetzliche Auftragsverhältnisse

5   Gesetzliche Auftragsverhältnisse richten sich in erster Linie nach den **spezialgesetzlichen Vorschriften**, die gem § 93 iVm § 37 SGB I ggf durch die §§ 89 Abs 3 und 5 sowie § 91 Abs 1 und 3 ergänzt werden (*Steinbach* aaO Rz 8; Übersicht zu spezialgesetzlichen Vorschriften bei *Schneider-Danwitz* aaO Anm 4 b). Auch wenn das einschlägige Recht angesichts der vergleichbaren Konstellation bisweilen ähnliche Regelungen enthält wie die Vorschriften über den vertraglichen Auftrag, gelten die übrigen Vorschriften der §§ 88 ff für den gesetzlichen Auftrag nicht (*Eichenhofer* aaO Rz 1). Dennoch dürfte wenig dagegen sprechen, die zum vertraglichen Auftrag entwickelten Grundsätze (etwa über die Folgen rechtswidriger Weisungen) auch auf gesetzliche Auftragsverhältnisse anzuwenden, solange Sonderregelungen und die besonderen Verhältnisse des jeweiligen Auftragsverhältnisses vorrangige Beachtung finden (dediziert aA *Steinbach* aaO Rz 9, wonach statt dessen auf allg Rechtsgrundsätze und insb die §§ 662 ff BGB zur Anwendung kommen sollen; ähnlich *Schneider-Danwitz* aaO Anm 5). Jedenfalls nicht kraft § 93 ausgeschlossen sind Vorschriften außerhalb der §§ 88 ff (*BSG* Urt v 11.10.1988 – 3/8 RK 2/87, SozR 2100 § 30 Nr 2 zu § 30 Abs 2 Satz 1 2. Hs SGB IV). Die Vorschriften der §§ 102 ff sind nur kraft ausdrücklicher Verweisung anwendbar (vgl § 91 Rz 2).

6   Die in § 93 enthaltene beschränkte Verweisung hat im Umkehrschluss zur Folge, dass sich insbesondere das Prüfungsrecht des Auftraggebers und der Anspruch des Beauftragten auf Kostenerstattung (§ 91 Abs 2) allein nach speziellen Vorschriften richten, die ihrerseits ähnliche Regelungen enthalten wie beim vertraglichen Auftrag (wie etwa in den §§ 28 q und 30 Abs 2 Satz 1 SGB IV; vgl *Steinbach* aaO Rz 11). Gemäß dem Wortlaut von § 93 sind auch die beim vertraglichen Auftrag hilfreichen Pauschalierungsvereinbarungen grundsätzlich nicht zulässig (*Schneider-Danwitz* aaO Anm 12; aA *Seewald* aaO Rz 7), jedoch kann eine solche Pauschalierung Gegenstand einer Verwaltungsvereinbarung zwischen den Leistungsträgern sein (*Eichenhofer* aaO Rz 5).

§ 94 Arbeitsgemeinschaften

(1) Die Arbeitsgemeinschaft für Krebsbekämpfung der Träger der gesetzlichen Kranken- und Rentenversicherung im Lande Nordrhein-Westfalen, die Rheinische Arbeitsgemeinschaft zur Rehabilitation Suchtkranker, die Westfälische Arbeitsgemeinschaft zur Rehabilitation Suchtkranker, die Arbeitsgemeinschaft zur Rehabilitation Suchtkranker im Lande Hessen sowie die Arbeitsgemeinschaft für Heimdialyse im Lande Hessen sind berechtigt, Verwaltungsakte zu erlassen zur Erfüllung der Aufgaben, die ihnen am 1. Juli 1981 übertragen waren.

(1 a) [1]Träger der Sozialversicherung, Verbände von Trägern der Sozialversicherung und die Bundesagentur für Arbeit einschließlich der in § 19 a Abs. 2 des Ersten Buches genannten anderen Leistungsträger können insbesondere zur gegenseitigen Unterrichtung, Abstimmung, Koordinierung und Förderung der engen Zusammenarbeit im Rahmen der ihnen gesetzlich übertragenen Aufgaben Arbeitsgemeinschaften bilden. [2]Die Aufsichtsbehörde ist vor der Bildung von Arbeitsgemeinschaften und dem Beitritt zu ihnen so rechtzeitig und umfassend

zu unterrichten, dass ihr ausreichend Zeit zur Prüfung bleibt. [3]Die Aufsichtsbehörde kann auf eine Unterrichtung verzichten.

(2) [1]Können nach diesem Gesetzbuch Arbeitsgemeinschaften gebildet werden, unterliegen diese staatlicher Aufsicht, die sich auf die Beachtung von Gesetz und sonstigem Recht erstreckt, das für die Arbeitsgemeinschaften, die Leistungsträger und ihre Verbände maßgebend ist; die §§ 85, 88, 90 und 90 a des Vierten Buches gelten entsprechend; ist ein Spitzenverband der gesetzlichen Krankenkassen oder die Bundesagentur für Arbeit Mitglied einer Arbeitsgemeinschaft, führt das zuständige Bundesministerium in Abstimmung mit den für die übrigen Mitglieder zuständigen Aufsichtsbehörden die Aufsicht. [2]Fehlt ein Zuständigkeitsbereich im Sinne von § 90 des Vierten Buches, führen die Aufsicht die für die Sozialversicherung zuständigen obersten Verwaltungsbehörden oder die von der Landesregierung durch Rechtsverordnung bestimmten Behörden des Landes, in dem die Arbeitsgemeinschaften ihren Sitz haben; die Landesregierungen können diese Ermächtigung durch Rechtsverordnung auf die obersten Landesbehörden weiter übertragen.

(3) Soweit erforderlich, stellt eine Arbeitsgemeinschaft unter entsprechender Anwendung von § 67 des Vierten Buches einen Haushaltsplan auf.

(4) § 88 Abs. 1 Satz 1 und Abs. 2 gilt entsprechend.

Literatur:
Siehe bei § 88.

1. Normzweck; geltende Fassung

Die Bildung von Arbeitsgemeinschaften soll Nachteile aller Art, die sich aus der Vielzahl von Leistungsträger ergeben, ausgleichen. Vor diesem Hintergrund ist sie eine spezielle – und gesetzlich detailliert geregelte – Ausprägung des in § 86 enthaltenen Grundsatzes. Erheblich an Bedeutung gewonnen hatte das Rechtsinstitut in der Vergangenheit durch die Einführung der von BA und kommunalen Trägern gebildeten Arbeitsgemeinschaften (ARGEn) nach § 44 b SGB II in der bis zum 31.3.2011 geltenden Fassung. Die gemeinsamen Einrichtungen des nunmehr geltenden Rechts sind hingegen Mischbehörden iSd Art 91 e GG, die den Arbeitsgemeinschaften nur äußerlich ähneln (hierzu *Voelzke* in Hauck/Noftz SGB II § 44 b Rz 6, 8). Siehe weiter in Rz 18.   **1**

Nachdem § 94 in seiner bis zum 1.7.2001 geltenden Fassung im Wesentlichen die Ermächtigung zur Bildung von Arbeitsgemeinschaften im Bereich der Eingliederung Behinderter sowie eine Bestandsschutzregelung hinsichtlich der nunmehr in Abs 1 (damals Abs 5) Genannten enthalten hatte (ausführlich zur Geschichte von § 94 *Sehnert* in Hauck/Noftz SGB X/3 § 94 Rz 2), regelte die Neufassung der Vorschrift zunächst nicht mehr, ob und unter welchen Voraussetzungen Arbeitsgemeinschaften überhaupt gebildet werden dürfen, sondern stellte – ergänzend zu spezialgesetzlichen Regelungen in anderen Büchern – allge-   **2** meine Grundsätze für das Recht sozialrechtlicher Arbeitsgemeinschaften auf. Der ehemalige Abs 1 ist nunmehr mit einigen Modifikationen (aus der Kann- wurde eine Sollvorschift) in § 12 Abs 2 SGB IX übernommen worden. Dass die Sonderregelung des ehemaligen Abs 5 in der Neufassung ganz an den Anfang der Vorschrift getreten ist, hat redaktionelle Gründe. Durch das Verwaltungs- vereinfachungsgesetz (v 21.3.2005) wurde sodann die rechtsgebietsübergreifen- de Ermächtigung in Abs 1 a aufgenommen. Die Anordnung von Bundesaufsicht für Arbeitsgemeinschaften, die Aufgaben der Registratur Fachverfahren (§ 96 Abs 2 SGB IV) wahrnahmen (Abs 2 Satz 3 aF), wurde durch Gesetz v 23.11.2011 (BGBl I 2298) aufgehoben.

2. Grundsätze für das Recht der Arbeitsgemeinschaften

2.1. Anforderungen an die Bildung von Arbeitsgemeinschaften

3 § 94 Abs 2 bis 4 knüpft an die in den anderen Büchern enthaltenen Vorschrif- ten über Arbeitsgemeinschaften an und ergänzt sie. Während das **Spezialgesetz** regelt, ob, von wem und unter welchen Voraussetzungen Arbeitsgemeinschaf- ten gebildet werden können (zum neu eingefügten Abs 1 a unten Rz 17), enthält das SGB X insoweit lediglich **allgemeine Grundsätze für das Handeln der Ar- beitsgemeinschaften**. Aber auch auf allgemeine, grundsätzliche Fragen darf die Antwort nicht allein in § 94 gesucht werden; vielmehr beeinflussen die speziel- len Vorschriften über die spezifischen Merkmale der jeweiligen Arbeitsgemein- schaft auch die Auslegung von § 94. So kann es etwa für die Frage nach der Er- forderlichkeit eines Haushaltsplanes von Bedeutung sein, welche Aufgabe die Arbeitsgemeinschaft kraft Spezialgesetzes wahrnimmt und ob ihre Bildung zwingend vorgeschrieben ist oder nicht.

4 Die Bildung sozialrechtlicher Arbeitsgemeinschaften ist Gegenstand etwa von (ohne Anspruch auf Vollständigkeit):

- **SGB V**: insbesondere § 127 Abs 2, § 219 sowie § 137 e (Koordinierungsaus- schuss) und § 278 (MDK);
- **SGB VIII**: § 78 SGB VIII (Arbeitsgemeinschaften zwischen Träger der öf- fentlichen und der freien Jugendhilfe sowie Trägern geförderter Maßnah- men);
- **SGB IX**: § 12 Abs 2 SGB IX (regionale Arbeitsgemeinschaften in Aufgaben zur Teilhabe behinderter Menschen), § 19 Abs 6 SGB IX(Rehabilitations- dienste und -einrichtungen mit gleicher Aufgabenstellung);
- **SGB XII**: § 4 Abs 2 SGB XII.

2.2. Zulässige Rechtsformen und Beteiligung Privater

5 Nicht einheitlich zu beantworten ist daher die angesichts § 94 aF gestellt Frage nach der Rechtsnatur der Arbeitsgemeinschaften sowie danach, ob auch Privat- rechtssubjekte an einer Arbeitsgemeinschaft beteiligt sein können.

6 Maßgeblich für die **Rechtsnatur** einer Institution ist, wenn es an einer aus- drücklichen gesetzlichen Bestimmung fehlt, ihre **gesetzliche Ausgestaltung**, ins- besondere die ihr eingeräumten Handlungsmöglichkeiten (vgl *Maurer* Allg VerwR § 23 Rz 56). Auch wenn § 94 keine eindeutigen Anhaltspunkte für eine Einordnung der dort angesprochenen Arbeitsgemeinschaften in das öffentliche Recht bietet (so zu Recht etwa *Engelmann* in v Wulffen/Schütze SGB X § 94 Rz 9 mwN), ergibt sich diese doch in manchen Fällen bereits aus einer ausdrückli- chen gesetzlichen Zuordnung (zB § 367 Satz 1 SGB III; § 278 Abs 1 Satz 2 SGB V). Fehlt es an einer solch eindeutigen Aussage des G, ist maßgeblich auf

die **Befugnisse einer Arbeitsgemeinschaft** abzustellen: Dass die in Abs 1 erwähnten Arbeitsgemeinschaften privatrechtlicher Natur sind (so *Sehnert* aaO Rz 5 mwN), ist keineswegs klar, sind sie doch nach der Vorschrift ausdrücklich zum Erlass von Verwaltungsakten ermächtigt. Dies spricht zwar angesichts der allgemein anerkannten Rechtsfigur der Beleihung eines Privatrechtssubjekts nicht zwingend für eine öffentlich-rechtliche Natur, jedoch ist zu berücksichtigen, dass **Beliehenen** angesichts Art 20 Abs 2 GG lediglich rein technische oder **entscheidungsarme Befugnisse übertragen werden dürfen** (vgl etwa *Dreier* Hierarchische Verwaltung im demokratischen Staat 1991, 248 ff mwN). Stattet das Recht hingegen einen der in Abs 1 genannten mit weitergehenden und insbesondere grundrechtsrelevanten Befugnissen aus, spricht dies im Zweifel für eine öffentlich-rechtliche Organisationsform.

Wo sich aus der rechtlichen Ausgestaltung einer Arbeitsgemeinschaft hingegen deren **privatrechtliche Natur** ergibt, ist die Frage nach deren tatsächlicher Organisationsform (privatrechtliche Arbeitsgemeinschaften sind in aller Regel Gesellschaften bürgerlichen Rechts iSd §§ 705 ff) von der Frage nach der rechtlichen Zulässigkeit dieser Formwahl zu unterscheiden: Ersteres lässt sich in aller Regel aus dem betreffenden Gründungsakt entnehmen (vgl zB § 7 Abs 1 GmbHG), letzteres bestimmt sich nach spezialgesetzlichen Vorgaben (so dürfte zumindest fraglich sein, ob Leistungsträger Gesellschafter einer Gesellschaft mit unbegrenzter Gesellschafterhaftung sein dürfen). § 94 enthält insoweit keine Einschränkungen.   7

Zur steuerrechtlichen Seite *FG Nürnberg* Urt v 17.2.2009 – 2 K 1138/2008.

Auch die Frage, ob und inwieweit eine **Beteiligung von Privatrechtssubjekten** an Arbeitsgemeinschaften zulässig ist, wird durch die Neufassung von § 94 ebenfalls auf die für die Konstituierung der jeweiligen Arbeitsgemeinschaft einschlägigen Vorschriften verlagert (*Sehnert* aaO Rz 4 mit Nachweisen zum Streitstand nach alter Rechtslage).   8

2.3. Gesetzliche Vorgaben für Arbeitsgemeinschaften

Angesichts der weitgehenden Regelungen der einzelnen Typen von Arbeitsgemeinschaften in den unterschiedlichen Spezialvorschriften liegt der wesentliche Regelungsgehalt von § 94 in allgemeinen (und unter dem Vorbehalt abweichender Sonderregelungen stehender) Vorgaben über die staatliche **Aufsicht** (Abs 2), die Verpflichtung zur Aufstellung eines **Haushaltsplans** (Abs 3) und die Erteilung von **Aufträgen** an Arbeitsgemeinschaften (Abs 4).   9

Nach Abs 2 unterliegen alle sozialrechtlichen Arbeitsgemeinschaften **staatlicher Rechtsaufsicht** iSd § 87 Abs 1 Satz 2 SGB IV (*Sehnert* aaO Rz 9). Die Formulierung, die Aufsicht erstrecke sich auf die Beachtung von Gesetz und Recht, bedeutet in diesem Zusammenhang gerade eine Eingrenzung der Aufsicht und schließt die weitergehende Fachaufsicht aus, wie auch ein Vergleich zwischen beiden Absätzen des § 87 SGB IV zeigt. Was den **rechtlichen Maßstab** dieser Aufsicht betrifft, kann sich § 94 nicht – wie § 87 Abs 1 Satz 2 SGB IV – auf das Gesetz und das sonstige für die Leistungsträger einschlägige Recht (vgl hierzu *Gleitze* in GK-SGB IV § 87 Rz 4 ff) beschränken. Vielmehr haben die Aufsichtsbehörde insbesondere auch die Einhaltung des für die Arbeitsgemeinschaften einschlägigen Rechts zu überwachen und durchzusetzen, bei (zulässigerweise) privatrechtlich organisierte Arbeitsgemeinschaften also auch zwingende Vorschriften des Privatrechts.   10

11 Zugleich gibt § 94 den Aufsichtsbehörden zwar das Prüfungs- und Informationsrecht aus § 88 SGB IV, nicht jedoch die Aufsichtsmittel des § 89 SGB IV an die Hand. Stehen der Aufsichtsbehörde demnach lediglich Eingriffsbefugnisse gegenüber den gleichsam hinter der Arbeitsgemeinschaft stehenden Leistungsträger zu, mit deren Hilfe sie die Leistungsträger dazu veranlassen kann, rechtmäßige Zustände herzustellen (*Engelmann* aaO Rz 13), so verpflichtet § 94 Abs 2 Satz 1 die Leistungsträger zugleich, sich bei der Schaffung von Arbeitsgemeinschaften hinreichende Ingerenzmöglichkeiten (etwa konzernrechtlicher Natur) offen zu halten.

12 Mit der Verweisung auf die §§ 90, 90 a SGB IV stellt § 94 klar, dass sich die örtliche Zuständigkeit der Aufsichtsbehörde grundsätzlich nach dem örtlichen Zuständigkeitsbereich der Arbeitsgemeinschaft selbst (und nicht der an ihr Beteiligten) richtet. Zugleich enthält die Vorschrift eine Regelung über die sachliche Zuständigkeit dahin gehend, dass die Mitbeteiligung auch von Leistungsträgern oder Verbänden, die nicht der Sozialversicherung zuzuordnen sind, an der Zuständigkeit gem. § 90 SGB IV grundsätzlich nichts ändert (hierzu und zum vorangehenden *Sehnert* aaO Rz 12). Eine teleologische Reduktion von § 94 Abs 2 Satz 1 ist allerdings dann erforderlich, wenn im Einzelfall keiner der Beteiligten dem Bereich Sozialversicherung angehört: Es ist nicht einzusehen, wieso die Versicherungsaufsicht für eine allein aus Trägern der Sozialhilfe bestehende Arbeitsgemeinschaft, die sich nur mit originär sozialhilferechtlichen Fragen beschäftigt, zuständig sein sollte (so aber dediziert *v Maydell* in GK-SGB X § 94 Rz 44). Fehlt der Arbeitsgemeinschaft ein räumlicher Zuständigkeitsbereich, richtet sich die Zuständigkeit nach dem Sitz der Arbeitsgemeinschaft, § 94 Abs 2 Satz 2. Schließlich ermächtigt die Vorschrift die Landesregierungen zum Erlass ergänzender Verordnungen.

13 Die Pflicht zur Aufstellung eines Haushaltsplanes steht nach Abs 3 unter dem Vorbehalt der Erforderlichkeit, wobei es maßgeblich auf den Umfang der von der Arbeitsgemeinschaft verwalteten Mittel und insbesondere auf die Aufgaben der Arbeitsgemeinschaft ankommt (*Sehnert* aaO Rz 13; enger *v Maydell* aaO Rz 48). UU kann zwar eine Pflicht zur Aufstellung eines Haushaltsplanes bestehen, jedoch auf wesentliche Grundzüge beschränkt sein. Auch ein Abweichen vom Grundsatz der Jährlichkeit ist denkbar (zu Einzelheiten *Sehnert* aaO Rz 13).

14 Angesichts des unklaren Wortlauts von Abs 4 ist fraglich und umstritten, wie die **Verweisung auf § 88 Abs 1 Satz 1 und Abs 2** verstanden werden muss: Sie wird teils als zusätzliches materielles Erfordernis an die Bildung von Arbeitsgemeinschaften aufgefasst (so *Engelmann* Rz 17 zur Vorgängervorschrift), andererseits aber zumindest auch dahin gehend, dass Arbeitsgemeinschaften Teil eines Auftragsverhältnisses iSd §§ 88 ff sein können (*Sehnert* aaO Rz 7 mwN). Die erstgenannte Auffassung verdient jedenfalls angesichts der Neufassung von § 94 keine Zustimmung (ausführlich zum alten Recht *v Maydell* aaO Rz 33). Die Voraussetzungen für die Bildung von Arbeitsgemeinschaften enthält das spezielle Recht, teilweise ist sie dort – wie zB in § 278 SGB V – zwingend vorgeschrieben. Dass § 94 Abs 4 nun gleichsam nachträglich ein weiteres Erfordernis hierfür einführen soll, widerspricht der Stellung dieser Vorschrift sowohl innerhalb von § 94 als auch im Gesamtzusammenhang mit dem Recht der unterschiedlichen Arbeitsgemeinschaften (vgl auch *v Maydell* aaO Rz 34).

15 § 94 Abs 4 ermöglicht es demnach, auch **Arbeitsgemeinschaften iSd § 88 zu beauftragen**. Als Auftraggeber können sie hingegen nicht auftreten (siehe aber § 97 Abs 1). Arbeitsgemeinschaften sind organisatorisch und kompetentiell den

Verbänden iSd § 88 Abs 1 Satz 1 vergleichbar, weswegen ihre Beteiligung am Auftragsverhältnis nicht über die eines Verbandes (der ebenfalls nur Beauftragter sein kann) hinausgehen darf (*v Maydell* aaO Rz 36). Nicht in § 94 gesagt, aber logische Folge von Abs 4 ist die entsprechende Anwendbarkeit aller Vorschriften über das vertragliche Auftragsverhältnis mit Ausnahme von § 88 Abs 1 Satz 2 (*v. Maydell* aaO Rz 36), was angesichts der Ähnlichkeit von Arbeitsgemeinschaft und Verbänden auch und insbesondere für § 88 Abs 3 gilt.

3. Regelungsgehalt von Abs 1

An unerwarteter Stelle enthält § 94 schließlich in Abs 1 eine Regelung über bestimmte Arbeitsgemeinschaften, die vor (Erst-)Erlass der Vorschrift bereits bestanden. Nicht gefolgert werden darf aus Abs 1 im Gegenschluss, Arbeitsgemeinschaften iSd Abs 2 dürften keine Verwaltungsakte erlassen. Hier ist das einschlägige spezielle Recht maßgeblich. **16**

4. Die Ermächtigung in Abs 1a

Mit Schaffung von Abs 1 a (durch G v 21.3.2005) findet sich eine Ermächtigung zur Schaffung von Arbeitsgemeinschaften im SGB X, deren rechtsgebietsübergreifender Charakter dadurch ausgeglichen wird, dass der Gegenstand der Arbeitsgemeinschaften nicht in der eigentliche Leistungsverwaltung, sondern überwiegend in Koordinierungsaufgaben liegt. Die Ermächtigung sagt nichts über die insbes datenschutzrechtlich zu beurteilenden Befugnisse der Arbeitsgemeinschaften aus. Die Sätze 2 und 3 sind Sonderregelungen zum Aufsichtsrecht (insbes zu § 88 SGB IV). **17**

5. Exkurs: Gemeinsame Einrichtungen, § 44 b SGB II

Ein im Sozialverwaltungsrecht insgesamt atypischer Fall war die zum 1.1.2005 eingeführte Arbeitsgemeinschaft (ARGE) nach § 44 b SGB II, die nach dem Urteil des *BVerfG* vom 20.12.2007 (2 BvR 2433/04, 2 BvR 2434/04, BVerfGE 119, 331) durch eine verfassungskonforme Konstruktion ersetzt werden musste. Nach einer Grundgesetzänderung (begrenzte Ausnahme vom Verbot der Mischverwaltung in Art 91 e GG, in Kraft seit dem 27.7.2010) ordnet § 44 b SGB II in der seit dem 1.4.2011 geltenden Fassung nunmehr die Bildung gemeinsamer Einrichtungen in Form von Mischbehörden an (hierzu *Voelzke* in Hauck/Noftz SGB II § 44 b Rz 6, 8). Diese Einrichtungen haben sich nach dem Wortlaut von § 44 b SGB II und nach der Normgeschichte so weit von § 94 entfernt, dass dieser bei der Auslegung von § 44 b keine Rolle mehr spielen dürfte. **18**

§ 95 Zusammenarbeit bei Planung und Forschung

(1) ¹Die in § 86 genannten Stellen sollen

1. Planungen, die auch für die Willensbildung und Durchführung von Aufgaben der anderen von Bedeutung sind, im Benehmen miteinander abstimmen sowie
2. gemeinsame örtliche und überörtliche Pläne in ihrem Aufgabenbereich über soziale Dienste und Einrichtungen, insbesondere deren Bereitstellung und Inanspruchnahme, anstreben.

[2]Die jeweiligen Gebietskörperschaften sowie die gemeinnützigen und freien Einrichtungen und Organisationen sollen insbesondere hinsichtlich der Bedarfsermittlung beteiligt werden.

(2) Die in § 86 genannten Stellen sollen Forschungsvorhaben über den gleichen Gegenstand aufeinander abstimmen.

Literatur:

Siehe bei § 86.

1. Allgemeines

1　§ 95 konkretisiert die aus § 86 und § 17 SGB I folgende Verpflichtung der Leistungsträger, ihrer Verbände sowie der anderen im SGB genannten öffentlich-rechtlichen Vereinigungen zu größtmöglicher **Zusammenarbeit** bereits **bei im Vorfeld der eigentlichen Aufgabenerfüllung** sowie zur Beteiligung der (von § 86 nicht erfassten) Gebietskörperschaften, gemeinnützigen und freien Einrichtungen und Organisationen. Ziel der Verpflichtung zu möglichst frühzeitiger Zusammenarbeit (*v Maydell* in GK-SGB X § 95 Rz 9) ist in erster Linie die Rationalisierung der Aufgabenerfüllung (*Engelmann* in v Wulffen/Schütze SGB X § 95 Rz 2). § 95 wird seinerseits durch einige Vorschriften iSd § 37 SGB I verdrängt (zB §§ 99 ff SGB V, §§ 73 ff und 79 ff SGB VIII). Den Forderungen der Vorschrift steht die weitgehende **Sanktionslosigkeit** eines Verstoßes gegenüber – einklagbar und gerichtlich überprüfbar sind die Verpflichtungen zu Zusammenarbeit, Abstimmung und Beteiligung auch im Aufsichtswege (hierzu insbesondere *André* NDV 1983, 73 f) nur in Ausnahmefällen (*Engelmann* aaO Rz 3) und Vorgaben zu Mitteln und Wegen der Planverwirklichung oder ihr Ergebnis enthält § 95 nicht (*BVerwG* Urt v 30.9.1993 – 5 C 41/91, E 94, 202). Schadensersatzansprüche etwa eines übergangenen Leistungsträgers, der ein eigenes Forschungsvorhaben aus Rationalisierungsgründen abzubrechen gezwungen ist, werden sich kaum begründen oder gar beziffern lassen. Vor diesem Hintergrund enthält die in allen Sätzen wiederkehrende Formulierung „sollen" in praktischer Hinsicht weniger eine gesteigerte Verpflichtung als eher einen Appell an die in § 86 genannten (aA *v Maydell* aaO Rz 5). Allerdings kann ein Verstoß gegen § 95 zugleich nach anderen Vorschriften (zB § 69 Abs 2 SGB IV) Folgen nach sich ziehen.

2. Zusammenarbeit bei der Planung, Einbeziehung der Gebietskörperschaften

2　Die Begriffe Plan und Planung (Abs 1 Satz 1 Nr 1 und 2) stehen dergestalt in Beziehung zueinander, dass die Planung als Prozess der Datensammlung und Willensbildung letztendlich in dem Plan als konkreter Festsetzung zukünftigen Handelns resultiert. Lassen sich bereits während der Willensbildung Berührungspunkte möglichen Handels mit der Willensbildung und Aufgabenerfüllung anderer Stellen erkennen, haben beide Beteiligte gem. Abs 1 Satz 1 Nr 1 in einen Dialog zu treten (*v. Maydell* aaO Rz 10), den § 95 allerdings nicht näher rechtlich ausgestaltet. Klar ist nur, dass der anderen Stelle jedenfalls keine Mitwirkungsrechte (wie sie etwa das Recht der Bauleitplanung in sehr ausdifferenzierter Form kennt) zustehen (vgl *Eichenhofer* in Wannagat SGB X § 95 Rz 4). Etwas konkretere Vorgaben enthält Abs 1 Satz 1 Nr 2, der § 17 Abs 1 Nr 2 SGB I näher ausgestaltet und sich entsprechend nur auf konkrete Pläne über soziale Dienste und Einrichtungen im Sinne dieser Vorschrift (Beratungsstellen, Krankenhäuser, Einrichtungen zur Inobhutnahme nach § 42 SGB VIII) bezieht.

Die nach dieser Vorschrift anzustrebenden gemeinsamen Pläne brauchen nicht notwendig in derselben Urkunde niedergelegt sein (*Sehnert* in *Hauck/Noftz* SGB X/3 § 95 Rz 11), es genügt eine inhaltlich Abstimmung. Während es bei Abs 1 Satz 1 unerheblich ist, ob die Beteiligten demselben Bereich der SV angehören, bezieht Satz 2 sogar solche Organisationen mit in den Anwendungsbereich der Vorschrift ein, die als solche nicht zwingend dem SGB unterfallen (nämlich insoweit als die Gebietskörperschaft nicht Leistungsträger ist, *v Maydell* aaO Rz 15). Welches die jeweilige Gebietskörperschaft in diesem Sinne ist, ergibt sich aus dem räumlichen Bereich, der von Plan oder Planung betroffen ist (bei bundesweiter Planung also etwa der Bund, vgl *Sehnert* aaO Rz 15). Der Begriff der gemeinnützigen und freien Einrichtungen und Organisationen entspricht dem in § 17 Abs 3 Satz 1 SGB I. Eine umgekehrte Pflicht ergibt für Gebietskörperschaften regelmäßig aus Vorschriften des Planungsrechts.

3. Abstimmung von Forschungsvorhaben

Zu den Forschungsvorhaben nach Abs 2 zählen (im Gegensatz zu der in § 75   **3** Abs 1 Satz 1 Nr 1 angesprochenen wissenschaftlichen Forschung, vgl *Engelmann* aaO Rz 7) neben der universitären auch die selbst durchgeführte Forschung (insbesondere die Arbeitsmarkt- und Berufsforschung, § 282 SGB III oder die Durchführung von Modellprojekten im Bereich der Rehabilitation, *Sehnert* aaO Rz 19). Auch der Begriff des gleichen Gegenstandes ist weit auszulegen und setzt Zusammenhänge in Thematik und uU auch Methodik der Vorhaben voraus. Gefordert wird von Abs 2 auch nicht das Unterlassen weiterer Forschungsvorhaben über den gleichen Gegenstand, sondern eine Koordination insb im Ablauf zur Vermeidung von Doppelarbeit (*v Maydell* aaO Rz 17 f) wie bspw eine gemeinsame Feldforschung.

§ 96 Ärztliche Untersuchungen, psychologische Eignungsuntersuchungen

(1) ¹Veranlasst ein Leistungsträger eine ärztliche Untersuchungsmaßnahme oder eine psychologische Eignungsuntersuchungsmaßnahme, um festzustellen, ob die Voraussetzungen für eine Sozialleistung vorliegen, sollen die Untersuchungen in der Art und Weise vorgenommen und deren Ergebnisse so festgehalten werden, dass sie auch bei der Prüfung der Voraussetzungen anderer Sozialleistungen verwendet werden können. ²Der Umfang der Untersuchungsmaßnahme richtet sich nach der Aufgabe, die der Leistungsträger, der die Untersuchung veranlasst hat, zu erfüllen hat. ³Die Untersuchungsbefunde sollen bei der Feststellung, ob die Voraussetzungen einer anderen Sozialleistung vorliegen, verwertet werden.

(2) ¹Durch Vereinbarungen haben die Leistungsträger sicherzustellen, dass Untersuchungen unterbleiben, soweit bereits verwertbare Untersuchungsergebnisse vorliegen. ²Für den Einzelfall sowie nach Möglichkeit für eine Vielzahl von Fällen haben die Leistungsträger zu vereinbaren, dass bei der Begutachtung der Voraussetzungen von Sozialleistungen die Untersuchungen nach einheitlichen und vergleichbaren Grundlagen, Maßstäben und Verfahren vorgenommen und die Ergebnisse der Untersuchungen festgehalten werden. ³Sie können darüber hinaus vereinbaren, dass sich der Umfang der Untersuchungsmaßnahme nach den Aufgaben der beteiligten Leistungsträger richtet; soweit die Untersuchungsmaßnahme hierdurch erweitert ist, ist die Zustimmung des Betroffenen erforderlich.

(3) Die Bildung einer Zentraldatei mehrerer Leistungsträger für Daten der ärztlich untersuchten Leistungsempfänger ist nicht zulässig.

Literatur:

Koss: Erhebung und Verwendung von Befunden für verschiedene Sozialleistungsträger (§ 96 SGB X) – aus medizinischer Sicht, MedSach 2000, 15; *Plagemann*: Erhebung und Verwendung von Befunden für verschiedene Sozialleistungsträger (§ 96 SGB X) – aus juristischer Sicht, MedSach 2000, 16; siehe auch zu § 86.

1. Allgemeines

1 § 96 beugt unwirtschaftlichen (und teils auch gesundheitsgefährdenden) **Mehrfachuntersuchungen** bei der Feststellung gesundheitlicher Voraussetzungen für Sozialleistungen vor und enthält insoweit eine Parallele zu § 95 Abs 2 (ausführlich *v Maydell* in GK-SGB X § 96 Rz 2 ff). Gerade angesichts der zahlreichen Fallkonstellationen, in denen Sozialleistungen von bestimmten gesundheitlichen Voraussetzungen abhängig sind, des Kostenaufwandes, den ärztliche Untersuchungen erfordern, und positiver Erfahrungen aus dem knappschaftlichen Bereich (*Fichte* in Erlenkämper/Fichte 847) wird von den durch die Vorschrift eröffneten Möglichkeiten in Praxis nur sehr wenig Gebrauch gemacht (*Plagemann* MedSach 2000, 16 [17]).

2 Diese praktische Relevanz gebietet sowohl eine bessere Umsetzung der Vorschrift als auch grundsätzlich eine weite Auslegung. Zur mangelnden Umsetzung von Abs 1 mag beitragen, dass sich Verstöße hiergegen ähnlich schwer sanktionieren lassen wie gegen § 95. Von größerer Durchsetzbarkeit sind dagegen die beiden anderen Absätze. Abs 2 enthält eine genau umrissene und zwingende Verpflichtung, die der Antragsteller zwar nicht einklagen kann, deren Einhaltung sich aber im Aufsichtswege überprüfen und durchsetzen lässt. Eine entgegen Abs 3 eingerichtete Zentraldatei lässt sich mit Aufsichtsmitteln auflösen (*Schneider-Danwitz* in Gesamtkommentar § 96 SGB X Anm 59).

3 Alle Vorgaben von § 96 stehen unter dem Vorbehalt datenschutzrechtlicher Zulässigkeit (vgl *Plagemann* aaO 17).

2. Anforderungen an medizinische und psychologische Untersuchungen (Abs 1)

4 Abs 1 erfasst dem Wortlaut nach durch Leistungsträger veranlasste ärztliche Untersuchungen und psychologische Eignungsuntersuchungen zur Feststellung der Voraussetzungen von Sozialleistungen. Angesichts der ratio legis sind die Begriffe Leistungsträger und Sozialleistung **weit auszulegen** und schließen das Handeln der Versorgungsverwaltung nach dem SGB IX (ähnlich *Koss* MedSach 2000, 15) ebenso ein wie das der Rentenversicherungsträger nach § 45 SGB XII (vgl *Schwanitz-Pazzaglia* Mittg LVA Rheinprovinz 2003, 207 f zur Vorgängervorschrift). Die §§ 88 Abs 1 Satz 1 und 94 Abs 4 erfordern eine analoge Anwendung von § 96 auf von Verbänden und Arbeitsgemeinschaften veranlasste Untersuchungen.

5 Ebenfalls weit auszulegen ist der Begriff Untersuchung(smaßnahme), unter den auch nach Aktenlage erstellte Gutachten fallen (*Plagemann* aaO 16; aA *Engelmann* in von Wulffen/Schütze SGB X § 96 Rz 4). Nicht von § 96 erfasst sind (mangels Veranlassung durch den Leistungsträger) Krankenhaus-Entlassungsberichte, Arztbriefe und ärztliche Atteste sowie andere psychologische Untersuchungen als Eignungsuntersuchungen. **Befundberichte** behandelnder Ärzte werden zwar auf Veranlassung des Leistungsträgers erstattet, basieren jedoch im

Regelfall nicht auf eigens an den Vorgaben des Leistungsträgers orientierten Untersuchungen und fallen daher ebenfalls nicht unter § 96.

Gemäß Abs 1 Satz 2 richtet sich der **Umfang der Untersuchung** danach, welche **6** Erkenntnisse erforderlich sind, um über die **konkret beantragte Sozialleistung** zu entscheiden. Die Untersuchung ist also zu beenden, sobald die gesundheitlichen Voraussetzungen dieser Leistung sicher ausgeschlossen werden können. Auch wenn sich also die Untersuchung allein an den Aufgaben des veranlassenden Leistungsträgers orientiert, sollen Fragestellung und Dokumentation der Untersuchungsergebnisse so ausgestaltet sein, dass sie auch bei der Prüfung anderer als der beantragten Leistung verwertet werden können. Regelmäßig heißt dies freilich nicht, dass der veranlassende Leistungsträger auch nach den Voraussetzungen für alle weiteren denkbaren Sozialleistungen fragen muss (der Rentenversicherungsträger braucht daher in seine Fragestellung an den Sachverständigen nicht auch Fragen über MdE oder GdB aufzunehmen), jedoch soll die Untersuchung auch anderen Leistungsträger eine möglichst **umfassende Entscheidungsgrundlage** liefern. Kommt es für den veranlassenden Leistungsträger auf den aktuellen Gesundheitszustand des Probanden an (und nicht allein auf Kausalitätsfragen etc), sind – sofern der Sachverständige die Frage nicht sofort eindeutig beantworten kann – eine möglichst umfassende Untersuchung durchzuführen und deren Ergebnisse (insbesondere Messdaten wie Laborwerte oder Bewegungsausmaße) detailliert zu protokollieren.

Das **Verwertungsgebot** (so der Terminus von *Engelmann* aaO) in Abs 1 Satz 2 **7** soll anderen Leistungsträgern die Entscheidungsfindung erleichtern, bindet diese aber ebenso wenig wie den veranlassenden Träger an die Ergebnisse der Untersuchung (*Pappai* BKK 1983 2 [5]).

3. Weitere Zusammenarbeit der Leistungsträger (Abs 2 und 3)

Abs 2 verpflichtet die Leistungsträger zu **Vereinbarungen zur Vermeidung unnötiger Untersuchungen** (Satz 1), zur Festlegung einheitlicher Untersuchungs- **8** und Dokumentationsmethoden (Satz 2) und eröffnet schließlich die Möglichkeit, bei der Begutachtung auch Fragestellungen aus dem Aufgabenbereich anderer Leistungsträger mit zu berücksichtigen (Satz 3). Satz 1 hat besondere Bedeutung für Untersuchungen, die für den Probanden mit gesundheitlichen Risiken oder körperlichen Belastungen (wie etwa radiologische Untersuchungen, Koloskopie, Bronchoskopie) verbunden sind und wird in dieser Hinsicht durch § 101 Satz 1 ergänzt. Zur Vereinbarung gemeinsamer Untersuchungs- und Dokumentationsmethoden eignet sich insbesondere der Vergleich mit von der Medizin allgemein anerkannten Standards (etwa der sog Neutral-Null-Methode für die Feststellung vom Bewegungsausmaßen).

Eine über Absatz 1 Satz 2 hinausgehende Möglichkeit, in der Untersuchung die **9** gesundheitlichen **Voraussetzungen mehr als nur einer Sozialleistung** prüfen zu lassen, enthält Satz 3. Dies bietet sich etwa dann an, wenn die Sozialleistungen weder von besonderen persönlichen Umständen (wie etwa dem ausgeübten Beruf) noch von Kausalitätsfragen abhängig sind (etwa Ansprüche nach § 43 Abs 1 und 2 SGB VI und Feststellungen nach § 69 SGB IX) oder aber wenn es für beide Leistungen gerade auf die Kausalität ankommt (so etwa im Zusammenspiel der §§ 43 Abs 5, 51 Abs 1 Nr 1 SGB VI mit den §§ 7–9 SGB VII). Diese Möglichkeit steht jedoch immer dann unter einem Einwilligungsvorbehalt des Probanden, wenn die Prüfung der Voraussetzungen weiterer Sozialleistungen zu einer Erweiterung der Untersuchung führt. Kommt beispielsweise der Sachverständige bereits zu Anfang einer vom Rentenversicherungsträger veranlassten

Untersuchung zu dem Schluss, dass der Proband wegen einer Herzerkrankung voll erwerbsgemindert ist, so bedarf er für Untersuchungen des Haltungs- und Bewegungsapparats (deren Ergebnis für eine Feststellung gem. § 69 SGB IX von zusätzlicher Bedeutung sein könnte) der **Einwilligung** des Probanden. Da eine derartige Sachlage ganz regelmäßig erst in der Untersuchungssituation überhaupt bekannt wird, muss es genügen, wenn der Proband seine Zustimmung bereits nach Beginn des Begutachtungstermins, jedoch vor den betreffenden Einzeluntersuchungen gegenüber dem Sachverständigen erteilt. Eine Aussetzung der Begutachtung liefe den Grundgedanken von § 96 (Rationalisierung nebst Schonung des Antragstellers) zuwider.

10   Das Verbot einer **zentralen Datei** in Abs 3 schließt auch bereits die Bildung einer Arbeitsgemeinschaft zur Sammlung solcher Daten mit ein (hM, jetzt auch *Engelmann* aaO Rz 6 mwN; aA *Schneider-Danwitz* aaO Anm 55). In der Kranken- und der Unfallversicherung gehen die § 284 SGB V und § 204 SGB VII vor (kritisch *Plagemann* aaO 18).

Dritter Titel Zusammenarbeit der Leistungsträger mit Dritten

§ 97   Durchführung von Aufgaben durch Dritte

(1) [1]Kann ein Leistungsträger, ein Verband von Leistungsträgern oder eine Arbeitsgemeinschaft von einem Dritten Aufgaben wahrnehmen lassen, muss sichergestellt sein, dass der Dritte die Gewähr für eine sachgerechte, die Rechte und Interessen des Betroffenen wahrende Erfüllung der Aufgaben bietet. [2]Soweit Aufgaben aus dem Bereich der Sozialversicherung von einem Dritten, an dem ein Leistungsträger, ein Verband oder eine Arbeitsgemeinschaft unmittelbar oder mittelbar beteiligt ist, wahrgenommen werden sollen, hat der Leistungsträger, der Verband oder die Arbeitsgemeinschaft den Dritten zu verpflichten, dem Auftraggeber auf Verlangen alle Unterlagen vorzulegen und über alle Tatsachen Auskunft zu erteilen, die zur Ausübung des Aufsichtsrechts über die Auftraggeber auf Grund pflichtgemäßer Prüfung der Aufsichtsbehörde des Auftraggebers erforderlich sind. [3]Die Aufsichtsbehörde ist durch den Leistungsträger, den Verband oder die Arbeitsgemeinschaft so rechtzeitig und umfassend zu unterrichten, dass ihr vor der Aufgabenübertragung oder einer Änderung ausreichend Zeit zur Prüfung bleibt. [4]Die Aufsichtsbehörde kann auf eine Unterrichtung verzichten. [5]Die Sätze 3 und 4 gelten nicht für die Bundesagentur für Arbeit.

(2) § 89 Abs. 3 bis 5, § 91 Abs. 1 bis 3 sowie § 92 gelten entsprechend.

Literatur:

Dortants/von Hansemann: Die Auslagerung von „Aufgaben" durch Krankenkassen und ihre Verbände auf Dritte NZS 1999, 542; siehe auch bei § 86.

1. Allgemeines

1   § 97 regelt die Heranziehung Dritter im Vertragswege (der Terminus ist nach *BSG* Urt v 2.3.2000 – B 7 AL 36/99 R, SozR 3-7610 § 683 Nr 4 gewählt und soll insbesondere die Abgrenzung zum Auftrag, §§ 88 ff, verdeutlichen). Die

Vorschrift enthält jedoch **selbst keine entsprechende Ermächtigung** (BT-Drucks 9/95, 23; *Seewald* in KassKomm § 88 SGB X Rz 23; *Roos* in v Wulffen/Schütze SGB X § 97 Rz 2), sondern knüpft an spezialgesetzliche Ermächtigungen an und erweitert deren Voraussetzungen um allgemeine Vorgaben. Die Kriterien, an denen sich Auswahl des Dritten und vertragliche Ausgestaltung des Verhältnisses zu orientieren haben (Abs 1), tragen – wie auch § 88 Abs 2 Satz 2 – dem Grundsatz der **Eigenverantwortung** von Leistungsträgern und Arbeitsgemeinschaften Rechnung. Für die weitere Ausgestaltung verweist Abs 2 auf das Auftragsrecht.

Die Begriffe Leistungsträger und Arbeitsgemeinschaft sind mit denen in den 2
§§ 88 und 94 identisch. Die Streitfrage, ob sich § 97 auf alle Arbeitsgemeinschaften bezieht (dazu *Eichenhofer* in Wannagat SGB X § 97 Rz 7 mwN), dürfte angesichts der Neufassung von § 94 beantwortet sein.

Der Begriff des **Dritten** bestimmt sich negativ aus den §§ 97 Abs 1, 88 Abs 1 3
Satz 1 und 93: Dritter ist, wer nicht Leistungsträger, Verband von Leistungsträgern, Arbeitsgemeinschaft oder als juristische Person des öffentlichen Rechts auf andere Weise eng in die Leistungsgewährung mit einbezogen ist (*Eichenhofer* aaO Rz 8; ein Beispiel für letzteres sind KÄV, vgl § 77 Abs 5 SGB V). Übrig bleiben somit im Wesentlichen (natürliche und vornehmlich) juristische Personen des Privatrechts. Die Frage, ob auch öffentlich-rechtlich organisierte Dritte iSd § 97 mit der Aufgabenwahrnehmung betraut werden können (zum Streitstand siehe *Eichenhofer* aaO Rz 8 mit Fn 13) lässt sich nicht pauschal, sondern nur mit Blick auf die spezielle Ermächtigung beantworten.

Die beiden **Hauptanwendungsfälle** von § 97 sind somit die Einschaltung Priva- 4
ter in die Erbringung von Leistungen zur Rehabilitation (§ 21 SGB IX, ggf iVm § 15 Abs 2 Satz 1 SGB VI, *SG Köln* Urt v 28.8.1998 – S 6 (5) RA 141/95, nv) und die Arbeitsvermittlung durch Private (vgl *LSG RhPf* Urt v 28.1.1999 – L 7 Ar 23/98, nv; *SG Mainz* GewArch 1998, 122), vgl jetzt § 296 SGB III. Ein weiterer Komplex ist die Einbindung der freien Wohlfahrtspflege (etwa nach § 76 SGB VIII).

Nicht anwendbar ist § 97 auf das Verhältnis der Vertragsärzte zu den Kranken- 5
kassen, in das die Kassenärztlichen Vereinigungen – gem § 77 Abs 5 SGB V Körperschaften des öffentlichen Rechts – zwischengeschaltet sind. Entsprechendes gilt für andere Leistungserbringer und im Bereich von § 33 Abs 4 SGB VII. An der Wahrnehmung von Aufgaben des Leistungsträgers fehlt es, wenn Private Pflichten nachkommen, die das Sozialrecht eigens ihnen auferlegt (wie etwa in § 118 Abs 3 Satz 2 SGB VI, hierzu *BSG* Urt v 20.12.2001 – B 4 RA 126/00 R, SozR 3-2600 § 118 Nr 8; weitere Beispiele sind § 145 Abs 1 SGB IX oder § 98 Abs 1 und 2 SGB X). Schließlich kann § 97 nicht zur Anwendung kommen, wenn es an einer Veranlassung durch Leistungsträger oder Arbeitsgemeinschaft fehlt (*BSG* Urt v 2.3.2000 – B 7 AL 36/99 R, SozR 3-7610 § 683 Nr 4).

2. Voraussetzungen für die Heranziehung Dritter

Erste Voraussetzung für die Heranziehung Dritter im Vertragswege ist eine **spe-** 6
zialgesetzliche Ermächtigung, deren etwaige spezifische Voraussetzungen enger sein können als die nach § 97 und jedenfalls nicht durch § 97 verdrängt werden (*LSG RhPf* aaO). Insbesondere ergibt sich aus einer teleologischen und systematischen Auslegung der Ermächtigungsgrundlage, was überhaupt auf den Dritten übertragen werden darf (*Roos* aaO Rz 4). Bei der Annahme ungeschrie-

bener Ermächtigungen ist erhöhte Vorsicht geboten (*Dortants/von Hansemann* NZS 1999, 542 ff).

7 Sodann muss im Verhältnis zu dem Dritten der Grundsatz der **Eigenverantwortlichkeit** des Leistungsträgers oder der Arbeitsgemeinschaft verankert sein (vgl auch § 76 Abs 2 SGB VIII), dh die (insbesondere grundrechts-) wesentlichen Entscheidungen dürfen nicht in die Hand des Dritten gegeben werden (*Eichenhofer* aaO Rz 5) und das Handeln des Dritten muss durch effektive **Ingerenzmittel** steuerbar sein. Angesichts der Umsetzung dieses Grundsatzes in Abs 2 bleibt als Anwendungsbereich von Abs 1 wesentlich die **Auswahl des Dritten,** die sich an Kriterien wie dessen Ausstattung und seiner Zuverlässigkeit orientiert, sowie die Möglichkeit einer effektiven Kontrolle durch die Aufsichtsbehörden (Abs 1 Satz 2–4, eingf durch das Verwaltungsvereinfachungsgesetz v 21.3.2005). Auch müssen Leistungsträger und Arbeitsgemeinschaften für den Fall Sorge tragen, dass der Dritte (etwa infolge Insolvenz) ausfällt. Für Fehlverhalten des Dritten hat der zuständige Leistungsträger einzustehen (*Eichenhofer* aaO Rz 6).

8 Fehlt es an einer Voraussetzung der Ermächtigungsgrundlage oder aus Abs 1, ist der der Heranziehung zugrundeliegende Vertrag wegen Gesetzesverstoß nichtig. Bei der tatsächlichen Abwicklung des Verhältnisses dürfen dem Leistungsempfänger keine Nachteile entstehen.

3. Rechtsfolge

9 Hinsichtlich der weiteren Ausgestaltung der Heranziehung Dritter verweist Abs 2 auf Vorschriften des (vertraglichen) Auftragsrechts, denen auch hier Sondervorschriften des einzelnen Heranziehungsverhältnisses vorgehen. Daneben sind auch die Vorschriften des Sozialdatenschutzes anzuwenden (*Eichenhofer* aaO Rz 11 mwN).

10 Nicht ganz klar ist § 17 Abs 3 Satz 4 SGB I, wonach § 97 Abs 2 auf die gemeinnützigen und freien Organisationen nicht anwendbar ist. Hieraus ist nicht etwa zu schließen, dass Abs 2 im Fall der Heranziehung eines der in § 17 Abs 3 SGB I Genannten nicht gilt (so aber offenbar *Rüfner* in Wannagat SGB I § 17 Rz 8). Wären beispielsweise anerkannte Träger der freien Jugendhilfe im Fall ihrer Heranziehung nach § 76 Abs 1 SGB VIII keinen Weisungen des betreffenden öffentlichen Trägers nach den §§ 97 Abs 2, 89 Abs 5 unterworfen, so ließe sich die bindende Vorgabe aus § 76 Abs 2 SGB VIII nicht effektiv umsetzen.

11 Die Rechtsstellung des Dritten nach Heranziehung ergibt sich aus der – insbesondere spezialgesetzlich determinierten – Ausgestaltung des Heranziehungsverhältnisses. Obliegen ihm hiernach auch hoheitliche Befugnisse, so handelt es sich um einen Beliehenen, andernfalls um einen Verwaltungshelfer.

4. Exkurs: Sozialrechtliche Geschäftsführung ohne Auftrag

12 Erbringt ein Privater Leistungen, die (wirtschaftlich betrachtet) eigentlich in die Zuständigkeit eines Leistungsträgers fallen, so kommt ein Anspruch aus sozialrechtlicher Geschäftsführung ohne Auftrag grundsätzlich in Betracht (*BSG* Urt v 27.6.1990 – 5 RJ 39/89, SozR 3-7610 § 683 Nr 1), ist jedoch immer dann ausgeschlossen, wenn das (öffentliche) Recht eine abschließende Regelung für den betroffenen Sachverhalt bereithält (*BSG* Urt v 2.3.2000 – B 7 AL 36/99 R, SozR 3-7610 § 683 Nr 4). Während sich in § 25 SGB XII eine (für den Dritten günstige) Sonderregelung findet, eröffnet ansonsten § 53 Abs 2 Nr 1 SGB I dem Dritten einen gangbaren Weg. Bleibt es im Einzelfall dennoch bei der Anwendbarkeit der Geschäftsführung ohne Auftrag, so verdient die Frage nach der Besorgung eines fremden Geschäfts besonderes Augenmerk. Das *BSG* (aaO) hat dies für die Zahlung von Ausbildungsvergütung verneint.

§ 98 Auskunftspflicht des Arbeitgebers

(1) [1]Soweit es in der Sozialversicherung einschließlich der Arbeitslosenversicherung im Einzelfall für die Erbringung von Sozialleistungen erforderlich ist, hat der Arbeitgeber auf Verlangen dem Leistungsträger oder der zuständigen Einzugsstelle Auskunft über die Art und Dauer der Beschäftigung, den Beschäftigungsort und das Arbeitsentgelt zu erteilen. [2]Wegen der Entrichtung von Beiträgen hat der Arbeitgeber auf Verlangen über alle Tatsachen Auskunft zu erteilen, die für die Erhebung der Beiträge notwendig sind. [3]Der Arbeitgeber hat auf Verlangen die Geschäftsbücher, Listen oder andere Unterlagen, aus denen die Angaben über die Beschäftigung hervorgehen, während der Betriebszeit nach seiner Wahl den in Satz 1 bezeichneten Stellen entweder in deren oder in seinen eigenen Geschäftsräumen zur Einsicht vorzulegen. [4]Das Wahlrecht nach Satz 3 entfällt, wenn besondere Gründe eine Prüfung in den Geschäftsräumen des Arbeitgebers gerechtfertigt erscheinen lassen. [5]Satz 4 gilt nicht gegenüber Arbeitgebern des öffentlichen Dienstes. [6]Die Sätze 2 bis 5 gelten auch für Stellen im Sinne des § 28 p Abs. 6 des Vierten Buches.

(1 a) Soweit die Träger der Rentenversicherung nach § 28 p des Vierten Buches prüfberechtigt sind, bestehen die Verpflichtungen nach Absatz 1 Satz 3 bis 6 gegenüber den Einzugsstellen wegen der Entrichtung des Gesamtsozialversicherungsbeitrags nicht; die Verpflichtung nach Absatz 1 Satz 2 besteht gegenüber den Einzugsstellen nur im Einzelfall.

(2) [1]Wird die Auskunft wegen der Erbringung von Sozialleistungen verlangt, gilt § 65 Abs. 1 des Ersten Buches entsprechend. [2]Auskünfte auf Fragen, deren Beantwortung dem Arbeitgeber selbst oder einer ihm nahe stehenden Person (§ 383 Abs. 1 Nr. 1 bis 3 der Zivilprozessordnung) die Gefahr zuziehen würde, wegen einer Straftat oder einer Ordnungswidrigkeit verfolgt zu werden, können verweigert werden; dem Arbeitgeber stehen die in Absatz 1 Satz 6 genannten Stellen gleich.

(3) Hinsichtlich des Absatzes 1 Satz 2 und 3 sowie des Absatzes 2 stehen einem Arbeitgeber die Personen gleich, die wie ein Arbeitgeber Beiträge für eine kraft Gesetzes versicherte Person zu entrichten haben.

(4) Das Bundesministerium für Arbeit und Soziales kann durch Rechtsverordnung mit Zustimmung des Bundesrates das Nähere über die Durchführung der in Absatz 1 genannten Mitwirkung bestimmen.

(5) [1]Ordnungswidrig handelt, wer vorsätzlich oder leichtfertig

1. entgegen Absatz 1 Satz 1 oder
2. entgegen Absatz 1 Satz 2 oder Satz 3, jeweils auch in Verbindung mit Absatz 1 Satz 6 oder Absatz 3,

eine Auskunft nicht, nicht richtig, nicht vollständig oder nicht rechtzeitig erteilt oder eine Unterlage nicht, nicht richtig, nicht vollständig oder nicht rechtzeitig vorlegt. [2]Die Ordnungswidrigkeit kann mit einer Geldbuße bis zu fünftausend Euro geahndet werden. [3]Die Sätze 1 und 2 gelten nicht für die Leistungsträger, wenn sie wie ein Arbeitgeber Beiträge für eine kraft Gesetzes versicherte Person zu entrichten haben.

Literatur:

Pickel: Auskunftspflichten, DOK 1984, 821; *Kaiser*: Maßnahmen des Verwaltungszwanges im Betriebsprüfungsdienst, MittLVA Rheinprovinz 2003, 216; siehe auch bei § 86.

1. Allgemeines

1   § 98 enthält mit der Auskunftspflicht zwecks der Leistungserbringung (Abs 1 Satz 1) und hinsichtlich der Beitragserhebung (Abs 1 Satz 2) **zwei Tatbestände**, die trotz ihrer engen Verzahnung im Gesetzeswortlaut teilweise unterschiedlich geregelt sind. Für die Prüfung eines Anspruchs auf Auskunft **zwecks Leistungserbringung** gelten Abs 1 Satz 3 bis 5, Abs 2, 4 und 5 Satz 1 Nr 1, für die Prüfung im Hinblick auf die **Beitragserhebung** gelten Abs 1 Satz 3 bis 6, Abs 1 a, Abs 2 Satz 2, 3, 4 und 5 Satz 1 Nr 2.

2   Beiden Tatbeständen gemeinsam ist, dass sie nicht für Auskünfte des Antragstellers oder Versicherten selbst gelten, für die es bei den §§ 60, 61 und 65 SGB I sowie bei §§ 28 o SGB IV, § 206 SGB V und § 196 SGB VI bleibt (*Sehnert* in Hauck/Noftz SGB X/3 § 98 Rz 1). Auskunfts- und Vorlageverlangen sind VA (*OVG NRW* NVwZ 1990, 1192; str siehe *Scholz* in KassKomm § 99 Rz 4) und können im Wege des Verwaltungszwanges vollstreckt werden (ausf *Kaiser*, MittLVA Rheinprovinz 2003, 216 ff). Ein „Vergütungsanspruch" für besonders arbeitsintensive Auskünfte kann sich nur aus dem JVG ergeben (siehe § 100 Rz 1).

2. Auskunftspflicht hinsichtlich der Leistungserbringung (Abs 1 Satz 1)

2.1. Anwendungsbereich

3   Die Auskunftspflicht hinsichtlich der Leistungserbringung erstreckt sich nach Abs 1 Satz 1 auf die Prüfung von Voraussetzungen aller Ansprüche aus dem Recht der Sozialversicherung einschließlich der Arbeitslosenversicherung. Letzterer Begriff ist weit auszulegen und erfasst insb sämtliche **im SGB geregelte Aufgaben der Bundesagentur für Arbeit** (vgl etwa § 104 SGB IX). Im Kindergeldrecht gilt § 10 BKGG. Ergänzt (und nicht verdrängt) wird § 98 weiterhin durch die §§ 57 ff SGB II, § 12 BErzGG, § 47 Abs 5 BAföG; eine vergleichbare Verpflichtung enthält auch § 80 Abs 1 SGB IX. Weit auszulegen ist auch das Merkmal Sozialversicherung. Es umfasst neben Sozialleistungen iSd § 11 SGB I auch **Erstattungsforderungen des Leistungsträgers** gegen den Versicherten (wofür Abs 2 Satz 1 iVm § 65 Abs 1 Nr 1 SGB I – „oder ihrer Erstattung" – spricht), Regressforderungen (§§ 116 ff) und **Ansprüche der Leistungsträger untereinander**. Die Erbringung von Sozialleistungen ist auch betroffen, wenn (wie etwa bei der Kontenklärung) Voraussetzungen für einen erst **in Zukunft entstehenden Anspruch** ermittelt werden sollen (*Roos* in v Wulffen/Schütze SGB X § 98 Rz 8).

Passivlegitimiert ist nach Abs 1 Satz 1 (anders als nach Satz 2 iVm Satz 6) der **4** (jetzige oder ehemalige) Arbeitgeber des Versicherten. Die Arbeitgeber anderer Personen, deren Verhältnisse Auswirkungen auf Sozialleistungen haben können (insb nach § 194 Abs 1 Satz 1 Nr 2 SGB III), werden hingegen nicht erfasst (hier bleibt es bei § 315 Abs 3 Nr 1 SGB III).

Ist der Arbeitgeber keine natürliche Person, vertreten ihn seine Organe und ge- **5** gebenenfalls deren Beauftragte. Bei Betriebsübergang geht die Auskunftspflicht analog § 613 a Abs 1 Satz 1 BGB auf den neuen Inhaber über (*Sehnert* aaO Rz 6). Kann dieser jedoch Fragen insb zu einem beim Übergang bereits beendeten Arbeitsverhältnis auch nach Aktenrecherche nicht beantworten (etwa nach der konkret ausgeübten Tätigkeit), bleibt es bezüglich nur dieser Fragen bei einer Verpflichtung des ehemaligen Betriebsinhabers auch über die in § 613 a Abs 3 BGB normierte Frist hinaus.

2.2. Erforderlichkeit im Einzelfall

Die Auskunft des Arbeitgebers muss im Einzelfall erforderlich sein, dh sie muss **6** sich auf Angaben zu einem bestimmten Arbeitnehmer beschränken und darf nicht auf anderem Wege einfacher zu erlangen sein (vgl auch *BayLSG* Urt v 29.11.1989 – L 8 Al 70/88, nv).

2.3. Form und Umfang der Auskunft, Vorlagepflicht und Betretensrecht

Anfrage und Auskunft sind grundsätzlich **formfrei** (was sich für die Anfrage **7** aus § 33 Abs 2 Satz 1 ergibt). Das Ausfüllen eines bestimmten Fragebogens kann nicht verlangt werden, solange der Arbeitgeber nur sämtliche gestellten Fragen beantwortet.

Die Auskunftspflicht erstreckt sich auf alle beim Arbeitgeber aktuell oder frü- **8** her tätigen Personen; den Arbeitgeber trifft eine Aufzeichnungspflicht (*BSG* Urt v 29.4.1976 – 12/3 RK 66/75, SozR 2200 § 1399 Nr 4), soweit erforderlich (et- wa wenn Auskünfte zur konkreten Tätigkeit des Versicherten verlangt werden) muss er bei anderen Arbeitnehmern Erkundigungen einziehen. Über die Ertei- lung von Auskünften hinaus ist der Arbeitgeber nach Abs 1 Satz 3 auf Verlan- gen auch zur Vorlage von **Geschäftsbüchern, Listen und anderen aussagekräfti- gen Unterlagen** verpflichtet, ohne dass es hierfür der Erfüllung besonderer tat- bestandlicher Voraussetzung bedürfte. Die Vorlage braucht nur **während der Betriebszeit des Arbeitgebers** (ausführlich *Sehnert* aaO Rz 25) erfolgen, der wählen kann, ob er hierzu die Geschäftsräume des Leistungsträgers aufsucht oder umgekehrt.

Ausgeschlossen ist dieses Wahlrecht ausnahmsweise nach Satz 4 bei Vorliegen **9** (mehrerer, vgl *Roos* aaO Rz 11) besonderer Gründe, wie etwa der **begründeten Besorgnis, der Arbeitgeber werde sich der Prüfung entziehen** (Einzelheiten bei *Sehnert* aaO Rz 25 a; der Vorschrift dürfte im Zusammenhang mit Abs 1 Satz 2 die größere Bedeutung zukommen). Satz 5 enthält die unwiderlegliche Vermu- tung, dass Arbeitgeber des öffentlichen Dienstes keine besonderen Gründe iSd Satz 4 liefern.

2.4. Grenzen der Mitwirkung und Auskunftsverweigerungsrecht

Für den Fall der Auskunft zwecks Leistungserbringung stellt Abs 2 Satz 1 mit **10** seiner Verweisung auf § 65 Abs 1 SGB I eine spezielle Grenze auf, neben die das allgemeine Auskunftsverweigerungsrecht aus Satz 2 (umfassend *Roos* aaO Rz 16 f) tritt. Letzteres erstreckt sich als einfachgesetzliche Umsetzung des verfassungsrechtlichen Gebots, dass niemand zur Selbstbezichtigung gezwungen werden darf (vgl *BVerfG* Beschl v 26.2.1997 – 1 BvR 2172/96, EuGRZ 1997, 127), nur auf die Auskunfts-, nicht jedoch auf die Vorlagepflicht (*BayOLG* Beschl v 29.5.2000 – 3 ObOWi 34/2000, 3 ObOWi 34/00, NStZ-RR 2000, 377). Eine verweigerte Arbeitgeberauskunft kann nicht im Wege des Vernehmungsersuchens an das Sozialgericht nach § 22 „durchgesetzt" werden (*SG Dortmund* Beschl v 14.3.1996 – S 15 AR 1/96, HVBG-Info 1996, 2438), hier bleibt jedoch die Möglichkeit, sich entsprechende Unterlagen vorlegen zu lassen.

3. Auskunftsrecht zwecks Beitragserhebung (Abs 1 Satz 2)

11 Für das Auskunftsrecht zwecks Beitragserhebung (Abs 1 Satz 2) gelten eine Reihe der Vorschriften über die Auskunft zwecks Leistungserbringung ebenfalls; im Folgenden werden insb Abweichungen dargestellt. Auch hier steht die Auskunftspflicht unter dem Vorbehalt der Notwendigkeit (die der Erforderlichkeit iSd Abs 1 Satz 1 entsprechen dürfte), jedoch ist das Auskunftsrecht nicht auf die in Abs 1 Satz 1 aufgeführten Gegenstände beschränkt und umfasst alle beitragsrechtlich relevanten Umstände. Dass auch das Erfordernis des Einzelfalles aus Abs 1 Satz 1 hier (vorbehaltlich Abs 1 a) gerade nicht gilt, ermächtigt iVm dem auch hier bestehenden Vorlage- und Betretensrecht aus Abs 1 Satz 3 und 4 zu den praktisch wichtigen **Betriebsprüfungen. Auskunftsverweigerungsrechte** ergeben sich auch hier aus Abs 2 Satz 2. Satz 1 mit seiner Verweisung auf § 65 SGB I ist schon inhaltlich nicht einschlägig.

12 **Auskunftsberechtigt** sind neben den Leistungsträgern auch die Einzugsstellen (§ 28 h SGB IV). Um allerdings auch für die Arbeitgeber belastende **Mehrfachprüfungen zu vermeiden**, stehen Vorlage- und Betretensrecht aus Abs 1 Satz 3 bis 6 den Einzugsstellen nur insoweit zu, als nicht die Träger der Rentenversicherung gem. § 28 p SGB IV für eine Prüfung zuständig sind. Ist dies der Fall, wird für die Einzugsstellen auch Abs 1 Satz 2 um das Erfordernis der Prüfung nur im Einzelfall erweitert.

13 **Passivlegitimiert** sind neben den Arbeitgebern auch die in § 28 p Abs 6 SGB IV genannten Stellen sowie sonstige Personen, die wie ein Arbeitgeber Beiträge für eine kraft Gesetzes versicherte Person zu entrichten haben. Da im Anwendungsbereich von Abs 1 Satz 2 bisweilen gerade die Arbeitnehmereigenschaft zu prüfen ist, kommt es für das Bestehen des Auskunftsrechts nicht auf das Ergebnis dieser Prüfung an. Arbeitgeber ist daher, wer zu einer natürlichen Person in einem übergeordneten Verhältnis steht oder stand, das jedenfalls eine **entfernte Ähnlichkeit mit einem Arbeitsverhältnis** im arbeitsrechtlichen Sinne aufweist (Leistung fremdbestimmter Tätigkeiten gegen Entgelt, hierzu *BAG* Beschl v 16.2.2000 – 5 AZB 71/99, E 93, 314 f).

14 Auskunftspflichtig sind weiter die in **§ 28 p Abs 6 SGB IV** aufgeführten Stellen, dh steuerberatende Institutionen, Rechenzentren und vergleichbare Einrichtungen, die im Auftrag des Arbeitsgebers oder einer von ihm beauftragten Person Löhne und Gehälter abrechnen oder Meldungen erstatten.

15 Arbeitgebern nach Abs 3 teilweise gleichgestellt sind Personen, die Beiträge für kraft Gesetzes Versicherte zu entrichten haben oder bei denen eine solche Verpflichtung strittig ist. Derartige Verpflichtungen ergeben sich etwa aus § 150 SGB VII, § 12 SGB IV (weitere Bsp bei *Sehnert*, Rz 33).

4. Schadensersatzansprüche wegen unrichtiger Auskünfte

In der Rechtsprechung war bislang im Zusammenhang mit § 98 hauptsächlich **16** die Frage von Bedeutung, ob eine unrichtige und unvollständige Auskunft den Arbeitgeber (oder andere Passivlegitimierte) schadensersatzpflichtig machen kann. Während das *OLG Düsseldorf* (Urt v 7.2.1992 – 22 U 195/91, NJW-RR 1992, 1507) einen Schadensersatzanspruch aus § 823 Abs 2 BGB bejaht hatte, ist nach nunmehr gefestigter sozialgerichtlicher Rspr ein Anspruch nicht gegeben (*BSG* Urt v 4.5.1994 – 1 RS 2/92, SozR 3-1300 § 98 Nr 1; ausführlich auch *LSG NRW* Urt v 30.11.2000 – L 16 KR 3/98, NZS 2001, 423 ff): Die nur vereinzelt in sozialrechtlichen Spezialvorschriften (zB § 321 SGB III; § 47 a BAföG) angeordnete Schadensersatzpflicht ist nicht verallgemeinerungsfähig, vertragliche Ansprüche kommen mangels einer Sonderbeziehung zwischen Arbeitgeber und Leistungsträger oder Einzugsstelle nicht in Betracht, und ein Anspruch § 823 Abs 2 BGB scheitert daran, dass § 98 nicht das Vermögen des Leistungsträgers schützen, sondern ihm die Aufgabenerfüllung erleichtern soll. Lediglich in krassen Ausnahmefällen werden die strengen Tatbestandsvoraussetzungen von § 823 Abs 2 BGB iVm § 263 StGB oder von § 826 BGB erfüllt sein (vgl *Roos* aaO Rz 21). Zu denken ist an Fälle kollusiven Zusammenwirkens zwischen Versichertem und Arbeitgeber (zu entfernt vergleichbaren Fallkonstellationen vgl *Sprau* in Palandt BGB § 826 Rz 39).

5. Abs 4 und 5

Abs 4 enthält eine den Anforderungen aus Art 80 GG entsprechende Ermächti- **17** gung zum Erlass von Verordnungen, die der Zustimmung des Bundesrates bedürfen.

Abs 5 sanktioniert die vorsätzlich oder leichtfertig unterbliebene, unrichtige, **18** unvollständige oder verspätete Erteilung einer Auskunft oder Vorlage einer Unterlage hinsichtlich beider Tatbestände des § 98. Die Verfolgung obliegt Leistungsträger oder Einzugsstelle und steht in deren Ermessen („kann"). Während die nicht rechtzeitige Erteilung eine angemessene Erledigungsfrist – regelmäßig nebst Erinnerung – voraussetzt, verwirklicht eine unvollständige Auskunft den Tatbestand nur, wenn sie aufgrund ihrer Unvollständigkeit sinnentstellend wirkt und geeignet ist, falsche Vorstellungen zu erwecken. Der Begriff des Vorsatzes im Ordnungswidrigkeitenrecht (§ 10 OWiG) ist mit dem des Strafrechts identisch; Leichtfertigkeit entspricht der in § 45 Abs 2 Satz 3 Nr 3 legaldefinierten groben Fahrlässigkeit (*Roos* aaO Rz 20).

§ 99 Auskunftspflicht von Angehörigen, Unterhaltspflichtigen oder sonstigen Personen

[1]Ist nach dem Recht der Sozialversicherung einschließlich der Arbeitslosenversicherung oder dem sozialen Entschädigungsrecht

1. das Einkommen oder das Vermögen von Angehörigen des Leistungsempfängers oder sonstiger Personen bei einer Sozialleistung oder ihrer Erstattung zu berücksichtigen oder
2. die Sozialleistung oder ihre Erstattung von der Höhe eines Unterhaltsanspruchs abhängig, der dem Leistungsempfänger gegen einen Unterhaltspflichtigen zusteht,

gelten für diese Personen § 60 Abs. 1 Nr. 1 und 3 sowie § 65 Abs. 1 des Ersten Buches entsprechend. [2]Das Gleiche gilt für den in Satz 1 genannten Anwendungsbereich in den Fällen, in denen Unterhaltspflichtige, Angehörige, der frühere Ehegatte, der frühere Lebenspartner oder Erben zum Ersatz der Aufwendungen des Leistungsträgers herangezogen werden. [3]Auskünfte auf Fragen, deren Beantwortung einem nach Satz 1 oder Satz 2 Auskunftspflichtigen oder einer ihm nahe stehenden Person (§ 383 Abs. 1 Nr. 1 bis 3 der Zivilprozessordnung) die Gefahr zuziehen würde, wegen einer Straftat oder einer Ordnungswidrigkeit verfolgt zu werden, können verweigert werden.

Literatur:
Siehe bei § 98.

1. Allgemeines

1 Nach § 99 erstreckt sich ein Teil der allg Vorschriften über Auskunftspflicht und Grenzen der Mitwirkungen in den in Satz 1 und 2 genannten Fällen auch auf andere als Antragsteller bzw Leistungsempfänger. Materiellrechtliche Tatbestände, an die § 99 (iVm § 60 Abs 1 Nr 1 und 3 SGB I) anknüpft, sind etwa in den §§ 10, 61, 62 SGB V; § 243 SGB VI, §§ 66, 69 SGB VII, §§ 44 ff iVm 50 SGB X § 25 d Abs 2 BVG enthalten (näher *Eichenhofer* in Wannagat SGB X § 99 Rz 3). Das Auskunftsverweigerungsrecht in Satz 3 entspricht dem in § 98 Abs 2 Satz 2. Der Vorschrift geht insbesondere § 315 SGB III vor (*BSG* Urt v 16.8.1989 – 7 RAr 82/88, SozR 4100 § 144 Nr 1). Außerhalb von SV (einschließlich Arbeitslosenversicherung) und sozialem Entschädigungsrecht erfüllen etwa § 57 ff SGB II, § 117 SGB XII, § 47 Abs 4 BAföG oder § 25 WoGG die gleiche Funktion. § 60 SGB II ist gegen § 99 abschließend (*BSG* Urt v 24.2.2011 – B 14 AS 87/09 R, SozR 4-4200 § 60 Nr 1).

2. Voraussetzungen des Auskunftsrechts

2 Der Begriff der Sozialversicherung einschließlich der Arbeitslosenversicherung ist wie in § 98 zu verstehen, der des sozialen Entschädigungsrechts ergibt sich aus den §§ 5, 24 SGB I (*Roos* in von Wulffen/Schütze SGB X § 99 Rz 3). Die Begriffe Einkommen und Vermögen sind – vorbehaltlich von Sonderbestimmungen in den materiellen Anspruchsgrundlagen – mit denen aus den §§ 76 und 88 BSHG identisch (*Pickel* DOK 1984 821 [822 f]). Nach dem Wortlaut von § 99 muss die Auskunft im Zusammenhang mit einer Sozialleistung, ihrer Erstattung oder auch mit einem Anspruch auf Aufwendungsersatz stehen.

3 Wer Angehöriger ist oder als sonstige Person in Frage kommt, ergibt sich ebenfalls vorrangig aus dem materiellen Recht, zu dessen Umsetzung § 99 Hilfe leistet (*Eichenhofer* aaO Rz 4), hilfsweise aus § 16 Abs 5 (*Roos* aaO Rz 5 mwN). Dasselbe gilt für Fragen nach Einkommen und/oder Vermögen: Wo es nur auf das Einkommen eines Angehörigen ankommt, darf nicht auch nach dem Vermögen gefragt werden (wohl aber nach Zinseinkünften oder Einkünften aus Vermietung). Ausgeschlossen ist die Auskunftspflicht, wenn es sich bereits aus den vorliegenden Unterlagen (etwa einem Sozialhilfebescheid an den Angehörigen) ergibt, dass zu berücksichtigendes Einkommen nicht vorhanden ist oder ein Unterhaltsanspruch nicht besteht (*BayLSG* Urt v 29.11.1989 – L 8 Al 70/88, nv); ein Unterhaltsverzicht reicht hierfür jedoch nicht aus (*Roos* aaO Rz

6), da er sozialrechtlich nicht immer beachtlich ist (*BSG* Urt v 1.2.1983 – 4 RJ 101/81, SozR 2200 § 1291 Nr 27).

3. Inhalt des Auskunftsrechts

§ 99 Satz 1 verweist auf die § 60 Abs 1 Satz 1 Nr 1 und 3, wobei für die Aus-   **4** kunftpflicht dieselben Einschränkungen gelten wie auch gegenüber dem Leistungsberechtigten (Satz 1 iVm § 65 SGB I). Anders als dort enthält § 99 jedoch nicht nur eine Obliegenheit (deren Verletzung im Wege des § 66 SGB I „geahndet" werden kann), sondern eine durch Verwaltungsakt konkretisierte Rechtspflicht (ausführlich *OVG NRW* Urt v 24.4.1990 – 8 A 1662/88, NVwZ 1990, 1192 f), die im Wege der Verwaltungsvollstreckung (§ 66) durchsetzbar ist (*SG Bremen* Gerichtsbescheid v 3.2.1995 – S 22 Ar 308/94, Info also 1996, 73; aA *Scholz* in KassKomm § 99 SGB X Rz 4).

4. Schadensersatzanspruch bei unrichtiger Auskunft

Ein Schadensersatzanspruch wegen unrichtiger Auskunft ergibt sich aus § 99   **5** iVm § 823 Abs 2 BGB ebenso wenig wie aus § 98. Als Anspruchsgrundlagen kommen auch hier lediglich § 823 Abs 2 BGB iVm § 263 StGB und § 826 BGB in Betracht (ähnlich *Eichenhofer* aaO Rz 6), deren Tatbestandsvoraussetzungen jedenfalls erheblich enger sind als etwa die des § 47 a BAföG (wo bereits Fahrlässigkeit ausreicht). Spezialgesetzliche Anspruchsgrundlagen sind insbes § 321 SGB III und § 62 SGB II.

§ 100 Auskunftspflicht des Arztes oder Angehörigen eines anderen Heilberufs

(1) [1]Der Arzt oder Angehörige eines anderen Heilberufs ist verpflichtet, dem Leistungsträger im Einzelfall auf Verlangen Auskunft zu erteilen, soweit es für die Durchführung von dessen Aufgaben nach diesem Gesetzbuch erforderlich und

1. es gesetzlich zugelassen ist oder
2. der Betroffene im Einzelfall eingewilligt hat.

[2]Die Einwilligung bedarf der Schriftform, soweit nicht wegen besonderer Umstände eine andere Form angemessen ist. [3]Die Sätze 1 und 2 gelten entsprechend für Krankenhäuser sowie für Vorsorge- oder Rehabilitationseinrichtungen.

(2) Auskünfte auf Fragen, deren Beantwortung dem Arzt, dem Angehörigen eines anderen Heilberufs oder ihnen nahe stehenden Personen (§ 383 Abs. 1 Nr. 1 bis 3 der Zivilprozessordnung) die Gefahr zuziehen würde, wegen einer Straftat oder einer Ordnungswidrigkeit verfolgt zu werden, können verweigert werden.

Literatur:

Sendler: Zur Informationspflicht der Kassenärzte gegenüber Krankenkassen, SGb 1981, 97; siehe auch bei § 98.

1. Allgemeines

1   § 100 erleichtert den Leistungsträgern die Ermittlung der maßgeblichen Tatsachengrundlage in Fällen, in denen der fragliche Anspruch (auch) von gesundheitlichen Voraussetzungen abhängig ist. Die Leistungsträger sollen nicht nur entsprechende Untersuchungen selbst veranlassen, sondern auch auf die Erkenntnisse insbesondere der behandelnden Ärzte zurückgreifen können. Eine weitergehende Ermächtigung enthält § 203 SGB VII (hierzu *BSG* Urt v 16.2.2005 – B 2 U 3/04 R; vgl auch *Fröde* NZS 2004, 645 zur Vorinstanz). Den Passivlegitimierten steht nach Abs 2 ein § 98 Abs 2 Abs 2 entsprechendes Auskunftsverweigerungsrecht zu. Eine in Einklang mit § 100 erteilte Auskunft schließt unbefugtes Handeln iSd § 203 StGB aus (Einzelheiten bei *Fischer* StGB § 203 Rz 27, 29). Nicht in § 100 geregelt ist der Vergütungsanspruch der Passivlegitimierten, der sich aus dem JVG ergibt (hierzu im Einzelnen insb *BSG* Urt v 9.2.2000 – B 9 SB 8/98 R, SozR 3-1925 § 11 Nr 1 mit zust Anm *Langguth* DStR 2000, 1486 zur alten Rechtslage nach dem ZSEG); für entsprechende Streitigkeiten sind wegen ihrer Sachnähe die Sozialgerichte zuständig, allerdings gilt § 197 a SGG.

2. Aktiv- und Passivlegitimation

2   Der Begriff des Leistungsträgers ist hier ähnlich weit auszulegen wie in § 86 und umfasst insb auch die Tätigkeit der Versorgungsverwaltung im Hinblick auf § 69 SGB IX (vgl *BSG* aaO).

3   Auskunftspflichtig sind Ärzte (speziell zur Stellung von Belegärzten *BSG* Urt v 22.4.2009 – B 3 KR 24/07 R), Angehöriger anderer Heilberufe, Krankenhäuser sowie Vorsorge- und Rehabilitationseinrichtungen. Wer Angehöriger eines anderen Heilberufs ist, wird überwiegend mit dem Rückgriff auf die in § 203 Abs 1 Nr 1 StGB genannten Gruppen beantwortet (*Hess* in KassKomm § 100 SGB X Rz 3; *Eichenhofer* in Wannagat § 100 SGB X Rz 4 mwN; *Roos* in v Wulffen/Schütze SGB X § 100 Rz 3; Aufzählung bei *Gitter* Sozialrecht § 51 3 b). Praktische Bedeutung hat dies vor allem für Heilpraktiker, denen das HeilpraktikerG gerade nicht die in § 203 Abs 1 Nr 1 StGB vorausgesetzte staatliche Ausbildung abverlangt (*Fischer* aaO Rz 14) sowie für die nicht in § 203 Abs 1 Nr 1, sondern Nr 2 genannten Berufspsychologen (ablehnend daher *Eichenhofer* aaO Rz 5 f). Gerade am letztgenannten Bsp wird indes die Unterschiedlichkeit der Regelungsansätze von § 100 und § 203 Abs 1 Nr 1 StGB deutlich. Das Strafrecht ist bereits von Verfassungs wegen (Art 103 Abs 2 GG; § 1 StGB) zu möglichst präziser Begrifflichkeit verpflichtet, während die §§ 97 ff SGB X den Leistungsträgern – gerade im Interesse des Betroffenen – die Verwirklichung der sozialen Rechte (§ 2 Abs 2 SGB I) erleichtern sollen und daher keine entsprechend restriktive Auslegung erfordern.

4   Abs 1 Satz 3 ist – wie *Eichenhofer* (aaO Rz 7) zu Recht bemerkt – unklar formuliert und stellt letztlich nur klar, dass sich die Auskunftspflichtigkeit nicht auf niedergelassene behandelnde Ärzte beschränkt (*Hess* aaO).

3. Voraussetzungen der Auskunftspflicht

3.1. Im Einzelfall zur Durchführung der Aufgaben erforderlich

Das Erfordernis des Einzelfalls beschränkt die Verpflichtung auf Auskünfte hinsichtlich jeweils eines bestimmten Patienten und schließt insbesondere die Anforderung allgemeiner Auskünfte zu statistischen Zwecken aus (*Roos* aaO Rz 5). Zu den Aufgaben der Leistungsträger gehört jedenfalls die Gewährung von Sozialleistungen einschließlich deren Entzug. Ebenfalls hierzu zählen Ermittlung und Geltendmachung von Regressansprüchen (*BSG* Urt v 22.6.1983 – 6 RKa 10/82, SozR 2200 § 368 Nr 8; *Eichenhofer* aaO Rz 3; *Sendler* SGb 1981, 97 ff). Das Tatbestandsmerkmal der Erforderlichkeit ist weitgehend mit dem in § 98 Abs 1 Satz 1 identisch. Der Leistungsträger hat (schriftlich) knapp, aber nachvollziehbar darzutun, dass die Voraussetzungen der Auskunftspflicht vorliegen und insbesondere zu umreißen, welche Art von Daten benötigt wird (*Hess* aaO Rz 4).

3.2. Gesetzliche Zulassung oder Einwilligung des Betroffenen

Zu den Vorschriften, die eine Weitergabe medizinischer Daten iSd Abs 1 Satz 1 Nr 1 zulassen oder gar anordnen vgl insbesondere *BSG* Urt v 22.4.2009 – B 3 KR 24/07 R; weitere Fälle sind § 56 SGB II oder § 8 IfSG; zum Verhältnis zu den §§ 275 ff SGB V siehe *LSG BW* Urt v 11.12.1996 – L 5 Ka 1130/95, MedR 1997, 331. Einer Einwilligung des Betroffenen nach Nr 2 bedarf es in diesen Fällen nicht (*BSG* Urt v 19.11.1985 – 6 RKa 14/83, SozR 2200 § 368 Nr 9), sie ist jedoch aufwendigen Auseinandersetzungen um das Vorliegen eines gesetzlichen Zulassungstatbestandes vorzuziehen (vgl *Roos* aaO Rz 9), zumal dann dem Grundrecht des Betroffenen auf informationelle Selbstbestimmung (Art 2 Abs 1 GG, hierzu *BVerfG* Urt v 15.12.1983 – 1 BvR 209/83, 1 BvR 269/83, 1 BvR 362/83, 1 BvR 420/83, 1 BvR 440/83, 1 BvR 484/83, E 65, 1 = NJW 1984, 419 – Volkszählung) verstärkt Rechnung getragen wird (*Hess* aaO Rz 5). Nicht anwendbar ist § 100 auf Ärzte, die den Betroffenen erst auf Veranlassung des Leistungsträgers untersuchen (zB Landesärzte iSd § 62 SGB IX, vgl *Roos* aaO Rz 2).

Von erheblich größerer Bedeutung ist die Einwilligung (die zuvor erteilte Zustimmung, *Eichenhofer* aaO Rz 8) des Betroffenen (Abs 1 Satz 1 Nr 2). Sie muss sich auf den konkreten Arzt beziehen (wobei eine Erklärung des Inhalts, der Unterzeichner entbinde alle von ihm vorangehend aufgeführten Ärzte von ihrer Schweigepflicht, ausreicht). Für die Form gelten neben dem Schriftlichkeitsgebot in Satz 2 auch die Anforderungen aus § 67 b (*Roos* aaO Rz 9). Einwilligungsberechtigt ist der Betroffene, also derjenige, über den Auskunft erteilt werden soll, bei Leistungen wie etwa nach § 65 SGB VII auch sein Rechtsnachfolger. Geschäftsfähigkeit ist nicht erforderlich, solange der Betroffene nur die Bedeutung und Tragweite der Einwilligung zu erkennen vermag (*Hess* aaO Rz 6 mwN).

Die Erteilung einer Einwilligung stellt eine **Obliegenheit** des Leistungsberechtigten nach § 60 Abs 1 Satz 1 Nr 1 SGB I dar, deren Verletzung die Folge des § 66 SGB I nach sich ziehen kann (hierzu *BayLSG* Urt v 21.9.1998 – L 9 AL 374/97, nv).

4. Durchsetzung

Primäres Instrument zur Durchsetzung des Auskunftsverlangens ist die Vernehmung durch den Sozialleistungsträger (§ 21 Abs 1 Satz 2 Nr 2). Nächste Stufe ist das Vernehmungsersuchen nach § 22, das nach der neueren Rspr bereits dann zulässig ist, wenn der Auskunftspflichtige der Aufforderung zur schriftlichen Bekundung nachhaltig nicht Folge leistet und dieses Verhalten als Aussageverweigerung zu verstehen ist (*LSG NRW*, Beschl v 30.11.2005 – L 18 B 20/05, nv; *HessLSG*, Beschl v 13.7.2004 – L 4 B 61/04 SB; anders *LSG BW* Beschl v 8.4.2003 – L 6 SB 552/03 B).

§ 101　Auskunftspflicht der Leistungsträger

[1]Die Leistungsträger haben auf Verlangen eines behandelnden Arztes Untersuchungsbefunde, die für die Behandlung von Bedeutung sein können, mitzuteilen, sofern der Betroffene im Einzelfall in die Mitteilung eingewilligt hat. [2]§ 100 Abs. 1 Satz 2 gilt entsprechend.

Literatur:

Siehe bei § 86.

1. Allgemeines

1　Der Auskunftspflicht aus § 100 entspricht eine Mitteilungspflicht gegenüber behandelnden Ärzten, die in die Lage versetzt werden, vom Versicherungsträger erhobene Untersuchungsbefunde bei der Behandlung (also zu einem sozialverfahrensfremden Zweck) zu verwerten. Fraglich, jedoch von geringer praktischer Relevanz, ist, ob § 101 ein eigenes Recht des Arztes (so *Sehnert* in Hauck/Noftz SGB X/3 § 101 Rz 6) oder aber ein vom Arzt in einer Art Verfahrensstandschaft wahrgenommenes Recht des Patienten enthält. Dem Grundrecht des Patienten auf informationelle Selbstbestimmung (Art 2 Abs 1 GG, ausführlich hierzu *BVerfG* Urt v 15.12.1983 – 1 BvR 209/83, 1 BvR 269/83, 1 BvR 362/83, 1 BvR 420/83, 1 BvR 440/83, 1 BvR 484/83, E 65, 1 = NJW 1984, 419 – Volkszählung) trägt jedenfalls das Einwilligungserfordernis aus Satz 1 Rechnung. Für die Bekanntgabe von erhobenen Befunden an den Betroffen selbst gilt nicht § 101, sondern die §§ 25 und 83.

2. Anspruchsvoraussetzungen

2　Anders als die korrespondierende Vorschrift des § 100 nennt § 101 lediglich Ärzte, nicht auch Angehörige anderer Heilberufe. Eine analoge Anwendung ist angesichts der datenschutzrechtlichen Implikationen abzulehnen (*Sehnert* aaO Rz 7). Weit auszulegen ist hingegen der Begriff des *behandelnden* Arztes, der sich im Ergebnis auf jeden Arzt, der eine entsprechende (aktuelle) Einwilligung des Betroffenen vorzuweisen vermag, bezieht. Insb kommt es nicht darauf an, welcher Art das Verhältnis zwischen Arzt und Patient ist oder seit wann es besteht.

3　Ähnliches gilt für die erforderliche mögliche Wesentlichkeit für die Behandlung, die – wie in § 28 SGB V – auch Früherkennung und Diagnose mit einschließt (ausführlich *Sehnert* aaO Rz 4). Aus der weiten Formulierung von § 101 ergibt sich bereits, dass dem Leistungsträger nur ein sehr eingeschränktes Recht zu Prüfung und Verweigerung der Auskunft zusteht (ähnlich *Hess* in KassKomm

§ 100 SGB X Rz 3 unter Verweis auf § 83 SGB X; wohl enger *Schellhorn* in GK § 101 SGB X Rz 11). Insbesondere ergibt sich aus dem Fachgebiet des anfordernden Arztes keine Beschränkung.

Anspruchsvoraussetzung ist weiter ein Auskunftsverlangen des Arztes, an dessen Genauigkeit keine allzu hohen Anforderungen gestellt werden dürfen. Angesichts der auch die Leistungsträger treffenden staatlichen Schutzpflicht für Leben und körperliche Unversehrtheit (Art 2 Abs 2 Satz 1 GG) sind über den Wortlaut von § 101 hinaus Befunde, die eine sofortige oder baldige ärztliche Behandlung des Untersuchten indizieren, dem Hausarzt oder behandelnden Facharzt auch unaufgefordert bekannt zu geben.   **4**

Die Einwilligung des Betroffenen muss nach Satz 2 iVm § 100 Abs 1 Satz 2 regelmäßig schriftlich erfolgen und frei von wesentlichen Willensmängeln sein.   **5**

3. Inhalt der Auskunft

Gegenstand der Auskunft sind nach dem Wortlaut der Vorschrift lediglich die dem jew Leistungsträger vorliegenden Untersuchungsbefunde. Eine Ausweitung auch auf die vom untersuchenden Arzt hieraus abgeleiteten Diagnosen erscheint jedoch angesichts des Zwecks der Vorschrift sinnvoll. Nicht von der Auskunftspflicht umfasst sind die vom untersuchenden Arzt gezogenen Schlussfolgerungen spezifisch sozialmedizinischer Natur (wie die Bewertung des Restleistungsvermögens). Ebenso wenig kann die Vorlage der vollständigen Unterlagen verlangt werden, denn § 101 will dem behandelnden Arzt nicht die Prüfung von Gutachten und Befundberichten ermöglichen, sondern die Behandlung erleichtern. Nicht Gegenstand der Auskunft ist schließlich die Beschaffung bislang nicht beigezogener Befunde Dritter (*Roos* in v Wulffen/Schütze SGB X § 101 Rz 6).   **6**

4. Rechtsnatur der Auskunft, gerichtliche Durchsetzung

Die Auskunft ergeht nicht in VA-Form (hM, *Roos* aaO Rz 7; aA *Schellhorn* aaO Rz 12) und kann vom Arzt im Wege der allg Leistungsklage (§ 54 Abs 5 SGG) vor dem SG erstritten werden.   **7**

§ 101 a   Mitteilungen der Meldebehörden

(1) Die Datenstelle der Träger der Rentenversicherung übermittelt die Mitteilungen aller Sterbefälle und Anschriftenänderungen (§ 196 Abs. 2 des Sechsten Buches) unverzüglich an die Deutsche Post AG.

(2) Die Mitteilungen, die von der Datenstelle der Träger der Rentenversicherung an die Deutsche Post AG übermittelt werden, dürfen von der Deutschen Post AG

1. nur dazu verwendet werden, um laufende Geldleistungen der Leistungsträger, der in § 69 Abs. 2 genannten Stellen sowie ausländischer Leistungsträger mit laufenden Geldleistungen in die Bundesrepublik Deutschland einzustellen oder deren Einstellung zu veranlassen sowie um Anschriften von Empfängern laufender Geldleistungen der Leistungsträger und der in § 69 Abs. 2 genannten Stellen zu berichtigen oder deren Berichtigung zu veranlassen, und darüber hinaus

2. nur weiter übermittelt werden, um den Trägern der Unfallversicherung, der Sozialversicherung für Landwirtschaft, Forsten und Gartenbau und den in

§ 69 Abs. 2 genannten Zusatzversorgungseinrichtungen eine Aktualisierung ihrer Versichertenbestände oder Mitgliederbestände zu ermöglichen.

(3) Die Verwendung und Übermittlung der Mitteilungen erfolgt

1. in der allgemeinen Rentenversicherung im Rahmen des gesetzlichen Auftrags der Deutschen Post AG nach § 119 Abs. 1 Satz 1 des Sechsten Buches,

2. im Übrigen im Rahmen eines öffentlich-rechtlichen oder privatrechtlichen Vertrages der Deutschen Post AG mit den Leistungsträgern oder den in § 69 Abs. 2 genannten Stellen.

1. Allgemeines

1 § 101 a erleichtert und ermöglicht Einstellung und Erstattung von Leistungen, deren Rechtsgrund mit dem Tod des Berechtigten entfällt. Die Vorschrift knüpft an die in § 119 SGB VI und § 99 SGB VII geregelte Auszahlung von Geldleistungen durch die Deutsche Post AG an und gestaltet zugleich deren Verhältnis zu den Leistungsträgern (nebst den in § 69 Abs 2 Genannten) näher aus.

Die Vorschrift hat durch das Zweite Gesetz zur Änderung des Vierten Buches Sozialgesetzbuch und anderer Gesetze vom 21.12.2008 (BGBl I 2933) mWz 1.11.2009 eine Änderung dahin gehend erfahren, dass die entsprechenden Daten nunmehr von der Datenstelle der RVTr (§ 150 SGB VI) an die Deutsche Post AG übermittelt werden, die diese wiederum nach Maßgabe von Abs 2 weiterleitet. § 4 der 2. BMeldDÜV, deren Inhalt in Abs 1 aF iW wiederholt worden war, wurde aufgehoben, sedes materiae ist jetzt § 5 aaO in der ab dem 1.11.2009 geltenden Fassung. Neu aufgenommen wurden insbesondere Mitteilungen auch über Anschriftenänderung sowie Mitteilungen an ausländische Sozialleistungsträger.

Abs 2 Nr 2 ist durch das LSV-NOG (v 12.4.2012, BGBl I 579) geändert worden.

2. Pflichten der Meldebehörden (Abs 1)

2 Nach § 5 nF der 2. BMeldDÜV haben die (nach Landesrecht zuständigen) Meldebehörden der Datenstelle der RVTr bestimmte persönliche Daten mitzuteilen. Soweit es dort heißt, dies geschehe (ua) „zur Vermeidung unrechtmäßiger Erbringung von Geldleistungen" dürfte es sich nicht um eine von der Meldebehörde zu prüfende Voraussetzung, sondern um eine „rein deklaratorische" Zweckbestimmung handeln, zumal die Meldebehörden es meist kaum abschätzen können, in welchen Fällen die genannten Daten sozialrechtlich von Bedeutung sind. Die auch nach altem Recht (Abs 1 aF) zumeist als Redaktionsversehen aufgefasste Diskrepanz hinsichtlich früherer Namen und Namensbestandteile besteht nicht mehr fort. Jedenfalls mitzuteilen sind sämtliche Vornamen. Auf etwaige Unklarheiten (etwa bei der Transskription) ist gesondert aufmerksam zu machen.

3 Stellt die Datenstelle schwerwiegende oder wiederholte Verstöße einer Beh (zum Erfordernis der Unverzüglichkeit siehe § 121 Abs 1 Satz 1 BGB) fest, so bietet sich am ehesten eine Eingabe an die zuständige Kommunalaufsichtsbehörde an, bei nur unvollständiger Übermittlung auch eine allg Leistungsklage auf vollständige Mitteilung (da diese nicht als VA ergeht). Jedenfalls ein Scha-

densersatzanspruch der Deutschen Post AG scheidet angesichts § 119 Abs 5 SGB VI und § 99 Abs 5 SGB VII ganz regelmäßig schon mangels Schaden aus.

3. Befugnisse der Deutschen Post AG (Abs 2)

Die Regelung in Abs 2 ist abschließend (*Sehnert* in Hauck/Noftz SGB X/3 **4** § 101 a Rz 7; ähnlich *Hess* in KassKomm § 101 a SGB X Rz 4). Die Deutsche Post AG darf die von der Datenstelle erhaltenen Angaben einzig dazu verwenden, durch sie erbrachte laufende Geldleistungen der Sozialleistungsträger und der in § 69 Abs 2 genannten Stellen einzustellen. Sie darf die Angaben zudem an die in Abs 2 Nr 2 Genannten weiter übermitteln, damit diese nicht durch die Deutsche Post AG erbrachte laufende Geldleistungen (vgl etwa § 99 Abs 1 Satz 1 SGB VII) selbst einstellen sowie ihren Versicherten- und Mitgliederbestand aktualisieren können. Der Begriff der laufenden Geldleistungen entspricht dem in § 48 SGB I (vgl *Sehnert* aaO Rz 6).

Eine etwaige Feststellung, der Leistungsanspruch sei durch eine Änderung in **5** den mitzuteilenden persönlichen Verhältnissen erloschen, und insbesondere die Rückforderung überzahlter Beträge richten sich nicht nach § 101 a und ist nicht Sache der Deutschen Post AG. Auch die Weiterzahlung der Geldleistung kann nur gegenüber dem zuständigen Leistungsträger geltend gemacht werden. Dass § 101 a einem Privaten die Möglichkeit einräumt, die Auszahlung von Sozialleistungen einzustellen, ist deswegen unbedenklich, weil es sich um Fälle handelt, in denen der Anspruch kraft G und aufgrund einer Tatsache erlischt, die vergleichsweise einfach festzustellen ist und deren Feststellung und Bekanntgabe durch eine Beh erfolgt.

4. Klarstellung in Abs 3

Abs 3 stellt lediglich klar, dass die in Abs 2 genannten Aufgaben der Deutsche **6** Post AG zu dem gehören, wozu sie aus dem zugrunde liegenden Verhältnis zum jeweiligen Sozialleistungsträger oder der in § 69 Abs 2 genannten Stelle verpflichtet ist. Zur Art dieses Verhältnisses selbst trifft die Vorschrift keine Regelung. Dass Abs 2 zwar eine Ermächtigung enthält, jedoch keine eigenständigen gesetzlichen Verpflichtungen begründet, ist letztlich für die Abgrenzung der Verantwortungsbereiche und die Verfahrenskosten von Bedeutung (BT-Drucks 13/2590, 32; ein Gegenbeispiel ist die weder aufgrund gesetzlichen Auftrags noch privatrechtlichen Vertrags bestehende Rückzahlungspflicht des kontoführenden Geldinstituts nach § 118 Abs 3 SGB VI, vgl *BSG* Urt v 20.12.2001 – B 4 RA 126/00 R, SozR 3-2600 § 118 Nr 8).

Zweiter Abschnitt Erstattungsansprüche der Leistungsträger untereinander

Vorbemerkungen zu den §§ 102 bis 114

Literatur:

André: Die wesentlichen Grundzüge der Regelungen über die Zusammenarbeit der Leistungsträger und ihre Beziehungen zu Dritten im Sozialgesetzbuch, Zehntes Buch (X), NDV 1983, 73; *Becker*: Zur notwendigen Beiladung des Leistungsempfängers im Erstattungsstreit der Leistungsträger, SGb 2011, 84; *Behn*: Der Erstattungsanspruch des Unfallversicherungsträgers nach § 105 SGB X und die Bindungswirkung aufgrund einfacher Beiladung (§ 141 Abs 1 SGG), BG 1992, 125; *Bley*: Ausgleichsansprüche der Sozialleistungsträger nach dem Regierungsentwurf zum X. Buch, 3. Kapitel des Sozialgesetzbuchs – Zugleich ein Versuch zur Dogmatik und Systematik des Entwurfs, DOK 1981, 143; *Dahm*: Neue Rechtsprechung zum Erstattungsanspruch des Unfallversicherungsträgers gegen den Rentenversicherungsträger, WzS 2011, 355; *Dederer*: Die Erstattungsansprüche der Leistungsträger untereinander (§§ 102 ff SGB X), DRV 1983, 566; *Eichenhofer*: Dogmatik und Systematik öffentlich-rechtlicher Erstattungsansprüche und privatrechtlicher Regressansprüche der Sozialleistungsträger, SGb 1989, 177; *Gerlach*: Die Erstattungsansprüche der Leistungsträger untereinander, DOK 1983, 393; *Giese*: Zusammenarbeit der Leistungsträger und ihre Beziehungen zu Dritten nach dem Sozialgesetzbuch (SGB X 3. Kapitel), ZfF 1983, 97; *Gottschalk*: Erstattungsansprüche zwischen Leistungsträgern, SF-Medien Nr 176, 31 (2009); *Greupner*: Erstattungsansprüche der Leistungsträger untereinander, 1998; *Hanna*: Beweislastregelungen in sozialgerichtlichen Verfahren zwischen Sozialleistungsträgern, SGb 2002, 369; *Jung*: Erstattungsansprüche bei Unfallversicherungsträgern, BPUVZ 2013, 327; *Kummer*: Das neue Erstattungsrecht in der Bewährung, DAngVers 1986, 397; *Laufer/Noch*: Die Erstattungsansprüche der Leistungsträger untereinander – Grundsätze, Einordnung der Ansprüche nach Art der Vorleistungen, DAngVers 1983, 221 und 255; *Maier*: Die Bestimmung der Rangfolge beim Zusammentreffen von Erstattungsansprüchen, SGb 1980, 429; *Marburger*: Das Dritte Kapitel des SGB X, SozVers 1983, 115; *Merden/Tempel*: Erstattungsrecht der Leistungsträger untereinander – Die Rechtsprechung nach dem In-Kraft-Treten des 4. Euro-Einführungsgesetzes – ein Schritt zurück?, Kompass 2004, 14; *Merten*: Erstattungsansprüche der Krankenkassen untereinander – Anmerkung zu BSG, Urt v 28.2.2008, B 1 KR 13/07 R, jurisPR-SozR 21/2008 Anm. 3; *Pappai*: Gesetz über die Zusammenarbeit der Leistungsträger und ihre Beziehungen zu Dritten, BKK 1983, 257; *ders*: Einige die Sozialgerichtsbarkeit besonders interessierende Rechtsfragen spezieller Natur aus dem Gesetz „Zusammenarbeit der Leistungsträger und ihre Beziehungen zu Dritten", BG 1983, 712; *ders*: Kodifizierung der Erstattungsansprüche der Sozialleistungsträger untereinander im X. Buch des SGB – Unter Berücksichtigung von Rechtsprechung und Literatur, Jahrbuch des Sozialrechts der Gegenwart 1984 (Bd.6), 273; *Plagemann*: Zusammenarbeit der Leistungsträger und ihre Beziehung zu Dritten – Zum SGB X, 3. Kapitel, NJW 1983, 423; *Reddig*: Erstattungsansprüche zwischen Krankenkasse und Sozialhilfeträger, SVFAng Nr 134, 53 (2002); *Rische*: Ausgleichsansprüche zwischen Sozialleistungsträgern, Diss. Jur., Freiburg 1978; *Rosenberger*: Konkurrenz und Rangfolge von Ersatz- und Erstattungsansprüchen zwischen den Sozialleistungsträgern, Diss. Jur. 1978.

1. Allgemeines

Der Zweite Abschnitt des Dritten Kapitels des SGB X betrifft die Erstattungsansprüche der Leistungsträger untereinander, wenn anstelle des letztlich verpflichteten Leistungsträgers ein anderer Leistungsträger eine Sozialleistung erbracht hat, jedoch nicht mit dieser Leistung belastet bleiben soll. Mit den §§ 102 ff besteht ein **geschlossenes System** derartiger Erstattungsansprüche.

Bedeutung haben diese Erstattungsansprüche in den Bereichen der **Leistungsverwaltung** – wegen des Tatbestandsmerkmals der Erbringung von Sozialleistungen dort ausschließlich im Bereich der **Sozialleistungsverwaltung**. Jedoch werden die §§ 102 ff auch durch Vorschriften aus anderen Regelungsbereichen für anwendbar erklärt, vgl für das Kindergeld § 74 Abs 2 EStG.

2. Entstehungsgeschichte und Rechtsentwicklung

Mit der Einführung der §§ 102 ff durch Gesetz vom 4.11.1982 (BGBl I 1450) mit Wirkung zum 1.7.1983 wurde die zuvor bestehende unübersichtliche Rechtslage (*Roos* in von Wulffen/Schütze SGB X, 8. Aufl, vor § 102 SGB X Rz 1) in Fällen des Ausgleichs von Sozialleistungen, die ein anderer als der letztlich verpflichtete Leistungsträger erbracht hatte, geklärt. Die Vielzahl von in Spezialgesetzen geregelten Erstattungsansprüchen, gesetzlichen Forderungsübergängen und Überleitungsvorschriften, ergänzt durch Verwaltungsvereinbarungen, Absprachen der Leistungsträger untereinander und auch einer zum Teil gesetzlich nicht geregelten Verwaltungspraxis und Rechtsprechung, ließ bald den Ruf nach **Systematisierung** laut werden (*Rische* Diss 1978; *Rosenberger* Diss 1978; *Bley* DOK 1981, 147 ff; *Maier* SGb 1980, 429 ff). Durch die Einführung der §§ 102 ff mit den dort geregelten **vier Grundtypen** des Erstattungsanspruchs (§§ 102-105) wurde der Ausgleich von Sozialleistungen zwischen Leistungsträgern weitgehend systematisiert und vereinheitlicht (*BSG* SozR 1300 § 102 Nr 1; *Plagemann* NJW 1983, 423). Einige **Spezialregelungen** blieben jedoch bestehen bzw sind neu hinzugekommen, so zB §§ 14 Abs 4 SGB IX (dazu *BSG* v 8.9.2009 – B 1 KR 9/09 R, juris Rz 11), Art 63 GRG. Diese gehen gem § 37 SGB I den Ansprüchen aus §§ 102 ff vor. Soweit jedoch deren Regelungen nicht vorgreiflich sind, gelten deshalb im Erstattungsstreit zwischen den Sozialleistungsträgern die allgemeinen Vorschriften des SGB X, einschließlich der §§ 106 ff (vgl *BSG* v 20.11.2008 – B 3 KR 16/08 R, juris Rz 26).

Seit ihrem Inkrafttreten wurden die §§ 102 ff inhaltlich nur wenig verändert. Lediglich § 104 wurde durch das Haushaltbegleitgesetz 1984 (BGBl I, 1532) um Abs 2, § 105 Abs 1 um Satz 2 erweitert. Das Gesetz zur Reform des Sozialhilferechts vom 23.7.1996 (BGBl I, 1088) fügte § 106 einen Abs 2 an. Neben einer Neuverkündung des gesamten SGB X (BGBl I 2001, 130) führte das **4. Euro-EinfG** vom 21.12.2000 (BGBl I, 1983) auch zu inhaltlichen Änderungen in §§ 109 (Satz 2, 3), 110 (Sätze 2, 4), 111 (Satz 2) und 113 (Abs 1). Im Zuge der Modernisierung des zivilrechtlichen Schuldrechts wurde § 113 Abs 2 durch das Hüttenknappschaftsgesetzliche Zusatzversicherungs-Neuregelungs-Gesetz vom 21.6.2002 (BGBl I, 3138) der neuen Begrifflichkeit des BGB angepasst.

5 Bereits vor Einführung der §§ 102 ff begonnene Erstattungsverfahren sind entsprechend der Überleitungsvorschrift des Art II § 21 (zwischenzeitlich durch Art 67 Nr 4 des 4. Euro-EinfG [BGBl I 1983] aufgehoben) nach den Vorschriften des SGB X zu Ende zu führen. Die §§ 102 ff betreffen daher auch die schon vor dem 1.7.1983 begonnenen Erstattungsverfahren, sofern noch keine bindende Entscheidung vorliegt (*BSGE 56, 69, 70*; *BSG* SozR 1300 § 104 Nr 11). Im Einzelnen vgl *Roos* aaO Rz 21, 22. Wegen der durch das **4. Euro-EinfG** vom 21.12.2000 eingetretenen Änderungen in §§ 111, 113 wird auf die **Übergangsvorschrift** des § 120 Abs 2, 3 verwiesen.

3. Regelungszweck

6 In den §§ 102 bis 105 hat der Gesetzgeber die vier Grundtypen des Erstattungsanspruchs normiert. Durch diese Regelungen soll gesichert werden, dass der aufgrund des materiellen Sozialrechts verpflichtete Leistungsträger auch dann mit den Kosten der Sozialleistung belastet wird, wenn ein anderer Leistungsträger die Leistung bereits erbracht hat. Die Erstattungsansprüche der §§ 102 ff dienen damit der **Herstellung der materiellrechtlich bestimmten Lastenverteilung**. Auch sollen sozialrechtlich **nicht gewollte Doppelleistungen** an Leistungsberechtigte **verhindert** werden. Darüber hinaus dienen die §§ 102 ff der **Vereinfachung und Koordination der Zusammenarbeit** von Leistungsträgern untereinander.

4. Rechtsnatur

7 Bei den Erstattungsansprüchen der §§ 102 bis 105 handelt es sich um **originäre, eigenständige Ansprüche zwischen Leistungsträgern** iSd § 12 SGB I (*BSGE 56, 69, 71*; zuletzt: *BSG* Urt v 29.9.2009 – B 8 SO 11/08 R, juris). Die §§ 102 ff regeln insoweit lediglich Erstattungsansprüche der Sozialleistungsträger untereinander, nicht jedoch – aus welchen Gründen auch immer bestehende – Ansprüche des Leistungsempfängers gegen einen Sozialleistungsträger (*BSG* v 29.9.2009 – B 8 SO 11/08 R, SGb 715-716 = juris Rz 11). Diese Erstattungsansprüche sind, anders als zB die Ansprüche nach §§ 115 ff, nicht aus den Rechtspositionen der Leistungsberechtigten abgeleitet. Daher stehen dem Leistungsberechtigten auch keine Mitwirkungsrechte im Erstattungsverfahren zwischen den Leistungsträgern zu (*Roos* aaO Rz 4). Trotz der eigenständigen Rechtsnatur der Erstattungsansprüche der §§ 102 bis 105 sind diese **mit dem Sozialleistungsanspruch eng verknüpft** (*Roos* aaO Rz 6). Dies zeigt sich nicht nur in der (ungeschriebenen) Tatbestandsvoraussetzung der rechtmäßigen Erbringung der Vorleistung und der Erfüllungsfiktion des § 107 Abs 1, sondern auch in der umstrittenen Frage, ob und ggf welche Einwendungen gegen einen Erstattungsanspruch erhoben werden können (vgl § 103 Rz 37 ff).

8 Die Ansprüche der §§ 102 bis 105 wollen die aufgrund der Erbringung einer Vorleistung eingetretene, dem materiellen Sozialrecht widersprechende **Belastung des Vorleistenden** dahin ausgleichen, dass der materiellrechtlich verpflichtete Leistungsträger für die entsprechenden Kosten aufzukommen hat. Insoweit stellen die §§ 102 bis 105 einen **öffentlich-rechtlich normierten Fall des Aufwandsersatzes** bei Führung eines fremden Geschäftes bzw einen Fall des **Ausgleichs einer ungerechtfertigten Bereicherung** dar (*SG Stuttgart* Urt v 1.7.2003

– S 6 U 6492/01, nv). Dabei entspricht der Erstattungsanspruch des § 102 eher dem Aufwendungsersatz gem §§ 670, 683 BGB, während die §§ 103 bis 105 der Rückgriffskondiktion gem § 812 Abs 1 Satz 1 BGB gleichen (*BSG* Urt v 29.5.1991 – 9 a RV 10/90, nv). Demgegenüber entspricht der Fall des § 112 einer Leistungskondiktion, § 812 Abs 1 Satz 1, 1. Var BGB.

5. Voraussetzungen der Erstattunganansprüche nach §§ 102 bis 105

5.1. Allgemeines

Ob ein Erstattungsanspruch nach §§ 102 bis 105 vorliegt, richtet sich danach, **9** ob deren Tatbestandsvoraussetzungen erfüllt sind. In Einzelfällen verweisen materiellgesetzliche Regelungen ausdrücklich auf die Erstattungsansprüche nach §§ 102 ff (zB §§ 25 Satz 3 SGB II, 125 Abs 3 Satz 1 SGB III, § 2 Abs 3 Satz 4), in den anderen Fällen ist die materielle Rechtslage danach zu untersuchen, ob die von den §§ 102 bis 105 vorausgesetzte tatsächliche und rechtliche Lage vorliegt. Die §§ 102 ff setzten dabei die Erbringung einer Sozialleistung voraus, für die rückblickend betrachtet ein anderer Leistungsträger zuständig gewesen wäre (*Pappai* JbdSozRdG 1984, 273 [274]).

Die Erstattungsansprüche der §§ 102 ff sind **nicht verschuldensabhängig,** eine **10** entsprechende Anwendung des § 93 Abs 3 kommt nicht in Betracht (*SG Stuttgart* Urt v 28.4.1999 – S 6 U 6465/98, nv).

Die **§§ 108, 109, 110** regeln Nebenansprüche, § 107 das Verhältnis von Erstat- **11** tungsanspruch und Sozialleistungsanspruch, §§ **106, 111, 113** Fragen der Durchsetzung und § 114 Fragen des Rechtsweges. Nach § 112 sind rechtswidrig durchgeführte Erstattungen zurückzuerstatten.

5.2. Sozialleistungserbringung durch einen Sozialleistungsträger

Bei den Erstattungsansprüchen der §§ 102 ff handelt es sich um ein geschlosse- **12** nes System zum Ausgleich von Sozialleistungen, die darauf beruhen, dass ein Sozialleistungsträger (§§ 12, 18 bis 29 SGB I) anstelle eines anderen Sozialleistungsträgers eine Sozialleistung (§ 11 SGB I) tatsächlich erbracht hat. Daher müssen sowohl der vorleistende, als auch der zuständige Träger **Sozialleistungsträger** iSd §§ 12, 18 bis 29 SGB I sein. Eine Leistungserbringung durch andere (Leistungs-)Träger, etwa eine KV oder KZV, genügt nicht.

Die Einschaltung Dritter in die Leistungserbringung ist dadurch jedoch nicht **13** ausgeschlossen. Deren Leistungen müssen jedoch dem erstattungsberechtigten Sozialleistungsträger iSd §§ 12, 18 bis 29 SGB I zugerechnet werden können (*BSG* SozR 1300 § 111 Nr 6; *BSG* Urt v 2.11.1999 – B 2 U 39/98 R, nv; *Becker* in Hauck/Noftz Vorbem zu §§ 102-114 Rz 5; *Kater* in KassKomm § 102 Rz 11).

Sozialleistungen sind alle **Dienst-, Sach- und Geldleistungen** die einem Berech- **14** tigten aufgrund des SGB und gleichgestellter Gesetze (Art II § 1 SGB I; § 68 SGB I) zur Verwirklichung seiner sozialen Rechte (§ 2 SGB I iVm §§ 3-10 SGB I) zustehen, § 11 SGB I. Sie zielen auf eine individuelle Begünstigung des Leistungsempfängers, um dessen soziale Rechte iSd §§ 2 ff SGB I zu verwirklichen (*Mönch-Kalina*, jurisPK-SGB I, § 11 SGB II Rz 21). Sozialleistungen beziehen sich dabei auf die Nachteile, Risiken oder Güterdefizite der §§ 3-10 SGB I; sie müssen jedoch weder einen vollen Ausgleich noch die volle Zielerreichung garantieren (Mönch-Kalina aaO). Sozialleistungen idS sind nicht nur solche, auf die ein Anspruch besteht (§ 38 SGB I), sondern **auch Ermessensleistungen** (§ 39 SGB I; zu Bedenken hiergegen: *Kater* in KassKomm § 104 SGB X Rz 7).

15 Auch die aus einer Sozialleistung erbrachten Sozialversicherungsbeiträge (zB § 170 Abs 1, 2 a SGB VI) stellen ihrerseits Sozialleistungen dar (*BSG* SozR 3-1300 § 111 Nr 9, *BSG* SozR 3-2400 § 26 Nr 13; *v Einem* SGb 1998, 198 [200]; *Kater* in KassKomm § 105 SGB X Rz 10). Daher umfassen die Erstattungsansprüche der §§ 102 ff auch die für den Leistungsberechtigten im Erstattungszeitraum gezahlten Beiträge zur gesetzlichen Kranken- und Pflegeversicherung (*LSG RhPf* Urt v 24.10.2012 – L 1 SO 29/12, juris, anhängig *BSG* – B 8 SO 5/13 R; *LSG RhPf* Urt v 24.10.2012 – L 1 SO 30/12, juris, anhängig *BSG* – B 8 SO 6/13 R). Anspruch auf Ersatz von Beiträgen zur Kranken- und Pflegeversicherung hat ein Sozialleistungsträger aber nur, wenn er auch die Erstattung der Hauptleistung verlangen kann (*BSG* Urt v 31.10.2012 – B 13 R 9/12 R, SozR 4-1300 § 104 Nr 5).

16 Nach der Rspr des BFH handelt es sich beim Kindergeld nach §§ 31, 32 EStG – anders als beim Kindergeld nach dem BKGG und §§ 62 ff EStG – um eine Steuervergütung und nicht um eine Sozialleistung (*BFH* v 28.4.2009 – III B 36/08, BFH/NV 2009, 1595-1596 = juris Rz 12; *BFH* v 23.11.2000 – VI R 165/99, BFHE 193, 569 = BStBl II 2001, 279). Denn insoweit stellt das Kindergeld nach § 32 EStG eine einkommensteuerliche Förderung der Familie durch eine Sozialzwecknorm dar (*BFH* v 28.4.2009 aaO). Damit kommt ein Erstattungsanspruch nach den §§ 102 ff im Hinblick auf Kindergeld nach §§ 31, 32 EStG nicht in Betracht.

17 Ebenso handelt es sich bei **Leistungen, die zwischen Trägern erbracht** werden, wie zB Erstattungsleistungen gem §§ 102 ff oder gem § 264 SGB V grds nicht um Sozialleistungen (*BSG* v 28.10.2008 – B 8 SO 23/07 R, SozR 4-2500 § 264 Nr 2 mwN). Diese Leistungen kommen dem Leistungsempfänger nicht zugute und dienen auch nicht dazu, der Verwirklichung seiner Rechte zu dienen (*BSG* aaO).

18 **Erbracht** ist eine Sozialleistung, wenn der Sozialleistungsanspruch des Leistungsberechtigten erfüllt ist. Der Leistungsanspruch ist dabei erst dann erfüllt, wenn der geschuldete Leistungserfolg beim Leistungsberechtigten eingetreten ist. Dies folgt auch aus der entsprechenden Anwendung des § 362 Abs 1 BGB. Wie im Zivilrecht ist auch im Sozialrecht grundsätzlich nicht nur die Vornahme einer Erfüllungshandlung geschuldet, sondern es kommt auf den Eintritt des Leistungserfolges an (hM, *Palandt* BGB § 362 Rz 1 mwN). Damit ist eine Sozialleistung nicht schon dann erbracht, wenn der vorleistende Träger mit den entsprechenden Kosten belastet wird (so *BSG* SozR 1300 § 111 Nr 3) oder wenn der die Sozialleistung bewilligende VA erlassen ist (so *Kamprad* DRV 1991, 357), sondern schon bzw erst, wenn der Leistungserfolg dem Leistungsempfänger zugeflossen bzw zugute gekommen ist (so auch *BSG* SozR 1300 § 111 Nr 6; *Klattenhoff* aaO § 102 Rz 6). Dabei ist der Zufluss des Leistungserfolges nicht zu verwechseln mit einem Erfolg der Leistung. So ist der Leistungserfolg dem Leistungsempfänger zB im Fall einer Rehabilitationsleistung dann zugeflossen, wenn dieser die Rehabilitationsmaßnahme absolviert hat, unabhängig davon, ob die Maßnahme das angestrebte Rehabilitationsziel erreicht hat; eine ärztliche Behandlung als Sachleistung ist dem Leistungsberechtigten bereits dann zugeflossen, wenn der Arzt den Patienten behandelt hat, auch wenn dieser dadurch nicht geheilt ist.

19 Bloß **bewilligte** aber noch nicht erbrachte Sozialleistungen (zB wegen eines Ruhens der Leistung oder aus sonstigen Gründen noch nicht ausgezahlte Leistungen) begründen keinen Erstattungsanspruch nach §§ 102 ff (*SG Freiburg* Urt v 12.1.2012 – S 22 R 3889/10, juris; *Gmati* in juris-PK SGB X § 105 Rz 32).

Bei **regelmäßig wiederkehrenden Sozialleistungen** ist auf die Erbringung der **20** einzelnen Leistung abzustellen (*Klattenhoff* aaO § 102 Rz 6). Damit entsteht im Fall einer monatlichen Rentenzahlung für jeden neuen Monat ein eigenständiger Erstattungsanspruch.

Geldleistungen sind erbracht, wenn bei Barauszahlung der Leistungsberechtigte **21** über das Geld verfügen kann, es ihm also übergeben ist, im Fall der Überweisung auf ein Konto, wenn der Betrag im Kontensaldo des Leistungsberechtigten gutgeschrieben ist. Wann bei einer **Sachleistung** der Leistungserfolg eingetreten ist, ist für jede einzelne Sachleistung gesondert zu beurteilen. So ist zB eine Rehabilitationsleistung erbracht, wenn diese Maßnahme im Einzelfall abgeschlossen ist. Im Fall der Gewährung eines Hilfsmittels (§ 33 SGB V) ist der Leistungserfolg eingetreten, wenn bei leihweiser Überlassung (§ 33 Abs 5 Satz 1 SGB V) oder Beschaffung durch den Leistungsträger das Hilfsmittel dem Leistungsberechtigten übergeben ist, bei einer Ermächtigung des Leistungsberechtigten zur Selbstbeschaffung ist der Leistungserfolg eingetreten, wenn der Leistungsträger dem Leistungsberechtigten die entstandenen Kosten ersetzt hat. Entsprechend ist auch bei der Erbringung von Sozialleistungen in Form von **Dienstleistungen** zu differenzieren.

Die Erstattungsansprüche der §§ 102 ff knüpfen zwar an die Erbringung einer **22** Sozialleistung durch einen Sozialleistungsträger an, doch muss jeweils für den einzelnen Erstattungsanspruch geprüft werden, welche Leistungserbringung erfasst ist. So erfasst der Erstattungsanspruch nach § 102 nur die vorläufige, nicht dagegen die endgültige Leistungserbringung. Demgegenüber setzen die Ansprüche nach §§ 103 bis 105 eine endgültige Leistungserbringung voraus und sind daher bei lediglich vorläufiger Leistungserbringung nicht anwendbar. Zu Einzelheiten vgl die jeweilige Kommentierung dort.

5.3. Bestehen zweier Sozialleistungsansprüche

Die Erstattungsansprüche setzen das Zusammentreffen mehrerer Sozialleis- **23** tungsansprüche iS eines **Bestehens zweier Sozialleistungsansprüche** des Leistungsberechtigten voraus. Es muss ein Anspruch gegen den einen Leistungsträger bestehen (den die Vorleistung erbringenden Träger) und zugleich auch ein Sozialleistungsanspruch gegen einen anderen Leistungsträger (*BSG* SozR 1300 § 102 Nr 1). Je nachdem wie diese Sozialleistungsansprüche gestaltet sind bzw in welchem Verhältnis diese Sozialleistungsansprüche zueinander stehen kommen die einzelnen Erstattungsansprüche der §§ 102 ff in Betracht. So setzt der Erstattungsanspruch des § 102 die Erbringung einer **vorläufigen Sozialleistung** im Vorgriff auf die Leistung eines anderen Sozialleistungsträgers voraus, die Erstattungsansprüche der §§ 103 bis 105 setzen dagegen eine endgültige Leistungserbringung voraus. Im Rahmen des § 103 war der erstattungsberechtigte Leistungsträger zum Zeitpunkt der Leistungserbringung zuständig, erst **nachträglich** ist dessen **Leistungszuständigkeit entfallen**. Bei § 104 hat der **nachrangig verpflichtete Leistungsträger** eine **endgültige Leistung** erbracht. Dagegen hat im Fall des § 105 ein sachlich bzw örtlich unzuständiger Träger eine Sozialleistung erbracht.

5.4. Materiellrechtlich rechtmäßige Leistungserbringung

Ein Erstattungsanspruch kann nur bestehen, soweit die ursprüngliche **Sozial-** **24** **leistung rechtmäßig erbracht** wurde (*BSG* SozR 2200 § 562 Nr 7, *BSG* SozR 4-3100 § 18 c Nr 2). Gerade die rechtmäßige Leistungserbringung rechtfertigt es, den vorleistenden Träger, nachdem sich herausgestellt hat, dass ein anderer Träger zur Leistungserbringung zuständig war/wurde, vom Risiko, die erbrachte Leistung vom Leistungsempfänger nicht wieder zurückzubekommen, durch den Erstattungsanspruch gegen einen anderen staatlichen Leistungsträger freizustellen. **Beurteilungszeitpunkt** für die Erbringung einer rechtmäßigen Leistung ist der Zeitpunkt der tatsächlichen **Leistungserbringung**. Ist die Vorleistung bezogen auf den Zeitpunkt der Leistungserbringung nicht rechtmäßig, kann dies nicht den Zugriff auf einen anderen Leistungsträger rechtfertigen. Materiellrechtlich rechtswidrige Leistungen sind grundsätzlich in dem Verhältnis zurückzufordern, in dem die Leistung erbracht wurde.

25　Das Erfordernis einer rechtmäßigen Vorleistung wird lediglich im Rahmen des § 105 insoweit durchbrochen, als es das Gesetz dort erlaubt, dass hier ein örtlich bzw sachlich unzuständiger Sozialleistungsträger gehandelt hat. Dessen Leistung muss aber – über die sachliche bzw örtliche Unzuständigkeit hinaus – im Übrigen rechtmäßig sein (vgl dazu die Komm bei § 105 Rz 14 ff).

5.5. Kongruenz

26　Die zunächst erbrachte Sozialleistung (Vorleistung) und die vom weiteren Leistungsträger zu beanspruchende Sozialleistung müssen gleichartig, kongruent, sein hinsichtlich der Befriedigung derselben Bedürfnislage (**sachliche Kongruenz**), im Hinblick auf eine zeitliche Überschneidung (**zeitliche Kongruenz**) und auch die Person des Leistungsempfängers/Leistungsberechtigten (**persönliche Kongruenz**; *BSGE* 57, 218, 221; *BSG* SozR 3-1300 § 104 Nr 3). Ein einheitlicher Leistungsgrund muss jedoch nicht vorliegen (*BSGE* 38, 183, 185; *BSG* SozR 1300 § 104 Nr 11, 12).

5.5.1. Sachliche Kongruenz

27　Sachliche Kongruenz liegt vor, wenn sich die Sozialleistungen hinsichtlich der Befriedigung derselben Bedürfnislage gleichartig gegenüberstehen. Zur Bestimmung dieser sachlichen Kongruenz ist die Funktion bzw der Zweck der Sozialleistung heranzuziehen. Leistungen mit Lohnersatzfunktion dienen jeweils unabhängig von ihrer Bezeichnung (zB als Krankengeld, Übergangsgeld, Verletztengeld oder Erwerbsminderungsrente) der Befriedigung derselben Bedarfssituation; alle diese Leistungen wollen das aufgrund einer Erkrankung ausgefallene Einkommen des Versicherten ersetzen (*Becker* aaO § 103 Rz 14). Sie sind daher sachlich kongruent. Insoweit liegt sachliche Kongruenz zwischen Leistungen nach dem SGB XII und Leistungen der GRV vor, wenn beide Leistungen „in irgendeiner Art" dem Lebensunterhalt dienen (*BSG* SozR 1300 § 104 Nr 12). Der Sozialhilfeträger kann daher auch einen Erstattungsanspruch gegen den Rentenversicherungsträger wegen erbrachter Weihnachtsbeihilfe geltend machen (*BSG* SozR 1300 § 104 Nr 12). Bei Leistungen der Kinder- und Jugendhilfe, die neben dem Lebensunterhalts auch erziehungsbedingte Aufwendungen decken, besteht Kongruenz mit anderen Sozialleistungen nur hinsichtlich des den Lebensunterhalt abdeckenden Teils; der den erziehungsbedingten Aufwendungen entsprechende Anteil ist zu sonstigen Sozialleistungen nicht kongruent. Sachlich kongruent sind auch Renten/Übergangsgeld und Krg, der Kinderzuschuss der Rentenversicherung und Kindergeld sowie die Kinderzulage der UV im Verhältnis zum Kinderzuschuss (*BSG* SozR 1300 § 103 Nr 4) und Landesblindengeld und Pflegezulage iRah der Versorgungsleistungen gem § 35 Abs 1 BVG (*BSG* SozR 4-1300 § 107 Nr 1). So ist zB auch Alg II, sofern der Bedarf für Unterkunft mit berücksichtigt wird, eine dem Wohngeld entsprechende, kongruente Sozialleistung (*VG Berlin* Urt v 24.6.2014 – 21 K 195.12, juris).

Sach- und Dienstleistungen sind zu Geldleistungen nicht kongruent, insoweit **28** handelt es sich nicht um gleichartige Leistungen (*BSGE* 57, 218, 219; *SchlHLSG* SozSich 1997, 360; *Roos* aaO § 104 Rz 11; aA für Sachleistungen nach AsylbLG und Kindergeld vgl *FG Hamburg* Urt v 13.8.2012 – 1 K 29/11, juris). Die darlehensweise Gewährung von Leistungen zum Lebensunterhalt nach dem SGB XII steht der sachlichen Kongruenz mit Geldleistungen der RV nicht entgegen (*BSG* SozR 3-1300 § 104 Nr 9).

5.5.2. Zeitliche Kongruenz

Der Erstattungsanspruch erfordert auch Kongruenz in zeitlicher Hinsicht. Dies **29** bedeutet, dass die betreffenden Sozialleistungen für denselben Zeitraum bestimmt sein müssen (*Schuler* SGb 1993, 75 [77]; *Becker* aaO § 104 Rz 13), sich also zeitlich überlagern.

5.5.3. Persönliche Kongruenz

Auch hinsichtlich der Person des Leistungsempfängers der Vorleistung und des **30** Leistungsberechtigten der weiter zu beanspruchenden Sozialleistung ist grundsätzlich Kongruenz im Sinne einer Personenidentität zu verlangen. Denn nur dann kann es auch zu den von §§ 102 ff zu vermeidenden Doppelleistungen kommen. Entgegen der in der Literatur geäußerten Auffassung (*André* NDV 1983, 76; *Brackmann* Hdb SV Bd IV, 967; *Roos* aaO § 104 Rz 13) verlangt das *BSG* (SozR 3-1300 § 104 Nr 3) daher zu Recht das Vorliegen von Personenidentität iSd einer persönlichen Kongruenz (so auch *LSG NRW* Urt v 29.11.2012 – L 16 AL 329/11, juris; *Grube* in jurisPK-SGB X, § 102 Rz 37; *Gmati* in jurisPK-SGB X, § 103 Rz 42, 44; *Pattar* in jurisPK-SGB X, § 104 Rz 23). Dem BSG ist zuzustimmen (*Laufer/Noch* DAngVers 1983, 255 [256]; *Link* in Eicher/Spellbrink SGB II 2. Aufl, § 34 a Rz 10; *Schellhorn* NDV 1983, 77 [80]; *Trenk-Hinterberger* SGb 1991, 326).

Nicht nur der Wortlaut der §§ 102 ff, die einen Anspruch des Berechtigten so- **31** wohl gegenüber dem vorrangig, wie auch dem nachrangig verpflichteten Leistungsträger voraussetzen, sondern auch der Zweck der Erstattungsansprüche verlangt Personenidentität. Durch den Erstattungsanspruch sollen Mehrfachleistungen verhindert werden. Das Vorliegen von Mehrfachleistungen kann aber nur im Verhältnis zu einem bestimmten Leistungsberechtigten beurteilt werden. Bestehen Leistungsansprüche mehrerer, so sind diese jeweils getrennt voneinander zu beurteilen. Das BSG hat hierzu auch in neuerer Zeit entschieden (*BSG* Urt v 12.11.2013 – B 1 KR 27/12 R, SozR 4-1300 § 105 Nr 3; *BSG* Urt v 12.5.2011 – B 11 AL 24/10 R, SozR 4-1300 § 107 Nr 4), dass neben der zeitlichen Kongruenz der betreffenden Leistungen der Erstattungsanspruch auch eine Personenidentität des Leistungsberechtigten voraussetze.

Entgegen *Roos* (aaO § 104 Rz 13) stellt die Einführung der §§ 104 Abs 2, 105 **32** Abs 1 Satz 2 durch das Haushaltsbegleitgesetz 1984 nicht klar, dass eine Personenidentität nicht erforderlich sei, sondern verdeutlicht gerade, dass hinsichtlich bestimmter Leistungen im Rahmen der §§ 104, 105 eine Ausnahme vom Grundsatz der Personenidentität zuzulassen ist. Auch die §§ 34 a SGB II, 114 SGB XII enthalten eine Ausnahmeregelung zum Grundsatz der Personenidentität (*Link* aaO, Rz 10 f). Aus diesen Ausnahmevorschriften ist gerade nicht zu entnehmen, dass eine Personenidentität zwischen der Person des Leistungsempfängers und der Person des Sozialleistungsberechtigten nicht gegeben sein müsste. Insoweit hat das *BSG* (Urt v 12.5.2011 – B 11 AL 24/10 R, SozR 4-1300 § 107 Nr 4) Personenidentität auch hinsichtlich eines Erstattungsanspruchs des Leistungsträgers der Grundsicherung für Arbeitsuchende gefordert. Ein Erstattungsanspruch bestehe nur insoweit, als es sich bei dem Leistungsbezieher nach dem SGB II und dem Leistungsberechtigten der anderen Leistung um dieselbe Person handele (*BSG* Urt v 12.5.2011 – B 11 AL 24/10 R, SozR 4-1300 § 107 Nr 4). Demgemäß umfasst der Erstattungsanspruch auch nicht die an Angehörige der Bedarfsgemeinschaft eines Berechtigten erbrachten Leistungen nach dem SGB II (*BSG* Urt v 12.5.2011 – B 11 AL 24/10 R, SozR 4-1300 § 107 Nr 4). Auch in neuerer Zeit hat das *BSG* (Urt v 6.8.2014 – B 11 AL 2/13 R, juris) darauf hingewiesen, dass auch beim Erstattungsanspruch nach § 104 SGB X **Personenidentität** erforderlich ist, eine solche aber **nicht** im Hinblick auf die **an nichteheliche Lebensgefährten** des Sozialleistungsberechtigten erbrachte Sozialleistung besteht. Nach dieser Rechtsprechung kommt auch eine Anwendung des § 34 a SGB II (jetzt § 34 b SGB II) – zumindest in der alten Gesetzesfassung – nicht in Betracht. Zu den Erstattungsansprüchen wegen Leistungen nach dem SGB II vgl § 40 a SGB II (zu den Materialien vgl BT-Drucks 18/1311).

33   Zu Ausnahmen bzw Erweiterungen des Erfordernisses der Personenidentität vgl § 104 Abs 2 (dort Rz 19), § 105 Abs 1 Satz 2, § 34 b SGB II, § 114 SGB XII. §§ 104 Abs 2 und 105 Abs 1 Satz 2 erweitern den Rahmen der persönlichen Kongruenz, als auch gewisse Leistungen an Angehörige einbezogen werden.

5.6. Der erstattungspflichtige Leistungsträger

34   Die Erstattungsansprüche der §§ 102 bis 105 richten sich immer gegen den materiellrechtlich zur Erbringung der Sozialleistung verpflichteten Sozialleistungsträger (§ 12 SGB I). Anspruchsinhaber ist der Sozialleistungsträger (§ 12 SGB I), der im Vorgriff auf die Leistung eines anderen Leistungsträgers rechtmäßig eine kongruente Sozialleistung (§ 11 SGB I) erbracht hat. Anspruchsverpflichtet ist dagegen derjenige Sozialleistungsträger (§ 12 SGB I), dem das materielle Recht die Kostenlast der Leistungserbringung zugewiesen hat (*Böttiger* SGb 2008, 375 Fn 1). Es muss sich dabei um verschiedene Leistungsträger iS von unterschiedlichen Rechtsträgern handeln. Ist nur ein Rechtsträger vorhanden, der aufgrund verschiedener Leistungsgesetze tätig wird (zB als Träger der Kinder- und Jugendhilfe nach dem SGB VIII und als Träger der Sozialhilfe nach dem SGB XII), entsteht kein Erstattungsanspruch nach den §§ 102 ff SGB X. Denn dieses Tätigwerden resultiert aus den dem materiellen Recht folgenden unterschiedlichen Aufgabenzuweisungen an ein und denselben Rechtsträger, auch wenn dieser durch verschiedene Ämter handelt. Insoweit würde die Annahme eines Erstattungsanspruchs in diesen Fällen zu einem Anspruch eines Rechtsträgers gegen sich selbst führen, der dem deutschen Recht grds fremd ist. Auch eine (analoge) Anwendung des § 107 SGB X ist damit ausgeschlossen. Zwar könnte insoweit gefragt werden, ob es sich bei der BA als Träger des SGB II und des SGB III um denselben Rechtsträger handelt, so dass insoweit Erstattungsansprüche gem §§ 102 ff nicht entstünden. Doch dürfte die Stellung der Jobcenter im Gesetz soweit verfestigt und eigenständig ausgestaltet sein (vgl zB die eigene Verpflichtbarkeit des Jobcenters nach § 44 d Abs 1 Satz 1 SGB II oder die Beteiligtenfähigkeit im Zivilprozess nach *BGH* Urt v 11.1.2012 – XII ZR 22/10, NJW-RR 2012, 898-902), dass insoweit von unterschiedlichen Sozialleistungsträgern ausgegangen werden kann (vgl zu rentsprechenden Handhabung *BSG* Urt v 12.5.2011 – B 11 AL 24/10 R, SozR 4-1300 § 107 Nr 4; so auch *LSG BW* Urt v 16.6.2009 – L 12 AL 5180/07, juris Rz 32).

Die Erstattungsansprüche der §§ 102 ff richten sich damit gegen denjenigen So- **35** zialleistungsträger iSd §§ 12, 18 bis 29 SGB I, der zuständig ist bzw zuständig gewesen war oder dies wurde (*Kater* in KassKomm § 105 Rz 5). Im Sozialrecht folgt die Zuständigkeit der materiellrechtlichen Aufgabenverteilung; obliegt einem Leistungsträger eine Aufgabe, ist er zur Aufgabenerfüllung zuständig. Zuständig ist der für den Sozialleistungsanspruch sachlich befugte und passiv legitimierte Leistungsträger (*BSGE* 65, 31; *Roos* aaO § 105 Rz 9), gegenüber dem der materielle Sozialleistungsanspruch tatsächlich besteht bzw bestanden hat. Gibt es keinen Leistungsträger gegenüber dem ein entsprechender Sozialleistungsanspruch des Leistungsempfängers besteht, so kommt ein Erstattungsanspruch nicht in Betracht.

5.7. Ausschluss, Einschränkungen und Erweiterungen der Erstattungsansprüche

5.7.1. Ausschluss wegen Leistungserbringung in Unkenntnis der Vorleistung

Der Erstattungsanspruch ist ausgeschlossen, wenn der zuständige Leistungsträ- **36** ger seine Leistungspflicht gegenüber dem Leistungsberechtigten durch eigene Sozialleistungserbringung erfüllt hat und er zu diesem Zeitpunkt keine Kenntnis von der Vorleistung des unzuständigen Trägers hatte (§§ 103 Abs 1 Satz 1, 104 Abs 1 Satz 1, 105 Abs 1 Satz 1). Lediglich der nach § 102 vorläufig leistende Träger ist insoweit privilegiert.

Leistungen des zuständigen Trägers in positiver Kenntnis (*BSGE* 74, 36; BSG **37** SozR 3-1200 § 53 Nr 4) der erbrachten Vorleistung schließen den Erstattungsanspruch nicht aus (*BSG* Urt v 18.10.1991 – 9b/7 RAr 12/88, nv). Entsprechende Regelungen finden sich in §§ 103 Abs 1 und 104 Abs 1. Wegen der Einzelheiten wird auf § 103 Rz 29 ff verwiesen.

Rechtserhebliche Kenntnis in diesem Sinne liegt vor, wenn der erstattungs- **38** pflichtige Leistungsträger aufgrund der ihm mitgeteilten Tatsachen rechtlich in der Lage ist, dem Leistungsanspruch des (vermeintlich) Sozialleistungsberechtigten die Erfüllungswirkung des § 107 Abs 1 entgegenzuhalten, so dass der erstattungspflichtige Leistungsträger die Leistung gegenüber dem Leistungsberechtigten verweigern und anstelle dessen den Erstattungsanspruch des erstattungsberechtigten Trägers befriedigen kann (*SächsLSG* Urt v 27.9.2012 – L 3 AL 223/10, juris).

Erforderlich ist **positive Kenntnis** (*BSG* SozR 3-1200 § 53 Nr 4; *Bley* DOK **39** 1981, 143 [149]; *Roos* aaO § 103 Rz 12; aA *Schellhorn*, GK-SGB X, § 103 Rz 21). Fahrlässige, auch grob fahrlässige Unkenntnis („kennen müssen") schadet nicht (*BSG* SozR 3-1200 § 53 Nr 4; *Bley* DOK 1981, 143 [149]; *Kater* in Kass-Komm § 103 Rz 31; kritisch *Heimrich* DRV 1999, 130 [144]). Insoweit fehlt eine gesetzliche Gleichstellung von positiver Kenntnis und fahrlässiger Unkenntnis. Der zuständige Leistungsträger braucht daher nicht zu ermitteln, ob bereits ein anderer Träger eine Vorleistung erbracht hat, die Erstattungsansprüche gegen ihn auslösen könnten (*BSGE* 74, 36, 43; *Gerlach* DOK 1983, 393 [394]; *Kater* aaO § 103 Rz 30; *Becker* aaO § 103 Rz 15). Zu verlangen ist positive Kenntnis des erstattungspflichtigen Leistungsträgers hinsichtlich Leistungsart, -zeit und -höhe (*BSGE* 70, 186; 74, 36).

Da Beh selbst keine Kenntnis oder Unkenntnis haben können, kann ihnen **40** Kenntnis nur über das Wissen ihrer Bediensteten vermittelt werden. Es ist somit auf die Kenntnis der mit Erstattungsverfahren betrauten Sachbearbeitung abzustellen (*LSG* Bln-Bbg v 10.7.2009 – L 1 KR 415/08, juris Rz 28; *Kater* aaO

§ 103 Rz 31). Kenntnis liegt damit vor, wenn die maßgeblichen Tatsachen der zuständigen Sachbearbeitung bekannt sind (*Kummer* DAngVers 1986, 400; aA *BSG* Urt v 18.10.1991 – 9b/7 RAr 12/88, nv; für § 111 vgl *SG Stuttgart* Urt v 1.7.2003 – S 6 U 6492/01, nv). Ein Organisationsverschulden, das zur Folge hat, dass dem Sachbearbeiter nicht alle für die Kenntnisnahme der Vorleistung des anderen Trägers erforderlichen Umstände bekannt werden, darf aber die Rechtslage nicht beeinflussen (*LSG Bln-Bbg* v 10.7.2009 – L 1 KR 415/08, juris Rz 34 ff, nachgehend *BSG* Urt v 22.6.2010, SozR 4-2500 § 275 Nr 4). Hat der erstattungbegehrende Träger in Folge eines Organisationsverschuldens eine Kenntnisnahme seiner Sachbearbeiter von den früheren Leistungen des auf Erstattung in Anspruch genommenen Trägers unmöglich gemacht, kann er sich nicht darauf berufen, keine Kenntnis von der Vorleistung gehabt zu haben.

41 Wie die Kenntnis erlangt wird, ist ohne Bedeutung (*Becker* aaO § 103 Rz 17), da eine bestimmte Form der Kenntniserlangung nicht vorgesehen ist. ZB kommen Angaben des Versicherten in einem Antrag (zB Angaben über Krankengeldbezug oder Aufforderung gem § 51 Abs 2 oder 3 SGB V), Mitteilungen nach § 111 oder Mitteilungen seitens Dritter (zB Mitteilungen von Rehabilitationseinrichtungen) als Grundlage der Kenntnis ebenso in Betracht, wie auch Angaben aus einem bereits vorliegenden Versicherungsverlauf (zB Beitragszahlung wegen Bezug von Krg). Es müssen sich jedoch für den zuständigen Leistungsträger aus den zur Verfügung stehenden Umständen unmissverständliche Informationen über eine „entsprechende" Leistungserbringung seitens eines anderen Leistungsträgers ergeben (*Becker* aaO § 103 Rz 17). Somit begründet jedenfalls die allgemeine Kenntnis des Rentenversicherungsträgers vom Bestehen einer Krankenversicherung noch keine Kenntnis von der Leistungserbringung eines Krankenversicherungsträgers.

42 Ist der Zugang derartiger Informationen in der zuständigen Abteilung – etwa durch Eingangsstempel auf einer schriftlichen Mitteilung oder aufgrund einer Aktennotiz – nachgewiesen, so handelt es sich hierbei um ein gewichtiges Indiz für eine Kenntnisnahme durch die Sachbearbeitung (*Roos* aaO § 103 Rz 14). Der erstattungsberechtigte Leistungsträger trägt die objektive Feststellungslast dafür, dass beim erstattungspflichtigen Leistungsträger Kenntnis von der Vorleistung bestanden hat. Ist der Zugang einer Mitteilung über die Vorleistung beim erstattungspflichtigen Leistungsträger nachgewiesen, so trägt dieser die objektive Feststellungslast hinsichtlich seiner Unkenntnis (*Becker* aaO § 103 Rz 18).

43 Darüber hinaus ist der Erstattungsanspruch nach weiteren Regelungen ausgeschlossen. So schließt eine unabhängige Leistungsverpflichtung des nachrangigen Leistungsträgers, § 104 Abs 1 Satz 3, einen Erstattungsanspruch aus. Hat der nachrangige Leistungsträger seine Sozialleistung auch dann zu erbringen, wenn eine vorrangige Sozialleistung erbracht wird, so ist insoweit der Erstattungsanspruch ausgeschlossen, § 104 Abs 1 Satz 3. Dieser Ausschluss bezieht sich regelmäßig auf die sog Aufzahlungsfälle (vgl dazu die Komm bei § 104 Rz 25).

44 Der Leistungserbringung des an sich erstattungspflichtigen Trägers an den Berechtigten kann aber nur dann befreiende Wirkung zukommen, wenn auch diese Leistungserbringung rechtmäßig erfolgte (*Kater* in KassKomm § 103 Rz 30). Hat der an sich erstattungspflichtige Leistungsträger befreiend an den Leistungsberechtigten geleistet, so entfällt der Erstattungsanspruch, die Erfüllungsfiktion des § 107 Abs 1 greift nicht ein.

5.7.2. Einschränkungen der Erstattungsansprüche

Die §§ 103 Abs 3, 105 Abs 3 enthalten weitere Einschränkungen des Erstat- **45**
tungsanspruchs gegenüber bestimmten Sozialleistungsträgern. Die Träger der
Sozialhilfe, Kriegsopferfürsorge und der Jugend- (und Kinder)hilfe sollen nach
dem Willen des Gesetzgebers nur aktuelle Notsituationen überbrücken (vgl zB
§ 18 SGB XII). Eine rückwirkende Leistungserbringung für zurückliegende
Zeiträume ist grds nicht möglich (*BVerwGE* 60, 236). Dieses Prinzip soll auch
nicht im Wege der Erstattung umgangen werden können. Diese zeitliche Einschränkung der Erstattungsansprüche gegenüber bestimmten Trägern der Existenzsicherung soll damit gewährleisten, dass diese Träger auch im Wege einer
Erstattung nur für aktuelle Notlagen und nicht für die Vergangenheit leistungspflichtig sind (*Roos* aaO § 103 Rz 22 ff). § 105 Abs 3 entspricht § 103 Abs 3
(vgl § 103 Rz 31). Auch wenn zu den Trägern der Existenzsicherung zweifels-
ohne auch die Träger der Grundsicherung nach dem SGB II gehören, sind diese
nicht in die Privilegierung der §§ 103 Abs 3, 105 Abs 3 aufgenommen.

Erstattungsansprüche nach § 103 Abs 1 bzw § 105 Abs 1 bestehen gegenüber **46**
den genannten Trägern erst für die Zeit ab deren Kenntnis von ihrer eigenen
Leistungspflicht. Eine Erstattung ist erst ab deren Kenntnis von ihrer Leistungs-
pflicht möglich (vgl dazu *SG Freiburg* Urt v 19.4.2010 – S 12 SO 1607/07,
juris). Die Träger der Sozialhilfe, Kriegsopferfürsorge und der Jugend- (und
Kinder)hilfe müssen sich auch nicht die Kenntnis anderer Dienststellen zurech-
nen lassen (*Roos* aaO § 103 Rz 24; aA *Becker* aaO § 103 Rz 21; *Maydell/
Schellhorn* GK-SGB X, § 103 Rz 33; zur Zurechnung von Kenntnis zwischen
Grundsicherungs- und Sozialhilfeträgern und zur Auslegung des § 18 Abs 1
SGB XII vgl *BSG* Urt v 26.8.2008 – B 8/9 b SO 18/07 R, SozR 4-3500 § 18
Nr 1 = juris Rz 23). Es ist auch hier auf die positive Kenntnis der jeweiligen
Sachbearbeitung abzustellen (*BSG* Urt v 9.6.1988 – 4 RA 9/88, nv; *BVerwG*
NJW 1985, 819). Auf die Träger der Grundsicherung für Arbeitsuchende
(SGB II) ist Abs 3 nicht (auch nicht entsprechend) anwendbar (*Becker*, aaO
§ 103 Rz 20; *Maschner* aaO, § 103 Rz 29).

5.7.3. Erweiterungen des Erstattungsanspruchs

§ 104 Abs 1 Satz 4 erweitert den Erstattungsanspruch (im SGB XII vgl die vor- **47**
gehende Regelung des § 114). Über die (reguläre) Erstattung von erbrachten
Sozialleistungen hinaus können die in § 104 Abs 1 Satz 4 genannten Träger
auch Aufwendungsersatz und Kostenbeiträge (zB § 27 Abs 3 SGB XII, § 91
SGB VIII; *BSG* SozR 3-1200 § 53 Nr 4 m Anm *Schuler* SGb 1993, 75) erstattet
verlangen. Hinsichtlich dieser Leistungen besteht keine Subsidiarität und regelmäßig auch keine Kongruenz mit der Sozialleistung des erstattungspflichtigen
Trägers. Dennoch ordnet § 104 Abs 1 Satz 4 die Erstattung dieser Beträge an
(im Weiteren vgl die Komm bei § 104).

5.8. Umfang des Erstattungsanspruchs

Während sich der Umfang des Erstattungsanspruchs nach § 102 (dort Abs 2) **48**
nach den für den vorleistenden Leistungsträger geltenden Rechtsvorschriften
richtet, bestimmt sich der Umfang der Erstattungsansprüche der §§ 103 bis 105
nach den für den zuständigen, also erstattungspflichtigen Träger geltenden
Rechtsvorschriften (vgl § 103 Abs 2, § 104 Abs 3, § 105 Abs 2). Im letzteren
Fall ist der Erstattungsanspruch damit im Bestehen und im Umfang abhängig
vom materiellrechtlichen Anspruch des Leistungsempfängers gegen den erstattungspflichtigen Träger; er ist insoweit in der Entstehung als auch im Umfang

akzessorisch zum Leistungsanspruch des Leistungsempfängers (*BSG* v 17.2.2009 – B 2 U 38/06 R; *Roos*, aaO Vor § 102 Rz 6). Die Sozialleistungen sind sich im Überschneidungszeitraum monatsweise gegenüberzustellen (*BSGE* 58, 128).

5.9. Entstehen des Erstattungsanspruchs

49 Die Erstattungsansprüche der §§ 102 ff entstehen analog § 40 Abs 1 SGB I kraft Gesetzes unmittelbar mit Vorliegen aller Tatbestandsvoraussetzungen.

5.10. Einwendungen gegen den Erstattungsanspruch

50 Zwar handelt es sich bei den Erstattungsansprüchen der §§ 102 ff um selbstständige Ansprüche, trotzdem besteht eine inhaltliche und untrennbare Verknüpfung mit dem Sozialleistungsanspruch des Leistungsberechtigten. Dem erstattungspflichtigen Träger stehen daher grundsätzlich alle Einwendungen, die er dem Sozialleistungsanspruch hätte entgegensetzen können, auch gegenüber dem Erstattungsanspruch zu (*Kater* in KassKomm § 105 Rz 32 ff). Im Einzelnen vgl § 103 Rz 39 ff.

6. Verhältnis der Erstattungsansprüche untereinander

51 Obwohl der Gesetzgeber in den §§ 102 bis 105 lediglich vier sich nicht überlagernde Erstattungsansprüche geschaffen hat, kann die **Abgrenzung** im Einzelfall schwierig sein. Eine Unterscheidung ist wegen § 106 und § 114, aber auch im Hinblick auf den Umfang der Erstattungsansprüche (vgl § 102 Abs 2 im Gegensatz zu §§ 103 Abs 2, 104 Abs 3, 105 Abs 2) **notwendig.**

§ 102 begründet einen Erstattungsanspruch des **vorläufig leistenden Leistungsträgers** der aufgrund gesetzlicher Verpflichtung bzw Ermächtigung vorläufig Sozialleistungen erbracht hat.

§ 103 gewährt demjenigen Leistungsträger einen Erstattungsanspruch, dessen **Leistungsverpflichtung** wegen einer hinzugetretenen Sozialleistung **nachträglich entfallen** ist.

§ 104 regelt den Erstattungsanspruch des **nachrangig verpflichteten Leistungsträgers,** der an Stelle des vorrangig verpflichteten Leistungsträgers eine Sozialleistung erbracht hat, deren Rechtsgrund auch bei Hinzutritt der vorrangigen Leistungspflicht bestehen bleibt.

§ 105 begründet den Erstattungsanspruch des schon ursprünglich **unzuständigen Leistungsträgers.**

7. Verhältnis der §§ 102 ff zu anderen Erstattungsansprüchen außerhalb des Dritten Kapitels, Zweiter Abschnitt

7.1. Erstattungsansprüche zwischen Leistungsträgern

52 Gem § 37 **Satz 1** SGB I steht die Anwendung der §§ 102 ff unter dem Vorbehalt anderer, vorgehender Regelungen der besonderen Teile des SGB (Art I § 1 SGB I, § 68 SGB I). Solche Erstattungsregelungen finden sich zB in § 335 Abs 2 Satz 1 SGB III, § 25 Abs 4 SGB VI, § 217 Abs 3 Satz 2 SGB VII, § 14 Abs 4 SGB IX (*BSG* v 8.9.2009 – B 1 KR 9/09 R, juris Rz 11), §§ 106 ff SGB XII, § 19 BVG, § 1504 RVO, Art 63 GRG (zum Erstattungsanspruch nach § 14 Abs 4 SGB IX vgl *BSG* Urt v 14.12.2006 – B 4 R 19/06 R). Diese vorgehenden Ansprüche dürfen sich nicht lediglich aus den allg oder besonderen Grundsätzen

des öffentlichen Rechts und des SGB ableiten lassen, sondern müssen **ausdrücklich gesetzlich normiert** sein.

Soweit nicht Ansprüche gem § 37 Satz 1 SGB I vorgehen, werden die §§ 102 **53** bis 105 von **anderen Ansprüchen** nicht berührt, zB sonstige Erstattungsansprüche (§ 18 c BVG, dazu *BSG* SozR 4-3100 § 18 c Nr 2, dazu Anm von *Kater* in SGb 2007, 240 ff), Erstattungsansprüche, die nicht zwischen Leistungsträgern (§ 81 b BVG) oder die nicht wegen erbrachten Sozialleistungen bestehen (§ 26 SGB IV), **Erstattungs- und Ersatzansprüche gegen Dritte** nach §§ 115 ff, Ansprüche aus öffentlich-rechtlicher Geschäftsführung ohne Auftrag, aus öffentlich-rechtlichen **Auftragsverhältnissen** (§§ 91, 93, 97 Abs 2; 19 bis 21 BVG) oder **Schadensersatzansprüche** aus öffentlich-rechtlichen Verhältnissen (*BSG* SozR 3-5555 § 12 Nr 1). Auch die Regelungen zur Überleitung von Ansprüchen bleiben unberührt (zB § 203 Abs 1 Satz 3 SGB III, § 95 SGB VII, § 90 BSHG, § 93 SGB XII, § 27 g BVG).

Die §§ 102 bis 105 **regeln abschließend** die Ausgleichsansprüche **zwischen Leis 54 tungsträgern** in einem aus dem Leistungsberechtigten, dem vorleistenden und dem zuständigen Leistungsträger bestehenden **Dreiecksverhältnis** (*Kater* in KassKomm § 102 SGB X Rz 36). Begründet ist dies in der Wirkung der **Erfüllungsfiktion des § 107 Abs 1**. Im Anwendungsbereich der §§ 102 ff kann damit, auch wenn deren Voraussetzungen im Einzelfall **nicht** vorliegen, ein Erstattungsanspruch **zwischen Leistungsträgern** nicht auf § 50 oder den allgemeinen öffentlich-rechtlichen Erstattungsanspruch gestützt werden.

7.2. Erstattungsansprüche des vorleistenden Leistungsträgers gegen den Leistungsempfänger

Die Erfüllungsfiktion des § 107 Abs 1 bewirkt nicht nur, dass der Sozialleis **55** tungsanspruch gegen den zuständigen Leistungsträger im Umfang des Erstattungsanspruchs erlischt, sondern begründet auch die Rechtsgrundlage für das Behaltendürfen der erbrachten Sozialleistung durch den Leistungsempfänger (*BSG* Urt v 18.10.1991 – 9b/7 RAr 12/88, nv). Damit ist es dem vorleistenden (erstattungsberechtigten) Leistungsträger **verwehrt**, die Erbringung der **Sozialleistung** gegenüber dem **Leistungsempfänger** nach § 50 rückabzuwickeln. Dieser Ausschluss des direkten Zugriffs auf den Leistungsempfänger gilt jedoch nur **soweit ein Erstattungsanspruch** gegen einen anderen Leistungsträger bestehet (§ 107 Abs 1). Insoweit ist auch ein ausschließlich die Überzahlung bzw die Erstattungshöhe feststellender VA gegenüber dem Leistungsempfänger unzulässig (*BSG* SozR 3-2600 § 93 Nr 12).

Hat der erstattungspflichtige Träger den Erstattungsanspruch dadurch erfüllt, **56** dass er aufgrund der Leistungsbewilligung den Zahlbetrag vollständig an den erstattungsberechtigten Träger ausgekehrt hat, so hat er dem Leistungsberechtigten gegenüber keine Leistungen erbracht. Er kann diese daher auch nicht nach § 50 erstattet verlangen (*LSG Bln-Bbg* Urt v 30.5.2013 – L 8 AL 19/09, juris); stellt sich heraus, dass die Erstattung zu Unrecht erfolgt war, hat er – soweit möglich – die Leistungsbewilligung gegenüber dem Leistungsempfänger aufzuheben und – soweit dies geschehen ist – einen Rückerstattungsanspruch iSd § 112 gegenüber dem Träger, an den er den Erstattungsbetrag gezahlt hat, gelten zu machen.

7.3. Erstattungsansprüche des erstattungspflichtigen Leistungsträgers gegen den Leistungsberechtigten

57 Die Erfüllungsfiktion des § 107 Abs 1 bewirkt, soweit ein Erstattungsanspruch besteht, dass der Sozialleistungsanspruch gegen den zuständigen Leistungsträger als erfüllt und damit als erloschen gilt. Erbringt dieser zusätzlich (und ohne befreiende Wirkung) „seine" Sozialleistung, kann er diese Leistung vom Leistungsempfänger erstattet verlangen, § 50 (iVm § 45).

8. Zusammentreffen von Erstattungsansprüchen nach §§ 102 ff mit Vorausverfügungen über den Sozialleistungsanspruch

58 Der Anspruchsberechtigte kann über bestehende und zukünftige Sozialleistungsansprüche **rechtsgeschäftlich verfügen** (§ 53 SGB I), auch ein **zwangsweiser Zugriff Dritter** (§ 54 SGB I) wie auch von Leistungsträgern (§§ 50, 51, 52 SGB I) ist **möglich**. Treffen derartige Verfügungen bzw Zugriffe auf den Sozialleistungsanspruch mit Erstattungsansprüchen nach den §§ 102 ff zusammen, bestimmt die Rspr das Verhältnis dieser Verfügungen/Zugriffe zu den Erstattungsansprüchen gem §§ 102 ff nach dem **Prioritätsgrundsatz** (*BSG* Urt v 6.9.1989 – 5 RJ 32/88; *BSGE* 65, 258; *BSG* SozR 1300 § 104 Nr 4; *BSG* SGb 1991, 321), die zeitlich frühere, wirksame Maßnahme (Verfügung, Zugriff oder Erstattungsanspruch) geht vor. Dieser Rechtsprechung ist jedoch nicht zu folgen (vgl § 106 Rz 11 ff).

9. Abdingbarkeit der §§ 102 ff

59 Erstattungsansprüche können **durch Vereinbarung zwischen Leistungsträgern** ausgeschlossen oder modifiziert werden. Dies erfolgt auf der Grundlage des § 110 Satz 3 durch koordinationsrechtlichen Vertrag, § 53 Abs 1 Satz 1 (*Becker* in Hauck/Noftz SGB X Vorbem §§ 102-114 Rz 3).

10. Prozessuale Fragen

60 Sozialleistungsträger stehen grds **nicht** in einem Über-/Unterordnungsverhältnis, sie sind gleichgeordnet (*BSG* SozR 1300 § 102 Nr 1; *Kummer* DAngVers 1986, 397 [404]; *Roos* aaO vor § 102 Rz 25). Daher besteht **keine Befugnis** zum Erlass eines **VA** (aA *FG Sachsen-Anhalt*, EFG 2004, 276). Die Erstattungsansprüche sind gerichtlich mit der nicht fristgebundenen **reinen Leistungsklage** (§§ 54 Abs 5 SGG, 43 Abs 2, 111 VwGO, 40 Abs 1 FGO) zu verfolgen. Jedoch ist, auch wenn eine Klagefrist nicht einzuhalten ist, der Erstattungsanspruch materiellrechtlich ausgeschlossen (vgl § 111 SGB X, Rz 13), sofern er nicht innerhalb der **Frist des § 111 SGB X** (formlos) geltend gemacht wird. Der **Rechtsweg** richtet sich nach § 114; er führt zu den Sozial- bzw Verwaltungs- und Finanzgerichten (Kindergeld), § 51 SGG, § 40 VwGO, § 33 FGO. Für die **Berufung** gelten § 144 Abs 1 Satz 1 Nr 2 SGG (Satz 2 gilt nicht: *BSG* SozR 3-1500 § 144 Nr 18); § 131 Abs 1 Satz 1 Nr 2, Satz 2 VwGO.

61 Nachdem das Bestehen eines Erstattungsanspruchs über § 107 Abs 1 unmittelbar Auswirkungen auf den Sozialleistungsanspruch des **Leistungsberechtigten** hat, ist dieser **notwendig zum Verfahren** zwischen den Leistungsträgern **beizuladen**, §§ 75 Abs 2 SGG, 65 Abs 2 VwGO (*BSG* SozR 3-2600 § 93 Nr 12; *BSG* USK 89121; *Kummer* DAngVers 1986, 397 [405]; *Pickel* SGB X § 102 Rz 45; *Roos* aaO vor § 102 Rz 27, aA *Behn* BG 1992, 125 [129]; zur Beiladung vgl *Becker* SGb 2011, 84; zum Problem vgl auch *Prange* in Schlegel/Voelzke juris-PK-SGB X § 103 Rz 16). In der Rsp wird zwar regelmäßig angenommen, eine notwendige Beiladung habe nicht zu erfolgen (*BSG* Urt v 18.11.2014 – B 1 KR 12/14 R, SozR 4-2500 § 264 Nr 6, SozR 4-7610 § 242 Nr 7; *BSG* Urt v 13.9.1984 – 4 RJ 37/83, BSGE 57, 146; *BSG* Urt v 24.5.1984 – 7 Rar 97/83, BSGE 57, 15). Eine notwendigen Beiladung nach § 75 Abs 2 Alt 1 SGG ist dagegen nach der **Rsp des BSG** im Erstattungsstreit **dann vorzunehmen**, wenn sich die Erfüllungsfiktion nach § 107 auf weitere Rechte des Leistungsempfängers auswirkt (*BSG* Urt v 18.11.2014 – B 1 KR 20/13 R, juris; *LSG BW* Urt v 11.12.2015 – L 4 P 1171/15, juris).

Lassen sich die Voraussetzungen eines Erstattungsanspruchs nicht nachweisen, **62** so trägt derjenige Leistungsträger die negative **Feststellungslast**, der sich auf das Vorliegen der Tatsache bzw des Erstattungsanspruchs beruft (*Hanna*, SGb 2002, 369; *Becker*, aaO Vorbem zu §§ 102-114 Rz 24; *Leitherer* in Meyer-Ladewig/Keller/Leitherer, SGG, 10. Aufl, § 103 Rz 19 f; *Siefert* in von Wulffen/Schütze aaO § 20 Rz 30 ff). Das gilt auch in Erstattungsverfahren nach § 105 (vgl § 105 Rz 25; aA *SG Hamburg* Urt 1.7.2002 – 36 U 512/97, HBVG-Info 2003, 955). Lässt sich letztlich das Vorliegen der Tatbestandsvoraussetzungen des Erstattungsanspruchs nicht nachweisen, so trägt – auch im Rahmen des § 105 – derjenige Leistungsträger die negative Feststellungslast, der den Erstattungsanspruch behauptet (*Hanna* SGb 2002, 369 [371]; aA *SG Hamburg* Urt v 1.7.2002 – 36 U 512/97, HVBG-Info 2003, 955).

Nach der Rspr des *BVerwG* folgt aus dem aus dem Grundsatz von Treu und Glauben abgeleiteten Interessenwahrungsgrundsatz, dass es einem kostenerstattungsberechtigten Jugendhilfeträger nach § 10 Abs 4 Satz 2 SGB VIII geboten sei, vor in Anspruchnahme eines Jugenhilfeträgers nach § 89 SGB VIII primär den erstattungspflichtigen Sozialhilfeträger vorrangig in Anspruch zu nehmen (*BVerwG* Urt v 13.6.2013 – 5 C 30/12, juris).

§ 102 Anspruch des vorläufig leistenden Leistungsträgers

(1) Hat ein Leistungsträger auf Grund gesetzlicher Vorschriften vorläufig Sozialleistungen erbracht, ist der zur Leistung verpflichtete Leistungsträger erstattungspflichtig.

(2) Der Umfang des Erstattungsanspruchs richtet sich nach den für den vorleistenden Leistungsträger geltenden Rechtsvorschriften.

Literatur:

Axmann: Verhältnis zwischen § 14 SGB IX und § 43 SGB I, RdLH 2013, 73-74; *Bienert*: Vorläufige Leistungen bei nicht geklärter Arbeitsfähigkeit, info also 2013, 66; *Blüggel*: Die „einheitliche Entscheidung" der Einigungsstelle nach § 44 a SGB II – Zugleich ein Beitrag zur Systemabgrenzung von SGB II und XII, SGb 2005, 377; *Dederer*: Die Erstattungsansprüche der Leistungsträger untereinander (§§ 102 ff SGB X), DRV 1983, 566; *Gerlach*: Die Erstattungsansprüche der Leistungsträger untereinander, DOK 1983, 393; *Giese*: Zum Verhältnis der §§ 44 und 59 BSHG zu § 102 SGB X, ZfSH/SGB 1985, 385; *Gitter*: Anmerkung zu BSG Urt v 23.9.1997 – 2 RU 37/96, SGb 1998, 372; *Gottschalk*: Erstattungsansprüche zwischen Leistungsträgern, SF-Medien Nr 176, 31 (2009); *Greupner*: Erstattungsansprüche der Leistungsträger untereinander, 1998; *Kamprad*: Rangfolgeprobleme bei Zugriff Dritter auf Rentenleistungen, DRV 1991, 352; *Kopp*: Anmerkung zu OVG Berlin Urt v 22.1.1987 – OVG 6 B 22.86 – SGb 1988, 37; *Marburger*: Erstattungsstreit zwischen Rentenversicherungsträger und Krankenkasse, jurisPR-SozR 24/2010 Anm. 3; *Wirkus*: Erstattungsforderungen der Träger der Grundsicherung für Arbeitsuchende, RVaktuell 2013, 98. Wegen allg Lit zu den Erstattungsansprüchen vgl vor § 102.

1. Allgemeines

1 § 102 bezweckt den **Ausgleich von Leistungen** zwischen Sozialleistungsträgern in dem Fall, dass ein Leistungsträger wegen ungeklärter Zuständigkeit anstelle des zuständigen Trägers **vorläufige Sozialleistungen** erbracht hat. **Ungeklärte Zuständigkeiten** und **Kompetenzkonflikte** sind Folge des stark gegliederten Sozialleistungssystems in der Bundesrepublik Deutschland mit einer Vielzahl verschiedenster Leistungsträger und Institutionen. Damit Zuständigkeitsfragen **nicht auf Kosten des Leistungsbedürftigen** zu Verzögerungen bei der Leistungserbringung führen, hat der Gesetzgeber teilweise die Möglichkeit zur Gewährung **vorläufiger Leistungen** (zB § 43 SGB I) eröffnet. Stellt sich nach Erbringung der vorläufigen Leistung heraus, dass der die Leistung erbringende Leistungsträger nicht zuständig war, liegt eine dem materiellen Sozialrecht widersprechende, rückgängig zu machende Leistungsverschiebung (*Roos* in von Wulffen/Schütze SGB X, 8. Aufl, SGB X § 102 Rz 3) vor. Wäre der vorleistende Träger allein auf den Erstattungsanspruch nach § 50 gegenüber dem Leistungsempfänger angewiesen, so wäre er nur selten bereit bei ungewisser Zuständigkeit vorläufige Leistungen zu erbringen, da sich ein Anspruch gegen den Leistungsempfänger nicht immer leicht durchsetzen ließe. Um die Entscheidungsfreude des angegangenen Trägers zu stärken und die **materiellrechtlich vorgesehene Lastenverteilung** zwischen den Leistungsträgern wieder **herzustellen**, gewährt § 102 einen Erstattungsanspruch gegen den zuständigen Leistungsträger. Der vorläufig leistende Träger soll nachträglich so gestellt werden, wie er bei anfänglicher Leistung durch den zuständigen Leistungsträger gestanden hätte.

2 Der Erstattungsanspruch des § 102 ist gegenüber den Erstattungsansprüchen der §§ 103 bis 105 mehrfach **privilegiert** (*Roos* aaO § 102 Rz 3). Diese Privilegierung bezieht sich auf den Umfang des Erstattungsanspruchs (vgl Abs 2 und §§ 103 Abs 2, 104 Abs 3, 105 Abs 2), wird aber auch durch die im Gegensatz zu den Ansprüchen nach §§ 103 bis 105 nicht bestehende Möglichkeit einer befreienden Leistungserbringung durch den zuständigen Leistungsträger und auch durch eine günstigere Rangstelle iRah des § 106 Abs 1 oder die abweichende Rechtswegzuweisung nach § 114 verdeutlicht. Letztlich haben diese Privilegierungen aber auch in gewissem Sinn Sanktionscharakter (*BSGE* 57, 218, 221; *Kater* in KassKomm § 102 SGB X Rz 2).

3 Damit dient § 102 einerseits dem Schutz des vorleistenden Trägers, will aber auch die Erbringung von **Doppelleistungen** an den Leistungsberechtigten **verhindern**.

2. Anwendungsbereich und Verhältnis zu anderen Erstattungsansprüchen

Der Anwendungsbereich des § 102 ist eröffnet, wenn ein Sozialleistungsträger im Vorgriff auf die Leistung eines anderen Sozialleistungsträgers **vorläufige Sozialleistungen** erbringt. Durch das Merkmal der vorläufigen Leistung eines ex post betrachtet ursprünglich unzuständigen Leistungsträgers grenzt sich der Erstattungsanspruch des § 102 von denjenigen der §§ 103 bis 105 ab. Zwar erbringt auch bei § 105 ein **ursprünglich unzuständiger Leistungsträger** eine Sozialleistung, doch wird die **Leistung** dort **als endgültige** erbracht. IRah des § 103 war demgegenüber der erstattungsberechtigte Leistungsträger zum Zeitpunkt der Leistungserbringung zuständig, erst **nachträglich** ist dessen **Leistungszuständigkeit entfallen**; auch hat er eine endgültige Leistung erbracht. Bei § 104 hat der **nachrangig verpflichtete Leistungsträger** eine **endgültige Leistung** erbracht, während sich im Fall des § 102 nur vorläufige und endgültige, aber gleichrangige Leistungsverpflichtungen gegenüber stehen dürfen (*BSG* USK 2003-106). Seine Zuständigkeit ist aber durch das Hinzutreten einer vorrangigen Leistung nicht entfallen, weshalb kein Fall der Leistung eines unzuständigen Leistungsträgers vorliegt. Insoweit hat der *BayVGH* (Beschl v 17.2.2014 – 12 C 13.2646, juris) entschieden, dass wenn Ansprüche auf Hilfe zur Erziehung oder Eingliederungshilfe nach dem SGB VIII mit Ansprüchen auf Eingliederungshilfe für behinderte junge Menschen nach §§ 53 ff SGB XII in einem Vor- bzw Nachrangverhältnis nach § 10 Abs 4 Satz 2 SGB VIII konkurrieren, sich der Erstattungsanspruch zwischen den beteiligten Sozialleistungsträgern allein nach § 104 SGB X richte, im Vor-/Nachrangverhältnis der Leistungspflichten scheide eine vorläufige Leistungserbringung durch einen Leistungsträger aus (*BayVGH* Beschl v 17.2.2014 – 12 C 13.2646, juris).

Auch im Fall des **§ 14 Abs 2 Satz 1, 3 SGB IX** wird ein Leistungsträger verpflichtet, trotz ungeklärter Zuständigkeit, Leistungen zu erbringen. Dabei hat er aber gegenüber dem Leistungsberechtigten abschließend und nicht lediglich vorläufig zu entscheiden (*BSG* v 8.9.2009 – B 1 KR 9/09 R, juris Rz 17; *BSG* v 16.12.2006 – B 4 R 19/06 R, SozR 4-3250 § 14 Nr 3); es steht ihm daher gegen den materiellrechtlich zuständigen Leistungsträger der Erstattungsanspruch nach § 14 Abs 4 Satz 1 SGB IX zu, nicht derjenige des § 102. Vorläufig wäre daher iRah des § 14 SGB IX lediglich die Kostentragungspflicht, nicht aber die Erbringung der Leistung gegenüber dem Leistungsberechtigten. In neuerer Zeit hat das *BSG* (Urt v 17.12.2013 – B 1 KR 50/12 R, SozR 4-3250 § 14 Nr 20) darauf hingewiesen, dass der Erstattungsanspruch des § 14 Abs 4 Satz 1 SGB IX nach Zweck und dem Regelungssystem die Erstattung für erfolgte Rehabilitationsleistungen voraussetzt. Danach gibt die Vorschrift keine Anspruchsgrundlage, wenn der Erstattung begehrende Sozialleistungsträger weder nach seinem eigenen Recht eine Rehabilitationsleistung erbracht hat noch seine Leistung einen Rehabilitationsanspruch erfüllt, der eigentlich gegen den als erstattungspflichtig in Anspruch genommenen Sozialleistungsträger bestanden hatte (*BSG* aaO). Auch scheidet ein Erstattungsanspruch nach § 14 Abs 4 Satz 1 SGB IX aus, wenn der erstangegangene Rehabilitationsträger den Leistungsantrag nicht weitergeleitet, sondern bindend abgelehnt hat (BSG v 10.7.2014 – B 10 SF 1/14 R, juris; zur Anwendung des § 14 SGB IX vgl auch *LSG BW* v 24.4.2015 – L 8 AL 2430/12, juris).

Jedoch begründet § 14 Abs 4 SGB IX auch keinen Erstattungsanspruch des erstangegangenen Trägers iSd § 14 Abs 1 Satz 1 SGB IX. § 14 Abs 4 Satz 3 SGB IX schließt lediglich Erstattungsansprüche nach § 105 aus. Nach der neueren Rspr des *BSG* (v 20.10.2009 – B 5 R 44/08 R, juris Rz 13 ff; *BSG* v 26.6.2007 – B 1 KR 34/06 R, BSGE 98, 267-277 = SozR 4-3250 § 14 Nr 4) schließt § 14 Abs 4 Satz 3 SGB IX zugunsten des erstangegangenen Rehabilitationsträgers, der die Leistung erbringt, einen Erstattungsanspruch des leistenden erstangegangenen Trägers nach allgemeinen Vorschriften auch nicht vollständig aus, sondern passt deren Ausgleichssystematik den speziellen Anforderungen des § 14 SGB IX an. Daher kann es auch im Anwendungsbereich des § 14 SGB IX zu Ansprüchen nach §§ 102, 103 und 104 zugunsten des erstangegangenen Trägers kommen: *BSG* Urt v 17.2.2010 – B 1 KR 23/09 R, BSGE 105, 271-279; *BSG* Urt v 20.10.2009 – B 5 R 44/08 R, BSGE 104, 294; *BSG* Urt v 26.6.2007 – B 1 KR 34/06 R, BSGE 98, 267-277; *BayVGH* Urt v 7.10.2013 – 12 B 11.1886, juris; *Gmati* in jurisPK-SGB X, § 105 Rz 12).

7   Die §§ 102 ff SGB X privilegieren in der Rechtsfolge (Erstattungsumfang) und Rangfolge (§ 106) Ansprüche des vorläufig leistenden Leistungsträgers (§ 102) gegenüber Ansprüchen des Leistungsträgers, dessen Leistungsverpflichtung nachträglich entfallen ist (§ 103), des nachrangig verpflichteten Leistungsträgers (§ 104) und des unzuständigen Leistungsträgers (§ 105). Dieses Erstattungssystem wird durch § 14 Abs 4 Satz 1 SGB IX für die Fälle des § 14 Abs 1 Satz 2 bis 4 SGB IX modifiziert (*BSG* v 26.6.2007 – B 1 KR 34/06 R, BSGE 98, 267-277 = SozR 4-3250 § 14 Nr 4). § 14 Abs 4 SGB IX sichert, dass der zweitangegangene Rehabilitationsträger, dem der sich selbst für unzuständig haltende erstangegangene Rehabilitationsträger den Antrag weitergeleitet hat, im Nachhinein vom „eigentlich" zuständigen Rehabilitationsträger die Aufwendungen – wie außerhalb des § 14 SGB IX ein vorläufig leistender Leistungsträger – nach den für den zweitangegangenen Rehabilitationsträger geltenden Rechtsvorschriften erstattet erhält (*BSG* aaO). Ein Erstattungsanspruch nach § 14 Abs 4 Satz 1 SGB IX besteht aber nicht, wenn der erstangegangene Rehabilitationsträger den Leistungsantrag nicht weitergeleitet, sondern bindend abgelehnt hat (*BSG* v 10.7.2014 – B 10 SF 1/14 R, juris).

8   Dem erstangegangenen Rehabilitationsträger steht aber ein Erstattungsanspruch aus § 14 Abs 4 Satz 1 und 2 SGB IX nicht zu. Denn er ist nicht schutzwürdig; er kann seine Zuständigkeit prüfen und verneinen, während das Gesetz selbst den zweitangegangenen Träger zur Leistung verpflichtet. Für der erstangegangenen Träger sind die Erstattungsansprüche in aller Regel auf diejenigen nach § 103 SGB X und nach § 104 SGB X begrenzt, während § 105 SGB X ausgeschlossen ist (*BSG* v 26.6.2007 – B 1 KR 34/06 R, BSGE 98, 267-277 = SozR 4-3250 § 14 Nr 4). Dies trägt der Zuständigkeitsbegründung für den erstangegangenen Rehabilitationsträger durch § 14 Abs 1 Satz 1 und Abs 2 Satz 1 und 2 SGB IX Rechnung: Hat ein Träger den Antrag nicht weitergeleitet, ist er zuständig. Er kann Erstattung jedenfalls nicht nach § 105 SGB X verlangen (*BSG* v 26.6.2007 – B 1 KR 34/06 R, BSGE 98, 267-277 = SozR 4-3250 § 14 Nr 4 mwN). Dagegen kommen Ansprüche nach §§ 103, 104 zugunsten des erstangegangenen Trägers in Betracht: *BSG* Urt v 17.2.2010 – B 1 KR 23/09 R, BSGE 105, 271-279; *BSG* Urt v 20.10.2009 – B 5 R 44/08 R, BSGE 104, 294; *BSG* Urt v 26.6.2007 – B 1 KR 34/06 R, BSGE 98, 267-277; *BayVGH* Urt v 7.10.2013 – 12 B 11.1886, juris; *Gmati* in jurisPK-SGB X § 105 Rz 12).

9   Hat der erstangegangene Rehabilitationsträger den Antrag auf Rehabilitation nicht innerhalb von zwei Wochen nach Eingang weitergeleitet, ist danach zu differenzieren, aus welchen Gründen die Weiterleitung unterblieben ist (*BSG* v 26.6.2007 – B 1 KR 34/06 R, BSGE 98, 267-277 = SozR 4-3250 § 14 Nr 4): Hat der erstangegangene Träger seine Zuständigkeit verneint und erbringt er die Leistung, obwohl ein anderer Rehabilitationsträger nach dem Ergebnis seiner Prüfung zuständig ist, kann er keine Erstattung beanspruchen (so auch *BSG* Urt v 12.12.2013 – B 4 AS 14/13 R, juris; zuvor schon *BSG* SozR 4-3100 § 18 c Nr 2); insoweit entspricht dies den Regelungen der §§ 102 ff. Für ihn bestätigt § 14 Abs 4 Satz 3 SGB IX den Ausschluss der Erstattung. Hat der Träger die Zuständigkeit geprüft und bejaht, muss er im Nachhinein zu einer Korrektur im Rahmen der Erstattung befugt sein. Denn sonst wäre er faktisch gehalten, schon bei dem geringsten Verdacht seiner Unzuständigkeit den Rehabilitationsantrag weiterzuleiten, um die Zuständigkeitsproblematik ggf im Erstattungsstreit austragen zu können und nicht automatisch von allen Erstattungsmöglichkeiten ausgeschlossen zu sein (*BSG* v 26.6.2007 – B 1 KR 34/06 R, BSGE 98, 267-277 = SozR 4-3250 § 14 Nr 4 mwN). Diese nachträgliche Korrektur kann nur über die §§ 103 bzw 104 erfolgen. Deshalb schafft § 14 Abs 1 Satz 1 iVm Abs 2 Satz 1 und 2 SGB IX nur eine nachrangige Zuständigkeit, die es zulässt, dass der erstangegangene Rehabilitationsträger im Rahmen eines Erstattungsstreits sich die Kosten der Rehabilitationsmaßnahmen nach § 104 SGB X vom „eigentlich" zuständigen, in diesem Sinne vorrangigen Rehabilitationsträger erstatten lässt (*BSG* v 26.6.2007 – B 1 KR 34/06 R, BSGE 98, 267-277 = SozR 4-3250 § 14 Nr 4 mwN). Der Träger, der irrtümlich seine Zuständigkeit bejaht, wird damit nicht dauerhaft mit den Kosten der Leistungserbringung belastet (*BSG* aaO), wird aber auch nicht in der Rechtsfolge privilegiert.

Lediglich soweit die Prüfung des erstangegangenen Trägers iSd § 14 Abs 1 Satz 1 SGB IX innerhalb der Zwei-Wochen-Frist nicht zu einem greifbaren Ergebnis, sondern etwa wegen einer komplizierten Rechtsproblematik zu ernstlichen Argumenten für und gegen die eigene Zuständigkeit und für und gegen die Zuständigkeit eines anderen Rehabilitationsträgers geführt hat und deshalb der angegangene Träger im Interesse der Beschleunigung eine Weitergabe des Rehabilitationsantrags unterlassen hat, ist insoweit Kostenerstattung nach den Grundsätzen des vorläufig leistenden Leistungsträgers zu erwägen, wie sie entsprechend § 102 in § 14 Abs 4 Satz 1 SGB IX vorgesehen ist (*BSG* aaO).

10 Bei den Erstattungsansprüchen der §§ **102 ff** handelt es sich um ein **geschlossenes System** zum Ausgleich von Sozialleistungen, die darauf beruhen, dass ein Leistungsträger anstelle eines anderen Sozialleistungen erbracht hat. Daher kann sich in diesem Anwendungsbereich ein Erstattungsanspruch **zwischen Leistungsträgern** auch **nicht** aus dem allgemeinen öffentlich-rechtlichen Erstattungsanspruch oder § 50 ergeben, selbst wenn im Einzelfall die Voraussetzungen der §§ 102 bis 105 nicht erfüllt sind (*Kater* aaO § 102 Rz 8).

11 Andererseits treten die Erstattungsansprüche der §§ 102 ff jedoch gegenüber spezielleren Regelungen des SGB (Art II § 1 SGB I; § 68 SGB I) zurück, § 37 Satz 1 SGB I. Soweit keine spezialgesetzlichen Regelungen vorgehen, erfolgt **zwischen Leistungsträgern** ein Ausgleich **wegen** der **Erbringung** einer **vorläufigen Sozialleistung** durch einen Leistungsträger **nur nach** § 102. In ihrem Anwendungsbereich verdrängen die §§ 102 ff wegen der Wirkung der Erfüllungsfiktion des § 107 Abs 1 einen Erstattungsanspruch des vorleistenden Trägers gegen den Leistungsberechtigten nach § 50 (vgl vor § 102 Rz 17 ff). Nur soweit ein Erstattungsanspruch nach §§ 102 ff nicht entstanden ist (zB wg rechtswidriger Vorleistung), kann der vorleistende Träger gem § 50 auf den **Leistungsempfänger** zurückgreifen.

12 Hat der gem § 102 Abs 1 erstattungspflichtige Leistungsträger zusätzlich zur Vorleistung eine Sozialleistung an den Leistungsberechtigten erbracht, steht ihm ein Erstattungsanspruch nach § 50 zu. Darüber hinaus kann ihm ein Erstattungsanspruch gem § 43 Abs 2 SGB I zustehen. Ist die vorläufige Sozialleistung rechtmäßig erbracht und übersteigt diese den Betrag der tatsächlich zustehenden Sozialleistung, ist der Differenzbetrag gem §§ 43 Abs 2 Satz 1, 42 Abs 2 SGB I zu erstatten. Dieser Anspruch steht nicht dem vorläufig leistenden, sondern dem tatsächlich verpflichteten, gem § 102 erstattungspflichtigen Leistungsträger zu, § 43 Abs 2 Satz 2 SGB I. Sind Dienst- oder Sachleistungen erbracht worden, so verbleibt der überschießende Teil beim Leistungsempfänger, da der Anspruch aus §§ 43 Abs 2, 42 Abs 2 SGB I nur Geldleistungen erfasst (*Kater* § 102 Rz 37).

13   Wegen des Anspruchs nach § 43 Abs 2 SGB I kommt eine Rücknahme der vorläufigen Leistung in Höhe des überschießenden Betrages durch den vorleistenden Träger nicht in Betracht (*BSG* SozR 1300 § 50 Nr 6; *Kater* § 102 Rz 37). Damit hat zwar der erstattungspflichtige Leistungsträger dem vorleistenden Träger ggf mehr zu erstatten, als er an den Leistungsberechtigten zu gewähren gehabt hätte, doch steht ihm in Höhe dieser Differenz der Anspruch nach § 43 Abs 2 SGB I gegenüber dem Leistungsempfänger zu.

3. Regelungsgehalt Abs 1

14   Der Erstattungsanspruch nach § 102 setzt die vorläufige Erbringung einer zur geschuldeten Sozialleistung des zuständigen Leistungsträgers kongruenten Sozialleistung voraus.

3.1. Tatsächliche Erbringung von Sozialleistungen

15   Voraussetzung des Erstattungsanspruchs des § 102 ist, dass ein Leistungsträger iSd §§ 12, 18 bis 29 SGB I eine Sozialleistung **tatsächlich erbracht** habt.

16   Sowohl der vorleistende, als auch der zuständige Träger müssen **Sozialleistungsträger iSd §§ 12, 18 bis 29 SGB I** sein (dazu s auch vor § 102 Rz 10). Die Leistungserbringung durch andere Träger genügt nicht. Die **Einschaltung Dritter** in die Leistungserbringung ist dadurch jedoch nicht ausgeschlossen. Deren Leistungen müssen jedoch dem erstattungsberechtigten Sozialleistungsträger iSd §§ 12, 18 bis 29 SGB I **zugerechnet** werden können (*BSG* SozR 1300 § 111 Nr 6; *BSG* Urt v 2.11.1999 – B 2 U 39/98 R, nv; *Becker* in Hauck/Noftz Vorbem zu §§ 102-114 Rz 5; *Kater* aaO § 102 Rz 11).

17   **Sozialleistungen** (vgl dazu auch Vorbem §§ 102 ff Rz 14 ff) sind **alle Dienst-, Sach- und Geldleistungen** die einem Berechtigten aufgrund des SGB und gleichgestellter Gesetze (Art II § 1 SGB I; § 68 SGB I) zur Verwirklichung seiner sozialen Rechte (§ 2 SGB I iVm §§ 3-10 SGB I) zustehen, § 11 SGB I. Der Begriff der Sozialleistung umfasst nicht nur Leistungen auf die ein **Anspruch** besteht (§ 38 SGB I), sondern **auch Ermessensleistungen** (§ 39 SGB I). Sozialleistungen iSd § 11 SGB I zielen auf eine individuelle Begünstigung des Leistungsempfängers um dessen sozialen Rechte iSd §§ 2 ff. SGB I zu verwirklichen (*Mönch-Kalina*, jurisPK-SGB I, § 11 SGB II Rz 21).

18   Ebenso handelt es sich bei **Leistungen, die zwischen Trägern erbracht** werden, wie zB Erstattungsleistungen gem §§ 102 ff oder gem § 264 SGB V grds nicht um Sozialleistungen (*BSG* v 28.10.2008 – B 8 SO 23/07 R, SozR 4-2500 § 264 Nr 2 mwN). Diese Leistungen kommen dem Leistungsempfänger nicht zugute und dienen auch nicht dazu, der Verwirklichung seiner Rechte zu dienen (*BSG* aaO).

19   **Erbracht** ist eine Sozialleistung, wenn der **Sozialleistungsanspruch** des Leistungsberechtigten **erfüllt** ist. Der Leistungsanspruch ist erst dann erfüllt, wenn der **geschuldete Leistungserfolg** beim Leistungsberechtigten **eingetreten** ist (vgl dazu auch Vorbem §§ 102 ff Rz 18 ff).

Bei regelmäßig **wiederkehrenden Sozialleistungen** ist auf die Erbringung der einzelnen Leistung abzustellen (*Becker* aaO § 102 Rz 6). Damit entsteht im Fall einer monatlichen Rentenzahlung für jeden neuen Monat ein eigenständiger Erstattungsanspruch. **20**

Geldleistungen sind erbracht, wenn bei Barauszahlung der Leistungsberechtigte über das Geld verfügen kann, es ihm also übergeben ist, im Fall der Überweisung auf ein Konto, wenn der Betrag im Kontensaldo des Leistungsberechtigten gutgeschrieben ist. Wann bei einer **Sachleistung** der Leistungserfolg eingetreten ist, ist für jede einzelne Sachleistung gesondert zu beurteilen. So ist zB eine Rehabilitationsleistung erbracht, wenn diese Maßnahme im Einzelfall abgeschlossen ist. Im Fall der Gewährung eines Hilfsmittels (§ 33 SGB V) ist der Leistungserfolg eingetreten, wenn bei leihweiser Überlassung (§ 33 Abs 5 Satz 1 SGB V) oder Beschaffung durch den Leistungsträger das Hilfsmittel dem Leistungsberechtigten übergeben ist, bei einer Ermächtigung des Leistungsberechtigten zur Selbstbeschaffung ist der Leistungserfolg eingetreten, wenn der Leistungsträger dem Leistungsberechtigten die entstandenen Kosten ersetzt hat. Entsprechend ist auch bei der Erbringung von Sozialleistungen in Form von **Dienstleistungen** zu differenzieren. **21**

3.2. Vorläufige Leistungserbringung

Der Erstattungsanspruch gem § 102 verlangt die **vorläufige** Erbringung einer **Sozialleistung** aufgrund gesetzlicher Vorschriften. Ob ein Leistungsträger vorläufige Leistungen erbringen kann, ergibt sich nicht aus § 102, sondern ist dem für diesen Leistungsträger geltenden **materiellen Leistungsrecht** zu entnehmen. Dabei ist nicht jede vorläufige Leistung gemeint, sondern nur eine solche, die ihre Grundlage in einer **Ungewissheit über die Leistungszuständigkeit** des angegangenen Leistungsträgers hat (vgl dazu *BayLSG* Urt v 24.3.2010 – L 20 R 79/08, juris). Eine vorläufige Leistungserbringung iSd § 43 Abs 1 SGB I liegt daher nicht vor, wenn der Leistungsträger nach außen erkennbar Leistungen als eigene gewährt hat (*BSG* v 10.7.2014 – B 10 SF 1/14 R, juris). **22**

Ungewissheit über die eigene Leistungsverpflichtung besteht, wenn sich der vom Leistungsberechtigten angegangene Leistungsträger für zuständig hält, dies jedoch von einem anderen Leistungsträger bestritten wird. Hält sich der angegangene Leistungsträger für unzuständig, ein anderer Leistungsträger den angegangenen Leistungsträger jedoch für zuständig, liegt ebenfalls eine Ungewissheit über die Zuständigkeit vor. Diese Ungewissheit der Zuständigkeit muss dem vorleistenden Träger **bekannt** sein. Er hat die vorläufige Leistung gerade **in Kenntnis** seiner fehlenden Zuständigkeit oder der zumindest **ungeklärten Zuständigkeit**, also im Vorgriff auf die Sozialleistung des zuständigen Trägers, zu erbringen (*BSG* SozR 1300, § 102 Nr 1; *Becker* aaO § 102 Rz 1, 8). Im Verhältnis von Ansprüchen auf Hilfe zur Erziehung oder Eingliederungshilfe nach dem SGB VIII und Ansprüchen auf Eingliederungshilfe nach §§ 53 ff SGB XII hat das *BayVGH* (Beschl v 17.2.2014 – 12 C 13.2646, juris) entschieden, dass bei im Vor- bzw Nachrangverhältnis nach § 10 Abs 4 Satz 2 SGB VIII konkurrierenden Ansprüchen eine vorläufige Leistungserbringung ausscheide. **23**

Die Ungewissheit über die Zuständigkeit muss **nach außen**, also für den Leistungsberechtigten, **erkennbar** sein (*BSG* v 20.10.2009 – B 5 R 44/08 R, juris Rz 19; *BSG* SozR 1300, § 102 Nr 1; *BSG* SozR 1300 § 105 Nr 1; *LSG Hmb* Urt **24** v 30.10.2012 – L 4 SO 65/11, juris; *Grube* in jurisPK-SGB X, § 102 Rz 27); objektive Anhaltspunkte genügen (*BSG* SozR 3100 § 11 Nr 18; *Kater* aaO § 102 Rz 17). Eine vorläufige Leistungserbringung iSd § 43 Abs 1 SGB I liegt daher nicht vor, wenn der Leistungsträger nach außen erkennbar Leistungen als eigene gewährt hat (*BSG* v 10.7.2014 – B 10 SF 1/14 R, juris). Anderenfalls ist der Erstattungsanspruch des § 102 nicht von den anderen Erstattungsansprüchen der §§ 103 bis 105 abgrenzbar (*Roos* aaO § 102 Rz 6). Die Charakterisierung als vorläufige und nicht als endgültige Leistung muss **von Anfang an feststehen** (*BSGE* 58, 119, 121; *LSG Hmb* Urt v 30.10.2012 – L 4 SO 65/11, juris; *Kater* aaO § 102 Rz 19; *Roos* aaO § 103 Rz 6). Die **nachträgliche Umdeutung** einer ursprünglich endgültig erbrachten Leistung in eine vorläufige Sozialleistung ist **nicht möglich** (*BSGE* 58, 119, 121; *Kater* aaO § 102 Rz 19; *Schellhorn* GK-SGB X.3 § 102 Rz 16, 29).

25 Stellt sich der Kompetenzkonflikt oder die Unzuständigkeit erst nach der Leistungserbringung heraus, greift § 102 nicht ein (*LSG BW* Urt v 23.1.2003 – L 7 U 1217/01, nv), da sich der Leistungsträger zum Zeitpunkt der Leistungserbringung gerade für zuständig gehalten und daher eine endgültige Leistung erbracht hat. Das Auftreten von **späteren Zweifeln** ändert am Charakter der als endgültig gewollten Leistungserbringung nichts. Ein Erstattungsanspruch kann sich dann nur nach § 105 richten.

26 **Vorläufige Leistungen** können **nicht** erbracht werden, wenn der zuständige Leistungsträger einen entsprechenden **Antrag** bereits **bindend abgelehnt** hat (*OVG Bln* Urt v 22.1.1987 – OVG 6 B 22.86, m Anm *Kopp*, SGb 1988, 37; aA bei speziellen Regelungen: *BVerwGE* 89, 39, zu § 31 Abs 5 SchwbG; *BSGE* 51, 44, und *BSGE* 52, 117, zu § 23 SGB III). Liegt der Rechtsgrund der Leistungserbringung nicht in der unterbliebenen Leistung eines anderen Leistungsträgers, liegt eine vorläufige Leistung iSd § 102 ebenfalls nicht vor (*Kater* aaO § 102 Rz 20 ff). Auch **Vorschusszahlungen, § 42 SGB I,** sind keine vorläufigen Leistungen iSd § 102 Abs 1 (*Kater* aaO § 102 Rz 16; *Roos* aaO § 102, Rz 9), da hier gerade nicht die Leistungszuständigkeit des angegangenen Leistungsträgers, sondern lediglich der genaue Umfang des Sozialleistungsanspruchs ungewiss ist, § 42 Abs 1 Satz 1 SGB I. Auch stellen Leistungen in Folge eines **Zuständigkeitswechsels, § 2 Abs 3 Satz 1,** keine vorläufigen Leistungen dar (*OVG NRW* ZFSH/SGB 2003, 475; vgl dazu auch *SG Neuruppin* Urt v 28.1.2011 – S 14 SO 120/08, juris; beachte jedoch die Verweisung in § 2 Abs 3 Satz 3). Leistungen des UV-Trägers gem § 62 SGB VII stellen ebenfalls keine vorläufigen Sozialleistungen iSd § 102 Abs 1 dar (*Kater* aaO § 102 Rz 16). Der nachrangig verpflichtete Leistungsträger iSd § 104 erbringt **keine vorläufige**, sondern eine auf der eigenen Zuständigkeit gründende endgültige **Leistung** (zu § 14 SGB IX vgl Rz 5 ff), so dass sich auch aus dem Nachrang der Sozialhilfe bzw der Grundsicherung für Arbeitsuchende (§ 2 Abs 2 SGB XII bzw § 3 Abs 3 SGB II) auch keine Berechtigung zur Erbringung vorläufiger Leistungen ergibt.

27 § 102 Abs 1 setzt nicht nur eine **vorläufige Erbringung von Sozialleistungen** voraus, sondern auch eine **gesetzliche Grundlage** hierfür (so auch *Grube* in jurisPK-SGB X, § 102 Rz 23). Die Erbringung freiwilliger oder lediglich vertraglich vereinbarter vorläufiger Leistungen (zB aufgrund einer Verwaltungsvereinbarung/Gesamtvereinbarung) genügt nicht (*BSG* SozR 1300 § 104 Nr 7; *Roos* aaO § 102 Rz 10). Entsprechende gesetzliche Regelungen, die zu vorläufigen Leistungen iSd § 102 Abs 1 ermächtigen, bestehen in §§ 43 Abs 1 SGB I, 40 Abs 2 Nr 1, 23 SGB III, 139 SGB VII, 86 d SGB VIII, 32 SGB IX, 1735 RVO. Gerade aus diesen Regelungen ergibt sich die Leistungszuständigkeit eines Leistungsträgers zur Erbringung vorläufiger Leistungen. Diese ist **ausgeschlossen,** wenn der angegangene Leistungsträger für die begehrte Sozialleistung **offensichtlich unzuständig** ist, weil zB die Sozialleistung nicht zu seinem Leistungskatalog gehört (*Gerlach* DOK 1983, 393 [397]). Fällt die Sozialleistung ausschließlich in den Leistungskatalog des angegangenen Leistungsträgers, kann eine vorläufige Leistung ebenfalls nicht erbracht werden (*Kater* aaO § 102 Rz 18).

3.3. Rechtmäßige Leistungserbringung

Die vorläufige Sozialleistungen muss **rechtmäßig erbracht** sein (vgl dazu auch Vorbem §§ 102 ff Rz 24; *BSG* SozR 1300 § 104 Nr 7; *Kater* aaO § 102 Rz 14; *LSG Nds-Brem* Urt v 23.6.2011 – L 10 R 648/09, juris). Auf ein Verschulden kommt es nicht an (*Kater* aaO § 102 Rz 14). Obwohl sich der vorleistende Leistungsträger in Ungewissheit über seine Zuständigkeit befindet, hat er die für ihn geltenden materiellrechtlichen Leistungsvoraussetzungen zu beachten. Die vorläufig erbrachte Sozialleistung muss – die Zuständigkeit des leistenden Trägers unterstellt – nach dessen Leistungsrecht sowohl **dem Grund,** als **auch der Höhe nach** rechtmäßig sein und darüber hinaus auch den Voraussetzungen der zur vorläufigen Leistung ermächtigenden Norm (zB § 43 Abs 1 SGB I) genügen. Damit kann der vorleistende Träger nur solche Leistungen vorläufig erbringen, die auch zu seinem Leistungskatalog gehören.   **28**

Steht die Erbringung der Sozialleistung im **Ermessen** des Leistungsträgers, so ist dieses Ermessen auch im Rahmen einer vorläufigen Leistungserbringung pflichtgemäß auszuüben, § 39 Abs 1 Satz 1 SGB I. Insoweit darf nicht danach differenziert werden, ob die Kosten (voraussichtlich) selbst zu tragen oder von einem anderen Leistungsträger zu erstatten sind.   **29**

3.4. Kongruenz

Da die Erstattungsansprüche gem §§ 102 ff **zweckidentische Doppelleistungen** an einen Leistungsempfänger **verhindern** wollen, ist zu prüfen, ob die Vorleistung (vorläufig erbrachte Sozialleistung) und die vom zuständigen Leistungsträger zu beanspruchende Sozialleistung vergleichbar sind (zur Kongurenz vgl auch Vorbem §§ 102 ff Rz 26 ff). § 103 Abs 1 spricht insoweit von einer „entsprechenden Leistung", Gleiches hat über den Wortlaut hinaus auch im Rahmen des § 102 Abs 1 zu gelten. Die Sozialleistungen müssen daher in sachlicher, zeitlicher und persönlicher Hinsicht gleichartig (kongruent) sein. Dabei ist auf die konkret durchgeführte Maßnahme abzustellen (*VGH BW* Urt v 5.12.2001 – 7 S 2689/99, nv).   **30**

3.4.1. Sachliche Kongruenz

Sachliche Kongruenz (vgl dazu auch Vorbem §§ 102 ff Rz 27 ff) liegt vor, wenn sich die konkrete Vorleistung und die vom zuständigen Träger zu beanspruchende **Sozialleistung** im Hinblick auf den Leistungszweck gleichartig gegenüberstehen. Insoweit liegt Vergleichbarkeit vor, wenn sowohl die eine, als auch die andere Sozialleistung **der Befriedigung derselben Bedarfssituation dienen** (*BSG* SozR 2200 § 562 Nr 7).   **31**

Sachliche Kongruenz liegt nur zwischen Sozialleistungen der gleichen Leistungsart vor. Geldleistungen iSd § 11 SGB I sind nur zu Geldleistungen iSd § 11 SGB I kongruent, nicht aber zu Dienst- oder Sachleistungen iSd § 11 SGB I. Für Dienst- oder Sachleistungen gilt Entsprechendes.

32   Im Rahmen des § 102 ist darüber hinaus zu fordern, dass die vorläufig erbrachte Sozialleistung ihrer Art nach auch sowohl zum **Leistungskatalog des erstattungsberechtigten**, als **auch** des **erstattungspflichtigen Leistungsträgers** gehört (*VGH BW* Urt v 5.12.2001 – 7 S 2689/99, nv). Gehört sie der Art nach schon gar nicht zum Leistungskatalog des erstattungspflichtigen Leistungsträgers, so kann auch zwischen ihm und dem vorläufig leistenden Leistungsträger kein Kompetenzkonflikt auftreten (*Roos* aaO § 102 Rz 14). Insoweit ist der Begriff der sachlichen Kongruenz im Rahmen des § 102 Abs 1 enger als bei Ansprüchen aus §§ 103 bis 105, da es dort genügt, wenn unabhängig von der Art der beteiligten Sozialleistung, insgesamt eine Vergleichbarkeit im Hinblick auf den jeweils mit der Sozialleistung verfolgten Zweck vorliegt.

3.4.2. Zeitliche Kongruenz

33   Über sachliche Kongruenz hinaus müssen sich die vorläufig erbrachte und die endgültig zustehende Sozialleistung **zeitlich kongruent** (vgl dazu auch Vorbem §§ 102 ff Rz 29) gegenüber stehen (*Roos* aaO § 102 Rz 14), also sich zeitlich überschneiden. Nur dieser **Überschneidungszeitraum** kann eine Belastung des zuständigen Leistungsträgers mit einem Erstattungsanspruch rechtfertigen. Maßgeblich ist dabei nicht der Zeitraum in dem die Sozialleistungen geleistet werden, sondern für welchen sie gelten sollen.

3.4.3. Persönliche Kongruenz

34   Auch im Hinblick auf die **Person des Empfängers** der vorläufig erbrachten Sozialleistung und der **Person des Berechtigten** des Sozialleistungsanspruchs gegen den zuständigen Leistungsträgers hat Kongruenz im Sinne einer **Personenidentität** (persönliche Kongruenz; vgl dazu auch Vorbem §§ 102 ff Rz 30 ff) zu bestehen (*BSG* SozR 3-1300 § 104 Nr 3; *LSG NRW* Urt v 29.11.2012 – L 16 AL 329/11, juris; *Grube* in jurisPK-SGB X, § 102 Rz 37; *Gmati* in jurisPK-SGB X, § 103 Rz 42, 44; *Kater* aaO § 102 Rz 23; *Pattar* in jurisPK-SGB X, § 104 Rz 23; aA *Roos* aaO Rz 13). Trotz der Kritik zB von *Roos* (aaO) hat die Rechtsprechung (vgl zB *BSG* Urt v 6.8.2014 – B 11 AL 2/13 R, juris; *BSG* Urt v 12.11.2013 – B 1 KR 27/12 R, SozR 4-1300 § 105 Nr 3; *BSG* Urt v 12.5.2011 – B 11 AL 24/10 R, SozR 4-1300 § 107 Nr 4; *BSG* Urt v 17.2.2010 – B 1 KR 23/09 R, SozR 4-2500 § 40 Nr 5) weiterhin am Erfordernis der Personenidentität festgehalten.

3.5. Der erstattungspflichtige Leistungsträger

35   Erstattungspflichtig (vgl dazu auch Vorbem §§ 102 ff Rz 34 ff) ist gem § 102 Abs 1 derjenige **Sozialleistungsträger** (**§§ 12, 18 bis 29 SGB I**), der **zur endgültigen Sozialleistungserbringung verpflichtet** ist. Dies bestimmt sich danach, gegen welchen Leistungsträger sich der materielle Sozialleistungsanspruch des Leistungsberechtigten tatsächlich richtet. Maßgeblich ist insoweit nicht § 102 Abs 2. Gegen welchen Leistungsträger sich der materielle Sozialleistungsanspruch richtet, bestimmt sich nach dem für den auf Erstattung angegangenen Träger geltenden materiellen Leistungsrecht (*BVerwG* Urt v 13.3.2003 – 5 C 6/02), da der Erstattungsanspruch des § 102 nur dann besteht, wenn der vorleistende Träger eine Verpflichtung des erstattungspflichtigen Leistungsträgers erfüllt hat (*VGH BW* Urt v 5.12.2001 – 7 S 2689/99, nv).

4. Umfang des Erstattungsanspruchs, Abs 2

Um den die vorläufige Sozialleistung erbringenden Leistungsträger zu privile- **36**
gieren, richtet sich der Umfang des Erstattungsanspruchs, abweichend von den
§§ 103 Abs 2, 104 Abs 3, 105 Abs 2, gem § 102 Abs 2 nach den für den erstattungsberechtigten Leistungsträger geltenden Rechtsvorschriften. Dieser Leistungsträger war aufgrund der gesetzlichen Regelung **verpflichtet** oder **ermächtigt** die **vorläufige Leistung zu erbringen** und soll deshalb (abgesehen von den
gem § 109 nur begrenzt ersetzbaren Verwaltungskosten und Auslagen) **keinen
finanziellen Nachteil** aus dieser Leistungserbringung erleiden müssen (*BSG*
v 8.9.2009 – B 1 KR 9/09 R, juris Rz 17; *Roos* aaO § 102 Rz 15; BT-Drucks
9/95, 24). Alle seine rechtmäßig erbrachten Leistungen sind zu erstatten (*Roos*
aaO § 102 Rz 15).

Unerheblich ist insoweit, ob die **vorläufige Leistung höher** als die endgültig zu **37**
erbringende Leistung ist. Der erstattungspflichtige Leistungsträger hat daher **gegebenenfalls mehr zu erstatten**, als er an den Leistungsempfänger auf dessen Sozialleistungsanspruch hin zu gewähren gehabt hätte (*Dederer* DRV 1983, 567;
Roos aaO § 102 Rz 15). In der Sache geht es beim Erstattungsanspruch des
§ 102 um alle Individualkosten des Einzelfalles (*BSG* v 8.9.2009 – B 1 KR 9/09
R, juris Rz 18). Begrenzt wird der Erstattungsanspruch damit alleine durch den
Umfang der **tatsächlich** und rechtmäßig **erbrachten Vorleistung** des erstattungsberechtigten Leistungsträgers. Jedoch ist der **Rahmen der Kongruenz** zu beachten. Nur diejenigen Sozialleistungen, die sich im Einzelfall sachlich, zeitlich und
persönlich kongruent gegenüberstehen, können den Umfang des Erstattungsanspruchs bestimmen. Damit sind nur solche Sozialleistungen zu erstatten, die
auch zum spezifischen Leistungsbereich des erstattungspflichtigen Trägers gehören (*Dederer* DVR 1983, 567; *Brackman* Hdb SV Bd IV 966 d; s auch Rz
32).

Maßgeblich sind die für den Vorleistenden zur Zeit der Leistungserbringung **38**
geltenden Rechtsvorschriften. Hierzu zählen alle Vorschriften des materiellen
Sozialrechts, aber auch Rechtsverordnungen und Satzungen sowie die einen Ermessensspielraum konkretisierenden Verwaltungsvorschriften und Gesamtver-
einbarungen (*Kater* aaO § 102 Rz 26; *Becker*, aaO § 102 Rz 14; *Roos* aaO
§ 102 Rz 16). Darüber hinaus wird der Erstattungsumfang auch durch die
§§ 108, 109 und 110 beeinflusst.

5. Entstehen des Erstattungsanspruchs

Die Erstattungsansprüche nach den §§ 102 ff sind **selbstständige Ansprüche** **39**
und von den Sozialleistungsansprüchen des Leistungsberechtigten **unabhängig**
(BT-Drucks 9/95, 24). Sie schaffen ein **eigenständiges Rechtsverhältnis zwischen**
den beteiligten **Leistungsträgern** ohne Beteiligung des Leistungsempfängers bzw
-berechtigten. Diese Erstattungsansprüche **entstehen unmittelbar kraft Gesetzes**,
sobald die gesetzlichen Tatbestandsvoraussetzungen erfüllt sind, analog § 40
Abs 1 SGB I (*BSG* Urt v 23.9.1997 – 2 RU 37/96, nv, mwN; *Gitter* SGb 1998,
373; *Becker* aaO Vorbem zu §§ 102-114 Rz 16, *ders* aaO § 102 Rz 16). Jedoch
ist die Geltendmachungsfrist des § 111 SGB X zu beachten.

§ 102 Abs 1 setzt tatbestandlich lediglich die **vorläufige Erbringung einer Sozi-** **40**
alleistung voraus. Da der Kompetenzkonflikt schon bei der Leistungserbringung vorliegen und bereits zu diesem Zeitpunkt der Sozialleistungsanspruch gegen den zuständigen Leistungsträger bestehen muss, entsteht der Erstattungsanspruchs des § 102 Abs 1 unmittelbar mit Erbringung der vorläufigen Leistung

(*Becker* aaO § 102 Rz 16). Zur Erbringung einer Sozialleistung vgl § 102 Rz 19 ff.

6. Einwendungen gegen den Erstattungsanspruch

41 Bei den Erstattungsansprüchen der §§ 102 bis 105 handelt es sich um selbstständige Ansprüche. Trotzdem sind sie **inhaltlich und untrennbar** mit dem Sozialleistungsanspruch des Leistungsberechtigten **verknüpft**. Dem erstattungspflichtigen Leistungsträger müssen daher alle **Einwendungen** die er **gegen den Sozialleistungsanspruch** hätte vorbringen können, auch gegenüber dem Erstattungsanspruch zustehen (*Becker* aaO Vorbem zu §§ 102-114 Rz 18; zuletzt aus der Rsp: *HessLSG* Urt v 25.6.2009 – L 8 KR 201/07, juris; *SG Dresden* Urt v 27.10.2011 – S 5 U 373/10, juris). Wegen der Einzelheiten wird auf § 103 Rz 37 ff verwiesen. Jedoch ist zu beachten, dass **wegen § 102 Abs 2** der auf Erstattung angegangene Leistungsträger Einwendungen hinsichtlich des **Umfanges des Erstattungsanspruchs** nur insoweit geltend machen kann, als sie aus dem Recht des vorläufig Leistenden stammen (*Kater* aaO § 102 Rz 34).

7. Sonstiges

42 Im Gegensatz zu den Erstattungsansprüchen nach §§ 103 bis 105 kann der Erstattungsanspruch des § 102 **nicht** durch eine **befreiende Leistungserbringung** seitens des zuständigen Leistungsträgers ausgeschlossen werden. Die nachträgliche Erbringung der Sozialleistung durch den letztlich verpflichteten Träger lässt den Erstattungsanspruch unberührt.

8. Anwendungsfälle

43 **Typischer Anwendungsfall** des § 102 ist die Erbringung vorläufiger Sozialleistungen gem § 43 SGB I. **§ 43 SGB I** gilt für alle Sozialleistungen (*BSGE* 51, 245).

- Bei ungeklärter Erwerbsfähigkeit können von der Bundesagentur für Arbeit und dem kommunalen Träger Leistungen der Grundsicherung vorläufig erbracht werden; insoweit konnte **§ 44 a Abs 1 Satz 3 SGB II** aF als Grundlage für eine vorläufige Leistungserbringung angesehen werden (*Hoehl* in Schlegel/Voelzke SGB II § 44 a Rz 37 ff; aA *Blüggel*, SGb 2005, 377, 384; *Link* in Eicher, SGB II, 3. Aufl, § 34 a Rz 15). Ein Erstattungsanspruch hätte sich dann nach § 102 gerichtet. Voraussetzung wäre jedoch gewesen, dass die Vorläufigkeit der Leistungserbringung wegen der ungeklärten Zuständigkeit gegenüber dem Leistungsempfänger deutlich gemacht worden wäre (vgl Rz 24). Nunmehr ist in § 44 a Abs 3 SGB II bestimmt, dass für den Erstattungsanspruch **§ 103** entsprechend gilt (dazu *Blüggel* in Eicher/Spellbrink, SGB II, 2. Aufl, § 44 a Rz 64 ff).
- Auch Erstattungsansprüche gem **§ 23 Abs 2 SGB III** fallen unter § 102. Durch § 23 SGB III soll ausgeschlossen werden, dass es wegen des Nachrangs der Leistungen aktiver Arbeitsmarktförderung, § 22 SGB III, zu Leistungsverzögerungen kommt oder Leistungen wegen eines Kompetenzkonfliktes nicht bzw nur teilweise geleistet werden (BT-Drucks 13/4941, 157). Wegen der Vorläuferregelung des § 38 AFG ist auch der Erstattungsanspruch des § 23 Abs 2 SGB III zum Anwendungsbereich des § 102 und nicht des § 104 zu rechnen (*Timme* in Hauck/Noftz SGB III § 23 Rz 9 mwN auch zur Gegenauffassung).

- Gem § 139 SGB VII hat der erstangegangene Unfallversicherungsträger vorläufig Sozialleistungen zu erbringen, auch wenn er sich in einem negativen Kompetenzkonflikt nicht für zuständig hält. Diese Regelung **geht** § 43 SGB I **vor.**

- § 2 **Abs 3** begründet lediglich wegen der **gesetzlichen Bezugnahme** in § 2 Abs 3 Satz 4 auf die §§ 102 Abs 2, 106 bis 114 einen Erstattungsanspruch gem § 102 (vgl dazu auch *SG Neuruppin* Urt v 28.1.2011 – S 14 SO 120/08, juris).

- Des Weiteren beinhalten § 86 d SGB VII und § 32 SGB XI gesetzliche Grundlagen für die Erbringung vorläufiger Leistungen. Auch hier muss aber die Vorläufigkeit der Leistungserbringung wegen der ungeklärten Zuständigkeitsfrage nach außen deutlich gemacht werden (vgl Rz 24). Ein Erstattungsanspruch ergibt sich dann aus § 102.

- § 14 SGB IX begründet keine Berechtigung zur Erbringung vorläufiger Leistungen (vgl Rz 5 ff; *BSG* v 8.9.2009 – B 1 KR 9/09 R, juris Rz 17; *BSG* v 16.12.2006 – B 4 R 19/06 R, SozR 4-3250 § 14 Nr 3).

- § 2 **Abs 2** SGB XII begründet zwar die Subsidiarität der Sozialhilfeleistungen, nicht jedoch die Berechtigung zur vorläufigen Leistungserbringung (vgl Rz 26; so auch *Maschner* in Pickel, SGB X § 102 Rz 6; *Roos* aaO, § 102 Rz 12); der Erstattungsanspruch richtet sich dann nach § 104.

§ 103 Anspruch des Leistungsträgers, dessen Leistungsverpflichtung nachträglich entfallen ist

(1) Hat ein Leistungsträger Sozialleistungen erbracht und ist der Anspruch auf diese nachträglich ganz oder teilweise entfallen, ist der für die entsprechende Leistung zuständige Leistungsträger erstattungspflichtig, soweit dieser nicht bereits selbst geleistet hat, bevor er von der Leistung des anderen Leistungsträgers Kenntnis erlangt hat.

(2) Der Umfang des Erstattungsanspruchs richtet sich nach den für den zuständigen Leistungsträger geltenden Rechtsvorschriften.

(3) Die Absätze 1 und 2 gelten gegenüber den Trägern der Sozialhilfe, der Kriegsopferfürsorge und der Jugendhilfe nur von dem Zeitpunkt ab, von dem ihnen bekannt war, dass die Voraussetzungen für ihre Leistungspflicht vorlagen.

Literatur:

Beck: 33. Richterwoche des Bundessozialgerichts vom 23. bis 25. Oktober 2001 in Kassel, NZS 2002, 190; *Bley*: Ausgleichsansprüche der Sozialleistungsträger nach dem Regierungsentwurf zum X. Buch, 3. Kapitel des Sozialgesetzbuchs – Zugleich ein Versuch zur Dogmatik und Systematik des Entwurfs, DOK 1981, 143; *Buschmann*: Anmerkung zu BSG Urt v 9.8.1995 – 13 RJ 43/94, SGb 1996, 279; *von Einem*: Die Behandlung zu Unrecht gezahlter Beiträge zwischen Sozialversicherungsträgern, SGb 1998, 198, 200; *Fichte*: Der sozialrechtliche Vorrang der Wiedereingliederung bei Leistungsminderung, in: Aspekte der Beendigung von Arbeitsverhältnissen, 2010, 221; *Gerlach*: Die Erstattungsansprüche der Leistungsträger untereinander, DOK 1983, 393; *ders*: Erstattungsansprüche nach den §§ 102 ff SGB X zwischen den Trägern der Sozialhilfe, den Trägern der Grundsicherung für Arbeitsuchende und anderen Leistungsträgern bei strittiger Erwerbsfähigkeit vor und nach dem Inkrafttreten des SGB II – Fortentwicklungsgesetzes, ZfF 2006, 241; *Heimrich*: Zu einigen Problemen der Erstattungsansprüche in der Praxis eines Rentenversicherungsträgers – zugleich eine Besprechung von BSG vom 19.3.1996, 2 RU 22/95, und BSG vom 29.4.1998, 8 RKn 29/95, DRV 1999, 130; *Kummer*: Das neue Erstattungsrecht in der Bewährung, DAngVers 1986, 397; *Laufer/Noch*: Die Erstattungsansprüche der Leistungsträger untereinander –

Grundsätze, Einordnung der Ansprüche nach Art der Vorleistungen, DAngVers 1983, 255; *Mey*: Erstattungsanspruch – Krankenkasse – Rentenversicherungsträger – Umdeutung – Antrag auf Leistungen zur medizinischen Rehabilitation – Rentenantrag – nachträgliche Aufforderung – eingeschränkte Disposition, SGb 2009, 312; *Pappai*: Einige die Sozialgerichtsbarkeit besonders interessierende Rechtsfragen aus dem Gesetz „Zusammenarbeit der Leistungsträger und ihre Beziehung zu Dritten", BG 1983, 712; *Reddig*: Beziehungen zwischen Krankenkassen und den Trägern der gesetzlichen Rentenversicherung – Der Erstattungsanspruch nach § 103 SGB X – Das Übergangsgeld als unterhaltssichernde Leistung, SF-Medien Nr 194, 25-40 (2012); *Schaer*: Erstattungsanspruch der Sozialleistungsträger bei Bestehen mehrerer Rentenansprüche, jurisPR-SozR 17/2011 Anm. 6; *Seewald*: Herstellungsanspruch bei unterlassener Zusammenarbeit, SGb 1986, 133; *Selder*: Erstattungsanspruch des Sozialleistungsträgers bei nachträglicher Kindergeldfestsetzung, jurisPR-SteuerR 47/2012 Anm. 2; *Spiolek*: Erstattungsanspruch der Krankenkasse gegen Rentenversicherungsträger wegen gezahlten Krankengeldes, jurisPR-SozR 11/2009 Anm. 4; *Weselski*: Erstattungsanspruch der BA für gezahltes ALG I und gezahlte Kranken- und Pflegeversicherungsbeiträge gegen die RV, jurisPR-SozR 17/2013 Anm. 5; *Wirkus*: Erstattungsforderungen der Träger der Grundsicherung für Arbeitsuchende, RVaktuell 2013, 98. Für allg Lit zu den Erstattungsansprüchen vgl auch vor § 102.

1. Allgemeines

1 Tritt zu einer bereits geleisteten Sozialleistung eine weitere hinzu und entfällt deswegen der Anspruch auf die bisher erbrachte Leistung nachträglich ganz oder teilweise (zB nachträgliche Bewilligung einer Rente wegen voller Erwerbsminderung für einen Zeitraum, für den bereits Krankengeld bezahlt wurde, vgl § 50 Abs 1 Satz 1 Nr 1 SGB V), so kann es zu ungerechtfertigten **Doppelleistungen** an den Leistungsberechtigten kommen. Um dieses zu verhindern, begründet § 103 einen Erstattungsanspruch des die weggefallene Sozialleistung erbringenden Leistungsträgers (im Bsp die KK) gegen den Träger der hinzutretenden So-

zialleistung (im Bsp der Rentenversicherungsträger). Darüber hinaus soll durch die Erstattungsregelung des § 103 auch eine **ungerechtfertigte Bereicherung** beim für die hinzutretende Sozialleistung zuständigen Leistungsträger verhindert werden, die sich daraus ergibt, dass dieser wegen der Erfüllungsfiktion des § 107 Abs 1 den Sozialleistungsanspruch des Leistungsberechtigten nicht mehr zu erfüllen hat. Der vorleistende Leistungsträger soll so gestellt werden, wie er bei sofortiger (rechtzeitiger) Leistungserbringung durch den letztlich zuständigen Leistungsträger gestanden hätte (*BSG* SozR 1300 § 103 Nr 5).

2. Anwendungsbereich und Verhältnis zu anderen Erstattungsansprüchen

Der Anwendungsbereich des § 103 ist eröffnet, wenn zu einer bereits geleisteten Sozialleistung eine weitere zweckidentische Sozialleistung hinzutritt, die den ursprünglichen Sozialleistungsanspruch entfallen lässt (zB Gewährung einer Rente wegen voller Erwerbsminderung für einen Zeitraum, für den bereits Alg gezahlt wurde, vgl § 156 Abs 1 Satz 1 Nr 3 SGB III). Da die §§ 102 ff **abschließende Sonderregelungen** für den Ausgleich von Leistungen zwischen Leistungsträgern in dem aus zwei Leistungsträgern und dem Leistungsberechtigten bestehenden **Dreiecksverhältnis** darstellen (vor § 102 Rz 17 ff; *Kater* in KassKomm § 103 SGB X Rz 6), erfolgt eine **Erstattung zwischen** diesen **Leistungsträgern** nur unter den Voraussetzungen der §§ **102 ff**, sofern nicht gem § 37 Satz 1 SGB I vorgehenden Spezialregelungen bestehen (§§ 25 Abs 4 SGB VI, 217 Abs 3 Satz 2 SGB VII, 14 Abs 4 SGB IX, §§ 106 ff SGB XII, Art 63 GRG). Im Übrigen vgl vor § 102 Rz 52 ff.   **2**

Ein **Rückgriff** des die ursprüngliche Sozialleistung erbringenden Leistungsträgers **auf den Leistungsempfänger** gem § 50 kommt nur in Betracht, wo die Erfüllungsfiktion des § 107 Abs 1 **nicht** eingreift. War die Vorleistung höher als die hinzugetretene Sozialleistung, kann die Differenz über § 50 vom Leistungsempfänger erstattet verlangt werden (Ausnahme: § 50 Abs 1 Satz 2 SGB V). Ist umgekehrt die hinzutretende Sozialleistung höher, besteht wegen der Differenz noch ein Erfüllungsanspruch des Leistungsberechtigten.   **3**

Seitens des erstattungspflichtigen Leistungsträger besteht ein Erstattungsanspruch gegen den Leistungsempfänger gem § 50 nur dann, wenn dieser ohne befreiende Wirkung zusätzlich zur Vorleistung auch seine Leistung erbracht hat. Vgl vor § 102 Rz 52 ff.   **4**

Auch **innerhalb der** §§ **102 ff** sind die Erstattungsansprüche voneinander abzugrenzen. Im Verhältnis zu § **102** ist der Erstattungsanspruch des § **103 nur** gegeben, wenn die Sozialleistung von einem ursprünglich **zuständigen Leistungsträger** als **endgültige Leistung** erbracht wurde. Demgegenüber betrifft § **105** die endgültige Leistungserbringung durch einen schon **anfänglich unzuständigen Leistungsträger.** Vom Erstattungsanspruch des § **104** unterscheidet sich derjenige des § **103** dadurch, dass im Fall des § **103** die später hinzutretende Sozialleistung den **Rechtsgrund** für die ursprüngliche Leistung rückwirkend **entfallen lässt,** es sich also um gleichrangige Sozialleistungen handelt (*Kater* aaO § 103 Rz 5). Das *BSG* (SozR 3-1300 § 104 Nr 12) unterscheidet die Ansprüche nach § 103 und § 104 danach, ob Erstattungsansprüche zwischen institutionell **gleichrangigen Leistungsträgern** (dann § 103) oder ob Erstattungsansprüche institutionell verschiedenrangiger Leistungsträger (dann § 104) vorliegen.   **5**

Der Anwendungsbereich des § 14 Abs 4 SGB IX grenzt sich wie folgt von dem des § 103 ab: Im Fall des § 14 SGB IX liegt eine einzige Verwaltungsentschei-   **6** dung über die Einräumung von Rechten auf Rehabilitation bzw Teilhabe vor; der sich daraus ergebende Anspruch entfällt später nicht wieder durch eine weitere Verwaltungsentscheidung des nach materiellem Recht zuständigen Leistungsträgers ganz oder teilweise. Dagegen kommt im Fall des § 103 der bereits durch Verwaltungsakt konkretisierte Anspruch durch eine weitere Verwaltungsentscheidung (vgl Rz 17 ff) ganz oder teilweise zum Wegfall. Damit liegt im Fall des § 14 Abs 4 Satz 1 SGB IX die Fallkonstellation des § 103 regelmäßig nicht vor (zu einem Nebeneinander der Ansprüche aus § 14 SGB IX und Ansprüchen nach §§ 102, 104 zugunsten des erstangegangenen Trägers vgl die Komm bei § 102 Rz 5 ff und zur Rspr: *BSG* Urt v 17.2.2010 – B 1 KR 23/09 R, BSGE 105, 271-279; *BSG* Urt v 20.10.2009 – B 5 R 44/08 R, BSGE 104, 294; *BSG* Urt v 26.6.2007 – B 1 KR 34/06 R, BSGE 98, 267-277; *BayVGH* Urt v 7.10.2013 – 12 B 11.1886, juris; *Gmati* in jurisPK-SGB X, § 105 Rz 12).

3. Regelungsgehalt Abs 1

7   Voraussetzung des Erstattungsanspruchs gem § 103 Abs 1 ist, dass eine Sozialleistung rechtmäßig erbracht wurde, der Rechtsgrund hierfür nachträglich rückwirkend ganz oder teilweise wegen des Hinzutretens einer weiteren kongruenten Sozialleistung entfallen ist und der erstattungspflichtige Leistungsträger nicht bereits mit befreiender Wirkung selbst geleistet hat.

3.1. Sozialleistungserbringung durch einen Leistungsträger

8   § 103 Abs 1 setzt die **tatsächliche Erbringung** von Sozialleistungen voraus. Ruhende und vorläufige Leistungen genügen nicht (*Roos* in von Wulffen/Schütze SGB X, 8. Aufl, § 103 Rz 6). Zur Erbringung von Sozialleistungen vgl vor § 102 Rz 14 ff.

9   **Sozialleistungen** sind gem § 11 SGB I alle Sach-, Dienst- oder Geldleistungen die einem Berechtigten aufgrund des SGB und gleichgestellter Gesetze (Art II § 1 SGB I; § 68 SGB I) zur Verwirklichung seiner sozialen Rechte (§ 2 SGB I iVm §§ 3-10 SGB I) zustehen (vgl dazu Vorbem §§ 102 ff Rz 14 ff). Umfasst sind nicht nur Anspruchsleistungen (§ 38 SGB I), sondern **auch Ermessensleistungen** (§ 39 SGB I) (*Kater* aaO § 103 Rz 8; zu Bedenken hiergegen: *Kater* aaO § 104 SGB X Rz 7). Auch Beitragsleistungen, die Sozialleistungsträger aus einer von ihnen erbrachten Sozialleistung abführen (§§ 207, 207 a SGB III, § 170 Abs 1 Nr 2 a SGB VI), sind Sozialleistungen iSd § 11 SGB I (*BSG* SozR 3-1300 § 111 Nr 9; *v Einem* SGb 1998, 198 [200]). Daher umfasst der Erstattungsanspruch des § 103 Abs 1 Satz 1 auch die für den Leistungsberechtigten im Erstattungszeitraum gezahlten Beiträge zur gesetzlichen Kranken- und Pflegeversicherung (*LSG RhPf* Urt v 24.10.2012 – L 1 SO 29/12, juris, anhängig *BSG* – B 8 SO 5/13 R; *LSG RhPf* Urt v 24.10.2012 – L 1 SO 30/12, juris, anhängig *BSG* – B 8 SO 6/13 R; so auch *Kater* aaO Rz 9). Anspruch auf Ersatz von Beiträgen zur Kranken- und Pflegeversicherung hat ein Sozialleistungsträger aber nur, wenn er auch die Erstattung der Hauptleistung verlangen kann (*BSG* Urt v 31.10.2012 – B 13 R 9/12 R, SozR 4-1300 § 104 Nr 5).

10   § 103 begründet nur **zwischen Sozialleistungsträgern** einen Erstattungsanspruch. Wer Sozialleistungsträger ist, ergibt sich aus den §§ **12, 18 bis 29 SGB I**. Sowohl der erstattungsbegehrende, als auch der erstattungspflichtige Leistungsträger müssen Sozialleistungsträger iSd §§ 12, 18 bis 29 SGB I sein (*Kater* aaO § 103 Rz 10). Wird die Leistung von Dritten (zB Pflegeheim) erbracht, handelt es sich dann um eine Leistung des erstattungsbegehrenden Leis-

tungsträgers, wenn diese Leistungserbringung ihm zuzurechnen ist (*BSG* SozR 1300 § 111 Nr 6; *BSG* Urt v 2.11.1999 – B 2 U 39/98 R).

3.2. Rechtmäßige Leistungserbringung

Ein Erstattungsanspruch kann nur bestehen, soweit die ursprüngliche **Sozialleistung rechtmäßig erbracht** wurde (*BSG* SozR 2200 § 562 Nr 7, *BSG* SozR 4-3100 § 18 c Nr 2; vgl dazu auch Vorbem §§ 102 ff Rz 24 ff). War eine Sozialleistung nicht rechtmäßig erbracht worden, bestand kein Anspruch auf diese Leistung, dieser kann daher auch nicht nachträglich entfallen (*Roos* aaO § 103 Rz 5). Erst durch das nachträgliche Hinzutreten einer weiteren Sozialleistung darf der Rechtsgrund der ursprünglichen Leistung entfallen. Das nachträgliche rückwirkende Entfallen des Anspruchs steht der Rechtmäßigkeit der Leistungserbringung nicht entgegen, da insoweit maßgeblicher **Beurteilungszeitpunkt** der Zeitpunkt der tatsächlichen **Leistungserbringung** ist; zu diesem Zeitpunkt muss die Leistungspflicht noch bestanden haben. Ist die Vorleistung bezogen auf den Zeitpunkt der Leistungserbringung nicht rechtmäßig, kann dies nicht den Zugriff auf einen anderen Leistungsträger rechtfertigen. Materiellrechtlich rechtswidrige Leistungen sind grundsätzlich in dem Verhältnis zurückzufordern, in dem die Leistung erbracht wurde.

11

3.3. Nachträgliches, rückwirkendes Entfallen des ursprünglichen Sozialleistungsanspruchs

Der Erstattungsanspruch des § 103 setzt voraus, dass trotz der Leistungszuständigkeit mehrerer Leistungsträger dem Berechtigten letztlich **nur eine Sozialleistung zusteht**. Ob dies der Fall ist, ergibt sich aus dem **materiellen Sozialrecht** (*Kater* aaO § 103 Rz 11).

12

3.3.1. Zusammentreffen von Sozialleistungen

Im Fall des § 103 Abs 1 **tritt zu einer** bereits rechtmäßig erbrachten **Sozialleistung** nachträglich eine **weitere Sozialleistung hinzu**. Alleine die hinzutretende Sozialleistung darf den Anspruch auf die bereits erbrachte Sozialleistung ganz oder teilweise entfallen lassen. Der Leistungsanspruch muss daher ununterbrochen fortbestanden haben, bis er iSd § 103 Abs 1 entfallen ist. Allein die nachträglich rückwirkend einsetzende Leistung des erstattungspflichtigen Trägers darf daher zum **Wegfall der ursprünglichen Leistungspflicht** geführt haben (*Gerlach* DOK 1983, 398; *Kater* aaO § 103 Rz 16). Führen andere Umstände zum Wegfall der ursprünglichen Sozialleistungspflicht, greift § 103 Abs 1 nicht ein.

13

3.3.2. Kein Vorrang-/Nachrangverhältnis zwischen den Sozialleistungen

Die beteiligten Sozialleistungen dürfen **nicht in einem Vorrang/Nachrangverhältnis** iSd § 104 Abs 1 stehen (so auch *Gmati* in jurisPK-SGB X, § 103 Rz 41; zum Vorliegen eines Rangverhältnisses vgl § 104 Rz 9 ff). § 103 setzt damit das Zusammentreffen von gleichrangigen Sozialleistungen voraus (*BSG* SozR 3-1300 § 104 Nr 12; *Kater* aaO § 103 Rz 14 f). Bei der Frage des Vorliegens eines Vorrang-/Nachrangverhältnisses der beteiligten Sozialleistungen im Rahmen des § 103 handelt es sich um eine **negative Anspruchsvoraussetzung** (*BSGE* 58, 119; *Kater* aaO § 103 Rz 14). Ob ein Vorrang-/Nachrangverhältnis besteht, ergibt sich aus dem materiellen Leistungsrecht (§ 104 Rz 11). Indiz gegen ein Rangverhältnis iSd § 104 ist das Eingreifen des § 48 Abs 1 Satz 2 Nr 3 SGB X (zit nach *Beck* NZS 2002, 193). Jedoch setzt der Erstattungsanspruch

14

nach § 104 voraus, dass der vorrangig verpflichtete Leistungsträger bereits zum Zeitpunkt der Leistungserbringung durch den nachrangig verpflichteten Leistungsträger gegenüber dem Leistungsempfänger leistungsverpflichtet war (*LSG BW* v 11.12.2015 – L 4 P 1171/15, juris). Nach der Rsp des *LSG BW* (aaO) setzt die Entstehung der Leistungsverpflichtung bei materiell antragsabhängigen Leistungen einen Leistungsantrag des Leistungsempfängers oder nach § 95 S 1 SGB XII des erstattungsberechtigten Trägers der Sozialhilfe voraus (*LSG BW* aaO; aA *BVerwG* v 23.1.2014 – 5 C 8/13, NJW 2014, 1979).

3.3.3.　Entfallen des ursprünglichen Sozialleistungsanspruchs

15　Wegen des Hinzutretens einer weiteren Sozialleistung muss der **ursprüngliche Sozialleistungsanspruch** ganz oder teilweise **entfallen** sein, § 103 Abs 1. Diese Entfallenswirkung muss im Gesetz selbst vorgesehen sein (*Kater* aaO § 103 Rz 21; *Becker* aaO § 103 Rz 11; *Gmati* in jurisPK-SGB X § 103 Rz 37), wie zB in § 50 Abs 1 SGB V. Zum SGB II vgl nunmehr § 40 a SGB II.

16　Eine Sozialleistung ist iSd § 103 Abs 1 entfallen, wenn sie **durch gesetzliche Regelungen** im Fall des Zusammentreffens mit einer anderen **Sozialleistung ausgeschlossen oder eingeschränkt** wird. Dabei ist § 103 nicht nur auf die Fälle beschränkt, in denen der ursprüngliche Leistungsanspruch wegen des Zusammentreffens mit einer anderen Sozialleistung **dem Grunde nach erlischt**. Es genügt, wenn der ursprüngliche Anspruch bei fortbestehendem Stammrecht **zum Ruhen kommt** (*BSG* SozR 1300 § 103 Nr 2; *Gerlach* DOK 1983, 393 [398]; *Roos* aaO Rz 7; aA *Seewald* SGb 1986, 133 [135]). Eine inhaltliche Differenzierung zwischen dem Wegfall des Leistungsanspruchs dem Grunde nach oder seinem Ruhen kann nicht vorgenommen werden (*Pappai* BG 1983, 714; *Roos* aaO § 103 Rz 7). Dies wird auch vom *BSG* angenommen, das auch die Fälle des § 183 Abs 6 RVO (§ 49 Abs 3 SGB V) unter § 103 fasst (*BSG* SozR 1300 § 103 Nr 3). Es genügt insoweit, dass die jeweilige gesetzliche Regelung für den Fall des nachträglichen Zusammentreffens von Sozialleistungen eine Leistung ausschließt oder einschränkt, also die **Leistungspflicht insoweit aufhebt** (*Roos* aaO § 103 Rz 8). Ein Entfallen des Anspruchs auf die ursprüngliche Sozialleistung iSd § 103 Abs 1 liegt vor zB in den Fällen der §§ 49 Abs 1 Nr 1, 50 Abs 1 Satz 1 Nr 1, 50 Abs 2 Nr 1 SGB V. Maßgeblich ist damit alleine, ob der **Rechtsgrund** für eine weitere Erbringung der ursprünglichen Sozialleistung fortbesteht oder wegfällt. **Fällt der Rechtgrund** für die Erbringung **der ursprünglichen Sozialleistung** durch den Hinzutritt einer weiteren Sozialleistung **weg**, liegt iSd § 103 Abs 1 ein Entfallen des Leistungsanspruchs vor (*Roos* aaO § 103 Rz 9). Bleibt der Rechtsgrund auch bei Hinzutreten einer weiteren Sozialleistung weiterhin bestehen, so entfällt der ursprüngliche Leistungsanspruch iSd § 103 Abs 1 nicht. In diesem Sinn hat das BSG auch festgestellt, dass die Gewährung einer Erwerbsminderungsrente den Grundsicherungsanspruch nach dem SGB II nicht zum Entfallen bringt (*BSG* Urt v 31.10.2012 – B 13 R 11/11 R, SozR 4-1300 § 106 Nr 1); im SGB II existiere keine – § 142 Abs 1 Satz 1 Nr 3, Abs 2 Satz 1 Nr 2 SGB III aF oder § 50 Abs 1 Satz 1 Nr 1 SGB V vergleichbare – Regelung, die den Wegfall, das Ende bzw das Ruhen der Leistungen nach dem SGB II für den Fall anordne, dass eine Rente wegen voller Erwerbsminderung rückwirkend zeitgleich gewährt werde. Bleibt der nachrangig Verpflichtete trotz Leistung des vorrangig Verpflichteten weiterhin originär zuständig und wird lediglich die Höhe seiner Leistungsverpflichtung durch die Erbringung der vorrangigen, als Einkommen anzurechnenden Leistung beeinflusst, liegt die Fallkonstellation des § 104 vor (*BSG* Urt v 24.5.2012 – B 9 V 2/11 R, BSGE 111, 79-89;

BSG Urt v 22.5.1985 – 1 RA 33/84, BSGE 58, 119 = SozR 1300 § 104 Nr 7; so im Ergebnis auch *BSG* Urt v 31.10.2012 – B 13 R 11/11 R, SozR 4-1300 § 106 Nr 1; *BSG* Urt v 31.10.2012 – B 13 R 9/12 R, SozR 4-1300 § 104 Nr 5).

3.3.4. Entfallen aufgrund Verwaltungsentscheidung

Regelmäßig sieht schon unmittelbar die gesetzliche Regelung über das Zusammentreffen zweier Sozialleistungen vor, dass bei Hinzutreten der weiteren Sozialleistung der ursprüngliche Anspruch iSd § 103 Abs 1 entfällt (zB § 50 Abs 1 Satz 1 Nr 1 SGB V). Jedoch genügt diese abstrakte gesetzliche Bestimmung nicht. Die **Entfallenswirkung** iSd § 103 Abs 1 tritt erst **aufgrund** einer **Verwaltungsentscheidung** des für die hinzutretende Sozialleistung zuständigen Leistungsträgers über die Leistungsgewährung ein (*BSGE* 72, 163; 76, 218; *Kater* in KassKomm § 103 SGB X Rz 21; differenzierend *Becker* aaO § 103 Rz 13). Diese Entscheidung des vorrangigen bzw zuständigen Leistungsträgers ist vom nachrangigen bzw unzuständigen Leistungsträger bei der Geltendmachung des Erstattungsanspruchs zu beachten (**Tatbestandswirkung**; *BSG* SozR 3-2200 § 310 Nr 1; *BSGE* 57, 146; 58, 119; 76, 218; wie hier auch: *LSG BW* Urt v 18.7.2013 – L 6 U 2895/11, juris; *LSG LSA* Beschl v 12.12.2012 – L 4 KR 56/10 NZB, juris; *HessLSG* Urt v 29.10.2009 – L 8 KR 311/07, juris; *HessLSG* Urt v 25.6.2009 – L 8 KR 201/07, juris; *SG Dresden* Urt v 27.10.2011 – S 5 U 360/10, juris; aA *BSG* Urt v 16.3.2010 – B 2 U 4/09 R, juris; *BayLSG* Urt v 25.8.2011 – L 18 U 228/08, juris).

17

Die Entfallenswirkung tritt immer schon dann ein, wenn die Bewilligung der hinzutretenden Leistung wirksam ist. Da es sich hierbei um einen **VA**, § 31, handelt, lassen auch rechtswidrige Leistungsbewilligungen die Entfallenswirkung eintreten, § 39 Abs 2 (*BSGE* 72, 163; *BSGE* 82, 226 mit Anm *Schmitz*, AmtlMitt LVA Rheinpr 1998, 524; *BSG* SozR 3-1300 § 103 Nr 4; *Kater* aaO § 103 Rz 22). Erst wenn der die hinzutretende Sozialleistung bewilligende VA (mit Wirkung für die Vergangenheit) aufgehoben ist, entfällt der Erstattungsanspruch (*BSGE* 76, 218, 220). Lediglich nichtige VA sind unwirksam, § 39 Abs 3, und können eine andere Sozialleistung iSd § 103 Abs 1 nicht zum Entfallen bringen. Zu § 14 SGB IX vgl auch § 102 Rz 9.

18

Entscheidungen des zuständigen Leistungsträgers über die nachträgliche rückwirkende Bewilligung einer Leistung sind von anderen Leistungsträgern zu beachten. Ihnen steht kein Anfechtungsrecht zu. Lediglich aus der **Pflicht zur Zusammenarbeit gem** § 86 leitet das BSG **Überprüfungs- und Korrekturpflichten** ab (*BSG* SozR 1300 § 103 Nr 3, 4; *BSG* SozR 3-1300 § 86 Nr 3). In Fällen offensichtlich fehlerhafter Entscheidungen (dazu *BSG* v 26.6.2008 – B 13 R 141/07 R, SGb 2009, 309-312 sowie Rz 48) ist der erstattungsberechtigte Leistungsträger nicht an den ablehnenden VA des zuständigen Leistungsträgers gebunden, bzw so zu stellen, als ob von Anfang an richtig entschieden worden wäre (*BSG* SozR 3-1300 § 103 Nr 4; *BSG* SozR 3-1300 § 112 Nr 2). Diese Rechtsprechung muss auf Ausnahmefälle beschränkt bleiben. Eine Überprüfung kann nicht bereits dann verlangt werden, wenn der erstattungsbegehrende Träger lediglich eine andere Rechtsauffassung vertritt (*LSG NRW* 27.9.2001 – L 2 KN 287/00 KR, nv).

19

Wird der **Antrag** auf eine hinzutretende Sozialleistung **zurückgenommen**, so entfällt mit dem entsprechenden Sozialleistungsanspruch auch der daraus folgende Erstattungsanspruch (*BSGE* 76, 218; *Kater* aaO § 103 Rz 22); lediglich im Fall des § 51 SGB V, soll der Erstattungsanspruch einer Rücknahme des

20

Rentenantrages entgegenstehen (*BSGE* 76, 218; *Buschmann* SGb 1996, 279; *Kater* aaO § 103 Rz 22).

3.3.5. Nachträgliches, rückwirkendes Entfallen des Sozialleistungsanspruchs

21 Gemäß § 103 Abs 1 hängt der Erstattungsanspruch davon ab, dass der Sozialleistungsanspruch nachträglich ganz oder teilweise entfällt. Notwendig ist eine **nachträgliche** und **rückwirkende Änderung der Rechtslage** dadurch, dass eine **hinzutretende Sozialleistung** den ursprünglichen **Leistungsanspruch** mit Wirkung (auch) **für** eine in der **Vergangenheit** liegend Zeit **entfallen lässt.** Grund für die rückwirkende Leistungsbewilligung ist im Regelfall der Umstand, dass der zuständige Leistungsträger seiner Leistungsverpflichtung nicht rechtzeitig nachgekommen ist und insoweit ein anderer Leistungsträger in Vorleistung getreten ist (*Kater* aaO § 103 Rz 25 f). Das rückwirkende Entfallen des ursprünglichen Leistungsanspruchs, also der rückwirkende Wegfall des Rechtsgrundes der Leistung ist damit nicht nur Abgrenzungsmerkmal zum Erstattungsanspruch des § 104, sondern Grund für das Entstehen des Erstattungsanspruchs nach § 103. Zum SGB II vgl nunmehr § 40 a SGB II.

3.4. Kongruenz

22 Der Erstattungsanspruch des § 103 bezweckt, Doppelleistungen an den Berechtigten zu verhindern. Die Frage nach dem Vorliegen von Doppelleistungen kann angesichts der Vielzahl verschiedener Leistungsmöglichkeiten nach dem SGB nur im Hinblick auf den **Leistungszweck** beurteilt werden. § 103 Abs 1 spricht insoweit von einer „**entsprechenden**" Leistung des anderen Leistungsträgers. Dabei ist grds der Rechtsgrund unerheblich, ebenso, ob es sich dabei um das Zusammentreffen von Leistungen nach Bundes- und Landesrecht handelt (*BSG* SozR 4-1300 § 107 Nr 1).

23 Zur Beurteilung der Kongruenz (vgl dazu auch Vorbem §§ 102 ff Rz 26 ff) sind sich die bezogene und die nachträglich hinzugetretene Sozialleistung gegenüberzustellen. Es ist dabei danach zu fragen, ob die betreffenden Leistungen auf die gleichartige Befriedigung ein und derselben Bedarfssituation abzielen (**sachliche Kongruenz**), sich zeitlich überlagern (**zeitliche Kongruenz**) und ob Personenidentität vorliegt (**persönliche Kongruenz**).

3.4.1. Sachliche Kongruenz

24 Sachliche Kongruenz liegt vor, wenn beide Sozialleistungen im Hinblick auf die **Befriedigung derselben Bedarfssituation gleichartig,** also zweckidentisch sind (*BSG* SozR 2200 § 562 Nr 7; *Kallenbach* aaO § 103 Rz 14 spricht von funktionsidentischen Leistungen). Eines einheitlichen Leistungsgrundes bedarf es nicht (*BSG* SozR 1300 § 104 Nr 11; *Kater* aaO § 103 Rz 28). Vgl auch Vorbem §§ 102 ff Rz 27 ff. So ist zB Alg II, sofern der Bedarf für Unterkunft mit berücksichtigt wird, eine dem Wohngeld entsprechende Sozialleistung (*VG Berlin* Urt v 24.6.2014 – 21 K 195.12, juris).

25 Sachliche Kongruenz liegt nur zwischen **Sozialleistungen der gleichen Leistungsart** vor. Geldleistungen sind nur zu Geldleistungen kongruent, nicht aber zu Dienst- oder Sachleistungen (aA für Sachleistungen nach dem AsylbLG und Kindergeld vgl *FG Hamburg* Urt v 13.8.2012 – 1 K 29/11, juris). Für Dienst- oder Sachleistungen gilt entsprechendes.

3.4.2. Zeitliche Kongruenz

Die ursprüngliche Sozialleistung muss sich mit der nachträglich hinzutretenden **26**
Sozialleistung **zeitlich überschneiden** (*BSG* SozR 1300 § 103 Nr 5; *Kater* aaO
§ 103 Rz 29; *Laufer/Noch* DAngVers 1983, 255 [256]). Nur wenn die beiden
Sozialleistungen einen zeitlichen Überschneidungsraum haben, liegt **zeitliche
Kongruenz** vor (vgl dazu auch Vorbem §§ 102 ff Rz 29). Dabei ist nicht der
Zeitraum maßgebend, in dem die Sozialleistungen gezahlt werden, sondern der
Zeitraum für den diese Leistungen gelten sollen.

3.4.3. Persönliche Kongruenz

Auch im Hinblick auf die **Person des Leistungsberechtigten** muss Kongruenz **27**
(**persönliche Kongruenz**) vorliegen. Der Leistungsempfänger der ursprünglichen
Sozialleistung muss **identisch** sein mit der Person des Leistungsberechtigten der
hinzutretenden Sozialleistung. Insoweit hat Personenidentität zu bestehen (*Kater* aaO § 103 Rz 29; *Gmati* in jurisPK-SGB X, § 103 Rz 42, 44; *Pattar* in juris-PK-SGB X, § 104 Rz 23; aA *Roos* aaO § 104 Rz 11). Wegen der Einzelheiten
wird auf Vorbem §§ 102 ff Rz 30 ff sowie § 104 Rz 19 ff verwiesen.

3.5. Der erstattungspflichtige Leistungsträger

Erstattungspflichtig ist derjenige Leistungsträger (vgl dazu auch Vorbem **28**
§§ 102 ff Rz 34 ff) gegen den sich der Anspruch des Leistungsberechtigten auf
die hinzugetretene Sozialleistung richtet. Es ist der Träger, dessen kongruente
Sozialleistung den Anspruch auf die ursprüngliche Sozialleistung entfallen lässt.
Auch dieser muss Sozialleistungsträger iSd §§ 12, 18 bis 29 SGB I sein.

3.6. Ausschluss wegen befreiender Leistung

Der Erstattungsanspruch ist gem § 103 Abs 1 **ausgeschlossen,** wenn der erstat- **29**
tungspflichtige Leistungsträger **bereits geleistet hat,** bevor er von der kongruenten (Vor)Leistung des anderen Leistungsträgers positive **Kenntnis** der Sachbearbeitung erlangt hat. Grob fahrlässige Unkenntnis genügt nicht (vgl dazu auch
Vorbem §§ 102 ff Rz 36 ff). Eine entsprechende, kongruente Leistung iSd § 103
Abs 1 ist gegeben, wenn die zur Erstattung begehrte Sozialleistung der erbrachten Sozialleistung gleichartig ist, weil sie eine gegebene Bedarfssituation vergleichbar befriedigt (*BSG* SozR 2200 § 562 Nr 7; *LSG Bln-Bbg* v 10.7.2009 –
L 1 KR 415/08, juris Rz 27). Solange der erstattungspflichtige Leistungsträger
keine Kenntnis von der Vorleistung hat, kann er selbst noch mit **befreiender
Wirkung** an den Leistungsberechtigten leisten.

Der Leistungserbringung an den Berechtigten kann nur dann befreiende Wir- **30**
kung zukommen, wenn auch diese **Leistungserbringung rechtmäßig** erfolgte
(*Kater* aaO § 103 Rz 30). Hat der an sich erstattungspflichtige Leistungsträger
befreiend an den Leistungsberechtigten geleistet, so entfällt der Erstattungsanspruch, die Erfüllungsfiktion des § 107 Abs 1 greift nicht ein.

3.7. Einschränkung des Erstattungsanspruchs gem Abs 3

Die Träger der Sozialhilfe, Kriegsopferfürsorge und der Jugend- (und Kin- **31**
der)hilfe sollen nach dem Willen des Gesetzgebers **nur aktuelle Notsituationen**
überbrücken (vgl zB § 18 SGB XII). Dieses Prinzip soll auch nicht im Wege der
Erstattung umgangen werden können, weshalb § 103 Abs 3 Erstattungsansprüche gegen diese Träger einschränkt. Erstattungsansprüche nach § 103 Abs 1 bestehen gegenüber den genannten Trägern erst für die Zeit ab deren **Kenntnis**

von ihrer eigenen Leistungspflicht. Eine Erstattungspflicht dieser Träger für die Zeit vor ihrer **positiven Kenntnis** von ihrer Leistungsverpflichtung gegenüber dem Leistungsberechtigten ist damit ausgeschlossen. Zum Ganzen vgl Vorbem §§ 102 ff Rz 36 ff.

4. Umfang des Erstattungsanspruchs, Abs 2

32   Gem § 103 Abs 2 richtet sich der Umfang des Erstattungsanspruchs nach den **für den zuständigen Leistungsträger geltenden Rechtsvorschriften.** Hierdurch wird der Erstattungsanspruch insoweit begrenzt, als der erstattungspflichtige Leistungsträger nicht mehr erstatten muss, als **(1.)** der erstattungsbegehrende Träger tatsächlich an Leistungen an den Leistungsempfänger erbracht hatte und **(2.)** er (der erstattungspflichtige Träger) selbst im Verhältnis zum Leistungsberechtigten auf dessen Sozialleistungsanspruch hin an Leistungen zu gewähren gehabt hätte (*BSGE* 58, 128). Dieses Grundprinzip findet sich auch in §§ 104 Abs 3, 105 Abs 2 und 106 Abs 3. Die Begrenzung des Erstattungsanspruchs nach Abs 3 stellt dabei nicht auf die Höhe des konkreten Leistungs-/Kostenbetrags ab, sondern auf die nach dem materiellen Leistungsrecht bestehenden Leistungsartverpflichtungen (*LSG BW* v 24.4.2015 – L 8 AL 2430/12, juris). Kann der nachrangig verpflichtete Rehabilitationsträger die Leistungen wegen § 77 Abs 2 SGB XII nur nach den Vertragsvergütungen der Sozialhilfeträger abrechnen, kann der zur Erstattung verpflichtete vorrangige Leistungsträger nicht entgegenhalten, dass er die Leistung anders oder kostengünstiger hätte erbringen können (*LSG BW* v 24.4.2015 – L 8 AL 2430/12, juris).

33   Es ist auf die zum **Zeitpunkt** der Entstehung der Kosten (also zum Zeitpunkt der Erbringung der Vorleistung) für den erstattungspflichtigen Leistungsträger geltende Rechtslage abzustellen (*BSGE* 50, 68; 52, 117). Hierzu zählen nicht nur gesetzliche Vorschriften, sondern auch ermessensleitende Vorschriften. Auch die §§ 106 ff sind zu beachten.

34   Zur **Berechnung** des Erstattungsbetrages ist, gegebenenfalls unter Umrechnung von Sach- und Dienstleistungen in Geld (§ 108 Abs 1), eine **Gegenüberstellung** der sachlich und persönlich kongruenten Sozialleistungen im Überschneidungszeitraum (Zeitraum der **zeitlichen Kongruenz**) vorzunehmen (*Maschner* in Pickel aaO § 103 Rz 24). Insoweit ist grundsätzlich eine **monateweise Gegenüberstellung** der angefallenen Kosten vorzunehmen (*BSG* SozR 1300 § 103 Nr 4 und 5; *Maschner* aaO § 103 Rz 24). Eine pauschale Saldierung der im Überschneidungszeitraum erbrachten Leistungen ist nicht zulässig (*BSGE* 58, 128; *Kater* aaO § 103 Rz 40, 41). Weichen die Leistungseinheiten voneinander ab, so ist grundsätzlich auf Monate umzurechnen. Sind nur Teilmonate zu erstatten, so ist eine tageweise Gegenüberstellung erforderlich.

35   War die ursprünglich erbrachte Leistung größer als die hinzutretende Sozialleistung, so kommt ein Erstattungsanspruch nur im Umfang dieser hinzugetretenen Leistung in Betracht (§ 103 Abs 2). Hinsichtlich des **Spitzbetrages** greift die Erfüllungsfiktion des § 107 nicht. Es kommt wegen dieses Betrages ein Erstattungsanspruch gegen den Leistungsempfänger nach § 50 in Betracht (Ausnahme: § 50 Abs 1 Satz 2 SGB V). Ist die hinzutretende Sozialleistung jedoch höher als die Vorleistung, so steht dem Leistungsberechtigten in Höhe der Differenz noch ein Erfüllungsanspruch gegen den zuständigen Leistungsträger zu.

5. Entstehen des Erstattungsanspruchs

Der Erstattungsanspruch des § 103 entsteht **kraft Gesetzes** mit Vorliegen aller **36** gesetzlicher Tatbestandsmerkmale (analog § 40 Abs 1 SGB I). Es ist nicht Voraussetzung, dass die ursprüngliche Sozialleistung im Bewusstsein erbracht wird, eine erstattungsberechtigende bzw erstattungsfähige Vorleistung zu erbringen. Ob eine **Vorleistung** iSd § 103 vorliegt lässt sich regelmäßig erst **im Nachhinein feststellen**, wenn durch Hinzutreten einer weiteren Sozialleistung der Anspruch auf die erste Sozialleistung entfallen ist (*Becker* aaO § 103 Rz 25). Damit entsteht der Erstattungsanspruch des § 103 Abs 1 nicht bereits mit Erbringung der Vorleistung, sondern erst in dem **Zeitpunkt**, in dem die **Sozialleistungspflicht** des vorleistenden Leistungsträgers **entfällt**, also zum Zeitpunkt der Bewilligung der hinzutretenden Leistung (*BSG* Urt v 23.9.1997 – 2 RU 37/96, nv; *Gmati* in jurisPK-SGB X § 103 Rz 70). Hinzuweisen ist auf die Frist zur Geltendmachung des Erstattungsanspruchs gem § 111; wird die Frist versäumt, ist der Anspruch materiellrechtlich ausgeschlossen.

6. Einwendungen gegen den Erstattungsanspruch

Zwar handelt es sich bei den Erstattungsansprüchen der §§ 102 ff um **eigen-** **37** **ständige Ansprüche**, die von einem Leistungsanspruch des Leistungsberechtigten **unabhängig** sind (BT-Drucks 9/95, 24; *Kater* aaO § 103 Rz 45). Dennoch besteht eine **untrennbare inhaltliche Verknüpfung** der Erstattungsansprüche mit den Ansprüchen des Leistungsberechtigten (*BSGE* 58, 119; *BSG* SozR 1300 § 105 Nr 5). Diese Verknüpfung zeigt sich einerseits am Tatbestandsmerkmal der rechtmäßigen Erbringung der Vorleistung und der Erfüllungsfiktion, § 107 Abs 1, hat aber auch Auswirkungen auf die Geltendmachung von Einwendungen gegen den Erstattungsanspruch.

Die Voraussetzungen der Einwendungen müssen nicht schon bei Entstehung **38** des Erstattungsanspruchs vorgelegen haben, es genügt, wenn ihr **Rechtsgrund** bereits zu dieser Zeit **im Leistungsverhältnis angelegt** war (*BGHZ* 19, 153; 93, 71). Die **Feststellungslast** liegt bei demjenigen, der sich auf die Einwendung beruft, also dem auf Erstattung angegangenen Träger (*BSG* SozR 3100 § 18 c Nr 19).

6.1. Einwendungen aus dem Erstattungsverhältnis

Alle Einwendungen, die aus dem Erstattungsverhältnis zwischen den Leistungs- **39** trägern herrühren, können dem Erstattungsanspruch entgegengehalten werden. So kann etwa das Nichtvorliegen der Tatbestandsvoraussetzungen eines Erstattungsanspruchs ebenso eingewandt werden, wie die Einrede der Verjährung, § 113, und der Ausschluss des Erstattungsanspruchs gem § 111.

6.2. Einwendungen aus dem Vorleistungsverhältnis

Voraussetzung der Erstattungsansprüche ist, dass die **Vorleistung rechtmäßig** **40** **erbracht** wurde. Damit kann der auf Erstattung angegangene Leistungsträger gegen den Erstattungsanspruch **alle Einwendungen** geltend machen, die sich **gegen die Rechtmäßigkeit der Vorleistung** richten (zB gegen Grund oder Höhe der Vorleistung; *HessLSG* Urt v 25.6.2009 – L 8 KR 201/07, juris; *SG Dresden* Urt v 27.10.2011 – S 5 U 373/10, juris; *Kater* aaO § 103 Rz 43). Bei diesen Einwendungen handelt es sich um solche **aus dem Erstattungsverhältnis**, da sie sich gegen die Voraussetzungen des Erstattungsanspruchs richten, sie entstammen jedoch eigentlich dem Vorleistungsverhältnis.

41 Mit Erfolg kann eingewandt werden, dass die Vorleistung dem Leistungsrecht des erstattungsbegehrenden Leistungsträgers widerspricht. Handelt es sich bei der Vorleistung um eine **Ermessensleistung,** kann der auf Erstattung angegangene Träger auch einwenden, dass die Leistung **ermessensfehlerhaft** erfolgt war (*Kater* aaO § 102 Rz 29), das BSG verlangt insoweit das Vorliegen von ‚evidenten Gründen' (*BSG* SozR 1300 § 104 Nr 6). So ist im Verhältnis der am Erstattungsverfahren beteiligten Träger eine Überprüfung der Ermessensausübung des nachrangig verpflichteten Leistungsträgers nur eingeschränkt auf offensichtliche Fehlerhaftigkeit möglich (*LSG BW* v 24.4.2015 – L 8 AL 2430/12, juris, wo ein offensichtlicher Ermessensfehler durch Ermessensausfall verneint wurde, wenn der Leistungsträger im vorläufigen Rechtsschutzverfahren vom Gericht zur Erbringung dieser Leistung verpflichtet wurde und kein Raum für eine weitere Ermessensausübung bestand). Er kann sich jedoch **nicht** gegen die **eigentlichen Ermessenerwägungen** wenden (*Kater* aaO § 104 Rz 41). Damit kann er sich nicht darauf berufen, die Leistung anders oder kostengünstiger erbracht (*BSG* SozR 2200 § 1237 Nr 21; *BSG* SozR 1300 § 104 Nr 6; *BSG* SozR 3-2200 § 1237 a Nr 2) oder das Ermessen anders ausgeübt zu haben (*BSG* SozR 2200 § 184 a Nr 3 und 5).

6.3. Einwendungen aus dem Sozialleistungsverhältnis

42 Wegen der bestehenden untrennbaren inhaltlichen Verknüpfung der Erstattungsansprüche mit den Ansprüchen des Leistungsberechtigten (*BSG* SozR 1300 § 105 Nr 5) kann der auf Erstattung angegangene Leistungsträger nach neuerer Rechtsprechung (*BSG* aaO) gegen den Erstattungsanspruch alle diejenigen **Einwendungen** geltend machen, die ihm auch **gegenüber dem Leistungsberechtigten zugestanden hätten** (*HessLSG* Urt v 25.6.2009 – L 8 KR 201/07, juris; *SG Dresden* Urt v 27.10.2011 – S 5 U 373/10, juris). Insoweit kann er alle **sachlich-rechtlichen Einwendungen** aus dem Leistungsverhältnis zum Leistungsberechtigten auch gegenüber dem Erstattungsanspruch geltend machen. Bei **Ermessensleistungen** kommt es daher darauf an, ob der erstattungspflichtige Träger nach dem für ihn geltenden Recht ermessensfehlerfrei dieselbe Ermessensentscheidung hätte treffen können wie der erstattungsbegehrende Leistungsträger (*BSG* SozR 4-3100 § 18 c Nr 2 m Anm *Kater* in SGb 2007, 240 ff; *BSG* SozR 1300 § 104 Nr 6; SozR 2200 § 1237 Nr 21). Damit kann sich der auf Erstattung angegangene Träger darauf berufen, dass er nach seinem Leistungsrecht wegen Ermessensreduzierung auf Null iS einer Ablehnung nur negativ über einen Antrag des Leistungsberechtigten entscheiden hätte können (*BSG* SozR 1300 § 105 Nr 5) oder dass ihm in Folge von Ermessensbindungen (Verwaltungsvorschriften, Richtlinien oder sonstigen ermessenseinschränkenden Grundsätzen) eine rechtmäßige Erbringung der vom vorleistenden Träger erbrachten Leistung nicht möglich gewesen wäre (*BSG* SozR 1300 § 104 Nr 6). Auf Grundlage dieser neueren Rechtsprechung muss der auf Erstattung angegangene Leistungsträger dem Erstattungsanspruch **auch** entgegenhalten können, dass ein **Sozialleistungsanspruch des Leistungsberechtigten** ihm gegenüber **nicht bestanden** hat bzw besteht. Damit kann er eine bindende bzw rechtskräftige Ablehnung des Leistungsanspruchs gegenüber dem Erstattungsanspruch einwenden (*BSGE* 58, 119, 126). Diese Einwendung beruht nicht auf der Rechtskraft oder Bindungswirkung der Ablehnung, sondern darauf, dass aus sachlich-rechtlichen Gründen ein Sozialleistungsanspruch und damit ein Erstattungsanspruch nicht besteht (*BSG* aaO).

Wäre bei **offensichtlich fehlerhaften Entscheidungen**, die dem erstattungsbegeh- **43**
renden Träger zum Nachteil gereichen würden, eine Bindung des erstattungsbegehrenden Trägers an die Leistungsversagung als **rechtsmissbräuchlich** anzusehen, so kann sich der auf Erstattung angegangene Träger auf die Ablehnung der
Leistung nicht berufen (zur offensichtlichen Fehlerhaftigkeit: *BSG* v 26.6.2008
– B 13 R 141/07 R, SGb 2009, 309-312; *BSG* SozR 3-1300 § 86 Nr 3; *BSG*
SozR 3-1300 § 112 Nr 2; *BSG* SozR 3-1300 § 103 Nr 4; *Kater* aaO § 103 Rz
57). Die Interessen des erstattungbegehrenden Leistungsträgers sind vom zuständigen Leistungsträger im Rahmen der **Pflicht zur Zusammenarbeit gem**
§ 86 zu berücksichtigen, gegebenenfalls hat er seine ablehnende Entscheidung
zu überprüfen (*BSG* SozR 4100 § 105 b Nr 6).

Der Prüfung der offensichtlichen Fehlerhaftigkeit eines Bescheides im Rahmen **44**
eines Erstattungsverfahrens sind lediglich die bereits vorhandenen tatsächlichen
Feststellungen zugrunde zu legen; diese sind unter objektiven Gesichtspunkten
zu beurteilen (*BSG* v 26.6.2008 – B 13 R 141/07 R, SGb 2009, 309-312). Weitere Ermittlungen sind nicht durchzuführen (*BSG* v 26.6.2008 – B 13 R 141/07
R, SGb 2009, 309-312; *BSG* SozR 4-2600 § 116 Nr 1 Rz 18; *BSG* SozR
3-1300 § 86 Nr 3 S 8 f; *BSG* SozR 1300 § 103 Nr 3 S 12; *BSG* USK 85142).
Dabei ist eine „**offensichtliche Fehlerhaftigkeit**" idS nicht mit der Nichtigkeit eines Verwaltungsaktes iSd § 40 SGB X, die einen „besonders schwerwiegenden
Fehler" des Verwaltungsakts voraussetzt, der „bei verständiger Würdigung der
in Betracht kommenden Umstände offensichtlich ist", gleichzusetzen. Denn der
nichtige Verwaltungsakt ist – im Gegensatz zu einem offensichtlich fehlerhaften
idS – von vornherein unwirksam (§ 39 Abs 3 SGB X), während sich die Frage
der Bindungswirkung eines offensichtlich fehlerhaften Bescheides gegenüber
einem anderen Träger im Erstattungsverfahren nur dann stellt, wenn dieser
wirksam war (*BSG* v 26.6.2008 – B 13 R 141/07 R, SGb 2009, 309-312). Vielmehr liegt eine offensichtliche Fehlerhaftigkeit dann vor, wenn die getroffene
Entscheidung objektiv unter Berücksichtigung der verfügbaren Entscheidungs-
grundlagen dem materiellen Recht deutlich widerspricht (*HessLSG* v 25.6.2009
– L 8 KR 201/07, juris Rz 39 ff).

An **verfahrensrechtlichen Einwendungen** kann vorgebracht werden, dass der er- **45**
forderliche **Antrag** seitens des Leistungsberechtigten nicht gestellt wurde (*BSGE*
76, 218). Insoweit wird die **Dispositionsbefugnis des Leistungsberechtigten** geschützt (*Kater* aaO § 103 Rz 53). Lediglich in Fällen, in denen dem vorleistenden Träger ein eigenständiges **Antragsrecht** zusteht (§ 5 Abs 3 SGB II, § 95
SGB VIII, § 95 SGB XII, § 27 i BVG), ist diese Einwendung nicht möglich (anders zu § 23 SGB III: *Kater* aaO § 102 Rz 33). Im Übrigen sind verfahrensrechtliche Einwendungen aus dem Sozialleistungsverhältnis ausgeschlossen.

7. Anwendungsfälle

■ Zum SGB II vgl nunmehr § 40 a SGB II.   **46**

■ Treffen **Kinderzulagen** (§ 217 Abs 3 SGB VIII) oder **Kinderzuschüsse** (§ 270
SGB VI) mit **Kindergeld** zusammen, besteht kein Kindergeldanspruch (§ 4
Abs 1 Nr 1 BKGG), ein Erstattungsanspruch nach § 103 Abs 1 steht gem
§ 8 Abs 3 Satz 2 BKGG dem Bund gegen den UVTr bzw RVTr zu (*BSG*
SozR 1300 § 103 Nr 4).

■ Treffen **Krg und Rente wegen voller Erwerbsminderung**, §§ 43 Abs 2
SGB VI, 44 SGB V zusammen, schließt § 50 Abs 1 Satz 1 Nr 1 SGB V den
Krankengeldanspruch aus. Überschneiden sich bei nachträglich rückwir-
kender Rentenbewilligung die Zahlungszeiträume, besteht ein Erstattungs-

anspruch nach § 103 Abs 1. § 50 Abs 1 SGB V gilt jedoch nur, wenn **Krg** schon **vor Rentenbeginn gezahlt** wurde. Beachte auch § 50 Abs 1 Satz 2 SGB V. In den Fällen des § 50 Abs 1 Satz 1 Nr 2 bis 4 SGB V entsteht kein Erstattungsanspruch, da es sich nicht um Leistungen von Sozialleistungsträgern iSd §§ 12, 18 bis 29 SGB I handelt (dann allg öffentl-rechtl Erstattungsanspruch, vgl *BSG* SozR 2200 § 539 Nr 13 und 38).

- Bei Zusammentreffen von **Krg und Rente wegen teilweiser Erwerbsminderung,** §§ 43 Abs 1 SGB VI, 44 SGB V, wird das Krankengeld um den Zahlbetrag der Rente gekürzt (§ 50 Abs 2 Nr 2 SGB V), sofern die Rente von einem Zeitpunkt nach Beginn der AU oder stationären Behandlung an zuerkannt wird. Ein Erstattungsanspruch der KK gegen den RVTr richtet sich nach § 103 Abs 1.

- Treffen **Krg** und **Übergangsgeld** bzw **andere Lohnersatzleistungen** zusammen, ruht der Krankengeldanspruch (**§ 49 Abs 1 Nr 3 und 3 a SGB V**) solange und soweit Mutterschaftsgeld (§ 200 RVO), Versorgungskrankengeld (§ 16 BVG), Verletztengeld (§§ 45 ff SGB VII) oder Übergangsgeld (§§ 49 ff SGB VII, 20 SGB VI, 119 ff SGB III, 26 a BVG) bezogen wird. Ein Erstattungsanspruch richtet sich nach § 103. Wegen der beitragsrechtlichen Konsequenzen vgl *BSG* SozR 3-2400 § 26 Nr 13. Tritt das Ruhen wegen **anderer in § 49 Abs 1 Nr 3 und 3 a SGB V genannter Leistungen** des SGB III (zB Leistungsfortzahlung für 6 Wochen von Alg [§ 126 SGB III], Alhi [§§ 198 Satz 2 Nr 3, 126 SGB III]) ein, handelt es sich um einen Erstattungsanspruch nach **§ 104 Abs 1 Satz 1** (*BSG* SozR 4100 § 105 b Nr 3, 4, 6).

- Der **Arbeitslosengeldanspruch** ruht gem **§ 156 Abs 1 SGB III** beim Zusammentreffen mit den dort genannten Sozialleistungen (Krg [Nr 2], Rente wegen voller Erwerbsminderung [Nr 3] usw). Wurden diese Leistungen rückwirkend bewilligt, entsteht ein Erstattungsanspruch nach § 103 Abs 1 (*BSG* Urt v 31.10.1991 – 7 RAr 46/90, nv; *Kater* aaO § 103 Rz 70; dazu auch *BSG* Urt v 7.9.2010 – B 5 KN 4/08 R, SozR 4-2600 § 89 Nr 2). Bei rückwirkender Bewilligung einer Rente wegen voller Erwerbsminderung ruht der Arbeitslosengeldanspruch gem § 156 Abs 1 Satz 1 Nr 3 SGB III erst ab **Beginn der laufenden Zahlungen.** Wegen des bis dahin geleisteten Alg entsteht für die Zeit ab Beginn der Rente kraft der Verweisung in §§ 156 Abs 2 Satz 2, **145 Abs 3 SGB III** ein Erstattungsanspruch nach § 103. Der gesamte Rentennachzahlungsbetrag steht für den Erstattungsanspruch zur Verfügung, da Alg seit 1.1.2001 nicht mehr auf die Rente anzurechnen ist, § 96 a SGB VI. Wegen der gezahlten Beiträge zur GKV vgl § 335 Abs 2 SGB III.

- Wird **Alg vorläufig gezahlt** (§ 145 SGB III) und wird nachträglich rückwirkend eine Rente wegen verminderter Erwerbsfähigkeit, § 43 SGB VI, oder Übergangsgeld, § 20 SGB VI, geleistet, richtet sich ein Erstattungsanspruch gem § 145 Abs 3 Satz 1 SGB III nach § 103. In Höhe des geleisteten Alg ist der Rentenanspruch erloschen, § 107 (*BSG* Urt v 30.1.2002 – B 5 RJ 6/01 R, nv). Wegen der **Beiträge** zur GKV vgl § 335 Abs 2 SGB III.

- **Kindergeld iSd §§ 31, 32 EStG** stellt **keine Sozialleistung** dar (*BFH* v 28.4.2009 – III B 36/08, BFH/NV 2009, 1595-1596 = juris Rz 12; *BFH* v 23.11.2000 – VI R 165/99, BFHE 193, 569 = BStBl II 2001, 279). Daher stehen sich bei der Leistung von Alg II bzw Sozialhilfe einerseits und Kindergeld nach dem EStG keine zwei Sozialleistungen gegenüber; ein Erstattungsanspruch des SGB-II- bzw SGB-XII-Trägers kommt insoweit nicht in Betracht. Dagegen handelt es sich beim Kindergeld nach §§ 66 ff EStG um eine Sozialleistung (auch zur Kostenerstattung nach § 104 Abs 1 Satz 4:

BFH Urt v 28.4.2010 – III R 43/08, BFHE 230, 299). Zu Fällen der Auszahlung des Kindergeldes an die Eltern vgl *BFH* Urt v 26.7.2012 – III R 28/10, BFHE 238, 315. Zur Vergleichbarkeit von Sachleistungen nach AsylbLG mit Kindergeld iSv § 104 SGB X vgl *FG Hamburg* Urt v 13.8.2012 – 1 K 29/11, juris.

- Bei **ungeklärter Erwerbsfähigkeit** können von der Bundesagentur für Arbeit und dem kommunalen Träger Leistungen der Grundsicherung vorläufig erbracht werden. Mit **§ 44 a Abs 3 SGB II** wurde entschieden, dass für den Erstattungsanspruch § 103 entsprechend gilt (dazu *Blüggel* in Eicher, SGB II, 3. Aufl, § 44 a Rz 64 ff).

- Ein Erstattungsanspruch nach § 103 besteht nicht, wenn der Leistungsberechtigte – außerhalb des § 44 a SGB II – aufstockende **Leistungen der Grundsicherung für Arbeitsuchende** bezogen hat, ohne dass Erwerbsfähigkeit vorgelegen hat, und später rückwirkend eine **Rente wegen voller Erwerbsminderung** zuerkannt wird. Denn ein sozialrechtlicher Leistungsanspruch entfalle iSv § 103 Abs 1 nur, wenn durch die Erfüllung des (zweiten) Leistungsanspruchs der von einem zuständigen Leistungsträger erbrachte (erste) Leistungsanspruch zum Wegfall komme; der Anspruch auf die Leistungen nach dem SGB II sei aber weder durch die rückwirkende Gewährung noch durch die Auszahlung der vollen Erwerbsminderungsrente nachträglich ganz oder teilweise iSv § 103 Abs 1 entfallen. Im SGB II existiere keine – § 142 Abs 1 Satz 1 Nr 3, Abs 2 Satz 1 Nr 2 SGB III aF oder dem § 50 Abs 1 Satz 1 Nr 1 SGB V vergleichbare – Regelung, die den Wegfall, das Ende bzw das Ruhen der Leistungen nach dem SGB II für den Fall anordnet, dass eine Rente wegen voller Erwerbsminderung rückwirkend zeitgleich gewährt werde (*BSG* Urt v 31.10.2012 – B 13 R 11/11 R, SozR 4-1300 § 106 Nr 1; *BSG* Urt v 31.10.2012 – B 13 R 9/12 R, SozR 4-1300 § 104 Nr 5). Es kommt dann allenfalls ein Erstattungsanspruch zwischen Grundsicherungsträger und RV-Träger nach § 104 in Betracht. Jedoch kann der Grundsicherungsträger nach rückwirkender Bewilligung einer Rente wegen voller Erwerbsminderung vom RV-Träger keine Erstattung des aufstockend gezahlten Alg II verlangen, wenn er bei rechtzeitiger Rentengewährung Sozialgeld in zumindest gleicher Höhe hätte leisten müssen (*BSG* Urt v 31.10.2012 – B 13 R 9/12 R, SozR 4-1300 § 104 Nr 5). Zu diesem Problem vgl auch die Einführung von § 40 a SGB II und BT-Drucks 18/1311 Seite 11.

§ 104 Anspruch des nachrangig verpflichteten Leistungsträgers

(1) [1]Hat ein nachrangig verpflichteter Leistungsträger Sozialleistungen erbracht, ohne dass die Voraussetzungen von § 103 Abs. 1 vorliegen, ist der Leistungsträger erstattungspflichtig, gegen den der Berechtigte vorrangig einen Anspruch hat oder hatte, soweit der Leistungsträger nicht bereits selbst geleistet hat, bevor er von der Leistung des anderen Leistungsträgers Kenntnis erlangt hat. [2]Nachrangig verpflichtet ist ein Leistungsträger, soweit dieser bei rechtzeitiger Erfüllung der Leistungsverpflichtung eines anderen Leistungsträgers selbst nicht zur Leistung verpflichtet gewesen wäre. [3]Ein Erstattungsanspruch besteht nicht, soweit der nachrangige Leistungsträger seine Leistungen auch bei Leistung des vorrangig verpflichteten Leistungsträgers hätte erbringen müssen. [4]Satz 1 gilt entsprechend, wenn von den Trägern der Sozialhilfe, der Kriegsopferfürsorge

und der Jugendhilfe Aufwendungsersatz geltend gemacht oder ein Kostenbeitrag erhoben werden kann; Satz 3 gilt in diesen Fällen nicht.

(2) Absatz 1 gilt auch dann, wenn von einem nachrangig verpflichteten Leistungsträger für einen Angehörigen Sozialleistungen erbracht worden sind und ein anderer mit Rücksicht auf diesen Angehörigen einen Anspruch auf Sozialleistungen, auch auf besonders bezeichnete Leistungsteile, gegenüber einem vorrangig verpflichteten Leistungsträger hat oder hatte.

(3) Der Umfang des Erstattungsanspruchs richtet sich nach den für den vorrangig verpflichteten Leistungsträger geltenden Rechtsvorschriften.

(4) Sind mehrere Leistungsträger vorrangig verpflichtet, kann der Leistungsträger, der die Sozialleistung erbracht hat, Erstattung nur von dem Leistungsträger verlangen, für den er nach § 107 Abs. 2 mit befreiender Wirkung geleistet hat.

Literatur:

André: Die wesentlichen Grundzüge der Regelungen über die Zusammenarbeit der Leistungsträger und ihre Beziehung zu Dritten im Sozialgesetzbuch, Zehntes Buch (X), NDV 1983, 73; *Bley*: Ausgleichsansprüche der Sozialleistungsträger nach dem Regierungsentwurf zum X. Buch, 3. Kapitel des Sozialgesetzbuchs – Zugleich ein Versuch zur Dogmatik und Systematik des Entwurfs, DOK 1981, 143; *Dahm*: Berührungen zwischen Sozialhilfe (BSHG) und gesetzlicher Unfallversicherung, SozVers. 1998, 93; *ders*: Zur Abwicklung von Erstattungsansprüchen zwischen Versorgungsverwaltung und gesetzlicher Unfallversicherung, SozVers. 2002, 315; *DIJuF*: DIJuF-Rechtsgutachten 20.6.2012, J 9.140 DE, JAmt 2012, 385; *DIJuF*: DIJuF-Rechtsgutachten 17.12.2010, J 9.140/J 8.220 DE, JAmt 2011, 73; *Eichenhofer*: Dogmatik und Systematik öffentlich-rechtlicher Erstattungsansprüche und privatrechtlicher Regressansprüche der Sozialleistungsträger, SGb 1989, 177; *von Einem*: Ersatzansprüche des nachträglich nicht leistungsverpflichteten und des unzuständigen Sozialleistungsträgers, SGb 1989, 184; *ders*: Die Behandlung zu Unrecht gezahlter Beiträge zwischen Sozialversicherungsträgern, SGb 1998, 198; *Fichte*: Der sozialrechtliche Vorrang der Wiedereingliederung bei Leistungsminderung, in: Aspekte der Beendigung von Arbeitsverhältnissen 2010, 221; *Fleuß*: Bestimmung des Rangverhältnisses zwischen Leistungen der Jugendhilfe und der Sozialhilfe, jurisPR-BVerwG 1/2012 Anm. 3; *Geiger*: Keine Erfüllungsfiktion bei fehlender Personenidentität der Leistungsempfänger, info also 2013, 110; *Gerlach*: Die Erstattungsansprüche der Leistungsträger untereinander, DOK 1983, 393; *ders*: Erstattungsansprüche nach den §§ 102 ff SGB X zwischen den Trägern der Sozialhilfe, den Trägern der Grundsicherung für Arbeitsuchende und anderen Leistungsträgern bei strittiger Erwerbsfähigkeit vor und nach dem Inkrafttreten des SGB II – Fortentwicklungsgesetzes, ZfF 2006, 241; *Greupner*: Erstattungsansprüche der Leistungsträger untereinander, 1998; *ders*: Erstattungsansprüche nach den §§ 102ff SGB X zwischen den Trägern der Sozialhilfe, den Trägern der Grundsicherung für Arbeitsuchende und anderen Leistungsträgern bei strittiger Erwerbsfähigkeit vor und nach dem Inkrafttreten des SGB II – Fortentwicklungsgesetzes, ZfF 2006, 241; *Heimrich*: Zu einigen Problemen der Erstattungsansprüche in der Praxis eines Rentenversicherungsträgers – zugleich eine Besprechung von *BSG* vom 19.3.1996, Az.: 2 RU 22/95, und *BSG* vom 29.4.1998, Az.: 8 RKn 29/95, DRV 1999, 130; *Heinz*: Erstattungsansprüche der Existenzsicherungsträger, SuP 2013, 139; *Kater*: Erstattungsanspruch des Grundsicherungsträgers gegen die BA – rückwirkende Insolvenzgeldbewilligung – Einkommensberücksichtigung – Erfüllungsfiktion – fehlende Personenidentität der Leistungsempfänger – keine Anwendung der Neuregelung des § 34 a SGB 2, SGb 2012, 294; *Kunkel*: Junge Menschen im „Bermudadreieck" von SGB VIII, SGB III und SGB II, NDV 2007, 397; *Laufer/Noch*: Die Erstattungsansprüche der Leistungsträger untereinander – Grundsätze, Einordnung der Ansprüche nach Art der Vorleistungen, DAngVers 1983, 255; *Merden/Tempel*: Erstattungsansprüche der Leistungsträger untereinander, Kompass/BKn 2002, 8; *Merden/Tempel*: Erstattungsrecht der Leistungsträger untereinander – Die Rechtsprechung nach dem In-Kraft-Treten des 4. Euro-Einführungsgesetzes – ein Schritt zurück?, Kompass 2004, 14; *Pappai*: Einige die Sozialgerichtsbarkeit besonders interessierende Rechtsfragen spezieller Natur aus dem Gesetz „Zusammenarbeit der Leistungsträger und ihre Rechtsbeziehungen zu Dritten", BG 1983, 712; *Reddig*: Erstattungsansprüche zwischen

Krankenkasse und Sozialhilfeträger, SVFAng Nr 134, 53 (2002); *Reuß*: Zugriff des Sozialleistungsträgers auf Kindergeld, EFG 2011, 1175; *Reuß*: Abzweigung von Kindergeld nach § 74 EStG an den Sozialleistungsträger, EFG 2010, 740; *Schellhorn*: Ausgewählte Aspekte über mögliche Auswirkungen von Vorschriften des Sozialgesetzbuches (SGB), Zehntes Buch (X), Drittes Kapitel über die Zusammenarbeit der Leistungsträger und ihre Beziehungen zu Dritten in den Bereichen der Sozialhilfe und der Jugendhilfe, NDV 1983, 77; *Schuler*: Anmerkung zu *BSG* Urt. v. 19.3.1992 – 7 RAr 26/91, SGb 1993, 75; *Seewald*: Anmerkung zu *BSG* Urt. v. 25.1.1994 – 7 RAr 42/99 – SGb 1994, 670; *Selder*: Erstattungsanspruch des Sozialleistungsträgers beim Bezug von Leistungen nach dem SGB II durch den Kindergeldberechtigten, jurisPR-SteuerR 14/2013 Anm. 5; *ders*: Erstattungsanspruch des Sozialleistungsträgers bei nachträglicher Kindergeldfestsetzung, jurisPR-SteuerR 47/2012 Anm. 2; *Spiolek*: Zuständiger Leistungsträger bei Arbeitstherapie für gesetzlich Krankenversicherte, jurisPR-SozR 16/2012 Anm. 2; *Stähler*: Zur Frage der Abgrenzung von Leistungen nach dem SGB VIII und dem SGB XII, JAmt 2010, 154; *Störmer*: Angesparte Beschädigtengrundrente kein verwertbares Vermögen zur Deckung eines sozialhilferechtlichen Bedarfs, jurisPR-BVerwG 24/2010 Anm. 5; *Trenk-Hinterberger*: Anmerkung zu *BSG* Urt. v. 8.8.1990 – 11 RAr 79/88 – SGb 1991, 326; *Udsching/Link*: Aufhebung von Leistungsbescheiden im SGB II, SGb 2007, 513; *Wd*: Erstattungsanspruch des Sozialleistungsträgers bei nachträglicher Kindergeldfestsetzung, DStRE 2012, 1444; *Welti*: Kostenerstattung durch vorrangigen Rehabilitationsträger, jurisPR-SozR 5/2009 Anm. 1; *ders*: Stufenweise Wiedereingliederung: Erstattung an erstangegangenen Rehabilitationsträger bei Weigerung des möglicherweise zuständigen Trägers von vornherein, jurisPR-SozR 12/2010 Anm. 5; *Weselski*: Erstattungsanspruch der BA für gezahltes ALG I und gezahlte Kranken- und Pflegeversicherungsbeiträge gegen die RV, jurisPR-SozR 17/2013 Anm. 5; *Wirkus*: Erstattungsforderungen der Träger der Grundsicherung für Arbeitsuchende, RVaktuell 2013, 98-103. Wegen allg Lit zu den Erstattungsansprüchen vgl auch vor § 102.

1. Allgemeines

§ 104 regelt den Erstattungsanspruch des **subsidiär verpflichteten Leistungsträgers**. Dieser wäre bei rechtzeitiger Leistung des vorrangig verpflichteten Trägers nicht zur Leistung verpflichtet gewesen. § 104 stellt ihn, wie er **bei rechtzeitiger Leistungserbringung** durch den vorrangig verpflichteten Leistungsträger schon **von Anfang an gestanden hätte** (*Gerlach* DOK 1983, 393 [400]; *Kater* in KassKomm § 104 SGB X Rz 2) und begründet somit einen Ausgleich zwischen Leistungsträgern, um den vorrangig verpflichteten Leistungsträger mit den materiellrechtlich von ihm zu tragenden Kosten der Sozialleistung zu belasten. Es handelt sich um einen gesetzlich geregelten Fall des Ausgleichs einer **ungerechtfertigten Bereicherung** (*Kater* aaO § 104 Rz 2). Durch § 104 sollen auch **Doppelleistungen** an den Leistungsberechtigen vermieden werden und dieser aus dem Ausgleichsverhältnis herausgehalten werden.

2. Anwendungsbereich und Verhältnis zu anderen Erstattungsregelungen

2   § 104 gewährt dem nachrangig verpflichteten Leistungsträger für dessen erbrachte Sozialleistungen einen Erstattungsanspruch gegen den vorrangig zuständigen Leistungsträger. Da die §§ 102 ff **abschließende Sonderregelungen** für den Ausgleich von Sozialleistungen zwischen Leistungsträgern in dem aus zwei Leistungsträgern und dem Leistungsberechtigten bestehenden **Dreiecksverhältnis** darstellen (vor § 102 Rz 13), erfolgt eine **Erstattung zwischen** diesen **Leistungsträgern** nur unter den Voraussetzungen der § 102 ff, sofern nicht gem § 37 Satz 1 SGB I vorgehende Spezialregelungen bestehen (zB §§ 89-89 h SGB VIII, §§ 106-112 SGB XII). Ein **Erstattungsanspruch** des nachrangig verpflichteten Leistungsträgers **gegen den Leistungsempfänger** gem § 50 kommt nur in Betracht, wo die Erfüllungsfiktion des § 107 Abs 1 **nicht** eingreift (zB bei rechtswidriger Vorleistung). Seitens des erstattungspflichtigen Leistungsträger besteht ein Erstattungsanspruch gem § 50 gegen den Leistungsempfänger nur dann, wenn dieser ohne befreiende Wirkung zusätzlich zur Vorleistung auch seine Leistung erbracht hat. Vgl Vorbem §§ 102 ff Rz 52 ff.

3   Auch **innerhalb der** §§ 102 ff sind die Erstattungsansprüche voneinander abzugrenzen. Während § 102 wegen **vorläufiger** Leistungserbringung einen Erstattungsanspruch begründet, setzt derjenige des § 104 eine **endgültige Leistungserbringung** voraus. Der Erstattungsanspruch nach § 105 folgt aus der Leistungserbringung des **unzuständigen Leistungsträgers**, § 104 setzt die durchgehende **Zuständigkeit** der beteiligten Leistungsträger voraus. Im Unterschied zu § 103 überlagern sich beim Erstattungsanspruch des § 104 die beteiligten **vor- und nachrangigen Leistungsverpflichtungen**, bei § 103 **entfällt** dagegen mit Hinzutreten der weiteren Leistungspflicht, die **ursprüngliche Leistungsverpflichtung** des vorleistenden Trägers.

3. Regelungsgehalt Abs 1

4   § 104 gewährt dem nachrangig verpflichteten Leistungsträger wegen einer rechtmäßig erbrachten Sozialleistung einen Erstattungsanspruch gegen den vorrangig verpflichteten Leistungsträger.

3.1. Sozialleistungserbringung durch einen Leistungsträger

5   § 104 gewährt nur **Sozialleistungsträgern** (vgl dazu Vorbem §§ 102 ff Rz 14 ff) für tatsächlich erbrachte Sozialleistungen einen Erstattungsanspruch. Leistungsträger in diesem Sinn sind alle in **§§ 12, 18 bis 29 SGB I** genannten Körperschaften, Anstalten und Stiftungen des Öffentlichen Rechts. Eine Leistungserbringung durch **Dritte**, die einem Sozialleistungsträger **zugerechnet** werden kann, gilt als dessen Leistung (*BSG* SozR 1300 § 111 Nr 6; *BSG* Urt v 2.11.1999 – B 2 U 39/98 R, nv). Die Sozialleistung muss **tatsächlich erbracht** worden sein, der Leistungserfolg muss dem Leistungsempfänger zugeflossen sein. Ruhende Leistungen stehen erbrachten Leistungen nicht gleich (*Roos* in von Wulffen/Schütze SGB X, 8. Aufl, § 104 Rz 9), lediglich vorläufige Leistungen genügen ebenfalls nicht. Zur Erbringung der Sozialleistung, vgl Vorbem §§ 102 ff Rz 14 ff.

Sozialleistungen sind alle Dienst-, Sach- und Geldleistungen die einem Berechtigten aufgrund des SGB und gleichgestellter Gesetze (Art II § 1 SGB I, § 68 SGB I) zur Verwirklichung seiner sozialen Rechte zustehen, **§ 11 SGB I** (vgl dazu Vorbem §§ 102 ff Rz 14 ff). Auch Beitragsleistungen aus einer Sozialleistung (zB § 170 Abs 1 Nr 2 a SGB VI) sind Sozialleistungen iSd § 11 SGB I (*BSG* SozR 3-1300 § 111 Nr 9; *v Einem* SGb 1998, 198 [200]). Daher umfasst der Erstattungsanspruch des § 104 Abs 1 Satz 1 auch die für den Leistungsberechtigten im Erstattungszeitraum gezahlten Beiträge zur gesetzlichen Kranken- und Pflegeversicherung (*LSG RhPf* Urt v 24.10.2012 – L 1 SO 29/12, juris, anhängig *BSG* – B 8 SO 5/13 R; *LSG RhPf* Urt v 24.10.2012 – L 1 SO 30/12, juris, anhängig *BSG* – B 8 SO 6/13 R). Anspruch auf Ersatz von Beiträgen zur Kranken- und Pflegeversicherung hat ein Sozialleistungsträger aber nur, wenn er auch die Erstattung der Hauptleistung verlangen kann (*BSG* Urt v 31.10.2012 – B 13 R 9/12 R, SozR 4-1300 § 104 Nr 5). Neben Leistungen auf die ein Anspruch besteht (§ 38 SGB I) kommen **auch Ermessensleistungen** (§ 39 SGB I) in Betracht.

6

3.2. Bestehen zweier Sozialleistungsansprüche

Der Erstattungsanspruch des § 104 setzt das gleichzeitige **Bestehen zweier Sozialleistungsansprüche** des Leistungsberechtigten voraus. Es muss ein Anspruch gegen den nachrangig verpflichteten Leistungsträger bestehen und zugleich auch ein Sozialleistungsanspruch gegen den vorrangig verpflichteten Leistungsträger (*BSG* SozR 1300 § 102 Nr 1). Im Fall des § 104 löst gerade das gleichzeitige bzw parallele Bestehen zweier in einem Rangverhältnis stehender Leistungsverpflichtungen den Erstattungsfall aus. Letztlich darf dem Leistungsberechtigten aber wegen des Rangverhältnisses **nur eine Sozialleistung zustehen** (*Kater* aaO § 104 Rz 4; *Becker* in Hauck/Noftz SGB X § 104 Rz 11). Der Erstattungsanspruch ist mit dem Sozialleistungsanspruch gegen den vorrangig Leistungspflichtigen nicht identisch und von diesem unabhängig (*BSG* Urt v 29.9.2009 – B 8 SO 11/08 R, juris; *Becker* aaO § 104 Rz 9).

7

Der Erstattungsanspruch hängt nicht von einer Feststellung des Leistungsanspruchs durch den vorrangig verpflichteten Leistungsträger ab (*Brackmann* Hdb SV Bd IV, 967 a; *Becker* aaO § 104 Rz 9). Diese Frage ist umstritten (*Roos* aaO § 104 Rz 10; *Becker* aaO § 104 Rz 9), jedoch für die Anwendungsgebiete des § 104 im Bereich der Sozial-, Kinder-, Jugendhilfe und Kriegsopferfürsorge regelmäßig unbedeutend (*Roos* aaO § 104 Rz 10), da diesen Trägern ein **eigenes Antragsrecht** zusteht (§ 5 Abs 3 SGB II, § 97 SGB VIII, § 95 SGB XII, § 27 i BVG).

8

3.3. Rangverhältnis

Die zwei bestehenden Sozialleistungsverpflichtungen müssen in einem **Rangverhältnis** stehen, § 104 Abs 1 Satz 1. Jedoch setzt der Erstattungsanspruch nach § 104 voraus, dass der vorrangig verpflichtete Leistungsträger bereits zum Zeitpunkt der Leistungserbringung durch den nachrangig verpflichteten Leistungsträger gegenüber dem Leistungsempfänger leistungsverpflichtet war (*LSG BW* Urt v 11.12.2015 – L 4 P 1171/15, juris). Nach der Rsp des *LSG BW* (aaO) setzt die Entstehung der Leistungsverpflichtung bei materiell antragsabhängigen

9

Leistungen einen Leistungsantrag des Leistungsempfängers oder nach § 95 S 1 SGB XII des erstattungsberechtigten Trägers der Sozialhilfe voraus (*LSG BW* aaO; aA *BVerwG* Urt v 23.1.2014 – 5 C 8/13, NJW 2014, 1979). § 104 Abs 1 Satz 2 versucht eine **Definition** des Vorrang-/Nachrangs von Sozialleistungen. Danach ist ein Leistungsträger gegenüber einem anderen Leistungsträger nachrangig verpflichtet, soweit er bei rechtzeitiger Leistung des anderen Leistungsträgers selbst nicht zur Leistung verpflichtet gewesen wäre. Diese Definition trifft den Wesenskern nicht völlig. Von der in Abs 1 Satz 2 genannten Definition werden auch die Fälle des § 103 erfasst; auch dort wäre es nicht zur (Weiter-)Gewährung der Leistung gekommen, wenn der nach § 103 erstattungspflichtige Leistungsträger seine Leistungspflicht rechtzeitig erfüllt hätte. Daher ist die Definition in Abs 1 Satz 2 zur Bestimmung der Nachrangigkeit ungeeignet (*Eichenhofer* SGb 1989, 177 [181]; *v Einem* SGb 1989, 185; *Kater* aaO § 104 Rz 11).

10   Die hM leitet das Rangverhältnis – gegebenenfalls durch Auslegung – aus den jew einschlägigen materiellrechtlichen Normen selbst oder deren Regelungszusammenhang ab (*BSG* SozR 1300 § 104 Nr 7; *Bley* DOK 1981, 149; *Pappai* BG 1983, 714; *Becker* aaO § 104 Rz 7). Beschränkt sich das Rangverhältnis auf eine einzelne Sozialleistung bzw Norm, so spricht man von **Einzelfallsubsidiarität** (zB Nachrangigkeit von Krankengeld gegenüber dem auf § 146 SGB III gestützten Arbeitslosengeldanspruch wegen § 49 Abs 1 Nr 3 SGB V). **Systemsubsidiarität** liegt vor, wenn sich die Nachrangigkeit auf ein gesamtes Sozialleistungssystem bezieht (zB Nachrangigkeit der Leistungen nach dem SGB XII, § 2 SGB XII). Grundsätzlich genügt es, wenn eine Sozialleistung aufgrund ihres Regelungssystems nachrangig ist (zuletzt *BSG* Urt v 17.12.2013 – B 1 KR 50/12 R, SozR 4-3250 § 14 Nr 20; aA *Kater* aaO § 104 Rz 10 f unter Hinweis auf *BSGE* 74, 36, 41, 42; *Seewald* SGb 1994, 670 ff). Jedoch ist auch bei Vorliegen von Systemsubsidiarität die Nachrangigkeit der konkret erbrachten Sozialleistung **im Einzelfall zu überprüfen**. Zuletzt hatte das *BSG* (Urt v 31.10.2012 – B 13 R 9/12 R, SozR 4-1300 § 104 Nr 5) im Hinblick auf SGB II-Leistungen ausgeführt, nachrangig verpflichtet sei ein Leistungsträger nur, soweit er bei rechtzeitiger Erfüllung der Leistungsverpflichtung eines anderen Leistungsträgers selbst nicht zur Leistung verpflichtet gewesen wäre; für einen Erstattungsanspruch nach § 104 bleibe daher kein Raum, soweit ein Träger seine Leistungen auch bei (rechtzeitiger) Leistung des vorrangig verpflichteten Leistungsträgers hätte erbringen müssen, also statt Alg II-Leistungen entsprechendes Sozialgeld nach dem SGB II zumindest in derselben Höhe hätte gewähren müssen. Dazu vgl nunmehr die gesetzliche Neuregelung in § 40 a SGB II.

11   **Nachrangigkeit ist anzunehmen,** wenn für die Erstattung ausdrücklich auf § 104 verwiesen wird oder wenn sie sich durch Auslegung der Norm ergibt. So ist die Einkommensabhängigkeit von Leistungen bzw deren Zurücktreten hinter andere Leistungen regelmäßig ein Indiz für deren Nachrangigkeit (vgl zB §§ 9, 11 ff SGB II §§ 82 SGB XII); vgl auch *BSGE* 58, 119, 123. So bleibt der nachrangig Verpflichtete trotz Leistung des vorrangig Verpflichteten weiterhin originär zuständig, lediglich die Höhe der Leistungsverpflichtung wird durch die Erbringung der vorrangigen Leistung beeinflusst. Daher stellt diese Fallkonstellation der aufgrund rückwirkender Gewährung einer als Einkommen anzurechnenden Leistung verminderten Leistungsverpflichtung den Grundgedanken des Erstattungsanspruchs nach § 104 dar (*BSG* Urt v 24.5.2012 – B 9 V 2/11 R, BSGE 111, 79-89; *BSG* Urt v 22.5.1985 – 1 RA 33/84, BSGE 58, 119 =

SozR 1300 § 104 Nr 7). Zu Beispielen für Nachrangigkeit vgl Rz 34 sowie die Komm bei § 106 Rz 8.

Eine nachrangige Leistungsverpflichtung **besteht nicht,** wenn der vorrangig verpflichtete Träger seine Leistungspflicht rechtzeitig erfüllt (*Becker* aaO § 104 Rz 7). Dasselbe gilt, wenn ein anderer nachrangig verpflichteter Leistungsträger gleichartige Leistungen erbracht hat (*BSG* SozR 3-1300 § 104 Nr 8) oder von mehreren zuständigen Leistungsträgern letztlich ausschließlich ein Leistungsträger zur Leistungserbringung verpflichtet ist (§ 40 Abs 4 SGB V bestimmt nicht Subsidiarität, sondern eine ausschließliche Zuständigkeit; *BSG* SozR 1300 § 104 Nr 7; *Kater* aaO § 104 Rz 19) oder wenn die zu erstattende Leistung der Art nach nicht zum Leistungskatalog des auf Erstattung angegangenen Leistungsträgers gehört (*BSG* Urt v 27.1.1999 – B 4 RA 27/98 R, nv). **12**

3.4. Kein rückwirkendes Entfallen der Leistungspflicht, § 103 Abs 1

In Abgrenzung zum Erstattungsanspruch des § 103 verlangt § **104 Abs 1 Satz 1,** 2. Hs ausdrücklich, dass die Voraussetzungen des § 103 nicht vorliegen. Gemeint ist, dass der **Rechtsgrund** für die nachrangige Sozialleistung durch das Hinzutreten der vorrangigen Sozialleistung **nicht nachträglich entfallen** darf (*Kater* aaO § 104 Rz 17; *Roos* aaO § 104 Rz 5; *Becker* aaO § 104 Rz 11; vgl auch die Komm bei § 103). Sowohl der nachrangige, als auch der vorrangige Sozialleistungsanspruch müssen unter Beachtung des Rangverhältnisses nebeneinander fortbestehen. Zum SGB II vgl nunmehr § **40 a SGB II.** **13**

3.5. Rechtmäßige Leistungserbringung

Der Erstattungsanspruch des § 104 setzt eine **rechtmäßige Sozialleistungserbringung** seitens des nachrangig verpflichteten Leistungsträgers voraus (*BSG* SozR 4-3100 § 18 c Nr 2; *BSGE* 74, 36, 42; *BVerwGE* 99, 114; *Kater* aaO § 104 Rz 18). Nur rechtmäßig erbrachte Vorleistungen können einen Erstattungsanspruch begründen. Vgl dazu auch Vorbem §§ 102 ff Rz 24 ff. **14**

3.6. Kongruenz

Die vom nachrangig verpflichteten Leistungsträger erbrachte Sozialleistung und die vom vorrangig verpflichteten Leistungsträger zu beanspruchende Sozialleistung müssen gleichartig, kongruent, sein (vgl dazu Vorbem §§ 102 ff Rz 26 ff) hinsichtlich der Befriedigung derselben Bedürfnislage (sachliche Kongruenz), im Hinblick auf eine zeitliche Überschneidung (zeitliche Kongruenz) und auch die Person des Leistungsempfängers/Leistungsberechtigten (persönliche Kongruenz; *BSGE* 57, 218, 221; *BSG* SozR 3-1300 § 104 Nr 3; *Pattar* in jurisPK-SGB X, § 104 Rz 23). Ein einheitlicher Leistungsgrund muss jedoch nicht vorliegen (*BSGE* 38, 183, 185; *BSG* SozR 1300 § 104 Nr 11, 12). **15**

3.6.1. Sachliche Kongruenz

Sachliche Kongruenz (vgl dazu auch Vorbem §§ 102 ff Rz 27 ff) liegt vor, wenn sich die Sozialleistungen hinsichtlich der **Befriedigung derselben Bedürfnislage** gleichartig gegenüberstehen. Insoweit liegt sachliche Kongruenz zwischen Leistungen nach dem SGB XII und Leistungen der GRV vor, wenn beide Leistungen „in irgendeiner Art" dem Lebensunterhalt dienen (*BSG* SozR 1300 § 104 Nr 12). Der Sozialhilfeträger kann daher auch einen Erstattungsanspruch gegen den Rentenversicherungsträger wegen erbrachter Weihnachtsbeihilfe geltend machen (*BSG* SozR 1300 § 104 Nr 12). Bei Leistungen der Kinder- und Jugend- **16** hilfe, die neben dem Lebensunterhalts auch erziehungsbedingte Aufwendungen decken, besteht Kongruenz mit anderen Sozialleistungen nur hinsichtlich des den Lebensunterhalt abdeckenden Teils; der den erziehungsbedingten Aufwendungen entsprechende Anteil ist zu sonstigen Sozialleistungen nicht kongruent.

17 **Sach- und Dienstleistungen** sind zu **Geldleistungen** nicht kongruent, insoweit handelt es sich nicht um gleichartige Leistungen (*BSGE* 57, 218, 219; *SchlHLSG* SozSich 1997, 360; *Roos* aaO § 104 Rz 11; aA für Sachleistungen nach AsylbLG und Kindergeld vgl *FG Hamburg* Urt v 13.8.2012 – 1 K 29/11, juris). Die **darlehensweise Gewährung** von Leistungen zum Lebensunterhalt nach dem SGB XII steht der sachlichen Kongruenz mit Geldleistungen der RV nicht entgegen (*BSG* SozR 3-1300 § 104 Nr 9).

3.6.2. Zeitliche Kongruenz

18 Der Erstattungsanspruch erfordert auch Kongruenz in zeitlicher Hinsicht. Dies bedeutet, dass die betreffenden Sozialleistungen **für denselben Zeitraum bestimmt** sein müssen (*Schuler* SGb 1993, 75 [77]; *Becker* aaO § 104 Rz 13), sich also **zeitlich überlagern** (vgl dazu auch *LSG Nds-Brem* Urt v 28.4.2014 – L 11 AL 67/12, juris). Vgl dazu auch Vorbem §§ 102 ff Rz 29.

3.6.3. Persönliche Kongruenz

19 Auch hinsichtlich der Person des Leistungsempfängers der Vorleistung und des Leistungsberechtigten des vorrangigen Sozialleistungsanspruchs ist grundsätzlich Kongruenz im Sinne einer **Personenidentität** zu verlangen (vgl Vorbem §§ 102 ff Rz 30 ff). Entgegen der in der Literatur geäußerten Auffassung (*André* NDV 1983, 76; *Brackmann* Hdb SV Bd IV, 967; *Roos* aaO § 104 Rz 13) verlangt das *BSG* (SozR 3-1300 § 104 Nr 3) zu Recht das Vorliegen von Personenidentität iSd einer persönlichen Kongruenz. Dem *BSG* ist zuzustimmen (*Laufer/Noch* DAngVers 1983, 255 [256]; *Link* in Eicher SGB II, 3. Aufl, § 34 a Rz 10; *Schellhorn* NDV 1983, 77 [80]; *Trenk-Hinterberger* SGb 1991, 326; so auch *Pattar* in jurisPK-SGB X, § 104 Rz 23). Auch in neuerer Zeit hat das *BSG* (Urt v 12.11.2013 – B 1 KR 27/12 R, SozR 4-1300 § 105 Nr 3; *BSG* Urt v 12.5.2011 – B 11 AL 24/10 R, SozR 4-1300 § 107 Nr 4) weiterhin Personenidentität gefordert. Ein Erstattungsanspruch bestehe zB bei Leistungen nach dem SGB II nur insoweit, als es sich bei dem Leistungsbezieher nach dem SGB II und dem Leistungsberechtigten der anderen Leistung um dieselbe Person handele (*BSG* Urt v 12.5.2011 – B 11 AL 24/10 R, SozR 4-1300 § 107 Nr 4). Demgemäß umfasst der Erstattungsanspruch auch nicht die an Angehörige der Bedarfsgemeinschaft eines Berechtigten erbrachten Leistungen nach dem SGB II (*BSG* Urt v 12.5.2011 – B 11 AL 24/10 R, SozR 4-1300 § 107 Nr 4), selbst wenn es Ehegatten sind. Zur geplanten Einführung von § 40 a SGB II vgl BT-Drucks 18/1311.

20 Nicht nur dass der Wortlaut des § 104 Abs 1 Satz 1 einen Anspruch des Berechtigten sowohl gegenüber dem vorrangig, wie auch dem nachrangig verpflichteten Leistungsträger voraussetzt, auch der **Zweck der Erstattungsansprüche** verlangt Personenidentität. Durch den Erstattungsanspruch sollen **Mehrfachleistungen verhindert** werden. Das Vorliegen von Mehrfachleistungen kann aber nur im Verhältnis zu einem bestimmten Leistungsberechtigten beurteilt werden. Bestehen Leistungsansprüche mehrerer, so sind diese jeweils getrennt voneinander zu beurteilen.

21 Entgegen *Roos* (aaO § 104 Rz 13) stellt die Einführung der §§ 104 Abs 2, 105 Abs 1 Satz 2 durch das Haushaltsbegleitgesetz 1984 nicht klar, dass Personenidentität nicht erforderlich ist, sondern verdeutlicht gerade, dass hinsichtlich bestimmter Leistungen im Rahmen der §§ 104, 105 eine Ausnahme vom Grundsatz der Personenidentität zuzulassen ist. Auch die §§ 34 b SGB II, 114 SGB XII enthalten eine Ausnahmeregelung zum Grundsatz der Personenidentität (*Link* aaO, Rz 10 f). Aus diesen Ausnahmevorschriften ist aber gerade nicht zu entnehmen, dass eine Personenidentität zwischen der Person des Leistungsempfängers und der Person des Sozialleistungsberechtigten nicht gegeben sein müsste.

Die Anwendung des **Abs 2** führt dazu, dass auch in Fällen, in denen es an Personenidentität fehlt, hinsichtlich bestimmter Sozialleistungen dennoch ein Erstattungsanspruch bestehen kann. Werden für einen Angehörigen des Berechtigten nachrangige Sozialleistungen erbracht und hatte der Berechtigte mit Rücksicht auf diesen Angehörigen einen vorrangigen Sozialleistungsanspruch, so besteht unter den sonstigen Voraussetzungen des § 104 Abs 1 Satz 1 ein Erstattungsanspruch, § 104 Abs 2 (*Kater* aaO § 104 Rz 23-26; *Trenk-Hinterberger* SGb 1991, 326 [329 f]). Insoweit können zB Leistungen an Kinder auch einen Erstattungsanspruch gegen den Kindergeldanspruch der Eltern begründen (BT-Drucks 10/691, 26). Zu § 10 Abs 4 SGB VIII vgl *BVerwG* Urt v 19.10.2011 – 5 C 6/11, juris; ebenso *LSG Saarl* Urt v 29.11.2012 – L 11 SO 9/10, juris. Zum Kindergeld vgl *BFH* Urt v 26.7.2012 – III R 28/10, BFHE 238, 315; *BFH* Urt v 22.11.2012 – III R 24/11, BFHE 239, 351. Nicht um einen Anwendungsfall des § 104 Abs 2 handeln dürfte es sich bei nicht nur dem Leistungsberechtigten der vorrangigen Sozialleistung, sondern auch dessen Ehegatte bzw den Mitgliedern seiner Beadrfsgemeinschaft gewährtem Alg II; insoweit dürfte es wegen des im SGB II bestehenden Individualanspruchs jedes Mitglieds der Bedarfsgemeinschaft einerseits und des regelmäßig ebenfalls dem Berechtigten der vorrangigen Sozialleistung für ihn bestehenden Sozialleistungsanspruchs nicht um eine Sozialleistung handeln, die mit Rücksicht auf Angehörige zuerkannt wird (zB Erwerbsminderungsrente oder Alg, KrG usw, anders aber beim Kindergeld, das gerade im Hinblick auf die Kinder gewährt wird). Dies hat auch das BSG (vgl *BSG* Urt v 6.8.2014 – B 11 AL 2/13 R, juris, zu **nichtehelichen Lebensgefährten** und deren Kinder) so entschieden. Auch eine unmittelbare oder analoge Anwendung des § 34 a SGB II (jetzt § 34 b SGB II) – zumindest in der früheren Gesetzesfassung – oder des § 114 SGB XII begründet insoweit bezüglich an nichteheliche zu Lebensgefährten und deren Kinder erbrachte Leistungen keine Erweiterung eines Erstattungsanspruchs (*BSG* Urt v 6.8.2014 – B 11 AL 2/13 R, juris). Insoweit ist auch im Rahmen des geplanten § 40 a SGB II eine Erweiterung der persönlichen Kongruenz nicht geplant (BT-Drucks 18/1311 zB Seite 11).

3.7. Der erstattungspflichtige Leistungsträger

Auch der nach § 104 Erstattungspflichtige muss **Sozialleistungsträger iSd §§ 12, 18 bis 29 SGB I** sein (*Kater* aaO § 104 Rz 8; s dazu auch Vorbem §§ 102 ff Rz 23). Erstattungspflichtig ist derjenige Leistungsträger, **gegenüber dem ein Sozialleistungsanspruch** des Leistungsberechtigten **besteht** und dessen Leistungsverpflichtung zwar zur erbrachten Sozialleistung kongruent, aber vorrangig ist. Besteht kein vorrangiger Leistungsanspruch gegen einen Sozialleistungsträger, kommt ein Erstattungsanspruch nicht in Betracht (*BSG* SozR 1300 104 Nr 6).

3.8. Ausschluss wegen befreiender Leistung

24 Hat der vorrangig verpflichtete Träger seine Leistungspflicht gegenüber dem Leistungsberechtigten durch Erbringung der **Sozialleistung erfüllt** und hatte er zu diesem Zeitpunkt **keine Kenntnis von der Vorleistung** des nachrangig verpflichteten Trägers, so ist der Erstattungsanspruch ausgeschlossen, § 104 Abs 1 Satz 1 (vgl dazu auch Vorbem §§ 102 ff Rz 36 ff). Leistungen des zuständigen Leistungsträgers in **positiver Kenntnis** (*BSGE* 74, 36; *BSG* SozR 3-1200 § 53 Nr 4) der erbrachten Vorleistung schließen den Erstattungsanspruch nicht aus (*BSG* Urt v 18.10.1991 – 9b/7 RAr 12/88, nv). Im Einzelnen vgl § 103 Rz 29 ff.

3.9. Ausschluss wegen unabhängiger Leistungsverpflichtung des nachrangigen Leistungsträgers, Abs 1 Satz 3

25 Hat der nachrangige Leistungsträger seine Sozialleistung auch dann zu erbringen, wenn eine vorrangige Sozialleistung erbracht wird, so ist insoweit der Erstattungsanspruch ausgeschlossen, § 104 Abs 1 Satz 3. So hat das BSG entschieden, dass Erstattungsansprüche zwischen Leistungsträgern voraussetzen, dass ein Leistungsträger anstelle eines anderen leistungspflichtigen Leistungsträgers Sozialleistungen erbracht hat; daran fehle es, wenn zwei Leistungsträger nebeneinander verpflichtet seien, ihre Sozialleistungen dem Berechtigten zeitgleich im erfolgten Umfang zu erbringen (*BSG* Urt v 22.6.2010 – B 1 KR 21/09 R, BSGE 106, 206-214). Dieser Ausschluss bezieht sich regelmäßig auf die sog **Aufzahlungsfälle**. Übersteigt die nachrangige Sozialleistung im Betrag die vorrangige Sozialleistung, so kann wegen der Differenz eine Erstattung nach § 104 Abs 1 Satz 1 nicht erfolgen. In Höhe der Differenz der beteiligten Leistungsansprüche besteht kein Rangverhältnis. Im SGB XII vgl hierzu auch § 93 Abs 1 Satz 3. Zu entsprechenden Fallgestaltungen im Verhältnis von Renten wegen voller Erwerbsminderung und des aufstockend gezahltem Alg II vgl *BSG* Urt v 31.10.2012 – B 13 R 9/12 R, SozR 4-1300 § 104 Nr 5. Zuletzt hatte das *BSG* (Urt v 31.10.2012 – B 13 R 9/12 R, SozR 4-1300 § 104 Nr 5) im Hinblick auf SGB II-Leistungen ausgeführt, für einen Erstattungsanspruch nach § 104 bleibe daher kein Raum, soweit der Erstattung begehrende Träger seine Leistungen auch bei (rechtzeitiger) Leistung des vorrangig verpflichteten Leistungsträgers hätte erbringen müssen, also statt Alg II-Leistungen entsprechendes Sozialgeld nach dem SGB II zumindest in derselben Höhe hätte gewähren müssen.

3.10. Aufwendungsersatz, Kostenbeitrag, Abs 1 Satz 4

26 Satz 4 bestimmt für die Sozial-, Kinder-, Jugendhilfe und Kriegsopferfürsorgeträger eine **Erweiterung des** § 104 Abs 1 Satz 1 (im SGB XII vgl die vorgehende Regelung des § 114). Über die Erstattung gem Abs 1 Satz 1 hinaus können die genannten Träger auch **Aufwendungsersatz und Kostenbeiträge** (§ 27 Abs 3 SGB XII, § 91 SGB VIII; *BSG* SozR 3-1200 § 53 Nr 4 m Anm *Schuler* SGb 1993, 75; aus der Rspr vgl zB *BFH* Urt v 28.4.2010 – III R 43/08, BFHE 230, 299) erstattet verlangen. Hinsichtlich dieser Leistungen besteht **keine Subsidiarität** und regelmäßig auch keine Kongruenz mit der Sozialleistung des erstattungspflichtigen Trägers. Dennoch ordnet Abs 1 Satz 4 die Erstattung dieser Beträge an. Hierdurch soll eine ungerechtfertigte Bereicherung des Leistungsberechtigten in den Fällen vermieden werden, in denen die in Satz 4 genannten Träger für ihre Vorausleistung Kostenersatz verlangen können (*BSG* SozR 1300 § 104 Nr 13). Der Jugendhilfeträger kann zB wegen Vollzeitpflege (§§ 27, 33 SGB VIII) einen Kostenbeitrag erheben, § 93 Abs 1 SGB VIII. Wegen des Kostenbeitrages kann ihm zB gegen den Träger der Leistungen nach dem

OEG/BVG gem § 104 Abs 1 Satz 4, 1 ein Erstattungsanspruch zustehen (*BSG* Urt v 10.12.2002, B 9 VG 6/01 R). Zum Kostenbeitrag iRd Leistungen nach dem SGB XII vgl §§ 19 Abs 5, 27 Abs 3, 92 Abs 1 SGB XII. Im SGB XII vgl auch die nach § 37 Satz 1 SGB I vorgehende Vorschrift des § 114 SGB XII.

Da gem Satz 4, 2. HS die Anwendung des **Satz 3 ausgeschlossen** ist, greift die **27** Erstattung dieser Kostenbeträge unabhängig davon, ob die nachrangige Leistung auch bei Erfüllung der vorrangigen Leistungspflicht hätte erbracht werden müssen. Ein Vorrang der Erstattung gem § 104 Abs 1 Satz 4 gegenüber einem Verrechnungsersuchen ist jedoch aus Satz 4, 2. HS nicht abzuleiten (*BSG* SozR 3-1300 § 104 Nr 4).

Ein Erstattungsanspruch des Jugendhilfeträgers setzt zumindest im Fall der **28** Heimpflege von Kindern gem § 13 Abs 3 SGB VIII zuerst eine **Entscheidung über die Heranziehung der Eltern** zu den Kosten durch **schriftlichen VA** voraus (*BSG* Urt v 10.12.2002 – B 9 VG 6/01 R, nv; *BSG* Urt v 22.9.1988 – 2 RU 9/88, nv; *BSG* SozR 3-1300 § 104 Nr 13). Dementsprechend hat auch der BFH entschieden, dass der Anspruch auf Erstattung des Kindergeldes nach § 74 Abs 2 EStG iVm § 104 Abs 1 Sätze 1 und 4 voraussetze, dass der Kostenbeitragsanspruch gegenüber dem Kindergeldberechtigten durch einen Kostenbeitrags- oder Leistungsbescheid konkretisiert und betragsmäßig festgesetzt worden sei (*BFH* Urt v 28.4.2010 – III R 44/08, BFHE 231, 39; *BFH* Beschl v 14.2.2013 – III B 133/12, juris).

4. Umfang des Erstattungsanspruchs, Abs 3

Der Umfang des Erstattungsanspruchs richtet sich gem Abs 3 nach den für den **29** vorrangig verpflichteten, also erstattungspflichtigen Leistungsträger geltenden **Rechtsvorschriften** (vgl dazu auch Vorbem §§ 102 ff Rz 48). Maßgeblich ist die Rechtslage **zum Zeitpunkt der Entstehung der Kosten**. Der Erstattungsanspruch ist daher zweifach begrenzt: (1.) durch die Höhe der **tatsächlich entstandenen Kosten** und (2.) durch den Umfang der Leistungspflicht nach den für den vorrangig verpflichteten Leistungsträger geltenden **Rechtsvorschriften** (*BSGE* 58, 128). Der Erstattungspflichtige soll nicht mehr leisten müssen, als tatsächlich an Kosten angefallen ist, aber auch nicht mehr, als er bei eigener rechtzeitiger Leistungserbringung an den Sozialleistungsberechtigten zu leisten gehabt hätte (*BSG* SozR 1300 § 104 Nr 4). Die Begrenzung des Erstattungsanspruchs nach Abs 3 stellt dabei nicht auf die Höhe des konkreten Leistungs-/Kostenbetrags ab, sondern auf die nach dem materiellen Leistungsrecht bestehenden Leistungsartverpflichtungen (*LSG BW* v 24.4.2015 – L 8 AL 2430/12, juris). Kann der nachrangig verpflichtete Rehabilitationsträger die Leistungen wegen § 77 Abs 2 SGB XII nur nach den Vertragsvergütungen der Sozialhilfeträger abrechnen, kann der zur Erstattung verpflichtete vorrangige Leistungsträger nicht entgegenhalten, dass er die Leistung anders oder kostengünstiger hätte erbringen können (*LSG BW* v 24.4.2015 – L 8 AL 2430/12, juris).Die sachlich, personell und zeitlich kongruenten Sozialleistungen sind sich monatlich gegenüberzustellen (*BSGE* 58, 128). Im Einzelnen vgl § 103 Rz 32 ff.

5. Erstattungsanspruch bei mehreren vorrangigen Leistungsträgern, Abs 4

Sind im Einzelfall mehrere vorrangig verpflichtete Leistungsträger vorhanden, **30** kann derjenige Träger, der die Sozialleistung tatsächlich erbracht hat, Erstattung nur von dem Träger verlangen, für den er gem § 107 Abs 2 mit befreiender Wirkung geleistet hat. Der erstattungsberechtigte Träger muss gem § 107 Abs 2 die **Entscheidung treffen**, für welchen vorrangig verpflichteten Leistungsträger er mit befreiender Wirkung geleistet hat. Nur dieser ist nach § 104 Abs 4 erstattungspflichtig.

6. Entstehen des Erstattungsanspruchs

31   Der Erstattungsanspruch entsteht **kraft Gesetzes** unmittelbar in dem Zeitpunkt, in dem alle gesetzlichen Tatbestandsvoraussetzungen erfüllt sind, § 40 SGB I analog. Das ist der Zeitpunkt der **Erbringung der Sozialleistung** durch den nachrangig verpflichteten Leistungsträger (*Hess FG* Urt v 9.11.2009 – 13 K 1931/06, juris; kritisch hierzu: Heimrich, DRV 1999, 130 [133 f]). Es genügt, wenn sich erst nach Erbringung der Vorausleistung aufgrund eines Rangverhältnisses ergibt, dass ein anderer Leistungsträger vorrangig leistungsverpflichtet war (*Becker* aaO § 104 Rz 24; *Maydell/Schellhorn* GK SGB § 104 Rz 55). Zur Frage, wann eine Sozialleistung erbracht ist, vgl Vorbem §§ 102ff Rz 14 ff. Auf § 111 wird hingewiesen; ein nicht fristgerecht geltend gemachter Erstattungsanspruch ist materiellrechtlich ausgeschlossen.

7. Einwendungen gegen den Erstattungsanspruch

32   Zwar handelt es sich bei den Erstattungsansprüchen nach §§ 102 ff um selbstständige Ansprüche, trotzdem besteht eine **inhaltliche und untrennbare Verknüpfung** mit dem Sozialleistungsanspruch. Dem erstattungspflichtigen Leistungsträger müssen daher grundsätzlich alle Einwendungen, die er dem Sozialleistungsanspruch hätte entgegensetzen können, auch gegenüber dem Erstattungsanspruch zustehen (*HessLSG* Urt v 25.6.2009 – L 8 KR 201/07, juris; *SG Dresden* Urt v 27.10.2011 – S 5 U 373/10, juris; *Becker* aaO § 104 Rz 10). Vgl dazu auch § 103 Rz 39 ff.

8. Sonstiges

33   **Verfügungen über Sozialleistungsansprüche** sind gem §§ 53, 54 SGB I zulässig. Bei Zusammentreffen mit Erstattungsansprüchen der §§ 102 ff gilt nach hM (*Kater* aaO § 104 SGB X Rz 42ff) das **Prioritätsprinzip**, vgl § 106 Rz 11 ff. Wegen **prozessualer Fragen** vgl Vorbem §§ 102 ff Rz 60 ff.

9. Anwendungsfälle

34
- Zum SGB II vgl nunmehr § 40 a SGB II.
- Wegen **Rehabilitationsleistungen** nach dem SGB IX, vgl § 14 Abs 4 SGB IX bzw § 102 Rz 5 ff.
- Wegen der Erstattung von Leistungen der KK an nicht versicherte Empfänger von Leistungen nach dem 3. und 5. bis 9. Kapitel **SGB XII** oder laufender Leistungen nach dem AsylbLG, vgl § 264 Abs 7 SGB V (auch § 105 Rz 27).
- Leistungen der **Sozialhilfe** sind gegenüber anderen tatsächlich bezogenen Sozialleistungen grds nachrangig, § 2 Abs 1 SGB XII. Auf die Sozialhilfe anzurechnendes Kindergeld löst grundsätzlich einen Anspruch nach § 104 aus (*BSG* SozR 3-5870 § 11a Nr 1; *BSG* SozR 3-1300 § 104 Nr 12); zum Kindergeld s aber auch weiter unten.Leistungen nach dem **SGB II** sind grds gegenüber anderen Sozialleistungen nachrangig (§§ 3 Abs 3, 5 Abs 1 und 2, 9, 11 ff SGB II; *Kater* aaO § 104 Rz 58). Vgl hierzu BT-Drs 15/1516, 51. Leistungen nach dem SGB II gehen Leistungen nach dem SGB XII vor, § 5

Abs 2 Satz 1 SGB II, jedoch hat Sozialgeld, §§ 19 Abs 1 Satz 2, 23 SGB II, Nachrang gegenüber Leistungen der Grundsicherung im Alter und bei Erwerbsminderung (§§ 41 ff SGB XII). Zum Verhältnis zwischen RV-, SGB II- und SGB III-Leistungen vgl *BSG* Urt v 31.10.2012 – B 13 R 11/11 R, SozR 4-1300 § 106 Nr 1. Satz 2 bestimmt die Nachrangigkeit des Sozialgeldes (§§ 19, 23 SGB II) gegenüber Leistungen der Grundsicherung (§§ 41 ff SGB XII). Daher ergeben sich grds Erstattungsansprüche wegen vorrangiger Sozialleistungserbringung durch einen anderen Sozialleistungsträger nach § 104. Treffen Leistungen nach dem SGB II und Krankengeld zusammen, so greift ein Erstattungsanspruch nach § 104, § 49 Abs 1 Nr 3 a SGB V. Zum Kindergeld s unten und § 102 Rz 17. Im Einzelnen: *Kater* aaO § 104 Rz 57 ff und *Becker* aaO § 104 Rz 8. Jedoch sieht das SGB II in §§ 25 Satz 2, 44 a Abs 3 nicht Erstattungsansprüche nach § 104, sondern nach § 102 vor. Zum geplanten § 40 a SGB II vgl BT-Drucks 18/1311.

■ Erbringt ein Sozialhilfeträger einem Sozialhilfeempfänger Krankenbehandlung mittels Beauftragung einer Krankenkasse in Unkenntnis einer bestehenden Familienversicherung, hat er als nachrangig verpflichteter Leistungsträger Anspruch auf Erstattung hierfür aufgewendeter Kosten gegen die Krankenkasse, bei der die Versicherung besteht (*BSG* v 18.11.2014 – B 1 KR 12/14 R, SozR 4-2500 § 264 Nr 6, SozR 4-7610 § 242 Nr 7).

■ Leistungen der **Kinder- und Jugendhilfe** nach dem SGB VIII gehen den Leistungen des **SGB XII** vor (Ausnahme: § 10 Abs 3 und 4 SGB VIII), anderen Leistungen gehen sie jedoch nach. Nach der im SGB VIII bestimmten Rangfolge (§ 10 Abs 3 SGB VIII) gehen die Leistungen nach dem SGB VIII den **SGB II-Leistungen** vor; jedoch sind Leistungen nach § 3 Abs 2 (Arbeitsvermittlung), §§ 14 bis 16 g (Leistungen zur Eingliederung in Arbeit), § 19 Abs 2 iVm § 28 Abs 6 SGB II (gemeinschaftliche Mittagsverpflegung) sowie Leistungen nach § 6 b Abs 2 BKGG iVm § 28 Abs 6 SGB II (gemeinschaftliche Mittagsverpflegung) den Leistungen des SGB VIII vor. Darüber hinaus sind gem § 10 Abs 4 Satz 1 SGB VIII Leistungen nach dem SGB VIII gegenüber den **Leistungen des SGB XII** vorrangig. Als Umkehrung dieser Rangfolge bestimmt § 10 Abs 4 Satz 2 SGB VIII, dass Leistungen nach § 27 a Abs 1 SGB VIII iVm § 34 Abs 6 SGB XII (gemeinschaftliche Mittagsverpflegung) und Leistungen der Eingliederungshilfe nach dem SGB XII (§§ 53 ff SGB XII) für junge Menschen, die körperlich oder geistig behindert oder von einer solchen Behinderung bedroht sind, den SGB VIII-Leistungen vorgehen. Gem § 10 Abs 4 Satz 3 SGB VIII kann auch Landesrecht regeln, dass Leistungen der Frühförderung für Kinder unabhängig von der Art der Behinderung vorrangig von anderen Leistungsträgern gewährt werden können. Dazu hat das BVerwG entschieden, dass im Rahmen der Vorrang-Nachrang-Regelung des § 10 Abs 4 Satz 2 SGB VIII nur eine Konkurrenz gleichartiger Leistungspflichten und keine Identität der Anspruchsberechtigten erforderlich sei (*BVerwG* Urt v 19.10.2011 – 5 C 6/11, juris).

■ Gem § 10 Abs 1 BEEG sind Elterngeld sowie Betreuungsgeld gegenüber anderen Leistungen vorrangig. **Kindergeld iSd §§ 31, 32 EStG** stellt dagegen schon **keine Sozialleistung** dar (*BFH* v 28.4.2009 – III B 36/08, BFH/NV 2009, 1595-1596 = juris Rz 12; *BFH* v 23.11.2000 – VI R 165/99, BFHE 193, 569 = BStBl II 2001, 279). Daher stehen sich bei der Leistung von Alg II bzw Sozialhilfe (SGB XII) einerseits und Kindergeld nach dem EStG keine zwei Sozialleistungen gegenüber; ein Erstattungsanspruch des SGB-II- bzw SGB-XII-Trägers kommt insoweit nicht in Betracht. Dazu s auch § 102 Rz 17. Dagegen handelt es sich beim Kindergeld nach §§ 66 ff EStG um eine Sozialleistung (auch zur Kostenerstattung nach § 104 Abs 1 Satz 4: *BFH* Urt v 28.4.2010 – III R 43/08, BFHE 230, 299). Zu Fällen der Auszahlung des Kindergeldes an die Eltern vgl *BFH* Urt v 26.7.2012 – III R 28/10, BFHE 238, 315. Zur Vergleichbarkeit von Sachleistungen nach AsylbLG mit Kindergeld iSv § 104 SGB X vgl *FG Hamburg* Urt v 13.8.2012 – 1 K 29/11, juris.

■ Wegen Erstattungsansprüchen von Sozialhilfeträgern gegen das AfA – Familienkasse vgl zB *BFH* Urt v 14.5.2002 – VIII R 88/01– nv. Zum Kindergeld s zuvor und § 102 Rz 17.

■ Der Nachrang der **Kriegsopferfürsorgeleistungen** (§§ 25 ff BVG) gegenüber Kriegsopferversorgungs- und Sozialversicherungsleistungen wird daraus abgeleitet, dass diese Leistungen nur als besondere Hilfen im Einzelfall (§ 25 Abs 1 BVG) und nur einkommensabhängig (§§ 25 a, 25 d BVG) erbracht werden. Sie gehen aber Leistungen nach dem BSHG (§ 2 Abs 1 BSHG) /SGB XII (§ 2 Abs 1 SGB XII) und der Kinder-/Jugendhilfe (§ 10 Abs 1 SGB VIII) vor, anderen Sozialleistungen aber nach.

■ Aus § 93 SGB VI leitet das *BSG* den Nachrang der **gesetzlichen Rente** gegenüber Renten der UV ab (*BSG* SozR 3-1300 § 107 Rz 10; *BSG* SozR 3-2600 § 93 Nr 4; kritisch: *Merden/Tempel* Kompass 2002, 8 [9 f]; aA *BSG* v 11.11.2003 – B 2 U 15/03 R).

■ Wegen § 96 a Abs 3 Satz 2 SGB VI ist die Rente wegen voller Erwerbsminderung nachrangig gegenüber Verletztengeld und Übergangsgeld der Unfallversicherung. Ein Erstattungsanspruch des RV-Trägers richtet sich nach § 104 (*Kater* aaO § 104 Rz 66).

■ Nach § 96 a Abs 3 Satz 1 SGB VI werden bestimmte Sozialleistungen auf Renten wegen teilweise Erwerbsminderung (§§ 43 Abs 1, 240 SGB VI) angerechnet. Ein Erstattungsanspruch wegen der erbrachten Erwerbsminderungsrente richtet sich nach § 104.

■ **Alg** und Kurzarbeitergeld werden gem § 146 Abs 1 SGB III bei AU für 6 Wochen weiter geleistet. Nach § 49 Abs 1 Nr 3, 3 a SGB V ruht in dieser Zeit der Krankengeldanspruch. Unter Berücksichtigung der Rspr zum früheren AFG wird aus dem Regelungszusammenhang der §§ 146 SGB III, 49 Abs 1 SGB V der Nachrang des KrG gegenüber den genannten SGB III-Leistungen abgeleitet (*Kater* aaO § 104 Rz 64). Ein Erstattungsanspruch des KV-Trägers richtet sich daher nach § 104 (*BSG* SozR 4100 § 105 b Nr 3, 4, 6).

§ 105 Anspruch des unzuständigen Leistungsträgers

(1) [1]Hat ein unzuständiger Leistungsträger Sozialleistungen erbracht, ohne dass die Voraussetzungen von § 102 Abs. 1 vorliegen, ist der zuständige oder zuständig gewesene Leistungsträger erstattungspflichtig, soweit dieser nicht bereits selbst geleistet hat, bevor er von der Leistung des anderen Leistungsträgers Kenntnis erlangt hat. [2]§ 104 Abs. 2 gilt entsprechend.

(2) Der Umfang des Erstattungsanspruchs richtet sich nach den für den zuständigen Leistungsträger geltenden Rechtsvorschriften.

(3) Die Absätze 1 und 2 gelten gegenüber den Trägern der Sozialhilfe, der Kriegsopferfürsorge und der Jugendhilfe nur von dem Zeitpunkt ab, von dem ihnen bekannt war, dass die Voraussetzungen für ihre Leistungspflicht vorlagen.

Literatur:

André: Die wesentlichen Grundzüge der Regelungen über die Zusammenarbeit der Leistungsträger und ihre Beziehungen zu Dritten im Sozialgesetzbuch, Zehntes Buch (X), NDV 1983, 73; *Behn*: Der Erstattungsanspruch des Unfallversicherungsträgers nach § 105 SGB X und die Bindungswirkung aufgrund einfacher Beiladung (§ 141 Abs 1 SGG), BG 1992, 125; *Benz*: Ablösung der Vorleistungspflicht nach § 6 Abs 2 Reha-AnglG durch § 14 SGB IX, SGb 2001, 611; *Dahm*: Neue Rechtsprechung zum Erstattungsanspruch des Unfallversicherungsträgers gegen den Rentenversicherungsträger, WzS 2011, 355; *von Einem*: Ersatzansprüche des nachträglich nicht leistungsverpflichteten und des unzuständigen Sozialleistungsträgers, SGb 1989, 184; *ders*: Die Behandlung zu Unrecht gezahlter Beiträge zwischen Sozialversicherungsträgern, SGb 1998 198; *Finkenbusch*: Rechtswirksame Geltendmachung des Erstattungsanspruchs nach § 105 SGB 10, WzS 2010, 29; *Gerlach*: Die Erstattungsansprüche der Leistungsträger untereinander, DOK 1983, 393; *ders*: Erstattungsansprüche nach den §§ 102 ff SGB X zwischen den Trägern der Sozialhilfe, den Trägern der Grundsicherung für Arbeitsuchende und anderen Leistungsträgern bei strittiger Erwerbsfähigkeit vor und nach dem Inkrafttreten des SGB II-Fortentwicklungsgesetzes, ZfF 2006, 241; *Gitter*: Anmerkung zu *BSG* Urt. v. 23.9.1997 – 2 RU 37/96 – SGb 1998, 372; *Jung*: Erstattungsansprüche bei Unfallversicherungsträgern, BPUVZ 2013, 327; *Kater*: Anmerkung zu BSG Urt v 30.5.2006 – B 1 KR 17/05 R – SGb 2007, 240 ff; *Kugele*: Erstattungsanspruch des unzuständigen Beihilfeträgers gegenüber dem zuständigen Beihilfeträger, jurisPR-BVerwG 7/2008 Anm. 5; *Kummer*: Das neue Erstattungsrecht in der Bewährung, DAngVers 1986, 397; *Schaer*: Erstattungsanspruch der Sozialleistungsträger bei Bestehen mehrerer Rentenansprüche, jurisPR-SozR 17/2011 Anm. 6; *Schellhorn*: Ausgewählte Aspekte über mögliche Auswirkungen von Vorschriften des Sozialgesetzbuches (SGB), Zehntes Buch (X), Drittes Kapitel über die Zusammenarbeit der Leistungsträger und ihre Beziehungen zu Dritten in den Bereichen der Sozialhilfe und der Jugendhilfe, NDV 1983, 77; *Schreiber*: Zuständigkeitserklärung nach § 14 SGB IX und Erstattungsanspruch nach § 105 SGB X, BG 2001, 547; *Weselski*: Erstattungsanspruch der BA für gezahltes ALG I und gezahlte Kranken- und Pflegeversicherungsbeiträge gegen die RV, jurisPR-SozR 17/2013 Anm. 5; *Wirkus*: Erstattungsforderungen der Träger der Grundsicherung für Arbeitsuchende, RVaktuell 2013, 98. Wegen allg Lit zu den Erstattungsansprüchen vgl auch vor § 102.

1. Allgemeines

§ 105 regelt den Erstattungsanspruch des **unzuständigen Leistungsträgers** gegen den zuständigen Leistungsträger. Die komplexen Zuständigkeitsregelungen des Sozialrechts führen nicht selten zur Leistungserbringung durch unzuständige Leistungsträger. Damit ist jeweils eine **materiellrechtlich ungerechtfertigte Bereicherung** des zuständigen Leistungsträgers verbunden, dadurch, dass dieser Aufwendungen für eine eigene Leistungserbringung erspart. Diese ungerechtfertigte Vermögensverschiebung ist **auszugleichen**. Schon vor Inkrafttreten des § 105 und über die §§ 1509a RVO, 81b BVG aF hinaus wurde bei Leistungserbringung durch örtlich oder sachlich unzuständige Leistungsträger, diesen ein öffentlich-rechtlicher Erstattungsanspruch (Abwälzungsanspruch) zugebilligt (*BSGE* 16, 151, [153, 156]).

2 Dieser Anspruch ist **nicht unproblematisch** (*Schellhorn* NDV 1983, 77 [80]), gründet er doch auf einem **rechtswidrigen Handeln**. Trotzdem besteht in der Praxis auch hier ein Bedürfnis nach einem direkten und unkomplizierten Ausgleich der Leistungen unmittelbar zwischen den Leistungsträgern. Dem wurde durch § 105 Rechnung getragen.

3 Durch § 105 sollen **ungerechtfertigte Vermögensverschiebungen ausgeglichen** und nachträglich der Zustand hergestellt werden, der bei ursprünglicher Leistungserbringung durch den zuständigen Träger vorgelegen hätte. § 105 dient damit der **Verhinderung von Doppelleistungen** an den Leistungsberechtigten. Auch wird der Leistungsempfänger aus der Rückabwicklung herausgehalten. Insoweit stellen die §§ 102 ff eine **abschließende Spezialregelung** für den Ausgleich im Dreiecksverhältnis dar. Ohne Bedeutung ist, ob die Leistungserbringung verschuldet erfolgte (*BSG* SozR 2200 § 1237 Nr 20; *BSG* SozR 1300 § 105 Nr 1; *Roos* in von Wulffen/Schütze SGB X, 8. Aufl, § 105 Rz 3).

2. Anwendungsbereich und Verhältnis zu anderen Erstattungsregelungen

4 § 105 erfasst sämtliche Fälle, in denen ein sachlich bzw örtlich **unzuständiger Leistungsträger** Sozialleistungen erbracht hat (so auch *Roos* aaO Rz 7). Soweit keine spezialgesetzlichen Regelungen vorgehen, § 37 SGB I (zB § 264 Abs 7 SGB V, § 25 Abs 4 SGB VI, § 217 Abs 3 Satz 2 SGB VII, §§ 89-89h SGB VIII, § 14 Abs 4 SGB IX [der die Anwendung des § 105 ausdrücklich ausschließt, vgl dort Satz 3 und *BSG* vom 14.12.2006 – B 4 R 19/06 R; dagegen vgl zu einem Nebeneinander der Ansprüche aus § 14 SGB IX und Ansprüchen nach §§ 102, 103, 104 zugunsten des erstangegangenen Trägers: *BSG* Urt v 20.10.2009 – B 5 R 44/08 R, BSGE 104, 294; *BSG* Urt v 26.6.2007 – B 1 KR 34/06 R, BSGE 98, 267-277; *BayVGH* Urt v 7.10.2013 – 12 B 11.1886, juris; *Gmati* in jurisPK-SGB X, § 105 Rz 12]), §§ 106-112 SGB XII, erfolgt **zwischen Leistungsträgern** ein Ausgleich wegen der Erbringung einer Sozialleistung durch einen unzuständigen Leistungsträger **nur nach** § 105. Die §§ 102 ff regeln **abschließend** die Frage, welche **Erstattungsansprüche** im Verhältnis der **Leistungsträger untereinander** bestehen, wenn anstelle des eigentlich verpflichteten Leistungsträgers ein anderer Leistungsträger eine Sozialleistung erbracht hat. In ihrem Anwendungsbereich verdrängen die §§ 102 ff einen Erstattungsanspruch des vorleistenden Trägers gegen den Leistungsberechtigten, § 50 (*Kater* in KassKomm § 105 SGB X Rz 52 ff; im Einzelnen vgl vor § 102 Rz 52 ff). Das ist Folge der Erfüllungsfiktion des § 107 Abs 1. Nur soweit ein Erstattungsanspruch nach §§ 102 ff nicht entstanden ist (zB wg rechtswidriger Vorleistung oder befreiender Leistungserbringung), kann der vorleistende Träger gem § 50 auf den Leistungsempfänger zurückgreifen.

5 Auch **innerhalb der** §§ 102 ff sind die Erstattungsansprüche abzugrenzen. § 105 setzt die **endgültige** Leistungserbringung durch einen **ursprünglich unzuständigen** Leistungsträger voraus, während im Fall des § 102 eine **vorläufige Leistung** erbracht wird. Im Fall des § 105 handelt der ursprünglich unzuständige Leistungsträger, bei § 103 war der Leistungserbringer im Zeitpunkt der Leistungser-

bringung materiellrechtlich zuständig, erst **nachträglich rückwirkend entfiel** dessen **Leistungspflicht**. Auch der Erstattungsanspruch des § 104 beruht auf der Leistungserbringung eines **zuständigen**, jedoch **nachrangig** verpflichteten Leistungsträgers. Zu § 14 SGB IX vgl § 102 Rz 5 ff.

3. Regelungsgehalt Abs 1

Hat ein örtlich oder sachlich unzuständiger Leistungsträger eine Sozialleistung **6** erbracht, gewährt ihm § 105 Abs 1 Satz 1, 1. Hs einen Erstattungsanspruch gegen den zuständigen bzw zuständig gewesenen Leistungsträger. Dieser Anspruch besteht nicht, wenn der zuständige Leistungsträger selbst mit befreiender Wirkung eine Sozialleistung erbracht hat, § 105 Abs 1 Satz 1, 2. Hs.

3.1. Sozialleistungserbringung durch einen Sozialleistungsträger

Der Erstattungsanspruch des § 105 setzt voraus, dass ein Leistungsträger **7** (§§ 12, 18 bis 29 SGB I) eine **Sozialleistung** (§ 11 SGB I) erbracht hat. Eine Sozialleistung ist **erbracht**, wenn der Leistungserfolg beim Leistungsempfänger eingetreten ist (Vorbem §§ 102 ff Rz 14 ff).

Sozialleistungen in diesem Sinn sind alle aufgrund des SGB bzw der inkorpo- **8** rierten Gesetze (Art II § 1 SGB I, § 68 SGB I) dem Einzelnen zur Verwirklichung der ihm zustehenden sozialen Rechte zustehenden Sach-, Dienst- und Geldleistungen, § 11 SGB I. Dabei stellen auch die aus einer Sozialleistung erbrachten Sozialversicherungsbeiträge (zB § 170 Abs 1, 2 a SGB VI) ihrerseits Sozialleistungen dar (*BSG* SozR 3-1300 § 111 Nr 9, *BSG* SozR 3-2400 § 26 Nr 13; *v Einem* SGb 1998, 198 [200]; *Kater* aaO § 105 SGB X, Rz 10). Anspruch auf Ersatz von Beiträgen zur Kranken- und Pflegeversicherung hat ein Sozialleistungsträger aber nur, wenn er auch die Erstattung der Hauptleistung verlangen kann (*BSG* Urt v 31.10.2012 – B 13 R 9/12 R, SozR 4-1300 § 104 Nr 5). Sozialleistungen idS sind nicht nur solche, auf die ein Anspruch besteht (§ 38 SGB I), sondern auch Ermessensleistungen (§ 39 SGB I; *Gmati* aaO Rz 31; zu Bedenken hiergegen: *Kater* aaO § 104 Rz 10).

Die Sozialleistung muss von einem **Sozialleistungsträger** (§§ 12, 18 bis 29 **9** SGB I) erbracht worden sein. Ausreichend ist, wenn die Leistungserbringung einem solchen Träger **zugerechnet** werden kann (zB bei Einschaltung Dritter in die Leistungserbringung; *BSG* SozR 1300 § 111 Nr 6; *BSG* Urt v 2.11.1999 – B 2 U 39/98 R, nv; *Kater* aaO § 105 SGB X Rz 11). Erbringen andere als in §§ 12, 18 bis 29 SGB I genannte Träger Leistungen, löst das einen Erstattungsanspruch nach §§ 102 ff nicht aus. Gleiches gilt für die Erbringung von Leistungen, die keine Sozialleistungen iSd § 11 SGB I sind (zB Beitragsentrichtung durch Versicherte).

3.2. Endgültig erbrachte Sozialleistung

Sowohl dem Erstattungsfall des § 102 wie auch dem des § 105 liegt letztlich die **10** Erbringung einer Sozialleistung durch den ursprünglich (materiellrechtlich) unzuständigen Leistungsträger zu Grunde (*Kater* aaO § 105 SGB X Rz 5). Die beiden Erstattungstatbestände sind daher zu unterscheiden. Ausdrücklich weist § 105 Abs 1 Satz 1 darauf hin, dass die Voraussetzungen des § 102 nicht vorliegen dürfen. Gemeint ist, dass die erbrachte Sozialleistung **nicht als vorläufige Leistung** erbracht worden sein darf. Wurde eine vorläufige Leistung erbracht, so führt dies nur zu einem Erstattungsanspruch nach § 102, wurde die Sozialleistung endgültig erbracht, so ist nur der Anwendungsbereich des § 105 eröffnet. Die Umdeutung einer vorläufigen in eine endgültige Sozialleistung und umgekehrt ist nicht möglich (*BSGE* 58, 119, 121; *Kater* aaO § 102 Rz 19). Zum Verhältnis von § 105 zu § 14 SGB IX vgl *BSG* vom 14.12.2006 – B 4 R 19/06 R – sowie § 102 Rz 5 ff.

3.3. Unzuständigkeit des die Leistung erbringenden Leistungsträgers

11　Die Sozialleistung muss von einem sachlich oder örtlich unzuständigen Leistungsträger, also unter Verstoß gegen Zuständigkeitsvorschriften, erbracht worden sein (André, NDV 1983, 76; *Gmati* aaO Rz 33; *Kater* aaO § 105 Rz 12; *Klattenhoff* in Hauck/Noftz SGB X § 105 Rz 8 ff; *Roos* aaO Rz 7; aA *v Einem* SGb 1989, 188 f). Aus welchem Grund die Zuständigkeit fehlt, ist unerheblich (*Klattenhoff* aaO § 105 Rz 8). Eine Weitergewährung der Leistung gem § 2 Abs 3 Satz 1 ist jedoch kein Fall des § 105, sondern des § 102.

12　Wann ein Leistungsträger **sachlich bzw örtlich unzuständig** ist, also nicht verbandszuständig ist, bestimmt sich nach den für den jeweils in Betracht kommenden **Leistungsanspruch** geltenden Rechtsvorschriften (*OVG Lüneburg* Beschl v 17.5.2010, FEVS 62, 230-234). Die Verbandszuständigkeit eines Leistungsträgers ergibt sich aus den ihm obliegenden materiellrechtlichen Aufgaben. Zu diesen gehört auch die Erfüllung gegen ihn gerichteter gesetzlicher oder durch Hoheitsakt bewilligter Rechte und Ansprüche. Richtet sich also der Sozialleistungsanspruch nach dem einschlägigen Recht gegen einen Leistungsträger, ist dieser Leistungsträger für den geltend gemachten Sozialleistungsanspruch **passiv legitimiert** (*BSGE* 65, 31, 33; *BSG* SozR 1300 § 111 Nr 6; *BSG* SozR 1300 § 105 Nr 5; *LSG BW* Urt v 13.5.2011 – L 4 R 1301/10, juris), so ist dieser Leistungsträger zur Leistungserbringung **zuständig** (*BSG* Urt v 11.3.2014 – B 11 AL 4/14 R, SozR 4-4300 § 126 Nr 3), andere Leistungsträger sind iSd § 105 **unzuständig**. Ein Leistungsträger ist daher unzuständig, wenn gegenüber ihm von Anfang an weder eine eigene Leistungspflicht noch eine solche im Auftrag eines anderen Trägers bestand (*BSG* SozR 3-1300 § 105 Nr 4; *HessLSG* Urt v 29.10.2009 – L 8 KR 252/07, juris). Auf das Verschulden eines Leistungsträgers kommt es nicht an (*SG Stuttgart* Urt v 28.4.1999 – S 6 U 6465/98, nv; *Gmati* aaO Rz 27; *Roos* aaO Rz 3).

13　**§ 14 Abs 1 und 2 SGB IX** begründet aus Gründen der Verfahrensbeschleunigung gegenüber dem behinderten Menschen eine – dem materiellen Leistungsrecht widersprechende – verfahrensrechtliche Sonderzuständigkeit des nach diesen Vorschriften verpflichteten Rehabilitationsträgers. Damit wird zwar keine materiellrechtliche Zuständigkeit – worauf § 105 abstellt – begründet, jedoch wird der nach § 14 Abs 1 und 2 SGB IX verpflichtete Träger als gesetzlich bestimmter berechtigter Geschäftsführer eines (auch) fremden Geschäfts tätig (vgl *BSG* v 14.12.2006 SozR 4-3250 § 14 Nr 3). Hat der sonderzuständige Träger auf ein im Rechtsgrund nicht gegen ihn gerichtetes Recht Kraft gesetzlicher Regelung wie auf ein originär gegen sich selbst gerichtetes Recht Leistungen zu erbringen (dh Rechte auf Rehabilitation bzw Teilhabe einzuräumen), muss der materiellrechtlich verpflichtete Träger ihm sämtliche erbrachte Leistungen (die infolge der Einräumung eines Rechts auf Rehabilitation bzw Teilhabe entstandenen Kosten und Aufwendungen) erstatten (*BSG* v 8.9.2009 – B 1 KR 9/09 R, juris Rz 17; *BSG* v 14.12.2006 SozR 4-3250 § 14 Nr 3). Vor diesem Hintergrund schließt bei Vorliegen seiner Voraussetzungen der Erstattungsanspruch des § 14 Abs 4 Satz 1 SGB IX einen Erstattungsanspruch nach § 105 SGB X aus; dies wird auch in § 14 Abs 4 Satz 3 SGB IX klar gestellt. Soweit ein Rehabilitationsträger ohne Weiterleitung des Antrages nach § 14 Abs 2 Satz 1 und 2

SGB IX lediglich verfahrensrechtlich zur Leistung sonderzuständig und verpflichtet ist, schließt § 14 Abs 4 Satz 3 SGB IX aus Sanktionsgründen auch dessen Erstattungsanspruch nach § 105 aus. Dagegen sind Erstattungsansprüche nach § 102 bzw § 104 von § 14 Abs 4 SGB IX nicht ausgeschlossen (*BSG* Urt v 20.10.2009 – B 5 R 44/08 R, BSGE 104, 294-303; *BSG* Urt v 26.6.2007 – B 1 KR 34/06 R, BSGE 98, 267-277). Zu § 14 SGB IX vgl im Übrigen § 102 Rz 5 ff.

3.4. Materiellrechtlich rechtmäßige Leistungserbringung

Die Leistungserbringung durch den unzuständigen Leistungsträger ist rechtswidrig. Trotzdem begründet dies einen Erstattungsanspruch nach § 105; auch tritt die Erfüllungsfiktion des § 107 ein (*Roos* aaO § 105 Rz 8). Das kann aber nur dann gerechtfertigt sein, wenn **ausschließlich** ein **Verstoß gegen die Zuständigkeitsvorschriften** des Sozialrechts vorliegt (vgl hierzu auch *Becker* aaO § 105 Rz 1, 2, 6). Damit erfasst der Erstattungsanspruch des § 105 ausschließlich den Verstoß gegen die sachliche/örtliche/funktionale Zuständigkeit, die Leistungserbringung muss aber im Übrigen rechtmäßig sein, so dass diese voll überprüfbar ist und der erstattungspflichtige Träger deshalb nur eine objektiv rechtmäßige Leistungsentscheidung des vorleistenden Trägers hinzunehmen hat (*LSG BW* v 21.7.2015 – L 11 KR 1601/14, juris). Der Eintritt der Erfüllungsfiktion ist daher **nicht** gerechtfertigt, wenn die Leistungserbringung auch dem **materiellen Sozialrecht widerspricht** (*Roos* aaO § 105 Rz 7). Verstößt die Sozialleistungserbringung über die Unzuständigkeit hinaus auch gegen das für den Leistungserbringer geltende materielle Leistungsrecht, so ist § 105 nicht anwendbar (*BSG* SozR 1300 § 105 Nr 7; *Kater* aaO § 105 Rz 14; *Klattenhoff* aaO § 105 Rz 1, 2, 6; *Kummer* DAngVers 1986, 402; *Roos* aaO § 105 Rz 7). Es kommt insoweit allenfalls ein Anspruch gegen den Leistungsempfänger (§ 50) in Betracht.

§ 105 setzt daher eine **materiellrechtlich rechtmäßige Erbringung** der Sozialleistung voraus. Die materielle Rechtmäßigkeit der Leistungserbringung beurteilt sich nach dem Leistungsrecht des die Sozialleistung erbringenden Trägers, also nach dem materiellen Leistungsrecht des unzuständigen Leistungsträgers. Dieser darf – abgesehen von der sachlichen bzw örtlichen Unzuständigkeit – nicht gegen das eigene Leistungsrecht verstoßen haben (*Kater* aaO § 105 Rz 14). Zur Beurteilung der Rechtmäßigkeit früherer DDR-Bescheide vgl *LSG Bln-Bbg* Urt v 6.3.2013 – L 2 U 104/12, juris.

3.5. Kongruenz

Die erbrachte Sozialleistung muss zu der vom zuständigen Leistungsträger zu erbringenden Sozialleistung **kongruent**, also **gleichartig**, sein (vgl dazu auch Vorbem §§ 102 ff Rz 26 ff). Hierzu ist die vom unzuständigen Leistungsträger erbrachte Sozialleistung derjenigen gegenüberzustellen, die durch den zuständigen Leistungsträger zu erbringen gewesen wäre. Kongruenz liegt vor, wenn diese Sozialleistungen sich im Hinblick auf die **Befriedigung einer Bedarfssituation gleichartig** gegenüberstehen (*BSG* SozR 2200 § 562 Nr 7). Die Sozialleistungen sind in **sachlicher, zeitlicher** und **persönlicher Hinsicht** zu vergleichen (so auch *Gmati* aaO Rz 38 ff). Zur sachlichen, zeitlichen und persönlichen Kongruenz vgl Vorbem §§ 102 ff Rz 26 ff. **§ 105 Abs 1 Satz 2** erweitert unter Verweis auf § 104 Abs 2 den Rahmen der persönlichen Kongruenz, als auch gewisse Leistungen an Angehörige einbezogen werden (§ 104 Rz 21 f). Insoweit sind auch hier § 34 b SGB II und § 114 SGB XII zu beachten.

3.6. Der erstattungspflichtige Leistungsträger

17 Der Erstattungsanspruch des § 105 richtet sich gegen den **zuständigen** bzw den zuständig gewesenen Leistungsträger. Auch dieser muss **Sozialleistungsträger iSd § § 12, 18 bis 29 SGB I** (dazu s auch vor § 102 Rz 10) sein (*Kater* aaO § 105 Rz 11). Im Sozialrecht folgt die Zuständigkeit der materiellrechtlichen Aufgabenverteilung; obliegt einem Leistungsträger eine Aufgabe, ist er zur Aufgabenerfüllung zuständig. Insoweit folgt die Zuständigkeit der materiellrechtlichen Aufgabe. Zuständig ist damit der für den Sozialleistungsanspruch sachlich befugte und passiv legitimierte Leistungsträger (*BSGE* 65, 31; *Roos* aaO § 105 Rz 7), gegenüber dem der materielle Sozialleistungsanspruch tatsächlich besteht. Das hat das *BSG* zuletzt (Urt v 11.3.2014 – B 11 AL 4/14 R, SozR 4-4300 § 126 Nr 3) bestätigt, als zuständig iSd § 105 der Leistungsträger ist, der im Hinblick auf den erhobenen Sozialleistungsanspruch nach materiellem Recht richtigerweise anzugehen, dh sachlich befugt (passiv legitimiert) sei. Gibt es keinen Leistungsträger gegenüber dem ein entsprechender Sozialleistungsanspruch des Leistungsempfängers besteht, so kommt ein Erstattungsanspruch nicht in Betracht.

3.7. Ausschluss wegen befreiender Leistung

18 Hat der zuständige Leistungsträger seine Leistungspflicht gegenüber dem Leistungsberechtigten durch eigene Sozialleistungserbringung erfüllt und hatte er zu diesem Zeitpunkt **keine Kenntnis von der Vorleistung** des unzuständigen Trägers, so ist der Erstattungsanspruch ausgeschlossen, § 105 Abs 1 Satz 1, 2. Hs. Leistungen des zuständigen Trägers in **positiver Kenntnis** (*BSGE* 74, 36; *BSG* SozR 3-1200 § 53 Nr 4; *Gmati* aaO Rz 41) der erbrachten Vorleistung schließen den Erstattungsanspruch nicht aus. (*BSG* Urt v 18.10.1991 – 9b/7 RAr 12/88, nv). Entsprechende Regelungen finden sich in §§ 103 Abs 1 und 104 Abs 1. Wegen der Einzelheiten vgl Vorbem §§ 102 ff Rz 36 ff.

4. Umfang des Erstattungsanspruchs, Abs 2

19 Der Umfang des Erstattungsanspruchs richtet sich gem § 105 Abs 2 nach den **Rechtsvorschriften,** die für den **zuständigen Leistungsträger** im Zeitpunkt der Entstehung der zu erstattenden Kosten gelten (*BSGE* 52, 117; *Kater* aaO § 105 Rz 29). Der Erstattungsanspruch ist damit im Bestehen und im Umfang abhängig vom materiellrechtlichen Anspruch des Leistungsempfängers gegen den erstattungspflichtigen Träger; er ist insoweit in der Entstehung als auch im Umfang akzessorisch zum Leistungsanspruch des Leistungsempfängers (*BSG* v 17.2.2009 – B 2 U 38/06 R, SozR 4-1300 § 88 Nr 2; *Roos,* aaO Vor § 102 Rz 6) Der Erstattungsanspruch ist damit (1.) durch die **tatsächlich entstandenen Aufwendungen** und (2.) durch die für den zuständigen Leistungsträger geltenden Rechtsvorschriften begrenzt. Letztlich hat damit der erstattungspflichtige Leistungsträger auch über § 105 nicht mehr zu erstatten, als er gegenüber dem Leistungsberechtigten zu erbringen gehabt hätte (*Kater* aaO § 105 Rz 29). Die Sozialleistungen sind sich im Überschneidungszeitraum monatsweise gegenüberzustellen (*BSGE* 58, 128). Im Übrigen vgl Vorbem §§ 102 ff Rz 48. Die Begrenzung des Erstattungsanspruchs nach Abs 2 stellt dabei nicht auf die Höhe des konkreten Leistungs-/Kostenbetrags ab, sondern auf die nach dem materiellen Leistungsrecht bestehenden Leistungsartverpflichtungen (*LSG BW* v 24.4.2015 – L 8 AL 2430/12, juris). Kann der nachrangig verpflichtete Rehabilitationsträger die Leistungen wegen § 77 Abs 2 SGB XII nur nach den Vertragsvergütungen der Sozialhilfeträger abrechnen, kann der zur Erstattung verpflichtete vorrangige Leistungsträger nicht entgegenhalten, dass er die Leistung anders oder kostengünstiger hätte erbringen können (*LSG BW* v 24.4.2015 – L 8 AL 2430/12, juris).

5. Begrenzung des Erstattungsanspruchs, Abs 3

Abs 3 begrenzt den Erstattungsanspruch gegenüber den Trägern der Sozialhilfe, **20** der Kriegsopferfürsorge und der Jugendhilfe in zeitlicher Hinsicht. Eine Erstattung ist erst ab deren Kenntnis von ihrer Leistungspflicht möglich (vgl dazu *SG Freiburg* Urt v 19.4.2010 – S 12 SO 1607/07, juris). Hierdurch ist gewährleistet, dass diese Träger auch im Wege einer Erstattung **nur für aktuelle Notlagen** und nicht für die Vergangenheit **leistungspflichtig** sind (*Roos* aaO § 103 Rz 22 ff). § 105 Abs 3 entspricht § 103 Abs 3 (vgl § 103 Rz 31).

6. Grenzen des Erstattungsanspruchs

Auch wenn gem § 105 die Frage des Verschuldens ohne Bedeutung ist, würde **21** dennoch das differenzierte System der Aufgabenverteilung im gegliederten Sozialleistungssystem ins Absurde geführt, wenn auch alle **bewussten Verstöße** gegen die Zuständigkeitsregelungen einen Erstattungsanspruch nach § 105 begründen könnten. Daher wird teilweise vertreten (*Roos* aaO § 105 Rz 10), dass eine Leistungserbringung in Kenntnis der eigenen Unzuständigkeit oder unter **eindeutiger Verletzung** von Zuständigkeitsregelungen nicht zu einem Erstattungsanspruch nach § 105 führen soll (*BSGE* 58, 263, 275, 276; *Roos* aaO; *LSG Hmb* Urt v 17.2.2015 – L 3 U 34/14, juris). *Roos* (aaO) begründet dies unter Heranziehung des Grundsatzes von Treu und Glauben, § 242 BGB. Ähnlich diesem Sanktionsgedanken schließt auch § 14 Abs 4 Satz 3 SGB IX Erstattungsansprüche des unzuständigen Rehabilitationsträgers nach § 105 aus, der vorsätzlich oder fahrlässig als unzuständiger Träger, ohne Weiterleitung an den materiellrechtlich verpflichteten und damit zuständigen Rehabilitationsträger, Leistungen gem § 14 Abs 2 Satz 1 und 2 SGB IX erbringt.

Die **Zuständigkeitsvorschriften** sind Ausfluss der Bindung der vollziehenden **22** Gewalt an Recht und Gesetz (**Art 20 Abs 3 GG**), sie sind damit **nicht disponibel** (*Becker* aaO § 105 Rz 9). Das muss auch im Rahmen des Erstattungsanspruchs gem § 105 von Bedeutung sein. Daher kann ein bewusstes Sich-Hinwegsetzen über Zuständigkeitsvorschriften nicht unbeachtet bleiben (vgl zB *LSG Hmb* Urt v 17.2.2015 – L 3 U 34/14, juris). Eine Berufung auf diesen Rechtsverstoß würde sich als **rechtsmissbräuchlich** darstellen (*BSG* SozR 2200 § 1237 Nr 20; Gerlach, DOK 1983, 393, [403]; *Kater* aaO § 105 Rz 19 ff). In allen sonstigen Fällen der nicht vorläufigen Leistungserbringung trotz ungeklärter Zuständigkeit greift der Erstattungsanspruch nach § 105 (*BSG* Urt v 20.11.2001 – B 1 KR 31/99 R, nv; *OVG Lüneburg* ZfSH 1990, 192). Häufig wird es in den Fällen der Leistungserbringung trotz **bewusster und offensichtlicher Unzuständigkeit** über die Zuständigkeit hinaus auch an einer materiell rechtmäßigen Leistungserbringung fehlen.

7. Entstehen des Erstattungsanspruchs

Der Erstattungsanspruch des § 105 **entsteht unmittelbar** in dem Zeitpunkt, in **23** dem sämtliche Tatbestandsvoraussetzungen erfüllt sind, § 40 Abs 1 SGB I (analog). Das ist der Zeitpunkt der **Erbringung der Sozialleistung**. Eine Sozialleistung ist erbracht, wenn diese dem Leistungsempfänger zugeflossen ist (*BSGE* 65, 31, 38). Im Übrigen vgl Vorbem §§ 102 ff Rz 49. Wird der Erstattungsanspruch nicht iSd § 111 fristgerecht geltend gemacht, ist er materiellrechtlich ausgeschlossen.

8. Einwendungen gegen den Erstattungsanspruch

24 Zwar handelt es sich bei den Erstattungsansprüchen der §§ 102 ff um selbstständige Ansprüche, trotzdem besteht eine **inhaltliche und untrennbare Verknüpfung** mit dem Sozialleistungsanspruch des Leistungsberechtigten. Dem erstattungspflichtigen Träger stehen daher grundsätzlich alle **Einwendungen**, die er dem Sozialleistungsanspruch hätte entgegensetzen können, auch gegenüber dem Erstattungsanspruch zu (*HessLSG* Urt v 25.6.2009 – L 8 KR 201/07, juris; *SG Dresden* Urt v 27.10.2011 – S 5 U 373/10, juris; *Kater* aaO § 105 Rz 32 ff). Im Einzelnen vgl § 103 Rz 37 ff.

9. Sonstiges

25 Der Erstattungsanspruch ist gem **§ 111 geltend zu machen**. Eine entsprechende Mitteilung dient nicht nur der Geltendmachung gem § 111, sondern verhindert auch, dass der zuständige Leistungsträger noch gem § 105 Abs 1 Satz 1 mit befreiender Wirkung leisten kann.

Verfügungen über den Sozialleistungsanspruch sind gem §§ 53, 54 SGB I zulässig. Bei Zusammentreffen mit Erstattungsansprüchen der §§ 102 ff gilt nach hM das Prioritätsprinzip, vgl § 106 Rz 11 ff.

26 Auch in Erstattungsstreitigkeiten gelten die allgemeinen Grundsätze der **Feststellungslast** (zu den allg Grundsätzen vgl *Keller* in Meyer-Ladewig/Keller/Leitherer, SGG, 10. Aufl, § 103 Rz 19 f; *Siefert* in von Wulffen/Schütze SGB X, 8. Aufl, § 20 Rz 30 ff). Lässt sich letztlich das Vorliegen der Tatbestandsvoraussetzungen des Erstattungsanspruchs nicht nachweisen, so trägt – auch im Rahmen des § 105 – derjenige Leistungsträger die negative Feststellungslast, der den Erstattungsanspruch behauptet (*Hanna*, SGb 2002, 369 [371]; aA *SG Hamburg* Urt v 1.7.2002 – 36 U 512/97, HVBG-Info 2003, 955). Die materiellrechtlichen Regelungen der **§ 11 Abs 4 SGB V**, §§ 7 ff SGB VII bestimmen lediglich die Leistungszuständigkeit zwischen Leistungsträger und versichertem Leistungsberechtigten (aA *SG Hamburg* aaO). Aus ihnen kann jedoch nicht entnommen werden, dass insoweit auch eine Durchbrechung der im zweiseitigen, gegenüber dem Sozialleistungsanspruch des Leistungsberechtigten grundsätzlich eigenständigen Erstattungsverfahren (Vorbem §§ 102 ff Rz 7 f) geltenden allgemeinen Regelungen der Feststellungslast gewollt ist.

Zu sonstigen **prozessualen Fragen** vgl Vorbem §§ 102 ff Rz 60 ff.

10. Anwendungsfälle

27 ▪ Werden **Rehabilitationsleistungen** im Rahmen des **SGB IX** erbracht, regelt **§ 14 Abs 4 SGB IX** abschließend die Erstattung (*BSG* v 8.9.2009 – B 1 KR 9/09 R, juris Rz 11). Ein Erstattungsanspruch gem § 105 besteht daher nicht (vgl Rz 13; *BSG* v 14.12.2006 – B 4 R 19/06 R; *Benz* SGb 2001, 616). Die frühere Rechtslage (§ 6 Abs 2 RehaAnglG) ist überholt (zur Sicht der UV: *Schreiber* BG 2001, 547). Zu § 14 SGB IX vgl auch Rz 13 sowie § 102 Rz 5 ff. Hierzu hat das *BSG* (Urt v 12.11.2013 – B 4 AS 14/13 R, juris) ausgeführt, dass dem erstangegangenen Rehabilitationsträger regelmäßig kein Erstattungsanspruch zusteht, wenn er vorleistet, obwohl nach dem Ergebnis seiner Prüfung ein anderer Rehabilitationsträger zuständig wäre. Des Weiteren hat das *BSG* (Urt v 17.12.2013 – B 1 KR 50/12 R,

SozR 4-3250 § 14 Nr 20) entschieden, dass § 14 Abs 4 Satz 1 SGB IX sich nach Zweck und dem Regelungssystem lediglich auf Erstattungen für erfolgte Rehabilitationsleistungen bezieht. Sie biete keine Anspruchsgrundlage, wenn der Erstattung begehrende Sozialleistungsträger weder nach seinem eigenen Recht eine Rehabilitationsleistung erbracht hat noch seine Leistung einen Rehabilitationsanspruch erfüllt, der eigentlich gegen den als erstattungspflichtig in Anspruch genommenen Sozialleistungsträger bestanden hatte.

■ Zur Zuständigkeit und der Anwendung von § 105 bei **stufenweiser Wiedereingliederung** nach einer Maßnahme zur medizinischen Rehabilitation vgl *BSG* Urt v 20.10.2009, SGb 2011, 39; *BSG* Urt v 20.10.2009, BSGE 104, 294-303; *BSG* Urt v 29.1.2008, SozR 4-3250 § 51 Nr 1; *BSG* Urt v 5.2.2009, SozR 4-3250 § 28 Nr 3; *SG München* Urt v 19.9.2012 – S 30 R 1593/10, juris).

■ Erbringt die KK Leistungen an **nicht krankenversicherte Empfänger** von Leistungen nach dem 3. und 5. bis 9. Kapitel **SGB XII** oder laufender Leistungen nach dem AsylbLG, richtet sich der Erstattungsanspruch (einschließlich Ersatz von Verwaltungskosten) gegen den Träger der Sozialhilfe nach § 264 Abs 7 SGB V. Insoweit wird § 105 von **§ 264 Abs 7 SGB V** verdrängt. Vgl dazu auch *LSG Bln-Bbg* Urt v 8.11.2013 – L 1 KR 268/11, juris.

■ Werden wegen einer **Erkrankung** Leistungen nach dem **SGB V** erbracht und wird diese Erkrankung **später** als **BK oder als Arbeitsunfall anerkannt,** war der KV-Tr wegen § 11 Abs 4 SGB V ursprünglich unzuständig; wegen seiner Leistungen steht ihm ein Erstattungsanspruch nach § 105 zu (vgl dazu *BSG* SozR 4-1300 § 111 Nr 3; *BSG* BSGE 899, 102 ff; *BSG* SozR 4-1300 § 111 Nr 5; *BSG* Urt v 23.9.1997 – 2 RU 37/96 – m Anm *Gitter*, SGb 1998, 372 ff; *BSGE* 60, 195). Anderes gilt, wenn die Folgen eines Arbeitsunfalls bei einer anderweitigen stationären Behandlung mitbehandelt werden (*BSG* SGb 1999, 417; *Kater* aaO § 105 Rz 50).

■ Zur Erstattung von Kosten für Heilmittel zwischen KK und BG vgl *BSG* Urt v 12.11.2013 – B 1 KR 27/12 R, SozR 4-1300 § 105 Nr 3.

■ **Irrtümlich erbrachte Familienkrankenhilfe,** § 10 SGB V, bei bestehender eigenständiger KV des Familienmitglieds begründet einen Anspruch nach § 105.

■ Erfolgt bei Zuständigkeit der **Versorgungsverwaltung** eine Leistungserbringung durch den UV- oder KV-Tr ohne Vorliegen der Voraussetzungen des § 19 BVG, greift § 105 (*BSGE* 63, 134; *Kater* aaO § 105 Rz 55).

■ Erbringt die **Versorgungsverwaltung** Leistungen für die **Folgen eines Arbeitsunfalls,** ergibt sich der Erstattungsanspruch aus § 105; § 71 b BVG greift nicht (*BSG* HVBG-Info 1999, 376).

■ Hat der **KV-Träger** Leistungen übernommen, die vom **Sozialhilfeträger** zu erbringen gewesen wären (zB Versichertenkostenanteil bei stationärer Behandlung), richtet sich die Erstattung unter Beachtung des Abs 3 nach § 105 (*BSG* SozR 1500 § 51 Nr 44; *LSG Nds* ZfS 1991, 336).

■ § 105 ist auch **zwischen** verschiedenen **Sozialhilfeträgern** anwendbar (*OVG RhPf* Urt v 30.3.2000 – 12 A 12373/99, nv; *OVG Lüneburg* Urt v 31.3.2000 – 12 L 902/00, nv). Insoweit gilt § 105 auch im Verhältnis zwischen örtlichen Sozialhilfeträgern un dem überörtlichen Sozialhilfeträger (*BayLSG* Urt v 21.2.2013 – L 18 SO 85/10, juris).

■ Nach § 9 Abs 3 **AsylbLG** ist § 105 auch für die Träger der Leistungen nach dem AsylbLG entsprechend anzuwenden (*LSG NRW* Urt v 9.2.2012 – L 9

AS 36/09, juris; *HessLSG* Urt v 6.10.2011 – L 9 AY 8/08, juris; *SG Berlin* Urt v 21.1.2009 – S 88 AY 32/08, juris).

▪ § 105 ist auch im Verhältnis der **Jugendhilfeträger** untereinander anwendbar (*VG Regensburg* Urt v 25.10.2012 – RN 7 K 12.1309, juris).

▪ Nach § 105 richtet sich auch der Erstattungsanspruch des **SGB II-Träger** gegen den Sozialhilfeträger (SGB XII), wenn die Voraussetzungen des Alg II-Leistungsanspruchs nicht gegeben sind. Zu beachten ist jedoch, dass auch SGB II-Leistungen gegenüber SGB XII-Leistungen vorrangig sein können: Leistungen nach dem SGB II gehen Leistungen nach dem SGB XII vor, § 5 Abs 2 Satz 1 SGB II (Ausnahme: § 25 Abs 2 Satz 2 SGB II), jedoch hat Sozialgeld (§§ 19 Abs 1 Satz 2, 23, 28 SGB II) Nachrang gegenüber Leistungen der Grundsicherung im Alter und bei Erwerbsminderung (§§ 41 ff SGB XII). Dann ist für den Erstattungsanspruch § 104 einschlägig.

▪ Im Verhältnis von RV-Trägern und SGB II-Trägern hat das *BSG* (Urt v 31.10.2012, SozR 4-1300 § 104 Nr 5) entschieden, dass das Jobcenter nach rückwirkender Bewilligung einer Rente wegen voller Erwerbsminderung vom RV-Träger keine Erstattung des aufstockend gezahlten Alg II verlangen könne, wenn es bei rechtzeitiger Rentengewährung Sozialgeld in zumindest gleicher Höhe hätte leisten müssen. Im Übrigen könne Ersatz von Beiträgen zur KV und PV nur verlangt werden, wenn auch die Erstattung der Hauptleistung verlangt werden könne. Bei **ungeklärter Erwerbsfähigkeit** können von der Bundesagentur für Arbeit und dem kommunalen Träger Leistungen der Grundsicherung vorläufig erbracht werden. Nach § 44 a Abs 1 Satz 6 SGB II erbringen die Agentur für Arbeit und der kommunale Träger bis zur Klärung der Erwerbsfähigkeit bei Vorliegen der übrigen Voraussetzungen Leistungen der Grundsicherung für Arbeitsuchende nach dem SGB II. **§ 44 a Abs 3 SGB II** begründet in der Folge Erstattungsansprüche nach § 103 (dazu *Blüggel* in Eicher/Spellbrink, SGB II, 2. Aufl, § 44 a Rz 64 ff). Der Erstattungsanspruch eines Jobcenters für die Zeit des Bezugs von Alg II bis zur Entscheidung der gemeinsamen Einigungsstelle über eine bestehende Erwerbsunfähigkeit des Leistungsempfängers („Nahtlosigkeitsfall") umfasst nicht die Pflichtbeiträge zur gesetzlichen Kranken- und sozialen Pflegeversicherung (*BSG* v 25.9.2014 – B 8 SO 6/13 R, BSGE 117, 47-52, SozR 4-4200 § 44 a Nr 1).

§ 106 Rangfolge bei mehreren Erstattungsberechtigten

(1) Ist ein Leistungsträger mehreren Leistungsträgern zur Erstattung verpflichtet, sind die Ansprüche in folgender Rangfolge zu befriedigen:

1. (weggefallen)
2. der Anspruch des vorläufig leistenden Leistungsträgers nach § 102,
3. der Anspruch des Leistungsträgers, dessen Leistungsverpflichtung nachträglich entfallen ist, nach § 103,
4. der Anspruch des nachrangig verpflichteten Leistungsträgers nach § 104,
5. der Anspruch des unzuständigen Leistungsträgers nach § 105.

(2) ¹Treffen ranggleiche Ansprüche von Leistungsträgern zusammen, sind diese anteilsmäßig zu befriedigen. ²Machen mehrere Leistungsträger Ansprüche nach § 104 geltend, ist zuerst derjenige zu befriedigen, der im Verhältnis der nachrangigen Leistungsträger untereinander einen Erstattungsanspruch nach § 104 hätte.

(3) Der Erstattungspflichtige muss insgesamt nicht mehr erstatten, als er nach den für ihn geltenden Erstattungsvorschriften einzeln zu erbringen hätte.

Literatur:

André: Der Vorrang des Erstattungsanspruchs nach §§ 102 ff SGB X gegenüber dem abgetretenen Anspruch auf Sozialleistungen, NDV 1985, 337; *Bley*: Ausgleichsansprüche der Sozialleistungsträger nach dem Regierungsentwurf zum X. Buch, 3. Kapitel des Sozialgesetzbuchs – Zugleich ein Versuch zur Dogmatik und Systematik des Entwurfs, DOK 1981, 143; *Dahm*: Zur Abwicklung von Erstattungsansprüchen zwischen Versorgungsverwaltung und gesetzlicher Unfallversicherung, SozVers 2002, 315; *Dederer*: Die Erstattungsansprüche der Leistungsträger untereinander (§§ 102 ff SGB X), DRV 1983, 566; *Eichenhofer*: Dogmatik und Systematik öffentlich-rechtlicher Erstattungsansprüche und privatrechtliche Regressansprüche der Sozialleistungsträger, SGb 1989, 177; *ders*: Vorausabtretung von Sozialleistungsansprüchen nach Eintritt dauernder Sozialhilfebedürftigkeit, ZfSH/SGB 1989, S 281; *ders*: Erstattung trotz Vorausabtretung?, SGb 1991, 292; *von Einem*: Das Rangverhältnis zwischen Abtretung und Erstattungsansprüchen nach §§ 102 ff SGB X, SGb 1987, 147; *Greupner*: Erstattungsansprüche der Leistungsträger untereinander, 1998; *Heimrich*: Zu einigen Problemen der Erstattungsansprüche in der Praxis eines Rentenversicherungsträgers – zugleich eine Besprechung von *BSG* vom 19.3.1996, Az.: 2 RU 22/95, und *BSG* vom 29.4.1998, Az.: 8 RKn 29/95, DRV 1999, 130; *Laufer/Noch*: Die Erstattungsansprüche der Leistungsträger untereinander – Grundsätze, Einordnung der Ansprüche nach Art der Vorleistungen, DAngVers 1983, 255; *Merden/Tempel*: Erstattungsansprüche der Leistungsträger untereinander, Kompass/BKn 2002, 8; *Pappai*: Einige die Sozialgerichtsbarkeit besonders interessierende Rechtsfragen spezieller Natur aus dem Gesetz „Zusammenarbeit der Leistungsträger und ihre Rechtsbeziehungen zu Dritten", BG 1983, 712; *ders*: Kodifizierung der Erstattungsansprüche der Sozialleistungsträger untereinander im X. Buch des SGB – Unter Berücksichtigung von Rechtsprechung und Literatur, Jahrbuch des Sozialrechts der Gegenwart 1984 (Bd 6), 273; *Platzer*: Die Rechtsnatur der Erstattungsansprüche und ihr Verhältnis zu anderen Belastungen des Sozialleistungsanspruchs, ZfSH/SGB 1985, 446; *Roßbroich*: Der Vorrang des Erstattungsanspruchs nach §§ 102 ff SGB X gegenüber dem abgetretenen Anspruch auf Sozialleistungen, NDV 1986, 134; *Schaer*: Erstattungsanspruch der Sozialleistungsträger bei Bestehen mehrerer Ren-tenansprüche, jurisPR-SozR 17/2011 Anm. 6; Weselski: Erstattungsanspruch der BA für gezahltes ALG I und gezahlte Kranken- und Pflegeversicherungsbeiträge gegen die RV, jurisPR-SozR 17/2013 Anm. 5; *von Wulffen*: Anmerkung zu *BSG* Urt. v. 14.11.1984 – 1/4 RJ 57/84 – SGb 1985, 165. Wegen allg Lit zu den Erstattungsansprüchen vgl auch vor § 102.

1. Allgemeines

Treffen **mehrere Erstattungsansprüche** zusammen und **reicht** der zur Verfügung stehende Betrag **nicht zur Befriedigung** aller Ansprüche, bestimmt § 106 eine **Rangfolge** in der die Erstattungsansprüche zu befriedigen sind. § 106 bezweckt, die materiellrechtlich geforderte Lastenverteilung auch bei nicht ausreichendem Erstattungsbetrag weitestgehend herzustellen.   **1**

§ 106 gilt **nur** für die Erstattungsansprüche der §§ **102 bis 105** und nach den **Vorschriften**, die diese Regelungen **für anwendbar erklären** (§ 9 Abs 3 AsylbLG, § 71 b BVG, § 74 Abs 2 EStG, § 145 Abs 3 Satz 1 SGB III; § 12 Abs 2 USG); bei außerhalb der §§ 102 ff bestehenden Erstattungsregelungen in den anderen Büchern des SGB sind diese speziellen Regelungen nach § 37 Satz 1 SGB I vorran-   **2** gig anzuwenden, wenn sie Abweichendes regeln (*BSG* Urt v 31.10.2012 – B 13 R 11/11 R, SozR 4-1300 § 106 Nr 1). Verweisen andere Erstattungsregelungen auf die §§ 102 ff bzw § 106 sind diese Ansprüche entsprechend der Rangposition der für anwendbar erklärten Norm in das Ranggefüge des § 106 einzustellen. Für spezielle **Erstattungsregelungen außerhalb der §§ 102 ff** ist eine Rangbestimmung iSd § 106 nicht erforderlich, da diese Ansprüche in der Höhe nicht auf eine bestimmte Vermögensmasse, vgl Art 63 GRG, §§ 18 c, 19 BVG; §§ 91 Abs 1, 93 (*Roos* in von Wulffen/Schütze SGB X, 8. Aufl, § 106 Rz 15), die §§ 102 ff jedoch auf den Betrag des Sozialleistungsanspruchs begrenzt sind (*Pappai* JbdSozRdG 1983, 273 [281]). Auch auf Erstattungsanprüche aus Auftragsverhältnissen iSd § 91 ist § 106 nicht anzuwenden (*Roos* aaO Rz 5). Ebenso sind Rückerstattungsansprüche nicht von der Rangfolge des § 106 betroffen (vgl die Komm bei Rz 19; auch *Burkiczak* in jurisPK-SGB X, § 106 Rz 24).

2. Rangfolge gem Abs 1

3 § 106 betrifft nur die **Befriedigung von Erstattungsansprüchen.** Voraussetzung ist daher, dass (1.) aufgrund desselben Sachverhalts, (2.) mehrere Erstattungsansprüche iSd §§ 102-105 verschiedener Leistungsträger gegenüber demselben Träger bestehen und (3.) der nach § 106 Abs 3 iVm den nach Maßgabe der §§ 102 bis 105 bestimmte Erstattungsbetrag nicht zur vollständigen Befriedigung aller Erstattungsansprüche ausreicht. Ob zwischen den Erstattung begehrenden Sozialleistungsträgern ein Erstattungsanspruch besteht, ist damit nicht von Bedeutung (*BSG* Urt v 31.10.2012 – B 13 R 11/11 R, SozR 4-1300 § 106 Nr 1). Maßgeblich ist alleine, ob zwischen den jeweiligen Erstattung begehrenden Trägern und dem erstattungspflichtigen Träger Erstattungsansprüche nach §§ 102 ff bestehen (*BSG* Urt v 31.10.2012 – B 13 R 11/11 R, SozR 4-1300 § 106 Nr 1), also ob der erstattungspflichtige Sozialleistungsträger wegen seiner den Erstattungsfall auslösenden Sozialleistung mehreren Erstattungsansprüchen ausgesetzt ist. Daher kommt es nach der Rspr des *BSG* (Urt v 31.10.2012 – B 13 R 11/11 R, SozR 4-1300 § 106 Nr 1) für die Rangfolge der Erstattungsansprüche nicht darauf an, ob Leistungen zB der Grundsicherung für Arbeitsuchende nach dem SGB II generell nachrangig (systemsubsidiär) gegenüber anderen Leistungen wie Alg nach dem SGB III sind. Insoweit ist in einem zweistufigen Verfahren zu klären, welche Erstattungsansprüche im Verhältnis der Erstattung begehrenden Sozialleistungsträger zum Erstattung verpflichteten Sozialleistungsträger bestehen (1) und in welchem Verhältnis diese gegen den zur Erstattung verpflichteten Sozialleistungsträger bestehenden Erstattungsansprüche untereinander stehen (2). Die in § 106 Abs 1 SGB X normierte Rangfolge ergibt sich dann aus der Einordnung des jeweiligen Erstattungsanspruchs nach §§ 102 ff SGB X und richtet sich damit nach den entsprechenden Anspruchsvoraussetzungen („sachlogische Hierarchie", *BSG* Urt v 31.10.2012 – B 13 R 11/11 R, SozR 4-1300 § 106 Nr 1; vgl auch *Kater* aaO § 106 Rz 6; *Becker* aaO § 106 Rz 10).

4 Die erste Rangstelle war nach § 106 Abs 1 Nr 1 aF den Erstattungsansprüchen der Kindergeldkasse nach § 8 Abs 1 Satz 2 BKGG aF vorbehalten. Diese Regelung wurde zum 1.1.1997 aufgehoben.

Nunmehr steht **faktisch** an **erster Rangstelle (Abs 1 Nr 2)** der Erstattungsanspruch des vorläufig leistenden Trägers gem § **102.** Auch hier zeigt sich die Privilegierung dieses Erstattungsanspruchs.

An **zweiter Rangstelle (Abs 1 Nr 3)** steht der Erstattungsanspruch nach § **103.** Dieser Leistungsträger befindet sich in einer ähnlichen Situation wie derjenige im Fall des § 102, so dass die hervorgehobene Rangstelle gerechtfertigt ist (BT-Drucks 9/95, 25). Bei ursprünglicher Betrachtung hatte dessen Leistungspflicht zwar bestanden, im Unterscheid zu § 102 besteht ex post betrachtet die Leistungspflicht des nach § 103 erstattungsberechtigten Leistungsträger jedoch nicht (mehr).

Die **dritte Rangstelle** (**Abs 1 Nr 4**) ist den nach § 104 erstattungsberechtigten Leistungsträgern zugewiesen. Subsidiär verpflichtete Leistungsträger haben immer zu prüfen, ob vorrangige Leistungsträger vorhanden sind (*Roos* aaO § 106 Rz 9).

Erstattungsansprüche der unzuständigen Leistungsträger, **§ 105**, nehmen den **letzten Rang** ein, **Abs 1 Nr 4**. Da deren Leistungen objektiv rechtswidrig waren und bei zutreffender Rechtsanwendung hätten unterbleiben müssen, ist die letzte Rangstelle für diese Erstattungsansprüche gerechtfertigt (BT-Drucks 9/99, 26).

Erst wenn die **vorgehende Rangstelle** vollständig **befriedigt** ist, wird der Erstattungsanspruch der **folgenden Rangposition bedient**. Gegebenenfalls kann daher der nachrangige Leistungsträger lediglich einen Teil seines Erstattungsanspruchs realisieren, unter Umständen auch gar nichts. **5**

3. Zusammentreffen ranggleicher Erstattungsansprüche, Abs 2

Treffen mehrere gem Abs 1 **ranggleiche Erstattungsansprüche** zusammen und **reicht** der zur Verfügung stehende **Betrag nicht** aus um alle Ansprüche voll zu befriedigen, so bestimmt **Abs 2** die **ranginterne Befriedigungsreihenfolge**. § 106 **Abs 2 Satz 1** ordnet eine **anteilmäßige Bedienung** der Erstattungsansprüche an. Dabei ist der einzelne Erstattungsanspruch entsprechend seinem Anteil im Verhältnis zum Gesamtbetrag aller Ansprüche innerhalb derselben Rangposition zu befriedigen. **6**

Eine abweichende Regelung trifft Abs 2 Satz 2 für ranggleiche **Erstattungsansprüche nach § 104**. Es findet **keine anteilige Befriedigung** statt. Die ranginterne Reihenfolge richtet sich danach, wer unter den nach § 104 erstattungsberechtigten Leistungsträgern **im Verhältnis zu den anderen** nach § 104 erstattungsberechtigten Leistungsträgern **einen Erstattungsanspruch gem § 104 hätte**. Es kommt gemäß Abs 2 Satz 2 nicht darauf an, ob zwischen diesen Trägern tatsächlich ein solcher Anspruch besteht (*Becker* in Hauck/Noftz SGB X § 106 Rz 18), vorausgesetzt ist nur, dass jeweils zum Erstattungspflichtigen ein Erstattungsanspruch aus § 104 besteht. Zur Beurteilung der Rangfolge des § 106 Abs 2 Satz 2 ist auf das **Vorrang-/Nachrangverhältnis** der Leistungen der erstattungsberechtigten **Träger untereinander** abzustellen. Soweit nicht ausdrücklich ein Vorrang-/Nachrangverhältnis anordnet ist, ist das Verhältnis aufgrund des materiellem Leistungsrechts (zB Anrechnungs- und Berücksichtigungsregelungen von Leistungen anderer nachrangiger Leistungsträger) zu bestimmen (*Kater* in KassKomm § 106 SGB X Rz 13; *Laufer/Noch* DAngVers 1983, 260 ff). Wer in dieser **internen Reihenfolge** die **letzte Stelle** einnimmt, also wessen Leistung subsidiär zu den Leistungen aller anderen beteiligten Leistungsträgern ist, wird **zuerst befriedigt**. **7**

Absoluten Nachrang gegenüber allen anderen Leistungen haben Leistungen nach dem **SGB XII**, § 2 Abs 1 SGB XII. Daher sind die daraus resultierenden Erstattungsansprüche nach § 104 im Rahmen des § 106 Abs 2 Satz 2 zuerst zu befriedigen (Ausnahme: § 10 Abs 2 SGB VIII). **8**

Leistungen nach dem **SGB II** gehen Leistungen nach dem SGB XII vor, § 5 Abs 2 Satz 1 SGB II, jedoch hat Sozialgeld, §§ 19 Abs 1 Satz 2, 23 SGB II, Nachrang gegenüber Leistungen der Grundsicherung im Alter und bei Erwerbsminderung (§§ 41 ff SGB XII). Gegenüber anderen Sozialleistungen haben die SGB II-Leistungen Nachrang, §§ 5 Abs 1 und 2, 9, 11 ff SGB II. Zum Rangverhältnis zwischen RV-, SGB II- und SGB III-Leistungen vgl *BSG* Urt v 31.10.2012 – B 13 R 11/11 R, SozR 4-1300 § 106 Nr 1).

Leistungen wegen **Kinder- und Jugendhilfe** nach dem SGB VIII **gehen** den Leistungen des SGB XII **vor** (Ausnahme: § 10 Abs 3 und 4 SGB VIII), anderen Leistungen gehen sie jedoch **nach**. Nach der im SGB VIII bestimmten Rangfolge (§ 10 Abs 3 SGB VIII) gehen die Leistungen nach dem SGB VIII den **SGB II-Leistungen** vor; jedoch sind Leistungen nach § 3 Abs 2 (Arbeitsvermittlung), §§ 14 bis 16 g (Leistungen zur Eingliederung in Arbeit), § 19 Abs 2 iVm § 28 Abs 6 SGB II (gemeinschaftliche Mittagsverpflegung) sowie Leistungen nach § 6 b Abs 2 BKGG iVm § 28 Abs 6 SGB II (gemeinschaftliche Mittagsverpflegung) den Leistungen des SGB VIII vorrangig. Darüber hinaus sind gem § 10 Abs 4 Satz 1 SGB VIII Leistungen nach dem SGB VIII gegenüber den **Leistungen des SGB XII** vorrangig. Als Umkehrung dieser Rangfolge bestimmt § 10 Abs 4 Satz 2 SGB VIII, dass Leistungen nach § 27 a Abs 1 SGB VIII iVm § 34 Abs 6 SGB XII (gemeinschaftliche Mittagsverpflegung) und Leistungen der Eingliederungshilfe nach dem SGB XII (§ 53 ff SGB XII) für junge Menschen, die körperlich oder geistig behindert oder von einer solchen Behinderung bedroht sind, den SGB VIII-Leistungen vorgehen. Gem § 10 Abs 4 Satz 3 SGB VIII kann auch Landesrecht regeln, dass Leistungen der Frühförderung für Kinder unabhängig von der Art der Behinderung vorrangig von anderen Leistungsträgern gewährt werden können.

Leistungen der Kriegsopferfürsorge gehen wegen der Anrechnungsvorschriften §§ 25 a, 25 d BVG, 30 f KFürsV zwar den Sozial-, Kinder- und Jugendhilfeleistungen **vor**, anderen Sozialleistungen aber nach (*Kater* aaO § 106 Rz 12).

Bei **anderen Sozialleistungen** ist das materielle Verhältnis der Leistungen zueinander zu erforschen.

9 Die Rangfolge des § 106 Abs 2 beruht auf einer **monatlich vorzunehmenden Gegenüberstellung** der Erstattungsansprüche, die Rangfolge ist daher für jeden Monat neu zu bestimmen; bei kürzeren Leistungszeiträumen ist eine Aufteilung auf diese kürzeren Zeiträume vorzunehmen.

4. Umfang der Erstattungspflicht, Abs 3

10 § 106 Abs 3 begrenzt den Betrag, den der erstattungspflichtige Leistungsträger zu erstatten hat. Er hat insgesamt **nicht mehr** zu erstatten, als er nach den **für ihn geltenden Erstattungsvorschriften** zu erbringen hätte. Es ist dabei nicht auf den höchsten Einzelerstattungsanspruch abzustellen. Gemeint ist eine **Verweisung** auf die den **Erstattungsumfang** betreffenden Regelungen der §§ 102 Abs 2, 103 Abs 2, 104 Abs 3, 105 Abs 2. Hierdurch wird verhindert, dass der erstattungspflichtige Träger über seine Leistungspflicht nach diesen Vorschriften hinaus belastet wird (*Becker* aaO § 106 Rz 21; *Roos* aaO Rz 14). Beim Zusammentreffen von Erstattungsansprüchen nach §§ 103 bis 105 mit solchen aus § 102 ist iSd § 106 Abs 3 auf den Wert der Vorleistung des nach § 102 Erstattungsberechtigten abzustellen (*Becker* aaO § 106 Rz 21 a, 21 b).

5. Belastungen/Verfügungen des Sozialleistungsanspruchs

Sozialleistungsansprüche sind Gegenstand des Rechtsverkehrs. Daher sind sie **11**
im Rahmen der §§ 53, 54 SGB I **verfügungs- und belastungsfähig.** Derartige
Verfügungen bzw Belastungen sind auch schon **vor Entstehen** des Sozialleistungsanspruchs möglich (*BSG* SozR 1300 § 104 Nr 4; *BSG* SozR 3-1200 § 53
Nr 4).

Treffen **mehrere** solcher **Vorausverfügungen** zusammen und genügt der Sozial- **12**
leistungsanspruch nicht um alle Forderungen zu erfüllen, richtet sich deren Verhältnis nach dem **Prioritätsprinzip;** die zeitlich früher entstandene und wirksame Vorausverfügung ist zuerst zu erfüllen. Dies gilt nach der Rechtsprechung
auch im Fall des **Zusammentreffens** einer Verfügung über einen Sozialleistungsanspruch **mit** einem **Erstattungsanspruch** nach §§ 102 ff (*BSGE* 57, 218; *BSGE*
65, 258; *BSG* SozR 1300 § 104 Nr 4; *BSG* SGb 1991, 321; *Burkiczak* aaO Rz
31; *ders* aaO § 107 Rz 22; *Roller* in von Wulffen/Schütze SGB X, 8. Aufl, § 107
Rz 9; *Roos* aaO Rz 16; *Roßbroich* NDV 1986, 134). Soweit Vorausverfügungen über zukünftig entstehende Sozialleistungsansprüche zu einem Zeitpunkt
vorgenommen werden, zu dem ein Erstattungsanspruch noch nicht entstanden
war, gehen diese den Erstattungsansprüchen vor (*BSG* aaO; *Kater* aaO § 104,
Rz 42 ff; *v Einem* SGb 1987 147 [148]). Dieser Rspr ist nicht zu folgen (ebenso
– zumindest im Fall des gleichzeitigen Zusammentreffens des Entstehens des Erstattungsanspruchs mit dem Anspruchsübergang: *LSG NRW* Urt v 8.5.2012 –
L 18 R 334/11, juris, anhängig *BSG* – B 5 R 36/12 R; aA *Kater* aaO § 104 Rz
42 ff; *Roller* aaO Rz 9; *Roos* aaO § 106 Rz 14; *Becker* aaO Vorbem §§ 102 Rz
22).

Ob den §§ 113 SGB XII, 53 Abs 5 SGB I der allgemeine Rechtsgedanke zu ent- **13**
nehmen ist, dass ‚Zugriffen' von Leistungsträgern auf den Sozialleistungsanspruch immer Vorrang vor sonstigen Verfügungen oder Belastungen des Sozialleistungsanspruchs zukommt (aA *Roller* aaO Rz 9), kann letztlich offen bleiben. Treffen nämlich Vorausverfügungen über eine Sozialleistungsanspruch bzw
dessen Belastungen mit Erstattungsansprüchen nach den §§ 102 ff zusammen,
handelt es sich **nicht** um eine **Konkurrenzsituation** bezüglich des Zugriffs auf
eine Sozialleistung (*Heimrich* DRV 1999, 130 [145 f]), entscheidend ist vielmehr die Frage, ob auch dann ein Erstattungsanspruch entsteht, wenn anstelle
des Leistungsberechtigten der Sozialleistungsanspruch einem Dritten zusteht
und ob auch in diesem Fall die Erfüllungsfiktion des § 107 Abs 1 Wirkung entfaltet, mit der Folge, dass der (abgetretene) Sozialleistungsanspruch auch gegenüber dem neuem Gläubiger als erfüllt gilt.

Ein Erstattungsanspruch nach §§ 102 ff setzt die Erbringung einer Sozialleis- **14**
tung an einen Leistungsempfänger durch einen Sozialleistungsträger und einen
Sozialleistungsanspruch eines Leistungsberechtigten gegen einen anderen Sozialleistungsträger voraus. Zwischen der Person des Leistungsempfängers und der
Person des Leistungsberechtigten muss grundsätzlich Personenidentität bestehen (vgl Vorbem §§ 102 ff Rz 30 ff). Diese persönliche Kongruenz scheint im
Fall der Vorausabtretung des Sozialleistungsanspruchs nicht mehr vorzuliegen,
da der Leistungsempfänger und frühere Leistungsberechtigte (Zedent) mit der
Abtretung den Leistungsanspruch auf den neuen Gläubiger (Zessionar) übertragen hatte. Der Zessionar hatte die Forderung aus dem Sozialleistungsanspruch
unmittelbar mit deren Entstehen erworben (*BSG* Urt v 23.10.2003 – B 4 RA
25/03, nv). Der neue Gläubiger (Zessionar) tritt bei der Abtretung gem § 398
Satz 2 BGB an die Stelle des alten Gläubigers. Er übernimmt das Recht in dem
Zustand vom alten Gläubiger, wie es diesem gegenüber bestanden hat. Dem ist

das *BSG* (Urt v 29.1.2014 – B 5 R 36/12 R, SozR 4-1200 § 53 Nr 4) nicht gefolgt; die Forderungsübertragung verändere im Sozialrecht nur die Rechtszuständigkeit über die Forderung, ohne dass der Zessionar in die Rechtsstellung des Zedenten aus dem Sozialrechtsverhältnis eintrete. Insoweit übernimmt der neue Gläubiger – zwar nicht die Rechtsstellung des Zedenten, sondern – nur das begrenzte, ihm übertragene Recht aus dem Gesamtkomplex der Rechtsbeziehungen, ohne dass sich dessen Inhalt verändert (*BSG* aaO). Doch muss er sich im Sinne der **persönlichen Kongruenz** die Position des alten Gläubigers entgegenhalten lassen. Dem Erstattungsanspruch kann daher nach hier vertretener Auffassung nicht eine wegen der Abtretung fehlende persönliche Kongruenz entgegen gehalten werden. Damit besteht die vom Erstattungsanspruch geforderte Lage; der Zedent hatte eine Sozialleistung erhalten und der Zessionar hat einen, wenn auch ihm vorausabgetretenen Sozialleistungsanspruch inne, muss sich aber so behandeln lassen, als wäre er mit dem alten Gläubiger (Zedenten) noch personenidentisch. Liegen daher die sonstigen Voraussetzungen des Erstattungsanspruchs vor, so ist trotz der Vorausabtretung auch hinsichtlich des von dieser erfassten Teils des Sozialleistungsanspruchs ein Erstattungsanspruch entstanden. Soweit daher ein Erstattungsanspruch besteht, gilt der Sozialleistungsanspruch des alten Gläubigers auch gegenüber dem neuen Gläubiger (Zessionar) als erloschen, **§ 107 Abs 1**.

Nachdem diese Erfüllungswirkung des § 107 Abs 1 nicht auf rechtsgeschäftlicher Grundlage beruht, ist § 407 BGB nicht einschlägig. Auch § 406 BGB greift nicht, da es sich bei den Erstattungsansprüchen der §§ 102 ff nicht um eine Aufrechnung handelt. Eine gesetzliche Regelung der Folgen des Zusammentreffens von Vorausverfügungen und Erstattungsansprüchen besteht damit nicht.

Erstattungsansprüchen liegt die Situation zugrunde, dass selbst im Fall des Bestehens zweier Sozialleistungsansprüche gegenüber verschiedenen Leistungsträgern, die **Sozialleistung** materiellrechtlich jedoch insgesamt nur **einmal erbracht werden darf** (*Kater* in KassKomm § 103 SGB X Rz 11). Die §§ 102 ff SGB X wollen gerade nach ihrem Sinn und Zweck die materiellrechtlich nicht vorgesehene Erbringung von **Doppelleistungen verhindern**. Tritt nun an die Stelle des Leistungsberechtigten ein anderer als Inhaber eines Sozialleistungsanspruchs, weil er die Rechtsposition des früheren Gläubigers erworben hat, so muss er sich den mit der Sozialleistungserbringung verbundenen Zweck entgegenhalten lassen. Die **Abtretung** bewirkt nämlich **keine Veränderung** des Leistungsinhalts (*BSG* Urt v 23.10.2003 – B 4 RA 25/03 R, nv) und damit auch nicht **des Leistungscharakters und des Leistungszwecks**. Die Leistung an den neuen Gläubiger (Zessionar) entspricht daher aufgrund des sich durch die Abtretung nicht verändernden Leistungszwecks noch immer einer Leistungserbringung an den früheren Anspruchsinhaber. Daher ist dessen Gleichstellung mit dem alten Gläubiger gem § 398 Satz 2 BGB im Rahmen der persönlichen Kongruenz auch gerechtfertigt.

15   In diesem Sinn hat auch das *LSG NRW* entschieden, dass ein durch Abtretung übergegangener Rentenanspruch, der von vornherein mit der Einwendung (§ 404 BGB) der Erfüllung (§ 362 BGB) behaftet ist, kraft gesetzlicher Fiktion mit dem gleichzeitigen Entstehen des Erstattungsanspruchs (nach einer „juristischen Sekunde" des Bestehens) sofort untergeht (*LSG NRW* Urt v 8.5.2012 – L 18 R 334/11, juris, nachgehend vgl *BSG* Urt v 29.1.2014 – B 5 R 36/12 R, SozR 4-1200 § 53 Nr 4).

16   Nach der Rechtsprechung des *BSG* sind im Fall des Zusammentreffens von Vorausverfügung und Erstattungsanspruch, unter Umständen Sozialleistungen jeweils an den alten und an den neuen Gläubiger, somit zwei Sozialleistungen, zu erbringen. Materiellrechtlich ist jedoch nur eine Leistungserbringung vorgesehen. Damit wird in Folge der *BSG*-Rspr die Sozialleistung ggf doppelt erbracht. Es handelt sich insoweit – auch nach der Vorausabtretung – um eine (von §§ 102 ff) zu vermeidende Doppelleistung. Damit wird aber die Zielsetzung der §§ 102 ff verdreht (*Merden/Tempel* Kompass 2002, 8 [13]).

Tritt gem § 398 Satz 2 BGB der neue Gläubiger (Zessionar) an die Stelle des alten Gläubigers (Zedent), muss er sich auch die gesetzlichen Folgen des Sozialleistungsbezuges des alten Gläubigers entgegenhalten lassen. Gesetzliche Folge des Sozialleistungsbezugs ist aber gerade das Bestehen eines Erstattungsanspruchs und damit die Erfüllungsfiktion des § 107 Abs 1. Somit hat die **Erfüllungsfiktion** auch **gegenüber Dritten Wirkung,** nicht nur gegenüber dem Leistungsempfänger selbst (iE ebenso: *Bley* DOK 1981, 143 [151]; *Dederer* DRV 1983, 566 [576]; *Laufer/Noch* DAngVers 1983, 255 [261]; *Merden/Tempel,* Kompass 2002, 8 [13]; *Pappai* BG 1983, 712 [714]; *Pickel* SGB X § 106 Rz 32).

Soweit daher ein Erstattungsanspruch besteht, gilt der Sozialleistungsanspruch auch gegenüber dem neuen Gläubiger (Zessionar) als erfüllt und als von Anfang an erloschen, § 107 Abs 1 SGB X. Eine Vorausabtretung geht insoweit ins Leere (iE ebenso: *Eichenhofer* SGb 1991, 294, der jedoch § 107 als gesetzliche Verrechnung iSd § 53 Abs 5 SGB I ansieht und daraus den Vorrang der Erstattungsansprüche ableitet). Auch § 404 BGB steht dem nicht entgegen. Zwar handelt es sich bei der Erfüllung um eine Einrede iSd § 404 BGB, jedoch ist § 404 BGB nicht anwendbar. Die Geltung der §§ 398 ff BGB auch im öffentlichen Recht ist anerkannt (*BSG* NJW 1959, 2087), es sind jedoch die Besonderheiten des öffentlichen Rechts zu beachten. Hierzu zählt auch die gesetzliche Erfüllungsfiktion des § 107 Abs 1 mit Wirkung gegenüber Dritten. Daher verdrängt § 107 Abs 1 im Bereich der Sozialleistungserbringung die Anwendung des § 404 BGB.   17

Vorstehendes gilt für (Voraus-)Belastungen (Pfändungen/Verpfändungen, §§ 53, 54 SGB I) aufgrund der Regelungen in §§ 1273, 1274 BGB, §§ 835 Abs 2, 836 Abs 1 ZPO entsprechend.   18

6. Verhältnis zu § 107

§ 106 betrifft nur die Befriedigung von Erstattungsansprüchen. Andererseits setzt die Erfüllungsfiktion des § 107 Abs 1 lediglich das Bestehen eines Erstattungsanspruchs, unabhängig von dessen Befriedigung, voraus. HM ist jedoch, dass aufgrund der Rangfolge des § 106 unbediente Erstattungsansprüche **nicht** die Erfüllungsfiktion des **§ 107 Abs 1** auslösen; die zugrunde liegende Sozialleistung kann vom Leistungsempfänger gem § 50 zurückgefordert werden (*Bley* DOK 1981, 143 [151]; *Becker* aaO § 106 Rz 1 a).   19

7. Rückerstattung, § 112

Rückerstattungsansprüche nach § 112 stehen **außerhalb der Rangfolge** des § 106. Wird ein vorrangig befriedigter Erstattungsanspruch gem § 112 rückerstattet, so ist bei **vollständiger Rückerstattung** die **Rangfolge neu zu bestimmen,** die Leistungsträger sind nachträglich nach der neuen Rangfolge zu befriedigen; wird ein Erstattungsanspruch nur zum Teil rückerstattet, so ist auf Grundlage der bisherigen Rangfolge die Befriedigung der folgenden Rangpositionen neu zu bestimmen.   20

8. Rechtsschutz

21 Der Rechtsweg für Streitigkeiten über die Rangfolge richtet sich nach § 114 (*Becker* aaO § 106 Rz 34). Ist in einem Gerichtsverfahren die **Rangposition streitig**, oder wird vom erstattungspflichtigen Träger geltend gemacht, wegen der Rangfolge des § 106 sei ein Erstattungsanspruch nicht zu befriedigen, so wird von der Gerichtsentscheidung auch die Rechtsstellung der anderen Leistungsträger berührt. Eine Entscheidung kann allen betroffenen **Leistungsträgern** gegenüber nur einheitlich ergehen, sie sind **gem § 75 Abs 2 SGG beizuladen** (*BSG* Urt v 31.10.2012 – B 13 R 9/12 R, SozR 4-1300 § 104 Nr 5). Eine Beiladung des Leistungsberechtigten wurde im Streit um die Rangfolge nach § 106 vom BSG teilweise als notwendig erachtet worden (vgl dazu *BSG* Urt v 31.10.2012 – B 13 R 9/12 R, SozR 4-1300 § 104 Nr 5; zur Beiladung im Rangstreit zwischen Sozialhilfeträger und Rentenversicherungsträger *BSG* SozR 1500 § 75 Nr 80; *BSG* Urt v 15.11.1989 – 5 RJ 78/88, juris; zur Beiladung im Rangstreit zwischen Sozialhilfeträger und Krankenkasse *BSG* SozR 1500 § 75 Nr 60; *BSG* SozR 3-1300 § 111 Nr 7; *Becker*, SGb 2011, 84). Dagegen hatte das *LSG BW* (Urt v 23.4.2004 – L 1 U 1181/02, nv) eine Beiladung des Leistungsberechtigten nicht für erforderlich erachtet.

§ 107 Erfüllung

(1) Soweit ein Erstattungsanspruch besteht, gilt der Anspruch des Berechtigten gegen den zur Leistung verpflichteten Leistungsträger als erfüllt.

(2) [1]Hat der Berechtigte Ansprüche gegen mehrere Leistungsträger, gilt der Anspruch als erfüllt, den der Träger, der die Sozialleistung erbracht hat, bestimmt. [2]Die Bestimmung ist dem Berechtigten gegenüber unverzüglich vorzunehmen und den übrigen Leistungsträgern mitzuteilen.

Literatur:

Becker: Zur notwendigen Beiladung des Leistungsempfängers im Erstattungsstreit der Leistungsträger, SGb 2011, 84; *Bley:* Ausgleichsansprüche der Sozialleistungsträger nach dem Regierungsentwurf zum X. Buch, 3. Kapitel des Sozialgesetzbuchs – Zugleich ein Versuch zur Dogmatik und Systematik des Entwurfs, DOK 1981, 143; *Dreher:* Zulässigkeit der Verrechnungserklärung durch Verwaltungsakt, jurisPR-SozR 11/2013 Anm. 4; *Geiger:* Keine Erfüllungsfiktion bei fehlender Personenidentität der Leistungsempfänger, info also 2013, 110; *Gottschalk:* Erstattungsansprüche zwischen Leistungsträgern, SF-Medien Nr 176, 31 (2009); *Kater:* Erstattungsanspruch des Grundsicherungsträgers gegen die BA – rückwirkende Insolvenzgeldbewilligung – Einkommensberücksichtigung – Erfüllungsfiktion – fehlende Personenidentität der Leistungsempfänger – keine Anwendung der Neuregelung des § 34 a SGB 2, SGb 2012, 294; *Pickel:* Erfüllung und Ausschluss von Erstattungsansprüchen, SGb 1984, 545; *Schaer:* Erstattungsanspruch der Sozialleistungsträger bei Bestehen mehrerer Rentenansprüche, jurisPR-SozR 17/2011 Anm. 6. Wegen allg Lit zu den Erstattungsansprüchen, vgl vor § 102.

1. Allgemeines

Die Erstattungsansprüche der §§ 102 ff regeln das Verhältnis zwischen zwei **1**
Leistungsträgern, das sich daraus ergibt, dass ein Leistungsträger anstelle eines
anderen Leistungsträgers Sozialleistungen an einen Leistungsberechtigten erbringt. Welche Auswirkungen diese Vorleistung auf den Leistungsanspruch des
Berechtigten hat, bestimmt sich nach § 107 Abs 1 (in Anlehnung an § 364 Abs
1 BGB). **Soweit** ein **Erstattungsanspruch besteht,** gilt der **Sozialleistungsanspruch** des Berechtigten als **erfüllt.** Die Erfüllungsfiktion des § 107 dient somit
der **Vermeidung von Doppelleistungen** an den Leistungsberechtigten, der
Rechtsklarheit im Verhältnis zwischen Bürger und Leistungsträger und der Verwaltungsökonomie (*BSG* Urt v 23.2.2011, SozR 4-3250 § 51 Nr 2; *BSG* Urt
v 22.6.2010 – B 1 KR 21/09 R, BSGE 106, 206-214; *BSG* SozR 3-1300 § 107
Nr 10).

Über die §§ 102 ff hinaus gilt die Erfüllungsfiktion des § 107 Abs 1 für **alle Er-** **2**
stattungsansprüche zwischen Leistungsträgern (zum BVG vgl § 21 Satz 3 BVG;
zu § 14 SGB IX vgl *BSG* vom 14.12.2006 – B 4 R 19/06 R). Auf Erstattungsansprüche gem §§ 91 Abs 1, 93, ist § 107 nicht anwendbar (*Becker* in Hauck/
Noftz SGB X § 107 Rz 5 c; *Roller* in von Wulffen/Schütze SGB X, 8. Aufl,
§ 107 Rz 4), ebenso nicht auf solche gem §§ 19, 20, 18 c Abs 1 BVG (*Roller*
aaO Rz 4).

Zu prozessualen Fragen, insbesondere der Beiladung, vgl Vorbem zu § 102 Rz **3**
22 ff. Nach der Rspr des BSG fehlt das Rechtsschutzbedürfnis für eine Klage
trotz der Erfüllungsfiktion des § 107 Abs 1 nicht deswegen, weil der Kläger Krg
in gleicher Höhe fordert, wie er als Alg bereits erhalten hat (*BSG* Urt
v 12.3.2013 – B 1 KR 7/12 R, juris). Eine Anfechtungs- und Leistungsklage des
Versicherten gem § 54 Abs 4 SGG und die darauf beruhende Verurteilung einer
Krankenkasse dem Grunde nach (§ 130 Abs 1 Satz 1 SGG) sei ausnahmsweise
zulässig, selbst wenn jeglicher Zahlungsanspruch des Versicherten – etwa wegen des Alg-Bezug und der Erfüllungsfiktion des § 107 – von vornherein ausscheide (*BSG* aaO; *BSG* Urt v 30.3.2004, SozR 4-2500 § 44 Nr 1; *BSG* Urt
v 8.8.1990, SozR 3-1300 § 104 Nr 3). Da die Erstattung nach §§ 102 ff zwischen den beteiligten Sozialleistungsträgern iSd § 12 SGB I erfolgt, kann der
Leistungsberechtigte im Umfang des Erstattungsanspruchs nicht gegen die Behörde vorgehen, die die Erstattungszahlung erhalten hat (*BayLSG* Beschl
v 12.4.2010 – L 7 AS 144/10 B ER, juris); er kann jedoch einen gegen diesen
bestehenden, höheren, mithin nicht nach § 107 Abs 1 erfüllten Leistungsanspruch geltend machen.

2. Regelungsgehalt Abs 1

Soweit ein Erstattungsanspruch besteht, gilt der Anspruch des Berechtigten ge- **4**
gen den zur Leistung verpflichteten Leistungsträger als erfüllt, § 107 Abs 1 (zur
vergleichbaren Regelung in § 116 Abs 3 Satz 1 SGB VI vgl *LSG BW*
v 22.5.2014 – L 10 R 5615/11, juris). Damit wird klar gestellt, dass ein Sozialleistungsanspruch **nur** dann wegen einer Vorleistung als erfüllt gilt, **wenn** wegen
der Erbringung dieser Vorleistung ein **Erstattungsanspruch entstanden** ist. Dabei ist zu beachten, dass Erstattungsansprüche zwischen Leistungsträgern voraussetzen, dass ein Leistungsträger anstelle eines anderen leistungspflichtigen
Leistungsträgers Sozialleistungen erbracht hat. Daran fehlt es, wenn zwei Leistungsträger nebeneinander verpflichtet sind, ihre Sozialleistungen dem Berechtigten zeitgleich im erfolgten Umfang zu erbringen (*BSG* Urt v 22.6.2010 – B

1 KR 21/09 R, BSGE 106, 206-214), mit der Folge, dass auch die Erfüllungsfiktion des § 107 Abs 1 nicht greift. Gerade das Entstehen des Erstattungsanspruchs löst die Erfüllungsfiktion aus (*BSGE* 69, 238 [245]). Einzige Voraussetzung der Erfüllungsfiktion ist damit das Entstehen eines Erstattungsanspruchs; auf eine Geltendmachung gem § 111 oder die Erfüllung eines vermeintlichen Erstattungsanspruchs kommt es nicht an (*BSG* SozR 3-2400 § 26 Nr 5; *BSG* SozR 3-1300 § 104 Nr 9; *Kater* in KassKomm § 107 SGB X Rz 9).

Bestehen **Einwendungen** des Leistungsberechtigten gegen die Erbringung der Vorleistung, wirken diese wegen § 107 Abs 1 auch gegenüber dem erstattungspflichtigen Leistungsträger (*Pickel* SGb 1984, 545 [546]).

2.1. Eintritt der Erfüllungsfiktion

5 Die Erfüllungsfiktion tritt unmittelbar **in dem Zeitpunkt** ein, in dem der Erstattungsanspruch entsteht (*BSG* SozR 3-1300 § 111 Nr 8; *BayLSG* Urt v 14.1.2010 – L 8 AL 106/08, juris). Wann ein **Erstattungsanspruch entsteht**, richtet sich nach dem jeweils einschlägigen Erstattungstatbestand. Im Fall der §§ 102, 104, 105 entsteht der Erstattungsanspruch mit Erbringung der Vorleistung, im Fall des § 103 jedoch erst im Zeitpunkt des nachträglichen Wegfalls der ursprünglichen Leistungspflicht (vgl §§ 103 Rz 36). Ein Erstattungsanspruch nach §§ 103 bis 105 **entsteht nicht, wenn** der erstattungspflichtige Leistungsträger mit **befreiender Wirkung** seine Sozialleistung erbracht hat (§§ 103 Abs 1, 104 Abs 1 Satz 1, 105 Abs 1 Satz 1; vgl dazu *BSG* Urt v 22.6.2010 – B 1 KR 21/09 R, BSGE 106, 206-214). Hier greift § 107 nicht ein (*Kater* aaO § 107 Rz 10); der Sozialleistungsanspruch des Leistungsberechtigten ist bereits mit der Leistung des zuständigen, erstattungspflichtigen Leistungsträgers erloschen.

2.2. Wirkung der Erfüllungsfiktion

6 Gem § 107 Abs 1 gilt der Sozialleistungsanspruch als erfüllt, soweit ein Erstattungsanspruch besteht. Damit ist der **Sozialleistungsanspruch** des Leistungsberechtigten gegen den zuständigen, erstattungspflichtigen Leistungsträger und das zwischen diesen bestehende **sozialrechtliche Schuldverhältnis** in Höhe des Erstattungsanspruchs **erloschen** (*BFH* Urt v 7.4.2011 – III R 88/09, juris; *Becker* aaO § 107 Rz 8; *Roller* aaO Rz 7). Damit muss der letztlich dem Leistungsberechtigten gegenüber verpflichtete Sozialleistungsträger zwar den Anspruch des Leistungsberechtigten dem Grunde nach feststellen, muss aber dem aus dem festgestellten Anspruch folgenden Auszahlungsanspruch die Erfüllung durch einen Dritten entgegenhalten, nämlich durch Zahlung der zu erstattenden Sozialleistung seitens des erstattungsberechtigten Sozialleistungsträgers (§ 107 Abs 1). Verlangt der Leistungsberechtigte zwar kein höheres Leistungsrecht, wendet er jedoch ein, die eine Erfüllung iSd § 107 Abs 1 sei nicht oder nur in geringerem Umfang eingetreten, so ist bisher in der Rechtsprechung nicht entschieden, ob es sich bei dem vom Sozialleistungsträger geltend gemachten Erfüllungseinwand um einen isoliert anfechtbaren Verwaltungsakt handelt (mit der Folge, dass der Leistungsberechtigte einen höheren Auszahlanspruch mit einer kombinierten Anfechtungs- und Leistungsklage gem § 54 Abs 1 iVm Abs 4 SGG geltend machen muss) oder um eine bloße Mitteilung über die anderweitige Erfüllung des Auszahlanspruchs (mit der Folge, dass der Leistungsberechtigte bei unstreitigem Gesamtleistungsanspruch einen höheren Auszahlungsanspruch mit der reinen Leistungsklage gem § 54 Abs 5 SGG erstreiten muss). Für die Annahme eines Verwaltungsakts könnte sprechen, dass der Sozi-

alleistungsträger mit der Berufung auf den Erfülungseinwand gem § 107 Abs 1 feststellt, der Anspruch sei erloschen und insoweit ein Recht des Leistungsberechtigten beeinträchtigt. Dagegen spricht, dass die Rspr in anderen Fällen einer Reduzierung des Auszahlanspruch wegen pflichtiger Zahlungen an Dritte (zB Beitragsabführung aus der Rente zur GKV bzw SPV), also einem „Erfüllungseinwand wegen Zahlung an Dritte", eine Regelungswirkung verneint und angenommen hatte, es handele sich lediglich um einen Rechnungsposten (*BSG* Urt v 5.9.2006, BSGE 97, 63-72).

Die Erfüllungsfiktion kann auch nicht über § 816 Abs 2 BGB umgangen wer- **7**
den (*BSG* Urt v 29.9.2009 – B 8 SO 11/08 R, juris). Eine solche Genehmigung komme nicht in Betracht, weil es sich bei dem Erstattungsanspruch um einen gegenüber dem Rentenanspruch des Klägers völlig eigenständigen Anspruch handele und der Erstattungsanspruch mithin nicht der Verfügungsbefugnis des Leistungsempfängers unterliege (*BSG* aaO). Daher vollziehe sich die Erstattung allein zwischen den Leistungsträgern ohne Beteiligung des Versicherten/Leistungsempfängers. Zahlt der erstattungsverpflichtete Träger auf den Erstattungsanspruch, so zahle er nicht auf die bestehende Schuld gegenüber dem Leistungsempfänger, sondern auf eine eigenständige Erstattungsschuld gegenüber dem Beklagten; seine Schuld gegenüber dem Leistungsberechtigten gilt lediglich nach Maßgabe des § 107 SGB X als erfüllt (*BSG* aaO). Auch eine analoge Anwendung der §§ 816 Abs 2, 362 Abs 2, 185 Abs 2 BGB sei ausgeschlossen, weil keine Notwendigkeit bestehe, dem Leistungsempfänger ein Wahlrecht zuzugestehen, gegen welchen Leistungsträger er seinen Zahlungsanspruch geltend mache (*BSG* aaO).

Ein über den Erstattungsanspruch **hinausgehender Sozialleistungsanspruch** **8**
wird nicht berührt, vielmehr bleibt dieser Anspruchsteil **bestehen** und ist vom zuständigen Leistungsträger zu erfüllen. Ist die Vorleistung größer als der zustehende Sozialleistungsanspruch, so kann in den Erstattungsfällen der §§ 103 bis 105 der vorleistende Träger gem § 50 die Differenz vom Leistungsempfänger zurückfordern, da insoweit kein Erstattungsanspruch besteht (vgl hierzu auch vor § 102 Rz 18; Ausnahme: § 50 Abs 1 Satz 2 SGB V; *Burkiczak* in juris-PK SGB X § 107 Rz 30).

Die Erfüllungsfiktion wirkt nicht nur für und gegen den Leistungsberechtigten **9**
und den beteiligten Leistungsträger, sondern auch gegenüber allen Personen, die auf die Sozialleistung zugreifen können. Zum Verhältnis zwischen **Vorausverfügungen** und Erstattungsansprüchen, vgl § 106 Rz 11 ff.

2.3. Fortbestehen der Erfüllungsfiktion

Die Erfüllungsfiktion besteht auch dann fort, wenn der einmal **entstandene Er-** **10**
stattungsanspruch aufgrund der Ausschlussfrist des § 111 **untergegangen** oder gem § 113 **verjährt** ist (so auch *LSG NRW* Urt v 15.1.2013 – L 18 KN 63/12, juris; *Roller* aaO Rz 5; zu § 111 aA *VG Berlin* Urt v 27.8.2013 – 21 K 464.11, juris). Dies folgt nicht nur aus Sinn und Zweck des § 107, sondern bereits aus der Abhängigkeit der Erfüllungsfiktion vom Entstehen eines Erstattungsanspruchs. Die Erfüllungsfiktion ist nicht von der Befriedigung oder Durchsetzung des Erstattungsanspruchs abhängig (*BSGE* 70, 93), daher schadet auch eine **pauschale Abgeltung** oder **Unterschreitung der Bagatellgrenze**, § 110, oder Verjährung, § 113, nicht (*BSGE* 70, 93; *BSG* SozR 3-1300 § 107 Nr 10; *BSG* SozR 3-1300 § 104 Nr 9; *Kater* aaO § 107 Rz 9). Tritt der Erstattungsanspruch aufgrund der **Rangfolge des § 106** hinter andere Erstattungsansprüche zurück und wird er deshalb nicht befriedigt, so greift die Erfüllungsfiktion jedoch nicht

ein (*Bley* DOK 1981, 143 [151]; *Kater* aaO § 107 Rz 9; *Becker* aaO § 107 Rz 9).

2.4. Ausschluss des Rückgriffs auf den Leistungsempfänger

11   Die Wirkung des § 107 Abs 1 mit der Fiktion der Erfüllung des Sozialleistungsanspruch gegen den zuständigen Leistungsträger, beschränkt sich nicht nur auf das Erhalten der Leistung; § 107 Abs 1 begründet auch das Recht des Leistungsempfängers, die Sozialleistung behalten zu dürfen (*BSG* Urt v 18.10.1991 – 9b/7 RAr 12/88, nv; *Becker* aaO § 107 Rz 8, 11). Damit ist die vorgeleistete und über § 107 Abs 1 als Sozialleistung des zuständigen Trägers geltende Leistung mit Rechtsgrund erbracht (*Kater* aaO § 107 Rz 12). Sie kann daher nicht über §§ 45, 48 iVm § 50 vom Leistungsempfänger zurückgefordert werden (*LSG LSA* Urt v 4.12.2012 – L 8 SO 25/09, juris).

12   Die §§ 102 ff stellen **abschließende Spezialregelungen** für den Ausgleich von Sozialleistungen im Dreiecksverhältnis (zwischen vorleistendem Leistungsträger, zuständigem Leistungsträger und Leistungsberechtigtem) dar. Diese Erstattungsregelungen verdrängen „soweit ein Erstattungsanspruch besteht" den unmittelbaren Zugriff des erstattungsberechtigten Leistungsträgers gem § 50 auf den Leistungsberechtigten; ein Rückgriff auf den Leistungsempfänger ist **ausgeschlossen** (*BSG* SozR 3-1300 § 107 Nr 10, nv; *BVerwG* Urt v 14.10.1993 – 5 C 10/91, nv; vgl auch Vor § 102 Rz 17). Insoweit steht dem Vorleistenden auch **kein Wahlrecht** zu; er ist ausschließlich auf die Verfolgung des Erstattungsanspruchs verwiesen (*Kater* aaO § 107 Rz 12). Dies gilt selbst dann, wenn der Erstattungsanspruch nicht erfüllt wird (*BSG* SozR 3-1300 § 107 Nr 10; *BSG* SozR 3-2400 § 26 Nr 5; *Becker* aaO § 107 Rz 13).

13   Da die Erfüllungsfiktion an einen bestehenden Erstattungsanspruch anknüpft („Soweit ein Erstattungsanspruch besteht ..."), sind Rückgriffe auf den Leistungsempfänger nur dann ausgeschlossen, wenn und soweit ein Erstattungsanspruch besteht. Dies setzt voraus, dass der Erstattungsanspruch zum Zeitpunkt der Rückgriffsentscheidung einer Beh bereits entstanden war (*BSG* v 28.8.2007 – B 7/7a AL 10/06 R – SGb 2007, 610 = juris Rz 19) und sich auf denselben Zeitraum bezieht.

3. Regelungsgehalt Abs 2

14   Absatz 2 ergänzt die Regelung des Abs 1. Hat der Berechtigte mehrere Sozialleistungsansprüche gegen verschiedene Leistungsträger, bestimmt der erstattungsberechtigte Leistungsträger welcher Sozialleistungsanspruch als erfüllt gelten soll, **Abs 2 Satz 1**. Die Auswahl ist nach pflichtgemäßem Ermessen zu treffen (*Becker* aaO § 107 Rz 19).

15   Damit der Berechtigte weiß, welcher der Ansprüche als erloschen gilt bzw noch fortbesteht, ist nach § 107 Abs 2 Satz 2 die Bestimmung **dem Berechtigten** gegenüber **unverzüglich** (§ 121 Abs 1 Satz 1 BGB) **mitzuteilen**. Gleiches gilt für die Mitteilung der Bestimmung an die **übrigen Leistungsträger**. Übrige Leistungsträger idS sind diejenigen Leistungsträger, deren Sozialleistungspflicht aufgrund der Bestimmung nach § 107 Abs 2 Satz 1 als erloschen gilt und auch diejenigen Leistungsträger gegen die der Leistungsberechtigte wegen des dem Erstattungsanspruch zugrunde liegenden Sachverhalts Sozialleistungsansprüche hat bzw haben könnte. Die Bestimmung des als erloschen geltenden Sozialleistungsanspruchs ist gegenüber dem Leistungsberechtigten ein VA, § 31 (*Kater* aaO § 107 Rz 25; *Becker* aaO § 107 Rz 21).

§ 108 Erstattung in Geld, Verzinsung

(1) Sach- und Dienstleistungen sind in Geld zu erstatten.

(2) [1]Ein Erstattungsanspruch der Träger der Sozialhilfe, der Kriegsopferfürsorge und der Jugendhilfe ist von anderen Leistungsträgern

1. für die Dauer des Erstattungszeitraumes und

2. für den Zeitraum nach Ablauf eines Kalendermonats nach Eingang des vollständigen, den gesamten Erstattungszeitraum umfassenden Erstattungsantrages beim zuständigen Erstattungsverpflichteten bis zum Ablauf des Kalendermonats vor der Zahlung

auf Antrag mit 4 vom Hundert zu verzinsen. [2]Die Verzinsung beginnt frühestens nach Ablauf von sechs Kalendermonaten nach Eingang des vollständigen Leistungsantrages des Leistungsberechtigten beim zuständigen Leistungsträger, beim Fehlen eines Antrages nach Ablauf eines Kalendermonats nach Bekanntgabe der Entscheidung über die Leistung. [3]§ 44 Abs. 3 des Ersten Buches findet Anwendung; § 16 des Ersten Buches gilt nicht.

Literatur:

Ebsen: Verzugs- und Prozesszinsen im Sozialrecht, Festschrift für Schnapp, 2008; *Gottschalk:* Erstattungsansprüche zwischen Leistungsträgern, SF-Medien Nr 176, 31 (2009); *Müller*: Die Sozialgerichtsbarkeit entdeckt Prozess- und Verzugszinsen – Rechtsprechungswandel der Sozialgerichte bei den Nebenentscheidungen, SGb 2010, 336; *Reddig*: Erstattungsansprüche zwischen Krankenkasse und Sozialhilfeträger, SVFAng Nr 134, 53-68 (2002); *Reyels*: Anspruch auf Prozesszinsen in sozialgerichtlichen Verfahren, jurisPR-SozR 2/2007 Anm. 6. Wegen der allg Lit zu den Erstattungsansprüchen vgl vor § 102.

1. Allgemeines

§ 108 **Abs 1** stellt den **allg Grundsatz** auf, dass Sach- und Dienstleistungen nur in Geld zu erstatten sind. Er macht damit Sach- und Dienstleistungen erstattungsfähig, ohne die §§ 102 bis 105 inhaltlich zu erweitern.   **1**

Die Vorschrift des **Abs 2** ist der **Verzinsung** von Sozialleistungen, § 44 SGB I, nachgebildet. Die aufgeführten Leistungsträger werden insoweit dem Leistungsberechtigten gleichgestellt. Der Grund hierfür liegt darin, dass **Sozialhilfeträger** häufig als „Vorschusskasse" im Vorgriff auf Leistungen anderer Leistungsträger zunächst leistungspflichtig sind (BT-Drucks 9/95, 26). Im Hinblick auf die **vergleichbaren Vorleistungspflichten** der Träger der **Kriegsopferfürsorge** (§§ 25 bis 27h BVG) und der **Jugendhilfe** (§§ 27, 34, 35, 39, 41 SGB VIII) sind diese ebenfalls in Abs 2 berücksichtigt.

2. Geltungsbereich

Über die Erstattungsansprüche nach §§ **102 bis 105 hinaus** gilt § 108 Abs 1 für **alle Erstattungsansprüche zwischen Leistungsträgern** des SGB, soweit keine Sonderregelungen vorgehen, § 37 SGB I. § 108 enthält einen **allg Grundsatz** (*Kater* in KassKomm SGB X § 108 Rz 1; zur Anwendung auf Auftragsverhältnisse vgl § 91 Rz 2; zur Anwendung bei § 14 SGB IX: *LSG NRW* Urt v 20.1.2011 – L 16 KR 184/09, juris).   **2**

3 § 108 **Abs 2** ordnet zwar die Verzinsung von Erstattungsansprüchen der Sozialhilfe-, Kriegsopferfürsorge- und Jugendhilfeträger an. Doch sind **Erstattungsansprüche** dieser Träger **untereinander nicht** nach § 108 Abs 2 zu verzinsen (BT-Drucks 13/3904, 48; *BSG* Urt v 2.2.2010 – B 8 SO 22/08 R, juris; *BVerw GE* 114, 61; *VG Münster* Urt v 16.1.2003 – 5 K 3197/99, nv; *Becker* in Hauck/Noftz SGB X § 108 Rz 5 a; *Kater* in KassKomm, SGB X, § 108 Rz 6). Auch sind die Erstattungsansprüche der Grundsicherungsträger nach dem **SGB II** nicht zu verzinsen (*SächsLSG* Urt v 5.2.2013 – L 5 R 340/11, juris; *Becker* aaO Rz 5 b; *Burkiczak* in juris-PK SGB X § 108 Rz 29; *Roller* in von Wulffen/Schütze SGB X, 8. Aufl, § 108 Rz 6; aA *Kater* aaO Rz 6).

3. Erstattung von Sach- und Dienstleistungen, Abs 1

4 In welchem Umfang ein Leistungsträger erstattungspflichtig ist, ergibt sich aus den §§ 102 bis 105, 109. § 108 **Abs 1** regelt lediglich, in welcher Weise **Sach- und Dienstleistungen** zu erstatten sind.

5 Ob eine Sach- oder Dienstleistung vorliegt, ist im Einzelfall nicht immer einfach zu unterscheiden. Zur Einordnung ist auf den **Schwerpunkt der Leistung** abzustellen. Dabei ist jedoch im Rahmen des § 108 Abs 1 eine genaue Abgrenzung nicht erforderlich.

6 Bei **Sachleistungen** richtet sich der Erstattungsbetrag nach den Kosten, die dem Leistungsträger bei der konkreten Zurverfügungstellung der Sachleistung an den Leistungsberechtigten entstanden sind (*Kater* aaO § 110 Rz 3; *Pickel* SGb 1984, 545 [547]). Dabei ist der allg Verkehrswert anzusetzen. **Dienstleistungen** sind mit dem Betrag zu vergüten, der für eine derartige Tätigkeit gewöhnlich zu bezahlen ist. Fehlt ein solcher Betrag, ist eine angemessene Vergütung anzusetzen. Dabei ist unerheblich, ob die Dienstleistung letztlich erfolgreich war oder nicht (*Pickel* SGb 1984, 545 [547]). Im Übrigen sind sowohl bei Sach- als auch Dienstleistungen die §§ 102 Abs 2, 103 Abs 2, 104 Abs 3, 105 Abs 2 zu beachten, aus denen sich Umfang und damit auch Wert der erbrachten Sach- und Dienstleistungen ergeben(ebenso: *Becker* in Hauck/Noftz SGB X § 108 Rz 4 b; *Roller* aaO Rz 4).

4. Verzinsung des Erstattungsanspruchs, Abs 2

7 Eine **Verzinsung von Ansprüchen** ist nur möglich, soweit eine **gesetzliche Grundlage** besteht (*BSGE* 49, 227). § 108 Abs. 2 SGB X stellt eine Sonderregelung dar (*VG Augsburg* Urt v 11.2.2014 – Au 3 K 13.951, juris), denn Erstattungsansprüche werden mangels eines allgemeinen öffentlich-rechtlichen Verzinsungsanspruchs grds nicht verzinst. Eine Anwendung des § 44 SGB I auf Erstattungsansprüche zwischen Leistungsträgern wurde bisher verneint (*Kater* aaO § 108 Rz 4). Mit § 108 Abs 2 werden die fort genannten Leistungsträger insoweit dem leistungsberechtigten Antragsteller gleichgestellt (*VG Augsburg* Urt v 11.2.2014 – Au 3 K 13.951, juris), da Sozialhilfeträger häufig als „Vorschusskasse" im Vorgriff auf Leistungen anderer Leistungsträger zunächst leistungspflichtig sind. § 108 **Abs 2 Satz 1** bestimmt nur für die dort genannten Leistungsträger einen Anspruch auf **Verzinsung** der Erstattungsforderung. Auf Erstattungsansprüche von SGB II-Trägern kann § 108 Abs 2 jedoch nicht analog angewandt werden (*SächsLSG* Urt v 5.2.2013 – L 5 R 340/11, juris; *Becker* in Hauck/Noftz SGB X § 108 Rz 5 b; *Burkiczak* in juris-PK SGB X § 108 Rz 29; *Roller* in von Wulffen/Schütze SGB X, 8. Aufl, § 108 Rz 6; aA die Vorauflage sowie *Kater* aaO § 108 Rz 6). Denn nachdem der GGeber die auch ihm bekannte Frage seit Jahren nicht geregelt hat, muss angenommen werden, dass eine planwidrige Lücke nicht besteht (*SächsLSG* Urt v 5.2.2013 – L 5 R 340/11, juris).

Abs 2 Satz 1 stellt auf den **Erstattungsanspruch** ab, nicht auf den erfüllten Sozialleistungsanspruch. Damit bemisst sich die Zinsgrundlage nach dem sich gem §§ 102 bis 105 iVm § 108 Abs 1 ergebenden Betrag; Auslagen iSd § 109 Abs 2 sind nicht zu verzinsen.

8

Eine Verzinsung des Erstattungsanspruchs ist **nur auf Antrag** des Erstattungsberechtigten hin vorzunehmen, § 108 Abs 2 Satz 1. Der Antrag ist beim erstattungspflichtigen Leistungsträger zu stellen; § 16 SGB I gilt nicht, § 108 Abs 2 Satz 2. Ein spät gestellter Antrag wirkt nicht auf bereits verstrichene Zeiträume zurück, in denen bereits die Voraussetzungen der Verzinsung vorgelegen haben(*SG Hamburg* Urt v 20.2.2012 – S 6 KR 1214/09, juris). Die Verzinsung hängt **nicht** von einem **Verschulden** des erstattungspflichtigen Leistungsträgers ab.

9

§ 108 Abs 2 Satz 1 **Nr 1 und Nr 2** stellt auf **verschiedene Verzinsungszeiträume** ab. Es bestehen zwei unabhängige Verzinsungsmöglichkeiten. Zum einen ist für die Dauer des Erstattungszeitraumes, also den Zeitraum, für den die Erstattung vorzunehmen ist (Nr 1) und zum anderen für den Zeitraum vom Ablauf eines Kalendermonats nach Eingang des vollständigen Erstattungsantrages beim erstattungspflichtigen Leistungsträger bis zum Ablauf des Monats vor Erfüllung des Erstattungsanspruchs durch den erstattungspflichtigen Leistungsträger (Nr 2) eine Verzinsung vorzunehmen. Für eine ggf zwischen Ende des Erstattungszeitraumes (Nr 1) und Eingang des vollständigen Erstattungsantrages (Nr 2) liegende Zeit erfolgt keine Verzinsung.

10

Der **Erstattungszeitraum** iSd **Abs 2 Satz 1 Nr 1** beginnt mit der Erbringung der Sozialleistung (dazu s § 102 Rz 19 ff) und endet mit dem Tag, für den letztmals die einen Erstattungsanspruch begründenden Leistungen erbracht werden. Ergänzt wird dies durch § 108 Abs 2 Satz 2. Die Verzinsung **beginnt** daher **frühestens** nach Ablauf von sechs Kalendermonaten seit Eingang des **vollständigen Leistungsantrages** beim zuständigen Leistungsträger. Dabei ist auf den **Antrag des Leistungsberechtigten** abzustellen, nicht auf den Erstattungsantrag. Ein Antrag idS ist vollständig, wenn er alle Tatsachen umfasst, die zur Bearbeitung des Antrages erforderlich sind (*Kater* aaO Rz 13). Fehlt ein solcher Antrag, beginnt die Verzinsung nach Ablauf eines Kalendermonats nach **Bekanntgabe der Entscheidung** über die Leistung gegenüber dem Leistungsempfänger, Abs 2 Satz 2, 2. Hs.

11

Die **Verzinsung nach Nr 2 beginnt** mit dem Ablauf des Kalendermonats nach **Eingang des vollständigen Erstattungsantrages** beim Erstattungsverpflichteten. Vollständig ist der Antrag, wenn er alle Tatsachen enthält, die für die Beurteilung des Erstattungsanspruchs wesentlich sind sowie den ganzen Erstattungszeitraum umfasst (*Becker* aaO § 108 Rz 10). Die Verzinsung setzt jedoch gem § 108 Abs 2 Satz 2 **frühestens** nach Ablauf von sechs Monaten seit dem Eingang des **vollständigen Leistungsantrages** beim zuständigen Leistungsträger ein. Fehlt ein solcher Leistungsantrag (nicht Erstattungsantrag), beginnt die Verzinsung gem § 108 Abs 2 Satz 2, 2. HS nach Ablauf eines Kalendermonats nach **Bekanntgabe der Entscheidung** über die Leistung gegenüber dem Leistungsempfänger. Die Verzinsung gem Nr 2 **endet** mit Ablauf des Monats vor vollständiger Erfüllung des Erstattungsanspruchs durch den erstattungsverpflichteten Leistungsträger.

12

13   **Berechnungsgrundlage** für die monatlich zu ermittelnden Zinsbeträge nach **Abs 2 Satz 1 Nr 1** ist die Summe der vor dem einzelnen Zinszeitraum angefallenen **Einzelbeträge** (*Roller* aaO Rz 8). Bei einer Verzinsung nach **Abs 2 Satz 1 Nr 2** ist dagegen auf den **Gesamterstattungsanspruch** abzustellen (ebenso *Roller* aaO Rz 8).

14   Gem § 108 Abs 2 Satz 1, letzter Hs ist **gesetzlich** ein **Zinssatz von 4%** festgelegt. Aus der Verweisung auf § 44 Abs 3 SGB I in § 108 Abs 2 Satz 3 ergibt sich, dass nur volle Euro-Beträge zu verzinsen sind und ein Kalendermonat mit 30 Tagen anzusetzen ist.

5. Nebenanspruch

15   Der Anspruch auf Verzinsung ist Nebenanspruch zum Erstattungsanspruch. Er setzt einen tatsächlich bestehenden Erstattungsanspruch voraus und teilt dessen rechtliches Schicksal (zB §§ 111, 113).

6. Verzugs- und Prozesszinsen

16   Zinsansprüche bedürfen einer gesetzlichen Grundlage (*BSGE* 49, 227). Über § 108 Abs 2 hinaus verneint das BSG daher Verzugs-/Prozesszinsansprüche (*BSG* Urt v 23.5.2012, BSGE 111, 72-79; *BSG* v 2.2.2010 – B 8 SO 22/08 R, juris Rz 9; *BSG* v 28.10.2008 – B 8 SO 23/07 R, BSGE 102, 10-21 = SozR 4-2500 § 264 Nr 2 = juris Rz 16; *BSG* v 19.9.2007 – B 1 KR 39/06 R, BSG 99, 102-111 = SozR 4-2500 § 19 Nr 4; *BSGE* 49, 227; anders in einzelnen Bereichen, so zB im Vertragsarztrecht und im Leistungserbringerrecht der GKV: *BSG* Urt v 28.9.2005 – B 6 KA 71/04 R, BSGE 95, 141; *BSG* v 23.3.2006 – B 3 KR 6/05 R, BSGE 96, 133-141 = SozR 4-7610 § 291 Nr 3; *BSG* Urt v 3.8.2006 – B 3 KR 7/06 R, BSGE 97, 23; *BSG* Urt v 15.11.2007 – B 3 KR 1/07 R, SozR 4-2500 § 69 Nr 3; *BSG* Urt v 3.3.2009 – B 1 KR 7/08 R, juris). Die verwaltungsgerichtliche Rspr hatte im Bereich der Erstattungsansprüche zwischen Sozialhilfeträgern dagegen die Geltendmachung von Prozesszinsen gem § 291 BGB zugelassen (*BVerwGE* 111, 213-219; *VG Münster* Urt v 16.1.2003 – 5 K 3197/99; zu einem Anspruch zwischen Jugend- und Sozialhilfeträger: *BVerwGE* 114, 61; zuletzt: *ThürOVG* Urt v 20.1.2015 – 3 KO 524/13, juris). Das BSG ist dieser Rspr jedoch auch für den Bereich der Sozialhilfe nicht gefolgt (*BSG* v 2.2.2010 – B 8 SO 22/08 R, juris Rz 9; *BSG* v 28.10.2008 – B 8 SO 23/07 R, BSGE 102, 10-21= SozR 4-2500 § 264 Nr 2, so auch schon *LSG Bln-Bbg* v 12.9.2008 – L 15 SO 274/07, EuG 63, 196). Denn für einen Anspruch auf Prozesszinsen für Erstattungsansprüche der Sozialleistungsträger untereinander fehlt es an einer ausdrücklichen sozialrechtlichen Anspruchsgrundlage. Mangels einer planwidrigen Regelungslücke sind auch die Voraussetzungen für eine analoge Anwendung des § 291 BGB nicht gegeben (BSG aaO). Dagegen hat das *BVerwG* auch trotz der Rechtsprechung des BSG (aaO) an seiner Auffassung festgehalten (*BVerwG* Urt v 23.1.2014 – 5 C 8/13, juris).

§ 109   Verwaltungskosten und Auslagen

[1]Verwaltungskosten sind nicht zu erstatten. [2]Auslagen sind auf Anforderung zu erstatten, wenn sie im Einzelfall 200 Euro übersteigen. [3]Die Bundesregierung kann durch Rechtsverordnung mit Zustimmung des Bundesrates den in Satz 2 genannten Betrag entsprechend der jährlichen Steigerung der monatlichen Be-

zugsgröße nach § 18 des Vierten Buches anheben und dabei auf zehn Euro nach unten oder oben runden.

Literatur:
DIJuF: DIJuF-Rechtsgutachten 17.7.2012, J 4.510/J 9.240 DE, JAmt 2012, 382; *DIJuF*: DIJuF-Rechtsgutachten 14.7.2010, J 9.240 CL, JAmt 2010, 369; *DIJuF* : DIJuF-Rechtsgutachten vom 1.4.2004 – J 3.315 Rei, JAmt 2004, 365; *Gottschalk:* Erstattungsansprüche zwischen Leistungsträgern, SF-Medien Nr 176, 31 (2009); *Reddig:* Erstattungsansprüche zwischen Krankenkasse und Sozialhilfeträger, SVFAng Nr 134, 53 (2002). Wegen allg Lit zu den Erstattungsansprüchen vgl auch Vor § 102.

1. Allgemeines

Der erstattungsberechtigte Leistungsträger soll nicht nur die erbrachte Sozialleistung erstattet erhalten, sondern auch die angefallenen Auslagen. Der Ausschluss der Erstattung von Verwaltungskosten dient der **Vereinfachung** und **Verkürzung** des Erstattungsverfahrens, wie auch der **Vermeidung von** Streitigkeiten über **Bagatellansprüche**.   **1**

2. Geltungsbereich

§ 109 gilt über die §§ 102 bis 105 hinaus auch für **alle Erstattungsansprüche zwischen Leistungsträgern**, soweit nicht Sonderregelungen vorgehen, § 37 SGB I. § 91 Abs 1 geht § 109 bei Auftragsverhältnissen vor (so auch *Roller* in von Wulffen/Schütze SGB X, 8. Aufl, § 109 Rz 4).   **2**

3. Regelungsgehalt

Verwaltungskosten sind nicht zu erstatten, **Satz 1**. Gesetzlich ist der Begriff der Verwaltungskosten nicht definiert. Zu ihnen gehören alle **Aufwendungen, Sach- und Personalkosten** (vgl dazu zB *BayVGH* Beschl v 14.10.2013 – 12 ZB 11.1417, juris; *VG Augsburg* Urt v 19.5.2009 – Au 3 K 08.1432, juris) die dem Erstattungsberechtigten im einzelnen Fall in dem ihm zur Verfügung stehenden Verwaltungsapparat (Vorhaltekosten für Sach- und Personalaufwand) und nicht gesondert abgrenzbar entstehen (*BVerwG* Urt v 22.10.2009, BVerwGE 135, 150-159; *SchlH VG* JAmt 2005, 583; *Becker* in Hauck/Noftz SGB X § 109 Rz 8; *Roller* aaO Rz 5). Es handelt sich bei den Verwaltungskosten iSd § 109 Satz 1 um diejenigen Aufwendungen des Verwaltungsträgers für Personal und Sachmittel, um einen funktionsfähigen Dienstleistungsapparat vorzuhalten (*BayVGH* Beschl v 14.10.2013 – 12 ZB 11.1417, juris). Sie dienen der Finanzierung des Personal- und Sachaufwands, der losgelöst von einer konkret-individuellen Maßnahme abstrakt und generell im Hinblick auf die übertragenen Aufgaben im Rahmen des alltäglichen Verwaltungsbetriebs kontinuierlich entsteht und auch sonst nicht einzelnen Maßnahmen zugeordnet werden kann (*BayVGH* aaO). Sie sind aus Gründen der Verwaltungsvereinfachung und Verwaltungsökonomie von der Erstattung ausgeschlossen, um Streitigkeiten über Kosten zu vermeiden, die bezogen auf einen einzelnen Verwaltungsvorgang häufig nur einen geringen Betrag ausmachen und schwer feststellbar sind, so dass sie der erstattungsberechtigte Träger schwer spezifizieren und der erstattungspflichtige Träger sie nur schwer auf ihre Berechtigung überprüfen kann   **3**

(*BayVGH* aaO unter Hinweis auf *BVerwG* Urt v 22.10.2009, BVerwGE 135, 150-159).

4 **Keine Verwaltungskosten** idS sind Aufwendungen für Dritte bzw aus der allg Gesamtverwaltungsorganisation ausgegliederter abgrenzbarer Verwaltungseinheiten, die generell vom Leistungsträger in die Erbringung der Sozialleistung eingeschaltet sind (zB Krankenhäuser, Heime, Ärzte). Diese Verwaltungskosten sind in deren Entgelt- bzw Pflegesätzen enthalten und als Teil der Sozialleistung gem §§ 102 ff erstattungsfähig (*BVerwG* Urt v 22.10.1992 – 5 C 23/89, nv; *Kater* in KassKomm SGB X § 109 Rz 5). § 109 Satz 1 umfasst damit nicht diejenigen Kosten, die einem Leistungsträger zusätzlich zu den Verwaltungskosten und gesondert abgrenzbar in einem Einzelfall entstehen (*BVerwG* Urt. v. 22.10.2009 – 5 C 16/08, juris; *LSG Bln-Bbg* Urt v 8.11.2013 – L 1 KR 268/11, juris; *Kater* in KassKomm § 109 Rz 4).

5 **Auslagen** des Erstattungsberechtigten sind gem **Satz 2** dagegen erstattungsfähig. Auslagen sind diejenigen Kosten, die, ohne Verwaltungskosten zu sein, vom erstattungsberechtigten Leistungsträger **zur Durchführung der Leistung** aufgewendet wurden und die nicht selbst Teil der erbrachten Sozialleistung sind. Insoweit kommen Gutachtenkosten, Telefongebühren, Reisekosten, Porto, Gebühren usw in Betracht. Sie müssen in einem **engen und zeitlichen Zusammenhang** mit der Leistungserbringung gestanden haben. Die Erforderlichkeit beurteilt sich **aus der Sicht des erstattungbegehrenden Leistungsträgers**. Nicht erstattungsfähig sind solche Kosten, die dem vorleistenden Träger bei der Prüfung der Voraussetzungen seiner eigenen Leistungspflicht entstanden sind.

Da Auslagen **nur auf Anforderung** hin zu erstatten sind, steht das Erstattungsverlangen im Ermessen des erstattungsberechtigten Leistungsträgers (*Pickel* SGb 1984, 545 [548]).

6 Auslagen sind nur zu erstatten, wenn sie im Einzelfall **200 Euro** übersteigen. **Einzelfall** ist der zur Entstehung des Erstattungsanspruchs führende **Leistungsfall**. Mehrere in einem Einzelfall angefallene Auslagen sind zusammenzurechnen (*Pickel* SGb 1984, 545 [548]). Wird in einem Einzelfall die 200 Euro-**Grenze überschritten**, ist der **gesamte Betrag** der Auslagen zu erstatten. Auslagen aus verschiedenen Erstattungsverfahren dürfen jedoch nicht zwecks Überschreitung der 200 Euro-Grenze addiert werden.

7 Die BReg wird in **Satz 3** ermächtigt, die 200 Euro-Grenze entsprechend der jährlichen Steigerung der monatlichen Bezugsgröße gem § 18 SGB IV anzuheben. Dies kann durch **Rechtsverordnung** mit Zustimmung des BR geschehen. Ab- bzw Aufrundungen auf volle 10 Euro sind dabei zur Vereinfachung zulässig.

4. Sonstiges

8 Der Anspruch aus § 109 ist ein akzessorischer Nebenanspruch, dh Auslagen sind nur dann zu erstatten, wenn auch ein Erstattungsanspruch gem §§ 102 bis 105 besteht. Er teilt das rechtliche Schicksal des Erstattungsanspruchs (zB §§ 111, 113) und ist wie dieser geltend zu machen (*Becker* aaO Rz 18; *Kater* aaO § 109 SGB X Rz 9).

§ 110 Pauschalierung

[1]Die Leistungsträger haben ihre Erstattungsansprüche pauschal abzugelten, soweit dies zweckmäßig ist. [2]Beträgt im Einzelfall ein Erstattungsanspruch vor-

aussichtlich weniger als 50 Euro, erfolgt keine Erstattung. [3]Die Leistungsträger können abweichend von Satz 2 höhere Beträge vereinbaren. [4]Die Bundesregierung kann durch Rechtsverordnung mit Zustimmung des Bundesrates den in Satz 2 genannten Betrag entsprechend der jährlichen Steigerung der monatlichen Bezugsgröße nach § 18 des Vierten Buches anheben und dabei auf zehn Euro nach unten oder oben runden.

Literatur:

Gerlach: Die Erstattungsansprüche der Leistungsträger untereinander, DOK 1983, 393; *Greupner*: Erstattungsansprüche der Leistungsträger untereinander, 1998; *Gottschalk*: Erstattungsansprüche zwischen Leistungsträgern, SF-Medien Nr 176, 31 (2009); *Pickel*: Erfüllung und Ausschluss von Erstattungsansprüchen, SGb 1984, 545. Wegen allg Lit zu den Erstattungsansprüchen vgl Vor § 102.

1. Allgemeines

§ 110 trat an die Stelle von Einzelregelungen wie §§ 1524, 1533 RVO und einer Reihe von Verwaltungsvereinbarungen. Er zielt auf eine **kostensparende Abwicklung** der Erstattungsansprüche zwischen Leistungsträgern. Hierzu werden zwei **unterschiedliche Instrumente** bestimmt. Durch Ermöglichung von Pauschalierungen (Satz 1) und die Einführung einer Bagatellgrenze (Satz 2) wird zur **Verwaltungsvereinfachung** und **Kostenersparnis** beigetragen (*BSG* SozR 1300 § 110 Nr 1).

§ 110 gilt über die Ansprüche aus §§ 102 bis 105 hinaus **auch für alle Erstattungsansprüche** zwischen Leistungsträgern des SGB insgesamt, sofern keine Sonderregelungen bestehen, § 37 SGB I. Bei Erstattungen wegen **Auftragsleistungen** geht § 91 vor (s § 91 Rz 2). Für das Recht der Sozialhilfe (SGB XII) bestimmt § 110 Abs 2 SGB XII eine besondere Bagatellgrenze von 2.560 Euro bezogen auf einen Zeitraum von bis zu 12 Monaten.

Streitig ist die Anwendbarkeit des § 110 auf **Rückerstattungsansprüche** nach § 112 (bejahend: *Roller* in von Wulffen/Schütze, 8. Aufl, § 110 Rz 4; ablehnend: *Böttiger* § 112 Rz 5). Für die Anwendung des § 110 auf Rückerstattungsansprüche nach § 112 spricht, dass auch hier wegen geringer Beträge kein Verwaltungsaufwand betrieben werden soll, gegen die Anwendbarkeit spricht, dass auch nur geringfügige aber zu Unrecht erfolgte Vermögensverschiebungen nicht zementiert werden sollten. In der Sache wird die Pauschalierungsmöglichkeit des **Satz 1** auch auf Rückerstattungsansprüche anwendbar sein müssen, um so auch bei schwierigen Rückerstattungsfragen eine pauschale Abgeltung zu ermöglichen. Ob eine solche Regelung bereits nach § 54 möglich wäre, kann daher offen bleiben. Soweit jedoch die Bagatellgrenze des **Satz 2** betroffen ist, ist diese bei Rückerstattungsfällen nach § 112 nicht anzuwenden (vgl auch die Komm bei § 112 Rz 5). Denn unrechtmäßig gezahlte Beträge sollen auch im Verhältnis zwischen Leistungsträgern iSd § 12 SGB I nicht beim Empfänger verbleiben. Dies gilt im Verhältnis zum Leistungsempfänger/Versicherten, muss daher auch im Verhältnis von Leistungsträgern untereinander gelten. Auch hier soll ein Leistungsträger nicht unter Berufung auf Wirtschaftlichkeitserwägungen eine ungerechtfertigte Bereicherung behalten dürfen; ob der Inhaber des Rückerstattungsanspruchs aus Wirtschaftlichkeitserwägungen seinen Anspruch nicht geltend macht oder darauf verzichtet, ist dagegen eine andere Frage.

2. Pauschalierung, Satz 1

4 Erstattungsansprüche sind gem § 110 Satz 1 zu pauschalieren. Dieses **Pauscha-lierungsgebot** bezieht sich nur auf die **Höhe des Erstattungsbetrages**. Ein Erstattungsanspruch muss daher tatsächlich bestehen.

5 Ob eine Pauschalierung vereinbart wird, steht entsprechend dem Wortlaut („haben") zwar **nicht im Ermessen** der Sozialleistungsträger (*Kater* in Kass-Komm SGB X § 110 Rz 4), jedoch steht der Pauschalierungszwang unter dem Vorbehalt der **Zweckmäßigkeit**, § 110 Satz 1, 2. Hs. Bei der Auslegung dieses **unbestimmten Rechtsbegriffs** steht den Leistungsträgern ein **weiter Beurteilungsspielraum** zu; jedoch bringt der Gesetzgeber durch das „haben" zum Ausdruck, dass er in allen möglichen Fällen von der Pauschalierung Gebrauch gemacht wissen will. Satz 1 **verpflichtet** die Leistungsträger sowohl in einer **Vielzahl von Fällen**, als auch im **Einzelfall** Pauschalierungsmöglichkeiten zu suchen und zu ergreifen (so auch *Roller* aaO Rz 5). Hierbei gilt als Einzelfall nicht die dem Erstattungspflichtigen gegenüber geltend gemachte Einzelforderung (*BSG* SozR 1300 § 110 Nr 1), sondern es sind für den einzelnen Erstattungsfall **bereits bekannte** und noch **zu erwartende Erstattungsforderungen** aus dem konkreten Leistungsfall zusammenzurechnen.

6 Der Pauschalierungszwang besteht nur unter der Voraussetzung der Zweckmäßigkeit. **Zweckmäßigkeit** liegt vor, **wenn** eine pauschalierte Erstattung zu spürbarer **Verwaltungsvereinfachung und Kostenersparnis** führt oder wenn nach den bisherigen Erfahrungen Zukunftsprognosen über den Umfang und die Häufigkeit bestimmter Erstattungsansprüche in typischen Fällen möglich sind.

7 Die Pauschalierung dient in der Sache, ebenso wie die Bagatellgrenze des Satz 2, der Wirtschaftlichkeit und Sparsamkeit der Verwaltung (vgl § 69 Abs 2 SGB IV), als mit der Pauschalierung eine ggf aufwendige, ggf sogar streitige Aufklärung des Erstattungsfalles in allen Kostenpositionen vermieden werden soll. Im Ergebnis führt eine Pauschalierung daher grds dazu, dass der tatsächlich erstattete Betrag nicht mit dem geschuldeten Erstattungsbetrag übereinstimmt. Da es aber gerade Sinn und Zweck der Pauschalierung ist, den geschuldeten Erstattungsbetrag nicht in allen Details feststellen zu müssen, ist hier eine Pauschalierung, die über bzw unter dem rechtlich geschuldeten Erstattungsbetrag liegt, zulässig. Soweit möglich, sollte sich der pauschalierte Erstattungsbetrag daher aber an den aufgrund der Erfahrungen der Verwaltung in vergleichbaren Fällen typicherweise entstehenden Erstattungsbeträgen einschließlich der Kosten nach §§ 108, 109 ausrichten, ihm also soweit wie möglich nahe kommen (*Roller* aaO Rz 6).

8 In Fällen, in denen der Erstattungsanspruch **eindeutig beziffert** werden kann oder die tatsächlichen wie auch rechtlichen **Voraussetzungen** eines Erstattungsanspruchs **unproblematisch** sind, dürfte eine **Pauschalierung unzweckmäßig** sein. Dagegen ist eine Pauschalierung **zweckmäßig**, wenn die Leistungsrahmen der Sozialleistungen des Erstattungsberechtigten und Erstattungsverpflichteten unterschiedlich sind oder eine Bezifferung aus anderen Gründen schwierig ist.

9 Die Pauschalierung gilt nur zwischen den am Erstattungsverhältnis beteiligten Leistungsträgern. Mit dem Leistungsberechtigten müssen die Leistungen individuell abgerechnet werden. Die Erfüllungsfiktion des § 107 tritt aber unabhängig von einer Pauschale und lediglich im Umfang des rechtlich bestehenden Erstattungsanspruchs ein (*Becker* in Hauck/Noftz SGB X § 110 Rz 14).

10 Die Pauschalierung setzt das **Einverständnis** der am Erstattungsverhältnis beteiligten Leistungsträger voraus; sie kann nicht einseitig bestimmt werden (vgl dazu *OVG NRW* Beschl v 23.2.2006 – 12 A 4146/05, juris). Pauschalierungen sind **öffentlich-rechtliche (koordinationsrechtliche) Verträge** gem §§ 53 ff (*Roller* aaO Rz 6). Dabei sind sowohl **zwei-** als auch **mehrseitige Pauschalierungsvereinbarungen** möglich, die sich auf einen **Einzelfall oder** auf eine **Vielzahl von Fällen** (Globalregelungen) beziehen können (BT-Drucks 9/95, 26). In der Vereinbarung sind insbesondere die erfassten Erstattungsfälle und die Pauschalsumme zu bezeichnen. **Auch Auslagenerstattungen** gem § 109 können Gegenstand einer Pauschalierungsvereinbarung sein. Entspricht die Pauschalierungsvereinbarung nicht dem von § 110 Satz 1 gesteckten Rahmen, ist sie nichtig (§ 31 SGB I, § 58 SGB X; *BSG* Urt v 28.9.1999, SozR 3-5670 § 3 Nr 4; *Becker* aaO Rz 11).

Folge der Pauschalierungsvereinbarung ist, dass bei Vorliegen eines Erstattungsanspruchs in den erfassten Fällen **nur die Pauschale** zu erstatten ist, unabhängig von den tatsächlichen Kosten. Ohne entsprechende vertragliche Vereinbarung kann diese Pauschale nicht gefordert werden (*VG Aachen* v 27.12.2004 – 6 K 490/02, nv); insoweit ist der zu erstattende Betrag dann konkret nach den maßgeblichen Vorschriften Kosten (§§ 102 Abs 2, 103 Abs 2, 104 Abs 3, 105 Abs 2) zu berechnen. **11**

3. Bagatellgrenze, Satz 2

Bagatellbeträge sollen kein Erstattungsverfahren auslösen. Dieser allg Regelung folgt § 110 **Satz 2**. Bis zu einer voraussichtlichen Erstattungssumme von insg **bis zu 50 Euro erfolgt keine Erstattung**. Ist **aufgrund von Schätzungen** erkennbar, dass im Einzelfall der Erstattungsbetrag **voraussichtlich unter 50 Euro** liegt, bedarf es daher keiner konkreten Ermittlung des Erstattungsbetrages. Maßgeblich sind die (tatsächlich) erbrachten Sozialleistungen, nicht die (rechtlich) durchsetzbaren oder tatsächlich geltend gemachten Kosten (*Roller* aaO Rz 7; so zu § 110 Abs 2 SGB XII: *BSG* Urt v 24.3.2009, SozR 4-5910 § 111 Nr 1). **12**

Einzelfall idS ist der **konkrete Leistungsfall**, der zur Erstattung Anlass gegeben hat. Ist im Einzelfall bereits die **Bagatellgrenze überschritten**, können gegebenenfalls **weitere** angefallene **Erstattungsbeträge** verlangt werden, auch wenn diese unter der Bagatellgrenze liegen (*BSGE* 60, 195; *BVerwG* Urt v 19.12.2000 – 5 C 30.99, nv; *OVG NRW* ZFSH/SGB 2003, 475). Insoweit sind sämtliche Erstattungsbeträge eines konkreten Einzelfalles **zusammenzurechnen** (*BSGE* 60, 195; *BSG* Urt v 26.6.1990 – 5 RJ 10/89, nv). Insoweit hat auch das BSG entschieden, dass sich die Bagatellgrenze nicht auf den geltend gemachten Einzelbetrag, sondern auf den Gesamtbetrag pro Erstattungsfall bezieht (*BSG* Urt v 31.10.2012 – B 13 R 11/11 R, SozR 4-1300 § 106 Nr 1; *BSG* SozR 3-2200 § 548 Nr 4). **13**

Während § 110 Abs 2 SGB XII die Bagatellgrenze nicht nur im Hinblick auf einen Betrag bestimmt, sondern auch eine **zeitliche Komponente** (12 Monate) einbezieht, hat der Gesetzgeber diesen Ansatz bei § 110 Satz 1 gerade nicht verfolgt. Daher kann eine zeitlich feststehende Grenze für die Bewertung des Bagatellfalles iSd § 110 Satz 2 nicht gezogen werden (aA *Grube* in juris-PK SGB X § 110 Rz 15 f; *Roller* aaO Rz 7). Maßgeblich wird vielmehr sein, ob bei einer prognostischen Betrachtung angesichts der gegenüber dem Leistungsempfänger erbrachten bzw zu erbringenden Leistungen aufgrund eines in diesem Verhältnis definierten Leistungs-/Versicherungsfalles im Verhältnis zu einem anderen Sozialleistungsträger ein Erstattungsanspruch entstanden ist bzw entstehen wird, der voraussichtlich den Betrag von 50 EUR erreichen wird. Damit ist bezogen auf den jeweiligen konkreten Leistungs-/Versicherungsfall in seiner Gän- **14** ze zu beurteilen, ob voraussichtlich ein Erstattungsbetrag von mindestens 50 EUR anfallen wird. Insoweit ist nach dem jeweils anzuwendenden materiellen Recht zu prüfen, ob bei zeitlich auseinanderliegenden Leistungen noch ein einheitlicher Leistungs-/Versicherungsfall vorliegt. Ist dies der Fall, sind alle mit diesem einheitlichen Leistungs-/Versicherungsfall in Zusammenhang stehenden und gegenüber dem Leistungsempfänger/Versicherten erbrachten bzw zu erbringenden Leistungen zu berücksichtigen, auch wenn sie im Ergebnis mit gewisser zeitlicher Unterbrechung angefallen sind. Ergibt sich aufgrund des anzuwendenden materiellen Rechts aber, dass es sich um verschiedene Leistungs-/Versicherungsfälle handelt liegt auch kein Einzelfall iSd § 110 Satz 2 vor, so dass eine zusammenfassende Betrachtung zwecks Überschreitung der Bagatellgrenze nicht zulässig ist. Daher sind solche Leistungen nicht zusammen zu betrachten, die zwar auf einem einheitlichen tatsächlichen Geschehen beruhen, rechtlich jedoch unterschiedliche Leistungs-/Versicherungsfällen darstellen (zB im SGB VII: Unfallrente und Heilbehandlung).

15   Nachdem gem § 110 Satz 1 Pauschalierungen für eine Vielzahl von Fällen zulässig und gefordert sind, muss es entgegen von Satz 2 möglich sein, **auch Bagatellfälle** von einer pauschalen Erstattungsvereinbarung erfassen zu können (*Gerlach* DOK 1983, 393 [407]; *Pickel* SGb 1984, 548; *Roller* aaO Rz 6; *Becker* aaO Rz 9); Sinn und Zweck einer Pauschalierung ist es gerade, eine Vielzahl von Einzelfällen unabhängig von ihrer Höhe, wegen anderer Merkmale – zB Häufigkeit – zu erfassen (*Gerlach* DOK 1983, 393 [407]; *Roller* aaO § 110 Rz 6). Die **Rspr** hält jedoch auch in diesen Fällen uneingeschränkt an den **Sätzen 2 und 3** fest (BSG SozR 3-2200 § 548 RVO Nr 4), so dass danach auch bei Pauschalierungen für eine Vielzahl von Fällen die **Bagatellgrenze nicht unterschritten** werden darf.

16   Über **§ 110 Satz 3** besteht die Möglichkeit, **höhere Bagatellgrenzen** zu **vereinbaren**. Auch die BReg kann mit Zustimmung des BR im Wege einer **Rechtsverordnung** die Bagatellgrenze des Satz 2 entsprechend der jährlichen Steigerung der monatlichen Bezugsgröße gem § 18 SGB IV anheben und auf volle 10 Euro ab- bzw aufrunden. Hiervon hat die BReg aber bisher keinen Gebrauch gemacht.

4. Verhältnis zu §§ 106, 107

17   Da Satz 2 nicht das Bestehen des Erstattungsanspruchs als solchen betrifft, sondern nur dessen Geltendmachung und Durchsetzung beschränkt, treten die **Wirkungen der §§ 106 und 107** auch dann ein, wenn wegen **Unterschreitung der Bagatellgrenze** keine Erstattung erfolgt (*BSGE* 70, 93).

§ 111 Ausschlussfrist

[1]Der Anspruch auf Erstattung ist ausgeschlossen, wenn der Erstattungsberechtigte ihn nicht spätestens zwölf Monate nach Ablauf des letzten Tages, für den die Leistung erbracht wurde, geltend macht. [2]Der Lauf der Frist beginnt frühestens mit dem Zeitpunkt, zu dem der erstattungsberechtigte Leistungsträger von der Entscheidung des erstattungspflichtigen Leistungsträgers über seine Leistungspflicht Kenntnis erlangt hat.

Literatur:

Beck: 33. Richterwoche des Bundessozialgerichts vom 23. bis 25. Oktober 2001 in Kassel, NSZ 2002, 190; *Böttiger*: Ausschluss und Verjährung des Erstattungsanspruchs bei Zuständigkeitswechsel nach § 2 Abs 3 SGB X – Anmerkung zu OVG Greifswald,

Urt v 28.8.2007 – 1 L 59/05, jurisPR-SozR 3/2009 Anm. 3; *ders*: Unbeachtlichkeit des Fristablaufs nach § 111 Satz 1 SGB 10 bei schwerem Verstoß des erstattungspflichtigen Leistungsträgers gegen seine Pflicht zu enger Zusammenarbeit – Anmerkung zu BSG, Urt v 10.5.2007 – B 10 KR 1/05 R – SozR 4-1300 § 111 Nr 4, SGb 2008, 375 ff; *Dahm*: Zur Abwicklung von Erstattungsansprüchen zwischen Versorgungsverwaltung und gesetzlicher Unfallversicherung, SozVers 2002, 315-316; *Finkenbusch*: Rechtswirksame Geltendmachung des Erstattungsanspruchs nach § 105 SGB X, WzS 2010, 29; *Hanna*: Beweislastregelungen in sozialgerichtlichen Verfahren zwischen Sozialversicherungsträgern, SGb 2002, 369; *Heimrich*: Zu einigen Problemen der Erstattungsansprüche in der Praxis eines Rentenversicherungsträgers – zugleich eine Besprechung von *BSG* vom 19.3.1996, Az.: 2 RU 22/95, und *BSG* vom 29.4.1998, DRV 1999, 130; *John-Floeth/Weinacht*: Die Änderung des § 111 SGB X im Zusammenhang mit der Abwicklung von Erstattungsansprüchen aus der Anwendung des § 93 SGB VI – Eine kritische Betrachtung, Amtl Mitteilungen der LVA-Rheinprovinz 2002, 271; *Kater*: Der Beginn der Ausschlussfrist für Erstattungsansprüche (§ 111 SGB X), SGb 2007, 400; *Merden/Tempel*: Erstattungsrecht der Leistungsträger untereinander – Die Rechtsprechung nach dem In-Kraft-Treten des 4. Euro-Einführungsgesetzes – ein Schritt zurück?, Kompass 2004, 14; *Merten*: Erstattungsansprüche der Krankenkassen untereinander – Anmerkung zu BSG, Urt v 28.2.2008, B 1 KR 13/07 R, jurisPR-SozR 21/2008 Anm. 3; *Pickel*: Erfüllung und Ausschluss von Erstattungsansprüchen, SGb 1984, 545; *Peters-Lange/Werth*: Ausschlussfrist für Erstattungsansprüche unter Sozialleistungsträgern – Anwendungsbereiche des § 111 Satz 1 und Satz 2 SGB X – materielle (Ausgleichs-)Gerechtigkeit?, WzS 2012, 163; *Ricke*: Zu den Voraussetzungen, unter denen ein Erstattungsanspruch zur Vermeidung seines Ausschlusses geltend zu machen ist – Anmerkung zu *BSG* Urt. v. 22.8.2000 – B 2 U 24/99 R, SGb 2001, 152; *Römer*: Der Anwendungsbereich der Ausschlussfrist des § 111, SozVers 1986, 309; *Schwabe*: Die Auswirkungen der Rechtsänderungen in den §§ 111 und 113 SGB X zum 1.1.2001 auf Erstattungsansprüche der Sozialhilfeträger nach den §§ 102 ff SGB X sowie auf das Recht der Kostenerstattung zwischen Trägern der Sozialhilfe nach den §§ 103 ff BSHG, ZfF 2001, 81; *Stüwe*: Die Ausschlussfrist des § 111 SGB 10, SdL 2007, 215; Vorschlag des Deutschen Vereins zur Neuregelung der Verjährung von Ansprüchen auf Kostenerstattung im BSHG und SGB VIII, NDV 2002, 7; *Zeitler*: Ausschlussfrist und Verjährung von Kostenerstattungsansprüchen zwischen den Trägern der Sozialhilfe und den Trägern der Jugendhilfe nach dem BSHG, SGB VIII oder SGB X, NDV 2003, 138. Wegen allg Lit zu den Erstattungsansprüchen vgl auch vor § 102.

1. Allgemeines

Ansprüche zwischen Verwaltungsträgern iSd § 12 SGB I sollen **schnell, einfach und kostensparend** (*BSGE* 70, 93, 97, 98) abgewickelt werden und nicht noch nach langer Zeit geltend gemacht werden. Insoweit dient § 111 der Rechtsklarheit, der Rechtssicherheit und der Beschleunigung von Verwaltungsvorgängen. Leistungsträger sollen frühzeitig wissen, welche Ansprüche auf sie zukommen und welche Rückstellungen zu bilden sind (*BSG* SozR 3-1300 § 111 Nr 4; *BSG* USK 90174; kritisch: *Heimrich* DRV 1999, 130 ff). Zur Maßgeblichkeit von § 111 nF in noch nicht abgeschlossenen Erstattungsverfahren vgl § **120 Abs 2, 3** (vgl dazu auch *LSG Bln-Bbg* Urt v 9.6.2010 – L 22 U 173/08, juris). Waren

Erstattungsverfahren jedoch schon vor dem 1.6.2000 abgeschlossen, ist also die Ausschlussfrist bereits unter Geltung des früheren Rechts abgelaufen, greift § 111 Satz 2 in der ab 1.1.2001 geltenden Fassung nicht ein (*BSG* SozR 4-1300 § 111 Nr 1; *BSG* SozR 4-1300 § 111 Nr 3).

2   **§ 111 aF** wurde vom *BSG* streng ausgelegt. **Unabhängig** von der **Kenntnis** des Erstattungsanspruchs **lief** die **Ausschlussfrist** des § 111 ab (*BSG* SozR 3-1300 § 111 Nr 4 und 8; *BSGE* 81, 103; *BSGE* 21, 181). Das *BSG* hatte zur Begr seiner Auslegung die Intention des GGebers zur ursprünglichen Fassung des § 111 herangezogen und den **Beschleunigungseffekt** über den Ausgleichszweck gestellt. **Nunmehr** gab der **GGeber** in der Begr zur Änderung von Satz 2 (BT-Drucks 14/4375, 60) zu verstehen, dass er schon ursprünglich gemeint habe, **auch länger zurückliegende Erstattungsansprüche** nicht durch § 111 ausgeschlossen zu sehen (*Beck* NZS 2002, 190 [192]). Ob dadurch eine Erleichterung geschaffen wurde oder ob nicht neue Unsicherheiten im Hinblick auf die Frage, wann der erstattungsberechtigte Leistungsträger „von der Entscheidung des erstattungspflichtigen Leistungsträgers über seine Leistungspflicht Kenntnis erlangt hat" hervorgerufen werden, erscheint fraglich (krit *Hanna* SGb 2002, 369; *Ricke* SGb 2001, 152; *Roller* in v Wulffen/Schütze SGB X, 8. Aufl, § 111 Rz 2). In einigen typischen Erstattungsfällen ist nämlich nicht sichergestellt, dass der erstattungspflichtige Leistungsträger überhaupt (zeitnah) eine Entscheidung über seine Leistungspflicht trifft (hierzu *BSG* SozR 4-1300 § 111 Nr 3; *Zeitler* NDV 2003, 138).

2. Anwendungsbereich

3   § 111 ist über die §§ 102 ff hinaus auf **alle Erstattungsansprüche** zwischen **Leistungsträgern** iSd § 12 SGB I anzuwenden, soweit nicht Spezialregelungen entgegenstehen, § 37 SGB I (*Römer* SozVers 1986, 309). So gilt § 111 auch für die Erstattungsansprüche nach §§ 106 ff SGB XII (*Böttiger* in juris-PK SGB XII § 111 Rz 22), die Erstattungsansprüche nach § 2 Abs 3 Satz 2 (*HessVGH* Urt v 8.8.2013 – 10 A 1988/12, juris; *OVG Bln-Bbg* Urt v 27.2.2013 – OVG 9 B 58.11, juris; *Kater* in KassKomm § 111 SGB X Rz 6; *Mutschler* in jurisPK-SGB X, § 111 Rz 9) und die Erstattungsansprüche nach § 89 a SGB VIII (*OVG NRW* Beschl v 24.3.2010 – 12 A 2732/09, juris), § 89 b Abs 1 SGB VIII (*Mutschler* in jurisPK-SGB X, § 111 Rz 19; differenzierend *Kater* aaO Rz 5; aus der Rechtsprechung – jedenfalls zu § 112 vgl *BVerwG* Urt v. 25.3.2010, BVerwGE 136, 185 mit Anm *Störmer*, jurisPR-BVerwG 21/2010, Anm 1), § 89 c SGB VIII (*SächsOVG* Urt v 28.8.2013 – 1 A 87/13, juris; *BayVGH* Urt v 3.12.2009 – 12 BV 08.2147, juris; *BayVGH* Urt v 23.11.2009 – 12 BV 08.2146, juris) sowie dem AsylbLG (*BSG* Urt v 20.12.2012 – B 7 AY 5/11 R, juris), § 89 d SGB VIII (*BVerwG* Urt v 19.8.2010, BVerwGE 137, 368-377; für Erstattungsansprüche nach §§ 89 ff SGB VIII allgemein: *OVG MV* Urt v 30.11.2011 – 1 L 71/09, juris). Für Erstattungsansprüche gem §§ 18 c, 19, 20 BVG verweist jetzt § 21 Abs 1 Satz 1 BVG auf § 111. Umstritten war, ob für Erstattungsansprüche aus Auftragsverhältnissen nach § 91 die Ausschlussfrist des § 111 gilt (vgl dazu *Boecken* DB 1983, 2036; *Roller* aaO § 111 Rz 4; *Freund* in Hauck/Noftz SGB X § 91 Rz 12; *Kater* aaO Rz 7; *Mutschler* in juris-PK SGB X § 111 Rz 11). Nunmehr hat das *BSG* (Urt v 12.11.2013 – B 1 KR 56/12 R, SozR 4-2500 § 264 Nr 4) entschieden, dass § 111 im Auftragsverhältnis gem § 91 weder kraft ausdrücklicher gesetzlicher Anordnung noch nach seinem Sinn und Zweck anwendbar sei. **Rückerstattungsansprüche** gem **§ 112** unterliegen **nicht** der Ausschlussfrist des § 111 (*Roller* aaO § 112 Rz 7; *Roller* aaO § 111

Rz 4), ebenso nicht Schadensersatzansprüche einer KZÄV gegen einen Zahnarzt (*BSG* SozR 3-5555 § 12 Nr 1; *Kater* aaO Rz 7) und auch nicht Erstattungsansprüche nach § 264 SGB V (*BSG* Urt v 12.11.2013 – B 1 KR 56/12 R, SozR 4-2500 § 264 Nr 4; *LSG BW* Urt v 19.12.2012 – L 2 SO 2960/12, juris; *LSG BW* Urt v 11.7.2012 – L 2 SO 2371/11, juris; *LSG NRW* Urt v 24.5.2012 – L 16 KR 675/11, juris; aA *BayLSG* Urt v 3.5.2012 – L 18 SO 15/08, juris).

3. Regelungsgehalt
3.1. Geltendmachung, Zeitpunkt und Umfang der Geltendmachung

Der Begriff der „Geltendmachung" ist nicht näher definiert und wird vielfältig **4** verwendet, etwa im Sinn von „Behaupten", „Vorbringen", „Anführen" (*BSG* v 30.6.2009 – B 1 KR 21/08 R, juris Rz 15; *BSGE* 21, 157; *BSG* SozR 4-2500 § 10 Nr 4; *BSG* SozR 3-1300 § 111 Nr 9 mwN). Auch das *BSG* hat eine präzise Definition bislang nicht vorgenommen (*BSG* SozR § 1531 RVO Nr 12). Jedoch ist nicht jedes beliebige Verhalten gemeint. So ergibt sich aus der Rechtsprechung des *BSG*, dass der **Wille zumindest rechtssichernd** tätig zu werden, der Geltendmachung **deutlich erkennbar** zu Grunde liegen muss (*BSG* Urt v 30.6.2009 – B 1 KR 21/08 R, SozR 4-1300 § 111 Nr 5; *BSGE* 65, 27; *BSG* Urt v 22.8.2000 – B 2 U 24/99 R, nv; *OVG Bln-Bbg* Urt v 26.11.2014 – OVG 9 B 60.11 und OVG 9 B 59.11, jeweils juris). Dies kann **auch** durch eine **konkludente Erklärung** erfolgen (*BSGE* 65, 27). Es ist jedoch ein unmissverständliches, unbedingtes Einfordern der Leistung zu verlangen (*Kater* aaO § 111 Rz 44; *Becker* aaO § 111 Rz 32 ff). Geltend machen iSd § 111 bedeutet damit nicht nur eine gerichtliche Verfolgung des Anspruchs, sondern auch **jede Erklärung** zur Verfolgung des Erstattungsanspruchs außerhalb von förmlichen Verfahren (*BVerwG* Urt v 10.4.2003, FEVS 54, 495; *OVG MV* Urt v 30.11.2011 – 1 L 194/07, juris; *Roller* aaO § 111 Rz 13), in der ein Erstattungsanspruch behauptet und verdeutlicht wird, diesen auch verfolgen zu wollen. Insoweit bedeutet Geltendmachen iSd § 111 nicht das Einfordern des Anspruchs vor Gericht, sondern das Behaupten des Anspruchs gegenüber dem Anspruchsgegner, wozu die bloße Anmeldung iS einer Ankündigung der Forderung noch nicht genügen kann (*LSG BW* Urt v 28.9.2011 – L 5 KR 2152/10, juris). Ein Erstattungsanspruch ist jedoch dann nicht wirksam geltend gemacht, wenn der erstattungbegehrende Träger den vorleistenden Träger über Leistungsvoraussetzungen im Unklaren lässt (zB der Unfallversicherungsträger die Krankenkasse im Unklaren darüber lässt, ob [anerkannte] Unfallfolgen und eingetretene Folgeerkrankungen auf den [anerkannten] Arbeitsunfall zurückzuführen sind sowie, dass dem Unfallhergang entscheidende Bedeutung zukommen kann; *LSG BW* Urt v 21.11.2014 – L 4 KR 5373/12, juris).

Das bloße **vorsorgliche Anmelden** eines Erstattungsanspruch **genügt nicht** (*BSG* **5** Urt v 18.11.2014 – B 1 KR 12/14 R, SozR 4-2500 § 264 Nr 6, SozR 4-7610 § 242 Nr 7; *BSG* v 30.6.2009 – B 1 KR 21/08 R, juris Rz 15; *BSG* SozR 4-2500 § 10 Nr 4; *BSG* SozR 3-1300 § 111 Nr 6 und 9; *BSGE* 66, 246, 248; *Kater* aaO § 111 SGB X, Rz 43, 45; aA *BSG* Urt v 28.11.1990 – 5 RJ 50/89; *SG Stuttgart* Urt v 2.9.2010 – S 24 R 9514/07, juris, jedenfalls wenn der Rechtssicherungswille anderweitig zum Ausdruck komme). Jedoch ist eine Geltendmachung schon **für künftige Erstattungsansprüche** möglich (*BSG* SozR 4-2500 § 10 Nr 4; *BSG* v 18.5.2004 – B 1 KR 24/02 R; *BSG* SozR 3-1300 § 111 Nr 9; *BSGE* 21, 157), wenn mit dem Entstehen des Erstattungsanspruchs unter vernünftiger Betrachtungsweise demnächst gerechnet werden kann (vgl hierzu auch *BSG* SozR 3-1300 § 111 Nr 9; *BSGE* 21, 157, 158; *Becker* aaO

§ 111 SGB X Rz 40; *Kater* aaO § 111 Rz 42). Wird ein künftiger Erstattungs-anspruch geltend gemacht, erfolgt diese Geltendmachung zwangsläufig schon vor Beginn der Frist des § 111 SGB X. Jedoch wird schon hierdurch die Frist des § 111 Sätze 1 und 2 eingehalten.

6 Die **Erklärung** muss demjenigen, gegenüber dem ein Erstattungsanspruch gel-tend gemacht wird, **zugehen** (*Roller* aaO § 111 Rz 14). Es gilt § 130 Abs 1 BGB (*Mutschler* in juris-PK SGB X § 111 Rz 15). Ausnahmsweise kann die Gelten-machung gegenüber dem Träger erfolgen, der vom materiellrechtlich zuständi-gen Träger kraft eines gesetzlichen Auftragsverhältnisses oder einer gesetzlichen Delegation mit der Durchführung der Aufgabe beauftragt wurde (*BSG* v 14.2.1990 – 9a/9 RV 6/89, nv; *LSG Bln-Bbg* v 8.10.2009 – L 15 SO 144/08, juris Rz 31). Die Geltendmachung ist eine **empfangsbedürftige** (*BSG* SozR 3-1300 § 111 Nr 9; *BSGE* 21, 157; *Becker* aaO § 111 Rz 5), **nicht formbedürf-tige Willenserklärung** im Gleichordnungsverhältnis. Sie stellt **keinen VA** dar (*Becker* aaO § 111 SGB X Rz 34). Sie ist auslegungsfähig und kann auch kon-kludent erklärt werden (*BSG* SozR 3-1300 § 111 Nr 9; *BSGE* 65, 27).

7 Es müssen **nicht alle Einzelheiten** des Anspruchs **dargelegt** werden (*BSG* Urt v 18.11.2014 – B 1 KR 12/14 R, SozR 4-2500 § 264 Nr 6, SozR 4-7610 § 242 Nr 7; *BSGE* 21, 159; *BSG* SozR 4-2500 § 10 Nr 4; *BSG* SozR 1300 § 111 Nr 9), auch eine Bezifferung muss noch nicht erfolgen (*BSG* SozR 4-2500 § 10 Nr 4; *BSG* SozR 1300 § 111 Nr 9), die Angabe einer falschen Rechtsgrundlage schadet nicht (*VG Braunschweig* Urt v 17.6.2003 – 4 A 424/02, nv). **Jedoch** müssen sich aus der Erklärung zumindest die für die Entstehung des Erstat-tungsanspruchs **maßgeblichen Umstände** und der **Zeitraum,** für den die Sozial-leistung erbracht wurde, hinreichend konkret ergeben (*BSG* Urt v 30.6.2009, SozR 4-1300 § 111 Nr 5; *BSGE* 65, 31; *BSG* Urt v 23.3.1999 – B 1 KR 14/97 R, nv), sowie der Wille, zumindest rechtssichernd tätig zu werden (*Kater* aaO § 111 Rz 20). Der auf Erstattung angegangene Träger muss ohne weitere Nach-forschungen prüfen können, ob der Erstattungsanspruch ausgeschlossen ist (*BSG* v 30.6.2009 – B 1 KR 21/08 R, juris Rz 15; *Kater* aaO § 111 Rz 20). Soll die Ausschlussfrist eine möglichst rasche Klärung der Frage, ob eine Erstat-tungspflicht besteht, bezwecken, muss der in Anspruch genommene Leistungs-träger bereits beim Zugang der Anmeldung des Erstattungsanspruchs ohne wei-tere Nachforschungen beurteilen können, ob die erhobene Forderung ausge-schlossen ist (*BSG* aaO). Dies kann er ggf auch ohne Kenntnis des Forderungs-betrages, wenn die im Einzelfall für die Entstehung des Erstattungsanspruches maßgeblichen Umstände wie auch der Zeitraum, für den die Sozialleistungen erbracht wurden, hinreichend konkret mitgeteilt sind (*BSG* aaO mwN). Daher schadet es in jedem Fall, wenn der Erstattungsanspruch unter einem falschen Namen (Leistungsempfänger) oder für einen falschen Zeitraum geltend ge-macht wird.

Hinsichtlich **künftiger Erstattungsansprüche** genügt es, wenn diese vorerst dem Grunde nach geltend gemacht werden (*BSG* SozR 3-1300 § 111 Nr 9; *Mutsch-ler* in juris-PK SGB X § 111 Rz 21). Aber auch hier muss der erstattungspflich-tige Leistungsträger aufgrund der Geltendmachung des künftigen Erstattungs-anspruchs erkennen können, dass bzw weshalb ein Erstattungsanspruch auf ihn zukommt. Insoweit können allgemeine Angaben genügen, die sich auf die im Zeitpunkt des Geltendmachens vorhandenen Kenntnisse über Art und Umfang künftiger Leistungen beschränken (zum Ganzen *BSG* SozR 3-1300 § 111 Nr 9 S 37 f mwN; *BSG* SozR 4-2500 § 10 Nr 4 Rz 11).

Der Erstattungsanspruch kann **schon vor Beginn der Frist** des § 111 (*BSG* SozR 1300 § 111 Nr 3; *BSG* SozR 3-1300 § 111 Nr 9) und auch für die Zukunft geltend gemacht werden (*BSG* SozR 3-1300 § 111 Nr 9). **8**

Jeder Erstattungsanspruch ist eigenständig geltend zu machen. Bestehen mehrere Erstattungsansprüche gegenüber einem Leistungsträger, sind alle Ansprüche **einzeln geltend zu machen**; besteht ein Erstattungsanspruch gegenüber mehreren Leistungsträgern, so ist dieser bei allen Trägern geltend zu machen. **9**

Mit der **Hauptleistung** werden konkludent **auch** akzessorische **Nebenansprüche** geltend gemacht (*BSG* SozR 3-1300 § 111 Nr 9; *Roller* aaO Rz 13). Ist der Anspruch geltend gemacht, so erstreckt sich dies auf den **gesamten Erstattungsanspruch** (unabhängig von einer Bezifferung in der Geltendmachungserklärung). **10**

3.2. Adressat der Geltendmachung

Soll der Erstattungsanspruch nicht gem § 111 Satz 1 ausgeschlossen sein, so ist er fristgerecht vom erstattungsberechtigten Leistungsträger beim erstattungspflichtigen Leistungsträger geltend zu machen. Wer erstattungsberechtigter und erstattungspflichtiger Leistungsträger ist, bestimmt sich nach den §§ **102 bis 105**. Der Erstattungsanspruch ist nur dann wirksam geltend gemacht, wenn er **vom erstattungsberechtigten** Leistungsträger **beim erstattungspflichtigen Leistungsträger** oder bei dem mit diesem durch ein gesetzliches Auftragsverhältnis verbundenen Träger geltend gemacht wird (*BSG* SozR 3-1300 § 111 Nr 1). Es genügt nicht, wenn der erstattungspflichtige Träger lediglich über Dritte Kenntnis vom behaupteten Erstattungsanspruch erlangt (*Becker* aaO § 111 Rz 37). § 16 Abs 2 SGB I gilt nicht (*Becker* aaO Rz 38). Nach teilweise vertretener Auffassung genügt es, wenn die Geltendmachung nicht der hierfür zuständigen Sachbearbeitung, sondern dem Leistungsträger an sich zugegangen ist (*SG Stuttgart* Urt v 1.7.2003 – S 6 U 6492/01, nv). **11**

3.3. Geltendmachung bei wiederkehrend erbrachten Sozialleistungen

Bei **wiederkehrenden Sozialleistungen** entstehen wegen der in einzelnen Bewilligungsabschnitten erbrachten Einzelleistungen jeweils **gesonderte Erstattungsansprüche** (*BSGE* 65, 27, [29]; *Mutschler* in juris-PK SGB X § 111 Rz 29). Diese sind **eigenständig geltend zu machen**; es laufen für jeden Leistungsabschnitt eigene **Ausschlussfristen**. Eine Zusammenfassung der einzelnen Zeitabschnitte zu einem Gesamtzeitraum ist nicht zulässig (*BSGE* 65, 27, 28), jedoch können mehrere Erstattungsansprüche in einer Erklärung zusammen geltend gemacht werden (*Kater* aaO § 111 Rz 42), sofern sie als solche erkennbar und unterscheidbar bleiben. Auch können in einer einheitlichen Erklärung schon künftige Erstattungsansprüche angemeldet werden. **12**

4. Wirkung des Ausschlusses, Rechtsnatur

Wird der **Erstattungsanspruch** nicht rechtzeitig geltend gemacht, ist er **ausgeschlossen**, § 111 Satz 1. Das kann aber nur der Fall sein, wenn überhaupt ein Erstattungsanspruch entstanden ist (*OVG NRW* Beschl v 2.7.2009 – 12 A 2056/08, juris). Es handelt sich bei der Frist des § 111 um eine **materielle Ausschlussfrist**. Die Versäumung der Frist hat zur Folge, dass der Erstattungsanspruch Kraft Gesetzes entfällt (*BSG* SozR 1300 § 111 Nr 1; *BSG* SozR 3-1300 § 105 Nr 4; *Kater* aaO § 111 Rz 53; *Roller* aaO § 111 Rz 16). Der Erstattungsanspruch erlischt, ebenso **auch** auf die **Nebenforderungen** aus §§ 108 Abs 2 und 109. Wiedereinsetzung in den vorigen Stand oder eine Unterbrechung, **13**

Hemmung der Frist nach den Regelungen des Verjährungsrechts ist ausgeschlossen.

14 Die **Erfüllungsfiktion** des § 107 **bleibt** von dem Ausschluss des Erstattungsanspruchs **unberührt**, so dass bei Nichtgeltendmachung des Erstattungsanspruchs
iSd § 111 der ursprünglich erstattungsberechtigte Leistungsträger die Sozialleistung vom Versicherten nicht wieder zurückfordern kann.

15 Der Ablauf der Ausschlussfrist gem § 111 ist **von Amts wegen** zu beachten
(*BSG* Urt v 18.11.2014 – B 1 KR 12/14 R, SozR 4-2500 § 264 Nr 6, SozR
4-7610 § 242 Nr 7; *BSG* Urt v 6.12.1989 – 2 RU 30/89, nv; *BSG* SozR 3-1300
§ 111 Nr 8), auf die Frist kann **nicht verzichtet** werden (*Maydell/Schellhorn*,
§ 111 Rz 23). Auch **Wiedereinsetzung** in den vorigen Stand, § 27, ist **nicht möglich** (*BSG* SozR 3-1300 § 111 Nr 8). Die §§ 203 ff BGB über Hemmung, Ablaufhemmung und Neubeginn der Verjährung sind nicht entsprechend anwendbar (*Pickel* SGb 1984, 545 [549]).

16 Die **Kenntnis des erstattungspflichtigen Leistungsträger** von der Vorleistung,
steht dem Beginn und Ablauf der Ausschlussfrist des § 111 nicht entgegen
(*BSG* SozR 1300 § 111 Nr 4). Ebenso kann die **Unkenntnis des erstattungsberechtigten Leistungsträgers** über das Bestehen eines Erstattungsanspruchs
grundsätzlich nicht von Bedeutung sein (*BSG* SozR 1300 § 111 Nr 1; *BSGE* 65,
27); es muss allerdings unterschieden werden zwischen der Kenntnis des erstattungsberechtigten Leistungsträgers vom Bestehen des Erstattungsanspruchs an
sich (was für die Ausschlussfrist des § 111 ohne Bedeutung ist) und dessen
Kenntnis von einer Entscheidung des erstattungspflichtigen Träger über dessen
Leistungspflicht (was iRah des Satz 2 den Lauf der Frist auslöst und damit bedeutsam ist).

17 Dem Einwand der abgelaufenen Frist des § 111 kann **nicht** mit **Schadensersatzansprüchen** oder der **Einrede der unzulässigen Rechtsausübung**, § 242 BGB, be-
gegnet werden (*Roller* aaO § 111 Rz 16; aA *BSG* Urt v 18.11.2014 – B 1 KR
12/14 R, SozR 4-2500 § 264 Nr 6, SozR 4-7610 § 242 Nr 7, das den Einwand
unzulässiger Rechtsausübung nur bei grob rechtswidrigem Verhalten des erstattungsberechtigten Trägers zulässt). Insoweit handelt es sich bei den Ansprüchen
nach §§ 102 ff auch im Verhältnis zwischen den am Erstattungsvorgang beteiligten Leistungsträgern um ein **abgeschlossenes Regelungssystem**, das abschließend alle Ausgleichsansprüche regelt (*BSG* SozR 3-1300 § 111 Nr 8) und das
nur unter der Voraussetzung der rechtzeitigen Geltendmachung einen Erstattungsanspruch vorsieht. Insoweit kann auch aus der Pflicht zur engen Zusammenarbeit gem § 86 nichts anderes abgeleitet werden (*BSG* SozR 3-1300 § 111
Nr 8).

18 Wurde der Erstattungsanspruch **nach Fristablauf** iSd § 111 geltend gemacht
und hierauf eine Erstattung vorgenommen, ist diese rechtswidrig und löst einen
Rückerstattungsanspruch gem § 112 aus.

19 Dem Ablauf der Ausschlussfrist mit der Folge, dass der Erstattungsanspruch
materiellrechtlich untergegangen ist, kann nicht entgegen gehalten werden, dass
der erstattungsberechtigte Sozialleistungsträger sich rechtsmissbräuchlich verhalten hat (aA *BSG* Urt v 18.11.2014 – B 1 KR 12/14 R, SozR 4-2500 § 264
Nr 6, SozR 4-7610 § 242 Nr 7, das den Einwand unzulässiger Rechtsausübung
nur bei grob rechtswidrigem Verhalten des erstattungsberechtigten Trägers zulässt; *BSG* Urt v 10.5.2007 – B 10 KR 1/05 R, SozR 4-1300 § 111 Nr 4, dazu
auch *Roller* aaO § 111 Rz 16). Das BSG (10.5.2007 aaO) nimmt an, dass der
Ablauf der Frist des § 111 unbeachtlich sein könne, wenn sich der erstattungs-

pflichtige Sozialleistungsträger im Verhältnis zum erstattungsberechtigten Sozialleistungsträger schwer gegen seine Pflicht zu enger Zusammenarbeit verstoßen habe (*BSG* aaO Rz 19 ff). Dies würde letztlich bedeuten, dass in Folge eines rechtsmissbräuchlichen Verhaltens, die gesetzliche Anordnung über den Verlust eines Rechts bzw den Untergang eines Anspruchs außer Kraft zu gesetzt und so ein von Gesetzes wegen nicht mehr bestehender Anspruch fortbestehen oder wieder aufleben würde. Darüber hinaus erfordert der Eintritt der Ausschlusswirkung des § 111 Satz 1 auch nicht die Ausübung eines Rechts, die rechtsmissbräuchlich sein könnte. Bei den von Amts wegen zu beachtenden materiellen Ausschlussfristen kann daher die unzulässige Rechtsausübung iSd Rechtsmissbrauchs nicht in der Berufung auf den Rechtsuntergang liegen. Denn auch ohne die Berufung hierauf wäre das Recht bzw der Anspruch Kraft der gesetzlichen Anordnung erloschen, was von Amts wegen zu beachten ist (vgl dazu *Böttiger*, SGb 2008, 375 ff).

Im Übrigen sieht § 111 SGB X eine auch entsprechende Anwendung der Regelungen über Hemmung, Ablaufhemmung oder Neubeginn der Verjährung nicht vor. Ebenso ist eine Wiedereinsetzung in den Lauf der Ausschlussfrist – und damit eine nachträgliche Beseitigung des Anspruchsuntergangs – nicht möglich (ebenso *Dankelmann* aaO Rz 151). Können Umstände, die den Ablauf der Ausschlussfrist verursacht haben, den Anspruchsuntergang nicht verhindern, ist sehr fraglich, ob über die Grundsätze des Verbots der unzulässigen Rechtsausübung (Rechtsmissbrauch) dieser Untergang des Erstattungsanspruchs soll verhindert werden können.   **20**

5. Fristdauer und Fristberechnung

§ 111 bestimmt eine **12 monatige Frist**. Sie berechnet sich gem § 26 iVm §§ 187 bis 193 BGB. Maßgeblich für eine rechtzeitige Geltendmachung des Erstattungsanspruchs ist der Eingang der Geltendmachungserklärung beim erstattungspflichtigen Leistungsträger.   **21**

6. Beginn der Frist

In seiner Begr führte der GGeber zur Neuregelung des Satz 2 aus, dass durch die Neuregelung des Satz 2 klargestellt werde, welcher **Zeitpunkt für den Beginn** der Ausschlussfrist maßgebend sein soll (BT-Drucks 14/4375, 60). Die Ausschlussfrist soll nach § 111 **Satz 2** frühestens mit dem Zeitpunkt beginnen, in dem der erstattungsberechtigte Leistungsträger von der Entscheidung des erstattungspflichtigen Leistungsträger über seine (richtig: dessen; *BSG* SozR 4-1300 § 111 Nr 3; zum anwendbaren Recht bei Fristen, die bereits vor der Rechtsänderung zum 1.1.2001 abgelaufen sind vgl *LSG Bln-Bbg* v 22.1.2009 – L 31 U 398/08, UV-Recht aktuell 2009, 398-413 und § 120) Leistungspflicht Kenntnis erlangt. § 111 **Satz 1** legt jedoch (dadurch, dass sowohl das Fristende, wie auch die Dauer der Frist bestimmt werden) ebenfalls den Fristbeginn fest auf den Ablauf des letzten Tages, für den die Leistung erbracht wurde. Das **Verhältnis von Satz 1 und Satz 2** ist im Lichte der Gesetzesbegründung dahin zu verstehen, dass grundsätzlich für den Fristbeginn derjenige Zeitpunkt maßgeblich ist, in dem der erstattungsberechtigte Leistungsträger von der Entscheidung des erstattungspflichtigen Leistungsträgers über dessen Leistungspflicht Kenntnis erlangt, Satz 2. Liegt dieser Zeitpunkt im Einzelfall vor demjenigen nach Satz 1, so beginnt die Frist erst mit dem in Satz 1 genannten Zeitpunkt (vgl hierzu *LSG Bln-Bbg* Urt v 22.1.2009 – L 31 U 398/08, juris; *VG Karlsruhe* v 12.7.2005 – 5 K 281/04, nv; *Mutschler* in juris-PK SGB X § 111 Rz 24; aA   **22** wonach der Fristbeginn nach Satz 1 als Grundsatz ansehen sei: *BSG* Urt v. 10.5.2005 – B 1 KR 20/04 R, SozR-4-1300 § 111 Nr 3; *BSG* Urt v. 16.3.2010 – B 2 U 4/09 R – SGb 2011, 220).

23   **Problematisch** sind die Fälle, in denen **keine Entscheidung** des erstattungspflichtigen Leistungsträgers über dessen Leistungspflicht **ergeht** (wie zB regelmäßig bei der Erstattung bereits abgeschlossener Leistungsfälle zwischen Sozial- bzw Jugendhilfeträgern, oder zB bei Erstattungsstreitigkeiten zwischen Krankenkassen, vgl hierzu *BSG* SozR 4-1300 § 111 Nr 3) bzw eine solche Entscheidung nicht mehr ergehen kann.

24   Folge des Satz 2 wäre, dass eine Frist nicht beginnen würde, was jedoch dem Gesetzeswillen zuwider liefe. Daher ist in diesen Fällen alleine **die Frist des Satz 1** maßgeblich (*BSG* SozR 4-1300 § 111 Nr 3; *BayVGH* FEVS 53, 165; *VG Leipzig* Urt v 3.4.2003 – 2 K 1100/99, nv; *Becker* aaO § 111 Rz 45 ff; *Schwabe* ZfF 2001, 81 [83] für die §§ 103 ff BSHG; *Zeitler*, NDV 2003, 138). So kann nach der Rspr des *BSG* (vom 28.2.2008 – B 1 KR 13/07 R – FEVS 60, 5-9 = juris Rz 15; *BSG* v 10.5.2005 – B 1 KR 20/04 R, SozR 4-1300 § 111 Nr 3 Rz 15 f) zB bei Erstattungsansprüchen von Krankenkassen untereinander eine den Fristenlauf hinausschiebende Kenntnisnahme von der „Entscheidung des erstattungspflichtigen Leistungsträgers über seine Leistungspflicht" in aller Regel nicht vorliegen, weil der Erstattungsverpflichtete eine materiellrechtliche Entscheidung über Leistungen, wie sie der Erstattungsberechtigte bereits erbracht hat, überhaupt nicht mehr treffen kann und darf. Dasselbe gilt nach der Rspr des *BSG* (v 28.2.2008 aaO) auch dann, wenn am Erstattungsstreit nicht nur Krankenkassen beteiligt sind. Kann eine Entscheidung des erstattungspflichtigen Leistungsträgers über seine Leistungspflicht iS von § 111 Satz 2 SGB X nämlich nicht vorliegen, weil der erstattungspflichtige Träger eine Entscheidung über Leistungen, wie sie der Erstattungsberechtigte bereits erbracht hat, überhaupt nicht mehr treffen kann und darf, scheidet (zwangsläufig) eine Kenntnisnahme von einer solchen Entscheidung und damit die Anwendung des § 111 Satz 2 aus; die Frist bestimmt sich alleine nach Satz 1 (*BSG* SozR 4-1300 § 111 Nr 3).

6.1. Fristbeginn nach Satz 2

25   Nach Satz 2 beginnt die Ausschlussfrist frühestens mit dem Zeitpunkt, zu dem der erstattungsberechtigte Leistungsträger von der Entscheidung des erstattungspflichtigen Leistungsträger über dessen Leistungspflicht Kenntnis erlangt hat. Gegenstand der Kenntnisnahme muss die **Entscheidung** des erstattungspflichtigen Leistungsträgers **über dessen Leistungspflicht** sein (dazu s auch *BSG* Urt v 16.3.2010 – B 2 U 4/09 R, juris). Gemeint ist dabei dessen Entscheidung über die **konkrete Leistung** im Verhältnis zum **Leistungsberechtigten** (*BSG* SozR 4-1300 § 111 Nr 3; *VG Leipzig* Urt v 3.4.2003 – 2 K 1100/99, nv; *Kater* aaO Rz 13 ff), nicht eine Entscheidung über den Erstattungsanspruch (*Kater* aaO Rz 18 f). Eine bloße Grundentscheidung des erstattungspflichtigen Leistungsträgers genügt nicht. Vielmehr muss es sich um eine Entscheidung handeln, die nicht nur abstrakte Rechtspositionen, sondern eine **konkrete Leistungspflicht** betrifft. Es kommt daher auf eine Entscheidung des erstattungspflichtigen Leistungsträgers über dessen Leistungspflicht **gegenüber dem Leistungsberechtigten** durch VA an (*Mutschler* in juris-PK SGB X § 111 Rz 32). Dabei kommt es nicht darauf an, dass gegenüber dem Leistungsberechtigten irgendeine Entscheidung durch VA ergeht, maßgeblich ist vielmehr, dass eine konkrete Leistung bewilligt worden ist (*LSG BW* Urt v 22.1.2014 – L 3 U

3510/13, juris); eine solche Entscheidung stelle auch eine Auszahlungsanordnung einer Berufsgenossenschaft dar (*LSG BW* aaO).

Erforderlich ist **positive Kenntnis** des erstattungsberechtigten Leistungsträgers (*Kater* aaO Rz 37; *Mutschler* in juris-PK SGB X § 111 Rz 37; *Roller* aaO Rz 9). Grob fahrlässige Unkenntnis genügt nicht (*Kater* aaO § 111 Rz 13). Insoweit kommt es auf die Kenntnis der mit Erstattungsansprüchen betrauten **Sachbearbeitung** an (*Kater* aaO § 111 Rz 37; *Roller* aaO Rz 9; aA *SG Stuttgart* aaO). **26**

6.2. Fristbeginn nach Satz 1

Die Ausschlussfrist nach Satz 1 beginnt mit **Ablauf des letzten Tages**, für den (nicht: „an dem"; *BSG* v 28.2.2008 – B 1 KR 13/07 R – FEVS 60, 5-9 = juris Rz 12; *BSGE* 65, 27; *BSG* SozR 1300 § 111 Nr 6) die zur Erstattung führende **Sozialleistung** (*BSG* SozR 1300 § 111 Nr 6; *BSG* Urt v 28.11.1990 – 5 RJ 50/89, nv) **erbracht** wurde. Für welchen Zeitraum die Leistung erbracht wurde, bestimmt sich nach dem materiellen Leistungsrecht des erstattungsberechtigten Leistungsträgers (*Kater* aaO § 111 Rz 34). Bei **wiederkehrenden Leistungen** ist derjenige Zeitraum maßgeblich, für den die einzelne Leistung erbracht wurde (*BSGE* 65, 27), da für jeden Leistungsabschnitt eine eigenständige Ausschlussfrist läuft (*Becker* aaO § 111 Rz 40). Das BVerwG hat zur Erstattung der Kosten für Maßnahmen und Hilfen, die jugendhilferechtlich als eine Leistung zu werten sind, entschieden, dass es genüge, wenn die Geltendmachung des Anspruchs iSd § 111 Satz 1 nach Beginn der (Gesamt-)Leistung erfolge (*BVerwG* Urt v 19.8.2010, BVerwGE 137, 368-377). **27**

6.3. Fristbeginn in Sonderfällen

In denjenigen Sonderfällen in denen der erstattungsberechtigte Träger **aus allg Rechtsgründen** an der Durchsetzung des Erstattungsanspruchs gehindert war, beginnt die Frist des § 111 gegebenenfalls zu einem anderen Zeitpunkt (*Kater* aaO § 111 Rz 39; zweifelnd *Roller* aaO § 111 Rz 10). Liegt eine **Statusentscheidung** vor, können Erstattungsansprüche **erst** in dem Zeitpunkt entstehen, in dem der **Statusfeststellungsbescheid aufgehoben** ist (*BSG* SozR 3-1300 § 111 Nr 2 und 5). Daher kann auch die Frist des § 111 Satz 2 frühestens in diesem Zeitpunkt beginnen. **28**

In den Fällen, in denen Leistungen für ein „nichteheliches" Kind bzw „ein **Kind, dessen Eltern nicht miteinander verheiratet sind"** erbracht wurden, beginnt die Ausschlussfrist des § 111 (für einen Erstattungsanspruch gegen Sozialleistungsansprüche des tatsächlichen Vaters) unter Anwendung des bis 30.6.1998 geltenden Abstammungsrechts nicht vor Feststellung der Vaterschaft des Versicherten (*BSG* SozR 3-1300 § 111 Nr 2). Unter dem seit 1.7.1998 geltenden Recht, §§ **1593 bis 1600 e BGB**, können die Wirkungen der Vaterschaft (und damit gegebenenfalls eine bestehende Familienmitversicherung des Kindes beim tatsächlichen Vater) erst vom **Zeitpunkt ihrer gerichtlichen Feststellung** an geltend gemacht werden, § 1600 d Abs 4 BGB. Daher kann ein Erstattungsanspruch (zB zwischen der KK des bisherigen, vermeintlichen Vaters und der KK des tatsächlichen Vaters) wegen Leistungen an das Kind auch frühestens im Zeitpunkt der gerichtlichen Feststellung der Vaterschaft gem § 1600 d Abs 1 BGB entstehen. Auch die Frist des § 111 beginnt nicht früher zu laufen. **29**

§ 112 Rückerstattung

Soweit eine Erstattung zu Unrecht erfolgt ist, sind die gezahlten Beträge zurückzuerstatten.

Literatur:

Gottschalk: Erstattungsansprüche zwischen Leistungsträgern, SF-Medien Nr 176, 31 (2009); *Kummer:* Das neue Erstattungsrecht in der Bewährung, DAngVers 1986, 397; *Laufer/Noch:* Die Erstattungsansprüche der Leistungsträger untereinander, DAngVers 1983, 221 und 255; *Rasch/Kroworsch:* Rückerstattung von Aufwendungserstattungen nach § 264 SGB V – Gutachten vom 17. Januar 2013 – G 1/10, NDV 2013, 184; *Reddig:* Erstattungsansprüche zwischen Krankenkasse und Sozialhilfeträger, SVFAng Nr 134, 53 (2002). Wegen allg Lit zu den Erstattungsansprüchen vgl vor § 102.

1. Allgemeines

1   Zu Unrecht erfolgte Erstattungen gem §§ 102 ff sind zurückzuerstatten, § 112. Insoweit entspricht § 112 dem **allg Rechtsgrundsatz**, dass zu Unrecht erfolgte Vermögensverschiebungen rückabzuwickeln sind (so auch im Verhältnis zum Leistungsempfänger/Leistungsberechtigten vgl § 50 bzw hinsichtlich von Beiträgen vgl § 26 SGB IV; *BSG* Urt v 14.4.2011 – B 8 SO 23/09 R, juris). Der Rückerstattungsanspruch steht auch nicht unter dem Vorbehalt, dass der Rückerstattunsgberechtigte nicht vorrangig eine anderweitige Befriedigung seines Anspruchs erlangen kann (*VGH BW* v 24.11.2005 – 7 S 577/05, nv; aA zum ursprünglichen Erstattungsanspruch: *BVerwG* Urt v 13.6.2013 – 5 C 30/12, juris). § 112 findet über die Erstattungsansprüche der §§ 102 ff hinaus auf alle Erstattungsansprüche zwischen Sozialleistungsträgern iSd § 12 SGB I Anwendung (*Roller* in v Wulffen/Schütze SGB X, 8. Aufl, § 112 Rz 4), auch auf Auftragsverhältnisse iSd § 91 (s § 91 Rz 2; aA *Roller* aaO Rz 4). Dagegen greift § 112 nicht ein, soweit die Aufwendungen der Krankenkassen für die Heilbehandlung von Gewaltopfern iSd § 1 Abs 13 OEG iVm §§ 19 ff BVG pauschal abgegolten werden (*BSG* Urt v 16.2.2012 – B 9 VG 1/10 R, BSGE 110, 104-112).

2. Regelungsgehalt

2   § 112 setzt einen bereits **durchgeführten Erstattungsvorgang** gem §§ 102 bis 105, 109 voraus. Wurde ein Erstattungsbegehren nicht bedient, so kann es auch nicht zu einer Rückerstattung kommen. Stellt sich nachträglich heraus, dass die durchgeführte Erstattung **ganz oder teilw rechtswidrig** war, so sind gem § 112 die zu Unrecht gezahlten Beträge vom Empfänger zurückzuerstatten. Der Rückerstattungsanspruch setzt damit (1.) eine tatsächlich durchgeführte Erstattung (vgl dazu *SG Köln* Urt v 21.3.2012 – S 21 SO 492/10, juris) und (2.) die (zumindest teilw) **Rechtsgrundlosigkeit der Erstattung** voraus. Der Rückerstattungsanspruch steht dem vermeintlich erstattungspflichtigen Träger zu und richtet sich gegen den Leistungsträger, der die vermeintliche Erstattungsleistung erhalten hat.

3   Die **Unrechtmäßigkeit** der Erstattung kann **ursprünglich oder nachträglich** eingetreten sein und die vorgenommene Erstattung ganz oder teilw betreffen. Sie kann auf Verletzung von Erstattungsrecht, §§ 102 bis 114, insbesondere §§ 106, 111, beruhen oder aufgrund von Störungen im Verhältnis der Leistungsträger zum Leistungsempfänger eingetreten sein (*BSG* Urt v 2.11.1990 – 2 RU 10/90, nv). Auf ein **Verschulden** kommt es **nicht** an (*VG München* Urt v 30.4.2013 – M 18 K 12.4144, juris; *Laufer/Noch* DAngVers 1983, 255 [262];

Leopold in jurisPK-SGB X, § 112 Rz 28). Vielmehr ist die Unrechtmäßigkeit der Erstattung anhand rein objektiver Gesichtspunkte zu bestimmen. Ob eine Erstattung „zu Unrecht" erfolgt ist, bestimmt sich nach der zum Zeitpunkt der Erstattungsleistung geltenden Rechtslage (*VG München* Urt v 30.4.2013 aaO), weshalb eine spätere Rechtsprechungsänderung grds auch zu einer Unrechtmäßigkeit der Erstattung führen kann (*VG München* aaO). Gleiches gilt, wenn sich eine langjährige Verwaltungspraxis als fehlerhaft herausstellt (*SG Köln* Urt v 21.3.2012 – S 21 SO 492/10Az, juris)

Wurde auf einen verjährten Erstattungsanspruch geleistet, entsteht kein Rücker- **4**
stattungsanspruch (§ 214 Abs 2 Satz 1 BGB). Gleiches gilt, wenn der Erstattungsbetrag trotz anderer Schätzung tatsächlich unter dcr Bagatellgrenze des § 110 Satz 2 liegt (*Becker* in Hauck/Noftz SGB X § 112 Rz 26; *Leopold* in jurisPK-SGB X, § 112 Rz 27).

Betrifft die Rechtswidrigkeit nur einen Teil der vorgenommenen Erstattung, ist **5**
nur dieser Teil, in den sonstigen Fällen der gesamte Erstattungsbetrag zurückzuerstatten. Die **Bagatellgrenze** des § 110 findet **keine Anwendung**. Eine **Verzinsung** des Rückerstattungsanspruchs ist **nicht** vorgesehen (*BSGE* 49, 227). Der Rückerstattungsanspruch unterliegt **nicht** der **Rangfolge des** § 106 (*Kater* in KassKomm SGB X § 112 Rz 12).

Erstattungsentscheidungen binden nur die daran beteiligten Leistungsträger. Im **6**
Interesse der Funktionsfähigkeit des gegliederten Systems der sozialen Sicherheit müssen auch im Erstattungsverhältnis die Entscheidungen der fachlich zuständigen Leistungsträger in ihrem Aufgabengebiet von anderen Leistungsträgern beachtet werden. Insoweit hat grds jeder Träger die wirksamen Verwaltungsakte (Bescheide) eines anderen Trägers gegen sich gelten zu lassen (*BSG* v 26.6.2008 – B 13 R 141/07 R – SGb 2009, 309-312; *LSG Bln-Bbg* Urt v 16.6.2011 – L 2 U 10/10, juris). Hiervon kann im Hinblick auf die Pflicht der Leistungsträger, bei der Erfüllung ihrer Aufgaben eng zusammenzuarbeiten (§ 86 SGB X), nur dann eine Ausnahme zulässig sein, wenn ein derartiger Verwaltungsakt sich als offensichtlich fehlerhaft erweist und sich dies zum Nachteil des anderen Leistungsträgers auswirkt (*BSG* aaO; *BSG* v 1.9.1999 SozR 3-1300 § 86 Nr 3 S 5 f). Insoweit besteht eine **Tatbestandswirkung** (wie hier: *LSG BW* Urt v 18.7.2013 – L 6 U 2895/11, juris; *LSG LSA* Beschl v 12.12.2012 – L 4 KR 56/10 NZB, juris; *HessLSG* Urt v 29.10.2009 – L 8 KR 311/07, juris; *HessLSG* Urt v 25.6.2009 – L 8 KR 201/07, juris; *SG Dresden* Urt v 27.10.2011 – S 5 U 360/10, juris; aA *BSG* Urt v 16.3.2010 – B 2 U 4/09 R, juris; *BayLSG* Urt v 25.8. 2011 – L 18 U 228/08, juris). Dies gilt nicht nur für Erstattungsentscheidungen gem §§ 102 ff, sondern auch für Entscheidungen über die Rückerstattung gem § 112 (*BSG* Urt v 1.4.1993, BSGE 72, 163; *BSG* SozR 3-1300 § 112 Nr 2; *LSG Bln-Bbg* Urt v 16.6.2011 – L 2 U 10/10, juris).

Hat der erstattungsberechtigte Leistungsträger rw eine Sozialleistung erbracht, **7**
ist davon der Erstattungsanspruch betroffen. Dies gilt jedoch nur, soweit der vorleistende Träger dem Bewilligungsbescheid gegenüber dem Leistungsempfänger die Rechtsgrundlage noch entziehen kann (zB nach § 45; *LSG Bln-Bbg* Urt v 16.6.2011 – L 2 U 10/10, juris). Ist dies nicht mehr möglich, beruht die Sozialleistung zwar auf einem rw **VA**. Dieser VA ist aber **wirksam** (§ 39 Abs 2) und **entfaltet Tatbestandswirkung** auch gegenüber anderen Leistungsträger. Die erbrachte Sozialleistung verbleibt daher beim Leistungsempfänger. Damit ist die erbrachte Leistung iSd § 112 nicht „zu Unrecht" erbracht; es besteht ein Erstattungsanspruch der eine Rückerstattung nach § 112 ausschließt (*BSG* SozR

3-1300 § 112 Nr 2; *LSG Bln-Bbg* Urt v 16.6.2011 – L 2 U 10/10, juris; *VGH BW* v 24.11.2005 – 7 S 577/05, nv; *Leopold* in jurisPK-SGB X, § 112 Rz 27).

8 Die **Ausschlussfrist** des § 111 gilt **nicht** für den Rückerstattungsanspruch des § 112 (*BSG* Urt v 29.11.1990 – 2 RU 10/90, nv; *Kater* in KassKomm SGB X § 112 Rz 12; *Leopold* in jurisPK-SGB X, § 112 Rz 12; *Roller* aaO § 112 Rz 7).

9 Der Anspruch nach § 112 **entsteht** unmittelbar **mit** der **Erfüllung des vermeintlichen Erstattungsanspruch** durch den vermeintlich erstattungspflichtigen Leistungsträger, analog § 40 SGB I (*Becker* aaO § 112 Rz 33). Er verjährt gem § 113 Abs 1 Satz 2 in vier Jahren nach Ablauf des Kalenderjahres, in dem die Erstattung zu Unrecht durchgeführt worden war.

3. Rechtsschutz und Auswirkungen einer Rückerstattung auf § 107

10 Für den Rückerstattungsanspruch ist **§ 114 entsprechend** anzuwenden. Der Rückerstattungsanspruch ist in dem Rechtsweg durchzusetzen, der für den (vermeintlichen) Erstattungsanspruch, gegolten hätte.

11 Wird über einen Rückerstattungsanspruch gestritten, ist **zwangsläufig** der (vermeintliche) Erstattungsanspruch **betroffen** und damit auch die **Erfüllungsfiktion des § 107** (*BSG* SozR 3-1300 § 112 Nr 2). Der Leistungsempfänger/Leistungsberechtigte ist beizuladen, § 75 Abs 2 SGG. Wird eine Erstattung über § 112 rückabgewickelt, so hat der hiervon begünstigte Leistungsträger zu prüfen, ob die Fiktion des § 107 entfallen ist und ob daher im Verhältnis zum Leistungsberechtigten der ursprüngliche Leistungsanspruch zumindest teilw wieder auflebt und zu erfüllen ist (*Becker* § 112 Rz 3, 48 ff).

§ 113 Verjährung

(1) [1]Erstattungsansprüche verjähren in vier Jahren nach Ablauf des Kalenderjahres, in dem der erstattungsberechtigte Leistungsträger von der Entscheidung des erstattungspflichtigen Leistungsträgers über dessen Leistungspflicht Kenntnis erlangt hat. [2]Rückerstattungsansprüche verjähren in vier Jahren nach Ablauf des Kalenderjahres, in dem die Erstattung zu Unrecht erfolgt ist.

(2) Für die Hemmung, die Ablaufhemmung, den Neubeginn und die Wirkung der Verjährung gelten die Vorschriften des Bürgerlichen Gesetzbuchs sinngemäß.

Literatur:

Böttiger: Ausschluss und Verjährung des Erstattungsanspruchs bei Zuständigkeitswechsel nach § 2 Abs. 3 SGB X – Anmerkung zu OVG Greifswald, Urt v 28.8.2007 – 1 L 59/05, jurisPR-SozR 3/2009 Anm. 3; *Deutscher Verein für Öffentliche und Private Fürsorge*: Zur Frage der rückwirkenden Geltendmachung von Kostenerstattungsansprüchen eines Eingliederungshilfeträgers gegenüber einem Jugendhilfeträger – Gutachten vom 19. August 2013 – G 6/13, NDV 2013, 525; *der*: Vorschlag des Deutschen Vereins zur Neuregelung der Verjährung von Ansprüchen auf Kostenerstattung im BSHG und SGB VIII, NDV 2002, 7; *Gottschalk*: Erstattungsansprüche zwischen Leistungsträgern, SF-Medien Nr 176, 31 (2009); *Kater*: Der Beginn der Ausschlussfrist für Erstattungsansprüche (§ 111 SGB X), SGb 2007, 400; *Merten*: Erstattungsansprüche der Krankenkassen untereinander – Anmerkung zu BSG, Urt v 28.2.2008, B 1 KR 13/07 R, jurisPR-SozR 21/2008 Anm. 3; *Peters-Lange/Werth*: Ausschlussfrist für Erstattungsansprüche unter Sozialleistungsträgern – Anwendungsbereiche des § 111 Satz 1 und Satz 2 SGB X – materielle (Ausgleichs-)Gerechtigkeit?, WzS 2012, 163; *Pickel*: Erfüllung und Ausschluss von Erstattungsansprüchen, SGb 1984, 545; *Rasch/Kroworsch*: Rückerstattung von Aufwendungserstattungen nach § 264 SGB V – Gutachten vom 17. Januar 2013 – G 1/10, NDV 2013, 184; *Rasch/Rogge*: Gutachten vom 1. November 2012, G

4/12, NDV 2013, 45; *Reddig*: Erstattungsansprüche zwischen Krankenkasse und Sozialhilfeträger, SVFAng Nr 134, 53 (2002); *Schwabe*: Die Auswirkungen der Rechtsänderungen in den §§ 111 und 113 SGB X zum 1.1.2001 auf Erstattungsansprüche der Sozialhilfeträger nach den §§ 102 ff SGB X sowie auf das Recht der Kostenerstattung zwischen Trägern der Sozialhilfe nach den §§ 103 ff BSHG, ZfF 2001, 81; *Zeitler*: Ausschlussfrist und Verjährung von Kostenerstattungsansprüchen zwischen Trägern der Sozialhilfe und den Trägern der Jugendhilfe nach dem BSHG, SGB VIII oder SGB X, NDV 2003, 138. Wegen allg Lit zu den Erstattungsansprüchen vgl vor § 102.

1. Allgemeines, Anwendungsbereich

§ 113 übernimmt (abgesehen von Abweichungen zum Fristbeginn) die gem §§ 45 Abs 1, 2 SGB I, 25, 27 Abs 2, 3 SGB IV und § 50 Abs 4 geltende **vierjährige Verjährungsfrist** in das Recht der Erstattungsansprüche zwischen Leistungsträgern. Der Eintritt der Verjährung hilft **Rechtsfrieden** und **Rechtssicherheit** zu wahren. Rechtsverhältnisse sollen nicht nach langer Zeit (erstmals) aufgerollt und streitig gestellt werden. **1**

§ 113 gilt über die Erstattungsansprüche der §§ **102 ff** hinaus auch für alle anderen öffentl-rechtl Erstattungsansprüche öffentl-rechtl Körperschaften iSd § 12 SGB I untereinander (*BSGE* 69, 158; *BSG* Urt v 28.9.2006, BSGE 97, 125 = SozR 4-1500 § 92 Nr 3; zuletzt *BSG* Urt v 23.5.2012, BSGE 111, 72-79 = juris zu § 36 a SGB II). Nach der Rspr des *BSG* (SozR 3-2500 § 75 Nr 11; *BSG* SozR 3-1300 § 113 Nr 1) ist § **113** zusammen mit § **45 SGB I** als **allg Grundsatz** (vgl *BSG* Urt v 28.11.2013 – B 3 KR 24/12 R, juris) auch auf Aufwendungsersatzansprüche aus öffentl-rechtl Geschäftsführung ohne Auftrag und – soweit nichts anderes normiert ist, § 37 SGB I – auf alle Erstattungs- bzw Rückerstattungsansprüche zwischen Leistungsträgern anzuwenden (*Becker* in Hauck/Noftz SGB X § 113 Rz 11 ff; aA *Zeitler* NDV 2002, 138 [139 f], der für Kostenerstattungen nach §§ 103 ff BSHG [jetzt §§ 106 ff SGB XII], 89 ff SGB VIII eine Verjährung nach §§ 195, 199 BGB annimmt; ab 1.1.2005 siehe § 111 SGB XII). Ab 1.1.2005 hat der Ggeber für die Kostenerstattungsansprüche gem §§ 106 ff SGB XII in § 111 SGB XII eine von § 113 abweichende Verjährungsvorschrift geschaffen. Aus der Rspr vgl zB: **2**

- zu § 36 a SGB II: *BSG* Urt v 23.5.2012 – B 14 AS 190/11 R, BSGE 111, 72-79,

- zu § 251 Abs 2 Satz 2 SGB V: *LSG RhPf* Urt v 28.2.2013 – L 1 AL 113/11, juris,

- zu § 264 Abs 7 SGB V: *SG Hamburg* Urt v 25.5.2012 – S 49 KR 902/10, juris,

- zu § 89 a Abs 1 SGB VIII: *VG Würzburg* Urt v 24.1.2013 – W 3 K 11.1060, juris,

- zu § 89 c Abs 1 SGB VIII: *OVG Saarl* Urt v 23.5.2012 – 3 A 410/11, juris; *BayVGH* Urt v 3.12.2009 – 12 BV 08.2147, juris; *BayVGH* Urt v 23.11.2009 – 12 BV 08.2146, juris.

Darüber hinaus gilt § 113 für alle Erstattungsansprüche von bzw gegen Nichtleistungsträger, mit Ausnahme der Erstattungsansprüche gegen Leistungsberechtigte (§ 50 Abs 4), und für den allg öffentl-rechtl Erstattungsanspruch (*BSGE* 69, 158; *BSGE* 97, 125 = SozR 4-1500 § 92 Nr 3; zuletzt *BSG* Urt v 23.5.2012, BSGE 111, 72-79; *Roller* in v Wulffen/Schütze SGB X, 8. Aufl, § 113 Rz 4). Im BVG ist § 21 Satz 2 zu beachten. Gem **§ 113 Abs 1 Satz 2** unterliegt auch der **Rückerstattungsanspruch nach § 112** der vierjährigen Verjährung. In §§ 21 und 71 b BVG sowie § 74 Abs 2 EStG wird auf § 113 verwiesen.

2. Verhältnis zu § 111

3　Nicht fristgerecht geltend gemachte Erstattungsansprüche sind gem § 111 ausgeschlossen. Diese materielle Ausschlussfrist führt zu einem Entfallen des Erstattungsanspruchs. Für nicht fristgerecht geltend gemachte Erstattungsansprüche ist die Verjährungsfrist des § 113 Abs 1 unbedeutend, da der Anspruch schon nach § 111 nicht mehr besteht. Mit der rechtzeitigen **Geltendmachung iSd § 111** wird zwar die dortige Frist gewahrt, jedoch **unterbricht/hemmt** dies die **Verjährungsfrist** gem § 113 **nicht** (*LSG BW* Urt v 28.9.2011 – L 5 KR 2152/10, juris; *SG Hamburg* Urt v 13.6.2008 – S 40 U 266/07, juris); § 45 Abs 3 SGB I gilt nicht. § 113 hat daher Bedeutung vor allem für fristgerecht geltend gemachte Erstattungsansprüche und für Rückerstattungsansprüche.

3. Rechtsnatur der Verjährung

4　Anders als die materiellrechtliche Ausschlussfrist des § 111 lässt der Eintritt der Verjährung den Erstattungsanspruch in seinem Bestand unberührt. Der Eintritt der **Verjährung begründet** lediglich ein **Leistungsverweigerungsrecht**, § 214 Abs 1 BGB. Der Schuldner ist nach Eintritt der Verjährung berechtigt, die Leistung zu verweigern, **§ 214 Abs 1 BGB** iVm § 113 Abs 2, muss also die geschuldete Leistung nicht mehr erbringen, darf das aber noch tun. Zur Aufrechnung vgl § 113 Abs 3 iVm § 215 BGB.

5　Die Verjährung ist nur auf **Einrede** hin – nicht von Amts wegen – zu beachten (anders der Ablauf der Frist des § 111), sie stellt eine anspruchshemmende Einrede dar (*Schellhammer* Zivilrecht nach Anspruchsgrundlagen 2. Aufl 1995 Rz 2470, 2471). Da es sich bei den Wirkungen der Verjährung um eine nicht von Amts wegen zu beachtende Einrede handelt, muss die Einrede der Verjährung ausdrücklich vom jeweils Begünstigten erhoben werden (*OVG MV* Beschl v 19.7.2013 – 1 L 76/09, juris). Ohne Erhebung der Einrede ist der Eintritt der Verjährung damit unbeachtlich. Die Einrede der Verjährung kann im gerichtlichen Verfahren nur **bis zum Schluss der letzten mündlichen Verhandlung** der letzten **Tatsacheninstanz** erhoben werden; vor dem *BSG* kann die Verjährungseinrede nicht erstmals geltend gemacht werden (*BSG* Urt v 6.12.1989 – 2 RU 30/89, nv). Die Erhebung der Verjährungseinrede liegt **im pflichtgemäßen Ermessen** des Erstattungspflichtigen (*BSG* Urt v 6.12.1989 – 2 RU 30/89, nv).

6　Der Eintritt der Verjährung hindert nur die zwangsweise Durchsetzung des Anspruchs, steht aber einer Erfüllung nicht entgegen. Das auf einen verjährten Anspruch **Geleistete** kann **nicht zurückgefordert** werden, **§ 214 Abs 2 Satz 1 BGB**. Der Eintritt der Verjährung bzw die Leistung auf einen verjährten Anspruch führt damit nicht zu einem Rückerstattungsanspruch nach § 112.

4. Verjährung von Erstattungsansprüchen, Abs 1 Satz 1

§ 113 Abs 1 Satz 1 regelt, in welcher Frist Erstattungsansprüche verjähren. Insoweit hat der GGeber in Übereinstimmung mit den Verjährungsvorschriften der §§ 45 Abs 1, 2 SGB I, 27 Abs 2, 3 SGB IV, 50 eine **vierjährige Verjährungsfrist** bestimmt. Soweit das *LSG NRW* (Urt v 16.5.2012 – L 1 (16) KR 265/09, juris) im Falle vorsätzlichen Handelns unter Bezug auf § 25 Abs 1 Satz 2 SGB IV eine 30-jährige Verjährungsfrist angenommen hat, ist ihm das *BSG* nicht gefolgt (Urt v 28.11.2013 – B 3 KR 24/12 R, juris).

7

Die Erstattungsansprüche der §§ 102 ff verjähren in vier Jahren nach Ablauf des Kalenderjahres, in dem der erstattungsberechtigte Leistungsträger von der Entscheidung des erstattungspflichtigen Leistungsträgers über dessen Leistungspflicht Kenntnis erlangt hat, § 113 Abs 1 Satz 1 (anders ab 1.1.2005: § 111 Abs 1 SGB XII). Maßgeblich ist hierbei die positive Kenntnis (*SG Hamburg* Urt v 13.6.2008 – S 40 U 266/07, juris; *Leopold* in jurisPK-SGB X, § 113 Rz 31) des erstattungsberechtigten Leitungsträgers vom **Leistungsbescheid des erstattungspflichtigen Leistungsträger gegenüber dem Leistungsberechtigten** (*Kater* in KassKomm SGB X § 113 Rz 10). Der Eintritt der Verjährung setzt dabei einen entstanden, noch fälligen und zu diesem Zeitpunkt (noch) bestehenden (*BSG* SozR 2200 § 1504 Nr 8) Erstattungsanspruch voraus.

8

In den **Fällen**, in denen **keine Entscheidung** über die Leistungspflicht durch den erstattungspflichtigen Leistungsträger **ergeht** (zum Problem vgl auch § 111 Rz 22 f), verjährt der Erstattungsanspruch (in Anlehnung an die frühere Rechtslage) in vier Jahren nach Ablauf des Kalenderjahres, in dem er entstanden ist (§ 113 Abs 1 Satz 1 aF; so auch *LSG BW* Urt v 28.9.2011 – L 5 KR 2152/10, juris; *BayVGH* Urt v 3.12.2009 – 12 BV 08.2147, juris; *LSG BW* Urt v 22.11.2007 – L 7 SO 5078/06, juris; *SächsOVG* Urt v 10.12.2007 – 4 B 160/04, juris; *OVG Lüneburg* FEVS 54, 64; *VG Ansbach* Urt v 19.6.2008 – AN 14 K 07.03482, juris). Insoweit kann auch der Gedanke des § 111 Satz 1 herangezogen werden (*BayVGH* Urt v 3.12.2009 – 12 BV 08.2147 – und Urt v 23.11.2009 – 12 BV 08.2146, juris; *VG Ansbach* Urt v 25.7.2013 – AN 14 K 12.02273, juris).

9

Für den Bereich des **SGB XII** hat sich der GGeber dieser Auffassung angeschlossen, **§ 111 SGB XII**. Damit verjähren die Erstattungsansprüche der §§ 106 ff SGB XII nun abweichend von den Erstattungsansprüchen nach §§ 102 ff in vier Jahren nach Ablauf des **Kalenderjahres in dem der Erstattungsanspruch entstanden** ist, § 111 Abs 1 SGB XII.

10

5. Verjährung von Rückerstattungsansprüchen, Abs 1 Satz 2

§ 113 Abs 1 Satz 2 bestimmt, dass **Rückerstattungsansprüche** nach **§ 112** in vier Jahren nach Ablauf des Kalenderjahres in dem die Erstattung zu Unrecht vorgenommen wurde, verjähren. Der Rückerstattungsanspruch entsteht unmittelbar in dem Zeitpunkt in dem der vermeintliche Erstattungsanspruch bedient wird. An diesen Zeitpunkt knüpft § 113 Abs 1 Satz 2 die Verjährung.

11

6. Berechnung der Frist

Die Verjährungsfrist berechnet sich nach **§ 26 iVm §§ 187 bis 193 BGB**. Da die Fristen nach Abs 1 mit Ablauf eines Kalenderjahres (also **am 1.1. eines Jahres**) beginnen, enden sie mit Ablauf des vierten darauf folgenden Kalenderjahres (also am 31.12.), §§ 187 Abs 1, 188 Abs 2 BGB (*Roller* aaO § 113 Rz 7).

12

7. Regelungsgehalt Abs 2

13 Ob die **Verjährung gehemmt** wird, §§ 203 bis 209 BGB, mit der Wirkung, dass die Zeit während der die Verjährung gehemmt war (zur Hemmung wegen Verhandlungen iSd § 203 Satz 1 BGB vgl *OVG NRW* Beschl v 26.1.2012 – 12 A 877/11, juris) nicht in die Verjährungsfrist eingerechnet wird (§ 209 BGB), ob eine **Ablaufhemmung eingetreten** ist, so dass die letzten sechs Monate der Verjährung gehemmt sind und erst nach Wegfall des Grundes weiterlaufen (§§ 210, 211 BGB) oder ob die Verjährung gem § 212 BGB **erneut zu laufen beginnt**, richtet sich gem § 113 Abs 2 (auch § 111 Abs 2 SGB XII) nach den genannten **Vorschriften des BGB**, ebenso die **Wirkungen** der Verjährung, §§ 214 bis 218 BGB. § 45 Abs 3 SGB I gilt nicht.

8. Verwirkung des Erstattungsanspruchs und der Verjährungseinrede, Vereinbarungen über Verjährung

14 Wie die Durchsetzung jedes Rechts kann auch die Durchsetzung eines Erstattungsanspruchs **rechtsmissbräuchlich** sein. Der Erstattungsberechtigte kann den Anspruch im Einzelfall auch verwirkt haben (*BSGE* 57, 146). **Verwirkt** ist ein Anspruch, wenn seit der erstmaligen Möglichkeit zur Geltendmachung eine längere Zeit verstrichen ist und der Verpflichtete sich zu Recht darauf einrichten durfte, dass das Recht nicht mehr geltend gemacht wird (zur Verwirkung vgl auch *LSG BW* Urt v 28.9.2011 – L 5 KR 2152/10, juris). Wegen § 111 kommt der Verwirkung jedoch keine große Bedeutung zu (*Roller* aaO § 113 Rz 12). Andererseits kann aber die Erhebung der Verjährungseinrede im Einzelfall rechtsmissbräuchlich sein (*Kater* aaO § 113 Rz 18).

15 Gem § 202 BGB sind **Vereinbarungen** über die Verjährung zulässig. Dabei kann die Verjährungsfrist verkürzt, verlängert, deren Beginn oder Ablauf modifiziert werden (*Palandt* BGB § 202 BGB Rz 2). Nach Eintritt der Verjährung ist auch der **Verzicht** auf deren Wirkungen möglich (*BGH* NJW 1973, 1690; vgl auch *LSG BW* Urt v 28.2.2003 – L 4 KR 2531/01, nv; zum Verzicht vgl auch *VG München* Urt v 13.6.2012 – M 18 K 10.6254, juris).

§ 114 Rechtsweg

[1]Für den Erstattungsanspruch ist derselbe Rechtsweg wie für den Anspruch auf die Sozialleistung gegeben. [2]Maßgebend ist im Fall des § 102 der Anspruch gegen den vorleistenden Leistungsträger und im Fall der §§ 103 bis 105 der Anspruch gegen den erstattungspflichtigen Leistungsträger.

Literatur:

Kopp: Anmerkung zu OVG Berlin Urt v 22.1.1987 – OVG 6 B 22.86, SGb 1988, 37; *Pappai*: Einige die Sozialgerichtsbarkeit besonders interessierende Rechtsfragen spezieller Natur aus dem Gesetz „Zusammenarbeit der Leistungsträger und ihre Rechtsbeziehungen zu Dritten", BG 1983, 712; *Reddig*: Erstattungsansprüche zwischen Krankenkasse und Sozialhilfeträger, SVFAng Nr 134, 53 (202). Wegen allg Lit zu den Erstattungsansprüchen vgl vor § 102.

1. Normzweck

1 Zur Durchsetzung von materiellrechtlichen Sozialleistungsansprüchen sind verschiedene Rechtswege eröffnet (§§ 51 SGG, 40 VwGO, 33 FGO). Daher war auch eine Regelung des für die Erstattungsansprüche nach §§ 102 ff geltenden Rechtsweges zu treffen. Die **Rechtswegzuweisung** des § 114 folgt dem für den

jeweiligen **Sozialleistungsanspruch** maßgeblichen Rechtsweg (vgl dazu aus neuerer Zeit zB *BayVGH* Beschl v 17.2.2014 – 12 C 13.2646, NVwZ-RR 2014, 525; *VG Würzburg* Urt v 13.2.2014 – W 3 K 13.112, juris). Die mit dem Sozialleistungsanspruch befassten Gerichte haben damit auch über die jeweiligen Erstattungsstreitigkeiten zu entscheiden. § 114 betrifft nur den Rechtsweg für Klagen zwischen Leistungsträgern, nicht jedoch Klagen von Leistungsberechtigten.

2. Regelungsgehalt

Nach **Satz 1** ist der für den Sozialleistungsanspruch eröffnete Rechtsweg auch **2** für den Erstattungsanspruch maßgeblich. Die **Sozialgerichte** entscheiden über die in § 51 SGG genannten Rechtsstreitigkeiten, insbesondere in Angelegenheiten der Sozialversicherung (§ 51 Abs 1 Nr 1, 2, 3 SGG), der Grundsicherung für Arbeitsuchende (§ 51 Abs 1 Nr 4 a SGG) und der Sozialhilfe (§ 51 Abs 1 Nr 6 a SGG). Soweit kein Fall des § 51 SGG vorliegt und auch nicht über § 33 FGO der **Finanzrechtsweg** (wegen Kindergeldleistung) eröffnet ist, gilt die allgemeine Rechtswegzuständigkeit der **Verwaltungsgerichte** für öffentlich-rechtliche Streitigkeiten nichtverfassungsrechtlicher Art, § 40 Abs 1 VwGO (zB Angelegenheiten der Kinder- und Jugendhilfe, Kriegsopferfürsorge, Ausbildungsförderung). Dabei beurteilt sich der Rechtsweg **nach der wahren Natur des geltend gemachten Anspruchs**, nicht nach dem Vortrag der Prozessbeteiligten (*BSG* SozR 1500 § 51 Nr 44); zuletzt hatte der *BayVGH* auf das Eingreifen der spezifischen, dem Sozial- oder Verwaltunsgrechtsweg zugewiesenen Anspruchsgrundlagen abgestellt (Beschl v 17.2.2014 – 12 C 13.2646, NVwZ-RR 2014, 525).

Da bei Erstattungsansprüchen mehrere, auch unterschiedliche Sozialleistungs- **3** ansprüche beteiligt sein können, trifft **Satz 2** die notwendige weitere Konkretisierung. Im Fall eines Erstattungsanspruch nach § 102 ist der **Anspruch gegen den vorleistenden**, also den Erstattung begehrenden Leistungsträger zur Bestimmung des Rechtsweges maßgeblich. Nach **Satz 2, 2. Hs** ist im Fall einer Erstattung gem **§§ 103 bis 105** der Anspruch gegen den **erstattungspflichtigen Leistungsträger** für den Rechtsweg maßgeblich.

Ungeregelt ist der Rechtsweg bei **Streit über die Rangfolge des** § 106. Hier rich- **4** tet sich der Rechtsweg ebenfalls nach § 114 Satz 2. Sind nur Erstattungsansprüche nach §§ 103 bis 105 beteiligt, ist maßgeblich der Rechtsweg der für den Sozialleistungsanspruch gegen den erstattungspflichtigen Leistungsträger gilt. Sind auch Ansprüche nach § 102 am Erstattungsverhältnis beteiligt, so setzt sich auch bei Rangstreitigkeiten die Privilegierung des vorleistenden Leistungsträgers durch, als insoweit der Rangstreit in dem für den vorleistenden Träger geltenden Rechtsweg auszutragen ist.

§ 114 ist auch anzuwenden, soweit in anderen Vorschriften (zB §§ 21, 71 b **5** BVG, § 12 Abs 2 USG) auf diese Vorschrift verwiesen wird. Aber auch für solche Erstattungsansprüche, die denjenigen nach §§ 102 ff, vergleichbar sind, wie zB die der §§ 106 ff SGB XII, wird angenommen, dass sich der Rechtsweg entsprechend § 114 bstimmt (*BVerwG* Urt v 26.9.1991, Buchh 436.61 § 28 SchwbG Nr 4; *Becker* in Hauck/Noftz SGB X § 114 Rz 10; *Böttiger* in juris-PK SGB XII § 110 Rz 49; *Roller* in von Wulffen/Schütze SGB X, 8. Aufl, § 114 Rz 4; so auch zum Erstattungsanspruch nach § 14 Abs 4 Satz 1 SGB IX: *BayVGH* Urt v 21.1.2008, BayVBl 2008, 605 = FEVS 59, 479-480; *SG Hildesheim* Urt v 12.3.2012, juris; *VG Würzburg* Urt v 7.10.2010, juris). Insoweit wird § 114 als allgemeiner Grundsatz der Rechtswegzuweisung verstanden (*Becker* in

Hauck/Noftz SGB X § 114 Rz 13; *Leopold* in juris-PK SGB X § 114 Rz 9). Für sonstige Erstattungsansprüche, zB aus Auftragsverhältnissen gem § 91 (so *Roller* aaO Rz 4; aA *Becker* in Hauck/Noftz SGB X § 114 Rz 12; *Leopold* aaO Rz 9), bestimmt sich der Rechtsweg bei Fehlen spezieller Rechtswegzuweisungen nach den allgemeinen prozessrechtlichen Grundlagen.

6 Für **Rückerstattungsansprüche** gem § 112 ist § 114 entsprechend anzuwenden. Es ist derjenige Rechtsweg eröffnet, der für den rückabzuwickelnden Erstattungsanspruch gilt (*Kater* in KassKomm SGB X § 114 Rz 9).

3. Verfahren

7 § 114 regelt nur die Frage des Rechtsweges. Sonstige Fragen des gerichtlichen Verfahrens bestimmen sich nach der jeweils geltenden Verfahrensordnung (SGG, VwGO, FGO). Vgl hierzu vor § 102 Rz 22 ff. Ist der Rechtsweg zu dem angegangenen Gericht nicht eröffnet, so ist der Rechtsstreit nach § 17a GVG in den zulässige Rechtsweg zu verweisen (§ 17a GVG iVm § 202 SGG, § 83 VwGO, § 70 FGO).

Dritter Abschnitt Erstattungs- und Ersatzansprüche der Leistungsträger gegen Dritte

§ 115 Ansprüche gegen den Arbeitgeber

(1) Soweit der Arbeitgeber den Anspruch des Arbeitnehmers auf Arbeitsentgelt nicht erfüllt und deshalb ein Leistungsträger Sozialleistungen erbracht hat, geht der Anspruch des Arbeitnehmers gegen den Arbeitgeber auf den Leistungsträger bis zur Höhe der erbrachten Sozialleistungen über.

(2) Der Übergang wird nicht dadurch ausgeschlossen, dass der Anspruch nicht übertragen, verpfändet oder gepfändet werden kann.

(3) An Stelle der Ansprüche des Arbeitnehmers auf Sachbezüge tritt im Fall des Absatzes 1 der Anspruch auf Geld; die Höhe bestimmt sich nach den nach § 17 Abs. 1 Satz 1 Nr. 3 des Vierten Buches festgelegten Werten der Sachbezüge.

Literatur:

Denck: Die Akzessorietät des Arbeitslosengelds, SGb 1986, 489; *Epping*: Übergang des Entgeltfortzahlungsanspruchs, Die Leistungen 2003, 193 ff, 257 ff, 321 ff; *Sieg*: Der Regress gegen den Arbeitgeber (§ 115 SGB X) im Lichte der §§ 116 – 119 SGB X, ZVersWiss 1986, 573 ff.

1. Allgemeines

1 § 115 regelt die Fallkonstellation, in der ein Sozialleistungsträger die Entgeltleistung des Arbeitgebers durch Entgeltersatzleistungen an den Arbeitnehmer **vorfinanziert** (*Denck* SGb 1986, 489 [490]; ähnlich *BSG* Urt v 26.11.1985 –12 RK 51/83, SozR 4100 § 168 Nr 19). Während eine vglbare Situation zwischen

Sozialleistungsträgern (originäre) Erstattungsansprüche auslöst (vgl § 102), bedient sich das G im Verhältnis zu Dritten (iSd § 97: *Eichenhofer* in Wannagat SGB X § 115 Rz 1 und Rz 4 zu den dogmatischen Unterschieden im Einzelnen) des Instruments der Legalzession, um durch den Dritten verursachte Aufwendungen des Leistungsträgers auszugleichen: Der Anspruch des Leistungsempfängers (hier: des Arbeitnehmers) gegenüber dem Dritten (dem Arbeitgeber) geht kraft Gesetzes auf den Leistungsträger über.

Zur Folge hat die Legalzession (neben einer Kompensation der Sozialleistungen), dass der Leistungsempfänger/Arbeitnehmer nicht nebeneinander Arbeitsentgelt und Sozialleistung bezieht und zugleich der Arbeitgeber nicht auf Kosten der Leistungsträger von seiner Verpflichtung frei wird (siehe *Kater* in KassKomm SGB X § 115 Rz 4). **2**

Auf diesen gesetzlichen Forderungsübergang sind die **allg Vorschriften** über die Legalzession (§§ 412, 399 bis 404, 406 bis 410 **BGB**) unter Beachtung sozialrechtlicher Besonderheiten anwendbar (*Grüneberg* in Palandt § 412 Rz 2; ausf *Samartzis*, Sozialrecht Aktuell 2009, 121 ff). Im Anwendungsbereich von § 115 betrifft dies vor allem die §§ 399 (in beiden Alternativen stark modifiziert), 400 (wegen § 115 Abs 2 ausgeschlossen, *Eichenhofer* aaO Rz 2) und § 402 BGB (durch § 98 verdrängt: *Kater* aaO Rz 40). Entsprechend anwendbar sind nach hM weiter die § 116 Abs 4, 118 und 119 (*Kater* aaO Rz 6; *Eichenhofer* aaO § 118 Rz 1), nicht aber § 116 Abs 6 und 7 (*Sieg* ZVersWiss 1986, 573 [575, 578] hM). **3**

§ 115 wird verdrängt durch § 169 SGB III sowie § 16 h Satz 1 BVG und geht seinerseits § 27 g Abs 1 Satz 1 BVG und § 33 SGB II vor (vgl § 33 Abs 5 SGB II; auch § 90 Abs 1 Satz 1 BSHG aF, zu den hiermit verbundenen Erweiterungen des Anspruchsübergangs siehe Rz 10). Ein Wahlrecht steht dem Sozialleistungsträger zu, wenn der nicht erfüllte Entgeltanspruch auf einer Schädigung des Arbeitnehmers durch einen Dritten (§ 116) beruht (*Bieresborn* in v Wulffen/Schütze SGB X § 115 Rz 11, hM; aA *v Einem* SozVers 1986, 141: § 115 lex specialis; zum Zeitpunkt des Anspruchsübergangs: *Sieg* aaO 574; zum strategischen Vorgehen: *Epping* Die Leistungen 2003, 321 [323]). **4**

Das Verhältnis zwischen Leistungsträger und -empfänger bestimmt sich nach den zugrundeliegenden sozialrechtlichen Vorschriften und wird durch § 115 nicht berührt. Insbesondere darf der Sozialleistungsträger die seinerseits zu erbringende Leistung nicht bis zur Klärung eines Anspruchs nach § 115 aufschieben (*Gitter* GK-SGB X § 115 Anm 9); zu internationalen Implikationen siehe: *Eichenhofer* aaO § 116 Rz 26 ff. **5**

2. Tatbestand

2.1. Übergangsfähiger Anspruch

Die Begriffe **Arbeitnehmer und Arbeitgeber** sind deckungsgleich mit denen des Arbeitsrechts und setzen die Leistung fremdbestimmter Tätigkeiten gegen Entgelt voraus (insb *LSG Bbg* Urt v 20.9.2002 – L 10 AL 154/99, HVBG-Info 2003, 607; *OLG Frankfurt* Urt v 17.6.2002 – 1 U 57/01, nv). Für den Betriebsübergang gilt § 613 a BGB; ob das Arbeitsverhältnis zum Zeitpunkt der Eintrittspflicht des Leistungsträgers noch fortbesteht, kann für die zeitliche Kongruenz von Belang sein, hindert die Arbeitnehmereigenschaft aber nicht. Entsprechendes gilt für faktische Arbeitsverhältnisse. **6**

Mit der Wahl der Formulierung **Arbeitsentgelt** verweist Abs 1 auf § 14 SGB IV (Übersicht bei *Benner/Bals* BB 1999 Beil 2). Hierzu gehören insbesondere auch die **7**

Entgeltfortzahlung, der Urlaubsabgeltungsanspruch (*LAG SchlH* Urt v 31.1.2007
– 6 Sa 490/05, NZA-RR 2007, 287) und die Entlassungsentschädigung (*BSG* Urt
v 29.1.2008 – B 7/7 a AL 58/06 R, SozR 4-4300 § 128 Nr 2). Zur Erstreckung auf
das Insg vgl *LSG Bln-Bbg* Urt v 13.7.2006 – L 12 AL 68/04).

Die von § 14 SGB IV miterfassten nicht geschuldeten Leistungen (Abs 1 2. Hs)
sind für einen *Anspruch*sübergang freilich unbeachtlich (*Gitter* aaO Anm 8;
Bieresborn aaO Rz 3 a, hM).

8　In Abweichung von § 399 1. Alt BGB erstreckt Abs 3 den Forderungsübergang zudem auch auf (vom Arbeitgeber geschuldete) Sachbezüge, für die dem Leistungsträger der nach der Sozialversicherungsentgeltverordnung (§ 17 Abs 1 Satz 1 Nr 4
SGB IV; früher: Sachbezugsverordnung) ermittelte Geldwert zusteht.

Ebenso unter § 115 fällt der Differenzbetrag zwischen einer vereinbarungsge-
mäßen, sittenwidrig niedrigen und der üblicherweise gezahlten Vergütung
(*ArbG Stralsund* Urt v 10.2.2009 – 1 Ca 313/08, ArbuR 2009, 182).

Abs 2 weitet die Übergangsfähigkeit des Anspruchs über die Grenzen des § 400
BGB hinaus auch auf unpfändbare (§§ 850 ff ZPO) und nicht verpfändbare
(§§ 1274 Abs 2, 400 BGB, §§ 850 ff ZPO) Ansprüche (oder Teile des Anspruchs) aus. Dem in den §§ 850 ff ZPO bezweckten Schuldnerschutz trägt das
Erfordernis der Kongruenz hinreichend Rechnung.

2.2. Nichterfüllung

9　Der Anspruch darf trotz **Fälligkeit** nicht erfüllt (§ 362 BGB) worden sein. Für
die Fälligkeit von Ansprüchen auf Arbeitsentgelt gilt grundsätzlich § 614 BGB
(zur Entgeltfortzahlung siehe *Nehls* in Hauck/Noftz SGB X/3 § 115 Rz 8). Unmaßgeblich ist der Anlass für die **Nichterfüllung**, solange dem Arbeitgeber nur
kein (zeitweiliges) Leistungsverweigerungsrecht (etwa nach § 100 Abs 2 Satz 2
SGB IV aF, dazu *BAG* Urt v 14.6.1995 – 5 AZR 143/94, BB 1995, 2007) zusteht (ein endgültiges Leistungsverweigerungsrecht schließt bereits das Tatbestandsmerkmal Anspruch aus).

2.3. Kausale Entgeltersatzleistung

10　Die Sozialleistungsträger im Sinne der Vorschrift ergeben sich aus den §§ 12, 18
bis 29 SGB I. Nicht anwendbar ist § 115 im Wohngeldrecht (§ 23 Abs 2
WoGG). Sozialleistungen iSd Abs 1 sind ausschließlich **Entgeltersatzleistungen**
(hM, *Kater* aaO Rz 11 mwN). Nicht unter § 115 fallen insb Unterhaltsleistungen (wohl aber das Unterhaltsgeld), die dem Schutz anderer als dem Arbeitnehmer dienen, mag ihr Leistungsanspruch auch in tatsächlichem Zusammenhang
mit dem Anlass der Entgeltersatzleistung stehen, denn diesen Personen steht
kein Arbeitsentgelt zu (ausführlich: *Eichenhofer* aaO Rz 10). Zum Gründungszuschuss *BAG* NZA 2015, 938. Eine praktisch bedeutsame Erweiterung des
Anspruchsübergangs ergibt sich jedoch aus § 34 b SGB II (dazu *BAG* Urt
v 21.3.2012 –5 AZR 61/11, NZA 2012, 729), wonach auch die SGB II-Leistungen an Ehegatten, Lebenspartner und unverheiratete Kinder des Arbeitnehmers
unter 25 als Aufwendungen für den Leistungsberechtigten (nach alter Terminologie: den Hilfebedürftigen) gelten.

11　Für den **zeitlichen** Zusammenhang ist maßgebend, ob der Sozialleistungsträger
eintrittspflichtig wird, weil („deshalb") der Arbeitgeber seiner Leistungspflicht
nicht nachkommt (*Nehls* aaO Rz 10). § 614 BGB steht bei für den Folgemonat
erbrachten Leistungen nicht entgegen (*BAG* Urt v 26.5.1993 –5 AZR 405/92,
AP § 115 SGB X Nr 3 = DB 1993, 2035), solange die Leistungen nur für den-

selben Zeitraum bestimmt sind (*Epping* aaO 197). Sehr restriktiv zum erforderlichen Kausalzusammenhang zwischen Nichterfüllung und Leistungsbezug nach dem SGB II *ArbG Berlin* Urt v 5.7.2006 – 30 Ca 6416/06.

Einmalige Leistungen müssen demnach (ggf anteilig) Zeiträumen des Sozialleistungsbezugs zuordenbar sein, um dem Anspruchsübergang zu unterliegen: Bei Weihnachts- und Urlaubsgeld kommt es auf deren Charakter nach der arbeitsvertraglichen Regelung an (*BAG* Urt v 26.5.1992 – 9 AZR 41/91, DB 1993, 1523 f; *Bieresborn* aaO Rz 3 a), bei Abfindungen darauf, ob sie ein Ruhen des Anspruchs auf Alg (§ 143 a SGB III) nach sich ziehen (*BSG* Urt v 3.3.1993 – 11 RAr 49/92, E 72, 111; *Kater* aaO Rz 17). **12**

Schließlich muss die Erbringung der Sozialleistungen (zur Gleichwohlgewährung nach § 157 Abs 3 SGB III siehe *BSG* Urt v 26.11.1995 – 12 RK 51/83, SozR 4100 § 168 Nr 19; *Kater* aaO Rz 13) **rechtmäßig** gewesen sein **oder** auf einer rechts- bzw **bestandskräftigen** Entscheidung beruhen. Die iSd §§ 102 ff endgültige Verpflichtung des Leistungsträgers ist nicht Voraussetzung für § 115. **13**

2.4. Gleichzeitiges Vorliegen; Zeitpunkt des Übergangs

Die in Abs 1 genannten Voraussetzungen müssen gleichzeitig vorliegen (*Nehls* aaO Rz 12). Die Legalzession vollzieht sich (anders als nach § 116 oder nach § 169 SGB III) daher regelmäßig erst mit der tatsächlichen Leistungserbringung an den Berechtigten (*BSG* Urt v 206.2011 – B 11 AL 97/00 R, SozR 3-4100 § 141 m Nr 3; *Epping* aaO 257; ganz hM), das bloße Bestehen einer Leistungspflicht genügt nicht. Hat der Arbeitgeber den Entgeltanspruch noch vor Leistungserbringung erfüllt, so kommt § 115 nicht zur Anwendung und es bleibt nur das Vorgehen gegen den Leistungsempfänger (*BSG* Urt v 3.3.1993 – 11 RAr 57/92, SozR 3-4100 § 117 Nr 10 und Urt v 14.7.1994 – 7 RAr 104/93, Nr 11). Eine unwirksame Leistung an den Arbeitnehmer kann der Leistungsträger nach den §§ 362 Abs 2, 185 BGB genehmigen (*BSG* SozR 3-4100 § 117 Nr 16; *Bieresborn* aaO Rz 7) und hat dann ihm gegenüber Ansprüche aus § 157 Abs 3 Satz 2 SGB III sowie aus § 816 Abs 2 BGB (*BSG* Urt v 21.5.1980 – 7 RAr 81/79, SozR 4100 § 117 Nr 3). **14**

3. Rechtsfolge

Der Forderungsübergang tritt kraft Gesetzes mit der Erbringung der Sozialleistung ein (vgl Rz 14); eines (feststellenden) VA bedarf es nicht (*Epping* aaO; hier zeigt sich deutlich der Unterschied zur „aktiven" Überleitung, vgl etwa § 93 Abs 1 SGB XII). **15**

Zur Geltendmachung des kraft G übergegangenen Anspruchs ist der Leistungsträger nach Maßgabe von § 67 SGB IV verpflichtet. Sie erfolgt nicht durch VA, da der Anspruchsübergang die Rechtsnatur des zivilrechtlichen Entgeltanspruchs unberührt lässt. Gleichwohl ergangene „Erstattungsbescheide" und dgl sind rechtswidrig, aber nicht nichtig. Allerdings dürfte § 115 auch nach Aufhebung eines solchen VA einen Rechtsgrund zum Behaltendürfen der bereits geleisteten Zahlung darstellen. Gerichtlich geltend gemacht wird der übergegangene Anspruch vor den ArbG (*BAG* Beschl v 12.6.1997 – 9 AZB 5/97, NJW 1997, 2774), allerdings gilt auch hier § 202 Satz 1 SGG iVm § 17 Abs 5 GVG (aus neuerer Zeit *LSG NRW* Urt v 8.10.2012 – L 19 AS 1502/11); zur Aufrechnung mit rechtswegfremden Forderungen siehe *BayLAG* Urt v 10.9.1997 – 9 Sa 103/97, nv mwN. Grundsätzlich führt der Anspruchsübergang beim Arbeitnehmer zum Verlust von Aktivlegitimation und Prozessführungsbefugnis (*LAG*

RhPfl Beschl v 13.4.2007 –2 Ta 92/07), möglich ist jedoch auch eine Geltend-machung der Ansprüche durch den Arbeitnehmer im Wege der gewillkürten Prozessstandschaft (*BAG* Urt v 19.3.2008 –5 AZR 432/07, NJW 2008, 2204).

Solange der Leistungsträger nicht selbst klagt, ist er vom prozessualen Verhal-ten des Arbeitnehmers abhängig (*BAG* Urt v 19.2.2003 – 4 AZR 168/02, nv).

Steuerrechtlich führt die Leistung des Arbeitgebers an den Sozialleistungsträger zum Zufluss von Arbeitslohn an den Arbeitnehmer (*BFH* Urt v 15.11.2007 – VI R 66/03, E 219, 313; vgl auch *BFH* Urt v 1.3.2012 – VI R 4/11, E 237, 59).

3.1. Umfang der Legalzession

16   Während feststeht, dass der (grundsätzlich auf den Bruttolohn gerichtete) Ent-geltanspruch nicht auch in Höhe der vom Bruttoentgelt abzuführenden Steuern übergeht (*BFH* Urt v 22.7.1993 – VI R 116/90, E 171, 547), ist streitig, ob sich der Umfang der Zession auf die (Netto-)Leistung gegenüber dem Leistungsemp-fänger beschränkt (so *BAG* AP 00 § 2 BAT SR 2 y unter Berufung auf § 335 Abs 3 Satz 1 SGB III) oder auch die aus der Leistung entrichteten **Beiträge** an andere Leistungsträger (zB § 26 Abs 2 Nr 1 SGB III) mit erfasst (so *Kater* aaO Rz 19; *Epping* aaO 196). Zwar entlastet nach beiden Auffassungen der An-spruchsübergang den Arbeitgeber nicht von seinen Beitragspflichten (*BSG* Urt v 26.11.1985 – 12 RK 51/83, SozR 4100 § 168 Nr 19), jedoch muss umgekehrt auch eine doppelte Beitragserhebung ausgeschlossen sein, was sich analog § 335 Abs 3 Satz 2 SGB III durch die Annahme einer befreienden Wirkung der Leistung an den aus § 115 aktivlegitimierten Leistungsträger auch anderen Bei-tragsgläubigern gegenüber erreichen lässt (*Kater* aaO). Falls der Arbeitgeber umgekehrt seine Beitragsverpflichtungen gegenüber anderen Leistungsträgern als dem aus § 115 berechtigten zuerst erfüllt, mindert sich der übergehende An-spruch entsprechend. Zu den Auswirkungen auf das Verhältnis zwischen Leis-tungsträger und Versichertem *BSG* Urt v 29.1.2008 – B 7/7 a AL 58/06 R, SozR 4-4300 § 128 Nr 2.

3.2. Auswirkungen aus dem Verhältnis Arbeitnehmer – Arbeitgeber

17   Da der Anspruchsübergang (anders als die Entstehung originärer Erstattungs-ansprüche) Rechtsnatur und Bestand der Forderung nicht berührt (*Epping* aaO 322), erwirbt der Leistungsträger den Entgeltanspruch in der Gestalt, wie er vor dem Übergang dem Arbeitnehmer zugestanden hatte (ausführlich *Epping* aaO 259 ff). Er muss insb nach den §§ 412, 404 BGB **Einwendungen** des Ar-beitgebers nicht nur aus dem Verhältnis ihm gegenüber, sondern auch aus dem Verhältnis Arbeitnehmer-Arbeitgeber (insb die Verjährung oder einen tarifver-traglichen Geltendmachungsausschluss, zu letzterem *LAG Hamm* LAGE § 4 TVG Ausschlussfristen Nr 16) gegen sich gelten lassen (*BAG* Urt v 19.2.2003 – 4 AZR 168/02, nv; *Eichenhofer* aaO Rz 11 mwN). Da weiterhin gem §§ 412, 407 BGB auch nach erfolgter Zession **Rechtshandlungen** zwischen Arbeitgeber und Arbeitnehmer (insb die Erfüllung) auch gegen den Leistungsträger wirken, solange der Arbeitgeber die zur Anwendung von § 115 führenden Tatsachen nicht kennt, empfiehlt sich bereits vor Leistungserbringung eine entsprechende Anzeige an den Arbeitgeber (vgl *LAG Hamm* aaO; *Epping* aaO 261). Zu den Konsequenzen im Verhältnis zum Leistungsempfänger siehe *BSG* Urt v 26.10.1998 – B 2 U 35/97 R, HVBG-Info 1998, 3301 ff und Urt v 29.6.1994 – 1 RK 45/93, SozR 3-1300 § 48 Nr 33; *Kater* aaO Rz 43 mwN.

Ob eine vor Übergang erfolgte Verfügung über den Entgeltanspruch (zB Aus- **18**
gleichsquittung) – sofern sie arbeitsrechtlich wirksam ist – auch zulasten des
Leistungsträgers gilt, wird teils unter Verweis auf die §§ 32, 46 SGB I verneint
(*v Maydell* GK-SGB X Rz 21 f; vgl *BAG* Urt v 17.4.1986 – 2 AZR 308/85, DB
1986, 2240). Nach aA soll § 115 bereits deswegen nicht zur Anwendung kommen, weil ein Sozialleistungsanspruch dann nicht besteht (*Eichenhofer* aaO Rz
15; *Kater* aaO Rz 56, vgl *BayLSG* Urt v 23.10.1998 – L 8 AL 402/97, nv).

Soweit jedoch ein Rechtsmissbrauch durch die Parteien des Arbeitsverhältnisses **19**
nicht vorliegt, muss der Leistungsträger deren privatautonome Entscheidungen
(insb die Beendigung des Arbeitsverhältnisses) hinnehmen (*BAG* Urt
v 17.4.1986 – 2 AZR 308/85, DB 1986, 2240; näher *Denck* aaO 493).

§ 116 Ansprüche gegen Schadenersatzpflichtige

(1) [1]Ein auf anderen gesetzlichen Vorschriften beruhender Anspruch auf Ersatz
eines Schadens geht auf den Versicherungsträger oder Träger der Sozialhilfe
über, soweit dieser auf Grund des Schadensereignisses Sozialleistungen zu erbringen hat, die der Behebung eines Schadens der gleichen Art dienen und sich
auf denselben Zeitraum wie der vom Schädiger zu leistende Schadenersatz beziehen. [2]Dazu gehören auch

1. die Beiträge, die von Sozialleistungen zu zahlen sind, und
2. die Beiträge zur Krankenversicherung, die für die Dauer des Anspruchs auf
   Krankengeld unbeschadet des § 224 Abs. 1 des Fünften Buches zu zahlen
   wären.

(2) Ist der Anspruch auf Ersatz eines Schadens durch Gesetz der Höhe nach begrenzt, geht er auf den Versicherungsträger oder Träger der Sozialhilfe über, soweit er nicht zum Ausgleich des Schadens des Geschädigten oder seiner Hinterbliebenen erforderlich ist.

(3) [1]Ist der Anspruch auf Ersatz eines Schadens durch ein mitwirkendes Verschulden oder eine mitwirkende Verantwortlichkeit des Geschädigten begrenzt,
geht auf den Versicherungsträger oder Träger der Sozialhilfe von dem nach Absatz 1 bei unbegrenzter Haftung übergehenden Ersatzanspruch der Anteil über,
welcher dem Vomhundertsatz entspricht, für den der Schädiger ersatzpflichtig
ist. [2]Dies gilt auch, wenn der Ersatzanspruch durch Gesetz der Höhe nach begrenzt ist. [3]Der Anspruchsübergang ist ausgeschlossen, soweit der Geschädigte
oder seine Hinterbliebenen dadurch hilfebedürftig im Sinne der Vorschriften
des Zwölften Buches werden.

(4) Stehen der Durchsetzung der Ansprüche auf Ersatz eines Schadens tatsächliche Hindernisse entgegen, hat die Durchsetzung der Ansprüche des Geschädigten und seiner Hinterbliebenen Vorrang vor den übergegangenen Ansprüchen
nach Absatz 1.

(5) Hat ein Versicherungsträger oder Träger der Sozialhilfe auf Grund des Scha-
densereignisses dem Geschädigten oder seinen Hinterbliebenen keine höheren
Sozialleistungen zu erbringen als vor diesem Ereignis, geht in den Fällen des
Absatzes 3 Satz 1 und 2 der Schadenersatzanspruch nur insoweit über, als der
geschuldete Schadenersatz nicht zur vollen Deckung des eigenen Schadens des
Geschädigten oder seiner Hinterbliebenen erforderlich ist.

(6) [1]Ein Übergang nach Absatz 1 ist bei nicht vorsätzlichen Schädigungen
durch Familienangehörige, die im Zeitpunkt des Schadensereignisses mit dem
Geschädigten oder seinen Hinterbliebenen in häuslicher Gemeinschaft leben,

ausgeschlossen. [2]Ein Ersatzanspruch nach Absatz 1 kann dann nicht geltend gemacht werden, wenn der Schädiger mit dem Geschädigten oder einem Hinterbliebenen nach Eintritt des Schadensereignisses die Ehe geschlossen oder eine Lebenspartnerschaft begründet hat und in häuslicher Gemeinschaft lebt.

(7) [1]Haben der Geschädigte oder seine Hinterbliebenen von dem zum Schadenersatz Verpflichteten auf einen übergegangenen Anspruch mit befreiender Wirkung gegenüber dem Versicherungsträger oder Träger der Sozialhilfe Leistungen erhalten, haben sie insoweit dem Versicherungsträger oder Träger der Sozialhilfe die erbrachten Leistungen zu erstatten. [2]Haben die Leistungen gegenüber dem Versicherungsträger oder Träger der Sozialhilfe keine befreiende Wirkung, haften der zum Schadenersatz Verpflichtete und der Geschädigte oder dessen Hinterbliebene dem Versicherungsträger oder Träger der Sozialhilfe als Gesamtschuldner.

(8) Weist der Versicherungsträger oder Träger der Sozialhilfe nicht höhere Leistungen nach, sind vorbehaltlich der Absätze 2 und 3 je Schadensfall für nicht stationäre ärztliche Behandlung und Versorgung mit Arznei- und Verbandmitteln 5 vom Hundert der monatlichen Bezugsgröße nach § 18 des Vierten Buches zu ersetzen.

(9) Die Vereinbarung einer Pauschalierung der Ersatzansprüche ist zulässig.

(10) Die Bundesagentur für Arbeit und die Träger der Grundsicherung für Arbeitsuchende nach dem Zweiten Buch gelten als Versicherungsträger im Sinne dieser Vorschrift.

Literatur:

Halfmeier/Schnitzler: Die Anwendung des Angehörigenprivilegs bei Verkehrsunfällen, VersR 2002, 11; *Koppenfels-Spies*: Das Familienprivileg im Schadensregress, ZfSch 2004, 97; *Küppersbusch*: die Ablösung der §§ 1542, 1543 RVO durch die §§ 116 bis 119 SGB X, VersR 1983, 193; *Marburger*: Schadensersatzansprüche nach § 116 SGB X – Neue Verjährungsbestimmungen seit 1.1.2002, Die Leistungen 2002, 193; *Plagemann*: Regresspflichten Dritter (§§ 116 ff SGB X), SGb 1993, 197; *Samartzis*: Privilegierung des Sozialversicherungsträgers bei Inanspruchnahme eines Schuldners im Rahmen gesetzlicher Forderungsübergänge am Beispiel sozialrechtlicher Legalzession gem. § 116 I SGB X, Sozialrecht Aktuell 2009, 121 *Schulin*: das Familienprivileg des § 116 Abs 6 SGB X und die eheähnliche Lebensgememeinschaft, SGb 1989, 1; *Waltermann*: Forderungsübergang auf Sozialleistungsträger NJW 1996, 1644; Fall- und Rechenbeispiele bei *Nehls* in Hauck/Noftz SGB X § 116 Rz 62 ff.

1. Ausgangspunkt

§ 116 regelt Konstellationen, in denen derselbe Anlass sowohl privat- als auch
sozialrechtliche Ansprüche auslöst. Da Sozialleistungen weder den Schädiger
entlasten noch den Empfänger doppelt begünstigen sollen, leitet § 116 den
Schadensersatzanspruch des geschädigten Leistungsempfängers insoweit auf
den Sozialleistungsträger über, als dieser für bestimmte Schadenspositionen eintrittspflichtig ist.

Geltend zu machen ist der übergegangene Anspruch auf dem Rechtsweg, den
auch der Geschädigte zu beschreiten hätte; Abweichendes gilt im Anwendungsbereich von Abs 7 Satz 2. Für einen Anspruch auf Erstattung des an den Sozialleistungsträger geleisteten Schadensersatzes ist der Sozialrechtsweg eröffnet
(*BSG* Beschl v 27.4.2010 – B 8 SO 2/10 R, SozR 4-1300 § 116 Nr 1).
An dem sozialrechtlichen Verfahren zwischen Geschädigtem (oder dessen Hinterbliebenen) und Leistungsträger ist der Schädiger nicht zu beteiligen (*OLG
Hamm* Urt v 12.8.1999 – 6 U 8/99, RuS 1999, 418). Zum Verhältnis zu anderen Ausgleichsregelungen siehe *Kater* in KassKomm SGB X § 116 Rz 10 ff.,
zum Verhältnis insbes zu § 110 SGB VII siehe *Wittmann* MDR 2009, 901 ff.

2. Tatbestand

Als aktivlegitimiert nennen Abs 1 Satz 1 und Abs 10 SVTr, Sozialhilfeträger und
die Bundesagentur für Arbeit. Für Träger der Grundsicherung für Arbeitssuchende nach dem SGB II gilt § 116 nach der ausdrücklichen Anordnung in § 33
Abs 5 SGB II ebenfalls (nach *Merten* in Beck-OK SGB II § 33 Rz 20 ist die Regelung lediglich deklaratorisch). Nicht anwendbar war § 116 auf Leistungen
nach dem GrSiG (*Nehls* in Hauck/Noftz SGB X/3 § 116 Rz 6). Ob das Sozial-
versicherungsverhältnis auf Pflicht- oder freiwilliger Versicherung beruht, ist
unmaßgeblich (*BGH* Urt v 11.5.1976 – VI ZR 51/74, NJW 1976, 2349, hM).
Passivlegitimiert sind regelmäßig der Schädiger oder dessen Haftpflichtversiche-
rung (§ 3 PflichtVG; der *BGH* Urt v 17.6.1997 – VI ZR 288/96, NJW 1997,
2883 zugrunde liegenden Konstellation kommt nach der Neufassung von § 105
Abs 1 Satz 2 SGB VII keine Bedeutung mehr zu, vgl *Nehls* aaO Rz 7). § 104
Abs 1 Satz 2 SGB VII ist vorrangig zu prüfen.

2.1. Übergangsfähiger Anspruch

Nach § 116 übergehen können alle Ansprüche auf **Schadensersatz**, die auf Vorschriften (oder Rechtsinstituten) außerhalb des SGB („auf anderen gesetzlichen
Vorschriften"; *Nehls* aaO Rz 7, hM) beruhen. Nicht erfasst sind Ansprüche auf
Anderes als Schadensersatz (Unterhalt, Arbeitsentgelt, Entgeltfortzahlung, Ver-
tragstrafen,) sowie Ansprüche des Geschädigten aus eigener (privater) Versicherung (*Nehls* aaO Rz 7 mwN), wohl aber andere auf Vertrag beruhende Schadensersatzansprüche (*OLG Celle* Urt v 21.3.2002 –11 U 139/01, NJW-RR
2002, 1637; *OLG Bbg* Urt v 14.6.2007 – 12 U 4/06; einschränkend
Eichenhofer aaO Rz 15). § 117 Abs 3 Satz 2 VVG steht dem Übergang jedenfalls auf Sozialhilfeträger nicht entgegen (zu § 158 c Abs 4 VVG aF: *OLG München* Urt v 21.6.1994 – 5 U 6414/93, nv; *OLG Bamberg* Urt v 24.1.1989 – 5 U
85/88, NDV 1989, 274). Dass § 116 in der Rspr zumeist nach Verkehrsunfällen
zum Tragen kommt, darf nicht zu dem Eindruck führen, er setze eine körperliche Schädigung voraus: Übergangsfähig ist etwa auch der Anspruch auf Schadensersatz nach § 15 AGG (*LAG Hamm* Urt v 26.2.2009 – 17 Sa 923/08).

Mit vom Anspruchsübergang erfasst sind auch Nebenpflichten: So kann dem Sozialleistungsträger – die Einwilligung des Betroffenen vorausgesetzt – ein Anspruch auf Herausgabe von Kopien einer Pflegedokumentation zustehen (*BGH* Urte v 23.3.2010 – VI ZR 249/08, E 185, 74 und – VI ZR 327/08, FamRZ 2010, 972).

5   Ansprüche auf **Aufwendungsersatz** sind keine Schadensersatzansprüche (eingehend *Waltermann* aaO 1648). Für den praktisch wohl bedeutsamsten Fall des Nothelfers (§§ 683, 670 BGB, *BGH* Entsch v 7.11.1960 – VII ZR 82/59, E 33, 251) verweist § 13 SGB VII auf § 116. Eine analoge Anwendung darüber hinaus kommt nur in Betracht, wenn der Anspruch auf Aufwendungsersatz mit einem Schadensersatzanspruch konkurriert (*OLG Karlsruhe* Urt v 2.3.1988 – 7 U 157/87, NJW 1988, 2676).

6   Wirkt sich ein Schadensersatzanspruch bereits auf die Höhe der Sozialleistung aus (zB nach §§ 11, 12 SGB II), greift § 116 nicht ein und es kommt bei einer Vorleistung des Leistungsträgers stattdessen zum Anspruchsübergang nach anderen Vorschriften (*Waltermann* aaO 1645). Im Fall des § 33 SGB II geht § 116 allerdings vor (§ 33 Abs 4 SGB II).

7   Der Anspruch muss tatsächlich **bestehen** (*Eichenhofer* aaO Rz 17), dh auf der Rechtsfolgenseite (vgl §§ 249 ff BGB) muss dem Geschädigten ein tatsächlicher Vermögensnachteil entstanden sein (regelmäßig: Heilungskosten, Erwerbs- und Unterhaltsschaden, *Waltermann* aaO 1645; *Elsner* ZfSch 2001, 393). Während bei der Berechnung des Schadensersatzes Sozialleistungen (deren Zweck nicht die Entlastung des Schädigers ist, *Waltermann* Sozialrecht Rz 590 f; *Plagemann* SGb 1993, 197) ihrerseits außer Betracht bleiben müssen, kann der Vermögensnachteil gerade auch im **Verlust von Sozialleistungsansprüchen** liegen, so dass der Schadensersatzanspruch auf den Träger übergeht, dessen Leistung an die Stelle der zuvor gewährten tritt (*BGH* Urt v 20.3.1984 – VI ZR 14/82, NJW 1984, 1811; *Kater* aaO Rz 128). Zur Verjährung siehe *Marburger* Die Leistungen 2002, 193 ff.

2.2. Kongruente Sozialleistung

8   Die Sozialleistung muss dem Ausgleich gerade der Einbußen dienen, die durch die Schädigung entstanden und daher vom Schädiger zu ersetzen sind (*BGH* NJW 1976, 2349). Sie muss sich also in sachlicher und zeitlicher Hinsicht auf **dieselbe Schadensposition** beziehen wie die Schadenersatzverpflichtung (*Plagemann* aaO 193). Weiter setzt § 116 eine tatsächliche bestehende oder rechts- bzw bestandskräftig festgestellte Leistungspflicht („zu erbringen hat") des zuständigen (*BGH* VersR 2003, 1174) Sozialleistungsträgers und somit ein zum Schädigungszeitpunkt bestehendes Sozialleistungsverhältnis voraus (*Eichenhofer* aaO Rz 18; *Nehls* aaO Rz 9). Zur Rechtmäßigkeit gehört auch die Zuständigkeit des Sozialleistungsträgers (*BGH* Urt v 5.5.2009 – VI ZR 208/08, VersR 2009, 995, dort auch zur begrenzten Reichweite von § 118), bei Leistungen des nach Sozialrecht unzuständigen Trägers dürfte iÜ dessen Erstattungsanspruch gegenüber dem tatsächlich zuständigen vorrangig sein.

Der Schädiger kann sich gegenüber dem KVTr darauf berufen, die erstattet verlangten Behandlungskosten entsprächen nicht den Vereinbarungen zwischen KVTr und Leistungserbringer (Krankenhaus etc); er kann jedoch nicht die Angemessenheit der Vereinbarungen (DRG-Pauschalen) als solcher rügen (*OLG Hamm* Urt v 23.6.2009 – 9 U 150/08).

Sachliche Kongruenz dem Grundsatz nach verneint (Übersicht bei *Kater* aaO 9
Rz 108 ff): Immaterielle Schäden (nicht zu verwechseln mit der Verletzung immaterieller Rechte) werden durch Sozialleistungen grundsätzlich nicht ausgeglichen (*BVerfG* Entsch v 7.11.1972 – 1 BvL 4/71, 1 BvL 17/71, 1 BvL 10/72, 1 BvR 355/71, E 34, 118), so dass insbes Schmerzensgeldansprüche (§ 847 BGB) nach hM nicht am Anspruchsübergang teilhaben sollen (*Eichenhofer* aaO Rz 24; *Plagemann* aaO 199 f; aA eingehend *Nehls* aaO Rz 13; Anderes gilt bei § 110 SGB VII: *OLG Köln* Urt v 30.5.2005 – 21 U 22/04, RuS 2005, 306). Dasselbe gilt für Sachschäden außerhalb der §§ 13, 8 Abs 3 und 94 SGB VII (*v Maydell* in GK-SGB X/3 § 116 Rz 94). Ob der Rechtsfolge von § 13 Satz 1 SGB VII zivilrechtlich ein Anspruch auf Schadens- oder Aufwendungsersatz entspricht, ist angesichts Satz 2 der Vorschrift ohne praktische Bedeutung. Keine Kongruenz besteht auch zwischen dem Erwerbsschaden und schädigungsbedingten Mehraufwendungen des LTr (*BGH* Urt v 8.10.1996 – VI ZR 247/95, NJW 1997, 256; *BGH* Urt v 8.11.2001 – I X ZR 64/01, NJW 2002, 292). Insg ist nicht zum Schadensersatzanspruch wegen verschwiegener Insolvenz kongruent (*LAG Hmb* Urt v 28.9.2004 – 2 Sa 25/04).

Sachliche Kongruenz dem Grundsatz nach bejaht: Grundsätzlich kongruent 10
sind Heilungskosten. Auf sie ist zwar die häusliche Ersparnis des Leistungsempfängers anzurechnen (Einzelheiten bei *v Maydell* aaO Rz 109 ff), jedoch sind die Kosten der Krankenhausverpflegung dem unfallbedingten Verdienstausfall kongruent (*BGH* Urt v 3.3.1984 – VI ZR 253/82, NJW 1984, 2628; aA *Kleb-Braun* NJW 1985, 663 f). Den vermehrten Bedürfnissen iSd § 843 BGB sind Haus- und Heimpflege und Haushaltshilfe (zum Haushaltsführungsschaden *LG Kaiserslautern* Urt v 5.10.1999 – 3 O 661/95, HVBG-Info 2000, 841) kongruent, wozu auch die nach § 44 SGB XI zu leistenden Rentenbeiträge gehören (*BGH* Urt v 10.11.1998 – VI ZR 354/97, NJW 1999, 421). Dem Anspruch auf Ersatz des Erwerbsschadens entsprechen auf sozialrechtlicher Seite Erwerbsminderungsrente und Altersrente nach § 37 SGB VI (wenn die Schädigung zur Schwerbehinderung geführt hat: *BGH* Urt v 11.3.1986 – VI ZR 64/85, NJW 1986, 2762; bis zur Regelaltersgrenze: *BGH* Urt v 18.5.2010 – VI ZR 142/09, VersR 2010, 1103; *Kater* aaO Rz 129), KrG (auch nach § 45 SGB V), Beitragszuschuss zur KVdR, Unfallrenten (*BGH* Urt v 3.12.2002 – VI ZR 304/01, NJW 2003, 1871), Alg (falls die Schädigung zur Arbeitslosigkeit geführt hat: *Bieresborn* in v Wulffen/Schütze SGB X § 116 Rz 5; dasselbe gilt bei der Leistungsfortzahlung nach § 126 Abs 1 Satz 1 SGB III aF: *BGH* Urt v 8.4.20028 – VI ZR 49/07, BGHZ 176, 109), Übergangs- und Verletztengeld, Leistungen zur Teilhabe am Arbeitsleben, Eingliederungshilfe (kongruent zu Verdienstausfallschaden, *OLG Köln* Urt v 7.11.2012 – 5 U 51/12); Kongruenz besteht zwischen Erwerbsschaden und Alg II (*BGH* Urt v 25.6.2013 – Vi ZR 128/12). Den Unterhaltsschäden sind die Hinterbliebenenrenten kongruent (*Nehls* aaO Rz 18 mwN). Kongruenz besteht auch zwischen einem Anspruch nach § 15 AGG und dem Existenzgründungszuschuss (*LAG Hamm* Urt v 26.2.2009 – 17 Sa 923/08).

Sachliche Kongruenz besteht auch zwischen den Aufwendungen eines Sozialhilfeträgers im Rahmen von § 264 SGB V und dem Schadensersatzanspruch gegen einen Betreuer, der es versäumt hat, vorrangigen Krankenversicherungsschutz sicherzustellen (*OLG Nürnberg* Beschl v 17.12.2012 – 4 U 2022/12; zur Rechtsnatur der Krankenbehandlung als Sozialleistung auch *BSG* Urt v 28.9.2010 – B 1 KR 4/10 R, SozR 4-2500 § 264 Nr 3; zur Haftung des Betreuers auch *Breitkreuz* SGb 2015, 316).

11   Das Erfordernis der **zeitlichen Kongruenz** beschränkt den Zugriff des Leistungs-
     trägers auf den Zeitraum, für den sowohl er leistet als auch der Schädiger zum
     Ersatz verpflichtet ist (*Waltermann* aaO Rz 591). Beides ist nicht notwendig de-
     ckungsgleich; insb darf nicht etwa der volle Betrag der erbrachten Sozialleistun-
     gen mit der vollen Schadensersatzforderung saldiert werden (*BGH* VersR 1973,
     436).

2.3. Zeitpunkt des Übergangs

12   Da es nicht auf die tatsächliche Leistungserbringung, sondern auf die Möglich-
     keit einer Leistungspflicht ankommt (instruktiv *BGH* Entsch v 10.7.1967 – III
     ZR 78/66, E 48, 181; *BGH* Urt v 17.4.1990 – VI ZR 276/89, NJW 1990,
     2933; *Nehls* aaO Rz 22 mwN), löst bereits das **Schadensereignis** den Forde-
     rungsübergang auf SVTr aus (*BGH* Entsch v 10.7.1967 – III ZR 78/66, E 48,
     181; *BGH* Urt v 24.4.2012 – VI ZR 329/10, NJW 2012, 3639; *OLG Koblenz*
     Urt v 25.4.2005, 12 U 189/04; *Waltermann* NJW 1996, 1644 [1646];
     Eichenhofer aaO Rz 18 mwN). Dies gilt auch Bereich der Arbeitslosenversiche-
     rung (vgl *Bieresborn* aaO Rz 17f; *Müller* VersR 1984, 1130 [1133 mwN]).
     Auch Vorschriften, die (wie § 101 Abs 1 SGB VI) den Leistungsbeginn hinaus-
     schieben, ändern hieran nichts, weil der Zeitpunkt der tatsächlichen Leistungs-
     erbringung bei § 116 (anders als bei § 115) unmaßgeblich ist. Zu Leistungsver-
     besserungen und Systemänderungen *Kater* aaO Rz 149ff; *BGH* Urt
     v 3.12.2002 – VI ZR 142/02, RuS 2003, 390.

13   Der Übergang auf den Tr von **Fürsorgeleistungen (SGB II/XII)** vollzieht sich
     nach der Rspr (zum Streitstand in der Lit siehe *Nehls* aaO Rz 23; *Waltermann*
     aaO 1646 mit Fn 22), sobald sich aufgrund konkreter Anhaltspunkte eine schä-
     digungsbedingte Hilfebedürftigkeit (hierzu *Eichenhofer* aaO Rz 20) ernsthaft
     abzeichnet (*BGH* Urt v 12.12.1995 – VI ZR 271/94, NJW 1996, 726; *BGH*
     Urt v 20.9.1994 – VI ZR 285/93, NJW 1994, 3097; *BGH* Urt v 24.4.2012 – VI
     ZR 329/10, NJW 2012, 3639; *OLG Celle* Urt v 7.2.2002 – 14 U 126/01,
     HVBG-Info 2002, 3172; *Nehls* aaO Rz 23). Davor jedoch muss die Forderung
     dem Geschädigten angesichts des Nachrangs der Fürsorgeleistungen zur eige-
     nen Geltendmachung verbleiben (*BGH* Urt v 12.12.1995 – VI ZR 271/94,
     NJW 1996, 726, 728; zu den Konsequenzen *Hofmann* VersR 2003, 288 pas-
     sim). Im Unterschied zum Übergang auf LeistungsTr kommt es nicht auf die
     Möglichkeit, sondern die Wahrscheinlichkeit an (instruktiv *Waltermann* aaO
     1646).

2.4. Beschränkter Forderungsübergang

2.4.1. Absolutes Quotenvorrecht des Geschädigten bei gesetzlicher Haftungshöchstsumme

14   Ein nach der Rspr **uneingeschränktes Quotenvorrecht** gewährt Abs 2 dem Ge-
     schädigten (Leistungsempfänger), wenn die Forderung der Höhe nach gesetz-
     lich beschränkt ist und zudem nicht ausreicht, um die Ansprüche sowohl des
     Geschädigten als auch den Zessionars zu befriedigen (*v Maydell* aaO Rz 349).
     Die Vorschrift setzt voraus, dass der Schadensersatzanspruch nach sämtlichen
     in Betracht kommenden Grundlagen der Höhe nach begrenzt ist und diese Be-
     grenzung auf einer gesetzlichen Regelung (regelmäßig bei Gefährdungshaftung
     zB § 12 StVG; § 9 HPflG), nicht aber auf Mitverschulden, vertraglicher Haf-
     tungsbegrenzung oÄ (letzteres str, vgl *v Maydell* aaO Rz 352ff) beruht (*Bieres-
     born* aaO Rz 23). Sie greift bereits dann nicht, wenn (wie regelmäßig beim Zu-

sammentreffen von Verschuldens- und Gefährdungshaftung) auch nur einer der zusammentreffenden Ansprüche nicht dergestalt limitiert ist (*Eichenhofer* aaO Rz 40). Nach wohl hA (*BGH* Urt v 8.4.1997 – VI ZR 112/96, NJW 1997, 1785; *Nehls* aaO Rz 30; *Eichenhofer* aaO Rz 38) gilt dieses Vorrecht für **alle Ansprüche des Geschädigten**, nicht nur die der Sozialleistung kongruenten (hinsichtlich derer das Vorrecht die Differenz zwischen Schadensersatzverpflichtung und Höhe der Sozialleistung erfasst).

2.4.2. Mitverschulden und mitwirkende Verantwortlichkeit (Abs 3 und 5)

Ist die Haftung des Schädigers **nur** durch **Mitverschulden** (§ 254 BGB) oder **mitwirkende Verantwortlichkeit** (zB eigene Betriebsgefahr, vgl § 7 StVG) und nicht auch durch eine gesetzliche Haftungshöchstsumme limitiert, geht der Anspruch auch nur zu dem Prozentsatz auf den Leistungsträger über, zu dem der Schädiger haften muss (Rechenbeispiele bei *Nehls* aaO Rz 35). Dies gilt auch dann, wenn der Haftungsbetrag (für kongruente und inkongruente Leistungen) seiner Höhe nach die gesamte Sozialleistung abdecken könnte: Der Schädiger soll durch die Eintrittspflicht des Leistungsträgers weder besser noch schlechter gestellt werden und auch für den Geschädigten soll sie nicht den faktischen Verlust solcher Schadenspositionen bedeuten, denen (wie insb Sachschäden) keine kongruente Sozialleistung gegenübersteht (krit zur Regelung *Eichenhofer* aaO Rz 44 ff). **15**

Satz 2 regelt das **Zusammentreffen** von mitwirkendem Verschulden (bzw mitwirkender Verantwortlichkeit) und gesetzlicher **Haftungsbegrenzung** iSd Abs 2. Übersteigt der um den Mitverschuldensanteil gekürzte Gesamtschaden die gesetzliche Haftungssumme, so verliert der Geschädigte sein Quotenvorrecht aus Abs 2 und die Unterdeckung wird entsprechend dem Verhältnis von kongruentem und inkongruentem Schaden verteilt (*BGH* Urt v 21.11.2000 – VI ZR 120/99, NJW 2001, 1214; *Nehls* aaO Rz 36, hM). **16**

Satz 3 schließt den Forderungsübergang insoweit aus, als der Geschädigte oder seine Hinterbliebenen gerade hierdurch (und nicht durch die Schädigung: *BGH* Urt v 25.6.1996 – VI ZR 117/95, VersR 1996, 1126) **hilfebedürftig** würden und entlastet auf diese Weise deren Träger auf Kosten der sonstigen Sozialleistungsträger. Einer übergangsbedingt eintretenden Hilfebedürftigkeit steht eine wesentliche Ausweitung des Hilfebedarfs gleich (*Eichenhofer* aaO Rz 51 mwN). Der Ausschluss erstreckt sich nur darauf, was zur Vermeidung von Hilfebedürftigkeit erforderlich ist und belässt dem Versicherungsträger den überschießenden Betrag (*Bieresborn* aaO Rz 30). **17**

Schließlich räumt Abs 5 als Sondervorschrift zu Abs 3 Satz 1 dem Geschädigten trotz Mitverschuldens oder Mitverantwortlichkeit den **vorrangigen Ersatz** seines Differenzschadens (der nicht zur Sozialleistung kongruenten Schadenspositionen) ein, wenn die Schädigung zu keiner Mehrbelastung des Leistungsträgers führt, etwa weil dieser bereits vorher Leistungen in gleicher oder größerer Höhe gewährt hatte (Bsp bei *Nehls* aaO Rz 42). Die Regelung begünstigt den Geschädigten, während der Schädiger auch hier durch Sozialleistungen nicht entlastet werden soll (ausführlich *BGH* Beschl v 30.3.1953 – GSZ 1 bis 3/53, GSZ 1/53, GSZ 2/53, GSZ 3/53, E 9, 179): Eine nach ersetztem Differenzschaden verbleibende Restforderung geht auf den Leistungsträger trotz fehlender Mehrbelastungen über (*v Maydell* aaO Rz 387). **18**

2.4.3. Übergangs- und Geltendmachungsausschluss aufgrund Familienprivileg (Abs 6)

19　Das Familienprivileg in Abs 6 zerfällt in zwei Teile: Den **Ausschluss der Legal-zession** nach Satz 1 und den der Geltendmachung (nicht aber der Zession als solcher, *Bieresborn* aaO Rz 38) nach Satz 2. Die an § 86 Abs 3 VVG angelehnte Vorschrift dient nicht allein dem Familienfrieden, sondern bezweckt vor allem den **Schutz des Geschädigten**, der als Teil einer wirtschaftlichen Einheit nicht gezwungen sein soll, mit für die übergegangene Forderung aufzukommen (BT-Drucks 9/95, S 28; allgemein *Koppenfels-Spies*, ZfSch 2004, 97). Das Familien-privileg gilt auch im Fürsorgerecht, § 33 Abs 1, 4 SGB II (anders noch zu § 2 BSHG *BGH* Urt v 9.7.1996 – VI ZR 5/95, NJW 1996, 2933) und auch im An-wendungsbereich von § 5 OEG iVm § 81a BVG (*BGH* Urt v 28.6.2011 – VI ZR 194/10, E 190, 131).

20　**Familienangehörige** sind Eheleute, Verwandte und Verschwägerte, allerdings ist die Vorschrift analog auf Partner einer nichtehelichen Lebensgemeinschaft an-wendbar (*BGH* Urt v 22.4.2009 – IV ZR 160/07, E 180, 272; *BGH* Urt v 5.2.2013 – VI ZR 274/12). Auch gegen die Einbeziehung einer eingetragenen Lebenspartnerschaft spricht nichts.

21　Auch für den Begriff der **häuslichen Gemeinschaft** (nicht: Haushaltsgemein-schaft, § 9 Abs 5 SGB II) kommt es weniger auf die Wohnverhältnisse als auf die soziale und wirtschaftliche Ausgestaltung an. Eine dauerhafte räumliche Trennung schadet nicht, solange die getrennten Haushalte aus einer gemeinsa-men finanziellen Quelle gespeist werden und eine Forderung des Leistungsträ-gers wirtschaftliche Auswirkungen auf beide Haushalte hätte (enger die hM: vgl *Nehls* aaO Rz 47; *Kater* aaO Rz 248 mwN). Als wirkliches Korrektiv dient das Tatbestandsmerkmal der häuslichen Gemeinschaft daher zum Ausschluss lediglich formell bestehender Ehen.

Auch eine häusliche Gemeinschaft zwischen Eltern und Kindern setzt kein dau-erndes Zusammenleben voraus. Wie das *BVerfG* (Beschl v 12.10.2010 – 1 BvL 14/09, E 127, 263) ausdrücklich festgestellt hat, ist Abs 6 Satz 1 so auszulegen, dass auch derjenige Elternteil die Tatbestandsvoraussetzung eines Lebens in häuslicher Gemeinschaft erfüllt, der zwar getrennt von seinem Kind lebt, je-doch seiner Verantwortung für das Kind in dem ihm rechtlich möglichen Maße nachkommt und regelmäßigen wie längeren Umgang mit dem Kind pflegt, so dass dieses zeitweise auch in seinen Haushalt integriert ist. Die Entscheidungs-formel hat nach § 31 BVerfGG Gesetzeskraft.

Ausgeschlossen ist Abs 6 weiter bei vorsätzlicher Schädigung. Die Forderung gegen einen neben dem Familienangehörigen haftenden **Zweitschädiger** geht nur insoweit über, als dieser im Innenverhältnis zum Erstschädiger zum Aus-gleich verpflichtet ist (*BGH* Urt v 14.7.1970 – VI ZR 179/68, E 54, 257).

22　Keinen Übergangsausschluss wie Satz 1, sondern einen **Ausschluss der Geltend-machung** sieht das Privileg für Eheleute bzw Lebenspartner in häuslicher Ge-meinschaft (Satz 2) vor. Die Vorschrift führt weder zu einer Rückübertragung der Forderung, noch verpflichtet sie den Leistungsträger zu Rückerstattungen an den Schädiger. Während der Übergangsausschluss (Satz 1) nach ganz hM endgültigen Charakter hat, ist bei Satz 2 umstritten, ob das Geltendmachungs-verbot ebenso endgültig oder nur solange wirkt, wie die Voraussetzungen der Vorschrift erfüllt sind (für letzteres *Kater* aaO Rz 254; *Bieresborn* aaO Rz 38 mwN). Ein Grund für eine inhaltliche Differenzierung gegenüber Satz 1 (dessen Voraussetzungen ebenfalls nachträglich entfallen können) ist nicht ersichtlich und liegt insbesondere nicht darin, dass der Schaden vor der Eheschließung bzw Eintragung der Lebenspartnerschaft eingetreten ist (*Nehls* aaO Rz 49 mwN; *Eichenhofer* aaO Rz 62). Der rechtskonstruktive Unterscheid zwischen beiden Sätzen erklärt sich daraus, dass die Forderung im Fall des Satz 2 bereits übergegangen ist und ein Übergangsausschluss also zu spät kommt (*Gitter* in GK-SGB X § 116 Anm 34).

Da Abs 6 auch dann gilt, wenn der Schädiger haftpflichtversichert ist, und Sozi-   **23**
alleistungen nach allg Grundsätzen den Versicherer des Schädigers nicht entlasten, kann das Familienprivileg im Ergebnis dazu führen, dass der Geschädigte neben der Sozialleistung **auch** den hierzu **kongruenten Schadensersatz** erhält (*BGH* Urt v 28.11.2000 – VI ZR 352/99, NJW 2001, 754; krit *Halfmeier/ Schnitzler* VersR 2002, 11 ff). Der *BGH* hat zur Rechtfertigung dieser **Besserstellung** letztlich Art 6 Abs 1 GG herangezogen (aaO 756), der nach der hier vertretenen Auffassung gerade nicht einschlägig ist.

3. Rechtsfolge

3.1. Umfang, Pauschalierungen (Abs 1 Satz 2, Abs 8 und 9)

Der Umfang, in dem der Schadensersatzanspruch übergeht, richtet sich nach   **24**
dem Bruttobetrag der erbrachten Sozialleistungen einschließlich der aus der Sozialleistung entrichtenden Beiträge (ausführlich *Kater* aaO Rz 192 ff), auch wenn sie – wie im Fall von § 44 SGB XI – nicht dem Geschädigten zugute kommen (*BGH* Urt v 10.11.1998 – VI ZR 354/97, NJW 1999, 421). Voraussetzung ist allerdings, dass der Leistungsträger die Beiträge endgültig trägt und nicht lediglich abführt (vgl § 176 SGB VI). Abs 1 Satz 2 Nr 2 bezieht schließlich auch den Beitragsausfall, den der Krankenversicherungsträger dadurch erleidet, dass Versicherte nach § 224 Abs 1 SGB V für die Dauer eines Anspruchs auf Krg (nicht auch darüber hinaus: *Kater* aaO Rz 210 c) beitragsfrei sind, mit in die Höhe des Übergangs ein. Freiwillige Versicherung steht nicht entgegen (*Kater* aaO Rz 210).

Abs 8 und 9 erleichtern Leistungsträger und Schädiger die Durchführung des   **25**
Regresses. Abs 8 enthält eine Vermutungsregel hinsichtlich der Kosten ambulanter (nicht auch stationärer) Heilbehandlung. Vom Wortlaut der Vorschrift nicht erfasste Kosten darf der Leistungsträger gesondert geltend machen (*Nehls* aaO Rz 55). Schadensfall ist im haftungsrechtlichen Sinn und nicht als Versicherungsfall im Sinne des Sozialrechts zu verstehen, weswegen die Pauschale auch die aufgrund einer Wiedererkrankungen entstandenen Kosten mit erfasst (*Bieresborn* aaO Rz 43).

Abs 9 deckt als Sondervorschrift zu § 76 Abs 1 SGB IV sowohl einen einzelfall-   **26**
bezogenen Abfindungsvergleich als auch generelle Teilungsabkommen ab (zu deren Auslegung *BGH* Urt v 1.10.2008 – IV ZR 285/06, VersR 2008, 1560; *BGH* Urt v 12.6.2007 – VI ZR 110/06, VersR 2007, 1247; allgemein auch *Nehls* aaO Rz 58). Während letztere nur die Beteiligten binden (*BGH* Urt v 4.11.1997 – VI ZR 375/96, SozVers 1998, 245), erstreckt sich ein vor Feststellung des Versorgungsfalles zwischen Schädiger und GKV geschlossener Abfindungsvergleich auch auf den Versorgungsträger (*BSG* Urt v 29.5.1991 – 9a/9 RVg 6/89, SozR 3-1300 § 116 Nr 1); zum unwirksamen Abfindungsvergleich zwischen GKV und Haftpflichtversicherer bei vermeintlichem Ausschluss eines Arbeitsunfalls: *BGH* Urt v 3.13.2002 – VI ZR 142/02, VersR 2003, 267.

Der Forderungsübergang steht unter der auflösenden Bedingung, dass tatsäch-   **27**
lich Sozialleistungen erbracht werden (*BGH* Beschl v 8.12.1998 – VI ZR

318/97, NJW 1999, 1782; *Kater* aaO Rz 143 f). Mit dem Anspruch geht auch das Antragsrecht nach § 109 SGB VII über (*LSG Bln-Bbg* Urt v 24.9.2008 – L 31 U 467/08, UV-Recht Aktuell 2008, 1481). Die Verjährung richtet sich nach den für den übergegangenen Anspruch geltenden Regelungen, für ihren Beginn ist auf die Kenntnis oder grob fahrlässige Unkenntnis der Mitarbeiter der zuständigen Organisationseinheit, dh der Regressabteilung abzustellen (*BGH* Urt v 17.4.2012 – VI ZR 108/11, E 193, 67; *BGH* Urt v 28.2.2012 – VI ZR 9/11, NJW 2012, 1789; *BGH* Urt v 20.10.2011 – III ZR 252/10, NJW 2012, 447). Für einen Anspruch auf Erstattung des an den Sozialleistungsträger geleisteten Schadensersatzes ist der Sozialrechtsweg eröffnet (*BSG* Beschl v 27.4.2010 – B 8 SO 2/10 R, SozR 4-1300 § 116 Nr 1).

3.2. Befriedigungsvorrecht des Geschädigten bei tatsächlichen Hindernissen (Abs 4)

28   Nach Abs 5 sind die dem Geschädigten verbliebenen Ansprüche vor denen des Leistungsträgers (nicht aber vor denen sämtlicher anderer Gläubiger, *Nehls* aaO Rz 40 mwN) zu befriedigen, wenn der vom Schädiger konkret zu erlangende Ersatz übergegangene und verbliebene Ansprüche nicht vollständig abdeckt. Die Vorschrift beruht auf dem Grundsatz, dass niemand eine Forderung zum eigenen Nachteil abtreten muss und trägt dem Umstand Rechnung, dass Leistungsträger derartige Ausfälle wirtschaftlich besser verkraften als geschädigte Private.

29   Anders als bei Abs 2 ist hier unstreitig, dass das Vorrecht **sämtliche Schadenspositionen** und nicht nur die der Sozialleistung kongruenten umfasst. Mitverschulden, mitwirkende Verantwortlichkeit und gesetzliche Haftungshöchstsummen schließen es deswegen nicht aus, weil es in Abs 5 allein um Fragen der Durchsetzbarkeit von nach Maßgabe der vorangehenden Abs bestimmten Forderungen geht (ausführlich *Eichenhofer* Rz 35 ff). **Tatsächliche Durchsetzungshindernisse** sind insbesondere die Insolvenz des Schädigers, können aber auch aus der Anwendung von Rechtsvorschriften (zB §§ 850 ff ZPO) herrühren.

30   Entsprechend seiner Rechtsnatur gewährt das Befriedigungsvorrecht Abwehransprüche gegen die Befriedigungsversuche des Leistungsträgers (§ 771 ZPO), nicht aber Rückgewähransprüche (*Eichenhofer* aaO Rz 34 mwN). Ebenso wenig erwächst dem Schädiger hieraus ein Leistungsverweigerungsrecht gegenüber dem Leistungsträger (*Kater* aaO Rz 235); zum Verteilungsverfahren *BGH* Beschl v 8.7.2003 – VI ZA 9/03, ZIP 2003 1798.

3.3. Folgen der Erfüllung an den Nichtberechtigten (Abs 7)

31   Abs 7 knüpft an die §§ 412, 407 BGB an, die auf das durch die Legalzession entstandene Dreiecksverhältnis zwischen Geschädigtem, Schädiger und Leistungsträger auch ohne ausdrückliche gesetzliche Anordnung Anwendung finden, und differenziert danach, ob die Leistung des Schädigers an den Geschädigten für den Schädiger befreiend wirkt (Satz 1) oder nicht (Satz 2). Zumindest entsprechend ist Abs 7 auch auf Abfindungsvergleiche zwischen Schädiger und Geschädigtem anwendbar (*Bieresborn* aaO Rz 39).

32   Die Leistung des Schädigers befreit diesen nur dann gem. §§ 412, 407 Abs 1 BGB von seiner Verpflichtung auch gegenüber dem Leistungsträger, wenn sie in **Unkenntnis** der zum Forderungsübergang führenden Umstände erfolgt ist (maßgeblich ist der Zeitpunkt der Leistung, *Eichenhofer* aaO Rz 64). Diese ist bereits dann ausgeschlossen, wenn der Schädiger weiß, dass der Geschädigte

abhängig beschäftigt war (*BGH* Urt v 27.2.1962 – VI ZR 260/60, VersR 1962, 515); auf Kenntnis der einzelnen Rechtsfolgen (Eintrittspflicht und Forderungsübergang) kommt es nicht an (*Nehls* aaO Rz 51). Kenntnis vom Eintritt schädigungsbedingter Hilfebedürftigkeit ist dagegen nur zu bejahen, wenn sie sich aufgrund der dem Schädiger bekannten wirtschaftlichen Verhältnisse des Geschädigten förmlich aufdrängen musste (ähnl *Bieresborn* aaO Rz 40; *Waltermann* aaO 1647). Hier – und auch bei der Gewährung von Reha-Leistungen nach dem SGB III ohne vorheriges Versicherungsverhältnis (*BGH* Urt v 20.9.1994 – VI ZR 285/93, NJW 1994, 3097, 3099) – gilt ein ähnlicher Maßstab wie für den Zeitpunkt des Übergangs auf Träger der Fürsorgeleistung (vgl *BGH* Urt v 12.12.1995 – VI ZR 271/94, NJW 1996, 726 und oben Rz 15).

Als Rechtsfolge gewährt Satz 1 einen nach hM sozialrechtlichen **Erstattungsanspruch** gegenüber dem (doppelt begünstigten) Geschädigten, der zwar an den Rechtsgedanken des § 816 Abs 2 angelehnt, jedoch nach hM öffentlich-rechtlicher Natur ist und auf den die §§ 812 ff BGB nicht anwendbar sind, so dass insbesondere § 818 Abs 3 BGB nicht zum Zuge kommt (*Nehls* aaO Rz 52; *Gitter* aaO Anm 39). Zuständig sind die Sozialgerichte (*OLG Frankfurt aM* Beschl v 12.3.1996 – 17 W 18/95, NJW-RR 1997, 1087). **33**

Befreit die Leistung den Schädiger nicht von seiner Verpflichtung gegenüber dem Leistungsträger, so haften Schädiger und Geschädigter gem Satz 2 iVm den §§ 421–425 BGB jew für die volle Forderung, die allerdings nur einmal erfüllt werden muss (§ 421 Satz 1 BGB). Während sich der Anspruch gegen den Schädiger aus dem zugrunde liegenden Haftungsrecht (zB § 823 Abs 1 BGB) iVm Abs 1 ergibt, impliziert Satz 2, dass gegenüber dem Geschädigten auch in diesem Fall ein sozialrechtlicher Erstattungsanspruch greift (§ 816 Abs 2 BGB ist mangels befreiender Leistung nicht einschlägig). Dieses Nebeneinander von übergegangenem zivilrechtlichem Haftungs- und sozialrechtlichem **Erstattungsanspruch** spricht auch für eine Zuständigkeit der Sozialgerichte (*Nehls* aaO Rz 54 mwN; *Kater* aaO Rz 262). **34**

§ 117 Schadenersatzansprüche mehrerer Leistungsträger

[1]Haben im Einzelfall mehrere Leistungsträger Sozialleistungen erbracht und ist in den Fällen des § 116 Abs. 2 und 3 der übergegangene Anspruch auf Ersatz des Schadens begrenzt, sind die Leistungsträger Gesamtgläubiger. [2]Untereinander sind sie im Verhältnis der von ihnen erbrachten Sozialleistungen zum Ausgleich verpflichtet. [3]Soweit jedoch eine Sozialleistung allein von einem Leistungsträger erbracht ist, steht der Ersatzanspruch im Innenverhältnis nur diesem zu. [4]Die Leistungsträger können ein anderes Ausgleichsverhältnis vereinbaren.

Literatur:

Pickel: Schadensersatzansprüche mehrerer Leistungsträger, SGb 1985, 177; vgl auch die Lit bei § 116.

1. Normzweck; Übersicht

1   § 117, dessen Anwendungsbereich aufgrund einer weitreichenden analogen Anwendung erheblich über den Wortlaut hinausgeht, regelt Fallkonstellationen, in denen die von mehreren Sozialleistungsträgern erbrachten **Leistungen** aus rechtlichen oder tatsächlichen Gründen den übergegangenen (und realisierbaren) **Schadensersatzanspruch übersteigen**. Durch die Anordnung von **Gesamtgläubigerschaft** verweist die Vorschrift (die eine st Rspr des *BGH* aufgreift: vgl *BGH* Entsch v 1.7.1969 – VI ZR 216/67, NJW 1969, 1901 mwN) auf die §§ 428, 429 und 430 BGB, trifft in den Sätzen 2 bis 4 jedoch für den Innenausgleich zwischen den Leistungsträgern teils abw Regelungen. Eine wesentliche Erleichterung tritt im Außenverhältnis für den Schädiger ein, der an den Zessionar seiner Wahl mit befreiender Wirkung auch gegenüber den anderen leisten kann (*Eichenhofer* in Wannagat SGB X § 117 Rz 4). Im Verhältnis der Leistungsträger zueinander soll § 117 im Wesentlichen die gleichmäßige (und angemessene, vgl Satz 3) Verteilung des durch Unterdeckung entstandenen Ausfalls (*v Maydell* in GK-SGB X/3 § 117 Rz 9 ff) sicherstellen.

2. Voraussetzungen der Gesamtgläubigerschaft

2   Der Begriff des **Leistungsträgers** entspricht dem in den §§ 12, 18 bis 29 SGB I. Praktisch bedeutsam wird § 117 für SVTr, die Bundesagentur für Arbeit sowie die Tr von Sozialhilfe und Grundsicherung (*Kater* in Kass Komm SGB X § 117 Rz 7); die analoge Einbeziehung anderer Leistungserbringer kommt nur für beamtenrechtliche Dienstherren und Versorgungsträger und nur dann in Betracht, wenn alle Erbringer von iSd § 116 kongruenten Leistungen gegenüber dem Geschädigten zurücktreten müssen, dh im Fall des § 116 Abs 2, nicht aber des Abs 3 (Einzelheiten bei *Kater* aaO Rz 8 f; grundlegend *BGH* Urt v 14.2.1989 – VI ZR 244/88, E 106, 381). Nicht unter § 117, sondern unter die §§ 102 ff fallen Ansprüche derjenigen Leistungsträger, die ihre Leistung nicht endgültig zu tragen haben (*v Maydell* aaO, Rz 13 mwN; zur Beachtlichkeit von Zuständigkeitsvorschriften bei der Prüfung von § 116 vgl auch BGH VersR 2009, 995, dort auch zur begrenzten Reichweite von § 118); unschädlich für § 117 ist jedoch die Ungleichzeitigkeit der Anspruchsübergänge bei nacheinander zu erbringenden Leistungen (*Kater* aaO Rz 12). **Einzelfall** ist der einzelne Schadensfall iSd § 116 Abs 8; im Einzelfall erbracht sind alle zur Behebung des hierdurch entstandenen Schadens gewährten Leistungen (zur Wiedererkrankung *Nehls* in Hauck/Noftz SGB X/3 § 117 Rz 9 mwN).

3   Weitere Voraussetzung von § 117 ist schließlich die nur **begrenzte Haftung des Schädigers**. Die Vorschrift selbst nennt in Satz 1 die Fälle, dass der Schadensersatzanspruch wegen einer gesetzlichen Haftungshöchstsumme oder wegen Mitverschulden bzw mitwirkender Verantwortlichkeit des Geschädigten begrenzt ist. Sie ist jedoch nach hM darüber hinaus auch auf Konstellationen anzuwenden, in denen der Schadenersatzanspruch aus rechtlichen oder tatsächlichen Gründen hinter den erbrachten Sozialleistungen zurückbleibt (*Eichenhofer* aaO Rz 6 ff; *Bieresborn* in v Wulffen/Schütze SGB X § 117 Rz 4). Hiervon erfasst sind Fälle, in denen Schadensersatzanspruch und Leistungsumfang aufgrund der unterschiedlichen Berechnungsmodi (konkrete Berechnung im Privatrecht und abstrakte im Sozialrecht) differieren (*BGH* Urt v 3.12.2002 – VI ZR 304/01, NJW 2003, 1871 mit Anm *Dahm* ZfS 2003, 196 f; *v Maydell* aaO Rz 23 ff; *Küppersbusch* VersR 1983, 193 [205]) ebenso wie die fehlende Realisierbarkeit des Schadensersatzanspruchs (*Dahm* aaO; *Eichenhofer* aaO Rz 6 f; *Küppersbusch* aaO; *Pickel* SGb 1985, 177 [178]).

3. Folgen für das Außenverhältnis

Für das Außenverhältnis gegenüber dem Schuldner des übergegangenen Anspr **4** gelten die §§ 428, 429 sowie (gem § 429 Abs 3 Satz 1) 422, 423, 425 BGB: Jeder Leistungsträger kann den Anspr in voller übergangener Höhe geltend machen (*Nehls* aaO Rz 12), der Schuldner braucht jedoch nur einmal zu leisten (§ 428 Satz 1 BGB) und wird durch die Leistung an den Leistungsträger seiner Wahl (§ 428 Satz 1 BGB) auch den anderen Leistungsträgern gegenüber befreit (§§ 429 Abs 3 Satz 1, 422 Abs 1 Satz 1 BGB; *Nehls* aaO Rz 15). Hingegen wirkt ein (Teil-)**Erlass** durch einen der Leistungsträger (insb in Gestalt eines Teilungsabkommens, vgl *BGHZE* 40, 108 oder eines Abfindungsvergleichs, vgl *BGH* Urt v 4.3.1986 – VI ZR 234/84, NJW 1986, 1861) gem §§ 429 Abs 3 Satz 1, 423 BGB im Zweifel nur gegenüber dem daran beteiligten Leistungsträger und betrifft auch nur denjenigen Teil der Forderung, der diesem Leistungsträger im Innenverhältnis zusteht. Ist der Anspr (nur) einem der Gesamtgläubiger gegenüber verjährt, ändert dies an der vollen Leistungspflicht gegenüber den anderen Trägern nichts (ausführlich zu Gesamt- und Teilwirkungen von Leistungshindernissen *Eichenhofer* aaO Rz 10 f; *v Maydell* aaO Rz 34 ff).

Da es für den durch § 117 bezweckten Ausgleich auf die Belastungen der betei- **5** ligten Träger, nicht aber auf die Zeitpunkte ankommt, zu denen die Belastungen (dh die Leistungspflicht gegenüber dem Geschädigten) auftreten, **entsteht** die Gesamtgläubigerschaft bereits mit **Anspruchsübergang** nach § 116 (*Bieresborn* aaO Rz 3; *Kater* aaO Rz 13; aA *v Maydell* aaO Rz 17 f: erst bei Leistungserbringung; ähnlich *Nehls* aaO Rz 5). Weiterhin ändert der Anspruchsübergang nichts an der zivilrechtlichen Natur des Schadensersatzanspruchs, der auf dem ordentlichen Rechtsweg geltend zu machen ist.

4. Folgen für den Innenausgleich
4.1. Verteilung der Ersatzforderung

Für den zwischen den Leistungsträgern vorzunehmenden Innenausgleich sehen **6** die Sätze 2 bis 4 Besonderheiten gegenüber § 430 BGB vor: Jedem Leistungsträger steht die übergegangene Forderung zu dem **Anteil** zu, den seine Leistungen am **Gesamtaufkommen** der (gegenüber dem Geschädigten aus Anlass desselben Schadens erbrachten zeitlich und gegenständlich kongruenten) Leistungen einnehmen (§ 117 Satz 2, *Eichenhofer* aaO Rz 9). Die konkrete Berechnung erfolgt durch Multiplikation der Höhe des Schadensersatzanspruchs mit der Höhe der vom betreffenden Tr erbrachten Leistungen und Division durch die Gesamtaufwendungen sämtlicher Tr (*Küppersbusch* aaO).

Von dieser Verteilung ausgenommen sind nach Satz 3 solche Leistungen, die al- **7** lein von einem Träger erbracht werden, dh Leistungen, die unter den anderen erbrachten Leistungen **kein sachliches Gegenstück** finden (*Kater* aaO Rz 19). Hauptanwendungsfall sind die Leistungen des RVTr nach §§ 249 a SGB V (auch iVm § 59 SGB XI); 106, 106 a, 315 SGB VI (vgl bereits *BGH* Entsch v 1.7.1969 – VI ZR 216/67, NJW 1969, 1901; zur konkreten Berechnung *v Madell* aaO Rz 57 f).

Satz 4 eröffnet schließlich mit der Zulassung (individueller und genereller, vgl **8** *Kater* aaO Rz 20) Ausgleichsvereinbarungen (koordinationsrechtliche Verträge iSd der §§ 53 ff, vgl *Eichenhofer* aaO Rz 12) eine praktikable Möglichkeit zur Umgehung komplizierter Berechnungen. Sie erfasst auch die in Satz 3 angesprochenen Leistungen (*v Maydell* aaO, Rz 63).

4.2. Rechtsnatur des internen Ausgleichsanspruchs

9 Der Ausgleichsanspruch der Gesamtgläubiger untereinander ist ein vom übergegangenen Anspr unabhängiger originärer Anspr aus dem Gesamtgläubigerverhältnis. Seine Rechtsnatur ist umstritten. Rspr und **hM** sehen ihn mit der Begründung als **zivilrechtlich** an, dass letztlich um die Berechtigung an der unzweifelhaft zivilrechtlichen Ersatzforderung gestritten werde (*BGH* Urt v 27.6.1958 – VI ZR 98/57, E 28, 68; zustimmend *Kater* aaO Rz 18; *Pickel* aaO 179). Dem ist – mit *Eichenhofer* aaO – gerade die Unabhängigkeit des Ausgleichsanspruchs vom übergegangenen entgegenzuhalten, zumal die Gesamtgläubigerschaft und der sich hieraus ergebende Ausgleichsanspruch durch eine sozialrechtlichen Vorschrift angeordnet wird (zur Zuordnung von zediertem und Ausgleichsanspruch zu unterschiedlichen Rechtsgebieten vgl auch *Grüneberg* in Palandt § 426 Rz 3 a mwN).

§ 118　Bindung der Gerichte

Hat ein Gericht über einen nach § 116 übergegangenen Anspruch zu entscheiden, ist es an eine unanfechtbare Entscheidung gebunden, dass und in welchem Umfang der Leistungsträger zur Leistung verpflichtet ist.

Literatur:

Siehe die Angaben bei § 116.

1. Allgemeines

1 Die Vorschrift dient gleichermaßen der **Rechtssicherheit** wie der **Prozessökonomie**. Sie soll widerstreitende Entscheidungen der Sozial- und Verwaltungsgerichte sowie der Leistungsträger einerseits und der Zivilgerichte andererseits verhindern und es letzteren ermöglichen, bestimmte rein sozialrechtliche Vorfragen ungeprüft ihrer Rechtsfindung zugrunde zu legen (*v Maydell* in GK-SGB X/3 § 118 Rz 4 f). Der Schädiger kann dem Leistungsträger im Zivilprozess nicht entgegenhalten, er habe zu Unrecht geleistet. Trotz dieser Beschränkung seiner Verteidigungsmittel ist der Schädiger am vorangehenden sozialrechtlichen Verfahren nicht zu beteiligen (*OLG Hamm* Urt v 12.8.1999 – 6 U 8/99, RuS 1999, 418), zumal die Legalzession aus seiner Sicht rein zufällig erfolgt und er nach den auch hier anwendbaren §§ 404, 412 BGB keine „eigenen" Einreden verliert (*Eichenhofer* in Wannagat SGB X § 116 Rz 29). Zum „umgekehrten" Fall, dass zunächst der Geschädigte gegen den Schädiger vorgeht, siehe *Hofmann* VersR 2003, 288 ff.

2. Voraussetzungen

2 **Anwendbar** ist § 118 bei (behauptetem) Forderungsübergang nach § 116 (*Kater* in KassKomm SGB X § 118 Rz 3) sowie (über den Wortlaut hinaus) nach § 115 (dort Rz 3) und § 81 a BVG (*OLG Hamm* aaO). **Entscheidungen** im Sinne der Vorschrift sind neben sozial- und verwaltungsgerichtlichen Urt (einschließlich Gerichtsbescheiden – *Kater* aaO Rz 4) auch VA (§ 31 SGB X; *Nehls* in Hauck/Noftz SGB X/3 § 118 Rz 3) und öffentl-rechtl Verträge (§ 53 Abs 1 Satz 2 iVm

§ 54 SGB X; *Kater*, aaO). **Unanfechtbarkeit** meint die Rechtskraft von Urteilen und die Bestandskraft (§§ 39 ff) von Bescheiden (*Nehls* aaO Rz 4; allg *Maurer* Allg VerwR § 11 Rz 3 ff). Worauf sie im konkreten Fall beruht und wie sie eintritt (etwa auch durch Beschlüsse nach § 153 Abs 4 SGG; *Kater* aaO) ist unmaßgeblich, ebenso auch das Bestehen rechtlicher Möglichkeiten zur Aufhebung oder Abänderung von Entscheidungen, die das Verfahrensrecht gerade als Durchbrechung der Rechts- bzw Bestandskraft ausgestaltet (§§ 179, 180 SGG; § 153 VwGO; §§ 44 ff SGB X; §§ 48, 49 VwVfG). Gleiches gilt für die Verfassungsbeschwerde (Art 93 Abs 1 Nr 4 a GG), jedoch wird sich in diesen Fällen eine Aussetzung nach § 148 ZPO anbieten. Weiterhin setzt § 118 begriffsnotwendig voraus, dass die Entscheidung **über die Verpflichtung eines Leistungsträgers** zur Gewährung von (nicht notwendig betragsmäßig bezifferten) Sozialleistungen erfolgt, dh entweder selbst einen Ausspruch hierüber enthält oder über einen gegen eine solche Entscheidung eingelegten Rechtsbehelf entscheidet. Nicht hierunter fallen Feststellungen (auch durch Grundurteil) über einzelne Voraussetzungen einer Leistungspflicht (*Kater* Rz 6).

Bereits dem Wortlaut nach („unanfechtbare Entscheidungen") nicht anwendbar ist § 118 auf **Anerkenntnis** und **Vergleich** (ausf *OLG Naumburg*, Urt v 23.9.2008 – 9 U 146/07, nachgehend offengelassen in *BGH* Urt v 5.5.2009 – VI ZR 208/08, VersR 2009, 995; für eine Erstreckung auf Vergleich dagegen *Nehls* aaO Rz 4). Sie sind zwar nach Sozialprozessrecht vollstreckbare Titel (§ 199 Abs 1 Nr 3 SGG, vgl auch die systematische Trennung von den „gerichtlichen Entscheidungen" in § 199 Abs 1 Nr 1 SGG), jedoch nicht der materiellen Rechtskraft fähig (vgl insbes § 141 Abs 1 SGG arg e silentio). Unproblematisch erfüllt ist § 118 allerdings durch den Ausführungsbescheid, mit dem Anerkenntnis und Vergleich in der Praxis umgesetzt werden. Hier hilft nur die Berufung auf die von der Rspr entwickelten Ausnahme von der Bindungswirkung (s u Rz 4).

3. Rechtsfolge

3.1. Bindungswirkung

Auf der Rechtsfolgenseite ordnet § 118 eine **Bindung** des erkennenden Gerichts an den Tenor der Entscheidung und – so eine häufig anzutreffende Formulierung (etwa *v Maydell* aaO Rz 7; *Nehls* aaO Rz 5) – deren „tragende Feststellungen" an (aus neuerer Zeit *BGH* Urt v 5.5.2009 – VI ZR 208/08, VersR 2009, 995). Gemeint sind hiermit grundsätzlich die Zuständigkeit des Leistungsträger, die Versicherteneigenschaft (oder sonstige Aktivlegitimation) des Leistungsempfängers (*LAG Frankfurt* Urt v 19.3.1966 – 5 Sa 481/65, NJW 1966 2330), Art und Umfang der Leistung sowie Höhe und Zeitraum (*Bieresborn* in v Wulffen/Schütze SGB X § 118 Rz 2), nicht aber diejenigen Erwägungen des Leistungsträgers, die auch den zivilrechtlichen Anspr als solchen betreffen. Praktisch läuft § 118 also darauf hinaus, dass sich der beklagte Schädiger nicht damit verteidigen kann, der Leistungsträger habe rechtsgrundlos geleistet.

3.2. Keine Bindungswirkung

Gerade hinsichtlich der **Zuständigkeit** gilt all dies jedoch nicht uneingeschränkt (ausf BGH VersR 2009, 995): Ein in irrtümlicher Annahme der eigenen Zuständigkeit erlassener bindender (§ 77 SGG) VA entfaltet nicht auch die spezielle Bindungswirkung nach § 118 (*BGH* Urt v 8.7.2003 – VI ZR 274/02, E 155, 342). Dasselbe gilt, wenn dem Schädiger bei positivem Kompetenzkonflikt der

Sozialleistungsträger die mehrfache Inanspruchnahme droht (auch hierzu *BGH* Urt v 5.5.2009 – VI ZR 208/08, VersR 2009, 995). Dogmatisch basieren beide Ausnahmen auf dem Grundsatz, dass es auf der Regress- und Erstattungsebene auf die gesetzlich gewollten Zuständigkeiten und nicht auf die tatsächlichen Verhältnisse im Einzelfall ankommt (vgl in anderem Zusammenhang auch *BSG* Urt v 26.6.2007 – B 1 KR 34/06 R, SozR 4-3250 § 14 Nr 4).

Nicht gebunden ist das Gericht auch an die tatsächlichen und rechtlichen Erwägungen, auf denen die unanfechtbare Entscheidung beruht (dies gilt insb für Kausalitätserwägungen, da sich das Sozial- und das Zivilrecht insoweit unterschiedlicher Maßstäbe bedienen *Eichenhofer* aaO Rz 5; *Bieresborn* aaO, ganz hM) und auch nicht an die Annahme eines Forderungsübergangs (*Kater* aaO Rz 8). Kommt das Zivilgericht zu einer rechtlichen Würdigung, nach der die sozialrechtliche Entscheidung unrichtig wäre, wird dies im Gegenteil den Leistungsträger zu einer Nachprüfung im Hinblick auf § 45 SGB X verpflichten (ähnlich *v Maydell* aaO Rz 10).

5 Das Zivilgericht hat nach alledem zunächst die Unanfechtbarkeit der sozialrechtlichen Entscheidung (bei deren Fehlen sich die in der Vorgängervorschrift § 1543 RVO noch eigens geregelte und nun in § 148 ZPO enthaltene Aussetzung des Verfahrens wegen Vorgreiflichkeit anbietet) zu prüfen und weiter über die zivilrechtlichen Ansprüche des Geschädigten gegen den Schädiger sowie schließlich über die Voraussetzungen von § 116 zu entscheiden.

6 Eine Durchbrechung der Rechtskraft des zivilgerichtlichen Urt nach den §§ 323, 579 f oder 767 ZPO kommt in Betracht, wenn die unanfechtbare Entscheidung ihrerseits (etwa im Wege der §§ 44 ff) abgeändert wird (*Kater* aaO Rz 9).

§ 119 Übergang von Beitragsansprüchen

(1) [1]Soweit der Schadenersatzanspruch eines Versicherten den Anspruch auf Ersatz von Beiträgen zur Rentenversicherung umfasst, geht dieser auf den Versicherungsträger über, wenn der Geschädigte im Zeitpunkt des Schadensereignisses bereits Pflichtbeitragszeiten nachweist oder danach pflichtversichert wird; dies gilt nicht, soweit

1. der Arbeitgeber das Arbeitsentgelt fortzahlt oder sonstige der Beitragspflicht unterliegende Leistungen erbringt oder
2. der Anspruch auf Ersatz von Beiträgen nach § 116 übergegangen ist.

[2]Für den Anspruch auf Ersatz von Beiträgen zur Rentenversicherung gilt § 116 Abs. 3 Satz 1 und 2 entsprechend, soweit die Beiträge auf den Unterschiedsbetrag zwischen dem bei unbegrenzter Haftung zu ersetzenden Arbeitsentgelt oder Arbeitseinkommen und der bei Bezug von Sozialleistungen beitragspflichtigen Einnahme entfallen.

(2) [1]Der Versicherungsträger, auf den ein Teil des Anspruchs auf Ersatz von Beiträgen zur Rentenversicherung nach § 116 übergeht, übermittelt den von ihm festgestellten Sachverhalt dem Träger der Rentenversicherung auf einem einheitlichen Meldevordruck. [2]Das Nähere über den Inhalt des Meldevordrucks und das Mitteilungsverfahren bestimmen die Spitzenverbände der Sozialversicherungsträger.

(3) [1]Die eingegangenen Beiträge oder Beitragsanteile gelten in der Rentenversicherung als Pflichtbeiträge. [2]Durch den Übergang des Anspruchs auf Ersatz von

Beiträgen darf der Versicherte nicht schlechter gestellt werden, als er ohne den Schadenersatzanspruch gestanden hätte.

(4) [1]Die Vereinbarung der Abfindung von Ansprüchen auf Ersatz von Beiträgen zur Rentenversicherung mit einem ihrem Kapitalwert entsprechenden Betrag ist im Einzelfall zulässig. [2]Im Fall des Absatzes 1 Satz 1 Nr. 1 gelten für die Mitwirkungspflichten des Geschädigten die §§ 60, 61, 65 Abs. 1 und 3 sowie § 65 a des Ersten Buches entsprechend.

Literatur:

Furtmayr: Der Beitragsregress aus Sicht des Geschädigten VersR 1997, 38; *Hänlein*: Der Ersatz des Beitragsschadens im Lichte neuerer Entwicklungen NJW 1998, 105; *Peters-Lange*: Beitragsregress des Rentenversicherungsträgers gegen den Entschädigungsfond im Sinne des § 12 Abs 1 PflVG, SGb 2001, 31; *Schmitt*: Der Übergang von Beitragsansprüchen auf die Sozialversicherungsträger gem § 119 SGB X, SGb 1983, 465; *Stelzer*: Führt § 119 SGB X eine vom Bundesgerichtshof entwickelte Rechtsprechung fort? ZfS 1983, 97 ff, 130 ff.

1. Zweck der Vorschrift

§ 119 schützt den Geschädigten vor einer Verschlechterung seiner Rentenansprüche (**Rentenverkürzungsschaden**, *Kater* in KassKomm § 119 SGB X Rz 7) infolge von Beitragsausfällen und geringerer entrichteter Beiträge. Da selbst die Entrichtung von Rentenversicherungsbeiträgen aus Sozialleistungen den schädigungsbedingten Beitragsausfall nicht völlig kompensiert (§ 166 SGB VI, eingehend *Nehls* in Hauck/Noftz SGB X/3 § 119 Rz 11 a), der Schädiger aber nach § 249 Abs 1 BGB grundsätzlich zur Naturalrestitution verpflichtet ist, hat der Rentenversicherungsträger den Anspr des Geschädigten auf ungeschmälerte Aufrechterhaltung seiner Rentenansprüche **treuhänderisch** beim Schädiger geltend zu machen (*Stelzer* ZfS 1984, 97 [99]). Rechtstechnisch vollzieht sich dies nach Abs 1 Satz 1 im Wege des gesetzlichen Forderungsübergangs, obwohl der RVTr – anders als die Leistungsträger in den Fällen von §§ 115, 116 – keine eigenen Leistungen erbringt (*OLG Brandenburg* Urt v 22.12.1998 – 2 U 1/98, nv; *Bieresborn* in v Wulffen/Schütze SGB X § 119 Rz 1; *Schmitt* SGb 1983, 465 [466]). Der gesetzlich angeordnete Wechsel der Aktivlegitimation erfolgt „aus fürsorgerischen Gründen" (*BSG* Urt v 31.1.2002 – B 13 RJ 23/01 R, SozR 3-1300 § 44 Nr 34) und verpflichtet zu vollständigem Ausgleich des Rentenschadens (*BSG* aaO; näher *Schmitt* aaO 466). Der geschädigte Versicherte kann den Rentenverkürzungsschaden hingegen weder aus eigenem Recht noch in gewillkürter Prozessstandschaft geltend machen (*BGH* Urt v 2.12.2003 – VI ZR 243/02, NJW-RR 2004, 595). Unterlässt der RVTr die ordnungsgemäße Geltendmachung in vertretbarer Weise, so muss sich der Versicherte unmittelbar an ihn halten (ausf *LG Stuttgart* Urt v 31.1.2008 – 4 S 70/07, RuS 2008, 402; zum Rechtsweg aus neuerer Zeit *LSG RhPf* Urt v 11.1.2012 – L 4 R

266/11). Ein Anspruch aus Amtshaftung greift jedoch insoweit nicht, als der Versicherte es vorwerfbar unterlassen hat, einen auf dasselbe Ziel gerichteten sozialrechtlichen Herstellungsanspruch geltend zu machen (*OLG München* Urt v 24.5.2012 – 1 U 3366/11, NZS 2012, 862).

2 Ebenso bedeutsam für die Aufrechterhaltung der rentenversicherungsrechtlichen Position des Geschädigten ist Abs 3 Satz 1, der die auf diese Weise vom Rentenversicherungsträger erzielten Einnahmen zu **Pflichtbeiträgen** erklärt. Nicht unter § 119 fällt ein eigener Vermögensschaden des RVTr aufgrund des Beitragsausfalls (*Kater* aaO Rz 17).

3 Anwendbar sind auch hier gem § 412 BGB die §§ 399 bis 404, 406 bis 410 BGB, soweit nicht sozialrechtliche Besonderheiten entgegenstehen.

4 Vor dem 1.1.2001 galt § 119 für alle Sozialversicherungsbeiträge ieS, was im Wesentlichen in der GKV für Zeiten außerhalb des Krankengeldbezugs von Bedeutung war (*Nehls* aaO Rz 10 ff; aA *Schmitt* aaO 467), beschränkte den Forderungsübergang jedoch auf den Fall, dass der Geschädigte schon zum Zeitpunkt der Schädigung pflichtversichert war. Zur Rechtslage vor dem 1.1.1992 *Nehls* aaO Rz 18 und 28; *Ritze* VersR 1990, 947 [952 ff].

2. Voraussetzungen des Anspruchsübergangs

2.1. Zivilrechtlicher Anspr; Pflichtversicherung des Geschädigten

5 Auf Tatbestandsseite setzt Abs 1 Satz 1 zunächst einen zivilrechtlichen Anspr des Geschädigten auf Ersatz seines **Erwerbs- bzw Fortkommensschadens** (anschaulich *BGH* Urt v 18.12.2007 – VI ZR 278/06, NJW 2008, 1961: Wirtschaftsingenieur wird unfallbedingt zum Berufsschullehrer) oder einen Anspr der Hinterbliebenen auf Ersatz des **Unterhaltsschadens** voraus; zumindest ersterer ist regelmäßig Teil des Schadensersatzanspr (*BGH* Urt v 10.12.1991 – VI ZR 29/91, E 116, 260; *Hänlein* NJW 1998, 105; *Schmitt* SGb 1983, 465) und wird nach § 62 SGB VI durch die Berücksichtigung rentenrechtlicher Zeiten gerade nicht ausgeschlossen. Die Subsidiarität der Haftung des **Entschädigungsfonds** für Schäden aus KfZ-Unfällen nach § 12 Abs 1 Satz 2 PflVG steht einem Übergang nach Abs 1 nicht entgegen (*BGH* Urt v 25.1.2000 – VI ZR 64/99, E 143, 344); dasselbe gilt für § 117 Abs 3 Satz 2 VVG.

6 Zeitpunkt des Übergangs ist grundsätzlich der des haftungsbegründenden Schadensereignisses (*BGH* Urt v 2.12.2003 – VI ZR 243/02, NJW-RR 2004, 595; *LSG BW* Urt v 20.3.2007 – L 9 R 917/05). Erforderlich ist jedoch, dass der Geschädigte entweder zum Zeitpunkt der Schädigung in der GRV **pflichtversichert** (§§ 1 bis 3 SGB VI) oder pflichtversichert auf Antrag (§ 4 SGB VI; *Kater* aaO Rz 12) **ist** oder es später **wird**; freiwillige Versicherung reicht nicht aus (*Bieresborn* aaO Rz 2). Unschädlich für die Anwendbarkeit von § 119 ist allerdings der unfallbedingte Wechsel von der Pflicht- in die freiwillige Versicherung (*BGH* Urt v 18.12.2007 – VI ZR 278/06, VersR 2008, 513: unfallbedingter Wechsel in das Beamtenverhältnis). Zur RentenversPfl aufgrund § 1 Satz 1 Nr 2 SGB VI siehe *BGH* VersR 2015, 1140.

2.2. Beschränkung des Forderungsübergangs

7 Abs 1 Satz 1 2. HS enthält den allgemeinen Rechtsgedanken, dass der Forderungsübergang nur insoweit stattfindet, als für den Geschädigten schädigungsbedingt **keine** oder niedrigere **Beiträge** entrichtet werden. Nr 1 spricht insb Leistungen nach § 3 EFZG an (*Hänlein* aaO 106). Nr 2 stellt klar, dass § 119 sich nicht auch auf die in § 116 Abs 1 Satz 2 Nr 1 angesprochenen aus Sozialleistun-

gen gezahlten Beiträge bezieht. Für beide Konstellationen gilt, dass es nicht nur nach beendeter Entgeltzahlung oder Sozialleistung zu einem Übergang kommt, sondern auch – vgl auch Abs 1 Satz 2 – der Anspr iH des Differenzbetrages zu den bei vollem Bruttoentgelt zu entrichtenden Beiträgen sofort übergeht (*Bieresborn* aaO Rz 7; *Hänlein* aaO 108).

Erhält der Geschädigte aufgrund der Schädigung Sozialleistungen und trifft ihn **8** Mitverschulden oder mitwirkende Verantwortlichkeit, so erstreckt sich der Beitragsregress auf den Differenzbetrag zwischen den aus der Sozialleistung entrichteten Beiträgen und den bei vollem Bruttoentgelt zu entrichtenden Beiträgen entsprechend der Haftungsquote des Schädigers.

Die in der Lit diskutierte analoge Anwendung von § 116 Abs 6 hat der *BGH* **9** (NJW 1989, 1217 mwN) abgelehnt (zustimmend *Bieresborn* aaO Rz 13).

Unmaßgeblich ist weiter, inwieweit der Beitragsausfall tatsächlich zu einem rea- **10** len Rentenverkürzungsschaden des Geschädigten führt. Für die Zeit vor dem 1.1.1992 war weitgehend anerkannt, dass ein Beitragsregress dann ausscheiden sollte, wenn der Geschädigte bereits eine „**unfallfeste Position**" erlangt hatte, in der eine unterbliebene Beitragsentrichtung seine Rentenanwartschaften nicht mehr wesentlich verändern konnte (*BGHZ* 69, 347; *Schmitt* aaO 468; *Küppersbusch* VersR 1983, 193 [207 f]). Die Rechtsfigur der unfallfesten Position hat insb die Rspr (*BGH* Urt v 25.1.2000 – VI ZR 64/99, E 143, 344; *Peters-Lange* SGb 2001, 31 f; *Hänlein* aaO 108) für die Zeit nach Inkrafttreten von **§ 62 SGB VI** aufgegeben und geht seither (auch wenn die Schädigung selbst zwischen dem 1.7.1983 und dem 1.1.1992 erfolgt ist, *Bieresborn* aaO Rz 7; s auch *Kater* aaO Rz 29) von einem ausgleichspflichtigen Rentenschaden des Versicherten aus, ohne dass eine tatsächliche Minderung der Rentenanwartschaft festgestellt werden muss (vgl a *LSG BW* Urt v 20.3.2007 – L 9 R 917/05). Eine Stütze findet diese Auffassung neben § 62 SGB VI auch in der Rechtsnatur der eingegangenen Beiträge als Pflichtbeiträge (*Nehls* aaO Rz 19 mwN). Ebenso wenig steht eine Verletztenrente nach dem SGB VII weder einem Schadensersatzanspruch noch dessen Übergang entgegen (*BGH* Urt v 9.5.1995 – VI ZR 124/94, NJW 1995, 1968).

3. Rechtsfolge

3.1. Umfang

Der Schädiger hat Arbeitgeber- und Arbeitnehmeranteile (*BGH* Urt **11** v 27.4.1965 – VI ZR 124/64, E 43, 378) der Beiträge, die aus dem **fiktiven Verdienst** des Geschädigten zu entrichten gewesen wären, zu ersetzen (BT-Drucks 9/95, 29). Um Nachteile für den Geschädigten auszuschließen, ist diese Bemessungsgrundlage durch Einbeziehung nicht nur durchschnittlicher **Einkommenszuwächse** fiktiv zu dynamisieren, sondern auch um weitere Einkommenszuwächse zu erhöhen, die schädigungsbedingt unterblieben sind. Ob und wann es zu solchen individuellen Einkommenszuwächsen gekommen wäre, ist anhand der von Zivilrecht entwickelten Wahrscheinlichkeitskriterien zu beantworten (*Heinrichs* aaO Rz 19 mwN). Umgekehrt ist ein Abschlag vom letzten Arbeitsentgelt angemessen, wenn der Geschädigte zuvor ein wechselhaftes, von Zeiten der Arbeitslosigkeit unterbrochenes Erwerbsleben geführt hat (instruktiv *OLG Hamm* Urt v 21.2.2001 – 13 U 208/00, VersR 2002, 732). Bei tatsächlichen Änderungen des konkreten Erwerbsschadens kann sich auch die Höhe der zu ersetzenden Beiträge ändern, so etwa, wenn der Geschädigte zwar die schädigungsbedingte Erwerbsunfähigkeit überwindet, aber aufgrund verbleibender

Schädigungsfolgen auf einen weniger lukrativen Erwerb ausweichen muss. Die **Dauer** des Beitragsregresses richtet sich nach der Dauer der Beitragsverkürzung; zur Berechnung auch *BGH* Urt v 28.9.1999 – VI ZR 165/98, NJW 1999, 3711.

3.2. Geltendmachung; Abfindung

12 Für die Durchsetzung des übergegangenen Anspr gilt § 116 Abs 4 nach hM analog (*Bieresborn* aaO Rz 12). Eine Niederschlagung der Forderung nach § 76 Abs 2 Nr 2 SGB IV ist angesichts des treuhänderischen Charakters der Legalzession ausgeschlossen, jedoch ermöglicht Abs 4 Satz 1 (einzelfallbezogene) Abfindungsvereinbarungen, nicht aber Teilungsabkommen (*LSG BW* Urt v 20.3.2007 – L 9 R 917/05; *LSG RhPf* Urt v 11.1.2012 – L 4 R 266/11).

3.3. Konsequenzen für die Rentenanwartschaften des Geschädigten

13 Abs 3 Satz 1 erklärt die eingegangenen Beiträge und Beitragsteile nach hM zu Pflichtbeiträgen in jeder denkbaren rentenversicherungsrechtlichen Hinsicht (*BGH* Urt v 15.4.1986 – VI ZR 146/85, VersR 1986, 592; *Nehls* aaO Rz 14 f mwN).

14 Das **Verbot der Schlechterstellung** in Satz 2 wird vor allem bei Mitverschulden oder mitwirkender Verantwortlichkeit des Geschädigten relevant. Hiernach hat der RVTr bei Eintritt des Versicherungsfalles nach dem dann geltenden Recht im Wege einer vergleichenden Berechnung zu ermitteln, ob sich die Bewertung des fraglichen Zeitraums als Beitragszeit unter Berücksichtigung der vom Schädiger geleisteten Beträge günstiger auswirkt als eine Behandlung als beitragsfreie oder beitragsgeminderte Zeit. Eine praktische Bedeutung neben der in § 73 SGB VI vorgesehenen Vergleichsbewertung hat dies nur für Versicherungsfälle vor dem 1.1.1992 (*Kater* aaO Rz 71).

15 Allgemein hat das *BSG* § 119 den Rechtsgedanken entnommen, dass der Forderungsübergang zu **keinem größeren Rentenschaden** führen darf als eine eigenständige Geltendmachung durch den Geschädigten (*BSG* Urt v 31.1.2002 – B 13 RJ 23/01 R, SozR 3-1300 § 44 Nr 34). Der Regelungsgehalt der Vorschrift gehört jedenfalls hinsichtlich der rentenversicherungsrechtlichen Wirkung der Beiträge zum SGB VI und geht daher gem § 37 Satz 1 1. Hs SGB I insbesondere § 44 Abs 4 SGB X vor (*BSG* aaO). **Gegen** die Vier-Jahres-Grenze aus § 44 **Abs 4** spricht zudem auch die in § 119 angeordnete Verpflichtung des Rentenversicherungsträgers, für einen vollständigen Ausgleich des Rentenschadens zu sorgen (*BSG* aaO; *Stelzer* aaO 99). Hiervon ausgehend erscheint die Forderung nach Transparenz und weitgehender Einbeziehung des Geschädigten berechtigt (*Furtmayr* VersR 1997, 38 f).

4. Mitwirkungspflichten des Geschädigten (Abs 4 Satz 1) und Meldepflichten anderer Leistungsträger

16 Einer gesonderten Anordnung der Mitwirkungspflichten des Geschädigten in Abs 4 Satz 2 bedarf es deswegen, weil die Geltendmachung des Schadensersatzanspruchs durch den Rentenversicherungsträger keine Sozialleistung iSd §§ 60 ff SGB I ist. In anderen Fällen als dem Bezug der in Abs 1 Satz 1 2. HS Nr 1 angesprochenen Leistungen des Arbeitgebers bedarf es der Mitwirkung des Geschädigten regelmäßig nicht, da andere Leistungsträger (nicht nur Träger der Sozialversicherung ieS) nach Abs 2 zu entsprechender Meldung verpflichtet sind.

Viertes Kapitel Übergangs- und Schlussvorschriften

§ 120 Übergangsregelung

(1) [1]Die §§ 116 bis 119 sind nur auf Schadensereignisse nach dem 30. Juni 1983 anzuwenden; für frühere Schadensereignisse gilt das bis 30. Juni 1983 geltende Recht weiter. [2]Ist das Schadensereignis nach dem 30. Juni 1983 eingetreten, sind § 116 Abs. 1 Satz 2 und § 119 Abs. 1, 3 und 4 in der ab 1. Januar 2001 geltenden Fassung auf einen Sachverhalt auch dann anzuwenden, wenn der Sachverhalt bereits vor diesem Zeitpunkt bestanden hat und darüber noch nicht abschließend entschieden ist.

(2) § 111 Satz 2 und § 113 Abs. 1 Satz 1 sind in der vom 1. Januar 2001 an geltenden Fassung auf die Erstattungsverfahren anzuwenden, die am 1. Juni 2000 noch nicht abschließend entschieden waren.

(3) Eine Rückerstattung ist in den am 1. Januar 2001 bereits abschließend entschiedenen Fällen ausgeschlossen, wenn die Erstattung nach § 111 Satz 2 in der ab 1. Januar 2001 geltenden Fassung zu Recht erfolgt ist.

(4) Erhebungen, Verarbeitungen oder Nutzungen von Sozialdaten, die am 23. Mai 2001 bereits begonnen haben, sind binnen drei Jahren nach diesem Zeitpunkt mit den Vorschriften dieses Gesetzes in Übereinstimmung zu bringen.

(5) Artikel 229 § 6 Abs. 1 bis 4 des Einführungsgesetzes zum Bürgerlichen Gesetzbuche gilt entsprechend bei der Anwendung des § 50 Abs. 4 Satz 2 und der §§ 52 und 113 Abs. 2 in der seit dem 1. Januar 2002 geltenden Fassung.

(6) § 66 Abs. 1 Satz 3 bis 5, Abs. 2 und 3 Satz 2 in der ab dem 30. März 2005 geltenden Fassung gilt nur für Bestellungen zu Vollstreckungs- und Vollziehungsbeamten ab dem 30. März 2005.

§ 120 tritt an die Stelle der bisherigen Übergangsregelung (Art II § 40 des G v 18.8.1980, BGBl I, 1469, ber 2218; Art II § 25 des G v 4.11.1982, BGBl I 1450; abgedruckt am Ende dieser Komm). **1**

Abs 1 Satz 1 enthält keine inhaltlichen Änderungen gegenüber dem zuvor geltenden Recht. Das dort angesprochene frühere Recht meint insb § 1542 RVO; der maßgebliche Zeitpunkt ist die letzte Verletzungshandlung (*BGH* Urt v 13.2.1996 – VI ZR 318/94, NJW 1996, 1674; *Nehls* in Hauck/Noftz SGB X/3 § 120 Rz 5). An einer abschließenden Entscheidung iSd Satz 2 fehlt es ua, wenn Änderungen in den tatsächlichen Verhältnissen eintreten (*Kater* in KassKomm § 120 Rz 2) oder wenn gerade um die Anwendbarkeit des neuen Rechts gestritten wird (vgl *HessLSG* Urt v 14.2.2003 – L 11/3 U 1188/00, HVBG-INFO 2003, 1780). **2**

Nach den **Abs 2 und 3** sollen der Verwaltungsökonomie halber (*OVG Bln* Urt v 10.2.2005 – 6 B 21.03, FEVS 57, 537) noch nicht abgeschlossene Erstattungsstreitigkeit nach neuem Recht behandelt und bereits abgeschlossene Fälle nicht neu aufgerollt werden (vgl GBegr: BT-Drucks 14/4375, 61; *BSG* Urt v 11.11.2003 – B 2 U 15/03 R, SozR 4-1300 § 111 Nr 1; *BVerwG* Urt v 10.4.2003 – 5 C 18/02, ZFSH/SGB 2003, 690; *HessLSG* HVBG-INFO 2003, 1780; *Roos* in v Wulffen SGB X § 120 Rz 5; *Dahm* SozVers 2002, 315 f; eingehend *Nehls* aaO Rz 8 ff). Eine materiellrechtliche Wirkung auf die betroffenen Ansprüche entfaltet § 120 hingegen nicht (*OVG Bln* aaO). **3**

4 Problematisch ist allerdings die Auslegung, **wann über Erstattungsverfahren „noch nicht abschließend entschieden worden sind"** (vgl den Hinweis bei *BSG* Urt v 11.11.2003 – B 2 U 15/03 R, SozR 4-1300 § 111 Nr 1). Denkbar ist, eine abschließende Entscheidung erst anzunehmen, wenn eine rechtskräftige Gerichtsentscheidung vorliegt (so wohl *HessLSG* Urt v 14.2.2003 – L 11/3 U 1188/00, HVBG-INFO 2003, 1780). Unproblematisch gegeben ist eine abschließende Entscheidung nach einem abgeschlossenen Gerichtsverfahren (wenn dessen Streitgegenstand der Erstattungsanspruch war) und nach Abschluss einer außergerichtlichen Regelung betreffend den vollständigen Anspruch. Ansonsten ist abschließend entschieden worden, wenn der Erstattung begehrende Träger den Anspruch in hinreichend konkretisierter Form geltend gemacht und der Adressat hierüber wirksam entschieden hat, wobei letztgenannte Willenserklärung nach allgemeinen Grundsätzen auszulegen ist (aus neuerer Zeit *LSG Bln-Bbg* Urt v 9.6.2010 – L 22 U 173/08; ähnlich *BayLSG* Urt v 22.3.2005 – L 18 U 181/03; so auch bereits *BayLSG* Urt v 4.2.2003 – L 3 U 239/02, HVBG-INFO 2003, 2511).

5 Mit *BVerwG* (ZFSH/SGB 2003, 690) und *BSG* (SozR 4-1300 § 111 Nr 1) ist allerdings anzunehmen, dass die durch § 120 Abs 2 angeordnete Anwendung des § 111 Satz 2 in der ab dem 1.1.2001 geltenden Fassung nicht solche Erstattungsfälle erfasst, in denen nach der bis zum 31.12.2000 geltenden Regelung des § 111 Satz 2 der Anspr auf Erstattung schon ausgeschlossen war (aus neuerer Zeit auch *LSG Bln-Bbg* Urte v 22.1.2009 – L 31 393/08 und 418/08, juris). Denn weder dem Wortlaut des § 120 Abs 2, noch dessen Entstehungsgeschichte (s. BT-Drucks 14/4375, 61) ist ein Anhaltspunkt dafür zu entnehmen, dass die auf eine verwaltungsökonomische Abwicklung noch anhängiger Erstattungsverfahren gerichtete Übergangsregelung materiellrechtliche Wirkung haben und ein Wiederaufleben bereits erloschener Kostenerstattungsansprüche bewirken sollte. Die systematische Stellung der Regelung in den Übergangsvorschriften spricht ebenfalls gegen eine konstitutive, nämlich den Anspruchsausschluss beseitigende Wirkung (*BVerwG* Urt v 10.4.2003 – 5 C 18/02, ZFSH/SGB 2003, 690; *BSG* Urt v 11.11.2003 – B 2 U 15/03 R, SozR 4-1300 § 111 Nr 1: verfassungskonforme Auslegung).

6 **Abs 4** verpflichtet die Sozialbeh zur zeitigen Umsetzung der europarechtlich motivierten Änderungen des Datenschutzrechts durch das Gesetz zur Änderung des BDSG und anderer G v 18.5.2001.

7 **Abs 5** erklärte die zivilrechtlichen Übergangsregelungen bei Einführung neuer Verjährungsvorschriften durch das Schuldrechtsmodernisierungsgesetz (vom 26.11.2001, BGBl I, 3138) für anwendbar (§ 116 Rz 9).

8 **Abs 6** angef durch Verwaltungsvereinfachungsgesetz (v 21.3.2005).

Art II § 40 des G v 18.8.1980 (BGBl I, 1469, ber 2218):

§ 40 Inkrafttreten, Außerkrafttreten

(1) Dieses Gesetz tritt am 1. Januar 1981 in Kraft, soweit in den Absätzen 2 bis 7 nichts anderes bestimmt ist. Mit dem Inkrafttreten treten alle entgegenstehenden oder gleichlautenden Vorschriften außer Kraft, insbesondere

1. die Verordnung über Geschäftsgang und Verfahren der Versicherungsämter in der im Bundesgesetzblatt Teil III, Gliederungsnummer 827-1, veröffentlichten bereinigten Fassung,

2. die Verfahrensordnung für die Ausschüsse der Angestelltenversicherung in der im Bundesgesetzblatt Teil III, Gliederungsnummer 827-2, veröffentlichten bereinigten Fassung,

  Breitkreuz

3. die Verordnung zu § 157 des Arbeitsförderungsgesetzes vom 23. Februar 1973 (BGBl I S 133), zuletzt geändert durch die Zweite Verordnung vom 28. Juli 1975 (BGBl I S 2084).

(2) Artikel I §§ 44 bis 49 ist erstmals anzuwenden, wenn nach dem 31. Dezember 1980 ein Verwaltungsakt aufgehoben wird. Dies gilt auch dann, wenn der aufzuhebende Verwaltungsakt vor dem 1. Januar 1981 erlassen worden ist. Ausgenommen sind jedoch solche Verwaltungsakte in der Sozialversicherung, die bereits bestandskräftig waren und bei denen auch nach § 1744 der Reichsversicherungsordnung in der vor dem 1. Januar 1981 geltenden Fassung eine neue Prüfung nicht vorgenommen werden konnte.

(3) Artikel II § 4 Nr 12, 14 und 15 tritt mit Wirkung vom 1. November 1977 in Kraft.

(4) Artikel II § 4 Nr 18 bis 23 sowie die Streichung der §§ 815, 820, 821, 823, 824, 826 und 827 der Reichsversicherungsordnung treten mit Beginn des vierten auf die Verkündung folgenden Kalenderjahres in Kraft.

(5) Artikel II § 28 Nr 4 tritt am Tage nach der Verkündung in Kraft.

(6) Artikel II § 12 Nr 1 tritt mit Wirkung vom 1. Juli 1978, Artikel II § 29 Nr 1 und die Streichung des § 1569b der Reichsversicherungsordnung treten mit Wirkung vom 1. Juli 1977 in Kraft.

(7) Artikel II § 34 Nr 3 tritt mit Wirkung vom 1. Juli 1979 in Kraft. Artikel II § 34 Nr 4 gilt nur für die Fälle, in denen Ausgleichsleistungen erstmals für Zeiten nach dem 30. Juni 1980 bewilligt werden.

Art II § 25 des G v 4.11.1982 (BGBl I, 1450):

§ 25 Inkrafttreten

(1) Dieses Gesetz tritt mit Ausnahme der in den Absätzen 2 bis 4 genannten Bestimmungen am 1. Juli 1983 in Kraft.

(2) Artikel II § 14 Nr 5 und 7 tritt mit Wirkung vom 1. Januar 1982 in Kraft.

(3) Artikel II § 14 Nr 3 und 6 und Artikel II § 16 treten am ersten Tage des zweiten auf die Verkündung folgenden Monats in Kraft.

(4) Artikel II § 3 Nr 15, Artikel II § 5 Nr 5, Artikel II § 6 Nr 4 und Artikel II § 10 Nr 3 treten am 1. Januar 1983 in Kraft.

(5) Die Vorschriften des Artikels I §§ 88 bis 94 gelten auch für bereits bestehende Auftragsverhältnisse und Arbeitsgemeinschaften zur gemeinsamen Wahrnehmung von Aufgaben zur Eingliederung Behinderter.

(6) Die Arbeitsgemeinschaft für Krebsbekämpfung der Träger der gesetzlichen Kranken- und Rentenversicherung im Lande Nordrhein-Westfalen, die Rheinische Arbeitsgemeinschaft zur Rehabilitation Suchtkranker, die Arbeitsgemeinschaft zur Rehabilitation Suchtkranker im Lande Hessen sowie die Arbeitsgemeinschaft für Heimdialyse im Lande Hessen sind berechtigt, Verwaltungsakte zu erlassen zur Erfüllung der Aufgaben, die ihnen am 1. Juli 1981 übertragen waren.

Anhang Gerichtsverfahren

Literatur:

Bienert: Die Klagerücknahme nach § 102 II des Sozialgerichtsgesetzes, NZS 2009, 554; *Burkiczak*: Die Änderungen des Sozialgerichtsgesetzes im Jahre 2008, ZFSH/SGB 2008, 323; *Franke*: Die Änderungen des Sozialgerichtsgesetzes ab dem 1. April 2008 und deren Auswirkungen auf die anwaltliche Praxis, ASR 2008, 127; *Herold-Tews*: Der Sozialgerichtsprozess, 6. Aufl 2012; *Krasney*: Das sozialgerichtliche Verfahren, SGb 1999, 105; *Krasney/Udsching*: Handbuch des sozialgerichtlichen Verfahrens, 6. Aufl 2011; *Krodel*: Der sozialgerichtliche einstweilige Rechtsschutz in Anfechtungssachen, NZS 2002, 234; *Krodel*: Die neue Regelung des sozialgerichtlichen Rechtsschutzes in Vornahmesachen, NZS 2002, 180; *Krodel*: Die Begründetheit des Antrages auf Erlass einer einstweiligen Anordnung, NZS 2002, 234; *Krodel*: Das sozialgerichtliche Eilverfahren, 3. Aufl 2011; *Kummer*: Das sozialgerichtliche Verfahren, 2. Aufl 2004; *Kummer*: Die Rüge von Verfahrensfehlern nach dem Sozialgerichtsgesetz, NJW 1989, 1569; *Kummer*: Das neue Zustellungsrecht, SGb 2002, 413; Kummer: Die Nichtzulassungsbeschwerde, 2. Aufl 2009; *Plagemann*: Münchener Anwaltshandbuch, Sozialrecht, 4. Aufl 2013; *Schneider*: Die Vollstreckung sozialgerichtlicher Urteile gegen die Jobcenter (gemeinsame Einrichtungen), info also 2012, 243; *Steinbach, Tabbara*: Die Neuregelung des Rechtsberatungsrechts und seine Auswirkungen auf das sozialgerichtliche Verfahren, NZS 2008, 575; *Wenner/Terdenge/Krauß*: Grundzüge der Sozialgerichtsbarkeit, 3. Aufl 2005.

     Timme

1. Vorbemerkung

Das Sozialrecht in seiner Ausbildung durch das Recht des Sozialgesetzbuches   1
soll nach § 1 Abs 1 SGB I zur Verwirklichung sozialer Gerechtigkeit und sozialer Sicherheit Sozialleistungen einschließlich sozialer und erzieherischer Hilfen
gestalten. Zu diesem Zweck bestimmen die einzelnen Sozialgesetzbücher Leistungsansprüche gegenüber den öffentlichen Trägern, die sozialen Rechte (§ 2
SGB I). Aus ihnen können nach § 2 Abs 1 SGB I Ansprüche nur insoweit geltend gemacht oder hergeleitet werden, als deren Voraussetzungen und Inhalt
durch die Vorschriften der besonderen Teile dieses Gesetzbuchs im Einzelnen
bestimmt sind. Nach Abs 2 Hs 1 sind die nachfolgenden sozialen Rechte bei der
Auslegung der Vorschriften dieses Gesetzbuchs und bei der Ausübung von Ermessen zu beachten; dabei ist nach Hs 2 sicherzustellen, dass die sozialen Rechte möglichst weitgehend verwirklicht werden. Als Leistungsarten kommen dabei Dienst-, Sach- und Geldleistungen in Betracht (§ 11 SGB I), die in den
§§ 18-29 SGB I in Form einer Übersicht und in den einzelnen Gesetzbüchern
konkret mit Voraussetzungen und Inhalt geregelt sind.

Auf die Sozialleistungen besteht ein Anspruch (§ 38 SGB I) bzw bei sog Ermes-   2
sensleistungen ein Anspruch auf pflichtgemäße Ausübung des Ermessens (§ 39
Abs 1 Satz 2 SGB I). Der Anspruch entsteht, sobald die im Gesetz oder aufgrund eines Gesetzes bestimmten Voraussetzungen vorliegen (§ 40 Abs 1
SGB I). Grundsätzlich werden sie damit auch fällig (§ 41 SGB I). Da anspruchsbegründende Rechtsnormen abstrakt, dh losgelöst vom Einzelfall, sind, bedarf
es in jedem Fall bei Geltendmachung eines Anspruchs der Prüfung, ob die ihn
begründenden Voraussetzungen im jeweiligen Fall erfüllt und welche konkreten
Leistungen zu erbringen sind. Dazu sind die Tatsachen zusammenzutragen (zB
bei Anspruch auf Altersrente nach § 35 SGB VI das Alter des Antragstellers und

die Erfüllung der in den §§ 50 ff SGB VI näher geregelten allgemeinen Wartezeit) und mit der Rechtslage in Einklang zu bringen.

3 Diese Prüfung erfolgt zunächst durch die in den §§ 18 ff SGB I genannten öffentlich-rechtlichen Leistungsträgern in eigener Zuständigkeit (§ 12 SGB I). Wie dies im Einzelnen zu erfolgen hat, bestimmen die Vorschriften des SGB X ua in Ausgestaltung des in Art 20 GG verbindlich vorgeschriebenen Rechtsstaatsprinzips.

4 Der Bürger hat jedoch nicht nur Anspruch auf ein rechtsstaatlich durchzuführendes Verwaltungsverfahren. Art 19 Abs 4 GG bestimmt darüber hinaus, dass jedermann Anspruch auf Überprüfung von Entscheidungen der öffentlichen Gewalt – hier die Leistungsträger – durch unabhängige Gerichte hat. Wie das **Gerichtsverfahren**, grundsätzlich im Anschluss an das Verwaltungsverfahren (Ausnahme von dem Vorrang des Verwaltungsverfahrens zB im Rahmen der Untätigkeitsklage nach § 88 SGG oder im Rahmen vorläufigen Rechtsschutzes), durchzuführen ist, **regelt** das **SGG**.

5 Rechtsstreitigkeiten über Leistungsansprüche der Versicherten der Sozialversicherung wurden bis 1945 von den Versicherungsbehörden, den Versicherungsämtern, den Oberversicherungsämtern und dem Reichsversicherungsamt als oberster Instanz entschieden. Versicherungs- und Oberversicherungsämter nahmen alsbald nach Kriegsende ihre Tätigkeit wieder auf. Nicht so das Reichsversicherungsamt. Damit fehlte der Rspr in zunehmender Weise eine einheitliche Ausrichtung. Hinzu kam, dass die Versicherungs- und Oberversicherungsämter neben ihrer Spruchtätigkeit Verwaltungsaufgaben wahrnahmen; der in Art 20 Abs 2 GG angesprochene Grundsatz der Gewaltenteilung machte dies zumindest problematisch. Daraufhin wurde nach umfangreicher Vorarbeit das SGG vom 3.9.1953 (BGBl I, 1239) als rechtliche Grundlage für das sozialgerichtliche Verfahren beschlossen. Art 95 GG garantiert das BSG als oberste Instanz.

6 Soweit das SGG keine Bestimmungen über das sozialgerichtliche Verfahren enthält, greifen **ergänzend** die Vorschriften des **GVG** und der **ZPO** ein, wenn die grundsätzlichen Unterschiede der beiden Verfahrensarten dies nicht ausschließen (§ 202 SGG). Aber auch andere Gesetze können zur Ergänzung des SGG etwa im Rahmen einer Analogie herangezogen werden (zB die §§ 80, 123 VwGO des bis 2001 nicht ausreichend im SGG geregelten Verfahrens des einstweiligen Rechtsschutzes). In den Ländern sind darüber hinaus zahlreiche Ausführungsgesetze zum SGG ergangen.

7 Seit Inkrafttreten des SGG vor über 60 Jahren ist es zu zahlreichen Änderungen der Vorschriften gekommen. Die immer wieder beabsichtigte Vereinheitlichung des Prozessrechts zur Verwaltungs-, Finanz- und Sozialgerichtsbarkeit durch eine übergreifende Verwaltungsprozessordnung, welche VwGO, FGO und SGG ablösen sollte, ist zwar häufig versucht, aber nie durchgesetzt worden. In der vor einigen Jahren geführten Debatte über die Zusammenlegung der Fachgerichtsbarkeiten ua der Verwaltungs- mit der Sozialgerichtsbarkeit lebte auch die Diskussion über eine Vereinheitlichung der Prozessordnungen wieder auf. Die letzten wesentlichen Änderungen hatten die umfassende Einführung des obligatorischen Vorverfahrens (1990) und des Gerichtsbescheids (1993) zum Inhalt. Umfangreiche Änderungen erfolgten durch das weitestgehend ab 2.1.2002 geltende **6. SGG-ÄndG** vom 17.8.2001 (BGBl I, 2144) mit ua umfassenden Regelungen zum vorläufigen Rechtsschutz und teilweiser Einführung einer Gerichtskostenpflicht. Auch seit der Erstauflage dieses Kommentars in 2004 ist es zu umfassenden Neuerungen gekommen, und zwar die Einführung der Anhörungsrüge (§ 178 a) und mit dem 7. SGG-ÄndG vom 9.12.2004 (BGBl I, 3302)

die Erweiterung der Rechtswegzuständigkeit auf die Grundsicherung für Arbeitslose (SGB II) und Sozialhilfe (SGB XII) einschließlich der Leistungen für Asylbewerber (AsylBLG). Mit dem Gesetz vom 12.12.2007 (BGBl I, 2840) ist es zu Änderungen des § 73 über die Prozessvertretung gekommen. Durch die Gesetze vom 26.3.2008 (BGBl I, 444) und 15.12.2008 (BGBl I, 2436) hat der Gesetzgeber die bereits länger geplante Einführung von erstinstanzlichen Zuständigkeiten der LSG (bzw bestimmter LSG) eingeführt (ua Schiedsstellenverfahren, Vergabeverfahren [der für diese Verfahren eingeführte § 142 a SGG wurde durch das AMNOG v 22.12.2010, BGBl I, 2262, wieder aufgehoben], Gesundheitsfonds). Außerdem sind seit 2008 eine Vielzahl weiterer Vorschriften im SGG geändert bzw neu eingeführt worden, so zB die Rücknahmefiktion in § 102 Abs 2 (ergänzt ab 2012 um die Rücknahmefiktion der Berufung in § 156 Abs 2 SGG), die Präklusionsregelungen in §§ 106 a und 157 a, die Einführung von Musterverfahren in § 114 a, der Verzicht auf Rechtsmittel in § 136 Abs 4, Erhöhung der Berufungssummen in § 144 Abs 1, Einschränkungen der Beschwerde in § 172, Auferlegung von Kosten auf Behörden in § 192 Abs 4, Rechtsschutz bei überlanger Verfahrensdauer nach § 198 GVG, der über § 202 SGG auch auf das sozialgerichtliche Verfahren Anwendung findet, ein Normenkontrollverfahren und die Möglichkeit der Videoübertragung im Rahmen der mündlichen Verhandlung.

Die anschließenden Erläuterungen lehnen sich in ihrem Aufbau weitestgehend **8** an dem des SGG selbst an. Das **SGG** gliedert sich grob in **drei Teile**, die Gerichtsverfassung mit Regelungen über die Besetzung der Spruchkörper, den Rechtsweg und die Zuständigkeiten (1. Teil), das Verfahren einschl. Rechtsmittel, Kosten und Vollstreckung (2. Teil) sowie Übergangs- und Schlussvorschriften (3. Teil).

2. Gerichtsverfassung

2.1. Gerichtsbarkeit

Die Sozialgerichtsbarkeit ist als **besondere Verwaltungsgerichtsbarkeit** (§ 1 **9** SGG) ein eigenständiger Gerichtszweig (vgl Art 95 GG) mit drei Instanzen (dreistufiger Aufbau), den SG, den LSG und dem BSG (§ 2 SGG). Aufgrund der Regelung in Art 95 GG hat sich auch in der Diskussion über die Zusammenlegung von Verwaltungs- und Sozialgerichtsbarkeit zutreffend die Auffassung durchgesetzt, dass dies nur durch eine Änderung dieser Vorschrift im Grundgesetz möglich ist.

In allen Instanzen setzen sich die Spruchkörper aus ehrenamtlichen Richtern **10** (stets 2, Ausnahme der Einzelrichter beim LSG nach § 155 Abs 3 SGG) und Berufsrichtern zusammen (§ 3 SGG), und zwar einem Berufsrichter bei den Kammern der SG (§ 12 SGG) und drei Berufsrichtern (darunter ein Vorsitzender) bei den LSG (§ 33 SGG) – Ausnahme der Berichterstatter im sog. kleinen Senat nach § 153 Abs 5, der zusammen mit den ehrenamtlichen Richtern entscheidet und § 155 Abs 3 (ein Berufsrichter) – und dem BSG (§§ 40 iVm 33 SGG). Diese Besetzung gilt aber nur für Entscheidungen, die in den mündlichen Verhandlungen getroffen werden. Bei Beschlüssen außerhalb der mündlichen Verhandlung und bei Gerichtsbescheiden wirken die ehrenamtlichen Richter nicht mit (§ 12 Abs 1 Satz 2 SGG).

Ihre **interne Organisation** sowie die Geschäftsverteilung regeln dabei die einzel- **11** nen Gerichte unter Einbeziehung der ehrenamtlichen Richter (Ausschuss, § 11 SGG) selbst (§ 6 SGG iVm §§ 21 a – i GVG).

12 In allen Instanzen besteht das „**Fachkammerprinzip**", dh es **sind** an den SG Kammern (LSG, BSG: Senate) für Angelegenheiten der Sozialversicherung (Kranken-, Renten-, Pflege- und Unfallversicherung), der Arbeitsförderung einschließlich der übrigen Aufgaben der Bundesagentur für Arbeit, Angelegenheiten der Grundsicherung für Arbeitsuchende, für Angelegenheiten der Sozialhilfe und des Asylbewerberleistungsgesetzes, des sozialen Entschädigungsrechts, des Schwerbehindertenrechts und des Vertragsarztrechts zu bilden (§§ 10, 31 und 40 SGG). Für Angelegenheiten der Knappschaftsversicherung einschließlich der Unfallversicherung für den Bergbau und für Verfahren bei den LSG wegen überlanger Gerichtsverfahren **können** eigene Kammern (Senate) gebildet werden (§§ 10 Abs 1 Satz 2, 31 Abs 1 Satz 2, 40 Satz 1 iVm § 31 Abs 1 Satz 2 SGG).

13 Der Bezirk einer Kammer kann auf die Bezirke anderer Sozialgerichte erstreckt werden (§ 10 Abs 3 SGG). Davon wird insbesondere im Vertragsarzt- und Knappschaftsrecht Gebrauch gemacht, um so ausreichend große Dezernate zu erhalten.

14 Mit der Erweiterung der Zuständigkeit der Sozialgerichtsbarkeit auf die Verfahren der Grundsicherung für Arbeitsuchende, der Sozialhilfe und des Asylbewerberleistungsgesetz durch das 7. SGGÄndG bestand gleichzeitig die Befürchtung einer Überlastung der Sozialgerichtsbarkeit durch die Zunahme der Verfahren. Um dem entgegen zu wirken räumte der Gesetzgeber den Ländern in einem von vornherein zeitlich bis zum 31.12.2008 begrenztem § 50 a SGG die Möglichkeit ein, an den Verwaltungs- und Oberverwaltungsgerichten besondere Spruchkörper für diese Verfahren für eine Übergangszeit einzurichten. Von dieser Option hatten außer Bremen die Länder keinen Gebrauch gemacht, da ausreichend Richter von den anderen Gerichtsbarkeiten, insbesondere von der Verwaltungsgerichtsbarkeit, zur Sozialgerichtsbarkeit wechselten und der auch die Gerichtsbarkeiten insgesamt betreffende höhere Bedarf zur Stellenvermehrung führte.

15 Während SG und LSG als Spruchkörper allein die eingerichteten Fachkammern (Fachsenate) haben, ist darüber hinaus beim BSG ein **Großer Senat** zu bilden, um so die Einheitlichkeit der Rspr zu wahren (§ 41 SGG). Das Gesetz zur Wahrung der Einheitlichkeit der Rspr der obersten Gerichtshöfe des Bundes (BGH, BAG, BFH, BSG und BVerwG) vom 19.6.1968 (BGBl I, 661) sieht darüber hinaus den **Gemeinsamen Senat** der obersten Gerichtshöfe des Bundes mit Sitz in Karlsruhe vor, der dann entscheidet, wenn ein oberster Gerichtshof in einer Rechtsfrage von der Entscheidung eines anderen obersten Gerichtshofes oder des Gemeinsamen Senats abweichen will. Er setzt sich aus Richtern der obersten Gerichtshöfe zusammen.

2.2. Richteramt

2.2.1. Berufsrichter

16 Die Berufsrichter werden gem § 11 SGG und nach Maßgabe des Landesrechts nach Beratung mit einem für den Bezirk des LSG zu bildenden Ausschuss auf Lebenszeit ernannt. Für die Richter des BSG gelten die Vorschriften des Richterwahlgesetzes (§ 38 Abs 2 Satz 3 SGG). Das Vorschlagsrecht für diese Richter hat der Bundesminister für Arbeit und Soziales (§ 38 Abs 2 Satz 4 SGG iVm § 1 Abs 1 RiWG idF der Achten Zuständigkeitsanpassungsverordnung vom 25.11.2003, BGBl I, 2003 Teil I, 2304) und die Mitglieder des Richterwahlausschusses (§ 10 Abs 1 RiWG). Die Wahl erfolgt durch den Richterwahlausschuss, der aus den zuständigen Länderministern und aus der gleichen Zahl von Personen besteht, die vom Deutschen Bundestag gewählt werden (§ 2 RiWahlG). Die Berufung erfolgt durch den zuständigen Bundesminister und den Richterwahlausschuss gemeinsam (§ 1 Abs 1 RiWahlG), die Ernennung erfolgt durch den Bundespräsidenten (Art 60 Abs 1 GG).

Die Voraussetzungen für die Ernennung zum Richter sind in § 9 des DRiG genannt (Deutscher, Eintreten für freiheitliche demokratische Grundordnung, Befähigung zum Richteramt). Der **beratende Ausschuss** ist eine Besonderheit der Sozial-(dort § 11 SGG) und der Arbeitsgerichtsbarkeit (dort § 18 ArbGG). Er hat allerdings **nur beratende**, nicht entscheidende **Funktion**. Die zuständige Behörde ist nicht an sein Votum gebunden. Seine Beteiligung beschränkt sich auf die Ernennung der Richter auf Lebenszeit. Hinsichtlich der **Besetzung** des Ausschusses schreibt das SGG in § 11 Abs 2 nur vor, dass ihm in angemessenem Verhältnis Vertreter der Versicherten, der Arbeitgeber, der Versorgungsberechtigten und der mit dem sozialen Entschädigungsrecht oder der Teilhabe behinderter Menschen vertrauten Personen sowie der Sozialgerichtsbarkeit angehören soll.

17

2.2.2. Ehrenamtliche Richter

Innerhalb der Fachkammern/-senate werden **bestimmte ehrenamtliche Richter** je nach Art des „Fachs" eingesetzt. In den Kammern/Senaten für Angelegenheiten der **Sozialversicherung**, der **Grundsicherung für Arbeitsuchende** einschl der Streitigkeiten aufgrund des § 6 a BKGG und der **Arbeitsförderung** gehören je ein ehrenamtlicher Richter dem Kreis der Versicherten und der Arbeitgeber an (§ 12 Abs 2 SGG). In den Kammern für Angelegenheiten des **Vertragsarztrechts** (ehemals Kassenarztrecht) wirken je ein ehrenamtlicher Richter aus dem Kreis der Krankenkassen und der Vertragsärzte, Vertragszahnärzte oder Psychotherapeuten mit (§ 12 Abs 3 Satz 1 SGG), zB bei Wirtschaftlichkeitsprüfungen. In Angelegenheiten der Vertragsärzte, Vertragszahnärzte oder Psychotherapeuten wirken als ehrenamtliche Richter nur Vertragsärzte (Vertragszahnärzte) oder Psychotherapeuten mit (§ 12 Abs 3 Satz 2 SGG), zB bei Disziplinarverfahren. In den Kammern für Angelegenheiten des **sozialen Entschädigungsrechts** und des **Schwerbehindertenrechts** wirken je ein ehrenamtlicher Richter aus dem Kreis der mit dem sozialen Entschädigungsrecht oder dem Recht der Teilhabe behinderter Menschen vertrauten Personen und dem Kreis der Versorgungsberechtigten, der behinderten Menschen iSd SGB IX und der Versicherten mit; dabei sollen die Hinterbliebenen von Versorgungsberechtigten in angemessener Zahl beteiligt werden (§ 12 Abs 4 letzter Hs SGG). In den Kammern für Angelegenheiten der Sozialhilfe und des Asylbewerberleistungsgesetzes wirken ehrenamtliche Richter aus den Vorschlagslisten der Kreise und kreisfreien Städte mit (§ 12 Abs 5 SGG).

18

Die Vorschriften des § 12 Abs 2-5 SGG sind **zwingend**. Im Falle ihrer **Verletzung** ist das Gericht bei einer Entscheidung nicht ordnungsgemäß besetzt, es liegt ein **wesentlicher Verfahrensmangel** vor, der die Entscheidung aufhebbar macht (§§ 144 Abs 2 Nr 3, 160 Abs 2 Nr 3 SGG – *BSG* 13.7.1977 – 3 RK 84/76, SozR 1500 § 31 Nr 1). Auch die Wiederaufnahme des Verfahrens wäre zulässig (§ 179 Abs 1 SGG iVm § 579 Abs 1 Nr 1 ZPO).

19

Die **Berufung** der ehrenamtlichen Richter bei **SG** und **LSG** erfolgt durch die Landesregierung oder durch die von ihr beauftragte Stelle. Sie wird anhand von Vorschlagslisten ausgesprochen. Näheres hierüber ist in § 14 SGG geregelt. Dabei kommt den Verbänden (zB Gewerkschaften, Arbeitgebervereinigungen, Ver-

20

einigungen, die sich mit der Beratung zum sozialen Entschädigungsrecht oder von behinderten Menschen befassen, Kassenärztlichen Vereinigungen) eine besondere Bedeutung zu, da sie, je nach Ausrichtung des Verbandes, die Aufstellung vornehmen. Die Berufung der ehrenamtlichen Richter beim **BSG** erfolgt durch das Bundesministerium für Arbeit und Soziales (§ 45 Abs 2 SGG).

21   Welche **Voraussetzungen** an den ehrenamtlichen Richter (insbesondere die Arbeitgeber/Arbeitnehmer/Versicherte) gestellt werden, ist in den §§ 16 und 17 SGG näher geregelt. So können Sozialrichter aus den Kreisen der **Arbeitgeber** Personen sein, die regelmäßig mindestens einen versicherungspflichtigen Arbeitnehmer beschäftigen; ist ein Arbeitgeber zugleich Versicherter oder bezieht er eine Rente aus eigener Versicherung, so begründet die Beschäftigung einer Hausgehilfin oder Hausangestellten nicht die Arbeitgebereigenschaft iS dieser Vorschrift (§ 16 Abs 4 Nr 1 SGG). Bei Betrieben einer juristischen Person oder einer Personengesamtheit können ehrenamtliche Richter Personen sein, die kraft Gesetzes, Satzung oder Gesellschaftsvertrag allein oder als Mitglied des Vertretungsorgans zur Vertretung der juristischen Person oder der Personengesamtheit berufen sind (§ 16 Abs 4 Nr 2 SGG). Nr 3-5 ergänzen den Kreis der Arbeitgeber. Für das **BSG** übernimmt § 47 SGG zum überwiegenden Teil diese Regelungen.

22   Die Berufung der ehrenamtlichen Richter erfolgt grundsätzlich für 5 **Jahre** (§§ 13 Abs 1, 45 Abs 2 SGG) mit der Möglichkeit der Verlängerung. **Ablehnen** kann das Amt des ehrenamtlichen Richters (nur) aus den **besonderen Gründen** des § 18 Abs 1 SGG, wer (alternativ)

- die Regelaltersgrenze nach dem SGB VI erreicht hat,
- in den 10 der Berufung vorhergehenden Jahren als ehrenamtlicher Richter bei einem Gericht der Sozialgerichtsbarkeit tätig gewesen ist,
- durch ehrenamtliche Tätigkeit für die Allgemeinheit so in Anspruch genommen ist, dass ihm die Übernahme des Ehrenamtes nicht zugemutet werden kann,
- durch gesundheitliche Gründe verhindert ist, das Amt ordnungsgemäß auszuüben
- glaubhaft macht, dass wichtige Gründe ihm die Ausübung des Amtes in besonderem Maße erschweren.

23   Die Amtsenthebung (aufgrund grober Amtspflichtverletzung) und Amtsentbindung regelt § 22 SGG. Diese Vorschrift ist durch das 6. SGG ÄndG umfassend geändert worden. So besteht nach der Neufassung (des Abs 1 Satz 3) bei Wegfall einer der in § 16 SGG genannten Voraussetzungen (zB Arbeitgebereigenschaft durch Pensionierung) nicht mehr die Verpflichtung des Gerichts zur Amtsentbindung. Die Entscheidung nach § 22 SGG trifft die (der) vom Präsidium dafür bestimmte Kammer (Senat), Abs 2.

24   Ebenso wie die Berufsrichter sind auch die ehrenamtlichen Richter **unabhängig**. Ihre **Stimmen** haben das **gleiche Gewicht** wie das der Berufsrichter.

2.3. Rechtsweg

2.3.1. Öffentlich-rechtliche Streitigkeit

25   Der Rechtsweg zu den Gerichten der Sozialgerichtsbarkeit als einer besonderen Verwaltungsgerichtsbarkeit setzt zunächst eine öffentlich-rechtliche Streitigkeit nicht verfassungsrechtlicher Art voraus (zur privaten Pflegeversicherung vgl unten Rz 27). Eine solche liegt idR vor, wenn sie aus Rechtsbeziehungen erwachsen ist, die öffentliche Aufgaben regeln oder wenn ein Hoheitsträger aufgrund

besonderer, speziell ihn berechtigender oder verpflichtender Rechtsvorschriften beteiligt ist (*BSG* 14.1.1981 – 3 RK 28/80, BSGE 51, 108). Auch **öffentlichrechtliche Verträge** können öffentlich-rechtliche Rechtsbeziehungen begründen, ändern oder aufheben (vgl §§ 53-61 SGB X) und damit den Rechtsweg zu den Gerichten der Sozialgerichtsbarkeit begründen.

Neben der Voraussetzung der öffentlich-rechtlichen Streitigkeit, die allein für sich nach § 40 Abs 1 VwGO den Rechtsweg zu den Verwaltungsgerichten begründet, eröffnet § 51 SGG den Rechtsweg zu den Gerichten der Sozialgerichtsbarkeit, und zwar in seinem Abs 1 grundsätzlich ua in Angelegenheit der **gesetzlichen Rentenversicherung, gesetzlichen Krankenversicherung, sozialen und privaten Pflegeversicherung, gesetzlichen Unfallversicherung,** der **Arbeitsförderung** und der **übrigen Aufgaben der BA,** der **Angelegenheiten der Grundsicherung für Arbeitsuchende,** des **sozialen Entschädigungsrechts,** der **Sozialhilfe,** des **Schwerbehindertenrechts** und in Abs 2 auch für bestimmte **privatrechtliche Streitigkeiten** in Angelegenheiten der Zulassung von Trägern und Maßnahmen durch fachkundige Stellen nach dem Fünften Kapitel des SGB III und in Angelegenheiten der gesetzlichen Krankenversicherung, auch soweit durch diese Angelegenheiten Dritte betroffen werden. Dies gilt auch für die soziale Pflegeversicherung und die private Pflegeversicherung (SGB XI) entsprechend. **26**

2.3.2. Angelegenheiten nach § 51 SGG

Erfasst werden alle Maßnahmen öffentlich-rechtlicher Art, die auf den genannten Gebieten getroffen werden, und zwar nicht nur VA, sondern auch ua Leistungsansprüche der Versicherungsträger untereinander oder Auskunftsansprüche. Nachdem dies zunächst streitig war, regelt § 51 Abs 1 Nr 2 SGG nunmehr eindeutig auch die Zuständigkeit der Sozialgerichte für Streitigkeiten in der Pflegeversicherung zwischen Versicherten und **privaten Pflegeversicherungsunternehmen.** § 51 Abs 1 Nr 2 bezieht sich auf den **gesamten Bereich des Leistungs- und Leistungserbringungsrechts des SGB XI** einschließlich Versorgungsverträge nach § 77 SGB XI (*Groß* in Hk-SGG § 51 Rz 8; *Keller* in Meyer-Ladewig/Keller/Leitherer SGG § 51 Rz 26, 27 mwN). Beitragsansprüche von Unternehmen der privaten Pflegeversicherung nach dem SGB XI können nach den Vorschriften der ZPO in **Mahnverfahren** vor dem Amtsgericht geltend gemacht werden (§ 182 a SGG; vgl hierzu auch: *Waschull* in Krauskopf SGB XI § 110 Rz 76 ff). **27**

Angelegenheiten der Arbeitsförderung sind etwa Rechtsstreitigkeiten in der Arbeitsvermittlung, Fördermaßnahmen nach dem SGB III, hauptsächlich jedoch das Leistungsrecht mit den Ansprüchen aus der Arbeitslosenversicherung wie Alg, InsG etc. Aber auch für die Klage eines Arbeitnehmers gegen den Arbeitgeber auf Erteilung oder Berichtigung einer Bescheinigung nach § 312 SGB III, auf der der Arbeitgeber bei Beendigung eines Beschäftigungsverhältnisses der AA gegenüber alle Tatsachen zu bescheinigen hat, die für die Entscheidung über den Anspruch auf Alg erheblich sind, ist der Sozialrechtsweg gegeben (*BSG* 12.12.1990 – 11 RAr 43/88, NJW 1991, 2101; aA *BAG* 15.1.1992 – 5 AZR 15/91, DB 1992, 2199). Gleiches gilt für den Schadensersatzanspruch der BA gegen Arbeitgeber wegen unrichtiger Bescheinigungen (*BSG* 12.2.1980 – 7 RAr 26/79, BSGE 49, 291). **28**

Angelegenheiten aufgrund des **Aufwendungsausgleichgesetzes** (§ 51 Abs 1 Nr 8) sind die – selten streitigen – Fälle, die den Ausgleich der Arbeitgeberaufwendungen für Entgeltfortzahlungen zum Gegenstand haben. **29**

30 § 51 **Abs 2 SGG** enthält Sonderregeln für die Arbeitslosen- (eingeschränkt), Kranken- und Pflegeversicherung. Sie fassen die privat-rechtlichen Streitigkeiten zusammen, für die die Sozialgerichtsbarkeit zuständig ist. Dabei erfasst die Vorschrift auch die privatrechtlichen Streitigkeiten zwischen den bei privaten Pflegeversicherungsunternehmen Pflichtversicherten und diesen Unternehmen sowie Streitigkeiten zwischen Leistungsträgern und Trägern der Pflegeversicherung und deren Verbände. Der ab 2011 geltende **Abs 3** bestimmt, dass für alle Streitigkeiten in Verfahren nach dem **GWB**, die Rechtsbeziehungen nach § 69 SGB V betreffen (Beziehungen der Krankenkassen zu den Leistungserbringern), die Sozialgerichte nicht (mehr) zuständig sind. Unerheblich dabei ist, ob es neben den originär wettbewerbsrechtlichen Fragen auch um Fragen aus dem SGB V geht (*Gutzeit* in Roos/Wahrendorf SGG § 51 Rz 47).

31 Besonders **zugewiesene Angelegenheiten** nach § 51 Abs 1 Nr 10 SGG sind ua Streitigkeiten aus dem Bereich des AAÜG, BKGG, BEEG, OEG, SVG, HHG, ZDG, EhfG, BSeuchG, BEG, SED-UnBerG.

2.3.3. Entscheidungen über Rechtsweg und übrige Zuständigkeit

32 **Die Zulässigkeit des Rechtsweges ist eine Prozessvoraussetzung und von den Eingangsgerichten von Amts wegen** zu prüfen (*BSG* 26.7.1956 – 2 RU 35/55, BSGE 3, 180). Hat ein Gericht den zu ihm beschrittenen Rechtsweg rechtskräftig für zulässig erklärt (**Tenorierung:** Das SG XY ist zuständig) oder seine örtliche oder sachliche Zuständigkeit bejaht, was auch stillschweigend durch Entscheidung in der Sache geschehen kann, sind andere Gerichte an diese Entscheidungen gebunden (§ 202 SGG bzw bei sachlicher oder örtlicher Zuständigkeit § 98 Satz 1 SGG iVm § 17 a Abs 1 GVG). Dies gilt grundsätzlich auch dann, wenn die Entscheidung offensichtlich falsch ist. Gebunden ist auch das Rechtsmittelgericht, das nicht prüft, ob der beschrittene Rechtsweg zulässig ist (§ 17 a Abs 5 GVG). Das geht nach der Rspr von *BSG* (20.5.2003 – B 1 KR 7/03 R, SozR 4-1720 § 17 a Nr 1) und *BAG* (14.12.1998 – 5 AS 8/98, NZA 1999, 390) sogar so weit, dass sich entgegen Art 34 Satz 3 GG die Prüfungskompetenz auf Schadensersatzansprüche wegen Amtspflichtverletzung erstreckt, wenn das SG unzulässigerweise hierüber entschieden hat.

33 Hält das SG hingegen den beschrittenen **Rechtsweg** für **unzulässig** oder sich aus anderen Gründen für unzuständig, spricht es dies nach Anhörung der Beteiligten von Amts wegen aus und verweist den Rechtsstreit an das seiner Meinung nach zuständige Gericht (**Tenorierung:** Das SG XY ist unzuständig und verweist den Rechtstreit an das örtlich zuständige SG XX), ohne dass es hierfür eines Antrags bedarf (§ 202 SGG bzw § 98 SGG iVm § 17 a Abs 2 Satz 1 GVG). Der entsprechende Verweisungsbeschluss ist für das Gericht, an das verwiesen wird, bindend (§ 98 Satz 2 SGG, § 17 a Abs 2 Satz 3 GVG, zu Ausnahmen vgl Rz 34).

34 Gegen den Beschluss, mit dem das SG über die Zuständigkeit oder Unzuständigkeit mit Verweisung entscheidet, ist nach § 98 Satz 2 SGG **keine Beschwerde** gegeben. Allerdings findet diese Vorschrift lediglich bei sachlicher (einschließlich funktionaler [instanzieller] *SchlHLSG* 24.3.2014 – L 5 R 25/14 ER, nv; *LSG Bln-Bbg* 15.3.2006 – L 1 B 77/06 KR ER, nv) und örtlicher Unzuständigkeit (s Rz 32) Anwendung, nicht jedoch bei Rechtswegverweisungen (*SchlHLSG* 1.9.1993 – L 1 Sb 26/93; *Groß* in Hk-SGG, § 51 Rz 23). In den Fällen sind entsprechende Beschlüsse/Verweisungsbeschlüsse mit der Beschwerde nach § 17 a Abs 4 Satz 3 GVG anfechtbar (*Keller* in Meyer-Ladewig/Keller/Leitherer SGG § 51 Rz 55). Über die Beschwerde entscheidet das LSG. Es kann gemäß § 17a Abs 4 Satz 4 GVG wegen grundsätzlicher Bedeutung oder Divergenz die weitere Beschwerde zum BSG zulassen. Hat das verweisende Gericht eine Zuständigkeitsregelung offensichtlich übersehen, kann nach *BAG* (31.1.1994 – 5 AS 23/93, NZA 1994, 959), *LSG Nds* 14.8.1998 – L 4 SF 6/98, Breith 1998, 958) und *SchlHLSG* (23.6.2009 – L 5 SF 24/09 SA, nv) eine Ausnahme von der Bindung anderer Gerichte bestehen, ebenso nach der Rspr des BFH, wenn der Verweisungsbeschluss unter Verstoß gegen den Grundsatz der fortdauernden Zuständigkeit eines einmal angerufenen Gerichts (sog perpetuatio fori) erfolgt (20.12.2004 – VI S 7/03, nv). Auch der Verweisungsbeschluss, der jeder rechtlichen Grundlage entbehrt, ist entgegen § 17a Abs 2 Satz 3 GVG für das Gericht, an das verwiesen wird, nicht bindend (*BVerfG* 17.3.1992 – 1 WB 80/98, Buchholz 300 § 17a GVG Nr 16). In diesen Ausnahmefällen wird den Beteiligten bei sachlicher und örtlicher Unzuständigkeit trotz der Regelung in § 98 Satz 2 SGG eine Beschwerdemöglichkeit eingeräumt (*Leitherer* in Meyer-Ladewig/Keller/Leitherer SGG § 51 Rz 69 mwN; *Roller* in Hk-SGG § 98 Rz 10; *Gutzeit* in Roos/Wahrendorf SGG § 98 Rz 25 ff). Aufgrund der Abweichung von der keine Ausnahmen zulassenden Gesetzeslage und dem Zweck des § 17a GVG, frühzeitig eine sichere Klärung der Zuständigkeit herbeizuführen, sollte eine Beschwerdemöglichkeit aber nur in extremen Ausnahmefällen gegeben sein (so zutreffend *Leitherer* in Meyer-Ladewig/Keller/Leitherer SGG § 51 Rz 69; *Tombrink* NJW 2003, 2364 ff).

Zuständigkeitsprobleme innerhalb der Sozialgerichtsbarkeit können in bestimmten Fällen durch Entscheidung des gemeinsamen nächst höheren Gerichts (zB LSG bei Streit zwischen SG eines Bundeslandes) gemäß § 58 **SGG** geklärt werden. Zur Anrufung des Gerichts sind die mit dem Rechtsstreit befassten Gerichte und jeder am Rechtsstreit Beteiligte befugt. Dass eine „verbindliche" Verweisung (§ 98 SGG) an ein SG erfolgte, steht einer Entscheidung nach § 58 (Abs 1 Nr 4) SGG nicht entgegen (*SchlHLSG* 8.9.2000 – L 1 SF 11/00 SA, nv).

35

2.4. Klagearten

2.4.1. Prozessvoraussetzungen

Der **Rechtsschutz** gegen Entscheidungen der öffentlich-rechtlichen Verwaltung in Verfahren, in denen die Sozialgerichte zuständig sind, wird **auf Klage** des Betroffenen hin gewährt. Rechtsschutz wird aber nicht uneingeschränkt in jedem Fall und jeder Person gewährt, wenn alle materiellen Voraussetzungen eines Anspruchs vorliegen; es bedarf darüber hinaus sog Prozess- oder besser: **Sachurteilsvoraussetzungen.** Besser, weil es sich bei diesen Voraussetzungen nicht um die Voraussetzung für die Durchführung eines Prozesses handelt, sondern um die Voraussetzungen für das Ergehen eines Urteils in der Sache (*Keller* in Meyer-Ladewig/Keller/Leitherer SGG Vor § 51 Rz 12). Die Sachurteilsvoraussetzungen können grob in allgemeine und besondere Sachurteilsvoraussetzungen, die sich auf das konkrete Verfahren beziehen, unterschieden werden. Ihr Vorliegen ist vom Gericht vorab **von Amts wegen zu prüfen.** Fehlt eine **Sachurteilsvoraussetzung,** darf keine Entscheidung in der Sache ergehen.

36

Zu den **allgemeinen Sachurteilsvoraussetzungen** gehört die bereits oben angesprochene **Zuständigkeit der Gerichte der Sozialgerichtsbarkeit** (§ 51). Darüber hinaus muss das einzelne vom Kläger angerufene SG **örtlich zuständig** sein. Näher bestimmt ist diese örtliche Zuständigkeit in § 57 SGG, und zwar alternativ nach dem Wohnsitz des Klägers oder – in Ermangelung dessen – seinem Aufenthaltsort sowie, wenn er in einem Beschäftigungsverhältnis steht, nach dem Ort

37

der Beschäftigung (Abs 1 Satz 1). Klagt eine Körperschaft oder Anstalt des öffentlichen Rechts, so ist der Sitz, Wohnsitz oder Aufenthaltsort der Beklagten
maßgebend, wenn diese eine natürliche oder juristische Person des Privatrechts
ist. Die nachfolgenden Absätze des § 57 SGG sowie die §§ 57 a-58 enthalten
Besonderheiten für den Einzelfall. § 59 SGG bestimmt, dass **Zuständigkeitsvereinbarungen** der Beteiligten keine rechtliche Wirkung haben. Für die Bestimmung des zuständigen Gerichts enthält § 98 SGG Sonderregeln (zur Entscheidung über die Zuständigkeit des Gerichts Rz 32). Die **Prozessführungsbefugnis,**
dh die prozessuale Berechtigung des Klägers, Ansprüche in eigenem Namen geltend zu machen, gehört ebenfalls zu den allgemeinen Sachurteilsvoraussetzungen. Auch muss der Kläger berechtigt sein, vor dem jeweiligen Gericht aufzutreten (**Postulationsfähigkeit**). So müssen sich etwa nach § 73 Abs 4 SGG Kläger vor dem BSG durch Prozessbevollmächtigte vertreten lassen, die die in dieser Vorschrift bestimmten Anforderungen erfüllen. Prozessbevollmächtigte
müssen eine schriftliche **Prozessvollmacht** aufweisen, die dem Gericht vorzulegen ist (§ 73 Abs 6 SGG). Sie kann allerdings nachgereicht werden. Darauf hat
das Gericht von Amts wegen zu achten. Anders als nach der Rechtslage
bis 30.6.2008 gilt dies nicht mehr für Rechtsanwälte. Wie für jeden Prozess
muss die sog **Prozessfähigkeit** des Klägers vorliegen, die im Einzelnen in § 71
SGG geregelt ist und sich eng an die im BGB (§§ 104 ff) geregelte Geschäftsfähigkeit anlehnt. Grundsätzlich prozessfähig sind damit alle natürlichen Personen über 18 Jahre. Für **Minderjährige** (7- bis 17jährige) sind insbesondere
§§ 71 Abs 2 SGG, 36 SGB I, 112, 113 BGB zu beachten.

38   Zu den **besonderen Sachurteilsvoraussetzungen** für die Klage gehört die Wahl
der **zulässigen Klageart** (vgl Rz 42 f), wobei hier eine Pflicht zur Hilfe durch das
Gericht im Rahmen des § 106 Abs 1 SGG – Stellung sachdienlicher Anträge –
und § 123 SGG – keine Bindung an die Anträge – besteht. In Zweifelsfällen
sind darüber hinaus die Gerichte verpflichtet, das Klagebegehren auszulegen
und dabei auf den **wirklichen Willen des Klägers** abzustellen (*BSG* 22.3.1988 –
8/5 a RKn 11/87, BSGE 63, 93; *BSG* 25.8.1993 – 13 RJ 772, BSGE 73, 56).
Das **Rechtsschutzbedürfnis** ist eine weitere Sachurteilsvoraussetzung. Es bestimmt, dass niemand die Gerichte unnütz oder gar unlauter in Anspruch nehmen oder ein gesetzlich vorgesehenes Verfahren zur Verfolgung zweckwidriger
Ziele benutzen darf (*BGH* 18.6.1990 – X ZB 2/70, BGHZ 54, 181; *Keller* in
Meyer-Ladewig/Keller/Leitherer SGG Vor § 51 Rz 16). Sanktionsmöglichkeiten
sieht § 192 SGG (Verschuldenskosten, vgl Rz 307 f) vor.

39   Für Anfechtungs- und Verpflichtungsklagen sind besondere Sachurteilsvoraussetzungen das Vorverfahren (§ 78 SGG) sowie die Klagebefugnis, dh die glaubhafte Behauptung, in einem Recht verletzt zu sein. Die Möglichkeit der Rechtsverletzung reicht bei der Zulässigkeitsprüfung einer Klage aus, da durch die behauptete Rechtsverletzung lediglich sog **Popularklagen**, dh Klagen, die (vermeintlich) allgemeine Interessen verfolgen, verhindert werden sollen.

40   Nach der konkreten Fallgestaltung bestimmt sich, mit welcher der in den
§§ 54, 55 SGG vorgesehenen **Klagearten** der Kläger sein Begehren verfolgen
kann/muss; daneben ist auch eine Kombination verschiedener Klagearten denkbar. Die Klagearten entsprechen weitgehend denen der VwGO (s §§ 42 ff). Dabei handelt es sich um die Anfechtungs-, Verpflichtungs-, Leistungs-/Verpflichtungs- und die Feststellungsklage. Eine umfassende Normenkontrollklage wie
in § 47 VwGO gibt es nach dem SGG nicht. Lediglich § 55 a SGG regelt seit
1.4.2011 ein **Normenkontrollverfahren** für unter dem Landesgesetz stehende
Rechtsvorschriften nach § 22 a Abs 1 SGB II. Ansonsten hat die Überprüfung

von Normen dadurch zu erfolgen, dass der Betroffene ein Anfechtungsverfahren gegen den auf die jeweilige Norm gestützten VA durchführt. Nach § 56 SGG können mehrere Klagebegehren vom Kläger in einer Klage verfolgt werden, wenn sie sich gegen denselben Beklagten richten, im Zusammenhang stehen und dasselbe Gericht zuständig ist (sog **objektive Klagehäufung**). Die Ansprüche können kumulativ aber auch über einen Hilfs- oder Eventualantrag verbunden werden. Eine sog **alternative Klagehäufung** ist hingegen **unzulässig**.

§ 100 SGG ermöglicht es dem Beklagten, im Klageverfahren eigene Ansprüche **41** in Form der **Widerklage** geltend zu machen, wenn diese mit dem in der Klage geltend gemachten Anspruch oder mit den gegen ihn vorgebrachten Verteidigungsmitteln zusammenhängt. Zulässig ist sie nur unter der Bedingung, dass der Hauptklage stattgegeben wird. Auch die Widerklage muss die allgemeinen Prozessvoraussetzungen erfüllen. Bei ihr handelt es sich im Übrigen um ein ausgesprochen seltenes Instrumentarium im sozialgerichtlichen Prozess.

2.4.2. Anfechtungsklage

Mit der (isolierten) Anfechtungsklage begehrt der Kläger die **Aufhebung oder** **42** **Abänderung eines VA**. Das Sozialversicherungsrecht wird allerdings im Wesentlichen durch Leistungsansprüche der Versicherten bestimmt, so dass Leistungsklagen in Verbindung mit Anfechtungsklagen (gegen den die Leistung ablehnenden Bescheid) dominieren. Mit der isolierten Anfechtungsklage kann allein ein belastender VA abgewehrt werden. Das sind häufig Fälle von Rückforderungen der Leistungsträger gegenüber den Versicherten bei überzahlten Leistungen nach den §§ 45, 48 iVm 50 SGB X. Hierzu gehören aber auch Zulassungsentziehungen oder Honorarkürzungen bei Leistungserbringern wie zB Vertragsärzten, Beitragsforderungen und die Einstellungsverfügung laufender Leistungen (Rente, Alg, Elg etc). In diesen Fällen erreicht der Kläger sein Ziel bereits allein mit der Anfechtungsklage, da nach gerichtlicher Aufhebung des belastenden VA der alte – gewünschte – Zustand (Rentenzahlung/Zulassung) wiederhergestellt ist.

Der **Antrag** im Rahmen einer Anfechtungsklage kann vor Gericht lauten: **43**

▶ Den Bescheid der Beklagten vom 2.11.2009 in der Gestalt des Widerspruchsbescheides vom 1.4.2010 aufzuheben. ◀

2.4.3. Verpflichtungsklage

Mit der Verpflichtungsklage als Sonderform der Leistungsklage erstrebt der **44** Kläger den **Erlass eines VA**. Da er grundsätzlich vorher den begehrten VA beantragt haben muss und ein Rechtsschutzbedürfnis nur besteht, wenn der begehrte VA von der Behörde nicht erlassen wurde, geht die Verpflichtungsklage gleichzeitig auf die Aufhebung der Ablehnung bzw Abänderung bei nur teilweiser Stattgabe des Ablehnungsbescheides. Auch die Verpflichtungsklage kommt im sozialgerichtlichen Verfahren nicht sehr häufig vor, da diese Klageart nur dann zulässig ist, wenn der Kläger – neben der Anfechtung des für rechtswidrig erachteten Bescheides – nicht unmittelbar auf Leistung klagen kann (Hdb SGG – *Udsching* IV Rz 16). Die Verpflichtungsklage kommt daher in Betracht, wenn der Kläger eine Ermessensleistung (zB Rehabilitationsmaßnahmen) begehrt (sog Bescheidungsklage) oder es um feststellende oder statusbegründende VA geht (Zulassung als Vertragsarzt oder anderer Leistungserbringer, Vormerkung von Versicherungszeiten).

45 Der **Antrag** kann wie folgt lauten:

▶ Den Bescheid der Beklagten vom 2.11.2009 in der Gestalt des Widerspruchsbescheides vom 1.4.2010 aufzuheben und die Beklagte zu verurteilen,

a) gerichtet auf bestimmten VA: den Kläger als Vertragsarzt zuzulassen,
b) gerichtet auf Neubescheidung/Ermessensausübung: den Kläger hinsichtlich der von ihm beantragten Rehabilitationsmaßnahme unter Beachtung der Rechtsauffassung des Gerichts neu zu bescheiden. ◀

2.4.4. Leistungsklage

46 § 54 Abs 5 SGG sieht die (sog echte bzw allgemeine bzw isolierte) Leistungsklage vor, mit der insbesondere Verwaltungsträger untereinander Ansprüche einklagen (zB Erstattungsansprüche nach den §§ 102 ff SGB X, häufig aber auch Krankenhausträger gegen Krankenkassen auf Zahlung von Behandlungskosten für einen Versicherten). Sie stehen nämlich, anders als im Verhältnis Bürger gegen Leistungsträger, grundsätzlich nicht in einem Über-/Unterordnungsverhältnis zueinander und können damit nicht ihre Ansprüche über VA einfordern.

47 Der **Antrag** kann wie folgt lauten:

▶ Die Beklagte zu verurteilen, 40.000,00 EUR nebst Zinsen in Höhe von 4 Prozentpunkten seit 20.1.2012 zu zahlen. ◀

48 Zu den Leistungsklagen gehört auch die **Unterlassungsklage** (zB auf Unterlassung wettbewerbswidrigen Verhaltens gegenüber anderen KK) einschließlich der **vorbeugenden Unterlassungsklage**. Letztere ist auf die Verhinderung zukünftigen Verwaltungshandelns gerichtet, setzt aber zusätzlich konkrete Anhaltspunkte dafür voraus, dass Rechtsverletzungen drohen, die auf andere Weise nicht abgewehrt werden können und nachträglicher Rechtsschutz nicht wirksam oder nicht zumutbar ist (*BSG* 13.1.1993 – 14a/6 RKa 67/91, BSGE 72, 15).

2.4.5. Kombinierte Anfechtungs- und Leistungsklage

49 Am häufigsten ist in der Sozialgerichtsbarkeit die in § 54 Abs 4 SGG vorgesehene Klage auf Aufhebung eines VA mit gleichzeitigem Leistungsverlangen. **Voraussetzung** für die Zulässigkeit ist ua, dass eine beantragte Leistung von einem Versicherungsträger **abgelehnt** wurde **und** auf die Leistung ein **Rechtsanspruch** besteht (was bei den meisten Leistungen der Fall ist, zB Alg, Renten, Krg). Ausgeschlossen ist dieses Klageverfahren in den Fällen, in denen die Gewährung der Leistung im Ermessen (Ausnahme: wenn das Ermessen auf Null reduziert ist) des Versicherungsträgers steht (Bsp: Rehabilitationsmaßnahmen). In dem Fall ist eine Verpflichtungs(bescheidungs)klage geboten (s Rz 44 f).

50 Der **Antrag** kann lauten:

▶ Den Bescheid vom 2.11.2009 in der Fassung des Widerspruchsbescheides vom 1.4.2010 aufzuheben und die Beklagte zu verurteilen, vom 7.1.2009 bis 31.3.2009 Krankengeld in Höhe von 4.500 Euro zu zahlen. ◀

2.4.6. Feststellungsklage

51 Auch das SGG sieht, wie andere Verfahrensordnungen, die Feststellungsklage vor (§ 55). Wenngleich eine eher seltene Klageart im sozialgerichtlichen Verfahren, stellen sich häufig Zulässigkeitsprobleme. Die Feststellungsklage ist auf das **Bestehen oder Nichtbestehen eines Rechtsverhältnisses** gerichtet (§ 55 Abs 1 Nr 1 SGG); gegebenenfalls auch auf Teile davon. Gegenüber anderen Klageformen besteht zwar grundsätzlich Subsidiarität, da diese im Hinblick auf ihre

Vollstreckbarkeit den effektiveren Rechtsschutz gewähren und nicht die besonderen Sachurteilsvoraussetzungen der Anfechtungs-Verpflichtungsklage (zB Durchführung des Vorverfahrens) unterlaufen werden sollen. Diese Subsidiarität relativiert sich aber vor dem Hintergrund, dass bei Feststellungsklagen gegen juristische Personen des öffentlichen Rechts davon auszugehen ist, dass die Beklagte sich grundsätzlich einem Feststellungsurteil beugen wird (vgl *BSG* 11.8.1992 – 1 RR 7/91, BSGE 71, 115; *Castendiek* in Hk-SGG § 55 Rz 21 mwN; *Keller* in Meyer-Ladewig/Keller/Leitherer SGG § 55 Rz 19 c mit einzelnen Ausnahmen). Hinzu kommt, dass mit der Feststellungsklage häufig ein weitergehender Rechtsschutz einklagbar ist, als etwa mit der Leistungsklage. Allerdings dürfen mit der Feststellungsklage nicht die zwingenden Vorschriften über das Erfordernis eines Vorverfahrens und die Klagefristen umgangen werden. Ggf hat der Kläger gegen belastende Bescheide Widerspruch oder Klage zu erheben, um sich nicht deren Bestandskraft entgegenhalten lassen zu müssen. Die Anfechtungsklage kann grundsätzlich mit einer Feststellungsklage zusammen erhoben werden (kombinierte Anfechtungs- und Feststellungsklage).

52 Weitere Zulässigkeitsvoraussetzung der Feststellungsklage ist das im letzten Hs des § 55 Abs 1 SGG geforderte Interesse an der baldigen Feststellung (sog **Feststellungsinteresse**) als Sonderfall des Rechtsschutzbedürfnisses. Dabei handelt es sich um **jedes nach der Sachlage vernünftigerweise gerechtfertigte Interesse, das rechtlicher, wirtschaftlicher oder ideeller Art sein kann** (*Keller* in Meyer-Ladewig/Keller/Leitherer SGG § 55 Rz 15 ff; *Castendiek* aaO § 55 Rz 26.

53 **Spezielle Arten** von Feststellungsklagen ohne wesentliche eigenständige Bedeutung, da von der Nr 1 regelmäßig erfasst, enthalten die Nr 2-4 von § 55 Abs 1 SGG. Nr 3, die auf die Feststellung, ob eine Gesundheitsstörung oder der Tod die Folge eines Arbeitsunfalls, einer Berufskrankheit oder einer Schädigung iS des Bundesversorgungsgesetzes gerichtet ist, erklärt einen besonderen Fall der **Elementenfeststellungsklage**, dh die grundsätzlich unzulässige Klage bezogen allein auf Teile eines Anspruchs, für zulässig.

54 In besonderen Einzelfällen kann auch die **vorbeugende Feststellungsklage** zulässig sein, wenn der Kläger in zumutbarer Weise nicht auf nachträglichen Rechtsschutz verwiesen werden kann, wenn insbesondere Rechtsnachteile drohen, die durch eine spätere Anfechtungsklage nicht ausgeräumt werden können oder wenn sonst ein nicht wieder gutzumachender Schaden droht (*BSG* 26.9.1991 – 4 RK 5/91, BSGE 69, 255). Das sind zB Fälle, in denen ein Vertragsarzt auf die Feststellung klagt, ob bestimmte Leistungen von ihm erbracht und abgerechnet werden dürfen, um damit sachlich rechnerischen Berichtigungen oder/und gegebenenfalls einem Disziplinarverfahren vorzubeugen.

55 Der **Antrag** kann für eine Feststellungsklage lauten:

▶ Festzustellen, dass der Kläger seit 1.1.2008 versicherungspflichtiges Mitglied der Beklagten (oder/und Beigeladenen) ist. ◀

Eine **Kombination** mit einem **Anfechtungsantrag** ist möglich (Rz 51).

2.4.7. Untätigkeitsklage

56 Ist ein Antrag auf Vornahme eines VA ohne zureichenden Grund in angemessener Frist sachlich nicht beschieden worden, ist die **Untätigkeitsklage** gemäß § 88 Abs 1 SGG nach **6 Monaten** zulässig; geht es um die Entscheidung über einen **Widerspruch**, nach **3 Monaten** (§ 88 Abs 2 SGG). Bei ihr handelt es sich um einen Rechtsbehelf gegenüber dem Sozialversicherungsträger, zügig zu entscheiden. Dies folgt ausdrücklich aus dem Wortlaut der Vorschrift, so dass die teilweise vertretene Auffassung (*LSG RhPf* 12.4.2000 – L 1 B 49/00, NZS 2000, 626; *LSG NRW* 20.3.2002 – L 10 B 29/01 SB, nv), eine **Untätigkeitsbeschwerde gegen** die Untätigkeit eines **Sozialgerichts** sei zulässig, vor dem Hintergrund einer fehlenden rechtlichen Grundlage nicht überzeugt. Das verfassungsrechtliche Gebot der Rechtsmittelklarheit erfordert, dass die Rechtsbehelfe in der geschriebenen Rechtsordnung geregelt werden und in ihren Voraussetzungen für den Bürger erkennbar sind. Das rechtsstaatliche Erfordernis der Messbarkeit und Vorhersehbarkeit staatlichen Handelns gebietet es, dem Rechtsuchenden den Weg zur Überprüfung gerichtlicher Entscheidungen klar vorzuzeichnen (Beschluss des Plenums des *BVerfG* vom 30.4.2003 – 1 PBvU 1/02, BVerfGE 107, 395, 416 mwN). Die rechtliche Ausgestaltung des Rechtsmittels soll dem Bürger die Prüfung ermöglichen, ob und unter welchen Voraussetzungen es zulässig ist, welche Ziele er erreichen kann und wie er vorgehen muss. Es verstößt deshalb gegen die verfassungsrechtlichen Anforderungen an die Rechtsmittelklarheit, wenn von der Rechtsprechung außerordentliche Rechtsbehelfe außerhalb des geschriebenen Rechts geschaffen werden, um tatsächliche oder vermeintliche Lücken im bisherigen Rechtsschutzsystem zu schließen (*BVerfG* 16.1.2007 – 1 BvR 2803/06, NJW 2007, 2538). Entsprechend geht der EGMR davon aus, dass eine richterrechtlich begründete außerordentliche Untätigkeitsbeschwerde kein wirksamer Rechtsbehelf gegen eine überlange Verfahrensdauer ist (*EGMR*, Große Kammer, 8.6.2006 – EuGRZ 2007, 255, NJW 2006, 2389). Daneben ist zu berücksichtigen, dass mit dem am 3.12.2011 in Kraft getretenen Gesetz über den Rechtsschutz bei überlangen Gerichtsverfahren und strafrechtlichen Ermittlungsverfahren vom 24.11.2011 (BGBl I, 2302) der Gesetzgeber das GVG geändert und mit diesem Gesetz die §§ 198 bis 201 GVG neu angefügt hat. In diesen Regelungen, die in der Sozialgerichtsbarkeit gemäß § 202 SGG entsprechend anzuwenden sind, wird eine Anspruchsgrundlage für die Geltendmachung eines Entschädigungsanspruchs wegen unangemessener Dauer eines Gerichtsverfahrens oder strafrechtlichen Ermittlungsverfahrens unter Normierung der tatbestandlichen Voraussetzungen geschaffen. Damit wird dem Gebot des effektiven Rechtsschutzes gegen eine überlange Verfahrensdauer hinreichend Rechnung getragen (*LSG Bln-Bbg* 10.4.2014 – L 25 AS 811/14 B ER, nv). Ob mit der **Untätigkeitsklage** direkt auf Leistungen oder bestimmte VA geklagt werden kann, ist umstritten (für Klage auf bestimmten VA, wenn Kläger darauf einen Rechtsanspruch hat, sog unechte Untätigkeitsklage: *BSG* 15.12.1994 – 4 RA 67/93, BSGE 75, 262 [4. Senat] unter Hinweis auf Wortlaut, Systematik, § 131 Abs 3 SGG und Zweck des § 88, effektiven Rechtsschutz zu gewähren; nur in bestimmten Ausnahmefällen *Leitherer* in Meyer-Ladewig/Keller/Leitherer SGG § 88 Rz 9 a; dagegen: *BSG* 10.3.1993 – 15b/4 Reg 1/91, BSGE 72, 118, *BSG* 8.12.1993 – 6 RKa 70/91, BSGE 73, 244).

Der **Klageantrag** kann lauten:

- im Falle der sog. **echten Untätigkeitsklage:**
  ▶ die Beklagte zu verurteilen, über den Antrag des Klägers auf Gewährung von Erwerbsunfähigkeitsrente einen Bescheid zu erteilen. ◀
- im Falle der sog. **unechten Untätigkeitsklage:**
  ▶ den Bescheid der Beklagten vom 2.1.2009 aufzuheben und die Beklagte zu verurteilen, dem Kläger ab 31.10.2008 Krankengeld zu gewähren. ◀

2.4.8. Rechtsschutz bei überlangen Gerichtsverfahren

Seit 3.12.2011 gewähren die Verfahrensordnungen in Ausprägung des Grundrechts auf effektiven Rechtsschutz (Art 19 Abs 4 Satz 1 GG) und das Recht auf ein faires und zügiges Verfahren (Art 6 Abs 1 Satz 1 EMRK) über § 198 GVG (für die Sozialgerichtsbarkeit iVm § 202 SGG) **Rechtsschutz bei überlangen Verfahren** insoweit, als im Wesentlichen eine Entschädigung vorgesehen ist.

57

Vorgeschaltet und Voraussetzung des Rechtsschutzes ist dabei die in § 198 Abs 3 GVG geregelte **Verzögerungsrüge**. Die Klage zur Durchsetzung des Entschädigungsanspruchs kann nach § 198 Abs 5 Satz 1 GVG frühestens sechs Monate nach Erhebung der Verzögerungsrüge erhoben werden (§ 198 Abs 5 Satz 1 GVG). Die Angemessenheit der Verfahrensdauer richtet sich nach den Umständen des Einzelfalles, insbesondere nach der Schwierigkeit und Bedeutung des Verfahrens und nach dem Verhalten der Verfahrensbeteiligten und Dritter (§ 192 Abs 1 Satz 2 GVG). Es besteht keine Kostenfreiheit nach § 183 SGG (so geregelt in Satz 6 der Vorschrift).

58

3. Verfahrensvorschriften

3.1. Allgemeine Vorschriften

Die Bestimmungen über das sozialgerichtliche Verfahren (2. Teil des SGG) beginnen mit einem ersten Unterabschnitt über allgemeine Vorschriften (§§ 60 bis 75 SGG).

59

3.1.1. Ausschließung und Ablehnung von Gerichtspersonen

Zur Ausschließung und Ablehnung von Gerichtspersonen enthält das SGG neben den speziellen Tatbeständen des § 60 Abs 2 (Ausschluss bei Mitwirkung im Verwaltungsverfahren) und Abs 3 (Vorstandsangehörigkeit) selbst keine Vorschriften, sondern verweist vielmehr in § 60 Abs 1 SGG auf die §§ 41 bis 46 Abs 1 und 47 bis 49 ZPO. **Gerichtspersonen** sind nicht nur die Richter (Berufs- und ehrenamtliche Richter), sondern auch Urkundsbeamte der Geschäftsstelle (§ 49 ZPO). Für **Sachverständige** (§ 118 Abs 1 SGG iVm § 406 ZPO) und **Dolmetscher** (§ 202 SGG iVm § 191 GVG) gelten die Vorschriften über die Ablehnung ebenso.

60

Ausschließungsgründe enthält zunächst **§ 41 ZPO**, der teilweise von § 16 SGB X, der Ausschlussregelung im Verwaltungsverfahren, abweicht. Eine Gerichtsperson ist nach § 41 ZPO ausgeschlossen:

61

- Nr 1 bei eigener Beteiligung oder wirtschaftlicher Nähe zu einem Beteiligten des Rechtsstreits,
- Nr 2/2 a in Sachen seines Ehegatten/Lebenspartners, auch nach Beendigung der Beziehung,
- Nr 3 in Sachen einer verwandten/verschwägerten Person (Einzelheiten: § 41 Nr 3),
- Nr 4 bei Bestellung als Prozessbevollmächtigter,
- Nr 5/6/8 bei Tätigwerden als Zeuge oder Sachverständiger und bei Mitwirkung in einem früheren Rechtszug (darunter fällt nicht das Tätigwerden in einem Nebenverfahren wie Prozesskostenhilfe oder vorläufigem Rechtsschutz) einschl. schiedsgerichtlichen oder Mediationsverfahren,
- Nr 7 in Sachen überlanger Verfahrensdauer bei Mitwirkung an dem beanstandeten Verfahren.

Darüber hinaus bestimmt § 60 (Abs 2) SGG den Ausschluss für Gerichtspersonen, die am vorausgegangenen **Verwaltungsverfahren mitgewirkt** haben. Diese

62

Vorschrift hat insbesondere für die ehrenamtlichen Richter Bedeutung, da diese aus der Verwaltung kommen können (insbesondere in Angelegenheiten des Vertragsarztrechts) bzw in Entscheidungsgremien der Verwaltung mitwirken oder mitgewirkt haben. Die Zugehörigkeit zu der Behörde, die den VA erlassen hat, reicht allein aber nicht aus. Hinzukommen muss eine amtliche Tätigkeit im Rahmen des Verwaltungsverfahrens in Bezug auf den konkreten Streitgegenstand (zB Mitwirkung an dem Widerspruchsbescheid als Mitglied des Widerspruchsausschusses). Die Wirkung der **Ausschließung** tritt zwingend **kraft Gesetzes** ein, eine gerichtliche Entscheidung ist nicht erforderlich. Hat ein ausgeschlossener Richter an der Entscheidung mitgewirkt, liegt ein **wesentlicher Verfahrensmangel** und damit ein absoluter Revisionsgrund (§ 551 Nr 2 ZPO) oder ein Grund vor, der die Berufung nach § 144 Abs 2 Nr 2 SGG zulässig machen kann. Gibt ein kraft Gesetzes ausgeschlossener Richter seine Mitwirkung am Verfahren nicht auf, können die Beteiligten zudem gegen ihn ein Ablehnungsgesuch richten (§ 42 Abs 1 ZPO).

63   **Ablehnungsgründe** ergeben sich aus § 42 ZPO und § 60 Abs 3 SGG. Ablehnung ist nach § 42 Abs 1 ZPO möglich, wenn ein Ausschließungsgrund vorliegt und nach § 40 Abs 2 ZPO, wenn ein geeigneter Grund dafür gegeben ist, **Misstrauen gegen die Unparteilichkeit** zu rechtfertigen. Maßgebend dafür ist, ob ein Beteiligter von seinem Standpunkt aus gegen die Unparteilichkeit der Gerichtsperson Bedenken haben kann. Dabei ist nicht das subjektive Empfinden des Beteiligten maßgebend, sondern es ist ein objektiv-sachlicher Maßstab anzulegen (*SchlHLSG* 27.8.1997 – L 1 S 11/97, nv; *Littmann* in Hk-SGG § 60 Rz 11; *Keller* in Meyer-Ladewig/Keller/Leitherer SGG § 60 Rz 7). Solche Gründe können besondere persönliche Beziehungen zu einem Beteiligten sein, die (noch) nicht von § 41 Abs 1 Nr 3 ZPO erfasst werden (enge persönliche Beziehungen von Freundschaft bis eheähnlicher Lebensgemeinschaft auf der einen Seite, aber auch Feindschaft auf der anderen Seite). Sie können aber auch in dem Verhalten des Richters im Verfahren ihre Grundlage haben, etwa überzogenes Drängen zur Abgabe prozessbeendender Erklärungen (*LSG RhPf* 5.3.1975 – L 2 525/74, SGb 75, 384) oder ein Verschließen gegenüber Argumenten eines Beteiligten (zB durch Auswahl eines Sachverständigen aus einem Fachgebiet, das die von dem Kläger behauptete Gesundheitsstörung nicht erfasst – *SchlHLSG* 29.6.1993 – L 1 S 12/92). Unbenommen ist es allerdings den Richtern, Zweifel an der von einem Beteiligten geäußerten Rechtsauffassung vorzutragen. Dies ist vielmehr Inhalt des Rechtsgesprächs als Bestandteil der mündlichen Verhandlung und versetzt den Betreffenden in die Lage, konkret Stellung nehmen zu können (*BVerwG* 6.2.1979 – 4 CB 8/79, MDR 79, 607). Grundsätzlich keinen Ablehnungsgrund begründet die Beschimpfung eines Richters, verbunden mit dem Hinweis darauf, nun könne dieser nicht mehr unvoreingenommen urteilen. Andernfalls könnten Beteiligte ihnen nicht genehme Richter von der Mitwirkung ausschließen (*Littmann* in Hk-SGG § 60 Rz 15).

64   Die Besorgnis der Befangenheit gilt über § 42 ZPO hinaus stets als begründet, wenn der Richter dem **Vorstand** einer Körperschaft oder Anstalt des öffentlichen Rechts angehört, deren Interessen durch das Verfahren unmittelbar berührt werden (§ 60 Abs 3 SGG). Erfasst wird jedes schutzwürdige (nicht nur finanzielles) Interesse.

65   Anders als die Ausschließung, die kraft Gesetzes eintritt, setzt die Ablehnung grundsätzlich das Gesuch eines Beteiligten voraus (Ausnahme: **Gesuch** des betroffenen Richters nach § 48 ZPO selbst, sog Selbstablehnung). Das Ablehnungsrecht steht dabei nur dem Beteiligten zu, nicht seinem Prozessbevollmächtigten, der Bedenken gegen die Unparteilichkeit des Richters ihm selbst gegenüber befürchtet. Nur wenn aufgrund einer Äußerung des Richters gegenüber dem Prozessbevollmächtigten zu befürchten ist, dass der Richter auch in der Sache selbst voreingenommen ist, kann daraus eventuell ein Befangenheitsgrund hergeleitet werden (*SchlHLSG* 12.11.2008 – L 5 AR 36/08 SAB, Breith 2009, 275). **Zuständig** für die Entscheidung über das Ablehnungsgesuch sind die Gerichte selbst. Ist das SG betroffen, ein anderer Richter dort. Die Beschwerde ist ausgeschlossen (§ 172 Abs 2 SGG). Wird ein Richter des LSG oder des BSG abgelehnt, ist der jeweilige Senat zuständig, der ohne den abgelehnten Richter entscheidet. Der abgelehnte Richter darf mit Ausnahme unaufschiebbarer Amtshandlungen grundsätzlich nicht mehr tätig werden (§ 47 Abs 1 ZPO). Ist das Ablehnungsgesuch allerdings missbräuchlich (zB aus Verschleppungs- oder Vertagungsabsicht gestellt), kann der abgelehnte Richter selbst mitentscheiden (*BSG* 25.2.1976 – 8 RU 88/75, SGb 1976, 286) bzw ist eine Entscheidung überhaupt nicht nötig (*BVerfG* 2.11.1960 – 2 BvR 473/60, BVerfGE 11, 348; *Keller* in Meyer-Ladewig/Keller/Leitherer SGG § 60 Rz 10 e mwN). Dies ist zB dann von Bedeutung, wenn ein Ablehnungsantrag im Termin zur mündlichen Verhandlung vor der Kammer gestellt wird und diese andernfalls vertagen müsste. Offensichtlicher Missbrauch kann vorliegen, wenn der Ablehnungsantrag wiederholt gestellt wird, lediglich Beschimpfungen enthält oder auch sonst nicht ansatzweise begründet ist (*BVerfG* 2.11.1960 – 2 BvR 473/60, BVerfGE 11, 348; *SchlHLSG* 19.9.2013 – L 5 R 86/10; *Keller* in Meyer-Ladewig/Keller/ Leitherer SGG § 60 Rz 10 c). Eine weitere Möglichkeit, trotz Ablehnungsgesuchs die mündlichen Verhandlung gleichwohl fortzusetzen, eröffnet § 47 Abs 2 ZPO. Wird danach ein Richter während der Verhandlung abgelehnt und würde die Entscheidung über die Ablehnung eine Vertagung der Verhandlung erfordern, so kann der Termin unter Mitwirkung des abgelehnten Richters fortgesetzt werden. Wird die Ablehnung für begründet erklärt, so ist der nach Anbringung des Ablehnungsgesuchs liegende Teil der Verhandlung zu wiederholen. § 47 Abs 2 ZPO eröffnet allerdings nicht die Möglichkeit für den abgelehnten Richter, trotz des Ablehnungsgesuchs zu (bzw mit zu) entscheiden (*Keller* in Meyer-Ladewig/Keller/Leitherer SGG § 60 Rz 13 a; *LSG Bln-Bbg* 9.7.2007 – L 1 SF 116/07, nv).

66 Zu beachten ist für die Beteiligten die **rechtzeitige Ablehnung**. So kann ein Beteiligter einen Richter nicht mehr ablehnen, wenn er sich bei ihm ohne Ablehnungsgesuch in eine Verhandlung eingelassen oder Anträge gestellt hat. Wird ein Antrag insoweit verspätet gestellt, muss glaubhaft gemacht werden, dass der Ablehnungsgrund erst später entstanden oder bekannt geworden ist (§ 44 Abs 4 ZPO).

67 Nicht selten kommt es zu Ablehnungsanträgen gegen **Sachverständige** im Anschluss an ungünstige Gutachten. Auch diese sind nur begründet, wenn nach objektiven Maßstäben ein Beteiligter von der Unparteilichkeit des Sachverständigen nicht mehr ausgehen kann. Das ist grundsätzlich nicht der Fall, wenn – entsprechend einer häufigen Begründung solcher Ablehnungsanträge – der Sachverständige bereits in einem anderen Verfahren über den Kläger ein Gutachten erstellt hat (*SchlHLSG* 11.11.1977 – L 1 Sb 23/77, SGb 1978, 450; *LSG BW* 24.7.1997 – L 2 U 1617/96B, Breith 1997, 373). Denn dies macht ihn nicht parteilich. Vielmehr bietet es sich häufig sogar an, Vorkenntnisse des Sachverständigen über zB Erkrankungen des Klägers zu nutzen. Ein Ablehnungsgesuch kann aber dann vorliegen, wenn der Sachverständige verdeutlicht, von seiner Auffassung unter keinen Umständen abzuweichen oder wenn er in einem Dienstverhältnis zu der im Verfahren beklagten Behörde steht (vgl *BSG* 11.12.1992 – 9 a RV 6/92, SozR 3-1500 § 128 Nr 7).

68 **Zu beachten** ist bei der Ablehnung eines Sachverständigen **§ 406 Abs 2 ZPO.** Danach muss **der Ablehnungsantrag vor Vernehmung** des Sachverständigen, spätestens binnen 2 Wochen nach Verkündung oder Zustellung des Beschlusses über seine Ernennung, später nur, wenn der Antragsteller glaubhaft macht, dass er ohne Verschulden daran gehindert war, den Ablehnungsgrund früher geltend zu machen, gestellt werden. Zweck dieser Regelung ist die Beschleunigung des Verfahrens. Erfolgt die Mitteilung des Namens des Sachverständigen, dessen Anhörung in der mündlichen Verhandlung beabsichtigt ist (sog Terminssachverständiger), an die Beteiligten in der Terminsladung, ohne dass bereits zu diesem Zeitpunkt ein förmlicher Beweisbeschluss ergangen ist, so wird deshalb die Auffassung vertreten, auch dieser Vorgang löse die 2-Wochen-Frist des § 406 Abs 2 ZPO für die Zulässigkeit des Ablehnungsgesuches aus (vgl *Greger* in Zöller, ZPO, § 406 Rz 11; aA *OLG Köln* 3.12.1997 – 19 W 52/97, OLGR Köln 1998, 168).

69 Als möglicher **Tenor** einer Entscheidung kommt in Betracht:

▶ Das Ablehnungsgesuch gegen … ist unzulässig/unbegründet/begründet. ◀

Entscheidungen der LSG und des BSG über Ablehnungsgesuche sind unanfechtbar; bei Beschlüssen der SG ist zu unterscheiden zwischen der Ablehnung von Gerichtspersonen und Sachverständige. Für die Ablehnung von Gerichtspersonen bestimmt § 172 Abs 2 SGG seit 1.4.2008 die Unanfechtbarkeit der Beschlüsse, für die Ablehnung von Sachverständigen, die keine Gerichtspersonen sind, findet weiterhin § 406 ZPO über die Verweisung in § 118 Abs 1 SGG Anwendung. § 406 Abs 5 ZPO bestimmt, dass gegen den Beschluss, durch den die Ablehnung für begründet erklärt wird, kein Rechtsmittel stattfindet. Gegen den ablehnenden Beschluss des SG ist allerdings die Beschwerde zulässig, aber nur bis zur Entscheidung in der Sache (*Keller* in Meyer-Ladewig/Keller/Leitherer SGG § 118 Rz 12 o). Eine entsprechende Anwendung des § 172 Abs 2 SGG (so aber *LSG BW* 27.1.2010 – L 7 R 3206/09 B, nv) ist wegen dessen eindeutiger Bezugnahme allein auf Gerichtspersonen ausgeschlossen (so auch *LSG Nds-Brem* 4.1.2011 – L 4 KR 324/10 B, Breith 2011, 687; *LSG BW* 18.7.2012 – L 10 R 2296/12 B, nv; *Hintz* in Hintz/Lowe, SGG, § 172 Rz 13; *Keller* in Meyer-Ladewig/Keller/Leitherer SGG § 118 Rz 12 o mwN).

3.1.2. Zustellung und Fristen

70 **Zustellung** ist nach § 166 Abs 2 ZPO die Bekanntgabe eines Schriftstücks an eine Person in der durch die ZPO bestimmten Form. Anders als § 65 SGB X, der hinsichtlich der Pflicht zur Zustellung durch Behörden im Verwaltungsverfahren auf andere Gesetze verweist, bestimmt § 63 SGG selbst, dass Anordnungen und Entscheidungen, durch die eine Frist in Lauf gesetzt wird, sowie Terminsbestimmungen und Ladungen den Beteiligten zuzustellen sind, bei Verkündung jedoch nur, wenn es ausdrücklich vorgeschrieben ist. **Wie die Zustellung** zu bewirken ist, bestimmt § 63 Abs 2 unter Hinweis auf die Vorschriften der ZPO (§§ 166-190).

71 Erfasst von § 63 Abs 1 SGG werden im wesentlichen **Urteile einschließlich des Gerichtsbescheides und Beschlüsse,** soweit gegen sie Rechtsmittel gegeben sind. Zwar werden insbesondere Urteile idR verkündet. Gleichwohl sieht § 135 SGG (für Beschlüsse §§ 142 iVm 135 SGG) ihre (unverzügliche) Zustellung vor. Ist die Zustellung nicht vorgeschrieben, kann sie gleichwohl erfolgen, etwa bei Terminsmitteilungen, um ihren Zugang nachweisen zu können.

Terminsbestimmungen und **Ladungen** sind lediglich bekannt zu geben. Werden **72** Entscheidungen verkündet, gegen die Rechtsmittel gegeben sind, beginnt die kurze Rechtsmittelfrist nur mit der Verkündung zu laufen, wenn **schriftlich** über die Rechtsmittel belehrt wurde (§ 66 Abs 1 SGG). Andernfalls läuft die Jahresfrist des § 66 Abs 2 SGG.

Adressaten der Zustellung/Bekanntgabe sind die Beteiligten nach § 69 SGG **73** bzw deren Bevollmächtigte sowie andere Betroffene wie Zeugen oder Sachverständige. Wer von den Zustellungsadressaten im **Ausland** wohnt, hat auf Verlangen des Gerichts einen **Zustellungsbevollmächtigten** zu bestellen (§ 184 ZPO). So kann das Gericht die umständliche Zustellung im Ausland (§ 183 ZPO) vermeiden. Mit dem Verlangen, ein Prozessbeteiligter möge einen inländischen Zustellungsbevollmächtigten bestellen, ist auf die Rechtsfolgen hinzuweisen, die sich ergeben, wenn die Bestellung unterbleibt (§ 184 Abs 2 Satz 3 ZPO). Bestellt der Prozessbeteiligte auf ein Verlangen ohne einen derartigen Hinweis einen inländischen Zustellungsbevollmächtigten, ist die Zustellung an diesen unwirksam (*BSG* 14.3.2013 – B 13 R 188/12 B, SozR 4-1500 § 63 Nr 3). Die Zustellung nach § 63 SGG wird als Ausdruck des Amtsprinzips vom Gericht von Amts wegen bewirkt (§ 202 SGG iVm §§ 166, 168 ZPO).

Die Zustellung soll bewirken, dass der Adressat das (wichtige) Schriftstück tatsächlich erhält. Das kann, was kaum geschieht, durch die Geschäftsstelle persönlich bewirkt werden oder, der Regelfall, durch einen gemäß § 33 Abs 1 PostG beliehenen Unternehmer (zB die Post) erfolgen. Bei bestimmten Adressaten, bei denen Zuverlässigkeit vom Gesetz (§ 174 ZPO) unterstellt wird, kann gegen **Empfangsbekenntnis** zugestellt werden. Weitere Zustellungsarten sind durch **Einschreiben mit Rückschein** (§ 175 ZPO) oder **Zustellungsurkunde** (§ 176 ZPO). Ist eine Zustellung an den Adressaten so nicht möglich, kann eine **Ersatzzustellung** erfolgen, zB durch Übergabe in der Wohnung oder den Geschäftsräumen an andere Personen (§ 178 ZPO). Ist auch die Ersatzzustellung nicht möglich, kann das Schriftstück in einen zu der Wohnung oder dem Geschäftsraum gehörenden Briefkasten oder in eine ähnliche Vorrichtung eingelegt werden, die der Adressat für den Postempfang eingerichtet hat und die in der allgemein üblichen Art für eine sichere Aufbewahrung geeignet ist (§ 180 ZPO in der Fassung vom 5.12.2005), oder **niedergelegt** werden (§ 181 ZPO). Ist der Aufenthalt einer Person nicht bekannt, kann **öffentlich** nach §§ 185 bis 188 ZPO **zugestellt** werden.

Ebenso wie das SGB X in § 26 (s deshalb auch Kommentierung dort) enthält **75** auch das SGG für das sozialgerichtliche Verfahren in den §§ 64 ff (ähnliche) **allgemeine Vorschriften** über die **Fristen**. Fristen werden für die Beteiligten **durch das Gesetz oder** den **Richter** bestimmt (sog **eigentliche Fristen**).

Regelungen über die **Berechnung der Fristen** enthält § 64 SGG. Danach **beginnt 76** der Lauf einer Frist grundsätzlich mit dem **Tag nach** der **Zustellung** zu laufen **oder,** wenn diese nicht vorgeschrieben ist, mit dem Tag nach der **Eröffnung oder Verkündung** (§ 64 Abs 1 SGG). Weiter Voraussetzung für den Lauf von Rechtsbehelfsfristen ist allerdings noch zusätzlich die ausreichende **Rechtsmittel-/behelfsbelehrung** (§ 66 Abs 1 SGG). Ist die Belehrung unterblieben, unvollständig oder unrichtig, gilt unabhängig von der Vorstellung des Betroffenen grundsätzlich die Jahresfrist, außer wenn die Einlegung vor Ablauf der Jahresfrist infolge höherer Gewalt unmöglich war oder eine schriftliche Belehrung dahin erfolgt ist, dass ein Rechtsbehelf nicht gegeben sei (§ 66 Abs 2 SGG).

77 Eine **Frist läuft** am Ende eines Tages um 24:00 Uhr **ab**. Die **Monatsfrist** endet mit Ablauf des entsprechenden Tages des nächsten Monats (Zustellung: 30.03., Fristende: 30.04.), fehlt dem Monat der Tag, endet die Frist am letzten Tag des Monats (zugestellt: 30.01., Fristende: 28./29.02.). Die **Wochenfrist** endet mit dem entsprechenden Wochentag (Zustellung Montag/Fristende Montag). Die **Tagesfrist** endet mit Ablauf des letzten Tages der Frist (§ 64 Abs 2 SGG), zB bei einer 10-Tage-Frist und einem Beginn am 04.03. am 14.03.

78 Eine Sonderregelung für den Fall, dass die Frist am **Wochenende** oder **Feiertag** endet, enthält § 64 Abs 3 SGG mit einer Verschiebung auf Montag bzw den nächsten Werktag, zB Dienstag nach Ostern (so auch § 26 Abs 3 Satz 1 SGB X).

79 Abweichend von den übrigen Verfahrensordnungen (§ 224 Abs 2 ZPO sowie §§ 57 Abs 2 VwGO, 54 Abs 2 FGO iVm § 224 Abs 2 ZPO) sind **gesetzliche Fristen nicht abänderbar**, wenn das Gesetz nichts anderes bestimmt, richterliche Fristen hingegen schon (§ 65 SGG).

80 **Beweispflichtig** für die Einhaltung einer Frist ist derjenige, der die Handlung vornimmt, allerdings unterliegt das Gericht auch insoweit dem Untersuchungsgrundsatz des § 103 SGG und hat den Zeitpunkt soweit möglich zu ermitteln. Abzustellen für den Zugang beim Gericht ist regelmäßig auf den **Eingangsstempel**, der eine öffentliche Urkunde ist (§ 418 Abs 1 ZPO). Dieser Beweis kann aber durch Gegenbeweis entkräftet werden (§ 418 Abs 2 ZPO), zB Aussage des Wachtmeisters, dass der Stempel sich verstellt hatte (informativ dazu *SchlHLSG* 22.7.2009 – L 5 B 376/09 KR ER, nv; *OVG NRW* 17.12.1996 – 25 A 1346/93, nv; *BFH* 20.12.2006 – X R 38/05, BFHE 216, 297; *BVerwG* 17.11.1972 – IV C 41.68, BVerwGE 41, 174, 177). Auch auf einem eingehenden **Telefax** ist der Eingangsstempel aufzubringen und für den Zeitpunkt des Eingangs grundsätzlich maßgebend, nicht hingegen der Sendebericht (vgl *Keller* in Meyer-Ladewig/Keller/Leitherer SGG § 64 Rz 6 b) oder die Datenzeile auf dem Fax.

81 Regelungen über **Hemmung** von Fristen sieht das SGG selbst nicht vor. Insoweit finden insbesondere §§ 203 ff BGB (Verjährung) Anwendung. Gleiches gilt für den **Neubeginn der Verjährung (vormals Unterbrechung)**. Hier enthalten die §§ 212, 213 BGB entsprechend anwendbare Regelungen. Entgegen der bis 2001 geltenden Rechtslage führt die Klageerhebung nicht mehr zum Neubeginn der Verjährung, sondern zur Hemmung. Materielle Regelungen über die Hemmung finden sich in § 45 SGB I einschließlich der Verweisung auf die Vorschriften des BGB.

82 Wie alle Gerichts- und Verfahrensordnungen sieht auch das SGG als verfassungsrechtliche Garantie rechtlichen Gehörs die **Wiedereinsetzung in den vorigen Stand** vor (§ 67 SGG). Sie ist bei allen **gesetzlichen Fristen** des Prozessrechts möglich. Für das Verwaltungsverfahren (ausschließlich des Widerspruchsverfahrens – § 84 Abs 2 Satz 3 SGG, für das ebenfalls § 67 SGG gilt) hingegen findet der im Wesentlichen gleich lautende § 27 SGB X Anwendung, auf dessen Kommentierung wegen weiterer Einzelheiten verwiesen wird. Ein **Unterschied** besteht lediglich in der **Frist**, innerhalb derer der **Antrag** auf Wiedereinsetzung zu stellen ist (§ 67 Abs 2 Satz 1 SGG: **1 Monat**; § 27 Abs 2 Satz 1 SGB X: 2 Wochen. Zur Bindung an die Bewilligung der Wiedereinsetzung s § 27 Rz 18).

3.1.3. Prozessbeteiligte und ihre Vertreter

3.1.3.1. Allgemeines

Am Prozess beteiligt (das SGG spricht, wie die anderen Verfahrensordnungen   **83**
der öffentlich-rechtlichen Gerichtsbarkeiten, nicht von Parteien sondern Beteiligten) sind **Kläger, Beklagte** und **Beigeladene** (§ 69 SGG). Beteiligte – und damit beteiligungsfähig als allgemeine Sachurteilsvoraussetzung (Rz 37) – können
alle natürlichen (jeder Mensch) und juristischen Personen (zB AG, eV, Sozialversicherungsträger, Länder und Gemeinden), nichtrechtsfähige Personenvereinigungen (zB nichtrechtsfähiger Verein – häufig Gewerkschaften), und Behörden, sofern Landesrecht dies bestimmt (zur Definition der Behörde: § 1 Abs 2
SGB X), sein (§ 70 SGG).

3.1.3.2. Beiladung

Jedes Verfahren hat einen Kläger und Beklagten als direkt am Verfahren Betei-   **84**
ligte. In den meisten Fällen ist der Kläger eine natürliche Person, die sich gegen
eine Entscheidung (regelmäßig VA) eines Sozialversicherungsträgers wendet,
der der/die Beklagte ist. Durch die in **§ 75 SGG** geregelte **Beiladung** kann ein
Dritter am Prozess beteiligt werden. Sie ersetzt die Nebenintervention und
Streitverkündung des Zivilprozesses und dient der **Prozessökonomie,** weil
durch sie gerichtliche **Entscheidungen** für weitere Personen **verbindlich** gelten
(§ 141 Abs 1 SGG), diese sogar unter Umständen verurteilt werden können
(§ 75 Abs 5 SGG), und so weitere Rechtsstreitigkeiten und unterschiedliche
Entscheidungen vermieden werden.

Das Gesetz unterscheidet zwischen einfacher und notwendiger Beiladung, deren   **85**
Folgen und Voraussetzungen teilweise unterschiedlich sind. Das der Klage vor-
geschaltete **Verwaltungsverfahren** kennt eine Beiladung nicht. Nach **§ 12 Abs 2
Satz 1 SGB X** kann die Behörde allerdings von Amts wegen oder auf Antrag
diejenigen, deren rechtliche Interessen durch den Ausgang des Verfahrens berührt werden, als Beteiligte zuziehen (Einzelheiten s. Kommentierung zu § 12).
Die Beiladung ist nicht beschränkt auf das Klageverfahren, sondern hat ggf
auch im Beschlussverfahren des einstweiligen Rechtsschutzes zu erfolgen.

Das Gericht kann von Amts wegen oder auf Antrag andere, deren **berechtigte**   **86**
Interessen durch die Entscheidung berührt werden, beiladen (§ 75 Abs 1 Satz 1
SGG: **einfache Beiladung**). Es genügen **wirtschaftliche, ideelle oder tatsächliche
Interessen.** Damit soll Dritten, die ein schutzwürdiges Interesse am Ausgang des
Rechtsstreits haben, die Möglichkeit eröffnet werden, sich daran zu beteiligen.
Auf die einfache Beiladung besteht **kein Rechtsanspruch.** Unterbleibt sie, ob-
wohl ihre Voraussetzungen vorliegen, liegt kein Verfahrensfehler vor.

Die **notwendige Beiladung** ist zunächst in § 75 Abs 1 Satz 2 SGG für die Bun-   **87**
desrepublik in Angelegenheiten des sozialen Entschädigungsrechts auf Antrag
geregelt. Hauptanwendungsfall der notwendigen Beiladung ist allerdings § 75
Abs 2 SGG. Nach dessen erster Alternative sind Dritte beizuladen, wenn sie an
dem streitigen Rechtsverhältnis derart beteiligt sind, dass die **Entscheidung**
auch **ihnen gegenüber nur einheitlich** ergehen kann. Ein solcher Fall liegt vor,
wenn die Entscheidung in dem Verfahren zugleich in die Rechtssphäre eines
Dritten unmittelbar eingreift. So sind zB im Beitragserstattungsstreit bzw beim
Streit um die Beitrags-/Versicherungspflicht, wenn nicht ohnehin als Kläger
oder Beklagter beteiligt, der Versicherte, der Arbeitgeber und die betroffenen
Sozialversicherungsträger notwendig beizuladen (zahlreiche Beispiele etwa bei
Littmann in Hk-SGG § 75 Rz 7).

88 Dritter Fall der notwendigen Beiladung ist nach § 75 Abs 2 Alt 2 SGG der, dass bei der Ablehnung des Anspruchs ein anderer Versicherungsträger oder in Angelegenheiten der KOV ein Land als leistungspflichtig ernsthaft in Betracht kommt (sog **unechte Beiladung**). Ist etwa ein Krankengeldanspruch gegenüber Krankenkasse A erhoben worden und stellt sich im Verfahren heraus, dass für den Versicherten die Krankenkasse B zuständig ist, so ist letztere zum Verfahren beizuladen. Dabei ist nicht zwingend notwendig, dass der Anspruch gegen die Beklagte und die Beigeladene inhaltsgleich ist. Die Ansprüche müssen sich aber gegenseitig ausschließen (*BSG* 15.11.1997 – 11 RA 9/79, SozR 5090 § 6 Nr 4).

89 Die **Beiladung** erfolgt **durch Beschluss** des Gerichts. **Unterbleibt** die **notwendige Beiladung,** liegt ein **Verfahrensfehler** vor, der die Revision nach § 160 Abs 2 Nr 3 SGG eröffnet und zur Zurückverweisung führen kann. Das gilt allerdings nicht für die Fälle des § 75 Abs 2 Alt 2 SGG, weil die Beiladung hier nur der Prozessökonomie dient (*BSG* 11.3.1987 – 8 RK 19/85, BSGE 61, 199). Eine Beiladung kann durch das LSG **nachgeholt werden**, durch das BSG nur eingeschränkt nach § 168 Satz 2 SGG. Der Beiladungsbeschluss selbst ist **unanfechtbar** (§ 75 Abs 3 Satz 2 SGG), nicht jedoch der Beschluss, mit dem die Beiladung eines Dritten abgelehnt oder eine Beiladung aufgehoben wird. Die Beiladung kann während des gesamten Verfahrens erfolgen, auch wenn das Urteil bereits erlassen, aber noch nicht rechtskräftig ist und noch keine Rechtsmittel eingelegt wurden (*Leitherer* in Meyer-Ladewig/Keller/Leitherer SGG § 75 Rz 14 a). Eine solche späte Beiladung kann jedoch den Anspruch auf rechtliches Gehör verletzen, da so der Beigeladene auf das Urteil keinen Einfluss mehr nehmen kann (vgl *Littmann* in Hk-SGG § 75 Rz 10). Daher sollte die Beiladung, um eine umfassende Beteiligung des Beigeladenen am Verfahren zu gewährleisten, möglichst frühzeitig erfolgen. Dem Beigeladenen sind zu diesem Zweck alle wesentlichen Unterlagen aus dem Rechtsstreit (angefochtene Bescheide, wesentliche Schriftsätze, insbesondere Klage- und Berufungsschrift, Urteil) zu übersenden bzw Akteneinsicht (§ 120 SGG) zu gewähren. § 75 Abs 2 a SGG sieht eine Sonderregelung für den Fall vor, dass eine notwendige Beiladung von mehr als 20 Personen in Betracht kommt (sog **Massenbeiladung**). Kommt nach Absatz 2 erste Alternative die Beiladung von mehr als 20 Personen in Betracht, kann das Gericht durch unanfechtbaren Beschluss anordnen, dass nur solche Personen beigeladen werden, die dies innerhalb einer bestimmten Frist beantragen. Erkennbar in besonderem Maße Betroffene sollen jedoch auch ohne Antrag beigeladen werden (§ 75 Abs 2 a Satz 9 SGG). Das gilt zB für Beschäftigte in Verfahren, in denen die Versicherungs- und Beitragspflicht streitig ist, wenn der Entscheidung des Gerichts für die Klärung ihres Status auch aktuelle Bedeutung zukommt (*BSG* 15.7.2009 – B 12 KR 1/09 R, SozR 4-1500 § 75 Nr 10).

90 Der Beigeladene wird mit dem Beschluss Beteiligter (§ 69 Nr 3 SGG), kann als solcher innerhalb der Anträge der anderen Beteiligten selbstständig Angriffs- und Verteidigungsmittel geltend machen und alle **Verfahrenshandlungen** wirksam vornehmen (§ 75 Abs 4 Satz 1 SGG). Abweichende Sachanträge kann er aber nur dann stellen, wenn eine notwendige Beiladung nach § 75 Abs 2 SGG vorliegt (§ 75 Abs 4 Satz 2 SGG). Durch seine Anträge nimmt er am Kostenrisiko (positiv und negativ) teil. Sonderregelungen zur Kostentragung und Aufwendungsersatz des Beigeladenen enthält § 197 a Abs 2 SGG.

91 Der Beigeladene kann **Rechtsmittel** einlegen, soweit er durch das Urteil beschwert ist. Das setzt voraus, dass das Urteil seine berechtigten Interessen verletzt. Keinen Einfluss hat er darauf, ob Kläger und Beklagte das Verfahren durch Vergleich beenden. Hier bedarf es zur Wirksamkeit nicht der Zustimmung des Beigeladenen; er wird dann allerdings auch nicht durch den Vergleich gebunden.

Gemäß § 75 **Abs 5 SGG** kann ein Versicherungsträger oder in Angelegenheiten   **92** des sozialen Entschädigungsrechts ein Land nach der Beiladung **verurteilt werden**; allerdings nicht gegen den Willen des Klägers (*BSG* 12.12.1972 – 3 RK 47/70, BSGE 35, 104). Ein Vorverfahren ist nicht erforderlich. Nicht eindeutig geklärt war, ob mit der erweiterten Zuständigkeit der Sozialgerichtsbarkeit auf Sozialhilfeträger auch diese im Rahmen ihrer Beiladung verurteilt werden konnten (vgl *BSG* 26.10.2004 – B 7 AL 16/04 R, SozR 4-3250 § 14 Nr 1, in der eine solche Verurteilung für denkbar angesehen wird mwN; ablehnend *SchlHLSG* 10.5.2006 – L 5 KR 48/05, nv und *SchlHLSG* 9.11.2005 – L 9 B 268/05 SO ER, nv). Durch die Ergänzung des Abs 5 um die Träger der Grundsicherung für Arbeitsuchende und Sozialhilfe durch das Gesetz vom 20.7.2006 mWv 1.8.2006 hat der Gesetzgeber nunmehr für Klärung gesorgt.

3.1.3.3. Prozessbevollmächtigte und Beistände

Vertretungszwang besteht im sozialgerichtlichen Verfahren nur vor dem **BSG**.   **93** Gleichwohl können sich die Beteiligten in jeder Lage des Verfahrens durch prozessfähige Bevollmächtigte vertreten lassen. Nähere Einzelheiten hierüber enthält § 73 SGG, der die Regelung des § 13 SGB X für das Gerichtsverfahren fortsetzt. § 73 **Abs 2 SGG** enthält eine abschließende Aufzählung der Personen, die als **Prozessvertreter** in Betracht kommen. Freundschaftliche oder nachbarschaftliche Beziehungen reichen grundsätzlich nicht mehr für die Befugnis zur Vertretung aus. „Geborene" Prozessvertreter sind Rechtsanwälte und Rechtslehrer an einer staatlichen oder staatlich anerkannten Hochschule eines Mitgliedstaates der EU, eines anderen Vertragsstaates des Abkommens über den europäischen Wirtschaftsraums oder der Schweiz mit der Befähigung zum Richteramt (S 1). Vertretungsbefugt sind daneben unter bestimmten im Einzelnen geregelten Voraussetzungen Beschäftigte eines Beteiligten (Nr 1), Familienangehörige und Personen mit der Befähigung zum Richteramt (Nr 2), Rentenberater (Nr 3), Steuerberater und ähnliche Berufe (Nr 4), Arbeitnehmervereinigungen (Nr 5), berufsständische Vereinigungen der Landwirtschaft (Nr 6), Gewerkschaften und Arbeitgeberverbände (Nr 7), bestimmte Vereinigungen (Nr 8) und juristische Personen (Nr 9). Das Gericht weist Bevollmächtigte, die die Voraussetzungen des Abs 2 nicht erfüllen, gem Abs 3 durch unanfechtbaren Beschluss zurück. Die Zurückweisung muss rechtzeitig angekündigt werden, damit sich der Vertretene hierauf einstellen kann. Sonderreglungen für die (zwingende) Vertretung **vor dem BSG** enthält Abs 4.

Dem Prozessbevollmächtigten ist die **Vollmacht** gemäß § 73 Abs 6 SGG **schrift-**   **94** **lich** (Einzelheiten zur Schriftlichkeit der Vollmachtserteilung insb bei Rechtsanwälten vgl auch Rz 37) zu erteilen und dem Gericht vorzulegen. **Bei Ehegatten, Lebenspartnern und Verwandten** in gerader Linie wird die Bevollmächtigung gemäß § 73 Abs 6 Satz 3 SGG unterstellt. Für **Umfang und Wirkung** der Vollmacht gelten die §§ 81, 83-86 ZPO entsprechend. Fehlt die Vollmacht, sind die Prozesshandlungen bis zur Genehmigung schwebend unwirksam. Wird eine solche Vollmacht auch nach Hinweis und Fristsetzung des Gerichts (§ 89 Abs 1 ZPO, der gem § 202 SGG Anwendung findet, *Littmann* in Hk-SGG § 73 Rz 23) nicht nachgereicht, kann dies zu einer Verwerfung des Rechtsmittels als unzulässig führen (*BFH* 2.5.1969 – III R 123/68, BFHE 95, 430). Eine **Heilung** durch Vollmachtserteilung in der Rechtsmittelinstanz ist grundsätzlich nicht mehr möglich, es sei denn, das Gericht hat die Fristsetzung unterlassen oder zu kurz bemessen und den Hinweis auf die Prozessentscheidung unterlassen (*Littmann* in Hk-SGG § 73 Rz 23). Im Revisionsverfahren kann der Mangel der fehlenden Vollmacht ebenfalls nicht mehr rückwirkend geheilt werden (*GmSOGB* 17.4.1984 – GmS-OGB 2/83, SozR 1500 § 73 Nr 4).

3.1.3.4. Prozesskostenhilfe

95 Auch das sozialgerichtliche Verfahren sieht die Möglichkeit vor, Prozesskostenhilfe für die Durchführung des Gerichtsverfahrens zu gewähren. Prozesskostenhilfe hat insbesondere im Hinblick auf die Kosten des Rechtsanwalts Bedeutung, da das Verfahren ansonsten in den meisten Fällen kostenfrei ist (§ 183 SGG). Maßgebende Vorschrift ist § 73 a SGG, der auf die ZPO (dort §§ 114-127 mit Ausnahme des § 127 Abs 2 Satz 2) verweist.

96 Beigeordnet werden können nach der Ergänzung des § 73 a Abs 1 um Satz 3 SGG idF ab 1.1.2014 **neben Rechtsanwälten** nunmehr auch ein Steuerberater, Steuerbevollmächtigter, Wirtschaftsprüfer, vereidigter Buchprüfer oder Rentenberater, nach § 73 a Abs 2 SGG nicht jedoch Vertreter nach § 73 Abs 2 Satz 2 Nr 5 bis 9. Macht der Antragsteller von seinem Recht, einen Anwalt zu wählen, keinen Gebrauch, erfolgt die Wahl auf seinen Antrag hin durch das Gericht (§ 73 a Abs 1 Satz 2 SGG).

97 **Voraussetzung** der Prozesskostenhilfe ist zunächst das **wirtschaftliche Unvermögen des Beteiligten,** die Kosten eines Prozesses zu tragen. Ob das der Fall ist, richtet sich nach § 115 ZPO. Auszugehen ist zunächst von seinem Einkommen. Von dem vorhandenen Einkommen sind diverse Beträge abzusetzen, wie etwa Steuern, Sozialversicherungsbeiträge und andere Zahlungen gemäß § 82 Abs 2 SGB XII (§ 115 Abs 1 Satz 3 Nr 1 a ZPO) sowie ggf einen Arbeitnehmer- oder Erwerbstätigenfreibetrag (§ 115 Abs 1 Satz 3 Nr 1 b ZPO). Zu berücksichtigen sind dann gesetzliche Unterhaltspflichten (Nr 2), Unterkunft und Heizung (Nr 3) und angemessene besondere Belastungen (Nr 4). Von dem nach den Abzügen verbleibenden Teil des monatlichen Einkommens sind Monatsraten in Höhe der Hälfte des einzusetzenden Einkommens festzusetzen; die Monatsraten sind auf volle Euro abzurunden. Beträgt die Höhe einer Monatsrate weniger als 10 Euro, ist von der Festsetzung von Monatsraten abzusehen. Bei einem einzusetzenden Einkommen von mehr als 600 Euro beträgt die Monatsrate 300 Euro zuzüglich des Teils des einzusetzenden Einkommens, der 600 Euro übersteigt. Unabhängig von der Zahl der Rechtszüge sind höchstens 48 Monatsraten aufzubringen.

98 Weitere Voraussetzung ist die von § 114 ZPO geforderte **hinreichende Erfolgsaussicht** der Klage. Dafür muss der Standpunkt des Antragstellers zumindest **vertretbar** sein **und** für den Erfolg eine **gewisse Wahrscheinlichkeit** sprechen. Dabei dürfen die Anforderungen an die Erfolgsaussicht nicht überspannt und die eigentliche Prüfung des Anspruchs nicht in das Verfahren über die Gewährung von Prozesskostenhilfe verlagert werden. So rechtfertigt etwa eine unklare Rechtslage die Erfolgsaussicht (*Littmann* in Hk-SGG § 73 a Rz 13). Auf der anderen Seite ist Prozesskostenhilfe nicht stets zu bewilligen, wenn eine Beweisaufnahme durchgeführt werden muss, was in sozialgerichtlicher Verfahren aufgrund des Amtsermittlungsprinzips (Rz 143 ff) häufig der Fall ist. Vielmehr ist auch hier die Erfolgsaussicht vor der Beweisaufnahme zu prüfen und bei einem eher unwahrscheinlichem günstigen Ergebnis Prozesskostenhilfe abzulehnen (vgl *LSG RhPf* 30.5.1987 – L 3 U 60/86, Breith 1987, 607; *LSG Bln* 16.8.1994 – L 15 KR 7/93, E-LSG B-034; *OLG Hamm* 30.11.1999 – 9 U 213/98, OLGR Hamm 2000, 77; *Littmann* in Hk-SGG § 73 a Rz 13; vgl aber auch *BSG*

17.2.1998 – B 13 RJ 83/97 R, SozR 3-1500 § 62 Nr 19: Prozesskostenhilfe ja, wenn keine konkreten Anhaltspunkte dafür vorliegen, dass die Beweisaufnahme mit großer Wahrscheinlichkeit zum Nachteil des Antragstellers ausgehen wird; siehe auch *Keller/Leitherer* in Meyer-Ladewig/Keller/Leitherer SGG § 73 a Rz 7 a ff mwN). Denn ob eine Beweisaufnahme erforderlich ist, richtet sich nach dem im sozialgerichtlichen Verfahren geltenden strengen Untersuchungsgrundsatz (Rz 143 ff), wonach entscheidungserhebliche Tatsachen aufzuklären sind (§ 103 SGG). Allein aus dem Umstand, dass eine Beweisaufnahme durchgeführt wird, lässt sich daher noch kein Anhalt für eine hinreichende Erfolgswahrscheinlichkeit herleiten (so aber wohl Hdb SGG-*Udsching* VI Rz 60). Vielmehr liegen nicht selten bereits mehrere Gutachten vor (in einem Rentenrechtsstreit in der ersten Instanz liegen nicht selten über das Rentengutachten des Rentenversicherungsträgers selbst hinaus Stellungnahmen eines MDK oder/und des Arbeitsamtsärztlichen Dienstes vor). Eine genaue Prüfung ist dann unter Berücksichtigung aller vorliegenden medizinischen Unterlagen geboten und anschließend zu entscheiden, ob eine gewisse Erfolgswahrscheinlichkeit der Klage gegeben ist.

Der fehlenden Mutwilligkeit der Rechtsverfolgung als weiterer Voraussetzung der Gewährung von Prozesskostenhilfe kommt in der Sozialgerichtsbarkeit keine große Bedeutung zu. Voraussetzung ist weiter die **Erforderlichkeit der anwaltlichen Vertretung** (§ 121 ZPO), die allerdings nur selten problematisch ist. Auch der im sozialgerichtlichen Verfahren geltende Amtsermittlungsgrundsatz, dh die Gerichte müssen den Sachverhalt selbst sorgfältig aufklären, erfordert hier keine besonders strenge Prüfung. Auf der anderen Seite reicht allein der Umstand, dass es sich beim Sozialversicherungsrecht um eine grundsätzlich rechtlich und tatsächlich schwierige Materie handelt, nicht aus, stets eine anwaltliche Vertretung für erforderlich zu erachten. Entscheidend für die Prüfung der Erforderlichkeit der anwaltlichen Vertretung ist allein der konkrete Prozessstoff in tatsächlicher und rechtlicher Hinsicht. Eine anwaltliche Vertretung ist daher erforderlich, wenn entweder der Tatsachenstoff insbesondere wegen schwieriger medizinischer Einschätzungen oder die Rechtslage einen Laien überfordert, wovon regelmäßig auszugehen sein wird.

Die **Entscheidung** über Prozesskostenhilfe soll **unverzüglich nach Antrag** aufgrund summarischer Prüfung durch Beschluss erfolgen, gegen den, soweit es sich um eine ablehnende Entscheidung oder Bestimmung von Ratenzahlungen durch das SG handelt, Beschwerde zulässig ist (einzulegen beim SG, § 173 SGG). Dabei sieht § 73 a SGG in der ab 1.1.2014 geltenden Fassung in seinem Abs 4 eine Übertragung der Prüfung und Entscheidung der persönlichen und wirtschaftlichen Verhältnisse auf den Urkundsbeamten vor, wenn der Vorsitzende ihm das Verfahren nach Maßgabe des Landesrechts insoweit überträgt. Wie zu verfahren ist, wenn im Landesrecht zu § 73 a SGG keine Regelung getroffen wird, ist dem Gesetz nicht eindeutig zu entnehmen. Abs 9 der Vorschrift sieht für die Nichtanwendung der Abs 4 bis 8 ausdrücklich eine landesrechtliche Regelung vor (sog Opt-Out-Regelung). Daraus wiederum folgt, dass bei einer fehlenden Regelung die Übertragung der Teilentscheidung auf den Urkundsbeamten zulässig ist und der Hinweis in Abs 4 auf das Landesrecht nur die Möglichkeit einer landesrechtlichen Regelung vorsieht, von der nicht zwingend Gebrauch gemacht werden muss. Gegen die Entscheidung des Urkundsbeamten kann nach Abs 8 innerhalb eines Monats nach Bekanntgabe das Gericht angerufen werden, das endgültig entscheidet. Die Staatskasse kann nach der Maßgabe des § 127 Abs 3 ZPO Beschwerde einlegen.

101 Häufig wird vor dem Rechtsbehelf selbst Antrag auf Prozesskostenhilfe gestellt, um so eine rechtliche Vorabklärung zu erhalten. Der Antrag auf Prozesskostenhilfe allein wahrt die Rechtsbehelfsfrist aber nicht. Der Rechtsbehelf kann auch nicht zulässig bedingt für den Fall eingelegt werden, dass Prozesskostenhilfe gewährt wird. Allerdings wird in diesen Fällen regelmäßig Wiedereinsetzung in den vorherigen Stand zu gewähren sein, wenn der Antrag auf Prozesskostenhilfe innerhalb der Rechtsbehelfsfrist selbstständig und vollständig gestellt wird (*SchlHLSG* 6.12.2011 – L 2 SB 170/10 B PKH, nv; *Keller/Leitherer* in Meyer-Ladewig/Keller/Leitherer SGG § 73 a Rz 5 b ff mwN; *Littmann* in Hk-SGG § 67 Rz 11) und der Antrag nicht offen erkennbar zurückgewiesen werden wird (vgl unten Rz 224).

3.2. Vorverfahren

3.2.1. Allgemeines

102 **Sachurteilsvoraussetzung** einer Klage, deren Fehlen allerdings noch im Verfahren geheilt werden kann, ist idR (grundsätzlich bei Anfechtungs- und Verpflichtungsklagen) die Durchführung eines Vorverfahrens (§ 78 Abs 1 Satz 1 SGG). Da dieses bei der Verwaltungsbehörde durchzuführen ist, stellen die §§ 77 ff SGG praktisch das Bindeglied zwischen dem SGG und dem SGB X dar. **Sinn und Zweck** des Vorverfahrens ist die Verbesserung des Rechtsschutzes des Bürgers, **Selbstkontrolle** der Verwaltung und die damit einhergehende **Filterwirkung**, mit der die Gerichte vor Überlastung geschützt werden sollen. Dieser Umstand ist insbesondere in der zunehmenden Massenverwaltung, auch in der SV, nicht zu unterschätzen und hat letztlich zur Aufhebung der sehr umfassenden Wahlklage durch den Einigungsvertrag geführt. **Ausnahmen** von dem Erfordernis des Vorverfahrens regelt nunmehr § 78 Abs 1 Satz 2 SGG für die seltenen Fälle, dass ein Gesetz dies für besondere Fälle bestimmt (Nr 1, zB § 35 Abs 7 Satz 3 SGB V – Klage gegen die Festsetzung von Festbeträgen) oder der VA von einer obersten Bundes- oder Landesbehörde oder vom Präsidenten der BA erlassen worden ist, außer wenn ein Gesetz die Nachprüfung vorschreibt (Nr 2) oder dass ein Land oder ein Versicherungsträger klagen will (Nr 3).

3.2.2. Durchführung des Vorverfahrens

103 Das Vorverfahren **beginnt** mit der Erhebung des **Widerspruchs** (§ 83 SGG). Ob eine Äußerung als Widerspruch zu gelten hat, ist durch **Auslegung** zu ermitteln. Er muss insbesondere nicht als Widerspruch bezeichnet sein. Es reicht, wenn aus der Äußerung deutlich wird, dass der Betroffene sich durch einen VA beeinträchtigt fühlt und dessen **Überprüfung begehrt.** Auf diesem Hintergrund kann etwa eine Klageschrift als Widerspruch ausgelegt und so die fehlende Sachurteilsvoraussetzung Vorverfahren noch im Klageverfahren durch Nachholung geheilt werden. Im Hinblick darauf, dass das Gesetz häufig besondere Regelungen ua über die Zusammensetzung der Widerspruchsbehörde enthält (s Rz 111), kann die Klageerwiderung der Behörde nicht in jedem Fall als Widerspruchsbescheid ausgelegt werden.

104 Im Rahmen der **Zulässigkeit** des Widerspruchs ist zu prüfen, ob dieser sich **gegen** einen den Widerspruchsführer **belastenden VA** richtet und Beteiligten- (§ 70 SGG) sowie Prozessfähigkeit (§ 71 SGG) vorliegt (*Leitherer* in Meyer-Ladewig/Keller/Leitherer SGG § 83 Rz 3; *Binder* in Hk-SGG § 83 Rz 11). Der Widerspruch ist **schriftlich oder zur Niederschrift** bei der Stelle einzureichen, die den VA erlassen hat (§ 84 Abs 1 SGG) oder in § 84 Abs 2 SGG genannt ist. Eine bestimmte Schriftform ist nicht erforderlich. **Telegraphische** oder **fernschriftli-**

che Einreichung reicht aus. Unzureichend ist die Erhebung durch einfache E-Mail, soweit nicht die Voraussetzungen des § 65 a SGG, der die Übermittlung elektronischer Dokumente regelt, erfüllt sind (*HessLSG* 11.7.2007 – L 9 AS 161/07 ER, nv). Fehlt es an der **Unterschrift,** so ist der Widerspruch gleichwohl wirksam, wenn sich aus ihm oder seiner Anlage hinreichend deutlich ergibt, dass er vom Widersprechenden stammt (*BVerwG* 17.10.1968 – II C 112.65, BVerwGE 30, 274). Ob eine **mündliche** Einlegung ausreicht, wenn der zuständige Bedienstete einen Aktenvermerk anfertigt, ist **streitig** (Nachweise bei *Leitherer* in Meyer-Ladewig/Keller/Leitherer SGG § 84 Rz 3 a). Der Wortlaut des § 84 Abs 1 SGG und das Interesse an Rechtssicherheit spricht ausdrücklich gegen eine weite Auslegung. Auf jeden Fall besteht die Verpflichtung der Behörde, den Widersprechenden auf die Notwendigkeit einer formell richtigen Einlegung hinzuweisen (§ 14 SGB I).

Der Widerspruch kann wirksam nur innerhalb einer **Frist** von **einem Monat** **105** nach Bekanntgabe des VA erhoben werden. Ist diese Frist **abgelaufen,** wird der VA nach § 77 SGG bindend (zur Fristberechnung vgl Rz 76 ff). Die Monatsfrist läuft nur, wenn eine **Rechtsbehelfsbelehrung** erteilt wurde (§§ 84 Abs 2 Satz 3, 66 SGG), andernfalls gilt die Jahresfrist.

Den **rechtzeitigen Eingang** bei der Behörde hat der Widersprechende **nachzu-** **106** **weisen,** wobei ihm allerdings die Behörde zu helfen hat.

Als **Folge** einer **Form-** oder/und **Fristverletzung** kann die Behörde den Wider- **107** spruch als unzulässig zurückweisen, ggf die Umdeutung in einen Antrag nach § 44 SGB X prüfen (*LSG RhPf* 7.5.1986 – L 3 U 178/85, SozVers 1987, 222). War der Widersprechende ohne sein Verschulden daran gehindert, die Frist einzuhalten, ist ihm Wiedereinsetzung in den vorherigen Stand gemäß §§ 84 Abs 2 Satz 3, 67 SGG zu gewähren. Die Behörde kann aber auch in dem Widerspruchsbescheid mit der Folge der **Heilung** sachlich entscheiden, sofern der Widerspruch nicht durch einen Dritten eingelegt wurde, und zwar unabhängig davon, ob dies durch die Behörde in Kenntnis der Verletzung geschieht oder nicht. Die Entscheidung ist bindend (Rz 82; § 27 Rz 18).

3.2.3. Entscheidung

Der Widerspruch hat nach § 86 a Abs 1 Satz 1 SGG **aufschiebende Wirkung,** dh **108** die Wirkung des VA tritt (noch) nicht ein, wenn nicht ein Fall von Abs 2 der Vorschrift vorliegt (Einzelheiten vgl Rz 278 ff). Dies bewirkt auch, dass die Bindungswirkung des § 77 SGG (noch) nicht eintritt.

Erledigt sich der Widerspruch nicht auf sonstige Weise (etwa durch Rücknahme), muss zunächst die Behörde, die den **VA erlassen** hat, prüfen, ob sie dem **109** Widerspruch **abhelfen** will. Das ist nicht erforderlich, wenn Ausgangs- und Widerspruchsbehörde identisch sind (zB bei der AA). Hält aufgrund erneuter Rechtsprüfung oder neuer Tatsachen die Behörde den Anspruch für ganz oder teilweise begründet, **muss** sie abhelfen (§ 85 Abs 1 SGG).

Häufig ergehen im Verwaltungsverfahren **weitere Bescheide,** die mit dem Gegenstand **im Zusammenhang** stehen, aber keine Abhilfe darstellen. Diese werden, **110** wenn sie den **Ausgangsbescheid ändern oder ersetzen,** automatisch **Gegenstand des Verfahrens,** ohne dass es eines weiteren Widerspruchs bedarf (§ 86 Abs 1 SGG, vgl auch Rz 138 ff). **Berücksichtigt** der anschließende **Widerspruchsbescheid** den Abänderungsbescheid **nicht,** ist er **fehlerhaft.** Das Gericht sollte allerdings nicht allein deshalb aufheben, da dies den Beteiligten nicht weiterhilft und die sachliche Entscheidung lediglich verzögert, sondern das Gerichtsverfahren zur Durchführung eines (umfassenden) Widerspruchsverfahrens aussetzen (§ 114 Abs 2 SGG).

111 Wird dem Widerspruch nicht abgeholfen, hat die **Widerspruchsbehörde** den Widerspruchsbescheid zu erlassen. Behörde in diesem Sinne ist nach § 85 Abs 2 SGG die nächst höhere Behörde, in Fällen, in denen diese eine oberste Bundes- oder Landesbehörde ist, die Behörde, die den VA erlassen hat (Nr 1), in Angelegenheiten der Sozialversicherung die von der Vertreterversammlung bestimmte Stelle (Nr 2), in Angelegenheiten der BA die von dem Verwaltungsrat bestimmte Stelle (Nr 3) und in Angelegenheiten der kommunalen Selbstverwaltung die Selbstverwaltungsbehörde, soweit nicht durch Gesetz anderes bestimmt wird (Nr 4).

112 Die **Prüfung durch die Widerspruchsbehörde** ist umfassend. Sie wird zunächst die Zulässigkeit des Widerspruchs prüfen und ggf den Widerspruch als unzulässig zurückweisen. Nur so wird die Bestandskraft nach § 77 SGG gewährleistet (Rz 107). Gewährt die Widerspruchsbehörde Wiedereinsetzung in den vorherigen Stand, ist das Gericht bei seiner späteren Prüfung daran gebunden (so § 27 Rz 18). Ist der Widerspruch **zulässig, muss** die Behörde anschließend die **sachliche Richtigkeit des Bescheides** prüfen, und zwar hinsichtlich seiner **Recht- und Zweckmäßigkeit** (§ 78 Abs 1 Satz 1 SGG). Neues Vorbringen ist zu berücksichtigen.

113 Für die Überprüfung gelten die **Verfahrensvorschriften** im SGG und SGB X (§ 62 SGB X). Es kann, muss aber nicht mündlich verhandelt werden. Akteneinsicht ist, auf Anforderung, grundsätzlich zu gewähren. Eine **Aussetzung** des Widerspruchsverfahrens ist zwar im Gesetz nicht vorgesehen, aber **zulässig** und kann sich in den Fällen anbieten, in denen Parallelverfahren bereits im Rechtsweg anhängig sind. Inwieweit **Kosten** im Vorverfahren zu erstatten sind, regelt § 63 SGB X.

114 Mit der **Entscheidung** der Widerspruchsbehörde darf eine Schlechterstellung des Widerspruchsführers nicht bewirkt werden, die sog reformatio in peius oder Verböserung ist nach herrschender Meinung grundsätzlich ausgeschlossen (Hdb SGG – *Udsching* IV Rz 44; *Leitherer* in Meyer-Ladewig/Keller/Leitherer SGG § 85 Rz 5). Die Zulässigkeit von Ausnahmen dieses Grundsatzes beurteilt sich danach, ob die Widerspruchsbehörde berechtigt ist, die Bindungswirkung des VA zu durchbrechen. Eine solche Berechtigung kann sich etwa aus den §§ 44 ff SGB X ergeben (*BSG* 2.12.1992 – 6 RKa 33/90, BSGE 71, 274; *Binder* in Hk-SGG § 85 Rz 5).

115 Der Widerspruchsbescheid ist schriftlich zu erlassen, zu begründen, den Beteiligten bekanntzugeben, und diese sind über die Rechtsmittel umfassend zu belehren (§ 85 Abs 3 SGG). Der Verstoß gegen den **Begründungszwang** ist ein **Verfahrensfehler**, macht den Widerspruchsbescheid aber **nicht nichtig** und setzt die **Klagfrist** in Lauf (*Leitherer* in Meyer-Ladewig/Keller/Leitherer SGG § 85 Rz 7 c). Wird der Widerspruchsbescheid **später als 5 Monate nach** dem **Beschluss** der Widerspruchsstelle abgefasst, ist in Anlehnung an die Rspr zu Urteilen (Rz 172) von einer fehlenden Begründung auszugehen (*BSG* 21.4.1993 – 14 a RKa 11/92, SozR 3-1300 § 35 Nr 5). Die **Zustellung** wird von § 85 Abs 3 Satz 1 idF des Gesetzes vom 30.3.1998 (BGBl I, 638) nicht mehr vorgeschrieben. Es reicht die Bekanntgabe, § 37 SGB X. Dem ist durch Änderung auch des § 87 Abs 2 SGG durch das Gesetz vom 22.12.1999 (BGBl I, 2626) Rechnung getragen worden. Stellt die Behörde den Widerspruchsbescheid gleichwohl zu, gelten die §§ 2 bis 10 VwZG (§ 85 Abs 3 Satz 2).

Die **Rechtsbehelfsbelehrung** hat den Hinweis über die Zulässigkeit der Klage, **116**
die einzuhaltende Frist und den Sitz des zuständigen Gerichts zu beinhalten.
§ 66 SGG findet Anwendung.

Entscheidet die Widerspruchsbehörde nicht innerhalb von 3 Monaten über den **117**
Widerspruch, kann nach den Voraussetzungen des § 88 SGG eine **Untätigkeitsklage** zulässig sein (Rz 56 ff).

3.3. Verfahren im ersten Rechtszug

Das gerichtliche Verfahren beginnt regelmäßig mit der Erhebung der Klage **118**
(Ausnahme zB: Antrag auf vorläufigen Rechtsschutz). Anforderungen an zu beachtende Förmlichkeiten sind vom Gesetzgeber bewusst gering gehalten worden, um auch dem rechtsunkundigen, mittellosen Kläger weitgehend Rechtsschutz zu gewähren.

3.3.1. Form der Klage

Die Klage ist bei dem zuständigen Gericht der Sozialgerichtsbarkeit (zur Klage- **119**
erhebung bei einer unzuständigen Behörde s Rz 125) **schriftlich** oder zur **Niederschrift** des Urkundsbeamten der Geschäftsstelle zu erheben, § 90 SGG. Das
wird zumeist das SG sein. Allerdings sieht das SGG in einigen Vorschriften die
erstinstanzliche oder alleinige Zuständigkeit der oder bestimmter **LSG** oder des
BSG vor. So entscheiden die LSG nach § 29 Abs 2 SGG in bestimmten Schieds-
stellen- oder Aufsichtsverfahren§ 29 Abs 3 SGG bestimmt eine besondere erstinstanzliche Zuständigkeit des LSG NRW und Abs 4 eine solche des LSG Bln-
Bbg. § 39 Abs 2 SGG sieht, neben anderen spezialgesetzlichen Regelung (zB in
§ 88 Abs 7 Satz 2 Nr 1 SVG), eine alleinige Entscheidungsbefugnis des BSG vor.
Ob eine Klage gewollt ist, ist ggf durch **Auslegung** oder Rückfragen zu ermitteln. Wird nicht aus der Klageschrift selbst, ggf durch Auslegung, deren Charakter deutlich, sondern erst durch die anschließende Klarstellung, muss diese
innerhalb der Klagfrist erfolgt sein. Die Bezeichnung als Klage ist nicht zwingend. Es reicht aus, wenn aus dem Vortrag des Klägers deutlich wird, dass er
die **gerichtliche Überprüfung eines Tatbestandes** wünscht. Das ist grundsätzlich
nicht bei dem Ausdruck allgemeiner Unzufriedenheit, der Ankündigung einer
Klage, einer Beschwerde oder der Bitte um Rat (vgl *LSG NRW* 12.7.1966 – L
15 Kn 29/66, Breith 1967, 353) und schon gar nicht bei bloßen Beschimpfungen der Fall, liegt aber dann vor, wenn ein Rechtsunkundiger (dieser Umstand
kann bei der Auslegung mit herangezogen werden) die Unrichtigkeit eines Widerspruchsbescheides geltend macht (*BSG* 31.1.1974 – 4 RJ 167/73, SozR
1500 § 92 Nr 1; 28.10.1975 – 9 RV 452/74, SozR 1500 § 92 Nr 2).

Zwar gehört zur **Schriftform** auch die eigenhändige **Unterschrift**. Mit ihr **soll** **120**
nach § 92 SGG die Klageschrift jedoch (nur) unterzeichnet sein, woraus nach
ganz allgemeiner Ansicht hergeleitet wird, dass ihr Fehlen die Klage nicht unwirksam macht (vgl unten Rz 123) bzw auch nach Fristablauf noch nachgeholt
werden kann (anders: Rechtsmittelschrift!). Gewahrt wird die Schriftlichkeit
auch durch Telegramm, einschließlich seiner telefonischen Aufgabe, Telefax
(umfassend dazu: *Pape* NJW 1996, 417ff) und Telex. Der mWv 1. 8. 2001 in
das SGG eingefügte § 108 a, der zukünftig (Abs 2) die **elektronische Form** als
Alternative zur Schriftform vorsah, ist zwar durch das Gesetz vom 22.3.2005
(BGBl I, 837) mWv 1.4.2005 wieder aufgehoben worden. Gleichzeitig ist aber
mit den §§ 65 a und b eine umfassende Regelung über die Übermittlung elektronischer Daten (§ 65 a) und die Führung **elektronischer Prozessakten** (§ 65 b)
in das SGG (sowie in die anderen Prozessordnungen, ua § 55 a und b VwGO)

eingeführt worden. Das elektronische Gerichtsverfahren tritt dabei neben das bisherige auf dem Medium Papier basierende Verfahren. Grundvoraussetzung ist allerdings die Zulassung durch Rechtsverordnung der Länder bzw des Bundes. Wann dies geschehen wird, hängt vorrangig davon ab, wann die dafür notwendigen technischen Voraussetzungen geschaffen sein werden. Solange das nicht der Fall ist, wird das Formerfordernis durch eine Klage in Form einer E-Mail nicht eingehalten (*BGH* 4.12.2008 – IX ZB 41/08, WM 2009, 331; *Leitherer* in Meyer-Ladewig/Keller/Leitherer SGG § 90 Rz 5 b mwN). Das *LSG LSA* (18.1.2011 – L 5 AS 433/10 B, nv) hat jedoch insoweit eine E-Mail ausreichen lassen, wenn das Sozialgericht eine ihm per E-Mail nebst anliegender PDF-Datei zugegangene Klageschrift ausgedruckt und mit einem Aktenzeichen versehen hat. In dem Fall war die Klage mitsamt Unterschrift eingescannt und an das Sozialgericht übermittelt worden, so dass das Gericht davon ausgehen konnte, dass die E-Mail mit dem erforderlichen Willen des Klägers in den Verkehr gelangt war (s auch *BGH* 15.7.008 – X ZB 8/08, NJW 2008, 2649).

121 Klageerhebung zur **Niederschrift** des Urkundsbeamten der Geschäftsstelle des Gerichts ist alternativ zur Einreichung einer schriftlichen Klage möglich. Zur Aufnahme solcher Klagen sind (auch) andere Behörden und die amtlichen Vertretungen der Bundesrepublik im Ausland verpflichtet (Hdb SGG – *Udsching* VII Rz 3).

3.3.2. Inhalt der Klage

122 Anforderungen an den Inhalt der Klage bestimmt § 92 **Abs 1 SGG**, und zwar in Satz 1 in Form einer **Mussvorschrift**, nach der die Klage den Beklagten und den Gegenstand des Klagebegehrens bezeichnen muss, und in Satz **2 und** 3 in Form einer **Sollvorschrift** zu weiteren Angaben. Kommt der Kläger dem nicht nach, sieht **Abs 2** zunächst vor, dass der Vorsitzende zur Ergänzung auffordert (S 1). Satz **2** bestimmt darüber hinaus eine **Sanktionsmöglichkeit** für ein Unterlassen der Angaben des Abs 1 Satz 1 dergestalt, dass **Präklusion** eintritt. Ein Nachholen dieser Angaben ist dann nur innerhalb der gesetzten Frist möglich. Erfolgt dies nicht, ist die Klage jedenfalls dann unzulässig, wenn es sich dabei um die gesetzlichen Mindestangaben handelt, wobei keine zu strengen Anforderungen zu stellen sind (Jansen SGG § 92 Rz 7; *Binder* in Hk-SGG § 92 Rz 15). Ergänzt wird diese seit 1.4.2008 geltende Verschärfung durch den mit dem gleichen Gesetz neu eingefügten § 106 a SGG, der dem Gericht eine ähnliche Möglichkeit für die Angaben von Tatsachen und Beweismittel einräumt (Rz 145). Hier führt ein Verstreichenlassen der Frist jedoch nicht zwingend zur Präklusion, sondern nur, wenn die Voraussetzungen des Abs 3 der Vorschrift vorliegen. Folgen aus dieser Vorschrift gelten auch in einem sich anschließenden Berufungsverfahren nach § 157 a Abs 2 SGG.

123 Aus der Formulierung der Sätze 2 und 3 des Abs 1 als Sollvorschrift leitet die allgemeine Ansicht ab, dass der Inhalt nicht zwingend ist. Gleichwohl sollte der Kläger, der ja gerade die Entscheidung des Gerichts begehrt und dieses bei seinen Ermittlungen auf seine Angaben angewiesen ist, den Inhalt des § 92 SGG berücksichtigen und neben den zwingenden Angaben zum Streitgegenstand (Abs 1 Satz 1) zumindest auch

- ■ den angefochtenen VA oder den Widerspruchsbescheid bezeichnen,
- ■ einen bestimmten Antrag stellen
- ■ und die zur Begründung dienenden Tatsachen und Beweismittel angeben.

Ungenauigkeiten oder Unterlassungen auch dieser Angaben können durchaus zum Nachteil des Klägers führen, wenn dadurch der Sachverhalt nicht vollständig aufgeklärt wird. Allerdings hat das Gericht bei den Angaben Hilfestellung zu leisten. So bestimmen §§ 103, 106, 112 Abs 2 SGG ua, dass das Gericht auf sachdienliche Anträge und vollständige Angaben zum Sachverhalt hinzuweisen hat.

Der Klageschrift sind die vom Gericht geforderten Abschriften beizufügen. Ge- **124** schieht dies nicht, können die Kosten der Anfertigung vom Kläger eingezogen werden, § 93 SGG.

3.3.3. Klagefrist

Zwingend schreibt § 87 SGG vor, dass die Klage **binnen eines Monats** nach Be- **125** kanntgabe des **VA** bzw **Widerspruchsbescheides** zu erheben ist, **3 Monate** bei Zustellung oder Bekanntgabe im **Ausland.** Durch den zeitlichen Bezug zum VA gilt diese Frist nur für Anfechtungsklagen bzw die damit verbundenen Klagen (zB Verpflichtungsklagen), nicht jedoch für isolierte Leistungs- oder Feststellungsklagen. Eine Verlängerung der Frist ist nicht möglich. Wird sie versäumt, kann allerdings nach § 67 SGG Wiedereinsetzung in den vorigen Stand gewährt werden, andernfalls ist die Klage als unzulässig abzuweisen. Die Berechnung der Fristen erfolgt nach § 64 SGG (vgl Rz 76 ff). Die Frist für die Erhebung der Klage gilt als gewahrt, wenn die Klageschrift innerhalb der oa Frist statt bei dem zuständigen Gericht der Sozialgerichtsbarkeit bei einer **anderen inländischen Behörde,** bei einem Versicherungsträger oder bei einer deutschen Konsularbehörde oder, soweit es sich um die Versicherung von Seeleuten handelt, auch bei einem deutschen Seemannsamt im Ausland eingegangen ist (§ 91 Abs 1 SGG). Zu den inländischen Behörden in diesem Sinne zählen auch andere (unzuständige) Gerichte. Von dort ist die Klageschrift unverzüglich an das zuständige Gericht der Sozialgerichtsbarkeit weiterzuleiten (§ 91 Abs 2 SGG). Zu beachten ist allerdings, dass nach Auffassung des *BSG* (20.4.1999 – B 1 SF 1/98 B, SozR 3-1500 § 91 Nr 1) nicht jede inländische Behörde zur Entgegennahme sozialgerichtlicher Klagen verpflichtet ist.

3.3.4. Wirkungen der Klageerhebung

Anders als im zivilgerichtlichen Verfahren führt bereits die Erhebung der Klage **126** zur **Rechtshängigkeit** (§ 94 SGG). **Erhoben** ist die Klage dann, wenn sie beim **zuständigen Gericht eingeht. Beendet** werden kann die Rechtshängigkeit und damit der Rechtsstreit auf vielerlei Art und Weise, nämlich durch **rechtskräftiges Urteil, fingierte und ausdrückliche Klagerücknahme, Rechtsmittelrücknahme, gerichtlichen Vergleich, angenommenes Anerkenntnis und übereinstimmende Erledigungserklärung** (vgl Rz 165 ff).

Wirkungen der Rechtshängigkeit gibt es mehrere. So bewirkt sie die **Unzuläs- 127 sigkeit** einer **weiteren Klage** mit gleichem Streitgegenstand (§ 17 Abs 1 Satz 2 GVG), **Hemmung der Verjährung** (§ 45 Abs 2 SGB I iVm § 204 Abs 1 Nr 1 BGB), abändernde oder ersetzende VA werden Gegenstand des Verfahrens (§ 96 SGG – weitere Einzelheiten Rz 138 ff).

Weitere Folge der Erhebung der Klage ist grundsätzlich (Ausnahmen § 86 a Abs **128** 2 SGG) die **aufschiebende Wirkung** (§ 86 a Abs 1 SGG). Aufschiebende Wirkung bedeutet, dass ein **VA** für die Dauer der Klage **nicht vollzogen** werden kann (zu weiteren Einzelheiten Rz 277 ff).

3.3.5. Der Streitgegenstand
3.3.5.1. Allgemeines

129 Der Streitgegenstand ist ua wesentlich für die Frage, in welchem Umfang Rechtshängigkeit eingetreten (so Rz 126), worüber zu entscheiden ist und wie weit die Rechtskraft der Entscheidung geht. Er hat zudem Auswirkungen auf die Frage, ob ein Fall des § 96 SGG oder eine Klageänderung vorliegt.

130 Der Begriff des Streitgegenstandes des sozialgerichtlichen Verfahrens deckt sich mit dem des Zivilprozesses (*BSG* 12.10.1972 – 10 RV 744/71, BSGE 35, 8). **Maßgebend ist** danach der vom Kläger **geltend gemachte Anspruch** (§ 322 Abs 1 ZPO), nämlich das vom Kläger aufgrund eines bestimmten Sachverhaltes an das Gericht gerichtete Begehren (vgl *Leitherer* in Meyer-Ladewig/Keller/Leitherer SGG § 95 Rz 5; *Binder* in Hk-SGG § 94 Rz 2).

3.3.5.2. Streitgegenstand und Klageantrag

131 Maßgebend im sozialgerichtlichen Verfahren für die Bestimmung des Streitgegenstandes ist der **erhobene Anspruch**, nicht der Antrag, wenn sich dieser nicht mit dem Anspruch deckt. Das verdeutlicht insbesondere § 123 SGG, wonach das **Gericht** an die **Anträge nicht gebunden** ist, **sondern über** den vom Kläger erhobenen **Anspruch entscheidet.** Dieser Anspruch ist anhand des **gesamten Streitstoffes** zu ermitteln. Die Verwaltungsvorgänge sind beizuziehen und der Kläger ist ggf ergänzend zu befragen. Streitgegenstand sind danach hinsichtlich der angefochtenen VA nicht nur die vom Kläger bezeichneten, sondern auch die, welche der Kläger anfechten muss, um seinen Anspruch durchzusetzen. Häufig ist für den rechtsunkundigen Kläger gar nicht erkennbar, dass etwa ein persönliches an ihn gerichtetes Schreiben ohne Rechtsmittelbelehrung und ohne einen weiteren Hinweis auf das Vorliegen eines VA (zB durch die Verwendung des Begriffs „Bescheid") durchaus ein VA sein kann, soweit er die Bestandteile des § 31 SGB X (s Kommentierung dort) enthält. Auch hier ist das Gericht zur Hilfestellung verpflichtet; es hat nach § 106 Abs 1 SGG auf die Stellung sachdienlicher Anträge hinzuwirken. Wird die Anfechtung eines VA „vergessen", wird dieser gleichwohl nicht bestandskräftig nach § 77 SGG (*BSG* 21.1.1987 – 7 RAr 76/85, SozR 4100 § 66 Nr 1). Im **Zweifel** ist davon auszugehen, dass der Kläger **alles** zugesprochen haben möchte, was ihm aufgrund des Sachverhalts zusteht (sog **Meistbegünstigungsgrundsatz** *BSG* 10.5.2011 – B 4 KG 1/10 R, SozR 4-5870 § 6 a Nr 2; 18.8.2005 – B 7 a AL 4/05 R, SozR 4-1500 § 95 Nr 1). Beschränkt er aber ausdrücklich sein Begehren, so ist dies Ausdruck der Dispositionsmaxime; das Gericht hat diese Beschränkung zu respektieren und darf nicht über das Klagebegehren in seinem Zuspruch hinausgehen (vgl etwa § 88 VwGO, § 96 Abs 1 Satz 2 FGO; vgl auch *BSG* 11.11.1987 – 9 a RV 22/85, ZfS 1988, 46; *Aussprung* in Roos/Wahrendorf SGG § 123 Rz 32). Allerdings muss die Beschränkung klar und unmissverständlich ausgesprochen sein, ggf nach Hinweis des Gerichts (*BSG* 11.11.1987 – 9 a RV 22/85, ZfS 1988, 46).

132 **Streitgegenstand** bei der **Anfechtungsklage** ist die Behauptung des Klägers, der von ihm angefochtene VA (einschließlich Widerspruchsbescheid) sei rechtswidrig und verletze ihn in seinen Rechten (*BSG* 17.12.1977 – 2 RU 35/75, BSGE 41, 100). Streitgegenstand der **Verpflichtungsklage** ist die Behauptung, die Ablehnung des geltend gemachten Anspruchs sei rechtswidrig und verletze ihn in seinen Rechten.

133 Ein angefochtener VA darf vom Gericht, sollte es zu dem Ergebnis kommen, nicht einmal das im VA Zugesprochene stehe dem Kläger zu, nicht zu seinem

Nachteil abgeändert werden (**Verbot der reformatio in peius** oder sog Verböserungsverbot). Die Klageabweisung ist damit die ungünstigste Entscheidung für den Kläger (zur reformatio in peius im Verwaltungsverfahren vgl Rz 114).

3.3.5.3. Klageänderung

Auch für die Frage der zulässigen Änderung der Klage ist die Bestimmung des **134** **Streitgegenstandes wesentlich**, da dessen Änderung Klageänderung iSd § 99 SGG ist (**Änderung des Klageantrags, Klagegrundes oder Wechsel der Beteiligten**). Die Klageänderung ist nach dieser Vorschrift nur **zulässig**, wenn die übrigen **Beteiligten einwilligen** (das ist auch gegeben, wenn die Beteiligten sich auf die geänderte Klage einlassen, § 99 Abs 2 SGG) oder das **Gericht** die Änderung für **sachdienlich** hält. Sachdienlichkeit ist insbesondere dann anzunehmen, wenn die Klageänderung zu einer umfassenden und endgültigen Beendigung des Rechtsstreits beiträgt, indem zB ein weiterer Prozess vermieden wird. Das Gericht entscheidet diese Frage nach Ermessen. Hier ist eine genaue Abwägung zwischen den Vor- und Nachteilen vorzunehmen. So kann eine Klageänderung durchaus dann nicht mehr als sachdienlich angesehen werden, wenn in einer entscheidungsreifen Sache durch die Klageänderung weitere umfassende Ermittlungen notwendig werden, etwa wenn sie dazu führt, dass der Rechtsstreit auf eine völlig neue Grundlage gestellt wird und damit bisherige Ergebnisse nicht oder nur unvollständig verwertet werden können (vgl Hdb SGG – *Udsching* VII Rz 73).

Bezüglich der geänderten Klage müssen die **allgemeinen Prozessvoraussetzun-** **135** **gen** (Rz 36 ff) vorliegen. Ein **Widerspruchsverfahren** ist nicht in jedem Fall erforderlich, wenn es sich nämlich, etwa bei einem Honorarbescheid eines Vertragsarztes, der nicht nach § 96 SGG Gegenstand des Klageverfahrens geworden ist (vgl Rz 138 ff), um die gleiche Rechtsfrage wie in dem ursprünglichen Verfahren handelt und die Beteiligten zustimmen (s *BSG* 7.2.1996 – 6 RKa 42/95, SozR 3-2500 § 85 Nr 12 mit weiteren Beispielen aus der Rspr, in denen auf ein Widerspruchsverfahren verzichtet wurde). Fehlt es aber bereits an einem Antrag und liegt (deshalb) auch kein (den Kläger belastender) VA vor, ist die Einbeziehung in das Verfahren mittels Klageänderung schon mangels Beschwer nicht zulässig (*LSG RhPf* 20.5.1999 – L 4 Vs 76/98, nv).

Grundsätzlich ist die Klageänderung auch im **Berufungsverfahren zulässig**; es **136** gelten die gleichen Voraussetzungen wie in der ersten Instanz. **Nicht zulässig** ist hingegen die Klageänderung im **Revisionsverfahren** (§ 168 SGG).

Als Klageänderung ist nach § 99 Abs 3 SGG nicht anzusehen, wenn ohne Än- **137** derung des Klagegrundes

1. die tatsächlichen oder rechtlichen Ausführungen ergänzt oder berichtigt werden (zB Ergänzung des medizinischen Sachverhalts etwa durch neue Diagnosen),
2. der Klageantrag in der Hauptsache oder in Bezug auf Nebenforderungen erweitert oder beschränkt wird (zB die Anerkennung weiterer Unfallfolgen),
3. statt der ursprünglich geforderten Leistung wegen einer später eingetretenen Veränderung eine andere Leistung verlangt wird (zB Fall des § 131 Abs 1 Satz 3 – Übergang von Anfechtungs- oder Verpflichtungsklage auf Fortsetzungsfeststellungsklage).

Gegen die **Entscheidung**, dass eine **Änderung** der Klage **nicht vorliegt** oder dass sie sachdienlich ist, gibt es **kein Rechtsmittel** (§ 99 Abs 4 SGG).

3.3.5.4. Einbeziehung neuer Verwaltungsakte

138 Wird während des Vorverfahrens der VA abgeändert, so wird der Neubescheid nach § 86 Abs 1 SGG Gegenstand des **Vorverfahrens** (Rz 110). Die Einbeziehung neuere Verwaltungsakte in ein bereits rechtshängiges **Gerichtsverfahren** regelt § 96 SGG, der mWv 1.4.2008 geändert (eingeschränkt) wurde. Gemäß § 153 Abs 1 SGG findet § 96 SGG auch im Berufungsverfahren Anwendung. Hinsichtlich des Neubescheides entscheidet das LSG in diesen Fällen als 1. Instanz. Im Revisionsverfahren enthält § 171 Abs 2 SGG eine eigenständige Regelung, wonach der neue VA als mit der Klage beim SG angefochten gilt, es sei denn, dass der Kläger durch den neuen VA klaglos gestellt oder dem Klagebegehren durch die Entscheidung des Revisionsgerichts zum ersten VA in vollem Umfang genügt wird.

Nach § 96 Abs 1 wird ein neuer Verwaltungsakt nur dann Gegenstand des Klageverfahrens, wenn er nach Erlass des Widerspruchbescheides ergangen ist und den angefochtenen Verwaltungsakt abändert oder ersetzt. Dieser **gesetzlich** geregelte Fall der **Klageänderung** (vgl Rz 134 ff) dient, ähnlich der Sachdienlichkeit iSd § 99 Abs 1 SGG, der **Prozessökonomie**. Die Einbeziehung des neuen VA hat zur Folge, dass es eines Widerspruchsverfahrens nicht bedarf (*BSG 27.6.1974 – 8/2 RU39/72, BSGE 38, 21*).

139 Die Bewertung, wann eine **Abänderung oder Ersetzung** im Sinne des § 96 SGG vorliegt, ist häufig nicht einfach zu treffen und hatte beim BSG hinsichtlich der Vorschrift in ihrer vorherigen Fassung zunächst unter Heranziehung der Gesetzesbegründung zu einer sehr weiten Auslegung der Vorschrift geführt. Diese weite Auslegung des § 96 SGG führte allerdings zu Rechtsunsicherheiten und teilweise zu prozessunökonomischen Ergebnissen, insbesondere wenn der Erlass weiterer VA von den Beteiligten – was häufig vorkommt – dem Gericht entgegen § 96 Abs 2 SGG nicht bzw erst in der mündlichen Verhandlung mitgeteilt wurde und/oder häufig weitere Ermittlungen und damit Vertagungen notwendig machten. Das führte dazu, dass zunächst der 6. Senat für das Vertragsarztrecht (*BSG 20.3.1996 – 6 RKa 51/95, BSGE 78, 98*) und der 3. Senat für das Beitragsrecht zum KSVG (16.4.1998 – B 3 KR 5/97 R, SozR 3-5425 § 24 Nr 17) zu einer wortlautkonformen Auslegung des § 96 SGG zurückgekehrt sind mit weitestgehender Orientierung an den Begriffen Abänderung und Ersetzung. Dem schlossen sich der 12. Senat (14.7.2004 – B 12 KR 10/02 R, SozR 4-5375 § 2 Nr 1) und der 1. Senat (13.12.2005 – B 1 KR 21/04 R, SozR 4-2500 § 18 Nr 5) an, wenn in Bezug auf jeden ergangenen Bescheid jeweils auf Sachverhaltsbesonderheiten und zusätzliche (unterschiedliche) für den konkreten Anspruch rechtserhebliche tatsächliche Gesichtspunkte eingegangen werden müsste. Diese Entwicklung hat der Gesetzgeber aufgegriffen und mit der Neufassung des § 96 Abs 1 SGG die Einbeziehung neuer Verwaltungsakte auf die Fälle begrenzt, dass nach Klageerhebung der (ursprüngliche) Verwaltungsakt durch einen neuen ersetzt oder abgeändert wird (BT-Drucks 16/7716, 18 f).

140 **Änderung oder Ersetzung** erfordern eine Veränderung des **Streitgegenstandes** des anhängigen Gerichtsverfahrens, etwa durch Erhöhung der Beschwer des Klägers, die **Folge** der Einbeziehung des neuen Bescheides ist, da dieser automatisch Gegenstand des Gerichtsverfahrens wird, der Kläger also keinen Widerspruch oder Klage gegen ihn erheben/einlegen muss, vielmehr eine Klage wegen der Rechtshängigkeit des Neubescheides sogar unzulässig ist. Hier sollte der Kläger jedoch stets vorsichtig sein und insbesondere die dem Bescheid angefügte Rechtsbehelfsbelehrung beachten. Der Neubescheid iSd § 96 SGG hat anstelle der üblichen Rechtsbehelfsbelehrung den Hinweis zu enthalten, dass er Gegenstand des Gerichtsverfahrens wird. Das **Gericht** ist gemäß § 96 Abs 2 SGG **umgehend hierüber zu unterrichten**, was häufig nicht geschieht. Eine **falsche Rechtsbehelfsbelehrung** durch die Behörde führt grundsätzlich zu nur geringen Problemen. Hält sie den Bescheid fälschlich nicht für einen solchen nach § 96 Abs 1 SGG, so wird der Neubescheid gleichwohl Gegenstand des Gerichtsverfahrens und die (neue) Klage gegen ihn ist wegen Rechtshängigkeit unzulässig. Hält die Behörde fälschlicherweise den Neubescheid für einen solchen nach § 96 Abs 1 SGG und belehrt sie entsprechend, könnte es zwar zu einer Verfristung entweder eines Widerspruchs oder einer Klage kommen. Es wäre jedoch Wiedereinsetzung in den vorigen Stand zu gewähren, und zwar im Hinblick auf § 66 Abs 2 Satz 1 letzter Hs SGG auch nach einem Jahr (Hdb SGG – *Udsching* VII Rz 95). Enthält allerdings der **Neubescheid keinerlei Hinweis**, so könnte es hinsichtlich der **Jahresfrist** von § 66 Abs 2 SGG **problematisch** werden, ggf wäre vorsichtshalber Klage zu erheben (vgl *Littmann* in Hk-SGG § 66 Rz 6).

3.3.5.5. Verbindung und Trennung

Das Gericht kann gemäß § 113 Abs 1 SGG durch Beschluss mehrere bei ihm **141**
anhängige Rechtsstreitigkeiten zur gemeinsamen Verhandlung und Entscheidung **verbinden**, wenn die Ansprüche, die den Gegenstand dieser Rechtsstreitigkeiten bilden, in Zusammenhang stehen oder von vornherein in einer Klage hätten geltend gemacht werden können. Wann ein solcher Zusammenhang besteht, ist weit zu fassen. Die Entscheidung steht im Ermessen des Gerichts. Dem gegenüber steht die **Trennung**, dh die Aufteilung eines Verfahrens in mehrere andere. Auch diese orientiert sich wie die Verbindung an der Zweckmäßigkeit (§ 113 Abs 2 SGG). Die Entscheidung über Verbindung und Trennung erfolgt durch unanfechtbaren (§ 172 Abs 2 SGG) **Beschluss**.

3.3.6. Vorbereitung der mündlichen Verhandlung

Bereits vor der mündlichen Verhandlung treffen den Vorsitzenden bzw den Be- **142**
richterstatter beim LSG eine Vielzahl von Aufgaben. Nach § 106 Abs 2 SGG hat er alle Maßnahmen zu treffen, die notwendig sind, um den Rechtsstreit möglichst in einer mündlichen Verhandlung zu erledigen. In einer nicht abschließenden Aufzählung enthält hierzu § 106 Abs 3 SGG in Betracht kommende Maßnahmen.

3.3.6.1. Amtsermittlungsgrundsatz

Ergänzt wird die Pflicht zur Vorbereitung durch die im SGG geltende Offizial-, **143**
Inquisitions- oder auch Untersuchungsmaxime bzw den Amtsermittlungsgrundsatz, festgelegt in § 103 SGG, wonach das Gericht den Sachverhalt von Amts wegen unter Heranziehung der Beteiligten erforscht.

Der **Umfang** der Amtsermittlungspflicht richtet sich nach dem Streitgegenstand, **144**
nämlich nach dem Anspruch des Klägers, der Verteidigung der Beklagten und der möglichen Entscheidung des Gerichts. Dabei steht das Ausmaß der Ermittlungen in dessen pflichtgemäßen Ermessen. Es müssen aber alle **Tatsachen** ermittelt sein, die **für** die **Entscheidung** in prozessualer und materieller Hinsicht **wesentlich** und entscheidungserheblich sind (*Roller* in Hk-SGG § 103 Rz 6; *Leitherer* in Meyer-Ladewig/Keller/Leitherer SGG § 103 Rz 4 ff mwN). Gleichwohl sind die Beteiligten nicht der Mitwirkung bei den Ermittlungen des Gerichts enthoben. So bestimmt das SGG in den §§ 92 und 151 für Klage und Berufung die Verpflichtung des Klägers/Berufungsklägers in Form einer Sollvorschrift, die zur Begründung dienenden Tatsachen und Beweismittel anzugeben

(Rz 123, 225). Auch faktisch besteht eine Mitwirkungspflicht der Beteiligten. Tragen sie insoweit nicht ausreichend vor, kann das Gericht häufig keine Ermittlungen aufnehmen. Es ist auf die Mitwirkung der Beteiligten angewiesen und nur zu solchen Ermittlungen verpflichtet, die nach Lage der Sache erforderlich sind. Es muss nicht von sich aus in alle Richtungen ermitteln. Zwar hat der Umstand, dass Tatsachen nicht bestritten werden (unstreitig sind), im sozialgerichtlichen Verfahren nicht die Bedeutung wie im Zivilprozess. Es muss sich aber ein Anhalt, etwa aus den Akten, ergeben, um bei solchen unstreitigen Sachverhalten gleichwohl eine Ermittlungspflicht des Gerichts zu begründen.

145   Der mit Gesetz vom 26.3.2008 neu eingeführten und dem § 87 b VwGO nachgebildeten § 106 a SGG ermöglicht seit 1.4.2008 eine **Sanktionierung** der **Verletzung** der **Mitwirkungspflicht** der Beteiligte im gerichtlichen Verfahren. Nach Abs 1 und 2 kann der Vorsitzende bzw Berichterstatter den Beteiligten eine Frist zur Angabe von Tatsachen setzen. Abs 3 ermöglicht unter bestimmten Voraussetzungen (Verzögerung, keine ausreichende Entschuldigung und Belehrung) Erklärungen und Beweismittel, die erst nach Ablauf der Frist vorgebracht werden, zurückzuweisen und ohne weitere Ermittlungen zu entscheiden.

146   Zur Ermittlung kann das Gericht von allen – vernünftigen – Möglichkeiten, insbesondere den vier Beweismitteln (Zeuge, Urkunde, Sachverständiger, Augenschein) Gebrauch machen bzw auf die von § 106 Abs 3 SGG angesprochenen Möglichkeiten zurückgreifen (vgl Rz 148). Es muss die Ermittlungen in der Regel selbst vornehmen, kann aber andere Gerichte im Wege der Rechtshilfe (§ 5 SGG) mit einbeziehen (§ 106 Abs 3 Nr 4 SGG). Eine **Zurückverweisung an die Verwaltung** (auch wenn diese offensichtlich unvollständig ermittelt hat) war zunächst **grundsätzlich nicht möglich**. Eine Ausnahme von diesem Grundsatz wurde zugelassen, wenn der Kläger das beantragt hatte oder eine Verurteilung der Verwaltung unangemessen vorgreifen würde oder wenn noch weitere Ermittlungen oder Berechnungen notwendig waren, die zweckmäßiger durch die besser dafür ausgerüstete Verwaltung auszuführen waren, insbesondere wenn Gefahr bestand, dass sonst das Verfahren unangemessen verzögert wurde oder Unstimmigkeiten entstanden (*SchlHLSG* 11.5.1999 – L 6 KA 14/99, ELSG KA-067: Verurteilung der beklagten Kassenärztlichen Vereinigung zur Überprüfung der Kürzung des Ansatzes der Ziffer 19 EBM bei der Honorarabrechnung eines Vertragsarztes in 159 Fällen unter Beachtung der vom Senat vorgegebenen Grundsätze bei der Auslegung der Ziffer). Mit dem Gesetz vom 24.8.2004 hat der Gesetzgeber in § 131 **Abs 5 SGG** eine gesetzliche Ausnahme vom Zurückverweisungsverbot vorgesehen und durch das Gesetz vom 26.3.2008 auf die Fälle des § 54 Abs 1 Satz 1 (Anfechtungs- Verpflichtungs- und Leistungsklage) und Abs 4 (kombinierte Anfechtungs- und Leistungsklage) erstreckt. Voraussetzung ist, dass das Gericht eine weitere Sachaufklärung für erforderlich hält, Art und Umfang der nötigen Ermittlungen erheblich sind und die Zurückverweisung unter Berücksichtigung der Belange der Beteiligten sachdienlich ist. Die Zurückverweisung erfolgt dergestalt, dass das Gericht den VA und Widerspruchsbescheid aufhebt. Dies kann aber nur binnen 6 Monaten seit Eingang der Verwaltungsakten bei Gericht geschehen (§ 131 Abs 5 Satz 5; allgemein zu § 131 Abs 5 SGG *Bienert* in SGb 2005, 84-88). § 131 Abs 5 SGG kann auch Bedeutung im Verfahren des **einstweiligen Rechtsschutzes** haben (*SchlHLSG* 14.1.2016 – L 5 R 236/15 B ER, nv). § 192 Abs 4 SGG sieht eine Sanktionsmöglichkeit des Gerichts gegenüber der Verwaltung bei unterlassener Sachverhaltsaufklärung vor.

Erst wenn alle Möglichkeiten der Ermittlungen ohne verwertbares Ergebnis **147**
ausgeschöpft sind, kann nach dem Grundsatz der objektiven Beweislast entschieden werden. **Objektive Beweislast** bedeutet, dass derjenige die Folgen der
Nichtbeweisbarkeit zu tragen hat, der sich für seinen Anspruch auf die Tatsachen beruft. Mit einer gerichtlichen Beweislastentscheidung sollte allerdings
sparsam umgegangen werden. Insb bei nicht eindeutigen Zeugenaussagen bleibt
im Hinblick auf die richterliche Beweiswürdigung für eine Beweislastentscheidung wenig Raum. Einen Grundsatz, dass im Zweifel für den Versicherten zu
entscheiden ist, gibt es im Sozialrecht nicht. Die **Verletzung** der **Amtsermittlungspflicht** stellt einen **Verfahrensfehler** dar, der zur Zulassung der Berufung
bzw Revision führen kann.

3.3.6.2. Maßnahmen zur Sachverhaltsaufklärung

§ 106 Abs 3 SGG zählt beispielhaft und bereits sehr umfassend verschiedene **148**
Maßnahmen der Sachverhaltsaufklärung auf, und zwar:

- Ersuchen um Mitteilung von Urkunden und Übermittlung elektronischer
  Dokumente,
- Beiziehung von Krankenpapieren, Aufzeichnungen, Krankengeschichten,
  Sektions- und Untersuchungsbefunden sowie Röntgenbilder,
- Einholung von Auskünften jeder Art,
- Vernehmung von Zeugen und Sachverständigen in geeigneten Fällen oder,
  auch eidlich, durch den ersuchten Richter,
- Augenscheinsnahme sowie Anordnung der Begutachtung durch Sachver-
  ständige
- Beiladung (auch zur Sachverhaltsaufklärung!),
- Anberaumung eines Erörterungstermins mit der Anordnung des persönli-
  chen Erscheinens der Beteiligten.

Die gerichtliche Sachverhaltsaufklärung beginnt regelmäßig mit der Beiziehung **149**
der über den Kläger geführten Verwaltungsakten der Beklagten, ggf auch anderer Behörden. Die Beteiligten haben gemäß § 120 SGG ein **Recht auf Akteneinsicht,** soweit die übersendende Behörde dies nicht ausschließt (zur Akteinein-
sicht im Verwaltungsverfahren vgl § 25 SGB X), oder der Vorsitzende aus besonderen Gründen die Einsicht versagt oder beschränkt. Eine solche Beschränkung kann seine Grundlage im Interesse des Klägers finden, wenn etwa bestimmte medizinische Sachverhalte diesem nicht zugänglich gemacht werden
sollten (zB im psychiatrischen Bereich). Ein Hinweis der die Akten vorlegenden
Behörde in diesem Zusammenhang kann hilfreich sein. Zu beachten ist aber
gleichwohl, dass der Anspruch auf rechtliches Gehör nicht verletzt wird (vgl
auch *Waschull* aaO Vor §§ 93-109 SGB XI Rz 38 ff).

Im Anschluss an die Aktenbeiziehung wird der Vorsitzende/Berichterstatter **150**
häufig zur **medizinischen Sachverhaltsaufklärung** Befundberichte der behandelnden Ärzte sowie Krankenpapiere, Röntgenbilder usw einholen. Um hier
umfassend aufklären zu können, liegt es im Interesse des Klägers, vorab dem
Gericht etwa im Rahmen der Klagebegründung, Mitteilung über die ihn behandelnden Ärzte oder Krankenhäuser zu geben. Bei der Beiziehung von Kranken-
unterlagen usw sind die **Geheimhaltungsvorschriften** der §§ 67 ff SGB X zu beachten und ggf eine Entbindungserklärung des Klägers von der Schweigepflicht
vorab einzuholen.

Kernstück der medizinischen Sachaufklärung ist das (sind die) sich häufig da- **151**
ran anschließende(n) **Sachverständigengutachten,** das/die in der Sozialgerichtsbarkeit eine große Rolle spielt/spielen. Nach § 118 Abs 1 SGG finden die für

den Sachverständigenbeweis geltenden Bestimmungen der §§ 402 ff ZPO entsprechend Anwendung. Allerdings darf die Stellung des Sachverständigen auch
nicht über- bzw die des Gerichts nicht unterbewertet bleiben, denn der Sachverständige ist letztlich nur Gehilfe des Gerichts, das allein die Entscheidung trifft
(ob zB der Kläger teilweise oder voll erwerbsgemindert ist oder wie hoch der
GdB ist), zu der der Sachverständige lediglich einen – allerdings wesentlichen –
Teil der notwendigen tatsächlichen Grundlagen beibringt.

152 Die Anordnung der Begutachtung ist im Hinblick darauf, dass regelmäßig bereits im Verwaltungsverfahren Gutachten eingeholt werden, nicht immer aber
doch zumeist erforderlich. Bestätigen etwa weitere Ermittlungen (zB Befundberichte oder beigezogene Akten mit darin enthaltenen Gutachten) das bisherige
Ergebnis, kann dies durchaus für die Beurteilung des medizinischen Sachverhalts ausreichen. Gleiches gilt für das Berufungsverfahren, wenn erstinstanzlich
umfassend Beweis erhoben wurde. Auch die eigene Sachkunde des Gerichts,
wenn etwa ein Arzt ehrenamtlicher Richter im Spruchkörper ist, kann eine medizinische Beweisaufnahme überflüssig machen. Allerdings muss das Gericht
dieses „eigene Wissen" vor den Beteiligten offen legen, damit sie hierzu Stellung
nehmen können.

153 Sachverständige erstatten entweder **schriftlich** ihre Gutachten, mündlich in der
Verhandlung oder in Kombination, zB im Rahmen des § 411 Abs 3 ZPO zur
Erläuterung des schriftlichen Gutachtens. Hier hat der Beteiligte, auf dessen
Antrag die mündliche Erläuterung des vom Gericht eingeholten Gutachtens erfolgen soll, allerdings die aus seiner Sicht erläuterungsbedürftigen Punkte vorab
hinreichend konkret zu bezeichnen (*BVerwG* 19.3.1996 – 11 B 9/96, NJW
1996, 2318). Die häufig generell vorgetragenen Bedenken gegen Terminsgut-
achten sind nicht in jedem Fall begründet. Den eingeschränkten Untersuchungs-
möglichkeiten im Gericht wird durch eine Untersuchung vor dem Termin in der
Praxis oder Klinik des Sachverständigen Rechnung getragen. Der Gefahr der
Überforderung der Beteiligten im Termin ist dadurch entgegenzutreten, dass der
Sachverständige seine schriftlich vorbereitete Aussage rechtzeitig (s *BSG*
14.12.1999 – B 2 U 6/99 R, nv) vor dem Termin dem Gericht vorlegt und so
die Beteiligten die Möglichkeit erhalten, hierzu Sachverstand einzuholen. Der
Vorteil der Gutachtenerstattung im Termin liegt erfahrungsgemäß in der damit
verbundenen **Präsenz des Gutachters** und der Möglichkeit, auch für die ehrenamtlichen Richter, ihm Fragen zu stellen und beantworten zu lassen, die sich etwa erst aus weiteren nach der Untersuchung ergebenden Umständen ergeben
(zB durch Gutachten oder Aussage eines berufskundigen Sachverständigen) und
der **Aktualität** des Gutachtens, die eine Vertagung wegen (vorgetragener) zwi-
schenzeitlicher Veränderung der medizinischen Befunde in der Regel überflüssig
macht. Kommt der Sachverständige allerdings im Termin zu einem gegenüber
den bisherigen Ermittlungen anderen Ergebnis, kann ggf **Vertagung** erforderlich
werden, um den Beteiligten ausreichendes rechtliches Gehör zu gewähren. Die
Auffassung des 2. Senats des *BSG* (22.8.2000 – B 2 U 15/00 R, SozR 3-1500
§ 1282 Nr 14), auf Antrag in jedem Fall zu vertagen, auch wenn der Sachverständige sich einem bereits vorliegenden Gutachten angeschlossen hat, geht zu
weit.

154 Die **Auswahl des Sachverständigen** obliegt grundsätzlich dem **Gericht**; § 404
Abs 4 ZPO, wonach sich die Parteien über bestimmte Personen als Sachverständige einigen können und das Gericht daran gebunden ist, gilt im sozialgerichtlichen Verfahren nicht (*Roller* in Hk-SGG § 118 Rz 18; *Keller* in Meyer-Lade-
wig/Keller/Leitherer SGG § 118 Rz 14). Eine **Ausnahme** hierzu enthält § 109

SGG, wonach **auf Antrag** des Versicherten, Versorgungsberechtigten oder Hinterbliebenen ein **bestimmter Arzt** gehört werden muss (Abs 1 Satz 1). Diese Möglichkeit ist für den Antragsteller allerdings regelmäßig mit einem Kostenrisiko verbunden. Denn das Gericht kann und wird regelmäßig (eine nach Auffassung des Gerichts umfassende und abschließende Begutachtung erfolgte ja bereits) die Anhörung davon abhängig machen, dass der Antragsteller die voraussichtlichen Kosten vorschießt (S 2). Die Einholung erfolgt durch das Gericht. Es handelt sich mithin nicht um ein Privatgutachten. Zu beachten ist, dass nur ein **Arzt** mit dem Gutachten beauftragt werden kann, also zB kein Chemiker im Rahmen toxikologischer Gutachten oder Heilpraktiker. Liegt ein vernünftiger Grund vor, kann auch die Beauftragung mehrerer Ärzte (zB unterschiedlicher Fachrichtungen) notwendig sein. Gleiches gilt für einen weiteren Antrag, zB in der Berufungsinstanz, da das Recht aus § 109 SGG regelmäßig nach einmaliger Inanspruchnahme verbraucht ist. Für den **Antrag** nach § 109 SGG ist **keine bestimmte Form** vorgesehen. Er kann noch bis zum Abschluss auch der Berufungsinstanz gestellt werden. Der Arzt muss mit Namen und Anschrift benannt werden. Zu beachten ist allerdings, dass uU ein **Antrag** nach § 109 SGG **abgelehnt** werden kann, wenn nämlich der **Kostenvorschuss** nach Abs 1 Satz 2 **nicht eingezahlt** wird oder wenn durch die Zulassung die **Erledigung** des Rechtsstreits **verzögert** werden würde und der Antrag nach der freien Überzeugung des Gerichts in der Absicht, das Verfahren zu **verschleppen,** oder aus grober **Nachlässigkeit** nicht früher gestellt worden ist. Ein solcher Fall kann etwa dann vorliegen, wenn ein Kläger lange Zeit ohne triftigen Grund untätig geblieben ist und den Antrag erst in der mündlichen Verhandlung stellt.

Die **Kosten des Sachverständigen** trägt grundsätzlich das Gericht. Im Falle des 		**155**
§ 109 SGG entscheidet das Gericht **auf** grundsätzlich nicht befristeten Antrag (aber Vorsicht: Verwirkung ist möglich, *Keller* in Meyer-Ladewig/Keller/Leitherer SGG § 109 Rz 16). Dabei kommt es im Wesentlichen darauf an, ob das eingeholte Gutachten die **Sachaufklärung gefördert** hat, was nicht notwendig ein Obsiegen des Klägers im Hauptverfahren voraussetzt. Bei teilweiser Förderung ist auch **teilweise Kostenerstattung möglich** (*Roller* in Hk-SGG § 109 Rz 29). Die **Festsetzung** der Kosten nimmt das **Gericht** vor. Dabei kann der besonderen Situation des § 109 SGG durch Anwendung des § 407 a Abs 3 Satz 2 ZPO, der gem § 118 Abs 1 Satz 1 SGG ohnehin auf das sozialgerichtliche Verfahren Anwendung findet, Rechnung getragen werden. Dieser verpflichtet den Sachverständigen das Gericht ua dann zu verständigen, wenn die voraussichtlichen Kosten seiner Tätigkeit den angeforderten Kostenvorschuss erheblich übersteigen (nach *SchlHLSG* 18.1.2016 – L 5 AR 44/14 KO, nv unter Hinweis auf Rechtsprechung, Literatur und Gesetzesmaterialien liegt eine erhebliche Überziehung ab 20% vor). Damit soll dem Kläger die Gelegenheit gegeben werden, von einer kostspieligen Beweisaufnahme Abstand zu nehmen. Zeigt der Sachverständige die Überziehung nicht an, kann er grundsätzlich nicht mehr insoweit liquidieren (vgl auch *LSG NRW* 15.11.1993 – L 4 S 21/93, E-LSG B_021).

Zur weiteren Sachverhaltsaufklärung bietet sich nicht selten die Durchführung 		**156**
eines **Erörterungstermins** an, zu dem das persönliche Erscheinen der Beteiligten angeordnet wird (§ 106 Abs 3 Nr 7 SGG). Dort kann, ohne den Zwang einer Entscheidung am Ende des Termins, der Sach- und Streitstand erörtert und das Verfahren nicht selten durch Vergleich beendet werden. Die Anordnung des persönlichen Erscheinens erfolgt nach § 111 SGG. Bleibt ein Beteiligter aus und muss deshalb vertagt werden, können gegen ihn Ordnungsmittel festgelegt wer-

den (§ 202 SGG iVm § 141 Abs 3 ZPO). Seit 1.11.2013 sieht § 110a SGG die (alternative) **Videokonferenz**, nach Abs 4 auch für Erörterungstermine, vor.

3.3.7. Die mündliche Verhandlung

157 Kernstück des sozialgerichtlichen Verfahrens ist die mündliche Verhandlung, da hier die Grundlagen für die Entscheidung zumindest abgeschlossen werden (§ 124 Abs 1 SGG) und die Entscheidung regelmäßig auch getroffen wird (§ 132 Abs 1 Satz 2 SGG). Das schließt allerdings Entscheidungen ohne mündliche Verhandlung (§ 124 Abs 2 SGG: mit Einverständnis der Beteiligten oder durch Gerichtsbescheid nach § 105 SGG bzw Beschlüsse nach §§ 153 Abs 4, 158 Satz 2 SGG) oder die Anordnung eines Verkündungstermins (§ 132 Abs 1 Satz 3 SGG) nicht aus. Seit 1.11.2013 sieht § 110a SGG die (alternative) **Videokonferenz** vor.

158 Die mündliche Verhandlung wird vom **Vorsitzenden terminiert** und den Beteiligten idR mindestens 2 Wochen vorher mitgeteilt (§ 110 Abs 1 SGG). Diese Frist kann unterschritten werden, ist aber begrenzt durch das Gebot rechtlichen Gehörs und wird schon aus organisatorischen Gründen grundsätzlich vorher erfolgen. Zur mündlichen Verhandlung kann das persönliche Erscheinen von Beteiligten gemäß § 111 SGG angeordnet werden. Deren Vernehmung ersetzt aber nicht die im Zivilprozess mögliche Parteivernehmung als Beweismittel nach den §§ 445 ff ZPO. Die **Aufhebung des Termins** richtet sich grundsätzlich nach § 227 ZPO, kommt also nur bei **erheblichen Gründen**, die auf Verlangen glaubhaft zu machen sind, in Betracht.

159 Den **Gang** der **mündlichen Verhandlung** beschreibt § 112 SGG näher. Danach **eröffnet** der **Vorsitzende** die mündliche Verhandlung und **leitet** sie. Im Rahmen der Durchführung der Verhandlung sind die Vorschriften über die Öffentlichkeit, Sitzungspolizei und Gerichtssprache entsprechend den §§ 169, 171b – 191 GVG zu beachten (§ 61 SGG). Die einzelne Sache beginnt mit ihrem Aufruf und der anschließenden Feststellung der Anwesenheit. Erscheinen die oder ein Beteiligter nicht, kann gleichwohl verhandelt werden. Nach § 110 Abs 1 Satz 2 SGG sind die Beteiligten bei der Ladung darauf hinzuweisen, dass im Falle Ihres Ausbleibens nach Lage der Akten entschieden werden kann. Diese Bestimmung ist, wie in der Parallelvorschrift des § 102 Abs 2 VwGO ausdrücklich vorgesehen, dahin zu ergänzen, dass auch ohne den Beteiligten verhandelt und entschieden werden kann (*Leitherer* in Meyer-Ladewig/Keller/Leitherer SGG § 110 Rz 11).

160 Es folgt die (geraffte) **Darstellung des Sachverhalts** durch den Vorsitzenden bzw Berichterstatter im Berufungs-/Revisionsverfahren. Dabei handelt es sich nicht um eine unbedeutende Formalie. Vielmehr sollen die ehrenamtlichen Richter, soweit sie es nicht schon sind, über den Prozessstoff informiert werden und die Beteiligten sich vergewissern können, welchen Sachverhalt das Gericht seiner Entscheidung zugrunde legen wird. Die unterlassene Sachverhaltsdarstellung ist ein **wesentlicher Verfahrensfehler.** Die Beteiligten können allerdings darauf verzichten oder sich rügelos darauf einlassen (str, wie hier *Roller* in Hk-SGG § 112 Rz 6; *Hintz/Lowe* § 114 Rz 12; aA Hdb SGG – Udsching VII Rz 154). Ist ein Beteiligter allerdings in der mündlichen Verhandlung nicht anwesend, kann auf den Vortrag grds nicht verzichtet werden (*BSG* 25.1.2011 – B 5 R 261/10 B, SozR 4-1500 § 112 Nr 3).

161 Als nächstes erhalten die **Beteiligten** das **Wort** und es wird das **Sach- und Streitverhältnis erörtert** (§ 112 Abs 2 SGG). Dabei hat der Vorsitzende, anders als im Zivilprozess, auf die vollständige Sachverhaltsdarstellung durch die Beteiligten und die Stellung sachdienlicher Anträge hinzuwirken. Im Rahmen der Erörterung sind insbesondere neue tatsächliche oder rechtliche Gesichtspunkte anzusprechen. Wird dies unterlassen, so kann darin im Falle einer **Überraschungsentscheidung** die Verletzung des rechtlichen Gehörs (§§ 62, 128 Abs 2 SGG) und damit ein wesentlicher Verfahrensfehler liegen. Die ehrenamtlichen Richter sind in die mündliche Verhandlung zumindest im Rahmen des § 112 Abs 4 SGG einzubinden, dh das Stellen sachdienlicher Fragen muss ermöglicht werden. Wird eine Frage von einem Beteiligten beanstandet, so entscheidet hierüber das Gericht endgültig (§ 112 Abs 4 Satz 2 SGG).

Die mündliche Verhandlung kann auch zur Durchführung von **Beweisaufnahmen** dienen. Dies kann sogar zweckmäßig sein, um die ehrenamtlichen Richter unmittelbar daran zu beteiligen. Hierüber sind die Beteiligten rechtzeitig zu informieren.   **162**

Nach genügender Erörterung der Streitsache **schließt der Vorsitzende** die Sitzung; bis zur Verkündung der Entscheidung, die sich regelmäßig nach Beratung daran anschließt, kann die mündliche Verhandlung jederzeit wieder eröffnet werden (§ 121 SGG).   **163**

Die gesamte mündliche Verhandlung wird zur **Niederschrift** gebracht, für die die §§ 159-165 ZPO entsprechend gelten.   **164**

3.3.8. Beendigung des Verfahrens

Das Gerichtsverfahren kann durch Entscheidung des Gerichts oder durch Erklärung der Beteiligung beendet werden.   **165**

3.3.8.1. Gerichtliche Entscheidung

Über die Klage wird, soweit nichts anderes bestimmt ist, durch Urteil entschieden (§ 125 SGG). Das Urteil ergeht idR **aufgrund mündlicher Verhandlung** (§ 124 Abs 1 SGG), ohne eine solche mit Einwilligung der Beteiligten (§ 124 Abs 2 SGG) oder wenn die Beteiligten nicht zur Verhandlung erscheinen (§ 126 SGG). Neben der Entscheidung durch Urteil sieht das SGG Entscheidungen über den Streitgegenstand durch Gerichtsbescheid (§ 105, Rz 175 f) oder Beschlüsse nach §§ 153 Abs 4, 158 Satz 2 durch das LSG (Rz 226 f) vor. Die im Zivilprozess möglichen **Versäumnisurteile** gibt es im sozialgerichtlichen Verfahren **nicht**. Hingegen können Urteile als End- oder Zwischenurteile (§ 130 Abs 2 SGG) ergehen. Auch Anerkenntnisurteile sind möglich.   **166**

Erhebliche Bedeutung kommt dem **Grundurteil** zu (§ 130 Abs 1 SGG), das in den Fällen des § 54 Abs 4 oder 5 SGG, in denen eine Leistung in Geld begehrt wird, auf die ein Rechtsanspruch besteht, ergehen kann. Zwar setzt der Erlass eines Grundurteils (abweichend von § 304 ZPO) nicht voraus, dass der Anspruch auch der Höhe nach streitig ist. Es muss jedoch **feststehen, dass überhaupt ein Geldbetrag** (mindestens 1 Cent) **zu zahlen ist**. Die Voraussetzungen des zugrunde liegenden Anspruchs müssen sämtlich geprüft und bejaht worden sein (*Keller* in Meyer-Ladewig/Keller/Leitherer SGG § 130 Rz 2 b). Die Verurteilung eines Versicherungsträgers, etwa Krg nach den gesetzlichen Vorschriften zu gewähren, kann allerdings problematisch sein, da ein solches Urteil letztlich leer läuft (vgl *SchlHLSG* 12.5.1998 – L 1 Kr 30/97, nv und nachfolgend *BSG* 20.4.1999 – B 1 KR 15/98 R, SozR 3-1500 § 141 Nr 8). Reduziert sich der Streit auf lediglich eine Voraussetzung des geltend gemachten Anspruchs (zB für den Anspruch auf Verletztengeld durch die BG ist allein das Vorliegen eines Arbeitsunfalls streitig), sollte die Möglichkeit eines Feststellungs- oder **Zwischenurteils** (§ 130 Abs 2 SGG) überdacht werden.   **167**

168 Wenig Beachtung hat im sozialgerichtlichen Verfahren bisher die Regelung des § 130 Abs 1 Satz 2 SGG gefunden, nach der im (Grund-)Urteil eine einmalige oder laufende vorläufige Leistung angeordnet werden kann.

169 Das **Gericht entscheidet** nach seiner **freien** aus dem Gesamtergebnis des Verfahrens gewonnen **Überzeugung** (§ 128 Abs 1 Satz 1 SGG). Das Urteil kann nur von den Richtern gefällt werden, die an der dem Urteil zugrunde liegenden Verhandlung teilgenommen haben (§ 129 SGG), bei mehreren Terminen, die Besetzung im letzten Termin. **Verkündet** wird das Urteil grundsätzlich **im Termin,** in dem die mündliche Verhandlung geschlossen wurde (§ 132 Abs 1 Satz 2 SGG). Ausnahmsweise kann nach § 132 Abs 1 Satz 3 SGG aber auch ein (späterer) Verkündungstermin angesetzt werden (etwa um den Beteiligten die Möglichkeit zu prozessbeendenden Erklärungen vor einem Urteilsausspruch zu geben), der allerdings nicht über 2 Wochen hinaus angesetzt werden „soll" (Frist ist nicht bindend). Nach § 202 SGG iVm § 311 Abs 4 ZPO kann die Verkündung in einem späteren Termin als dem, in dem die mündliche Verhandlung geschlossen wurde, allein durch den Vorsitzenden des Senats beim LSG oder BSG erfolgen (*Keller* in Meyer-Ladewig/Keller/Leitherer SGG § 132 Rz 4 a mwN; aA *Hintz/ Lowe* § 132 Rz 9 mwN). Voraussetzung hierfür ist allerdings, dass das Urteil – zumindest die Urteilsformel – vollständig abgefasst und von den Berufsrichtern unterschrieben vorliegt. § 310 Abs 2 ZPO, der die vollständige Abfassung des Urteils verlangt, gilt nicht, da § 132 SGG insoweit eine abgeschlossene Regelung enthält und eine entsprechende Regelung durch die Vereinfachungsnovelle bewusst in das SGG nicht übernommen wurde. Die **Verkündung** erfolgt „Im Namen des Volkes" und durch Verlesen der Urteilsformel; sind Beteiligte anwesend, soll der wesentliche Inhalt der Entscheidung mitgeteilt werden (§ 132 Abs 1 Satz 1, Abs 2 SGG). Bei einem Urteil **ohne mündliche Verhandlung** wird die **Verkündung durch Zustellung** des Urteils an die Beteiligten ersetzt. Ähnlich dem § 113 VwGO enthält § **131 SGG** (unvollständige) Regelungen über die **Urteilsformel** und zwar Abs 1 für Anfechtungs-, Folgenbeseitigungs- und Fortsetzungsfeststellungsklagen, Abs 2 und 3 für Verpflichtungsklagen und Abs 4 für Wahlklagen.

170 Den **notwendigen Inhalt des Urteils** bestimmt zunächst § 136 SGG und zwar in seinem Abs 1 mit folgenden Mindestanteilen:

1. Bezeichnung der Beteiligten, Vertretern, Bevollmächtigten nach Namen, Wohnort und ihrer Stellung im Verfahren,
2. Bezeichnung des Gerichts und Namen der Mitglieder, die bei der Entscheidung mitgewirkt haben,
3. Ort und Tag der mündlichen Verhandlung,
4. Urteilsformel,
5. Tatbestand (gedrängt),
6. Entscheidungsgründe,
7. Rechtsmittelbelehrung.

171 In **Ergänzung der Nr 5** sieht § 136 Abs 2 SGG eine Erleichterung der Tatbestandsdarstellung durch **Bezugnahme** auf den Inhalt der Schriftsätze der Beteiligten und auf Sitzungsniederschriften vor. In Ergänzung der Nr 6 sieht § 136 Abs 3 SGG die Möglichkeit der Bezugnahme auf die Begründung des VA oder des Widerspruchsbescheides vor, soweit das SG dem folgt und dies in seiner Entscheidung feststellt. Ansonsten sind die Gründe anzugeben, die für die richterliche Überzeugung leitend gewesen sind (§ 128 Abs 1 Satz 2 SGG). Dabei liegt eine Verletzung des § 136 Abs 1 Nr 6 SGG nach dem BSG (11.7.2000 – B 1 KR 14/99R, SozR 3-1300 § 39 Nr 7) bereits dann vor, wenn einzelneAnsprüche, Angriffs- oder Verteidigungsmittel nicht behandelt worden sind oder wenn die Erwägungen, die das Gericht in einem entscheidungserheblichen Streitpunkt zum Urteilsausspruch geführt haben, dem Urteil selbst nicht zu entnehmen sind. Diese Rspr kann allerdings nicht so verstanden werden, dass das Gericht sich mit jedem Beteiligtenvorbringen auseinanderzusetzen hat, etwa wenn es offensichtlich unerheblich ist oder wenn sich aus dem Urteil zweifelsfrei ergibt, dass das Gericht das Vorbringen für unerheblich gehalten hat. Durch das Gesetz vom 23.4.2008 ist § 136 um Abs 4 ergänzt worden. Wird danach das Urteil im Termin verkündet, in dem die mündliche Verhandlung geschlossen worden ist, bedarf es Tatbestand und Entscheidungsgründe nicht, wenn die rechtsmittelberechtigten Beteiligten auf Rechtsmittel gegen das Urteil verzichtet haben.

Unterschrieben werden muss das Urteil des Sozialgerichts vom **Vorsitzenden**   **172**
(§ 134 Abs 1 SGG). Es soll vor Ablauf eines Monats, vom Tag der Verkündung an gerechnet, vollständig abgefasst der Geschäftsstelle übergeben werden. Das Überschreiten der Frist ist möglich (aber Vorsicht: Wenn Tatbestand und Entscheidungsgründe nicht **binnen 5 Monaten nach Verkündung** schriftlich niedergelegt, von dem Richter/den Richtern unterschrieben und der Geschäftsstelle übergeben worden sind, gilt die Entscheidung als nicht mit Gründen versehen – *GmSOGB* 27.4.1993 – GmS-OGB 1/92, SozR 3-1750 § 551 Nr 4). Ist ein Urteil im schriftlichen Verfahren ergangen, so beginnt die 5-Monats-Frist mit dem Tag der abschließenden Entscheidungsberatung (*BSG* 3.3.1994 – 1 RK 6/93, SozR 3-1750 § 551 Nr 7). Das Urteil ist den Beteiligten gemäß § 135 SGG unverzüglich zuzustellen. **Unverzügliche Zustellung** in diesem Sinne ist die umgehende Übermittlung des Urteils, nachdem die Geschäftsstelle (so) es erhalten hat. Ein Hinauszögern bleibt ohne Wirkung (*Bolay* in Hk-SGG § 135 Rz 4).

An die getroffene Entscheidung ist das Gericht gebunden, eine **Berichtigung des**   **173**
Urteils ist nur **eingeschränkt möglich**. Schreibfehler, Rechenfehler und ähnliche **offenbare Unrichtigkeiten** sind, wie in anderen gerichtlichen Verfahren auch, jederzeit von Amts wegen zu berichtigen (**§ 138 SGG**). Hiervon wird das gesamte Urteil erfasst, also auch der Tenor (*Keller* in Meyer-Ladewig/Keller/Leitherer SGG § 138 Rz 3 c) der sogar in sein Gegenteil verkehrt werden kann. Berichtigung ist jederzeit möglich, auch nach Rechtsmitteleinlegung, und erfolgt durch **Beschluss des Vorsitzenden**, der **auf dem Original** des Urteils und **allen Ausfertigungen** vermerkt wird (§ 138 Satz 2 und 3 SGG).

Eine weitere Änderungsmöglichkeit des Urteils sieht **§ 139 SGG** vor, und zwar   **174**
die **Berichtigung des Tatbestandes** für den Fall von gegenüber § 138 SGG anderen **Unrichtigkeiten oder Unklarheiten**. Bei Anträgen auf Tatbestandsergänzung ist aber stets zu beachten, dass der Tatbestand nach § 136 Abs 1 Nr 5 SGG lediglich eine gedrängte Darstellung enthält und erkennen lassen soll, welchen Sachverhalt **das Gericht** seiner Entscheidung **zugrunde** gelegt hat. Berichtigt werden nur solche Teile des Tatbestandes, die nach § 314 ZPO Beweiskraft haben (*Bolay* in Hk-SGG § 139 Rz 3; *Keller* in Meyer-Ladewig/Keller/Leitherer SGG § 139 Rz 2). Erforderlich ist, anders als bei § 138 SGG, ein Antrag eines Beteiligten innerhalb von 2 Wochen nach Zustellung des Urteils (Wiedereinsetzung in den vorigen Stand ist möglich). Die Entscheidung ergeht durch **Beschluss** der Berufsrichter, die am Urteil mitgewirkt haben und ist **unanfechtbar** (§ 139 Abs 2 Satz 2 und 3 SGG). Auch dieser Beschluss wird auf dem Original und allen Ausfertigungen des Urteils vermerkt. Hat das Urteil einen von einem Beteiligten erhobenen **Anspruch** oder den **Kostenpunkt** ganz oder teilweise **übergangen**, so ist es auf Antrag in einem besonderen Verfahren nachträglich

zu **ergänzen** (§ 140 Abs 1 SGG). Hier besteht für die Stellung des Antrags eine **Frist** von **1 Monat** (Wiedereinsetzung in den vorigen Stand ist möglich).

175	Weist der Rechtsstreit keine besonderen Schwierigkeiten tatsächlicher oder rechtlicher Art auf und ist der Sachverhalt geklärt, kann das SG ohne mündliche **Verhandlung** durch den in § 105 SGG geregelten **Gerichtsbescheid** entscheiden. Damit ist der Gerichtsbescheid nur bei überdurchschnittlich schwierigen Fällen ausgeschlossen, wohl aber nicht bei Fällen mit durchschnittlichem Schwierigkeitsgrad, da § 105 Abs 1 Satz 1 SGG von „besonderen" Schwierigkeiten für den Ausschluss des Gerichtsbescheides spricht (so *Roller* in Hk-SGG § 105 Rz 4; *Leitherer* in Meyer-Ladewig/Keller/Leitherer SGG § 105 Rz 6; *Müller* in Roos/Wahrendorf SGG § 105 Rz 10; aA *Kopp/Schenke* VwGO § 84 Rz 7 und *Wahrendorf* in Hk-VwGO § 84 Rz 14: Beschränkung auf einfache Fälle). Misst der Kammervorsitzende einer Rechtssache grundsätzliche Bedeutung zu und lässt aus diesem Grund die Berufung oder Sprungrevision zu, verkennt er die Voraussetzungen der Kompetenzregelung des § 105 SGG iVm § 12 Abs 1 Satz 2 SGG, ohne die Mitwirkung der ehrenamtlichen Richter entscheiden zu dürfen (vgl *BSG* 16.3.2006 – B 4 RA 59/04 R, SozR 4-1500 § 105 Nr 1; in Abgrenzung dazu sieht das *BSG* 21.8.2008 – B 13 RJ 44/05 R, SozR 4-2600 § 96 a Nr 12 dann keinen Verfahrensfehler, wenn das Sozialgericht die Sprungrevision auf Antrag zugelassen hat). Im Hinblick auf die Bedeutung der mündlichen Verhandlung und die Beteiligung der ehrenamtlichen Richter an der Entscheidungsfindung sowie die damit verbundene Akzeptanz einer gerichtlichen Entscheidung sollte der Gerichtsbescheid ohnehin nicht zur Regelentscheidung werden.

176	Das Gericht bestimmt nach **Ermessen**, ob es durch Gerichtsbescheid entscheidet. Vor der Entscheidung sind die **Beteiligten zu hören**. Zwar können diese nicht direkt auf die Entscheidungsform Einfluss nehmen. Ihnen ist aber (insb zeitlich) ausreichend Gelegenheit zu geben, Gründe für die Anberaumung einer mündlichen Verhandlung vorzubringen und ggf Beweisanträge zu stellen. 14 Tage sollten dabei nicht unterschritten werden (*Leitherer* in Meyer-Ladewig/ Keller/Leitherer SGG § 105 Rz 12 unter Hinweis auf *LSG BW* 5.10.2004 – L 11 KR 5239/03, nv; *BVerwG* 29.9.1965 – IV CB 132.65, NJW 1965, 2418 zu § 86 VwGO). Wird den Beteiligten eine Frist gesetzt, was empfehlenswert ist, so darf das Gericht nicht vor Ablauf dieser Frist entscheiden (vgl *BSG* 7.7.1998 – B 5 RJ 16/98, SozR 3-1500 § 170 Nr 7).

177	Der Gerichtsbescheid wird nach **Form und Inhalt** wie ein Urteil gefasst und entspricht diesem auch in seiner Wirkung (§ 105 Abs 1 Satz 3 und Abs 3 SGG). Die Beteiligten können, worüber sie zu belehren sind, innerhalb eines Monats nach seiner Zustellung die Rechtsmittel einlegen, die zulässig wären, wenn durch Urteil entschieden worden wäre. Ist die **Berufung nicht zulässig** (§ 144 SGG), kann **mündliche Verhandlung beantragt** werden (§ 105 Abs 2 SGG); dies ist Folge des das **Recht auf mündliche Verhandlung** garantierenden Art 6 Abs 1 EMRK. In dem Fall gilt das Urteil als nicht ergangen (§ 105 Abs 3 Hs 2 SGG). Die Beteiligten können aber auch **Nichtzulassungsbeschwerde** nach § 145 SGG einlegen. Wird beides gestellt/eingelegt (nur dieser Fall wird in § 105 Abs 2 Satz 3 SGG offensichtlich geregelt, so: Hdb SGG – *Udsching* VII Rz 198), zB durch Kläger und Beklagte, findet mündliche Verhandlung statt. Hat das SG durch Gerichtsbescheid entschieden, räumt der seit 1.4.2008 geltende § 153 Abs 5 SGG in den Fällen des § 105 Abs 2 Satz 1 SGG dem **LSG** die Möglichkeit ein, durch **Beschluss** die Berufung dem Berichterstatter zu übertragen, der zusammen mit den ehrenamtlichen Richtern (sog. kleiner Senat) entscheidet.

																	Timme

3.3.8.2. Klagerücknahme

Die Beteiligten haben es in der Hand, das Gerichtsverfahren auch **ohne eine gerichtliche Entscheidung zu beenden**. Dies kann durch den Kläger allein über eine Klagerücknahme oder zusammen mit dem Beklagten durch Vergleich, übereinstimmende Erklärung der Hauptsache für erledigt oder Anerkenntnis der Beklagten mit Annahme durch den Kläger erfolgen. Eine einvernehmliche Erledigung eines Rechtsstreits kann auch durch die nunmehr in § 278 a ZPO, der nach § 202 SGG auch für die Sozialgerichtsbarkeit gilt, vorgesehene **Mediation** erfolgen. Einzelheiten zur Mediation bestimmt das seit 26.7.2012 geltende Mediationsgesetz. Während der Mediation ruht das Gerichtsverfahren.

178

Nach § **102 SGG** kann der Kläger die Klage bis zur Rechtskraft des Urteils, also auch noch nach Verkündung des Urteils bis zum Ablauf der Rechtsmittelfrist und vor Einlegung des Rechtsmittels, zurücknehmen und damit den Rechtsstreit in der Hauptsache erledigen. Es reicht hierfür die Erklärung des Klägers (einseitige Prozesshandlung), die allerdings **eindeutig** sein muss und nicht bedingt (zB Widerrufsvorbehalt) sein darf (*Leitherer* in Meyer-Ladewig/Keller/Leitherer SGG § 102 Rz 7 c; *Roller* in Hk-SGG § 102 Rz 7). Einer **besonderen Form** bedarf sie **nicht**. Sie kann mündlich, schriftlich oder zu Protokoll erklärt werden. Stillschweigen genügt nicht, und zwar auch dann nicht, wenn das Gericht anfragt und äußert, es werde bei Schweigen von einer Klagerücknahme ausgehen (Hdb SGG – *Udsching* VII Rz 170; *Leitherer* in Meyer-Ladewig/Keller/Leitherer SGG § 102 Rz 7 b; vgl auch *BSG* 12.6.1990 – 2 Ru 14/90, HV-INFO 1990, 1906).

179

Durch das Gesetz vom 26.3.2008 ist in Abs 2 die **Fiktion der Klagerücknahme** bei Nichtbetreiben des Verfahrens neu in § 102 SGG aufgenommen. Danach gilt die Klage als zurückgenommen, wenn der Kläger das Verfahren trotz Aufforderung des Gerichts nicht betreibt. Darauf ist der Kläger in der Betreibensaufforderung hinzuweisen. Die Auslegung und Anwendung der fiktiven Klagerücknahme hat ihren strengen Ausnahmecharakter zu berücksichtigen. Deshalb hat das *BSG* (1.7.2010 – B 13 R 58/09 R, SozR 4-1500 § 102 Nr 1) hohe Anforderungen an die Beendigung des Rechtsstreit durch die fiktive Klagerücknahme aufgestellt. Die Regelung als „Verfahrensregelung im ersten Rechtszug" findet auch im sozialgerichtlichen **Beschlussverfahren** Anwendung; für das **einstweilige Rechtsschutzverfahren** entspricht dies sogar dem ausdrücklichen Willen des Gesetzgebers (BT-Drucks 16/7716, 20), wenngleich die Dreimonatsfrist des § 102 Abs 2 Satz 1 SGG auch gegen das Vorliegen eines Anordnungsgrundes spricht (*Schaumberg*, ASR 2013, 219, 220). Eine entsprechende Vorschrift enthält § 156 Abs 2 SGG für die Berufung. Hier bestimmt Satz 3 der Vorschrift allerdings, dass das Gericht die Rücknahme durch Beschluss festzustellen hat.

180

Als Prozesshandlung kann die Klagerücknahme grundsätzlich nicht widerrufen werden. Auch ihre Anfechtung ist grundsätzlich nicht möglich. Ausnahmsweise ist allerdings **ein Widerruf** möglich, wenn die Voraussetzungen der Wiederaufnahme des Verfahrens nach den §§ 179, 180 SGG vorliegen (*BSG* 14.6.1978 – 9/10 RV 31/77, SozR 1500 § 102 Nr 2).

181

Wird die Klagerücknahme in der **mündlichen Verhandlung** erklärt, ist sie **in der Niederschrift aufzunehmen** (§§ 122 SGG iVm 160 Abs 3 Nr 8 ZPO), dem Kläger vorzulesen oder zur Durchsicht vorzulegen (§ 162 Abs 1 ZPO), bei vorläufiger Aufzeichnung vorzulesen oder abzuspielen. In dem Protokoll ist zu vermerken, dass dies geschehen und die Genehmigung erteilt ist („vorgelesen/vorgespielt und genehmigt") oder welche Einwendungen erhoben worden sind.

182

183 **Streiten** die Beteiligten, ob tatsächlich eine **Klagerücknahme** erklärt wurde, wird das **Gerichtsverfahren fortgesetzt.** Bejaht das Gericht die Klagerücknahme, stellt es dies im Urteil fest („der Rechtsstreit ist durch Klagerücknahme in der Hauptsache erledigt"), andernfalls entscheidet es in der Sache.

184 Die Klagerücknahme **erledigt** den Rechtsstreit **ex nunc,** also zum Zeitpunkt der Erklärung, anders etwa als im Zivil- oder Verwaltungsgerichtsprozess, in dem der Rechtsstreit rückwirkend als nicht anhängig gemacht anzusehen ist (§ 269 Abs 3 ZPO, § 92 VwGO).

185 Auf Antrag entscheidet das Gericht über die **Kostenerstattung** durch Beschluss (§§ 102 Abs 3, 193 SGG). Eine Kostentragungspflicht des Klägers bzw eine Befreiung der Beklagten von den Kosten des Klägers ist, anders als im Zivilprozess (§ 269 Abs 3 Satz 2 ZPO), nicht zwingend (Rz 314), vorausgesetzt, der Kläger gehört zum Kreis der nach § 183 SGG privilegierten Beteiligten. Andernfalls (§ 197 a SGG) ist insbesondere § 155 Abs 2 VwGO zu beachten (Rz 313). Eine Entscheidung über Verschuldenskosten (§ 192 SGG) bleibt durch die Klagerücknahme in ihrem Bestand unberührt und kann nur durch eine zu begründende Kostenentscheidung im Rechtsmittelverfahren aufgehoben werden (§ 192 Abs 2 SGG).

186 Der **übereinstimmenden Erledigungserklärung** kommt, anders als im Zivilprozess und im allgemeinen Verwaltungsprozess, in den meisten sozialgerichtlichen Verfahren neben der Klagerücknahme wenig Bedeutung zu. Eine **Abgrenzung** ist dann **erforderlich,** wenn entsprechend der hM (*BSG* 27.9.1983 – 8 BK 16/82, Breith 1984, 263; *Peters/Sautter/Wolff* SGG § 102 Anm 1, 4 a) die Auffassung vertreten wird, nach einer Klagerücknahme sei eine erneute, auch fristgerechte Klage nicht zulässig, während diese bei der Erledigung durch übereinstimmende Erklärungen zulässig sei. Die Erledigungserklärung des Klägers kann grundsätzlich als Klagerücknahme ausgelegt werden. **Zu beachten** ist allerdings, dass im Hinblick auf die veränderte Kostenregelung in den Fällen des § 197 a SGG Besonderheiten gelten. Dort hat es nämlich wegen der anzuwendenden Regelung des § 154 VwGO bei der Kostenentscheidung Auswirkungen auf diese, ob die Klage zurückgenommen wurde, da dies automatisch die Kostenpflicht auslöst. In den Fällen ist daher zwischen Erledigungserklärung und Klagerücknahme zu trennen.

3.3.8.3. Anerkenntnis

187 **Durch** das Anerkenntnis kann der **Beklagte** wesentlich zur Erledigung des Rechtsstreits ohne gerichtliche Entscheidung beitragen. Anders als im Zivilprozess (§ 307 ZPO) bestimmt § 101 Abs 2 SGG, dass das **angenommene Anerkenntnis** des geltend gemachten Anspruchs den Rechtsstreit in der Hauptsache **erledigt.** Das Anerkenntnis ist **Prozesshandlung** und muss als solche **eindeutig** sein. Einer bestimmten **Form** bedarf es **nicht.** Anders als bei der Klagerücknahme ist aber eine **Annahmeerklärung** des Gegners (Klägers), ebenfalls eine Prozesshandlung, erforderlich. Zustimmende Erklärungen der Beigeladenen sind nicht erforderlich. Fehlt es an der Annahmeerklärung des Klägers, kann **Anerkenntnisurteil** ergehen (§§ 202 SGG iVm 307 ZPO), welches eine abgekürzte Urteilsform nach § 313 b ZPO erlaubt.

188 Über die **Kosten** entscheidet das Gericht durch Beschluss auf Antrag (§ 193 Abs 1 Hs 2 SGG). Eine Kostentragungspflicht der Beklagten ist dabei nicht zwingend (Rz 314). Im Falle des § 197 a SGG ist § 156 VwGO zu beachten (Rz 313).

3.3.8.4. Vergleich

Gemeinsam können die Beteiligten den Rechtsstreit auch durch einen Vergleich **189**
zur Niederschrift des Gerichts oder des Vorsitzenden oder des beauftragten
oder ersuchten Richters beenden, soweit sie über den Gegenstand der Klage
verfügen können (§ 101 Abs 1 SGG), was in der Regel zwischen Kläger und Beklagten der Fall ist. Der Beigeladene kann den Vergleich nicht verhindern, ist
ohne sein Einverständnis aber auch nicht an diesen gebunden.

Der Vergleich ist ein **öffentlich-rechtlicher Vertrag** (§ 58 SGB X), der das Ver- **190**
fahren durch **gegenseitiges Nachgeben** erledigt. Das Nachgeben kann **auch prozessualer** Art sein, etwa ein Verzicht auf eine gerichtliche Entscheidung (*Roller*
in Hk-SGG § 101 Rz 4; *Leitherer* in Meyer-Ladewig/Keller/Leitherer SGG
§ 101 Rz 4).

Der in § 101 Abs 1 SGG geregelte Prozessvergleich muss **vor Gericht** geschlos- **191**
sen sein. Nach der Ergänzung des Absatzes 1 durch Satz 2 seit 25.10.2013
kann ein gerichtlicher Vergleich auch dadurch geschlossen werden, dass die Beteiligten einen in der Form eines Beschlusses ergangenen Vorschlag des Gerichts, des Vorsitzenden oder des Berichterstatters schriftlich gegenüber dem
Gericht annehmen. Ein **außergerichtlicher Vergleich** beendet den Prozess nicht
unmittelbar. Hinzu treten müssen dafür Klagerücknahme oder übereinstimmende Erledigungserklärungen (vgl Rz 178 ff).

Enthält der Vergleich keine Regelungen über die **Kosten**, gilt § 195 SGG mit der **192**
Folge, dass jeder Beteiligte seine Kosten trägt. Diese Vorschrift gilt nach der
herrschenden Rspr in der Sozialgerichtsbarkeit, der aufgrund des eindeutigen
Wortlauts der Vorschrift („gerichtlicher" Vergleich) zuzustimmen ist, nicht
beim außergerichtlichen Vergleich (*BSG* 7.9.1998 – B 2 U 10/98 R, SozR
3-1500 § 193 Nr 10; *Leitherer* in Meyer-Ladewig/Keller/Leitherer SGG § 195
Rz 4; *Groß* in Hk-SGG § 195 Rz 4). §§ 197 a iVm 160 VwGO ist zu beachten.

3.4. Rechtsmittel

3.4.1. Allgemeines

Entscheidungen der SG und LSG können, soweit das Gesetz dies vorsieht, auf **193**
entsprechenden Antrag eines Beteiligten hin erneut überprüft werden. Dies geschieht in der Regel durch die nächst höhere Instanz (Devolutiveffekt), kann
aber auch in bestimmten Fällen – zunächst – durch die entscheidende Instanz
selbst bzw bei der Sprungrevision (§ 161 SGG) unter Umgehung des LSG durch
das BSG erfolgen. Mit Einlegung eines Rechtsmittels tritt der **Suspensiveffekt**
(Hemmungswirkung) ein, aufgrund dessen der Eintritt der formellen und damit
auch der materiellen Rechtskraft der angefochtenen Entscheidung gehemmt
wird (*Littmann* in Hk-SGG § 66 Rz 2). Kein Rechtsmittel stellen die Verfassungsbeschwerde, die Anhörungsrüge (§ 178 a SGG, Rz 200 f), die Gegenvorstellung (Rz 202 ff), die Wiederaufnahmeklage und die Erinnerung dar.

Rechtsmittel des SGG sind die **Beschwerde** einschl der Nichtzulassungsbe- **194**
schwerde, **Berufung** und **Revision**. Rechtsmittel sind nur dann zulässig, wenn
das Gesetz dies vorsieht. Während die Berufung die vollständige tatsächliche
und rechtliche Überprüfung der Entscheidung des SG durch das LSG ermöglicht, bezieht sich die Prüfung bei der Revision durch das BSG allein auf die
Frage einer Rechtsverletzung durch das angefochtene Urteil. Ergibt die Prüfung,
dass das Rechtsmittel **unzulässig** ist, so ist dieses **zu verwerfen;** entweder durch
ein sog Prozessurteil, das die fehlende Zulässigkeit deutlich macht (§§ 158
Satz 1, 169 Satz 2 SGG) oder durch Beschluss (§§ 158 Satz 2, 169 Satz 3 SGG).

Ebenso wie bei der unzulässigen Klage entfaltet hier das Prozessurteil Rechtskraft nicht in der Sache selbst, sondern nur in der prozessualen Frage „Unzulässigkeit des Rechtsmittels".

195 Voraussetzung für die Zulässigkeit eines Rechtsmittels ist dessen form- und fristgerechte Einlegung, das Vorliegen der allgemeinen Prozessvoraussetzungen und die Statthaftigkeit.

196 **Statthaft** ist ein Rechtsmittel, wenn es gegen Entscheidungen dieser Art vorgesehen ist. **Rechtsmittelberechtigt** sind grundsätzlich alle am Verfahren Beteiligten (§ 69 SGG). Weitere Voraussetzung ist die **Beschwer** des Rechtsmittelführers, dh es muss für ihn ein Nachteil mit der angefochtenen Entscheidung verbunden sein. Bei Kläger und Beklagten entscheidet sich das Vorliegen der Beschwer aus einem Vergleich zwischen ihrem Antrag und dem Urteil. Bei einem Beigeladenen muss die Entscheidung für ihn in irgendeiner Form nachteilig sein. Ein wirtschaftlicher Nachteil reicht nur, wenn zugleich in bestehende Rechtspositionen eingegriffen wird (*BSG* 11.5.1999 – B 11 AL 69/98 R, SozR 3-1500 § 75 Nr 31; *Leitherer* in Meyer-Ladewig/Keller/Leitherer SGG § 75 Rz 19).

197 Bei der Prüfung der Zulässigkeit eines Rechtsmittels ist hinsichtlich der Verhältnisse und der Rechtslage grundsätzlich auf den **Zeitpunkt** der Einlegung abzustellen (*BSG* 19.12.1973 – 7 RAr 59/72, BSGE 37, 64). Hat der Rechtsmittelführer seinen Antrag allerdings im Hinblick auf die Rechtsmittelvoraussetzungen verändert, um so die Zulässigkeit des Rechtsmittels zu erreichen, wird dies rechtsmissbräuchlich und das Rechtsmittel unzulässig sein. Willkürlich ist dabei eine spätere Änderung des Rechtsmittels dann, wenn für sie ein vernünftiger Grund nicht erkennbar ist oder aber von vornherein, dh schon im Zeitpunkt der Einlegung des Rechtsmittels, genügender Anlass bestanden hat, so dass die erst nachträgliche Änderung „willkürlich" erscheint und unter Umständen sogar den Verdacht nahe legt, der Rechtsmittelkläger habe die Zulässigkeit des Rechtsmittels erschleichen wollen (*BSG* 19.1.1978 – 4 RJ 127/76, SozR 1500 § 146 Nr 6).

198 Seit 1.4.2008 sieht auch das SGG in § 136 Abs 4 den **Rechtsmittelverzicht** ausdrücklich vor. Verzichten alle rechtsmittelberechtigten Beteiligten auf Rechtsmittel, bedarf das Urteil, wenn es in dem Termin, in dem die mündliche Verhandlung geschlossen worden ist, verkündet wird, weder Tatbestand noch Entscheidungsgründen.

199 Sind Rechtsmittel gegen eine Entscheidung nicht statthaft, so bestehen gleichwohl Überprüfungsmöglichkeiten in Folge der Rspr des BVerfG. Ohne eine entsprechende Norm im SGG diente zunächst die Gegenvorstellung der Verhinderung groben prozessualen Unrechts (Rz 202). Dieser außergesetzliche Rechtsbehelf genügte allerdings nicht den verfassungsrechtlichen Anforderungen an die Rechtsmittelklarheit (*BVerfG* 30.4.2003 – 1 PBvU 1/02, BVerfGE 107, 395, 408 ff). Daher fügte der Gesetzgeber mit dem § 178 a ab 1.1.2005 die sog Anhörungsrüge in das SGG ein.

3.4.1.1. Anhörungsrüge

200 Mit der durch das Gesetz v 9.12.2004 eingefügte **Anhörungsrüge nach § 178 a SGG** ist ein beschwerter Beteiligter in der Lage, das Verfahren fortzuführen, wenn (Abs 1 Nr 1 und 2)

■ ein Rechtsmittel oder ein anderer Rechtsbehelf gegen die Entscheidung nicht gegeben ist und

■ das Gericht den Anspruch dieses Beteiligten auf rechtliches Gehör in entscheidungserheblicher Weise verletzt hat.

Die Rüge, bei der es sich nicht um ein Rechtsmittel handelt, ist nach Abs 2 **innerhalb von 2 Wochen nach Kenntnis** der die Gehörsverletzung begründenden Tatsachen (*BSG* 9.9.2010 – B 11 Al 4/10 C, SozR 4-1500 § 178 a Nr 10) zu erheben; nach Ablauf eines Jahres seit Bekanntgabe der Entscheidung ist die Rüge ausgeschlossen. Die Rüge ist **schriftlich oder zur Niederschrift** des Urkundsbeamten der Geschäftsstelle des Gerichts zu erheben. Weitere Voraussetzungen sehen die Abs 2 und 3 vor.

Ist die **Rüge begründet**, führt das Gericht das Verfahren fort, indem es in die   **201**
Lage zurückversetzt wird, in der es sich vor dem Schluss der mündlichen Verhandlung befand (Einzelheiten Abs 4), ist die **Rüge unbegründet**, weist das Gericht sie durch unanfechtbaren Beschluss zurück (Einzelheiten Abs 3).

3.4.1.2. Gegenvorstellung

Vor Einführung der in § 178 a SGG nunmehr geregelten Anhörungsrüge konnte   **202**
der Betroffene uU über eine **Gegenvorstellung** bei dem entsprechenden Spruchkörper versuchen, eine Überprüfung der Entscheidung zu verlangen. Bei der Gegenvorstellung handelt es sich um einen Antrag auf Entscheidungsüberprüfung und kein Rechtsmittel. Sie soll grobes prozessuales Unrecht verhindern (*BVerfG* 8.7.1986 – 2 BvR 152/83, NJW 1987, 1319) und aus Gründen der Prozessökonomie eine Selbstkorrektur der Fachgerichte ermöglichen (*BVerfG* 8.7.1986 – 2 BvR 152/83, BVerfGE 73, 322 ff). Voraussetzung ist zumindest ein offensichtlicher Widerspruch der Entscheidung zum Gesetz.

Hinsichtlich der insoweit überprüfbaren Entscheidungen wird überwiegend die   **203**
Einschränkung vertreten, dass nur die Fälle erfasst werden, in denen das Gericht zu einer Aufhebung oder Abänderung seiner vorangegangenen Entscheidung auch von Amts wegen befugt ist, nicht dagegen in Fällen, in denen die Entscheidung des Gerichts in Rechtskraft erwachsen ist (*BFH* 1.7.2009 – V S 10/07, BFHE 225, 310; *BVerwG* 3.5.2011 – 6 KSt 1/11, NVwZ-RR 2011, 709-710; *Bittner* in Roos/Wahrendorf SGG Vor §§ 172–178 a Rz 8 mwN; *Leitherer* in Meyer-Ladewig/Keller/Leitherer SGG Vor § 143 Rz 16 mwN). Dies wird insbesondere mit der Entscheidung des BVerfG vom 25.11.2008 (1 BvR 848/07, BVerfGE 122, 190) begründet, in der es entschieden hat, dass die Gerichte bei der sachlichen Entscheidung über eine Gegenvorstellung von der Beachtung der einschlägigen gesetzlichen Regelungen namentlich des Verfahrensrechts nicht befreit sind, die Lösung des hier zu Tage tretenden Konflikts zwischen materieller Gerechtigkeit und Rechtssicherheit in erster Linie dem Gesetzgeber übertragen ist und dass sich die Gerichte nicht von der maßgeblichen gesetzlichen Regelung lösen können, was insbesondere für gerichtliche Entscheidungen gilt, die ungeachtet etwaiger Rechtsfehler nach dem jeweiligen Verfahrensrecht in Rechtskraft erwachsen und deshalb weder mit ordentlichen Rechtsbehelfen angegriffen noch vom erkennenden Gericht selbst abgeändert werden können.

3.4.2. Berufung

3.4.2.1. Allgemeines

Gegen Urteile des SG findet grundsätzlich die Berufung an das LSG statt (§ 143   **204**
SGG). Sie muss sich nicht notwendig auf den gesamten Streitgegenstand bezie-

hen, sondern **kann** auch **teilweise** eingelegt werden, soweit es sich um rechtlich abtrennbare Teile im Rahmen der der Entscheidung handelt. Für das **Verfahren** vor dem LSG gelten die Vorschriften über das Verfahren im ersten Rechtszug mit Ausnahme der §§ 91, 105 SGG entsprechend, soweit sich aus den §§ 143 ff SGG nichts anderes ergibt (§ 153 Abs 1 SGG).

205 Die eingehende Berufung wird zunächst von dem Vorsitzenden des jeweils zuständigen Senats bearbeitet. Er kann dann nach dem **senatsinternen Verteilungsplan** (§ 21 g GVG), der grundsätzlich verbindlich ist (gesetzlicher Richter, *BSG* 25.10.1995 – 5/4 RA 109/94, SozR 3-1500 § 155 Nr 2), seine nach den §§ 104, 106-108 und 120 SGG bestehenden Aufgaben einem Berufsrichter, dem sog Berichterstatter, übertragen (§ 155 Abs 1 Satz 1 SGG). Sind die Beteiligten damit einverstanden, kann der Vorsitzende, bzw wenn ein Berichterstatter bestellt ist (§ 155 Abs 1 Satz 2 SGG) dieser, anstelle des Senats später die Entscheidung treffen (§ 155 Abs 3 und 4 SGG). Ist Berufung gegen einen Gerichtsbescheid nach § 105 Abs 2 Satz 1 SGG eingelegt worden, kann der Senat nach § 153 Abs 5 SGG durch Beschluss die Berufung dem Berichterstatter übertragen, der dann zusammen mit den ehrenamtlichen Richtern entscheidet.

206 Die Prüfung des Streitstoffes erfolgt grundsätzlich im gleichen Umfang wie durch das SG, dh ggf unter erneuter Ermittlung des Sachverhaltes. Neu vorgebrachte Tatsachen und Beweismittel sind zu berücksichtigen (§ 157 SGG). Seit 1.4.2008 sieht allerdings § 157 a SGG hiervon eine Beschränkung durch **Präklusion** vor. Neue Erklärungen und Beweismittel, die im ersten Rechtszug entgegen einer hierfür gesetzten Frist gem § 106 a Abs 1 u 2 (Rz 145) nicht vorgebracht worden sind, kann das Gericht unter den Voraussetzungen des § 106 a Abs 3 SGG zurückweisen. Hatte das SG Erklärungen u Beweismittel bereits zu Recht zurückgewiesen, bleiben sie auch im Berufungsverfahren ausgeschlossen (§ 157 a Abs 2).

207 Auch wenn im SGG nicht ausdrücklich geregelt, so ist doch im Sozialgerichtsverfahren die **Anschlussberufung** nach § 524 ZPO iVm § 202 SGG möglich. Hierbei handelt es sich um eine Berufung, mit der sich der Berufungsbeklagte formell der Berufung des Berufungsklägers anschließt, inhaltlich aber eigene, gegenläufige Interessen verfolgt. Der Zulässigkeit einer solchen Anschlussberufung steht nicht entgegen, dass die Berufungsfrist verstrichen ist oder auf die Berufung verzichtet wurde (§ 524 Abs 1 ZPO – sog unselbstständige Anschlussberufung). Die Monatsfrist des § 524 Abs 2 Satz 2 ZPO findet keine Anwendung (*Eckertz* in Hk-SGG § 143 Rz 36; *Leitherer* in Meyer-Ladewig/Keller/ Leitherer SGG § 143 Rz 5). Durch die Notwendigkeit des Vorliegens einer Berufung verliert die Anschlussberufung allerdings ihre Wirkung, wenn diese Berufung zurückgenommen oder als unzulässig verworfen wird (§ 524 Abs 4 ZPO). Die Anschlussberufung muss den gleichen prozessualen Anspruch betreffen, wie die Berufung und darf keinen neuen Streitgegenstand in das Verfahren einführen; andernfalls ist sie unzulässig (*BSG* 10.2.2005 – 4 RA 48/04 R, nv; *Jansen* SGG 3 Rz 7 c). Hat sich der Berufungsbeklagte innerhalb der Berufungsfrist der Berufung des Gegners ausdrücklich angeschlossen, wird dieses Rechtsmittel so angesehen, als sei die Berufung abhängig von der Berufung der Gegenseite eingelegt (*BGH* 30.4.2003 – V ZB 71/02, NJW 2003, 2388). Um den Bestand der Berufung zu sichern, muss der Betroffene selbst Berufung einlegen.

3.4.2.2. Berufungsausschließungsgründe

208 § 144 SGG bestimmt grundsätzlich die Zulässigkeit der Berufung gegen Urteile der Sozialgerichte, schließt sie aber für Streitverfahren mit **geringem Wert** aus, und zwar wenn der Wert des Beschwerdegegenstandes bei einer Klage, die eine Geld oder Sachleistung oder einen hierauf gerichteten VA betrifft, 750 EUR (Abs 1 Satz 1 Nr 2) oder bei einer Erstattungsstreitigkeit zwischen juristischen Personen des öffentlichen Rechts oder Behörden 10.000 EUR (Abs 1 Satz 1 Nr 2) nicht übersteigt. Diese Zulässigkeitsbeschränkung gilt nicht, wenn die Berufung wiederkehrende oder laufende Leistungen für mehr als ein Jahr betrifft (§ 144 Abs 1 Satz 2 SGG). Die prozessuale Gestalt der Klage (Anfechtungs-, Leistungs-, Feststellungsklage) ist für die Frage des Berufungsausschlusses ohne Bedeutung. Entscheidend ist der materielle Kern des Verfahrens. Bei nicht auf Geld- oder Sachleistung gerichtete Klagen (zB bei der Entscheidung über die Versicherungspflicht in der Krankenversicherung), ist § 144 SGG nicht anzuwenden.

Zur näheren Bestimmung, welche **Geld- und Sachleistungen** von § 144 Abs 1 Nr 1 SGG erfasst werden, ist zunächst auf § 11 SGB I zurückzugreifen. Darin ist gesetzlich näher bestimmt, dass Gegenstand der sozialen Rechte **die in diesem Gesetzbuch vorgeschriebenen Dienst-, Sach- und Geldleistungen (Sozialleistungen) sind.** Darüber hinaus fallen nach der hM hierunter ua Honoraransprüche und -rückforderungen von Vertragsärzten (*BSG* 27.11.1959 – 6 RKa 4/58, BSGE 11, 102), Zuzahlungen bei Krankenhausbehandlung und Rehabilitationsmaßnahmen. Unter die Vorschrift fallen nach hM auch Beitragsstreitigkeiten (*Leitherer* in Meyer-Ladewig/Keller/Leitherer SGG § 144 Rz 23; *Sommer* in Roos/Wahrendorf SGG § 144 Rz 12; *Kummer* NZS 1993, 285 [287]). **209**

Von § 144 Abs 1 Satz 1 Nr 2 SGG werden ausdrücklich nur **Erstattungsansprüche** zwischen juristischen Personen des öffentlichen Rechts oder Behörden erfasst. Erstattungsansprüche der Leistungsträger untereinander sind insbesondere in den §§ 102 ff SGB X geregelt, aber nicht allein diese werden von § 144 Abs 1 Satz 1 Nr 2 SGG erfasst (so aber *BSG* SozR 3-1500 § 144 Nr 14). Zwar verwenden die §§ 102 ff SGB X den Begriff „Erstattungsstreitigkeiten". Dies geschieht jedoch nicht in einer andere Streitigkeiten von diesem Begriff ausschließenden Form, so dass § 144 Abs 1 Satz 1 Nr 2 SGG auch über die Fälle der §§ 102 ff SGB X hinaus Anwendung findet, nach einer weiteren Entscheidung des BSG (SozR 4-1500 § 144 Nr 4) aber nur so weit, als es sich um einen Streit handelt, in dem es um den Ausgleich von Kosten geht, die der Kläger gehabt hat. Nach dieser Auffassung, die sich als herrschend durchgesetzt hat, werden von dem Ausschluss jedoch nicht Streitigkeiten erfasst, bei denen es um die Übernahme der Kosten für erbrachte Leistungen geht. Die **Berechnung** des **Beschwerdewertes** erfolgt gemäß § 202 SGG iVm §§ 3-9 ZPO (*BSG* 25.2.1966 – 3 RK 9/63, BSGE 24, 260). Für die Berechnung ist der Zeitpunkt der Einlegung des Rechtsmittels maßgebend (§ 4 Abs 1 ZPO). Ohne Zulassung sind die Berufungen zulässig, wenn die „Beschwerdewerte" 750 EUR bzw 10.000 EUR übersteigen. **210**

Unabhängig von der Höhe des Wertes des Beschwerdegegenstandes sind Berufungen zulässig, die **wiederkehrende oder laufende Leistungen für mehr als ein Jahr** betreffen (§ 144 Abs 1 Satz 2). Erfasst hiervon werden solche Leistungen, die sich aufgrund desselben Rechtsverhältnisses mit regelmäßigen oder unregelmäßigen Zwischenräumen wiederholen (wiederkehrende Leistungen) und Leistungen, die ihrer Natur nach mit gewisser Regelmäßigkeit gewährt werden, wie etwa Renten, Alg oder Krg (laufende Leistungen). Auch Beiträge zählen nach hM zu den wiederkehrenden Leistungen (*Leitherer* in Meyer-Ladewig/Keller/ Leitherer SGG § 144 Rz 23; *BVerwG* 13.4.1984 – 4 B 2/84, NVwZ 1984, 790). **211**

3.4.2.3. Berufungszulassung

212 Liegen die Voraussetzungen der Beschränkung der Berufung nach § 144 Abs 1 SGG vor, bedarf die Berufung der ausdrücklichen Zulassung. Sie ist auszusprechen, wenn die in § 144 Abs 2 SGG enthaltenen Voraussetzungen gegeben sind. Das ist bei grundsätzlicher Bedeutung der Rechtssache (Nr 1), Divergenz zu Entscheidungen anderer Gerichte (des LSG, des BSG und des GmSOGB – Nr 2) und bei Verfahrensfehlern (Nr 3) der Fall. Die Aufzählung der **Zulassungsgründe** ist **abschließend.**

213 Das **SG entscheidet,** wenn die Berufung nach § 144 Abs 1 SGG ausgeschlossen ist, **von Amts wegen** über die Zulassung der Berufung. Erforderlich für die Zulassung ist ihr **Ausspruch im Urteil.** Eindeutig ist dies stets dann, wenn die Zulassung **im Tenor** ausgesprochen wurde. Nach hM ist sie allerdings selbst dann wirksam, wenn sie in den Entscheidungsgründen, dann allerdings eindeutig, ausgesprochen wird (*Leitherer* in Meyer-Ladewig/Keller/Leitherer SGG § 144 Rz 39; *Sommer* in Roos/Wahrendorf SGG § 144 Rz 32; *Himstedt* in Hk-VerwR/VwGO § 124 a VwGO Rz 10). Schweigen Tenor und Entscheidungsgründe, so ist von der Nichtzulassung der Berufung durch das SG auszugehen. Das allein die formularmäßige Rechtsmittelbelehrung eine mögliche Berufungseinlegung erwähnt, reicht nicht (*BSG* 28.3.1957 – 7 RAr 103/55, BSGE 5, 92; *SchlHLSG* 27.4.1993 – L 6 Ka 35/92, nv; *Himstedt* in Hk-VerwR/VwGO § 124 a VwGO Rz 10). Die Berufung gilt ebenfalls als **zugelassen,** wenn das SG im Urteil die **Sprungrevision** zugelassen hat. An die Zulassung der Berufung durch das SG ist das LSG gebunden, auch wenn Zulassungsgründe nicht vorliegen (§ 144 Abs 3 SGG).

214 Eine Rechtssache hat im Sinne des **§ 144 Abs 2 Nr 1 SGG** dann **grundsätzliche Bedeutung,** wenn sie der Klärung einer bis dahin nicht entschiedenen Rechtsfrage von allgemeinem Interesse dient. Ein solcher Fall liegt etwa dann vor, wenn mit der Klärung der Rechtsfrage die Rechtseinheit dadurch gewahrt wird, dass unterschiedliche Entscheidungen desselben Sachverhalts vermieden werden. Das wirtschaftliche Gewicht einer Rechtsstreitigkeit kann im Einzelfall ihre grundsätzliche Bedeutung nur dann begründen, wenn davon die Allgemeinheit betroffen ist. Wirtschaftliche Auswirkungen für den Einzelnen reichen nicht (*Leitherer* in Meyer-Ladewig/Keller/Leitherer SGG § 160 Rz 7 c).

215 Ein weiterer Zulassungsgrund ist der, dass das **Urteil von** einer Entscheidung **des LSG** des **BSG** oder des **Gemeinsamen Senats** der obersten Gerichtshöfe des Bundes **abweicht und auf dieser Abweichung beruht** (§ 144 Abs 2 Nr 2 SGG). Zu beachten ist dabei die Formulierung „des LSG", in dessen Folge die Berufung nur dann zuzulassen ist, wenn sie von der Entscheidung des dem SG übergeordneten LSG abweicht. Weicht das Urteil allerdings von der Entscheidung eines anderen LSG ab, so kann und wird häufig der Zulassungsgrund nach § 144 Abs 2 Nr 1 SGG vorliegen (BT-Drucks 12/1217, 52).

216 Nach **§ 144 Abs 2 Nr 3 SGG** ist eine Berufung zuzulassen, wenn ein der Beurteilung des Berufungsgerichts unterliegender **Verfahrensmangel** geltend gemacht wird und vorliegt, auf dem die Entscheidung beruhen kann. Ein Verfahrensmangel ist ein **Verstoß gegen** eine das **sozialgerichtliche Verfahren regelnde Vorschrift.** Es geht also nicht in erster Linie um die (materielle) Entscheidung selbst, sondern den Weg, auf dem sie zustande gekommen ist. Der Verfahrensmangel muss **geltend** gemacht werden, dh er muss von dem Beteiligten, der sich darauf beruft, gerügt werden und vorliegen. Nicht erforderlich ist bei der Rüge, dass die verletzte Formvorschrift ausdrücklich bezeichnet wird. Aus den vorgetragenen Tatsachen muss sich allerdings ergeben, welcher Mangel im Verfahren des SG gerügt wird (*BSG* 21.3.1978 – 7/12/7 RAr 41/76, SozR 1500 § 150 Nr 11). Der Verfahrensmangel muss **tatsächlich vorliegen** und das **Urteil** muss auf ihm **beruhen können**. Es reicht mithin aus, wenn die Möglichkeit einer Beeinflussung besteht (*BSG* 22.9.1977 – 10 RV 79/76, BSGE 44, 292). Liegt ein Fall des § 547 ZPO vor, der über § 202 SGG auf das Sozialgerichtsverfahren Anwendung findet (**absolute Revisionsgründe**), wird unwiderleglich vermutet, dass die Entscheidung auf einer Gesetzesverletzung beruht. Absolute Revisionsgründe sind danach, wenn

1. das erkennende Gericht nicht vorschriftsmäßig besetzt war;
2. bei der Entscheidung ein Richter mitgewirkt hat, der von der Ausübung des Richteramtes kraft Gesetzes ausgeschlossen war, sofern nicht dieses Hindernis mittels eines Ablehnungsgesuchs ohne Erfolg geltend gemacht ist;
3. bei der Entscheidung ein Richter mitgewirkt hat, obgleich er wegen Besorgnis der Befangenheit abgelehnt und das Ablehnungsgesuch für begründet erklärt war;
4. eine Partei in dem Verfahren nicht nach Vorschrift der Gesetze vertreten war, sofern sie nicht die Prozessführung ausdrücklich oder stillschweigend genehmigt hat;
5. die Entscheidung aufgrund einer mündlichen Verhandlung ergangen ist, bei der die Vorschriften über die Öffentlichkeit des Verfahrens verletzt sind;
6. die Entscheidung nicht mit Gründen versehen ist (darunter fällt auch, wenn ein bei der Verkündung noch nicht voll abgefasstes Urteil nicht innerhalb einer Frist von 5 Monaten nach Verkündung schriftlich niedergelegt, von den Richtern besonders unterschrieben und der Geschäftsstelle übergeben worden ist – *GmS-OGB* 27.4.1993 – GmS-OGB 1/92, SozR 3-1750 § 551 Nr 4).

Häufige Verfahrensmängel sind: Unzureichende Sachaufklärung, etwa durch Verstoß gegen den Amtsermittlungsgrundsatz des § 102 SGG; Verletzung des rechtlichen Gehörs; Fehler bei der Beweiswürdigung; Unterlassen einer notwendigen Beiladung; Nichtbeachtung eines neuen VA entgegen § 96 SGG.

3.4.2.4. Nichtzulassungsbeschwerde

Liegen die Voraussetzungen des § 144 Abs 1 Satz 1 SGG vor und hat das SG die Berufung nicht zugelassen oder, was dem gleichkäme, nicht über deren Zulassung entschieden, so ist die Nichtzulassungsbeschwerde nach **§ 145 SGG** statthaft. **Einzulegen** ist sie beim **LSG, innerhalb eines Monats** nach Zustellung des vollständigen Urteils, **schriftlich oder zur Niederschrift** des Urkundsbeamten der Geschäftsstelle (§ 145 Abs 1 Satz 2 SGG).   **217**

Die Beschwerde soll das angefochtene Urteil bezeichnen und die zur Begründung dienenden Tatsachen und Beweismittel angeben (§ 145 Abs 2 SGG). Hierbei handelt es sich um eine Sollvorschrift, deren Verletzung grundsätzlich keine Folgen hat. **Vertretungszwang** besteht **nicht**.   **218**

Häufig wird gegen ein Urteil Berufung eingelegt, wenn die Unzulässigkeit der Berufung vom SG nicht gesehen und das Urteil mit der Rechtsmittelbelehrung, Berufung ist zulässig, versehen wurde. In dem Fall gilt die Berufung als nicht zugelassen (Rz 213). Wird der Berufungskläger hierüber innerhalb eines Jahres aufgeklärt, so kann er iVm § 66 Abs 2 SGG noch rechtzeitig Nichtzulassungsbeschwerde einlegen. Geschieht dies erst nach einem Jahr, so ergeben sich daraus mehrere Probleme. Zunächst stellt sich die Frage, ob die rechtzeitige Berufungseinlegung in eine Nichtzulassungsbeschwerde umgedeutet werden kann. Dies wird vom BSG sogar dann verneint, wenn der Rechtsmittelführer rechts-   **219** unkundig ist (*BSG* 20.5.2003 – B 1 KR 25/01 R, SozR 4-1500 § 158 Nr 1; *Lüdtke* in Hk-SGG § 145 Rz 4; *Kummer* NZS 1993, 337). Allerdings ist das Gericht verpflichtet, auf einen erkennbaren Irrtum hinzuweisen (*Leitherer* in Meyer-Ladewig/Keller/Leitherer SGG § 145 Rz 3 a). Auch sind die Anforderungen an die Darlegungslast einer Nichtzulassungsbeschwerde nach § 145 SGG geringer als die nach § 160 a SGG gegen die Nichtzulassung einer Revision (*Lüdtke* in Hk-SGG § 145 Rz 11). Die weitere Problematik folgt aus dem Umstand, dass § 66 Abs 2 SGG die Einlegung des Rechtsbehelfs nach einem Jahr nur dann zulässt, wenn die Einlegung vor Ablauf der Jahresfrist infolge höherer Gewalt unmöglich war oder eine schriftliche Belehrung dahin erfolgt ist, dass ein Rechtsbehelf nicht gegeben sei. Nach dem Wortlaut des § 66 Abs 2 SGG kann allein die falsche oder unterbliebene Rechtsmittelbelehrung allein nicht die höhere Gewalt begründen, denn dann ergibt die Begrenzung auf ein Jahr keinen Sinn, da bei einer Falschbelehrung stets der Grund der höheren Gewalt vorläge (so aber *LSG Nds* 28.4.1999 – L 3 P 45/98, Breith 2000, 71 für fehlende und *LSG Saarl* 17.5.1999 – L 6 Ar 40/97 NZB, für fehlerhafte Rechtsmittelbelehrung; wie hier *Littmann* in Hk-SGG § 66 Rz 6). Höhere Gewalt kann aber dann nahe liegen, wenn ein rechtsunkundiger Bürger nicht sachkundig vertreten ist (*LSG Saarl* v 16.12.2002 – L 20 88/02, nv). Ist der Berufungsführer unsicher, ob die Berufung zulässig ist, sollte er neben der Berufung Nichtzulassungsbeschwerde – ggf hilfsweise – einlegen. Zwar ist die bedingte Nichtzulassungsbeschwerde grd unzulässig. In einem solchen Fall wird hiervon jedoch zutreffen eine Ausnahme gemacht. Gleiches gilt für eine selbstständig neben der Berufung eingelegte Nichtzulassungsbeschwerde (*Leitherer* in Meyer-Ladewig/Keller/Leitherer SGG § 145 Rz 3 b mwN).

220 Mit der **Einlegung der Nichtzulassungsbeschwerde** wird die **Rechtskraft** des Urteils oder des Gerichtsbescheides **gehemmt** (§ 145 Abs 3 SGG), und zwar unabhängig davon, ob die Beschwerde unzulässig oder unbegründet ist. Das **LSG** hat über die Nichtzulassungsbeschwerde **durch Beschluss** zu entscheiden. Das SG kann ihr nicht abhelfen (§ 145 Abs 4 Satz 1 SGG). Bei zulässiger Nichtzulassungsbeschwerde prüft das LSG, ob einer der Zulassungsgründe des § 144 Abs 2 SGG vorliegen, wobei es auf den Sach- und Streitstand im Zeitpunkt der Entscheidung ankommt. Ein die Berufung zulassender Beschluss muss nicht begründet werden (§ 145 Abs 4 Satz 2 SGG), die Ablehnung sollte (kurz) begründet werden (§ 145 Abs 4 Satz 3 SGG). Die Beschlussfassung des LSG erfolgt ohne Mitwirkung der ehrenamtlichen Richter. Mit der Ablehnung der Beschwerde durch das LSG wird das Urteil rechtskräftig (§ 145 Abs 4 Satz 4 SGG). Lässt das LSG die Berufung zu, wird das Verfahren über die Nichtzulassungsbeschwerde als Berufungsverfahren fortgesetzt. Der Einlegung einer Berufung durch den Beschwerdeführer bedarf es nicht, worauf im Beschluss hinzuweisen ist (§ 145 Abs 5 SGG). Wird die Berufung zugelassen, wird in der Hauptsache über die **Kosten** entschieden. Lehnt das LSG dagegen die Nichtzulassungsbeschwerde ab, entscheidet es zugleich über die Kosten. Das BSG ist grds an die Zulassung der Berufung durch das LSG im Verfahren der Nichtzulassungsbeschwerde gebunden (*BSG* 26.1.2000 – B 6 KA13/99 R, SozR 3-5533 § 100 Nr 1).

3.4.2.5. Berufungseinlegung

221 Voraussetzung der zulässigen Berufung ist ihre **form- und fristgerechte** Einlegung, wie sie in **§ 151 SGG** geregelt ist. Wird hiergegen verstoßen, ist die Berufung als unzulässig zu verwerfen (§ 158 SGG).

Die Berufung ist **schriftlich oder zur Niederschrift** des Urkundsbeamten der Ge- **222**
schäftsstelle einzulegen (§ 151 Abs 1 SGG). Bei rechtzeitiger Einlegung beim SG
gilt die Frist als gewahrt (§ 151 Abs 2 SGG). Anders als die Klageschrift **muss**
die Berufungsschrift vom Berufungsführer oder seinem Prozessbevollmächtigten
handschriftlich unterschrieben sein, ein abgekürztes Namenszeichen (sog Paraf-
fe) reicht nicht. Es reicht aber aus, dass jemand, der den Namen des Unter-
zeichnenden kennt, in dem Schriftbild Buchstaben dieses Namens erkennt und
auf dieser Grundlage den ihm bekannten Namen herauslesen kann (*BSG*
4.6.1975 – 11 RA 189/74, SozR 1500 § 151 Nr 3). **Die telegraphische oder**
fernschriftliche Einlegung der Berufung ist **möglich.** Gleiches gilt für die Einlegung durch **Telebrief, Telekopie** oder **Telefax.** Das Schriftstück muss allerdings
die Unterschrift wiedergeben (*BSG* 28.6.1985 – 7 BAr 36/85, Breith 1986,
363). Die **telefonische** Einlegung der Berufung ist mangels Schriftform **nicht**
möglich. Eine Berufungseinlegung durch **elektronisches Dokument** ist zwar seit
Einführung des § 65 a SGG nunmehr gesetzlich vorgesehen. Diese Möglichkeit
besteht jedoch nur nach Maßgabe umsetzender bundes- oder landesrechtlicher
Rechtsverordnungen (s Rz 120).

Eine **Ausnahme** vom **Erfordernis der Unterschrift** wird dann anerkannt, wenn **223**
sich aus der Berufungsschrift selbst oder aus den beiliegenden Schriftstücken ergibt, dass die Berufungsschrift mit Wissen und Willen des Berufungsführers an
das Gericht gelangt ist (*BSG* 28.5.1974 – 2 RU 259/73, BSGE 37, 279). Das ist
zB dann der Fall, wenn Anlagen, Anschreiben oder Zweitschriften vom Berufungsführer unterzeichnet sind. Ein vom Anwalt unterschriebener Beglaubigungsvermerk auf dem eingereichten Urteil kann ausreichen (*SchlHLSG*
10.2.2004 – L 1 KR 36/03, nv). Das gilt auch, wenn der Prozessbevollmächtigte die Berufungsschrift persönlich beim Gericht eingereicht hat *SchlHLSG*
15.9.2009 – L 5 KR 27/09 ER, nv).

Die **Berufungsfrist** beträgt nach § 151 Abs 1 SGG **einen Monat** nach Zustel- **224**
lung des Urteils des SG. Eine Verlängerung der Frist ist nicht möglich. Bei Zustellung im **Ausland** beträgt die Berufungsfrist 3 Monate (§ 153 Abs 1 iVm § 87
Abs 1 Satz 2 SGG). Bei fehlender oder unrichtiger Rechtsmittelbelehrung gilt
§ 66 Abs 2 SGG. Die Form der **Zustellung** richtet sich gemäß § 63 Abs 2 SGG
nach den Vorschriften der ZPO. Die **Berechnung der Frist** erfolgt gemäß § 64
SGG (Rz 75 ff). Ein rechtzeitiger **Prozesskostenhilfeantrag** rechtfertigt grds eine
Wiedereinsetzung in den vorigen Stand in die versäumte Berufungsfrist, vorausgesetzt, dass der Beteiligte vernünftigerweise nicht damit rechnen musste, der
Antrag könnte zurückgewiesen werden (*BGH* 24.11.1999 – XII ZB 134/99
[Bes], NJW-RR 2000, 879; s auch mit weiteren Fällen *Littmann* in Hk-SGG
§ 67 Rz 11).

Zum **Inhalt** der Berufungsschrift bestimmt § 151 Abs 3 SGG, wiederum als **225**
nicht zwingende Soll-Vorschrift, dass das angefochtene Urteil bezeichnet, ein
bestimmter Antrag gestellt, und die zur Begründung dienenden Tatsachen und
Beweismittel angegeben werden sollen. Auch hier sollten die Beteiligten im Hinblick auf eine zügige und umfassende Bearbeitung der Sache durch das Gericht
den Anforderungen dieser Vorschrift ausreichend Genüge tun. Dazu „zwingt"
seit 1.4.2008 der ergänzend zu §§ 92 Abs 2 u 106 a SGG aufgenommene
§ 157 a SGG, der wie diese Vorschriften für das Verfahren vor den SG auch für
das Berufungsverfahren eine **Präklusionsregelung** zur Beschleunigung des Verfahrens enthält (Abs 1) und die Folgen der Präklusion aus dem Verfahren vor
dem SG für das Berufungsverfahren in Abs 2 fortsetzt.

3.4.2.6. Beendigung des Berufungsverfahrens

226 Ebenso wie die Klage kann auch die Berufung auf verschiedene Arten beendet werden. Ihre unstreitige Erledigung ist durch Zurücknahme nach § 156 SGG bis zur Rechtskraft des Urteils möglich; nach Schluss der mündlichen Verhandlung nur mit Einwilligung des Berufungsbeklagten. § 156 Abs 2 SGG sieht nunmehr in der ab 2012 geltenden Fassung, ähnlich wie § 102 Abs 2 SGG für die Klage, eine fiktive Rücknahme der Berufung bei 3monatigem Nichtbetreiben und vorheriger Ankündigung vor. Anders als § 102 SGG bestimmt § 156 Abs 2 Satz 3 SGG, dass die entsprechende Feststellung durch Beschluss zu treffen ist. Dem Beschluss kommt lediglich deklarative Bedeutung zu (*Keller* in Meyer-Ladewig/Keller/Leitherer SGG § 156 Rz 4a). In der Berufung ist weiterhin auch die Beendigung durch Rücknahme der Klage, Anerkenntnis des Anspruchs, Vergleich und übereinstimmende Erledigungserklärung (Rz 178ff) möglich. Hinsichtlich der streitigen Beendigung gilt: Ist die Berufung nicht statthaft, nicht in der gesetzlichen Frist, nicht schriftlich oder nicht zur Niederschrift des Urkundsbeamten der Geschäftsstelle eingelegt worden, so ist sie als **unzulässig zu verwerfen** (§ 158 Satz 1 SGG). Folge dieser zwingenden Regelung („ist"… zu verwerfen) ist, dass das LSG grds nicht offen lassen darf, ob ein Rechtsmittel unzulässig oder unbegründet ist, etwa in den Fällen, in denen die Zulässigkeit schwierige Rechtsfragen aufwirft, während die fehlende Begründetheit offensichtlich ist. Die Entscheidung einer unzulässigen Berufung **kann** auch durch **Beschluss** ergehen (§ 158 Satz 2 SGG), der allein, da außerhalb der mündlichen Verhandlung, von den Berufsrichtern getroffen wird (§ 12 Abs 1 Satz 2 SGG). Gegen den Beschluss steht den Beteiligten das Rechtsmittel zu, das zulässig wäre, wenn das Gericht durch Urteil entschieden hätte. Die Beteiligten sind über dieses Rechtsmittel zu belehren (§ 158 Satz 3 und 4 SGG). Ist die Berufung aus anderen als den in § 158 Satz 1 SGG genannten Gründen unzulässig, so wird sie ebenfalls als unzulässig verworfen. Die Aufzählung dieser Vorschrift ist insoweit nicht abschließend (*Lüdtke* in Hk-SGG § 158 Rz 4; *Keller* in Meyer-Ladewig/Keller/Leitherer SGG § 158 Rz 5; *Sommer* in Roos/Wahrendorf SGG § 158 Rz 5; aA Hdb SGG – *Udsching* VIII Rz 77). Der Beschluss darf im Hinblick auf Art 6 EMRK, der in erster Instanz eine mündliche Verhandlung garantiert, nicht ergehen, wenn sich die Berufung gegen einen **Gerichtsbescheid** richtet (*Lüdtke* in Hk-SGG § 158 Rz 8; *Keller* in Meyer-Ladewig/Keller/Leitherer SGG § 158 Rz 6; Hdb SGG – *Udsching* VIII Rz 77). Bevor eine Berufung nach § 158 Satz 2 SGG durch Beschluss als unzulässig verworfen wird, hat das LSG die Beteiligten zu hören. Anderenfalls verletzt es seine Pflicht aus § 62 SGG und darf nicht ohne mündliche Verhandlung entscheiden (*BSG* 2.7.2009 – B 14 AS 51/08 B, nv).

227 Hält das LSG die Berufung für **zulässig aber unbegründet**, ist sie zurückzuweisen. Auch dies **kann** durch **Beschluss** geschehen (§ 153 Abs 4 SGG) mit Ausnahme der Fälle, in denen das SG mit Gerichtsbescheid entschieden hat. Voraussetzung ist, dass die Berufsrichter, die gemäß § 12 Abs 1 Satz 2 SGG die Entscheidung allein treffen, die Berufung einstimmig für unbegründet und eine mündliche Verhandlung für nicht erforderlich halten. Die Beteiligten sind rechtzeitig vorher zu hören. Auch gegen diesen Beschluss steht ihnen das Rechtsmittel zu, das zulässig wäre, wenn das Gericht durch Urteil entschieden hätte, worüber die Beteiligten wiederum zu belehren sind (§ 153 Abs 4 Satz 3 SGG iVm § 158 Satz 3 und 4 SGG). Entscheidet das LSG über die Berufung durch **Urteil**, so ist es an die §§ 123ff SGG gebunden. In Abweichung von § 136 Abs 1 Nr 6 SGG kann es allerdings nach § 153 Abs 2 SGG und über dessen Wortlaut hinaus bei urteilsersetzenden Beschlüssen nach § 153 Abs 4 oder § 158 SGG von einer weiteren Darstellung der Entscheidungsgründe absehen, soweit es die Berufung aus den Gründen der angefochtenen Entscheidung als unbegründet zurückweist. Die ähnliche Regelung des § 142 Abs 2 Satz 3 SGG greift dann, wenn das LSG als Beschwerdegericht entscheidet (Rz 269 ff) und nicht als Berufungsgericht (*Littmann* in Hk-SGG § 153 Rz 34; *Keller* in Meyer-Ladewig/Keller/Leitherer SGG § 153 Rz 5).

Nach § 159 SGG kann das LSG durch Urteil die angefochtene Entscheidung **228** aufheben und die Sache **an das SG zurückverweisen**, wenn nach Abs 1

1. dieses die Klage abgewiesen hat, ohne in der Sache selbst zu entscheiden (Nr 1) oder
2. das Verfahren an einem wesentlichen Mangel leidet und aufgrund dieses Mangels eine umfangreiche und aufwändige Beweisaufnahme notwendig ist (Nr 2).

Von der **Nr 1** werden die Fälle erfasst, in denen das SG anstelle einer Sachent- **229** scheidung durch Prozessurteil die Klage als unzulässig abgewiesen hat. Ein Verfahrensmangel der **Nr 2** liegt dann vor, wenn ein Verstoß gegen die das Gerichtsverfahren regelnden Vorschriften vorliegt. Seit 2012 muss für eine Zurückverweisung hinzukommen, dass dieser Mangel zu einer Beweisaufnahme mit erheblichem personellen und /oder sachlichen Aufwand führt.

Die Entscheidung nach § 159 SGG steht im **Ermessen** des LSG („kann"... zu- **230** rückverweisen). Grundsätzlich ist von einer Zurückverweisung abzusehen, wenn die Sache entscheidungsreif ist (*SchlHLSG* 7.6.1994 – L 6 Ka 9/93, nv; *Keller* in Meyer-Ladewig/Keller/Leitherer SGG § 159 Rz 5a; *Lüdtke* in Hk-SGG § 159 Rz 8). Denn in diesen Fällen spricht der Grundsatz der Prozessökonomie für eine Sachentscheidung des LSG. Abzusehen ist von der Zurückverweisung bei langer Verfahrensdauer (*BGH* 8.7.2004 – VII ZR 231/03, MDR 2004 1371: 7 Jahre). Auf der anderen Seite dürfen aber die Interessen der Beteiligten an Entscheidungen zweier Instanzen nicht unberücksichtigt bleiben. Das kann von Bedeutung sein, wenn eine Sachverhaltsaufklärung durch Sachverständige erforderlich ist.

Die Zurückverweisungsentscheidung des LSG ergeht **ohne Kostenentscheidung,** **231** da diese der Entscheidung des SG vorenthalten bleibt. Mit der Rechtskraft des zurückverweisenden Urteils wird die **1. Instanz** ohne weitere Prozesshandlung der Beteiligten **neu eröffnet.** Soweit das LSG Teile der Entscheidung nicht aufgehoben hat, ist das SG an diese gebunden (§ 202 SGG iVm § 318 ZPO). Hinsichtlich des zurückverwiesenen Teils hat das SG die rechtliche Beurteilung des LSG, die der Aufhebung zugrunde gelegt ist, bei seiner Entscheidung zu beachten (§ 159 Abs 2 SGG). Das sind alle die Entscheidung tragenden Gründe. Keine Bindung besteht für hinzutretenden neuen Prozessstoff, zB im Rahmen neu erhobener Ansprüche, Änderung der Rechtslage, neuer Sachverhalt oder Änderung der Rspr durch das zurückverweisende Gericht zu der entscheidungserheblichen Rechtsfrage. Auch das LSG ist an seine zurückverweisende Entscheidung gebunden, wenn gegen die erneute Entscheidung des SG Berufung eingelegt wird (*Lüdtke* in Hk-SGG § 159 Rz 10).

Neben einer Beendigung durch Gerichtsentscheidung kann die Berufung bis zur **232** Rechtskraft des Urteils oder des nach § 153 Abs 4 SGG oder § 158 Satz 2 SGG ergangenen Beschlusses zurückgenommen werden. Dabei setzt die Zurücknahme nach Schluss der mündlichen Verhandlung die Einwilligung des Berufungsbeklagten voraus (§ 156 Abs 1 SGG). Bei der Klagerücknahme gibt es eine solche Einschränkung nicht. Ist die Rücknahmeerklärung nicht eindeutig, muss eine Auslegung ergeben, ob die **Berufungsrücknahme** tatsächlich gewollt war. Streiten die Beteiligten über die Wirksamkeit der Berufungsrücknahme, wird das Verfahren vor dem LSG weiter geführt. Dieses entscheidet durch Urteil entweder dahin, dass der Rechtsstreit durch Zurücknahme erledigt ist oder zur Sache, wobei in den Entscheidungsgründen ausgeführt wird, dass die Zurücknahme nicht erklärt ist oder unwirksam war. Die Zurücknahme bewirkt den **Verlust des Rechtsmittels**. Über die **Kosten** entscheidet das Gericht durch **Beschluss** (§ 156 Abs 2 Satz 2 SGG).

3.4.3. Revision

233 Gegen Urteile der LSG findet gemäß § 160 SGG die Revision statt. Ist sie von einem SG zugelassen, so kann auch, wenn der Gegner schriftlich zustimmt, gegen dessen Urteil Revision (sog Sprungrevision) eingelegt werden (§ 161 SGG, Rz 255 ff). Die Revision kann sich ebenso wie die Berufung gegen Teile des Urteils richten, soweit es sich um rechtlich abtrennbare handelt (Rz 204). Die **Anschlussrevision** ist nach § 554 ZPO iVm § 202 SGG möglich (*BSG* 24.11.1978 – 11 RA 9/78, BSGE 47, 168). Die Regelungen enthalten gegenüber der der Anschlussberufung (Rz 207) **Besonderheiten.** Die Anschlussrevision ist bis zum Ablauf eines Monats nach Zustellung der Revisionsbegründung zu erklären (§ 554 Abs 2 Satz 2 ZPO), und zwar auch die unselbstständige (*Lüdtke* in Hk-SGG § 160 Rz 27). § 554 Abs 3 ZPO bestimmt darüber hinaus für die Anschlussrevision, dass ihre Begründung in der Anschlussschrift erfolgt. Im Gegensatz zur Anschlussberufung setzt die Anschlussrevision eine Beschwer durch die vorinstanzliche Entscheidung voraus.

234 Die Revision **dient** in erster Linie der **Einheitlichkeit der Rspr** und der **Rechtsfortbildung.** Vor diesem Hintergrund bestimmt § 163 SGG, dass das BSG an die in dem angefochtenen Urteil getroffenen **tatsächlichen Feststellungen gebunden** ist, außer wenn in Bezug auf die Feststellungen zulässige und begründete Revisionsgründe vorgebracht sind. Über die Bestimmung des § 163 SGG hinaus hat das BSG die Revision dann als zulässig angesehen, wenn zwar gegen die vom LSG getroffenen tatsächlichen Feststellungen Revisionsgründe nicht vorgebracht wurden, gleichwohl aber die getroffenen Feststellungen nicht ausreichend klar und bestimmt waren (*BSG* 7.12.1989 – 12 RK 7/88, SozR 2200 § 165 Nr 98). Diese Rspr ist allerdings im Hinblick auf den eindeutigen Wortlaut des § 163 SGG dann nicht unbedenklich, wenn, wie in dem vom BSG entschiedenen Fall, lediglich der Weg, auf dem das LSG zu den Feststellungen gekommen ist, nach Auffassung des BSG nicht schlüssig und nachvollziehbar ist.

235 Aus der Bindung an die in den Tatsacheninstanzen getroffenen Feststellungen erklärt sich § **168 SGG**, wonach **Klageänderungen und Beiladungen** im Revisionsverfahren grundsätzlich unzulässig sind. Hinsichtlich der Beiladung sieht § 168 Satz 2 SGG aus Zweckmäßigkeitserwägungen Ausnahmen vor. Danach können Beiladungen nachgeholt werden und zwar der Bundesrepublik Deutschland in Angelegenheiten des sozialen Entschädigungsrechts nach § 75 Abs 1 Satz 2 und, sofern der Beizuladende zustimmt, Beiladungen nach § 75 Abs 2 SGG.

236 Neue **VA**, die während des Revisionsverfahrens ergehen und die den angefochtenen VA abändern oder ersetzen, werden, abweichend von § 96 SGG, nicht Gegenstand des Verfahrens, sondern gelten gemäß § 171 Abs 2 SGG als mit der Klage beim SG angefochten, es sei denn, dass der Kläger durch den neuen VA klaglos gestellt oder dem Klagebegehren durch die Entscheidung des Revisionsgerichts zum ersten VA im vollen Umfang genügt wird. Das SG muss also nach Abschluss des Revisionsverfahrens die Sache weiter verhandeln, als sei Klage erhoben.

Gemäß § 165 SGG sind die **Vorschriften des Berufungsverfahrens anwendbar,** **237** soweit sich aus den §§ 160 ff SGG nichts anderes ergibt. Damit gelten grundsätzlich über § 153 SGG auch die Vorschriften für das Klageverfahren. § 153 Abs 2 SGG – Absehen von einer weiteren Darstellung der Entscheidungsgründe – § 153 Abs 4 SGG – Zurückweisung der Berufung durch Beschluss – und § 155 Abs 2 bis 4 SGG – Entscheidungskompetenz des Vorsitzenden bzw des Berichterstatters – finden allerdings keine Anwendung (§ 165 Satz 2 SGG).

3.4.3.1. Revisionszulassungsgründe

Anders als die Berufung ist die Revision **nur zulässig,** wenn sie **ausdrücklich zu-** **238** **gelassen** wurde. Das geschieht durch das LSG, durch das BSG im Wege einer Nichtzulassungsbeschwerde oder im Falle der Sprungrevision durch das SG. Wann die Revision (Sprungrevision) zuzulassen ist, regelt abschließend § 160 Abs 2 SGG (§ 161 Abs 2 Satz 1 SGG). Ebenso wie das LSG an die Berufungszulassung durch das SG ist das BSG an die Zulassung durch das SG oder das LSG gebunden (§ 160 Abs 3 SGG).

Nach § **160 Abs 2 SGG** ist die Revision zuzulassen, wenn   **239**

1. die Rechtssache grundsätzliche Bedeutung hat oder
2. das Urteil von einer Entscheidung des BSG, des Gemeinsamen Senats der Obersten Gerichtshöfe des Bundes oder des BVerfG abweicht und auf diese Abweichung beruht oder
3. ein Verfahrensmangel geltend gemacht wird, auf dem die angefochtene Entscheidung beruhen kann; der geltend gemachte Verfahrensmangel kann nicht auf eine Verletzung der §§ 109 und 128 Abs 1 Satz 1 SGG und auf eine Verletzung des § 103 SGG nur gestützt werden, wenn er sich auf einen Beweisantrag bezieht, dem das LSG ohne hinreichende Begründung nicht gefolgt ist.

LSG und SG müssen **von Amts wegen** darüber entscheiden, ob die Revision zugelassen wird. Eine dahin gehende Antragstellung ist gemäß § 161 Abs 1 SGG nur bei der nachträglichen Zulassung der Sprungrevision erforderlich.

Die **Zulassung** der Revision wird **regelmäßig im Tenor** ausgesprochen. Ein feh- **240** lender Ausspruch bedeutet Nichtzulassung der Revision (*BSG* 7.12.1989 – 12 RK 7/88, SozR 1500 § 160 Nr 52). Eine (falsche) Rechtsmittelbelehrung dahin gehend, dass die Revision zulässig sei, stellt keine Revisionszulassung dar. Allerdings kann – wie bei der Berufung (Rz 213) – die Revision auch in den Entscheidungsgründen zugelassen werden, wenn diese insoweit eindeutig sind (*BSG* 29.6.1977 – 11 RA 94/76, SozR 1500 § 161 Nr 16; Hdb SGG-*Krasney* IX Rz 8). Über die Möglichkeit, gegen die Nichtzulassung der Revision Beschwerde einzulegen (Nichtzulassungsbeschwerde), sind die Beteiligten zu belehren.

Grundsätzliche Bedeutung im Sinne der Nr 1 hat eine **Rechtssache,** wenn zu er- **241** warten ist, dass die Entscheidung geeignet ist, in künftigen Revisionsverfahren die Rechtseinheit zu erhalten oder zu sichern oder die Fortbildung des Rechts zu fördern (vgl Rz 214). Die Rechtsfrage muss auch revisionsrechtlich **klärungsfähig** sein. Das ist zB nicht der Fall, wenn es sich um nicht revisibles Recht (§ 162 SGG) handelt: Darum handelt es sich, wenn das angefochtene Urteil nicht auf der Verletzung einer Vorschrift des Bundesrechts oder einer sonstigen im Bezirk des Berufungsgerichts geltenden Vorschrift beruht, deren Geltungsbereich sich über den Bezirk des Berufungsgerichts hinaus erstreckt, etwa wenn es um die Auslegung von singulär geltendem Landesrecht geht (*BSG* 15.10.1975 – 11 BA 88/75, SozR 1500 § 160 Nr 10). Auch aus prozessualen Gründen kann das BSG daran gehindert sein, über eine klärungsbedürftige Rechtsfrage zu entscheiden. Das ist etwa dann der Fall, wenn es im Rahmen einer Zurückverweisung an seine Auffassung gebunden ist (Rz 268).·

242   Die in § 160 Abs 2 Nr 2 SGG enthaltene Aufzählung der Gerichte bzw Spruchkörper, von deren Entscheidungen das LSG abweichen will (**Divergenz**), ist abschließend. Damit reicht für die Revisionszulässigkeit eine Divergenz von der Entscheidung eines (auch des eigenen) LSG nicht aus. Hier wird allerdings häufig grundsätzliche Bedeutung der Rechtssache zu bejahen sein. **Entscheidung** iS des § 160 Abs 2 Nr 2 SGG muss nicht notwendig ein Urteil, sondern kann auch ein Beschluss des BSG etwa im Rahmen einer Nichtzulassungsbeschwerde sein. Maßgebend ist stets die **aktuelle Rspr** des BSG, nicht die frühere. Divergenz liegt auch vor, wenn die Entscheidung nach der des LSG getroffen wurde, allerdings bevor die Frist für die Beschwerdebegründung abgelaufen ist (*BSG* 26.6.2006 – B 1 KR 19/06 B, SozR 4-1500 § 160 Nr 10).

243   Hinsichtlich der Zulassung wegen eines **Verfahrensmangels** kann zunächst auf die entsprechenden Ausführungen zum Berufungsverfahren (Rz 216) verwiesen werden. Bei der Prüfung, ob ein Verfahrensmangel vorliegt, ist von der Rechtsauffassung des LSG auszugehen. Anders als § 144 Abs 2 Nr 3 SGG bestimmt § 160 Abs 2 Nr 3 SGG allerdings, dass der geltend gemachte Verfahrensmangel **nicht auf eine Verletzung des** § 109 SGG (Anhörung eines bestimmten Arztes auf Antrag) gestützt werden kann (zur Verfassungsmäßigkeit dieses Ausschlusses: *BVerfG* 12.4.1989 – 1 BvR 1425/88, SozR 1500 § 160 Nr 69). Auf eine Verletzung des § 128 Abs 1 Satz 1 SGG kann der geltend gemachte Verfahrensmangel ebenso nicht gestützt werden. Auf eine Verletzung des § 103 SGG kann der geltend gemachte Verfahrensmangel nur gestützt werden, wenn er sich auf einen Beweisantrag bezieht, dem das LSG ohne hinreichende Begründung nicht gefolgt ist. Dabei ist die Voraussetzung „ohne hinreichende Begründung" so auszulegen, dass das LSG sich aus seiner Sicht hätte gedrängt fühlen müssen, den beantragten Beweis zu erheben (*BSG* 31.7.1975 – 5 BJ 28/75, SozR 1500 § 160 Nr 5). Damit sollen nur die Fälle erfasst werden, in denen das Gericht trotz eines ausdrücklichen Antrags eine Beweisaufnahme versäumt hat. Voraussetzung ist, dass der **Beweisantrag** das **Beweisthema** und das **Beweismittel** nennt. Der **Verfahrensmangel** muss **geltend gemacht werden** und **wesentlich** sein, dh das angefochtene Urteil muss auf ihm beruhen können. Davon ist auszugehen, wenn bereits die **Möglichkeit** besteht, dass der Verfahrensmangel das Urteil beeinflusst hat („beruhen kann"). Die **überlange Verfahrensdauer** ist vom BSG als Verfahrensfehler iSd Nr 2 anerkannt (Rz 56).

3.4.3.2. Nichtzulassungsbeschwerde

244   Hat das LSG die Revision nicht zugelassen, kann diese Entscheidung gemäß § 160 a SGG beim BSG selbstständig mit der Beschwerde angefochten werden. Solche Beschwerden sind allerdings wegen der hohen Anforderungen an die Zulässigkeit nur in sehr geringem Umfang erfolgreich.

245   Die Nichtzulassungsbeschwerde ist beim **BSG innerhalb eines Monats** nach Zustellung des Urteils einzulegen, § 160 a Abs 1 Satz 2 SGG. Erfolgt die Zustellung des Urteils im **Ausland**, beträgt die Frist in entsprechender Anwendung des § 87 Abs 1 Satz 2 SGG **3 Monate**. Wiedereinsetzung in den vorigen Stand (§ 67

SGG) ist möglich. Die **Begründung** der Beschwerde hat innerhalb von **2 Mona-te** nach Zustellung des Urteils zu erfolgen (§ 160 a Abs 2 Satz 1 SGG), bei Zustellung im Ausland innerhalb vom 4 Monaten (*BSG* 4.6.1975 – 11 BA 4/75, BSGE 40, 40). Wird diese Frist versäumt, darf das BSG eine später eingehende Begründung nicht verwerten. Die Begründungsfrist kann allerdings auf Antrag vor ihrem Ablauf von dem Vorsitzenden einmal bis zu einem Monat verlängert werden (§ 160 a Abs 2 Satz 2 SGG). Danach ist eine weitere Verlängerung, auch in Härtefällen, nicht mehr möglich (*BSG* 5.8.2010 – B 13 R 117/10 B, nv).

Teilweise abweichend von der Nichtzulassungsbeschwerde nach § 145 SGG be-   **246** stehen bei der Nichtzulassungsbeschwerde wegen nicht zugelassener Revision **strenge Formvorschriften,** deren Nichteinhaltung zur Unzulässigkeit der Beschwerde führt. So ist die Beschwerde **beim BSG einzulegen** (§ 160 a Abs 1 Satz 2 SGG). Die Einlegung beim LSG oder anderem Gericht oder Behörden ist nicht fristwahrend, da § 91 SGG keine Anwendung findet. Eine Abhilfemöglichkeit der Beschwerde durch das LSG gibt es nicht. Die **Umdeutung** einer Revision in eine Nichtzulassungsbeschwerde ist grundsätzlich **nicht möglich** (vgl zur Berufung Rz 219).

Für die Einlegung der Nichtzulassungsbeschwerde besteht **Vertretungszwang**   **247** (§ 73 Abs 4 SGG). Dies gilt jedoch nicht für das Prozesskostenhilfeverfahren (Einzelheiten Rz 261).

Die meisten Nichtzulassungsbeschwerden scheitern an einer mangelhaften Be-   **248** gründung. Dies beginnt bereits mit der zwingenden Einhaltung der 2-monatigen Begründungsfrist. Die Begründung muss nach § 160 a Abs 2 Satz 3 SGG die grundsätzliche Bedeutung der Rechtssache darlegen oder die Entscheidung, von der das Urteil des LSG abweicht oder den Verfahrensmangel bezeichnen. Folge einer unzureichenden Begründung ist die Unzulässigkeit der Nichtzulassungsbeschwerde. Eine Bezugnahme auf frühere Schriftsätze oder Anträge reicht grundsätzlich nicht aus. Die **grundsätzliche Bedeutung** ist nur dann ausreichend **dargelegt,** wenn aufgrund der Ausführungen des Beschwerdeführers zu erwarten ist, dass die Entscheidung geeignet ist, in künftigen Revisionsverfahren die **Rechtseinheit zu erhalten** oder zu sichern **oder** die **Rechtsfortbildung zu fördern** (*BSG* 26.6.1975 – 12 BJ 12/75, SozR 1500 § 160 a Nr 7). Dabei muss die klärungsbedürftige **Rechtsfrage eindeutig bezeichnet** sein. Weiterhin muss die Darlegung verdeutlichen, dass das Revisionsgericht über eine grundsätzliche Frage, die Bedeutung über den Einzelfall hinaus hat, entscheidet. Unerheblich ist, ob das LSG „falsch" entschieden hat. Zwar ist etwa die Klärung der Frage, ob eine Norm verfassungswidrig ist, von grundsätzlicher Bedeutung. Allein die Behauptung der Verfassungswidrigkeit reicht jedoch nicht aus. Vielmehr muss dargetan werden, gegen welche Vorschriften des GG die zu prüfende Norm verstößt und aus welchen Gründen.

Bei behaupteter **Divergenz** ist die Entscheidung, von der abgewichen wird, so   **249** genau zu bezeichnen, dass sie ohne große Schwierigkeiten auffindbar ist (Datum und Aktenzeichen der Entscheidung oder ihre Fundstelle in einer Veröffentlichung). Weiter muss konkret bezeichnet werden, worin die Abweichung liegt, in welcher konkreten Rechtsfrage die Abweichung gegeben ist und mit welchem konkreten Rechtssatz das LSG von der Entscheidung des BSG abgewichen sein soll (*BSG* 21.4.1978 – 1 BJ 12/78, SozR 1500 § 160 a Nr 29). Stützt sich das Urteil des LSG auf mehrere Begründungen, so muss dargetan werden, dass sich die Abweichung auf alle Begründungen des Urteils auswirkt, oder es muss dargelegt werden, dass hinsichtlich der anderen Begründungen andere Zulassungsgründe (zB grundsätzliche Bedeutung) vorliegen.

250   Bei der Rüge von **Verfahrensfehlern** müssen die Tatsachen, aus denen der Mangel folgt, genau bezeichnet werden. Das gilt auch bei Verfahrensmängeln, die im Revisionsverfahren von Amts wegen zu berücksichtigen sind. Wird vom Beschwerdeführer gerügt, das LSG habe gegen den **Amtsermittlungsgrundatz** des § 103 SGG verstoßen, weil es seinem **Beweisantrag nicht gefolgt** ist, muss er darlegen, warum es sich zur Beweisaufnahme habe gedrängt fühlen müssen. Im Hinblick auf § 160 Abs 2 Nr 3 HS 2 SGG erfordert die **Begründung** der Nichtzulassungsbeschwerde hier neben dem bezeichneten Beweisantrag folgende Punkte: (1) Wiedergabe der Rechtsauffassung des LSG, aufgrund derer bestimmte Tatfragen als klärungsbedürftig hätten erscheinen müssen, (2) Darlegung der von dem Beweisantrag berührten Tatumstände, die zu weiterer Sachaufklärung Anlass gegeben hätten, (3) Angabe des voraussichtlichen Ergebnisses der Beweisaufnahme und (4) Schilderung, dass und warum die Entscheidung des LSG auf dem angeblich fehlerhaften Unterlassen der Beweisaufnahme beruhen kann, dass LSG mithin bei Kenntnis des behaupteten Ergebnisses der unterlassenen Beweisaufnahme von seinem Rechtsstandpunkt aus zu einem anderen, dem Beschwerdeführer günstigeren Ergebnis hätte gelangen können (*BSG* 26.11.1981 – 4 BJ 87/81, SozR 1500 § 160 Nr 45). Das Beschwerdegericht muss sich aufgrund der Darstellung ein Urteil darüber bilden können, ob es – bei Unterstellung der Richtigkeit des vorgetragenen Sachverhalts – als möglich erscheint, dass das angefochtene Urteil auf einen Verstoß gegen Verfahrensvorschriften beruht (*Kummer* Nichtzulassungsbeschwerde Rz 189 mwN).

251   Ist die Beschwerde zulässig (andernfalls verwirft das BSG diese entsprechend § 169 SGG als unzulässig), prüft das BSG, ob einer der vorgetragenen Zulassungsgründe des § 160 Abs 2 SGG vorliegt. Auf die Entscheidung hat die Aussicht der Revision auf Erfolg keinen Einfluss. Wird der Nichtzulassungsbeschwerde **stattgegeben**, so **beginnt** gemäß § 160 a Abs 4 Satz 5 SGG mit der Zustellung der Entscheidung der Lauf der **Revisionsfrist**, das Beschwerdeverfahren geht also, anders als im Berufungsverfahren, nicht automatisch in das Revisionsverfahren über.

252   Das Verfahren über eine Nichtzulassungsbeschwerde ist eine **gebührenpflichtige Streitsache** im Sinne von § 184 SGG, dh die Körperschaften oder Anstalten des öffentlichen Rechts haben die Pauschgebühr zu entrichten. Hinsichtlich der außergerichtlichen Kosten gilt: Wird die Revision zugelassen, folgen die außergerichtlichen Kosten des Beschwerdeverfahrens denen in der Hauptsache. Wird die Revision nicht zugelassen, ist gemäß § 193 SGG über die außergerichtlichen Kosten zu entscheiden.

253   Anders als das LSG entscheidet das BSG unter **Hinzuziehung der ehrenamtlichen Richter** (§ 160 a Abs 4 Satz 2 SGG). Das gilt allerdings nicht, wenn die Nichtzulassungsbeschwerde außerhalb der mündlichen Verhandlung als unzulässig verworfen wird (§§ 160 a Abs 4 Satz 2 Hs 2 iVm 169 Satz 3 SGG). Hat das BSG die Nichtzulassungsbeschwerde als unzulässig verworfen oder unbegründet zurückgewiesen, wird das Urteil des LSG rechtskräftig (§ 160 a Abs 4 Satz 4 SGG).

254   Der Beschluss des BSG ist **unanfechtbar**.

3.4.3.3. Sprungrevision

255   Nach § 161 Satz 1 SGG ist gegen das Urteil eines SG unter Übergehung der Berufungsinstanz Sprungrevision zulässig, wenn der Gegner schriftlich zustimmt und sie vom SG zugelassen worden ist. Die **Zustimmung** eines Beigeladenen ist nicht erforderlich, während bei der Sprungrevision eines Beigeladenen Kläger und Beklagte zustimmen müssen. Ist der Beigeladene allerdings verurteilt worden (§ 75 Abs 5 SGG), muss er ebenfalls zustimmen. Die Zustimmung muss in **Schriftform** vorliegen, kann aber auch in der mündlichen Verhandlung des SG zur Niederschrift erklärt werden. Die Vorlage einer Kopie der Zustimmungserklärung reicht nicht (*BSG* 19.11.1996 – 1 RK 8/96, SozR 3-1500 § 161 Nr 11).

Die Zulassung der Sprungrevision durch das SG kann **auf zwei Arten** erfolgen: Entweder erfolgt die Zulassung bereits im **Urteil oder** nachträglich durch **Beschluss.** Im letzteren Fall ist ein entsprechender Antrag innerhalb eines Monats nach Zustellung des Urteils schriftlich zu stellen (§ 161 Abs 1 Satz 2 SGG). Die Zustimmung des Gegners ist dem Antrag oder, wenn die Revision im Urteil zugelassen ist, der Revisionsschrift beizufügen (§ 161 Abs 1 Satz 3 SGG). Sie kann innerhalb der Antragsfrist nachgereicht werden. Die **Zustimmungserklärung** ist eine **Prozesshandlung,** die ua nicht widerrufen werden kann und eindeutig sein muss.   256

Das **BSG** ist an die **Zulassung** der Revision durch das SG **gebunden** (§ 161 Abs 2 Satz 2 SGG). Für den Antragsgegner ist diese Entscheidung ebenfalls unanfechtbar (Hdb SGG-*Krasney* IX Rz 39 mwN). Die **Ablehnung** der Zulassung ist unanfechtbar (§ 161 Abs 2 Satz 3 SGG).   257

Ausreichend ist der – eindeutige – Ausspruch in den Entscheidungsgründen. Entscheidet das SG durch Beschluss, so wurde und wird noch die Auffassung vertreten, dass die ehrenamtlichen Richter hieran mitzuwirken haben, eine fehlende Mitwirkung jedoch gleichwohl das BSG an den Zulassungsbeschluss bindet (*BSG* 11.12.2007 – B 8/9 b SO 13/06 R, nv; *Leitherer* in Meyer-Ladewig/Keller/Leitherer SGG § 161 Rz 7 c; *Lüdtke* in Hk-SGG § 161 Rz 8; Hdb SGG-*Krasney* IX Rz 34). Dieser Auffassung kann seit der Neufassung des § 12 Abs 1 Satz 2 SGG durch das Rechtspflegeentlastungsgesetz vom 11.1.1993 aber nicht mehr gefolgt werden, wonach bei Beschlüssen außerhalb der mündlichen Verhandlung und bei Gerichtsbescheiden – ohne Einschränkungen – die ehrenamtlichen Richter nicht mitwirken. Es ist kein Grund ersichtlich, warum diese – Ausnahmen nicht vorsehende – Bestimmung bei der Zulassung der Sprungrevision durch Beschluss keine Anwendung finden soll.   258

In der Zulassung der Sprungrevision liegt **zugleich** die **Zulassung der Berufung.** Damit steht den Beteiligten ein Wahlrecht zu, ob sie Berufung oder Revision einlegen. Hat aber ein Beteiligter Berufung und der andere Revision eingelegt, ist das später eingelegte Rechtsmittel unzulässig, wenn beide den gleichen Streitgegenstand betreffen (*BSG* 18.3.1966 – 3 RK 85/63, BSGE 24, 281).   259

Lehnt das SG den Antrag auf Zulassung der Sprungrevision durch Beschluss ab, so beginnt mit der Zustellung dieser Entscheidung der Lauf der Berufungsfrist oder die Frist für die Beschwerde gegen die Nichtzulassung der Berufung von neuem, sofern der Antrag in der gesetzlichen Form und Frist gestellt und die Zustimmungserklärung des Gegners beigefügt war (§ 161 Abs 3 Satz 1 SGG). Lässt das SG die Revision durch Beschluss zu, so beginnt mit der Zustellung dieser Entscheidung der Lauf der Revisionsfrist (§ 161 Abs 3 Satz 2 SGG). Wird die Sprungrevision im Urteil zugelassen, läuft die Revisionseinlegungsfrist ab Zustellung des Urteils.   260

3.4.3.4. Revisionseinlegung

Abweichend von der Klageerhebung und Berufungseinlegung bestehen bei der Revisionseinlegung **strenge Formvorschriften,** deren Nichteinhaltung zur Unzulässigkeit der Revision führt. Die Revision ist **nur beim BSG** selbst einzulegen.   261

§ 91 Abs 1 SGG (Kageerhebung bei anderer Behörde) gilt nicht. Sie muss **schriftlich** eingelegt werden und vom Prozessbevollmächtigten, an den besondere Voraussetzungen gestellt werden, eigenhändig unterzeichnet sein. Näheres über den **Vertretungszwang** in der Revisionsinstanz ist in § 73 Abs 4 SGG geregelt. Danach müssen sich alle Beteiligten, außer im Prozesskostenhilfeverfahren, durch Prozessbevollmächtigte vertreten lassen. Prozessbevollmächtigte müssen nicht zwingend Rechtsanwälte oder Rechtslehrer an deutschen Hochschulen mit der Befähigung zum Richteramt sein, sondern können auch bestimmte Mitglieder und Angestellte von Gewerkschaften, von selbstständigen Vereinigungen von Arbeitnehmern mit sozial- oder berufspolitischer Zwecksetzung, von Vereinigungen von Arbeitgebern, von berufsständischen Vereinigungen der Landwirtschaft und anderen in § 73 Abs 2 Satz 2 Nr 5 bis 9 SGG genannten Vereinigungen. Auch bzgl der Zulässigkeit von Vertretern der Behörden enthält § 73 Abs 4 SGG Voraussetzungen. Der Vertretungszwang gilt grundsätzlich für **alle Prozesshandlungen** mit Ausnahme des Prozesskostenhilfeverfahrens im gesamten Verfahren bis zur abschließenden gerichtlichen Entscheidung. Ausnahmen sind hiervon möglich, wenn es nicht sinnvoll wäre, einen sonst nicht vertretenen Beteiligten nur für eine einzelne Prozesshandlung zur Bestellung eines Prozessbevollmächtigten zu zwingen (zB für die Klagerücknahme durch einen nicht vertretenen Revisionskläger). Liegt ein **Verstoß** gegen den Vertretungszwang vor, sind Rechtsmittel unzulässig und als solche zu verwerfen (§ 169 SGG).

262 Für die Revision und ihre Begründung laufen unterschiedliche **Fristen**. Die **Revision** ist innerhalb **eines Monats** – bei Zustellung im **Ausland** in entsprechender Anwendung des § 87 Abs 1 Satz 2 SGG iVm §§ 153 Abs 1 und 165 Satz 1 SGG **drei Monate** (*Heinz* in Roos/Wahrendorf SGG § 164 Rz 20) – nach Zustellung des Urteils oder des Beschlusses über die Zulassung der Revision einzulegen (§ 164 Abs 1 Satz 1 SGG). Eine Verlängerung der Frist ist nicht möglich. Die **Berechnung der Fristen** erfolgt gemäß § 64 SGG. Eine **Wiedereinsetzung** in den vorigen Stand gemäß § 67 SGG ist **möglich**. Sie kommt insbesondere in Betracht, wenn der Revisionskläger innerhalb der Revisionsfrist nur Prozesskostenhilfe unter Beiordnung eines Prozessbevollmächtigten beantragt hat (*Leitherer* in Meyer-Ladewig/Keller/Leitherer SGG § 164 Rz 5 b).

263 Für die **Revisionsbegründung** gelten ebenfalls strenge Formvorschriften, deren Nichteinhaltung zur Unzulässigkeit der Revision führen kann und auch häufig führt. Sie muss, auch wenn dies in § 164 Abs 2 Satz 1 SGG nicht ausdrücklich bestimmt ist, **schriftlich** erfolgen, also wiederum mit Unterschrift (*GmSOGB* 30.4.1979 – GmS-OGB 1/78, SozR 1500 § 164 Nr 14). Fernschreiben, Telegramm oder Telebrief (Telekopie, Telefax) sind zulässig (zur elektronischen Form s § 65 a SGG und Rz 120). Auch für die Revisionsbegründung besteht **Vertretungszwang**. Eine eigenständige, gründliche Überprüfung des Streitstoffes durch den Prozessbevollmächtigten ist dabei erforderlich. Zur ordnungsgemäßen Begründung gehört die Darlegung, aus welchen Gründen und mit welchen Erwägungen das angefochtene Urteil angegriffen wird und zwar für jeden Anspruch selbstständig. Floskelhafte Ausführungen, etwa die bloße Behauptung der Verfassungswidrigkeit, reichen nicht. Wird die Verletzung von Landesrecht gerügt, ist wegen § 162 SGG eine Darlegung notwendig, dass die Entscheidung gleichwohl revisibel ist, etwa wenn übereinstimmende, zum Zwecke der Vereinheitlichung erlassene Vorschriften auch in anderen Bundesländern bestehen (Rz 264). Werden **Verfahrensmängel** gerügt, muss die Begründung die Tatsachen bezeichnen, aus denen der Mangel folgt (§ 164 Abs 2 Satz 3 SGG). Die Revisionsbegründung muss darüber hinaus einen **bestimmten Antrag** enthalten (§ 164

Abs 2 Satz 3 SGG). Dieser muss das **Revisionsziel deutlich machen** und, wenn in dem angefochtenen Urteil über mehrere Ansprüche entschieden wurde, aufzeigen, auf welchen Streitstoff sich die Revision beziehen soll. Die Revisionsbegründung muss innerhalb von **2 Monaten** – bei Zustellung im Ausland 4 Monate (*BSG* 4.6.1975 – 11 BA 4/75, SozR 1500 § 160 a Nr 4) – nach Zustellung des Urteils oder des Beschlusses über die Zulassung der Revision erfolgen (§ 164 Abs 2 Satz 1 SGG). Die Berechnung der Fristen erfolgt nach § 64 SGG (Rz 125), **Wiedereinsetzung** in den vorigen Stand (§ 67 SGG) ist **möglich**. Die Begründungsfrist kann auf Antrag vor Ablauf der Frist länger als ein Monat und wiederholt **verlängert** werden (§ 164 Abs 2 Satz 2 SGG).

Nach § 162 SGG kann die Revision nur darauf gestützt werden, dass das angefochtene Urteil auf der Verletzung einer Vorschrift des Bundesrechts oder einer sonstigen im Bezirk des Berufungsgerichts geltenden Vorschrift beruht, deren Geltungsbereich sich über den Bezirk des Berufungsgerichts hinaus erstreckt. **Revisibel** sind damit nur **Rechtsnormen,** also Gesetze, Verordnungen und Satzungen öffentlich-rechtlicher Körperschaften, nicht dagegen Verwaltungsvorschriften, Richtlinien und Rundschreiben, sofern sie nur innerdienstliche Bedeutung haben, wobei die Abgrenzung häufig schwierig ist (s dazu etwa *Heinz* in Roos/Wahrendorf SGG § 162 Rz 21 ff). So wird man bestimmte Richtlinien, denen wie etwa den Richtlinien des Gemeinsamen Bundesausschusses nach §§ 92, 135 SGB V Normqualität zukommt (vgl *BSG* 16.9.1997 – 1 RK 32/95, SozR 3-2500 § 92 Nr 7), zu den revisiblen Rechtsnormen nach § 162 SGG zählen müssen. Handelt es sich um eine Vorschrift des **Bundesrechts**, so kommt es auf den Geltungsbereich nicht an. Geht es um **Landesrecht,** sind dessen Normen nur revisibel, wenn sie sich in ihrem Geltungsbereich auch über den Bezirk des jeweiligen LSG hinaus erstrecken, dh zumindest noch in einem weiteren Bundesland gelten.

264

Eine **Verletzung revisiblen Rechts** kann insbesondere bei Fehlern in der Auslegung und der Subsumtion des Sachverhalts unter eine Vorschrift vorliegen. Bei der Prüfung von **Ermessensentscheidungen** beschränkt sich die Kontrolle darauf, ob die gesetzlichen Voraussetzungen und Grenzen des Ermessens (Ermessensüberschreitung, -unterschreitung und -fehlgebrauch) verletzt sind. Räumt eine Vorschrift der Verwaltung einen **Beurteilungsspielraum** ein, erfolgt die Überprüfung auf Beurteilungsfehler, zB Verkennung des Sachverhalts oder von Tatbestandsmerkmalen sowie unsachgemäße Erwägungen.

265

Das Urteil des LSG **beruht auf einer Rechtsverletzung,** wenn die nach der Auffassung des BSG richtige Rechtsanwendung zu einem anderen Ergebnis führt; andernfalls ist die Revision zurückzuweisen (§ 170 Abs 1 Satz 2 SGG). Bei der Verletzung von Vorschriften des **Verfahrensrechts** hingegen genügt die Möglichkeit, dass die Entscheidung bei einwandfreiem Verfahren anders ausgefallen wäre. Bei **absoluten Revisionsgründen** wird unwiderlegbar vermutet, dass die Entscheidung auf der Gesetzesverletzung beruht, ausgenommen den Fall, dass die Revision unter keinem rechtlichen Gesichtspunkt erfolgreich sein kann (*BSG* 14.9.1994 – 3/1 RK 36/93, SozR 3-2500 § 33 Nr 12).

266

Da die Revision nur auf Rechtsüberprüfung gerichtet ist, sind neue Tatsachenvorträge, Klageänderungen und Beiladungen grundsätzlich nicht möglich (§ 168 Satz 1 SGG). Das gilt nach § 168 Satz 2 SGG allerdings nicht für die Beiladung der Bundesrepublik Deutschland in Angelegenheiten des sozialen Entschädigungsrechts nach § 75 Abs 1 Satz 2 SGG und, sofern der Beigeladene zustimmt, für Beiladungen nach § 75 Abs 2 SGG.

267

268   Nach § 169 Satz 1 SGG hat das BSG zu prüfen, ob die Revision statthaft, in der gesetzlichen Form und Frist eingelegt und begründet worden ist. Fehlt es daran, ist die Revision als **unzulässig zu verwerfen,** durch Beschluss ohne mündliche Verhandlung und ohne Hinzuziehung der ehrenamtlichen Richter (§ 169 Satz 2 SGG). Die zulässige aber unbegründete Revision weist das BSG zurück (§ 170 Abs 1 Satz 1 SGG). Ist die Revision zulässig und begründet, so hat das BSG in der Sache selbst zu entscheiden. In diesem Fall wird das mit der Revision angefochtene Urteil ganz oder teilweise aufgehoben. Ist die Revision zwar (teil-)begründet, die Sache allerdings noch nicht spruchreif, weil die Tatsachenfeststellungen des Instanzgerichtes für eine Sachentscheidung durch das BSG keine ausreichende Grundlage bieten, so wird die Sache zur erneuten Verhandlung und Entscheidung an das Gericht zurückverwiesen, welches das angefochtene Urteil erlassen hat (§ 170 Abs 2 Satz 2 SGG). Dabei kann bei einer Sprungrevision auch an das LSG **zurückverwiesen** werden (§ 170 Abs 4 SGG). Das Gericht, an das zurückverwiesen wurde, hat in dem Fall über die Sache neu zu verhandeln und sie **vollständig** in tatsächlicher und rechtlicher Hinsicht zu **überprüfen.** Dabei hat es der Entscheidung die rechtliche Beurteilung des Revisionsgerichts zwingend zugrunde zu legen (§ 170 Abs 5 SGG). Diese Bindung erstreckt sich allerdings nur auf die das Ergebnis tragenden Ausführungen und ist aufgehoben, wenn sich zwischenzeitlich die Rechtslage oder die Rspr des BSG geändert haben. Auch das BSG selbst ist an seine Rechtsauffassung gebunden, wenn die zurückverwiesene Sache erneut in die Revision kommt (*Leitherer* in Meyer-Ladewig/Keller/Leitherer SGG § 170 Rz 12 mwN mit Ausnahmen in Rz 12 a). Keine Bindung besteht, wenn dem einzelnen Senat des BSG übergeordnete Spruchkörper (BVerfG, GemSOGB, GS und EuGH) die Rechtsfrage abweichend entschieden haben.

3.4.4. Beschwerde

269   Gegen Entscheidungen der SG – mit Ausnahme der Urteile – und gegen Entscheidungen der Vorsitzenden dieser Gerichte findet die Beschwerde statt (§ 172 Abs 1 SGG). Zur **Beschwerde berechtigt** ist jeder, der von der Entscheidung **betroffen und beschwert** ist. Die Beteiligteneigenschaft (§ 69 SGG) ist nicht erforderlich. So kann zB ein Zeuge oder Sachverständiger Beschwerde gegen Ordnungsgeldanordnungen einlegen. **Nicht beschwerdefähig** sind prozessleitende Verfügungen, Aufklärungsanordnungen, Vertagungsbeschlüsse, Fristbestimmungen, Beweisbeschlüsse, Beschlüsse über Ablehnung von Beweisanträgen, über Verbindung und Trennung von Verfahren und Ansprüchen und Beschlüsse über die Ablehnung von Gerichtspersonen und Sachverständigen (§ 172 Abs 2 SGG). Nicht beschwerdefähig sind auch Entscheidungen über die Gewährung einer Wiedereinsetzung in den vorigen Stand (§ 67 Abs 4 Satz 2 SGG), Beiladungsbeschlüsse (§ 75 Abs 3 Satz 3 SGG) sowie die Ablehnung der Zulassung einer Sprungrevision (§ 161 Abs 2 Satz 3 SGG), Beschlüsse über die Feststellung der Pauschgebühr (§ 189 Abs 2 Satz 2 SGG) und schließlich die Entscheidung des Gerichts über die Kostenfestsetzung gemäß § 197 Abs 2 SGG. Gegen solche Entscheidungen des SG muss sich der Betroffene ggf in der Hauptsache selbst wenden, etwa mit der Rüge eines Verfahrensfehlers.

270   Nach dem mehrfach geänderten **§ 172 Abs 3 SGG,** ist die **Zulässigkeit** bestimmter, in den Nr 1 bis 4 aufgeführter Beschwerden **weiter eingeschränkt** worden. Danach ist die Beschwerde ausgeschlossen

1. in Verfahren des einstweiligen Rechtsschutzes, wenn in der Hauptsache die Berufung nicht zulässig wäre (Nr 1),
2. gegen die Ablehnung von Prozesskostenhilfe, wenn das Gericht ausschließlich die persönlichen oder wirtschaftlichen Voraussetzungen für die Prozesskostenhilfe verneint hat (a), in der Hauptsache die Berufung der Zulassung bedürfte (b) oder bei einer Entscheidung durch Beschluss (zB eine Entscheidung über den Antrag auf einstweilige Anordnung), gegen den die Beschwerde ausgeschlossen ist (c) (Nr 2),
3. gegen Kostengrundentscheidungen nach § 193 (Nr 3),
4. gegen Entscheidungen nach § 192 Abs 4, wenn in der Hauptsache kein Rechtsmittel gegeben ist und der Wert des Beschwerdegegenstandes 200 EUR nicht übersteigt (Nr 4).

Die Regelungen der Nr 1 und 2 des Abs 3 über die Zulassungsbeschränkungen **271** von Beschwerden hatten in ihrer erst kurzen Geltungsdauer bereits zu einigen **Auslegungsproblemen** geführt (s Vorauflage). Diese sind durch Änderungen der Nr 1 und 4 zT beseitigt worden.

Nr 1: Nach dem eindeutigen Wortlaut der Nr 1 ist in Verfahren des einstweiligen Rechtsschutzes die Beschwerde gegen einen Beschluss gemäß § 172 Abs 3 Nr 1 SGG idF vom 26.3.2008 **nur statthaft**, wenn die Voraussetzungen des **§ 144 Abs 1 Nr 1 SGG** vorliegen, also die Berufung zulässig wäre. Das Vorliegen der Voraussetzungen des § 144 Abs 2 SGG mit dem Ergebnis, dass in einem Hauptsacheverfahren die Berufung nach dieser Vorschrift zuzulassen wäre, ist für die Zulässigkeit der Beschwerde ohne Bedeutung. Weder SG noch Beschwerdegericht sind befugt, über das Gesetz hinaus eine von diesem nicht (mehr) vorgesehene Beschwerde zuzulassen (*SchlHLSG* 6.11.2008 – L 11 B 526/08 mwN, nv).

Die **Frist** der Beschwerde beträgt grundsätzlich einen Monat (§ 173 Satz 1 **272** SGG). Ob diese Frist auf drei Monate bei Bekanntgabe im **Ausland** zu verlängern ist, ist umstritten (für 3 Monate: *LSG Nds* 19.11.1990 – L 7 Ar 414/90, Breith 1992, 159; für 1 Monat: *Leitherer* in Meyer-Ladewig/Keller/Leitherer SGG § 173 Rz 5; *Bittner* in Roos/Wahrendorf SGG § 173 Rz 5). Für die 1-monatige Frist spricht, dass § 87 Abs 1 SGG durch das 6. SGGÄndG geändert wurde, § 173 SGG hingegen nicht. Zwar könnte Gleiches für die Berufungsfrist vorgetragen werden, hier kommen jedoch nach § 153 Abs 1 SGG die Vorschriften über die Klage, und damit auch der geänderte § 87 Abs 1 SGG, zur Anwendung. Die **Berechnung** der Frist erfolgt gemäß § 64 SGG (Rz 76); Wiedereinsetzung nach § 67 SGG ist möglich. Die Bestimmung des § 66 Abs 2 SGG über eine unzulängliche Rechtsmittelbelehrung gilt auch hier. Wird der Beschluss einschließlich der Belehrung über das Beschwerderecht (§ 173 Satz 2 SGG) während der mündlichen Verhandlung in der Hauptsache gefasst und verkündet, liegt eine sofortige Bekanntgabe vor. Dies gilt auch dann, wenn der Beteiligte im Termin nicht erschienen ist, vorausgesetzt, ihm ist der Termin ordnungsgemäß mitgeteilt worden (*Leitherer* in Meyer-Ladewig/Keller/Leitherer SGG § 173 Rz 5 a). Die **unselbstständige Anschlussbeschwerde** ist nach Ablauf der Beschwerdefrist zulässig (*Leitherer* in Meyer-Ladewig/Keller/Leitherer SGG Vor § 172 Rz 4 a).

Die Beschwerde ist beim SG (Ausnahme: Nichtzulassungsbeschwerde nach **273** § 145 Abs 1 Satz 2 SGG) in schriftlicher **Form** einzulegen, also durch eigenhändig unterschriebenen Schriftsatz, telegraphisch im Wege der Telekopie (Telefax) oder zur Niederschrift des Urkundsbeamten der Geschäftsstelle (§ 173 Satz 1 SGG; zur elektronischen Form s § 65 a SGG und Rz 120). Anders als bei den übrigen Rechtsmitteln sah die Beschwerde zunächst eine **Abhilfemöglichkeit** durch das SG nach § 174 idF bis 31.3.2008 vor (Ausnahme wieder Nichtzulassungsbeschwerde nach § 145 Abs 1 SGG). Diese Vorschrift ist durch das Gesetz zur Änderung des SGG und ArbGG vom 26.3.2008 mangels ausreichender Effektivität aufgehoben worden. Die Einlegung der Beschwerde beim LSG wahrt aber auch die Frist nach § 173 Satz 2 SGG.

274 Über die Beschwerde entscheidet das LSG nach § 176 SGG durch Beschluss. Entscheidungen des LSG sind nach § 177 SGG grundsätzlich nicht beschwerdefähig mit Ausnahme der Nichtzulassungsbeschwerde Revision und Rechtswegentscheidungen nach § 17a Abs 2 und 3 GVG bei Zulassung. Der Beschluss ist zu begründen und zuzustellen (§ 142 Abs 2 SGG), ggf kann gem § 142 Abs 2 Satz 3 SGG auf die Gründe der angefochtenen Entscheidung Bezug genommen werden. Entscheidet das LSG ohne mündliche Verhandlung, sind die ehrenamtlichen Richter nicht zu beteiligten (§ 12 Abs 1 Satz 2 SGG).

275 Unzulässige Beschwerden werden verworfen, unbegründete zurückgewiesen. Eine Zurückverweisung an das SG ist möglich (*LSG Hmb* 8.10.1982 – VI PKHs 30/81, Breith 1982, 356). Die Überprüfung durch das LSG erfolgt in tatsächlicher (Änderungen sind zu berücksichtigen) und rechtlicher Hinsicht. Handelt es sich bei dem Beschwerdeverfahren um ein eigenständiges Verfahren, ist eine **Kostenentscheidung** zu treffen (zB Beschlüsse im vorläufigen Rechtsschutz).

3.5. Vorläufiger Rechtsschutz

276 Regelungen über den vorläufigen Rechtsschutz enthielt das SGG bis zum 1.1.2002 nur in unvollständigem Umfang. Allgemeine Bestimmungen enthielten lediglich §§ 86 Abs 2 Satz 4 und 97 Abs 2 SGG. Mit seiner Entscheidung vom 19.10.1977 (*BVerfG* 19.10.1977 – 2 BvR 42/76, BVerfGE 46, 166 ff) hatte das BVerfG diese Lücke beanstandet und die SG zu ihrer Schließung aufgefordert, ohne dafür allerdings zwingende Vorgaben zu machen. Die sozialgerichtliche Rspr schloss diese Lücke, indem sie im Wesentlichen die entsprechenden Regelungen der VwGO heranzogen. Mit dem 6. SGGÄndG v 17.8.2001 (BGBl I, 2144) wurde diese Lücke in Anlehnung an diese Vorschriften der VwGO (dort §§ 80, 123) durch die §§ 86a und 86b SGG geschlossen.

3.5.1. Anfechtungsverfahren

277 Zu unterscheiden ist beim vorläufigen Rechtsschutz zwischen Anfechtungs- und Vornahmesachen. In Anfechtungssachen wehrt sich der Betroffene regelmäßig gegen einen ihn belastenden VA (zB Leistungsaufhebung oder -rückforderung). Hier erfolgt der einstweilige Rechtsschutz über die Herstellung der **aufschiebenden Wirkung eines Rechtsbehelfs.** In Vornahmesachen begehrt er ein Tätigwerden der Behörde zu seinem Vorteil. Die Herstellung der aufschiebenden Wirkungen ist gegenüber der einstweiligen Anordnung vorrangig (§ 86b Abs 2 Hs 1).

278 Das SGG sieht in Anfechtungssachen Regelungen über den vorläufigen Rechtsschutz im Wesentlichen in §§ 86a und 86b Abs 1 SGG vor. Dabei gehen diese Vorschriften von dem **Grundsatz** aus, dass die Anfechtung durch Widerspruch oder Klage **aufschiebende Wirkung** hat (§ 86a Abs 1 SGG). Eine **Sonderregelung** für die aufschiebende Wirkung eines Rechtsmittels enthält § **175 SGG**, wonach Beschwerden, die die Festsetzung eines Ordnungs- oder Zwangsmittel zum Gegenstand haben, aufschiebende Wirkung entfalten. § **7a Abs 7 SGB IV**

enthält ebenfalls eine Sonderregelung für die aufschiebende Wirkung von Widerspruch und Klage gegen Entscheidungen, dass eine Beschäftigung vorliegt. Aufschiebende Wirkung heißt, dass die Behörde, die den Bescheid erlassen hat, diesen nicht vollstrecken darf und der betroffene Empfänger ihm nicht Folge leisten muss. Geht es zB um die Beendigung einer Rentenzahlung, darf der Versicherungsträger die Zahlung während des Widerspruchverfahrens (s § 86 a Abs 2 Nr 3 SGG, der den Ausschluss der aufschiebenden Wirkung nur auf die Anfechtungsklage beschränkt) nicht einstellen, und der Vertragsarzt, dem die Zulassung entzogen wurde, darf weiter vertragsärztlich tätig sein.

Voraussetzung der aufschiebenden Wirkung ist die Erhebung von **Widerspruch** **279** **oder Klage.** Das gilt auch bei rechtsgestaltenden und feststellenden VA sowie bei VA mit Drittwirkung (§ 86 a Abs 1 Satz 2 SGG). Dabei tritt die aufschiebende Wirkung grundsätzlich unabhängig von der Zulässigkeit oder Begründetheit des Rechtsbehelfs ein. Jedenfalls enthält das Gesetz insoweit keine Einschränkung. Diese wird man allerdings mit der wohl herrschenden Meinung dann machen müssen, wenn der Rechtsbehelf **offensichtlich unzulässig** ist (*Wahrendorf* in Roos/Wahrendorf SGG § 86 a Rz 19; *Binder* in Hk-SGG § 86 a Rz 11 mwN; insoweit sehr weitgehend mit vielen Beispielen *Bücken-Thielmeyer/Kröninger* in Hk-Verw/VwGO § 80 Rz 12). Für das Berufungsverfahren gilt § 154 SGG, für das Revisionsverfahren §§ 165 iVm 154 SGG.

3.5.1.1. Ausschluss der aufschiebenden Wirkung nach § 86 a Abs 2 SGG

Die Erhebung von Widerspruch und Klage haben nicht stets die aufschiebende **280** Wirkung zur Folge. Die aufschiebende Wirkung entfällt nach § 86 a Abs 2 SGG – vergleichbar dem bis zum 1.1.2002 geltendem Recht – in folgenden Fällen:

- **Nr 1:** Bei der Entscheidung über Versicherungs-, Beitrags- und Umlagepflichten sowie der Anforderung von Beiträgen, Umlagen und sonstigen öffentlichen Abgaben, einschließlich der darauf entfallenden Nebenkosten (Zinsen, Säumniszuschläge o ä).

  Hier besteht allerdings eine Konkurrenz zu § 7 a Abs 7 SGB IV, dem als speziellere Vorschrift Vorrang zukommt. Dieser Vorrang gilt jedoch nicht uneingeschränkt für sämtliche Beitragsstreitigkeiten, sondern nur für das in § 7 a SGB IV geregelte Anfrageverfahren (*SchlHLSG* 7.9.2015 – L 5 KR 147/15 B ER, NZS 2015, 952; *LSG Hmb* 16.4.2012 – L 3 R 19/12 B ER, nv; *HessLSG* 22.8.2013 – L 1 KR 228/13 B ER, Die Beiträge Beilage 2013, 376; *LSG BW* 11.5.2010 – L 11 KR 125/10 ER-B, nv; *SächsLSG* 30.8.2013 – L 1 KR 129/13 B ER, Die Beiträge Beilage 2013, 407; aA *LSG RhPf* 6.1.2014 – L 2 R 409/13 B ER, Breith 2014, 743; *LSG LSA* 26.3.2013 – L 1 R 454/12 B ER, nv).

- **Nr 2:** In Angelegenheiten des sozialen Entschädigungsrechts und der BA bei VA, die eine laufende Leistung (zB Alg) herabsetzen oder entziehen.

- **Nr 3:** Bei Anfechtungsklagen in Angelegenheiten der SV bei VA, die eine laufende Leistung (zB Krg oder Verletztenrente) herabsetzen oder entziehen.

- **Nr 4:** In anderen durch Bundesgesetz vorgeschriebenen Fällen (zB §§ 39 SGB II, 336 a SGB III, 106 Abs 5 a Satz 4 SGB V, 16 Abs 2 Satz 4 KSVG, 88 Abs 4 SGB IX, 73 Abs 2 Satz 2 SGB XI, zahlreiche weitere Beispiele bei *Plagemann/Plagemann* MAH Sozialrecht § 45 Rz 60 ff),

- **Nr 5:** In den Fällen, in denen die sofortige Vollziehung im überwiegenden öffentlichen Interesse oder im überwiegenden Interesse eines Beteiligten steht und die Stelle, die den VA erlassen oder über den Widerspruch zu entscheiden hat, die sofortige Vollziehung mit schriftlicher Begründung des besonderen Interesses an der sofortigen Vollziehung anordnet (vgl Rz 281).

281 Der Tatbestand der **Nr 5** betrifft solche Fälle, in denen Widerspruch und/oder Klage nach Abs 1 der Vorschrift aufschiebende Wirkung haben und keine spezielleren Vorschriften – wie etwa § 96 Abs 4 Satz 2 SGB V – eingreifen. Voraussetzung der Anordnung ist alternativ das **öffentliche Interesse,** das diese Entscheidung gebietet oder das **überwiegende Interesse** eines Beteiligten. Beide setzen voraus, dass ein über den am Erlass des VA hinausgehendes, weitergehendes Interesse vorliegt. Bei diesen Voraussetzungen geht es im Wesentlichen um die Klärung der Eilbedürftigkeit, finanzielle Interessen und Gründe der Gefahrenabwehr. Abzuwägen sind die Folgen, die bei einer Anordnung eintreten würden, die Erfolgsaussichten des Rechtsbehelfs bzw die Bewertung der Rechtslage und letztlich der Umstand, dass die Anordnung des Sofortvollzugs von dem Grundsatz des Gesetzes abweicht, wonach Widerspruch und Klage aufschiebende Wirkung haben.

282 **Zuständig** für die Anordnung sind sowohl die den VA erlassende Stelle, als auch die Widerspruchsstelle (Rz 283). Sie ist **bis zur Bestandskraft** des Bescheides möglich (*Wahrendorf* in Roos/Wahrendorf SGG § 86 a Rz 108; *Hintz* in Hintz/Lowe SGG § 86 a Rz 49; *Külpmann* in Finkelnburg/Dombert/Külpmann, Vorläufiger Rechtsschutz, Rz 825). Die Anordnung muss **schriftlich** ergehen und eine **Begründung** des besonderen Interesses an der Anordnung enthalten. Dies wird häufig zusammen mit dem Erlass des betreffenden VA geschehen. Dabei ist auf den Einzelfall Bezug zu nehmen.

3.5.1.2. Aussetzung des Sofortvollzugs durch die Verwaltung, § 86 a Abs 3 SGG

283 Eine **Sonderregelung** für die Zuständigkeit enthält Abs 3 Satz 3 für die Fälle des sozialen Entschädigungsrechts nach Abs 2 Nr 2. Dort ist die nächst höhere Behörde zuständig, wenn sie nicht oberste Bundes- oder Landesbehörde ist. Ein **Antrag** ist **nicht erforderlich** (*Plagemann/Plagemann* aaO § 45 Rz 80; *Keller* in Meyer-Ladewig/Keller/Leitherer SGG § 86 a Rz 26).

284 Maßgebende **Kriterien** für die Entscheidung, ob auszusetzen ist, enthält Abs 3 Satz 2 lediglich für die Fälle nach Abs 2 Nr 2 (Entscheidungen über Versicherungs-, Beitrags- und Umlagepflichten). Es sind dies **Erfolgsaussicht** des Rechtsmittels (ernstliche Zweifel an der Rechtmäßigkeit des angegriffenen VA) **und Nachteile durch die Vollstreckung** („unbillige Härte"). Diese Kriterien gelten auch für die übrigen Fälle, allerdings mit der Einschränkung, dass die Aussetzung des Sofortvollzugs nach **Abs 2 Nr 1** bei Vorliegen der Voraussetzungen erfolgen „soll", andernfalls „kann" sie erfolgen. Wann **ernstlichen Zweifel** vorliegen, ist sehr umstritten. Teilweise wird es als ausreichend erachtet, dass der Erfolg des Rechtsbehelfs ebenso wahrscheinlich ist wie der Misserfolg (*Plagemann/Plagemann* aaO § 45 Rz 81), überwiegend wird vertreten, dass der Erfolg des Rechtsmittels wahrscheinlicher sein muss, als der Misserfolg (*LSG Bln* 11.3.1999 – L 7 B 3/99, Breith 1999, 653; *SchlHLSG* 15.5.2008 – L 4 B 319/08 KA-ER, nv; *SächsLSG* 12.3.2002 – L 1 KR 203/00 ER, NZS 2004, 392; *Keller* in Meyer-Ladewig/Keller/Leitherer SGG § 86 a Rz 27 a; *Binder* in Hk-SGG § 86 a Rz 27; *Wahrendorf* in Roos/Wahrendorf SGG § 86 a Rz 119). Letzterer Auffassung ist zuzustimmen. Sie entspricht am ehesten dem Begriff der „ernstlichen" Zweifel und berücksichtigt, dass die Aussetzung der Vollziehung von der Grundentscheidung des Gesetzgebers abweicht, in den Fällen des § 86 a Abs 2 Nr 2 SGG die aufschiebende Wirkung von Widerspruch und Anfechtungsklage entfallen zu lassen. Letzteres Argument wird noch dadurch verstärkt, dass im Falle des § 86 Abs 3 Satz 2 SGG die Aussetzung erfolgen **soll**.

Von einer **unbilligen Härte** ist auszugehen, wenn dem Betroffenen durch den **285** Sofortvollzug erhebliche Nachteile entstehen, die nicht oder nur schwer wieder gutzumachen sind (Härte) und er diese Nachteile nicht durch nicht unerhebliches, schuldhaftes Handeln mit verursacht hat. Das ist im Bereich des Beitragsrechts nicht selten bei der Einziehung rückständiger Beiträge dann der Fall, wenn dadurch ein Unternehmen in Existenznot geraten würde, und die Unternehmensleitung aufgrund einer nicht eindeutigen Rechtslage mit der Forderung nicht zu rechnen brauchte.

Sind danach unter Berücksichtigung von Erfolgsaussicht und unbilliger Härte **286** Widerspruch oder Klage **offensichtlich unzulässig oder unbegründet**, ist ein Anspruch auf Aussetzung der Vollziehung regelmäßig unbegründet. Umgekehrt wird grundsätzlich der **Vollzug auszusetzen** sein, wenn Widerspruch und Klage **zulässig und offensichtlich begründet** sind, da in diesem Fall ein berechtigtes öffentliches Interesse an dem Sofortvollzug hinter das Individualinteresse an vorläufigem Rechtsschutz zurückzutreten hat. Ist die Rechtslage hingegen unklar, wird auf die Folgen und die Möglichkeit einer späteren Korrektur besonders zu achten sein. Die Kriterien des § 32 BVerfGG (Abwehr schwerer Nachteile, Verhinderung drohender Gewalt) können hierbei herangezogen werden.

3.5.1.3. Aussetzung durch Gericht, § 86 b Abs 1 SGG

Das gerichtliche Aussetzungsverfahren ist in § 86 b Abs 1 SGG – ähnlich wie **287** bei § 80 Abs 5 VwGO für die Verwaltungsgerichtsbarkeit – geregelt. Voraussetzung ist die Stellung eines **Antrags.** Ob ein solcher vorliegt, ist bei fehlender Eindeutigkeit durch (großzügige) Auslegung festzustellen. Der Antrag kann vor (§ 86 b Abs 3 SGG) sowie während des Klage-, Berufungs- und Revisionsverfahrens gestellt werden. Wie bei der Klage, muss der Sozialrechtsweg eröffnet sein, das sachlich und örtlich zuständige Sozialgericht angerufen werden und die allgemeinen Prozessvoraussetzungen vorliegen. Ggf ist der Antrag von dem unzuständigen Gericht weiterzuleiten. Eine Antragsfrist gibt es nicht. Ein zu langes Warten kann allerdings gegen das Vorliegen einer Härte sprechen. Der Antrag ist an keine bestimmte Form gebunden. Er kann insbesondere schriftlich (auch durch Telekopie oder Telefax) oder zur Niederschrift des Gerichts gestellt werden (zur elektronischen Form s § 65 a SGG und Rz 120). Auch ein fernmündlicher Antrag sollte möglich sein, wenn keine andere schnelle Kommunikationsmöglichkeit besteht (aA *Keller* in Meyer-Ladewig/Keller/Leitherer SGG § 86 b Rz 8 b).

Die **Kriterien**, nach denen das Gericht zu entscheiden hat, nennt das Gesetz **288** nicht. Es gelten aber im Wesentlichen die gleichen Voraussetzungen, nach denen die Verwaltung die Aussetzung vornehmen kann/soll. Allerdings dient einstweiliger Rechtsschutz in gerichtlichen Verfahren nicht dazu, Rechtslagen endgültig zu klären, sondern durch eine vorgezogene Entscheidung einer aktuellen Notlage begegnen zu können bzw Härten durch den Vollzug eines Verwaltungsaktes im Bereich der Leistungsverwaltung zu mindern. Von daher ist eine Dringlichkeit stets Voraussetzung des gerichtlichen einstweiligen Rechtsschutzes (*SchlHLSG* 7.6.2013 – L 5 KR 71/13 B ER, NZS 2013, 800). Das Gericht prüft mithin zum einen, ob der Bescheid der Verwaltung rechtmäßig ist und zum anderen, welche Auswirkungen der Vollzug auf den Betroffen hat. Der Erfolgsaussicht kommt dabei regelmäßig die größere Bedeutung zu. Sind Widerspruch oder Klage offensichtlich unzulässig oder unbegründet, ist ein Anspruch auf Aussetzung der Vollziehung regelmäßig unbegründet. Umgekehrt wird grundsätzlich der Vollzug auszusetzen sein, wenn Widerspruch oder Klage zulässig und offensichtlich begründet sind, da in dem Fall ein berechtigtes öffentliches Interesse am Sofortvollzug hinter das Individualinteresse an vorläufigem Rechtsschutz zurückzutreten hat. Ist der Erfolg des Rechtsmittels offen, tritt die unbillige, nicht durch überwiegende öffentliche Interessen gebotene Härte als Folge des Vollzugs als allgemeiner Rechtsgedanke des § 86 a Abs 3 Satz 2 SGG in den Vordergrund.

3.5.2. Vornahmeverfahren

289 In Vornahmesachen sieht das SGG neben speziellen Vorschriften (Beispiele dazu s *Timme/Plagemann* MAH § 4 ff) in § 86 b Abs 2 SGG eine umfassende Regelungen, ähnlich wie die VwGO in § 123, vor. Da die sozialgerichtliche Rspr vorläufigen Rechtsschutz in Vornahmesachen nach der alten Rechtslage (Rz 276) überwiegend in analoger Anwendung des § 123 VwGO gewährte, kann im Hinblick auf die Ähnlichkeit der Vorschriften weitestgehend auf die bisherige Rspr zurückgegriffen werden (s dazu *Timme* in NZS 1992, 91 ff). Einzelne Vorschriften (§§ 130 Abs 1 Satz 2, 199 Abs 2 SGG) enthalten über § 86 b SGG hinaus für besondere Fälle Sonderregelungen.

290 Voraussetzung für eine einstweilige Anordnung nach § 86 b Abs 2 SGG ist zunächst ein **Antrag**, der auch schon vor Klageerhebung zulässig ist (§ 86 b Abs 3 SGG). Weitere Voraussetzungen sind das Vorliegen eines Anordnungsanspruchs und eines Anordnungsgrundes.

291 Als **Anordnungsanspruch** kommt einerseits die Sicherung von Rechten (§ 86 b Abs 2 Satz 1 SGG) und andererseits die Regelung eines vorläufigen Zustandes in Bezug auf ein streitiges Rechtsverhältnis (§ 86 b Abs 2 Satz 2 SGG) in Betracht. In beiden Fällen muss der **Anspruch hinsichtlich seiner tatsächlichen Voraussetzungen glaubhaft** gemacht sein. Insoweit reicht grundsätzlich (Ausnahme s Rz 294) eine summarische Prüfung, dh eine überschlägige vorläufige Prüfung, aus, ob die behauptete Rechtsverletzung schlüssig ist. Wann das allerdings der Fall ist, wird nicht einheitlich gesehen. Unproblematisch ist noch der Fall, dass der Anspruch im anhängigen oder bevorstehenden Klageverfahren offensichtlich zulässig und begründet ist. Dann ist ein Anordnungsanspruch gegeben. Ist die Rechtslage hingegen nicht eindeutig, werden unterschiedliche Anforderungen gestellt. Diese reichen von einem offenen Ausgang (*BayLSG* 17.12.1999 – L 12 B 359/99 KA ER, Breith 2000, 245 allerdings unter der zutreffenden Einschränkung für den Fall, dass im Rahmen der Prüfung des Anordnungsgrundes dem Antragsteller unter Berücksichtigung sowohl seiner Interessen als auch der Interessen der Öffentlichkeit oder anderer Personen nicht zuzumuten ist, die Hauptsacheentscheidung abzuwarten) über eine überwiegende Wahrscheinlichkeit (*SchlHLSG* 5.12.2001 – l 6 B 83/01 KA ER, nv; *Krodel* NZS 2002, 235 ff), bis zu einer hinreichenden Erfolgsaussicht in dem Maße, dass der Anspruch dem Grunde nach unbestritten ist bzw die rechtlichen Voraussetzungen zur vollen Überzeugung des Gerichts vorliegen. Letztere Auffassung lässt den vorläufigen Rechtsschutz weitestgehend leer laufen, erstere Auffassung berücksichtigt nicht ausreichen die notwendige Interessenabwägung zwischen den Belangen der Öffentlichkeit und denen des einzelnen, so dass die Anforderung der überwiegenden Wahrscheinlichkeit in der Form, dass mehr für als gegen den Anspruch spricht, vorzuziehen ist.

292 Ein **Anordnungsgrund** liegt dann vor, wenn entweder das Recht des Antragstellers gefährdet (§ 86 b Abs 1 Satz 1 SGG) oder die Regelung zur Abwendung drohender Nachteile notwendig ist (§ 86 b Abs 2 Satz 2, vgl Rz 293). Allein die (lange) Laufzeit des Hauptsacheverfahrens reicht zur Begründung des Anordnungsgrundes nicht aus (*ThürLSG* 6.7.2004 – L 6 KR 468/04 ER, nv). Das Verfahren des einstweiligen Rechtsschutzes dient nicht dazu, zügig zu einer gerichtlichen Entscheidung zu kommen, ohne dass dafür ein besonderes Bedürfnis besteht. Die Laufzeiten der Klageverfahren sind unumgänglich und grds nicht durch ein Verfahren auf einstweiligen Rechtsschutz zu umgehen (*SchlHLSG* 31.10.2013 – L 5 KR 109/13 ER, nv). Anordnungsgrund und Anordnungsanspruch müssen **beide vorliegen**. Allerdings kann die Gewichtung der Anforderungen an Anordnungsgrund und Anordnungsanspruch unterschiedlich sein (*SchlHLSG* 24.9.1993 – L 6 Sb/Ka 47/93, nv). Sind etwa erhebliche Nachteile (zB Lebens- oder Existenzgefährdung) für den Antragsteller zu befürchten, zu deren nachträglichen Beseitigung die Entscheidung in der Hauptsache nicht mehr in der Lage wäre, sind an die Prüfung der Erfolgsaussicht nicht so hohe Anforderungen zu stellen. Ist hingegen die Ablehnung eines geltend gemachten Anspruchs durch die Behörde offensichtlich rechtswidrig, sind an die drohenden Nachteile nicht zu hohe Anforderungen zu stellen.

3.5.3. Allgemeine Regelungen im vorläufigen Rechtsschutz

Eine unbillige, nicht durch überwiegende öffentliche Interessen gebotene Härte iS des § 86 a Abs 3 Satz 2 SGG oder ein Anordnungsgrund iS des § 86 b Abs 2 SGG als Voraussetzung für die Gewährung vorläufigen Rechtsschutzes kann aus vielerlei Gründen vorliegen. Häufig werden wirtschaftliche Gründe bis hin zur Existenzgefährdung den Nachteil darstellen, im Bereich der gesetzlichen Krankenversicherung nicht selten aber auch schwere Erkrankungen und in deren Folge erhebliche gesundheitliche Beeinträchtigungen bis hin zur Lebensgefährdung. Zu berücksichtigen ist, ob andere Leistungsträger mit ihren Leistungen vorleistungspflichtig sind oder diese bereits gewähren und damit einen Nachteil des Betroffenen zumindest mildern. In diesem Zusammenhang hatte das *BVerfG* (19.10.1977 – 2 BvR 42/76, BVerfGE 46, 166) in seiner Entscheidung, mit der es die Sozialgerichte aus verfassungsrechtlichen Gründen für verpflichtet ansah, vorläufigen Rechtsschutz zu gewähren, ausgeführt, dass vor allem wegen des subsidiär eingreifenden SGB XII (damals noch BSHG) das Bedürfnis zum Erlass einer einstweiligen Anordnung oftmals nicht oder nicht in dem Maße besteht. Auch in der sozialgerichtlichen Rspr überwog die Auffassung, dass im Rahmen einer einstweiligen Anordnung ein Anspruch auf **Sozialhilfe** grundsätzlich einem unzumutbaren Nachteil **entgegenstand** (*LSG Nds* 15.3.1991 – L 4 Kr 16/91, nv; *LSG NRW* 25.1.1990 – L 12 S 45/89, nv; *LSG Hmb* 25.4.1991 – V EAB 25/91, nv; *LSG RhPf* 29.8.1990 – L 4 EAVg 8/90, nv; aA *LSG Brem* 21.2.1984 – L 5 Br 37/83, nv). Diese Auffassung stößt zumindest seit der nunmehr umfassenden Regelung des vorläufigen Rechtsschutzes im SGG auf gewichtige Bedenken (so ausdrücklich: *LSG NRW* 25.2.2002 – L 5 B 3/02 KR ER, NZS 2002, 498; *SchlHLSG* 7.4.2014 – L 5 KR 41/14 B ER, nv; *LSG Bln-Bbg* 30.10.2013 – L 9 KR 294/13 B ER, nv; *LSG Nds* 27.7.2010 – L 1 KR 281/19 B ER, nv; *Timme/Plagemann* aaO § 46 Rz 64). Denn nunmehr reicht es für den Anordnungsanspruch aus, das die Anordnung zur Abwendung eines wesentlichen Nachteils notwendig erscheint. Ein „schwerer, unzumutbarer, nicht anders abwendbarer Nachteil" als gebotenes verfassungsrechtliches Minimum ist nicht mehr zu fordern. Zudem stellt die Sozialhilfe bzw Grundsicherungsleistungen nach dem SGB II häufig keinen gleichwertigen Ersatz gegenüber den Leistungen der Sozialversicherung dar. So sind Lohnersatzleistungen in der Regel höher als die Sozialhilfe. § 2 Abs 1 SGB XII bestimmt ausdrücklich den Nachrang der Sozialhilfe gegenüber Sozialleistungen anderer Träger. Unter Hinweis auf diese Vorschrift verweigerten die Sozialämter häufig die Zahlung von Leistungen nach dem SGB XII. Und letztlich begibt sich der Betroffene mit dem Bezug der Sozialhilfe in ein ganz anderes System der sozialen Absicherung, das nicht nur geringere Leistungen erbringt, sondern nicht selten besondere Pflichten auferlegt (zB die Verrichtung zumutbarer Arbeit nach § 10 SGB II).

294 Nach Entscheidungen des *BVerfG* ist aus verfassungsrechtlichen Grundsätzen dann eine **Ausnahme** von der im einstweiligen Rechtsschutz sonst üblichen **summarischen** Erfolgsprüfung zugunsten einer abschließenden Prüfung wie im Hauptsacheverfahren zu machen, wenn ohne die Gewährung vorläufigen Rechtsschutzes schwere und unzumutbare, anders nicht abwendbare Beeinträchtigungen entstehen, wie etwa die Behandlung einer akuten Erkrankung mit der Gefahr irreversibler erheblicher Schäden. In den Fällen kommt auch die Kostenübernahme von Behandlungen mit schulmedizinisch nicht anerkannten Methoden, die das Recht der GKV grundsätzlich von der Leistungspflicht der Krankenkassen ausschließen, in Betracht (19.3.2004 – 1 BvR 131/04, NZS 2004, 527). In einem weiteren Beschluss (12.5.2005 – 1 BvR 569/05, NVwZ 2005, 927) hat das *BVerfG* diese Rspr auch auf Leistungen der Grundsicherung nach dem SGB II angewendet, weil sie der Sicherstellung menschenwürdigen Lebens diene. Das kann aber nur gelten, soweit es um Grundsicherung insgesamt geht und nicht nur um Teilleistungen wie etwa die Kosten einer Klassenfahrt.

295 Wie schon aus der Bezeichnung „vorläufiger" bzw „einstweiliger" Rechtsschutz deutlich wird, ist eine Anordnung im Rahmen eines solchen Verfahrens nicht auf eine endgültige Regelung der Streitsache gerichtet. Damit ist eine solche Anordnung im Grundsatz dann ausgeschlossen, wenn sie die Hauptsache vorwegnimmt. Da aber vorläufiger Rechtsschutz verfassungsrechtlich geboten ist (Rz 276), steht die **Vorwegnahme der Hauptsache** der Gewährung vorläufigen Rechtsschutzes nicht in jedem Fall entgegen. Begehrt in diesen Fällen der Rechtsmittelführer vorläufigen Rechtsschutz, so sind an dessen Voraussetzungen dann jedoch hohe Anforderungen zu stellen.

296 Die **Entscheidung** im vorläufigen Rechtsschutz erfolgt durch **Beschluss**, der mit einer Begründung zu versehen ist. Ergeht die Entscheidung durch das Gericht außerhalb der mündlichen Verhandlung, so wirken nach § 12 Abs 1 Satz 2 SGG die ehrenamtlichen Richter daran nicht mit. Entscheidungen im vorläufigen Rechtsschutz können in **dringenden Fällen** vom **Vorsitzenden** allein getroffen werden. Das ergibt sich für Beschlüsse der SG bereits daraus, dass der Vorsitzende allein ohnehin die Beschlussbesetzung außerhalb der mündlichen Verhandlung darstellt. Für die LSG folgt dies aus § 155 Abs 2 Satz 2 SGG. Das BSG entscheidet stets in voller Beschlussbesetzung, da § 155 Abs 2 SGG im Revisionsverfahren nach § 165 Satz 2 SGG nicht gilt.

297 Als **Rechtsmittel** gegen die Ablehnung und Stattgabe eines Antrags auf einstweiligen Rechtsschutz durch das SG ist die **Beschwerde** gemäß § 172 SGG zulässig. § 172 Abs 3 Nr 1 bestimmt dabei einschränkend, dass die Beschwerde dann ausgeschlossen ist, wenn in der Hauptsache die Berufung nicht zulässig wäre. Daher ist also auch in den Verfahren des einstweiligen Rechtsschutzes der Beschwerdewert wegen § 144 Abs 1 SGG von Bedeutung. Gegen die Entscheidung des LSG gibt es keine Rechtsmittel (§ 177 SGG). Gleiches gilt für Entscheidungen des BSG. Die **Rechtsmittelfrist** im Beschwerdeverfahren beträgt nach § 173 SGG **1 Monat. Beschlussinhalt** in Verfahren, in denen es um die Herstellung der aufschiebenden Wirkung geht, ist entweder die beantragte Anordnung (auch teilweise) oder deren Ablehnung. Eine zeitliche Begrenzung ist ebenso möglich, wie Bedingungen oder Auflagen. Auch den Inhalt einer **einstweiligen Anordnung** kann das anordnende Gericht weitgehend **nach freiem Ermessen** bestimmen (§§ 86 b Abs 2 Satz 4 SGG, 938 Abs 1 ZPO). Maßgebend für den Inhalt der Entscheidung sind etwa Unwägbarkeiten bezüglich des Ausgangs des Hauptsacheverfahrens. Aber auch dem grundsätzlichen Verbot der Vorwegnahme der Hauptsache (Rz 295) kann so Rechnung getragen werden, indem etwa zeitlich befristete oder summenmäßig eingeschränkte Anordnungen ausgesprochen werden.

Besonderer Beachtung bedurfte der **§ 929 Abs 2 ZPO**, auf den § 86 b Abs 2   **298**
Satz 4 SGG idF bis 24.10.2013 ausdrücklich verwies. § 929 Abs 2 ZPO schreibt vor, dass die Vollziehung der einstweiligen Anordnung unstatthaft ist, wenn seit dem Tag, an dem diese dem Antragsteller zugestellt ist, ein Monat verstrichen ist. In dem Fall kamen die LSG nicht umhin, der Beschwerde der Behörde stattzugeben und die erstinstanzliche Entscheidung aufzuheben (*SchlHLSG* 4.1.2007 – L 11 B 509/06 AS ER, NZS 2007, 448 mwN; *LSG B W* 11.1.2006 – L 7 SO 4891/05, nv). Durch die Herausnahme des § 929 Abs 2 ZPO aus der Verweisung in § 86 b Abs 2 Satz 4 SGG idF ab 25.10.2013 ist der Gesetzgeber der Kritik an dieser Regelung gefolgt; einer zügigen Vollstreckung des obsiegenden Antragstellers aus einem positiven Beschluss des Sozialgerichts bedarf es nunmehr nicht mehr (BT-Drucks 17/12297, 39).

3.6. Wiederaufnahme des Verfahrens

Die Wiederaufnahme eines rechtskräftig beendeten Verfahrens hat für die den   **299**
Gerichten der Sozialgerichtsbarkeit zugewiesenen Streitigkeiten kaum praktische Bedeutung, da insbesondere im Bereich der Leistungsklagen den Antragstellern in vielen Fällen die Möglichkeit durch § 44 SGB X eröffnet wird, die Sache einer erneuten – auch richterlichen – Prüfung zu unterziehen, und zwar selbst dann, wenn eine Klage gegen den rechtswidrigen nicht begünstigenden VA rechtskräftig abgewiesen worden ist.

Die Wiederaufnahme des Verfahrens ist **kein Rechtsmittel** (*BSG* 23.3.1965 – 11   **300**
RA 304/64, BSGE 23, 30); sie wirkt weder devolutiv noch suspensiv (Rz 193). Sie ist vielmehr ein außerordentlicher Rechtsbehelf, mit dem ein rechtskräftig beendetes Verfahren erneut der gerichtlichen Überprüfung zugeführt werden kann.

§ 179 Abs 1 SGG eröffnet die Wiederaufnahme entsprechend den Vorschriften   **301**
des 4. Buches der ZPO. Die davon erfasste **Nichtigkeitsklage** findet **nach** dem § 579 **Abs 1 ZPO** statt:

1. wenn das erkennende Gericht nicht vorschriftsmäßig besetzt war (Nr 1);
2. wenn ein Richter bei der Entscheidung mitgewirkt hat, der von der Ausübung des Richteramts kraft Gesetzes ausgeschlossen war, sofern nicht dieses Hindernis mittels eines Ablehnungsgesuchs oder eines Rechtsmittels ohne Erfolg geltend gemacht ist (Nr 2);
3. wenn bei der Entscheidung ein Richter mitgewirkt hat, obgleich er wegen Besorgnis der Befangenheit abgelehnt und das Ablehnungsgesuch für begründet erklärt war (Nr 3);

4. wenn eine Partei in dem Verfahren nicht nach Vorschrift der Gesetze vertre-
    ten war, sofern sie nicht die Prozessführung ausdrücklich oder stillschwei-
    gend genehmigt hat (Nr 4).

302 Die **Restitutionsklage nach** § 580 **ZPO** findet statt bei Verletzung der Eidespflicht (Nr 1), Urkundenfälschung (Nr 2), bei strafbarer Verletzung der Wahrheitspflicht von Zeugen oder Sachverständigen (Nr 3), bei Erwirkung des Urteils durch Straftat (Nr 4), bei Verletzung der Amtspflicht durch einen Richter
(Nr 5), bei Aufhebung des Urteils eines anderen Gerichts (Nr 6), bei Auffinden
eines früheren Urteils in derselben Sache oder einer anderen Urkunde (Nr 7)
und bei Feststellung einer Verletzung der Europäischen Konvention durch den
Europäischen Gerichtshof für Menschenrechte (Nr 8).

303 § 179 **Abs 2 SGG,** wonach die Wiederaufnahme des Verfahrens ferner zulässig
ist, wenn ein Beteiligter strafgerichtlich verurteilt worden ist, weil er Tatsachen,
die für die Entscheidung der Streitsache von wesentlicher Bedeutung waren,
wissentlich falsch behauptet oder vorsätzlich verschwiegen hat, unterscheidet
sich nur wenig von § 580 Nr 4 ZPO. Nach *BSG* (10.9.1997 – 9 RV 2/96, SozR
3-1500 § 179 Nr 1) setzt die Vorschrift nicht die für den Prozessbetrug erforderliche Absicht hinsichtlich des Vermögensvorteils voraus.

304 Nach § 180 **SGG** ist eine Wiederaufnahme neben den vorgenannten Fällen auch
dann zulässig, wenn

1. mehrere Versicherungsträger denselben Anspruch endgültig anerkannt ha-
    ben oder wegen desselben Anspruchs rechtskräftig zur Leistung verurteilt
    worden sind,
2. ein oder mehrere Versicherungsträger denselben Anspruch endgültig abge-
    lehnt haben oder wegen desselben Anspruchs rechtskräftig von der Leis-
    tungspflicht befreit worden sind, weil ein anderer Versicherungsträger leis-
    tungspflichtig sei, der seine Leistung bereits endgültig abgelehnt hat oder
    von ihr rechtskräftig befreit worden ist.

Das gleiche gilt im Verhältnis zwischen Versicherungsträgern und einem Land,
wenn streitig ist, ob eine Leistung aus der SV oder nach dem sozialen Entschädigungsrecht zu gewähren ist (§ 180 Abs 2 SGG).

3.7. Kosten

305 Das Verfahren vor den Gerichten der Sozialgerichtsbarkeit geht in seinem in
§ 183 SGG verankerten **Grundsatz** von **der Kostenfreiheit für Versicherte, Leistungsempfänger einschließlich Hinterbliebenenleistungsempfänger, Behinderte
oder deren Sonderrechtsnachfolger** aus, soweit sie in dieser jeweiligen Eigenschaft als Kläger oder Beklagte beteiligt sind. Alle anderen zahlen entweder eine
Pauschgebühr (zumeist die Sozialversicherungsträger, Einzelheiten vgl unten)
oder, soweit weder Kläger noch Beklagte zu den oben genannten Personen gehören, Gerichtskosten nach dem GKG (zB Versicherungsträger, Vertragsärzte).
Arbeitgeber gehören dann nicht zu diesem Personenkreis, wenn es in dem
Rechtsstreit um eine Leistung an sie geht (zB Eingliederungszuschuss nach dem
SGB III oder Aufwendungserstattung für Entgeltfortzahlung nach § 1 Abs 1
AAG), da sie in dem Fall selbst Leistungsempfänger iSd § 183 SGG sind (*BSG*
22.9.2004 – B 11 AL 33/03 R, SozR 4-1500 § 183 Nr 2 mit abl Anm *Groß* in
SGb 2005, 243; *BSG* 20.12.2005 – B 1 KR 5/05 B, SozR 4-1500 § 183 Nr 3).
Die in § 183 SGG geregelte Kostenfreiheit gilt nicht nur hinsichtlich der Erhe-
bung von Gerichtskosten, sondern auch weiterer, durch das Gericht veranlass-
ter Kosten wie etwa Auslagen der Sachverständigen, Zeugen etc. Darüber hi-

naus kommt das SGG den in § 183 SGG genannten Klägern auch insoweit entgegen, als diese grundsätzlich außergerichtliche Kosten der Prozessgegner nicht zu erstatten haben (§ 193 Abs 4 SGG). Neben der Kostenfreiheit werden diesen Kläger überdies bestimmte Kosten erstattet, etwa bei der Anordnung ihres persönlichen Erscheinens zum Termin zur mündlichen Verhandlung.

3.7.1. Pauschgebühren

Die **Pauschgebühren**, die von den Körperschaften oder Anstalten des öffentlichen Rechts zu tragen sind, entstehen, sobald die Rechtssache rechtshängig geworden ist (vgl § 94 SGG) und sind für jeden Rechtszug zu zahlen (§ 184 Abs 1 Satz 2 SGG). Ihre Höhe beträgt derzeit:

- für Verfahren vor dem SG **150 EUR**
- für Verfahren vor dem LSG **225 EUR**
- für Verfahren vor dem BSG **300 EUR**.

Die Pauschgebühren **ermäßigen** sich auf die Hälfte, wenn das Verfahren nicht durch Urteil erledigt wird, § 186 SGG. Mehrere Gebührenschuldner teilen sich die Gebühr, § 187 SGG. § 190 SGG sieht die Niederschlagung der Gebühr vor.

3.7.2. Verschuldenskosten

Eine Ausnahme von der grundsätzlich bestehenden Kostenfreiheit der sozialgerichtlichen Verfahren sieht § 192 SGG vor. Hat nach Abs 1 der Vorschrift ein Beteiligter, dessen Vertreter oder Bevollmächtigter die Vertagung einer mündlichen Verhandlung oder die Neuanberaumung verschuldet (Nr 1) oder den Rechtsstreit fortgeführt, obwohl ihm vom Vorsitzenden (bzw Berichterstatter, § 155 Abs. 4 SGG, Hk-SGG/*Groß* § 192 Rz 16) die Missbräuchlichkeit der Rechtsverfolgung oder -verteidigung dargelegt und er auf die Möglichkeit der Kostenauferlegung bei Fortführung des Rechtsstreits hingewiesen worden ist, so können ihm die dadurch entstandenen Kosten auferlegt werden, mindestens iH der Pauschgebühr nach § 184 Abs 2 SGG. Diese Kosten können nicht nur natürlichen Personen auferlegt werden, sondern **allen Beteiligten**, wie sie in § 69 SGG näher umschrieben sind (Kläger, Beklagte und Beigeladene, zu letzteren vgl § 197a Abs 2 Satz 2 SGG), also auch Sozialversicherungsträgern. Für Letztere enthält Abs 4 des § 192 einen Ergänzungstatbestand bei der Unterlassung erkennbar notwendiger Ermittlungen im Verwaltungsverfahren.

Durch die vorgenannten Handlungen müssen Kosten entweder des Gerichts oder anderer Beteiligter verursacht worden sein. Entsprechend ist auch Kostengläubiger nicht zwingend das Gericht, sondern es ist zB möglich, einer Behörde die von ihr nach § 184 SGG zu zahlende Pauschgebühr zuzusprechen. Mindestens diese Pauschgebühr (zur Höhe für die jeweilige Instanz s Rz 306) gilt nach § 192 Abs 1 Satz 3 SGG als verursachter Kostenbeitrag.

Über die Auferlegung von Verschuldenskosten entscheidet das Gericht **nach Ermessen**. Maßgebend sind die Umstände des Einzelfalles, wobei das Gericht insbesondere eine Gesamtwürdigung des Verhaltens des Beteiligten, etwa die Schwere des Verschuldens, vornehmen kann. Vor der Entscheidung über die Auferlegung von Verschuldenskosten ist den Beteiligten **rechtliches Gehör** zu gewähren, das allerdings nicht mit einem unangemessenen Drängen durch das Gericht etwa auf Klagerücknahme verbunden werden darf. Ergeht die Entscheidung in der Hauptsache durch Urteil, erfolgt die Entscheidung über die Auferlegung von Verschuldenskosten unter Einbeziehung der ehrenamtlichen Richter. Gleiches gilt bei einer Entscheidung über die Verschuldenskosten durch Beschluss aufgrund mündlicher Verhandlung, wenn daran die ehrenamtlichen Richter teilnehmen. Außerhalb der mündlichen Verhandlung sind die ehrenamtlichen Richter nicht zu beteiligen (§ 12 Abs 1 Satz 2 SGG). Ergeht die Entscheidung im Urteil, ist die Berufung nur wegen der Verschuldenskosten gemäß § 144 Abs 4 SGG unzulässig. Ist die Berufung in der Hauptsache eingelegt worden, ist die Entscheidung auch bezüglich der Verschuldenskosten voll zu überprüfen. Nimmt der Kläger nach Berufungseinlegung die Klage zurück, bestimmt § 192 Abs 3 Satz 1 SGG, dass die Entscheidung über Verschuldenskosten in ihrem Bestand nicht durch die Rücknahme der Klage berührt wird. Wegen der ausdrücklichen Beschränkung der Vorschrift auf die Klagerücknahme gilt Gleiches nicht für die Berufungsrücknahme.

3.7.3. Kostenentscheidung

310   Wird eine Gerichtsinstanz durch Urteil beendet, hat das Gericht darin zu entscheiden, ob und in welchem Umfang die Beteiligten einander Kosten zu erstatten haben (§ 193 Abs 1 Satz 1 SGG). Ist ein **Mahnverfahren** vorausgegangen (§ 182 a SGG), entscheidet das Gericht auch, welcher Beteiligte die Gerichtskosten zu tragen hat (§ 193 Abs 1 Satz 2 SGG). Wird ein Verfahren durch Beschluss beendet (zB Verfahren im einstweiligen Rechtsschutz), gilt § 193 SGG analog. Wird das Verfahren auf andere Weise als durch Urteil beendet, entscheidet das Gericht auf Antrag durch Beschluss (§ 193 Abs 1 Satz 3 SGG; vgl auch § 156 Abs 2 Satz 2 SGG). Danach muss das Gericht im Falle eines Urteils stets über die Kosten mitentscheiden. Wurde dies vergessen, ist das Urteil nach § 140 Abs 1 Satz 1 SGG auf Antrag zu ergänzen. Eine Kostenregelung für die sog. GKG-Verfahren enthält § 197 a SGG (Rz 313).

311   Erstattungsfähig sind die **außergerichtlichen Kosten** der Beteiligten. Das sind die zur zweckentsprechenden Rechtsverfolgung oder Rechtsverteidigung notwendigen Aufwendungen, insbesondere die Kosten eines Rechtsanwalts nach dem RVG. Neben den Kosten der Streitsache erfasst § 193 SGG auch die Kosten eines ggf vorausgegangenen **Widerspruchsverfahrens**, soweit dieses für das Klageverfahren zwingend vorgeschrieben ist. Schließt sich dem Widerspruchsverfahren kein Klageverfahren an, richtet sich die Kostenerstattung ausschließlich nach **§ 63 SGB X** (zu weiteren Einzelheiten vgl Kommentierung dort). Die Entscheidung des Gerichts über die außergerichtlichen Kosten nach § 193 SGG **im Urteil** oder Beschluss (s Rz 310) erfolgt **von Amts wegen**, ohne dass dafür Anträge erforderlich sind, oder das Gericht an solche gebunden wäre. Neben dem Kläger und ggf Beklagten ist dabei grundsätzlich der Beigeladene in die Entscheidung einzubeziehen, soweit er sich am Verfahren aktiv durch Antragstellung beteiligt hat. Auch in Verfahren über die Gewährung **einstweiligen Rechtsschutzes** hat eine **Kostenentscheidung** zu ergehen.

312   **Kostenschuldner** können **alle** Beteiligten, also auch Beigeladene (s Rz 311), sein, **Kostengläubiger** in der Regel **natürliche oder juristische Personen des Privatrechts**, nicht jedoch Körperschaften oder Anstalten des öffentlichen Rechts (§ 193 Abs 4 SGG).

313   Eine **Ausnahme** hiervon sieht **§ 197 a SGG** mit der Anwendung des **GKG** vor, wenn in einem Rechtszug weder Kläger noch Beklagter zu den privilegierten Personen des § 183 SGG gehört (zB Vertragsärzte, Sozialversicherungsträger). In dem Fall finden die §§ 154 bis 162 VwGO entsprechende Anwendung, nicht jedoch § 161 Abs 2, wenn die Klage zurückgenommen wird. **§ 154 VwGO** bestimmt dabei, dass der Unterliegende die Kosten trägt und Beigeladenen nur Kosten auferlegt werden können, wenn sie Anträge gestellt oder Rechtsmittel

eingelegt haben. Nach § 197a Abs 2 Satz 1 SGG werden dem Beigeladenen die Kosten außer in den Fällen des § 154 Abs 3 VwGO auch auferlegt, soweit er verurteilt wird, was § 75 Abs 5 SGG ermöglicht. § 155 **Abs 1 VwGO** bestimmt die verhältnismäßige Teilung bei teilweisem Obsiegen, § 155 **Abs 2 VwGO** die Kostentragung desjenigen, der einen Rechtsbehelf zurückgenommen hat. Nach § 155 **Abs 5 VwGO** können demjenigen Kosten auferlegt werden, die durch sein Verschulden entstanden sind. Erkennt der Beklagte einen Anspruch sofort an und hat er keinen Anlass zur Klage gegeben, fallen nach § 156 **VwGO** dem Kläger die Prozesskosten zur Last. Bei Erledigung des Rechtsstreits durch Vergleich fallen, wenn keine Bestimmung getroffen wird, jedem Beteiligten die Gerichtskosten zur Hälfte zur Last und sie müssen ihren außergerichtlichen Kosten selbst tragen, § 160 **VwGO**. § 161 **VwGO** regelt – ähnlich wie § 193 SGG – die Grundlage für die Kostenentscheidung und § 162 **VwGO** den Umfang der Kostenpflicht.

Über den **Inhalt** der Kostenerstattung im Rahmen des § 193 SGG entscheidet das Gericht nach seinem **Ermessen**. Grundsätzlich ist für die Entscheidung maßgebend, welcher Beteiligte mit seinem Antrag obsiegt hat, wobei eine Quotelung bei teilweisem Erfolg durchaus in Frage kommt. Anders als im Zivilprozess (§ 91 Abs 1 ZPO) ist dieser Grundsatz im sozialgerichtlichen Verfahren jedoch nicht zwingend. Besondere Umstände des Einzelfalles können zu einer abweichenden Kostenentscheidung führen. So kann etwa von einer Kostenerstattung durch die Behörde abgesehen werden, wenn der Kläger, obwohl er mit seiner Klage durchdringt, unnötige Kosten verursacht hat (*LSG Hmb* 15.3.1978 – III ANBs 4/78, Breith 1979, 936). Umgekehrt kann einer Behörde die Kostentragung auferlegt werden, wenn sie Anlass für eine unzulässige oder unbegründete Klage gegeben hat (*SchlHLSG* 27.11.1970 – L 1 Ar 3/69, Breith 1971, 527).   314

Bei **Erledigung** des Rechtsstreits **ohne Urteil**, etwa durch Klage- oder Rechtsmittelrücknahme oder außergerichtlichen Vergleich, entscheidet das Gericht **auf Antrag** unter Berücksichtigung des bisherigen Sach- und Streitstandes nach billigem Ermessen über die Kosten durch Beschluss (§§ 102 Abs 3 Satz 1, 156 Abs 3 Satz 2, 193 Abs 1 Satz 3 SGG). Auch hier gilt der Grundsatz, dass für die Kostenentscheidung die Erfolgsaussichten der Klage – unter Einbeziehung der Gründe, die für die Klageerhebung ursächlich waren – maßgebend sind.   315

3.7.4. Kostenfestsetzung

Auf Antrag der Beteiligten oder ihrer Bevollmächtigten setzt der Urkundsbeamte des Gerichts des ersten Rechtszugs den Betrag der zu erstattenden Kosten fest (§ 197 Abs 1 Satz 1 SGG). Dieses Verhältnis betrifft allein das zwischen Kostengläubiger und Kostenschuldner; nicht das zwischen Bevollmächtigten und Mandanten und auch nicht die Festsetzung der Anwaltsvergütung bei bewilligter Prozesskostenhilfe. Gegen die Entscheidung des Urkundsbeamten kann binnen 1 Monats Erinnerung eingelegt werden. Anders als bei der Kostenfestsetzung im Rahmen von Prozesskostenhilfe (§ 1 Abs 3 iVm §§ 56 und 33 RVG) entscheidet das Gericht dann endgültig (informativ *SächsLSG* 30.12.2013 – L 8 AS 1905/13 B, nv und *SchlHLSG* 12.2.2014 – L 5 SF 502/13 B E, nv).   316

Zuständig für die Festsetzung ist der **Urkundsbeamte des SG** und zwar **für alle Instanzen. Für das Kostenfestsetzungsverfahren gelten die §§ 103 ff ZPO (§ 202 SGG).** Die Festsetzung hat dabei für jede Instanz getrennt zu erfolgen, wobei der Urkundsbeamte **nur auf Antrag** tätig wird. Eine Frist für diesen Antrag ist im Gesetz nicht vorgesehen. Allerdings kann dem Vergütungsanspruch der Ein-   317 wand der Verwirkung entgegenstehen, etwa wenn neben einem gewissen Zeitablauf ein Vertrauenstatbestand dafür geschaffen worden ist, dass sich der Gegner nach Treu und Glauben auf den bestehenden Rechtszustand einrichten durfte und eingerichtet hat. Bei seiner Festsetzung ist der Urkundsbeamte an die gerichtliche Kostenentscheidung gebunden. Wird die Erstattung der in aller Regel fälligen **Rahmengebühr** nach § 3 RVG verlangt, ist gesetzliche Gebühr die vom Rechtsanwalt nach § 14 Abs 1 RVG bestimmte Gebühr. Danach bestimmt der Rechtsanwalt bei Rahmengebühren die Gebühr im Einzelfall unter Berücksichtigung aller Umstände, insbesondere der Bedeutung der Angelegenheiten, des Umfangs und der Schwierigkeit der anwaltlichen Tätigkeit sowie der Vermögens- und Einkommensverhältnisse des Auftraggebers nach billigem Ermessen. Die Aufzählung ist nicht abschließend („insbesondere", *BSG* 1.7.2009 – B 4 AS 21/09 R, SozR 4-1935 § 14 Nr 2). Nach § 14 Abs 1 Satz 2 RVG kann bei der Bemessung ein besonderes Haftungsrisiko des Rechtsanwalts herangezogen werden. Ist die Gebühr von einem Dritten (etwa der Staatskasse im Rahmen der Prozesskostenhilfe) zu ersetzen, so ist die von dem Rechtsanwalt getroffene Bestimmung nicht verbindlich, wenn sie **unbillig** ist. Hier zieht die überwiegende Ansicht der Gerichte in einer Abweichung von mindestens 20 v H die Grenze (*BSG* 1.7.2009 – B 4 AS 21/09 R, SozR 4-1935 § 14 Nr 2; *BVerwG* 11.5.1981 – 6 C 121/80, BVerwGE 62, 201; *SchlHLSG* 28.5.2015 – L 5 SF 38/15 E, nv; *BayLSG* 1.4.2015 – L 15 SF 259/14 E; *SG Stuttgart* 26.7.1983 – S 1 Ar 1429/83, AnwBl 1984, 569; *SG Düsseldorf* 23.3.1992 – S 20 An 207/91, SGb 1992, 362; *Leitherer* in Meyer-Ladewig/Keller/Leitherer SGG § 197 Rz 7 c mwN, weitere Nachweise bei *Hartmann*, Kostengesetze, § 14 RVG Rz 24).

318 Das RVG bestimmt Rahmengebühren unterschieden nach den jeweiligen Instanzen, in der Anlage 1 (zu § 2 Abs 2. Dabei können in einem sozialgerichtlichem Verfahren mehre Rahmengebühren anfallen. So fallen für die gerichtliche Vertretung an:

- ▪ eine **Verfahrensgebühr** (vor den SG von 50 bis 550 EUR nach Nr 3102 VV, vor den LSG von 60 bis 680 EUR nach Nr 3204 oder vor dem BSG 80 bis 880 EUR nach Nr 3212 VV),
- ▪ uU eine **Terminsgebühr** (vor den SG und LSG von 50 bis 510 EUR nach Nr 3106 und 3205 VV und vor dem BSG 80 bis 830 EUR nach Nr 3213 VV) und
- ▪ uU eine **Einigungs-** oder **Erledigungsgebühr** (Nr 1005 – 1007 VV). Voraussetzung ist eine auf die Erledigung gerichtete qualifizierte anwaltliche Tätigkeit (*Leitherer* in Meyer-Ladewig/Keller/Leitherer SGG § 193 Rz 9 a).

Diese Gebühren können sich um weitere Gebührentatbestände erhöhen.

Handelt es sich um einen **durchschnittlichen Rechtsstreit**, wird die sog **Mittelgebühr**, die genau zwischen dem Mindest- und dem Höchstbetrag liegt, festgesetzt. Wann ein durchschnittlicher Rechtsstreit vorliegt, wird in der Rspr nicht einheitlich entschieden. Ein durchschnittlicher Rechtsstreit in der Sozialgerichtsbarkeit zeichnet sich dadurch aus, dass nach einem Schriftwechsel zwischen den Beteiligen eine mündliche Verhandlung mit einfacher Beweisaufnahme stattfindet und keine weiteren Besonderheiten wie etwa überlange Verfahrensdauer, umfangreiche schriftliche Ermittlungen oder besondere Verarbeitung von Rspr vorliegen. Die in § 14 Abs 1 RVG genannte besondere Bedeutung für den Vertretenen ist allerdings im sozialgerichtlichen Verfahren zu relativieren, da es in einer Vielzahl sozialgerichtlicher Verfahren um lohnersetzende und damit existentielle Leistungsansprüche, wie etwa Alg, Krg/Verletztengeld oder Rente geht, die Vergütung in den sozialgerichtlichen Verfahren für den Anwalt jedoch bewusst niedrig gehalten wurde, um die wirtschaftlich schwächeren Beteiligten zu schonen. Gleichwohl geht das *BSG* in den Fällen von einer überdurchschnittlichen Bedeutung aus. Bei der Festsetzung der Gebühren des im Wege der **Prozesskostenhilfe** beigeordneten Rechtsanwalts gegen die Staatskasse wirken sich allerdings die schlechten Einkommens- und Vermögensverhältnisse des vertretenen Beteiligten innerhalb des Gebührenrahmens gebührenmindernd aus (*BSG* 1.7.2009 – B 4 AS 21/09 R, SozR 4-1935 § 14 Nr 2; *SchlHLSG* 25.1.2016 – L 5 SF 163/14 E, nv).

319 Bei Anwendung des GKG werden die Gebühren nach dem **Streitwert** berechnet. Hierbei handelt es sich im Wesentlichen um Vertragsarztstreitigkeiten, Streitigkeiten zwischen juristischen Personen des öffentlichen Rechts und Streitigkeiten zwischen Arbeitgebern und juristischen Personen des öffentlichen Rechts, wenn es nicht um Leistungen geht, die der Arbeitgeber aus dem SGB beansprucht. In letzterem Fall ist er nämlich selbst als Leistungsempfänger iSd § 183 SGG privilegiert und das GKG findet keine Anwendung (s Rz 305). Für die Berechnung der Rechtsanwaltsgebühren nach dem Streitwert (Gegenstandswert) sind die für die Gerichtsgebühren geltenden Wertvorschriften maßgebend, also insbesondere § 52 GKG und daneben sinngemäß die allgemeinen Vorschriften der §§ 39 ff GKG. Im Grundsatz regelt § 52 Abs 1 GKG dazu, dass die aus dem Antrag des Klägers sich für diesen ergebende Bedeutung maßgebend ist, was regelmäßig seinem wirtschaftlichen Interesse an der erstrebten Entscheidung entspricht (*BSG* 19.2.1996 – 6 RKa 40/93, SozR 3-1930 § 8 Nr 2); in Ermangelung genügender Anhaltspunkte für eine Schätzung bei nicht vermögensrechtlichen Gegenständen ist der Streitwert auf **5.000 EUR** festzusetzen (§ 52 Abs 2 GKG). Zu beachten ist, dass es sich dabei nicht um einen Regelstreitwert sondern vielmehr um einen **Auffangstreitwert** handelt, der grundsätzlich nicht erhöht oder verringert werden kann. Betrifft der Antrag des Klägers eine bezifferte Geldleistung oder einen hierauf gerichteten VA, so ist deren Höhe maßgebend (§ 13 Abs 2 GKG). Erstrecken sich die Auswirkungen auf eine längere Zeit, ist dies zu berücksichtigen. So ist etwa bei einem Streit um die **Entziehung einer Kassenzulassung** eines Vertragsarztes von dessen Honorareinnahmen, abzüglich der Praxiskosten von etwa 50 bis 55 vH, die dem Arzt infolge der Zulassungsentziehung schätzungsweise entgangen sind, auszugehen. Als angemessen ist nach dem *BSG* (1.9.2005 – B 6 KA 41/04, SozR 4-1920 § 52 Nr 1) in Abänderung seiner Rspr darüber hinaus die Höhe der Einnahmen anzusetzen, die im Laufe von etwa 3 Jahren voraussichtlich hätten erzielt werden können. Betrifft der Antrag des Klägers eine bezifferte Geldleistung oder einen hierauf gerichteten VA, ist deren Höhe maßgebend (§ 52 Abs 3). In Verfahren vor den Gerichten der Sozialgerichtsbarkeit und bei Rechtsstreitigkeiten nach dem Krankenhausfinanzierungsgesetz darf der Streitwert nicht über 2.500.000 EUR angenommen werden (§ 52 Abs 4).

320 In Anlehnung an die Praxis in der Verwaltungsgerichtsbarkeit haben auch die Präsidenten der LSG und des BSG einen unverbindlichen **Streitwertkatalog** zur Vereinheitlichung der Rspr durch Befragung der Landessozialgerichte und des BSG erstellt (aktueller Streitwertkatalog in der 4. Aufl Stand Mai 2012). Der Katalog klärt nach einzelnen Vorbemerkungen zur Festsetzung des Streitwertes zunächst grundsätzliche Fragen, auch im Hinblick auf den Streitwert der verschiedenen Klagearten einschl einstweiliger Anordnung. Sodann wendet er sich in dem eigentlichen Katalog den einzelnen sozialrechtlichen Sachgebieten naturgemäß mit dem Schwerpunkt im Beitrags- und insbesondere Vertragsarztrecht zu.

321 Wenn der Streitwert für die Gerichtsgebühren bereits festgesetzt wurde, ist dieser auch für die Rechtsanwaltsgebühren nach § 32 RVG maßgebend. Die Streitwertfestsetzung für die Gerichtsgebühren erfolgt nach §§ 61 ff GKG. Nach § 68 Abs 1 findet die Beschwerde statt, wenn der Beschwerdewert 200 EUR übersteigt oder bei Zulassung wegen grundsätzlicher Bedeutung (*Leitherer* in Meyer-Ladewig/Keller/Leitherer SGG § 197 a Rz 5), und zwar auch dann, wenn der Streitwert im Urteil festgesetzt wurde. Die Beschwerde ist innerhalb von 6 Monaten ab Rechtskraft der Hauptsache oder anderweitiger Erledigung einzulegen; ist der Streitwert später als einen Monat vor Ablauf dieser Frist festgesetzt worden, kann sie noch innerhalb eines Monats nach Zustellung oder formloser Mitteilung des Festsetzungsbeschlusses eingelegt werden (§§ 68 Abs 1 Satz 3 iVm 63 Abs 3 Satz 2). Der Rechtsanwalt kann gemäß § 32 Abs 2 RVG mit der Beschwerde auch die Heraufsetzung des Streitwertes verlangen.

322 Unzulässig ist die Beschwerde aber gegen Streitwertbestimmungen durch LSG oder BSG. ZT wird allerdings angenommen, dass diese Gerichte auf eine unzulässige Beschwerde hin ihren Streitwertbeschluss ändern können (*Leitherer* in Meyer-Ladewig/Keller/Leitherer SGG § 197 a Rz 5 mwN).

3.8. Vollstreckung

323 Für die Vollstreckung im sozialgerichtlichen Verfahren gelten die Vorschriften der **ZPO** (dort 8. Buch) **entsprechend**, soweit sich aus dem SGG nichts anderes ergibt (§ 198 Abs 1 SGG). Allerdings spielt im Sozialrecht die Vollstreckung nur eine geringe praktische Rolle, da unterlegene Behörden Urteile regelmäßig ausführen, ohne dass ein Vollstreckungsverfahren eingeleitet werden muss (s aber auch den insoweit kritischen Aufsatz von *Schneider* in info also 2012, 243, wonach es seit der Einführung des SGB II vermehrt zu Anträge auf Vollstreckung gekommen sei). Maßnahmen der Dienstaufsicht greifen zudem häufig schneller bei einer verzögerten Ausführung eines Urteils, als die relativ umständliche Vollstreckung (*Niesel/Herold-Tews* aaO Rz 662).

324 Zunächst bedarf es eines **Antrags** des Vollstreckungsgläubigers (§§ 753, 766 ZPO). Weiter muss ein **Vollstreckungstitel** vorliegen. Diese sind nach § 199 Abs 1 SGG **gerichtliche Entscheidungen**, soweit nach den Vorschriften des SGG kein Aufschub eintritt (Nr 1), **Anerkenntnisse, gerichtliche Vergleiche** (Nr 2) und **Kostenfestsetzungsbeschlüsse** (Nr 3). Der jeweilige Titel muss mit einer **Klausel** versehen werden, der auf Antrag vom Urkundsbeamten der Geschäftsstelle erster Instanz, wenn in höherer Instanz anhängig von dort, erteilt wird (§§ 724, 725 ZPO). Die Vorschriften der ZPO über die vorläufige Vollstreckbarkeit, den Arrest und die einstweilige Verfügung gelten nicht (§ 198 Abs 2 SGG). An die Stelle der sofortigen Beschwerde tritt die Beschwerde, wie sie in den §§ 172-177 SGG geregelt ist (§ 198 Abs 3 SGG).

325 Nicht erforderlich ist, dass die Entscheidungen rechtskräftig sind. Ist eine gerichtliche Entscheidung hingegen angefochten und hat das Rechtsmittel aufschiebende Wirkung, kann aus ihr nicht vollstreckt werden (zB § 154 SGG für die Berufung). Hat ein Rechtsmittel keine aufschiebende Wirkung, so kann das Gericht oder der Vorsitzende, dessen Entscheidung angefochten wird, nach § 175 Satz 3 SGG bestimmen, dass der **Vollzug** der angefochtenen Entscheidung einstweilen **ausgesetzt** wird. Auch der Vorsitzende des Senats, der über das Rechtsmittel zu entscheiden hat, kann die Vollstreckung durch einstweilige Anordnung aussetzen, wobei die Aussetzung und Vollstreckung von einer Sicherheitsleistung abhängig gemacht werden kann (§ 199 Abs 2 Satz 2 SGG). Die Anordnung ist unanfechtbar und kann jederzeit aufgehoben werden (§ 199 Abs

2 Satz 3 SGG). Eines Antrags bedarf sie nicht. Wer **zuständig** ist, das SG oder das LSG, bestimmt das Gesetz nicht. Um Doppelzuständigkeiten zu vermeiden und die Regelungsbefugnis der ersten Instanz nicht leerlaufen zu lassen, ist die Auffassung zu bevorzugen, nach der sich der Anwendungsbereich des § 175 Satz 3 SGG auf den Zeitraum von der Beschwerdeeinlegung beim SG (dort ist die Beschwerde nach § 173 Satz 1 SGG grundsätzlich einzulegen) bis zur Vorlage der Beschwerde beim Beschwerdegericht reduziert (*Timme*/Plagemann MAH Sozialrecht § 46 Rz 10).

Die konkrete **Durchführung** der Vollstreckung hängt von dem Inhalt des Titels **326** ab. Enthält dieser einen **bezifferten Tenor**, zB die Verurteilung zu einem kalendertäglichen Krankengeld iHv 50 EUR, ist Vollstreckungsgericht das Amtsgericht (§ 198 Abs 1 SGG iVm § 764 ZPO). § 882 a ZPO ist zu beachten. Bei **nicht bezifferten Titeln**, also in den überwiegenden von den Sozialgerichten entschiedenen Fällen (durch Grundurteil) enthält das SGG Sondervorschriften. Nach § 201 SGG kann das Gericht des ersten Rechtszuges auf Antrag unter Fristsetzung ein Zwangsgeld bis zu 1.000 EUR durch Beschluss androhen oder nach vergeblicher Fristsetzung festsetzen, wenn die Behörde der Verpflichtung nicht nachkommt.

Stichwortverzeichnis

Die Angaben verweisen auf die Paragrafen des Buches (**fette Zahlen**) sowie die Randnummern innerhalb der einzelnen Paragrafen (magere Zahlen).
Beispiel: § 9 Rn 10 = **9** 10